Deutsche Geschichte

Deutsche Geschichte

Von den Anfängen bis zur Wiedervereinigung

Von Michael Behnen, Jost Dülffer, Ulrich Lange, Wolfgang Michalka, Hans Schmidt, Martin Vogt, Hanna Vollrath, Ulrich Wengenroth und Peter Wulf

Herausgegeben von Martin Vogt

Zweite Auflage

J.B. Metzlersche Verlagsbuchhandlung
Stuttgart

Begründet von Peter Rassow

Die Deutsche Bibliothek – CIP-Einheitsaufnahme

Deutsche Geschichte : von den Anfängen bis zur Wiedervereinigung / von Michael Behnen ... Hrsg. von Martin Vogt. – 2. Aufl. – Stuttgart : Metzler, 1991
ISBN 3-476-00794-4

NE: Behnen, Michael; Vogt, Martin [Hrsg.]

ISBN 3 476 00794 4

Satz: Typobauer Filmsatz GmbH, Scharnhausen
Druck: Ludwig Auer GmbH, Donauwörth
Printed in Germany

Vorwort

Als im Jahr 1953 die von Peter Rassow herausgegebene »Deutsche Geschichte« geschlossen vorlag, bestand damit erstmals seit der Zeit des Nationalsozialismus für eine breite Leserschaft die Möglichkeit, sich in einem kompakten Handbuch über die Entwicklung der deutschen Geschichte zu orientieren, wobei die einzelnen Beiträge frei von ideologisch bedingten Verzerrungen waren. Der »Rassow«, wie das Standardwerk bald genannt wurde, erlebte in den Jahren 1962 und 1973 Neuauflagen, deren wichtigste Veränderung in einer Überarbeitung und Weiterführung der zeithistorischen Kapitel, d.h. für die Jahre seit 1933, und einem umfangreichen Literaturverzeichnis bestand. Da die dritte Auflage 1980 vergriffen war, beschloß der Verlag die Weiterführung in einer völligen Neubearbeitung, die sowohl die inhaltliche Gestaltung als auch die äußere Form betrifft. Die Zahl des Sachkapitels ist von 18 auf 10 komprimiert worden. Zur Unterstreichung von Geschehnissen und zur Betonung von Ereigniszusammenhängen, aber ebenso zur Veranschaulichung der Darstellungen sind von den Autoren ausgewählte Illustrationen, Karten, Graphiken und Tabellen beigefügt worden, die es außerdem erlauben, sich historische Verhältnisse plastisch vorzustellen.

Peter Rassow hatte bereits 1953 geschrieben, er und seine Mitarbeiter seien sich bewußt, »daß jede Gegenwart sich ein anderes Geschichtsbild macht. Daher ist Geschichte eine Funktion der jeweiligen Gegenwart.« Die inhaltliche Neufassung ist daher auch kein Bruch gegenüber den Auffassungen aus den fünfziger und sechziger Jahren und die historischen Fakten sind ohnehin nicht veränderlich, sondern es sind jetzt neue Forschungsergebnisse und das verstärkte Interesse an sozialen und ökonomischen Bedingungen, das vor allem in den letzten Jahrzehnten die Geschichtswissenschaft geprägt hat, berücksichtigt worden. Die Bedeutung, die die wirtschaftliche und technische Entwicklung für Deutschland im 19. und 20. Jahrhundert gewonnen hat, ist durch ein eigenes Kapitel zu diesem Sachkomplex herausgestellt worden. Da die neuere und besonders die neueste Geschichte starke Aufmerksamkeit auf sich ziehen, ist den Darstellungen dieser Zeit ein relativ breiterer Raum als denen von Mittelalter und früher Neuzeit zugestanden worden. Dennoch ist zu betonen, daß die Zusammenhänge und Entwicklungslinien nur zu verstehen sind, wenn die früheren Epochen in der Gesamtbetrachtung berücksichtigt werden.

»Deutsche Geschichte« setzt als Titel Schranken und nennt ein Programm. Das bedeutet, daß in die Darstellungen Territorien außerhalb Deutschlands nur insoweit einbezogen worden sind, wie dies für Geschehensabläufe oder zur besseren Erläuterung von Sachverhalten notwendig erscheint. Dabei ist die Bezeichnung von Deutschland als Umschreibung des Gebietes zu betrachten, das in der jeweiligen Zeit »Heiliges Römisches Reich Deutscher Nation«, »Deutscher Bund«, »Deutsches Reich« und zweigeteilt »Bundesrepublik Deutschland« und »Deutsche Demokratische Republik« genannt wurde und wird. Die Einschränkung des Titels drückt sich auch in einer Abgrenzung des dargestellten Zeitraumes zur Vor- und Frühgeschichte aus, die nicht im engeren Sinn als deutsche Geschichte betrachtet werden kann: »Die Geschichte des Deutschen Volkes beginnt nicht mit den Cimbern und Teutonen und auch nicht mit Hermann, dem Cherusker. Es ist Zeit, mit den alten Legenden aufzuräumen. Das deutsche Volk, wie es heute besteht, ist ein verhältnismäßig spätes Ereignis der Mischung verschiedener ethnischer Bestandteile, wobei das germanische Element nur eines von verschiedenen gleichwertigen Elementen gewesen ist.« (Veit Valentin) So beginnt die hier vorgelegte »Deutsche Geschichte« mit dem deutschen Reich, wie es sich unter den sächsischen Königen und Kaisern herausgebildet hat; jedoch ist dies mit Rückblicken auf die Staatsbildungen der Karolinger, die zuvor Westeuropa geprägt hatten, verbunden. Diese – die gesellschaftlichen und geistigen Strukturen betonende – Darstellung führt weiter über die Zeit der Staufer und das späte Mittelalter bis zur Reichsreform von 1495. Es folgen die Kapitel über die Reichsreform und die Auseinandersetzungen in Verbindung mit Reformation und Gegenreformation bis zum Westfälischen Frieden 1648 sowie über das Zeitalter des Absolutismus bis zur Auflösung des Alten Reiches, während in Frankreich das Kaiserreich entstanden war. Es schließt sich das die politischen und sozialen Verhältnisse übergreifende Kapitel über deutsche Wirtschafts- und Technikgeschichte im 19. und 20. Jahrhundert an. Stärker ereignis- und sozialgeschichtlich orientiert sind dann wieder die Darstellungen, die von der napoleonischen Zeit über Vormärz und Revolution von 1848/49 bis zur Reichsgründung 1871 führen. Es schließt sich an die Betrachtung über die inneren und außenpolitischen Verhältnisse des Kaiserreichs bis zum Ende des Ersten Weltkriegs. Darauf folgen die Kapitel über die Weimarer Republik und über die nationalsozialistische Diktatur bis zum militärischen und politischen Ende des Deutschen Reiches 1945. Das Schlußkapitel behandelt die Entwicklung in dem verkleinerten deutschen Territorium seit 1945 und in zwei Staaten von 1949 bis etwa 1982. Der Ergänzung und schnellen Orientierung soll ein ausführliches Personenregister dienen.

Die Bearbeiter der einzelnen Kapitel haben über die von ihnen dargestellten Themen in Forschung und Lehre gearbeitet und tragen für ihre Darstellung die inhaltliche Verantwortung. Das gemeinsame Bemühen richtet sich darauf, für eine breite Leserschaft den inhaltlich komplexen Stoff deutscher Geschichte verständlich auszubreiten und zur Beschäftigung mit ihr anzuregen. Das Literaturverzeichnis, das von den Autoren dieses Bandes benutzte Literatur nennt, kann hierfür Hinweise geben. Interesse an Geschichte kann nicht erzwungen werden; aber es besteht die Möglichkeit, sie zu wecken. Dazu soll dieses Buch beitragen – auch im Sinn des französischen Historikers Marc Bloch: »Selbst wenn die Geschichte zu nichts anderem zu gebrauchen wäre, eines muß man ihr zugute halten: Sie ist unterhaltsam.«

Bearbeiter und Herausgeber danken den Mitarbeitern der Metzlerschen Verlagsbuchhandlung – besonders Dr. Uwe Schweikert – für Hilfe und Verständnis zu allen Zeiten der Neubearbeitung des »Rassow«. Zu danken ist auch stud. phil. Andrea Vogt für ihre Unterstützung bei der schnellen Erledigung der Korrekturen und der Erstellung des Personenindex.

Mainz/Darmstadt 1987 — Martin Vogt

Vorbemerkung zur zweiten Auflage

Die Ereignisse in Deutschland in den Jahren 1989 und 1990 haben es notwendig erscheinen lassen, die »Deutsche Geschichte« über das Jahr 1982 bis zum Jahr 1990 fortzuschreiben. Eine Überarbeitung der früheren Abschnitte erschien nicht erforderlich.

Mainz/Darmstadt 1991 — M. V.

Inhalt

Deutsche Geschichte im Mittelalter

Hanna Vollrath

Einleitung: Die Entstehung des deutschen Reiches

Die Königserhebung Ottos I.

Am 7. August des Jahres 936 fand in Aachen die feierliche Königserhebung Ottos (936–973) statt, den »das ganze Volk der Franken und Sachsen« zuvor zum König gewählt hatte. Er war der älteste Sohn des gerade verstorbenen Königs Heinrich (919–936). Im Rückblick erscheint diese Aachener Krönung als der sichtbare Abschluß der Entstehung eines Reiches, das in der Folgezeit Bestand hatte und das seit dem 11. Jahrhundert immer häufiger »deutsches Reich« (oder »Reich der Deutschen«) genannt wurde, eine Bezeichnung, die dieses 1806 erloschene alte Reich allerdings niemals offiziell als Titel angenommen hat. Am Ablauf der gut bezeugten Zeremonie lassen sich Herkunft und Aufbau dieses Reiches und das herrscherliche Selbstverständnis seines Königs erkennen.

Die feierliche Handlung bestand aus mehreren Teilen, die in ihrer Gesamtheit die Grundlagen des Königtums symbolhaft zum Ausdruck brachten. Zuerst erhoben die Herzöge und die mächtigsten Adligen Otto im Vorhof des Aachener Münsters zum König, indem sie ihn auf einen dort eigens errichteten Thron setzten und ihm als ihrem neuen Anführer Treue und Hilfe gegen alle Feinde schworen. Derweil erwarteten Geistlichkeit und Volk den neuen König in der Kirche. Bei Ottos Einzug ergriff der Erzbischof von Mainz dessen rechte Hand, führte ihn in die Mitte des Raumes und wandte sich an das versammelte Volk mit den Worten: »Ich bringe euch den von Gott gewählten, vom Herrn Heinrich einst bestimmten und jetzt von allen Fürsten zum König gemachten Otto; wenn euch diese Wahl gefällt, so erhebt zum Zeichen eure rechte Hand.« Darauf erhob das ganze Volk die Rechte zum Himmel und wünschte dem neuen Herrscher mit lauten Zurufen Heil und Segen. Dann schritt der Erzbischof mit dem König zum Altar, auf dem die königlichen Insignien lagen. Er bekleidete Otto mit dem Schwert, dem Mantel, dem Stab und dem Szepter und wies auf die symbolische Bedeutung der einzelnen Insignien hin: Kampf für den Glauben und den Frieden aller Christen in unermüdlichem Eifer bis zum Tod, väterliche Züchtigung der Untertanen und Erbarmen für die Diener Gottes, die Witwen und Waisen. Dann wurde Otto mit dem heiligen Öl gesalbt, mit der goldenen Krone gekrönt und über eine Wendeltreppe zum Thron im Obergeschoß der Kirche geführt, von wo aus er, für alle sichtbar, der Messe folgte. Auch das anschließende Krönungsmahl in der Pfalz war Teil der feierlichen Königserhebung und hatte symbolische Bedeutung: »die Bischöfe und das ganze Volk« saßen mit dem König an der Tafel, während die Herzöge der Lothringer, Franken, Schwaben und Bayern die Ehrendienste als Kämmerer, Truchseß, Mundschenk und Marschall versahen. »Wie es die königliche Freigebigkeit verlangt, ehrte der König danach einen jeden der Fürsten mit einem angemessenen Geschenk und entließ die Menge in großer Freudigkeit.«

Die fränkische Tradition

Otto war Sachse von Geburt. Der ausführliche Krönungsbericht findet sich in der Sachsengeschichte des Mönches Widukind von Korvey, der mit seinem Geschichtswerk den Sachsenstamm und das Königshaus, das aus ihm hervorgegangen war, verherrlichen wollte. Als König aber stand Otto in der Tradition des Frankenreiches. Das bezeugt nicht nur die Wahl des Krönungsortes Aachen, der Grablege Karls des Großen (768–814). Bei der Krönungsfeier, so berichtet Widukind ausdrücklich, trug Otto fränkische Kleidung, der Erzbischof von Mainz übertrug ihm mit dem Symbol des Schwertes »die ganze Herrschergewalt der Franken«, und der Thron, von dem aus Otto der Messe folgte, war der Thron Karls des Großen. All das zeigt, daß der Sachse Otto seine Herrschaft als Fortsetzung des Königtums der Franken ansah. Der Grund dafür war, daß das Königreich Ottos aus den Teilungen des fränkischen Großreiches hervorgegangen war.

Die Franken und das Frankenreich

»Franci« (Franken) bedeutet wohl ursprünglich »die Wilden«, »Kühnen«, »Ungestümen« und nicht, wie man früher annahm, »die Freien«. Angehörige mehrerer rechtsrheinischer germanischer Völkerschaften führten seit der Mitte des 3. Jahrhunderts diesen prunkenden Gemeinschaftsnamen, nachdem sie die Rheingrenze überschritten und sich in den Gebieten bis zur Somme in mehreren Kleinkönigreichen angesiedelt hatten. Den Königen der um Tournai siedelnden salischen Franken aus dem Geschlecht der Merowinger gelang es im 5. Jahrhundert, die anderen fränkischen Teilstämme zu unterwerfen. Darüber hinaus dehnten sie ihre Herrschaft nach der Absetzung des letzten weströmischen Kaisers (476) nicht nur über die bis dahin noch römischen Gebiete Galliens aus, sondern auch über andere völkerwanderungszeitliche Königreiche wie die der Westgoten im Süden Frankreichs, der Alemannen, Burgunder, Thüringer und über das Land der Bayern.

Die Karolinger

Als die Karolinger im Jahre 751 die Merowinger im Königtum ablösten, setzten sie die Expansion fort: Der erste karolingische Frankenkönig Pippin (751–768) unterwarf die Reste Südgalliens, sein Sohn Karl der Große Sachsen und Awaren. So bestand das »Königreich der Franken« aus vielen verschiedenen Gebieten und Völkerschaften, deren Namen aber nicht im Titel von König und Reich erschienen. Es blieb den Franken vorbehalten, namengebendes Reichsvolk des »Königs der Franken« zu sein. Anders verhielt es sich mit den Langobarden, deren italisches Reich Karl der Große (768–814) im Jahre 774 eroberte. Karl nannte sich in der Folgezeit »König der Franken und Langobarden« und zeigte dadurch, daß die Langobarden nicht in das Frankenreich eingegliedert werden sollten, obwohl auch sie nun einen König aus dem Frankenstamm hatten.

Kaiserkrönung Karls des Großen

Am Weihnachtstag des Jahres 800 wurde Karl von Papst Leo III. (795–816) in Rom zum Kaiser gekrönt. Schon Karls Vater Pippin hatte sich zum Schutz von Papst und römischer Kirche besonders berufen gesehen, hatte zu ihrer Verteidigung Krieg gegen die Langobarden geführt und die eroberten Gebiete dem Apostel Petrus geschenkt. Durch die »Pippinsche Schenkung« wurde in Mittelitalien das »Patrimonium Petri«, das Erbgut des Apostels Petrus, begründet, das der Papst als der Nachfolger des Apostels unter dem Schutz des Frankenkönigs besitzen sollte. Der Papst hatte die Schutzfunktion der fränkischen Könige durch die Verleihung des Titels »Patricius« zum Ausdruck gebracht. Mit der Annahme des Titels »Kaiser« (Imperator) legte Karl den des »Patricius« ab. Von nun an war die Schutz-

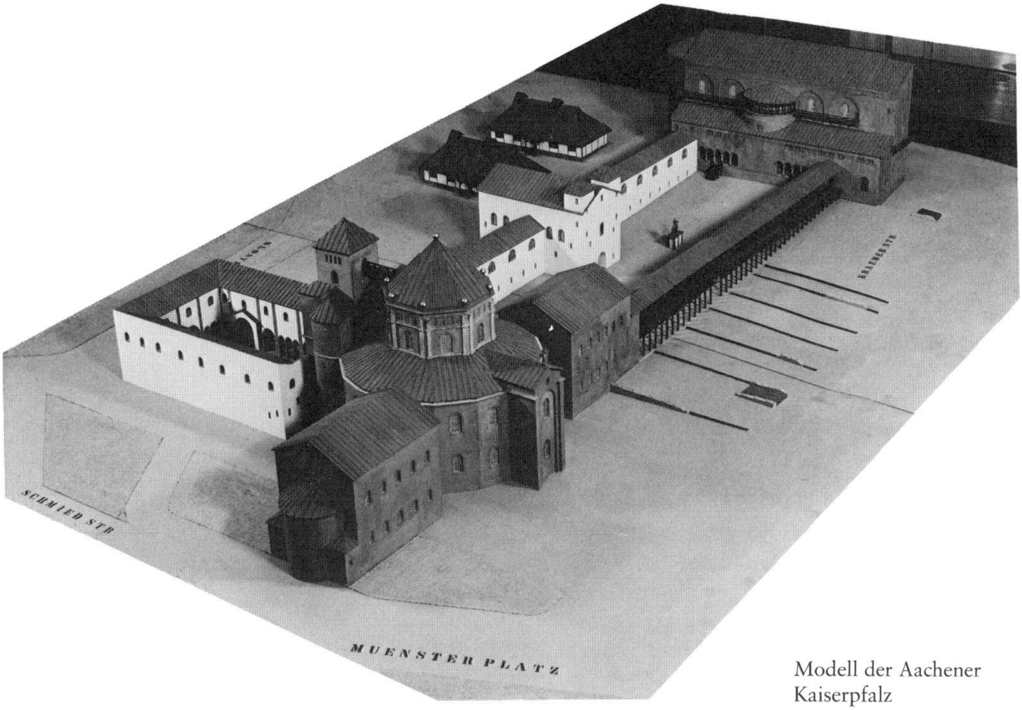

Modell der Aachener Kaiserpfalz

funktion des »Königs der Franken und Langobarden« gegenüber Papst und römischer Kirche im Kaisertum verankert.

Die Übertragung des Kaisernamens unterstrich die unvergleichliche Bedeutung von Schützer und Beschütztem zugleich: so wie der Papst den Vorrang vor allen anderen geistlichen Würdenträgern beanspruchte, so mußte auch sein Schutzherr eine Würde besitzen, die ihn aus dem Kreis der übrigen Könige sichtbar heraushob. Karl brachte in seinem Kaisertitel die Überzeugung zum Ausdruck, daß Gott ihm diese über alle anderen Herrscher erhobene Stellung zugewiesen habe: »Karl, der von Gott gekrönte große und friedebringende Kaiser, der das Römische Reich lenkt und der durch das Erbarmen Gottes zugleich König der Franken und Langobarden ist.«

Mit der römischen Krönung und der Nennung des Römischen Reiches im Kaisertitel stellte der Frankenkönig sein Kaisertum in die Nachfolge des alten Weltreiches, das seit Konstantin dem Großen als die vorgegebene universale Ordnung für das ebenfalls auf Universalität gerichtete Christentum galt. Möglicherweise dachte der Papst an einen jeweils neu zu erwählenden Schutzherrn. Den Franken aber war eine individuelle Auswahl fremd: für sie war mit Karl auch sein Geschlecht zur Kaiserwürde berufen, eine Vorstellung, die freilich mit einem von den merowingischen Königen übernommenen Brauch in Einklang zu bringen war, dem Brauch nämlich, das Frankenreich unter die Königssöhne aufzuteilen.

Die Teilungen des Frankenreichs

Beim Tode Karls des Großen stellte sich das Problem nicht, denn Ludwig der Fromme (814–840) überlebte als einziger der Söhne den Vater. Ludwig aber überlebten seine drei Söhne: Lothar (840–855), Ludwig der Deutsche (840–876) und Karl der Kahle (840–877). Sie teilten schließlich nach langen Auseinandersetzungen das Reich im Vertrag von Verdun (843).

Der Vertrag von Verdun (843)

Die Kaiserwürde blieb ungeteilt bei Lothar, dem Ältesten der Brüder, dessen langgestrecktes Mittelreich so zugeschnitten war, daß es die beiden Kaiserstädte Rom und Aachen einschloß. Der zweite Bruder Ludwig, dem später der Beiname »der Deutsche« gegeben

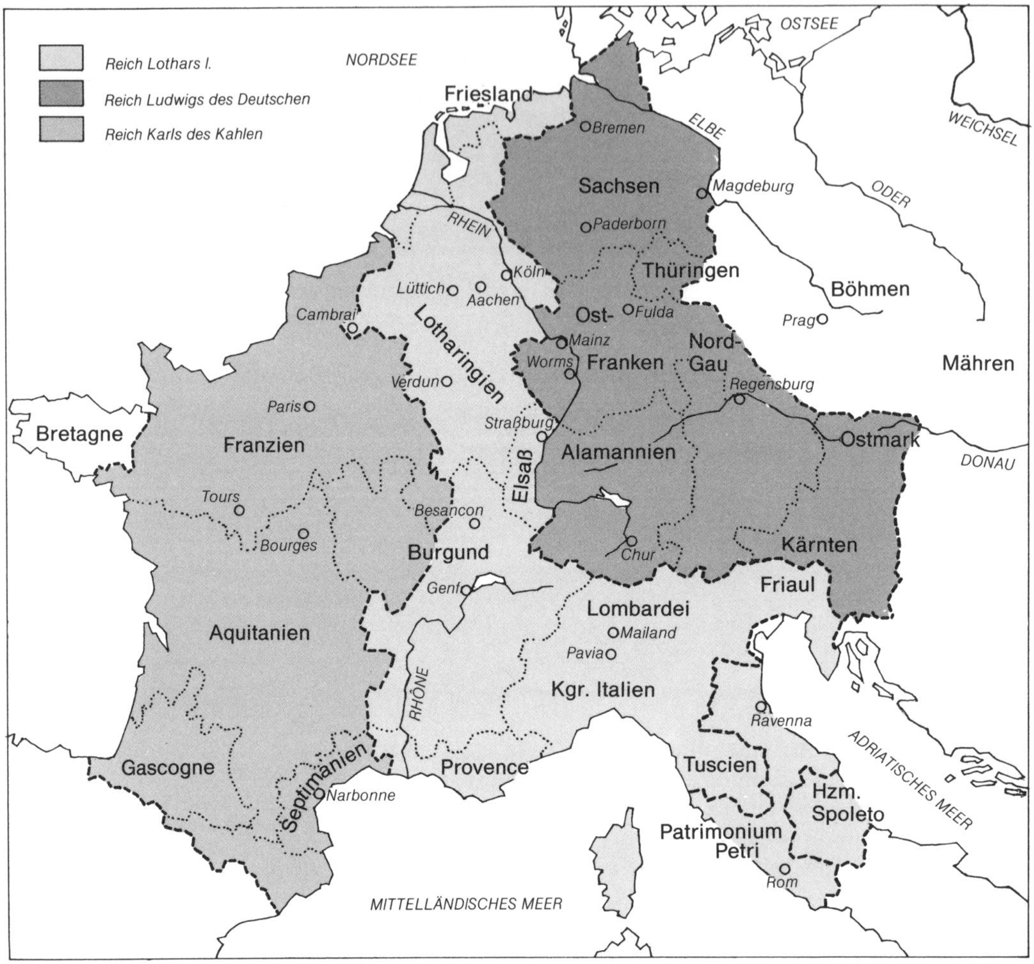

Das Frankenreich nach der Teilung von Verdun 843

wurde, war König im »Reich der östlichen Franken«, das die Gebiete der Bayern, Schwaben, Rhein- und Mainfranken, Thüringer und Sachsen umfaßte. Der jüngste Bruder Karl erhielt das Westfrankenreich. Die dem Vertrag von Verdun folgenden Jahrzehnte zeigen, daß das dergestalt aufgeteilte Frankenreich durch das karolingische Königsgeschlecht eine Einheit blieb: Die Anzahl der Söhne entschied darüber, ob die Teilreiche weiter geteilt oder wieder zusammengefügt wurden. Das von Friesland bis Rom sich erstrekkende Mittelreich machte dabei eine gewisse Sonderentwicklung durch. Es war 855 unter die drei Söhne Lothars aufgeteilt worden, wobei Lothar II. (855–869) die Gebiete nördlich der Alpen zugefallen waren: nach ihm hieß sein Herrschaftsgebiet Lotharingien (Reich Lothars). Nach seinem Tod fiel Lothringen nach längeren Kämpfen um konkurrierende Erbansprüche schließlich an das ostfränkische Reich.

Aussterben der ostfränkischen Karolinger

Im Jahre 887 zeigte sich deutlich, daß die Einigungskraft des Karolingergeschlechts nachließ: In den anderen Teilen des Großreiches verweigerte man dem im Ostfrankenreich gewählten Karolinger Arnulf (887–899) die Anerkennung und wählte nicht-karolingische Könige. Zwar konnte Arnulf noch einmal eine Art Oberhoheit über die anderen Könige des Frankenreiches aufrichten und auch die Kaiserwürde erringen. Sein Sohn Ludwig aber, der ihm im Jahre 900 als unmündiges Kind im Königtum folgte, blieb auf das Ostfrankenreich beschränkt. Bei Ludwigs kinderlosem Tod im Jahre 911 war dann zu entscheiden, was stärker wirkte, die Bindung an das Karolingergeschlecht, was einen Anschluß des Ostfrankenreiches an das Westfrankenreich unter dem Karolingerkönig Karl dem Einfältigen bedeutet hätte, oder aber die Selbständigkeit des Ostfrankenreichs unter einem eigenen König, wie sie nun schon seit Jahrzehnten Bestand hatte. Durch die Wahl Konrads I. (911–918), der zwar Franke, aber kein Karolinger war, entschied man sich für die Selbständigkeit des Ostfrankenreiches. Die Lothringer freilich schlossen sich dem westfränkischen Karolinger an.

Zwei Bedingungen müssen erfüllt sein, wenn ein Reich Bestand haben soll: Es muß sich gegenüber den Nachbarn, nach außen also, als eigenständig abgrenzen. Das war 911 mit der Wahl Konrads geschehen. Als zweite Bedingung aber muß es auch über einen Zusammenhalt im Innern verfügen, der verhindert, daß es zu Teilungen und Sezessionen kommt. Diese Probe hatte das Ostfrankenreich bei den beiden folgenden Königswahlen zu bestehen. Konrad I. hatte es am Ende seiner Regierungszeit kaum noch vermocht, seine Königsherrschaft angesichts von Eigenmächtigkeiten vor allem in den südlichen Reichsteilen zu behaupten. Eine alle Bewohner bindende gemeinsame Königswahl kam denn auch bei seinem Tode nicht zustande: Nur Sachsen und Franken wählten den Sachsenherzog Heinrich zum König, Schwaben und Bayern blieben der Wahl fern, die Bayern erhoben sogar ihren eigenen Herzog Arnulf (907–937) zum König.

König Heinrich I.

König Heinrich I. aber sah sich als König des ganzen Ostfrankenreiches und damit berechtigt, die Anerkennung seines Königtums durch Schwaben und Bayern militärisch zu erzwingen. In der Tat gelang es ihm bald, die allgemeine Anerkennung seines Königtums zu erreichen, das er 925 auch auf Lothringen ausdehnen konnte. Es war freilich ein Königtum, das kaum mehr als eine lose Oberhoheit über die sehr selbständigen Herzöge war. In einem Vertrag mit dem westfränkischen Karolingerkönig führte der Sachse Heinrich den Titel »Rex Francorum orientalium« (König der Ostfranken) und machte dadurch deutlich, daß er in der Tradition des Frankenreiches stand. Bei der Regelung von Heinrichs Nachfolge im Königtum mußte sich nun erweisen, ob auch die fränkische Teilungspraxis fortgeführt wurde. Heinrich I., der mehrere Söhne hatte, bestimmte vor seinem Tode nur einen, den erstgeborenen Otto, als Nachfolger im Königtum. Die feierliche Königserhebung Ottos in Aachen setzte den Wahlvorschlag Heinrichs in die Tat um und besiegelte damit die innere Einheit des Reiches. So wurde mit der Aachener Königserhebung die Bildung eines nach außen selbständigen und im Innern ungeteilten Königreiches abgeschlossen, das gleichwohl in seinem Selbstverständnis ein fränkisches Reich blieb.

Die Herzöge

Im Bericht der Aachener Königserhebung Ottos I. erscheinen Herzöge (duces) an herausragender Stelle am Anfang und am Ende der Zeremonie: Bei der Thronsetzung im Vorhof des Münsters, mit der die feierliche Königserhebung begann, werden sie als erste genannt, und beim Krönungsmahl, das die feierliche Handlung beschloß, versahen sie die rituellen Ehrendienste. Damit wurde allen vor Augen geführt, daß die Herzöge die Ersten und Nächsten am Königsthron und im Haus des Königs sein sollten.

Der Titel »dux« erscheint häufig in den frühmittelalterlichen fränkischen Quellen, allerdings in unterschiedlichen Bedeutungen: Er meint einmal den Anführer, vor allem den militärischen Anführer, und zum anderen ein Amt mit Herrschaftsbefugnissen. Im Bericht Widukinds ist von »Duces« in diesem zweiten Sinn, von Herzögen also, die Rede. Herzöge gab es schon im merowingischen Frankenreich. Sie wurden vom König als königliche Beauftragte über ein größeres Gebiet gesetzt und standen damit zwischen den Grafen, den lokalen königlichen Amtsträgern, und dem Königshof. So wie sich die Merowingerkönige bei der Abgrenzung der Grafschaften weitgehend an traditionell vorgegebene Einheiten hielten, so auch bei der Abgrenzung der Herzogtümer.

Die Herzöge im Merowingerreich

Im Westteil des Frankenreichs, das einmal römisch gewesen war, orientierte man sich vor allem an den alten römischen Gliederungen, im nichtromanischen Ostteil jenseits des Rheins dagegen meist für die Grafschaften an den germanischen Gauen und für die Herzogtümer an den völkerwanderungszeitlichen Königreichen, die durch Eroberung ihre einheimischen Könige verloren und in das Frankenreich eingegliedert worden waren. Es gab so Herzöge der Alemannen, der Bayern und der Thüringer. Formal gesehen war die Grundlage der Herzogsstellung im West- und Ostteil des merowingischen Frankenreiches also gleich, nämlich königliche Amtseinsetzung über einen nach Herkommen abgegrenzten Bereich. Trotzdem hat man die östlichen Herzogtümer als etwas Besonderes zu verstehen versucht, indem man ihnen die eigene Bezeichnung »Stammesherzogtümer« gab. Das ist ein neuzeitlicher Ordnungsbegriff, der im 19. Jahrhundert entstand und nicht ganz glücklich gewählt ist, denn er könnte die falsche Vorstellung wecken, als sei im Osten die Herzogswahl aus dem Zusammengehörigkeitsgefühl der Stämme hervorgegangen und hätte damit von Anfang an eine andere Grundlage als das »künstliche« westliche Herzogtum gehabt. In Wirklichkeit waren Einrichtung und Entwicklung der Herzogtümer im gesamten Merowingerreich durchaus vergleichbar: Die Herzöge erhielten ihre Stellung durch königliche Amtseinsetzung und verbanden sich zunehmend mit dem einheimischen Adel. Sie streiften ihre Amtsbindung an die Zentralgewalt ab und entwickelten sich so von beauftragten Repräsentanten des Königs gegenüber dem lokalen Adel zu Vertretern der Lokalinteressen gegenüber dem König. Die Karolinger gingen deshalb daran, sich dieser selbstherrlichen Zwischeninstanzen wieder zu entledigen. Seit dem späten 8. Jahrhundert gab es im karolingischen Frankenreich keine Herzöge mehr.

Älteres Stammesherzogtum

Bei den Reichsteilungen der Folgezeit griff man aber wiederum dort, wo sich die Möglichkeit dazu bot, auf die von altersher vorgegebenen Einheiten zurück. So sah die Teilungsordnung Ludwigs des Deutschen für seine drei Söhne vor, daß der Älteste, Karlmann (876–880), König der Bayern, Ludwig der Jüngere (876–882) König der Rhein- und Mainfranken, Thüringer und Sachsen, und Karl (876–887) König der Schwaben werden sollte. Hier kehren also die Namen der alten »Stammesherzogtümer« wieder. Aber schon das Beispiel Schwabens sollte davor warnen, die politische Gestaltungskraft in der Spontaneität stammesmäßigen Zusammengehörigkeitsgefühls zu sehen; denn das Unterkönigreich Schwaben war erst 829 aus Alemannien, dem Elsaß, Teilen Burgunds und der ehemals römischen Provinz Rätien gebildet worden, um einen spätgeborenen Karolingersohn auszustatten. Nachdem durch den Tod aller anderen Karolingerkönige das Ostfrankenreich seit 882 wieder in der Hand nur eines einzigen Königs vereint war, ist dann wieder von »Duces« die Rede. Man hat ihr Auftreten mit den etwa gleichzeitig einsetzenden Überfällen von Normannen und Ungarn in Verbindung gebracht und angenommen, daß sich die Stämme angesichts der kriegerischen Bedrohung um Herzöge als ihre militärischen Anführer gesammelt haben. Man sprach deshalb wiederum vom Stammesherzogtum, das man in Abgrenzung vom merowingischen »älteren Stammesherzogtum« als »jüngeres Stammesherzogtum« bezeichnete.

Jüngeres Stammesherzogtum

Wie man sich die Entstehung der Herzogsgewalt am Ende des 9. Jahrhunderts aber konkret vorzustellen hat, bleibt unklar und damit umstritten. Zu Beginn des 10. Jahrhunderts jedenfalls gab es einen Herzog der Franken, der Schwaben, der Bayern, der Sachsen und der Lothringer. In Franken und Schwaben hatte es blutige Kämpfe zwischen rivalisierenden Adligen gegeben, aus denen der Sieger dann den Herzogstitel davontrug. Als der letzte ostfränkische Karolinger Ludwig das Kind im Jahre 911 starb, wurde der Herzog der Franken Konrad zum König gewählt. Die Wähler waren »Franken, Sachsen, Schwaben und Bayern«, wie es in einer zeitgenössischen Quelle heißt, die sich am Wahlort Forchheim fraglos mit ihren Herzögen an der Spitze eingefunden hatten. Für die Wahl des Sachsenherzogs Heinrich zum König ist die Mitwirkung des Frankenherzogs Eberhard ausdrücklich bezeugt; Die spätere Einbeziehung der Schwaben, Bayern und Lothringer in das Königreich Heinrichs wurde vollzogen, indem sich die Herzöge mit ihren Herrschaftsbereichen dem neuen König unterwarfen. Die Franken, Schwaben, Bayern und Lothringer wurden also bei dem neuen Frankenkönig aus dem Sachsenstamm durch ihre Herzöge vertreten, die damit im Reichsaufbau fest verankert waren. Diese herausgehobene Rolle der Herzöge wurde bei der Königserhebung Ottos in Aachen allen Anwesenden vor Augen geführt.

Die Königswahl

Nach neuzeitlichem Rechtsverständnis ist eine »Wahl« eine Entscheidung, die von einem genau bestimmten Kreis Wahlberechtigter nach vorher festgelegtem Verfahren getroffen wird. Widukinds Verwendung der Begriffe »Wahl« und »wählen« (electio, eligere) zeigt, daß damals andere Vorstellungen herrschten. Nach der Mitteilung, daß »das ganze Volk der Franken und Sachsen« Otto nach dem Tode seines Vaters zum Herrscher gewählt habe, berichtet er, daß als Ort »der allgemeinen Wahl« die Pfalz Aachen bestimmt worden sei. Bei der detaillierten Schilderung der Aachener Ereignisse ist dann aber von einer Wahl der Anwesenden keine Rede mehr, dafür aber von der Wahl Gottes: Der Erzbischof von Mainz wandte sich an das Volk mit den Worten, daß er ihm »den von Gott gewählten Otto« zuführe und forderte es auf, durch Erheben der Rechten zu zeigen, daß ihm »diese Wahl« gefalle. In den Worten des Erzbischofs liegt der Schlüssel zum mittelalterlichen Wahlverständnis. Nicht Menschen entscheiden und handeln nach den Maßstäben menschlicher Vernünftigkeit und Verantwortlichkeit, sondern Gott handelt. Für die Menschen kam es darauf an, sich mit dem Willen Gottes in Übereinstimmung zu bringen. Dabei ging man davon aus, daß Gott seinen Willen auf sehr verschiedene Weise kundtun konnte. Als Karl der Große im Jahre 806 eine Teilungsordnung für sein Reich festsetzte – die dann durch den Tod der Söhne nicht zur Ausführung kam –, erkannte er in der Tatsache, daß Gott ihm drei Söhne geschenkt hatte, den Willen Gottes zur Teilung des Reiches in drei Teile. Einige Jahre später rechtfertigte Karls Sohn Ludwig der Fromme das Gegenteil, nämlich die Bewahrung der Reichseinheit unter seinem ältesten, schon zum Kaiser gekrönten Sohn Lothar ebenfalls mit dem Willen Gottes. Er ging von der Kaiserwürde aus und leitete daraus die Verpflichtung zur Bewahrung der Reichseinheit ab, während die Großen des Reiches in der Tradition des fränkischen Königtums die Fortsetzung des althergebrachten Teilungsbrauchs verlangten. Ludwig verfügte für die Reichsversammlung, die sich im Jahre 817 mit dieser Frage befaßte, ein mehrtägiges Fasten mit Bittgesängen und Almosengeben, um sie für die Aufnahme des göttlichen Willens bereit zu machen, was dann auch zu dem von Ludwig gewünschten Ergebnis führte.

Die Wahl durch Gott

Die vom Himmel herabreichende Hand Gottes, die dem König die Krone aufs Haupt setzt, versinnbildlicht die Auffassung, daß die Könige durch Wahl und Auftrag Gottes regieren (Dedikationsbild eines Otto II. oder Otto III. gewidmeten Evangeliars, um 990)

Es wäre in gleicher Weise verfehlt, hier zynische Manipulation oder aber ein besonders verchristlichtes Denken anzunehmen. Vielmehr sollte man solche Vorstellungen als Ausdruck eines in christliche Vokabeln gefaßten archaischen Weltverständnisses zu sehen versuchen, und zum Verständnis die Zusammenhänge »mit der Denkart außereuropäischer Völker beachten und völkerkundliche Vergleiche nicht scheuen, die noch vor einigen Jahrzehnten die Empörung mancher Fachgenossen hervorgerufen hätten« (Fichtenau). So sei hier der Ethnologe Robert Redfield zitiert, der die Weltsicht vorstädtischer Stammesgesellschaften durch die grundsätzliche Einheit der Bereiche der Menschen, der Natur und des Übernatürlich-Göttlichen bestimmt sieht. Auch die mittelalterlichen Menschen empfanden sich und ihre Welt dauernd dem direkten Eingriff göttlicher und teuflischer Mächte ausgesetzt, die sich der Menschen selbst, aber auch der Natur als Mittel und Zeichen bedienten. Die Einfälle der heidnischen Normannen und Ungarn galten als Strafen Gottes für die Sünden der Franken; ein Gewitter diente Gott als Züchtigungsmittel für Kirchenräuber, die er »mit dem Donner« erschlug; bei Not und Unglück von Heiligen aber hatte der Teufel seine Hand im Spiel, der seinerseits böse oder schwache Menschen für seine Zwecke benutzte.

Menschen als Werkzeuge

So wird immer wieder das Bemühen erkennbar, die Geschehnisse als Manifestationen übernatürlicher Mächte zu deuten, und von daher die Menschen nicht als eigenständig Handelnde, sondern als abhängige Werkzeuge zu begreifen, deren Denken und Handeln durch stete Furcht vor den übernatürlichen Mächten bestimmt war. Unser Verständnis dieser Weltsicht wird fraglos dadurch erschwert, daß es sich nicht um eine widerspruchsfreie Theorie, sondern um eine unreflektiert-selbstverständliche Grundüberzeugung handelte, die nicht durch logische Inkonsequenzen und Widersprüche zu beirren war. Meist galten Brauch und Herkommen als Gottes Wille – denn wie hätte etwas längere Zeit Bestand haben können, wenn es nicht Gottes Wille entsprach? Aber auch eine Änderung der Gewohnheit ließ sich durch Berufung auf den Willen Gottes rechtfertigen, wie das Beispiel der Teilungsordnung Ludwigs des Frommen zeigt. Einig war man sich wohl allein in der Überzeugung, daß es überall da, wo Entscheidungen zu fällen waren, nicht um Auswahl aus einer Reihe denkbarer Möglichkeiten ging, bei der Sachargumente das Urteil zu leiten hatten, sondern um das Aufspüren des Willens Gottes. Für eine Wahl bedeutete das, den von Gott für das Amt Bestimmten zu wählen. Daß Menschen sich dergestalt als Werkzeuge des Willens Gottes begriffen, schloß natürlich Streit und Kampf nicht aus, im Gegenteil: Wer für die Durchsetzung des Willens Gottes kämpft, wird unerbittlich das durchzusetzen sich bemühen, was er für denselben hält, und im Andersdenkenden den Unwissenden und meist das Werkzeug des Teufels bekämpfen. Als beste Gewähr dafür, das Richtige zu tun, galt die Einmütigkeit aller. Wo sie sich einstellte, sah man Gottes Wille in doppelter, sich wechselseitig bestätigender Weise am Werk: Gott hatte die Wahl aller auf den von ihm Gewählten vereinigt, aber auch umgekehrt dadurch, daß alle einig waren, erkennen lassen, daß der Richtige gewählt wurde. Genau diese gottbewirkte Einmütigkeit aller in der Wahl Ottos wollte Widukind vermitteln: Von der Designation durch den Vater Heinrich, über die Wahl der Franken und Sachsen bis zur Zustimmung des versammelten Volkes im Aachener Münster hatten alle zusammengewirkt, um Gottes Willen zu tun.

Einmütigkeit der Wahl

Die Aufstände allerdings, die schon im folgenden Jahr gegen die Königsherrschaft Ottos einsetzten und denen sich oft seine nächsten Verwandten als Anführer zur Verfügung stellten, lassen vermuten, daß der Übergang von der Teilungspraxis zur Einherrschaft nicht ganz so harmonisch vor sich ging, wie es Widukind glauben machen will. Gerade Ottos Bruder Heinrich hat sich jahrelang führend an ihnen beteiligt. So muß wohl die Mitteilung Widukinds, daß dieser Heinrich sich zur Zeit der Krönungsfeierlichkeiten mit seinem Erzieher, dem Grafen Siegfried, zum Schutz der Grenzen in Sachsen aufhielt, als ein Hinweis auf kaum beigelegte Rivalitäten und als Ankündigung künftiger Schwierigkeiten verstanden werden.

Der gesalbte König

In dem Bericht Widukinds gehören die Einkleidung Ottos mit den königlichen Insignien, die Salbung und die Krönung zusammen. Sie wurden vom höchsten geistlichen Würdenträger des ostfränkisch-deutschen Reiches, dem Erzbischof von Mainz, vollzogen. Bei der Salbung und Krönung wirkte außerdem der Erzbischof von Köln mit als der Metropolit der Kirchenprovinz, in der Aachen lag. Der Erzbischof von Mainz erläuterte jede der Insignien als Symbol für Herrschertugenden, auf die er Otto mit ihrer Überreichung verpflichtete. Das Bild vom Königtum, das sich aus ihnen ergibt, ist untrennbar mit der Salbung verbunden und läßt sich von der Salbung her verdeutlichen.

Die erste fränkische Königssalbung

Der Beginn des Brauches, die Könige zu salben, läßt sich für das Frankenreich genau angeben: es ist das Jahr 751. Der erste fränkische König, an dem die Salbung vollzogen wurde, war Pippin der Jüngere (751–768). Er war der erste Karolinger auf dem fränkischen Königsthron. Die Salbung gehört zu den Akten, mit denen der Dynastiewechsel von den Merowingern zu den Karolingern legitimiert wurde.

Die königliche Macht hatte schon lange vor 751 bei den karolingischen Hausmeiern gelegen. Pippins Vater Karl Martell (714–741) hatte sogar viele Jahre lang ohne König regiert; aber alle Versuche einzelner Karolinger, auch die Königswürde zu erlangen, waren gescheitert. Es war ihnen nicht gelungen, den aus magisch-heidnischen Vorstellungen sich ableitenden Glauben an die Heiligkeit des königlich-merowingischen Blutes zu überwinden. So gab es im Frankenreich einen König, der schwach und tatenlos war, und einen mächtigen Hausmeier, der, besonders im Abwehrkampf gegen äußere Feinde, Gefolgsleute an sich zu binden vermochte. Königliche Macht und königlicher Name fielen auseinander. Da wandte sich Pippin, der zur königlichen Macht auch Namen und Würde eines Königs erstrebte, an den Papst mit der Anfrage, ob das Auseinanderfallen von Titel und Funktion gut sei oder nicht. Pippin rief den Papst an, um von ihm eine verbindliche Auskunft in dieser allgemeinen Frage der Herrschaftsordnung zu erhalten. Der Papst sollte, um es modern auszudrücken, als Gutachter tätig werden. Die Vorstellung, daß der Papst der gegebene Gutachter in Fragen der Ordnung der Welt sei, hatten Pippin und seinen Anhängern angelsächsische Missionare vermittelt, allen voran Bonifatius, »der Apostel der Deutschen«. Sie hatten ihre Überzeugung, daß der Papst als Hüter der Apostelgräber der durch die Apostel verbürgten göttlichen Wahrheit besonders nahe sei, im Frankenreich verbreitet. Auch an dieser Stelle ist wieder der Ethnologe Robert Redfield zu zitieren. Bei vorschriftlichen Völkern, so stellt er fest, herrsche allgemein die Überzeugung, daß die Welt ein geordnetes Ganzes sei, das, einst von einem göttlichen Willen in Gang gesetzt, im Sinne der vorgegebenen Ordnung ablaufe. Zu dieser Ordnung des Ganzen gehörte bei den Franken auch das Königtum, aber der dem König in der Ordnung bestimmte Platz war im wahrsten Sinne des Wortes zweideutig, denn Königsname und Königsmacht fielen ja auseinander. Die Lösung des Problems geben die den Karolingern nahestehenden Reichsannalen so wieder: »Der Papst stellte fest, daß es besser sei, jenen König zu nennen, der die Macht habe, als jenen, der ohne königliche Macht sei. Damit die Ordnung nicht gestört werde, befahl er mit apostolischer Autorität, Pippin zum König zu machen.« Gewiß wurde der Papst in seiner Antwort von augustinischen Vorstellungen über die göttliche Weltordnung geleitet, in der Sache (res) und Name (nomen) übereinstimmen müssen. Die Begründung vermochte den fränkischen Adel aber wohl deshalb zu überzeugen, weil sie ihrer archaischen Weltsicht entsprach.

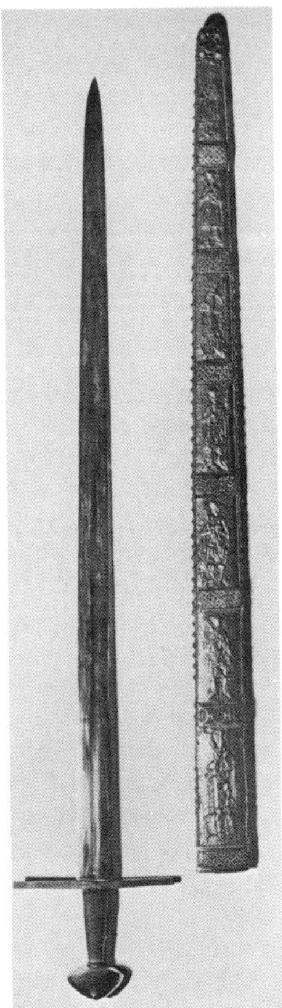

Das Reichs- oder Mauritiusschwert und seine Scheide. Das Schwert gehörte zu den bei der Krönung verwandten Reichsinsignien. Das heute erhaltene Exemplar stammt aus dem 11. Jh.

Die Auskunft des Papstes hatte das Streben Pippins nach dem Königtum als rechtens, d.h. als mit der gottgewollten Ordnung der Welt übereinstimmend erklärt und damit der merowingischen Geblütsheiligkeit als Herrschaftslegitimation den Willen Gottes entgegengestellt. Ihr folgte die Königserhebung nach althergebrachtem fränkischen Brauch und zum Zeichen der göttlichen Beauftragung Pippins dann als neues Element die Salbung nach alttestamentarischem Vorbild.

Der König als »christus Domini«

Der König als der »Gesalbte des Herrn« *(christus Domini)* regierte »von Gottes Gnaden« *(gratia Dei)*, eine Formel, die Pippin und seine Nachfolger ihrem Herrschertitel beifügten. Das Königtum wurde als ein von Gott verliehenes Amt *(ministerium)* verstanden, das den König als den Stellvertreter

Gottes (oder Christi) auf Erden erscheinen ließ. Das bedeutete keine Konkurrenz zu Bischöfen und Papst, denn im Frühmittelalter dachte man nicht in den Kategorien von »Staat« und »Kirche« als zwei eigenständigen Institutionen, sondern ging vom Zusammenwirken aller Stände gemäß dem jedem vorgegebenen Ort in der alle umfassenden Gesamtordnung aus. So ergaben sich aus der Sakralität des Königtums und der Salbung des Königs durch die Bischöfe auch keine Fragen der Kompetenzabgrenzung, der Gottunmittelbarkeit oder Unterordnung des Königtums unter »die Kirche«, die es damals als universale Institution nicht gab. Das gedanken- und bedenkenlose Zusammenwirken von Königtum und Priestertum im Frühmittelalter wurde erst in der Aufbruchstimmung des 11. Jahrhunderts zum Problem. In dem geistigen Klärungsprozeß, der mit der Frontstellung des Investiturstreits einherging, wurde gegenüber der Einheitlichkeit der alten Ordnung die begriffliche Differenzierung in geistlich und weltlich erarbeitet.

Thronender Herrscher mit Reichsapfel und Zepter (Aachener Domschatz, um 1000)

Auch die direkten Nachfolger Pippins wurden gesalbt. Es ist aber fraglich, ob die Salbung auch bei den Königen des ostfränkischen Teilreichs im 9. Jahrhundert Bestandteil der Königserhebung blieb. Von Heinrich I., dem Vater Ottos, ist ausdrücklich überliefert, daß er die ihm vom Erzbischof von Mainz angebotene Salbung ablehnte. Man muß daraus nicht auf das Programm eines kirchenunabhängigen Königtums schließen, vor allem dann nicht, wenn die Salbung damals kein gewohnheitsmäßiger Bestandteil der Königserhebung war. Was immer Heinrich I. bei seiner Ablehnung geleitet haben mag – sein Sohn Otto jedenfalls orientierte sich ohne Zweifel an den frühen Karolingern und vor allem an Karl dem Großen und trat mit der Salbung in die Tradition der karolingischen Vorstellungen vom Königtum ein. Das bezeugen auch die Königspflichten, die der Erzbischof von Mainz dem neuen König mit der Überreichung der Königsinsignien einschärfte: Eifer des Glaubens, Wahrung des Friedens für die Gläubigen und Kampf gegen die Feinde Christi, väterliche Zucht gegenüber den Untertanen und Erbarmen für die Diener Gottes, die Witwen und Waisen. Mit der Aufzählung der Königspflichten entsteht eine durch christliche Herrschertugenden bestimmte Vorstellung vom Königtum, wie sie auch die karolingischen Fürstenspiegel entwerfen: der König als Diener des Glaubens und Schützer der Armen und Schutzlosen. Ein solcher König erwirbt Gottes Gnade und Belohnung für sein Land, denn in seinem Reich, so heißt es in einem Brief des angelsächsischen Priesters Cathwulf an Karl den Großen, gibt es milde Luft ohne Stürme, Fruchtbarkeit von Land und Meer, und allem, was darinnen ist, Unterwerfung der Heidenvölker und Bezwingung der Feinde. Umgekehrt aber, so heißt es weiter, bringt ein ungerechter König Unglück über sein Volk, Zwietracht herrscht in den Familien, es gibt Hungersnöte, Seuchen, Unfruchtbarkeit des Landes und Vernichtung der Ernten durch Sturmfluten. Die Feinde werden den Sieg davontragen und den König aus seinem Reich vertreiben. Der König »repräsentiert« also das Volk gegenüber Gott. Erfüllt er seine Rolle nicht, so wird das Volk mit ihm gestraft.

Die Königspflichten

Wie erfüllt nun der König die ihm übertragene Rolle? Er zeigt Glaubenseifer, indem er bei seinen Zügen durch das Land an den Altären eifrig seine Gebete verrichtet, Reliquien sammelt und verehrt, die Kirchen beschenkt, die Heiden bekämpft und zur Vermehrung der Gebete und zur Ausbreitung des Glaubens Klöster und Bistümer gründet. In unserem Sinne »politisch« tätig wird ein König vor allem, wenn er gegen die Feinde des Reiches zu Felde zieht oder über Rechtsbrecher und Störenfriede zu Gericht sitzt und so seine »väterliche Zucht« ausübt. Das geforderte Erbarmen für die Armen und Schutzlosen zeigt er, indem er die sich ihm bittend entgegenreckenden Hände mit Gaben füllt und ihnen ihr Recht zuspricht. Der König hat vor allem diese von seiner Rolle geforderten Gesten und Riten auszuführen, nicht aber eine

Gestenartiges Handeln

Rechts- und Sozialpolitik zu entwerfen und auch keineswegs eine effektive Durchführung gezielter Sozialfürsorgemaßnahmen zu gewährleisten.

Ein König, der, wie Otto I. noch an seinem Todestag, beim Verlassen der Kirche »der Sitte gemäß den Armen seine gütige Hand ausstreckte«, wie Widukind berichtet (III, 75), erfüllte die in seine Rolle gesetzten Erwartungen und erwies sich dadurch als guter König. Die Heiterkeit und große Ruhe kurz vor seinem Tode war den Zeitgenossen ein Zeichen, daß ihm der himmlische Lohn dafür gewiß war. Anders König Heinrich III. (1039–1056), von dem überliefert wird, daß er, als er mit seinen Großen über die Reichseinkünfte beriet, nacheinander von drei Armen um Hilfe angegangen wurde. Er reagierte ungehalten auf die Störung und beschied sie, daß er sich ihrer Sache annehmen werde, wenn ihm die Reichsgeschäfte dazu Zeit ließen. Damit hatte Heinrich es unterlassen, auf die flehentliche Bitte des Armen mit der geforderten Mildtätigkeit des Königs zu reagieren, und diesem Verstoß gegen die Königspflichten folgte die göttliche Strafe auf dem Fuße: Die Legende dient als Begründung für den plötzlichen frühen Tod Heinrichs, der als Strafe für dieses unkönigliche Verhalten gedeutet wurde. Der Erweis königlicher Mildtätigkeit war eben eine wichtigere Königsaufgabe als die Beschäftigung mit den Reichsfinanzen, die eine effektive Sozialfürsorge erst ermöglicht hätte.

Auch im früheren Mittelalter läßt sich bei einigen Herrschern, vor allem bei Karl dem Großen, das von christlichem Amtsverständnis getragene Bemühen erkennen, über die einzelne königliche Tugendhandlung hinaus im ganzen Reich die Rechtssicherheit zu erhöhen und die Not und Bedrückung der Armen zu lindern. Allgemein aber verstanden die Herrscher die alten Königstugenden erst in zunehmendem Maße als Handlungsanweisungen, nachdem die rituell-sakrale Funktion des Königtums in den Auseinandersetzungen des Investiturstreits erschüttert worden war. Erst dann versuchten sie, diese gezielt durch den Aufbau von Behörden in Politik umzusetzen.

Mahl und Gabe

Den Abschluß der Krönungsfeierlichkeiten bildete ein Festmahl in der Pfalz, bei dem der neugekrönte König »mit den Bischöfen und dem ganzen Volk« zu Tisch saß und die Herzöge den Dienst versahen. Auch heute noch wird nach einem Staatsakt in der Regel ein Essen gegeben als gesellschaftlicher Teil des eigentlichen politischen Ereignisses. Das Mittelalter aber kannte die Trennung von Staat und Gesellschaft nicht und so sollte man das Aachener Krönungsmahl nicht von seiner neuzeitlichen Fortsetzung, sondern von seinem mittelalterlichen Kontext her als Rechtsakt und Symbolhandlung zugleich verstehen. Die Darstellung Widukinds läßt nicht erkennen, ob in Aachen die Vorstellungen des germanischen Erb- und Totenmahles bestimmend waren, bei dem durch rechtsbegründende Symbolhandlungen der Eintritt des Erben in die Erbschaft und zugleich die Beendigung der Herrschaft des Erblassers sichtbar gemacht wurde. In jedem Fall aber gehörte das mittelalterliche Krönungsmahl zu den »rituellen Speisegemeinschaften«. Sie dienten zur Erneuerung, Erhaltung und Bekräftigung des Friedens in einem Rechtskreis, in dem »natürlichen« Rechtskreis der Verwandten und Hausgenossen ebenso wie in der durch Eid gestifteten »künstlichen Verwandtschaft« in den Gilden und anderen Schwurbünden.

Rituelle Speisegemeinschaften

In der Tischgemeinschaft zeigten sich »Bischöfe und Volk« ebenso wie die Herzöge als Glieder des Königshauses und der königlichen »familia«, was im Mittelalter nicht nur die Familie im heutigen Sinne als ein Kreis von Blutsverwandten, sondern darüber hinaus auch diejenigen bezeichnete, die zu einem Haus als Abhängige und Hausgenossen gehörten. Widukind erläutert nicht, auf welche Weise man zum Ausdruck brachte, daß »das ganze Volk« mit seinem König zu Tisch saß. Sah man das ganze Volk durch eine gleiche Zahl Großer aus den Stämmen des Reiches, durch die wichtigsten Familien des Reichsadels oder aber dadurch repräsentiert, daß neben den Bischöfen (und Großen?) das aus der Umgebung zusammengeströmte Volk am Tisch Platz nahm? Wie fungierten die königlichen Blutsverwandten? Welche Rolle spielte die Frau Ottos, die englische Königstochter Edith († 946)? Gehörten überhaupt Frauen (und Kinder?) zum »Volk«, oder stellte sich »das Volk« allein in seinen waffentragenden Männern dar? Die Quellen erlauben keine Antwort. Da das Krönungsmahl ein symbolträchtiger Rechtsakt war, würde die Beantwortung dieser Fragen unmittelbaren Aufschluß über die Verfassungs- und Sozialstruktur des Reiches geben. So aber läßt sich allein Funktion und Bedeutung des Dienstes der Herzöge umschreiben, die nicht nur bei dieser Aachener Krönung, sondern auch bei anderen königlichen Festmählern in Regelmäßigkeit die rituellen Hausdienste wahrnahmen.

Das Reich als Personenverband

In der Forschung hat es sich eingebürgert, mit einer glücklichen Formulierung Theodor Mayers das mittelalterliche Reich als »Personenverband« vom »institutionellen Flächenstaat« der Neuzeit zu unterscheiden. Im Dienst der Herzöge wird unmittelbar sichtbar, was »Personenverband« meint. Es meint nicht, daß es keine »Verfassungseinrichtungen« gab; denn fraglos waren der Kämmerer-, Mundschenk-, Truchseß- und Marschalldienst, den die Herzöge symbolisch versahen, wie auch das Herzogsamt selbst Einrichtungen, die unabhängig von den jeweiligen Amtsinhabern existierten. Im Reich als Personenverband wurden aber die Ämter nicht gemäß sachbestimmten Regeln und Amtsvorschriften ausgeübt, sondern eben als Dienst von Personen aufgefaßt, wobei eine »Person« durch alles das konstituiert wurde, was sie hatte und war: durch Abstammung, Familie und Verwandtschaft, durch Rang und Ehre, Besitz und Recht. Der König hatte es als »Regierungschef« also niemals nur mit Einzelnen in der Funktion von Herzögen, Grafen oder Markgrafen zu tun, sondern war durch den Dienst dieser »Reichsbeamten« als Kulminationspunkt eines Geflechts personaler Beziehungen anerkannt, dessen Glieder er in ihren angestammten Rechten zu erhalten hatte. Im Personenverband ist das »regnum« nicht als anstaltlich-transpersonale Größe, nicht als politische Organisationsform des Volkes erfaßt. Regnum bedeutet vielmehr »die Königsherrschaft in einem ganz allgemeinen Sinne, das Königsein, die Sphäre des Königtums einschließlich der irdischen Güter des Königs« (Fried). Indem die Herzöge dem König dienten, anerkannten sie ihn als ihren König. Der König konnte aber auf ihren Dienst nur dann zählen, wenn zwischen ihm und ihnen »Friede« herrschte, wobei er Aufhebung des Friedens, also Feindschaft, immer dann zu gewärtigen hatte, wenn sie sich als Personen in irgendetwas, was ihnen zugehörte, gekränkt sahen. In Aachen nun stellte die königliche Tischgemeinschaft und der Dienst der Herzöge das Reich als eine »familia« (Hausgemeinschaft) und damit als Friedensgemeinschaft dar, in der jeder die seinem Rang gemäße Funktion ausübte.

Gabe und Gegengabe

Nach dem Mahl ehrte der König die Fürsten mit angemessenen Geschenken. Auch das war ein Rechtsakt; denn im Geben und Empfangen von Geschenken lag die Anerkennung einer Rangordung.

Im Reichsteilungsgesetz von 817, in dem Ludwig der Fromme die Oberhoheit seines ältesten zum Kaiser gekrönten Sohnes Lothar gegenüber seinen Brüdern festlegte, bestimmte er, daß die jüngeren Brüder sich zu jährlichen Beratungen mit Geschenken einfinden sollten, die der Kaiser durch größere Geschenke zu erwidern hatte (§§ 4 und 5). Die rechtsbestätigende Bedeutung des Geschenks zeigt sich darin, daß Gesandte es überbringen sollten, wenn einer der Brüder am persönlichen Erscheinen gehindert war. Das Geben von

Berengar kniet mit der Geste des Bittenden, die durch seine Gefolgsleute verstärkt wird, vor Otto dem Großen (Miniatur aus einer illustrierten Fassung der Chronik Ottos von Freising aus der Mitte des 12. Jh).

Politische Handlungsspielräume

Geschenken gehörte wie viele andere typisierte Gesten und wie Kleidung, Schmuck und Auftreten zu einer Zeichensprache, in der das Rangverhältnis der Personen zueinander zur Geltung und Anerkennung gebracht wurde. Der Höhergestellte hatte das Recht – aber auch die Pflicht – des größeren Geschenks. Entzog er sich dieser Verpflichtung, minderte er selbst seinen Rang und tat damit seinen Rechten Abbruch. Königliche Gesten sagten etwas darüber, was ein König war und welche Rolle er in seinem Volk und nach außen zu verkörpern hatte. Sie sagten es nicht nur den Anwesenden, sondern auch dem König selbst und geben so Auskunft über sein Selbstverständnis und damit über seine handlungsleitenden Maximen. Ein frühmittelalterlicher Herrscher, dessen Amtsverständnis es verlangte, die Rolle des Königs durch typisierte Gesten demonstrativ zu vergegenwärtigen, hatte nur einen geringen politischen Handlungsspielraum, wie das Beispiel des bei König Otto im Jahre 941 oder 942 um Gnade flehenden italischen Markgrafen Berengar von Ivrea zeigt. Sein Herr, der italische König Hugo (926–947), mit dem Berengar und seine Verwandten in blutiger Fehde lagen, hatte Otto Gold und Silber anbieten lassen, um ihn zu bewegen, Berengar nicht bei sich aufzunehmen. König Otto aber weist darauf hin, daß Berengar ihn ja nicht um Hilfe zum Schaden seines Herrn gebeten habe, sondern darum, Versöhnung zwischen ihnen zu stiften; wenn ihm, Otto, dies aber gelänge, so wolle er Hugo, statt seine Geschenke anzunehmen, von seinen eigenen Reichtümern mit Freude ein Geschenk machen. »Daß er mir aber abverlangt«, so sagte Otto zu Hugos Gesandten, »Berengar oder irgend jemand anderem, der unsere Gnade anruft, die Hilfe zu verweigern, ist höchster Wahnsinn« (überliefert bei Liudprand, Antapodosis V, 13).

Markgraf Berengar erschien vor König Otto mit der Geste des Bittenden, auf die Otto völlig jenseits aller politischen Erwägungen – denn er wäre ja gehalten, wie er selbst sagt, gegen jeden Bittenden so zu verfahren – mit dem Gewähren von Gnade antworten *mußte*, wenn er seine Glaubwürdigkeit als König nicht verlieren, nämlich nicht für wahnsinnig gehalten werden wollte. Eine erfolgreiche Friedensvermittlung zwischen den Kontrahenten aber würde seinen Rang und sein Ansehen erhöhen und ihm damit die Rolle dessen geben, dem es gebührte, Geschenke zu machen. Ein frühmittelalterlicher Herrscher, dessen Amtsverständnis in diesem Maße den Vollzug königlicher Gesten und die Demonstration von Königstugenden verlangte, war noch kaum Politiker, Politik nämlich verstanden als das Verfolgen eigener

Interessen und als planender Ausgleich von Interessengegensätzen. Das Denken in den Kategorien von politischen und wirtschaftlichen Interessen als handlungsleitenden Ideen ist erst das Ergebnis einer spezifischen historischen Entwicklung des westeuropäischen Mittelalters und nicht seine zeitunabhängige Voraussetzung.

Gewohnheit als Recht: Das Reich in der altüberlieferten Ordnung

Die Epoche und ihre Grenzen

Das Reich, über das Otto als König herrschte, setzte sich aus den Herzogtümern Franken, Sachsen, Schwaben, Bayern und Lothringen zusammen. Es war durch Kleinräumigkeit der natürlichen und sozialen Umwelt bestimmt. Macht man die Intensität der Prägung zum Kriterium, so waren neben den übergeordneten Bedingungen wie der Bevölkerungsentwicklung und den Auswirkungen von Naturgewalten und Krankheiten, die lokalen physischen Gegebenheiten und der enge soziale Lebenskreis von Familie, Siedlung und Herrenhof von allergrößter Wirksamkeit, während mit wachsender räumlicher Entfernung der Herrschaftsträger deren Einwirkungen auf das Lebensgefüge immer mehr abnahmen. Die Aktivitäten der Reichsspitze, des Königs und seines Hofes also, hatten nur sehr geringe, und meist nur mittelbare und zeitlich verzögerte Auswirkungen auf das Leben der meisten Menschen, denn es gab noch keinen Staat, der durch weisungsgebundene nachgeordnete Behörden überall im Land präsent gewesen wäre und »Regierungsentscheidungen« durchgesetzt hätte. »Konkret erfahrbares Herrendasein war der abstrakten Legitimation aus der Ferne weit überlegen« (Moraw) – diese Kennzeichnung der spätmittelalterlichen Verfassungswirklichkeit gilt noch in viel höherem Maße für die Frühzeit als für die Zeit nach 1250, für die sie geprägt wurde. Mit der schriftlichen Überlieferung ist es genau umgekehrt: Die frühmittelalterlichen Geschichtsschreiber berichten über die Taten von König und Adel und so gut wie nichts über die Lebensverhältnisse vor Ort.

Die Übernahme der Sichtweise der zeitgenössischen Geschichtsschreiber heißt, die deutsche Geschichte als Reichsgeschichte zu konzipieren, und auch die traditionelle Einteilung von Früh-, Hoch- und Spätmittelalter ist an der Reichsgeschichte orientiert: Danach endet das Frühmittelalter entweder mit dem Aussterben der ostfränkischen Karolinger (911), beginnt also das Hochmittelalter mit der Entstehung des deutschen Reiches – oder aber, je nach Perspektive, mit dem Zerbrechen des Zusammenwirkens der Universalgewalten Kaiser und Papst im Investiturstreit (seit 1075) –, während das Interregnum nach dem »Untergang der Staufer« (1254) das bis zur Reformation andauernde Spätmittelalter einleitet. Für die weitere Untergliederung des Hochmittelalters bietet sich vom Blickwinkel der Reichsgeschichte die Einteilung nach Herrscherhäusern an: die deutsche Geschichte beginnt dann mit dem Zeitalter der Ottonen (919–1024), dem das der Salier (1024–1125) und, nach dem Königtum des nicht-dynastiebildenden Lothars von Supplinburg, Lothars III. (1125–1138), das der Staufer (1138–1254) folgt. Die durch die Begriffe »Untergang der Staufer« und »Spätmittelalter« evozierte Vorstellung von Verfall nach tragischem Verlust von Größe ist ebenfalls der reichsgeschichtlichen Perspektive zu verdanken, da mit der Durchsetzung des freien Wahlrechts bei der Königsnachfolge das deutsche Königtum gegenüber

Europa zur Zeit der sächsischen und salischen Kaiser (919–1056)

den westlichen Erbmonarchien ins Hintertreffen geriet und die deutschen Herrscher nun nicht mehr, wie es Wilhelm Giesebrecht 1855 mit nationalem Stolz für die »deutsche Kaiserzeit« des Hochmittelalters in Anspruch genommen hat, »die Geschicke des Abendlands entschieden, (als)... das deutsche Kaiserthum vor Allem der Zeit Anstoß, Richtung und Leitung und dadurch ihr eigenthümliches Gepräge vor anderen Zeiträumen gab«.

Geht man hingegen davon aus, daß die lokalen Prägungen um so bestimmender werden, je weiter man in der Geschichte zurückgeht, dann wird man das deutsche Reich der Frühzeit von unten nach oben, von den lokalen Lebensbedingungen zur Reichsspitze hin darzulegen haben. Epochengrenzen müssen da gezogen werden, wo sich ein Wandel in diesen grundlegenden Lebensbedingungen bemerkbar macht. Ein solcher Wandel läßt sich etwa seit der Mitte des 11. Jahrhunderts feststellen. Ausgangspunkt ist wohl ein seit dem Ende des 10. oder der 1. Hälfte des 11. Jahrhunderts sich beschleunigender deutlicher Bevölkerungsanstieg, der in Phasenverschiebungen von Westen nach Osten wirksam wurde. Er hielt in Deutschland bis etwa 1300 an und mündete dann durch die Große Pest der Jahre 1348/49 in eine Dezimierung der Bevölkerung Europas um fast ein Drittel. Wenn es auch unmöglich ist, eindeutige Kausalzuordnungen vorzunehmen, und jede monokausale Erklärung der Vielfältigkeit der Phänomene und Entwicklungen Gewalt antut, so wird man doch sagen können, daß das bemerkenswerte Bevölkerungswachstum der Zeit um und nach 1000 unabdingbare Voraussetzung für das seit der 2. Hälfte des 11. Jahrhunderts einsetzende Anwachsen der Städte mit Handel und Gewerbe und für die Binnen- und Ostsiedlung war und damit Bewegung in die vergleichsweise statische Welt der Frühzeit brachte, die nicht nur in der Verfassungs-, Rechts- und Sozialordnung erkennbar ist, sondern sich auch im religiös-geistigen Bereich durch neue Strömungen bemerkbar machte. Die Regierungszeit Konrads II. (1024–1039), des ersten Königs aus dem Geschlecht der Salier, gilt als die letzte Periode des deutschen Reiches in seiner altüberlieferten, fränkisch-karolingische Strukturen fortsetzenden Ordnung, wohingegen sich dann während der Königsherrschaft seines Sohnes und Nachfolgers Heinrich III. bereits Neuansätze erkennen lassen, die allerdings erst nach der Jahrhundertmitte voll zur Geltung kamen. Die Kapiteleinteilung ist an dieser allgemeinen Wandlung der Lebens- und Denkweisen orientiert, dieses 1. Kapitel reicht deshalb bis zur Mitte des 11. Jahrhunderts.

Grundlegender Wandel der Lebensbedingungen

Mündlichkeit und Schriftlichkeit

Handschriftenschätze in Bibliotheken und Archiven legen Zeugnis davon ab, daß im früheren Mittelalter geschrieben wurde. Nichtsdestoweniger war es eine orale, eine auf Mündlichkeit gegründete Welt, denn die Gesellschaft funktionierte in so gut wie allen Lebensbereichen ohne Schrift. Diese Einsicht ist nicht nur für die Einschätzung der Quellenlage und damit für unsere Kenntnis der Epoche von Bedeutung, sondern mehr noch für das Verständnis der Zeit selbst, denn Schriftstücke als selbstverständliches und regelmäßiges Produkt gesellschaftlicher Betätigung verändern diese Betätigung selbst: Indem sie Vorgänge fixieren, verhindern sie ein Vergessen oder Umformen durch das Gedächtnis, eröffnen sie die Möglichkeit zum Vergleich und damit zur Kontrolle und Kritik, zur Formulierung abstrakter Normen, an denen Einzelfälle zu messen sind. Außerdem bedarf eine auf Schriftlichkeit gegründete politische und soziale Ordnung institutioneller Vorkehrungen, um auf Änderungen der Lebensumstände mit Ergänzungen und Modifizierungen des schriftlich Fixierten reagieren zu können. Planung und Organisation

Die Grundzüge einer Schriftkultur

muß die Übereinstimmung mit der jeweils aktuellen Wirklichkeit sichern, während sich in einer oralen Gesellschaft die Aussonderung des Obsoleten durch Vergessen von selbst einstellt.

Von der Schriftkultur der Spätantike mit ihrem Behördenapparat blieb dem Mittelalter eine sporadische Schriftlichkeit. Sie brachte Einzelschriftstücke hervor, die so gut wie alle einen zumindest mittelbaren Bezug zu Christentum und Kirche erkennen lassen. Die christliche Kirche mit der in Schriftform überlieferten göttlichen Offenbarung der beiden Testamente als Grundlage ihrer Glaubenslehre, die in der Antike durch Konzilskanones, päpstliche Verlautbarungen und Schriften der Kirchenväter ihre im Mittelalter als verbindlich angesehene Auslegung erfahren hatte, war zur Erhaltung ihrer religiösen Grundlage genötigt, die Kulturtechnik des Lesens und Schreibens zu bewahren und weiterzugeben.

Die Reste antiker Laienbildung gingen in der Merowingerzeit immer mehr zurück. In der Karolingerzeit waren dann die Klöster vor allem die Stätten der Schrifttradition. Die religiöse Verankerung der frühmittelalterlichen Schriftlichkeit brachte es mit sich, daß litteratus (buchstabenkundig) zugleich lateinkundig bedeutete, denn Latein – Griechischkenntnisse gab es kaum im lateinischen Westen – war die Schriftsprache, von der aus man erst lernte, die gesprochene Volkssprache in Buchstaben umzusetzen. An den lateinischen Texten der Tradition erlernte und übte man das Schreiben und Lesen. Das hieß zugleich, daß lesen und schreiben zu lernen fast dasselbe bedeutete wie Kleriker oder Mönch werden. Die Laien lebten schriftlos, damals kein Mangelzustand, wie unsere Begriffe *An*alphabetentum und Schrift*lo*sigkeit suggerieren, sondern der Normalfall. Wie man aus den Worten eines gelehrten Klerikers am Hofe Karls des Großen entnehmen kann, war das keinesfalls gleichbedeutend mit ungebildet oder gar dumm: »Weise, ja philosophisch und auf ihre Laienart gebildet können und sollen Herrscher sein, mögen sie auch illitterat sein und das Schreiben, Lesen und Latein anderen überlassen.«

Bildung der Könige

Karl der Große, so berichtet sein Biograph Einhard, konnte zwar lesen, hatte aber mit dem Schreiben trotz aller Bemühungen wenig Erfolg, weil er erst sehr spät damit angefangen hatte. Otto I. erlernte erst nach mehr als zehn Regierungsjahren die Schrift, und das so gut, betont Widukind, daß er Bücher ganz lesen und verstehen konnte – vom Schreiben ist jedoch nicht die Rede.

Für ein weitgehend von christlichen Herrschertugenden geprägtes Königtum waren Bischöfe die geeigneten Prinzenerzieher, und unter ihrer Obhut erlernten die von vornherein zur Nachfolge erzogenen Königssöhne zu lesen und manchmal auch ein wenig zu schreiben. Ottos I. Sohn Otto II. (973–983), der vom Erzbischof von Mainz erzogen worden war und der bei einem Hoftag in Pavia zu Beginn des Jahres 981 einen Gelehrtenwettstreit über die Einteilung der Wissenschaften veranstaltete, konnte wohl lesen; dessen Sohn Otto III. (983–1002) galt sogar als ausgesprochen literarisch gebildet. Aber auch das mußte nicht bedeuten, daß er einigermaßen sicher und fließend schreiben konnte; denn die Fähigkeiten zu lesen und zu schreiben fielen sehr häufig auseinander, und »Bücherwissen« ließ sich auch durch Vorlesen und mündliche Unterweisung erlangen. Nach dem Aussterben der Ottonen aber wurde mit Konrad II. ein »idiota«, ein ganz und gar Ungebildeter, zum König gewählt. Eine normale Adelserziehung sah eben Schulwissen nicht vor; denn, so schreibt mißbilligend Konrads Biograph Wipo, es gilt bei den Deutschen als überflüssig und schimpflich, ein Kind unterrichten zu lassen, das nicht zum Kleriker bestimmt ist. Auch im frühen Mittelalter gab es also Könige mit einer literarischen Bildung, aber sie war nicht Voraussetzung für kompetentes Herrschertum.

Am Beispiel der Etymologien des Isidor von Sevilla (oben links), eines im Mittelalter weit verbreiteten Nachschlagewerks, wird des Schreibers gedacht und Schreiben als gottgefälliges Werk dargestellt: das von ihm (abgeschriebene) Buch senkt bei seinem Tode die Waagschale des Guten und ebnet seiner Seele den Weg in den Himmel (Buchmalerei des 12. Jh.).

Die geistliche Schriftproduktion

Die Kultur des frühen Mittelalters war eine orale Kultur, die in ihrer Lebensgestaltung durch Nachahmung und unmittelbare Belehrung der Älteren das Altgewohnte fortsetzte. Die Fähigkeit zu schreiben war Teil der »Berufungsausbildung« von Geistlichen und gehörte nicht, wie heute, zu den Grundkenntnissen, die für die Teilhabe am gesellschaftlichen Leben unabdingbar sind. So sind es neben den Zeugnissen der materiellen Kultur vor allem die Überlieferungen der in dieser oralen Gesellschaft allein schreibkundigen Berufsgruppe der Kleriker und Mönche, auf denen unsere Kenntnisse der Zeit beruhen. Sie sind allerdings nicht so einseitig religiös ausgerichtet, wie es zunächst scheinen mag, denn in dieser geistlichen Schriftproduktion kommen weltliche Belange in mehrfacher Weise zur Sprache.

Zum einen setzte man in Kirchen und Klöstern die um willen der christlichen Glaubenslehre erworbene Schreibkundigkeit ein, um die weltlichen Besitzungen der Kirchen abzusichern: Schenkungen ließ man sich gern durch eine feierliche Königsurkunde (Diplom) schriftlich bestätigen. In einigen Kirchen und Klöstern machte man Notizen über die von Laien gemachten frommen Landschenkungen (Traditionsnotizen von tradere – übertragen, schenken), in denen außer den Namen von Schenker und Schenkung auch diejenigen aufgeführt wurden, die bei dem Rechtsakt als Zeugen fungiert hatten und auf deren Aussage man im Streitfall zurückgreifen mußte. Obwohl also Urkunden und Traditionsnotizen mit Vorgängen rechtlicher Natur befaßt waren, erschöpfte sich ihre Funktion nicht darin. Für die Zeitgenossen waren sie vielfach auch von religiöser Bedeutung: Mit der Schenkung wurden die Namen der Schenker schriftlich festgehalten als Mahnung an die geistlichen Empfänger, ihre Gegengabe, die Gebete für ihr Seelenheil, nicht zu vergessen. Manche Kirchen und Klöster stellten Güterverzeichnisse (Urbare) über ihren Besitz an Land und Leuten her mit Aufstellungen über die Dienste und Abgaben der abhängigen Bauern, zu denen auch Inventare über Vieh- und Werkzeugbestand der Herrenhöfe gehören konnten. Aus dem frühen 11. Jahrhundert stammen dann die ersten »Hofrechte« einzelner Kirchen, Aufzeichnungen des Gewohnheitsrechts, so wie es sich für den Bereich der kirchlichen Besitzungen und der darauf Lebenden und Arbeitenden herausgebildet hatte.

Es war Aufgabe der am Königshof in der Hofkapelle zusammengefaßten Kleriker, im Namen und Auftrag des Königs Schriftstücke zu erstellen, Urkunden und Briefe vor allem, auch wenn der König selbst des Schreibens unkundig war. Karl der Große veranlaßte sogar eine schriftliche Bestandsaufnahme des Reichsguts, von der allerdings nur Bruchstücke erhalten sind und die im ottonisch-deutschen Reich keine Fortsetzung fand.

Königsurkunden als Einzelschriftstücke

Das wichtigste Produkt der königlichen Kanzlei, die sich innerhalb der Hofkapelle als die für den Schriftverkehr des Königs zuständige Gruppe von Klerikern gebildet hatte, waren die Urkunden. Gerade am Beispiel der Urkunden aber läßt sich der funktionelle Unterschied zwischen den Schriftstükken einer Schriftkultur und denen einer oralen Kultur ablesen.

Der Rechtsinhalt der meisten frühmittelalterlichen Urkunden ist die Übertragung von Grundbesitz an Kirchen und Klöster. Ob dieser fast rein geistliche Empfängerkreis sich dadurch erklärt, daß eben nur die schriftkundigen Geistlichen einen Sinn dafür aufbringen konnten, sich durch ein Schriftstück Rechte absichern zu lassen, oder aber ob die an Laien ausgegebenen Urkunden wegen des Fehlens von Hausarchiven alle verloren gegangen sind, mag hier dahingestellt sein. Die Maßnahme, Rechtstitel an einem Landbesitz urkundlich festzuhalten, hatte man aus der Spätantike übernommen, wo allerdings die einzelne Urkunde in einen Gesamtkontext schriftlicher Rechtssicherungen eingebettet war. Sowohl die Reskripte als kaiserliche Begünstigungen als auch private Veräußerungsurkunden waren nur dann rechtsgültig, wenn sie behördlich überprüft und beglaubigt und wenn der Rechtsakt in die von den Behörden geführten Akten eingetragen worden war. Von dieser doppelten Schriftsicherung blieb im Frühmittelalter die Königsurkunde als Einzelschriftstück. Die Könige führten kein Register, durch das sie einen Überblick über die in ihrem und ihrer Vorgänger Namen ausgestellten Urkunden hätten gewinnen können. Die Voraussetzungen für Urkundenfälschungen waren daher außerordentlich günstig und wurden eifrig genutzt. Die Einzelurkunde als Erweis königlicher Mildtätigkeit wurde in eine Rechtswelt eingebracht, in der feierliche Symbolhandlungen mit religiösmagischer Bedeutung die Rechtssicherheit zu gewährleisten hatten.

Die Geschichtsschreibung

Auch in den Geschichtsdarstellungen der Kleriker und Mönche hat die Lebens- und Vorstellungswelt der Laien ihren Niederschlag gefunden, mit der Einschränkung allerdings, daß es der Adel ist, dessen Unternehmungen dargestellt werden, während die Bauern und ihre Welt nur ausnahmsweise einmal erwähnt werden. Schon Marc Bloch hat vor der Annahme gewarnt, der Eintritt in den geistlichen Stand bedeute die Übernahme grundsätzlich anderer Normen als die der laikalen Kriegergesellschaft, und in der Tat zeigt sich an der Darstellungsweise gerade der dem Adel entstammenden Kleriker und Mönche, daß sie die Wertvorstellungen und Handlungsantriebe ihrer laikalen Standesgenossen weitgehend teilten und entsprechend zum Ausdruck brachten.

Widukind von Corvey ist dafür ein gutes Beispiel. Er war vermutlich ein Nachfahre des Sachsenherzogs Widukind, der einst Anführer im Abwehrkampf seines Volkes gegen Karl den Großen gewesen war, und hatte bereits Lebens- und Wunderberichte von Heiligen verfaßt, als er daran ging, seine »Sachsengeschichte« zu schreiben, deren erste Fassung er 968 Ottos I. Tochter Mathilde widmete: Thema waren die Taten »unserer Fürsten«. Er, der Mönch, legitimiert dieses sein rein weltliches Thema mit seiner »Ergebenheit gegenüber Geschlecht und Volk«, und Nutzen und Wohlergehen des Sachsenstammes und seines ottonischen Fürstengeschlechts sind ihm unverhohlen Maßstab für Darstellung und Beurteilung. Bischof Thietmar von Merseburg schrieb seit 1013 an einer Chronik, die nach seiner eigenen Aussage die wechselvolle Geschichte seines Bistums erhellen sollte. Die väterliche Linie verband Thietmar mit der Familie der Grafen von Walbeck mit ihren ausgedehnten Verwandtschaftsverbindungen in Ostsachsen und Thüringen, über die Mutter, die aus dem Geschlecht der Grafen von Stade stammte, war er mit Karolingern und Ottonen verwandt. So wuchs seine Chronik wie selbstverständlich über den Rahmen der Geschichte seines unbedeutenden und armen Bistums an der Slawengrenze hinaus und bietet mit seinen vielen lose aneinandergereihten Einzelberichten zur Adels- und Reichsgeschichte einen Einblick in die gesellschaftliche und politische Wirklichkeit der Ottonenzeit. Die ebenfalls sächsischem Adel entstammende Hrosvith war Nonne im ottonischen Hauskloster Gandersheim; auf Bitten ihrer Äbtissin Gerberga, einer Nichte Ottos I., und offensichtlich von dieser und anderen Mitgliedern der Königsfamilie mit Nachrichten versorgt, verfaßte sie ein Preisgedicht auf den Herrscher, das sie 967 vollendete. Aus der Perspektive des Königshofes schrieb Wipo, ein Kaplan König Konrads II. und Augenzeuge vieler Ereignisse, seine »Taten Konrads«, und der gelehrte Grafensohn und Mönch Hermann »der Lahme« überarbeitete in seinem Kloster Reichenau eine ältere, heute verlorene Weltchronik und führte sie bis zu seinem Tode im Jahre 1054 fort.

Monogramme Ottos I., Ottos II. und Heinrichs II.: statt einer Unterschrift brachten die Herrscher einen Strich (»Vollziehungsstrich«) an ihrem Monogramm an

Die lateinische Sprache

Trotz der kirchlichen Rückbindung der schriftlichen Überlieferung braucht also keine unzulässige Verfälschung angenommen, sondern kann bei der untrennbaren gegenseitigen Durchdringung des geistlichen und weltlichen Bereichs davon ausgegangen werden, daß in den schriftlichen Quellen auch die Lebenswelt der adligen Laien ihren sachgerechten Niederschlag gefunden hat. Eine Einschränkung ist allerdings zu machen: Die schreibenden Kleriker und Mönche bedienten sich so gut wie ausschließlich der lateinischen Sprache, mußten die ihnen vertraute eigene gesellschaftliche Wirklichkeit also mit den Begriffen einer fremden Kultur zu erfassen suchen. Über die Frage hinaus, inwieweit sie Gesehenes und Erlebtes auf diesem Wege überhaupt adäquat wiedergeben konnten, muß berücksichtigt werden, daß für sie das Lateinische zugleich die Sprache der christlichen Religion war und daß es für sie nahe liegen konnte, der Begrifflichkeit und den Satzprägungen der religiösen Tradition einen größeren Realitätsgehalt zuzumessen als den flüchtigen Eindrücken ihrer eigenen Wahrnehmungen.

Die Lebens- und Herrschaftsordnungen

Großgrundbesitz; Abgaben und Frondienste

Die Landwirtschaft war die alles beherrschende Wirtschaftsform des älteren deutschen Reiches, deren Organisation man so gut wie ausschließlich kirchlichen und karolingisch-königlichen Güterverzeichnissen entnehmen muß: Danach gab es ausgedehnten Großgrundbesitz, der rechtlich in das von Gesinde (mancipia) bewirtschaftete Herrenland (Salland, terra salica) einerseits und die Höfe der abhängigen Bauern (den Mansi, Hufen der Grundholden) andererseits aufgeteilt war. Die zum Land gehörenden Menschen bildeten die »familia« des Herrn. Die Grundholden schuldeten ihrem Herrn Sachabgaben aus ihrer bäuerlichen Wirtschaft und Arbeitsleistungen (Frondienste) für den Herrenhof, zu denen Pflug- und Erntedienste genauso gehören konnten wie Holzschlagen, das Errichten von Zäunen, Backen, Brauen und das den Bauernfrauen abverlangte Herstellen von Kleidungsstücken. Es gab ungeheure Unterschiede in der Art und Menge der Leistungen, wobei sich keine Relation zur Qualität und Produktivität der jeweiligen Bauernstelle erkennen läßt. Man kann als eine gewisse Regel zugrunde legen, daß von Geburt her unfreie Bauern mehr leisten mußten als die geburtsständisch freien oder halbfreien Bauern und daß die wöchentliche Drei-Tage-Fron nur Unfreien abverlangt wurde. Aber wegen der großen örtlichen Unterschiede kann man nicht sagen, daß im Vergleich ein unfreier Bauer grundsätzlich mehr zu leisten hatte als ein freier. In den Werdener und Corveyer Urbaren werden z.B. für das sächsische Stammesgebiet fast nirgends Frondienste erwähnt.

Die Höhe der Sachabgaben und Frondienste der abhängigen Bauern war gewohnheitsrechtlich festgelegt und durfte nicht einseitig verändert werden. Leistungspflichtig war die Bauernstelle, nicht der Bauer, so daß die Leistungen generationenüberdauernd ein für allemal für rechtlich fixiert galten. Wie in fast allen anderen Bereichen, galt auch für die bäuerlichen Leistungen, daß die Gewohnheit die Rechtsnorm darstellte: So wie es war, so sollte es bleiben, denn das Gegenwärtig-Bestehende glaubte man durch unverändert-kontinuierlichen Rechtsbrauch als »gutes altes Recht« erwiesen und damit geheiligt. Solange man nicht die gegenwärtigen Zustände mit Aufzeichnungen aus der Vergangenheit vergleichen konnte, gab es kaum eine Möglichkeit, diese Grundüberzeugung auf ihre Richtigkeit hin zu überprüfen.

Die Adligen als Herren über Land und Leute

Großgrundbesitzer waren neben dem König die Kirchen und Klöster und die weltlichen Adligen, deren Adel eben darin bestand, Herren über Land und Leute zu sein. Verschwägerung mit der Königsfamilie und anderen reichen Adelssippen erhöhte ihr Ansehen und gab ihnen die Möglichkeit, an ehrenvollen Gemeinschaftsunternehmungen mit Aussicht auf Ruhm und Gewinn beteiligt zu sein. Alle diese Adligen, auf deren aktive Beistimmung der König für jede seiner Unternehmungen angewiesen war, tauchen in den Quellen nur mit einem Namen auf. Es fehlt also ein Familienname, der eine Gruppe von Menschen als verwandtschaftlich zusammengehörig ausgewiesen hätte. Dennoch waren fraglos diese verwandtschaftlichen Verbindungen für das Handeln und Denken von ausschlaggebender Bedeutung und stellen einen Schlüssel zum Verständnis des politischen Geschehens dar. So hat man im Rückblick versucht, die in den Quellen vorkommenden Namen durch »Erfindung« von Familiennamen bestimmten Adelssippen zuzuordnen und spricht wegen der in jeder Generation wiederkehrenden Leitnamen von »Ottonen« oder »Konradinern«, oder macht die Nachfahren Hermanns mit dem Beinamen Billung durch die Bezeichnung »Billunger« als Familie kenntlich. Diese nachträglichen »Taufen« verstellen aber in gewisser Weise die gesellschaftliche Wirklichkeit, weil sie agnatische, d.h. an der männlichen Nachkommenschaft ausgerichtete Familienstrukturen suggerieren, während neuere prosopographische Forschungen immer deutlicher machen, daß in den zusammengehörenden, lebenden Personengemeinschaften die mütterliche Verwandtschaft nicht weniger wichtig war als die väterliche, ja, daß die Verwandtschaft der mütterlichen Linie den Vorrang haben konnte, wenn sie als bedeutender galt. Erbbesitz fiel von der väterlichen wie von der mütterlichen Seite an, führte zu Gemeinschaftsbesitz (co-hereditas) und enger Nachbarschaft und war die Quelle unendlichen Streits. Dieser Erbbesitz war die Grundlage der adligen Stellung, denn er befreite von der Notwendigkeit, durch körperliche Arbeit den Lebensunterhalt verdienen zu müssen und erlaubte es daher den Adligen, sich den als höherwertig und edel angesehenen Tätigkeiten des Kriegführens und Kämpfens widmen zu können.

Das Lehnswesen

An die Stelle des alten fränkischen Heerbannes mit der Wehrpflicht aller freigeborenen Männer waren schon in der Karolingerzeit zunehmend Reiterheere getreten. Ihre Krieger verfügten entweder über ererbten Familienbesitz (Allod) oder über königliches Leiheland (Lehen); denn die Karolingerkönige hatten auch zunächst Besitzlosen durch die Verleihung von Land auf Lebenszeit die materielle Grundlage verschafft, die ein Reiterkrieger für Ausrüstung und Unterhalt benötigte. Die Lehnsleute (Vasallen) waren durch Mannschaftsleistung (homagium) und Treueid an ihren Herrn gebunden und schuldeten ihm als Gegenleistung für das Lehen (beneficium), das er ihnen gab, »Rat und Hilfe« (consilium et auxilium), wobei die Hilfe vor allem in der militärischen Gefolgschaft bestand. Mit dem modernen Ordnungsbegriff »Lehnswesen« wird kenntlich gemacht, daß die Trias von Homagium, Treueid und Beneficium ein Strukturelement der adligen Kriegergesellschaft darstellte.

Da die persönliche Bindung eines »Mannes« (homo) an seinen Herrn (dominus) und damit auch die Lehnsbindung einen stärkeren Verpflichtungscharakter als die volksrechtliche Bindung der Freien an ihren König hatte, bemühten sich die Könige darum, auch Adlige mit Allodbesitz durch die Vergabe von Lehen als ihre Vasallen zu gewinnen. Rechtlich gesehen hatten damit viele Adlige zwei verschiedene Arten von Landbesitz: Familienbesitz, das dem volksrechtlichen Erbgang unterlag, und Lehnsbesitz, dessen Grundlage die persönliche Treuebindung zwischen Herr und Mann war und der deshalb beim Tode einer der beiden als ledig gelten mußte. Tatsächlich aber ließen es die mit der »Treue« verbundenen Wertvorstellungen nicht zu, daß ein Herr dem Sohn eines Vasallen, der in die Erbschaft des Vaters eintrat, das Lehen des Vaters verweigerte, und so setzte sich schon in der späteren Karolingerzeit die faktische Erblichkeit des Lehnsbesitzes durch, auch wenn die das Lehnsverhältnis begründenden Riten beim »Herrenfall« (Tod des Herrn) oder »Mannfall« immer wieder neu vollzogen werden mußten.

Nicht nur der König hatte Lehnsleute, sondern auch Kirchen und Klöster und auch die großen Adligen hatten ihrerseits wieder Vasallen. Da die vielleicht ursprünglich mit dem Lehnsverhältnis verbundene Verpflichtung, jederzeit und ganz für seinen Herrn einzustehen, bald in den Sog gewohnheitsmäßiger Festlegungen geriet und sich auch ohnehin kaum noch hätte aufrecht erhalten lassen, nachdem Adlige mit Eigenbesitz und Stand Vasallenbindungen eingingen, galt der größte Teil der materiellen Vasallenpflichten mit einem auf eine bestimmte Anzahl von Tagen beschränkten, jährlich zu leistenden Militärdienst als erfüllt. Das eröffnete die Möglichkeit, Lehnsbindungen mit mehreren Herren einzugehen. So breitete sich im 9. Jahrhundert mit der faktischen Erblichkeit der Lehen auch die Mehrfachvasallität aus. Von dem vielleicht ursprünglichen Gedanken einer intensiven Treuebindung zwischen Herrn und Mann blieb dabei wenig übrig. Man wird sogar annehmen können, daß der konkrete Waffendienst oft eine untergeordnete Rolle in den Lehnsbeziehungen spielte, daß das Lehnswesen viel-

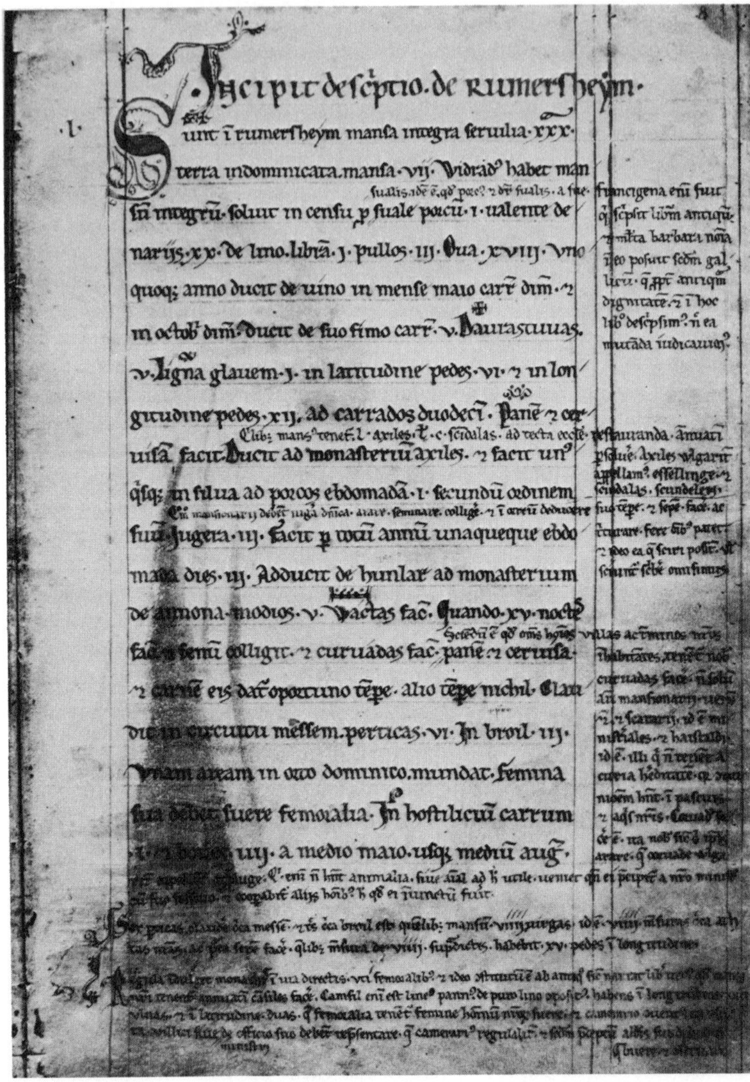

Eine Seite aus dem Prümer Urbar: Es verzeichnet die Besitzungen des Klosters und die davon zu leistenden Abgaben und Dienste. Das Urbar wurde am Ende des 9. Jhs. angelegt und im 13. Jh. abgeschrieben, weil man den Rechtszustand unverändert glaubte. In der rechten Spalte die Kommentare des Abschreibers.

mehr dazu diente, innerhalb der adligen Oberschicht ein Netz von Ligaturen aufzubauen, das die verwandtschaftlichen Bindungen ergänzte und genauso wie diese für die politische Ausrichtung der Adligen von großer Bedeutung war.

Die funktionale Dreiteilung der Gesellschaft

So sehr sich auch die Vasallen nach Größe und Bedeutung ihres Besitzes und nach dem Ansehen ihrer Herkunft und Verwandtschaftsbindungen unterscheiden mochten, in einem waren sie sich doch gleich: daß sie »bellatores«, nämlich für Kampf und Kriegführen gerüstet und bestimmt waren, im Gegensatz zu den »oratores«, den Klerikern und Mönchen, deren Aufgabe das Beten war und zu den »laboratores«, den Bauern, die körperlich arbeiten mußten. Seit dem Ende des 10. Jahrhunderts begegnet in den Quellen immer häufiger eine Denkfigur, die das »Haus Gottes« (die Gesamtgesellschaft) als aus diesen drei Ständen zusammengesetzt darstellt. Jeder von ihnen hatte seine spezifische Funktion wahrzunehmen und so seinen Beitrag zum Gelingen des Ganzen zu leisten: Die »Beter« hatten das Erfolg bewirkende Wohlwollen Gottes zu erflehen und seinen Zorn durch Gebete abzuwenden; die »Krieger« gaben Schutz durch ihre Waffen und die »Arbeiter« erwirtschafteten als Gegengabe für diesen Schutz vor diesseitigen und jenseitigen Gefährdungen den Lebensunterhalt für alle. Das war ein Deutungsschema und nicht etwa ein Abbild der gesellschaftlichen Wirklichkeit – die Krieger mit ihren Fehden waren wohl oft mehr der Schrecken als der Schutz der Bauern. Aber es ist doch evident, daß man Ort und Stand der Menschen in der Gesellschaft durch ihre Tätigkeit und nicht durch ihre Herkunft bestimmt sah. Die Chance zu sozialer Mobilität, die mit dieser Auffassung einhergeht, zeigt sich im allmählichen Aufstieg der zu Waffendiensten herangezogenen unfreien Ministerialen, die seit dem 12. Jahrhundert mit dem Adel in der gemeinsamen Benennung »milites« (berittene Kämpfer, Ritter) zusammengefaßt wurden.

Grundherrschaft

Da der Großgrundbesitzer für die abhängigen Bauern auch Gericht und Verteidigung organisierte und damit in Bereichen tätig war, die heute dem Staat zugeordnet sind, bürgerte sich zur Kennzeichnung seiner Herrenstellung in der Wissenschaftssprache die Bezeichnung »Grundherrschaft« ein. Was die rechtlichen Beziehungen anbelangt, kann allerdings der Spielraum für herrschaftliches Befehlen und Verfügen nicht groß gewesen sein, denn die »Schollengebundenheit« der Bauern schloß auch ihr Recht an der Scholle ein, der Grundherr konnte ihnen also ihren Hof nicht ohne Urteil der »familia« wegnehmen, und Abgaben und Dienste waren ebenfalls der einseitigen Veränderung durch den Herrn entzogen. In der Tat gibt es Beispiele dafür, daß Bauern sehr selbstbewußt Widerstand geleistet haben, wenn sie ihre Rechte durch den Grundherrn geschmälert sahen. Außerdem war die Streugrundherrschaft wohl weit verbreitet. Bei den weltlichen Grundherrschaften führten Erbteilungen und die Ausstattung der Frauen mit Heiratsgut dazu, daß die Adligen oft nicht Herren über geschlossene Güterkomplexe, sondern über weit verstreut liegende kleinere Besitzungen waren. Fromme Einzelschenkungen brachten für die geistlichen Grundherrschaften der Kirchen und Klöster des gleiche Ergebnis.

In Dienheim bei Oppenheim lassen sich aus Urkunden und urbarialen Aufzeichnungen für die Zeit des 8. und 9. Jahrhunderts mehr als 200 Landbesitzer, darunter sieben geistliche Institutionen, nachweisen. Selbst wenn man berücksichtigt, daß nicht alle gleichzeitig lebten, bleibt in dieser Siedlung mit kaum mehr als 200 bis 300 Einwohnern eine Vielzahl von Grundherren mit »Herrschaftsrechten«, und das führt zu der Frage, welche konkreten Auswirkungen die Herrschaft dieser vielen Herren für die Lebensgemeinschaft der Bewohner denn gehabt haben kann. Man wird sie kaum sehr hoch veranschlagen können, sondern vielmehr anzunehmen haben, daß das Leben in dergestalt strukturierten Siedlungen von den Gilden geprägt wurde, genossenschaftlichen Zusammenschlüssen, die es auf allen Ebenen der Gesellschaft gab.

Gilden

So haben sich auch Menschen eines Ortes zu einer alle Lebensbereiche umfassenden Solidargemeinschaft zusammengeschlossen. Konstitutive Elemente waren Eid und Gildemahl: Der Eid stiftete »amicitia«, also Freundschaft, künstliche Verwandtschaft unter Menschen, die nicht durch Blutsverwandtschaft verbunden waren; im Gildemahl wurde sie erfahren und sichtbar gemacht als »eine stete Erneuerung der von allen gemeinsam gewollten sozialen Bindung« (Oexle), die auch die gemeinsame Sorge um Seelenheil und Totenkult einschloß.

Diese Schwurbünde der Frühzeit haben keine Selbstzeugnisse hinterlassen, obwohl sie wohl zu den ursprünglichsten Formen der Gemeinschaftsbildung im nordeuropäischen Raum auf allen Ebenen der Gesellschaft gehörten. Im deutschen Bereich kennt man Gildestatuten als schriftliche Selbstzeugnisse von Gilden erst von den Kaufmannsgilden des 12. Jahrhunderts und hat deshalb im Gildewesen eine dem freien Unternehmergeist der Kaufleute verdankte Form genossenschaftlichen Handelns gesehen. Von der Existenz der frühen Gilden weiß man nur durch gelegentliche Hinweise in den erzählenden Quellen, die sie als Verteidigungsbünde bei der Normannenabwehr erwähnen, vor allem aber durch kirchliche und königliche Gildeverbote, deren häufige Wiederholung und Einschärfung für Verbreitung und Bedeutung der Gilden sprechen. Eben wegen dieses Mangels an direkten Quellenaussagen hat man sie aber in der deutschen Forschung bei der Darstellung frühmittelalterlicher Verfassungs- und Sozialstrukturen völlig unberücksichtigt gelassen. Neueste Untersuchungen über die Gilden führen zu dem Ergebnis, daß die bislang weithin akzeptierte These K. Bosls über die abhängigen Unterschichten als das »schweigende und willenlos scheinende Substrat und Werkzeug einer ...allein aktiven, geschichtsbildenden und schwerttragenden Elite« erheblich modifiziert werden muß; denn man wird nur da, wo ein Dorf geschlossen einem in unmittelbarer Nähe wohnenden Herrn gehörte, annehmen können, daß der adlige Herr im Dorf bestimmend war. Allgemein gilt außerdem für die frühmittelalterlichen Lebensordnungen, daß in einer »geschlossenen« Gesellschaft der Schwerpunkt nicht auf den Rechtszwängen liegt, die nur im Extremfall zu Geltung kommen, sondern in den Ordnungszwängen: Wer die Spielregeln des Zusammenlebens nicht befolgt, schließt sich selbst aus der Gruppe aus oder er stößt doch so sehr auf den Widerstand aller Gutgesinnten, daß ihm das Leben zwischen ihnen schwer wird«. (Fichtenau).

Gildeverbote

Aus den so einseitig grundherrlichen Quellen läßt sich so gut wie nichts über freie Bauern auf Eigenbesitz, also selbst wirtschaftende kleinere und größere Landbesitzer entnehmen. Es bestand ja auch überhaupt nur dann die Chance, daß sie, die selbst nichts Schriftliches hinterlassen haben, in den Quellen Erwähnung finden würden, wenn sie sich und ihr ganzes Land in den Schutz einer kirchlichen Institution stellten, die zu diesem Zeitpunkt zufällig urbariale Aufzeichnungen oder Traditionsnotizen machte. Daß es freie Bauern mit Eigenbesitz im früheren Mittelalter gegeben hat, läßt sich aus solchen Traditionen zweifelsfrei erkennen, nicht aber, wie groß ihre Zahl und Bedeutung in der Gesellschaft war. Die Ansichten darüber gehen denn auch in der wissenschaftlichen Literatur weit auseinander: Während K. Bosl davon ausgeht, daß »99% aller Deutschen und Europäer von Unfreien abstammen« und daß es »außerhalb der ›familia‹ neben den Herren und ihren persönlich freien Vasallen keine Menschen in der damaligen Gesellschaft gab«, kommt R. Sprandel zu dem Ergebnis, daß es den »Stand der kleinen, unbelasteten Landeigentümer... als bedeutenden und zahlreichen Stand« gegeben habe. Man kann davon ausgehen, daß sich in der Karolingerzeit die Grundherrschaft auf Kosten der freien Bauern ausgedehnt hat – jede weitergehende Aussage stellt allein das persönliche Urteil aufgrund der Einschätzung der Gesamtsituation dar, denn die Quellenlage erlaubt keinerlei statistische Auswertung der Texte.

Freie Bauern auf Eigenbesitz

Ebenso schwer läßt sich eine Vorstellung über das Verhältnis zwischen Grundherrn und Bauern und damit über das soziale Klima in der archaisch-frühmittelalterlichen Agrargesellschaft gewinnen. War die Belastung durch die Abgaben so groß, daß den Grundholden »nicht viel mehr als das Existenzminimum geblieben sein dürfte« (Schulze), oder stellten die Abgaben »keine große Belastung für die Bauernhaushalte dar« (Duby)? Angesichts der so unterschiedlichen Höhe der Leistungen dürften beide Thesen zu sehr verallgemeinern. Nur wenn sich der durchschnittliche prozentuale Anteil der Abgaben am Gesamtprodukt einer Bauernstelle ermitteln ließe, könnte man versuchen, die Belastungen und Bedrückungen der Grundholden durch ihre Herren abzuschätzen. Bei der sporadischen Schriftlichkeit versagt aber wie-

Das soziale Klima

derum jede statistische, d.h. auf den Durchschnitt gerichtete Aussage. Auch Aussagen über das soziale Klima in den Beziehungen zwischen Grundherrn und Grundholden lassen sich nicht direkt aus den Quellen entnehmen, denn sie sind nicht ihr Thema. Man wird dafür vielmehr auf allgemeine Erklärungsmodelle zurückgreifen müssen. G. Duby hat die Grundsituation einer Mangelwirtschaft mit ständig wiederkehrenden Hungersnöten zur Bestimmung des sozialen Klimas herangezogen und daraus auf die »unkontrollierte Handlungsfreiheit« der Grundherren geschlossen: »Der Kornspeicher, der immer noch voll war, wenn alle anderen leerstanden, war die Hoffnung der Hungernden, die sich an seinen Toren drängten und alles versprachen, nur um etwas Korn zu bekommen. Die Verfasser der Urbare haben diese faktische Macht, die sich aus der unerreichbaren Ferne der Staatsorgane und dem Wohlstand einiger weniger inmitten einer unter tausend Gefahren leidenden Menschheit ergab, völlig außer acht gelassen«. Andererseits beruhte der Wohlstand des Grundherrn ja so gut wie ausschließlich auf den Erträgen seines Landes, das die Abhängigen bewirtschafteten. Er konnte nur dann mit Abgaben und Diensten rechnen, wenn die Bauernstellen auch bewirtschaftet waren. Vor dem großen Bevölkerungsanstieg seit dem 11. Jahrhundert aber herrschte Menschenmangel.

Menschenmangel

Das Urbar des Bistums Augsburg aus der ersten Hälfte des 9. Jahrhunderts bezeichnet von insgesamt 1507 Bauernstellen 80 als »mansi absi« als unbewirtschaftete Mansen. Das sind 5,6%, wobei von den Unfreienhufen wesentlich mehr, nämlich 8,3% unbewirtschaftet waren als von den Freienhufen, bei denen es 3,4% waren. Welche Folgerung man immer aus diesen Zahlen ziehen mag, ob nun Unfreienfamilien wegen der stärkeren Belastung weniger Kinder bekamen und daher schneller ausstarben, oder ob sie eher zur Flucht bereit waren oder aber ob der Grundherr dazu neigte, Unfreienfamilien auf günstigere Hufen umzusetzen: in jedem Fall legen die Zahlen nahe, daß der Grundherr seine Bauern nicht allzusehr pressen durfte, wenn er ihre Arbeitskraft erhalten wollte.

Nun darf man nicht ohne weiteres schließen, daß Grundherren das, was das Eigeninteresse ihnen als vernünftig empfahl, auch wirklich taten, denn die kalkulierende Berücksichtigung des Eigeninteresses setzt ein Maß an Rationalität und Affektkontrolle voraus, die, wie Norbert Elias gezeigt hat, einem bestimmten Stadium im Prozeß der Zivilisation entspricht. Dieses Stadium war damals noch nicht erreicht. Bischof Burchard von Worms gibt in seinem Hofrecht (1024/25) einen bezeichnenden Eindruck von ungezügelter Gewalttätigkeit, wenn er feststellt, daß es fast täglich zu Körperverletzungen in der grundherrlichen familia der Wormser Kirche gekommen sei, »weil oft um nichts, oder in Trunkenheit oder aus hochfahrender Prahlerei zwei wie wahnsinnig so in Raserei gerieten, daß im Laufe eines Jahres 35 Hörige unschuldig von anderen Hörigen umgebracht wurden; und die Mörder haben sich dessen eher gerühmt und gebrüstet, als daß sie Reue gezeigt hätten«.

Ungezügelte Gewalttätigkeit

Die Nachtwachen zur Erntezeit, die das Urbar von Prüm unter den Frondiensten der Hörigen von Rommersheim verzeichnet, »damit die Ernte nicht von bösen Menschen verbrannt wird« oder die Wachdienste beim Besuch des Abtes, »damit sich nichts Finsteres ereignet«, braucht man deshalb nicht unbedingt als Vorkehrungen gegen Racheakte ausgebeuteter Abhängiger zu deuten. Revolutionäres Infragestellen der Gesellschaftsordnung mit ihrer eklatanten Ungleichheit scheint es kaum gegeben zu haben, ebensowenig allerdings friedfertige Nachbarschaft. Sich-Einfügen in die vorgegebene Ordnung einerseits und Ausbrüche von Brutalität und Gewalttätigkeit auf allen Ebenen der Gesellschaft und gegen jedermann andererseits scheinen vielmehr das soziale Klima bestimmt zu haben. Das frühe Mittelalter war gewaltreich, aber machtarm, denn Machtausübung bedarf institutioneller Durchsetzungsmechanismen, die es erst erlauben, Willensentscheidungen in einem Herrschaftsraum durchzusetzen und so auf Dauer kalkulierbare Wirkungen zu erzielen. Institutionen aber fehlten fast vollständig, auch wenn es als Reminiszenz antik-römischer politischer Traditionen vom König beauftragte Amtsträger gab.

Oberster Amtsträger war der König. Auch er war Grundherr, und der Begriff »regnum« bezeichnet in den Quellen oft den Bereich, in dem er es war: das Reichsgut, das damals vom königlichen Familienbesitz noch nicht unterschieden wurde. Darüber hinaus gab es den Versuch, das Reich als politischen Raum herrschaftlich zu erfassen: Der Graf (comes) war der Beauftragte des Königs in seiner Grafschaft. Seine Amtsbefugnis beruhte auf dem Grafenbann, den der König ihm verlieh und der ihn nicht nur allgemein zur Wahrung der Rechte des Königs in seiner Grafschaft und zur militärischen Organisation im Verteidigungsfall verpflichtete, sondern auch seinen Vorsitz im Grafschaftsgericht als königliche Beauftragung erscheinen ließ. Der König war gehalten, Adlige, die in der Grafschaft begütert waren, zu Grafen zu machen. Er band sie in den Formen des Lehnswesens an sich: Der Graf leistete Homagium und Treueid und erhielt das mit dem Amt verbundene Grafengut als Lehen. Erscheinen so die Grafen als die Stellvertreter des Königs vor Ort, so gab es doch nichts, was auf einen regelmäßigen Austausch von Informationen, Anweisungen, Rückfragen oder Vollzugsmeldungen zwischen dem König und seinen Amtsträgern schließen läßt. Auch war die Grafschaftsverfassung des frühen deutschen Reiches alles andere als ein flächendeckendes Netz von Verwaltungsbezirken; größere Gebiete unbesiedelten und unwegsamen Landes verhinderten klare Grenzziehungen nach außen, und im Innern durchlöcherten die Immunitäten der Grundherrschaften die gräflichen Amtsbezirke. Immunitäten waren gefreite Bezirke. Schon in der Karolingerzeit ließen sich geistliche Grundherren durch Königsurkunde bestätigen, daß der Graf sich nicht direkt, sondern nur über den »Vogt« (advocatus), den Vertreter der Kirche in weltlichen Angelegenheiten, an ihre Grundholden wenden durfte, und im ottonischen Reich verbrieften Königsurkunden zunehmend die Verleihung der »grafengleichen Hoch- und Edelvogtei«. Sie erlaubte dem Kirchenvogt für den Bereich der Grundherrschaft die eigenständige Ausübung aller gräflichen Amtsbefugnisse bis hin zum Gericht. Dem gesteigerten Rang entsprechend treten nun ausschließlich Adlige als Hochvögte auf.

Die Grafen

Immunitätsverleihungen durch Königsurkunde gibt es nur für kirchliche Empfänger. Weltliche Grundherren hatten wohl immer schon die Herrenrechte über ihr Land und die darauf lebenden Leute wahrgenommen. Mit der Ausbildung der vollen Immunität war ein wichtiger Schritt getan zur Abschnürung der grundhörigen Bevölkerung vom königlich-amtsrechtlichen Zugriff, der um so entscheidender war, als sich gleichzeitig die Grundherrschaften immer mehr auf Kosten der freien Bauernbevölkerung ausgedehnt haben dürften.

Markgrafen und Herzöge

Die Markgrafen (marchiones) hatten die Befehlsgewalt über größere Grenzgebiete im Osten und Südosten des Reiches und waren vor allem für die Grenzsicherung zuständig. Über den Grafen und Markgrafen standen die Herzöge (duces), die vom König mit dem Herzogtum belehnt wurden. Von den fünf Stammesherzogtümern zu Beginn der Ottonenzeit, den Herzogtümern Franken, Schwaben, Bayern, Sachsen und Lothringen blieb das Herzogsamt in Franken nach Aufstand und Tod des Herzogs Eberhard im Jahre 939 unbesetzt. In Lothringen setzte bald die Trennung in Ober- und Niederlothringen ein. Im Jahre 978 wurde Kärnten, bislang als Markgrafschaft Teil des Herzogtums Bayern, von König Otto II. zum eigenständigen Herzogtum erhoben. Als sein Herzog Otto sich 985 bereit erklärte, auf das Herzogtum Kärnten zu verzichten, blieb ihm dennoch der Herzogstitel, obwohl er zunächst keinem Herzogtum mehr vorstand. Heinrich I. und Otto I. hatten Herzöge als höchste Schicht adliger Amtsträger im Reichsaufbau anerkannt. Im beibehaltenen Herzogstitel Ottos von Kärnten wird zum ersten Mal deutlich, daß der Herzogstitel nicht mehr nur ein Amt, sondern einen Rang im Reichsgefüge bezeichnete und die oberste Adelsschicht von den übrigen Adligen abhob. Ihr Adelsgut unterstand keiner anderen herzoglichen Amtsgewalt. Damit war die Auflösung der alten Stammesherzogtümer eingeleitet.

Auflösung der alten Stammesherzogtümer

Dem König als dem Herrn des Reiches unterstanden also mit Herzögen, Markgrafen und Grafen Amtsträger, die aber keine weisungsgebundenen Beamten waren, denn als Adlige mit eigenen Herrschaftsrechten in ihren Grundherrschaften waren sie selbstbewußte Standesgenossen und nicht Untergebene des Königs. Nicht nur die Loslösung des Herzogstitels vom Herzogsamt gibt deshalb Anlaß zu der Frage, ob die »Ämter« nicht eher als Teil des ererbten Rechts- und Besitzstandes der Adligen denn als königliche Handlungsaufträge anzusehen sind.

Wie viele andere Grundherren schuldeten die Herzöge, Markgrafen und Grafen dem König »Rat und Hilfe«. Der König, dem keine Verwaltung und kein Militär als ausführende Organe zur Verfügung standen, konnte nur mit dieser Hilfe seiner adligen Vasallen Pläne in die Tat umsetzen. Der »consensus fidelium«, die Beistimmung der Getreuen, wie es in der Sprache der Quellen heißt, bedeutet, daß der König sich im Rat der Übereinstimmung mit denjenigen vergewisserte, deren Mitwirkung ihn erst in die Lage versetzte, die geplanten Unternehmungen durchzuführen.

Das Reisekönigtum

Die Verbindung mit den Großen des Reiches war deshalb unabdingbare Voraussetzung für jede Königsherrschaft. Der König hielt sie aufrecht, indem er sie an seinem Hof empfing, mit dem er das Land durchreiste. Königsherrschaft war noch weitestgehend an die physische Präsenz des Königs gebunden, und die »Itinerare« (Reisewege) der Könige geben Aufschluß darüber, wo die Könige vor allem als Herrscher auftraten. Materielle Voraussetzung dafür waren grundherrschaftlich organisierte Königshöfe, die die Verpflegung des Hofes sicherstellen konnten. So erscheint es natürlich, daß unter den Ottonen das Gebiet um den Harz mit dem ottonischen Hausgut als eine der zentralen Königslandschaften erscheint. Vom Harz aus gingen die Königsstraßen strahlenförmig ins Reich. Außer im heimischen Sachsen hielten sich die Ottonen häufig im nördlichen Teil der oberrheinischen Tiefebene mit Frankfurt und Ingelheim und in Aachen und am Niederrhein auf, wo sie aus konradinischem und karolingischem Erbe über Grundbesitz und Einkünfte verfügten. Die Herzogtümer Bayern und Schwaben haben sie dagegen nur selten besucht. Unter den Saliern, deren Hausgut in dem Gebiet um Worms und Speyer lag, tritt Sachsen dann hinter den Gebieten am Mittelrhein zurück.

Die Möglichkeit, Königsgut nutzen zu können, bildete die materielle Voraussetzung für die Reisetätigkeit des Königs, sie war aber nicht ihr Grund. Dieser lag vielmehr in der Struktur des Reiches als eines Personenverbandes, in dem der Zusammenhalt und die Kommunikation von Reichsspitze und Reichsteilen eben nicht durch miteinander verbundene Institutionen gewährleistet wurde, sondern jeweils persönlich hergestellt und aufrecht erhalten werden mußte. Der König konnte meist nur, indem er persönlich erschien, »väterliche Zucht gegenüber den Untergebenen« ausüben, wie es zu seinen Königspflichten gehörte. Er war der oberste Richter im Reich, und wem es gelang, Klagen vor sein Ohr zu bringen, konnte auf ein Urteil gegen mächtige Bedrücker hoffen. Die Macht eines Königs bemaß sich nicht zuletzt daran, wieweit es ihm gelang, Übeltäter in Angst und Schrecken zu verset-

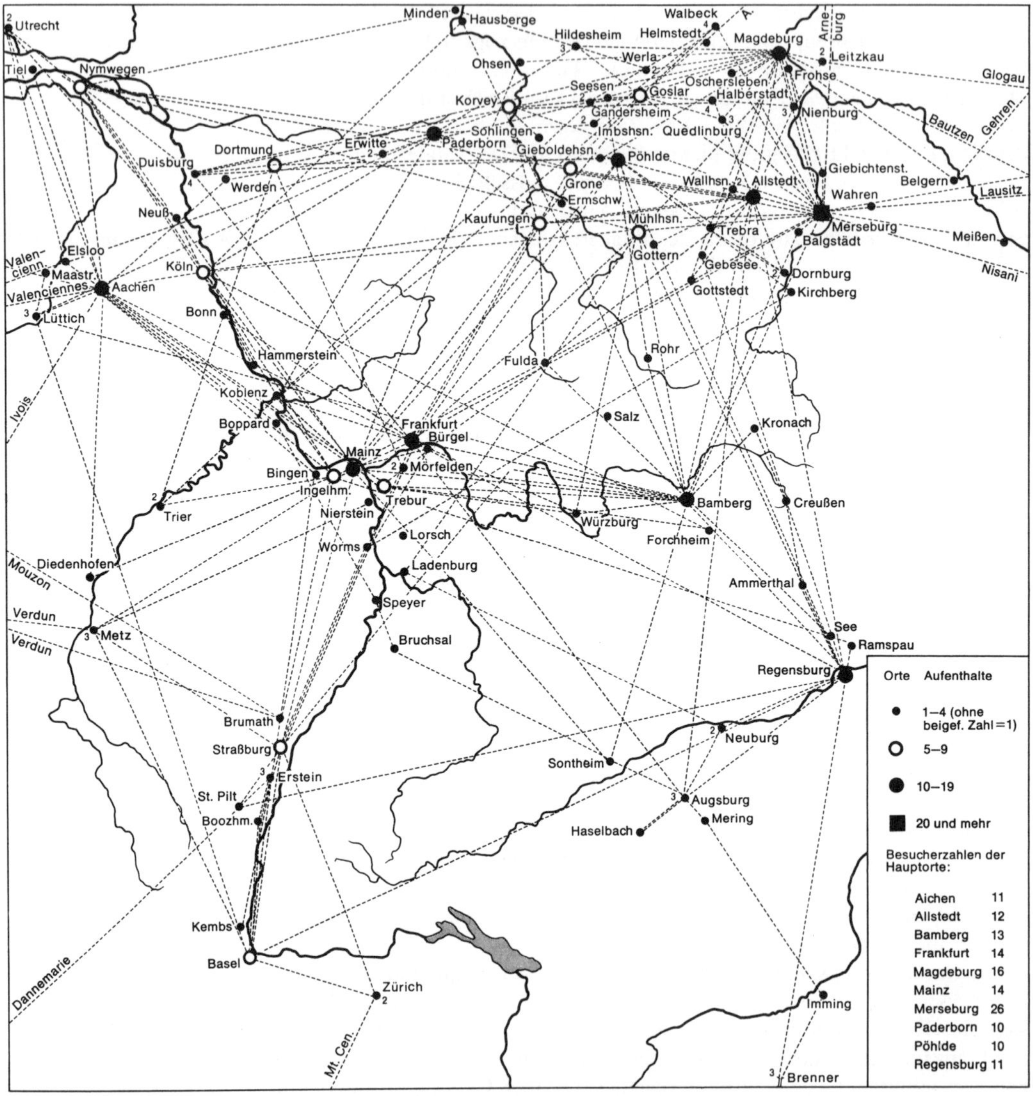

Die Reisewege Heinrichs II.

zen, und das wiederum hing wesentlich davon ab, ob er bei den Großen Folge- und Zustimmungsbereitschaft zu erwecken und zu erhalten vermochte. Dem Lebensalter und der Herrschaftsdauer eines Königs kam deshalb große Bedeutung für die Stabilität seiner Herrschaft zu.

Bei Otto I. könnte sich der »Schrecken der königlichen Strafgewalt«, von dem Widukind berichtet (II, 36), auf konkrete Beispiele königlichen Durchgreifens beziehen, denn es sind allein 27 Enteignungen durch königlichen Richterspruch bekannt. Das sind zwar mehr als für alle anderen Ottonen zusammen, aber bei 37 Herrschaftsjahren noch nicht einmal eine pro Jahr. Denn auch wenn ein König für stark und mächtig galt, waren seine Handlungsmöglichkeiten sehr begrenzt, da er nur da einzugreifen vermochte, wo er persönlich anwesend war und die Großen zur Mitwirkung gewinnen konnte. Die Königsherrschaft ruhte also ganz wesentlich in der Person des Königs. Transpersonale Elemente waren zwar als vage Reminiszenzen römischer Tradition vorhanden, wurden aber nur in Krisensituationen begrifflich

Transpersonale Elemente der Königsherrschaft

klar zum Ausdruck gebracht. Das Aussterben der Ottonen mit dem kinderlosen Tod Heinrichs II. (1002–1024) war eine solche Krisensituation. Es gab keinen persönlichen Erben. In zwei Fällen machte der Nachfolger im Königtum, der Salier Konrad II. (1024–1039), deutlich, daß dadurch nicht Besitz und Rechte des Verstorbenen als herrenloses Gut zu betrachten seien. Auf diesen Standpunkt hatten sich nämlich die Einwohner von Pavia gestellt, die die Königspfalz nach dem Tode Heinrichs zerstört hatten und bestritten, damit ein Unrecht begangen zu haben: denn da es keinen König gegeben habe, könnten sie auch nicht angeklagt werden, das Haus des Königs zerstört zu haben. Die berühmt gewordene Antwort, die Wipo dem König Konrad in den Mund legt, drückt die transpersonalen Staatsvorstellungen in der klassischen Schiffsmetapher aus: »Wenn der König stirbt, so bleibt doch das Königtum bestehen, so wie das Schiff bleibt, dessen Steuermann zugrunde geht.« Der König bedient sich des Bildes vom Staatsschiff, um den Unterschied zwischen dem »Haus des Königs« als Privatbesitz und dem »königlichen Haus« als Teil des personenüberdauernden Königtums zu verdeutlichen. In der Auffassung Konrads haben das Königtum und seine Rechte auch unabhängig von der jeweiligen Person des Königs Bestand, der König wird also als Repräsentant einer Institution gesehen.

Burgund

Bei der Übernahme der burgundischen Königskrone im Jahre 1033 stellte er sich auf den gleichen Standpunkt. Der kinderlose König Rudolf III. von Burgund (993–1032) hatte seinem nächsten Verwandten, dem deutschen König Heinrich II., die Nachfolge versprochen. Da Heinrich vor Eintritt des Erbfalls starb, war zu entscheiden, ob Heinrich als nächster Verwandter oder aber als deutscher König in Burgund hätte König werden sollen. Rudolf III. war 1027 Lehnsmann Konrads II. geworden und hatte dadurch die Anwartschaft unter Ausschluß näherer Erben auf den Amtsnachfolger seines Neffen übertragen. König Konrad verwirklichte dann beim Tode Rudolfs diesen amtsrechtlichen Anspruch.

Der Unterschied zwischen privatem Erbrecht und öffentlichem Amtsrecht, der bei einer Sohnesfolge im Königtum keine Rolle spielte und deshalb nicht klar formuliert zu werden brauchte, war beim Übergang der Königsherrschaft auf ein anderes Geschlecht politisch relevant geworden. Obwohl König Konrad die beiden Bereiche gedanklich klar zu unterscheiden vermochte, blieb doch auch in der Folgezeit in der praktischen Amtsführung das Königtum noch ganz mit der Person des Königs identisch.

Reichskirche und Eigenkirchenwesen

Die Reichskirche

Der König als der Herr des Reichsguts war zugleich Herr der darauf liegenden Kirchen und Klöster. Das unterschied ihn zunächst nicht von anderen Grundherren, die über Kirchen und Klöster in ihren Grundherrschaften als Eigenkirchenherren verfügten. Zur Reichskirche gehörten im ottonisch-salischen Reich die sechs Erzbistümer Köln, Mainz, Trier, Salzburg, Hamburg-Bremen und Magdeburg (seit 968) und alle Bistümer sowie die auf Königsgut liegenden Klöster.

Der Begriff »Reichskirche« ist den Quellen entnommen; er bezeichnet dort eine einzelne Kirche als eine »Kirche des Reichs«, um sie rechtlich von den Kirchen anderer Herren zu unterscheiden. Die Benennung der Gesamtheit aller dem Reich gehörenden Kirchen als »die Reichskirche« in der wissenschaftlichen Literatur bringt darüber hinaus zum Ausdruck, daß alle diese einzelnen Kirchen durch ihre Zugehörigkeit zum Reich eine Einheit bildeten. Eine wesentliche Grundlage dieser Vorstellung ist die Tatsache, daß der

Die Gestalt Heinrichs II. reicht in die Sphäre des in der Mandorla thronenden Christus hinein und nimmt damit einen die irdischen Grenzen überragenden Platz in der göttlichen Gesamtordnung ein (aus einem Sakramentar, ca. 1002–1014)

Die sakrale Legitimation der Könige

König als der »Gesalbte des Herrn« eine sakrale Legitimation hatte, die die grundherrliche Legitimation der adligen Eigenkirchenherren bei weitem übertraf, so daß König und Reichskirche als in ideeller Weise einander zugeordnet erscheinen. In den Bilddarstellungen der Zeit sind die ottonischen Herrscher im Vergleich zu den Karolingern oder den spätsalisch-staufischen Königen in außergewöhnlicher Weise aus der irdischen Umgebung herausgehoben und der Sphäre Christi und der Heiligen zugeordnet. Im »Mainzer Krönungsordo«, der wohl für die liturgische Ausgestaltung der Königserhebung Ottos II. im Jahre 961 zugrunde gelegt wurde, war eine rein weltliche Wahl und Thronsetzung, so wie sie Widukind für Ottos I. Krönung überliefert, nicht mehr vorgesehen. Bei dem noch minderjährigen Otto II. war die Königserhebung ein rein geistlicher Akt mit deutlichen Parallelen zur Bischofseinsetzung.

Erzbischof Brun von Köln

Der Betonung der Sakralität des Königtums entsprach die sehr enge Verbindung von Königtum und Reichskirche, so wie sie besonders Ottos I. jüngerer Bruder Brun († 965) verkörperte. Brun war nach seiner Erziehung im Haus des Bischofs von Utrecht zunächst in der Kanzlei seines Bruders tätig, ehe ihn dieser im Jahre 953 zum Erzbischof von Köln und dann wenig später zum Herzog von Lothringen machte. Daß die Verbindung eines so hohen geistlichen und weltlichen Amts in einer Person schon bei manchen Zeitgenossen auf Kritik stieß, läßt sich aus den Rechtfertigungen ablesen, die sich sowohl bei Widukind als auch bei Bruns Biograph Ruotger finden, der für Bruns ungewöhnliche Stellung den Titel »archidux« prägte. Ruotger läßt Otto I. in einer fingierten Rede seine Freude darüber ausdrücken, daß »durch Gottes, des Allmächtigen Gnade unserer Herrschaft das königliche Priestertum – regale sacerdotium – beigetreten ist«; es sei ein königliches Priestertum, weil Brun königliche Kraft und priesterliche Glaubensstärke in sich vereine, und beides sei nötig, um die – von Gott gegebene – Herrschaft des Königs gegen ihre Feinde zu stützen. Zugleich übt der König in dieser Rede Kritik an Erzbischof Friedrich von Mainz, der sich bei den für den König bedrohlichen Aufständen in den Jahren 953/4 mit Berufung auf sein Priestertum zum Gebet zurückgezogen, damit seine Stadt den Feinden Ottos überlassen und ihnen dadurch praktisch genützt habe. Nach Ottos Auffassung mußte sich also ein Bischof in tätiger Weise für die Belange des Königs einsetzen, damit die Widersacher überwunden und so die vom König repräsentierte gottgesetzte Ordnung gewahrt werde. In dieser Sicht erscheint ein Rückzug aus den weltlichen Geschäften mit Berufung auf den geistlichen Charakter eines kirchlichen Amtes geradezu als religiöse Verfehlung.

Da Ruotger zum engsten Kreis um den »Archidux« Brun gehörte, kann man davon ausgehen, daß er in seiner Biographie die ottonischen Vorstellungen über die Rolle der Kirche in der Welt zum Ausdruck gebracht hat. Brun blieb zwar für lange Zeit der einzige geistliche Herzog und war somit eine Ausnahme. Aber es läßt sich erkennen, daß die seiner Doppelernennung zugrunde liegenden Vorstellungen die Beziehungen zwischen Königtum und Reichskirche geprägt haben: Die Könige statteten die Reichskirchen und -klöster reichlich mit Grundherrschaften, Immunitäten und mit der Übertragung von Regalien aus, finanziell nutzbaren Königsrechten wie Zoll, Markt und Münze. Otto III. übertrug ganze Grafschaften an Reichskirchen. Diese materielle Stärkung geschah mit der Maßgabe, daß das Kirchengut als Reichskirchengut zu Dienst und Nutzen des Königs als des Herrn des Reiches zu verwalten war. Bischöfe und Äbte dienten dem König bevorzugt als Berater und Gesandte, die Reichskirchen stellten Panzerreiter für das königliche Heer und belieferten die Königshöfe mit Nahrungsmitteln bei Ankunft des königlichen Hofes. Wie selbstverständlich etwa Otto I. davon ausging, daß ein Reichskloster dem König zu Diensten zu stehen habe, belegt eine undatierte Königsurkunde wohl aus dem Jahr 966 (DO I, 322). Im Tausch gegen die Abtei Oeren, die innerhalb der Mauern von Trier lag und an die Trierer Kirche ging, nahm der König die Abtei St. Servatius in Maastricht »in den Besitz des königlich-öffentlichen Rechts und des Fiskus«. Als Begründung für den Tausch führt er an, daß er dort »für die Aufgaben des Reichs« (pro disponendi regni negotiis) wenig Besitz habe. Der Erwerb der Abtei geschah also ausdrücklich in Hinblick auf die Reichsaufgaben, in die möglicherweise auch die Pflicht eingeschlossen war, den König und seinen Hof zu beherbergen, wenn er nach Lothringen kam. Bis zum Ende des 10. Jahrhunderts bevorzugten die Könige allerdings die Königspfalzen und -höfe, während dann Heinrich II. sich und seinen Hof vor allem in Reichskirchen und -klöstern einquartierte.

Das Reichskirchengut

Aus dieser engen Einbindung der Reichskirchen in den Königsdienst ergibt sich bereits, daß dem König an der Besetzung der Reichskirchenämter mit Männern seines Vertrauens gelegen sein mußte. Schon seit der Karolingerzeit übertrug der König den Erzbischöfen, Bischöfen und Reichsäbten ihre Kirche oder ihr Kloster durch die Überreichung eines Stabes. Die Tatsache, daß die vom kanonischen Recht geforderte »Wahl durch Klerus und Volk« darin bestand, dem von Gott vorherbestimmten Kandidaten die Zustimmung aller

Die Besetzung der kirchlichen Ämter

Kloster Corvey, Südwestansicht der Kirche

zu bezeugen, gab dem König große Einflußmöglichkeiten beim Bestimmen des Erwählten, mußte doch der geweihte Herrscher als besonders geeignet gelten, den Willen Gottes zu erkennen. Unter diesen Voraussetzungen vermochten es die Könige, Kleriker aus ihrer Hofkapelle zu Bischöfen zu machen, auch wenn sie sicher öfter, als heute erkennbar ist, auf Anrechte ortsansässiger Adliger und auf lokale Bedingungen Rücksicht nehmen mußten.

So waren die Hochkirchen und Reichsklöster im ottonisch-salischen Reich in vielfältiger Weise an das Königtum gebunden. Einzelne Herrscher haben besonders intensiv in die Belange der Reichskirche eingegriffen. Thietmar von Merseburg überliefert eine ganze Reihe von Fällen, in denen Heinrich II. bei kirchlichen Wahlen seinen Kandidaten auch gegen örtliche Widerstände durchgesetzt hat. Der gleiche Herrscher hat über Reichskirchengut nach eigenem Ermessen verfügt. Heinrichs II. Umgang mit der Reichskirche war in diesem Sinnen »Weiterführung, Aufgipfelung über die drei Ottonen hinaus« (Schieffer), getragen von einer gesteigerten Vorstellung von der Sakralität des Königtums, die ihm die Sorge um die Belange der Kirche ganz besonders zur Pflicht machte. Von einem ottonisch-salischen »Reichskirchensystem« zu sprechen, wie es in der wissenschaftlichen Literatur zuweilen geschieht, erscheint dennoch nicht gerechtfertigt, denn diese Kennzeichnung impliziert einen systematischen Zusammenschluß der Einzelkirchen zu einem Herrschaftsinstrument des Königtums, die weder dem Partikularismus einer agrarischen Feudalgesellschaft noch der adligen Herkunft der meisten geistlichen Amtsträger und ihrer Einbindung in den Grundherrenstand Rechnung trägt.

Das Recht auf Rache

Die Markgrafen Gero und Hermann Billung

Als eine der großen Leistungen Ottos I. gilt die Einrichtung von Markgrafschaften zur Sicherung der Ostgrenze des Reiches gleich zu Beginn seiner Regierung: Der hochadlige Hermann Billung erhielt das Kommando für die Gebiete nordöstlich der Niederelbe, der einer unbekannten Grafenfamilie entstammende Gero (937–965) wurde Markgraf im Gebiet von Mittelelbe und Saale. Die spätere Geschichtsschreibung hat beide Markgrafen gerühmt, weil sie in unerschütterlicher Treue zum König die ihnen übertragene Aufgabe wahrgenommen haben; Otto I. aber brachten diese Ernennungen Aufstände von Männern ein, die ein besseres Anrecht zu haben glaubten. »Diese Ehre«, so schreibt Widukind (II, 42) anläßlich der Ernennung Hermann Billungs, »erregte den Neid vieler Fürsten und auch den seines Bruders Wichmann.« Wichmann († 944) der durch seine Ehe zur königlichen Verwandtschaft gehörte, leitete daraus einen Vorrang vor seinem jüngeren Bruder Hermann ab. Diesen Vorrang sah er durch Ottos Handeln mißachtet. Zwei Jahre lang kämpfte er mit seinen Anhängern gegen König und Bruder, dann kam es zum Friedensschluß. Die Wichmann-Söhne aber führten später den Kampf fort.

Die Aufstände 937–941

Die Ernennung des Markgrafen Gero brachte Otto I. die Feindschaft seines eigenen Halbbruders Thangmar ein; als Neffe zweiten Grades des Grafen Siegfried beanspruchte er dessen Nachfolge in der Grafschaft, die fortan Geros Befehl unterstehen sollte. Er führte Krieg gegen den König und fand einen Bundesgenossen in Eberhard, dem Herzog der Franken, der sich vom König ungerecht behandelt glaubte. In ihrem Kampf gegen den König nahmen sie dessen Bruder Heinrich gefangen. Nachdem dann Thangmar († 938) im Verlauf der Kämpfe neben dem Altar einer Kirche – also freventlich – getötet worden war, schloß Heinrich sich dem Aufstand an mit dem Ziel, an

Ottos Statt König zu werden, wozu er darüber hinaus Unterstützung beim Herzog Giselbert von Lothringen fand. Nachdem die Herzöge Eberhard und Giselbert umgekommen und Otto sich mit seinem Bruder versöhnt glaubte, sah er sich mit anderen Aufständischen im heimischen Sachsen konfrontiert. Sie sammelten sich wieder um seinen Bruder Heinrich, dessen Anspruch auf ein Herzogtum unerfüllt geblieben war.

Diese erste große Unruhewelle im Reich Ottos I., die von 937 bis 941 andauerte und mit der Selbstunterwerfung Heinrichs endete, erscheint in der knappen Darstellung viel zu reichsgeschichtlich-politisch. Tatsächlich entstand sie aus einer Fülle einzelner alter und neuer Gravamina, wirklicher oder vermeintlicher Kränkungen der Ehre und des Rechts, die im Aufruhr von Ottos jüngerem Bruder Heinrich einen Bezugspunkt fand. Jeder einzelne Aufständische wollte durch das Mittel der rechtlichen Selbsthilfe, der Fehde, Rache üben und sich dadurch Genugtuung verschaffen. Mit den einzelnen Betroffenen kämpften ihre Verwandten – sofern sie nicht mit ihnen in Fehde lagen – und die geschworenen Freunde; denn von den sächsischen Aufständischen wird berichtet, daß sie sich im sächsischen Saalfeld zu einem »convivium« (Freundschaftsmahl) vereinigten. Das wird man als Hinweis auf einen gildemäßig zusammengeschlossenen Schwurverband ansehen dürfen, für den das gemeinsame Mahl eines der konstitutiven Elemente war. In Sachsen wurde also ein ganzes Netz nur noch teilweise rekonstruierbarer personaler Beziehungen in Aktion gesetzt.

Die Aufstände 953–955

Die zweite große Aufstandswelle in den Jahren 953–955 fand ihren Kristallisationspunkt in Ottos erstgeborenem Sohn Liudolf, dem Herzog von Schwaben. Liudolfs Motive lassen sich nicht mehr eindeutig feststellen. Er befürchtete vielleicht Nachteile für seine Stellung als designierter Thronfolger, denn der seit langem verwitwerte Otto hatte 951 in Pavia eine zweite Ehe mit Adelheid († 999), der Witwe König Lothars von Italien (948–950), geschlossen, und Widukind berichtet, daß Liudolf daraufhin mißvergnügt das königliche Heer verließ und vorzeitig nach Sachsen zurückkehrte, wo er mit anderen Unzufriedenen wieder in Saalfeld bei einem Freundschaftsmahl zusammentraf. Vielleicht waren aber auch Intrigen seines Onkels Heinrich, von denen ein anderer gut informierter zeitgenössischer Geschichtsschreiber berichtet, das auslösende Moment. Die gemeinsame Rivalität zu Ottos Bruder Heinrich, inzwischen Herzog von Bayern (947–955), machte jedenfalls nach Widukinds Aussage Liudolf und seinen Schwager, den Herzog Konrad den Roten von Lothringen (944–953), zu Verbündeten im Aufstand. Konrad fühlte sich durch den Einfluß Heinrichs auf den König desavouiert. Ebensowenig wie 937–941 läßt sich bei den einzelnen Aufständischen ein sie verbindender politischer Plan entdecken. Jeder kämpfte um sein Recht, in dem er sich durch den König gekränkt sah. Nachdem Otto I. auch dieser Aufstandsbewegung Herr geworden und Liudolf 957 gestorben war, hat es keine weitverzweigten großen Erhebungen während seiner Regierungszeit mehr gegeben. Aber gleich nach seinem Tode 973 kam es zu großen Aufständen gegen seinen Sohn und Nachfolger Otto II., die in vielem an die Kämpfe in den Anfangsjahren Ottos I. erinnern. Und als der minderjährige Otto III. nach dem frühen Tod seines Vaters 983 König wurde, lebte die kaum abgeflaute Erhebung um den Bayernherzog Heinrich den Zänker (955–976, 985–995) wieder auf. Er erreichte sogar 984 in Quedlinburg seine eigene Wahl zum König, ohne allerdings Otto III. aus dem Königtum verdrängen zu können.

Die Aufstände unter Otto II. und Otto III.

Es war keine Besonderheit der ottonischen Zeit, daß sich die Könige mit Bürgerkrieg und Aufstandsbewegungen konfrontiert sahen. Konrad II., der erste Salier auf dem Königsthron, dessen Regierung in vieler Hinsicht ein »Höhepunkt konsolidierter Herrschergewalt« war (Schieffer), hatte sich der

Feindschaft seines Stiefsohnes, des Herzogs Ernst II. von Schwaben (1015–1030) zu erwehren, und für Heinrichs III. letzte Regierungsjahre hat man gar »das Reich in der Krise« gesehen, ganz zu schweigen von Heinrich IV. (1056–1106), dessen Kämpfe mit den Sachsen den Auseinandersetzungen mit dem Papsttum erst seine existenzbedrohende Wirkung gaben.

Bei aller Verschiedenheit der Einzelumstände erweisen sich Aufstände als ein Strukturelement mittelalterlicher Herrschaft. Dabei können die Begriffe Aufstand, Aufruhr und Erhebung falsche Vorstellungen erwecken, denn in der politischen Sprache der Moderne implizieren sie den Bruch geltender Gesetze, der je nach Standpunkt entweder als revolutionäres Heldentum oder als strafwürdige Störung des Gemeinschaftsfriedens angesehen wird. In jedem Fall betreffen sie das Verhältnis von souveränem Staat und Untertanen. Die Fehde des Mittelalters dagegen war legitimes Rechtsmittel, das jeder Freie für sich in Anspruch nehmen konnte, gegen jedermann einschließlich des Königs. Fehde und Fehderecht gründen in der Auffassung, daß jeder sein Recht ohne Einschaltung eines unbeteiligten Dritten selbst zu wahren hat. Das »Recht« eines Menschen war die Summe alles dessen, was ihm gewohnheitsmäßig durch Herkunft, Geburt, Rang, Besitz und Ansehen in der Gesellschaft zukam. Wichmann Billung hatte durch Alter und Königsverwandtschaft einen Vorrang vor seinem Bruder Hermann; Otto I. verletzte also sein Recht, als er ihm den jüngeren Bruder durch die Verleihung der Markgrafschaft überordnete. Jede Minderung des Rechtsstandes verlangte nach Rache und berechtigte zum Widerstand. Wodurch aber der Rechtsstand gemindert wurde, war dem Rechtsbewußtsein des Betroffenen und seiner Verwandten und geschworenen Freunde als den zur Fehdeführung Verpflichteten anheimgegeben, deren Rechtsnorm die Gewohnheit, das bislang gültige »gute alte Recht« war. Gewohnheitsrecht ist seinem Wesen nach mündliches Recht, für das der gegenwärtige und in der Erinnerung vergegenwärtigte Brauch alt und ewig ist, weil das Gedächtnis Brüche harmonisiert und obsolet Gewordenes durch Vergessen ausscheidet.

Fehde als legitimes Rechtsmittel

Karl Leyser hat gezeigt, daß immer dann aus den vielen permanenten Einzelfehden eine große Aufstandsbewegung wurde, wenn mit Heinrich, Liudolf oder Heinrich dem Zänker ein Angehöriger des Königshauses an ihnen beteiligt war. Er erklärt dieses Phänomen überzeugend mit der Tatsache, daß die Abkehr von der Gewohnheit der Reichsteilung mit der Gesamtnachfolge Ottos I. eine Änderung des altüberlieferten Rechts bedeutete, und daß die dadurch von der Königsherrschaft Ausgeschlossenen auf die Zustimmungsbereitschaft vieler Zeitgenossen noch lange rechnen konnten, wenn sie gegen diese Minderung ihres Rechts zur Waffe griffen.

Es ist evident, daß eine in diesem Maße auf Gewohnheitsrecht und Fehde gegründete Gesellschaft außerordentlich veränderungsfeindlich ist, und, als Korrelat zum oben beschriebenen »gestenartigen Handeln« des Königs, den Handlungsspielraum eines Herrschers sehr einschränkt. Das Gottesgnadentum bot zwar einen Ansatzpunkt, das Königtum als von Gott verliehenes Amt, den König also nur Gott gegenüber verantwortlich erscheinen zu lassen und daher ein Widerstandsrecht gegenüber dem »Gesalbten des Herrn« grundsätzlich für illegitim zu erklären. Gerade Otto I. scheint für sich als den gesalbten König in Abweichung von der Regierungspraxis seines Vaters eine einzigartige Stellung reklamiert und mit Berufung auf die Sakralität des Königtums seine Entscheidungsbefugnis gewohnheitsrechtlichen Ansprüchen übergeordnet zu haben. Die großen Aufstandswellen zeigen aber, daß das gute, alte, als ewig-unveränderlich gedachte Recht so sehr als Teil der von Gott in Gang gesetzten Ordnung galt, daß auch der König bei jeder Abkehr vom Gewohnten mit bewaffnetem Widerstand rechnen mußte, sobald irgend jemand sie als Minderung seiner angestammten Rechte ansehen konnte.

Gottesgnadentum und Widerstandsrecht

Italienfahrt, Kaisertum und Ostmission

Mit Aachen als Krönungsort und der Inbesitznahme des Thrones Karls des Großen stellte Otto I. sich und sein Herrschertum programmatisch in die Tradition Karls des Großen. Daß dies von Anfang an auch das Streben nach der italischen Königskrone und die Kaiserkrönung in Rom einschloß, lassen vage Nachrichten über den Plan eines Italienzuges schon in den vierziger Jahren vermuten.

Karl der Große, schon von seinem Vater her Schutzherr der römischen Kirche, hatte sich 774 zum König der Langobarden gemacht und fortan über das Frankenreich und das Langobardenreich in Personalunion geherrscht. Bei der Teilung des karlischen Großreiches im Vertrag von Verdun (843) gehörte das »regnum Italiae« zusammen mit der Provence und dem Westalpenraum (Hoch- und Niederburgund) und den bald »Lotharingien« genannten Gebieten an Rhein und Maas zum Reichsteil Kaiser Lothars, löste sich dann aber zunehmend als eigenes Reich aus den gesamtfränkischen Bindungen. Dennoch galt es bei den Herrschern der fränkischen Nachfolgereiche als Teil des Karolingererbes, der nicht zuletzt deshalb begehrenswert blieb, weil er mit Rom, der Stadt der Kaiserkrönung, verbunden war. Seit dem Ende des 9. Jahrhunderts waren dann italischer Königstitel und Kaisertum zum Streitobjekt meist nicht-karolingischer Adliger geworden, so wie das Papsttum und die Herrschaft über die Stadt Rom ein Element im Kräftespiel der stadtrömischen Adelsrivalitäten war.

Jeder, der als Nachfolger Karls des Großen Kaiser werden wollte, mußte Rom als den rechten Krönungsort und den Papst als den in der karolingischen Tradition unverzichtbaren Coronator gewinnen. Beides gelang Otto I. erst nach längeren Bemühungen. Der Italienzug, den er im Jahre 951 unternahm, brachte ihm zwar Königswahl und -krönung in Pavia. Unmittelbar anschließend bekräftigte er seinen Anspruch, rechtmäßiger Herrscher Italiens zu sein, durch seine Heirat mit Adelheid, der Witwe König Lothars, dessen aus Niederburgund stammender Vater sich gegen manchen Rivalen seit 926 als König von Italien behauptet und diesen Titel auch seinem Sohn zu sichern verstanden hatte. Ottos Anfrage wegen einer Kaiserkrönung in Rom wurde freilich von den stadtrömischen Gewalten abschlägig beschieden, so daß er unverrichteter Dinge nach Deutschland zurückkehren mußte.

Ottos Anspruch auf die Kaiserwürde

Ottos Anspruch auf die Kaiserwürde, der wohl zuallererst in der karlischen Nachfolge zu sehen ist, wurde dann in den folgenden Jahren dadurch bekräftigt, daß er nicht nur zum angesehensten König in der lateinischen Christenheit wurde, sondern auch nach außen gegenüber den Nichtchristen als Vertreter und Verteidiger des Glaubens und damit gleichsam in kaiserlicher Funktion auftrat. Der Bericht über eine Gesandtschaft Ottos an den muslimischen Kalifen von Cordoba, Abd ar Rahman III. (912–961), der wohl unmittelbar nach Beendigung der Legation im Jahre 956 geschrieben wurde, läßt die Gesandten von ihrem Herrn durchgehend als dem Imperator Otto sprechen und Widukind überliefert, daß Otto nach seinem großen Ungarnsieg auf dem Lechfeld am 10. August des Jahres 955 vom Heer zum »Vater des Vaterlandes« ausgerufen und Imperator genannt worden sei. Da Widukind die spätere römische Kaiserkrönung Ottos völlig übergeht, liegt es nahe, diese (angebliche) Kaiserproklamation als den Versuch zu deuten, dem Kaisertum Ottos I. eine nicht-römische, gleichsam national-kriegerische Legitimationsbasis zu geben, die die Gegner der ottonischen Italien- und Rompolitik dem »römischen Kaisertum« entgegenstellten. Wie immer aber Widukind hier zu verstehen ist, eines darf wohl als gesichert angesehen werden: Otto I. galt schon vor seiner Kaiserkrönung in Rom als ein die anderen Könige überragender, kaisergleicher Herrscher.

Die von Otto schon lange erstrebte römische Kaiserwürde wurde dann durch einen politischen Umschwung in Rom ermöglicht; Ein Hilferuf des Papstes Johannes XII. (955–963) an den großmächtigen Herrscher des Nordens gab Otto die willkommene Gelegenheit, den Romzug zu unternehmen. In den Verhandlungen, die der Krönung Ottos und seiner Gemahlin Adelheid vorausgingen, scheinen die Bedingungen für Ottos Einzug in die Stadt und für die Kaiserkrönung ausgehandelt worden zu sein. Nach der Krönung wurden sie in einer feierlichen Krönungsurkunde (Ottonianum) schriftlich festgehalten.

Die Reichskrone, die vermutlich für die Kaiserkrönung Ottos des Großen im Jahre 962 angefertigt wurde.

Sie enthielt vor allem die Bestätigung des Kirchenstaates und seiner Rechte, bei der man weitgehend karolingischen Vorbildern folgte. Außerdem ließ sich Otto von Klerus und Adel von Rom versprechen, daß sie bei künftigen Papstwahlen nach kirchenrechtlichen Grundsätzen verfahren und daß alle künftigen Päpste in aller Öffentlichkeit seinen und seines Sohnes Gesandten noch vor der Weihe ein Treueversprechen abgeben würden. Es ist allerdings möglich, daß diese letzte Bestimmung erst in das Ottonianum eingefügt wurde, nachdem eine auf Ottos Betreiben zusammengetretene römische Synode den übel beleumundeten Papst Johannes XII. abgesetzt, Leo VIII. (963–965) an seiner Statt zum Papst erhoben und der Kaiser den Kampf der beiden Rivalen um Papsttum und römische Stadtherrschaft durch sein Eingreifen zugunsten Leos entschieden hatte.

Ottos I. Italien- und Kaiserpolitik wurde von seinen Nachfolgern auf dem deutschen Königsthron fortgeführt und schuf durch die kontinuierliche Gewohnheit bald ein Recht: daß nämlich der deutsche König einen legitimen Anspruch auf die italische Königskrone und die Kaiserwürde habe. Mit Otto I. setzten damit die Italienzüge der mittelalterlichen deutschen Herrscher ein, die man mit dafür verantwortlich gemacht hat, daß es in Deutschland nicht zur Ausbildung eines Staates auf der Ebene des Königtums kam. Welche handlungsleitenden Ideen brachten nun Otto I. zu diesem für die deutsche Geschichte so folgenreichen Schritt? Otto I. hat ebensowenig wie andere Könige des früheren Mittelalters Motive und Hintergründe seiner Handlungen dargelegt. Sie müssen aus seiner Gesamtkonzeption von Weltordnung und Herrschertum abgeleitet werden, so wie sie sich aus seinen Handlungen, den Hinweisen in den in seinem Namen ausgestellten Urkunden und der Darstellung seines Herrschertums in Geschichtsschreibung und Ikonographie der Zeit ergibt. Danach scheint die von Anfang an erkennbare Bindung an die karolingische Tradition und vor allem an das Vorbild Karls des Großen ausschlaggebend gewesen zu sein. Auch die süddeutschen Herzöge von Bayern und Schwaben haben zeitweise in den Streit um die italische Königskrone eingegriffen und versucht, in Italien Fuß zu fassen. Angesichts der immer wieder deutlich werdenden starken Bindung an die karolingische Tradition ist es aber wenig wahrscheinlich, daß Otto I. durch das eigene Eingreifen vor allem reichsschädigende Unternehmungen der Herzöge konterkarieren wollte.

Der Kaiser als Schutzherr des Papstes und der römischen Kirche; die Königsrechte in Italien

Auch was den konkreten Rechtsinhalt der Kaiserwürde anbelangt, stellt sich das ottonische als eine Fortsetzung des karolingischen Kaisertums dar: Otto wurde der Schutzherr des Papstes und der römischen Kirche. Das Ausmaß der Rechte und Pflichten dieser Beschützerrolle war nur andeutungsweise festgelegt und somit weitgehend auslegungsfähig, sie umfaßte aber, zumindest nach der Vorstellung Ottos, auch den Schutz des Papsttums vor einem als unwürdig angesehenen Papst, so wie es Otto mit seinem massiven Hinwirken auf die Absetzung des Papstes Johannes XII. praktizierte. Allerdings blieb offen, wie der deutsche König den Schutz des Papstes wahrnehmen sollte, wenn er sich, was ja die Regel sein würde, in seinem Heimatkönigtum nördlich der Alpen aufhielt. Das Kaisertum und die ihm zugehörigen Rechte und Pflichten war, genau wie das Königtum der damaligen Zeit, ein »personales Amt«, nämlich an die persönliche Anwesenheit und Tätigkeit des Amtsinhabers gebunden.

Die italische Königswürde brachte dem deutschen König neben dem Anspruch, die Herzöge, Markgrafen und Grafen als königliche Amtsträger einzusetzen und die Erzbischöfe und Bischöfe zu investieren, auch einige andere finanziell nutzbare Reichsrechte, die Regalien, wie Zölle, Münzen, Markt- und Fischereirechte. Das Fehlen eines königlichen Behördenapparats ließ aber dem König kaum eine andere Wahl, als örtlichen Interessenten die Nutzung gegen eine Übernahmegebühr zu überlassen. Die Leistung der Gebühren an den König war dann natürlich daran gebunden, daß sie eingezogen wurden und die kontinuierliche Einforderung erwies sich bei den langen Abwesenheiten der deutschen Könige als kaum zu bewältigendes Problem. Da es zudem in Italien ebensowenig wie im deutschen Reich eine schriftliche Aufstellung der Reichsrechte gab, die jederzeit ein Überprüfen und Nachhalten ermöglicht hätte, gerieten die Reichsrechte nur zu leicht in den Sog gewohnheitsrechtlicher Umformung: was nicht durch kontinuierlichen Rechtsbrauch als Recht präsent gehalten wurde, drohte in Vergessenheit zu geraten und konnte dann bei neuerlicher Einforderung nach einem längeren Zeitraum als »verdammungswürdige Neuheit« und damit als das Gegenteil von »Recht und Brauch«, als Mißbrauch (abusio) gebrandmarkt werden.

Kaisertum und Königsnachfolge

Otto I. ließ vor Antritt des Italienzuges, der ihm die Kaiserkrone einbrachte, seinen damals siebenjährigen Sohn Otto zum König wählen und krönen. Auch damit wirkte er traditionsbildend. Zwar haben biologische Zufälle verhindert, daß jeweils vor Antritt der Romfahrt ein Königssohn zum Nachfolger gewählt werden konnte. Aber offensichtlich erkannten die Großen das Begehren eines Königs nach Sicherung der Nachfolge vor der längeren Abwesenheit einer Romfahrt als gerechtfertigt an, und so entzogen sie sich dem Plan der Königswahl nicht, wenn ein wählbarer, wenngleich noch minderjähriger Königssohn vorhanden war.

Hat sich das von Otto I. begründete Kaisertum der deutschen Könige zum Nutzen oder Nachteil des deutschen Volkes und seiner historisch-politischen Entwicklung ausgewirkt? Diese Frage ist nicht erst in der Historiographie des 19. Jahrhunderts gestellt, aber damals unter nationalem Vorzeichen besonders heftig diskutiert worden. Insbesondere Heinrich von Sybel und Julius von Ficker haben darüber eine wissenschaftliche Kontroverse ausgetragen, die als der Sybel-Fickersche Streit als »eines der bedeutendsten und epochemachenden Ereignisse der modernen Historiographie« gilt (Schneider). Er wurde durch das Erscheinen von W. von Giesebrechts »Geschichte der deutschen Kaiserzeit« ausgelöst, in der die Kaiser des Hochmittelalters von den Ottonen bis zu den Staufern als geschichtsprägende Heroen und richtungsweisende Lenker der Geschicke Europas dargestellt wurden, eine Beurteilung, der der kleindeutsch-nationale Heinrich von Sybel die Frage nach dem Nutzen des Kaisertums für das deutsche Volk entgegenhielt. Dieser habe in der »erobernden und bekehrenden Kolonisation« des Ostens gelegen, »wo die unzweifelhafte Überlegenheit des deutschen Wesens eine vollständige Aneignung des einmal Gewonnenen in sichere Aussicht stellte«. Sybel erklärte in einer oft wiederholten politischen Genealogie Heinrich I. und Herzog Heinrich den Löwen (1142–1180) als die wahren Förderer deutscher Interessen, die nicht wie die Kaiser von Otto I. bis Friedrich Barbarossa »die Kräfte der Nation ... für einen stets lockenden und stets täuschenden Machtschimmer im Süden der Alpen vergeudet« hätten.

Der Streit erhält seine mehr als wissenschaftsgeschichtliche Bedeutung dadurch, daß Julius von Ficker in seiner Kritik die Angemessenheit der sybelschen Beurteilungskriterien bestritt. Nicht an den Vorstellungen der

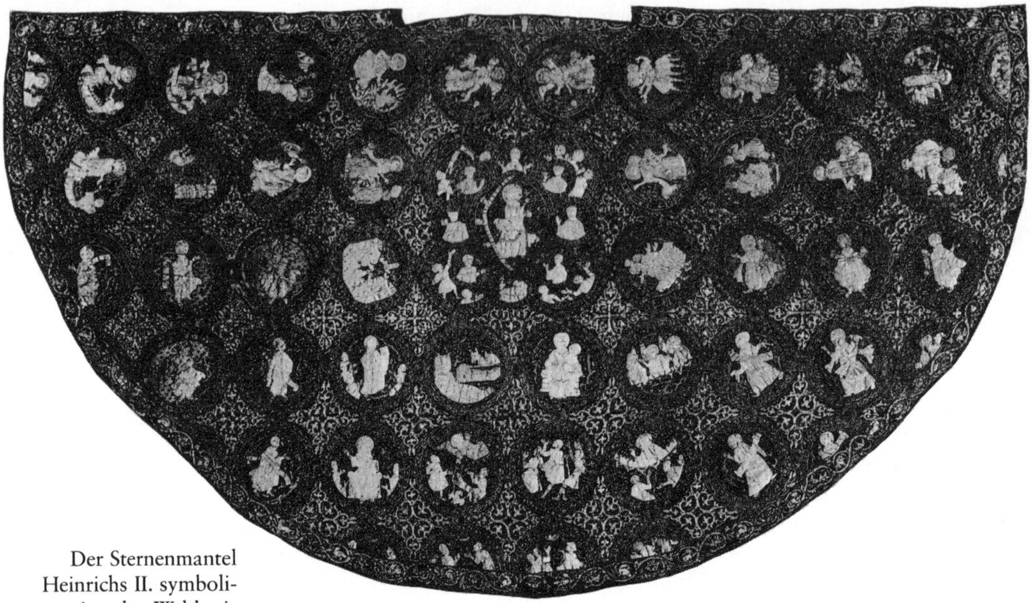

Der Sternenmantel Heinrichs II. symbolisiert den Weltkreis und den Kaiser damit als Weltenherrscher

eigenen Zeit und ihrem Ideal eines starken Nationalstaats sei das Mittelalter zu messen, sondern daran, wie man sich damals »den vollkommensten Staat« dachte, und das sei fraglos die »Idee eines christlichen Universalreiches« gewesen.

Man wird heute zögern, das ottonische und das staufische Kaisertum unter Leugnung der Zäsur des Investiturstreits und seiner Rückwirkung auf das Selbstverständnis weltlicher Herrschaft so sehr als Einheit zu sehen, daß man sie den gleichen Beurteilungskriterien unterwirft. Was für Otto I. und seine unmittelbaren Nachfolger als zeitgemäße vorrationale Bindung an die als verbindlich anerkannte karolingische Tradition gelten darf, kann Friedrich Barbarossa als irrationales Festhalten an obsolet gewordenen Vorstellungen über die Ordnung der Welt ausgelegt werden.

Wie immer man aber die Kaiserpolitik in den verschiedenen Epochen des Mittelalters beurteilen mag, in einem ist Sybel sicher zu korrigieren: daß nämlich Heinrich I. und Heinrich der Löwe eine Art Gegenprogramm zur Kaiserpolitik vorgelebt hätten. Wie sich an Kanzlei und Urkundenwesen erkennen läßt, hat Heinrich I. seit der Mitte seiner Regierungszeit zunehmend karolingische Traditionen aufgenommen, und Widukind berichtet, daß er am Ende seiner Regierung nur durch Krankheit an einem Italienzug gehindert wurde. Für den programmatischen Auftakt in Aachen, mit dem Otto I. seine Königsherrschaft begann, kann man mit der Kenntnis und Billigung Heinrichs I. rechnen. Auch Heinrich der Löwe hat die Italienzüge Friedrich Barbarossas (1152–1190) materiell und moralisch bis 1176 uneingeschränkt unterstützt. Überdies ist es nicht gerechtfertigt, Kaisertum und Ostpolitik unterschiedlichen Grundkonzeptionen zuzuordnen.

Die Gründung Magdeburgs

In den Zusammenhang der römischen Kaiserkrönung gehört eine Urkunde des Papstes Johannes XII., in der er Otto durch päpstliche Autorität die Gründung Magdeburgs als Missionserzbistum für die slawischen Gebiete zugestand, die dann 968 in die Tat umgesetzt wurde. Zwar besteht kein ursächlicher Zusammenhang zwischen der Kaiserkrönung und der Erhebung Magdeburgs zum Erzbistum: Otto bemühte sich nämlich spätestens seit 955 um die Verwirklichung eines solchen Planes, war aber bis dahin am Widerstand des Erzbischofs von Mainz und des Bischofs von Halberstadt gescheitert, die in die damit verbundene Beeinträchtigung der Rechte ihrer Diözesen nicht einwilligen wollten. Aber man kann doch feststellen, daß Kaisertum und Ostmission dem gleichen Herrschaftsverständnis verdankt sind, das als eine der wesentlichsten Aufgaben eines christlichen Herrschers – und vorzüglich natürlich des Kaisers – Ausbreitung und Schutz des Glaubens und der Kirche sah.

Im Jahre 967 ließ Otto I. nach byzantinischem Vorbild seinen bereits zum König gekrönten Sohn Otto in Rom zum Mitkaiser krönen, ein Vorgehen, das in der Folgezeit keine Schule gemacht hat und damals vor allem dazu diente, die Ranggleichheit des ottonischen mit dem oströmisch-byzantinischen Kaisertum zu unterstreichen. Sie sollte durch eine Eheverbindung mit einer byzantinischen Prinzessin bekräftigt werden, die dann 972 in Rom durch die Vermählung Ottos II. mit Theophanu († 991) zustande kam.

Italienpolitik und Kaisertum Ottos II.

Italienpolitik und Kaisertum Ottos II. bewegten sich nach dem Tode Ottos I. im Jahre 973 im wesentlichen in den Bahnen, die sein Vater vorgezeichnet hatte. Schon dieser hatte bei seinem letzten Italienzug von 966–972 seine Oberhoheit in Benevent und Capua, den südlich von Rom gelegenen ehemals langobardischen Fürstentümern, zur Geltung gebracht, und auch den Konflikt mit Byzanz in dieser Region nicht gescheut. Als dann die muslimischen Sarazenen von Sizilien aus das durch innere Auseinandersetzungen geschwächte Herzogtum Benevent bedrohten, zog Otto II. mit einem großen Heeresaufgebot nach Süden, erlitt allerdings im Juli 982 südlich von Cotrone eine vernichtende Niederlage. Im Dezember 993 starb Otto II. achtundzwanzigjährig an der Malaria in Rom.

Für seinen damals dreijährigen, bereits zum König gewählten Sohn übernahmen zunächst die Großmutter Adelheid und die Mutter Theophanu die Vormundschaft, bis der mit 15 Jahren volljährige Otto III. im Jahre 994 selbst die Regierungsgeschäfte wahrnehmen konnte. Schon 996 begab er sich nach Italien, nahm in Pavia die Huldigung der Großen als König Italiens entgegen und ließ sich in Rom zum Kaiser krönen. Mit seiner Konzeption vom Kaisertum ging Otto III. dann aber erheblich über das hinaus, was sein Vater und Großvater vorgeprägt hatten. Das in seinem alten Glanz erneuerte Rom sollte wieder Hauptstadt des »Imperium Romanum« werden und Papst und Kaiser in ihrer Lenkung der Christenheit in der Weise aufs engste aufeinander bezogen sein, daß der Kaiser den Papst zu schützen, der Papst aber »die Ehre und Macht der kaiserlichen Herrschaft durch die väterliche apostolische Autorität zu stärken« habe (Urkunde Papst Gregors V. [996–999] vom 8. Februar 997). Altrömische Ämter und Titel und das spätantike Kaiserzeremoniell wurden wiederbelebt. Der Titel »Imperator Romanorum«, von Otto I. nie, von Otto II. in Abwehr byzantinischer Alleinvertretungsansprüche zuweilen gebraucht, wurde offizieller Kaisertitel, und Ottos III. Lehrer und Berater Gerbert von Aurillac, den der Kaiser als Silvester II. (999–1003) »zum Papst wählte und einsetzte«, wie er es selbst formulierte (DO III, 389), vertrat die These, daß nicht den Byzantinern der Titel »Kaiser der Römer« gebührte, sondern »unser, unser ist das Römische Reich«. Die »Erneuerung des Römischen Reiches« (Renovatio Imperii Romanorum), wie Otto III. seine Bemühungen programmatisch zusammenfaßte, schloß die Verehrung Karls des Großen mit ein.

Die Romidee Ottos III.

P.E. Schramm hat die Quellen und Hintergründe für Ottos III. schwärmerische Rombegeisterung dargelegt und gezeigt, daß bei ihm neben dem antik-römischen der apostolische Erneuerungsgedanke bestimmend war. Gespeist aus asketisch-religiösen Anschauungen, wie sie ihm vor allem Adalbert von Prag (983–997), der spätere Pruzzen-Missionar und Märtyrer vermittelte, sah er sich als »Knecht der Apostel« (servus apostolorum) und »Knecht Jesu Christi« (servus Jesu Christi). Als Wallfahrer begab er sich im

Angeführt von Roma verneigen sich Gallia, Germania und Slavia mit Geschenken vor dem thronenden Otto III. (Evangeliar Ottos III., um 998)

Jahre 1000 nach Gnesen, das bei dieser Gelegenheit zum Erzbistum erhoben wurde. Wenig später erhielt Ungarn mit Gran ein eigenes Erzbistum. Polen und Ungarn hörten dadurch auf, als Missionsgebiete der deutschen Reichskirche zuzugehören. Der Herzog von Polen und der König von Ungarn sollten künftig als Glieder des erneuerten Römischen Reiches dem Kaiser unterstehen. Wenn auch unter veränderten Bedingungen, so sind doch bei Otto III. ebensowenig wie bei Otto I. Kaisertum und Ostmission voneinander zu trennen.

Otto III. ist mit seiner Hingabe an den römischen Erneuerungsgedanken gescheitert. Ein Aufstand der Römer, der ihn im Februar 1001 aus Rom zu flüchten zwang, hat ihn deshalb so schwer getroffen, weil er ihn als Urteil Gottes über sein bisheriges Tun verstand. Von dem streng asketischen Eremiten Romuald, der in den Posümpfen hauste, erfragte er Aufschluß über den Willen und Ratschluß Gottes. Sein Versprechen, nach drei Jahren der Besserung der Herrschaft ganz zu entsagen, um als Einsiedler den Weg zum Heil zu finden, hat er nicht einlösen müssen: Otto III. starb im Januar 1002 in seinem zweiundzwanzigsten Lebensjahr in Italien.

Otto III. ist an einem spontanen Aufruhr gescheitert, aber seine Kaiseridee war wohl überhaupt zum Scheitern verurteilt. Weder die Römer, für die die Erneuerung des antiken Rom vor allem die Wiederbelebung der antiken Stadtfreiheit bedeutete, noch die Päpste, die unter Berufung auf ein gefälschtes Privileg Kaiser Konstantins (306–337) (Constitutum Constantini) für sich alle ehemals kaiserlichen Rechte in Rom beanspruchten, konnten einen in Rom selbst residierenden kaiserlichen Stadtherrn akzeptieren. Außerdem vermochte keine noch so erhabene Kaiseridee darüber hinwegzutäuschen, daß die eigentliche Herrschaftsbasis des Kaisers im weit entfernten deutschen Reich jenseits der Alpen lag.

Renovatio regni Francorum

Heinrich II. war als Enkel von Ottos I. Bruder Heinrich der nächste männliche Verwandte des verstorbenen Kaisers. Er wurde 1002 zu seinem Nachfolger gewählt und kehrte unter der Devise »Renovatio regni Francorum« zur Reichskonzeption Ottos I. zurück. Auch Konrad II. setzte so wie in vielem anderen diese Tradition fort.

Wahrheit statt Gewohnheit: Der Aufbruch aus der alten Ordnung

Die Epoche und ihre Grenzen

In einem Brief an den Bischof Wimund von Aversa rechtfertigte Papst Gregor VII. (1073–1085) das Abweichen von einem bislang geübten Brauch mit dem Christuswort: »Ich bin die Wahrheit und das Leben« und fügte hinzu: »Er hat nicht gesagt, ich bin die Gewohnheit, sondern Er hat gesagt, ich bin die Wahrheit.« Das aber bedeute, so führte der Papst mit Berufung auf Cyprian weiter aus, daß jeder Brauch, sei er auch noch so alt und weit verbreitet, der Wahrheit unterzuordnen sei und abgeschafft werden müsse, wenn er der Wahrheit widerspreche. Dieser Satz wurde von nun an immer wieder zitiert. Er drückt ein im Vergleich zum Frühmittelalter gewandeltes Rechts- und Weltverständnis aus. Im früheren Mittelalter waren die allermeisten kirchlichen Amtsträger so sehr von der oralen Stammeskultur ihrer adligen Verwandten absorbiert, daß auch für sie Gewohnheit und Recht weitestgehend zusammenfielen, der in Nachahmung der Vorfahren praktizierte Brauch als rechtens galt. Gewohnheit war in diesem Sinne Wahrheit, nämlich verbindlich und von unbefragt-selbstverständlicher, sich durch sich selbst legitimierender Gültigkeit. Dagegen stellt der von Papst Gregor zitierte Satz gerade den Unterschied zwischen »Wahrheit« und »Gewohnheit« heraus. Mit dem Begriff »Wahrheit« wird ein absolutes, ein von der konkret praktizierten Gewohnheit unabhängiges Recht postuliert, an dem die Gewohnheit auszurichten sei.

Freiheit der Kirche

Diese Unterscheidung war das Ergebnis eines längeren Erfahrungsprozesses, in dem die Kirche die altüberlieferte gewohnheitsmäßige Ordnung von Eigenkirchenwesen und königlicher Kirchherrschaft als Beeinträchtigung ihrer Freiheit zu verstehen gelernt hatte. Mit der Forderung nach »Freiheit der Kirche« (libertas ecclesiae), für die sie sich auf das alte Kirchenrecht berief, bestritt sie die Rechtmäßigkeit der bislang praktizierten Gewohnheiten. Zwar galten die Rechtssätze des Kirchenrechts, die Kanones (Konzilbeschlüsse) und Dekretalen (päpstliche Verlautbarungen) auch im Frühmittelalter, aber »sie galten, ohne verwirklicht zu sein« (Fuhrmann), d.h. man wußte sich selbstverständlich-ungeprüft in Übereinstimmung mit dem, was die Väter zugrunde gelegt hatten und zitierte Kirchenrechtssätze als heiligmäßige Ornamente, um sich diese Übereinstimmung zu bestätigen. Im Investiturstreit änderte sich das Verhältnis zum Kirchenrecht. Man erkannte in ihm die Norm (Wahrheit), an der die Wirklichkeit (Gewohnheit) auszurichten war. Indem die Kirche deren Veränderung forderte, mußte sie auf den Widerstand derjenigen treffen, für die das Gewohnte das »gute alte Recht« war. Daraus ergab sich der Kampf um »die rechte Ordnung der Welt«, wobei die Probleme, die in ihrer Komplexität gar nicht zu lösen waren, bald auf die Frage reduziert wurden, wer die kirchlichen Amtsträger in ihre Ämter einzuweisen, zu investieren habe, die weltlichen Herrscher oder die kirchlichen Vorgesetzten und Amtsbrüder, und ob die kirchlichen Amtsträger sich bei ihrem Amtsantritt überhaupt durch eine Symbolhandlung an die Könige sollten binden dürfen. Im »Investiturstreit« stritt man also um den Aufbruch aus der alten Ordnung, insofern er das Verhältnis von geistlicher und weltlicher Gewalt betraf.

Die religiöse Armutsbewegung

Auch eine andere Weise religiösen Aufbruchs machte sich in der zweiten Hälfte des 11. Jahrhunderts bemerkbar: Gruppen von Gläubigen erstrebten durch ein religiös-asketisches Leben in freiwilliger Armut die unmittelbare

Christusnachfolge und übten mit Berufung auf das Evangelium Fundamentalkritik an der reichen Amtskirche. Es kam zu Ketzerprozessen und Hinrichtungen. Dann allerdings scheinen die Abwehrkräfte der Kirche zunächst durch den Investiturstreit absorbiert; außerdem boten strengere Orden wie die Zisterzienser (1098 Gründung von Cîteaux) und Kartäuser Möglichkeiten asketisch-religiöser Lebensgemeinschaften, die von der Kirche akzeptiert wurden. Die eigentlichen großen Ketzerverfolgungen setzten erst zu Beginn des 13. Jahrhunderts ein.

Bevölkerungswachstum; soziale Mobilität

In anderen Bereichen des gesellschaftlichen Lebens vollzog sich der Aufbruch zunächst weniger spektakulär. Das um und nach der Jahrtausendwende sich beschleunigende Bevölkerungswachstum machte eine Vermehrung der landwirtschaftlich genutzten Fläche nötig. Das wurde im späten 11. Jahrhundert vor allem durch Rodung im Altsiedelland erreicht, während die Anwerbung deutscher Siedler für die vergleichsweise bevölkerungsarmen Gebiete östlich der Elbe erst im Verlaufe des 12. und dann im 13. Jahrhundert zum Tragen kam. Neben einer gewissen genossenschaftlichen Rodung waren es vor allem die geistlichen und weltlichen Grundherren, die den Landesausbau in den weniger siedlungsfreundlichen bewaldeten und gebirgigen Landschaften organisierten, Flußniederungen trockenlegen und Küstengebiete durch Eindeichung nutzbar machen ließen. Dafür warben sie Menschen an, die sie mit günstigeren wirtschaftlichen und sozialen Bedingungen anzulocken suchten, als sie sie in ihrer alten Umgebung besessen hatten. Wer bereit war, sich den Unwägbarkeiten eines Neusiedlerdaseins fern der altgewohnten sozialen Umgebung auszusetzen, konnte »freier« werden, als er es vorher gewesen war.

Investitur Annos zum Erzbischof von Köln durch Heinrich III.

Die räumliche, nach außen zu den Rodungsgebieten hin gerichtete Mobilität wurde durch eine soziale Mobilität im Innern der Grundherrschaften ergänzt. Aus der Schicht des unfreien Hausgesindes und wohl auch der Söhne von Hufenbauern zogen die Herren einige zu besonderen Diensten heran. Dieser besondere Dienst (ministerium) gab ihnen einen Sonderstatus gegenüber der Masse der Abhängigen, der sich, wenn er für einen gewissen Zeitraum Bestand hatte, gewohnheitsrechtlich verfestigte. Seit der Mitte des 11. Jahrhunderts läßt sich erkennen, daß den Dienstleuten (Ministerialen) ein eigener Rechtsstand innerhalb der grundherrlichen »familia« zukam, den sie, wie es der Gewohnheit der Zeit entsprach, auf ihre Nachkommen vererbten. Die Ministerialen blieben ihrem Geburtsstand nach unfrei; aber sie selbst und ihre abgabenfreien ministerialischen Dienstgüter hatten in ihren Rechten und Pflichten bald mehr Ähnlichkeit mit den Adligen und ihrem Lehnsbesitz als mit den schollengebundenen Hufenbauern, besonders dann, wenn ihre Herren sie primär zu Waffendiensten heranzogen. Da der Laienadel auch im 11. Jahrhundert noch kaum Zugang zur Schriftlichkeit hatte, sind es vor allem die im Königsdienst stehenden Reichsministerialen und die Ministerialen geistlicher Herren, deren Aufstieg sich in den Quellen erkennen läßt. Nicht nur im kirchlichen Bereich machten sich also etwa seit der Mitte des 11. Jahrhunderts vielfältige Veränderungen bemerkbar.

Der Investiturstreit

Dennoch scheint es gerechtfertigt, den Investiturstreit, der schon nach der Auffassung der Zeitgenossen mit dem Wormser Konkordat des Jahres 1122 endete, in den Mittelpunkt der Darlegungen dieses Kapitels zu stellen und ausgehend von ihm die Epochenabgrenzung vorzunehmen. Die Probleme der altüberlieferten Ordnung im Verhältnis von geistlicher und weltlicher Gewalt wurden den Zeitgenossen vermutlich bewußter als die in anderen Lebensbereichen und dementsprechend wurden sie auch in einer Fülle von Streitschriften kontrovers diskutiert. Außerdem ist der Investiturstreit von grundlegender Bedeutung für die Leitfrage nach der herrschaftlichen Durchdringung größerer Räume. Das Reformpapsttum unternahm zielgerichtet den Versuch, nicht nur zentral in Rom Entscheidungen für die ganze lateinische Christenheit zu fällen, sondern sie dann auch durch die Erprobung neuer Herrschaftstechniken durchzusetzen.

Die Frühreform

Der königliche Kaplan Wipo schrieb um 1046 eine Lebensbeschreibung Konrads II. (1024–1039) und sandte sie mit einer Widmung an dessen Sohn und Nachfolger Heinrich III. Adressat und Gesamttenor der Vita lassen keinen Zweifel an der Verehrung Wipos für seinen ehemaligen Herrn. Für ihn war der König Stellvertreter Christi (vicarius Christi) und Hort der Gerechtigkeit. Um so bemerkenswerter ist die Kritik, die er an einigen Stellen in sein Herrscherlob einfließen ließ. Konrad habe bei der Besetzung des Bistums Basel im Jahre 1025 sehr viel Geld angenommen. Später habe er das bereut und gelobt, nie wieder Geld für die Übertragung eines Bistums oder eines Klosters anzunehmen und sich auch leidlich daran gehalten.

Die Synode von Pavia

1046, also etwa zu der Zeit, in der Wipo seine Biographie beendete, zog Heinrich III. zur Kaiserkrönung nach Italien. Im Oktober 1046 tagte in Pavia eine Synode. Ihr wird eine Rede Heinrichs zugeschrieben, die der Geschichtsschreiber Radulfus Glaber überliefert und in der der König vor den versammelten Bischöfen die Käuflichkeit kirchlicher Ämter scharf anprangerte und für sein ganzes Reich verbot, für die Übergabe irgendeines kirchlichen Amts eine materielle Gegenleistung zu fordern. »So wie nämlich Gott mir die Krone des Reiches allein frei aus Gnade gab, so will auch ich das, was zu Seinem Dienst gehört, frei und unentgeltlich vergeben.« Sein Vater Konrad aber, so läßt Radulf den König eingestehen, habe sich dieser »verdammungswürdigen Habsucht« (damnabilis avaritia) schuldig gemacht, weshalb er, der Sohn, für sein Seelenheil fürchte. Avaritia, so ist hinzuzufügen, war schließlich eines der Hauptlaster. Auf den ersten Blick mag es scheinen, als habe sich ein wenig religiös gesonnener Herrscher, Konrad, skrupellos über geltende Normen hinweggesetzt und sei dafür von den Frommen im Lande, zu denen auch sein eigener Sohn gehörte, kritisiert worden. Eine nähere Untersuchung zeigt aber, daß Konrad II. nach den Maßstäben seiner Zeit durchaus fromm und kirchenfreundlich war; sie erweist, daß sich innerhalb sehr weniger Jahre ein Wertewandel vollzogen hatte, durch den ein vorher akzeptierter Brauch nun als Sünde und Verbrechen galt.

Wenn sich Konrad II. bei der Vergabe eines Bistums oder eines Klosters Geld zahlen ließ, so war das durchaus im Rahmen dessen, was auch seine ottonischen Vorgänger der Reichskirche an materiellen Leistungen abverlangt hatten. Dazu konnte auch die Zahlung einer Ablösesumme für die Übertragung einer reich ausgestatteten Kirche gehören. Dies war eine den damaligen verwaltungstechnischen Gegebenheiten entsprechende Möglichkeit des Königs, zu Einkünften zu kommen. Über regelmäßige Steuern verfügte er nicht. Er lebte vom Reichsgut, in das damals noch sein Hausgut mit einging, und von den Regalien. Beides wurde, wie oben erwähnt, in reichem Maße den Reichskirchen übertragen. Die Dienste (Servitien) waren die materielle Gegenleistung für die Nutznießung des Reichsgutes durch die Reichskirchen. Da es dem König schon rein technisch gar nicht möglich war, diese Servitien von allen Reichskirchen regelmäßig und kontinuierlich wie eine Art Steuer einzutreiben, pauschalierte er je nach den örtlichen Gegebenheiten diese ihm zustehenden Einkünfte. Einem König ohne Verwaltungsapparat mußte der Amtsantritt eines Bischofs als besonders günstige Gelegenheit für die Erhebung von Einkünften erscheinen. Bei dieser Gelegenheit bekam er ihn ja mit Sicherheit zu Gesicht, mußte er ihn doch investieren.

Die Nutzung des Reichskirchenguts

So wie Wilhelm von Aquitanien seine Gründung dem Apostel Petrus auftrug, so schenkte der englische König Edgar (957–975) das New Minster in Winchester Christus selbst. Das Bild stellt den König bei der Überreichung der Gründungsurkunde an Christus dar.

Der Bericht Radulfs läßt nun erkennen, daß die von Heinrich III. geäußerte Kritik gar nicht von der Praxis des Königtums ihren Ausgang nahm, sondern vom Verhalten kirchlicher Amtsträger und daß der König gleichsam in Analogie hineingezogen wurde. Die Rede, die er dem König in den Mund legt, ist nämlich zuallererst eine Anklage gegen die in Pavia versammelten Bischöfe, denen er mit Amtsentzug drohte, weil in Italien mehr noch als in Gallien alle Kleriker vom erhabensten Bischof bis zum kleinsten Türhüter käuflich seien und kirchliche Ämter wie Waren auf einem Markt verschacherten. Andere Quellen bestätigen diese Aussage: Die mit Einnahmen verbundenen kirchlichen Ämter wurden wie Vermögensobjekte gehandelt, wobei es vielerorts üblich war, die mit dem Amt verbundenen Pflichten an schlecht bezahlte Stellvertreter zu delegieren. Angesichts dieser Mißstände forderte der König, die kirchlichen Ämter von den »Geschäften der Welt« frei zu halten und ihre Ausübung an der frei gewährten Erlösungstat Christi auszurichten.

Simonie und Nikolaitismus

Das, was Heinrich in Pavia abstellen wollte, war die vom Kirchenrecht verbotene Simonie, die »simoniaca haeresis«, die Ketzerei der Simonie, wie sie bald genannt wurde. Zusammen mit dem Nikolaitismus, der Mißachtung der Zölibatsvorschriften durch den Klerus, wurde sie zum Inbegriff dessen, was Kritiker der herrschenden Gewohnheiten als reformbedürftige Mißstände in der Kirche anprangerten. Simonie und Nikolaitismus gehörten zusammen, denn bei beiden ging es um die materielle Ausstattung eines kirchlichen Amtes, das man als Besitztitel zu erwerben und an seine Söhne als Teil des Familienvermögens zu vererben trachtete. Gemeinsamer Bezugspunkt der sehr unterschiedlichen Kritik an dieser Praxis war die Hervorhebung des religiösen Dienstes, die Vorstellung, daß Kleriker und Mönche aus den weltlichen Bindungen und Lebensformen losgelöst die Pflichten ihres Standes zu erfüllen hätten. Sie gehörte zum kirchlichen Traditionsbestand und war im Kirchenrecht verankert. Dieses aber war in der »Epoche des germanisch-geprägten Kirchenrechts« (Feine) des Frühmittelalters durch Gewohnheiten überlagert, die mit dem Eigenkirchenwesen einhergingen. Im Eigenkirchenwesen waren Kirchen und Klöster Teil der Grundherrschaft des Gründers. Sie und ihre Besitzungen unterstanden damit seiner und seiner Erben materiellen Verfügungsgewalt. Er setzte den Abt oder Priester ein und konnte die Kirche oder das Kloster wie seinen übrigen Besitz ganz oder teilweise vererben, verpfänden, oder als Mitgift oder Geschenk geben. Die religiöse Bestimmung sollte davon allerdings unberührt bleiben. Ihre Erfüllung war auch für den Eigenkirchenherrn von existentieller Bedeutung, denn man glaubte, daß sich Gottes Zorn über unwürdigen Dienst oder unzureichende Gebete unmittelbar in himmlischen Straf- und Racheaktionen entladen würde. So sah Heinrich III. in dem »vielerlei Unheil, den Hungersnöten, dem Massensterben und den Kriegen« die göttliche Strafe für die von ihm angeprangerte Käuflichkeit der kirchlichen Ämter. Dieser Glaube an die »immanente Gerechtigkeit« bot auch im voll ausgebildeten Eigenkirchenwesen den Kirchen einen gewissen Schutz und es gab durchaus Eigenkirchenherren, die ihre Verpflichtung des Kirchenschutzes ernst nahmen. Eigenkirchenwesen konnte, mußte aber nicht die in Pavia kritisierten Folgen haben. Insgesamt aber war wohl die Gefahr des Mißbrauchs so groß, daß einige Kirchenherren sich um eine besondere Sicherung bemühten. Ausgehend vom Klosterwesen hat eine solche Sicherung in der Entwicklung der Gesamtkirche eine besondere Bedeutung erlangt.

Eigenkirchenwesen

Cluny

Wilhelm I. von Aquitanien († 918) hat für das Kloster Cluny, das er kurz vor 910 auf seinem Eigenbesitz im französischen Burgund gründete, jede Form eigenkirchenherrlicher Verfügung ausgeschlossen. Das Kloster sollte frei von jeder Herrschaft sein. Als Garanten dieser »Freiheit« setzte er den Apostel Petrus und seinen Stellvertreter in Rom, den Papst, ein. Cluny wurde bald wegen der Intensität berühmt, mit der sich seine Mönche den kultischen Handlungen unterzogen. Legenden über die Wirkungskraft ihrer Gebete für Lebende und Tote vergrößerten seinen Ruhm. In der Hoffnung, an diesen religiösen Erfolgen teilhaben zu können, übertrugen Eigenkirchenherren in ganz Frankreich ihre Klöster an Cluny zur Reform. Die Klöster erhielten, wo das durchführbar war, den Status abhängiger Priorate, in denen der Großabt von Cluny die Vorsteher einsetzte und den Gehorsamseid der Mönche entgegennahm. So wurde Cluny das Haupt eines Klosterverbandes und bewies den Zeitgenossen durch seine Existenz, daß eine kirchliche Institution nicht unbedingt eines weltlichen Herrn bedurfte, um geschützt zu sein.

Wilhelm von Aquitanien hat die Bestellung des Apostels Petrus und des Papstes zu Schutzherren Clunys nicht als jurisdiktionellen Akt zur Stärkung einer in Rom zentrierten Gesamtkirche verstanden. Er verfiel auf den fernen Schutzherrn, weil es bei der Schwäche des französischen Königtums keinen anderen Schutz vor möglichen Übergriffen der Lokalgewalten gab. Die Situation im benachbarten deutschen Reich war da günstiger: Dort gab es seit der

Die Abtei Cluny
(Lithographie um 1798)

Ottonenzeit Könige, denen die gesteigerte Sakralität ihres Amtes den Kirchenschutz zur besonderen Verpflichtung machte und die im Rahmen des in der Zeit Möglichen auch in der Lage waren, ihn auszuüben.

Der Beitrag Clunys zur Entstehung von Kirchenreform und Investiturstreit ist in der wissenschaftlichen Literatur intensiv diskutiert worden. Clunys strenge Religiosität ohne Abhängigkeit von weltlichen Gewalten, sein Klosterverband, der die kleinräumige Vereinzelung überwand, auch die das gleiche bewirkende Bindung an den Papst, die die Großäbte von Cluny durch häufige Rombesuche wach hielten, haben sicher die Vorstellung gestärkt, daß es der Erfüllung der religiösen Wesensbestimmung der Kirchen und Klöster diente, wenn sie losgelöst aus den lokalen Personenverbänden als Glieder einer übergreifenden Institution wirkten. Andererseits waren die Cluniazenser verfassungspolitisch konservativ. Sie haben weder das Eigenkirchenwesen noch gar die königliche Kirchherrschaft grundsätzlich in Frage gestellt. Für Heinrich III. war es also mit seinem Selbstverständnis als sakralem Schutzherr der Reichskirche durchaus vereinbar, den Großabt Hugo von Cluny 1051 zum Taufpaten seines Sohnes Heinrich zu bestellen.

Es ist unschwer zu erkennen, daß dem Geist Clunys die in Pavia genannten Praktiken als reformbedürftige Mißbräuche erscheinen mußten. Aber Reformimpulse kamen keineswegs nur von Cluny, das damals in den Reichsklöstern noch gar nicht Fuß gefaßt hatte, sondern speisten sich aus vielen verschiedenen Quellen. Die in wichtigen Reichsklöstern reformerisch wirkenden lothringischen und bayerischen Klosterreformer und die vor allem in Italien einflußreichen asketischen Eremiten gehörten zu denen, die ebenfalls die Diskrepanz zwischen den in altkirchlicher Zeit ausgebildeten Normen und der kirchlichen Wirklichkeit bewußt gemacht haben.

Heinrich III. und die Kirchenreform

Die reformerischen Einzelimpulse erhielten einen sie verbindenden Kristallisationspunkt, als sich Heinrich III. aus der sakralen Verantwortung seines Königsamtes die Reformideale zu eigen machte und, wie in Pavia, gegen die Simonie vorging. Von Pavia aus zog Heinrich III. nach Rom, wo innerrömische Adelsrivalitäten dazu geführt hatten, daß es drei Päpste gab, von denen einer allerdings bereits zurückgetreten war. Dieser nach Ansicht von Reformanhängern durch und durch nichtsnutzige Benedikt IX. (1033–1045) war nur durch die Zahlung einer Abstandssumme zur Resignation zugunsten Gregors VI. (1045–1046) bereit gewesen, der nun, obwohl asketisch-religiös und daher von den Reformanhängern gelobt, mit dem Odium der Simonie behaftet war. In Wahrnehmung seiner Schutzherrenstellung ließ Heinrich III. durch Synoden in Sutri und Rom alle drei Päpste absetzen und den deutschen Bischof Suitger von Bamberg als Clemens II. (1046–1047) zum Papst wählen, der dann an ihm die Kaiserkrönung vollzog.

Von 1046 bis 1056 haben fünf deutsche Päpste gemäß dem Rat des Kaisers auf dem Papstthron gesessen. Insbesondere brach Papst Leo IX. (1049–1054) der Vorstellung Bahn, daß es Aufgabe des Stellvertreters des von Christus selbst berufenen Apostels Petrus sei, die Kirche Christi zu reformieren.

Das Papsttum im Wandel

Seit altkirchlicher Zeit hatte der Bischof von Rom einen Vorrang vor den anderen Bischöfen, die er, der Hüter der Apostelgräber, auch bewahren konnte, nachdem Rom nicht mehr Hauptstadt eines Weltreiches war. Freilich haben nur wenige Päpste des früheren Mittelalters versucht, von sich aus gestaltend auf die lateinische Christenheit einzuwirken. Der Vorrang gründete weitgehend in der Überzeugung der christianisierten Barbaren, die räumliche Nähe zum Grab des Himmelspförtners mache den Papst zum Garanten des »richtigen« Glaubens, und zeigte sich in Pilgerreisen, in Bitten um Belehrung und Schutz des Apostels Petrus, die sporadisch von außen an seinen Stellvertreter herangetragen wurden.

Die Wirklichkeit des Papsttums aber war vor allem dadurch bestimmt, daß der Papst als Bischof von Rom wie jeder andere Bischof durch »Klerus und Volk« seiner Bischofsstadt gewählt wurde und daß das Papsttum damit zwangsläufig ein begehrtes Prestigeobjekt in den lokalen Parteiungen rivalisierender Clans darstellte. In der Einsicht, daß diesen Verstrickungen und lokalen Abhängigkeiten nur durch Kontrolle von außen zu begegnen sei, ließ sich Heinrich III. unmittelbar vor seiner Kaiserkrönung von den Römern zum »Patricius« wählen. Das Recht zur Mitwirkung an künftigen Papstwahlen, das dadurch verankert wurde, sollte auch für seine Nachfolger gelten.

Es war aber evident, daß ein vom Kaiser nach religiöser Eignung ausgewählter Papst allein wenig an der Gesamtsituation des Papsttums in Rom würde ändern können. Ein Papst, der in der römischen Kirche und in der Gesamtkirche Mißstände abstellen wollte, benötigte die Unterstützung gleichgesinnter Helfer, die er, wenn er mehr als punktuelle Augenblickserfolge erringen wollte, institutionell verankern mußte. Der den lothringischen Reformern zugehörende Papst Leo IX. leitete eben dies in die Wege.

Die Kardinäle

Von alters her hatten die Kardinalbischöfe und Kardinalpriester in der römischen Kirche besondere liturgische Funktionen wahrzunehmen. Seit Leo IX. machte das Kardinalskollegium einen Wandel durch, wurde erst eigentlich zur Kurie. Es wurden gezielt reformorientierte Kleriker zu Kardinälen gemacht, die den Papst nicht nur als Berater und Helfer in Rom unterstützten, wo ihnen »Regierungsämter« wie die Kanzlei und die Wirtschaftsverwaltung (Kammer) übertragen wurden, sondern die auch in seinem Auftrag als Legaten außerhalb Roms tätig wurden.

Die Wahl Nikolaus' II.

Schon 1058 erwies es sich, daß das Kardinalskollegium ein entscheidender Faktor in den Belangen des Papsttums geworden war. Als der lothringische Papst Stephan IX. (1057–1058) starb, war König Heinrich IV., ein unmündiges Kind, Patricius, der seinem Vater im Jahre 1056 sechsjährig als König gefolgt war. In dieser Situation, in der die Stadtrömer mit einer ernsthaften Intervention von außen nicht zu rechnen hatten, wurde in Rom ein Papst gewählt, der als Kandidat und Angehöriger des Adelsgeschlechts der Tuskulaner das Papsttum wieder in die innerrömischen Fraktionskämpfe hineinzuziehen drohte. Da wählten die Kardinäle unter der Führerschaft der Kardinalbischöfe außerhalb Roms Nikolaus II. (1058–1061) zum Papst, der sich mit Hilfe Herzog Gottfrieds II. von Lothringen (1044–1069) auch durchsetzen konnte.

Das Papstwahldekret von 1059

Die Doppelwahl des Jahres 1058 zeigte einmal mehr, daß bei den vorwaltenden Strukturen jede neue Papstwahl zur Krise der Reform werden konnte, weil die ganz unformalisierte »Wahl durch Klerus und Volk« dem Kandidaten der jeweils einflußreichsten Adelsfraktion zum Sieg verhelfen mußte, der Auswahlkriterien wie religiöse Eignung und Reformgesinnung völlig fremd sein konnten. Um die Wahl Nikolaus' nachträglich zu legitimieren und um für künftige Papstwahlen vorzusorgen, erließ eine päpstliche Synode im Jahre 1059 eine Papstwahlordnung, nach der die damals sieben Kardinalbischöfe die ausschlaggebende Stimme bei der Papstwahl haben sollten; der übrige Klerus und die Laien, das Volk von Rom, sollten diesen eigentlichen Wählern in ihrer Entscheidung folgen.

Den Mitwirkungsrechten des deutschen Königs an der Papstwahl war ein eigener Abschnitt gewidmet, der vieldiskutierte »Königsparagraph« des Papstwahldekrets. Dort heißt es, daß die Auswahl des Kandidaten erfolgen sollte »ohne Beeinträchtigung der Ehre und Ehrerbietung, die wir unserem geliebten Sohn Heinrich schulden ...« Wenn man, wie es in früheren Interpretationen des Papstwahldekrets geschehen ist, den Vorbehalt von »Ehre und Ehrerbietung« (salvo debito honore et reverentia) als unverbindliche Höflichkeitsfloskel versteht, dann muß man im Königsparagraphen die etwas beschönigte Ausschaltung der Rechte des deutschen Königs sehen. Begriffsvergleiche zeigen aber, daß »honor« in der Terminologie der Zeit »Recht« bedeutet, und daß die salvo-Formel regelmäßig eine Vorbehaltsklausel einleitet, durch die zuvor genannte Rechte – hier die Wahlrechte der Kardinalbischöfe – durch Rechte aus einer anderen Rechtsquelle – hier des deutschen Königs – eingeschränkt werden. Außerdem wird die Annahme, daß hier verbürgte Rechte des deutschen Königs beschnitten werden sollten, weder der politischen Situation der Jahre 1058/59 noch der späteren Verwendung des Dokuments im Investiturstreit gerecht, da sich Heinrich IV. wiederholt auf seine im Papstwahldekret verbrieften Rechte berief.

Zudem war das Papstwahldekret von 1059 keine umfassende Wahlordnung klar formulierter formaler Regeln. Die Kompetenzen der einzelnen Wähler waren nicht juristisch eindeutig gegeneinander abgegrenzt. Im früheren Mittelalter kannte man noch keine formalen, d.h. von der anstehenden Einzelentscheidung losgelösten Verfahrensregeln. Die Einigung auf formale Regeln ermöglicht Entscheidungen und Konfliktlösungen zwischen Parteien, die in dem, *was* sie wollen, keine Einigkeit erzielen können und die das Nicht-einig-sein-können als legitime Meinungsvielfalt anerkennen. Das frühere Mittelalter aber hat keine Strategien zur friedlichen Konfliktlösung entwickelt, weil letztlich nicht Menschen als verantwortlich Handelnde und Entscheidende angesehen wurden und es daher eine legitime Meinungsvielfalt nicht geben konnte.

Der Königsparagraph ist vor diesem Hintergrund zu sehen: Mit dem Sohn des frommen und reformfreudigen Heinrich III. wußte man sich in einmütiger Übereinstimmung, seine Rechte sollten daher nicht gemindert werden.

Zerwürfnis zwischen Kurie und deutschem Königshof

Daß das Papstwahldekret nicht auf mögliche Konflikte zwischen Kardinälen und deutschem Königshof hin konzipiert war, zeigte sich wenig später: Kurz vor dem Tod Papst Nikolaus' II. im Sommer 1061 war es zu einem Zerwürfnis zwischen päpstlicher Kurie und deutschem Königshof gekommen. Ausgelöst wurde es vermutlich durch eine Maßregelung deutscher Bischöfe von seiten des Papstes. Ein päpstlicher Legat mußte aus Deutschland abreisen, ohne zur Audienz vorgelassen worden zu sein. Das bisherige gute Einvernehmen war gründlich gestört. Hätte man bei der anstehenden Papstwahl im Sinne des Papstwahldekrets verfahren wollen, so hätte zuerst in Verhandlungen dieses gestörte Einvernehmen wiederhergestellt und auf der Grundlage der neu gewonnenen Eintracht der Papst im Zusammenwirken von Kardinälen und deutschem König gewählt werden müssen. Die für die Kirchenreformer nach wie vor prekäre Situation in Rom ließ aber ein solch langwieriges Verfahren kaum zu. Vielmehr mußte es für sie darauf ankommen, den stadtrömischen Kräften zuvorzukommen und so schnell wie möglich einen Papst zu inthronisieren. Es war deshalb keine Leugnung des dem deutschen König zustehenden »Honor«, wenn man alsbald durch Wahl und Einsetzung Alexanders II. (1061–1073) vollendete Tatsachen schuf, denn Alexander war als früherer Legat in Deutschland wohlbekannt und gut gelitten. Die Reformpartei rechnete wohl auf die Beistimmung des deutschen Hofes, als sie die Wahl durch eine Legation anzeigte. Erst indem der deutsche Königshof diese Beistimmung verweigerte und statt dessen gemeinsam mit einer römischen Adelspartei, die dem König die Patricius-Insignien überbrachte, die Wahl des Bischofs Cadalus von Parma (als Honorius II. 1061–1064) in die Wege leitete, wurde aus dem situationsbedingten Vorentscheid der Kardinäle eine Prinzipien- und Machtfrage. Als die für den minderjährigen König handelnde Königsmutter Agnes das Recht des Königs *gegen* das der Kardinäle setzte, knüpfte sie an Traditionen vor dem Papstwahldekret an, durch das die Kardinalbischöfe zu den wichtigsten, ausschlaggebenden und nicht zu übergehenden Wählern bei der Papstwahl erklärt worden waren.

Das Cadalus-Schisma

Im Cadalus-Schisma wurde eine Konstellation sichtbar, die später in der Regierungszeit Heinrichs IV. bestimmend sein sollte, daß sich nämlich die Kardinäle und ihr Papst mit der Römischen Kirche identifizierten, für die sie in Anspruch nahmen, als einzige aller Kirchen von Christus selbst gegründet worden zu sein und deshalb über unverletzliche, keinem weltlichen Herrscher unterstehende Vorrechte zu verfügen. Der reichsfreundliche Kardinalbischof Petrus Damiani († 1072) hat das in bezug auf den Cadalus-Streit unzweideutig ausgesprochen und jede Mitwirkung des deutschen Königs in der Römischen Kirche an die Übereinstimmung mit dem von den Kardinälen gewählten Papst gebunden. In der Krise des Cadalus-Schismas hatte die Reformpartei damit einen weiteren Schritt zur Klerikalisierung der Kirche getan: War das Papstwahldekret noch ganz selbstverständlich-unproblematisch von der Übereinstimmung zwischen Kardinälen und deutschem König ausgegangen, so war nun präzisiert worden, daß im Fall von Dissens der deutsche König sich in Übereinstimmung mit der Kurie zu bringen habe.

Im Cadalus-Streit konnten sich die römischen Reformer mit dieser These durchsetzen. Die Erzbischöfe Anno von Köln (1056–1075) und Adalbert von Hamburg-Bremen (1043–1072) beendeten 1062 die Regentschaft der Kaiserin Agnes durch den »Staatsstreich von Kaiserswerth«. Sie brachten den jungen Heinrich IV. durch Entführung in ihre Hand und wurden damit zu denjenigen, die für den unmündigen König die Reichsgeschäfte führten. Sie bereiteten alsbald Schritte zur Anerkennung Alexanders II. vor, die zu Pfingsten 1064 endgültig zustande kam.

Man kann aus den Ereignissen seit 1058 sicher keine bewußt anti-königliche Einstellung des Reformpapsttums ableiten. Es zeigte sich aber, daß das Reformpapsttum zwischen römischem Adel und deutschem Königshof eine eigenständige Macht geworden war, mit der in Zukunft gerechnet werden mußte.

Parallel zur faktisch-politischen Erstarkung des Papsttums liefen theoretische Bemühungen um eine Standortbestimmung des erneuerten Priestertums in der Welt und in seinem Verhältnis zu den weltlichen Gewalten. Die Verbreitung von Reformideen hatte nach dem Grund für das Kritikwürdige und nach dem Ausmaß des zu Verändernden fragen lassen. Die Antworten in den sogenannten »Streitschriften« fielen sehr unterschiedlich aus. Humbert, der Kardinalbischof von Silva Candida († 1061), kam 1057/58 in seinen »Drei Büchern gegen die Simonisten« zu einer grundsätzlichen Ablehnung der königlichen Bischofsinvestitur, indem er die Investitursymbole Ring und Stab als rein geistliche Symbole interpretierte, über die die Könige als Laien nicht zu verfügen hätten. Er sah die aktuellen Mißstände als Folge des Laieneinflusses in der Kirche und stellte daher die altüberlieferte Ordnung von Eigenkirchenwesen und königlicher Kirchherrschaft grundsätzlich in Frage. Dagegen waren für Petrus Damiani, den Kardinalbischof von Ostia, Priestertum und gesalbtes Königtum in gemeinsamer Sorge für die Erneuerung der Kirche verbunden.

Die Streitschriften

Humbert von Silva Candida

Petrus Damiani

So einig sich die Reformer im Kampf gegen Simonie und Nikolaitismus waren, so weit wichen ihre grundsätzlichen Vorstellungen über das Verhältnis von »sacerdotium« und »regnum« voneinander ab. Es gab also bei ihnen kein verbindendes Aktionsprogramm, von dem aus sie auf den Einsturz der bestehenden Ordnung hingearbeitet hätten. Allerdings ist die sehr dürftige handschriftliche Verbreitung der genannten Traktate auch kein Beweis für ihre geringe Bedeutung in der Entstehung des Investiturstreits. Sobald es möglich war, eine grundsätzliche Kritik wie die Humberts gedanklich zu vollziehen, sobald sie nicht nur aufgeschrieben, sondern fraglos auch ausgesprochen wurde, brauchte es nur zu einem größeren Konflikt mit den weltlichen Herrschern zu kommen, auf daß sich auch bei den traditionell-konservativen Befürwortern der ottonisch-salischen Reichskirche Zweifel an der Richtigkeit der Gesamtordnung regen mußten. In der Reflexion über die Kritikwürdigkeit des Bestehenden hatte die tradierte Ordnung ihre unbefragt-selbstverständliche Gültigkeit verloren. Das konkret-politische Handeln der einzelnen Beteiligten mußte wesentlich mit darüber entscheiden, welches der angebotenen Denkmodelle zur Handlungsmaxime der führenden Kirchenreformer werden würde.

Die Regentschaft

Gleichsam gegenläufig parallel zum Erstarken des Papsttums machte das deutsche Königtum nach dem unerwartet frühen Tod Heinrichs III. eine Phase der Schwäche durch. Der bereits zum König gewählte Heinrich IV. war ein unmündiges Kind von sechs Jahren. Eine Reichsregentschaft als

Institution mit definierten Vollmachten gab es nicht. Die Herrschaft wurde noch ganz als Herrscher-Sein und damit als in der Person des Königs ruhend vorgestellt, so daß derjenige, der die vormundschaftliche Sorge für den jungen König hatte, auch die Reichsgeschäfte führte. Das war zunächst die Mutter Heinrichs IV., die tiefreligiöse Kaiserin-Witwe Agnes. Ihr fiel die kaum zu bewältigende Aufgabe zu, durch Übertragung von Reichsgut und Ämtern die Zustimmungs- und Folgebereitschaft gerade solcher Adliger zu gewinnen, die dem König auf Dauer die »Treue« halten würden (was kaum vorhersehbar war), und dies, ohne das Reichsgut zu sehr zu schmälern und ohne sich dadurch andere Adlige mit konkurrierenden Ansprüchen zu Feinden zu machen.

Die Beurteilung der Kaiserin Agnes

Man hat Agnes insgesamt eine unglückliche Hand bescheinigt, da sie mit der Einsetzung Rudolfs von Rheinfelden als Herzog von Schwaben (1057–1080) und Verwalter Burgunds, Ottos von Northeim als Herzog von Bayern (1061–1070) und Bertholds von Zähringen als Herzog von Kärnten (1061–1078) gerade diejenigen Männer förderte, die später zu den Hauptgegnern ihres Sohnes gehörten. Außerdem hat man ihr eine Schwächung des Königtums durch eine Art Ausverkauf der Reichsrechte angelastet, indem man die Anfangsjahre Heinrichs IV. mit denen seines Vaters Heinrich III. verglich, der zu Beginn seiner Herrschaft die Herzogtümer Bayern, Schwaben und Kärnten in seiner Hand vereinigt hatte, während Agnes vakante Herzogtümer alsbald wieder verlieh, so daß ihr Sohn seine eigenständige Regierung 1065 begann, ohne über ein einziges Herzogtum verfügen zu können. Gegen diese Kritik an Agnes läßt sich anführen, daß auch Heinrich III. keineswegs die herzoglichen Zwischeninstanzen durch Einbehaltung von Herzogtümern systematisch ausschaltete, sondern daß er die Herzogtümer nach wenigen Jahren wieder verlieh; vor allem aber ist zu bedenken, daß die Nicht-Besetzung eines Herzogtums als vermeintliche Stärkung der Reichsgewalt immer dann zum Gegenteil, nämlich zu ihrer Schwächung, führen mußte, wenn ein einflußreicher Adliger Anrechte darauf geltend machte und durch eine Fehde durchzusetzen versuchte. Auch die Frage, ob die Einsetzung des späteren Gegenkönigs Rudolf von Rheinfelden als Herzog von Schwaben und Verwalter Burgunds »glücklich« oder »unglücklich« war, wird man kaum mehr entscheiden können, da es die Konflikte Heinrichs mit den Sachsen und mit dem Papst, in denen Rudolf von Rheinfelden, Otto von Northeim und Berthold von Zähringen zu Gegnern des Königs wurden, damals noch nicht gab. Gewiß wurden die Großen des Reichs in der Terminologie des Lehnswesens »fideles«, »Getreue« des Königs genannt. Aber »Königstreue« war keine angeborene Eigenschaft, die es erlauben würde, einen guten Herrscher daran zu erkennen, daß er die »Treuen« stärkte und die »Untreuen« klein hielt. »Königstreue« war Zustimmungs- und Folgebereitschaft unter der Bedingung, daß der König die Rechte der »Getreuen« und die ihrer Verwandten und Freunde achtete. Jeder unbefriedigte Rechtsanspruch, jede Situation, in der ein König bei konkurrierenden Rechtsansprüchen gezwungen war, durch Berücksichtigung der Rechte des einen die des Konkurrenten zu schmälern, konnte aus Getreuen Feinde machen. Insofern war das Reich immer »in der Krise«, und es ist im nachhinein kaum noch zu entscheiden, ob irgendeine spezielle Krise durch geschickteres Taktieren des Königs hätte vermieden werden können. Die stets latente Krise war strukturell bedingt, war eine Folge von gewohnheitsrechtlichem Denken, Fehderecht und entsprechend schwach ausgebildetem königlichem Amtsrecht. Je unbestrittener gewohnheitsrechtliche Ansprüche, etwa auf Grundbesitz oder als Sohnesfolge in einem Herzogtum oder einer Grafschaft waren, desto seltener gab es Anlaß für Fehden, desto ruhiger erscheint das Reich und desto »mächtiger« sein König. Gewiß wird man die Persönlichkeit

Königstreue

eines Herrschers nicht außer acht lassen dürfen, wenn es darum ging, die Zustimmungsbereitschaft der Getreuen zu gewinnen. Aber es ist meist so gut wie unmöglich, aus dem typisierten Lob der Anhänger und den als »Fehde mit der Feder« betriebenen Herabsetzungen der Gegner eine konsistente Vorstellung der jeweiligen Herrscherpersönlichkeit zu gewinnen. Ob es Agnes also durch falsche »Personalpolitik« oder aus persönlicher Schwäche nicht gelang, die Herzöge für sich zu gewinnen, wird sich kaum mehr sagen lassen.

In einem allerdings scheinen Agnes und ihre Berater die Lage falsch beurteilt und dadurch eine Krise selbst heraufgeführt zu haben, als sie nämlich in dem bereits beschriebenen Cadalus-Schisma die Rechte des deutschen Königs bei der Papstwahl gegen das Wahlrecht der Kardinäle setzten, ohne dann große Anstalten zu machen, ihrem Papstkandidaten zur Durchsetzung in Rom zu verhelfen. Das zeigt, daß sie die Eigenständigkeit, das Selbstverständnis und das Ansehen der Kardinalspartei auch außerhalb Roms falsch einschätzten und folglich nicht erkannten, daß sie einen Machtkampf heraufbeschworen, den sie vermutlich gar nicht wollten und den sie deshalb auch nicht führten. So war das Scheitern der Kaiserin Agnes in dieser Frage wohl vorprogrammiert.

Von Mailand nach Forchheim

Das Investiturverbot von 1059

Mit dem Kardinalskollegium und einem intensivierten päpstlichen Legations- und Synodalwesen standen dem Reformpapsttum Institutionen zur Verfügung, mit denen es seiner Vorstellung von Kirchenreform in den Ländern der lateinischen Christenheit Verbreitung verschaffen konnte. Daß die Opposition einzelner Herrscher gegen diese päpstlichen Aktivitäten zu einem allgemeinen Konflikt mit den weltlichen Gewalten werden könnte, zeichnete sich seit 1059 ab. Damals verabschiedete eine päpstliche Synode den Beschluß, »daß kein Kleriker oder Priester durch Laien eine Kirche empfangen solle, gleichgültig ob gegen Geld oder nicht.« Allerdings bezog sich dieser Kanon wohl nur auf Niederkirchen, betraf also nicht die Kirchherrschaft der Könige, die als »Gesalbte des Herrn« gar nicht als Laien galten; er zielte demnach auf die überall in Europa verbreiteten Eigenkirchenrechte des Adels. Damit hatte sich im Reformpapsttum die Anschauung durchgesetzt, daß der wahre Grund für die Mißstände, die man bekämpfen wollte, im Einfluß der Laien auf die Kirchen liege und das bedeutete nichts anderes als eine Absage an die altüberlieferte Ordnung, zu der im weiteren Sinne eben auch die königliche Kirchherrschaft gehörte. Spätestens 1078 wurde dieses Verbot auch für die Könige ausgesprochen und es kam zu einem allgemeinen Investiturverbot in allen Ländern der lateinischen Christenheit.

Heinrich IV. (Weltchronik des Ekkehard von Aura, 1113–14)

Der Investiturstreit war eine gesamteuropäische Erscheinung. Im deutschen Reich nahm er allerdings einen besonderen Verlauf. Zum einen haben die Auseinandersetzungen zwischen dem Reformpapsttum und König Heinrich IV. um die Besetzung des Erzbistums Mailand wesentlich dazu beigetragen, daß das Papsttum die königlichen Investiturrechte überhaupt in Frage stellte. Zum anderen lief der Streit des Königs mit dem Papst um die Investiturrechte zeitlich parallel mit einer Fehde zwischen dem König und dem sächsischen Adel. Diese Fehde hatte mit der Kirchenreform zunächst nichts zu tun.

Der sächsische Aufstand

Soweit die parteigebundene Geschichtsschreibung ein Urteil erlaubt, hat Heinrich alte (ottonische?) Königsrechte vor allem im Gebiet um den Harz mit Hilfe schwäbischer, also landfremder Ministerialen wiederzugewinnen versucht. In der Auffassung seiner Gegner verletzte er ihr »Recht« nicht nur, indem er durch Errichtung einer »Fremdherrschaft« angestammte Adelsrechte beiseite schob, sondern auch, indem er gegen die Gewohnheitsrechte der derzeitigen Nutznießer der alten Königsrechte seine älteren Königsrechte geltend machte. Er zog dadurch die Feindschaft der Sachsen unter Führung des sächsischen Adels auf sich, denen sich Feinde in den süddeutschen Herzogtümern zugesellten. Seit dem Sommer 1073 entlud sich die Feindschaft in einer ungewöhnlich großen, langandauernden Fehde. Die dem Papst, seinen deutschen Anhängern und den Sachsen gemeinsame Feindschaft gegen den König machte sie alsbald zu Verbündeten und nötigte Heinrich zum Bittgang nach Canossa, eine Demütigung, die den anderen europäischen Königen erspart blieb.

Außerdem war der deutsche König als König von Italien ein durch räumliche Nähe besonders bedrängender Herrscher für das Papsttum, zumal er sich als traditioneller Schutzherr der römischen Kirche und zukünftiger Kaiser befugt sah, in die Angelegenheiten des Papsttums einzugreifen. Dies und die besonders enge Verflechtung der Reichskirche mit dem Königtum seit der Ottonenzeit haben dazu geführt, daß der Investiturstreit in Deutschland heftiger und folgenreicher verlief und auch länger dauerte als in den anderen Königreichen.

Der Streit um die Besetzung des Erzbistums Mailand

Am Streit um die Besetzung des Erzbistums Mailand, der wesentlich zum Ausbruch des Investiturstreits beitrug, läßt sich in vieler Hinsicht die Umbruchsituation exemplarisch verdeutlichen. Der deutsche König besaß, wie bereits erwähnt, nach alter Gewohnheit das Recht, die Reichsäbte, Bischöfe und Erzbischöfe seines Herrschaftsbereichs zu investieren, ein Akt, der im 11. Jahrhundert durch die Übergabe der Symbole Ring und Stab vollzogen wurde. Die Investitur sicherte ihm zugleich die Mitwirkung bei der Wahl. Für Bischofswahlen galt ein Satz des Papstes Leo I. (440–461), der in einem Brief festgestellt hatte, daß niemand unter die Bischöfe gezählt werden solle, der nicht vom Klerus gewählt, vom Volk erbeten und von den Bischöfen mit dem Urteil des Metropoliten geweiht worden sei. Gemäß diesem Satz galt eine Wahl als kanonisch, wenn sie »durch Klerus und Volk« vorgenommen worden war – eine Formel, die auf die unterschiedlichsten Verfahren Anwendung fand. Sie erwies eine Wahl immer dann als kanonisch, wenn in irgend einer Weise und zu irgend einem Zeitpunkt die betroffene Gemeinde ihre Zustimmung ausgedrückt hatte, um in Einmütigkeit die Stimmen aller auf den zu versammeln, den Gott für dieses Amt ausersehen hatte. Die Autorität des Königs als des Gesalbten des Herrn gab in der Regel seinem Kandidaten das Ansehen, auch der »Richtige«, nämlich der von Gott Erwählte, zu sein. Die Bischofswahl und -einsetzung als ein Element mittelalterlicher Königsherrschaft vollzog sich als Zustimmung zu einer gottgesetzten Autorität, die aber niemals absolut war, weil sie nicht auf persönlichem Willensentscheid, sondern auf der Verwirklichung des Rechten und Richtigen beruhte und damit an die Rechtsüberzeugung aller gebunden war. Jede Verletzung dieses durch keine institutionellen Vorkehrungen gesicherten Gleichgewichts mußte zum offenen Konflikt führen, für den keine friedlichen Lösungswege bereitstanden.

Die Pataria

Genau diese Situation bestand damals in Mailand. Die Pataria, die man die erste religiöse Massenbewegung des Mittelalters genannt hat, vertrat mit Hartnäckigkeit und bürgerkriegsähnlichen Angriffen auf den Erzbischof und seinen Klerus die Forderungen der Kirchenreform. Es kam zu Überfällen, Mißhandlungen, zu Plünderungen der Häuser derjenigen, die man als »Reformgegner« erkannt hatte. »Klerus und Volk« der Stadt waren also zutiefst uneinig. Erzbischof Wido (1045–1071), der 1070, der dauernden Querelen müde, sein Amt aufzugeben wünschte, bestimmte einen seiner Kleriker mit Namen Gottfried zu seinem Nachfolger und schickte ihn mit den Amtsinsignien zu König Heinrich IV., der Gottfried auch seinem angestammten Recht gemäß investierte. Aber die Pataria verweigerte dem vom König Investierten den Einzug in die Stadt, erklärte ihn als nicht rechtmäßig von Klerus und Volk gewählt und stellte dem Kandidaten des Königs beim Tode Erzbischof Widos einen eigenen Kandidaten entgegen. Wer war der rechtmäßig von Klerus und Volk Gewählte – der, den Heinrich IV. investiert hatte, oder der Kandidat der Pataria? Wer waren als Wahlberechtigte Klerus und Volk in einer Stadt, die von Parteikämpfen zerrissen war? Die bislang geübte Wahlpraxis erlaubte keine Lösung – da erklärte der Archidiakon Hildebrand als Legat des Papstes Alexander II., daß der Kandidat der Pataria die Unterstützung des Apostels Petrus habe und deshalb als der rechtmäßig Gewählte anzusehen sei. Sollte Heinrich IV. auf das Wort Roms hin die von ihm bereits vollzogene Investitur für nichtig erklären? Die traditionelle Wahlpraxis kannte wohl die Wahl von Klerus und Volk der betroffenen Kirche und die Investitur des Königs, nicht aber die Mitwirkung des Papstes – sollte sich Heinrich IV. dergestalt in seine durch Gewohnheit sanktionierten Rechte hineinregieren lassen? Maßte sich die Römische Kirche nicht Rechte an, die sie nie vorher besessen hatte und beschnitt sie damit nicht die Rechte der bislang allein Zuständigen?

Gregor VII.

Diese Fragen waren offen, als am 22. April des Jahres 1073 eben dieser Archidiakon Hildebrand als Gregor VII. (1073–1085) den päpstlichen Stuhl bestieg. Er verfaßte wenig später 27 Leitsätze über Rang und Stellung des Papsttums in der Welt (»Dictatus Papae«), in denen er feststellte, daß der römische Bischof in seiner Allzuständigkeit Bischöfe ein- und absetzen könne und daß die Römische Kirche noch nie geirrt habe und niemals irren werde. Gregor hatte schon vor seinem Amtsantritt die Politik Roms in der Mailänder Frage entscheidend mitbestimmt, wohl auch die Bannung der Ratgeber Heinrichs veranlaßt, die der sterbende Alexander II. noch auf der Fastensynode des Jahres 1073 ausgesprochen hatte. Mit der Verhängung der höchsten geistlichen Strafe des Kirchenbannes wurde deutlich, daß es für das Reformpapsttum in Mailand nicht um einen politischen Streit konkurrierender Rechtsansprüche, sondern um einen Fall von Sünde, von Glaubensfehl, ging. Das entsprach dem 26. Leitsatz Gregors VII., nach dem jener nicht für katholisch gelten könne, der nicht mit der Römischen Kirche übereinstimme. Mit gebannten Sündern durfte ein König keinen Umgang haben – würde sich Heinrich daran halten? Und wenn nicht: würde nicht die Bannung des Königs selbst dann unausweichlich sein? »Es steht uns nämlich nicht frei«, so beendete Gregor einen Abschnitt über seine Probleme mit Heinrich IV. in einem Brief vom 6. Mai 1073, »aus Ansehen der Person das Gesetz Gottes hintanzusetzen und um menschlicher Gunst willen vom rechten Pfad abzuweichen, sagt doch der Apostel: ›Wenn ich den Menschen gefallen wollte, wäre ich nicht der Knecht Gottes.‹« Wenig später versicherte der Papst in einem Brief, daß er gegen König Heinrich keinerlei bösen Willen hege, daß er vielmehr eine einmütige Einheit (unitas concordie) zwischen Imperium und Sacerdotium herzustellen wünsche. Nur war die gewünschte Eintracht für Gregor natürlich nur auf der Grundlage von Gottes Gebot möglich, für das er in Anspruch nahm, daß es von ihm, dem Stellvertreter Petri, unfehlbar verkündet werde.

Die Eintracht konnte also nach Ansicht des Papstes nur dadurch zustande kommen, daß König Heinrich sein Vorgehen als sündig erkannte und sich zum rechten Weg, dem des Papstes, bekehrte. Und in der Tat sah es zunächst so aus, als werde der König nachgeben, denn Heinrich IV. sah sich zu eben dieser Zeit mit den Aufständen in Sachsen konfrontiert, die ihm dem Papst gegenüber demütiges Nachgeben nahelegten. Im September 1075 versicherte denn auch der Papst dem König, ihm den Schoß der Kirche öffnen und ihn als Bruder und Sohn empfangen zu wollen und verurteilte den Hochmut der Sachsen, die nach Gottes Willen von Heinrich geschlagen worden seien. In einem Brief vom Dezember 1075 ist dann freilich von diesem Wohlwollen des Papstes nichts mehr zu spüren: Den apostolischen Gruß entbietet er dem König nur noch unter der Bedingung, »daß er dem apostolischen Stuhl gehorcht, wie es einem christlichen König geziemt«. Dann folgen heftige Vorwürfe und Ermahnungen an Heinrich wegen seines fortgesetzten Umgangs mit seinen exkommunizierten Räten und wegen der Verschärfung der Mailänder Streitfrage.

In der Tat hatte der König den Sieg über die Sachsen im Herbst 1075 zum Anlaß genommen, in der Mailänder Frage wieder sein altes Recht der Bischofsinvestitur zur Geltung zu bringen. Der Brief Gregors erreichte den König beim Hoftag in Goslar, auf dem er seinen Sieg über die Sachsen feierte. Im Glanz seiner neu befestigten Königsherrschaft glaubte er sich stark genug für eine Abrechnung auch mit diesem Gegner: Er erklärte die Vermahnungen und Angriffe des Papstes als Ausdruck schädigender Feindschaft gegen seine Person und das Reich; ein dem Reich feindlich gesonnener Papst aber war für ihn untragbar. Unterstützt von seinen Bischöfen befahl Heinrich IV. dem Papst, vom päpstlichen Stuhl herabzusteigen. Mochte Heinrich auch die kirchlichen Vorschriften beachtet und den Papst der Form nach nicht eigenmächtig abgesetzt haben, so mußte Gregor doch diesen Akt des Königs als ungeheure Anmaßung, wenn nicht als Blasphemie ansehen und entsprechend reagieren. Die Teilnehmer der römischen Fastensynode vom Februar 1076 hörten die Antwort des Papstes: In einem Gebet an den Apostel Petrus schloß er Heinrich aus der Gemeinschaft der Gläubigen aus, sprach ihm die Herrschaft über Deutschland und Italien ab und verbot allen Christen, ihm als König zu dienen.

Die Absetzung Heinrichs IV. durch den Papst

Noch nie hatte ein mittelalterlicher Papst einem König die Regierung entzogen, ihn mit dem Kirchenbann belegt. Die Erschütterung der Zeitgenossen klingt in dem vielzitierten Satz nach, daß der Erdkreis erzitterte, als die Exkommunikation bekannt wurde.

In der Tat war die Bannung Heinrichs IV. die bislang radikalste Absage an die alte frühmittelalterliche Ordnung, in der man unter der Kirche die Christenheit verstanden hatte, »in der Regnum und Sacerdotium, neben- und ineinanderwirkend, gleichsam wie zwei Stände ihren Dienst versahen und in der sich der König kraft der Sakralität seines Amtes als ›vicarius Christi‹, als mit theokratischen Rechten ausgestatteter Herrscher betrachten durfte« (Kempf). Dagegen setzte Gregor VII. das Recht der hierarchisch gegliederten Priesterschaft mit dem Papst an der Spitze, allein als »die Kirche« sprechen und handeln zu können. Insofern ist die Bannung Heinrichs IV. über das Einzelereignis hinaus von symptomatischer Bedeutung: für einen König mit sakralen Funktionen war in einer dergestalt neu definierten Kirche kein Raum mehr. »König und Reich wurden rein in die weltliche Sphäre verwiesen« (Keller).

König und Papst hatten sich gegenseitig ihre Existenzberechtigung bestritten. Nichts zeigt das Anwachsen der päpstlichen Autorität deutlicher als die Tatsache, daß in dieser Situation der Papst für sein Vorgehen gegen Heinrich IV. in Deutschland Anhänger fand. Die Bischöfe zogen sich von dem gebannten König zurück und seine alten innenpolitischen Gegner unter den geistlichen und weltlichen Großen beschlossen, einen anderen König zu wählen, wenn Heinrich sich nicht binnen Jahr und Tag vom Bann würde lösen können.

Man erwartete nicht, daß das Heinrich gelingen würde und lud derweil schon Gregor VII. nach Deutschland ein, um mit ihm zusammen über die Königsneuwahl zu beraten. Da konterkarierte Heinrich die Absichten seiner

Canossa

Gegner. Er begab sich mitten im Winter nach Italien zu Gregor, der schon auf dem Weg nach Deutschland war und beim Nahen Heinrichs in Erwartung eines kriegerischen Angriffs auf der Feste Canossa Zuflucht suchte. Nach längeren Verhandlungen erschien dann Heinrich an drei aufeinanderfolgenden Tagen »ohne Schuhe und in wollener Kleidung«, dem üblichen Büßergewand, vor der Burg, erstmals am 25. Januar 1077, dem Tag der Bekehrung des Apostels Paulus. Dieser hatte drei Tage lang betend und fastend vor Damaskus geharrt, ehe aus dem Verfolger Saulus durch die Taufe ein Paulus werden konnte, und die dreitägige Buße Heinrichs ist wohl als typologische Entsprechung zu verstehen. Es kam also nicht auf das mitleiderregende Zittern des Königs in Eis und Schnee an, sondern auf den Vollzug eines Ritus, zu dem das Zögern Gregors zur Rekonziliation ebenso gehört haben dürfte wie die Fürbitte von Heinrichs Taufpaten, dem Abt Hugo von Cluny, und der Markgräfin Mathilde für den büßenden König.

König Heinrich IV., überragt von seinem Taufpaten, dem Abt von Cluny, bittet kniend die Markgräfin Mathilde von Tuszien um Fürsprache bei Gregor VII.

Dem reuigen Büßer durfte der Papst die Lösung vom Bann und die Wiederaufnahme in die Gemeinschaft der Gläubigen nicht verweigern. Heinrich hatte damit die Pläne seiner Gegner zunächst durchkreuzt und einen diplomatischen Sieg errungen, aber die Autorität des Königs als des Gesalbten des Herrn war erschüttert. Es war in dieser Situation sichtbar geworden, daß Papst Gregor VII. mit seinem Anspruch, der allein bevollmächtigte Künder der göttlichen Wahrheit zu sein, die Loyalitäten stärker zu binden vermochte als der gesalbte König.

Durch seinen Canossa-Gang hatte Heinrich IV. zwar ein gemeinsames Vorgehen des Papstes und seiner innenpolitischen Gegner vereitelt, er hatte aber nicht verhindern können, daß seine deutschen Feinde in ihm nach wie vor den Rechtsbrecher und damit einen König sahen, dessen Verstoß gegen die fundamentale Königstugend der »iustitia« sie zum Widerstand berechtigte. Im März 1077 versammelten sich diese Gegner, zu denen außer dem Sachsenherzog Otto von Northeim und den süddeutschen Herzögen Rudolf von Schwaben, Welf von Bayern (1070–1101) und Berthold von Kärnten auch die Erzbischöfe von Mainz und Magdeburg und eine ganze Reihe anderer Bischöfe gehörten, im fränkischen Forchheim und entzogen dem vieler Schandtaten und Ungerechtigkeiten angeklagten Heinrich IV. ihre Treue, indem sie den Schwabenherzog Rudolf von Rheinfelden zum König (1077–1080) wählten.

Die Wahl Rudolfs von Rheinfelden

Obwohl die Gegner Heinrichs IV. durchaus in Übereinstimmung mit den überlieferten Rechtsvorstellungen eines legitimen Widerstandsrechts handelten und es Fehden auch gegen den König von alters her gegeben hatte, war doch die Wahl eines Gegenkönigs ohne Präzedenzfall in der deutschen Geschichte. Seine sakrale Legitimation als »christus Domini« hatte es bislang nicht zugelassen, »den König, so oft es beliebt, nach Art des niederen Volkes wie einen Gutsverwalter auszuwechseln«, wie Bischof Wenrich von Trier, ein Anhänger Heinrichs IV., das in seinen Augen Ungebührliche der forchheimer Wahl kritisierte. Nun aber hatte Papst Gregor VII. durch die Absetzung Heinrichs IV. gezeigt, daß die Sakralität des Königtums seinen Inhaber im Fall der Sünde nicht vor Absetzung schützte, und damit dem weltlich-germanischen Widerstandsrecht eine zusätzliche Möglichkeit der Fehdeführung gewiesen. »Wenn man schon einen Schweinehirten ohne Lohn mit Schimpf davonjagt, der die ihm anvertrauten Schweine nicht pflichtgemäß hütet, um wieviel mehr ist es angebracht, dem alle Macht und Würde zu nehmen, der Menschen, statt sie zu regieren, in Irrtümer führt.« Gewiß hat Manegold von Lautenbach, der mit diesen Sätzen die Absetzung Heinrichs IV. rechtfertigte, den König durch den Vergleich mit einem Schweinehirten auf ungewöhnliche Weise herabgewürdigt. Inhaltlich aber hat er nicht, wie man lange meinte, als erster im Mittelalter die Lehre von der Volkssouveränität und dem Herrschaftsvertrag vertreten, nach der der König ein vom Volk zu berufender und entsprechend auch wieder zu entlassender Sachwalter seiner Belange war. Manegold brachte nur in besonders drastischer Form die Grundüberzeugung mittelalterlichen Herrschaftsverständnisses zum Ausdruck, nach der ein König nur so lange Anspruch auf Treue hatte, als er die Königstugenden erfüllte.

Der Gedanke der freien Königswahl

Die Wahl Rudolfs von Rheinfelden war nicht nur wegen der damit verbundenen Absetzung Heinrichs IV. »ein Markstein in der Geschichte der deutschen Königserhebung« (Schlesinger), sondern auch, weil die Wähler Rudolfs die freie Königswahl des für das Amt Geeignetsten auch in Zukunft gewahrt sehen wollten ohne Rücksicht auf erbrechtliche Ansprüche. Der Glaube an die Geblütsheiligkeit des Königsgeschlechts hatte in aller Regel bisher eine unbestrittene Kontinuität in der Königsherrschaft gewährleistet, weil er für die Herrschaft eines Königssohnes eine fast unangreifbare Legitimation darstellte. Der Gedanke der freien Königswahl bedeutete neben der Absetzbarkeit des Königs eine weitere Minderung der traditionellen königlichen Legitimationsbasis.

Schisma und Wormser Konkordat

Der Streit mit Argumenten

Die römischen Kirchenreformer hatten in Theorie und Praxis die alte Ordnung in Frage gestellt. Es war eine Neuerung, wenn sie die von jeder laikalweltlichen Einmischung freie, die Grenzen der Königreiche überschreitende Universalkirche zu verwirklichen trachteten und wenn der Papst mit Berufung auf seine priesterliche Verantwortung das Handeln der Könige seinem Urteil unterstellte, auch wenn dieses Bemühen als Rückkehr zur reinen Urkirche gerechtfertigt wurde. Entsprechend war Heinrich IV., der sich in Abwehr der Neuerungen auf sein »gutes altes Recht« als Rechtfertigung für den bislang praktizierten Brauch berief, argumentativ in der Defensive. Aber bald fanden sich Männer, die sich auf die intellektuelle Herausforderung einließen, die die Argumentation und das Vorgehen der Reformer darstellte, und die den kirchlichen Anspruch von der Suprematie der im Papst gipfelnden Priesterkirche abzuwehren versuchten, indem sie ihrerseits Theorien von der Superiorität des Königtums entwickelten. Statt des bloßen Beharrens auf Fortsetzung des Gewohnten fanden sich nun auch hier Argumente und inhaltliche Begründungen, dieses Mal für ein gottunmittelbares, auf Erden unangreifbares Königtum, für die man sich auch der Traditionsbestände des spätantiken Kaiserrechts bediente.

Die äußerst schmale Handschriftenüberlieferung verbietet es, in den Streitschriften des Investiturstreits Propagandainstrumente im Kampf um Anhängerschaften zu sehen, und es muß auch offenbleiben, ob die Autoren überhaupt eine politische Absicht mit der Abfassung verfolgten. Jenseits aller möglichen politischen Zielsetzungen aber legen sie unzweifelhaft Zeugnis von einem gesteigerten Bedürfnis nach Weltorientierung in einer Umbruchsituation ab, in der die schlichte Fortsetzung des bislang Üblichen sich nicht mehr durch sich selbst rechtfertigte. Die pro-königlichen Streitschriften zeigen, daß die von den Reformern ausgelöste neue Form argumentativer Begründung auch der Königsherrschaft eine Befestigung ihrer ideellen Grundlagen einbrachte. Der Art und Weise allerdings, in der die römischen Reformer dann doch ihre Ideen unter das Volk brachten und in der besonders Gregor VII. durch Mahn- und Drohbriefe, Predigten und Aufrufe gregorianisch gesinnter Wandermönche und -prediger einzelne und Vereinzelte zu einer übernationalen Aktionsgemeinschaft zusammenzuschließen versuchte, hatte Heinrich nichts Vergleichbares entgegenzusetzen.

Trotzdem hat Heinrich IV., was das persönliche Schicksal anbelangt, schließlich über Gregor obsiegt. Mit der Absolution in Canossa im Januar 1077 hatte er seine Handlungsfreiheit wiedergewonnen, denn Gregor VII. zögerte, den knapp drei Monate später gewählten Gegenkönig Rudolf von Rheinfelden anzuerkennen. Damit aber wurde die Auseinandersetzung zwischen den beiden Königen eine gleichsam »innerdeutsche« Angelegenheit, die gemäß den im Reich gültigen Rechtsüberzeugungen im »Kampf ums Recht« zu entscheiden war durch Verwüstung und Brandschatzung der Besitzungen des Gegners und Vernichtung seiner Anhänger. In Mellrichstadt (August 1078) und Flarchheim (Januar 1080) standen sich die königlichen Feinde persönlich im Kampf gegenüber. Da Heinrich das Kampffeld behaupten konnte, bestärkten beide Begegnungen sein Recht und führten ihm Anhänger aus dem Lager des Gegners zu. Als Gregor VII. mit seiner neuerlichen Bannung und Absetzung Heinrichs im Frühjahr 1080 dann doch noch in die Auseinandersetzungen eingriff, wirkte sich das für Heinrich nicht mehr als ernsthafte Bedrohung aus. Heinrich IV. sah im Gegenteil seine Sache so sehr gestärkt, daß er zum Gegenschlag ausholte.

Die Erhebung Wiberts von Ravenna

Im Frühsommer 1080 zog er nach Italien, ließ Gregor mit einer in Brixen versammelten Synode von 27 Bischöfen für abgesetzt erklären und den Bischof Wibert von Ravenna als Clemens III. zum Gegenpapst (1080–1100) erheben. Wenig später befestigte der Tod des Gegenkönigs im Herbst des gleichen Jahres seine Königsstellung in Deutschland, der auch die Wahl eines neuen Gegenkönigs in Gestalt des von vornherein schwachen Grafen Hermann von Salm (1081–1088) wenig anhaben konnte. Heinrichs wiederholte Versuche, Wibert-Clemens in Rom zu etablieren, hatten schließlich 1084 Erfolg. Gregor VII. mußte fliehen und starb bald darauf im süditalienischen Salerno, Heinrich IV. wurde von »seinem« Papst in der Peterskirche in Rom zum Kaiser gekrönt.

Die Folgen des Schismas

Trotz aller Erfolge aber gelang es Heinrich nicht, eine allgemeine Anerkennung seines Papstes zu erreichen. Die römische Reformpartei setzte dem kaiserlichen Papst nacheinander mehrere Päpste entgegen, die nicht nur außerhalb Deutschlands letztlich allgemeine Anerkennung fanden, sondern auch im Reich selbst, vor allem in Sachsen und Süddeutschland, Anhänger im Episkopat hatten, denen allerdings Heinrich ihre Diözesen durch die Investitur »königlicher Bischöfe« streitig machte. Das Schisma (Kirchenspaltung) setzte sich bis in die einzelnen Bischofsgemeinden fort, in denen dann der Kampf der Konkurrenten mit geistlichen und weltlichen Waffen ausgetragen wurde. So wie wechselseitige Exkommunikationen das Vertrauen des Volkes in den religiösen Erfolg der kirchlichen Heilsvermittlung erschütterten, so brachte der bewaffnete Kampf Verwüstungen aller Art.

Das Ende Heinrichs IV.

Das bis 1100 fortdauernde Papstschisma war auch mitbestimmend für das weitere Schicksal Heinrichs IV. mit seinem oft abrupten Wechsel von Erfolg und Niedergang, denn jede »innere« Feindschaft, mochte sie nun vom Bayernherzog Welf IV., vom Sohn und gekrönten Nachfolger Konrad († 1101) oder aber von Heinrichs Frau Adelheid-Praxedis ausgehen, fand im Papst der römischen Reformpartei und seinen Anhängern im deutschen Episkopat ihre selbstverständlichen Verbündeten. 1105 erhob sich auch der Sohn Heinrich gegen den Vater und nötigte ihn zum Thronverzicht. Da Heinrich IV. bald darauf starb, bedeutete dieser Aufstand des Nachfolgers das endgültige Ende seiner Herrschaft.

Ring und Stab als geistliche Symbole

Das Investiturverbot war für alle Könige Westeuropas ausgesprochen worden. Nachdem die römischen Reformer sich mit ihrer Auffassung hatten durchsetzen können, nach der die traditionellen Investitursymbole Ring und Stab rein geistliche Symbole waren, die daher von Königen und Fürsten als Laien nicht verwandt werden durften, ergab sich als unvermeidliche Konse-

Von links oben nach rechts unten: Heinrich IV. und Papst Wibert; Papst Gregor VII. wird aus Rom vertrieben; Gregor VII. bannt Heinrich IV.; Gregors Tod.

quenz, daß durch sie auch nur die Einweisung in das geistliche Amt erfolgen könne. Auf die These einiger Streitschriftenautoren, daß alle weltlichen Besitz- und Herrschaftsrechte den Kirchen ein für allemal übertragen worden seien und daß daher bei einer Neuwahl keine neue Einweisung zu erfolgen brauche, konnten sich die Könige nicht einlassen. Ein Verzicht auf Neueinweisung hätte das weltliche Gut der Kirche grundsätzlich anderen Bedingungen unterworfen als das der Laien, deren Leistungen gemäß der lehnrechtlichen Konzeption der Reiche an die persönliche Bindung zwischen Herrn und Mann geknüpft war. Sie mußte grundsätzlich bei Herrenfall (Tod des Herrn) und Mannfall durch Symbolakte erneuert werden. Daß eine einmalige und endgültige Übertragung von Rechten an eine Institution eine Leistungspflicht der einzelnen Amtsinhaber durch ihren Eintritt in diese Institution begründen, daß also Leistungspflicht institutionell gewährleistet werden könne, vermochten die meisten Zeitgenossen noch nicht nachzuvollziehen.

Die Unterscheidung von spiritualia und temporalia

Die Unterscheidung von Geistlichem (spiritualia) und Weltlichem (temporalia) wies den Weg zur Lösung des Problems. Sie erlaubte es, Einzelrechte, Befugnisse und Pflichten von den Personen zu abstrahieren und kategorial zusammenzufassen, so daß ein und dieselbe Person als Inhaber von Rechten verschiedener Kategorien erschien. Es lag nahe, auf die weltlichen Güter der Bischöfe, Äbte und Äbtissinnen die Rechtsformen analog anzuwenden, die für das weltliche Gut anderer Herren galten, und das waren in diesem Fall die Rechtsformen des Lehnrechts. Seit den ersten Jahren des 12. Jahrhunderts wurde es in Frankreich und England üblich, daß Bischöfe und Äbte als Gegenleistung für die Übertragung des weltlichen Guts der Kirchen und Klöster Mannschaft (hominium) und Treueid leisteten als ein symbolischer Ausdruck ihrer persönlichen Leistungspflicht.

Die Beilegung des Investiturstreits

Das Reich aber nahm eine Sonderstellung ein, denn Heinrich IV. stellte durch seinen Gegenpapst, der keineswegs ein irreligiöser Reformfeind war, für die römischen Reformer eine existenzbedrohende Herausforderung dar.

Das Mißtrauen, das die römischen Reformpäpste Urban II. (1088–1099) und Paschalis II. (1099–1118) Heinrich IV. entgegenbrachten, überdauerte den Tod des Gegenpapstes Wibert-Clemens (1100) und auch Heinrichs IV. (1106) und übertrug sich auf Heinrich V. (1105/6–1125), so daß die Beilegung des Investiturstreits sich im Reich schwieriger gestaltete und länger hinzog als in Frankreich und England. Außerdem versuchte Heinrich V. im Jahre 1111, Radikallösungen zu erzwingen. Einmal knüpfte er den Verzicht auf sein Investiturrecht an die Bereitschaft der Kirchen, ihrerseits auf alle weltlichen Güter zu verzichten, was am Widerstand seines hochadligen Episkopats scheiterte, und dann versuchte er die Fortsetzung der Investitur mit Ring und Stab durch den König vom Papst zu erpressen, was Paschalis II. schlechterdings nicht zugestehen konnte.

Das Wormser Konkordat

Das Wormser Konkordat, das schließlich 1122 zustande kam, hielt dann die Einigung auf die Rechtsformen schriftlich fest, die sich inzwischen nicht nur in Frankreich und England, sondern wohl auch im Reich als Gewohnheit durchgesetzt hatten. Papst Calixt II. (1119–1124) gestand Kaiser Heinrich V. zu, daß »der Gewählte die weltliche Ausstattung seiner Kirche (regalia) von dir empfange und das tue, was er dir daraus nach Recht schuldet«. Mit dieser Umschreibung waren Treueid und Mannschaft gemeint. Sie erscheinen als Gegenleistung für die symbolhafte Übertragung des weltlichen Kirchenguts. »Auf der Grundlage des Wormser Konkordats verwandelte sich die unmittelbare Reichskirchenverwaltung in eine durch lehnrechtliche Beziehungen vermittelte« (Mitteis).

Das vielgestaltige 12. Jahrhundert

Die Epoche und ihre Grenzen

Im Investiturstreit war die Kirche als eine die einzelnen Regna umgreifende institutionelle Einheit entstanden. Sie stellte sich im Dualismus der Hierarchie aller zum Altardienst Geweihten und des Laienvolkes dar. Die Hierarchie der Kleriker, die in Papst und Kurie ihr Haupt und Leitungsorgan hatte, galt in eigentlicher Weise als Repräsentant der Kirche, die nach ihren eigenen Normen, dem überlieferten und von ihr fortzubildenden Kirchenrecht, leben sollte. »Das jeweils festere Formen annehmende kanonische Recht schloß die Kirche zu einem wahrhaft übernationalen Herrschaftsgebilde zusammen« (Kempf). Die Könige und ihre Herrschaft wurden der Laienwelt zugeordnet. Ihr Tätigkeitsfeld sollte der nicht-kirchliche, der weltliche Bereich sein: der entstehende Staat.

Die sakrale Herrschaftslegitimation der Könige

Das bedeutete von seiten der Könige keinen Verzicht auf sakrale Herrschaftslegitimation in dem Sinne, daß Königsherrschaft nun rein als innerweltlich-laizistische Macht- und Interessenpolitik aufgefaßt worden wäre. Es läßt sich im Gegenteil erkennen, daß die sakrale Legitimation der Herrscher des 12. Jahrhunderts nicht nur betont, sondern noch weiter ausgeformt und sinnfällig gemacht wurde. Frankreich ist dafür ein gutes Beispiel: Zu den Elementen seiner »religion royale« gehörte nicht nur die Fähigkeit der französischen Könige, durch Handauflegen die Skrofeln heilen zu können, wie es zum ersten Mal für König Ludwig VI. (1108–1137) überliefert ist, oder die Salbung mit »Himmelsöl«, das der Legende nach einst für die Taufe Chlodwigs (um 498) direkt vom Himmel geschickt worden war und bei der Krönung Ludwigs VII. (1137–1180) zum ersten Mal als Salböl verwendet wurde, sondern auch die Bindung an den heiligen Dionysius als den besonderen Schutzheiligen der Könige Frankreichs. St. Denis wurde in der Folgezeit zum Zentrum des Königskults und zur Grablege der französischen Könige.

In Deutschland speiste sich die Betonung der Sakralität der Herrschaft aus anderen Quellen als in Frankreich. In Anknüpfung an die Sakralnomina des antik-römischen Kaisertums wurden zunächst vereinzelt im 12. Jahrhundert »sacer« und »sanctus« für dem Kaiser zugehörige Dinge gebraucht, und seit 1157 wurde »sacrum imperium« (heiliges Reich) in der Kanzlei Friedrich Barbarossas als Reichstitel offiziell, wenn auch nicht vorherrschend, verwendet. Der Gebrauch der Sakralnomina hat mit dem französischen Königskult das Anliegen gemein, für das König- und Kaisertum eine unmittelbar gottgegebene Würde zu reklamieren. Das »heilige Reich« – erst seit der Mitte des 13. Jahrhunderts begann man die Formel »heiliges römisches Reich« zu verwenden – beanspruchte darüber hinaus einen heilsgeschichtlichen Vorrang vor den anderen Königsherrschaften: Als Fortsetzung des antiken Römischen Reiches galt es als das letzte der vier von Gott vorgesehenen Weltreiche und verfügte so über eine biblisch verbürgte Seinsberechtigung.

Das heilige Reich

Das Bemühen der Könige, ihrem Herrschertum Attribute des Heiligen zu geben, ist Ausdruck des ungebrochenen Glaubens an die Sinngebung alles menschlichen Tuns in einem göttlichen Schöpfungs- und Erlösungsplan. Die beginnende Differenzierung der frühmittelalterlichen Gesamtordnung in »Kirche« und »Staat« im 12. Jahrhundert ging also noch nicht mit einer diesseitig-rationalen Begründung der staatlichen Ordnung einher. Weltliche Herrschaft hatte ihren Sinn in der göttlichen Gesamtordnung. Allerdings bestanden die weltlichen Herrscher darauf, unmittelbar von Gottes Gnaden zu regieren, ihren Herrschaftsauftrag also nicht durch Vermittlung der Kirche zuerteilt bekommen zu haben. Eine auf Aristoteles zurückgehende und auf das Gemeinwohl gerichtete Staatstheorie entstand erst im 13. Jahrhundert und fand vor allem im west- und südeuropäischen Raum Verbreitung.

Differenzierung in »Kirche« und »Staat«

Es widersprach dieser sakralen Legitimation nicht, daß die Herrscher des 12. Jahrhunderts ihre Aufgabe darin zu sehen begannen, die diesseitige Welt zu ordnen. Der Aufbau der Kirche als einer hierarchisch-gegliederten Institution im Investiturstreit und ihr Anspruch, ihren Aufgaben unbeeinflußt durch Laien selbständig nachzukommen, führte zu einer klareren Abgrenzung und Bestimmung des Tätigkeitsfeldes weltlicher Herrschaft. Diese Abgrenzung bedeutete aber keine Begrenzung und Einengung, sondern vielmehr eine Erweiterung des Handlungsspielraums. Dem im Frühmittelalter vorherrschenden »gestenartigen Handeln« (Nitschke) trat nämlich zunehmend ein rational-geplantes Herrschaftshandeln an die Seite.

Das galt vor allem für die Verbreitung von »pax« und »iustitia«. Friede und Gerechtigkeit zu bewahren war schon immer Aufgabe der Könige gewesen. Die Ottonen und Salier haben, soweit sich das erkennen läßt, dieser Königspflicht Genüge getan, indem sie dort, wo Ungerechtigkeiten an ihr Ohr kamen, als Richter tätig wurden und »gerechte Urteile« fällten (wobei es dann Sache der obsiegenden Partei war, das Urteil in die Tat umzusetzen). Sie haben Feinde und Rechtsbrecher bekämpft. Aber das ging noch kaum über einzelne, der Person und der Rolle des Königs abverlangte königliche Tugendhandlungen hinaus. Ein auf das Ganze des Herrschaftsbereichs oder zumindest auf einen größeren Teil desselben gerichteter planender, gestaltender und auf dauerhafte Wirkung gerichteter herrscherlicher Wille fehlt im frühmittelalterlichen deutschen Reich.

Friede und Gerechtigkeit

Die Landfrieden der deutschen Könige des Hochmittelalters stellen dem gegenüber etwas Neues dar. Sie bezeugen das Bemühen, Frieden zu planen und zu organisieren, sie zeigen, daß man der Art und Weise der Friedens- und Rechtssicherung, dem »Wie« der Durchführung, vermehrte Aufmerksamkeit schenkte und so dazu kam, gewohnheitsrechtlich anerkannte Praktiken durch Gesetz einzuschränken. Es wurden also über die Bekämpfung des einzelnen Rechtsbrechers hinaus Veränderungen im Rechtssystem angestrebt und in die Wege geleitet.

Auch in anderen Bereichen zeigen sich die Anfänge eines stärker planenden Zugriffs: so hat Friedrich Barbarossa (1152–1190) versucht, die traditionellen Reichsrechte in Italien systematisch zu erfassen und fiskalisch zu nutzen. Der langandauernde Widerstand der lombardischen Städte erklärt sich nicht zuletzt aus dieser Uminterpretation alter Rechte durch die Anwendung neuer Methoden bei ihrer Nutzung.

Wo – wie rudimentär auch immer – planende Veränderung und Entscheidung ins Spiel kam, mußte sich die alte Herrschaftsweise durch »Rat und Hilfe« der hochadligen Vasallen als inadäquat erweisen, denn sie war auf Übereinstimmung aller (consensus) gegründet und damit ein Element der alten gewohnheitsrechtlichen Ordnung, in der Handeln vor allem die Fortsetzung und Verwirklichung des von alters her Rechten und Richtigen und damit (theoretisch) einzig Konsensfähigen war. Die salischen und staufischen Könige haben versucht, durch die Beauftragung unfreier und damit weisungsgebundener Ministerialen königliche Anordnungen durchzusetzen.

Ministerialen

Es liegt die Gefahr nahe, die sich andeutenden Züge von Zweckrationalität überzubetonen. Zwar wird über König Heinrich II. von England (1154–1189) berichtet, daß er mit seinen Beratern Tag und Nacht darüber diskutiert habe, wie die Rechtssicherheit im Lande erhöht werden könnte – die Aussendung von Reiserichtern, die Schaffung eines zentralen Königsgerichtes und der Erlaß und die Durchsetzung fehdefeindlicher Gesetze (Assisen) waren respektable Früchte dieser Bemühungen. Auch das im 12. Jahrhundert beliebte Diktum, daß ein illiterater König ein gekrönter Esel sei (rex illitteratus asinus coronatus) weist darauf hin, daß damals von einem König Fähigkeiten verlangt wurden, die über die Verkörperung sakralen und ritterlich-adligen Herrentums hinausgingen. Aber es ist wohl kein Zufall, daß das zitierte Sprichwort vor allem in den damals sehr »modernen« Ländern Frankreich und England Verbreitung fand. Im deutschen Reich war dagegen Ludwig der Bayer (1314–1347) keine Ausnahme, der von sich – nicht ohne einen gewissen oppositionellen Stolz – feststellte, daß ihm als Ritter und Kriegsmann die Feinheiten des gelehrten Bücherwissens verschlossen seien. Hier war es unter den Königen erst Karl IV. (1346–1378), der intellektuell hochgebildet war und »das alte Adelsideal des Königs durch ein neues, rationales ablöste« (Moraw). Insgesamt blieb planendes Herrschaftshandeln bis in die Neuzeit hinein nur ein Teil – und oft nur ein geringer Teil – königlichen Tuns. Die den meisten Königen Europas eigene Politikferne mußte sich allerdings besonders da auswirken, wo es nicht zur Errichtung königlicher Behörden kam, die nach vorgegebenen Regeln die politische Routinearbeit erledigten und so Königsherrschaft im Land auch dann noch für die Untertanen erfahrbar machten, wenn der König selbst als Politiker ausfiel. In der Ausbildung von königlichen Behörden aber blieb das deutsche Reich seit dem 12. Jahrhundert hinter England und Frankreich zurück.

Politikferne der Könige

Die Könige, die seit dem 12. Jahrhundert begannen, ihr Königreich als zu gestaltenden Herrschaftsraum zu verstehen, trafen mit diesem Bemühen unweigerlich auf die Konkurrenz anderer, die, der gleichen Zeittendenz folgend, ihrerseits versuchten, ihre frühmittelalterliche Herrenstellung in raumerfassende Herrschaft zu verwandeln. Es waren vor allem die geistlichen und weltlichen Fürsten, die bei der Erfassung von größeren Herrschaftsräumen eine Konkurrenz für das Königtum darstellten. Rechtlich gesehen war das Reich wie andere westeuropäische Königreiche auch von seinen fränkisch-karolingischen Ursprüngen her ein Lehnsverband, waren die großen Adligen als Vasallen dem König untergeordnet. Aber die Lehnsbindung hatte nichts mit der Unterordnung weisungsgebundener Beamter zu tun. Sie war vielmehr die Form, durch die ein Reich personal zusammengehalten wurde, dessen partikularistischer Grundzug »sich vor allem in einer Art Teilung der Staatsgewalt zwischen dem König und den Partikulargewalten« auswirkte. Es war eine »Teilung nicht nach den Funktionen der Staatsgewalt (wie im modernen Staat), sondern nach ihrem Objekt, nach Land und Leuten, so daß die Bestandteile des Reiches mit ihren Obrigkeiten an der Spitze... einen zusammengesetzten Staat ausmachen, fast könnte man sagen: eine bloße Personalunion unter dem König, dessen ›Person‹ das Ganze zusammenhält« (Hintze).

Überwindung des vorstaatlichen Partikularismus

Um diesen vorstaatlichen Partikularismus zu überwinden, waren die Könige seit dem 12. Jahrhundert bemüht, das Gebiet, in dem sie selbst Partikularherren waren, ihr Königsgut also, auf Kosten der anderen Partikulargewalten auszudehnen; außerdem gingen sie daran, für bestimmte Aufgaben die Alleinzuständigkeit der Zentralregierung im ganzen Reich durchzusetzen und zur Bewältigung dieser Aufgaben eine königliche Verwaltung aufzubauen, um durch deren Tätigkeit den Partikularismus gleichsam von innen her aufzubrechen. Während das englische Königtum im Aufbau von Zentralbehörden im 12. Jahrhundert einen großen Vorsprung vor den anderen Königreichen Westeuropas errang, hat das französische Königtum seinen Tiefpunkt unter Philipp I. (1060–1108), unter dem es, umgeben von übermächtigen Vasallen, auf die Isle de France beschränkt war, vor allem dadurch überwinden können, daß es die Krondomäne zielstrebig vergrößerte. Seit Ludwig VI. (1108–1137) wurden heimgefallene und ererbte Lehen zugunsten der Krone einbehalten; Philipp II. August (1180–1223) gelang es dann, in einem spektakulären Lehnsprozeß seinem mächtigsten Vasallen, dem englischen König Johann Ohneland, den größten Teil seines Festlandbesitzes abzusprechen, und sein Nachfolger Ludwig VIII. (1223–1226) nutzte den gegen die katharischen Ketzer gerichteten Albigenserkreuzzug zu Territorialgewinnen für die Krone in Südfrankreich. Dieser räumlichen Ausdehnung des königlichen Herrschaftsraumes lief der Aufbau königlicher Behörden parallel.

Aufbau von Zentralbehörden

Im deutschen Reich ist es im 12. und 13. Jahrhundert weder zum Aufbau von Reichsbehörden, noch zur dauerhaften und nennenswerten Vergrößerung des Königsterritoriums und damit zur Grundlegung der Staatwerdung auf der Ebene des Königtums gekommen. Es waren vielmehr vor allem die fürstlichen Territorialherrschaften, in denen sich schließlich die Staatwerdung vollzog.

Neben dem König und den Fürsten gab es im Reich eine Vielzahl anderer Herren und Herrschaften, bei denen die jeweils spezifische historische Entwicklung die Entscheidung darüber brachte, ob und in welcher Form ihre Besitzungen mit den daran haftenden altüberlieferten Herrenrechten in die sich verfestigenden Herrschaftsräume von König und Fürsten eingegliedert wurden. Als neues Element kamen seit dem 12. Jahrhundert die Städte als Herrschaftsträger hinzu; auch bei ihnen läßt sich – wie rudimentär auch immer – ein Wille zu planender Veränderung, ein rationaleres Weltverhalten also, erkennen.

So gab es seit dem 12. Jahrhundert auf verschiedenen Ebenen sich überschneidende Bestrebungen, politische Herrschaft auszuüben. Ob es dabei zur Grundlegung einer Staatsgewalt auf der Ebene des Königtums kommen würde, ob also die Könige *innerhalb* der sich verfestigenden adligen, kirchlichen und städtischen Herrschaftsräume ihnen und ihren Beamten vorbehaltene Herrschaftsbefugnisse würden wahrnehmen können, mußte wesentlich davon abhängen, inwieweit es den Königen gelang, von der Basis eines gesicherten Kronbesitzes aus in grundlegenden Entscheidungsbereichen ihre besondere Zuständigkeit gegen die Konkurrenz der übrigen Herrschaftsträger zu behaupten. Nimmt man das »Monopol auf legitime Gewaltanwendung« (Weber) als Kriterium für Staatlichkeit, dann mußten die Könige des Hochmittelalters als Vorstufe zur Erlangung dieses (noch in weiter Ferne liegenden) Monopols vor allem Friedewahrung, Rechtsprechung und Kriegführen in ihre vorrangige, wenn auch noch keinesfalls ausschließliche Kompetenz bringen.

Monopol auf legitime Gewaltanwendung

In der Verfolgung dieses Ziels haben alle deutschen Könige seit dem frühen 12. Jahrhundert Landfriedensgesetze beschwören lassen. Das Bemühen um die Friedewahrung zieht sich wie ein roter Faden durch die Herrscherpolitik.

Thronstreit und Untergang der Staufer

Die Doppelwahl von 1198 nach dem unerwartet frühen Tod von Barbarossas Sohn Heinrich VI. (1190–1197) mit dem folgenden jahrzehntelangen Thronstreit und dann der Untergang der Staufer (1254) mit den vorangegangenen großen Kämpfen zwischen Papst und Kaiser haben fraglos das deutsche Königtum gegenüber den Fürsten ins Hintertreffen gebracht. Es ist dabei kaum mehr zu entscheiden, ob der Thronstreit oder aber der Untergang der Staufer den entscheidenden Einbruch für das Königtum darstellte, so daß die herrschaftliche Durchdringung des Regnum als des den Königen vorgegebenen Raumes in der Folgezeit nicht gelang. Die an Rückschlägen reiche Entwicklung in den Nachbarkönigreichen sollte zudem davor warnen, Einzelereignissen die Bedeutung irreversibler Weichenstellungen zu geben. Die Wahl des Jahres 1198 als Grenzdatum für dieses Kapitel stellt daher nur eine unter mehreren Möglichkeiten dar.

Ein Bewußtseinswandel

Renaissance des 12. Jahrhunderts

Es ist kaum zu bezweifeln, daß ein Zusammenhang zwischen diesem erneuerten Verständnis von Herrschaft und dem Aufbruch in die Rationalität besteht, der den Investiturstreit begleitet und seine Beendigung ermöglicht hatte und der sich im 12. Jahrhundert in gesteigerter Form fortsetzte. Seit Ch.H. Haskins die Bezeichnung »Renaissance des 12. Jahrhunderts« im Jahre 1928 zum Titel eines Buches machte, hat sie sich zunehmend in der Forschung durchgesetzt. Sie beruht auf der Annahme, daß es im 12. Jahrhundert zu einer geistigen Neuorientierung des mittelalterlichen Menschen in seiner sich wandelnden Welt kam, zu einer Wiedergeburt des menschlichen Geistes, die wichtigste Anstöße aus der Rezeption antiker Philosophen und Schriftsteller – auch der heidnischen Antike – erhielt. B. Nelson charakterisiert das 12./13. Jahrhundert als eine »Wasserscheide in der internationalen Weltgeschichte«, als ein Zeitalter der Herausbildung neuer Bewußtseinsstrukturen; sie wären als »rationalisierende und rationalisierte Bewußtseinsstrukturen zu beschreiben, die zunehmend die Vorherrschaft gegenüber glaubensförmigen oder sakromagischen Bewußtseinsstrukturen gewannen«. In Italien kam es durch die Rezeption des römischen Rechts und durch die Ausbildung eines Standes studierter Juristen allmählich zur Überwindung des mündlichen Gewohnheitsrechts. Bei der sich etablierenden Intellektuellenschicht im Westeuropa des 12. Jahrhunderts zeigen sich zunehmend Züge der Rationalisierung und Individualisierung im Denken, und die unter großer Anteilnahme einer wachen intellektuellen Öffentlichkeit ausgetragenen Streitigkeiten um Glaube und Wahrheit zeigen, daß keine Übereinstimmung mehr über »die Implikationen von Glauben und Handeln, Glauben und Meinung« bestand. Den Nachweis dafür erbrachten auf ihre Weise die »alternativen« religiösen Gemeinschaften wie Waldenser, Katharer, Humi-

Elisabeth, Landgräfin von Thüringen, wählte nach dem Tode ihres Mannes ein Leben in freiwilliger Armut und im Dienst an den Armen und Siechen.

liaten und Bettelorden. Aus der Fülle der Formen gelebter Christusnachfolge in freiwilliger Armut sonderte die Kirche diejenigen als Ketzer aus, die sich durch ihr christusgleiches Leben in unmittelbarer Heilsgewißheit und Gottnähe wußten und so der Heilsvermittlung durch die Kirche und die von ihr verwalteten Sakramente glaubten entraten zu können. Die Ausbildung der Inquisition seit dem Papat Gregors IX. (1227–1241) war die Antwort der Kirche auf diesen Pluralismus in der Glaubensorientierung. Er verletzte ihr Monopol auf Heilsvermittlung, in das sie sich durch Christus selbst eingesetzt sah.

Freiwillige Armut

In vielen Bereichen ist eine neue Bewußtheit des eigenen Ich und seiner tätigen Eigenverantwortung zu erkennen. Der geradezu revolutionäre Impetus, mit dem diese Neuorientierung bei manchen einherging, läßt sich gut an einer Anekdote aus der Autobiographie des Abaelard ablesen. Der 1079 geborene Ritterssohn aus der Bretagne, der später zu einem der berühmtesten Theologen und Philosophen an den Pariser Kathedralschulen werden sollte, lernte den damals üblichen Schulbetrieb bei hochberühmten Lehrern in der Isle de France kennen, die ihren Schülern in traditioneller Weise die Glaubenswahrheiten der Bibel erläuterten, indem sie mit ihnen die Kommentare der Kirchenväter lasen. Abaelard fand das öde und langweilig und machte auch aus dieser seiner Meinung keinen Hehl. Aufgefordert, es doch besser zu machen, kündigte er gleich für den folgenden Morgen eine Auslegung des Hesekiel an, der als besonders schwierig galt. Den Einwand, daß er bis dahin unmöglich die Kirchenväterkommentare studiert haben könne, wies er mit der Bemerkung zurück, daß er Philosophie studiert habe und daher keine Väterkommentare brauche.

Peter Abaelard

Grabplastik Abaelards und Heloisas

Philosophie – das war Schulung der »ratio« vor allem durch die Logik, die damals auch Dialektik hieß. Gegen die materiale Übernahme von Wahrheit aus der Lektüre setzte Abaelard also die formale Schulung des Verstandes, den er unabhängig von zuvor erworbenem Sachwissen für befähigt erklärte, Probleme klären und lösen zu können. In seiner berühmten Schrift »Sic et non« (So und nicht so) stellte er einander widersprechende Väterstellen kommentarlos nebeneinander und forderte in der Einleitung seine Leser auf, immer dann, wenn sich die Widersprüche nicht durch eine textkritische Analyse beseitigen ließen, ganz der eigenen Vernunft zu vertrauen, die als Gabe Gottes wie nichts anderes adäquat sei, Schöpfung und Offenbarung Gottes zu verstehen.

In einem fiktiven Religionsgespräch zwischen einem heidnisch-gottgläubigen Philosophen, einem Juden und einem Christen ließ er alle drei in der Grundüberzeugung übereinstimmen, daß »die Liebe zu Gott und den Menschen« als Inhalt des »natürlichen Gesetzes«, dessen der Mensch durch die Vernunft (ratio) teilhaftig sei, nicht nur die Kernaussage der philosophisch-rationalen Welterkenntnis, sondern auch die der beiden Schriftreligionen darstelle – eine These, die Abaelard den Aufklärern als ein »Nathan des 12. Jahrhunderts« erscheinen ließ. In seiner eigenen Zeit freilich trug sie dazu bei, daß er als Ketzer verurteilt wurde; denn Bernhard von Clairvaux konnte sich mit seiner Ansicht durchsetzen, daß »Petrus Abaelardus den Wert des christlichen Glaubens zu entleeren sucht, da er behauptet, alles, was Gott ist, durch die menschliche Vernunft verstehen zu können«. Es ist Teil der »eigentümlichen Freiheit des 12. Jahrhunderts« (Classen), daß diese Verurteilung für Abaelard faktisch folgenlos blieb. Fraglos war Abaelard »penetrant besserwisserisch« (Fuhrmann), jedoch wird an der Radikalität seiner Thesen die Abkehr von der alten Gelehrsamkeit besonders deutlich, die schon vor ihm in Gang gekommen war.

Die dergestalt gewachsene Zuversicht in die eigene Vernunft war untrennbar verbunden mit einer neuen Hochschätzung des einzelnen Menschen als des Trägers dieser Vernunft. Daß »der Mensch sich selbst als Thema entdeckte« (Chenu), ging mit Veränderungen in vielen Lebensbereichen einher. Man beschäftigte sich nicht nur mit seiner »Ratio«, sondern ebenso mit seinen Gefühlen und seinem seelischen Erleben und kam so zu einem neuen Verständnis von Moral und Religiosität. Für die moralische Beurteilung einer Tat wurde der die Tat bestimmende Wille von ausschlaggebender Wichtigkeit – was dann Rückwirkungen auf die Strafgerichtsbarkeit hatte – und das Gewissen wurde die Instanz, vor der der einzelne sich selbst Rechenschaft über seine Motive abzulegen hatte.

Moral und Religiosität

Die in den ethischen Abhandlungen sich durchsetzende Neubewertung des menschlichen Willens zeigt sich auch auf dem Gebiet der sprachlichen Entwicklung: im 12. Jahrhundert entstand der Begriff »Willkür« in der Bedeutung »nach freiem Ermessen wählen und festsetzen«. Im Gegensatz zum heutigen Sprachgebrauch hatte Willkür – gerade auch als Bezeichnung für das statutarische, gesetzte Recht der Städte, Gilden und anderer Genossenschaften – einen positiven Sinngehalt, denn die Willkür war dem altüberlieferten Recht übergeordnet, sie »brach« Landrecht. In der verwandelten Fortsetzung älterer rechtlicher Denkformen bezeugt die Verwendung des Begriffs »Willkür« die Anerkennung einer im menschlichen Willen liegenden Gestaltungskraft.

Ein auf das Wollen und Empfinden des eigenen Ich gelenkter Mensch mußte Ungenügen an einer Religiosität empfinden, der es vor allem um den korrekten Vollzug religiöser Kulthandlungen ging. Diese Abkehr von der frühmittelalterlichen »religiösen Ritusmentalität« (Angenendt) läßt sich im 12. Jahrhundert an den Auseinandersetzungen zwischen Cluniazensern und Zisterziensern ablesen. In Cluny hatte man den Ruf nach Reform kirchlicher Mißstände mit einer Vervollkommnung des religiösen Kultes beantwortet und Frömmigkeit mit völliger Hingabe an den Ritus gleichgesetzt. Der Zisterzienser Peter von Blois sprach um 1185 ein weitverbreitetes Mißvergnügen aus, als er die cluniazensische Frömmigkeit mit der Frage kritisierte: »Welche Innigkeit und welche Hingabe findet man denn bei denen, die bis zum Erbrechen (ad nauseam) in ständiger Wiederholung Psalmen vor sich hin deklamieren?« Dem cluniazensischen Dienst am Ritus setzten die Zisterzienser die ihnen eigene Spiritualität entgegen, wie sie vor allem ihr großer Abt Bernhard von Clairvaux (1115–1153) geprägt und in den Begriffen der »Reinheit« und »Liebe« zusammengefaßt hat als »Andacht des Gewissens, das Ruhe gefunden hat und ganz auf das Objekt seiner Liebe gerichtet ist: auf Gott, offenbart in Jesus Christus, mit dem wir uns durch die Gnade des Heiligen Geistes in der Liebe vereinigen können« (Leclercq). In der mystischen Kontemplation erfuhr die Einzelseele den Aufstieg zu Gott.

Zu der Hochstimmung des Aufbruchs des sich seiner selbst bewußt werdenden rationalen und emotionalen Ichs gehörte als wohl notwendige düstere Kehrseite dieses Bewußtwerdens die Erfahrung tiefster Verzweiflung. Heloise, die Jugendgeliebte Abaelards, mußte erkennen, daß der Eintritt ins Kloster ihre Liebe als Frau nicht hatte auslöschen können und schrieb sich ihre Seelennot über die gotteslästerliche Diskrepanz zwischen ihrem äußerlich untadeligen Lebenswandel als Äbtissin und ihren lüsternen Gedanken und Empfindungen in verzweifelten Briefen an Abaelard von der Seele.

Der Mentalitätswandel

Es ist natürlich zu fragen, wie der Mentalitätswandel, der sich zuerst bei der literalisierten Intellektuellenschicht in Frankreich erkennen läßt, im übrigen Europa Aufnahme fand. Die Verbreitung einschlägiger Handschriften zeigt, daß auch an den deutschen klösterlichen und hochkirchlichen Bildungsstätten die Theorien des neuen Denkens bekannt waren. Derweil blieb aber die adlige Führungsschicht wohl mehr als in Italien, Frankreich und England ganzheitlich-altertümlichen Denkweisen verhaftet, so daß wohl immer noch die These Berechtigung hat, daß »damals die verhängnisvolle Trennung Deutschlands von Westeuropa begann und das, was ein Historiker unserer Tage, Hermann Heimpel, das wirkliche deutsche Unglück genannt hat: die Verspätung« (Schaller).

Nicht nur für Deutschland muß man annehmen, daß sich die Vorstellungswelt der großen Masse des landsässigen Volkes kaum veränderte, zumal die physische Mobilität durch die Kreuzzüge, die Abwanderung in die Städte, durch Binnenkolonisation und beginnende Ostsiedlung und damit die Erfahrung von Neuem und Ungewohntem nur wenige Menschen erfaßte. Für die große Masse blieben physische Not und Enge der Lebenswelt wie wohl auch das »mythische Fürchten« daseinsbestimmend. Es war Teil des hochmittelalterlichen Differenzierungsprozesses, daß sich auch die Geistes- und Bewußtseinsstrukturen der verschiedenen sozialen Gruppen auseinanderdifferenzierten.

Staufer und Welfen

Zwei berühmte Familien gibt es im römischen Weltreich, die »Heinriche« von Waiblingen und die Welfen von Altdorf; die einen pflegen Kaiser, die anderen große Herzöge hervorzubringen – mit dieser Feststellung leitet der wohl berühmteste deutsche Geschichtsschreiber des 12. Jahrhunderts, Bischof Otto von Freising (1138–1158), den Bericht über die Wahl seines Neffen Friedrich (Barbarossa) im Jahre 1152 zum König ein. Friedrich war ein Enkel desjenigen Friedrich, der auf dem Berg Hohenstaufen die Burg »Stauf« errichtet hatte, nach der sich die Familie später nannte; König Heinrich IV. ernannte diesen seinen getreuen Anhänger im Jahre 1079 zum Herzog von Schwaben und gab ihm seine Tochter Agnes zur Frau. Als Heinrichs IV. Sohn Heinrich V. im Jahre 1125 kinderlos starb, erhoben die Söhne der Agnes als die nächsten Blutsverwandten des verstorbenen Königs Anspruch auf die Königswürde, den freilich die Großen nicht anerkannten: Sie wählten den Sachsenherzog Lothar von Supplinburg zum König (1125–1137) der eng mit den alten schwäbischen Rivalen der Staufer, den um Ravensburg und Weingarten begüterten Welfen, verbunden war.

Bischof Otto von Freising (Glasgemälde)

Erst als Lothar im Jahre 1137 starb und keinen Sohn hinterließ, konnte sich der Agnes-Sohn Konrad die Königskrone sichern (1138–1152). Seine Wahl kam durch eine staatsstreichähnliche Überrumpelung der meisten Wähler zustande: als Konkurrent um die Krone mußte vor allem der Schwiegersohn des verstorbenen Königs gelten, der in Schwaben, Bayern, Sachsen und Italien reich begüterte Welfe Heinrich der Stolze, Herzog von Bayern und Sachsen (1126–1139). Statt dieses damals mächtigsten Reichsfürsten wurde nun der vergleichsweise machtlose, nämlich mit nur geringem Hausgut ausgestattete Staufer Konrad zum König gewählt.

Konrad III.

Das war fraglos eine wenig günstige Grundkonstellation für ein herrschaftsorientiertes Königtum. Konrad III. suchte die Lage zu seinen Gunsten zu verändern, indem er von Heinrich dem Stolzen den Verzicht auf eines der beiden Herzogtümer verlangte und, als dieser sich weigerte, dem Welfen beide Herzogtümer absprechen ließ und über ihn dann die Reichsacht verhängte. Das Ergebnis war freilich nicht die Stärkung der Königsgewalt, sondern ein jahrzehntelanger Bürgerkrieg, der nicht nur den Tod Heinrichs des Stolzen (1139), sondern auch die Anerkennung von dessen damals etwa 13jährigem Sohn Heinrich (dem Löwen) als Herzog von Sachsen (1142) überdauerte, denn die süddeutschen Welfen führten den Kampf weiter.

Wohl wegen dieses unbefriedeten staufisch-welfischen Gegensatzes wählten die Großen des Reiches bei Konrads Tod nicht dessen unmündigen Sohn, sondern dessen Neffen Friedrich zum König, der als Sohn eines staufischen Vaters und einer welfischen Mutter die Gewähr eines friedlichen Ausgleichs zwischen den verfeindeten Familien zu bieten schien. In der Tat gelang das Friedrich I. (1152–1190) auch bald: 1155 setzte er seinen Vetter Heinrich den Löwen als Herzog von Bayern ein. Um einen neuerlichen Kampf ums Recht von seiten des Babenbergers Heinrich II. Jasomirgott (1143–1177) zu verhindern, den Konrad nach der Enteignung des Welfen zum Herzog von Bayern erhoben hatte, wurde wenig später die bayerische Ostmark (das »ostarrîche«) von Bayern abgetrennt und der Babenberger zum »dux Austriae« erhoben. Die Rechte des neuen Herzogs und seiner Gemahlin wurden in einer später »privilegium minus« genannten Königsurkunde schriftlich festgehalten.

Der langwährende und nun 1156 beigelegte staufisch-welfische Kampf war Otto von Freising bestens bekannt, als er 1157 den oben zitierten Satz niederschrieb. Indem er, den Leitnamen »Heinrich« der Salier aufnehmend, Salier und Staufer zu einem einzigen kaiserlichen Geschlecht zusammenfaßte und damit das Königtum Lothars als Unterbrechung der »natürlichen«, sich in den Staufern Konrad III. und Friedrich Barbarossa fortsetzenden Herrscherreihe erscheinen ließ, gab er der Herrschergeschichte seit dem Aussterben der Salier eine Interpretation, wie sie staufischem Selbstverständnis entsprach. Den gleichsam für das Kaisertum vorherbestimmten Staufern werden die Welfen als eine Familie gegenübergestellt, zu deren Familieneigenschaft es gehöre, große Herzöge hervorzubringen. Die Politik Friedrich Barbarossas und seine Beziehung zu seinem Vetter Heinrich dem Löwen in den folgenden Jahrzehnten läßt diesen Gedanken wie ein »Regierungsprogramm« erscheinen: Schon in seiner Wahlanzeige an den Papst unmittelbar nach seiner Wahl zum König erklärte es Friedrich Barbarossa als sein Ziel, die Vorrechte der Kirche zu wahren und »die Erhabenheit des Römischen Reiches zur Kraft seiner einstigen Größe mit Gottes Hilfe zurückzuführen« – ein Satz, den man »als den Leitgedanken der gesamten Politik Barbarossas bezeichnen« kann (Appelt). In der Verfolgung dieses Ziels unternahm er nach seiner Kaiserkrönung in Rom im Jahre 1155 noch fünf weitere Italienzüge, die immer wieder lange Abwesenheiten von Deutschland mit sich brachten. Diese Politik ist kaum vorstellbar ohne das staufisch-welfische Einvernehmen, »das dem Geschehen im Reich für über zwei Jahrzehnte seine Signatur gab« (Jordan). Es war der mächtige welfische Doppelherzog Heinrich der Löwe, der die Kaiserpolitik Barbarossas ideell und auch materiell durch die Stellung von Reiterkontingenten wie kaum ein anderer Reichsfürst unterstützte. Dafür ließ ihm Friedrich Barbarossa in den Herzogtümern freie Hand. Besonders im Herzogtum Sachsen mit den dazugehörenden, noch weitgehend heidnischen Siedlungsgebieten nordöstlich der Elbe im heutigen Schleswig-Holstein und Mecklenburg hat Heinrich der Löwe versucht, eine zentralisierende Regierungsgewalt aufzubauen.

Friedrich Barbarossa und Heinrich der Löwe

Kopfreliquiar mit dem Porträt Friedrich Barbarossas (um 1155/60)

Gestützt auf unfreie Ministeriale brachte er systematisch und rücksichtslos Besitz und Rechte konkurrierender Adelsgeschlechter an sich, wo immer sich ein Ansatzpunkt, oft nur ein Vorwand bot. Mit bemerkenswerter Aufgeschlossenheit für die Bedeutung stadtbürgerlicher Handels- und Wirtschaftstätigkeit beim Aufbau seiner Landesherrschaft förderte er Stadtentwicklung und kommunale Bewegung. Die Neugründung Lübecks war 1159 mit der Verleihung eines Stadtrechts an die Bürger verbunden, das für Städtegründungen in der Folgezeit im Ostseeraum als »lübisches Recht« Vorbild war und Verbreitung fand. Der Ausbau Braunschweigs zur Residenz der Dynastie mit dem Löwenstandbild im Burghof, in dem das herzogliche Gericht als oberstes Gericht des Landes tagte, war sichtbarer Mittelpunkt eines Herrschaftsgebiets, für das Heinrich der Löwe auch gegenüber der

Krönungsbild Heinrichs des Löwen und seiner Gemahlin Mathilde

Reichsgewalt des Königs territoriale Geschlossenheit anstrebte, denn für die drei im Wendenland 1149 wieder gegründeten Bistümer Oldenburg, Ratzeburg und Mecklenburg beanspruchte er die Investitur der Bischöfe an des Königs Statt. Heinrich versuchte, von der Basis eines gesicherten Herzogsgutes aus seine oberste politische Zuständigkeit gegen die Konkurrenz der übrigen adligen Herrschaftsträger auszubauen, was dann fast zwangsläufig zu Konflikten mit diesen Adligen führte. Aber Friedrich Barbarossa als der oberste – und damit zuständige – Richter im Reich überhörte alle Klagen, die gegen den Herzog erhoben wurden. So wie ihn Heinrich in seiner Kaiserpolitik unterstützte, so unterstützte er seinerseits den Herzog in dessen Landespolitik.

Chiavenna

Dieses Verhältnis gegenseitiger Hilfestellung von unterschiedlichen Interessenfeldern aus aber wurde Ende der siebziger Jahre empfindlich gestört. Friedrich Barbarossa benötigte 1176 dringend Truppen in Italien wegen unerwartet wieder aufbrechender Kämpfe mit den lombardischen Städten. Da die Großen ihm als Vasallen nur zeitlich bemessenen Militärdienst nach vorherigem Ratschlag schuldeten, konnte er die Truppen nicht durch Befehl anfordern. In dieser Situation wandte er sich an seinen welfischen Vetter. In Chiavenna nördlich des Comer Sees fand eine Zusammenkunft statt, bei der sich der Kaiser dem Herzog bittend zu Füßen geworfen haben soll. Friedrich Barbarossa durfte erwarten, daß Heinrich der Löwe auf diese Geste der Erniedrigung mit der korrespondierenden Geste des Aufhebens des Bittenden vom Boden antworten würde, was wohl das Gewähren der Bitte bedeutet hätte. Aber Heinrich der Löwe verweigerte die nach Brauch und Sitte geschuldete Handreichung. Statt dessen forderte er als Bedingung für die Stellung von Truppen die Belehnung mit der Reichsstadt Goslar, was Friedrich Barbarossa als Erpressung ablehnte.

Heinrich der Löwe sei »der hochfahrendste und rücksichtsloseste fast aller Menschen gewesen«, berichtet ein zeitgenössischer Historiograph in einem anderen Zusammenhang, und es scheint, als sei gerade sein Verhalten in Chiavenna zwar nicht als Rechtsbruch, so doch als ungeheuerliche Verletzung akzeptierter Verhaltensnormen gewertet worden. Demnach wäre der Bruch zwischen Kaiser und Herzog wohl auch dann eingetreten, wenn Friedrich nicht wenig später die Schlacht bei Legnano verloren hätte.

Der Sturz Heinrichs des Löwen

Es ist nicht bekannt, seit wann Friedrich Barbarossa den Sturz Heinrichs des Löwen betrieb. Die einzige ergiebige Quelle über die Prozesse, durch die er ihn herbeiführte, ist die berühmte Gelnhäuser Urkunde vom 13. April

1180, die dem Kölner Erzbischof die Übertragung eines Teils des sächsischen Herzogtums verbriefte. Die Einleitung (narratio) stellt kurz die Vorgeschichte dar. Danach wurde Heinrich der Löwe zunächst vor ein Königsgericht zitiert, das über Vergehen gegen das Landrecht zu urteilen hatte. Ihm unterstand (theoretisch) jeder Freie, wobei jeweils das Recht der stammesmäßigen Herkunft des Angeklagten angewandt wurde, im Falle Heinrich des Löwen also das schwäbische Landrecht. Aber Heinrich der Löwe erschien nicht vor Gericht, so daß er nicht in dieser Sache verurteilt wurde – die deshalb in der Urkunde undeutlich bleibt –, sondern wegen Gerichtsverweigerung (Kontumaz), deretwegen er der Reichsacht und dann der Oberacht verfiel. Vor einem Lehngericht wurden ihm dann nach Lehnrecht seine beiden Herzogtümer abgesprochen, auch dies wegen Kontumaz, da er sich auch dem königlichen Lehngericht nicht stellte. Das Herzogtum Sachsen wurde geteilt, mit Bayern Graf Otto von Wittelsbach (1180–1183) belehnt. Durch einen Reichskrieg setzte Friedrich die Vollstreckung der Urteile durch. Heinrich ging nach England ins Exil.

Daß aber die Welfen auch nach der bald erfolgten Aussöhnung als Exponenten anti-staufischer Politik zur Verfügung standen, zeigte sich vor allem, als das staufische Königtum durch den frühen Tod von Barbarossas Sohn Heinrich VI. in eine schwierige Lage geriet. Eine oppositionelle Fürstengruppe um Erzbischof Adolf von Köln (1193–1205) bestritt damals die Rechtmäßigkeit der Wahl des Stauferkönigs Philipp von Schwaben (1198–1208) und wählte mit Otto IV. (1198–1218) einen Sohn Heinrichs des Löwen zum König. Damit wurde der Kampf zwischen Staufern und Welfen auf der Ebene des Königtums fortgeführt. Die Doppelwahl von 1198 mit dem ihr folgenden jahrzehntelangen Thronstreit gilt mit guten Gründen als ein epochaler Einschnitt für die deutsche Geschichte.

Die Landfrieden der Salier und Staufer

Eines der Wesenselemente des modernen Staates ist das Monopol auf legitime Gewaltanwendung, der Grundsatz also, daß nur der Staat und seine Organe befugt sind, physische Gewalt zur Wahrung und Durchsetzung von Recht anzuwenden. Ein Bürger, der sich in seinen Rechten verletzt glaubt, ist auf den staatlichen Rechtsweg verwiesen, auf dem staatliche Beamte nach Prüfung seiner Klagen ein Urteil sprechen. Die Vollstreckung des Urteils wird dann durch andere staatliche Organe vorgenommen. Die Rechtfertigung für das staatliche Eingreifen ist einmal die Erwartung, daß zuverlässige staatliche Rechtspflegeorgane die Rechtsdurchsetzung durch die geschädigte Partei überflüssig machen, und zum anderen, daß das Recht der – zur Not auch gewaltsamen – Rechtsdurchsetzung bedarf. Es genügt also nicht, daß der Staat Gewalt verbietet und sich selbst vorbehält. Die Chance, mit dem Verbot Gehorsam zu finden, ist vielmehr unlösbar an seine Fähigkeit gebunden, Recht und Gerechtigkeit durch staatliche Organe zu gewährleisten.

Der Systemwechsel von der privaten zur staatlichen Rechtspflege

Diese staatliche Zuständigkeit ist die Ablösung eines älteren Modells rechtlichen Zusammenlebens, in dem jeder für die Wahrung und Durchsetzung seiner Rechte selbst zuständig war. Die Landfrieden der hochmittelalterlichen Könige stehen am Anfang des Bemühens, den Systemwechsel von der »privaten« zur staatlichen Rechtspflege herbeizuführen.

Unter Fortsetzung germanischer Rechtszustände stand das frühere Mittelalter ganz unter dem Zeichen der rechtlichen Selbsthilfe: Bei einer tätlichen Verletzung an Leib und Gut wie überhaupt bei einem Streit um Rechte war es Aufgabe der in ihrem Recht beeinträchtigten Partei, sich ihr Recht selbst zu verschaffen. Man konnte sein Recht mit der Waffe in der Hand, oder aber

Ein Bote überbringt der Stadt Bern einen Fehdebrief (1485)

Fehde und Buße

vor Gericht erstreiten. Die gängigste Methode war wohl der bewaffnete Kampf ums Recht, die Fehde, die nicht von streitenden Einzelpersonen, sondern auch von deren Sippen- und Schutzgenossen geführt wurde, so daß ein Rechtsstreit immer ganze Personenverbände in Aktion versetzte. Die Möglichkeit der Fehde war überall da gegeben, wo Menschen sich in ihren Rechten gekränkt sahen: bei Streit um Grundbesitz und bewegliches Gut, um Grenzverlauf oder Wasser- und Wegenutzung, aber auch bei Diebstahl, Raub, Mord und Körperverletzung, in diesen Fällen als Rache. Für die rechtliche Selbsthilfe galt als Grundprinzip, daß im Streitfall keine unbeteiligte Instanz für die Beurteilung zuständig war, sondern daß die Betroffenen selbst darüber befanden, wann und durch wen sie sich in ihren Rechten verletzt sahen, um dann für deren Wiederherstellung zu kämpfen. Dieses Prinzip ist für die Fehde evident, galt aber auch für den Rechtsstreit vor Gericht; denn das Gericht sprach kein Urteil in der Sache nach Feststellung der rechtsrelevanten Umstände, sondern konnte nur dem Beklagten die Möglichkeit zusprechen, sich durch ein Gottesurteil (Feuer- oder Wasserprobe) oder durch Eid mit Hilfe von Eideshelfern von dem Vorwurf des Rechtsbruchs zu »reinigen«. Überdies setzte der Versuch einer gerichtlichen Beilegung die Zustimmung beider Parteien voraus. Die Gerichte wurden also nur dann in Anspruch genommen, wenn beide Parteien bereit waren, auf eine Fehde zu verzichten und statt dessen den Streitfall durch eine Bußzahlung zu bereinigen, deren Höhe dann vom Gericht nach Gewohnheit festgestellt wurde. Die Buße war Vergleich und, wie die Rache, Heilungszauber zugleich, durch die das gestörte Heil wiederhergestellt wurde. War das nicht der Fall – etwa deshalb, weil über Recht oder Unrecht Meinungsverschiedenheiten bestanden oder weil bei einer Bluttat das Rachebedürfnis die An-

Der Wandteppich von Bayeux, der die Eroberung Englands durch Wilhelm den Eroberer im Jahre 1066 darstellt, zeigt die Normannen als berittene Krieger im Kettenhemd.

nahme einer Buße als unehrenhaft erscheinen ließ – dann nahm die Fehde ihren Lauf. Auch der König als Wahrer von »Frieden und Gerechtigkeit« war in dieses System einbezogen: Als Schutzherr der »Armen, Witwen und Waisen« und der Kirchen oblag es ihm, bei Rechtsverletzungen für deren Rechte zu kämpfen – falls er davon hörte.

Der Adel als Stand von Berufskriegern

Zum weltgeschichtlich weit verbreiteten Phänomen der rechtlichen Selbsthilfe als einem anerkannten Element der Rechtsordnung kam im europäischen Mittelalter ein besonderer sozialer Faktor hinzu: Der Adel hatte sich als ein Stand von Berufskriegern etabliert. Dafür gibt es eine ganze Reihe von Gründen, von denen hier nur die Verlagerung vom Kampf zu Fuß auf die Reiterei genannt werden soll: Der zu Pferd kämpfende Krieger mußte trainieren.

Zu dieser Art des Kriegführens gehörte also eine Ausbildung, die in früher Jugend beginnen mußte, weil, wie ein karolingisches Sprichwort sagt, derjenige, der bis zu seinem zwölften Lebensjahr die Schulbank gedrückt und nicht auf einem Pferd gesessen hat, nur noch dazu taugt, Priester zu werden. Pferd, Rüstung und Waffen waren teuer. Nur vermögende Leute konnten sie sich leisten und diese auch nur dann, wenn sie ihre Arbeitskraft nicht unmittelbar zur Erwirtschaftung des Lebensunterhalts einsetzen mußten. Abhängige Bauern, die durch ihre Abgaben und Dienste den Lebensunterhalt der Ritter bereitstellten, waren das soziale Pendant der Reiterheere.

Diese Funktionsteilung wurde durch ein spezifisches Wertesystem ideologisch stabilisiert, in dem körperliche bäuerliche Arbeit als knechtisch und verächtlich, Kampf mit der Waffe dagegen als ruhmvolle adelnde Tätigkeit galten. Sie verwehrte einem durch Erbteilungen, Mißwirtschaft, Preisverfall bei landwirtschaftlichen Produkten oder Fehdefolgen verarmten Adligen eine bäuerliche Lebensweise, die ihm die wirtschaftliche Vernunft hätte gebieten müssen, und verwies ihn auf Fehdewesen und Söldnertum als standesgemäßere Auswege aus seiner Notlage.

Das Prinzip des Schadentrachtens

Die Fehde als Rache für verletztes Recht wurde nach dem Prinzip des Schadentrachtens geführt, d.h. man suchte dem Fehdegegner in allem, was er war und hatte, Schaden zuzufügen: Dazu gehörten die grundabhängigen Bauern des Fehdegegners, denen man das Haus anzündete, die Ernte zertrampelte oder das Vieh wegtrieb, genau so wie die Kirchen, deren Vogt er war. Auch Kaufleute konnten Objekte von Fehdehandlungen sein. Daß ein Überfall auf Kaufleute zur »rechtmäßigen Gewalt« wurde, wenn ihn der

Überfallende als Rache für erlittene Kränkung der Ehre und des Rechts erklärte, zeigt besonders deutlich, daß ein klares Unterscheiden zwischen Fehdehandlung und normalem Verbrechen oft nicht möglich war. Das Fehdewesen der einfachen germanischen bäuerlichen Kriegergesellschaft erfuhr unter den wirtschaftlich und sozial vielfältiger und komplizierter werdenden Bedingungen des Mittelalters demnach eine zunehmende Verschärfung, wenn nicht Pervertierung.

Der Landfriede Heinrichs IV.

Es war König Heinrich IV., der als erster deutscher König als Antwort auf diese Situation im Jahre 1103 in Mainz einen Landfrieden auf vier Jahre »mit eigener Hand bekräftigte und festsetzte«. Mit dem König verpflichteten sich geistliche wie weltliche Große, »an Kirchen, Klerikern, Mönchen und bei den Laien an Kaufleuten, Frauen und Juden keine Gewalttat zu begehen« (MGH Const. I, Nr. 74, S. 125). Ein Augenzeuge hat in einem ausführlichen Bericht die einzelnen Bestimmungen des Friedens festgehalten. Aus dem Bericht geht hervor, daß der Landfriede Heinrichs IV. ganz darauf gerichtet war, besonders schutzbedürftige, selbst nicht fehdeführende Personengruppen vor Fehdefolgen zu schützen. Er ist in doppelter Hinsicht mit der Tradition älterer Vorstellungen und Bemühungen verwandt: Der genannte Personenkreis stand, wie oben erwähnt, von jeher unter dem besonderen Schutz des Königs, und mit dem Bemühen, diesen Personenkreis vor Fehdefolgen zu bewahren, knüpfte der Landfriede an die Gottesfriedensbewegung an, die, am Ende des 10. Jahrhunderts in Südfrankreich entstanden, seit Ende des 11. Jahrhunderts auch im deutschen Reich Verbreitung fand: Aus pastoraler Fürsorge unternahmen es Bischöfe, Fehdehandlungen gegen waffenlose Personengruppen zu verbieten (pax Dei) und bald auch ein allgemeines Fehdeverbot an bestimmten Wochentagen und zu den Zeiten der hohen kirchlichen Feiertage (treuga Dei) bei Androhung kirchlicher Strafen zu erlassen.

Die Gottesfriedensbewegung

Mit den Gottesfrieden hatte der Landfriede Heinrichs IV. nicht nur gemein, ganz auf die Eindämmung der Fehde*folgen* gerichtet zu sein, sondern auch, den Bruch des Friedens unter *Strafe* zu stellen. Aber schon die Formulierungen lassen die Schwierigkeiten bei der Durchführung ahnen: Wer den Frieden bricht, »der soll Auge und Hand ablegen«. An dem Friedebrecher soll also eine schwere Körperstrafe vollzogen werden. Da aber kein Amtmann erwähnt wird, der die Strafe zu vollziehen hat, muß man annehmen, daß es Aufgabe der den Frieden beschwörenden Adligen war, Strafaktionen gegen Friedebrecher zu unternehmen.

Dieser erste deutsche königliche Landfriede weist gegenüber den alten Rechtszuständen neue Elemente auf, bleibt aber den alten Strukturen verhaftet, was die Formen der Umsetzung des Angestrebten anbelangt. Neu war der planende gesetzgeberische Eingriff in das bislang gleichsam autonome Fehdewesen. Neu war auch das Bemühen, den Wirkungsradius königlichen Tuns über den Bereich der physischen Präsenz des Königs hinaus zu erweitern, indem Erzbischöfe und Bischöfe sich zur Mitwirkung verpflichteten und »der Sohn des Königs und die Großen des ganzen Königsreichs, nämlich Herzöge, Markgrafen, Grafen und viele andere« den Frieden beschworen. Der vom König angesetzte Friede sollte flächendeckend sein. Einen einzelnen durch Androhung einer Körperstrafe auszusondern, war gegenüber der früheren Gesamthaftung der Sippe bei Fehde und Bußzahlung ein Moment der Individualisierung, die sich allgemein im 12. Jahrhundert stärker bemerkbar machte. Gerade in dieser »Kriminalisierung des Strafrechts« zeigt sich der Systemwandel; denn es ging nicht mehr, wie bei der alten Bußgerichtsbarkeit, »um Genugtuung für den Verletzten..., sondern um Sühne für den begangenen Rechtsbruch« (Kroeschell). Da die Durchführung des Friedens aber bei den schwörenden Großen lag, blieb seine Umsetzung in die altüberlieferte Herrschaftsform von »Rat und Hilfe« eingebunden, in der nicht der Befehl des Herrschers, sondern eben der »consensus« der Großen die Durchführung in Gang setzte. So blieb der Erfolg vom Zusammenhalt der Schwörenden als einer neuen Rechtsgemeinschaft abhängig.

Kriminalisierung des Strafrechts

Auch die auf Heinrich IV. folgenden Herrscher Heinrich V., Lothar III. und Konrad III. haben königliche Landfrieden erlassen, über die es aber nur vage Nachrichten in der Geschichtsschreibung gibt. So sind es erst die Landfrieden Friedrich Barbarossas, an denen sich eine Weiterentwicklung der im Frieden von 1103 erkennbaren Ansätze ablesen läßt. Gleich 1152, im ersten Jahr seiner Königsherrschaft, erließ er einen allgemeinen Landfrieden ohne zeitliche Begrenzung, durch den Gewalttaten grundsätzlich verboten wurden (MGH Const. I, Nr. 140). Der Friede von 1103 hatte nur ein einziges Delikt gekannt, den Friedebruch, der mit einer Einheitsstrafe belegt war. Der Landfriede von 1152 führt nach Schwere der Gewalttat differenzierte Strafen auf und läßt das Bemühen erkennen, den Ausbruch von Gewalt durch eine Reihe vorbeugender Maßnahmen zu verhindern. Der Friedebrecher sollte von einem Richter (iudex) abgeurteilt werden. Die Verfolgung der Friedebrecher blieb aber weiterhin Aufgabe der Allgemeinheit. Statt konkreter Durchführungsbestimmungen für die Körperstrafen blieb es auch bei dem indirekten Befehl an den Totschläger, »sich der Todesstrafe zu unterziehen«. So sind der Friede von 1152 wie auch der 1158 erlassene Ronkalische Friede Zeugnis des Bemühens Friedrichs I., das Fehdewesen gänzlich zu unterdrücken. Wenn demgegenüber der Friede von 1179 wieder begrenzte Fehden zuläßt und auch nur eine Geltungsdauer von zwei Jahren vorsieht, so wird man diese Rückkehr zu bescheideneren Zielen als Frucht der Einsicht werten dürfen, daß ein allgemeines Fehdeverbot nicht durchsetzbar war. Erst effektive Gerichts- und Strafverfolgungsbehörden mit klaren Kompetenzzuweisungen hätten das ermöglicht, die, wenn sie die Umformung der Königsherrschaft in eine königliche Staatsgewalt hätten fördern sollen, nicht nur vom Königtum eingesetzt, sondern auch kontinuierlich hätten kontrolliert werden müssen. In Deutschland aber kam es nicht zur Ausbildung solcher königsgebundener Behörden. Der große Reichslandfriede Friedrichs II. von 1235 erlaubte nicht nur die Fehde für den Fall, daß der Kläger sein Recht nicht hatte gerichtlich durchsetzen können, sondern nennt auch die Fürsten als die Gerichtsherren der Richter vor Ort. Sie sollen deren Amtsführung überwachen und werden vom Kaiser bei Verletzung der Aufsichtspflicht mit Strafe bedroht. Auch die Einsetzung eines Reichshofrichters, die das gleiche Gesetz

Die Landfrieden Friedrich Barbarossas

Der Reichslandfriede Friedrichs II.

vorsieht, war kein Ersatz für die fehlende reichsbehördliche Infrastruktur. So kann es nicht überraschen, daß man im Jahre 1288 im lothringischen Grenzgebiet einen wesentlichen Unterschied zwischen dem deutschen Reich und dem Königreich Frankreich darin sah, daß ein Totschläger in Frankreich mit Leib und Gut der Gerichtsgewalt des Königs und seiner beauftragten Richter unterstand, während er sich im Reich von der zuständigen Gerichtsgewalt loskaufen konnte, um die Angelegenheit durch eine Fehde mit den »Freunden« des Getöteten selbst zu regeln.

Die Ausbildung des Reichsfürstenstandes

Die Schriftsteller und Kanzleibeamten des früheren Mittelalters bedienten sich einer ganzen Reihe von Bezeichnungen, um die Adligen vom einfachen Bauern-Volk abzuheben: sie waren die von Geburt Höheren (maiores natu), die Mächtigen (potentes), die Vornehmen (primores) und Ersten (principes) im Volk. Von diesen zunächst bedeutungsgleich verwandten Begriffen machte »princeps« gerade im offiziellen königlichen Kanzleisprachgebrauch des 12. Jahrhunderts einen Bedeutungswandel durch. Er blieb als Titel zunehmend einer kleineren Gruppe von Adligen vorbehalten und nahm so die spezifische Bedeutung »Fürst« an: Als »Fürsten des Reiches« (principes regni) galten diejenigen, die Herzöge waren oder eine herzogsgleiche Stellung innehatten, deren Besitzungen also nicht der landrechtlichen Gewalt eines anderen Herzogs unterstanden. Es gab weltliche und geistliche Fürsten.

Im weltlichen Bereich gibt es schon am Ende des 10. Jahrhunderts Beispiele dafür, daß führenden Adligen der Titel eines Herzogs zugestanden wurde, ohne daß sie die Amtsfunktionen eines Stammesherzogs wahrnahmen. Der Herzogstitel dokumentierte die Zugehörigkeit zu einer besonders herausgehobenen Schicht des Adels, einen eigenen Rang. Nach mittelalterlichem Ordnungsdenken konnte niemand einem Gleichrangigen untertan sein. Das Zugeständnis des Herzogstitels an Männer ohne amtsrechtliche Herzogsfunktionen führte deshalb fast zwangsläufig zur Zersetzung der alten Stammesherzogtümer. Weil die Titelherzöge aufgrund ihres Ranges ihr Eigengut als amtsherzogsfreie Bereiche und damit als aus dem Stammesherzogtum ausgegliedert betrachten durften, leitete die Loslösung des Herzogstitels von der Amtsfunktion eines Herzogs eine Umwandlung der alten Stammesherzogtümer in Gebietsherzogtümer ein. Hatten die Stammesherzöge in der Frühzeit des deutschen Reiches unbeschadet der Besitz- und Herrschaftsrechte anderer Adliger eine Art Oberherrenstellung im ganzen Stammesverband innegehabt, so bestand der einem Titelherzog zugeordnete Bereich – für den sich nicht immer die Bezeichnung Herzogtum einbürgerte – im wesentlichen aus seinem eigenen Besitz mit den daran haftenden adligen Herrenrechten, ein Kernbestand, den er dann durch die Gewinnung weiterer Besitz- und Herrschaftsrechte zu arrondieren und zu vergrößern suchte. Die Ausgliederung von Herrschaftsbereichen aus der Botmäßigkeit der Stammesherzöge blieb nicht denen vorbehalten, die ausdrücklich Herzöge hießen. Mark-, Pfalz- und Landgrafen galten, sofern sie sich von herzoglicher Gewalt freihalten konnten, als herzogsgleich.

Umwandlung der Stammesherzogtümer in Gebietsherzogtümer

Die alten und neuen Herzöge und die herzogsgleichen Adligen waren die weltlichen »principes« der Stauferzeit. Ihre Bindung an das Königtum geschah in Fortführung fränkisch-ottonischer Gewohnheiten durch einen Belehnungsakt, wobei den fürstlichen Kronvasallen wohl ein eigenes Belehnungssymbol zukam: Sie wurden mit mehreren Fahnen investiert. Zwischen diesen Fürsten und ihrem Besitz und dem König gab es keine Zwischeninstanz. Genau das traf auch auf die Vorsteher der Reichskirchen zu – also auf die Erzbischöfe und Bischöfe und die Äbte und Äbtissinnen der alten Reichsklöster. Seit dem Wormser Konkordat (1122) wurde auch ihre ideelle Eingliederung in den Personenverband des Reiches in der Rechtsform der Belehnung vollzogen. Belehnungssymbol war bei den geistlichen Reichsfürsten das Szepter, durch das ihnen vom König die Befähigung zur Ausübung der weltlichen Herrschaftsrechte übertragen wurde. In der Folgezeit wurden die Belehnungssymbole namengebend für die Lehnsobjekte: Man unterschied die fürstlichen Lehen nach Szepter- und Fahnenlehen.

Obwohl alle Reichsfürsten vom König belehnt wurden, machte doch die königliche Belehnung allein einen Adligen noch nicht zum Reichsfürsten. Neben den großen Fahnenlehen vergab der König eine Fülle zum Reich gehörender Rechte und Nutzungsobjekte als Lehen an kleinere Adlige und später auch an Bürger, die mit ihrem übrigen Besitz in andere Rechts- und Herrschaftskreise eingegliedert waren. Fürst dagegen konnte nur sein, wer außer dem König keinem anderen Herrn folgepflichtig war.

Man wird es als Teil der dem 12. Jahrhundert eigentümlichen institutionell-rechtlichen Verfestigung anzusehen haben, daß die Zugehörigkeit zum Stand der Reichsfürsten seit der Stauferzeit nicht mehr einem formlosen Consensus zwischen dem König und seinen Großen anheimgegeben war, sondern festen Rechtsformen unterworfen wurde. Sie sind schon bei der Erhebung Österreichs zum Herzogtum im Jahre 1156 erkennbar: Friedrich Barbarossa konnte sie erst vornehmen, nachdem der Herzog von Bayern dieses Gebiet, das als bayerische Ostmark einen Teil seines Herzogtums gebildet hatte, ausdrücklich aus seiner Herzogsgewalt entlassen und damit für eine neue herzogliche Gewalt frei gemacht hatte. Der erste zweifelsfreie Beleg dafür, daß die Anerkennung einer reichsunmittelbaren Gewalt in einem Raum mit der Aufnahme seines Herrn in einen eigenen Stand, den der Reichsfürsten, gleichgesetzt wurde, findet sich in der Urkunde, durch die Friedrich Barbarossa im Jahre 1184 die Vereinbarungen mit dem Grafen von Hennegau über die Umwandlung seines Herrschaftsbereichs in die reichsunmittelbare Markgrafschaft Namur festhielt.

Erhebungen in den Reichsfürstenstand

Man hat diese erste bekannte rechtsförmliche Erhebung in den Reichsfürstenstand als Indiz dafür gewertet, daß es kurz zuvor zum »Abschluß« des Reichsfürstenstandes gekommen sein müsse. Wegen der zeitlichen Nähe zum Prozeß Heinrichs des Löwen im Jahre 1180 hat man eine sachliche Beziehung zwischen den beiden Ereignissen angenommen und die Frage erörtert, ob die Anerkennung eines abgeschlossenen Reichsfürstenstandes nicht der Preis war, den Friedrich Barbarossa den Reichsfürsten für ihre Einwilligung zur Entmachtung des Löwen zahlen mußte. Es muß offen bleiben, ob es wirklich einer solchen ereignisgeschichtlich-kausalen Erklärung bedarf, ob also die schon lange bestehende Vorstellung von einem besonderen Rang der Herzöge und herzogsgleichen Gewalten überhaupt noch einen willentlich herbeigeführten Abschluß des Reichsfürstenstandes nötig machte.

Die Fürstengesetze Friedrichs II.

Unter Barbarossas Enkel Friedrich II. waren jedenfalls die Reichsfürsten als Stand so fest etabliert, daß ihnen als Gesamtheit kaiserliche Privilegien verliehen wurden: Mit den geistlichen Fürsten insgesamt schloß Friedrich 1220 die »Confoederatio cum principibus ecclesiasticis«, die weltlichen Fürsten waren Empfänger des »Statutum in favorem principum« von 1231/32.

Heerschildordnung

Als zu etwa der gleichen Zeit rechtskundige Männer daran gingen, die geltenden Rechtsgewohnheiten niederzuschreiben, sahen sie die verschiedenen Stände des Reiches als eine im König gipfelnde, »Heerschildordnung« genannte Lehnspyramide einander zugeordnet. Nach dem Richter Eike von Repchow, der in seinem »Sachsenspiegel« das deutsche Recht wiedergab (»spiegelte«), wie er es aus seinem ostsächsischen Erfahrungsraum kannte, entsprachen die sieben Schilde (Stufen) der Heerschildordnung den sieben

Der Kaiser belehnt die geistlichen Fürsten mit dem Szepter, mit den Fahnen verleiht er weltliche Lehen an Reichsfürsten (links); zwei Fürsten bieten einem Vasallen die Belehnung an (rechts) – Miniaturen aus der Heidelberger Bilderhandschrift des Sachsenspiegels (um 1330)

biblisch verbürgten Weltaltern. Den ersten Heerschild hatte der König inne, da er nur Lehnsherr und niemandes Lehnsmann war. Die herausragende Bedeutung der geistlichen und weltlichen Fürsten im Reichsgefüge kommt dadurch zum Ausdruck, daß ihnen der zweite und dritte Heerschild zugewiesen wird. Die Heerschildordnung stellt ein ideales Ordnungsmodell dar, das man zwar beachtet wissen wollte und als Argument zur Durchsetzung von Ansprüchen verwandte, dem aber die verwirrenden Überschneidungen in den wirklichen Lehnsbindungen oft nicht entsprachen. So legt die Heerschildordnung vor allem Zeugnis davon ab, daß das deutsche Reich in seinem Selbstverständnis ein hierarchisch gegliedertes Lehnreich sein sollte, in dem König und Fürsten eine herausragende Stellung einnahmen.

Das Kaisertum, das Papsttum und die Regna

Fortsetzung des römischen Weltreichs

Als Friedrich Barbarossa seinen Onkel, den Geschichtsschreiber Otto, Bischof von Freising, im Jahre 1157 um eine Darstellung seiner Herrschertaten bat, übersandte er ihm zur Information und Richtschnur eine knappe Aufstellung über das, »was wir... im römischen Weltreich (in orbe Romano) getan haben«. Im Selbstverständnis des 1152 in Aachen zum deutschen König und 1155 in Rom von Papst Eugen III. zum »Kaiser der Römer« (Imperator Romanorum) gekrönten Staufers Friedrich war also das »Römische Reich« der ihm vorgegebene Herrschaftsraum. Dieses herrscherliche Selbstverständnis speiste sich aus einer Geschichtsauffassung, wie sie Otto von Freising in seiner früheren »Chronik oder der Geschichte der beiden Staaten« zum Ausdruck gebracht hatte, in der »das in der Krisenzeit (des Investiturstreits) erwachte Nachdenken über die Geschichte seine reifste Frucht getragen hat« (Grundmann). Der Titel läßt die Übernahme augustinischen Denkens erkennen. Der als Kirchenvater verehrte Augustinus hatte gelehrt, daß die Verwirklichung des »Gottesstaates« als des Lebensraumes der Erlösten auf Erden durch die Existenz des »Welt- oder Teufelsstaates« verhindert werde, so daß die diesseitig-menschliche Existenz sich in einem »gemischten Staat« (civitas permixta) vollziehen müsse.

Die Vier-Weltreiche-Lehre

Otto von Freising verband diese Lehre von den beiden Staaten mit dem als Geschichtsprophetie gedeuteten Traum des Nebukadnezar von den vier Weltreichen (Daniel 2, 27-45). Nach dieser Prophetie habe Gott vier Weltreiche vorgesehen, deren letztes durch einen ohne Hände herabgerissenen Stein zermalmt werde und damit das Ende aller Reiche nach sich ziehen würde.

Wie andere vor ihm, deutete Otto von Freising das letzte der vier Weltreiche als das Römische Reich. Durch die Kaiserkrönung Karls des Großen im Jahre 800, »des 69. Kaisers seit Augustus«, sei »dieses Römische Reich, das bis dahin von Konstantin an in der königlichen Stadt, nämlich Konstantinopel war, auf die Franken übergegangen« (Chronik V, 31) und dann von den ostfränkisch-deutschen Herrschern seit Otto I. fortgesetzt worden. In der

Geschichte des Römischen Reiches erkannte Otto von Freising weltliche Existenz in ihrer größtmöglichen Vollendung und in ihrer schwersten Bedrohung: Als Vollendung erschien ihm die Verchristlichung des Römerreiches, in dem der Gottesstaat fast unvermischte Wirklichkeit geworden sei, als schwerste Bedrohung die Bannung Heinrichs IV. durch die Kirche, die er als den Stein der Danielsvision deutete. Alle weltliche Herrschaft hat also, so lautet die Grundaussage der Chronik, mit dem Auseinanderbrechen von Kirche und Römischem Reich im Investiturstreit ihren Todesstoß bereits empfangen. Die Bürgerkriege zur Zeit Konrads III. waren für Otto von Freising daher Zeichen des nahen Weltuntergangs.

Als Friedrich Barbarossa 1157 ein Exemplar der Chronik erbat, distanzierte sich der Geschichtsschreiber in einem Begleitbrief allerdings von seiner früheren pessimistischen Gesamtdeutung der Weltlage. Friedrich, der Friedefürst, habe »die trübe, wolkenverhangene Nacht zur lustvollen Augenweide morgendlicher Heiterkeit zurückgeführt«, so daß er, Otto, dessen Taten als etwas »Freudiges freudigen Herzens« schildern könne. Durch Friedrich erscheint der unmittelbar bevorstehende Weltuntergang aufgehalten, dem Römischen Reich als dem letzten der vier Weltreiche neue, unverhoffte Dauer beschert.

Friedrich, der Friedefürst

Mögen Friedrich Barbarossa auch manche metaphysischen Spekulationen im Geschichtsdenken seines Onkels fremd gewesen sein, so zeigt sein Handeln doch, daß er bestimmte Grundüberzeugungen mit ihm teilte: Als seinen Herrschaftsraum betrachtete er, wie oben erwähnt, das Römische Reich. Damit war sein Tun von heilsgeschichtlicher Bedeutung für die gesamte Menschheit. Papst und Kaiser als die beiden gottgesetzten, gleichrangigen Häupter der Christenheit waren einander in wechselseitiger Sorge für dieses »heilige Reich« zugeordnet. Wurde die Eintracht zwischen beiden gestört, dann war, wie es Otto für die Bannung Heinrichs IV. dargelegt hatte, das Römische Reich in seiner Existenz getroffen. Ein solches Weltbild ließ einer eigenständigen, nach eigenem Recht lebenden und dem Papst als ihrem Oberhaupt untergeordneten Kirche wenig Raum und ignorierte damit die Veränderungen, die sich durch den Investiturstreit vollzogen hatten. Als handlungsleitende Maxime mußte es zudem mit den eher realpolitischen Zeittendenzen in Widerspruch geraten, denen sich auch ein zum Heil der ganzen Welt berufener Kaiser nicht entziehen konnte.

Der Konstanzer Vertrag

Zunächst schien allerdings die alte Eintracht zwischen Papsttum und Kaisertum wiederhergestellt: Als Vorbereitung für die Kaiserkrönung schloß Friedrich mit Papst Eugen III. (1145–1153) im Jahre 1153 den »Konstanzer Vertrag«, in dem sich beide vertragschließenden Parteien zu gegenseitiger Hilfe verpflichteten. Der Papst sah sich damals nicht nur durch eine innerrömische, seine Stadtherrschaft bekämpfende »republikanische« Opposition bedrängt, sondern ebenso durch den Normannenkönig Roger II. von Sizilien.

Das sizilische Normannenreich

Seit dem frühen 11. Jahrhundert waren von der Normandie aus adlige Kriegergefolgschaften in Süditalien eingedrungen, hatten sich den Streit der konkurrierenden Adligen zunutze gemacht und dort mehrere normannische Herrschaften errichtet, die bald unter gemeinsamer Oberhoheit zusammengefaßt wurden. Dadurch waren nicht nur die Rechtsansprüche des deutschen Königs berührt, der als König von Italien die Oberhoheit über die alten langobardischen Fürstentümer Capua, Benevent und Salerno beanspruchte, sondern auch die des byzantinischen Kaisers, der nie auf die weitgehend griechisch besiedelten Gebiete verzichtet hatte. Unmittelbar betroffen war natürlich der Papst, denn die expandierenden Normannenherrschaften schoben sich an die Südgrenze des Kirchenstaates heran, wo es bald zu Zusammenstößen kam.

Die zunächst durchweg feindliche Haltung der Päpste änderte sich 1059: Bedrängt von vielerlei Feinden und in der Hoffnung, die Normannen rechtlich und politisch einbinden zu können, belehnte Nikolaus II. (1059–1061) die Normannenführer Robert Guiscard (1058–1085) und Richard von Aversa (1061–1078) mit den von ihnen eroberten Gebieten Apulien, Kalabrien und dem Fürstentum Capua, die er dadurch stillschweigend als in der Verfügung des Papstes stehend behandelte. Dabei verpflichtete er sie auch zum besonderen Schutz des Papsttums. Zu Beginn des 12. Jahrhunderts gelang es dann dem Enkel Roberts Roger II., die Mitwirkung des Papsttums bei seiner Königserhebung zu erreichen.

Dem Papsttum standen also zwei Mächte zur Seite, die zu seinem besonderen Schutz verpflichtet waren: Der deutsche König und Kaiser der Römer als der »ergebene und besondere Schirmvogt der römischen Kirche«, wie es im Konstanzer Vertrag heißt, und der König der »Monarchia Sicula«, sein Lehnsmann. Beide waren miteinander verfeindet; denn der deutsche König sah sich durch den Normannenkönig um seine Rechte in Süditalien gebracht, eine Situation, die es den Päpsten erlaubte, wechselnd den einen gegen den anderen zu Hilfe zu rufen. Eugen III. hatte sich im Konstanzer Vertrag mit dem deutschen König verbunden. Papst Hadrian IV. (1154–1159) aber vollzog einen Kurswechsel, als er, der sich gleichzeitig von Byzantinern, Normannen und Stadtrömern bedrängt sah, erkennen mußte, daß die Hilfe Barbarossas über Absichtserklärungen nicht hinauskam und außerdem deutlich wurde, daß Kaiser und Papst durchaus verschiedene Vorstellungen über die Rolle des Kaisers hatten: »Der Papst verstand die kaiserliche Schutzfunktion eher als eine den Anforderungen der Römischen Kirche dienende Hilfestellung, Friedrich Barbarossa indes nach salischem Vorbild mehr als eine verfügende Gewalt« (Engels), die auch eine Oberherrenstellung über den Kirchenstaat meinte. So schloß Hadrian IV. 1156 mit dem Normannenkönig Wilhelm I. den Vertrag von Benevent. Da Barbarossa die dort ausgesprochene Legalisierung der Territorialgewinne des sizilischen Königs als Beeinträchtigung der süditalienischen Reichsrechte ansah, kam es zu einer Verschlechterung der Beziehungen zwischen Kaiser und Papst, zumal Barbarossa nicht nur auf die Respektierung der Reichsrechte in Süditalien bestand, sondern auch in Norditalien die Wiedergewinnung alter, längst außer Brauch geratener Reichsrechte betrieb. In den Gebieten nördlich des Kirchenstaates hatten sich quasi-autonome Stadtstaaten etabliert. Das italische Königtum der deutschen Herrscher war dort wenig mehr als ein Titel, den die Städte so lange zu respektieren bereit waren, als daraus keine wesentlichen Ansprüche abgeleitet wurden. Als Barbarossa aber systematisch alte, finanziell nutzbare Reichsrechte auszuforschen begann, um so an der wirtschaftlichen Blüte dieser Städte teilhaben zu können, die der deutschen Entwicklung weit voraus waren, und er überdies noch mit Berufung auf antik-römisches Kaiserrecht in die gewachsene politische Autonomie der Städte eingriff und alle Herrschaftsrechte als vom Kaiser delegiert erklärte, traf er auf ihren Widerstand, der nur deshalb nicht zu seinem schnellen Scheitern führte, weil die Städte untereinander verfeindet waren. Der Widerstand gegen den in dieser Weise aktiv-politisch auftretenden Kaiser wurde vor allem vom mächtigen Mailand getragen; Er fand im Papst seinen natürlichen Bundesgenossen, da das kaiserliche Selbstverständnis Barbarossas als des obersten Heilsträgers im göttlichen Weltplan dem Papst Anlaß für die Befürchtung gab, daß bei einer kaiserlichen Präsenz in Norditalien dem Papst letztlich nur mehr die Stellung eines kaiserlichen Reichsbischofs verbliebe. Schließlich hatte Friedrich den Papst Anfang 1158 wissen lassen, daß in der Hauptstadt des Erdkreises – Rom – Gott die Kirche *durch das Kaisertum* erhöht habe, eine Ansicht, die im Widerspruch zum päpstlichen Selbstverständnis stand.

Der Vertrag von Benevent

Das Schisma von 1159

So inthronisierte nach dem Tod Hadrians IV. nur eine Minderheit der Kardinäle den kaiserfreundlichen Kardinal Oktavian, während die anderen, die eher die Verbindung mit Sizilien als mit dem deutschen Reich suchten, als Exponenten dieser Politik den Abaelard-Schüler und gelehrten Kirchenrechtler Kardinal Roland zum Papst wählten, der sich Alexander III. (1159–1181) nannte. Aber bei der Papstwahl galt noch nicht das Mehrheitsprinzip – es wurde erst 1179 auf dem dritten Laterankonzil zum Rechtssatz erhoben –, keiner der beiden Gewählten verfügte über eine zweifelsfreie Legitimation. Obwohl nach Lage der Dinge Barbarossa alles andere als ein über den Parteien stehender Weltenherrscher war, leitete er aus seinem kaiserlichen Selbstverständnis Recht und Pflicht ab, für die Beendigung des Schismas Sorge zu tragen und berief in kaiserlicher Vollmacht 1160 eine Synode nach Pavia ein. Alexander III. blieb ihr natürlich fern, weil er sie um willen der Unabhängigkeit der Kirche gar nicht als entscheidungsbefugt ansehen konnte. Daß der Papst mit dieser Ansicht nicht allein stand, zeigte der gelehrte Engländer Johannes von Salisbury, der in einem Brief die Frage aufwarf, wer denn die Deutschen zu Richtern über die Nationen eingesetzt habe. Der Ordnungsvorstellung Friedrich Barbarossas, nach der der Papst dem Schutz des Kaisers als des universalen Repräsentanten der lateinischen Christenheit anvertraut war, setzte der Engländer die Auffassung entgegen, daß hier nur »die Deutschen« sprächen, die die anderen Völker mit ihrem universalen Anspruch bevormundeten. War der Papst aber das geistliche Oberhaupt einer nach Völkern und Königreichen gegliederten Welt, dann konnte das Schisma nur durch Übereinstimmung der einzelnen Glieder der Christenheit beendet werden. 1160 versammelten sich Episkopat und Mönchtum der westlichen Länder im Beisein der Könige von Frankreich und England in Toulouse und erklärten Alexander III. für den rechtmäßig gewählten Papst. Das aber hinderte Barbarossa nicht, an »seinem« Papst festzuhalten.

Die Synode von Pavia

Das Schisma dauerte 18 Jahre. Dem 1164 verstorbenen Victor IV. (1159–1164) setzte Barbarossa noch zwei weitere »kaiserliche« Päpste entgegen, bis er 1177 im Frieden von Venedig doch Alexander III. anerkannte. In der Zwischenzeit führte er – mit wechselndem Erfolg – Krieg gegen die mit Alexander verbündeten lombardischen Städte, um eine effektive kaiserliche Reichsherrschaft in Italien und auch in Rom aufzurichten.

Die Friedensschlüsse von Venedig (1177) und Konstanz (1183)

Friedrich Barbarossa hat sich weder im päpstlichen Schisma noch in seiner Italienpolitik durchsetzen können. Der endgültige Friede mit dem Lombardenbund kam 1183 in Konstanz zustande. Er war ebensowenig ein »Siegfriede« seiner Gegner wie der Friede von Venedig. Indem die Städte sich zur Zahlung einmaliger oder jährlich pauschalierter Zahlungen verpflichteten, enthielt er sogar eine grundsätzliche Anerkennung der Rechtsposition Barbarossas, nur eben nicht in der Form, in der dieser sie zu realisieren trachtete, in kontinuierlicher kontrollierter Ausübung durch kaiserliche Beamte.

Der dritte Kreuzzug

Würde und kaiserliches Ansehen Barbarossas wurden durch die Friedensschlüsse nicht nur nicht zerstört, sondern eher gefestigt. Der Bruch der Welt, die man noch als Einheit begriff und zu der das Imperium als unverzichtbarer Bestandteil gehörte, war geheilt. So war Friedrich Barbarossa für die Päpste wenig später der berufene Anführer eines Kreuzzuges ins Heilige Land. Dort hatte der muselmanische Sultan Saladin (1169–1193) 1187 Jerusalem erobert und so richtete das Papsttum auch an den Kaiser die Aufforderung, durch einen Kreuzzug die heiligen Stätten der Christenheit zu befreien. Auf dem Mainzer »Hoftag Jesu Christ« im Jahre 1188 heftete sich Friedrich als erster der zahlreich anwesenden Ritter das Kreuz an den Mantel als äußeres Zeichen für seine Bereitschaft, in der Nachfolge Christi »das Kreuz auf sich zu nehmen«, d.h. als christlicher Ritter im Heiligen Land Krieg gegen die Ungläubigen zu führen. Kreuznahme und Kreuzzug Friedrich Barbarossas standen in der Tradition einer Kreuzzugsbewegung, die vor damals fast hundert Jahren zum ersten Kreuzzug geführt hatte. Im Zuge dieses ersten Kreuzzuges (1095–1099) waren als Kreuzfahrerstaaten das Königreich Jerusalem und die Fürstentümer Antiochien, Edessa, Tripolis und Tiberias errichtet worden, die aber in dauernder Bedrängnis waren, so daß die westeuropäische Ritterschaft 1145–1149 zum zweiten und dann 1187–1192 zum dritten Kreuzzug ins Heilige Land aufbrach.

»Das Abendland hat Friedrich Barbarossa im Moment des Kreuzzuges als obersten Herrn der Christenheit«, als »Weltenherrscher anerkannt« (Mayer). Was man ihm beim Schisma versagte, das offensichtlich bereits nach den Kriterien der praktischen Politik beurteilt wurde, billigte man dem Kaiser als Verteidiger des Glaubens gegen äußere Feinde zu.

Friedrich Barbarossa hat das Heilige Land nie betreten. Er ertrank auf dem Weg dorthin im Fluß Saleph in Kleinasien. Sein Sohn Heinrich VI. (1190–1197) führte die Königs- und Kaiserherrschaft der Staufer fort.

Vom staufisch-welfischen Thronstreit bis zur Goldenen Bulle 1356

Die Epoche und ihre Grenzen

Der staufisch-welfische Thronstreit

Nach dem Tod des staufischen Kaisers Heinrich VI. kam es zur Wahl zweier Könige, des Staufers Philipp und des Welfen Otto. Nach althergebrachter Rechtsüberzeugung mußte der Kampf um die Königsstellung erweisen, wer von beiden der rechtmäßig gewählte König war. So folgte der Doppelwahl von 1198 der staufisch-welfische Thronstreit, der nicht zuletzt deshalb jahrzehntelang dauerte, weil die welfische Partei englische, die staufische französische Unterstützung erhielt. Auch nach der Ermordung Philipps von Schwaben im Jahre 1208 blieb diese internationale Grundkonstellation bestehen. Deshalb fiel die Entscheidung über den deutschen Thronstreit in der Schlacht bei Bouvines bei Lille in der Grafschaft Flandern, wo am 27. Juli 1214 ein Heer unter dem französischen König Philipp II. August (1180–1223) den vom englischen König Johann Ohneland (1199–1216) unterstützten Otto IV. schlug. Sie sicherte das Königtum des Staufers Friedrich II. (1211–1250), der an der Schlacht gar nicht beteiligt gewesen war.

Die Entfremdung der Ministerialen vom Reichsdienst

Obwohl so das Königtum noch einmal an das Stauferhaus kam und der Thronstreit eher eine Unterbrechung der Stauferzeit als eine Wende im deutschen Königtum brachte, hat er sich doch in vielfältiger Weise auf die Königsherrschaft ausgewirkt. Die Entfremdung der Ministerialen vom Reichsdienst und das Anwachsen fürstlicher Selbständigkeit sind durch den Thronstreit gefördert worden und haben sich dann durch das Interregnum nach dem Untergang der Staufer (1254) weiter fortgesetzt.

Die Entwicklung des deutschen Königswahlrechts

Die Nennung der Goldenen Bulle als dem zweiten Grenzdatum dieses Zeitabschnitts verweist darüber hinaus auf die Bedeutung der Doppelwahl von 1198 für die Entwicklung des deutschen Königswahlrechts. 1198 setzte die »Fürstenwahl« (Mitteis) und damit die Entwicklung Deutschlands zu einem Wahlkönigreich ein. Da in den westlichen Monarchien durch die Ausbildung des Primogeniturrechts die Königsnachfolge adligem Herrschaftswillen weitgehend entzogen war, bahnte sich hier eine deutsche Sonderentwicklung im Königtum an. Sie trug mit dazu bei, daß sich die Staat-

König Philipp von Schwaben

werdung in Deutschland nicht auf der Ebene des Königtums, sondern in den Territorien vollzog. In der 1356 erlassenen Goldenen Bulle wurde das deutsche Königswahlrecht der sieben Kurfürsten rechtsverbindlich schriftlich niedergelegt, so wie es sich in den dazwischenliegenden eineinhalb Jahrhunderten entwickelt hatte. Auch wenn man den deutschen »Sonderweg« in die Kleinstaaterei nicht allein der Tatsache zurechnen kann, daß das deutsche Reich ein Wahlreich war, sondern vor allem auch seinen Lehnreichscharakter mit berücksichtigen muß, so war doch das Wahlkönigtum so entscheidend für die reichspolitische Entwicklung, daß die Festsetzung der Grenzdaten für diesen Zeitabschnitt nach den Kriterien des Königswahlrechts gerechtfertigt erscheint. Aus den gleichen Überlegungen heraus gilt dem Wahlkönigtum und der Lehnsstruktur des Reiches das erste Sachkapitel. Es sei betont, daß das Königtum und seine Entwicklung zwar an erster Stelle abgehandelt, ihm dadurch aber keine vorrangige Bedeutung für die Gestaltung Deutschlands im Spätmittelalter zugesprochen wird. Vielmehr soll das erste Sachkapitel zeigen, warum es dem spätmittelalterlichen deutschen Königtum kaum gelang, als gestaltende Kraft für die Reichsentwicklung in Erscheinung zu treten. Die lokalen Lebens- und Herrschaftsbedingungen blieben weitaus bestimmender als die in der Regel weit entfernte Königsgewalt. Zwar ermöglichte die mit dem hochmittelalterlichen Landesausbau einsetzende dichtere Besiedlung »intensivere Kommunikations-, Herrschafts- und Kulturformen« (Seibt), so daß auch den Handlungen überregionaler Herrschaftsträger wie König und Fürsten wachsende Bedeutung für das Alltagsdasein zukam, ganz abgesehen von der Kirche, die länderübergreifende Entscheidungen durchzusetzen vermochte. Als vorrangig daseinsbestimmend aber wird man nach wie vor Naturereignisse, Hungersnöte und Seuchen, die kleinen sozialen Einheiten von Haus, Familie und Gemeinde und die physisch präsente Herrengewalt lokaler Machthaber anzusehen haben.

Orientiert man sich an den gesamtgesellschaftlichen und -politischen Entwicklungen und nicht an der Königs- und Reichsgeschichte, so müßten die Epochengrenzen anders gezogen und die Zeit vom Anfang des 12. Jahrhunderts bis in das erste Viertel des 14. Jahrhunderts als Einheit gesehen werden. Europa durchlebte damals eine bemerkenswerte Wachstumsperiode, die in Deutschland in dem angegebenen Zeitraum ihren Höhepunkt erreichte und zu Landesausbau, Stadtentwicklung und Ostsiedlung führte. Wie viele gesamteuropäische Entwicklungen nahm auch diese Aufbruchs- und Wachstumsperiode vom Südwesten Frankreichs her ihren Ausgang und setzte sich von da aus in Phasenverschiebungen in den Osten Europas fort. Für die Zeit vom 11. bis zum beginnenden 14. Jahrhundert ist in Europa eine jährliche

Bevölkerungszunahme

Bevölkerungszunahme von 0,5% anzunehmen, ein Durchschnittswert, der durch den Hinweis auf große regionale Unterschiede ergänzt und modifiziert werden muß. In Deutschland etwa lassen sich für die Bevölkerungsentwicklung des Moselgebietes, das schon im früheren Mittelalter zu den dichter besiedelten Gegenden gehörte, und für die des dünner besiedelten Sachsen signifikante Unterschiede feststellen: während sich die moselländische Bevölkerung etwa verdreifachte, stieg die Bevölkerung Sachsens, das bereits als »Ostsiedelland« vom Zuzug aus dem Westen profitierte, im 12. und 13. Jahrhundert etwa um das Zehnfache. Mit der bereits erwähnten Phasenverschiebung gegenüber Frankreich und England lag der Höhepunkt der Entwicklung in Deutschland im 13. Jahrhundert. Das rechtfertigt es, Landesausbau, Ostsiedlung und Stadtentwicklung nicht im Rahmen des hochmittelalterlichen staufischen 12. Jahrhunderts, sondern im Rahmen des Spätmittelalters darzustellen.

Auch wenn die aufsehenerregenden Prozentberechnungen über die Bevölkerungsvermehrung immer noch eine im Vergleich zu heute geringe Gesamtbevölkerung ergeben und um 1300 die Zahl der Menschen in Deutschland einschließlich der Ostgebiete nicht mehr als 13 bis 15 Millionen betrug, so scheinen doch zu Beginn des 14. Jahrhunderts die Wachstumsmöglichkeiten erschöpft gewesen zu sein. In der Wachstumsphase war es zwar zur größeren Verbreitung produktionssteigernder Agrartechniken, nicht aber zu wirklichen Neuerfindungen für die Landwirtschaft gekommen. Der Lebensunterhalt für die ständig wachsende Bevölkerung war vor allem durch Expansion in bislang nicht besiedelte Gebiete erwirtschaftet worden und diese Expansion kam in Deutschland nach 1300 an ihre natürlichen Grenzen. Das Ausgreifen auf landwirtschaftlich ungünstigere Böden im Altsiedelland mußte mancherorts wieder zurückgenommen werden, weil die geringe Agrartechnik eine sinnvolle Bewirtschaftung nicht erlaubte. Gab es um 1300 mehr ländliche Siedlungen als je zuvor, so zeugen danach Wüstungen, d.h. aufgelassene ehemals bewirtschaftete Fluren, Dörfer und Höfe von schrumpfenden Bevölkerungszahlen.

Natürliche Grenzen der Expansion nach 1300

Die Annahme, daß von den selbständigen Siedlungen und Einzelhöfen – auch hier gibt es wieder große regionale Unterschiede – bis zum Ende des Mittelalters etwa 23% eingegangen sind, läßt sich aber nicht allein durch natürlichen Geburtenrückgang erklären. Dazu kamen Seuchen und Hungersnöte, die die Bevölkerung dezimierten. Auch die Hungerkrisen, deren ärgste Westeuropa in den Jahren 1315 bis 1317 heimsuchte, standen im unmittelbaren Zusammenhang mit dem geringen technischen Entwicklungsstand, der auch dann keine Intensivierung der Bodennutzung zuließ, als die Expansion ihre Grenzen erreicht hatte.

So war auch in Deutschland »eine wenig problematische Wachstumsperiode« (Moraw) bereits in eine solche der Stagnation und des Rückgangs übergegangen, als die Große Pest in den Jahren 1348/49 ganze Landstriche entvölkerte und zusammen mit den Pestwellen späterer Jahre die Bewohnerschaft Deutschlands um fast ein Drittel dezimierte. Nimmt man die Schrekken der Großen Pest als signifikanten Hinweis auf die Änderung der »Großwetterlage«, so ist man wiederum, wenn auch unter anderem Aspekt als beim Verweis auf die Goldene Bulle, auf die Mitte des 14. Jahrhunderts als Ende des Zeitabschnitts verwiesen.

Dem Wirtschaftswachstum und der räumlichen Expansion entsprach ein Anwachsen des bewußtseinsmäßigen Handlungsspielraums in der Aufbruchphase des 12. und 13. Jahrhunderts, die planende Verwirklichung selbstgesetzter Ziele. Im wirtschaftlichen Bereich legen nicht nur die weitgespannten Unternehmungen der Kaufleute davon Zeugnis ab, sondern auch die »Entdeckung der Verfügungsmacht« (Hattenhauer) über Landbesitz. Galt im früheren Mittelalter Landbesitz so sehr als grundsätzlich unveräußerliches Familieneigen, daß auch die Kirche Mühe hatte, Seelgerätstiftungen zu ihren Gunsten in der Auseinandersetzung mit den Verwandten des frommen Schenkers zu behaupten, so begann sich seit dem 12. Jahrhundert die Anschauung durchzusetzen, daß der einzelne Besitzer frei und rechtsgültig über seinen Besitz verfügen könne. Rechtsgrundlage war der Wille des einzelnen zur Veränderung des gegenwärtigen Zustandes: »Verfügungsmacht ist nichts anderes als der von der Rechtsordnung anerkannte Wille des einzelnen auf dingliche Rechtsänderung.«

Die Entdeckung der Verfügungsmacht

Diese Mobilisierung der Besitzrechte führte im bäuerlichen Bereich zur Ausbreitung der freien Erbzinsleihe, einer formalen Besserstellung der nun von Schollenpflicht und Diensten befreiten Bauern, die aber den Grundherren die Möglichkeit zur Einforderung neuer Leistungen in Form von Handänderungsgebühren beim Gutsantritt oder beim Tod des Bauern oder des Grundherrn bot. Überhaupt gab die Mobilisierung der Besitzrechte, die auch einer Aufsplitterung der einzelnen am Land haftenden Rechtstitel auf mehrere Berechtigte Vorschub leistete, den verschiedenen Herren eine bessere Möglichkeit als zuvor, ihre Einkünfte zu erhöhen, ganz abgesehen davon, daß mit der Intensivierung der Territorialherrschaft ein neuer Berechtigter in Gestalt des Landesherrn dazu kam, der mit dem Anspruch auftrat, von seinen Untertanen Steuern (Bede) einfordern zu können. So ergibt sich die paradoxe Situation, daß sich die Lage der Bauern inmitten einer Periode des Wirtschaftswachstums wohl vielerorts verschlechterte, und S. Epperlein sieht denn auch von einem marxistischen Vorverständnis her die Abwanderung von Bauern nach Osten als eine Form des Klassenkampfes und damit »als Teil eines viel umfassenderen Widerstandes gegen feudale Unterdrückung«.

Stadtentwicklung und Landesherrschaft

Ein Streben nach Verwirklichung selbstgesetzter – wenn auch weitgehend kulturell bedingter – Ziele läßt sich auch im politischen Bereich beobachten. Dazu gehört nicht nur die Stadtentwicklung und die Entstehung der Landesherrschaft, die ohne die Mobilisierung von Rechts- und Besitztiteln nicht denkbar ist, sondern auch das Pläneschmieden, das ganze Länder als Verhandlungsobjekte dem verfügenden Kalkül unterwarf. Handlungsleitendes Motiv war die Vermehrung von Besitz, Glanz und Ansehen des Dynastie. Als Beispiel soll der Erwerb Böhmens durch das Haus Luxemburg und die

Johann von Böhmen

Politik des ersten luxemburgischen Böhmenkönigs Johann dienen. Der deutsche König Heinrich VII. (1308–1313) aus dem Haus der Grafen von Luxemburg erreichte 1310 nach langen Verhandlungen die Vermählung seines damals 14jährigen Sohnes Johann (1310–1346) mit der böhmischen Erbtochter Elisabeth († 1330). Eine wirkungsvolle Königspolitik Johanns in Böhmen scheiterte am Widerstand des einheimischen Adels gegen den »König Fremdling«, der daraufhin ein größeres europäisches Aktionsfeld fand: von Litauen, wo er als Kreuzritter kämpfte, über den Erwerb der schlesischen Herzogtümer für Böhmen, der gelang, und den von Kärnten und Tirol, der keinen Bestand hatte, bis hin zu einer Vielzahl von Aktivitäten in Italien und Frankreich, wo er, erblindet, 1346 den Rittertod in der Schlacht von Crécy suchte, in der der englische König über den französischen obsiegte. Man hat Johann von Böhmen »als Politiker eine eigenartige, vielleicht für das Anliegen des politischen Geschäfts dieser Zeit repräsentative Figur« genannt, und ihm eine neue Art von Politik zugeschrieben, »die ganz dem Fürstenwillen oder den darauf gerichteten Intentionen von fürstlichen Räten folgte und noch kaum behindert war vom behäbigen, selbstgenügsamen Konservativismus ständischer Mitbestimmung« (Seibt). Dieser Fürstenwille, der bei Johann in einer Art ungebändigt-weitschweifender Variante begegnet, schuf, auf einen konkreten engeren Raum bezogen, den Territorialstaat. Die Sammlung und Ausweitung altüberlieferter, durch personale Bindungen konstituierter Herrenrechte und die Ausschaltung der Konkurrenz anderer Herrschaftsträger diente dem Ziel, Herr eines geschlossenen Herrschaftsraumes zu werden, um seine Ressourcen dem eigenen Willen und der Erhöhung von Glanz und Ansehen des eigenen Hauses verfügbar zu machen.

Herrschaft und genossenschaftliche Einung

Um politische Ziele zu verfolgen, bediente man sich nicht nur der alten Herrenstellung, die nun stärker als willengelenkte Herrschaft in Erscheinung tritt, sondern ebenso der womöglich noch älteren Verfassungsform der genossenschaftlichen Einung. Die Landfriedenseinungen, zu denen sich Städte und Territorialherren mit dem erklärten Ziel zusammenschlossen, den überregionalen Gewalttaten zu begegnen, sind hier an erster Stelle zu nennen. Sie bildeten sich, weil das Königtum in nachstaufischer Zeit als friedenssichernde Macht weitgehend ausfiel. Dabei wurde keineswegs bestritten, daß »Friedenshoheit und Friedensgewalt schließlich Amt und Pflicht des Königs waren« (Angermeier). Aber in einer Welt, die von der Vorstellung der Fehde als »rechtmäßiger Gewalt« noch keinesfalls Abstand genommen hatte, und in der auch die königliche Rechtsprechung mit ihrem Mangel an rational gestalteter Effizienz keine vertrauenserweckende Alternative zur Fehde bot, hätten königliche Friedensgebote weitgehend auf unbestrittener machtgesättigter Autorität beruhen müssen. Wo sie fehlte – und sie fehlte den meisten Königen des Spätmittelalters – blieb dort, wo der Rahmen eines städtischen oder territorialen Friedens überschritten werden sollte, nur die genossenschaftliche Vereinbarung. Landfriedenseinungen und -bünde beherrschten deshalb in den unterschiedlichsten regionalen und personalen Zusammensetzungen die Reichsfriedenssicherung bis in die Mitte des 15. Jahrhunderts. Ihr im wesentlichen genossenschaftlicher Charakter schloß wiederholte Versuche des Königtums nicht aus, seine Zuständigkeit für die Friedewahrung im Reich durch anordnende Beteiligung an den Friedensbünden zu unterstreichen.

Die Hanse

In dem Versuch, politische Ziele durch genossenschaftlichen Zusammenschluß in die Tat umzusetzen, sind die Friedensbünde der deutschen Hanse vergleichbar, die sich in der Mitte des 14. Jahrhunderts von einer Vereinigung von Kaufleuten in eine Städtegemeinschaft verwandelte und »sich auf den Willen gründete, die Führung im Handel Nordeuropas zu übernehmen« (Dollinger).

Weder fürstliche Herrschaft noch genossenschaftliche Einung standen allein oder auch nur vorrangig im Dienste politischer Ziele. Der Verkörperung adligen Herrentums in der Hofgesellschaft war ein wesentliches Element fürstlicher Existenz. Ihr entsprach die Funktion vieler Einungen wie der Kaufmannsgilden, Handwerkerzünfte, Ritterbünde und religiöser Bruderschaften als umfassende soziale Lebensgemeinschaften.

Das Reich des Wahlkönigs als Lehnsverband

Im Jahre 1184 verlobte sich der bereits zum deutschen König gekrönte Barbarossa-Sohn Heinrich VI. mit Konstanze, der Tante König Wilhelms II. von Sizilien (1166–1189). Die Verlobung sollte den Frieden zwischen dem staufischen und dem sizilischen Reich besiegeln. Die Vermählung im Januar 1186 aber eröffnete bereits größere Perspektiven, denn bei der fortdauernden Kinderlosigkeit der Ehe Wilhelms begann es sich abzuzeichnen, daß Konstanze Erbansprüche auf das Königreich Sizilien würde machen können. Im November 1189 trat mit dem kinderlosen Tod Wilhelms der Erbfall ein. Heinrich VI. setzte mit Waffengewalt die Erbansprüche seiner Frau durch und vereinigte dann seit 1194 in seiner Person die Königstitel von Deutschland, Burgund, (Reichs)Italien und Sizilien mit dem Titel des Kaisers der Römer.

Damit war eine Konstellation geschaffen, die wegen der territorialen Umklammerung des Kirchenstaates auf den entschiedenen Widerstand des Papsttums traf. Eine Einflußnahme auf die deutsche Königswahl mußte den Päpsten als die nächstliegende Möglichkeit erscheinen, die gefürchtete »staufische Zange« (Leuschner) wieder aufzubrechen. So kann es nicht überraschen, daß Papst Coelestin III. (1191–1198) zu denen gehörte, die den von Heinrich VI. betriebenen Plan der Umwandlung Deutschlands in ein Erbreich zu Fall brachten.

Die Doppelwahl von 1198

Heinrich VI. hinterließ bei seinem unerwartet frühen Tod im Jahre 1197 einen einzigen, 1194 geborenen Sohn: Friedrich II. (1211–1250). Gegen das Königtum des unmündigen, in Italien lebenden Staufersohnes formierte sich Widerstand bei einer Gruppe von Fürsten unter Führung des Erzbischofs von Köln, die in Abkehr vom Brauch der Sohnesfolge nach einem anderen Thronkandidaten Ausschau hielt. In der Hoffnung, dem staufischen Hause das Königtum erhalten zu können, ließ sich daraufhin Herzog Philipp von Schwaben, der Bruder Heinrichs VI., im März 1198 zum König wählen, ohne freilich die Königswahl des Welfen Otto, eines Sohnes Heinrichs des Löwen, verhindern zu können. So gab es seit dem Sommer 1198 zwei deutsche Könige: den staufischen König Philipp von Schwaben und den welfischen König Otto IV.

Keiner der Könige ließ sich einfach als unrechtmäßiger »Gegenkönig« abtun, denn der Ablauf der deutschen Königswahl war noch an der frühmittelalterlichen Vorstellung von »Wählen« orientiert, nach der es um die Beistimmung aller zum Rechten und Richtigen, letztlich von Gott Vorherbestimmten ging. Allein schon das geschäftige Aushandeln um die Person des Kölner Kandidaten mußte allen zeigen, daß diese althergebrachte Wahlvorstellung am Ende des 12. Jahrhunderts veraltet war und den wirklichen Verhältnissen ganz und gar nicht mehr gerecht wurde. Da aber anderes nicht zur Verfügung stand, verfuhr man doch im Sinne der altertümlichen Übereinstimmungswahl, die einen friedlichen Wahlentscheid bei fortbestehenden Unterschieden in der Wählermeinung nicht vorsah. Bei einer zwiespältigen Wahl, wie sie 1198 zustande gekommen war, konnten wohl zusätzliche Zeichen das Recht auf den Thron bestärken: So bekräftigte Philipp, in dessen Hand sich die Reichskleinodien befanden, sein Recht am Thron bald nach seiner Wahl dadurch, daß er sich mit der »richtigen«, der mit dem »Waisen« geschmückten und dem Kaiser zukommenden achteckigen Bügelkrone zeigte, ein Vorrang, dem freilich Otto IV. die Krönung am »richtigen« Krönungsort Aachen durch den rechtmäßigen Konsekrator, den Erzbischof von Köln, entgegenzusetzen hatte. Eine verbindliche Feststellung, welcher der beiden Könige als der rechtmäßig Gewählte zu gelten habe, erlaubte diese Art der Königserhebung nicht. Es blieb der dem Geist des Fehdewesens eigene »Kampf ums Recht«, der in vielfältigen Formen bis hin zum Gottesurteil der Waffenentscheidung ausgetragen wurde. Die Anhängerschaft des Gegners mußte zerstört und dadurch die Einheit unter einem einzigen König wiederhergestellt werden.

Die Bemühungen beider Könige um die Gewinnung des Papstes war ein Element in diesem Kampf um den Thron, denn auch eine Erklärung des Papstes, welchen der beiden Könige er zum Kaiser krönen werde, durfte sich der vom Papst Begünstigte als ein Zeichen für sein »besseres« Recht zurechnen. Beide Könige sandten denn auch Wahlanzeigen an Papst Innozenz III. Aber der Papst zögerte mit einer Erklärung. Ihm ging es zunächst um die territoriale Wiederherstellung des Kirchenstaates durch Wiedergewinnung (Rekuperation) von Gebieten und Rechten, deren er die Römische Kirche durch die Italienpolitik Friedrich Barbarossas und Heinrichs VI. widerrechtlich beraubt sah.

Die päpstliche Entscheidung für Otto IV.

Selbst wenn kein Zweifel daran bestehen kann, daß dem Papst in der gegebenen Situation der Welfe ein genehmerer deutscher König sein mußte als Philipp, so kann man doch die Gründe, die den Papst nach eigener Aussage im Sommer 1201 eine Entscheidung für Otto treffen ließen, nicht als bloße Scheinargumente abtun. Zukunftsweisend war vor allem seine Feststellung über das Wahlverfahren. Bei der Papstwahl war längst die formlose Übereinstimmungswahl durch »Klerus und Volk« zugunsten eines formalisierten Wahlverfahrens aufgegeben, das die Rechtmäßigkeit einer Papstwahl an den Mehrheitsentscheid der Kardinäle band. Es wäre natürlich ein sinnloses Unterfangen gewesen, die archaische deutsche Königswahl an den Regeln eines voll ausgebildeten formalisierten Wahlverfahrens zu messen. Die Vertrautheit mit der fortgeschrittenen Rechtssystematik des kanonischen Rechts brachte den Papst aber dazu, die von altersher übliche Mitwirkung der drei rheinischen Erzbischöfe und des Pfalzgrafen bei Rhein bei der Königswahl,

Die sechs Inhaber des Erstkurrechts begleiten den König zur Kaiserkrönung nach Rom (links); der König läßt mit »Befehlsgestus« die Fürsten zum Reichsdienst aufbieten (rechts) – Miniaturen aus der Heidelberger Bilderhandschrift des Sachsenspiegels (um 1330)

die schon durch die traditionellen Wahl- und Krönungsorte im rheinisch-fränkischen Raum gegeben war, als eine formale Regel zu interpretieren. Er stellte nämlich fest, daß diese »Prinzipalwähler« bei der Königswahl nicht übergangen werden dürften. Statt der – zur Not auch mit Gewalt hergestellten – Übereinstimmung aller sollte die Berücksichtigung des Wahlrechts weniger einzelner über die Königswahl entscheiden. »In der Einführung juristischer und insbesondere prozessualer Begriffe... wird die bis dahin einen Gemeinschaftsakt darstellende Königserhebung jetzt ein formalisierter Rechtsakt einiger weniger... durch die im Endergebnis die Königswahl ein Spielball der europäischen Politik zu werden droht« (Mitteis). Darüber hinaus kann man annehmen, daß die Verrechtlichung des Wahlaktes, so wie sie der Papst in die Wege leitete, überhaupt eine Stärkung des Wahlgedankens mit sich brachte, so daß in der Folgezeit die Ausbildung der Königsnachfolge nach Primogeniturrecht in einer angestammten Dynastie auf noch entschiedeneren Widerstand stoßen mußte als der Erbreichsplan Heinrichs VI.

Die Verrechtlichung des Wahlaktes

Nach 1198 kam allerdings zunächst noch einmal das alte Geblütsrecht zur Geltung, als die Stauferpartei nach der Ermordung Philipps von Schwaben (1208) Wahl und Krönung von Heinrichs VI. sizilischem Sohn Friedrich II. durchsetzen konnte (1211/12). Als für lange Zeit letztem deutschen König gelang es dann Friedrich II. seinen Söhnen Heinrich (VII.) (1220–1235) und Konrad IV. (1237–1254) als Mitkönigen und Regenten in Deutschland während seiner langen Abwesenheiten die Krone zu sichern.

Das Königswahlkapitel des Sachsenspiegels

Wie die Rückkehr zum staufischen Geblütsrecht zeigt auch das berühmte Königswahlkapitel des Sachsenspiegels, der um 1225 entstand, eine Mischung aus alten und neuen Vorstellungen. Nach den Darlegungen des Spieglers (Lr. III, 57 §2) stand die *Kur* sechs Kurfürsten zu, drei geistlichen, den Erzbischöfen von Köln, Mainz und Trier, und drei weltlichen, dem Pfalzgrafen bei Rhein, dem Herzog von Sachsen und dem Markgrafen von Brandenburg. Dem König von Böhmen wird das Kurrecht abgesprochen »weil er kein Deutscher ist«. Der Ausschluß des Böhmenkönigs hat sich später nicht durchgesetzt. Die Namen aller sieben Kurfürsten erscheinen damit bereits bei Eike von Repchow. Wenn er aber die Kurfürsten ermahnt, nicht nach ihrem Mutwillen zu kiesen, sondern nur den, den alle Fürsten zuvor zum König gewählt hätten, dann zeigt er, daß er noch die unformalisierte Übereinstimmungswahl vor Augen hatte. Das Vorrecht der Kurfürsten bestand darin, einzeln und als erste denjenigen König zu nennen, über den zuvor alle Einmütigkeit erzielt hatten. Ein möglicher Dissens in der Wählerschaft war nicht Thema dieser »Wahlordung«. Wo er auftrat, so kann man folgern, galt nach wie vor der Kampf ums Königsrecht.

Auch im Früh- und Hochmittelalter waren die Könige gewählt worden, doch hatte sich bei gegebener Möglichkeit die Wahl aller wie selbstverständlich auf den Sohn des Königs als den von Gott geschenkten Erben vereinigt. Seit aber mit der Rationalisierung des 12. Jahrhunderts auch Herrschaft rational-zweckgerichtete Züge anzunehmen und folglich Interessen das Handeln zu bestimmen begannen, änderte auch die Königswahl ihren Charakter.

Die Doppelwahl von 1198 ist ein Indiz dafür. Als dann Papst Innozenz IV. (1243–1254) bei der letzten Bannung und Absetzung Friedrichs II. das gesamte Staufergeschlecht verdammte und damit vorgegebene verpflichtende Gewohnheiten endgültig außer Kraft setzte, bedeutete das für das Prinzip der freien Wahl wohl den endgültigen Durchbruch. Die fortschreitende Verrechtlichung ist ein Zeichen dafür, daß bei den Wahlen das Entscheidungshandeln als Durchsetzung des Wählerwillens mehr und mehr Gewicht bekam. In Krisensituationen unterschiedlichster Art wurde in der Folgezeit das Königswahlrecht der Kurfürsten und das Wahlverfahren stufenweise präzisiert.

Die Goldene Bulle Karls IV.

In der Goldenen Bulle, die Kaiser Karl IV. (1346–1378) im Jahre 1356 erließ, fand die Festlegung des Verfahrens für die deutsche Königswahl ihren offiziellen Abschluß. Die Goldene Bulle schuf kein neues Recht, sondern schrieb das seit dem Ende des 12. Jahrhunderts gewachsene Königswahlrecht verbindlich fest. Als rechtsgültig zum König gewählt sollte derjenige gelten, der die Stimmen der Mehrheit der sieben Kurfürsten auf sich vereinigen konnte, die sie nach fristgerechter Ladung am angesetzten Wahltag und Wahlort in offener Abstimmung abzugeben haben sollten. Die schon im Sachsenspiegel genannten sieben Kurfürsten (unter Einschluß des Böhmen also) erscheinen in der Goldenen Bulle als die allein zur Königswahl Berechtigten.

Zwischen 1198 und 1356 hat sich das deutsche Reich im Gegensatz zu den großen westlichen Monarchien England und Frankreich als Wahlkönigreich etabliert. Das bedeutete konkret, daß jede Königswahl durch die Gewährung von Privilegien an die Kurfürsten regelrecht erkauft werden mußte.

Mit der Wahl von 1246, durch die Heinrich Raspe (1246–1247), der Landgraf von Thüringen, zum Gegenkönig des vom Papst gebannten und für abgesetzt erklärten Friedrich II. gemacht wurde, beginnt die Reihe derjenigen Könige, die ihr Königtum allein dem Willen der Fürsten, vor allem dem der drei rheinischen Erzbischöfe, verdankten und nicht der Zugehörigkeit zu einer machtvollen Königsdynastie. Wie sehr das Königtum den Interessen dieser Fürsten dienstbar gemacht wurde, zeigt wohl am besten die Königswahl des kleinen Grafen Adolf von Nassau (1292–1298) im Jahre 1292. Der Kölner Erzbischof Siegfried von Westerburg (1274–1297), der sie vor allem betrieb, verlangte als Gegenleistung nicht nur die Überlassung wichtigster Besitzrechte und sehr viel finanzielle Mittel, sondern ließ in den Vertrag auch die Klausel aufnehmen, daß Adolf sein Königtum verwirkt habe, falls er diese Bedingungen nicht erfüllen könne. Adolf ist dann auch tatsächlich 1298 für abgesetzt erklärt worden, als einflußreiche Fürsten ihre Interessen durch ihn verletzt sahen.

Rudolf von Habsburg

Bis in die 2. Hälfte des 14. Jahrhunderts ist es keinem König mehr gelungen, seinem Sohn die Krone zu sichern und damit ein unbestrittenes Königshaus zu etablieren, weder dem Habsburger Rudolf (1273–1291), der nach der Schwächung der Königsherrschaft nach dem Untergang der Staufer und dem folgenden Interregnum (1254–1273) den königlichen Namen zu neuem Ansehen brachte, weil er in »immer sorgender Unruhe« die Gewalttaten einzudämmen und einen Landfrieden durchzusetzen sich bemühte, noch dem Luxemburger Heinrich VII., dem nicht einmal der Gewinn der Kaiserkrone die Nachfolge seines Sohnes, des Böhmenkönigs Johann, einbrachte.

Das Hausmachtkönigtum

H. Thomas hat seine »Deutsche Geschichte des Spätmittelalters« (1983) nach der Regierungszeit der einzelnen Könige untergliedert. Diese zunächst überholt anmutende Einteilung hat ihre Berechtigung darin, daß sie unmittelbar die Bedeutung der Person des einzelnen Königs und damit die nur gering ausgeprägte institutionelle Untermauerung der Königsherrschaft bewußt macht. Die mit jeder Königswahl einhergehende Schwerpunktverlagerung der Herrschaft in den Hausmachtbereich des neuen Königs verhinderte

Goldene Bulle (Kölner Exemplar, um 1356)

in Deutschland die Entstehung einer Hauptstadt als Sitz des Reiches, in der sich zentrale Behörden mit kontinuitätsstiftender Verwaltungsschriftlichkeit hätten ausbilden können. Ein König dürfte von den Regierungshandlungen seines Vorgängers kaum mehr gewußt haben, als ihm die Fama zutrug, und das war bei Königen aus jeweils verschiedenen Adelshäusern fraglos weit weniger, als ein zur Nachfolge vorherbestimmter Königssohn erfuhr. Auch die Hinwendung der Herrscher zum Hausmachtkönigtum, d.h. die Benutzung der Königsstellung und die Inanspruchnahme des Reichsguts zur Förderung der Interessen des eigenen Hauses, hängt unmittelbar mit dem Wahlkönigtum zusammen. Das Reich und seine Ressourcen konnten ja schon bei der nächsten Königswahl dem Angehörigen eines rivalisierenden Geschlechts zur Verfügung stehen und so mußte der tätige Einsatz für Besitz und Rechte des eigenen Hauses, die den Nachkommen durch feststehenden Erbgang sicher waren, sinnvoller erscheinen als der für das Reich.

So läßt sich die besondere Struktur des spätmittelalterlichen deutschen Königtums in vielfältiger Weise mit der Entwicklung Deutschlands zu einem Wahlreich in Beziehung setzen. Freilich darf man darin nicht den allentscheidenden Grund dafür sehen, daß sich in Deutschland die Ausbildung der Staatsgewalt auf der Ebene der Territorien und nicht auf der des Königtums vollzog. Neben einer Fülle bewußt herbeigeführter oder auch zufälliger politischer Wendepunkte wird man einen wesentlichen Grund in der fortbestehenden Bindung der deutschen Könige an das Ordnungsmodell Lehnswesen sehen müssen.

Das lehnrechtliche Verfassungsmodell

Das Lehnswesen des früheren Mittelalters war die einer partikularistischen Agrargesellschaft angemessene politische Organisationsform. Die seit dem Ende des 11. Jahrhunderts einsetzenden gesamtkulturellen Veränderungen mit der Eröffnung politischer Handlungsspielräume verlangten nach einer Ergänzung durch Herrschaftsmechanismen, mit denen sich Regierungsentscheidungen als Amtsauftrag in die Tat umsetzen ließen. In England und Frankreich wurden sie durch die Errichtung zentraler, von studierten »clerici« (engl. franz. clerc) geführten Königsbehörden geschaffen. In

Deutschland sollte ähnliches durch die Übertragung von »Regierungsaufgaben« an unfreie Ministeriale erreicht werden. Zugleich aber erhielt in Deutschland der Lehnreichsgedanke eine Stärkung durch die Ausbildung von Reichsfürstenstand und Heerschildordnung. Schon in der 2. Hälfte des 12. Jahrhunderts begann dementsprechend die Angleichung des Ministerialen- an den Vasallenstatus und damit die Umwandlung ihrer Dienstpflichten in »Rat und Hilfe«, eine Entwicklung, die durch die Schwächung der Königsgewalt durch Thronstreit und Interregnum besiegelt wurde. Nach neuesten Forschungen muß man davon ausgehen, daß das spätmittelalterliche Königtum keine Versuche mehr gemacht hat, den Lehnsstaat zu überwinden, »sondern bestrebt war, das Lehnswesen als bewährtes Herrschaftsprinzip ... in vollem Umfang aufrechtzuerhalten« (Krieger). Die Bindung an das Lehnswesen als Ordnungsmodell bedeutete freilich den weitgehenden Verzicht auf königliche Herrschaftsausübung im Innern der Kronlehen: Der Lehnsakt stiftete eine persönliche Bindung zwischen Herrn und Vasall, die im Normalfall dem Lehnsherrn jeden unmittelbaren, die Person des Vasallen umgehenden Zugriff auf das Lehen verwehrte. Ein Königtum, das im gesamten Raum des Königreiches Herrschaft ausüben wollte, konnte das nur mit Berufung auf amtsrechtliche Befugnisse tun und mußte über die Machtmittel verfügen, um sich gegenüber der Selbstherrlichkeit der großen Vasallen durchzusetzen. Es war nicht zuletzt die freie Königswahl, die beidem entgegenstand.

Landesausbau, Ostsiedlung und das Deutschordensland Preußen

Magdeburg als Missionsstützpunkt

Die Fürsorge, die Otto I. der »königlichen Stadt Magdeburg« schenkte, galt dem Missionsstützpunkt an der Grenze zum Heidenland. Sein herrscherliches Selbstverständnis als Sakralkönig und als zum Schutz der Kirche bestellter Kaiser ließ ihn die Ausbreitung des christlichen Glaubens durch die Mission der Heidenvölker als Herrscheraufgabe erkennen. Von »nationaler« Expansion etwa durch eine »staatlich« geförderte Siedlungspolitik war nicht die Rede.

Auch die Aufstände, die die anfänglichen Missionserfolge wieder zunichte machten und damit die Elbe bis in die Mitte des 12. Jahrhunderts Reichsgrenze bleiben ließen, waren kein Aufbegehren gegen nationale Unterdrükkung, sondern vor allem ein Kampf gegen die Zehntzahlungen und die von der Kirche erzwungene Abkehr von den altüberlieferten heimisch-heidnischen Bräuchen. Wo eine spätere nationale Geschichtsschreibung Deutsche und Slawen in unüberbrückbarem völkischen Gegensatz sich feindlich gegenüberstehen sah, ging es christlichen Herrschern und Missionaren um die Ausbreitung des Glaubens, den Wagriern, Abodriten, Liutitzen, Hevellern, Dalaminziern und all den anderen Völkerschaften zwischen Elbe und Oder aber um die Bewahrung ihrer je eigenen Stammeskulte, aus denen erst das universale Geschichtsverständnis des Christentums den welthistorisch aggressiven Gegner »Heidentum« machte.

Das Verhältnis zwischen dem Imperium und den heidnischen Stämmen an seiner Ostgrenze zeigte auch keinen grundlegenden Wandel, als im Osten und Südosten der elbslawischen Stammesgebiete mit Polen, Böhmen und Ungarn christliche Reiche entstanden. Ein solcher Wandel aber läßt sich seit dem Ende des 11. Jahrhunderts erkennen. In der sich damals ausbildenden Ritterethik galten Kampf und Kriegführen als vornehmstes Zeugnis christlicher Rittertugend, wenn sie im Dienst des Glaubens standen. »Im Tod des Heiden findet der Christ seinen Ruhm, weil in ihm Christus verherrlicht wird«, schrieb Bernhard von Clairvaux am Anfang des 12. Jahrhunderts. Um Ruhm zu erringen, suchten die Ritter Westeuropas den Heidenkampf,

Die Ausbildung der Ritterethik

wo immer er sich ihnen bot, in der »Reconquista« des muselmanischen Spanien, in den Kreuzzügen zur Befreiung des Heiligen Landes und eben auch in den Gebieten östlich der Elbe, die nach dem endgültigen Verlust des Heiligen Landes (1291) sogar zum wichtigsten Schauplatz ruhmbringenden Heidenkampfes wurden und die »Litauerreisen« bis zum Ende des 14. Jahrhunderts zur bevorzugten Bewährungsprobe ritterlichen Kampfesmutes machten. Das übergeordnete Ziel des Heidenkampfes verband diese verschiedenen Unternehmungen und erlaubte es, den Kreuzzugsaufruf des Jahres 1146, der die christliche Ritterschaft Europas zur Unterstützung der Kreuzfahrerstaaten ins Heilige Land rief, auch auf das Heidenland im Osten zu beziehen. Daß dabei ein zweiter Faktor ritterliches Tugendstreben wirkungsvoll unterstützte, zeigt ein schon 1108 verfaßter Aufruf zu einem Slawenkreuzzug, der vor allem in Lothringen Verbreitung fand und der den Rittern nicht nur Gotteslohn für den Heidenkampf, sondern auch fruchtbares Land im Osten in Aussicht stellte.

Der rapide Bevölkerungsanstieg seit der Jahrtausendwende brachte Ritter- wie Bauernsöhne dazu, die eng gewordene Heimat zu verlassen und sich anderwärts eine neue Existenzgrundlage zu suchen; die Ritter als Feudalherren über eine abhängige Bauernbevölkerung, deren heidnische Herren sie zu besiegen und in ihren Rechten abzulösen gedachten, und die Bauern als Neusiedler auf Rodungsland. Siedlung und Heidenkampf verbanden sich im Osten mit dem Ziel der Mission der Heidenvölker, die seit dem Investiturstreit eindeutig in der Kompetenz von Papsttum und Kirche lag. Alle drei Elemente – Siedlung, Heidenkampf und Mission – kamen im Osten in unterschiedlicher Weise zum Tragen.

Ostsiedlung und Heidenkampf

Die bäuerliche Ostsiedlung war Teil des umfassenden, alle europäischen Länder ergreifenden Ausbauprozesses. Im Gegensatz zu Heidenkampf und Mission gehörte ihre Förderung nicht zu den traditionellen Königspflichten. Hinter ihr stand denn auch kein richtungsweisender Herrscherwille. Was im Rückblick wie eine breit angelegte, raumergreifende Expansionspolitik erscheinen mag, setzte sich in Wirklichkeit aus einer Fülle kleinräumiger Einzelinitiativen zusammen, bei denen lokale Grundherren und Fürsten siedlungswillige Bauerngruppen unter Führung eines »Lokators« anwarben. Die Gesamtzahl der bäuerlichen Ostsiedler war, gemessen selbst an der Gesamtzahl der damaligen Bevölkerung, gering: man rechnet mit 200000 Neusiedlern im 12. Jahrhundert und mit noch einmal je 200000 für jede Hälfte des 13. Jahrhunderts. Auch unter Einbeziehung der städtischen Siedler waren das weniger pro Jahr als 1% der damaligen Gesamtbevölkerung.

Das Vordringen nach Osten vollzog sich kleinräumig und etappenweise: Die ersten Siedler, die vor allem aus Flandern, den Niederlanden und dem Rheinland kamen, siedelten in Ostholstein und Mecklenburg, in Brandenburg und den Lausitzen und deren Nachkommen zogen dann weiter nach Pommern, Schlesien, Polen und dem Preußenland.

Die Bildung der deutschen Neustämme

Wenn so die Ostsiedlung weder die Verwirklichung eines großangelegten Konzepts noch eine massenhafte Bevölkerungsbewegung darstellte, so war das Ergebnis doch alles andere als gering. Im Osten der alten Reichsgrenze an Elbe und Saale bildeten sich die genannten deutschen »Neustämme«, an deren Ethnogenese auch die slawische Bevölkerung beteiligt war. Da die deutschen Siedler weitgehend prägend waren, wurden die Länder nach Recht, Brauch und Sprache deutsch, auch wenn ihre Zugehörigkeit zum Reich – wenn sie überhaupt bestand – alles andere als einheitlich und eindeutig war. Die Lehnsbindung zwischen dem Pommernherzog und Friedrich Barbarossa, die 1181 zustande kam, machte die Bewohner Pommerns nicht »deutscher« als die der schlesischen Herzogtümer, die zwischen 1327 und 1331 in einer Serie von Einzellehnsnahmen von Böhmen abhängig wurden,

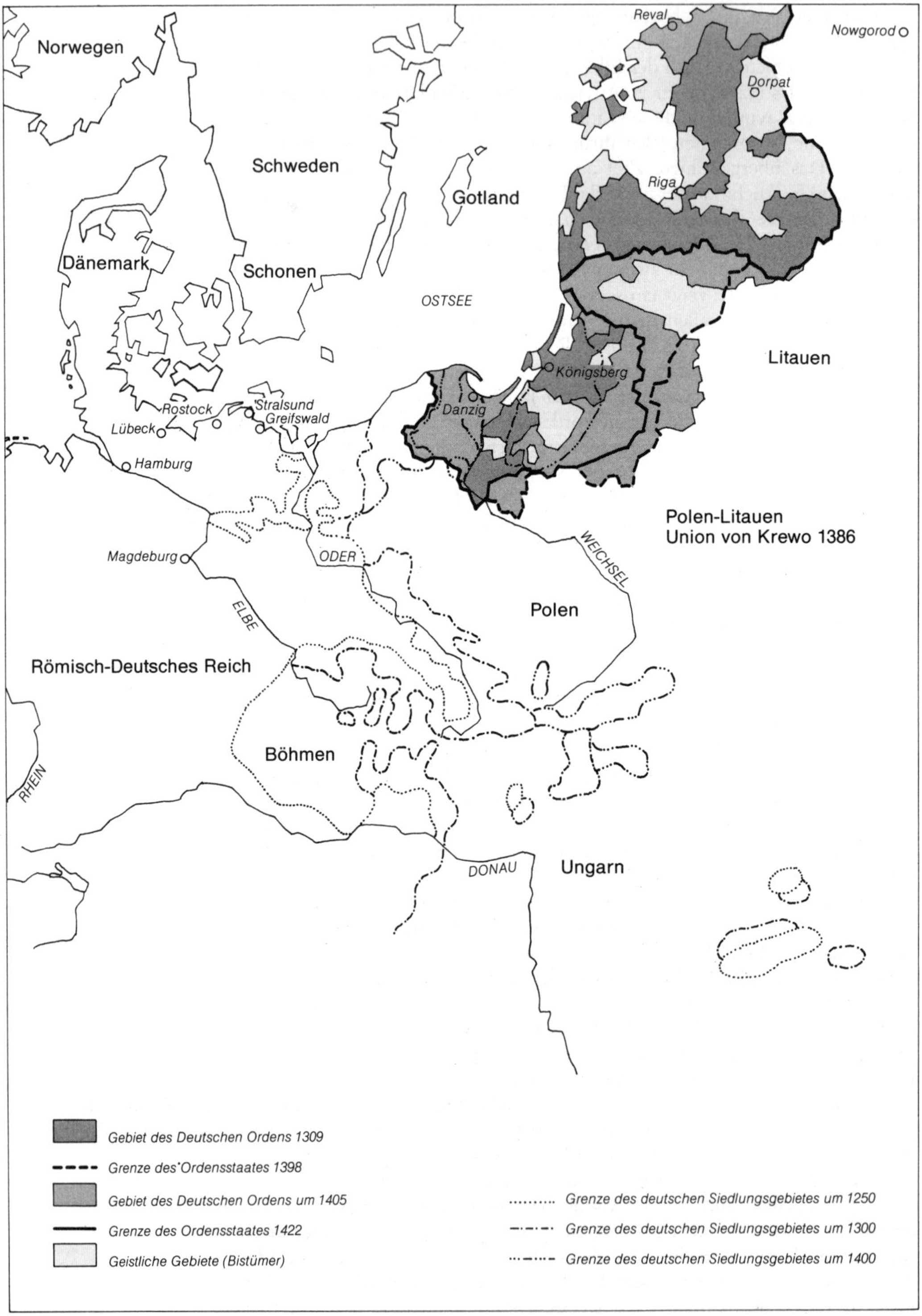

Besiedlung des Ostens

mit dem sie bis zum 7jährigen Krieg verbunden blieben, oder die Preußens, das unter dem Schutz des Papsttums stand, 1466 im 2. Thorner Frieden seine westlichen Gebiete rechts und links der Weichsel an Polen abtreten mußte und 1525 mit dem Restgebiet – dem späteren Ostpreußen – polnisches Kronlehen wurde.

Heidenkampf und Mission

In ein ganz anderes Beziehungsgeflecht als Landesausbau und Ostsiedlung gehörten Heidenkampf und Mission. Beides war, wenn auch aufeinander bezogen, so doch nicht identisch. Die Ritter sollten die heidnischen Kultstätten und -symbole zerstören und die Heiden, die sie auf diese Weise von ihrem »gotteslästerlichen Frevel« befreit hatten, für den Empfang der christlichen Glaubensbotschaft bereit machen, die die also Vorbereiteten dann »freiwillig« annehmen sollten. Eine wirkliche Schwertmission, die »Predigt mit eiserner Zunge« mit der Alternative »Tod oder Taufe« galt den meisten Zeitgenossen als verwerflich. Insbesondere das Papsttum bestand darauf, daß den kämpfenden Rittern der friedliche Missionar zu folgen habe und daß die weltlichen Rechte der Neubekehrten nicht geschmälert werden dürften.

Das Deutschordensland Preußen

Was die Theorie dergestalt trennte, führte in der Praxis nur allzu leicht zu Konflikten, besonders da, wo die den Heidenkampf bestreitenden Ritter zugleich als Landesherren auftraten. Das war im Deutschordensland Preußen der Fall. Der Deutsche Orden gehörte wie die Templer und Johanniter zu den Ritterorden, die im 12. Jahrhundert im Heiligen Land gegründet wurden und verdankte wie sie seine Entstehung dem Bedarf der labilen Kreuzfahrerstaaten an stets einsatzbereiten Kriegern zu Landesverteidigung und Pilgerschutz. Als Ordensleute hatten die Ritter die drei mönchischen Gelübde von Armut, Keuschheit und Gehorsam abzulegen, zu denen als viertes Gelübde der Heidenkampf kam. Die Ritter konnten diesem vierten Gelübde Genüge tun, wo immer es Heiden zu bekämpfen gab, und so lag es für Konrad, den christlichen Herrscher im polnischen Herzogtum Masowien (1206–1247), nicht allzu fern, die deutschen Kreuzritter zur Abwehr der heidnischen Prussen in sein Land zu holen. Als Operationsbasis für den Prussenkampf schenkte er dem Deutschen Orden das zu seinem Herzogtum gehörende Kulmerland und das gesamte vom Orden zu erobernde Preußenland, das sich rechts der Weichsel bis zur Memelmündung erstreckte.

Die »Goldbulle von Rimini«

Ehe der Orden die Eroberung Preußens in Angriff nahm, ließ sich sein Hochmeister Hermann von Salza (1210–1239) die landesherrlichen Rechte von Kaiser Friedrich II. durch die »Goldbulle von Rimini« (1226) bestätigen. Kraft kaiserlicher Autorität und als von Gott berufener Vorkämpfer für die Ausbreitung des christlichen Glaubens bestätigte Friedrich II. dem Orden alle Besitz- und Hoheitsrechte im Kulmerland und in Preußen, die der Orden »wie jeder andere Reichsfürst« (quam aliquis princeps imperii) besitzen sollte. Der Orden sollte nicht »als Reichsfürst«, sondern »wie ein Reichsfürst« in Preußen herrschen, denn es war ihm wie auch den anderen Ritterorden verwehrt, zu einem weltlichen Herrn in Lehnsbeziehungen zu treten. So konnte Preußen nicht in der damals in Deutschland üblichen Rechtsform eines Fürstenlehens in das Reich einbezogen werden. Es blieb auch in Zukunft außerhalb des Reichsverbandes. Seine Eingliederung in das Ordnungsgefüge der christlichen Welt erreichte der Orden durch die zweite der beiden christlichen Universalgewalten, durch den Papst. Im August 1234 nahm Papst Gregor IX. das Kulmerland und Preußen als Eigentum des heiligen Petrus in den Schutz des apostolischen Stuhles und übertrug dem Deutschen Orden die Besitzrechte.

Preußen als Eigentum des heiligen Petrus

Was zunächst wohl nur christlichem Ordnungsdenken Genüge tun sollte, hatte bald praktische Konsequenzen: Gerichtsstand für Klagen gegen den Orden war die päpstliche Kurie, ob sie nun von den neugetauften Prussen oder vom Nachbarn Polen angestrengt wurden.

Die Eroberung des Prussenlandes galt 1283 für abgeschlossen. 1242 und auch später noch einmal hatte der Orden freilich durch einen Aufstand der Prussen einen empfindlichen Rückschlag erlitten; Dem militärischen Erfolg ließen die Prussen die erwähnte Anklage an der päpstlichen Kurie folgen. Ergebnis war der Friedensvertrag von Christburg, der 1249 durch Vermittlung eines päpstlichen Legaten zwischen dem Deutschen Orden und den neugetauften Prussen abgeschlossen wurde und der »zu den ungewöhnlichsten Satzungen der hochmittelalterlichen Verfassungsgeschichte gehört« (Patze). Die Ordensritter hätten, so lautete die Klage der Prussen, sie, die durch die Taufe zur Freiheit der Kinder Gottes berufen seien, in harte Knechtschaft gedrückt und damit gegen päpstliche Gebote verstoßen, die den Getauften ausdrücklich die Bewahrung ihrer alten Freiheiten zusicherten. Für den Aufstand der Prussen und ihren zeitweiligen Rückfall ins Heidentum werden also letztlich die Ordensritter selbst verantwortlich gemacht. Die einzelnen Vertragspunkte nehmen immer und immer wieder Bezug auf dieses eine Wort: Freiheit, und die Fülle der Verweise erlaubt es, das ihnen zugrundeliegende Verständnis von Freiheit zu erkennen: Die Freiheit der Prussen bestand in der ungeschmälerten Bewahrung ihrer alten Rechte, und zwar in der abgestuften Weise, wie sie vor Taufe und Eroberung in der nach Adligen, Freien und Unfreien unterteilten prussischen Gesellschaft bestanden hatten. Der Adlige sollte seine Adelsqualität bewahren und den Rittergürtel erwerben können, der Freie und seine ehelich geborenen Nachkommen sollten als Zeichen ihrer anerkannt freien Geburt ungehinderten Zugang zu Kleriker- und Mönchsstand haben. Das Immobilienerbrecht wurde sogar verbessert, indem es auf Seitenverwandte ausgedehnt wurde, »was die Neugetauften dankbar annahmen, weil, wie sie sagten, im Heidentum nur die Söhne erbberechtigt waren«.

Der Friedensvertrag von Christburg

Die Freiheit des Christburger Vertrages war abgestuft. Ihr fehlt noch die zündende Verbindung mit der Idee der Gleichheit, die dann in den Bauernaufständen seit dem späten 14. Jahrhundert auftauchte und in der Neuzeit bestimmend wurde. Im Gegenteil: Freiheit (libertas) als die uneingeschränkte Bewahrung dessen, was nach Recht einer Person zukam, was den Rechtsstand einer Person ausmachte, bemaß sich nach dem jeweiligen Rechtsstand und war so vielfältig wie dieser. Deshalb konnte man im Mittelalter »freier« werden, nämlich seinen ererbten Rechtsstand verbessern, ohne damit im neuzeitlichen Sinne »frei«, nämlich selbstbestimmend, zu sein. Von daher erschließt sich auch die Bedeutung der Siedlungs- und Rodungsfreiheit der Bauern, die den Landesausbau und die Ostsiedlung trugen: Den Siedlern wurde der Weggang aus der heimischen Umgebung durch das Zugeständnis eines »besseren Rechts«, d.h. einer eigenen »Freiheit«, schmackhaft gemacht. Im Ostsiedelland entstanden so Bauernsiedlungen und Städte »zu deutschem Recht«, dem Recht der deutschen Neusiedler nämlich, das nicht nur besser war als deren heimisches Recht im Altsiedelland, sondern natürlich auch besser als das Gewohnheitsrecht der alteingesessenen Bevölkerung. In den Genuß des »deutschen Rechts« konnten dann auch Einheimische kommen, so daß das deutsche Recht eines Ortes nicht als Beweis für die deutsche Abstammung aller seiner Bewohner dienen kann.

Siedlungs- und Rodungsfreiheit

Der Deutsche Orden als Landesherr

Von Anfang an war es Absicht des Deutschen Ordens gewesen, nach dem Sieg über die Prussen im Prussenland eine Landesherrschaft aufzurichten. Dazu gehörte nicht nur die Verwaltungseinteilung in Komtureien, sondern auch die Erschließung des dünn besiedelten Landes durch Ansiedlung deutscher Bauern. Für die alteingesessenen Prussen bedeutete das weder Ausrottung noch Vertreibung, wohl aber vielfältige Assimilation an Sprache und Kultur der deutschen Landesherren, vor allem bei der adligen Oberschicht. Wie wenig beim Orden der Wille zu systematischer Eindeutschung bestand, zeigt die Tatsache, daß es noch am Ende des 15. Jahrhunderts in Preußen eine beträchtliche Zahl nicht-assimilierter Prussen in eigenen Siedlungen gab, die ihr Recht, ihre Sprache und vielfach auch noch ihre altheidnischen Kulte bewahrt hatten.

Konflikte mit Polen

Es war fast unvermeidlich und entsprach den allgemeinen politischen Gegebenheiten der Zeit, daß der Deutsche Orden als Landesherr wegen konkurrierender Rechtsansprüche in Konflikte mit anderen Landesherren geriet. Im Falle Preußens war das vor allem der Nachbar Polen, mit dem es seit 1309 zum Streit um den rechtmäßigen Besitz Pommerellens mit Danzig kam. Die im Prinzip üblichen und begrenzten Querelen erhielten eine ungewöhnliche Brisanz dadurch, daß der Orden von seinem Gründungsauftrag her zum Heidenkampf verpflichtet war. Die letzten Heiden aber, die es im 14. Jahrhundert in der Nachbarschaft Preußens noch gab, waren die Litauer, deren Taufe damit zu einem Politikum ersten Ranges wurde. Als sich nach manchen vorangegangenen Anläufen der Litauerfürst Jagiello (1377–1434) im Jahre 1385 taufen ließ und gleichzeitig mit der Erbin Polens, Jadwiga (Hedwig) († 1399) vermählte, wurde das Ordensland nicht nur durch die polnisch-litauische Union (1386) räumlich in die Zange genommen, sondern auch durch das Argument bedroht, daß der Orden und damit das Ordensland Preußen seine Existenzberechtigung verloren hätte. Der Orden erklärte denn auch die Taufe Jagiellos für eine politisch motivierte Scheinbekehrung und setzte den Heidenkrieg gegen die Litauer fort. Den Krieg mit den Waffen ergänzten beide Seiten durch einen heftig geführten Propagandakrieg. Ersterer führte für den Deutschen Orden zur Niederlage bei Tannenberg (1410), letzterer zu Prozessen vor dem Papst und auf dem Konstanzer Konzil (1414–1418), in denen jede der beiden Seiten die Glaubwürdigkeit und Existenzberechtigung der anderen in der angedeuteten Weise bestritt. Die Argumente, die auf die Verteufelung des Gegners abzielten, waren in dieser ihrer heilsgeschichtlichen Verankerung ganz mittelalterlichem Weltverständnis verhaftet und hatten mit den späteren Verunglimpfungen des aggressiven Nationalismus, wie er im 19. Jahrhundert aufkam, nichts zu tun.

Die polnisch-litauische Union (1386)

Die Entstehung der Landesherrschaft

Die Fürstengesetze Friedrichs II.

Die Gesetze Friedrichs II. für die geistlichen (1220) und weltlichen Fürsten (1231/32) enthalten eine Reihe sehr heterogener Vergünstigungen. Die meisten von ihnen liefen auf die Zusage des Kaisers hinaus, nichts tun zu wollen, was den Interessen der Fürsten in ihren »Ländern« (in terris, territoriis eorum) zuwiderliefe, sei es, daß er für sich und seine Leute auf die Wahrnehmung von Königsrechten verzichtete, sei es, daß er den Fürsten die Nutzung von Königsrechten bestätigte. Die Reichsrechte (Regalien), deren unwiderrufliche Nutzung den Fürsten auf diese Weise neben anderen Vergünstigungen zugesichert wurde, waren vor allem das Zoll-, Markt-, Münz- und Befestigungsrecht und das Geleitrecht.

Friedrich II. hat durch die Fürstengesetze nichts verschenkt, sondern nur schriftlich bestätigt, was schon längst Rechtswirklichkeit war. Von einem »Ausverkauf der Reichsrechte« durch den apulischen Staufer kann also keine Rede sein. Ebensowenig waren die Fürstengesetze, wie man früher meinte, die entscheidende Weichenstellung für die Entstehung der fürstlichen Territorialherrschaft. Dennoch enthalten sie ein bemerkenswertes Indiz für deren Entwicklung: die kaiserlichen Privilegien waren nämlich keine bloße Addition von Einzelberechtigungen, deren Zusammenhalt allein in der Person der Begünstigten lag, sondern sie waren auf einen Herrschaftsraum bezogen, eben den des Territoriums, des Landes.

Die Länder des beginnenden 13. Jahrhunderts

Die Länder des beginnenden 13. Jahrhunderts waren höchst unterschiedliche Gebilde, was Entstehung, Größe, Aufbau, Ausmaß und Intensität der landesherrlichen Durchdringung anbelangte. Zu einem Kernbestand an grundherrlichem Allodial- und Lehnsbesitz mit den daran haftenden Rechten »über Land und Leute« kamen andere Herrschaftsrechte: Vogteien (Wahrnehmung der weltlichen Hoheitsrechte über die Hintersassen von Kirchen und Klöstern), stadtherrliche Rechte, lehnsherrliche Rechte gegenüber Vasallen und eben die Nutzung der Regalien. Es waren also Herrenrechte sehr verschiedener Herkunft und Ausprägung, die der Landesherr über die im Land lebenden Menschen hatte und die er zusammen und in Konkurrenz mit anderen Herrschaftsträgern ausübte. Das »Land« stellte also keine rechtliche Einheit dar und ebensowenig zeigte es gebietsmäßige Geschlossenheit. Grafen und auch andere Adlige des Gebiets bestanden auf ihrer alleinigen Zuordnung zum Königtum und suchten sich und ihren Besitz von jeder landesherrlichen Oberhoheit frei zu halten oder zu befreien, wo immer sich die Gelegenheit dazu bot. So benutzten eine ganze Reihe von Grafen- und Herrengeschlechtern im niedersächsischen Raum das zeitweilige Machtvakuum nach dem Sturz Heinrichs des Löwen, um ihre Selbständigkeit zu sichern und dadurch selbst zu Landesherren aufzusteigen. In ähnlicher Weise stand eine Gemengelage fürstlicher Rechte einer territorialen Geschlossenheit im Wege. So übte zwar der Erzbischof von Köln schon seit der Mitte des 12. Jahrhunderts durch königliche Belehnung am Niederrhein die herzoglichen Rechte des Landfriedensschutzes und des Befestigungs- und Geleitrechts aus. Das noch ältere Recht des Pfalzgrafen bei Rhein, einen Teil der Grafen dieses Raums mit ihrem Grafenamt zu belehnen, konterkarierte aber deren Unterordnung unter ihren herzoglichen Landesherrn und trug dann dazu bei, daß sich die hegemoniale Stellung des Kölner Erzbischofs dort nicht zur Landesherrschaft verfestigen konnte.

Die Durchsetzung des Landfriedens

In der Regel aber war es gerade die Durchsetzung des Landfriedens, die den Aufbau einer landesherrlichen Gebietsherrschaft förderte. Mit der Landfriedensbewegung des 12. Jahrhunderts und ihrer »Intensivierung und Rationalisierung der Rechtspflege« (Fried) war eine »modernstaatliche« Aufgabe entstanden, deren Wahrnehmung sich die mächtigen Herren nicht entziehen konnten, ohne in der Gewährung von »Schutz und Schirm«, der ideologischen Rechtfertigung für ihre Herrenstellung, unglaubwürdig zu werden. Die Intensivierung, Mobilisierung und Differenzierung des Lebens durch Landesausbau und Stadtentwicklung verlangte nach größerräumigen Organisationsformen, als sie die Grundherrschaften mit ihren Immunitäts- und Gerichtsrechten darstellten. Nachdem das Königtum durch Thronstreit und Interregnum seine Führungskompetenz in der Landfriedensbewegung eingebüßt hatte, blieb vor allem den mächtigen Herren die Aufgabe, in ihrem Bereich den Landfrieden zu sichern. Wo immer es einem Herrn gelang, die Immunitäten anderer Herren zu durchbrechen und zumindest für die drei Kapitalverbrechen Raub, Totschlag und Notzucht ein für das ganze Land zuständiges Hochgericht durchzusetzen und effizient zu machen, war der Grund gelegt für die Entstehung einer neuen Rechtsgemeinschaft, der Rechtsgemeinschaft der freien Landesbewohner, die zusammen mit dem Landesherrn das »Land« konstituierten. »Land umfaßt den Rechtsverband der das Land bebauenden und beherrschenden Leute« (Brunner). Ein »Land« erschöpfte sich also nicht darin, die Summe aller einem Herrn gehörenden Gerechtsame zu sein, es war nicht bloße Pertinenz des Herrn, sondern hatte als Rechtsgemeinschaft eine gewisse Eigenexistenz. Das lag am germanisch-mittelalterlichen mündlichen Gewohnheitsrecht, das Gerichtsbarkeit als rein obrigkeitliche Veranstaltung nicht zuließ. Die Gerichtsgemeinde als Rechtsöffentlichkeit war notwendiger Teil der Rechtsprechung.

Das Land als Rechtsverband

Die Gerichtsgemeinde des Landesherrn waren die Freien, die keiner grundherrlichen Hofgerichtsbarkeit unterstanden, im Hochmittelalter also vor allem die Grafen und edelfreien Herren, aber auch die Stadtbürger und die bäuerlichen Gerichtsgenossen der Landgerichte, sofern diese Gerichte direkt dem Landesherrn unterstanden. Sie fungierten nicht als Fachjuristen, sondern als Rechtsgenossen, die im konkret anstehenden Einzelfall darüber Auskunft zu geben hatten, welches Urteil nach Recht und Brauch zu fällen war.

Vom Volksrecht zum Landesrecht

In der Entstehungszeit des deutschen Reiches galt für jeden der das Reich konstituierenden Stämme das jeweilige Volksrecht, das, weil es nirgendwo fixiert war, zwar als ideelle Größe in der Vorstellung der Betroffenen existierte, aber nur in der konkreten Rechtsweisung der Gerichte in den einzelnen Rechtskreisen real wurde, vom grundherrlichen Gericht bis hin zum Herzogsgericht. Fiel das Herzogsgericht mit seiner den Stamm als Rechtsgemeinschaft verkörpernden Gerichtsgemeinde weg, wie es bei der Auflösung der Stammesherzogtümer vielerorts geschah, dann existierte das Stammesrecht nur noch in den Rechtsweisungen der lokalen Gerichtsgemeinden, in denen sich auf die Dauer erhebliche Unterschiede herausbildeten. Da nun die neue Landfriedensgerichtsbarkeit in der Kompetenz der Fürsten lag, wie es 1235 im Reichslandfrieden Friedrichs II. bereits als geltender Brauch festgeschrieben war, konstituierten sich bei ihnen auch Gerichtsgemeinden als Vertreter der neuen Rechtsgemeinschaften, und zwar in der im Mittelalter üblichen Form als Schwurverbände. Der Zusammenhang zwischen Landesherrschaft und geschworener Rechtsgemeinschaft dergestalt, daß die Leistung des Friedenseides die Landesherrschaft dessen begründete, der den Eid einzufordern in der Lage war, geht aus vielen Quellen hervor.

So berichten etwa die Erfurter Annalen zum Jahre 1250, daß der Markgraf von Meißen zur Durchsetzung seiner Ansprüche auf die Landgrafschaft Thüringen inmitten vieler Adliger den Vorsitz im Gericht des Landes in Mühlhausen einnahm, »wo er durch Eid fest und unverbrüchlich den Frieden bekräftigte *und so* (sicque) die Herrschaft dieses Landes (principatum eiusdem terre) in Besitz nahm«. Es hing von vielen Faktoren ab, ob ein Gerichtsherr sie zur stabileren Einheit einer Landesherrschaft würde verfestigen können. Die Grafen und Herren waren nämlich keineswegs bereit, ihre eigenen Immunitäts- und Vogteigerichtsrechte widerstandslos durch die Anerkennung landesherrlicher Landfriedensgerichte beschneiden zu lassen. Oft haben aufsteigende Landesherren die Anerkennung ihrer Oberherrenstellung erzwungen und undeutliche Rechtstitel zum Anlaß für Fehden genommen, deren Beilegung nicht nur an die Einigung über das Streitobjekt, sondern auch an die Huldigung des Unterlegenen geknüpft wurde. Die »Entdeckung der Verfügungsmacht« förderte zudem eine Mobilisierung von Besitz- und Herrschaftsrechten, die eine planmäßige Arrondierung des ursprünglichen Bestandes ermöglichte. Dynastische Heiraten dienten diesem Zweck ebenso wie Kauf und Tausch, durch den sich fern liegende Außenposten in herrschaftsgünstigen Nahbesitz verwandeln ließen, oder Pfandnahmen bei zufälliger finanzieller Liquidität. Überhaupt spielte Geld bei der Akkumulation von Besitz- und Herrschaftsrechten eine Rolle, und damit wurde das finanzkräftige Bürgertum der Städte zunehmend als Gläubiger für die Herren von Interesse. Die Landesherren bedienten sich aber auch des Lehnswesens, um über die Vasallenstellung von Herren bislang selbständiger adliger Herrschaftsenklaven deren erste lose Einbindung in den landesherrschaftlichen Verband zu erreichen.

Die verwirrende Vielzahl der Streit- und Bündnisaktionen, für die die Quellen meist die Angabe eines Motivs schuldig bleiben, wird noch verwirrender dadurch, daß die gleiche Mobilisierung der Herrschafts- und Besitzrechte, die den Aufbau der Landesherrschaft begünstigte, auch deren Verdinglichung förderte und dadurch oft geradezu das Gegenteil bewirkte. Der Prozeß der Verdinglichung der Herrschaftsrechte ist als eine Grundform spätmittelalterlicher Verfassungsentwicklung herausgestellt worden. Verdinglichung meint, daß über die Herrschaftsrechte eben wie über ein beliebiges Ding verfügt wurde, ohne daß in der Sache liegende Eigengesetzmäßigkeiten und -erfordernisse berücksichtigt würden. Herrschaftsrechte wurden wie – modern gesprochen – Privatbesitz behandelt, der wie jeder andere Besitz eingesetzt werden konnte, um die vielfältigen Bedürfnisse des Herrenlebens zu befriedigen. Der Gegenbegriff zu Verdinglichung ist der der Versachlichung. Er läßt sich von den Anforderungen leiten, die in der Sache selbst liegen. Im ersten Fall waren Herrschaftsrechte neben all den anderen Besitz- und Ehrenrechten Teil der fürstlichen Standesqualität, wurden primär zur Förderung dieser Standesqualität eingesetzt und waren in diesem Sinne Teil der »Person« des Fürsten, dessen Einnahmen, Rang und Ansehen sie vergrößerten. Im zweiten Fall gewinnt Herrschaft eine transpersonale Qualität, wird die Handhabung der Herrschaftsrechte von Überlegungen geleitet, die auf sachgemäße Effizienz gerichtet sind. Die Mobilisierung durch die »Entdeckung der Verfügungsmacht« förderte fraglos zunächst die Verdinglichung der Herrschaftsrechte. Der Vergrößerung der Besitz- und Herrschaftstitel, die dem Aufbau der Landesherrschaft dienten, standen Landesteilungen, Veräußerungen und Verpfändungen wegen permanenter fürstlicher Finanznot gegenüber, die genauso wie jene von den zufälligen dynastischen Konstellationen des Fürstenhauses abhängig waren. Von einer kontinuierlich fortschreitenden Verfestigung der deutschen Territorialherrschaften kann daher zunächst keine Rede sein. Erst seit der Mitte des 14. Jahrhunderts machte sich zunehmend eine Versachlichung und Professionalisierung der Herrschaft bemerkbar, die nicht zuletzt durch die gelehrten Räte im Fürstendienst getragen wurde.

Verdinglichung der Herrschaftsrechte

Der Hof

Zum Herrn gehörte im Mittelalter der Hof, die Menschen und Dinge, die ihn in die Lage versetzten, sich als Herrn von Reichtum und Ansehen darzustellen. Hatten sich in der Zeit, da Reichtum in der »Herrschaft über Land und Leute« bestand, Macht und Ansehen eines Herrn vor allem in der zahlenmäßigen Stärke und dem Rang der Kriegergesellschaft gezeigt, die er an seinem Hof zu unterhalten oder als Besucher anzuziehen vermochte, so bot der wirtschaftliche Aufbruch und die Rezeption der ritterlich-höfischen Kultur seit dem 12. Jahrhundert ganz neue Möglichkeiten der Selbstdarstellung. Der Aufschwung des Fernhandels brachte weit mehr als zuvor den Zugang zu Luxusgütern, feinen Wolltuchen aus Flandern, Seiden aus Arabien und Pelzen aus Rußland, und die Entstehung der Mode als Element der höfischen Lebenswelt erlaubte es, diese Kostbarkeiten in prächtigen Gewändern zur Schau zu stellen. Bis dahin waren Männer- wie Frauenkleider von sackartigem Zuschnitt und von Material aus heimischer Produktion. Gewiß wird die Kleidung des Adels auch da schon besser gewesen sein als die des Landvolks, aber für eine Standeskleidung als Teil einer dem Adel vorbehaltenen, verfeinerten Lebensgestaltung fehlten alle Voraussetzungen. Erst die von Frankreich übernommenen ritterlich-höfischen Lebensformen schufen eine eigene adlige Standeskultur, deren Angehörige sich aus der »Höfischkeit« von Kleidung, Benehmen, Gefühlen und Eigenschaften eine grundsätzliche Überlegenheit über die nicht-höfische, die »dörperlich«-bäuerliche Lebenswelt zuschrieben. Zum Aufstieg der Landesherrschaften gehört als ein wesentliches Element das Wetteifern um eine glanzvolle Hofhaltung und man darf annehmen, daß manche Huldigung kleinerer Herren und damit deren Einbindung in ein Land auch durch die Attraktivität eines weithin berühmten, d.h. teuren und schuldenintensiven Hofes zustande kam.

Höfische Lebensformen

Superbia-Hochmut, dargestellt als Dame in modisch eng anliegendem Kleid mit Kopfturban, weit aufgeschlitzten Hängeärmeln und Schleppe – Ende des 12. Jahrhunderts

Feste Residenzen

Die reisende Hofhaltung in verschiedenen Burgen, auf deren architektonische Ausgestaltung man seit dem Ende des 12. Jahrhunderts zunehmend Wert legte, wurde vielerorts im Laufe des 13. Jahrhunderts zugunsten einer festen Residenz als Zentrum von Hofstaat und Landesverwaltung aufgegeben. Seit der 2. Hälfte des 13. Jahrhunderts gewannen die Städte mit ihrer finanzkräftigen Bürgerschaft Bedeutung als Residenzorte. »Die Verschuldung des Landesherrn bei den Bürgern ist in dieser Zeit eines der Merkmale, das eine Stadt im Vergleich zu den anderen Städten des Landes als Landeshauptstadt charakterisiert« (Patze).

Die Städte

Die Gründung Freiburgs im Breisgau

Die Gründung Freiburgs im Breisgau im Jahre 1120 »gilt seit langem ... als ein Markstein in der deutschen Stadtgeschichte« (Schlesinger). Sie ist ein frühes Beispiel dafür, daß König und adlige Grundherren bewußt und planmäßig Kaufleute durch die Zusage besonders günstiger Bedingungen anwarben und so nichtagrarische Siedlungen förderten, die sich dann häufig zu Städten entwickelten. Die hohe Zeit der deutschen Städtegründungen an handelsgünstigen Punkten war das 12. und 13. Jahrhundert.

Von den Bestimmungen der Gründungsurkunde Freiburgs läßt sich nicht nur im Rückblick die mittelalterliche Stadtentwicklung bis zu diesem Zeitpunkt darstellen, sondern auch ein Ausblick auf die zukünftige Entwicklung geben. Der Gründer Freiburgs, Konrad von Zähringen, berichtet, daß er Kaufleute von überallher angeworben und mit ihnen einen Schwurverband zur Gründung und Entwicklung eines Marktortes gebildet habe. Grundherr des Ortes war und blieb Konrad, der jedem Kaufmann ein Stück Land zur Errichtung eines eigenen Hauses zuteilte und die Rechte in der neuen Siedlung festlegte. Die Gründung des Marktes Freiburg ist in ihrer wirtschaftlichen und rechtlichen Gestaltung durchaus den Neugründungen ländlicher

Siedlungen im hochmittelalterlichen Landesausbau und bei der Ostsiedlung vergleichbar; auch die schriftliche Festlegung der Rechte in einer Gründungsurkunde war keine städtische Besonderheit, wie die dörflichen Handfesten vor allem im Deutschordensland Preußen mit seiner fortgeschrittenen Verwaltungsschriftlichkeit zeigen. Umgekehrt wurde auch keineswegs bei jeder Stadtgründung eine Gründungsurkunde ausgestellt. Indem aber der Herzog ausdrücklich Kaufleute anwarb und durch Überlassung von Grundstücken fest ansiedelte, zeigte er, daß Freiburg von vornherein keine landwirtschaftliche Funktion wie ein Dorf haben sollte.

Die Bedeutung der Kaufleute

Städtegründungen und ganz allgemein die mittelalterliche Stadtentwicklung gehören nicht nur in den Zusammenhang von Bevölkerungswachstum und Landesausbau als Voraussetzungen dafür, daß mehr Menschen von der unmittelbaren Nahrungsmittelproduktion abkömmlich waren und damit andere Tätigkeiten ausüben konnten, sondern auch in den der entstehenden Landesherrschaften, in denen sie unterschiedliche Funktionen wahrnehmen sollten. Ihre verkehrsgünstige Lage empfahl z.B. München und Lübeck, beides Gründungen Heinrichs des Löwen, als Marktorte und Sitz von Fernkaufleuten, während die insgesamt 16 Städte, die die Wittelsbacher zwischen 1180 und 1347 in Bayern gründeten, vor allem in territorialen Grenzgebieten lagen und die Sicherung des sich konsolidierenden Territoriums wahrnehmen sollten. Seit der Mitte des 13. Jahrhunderts wurden dann einige Städte feste Fürstenresidenzen und Sitz der Verwaltung und stiegen so zu Hauptstädten auf. Ihnen kam in gesteigertem Maße die Funktion zu, die jede größere Stadt hatte, nämlich zentraler Ort für das ländliche Umland zu sein.

Kaufleute und Handelsplätze hatte es auch vor der Ausweitung des Handels in der hochmittelalterlichen Aufbruchperiode gegeben. In den alten Römerstädten an Rhein und Donau, die auch im Frühmittelalter mit stark geschrumpfter Bevölkerung als Bischofsstädte fortexistierten, gab es Land und Leute des bischöflichen Stadtherrn neben denen anderer geistlicher und weltlicher Grundherren und auch schon früh Kaufleute, die sich, räumlich von der Bischofsstadt getrennt, in einer Vorstadt niedergelassen hatten.

Topographischer Dualismus

Nicht-agrarische frühmittelalterliche neue Siedlungen wie Handelsemporien und Märkte trugen »den Keim städtischen Lebens in sich« (Ennen), der sich dort zur Stadt entfaltete, wo diese Handelsplätze mit ihrer vom Karawanenhandel lebenden, also wenig stabilen Bevölkerung mit einem kirchlichen oder weltlichen Herrensitz zu einer Einheit zusammenwuchsen, der Handwerker durch gute Verdienstmöglichkeiten anlockte. So nahm das später so mächtige Nürnberg von einer königlichen Burg mit vorgelagerter Kaufmannssiedlung seinen Ausgang. Eine beide umschließende Stadtmauer wurde in Nürnberg, so wie allgemein, sichtbarer Ausdruck der neuen Einheit. Für die alten Römerstädte wie für die neu gewachsenen Städte war dieser anfängliche Dualismus von Herrensitz und Kaufmannssiedlung charakteristisch, der dann für die im 12. Jahrhundert einsetzenden Stadtgründungen nicht immer galt.

Die Stadtmauer

Unabhängig aber von der topographischen und rechtlichen Ausgangssituation wurde die Stadtmauer ein Charakteristikum der mittelalterlichen Städte. In einem Reich, dem ein staatlich garantierter Gemeinschaftsfriede fehlte, war sie eine militärische Notwendigkeit. Die jeweils größere Areale umschließenden Mauerringe zeugen vom raschen Wachstum der Städte, deren Bevölkerungszahlen gleichwohl im Vergleich zu heutigen Verhältnissen gering blieben: zwei Drittel aller deutschen Städte hatten zur Zeit der größten Bevölkerungsdichte im Mittelalter, der Zeit um 1300, weniger als 2000, mittlere Städte um 4000 Einwohner. 10000 Einwohner machte eine Stadt zur Großstadt und Köln war mit vielleicht 40000 Einwohnern die weitaus bevölkerungsreichste Stadt im deutschen Raum.

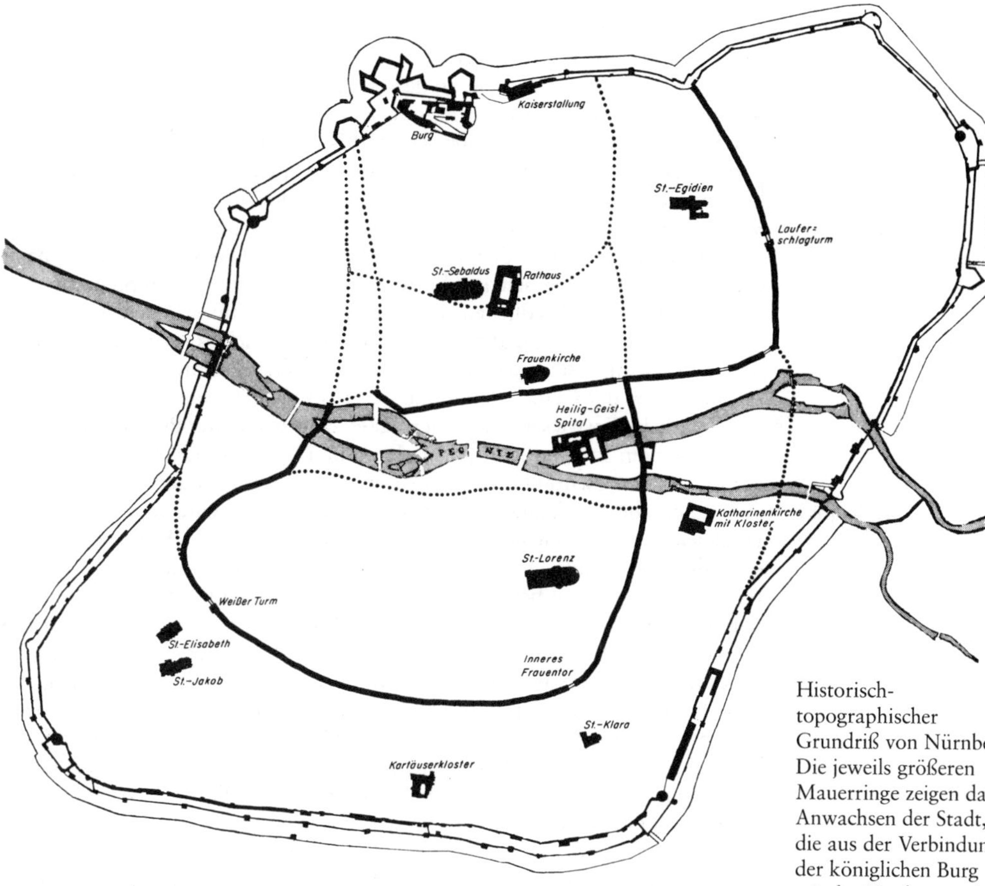

Historisch-topographischer Grundriß von Nürnberg. Die jeweils größeren Mauerringe zeigen das Anwachsen der Stadt, die aus der Verbindung der königlichen Burg mit der Kaufmannssiedlung um die St.-Sebaldus-Kirche entstand (1. gepunktete Stadtmauer)

Das Kaufleuterecht

Der Schwurverband, der in Freiburg die Stadtwerdung einleitete, konstituierte eine neue Rechtsgemeinschaft, deren Mitglieder einen eigenen Rechtsstand vor dem Vogt (advocatus, rector) hatten. Von ihm heißt es, daß er, nach Wahlvorschlag der Bürger vom Herzog eingesetzt, nach »rechtmäßigem Gewohnheitsrecht der Kaufleute (pro consuetudinario et legittimo iure omnium mercatorum), vor allem der Kölner Kaufleute«, Recht sprechen solle. Das bedeutet einmal, daß es bereits eigene, den Bedürfnissen der Kaufleute adäquate Rechtsregeln gab, und zum anderen, daß es gemäß gewohnheitsmäßigem Rechtsgang von Urteilern aus dem Kreis der Betroffenen gesprochen wurde. In den 24 »Geschworenen« (coniurati), die wenig später bei einem Rechtsfall als Treuhänder in Erscheinung traten und die anderorts Richter (iudices) oder Schöffen (scabini) hießen, wird man dieses Urteilergremium zu sehen haben. Für den stadtherrlichen Vorsitzenden des Gerichts bürgerte sich vor allem die Bezeichnung »Schultheiß« ein.

An der Überschaubarkeit der Neugründung wird so die Grundstruktur mittelalterlicher Stadtentwicklung sichtbar, die sich in den gewachsenen Städten mit ihren vielfältigen Bedingtheiten auf sehr unterschiedliche Weise und in den Anfängen oft ohne schriftliche Überlieferung vollzog: die Konstitution einer Bürgermeinde, die auf den Bürgereid gegründet war, mit eigenen Rechtsregeln, eigenem Gerichtsstand und einem Urteilergremium, das geradezu prädestiniert erscheint, über die Rechtsprechung hinaus auch die Regelung anderer alle gemeinsam betreffender Angelegenheiten wie Mauerbau und Verteidigung, Marktaufsicht, Stadtpolizei und Steuererhebung von der stadtherrlichen in die eigene Kompetenz zu bringen. Der Übergang dieser Aufgaben und Rechte an die Bürgergemeinde und ihre Beauftragten vollzog sich in einem längeren Prozeß, an dessen Ende ihre Wahrnehmung durch den *Rat* als das Selbstverwaltungsgremium der Stadtbürgerschaft stand. Der Rat brachte nicht nur die Besetzung der städtischen Ämter in seine Hand, sondern erreichte auch auf die Dauer, daß der Sprecher aus den Reihen der Ratsmitglieder, der Bürgermeister, den stadtherrlichen Schultheißen als Stadtoberhaupt verdrängte. Die Ratsverfassung setzte sich im Laufe des 13. Jahrhunderts in den deutschen Städten durch. Das vollzog sich je nach den örtlichen Gegebenheiten sehr verschieden, konnte in Kämpfen mit dem Stadtherrn oder in friedlichem Einvernehmen mit ihm erfolgen und schloß nicht aus, daß ein ehemaliger Stadtherr sich mancherorts noch Eingriffsrechte in das innerstädtische Geschehen reservieren konnte.

Ratsverfassung

Der Prozeß der Gemeindebildung war ein für die verfassungs- und sozialgeschichtliche Entwicklung gleichermaßen entscheidender Prozeß. Er vollzog sich allgemein in Mitteleuropa im 12. und 13. Jahrhundert und war nicht auf die Städte beschränkt, denn etwa im gleichen Zeitraum bildeten sich auf dem Land die Landgemeinden. Stadt- und Landgemeinden sind durchaus vergleichbare Phänomene, denn bei beiden handelt es sich um »genossenschaftliche Verbände, die für sich ›öffentlich-rechtliche‹ Aufgaben als Eigenrecht wahrzunehmen befugt und befähigt sind« (Blickle). Beide hängen mit der hochmittelalterlichen Aufbruchs- und Ausbauphase zusammen, in der im ländlichen Bereich die Intensivierung der Landwirtschaft eine festere Bindung der Bauern an Hof und Scholle verlangte und damit gleichzeitig die Abkehr von der fluktuierenden Siedlungsweise in den kleinen, wenig stabilen Weilern und Höfen des Frühmittelalters und den Übergang zur Dorfsiedlung mit sich brachte. Diesen Dorfgemeinschaften stellten sich weit ausgeprägter als früher Aufgaben, die alle gemeinsam betrafen. Die Dorf- oder Landgemeinden entstanden in Konkurrenz zu grundherrlichen Lenkungsansprüchen als die Form, in der diese Aufgaben genossenschaftlich bewältigt wurden. Dabei spielte die Dorfgemeinde lange die Rolle eines »Schattengewächses der Institutionengeschichte« (Bader) neben der von jeher intensiv erforschten, vom Ideal der Bürgerfreiheit überglänzten städtischen Gemeinde. Angesichts der Tatsache aber, daß auch im Spätmittelalter noch etwa 80% der Bevölkerung des Reiches Landbewohner waren, hat auch die Dorfgemeinde in der jüngeren Forschung größere Beachtung gefunden.

Stadt- und Landgemeinden

Die Freiburger Gründungsurkunde sicherte den Neubürgern die Beachtung des kaufmännischen Gewohnheitsrechts nach Kölner Muster. Damit berührt sie einen Bereich, der in der Zukunft zu den Eckpfeilern der den Städten eigentümlichen Kultur werden sollte, den des Stadtrechts. Für die auf engem Raum zusammenlebenden und durch Gewalttaten jeder Art besonders empfindlich zu treffenden Stadtbewohner war die Unterbindung des Fehdewesens eine Existenznotwendigkeit. Der Durchsetzung des städtischen Gemeinschaftsfriedens, aber auch der Sicherung kaufmännischer und handwerklicher Geschäftsfreiheit diente die Erarbeitung von Rechtsregeln, die das alte archaische Gewohnheitsrecht der Agrargesellschaft durch bewußt und rational konzipiertes gesetztes Recht überwanden. Die Stadtrechte wurden durch freie Willensübereinkunft geschaffen, waren also nach Willen »gekürt« und trugen deshalb häufig den Namen »Willkür«. Im statutarischen Recht der Städte gelang der Durchbruch aus dem archaischen Traditionsrecht zu einem Recht, das, auf Zweckrationalität gegründet, durch bewußte Rechtsänderungen neuen Bedingungen angepaßt werden konnte.

Das Stadtrecht

Die Freiburger Gründungsurkunde sagt nicht ausdrücklich, daß auch Nicht-Kaufleute zur frühen Siedlung gehörten. Durch ihre Wortwahl setzt

Nürnberg von Süden, 1533

sie aber eine bereits bestehende Siedlung voraus, deren Bewohner zusammen mit den angeworbenen Kaufleuten als »burgenses« bezeichnet werden – ein Begriff, auf den das deutsche Wort »Bürger« zurückgeht und das im 12. Jahrhundert die Bewohner einer dichter bebauten, größeren Siedlung bezeichnete, vor allem Handwerker und kleine Gewerbetreibende. Und in der Tat trug bei aller Bedeutung der Fernkaufleute ein differenziertes Handwerk wesentlich zum Aufblühen Freiburgs wie der mittelalterlichen Städte überhaupt bei, denn der städtische Markt war nicht nur Warenumschlagplatz für Fernhandelsgüter, sondern versorgte auch das Umland mit den am Ort hergestellten heimischen Produkten.

Zünfte und Gilden

Gemäß »mittelalterlich-genossenschaftlichem Denken, für welches der Mensch nicht abgelöst, sondern im Webmuster kollektiver Zugehörigkeit steht« (Dilcher), stellte sich die Stadtbürgerschaft nicht als Summe von Individuen dar, sondern als Gemenge sich überschneidender Gruppen. Neben der Familie als natürlicher Gemeinschaft standen wie von jeher die durch Eid künstlich gestifteten Gemeinschaften der Bruderschaften, allen voran die Kaufleutegilden und Handwerkerzünfte. Zünfte und Gilden waren im Spätmittelalter Zwangsverbände, in die jeder eintreten mußte, der den einschlägigen Beruf ausüben wollte. Sie unterwarfen nicht nur den Zugang und die Berufsausübung durch selbstgewählte Vorsteher strengen Regeln, sondern waren auch im gesellschaftlich-»privaten« Leben der Zunft- und Gildebrüder als umfassende Lebensgemeinschaften allbeherrschend. Gemeinsame Feiern bei Mahl und Trunk auf der »Stube« waren die Fortsetzung der frühmittelalterlichen Gildemähler. Familien, Gilden und Zünfte hatten auch eine verfassungsrechtliche Bedeutung, denn an sie war der Besitz des Bürgerrechts geknüpft.

Erwerb des Bürgerrechts

Für die innere Struktur der Städte blieb es grundlegend, daß Stadtbewohnerschaft und Stadtbürgerschaft bis ins 15. Jahrhundert nicht identisch waren. Die Bedingungen für den Erwerb des Bürgerrechts unterschieden sich von Stadt zu Stadt. Als eine gewisse Regel kann gelten, daß zum Bürgereid, der in vielen Städten in jährlichem Abstand neu geleistet wurde, die Männer zugelassen waren, die als Zeichen des eigenen Hausstandes »Feuer und Rauch« hielten und einer Gilde oder Zunft angehörten. Ehefrau und Kinder genossen Bürgerstatus in Form der Teilhabe, der über den Tod des Haushaltsvorstands weiterbestand und etwa bei Witwen zu vollem Recht auflebte. Ohne Bürgerstatus waren nicht nur die unzünftigen Unterschichten der beruflich Unselbständigen wie Handwerksgesellen und -gehilfen, Dienstboten und Tagelöhner, Frauen mit »unzünftiger« selbständiger Arbeit und die Bettler und »verschämten« Armen, die sich »des Bettelstabs schämten«, aber von wohlhabenden Bürgern unterhalten wurden, sondern auch der vor allem in den Bischofsstädten zahlreiche Klerus, die Ordensleute und oft auch die Juden.

Arm und reich

Neben der Unterscheidung in Bürger und Nicht-Bürger gab es die große Zweiteilung der mittelalterlichen Stadtgesellschaft in arm und reich. Sie bestimmte das politische und soziale Klima. Zwar waren die erwähnten »unzünftigen« Unterschichten in der Regel beides, rechtlich ohne Bürgerstatus und sozial arm in der Weise, daß sie, bei niedrigem Einkommen und meist ohne Rücklagen, von der Hand in den Mund lebten und daher bei Krankheit, persönlichem Unglück oder Konjunkturschwankungen sehr schnell in die Bedürftigkeit absanken. Gerade an der zahlenmäßig größten Gruppe der Stadtbewohner, der der Handwerker, zeigt sich aber, daß die Armut bis weit in die zünftigen Schichten hineinreichte.

»Die Vorstellung vom wohlhabenden mittelalterlichen Handwerker, der in seinem stattlichen Haus lebte, ist weithin unwirklich« (Maschke). Nicht nur gab es ganze Handwerkerzünfte wie die der Leinweber, Schneider oder Karrenleute, deren Mitglieder allgemein über sehr geringen Besitz verfügten, sondern auch innerhalb der Zünfte gab es bei sehr unterschiedlichen Betriebsgrößen erhebliche Vermögensunterschiede, und Handwerkern, die weder durch Erbschaft noch durch Einheirat in den Besitz einer eigenen Werkstatt kamen, gelang nur in Ausnahmefällen der Aufstieg in die besitzenden Schichten. Städtische Steuerlisten, die wichtigste Quelle für eine statistische Erfassung der innerstädtischen Vermögensverteilung, liegen seit der 2. Hälfte des 14. Jahrhunderts und vor allem dann für das 15. Jahrhundert vor. Steuern waren grundsätzlich Vermögenssteuern. Daher beziehen sich die Steuerlisten auf das Vermögen wie Haus, Werkstatt, Warenlager, Werkzeuge und andere Produktionsmittel und geben nicht nur keine Auskünfte über das Realeinkommen, sondern lassen meist auch die Besitzlosen außer Betracht. Wenn auch die statistische Auswertung der Steuerlisten daher mit großen Unsicherheiten verbunden ist, so dürfte der Eindruck einer erschreckend breiten Schicht von Einwohnern ohne nennenswerte Mittel sehr wohl zutreffen.

In Köln waren im Jahre 1417 ⅔ bis ¾ aller Handwerker nicht in der Lage, eine Kopfsteuer von einem Gulden zu zahlen. Im Jahre 1444 konnten bei akuter Kriegsgefahr etwa ⅓ der Einwohner Straßburgs keine überlebensnotwendigen Getreide- und Mehlvorräte anlegen und in der Reichsstadt Hall lagen nach den Steuerlisten von 1460 wohl 37 % unterhalb der Armutsgrenze eines Vermögens im Wert von 40 Gulden. Diese nach Zeit und Ort stark variierenden Zahlen erlauben gleichwohl den Schluß, daß ein großer Teil, vielleicht sogar mehr als die Hälfte der städtischen Bevölkerung in wirtschaftlich so wenig gesicherten Verhältnissen lebte, daß er in Krisenzeiten die Zahl der Hilfsbedürftigen und Hungernden sprunghaft ansteigen ließ.

Die krassen Unterschiede zwischen arm und reich bestimmten das Aussehen der Städte: An das Zentrum beim Markt mit den Häusern der Reichen, die über eigene Brunnen für die Trinkwasserversorgung und eine ummauerte Kanalisation für die Abfallbeseitigung in die hauseigenen Sickergruben verfügten, schlossen sich die ärmeren Stadtviertel und die Vorstädte mit einem Gewirr kleiner Häuser, Buden und Kellerbehausungen an; da auch hier die Abfallbeseitigung als Privatangelegenheit galt, um die sich die Stadtobrigkeit nicht zu kümmern hatte, läßt sich das Ausmaß von Dreck und Gestank wohl kaum übertreiben.

Geschlechtertanz in Augsburg, 1500

Ratsfähigkeit

Die wirtschaftlichen Unterschiede schlugen sich unmittelbar in der Verteilung der politischen Macht nieder. Da die politischen Aufgaben im Rat und den hohen Ämtern ehrenamtlich wahrgenommen wurden und damit die Freistellung vom tagtäglichen Broterwerb voraussetzten, war das Stadtregiment schon aus wirtschaftlichen Gründen den wirklich Wohlhabenden vorbehalten. Der Sitz im Rat vererbte sich genau so vom Vater auf den Sohn wie die Werkstatt oder die Beteiligung an einem Handelshaus und blieb so oft jahrhundertelang in der Familie. Ratsfähige Familien waren in den meisten Städten zunächst vor allem die Fernhandelskaufleute, denen dann seit der Mitte des 14. Jahrhunderts in den »Zunftkämpfen« von reichen Zunfthandwerkern die Vorherrschaft streitig gemacht wurde.

Kaiser und Papst

Wie Sonne und Mond sah Papst Gregor IX. Papsttum und Kaisertum einander zugeordnet, und sein Gegenspieler, Kaiser Friedrich II., nahm das Bild zustimmend auf. Damit schloß er sich keinesfalls der kurialen Theorie an, nach der die oberste weltliche Gewalt nur als abgeleitetes Licht, also nur in Abhängigkeit von der ihr übergeordneten geistlichen Gewalt des Papstes ihren göttlichen Auftrag versähe, oder aber, wie ein anderes, häufig verwandtes Bild es ausdrückt, ihr weltliches Schwert nach dem Gebot der Kirche (nutu ecclesiae) führe. Dieser kurialen Vorstellung setzte Friedrich II. betont und wiederholt seine Auffassung von der Gleichrangigkeit der beiden obersten Gewalten der Christenheit entgegen. Das Sonne-Mond-Gleichnis drückte für ihn wohl vor allem eine der Erde entrückte Erhabenheit aus, in der die beiden Universalgewalten in der unwandelbaren Stetigkeit von Gestirnen die Menschenwelt erleuchteten. Beide Universalgewalten hatten im Spätmittelalter diese in ihrer Unwandelbarkeit unpolitische Konzeption mit den Gegebenheiten einer Welt in Einklang zu bringen, die in politische Bewegung geraten war.

Die Probleme, die sich daraus für das Kaisertum ergaben, hatten sich schon bei Friedrich Barbarossa gezeigt, der erfahren mußte, daß es für ein kaiserliches Handeln, das den Rahmen ritueller Sakralität sprengte, in der politisch differenzierten Welt seiner Zeit nur mehr einen sehr geringen Spielraum gab. Nach den Erfahrungen, die Papst Alexander III. durch Schisma und Italienpolitik mit dem Staufer gemacht hatte, mußte den nachfolgenden Päpsten die Umklammerung des Kirchenstaates durch die Vereinigung des Königreichs Sizilien mit dem Reich unter Barbarossas Sohn Heinrich VI. (1190–1197) als existenzbedrohende Gefährdung erscheinen, die sie mit aller Intensität zu bekämpfen hatten. Mit der gleichen Zähigkeit bemühte sich auf der anderen Seite Barbarossas Enkel Friedrich II. darum, beide Königreiche, Sizilien und Deutschland, zu erwerben und zu halten, denn mit dem deutschen Königtum war das Kaisertum verbunden, das ihn über alle anderen Könige Westeuropas hoch emporhob, und Sizilien mit seinen frühen Tendenzen zur Staatlichkeit bot ihm ein weit günstigeres Feld politisch-herrschaftlicher Gestaltung als das deutsche Lehnreich. Da Reichsitalien das Bindeglied zwischen beiden Reichen darstellte, schloß ihre Vereinigung faktisch die Unterwerfung der lombardischen Städte ein. Es war dieses Festhalten an der Vereinigung der Reiche, die Papst Gregor IX. 1227 den Kirchenbann über Friedrich II. aussprechen ließ, zu dem ein nicht termingerecht eingelöstes Kreuzzugsversprechen den Anlaß bot.

Sizilien und das Reich

Bannung Friedrichs II.

Siegel Friedrichs II.

Friedrich II. hat sich um die Lösung vom Bann intensiv bemüht und sie 1230 auch erreicht. Da er die Zugeständnisse, die er dem Papst dafür machen mußte, aber nicht als Absage an sein Konzept der unter seiner Herrschaft vereinten drei Königreiche Deutschland, Reichsitalien und Sizilien verstand, blieb es ein prekärer Friede. Mit den militärischen Erfolgen des Kaisers gegenüber den lombardischen Städten wuchs fast zwangsläufig das Mißtrauen der Kurie, zumal Friedrich auch in Rom selbst kaiserliche Oberherrenrechte in Anspruch nahm. Im März 1239 sprach Papst Gregor IX. erneut den Bann über Friedrich II. aus. »Mit dieser Entscheidung setzt der Endkampf der Kurie gegen den Kaiser und sein Haus ein« (Wolter). Die seit Investiturstreit und Scholastik in der Kirche sich verstärkende Rationalität bewirkte, daß der Kampf von theoretischen Bemühungen um die logische Fortentwicklung der Lehre von der päpstlichen Vollgewalt begleitet wurde, und diese Theorien dienten dann wiederum zur Rechtfertigung politisch-juristischer Kompetenzen. So wurde etwa die Feststellung Gregors VII. (1073–1085), daß niemand als katholisch gelten könne, der nicht mit der Römischen Kirche übereinstimme, im Sinne einer immanenten Logik dahingehend rechtlich ausgelegt, daß derjenige, der sich länger als ein Jahr im Kirchenbann befände, der Ketzerei verdächtig sei. Dieses Rechtssatzes bedient sich dann Innozenz IV. als politischer Waffe: Nicht zuletzt wegen des Vorwurfs der Ketzerei setzte er den gebannten Friedrich II. im Juli 1245 auf dem Konzil von Lyon als Römischen Kaiser und als deutschen und sizilischen König ab. Die Kurfürsten wurden aufgefordert, einen neuen König zu wählen. Unter Führung der drei rheinischen Erzbischöfe kam es im Mai 1246 zur Königswahl des angesehenen und reichen Reichsfürsten Heinrich Raspe, des Landgrafen von Thüringen, und, nach dessen frühem Tode, im Februar 1247 zu der des Grafen Wilhelm von Holland (1247–1256). Die Neuordnung Siziliens behielt der Papst sich und den Kardinälen vor. Mit Berufung auf seine Oberlehnsherrenstellung bemühte er sich bald um einen Lehnsmann, der das Königreich gegen staufische Ansprüche übernehmen sollte. Der gebürtige Franzose Papst Urban IV. (1261–1264) fand ihn schließlich 1265 in Karl von Anjou (1265/66–1285), dem Bruder des französischen Königs.

Die Lehre von der päpstlichen Vollgewalt

Das Bedürfnis nach Rechtfertigung im politischen Kampf der beiden Universalgewalten hatte in logischer Folgerichtigkeit Theorien von prinzipienhafter Ausschließlichkeit der päpstlichen Allgewalt hervorgebracht. Der Tod des bis zu seinem Ende gebannten Friedrich II. im Jahre 1250, das relativ frühe Hinscheiden seines Sohnes und Nachfolgers Konrad IV. nur vier Jahre später und schließlich die Enthauptung von dessen jungem Sohn Konradin durch Karl von Anjou 1268 in Neapel verdichteten sich als »Untergang der Staufer« zu einer triumphalen Bestätigung der These von der päpstlichen Allgewalt, die das Papsttum der Notwendigkeit zu entheben schien, sein Selbstverständnis von der Unterwerfung jedweder Kreatur unter seine Stellvertreterschaft der göttlichen Allmacht mit den realen politischen Gegebenheiten in Einklang zu bringen. Nach dem Tod Friedrichs II. wurde dann für mehr als 60 Jahre kein Herrscher mehr zum Kaiser gekrönt. Dadurch wurden die einschränkenden Ansprüche der zweiten Universalgewalt nicht geltend gemacht. Statt dessen aber sah sich das Papsttum mit dem politischen Durchsetzungswillen und der auf staatliche Geschlossenheit gerichteten Herrschaftskonzeption der französischen Könige aus dem Hause Anjou und ihrer Sekundogenitur im süditalienischen Königreich konfrontiert. Als Philipp IV., der Schöne von Frankreich (1285–1314), im Verlauf von Auseinandersetzungen um die Besteuerung des französischen Klerus ganz allgemein die Anordnungsgewalt des Papstes in französischen Kirchen als Angriff auf seine gottgegebene herrscherliche Verfügungsgewalt in Frankreich erklärte, formulierte Papst Bonifaz VIII. (1294–1303) die schon traditionellen kurialen Vorstellungen von der Überordnung der päpstlichen über jede weltliche Gewalt in der Bulle »Unam sanctam« (18. XI. 1302) als prinzipiellen handlungsleitenden Rechtssatz. Der König verschärfte daraufhin den Propagandafeldzug gegen den Papst, verband sich mit dessen Feinden aus dem stadtrömischen Adelsgeschlecht der Colonna und kam schließlich der päpstlichen Verkündung der feierlichen Exkommunikation und der Lösung seiner Untertanen vom Treueid dadurch zuvor, daß er den Papst im August 1303 in Anagni überfallen und zeitweise gefangensetzen ließ, um ihn dem Urteil eines Konzils zu unterwerfen.

Untergang der Staufer

Die Anjou und das Papsttum

Die Bulle »Unam sanctam«

Der Tod Papst Bonifaz VIII. hat das verhindert. Die Frage aber, wie die Kirche diesem Angriff auf ihre Freiheit in Gestalt ihres höchsten Würdenträgers begegnen sollte, spaltete das Kardinalskollegium. Schließlich setzte sich die Partei durch, die einen Ausgleich mit dem französischen König für geboten hielt. Sie wählte den Erzbischof von Bordeaux als Clemens V. (1305–1314) auf den Papstthron. Sein Pontifikat leitete eine neue Epoche in der Geschichte der Päpste ein: Seine Krönung in Lyon und dann der lebenslange Aufenthalt in Frankreich, die Ernennung überwiegend französischer Kardinäle und die Willfährigkeit gegenüber dem französischen König beim Prozeß um Bonifaz VIII. und bei der Vernichtung des Templerordens sind Zeichen einer zunehmenden Abhängigkeit des Papsttums von den Interessen des französischen Königs, die dann der Nachfolger Clemens V., der Franzose Johannes XXII. (1316–1334) dadurch besiegelte, daß er die Kurie nach Avignon verlegte. Die »babylonische Gefangenschaft der Kirche« in Avignon mündete 1378 in das »Große Schisma« und endete erst nach dessen Überwindung durch die Wahl Martins V. (1417–1431) und seine Rückkehr nach Rom im Jahre 1420.

Sitz der Kurie in Avignon

Seit Beginn des 14. Jahrhunderts waren damit weder Kaiser noch Papst in Italien präsent, dem Raum, in dem sich in der Stauferzeit vor allem die Konflikte zwischen den beiden Universalgewalten entzündet hatten. Aber die Kaiseridee blieb lebendig. Das zeigen auch noch die Widersprüche gegen die häufig wiederholte Ansicht, daß zur rechten Ordnung der Welt das Kaisertum gehöre und daß der deutsche König einen Anspruch auf die Kaiserwürde habe. Es stellte sich damit zwangsläufig die Frage, wer dann, wenn es keinen Kaiser gab, die diesem zustehenden Rechte ausüben sollte. Daß der Papst für

Avignon mit dem Papstpalast (um 1880)

sie Sorge zu tragen habe, war bei der gegenseitigen Zuordnung der beiden Universalgewalten fast selbstverständlich.

Der Vikariatsanspruch des Papstes

Schon bald nach dem Tode Friedrichs II. hatte sich das Papsttum bei der Bekämpfung der Stauferanhänger in Italien – der Ghibellinen – auf seine Vikariatsrechte berufen, auf die Vorstellung nämlich, daß während einer Vakanz des Imperiums (vacante imperio) der Papst als der geborene Stellvertreter (Vikar) des Kaisers für das verwaiste Reich zu handeln habe. Das war zunächst nur ein Legitimationsgrund neben anderen und auch eher Hilfsmittel in einer Situation der Rechtsunsicherheit als eine bewußt und gezielt geführte Waffe im politischen Machtkampf. Dazu machte sie erst der avignonesische Papst Johannes XXII. Er verband in aller Schärfe die Vikariatsidee mit dem päpstlichen Anspruch auf Approbation (Bestätigung) des gewählten Römischen Königs und behielt sich entsprechend die Verfügung über die Reichsrechte im ganzen Reich, d.h. also auch in Deutschland, bis zu dem Zeitpunkt vor, da ein von den Kurfürsten gewählter König die päpstliche Bestätigung seines Königtums erlangt haben würde. Die Zwietracht im Reich nach dem Tod Heinrichs VII. (1313) mochte für die Durchsetzung dieser Theorie günstig erscheinen.

Der Anspruch auf Approbation

Die Konkurrenz zwischen Luxemburgern und Habsburgern führte zur Doppelwahl von 1314, nach der sich Ludwig von (Ober)bayern (1314–1347) als Kandidat der luxemburgischen Partei und der Habsburger Friedrich der Schöne (1314–1330) gegenseitig die Königswürde streitig machten. Als dann Ludwig der Bayer nach Ausschaltung seines Rivalen zugunsten der ghibellinischen Partei in Italien eingriff, war für den Papst der Zeitpunkt gekommen, die praktischen Konsequenzen aus seinen theoretischen Ansprüchen zu ziehen: Wegen des Fehlens der päpstlichen Approbation bestritt er die Legitimität von Ludwigs Königtum, leitete daraus eine Reichsvakanz ab und verstand entsprechend Ludwigs Regierungshandlungen als Usurpation der dem Papst zustehenden Vikariatsrechte. 1324 sprach er ihm alle Herrschaftsrechte ab und verhängte über ihn und seine Anhänger den Kirchenbann. Da Papst Johannes XXII. in den folgenden Auseinandersetzungen mit starrsinniger Konsequenz an der These festhielt, daß »die päpstliche Approbation ursprünglich und grundsätzlich die Voraussetzung für die rechtmäßige Ausübung der Herrschaft im ganzen Imperium bilden sollte« (Baethgen) und folglich die Lehnsvergabe der Mark Brandenburg durch Ludwig als Usurpation päpstlicher Rechte brandmarkte, waren die Versuche Ludwigs, eine Lösung vom Bann unter Wahrung der traditionellen Reichsrechte zu erreichen, wohl von vornherein zum Scheitern verurteilt. Trotz erheblichen Entgegenkommens Ludwigs verweigerte auch der Nachfolger Johannes XXII. auf Druck des französischen Königs die Beilegung des Konflikts, schwächte aber damit letztlich seine eigene Position, denn das Anwachsen der antikurialen Stimmung in Deutschland unterminierte vielerorts die Autorität der Amtskirche und den Glauben an die Heilsnotwendigkeit ihres Tuns. Da die französischen Päpste über das bislang übliche Maß päpstlicher Einflußnahme weit hinausgingen, antworteten zudem die Kurfürsten im Jahre 1338 zu Rhens mit einem Weistum über die deutsche Königswahl, in dem sie ausdrücklich feststellten, daß der von der Mehrheit der Kurfürsten Gewählte keiner Bestätigung durch den Papst zur rechtsgültigen Führung der Reichsgeschäfte bedürfe. Der Rechtsstandpunkt der Partei Ludwigs des Bayern erwies sich so als der des Reiches. Daran konnte auch die Wahl des Luxemburgers Karl, des jungen Sohnes des Böhmenkönigs Johann, zum Gegenkönig des nach wie vor gebannten Ludwig nichts ändern, die 1346 mit Förderung des Papstes zustande kam.

Das Rhenser Weistum

Karl IV. fand nach dem plötzlichen Tod seines Rivalen im folgenden Jahr schnell allgemeine Anerkennung. Obwohl die Umstände seiner Wahl ihn manchen als »des Papstes Soldknecht und Laufbursche« erscheinen ließen, wie es ein zeitgenössischer Chronist ausdrückt, schloß die »Goldene Bulle« dieses Herrschers, in der 1356 das deutsche Königswahlrecht festgeschrieben wurde, ein päpstliches Vikariat dadurch aus, daß sie das Reichsvikariat bei Thronvakanz ausdrücklich dem Pfalzgrafen bei Rhein für den Bereich des fränkischen Rechts und dem Herzog von Sachsen für den des sächsischen zuschrieb, während sie die kurialen Approbationsansprüche »mit eisigem Schweigen« überging. »Die kuriale Approbationstheorie hatte von da an nur noch eine Nachgeschichte, keine Geschichte mehr« (Miethke). Das gleiche gilt für die großen Auseinandersetzungen zwischen Kaiser und Papst, die ebenfalls mit dem Tod Ludwigs des Bayern ihr Ende fanden.

Das Reichsvikariat in der Goldenen Bulle

Herbst des Mittelalters – Mitte des alteuropäischen Zeitalters

Die Epoche und ihre Grenzen

Die Bezeichnung »Mittelalter«

Die Bezeichnung »Mittelalter«, die um 1500 für die nach-antike Zeit Verbreitung fand, war Verlegenheitsbegriff und Ausdruck eines Gefühls neugefundener Überlegenheit zugleich: Verlegenheitsbegriff insofern, als er einerseits die Jahrhunderte vom Untergang des Römischen Reiches bis etwa 1500 als Einheit zusammenfaßte und damit der Zeit ein eigenes Gepräge zuschrieb, andererseits aber dieses eigene Gepräge mit der Bezeichnung »Mittelalter« wieder leugnete, denn der Name impliziert die Vorstellung einer stagnierenden, bedeutungslosen Übergangsphase ohne eigenen Charakter. »Die bewußte Rückkehr zur Antike und zum klassischen Wissen verband sich mit der Überzeugung, daß in der Geschichte der Menschheit eine Periode des Übergangs – eben das Mittelalter – zu Ende ging« (Skalweit). So spiegelt der Begriff das Selbstverständnis der humanistischen Bildungselite wider, die ihn sich zu eigen machte, weil sie sich am Beginn einer neuen Zeit wußte. Die

Dreiteilung der europäischen Geschichte in Altertum, Mittelalter und Neuzeit wurde dann in späteren Handbüchern gängiges Gliederungsschema und mündete schließlich in ihre Institutionalisierung im Universitätsbetrieb.

Von zwei Seiten her hat man den gleichsam kanonisierten Begriff »Mittelalter« in Frage gestellt: einmal, indem man der im Begriff selbst liegenden Vorstellung einer Übergangsphase begegnete und spezifische Merkmale der Jahrhunderte zwischen 500 und 1500 herausstellte, und zum andern, indem man die Berechtigung für eine grundlegende Zäsur um 1500 überhaupt in Zweifel zog. Der Kulturhistoriker Jan Huizinga gehört zu denjenigen, die das erste Anliegen verfolgen: in seinem epochalen Werk »Herbst des Mittelalters«, das zuerst 1919 in niederländischer Sprache und dann in vielen Auflagen und Übersetzungen erschien, versuchte Huizinga in Politik und Recht, Wirtschaftsleben und Frömmigkeit, Kunst und Krieg den spezifischen »Lebenston«, mittelalterlichen Daseins zu erfassen und zu einem Portrait der Kultur des späten 14. und 15. Jahrhunderts zu verdichten. Dieses Dasein sah er geprägt durch die starken Kontraste »roher Ausgelassenheit, heftiger Grausamkeit und inniger Rührung«, durch »düstere Rachgier«, ein »steinhartes Rechtsgefühl« und die Abruptheit, mit der »die gemütliche Ehrfurchtslosigkeit und Nüchternheit des Alltags mit den inbrünstigsten Erregungen leidenschaftlicher Frömmigkeit wechselt, die immer wieder spasmisch das Volk ergreifen«. Sein Anschauungsmaterial entnahm er vor allem dem Herrschaftsraum der Herzöge von Burgund. Seit 1363, als König Karl V. von Frankreich seinem jüngeren Bruder Philipp dem Kühnen das (französische) Herzogtum Burgund übertrug, hatten sie durch Heirat, Kauf, Erbschaft und Gewalt eine Vielzahl französischer Kronländer und deutscher Reichslehen von Friesland, Holland und Flandern im Norden bis in den Raum der Westalpen im Süden zu einem neuen »Mittelreich« vereinigt, dessen Einheit in der Person der Herzöge und in ihrem Hof lag. Alle diese Länder waren als Lehen des französischen bzw. des römisch-deutschen Königs Teil Frankreichs bzw. des Reiches, eine formal-rechtliche Zweitrangigkeit und Abhängigkeit, die der letzte der Herzöge, Karl der Kühne (1465–1477), durch den Aufstieg zum König, ja zum Kaiser zu überwinden trachtete. Karls fürstlicher Machtwille scheiterte schließlich an den schweizerischen Eidgenossen, einer geschworenen Einung von ursprünglich acht bäuerlichen Talschaften, denen es gelang, sich seiner territorialherrlichen Ansprüche militärisch erfolgreich zu erwehren. Die Niederlagen, die sie Karl 1476 in den beiden mörderischen Schlachten von Grandson und Murten zufügten, erwiesen sich bald danach als Anfang vom Ende des reichen und erfolgsgewohnten burgundischen Herzogsstaates, da Karl der Kühne im Januar 1477 vor Nancy Schlacht und Leben verlor. Seine Erbtochter Maria vermählte sich schon im April 1477 mit dem Kaisersohn und -erben Maximilian und brachte damit die burgundischen Länder an die Habsburger.

»Herbst des Mittelalters«

Karl der Kühne von Burgund mit dem Orden vom Goldenen Vlies

Epochale Ereignisse als Zeichen für das Ende des Mittelalters

Für Huizinga signalisiert der Untergang Burgunds den Abschluß einer sich ihrem natürlichen Ende zuneigenden Epoche. Im allgemeinen Geschichtsbewußtsein aber sind es andere Daten und Ereignisse, mit denen in ihrer Zusammenfassung die Vorstellung vom »Ende des Mittelalters« in der 2. Hälfte des 15. Jahrhunderts verbunden ist: die Eroberung Konstantinopels durch die Türken im Jahre 1453, die vielen Zeitgenossen das Nahen des Weltendes anzeigte, hatten die »barbarischen« Völker aus dem Osten in der christlichen Endzeitlehre doch stets eine beherrschende Rolle gespielt. Mit der Entdeckung der »neuen Welt« Amerika durch Columbus (1492) sieht man dann im Rückblick eine neue, die Grenzen des alten Europa überschreitende Weltorientierung eingeleitet. Vor allem aber verbindet sich mit der Reformation und der institutionell untermauerten Absage der Protestanten an die Alleinverbindlichkeit der Glaubenslehre von Papst und Römischer

Standarte
mit heiligem Andreas
aus der Beute
von Murten

Kirche die Vorstellung vom Ende der alten römisch-christlichen Welteinheit. Dem euphorischen Überlegenheitsgefühl von Renaissance und Humanismus, das sich am Anfang einer neuen Zeit wähnte und bewußtseinsmäßig vom vorangegangenen »Mittelalter« absetzte, stellt so das rückblickende Geschichtsdenken epochale Ereignisse an die Seite, mit denen sich die Vorstellung einer Zeitenwende um 1500 verbindet.

Relativierung des Epocheneinschnitts um 1500

Ein neueres, stärker auf die Bedeutung der Strukturen abhebendes Geschichtsverständnis relativiert allerdings zunehmend den traditionell verfestigten Epocheneinschnitt und betont die Kontinuitäten vom Hochmittelalter bis zur »Sattelzeit« des 18. Jahrhunderts: es läßt auf die »archaische Epoche« des Frühmittelalters »das alteuropäische Zeitalter« folgen, unter dem es die Zeit vom 12. bis zum 18. Jahrhundert zusammenfaßt; durch die Strukturveränderungen der »Renaissance des 12. Jahrhunderts«, bei denen man gefragt hat, »ob sie nicht in vieler Hinsicht entscheidender für den Westen gewesen sind als die Renaissance des 14./15. Jahrhunderts« (Nelson), sieht es Entwicklungen eingeleitet, die in den folgenden fünf Jahrhunderten bestimmend blieben.

Wenn der Epocheneinschnitt um 1500 auf diese Weise relativiert wird, so scheint es angesichts der nach wie vor verbreiteten Ansicht vom »Ende des Mittelalters« doch sinnvoll, die grundlegenden Veränderungen, die sich im deutschen Reich von seiner Entstehung zu Beginn des 10. bis zum Ende des 15. Jahrhunderts vollzogen haben, ausdrücklich hervorzuheben, um so die Dynamik und die Modernisierungsleistung dieser Zeit bewußt zu machen. Dies soll dadurch geschehen, daß sich das letzte der »mittelalterlichen« Kapitel, in dem die Zeit von der Mitte des 14. bis zum Ende des 15. Jahrhunderts behandelt wird, an der Gliederung des Kapitels orientiert, das vom »Reich in der altüberlieferten Ordnung« handelt.

Für die Spätzeit des Mittelalters hat man »eine gewisse Unrast in weiten Schichten der Bevölkerung« (Graus) als Ausdruck einer umfassenden Krise (Seibt) gedeutet, so daß »Vielfalt oder gar Gegensätzlichkeiten Kennzeichen [bedeuten], die dem 15. Jahrhundert wie kaum einer anderen Epoche eigen sind« (Meuthen) und den Eindruck von der »Unentschiedenheit« dieser Zeit (Heimpel) vermitteln. Trotz intensiver Einzelforschungen dürfte auch heute noch wie 1963 (Lütge)das Urteil Schmeidlers von 1937 Zustimmung finden, nach dem es »dem damals mitlebenden Beobachter ganz unmöglich erscheinen mußte, in solchem Wirrsal der Erscheinungen eine klare Linie, einen verständlichen Sinn zu finden, und auch heute ist es für den rückblickenden Historiker eine der schwersten Aufgaben, die ihm gestellt werden können, aus der Fülle der Einzelheiten die wichtigsten hervorzuheben und zu einer klaren und einprägsamen Gesamtanschauung zusammenzufassen«. Schon diese allgemeinen Kennzeichnungen machen den Abstand zum »Reich in der altüberlieferten Ordnung« des 10. und frühen 11. Jahrhunderts mit den einfachen Grundstrukturen und einsinnigen Tendenzen einer kargen Krieger- und Bauerngesellschaft deutlich.

Wie umfassend die einzelnen Veränderungen seit dem frühen Mittelalter waren, ergibt sich schon daraus, daß die meisten der Phänomene, die für die frühe Zeit als grundlegend herausgehoben wurden, sich bis zum 15. Jahrhundert so grundlegend gewandelt haben, daß sie anderen Zusammenhängen zugeordnet werden müssen.

Mündlichkeit und Schriftlichkeit

Mündlichkeit in Recht und Politik, Wirtschaft und (Laien)kultur prägte das Leben im deutschen Reich des 10. Jahrhunderts, so daß die Darstellung der Oralität der der Lebensordnungen voranzugehen hatte. »Das 15. Jahrhundert [aber ist] das erste Jahrhundert einer Schriftlichkeit, welche mit der Schreiberei neuerer Zeiten verglichen werden kann« (Heimpel). Das bedeutet nicht, daß nun die Mehrheit der Bevölkerung für Leben und Beruf des Lesens und Schreibens hätte kundig sein müssen. Nicht nur lebten die Bauern und damit der überwiegende Teil der Bevölkerung weiterhin schriftlos, auch der Anteil der Schriftkundigen in den Städten lag bei nicht mehr als 10 bis 30%, und auch noch im 15. Jahrhundert war »ein von Büchern umgebener Ritter von einer verkehrten Welt umgeben« (Wendehorst). Trotzdem gilt die Feststellung Hermann Heimpels, denn es gab inzwischen Bereiche, in denen Schriftstücke unverzichtbarer Bestandteil des tagtäglichen praktischen Lebens geworden waren. In dem Maße, in dem Regierungsaufgaben in Städten und Territorien zunahmen, wurden Planung und Kontrolle unumgänglich. Sie erforderten seit dem 14. Jahrhundert neue Typen des Geschäftsschriftguts. »Die zunehmende ›Verschriftlichung‹ hat insbesondere die Herrschaftsübung in einem solchen Maße verändert, daß Herrschaft mit Hilfe der Schrift zur ›Verwaltung‹ gewandelt werden konnte« (Patze). Mit ihr beginnt das »Aktenzeitalter«, in dem routinemäßig die Geschäftsvorgänge des staatlich (städtisch)-öffentlichen Lebens schriftlich festgehalten wurden. Auch das vor allem auf Gewinnstreben und Rechenhaftigkeit gegründete Berufsbewußtsein der Fernkaufleute (Maschke) verlangte nach »dauernder Erfolgskontrolle durch intensive Buchführung« (Bauer); außerdem war bei der gesamteuropäischen ökonomischen Verflechtung und der damit gegebenen Abhängigkeit von überregionalen wirtschaftlichen Faktoren der Zugang zu kontinuierlichen präzisen Informationen überlebenswichtig. Das Briefeschreiben war daher ein unverzichtbarer Teil kaufmännischer Berufsausübung, auch wenn man die Zahl von 150000 überlieferten Briefen des Florentiner Kaufmanns Francesco Datini da Prato (†1410) wohl als Zeugnis einer ungewöhnlich umfangreichen Korrespondenz anzusehen hat. So hatten schon vor der Erfindung des Buchdrucks durch Johannes Gutenberg in Mainz (†1468) schriftliche Aufzeichnungen in Regierung und Wirtschaft die Funktion alltäglicher Gebrauchs- und Verbrauchsgüter. Sie belegen einen Umgang mit der Schrift, der mit der auf ewige Gültigkeit gerichteten Schriftproduktion des vorausgegangenen »Urkundenzeitalters« nur noch wenig gemein hat.

Auch die gelehrte Bildung unterschied sich grundlegend von der Kloster- und Domschulengelehrsamkeit des Frühmittelalters. Sie war an den Universitäten beheimatet, deren erste zu Beginn des 13. Jahrhunderts in Paris entstand, geboren »aus dem ›Systemhunger‹ einer Zeit, die sich neu zu organi-

Die Schlacht bei Murten 1476

sieren begann« (Esch). War einst die Lesung der heiligen Schriften Anfang und Ziel alles Lernens gewesen, so setzten die Universitäten verpflichtend vor das Studium an den »höheren« Fakultäten der Theologie, Medizin und Jurisprudenz ein »Grundstudium« an der Artistenfakultät, in der die sieben »freien Künste« gelehrt wurden, also gewisse Grundkenntnisse und Fertigkeiten im Umgang mit dem schriftlichen Traditionsbestand. Daß sich die meisten Universitätsbesucher, wenn sie denn überhaupt einen akademischen Grad erwarben, mit einem Grad der Artistenfakultät begnügten, zeigt, daß das Studium vom unmittelbaren Dienst am Glauben unabhängig geworden war. Man studierte, um im Dienst geistlicher und weltlicher Herren eine Schreiberstelle, eine Pfründe zu erwerben und mochte dabei auf die Protektion der »gelehrten Räte« hoffen, die, meist in der Juristenfakultät graduiert, an den Fürstenhöfen des 15. Jahrhunderts langsam an Bedeutung gewannen. Die adligen Herren lernten an ihnen die Vorteile regelmäßiger, disziplinierter »Schreibtischarbeit« und die Überzeugungskraft geschulter Rhetorik zu schätzen.

Mündlichkeit war am Ende des Mittelalters also nicht mehr die jeder sozialen Prägung vorausgehende Grundbefindlichkeit der Gesellschaft, Schriftlichkeit nicht mehr auf einige Kleriker und Mönche beschränkt. Beides gehört nun zur Sozialgeschichte, war berufs- und schichtenspezifisch verteilt.

Die Lebens- und Herrschaftsordnungen/Regierung in Stadt und Land

Eine Gesellschaft, die sich wie die des entstehenden deutschen Reiches an die Gewohnheit als Norm für das eigene Leben gebunden sieht, lebt in einer vorgegebenen Ordnung, in der alles, was ist, auch so sein muß, wie es ist. »Die Normen werden als vorhanden und nicht wandelbar angenommen, [und daher] wird kein Bedürfnis für eine normsetzende Institution empfunden« (Dahrendorf). Nachdem aber in der Umbruchphase des Hochmittelalters die Gewohnheit ihren unerbittlichen Zwangscharakter verloren, man das Normsetzen, das Gesetz-Geben als legitime Möglichkeit menschlichen Handelns entdeckt hatte, nahmen die obrigkeitlich erlassenen Gesetze, Regeln und Verordnungen unablässig zu. Fraglos hatte sich am Ende des Mittelalters diese ehemals *ge*-ordnete Welt nicht in eine *ver*-ordnete Welt verwandelt, wie es der an die Stelle von »Lebensordnungen« getretene Begriff »Regierung« nahelegen könnte. Die Wortwahl soll vielmehr die Tendenz bezeichnen, immer mehr Angelegenheiten obrigkeitlich zu regeln.

Das Wirtschaftsleben

Die Krieger- und Bauerngesellschaft des entstehenden deutschen Reiches war unterteilt in die (geistlichen und weltlichen) »Herren über Land und Leute« und in diejenigen, die in körperlicher Arbeit das Land bewirtschafteten. Die Beziehung zum Land als dem fast ausschließlichen Produktionsmittel war damit unmittelbarer Bestandteil der Lebensordnungen und ihrer Zwänge. Sie stand bei den Grundherren so sehr im Dienst der adligen Standesqualität und ihrer Wertewelt, daß für ökonomische Verhaltensweisen wie Gewinnstreben, Marktorientierung, Berechnung zukünftiger Chancen und Risiken mit dem Streben nach Sicherheit vor möglichen Schädigungen kein Raum blieb. Geht man davon aus, daß zu einem Eigenbereich die ihm eigenen handlungsleitenden Maximen und Funktionsmechanismen gehören, dann gab es in der Frühzeit kein Wirtschaftsleben, sehr wohl aber im Spätmittelalter mit einer marktorientierten Kaufleute- und Handwerkerschaft, die auch die landwirtschaftliche Produktion dem ökonomischen Regelmechanismus vom Preis nach Angebot und Nachfrage unterwarf und damit auch den adligen Herren gewisse ökonomische Denk- und Handlungsweisen aufnötigte.

Reichskirche und Eigenkirchenwesen/Kirche, Frömmigkeit und religiöse Außenseiter

Für die ottonisch-salische Zeit war es sinnvoll, die Reichskirche begrifflich von den Eigenkirchen abzusetzen. Beide Begriffsbildungen sind an der Verfassungswirklichkeit der frühmittelalterlichen Personenverbände orientiert, in denen die Zugehörigkeit zu einem Herrn eine gewisse Einheit zwischen den einzelnen Kirchen stiftete. So ließen sich die Erzbistümer, Bistümer und Reichsabteien als »Reichskirche« zusammenfassen, weil sie sich durch die ihnen gemeinsame Zugehörigkeit zum König von anderen Kirchen und Klöstern unterschieden. Aus der klareren begrifflichen Abgrenzung von »geistlich« und »weltlich« im Investiturstreit hat dann die Römische Kirche den Schluß gezogen, daß nun für alle Geistlichen die Zugehörigkeit zur Universalkirche und die Unterordnung unter ihr Haupt, den Papst, Vorrang vor jeder anderen Bindung haben müsse. Die Darstellung der deutschen Kirche im Spätmittelalter muß deshalb im Rahmen der Geschichte der Universalkirche erfolgen, weil sie durch Kirchenkrise, Papstschisma (1378–1417) und Reformbestrebungen unmittelbar als deren Gliedkirche betroffen war.

Gleichzeitig aber gehört seit dem Hochmittelalter zur Geschichte der Kirche die der Kritik an der traditionellen Kirchen- und Glaubenspraxis und damit die Geschichte der religiösen Außenseiter. »Breite religiöse Massenbewegungen und, damit verknüpft, ein begleitender Strom häretischer Lebens- und Glaubensformen waren die Folge der ›Tiefenchristianisierung‹ des Hochmittelalters« (Prinz). Dabei war es nicht selten eine Frage der konkreten politischen Umstände, ob diese Außenseiter innerhalb der Kirche toleriert oder als Ketzer ausgegrenzt und verfolgt wurden.

Die Änderungen in Wirtschaft und Gesellschaft und im Glaubensleben berührte auch das Verhältnis zu den Juden. Die erste große Welle von Pogromen im ausgehenden 11. und 12. Jahrhundert war blutiger Auftakt einer sich verstärkenden Abgrenzung, die im Spätmittelalter zur Ghettoisierung der Judengemeinden führte.

Das Recht auf Rache/ Recht und Friede

Der Glaube an eine objektiv vorgegebene Rechtsordnung, deren Mißachtung nach Rache (Fehde) und Heilung (Buße) verlangte, gehört dem archaischen Denken der Frühzeit an. Seit dem Hochmittelalter wurde es von der Vorstellung zurückgedrängt, daß sich Menschen selbst Regeln für ihr Zusammenleben setzen können. In den Städten und Territorien war der Rechtsstreit vor Gericht an die Stelle des Rechtsstreits mit der Waffe, der Fehde, getreten. Auf dieser Ebene wurde das Recht immer mehr eingestaatet. Die Friedensbünde, Schiedsverfahren und Kriege zwischen Reichsständen zeigen, daß auf Reichsebene der Aufbau eines Gerichtssystems mit eindeutigen Zuständigkeiten nicht gelungen war. Auch noch der »Ewige Landfriede« von 1495, der jede Form der Fehde für immer verbot, verpflichtete die reichsunmittelbaren Gewalten im Konfliktfall auf ein Schiedsverfahren mit gewählten Schiedsrichtern und nicht auf ein vorgegebenes Gericht.

Italienfahrt, Kaisertum und Ostmission/König und Reich

Mit der römischen Kaiserkrönung Ottos des Großen im Jahre 962 wurde in Anknüpfung an Karl den Großen dem lateinischen Europa eine ideelle Einheit gegeben, die auf Kaiser und Papst als die beiden Universalgewalten ausgerichtet war. Nach den Auseinandersetzungen des Hochmittelalters war von der Universalherrschaft des Kaisers mit der Verpflichtung zum Schutz der Christenheit und der Ausbreitung des Glaubens kaum mehr als ein hehrer Name übrig geblieben; die Berufung auf die alten Herrschaftsrechte in Italien lieferte nur noch den Vorwand, die finanzkräftigen oberitalienischen Städte zur Kasse zu bitten.

Am Ende des Mittelalters galt das Reich mit dem Kaiser an der Spitze nicht mehr als Garant der Weltordnung; es stand vielmehr vor der Aufgabe, für sich selbst eine Ordnung zu finden, die es handlungsfähig machen könnte. Verfassungsrechtlich war es als Lehnreich nach wie vor ein Personenverband, dessen Haupt, der Römische König, mit »Rat und Hilfe« seiner Vasallen, der Fürsten, regierte, mit dem Reichsgut und den Reichsstädten als seiner materiellen Basis. Das war eine altertümliche, eine veraltete Konstruktion, die eine einige Politik des Reiches faktisch unmöglich machte und die sich immer dann als unzureichend erweisen mußte, wenn auf besondere Herausforderungen mit einem geschlossenen, effektiven und widerspruchsfreien Handeln geantwortet werden mußte. Das große Papstschisma, die Hussitenfrage und die Türkengefahr waren solche Herausforderungen, die die Handlungsunfähigkeit des Reiches überdeutlich werden ließen. Mit der Entstehung des Reichstages, in dem schließlich »das Reich« dem Kaiser als artikulations- und manchmal auch handlungsfähige Körperschaft gegenübertrat, hat dann der »institutionalisierte Dualismus« von Kaiser und Reich »die fortan gültige Form der deutschen Gesamtstaatlichkeit« gefunden (Moraw).

Regierung in Stadt und Land

Regelsetzende Instanzen

Es gab im 14. und 15. Jahrhundert viele Instanzen, die den Menschen und ihrem Zusammenleben Regeln setzten und deren Mißachtung durch Sanktionen ahndeten: außer der Kirche waren es Familie, Gilden, Zünfte, Bruderschaften und Bünde, Gemeinden in Stadt und Land, geistliche und weltliche Herren. Es wäre anachronistisch, hier zwischen öffentlichem und privatem Regiment unterscheiden zu wollen. Zum einen reichten die Vorschriften der nach heutigem Verständnis »politischen« Instanzen bis tief in den »privaten« Bereich hinein; zum andern war die Zugehörigkeit zur Familie und zu den Berufsgenossenschaften der Gilden und Zünfte so sehr unverzichtbare Voraussetzung für jede Teilhabe am sozialen Leben, daß deren Sanktionen die gesamte »bürgerliche« Existenz betrafen. Für ersteres sind die Kleiderordnungen aufschlußreich, die seit der Mitte des 13. Jahrhunderts zuerst in den Städten erlassen wurden. »Da er seine Bürger vor Schaden und Ungemach behüten müsse, und geschworen habe, ihre Ehre, ihren Nutzen, ihr Frommen und ihre Seligkeit zu wahren«, verbot der Rat von Speyer im Jahre 1356 seinen Bürgern »modische, ungewohnte Haartrachten, üppige Kopftücher und Hutverzierungen, auffällige lange Lappen an den Ärmeln (d.h. die weit aufgeschlitzten, oft sehr kostbar ausgestatteten, lose herabhängenden Ärmel des Obergewandes, die den darunter befindlichen Arm sichtbar machen) und Zaddeln an Mützen und Schuhen« (Eisenbart). Ebenso bezeichnend ist die Speiseordnung des Würzburger Rates von 1476, die bei Kindtaufen nur Kuchen, Käse, Brot, Frankenwein und rohes Obst zuließ, oder die umfassende Anti-Luxusgesetzgebung der Stadt Köln aus dem Jahre 1439, die die Mitwirkung von Spielleuten bei Hochzeitsfeiern genau regelte: Musiker mit Blasinstrumenten waren nur für den abendlichen Tanz zugelassen, beim Brautgang in der Kirche und beim mittäglichen Hochzeitsessen durften dagegen nur Spielleute mit Saiteninstrumenten aufspielen, deren Zahl auf vier begrenzt wurde.

Die Landesordnung der Herzöge Ernst und Albrecht von Sachsen aus dem Jahre 1482 gibt Aufschluß über das Denken, das Obrigkeiten bei der Festsetzung solcher penibler Regeln für den Ablauf von Familienfeiern leitete: Die Herzöge verfügten einen genauen Speiseplan für alle Arbeiter und Bediensteten im ganzen Land, weil »die Prälaten, die Herren von der Ritterschaft, die in den Städten und der Bauersmann, einer vor dem anderen, dem gleichen Gesinde, den Werkleuten und gemeinen Arbeitern mehr Lohn und besser Kost gegeben hätten«, wodurch »großer Unrat und Schaden« entstanden sei.

Soziales Ordnungsdenken

Wer soll hier vor Schaden bewahrt werden? Der obrigkeitlich verordnete Speisezettel läßt sich nicht als sozialpolitische Maßnahme verstehen, durch die einzelne oder die Allgemeinheit vor unrechten Machenschaften geschützt werden sollten (solche Vorschriften gab es natürlich auch). Er war vielmehr Ausdruck eines sozialen Ordnungsdenkens, für das es ein rechtes Maß, eine richtige, von Gott gewollte Ordnung der Dinge gab. Sie war nirgends ausformuliert und ließ daher auch in hohem Maße Anpassungen an die eigenen Interessen zu. Daß sie dennoch als verpflichtend angesehen wurde, zeigt das Vorgehen des Wiener Stadtrats, der im Jahre 1391 nicht nur ein Gutachten der juristischen, sondern auch der theologischen Fakultät zu der Frage anforderte, ob Gesetze, die den Rentenkauf regelten, rechtens seien. Es liegt auf der Hand, daß die bewußtseinsmäßige Bindung an eine vorgegebene Ordnung in einer Zeit, in der bereits politische und ökonomische Interessen das Handeln mitbestimmten, zu mancherlei Widersprüchen führte.

So wie die Obrigkeit den Ablauf von Familienfeiern reglementierte, so erließen die beruflichen Zwangsverbände der Gilden und Zünfte Vorschriften, die die »bürgerliche« Existenz betrafen. So setzte etwa eine Zunftverordnung der Kölner Goldschmiede aus dem Jahre 1456 fest, daß nur »ein recht eekint« Lehrling werden durfte, »niemandes eigen und weder Bartscherers noch Spielmanns noch Leinewebers Kind«. Im Jahr zuvor hatte die Wollenweberzunft den Ausschluß eines Mitgliedes verfügt, das ein unehelich geborenes Mädchen geheiratet hatte. Aber gerade an diesem Fall wird auch eine Reglementierungs-Hierarchie sichtbar: der betroffene Wollenweber verklagte seine Zunft nämlich vor dem Rat der Stadt, und dieser hob den Ausschluß auf, verfügte aber, daß die unehelich geborene Frau von den Festen auf der Zunftstube auszuschließen sei, da hieran nur »ehrenhafte Frauen« sollten teilnehmen dürfen.

Der Prozeß der Staatwerdung

Der Prozeß der Staatwerdung, so läßt sich von diesem Beispiel her sagen, bestand in der Entscheidung der Frage, welche der vielen regelsetzenden Instanzen gegenüber den anderen eine oberste Entscheidungsgewalt würde durchsetzen können. Am Ende des Mittelalters war entschieden, daß das der fürstliche Territorialstaat sein würde und außer ihm noch einige wenige große Städte. Nur 2% aller Städte erreichten allerdings im 15. Jahrhundert einen der Landesherrschaft vergleichbaren Grad politischer Selbständigkeit. Über diesen Städten und Territorien stand der König in seinem angestammten Recht als oberster Richter, wenn streitende Parteien sein Urteil suchten. Dabei war es bezeichnend und zukunftsweisend, daß kurfürstlichen Untertanen schon durch die Goldene Bulle von 1356 die Appellation an das Königsgericht untersagt wurde, ganz abgesehen davon, daß der König im Konfliktfall nicht in der Lage war, die Vollstreckung seiner Urteile zu erzwingen. Die Territorien und großen Reichsstädte hatten damit innerhalb des Reiches einen Stand faktischer Autonomie erreicht, eben den von werdenden Staaten. Die Verwandlung der Landesherrschaften in Territorialstaaten vollzog sich in Phasenverschiebungen und mit Rückschlägen. Nach einem ersten Aufschwung im 13. Jahrhundert, der den Fürsten die Zuständigkeit für den Landfrieden in ihren Gebieten und die Nutzung der Regalien als unbestreitbaren Besitztitel gesichert hatte, standen nicht zuletzt die Landesteilungen als Folge des alten Familienbesitzdenkens einer fortschreitenden Konsolidierung landesherrlicher Regierungsgewalt entgegen. So folgte dem Aufschwung eine territoriale Schwächeperiode im 14. und beginnenden 15. Jahrhundert, bis sich im späten 15. Jahrhundert die Zahl kleiner und kleinster Herrschaften reduziert und die Großterritorien, vor allem die kurfürstlichen, die Oberhand gewonnen hatten. Ihre innere Verfestigung war wesentlich an den Aufbau fester Verwaltungseinrichtungen geknüpft. Der aber gestaltete sich schwierig, denn neben die alten sozialen Strukturen personaler Bindungen und Verpflichtungen mußte eine an Sacherfordernissen ausgerichtete Amtsbindung treten.

Der Hof als Regierungszentrale

Davon war zuerst der Hof des Fürsten betroffen. In dem Maße, in dem der Hof zur Regierungszentrale wurde, mußte neben die fluktuierende Hofgesellschaft der Hof als Behörde treten, mußte sich der Rat des Fürsten professionalisieren. Das aber lief zunächst adligem Selbstverständnis zuwider, das den Hof als Versammlung von Gefolgsleuten um ihren Herrn verlangte, als Ort, an dem sich Landesherr und Land begegneten und an dem der Fürst im Rat mit seinen Großen sich in Übereinstimmung mit seinem Land darstellte. Zugleich war der Hof die für adliges Standesdenken unverzichtbare Öffentlichkeit für die Verbindung des Fürsten mit auswärtigen Gästen. So waren denn auch diejenigen, die seit dem 13. Jahrhundert als »Räte« (consiliarii) auftraten, keine sachkundigen Regierungsbeamten, sondern Große aus allen Teilen des Landes, auch auswärtige Standesgenossen, die ein Fürst durch Vergabe dieses Titels an sich zu binden wünschte. »Nirgendwo lassen sich in der Frühzeit alle Träger des Ratstitels ernsthaft als gleichzeitig zusammentretende Mitglieder eines Gremiums vorstellen« (Wil-

Graf Eberhard der Milde von Württemberg im Kreis seiner weltlichen und geistlichen Räte (15. Jh.)

loweit). Im 14. Jahrhundert wird neben diesem großen Kreis von Ratgebern ein engeres Ratsgremium erkennbar, das sich ständig am Hof des Landesherrn aufhielt. Die Entwicklung dieses engeren Rates zu einer Behörde mit festgelegten Verfahrensregeln setzte sich seit dem Ende des 15. Jahrhunderts mit der zunehmenden Beschäftigung gelehrter Juristen als Räten durch.

Kanzlei

Parallel zu den Strukturveränderungen des Rates erwuchs mit zunehmender Schriftlichkeit aus vereinzelten Schreiberdiensten von Hofkaplänen die Kanzlei mit mehreren Schreibern unter der Leitung eines Protonotars. Im 14. Jahrhundert begann er den Titel »Kanzler« zu führen. Auch in der Kanzlei war es die Einstellung oft bürgerlicher gelehrter Juristen als Kanzler, die gegen Ende des 15. Jahrhunderts die Kanzleien zur »Keimzelle der neuzeitlichen Verwaltung« werden ließen.

Ämter

Der Professionalisierung des Hofes als zentraler Regierungsbehörde ging die Konzeption von Herrschaft als einer persönlichen Handlung des Herrn voraus, die sie erst allmählich überlagern und verwandeln konnte. Ähnliches läßt sich bei der lokalen Verwaltungsorganisation der Landesherrschaften erkennen. Seit dem 13. Jahrhundert begegnet die Einteilung in Ämter. Unter dem Namen »Amt« faßte der Landesherr seine Rechte in einem bestimmten Gebiet ungeachtet ihrer verschiedenartigen Herkunft zusammen und übertrug sie einem Amtmann als seinem Stellvertreter. Da die Amtleute zunächst in ihrem Bereich ganz persönlich den Landesherrn repräsentierten, spielten ressortspezifische Sach- und Fachkenntnisse, Absetzbarkeit und feste Besoldung, wie sie mit der modernstaatlichen Vorstellung eines Beamten verbunden sind, keine Rolle. Landesfürsten verliehen Ämter in ganz unterschiedlichen Rechtsformen wie Pacht- und Pfandverträgen, Überlassung zu kurzfristiger oder auch lebenslanger Nutzung oder auch gegen festen Sold, mit dem etwa die Erzbischöfe von Trier besiegten Raubrittern eine friedliche Tätigkeit schmackhaft zu machen versuchten. Allen diesen Amtsverträgen war die Zuweisung eines fest umrissenen Aufgabenbereiches gemeinsam. Die Aufgaben waren zunächst vor allem fiskalischer Natur, die Eintreibung von Einkünften, die dem Landesherrn zustanden. Der Ansatz zur Professionalisierung, der von vornherein in der Amtseinteilung lag, konnte dann aber erst eigentlich wirksam werden, als die Landesherren – seit dem Ende des 14. Jahrhunderts – immer mehr studierte Amtsträger bürgerlichen Standes gegen Bezahlung einzustellen begannen und so der Ausbildung einer zunehmend schriftlich verfestigten Amtsroutine Vorschub leisteten.

Recht auf Mitsprache

Wer Regierungsaufgaben durch besoldete gelehrte Räte und Amtsleute wahrnehmen ließ, erlangte als Herrscher eine gewisse Unabhängigkeit von der »Hilfe« seiner Getreuen und entsprechend auch von ihrem »Rat«. Daher waren Große, die ihr Recht auf Rat und Mitsprache ausdrücklich einforderten und es sich gar durch Herrschaftsverträge verbriefen ließen, ein Zeichen dafür, daß die altertümliche feudale Herrschaftsweise durch »Rat und Hilfe« von einer neuen, anstaltlich-amtsrechtlichen zurückgedrängt wurde. Die Mitsprache, vordem unabdingbare Voraussetzung herrscherlicher Handlungsfähigkeit, bedurfte nun einer theoretischen Begründung. In dem Satz: »Was alle berührt, muß von allen beraten und gutgeheißen werden« (Quod omnes tangit, ab omnibus tractari et approbari debet), nahm sie bald formelhafte Züge an.

Hinzu kam, daß mit der Besoldung von Räten und Richtern, der Beschäftigung von Söldnern, dem Unterhalt einer Universität und eines zentralen Hofes den Landesherren Verpflichtungen erwuchsen, die den Rahmen der Vasallenhilfe sprengten. Die Vertretung der Landstände auf den Landtagen war die Antwort auf diese beiden Entwicklungen. Landstände waren zunächst diejenigen, die von alters her Recht und Pflicht der Mitsprache hatten, die geistlichen und weltlichen Herren, außerdem diejenigen Städte, die dem Fürsten als ihrem Landesherrn unterstanden. In den Landständen setzte sich die altüberlieferte dualistische Form mittelalterlicher Herrschaft in veränderter, nämlich institutionalisierter Gestalt fort: so wie einst die gemeinsame Bindung an den Herrn den »Personenverbandsstaat« konstituiert hatte, so stellte sich der frühmoderne Staat in der Zweipoligkeit von Landesherr und Landständen dar. Man spricht deshalb vom Ständestaat.

Es gab keinen festen Themenkatalog, zu dem der Fürst die Zustimmung seiner Stände hätte einholen müssen, vielmehr »beruhte alle Mitwirkung der Stände an staatlichen Angelegenheiten auf Privileg, Herkommen, der jeweiligen politischen Situation und der Konstellation der Machtverhältnisse zwischen Fürst und Ständen« (Herde). In einer Situation allerdings konnte der Fürst die Mitwirkung seiner Stände nicht umgehen, dann nämlich, wenn er Geld benötigte und Steuern von ihnen verlangte. Steuern waren keine regelmäßigen, gleichsam automatisierten Einkünfte, sondern Abgaben, die auf Bitten des Herrn – daher ihr Name Bede – jeweils einzeln bewilligt werden mußten. Landstände und Steuerbewilligung waren daher eng aufeinander bezogen. Es wäre aber eine »entstellende Verkürzung, die Entstehung der Landschaften allein aus den Steuerforderungen des Landesfürsten zu erklären« (Blickle).

Daß die Bauern neben Adel, Prälaten und Städten in der Regel nicht als Stand auf den Landtagen vertreten waren, hatte keine prinzipiellen Gründe, etwa in dem Sinne, daß man ihnen Recht und Befähigung zur politischen Mitsprache grundsätzlich abgesprochen hätte. Die Landstandschaft der

Bauern in der Grafschaft Tirol, in der Fürstabtei Kempten und anderen oberdeutschen Territorien zeigt vielmehr, daß die Bauernschaft dort, wo sie in großem Umfang direkt und einheitlich dem Landesherrn unterstand, auch Landstandschaft erreichte. Normalerweise allerdings war die Herrenbindung der Bauern zweigeteilt: Lebensprägender als die Bindung an den Landesherrn, die in der Zuordnung zu dessen Hochgericht zum Ausdruck kam, war ihre Zugehörigkeit zum Grundherrn als dem Herrn des örtlichen Niedergerichts. Die gerichtlich-genossenschaftliche Mitwirkung der Bauern blieb deshalb meist auf den Bereich der grundherrlichen Hofmarken beschränkt.

Das Regiment des Landesherrn wurde nicht als Zeichen einer einheitlichen Staatsgewalt verstanden. Es stellte sich vielmehr als die Summe altüberlieferter Rechte unterschiedlicher Herkunft dar (Grundherrschafts- und Vogteirechte, Landfriedensschutz, Hochgericht und Regaliennutzung). Andere Herrschaftsträger standen mit ihrem je eigenen tradierten Rechtsstand gleichberechtigt neben ihm. Die Huldigung, durch die die Landstände (wie in den Grundherrschaften die Bauern) bei jedem Herrenwechsel die Hoheit ihres neuen Landesherrn anerkannten, war an dessen eidliche Verpflichtung geknüpft, diese ihre altüberlieferten Rechte zu wahren. Zu den Herrschaftsträgern im Land gehörten vor allem der Adel mit Grundbesitz und die Kirche, aber auch freie Landgemeinden und die Städte mit ihrer weitreichenden gewachsenen Autonomie.

Städtische Verfassungskämpfe

Wie wenig sich die Territorialstädte in ihrer Verfassungsstruktur von den alten Reichs- und Königsstädten unterschieden, zeigen die Verfassungskämpfe, die beide vom ausgehenden 13. bis in das 15. Jahrhundert erschütterten. Die Unruhen und oft blutigen Aufstände richteten sich gegen die Herrschaft der »Geschlechter«, die man erstmals im Humanismus »Patrizier« nannte, eine Schicht reicher Fernkaufleute und meist durch Handel und Geldgeschäfte reich gewordener Ministerialen des Stadtherrn, der gewohnheitsrechtlich die Mitgliedschaft im Rat vorbehalten war. Sie gingen von den Zünften aus, und so hat man sozialrevolutionäre Hintergründe ärmerer Handwerker vermutet und deshalb von der mittelalterlichen »Zunftrevolution« gesprochen. Eine genauere Erforschung der an den Aufständen beteiligten Personen zeigte aber, daß die Herrschaft der Geschlechter vor allem von den Angehörigen der reichen Herrenzünfte bestritten wurde. In ihnen waren nicht die kleinen eigentlichen Handwerker, sondern nicht-patrizische Kaufleute, wohlhabende Krämer und den Absatz ihrer Produkte selbst betreibende Handwerker zusammengeschlossen, die es nicht mehr hinnehmen wollten, daß sie trotz ihrer wirtschaftlich führenden Rolle in der Stadt von den politischen Entscheidungen ausgeschlossen blieben. Das Ergebnis der Kämpfe war denn auch keine Ablösung der Geschlechterherrschaft im Sinne einer das gesamte Volk beteiligenden »Demokratisierung«, sondern meist eine Erweiterung des Rates um zünftige Mitglieder, deren sozialer Status sich kaum von dem der patrizischen Oberschicht unterschied.

Das Wirtschaftsleben

»Erste Industrialisierung«

Man kann die fast sprunghafte Ausbildung der städtischen Wirtschaft vom 12. Jahrhundert an mit einigen Einschränkungen als »erste Industrialisierung« bezeichnen (Henning). Sie war untrennbar mit der Ausweitung eines Handelsverkehrs verbunden, der ganz Europa, und, bei den östlichen und südlichen Anrainern des Mittelmeeres, auch Gebiete jenseits der Grenzen Europas zu einem Wirtschaftsraum vereinte, und der sich bei Planung, Finanzierung und Organisation zunehmend anspruchsvollerer Methoden rationaler Wirtschaftsführung bediente. Zur gleichen Zeit aber war es nicht möglich, eine einigermaßen krisensichere Versorgung der Gesamtbevölkerung mit Grundnahrungsmitteln sicherzustellen. Hungersnöte suchten bis in die Neuzeit in fast regelmäßiger Wiederkehr Stadt- wie Landbewohner heim. Stadtbürgerliche »Hochfinanz« (v. Stromer) einerseits und »Hungerkrisen« (Abel) andererseits müssen als Elemente ein und desselben Wirtschaftssystems verstanden und als grundlegende Phänomene dargestellt werden, ehe die besonderen wirtschaftlichen Bedingungen zur Sprache kommen können, die mit dem massiven Bevölkerungsrückgang seit der Mitte des 14. Jahrhunderts einhergingen.

Exportproduktionen

Seit etwa 1180 wurden in der Stadt Genua ausführliche Notariatsregister geführt. Sie dokumentieren bereits einen so regen Handel mit nordwesteuropäischen Tuchen im Mittelmeerraum, daß man von der quellenbedingten sporadischen Erwähnung flandrischer Tuche im Nord- und Ostseegebiet, im Innern Deutschlands und auf den Champagne-Messen auf ihre weite Verbreitung auch in diesen Gebieten schließen darf. Mit Tuchorten in Flandern und am Niederrhein bis Köln, in Nordfrankreich und England entwickelte sich im Nordwesten Europas ein großes, exportorientiertes Produktionszentrum, das bald das gesamte übrige Europa mit hochwertigen Tuchen versorgte. Die Tuchproduktionen anderer Gebiete blieben demgegenüber auf die Deckung des lokalen Bedarfs mit Billigprodukten beschränkt. Im Textilbereich trat neben die nordwesteuropäische Tuchproduktion die oberdeutsche Leinen- und Barchentweberei (einem Mischgewebe aus Baumwolle und Leinen) mit den Zentren in Augsburg und Ulm, und die Seidenweberei, die vor allem in Köln betrieben wurde.

Ein Franziskaner predigt gegen den Kleiderluxus

Neben der Exportproduktion von Textilien, die erst im letzten Viertel des 15. Jahrhunderts von der mittel- und zum Teil osteuropäischen Montanproduktion als trendbestimmender Wirtschaftszweig überflügelt wurde und bis dahin marktbestimmend blieb, gab es andere exportorientierte Gewerbe. Sie befriedigten mit ihrer Produktion also nicht mehr nur die Nachfrage eines benachbarten herrschaftlichen Haushalts oder einer größeren Siedlung, sondern produzierten für überregionale oder internationale Märkte. Das waren vor allem die verschiedenen Metallhandwerke in der Edelmetall-, Buntmetall- und Eisenverarbeitung, bei denen in der Regel die Waffenhandwerke den ersten Platz einnahmen. Aber auch manche Nahrungsmittelhandwerker produzierten weit über den lokalen Bedarf hinaus: Hamburg, das mit über 500 Brauberechtigten zu Beginn des 15. Jahrhunderts das Zentrum der deutschen Bierbrauerei war, exportierte zwei Drittel seiner Produktion von jährlich 250000 bis 300000 Hektolitern nach England, Friesland, Holland, Flandern, Brabant und rheinaufwärts, die Lübecker und Wismarer Bierbrauer belieferten die skandinavischen Märkte, und Ratsherren in Frankfurt bevorzugten für ihren Umtrunk Bier aus Einbek in Westfalen. Entsprechend wurde auch der bessere Wein, vor allem aus dem Rheingau und dem Elsaß, für den Fernhandel produziert.

Massengüter und Luxuswaren

Diese markt- und exportorientierten Gewerbe setzten ein funktionstüchtiges Vertriebssystem voraus. Es lag in den Händen der Fernkaufleute, die nicht nur die verarbeitenden Gewerbe mit Rohstoffen versorgten, die Fertigprodukte den Verbrauchern zuleiteten und oft auch die Nahrungsmittelversorgung der größern Gewerbezentren sicherstellten, sondern auch mit gewerbeunabhängigen Gütern über weite Strecken Handel trieben. Aus Livland und dem Deutschordensland Preußen verschifften sie vor allem Getreide und Holz, daneben waren Pelze, Wachs und Bernstein wichtige Güter des Ost-West-Handels über die Ostsee; die Gegenlieferungen bestanden neben den gewerblichen Produkten aus Öl, Südfrüchten und Salz. Das kirchliche Fleischverbot für einzelne Wochentage und für die Fastenzeit sorgte für eine ständige Nachfrage nach Fisch: Sie wurde mit dem Import aus Skandinavien gestillt, vor allem seit Lübecker Kaufleute zu Beginn des 13. Jahrhunderts das Lüneburger Salz dorthin brachten und so die Heringsfischerei an der Westküste der Halbinsel Schonen zu einem Massenexportartikel machten.

Zu den Massengütern kam der Handel mit Luxuswaren. Seit aufwendige Kleidung zum Zeichen adligen und stadtpatrizischen Standes geworden war, gab es einen ständigen Bedarf an orientalischer Seide. Eine ähnliche Bedeutung als Statussymbol hatte die Verwendung exotischer Gewürze. Sie erklärt den geschätzten jährlichen Pfefferimport nach Westeuropa von einer Million Kilogramm, die zusammen mit einer weiteren Million Kilogramm an Ingwer, Gewürznelken, Muskatnuß und Zimt, mit einem Gegenwert von 300000 Tonnen Roggen dem Brotbedarf von eineinhalb Millionen Menschen entsprachen.

Hansen und Kaufmannsgilden

Die Unsicherheit von Straßen und fremden Märkten ließ die nach gleichem Ziel ausfahrenden Kaufleute sich zu Hansen zusammenschließen, Fahrtgenossenschaften, die den Gilden der ortsansässigen Kaufleute entsprachen. Nachdem die großen Fernkaufleute in der Mitte des 13. Jahrhunderts aufhörten, als Warenhändler ihre Waren persönlich einzukaufen und heimzuführen, sondern von ihren Büros aus ihre nun vielfältiger werdenden Geschäfte abwickelten, schickten sie Söhne und Gehilfen als ihre Vertreter zu den großen Warenumschlagplätzen. Diese befanden sich dort in der gleichen Situation, in der sich vorher die Kaufleute selbst befunden hatten: als Fremde standen sie außerhalb der örtlichen Personenverbände und deren Recht. So lag es nahe, sich zusammenzuschließen, um dem Bemühen um Vergünstigungen für Einkauf, Ausfuhr und persönlichen Schutz Nachdruck zu verleihen und um als geforderte Gegenleistung für die Privilegien der Könige und Stadtobrigkeiten die nötigen Summen aufzubringen. Im Jahre 1282 schlossen sich in London verschiedene Gruppen deutscher Kaufleute aus Hamburg, Lübeck und Westfalen mit Kölner Kaufleuten zusammen, die dort schon früher Privilegien erhalten hatten und bildeten die »Hanse der Deutschen« (dudesche hense). Zu ihr gehörten alle Kaufleute in London, für welche die den deutschen Kaufleuten verliehenen Privilegien galten, so wie die Mitglieder der »Flandrischen Hanse«, die den Flandrern verliehenen Privilegien in Anspruch nehmen konnten. Daß unter den vielen Hansen und handelsorientierten Städtebünden die deutsche Hanse dann bei der Nachwelt als *die* Hanse schlechthin gelten konnte, weil sie marktbeherrschende Erfolge im Ost- und Nordseehandel verbuchen konnte, hängt aber wohl vor allem mit der Neugründung Lübecks im Jahre 1159 zusammen: Wie die Bürgergemeinde selbst, so setzte sich auch die von Lübeck absegelnde »Gemeinschaft der Kaufleute des Römischen Reiches, die Gotland besuchen« aus seefahrenden Schleswigern und landfahrenden Westfalen zusammen. Die bislang getrennten Handelsunternehmungen »über Sand und über See« waren in Lübeck zusammengefaßt, eine Kooperation, die Lübeck zur Drehscheibe eines vielgestaltigen Wirtschaftsraumes machte. Hansekontore in Nowgorod, Bergen, London und Brügge als Hauptstützpunkte und viele kleinere Niederlassungen dienten als Warenlager, Umschlagplätze und Quartiere. Sie standen unter der Leitung gewählter »Oldermänner« mit eigenem Gericht, eigener Geselligkeit und eigener Kirche. Als sich in der Mitte des 14. Jahrhunderts die Kaufleutehanse in eine Städtegemeinschaft verwandelte, in der der Genuß der Hanseprivilegien an das Bürgerrecht in einer der »stede van der dudischen hense« geknüpft sein sollte, wurde die führende Rolle der Lübekker Kaufleute offensichtlich: die Hansetage, seit 1358 leitendes Organ der Gemeinschaft, fanden meist in Lübeck unter dem maßgeblichen Einfluß seiner Ratsvertreter statt, und zwischen den Hansetagen führte Lübeck die Hansegeschäfte.

Das älteste Lübecker Stadtsiegel (1223) zeigt einen landfahrenden (links) und einen seefahrenden Kaufmann mit erhobener Schwurhand bei der Gründung einer Hanse.

Lübeck und die »deutsche« Hanse

Trotz Zank und Konkurrenzneid und einer auffallend geringen institutionellen Verfestigung, die selbst auf eine eindeutige Mitgliederliste verzichtete, war die Hanse außerordentlich handlungsfähig und erfolgreich: sie führte Kriege gegen auswärtige Mächte, um ihre Wirtschaftsinteressen durchzusetzen, bekämpfte die Seeräuberei und erzwang durch eine erfolgreiche Handelsblockade im Jahre 1358 die Respektierung ihrer Handelsinteressen in Flandern.

Der oberdeutsche Handel

Der Erfolg einer Stadt als Handelszentrum und Sitz von Fernkaufleuten war nicht nur im Bereich der Hanse an die Verkehrsgunst ihrer Lage geknüpft: da der Transport über Land um ein Vielfaches teurer, dazu unsicherer und beschwerlicher war als der zu Wasser, profitierten die großen Fernhandelszentren wie Basel, Straßburg, Köln, Frankfurt, Bremen, Hamburg, Lübeck und Danzig zunächst von ihrer Lage an schiffbaren Gewässern. Der Aufschwung des oberdeutschen Handels hatte andere Gründe. Der Vertrieb oberdeutscher Gewerbeprodukte in die Gebiete jenseits der Alpen brachte den Kontakt mit Italien, wo sich im 14. Jahrhundert handelstechnische Neuerungen wie Wechselverkehr, Kreditwesen, doppelte Buchführung und Risikoversicherungen durchzusetzen begannen. Insgesamt waren diese Neuerungen Ausdruck einer neuen Einstellung zu Besitz und Geld als produktiv einsetzbarem Kapital. Seit etwa 1370 waren Nürnberger Handelshäuser am internationalen Geldgeschäft beteiligt. Die Wahl des Böhmenkönigs Karl zum Römischen König im Jahre 1346 verstärkte zudem die Einbeziehung der ostmitteleuropäischen Länder mit ihrer aufstrebenden Montanindustrie in das europäische Wirtschaftssystem und ließ dann das im Schnittpunkt der Handelsstraßen gelegene Nürnberg zu einer so blühenden Handelsmetropole werden, daß »der Begriff ›Nürnberger‹ im östlichen Mitteleuropa häufig stellvertretend für alle Oberdeutschen gemeint gewesen zu sein scheint« (v. Stromer).

Der gewinnträchtige Fernhandel lag in Oberdeutschland wie in den Hansestädten in den Händen einiger weniger Handelshäuser, deren Kern als Familienverband über Generationen Bestand hatte. Es entstanden große Vermögen, die die Bürger zu Gläubigern von Königen und Fürsten werden ließen und den Städten eine entscheidende Rolle im politischen Kräftespiel sicherten.

Hungerkrisen

Trotz der weit gespannten, rational geplanten Wirtschaftsunternehmungen blieben regelmäßig wiederkehrende Hungerkrisen ein Zeichen der Zeit. Die agrarwirtschaftlichen Hintergründe liegen auf der Hand: bei mittleren Böden mit durchschnittlichen Erträgen erbrachte die Ernte das Drei- bis Vierfache der Getreideaussaat. Die landsässige Bevölkerung – Bauern wie Grundherren – verbrauchten davon die Hälfte, so daß nach Abzug des Saatgutes nur noch etwa ein Viertel bis ein Drittel für die nicht-landwirtschaftlichen Konsumenten blieb. Die jeweils auf dem Markt verfügbare Menge war damit so gering, daß eine schlechte Ernte die Preise sprunghaft in die Höhe trieb, und zwar in einem Ausmaß wie in den Jahren 1414–1416, in denen sich die Jahresdurchschnittspreise für Getreide in Frankfurt am Main auf 145%, in Straßburg auf 175% erhöhten. Umgekehrt fielen die Preise bei einer überdurchschnittlich guten Ernte rapide. Reiche Städte konnten gute Erntejahre zu preisgünstigen Vorratskäufen nutzen. Die Bewohner einer reichen Fernhandelsstadt wie Köln blieben denn auch seit dem 15. Jahrhundert von Hungersnöten verschont. Aber Geld, Handel und exportorientiertes Gewerbe waren in einigen wenigen Großstädten konzentriert. 80 bis 90% aller Städte waren klein und lebten vom lokalen Markt mit seinen geringen Verdienstmöglichkeiten. Etwa 60 bis 70% der Einkünfte, so schätzt man, mußte die Familie eines kleinen Handwerkers oder eines gelernten Arbeiters für den Kauf von Lebensmitteln aufwenden. Drastisch gestiegene Lebensmittelpreise in Teuerungsjahren bedeuteten deshalb für viele nur allzu bald Hunger. Sie zogen überdies sofort die geringe Kaufkraft von den Gewerbeprodukten ab, und Arbeitslosigkeit verschärfte bald die erntebedingte Hungersnot. Die Quellen verwenden Hunger und Sterben (fames et mortalitas) als Begriffspaar, lassen aber offen, ob beides unmittelbar zusammen gehörte, oder ob sich noch Seuchen dazwischen schoben, die eine vom Hunger entkräftete Bevölkerung besonders heftig treffen mußte.

Bevölkerungszusammenbruch durch die Große Pest

Diese Grundkonstellation von Handelsreichtum und Massenhunger blieb auch bestehen, als der katastrophenartige Bevölkerungszusammenbruch in den Pestjahren 1348/49 und den späteren Seuchenzügen als »schlechterdings zentrales Ereignis« einen »Wandel in den volkswirtschaftlichen Strukturbedingungen auslöste« (Lütge). Der Bevölkerungsrückgang ließ bewirtschaftete Flächen und ganze Dörfer wüst und ehemalige Ackerfluren zu Viehweiden werden. Da aber die Nachfrage der um etwa ein Drittel, mancherorts um die Hälfte geschrumpften Bevölkerung noch stärker als die landwirtschaftliche Produktion zurückging, folgte ein kontinuierlicher Verfall der Agrarpreise. Nur noch etwa ein Drittel der Preise von der Mitte des 14. Jahrhunderts wurden nach der Mitte des 15. Jahrhunderts erzielt. Eine Agrardepression war die Folge, die Bauern wie Grundherren zu spüren bekamen, diese zur Abwanderung in die Städte, jene unter dem Druck standesgemäßer Lebensführung in die Schulden trieb. Umgekehrt setzten die gesunkenen Lebensmittelpreise Kaufkraft in den Städten frei und ließen die Nachfrage nach gewerblichen Produkten und damit die Einkommen der Handwerker steigen. Außerdem hatte die Pest Menschen, anders aber als der Krieg nicht ihren Besitz vernichtet. Den Bestand an Häusern, Werkstätten, Werkzeugen und Erspartem hatten nun weit weniger Menschen unter sich aufzuteilen, Erbschaften kumulierten sich zu unverhofften Vermögen. Die Zufälligkeit der Quellenüberlieferung erlaubt allerdings keine statistische Auswertung. So bleibt umstritten, ob es wirklich zu einer allgemeinen Hebung des Lebensstandards in den Städten kam, und insbesondere, ob auch die lohnabhängigen Handwerksgesellen, Arbeiter, Bediensteten und Gehilfen am Aufblühen der Gewerbe durch steigende Löhne teilhatten. Als Gegenstück zum Diktum vom »goldenen Zeitalter der Lohnarbeit« mit aufwendigen Essens- und Trinkgewohnheiten hat Dirlmeier kürzlich mit der Berechnung der Tagelöhne im Bauhandwerk ein überaus düsteres Bild entworfen. Nach seinen Berechnungen erzwang das Ende der meist nur kurzfristigen Arbeitsverhältnisse immer wieder die Wanderschaft zur Suche nach Arbeit, reichte der Barlohn häufig nicht, um eine Familie zu ernähren. Es charakterisiert den derzeitigen Stand der Forschung, daß die Auseinandersetzungen mit den Thesen Dirlmeiers in eine Frage münden: »Wie läßt sich angesichts des rapiden Kaufkraftverlustes der Löhne im 16. Jahrhundert die zweifellos viel bessere Einkommens- und Lebenssituation der Lohnarbeiter und einfachen Handwerker im Spätmittelalter angemessen charakterisieren?« (Schulz). Es ist umstritten, ob die Zeit nach der Großen Pest bis zum Ausgang des 15. Jahrhunderts durch eine umfassende Krise des Wirtschaftslebens, ja der gesamten Lebensbezüge gekennzeichnet war; weiter bleibt fraglich, ob die Ausbreitung einer Rentenmentalität bei den Kaufleuten, das Erstarren des Handwerks in kollektiv erzwungener Produktionsbegrenzung und Neuerungsfeindlichkeit und allgemein ein Nachlassen der Arbeitsamkeit bei wachsendem Konsumgenuß die Zeit charakterisierten, oder ob nicht vielmehr der statistisch nachweisbare Rückgang als produktiver Konzentrationsprozeß zu werten ist. Die Diskussion um die »Krise des Spätmittelalters« ist noch nicht beendet.

Krise des Spätmittelalters?

Kirche, Frömmigkeit und religiöse Außenseiter

Das Große Schisma

Am 17. Januar 1377 hielt Papst Gregor XI. mit dreizehn Kardinälen feierlichen Einzug in Rom. Zweiundsiebzig Jahre lang hatten die Päpste außerhalb Roms residiert, seit 1316 in Avignon, wo die durchweg französischen Päpste sich in eine sehr weitgehende politische Abhängigkeit vom französischen Königshof hatten bringen lassen. Die Rückkehr der Päpste an den Sitz des Papsttums, nach langer Vorbereitung und manchem gescheiterten Anlauf nun endlich – so schien es – erreicht, erwies sich bald als Auftakt zu einem Ereignis, das wie kein anderes Krise und Reformbedürftigkeit der spätmittelalterlichen Kirche sichtbar machte: dem Großen Schisma.

Wahl Urbans VI.

Es begann mit der Doppelwahl nach dem Tod Gregors XI. im Frühjahr 1378. Um die Rückkehr des Papsttums nach Rom zu besiegeln, erhoben die Römer die Forderung nach einem römischen Papst, der sie mit einer von Tumulten und Gewalttätigkeiten begleiteten Belagerung des Konklaves Nachdruck zu verleihen suchten. Zur Beruhigung der tobenden Menge wurde ein römischer Kardinal für gewählt erklärt, und, obwohl er sich heftig sträubte, auch inthronisiert, während die Kardinäle entflohen. Am nächsten Tag wählte dann die Mehrheit der Kardinäle den Erzbischof von Bari und inthronisierte ihn als Papst Urban VI. Unabhängig davon, ob die Umstände der Wahl die Entscheidungsfreiheit der Wählenden wirklich beeinträchtigt und die Wahl daher ungültig gemacht hatten oder nicht: wer Urban VI. als Papst für ungeeignet hielt, konnte hier fraglos Gründe für die Anfechtung der Wahl finden. So war es mehr als unklug, daß sich Urban VI. in den der Wahl folgenden Monaten immer mehr Kardinäle durch eine »autoritäre, diktatorische Regierungsform« (Fink) zu Feinden machte. Nach einem knappen halben Jahr erfolgloser Bemühungen um einvernehmliche Zusammenarbeit waren die Kardinäle zur Neuwahl entschlossen. Im neapolitanischen Fondi erhoben sie Kardinal Robert von Genf als Clemens VII. zum Papst. Er war ein Vetter des französischen Königs und kehrte, da er sich in Rom militärisch nicht gegen Urban durchsetzen konnte, im Mai 1381 nach Avignon zurück.

Wahl Clemens VII.

Die Oboedienzen

Beide Päpste ernannten neue Kardinäle, bauten Kurien auf und bedienten sich vielerlei Mittel, um ihren Anspruch auf alleinige Rechtmäßigkeit durchzusetzen. Dazu gehörte auch das Gewinnen gehorchender Anhängerschaften (Oboedienzen): die Päpste zu Avignon hatten die päpstliche Kurie in einer bis dahin unbekannten Weise zur Regierungszentrale der Universalkirche mit einem gewaltigen Beamtenapparat ausgebaut, hatten die Übernahme aller höheren kirchlichen Ämter an ihre (mit hohen Gebühren verbundene) Zustimmung geknüpft und hatten ihre Enscheidungskompetenz in so vielen kirchenrechtlichen Einzelfragen durchgesetzt, daß die Ortskirchen jederzeit kuriale Eingriffe zu gewärtigen hatten. Gerade weil die Kirche eine vergleichsweise große, auf das Papsttum hin zentrierte Verwaltungseffizienz erreicht hatte, war eine Entscheidung im Schisma für kirchliche Amtsträger wie für weltliche Herrscher auf die Dauer nicht zu umgehen, denn Fälle, die traditionellerweise ein päpstliches Urteil erforderten, ließen nirgendwo lange auf sich warten. Das Urteil welchen Papstes aber sollte man anrufen, wessen Spruch sich beugen?

Im Reich kam es zu keiner einheitlichen Entscheidung: König Wenzel erklärte sich in Nachfolge seines Vaters Karl IV. zusammen mit den meisten deutschen Fürsten für Urban VI. und trat dem Urbansbund bei, einer Vereinigung vor allem von Reichsfürsten und Städten zur Unterstützung des römischen Papstes. Bei der Verfassungsstruktur des Reiches bedeutete das Urteil des Königshofes aber nicht, wie in England und Frankreich, eine Entscheidung für das ganze Land. Besonders im Westen des Reiches bekannte man sich vielfach zur clementistischen Oboedienz.

Weil die Neuwahlen, zu denen »Avignoner« wie »Römer« jeweils beim Tode »ihres« Papstes schritten, von den Oboedienzen anerkannt und mitgetragen wurden, dauerte das Schisma letztlich 40 Jahre. Angesichts der Verwirrung stiftenden Notlage in den Kirchen blieb kaum eine andere Wahl, als die Kirchenspaltung bei lokalen Streitigkeiten zum Gegenstand politischen Kalküls zu machen. Ein Fall aus Straßburg mag das verdeutlichen: dort suchten sich die beiden Stifter St. Thomas und Jung-St. Peter der als ungerecht empfundenen Geldforderungen ihres Bischofs und Erzbischofs durch eine Appellation an Papst Urban zu erwehren. Das ließ den Bischof Unterstützung in Avignon suchen, was ihn zum Bundesgenossen seines Metropoliten, des Erzbischofs von Mainz, machte, der seine Amtseinsetzung, die er in Rom wegen einer Intervention des Königs nicht hatte erreichen können, von Clemens VII. erwirkt hatte, stiftete aber zugleich Verwirrung an seinem eigenen Hause, denn einer seiner hohen Beamten wurde wohl als Kanoniker der beiden Stifter von dem Bann betroffen, den Clemens über sie verhängte. Das Domkapitel war gespalten, die Stadtbürgerschaft trat im Frühjahr 1380 dem Urbansbund bei.

Viele verschiedene Mittel und Wege wurden an den Universitäten, in Synodalberatungen und an den Fürstenhöfen zur Überwindung des Schismas propagiert. Daß schließlich der Plan der Einberufung eines allgemeinen Konzils als Entscheidungsinstanz immer breitere Zustimmung fand, hängt nicht zuletzt damit zusammen, daß das Papstschisma über die zeit- und personenbedingten Einzelumstände hinaus als Strukturkrise der Kirche verstanden wurde, die nur durch eine grundlegende Reform würde behoben werden können. Der korporativ-kollegiale Gedanke, der die sozialen Ordnungsvorstellungen der Zeit allgemein bestimmte, sollte auch in der Kirche zur Geltung kommen (»Konziliarismus«).

Kirchenkritik und Ruf nach Reform

Kirchenkritik und Ruf nach Reform gehörten seit dem 11. Jahrhundert in unterschiedlicher Intensität – gleichsam als ihr Pendant – zur Geschichte der Kirche. Sie entzündeten sich an der Diskrepanz zwischen dem biblischen Ideal eines einfach-christlichen Lebens und dem aufwendigen Herrschafts- und Lebensstil der meist adligen hochkirchlichen Amtsträger. Immer wiederkehrende Kritikpunkte waren außerdem die Reduzierung der geistlichen Ämter zu bloßen Einnahmequellen (Pfründen). Vernachlässigung der Seelsorge durch Unbildung und Desinteresse des Klerus und daraus folgend der Drang zu Pfründenhäufung und Amtsabsenz – mithin ein Amtsverständnis, das heute kaum noch nachvollziehbar ist, damals aber dem Herrschaftsverständnis der weltlichen Herren weitgehend entsprach. Seit dem Hochmittelalter gab es als eine Form der Selbsthilfe angesichts der amtskirchlichen Mißstände alternative religiöse Laiengemeinschaften, die das Heil ihrer Seele in einem einfachen Leben in Armut und tätiger Nächstenliebe suchten. Für

Ketzerei

die Kirche war die Grenze zur Ketzerei regelmäßig dann überschritten, wenn diese Frommen sich als Glieder einer neuen »Gemeinschaft der Heiligen«, der wahren Kirche der gelebten Christusnachfolge nämlich, verstanden. Wenn sie die Heilsnotwendigkeit der Sakramente leugneten oder aber an die Würdigkeit des sie spendenden Priesters knüpften, rührten sie an die Fundamente kirchlichen Selbstverständnisses schlechthin, so wie es sich durch die Jahrhunderte zu festen Glaubenssätzen verfestigt hatte: daß nämlich im transpersonalen Bischofsamt sich die Apostelnachfolge der Bischöfe verwirklichte, in die jeder Bischof durch die Weihe berufen wurde. Diese Weihe, die er seinerseits wieder den Klerikern spendete, garantierte die heilsnotwendige Wirksamkeit der Sakramente und begründete zugleich das Heilsmonopol der Kirche. Diejenigen, die diese Lehre bestritten, waren Irrgläubige, Ketzer, die

Beginenhof in Amsterdam

die Kirche durch eigens dazu beauftragte Inquisitoren aufzuspüren und gemäß dem kirchlichen Heilsauftrag von ihrer Irrlehre abzubringen hatte. Hielten sie aber an ihren Irrlehren fest, setzten sie ihr eigenes Seelenheil aufs Spiel und mußten dem reinigenden Feuer des Scheiterhaufens übergeben werden. Der Verdacht auf Ketzerei lag immer dann nahe, wenn Laien ihr Seelenheil ohne Vermittlung der geweihten kirchlichen Amtsträger und außerhalb der etablierten Orden und religiösen Gemeinschaften suchten. Das traf auf die Waldenser zu, die sich die Anleitung zu einem wahrhaft christlichen Leben nicht von der kirchlichen Predigt, sondern direkt aus der Lektüre der Bibel in ihrer eigenen Volkssprache holten.

Beginen und Begarden

Eine andere Entwicklung nahmen die Beginen und Begarden, die seit dem Anfang des 13. Jahrhunderts erwähnt werden. Sie führten ein Leben nach den Vorschriften des Evangeliums in klosterähnlichen Gemeinschaften, aber ohne dauerndes Gelübde und Ordensregel und lebten von der Handarbeit und, vor allem die Begarden, vom Bettel. Die Spontaneität ihrer Zusammenschlüsse und die geringe institutionelle Verfestigung brachte sie in den Verdacht der Ketzerei. Zu Beginn des 14. Jahrhunderts wurde der Stand der Beginen wegen Häresie aufgehoben. Beginenverfolgungen während des 14. und 15. Jahrhunderts zeugen davon, daß ihre religiöse Lebensform weiterhin Zulauf fand, wenn er auch im 15. Jahrhundert stark abnahm. Neben diesen großen, einigermaßen identifizierbaren Gruppen gab es eine Fülle kleiner und kleinster religiöser Gemeinschaften, die sich aus dem Leben zurückzogen, für das sie nach Herkunft und Stand bestimmt waren. Sie waren unbestreitbar Ketzer, wenn sie die – von der Kirche ja keinesfalls geleugnete – Bedeutung der gelebten Christusnachfolge der Kraft der Weihe überordneten dergestalt, daß sie die von einem sündigen Priester gespendeten Sakramente für wirkungslos erklärten. Zu der Vielzahl von Handlungen, die unter dem Verdikt der Ketzerei standen, gehörte auch der Vorwurf, Kirchenkritik nicht nur vor Geistlichen, sondern auch vor Laien geübt zu haben; hierin zeigt sich, wie eng für die Inquisition aktive Laienreligiosität, Kirchenkritik und Ketzerei zusammenhingen. Schon ein anonymer Hinweis genügte, um die Inquisition in Gang zu setzen, vor deren Verurteilung zum Scheiterhaufen es kaum ein Entrinnen gab.

Heilsbegierde

Angst vor »schlechtem«, d.h. unvorbereitetem Tod und Höllenstrafen löste eine Heilsbegierde aus, die sich unter dem Anspruch individualisierter Heilssicherung eine Fülle religiöser Ausdrucksformen schuf. Sie waren so vielfältig und auch so widersprüchlich wie spätmittelalterliches Weltverhalten überhaupt. Die einen setzten auf eine Heilsversicherung durch möglichst emsiges Anhäufen von Reliquien und frommen Schenkungen, aber auch durch eigene bestellte Einzelmessen, von denen sie erhofften, »daß der Anteil an den Früchten größer sei als bei der für einen großen Kreis gefeierten Gemeindemesse« (Iserloh). Andere suchten ihren Seelentrost in der mystisch-asketischen Frömmigkeit der »devotio moderna«. In Krisenzeiten steigerte sich die Heilssehnsucht zu schwärmerischen Exzessen. Die Reaktionen auf die Große Pest sind ein gutes Beispiel dafür: obwohl man in medizinischen Fachtraktaten eingehend naturwissenschaftliche Ursachen für ihre unaufhaltsam schnelle Verbreitung diskutierte, war die Allgemeinheit doch von der Furcht beherrscht, daß die Krankheit ein Werkzeug Gottes zur Ausrottung des gesamten Menschengeschlechts sei. Ihn galt es also zu versöhnen. Während einige die Mißstände der Zeit – vor allem als Entartung von Kirche und Theologie – anprangerten, flüchteten andere in extreme Buß- und Selbstbestrafungsrituale und schlossen sich den Geißlerzügen an, die als »eine der größten Massenbewegungen in der Geschichte des deutschen Mittelalters ... die meisten Menschen zu religiösen, nicht von der kirchlichen Hierarchie getragenen und partiell sogar schroff gegen sie gerichteten Handlungen mobilisiert hat« (Haverkamp). Düstere Begleiterscheinung der fanatisierten Heilssuche war die Verfolgung Andersgläubiger, vor allem der Juden. Man beschuldigte sie, aus Haß auf die Christen die Brunnen vergiftet und so das Massensterben ausgelöst zu haben. Aber gerade die großen städtischen Judenpogrome in den Jahren 1348–1350 zeigen überdeutlich, wie günstig sich dabei wirtschaftliche Interessen mit quasi-religiösen Rachegefühlen in Übereinstimmung bringen ließen. Wenn auch häufig aufpeitschende Predigten Ausschreitungen gegen die jüdische Bevölkerung auslösten, so waren die Beraubung und Verbrennung der Juden doch keineswegs generell spontane Äußerungen religiösen Fanatismus, sondern vielfach genau vorbereitete, ja ausgehandelte Aktionen, an denen Ratsmitglieder, städtische Amtleute, ja ganze Stadtobrigkeiten führenden Anteil hatten.

Judenpogrome

Zu der gelebten oder auch in heftigen Anklagen sich entladenden Kirchen-

Jüdischer Friedhof

Päpstlicher Zentralismus

kritik kam Kritik an der Verfassungsstruktur der Kirche, die sich aus der historischen Entwicklung ergab. Sie galt dem bürokratisch verfestigten päpstlichen Zentralismus und ist darin der Ständebewegung vergleichbar. Mehr noch als die weltlichen Herrscher, weil diesen im Aufbau eines Behördenapparates weit voraus, hatten sich Papst und Kurie vom »consensus fidelium« unabhängig gemacht und die Leitung der Gesamtkirche, die nach hochmittelalterlichem Verständnis allen Bischöfen als den Nachfolgern der Apostel übertragen worden war, in eine zentrale päpstlich-kuriale Alleinherrschaft verwandelt. Ausgesprochene kuriale Mißstände, wie die Verhängung von Kirchenstrafen oder das Gewähren von Indulgenzen nach rein politischen Gesichtspunkten oder im Dienste kirchlicher Geldforderungen, außerdem willkürliche, unkontrollierte Verfügung über eingegangene Mittel, der bombastische Lebensstil einiger Päpste mit ausgeprägter Vetternwirtschaft, Korruption und Intrigen trugen das ihre dazu bei, die Hoffnung auf Reform nicht vom Papst, sondern von einem allgemeinen Konzil zu erwarten. Diese Vorstellungen gewannen endgültig die Oberhand, als offenbar wurde, daß die Überwindung des Schismas von der Zentrale aus nicht gelang. Ein allgemeines Konzil sollte das Papsttum vom Schisma befreien, das also erneuerte Papsttum wieder in die Gemeinschaft der Gläubigen einbinden und Klerus und Kirche durch Reformvorschriften bessern. Ein erster Versuch in dieser Richtung wurde 1409 vom Konzil von Pisa unternommen, aber ohne Erfolg, weil der dort von den Kardinälen gewählte Alexander V. ebensowenig wie sein Nachfolger Johannes XXIII. die Oboedienzen der Abgesetzten für sich gewinnen konnte. So sollte ein neues Konzil Abhilfe schaffen, das im Jahre 1414 in der Reichsstadt Konstanz zusammentrat.

Allgemeines Konzil

Konstanzer Konzil

Seit Jahrhunderten hatte die Handlungsfähigkeit der Gesamtkirche in der Leitung durch das Papsttum bestanden, ohne daß festgelegt worden wäre, wer bei dessen Leitungsunfähigkeit an seiner Statt zu handeln habe. Das französische Königtum, lange Zeit faktischer Schutzherr von Papsttum und Kirche, fiel wegen innerer Probleme aus. Kluges Taktieren und politisches Geschick erlaubten es in dieser Situation dem Römischen König Sigmund (1410–1437), die Verpflichtung zum Schutz der Römischen Kirche wieder aufleben zu lassen, der dem deutschen König als zukünftigem Kaiser von alters her oblag. Auf sein Drängen hin verstand sich der konzilsunwillige Johannes XXIII. zur Einberufung eines Konzils. Auch bei der Festlegung des Tagungsortes Konstanz, dem Schutz des Konzils, beim Gang der Verhandlungen und bei der Überwindung konziliarer Krisensituationen spielte Sigmund eine entscheidende Rolle. Bei allem Einfluß des Königs aber war unumstritten, daß das vom Papst geleitete Konzil selbst in seiner Funktion als Repräsentant der Gesamtkirche handlungs- und entscheidungsbefugt war. Der Versuch Johannes XXIII., mit seiner Flucht aus Konstanz dem Konzil die Handlungslegitimation zu entziehen, es also aufzulösen, brachte eine weitergehende Präzisierung des konziliaren Selbstverständnisses. Der

Konzilsdekrete »Haec sancta« und »Frequens«

Konzilsbeschluß »Haec sancta« vom 6. April 1415 stellte fest, daß das in Konstanz vom Heiligen Geist selbst versammelte Generalkonzil »unmittelbar von Christus seine Gewalt empfangen habe, so daß ihm jedweder bis hin zum Papst zu gehorchen habe, wenn es um die Ausrottung des Schismas und die allgemeine Reform der Kirche Gottes an Haupt und Gliedern gehe«. An der Formulierung eines Reformprogramms versuchten sich dann Ausschüsse und Kommissionen des jetzt papstlosen Konzils mit großer Intensität. Um den neu zu wählenden Papst für deren Durchführung in Pflicht zu nehmen und um in Zukunft jede Form päpstlich-kurialer Willkürherrschaft zu unterbinden, verabschiedete das Konzil von Konstanz ausdrücklich noch vor der Papstwahl eine Reihe von Reformartikeln. Einer der fünf Hauptpunkte sah die Abhaltung von Generalkonzilien in genau festgelegten Abständen vor (Dekret »Frequens«).

Mit den beiden Dekreten hatte sich das Konzil ein eigenständiges Recht innerhalb der Kirche zugesprochen, das ihm auch dann zu handeln erlaubte, wenn besondere Umstände den Normalfall der päpstlichen Leitung verhinderten. Daß es allerdings keineswegs vom Heilsmonopol der auf Amt und Weihe gegründeten kirchlichen Hierarchie abzurücken trachtete, hatte es gleich zu Beginn seiner Tätigkeit unter Beweis gestellt: noch vor König Sigmund, nämlich am 3. November 1414, war der böhmische Reformer

Johannes Hus

Johannes Hus in Konstanz eingetroffen. Mit immer größerer Vehemenz hatte der Prager Magister zuvor die Lasterhaftigkeit des verweltlichten Klerus angeprangert. Hus kam als Gebannter nach Konstanz, denn schon seit 1409 waren der Erzbischof von Prag und auch der Papst mit Kirchenstrafen gegen ihn vorgegangen. Seine Schrift »Über die Kirche« (De ecclesia), die er im Jahre 1413 verfaßt und in der er die Vorstellung einer Gemeinschaft der Prädestinierten als der wahren Kirche vertreten und dadurch den Heilscharakter der hierarchischen Amtskirche in Frage gestellt hatte, bestärkte seine Gegner in ihrer Auffassung, es mit einem ketzerischen Aufrührer zu tun zu haben. Seine Sache erhielt jedoch noch zusätzliche Brisanz: in seiner Kirchenkritik artikulierte er auch einen nationaltschechischen Widerstand gegen die Deutschen, die seit den Zeiten der Ostsiedlung die hohen kirchlichen Amtsträger, aber auch das Patriziat in den böhmischen Städten stellten. Als Hus sich sowohl vor der Konzilskommission, die mit der Untersuchung der Vorwürfe gegen ihn beauftragt war, als auch vor dem Konzilsplenum weigerte, seinen für ketzerisch erklärten Ansichten abzuschwören, mußte er als der Ketzerei überführt angesehen werden. Das Urteil konnte nur auf Tod durch Verbrennen lauten. Am 6. Juli 1415 bestieg Johann Hus den Scheiterhaufen. »Es war der Scheiterhaufen, an dem sich der Brand der Hussitenkriege entzündete« (Heimpel).

Verbrennung von Jan Hus

Beendigung des Papstschismas

Papstschisma, Kirchenreform und Glaubensfrage waren die Probleme, zu deren Lösung das Konzil zusammengetreten war. Am überzeugendsten fiel schließlich die Lösung in der Frage des Papstschismas aus, obwohl sie das Konzil jahrelange Vorbereitung kostete. Dem entlaufenen Papst Johannes XXIII. wurde der Prozeß gemacht und die Papstwürde abgesprochen, dann folgte die Verabschiedung der Reformdekrete, und schließlich wurde am 11. November 1417 der Kardinal Oddo Colonna als Martin V. zum Papst gewählt. Da er nicht nur von den Kardinälen, sondern – in Abweichung vom tradierten Papstwahlmodus – auch von Ausschüssen der nach fünf »Nationen« gegliederten Konzilsteilnehmer gewählt wurde, war ihm breiteste Zustimmung sicher. – Das Schisma war beendet. In Erwartung eines neuen Reformkonzils kam das Konzil von Konstanz Anfang 1418 zum Ende.

Konzil von Basel

Die in Konstanz begonnene Reformarbeit wurde vom Konzil von Basel fortgesetzt (1431–1449). »Standen sich in Konstanz rivalisierende Päpste gegenüber, so ging aus Konstanz verstärkt die Rivalität zwischen Papsttum und Konzil hervor« (Meuthen). Da er die in den Konstanzer Dekreten ausgesprochene Gottunmittelbarkeit und Eigenständigkeit des Konzils um seiner päpstlichen Vollgewalt willen glaubte bekämpfen zu müssen, löste Papst Eugen IV. das Basler Konzil, das sich auf diese Dekrete berief, alsbald auf, erkannte es unter Druck der erregten öffentlichen Meinung wieder an und verlegte es schließlich 1437 nach Florenz-Ferrara. Der größte Teil der Konzilsväter aber tagte weiter in Basel und formulierte dann als Dogma, daß das allgemeine Konzil die höchste, auch dem Papst übergeordnete Leitungs- und Entscheidungsgewalt in der Kirche habe, eine Ansicht, deren Umsetzung in gültiges Kirchenrecht der Papst allerdings verhinderte. Dies konnte er allerdings nur, weil er sich mit den weltlichen Gewalten, den Königen und Fürsten, durch den Abschluß von Konkordaten verbündete, die die weltlichen Gewalten als die eigentlichen Sieger aus den Auseinandersetzungen hervorgehen ließen.

Eine unvoreingenommene Beurteilung von Leistung und Reformtätigkeit des Basler Konzils für das Leben der Kirche wird damit nur allzu leicht durch einen dogmatischen Vorentscheid verhindert, der entweder Kirchenreform nur als Tätigkeit der durch ein Konzil repräsentierten Gesamtkirche zu sehen vermag, oder aber, vom Grundsatz der päpstlichen Vollgewalt aus, dem Basler Konzil ganz oder teilweise die Legitimität bestreitet. Die noch andauernde Sichtung der ungeheuren Massen von Akten und theoretischen Traktaten, die in Basel produziert wurden, und die bislang nur punktuell untersuchte Frage, in welchem Umfang die Basler Reformdekrete in den Einzelkirchen wirksam wurden, ließen zudem eine umfassende Würdigung kaum zu. Es zeichnet sich aber immer deutlicher ab, daß »die Reformarbeit des Konzils in der vorreformatorischen Kirche, wenngleich mit wechselnder und unterschiedlicher Intensität, umgesetzt wurde« (Meuthen). Vielleicht wird man später einmal die Tatsache, daß das späte 15. Jahrhundert »sich in den Ordnungen der Kirche sammelte«, so daß man es »eine der kirchenfrömmsten Zeiten des Mittelalters nennen darf« (Moeller), zu Basel in Beziehung setzen können.

Recht und Friede

Im Jahre 1343 brachte ein Mann seinen eigenen Vater vor den Richter und henkte dann den des Diebstahls Überführten eigenhändig auf. Der Vater hatte zuvor, so berichtet der Chronist Johann von Winterthur, sein Vermögen unter seine Söhne aufgeteilt, war dann aber in Not geraten und hatte sich, weil der Sohn ihm Unterstützung verweigerte, eigenmächtig eine Kuh vom Sohn genommen. Damit wurde er zum Viehdieb, und der Sohn, der auf Tod durch Erhängen bestand, handelte im Sinne eines archaischen Rechtsverständnisses, das das Opfer zur »Heilung« der durch den Diebstahl gestörten Rechtsordnung verlangte. Es forderte »die Beseitigung von Un-heil durch neues Heil in einem zauberischen Verfahren« (Hattenhauer), zu dem gerade das Hängen von Dieben gehörte, die durch den Strang dem Gott Odin geopfert wurden. Dieser Rechtsrigorismus entstammte heidnisch-magischem Denken und stieß schon bei manchen Zeitgenossen auf Empörung, denn die im Hochmittelalter einsetzende Individualisierung und Humanisierung hatte auch in den Vorstellungen vom Recht ihren Niederschlag gefunden: die Frage nach der Verantwortung des Täters ließ den Zwang zur Wiederherstellung der Rechtsordnung in den Hintergrund treten; die Strafe, ein Begriff, der zum ersten Mal für die Zeit um 1200 belegt ist, wurde am schuldhaften Täter vollzogen und löste die alte Rechtsform von Rache und Buße ab, in der Verwandte und geschworene Freunde Rechts- und Haftungsgenossen waren.

Schuld und Strafe

Da sich die Frage nach der Schuld des Täters aber nur beantworten ließ, wenn Klarheit über die Umstände und den Verlauf der Tat und über die Motive des Täters bestanden, mußten Zeugen über den Tathergang befragt, Beweise verlangt, Gegenbeweise zugelassen werden, insgesamt also rationalere Formen des Gerichtsverfahrens entwickelt werden. Die Rationalisierung des Verfahrens war Teil einer allgemeinen Rationalisierung des Rechtsdenkens, die auch die Rechtsinhalte erfaßte. Das alte Gewohnheitsrecht ließ ja

Verhandlung vor dem Herforder Stadtgericht, um 1375 – Hinter dem Tisch mit dem Kruzifix und dem Schwert der Richter und die Schöffen, vor dem Tisch die streitenden Parteien und der Gerichtsschreiber

ein bewußtes Abweichen vom überlieferten Recht selbst dann nicht zu, wenn Schöffen und Gerichtsgemeinde übereinstimmend von der Ungerechtigkeit des Urteils überzeugt waren. Das läßt sich exemplarisch einem bäuerlichen Weistum aus dem Jahre 1427 entnehmen: Die Schöffen verneinten das Recht eines Elternpaares auf das Erbe seines verstorbenen Sohnes mit dem Rechtssatz, daß ein Erbe »nicht steigen« dürfe. Daß damit entfernte Verwandte in den Genuß des Besitzes und damit der früheren elterlichen Zuwendungen an ihr Kind kamen, empfanden sie selbst als »unbillig«, wagten aber keine Rechtsänderung, weil es »von alter herkommen ist«.

Während die Bauern in ihrer fortdauernden Bindung an das Gewohnheitsrecht jeder Rechtsetzung mit Mißtrauen begegneten, trat, zuerst in den Städten und dann auch in den entstehenden Territorialstaaten, neben das alte Gewohnheitsrecht ein bewußt gesetztes Recht. Es ging nicht mehr von der »Heilung« einer gestörten Rechtsordnung aus, von der Wiederherstellung des Sippenheils, das bei Totschlag oder Körperverletzung »aus dem geschlagenen Loch verrinnt« (Ebel), wenn es nicht durch Rache oder Buße geheilt wird, sondern unterschied zwischen Straf- und Zivilrecht: im ersteren strafte es den schuldhaften Täter und sonderte ihn als Verbrecher aus der Gesellschaft aus, im zweiten entwickelte es Regeln, die es erlaubten, Konflikte zwischen Menschen durch Recht und Gericht »gerecht«, d.h. friedlich beizulegen.

Aufbau eines Gerichtswesens

Mit dem Aufbau eines Gerichtswesens und der amtlichen Verfolgung von Rechtsbrechern zog also die Obrigkeit nicht nur rein technisch das »private« Fehde- und Bußwesen an sich, das die Heilung eines Rechtsbruchs grundsätzlich von der geschädigten Partei verlangt hatte, sondern beförderte auch ein Rechtsdenken, das das Recht nicht mehr als Teil der sakral-magischen Sphäre, sondern zunehmend als Konfliktregelungsmechanismus zwischen Menschen verstand. Daß aber gerade der Wandel im Rechtsdenken sich nur stockend und mit vielen Rückschlägen und Widersprüchlichkeiten vollzog, lehrt nicht nur der Fall des Sohnes, der den eigenen Vater erhenkte, sondern vor allem der Hexenwahn, der Frauen eines Bündnisses, einer Buhlschaft mit dem Teufel bezichtigte und damit übernatürlich-schädigender Macht über Menschen, Tiere und Sachen. Die Furcht vor Hexen und Zauberern und ihren magischen Praktiken war uralt. Als aber in den Hexenprozessen, die im Spätmittelalter einsetzten und bis zur Aufklärung andauerten, kirchlich-staatliche Strafverfolgungsbehörden in den Dienst des Hexenwahns gestellt wurden, konnte er um so stärker seine fürchterlichen Wirkungen entfalten. Der »Hexenhammer« (malleus maleficarum) zweier Dominikaner-Inquisitoren aus dem Jahre 1487, ein dickleibiges juristisches Handbuch zur Hexenverfolgung, das dann auch die profane Rechtspflege stark beeinflußte, weist ein hohes Maß formaler Rationalität im Dienste irrationaler Ziele auf.

Schadenzauber – Hexen bereiten ein Unwetter

Gerade die Hexenprozesse machen die Widersprüche in der Rechtsentwicklung überdeutlich. Dennoch gelang es letztlich durch den Aufbau eines Gerichtssystems, das Fehdewesen zu überwinden und den Gemeinschaftsfrieden aufzurichten. Aus der allgemeinen Verfassungsentwicklung ergibt sich bereits, daß sich das in den Städten und Territorien einerseits und im Reich andererseits sehr verschieden vollzog.

Das Recht in den Städten

Im Zuge der Gemeindebildung ging mit anderen stadtherrlichen Rechten auch die Rechtshoheit vom Stadtherrn an die Bürgergemeinde über. Die Rechtsetzung, oder vielmehr die Rechtsanpassung und Rechtsergänzung wurde da, wo das bestehende Gewohnheitsrecht für die besonderen städtischen Bedürfnisse nicht ausreichte, Sache des Rates, die Rechtsprechung die der städtischen Schöffengerichte. Die Zusammensetzung des städtischen Rechts aus dem mündlichen Gewohnheitsrecht des Landes und dem gesetzten, »gewillkürten« Recht der Stadtobrigkeit stand einer den ganzen Rechtsbestand erfassenden Verschriftung zunächst entgegen. Auch den Gründungsstädten zur Zeit des hochmittelalterlichen Landesausbaus wurde kein Gesetzbuch überreicht, wenn ihnen der gründende Stadtherr – was bald die Regel wurde – das Recht einer bereits bestehenden Stadt verlieh. Einzelne Städte wie Köln, Soest, Lübeck und vor allem Magdeburg wurden zu »Mutterstädten«, weil bei Stadtgründungen in bestimmten Gebieten gewohnheitsmäßig ihr Recht übertragen wurde. Die städtischen Gerichte waren einstufig, kannten keinen Instanzenzug. Bestritt in einem städtischen Rechtsstreit eine der streitenden Parteien die Rechtmäßigkeit des Schöffenspruchs oder kamen in irgendeiner Form Zweifel auf, dann pflegte das örtliche Gericht Rechtsbelehrung einzuholen. Die jüngeren, die Gründungsstädte, wandten sich dabei an den Schöffenstuhl ihrer Mutterstadt. Auch das war in der Regel kein Instanzenzug, also keine Übertragung des Streitfalles an ein höheres Gericht und damit keine institutionelle Verknüpfung der Gerichte, sondern eine Anfrage mit der Bitte um Rechtsauskunft, die das anfragende Gericht dann seinem eigenen Urteil zugrunde legte. Es hielt jedoch die Rechtsverbindung zwischen der Mutterstadt und den Städten ihres Rechts über die Zeit der

Gründung hinaus aufrecht. So entstanden Stadtrechtsfamilien als Gegengewicht zum Rechtspartikularismus der spätmittelalterlichen Städte.

Das territoriale Rechts- und Gerichtswesen war dadurch bestimmt, daß »das Land« kein Gebiet einheitlicher Staatsgewalt war, sondern sich aus den Herrschaftsbereichen und -rechten des Landesherrn und vieler anderer Herrschaftsträger zusammensetzte. Die Einheit des Landes wurde durch die Huldigung konstituiert, mit der sich die anderen Herrschaftsträger der Landfriedenshoheit des Landesherrn unterstellten. Diese Hoheit setzte regelmäßig königliche Verleihung voraus.

Landfriedensschutz und peinliche Strafen

Mit dem Landfriedensschutz war das Recht verbunden, »peinliche Strafen« zu verhängen und zu vollstrecken, denn seit Beginn der Landfriedensbewegung galt der Friedbruch als strafwürdiges Verbrechen, das nicht durch eine Buße abgelöst werden konnte. Die fürstlichen Hochgerichte unterschieden sich damit von den anderen Gerichten im Land nicht nur auf Grund ihrer alleinigen Zuständigkeit für Landfriedensfälle, sondern auch dadurch, daß sie Blutgerichte waren, symbolisiert durch Stock und Galgen oder Schwert, Galgen und Rad. Das sicherte ihre Zuständigkeit für andere schwere Verbrechen wie Kuppelei, Sodomie und Abtreibung, Hexerei und Gotteslästerung und förderte ihr Bestreben, sich überhaupt alle schwereren Fälle vorzubehalten. Den nicht-fürstlichen Adligen im Land blieb die Niedergerichtsbarkeit über ihre Leute, die Dorfgerichtsbarkeit. Sie war zwar keine delegierte, aber doch eine untergeordnete Gerichtsbarkeit, seit die alte Geschlossenheit der adeligen Immunitäten durch die Landfriedenshoheit des Landesherrn durchbrochen war.

Nur eine starke landesherrliche Gewalt konnte ihre Zuständigkeit für alle schweren Rechtsfälle flächendeckend durchsetzen. Sie bestand nicht überall. Obwohl es deshalb in den einzelnen Territorien höchst unterschiedliche Gerichtsverhältnisse gab, denen eine schematische Untergliederung in landesherrliche Hoch- und adlige Niedergerichtsbarkeit nicht gerecht wird, läßt sich doch eine gewisse einheitliche Tendenz zum landesherrlichen Hochgerichtsmonopol hin erkennen.

Königliche Gerichtshoheit

Eine solche Tendenz gab es im Reich nicht. Auch dort fehlte es nicht an Gerichten. Das oberste Gericht im Reich war das des Königs, das Reichshofgericht, neben dem seit Beginn des 15. Jahrhunderts ein königliches Kammergericht genannt wird. Dort fungierten nicht mehr, wie im alten Hofgericht, die Rechtsgenossen des Beklagten als Urteiler, sondern gelehrte königliche Räte als Berufsjuristen, durch deren Vorbildung Grundsätze des Römischen Rechts auf das heimische Recht Einfluß gewinnen konnten.

So wenig dem König die oberste Gerichtsbarkeit prinzipiell bestritten wurde, so wenig bedeutete sie aber auch schon eine effiziente Gerichtsgewalt. Ein Fall, der König und Reich in eigener Sache betraf, mag das verdeutlichen: Im Jahre 1474 wurde dem Kurfürsten Friedrich »dem Siegreichen« von der Pfalz in feierlicher Gerichtssitzung die Kurfürstenwürde abgesprochen, er selbst in die Acht und Oberacht erklärt. Zuvor war er in einem ausführlichen, allen Formen genügenden Gerichtsverfahren vor dem königlichen Kammergericht verschiedener Verbrechen bis hin zum Bruch des vom König gebotenen Landfriedens für schuldig befunden worden; und dennoch amtierte der Pfalzgraf auch in der Folgezeit ohne jede Beeinträchtigung, ja, das Urteil scheint ihm offiziell gar nicht zur Kenntnis gebracht worden zu sein, denn es liegt heute noch im Wiener Haus-, Hof- und Staatsarchiv. Jedenfalls wurde kein Versuch unternommen, das Urteil durch eine Reichsexekution zu vollstrecken. Das »geradezu grotesk wirkende Mißverhältnis zwischen Herrschaftsanspruch und realer Herrschaftswirklichkeit« (Krieger) hängt sicher auch mit der Lethargie des damaligen Königs Friedrich III. zusammen, war aber doch auch symptomatisch für die Grundstruktur der

Hinrichtung von Mördern (Aus der Spiezer Chronik des Diebold Schilling)

königlichen Reichsherrschaft, der für die Durchführung ihrer Befehle keine ausführenden Organe zur Verfügung standen.

Gerichtszuständigkeiten

Der alte, immer noch gültige Rechtsgrundsatz, nach dem man im Falle der Rechtsverweigerung überall dort klagen durfte, wo man sein Recht über den Gegner bekommen konnte, brachte anderen Gerichten im Reich überregionales Ansehen, wenn sie in dem Ruf standen, wirksame Urteile zu fällen: so die königlichen Gerichte in Rottweil und der Leutkircher Heide, so die unter Königsbann richtenden Femegerichte Westfalens, die Klagen aus dem gesamten Reichsgebiet verhandelten und auch weit entfernt wohnenden Angeklagten die Führung eines Prozesses aufnötigten. Mit gelegentlichen überfallartigen Hinrichtungen hielten sie die Furcht vor der Vollstreckung ihrer Todesurteile lebendig. In dem Begriff »Fememord« klingt noch der Schrecken nach, den sie verbreiteten.

Es gab also Gerichte auf Reichsebene, aber keine eindeutigen Zuständigkeiten. »Das Fehlen fest verbindlicher Normen... wurde benutzt, um in raffinierter Weise mit den Erbietungen zu Recht (d.h. mit dem Angebot, einen Konflikt gerichtlich klären zu lassen) ein spitzfindiges, hinhaltendes Spiel zu treiben, das dem Eindringen der Politik ins Recht Tor und Tür öffnete« (Most). Zwar wurden immer wieder Reformpläne ausgearbeitet, um die Gerichtszuständigkeiten eindeutig zu regeln, aber die Interessengegensätze und damit das Mißtrauen zwischen König, Fürsten, Städten, Ritterschaft und freien Herren waren so groß, daß eine Einigung über die Zusammensetzung der Gerichte und über die Durchführung der Urteile nicht zustande kam. So kann es nicht wundernehmen, daß trotz aller Landfriedenseinungen, die geschlossen, oder Landfriedensgebote, die vom König erlassen wurden, Geschädigte sich ihr Recht doch immer wieder durch bewaffnete Selbsthilfe zu verschaffen suchten. Das alte Rechtsmittel der Fehde bot ihnen dazu Gelegenheit, eine Einrichtung, die, wenn es sich nicht um Blutrache handelte, längst ihren sakral-magischen Sinn verloren hatte und bei der sich berechtigte Selbsthilfe, pures Faustrecht und mühsam getarnter Straßenraub kaum unterscheiden ließen.

König und Reich

Habsburger, Luxemburger, Wittelsbacher – im Wechsel zwischen diesen drei Adelshäusern vergaben die Kurfürsten nach dem Interregnum die Krone des Reiches.

Habsburger

Hausgüter und Lehen König Rudolfs von Habsburg (1273–1291) lagen vor allem im Elsaß und im Gebiet der heutigen Zentralschweiz mit der namengebenden Habichtsburg im Kanton Aargau. Der Sieg über seinen mächtigsten Rivalen, den König Ottokar von Böhmen, gab Rudolf die Möglichkeit, seinen Sohn mit den vorher von Ottokar usurpierten Herzogtümern Österreich und Steiermark, mit dem Lande Krain und der Windischen Mark zu belehnen und so die Herrschaft der Habsburger im östlichen Mitteleuropa zu begründen.

Luxemburger

Im Jahre 1308 gelang es dem Trierer Erzbischof Balduin, seine Mitkurfürsten für die Wahl seines Bruders, des Grafen Heinrich von Luxemburg, zu gewinnen. Dieser konnte, ähnlich wie einst Rudolf von Habsburg, den im Westen des Reiches gelegenen Besitzungen seiner Familie mehrere große Reichslehen im Osten, das Königreich Böhmen und die Markgrafschaft Mähren, hinzufügen, die er 1310 an seinen Sohn Johann vergab. Obwohl die Luxemburger nach dem Tod Heinrichs VII. im Oktober 1313 damit über zwei Kurstimmen – Trier und Böhmen – verfügten, konnten sie die Wahl des Kaisersohnes nicht durchsetzen, so daß sie, die sie auf jeden Fall die Wahl eines Habsburgers verhindern wollten, die Kandidatur des Herzogs Ludwig IV. von (Ober-)bayern aus dem Hause Wittelsbach unterstützten.

Wittelsbacher

Ludwig war ein Nachfahre Ottos von Wittelsbach, den Friedrich Barbarossa 1180 nach dem Sturz Heinrichs des Löwen mit dem Herzogtum Bayern belehnt hatte, und dessen Sohnes Ludwig, der 1214 seinem Hause die rheinische Pfalzgrafschaft durch Vermählung seines Sohnes Ludwig mit der Erbin der Pfalz gewann. Das Kurfürstentum Pfalz und das Herzogtum Bayern waren fortan wittelsbachisch, auch wenn sich seit der Mitte des 13. Jahrhunderts der Gesamtbesitz des Hauses durch Erbteilungen jeweils in den Händen mehrerer Fürsten befand.

Die Rivalität der drei großen Dynastien um das Königtum schloß einerseits Bündnisse und Eheverbindungen nicht aus, erhielt aber andererseits immer wieder zusätzlichen Zündstoff durch die räumliche Nachbarschaft, denn alle drei waren auf den Osten und den Südosten des Reiches als ein Feld ihrer territorialpolitischen Ambitionen verwiesen, wo es daher wiederholt zu Interessenkonflikten kam. So ist es zu erklären, daß der Coup, durch den Ludwig der Bayer seine luxemburgischen Rivalen aus Tirol verdrängte, zum endgültigen Bruch zwischen ihnen und dem Kaiser führte. Der Bayer hatte die Ehe der Tiroler Erbin Margarete Maultasch, die ihren luxemburgischen Ehemann vor die Tür gesetzt hatte, kraft kaiserlicher Vollmacht annulliert und ihr dadurch die Verbindung mit seinem eigenen Sohn Ludwig ermöglicht, den er bereits 1323 mit der Markgrafschaft Brandenburg belehnt hatte. Für den Bruder des Davongejagten, Karl IV., war jedenfalls der Tiroler Eheskandal nach eigener Aussage der entscheidende Grund für seine Kandidatur gegen Ludwig den Bayern im Jahre 1346.

Hausmachtpolitik

Es war nicht ungewöhnlich, daß die deutschen Könige in dieser Weise die Besitzungen ihres Hauses zu vergrößern trachteten, also Hausmachtpolitik betrieben. Das taten alle anderen Könige Europas auch, und im Reich ließen sich Fürsten, nichtfürstlicher Adel und Stadtpatrizier ebenso in ihrem Handeln von dem Bestreben leiten, Besitz und Ansehen ihres Hauses und diesseitiges und jenseitiges Wohl seiner Mitglieder zu mehren. Von allen diesen unterschieden sich die Könige des Reiches nur dadurch, daß das Familiengut wegen des ständigen Wechsels im Königtum vom königlichen Amtsgut getrennt blieb, nämlich dem Familienerbgang folgte, während das Königs- oder Reichsgut auf den Amtsnachfolger überging, beide also nicht zu einer Krondomäne verschmolzen. Die wichtigsten Einkünfte, die dem König aus dem Reichsgut zustanden, waren die Abgaben der Reichsstädte und der Reichsgutbezirke, außerdem die Zahlungen der Juden, die dem König als Gegenleistung für seinen besonderen »Schutz« eine Steuer zu entrichten hatten und deshalb »königliche Kammerknechte« hießen. Dies alles waren Mittel, die sich verpfänden, verpachten oder sonstwie einsetzen ließen, wenn akute Finanznot oder die Verfolgung politischer oder wirtschaftlicher Ziele das erforderlich machten oder Dienste für das Reich bezahlt werden mußten. Ein besonders makabres Beispiel ist der Schacher um den Judenschutz zur Zeit der Großen Pest. Karl IV. ließ ihn sich, d.h. seinen Verzicht auf den Schutz der Juden, regelrecht abkaufen, indem er gegen finanzielle Gegenleistungen denen Straffreiheit zusicherte, die an ihn mit dem Plan zur Vernichtung der Judengemeinden und zur Aneignung von deren Vermögen herantraten.

Handlungsfähigkeit des Königs im Reich

Das Königtum war und blieb »Kern und Mitte der Existenz des Gemeinwesens, besonders der unentbehrliche, einzige auf die Dauer anerkannte Quellpunkt der Legitimität aller Herrschaft und Obrigkeit« (Moraw). Die konkreten Rechte des Römischen Königs am Reich aber waren gering, einer königlichen Reichsregierung fehlte die Grundlage. Der größte Teil des Reiches war zu Lehen ausgegeben und dadurch seiner Regierung entzogen. Die gewachsene Autonomie der Reichsstädte mit ihrem Ratsregiment ließen königliche Regierungshandlungen nicht zu, und die Reichsministerialität mit ihren ehemals dienstgebundenen Gütern war entweder mit dem altfreien Hochadel verschmolzen oder in der Reichsritterschaft aufgegangen; aus ihrem Dienstverhältnis war damit ein Vasallitätsverhältnis geworden. Entsprechend waren die königlichen Behörden im Grad ihrer institutionellen Verfestigung kaum über die hochmittelalterlichen Hofämter hinausgewachsen. Die Handlungsfähigkeit des Königs im Reich beruhte weitestgehend auf der Folgebereitschaft derjenigen Städte und adligen Herren, die im König einen Verbündeten gegen die expandierenden fürstlichen Territorialstaaten sahen und deshalb seine Nähe suchten.

Karl IV.

Man muß sich diese Grundgegebenheiten der Reichsverfassung vor Augen halten, will man die Herrschaft Karls IV. (1346–1378) und seine Bedeutung für das Reich einschätzen. Fast unmittelbar nachdem er die Oberhand über die wittelsbachische Partei gewonnen und mit der Krönung in Aachen im Juli 1349 seine Stellung als Römischer König befestigt hatte, verließ er das Reich für fast vier Jahre und widmete sich dem Ausbau der Regierungsgewalt in Böhmen. Auch später hat er der Festigung und Ausweitung der luxemburgischen, auf Böhmen hin orientierten Hausmacht größte Aufmerksamkeit geschenkt. Dies bedeutete keine Gleichgültigkeit gegenüber dem Reich und seinen traditionellen Rechten und Pflichten: das zeigt nicht nur sein Romzug zur Kaiserkrönung im Jahre 1355, sondern ebenso sein Bemühen, im Reich selbst die materielle Basis seiner Herrschaft zu verbreitern. Wichtigster Erwerb waren neben der Mark Brandenburg (1373) eine mit zielstrebiger Zähigkeit verfolgte Sammlung von Rechten und Besitzungen vom Egerland über die Oberpfalz und mainabwärts bis zum Ort der Königswahl Frankfurt. Alle diese Besitzungen erwarb er für sein Haus, zahlte aber, wo das erforderlich war, mit den Ressourcen des Reiches, vor allem mit den Steuern der Reichsstädte. Das hat ihm – gerade in der reichsstädtischen Chronistik – den Vorwurf eingetragen, das Reich zum Vorteil seines Hauses ausgeplündert zu haben. Dieser Vorwurf wird gerade in Hinsicht auf jenes Ereignis erhoben, das die Verklammerung von Hausmacht und Reich bringen, die Hausmacht also in ihrer Reichswirksamkeit stabilisieren sollte: die Wahl seines Sohnes Wenzel. Kein einziger Römischer König hatte bis dahin in nachstaufischer Zeit die unmittelbare Nachfolge eines Sohnes erreichen können, und Karl IV. mußte immense Gegenleistungen für die Stimmen der Kurfürsten aufbringen, indem er ihnen Reichsstädte, -güter und -rechte verpfändete. Hat er damit die »immer noch tragfähigen Grundlagen der Reichspolitik nachhaltig erschüttert« (Thomas), wollte er bewußt »dem Reich die Nutzungen entziehen, die es brauchte, um einen König aus seiner Mitte zu bestellen« (Schubert), oder zog er nicht vielmehr die politisch gebotene Konsequenz aus einer Verfassungsituation, die dem König Regierungshandlungen im Reich weitestgehend versagte?

Kaiser Karl IV.

Es geht ja nicht darum, festzustellen, ob Reichsgüter und -rechte ausreichten, um den König und seinen Hof zu unterhalten, sondern die Frage ist, ob sie im Kontext der damaligen Verfassungszustände für das Königtum eine ausreichende politische Basis darstellten, um vom Königtum aus das Reich als politische Einheit handlungsfähig zu machen. Das aber scheint Karl IV. – wohl zu recht – für nicht mehr möglich gehalten zu haben. Sein Handeln war vielmehr an einem anderen, dem Herrschaftskonzept eines »hegemonialen Königtums« orientiert. Zum Erfolg »hätte die siegreiche Großdynastie dem luxemburgischen Territorialkomplex weitere wesentliche Teile des Reiches angliedern oder hegemonial zuordnen müssen, um schließlich die Libertät der Fürsten zunichte zu machen« (Moraw).

König Wenzels Scheitern

König Wenzels (1378–1400) Scheitern verhinderte die Konsolidierung dieses Konzepts. Wenig konsequent und einsatzfreudig, dazu absorbiert von Familienquerelen und Auseinandersetzungen mit seinem böhmischen Adel, beteiligte er sich, grundsätzlich überfordert, wie er fraglos war, bald nicht mehr persönlich, sondern höchstens noch durch Abgesandte an der Reichspolitik.

Hoftag und Reichstag

Im Reich als Personenverband waren Reichseinheit und Artikulations- und Handlungsfähigkeit nach wie vor an die Person des Königs gebunden. Eine Vertretungskörperschaft des Reiches, einen Reichstag, gab es nicht. Da der König nämlich keine auf das ganze Reich gerichtete Regierungsgewalt ausübte, bedurfte es auch keiner Reichsvertretung, um ständische Privilegien gegen Regierungsmaßnahmen zu behaupten. Wohl schlossen sich die Betroffenen gegen den König zusammen, wenn er bei der Verfügung über seine einzelnen Reichsrechte die Grenzen von Brauch und Herkommen überschritt, wie etwa die vierzehn oberdeutschen Städte, die 1376 unter der Führerschaft von Ulm und Konstanz gegen Karl IV. einen Bund schlossen. Ihnen ging es um die Wahrung ihrer Reichsunmittelbarkeit, die sie durch die Verpfändungspolitik des Kaisers bedroht sahen. Umgekehrt berief der König, der nur durch Verhandeln mit den Betroffenen und auch meist nur regional begrenzt im Reich Wirkungen erzielen konnte, vor allem diejenigen zu seinem Hof(tag), die bei einer anstehenden Frage politisch relevant waren. Auch bei großen Hofversammlungen braucht nicht immer ein besonders ausgedehntes politisches Programm angenommen zu werden: Wie jeder andere Fürst seiner Zeit bedurfte auch der König der glanzvollen Darstellung in einer durch Zahl, Bedeutung und Ansehen ausgezeichneten Hofgesellschaft.

Das einzige für das ganze Reich zuständige Gremium war das Kurfürstenkolleg. So war es nur folgerichtig, daß die Mehrheit der Kurfürsten Wenzel Ende 1397 in einem Beschwerdebrief seine Versäumnisse als Reichsoberhaupt vorhielt, ihn im August 1400 absetzte und den wittelsbachischen Kurfürsten Ruprecht III. von der Pfalz an seiner Statt zum König wählte (1400–1410).

König Ruprecht v.d. Pfalz

Das Königtum Ruprechts stand unter keinem günstigen Stern. Es fand nie allgemeine Anerkennung, denn der abgesetzte Wenzel, nach wie vor König von Böhmen, leistete mit seinem Bruder Sigmund, dem König von Ungarn, und mit seinen Vettern trotz immer wieder ausbrechenden Familienstreits

Königswahl Sigismunds in Frankfurt

Widerstand. Andere Fürsten und Städte im Reich schlossen sich mit eigenen Klagen gegen den König zusammen. So blieb die Rückkehr des Königtums in eine der alten Zentrallandschaften des Reiches ein kurzes Zwischenspiel. Nachfolger Ruprechts wurde der ungarische König Sigmund, der jüngere Bruder Wenzels.

König Sigmund

In dem Verhältnis von Hausmacht und Reich brachte das Königtum Sigmunds (1410–1437) etwas Neues: die Hausmachtbasis für das Königtum seines Vaters und Bruders hatte zwar an der Peripherie, aber doch im Reich gelegen, denn Böhmen gehörte zum Reichslehnsverband, auch wenn es durch Sonderrechte eine noch größere Eigenständigkeit besaß als die anderen Fürstentümer. Das Königreich Ungarn aber, Sigmunds Hausmachtbereich, hatte niemals zum Reich gehört. Das Reichsoberhaupt war also selbst kein Reichsfürst, er kam – wenn er kam – von außen in das Reich.

Die Erwartungen an den neuen Römischen König artikulierten sich in dem Ruf nach Reform. Reform, ein mit manchen konkreten, aber auch mit vielerlei irrealen Wünschen und Idealen aufgeladener Begriff, fand auf den Reformkonzilien gleichermaßen auf die Kirche wie auf das Reich Anwendung. So sah der gelehrte Dietrich von Nieheim als Aufgabe des Konstanzer Konzils, daß dort nicht nur die Kirchenfrage verhandelt werde, sondern »auch die Reformation des römischen Imperiums, ohne dessen Heilung und Wiederherstellung die Christenheit nicht in guter und heilbringender Weise gegen die Ungläubigen verteidigt werden kann«. Im Verlangen nach »Reichsreform« war der König so sehr Hoffnungsträger, daß später einer der vielen intellektuellen Reformtraktate unter seinem Namen als »Reformatio Sigismundi« in Umlauf gebracht wurde.

Aber nach Beendigung des Konstanzer Konzils und des Papstschismas, an dessen Überwindung er so tatkräftig mitgearbeitet hat, widmete sich Sigmund nicht dem Reich, sondern den Problemen seiner östlichen Hausmachtländer Ungarn und, nach Wenzels Tod, Böhmen und deren Interessengebieten im Süden und Südosten Europas. Er führte Kriege gegen die Hussiten, bei denen sich nationaltschechische, sozialrevolutionäre und religiöse Bestrebungen verbanden und die in Johannes Hus einen Märtyrer und Symbol des Widerstandes hatten. Als Reichsoberhaupt trat Sigmund immer seltener in Erscheinung, Begegnung und Beratung mit den Reichsangehörigen, die auf Hoftagen ihren Ort gehabt hatten, überließ er seinen Abgesandten. Damit hörten diese Beratungen auf, Hoftage zu sein, denn »der Hof antwortete auf einen Herrn, auf eine Person, nicht auf eine abstrakte Mitte, einen Staat« (Moraw). Aber andererseits wurde auch wieder der Zusammenhalt des Reiches, der durch die Abwesenheiten des Königs und damit auch des Hofes gefährdet war, mit Forderungen des Königs an das Reich gestärkt. Als Sigmund nämlich in seinen Kriegen gegen Ketzer (Hussiten) und Ungläubige (Türken) Reichshilfe anforderte und damit an »das Reich« als eine »Defensionsallianz« (Isenmann) appellierte, konnte dieses die Verpflichtung dazu kaum bestreiten. Wer aber war »das Reich«, durch wen artikulierte es sich?

Das Reich als Defensionsallianz

Wieder zogen zunächst die vier rheinischen Kurfürsten die Initiative an sich und beschlossen ein allgemeines Reichsaufgebot. Im Jahre 1422 wurde die erste Reichsmatrikel aufgestellt, eine Liste, die die militärischen Leistungen der Reichsmitglieder festlegte. Sie war nicht mehr an der Lehnspflicht der Kronvasallen zur »Hilfe« orientiert, denn sie schloß auch die Reichsstädte ein, die ja nicht dem Reichslehnsverband angehörten. »Die Reichsstandschaft der *civitates imperii*... entwickelte sich über die Reichsmatrikel« (Schubert). 1427 wurde unter der Ägide des päpstlichen Legaten die erste Reichssteuer ausgeschrieben, der »Gemeine Pfennig«, mit dem die Kriege finanziert werden sollten.

Kaiser Friedrich III. (1468)

Daß die – immer noch rudimentäre – Selbstorganisation des Reiches angesichts des reichsfernen Königs nach dem Tode Sigmunds nicht wieder in einem königlichen Hoftag aufging, sondern sich in der zweiten Hälfte des 15. Jahrhunderts durch die Organisation in die drei Kurien der Kurfürsten, Fürsten und Reichsstädte institutionell verfestigte und damit zum Reichstag wurde, hängt unmittelbar mit der Entwicklung des Königtums zusammen. Erben Sigmunds waren seine beiden Töchter, beide mit Habsburgern verheiratet, die nacheinander zu Königen gewählt wurden. Nach der nur knapp zweijährigen Herrschaft Albrechts II. (1438–1439) folgte Friedrich III. (1440–1493). Auch für ihn stand die Stärkung des »Hauses Österreich« unbedingt im Vordergrund, dessen Länder für ihn eine so große Sonderstellung und Eigenständigkeit im Reich innehatten, daß auch er von einer Reise »ins Reich« sprach, wenn er von seinen habsburgischen Erblanden aus, die ja doch Teil des Reiches waren, zu einem königlichen Tag ins Reich kam. Er kam selten genug, überließ das Reich vielmehr immer mehr seinen eigenen Problemen. Dadurch förderte er die Vorstellung, daß sich das Reich nicht, wie einst, im König darstellte, sondern daß vielmehr die »deutsche Nation«, wie man sich damals zu sagen angewöhnte, dem König als eine eigenständige Größe gegenüberstand. In der großen Reichsreform des Wormser Reichstages von 1495 haben diese Vorstellungen feste Gestalt angenommen und dann im Reichstitel »Heiliges römisches Reich deutscher Nation« ihren Niederschlag gefunden.

Die deutsche Nation

Deutschland im Zeitalter der Reichsreform, der kirchlichen Erneuerung und der Glaubenskämpfe (1495–1648)

Ulrich Lange

Deutschland zu Beginn der Neuzeit

Das 16. Jahrhundert ist, darin dem 13. und 18. Jahrhundert vergleichbar, eine Zeit enormen Wachstums. Diese Feststellung bezieht sich auf die Bevölkerungsentwicklung, die Nachfrage nach Lebensmitteln, nach Rohstoffen wie Holz, Wolle und Metalle und schließlich nach Produkten des Gewerbefleißes. Sie muß sich darüber hinaus auch auf den Bedarf an Gnadenmitteln der Kirche und am ordnenden Eingriff weltlicher Obrigkeit in das politisch-gesellschaftliche Leben erstrecken. Zweifellos besteht ein Zusammenhang zwischen demographischer, wirtschaftlicher, sozialer und Verfassungsentwicklung, wenn auch im einzelnen noch nicht bekannt oder doch strittig ist, wie diese Erscheinungen nach Ursache und Wirkung miteinander zu verknüpfen sind.

Bevölkerungsentwicklung

Berechnungen aufgrund regionaler Untersuchungen haben ergeben, daß in Deutschland die Bevölkerung der Jahre 1520 bis 1600 im Durchschnitt jährlich um 0,55% zunahm, und man nimmt an, daß die Bevölkerungszahl von etwa 14 Millionen Menschen um das Jahr 1340 – die sich nach der Großen Pest um die Mitte des 14. Jahrhunderts bis auf etwa 10 Millionen um 1470 verringert hatte – um 1560 wieder erreicht wurde und um 1618 bei etwa 16 bis 17 Millionen lag. Der eindrucksvolle Bevölkerungsaufschwung seit der 2. Hälfte des 15. Jahrhunderts, der sich bis in die Zeit des Dreißigjährigen Krieges beobachten läßt, fügt sich im ganzen in die europäische Entwicklung ein.

Mit der Bevölkerungszunahme war auch ein kräftiger Aufschwung der Wirtschaft verbunden, doch blieben die Leistungen der Landwirtschaft, deren Krisen und Konjunkturen in vorindustrieller Zeit von größter Bedeutung für das gesamte Wirtschafts- und Sozialgeschehen eines Landes waren, trotz Ausweitung der bebauten Flächen hinter der stetig wachsenden Nachfrage zurück. Der Preis von Brotgetreide erhöhte sich infolgedessen zwischen 1470 und 1618 um 260%, der von tierischen Produkten immerhin noch um 180%. Dagegen nahmen die Löhne nur um 120% zu, und die gewerblichen Waren des täglichen Bedarfs hatten nur einen Zuwachs von 40% zu verzeichnen. Diese Zahlen bedeuten zum einen, daß die Nachfrage nach Ge-

»Getreide-Standard«

treide, dem Hauptnahrungsmittel der großen Masse der Bevölkerung, trotz steigender Preise unvermindert anhielt, weil das »tägliche Brot« – wie auch tierische Produkte – zu den lebensnotwendigen, durch nichts zu ersetzenden Gütern gehörte, aber hinsichtlich seines Nährwertes deutlich billiger war als

Ei, Fisch, Fleisch und Geflügel. Andererseits zeigen diese Zahlen, daß angesichts des Zurückbleibens der Löhne im Laufe des 16. Jahrhunderts ein zunehmender – besser: ein noch größerer – Anteil des Einkommens eines von den Marktpreisen abhängigen Lohn- und Gehaltsempfängers für den täglichen, unverzichtbaren Bedarf ausgegeben werden mußte, und das zu Lasten der Ausgaben für Kleidung und andere Gewerbeprodukte. Man hat errechnet, daß die Kaufkraft eines Maurerlohns zu Beginn des 16. Jahrhunderts noch bei 150% des Mindestbedarfs der Maurerfamilie lag, nach 1550 jedoch nur noch bei 85%. Es kam zur Verschlechterung der Ernährungssituation weiter Schichten der Bevölkerung, ja zu einer weit verbreiteten Verarmung, die als das Problem des Pauperismus noch das 18. Jahrhundert beschäftigte und erst im Zuge der Industrialisierung zurückgedrängt wurde.

Verlierer und Gewinner der »Preisrevolution«

Während also Lohnempfänger zu den Verlierern der »Preisrevolution« des 16. Jahrhunderts zählten, waren die adligen, städtischen und geistlichen Grundherren und die Bauern, die Überschüsse auf dem Markt anbieten und sich der Erhöhung der grundherrlichen Lasten entziehen konnten oder jene, die als freie Bauern überhaupt keinen Grundherrn über sich hatten, die eigentlichen Gewinner dieser Entwicklung. Die große Masse der bäuerlichen Bevölkerung, die von einem Grundherrn abhängig war, wird von der Agrarkonjunktur des 16. Jahrhunderts nicht profitiert haben, sondern wirtschaftete angesichts der Ernteschwankungen und der geringen Ernteerträge – selten erntete man mehr als das vierfache Korn – am Rande des Existenzminimums.

Noch in anderer Weise wurde die ländliche Gesellschaft Belastungen ausgesetzt, die in engem Zusammenhang mit der Bevölkerungsentwicklung des 16. Jahrhunderts stehen. Das Land war nicht in der Lage, den Zuwachs an Menschen durch Schaffung bäuerlicher Vollexistenzen aufzufangen, und Landesausbau und Landgewinnung in Ostdeutschland und an der Nordseeküste brachten den dichtbevölkerten Gebieten in Mitteldeutschland oder im deutschen Südwesten keine Erleichterung. Wo nicht das Erbrecht Realteilungen und damit die Einrichtung bäuerlicher Kleinbetriebe zuließ, mußten diejenigen, die ohne eine Hofstelle blieben, entweder in die Städte abwandern oder einem der ländlichen Gewerbe nachgehen. So entstand eine neue klein- oder nichtbäuerliche Schicht von »Gärtnern«, »Häuslern« oder »Hausgenossen«, die nur ein kleines Haus mit oder ohne Land ihr eigen nannten oder sich auch nur bei einem Bauern einquartierten, um selbständiger Arbeit nachzugehen oder als Tagelöhner ihr Leben zu fristen. Zwischen den Bauern eines Dorfes und dieser Schicht, die 1550 z.B. in Sachsen 25,8% der ländlichen Bevölkerung ausmachte, kam es zu Differenzen etwa über die Nutzung an der Gemeindewiese und am Gemeindewald, außerdem entstanden aber auch Spannungen zwischen Land und Stadt, denn den städtischen Zünften, denen an der Aufrechterhaltung der überkommenen Arbeitsteilung zwischen Staat und Land und an der Bewahrung der »bürgerlichen« Nahrung gelegen war, erwuchs eine bedrohliche Konkurrenz in dem ländlichen Gewerbe. Dieses gewann über das Verlagswesen, bei dem ein Händler den Produzenten die Rohstoffe beschaffte und den Absatz der fertigen Ware übernahm, Zugang zum Markt.

Adel

Der Adel als größter Grundbesitzer, dem die spätmittelalterliche Agrarkrise beträchtlichen wirtschaftlichen Schaden zugefügt hatte, profitierte im ganzen von der sich um 1500 belebenden Agrarkonjunktur. Welchen Nutzen der einzelne jeweils aus der wirtschaftlichen Entwicklung zog, hing indessen ganz davon ab, ob er sein Land mit Hilfe von Frondiensten in eigener Verantwortung als Agrarunternehmer bewirtschaftete und einen wachsenden Markt bediente oder ob er es auf der Grundlage von Natural- oder Geldrenten an seine Hintersassen ausgegeben hatte. In diesem Fall mußte er versuchen, mit Hilfe seiner grund-, leib- und gerichtsherrlichen Rechte möglichst viel von den Überschüssen seiner Bauern abzuschöpfen. In seinem Bestreben – über die Vermehrung und Erhöhung der Feudallasten –, sich das bäuerliche Mehrprodukt anzueignen, traf er sich mit dem Landesherrn, der seinerseits seinen Untertanen Steuern auferlegte, um den Ausbau des Territorialstaates zu finanzieren, und mit dem Adel und seinen Bauern um die Nutzung des knapper werdenden Waldes und der schrumpfenden Ackerflächen rang. Steigerung der Lasten durch Grund- und Landesherrn war eine der wesentlichen Ursachen bäuerlicher Revolten des Spätmittelalters und der Neuzeit und insbesondere des Bauernkrieges. Im 16. Jahrhundert wurde der Kampf zwischen Ständen und Landesherren um die Verfügung über die Abgaben und Leistungen der Bauern zu einem zentralen Konfliktstoff des sogenannten dualistischen Ständestaates.

Der Adel stand aber nicht nur im Abwehrkampf mit den Landesherren um den Zugriff auf die territorialen Ressourcen, er mußte sich auch in der Konkurrenz mit städtischen Oberschichten um soziales Ansehen behaupten.

Bürgertum

Das Bürgertum war im Zeichen der sich ausbreitenden Geldwirtschaft und des an Weite und Intensität zunehmenden Handels reich geworden, und der Kaufmann übertraf häufig den Adligen in aufwendigstem Prestigekonsum. Die Polizeiordnungen zu Beginn des 16. Jahrhunderts mit ihrer sozialkonservativen Tendenz, ihrem Bestreben, den die ständische Ordnung bedrohenden, für jeden sichtbar zur Schau getragenen bürgerlichen Kleiderluxus einzudämmen, sind Ausdruck einer sozialen Ordnung, die, durch die demographische und wirtschaftliche Entwicklung in Bewegung geraten, durch zwangsläufig erfolgende ordnungspolitische Eingriffe der Obrigkeiten wieder stabilisiert werden sollte.

Zunahme und Intensivierung des Handels

Der Handel nahm im 16. Jahrhundert in ganz Europa zu und weitete sich zusammen mit den Entdeckungen nach Asien und Amerika aus. Es intensivierten sich die Handelsbeziehungen auf den europäischen Binnenmärkten, und infolge des Verstädterungsprozesses in Nordwesteuropa und der Verschlechterung der Versorgungslage im Mittelmeerraum verdichtete sich auch der Handel zwischen den europäischen Regionen: Getreide und Vieh aus dem Ostseeraum dienten der Versorgung der niederländischen Städtezone und der Mittelmeeranrainer und der Verproviantierung der Schiffe im Transatlantikverkehr, während Textilien und Metallwaren, ob nun als Billigware oder als Luxusartikel, im Ostseeraum und in Polen Absatz fanden. Infolge des aufkommenden Handels mit Gütern des Massenverbrauchs (Getreide, Vieh, Holz, Kupfer, Salz) verlagerte sich der Schwerpunkt des europäischen Handels, der bis zum Beginn der Neuzeit im wesentlichen über das Mittelmeer und den oberdeutschen Raum vermittelt worden und im Mittelalter auf den Austausch von Luxusgütern (Edelmetalle, Gewürze, Seide) beschränkt gewesen war, nach Nordwesteuropa, mit Antwerpen, später Amsterdam als Zentrum.

Das Gewinnen von Rohstoffen, das Herstellen von Gütern und die Informationsverbreitung waren von einer Fülle von technischen und organisatorischen Verbesserungen begleitet, ob es sich nun um Bergbau-, Verhüttungs- und Schiffstechnik, um Textil- und Metallverarbeitung, um neue Betriebsformen und Finanzierungstechniken oder um die Verbesserung des Speditions-, des Post- und des Nachrichtenwesens und die Verbreitung neuen und alten Wissens durch den Buchdruck handelte. All das diente der Befriedigung eines wachsenden Bedarfs nicht nur an Kleidung und Nahrung, sondern auch an Waffen und Schiffen, an Mode- und Luxusartikeln.

Die durch Bevölkerungsvermehrung, wachsende Arbeitsteilung und Handelsausweitung und -intensivierung zunehmende Verflechtung der Regionen Europas, die Möglichkeit, Personen, Güter und Informationen schneller und sicherer über wachsende Entfernungen zu befördern, brachten auch die nationalen und regionalen Machtbereiche und Interessensphären einander näher. Es vergrößerte sich die Gefahr von Interessenkollisionen, und dynastischem Ehrgeiz öffneten sich ganz neue Dimensionen des Kräftemessens, etwa dem französischen König Karl VIII. (1483–1498), der, gestützt auf ein nach dem Hundertjährigen Krieg politisch und finanziell konsolidiertes Königreich, in Italien einfiel, oder dem römischen König Karl V. (1519–1556), dem der Kredit der Familie Fugger die Königswahl verschaffte und die Geldmittel zum Krieg gegen Franz I. (1515–1547). In beiden Fällen ging es um die Vorherrschaft in Europa.

Neue Dimensionen politischen Kräftemessens

Die demographische Entwicklung und ihre wirtschaftlichen und sozialen Folgen, die neue, gesteigerte Mobilität der Machtmittel und die großpolitische Situation, mit der die Reichsstände aufgrund der dynastisch-politischen Ambitionen Maximilians I. (1486–1519) und Karls V. konfrontiert wurden, waren Faktoren, die das Ordnungsgefüge des Reiches belasteten. Hinzu kam die Reformation, die diese Tendenz bedeutend verstärkte. Wenn festgestellt wurde, daß der frühmoderne Staat schlechthin mit Vorschriften beginne, dann muß dies zweifellos im Zusammenhang mit den soeben skizzierten Entwicklungen gesehen werden. Die Ordnungen des 16. Jahrhunderts sind zunächst ohnmächtige Versuche des Reiches und der Territorien, dem allenthalben ertönenden Ruf nach Beseitigung der Unordnung, die den Reichsverband beherrschte, gerecht zu werden. Die Kanalisierung und Bändigung der im 16. Jahrhundert ausgelösten Bewegung auf allen Gebieten des Lebens wird zur vornehmsten Aufgabe des Territorialstaates, der im sogenannten Polizeistaat des endenden 18. Jahrhunderts seinen Höhepunkt findet.

Die Reichsreform und der Aufstieg des Hauses der Habsburger zur europäischen Großmacht

Die Stellung des Hauses Habsburg im Reich und innerhalb der europäischen Mächte hatte sich im Laufe nur weniger Jahre grundlegend verändert. Stand Kaiser Friedrich III. (1440–1493) im Sommer 1485 nach der Eroberung Wiens durch den ungarischen König Matthias Corvinus (1458–1490) nurmehr als »länderloser Flüchtling« (Wiesflecker) da, so konnte sein Sohn Maximilian, seit 1486 römischer König, die östlichen Erbländer wieder zurückgewinnen und vereinte nach dem Tode des Kaisers 1493 die gesamte habsburgische Hausmacht in seiner Hand. Seine Besitzansprüche sowie seine politischen Projekte erstreckten sich darüber hinaus auf Ungarn, Italien und den Westen: 1490 erreichte Maximilian die Abtretung der Grafschaft Tirol und der habsburgischen Vorlande in Schwaben und am Oberrhein durch Erzherzog Sigismund, der auf dem besten Wege gewesen war, seinen Besitz an Bayern pfandweise zu veräußern. Der Reichtum Tirols – vor allem Salz-, Silber- und Kupfervorkommen – bot fortan die Sicherheit für Kreditgeschäfte größten Stils zur Finanzierung der europäischen Politik des Königs. In Ungarn konnte er 1490 zwar nicht die kraft Erbrechts beanspruchte Nachfolge des Matthias Corvinus antreten, aber nach einem raschen, erfolgreichen Kriegszug 1490/91 im Preßburger Vertrag durchsetzen, daß König Wladislaw (1490–1516) ihm den Titel eines Königs von Ungarn bestätigte und Mitregierungsrechte einräumte sowie die Nachfolge im Königreich, falls Wladislaw ohne männliche Erben blieb. Damit deuteten sich im Osten Mög-

Das Haus Habsburg als europäische Großmacht

lichkeiten einer weitgespannten, vor allem gegen die Türkengefahr gerichteten Politik an.

Das seit 1492 betriebene und 1494 realisierte Vorhaben Maximilians, Bianca Maria Sforza (1494–1516) zu heiraten, ihrem von einem Söldnerführer gegründeten Haus durch kaiserliche Belehnung mit dem Herzogtum Mailand eine bessere Legitimation zu verschaffen, als Gegenleistung dafür Zugang zu den mailändischen Geldquellen zu erlangen und seine politische Stellung in Italien zu stärken, versprach im günstigsten Falle eine Wiederherstellung der Reichsrechte in Italien und die finanzielle Unterstützung des Königs und zukünftigen Kaisers im Kriege gegen die Türken.

Der Krieg um das burgundische Erbe

Im Westen schließlich waren der 15jährige Krieg um das burgundische Erbe und der Kampf um die Bretagne 1493 mit dem Frieden von Senlis beendet worden, der Maximilian das burgundische Erbe mit Ausnahme der Bourgogne und dem französischen König im wesentlichen die Eingliederung der Bretagne bestätigte. Die Auseinandersetzungen mit Karl VIII. hatten damit freilich noch kein Ende gefunden; im Rahmen seines politischen Kalküls schuf der Friedensschluß mit Maximilian die Voraussetzungen, um in Italien einen neuen Kriegsschauplatz zu eröffnen und im Anschluß an französische Unternehmungen im Spätmittelalter das Königreich Neapel zu erobern. Sein Marsch über die Alpen im August 1494 führte ihn an der Spitze von etwa 30000 Soldaten über Pisa und Florenz nach Rom, das er Ende Dezember erreichte, und im Februar 1495 nach Neapel, ohne daß er nennenswerten Widerstand gefunden hätte.

Die französischen Erfolge und der drohende Zugriff auf das Papsttum berührten elementare Interessen aller europäischen Großmächte, vor allem aber durchkreuzten sie Maximilians Pläne vom Romzug, von der Kaiserkrönung und der Türkenabwehr und trafen auf die von ihm verfochtene Kaiseridee, auf die Vorstellung von einem deutschen Kaisertum, von der kaiserlichen Schutzherrschaft über Papst und Christenheit und von der Realisierung der seit den Tagen der Staufer verblaßten Rechtsansprüche des Reiches in Italien.

Maximilians politischen Ideen, seinen Herrschaftsansprüchen und seinen Besitztiteln entsprachen nun keineswegs seine tatsächlichen materiellen Ressourcen, weder der burgundisch-habsburgischen Hausmacht noch des Reiches. Der Großmachtstatus des habsburgischen Hausmachtkomplexes, die durch eine europaweit betriebene Politik zwangsläufig sich vergrößernden Reibungsflächen mit den konkurrierenden Mächten erforderten viel umfangreichere Mittel, als sie für Tirol unter Sigismund und für die übrigen Erblande unter Kaiser Friedrich III. gefordert worden waren. Unter Maximilian I. setzten erste Maßnahmen ein, die Verwaltung der Erblande – wahrscheinlich nach dem Vorbild Burgunds – zu vereinheitlichen und versuchsweise zu zentralisieren. Die Wirtschaftskraft Burgunds, dessen Regierung er 1494 in die Hände seines Sohnes Philipp (Herzog von Burgund, 1494–1506) und eines ständisch zusammengesetzten Großen Rates gegeben hatte, konnte er freilich in den folgenden Jahren nicht nutzen, weil er für seine auf die »Vernichtung« Frankreichs zielende Politik dort keinen Rückhalt fand. Blieb das Potential des Reiches, d.h. der Gesamtheit der Reichsstände, die, wenn sie sich nur auf eine gemeinsame Politik zu einigen vermochten, gewiß in der Lage gewesen wären, Maximilian die finanzielle Hilfe zu gewähren, derer er bedurfte, um seine hochfliegenden Pläne zu verwirklichen.

Notwendigkeit einer Reichsreform

Die gemeinsame, gegebenenfalls rasche Handlungsfähigkeit von Kaiser *und* Reich war aber genau das Problem, das zu lösen man im Zuge der Reichsreform unternehmen mußte und das in dieser Weise weder in England noch in Frankreich existierte. Die englischen Commons fungierten nicht als Gegengewicht oder Opposition, sondern hatten den König zu unterstützen.

Idealbild des Heiligen Römischen Reiches Deutscher Nation (1511)

Unter den Tudors wurden sie integrierender Teil einer politischen Verfassung, für die man den Begriff des »King-in-Parliament« prägte. Die französischen Generalstände, die »Etats généraux«, wurden weder im 15. noch im 16. Jahrhundert zu einer dauernden Verfassungseinrichtung, und schon gegen Ende des 15. Jahrhunderts hatte der französische König den Kampf um das Steuerbewilligungsrecht der Stände zu seinen Gunsten entschieden. Schon seit Mitte des 15. Jahrhunderts konnte er mit jährlich zu entrichtenden Steuern rechnen, die allmählich ihren Charakter als außerordentliche Abgaben verloren und etwa die Aufstellung zunächst noch kleinerer ständiger Heere ermöglichten.

Die Formel »Kaiser und Reich«

In Deutschland hatte sich eine andere Entwicklung durchsetzen können. Dort standen dem König keine lokalen Herrschaftsträger gegenüber, sondern weltliche und geistliche Landesherren, die seit dem 13. Jahrhundert erfolgreich Landesausbau betrieben und sich gegenüber einem Königtum durchsetzten, das sich seit dem Ende des 14. Jahrhunderts mehr und mehr »aus dem Reich« zurückzog, was sowohl hinsichtlich seiner Hausmachtgrundlagen als auch der Wahrnehmung seiner königlichen Rechte gilt. Die Formel »Kaiser und Reich« verstand man gegen Ende des 15. Jahrhunderts in der Weise, daß dem Kaiser das Reich als die Gesamtheit der Reichsstände gegenübertrat. Die gut 350 weltlichen und geistlichen Reichsstände von 1495 waren ihrem obersten Lehnsherrn, dem König und zukünftigen Kaiser, zwar Gehorsam schuldig, aber dieser wurde nur bedingungsweise geleistet. Wohl existierten seit alters her Lehnspflichten wie Romzug, Heerfahrt und Hoffahrt, aber weder standen dem König wirksame Zwangsmittel zur Verfügung, noch waren die Grenzen der Leistungspflicht zweifelsfrei festzustellen. Der Dualismus von Kaiser und Reich erforderte also Miteinanderverhandeln, Einvernehmen und Verträge von Fall zu Fall, denn anders waren »Rat und Hilfe« des Reiches nicht zu erhalten. Die Handlungsfähigkeit von Kaiser und Reich bestand nicht durchgehend, sondern wollte immer aufs neue errungen sein. Mit dieser Verfassungslage mußte Maximilian I. rechnen, als er die Reichsstände nach Worms einberief.

Hatte er in dem Ausschreiben zum Reichstag vom November 1494 noch die Notwendigkeit eines Romzugs zur Kaiserkrönung und eines nachfolgenden Feldzugs gegen die Türken betont, so trat für ihn auf dem Reichstag selbst, im März 1495, unter dem Eindruck des siegreichen Vormarsches der Franzosen in Italien, der Kampf gegen Karl VIII. in den Vordergrund. Maximilian I. benötigte eine rasche, »eilende« Hilfe und verlangte außerdem eine mittelfristige, »beharrliche« Unterstützung mit einer Laufzeit von zehn bis zwölf Jahren. Während sich für ihn das Problem der Handlungsfähigkeit unter diesem Leistungsgesichtspunkt stellte, den die Reichsstände grundsätzlich anerkannten, hatte für sie die Herstellung und Aufrechterhaltung des durch zahllose Fehden immer wieder vereitelten inneren Friedens Vorrang.

Für beide Seiten ging es, wenn auch mit unterschiedlicher Akzentuierung, um die Reform des Reiches, d.h. um die Wiederherstellung einer den Frieden wahrenden und Schutz vor äußeren Feinden gewährenden Reichsgewalt. Dieses Problem stellte sich unabweisbar 1486, als mit Maximilian ein Reichsstand zum König gewählt worden war, dessen Machtpotential und dessen politische Ambitionen die Möglichkeiten und den politischen Horizont eines Territorialherrn doch erheblich übertrafen, und 1495, mit dem Einfall der Franzosen in Italien, brachte man notgedrungen erste Kompromisse zustande. Im Grunde ging es um ein ganzes Bündel von Verfassungsfragen: um den Inhaber der Reichsgewalt und die Beschreibung seiner Kompetenzen, um die Einrichtung einer Exekutivgewalt, die den Landfrieden und den Schutz des Reiches zu gewährleisten vermochte, schließlich um die Finanzierung dieser obersten Institutionen politischer Entscheidung, Gestaltung und »Exekution«. Praktisch stand im Mittelpunkt der verfassungspolitischen Auseinandersetzungen die Stellung des Königs im Gefüge der Reichsverfassung, wobei je nach der Interessenlage zentralistisch-monarchische bzw. -ständische oder »pluralistisch addierte territorialstaatliche« Vorstellungen das Handeln der verschiedenen Parteien bestimmten. Das zentralistisch-ständische Modell wurde von einer Ständegruppierung unter Führung des Kurfürsten von Mainz, Berthold von Henneberg (1484–1504), vertreten, dem an der Wahrung der kurfürstlichen Vorrechte und nicht zuletzt an seiner eigenen einflußreichen politischen Stellung gelegen war. Einer ständischen Zentralregierung, deren Machtfülle nicht geringer gewesen wäre als die eines französischen »Conseil du Roi« oder eines englischen »Privy Council«, setzten jedoch nicht nur der König, sondern auch die Mehrheit der Landesherren entschlossenen Widerstand entgegen. Für den König kam sie einer Demontage seiner Herrschaftsrechte gleich, und die Landesfürsten mußten die Einschränkung der im Zuge des Staatsbildungsprozesses in ihren Territorien erreichten Selbständigkeit, ihrer fürstlichen »Libertät« fürchten. Sie gaben weiterhin einer Reichsordnung den Vorzug, die Leistungen für das Reichsganze und einen Eingriff der obersten Reichsgewalt in ihr Territorium von ihrer immer nur fallweise zu gewährenden Zustimmung abhängig machte.

Die Stellung des Königs im Gefüge der Reichsverfassung

Der Wormser Reichslandfrieden

Die Bestimmungen, auf die sich König und Reichsstände in Worms einigten, gleichsam eine Gegenleistung für die dem König gewährte Reichshilfe, regelten Fragen des Landfriedens und des Rechtsschutzes für die Reichsangehörigen, insbesondere der Exekution des Landfriedens und schließlich der regelmäßigen Finanzierung von Reichsinstitutionen: Nachdem 1486 schon ein freilich auf zehn Jahre befristeter, 1494 erneut um drei Jahre verlängerter Landfriede aufgerichtet worden war, verbot der Ewige Landfriede von 1495 alle Selbsthilfe einschließlich der Fehde im Reich für immer. Indem die friedliche Beilegung von Streitfällen auf dem Rechtsweg allen Reichsangehörigen zur Pflicht gemacht wurde, trat an die Stelle des gewaltsamen Vorgehens ein geordnetes Verfahren. Das Friedensangebot war ein bedeutender Schritt in Richtung auf das Reich als Rechtsgemeinschaft und gewann, auch wenn es nur allmählich Anerkennung erfuhr, den Rang einer verfassungsgestaltenden Norm, eines Reichsgrundgesetzes. Landfriedens- und oberste Appellationsinstanz wurde das königliche Kammergericht. Im Zuge einer Neuordnung gestand Maximilian I. die Trennung des Gerichts vom wandernden Hof zu – es wurde damit ortsfest –, und anstelle der königlichen Räte sollten dem vom König zu ernennenden Kammerrichter 16 Urteiler zugeteilt werden, jeweils zur Hälfte Ritterbürtige und Beisitzer mit gelehrter Ausbildung, die von den Reichsständen vorzuschlagen waren. Das Gericht öffnete sich damit ständischem Einfluß und konnte, war es erst einmal fest begründet, zu einem »Reichs«-Kammergericht werden. Nach der Ordnung von 1495 war es zuständig für Reichsunmittelbare – sie unterstanden unmittelbar der Herrschaft des Reiches und nicht eines Territorialherrn – in erster Instanz und bei Rechtsverweigerung, jedoch galten für Fürsten und Fürstengleiche Ausnahmeregelungen. Es gewann das Recht – wenn auch im Namen des Königs –, die Acht auszusprechen.

Reichs-Kammergericht

Der drohenden Einschränkung seiner persönlichen Gerichtsgewalt begegnete der König 1497/98 mit einer Institutionalisierung seines Hofrats, der sich, mit gleicher Zuständigkeit in Reichssachen ausgestattet, zu einem Organ konkurrierender Rechtsprechung entwickelte.

Die Ordnung des gemeinen Pfennigs

Schließlich beschlossen Kurfürsten, Fürsten und König eine Reichssteuer auf vier Jahre. Diese Ordnung des gemeinen Pfennigs sah eine zentrale, direkt von den Reichsuntertanen zu erhebende Kopf-, Vermögens- und Einkommenssteuer vor. Mit ihr sollten die drängende Reichshilfe des Königs, zunächst durch Anleihen aufgebracht, bezahlt und die Unterhaltung des Kammergerichts bestritten werden. Die Steuer kam nur schleppend und unvollständig ein. Letztlich scheiterte sie wohl, weil das Reich auf der lokalen Ebene über keine eigene Steuerverwaltung verfügte und auf den guten Willen der Territorialgewalten, der geistlichen und weltlichen Fürsten vor allem, angewiesen war. Die Landesherren aber waren nicht bereit, die Steuerveranlagung ihrer Untertanen und die Steuereintreibung und -verwendung aus der Hand zu geben und verlegten sich auf Obstruktion.

Exekutionsprobleme

Den Versuch einer Lösung des Exekutionsproblems (Durchsetzung von Gerichtsurteilen, Abwehr äußerer Gefahren, Niederschlagung innerer Unruhen und damit zusammenhängend die Verwendung der einkommenden Reichssteuern) machte eine als Handhabung Friedens und Rechts bezeichnete Ordnung. Sie sah vor, daß die Reichsstände jährlich für wenigstens vier Wochen zusammenkamen, um über alle zur Wahrung oder Wiederherstellung des Landfriedens notwendigen Maßnahmen zu beraten und zu beschließen und auch für ihre Durchführung zu sorgen. Im konkreten Fall hätten sie etwa Exekutionstruppen anwerben und vom Gemeinen Pfennig unterhalten müssen. Wenn auch diese Ordnung einerseits den versammelten Reichsständen weitgehende Exekutivrechte einräumte, sogar eine Teilhabe an den Entscheidungen über Bündnisse sowie über Krieg und Frieden, und die Reichsstände also auf verfassungspolitischem Felde einen weiteren bedeutenden Erfolg verbuchen konnten, so stellte die »Handhabung« andererseits nur einen nicht praktikablen Kompromiß dar. Eine so vielköpfige Versammlung wie der Reichstag war ein verhältnismäßig schwerfälliges und zu umständlich verfahrendes Gremium, um den geforderten Exekutivaufgaben gewachsen zu sein. Ein handlungsfähiger Reichstag bedurfte eines bevollmächtigten Ausschusses aus seiner Mitte. Die Reichsstände, die nicht durch ihre Räte darin vertreten waren, mußten bereit sein, Ausschußanordnungen Folge zu leisten. Diese arbeitstechnischen Voraussetzungen hätte das von Berthold von Henneberg propagierte Reichsregiment erfüllt, ein von den Ständen beherrschter und vom Reich finanzierter Sechzehner-Ausschuß, ausgestattet mit den Rechten des Königs. Da dieser Plan auf die Entmachtung Maximilians im Reich hinauslief, mußte er – zunächst – scheitern. Der König setzte ihm ein ebenso einseitiges Regimentsprojekt entgegen, in Anlehnung an die von ihm seit 1490 in den habsburgischen Erblanden betriebenen Verwaltungsreformen. So kam es schließlich zu dem Kompromiß von 1495.

Politische Situation um 1500 und die Verfassung des Reiches

Waren die vier Ordnungen von 1495 angesichts einer schwierigen politischen Lage des Königs zustandegekommen, so drängten auch 1500 die Wechselfälle der politischen Ereignisse ein weiteres Mal zur Klärung der Machtfrage, ob die Verfassung des Reiches weiter dualistisch bleiben oder aber monistisch, d.h. zugunsten der Partei des Mainzer Kurfürsten oder des Königs umgeformt werden sollte. Um Karl VIII. aus Italien zu vertreiben, hatte Maximilian 1495 in Worms eine »eilende« Reichshilfe gefordert und mit dem Papst, Spanien, Venedig und Mailand das als »Heilige Liga« bekannte Bündnis geschlossen, weil der Schutz der Kirche gegen eine Großmacht wie Frankreich anders nicht zu erreichen war. Zwar zog sich daraufhin Karl VIII. aus Italien zurück, aber es war nicht gelungen, ihm wirksam entgegenzutreten, und Maximilians Zug nach Italien im Jahre 1496 scheiterte an der mangelnden Unterstützung des Reiches, das seinen Beitritt zur Liga nicht gutgeheißen hatte, und an einer nur für wenige Monate gewährten und letztlich zu knapp bemessenen Hilfe der Bündnispartner. Obwohl offiziell auf 25 Jahre geplant, zerfiel die Liga innerhalb weniger Jahre.

Das Scheitern der Reichspolitik Maximilians

Damit waren auch zunächst Romzug und Kaiserkrönung hinfällig geworden, erst recht der Türkenfeldzug. Ein nach dem Tode Karls VIII. nach Burgund unternommener Vormarsch hatte abgebrochen werden müssen, weil Maximilian von den Niederlanden unter Erzherzog Philipp und von den Reichsständen die Unterstützung versagt worden war. Schließlich hatte er den neuerlichen Einmarsch der Franzosen unter Ludwig XII. (1498–1515) in Mailand und die Einverleibung dieses alten Reichslehens in den französischen Staatsverband hinnehmen müssen, weil seine Kräfte durch den sogenannten Schweizer- oder Schwabenkrieg gebunden waren. Die Eidgenossen waren nicht bereit gewesen, die Reichsordnungen von 1495 auch für sich als verbindlich anzuerkennen, hatten überdies französische Truppenwerbungen auf ihrem Gebiet zugelassen, und 1495 war es zu Schutz- und Trutzbündnissen mit Karl VIII. gekommen. Der Kriegsverlauf hatte die Unfähigkeit des Schwäbischen Bundes und der von Maximilian ins Feld geschickten Truppen offenbart, mit der eidgenössischen Kriegsmacht fertigzuwerden und die Schweiz der Hoheit des Reiches zu unterwerfen. Der Friede zu Basel 1499 trug diesem Kräfteverhältnis Rechnung, indem er feststellte, daß die Eidgenossen der Reichsgewalt nicht unterstanden. Trotz fehlender Leistungspflicht wurde die Zugehörigkeit zum Reich nicht ausdrücklich aufgekündigt. Diese Serie von Mißerfolgen kam einem vollständigen Scheitern der Reichspolitik Maximilians seit 1493 gleich.

Für die Ständepartei unter Berthold von Henneberg bot sich somit eine weitere Gelegenheit, die Reichsreform nach ihren Vorstellungen voranzubringen und Maximilians Politik institutionelle Fesseln anzulegen. In ihrer europäischen Dimension für sie unübersichtlich und in ihren Auswirkungen unabsehbar, mußte sie, zumal wenn sie Erfolge zeitigte, für die Territorialfürsten zur unmittelbaren Bedrohung werden.

Das Reichsregiment 1500–1502

Unter dem Eindruck der offenkundigen Notlage Maximilians I. schritten die im Sommer 1500 in Augsburg versammelten Reichsstände, unter der Führung des Reichserzkanzlers und Mainzer Kurfürsten Berthold von Henneberg, zu einem »Akt der politischen Erpressung« und erzwangen vom König die Zusage zur Einrichtung eines Reichsregiments, gegen Gewährung einer Reichshilfe in Truppen und Geld, die allerdings dann doch nicht geleistet wurde. Vom König selbst war der Vorschlag ausgegangen, die »Reichstagsregierung« des Jahres 1495 durch einen Reichstagsausschuß zu ersetzen und ihm Mitregierungsrechte zu verleihen. Was die Stände schließlich durchsetzten, ging weit darüber hinaus, denn das Inkrafttreten der Regimentsordnung vom Juli und des Reichsabschieds vom September 1500 bedeutete die völlige Entmachtung des Königs zugunsten einer ständischen Reichsregierung.

Diese oberste Reichsbehörde, in der Ordnung als Reichsrat bezeichnet, im folgenden dann als Regiment, bestand aus 20 Personen unter dem Vorsitz eines königlichen Präsidenten und eines jeweils persönlich anwesenden Reichsfürsten, und zwar aus Vertretern der Kurfürsten, Fürsten, Prälaten, Grafen und Städte, die vierteljährlich wechselten, sowie aus den Vertretern von sechs zu diesem Zwecke eingerichteten Reichskreisen. Das Regiment hatte u.a. Vollmacht, die zur Wahrung des Landfriedens notwendigen Maßnahmen zu beschließen, die Geschäfte des Kammergerichts zu beaufsichtigen, die Führung von Reichstruppen einem eigenen Reichshauptmann zu übergeben und über Krieg und Frieden zu entscheiden. Es sollte an die Stelle des Reichstages treten und dessen Ratspflicht übernehmen. Beschlußfähig war es auch ohne den König, dies galt jedoch nicht umgekehrt. Schließlich erhielt das Regiment die Befugnis zu eigener Außenpolitik. Diese Normen hätten den Umsturz der traditionellen Reichsverfassung bedeutet, wären sie in der Lage gewesen, die Verfassungswirklichkeit zu prägen. Tatsächlich aber löste sich das Reichsregiment schon 1502 wieder auf, teils weil der König seine Arbeit blockierte, teils weil es der nach wie vor bestehenden Exekutionsprobleme nicht Herr wurde, und das trotz seiner nach arbeitstechnischen Gesichtspunkten modernen Ausschußstruktur. Ihm fehlte noch eine andere wesentliche Voraussetzung politischen Handelns, nämlich ein Organ echter politischer Repräsentation der Reichsstände zu sein und Ständeinteressen zu integrieren, statt sie lediglich zu addieren. Das Scheitern des ersten Regiments macht deutlich, daß eine klare und eindeutige Entscheidung des Verfassungskampfes zugunsten einer Seite nicht möglich war, aber auch nicht gegen den Willen der größeren Territorialgewalten. Nur im Rahmen des vorgegebenen Dualismus von König bzw. Kaiser und Reich, nur auf der Basis der freiwilligen Gemeinsamkeit von König und Ständen, der Vereinbarung und nicht des Gebots, konnte die Lösung des Verfassungsproblems gelingen.

Ansätze einer praktikablen Friedensordnung

In den Jahren nach 1500 kristallisierten sich nach und nach Ansätze einer praktikablen Friedensordnung heraus. Sie baute auf der Landfriedensordnung von 1495 auf, mit dem Kammergericht, das eine Reihe von Einzelordnungen erhielt und 1507 für zunächst sechs Jahre neu errichtet wurde, als Landfriedensorgan und der Reichskreisordnung von 1512 – freilich einem Entwurf, der erst in der Exekutionsordnung von 1555 Früchte trug – als Exekutionsorgan. Das Prinzip der Organisation der Reichsstände in mehreren Kreisen – 1500 sechs und 1512 zehn Kreise – bot, war es erst einmal verwirklicht, die Möglichkeit einer Friedenswahrung zwischen den Extremen territorialer Einzel- und zentraler Gesamtstaatlichkeit.

Während eine ältere Auffassung als Ziel der Reichsreform die Herstellung einer starken Reichsgewalt ansah und sich dabei vornehmlich von nationalstaatlichen Vorstellungen des 19. Jahrhunderts leiten ließ, wird heute eher die Ansicht vertreten, daß nicht »Verstaatung« das Ziel der Reichsreform gewesen sei, sondern eine Klärung der Reichsgewalt zwischen Kaiser und Reich, d.h. der Rechte des Königs, und ihrer Institutionalisierung. Die Institutionalisierung der Reichsgewalt wirkte sich danach konsolidierend und intensivierend aus und trug zu einer größeren Rationalität der Reichsorgane bei, deren Handeln also berechenbarer wurde. Zentraler Ort im Verfassungsgefüge war nun der Reichstag. Er wurde seit den achtziger Jahren des 15. Jahrhunderts zu einer festen Einrichtung und damit zum Ort, an dem die Stände wenigstens zusammen-, wenn auch nicht immer übereinkamen. Er nötigte durch das direkte Aufeinandertreffen der Stände diese zur Artikulation ihrer vielfach divergierenden Interessen, ließ Konflikte sichtbar werden und beförderte zugleich durch die notwendige »Auseinandersetzung« die Technik des politischen Kompromisses. Binnen weniger Jahre war es unter dem Druck der politischen Entwicklungen, mit denen der tief in die europäischen Händel verstrickte Maximilian I. die Reichsstände konfrontiert hatte, zu einer Konsolidierung der Reichsorganisation gekommen – in Form des Ewigen Landfriedens, des Reichskammergerichts, der Kreisorganisation und des sich verfestigenden Reichstags –, die bis zum Ende des Alten Reiches Bestand hatte und flexibel, aber doch fest genug war, um den Konfessionskonflikt und den Dreißigjährigen Krieg zu überstehen.

Der Reichstag als zentraler Ort im Verfassungsgefüge

Die Niederlage der ständischen Reformpartei war endgültig, als 1504 und 1508 mit Berthold von Henneberg und dem Kurfürsten Philipp von der Pfalz (1476–1508) ihre Führer starben und der König in einem Streit zwischen den Wittelsbachern in Oberbayern und der Pfalz um das Erbe Herzog Georgs von Bayern-Landshut (1479–1503) mit bewaffneter Hand eingriff und auf dem Reichstag zu Köln 1505 einen für die Pfälzer ungünstigen Frieden gebieten konnte. Seine politische Stellung festigte sich in diesen Jahren so weit, daß er wieder daran denken konnte, die Fäden seiner europäischen Interessen aufzunehmen und weiterzuspinnen. Die nötigen Machtmittel mußten ihm in den nächsten Jahren freilich im wesentlichen seine habsburgischen Erbländer liefern. In Ungarn ging es darum, gegen eine nationale Adelsopposition und gegenüber den Gefahren eines französisch-jagiellonischen Bündnisses die 1463 und 1491 vertraglich erworbenen Erbansprüche zu sichern und sich mit dem polnischen Jagiellonenkönig wegen seiner Erbansprüche auf Ungarn-Böhmen zu verständigen. Einem ersten Doppelheiratsvertrag mit König Wladislaw von Ungarn 1506 und einem weiteren von 1507 folgte schließlich das Vertragswerk des Wiener Kongresses von 1515, der Grundstein für die spätere habsburgische Donaumonarchie: Wladislaws Sohn Ludwig sollte die Habsburgerin Maria heiraten, seine Tochter Anna einen der beiden Enkel Maximilians, entweder Karl (den späteren Kaiser) oder seinen jüngeren Bruder Ferdinand. Schon in Wien wurde Anna mit Maximilian I. als Stellvertreter seines Enkels vermählt. Dies hatte den praktischen Vorteil, daß die Thronerbin sogleich an die Habsburger übergeben und damit allen eventuellen »Heiratsanschlägen« der ungarischen Adelsopposition entzogen war. Dem polnischen König Sigismund (1506–1548) gegenüber anerkannte Maximilian die Bestimmungen des Thorner Friedens (1466), d.h. im wesentlichen die polnische Oberhoheit über den Deutschordensstaat. Die dynastische Politik Maximilians sollte primär die südöstlichen Grenzen der habsburgischen Erblande vor der Türkengefahr sichern und daneben auch ungarische Kräfte für Maximilians Italienpolitik gewinnen helfen; wenn sich auch diese letztere Hoffnung nicht erfüllte, so erwies sich doch schon 1529 seine die türkische Bedrohung berücksichtigende Politik als realistisch.

Hausmachtpolitik Maximilians

Italienpolitik

Keine Erfolge zeitigte dagegen des Königs Italienpolitik. Zwar bewilligte ihm der Reichstag von 1507 Mittel zum Romzug, aber gegen Venedig und die Franzosen in Mailand, die den Weg nach Rom blockierten, hätte er sich nur mit einem stärkeren Heer, als er es Anfang Februar befehligte, durchsetzen können. Er verfügte über 4000 Reiter und 3000 Knechte, zu wenig gegenüber vermuteten feindlichen Kräften von wenigstens 20000 Mann. Notgedrungen auf die Kaiserkrönung verzichtend, nahm er im Februar in Trient lediglich den Titel eines erwählten römischen Kaisers an, der ihm auch vom Papst bestätigt wurde. Damit vermochte er jedoch kaum die erlittene Niederlage zu kaschieren. Der folgende Angriff auf Venedig war der Beginn eines achtjährigen Kampfes um Italien, der Maximilian letztlich nur Grenzkorrekturen brachte, seine habsburgischen Erblande in unerträglicher Weise belastete und verschuldete und die königlichen Erwartungen, die sich auf die Wiederherstellung der Reichsrechte in Italien und der Schutzherrschaft über Papst und Christenheit gerichtet hatten, nicht annähernd erfüllte. Dagegen konnte sich Frankreich, trotz vorübergehender Erfolge des Papsttums, bei seinen Versuchen, das Herzogtum Mailand mit Hilfe der Eidgenossen 1512–1515 von den Franzosen zu befreien, in Mailand und Spanien in Neapel behaupten, das es seit den Kämpfen mit französischen Truppen 1502/03 beherrschte.

Kaiser Maximilian I., Kohlezeichnung von Albrecht Dürer (1518)

Hatte Maximilian in all den Jahren seit 1493 das Projekt eines Türkenzuges erwogen und – trotz eines Waffenstillstandes seit 1498 – Strategien entworfen, die den gesamten Mittelmeerraum als Aufmarschfeld vorsahen, aber nie die Voraussetzung für diesen Zug schaffen können, so stand er mit Frankreich im Grunde in einem fast ständigen Konflikt, der auch trotz zeitweiliger Verständigung, etwa 1504 im Vertrag von Blois hinsichtlich der Belehnung Ludwigs XII. (1498–1515) mit Mailand oder 1508 im Rahmen der gegen Venedig gerichteten Liga von Cambrai, nicht an Intensität verlor. Hier war es erst die mit Rücksicht auf das spanische Erbe Erzherzog Karls (von Burgund, des späteren Karls V.) betriebene Politik einer Verständigung mit Frankreich, die Maximilian zwang, sich 1516 zum Frieden mit Franz I. und zum Waffenstillstand mit Venedig bereitzuerklären.

Das spanische Erbe

Das spanische Erbe, das Karl von Burgund 1516 nach dem Tode König Ferdinands von Aragon antrat, war die Folge eines Heiratsprojekts, das 1495 auf die Initiative Ferdinands von Aragon (1479–1516) zustandekam, um Maximilian I. für ein Bündnis gegen Karl VIII. zu gewinnen. Verheiratet wurden Maximilians Sohn Erzherzog Philipp mit Juana, der Tochter des spanischen Königspaares Ferdinand und Isabella von Kastilien und Maximilians Tochter Margarete mit dem spanischen Thronfolger Juan. Maximilian, der dieser Verbindung zunächst mit Reserve gegenüberstand, änderte seine Haltung jedoch vollständig, als sich 1500, nach dem Tode dreier Thronanwärter und mit der Geburt seines Enkels Karl, die Aussicht auf das Erbe Ferdinands und Isabellas abzeichnete. So wie schon Philipp von Burgund in den Jahren nach 1494 Maximilians Frankreichpolitik nicht unterstützte, so war auch Karl, der 1515 mit 15 Jahren die Herrschaft in Burgund übernahm, im folgenden sehr zurückhaltend mit militärischer Unterstützung, die sein Großvater von ihm gegen die Franzosen in Mailand erwartete. Karl schloß den Frieden von Noyon 1516 mit Franz I., um seine Erbfolge in Spanien und Neapel nicht zu gefährden und um dem oppositionellen Herzog von Geldern die französische Unterstützung zu entziehen. Mit dem Tode Ferdinands gewann er Kastilien, Aragon und das Königreich Neapel samt Sizilien und Sardinien. Die Habsburger hielten damit einen gewaltigen Länderkomplex in Händen, der, wenn er von einem politischen Willen zuzusammengehalten und politisch und militärisch eingesetzt wurde, eine lebensgefährliche Bedrohung für Frankreich, die bisher stärkste europäische Macht, darstellte. Die von Maximilian propagierte und zäh verfochtene Politik einer Herrschaft des römischen Königs und Kaisers über die christliche Welt war in den Bereich des Möglichen gerückt, wenn sein Enkel Karl dieses Programm übernahm und sich den konkurrierenden Ansprüchen des französischen Königs gewachsen zeigte. Habsburgische und französische Interessen stießen bei der Wahl des neuen Kaisers 1519 wieder aufeinander.

Die Königswahl von 1519 und Karls V. erster Reichstag 1521 in Worms

Kaiser Karl V.

Der 17jährige Karl mußte für seine Kandidatur erst gewonnen werden. 1517 gerade im Begriff, seine Herrschaft in den spanischen Königreichen auch wirklich in Besitz zu nehmen, stand der spanische König nach dem mit Franz I. geschlossenen Frieden der Idee der kaiserlichen Weltherrschaft und den Plänen Maximilians I. mit Unverständnis gegenüber. Auch der Kaiser selbst hatte offenbar zunächst gezögert, seinen ältesten Enkel als Bewerber ins Auge zu fassen, betrieb aber entschlossen seine Wahl, nachdem Franz I. schon seit 1516 in Deutschland Wahlwerbungen hatte anlaufen lassen. Das Kaisertum konnte der Herrschaft Karls über einen Machtkomplex, der zunächst nur äußerlich in seiner Person vereint wurde, innere Rechtfertigung und zusätzlichen Herrschaftsanspruch verleihen und bot die Chance des Zugriffs auf die Machtmittel des Reiches. So hatte der Kaiser das Recht, die christlichen Könige zum Kreuzzug aufzufordern, wenn es auch unwahrscheinlich war, daß sie seinem Aufruf folgten. Für das Programm einer christlich geprägten Weltmonarchie stritt Mercurino Gattinara, der sich schon unter Maximilian in diplomatischen Missionen und als Rat bewährt hatte, 1518 Großkanzler Karls wurde und dessen Wahl zum Kaiser mit Nachdruck betrieb. Die Alternative war die lehnsherrliche Stellung des französischen Königs als Kaiser gegenüber den habsburgischen Erblanden und Burgund, womöglich auch die Unterwerfung von ganz Italien durch Franz I. Mit dem Anspruch Karls und Franz' I. auf die Kaiserkrone war der Kampf um die Hegemonie in Europa unvermeidlich geworden. An Härte gewann er durch die Konzentration und Mobilisierbarkeit von Herrschaftsverbänden, die sich seit der 2. Hälfte des 15. Jahrhunderts zunehmend zu zentral organisierten Nationalstaaten entwickelten, bereit und in der Lage, sich gegen die Realisierung der mittelalterlich-christlichen Weltherrschaft zu wehren.

Karls Königswahl

König Karl beschloß noch vor seiner Abreise nach Spanien im September 1517, sich um die Wahl zum römischen König zu bewerben. Die Schwierigkeiten, die Maximilian für seinen Enkel zu überwinden hatte, waren beträchtlich: Die Kurfürsten mußten als Königswähler gewonnen werden, was nach der Lage der Dinge – der massiven französischen Konkurrenz – nur ein Stimmenkauf sein konnte. Annähernd eine Million Gulden war nötig, um fünf der sieben Kurfürsten auf dem Reichstag zu Augsburg 1518 auf Karl zu verpflichten. Die Zwischenfinanzierung des spanischen Geldes stellte das Bankhaus Fugger sicher. Nicht zu gewinnen war neben dem Erzbischof von Trier, der sich auf Franz I. festgelegt hatte, der sächsische Kurfürst. Er enthielt sich jeder Wahlzusage und hoffte im übrigen selbst auf den Thron. Als unüberwindlich erwies sich Leos X. (1513–1521) Ablehnung der habsburgischen Kandidatur. Die Wahl Karls, des Königs von Neapel, gefährdete seine politische Handlungsfreiheit, außerdem – und das wurde in Verhandlungen mit den Kaiserlichen geltend gemacht – war nach päpstlicher Auffassung die Wahl eines römischen Königs nur möglich, wenn Maximilian zuvor zum Kaiser gekrönt wurde. Als Maximilian im Januar 1519 starb – ohne noch die Kaiserkrönung erlangt zu haben –, stand der Königs- und Kaiserwahl zwar nichts mehr im Wege, aber hinfällig waren dafür die Wahlabreden geworden, die nur für eine Wahl zu Lebzeiten des Kaisers galten. Der Kampf mit fast allen, vor allem finanziellen, Mitteln um die Kurfürsten entbrannte erneut und noch heftiger als zuvor. Beide Seiten bezogen über den engen Wählerkreis hinaus auch die »Öffentlichkeit« mit ein. Der habsburgischen Propaganda ging es vor allem darum, das Deutschtum Karls zu betonen, das ihm als Habsburger und deutschem Fürsten letztlich auch nicht bestritten werden konnte. Man profitierte dabei von einer weitverbreiteten antifranzösischen Stimmung, die noch durch Landfriedensbrüche verstärkt wurde, hinter denen zum Teil zu Recht französische Machenschaften vermutet wurden. Auch der seit vielen Jahren herrschende Antikurialismus, der sich gerade auf dem Augsburger Reichstag 1518 artikuliert hatte, wirkte zugunsten Habsburgs, denn der Papst unterstützte die Kandidatur Franz' I. Als sich wenige Tage nach dem Wahltermin die Aussichtslosigkeit seiner Bewerbung abzeichnete, brachte Leo X. den sächsischen Kurfürsten Friedrich den Weisen (1486–1525), dessen Name auch schon 1518 genannt worden war, ins Spiel. Dieser aber lehnte ab, letztlich wohl deshalb, weil seine Machtmittel eine eigenständige Position im zu erwartenden Kampf zwischen den Häusern Habsburg und Valois nicht zugelassen hätten. Wie schon 1518, waren es auch 1519 die Fugger, die die größte Last an der Finanzierung der Bestechungssummen trugen und jetzt erst recht, angesichts ihres risikoreichen Engagements für das Haus Habsburg, an der Wahl Karls ein existentielles Interesse hatten. Am 28. Juni 1519 kam in Frankfurt im Dom eine einhellige Wahl zustande, die im letzten Moment sogar vom Papst unterstützt worden war.

Neben dem materiellen hatten die Habsburger freilich auch einen politischen Preis zu entrichten. Die Kurfürsten mußten, soweit das möglich war, Vorkehrungen treffen, um nicht durch die europaweiten politischen Interessen und Probleme des neuen Königs und erwählten Kaisers in unerwünschte Auseinandersetzungen verwickelt zu werden, z.B. in den drohenden Kampf zwischen Karl V. und Franz I. Auch mußte Karl V., der ja über weit größere Machtmittel gebot als Maximilian I., daran gehindert werden, ohne oder gar gegen die Zustimmung der Reichsstände, insbesondere der Kurfürsten, in Reichssachen zu entscheiden und über Reichsmittel zu verfügen. Die Wahlkapitulation vom 3. Juli 1519, die Karl V. vor seiner Krönung in Aachen am 12. Oktober 1520 beschwor, stellte im wesentlichen eine Verpflichtungserklärung gegenüber seinen kurfürstlichen Wählern dar, insbesondere auf der Grundlage der goldenen Bulle (1356) und des Landfriedens von 1495, einen politischen Vertrag (kein Reichsgesetz), dessen Realisierung allemal von den tatsächlichen Machtverhältnissen abhing. Darin sagte der Kaiser u.a. die Einrichtung eines ständischen Reichsregiments zu (Art. 4) und verpflichtete sich, über Bündnisse und Kriegführung nicht ohne Genehmigung der Kurfürsten zu entscheiden, keine fremden Truppen ohne ihre Zustimmung ins Reich zu führen und auch die Ämter am Hof nur mit Deutschen zu besetzen. Es war natürlich die Frage, ob ein dem Kaiser in einer politischen Zwangslage abgenötigter Vertrag, der im Sinne Bertholds von Henneberg eine oligarchische Reichsverfassung fixierte und sehr einseitig auf kurfürstliche Interessen abhob, dabei in einzelnen Bestimmungen bestehendem Reichsrecht zuwiderlief und überdies keine Ausführungsbestimmungen enthielt, die Wirksamkeit eines grundsätzlichen Herrschaftsvertrags jemals entfalten konnte. Die Vorsicht, die aus den Versuchen der Kurfürsten spricht, den Kaiser in seinen politischen Rechten gegenüber dem Reich einzuschränken, erwies sich beim ersten Reichstag Karls auf deutschem Boden als nur allzu berechtigt.

Wahlkapitulation Karls V.

Nach der Königswahl im Juni 1519 verging mehr als ein Jahr, bis Karl nach Deutschland kam, um sich am 23. Oktober 1520 in Aachen krönen zu lassen und drei Tage später den Kaisertitel anzunehmen. Die Ausschreibung eines Reichstags nach Worms zum 6. Januar 1521 weckte große Erwartungen: Hofften die Kurfürsten auf eine Wiederaufnahme der Reichsreformbemühungen, so erwarteten die Reichsstände, deren in Worms präsentierte Gravamina der deutschen Nation zu den massivsten Angriffen auf innerkirchliche Mißstände überhaupt zählten, eine grundlegende Reform des Ver-

Wormser Reichstag von 1521

hältnisses zur Kirche. Das Problem der Reichsreform, also die Verfassungsfrage, stellte sich für den Kaiser freilich im Zusammenhang mit inneren Schwierigkeiten in seinen spanischen Reichen und mit mehreren anderen, meist außenpolitischen Problemen. In Kastilien war kurz nach seiner Abreise ins Reich der Aufstand der städtischen »Comuneros« ausgebrochen und in Valencia die Erhebung der in einer Bruderschaft (germania) zusammengeschlossenen Zünfte, beides Revolten, die die königliche Herrschaft gefährdeten und zu Beginn des Reichstages noch nicht niedergeschlagen waren. Es ging in Worms um Höhe und Umfang des dem Kaiser zustehenden Romzugs, um ein Bündnis mit dem Papst gegen Frankreich, das den Krieg gegen Spanien an den Grenzen zu den Niederlanden und nach Spanien schon begonnen hatte, und schließlich um die Teilung des habsburgischen Erbes zwischen Karl und Ferdinand. Der politische Spielraum für den Kaiser wurde noch kleiner durch seine Selbstverpflichtung auf das Programm der christlichen Weltherrschaft. Die »Luthersache«, die auf dem Reichstag zur Verhandlung kommen sollte, auch wenn sie in der kaiserlichen Proposition keine Berücksichtigung gefunden hatte, zwang ihn, der mit außenpolitischen und Verfassungsfragen vollauf beschäftigt war, sich überdies ein erstes Mal mit der Kirchenkrise auseinanderzusetzen.

Reichstagsverhandlungen

Die Verhandlungen auf dem länger als vier Monate währenden Reichstag – eine für reichsständische Versammlungen nicht ungewöhnliche Dauer, für den Kaiser freilich kostbare Zeit – führten auf dem Gebiet der Neuordnung des Kammergerichts und der Reichssteuer zu dauerhaften Resultaten, in der Frage einer handlungsfähigen Reichsregierung jedoch zu einem Kompromiß, der, wie die Praxis der kommenden Jahre zeigte, eine durchgreifende Exekution nicht zustandekommen ließ und von kaiserlicher Seite lediglich als

Reichsregiment

Provisorium gedacht war. Vereinbart wurde ein Reichsregiment, das nur in Abwesenheit des Kaisers tätig werden sollte. An seiner Spitze stand ein Statthalter – Karl ernannte als ersten Statthalter seinen Bruder Ferdinand –, dem ein Gremium von 22 Personen zugeordnet wurde. Vertreten waren sechs Kurfürsten – von denen einer jeweils drei Monate persönlich anwesend sein mußte –, vier Räte wurden vom Kaiser ernannt, sechs von den Kreisen gestellt, die übrigen von geistlichen und weltlichen Fürsten, Prälaten, Grafen und Städten. Seine Kompetenz erstreckte sich auf die Friedenswahrung im Reich, einschließlich des Rechts, gegen »Glaubensverächter« vorzugehen. Wurden Bündnisse zur Friedenssicherung erforderlich, durfte dies nur mit kaiserlichem Einverständnis geschehen. Alle wichtigen Lehnsangelegenheiten behielt sich der Kaiser vor. In entscheidenden, Frieden und Recht betreffenden Fällen, konnte das Regiment alle Kurfürsten und zwölf Fürsten hinzuziehen und auch einen Reichstag einberufen, nicht ohne in solchen Fällen »Gemüt und Meinung« des Kaisers zu vernehmen. In allen Fragen, die über die Friedenswahrung hinaus »gestaltende« Regierungstätigkeit betrafen, war das Regiment demnach an den Willen des Kaisers gebunden. Erschwerend trat hinzu, daß die Finanzierung nicht gesichert war und das Regiment nicht über eigene Vollzugsorgane verfügte, um etwa seine im Auftrag des Kaisers ergehenden Mandate durchzusetzen. Auch stand kontinuierlicher Regierungstätigkeit der ständige Wechsel der Regimentsräte entgegen. Die folgenden Jahre zeigten, wie der Kaiser versuchte, das Regiment als Instrument monarchischer Politik zu verwenden und wie andererseits die Stände nicht bereit waren, einer Verwirklichung eines ständisch-zentralistischen Regiments Raum zu geben, sondern Exekutionsangelegenheiten mit territorialen Mitteln regelten.

Erneuerung des Kammergerichts

Geringere Differenzen als die Einrichtung des Regiments verursachte die Erneuerung des Kammergerichts, das 1519 einstweilen seine Tätigkeit eingestellt hatte und bei dem sich bis 1521 an die 3000 unerledigte Fälle häuften.

Zur rascheren Bearbeitung der anhängigen Sachen wurde die Zahl der Beisitzer des Gerichts auf 18 erhöht, und die Kammergerichtsordnung, die auf Ordnungen von 1500 und 1507 aufbaute, enthielt neue Bestimmungen zur Verfahrensweise und Geschäftsordnung. Die Exekution lag bei den Landesherren, den Kreisen und dem Regiment, das gleichzeitig als Aufsichtsorgan des Kammergerichts fungierte – beide residierten an demselben Ort 1502 in Nürnberg – und in Landfriedenssachen eine konkurrierende Gerichtsbarkeit ausübte. Das Gericht, das seit 1527 für mehr als anderthalb Jahrhunderte seinen festen Sitz in Speyer hatte, gewann als oberstes Organ des Reiches für die Überwachung des Landfriedens und daneben zunehmend für die Rechtspflege im Dienste der Reichsuntertanen die Festigkeit einer dauerhaften Institution der Gerichtsverfassung.

Wormser Reichsmatrikel

Ohne daß es der Absicht der in Worms Verhandelnden entsprach, wurde auch die 1521 verabschiedete Wormser Reichsmatrikel zur beständigen Verfassungseinrichtung, die es erlaubte, die Zahl der Reichsstände, d.h. der dem Reich gegenüber leistungspflichtigen Stände festzustellen und auf deren Grundlage später das Recht auf Sitz und Stimme im Reichstag ermittelt werden konnte. Der erwählte Kaiser hatte, dem Herkommen entsprechend, Anspruch auf die Unterstützung des Reiches bei seinem Zug über die Alpen (Romzug) zur Erlangung der Kaiserkrone. In Worms verständigten sich Kaiser und Reich auf eine Truppenhilfe in Höhe von 20000 Mann zu Fuß und 4000 Reitern sowie auf den dafür erforderlichen Anschlag, d.h. die Verteilung der Truppen auf die einzelnen Reichsstände. Der Anschlag, »die allzeit neueste Matrikel«, enthielt neben dem Anteil an der Truppenhilfe auch einen Anschlag in Geld für die Unterhaltung des Reichsregiments und des Kammergerichts. Die Truppenhilfe wurde im Laufe des 16. Jahrhunderts umgewandelt in eine außerordentliche Kriegssteuer, deren Höhe sich nach den monatlichen Unterhaltskosten richtete, die jedem Reichsstand aufgrund der Matrikel von 1521 für Fußtruppen und Reiter entstanden wären. So trat an die Stelle der Truppenhilfe ein Geldäquivalent, der sogenannte Römermonat, der z.B. während der Türkenkriege gegen Ende des 16. Jahrhunderts mehrfach gefordert wurde, als duplum, triplum usw. und 1594 sogar achtzigfach.

Römermonat

Neben den Verfassungsfragen und den auswärtigen Verhältnissen, die insbesondere die Verhandlungen über die Dauer und den Termin der Romzughilfe beeinflußten, forderte ein zusätzlicher, außerordentlicher Beratungsgegenstand zeitweise die ganze Aufmerksamkeit der Reichstagsteilnehmer, nämlich die Luthersache, die Sache des Doktors der Theologie und Professors der Universität Wittenberg Martin Luther, der vom Papst als notorischer Ketzer gebannt war und über den der Kaiser als weltlicher Arm der Kirche nur noch die Reichsacht zu verhängen hatte.

Luther und die Anfänge der Reformation

Luther

Wohl im Jahre 1483, am 10. November, wurde Luther in Eisleben, dem Hauptort der Grafschaft Mansfeld, geboren. Sein Vater stammte aus einer bäuerlichen Familie und hatte sich im Kupferschieferbergbau vom einfachen Berghauer zum Hüttenmeister hochgearbeitet, der in Mansfeld ein Amt der lokalen Selbstverwaltung bekleidete und finanziell so gestellt war, daß er daran denken konnte, seinem Sohn Martin ein Rechtsstudium zu finanzieren. Nach dem Besuch der Lateinschule in Mansfeld, auf die er vermutlich

1491 geschickt wurde, und weiterer Schulen in Magdeburg und Eisenach nahm Martin Luther 1501 in Erfurt an der Fakultät der freien Künste (»Artisten«-Fakultät) sein Grundstudium auf, das in die scholastische Philosophie einführte und das er 1505 mit dem Erwerb des Magistergrades abschloß. Dem Wunsche seines Vaters entsprechend, begann er 1505 mit dem Rechtsstudium, das günstige Voraussetzungen für einen weiteren sozialen Aufstieg, etwa im städtischen oder landesherrlichen Dienst, bot. Nach wenigen Wochen jedoch brach er sein Studium abrupt ab und trat gegen den Willen des Vaters und den Rat seiner Freunde ins Kloster ein. Sicher ist, daß unmittelbare Lebensgefahr, in die er durch ein Gewitter geriet, ihm das Gelübde abnötigte, Mönch zu werden und damit der Welt den Rücken zu kehren. Darüber hinaus aber mögen schon vorher innere, religiöse Probleme den jungen Magister gequält und diese Entscheidung angebahnt haben. Luther trat in eines der großen Erfurter Klöster ein, in den Konvent der Augustinereremiten der reformierten oder observanten Richtung. Nach einjähriger Probezeit und dem 1506 geleisteten Ordensgelübde wurde Luther schon im Frühjahr 1507 zum Priester geweiht und von seinem Orden zum Studium der Theologie bestimmt. 1511 nach Wittenberg versetzt, promovierte er dort 1512 zum Doktor der Theologie und übernahm gleichzeitig den Lehrstuhl für Altes und Neues Testament, den zuvor sein Förderer und Ordensoberer Johannes von Staupitz innegehabt hatte. Schon seit 1508 war Luther in Erfurt und dann in Wittenberg als Lektor für Philosophie tätig, wurde 1513 Lektor am Wittenberger Generalstudium der Augustiner und ist seit diesem Jahr als Prediger an der Stadtkirche bezeugt; außerdem bekleidete er seit 1512 das Amt des Subpriors des Wittenberger Klosters und wurde 1515 für drei Jahre zum Distriktsvikar über die zehn Konvente seines Ordens in Meißen und Thüringen gewählt. Luther hat diese Ämter, insbesondere die akademische Lehrtätigkeit, nicht aus eigenem Antrieb angestrebt, sondern wurde nach seinen eigenen Angaben zu ihnen befohlen, vor allem von Johann von Staupitz, der den offenbar vorbildlichen Lebenswandel des Mönches kannte und auf seine Qualitäten als Theologe und Ordensmann setzte.

Martin Luther, von Lukas Cranach

Zweifel an der überkommenen Frömmigkeitspraxis

Luther selbst war sich seiner Eignung und Würdigkeit durchaus nicht so sicher, hegte er doch die größten Zweifel, im Hinblick auf die überkommene, jahrhundertealte Frömmigkeitspraxis den Forderungen nach Vollkommenheit entsprechen zu können, denen er sich als Bettelmönch gegenübersah. Zwar konnte der Mensch in seiner sündhaften Existenz versuchen, in der Beichte seine in strenger Selbsterforschung erkannten Sünden zu bekennen und durch ehrliche Reue und anschließende fromme Leistungen wie Gebete oder Fasten deren Vergebung zu erlangen, aber Luther, der sich durch exzessive Bußfertigkeit auszeichnete, vermochte nicht die Gewißheit zu gewinnen, daß Gott ihm seine Sünden vergeben werde. Die Unsicherheit hinsichtlich eines gnädigen Gottes konnte sich bei ihm zu der schwere psychische Störungen hervorrufenden Vorstellung, von Gott verlassen zu sein, steigern. Aus den Selbstzeugnissen Luthers wissen wir, daß er diesen Gefährdungen, diesen Anfechtungen der mönchischen Existenz zeitweilig ausgesetzt war, ohne allerdings daran zu zerbrechen: Das schwindende Vertrauen in die von der Kirche geforderten frommen Leistungen und guten Werke und in die von ihr verwalteten und angebotenen Gnadenmittel führte zu einer intensiven Suche nach einem Ausweg, den ihm schließlich die Bibel wies.

Der Rückgriff auf die Schrift

Es ist nicht mehr auszumachen, aus welchen Gründen Luther auf die Schrift zurückgriff. Mit der Bibel arbeitete er jedenfalls im Gottesdienst, und für Novizen seines Ordens war sie vorgesehene Lektüre. Luther gewann die Erkenntnis, auf die es ihm ankam, die Antwort auf die Frage nach der Voraussetzung frommer Existenz des Menschen und der Erlangung der Gnade Gottes, aber erst nach langen Jahren intensiver, mühsamster Arbeit

Tod und Chorherr, Zeichnung von Niklaus Manuel (1517)

am Text der Heiligen Schrift und in Auseinandersetzung mit den überkommenen Auslegungen der Bibel, mit der »Tradition« der Kirche und schließlich mit ihrem gesamten Normensystem. Bei seinem Rückgriff auf die Bibel, die ihm zur einzigen Glaubensautorität wurde, konnte er sich auf die Errungenschaften der Schul- und Bildungsreform des Humanismus stützen, der mit der Aufwertung der alten Sprache, der Edition des griechischen Neuen Testaments durch Erasmus oder der Neuausgabe etwa der Werke des Kirchenvaters Augustin Voraussetzungen schuf, ohne die Luthers Bibelauslegung unvorstellbar ist.

Luthers zentrale Erkenntnis: Die Gerechtigkeit

Luthers zentrale Erkenntnis, die ihm seit etwa Anfang 1518 Halt und Kraft für die kommenden Kämpfe mit Kirche, Papst und Kaiser gab, erschließt sich ihm aus einem neuen Verständnis der »Gerechtigkeit Gottes«. Es war darunter nicht mehr der richtende Gott zu verstehen, der jeden, je nach seinem Verdienst, belohnt oder straft – dies war der Gott, vor dem Luther sich in seinen Jahren im Kloster ängstigte, den er sogar haßte –, sondern der Gerechtigkeit schenkende gnädige Gott, der dem Menschen seine Sünden vergibt und ihn gerecht macht, aber unter der Voraussetzung, daß er davon abläßt, durch gute Werke und aus freiem Willen selbstgerecht werden zu wollen und daß er sich ohne Vorbehalt als Sünder bekennt und an Gottes Gnade, wie sie durch das Evangelium verheißen ist, glaubt und ihr vertraut.

Luthers Thesenanschlag in Wittenberg 1517

Mit dieser Glaubensgewißheit, »einer sehr einfachen Frömmigkeit der leeren Hände und des angewiesenen Glaubens« (Brecht), hatte Luther die Leistungsfrömmigkeit der herrschenden kirchlichen Theorie und Praxis hinter sich gelassen. Seine Auffassung von Rechtfertigung mußte, hatte sie sich erst einmal durchgesetzt, schwerwiegende Konsequenzen für die Legitimation einer Kirche haben, die nach bis dahin herrschendem Verständnis die Gnadenmittel in Form der Sakramente verwaltete. Darüber hinaus bedrohte die einseitige Betonung der Bibel als einzig sichere Quelle der Offenbarung Gottes, die sich dem Gläubigen ohne Vermittlung Dritter aus sich selbst erschließt, die Lehrautorität von Papst und Konzilien. Als Luther seine neue Glaubenserkenntnis formulierte – wohl im Frühjahr 1518 –, waren ihm die möglichen Folgen noch kaum klar geworden. Er dachte noch nicht an eine neue Kirche, sondern an die Erneuerung der Frömmigkeit im Rahmen der alten und an das Bloßlegen von Mißbräuchen und die Beseitigung von Irrtümern, die sich im Zuge der Auslegung der Bibel durch die scholastische Philosophie ergeben hatten. Aber die unerwartete Resonanz, die seine Ablaßthesen fanden, die Parteinahme von Theologen für oder gegen ihn, die Reaktion der betroffenen weltlichen und geistlichen Obrigkeiten zwangen Luther zur Erläuterung und Ausarbeitung seiner Einsichten, deren Katholizität und Schriftgemäßheit er beweisen wollte, um nicht als Ketzer zu gelten.

Ablaßstreit

Einer breiteren Öffentlichkeit wurde Luther erstmals im Herbst 1517 im Rahmen des Ablaßstreits bekannt. Der Ablaß ist im Zusammenhang mit dem Bußsakrament zu sehen, das nach voraufgegangener Reue, Beichte und Absolution Genugtuung in Form von Bußleistungen verlangte. Den Sünder erwarteten außerdem zeitliche Strafen. Waren von ihm, solange er lebte, Leistungen und Strafen nicht erbracht und verbüßt worden, mußte er sich darauf gefaßt machen, sie im Fegefeuer zu erleiden. Diesen Zustand zwischen Himmel und Hölle, den man sich nur als qualvoll vorzustellen vermochte, nach Möglichkeit zu vermeiden war das Bestreben des verängstigten Gläubigen. In dieser Lage half der Ablaß, der Nachlaß zeitlicher Sündenstrafen, den die Kirche aus dem Gnadenschatz der überschüssigen Verdienste

Christi und der Heiligen gewähren konnte, und zwar gegen Eigenleistungen in Form von Gebeten, Wallfahrten, Almosen und Zahlungen. Die im 11. Jahrhundert aufgekommenen Ablässe erstreckten sich zunächst auf die zeitlichen Kirchenstrafen, später auf die zeitlichen Fegefeuerstrafen und sogar auf die Fegefeuerstrafen bereits Verstorbener. Indem die Kirche ihren Gnadenschatz kapitalisierte und als Ablaßzettel und Beichtbriefe an das Kirchenvolk verkaufte, kam sie dem Heilsverlangen der Gläubigen entgegen und deckte gleichzeitig ihren eigenen wachsenden Finanzbedarf. Hierin wird die Tendenz zur »Fiskalisierung« kirchlicher Handlungen und Leistungen sichtbar, ein wesentlicher Aspekt damals weitverbreiteter Kritik, die sich etwa gegen ein Papsttum wandte, das seiner religiösen Leistungsfunktion nicht mehr gerecht wurde, als weltliche Macht frühmodernstaatliche Züge annahm und, wie die Gravamina von 1521 zeigten, in massiver Weise auf die Reichskirche Einfluß nahm, sowie gegen eine Geistlichkeit, der mangelhafte theologische Ausbildung, Vernachlässigung der seelsorgerischen Arbeit und verwerflicher Lebenswandel vorgeworfen wurden.

Jakob Fugger

Luther war als Mönch, Hochschullehrer und Seelsorger mit diesen Problemen bestens vertraut, und in der konkreten Frage des Ablasses wurden ihm, dem die Bußpraxis zum Anstoß für eine ganz neue Bibelauslegung geworden war, gerade im Jahre 1517 die Mängel dieses Instituts, wie sie sich in der Volksfrömmigkeit darstellten, erneut sichtbar. Der Ablaß gefährdete die wahre Bußgesinnung und leistete der Einstellung Vorschub, daß neben der Sündenstrafe ebenfalls die Sündenschuld erlassen werde und daß auch die Toten der Vorteile des Ablasses teilhaftig werden könnten. 1517 begann in Deutschland die Kampagne zum Verkauf des von den Päpsten Julius II. (1503–1513) und Leo X. verkündeten Jubiläumsablasses zum Neubau der Peterskirche. Für Deutschland war sie mit einer finanziellen Transaktion verbunden, die ein grelles Schlaglicht auf das kirchliche Finanzgebaren wirft. Albrecht von Brandenburg, Erzbischof von Mainz und Magdeburg und Administrator des Stifts Halberstadt, hatte die Investitur mit dem Erzbistum Mainz, die eine widerrechtliche Häufung von Seelsorgepfründen darstellte, vom Papst nur gegen die Zusage hoher Gebührenzahlungen erlangt, die von dem Bankhaus Fugger zwischenfinanziert wurden. Die Rückzahlung sollte nach dem Vorschlag der Kurie in der Weise erfolgen, daß Albrecht in den brandenburgischen Gebieten für acht Jahre den Verkauf des Ablasses zugunsten der Peterskirche übernahm und davon die Hälfte des Ertrages behielt. Zu einem der beiden Ablaßprediger im Magdeburgischen wurde der Leipziger Dominikanermönch Johannes Tetzel verordnet. Sein geschäftstüchtiges Vorgehen beim Ablaßhandel wurde durch eine erzbischöfliche Instruktion gedeckt, deren Anweisungen auf möglichst hohe Gewinne zielten. Luther nun nahm Tetzels Vorgehen, über dessen Hintergrund er nicht informiert war, zum Anlaß, eine grundsätzliche Klärung der Ablaßproblematik herbeizuführen. Er wählte die dem Universitätsbetrieb geläufige Form von Thesen, die er einem Schreiben an den Mainzer Erzbischof vom 31. Oktober 1517 beifügte. Mit seiner Initiative wollte er zunächst die Einstellung der Ablaßpredigt erreichen und auf Mißstände hinweisen, es ging ihm keinesfalls um eine Abschaffung des Ablasses oder gar um einen Angriff, weder auf den Papst und seine Ablaßgewalt noch auf die herrschende scholastische Ablaßtheorie. Gleichwohl liefen seine 95 Thesen auf eine empfindliche Einschränkung der päpstlichen Strafgewalt hinaus: So faßt er Buße ganz unabhängig von sakramentaler Beichte und Genugtuung als lebenslange, den Christen existentiell prägende Haltung auf, schränkt die Strafgewalt des Papstes ein, der zwar Kirchenstrafen erlassen könne, Schuld aber nur im Namen Gottes, und zieht schließlich die Lehre vom Schatz der Kirche in Zweifel, wendet sich also gegen die Grundlagen der Ablaßtheorie.

Die 95 Thesen von 1517

Die 95 lateinischen Thesen zum Ablaß wurden wohl erst Mitte November an die Tür der Schloßkirche in Wittenberg geheftet. Schon vorher wurden handschriftliche Fassungen an einige auswärtige Theologen geschickt. Geplant war offenbar eine außerordentliche Disputation unter Fachleuten, also eine Klärung des Ablaßproblems auf akademischer Ebene. Wenn die Thesen in Windeseile verbreitet wurden und noch vor Ende 1517 in Nürnberg, Leipzig und Basel in deutscher Übersetzung im Druck erschienen, so entsprach das nicht Luthers Vorstellung von der Behandlung des Problems. Nach Nürnberg gelangten sie in handschriftlicher Fassung zu Christoph Scheurl, Ratskonsulenten der Stadt und ehemaligem Wittenberger Rechtsprofessor, der sie von einem Wittenberger Stiftsherrn zugeschickt bekam und weitergab, u.a. an Luthers späteren gefährlichen Gegner, den Theologen Johannes Eck aus Ingolstadt. Auf ähnliche Weise kam auch Erasmus von Rotterdam in ihren Besitz.

Zweifellos war die relativ neue Technik des Buchdrucks eine wesentliche Voraussetzung für die rasche Verbreitung. Die unerwartete Resonanz machte eine deutlichere, einfachere Fassung in deutscher Sprache notwendig und erzwang die Klärung der eigenen Position. So erschien im März 1518 der »Sermon von Ablaß und Gnade« und wurde Luthers erster großer literarischer Erfolg mit 20 bekannten Drucken bis 1520.

Ketzerprozeß gegen Luther

Sehr schnell regte sich indessen auch Widerstand gegen Luther auf akademischer Ebene, im Dominikanerorden, und seit dem Sommer 1518 befaßten sich Kurie und politische Gewalten mit Luthers Sache. Noch im Dezember 1517 informierte der betroffene Mainzer Erzbischof Leo X. über Luthers Initiative, und im Frühjahr klagte der Dominikanerorden Luther in Rom als Ketzer an. Der Ketzerprozeß gegen ihn begann im Sommer 1518. Am 7. August erhielt Luther die Vorladung nach Rom zum Verhör, dem er sich binnen 60 Tagen zu stellen hatte. Noch vor Ablauf dieser Frist entschied man in Rom, ihn als offenkundigen Ketzer festsetzen zu lassen. Lediglich dem Verlauf der politischen Ereignisse um die Wahl des römischen Königs hatte es Luther zu verdanken, daß er Ende 1518 noch ein freier Mann war. Sein Landesherr, Kurfürst Friedrich der Weise, spielte im politischen Kalkül des Papstes, der zunächst die Wahl Karls V. zu vereiteln trachtete, eine wichtige Rolle, die es ihm erlaubte, die Vernehmung Luthers auf deutschem Boden durchzusetzen und die Zusage zu erhalten, daß Luther auf keinen Fall festgesetzt werde. Hier wird im Ansatz bereits das spätere Interessenbündnis von Luthertum und Territorialstaat sichtbar.

Ansätze zum Interessenbündnis zwischen Luthertum und Territorialstaat

Bei der Begegnung Luthers mit dem Kardinallegaten Cajetan, einem der versiertesten römischen Theologen, am Rande des Augsburger Reichstages im Oktober 1518 und endgültig nach der Leipziger Disputation mit seinem Wittenberger Kollegen Karlstadt und dem Ingolstädter Theologen Johannes Eck vom Juli 1519 dürfte Luther klar geworden sein, daß für ihn angesichts seiner mittlerweile radikalen Position zur Frage der Autorität von Papst und Konzilien in der alten Kirche kein Platz mehr war. Die Verhandlungen mit Cajetan in der Frage der rechten Begründung des Ablasses offenbarten in aller Deutlichkeit die Unvereinbarkeit der Standpunkte. Während der Papstlegat den Ablaß mit einem Papstgesetz von 1343, also kirchenrechtlich begründete und die absolute Autorität der Papstgewalt gegenüber Konzilien, Schrift und der ganzen Kirche behauptete, wagte Luther dem entgegenzuhalten, das besagte Gesetz sei nicht schriftgemäß, auch der Papst könne irren und stehe unter der Autorität eines Generalkonzils. Er hielt unbeirrt am Schriftprinzip fest, an dem Wort Gottes, dem mehr zu gehorchen sei als den Menschen.

Noch weiter ging er schließlich in seiner Auseinandersetzung mit Eck im Sommer 1519 über den Zusammenhang von Rechtfertigungs- und Kirchenlehre. Unbeabsichtigt, aber durch seinen Gegner gezwungen, bestritt er nicht

Angriff auf die Lehrautorität des Papstes

nur die oberste Lehrautorität des Papstes, sondern behauptete die Fehlbarkeit von Papst und Konzilien. Diese Position unbedingter Ablehnung der herrschenden Auffassung von der Kirche ergab sich zwangsläufig insofern aus dem Streitgespräch, als Luther etliche Glaubenssätze des 1415 vom Konzil verurteilten und als Ketzer verbrannten Johann Hus für christlich und gut evangelisch hielt. Gegen ein oberstes kirchliches Lehramt mit dem Monopol der Schriftauslegung setzte er die Klarheit der Schrift als höchste Autorität der Kirche, die sich dem Gläubigen ohne Vermittlung, also unmittelbar erschließe. Hier deutet sich das Prinzip einer neuen Kirche an, die der vermittelnden Dienste einer hierarchisch gegliederten Priesterschaft nicht mehr bedurfte. Die Klärung der Standpunkte war nun sehr weit fortgeschritten, sie fand auf Luthers Seite im kommenden Jahr, 1520, ihren ersten Niederschlag in Form von reformatorischen Programmschriften. Auch für die Kirche stand nunmehr fest, daß die aus Gründen der politischen Rücksichtnahme erfolgte Sistierung des Ketzerprozesses einer energischen Behandlung der Sache zu weichen hatte.

Der Papstesel

Die Kurie hatte nach der Wahl Karls V. zum römischen König im Juni 1519 auf die Königswähler, insbesondere auf Friedrich den Weisen, keine Rücksicht mehr zu nehmen und ließ den Prozeß zu Beginn des Jahres 1520 wieder aufleben. Zwei wertvolle Jahre hatte sie damit verstreichen lassen. Man machte nun bei der Zusammenstellung des Belastungsmaterials rasche Fortschritte, und in der Bannandrohungsbulle »Exsurge Domine« vom 15. 6. 1520 wurden 41 Sätze Luthers als häretisch benannt. An Luther erging die Aufforderung, innerhalb von 60 Tagen zu widerrufen, anderenfalls habe er seine Exkommunikation zu gewärtigen. Die Antwort Luthers war der von ihm am 10. 12. 1520 vor dem Elstertor in Wittenberg veranstaltete Skandal der öffentlichen Verbrennung eines Drucks der Bannbulle, von kirchenrechtlichen Werken und scholastischen Schriften. Luther gab mit diesem Zeichen zu verstehen, daß er sich von der alten Kirche getrennt hatte. So erfolgte zwangsläufig am 3. 1. 1521 die endgültige Exkommunikation durch die Bulle »Decet Romanum Pontificem«. Für die Kirche war Luther als notorischer Ketzer unwiderruflich verdammt, das kirchenrechtlich-dogmatische Problem »Luther« war damit erledigt.

Luthers Exkommunikation und weltliche Acht

Es blieb freilich die Exekution des Urteils, für die die Kirche des »weltlichen Arms« von Kaiser und Reich bedurfte. Nach Reichsrecht hatte dem Bann unverzüglich die weltliche Acht zu folgen. Aber schon bei der Publikation der Bannandrohungsbulle in Deutschland durch den päpstlichen Nuntius Aleander und Johannes Eck hatten sich Schwierigkeiten ergeben. So war z.B. Friedrich der Weise nicht bereit, die Bulle in seinem Gebiet publizieren zu lassen. Er stellte sich damit erneut schützend vor Luther. Er war es auch, der vom Kaiser die Einsetzung eines unabhängigen Schiedsgerichtes verlangte, das eine Sachklärung hätte herbeiführen sollen. Durchsetzen konnte er lediglich ein »Verhör«, eine Vorladung Luthers zum Wormser Reichstag 1521, ein unerhörter Vorgang, da auf diesem Wege ein Urteil der höchsten geistlichen Autorität einer außerordentlichen Prüfung durch ein weltliches Gremium unterzogen wurde. Das Interesse der weltlichen Fürsten an diesem, die päpstliche Autorität schädigenden Verhalten, war politischer und verfassungsrechtlicher Natur. Zum einen deutete die Stimmung im Reich, und zwar nicht nur in den Städten, sondern auch auf dem Lande, auf einen breiten Rückhalt Luthers in weiten Kreisen der Bevölkerung hin, und man fürchtete im Falle der Beseitigung des Reformators einen Aufstand des »gemeinen Mannes«. Zum anderen warf die päpstliche Forderung nach einem kaiserlichen Achtspruch insofern ein verfassungsrechtliches Problem auf, als damit die Reichweite der kaiserlichen Verordnungsgewalt ins Spiel kam und die territorialen Hoheitsrechte berührt wurden. Der in der dualistischen

Luther auf dem Reichstag zu Worms 1521

Verfassungslage des Reiches enthaltene virulente Konflikt zwischen Kaiser und Reich trat erneut zutage, denn wie die Reichssteuern nicht ohne Zustimmung und administrative Unterstützung der Territorialgewalten aufzutreiben waren, so konnte auch die Vollstreckung der Acht nicht gegen den Willen der Landesherren durchgesetzt werden. Der Kaiser sah sich zudem aufgrund der großpolitischen Lage – angesichts des bevorstehenden Krieges mit Frankreich und der Türkengefahr – zu besonderer Rücksichtnahme gezwungen.

Wieder war es die politische Konstellation, die sich zugunsten Luthers auswirkte. Zwar erhielt er nicht mehr die Möglichkeit, sich vor einem unabhängigen Schiedsgericht zu rechtfertigen, aber vor Kaiser und Reich, d.h. vor dem kaiserlichen Hofstaat und etlichen Reichsständen, konnte er während des Wormser Reichstags am 17. und 18. April das eindrucksvolle Bekenntnis seines Glaubens an das Wort Gottes, das Evangelium, wie er es verstand, ablegen und den ihm von den Fürsten nahegelegten Widerruf ablehnen.

Wormser Edikt von 1521

Zwar folgte dem Bann schließlich die Reichsacht, in Form des Wormser Edikts, das am 26. 5. 1521 mit der Unterschrift Karls V. rechtskräftig wurde, Luther als »ein von Gottes Kirche abgetrenntes Glied, verstockten Zertrenner und offenbaren Ketzer« erklärte und jedermann aufforderte, ihn und seine Freunde und Gönner an die Obrigkeit auszuliefern und seine Schriften zu vernichten, aber das Edikt war nicht vom Reichserzkanzler gegengezeichnet worden, und schon vor seiner Inkraftsetzung hatten die meisten Reichsstände Worms verlassen. Hier deutet sich an, daß der kaiserliche Machtspruch nicht in jedem Falle mit der notwendigen landesherrlichen »Amtshilfe« rechnen konnte. Erschwerend für die Exekution der Acht trat hinzu, daß Karl unmittelbar nach dem Reichstag das Reich verließ, um sich der großen europäischen Politik zu widmen. Als er nach neun Jahren wieder deutschen Boden betrat, war eine weitere Frist verstrichen, innerhalb derer die reformatorische Bewegung, die sich bald zum politischen Protestantismus entwickelte, hätte eingedämmt werden können. Aus der Kritik am Ablaßwesen und an der Bußpraxis war eine neue Kirche entstanden, mit eigener Lehre und eigenen Institutionen, wenn auch eingebunden in den schützenden und freilich auch Herrschaft fordernden territorialen Fürstenstaat.

Reformatorische Bewegungen

Luthers Sache fand in der Öffentlichkeit eine außerordentlich große Resonanz. 96 von 105 Flugschriftenausgaben befaßten sich mit Luther, und nach der Aussage des päpstlichen Nuntius Aleander war Deutschland in hellem Aufruhr: Neun Zehntel seien für jenen, das restliche Zehntel verbreite romfeindliche Losungen. Das Echo, das Luther fand, wird auch belegt durch den

Luthers literarischer Erfolg

Verkauf seiner Schriften. Danach erreichten bis Ende 1520 81 Schriften oder Schriftensammlungen Luthers zusammen 653 Auflagen. Die Erstauflage seiner Programmschrift »An den christlichen Adel deutscher Nation von des christlichen Standes Besserung« von 1520 kam innerhalb von 14 Tagen auf 4000 verkaufte Exemplare. Schätzungsweise waren zur Zeit des Wormser Reichstages 500000 Lutherschriften abgesetzt worden, und es müssen um 1525 mehrere Millionen Drucke der evangelischen Bewegung auf dem Markt gewesen sein. Jeder dritte des Lesens kundige Deutsche wird eine Lutherbibel besessen haben. Dieser enorme literarische Erfolg ist gewiß auch auf Luthers Fähigkeit zurückzuführen, seine theologischen Erkenntnisse allgemeinverständlich, in kräftigen Farben und mit saftiger Polemik darzubieten. Vor allem aber muß er Sorgen und Bedürfnisse seines Publikums aufgenommen, wirksam artikuliert und überzeugende Auswege geboten haben. Er befriedigte offenbar das religiöse Bedürfnis weiter Bevölkerungskreise, die des Lesens kundig waren und bereit, sich mit seinen Werken auseinanderzusetzen oder sich ihrer nur als unmittelbar wirksamer praktischer Lebenshilfe zu bedienen. Voraussetzung für die Massenbewegung, die seine evangelische Lehre auslöste, war nicht nur die Heilssehnsucht des Volkes, sondern auch die Erfindung des Buchdrucks und eine Zunahme der Elementarbildung auf breiter Front.

Zwar ist es umstritten, ob der Erfolg der reformatorischen Bewegung vornehmlich kirchlich-religiösen Beweggründen des einzelnen zuzuschreiben ist oder lediglich der willkommenen Legitimation materieller Interessen diente, aber zweifellos eröffnete seine Theologie neue Möglichkeiten einer scheinbar einfach zu praktizierenden, preiswerten Frömmigkeit für jedermann; überdies konnte sie verstanden werden als Aufforderung zu Reformen im politisch-gesellschaftlichen Bereich, und, mißverstanden, rechtfertigte sie eine alternative Lebensgestaltung. Aus Luthers Rechtfertigungslehre und dem von ihm vertretenen Schriftprinzip ergab, sich für den Gläubigen ein unmittelbarer Zugang zu Gott, der der Vermittlung durch die alte Amtskirche nicht mehr bedurfte. Sie war als oberste Lehrautorität überflüssig geworden, war die Schrift nach Luthers Auffassung doch aus sich heraus verständlich, und sie wurde durch das von Luther behauptete allgemeine Priestertum aller Gläubigen als Verwalterin der Gnaden- und Heilsmittel abgewertet, was zugleich auf die Abschaffung der Priesterhierarchie hinauslief. Wenn Luther 1520 in seiner Schrift »An den christlichen Adel« verkündete: »was du vom Papst kaufen mußt, das ist nicht gut noch von Gott; denn was aus Gott ist, das wird nicht allein umsonst gegeben, sondern alle Welt wird drum gestraft und verdammt, daß sie es nicht hat gewollt umsonst aufnehmen, als da ist das Evangelium und göttliche Werke«, so wirkte das gegenüber der traditionellen Buß- und Beichtfrömmigkeit und dem von der Kirche geforderten, für sie einträglichen religiösen Leistungsdenken wie eine psychische und soziale Befreiung. Daß aus Luthers Theologie auch eine neue christliche Ethik hervorging, das gerechte Handeln des Menschen, »bestehend in der Kreuzigung des Fleisches, der Nächstenliebe und der Gottesfurcht« (Brecht), mochte dabei weniger Beachtung finden als die Aufforderung von Predigern, künftig weder Messen zu stiften noch Ablässe zu lösen, Wallfahrten zu geloben und Rosenkränze zu beten oder die Konsequenzen, die Luther aus dem Priestertum aller Gläubigen zog, wenn er Mönchsgelübde und Ehelosigkeit als nicht schriftgemäß abqualifizierte.

Reformschriften

Titelblatt, Wittenberg 1520

Sein Appell an den Adel, d.h. an die territorialen Obrigkeiten, die verderbte Kirche zu reformieren, lief zwangsläufig auf die Säkularisierung des Kirchengutes hinaus – für Franz von Sickingen war das eine willkommene Legitimation zum gewaltsamen Vorgehen gegen den Erzbischof von Trier. Luther selbst war freilich bei seinen Handlungsanweisungen nicht zimperlich, wenn er schrieb, daß Bruderschaften, Ablaß, Ablaßbriefe u.a. »ersäuft und umgebracht« gehörten. Die von Luther propagierte »Freiheit eines Christenmenschen« war also Mißverständnissen ausgesetzt. Sie bezieht diese Freiheit auf einen durch den Glauben befriedeten Zustand des Gewissens vor Gott, nicht auf die weltliche Sphäre, in der es die Lebensnotwendigkeiten gebieten, nach den Gesetzen zu leben und sich zu »konformieren«. Den Bauern hielt Luther später ihr falsches, »fleischliches« Freiheitsverständnis vor. Im Bauernkrieg sollte sich auch zeigen, daß das Evangelium als Legitimation sozialrevolutionärer Forderungen herhalten mußte, die sich gegen die intermediären Herrschaftsgewalten wandten, und daß Luthers Aussagen über die christliche Gemeinde ebenfalls auf die politischen Ordnungsvorstellungen der Bauern einwirkten.

Die für Luthers reformatorisches Programm bedeutendsten Schriften erschienen zwischen 1519 und 1521, als Früchte seiner »reformatorischen Entdeckung« und unter dem Zwang, die eigene Position im Widerstreit der Meinungen deutlich zu machen. Seine Reformvorschläge erstreckten sich nicht nur auf Fragen des Glaubens und der Glaubenspraxis sowie auf Probleme der Organisation der Kirche und ihrer Gewalt, sondern bezogen auch den Bereich von Staat, Wirtschaft und Gesellschaft mit ein. So erschienen 1518 sein »Sermon von dem Ablaß und Gnade«, die vereinfachte Darlegung seiner Thesen zum Ablaß, 1519 drei Sermone über die Buße, die Taufe und das Altarsakrament, die sein Sakramentsverständnis betreffen, in demselben Jahr »Ein Sermon von dem Wucher«, der sich gegen frühkapitalistische Praktiken wandte, eine Predigt über die Ehe, deren eigentlicher Zweck, die Kindererziehung, mehr gilt als alle guten Werke, die Trostschrift »Von der Bereitung zum Sterben«, 1520 der »Sermon von dem Neuen Testament, das ist von der heiligen Messe«, in dem der Gedanke des allgemeinen Priestertums entwickelt wird, eine »Beichtanweisung« und eine weitere Trostschrift: »Vierzehn Trostgründe für die Mühseligen und Beladenen«, die auf die Vorstellung von den 14 Nothelfern anspielt, die ständige Bedrohung menschlicher Existenz beschreibt und Trostgründe anführt, deren beweiskräftigster die Rechtfertigung durch Christus ist. Von größtem Erfolg war Luthers 1520 veröffentlichte Kampf- und Programmschrift »An den christlichen Adel deutscher Nation von des christlichen Standes Besserung«. Hier spricht er die weltlichen Obrigkeiten an, damit diese die römische Kirche, deren Amtsinhaber für ihn Diebe, Räuber und reißende Wölfe sind, von Grund auf reformiere. Die Schrift wendet sich gegen den Anspruch der geistlichen Gewalt, die Rangordnung der mittelalterlichen Gesellschaft anzuführen, gegen den Anspruch des Papstes, oberste Lehrautorität der Kirche zu sein und über dem Konzil zu stehen. Dabei ging es Luther um eine kräftige Dezentralisierung in der Kirche und damit um eine Beschränkung der Rechte der römischen Kurie. Für die Reichskirche sollte dies finanzielle Entlastung und größere Unabhängigkeit bringen. In der Schrift werden u.a. konkrete Vorschläge gemacht zu einer Kloster-, Universitäts- und Schulreform, zur Lockerung der Ehegesetzgebung und zur Neuorganisation des Armenwesens auf kommunaler Basis.

Waren Adel und Gemeinden Adressat dieser Schrift, so richtet sich die in demselben Jahr verfaßte Abhandlung »Von der babylonischen Gefangenschaft der Kirche. Ein Vorspiel« an Theologen und Gelehrte. Sie liefert die Grundlegung seines neuen Sakramentsverständnisses und erschüttert die Grundlagen der Kirche als Einrichtung zur Verwaltung und Verteilung der Gnadenmittel. Der Wormser Reichstag mußte Luther nun einfach als Ketzer mit der Acht belegen.

Anders als etwa Ulrich Zwingli hat Luther die Frage vernachlässigt, wie sein Programm umzusetzen sei. Ihm schwebte zwar als institutionelle Basis die Kirchengemeinde vor, die ihren Pfarrer selbst bestimmte und über die rechte Lehre wachte, aber im übrigen beschäftigte ihn, der zunächst allein auf die Wirkmächtigkeit von Gottes Wort vertraute, das Problem der Umsetzung seiner Forderungen und Vorschläge weniger als die Sorge um das Seelenheil des Menschen. Erst die Erfahrungen mit reformatorischen Bewegungen einschließlich des Bauernkrieges veranlaßten ihn, zu Fragen von Aufruhr und Obrigkeit Stellung zu nehmen und den Gehorsam des Untertanen gegenüber der weltlichen Gewalt – und sei es der Türke – zu fordern.

In den Jahren nach Worms fanden die ersten Reformationsversuche statt, und es bildeten sich reformatorische Bewegungen als spontane Reaktion gesellschaftlicher Gruppen, die Luthers Lehre aufnahmen und zur Norm der von ihnen angestrebten religiös-kirchlichen Erneuerung, aber auch der Lösung wirtschaftlicher Schwierigkeiten und sozialer Probleme machten. Sehr frühe Reaktionen auf das Wormser Edikt finden sich bei Teilen des niederen Adels, dessen Existenz von den Prozessen demographischen, wirtschaftlichen und politischen Wandels besonders berührt war. Wenn sich auch seine wirtschaftliche Situation als Grundherr und Rentenbesitzer zu Beginn des 16. Jahrhunderts gegenüber der Zeit der spätmittelalterlichen Agrarkrise wieder verbessert hatte, so konnte er doch im Rahmen der ständischen Gesellschaft, in der die sozialen Differenzen durch Prestigekonsum sichtbar markiert wurden, etwa mit dem reichen Bürger nicht mithalten. Die Kriegerfunktion wurde dem Adel durch die Entwicklung von Militärtaktik und -technik (Vordringen der Fußtruppen, Geschütze) genommen, und für das eingebüßte Monopol als »Wehrstand« bot der Dienst als landesherrlicher Söldner keinen Ersatz. Seine Stellung als vornehmster Ratgeber des Fürsten wurde durch das Aufkommen der gelehrten Beamten und Räte bedroht; auch hier vergingen einige Jahrzehnte, bis er sich auf diese Herausforderung eingestellt hatte, indem er etwa seine Söhne studieren ließ. So stand der Adel, ob nun landsässig oder reichsfrei, vor der Alternative, selbst Landesherr zu werden oder aber Untertan des seine Herrschaft ausweitenden und verdichtenden Territorialstaates.

Reformatorische Bewegungen

Eine Legitimation zum gewaltsamen Vorgehen (»via facti«) schien Luthers Programmschrift »An den christlichen Adel« zu liefern. Franz von Sickingen, Vasall des Kurfürsten von der Pfalz, unternahm 1522 den spektakulären Versuch, die Reform des Reiches gegen Städte und Fürsten mit Gewalt voranzubringen. Begeistert vom Evangelium und beraten von dem militanten, humanistisch gebildeten Romkritiker Ulrich von Hutten, dem Sproß eines verarmten reichsritterlichen Geschlechts, und auf der materiellen Grundlage eines ausgedehnten, durch Burgen gesicherten Grundbesitzes, unternahm er es in einer Fehde, den Erzbischof von Trier aus seinem Territorium zu verjagen. Dieser Versuch, bei dem er von Teilen der Reichsritterschaft unterstützt wurde, mißlang jedoch, und im Gegenzug brachen die Geschütze des Trierers, des Pfälzers und des Landgrafen von Hessen die Mauern von Sickingens Burg Landstuhl, und das Heer des Schwäbischen Bundes legte 32 Burgen des fränkischen Adels in Schutt und Asche. Für den weiteren Verlauf der Reformation fiel der Adel als politischer Faktor aus. Den politischen Gewinn trug die Landesherrschaft davon, denn sie und nicht das Reichsregiment gebot hier und einige Zeit später noch über die notwendige Macht, den Landfrieden wieder herzustellen.

»Stadtreformation«

In vieler Hinsicht fiel Luthers Lehre in den Städten, insbesondere in den süddeutschen Reichsstädten, auf einen günstigen Nährboden. Die Städte haben der Reformation den Weg geebnet. In ihnen war die neue Technik des Buchdrucks angesiedelt, die ersten Abnehmer Lutherscher Schriften, die Theologen, Juristen, Stadtschreiber und die Humanisten, waren Städter. Religiöse Massenbewegungen entstanden am ehesten dort, wo ein breites Angebot religiöser, wirtschaftlicher, sozialer und jurisdiktioneller Dienstleistungen vorhanden war. Hinzu traten besondere Interessen der Stadt und ihrer Bewohner, die durch Luther eine Verstärkung und zusätzliche Legitimation erfuhren. Schon in der vorreformatorischen Zeit drängten die städtischen Obrigkeiten Schritt für Schritt die geistliche Gerichtsbarkeit zurück, so wie sie es bereits im Spätmittelalter verstanden hatten, den Einfluß des stadtherrlichen Vogtes auszuschalten. Der Klerus, der den städtischen Schutz genoß und vielfach privilegiert war, sollte sich nun an den städtischen Steuern beteiligen und im übrigen den Bürgern gleichgestellt werden. Mit der vom Rat angestrebten ausschließlichen Stadtherrschaft vertrug sich auch nicht die Ausübung des Patronatsrechts durch auswärtige Patronatsherren. Schließlich griff die Herrschaft des Rates auf das gesamte Kirchenvermögen über, um es zentral zu verwalten und für das städtische Schul-, Kranken- und Armenwesen nutzbar zu machen. Die Einordnung des Klerus in den städtischen Untertanenverband und die vollständige politische Autonomie der städtischen Kommune stellten wesentliche Ziele politischen Handelns dar. Die Rechtfertigung für diese Politik bot eine Theologie, die das Schriftprinzip, das Priestertum aller Gläubigen und das Gemeindeprinzip vertrat.

Spannungen zwischen Rat und Gemeinde

Die Parteinahme für oder gegen die reformatorische Lehre sorgte für zusätzlichen Konfliktstoff im städtischen Gemeinwesen: Das seit dem 14. Jahrhundert für die Stadt konstitutive, gespannte Verhältnis zwischen Rat und Gemeinde wurde erneuter Belastung ausgesetzt. Dabei sind die Entwicklungen im einzelnen sehr unterschiedlich verlaufen, je nachdem, ob es sich um Reichs- oder Landstädte, um Städte mit Patriziats- oder Zunftverfassung, um Zentren des Fernhandels oder um Kleinstädte mit Nahmarktfunktion handelte, um ausgeprägte Städtelandschaften oder um Gebiete mit geringer Städtedichte. Hinsichtlich der die Reformation tragenden Kräfte ist zwischen »Ratsreformation«, Volks- oder Gemeindereformation und »städtischer Fürstenreformation« (Blickle) zu unterscheiden, wobei diese Begriffe nicht die jeweils ausschließliche politische Wirksamkeit der durch den Rat vertretenen oder in der Gemeinde tätigen Gruppierungen meinen. Eine Reformation war weder durch den Rat ohne positive Resonanz der Bevölkerung durchsetzbar, noch konnte es zu ihrer Institutionalisierung kommen ohne die Mitwirkung dieses städtischen Regierungsorgans, dem häufig schon versierte Juristen angehörten und das einfach über das notwendige »Herrschaftswissen« verfügte; was die Bedeutung des Rates für die Durchsetzung der Reformation angeht, so läßt sich die Auffassung vertreten, daß die reformatorische Bewegung wohl nirgends vom Rat ausging, sondern überwiegend »von unten« nach oben durchgesetzt wurde.

In Nürnberg, einem Beispiel für die Ratsreformation, wo die obrigkeitliche Kontrolle der Kirche schon in vorreformatorischer Zeit weit gediehen war, wurde die Luther-Sache seit 1517 unterstützt, besetzte der Rat 1520 und 1521 Propsteistellen mit Nürnbergern, die in Wittenberg studiert hatten, und 1525 wurde dort die Entscheidung für die Reformation vom Rat auf der Grundlage eines von ihm angesetzten Religionsgesprächs zwischen alt- und neugläubiger Geistlichkeit getroffen. In der oberschwäbischen Reichsstadt Memmingen erzwang dagegen 1524 ein Ausschuß, der sich aus der Mitte der Bevölkerung gebildet hatte, als es zu massiven Auseinandersetzungen um die Zehntrechte der Stadt gekommen war, vom Rat u.a. Predigt nach dem Schriftprinzip in allen Kirchen der Stadt und ein Religionsgespräch zwischen altgläubigem Pfarrer und reformatorischem Prediger, über das die Gemeinde befinden wollte. Die Abschaffung der Messe und die Einführung des Abendmahls in beiderlei Gestalt und andere Änderungen bedeuteten auch hier den Sieg der Reformation.

Ulrich Zwingli

Auch in Zürich breitete sich die reformatorische Lehre früh aus, gewann aber durch Ulrich Zwinglis Interpretation und die Art, wie er sie für das politische Leben des Stadtstaates nutzbar machte, eigenes Gewicht. Zürich wurde neben Straßburg zu einem weiteren Zentrum der Reformation. Zwingli wurde nach dem Studium in Wien und Basel, das er als Magister Artium abschloß, und nach intensiven humanistischen Studien 1506 zum Pfarrer von Glarus gewählt und 1519 schließlich als Leutpriester ans Großmünster in Zürich berufen. Als Pfarrer engagierte er sich in der Kirchenkritik, indem er etwa gegen den Ablaß und andere Auswüchse der Werkgerechtigkeit polemisierte, Unmoral und mangelnde Bildung des Klerus oder den Mißbrauch des Kirchenbanns als Machtmittel kritisierte.

Schon früh vollzog er die Wende zum Schriftprinzip und Christusglauben und trat 1520 öffentlich für Luther ein, dessen Schriften er verbreiten half. Darüber hinaus nahm er aber auch Stellung zu politischen Fragen, wenn er eidgenössische Bündnisprojekte kritisierte oder sich gegen das »Reislaufen« (auswärtigen Söldnerdienst) oder das Annehmen von päpstlichen oder französischen »Pensionen« (»Schmiergeldern«) durch eidgenössische Ratsherren aussprach. Im Gegensatz zu Luther, für den die Welt nicht mit dem Evangelium regiert werden konnte, sondern nur mit dem weltlichen Gesetz, das die von Gott eingesetzte weltliche Obrigkeit notfalls mit dem Schwert gegen die Bösen und Ungläubigen durchzusetzen beauftragt war, empfand er eine christliche Verpflichtung zu kirchlicher und auch politischer Reform. Zwingli sah die Pflicht der Obrigkeit darin, eine christliche Ordnung zu erlassen und durchzusetzen, wobei dem Priester die zentrale Aufgabe zufiel, den Inhalt dieser Ordnung zu beschreiben und der Obrigkeit zu vermitteln. Kirchliche und politische Gemeinde sollten so zur Deckung gebracht werden, und der weltliche Herrschaftsverband sollte ein christlicher sein. Im kommunalen Herrschaftsverband, im konkreten Fall des Stadtstaates Zürich, kam dem Pfarrer also neben seiner geistlichen faktisch auch eine hervorragende, das städtische Gemeinschaftsleben gestaltende politische Funktion zu.

Ulrich Zwingli

Träger der Reformation in Zürich war das im Großen Rat vertretene Bürgertum. Der Rat setzte die beiden Disputationen des Jahres 1523 an, in denen Anhänger und Gegner Zwinglis zu Wort kamen und auf der Basis des Schriftprinzips zu klären hatten, ob die evangelischen Prediger eine Irrlehre vertraten und wie Bilder in der Kirche und die Meßpraxis zu beurteilen seien. Er entschied zugunsten der evangelischen Predigt und beschloß die Einführung des evangelischen Abendmahls, die Abschaffung der Messe, die Entfernung der Bilder aus den Kirchen, die Säkularisation der Klöster und die Einrichtung eines Sitten- und Ehegerichts, das eine gewisse Kontrolle über den Lebenswandel der ganzen Bürgerschaft erlaubte. Der Unterschied zu Luther zeigt sich nicht nur in der Auffassung von weltlicher Obrigkeit, sondern wird auch im Bereich der Lehre greifbar, insbesondere im Abendmahlsstreit der Jahre 1524–29.

Abendmahlsstreit

Es ging dabei um die Frage, in welcher Weise Christus in der Abendmahlsfeier anwesend sei. Während Luther an der geheimnisvollen Gegenwart von Christi Leib und Blut in Brot und Wein, den sinnlichen Elementen des Abendmahls, festhielt und die gnadenspendende und heilsvermittelnde Kraft des Abendmahls lehrte, faßte Zwingli es lediglich als »Erinnerung an das Vergangenheit bleibende Opfer am Kreuz« (Iserloh) und als Bekenntnishandlung auf. Kontrovers war hier die Wirksamkeit der Gnadenmittel überhaupt und die Frage, inwiefern sinnlich wahrnehmbare Zeichen das Heil vermitteln könnten und Gott sich über die Vermittlung von Zeichen dem Menschen mitteile. Der Abendmahlsstreit machte also innerhalb der evangelischen Bewegung Lehrunterschiede sichtbar. Lehre und politische Praxis Zwinglis sowie seine erfolgreiche Durchführung der Reformation im Rahmen eines städtisch-republikanischen Gemeinwesens wirkten als Vorbild für die Neuordnung der Kirche vor allem in vielen Städten des oberdeutschen Raums seit 1524/25.

Die Täufer

Der Durchbruch der Reformation in Zürich war 1523 mit Kompromissen erkauft worden. Der Rat hatte entschieden, »bis uf weitern bescheid« die Messe beizubehalten und die Bilder noch nicht zu entfernen. Besonders eifrigen Anhängern Zwinglis ging diese einstweilig noch praktizierte Duldung päpstlicher Mißbräuche zu weit. Angeführt von Konrad Grebel und Felix Mantz, vertraten sie die Auffassung, die reformatorischen Neuerungen auch ohne obrigkeitliche Zustimmung durchsetzen zu können, und orientierten sich darüber hinaus an dem Vorbild der urchristlichen Gemeinde, dem die neue Zwangskirche, die Zwingli im Zusammenwirken mit dem Rat gerade errichtet hatte, überhaupt nicht entsprach. Maßgebend wurde für sie die ja auch Luther und Zwingli vertraute Vorstellung von der Kirche als der Gemeinde der wahren Gläubigen, die sie aber ohne Abstriche verwirklichen wollten. Von diesem Gemeindeverständnis aus kritisierten sie die Kindertaufe, der sie die Erwachsenen- oder Glaubenstaufe gegenüberstellten. Sinnfälliges Zeichen der Sündenvergebung, gliedert sie den Täufling in die Gemeinde der Gläubigen ein, deren Ordnung er zu folgen gelobt. Mit Blick auf den geforderten Glaubensgehorsam, die entscheidende Voraussetzung für die Heiligung des Lebens, läßt sich die Erwachsenentaufe verstehen. Der Rückzug der von Zwingli eigentlich unzutreffend als »Wiedertäufer« bezeichneten Täufer in ihre christliche Gemeinde ist Ausdruck ihres ethischen Anspruchs, ein Leben in der Nachfolge Christi zu praktizieren. Ebenso läßt sich ihre Distanz zum Staat als Protest gegen den mit Zugeständnissen an die Obrigkeit erkauften Verlauf der Reformation erklären.

Die Käfige der hingerichteten Wiedertäufer im Lambertikirchturm (Flugschrift 1536)

Die Absonderung von der politisch-sozialen Ordnung machte die Täufer der Obrigkeit prinzipiell verdächtig und zog harte Verfolgungsmaßnahmen nach sich. Für Luther und Zwingli grenzte ihr Anspruch auf ein vollkommenes, christliches Leben an Ketzerei. Nach der ersten Erwachsenentaufe in Zürich 1525 reagierte der Rat auf Betreiben Zwinglis mit Verhängung eines Redeverbots und mit Verbannung. Grebel und seine Freunde verließen Zürich, Mantz wurde 1527 in der Limnat ertränkt. Die erste Täufergemeinde in dem Dorf Zollikon wurde vom Züricher Rat auseinandergejagt. Täufergemeinden breiteten sich in der Folgezeit in Süddeutschland und in der Schweiz aus. Neben den Züricher Täufern entstanden etwa zu derselben Zeit weitere eigenständige Täufergemeinden in Mitteldeutschland und im Straßburger Raum. Bei aller Verschiedenheit ihrer Entstehung, der religiösen Begründung ihrer Anschauungen und ihrer Verhaltensweisen war ihnen doch gemeinsam Glaubenstaufe, Gemeinde- und Abendmahlsverständnis, Rückzug aus der Gesellschaft, Verweigerung des Huldigungseides – der Grundlage jedes Herrschaftsverhältnisses – und Kriegsdienstverweigerung.

Die Täufergemeinden müssen vor dem Hintergrund des herrschenden Antiklerikalismus und eines angesichts mancher hochgespannten Erwartungen enttäuschenden Verlaufs der Reformation Zwinglis und Luthers gesehen werden. Diese Erwartungen hatten sich keinesfalls nur auf den religiösen Bereich beschränkt, sondern sich beim »Gemeinen Mann« im Bauernkrieg 1524/25 zu konkreten politischen und sozialen Forderungen verdichtet, die zunehmend eine ernsthafte Gefahr für die bestehende ständische Gesellschaft darstellten. Aus der Furcht der territorialen Obrigkeiten vor dem Aufstand des gemeinen Mannes, die sich ja bereits 1521 auf dem Wormser Reichstag bemerkbar gemacht hatte und die dann im Bauernkrieg bestätigt wurde, erklärt sich die grausame, 1529 durch Reichsabschied sanktionierte Verfolgung der Täufer.

Der Bauernkrieg

Bedeutung des Bauernkrieges

Obwohl der Bauernkrieg von 1525, die größte Massenbewegung der deutschen Geschichte, sicherlich hinsichtlich seiner politischen und ökonomisch-sozialen Ursachen in einem Zusammenhang mit zahlreichen spätmittelalterlichen bäuerlichen Revolten im Süden des Reiches zu sehen ist und insofern einen Höhepunkt, wenn auch nicht schon einen Abschluß dieser Entwicklung bildet, stellt er doch gleichzeitig in seinen sozial-revolutionären Zielen und seiner Legitimation etwas Neues dar. Ob nun wirkliche Revolution (Blickle) oder nur reformatorische Bewegung mit sozialrevolutionären Tendenzen innerhalb der überkommenen ständischen Gesellschaft, war er weit mehr als nur eine der für die vorrevolutionären Agrargesellschaften Alteuropas typischen Empörungen gegen grundherrliche Bedrückung und landesherrliche Steuerforderungen, Empörungen, die die französische Forschung wegen ihrer Erfolglosigkeit einmal anschaulich als »cracher au ciel« bezeichnete. Die spätmittelalterlichen Erhebungen, Reaktionen auf die wirtschaftlichen und sozialen Folgen der Agrarkrise des 14. Jahrhunderts und die Entwicklung des territorialen Herrschaftsverbandes von der Landesherrschaft zur Landeshoheit, traten mit zunehmender Tendenz seit der Mitte des 14. Jahrhunderts auf, nahmen bis etwa 1475 zu, um dann auf gleichbleibendem Niveau immer größere Intensität, wie etwa 1514 beim Aufstand des Armen Konrad in Württemberg, zu erreichen. Ihren räumlichen Schwerpunkt haben die Erhebungen in der Schweiz, im oberrheinischen Gebiet, in Oberschwaben und Innerösterreich, eben dort, wo der Bauernkrieg ausbrach.

Eine über lange Zeit herrschende Interpretation verstand den Bauernkrieg vor allem als politische Bewegung, der es darum ging, dörfliche Autonomie auf gemeindlich-genossenschaftlicher Grundlage gegenüber dem herrschaftlichen Zugriff des sich ausbildenden Territorialstaates zu erhalten, der an die Stelle der Rechtsvereinbarung der Betroffenen das obrigkeitliche Rechtsgebot setzen wollte (Franz). Heute wird zwar auch das Bild des aktiv und zielbewußt handelnden Bauern gezeichnet, aber deutlicher als früher werden die wirtschaftlichen Beweggründe der Aufständischen herausgearbeitet und hinsichtlich der Legitimation des Handelnden der Zusammenhang mit der Reformation stärker betont. Außerdem sollte die Bezeichnung »Bauernkrieg« mit Vorbehalt verwendet werden, da der Konflikt sich nicht auf die dörflichen Gemeinden beschränkte, sondern den »gemeinen Mann« auf dem Lande und in der Stadt, sofern er als Untertan begriffen wird, betraf.

Ursachen des Bauernkrieges

Einer der wesentlichen Gründe für den Bauernkrieg ist in der Bevölkerungsentwicklung zu suchen. Der durch die Pestzüge des 14. Jahrhunderts verursachte Bevölkerungseinbruch war etwa um die Mitte des 15. Jahrhunderts wieder ausgeglichen und hatte, im Süden und Südwesten des Reiches früher als im Norden und Nordosten, zu einer erheblichen Bevölkerungszunahme geführt, und das mit bedeutsamen Konsequenzen für Stadt und Land. Konnten die Städte nach den Pestwellen zunächst ohne Einschränkung Zuzug vom Lande verkraften, gingen sie um 1500 dazu über, ihn zu erschweren. Auf dem Lande versuchte man, durch Rodung oder Teilung der Allmenden zusätzlich Existenzgrundlagen zu schaffen und teilte die Höfe in den Realteilungsgebieten. Dennoch bildete sich eine immer größer werdende Schicht von Kleinstellenbesitzern, die teilweise nicht einmal mehr über Land verfügten oder aber nur über einen Garten und die in manchen Gebieten, etwa in Oberschwaben, Württemberg, Sachsen und Thüringen, auf 40 bis 50% der Landbevölkerung anwuchsen. Da die landwirtschaftliche Produktivität nicht in dem Maße zunahm wie die ländliche Bevölkerung, war eine zusätzliche wirtschaftliche Belastung für die ländlichen Anwesen die Folge, es sei denn, man erschloß sich neue Märkte durch Spezialisierung auf Sonderkulturen oder baute ein ländliches Nebengewerbe auf. Man wird also feststellen können, daß sich infolge des Bevölkerungswachstums die wirtschaftliche Lage des einzelnen bäuerlichen Betriebs verschlechterte.

Hinzu traten weitere, durch Grundherrschaft und Landesherrn auferlegte Lasten. Die Grundherren, ob Geistlichkeit, Städte oder Adel, waren bemüht, ihre im Zuge der Agrarkrise erlittenen Einkommensverluste auszugleichen und suchten dies durch eine Verschlechterung der persönlichen wie auch der

Die Plünderung des Klosters Weißenau durch Bauern 1525

Besitz- und Nutzungsrechte ihrer bäuerlichen Untertanen zu erreichen. So wurde im Südwesten des Reiches die Leibeigenschaft intensiviert und ausgeweitet. Adel und Klöster drängten die Nutzungsrechte von Bauern und Ackerbürgern an Wald, Weide und Wasser zurück, um ihre eigene wirtschaftliche Situation zu verbessern. Sie beriefen sich dabei auf ihre Herrschaftsrechte, die allerdings unglaubwürdig geworden waren, weil Schutz und Schirm, die Grundlage für die Forderung von Abgaben und Diensten, vielfach nicht mehr gewährt wurden.

Dagegen nahm der werdende frühmoderne Staat mehr und mehr die Friedens- und Rechtswahrung in seine Hand. Die Konzentration von Herrschaftsrechten beim Landesherrn und seiner sich ausweitenden und intensivierenden, auf Beamte gestützten Zentral- und Lokalverwaltung wurde, da das Kammergut die Verwaltungskosten schon längst nicht mehr tragen konnte, über Landessteuern finanziert, die im wesentlichen die Untertanen in Stadt und Land, nicht aber der privilegierte Adel oder der Klerus zu tragen hatten. Der landesherrliche Herrschaftsanspruch traf auf die gemeindlich-genossenschaftliche Autonomie, ob es sich nun um das lokale Gericht, die Regelung der Nutzung von Allmende, Wald und Gewässern oder um Gebot und Verbot handelte. Allmählich ersetzte er die aus der Mitte der Gemeinde gewählten Funktionsträger durch herrschaftliche Beamte, die zum Teil landfremd und besser mit dem fremden, römischen Recht als mit den dörflichen Weistümern vertraut waren. Ausweitung und Intensivierung der staatlichen Herrschaft richtete sich sowohl gegen die ländliche Gemeinde wie gegen die Landstadt.

Die Forderungen der Aufständischen wandten sich gegen die wirtschaftlich fühlbaren und sozial bedrohlichen Beeinträchtigungen ihrer individuellen und kollektiven Rechte durch Grundherren und Staat. Ihre enorme Dynamik gewann die Bewegung aber durch die Legitimation, die sie aus dem

Das göttliche Recht

»göttlichen Recht« bezog. Das »göttliche Recht« steht dabei für die buchstäbliche Anwendung des Evangeliums auf das kirchliche Leben und darüber hinaus auf den weltlichen Bereich überhaupt. Nachdem Luther mit seiner Kirchenkritik vorangegangen war und unter Ausnutzung der mächtigen Strömung des Antiklerikalismus die kirchliche Hierarchie und damit die

Geistlichkeit als vornehmsten Stand der Gesellschaft für überflüssig erklärt hatte, lag es nahe, das Schriftprinzip auch gegen die Grundherren zu wenden, deren Privilegien, als Menschensatzung entlarvt, auch keinen Bestand haben konnten. Mit Berufung auf das alte Testament konnten die Bauern Nutzung von Wald, Wasser und Weide für alle fordern; und der Opfertod Christi diente zur Rechtfertigung der Freiheitsforderung für alle Menschen ohne Rücksicht auf ihren Stand. Luther hatte so weit nicht gehen wollen und schon 1521 die Unterscheidung zwischen dem weltlichen und dem geistlichen Bereich hervorgehoben, für den allein das Evangelium Geltung haben sollte. In der Anwendung der christlichen Norm allerdings waren sich die Evangelischen durchaus nicht einig. Zwingli vertrat ja im Gegensatz zu Luther die Forderung nach Verchristlichung der Welt, und bezeichnenderweise gehörte einer der Mitverfasser der Zwölf Artikel der schwäbischen Bauern, der bedeutendsten bäuerlichen Programmschrift, zu Ulrich Zwinglis Freundeskreis.

Die Zwölf Artikel

Die »grundlichen und rechten Hauptartikel aller Baurschaft und Hindersessen der gaistlichen und weltlichen Oberkaiten, von wölchen si sich beschwert vermeinen«, wurden wohl Anfang März 1525 in der oberschwäbischen Reichsstadt Memmingen zusammengestellt. Als Verfasser gilt der dort ansässige Kürschnergeselle Sebastian Lotzer, Feldschreiber des Baltringer Haufens, der größten militärischen und politischen bäuerlichen Organisation Oberschwabens. Mitverfasser war der Memminger Pfarrer Christoph Schappeler, der vor allem das reformatorische Gedankengut beisteuerte. Als Grundlage der konkreten Forderungen und Beschwerden dienten die lokalen Gravamina der Baltringer Dörfer. Die Zwölf Artikel, »Beschwerdeschrift, Reformprogramm und politisches Manifest zugleich« (Blickle), machen in anschaulicher Weise die konkreten Bedrückungen der Bauern deutlich und zeigen den reformatorischen Ansatz der Schrift: In der Einleitung wird der Vorwurf, sie wollten sich empören und gewaltsam gegen die Obrigkeiten vorgehen, zurückgewiesen mit dem Hinweis auf den friedenstiftenden Charakter des Evangeliums, das sie »zur Leer und Leben« begehren. Die folgenden elf Artikel fordern: 1. das Recht der Pfarrerwahl durch die Gemeinde und die Predigt nach dem Evangelium; 2. die Verwendung des Kornzehnts für die Unterhaltung des Pfarrers und der Dorfarmen sowie für Defensionslasten (der Kleinzehnt soll nicht mehr gegeben werden); 3. die Abschaffung der Leibeigenschaft; 4. freie Jagd und Fischerei bei Anerkennung käuflich erworbener Rechte; 5. die Waldnutzung durch die Gemeinde (käuflich erworbene Rechte Dritter werden anerkannt); 6. die Reduzierung willkürlich erhöhter Fronen; 7. die Ablehnung aller nicht herkömmlichen Dienste (außerordentliche Dienste nur gegen Vergütung); 8. die Verminderung der Abgaben an den Grundherrn; 9. die Reduzierung überhöhter Geldbußen; 10. die Rückgabe entfremdeter Allmende (wobei der Weg des gütlichen Vergleichs angeboten wird); 11. die Abschaffung der Todfallabgaben und die Bereitschaft, von allen Forderungen zurückzutreten, wenn sie als nicht schriftgemäß nachzuweisen sind.

Maßvoll waren diese Forderungen insofern, als sie die Obrigkeit grundsätzlich anerkannten, freilich auf eine energische Beschneidung grundherrlicher Rechte drangen, die, wenn sie durchgesetzt wurde, etwa hinsichtlich der Nutzung des Zehnten, für manche Grundherrschaft den wirtschaftlichen Ruin zur Folge haben mußte. Potentiell revolutionär war das Programm, weil das »göttliche Recht« entschlossenen Bauernführern als Legitimation revolutionären Vorgehens gegen jedwede weltliche Ordnung dienen konnte. Die Zwölf Artikel fanden rasche Verbreitung. Sie wurden innerhalb von nur drei Monaten in 15 Druckorten 25mal gedruckt, was ihnen zu einer Resonanz über die Zentren des Bauernkrieges hinaus verhalf und sie zur Grundlage eines großen Teils der übrigen Bauernbewegung werden ließ.

Ritter, von Bauern des Bundschuh umdrängt

Die Bewegung nahm ihren Ausgang im Juni 1524 in der Landgrafschaft Stühlingen im südlichen Schwarzwald. Ohne daß die Obrigkeit wirksame Maßnahmen zur Eindämmung des Aufstands getroffen hätte, breitete dieser sich im Winter weiter aus und erfaßte, über Schwaben hinausgehend, im März Franken, im April den Oberrhein, das Elsaß und Thüringen und brach Anfang Mai in Tirol los. Ende April bzw. Anfang Mai 1525 hatte er seine größte Ausdehnung gewonnen und erstreckte sich von Tirol bis ins Elsaß und von Thüringen bis in die Schweiz. Der Nordwesten und Nordosten Deutschlands, mit Ausnahme von einzelnen Gebieten Ostpreußens, blieben vom Bauernkrieg unberührt. Hier mögen die relative Eigenständigkeit des niederdeutschen Sprach- und Kulturbereichs, die noch kaum gedeihende reformatorische Entwicklung, die relativ geringe Bevölkerungsdichte und ein dünnes Städtenetz von Bedeutung gewesen sein. Verhältnismäßig rasch setzten aber auch die Heere des Schwäbischen Bundes, die von Hessen, Sachsen und Braunschweig-Wolfenbüttel der Erhebung ein Ende. Die Bauernhaufen wurden in mehreren Schlachten zwischen dem 12. Mai und dem 2. Juni 1525 vernichtend geschlagen.

Bauernkrieg als Revolution des gemeinen Mannes

Wenn der Bauernkrieg als Revolution des gemeinen Mannes auf dem Lande und in der Stadt gekennzeichnet und damit die Bedeutung des städtischen Elements hervorgehoben wird, so steht dem eine andere Einschätzung gegenüber, nach welcher es eben die städtischen Unterschichten und die kleinen Ackerbürgerstädte gewesen seien, die mit den Bauern gemeinsame Sache gemacht hätten, etwa in ihrem Widerstand gegen obrigkeitliche Steuerforderungen und im Wunsch nach politischer Partizipation. Die größeren Landstädte und manche Reichsstädte hätten hingegen nur gezwungenermaßen und zeitweise auf der Seite der Bauern gestanden, und die großen oberdeutschen Metropolen wie Straßburg, Augsburg und Nürnberg hätten sich den Bauern verweigert. Da demnach die politisch und sozial führenden Schichten der großen Städte mit Distanz, wenn nicht Ablehnung und Feindseligkeit der Erhebung begegneten, wird man den Bauernkrieg schwerlich als

»(früh)bürgerliche Revolution« einstufen können. Im Zuge der ersten großen Erfolge, die die Aufständischen von März bis Anfang Mai im Kampf gegen die lokalen Obrigkeiten zu verzeichnen hatten, war es notwendig geworden, eine neue politische Ordnung zu errichten. Grundlage des politischen Neuaufbaus waren die Stadt-, Land- und, wo vorhanden, Berggemeinden. In den Gebieten mit kleinräumiger Herrschaftsstruktur kam es zum überterritorialen Zusammenschluß dieser Gemeinden, zu sogenannten Haufen, die sich wiederum zu größeren Ordnungen eidlich verbanden – in Oberschwaben etwa zu einer »Christlichen Vereinigung« – und die in ihrer räumlichen Ausdehnung etwa großen Territorien gleichkamen. Neben diesem Ordnungsprinzip auf korporativ-bündischer Basis existierten in größeren, geschlosseneren Territorien (z.B. Württemberg, Erzbistum Salzburg) Vorstellungen, die sich an der dort schon länger bestehenden landständischen Verfassung orientierten und die freilich nicht mehr die lokalen Herrengewalten den Landtag bilden lassen wollten, sondern wiederum die Stadt- und Landgemeinden, die über den Landtag Ausschüsse verordnet hätten, welche als Regimente allein oder mit dem Landesherrn die Landesangelegenheiten regeln sollten. In beiden Fällen waren Geistlichkeit und Adel als lokale Herrschaftsträger entmachtet, aber man dachte doch nicht an ihre Vertreibung oder gar an ihre Vernichtung. Solche weitgehenden Ideen waren der Masse der Aufständischen fremd, die sich der Hoffnung auf eine Bekehrung der alten Obrigkeit zu christlichem Verhalten hingeben mochten. Soweit diese Hoffnungen enttäuscht und dann radikale Konsequenzen gezogen wurden, beschränkten sie sich offenbar auf wenige Konventikel.

Thomas Müntzer

Thomas Müntzer, thüringischer Pfarrer und Theologe, zunächst Luther-Anhänger, dann aber in seinem Schriftverständnis, seiner Auffassung von der Rechtfertigung des Menschen, von der Verchristlichung der Welt und der Obrigkeit von diesem ganz abweichend, gewann sehr bald einen eigenen Zugang zu Gott und wurde darüber zum religiösen Revolutionär. Im Bewußtsein, in der Endzeit zu leben, dachte er den Armen als den seiner Ansicht nach Frommen und Erwählten die Aufgabe zu, als Exekutoren des Willens Gottes die Gottlosen, unter ihnen Klerus und weltliche Obrigkeit, zu vernichten. Er war einer der Anführer bei dem Umsturz der Ratsverfassung in der Reichsstadt Mühlhausen im Frühjahr 1525 und stand an der Spitze eines Teils der aufständischen Bauern Thüringens in der Schlacht von Frankenhausen, in der 5000 fielen, das fürstliche Heer aber nur wenige Leute verlor. Müntzer wurde gefaßt und Ende Mai 1525 hingerichtet.

Michael Gaismair

Konsequenz hinsichtlich der Behandlung der Obrigkeiten zeigte auch Michael Gaismairs Entwurf einer Landesordnung für Tirol. Vom Reformer zum Revolutionär war er geworden, nachdem Landtagsverhandlungen – an denen ein starkes Bauernkontingent teilgenommen hatte – letztlich enttäuschende Ergebnisse gebracht hatten. Sein Programm sah als Grundnorm der zukünftigen Gesellschaftsordnung Tirols Gemeinwohlvorstellungen und das Evangelium vor, hob alle Privilegien und ständischen Unterschiede auf und verfügte die Enteignung adligen und geistlichen Besitzes und die Einrichtung eines aus den einzelnen Vierteln Tirols gewählten Regiments. Der Versuch der Salzburger Bauern vom Jahre 1526, eine so verstandene christliche Ordnung auszuarbeiten, wurde durch den Sieg des Schwäbischen Bundes zunichte gemacht.

Der Bauernkrieg kostete schätzungsweise 70 bis 75000 Aufständische das Leben und führte zu massiven Strafgerichten und Vergeltungsaktionen von seiten der wiederhergestellten Obrigkeiten und zur Eintreibung von riesigen Schadenersatzforderungen. Er regte die Herrschaftsträger aber auch dazu an, die Grundlage ihrer Legitimation und die Berechtigung der bäuerlichen Gravamina zu überdenken. Nach dem militärischen Sieg kam es mancherorts zur vertraglichen Regelung zwischen Herrschaft und Untertanen, und in manchen Territorien mit landständischer Verfassung sowie auf dem Speyerer Reichstag von 1526 waren die Beschwerden Gegenstand der Verhandlungen, oder es ging um die Kanalisierung von sozialen Konflikten und um deren Lösung im Sinne einer Verrechtlichung zwischen Herrn und Holden. Die Revoltenforschung hat auch für die Zeit nach 1525 (und bis 1789) eine Vielzahl von Empörungen zutage gefördert, und erst in jüngster Zeit ist die Aktivität der Untertanen, wenn es galt, Ansprüche auf dem Rechtsweg durchzusetzen, in den Blick der Forschung geraten. Revolten und die Wahl des Rechtswegs nach 1525 zeigen deutlich, daß die ältere Auffassung, wonach der Bauer nach 1525 in völlige politische und militärische Resignation zurückgefallen sei, wohl nicht mehr zu halten ist.

Die Landesfürsten als Sieger des Bauernkrieges

Vorteile aus dem Bauernkrieg zog eindeutig das Landesfürstentum, das gegenüber Städten und niederem Adel gestärkt wurde. Der Verlauf der reformatorischen Bewegungen einschließlich des Bauernkrieges hatte jedoch die Gefahr unkontrollierbarer Entwicklungen gezeigt. Die territoriale Obrigkeit war nicht nur bei der Niederwerfung der Aufstände gefordert, sondern auch bei der Aufgabe, die reformatorischen Bewegungen in geordnete Bahnen zu lenken. Es begann die Phase der Institutionalisierung der Reformation.

Das landesherrliche Kirchenregiment und die Entstehung des Protestantismus

Verbreitung von Luthers Lehre in den Territorien

Die Luthersache blieb keinesfalls, wie es 1521 noch den Anschein hatte, nur eines der zahlreichen Exekutionsprobleme, die in einer dualistischen Verfassungslage angelegt waren. In den zwanziger und dreißiger Jahren zeigte sich, daß Reichsstände, die reichsrechtlich verpflichtet waren, die Reichsacht vollstrecken zu helfen, Luthers Glaubenslehre übernahmen und zum evangelischen Glauben übertraten. Außerdem förderten sie seine Verbreitung, machten ihn für ihr Territorium verbindlich und begründeten eine neue Kirchenordnung. Darüber zerbrach der friedenspolitische Konsens zwischen den Reichsständen, aber auch der zwischen ihnen und dem Kaiser, der bis zuletzt an der religiösen Einheit als Grundvoraussetzung der politischen Ordnung des Reiches festhielt. Die Exekutionsfrage wuchs sich aus zu einem religions- und verfassungspolitischen Problem, das die Handlungsfähigkeit von Kaiser und Reich bedrohte und erst 1555 eine vorläufige Lösung fand: die Reichsstände und Ferdinand I. einigten sich auf einen Religionsfrieden, stellten den Friedensgedanken also höher als das Postulat religiöser Einheit. Die Entwicklung von 1525 bis 1555 läßt sich in drei Phasen untergliedern: die Anfänge des sogenannten landesherrlichen Kirchenregiments und das Ende des kirchenpolitischen Konsenses (1525/26–1529), die Ausbildung von politischen Bündnissen auf der Grundlage des Bekenntnisses (1530–1546) und schließlich die Versuche Karls V., die Glaubenseinheit, die weder über ein Konzil noch über Religionsgespräche wiederhergestellt werden konnte, mit den Mitteln des Krieges und per Religionsdiktat doch noch zu erreichen und die Protestanten der katholischen Kirche wieder zuzuführen (1546–1555).

Luther und die Organisation der Kirche

Luther stand zunächst der Ordnung des Gottesdienstes und der Organisation der Kirche als »äußeren Dingen«, die für die innere Umkehr des einzelnen zum wahren Glauben belanglos waren, verhältnismäßig gleichgültig gegenüber. Pfarrerwahl und Aufsicht über die rechte Verkündung des Wortes waren Aufgaben, die er der Gemeinde zudachte. Noch 1522 wandte er sich in

Wittenberg – vorzeitig von seinem Zwangsaufenthalt auf der Wartburg zurückgekehrt, wohin er nach dem Wormser Reichstag auf Anordnung Friedrichs des Weisen aus Sicherheitsgründen gebracht worden war – gegen die unter der Führung seines Anhängers Karlstadt mit Tumulten und in radikaler Manier durchgeführte Reform des Gottesdienstes, gegen die Einführung von Gebot- und Gewissenszwang in Glaubensfragen. Zwar verfaßte er 1523 eine Gottesdienstordnung, aber diese sollte nur als Beispiel dienen und gab ausdrücklich anderen Regelungen Raum.

Vor allem die Erfahrungen des Bauernkrieges, der gezeigt hatte, daß das Evangelium als Legitimation für Aufruhr und Empörung, ja für gesellschaftlichen Umsturz diente, überzeugten Luther von der Notwendigkeit einer festen Hand bei der kirchlichen Neuordnung. Die Bischöfe, die auf der Seite der Altgläubigen verharrten, entzogen sich dieser Pflicht. Demnach blieb für diese Aufgabe, die einen gewaltigen administrativen Aufwand und erhebliche Autorität erforderte und damit über die Leistungsfähigkeit der Kirchengemeinde ging, nur der Landesherr mit seinem Verwaltungsapparat. Das Recht zu durchgreifender Umgestaltung der Kirche wurde ihm nicht als Landesherrn, sondern als Christen zuerkannt, der als ein »Notbischof« zu fungieren hatte. Schritt für Schritt billigte Luther der landesherrlichen Obrigkeit immer umfassendere Rechte zu. War sie zunächst der weltliche Arm, unter dessen Schutz und Schirm die Ausübung des rechten Glaubens erst möglich wurde, hatte sie nach Luther 1526 schon die einheitliche Glaubensübung zu gewährleisten, und 1529 sprach der Reformator ihr das Recht zu, den einzelnen zur Teilnahme an der Predigt zu zwingen, damit er – wenigstens äußerlich – mit der Kirche konform gehe.

Der Landesherr als Notbischof

Kirchenvisitation

Ein weit verbreitetes Verfahren zur obrigkeitlichen Einführung der Reformation stellt die Visitation dar, mit welcher der Landesherr an die bischöfliche Aufsichtspflicht anknüpfte. Eine aus Theologen und landesherrlichen Beamten gebildete Kommission erhielt Vollmacht, Ausbildungsstand und Moral der Geistlichen und ihrer Gemeinden zu examinieren, ungeeignete Pfarrer aus ihrem Amt zu entfernen, den kirchlichen Kult zu vereinfachen, das Kirchenvermögen festzustellen und für seine geordnete Verwaltung zu sorgen. Der Kirchen- und Klosterbesitz wurde im Zuge dieser Neuordnungen nicht mehr nur für kirchliche Zwecke im engeren Sinne genutzt, sondern auch herangezogen für das Armen- und Schulwesen, für die Finanzierung etwa der neuen Landesuniversität – man denke an die Gründung der Universität Marburg 1527 –, darüber hinaus aber auch für allgemeine Landessachen. Die Verwaltung des derart »säkularisierten« kirchlichen Vermögens durch landesherrliche Diener wurde ganz unterschiedlich durchgeführt, mit landesherrlichen Ämtern, die aus dem »inkorporierten« Klostergut gebildet wurden, oder auch in Form von separat verwalteten Klosterfonds, in denen das Kirchenvermögen zusammengehalten wurde. Neben dem Landesherrn oder der städtischen Obrigkeit als Hauptprofiteuren dieser Neuerungen war auch der Adel teilweise Nutznießer der Säkularisationen.

Mit dem Zugriff des Territorialstaates, der damit für die äußeren Angelegenheiten der evangelischen Kirche verantwortlich wurde, aber zwangsläufig auch Einfluß auf die Lehre gewann, war in Ansätzen auch der Aufbau einer kirchlichen Verwaltungshierarchie verbunden. In Kursachsen, wo die Visitationen von 1527–1530 stattfanden, wurde 1527 in den Amtsstädten das Amt eines Superintendenten eingeführt und 1533 das eines Superintendenten mit bischöflichem Charakter, der die Verantwortung für die inneren und äußeren Kirchenangelegenheiten trug. 1537 schließlich schlugen die Stände die Einrichtung von »Konsistorien« als Kirchengerichte für Ehe- und Disziplinarsachen vor. In Hessen dagegen versuchte Landgraf Philipp der Großmütige (1518–1567) eine Reformation auf der Grundlage weitgehend autono-

Kurfürst Johann Friedrich der Großmütige von Sachsen mit Luther, Spalatin, Brück und Melanchthon – Gemälde von Lukas Cranach d. Ä., um 1530

Landesherrliches Kirchenregiment

mer Gemeinden mit freiwilliger Mitgliedschaft, die ihre Leitungsgremien auf Landesebene selbst wählen sollten. Er folgte schließlich jedoch dem ihm von Luther empfohlenen kursächsischen Beispiel, das dann auch zum Vorbild vieler Neuregelungen wurde. Beträchtlichen Gewinn zog der Territorialherr aus der Einrichtung des landesherrlichen Kirchenregiments: Auf seinem Wege zur Landeshoheit, zum frühmodernen Staat, kam er infolge von Säkularisationen und Übernahme des geistlichen Gerichts ein gutes Stück voran. Die Kirche als Herrschaftskonkurrent war ausgeschaltet, und, gestützt auf seine Verwaltungsmittel und ausgestattet mit dem Recht, auf die Kirchenzucht zu achten, und der Verpflichtung, für Ordnung und Eintracht zu sorgen, bot sich dem lutherischen Fürsten eine Möglichkeit der Kontrolle und Beaufsichtigung des einzelnen Untertanen, die in dieser Intensität etwas Neues darstellte: »Die Predigt der Glaubensfreiheit erging im Rahmen eines zur Intoleranz tendierenden Systems« (Moeller).

Die Tendenz zur Ausbildung eines landesherrlichen Kirchenregiments findet sich nun nicht nur in den lutherischen Territorien, sondern auch dort, wo die weltlichen Obrigkeiten fest zum alten Glauben standen, in Bayern und in den habsburgischen Gebieten und im Herzogtum Sachsen. Dabei ging es darum, die Aufsichtsrechte gegenüber den Bischöfen durchzusetzen oder den materiellen Schatz der Kirche zu nutzen, deren Güter besteuert und die ohne Unterschied zum landesherrlichen Kammergut zu Leistungen herangezogen wurde. Und schließlich ging es um den Zwang zum einheitlichen Bekenntnis.

Führende Städte der Reformation

Führend bei der Einführung der Reformation, die in der Regel für jedermann sichtbar – in Form der Neuordnung des Gottesdienstes und der Durchsetzung der evangelischen Predigt – vor sich ging, waren einige der größeren deutschen Städte: Magdeburg, Konstanz und Memmingen 1524, in den beiden folgenden Jahren dann Nürnberg, Straßburg, Danzig, Bremen und Breslau. Unter den Territorien war es der außerhalb des Reichsverbandes stehende Deutschordensstaat, der unter seinem Hochmeister, dem Markgrafen Albrecht von Brandenburg-Ansbach (1510–1568), 1525 in ein weltliches und erbliches Herzogtum umgewandelt und evangelisch wurde. Seit 1524 neigte Landgraf Philipp der Großmütige von Hessen dem neuen Glauben zu und entschied bis 1526, nach vorhergehenden Disputationen und gestützt auf seine Landstände, zugunsten der Reformation. Das Kurfürstentum Sachsen beschritt seit 1525, nach dem Tode Friedrichs des Weisen, ohne dessen Schutz Luther als Ketzer verbrannt worden wäre, unter Friedrichs jüngerem Bruder Johann (1525–1532) entschlossen den Weg der Reformation und begann 1527 mit den bereits erwähnten Visitationen. In den Jahren nach 1525/26 schlossen sich weitere Territorien, Reichs- und Landstände der lutherschen Lehre an, und Mitte der dreißiger Jahre bildeten Kursachsen, Hessen, die fränkischen Markgrafschaften, das Fürstentum Lüneburg, die Herzogtümer Pommern und Württemberg den festen Kern protestantischer Territorien. Diesen standen die im alten Glauben verharrenden Gebiete und Reichsstände gegenüber, vor allem die habsburgischen Territorien, das Herzogtum Bayern, früher Hort der Gegenreformation, in Nord- und Mitteldeutschland das Fürstentum Braunschweig-Wolfenbüttel unter Herzog Heinrich dem Jüngeren (1519–1568), Kurbrandenburg unter Joachim II. (1531–1571), der freilich in den vierziger und fünfziger Jahren eine konfessionsneutrale Politik verfolgte, das Herzogtum Sachsen und daneben die vielen geistlichen Fürstentümer im Reich.

Es fällt schwer, die Motive nachzuvollziehen, die einzelne Fürsten für oder gegen den alten Glauben sich entscheiden ließen; innerhalb einer Dynastie, etwa bei den Welfen, den Hohenzollern und den Wettinern, finden sich Anhänger Luthers und altgläubige Katholiken, sowohl im Altsiedelland wie in den Gebieten der Kolonisation, und auch der Wohlstand eines Landes war nicht maßgebend für die religiöse Option des Landesherrn. Erkennbar ist die Tendenz der geistlichen Territorien, beim alten Glauben zu bleiben, und der Mehrzahl der größeren Städte, sich der Reformation anzuschließen. Daneben wird die politische Einstellung des einzelnen Reichsstandes zum katholischen Haus Habsburg von Einfluß gewesen sein oder das Spannungsverhältnis zwischen dem Landesherrn und seinen Landständen. Allemal war es möglich, daß die aus echter religiöser Überzeugung getroffene Entscheidung für den evangelischen Glauben überlagert wurde von dem politischen Interesse, den im Zuge der Reformation erreichten Machtzuwachs zu behaupten, oder daß das religiöse Argument nur noch als Alibi für pures politisches Machtstreben mißbraucht wurde.

Die Frage der Durchsetzung des Wormser Edikts machte im Laufe der zwanziger Jahre des 16. Jahrhunderts Differenzen der Reichsstände in Glaubensangelegenheiten sichtbar, die sich im Grundsätzlichen rasch vergrößerten, am Ende des Jahrzehnts zu unvereinbaren Auffassungen über die religiösen Grundlagen und Bedingungen des Reichsfriedens führten und den bis dahin herrschenden friedens- und verfassungspolitischen Konsens zerstörten.

Undurchführbarkeit des Wormser Edikts

Die praktische Undurchführbarkeit des Wormser Edikts erwies sich bereits auf den drei Nürnberger Reichstagen der Jahre 1522–1524. Das in der Zeit der Abwesenheit Karls V. amtierende Reichsregiment verfügte nur über sehr beschränkte Regierungskompetenzen und nicht über die Machtmittel, um das Edikt zu exekutieren. Außerdem spiegelte es in seiner ständischen Zusammensetzung die vielfältigen politischen Interessen der Reichsstände wider, und die ihm angehörenden bevollmächtigten Räte der Reichsstände waren, wenn nicht Anhänger Luthers, so doch von der Notwendigkeit der Kirchenreform überzeugt. Der 1523 einberufene Reichstag lehnte unter Hinweis auf eine drohende allgemeine Empörung die von Erzherzog Ferdinand verlangte Durchführung des Edikts ab und forderte stattdessen ein allgemeines Konzil auf deutschem Boden. Im übrigen sollte Kurfürst Friedrich den Druck weiterer Schriften Luthers und seiner Anhänger unterbinden; die Städte wurden aufgefordert, für die Verkündigung des Evangeliums »nach rechtem christlichem Verstand« zu sorgen. Dieser Kompromiß half in der Sache, der Exekution der Acht, nicht weiter und ließ in der Praxis für Luther und seine Anhänger genug Spielraum für weitere Aktivitäten.

Auch 1524 kam der Reichstag über eine Politik des Hinhaltens und Vertagens nicht hinaus, und die Reichsstände beschlossen lediglich, das Edikt zu vollstrecken, soweit es ihnen möglich sei. Die Abstellung der gegen die römische Kirche gerichteten Beschwerden wollte der Reichstag indessen auf einem aus eigener Machtvollkommenheit einzuberufenden Nationalkonzil in die Hand nehmen. Auf das Überschreiten seiner Kompetenzen antwortete jedoch der Kaiser mit einem Mandat, das das Nationalkonzil verbot. Karl V. wollte Abstriche weder an seinem noch an dem Recht des Konzils dulden, über die Ordnung der Kirche zu befinden. Wenn aber der Kaiser durch seine europäischen Händel von der kirchlichen Neuordnung in Deutschland ferngehalten wurde, der Papst (seit 1523 Clemens VII. [1523–1534]), ein Reformkonzil fürchtete, das möglicherweise seine Rechte empfindlich einschränken würde, dem Reich aber der Weg zu Reformen versperrt war – abgesehen davon, daß einvernehmliches Vorgehen in Fragen der Kirchenreform nicht mehr zu erwarten war –, dann fiel die Initiative den einzelnen Reichsständen zu. Karl V. war vollständig durch den zweiten Krieg gegen Franz I. und Auseinandersetzungen mit dem Papst in Anspruch genommen, und Ferdinand wünschte eine zügige Abwicklung der Proponenda auf dem Reichstag zu Speyer im Sommer 1526, weil sich die Türken den österreichischen Grenzen näherten.

Reichstag zu Speyer im Sommer 1526

Im Reich selbst war es seit 1524 zu ersten Bündnissen der Altgläubigen einerseits und der Anhänger Luthers andererseits gekommen, die ersten größeren Städte und Territorien beschritten entschlossen den Weg zur evangelischen Reformation. In dieser für eine weitere Ausbreitung des Luthertums günstigen Situation kam der Reichstag zu dem einhelligen Schluß, daß – bis zur Abhaltung eines Konzils in anderthalb Jahren – die Handhabung des Wormser Edikts bei den Ständen liege, und zwar nach Maßgabe ihrer Verantwortung vor Gott und dem Kaiser.

Die Reformation wird Gewissenssache des einzelnen Reichsstandes

Die Entscheidung über den Fortgang der Reformation wurde also auf die territoriale Ebene verlagert und zur Gewissensangelegenheit des einzelnen Reichsstandes erklärt. Damit erhielt tendenziell die religiöse Option den Vorrang gegenüber jeder politischen. Zwar sollte dieser Beschluß nur eine abermals verzögernde Wirkung haben und war keineswegs eine reichsrechtliche Legitimation für die Evangelischen, aber er wurde faktisch zum Ausgangspunkt der Entstehung des landesherrlichen Kirchenregiments.

Reichstag zu Speyer 1529

Eine Reaktion der altgläubigen Mehrheit des Reichstags auf die tatsächlich in Gang kommende Institutionalisierung evangelischer Landeskirchen war dann die Mehrheitsentscheidung der altgläubigen Stände auf dem Reichstag zu Speyer 1529, gegen den sich wiederum eine Reihe von Ständen mit einer förmlichen »Protestation« verwahrten: die Aufhebung des Reichsabschieds von 1526 ist wohl vor dem Hintergrund der inzwischen erfolgten Ausweitung der Reformation und der antihabsburgischen Bündnispläne zu sehen, die vor allem von Philipp dem Großmütigen von Hessen betrieben wurden. Im Grunde ging es um das Problem des Zusammenhangs zwischen Friedenswahrung und Religionsfrage. Altgläubige Mehrheit und neugläubige Minderheit warfen sich aufgrund starren Festhaltens an der behaupteten oder neugewonnenen religiösen Überzeugung gegenseitig Gefährdung des Friedens und der inneren Ordnung vor. Die Reichstagsmehrheit beschloß, daß das Wormser Edikt in Kraft bleiben, keine Neuerungen zugelassen – was sich auch auf die Lehre Zwinglis und die »Sakramentierer« (Sakramentsverächter) bezog – und die Messe in lutherisch reformierten Territorien geduldet werden sollte. Die Reichstagsminderheit glaubte, diese Bedingungen eines status quo nicht annehmen zu können, ohne an ihrem Glauben Verrat zu üben. Sie machte dagegen geltend, daß in Glaubenssachen keine Mehrheitsbeschlüsse Geltung haben dürften, und wandte sich gegen den Versuch, »aufgrund partikularer Interessen der gesamtkirchlichen Glaubensentscheidung unter Inanspruchnahme der Reichsautorität« (Luttenberger) vorzugreifen. Gleichzeitig appellierte sie an Kaiser und Konzil.

Gefährdung der Reichseinheit

Durch diesen Protest von fünf Landesherren, unter ihnen Kurfürst Johann von Sachsen, und vierzehn Städten war nicht nur die Einheit der Kirche, sondern auch die des Reiches bedroht: die überkommene Vorstellung von der Reichseinheit gründete auf der Einheit des Glaubens, und die in den lutherischen Territorien erzielten Säkularisierungsgewinne stellten für jeden, der am alten Glauben festhielt, eklatante Rechtsbrüche dar. Hielten beide Seiten, deren eine, die »protestantische«, sich bereits durch Bündnisbemühungen zu einer politischen Gruppierung formierte, an ihren Auffassungen fest, dann stellte sich in Zukunft die Frage, in welcher Weise und ob überhaupt ein Zusammenleben im Zeichen der sichtbar werdenden Glaubensspaltung möglich war.

Klarere Verhältnisse wurden in dieser Hinsicht, vor allem vom Reichsoberhaupt, im Jahre 1530 geschaffen. Karl V. war nach der Befriedung Spaniens, nach dem in Barcelona 1529 mit dem Papst geschlossenen Frieden und nach dem in Cambrai 1529 besiegelten Sieg über Frankreich in einer günstigeren politischen Situation als 1526 und konnte sich – nach neun Jahren Abwesenheit – den deutschen Problemen in der Hoffnung zuwenden, der Glaubenseinheit wieder näherzukommen. Obwohl auf beiden Seiten der gute Wille zum Ausgleich vorhanden war und in der »Augsburgischen Konfession«, dem gemeinsamen Bekenntnis der »Protestanten« von 1529 und der Reichsstädte Nürnberg und Reutlingen, das auf dem Augsburger Reichstag am 25. 6. 1530 dem Kaiser überreicht wurde, das Gemeinsame gegenüber dem Trennenden betont wurde, kam es dennoch zu keiner Einigung. Das Problem der von den Evangelischen »abgeschafften Mißbräuche« ließ sich nicht auf Äußerlichkeiten reduzieren, sondern wies eine größere, ins Prinzipielle reichende religiöse Dimension auf. Karl V. ließ daraufhin die Altgläubigen als Entgegnung die »Confutatio« ausarbeiten. Für den Kaiser galt damit die »Confessio« als widerlegt, die Protestanten wurden zur Rückkehr zum alten Glauben aufgefordert. Da sich der Papst einem Konzil widersetzte und weitere Ausgleichsverhandlungen zu keinem Ergebnis führten, war die Vermittlungspolitik des Kaisers gescheitert. Er gab die Stellung eines Mittlers, die er bis dahin behauptet hatte, auf und vereinbarte mit der

Die »Augsburgische Konfession« auf dem Augsburger Reichstag 1530

Die Überreichung der Augsburger Confession 1530 (Kupferstich von Georg Köler, 1630)

Reichstagsmehrheit den Reichstagsabschied, der die Situation der protestantischen Reichsstände entscheidend verschlechterte. Dieser Abschied enthielt u.a. die Verpflichtung des Kaisers zum Schutz des alten Glaubens und zur Durchführung des Wormser Edikts, eine Aufstellung der verworfenen und gültigen Glaubensinhalte – sie wurden bis zu einem Konzil reichsverbindlich vorgeschrieben –, verbot jegliche religiösen Neuerungen und stellte die Glaubensartikel unter den Schutz des Landfriedens. Außerdem forderte er die Restitution aller der Kirche entfremdeten Güter und bestätigte die Rechtsansprüche der Geistlichen auf ihre Einkünfte und auf die Ausübung ihrer Rechte. Die Protestanten, ob nun als Zwinglianer, als Anhänger der »Confessio Tetrapolitana«, des Bekenntnisses von vier oberdeutschen Städten, oder als Anhänger der »Confessio Augustana«, standen damit außerhalb der durch das Reich und seine Organe gewährten Friedensordnung.

Marburger Religionsgespräch 1529

Auf die Bedrohung durch die Reichsacht reagierten sie mit einem Verteidigungsbündnis. Lockere Bündnisabsprachen waren schon 1529 vorangegangen, der Versuch Philipps von Hessen aber, im Marburger Religionsgespräch (Oktober 1529) eine Einigung zwischen Luther und Zwingli herbeizuführen und auf der Grundlage eines gemeinsamen Bekenntnisses eine große antihabsburgische Koalition zustandezubringen, war gescheitert. Unter Verzicht auf eine bis ins Detail gehende bekenntnismäßige Übereinstimmung verhandelten in Schmalkalden im Dezember 1530 schließlich Sachsen, Hessen, Braunschweig-Lüneburg, Braunschweig-Grubenhagen, Anhalt, Mansfeld, Magdeburg und Bremen über einen Zusammenschluß, der formell am 27. 2. 1531 zustandekam und dem sich Straßburg und eine Reihe oberdeutscher Städte anschlossen. Das Bündnis diente vor allem der Verteidigung im Falle eines vom Kaiser begonnenen Glaubenskrieges. Zwar ließ Luthers Auffas-

Schmalkaldischer Bund

sung von Obrigkeit allenfalls passiven Widerstand gegen den Kaiser zu, aber Luther hatte der Argumentation von Juristen nachgegeben, wonach der Kaiser für die Reichsstände nicht Obrigkeit sei, sondern in einem vertragsähnlichen, seine Herrschaft begründenden Verhältnis stehe und die Reichsstände in Glaubensangelegenheiten selbst Obrigkeit und zu aktivem Widerstand selbst gegen den Kaiser berechtigt seien. Der Schmalkaldische Bund, der nach dem Tod Zwinglis 1531 eine zusätzliche Stärkung durch den Anschluß weiterer oberdeutscher Städte erfuhr, wurde zum Kristallisationspunkt der Feinde Habsburgs innerhalb und außerhalb des Reiches. So hatte die von Karl V. seit 1530 betriebene und zu Anfang 1531 in Köln vollzogene Wahl seines Bruders Ferdinand zum römischen König zur Bildung einer Opposition geführt, der neben Kursachsen, Hessen und weiteren Schmalkaldenern auch Dänemark und Frankreich angehörten sowie Bayern, d.h. die Wittelsbacher als unterlegene Mitbewerber bei der Königswahl und alte machtpolitische Konkurrenten Habsburgs im oberdeutschen Gebiet. Der Bund wurde zur militärisch-politischen Stütze des Protestantismus und unterhielt sehr bald Kontakte nicht nur zu Frankreich, mit dem ebenfalls – letztlich erfolglose – Bündnisverhandlungen geführt wurden, sondern auch zu England und dem Führer der »nationalen« ungarischen Opposition gegen das Königtum Ferdinands, dem Woiwoden von Siebenbürgen, Johann Zápolya (1511–1526). Das Bündnis gewann diese Position in den Jahren, in denen der Schwäbische Bund, die jahrzehntelange Stütze habsburgischer Politik, zerfiel.

Nach dem Augsburger Reichstag war für den Kaiser wie für seinen Bruder als Statthalter an eine Exekution des Augsburger Reichsabschieds nicht zu denken. Wieder begünstigte die kritische Lage im Südosten – der Einfall der Türken in Ungarn – die Protestanten, die für ihre den Habsburgern gewährte Hilfe im »Nürnberger Anstand« von 1532 einen Waffenstillstand erhielten. Außerdem machte ihnen der Kaiser die Zusage, bis zu einem Konzil oder, wenn dieses nicht stattfand, bis zum nächsten Reichstag alle am Reichskammergericht anhängigen Prozesse in Religionsangelegenheiten auszusetzen, und das Zugeständnis, alle Gewaltanwendung in Glaubenssachen zu untersagen. Mit diesem befristeten Religionsfrieden wurde zum ersten Mal »offen deklarierte und exakt definierte Ketzerei im Reich geduldet« (Moeller). In den nächsten Jahren mußte der Kaiser, der 1532 erneut Deutschland verließ – diesmal für acht Jahre – weitere Fortschritte des Protestantismus hinnehmen, so 1534 die Wiedereinsetzung des 1519 vom Schwäbischen Bund vertriebenen Herzogs Ulrich von Württemberg (1503–1550), die Landgraf Philipp von Hessen mit Waffengewalt durchsetzte und die Ferdinand I. im Frieden von Kaden anerkannte. Mit diesem Gewaltakt war die Einführung der Reformation in Württemberg verbunden, zweifellos eine weitere Stärkung des Protestantismus, der im Jahre 1536 mit der »Wittenberger Konkordie«, einem Kompromiß zwischen mitteldeutschen und süddeutschen Protestanten der Straßburger Richtung, folgte. Der Institutionalisierung der Reformation, der weiteren Ausdehnung des Luthertums – freilich zu Lasten der Richtung Zwinglis und Bucers in Straßburg – und seiner politisch-militärischen Organisation im Schmalkaldischen Bund hatte die altgläubige Seite in den dreißiger Jahren nichts Gleichwertiges entgegenzusetzen. Es kam 1534 allerdings wieder zu einer Annäherung zwischen König Ferdinand und Bayern, das die Königswahl von 1531 anerkannte, und 1535 schließlich zur gemeinsamen Mitgliedschaft im Landfriedensbund von Donauwörth, einer Nachfolgegründung des Schwäbischen Bundes. Die Zusammenfassung der katholischen Kräfte im Nürnberger Bund 1538, gedacht als Gegengewicht gegen die Schmalkaldener, blieb ohne eigentliche politische Folgen, da sich kein Kurfürst und nur zwei geistliche Fürstentümer, Salzburg und Magdeburg, betei-

Wittenberger Konkordie

ligten und einer der wichtigsten Bundesgenossen, das Herzogtum Sachsen, nach dem Tode Herzog Georgs (1500–1539) und dem Anschluß Sachsens an die Reformation im selben Jahr ausschied.

Karl hielt auch Ende der dreißiger Jahre noch an seiner Politik fest, die Glaubensfrage auf friedlichem Wege zu lösen, indessen war sein Spielraum infolge der Priorität, die er seinen europäischen Angelegenheiten einräumte, begrenzt. Weil er für die Realisierung seines großen Plans, eines Krieges gegen die Türken zu Wasser und zu Lande, auf die Unterstützung des Reiches angewiesen war, wurde er immer wieder zu neuen Zugeständnissen gezwungen, die zwar taktisch zu verstehen sind, aber nichtsdestoweniger zur Konsolidierung des Protestantismus beitrugen. 1539 schloß die kaiserliche Seite abermals ein Stillhalteabkommen mit den Protestanten, das die Nürnberger Vereinbarung von 1532 fortsetzte, und auch auf dem Regensburger Reichstag 1541 gewährte der Kaiser einen befristeten Religionsfrieden. Obwohl Papst Paul III. (1534–1549) einem allgemeinen Konzil grundsätzlich positiver gegenüberstand als Clemens VII., kam es dennoch nicht zustande, teils weil Frankreich und England das Vorhaben nicht unterstützten, teils weil die Protestanten die Unterwerfung unter ein Konzil, dessen Schiedsspruch sie hätten annehmen müssen, nicht akzeptierten. 1537 lehnten sie außerdem auf einer Bundesversammlung der Schmalkaldener die Teilnahme an einem Konzil, zu dem Paul III. eingeladen hatte, entschieden ab. Schließlich scheiterten auch die 1539 bei Abschluß des Frankfurter Anstands vereinbarten Religionsgespräche 1540 in Hagenau sowie 1540/41 in Worms und Regensburg, nach B. Moeller »die letzte, große Bemühung um die theologische Verständigung der Kirchen bis zum 20. Jahrhundert«.

Religionsgespräche als letztes Bemühen um Verständigung

Die kriegerische Lösung der Glaubensfrage, seit 1530 in den Bereich des Denkbaren gerückt, trat nach 1541 als Alternative mehr und mehr in den Vordergrund. Der Kaiser erzielte binnen weniger Jahre, unter äußerster Anspannung seiner Mittel und seines ganzen Kredits, mehrere große innen- und außenpolitische Erfolge, die die Voraussetzungen für ein gewaltsames Vorgehen gegen die Protestanten schufen. Philipp von Hessen, seit Jahrzehnten die Seele des protestantischen Widerstands gegen das Haus Habsburg, eines der Häupter des Schmalkaldischen Bundes, näherte sich wegen einer Bigamieaffäre, eines in der peinlichen Halsgerichtsordnung Karls V. von 1532 (Carolina) mit der Todesstrafe geahndeten Verbrechens, dem Kaiser. Dieser ließ Gnade vor Recht walten und verzieh ihm, verpflichtete ihn aber gleichzeitig, die Aufnahme des Herzogs Wilhelm V. von Jülich-Kleve (1539–1592) in den Schmalkaldischen Bund sowie Bündnisse mit Frankreich und England zu verhindern und Herrschaftsansprüche Karls V. auf Geldern zu unterstützen. Der Kaiser hatte damit eine entscheidende Schwächung des protestantischen Bündnisses erreicht. Das Herzogtum Geldern konnte er im Herbst seinem Herrschaftsbereich wieder einverleiben, nachdem es ihm gelungen war, Herzog Wilhelm von Jülich-Kleve und Berg, seit 1538 kraft Erbvertrags und Zustimmung der Stände Herr Gelderns, im September zu schlagen. Der Schmalkaldische Bund hatte diesem Feldzug tatenlos zugesehen und konnte es auch nicht verhindern, daß die evangelische Reformation in Wilhelms Territorien rückgängig gemacht wurde.

Krise des Schmalkaldischen Bundes

Der Erfolg Karls V. im Nordwesten strahlte auch auf die territorialen Anlieger aus: auf Köln, wo der von Erzbischof Hermann von Wied betriebene Anschluß an die Reformation aufgehalten und der Erzbischof aufgrund beharrlichen Einwirkens des Kaisers 1547 zur Abdankung gezwungen wurde, und auf die Bistümer Münster, Paderborn und Osnabrück, wo die Position der Altgläubigen sich wieder festigte. Der Nordwesten des Reiches konnte so dem Katholizismus erhalten werden. Dagegen machte die Reformation im Norden weitere Fortschritte; Herzog Heinrich der Jüngere von

Braunschweig-Wolfenbüttel wurde aus seinem Fürstentum von Hessen und Kursachsen vertrieben, die die Reformation dort zwangsweise einführten. Das erzeugte weitere Spannungen zwischen den protestantischen Verwandten des Herzogs und den Häuptern des Bundes, dessen politische Einheit und Handlungsfähigkeit zusätzlichen Belastungen ausgesetzt wurden.

Dem Kaiser gelang es auch, sich 1544 und 1545 mit seinen ärgsten Feinden, Franzosen und Türken, auf einen modus vivendi zu einigen, freilich erst, nachdem die Protestanten ihn in seinem vierten Krieg gegen Franz I. (1542–1544) unterstützt hatten. Kaiser und Reichsstände hatten sich gegen Frankreich zusammengefunden, das im Mittelmeer mit dem Sultan gemeinsame militärische Operationen betrieb. Wieder einmal erwies es sich, daß die Türkengefahr auch stärksten innen- und religionspolitischen Dissens zeitweise zurücktreten ließ. Ein möglicher Krieg gegen die Schmalkaldener war allerdings in greifbare Nähe gerückt, nachdem der Krieg gegen Frankreich erfolgreich beendet war: Frankreich verpflichtete sich im Frieden von Crépy u.a. zu einer größeren Türkenhilfe und sagte in einem geheimen Zusatzabkommen Unterstützung für die kaiserlichen Pläne einer Kirchenreform auf dem Wege eines allgemeinen Konzils und für die nötigenfalls gewaltsame Rückführung der Protestanten in den Schoß der alten Kirche zu. Als 1545 ein Waffenstillstand mit dem Sultan geschlossen wurde und damit die beiden Mächte zur Waffenruhe bewogen waren, die den Kaiser in den letzten 25 Jahren am kompromißlosen Vorgehen gegen die lutherischen Ketzer gehindert hatten, da gewann dieser endlich den notwendigen Spielraum zur Lösung der Religionsfrage in Deutschland. Weitere diplomatische Erfolge erzielte er seit Mai 1545 in Verhandlungen mit dem Papst, die dann Anfang Juni 1546 zu Bündnisverträgen reiften. Paul III. sagte Geld und Truppen gegen die Protestanten zu. Gleichzeitig kam es zu Absprachen mit Bayern und mit Herzog Moritz von Sachsen (1541–1553), der Neutralität, Gehorsam gegen den Kaiser und auch gegen das inzwischen in Trient eröffnete Konzil in Glaubensangelegenheiten zusagte und dem die Schutzherrschaft über die Stifte Magdeburg und Halberstadt sowie die sächsische Kurwürde seines ernestinischen Vetters in Aussicht gestellt wurde.

Diplomatische Vorbereitungen des Krieges gegen die Protestanten

Den Krieg gegen den Schmalkaldischen Bund eröffnete Karl V. im Sommer 1546, indem er die Reichsacht an Hessen und Sachsen vollstreckte, die 1542, wie schon oben angedeutet, Heinrich den Jüngeren aus seinem Fürstentum Braunschweig-Wolfenbüttel vertrieben hatten. Der Feldzug, der »Schmalkaldische« Krieg, endete im April 1547 mit der Schlacht bei Mühlberg. Seine entscheidende Wende hatte er schon im Herbst 1546 genommen, als Moritz von Sachsen offen ins kaiserliche Lager überwechselte und die Gebiete Johann Friedrichs (1532–1554) besetzte. Der Ernestiner mußte auf seine Kurwürde zugunsten des Albertiner Moritz verzichten und ging zusammen mit Philipp von Hessen in kaiserliche Gefangenschaft.

Schmalkaldischer Krieg

Militärisch hatte Karl V. auf der ganzen Linie gesiegt. Mittlerweile hatte sich zwar 1545 das Konzil in Trient konstituiert, aber entgegen den kaiserlichen Wünschen war es schon, ohne deswegen Protestanten hinzuzuziehen, in Beratungen über das kirchliche Dogma eingetreten, und überdies hatte es 1547 seine Verlegung nach Bologna, einer Stadt auf dem Boden des Kirchenstaates, beschlossen. Unter solchen Umständen war es höchst unwahrscheinlich, daß die Protestanten seine Beschlüsse anerkennen würden. Zwangsläufig mußte der Kaiser nun den Versuch unternehmen, ohne Papst und Konzil und auf nationaler Ebene die Religionsfrage zu lösen, d.h. die Religionseinheit aus eigener Machtvollkommenheit wiederherzustellen. An dieser selbstgestellten Aufgabe ist er schließlich gescheitert. Auf dem zum September 1547 nach Augsburg einberufenen Reichstag, der bis zum Sommer 1548 tagte, ließ Karl V. durch gemäßigte Theologen beider Seiten das sogenannte

Karls V. militärischer Sieg als Anfang vom Ende

»Augsburger Interim« ausarbeiten, das bis zur endgültigen Entscheidung durch ein Konzil für das Kirchenwesen im ganzen Reich Geltung haben sollte: Es enthielt im wesentlichen die Grundsätze des alten Glaubens und kam den Protestanten lediglich in der Frage des Laienkelchs und der Priesterehe entgegen, die beide zugelassen wurden. Dieses kaiserliche Religionsdiktat, das nach dem Willen Karls ursprünglich nicht nur für protestantische, sondern auch für katholische Reichsstände verbindlich sein sollte, dann aber doch nur die Protestanten traf, stieß reichsweit auf heftigen Widerstand. Sowohl die katholischen Reichsstände als auch die Protestanten lehnten es ab, Moritz von Sachsen an ihrer Spitze. Durchgesetzt werden konnte es nur dort, wo der Kaiser über reale Macht verfügte, in den Reichsstädten, die im Zuge von Rekatholisierungsmaßnahmen die Beseitigung der Mitregierungsrechte der Zünfte erlebten sowie die Restitution der Patriziatsverfassungen. Der insgesamt erfolglose Versuch der Oktroyierung eines vom Kaiser festgesetzten Glaubens machte die feste Verankerung des Protestantismus im Reich seit 1521 deutlich und verhärtete wohl eher die konfessionellen Fronten, als daß er sie auflockerte. Auch weitere Vorhaben Karls V. in den nächsten Jahren schlugen fehl: so der Plan eines Bundes der Reichsstände unter kaiserlicher Führung, dessen Verwirklichung eine enorme Verstärkung des monarchischen Elements im Reichsaufbau gebracht hätte; oder auch das Projekt der »spanischen Sukzession«, das nicht nur ein zwischen der spanischen und der deutschen Linie der Habsburger alternierendes Kaisertum vorsah, nach dreijährigen Verhandlungen 1551 scheiterte und zur Verschlechterung des Verhältnisses zwischen Karl und Ferdinand führte, sondern auch die politischen Beziehungen zu den um ihre Selbständigkeit bangenden Reichsfürsten zusätzlich belastete. In Reaktion auf die kaiserlichen Herrschaftsansprüche, die sich in diesen Vorhaben mitteilten, bildete sich bei vielen Reichsständen über die trennenden Konfessionsgrenzen und dynastisch-territorialen Polaritäten hinweg ein neues Bewußtsein gemeinsamer Interessen aus, das sich natürlich tendenziell gegen den Kaiser richtete.

Das Doppelspiel Moritz' von Sachsen

In dieser Situation ergriff Moritz von Sachsen, allein politischen Ambitionen und dynastischem Ehrgeiz folgend, die Initiative zu einem gewagten politischen Spiel, das in kurzer Zeit zum Zusammenbruch der kaiserlichen Herrschaft in Deutschland führte. Unter Ausnutzung des Vertrauens, das er bei Karl V. genoß, ließ er sich die Vollstreckung der Acht an der Reichsstadt Magdeburg übertragen. Moritz kam so in den Besitz eines Heeres, das ihm das Reich finanzierte. Er begann zwar auch 1551 mit der Belagerung der Stadt, betrieb sie aber im ganzen hinhaltend, erreichte zur gleichen Zeit ein Bündnis mit anderen protestantischen Fürsten und auf dieser Grundlage auch einen Vertrag mit dem französischen König Heinrich II. (1547–1559), den am 15. Januar 1552 abgeschlossenen Vertrag von Chambord. Ziel dieses Vertrags war der Angriff auf den Kaiser. Der französische König sicherte für diese Unternehmung beträchtliche Gelder zu und erhielt als Entschädigung das Reichsvikariat über die Städte Cambrai, Toul, Metz und Verdun, ein Zugeständnis, das kein deutscher Fürst zu machen das Recht hatte.

Der Zug der »Kriegsfürsten« 1552

Der Zug der »Kriegsfürsten« durch Deutschland im Frühjahr 1552 war freilich nicht mehr eine Aktion des Schmalkaldischen Bundes. Als die wahren Absichten des Sachsen deutlich wurden, zogen sich die meisten Bündnispartner zurück, so daß Moritz nur noch zwei unbedeutendere Landesherren blieben. Binnen weniger Wochen war Süddeutschland erobert. Gleichzeitig rückte ein französisches Heer unter Heinrich II. gegen die Reichsgrenzen vor, eroberte Metz und erreichte den Rhein. Karl V., der erleben mußte, daß sich kein Reichsstand den Kriegsfürsten entgegenstellte und daß selbst katholische Obrigkeiten wohlwollende Neutralität übten, entzog sich einem drohenden Zugriff des Herzogs durch die Flucht über die Alpen. Die sich im Juni/Juli anschlie-

Augsburger Religionsfriede zwischen Ferdinand I. im Namen seines Bruders Karls V. und den katholischen und protestantischen Reichsständen, 25.9.1555

ßenden Verhandlungen in Passau fanden zwischen Moritz, Gesandten des Kaisers und einer von König Ferdinand angeführten Gruppe neutraler Stände statt. Man einigte sich schließlich auf die Freilassung der seit 1547 gefangengehaltenen Fürsten und auf einen Frieden vorerst bis zum nächsten Reichstag, der die Religionsfrage klären sollte.

Augsburger Religionsfriede 1555

Während der Verhandlungen schon hatte sich abgezeichnet, daß in Anbetracht von Friedenssehnsucht, Sicherheitsbedürfnis und der Erkenntnis, daß ein Reichsfriede auf der Grundlage der Religionseinheit nicht zu erreichen war, nicht mehr ein Religionsvergleich anzustreben sei, sondern »lediglich« ein »beständiger« Religionsfrieden zwischen den Protestanten und den Altgläubigen, dem auch Ferdinand zuneigte. Karl V. war allerdings auch jetzt nicht bereit, solchen Neigungen nachzugeben; er setzte den befristeten Frieden durch, aber im Augsburger Religionsfrieden vom 15. 9. 1555, für den Karl V. keine Verantwortung zu übernehmen bereit war, kam es aufgrund der Einsicht, daß zunächst einem Frieden größeres Gewicht beizumessen sei als der Wiederherstellung der Glaubenseinheit, zu Regelungen, die zwar als Provisorium verstanden wurden, aber dann doch Bestand hatten.

Fortan standen neben den Altgläubigen auch die Anhänger der Augsburgischen Konfession, also die Lutheraner, unter dem Rechtsschutz des Reiches, nicht jedoch Täufer, Zwinglianer und Calvinisten. Über die Religion eines Territoriums bestimmte der Fürst, und es bildete sich jener Grundsatz, der um 1600 mit den Worten »cuius regio, eius religio« umschrieben wurde. Andersgläubige Untertanen hatten das Recht, nach Ablösung ihrer herrschaftlichen Verbindlichkeiten das Land zu verlassen. Die religiöse Koexistenz beider Konfessionen in Reichsstädten sollte bestehen bleiben. Nicht vertraglich vereinbart, sondern vom König verordnet und daher im Konfliktfall von geringerer Verbindlichkeit war der sogenannte »geistliche Vorbehalt«, der bestimmte, daß geistliche Fürsten, die evangelisch wurden, ihr Amt aufzugeben und ihren Stand niederzulegen hatten. In einer königlichen Nebenerklärung, die nicht einmal mehr in den Abschied aufgenommen wurde, erhielten landsässiger Adel und Städte in geistlichen Territorien das Recht eingeräumt, evangelisch zu bleiben.

Der Vertrag atmete nicht den Geist der Religionstoleranz und Glaubensfreiheit. Im Grunde hielt die mittelalterliche Einheit von politischer und geistlicher Ordnung, wie sie auf Reichsebene zu Luthers Zeit bestanden hatte, nun aber zerstört war, auf territorialer Ebene wieder ihren Einzug. Die sakral geprägte Reichsidee und mit ihr die Vorstellung vom Kaiser als dem Vogt der Kirche (advocatus ecclesiae) hatte ihre prägende Kraft verloren. Für die Protestanten war die Zeit der Rechtlosigkeit und des befristeten Waffenstillstands vorbei. Der erreichte konfessionelle Besitzstand wurde reichsrechtlich festgeschrieben. Damit war freilich das ursprüngliche Ziel Luthers, die Glaubenserneuerung im Rahmen der einen Kirche, nicht erreicht worden, aber auch nicht das Ziel der Altgläubigen, die Restitution der Papstkirche. Die Staatsbildung auf Reichsebene, wie sie kaiserlichen Vorstellungen von monarchischer Reichsreform entsprach oder den Plänen eines Berthold von Henneberg hinsichtlich einer ständischen Zentralregierung des Reiches, war nun kaum noch möglich.

Das Reich als Friedensgemeinschaft

Immerhin bestand aber das Reich »als ein Friedens- und Verteidigungsverband eigenständiger Glieder« (Angermeier) und war nicht über dem Religionszwist zerbrochen. Die Ausbildung des frühmodernen Staates konnte auf territorialer Ebene um so ungehemmter voranschreiten, als sie durch die Reformation und die nun sanktionierte Einrichtung des landesherrlichen Kirchenregiments einen starken Schub erhalten hatte. Damit zeichnete sich ab, daß es in Deutschland keinen mächtigen modernen Staat etwa nach französischem Vorbild geben würde, sondern den verhältnismäßig kleinen, wenn auch später als »Polizeistaat« vergleichsweise intensiv verwalteten Territorialstaat und neben ihm eine Fülle von geistlichen und weltlichen staatlichen Kümmerformen und Zwerggebilden.

Reichskreise und Exekution

Mit der paritätischen Besetzung des Reichskammergerichts und der endgültigen Organisation der Reichskreise als regionaler Einrichtungen reichsständisch geprägter Exekution erhielt das Reich auch endlich die seiner ständisch-föderativen Struktur entsprechenden Exekutivorgane, ohne die eine Wahrung des inneren Friedens nicht möglich war.

Die Ausbildung des frühmodernen Territorialstaates und der landständischen Verfassung

Die Bevölkerungsvermehrung seit den letzten Jahrzehnten des 16. Jahrhunderts, der wirtschaftliche Aufschwung und die damit verbundenen sozialen Folgen, die Reformation als nicht nur geistlicher, sondern auch politischer und sozialer Unruhefaktor ersten Ranges, schließlich die Bedrohung des Reiches durch äußere Feinde schufen einen gewaltigen Bedarf an Entscheidungs- und Verwaltungstätigkeit, dem lokale und territoriale Obrigkeiten gerecht werden mußten und dem die Landesherren mit dem Ausbau ihrer Zentralverwaltung begegneten.

Zunahme der fürstlichen verwaltenden und gesetzgebenden Tätigkeit

Die Zunahme der fürstlichen verwaltenden und gesetzgebenden Tätigkeit, die den Zugriff auf Stände und Untertanen gleichermaßen ausweitete und intensivierte, läßt sich an wenigen Zahlen veranschaulichen. Der bayerische Hof zählte im Jahre 1508 162 Personen, umfaßte 1552 (unter Albrecht V.) bereits 384, 1556 485 und 1571 dann 866 Angehörige, wobei der Zuwachs beim Hofpersonal im engeren Sinne stärker zu Buche schlug als bei den Stellen der eigentlichen Landesverwaltung. Aber auch hier fällt die Zunahme ins Auge: So stieg die Zahl der Räte von 16 (1511/14) auf 45 (1595/97), die der Sekretäre von 4 (bis 1558) auf 12 (1595/97) und die Zahl der Kanzleischreiber von 20 (1550/52) auf 40 (1595/97). Einen ungefähren Anhaltspunkt für das Mehr an zentralherrschaftlicher Aktivität geben die zumeist im 18. Jahrhundert gedruckten Sammlungen territorialer Verordnungen. Auch wenn sie für die Zeit der beginnenden Landesgesetzgebung nicht alle Ordnungen und Verordnungen aufführen, so scheint sich in ihnen doch die sich laufend verdichtende Staatlichkeit abzubilden. So verzeichnet die Sammlung der Verordnungen für den königlichen Anteil des Herzogtums Holstein 4 Verordnungen (bis 1499), 14 (1500–1550), 50 (1551–1600), 229 (1601–1650) und 405 Mandate, Patente u.ä. (1651–1700). Die Organisation des landesherrlichen Behördenapparates, der sich seit der 2. Hälfte des 15. Jahrhunderts erst allmählich und dann immer rascher entfaltete, wurde geregelt durch sogenannte »Verwaltungsordnungen«, die den landesherrlichen Hof, den fürstlichen Rat, die Kammer, die Kanzleien und Ämter betrafen und etwa zu derselben Zeit aufkamen wie die Polizei- und Landesordnungen.

Ausschußwesen der Stände

Vermehrung und Differenzierung der Behörden sind nun nicht nur auf fürstlicher Seite zu beobachten, sondern auch im Bereich der landständischen Verfassung. Die auffälligste Erscheinung stellt zweifellos das Ausschußwesen der Stände dar, das sich im 16. Jahrhundert ausbildet und Funktionen übernimmt, für die sich der Landtag nicht eignet, vor allem permanente Verwaltungsarbeit – im wesentlichen Verwaltung der von den Ständen bewilligten außerordentlichen Steuern – und rasches Handeln im Falle der Landesnot. Ausschüsse in differenzierter Form bilden sich etwa im Fürstentum Braunschweig-Wolfenbüttel seit Mitte des 16. Jahrhunderts aus, werden gegen Ende des Jahrhunderts häufiger und ersetzen zum Teil die Landtage: Im Zeitraum von 1500 bis 1629 kommen auf 56 Landtage 311 Ausschüsse. Ausbau der territorialen Zentralverwaltung und Institutionalisierung des landständischen Ausschußwesens sind gleichzeitige, parallel verlaufende Funktionen des Staatsbildungsprozesses.

Ursachen des Zentralisierungsprozesses

Das Anwachsen zentralherrschaftlicher Einrichtungen, von Verwaltungspersonal, von Gesetzgebungs- und Verwaltungsakten, ein Prozeß, der in allen Territorien festzustellen ist – im Süden und Südwesten allerdings im ganzen früher als im Norden und Nordosten –, hat vielfältige Ursachen. Recht vage wird häufig von Prozessen gesellschaftlicher Verdichtung gesprochen, etwa im Zuge der Ausdehnung der Marktbeziehungen und des wachsenden Handels, von der Polarisierung der Ständegesellschaft oder von der Krise des Feudalismus, kurz: von Veränderungen im wirtschaftlichen und sozialen Bereich, die Zentralisierungsvorgänge zur Folge hatten. Ganz sicher besteht ein Zusammenhang zwischen dem Aufkommen der Geldwirtschaft und der Einrichtung einer zentralen Finanzverwaltung. Die Verwaltung von Überschüssen der landesherrlichen Ämter wurde erst möglich, als anstelle der leicht verderblichen Naturaleinkünfte mehr und mehr – unbegrenzt haltbare und relativ gut transportable – Geldabgaben einkamen, und die zentrale Verwaltung der Einnahmen wurde nötig, als infolge etwa militärtechnischer und -taktischer Neuerungen (Artillerie, Söldnerwesen) und steigenden Repräsentationsaufwands am fürstlichen Hof Übersicht über die Ressourcen des Landes gefordert war und der Bedarf an Geld in großen Mengen die regulären Einkünfte aus Kammergut und Regalien bei weitem übertraf. Zu Recht wird die erste Aufbauphase des frühmodernen Staates im 16. Jahrhundert als »Finanzstaat« (Oestreich) gekennzeichnet, jenes Stadium des Staatsbildungsprozesses, in dem vornehmlich der fürstliche Geldbedarf den Ausbau der Zentralverwaltung forcierte und in dem in Ansätzen das neuzeitliche Steuerwesen entstand.

Rechts- und Friedenswahrung des Landesherrn

Zusätzliche Aufgaben erwuchsen dem Landesherrn auch im Rahmen seiner vornehmsten Gewalt, der Rechts- und Friedenswahrung in seinem Territorium. Seit dem späten 15. Jahrhundert wurden mit den Hof- oder Kammergerichten territoriale Appellationsinstanzen für die örtlichen Gerichte geschaffen, und im Gefolge des Reichslandfriedens von 1495, der endgültig die Fehde als legale Selbsthilfe verbot, gewann der Landesherr das Monopol der legitimen Gewaltanwendung, das freilich erst einmal durchgesetzt werden mußte. Die zum Ende des 15. Jahrhunderts hin steigende Flut von Streitfällen, die den Landesherrn als obersten Richter überforderten und die Einrichtung von Hofgerichten als selbständigen, nicht mehr mit der Person des Fürsten verbundenen Behörden erzwangen – so im Jahre 1483 das kursächsische Oberhofgericht in Leipzig und 1559 das Appellationsgericht in Dresden –, wird auf unterschiedliche Weise erklärt: Karlheinz Blaschke hebt zum einen die wachsende Bevölkerungszahl hervor, zum anderen aber und vor allem die gewaltige Steigerung des Geldverkehrs im Zuge der zunehmenden Marktverflechtung unter den Bedingungen des Frühkapitalismus, die die Mobilität von Personen samt ihrem Vermögen wesentlich erhöhten und damit auch leichter Streitigkeiten und Prozesse herbeiführten als die älteren, vom Subsistenzprinzip geprägten Wirtschaftsordnungen. Die Gründe für die anschwellenden Geschäfte des bayerischen Hofrats im 16. Jahrhundert sind nach Maximilian Lanzinner die fortschreitende Auflösung des Schutzverbandes der Grundherrschaft, die Beseitigung der Fehde als legaler Selbsthilfe und vor allem das wachsende Bewußtsein des »Armen Mannes«, gegenüber den Übergriffen der lokalen Gerichte nur bei den Mittelbehörden und am Hofe zu seinem Recht zu kommen.

Konflikte der Ständegesellschaft

Reichlich Gelegenheit zum vermittelnden Streitschlichten oder auch zum energischen Machtspruch boten dem Fürsten die wirtschaftlichen und sozialen Konflikte der Ständegesellschaft. Zu denken ist hier an die Auseinandersetzungen zwischen Stadt und Land um Handel und Handwerk – insbesondere das Bierbrauen als Grundlage der »bürgerlichen Nahrung« –, das Spannungsverhältnis zwischen Produzenten und Konsumenten – in das der Landesherr mit Lohn- und Preistaxen, mit Vorschriften für Maß und Gewicht und mit Verboten der Getreidespekulation einschritt – und schließlich die Statuskonkurrenz zwischen reichem Bürgertum und dem mit wirtschaftlichen Schwierigkeiten kämpfenden Adel, die die landesherrlichen Kleider- und Luxusordnungen mit sozialkonservativer Tendenz zu regulieren suchten. Verallgemeinernd läßt sich feststellen, daß die Entscheidung und die Autorität der Zentralgewalt besonders dann gefragt waren, wenn extreme Knappheit der Güter und beispielloser Egoismus auf allen Ebenen der ständischen Gesellschaft landesherrliche Eingriffe nötig und zugleich möglich machten. Zu einem guten Teil verdankt der werdende moderne Staat den Zuwachs an Aufgaben, die an ihn wohl mehr herangetragen als von ihm okkupiert wurden, einer Situation grundlegenden Mangels und der Unfähigkeit der lokalen Instanzen, einvernehmlich und selbstverantwortlich zur Lösung der drängenden Probleme beizutragen.

Lokaler Egoismus und Staatsbildung

Neue Zuständigkeit gewann der Landesherr auch in kirchlichen Angelegenheiten. Schon die mittelalterliche Kirche war auf den Schutz des weltlichen Arms angewiesen, und die Territorialherren nutzten ihre im Zuge der Kirchenkrise zum Teil mit Hilfe päpstlicher Privilegien erlangten Eingriffsrechte zur Konsolidierung ihrer Landesherrschaft. Wie schon erwähnt, sprang der Landesherr als »Notbischof« ein und übernahm die Aufsicht über das Kirchengut, über Pfarrer und Gemeinde und auch die Verantwortung für die rechte Lehre und die rechte christliche Ordnung seines Landes. Neu waren für ihn die Kompetenzen in Ehe- und Familienangelegenheiten, im Schul- und Erziehungswesen sowie in der Armen- und Sozialfürsorge, tief in das tägliche Leben des einzelnen eingreifende Rechte. Sie durchzusetzen wurde die Aufgabe der vom Landesherrn geschaffenen Kirchenbehörden, ob sie nun den Namen eines Geistlichen Rates, Kirchenrates oder Konsistoriums führten. Der Landesherr trug angesichts dieses Zuwachses an Rechten – freilich auch an Pflichten – nicht nur materiellen Gewinn davon, sondern er erhielt auch die Legitimation und die Mittel, um den einzelnen zu einem christlichen Lebenswandel und damit auch zu einem guten Untertanen zu erziehen und ihn einer Disziplin zu unterwerfen, die für ein friedfertiges, frommes und gesittetes Leben im territorialen Herrschaftsverband unerläßlich war. Die Herrschaft des Landesherrn über die Kirche wurde so zu einem Instrument der »Sozialdisziplinierung«, die nach Gerhard Oestreich eine Grundtatsache beim Prozeß der Verstaatlichung darstellt; und Heinz Schilling hat am territorialen Beispiel gezeigt, daß das landesherrliche Kirchenregiment im Zuge des von Norbert Elias als Monopolisierungsvorgang verstandenen Staatsbildungsprozesses auf ein Kirchenmonopol hinauslief, das zeitlich vor dem staatlichen Gewalt- und Besteuerungsmonopol lag und für beide wichtige Voraussetzungen schuf.

Landesherrlicher Schutz der Kirche

Ausdruck des Anwachsens der landesherrlichen Rechte und Aufgaben ist der Begriff »Polizei«. Von Burgund, wo er zuerst in den dreißiger Jahren des 15. Jahrhunderts vorkommt, als Fremdwort übernommen, findet er sich zunächst in Ordnungen der Stadt Nürnberg 1482 und 1485, und häuft sich dann seit 1500. Allgemein bekannt wurde die Bezeichnung durch die Reichspolizeiordnung von 1530. »Polizei« bedeutete soviel wie öffentliche Ordnung, auch Verfassung und Staat, und stand für die Bemühungen des Landesherrn um inneren Frieden und Sicherheit des Gemeinwesens und um die »Wohlfahrt« seiner Untertanen, kurz um eine wirksame Verwaltung des Territoriums. Maßnahmen »guter Polizei« erstreckten sich daher nicht mehr nur auf die vornehmste Pflicht des mittelalterlichen Landesherrn, Frieden und Recht zu wahren, sondern auf das gesamte gesellschaftliche Leben, das sie etwa im Sinne einer christlichen Lebensordnung und obrigkeitlichen Daseinsfürsorge zu formen suchten. Aus dem mittelalterlichen »Rechtsbewahrungsstaat« wird so Zug um Zug der »Gesetzgebungsstaat« der Neuzeit, der an die Stelle des lokalen Privilegienpluralismus allgemeine, für alle Untertanen verbindliche Normen setzt.

Vom Rechtsbewahrungs- zum Gesetzgebungsstaat

Dieser Herrschaftsanspruch war nur zu realisieren, wenn sich die mittelalterliche »Gelegenheitsverwaltung« grundlegend veränderte und Züge moderner Behördenorganisation annahm. Die landesherrliche Zentralverwaltung mußte u.a. Stetigkeit entwickeln, d.h. eine bestimmte Mitgliederzahl der einzelnen Behörden mit annähernd fester personeller Zusammensetzung, feste Amtssitze mit eigenen Räumlichkeiten, einen geordneten Geschäftsgang einschließlich geregelter Beratungs- und Abstimmungsverfahren und die Festlegung der Kompetenzen der Verwaltungseinrichtungen. Darüber hinaus mußte sie Fachkompetenz von den landesherrlichen Dienern fordern, die die Geschäfte der Landesverwaltung nicht als Honoratioren und Dilettanten betrieben, sondern auf der Grundlage einer »Fachausbildung«, etwa eines Theologie- oder Rechtsstudiums, und dafür eine feste Besoldung erhielten.

Rationalisierung der Verwaltung

Der Ausbau der Zentralbehörden des deutschen Territorialstaates im 16. Jahrhundert weist eine Reihe von Merkmalen moderner, bürokratischer Verwaltungsformen auf. Schon im wandernden Hof des mittelalterlichen Landesherrn finden sich erste Ansätze einer fürstlichen Zentralverwaltung, die durch die Inhaber der hohen Hofämter ausgeübt wurde. Die Hofämter wurden freilich schon im 13. Jahrhundert zu erblichen Würden, ihre Funktionen gingen auf nachgeordnete landesherrliche Amtsträger über und verloren gegenüber den entstehenden Regierungsbehörden der Neuzeit an Bedeutung.

Der Rat

Der Rat entwickelte sich zur zentralen Regierungsbehörde des Landesherrn. Er entstand aus einer zunächst großen Personengruppe, die dem Landesherrn zu »Rat und Hilfe« verpflichtet war oder aber ihren Rat aus freien Stücken erteilte, und konsolidierte sich spätestens um die Mitte des 14. Jahrhunderts zu einem kleineren, ständigen Beraterkreis höherer Hofbeamter und Landesadliger, um seit der Mitte des 15. Jahrhunderts vereinzelt und im 16. Jahrhundert dann durchgehend die Form einer kollegialen Behörde anzunehmen, der etwa zu gleichen Teilen adlige Räte und gelehrte Räte bürgerlicher Herkunft angehörten. Der landesherrliche Rat war oberstes Regierungs-, Verwaltungs- und Rechtsprechungsorgan zugleich, mit dem Landesherrn als »Regierungschef« und oberstem Richter. Er bestand aus einem engeren Führungszirkel, den »wesentlichen«, täglich anwesenden Räten und wurde von Fall zu Fall ergänzt durch die zumeist adligen Räte »von Haus aus«, die noch die alte »Gelegenheitsverwaltung« verkörperten.

Das Hofgericht

Eine Entlastung erfuhr die Rechtsprechung des Rates durch die Schaffung eines Hofgerichtes, das als selbständige Behörde seine eigene Ordnung erhielt und in erster Instanz für die höheren Standespersonen und für Appellationssachen zuständig war. Weitere Ausgliederungen wurden notwendig, als im 16. Jahrhundert Religions- und Kriegsangelegenheiten im Zuge der Reformation und des Anwachsens der Söldnerheere die fachlichen Kompetenzen des Hofrats überschritten und Ratskollegien mit besonderer Vorbildung erforderten. Es entstanden z.B. die lutherischen Konsistorien oder in Bayern der Geistliche Rat sowie Kriegsräte 1556 am Kaiserhof, 1583 in Bayern und dann im 17. Jahrhundert in anderen Territorien. Schließlich zog der Fürst zur Absicherung seines »persönlichen Regiments« für »geheime Sachen«, die die große Politik, Belange des fürstlichen Hauses, Reichs- und Kreis- oder auch Lehns- und Personal-Angelegenheiten betrafen, Räte seines besonderen Vertrauens heran. Aus dieser Praxis konnte sich dann in den größeren Territorien im 17. Jahrhundert der Geheime Rat entwickeln.

Der Kanzler

Nahm der Landesherr bis weit in die Neuzeit hinein sein Amt als oberster Richter seines Landes noch zuweilen persönlich wahr, so hatte er von Anfang an das Schreibwesen schreibkundigen Klerikern überlassen müssen. Der Vorgesetzte der Schreibstube, der Protonotar, führte seit der Mitte des 15. Jahrhunderts im allgemeinen den Titel des Kanzlers. Das Amt, das für den gesamten Schriftverkehr des Landesherrn zuständig war und je nach

Vorbildung und Ansehen seines Inhabers natürlich auch Einflußnahme auf die Abfassung aller rechtserheblichen Vorgänge erlaubte, wurde gegen Ende des 15. Jahrhunderts zunehmend mit weltlichen bürgerlichen Juristen besetzt, die vermöge ihrer Qualifikation in der Regel dem Rat angehörten und zum obersten Leiter der Regierungs- und Verwaltungsgeschäfte avancieren konnten, wenn der Landesherr sie gewähren ließ.

Die Einrichtung einer zentralen Kasse für die aus den Ämtern und Gerichten einkommenden Überschüsse ist eine verhältnismäßig späte Entwicklung der territorialen Verwaltung, die erst mit dem Vordringen der Geldwirtschaft und der Entstehung landesherrlicher Residenzen möglich wurde. Im 14. Jahrhundert waren in den einzelnen Territorien allgemein Rentmeister, Kammermeister oder Landschreiber verantwortlich für das Einsammeln der Einkünfte, die dem Territorialherrn aufgrund seiner verschiedensten Rechtstitel – als Grund-, Gerichts- und Landesherr – aus Kammergut und Regalien zustanden. Zu Beginn der Neuzeit weitete sich der Aufgabenbereich der Rentkammer erheblich aus, indem diese nicht mehr nur die Überschüsse aus den Ämtern eintrieb und die lokalen Amtsträger beaufsichtigte, sondern auch den Auftrag erhielt, die »gewissen« und »ungewissen« Einkünfte vollständig zu erfassen, zu inventarisieren und zu »mehren«. In einer Zeit, in der die Finanzen als »nervus rerum« galten, widmete sich die Rentkammer also zunehmend der Erschließung der Ressourcen des Landes, was dann im 17. Jahrhundert auf die systematische Bemühung um Hebung der Wirtschaftskraft des Landes hinauslief. Die wachsenden Anforderungen an die Kammern führten in den größeren Territorien seit dem Ende des 15. Jahrhunderts zur Einrichtung kollegial organisierter Kammerbehörden, wie sie in den von Maximilian I. 1498 erlassenen Kammerordnungen oder den ersten beiden bayerischen Hofkammerinstruktionen aus den Jahren 1550 und 1558 vorgesehen wurden und auch in Württemberg um die Mitte des 15. Jahrhunderts entstanden. In den kleineren und selbst mittleren Territorien ließ man es dagegen bei einer einfacheren Organisation bewenden. Dort führte, wie in Braunschweig-Wolfenbüttel, der Kammermeister die Geschäfte, unterstützt von einem oder mehreren Kammerräten, einem Kammerschreiber und einem Buchhalter. Regelmäßig mußte er vor dem Landesherrn und seinem Rat die Rechnung ablegen.

Die Rentkammer

Der Ausbau der landesherrlichen Zentralverwaltung zu einem System ständig tätiger, kollegial organisierter, vom fürstlichen Hof institutionell deutlich abgehobener Behörden mit geregeltem Verfahren und festen Kompetenzen, die mehr und mehr Fachausbildung verlangten, die Entstehung einer »rationalen« Verwaltung also, ist eines der Merkmale des frühmodernen Staates. Als weitere Charakteristika gelten die Fähigkeit der zentralen Gerichts- und Verwaltungsorganisation zur friedlich-gewaltlosen Streitentscheidung in allen politischen und sozialen Konflikten des Landes, die Existenz einer beständigen Steuerverwaltung auf der Grundlage eines sich allmählich ausbildenden landesherrlichen allgemeinen Besteuerungsrechts, die Kirchenhoheit und später, im 17. Jahrhundert, die Unterhaltung eines stehenden Heeres. Die im 16. Jahrhundert erreichte Staatlichkeit ist einschränkend als eine frühmoderne zu bezeichnen, weil – zum Teil bis ins 19. Jahrhundert hinein – die »wohl erworbenen« Rechte autonomer lokaler Herren und Herrschaftsgewalten der nivellierenden Gesetzgebung des Staates entgegenstanden und als lokale Gerichtsrechte (Patrimonialgerichtsbarkeit) und Rechte politischer Teilhabe dem absoluten Herrschaftsanspruch des Fürsten und seines Herrschaftsapparates Grenzen setzten. Es bestand eben nur eine Tendenz zur Ausbildung flächenhafter Geschlossenheit der landesherrlichen Lokalverwaltung, und das Steuerbewilligungsrecht der Landstände hatte sich noch nicht zu einem Besteuerungsrecht des Landesherrn gewandelt.

Merkmale des frühmodernen Staates

Der Ständestaat

Der Begriff des sogenannten Ständestaates deutet den nach wie vor bestehenden Einfluß der Landstände auf die Landesangelegenheiten an. Er ist so zu verstehen, daß die Gesamtheit der lokalen Herrschaftsträger (Prälaten, Adel und Städte) verpflichtet und berechtigt war, dem Landesherrn »Rat und Hilfe« zu leisten. Für politische Entscheidungen, die Auswirkungen auf Vermögen und Einkünfte der Stände haben konnten, war ihre Zustimmung erforderlich. Als konsenspflichtige Beratungsgegenstände galten z.B. Landes- und Polizeiordnungen, Landesteilungen, Steuerausschreibungen oder Entscheidungen über Bündnisse und über Krieg und Frieden, zuweilen auch über die Besetzung hoher Landesämter.

Die Landtage

Die Landtage, die Zusammenkünfte des Landesherrn mit seinen Ständen, waren das Forum, auf dem die Stände die Wünsche und Beschwerden des Landes artikulierten und der Landesherr seine Anliegen in Form einer Proposition vorbrachte. Landtage waren dann erfolgreich, wenn es zu einer Vereinbarung beider Seiten über Leistungen und Gegenleistungen kam, wenn etwa die Stände dem Fürsten eine Steuerforderung bewilligten und dafür eine Erweiterung ihrer lokalen Gerichtsrechte erhielten. Der Kompromiß war ein Zeichen für eine intakte landständische Verfassung.

Zeitlich parallel zum Ausbau der landesherrlichen Zentralverwaltung differenzierten sich auch die ländständischen Insitutionen. Der alte, aus dem Mittelalter überkommene Landtag war entstanden als eine Einrichtung, die im Grunde nur in Ausnahmesituationen, d.h. in meistens genau bestimmten Notfällen, vom Fürsten zusammengerufen wurde und in aller Regel nur wenige Tage, oft nur einen Tag, zusammenblieb; dies zum einen, weil die geforderten Entscheidungen rasch getroffen werden konnten – etwa die Bewilligung eines Korn- oder Viehschatzes zur Verminderung landesherrlicher Schulden – und zum anderen, weil die Stände auf zeitige Abreise Wert legten, da sie die Kosten des Landtagsbesuchs selbst zu tragen hatten. Mit dem Ende des 15. Jahrhunderts jedoch änderte sich vieles. Die Anforderungen des Landesherrn stiegen und mit ihnen das Gewicht der Entscheidungen und die Schwierigkeit der zu beratenden Materien. Vielfach ging es um die Übernahme der landesherrlichen Schulden durch die Stände, welche im Interesse einer zweckgebundenen Verwendung der außerordentlichen Steuern die Steuerverwaltung übernahmen. Das war verbunden mit einer Fülle von Geschäften: von der Steuerveranlagung und Steuermoderation über die von Zeit zu Zeit fällig werdende Anpassung der Steuerquoten an die sich ändernde Vermögenslage der Steuerpflichtigen bis zu Verhandlungen mit Gläubigern des Landesherrn und zur regelmäßigen Rechnungslegung. Diese administrativen Aufgaben erforderten zwar nicht die Anwesenheit vieler Personen, aber dafür solcher, die kompetent waren und mehr oder weniger ständig die Geschäfte führten.

Ausschußsystem der Landtage

So entstand neben dem Landtag, der sich nicht für Verwaltungsaufgaben eignete, die zur Permanenz tendierten, ein sich im Laufe von einigen Jahrzehnten differenzierendes und verfestigendes System von permanenten oder auch ad hoc gebildeten Ausschüssen, die aus der Mitte des Landtags gewählt und vom Plenum mit der Vollmacht versehen wurden, »von wegen und im Auftrag« der Stände deren Interessen wahrzunehmen. Es blieb nicht aus, daß diese kleinen Gremien, denen überwiegend die vornehmsten Landstände angehörten, über ihre rein administrativen Aufgaben hinaus auch echte Entscheidungs- und Artikulationsrechte des Landtags ausübten und auf diese Weise eine Entwicklung einleiteten, die in manchen Territorien den Landtag schon im 16. Jahrhundert überflüssig machte, ihn in anderen aber erst im 17. oder 18. Jahrhundert beiseiteschob.

Im 16. Jahrhundert setzte somit in vielen Territorien ein Prozeß der Differenzierung der landständischen Verfassung ein, und zwar in Form einer »Ausschußverfassung«, mit der die Stände auf vermehrte und auf neue, im

Zuge des Staatsbildungsprozesses erwachsende Aufgaben reagierten. Die Ausschüsse der Stände bilden gleichsam das Gegenstück zu den landesherrlichen Zentralbehörden und sind eine entscheidende organisatorische Voraussetzung für die Aufrechterhaltung ständischer politischer Mitwirkung gegenüber der expandierenden fürstlichen Bürokratie. Eigentlich gegen ihren Willen leisteten sie einerseits ihren Beitrag zur Intensivierung frühmoderner Staatlichkeit; andererseits wirkte ihre Mitbestimmung als gewaltenteilendes Moment, das überkommene Freiheiten bewahrte und zu einem guten Teil den moderaten Zug frühneuzeitlicher Fürstenherrschaft ausmachte.

Stände und moderne Staatlichkeit

Die Zeit der Glaubenskämpfe – Reich und Territorien bis zum Dreißigjährigen Krieg

Der Augsburger Religionsfriede war Ausdruck einer äußerst labilen und daher prekären Machtbalance und gab der Glaubensspaltung eine reichsrechtlich verbindliche, nicht auf Dauer berechnete Fassung. In den Jahrzehnten nach 1555 zeigte sich, daß er als historische Momentaufnahme der politischen Konstellation der Jahre 1552/1555 nicht in der Lage war, die Dynamik der weiteren konfessionellen und politischen Entwicklung zu bändigen und in den Bahnen friedlicher Auseinandersetzungen zu halten. Dies gilt insbesondere für die Zeit nach dem Konzil von Trient, das der inneren Erneuerung, der als katholische Reform bezeichneten Selbstbesinnung der alten Kirche, einen festen, verbindlichen Rahmen gab und eine entscheidende Voraussetzung für die Gegenreformation, die Selbstbehauptung der katholischen Kirche gegenüber dem Protestantismus darstellt. Im Zeitalter der sich formierenden Konfessionen waren Rechtsfragen mehr denn je Glaubensfragen, die zur gewaltsamen Entscheidung drängten. Erst als die Organe des Reiches durch den Kampf der Konfessionen lahmgelegt waren und beide Parteien die Erfahrung gemacht hatten, daß Glaubensfragen nicht auf kriegerischem Wege gelöst werden konnten, sondern nur über freie Vereinbarungen gleichberechtigter Kräfte, brachte man 1648 eine tragfähige Regelung zustande, die in der politischen Praxis auch den Rang eines wirklichen Grundgesetzes, einer Fundamentalnorm der Reichsverfassung gewann.

Rechtsfragen sind Glaubensfragen

Der Kompromißcharakter der Vereinbarungen von 1555 zeigte sich zunehmend seit den siebziger Jahren des 16. Jahrhunderts, als die protestantischen Stände durch Säkularisationen vollendete Tatsachen schufen und die katholische Seite erste Erfolge in der Rekatholisierung verbuchen konnte. Der Friede enthielt zahlreiche Unklarheiten, wies in entscheidenden Fragen Lükken auf und ließ Zweifel über die Rechtskraft einzelner Bestimmungen aufkommen. Hinzu kam, daß je nach konfessionellem Standort scheinbar eindeutige Rechtsbegriffe ganz unterschiedlich interpretiert wurden und letztlich unvereinbare Standpunkte sichtbar machten. Es kam also ganz auf den guten Willen der beiden Parteien an, entsprechend dem Vorgehen von 1555 einvernehmlich die Lücken zu schließen und Unklarheiten zu beseitigen. Die Protestanten konnten eine Interpretation der umstrittenen Bestimmungen durch das Diktat der – katholischen – Mehrheit des Reichtstages unter keinen Umständen hinnehmen, denn sonst drohte ihnen die Verpflichtung zur Restitution der seit 1555 säkularisierten Territorien und Güter.

Der Kompromiß von 1555

Einen der heikelsten Streitpunkte bildete zweifellos die die katholische Seite begünstigende Ausnahmeklausel des Geistlichen Vorbehalts: Der Über-

Streitpunkt: der Geistliche Vorbehalt

Reichstagssitzung in Regensburg 1598

tritt eines geistlichen Reichsfürsten zur Augsburgischen Konfession hatte den Verlust seines geistlichen Amtes und aller damit verbundenen Besitztitel zur Folge. Damit wurde den protestantischen Häusern eine von altersher bestehende Versorgungsmöglichkeit für ihre Söhne genommen sowie die Chance, die eigenen Territorialherrschaften zu arrondieren. Die Protestanten betrachteten diese Bestimmung als nichtig, weil sie nicht als Bestandteil der zwischen König und Reichsständen vereinbarten Regelungen in den Religionsfrieden aufgenommen war, sondern lediglich aufgrund einseitiger königlicher Verordnung Eingang gefunden hatte. Nach 1555 gingen die evangelischen Territorialherren dazu über, vollendete Tatsachen zu schaffen und die Bistümer in ihre Gewalt zu bringen, wobei religiöse und dynastisch-territorialpolitische Motive sich aufs engste miteinander verbanden. Die Bistümer wurden, wenn ihre Reichsstandschaft zweifelhaft war, der Territorialherrschaft direkt einverleibt oder im Falle eindeutiger Reichsstandschaft mit evangelischen Prinzen der benachbarten Dynastien besetzt. 1566 waren alle Bistümer Norddeutschlands nördlich der Weser mit Ausnahme Hildesheims in der Gewalt protestantischer Fürsten. Insgesamt gingen der katholischen Kirche bis 1648 16 von 31 Reichsbistümern verloren.

Dogmatische Abgrenzung auf dem Konzil von Trient

Die Gegenwehr der katholischen Reichsstände machte sich seit den siebziger Jahren des 16. Jahrhunderts bemerkbar, um im Kölner Bistumsstreit 1582/83 einen ersten Höhepunkt zu erreichen. Richtig zu verstehen ist sie im Grunde nur vor dem Hintergrund der inneren Erneuerung der alten Kirche, die durch das Konzil von Trient eine verbindliche Fixierung erhielt und daraus neue Kraft schöpfte, um als moderne Konfessionskirche den Kampf gegen den Protestantismus aufzunehmen.

Die Bildung von Bekenntnissen im Zuge der Reformation zwang auch die alte Kirche zur Klärung bisher unentschiedener Glaubensfragen und zur Schaffung von Einrichtungen, die Rechtgläubigkeit und die christliche Lebensweise ihrer Anhänger gewährleisteten. Das Konzil von Trient (1545–1563) brachte die dogmatische Abgrenzung gegen die evangelischen Bekenntnisse, indem es klare Aussagen über die Rechtfertigung, die Erbsünde und das Problem der Willensfreiheit machte. Außerdem nahm es Stellung zur Lehre von den Sakramenten oder zur Frage der Zulässigkeit von Heiligenverehrung sowie der guten Werke und erkannte neben der Bibel auch die kirchliche Tradition als Glaubensautorität an. So wurden die wichtigsten Lehren 1564 in einem »Bekenntnis«, der »Professio fidei Tridentinae«, zusammengefaßt, 1566 wurde in Rom der Catechismus Romanus veröffentlicht, der eine offizielle Fassung der katholischen Glaubenslehre bot, 1568 das neue römische Brevier und 1570 das Meßbuch, beide ebenfalls Reformvorhaben, die das Konzil in Angriff genommen hatte. Das Tridentinum brachte auch eine Reform der kirchlichen Verwaltung, die in der Praxis auf eine Stärkung der Gewalt von Pfarrer und Bischof über die Gläubigen hinauslief, etwa durch die Anerkennung eines bischöflichen Visitationsrechtes, die dem Pfarrer auferlegte Pflicht zum Katechismusunterricht oder die Führung von Tauf- und Trauungsbüchern, die bald darauf durch Firmungs- und Totenbücher sowie Kommunikantenlisten ergänzt wurden. Provinzial- und Diözesansynoden dienten der Umsetzung des Reformprogramms, und seine Ausführung wurde durch gründliche Visitationen kontrolliert. Die Konzilsdekrete wurden so zum Ausgangspunkt eines neuen Amtsverständnisses des Klerus. Nicht mehr die materiellen Segnungen der Pfründe standen im Vordergrund, sondern die Pflicht zur seelsorgerischen Wahrnehmung des geistlichen Amtes, dessen Aufgaben sich nicht einfach in einer Summe fest umrissener, in jedem Falle gegen Geld geübter kirchlicher Dienstleistungen erschöpften.

Reform der kirchlichen Verwaltung

Stärkung der päpstlichen Autorität und des hierarchischen Prinzips der Kirche

Mit den auf dem Konzil beschlossenen Reformen ging auch die Stärkung der päpstlichen Autorität und des hierarchischen Prinzips der Kirche einher, und zugleich folgte in der 2. Hälfte des 16. Jahrhunderts eine Reorganisation der Römischen Kurie sowie eine bis dahin nicht gekannte Zentralisierung der Kirche. An die Stelle des Konsistoriums, des Plenums der Kardinäle, das alle kurialen Entscheidungen zu treffen hatte, traten unter Sixtus V. (1585–1590) 15 sogenannte Kongregationen, d.h. Kollegien, die die einzelnen Verwaltungsaufgaben der Kurie wahrnahmen und deren ältestes, die Inquisition als oberstes Glaubenstribunal, schon 1542 geschaffen worden war. 1585 schließlich wurde es allen Bischöfen zur Pflicht gemacht, in regelmäßigen Abständen in Rom Rechenschaft über den Zustand ihrer Diözesen zu geben, eine Maßnahme, die zentralisierend wirken mußte. In dieselbe Richtung gingen die schon unter Gregor XIII. (1572–1585) geschaffenen ständigen Nuntiaturen – 1573 in München, 1584 in Köln, weitere in Graz und Luzern –, denen es aber auch oblag, im Dienste der Gegenreformation die politischen Kontakte zu den Fürsten zu pflegen. Energische Unterstüt-

Jesuitenorden

zung erfuhren von Gregor XIII. die Kollegien für die protestantischen Länder, u.a. das 1574 neu errichtete Collegium Germanicum, das sich speziell der Ausbildung des deutschen Priesternachwuchses widmete, die von Pius V. (1566–1572) gegründete »Deutsche Kongregation«, seit 1573 »Koordinierungsstelle wichtiger Maßnahmen der Reform und Restauration« (Lutz), und schließlich die Arbeit des neuen Ordens der Jesuiten im Dienste der Gegenreformation. 1534 von Ignatius von Loyola gegründet und 1540 von Papst Paul III. anerkannt, widmete er sich bald weltweit der Seelsorge und Caritas, der Heidenmission und der Verbreitung der Glaubenswahrheiten in Schulen, Universitäten und an den Fürstenhöfen. Die Angehörigen dieses zentralistisch angelegten, hierarchisch gegliederten und dem Papst durch besonderen Eid verpflichteten Ordens wurden nach dem Eliteprinzip rekrutiert, erhielten eine langjährige, anspruchsvolle geistige und geistliche Ausbildung, die sie befähigte, unter vorbehaltloser Hingabe an die ordens- und kircheneigenen Werte für die eine wahre Kirche, die katholische Papstkirche, in der Welt tätig zu werden. Ihre besondere Aufmerksamkeit galt dem Kampf gegen den Protestantismus im Reich. Hier war es Herzog Albrecht V. (1550–1579) von Bayern, der Jesuiten an die Universität Ingolstadt holte, an der sie seit 1556 ständig lehrten, und in die Residenzstadt München, wo sie sich 1559 niederließen und 1560 ein Gymnasium gegründet wurde. Unter Albrechts Sohn Wilhelm V. (1579–1598) gewann der Plan eines Neubaus des Münchner Jesuitenkollegs konkrete Gestalt, und es entstanden 1583–1597 die Jesuitenkirche St. Michael und das neue Kolleggebäude, der erste kirchliche Großbau nördlich der Alpen nach der Reformation. Dem von den Jesuiten verbreiteten gegenreformatorischen Programm öffneten sich auch Herzog Maximilian I. (1597–1651), das spätere Haupt der katholischen Liga, und sein Vetter Erzherzog Ferdinand von Innerösterreich, der künftige Kaiser Ferdinand II. (1619–1637), dem wegen seiner entschiedenen gegenreformatorischen Politik der Beiname »Protestantenfresser« anhaftete. Aber nicht nur in Innerösterreich, auch in Ober- und Niederösterreich wurde die Rekatholisierung mit allen Mitteln vorangetrieben, so daß um die Jahrhundertwende der Sieg der Gegenreformation entschieden war. Für die tridentinische Reform wurden neben einer Reihe kleinerer Herrschaften auch die geistlichen Fürstentümer im Süden und am Rhein gewonnen.

Ignatius von Loyola

Gegenreformation

Johannes Calvin

Von vergleichbarem kämpferischen Elan und innerweltlichem Aktivismus wie der Jesuitenorden waren die Calvinisten. Johannes Calvin, französischer Herkunft und zunächst Anhänger Luthers, stimmte einerseits in vielen theologischen Grundfragen mit diesem überein und gelangte doch andererseits in der Prädestinationslehre und in der Abendmahlsfrage zu durchaus eigenen Auffassungen. Vor allem aber unterschied er sich in seiner ethischen Grundhaltung von dem wittenbergischen Reformator. Den leidenden Gehorsam des Christen in einer unchristlichen Welt wollte er nicht gelten lassen und setzte an seine Stelle die ethische Haltung der Verantwortung und Bewährung an der Aufgabe der Heiligung des Lebens, der Errichtung einer heiligen Gemeinde, und dies auf dem Wege der innerweltlichen Askese und der rigorosen Selbstdisziplinierung und Selbstkontrolle des einzelnen. Den organisatorischen Rahmen gab die Gemeinde ab, die Seelsorge, Kirchenzucht und geistliche Gerichtsbarkeit durch ihre Organe ausübte. Gegenüber einer tyrannischen Obrigkeit machte er ein Widerstandsrecht geltend, das er indessen nicht den Untertanen, sondern den ständischen Zwischengewalten zubilligte. Diese neue protestantische Richtung der reformierten Kirche, der seit 1549 auch die Schweizer Zwinglianer angehörten, wurde von den Lutheranern nicht anerkannt und genoß auch nicht den Schutz des Augsburger Religionsfriedens. Verbreitung fand sie seit der Mitte des 16. Jahrhunderts in Deutschland vor allem am Niederrhein und in der Kurpfalz, ihre große geschichtsmächtige Wirksamkeit entfaltete sich jedoch in Frankreich, in den Niederlanden, in England und Schottland sowie in Amerika.

Konfessionen und Sozialdisziplinierung

Gemeinsam war den großen Konfessionen, bei allen Unterschieden in ihren Werthaltungen und Vorgehensweisen, daß sie eine dogmatische Klärung ihres Glaubens herbeiführten und schriftlich fixierten, daß sie sich auf administrativem Wege – gestützt auf moderne Verwaltungsmittel, wie sie auch der werdende frühmoderne Staat anwandte – der Rechtgläubigkeit und des Gehorsams ihrer Untertanen versicherten und einen Prozeß der »Sozialdisziplinierung« einleiteten. Das ging zu Lasten ihrer Autonomie und ihres Besitzstandes, denn die Obrigkeit als weltlicher Arm ließ sich ihre Dienste vergüten. Sie profitierte auch insofern von dem Prozeß der Konfessionalisierung, als dieser, im territorialen Rahmen ablaufend, den Zusammenhalt des Herrschaftsverbandes nach innen und außen stärkte. Das enge Interessenbündnis mit dem frühmodernstaatlichen Territorium machte die Konfession zu einem Faktor politischer Parteibildung, und damit verminderte sich auch die Fähigkeit zum politischen Kompromiß, hielt doch jede Konfession zunächst am ausschließlichen Geltungsanspruch ihres Glaubens fest.

Seit den siebziger Jahren des 16. Jahrhunderts macht sich ein entschiedeneres politisches Vorgehen der katholischen Reichsstände bemerkbar, die mit neuem Selbstbewußtsein zusehends auf die Einhaltung des Augsburger Religionsfriedens durch die Protestanten drangen. Diese waren freilich gespalten in eine zu aktiver und risikofreudiger Konfessionspolitik bereite Gruppierung, an deren Spitze die calvinistische Kurpfalz stand, und eine konservativ-lutherische Richtung, die eine mehr vermittelnde Position vertrat. Geführt wurde sie von Kursachsen, das zu Konzessionen auf Kosten der anderen Protestanten neigte und die Kaiserpolitik der Reichseinheit und Türkenabwehr unterstützte. Der Streit zwischen den Konfessionen ging vor allem um die Frage der Geltung des Geistlichen Vorbehalts, außerdem aber um das Reformationsrecht der Reichsstädte und um das der evangelischen Obrigkeiten am territorialen Kirchengut. Die Katholiken erzielten dabei wichtige Erfolge.

Der Streit der Konfessionen

In der Reichsstadt Aachen, wo der Rat das ius reformandi für sich in Anspruch nahm, wurde die Verletzung des status quo 1598 mit der Reichsacht geahndet, die sogar von benachbarten katholischen Kräften exekutiert werden konnte. Als der protestantische Administrator des Erzstifts Magdeburg, der weder vom Kaiser die Belehnung noch vom Papst die Anerkennung seiner Wahl erhalten hatte, 1582 demonstrativ auf dem Reichstag erschien, um Sitz und Stimme wahrzunehmen, drohten die von Bayern und Kurmainz angeführten katholischen Stände mit der Sprengung des Reichstags durch ihren Auszug. Sie vereitelten auf diese Weise die Realisierung eines gegen den Geistlichen Vorbehalt verstoßenden Anspruchs.

Siegreich war die katholische Seite auch im Straßburger Kapitelstreit. Dort kam es wegen der bikonfessionellen Zusammensetzung des Domkapitels nach dem Tode des Bischofs 1592 zu einer Doppelwahl, so daß sich der katholische Kardinal Karl von Lothringen und der junge Johann Georg von Brandenburg als Kontrahenten gegenüberstanden. Der Brandenburger wurde 1604 mit Geld abgefunden, so daß auch dieses Stift in katholischen Händen blieb.

Eine für den Katholizismus im Nordwesten und Norden des Reiches günstige Entscheidung, die zudem für die Stimmenparität im Kurfürstenkollegium und damit für ein katholisches Kaisertum wichtig war, brachte der Kölner Bistumsstreit. Der Erzbischof Gebhard Truchseß von Waldburg (1577–1583/4), der trotz seines im Jahre 1582 vollzogenen öffentlichen Übertritts zum evangelischen Glauben nicht auf Amt und Stand zu verzichten gedachte, zog dennoch den kürzeren, da er aus dem protestantischen Lager nur die Unterstützung des Pfalzgrafen Johann Casimir (1576–1592) erhielt, die katholische Seite dagegen von der diplomatischen und finanziellen Hilfe Gregors XIII. und der Schlagkraft bayerischer und spanischer Truppen profitieren konnte. Zum Erzbischof wurde 1583 Herzog Ernst von Bayern (1583–1612) gewählt, der jüngste Bruder Herzog Wilhelms V. Die dynastische Verbindung des Kurfürstentums Köln mit den Wittelsbachern blieb bis 1761 erhalten. Die Entschlossenheit der Katholiken, an den Bestimmungen von 1555 unbedingt festzuhalten, zeigte sich erneut 1588: als im Zuge des turnusmäßigen Wechsels in der als Aufsichts- und Revisionsinstanz für das Reichskammergericht amtierenden Visitationskommission das Erzbistum Magdeburg durch seinen protestantischen Administrator Joachim Friedrich seinen Sitz einnehmen wollte, wurde ihm von den katholischen Ständen, die ihn nach wie vor nicht anerkannten, der Zutritt verweigert. Seitdem trat die Kommission nicht mehr zusammen. Der sogenannte »Vierklosterstreit« brachte etliche Jahre später die Reichsjustiz praktisch zum Erliegen. Es ging dabei um vier Reichskammergerichtsprozesse, welche die Säkularisierung von reichsmittelbaren Klöstern durch protestantische Stände betrafen. Die Urteile des Gerichts, die auf Herausgabe des Kirchengutes lauteten, drohten für Hunderte von Säkularisationen, die nach 1555 auf ähnliche Weise erfolgt waren, zu einem Präzedenzfall mit unabsehbaren Weiterungen zu werden.

Die beklagten Reichsstände fochten also die Entscheidung des Gerichts an, und der vom Reichstag als außerordentliche Revisionsinstanz eingesetzte sogenannte Deputationstag, ein von Reichsständen gebildeter Ausschuß, mußte sich mit der Sache befassen. Da Stimmenverhältnisse und Rechtslage eine Bestätigung der Urteile erwarten ließen, wurde auch dieses Gremium durch den Auszug von Kurpfalz, Kurbrandenburg und Braunschweig-Wolfenbüttel gesprengt. Nachdem der Rechtsweg nun nicht mehr gangbar war – auch der kaiserliche Reichshofrat wurde von den Protestanten als Rechtsinstanz in Religionssachen abgelehnt –, blieb für Streitfälle nur noch die politische Lösung oder aber die militärische Entscheidung. 1608 fiel auch der Reichstag als Ort der politischen Beilegung von Konflikten aus. Provokante Störungen von Prozessionen der katholischen Minderheit durch die Protestanten der schwäbischen Reichsstadt Donauwörth führten 1607 zur Verhängung der Reichsacht und zu ihrer Exekution durch Maximilian I. von Bayern, der die Stadt zunächst in Pfandbesitz nahm, sofort Rekatholisierungsmaßnahmen veranlaßte und das Gemeinwesen 1609 seinem Territorium eingliederte. Der eindeutige Bruch des Religionsfriedens brachte der Pfalz endlich auch die Unterstützung der bisher zur Vermittlung neigenden Kräfte des protestantischen Lagers, die sie benötigte, um auch den Reichstag notfalls lahmzulegen. Über die Forderung der Protestanten zur Bestätigung des Religionsfriedens und die katholische Gegenforderung nach Herausgabe der seit 1555 säkularisierten Bistümer und Klöster kam es auf dem Reichstag zu Regensburg 1608 zum Bruch zwischen beiden Seiten. Ungeachtet eines Vermittlungsversuchs der Kaiserlichen, die auch nach der Beendigung des Türkenkrieges 1606 weitere Reichssteuern begehrten, verließ eine Anzahl evangelischer Stände unter Führung von Kurpfalz den Reichstag, der ohne Reichsabschied auseinanderging.

Die Reichsverfassung als Friedensverband wird lahmgelegt

Das Verhalten der Protestanten, die sukzessive die Einrichtungen der Reichsverfassung lahmgelegt hatten, den Reichshofrat nicht als Rechtsinstanz in Religionssachen anerkannten und die kaiserliche Ausgleichspolitik zurückwiesen, entsprach durchaus einem politischen Kalkül, verhinderte es doch Mehrheitsentscheidungen, die massive Restitutionsforderungen befürchten ließen und die materiellen Grundlagen vieler protestantischer Territorialherrschaften bedrohten. Da die Reichsorgane offensichtlich zur Wahrnehmung der Aufgabe des Rechtsschutzes und der Friedenssicherung für die

Reichsangehörigen nicht mehr imstande waren, gingen die Reichsstände dazu über, sich auf konfessioneller Grundlage zu Schutzbündnissen zu organisieren, wenn sie nicht die Neutralität vorzogen. Am 14. Mai 1608 kam es auf pfälzische Initiative hin zur Gründung der auf zehn Jahre befristeten protestantischen Union, in der sich Kurpfalz mit anderen süddeutschen Ständen verband (Württemberg, Baden-Durlach, Ansbach-Bayreuth) und der sich weitere kleinere Reichsstände und Reichsstädte anschlossen (so 1610 Brandenburg), während Kursachsen außerhalb blieb. Das katholische Gegenstück aber bildete unter der Führung Maximilians I. von Bayern seit 1609 (10. Juli) die Liga, der bald die meisten katholischen Reichsstände außer Österreich und Salzburg angehörten.

Jülich-Clevescher Erbfolgestreit

Eine erste Bewährungsmöglichkeit für den Zusammenhalt der beiden Bündnisse ergab sich mit dem Jülich-Cleveschen Erbfolgestreit. Als Anfang Mai 1609 der kinderlose Herzog von Kleve-Jülich-Berg starb, stellten seine vier Schwestern, von denen drei mit evangelischen Fürsten und eine mit einem Habsburger verheiratet waren, Erbansprüche, so die älteste für ihren Schwiegersohn, den Kurfürsten Johann Sigismund von Brandenburg, die zweite, mit Philipp Ludwig von Pfalz-Neuburg verheiratete, für ihren ältesten Sohn Wolfgang Wilhelm (1615–1653). Auch das Ausland war an diesem Erbfall interessiert, denn sowohl den Holländern als auch den spanischen Niederländern war es keineswegs gleichgültig, ob eine protestantische oder eine katholische Dynastie das Erbe dieses Landes mit gemischt-konfessioneller Bevölkerung antrat. Frankreich lag viel an einer Minderung des habsburgischen Einflusses am Niederrhein, während die Habsburger die Chance für eine Ausweitung ihres Machtbereichs sahen. Indem der Brandenburger und der Pfalz-Neuburger mit Truppen das umstrittene Land in Besitz nahmen und im Einverständnis mit den Ständen zunächst gemeinschaftlich regierten, schufen sie vollendete Tatsachen. Der Stabilisierung der bestehenden Verhältnisse diente ein Bündnis zwischen dem König von Frankreich, der protestantischen Union und Savoyen, das den Krieg gegen Spanien an mehreren Schauplätzen zugleich führen sollte und für das auch England und Holland Hilfe in Aussicht stellten. Nur die Ermordung Heinrichs IV. (1589–1610) von Frankreich im Mai 1610 verhinderte den Kriegsausbruch. Abermals kritisch wurde es, als der Brandenburger zum Calvinismus, der Pfalz-Neuburger dagegen zum Katholizismus übertrat und einer den anderen aus der Herrschaft zu drängen trachtete. Nun stellte sich Holland auf die Seite des Kurfürsten, während Spanien, der Kaiser und die Liga für den Pfälzer Partei ergriffen. Schließlich vermittelten Frankreich und England einen Vergleich: Dem Pfalzgrafen wurde Jülich-Berg zugesprochen, dem Kurfürsten das Herzogtum Kleve mit den Grafschaften Mark und Ravensberg.

Der Konflikt gilt als »ein kleines Vorspiel zum Dreißigjährigen Krieg, dessen Mächtekonstellation... bereits im Hintergrund sichtbar wurde« (Zeeden). Auswärtige Mächte griffen in die innerdeutschen Probleme ein, zu deren Beilegung oder Schlichtung der Kaiser nicht die Macht hatte.

Maximilian II. (1564–1576) war es nicht gelungen, mit einer auf das friedliche Zusammenleben der Konfessionen im Reich gerichteten Politik dem im Augsburger Religionsfrieden formulierten Ziel eines konfessionellen Ausgleichs näherzukommen. Noch weniger wäre dies Kaiser Rudolf II. (1576–1612) möglich gewesen: Unter seiner Regierung kam es wegen gravierender persönlicher Unzulänglichkeiten, die sich in fortschreitendem Autoritätsverlust in seinen habsburgischen Ländern und im Reich auswirkten, zu dem bekannten verhängnisvollen Niedergang der friedenstiftenden Funktion der obersten Reichsorgane und in den Ländern der böhmischen Krone zu einer wachsenden Opposition der protestantischen Stände gegen gegenreformatorische und zentralistische Tendenzen. Zwar bewilligte die Mehrheit der

Türkenkriege

Reichsstände auf den Reichstagen der Jahre 1594, 1598 und 1603 außergewöhnlich hohe Reichssteuern zur Türkenabwehr, aber nachdem der große Türkenkrieg (1593–1606) mit einem längeren Waffenstillstand ein Ende gefunden hatte, zerfiel die durch die Türkennot erzwungende Solidarität rasch, und im Reich nutzte die militante protestantische Richtung den neugewonnenen politischen Spielraum, ohne den es wohl nicht zur ersten Sprengung eines Reichstags gekommen wäre. Im Bruderzwist zwischen Rudolf II. und Matthias I. (Kaiser 1612–1619) waren die protestantischen Stände in Böhmen, Mähren, Schlesien, Ungarn und Österreich der lachende Dritte. Seit 1606 bauten sie ihre politische Stellung so stark aus, daß sie es wagen konnten, Ferdinand II. – seit 1617 König von Böhmen – herauszufordern, jenen Ferdinand, der seit dem Ende des 16. Jahrhunderts mit großem Erfolg die Ketzerei in Innerösterreich ausgerottet und das Land rekatholisiert hatte und der nun daran ging, auch die anderen Gebiete des habsburgischen Machtbereichs der Gegenreformation zu erschließen.

Der Dreißigjährige Krieg

Die Revolte des böhmischen protestantischen Adels war ein regionales Ereignis, das die Herrschaft der österreichischen wie der spanischen Linie des Hauses Habsburg direkt und indirekt bedrohte und damit den Keim eines großen europäischen Konflikts in sich trug. Letzten Endes war die imperiale Vorrangstellung der Dynastie gefährdet, und die massive Reaktion der Habsburger, die zusammen mit der katholischen Liga zwei Heere aufstellten, um die böhmische Herausforderung anzunehmen und der böhmischen Armee in der Schlacht am Weißen Berg vor Prag (6. Nov. 1620) eine vernichtende Niederlage bereiteten, macht deutlich, daß man die Gefahr erkannt hatte und im Gegensatz zu den Böhmen und ihren protestantischen Anhängern zu einer geschlossenen militärischen Aktion imstande war.

Schlacht am Weißen Berg

Der Konflikt zwischen der Ständeopposition und Ferdinand (II.), den die Böhmen 1617 zum König angenommen hatten, brach im Frühjahr 1618 aus. Gravierende Übergriffe von staatlicher und kirchlicher Seite, die unter Mißachtung oder restriktiver Auslegung verbriefter Rechte bis zum lokalen Verbot evangelischer Religionsausübung gingen, führten zu scharfen Protesten einer nach Prag einberufenen Ständeversammlung und, ungeachtet eines von Kaiser Matthias ausgesprochenen Verbots weiterer Zusammenkünfte, zu jener spektakulären Aktion, bei der eine radikale Gruppe unter dem Grafen Thurn die kaiserlichen Statthalter Martinitz und Slawata am 23. Mai 1618 aus einem Fenster der Prager Burg stürzte. Der aufständische evangelische Adel organisierte sich, setzte eine 30köpfige Regierung ein und stellte ein Heer auf. Auf einem allgemeinen Landtag der Länder der böhmischen Krone im Juli 1619 gaben sich die Stände mit der Konföderationsakte vom 31. Juli 1619 eine ständische Verfassung, deren wohl wichtigste Bestimmung das Recht der Königswahl vorsah. Nach der Auffassung von Zeitgenossen orientierten sich die böhmischen Verfassungsvorstellungen am Vorbild der Schweiz und der niederländischen Generalstaaten. Auf dem Wege der Revolution fortschreitend, erklärten sie zusammen mit den österreichischen Ständen am 22. August 1619 König Ferdinand für abgesetzt und wählten wenige Tage später, am 26./27. August, das Haupt der protestantischen Union, den Kurfürsten Friedrich V. von der Pfalz (1610–1623), zum König. Fast gleichzeitig, am 28. August, fand in Frankfurt nach einem vergeblichen Versuch

Die Wahl Friedrichs V. von der Pfalz

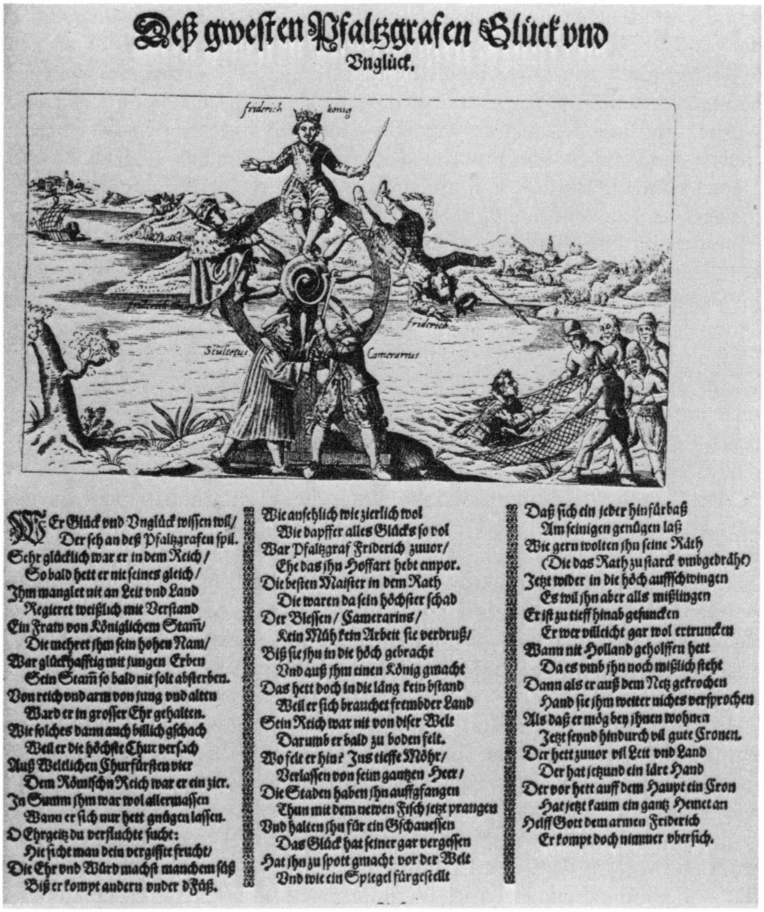

Deß gwesten Pfaltzgrafen Glück vnd Vnglück.

WEr Glück vnd Vnglück wissen will/
Der seh an deß Pfaltzgrafen spil.
Sehr glücklich war er in dem Reich/
So bald hett er nit seines gleich/
Jhm manglet nit an Leit vnd Land
Regieret weißlich mit Verstand
Ein Fraw von Königlichem Stam̃/
Die mehret jhm sein hohen Nam/
War glückhafftig mit jungen Erben
Sein Stam̃ so bald nit solt absterben.
Von reich vnd arm von jung vnd alten
Ward er in grosser Ehr gehalten.
Wie solches dann auch billich gschach
Weil er die höchste Chur versach
Auß Weltlichen Churfürsten vier
Dem Römischn Reich war er ein zier.
In Summ jhm war wol allermassen
Wann er sich nur hett gnügen lassen.
O Ehrgeitz du verfluchte sucht:
Hie sicht man dein vergiffte frucht/
Die Ehr vnd Würd machst manchem süß
Biß er kompt andern vnder d'Füß.

Wie ansehlich wie zierlich wol
Wie dapffer alles Glücks so vol
War Pfaltzgraf Friderich zuuor/
Ehe das jhn Hoffart hebt empor.
Die besten Maister in dem Rath
Die waren da sein höchster schad
Der Plessen/ Camerarius/
Kein Müh kein Arbeit sie verdruß/
Biß sie jhn in die höch gebracht
Vnd auß jhm einen König gmacht
Das hett doch in die läng kein bstand
Weil er sich brauchet frembder Land
Sein Reich war nit von diser Welt
Darumb er bald zu boden felt.
Wo felt er hin? Jns tieffe Möhr/
Verlassen von sein gantzen Heer/
Die Staden haben jhn aufgfangen
Thun mit dem newen Fisch jetzt prangen
Vnd halten jhn für ein Gschawessen
Das Glück hat seiner gar vergessen
Hat jhn zu spott gmacht vor der Welt
Vnd wie ein Spiegel fürgestellt

Daß sich ein jeder hinfürbaß
Am seinigen genügen laß
Wie gern wolten jhn seine Räth
(Die das Rath zu starck vmbgedräht)
Jetzt wider in die höch auffschwingen
Es wil jhn aber alls mißlingen
Er ist zu tieff hinab gesuncken
Er wer villeicht gar wol ertruncken
Wann nit Holland geholffen hett
Da es vmb jhn noch mißlich steht
Dann als er auß dem Netz gekrochen
Hand sie jhm weiter nichts versprochen
Als daß er mög bey jhnen wohnen
Jetzt seynd hindurch vil gute Cronen.
Der hett zuuor vil Leit vnd Land
Der hat jetzund ein läre Hand
Der vor hett auff dem Haupt ein Cron
Hat jetzt kaum ein gantz Hemet an
Helff Gott dem armen Friderich
Er kompt doch nimmer vbersich.

Kurfürst Friedrich V. von der Pfalz wird als »Winterkönig« und Glücksritter verspottet – Flugblatt mit dem Fortunarad (1621)

des Pfälzers, dies noch in letzter Stunde zu verhindern, die Wahl Ferdinands zum Kaiser statt.

Die Annahme der Krone durch Friedrich V. und seine Krönung in Prag noch im November 1619 besiegelten die enge politische Verbindung zwischen der Führungsmacht des deutschen Calvinismus und der böhmischen ständischen Opposition, die im Kampf stand gegen katholische Restauration und staatliches Zentralisierungsstreben. Das Haus Habsburg konnte diese sich überstürzende Entwicklung nicht tatenlos hinnehmen, und damit zeichnete sich bereits die Ausweitung des Krieges ab.

Die Kräfte, die beide Seiten ins Feld führten, waren indessen sehr ungleich verteilt. Die Sache Habsburgs wurde von der spanischen Linie des Hauses finanziell energisch unterstützt, und auch militärische Hilfe wurde durch ein spanisch-niederländisches Heer unter Spinola gewährt, das im August 1620 in die Pfalz einfiel. Trotz der überkommenen dynastischen Konkurrenz, die zwischen Habsburgern und Wittelsbachern herrschte, fanden sich Maximilian I. von Bayern und Ferdinand II. zu einem Bündnis zusammen (Münchener Vertrag vom 8. Oktober 1619). Der Herzog verpflichtete sich zur Aufstellung eines im wesentlichen von ihm zu finanzierenden Liga-Heeres, verlangte und erhielt die Zusage der Erstattung aller Kosten, den Pfandbesitz für die eroberten Gebiete, vor allem aber die Ächtung des Pfälzers im Falle eines Sieges sowie die Übertragung der pfälzischen Kurwürde auf die bayerischen Wittelsbacher. Die böhmisch-pfälzische Seite stand schlechter da. In die Schlacht am Weißen Berg ging sie ohne Verbündete: Die unter dem Söldnerführer Ernst von Mansfeld im Auftrage des Herzogs von Savoyen herangeführten Truppen griffen nicht ein, als es für die Böhmen kritisch wurde; die Unterstützung der Generalstaaten beschränkte sich auf unzureichende Fußtruppen und auf Kavallerie, die im Frühjahr 1620 in Marsch gesetzt wurden; Jakob I. von England (1603–1625), der Schwiegervater des Pfälzers, schickte ein Infanterieregiment und war ansonsten um Vermittlung bemüht, und Fürst Bethlen Gabor von Siebenbürgen, der zunächst als Verbündeter für die böhmisch-pfälzische Sache gewonnen wurde, schloß schon im Februar 1620 einen Waffenstillstand mit dem Kaiser. Die protestantische Union ließ den Pfälzer im Stich, indem sie mit der katholischen Liga ein Stillhalteabkommen schloß, das für das Reich, nicht aber für Böhmen gelten sollte (Vertrag von Ulm, 3. Juli 1620). Schließlich wurden kaisertreue lutherische Fürsten für ein Interessenbündnis mit dem Kaiser gewonnen, unter ihnen Kurfürst Johann Georg I. von Sachsen (1611–1656) als einer der Vornehmsten.

Der Ausgang des Kampfes konnte unter diesen Umständen nicht zweifelhaft sein. Friedrich V. verlor die böhmische Krone und mußte um sein Kurfürstentum kämpfen, nachdem der Kaiser im Januar 1621 die Reichsacht über ihn verhängt hatte. Die Anführer des böhmischen Aufstandes wurden hingerichtet, die übrigen Teilnehmer der Erhebung verbannt, ihre Güter neu verteilt, und der Katholizismus wurde zwangsweise durchgesetzt, was die Emigration weiter Kreise der evangelischen Bevölkerung zur Folge hatte.

Fortsetzung des böhmischen Krieges im Reich

Der böhmische Krieg fand seine Fortsetzung im Reich, als Krieg um die Kurpfalz und die pfälzische Kurwürde. Er wurde aber nicht von der Union geführt – diese hatte sich im Mai 1621 aufgelöst –, sondern von Söldnerführern im Dienste des Pfälzers, von Graf Ernst von Mansfeld, Herzog Christian von Braunschweig-Wolfenbüttel, dem Administrator des Bistums Halberstadt und von Markgraf Georg Friedrich von Baden-Durlach, die auch nach der Abdankung durch Friedrich V. auf eigene Faust weiterkämpften und ihr Operationsgebiet bis nach Norddeutschland hinein ausdehnten. Sie alle wurden von den Truppen der Liga unter Tilly und den Spaniern unter Spinola geschlagen und vertrieben. Die katholische Streitmacht behielt die Oberhand und hatte bis zum Herbst die Gebiete des Pfälzers, die Rheinpfalz und die Oberpfalz in Besitz genommen. Maximilian I. erlangte nun, wie 1619 vom Kaiser versprochen, die pfälzische Kurwürde und die Oberpfalz als Pfandbesitz. Die linksrheinische Pfalz wurde von spanischen, die rechtsrheinische von bayerischen Truppen besetzt. Die erste Phase des Dreißigjährigen Krieges, der sogenannte böhmisch-pfälzische Krieg (1618–1623), hatte damit sein Ende gefunden. Er leitete eine bis 1630 währende Zeitspanne katholischer Vorherrschaft in Deutschland ein, die sich bereits 1623 abzeichnete, als die siegreichen katholischen Heere bis nach Norddeutschland in den niedersächsischen Kreis vordrangen. Damit wurde nun das protestantische Ausland, aber auch Frankreich, auf den Plan gerufen, und die Kriegshandlungen setzten bald erneut ein.

Der niedersächsisch-dänische Krieg

In der zweiten Phase des Krieges, dem niedersächsisch-dänischen Krieg (1624–1629), kam endlich auch – in Ansätzen jedenfalls – jene große antihabsburgische Koalition zustande, die während des böhmischen Aufstandes nicht gelang, weil die protestantischen Mächte ihre eigenen vitalen Interessen (noch) nicht bedroht wähnten.

Die Motive oder Kriegsziele der kriegführenden Parteien lassen sich wie folgt darstellen: Spanien als saturierte Großmacht mit stets gefährdeten Außenposten in Flandern, in Mailand und in Übersee legte größten Wert auf die

Aufrechterhaltung des politischen status quo. Im Rahmen seiner von dem damaligen leitenden Madrider Minister Graf Olivares verfolgten außenpolitischen Grundsätze maß es der Lage im Reich größte Bedeutung zu. Mailand und die spanischen Niederlande glaubte man nur halten zu können, solange die Machtmittel des Reiches und seine Rechtstitel in Italien über ein habsburgisches Kaisertum verfügbar waren und die habsburgischen Erblande eine sichere Machtgrundlage boten. Ein Eingreifen der spanischen und der österreichischen Linie war erforderlich, sobald diese Grundlage einer hegemonialen Stellung gefährdet war. Eine solche Gefahr stellten die abgefallenen niederländischen Provinzen dar und 1618 der Aufstand in Böhmen, weswegen sich Spanien dort auch finanziell engagierte und militärisch gegen die Rheinpfalz vorging.

Die Interessen Maximilians I. von Bayern richteten sich auf die Erhöhung seines Hauses durch den Erwerb der Kurwürde. Dieses Ziel erreichte er zwar, aber, wie neuerdings bewußt überspitzt dargelegt wurde, um den Preis, »daß Europa 30 Jahre Krieg führen mußte, nur damit der Herzog von Bayern zum Kurfürst aufsteigen konnte« (Straub). Weiterhin hatte er ein elementares Interesse daran, den Kaiser bei aller Übereinstimmung in der Konfessionspolitik nicht so mächtig werden zu lassen, daß dadurch die reichsständische »Libertät« gefährdet würde. Engster Verbündeter Ferdinands II., war er doch zugleich sein ärgster Widersacher, der sich mit Frankreich verbündete, jener Macht, die alles daran setzte, das Haus Habsburg zu bekämpfen, in Italien, in den Niederlanden, im Reich und auf den Meeren.

Restitutionspläne

Im Zuge des siegreichen Vormarsches der katholischen Heere in den Norden Deutschlands bis hin an die Ostsee und nach Jütland rückte schließlich eines der wichtigsten Kriegsziele Ferdinands II. in greifbare Nähe: die Wiederherstellung der katholischen geistlichen Fürstentümer in Norddeutschland, die Restitution des seit 1552 säkularisierten Kirchenguts, ein Vorhaben, das nicht nur der katholischen Kirche Gewinne versprach, sondern auch den Habsburgern und Wittelsbachern, die daran denken konnten, ihre Söhne mit den wiedergewonnenen Bistümern zu versorgen. Damit störten sie aber die Kreise norddeutscher Territorialherren, vor allem die des dänischen Königs Christian IV. (1588–1648), der zugleich Herzog von Holstein war und ebenso wie Habsburger und Wittelsbacher an den norddeutschen Stiften interessiert war. Für einen seiner Söhne hatte er bereits das Erzbistum Bremen und das Stift Verden sichern können und bezog nun auch Osnabrück und Halberstadt in seine Pläne ein. Aufs trefflichste wirkten hier territorialdynastische und konfessionelle Motive zusammen, wobei freilich die allgemeine Einschränkung zu machen ist, daß die führenden Politiker jener Zeit religiöse Motive anführten, solange diese ihren politischen Zielen, die den Ausschlag gaben, nicht entgegenstanden.

Kardinal Richelieus antihabsburgische Politik

Kaum zu überschätzen hinsichtlich einer kriegsverlängernden Wirkung ist die Wiederaufnahme der antihabsburgischen Politik des französischen Königs Heinrich IV. durch den Kardinal Richelieu, der 1624 Mitglied des französischen Staatsrates wurde und fortan die französische Politik bestimmte. Für ihn war die »Umklammerung« Frankreichs durch die Länder des Hauses Habsburg die große existentielle Gefahr der französischen Monarchie. Sie galt es zu durchbrechen, durch Unterstützung und Zusammenführung der auswärtigen Feinde Habsburgs zum einen und zum anderen durch die Mobilisierung der reichsständischen Opposition gegen den Kaiser. Der Kampf zwischen Frankreich und dem Hause Habsburg, v.a. der spanischen Linie, war daher in erster Linie ein Ringen um Deutschland, »das nicht allein das Schlachtfeld bot, auf dem um imperiale oder hegemoniale Vorherrschaft gestritten wurde, sondern zugleich als Unterpfand für eine solche überlegene Stellung galt« (Straub).

Taktik des verdeckten Krieges

Richelieus Entschlossenheit, den Kampf gegen Spanien aufzunehmen, wenn auch nicht in Form eines offen erklärten Krieges, sondern einer begrenzten kriegerischen Aktion, wird an den Vorgängen um das Veltlin sichtbar, eines Tales des schweizerischen Kantons Graubünden, das ein wichtiges Teilstück des spanischen Nachschubweges von Italien nach Flandern bildete und von den Spaniern 1622 unter Ausnutzung von Religionswirren kurzerhand besetzt wurde. Hier ließ Richelieu 1624, im Bündnis mit Savoyen und Venedig, französische Truppen aufmarschieren, um den spanischen Einfluß zurückzudrängen. Zu derselben Zeit verband er sich mit England, das wegen der Entwicklung der Pfälzer Frage mit Spanien gebrochen hatte, und mit den Generalstaaten, die nach dem Ablauf eines 12jährigen Waffenstillstandes seit 1621 mit Spanien wieder im Krieg standen. Richelieu praktizierte hier das Prinzip der »verdeckten Kriegführung«. Zum offenen Kampf gegen Spanien und den Kaiser ging er notgedrungen erst 1635 über. Der Kardinal arbeitete darüber hinaus an einer Koalition, an der sich neben den Niederlanden, England und norddeutschen Reichsfürsten auch Christian IV. und sein schwedischer Rivale König Gustav II. Adolf (1611–1632) beteiligen sollten. Das Bündnis kam auch 1625 in Den Haag zustande, aber ohne den Schwedenkönig, der gegen Polen wegen Livland Krieg führte.

Die protestantische Haager Allianz war der Auftakt zur zweiten Phase des Dreißigjährigen Krieges, die 1629 mit dem Lübecker Frieden und dem Restitutionsedikt zu Ende ging. Christian IV. und die mit ihm verbündeten Heerführer wurden geschlagen – der Dänenkönig entscheidend bei Lutter am Barenberge (27. August 1626) –, und die Chance, bis nach Mecklenburg und Holstein vorzustoßen, wurde von dem kaiserlichen Heer unter Wallenstein genutzt, der 1627 bis Jütland vordrang und 1628 Mecklenburg besetzte. Er hatte es unternommen, auf eigene Kosten und auf Kredit für den Kaiser ein Heer aufzustellen, das zu Anfang 1627 bereits über 100000 Mann stark war. Die Unterhaltung des Heeres geschah mit Hilfe eines brutal exekutierten Kontributionssystems – auf das noch einzugehen sein wird –, das gleichzeitig die Sicherheit für die Heeresfinanzierung bot. Das Vordringen Wallensteins bis in den deutschen Norden ist im Zusammenhang mit – nicht durchführbaren – Plänen der Spanier zu sehen, eine Seemacht zu gründen und v.a. die Holländer auszuschalten, die den Ost-West-Handel beherrschten. Wallenstein selbst wurde 1628 zum »General des Baltischen und Ozeanischen Meeres« ernannt. Die Präsenz des »Exercitus catholicus« an der Ostsee stellte einen Störfaktor ersten Ranges für den Schwedenkönig dar, der eine Allianz zwischen Kaiserlichen und Polen befürchtete und sein politisches Programm eines Ostseeimperiums bedroht sah. Um eine mögliche dänisch-schwedische Verbindung und eine von den Feinden Habsburgs gewünschte Fortsetzung des Krieges zu verhindern, schloß Wallenstein mit dem Dänenkönig den maßvollen Frieden von Lübeck (22. 5. 1629). Christian IV. verzichtete auf seine südelbischen Herrschaftsansprüche und auf weitere Bündnisse mit norddeutschen Fürsten und behielt ansonsten seine Territorien. Der kaiserliche Feldherr erlangte wenig später die Belehnung mit dem Herzogtum Mecklenburg. Binnen weniger Jahre war der böhmische Adlige, der durch eine reiche Heirat und als Nutznießer der katholischen Restauration in Böhmen ein riesiges Vermögen angehäuft hatte, in den Reichsfürstenstand aufgestiegen, ein unerhörter Vorgang, der das Verhältnis zwischen Kaiser und Reichsständen, insbesondere Maximilian von Bayern, ähnlich belasten mußte wie die Ächtung des Pfälzers.

Restitutionsedikt 1629

Das Kriegsglück des Kaisers machte es jetzt auch möglich, Hand an die norddeutschen Bistümer zu legen. Das kaiserliche sogenannte Restitutionsedikt (6. 3. 1629) ordnete die Wiederherstellung des katholischen Glaubens in den der Kirche seit 1552 entfremdeten Besitzungen an. Seine Durchfüh-

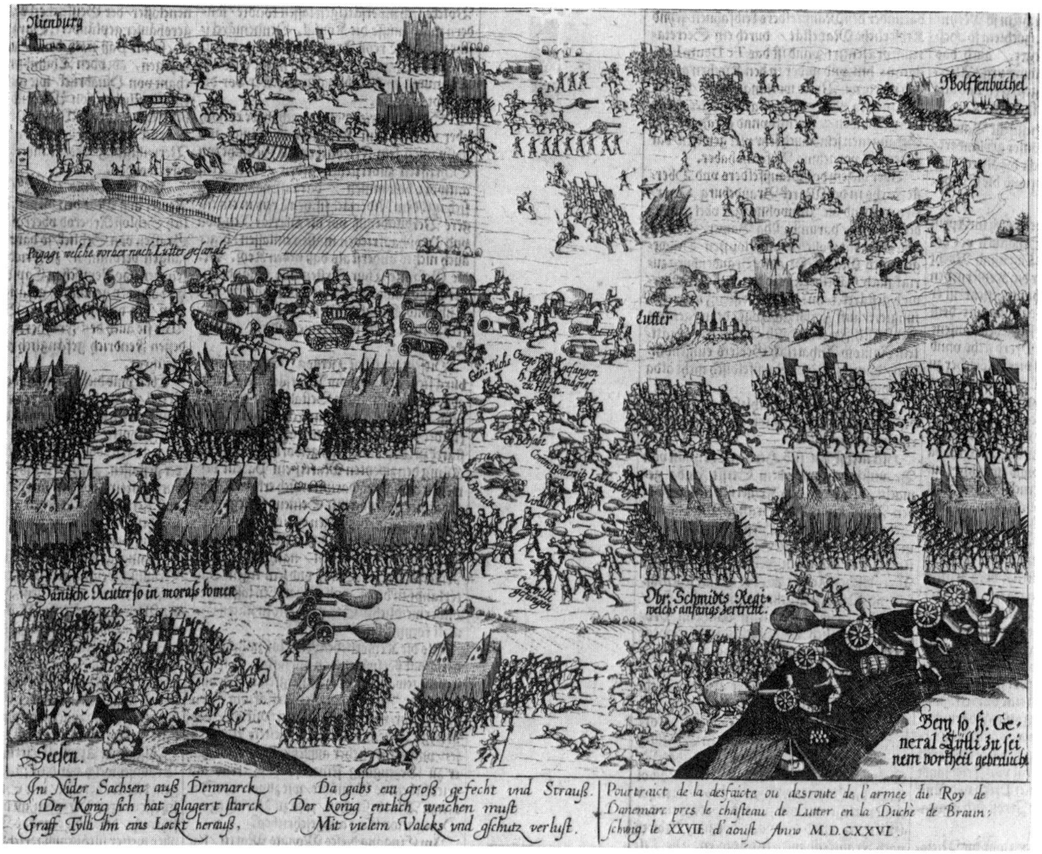

Die Schlacht bei Lutter am Barenberge (Kupferstich, um 1643)

rung hätte womöglich die Vernichtung des norddeutschen Protestantismus und eine enorme Machtsteigerung für Ferdinand II. gebracht.

Im Grunde trat nun wieder eine dem Jahre 1548 vergleichbare Situation ein, als der kaiserliche Machtzuwachs nach Auffassung der Reichsfürsten das dualistische Verfassungsgefüge bedrohte und sich die Stände über die Konfessionsgrenzen hinweg zu gemeinsamer Opposition gegen den Kaiser zusammenfanden. Hinzu kamen ein im habsburgischen Lager umstrittenes militärisches Engagement kaiserlicher Heeresverbände im mantuanischen Erbfolgekrieg und das Eingreifen des schwedischen Königs in den deutschen Krieg, eine Entwicklung, die die habsburgischen Kräfte an mehreren Fronten zugleich band und von Kardinal Richelieu kräftig gefördert wurde. Die Wende des Krieges zeichnete sich ab. Als mit dem Aussterben des Hauses Gonzaga (1627) die Erbfolge im Herzogtum Mantua und in Montferrat zwischen mehreren Kandidaten strittig war, griffen sowohl Spanien, seit 1629 unterstützt von kaiserlichen Truppen, und Frankreich mit starken Heeresverbänden ein. Dieses Vorspiel zum großen Krieg zwischen beiden Mächten band erhebliche kaiserliche Kräfte, die etwa zur Durchführung des Restitutionsedikts sowie in Ungarn oder im Kampf gegen Schweden benötigt wurden. Der Kaiser konnte sich aus diesem Konflikt erst nach großen, von Frankreich erzwungenen Zugeständnissen zurückziehen (Friede von Cherasco 1631). Inzwischen war Gustav Adolf am 6. Juli 1630 mit etwa 13000 Mann auf Usedom gelandet und ging daran, durch Einnahme befestigter Plätze, Vergrößerung und Schulung seiner Armee sowie durch Subsidien- und Bündnisverträge eine tragfähige Operationsbasis zu schaffen. Ihm

Eingreifen Schwedens in den Deutschen Krieg

war es wohl in erster Linie um die Ausweitung seiner Herrschaft im Ostseeraum zu tun, und zwar durch Eingliederung deutscher Territorien. Sein konfessionspolitisches Motiv sollte indessen nicht zu gering veranschlagt werden; es war vorgegeben durch seine Erziehung und auch durch die damaligen inneren Verhältnisse Deutschlands bestimmt. Ahnungslos arbeiteten ihm die Kurfürsten im Juli 1630 in die Hände. Um eine weitere Machtsteigerung des Kaisers zu verhindern, nötigten sie in Regensburg Ferdinand II. zu dem Zugeständnis, Wallenstein abzusetzen und das kaiserliche Heer zu verkleinern. Der Kaiser war zu diesem Entgegenkommen bereit, weil er hoffte, im Gegenzug die Wahl seines Sohnes zum König durchzusetzen. Er wurde jedoch nicht gewählt, die Niederlage der Habsburger war vollständig.

Bewußt und systematisch hatte dagegen Richelieu das Eingreifen Gustav Adolfs in den Krieg in Deutschland vorbereitet. Unter maßgeblicher diplomatischer Vermittlung Frankreichs kam 1629 ein mehrjähriger Waffenstillstand zwischen Polen und Schweden zustande, der Gustav Adolf Rückenfreiheit für die geplanten Operationen verschaffte, und in Bärwalde (Januar 1631) schloß das katholische Frankreich mit dem protestantischen Schweden einen Subsidienvertrag zur Unterstützung des bevorstehenden Kampfes, der dritten Phase des Dreißigjährigen Ringens, des schwedischen Krieges (1630–34). Die Zurückhaltung der in ihrer Mehrzahl reichstreuen protestantischen Fürsten Norddeutschlands gegenüber schwedischen Bündnisangeboten und -forderungen wurde erst nach der Belagerung und Eroberung Magdeburgs durch Tillys Truppen im Mai 1631 aufgegeben. Nun begaben sich selbst die vornehmsten protestantischen Reichsstände, die Kurfürsten von Brandenburg und von Sachsen, auf die schwedische Seite, und die vereinigte schwedisch-sächsische Streitmacht schlug Tillys Heer vor Breitenfeld bei Leipzig (17. 9. 1631). Das war der Beginn eines siegreichen Feldzugs, der Gustav Adolf nicht, wie es Richelieu erwartet hatte, gegen den Kaiser und in die habsburgischen Erblande führte, sondern nach Süden, nach Bayern (Frühjahr 1632), in die Territorien Maximilians. Richelieu hatte ihm in seiner politischen Strategie die Rolle einer dritten Kraft in Deutschland zugedacht, die nach Maßgabe der französischen Maxime, dem Kaiser von außen und in Deutschland selbst zu schaden, hätte eingesetzt werden sollen.

Der Krieg nahm erst wieder einen für den Kaiser günstigeren Verlauf, als Wallenstein erneut ein kaiserliches Kommando erhielt und im Winter 1631/32 eine neue kaiserliche Armee aufstellte. Der Krieg ging also weiter, auch nachdem Gustav Adolf in der Schlacht bei Lützen gefallen war (16. 11. 1632). Die Führung lag nun bei dem schwedischen Reichskanzler Axel Oxenstierna, der im Heilbronner Bund ein großes protestantisches Bündnis unter klarer schwedischer Führung zusammenbrachte und den Einfluß Schwedens bis tief hinein nach Süddeutschland ausweitete. Da die Schweden sich auch nach dem Tod ihres Königs in Deutschland festsetzten, mußte es nun das Ziel des Kaisers sein, sie wieder zu vertreiben, und das Richelieus, sie bis zur endgültigen Niederlage des Hauses Habsburg im Reich zu halten. Eine abermalige Wende im Kriegsglück zugunsten der Kaiserlichen erfolgte 1634, aber ohne Wallenstein. Dieser war mit seinen Operationen 1633 nicht recht erfolgreich gewesen, und, den Krieg ohne Nachdruck führend, hatte er eigenmächtig Kontakte mit Sachsen, Schweden und Frankreich geknüpft, auch mit Abgeordneten der böhmischen Rebellen, obwohl er nur die kaiserliche Vollmacht besaß, mit Sachsen wegen eines Separatfriedens zu verhandeln. Er fiel in Ungnade und gedachte der drohenden Absetzung durch das Überwechseln zum Gegner zuvorzukommen, erhielt aber nicht die Unterstützung seiner Heerführer, die fast alle von ihm abfielen. Der kaiserliche Befehl, Wallenstein gefangenzunehmen und notfalls auch zu töten, wenn er Widerstand leisten sollte, wurde als Mord an einem Wehrlosen ausgeführt.

Die Ermordung Wallensteins zu Eger am 25.2.1634 (Kupferstich 1634)

Niederlage der Schweden 1634 und Prager Friede

Grundlage der militärischen Erfolge des Jahres 1634, vor allem der Niederlage der Schweden bei Nördlingen (6. September), die den Zusammenbruch der schwedischen Macht in Süddeutschland herbeiführte, war die Neuorganisation des kaiserlichen Heeres und das Eingreifen spanischer Verbände in das Kriegsgeschehen. Der kaiserliche Sieg bei Nördlingen förderte schon vorhandene Friedensbemühungen in Deutschland, und die ehemaligen Bündnispartner Schwedens näherten sich dem Kaiser; auch in Schweden neigte eine starke Partei zum Frieden, u.a. mit Rücksicht auf den 1635 auslaufenden Waffenstillstand mit Polen.

Auf den sächsisch-kaiserlichen Vorvertrag von Pirna (November 1634) folgte im Mai 1635 der Prager Friede, den Ferdinand II. als das Haupt der Katholiken und der sächsische Kurfürst Johann Georg (1611–1656) als Führer der Evangelischen schlossen. Der Kaiser verzichtete auf die Durchführung des Restitutionsedikts und billigte die Festschreibung des Kirchenbesitzes und des Bekenntnisses nach dem Stand von 1627 – wenn auch zunächst nur für 40 Jahre – und traf territoriale Regelungen zugunsten von Bayern und Kursachsen. Der Kaiser erhielt dagegen den Oberbefehl über eine zu bildende Reichsarmee, die nur ihm verpflichtet sein und von ihm und dem Reich finanziert werden sollte. Die Reichsstände verzichteten darauf, Bündnisse untereinander zu schließen. Nach dem Willen der Vertragschließenden sollte sich die Streitmacht des Reiches gegen Frankreich und Schweden richten, und den angestrebten Frieden betrachtete man als innere, deutsche Angelegenheit.

Umstritten ist, ob die Prager Heeresreform als eine von der politisch-militärischen Notlage diktierte Lösung anzusehen ist oder ob sie weit darüber hinaus zielte und den Versuch darstellte, ohne Rücksicht auf die konfessionellen Schranken die Kräfte Deutschlands zur Bildung einer absoluten Monarchie zusammenzufassen.

Frankreichs Übergang zum offenen Krieg

Der weitere Verlauf des Krieges, der seit 1635 als französisch-schwedischer Krieg bezeichnet wird und noch einmal ganze 13 Jahre währte, erwies die Undurchführbarkeit des Prager Programms. Frankreich, das bisher den offenen Krieg gegen Spanien und den Kaiser vermieden hatte, sah sich nach den militärischen Erfolgen Habsburgs, zu denen spanische Truppen Wesentliches beigetragen hatten, und nach dem Prager Frieden, der ein neuerliches, von Frankreich immer bekämpftes Zusammengehen von Kaiser und Reichsständen signalisierte, gezwungen, sein Prinzip der verdeckten Kriegführung aufzugeben und den offenen Krieg als letztes Mittel seiner Politik gegen die Habsburger einzusetzen. Die französische Kriegserklärung erfolgte im Mai 1635 an Spanien, die des Kaisers an Frankreich im September, und im Juli kam es zu einem gegen Mailand gerichteten Bündnis mit Savoyen, das sich bald erweiterte, und zu Bündnissen mit einzelnen Reichsfürsten. Abermals brachte französische Vermittlung 1635 die Verlängerung des schwedisch-polnischen Waffenstillstandes zustande, nun um weitere 26 Jahre. 1638 und 1641 schließlich sicherten neue Verträge mit Schweden dessen Kriegsbeteiligung bis zum Kriegsende. Beide Vertragspartner verpflichteten sich, nur gemeinsam Frieden zu schließen. Auf deutscher Seite wurden indessen seit 1641 separate Waffenstillstände mit Schweden geschlossen. In demselben Jahr vereinbarte der Kaiser mit Frankreich und Schweden Friedensverhandlungen in Münster und Osnabrück, die auch 1644 aufgenommen wurden und nach ungeheuren Schwierigkeiten, mehrere Male vom Scheitern bedroht, 1648 abgeschlossen werden konnten. Die mehrjährigen Verhandlungen waren jedoch bis zum letzten Tag von Truppenbewegungen begleitet.

In all den vielen Kriegsjahren wurden die im Felde stehenden Heere zu einer unsäglichen Landplage für die Bevölkerung. Dabei machte es kaum einen Unterschied, ob Freund oder Feind im Lande lag. Die Unterhaltung von Truppen in einer bis dahin nicht gekannten Größe verursachte die schwierigsten Versorgungsprobleme, denen allenfalls die tüchtigsten Truppenführer, soweit sie Organisationstalent und Kredit besaßen, gewachsen waren. Noch war die Kriegswirtschaft nur auf außerordentlichem Wege in Gang zu halten. Wallenstein war eine der größten Begabungen auf diesem Gebiet. Unter ihm wurde es üblich, daß die Bevölkerung, auch die befreundeter Territorien, die Unterhaltskosten für die Soldtruppen in voller Höhe zu tragen hatte. Sein konsequent durchgeführtes Kontributionssystem bot, solange es die Ressourcen eines Territoriums erlaubten, gewissermaßen die Sicherheit für die gewaltigen Kapitalien, die in seinen Armeen gebunden waren. Die Truppenverbände stellten, unter einem finanziellen Gesichtspunkt betrachtet, Investitionen dar, die sich bezahlt machen sollten. Man setzte sie daher auch ungern dem unwägbaren Risiko einer Schlacht aus, benutzte sie also nicht sosehr als militärisches Kampfinstrument denn als »länderaussaugendes politisches Druckmittel« (Langer). Marschbewegungen der Truppe zur Gewinnung taktischer Vorteile und zur Schwächung der Nahrungsgrundlage des Gegners waren also wichtige taktische Mittel im Rahmen einer gegebenen militärischen Strategie. Die Landbevölkerung litt unter dieser Kriegspraxis besonders. Nach Schätzungen von Günther Franz fielen etwa 40% der ländlichen und etwa 33% der städtischen Bevölkerung dem Krieg und den Seuchen zum Opfer. In Teilen von Mecklenburg und Pommern, in Henneberg und Coburg, in der Pfalz, in Hessen und in Württemberg lagen die Verluste weit über dem Durchschnitt, während Schleswig-Holstein, Niedersachsen und der Nordwesten wohl den Vorkriegsstand gehalten haben werden.

Kontributionen

Diese wenigen Angaben mögen genügen um anzudeuten, daß der Krieg in den letzten Jahren in einem über weite Gebiete ausgelaugten Land geführt wurde, von nur verhältnismäßig wenigen Parteien, die nun der Zustand der Erschöpfung an den Verhandlungstisch zwang und die Friedenssehnsucht des Gros der Reichsstände, die selber nie aktiv in den Krieg eingegriffen, sondern ihn immer nur erlitten hatten.

Kupferstich auf einem Flugblatt, 1636

Friedensverhandlungen

Bei den Friedensverhandlungen ging es um folgende große Komplexe: um das Problem der Mitwirkung der Reichsstände bei den Verhandlungen, um die Klärung der innerdeutschen Streitfragen und um die »Satisfaktion« Frankreichs und Schwedens. Dem Kaiser – seit 1637 Ferdinand III. – kam es entscheidend darauf an, auf dem Kongreß als alleiniger Repräsentant des Reiches die Beziehungen zu den fremden Mächten zu regeln und die innerdeutschen Fragen auf einem eigens dafür anzusetzenden Reichstag in Verhandlungen mit den Reichsständen zu klären, also ohne Einflußnahme des Auslands. Den Kronen Schweden und Frankreich dagegen und auch der Ständeopposition ging es um eine Bestätigung der überkommenen dualistischen Reichsverfassung, die dann auch in der Weise gelang, daß die Reichsstände im Sommer 1645 vom Kaiser als vollberechtigte Teilnehmer mit eigenem Stimmrecht anerkannt wurden und damit auf dem Kongreß als völkerrechtlich selbständige Glieder das Recht wahrnehmen konnten, über Krieg

Abschluß und Verkündigung des Westfälischen Friedens im Rathaussaal zu Münster, 1648 (Stich von Syderhoff nach einem Gemälde von Gerard Terborch)

und Frieden mitzuentscheiden. Ein wesentliches Problem der Reichsverfassung war damit schon in der ersten Verhandlungsphase, vor dem Beginn der Beratungen über die innerdeutschen Fragen, entschieden. Die Regelung dieser Fragen erfolgte auf der Basis von Amnestie und Restitution. Für alle am Krieg Beteiligten wurde Straffreiheit vereinbart, d.h. alle Geächteten, somit auch Kurpfalz, erlangten ihre Reichsstandschaft wieder. Der Territorialbesitz der Reichsstände wurde nach dem Stand von 1618 wiederhergestellt, mit der Ausnahme etwa, daß Bayern im Besitz der Oberpfalz und der pfälzischen Kur bestätigt wurde, während für den restituierten Pfälzer eine neue, achte Kur geschaffen wurde. Die Reichsverfassung wurde in ihrer dualistischen Grundstruktur erhalten und das Gewicht der Reichsstände, deren Territorialhoheit anerkannt wurde, verstärkt. Sie erhielten das volle Bündnisrecht untereinander und mit dem Ausland – aber eingeschränkt durch einen interpretationsbedürftigen Treuevorbehalt gegen Kaiser und Reich – und darüber hinaus weitgehende Mitbestimmungsrechte in wichtigen Reichsangelegenheiten (Gesetzgebung, Bündnisse, Entscheidung über Krieg und Frieden, militärische Maßnahmen). Die Reichsstädte besaßen fortan das Recht, nicht nur mitzuberaten, sondern auch mitzuentscheiden (votum decisivum). Die Religionsfragen wurden auf der Grundlage des Friedens von 1555 geregelt, dessen konfliktträchtige Bestimmungen man präziser faßte und endgültig klärte. Majorisierungen sollten nicht mehr vorkommen, und so vereinbarte man die paritätische Besetzung der Reichsbehörden, schloß Kaiser und Reich als Schiedsinstanzen aus und schrieb für die Beratung von Konfessionsfragen durch den Reichstag ein Auseinandertreten der Stände nach Konfessionen vor und ihre freundschaftliche Übereinstimmung (amicabilis compositio) als

Grundlage der Gültigkeit eines Reichsschlusses. Nach wie vor sollte der Landesherr die Landeskonfession bestimmen dürfen, aber entscheidend eingeschränkt wurde das Prinzip durch die Festlegung eines »Normaljahres«: Der kirchliche Besitzstand von 1624 sollte für immer gelten, wobei wiederum für die Erblande des Kaisers und die Oberpfalz Ausnahmen gemacht und verschiedene Modi der Religionsausübung je nach der konkreten Praxis von 1624 vorgeschrieben wurden. Die Zwangsbekehrung der Landesuntertanen bei Konfessionswechsel des Landesherrn sollte es nicht mehr geben.

Einbezogen in den Frieden wurden auch die Calvinisten, für deren Verhältnis zu den Lutheranern eine besondere Normaljahrsbestimmung galt; ausgeschlossen blieben die Sekten. Der Grundsatz des 18. Jahrhunderts, daß jeder nach seiner Fasson selig werden möge, ist in diesen Regelungen somit noch nicht erkennbar.

Der dritte große Beratungskomplex betraf die Forderungen der im Krieg siegreich gebliebenen fremden Mächte Frankreich und Schweden. Es ging im wesentlichen um Landgewinn. Frankreich erreichte praktisch die Abtretung des Elsaß, des Sundgaus, der Stadt Breisach und ein Besatzungsrecht in Philippsburg, außerdem aber auch den Verzicht des Kaisers auf die lothringischen Bistümer Metz, Toul und Verdun. Der Umfang der habsburgischen Zugeständnisse hinsichtlich seiner Rechte im Ober- und Unterelsaß und an der elsässischen Reichslandvogtei wurde von den französischen Unterhändlern zunächst überschätzt, dann aber mit von französischer Seite eingebrachten Formulierungen so geschickt umschrieben, daß sie zu Lasten der vielen kleinen reichsunmittelbaren Stände auf eine umfassende französische Territorialherrschaft und auf Einverleibung in die Krondomäne hinausliefen; und in der Frage der räumlichen Ausdehnung der Herrschaft über die Bistümer verhinderte Frankreich eine Präzisierung des Vertragstextes und bekam Rechtstitel in die Hand, die die hegemoniale Expansion unter Ludwig XIV. zu rechtfertigen hatten. Schweden erhielt als Satisfaktion Vorpommern mit der Insel Rügen und Stettin, Wismar in Mecklenburg, dazu das Stift Verden und das Erzstift Bremen, d.h. die Mündungen von Oder, Elbe und Weser und mit ihnen die Seezölle wurden fortan von Schweden kontrolliert. Die schwedische Krone erlangte für ihre deutschen Besitzungen Sitz und Stimme im Reichstag. Außerdem wurden fünf Millionen Reichstaler für die Abfindung der schwedischen Soldateska bewilligt. Die durch die Satisfaktion geschädigten norddeutschen Fürstenhäuser wurden mit den norddeutschen Bistümern entschädigt. Im Zuge dieser Generalbereinigung der politischen Verhältnisse schieden die Schweiz und die niederländischen Generalstaaten ganz aus dem Reichsverband aus.

Friede von Münster und Osnabrück

Dem Frieden von Münster und Osnabrück, der am 24. Oktober 1648 in Münster unterzeichnet wurde, lag die von Richelieu konzipierte Idee eines Universalfriedens zugrunde, der die Verschmelzung aller partikularen Friedensschlüsse vorsah sowie ihre Garantie durch alle Unterzeichner, also eine »wechselseitige ... Kollektivgarantie aller für und gegen alle« (Heckel). Das blieb freilich nur ein Programm, denn die italienischen Verträge fanden keine Berücksichtigung, und vor allem Spanien war auf das Betreiben Frankreichs und gegen den Willen Ferdinands III. ausgeschlossen. Erst 1659 schloß es seinen Frieden mit Frankreich.

Vor 1945 sah man auf deutscher Seite diesen Frieden auf der Ohnmacht Deutschlands und auf dem endgültigen Verlust seiner nationalen Einheit gegründet. Heute betont man eher seinen Beitrag zu einer europäischen Friedensordnung auf der Grundlage gleichberechtigter Staaten, zu einer deutschen Friedensordnung auf gleichsam rechtsstaatlicher Basis, unter Ausschluß des absolutistischen Machtstaates, und schließlich seinen Beitrag zur friedlichen »Koexistenz und Parität der Konfessionen ...« (Heckel).

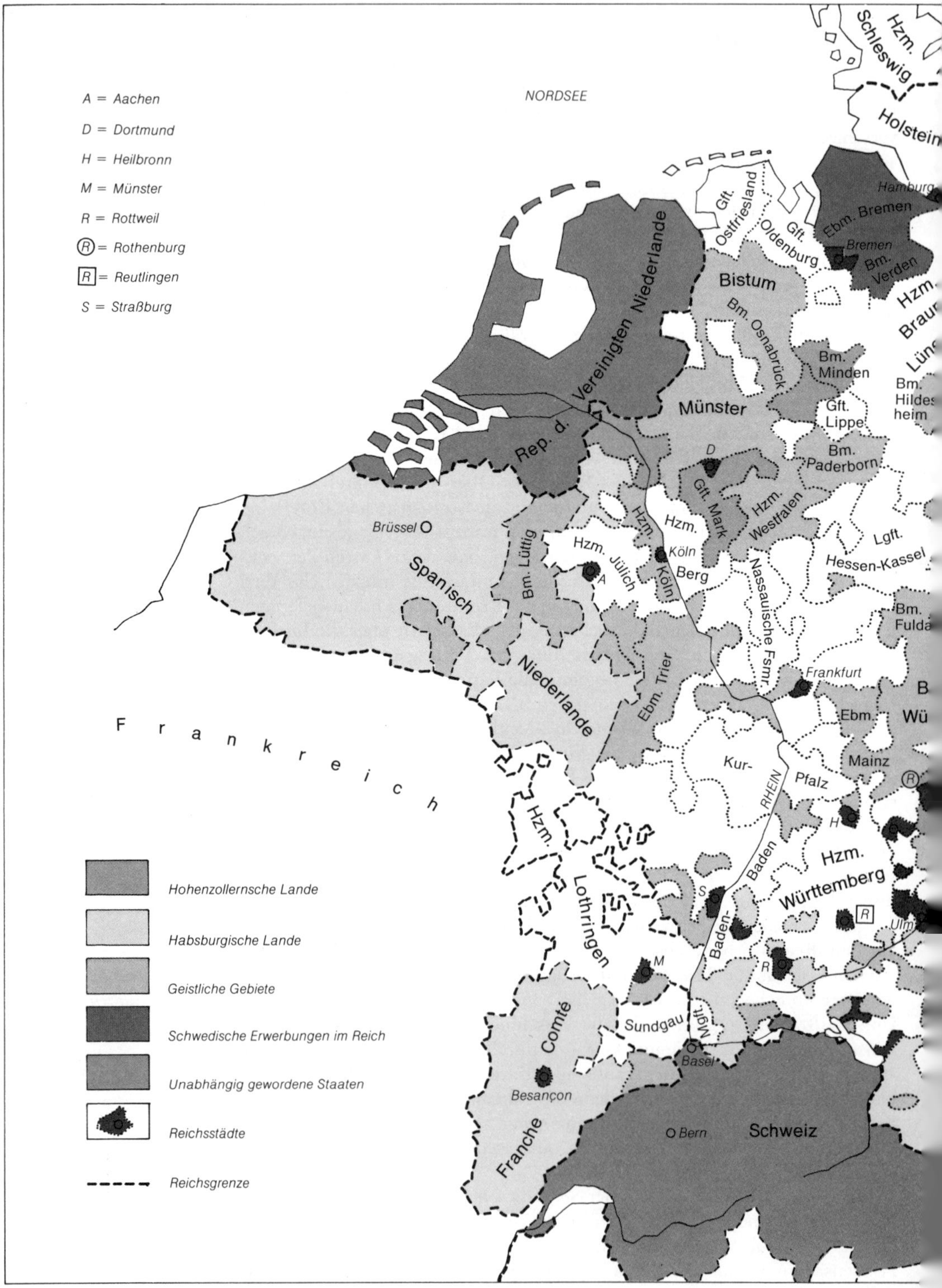

Mitteleuropa nach dem Dreißigjährigen Krieg (1648)

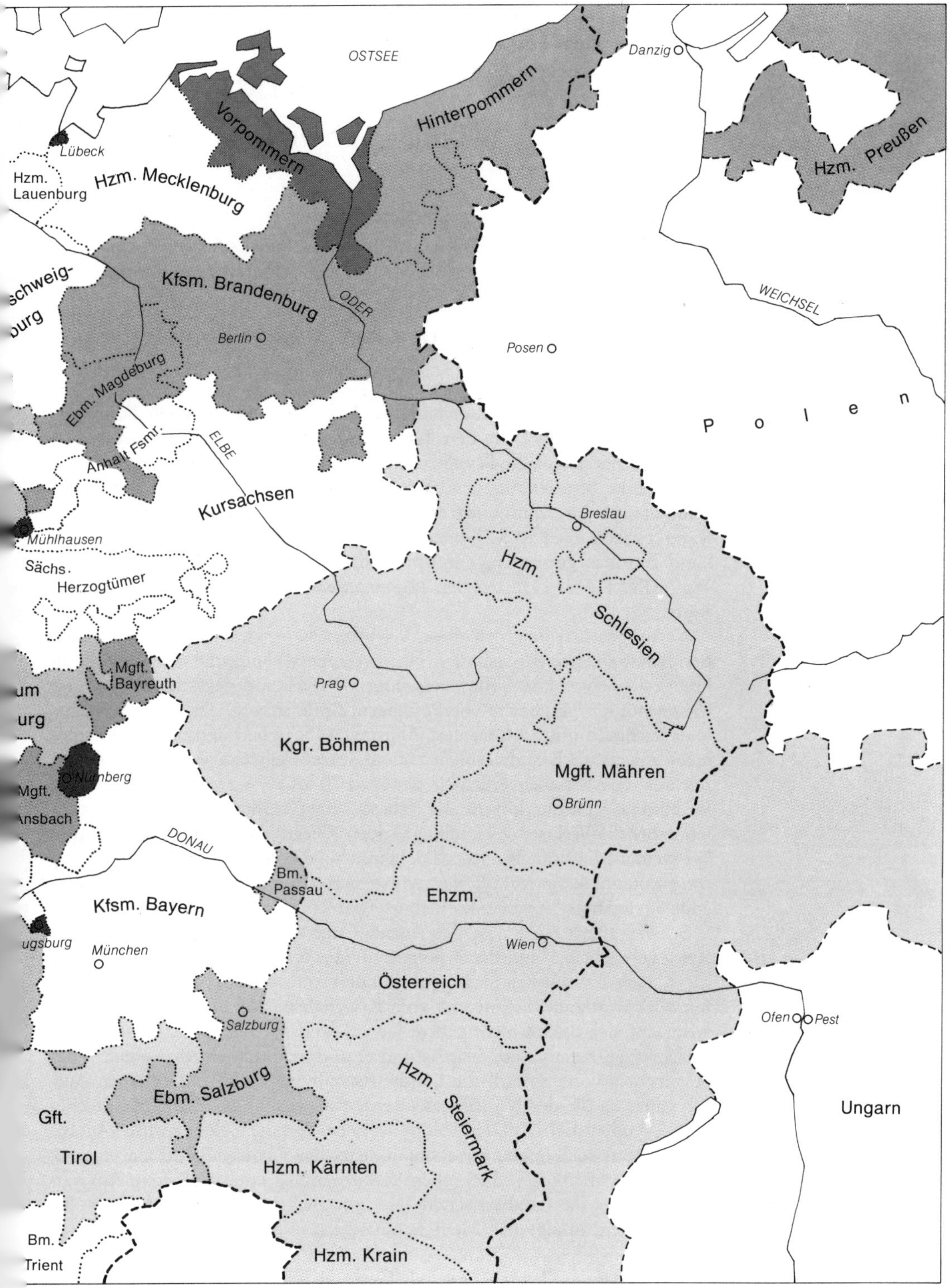
OSTSEE
Danzig
Vorpommern
Hinterpommern
Hzm. Preußen
Lübeck
Hzm. Lauenburg
Hzm. Mecklenburg
Kfsm. Brandenburg
ODER
Berlin
WEICHSEL
Posen
Ebm. Magdeburg
Anhalt Fsmr.
ELBE
Polen
Kursachsen
Breslau
Mühlhausen
Sächs. Herzogtümer
Hzm. Schlesien
Mgft. Bayreuth
Prag
Kgr. Böhmen
Mgft. Mähren
Brünn
Nürnberg
Mgft. Ansbach
DONAU
Bm. Passau
Ehzm.
Kfsm. Bayern
Wien
ugsburg
München
Österreich
Salzburg
Ofen
Pest
Hzm. Steiermark
Ebm. Salzburg
Ungarn
Gft. Tirol
Hzm. Kärnten
Bm. Trient
Hzm. Krain

Zerfall und Untergang des alten Reiches (1648–1806)

Hans Schmidt

Wirtschaftliche, geistige und gesellschaftliche Grundzüge des Barockzeitalters

Bevölkerungsverluste

In weiten Teilen Deutschlands hatte der Dreißigjährige Krieg ein Trümmerfeld hinterlassen. 40% auf dem Lande und 33% in den Städten sollen nach neueren Schätzungen die Bevölkerungsverluste betragen haben, überwiegend als Folge der Seuchen, die den Zug damaliger Heere stets begleiteten. Hatte Deutschland vor dem Krieg etwa 16 Millionen Einwohner besessen, so waren es jetzt noch 10 Millionen. Frankreich war damit zum volkreichsten Land Europas geworden, ein Umstand, der die Hegemonialpolitik Ludwigs XIV. (1643–1715) in den kommenden Jahrzehnten gewaltig begünstigte.

Natürlich verteilten sich diese Verluste sehr ungleich auf die einzelnen Landschaften. Die Alpenländer, Nordwestdeutschland und das Herzogtum Preußen blieben fast völlig verschont. Die Hauptkriegsschauplätze und Truppendurchzugsgebiete wie Pommern, Brandenburg, Mecklenburg, Mitteldeutschland mit Sachsen und Thüringen, Schlesien und Teile Böhmens, nicht zuletzt auch Südwestdeutschland waren teilweise entvölkert. So erreichten die Menschenverluste in der Pfalz 70 bis 80% des Vorkriegsstandes! Im Hinblick auf die prozentuale Relation zur Gesamtbevölkerung übertreffen daher die Verluste des Dreißigjährigen Krieges die der beiden Weltkriege bei weitem! Es brauchte fast 100 Jahre, bis dieser Rückgang der Bevölkerungszahl wieder aufgeholt war, wobei sich schon unmittelbar nach Kriegsende ein kräftiger Anstieg der Geburtenzahlen feststellen läßt.

Wirtschaftliche Schäden

Schwer abzuschätzen ist das Ausmaß der materiellen Schäden, die der Krieg gebracht hat und deren Folgen für die Wirtschaft Deutschlands. War diese, nach der Blütezeit im 16. Jahrhundert, ohnedies im Niedergang begriffen oder wurde diese Blüte erst vom Kriege geknickt? Eine eindeutige Antwort läßt sich darauf nicht geben. Gewiß fand auch manche Schwerpunktverlagerung damals statt. Leipzig und Frankfurt traten als Messestädte jetzt erst in den Vordergrund; die Landwirtschaft im Osten erlebte einen Aufschwung, da die des Nordens, Westens, Südens und der Mitte des Reiches weitgehend ausfiel. Von den Söldnerführern erpreßte Gelder suchten Anlage nicht zuletzt auch in den verschonten deutschen Gebieten. Aufs Ganze gesehen freilich überwogen die großen Verluste an materiellen Werten. Am härtesten traf es die Landwirtschaft, die nun auch stark verschuldet war. Sie hatte zudem, infolge des Menschenmangels, mit hohen Gesindelöhnen zu rechnen.

Aber auch das ehemals blühende Gewerbe litt, die Produktion stagnierte, und im technischen Wissen fiel man hinter das Ausland zurück. Der Handel hatte ebenfalls Schaden gelitten, einmal wegen der Verlagerung der internationalen Transportwege infolge der immer stärker werdenden Bedeutung des

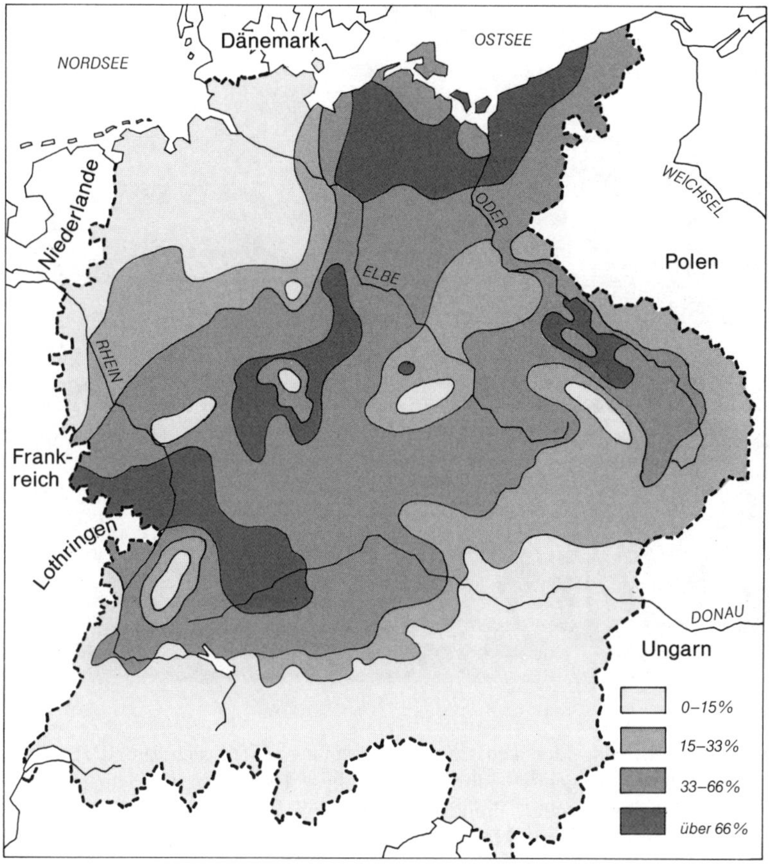

Bevölkerungsverluste durch Krieg und Seuchen 1618–1648

Atlantik; dann auch, weil nun alle deutschen Flußmündungen – und Flüsse waren die schnellsten, sichersten und bequemsten Transportwege der Zeit – von fremden Mächten beherrscht wurden. Überdies erschwerten die zahlreichen Binnenzölle den Transport der Waren beträchtlich, Stapelplätze zwangen immer wieder zum Ausladen und Anbieten der Güter über mehrere Tage hinweg. Wollte man sich dem entziehen, so mußte man eine Ablösung bezahlen, die die Produkte drastisch verteuerte. Von Basel bis zur Mündung des Rheines z.B. gab es 37 solcher Zollstellen bzw. Stapelplätze, die 16 verschiedenen Herren unterstanden.

Deutschland war also, das ist unbestreitbar, wirtschaftlich hinter seine Nachbarn zurückgeworfen. Zu einem Zeitpunkt, da die Niederlande und England ihre Herrschaft über die Weltmeere begründeten, Frankreich durch Colbert zu einer wirtschaftlichen und finanziellen Großmacht wurde, fand man sich hier mit dem Wiederaufbau beschäftigt, der zunächst einmal der Landwirtschaft zugute kam, so daß die vornehmlich agrarische Struktur Deutschlands noch verstärkt wurde. Während bei den westlichen Nachbarn das Manufakturwesen zu blühen begann, läßt sich in Deutschland in diesem Zeitraum nichts Vergleichbares beobachten.

Kameralismus

Bezeichnenderweise erlebte denn auch in Deutschland die Hausväterliteratur, eine mehr landwirtschaftlich orientierte Wirtschaftstheorie, einen zweiten Frühling mit Wolf Helmhard von Hohbergs »Georgica Curiosa« (1682) als Hauptwerk. Die Zukunft gehörte allerdings dem Merkantilismus, dessen typisch deutsche Form, der Kameralismus, in dieser Zeit mit Veit Ludwig

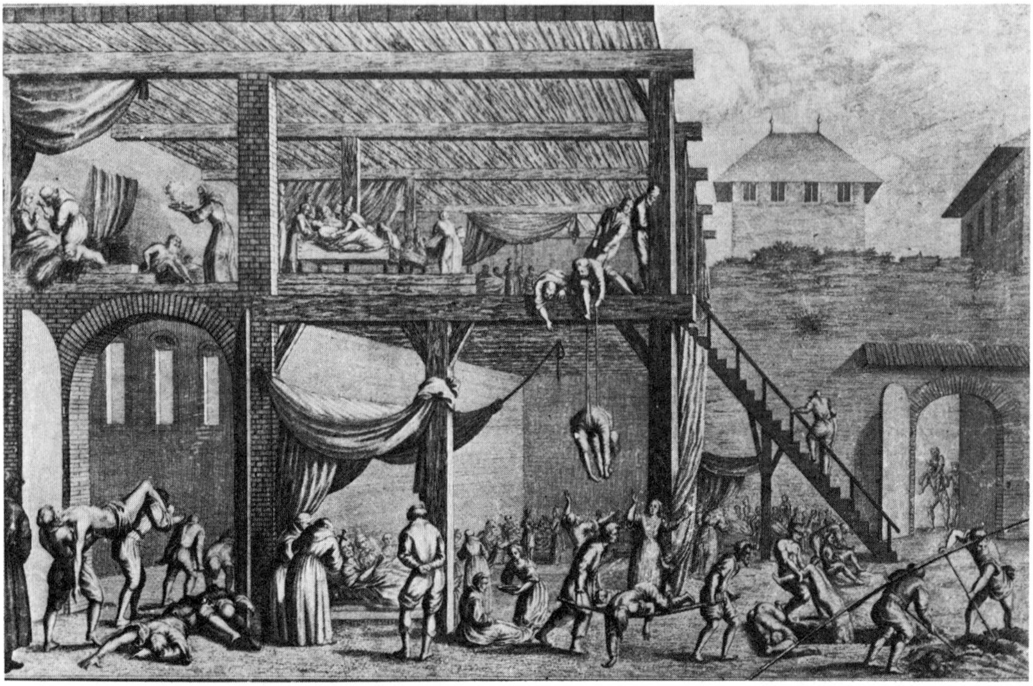

Pest-Hospital in Wien, 1679

von Seckendorffs »Der Teutsche Fürstenstaat« (1656) sich zuerst zu Wort meldete. In den folgenden Jahren erlebte diese Theorie in den Schriften von Johann Joachim Becher, Philipp Wilhelm von Hörnigk und Wilhelm von Schröder ihren Höhepunkt. Alle diese Autoren sahen im Fürstenstaat den Hauptmotor, der durch regulierende Eingriffe dem wirtschaftlichen Handeln die entscheidenden Impulse geben müsse. Der Titel von Hörnigks Hauptwerk »Österreich über Alles, wenn es nur will« (1684) ist zugleich ein Beispiel für den nun im letzten Drittel des 17. Jahrhunderts immer stärker aufkommenden Patriotismus im Reich.

Die Theorie der deutschen Kameralisten war der wirtschaftlichen Wirklichkeit Deutschlands in dieser Zeit nachempfunden. Denn in der Tat gingen die Impulse des Wiederaufbaus in Deutschland hauptsächlich von den Fürsten aus. Diese bemühten sich, ihre Territorien zu »peuplieren«, d.h. deren Bevölkerungszahl zu heben. Durch temporäre Steuerbefreiungen förderten sie beispielsweise die Einwanderung, während Auswanderungsverbote gleichzeitig den Wegzug aus ihren Landen erschwerten. Ja, selbst konfessionelle Zugeständnisse machten einzelne von ihnen, wie etwa Karl Ludwig von der Pfalz (1632–1680), der überhaupt eine der bewundernswertesten Aufbauleistungen vollbrachte, um mehr Menschen in das leere Land zu locken. Die besonders drückende Schuldenproblematik suchte man durch Moratorien (Zahlungsaufschübe) – die hauptsächlich die aufgelaufenen Zinsen betrafen – zu lösen. Der Reichstag hatte hier 1654 das Muster gesetzt.

Nach 20 bis 30 Jahren hatten die meisten deutschen Territorien das Vorkriegsniveau wieder erreicht. Dieser Wiederaufstieg ging aber einher mit einer Umschichtung. Waren, besonders im 16. Jahrhundert, die Reichsstädte die großen Wirtschafts- und Geisteszentren Deutschlands gewesen, so wurden nunmehr die fürstlichen Residenzstädte zum Mittelpunkt aller höheren Kultur und auch des wirtschaftlichen Lebens. Von den fürstlichen Höfen gingen die wesentlichen Impulse aus, an ihnen orientierte man sich, zu ihnen strebten alle wissenschaftlichen, künstlerischen, politischen und militärischen Talente. Nur am Fürstenhof und im Fürstendienst konnte man sich einen Aufstieg erhoffen.

Höfische Kultur

Ein Zug der Enge und der Selbstzufriedenheit, aber auch der Idylle ist dadurch damals in das deutsche Geistesleben hineingekommen, denn die meisten dieser Höfe und Residenzen gehörten ja zu Kleinstaaten, deren politischer und wirtschaftlicher Interessenkreis nicht über das Reich hinausreichte. Ausnahmen bildeten der Kaiserhof, Dresden, dann auch Hannover mit seiner Verbindung zu England und Berlin. Ein Universalgenie wie Leibniz ist ganz im Fürstendienst groß geworden. Und auch der große künstlerische Aufbruch, der mit der Barockbaukunst der siebziger und achtziger Jahre einsetzte und zu einer wahren Glanzzeit führte, die erst mit dem ausgehenden Rokoko am Ende des 18. Jahrhunderts erlosch, wäre ohne die fürstlichen und kirchlichen Höfe, die als Auftraggeber fungierten, nicht möglich gewesen. Das gilt für Baumeister wie Andreas Schlüter und Johann Bernhard Fischer von Erlach genauso wie für die Brüder Asam und Balthasar Neumann. Und auch die großen Musiker wie Heinrich Schütz und Johann Sebastian Bach (in den Jahren vor dem Leipziger Kantoramt) standen im Hofdienst, Georg Friedrich Händel schrieb zumindest für den englischen Hof Musik; denn auch die Barockmusik war selbstverständlich eine höfisch orientierte Kunst.

Akademien

Die Universitäten dagegen sanken zu reinen Ausbildungsstätten herab, die den Staat mit tüchtigen Juristen, Pastoren und Ärzten versorgen sollten. Die Wissenschaft zog sich an die Akademien zurück, die wiederum an den Residenzen in der Regel ihren Sitz hatten. So hat Leibniz im Jahre 1700 zusammen mit der brandenburgischen Kurfürstin Sophie Charlotte die Berliner Sozietät gegründet, die spätere Berliner Akademie der Wissenschaften. Erst die Aufklärung, die am Ausgang des 17. Jahrhunderts in Deutschland Raum zu gewinnen begann – Christian Thomasius in Leipzig war ihr erster großer Vertreter, Christian Wolff in Halle hat ihr endgültig zum Durchbruch verholfen –, ist dann eine Bewegung abseits der Höfe gewesen, um seit der Mitte des 18. Jahrhunderts allerdings auch dort kräftig Fuß zu fassen, wie Friedrich der Große und Josef II. beweisen.

Pietismus

Neben der Frühaufklärung, und zunächst fast wichtiger als diese, ist im evangelischen Teil Deutschlands am Ende des 17. und 18. Jahrhunderts der Pietismus wirksam geworden, eine auf religiöse Verinnerlichung zielende Bewegung, die mit ihrem betonten Individualismus aber – und so in ihren Folgen der Aufklärung ähnlich – ebenfalls auf eine Aufweichung der starren Orthodoxie zielte. Durch August Hermann Francke und dessen Waisenhaus in Halle nahm diese Bewegung Einfluß auf den preußischen Staat, dank Franckes Verbindung zu Friedrich Wilhelm I. (1713–1740).

Die Ideale der Sparsamkeit, Arbeitsamkeit und Pflichterfüllung, die Francke in dem von ihm gegründeten Waisenhaus pflegte, gefielen dem König, der sie ja ebenfalls vertrat. Die von vielen Pietisten praktizierte Toleranz machte die Bewegung den Aufklärern zunächst sogar sympathisch. Neben Preußen ist der Pietismus, der seinen Namen von Philipp Jakob Speners »Pia Desideria« (1675) herleitete, vor allem auch in Württemberg wichtig geworden, hier durch seinen Kampf gegen den rationalistisch erstarrten Glauben. Denn dem Pietismus haftete ein starker Hang zur mystisch-schwärmerischen Verinnerlichung an, wie zahlreiche im 18. Jahrhundert entstandene Kirchenlieder pietistischer Autoren – Gerhart Tersteegen ist hier vor allem zu nennen – bezeugen. Die vom Pietismus ausgegangenen Impulse sind auch heute noch im deutschen Protestantismus nicht gänzlich erloschen. Zweifellos war der Pietismus in hohem Maße eine bürgerliche Gegenbewegung gegen die dominierende höfische Kultur, den Barock.

Die Franckeschen Stiftungen in Halle

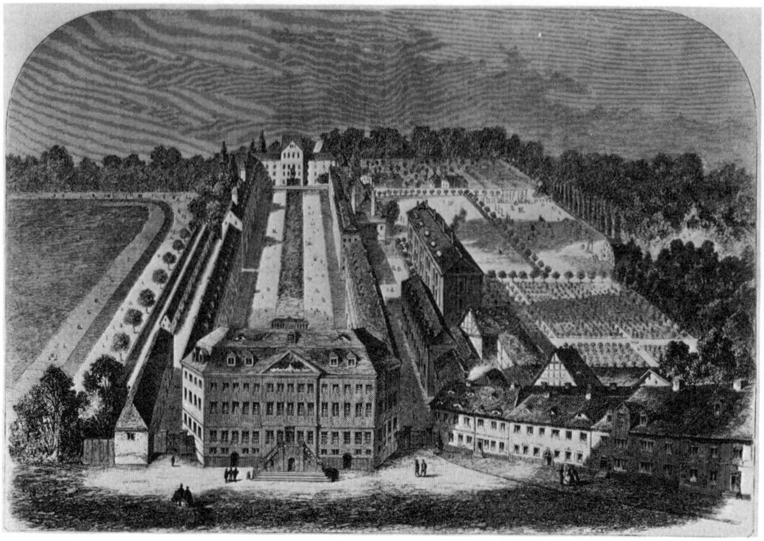

Fürstentum und Adel

Fürstentum und Adel gaben zunächst der Gesellschaft ihr Gepräge. Der Kampf zwischen Adel und Bürgern, Adel und Bauern, wie er das 16. Jahrhundert gekennzeichnet hatte, war – trotz fortdauernden bäuerlichen Widerstandes gegen allzu grobe Übergriffe, meist in Form von Prozessen – entschieden. Gesiegt hatten die Fürsten, die, dem Vorbild Frankreichs folgend, das Bürgertum als Instrument ihrer Politik benutzten, dem Adel, vor allem dem hohen Adel, eine gesellschaftliche Sonderstellung einräumten und schließlich, hier ging Brandenburg in Deutschland voran, versuchten, die Adeligen als Offiziere in den stehenden Heeren zu verwenden. Der Feudalismus als politische Kraft war überwunden oder wurde es doch: »Es ist die Zeit der Autorität, nicht der Majoritäten« (J. Burckhardt). Die hierarchische Ordnung der Gesellschaft, die allseits bejaht wurde, verwirklichte sich am besten am Hof.

In dessen Zentrum, über alle Sterblichen erhoben, stand der Fürst, der seine Autorität von Gott herleitete (Gottesgnadentum). Nur Gottes Gesetz war er denn auch unterworfen. So zumindest faßten die Herrscher selbst ihre Stellung auf und leiteten daraus den Anspruch auf ihre Macht ab. Wohl ist der Ausdruck »Absolutismus« erst im 19. Jahrhundert geprägt worden. Aber das Wort, man müsse den Staat »absolut machen«, findet sich bereits 1673 in einem Schreiben des Herzogs Philipp Wilhelm von Pfalz-Neuburg (1653–1690).

Bürgertum und Beamtenschaft

Als Instrumente zur Ausübung seiner Herrschaft bediente sich der Fürst der Beamtenschaft und des Heeres. Bürgerliche Juristen, denn Kenntnisse waren nun erforderlich, dominierten dabei unter den Beamten. Hatten sie bestimmte Positionen erreicht, so war es üblich, sie in den Adelsstand zu erheben. Doch war dieser Briefadel von deutlich geringerem gesellschaftlichen Ansehen. Immerhin gab es die Möglichkeit des Aufstiegs auch in den Hochadel, wie die Beispiele der österreichischen Hofkanzler Reichsgraf Strattmann und Reichsgraf Seilern beweisen. Strattmann war ein städtischer Patrizier, Seilern der Sohn eines Färbermeisters. Mit Hilfe dieser, vom Herrscher abhängigen und also ihm ergebenen Beamtenschaft, haben die Fürsten das Werk der Sozialdisziplinierung vollbracht und den frühmodernen Finanzstaat geschaffen. Die neuere Forschung hat diese Leistung als das wichtigste innenpolitische Merkmal der Epoche bezeichnet. Die Tatsache, daß die

Fürsten – zumindest in den größeren Territorien – nun ein stehendes Heer unterhielten, hat zum einen die Durchsetzung der hierfür erforderlichen Maßnahmen, insbesonders die Entmachtung der Stände, ermöglicht. Zugleich machten die Finanzbedürfnisse zum Unterhalt der Armee den Ausbau eines Beamtenapparats, mit dessen Hilfe eine straffere Finanzverwaltung überhaupt erst errichtet werden konnte, absolut notwendig.

Was in Deutschland – im Gegensatz etwa zu den Niederlanden und England, aber auch zu Frankreich – fast völlig fehlte, war eine reich und selbstbewußt gewordene bürgerliche Schicht der Händler oder Unternehmer. Nach den Beamten, die in ihren höheren Chargen eindeutig die Spitze des deutschen Bürgertums darstellten, gab es hier nur noch eine, in doch recht bescheidenen wirtschaftlichen Verhältnissen lebende Gruppe von Ärzten, Geistlichen, Apothekern, Hoflieferanten, Hofhandwerkern und ähnlichen Berufen, unter der dann wiederum die Schicht der kleinen Handwerker und schließlich eine weitere Stufe darunter das gemeine Volk der Lakaien und Bauern stand. Wobei es natürlich Ausnahmen gab, so beispielsweise im deutschen Osten ein freies Bauerntum, das zum Teil recht wohlhabend, politisch aber ohne Einfluß war. Das allgemein akzeptierte Gesellschaftsideal war denn auch der »Honnête Homme«, ein ausgesprochenes Adelsideal, in dem schwerste innere Spannungen durch den Willen zur Form gebändigt werden sollten. Nie durfte der Honnête Homme seine Haltung verlieren; Gehorsam, der freiwillig geleistet wurde, erschien als höchste Tugend. »Wenn wir gehorchen, nähern wir uns immer dem Willen Gottes, was die größte aller Freiheiten ist«, hat Prinz Eugen von Savoyen gemeint.

Ideal des »Honnête Homme«

Die Ohnmacht des Reiches und der Aufstieg Frankreichs zur Hegemonie

Wiederaufbau

Die ersten Jahre nach dem Dreißigjährigen Krieg standen vordringlich unter dem Gebot des Wiederaufbaus und der Wiederherstellung der öffentlichen Sicherheit; denn noch zogen zahlreiche Bettelscharen durch die deutschen Lande, meist heimatlos gewordene Bauern und ehemalige Soldaten. Dabei mußte man froh sein, wenn sie es nicht vorzogen als Räuberbande zu leben. Es ist den deutschen Fürstenstaaten gelungen, hier allmählich eine Wende zum Besseren zu bewirken, obwohl das Ende des großen Krieges keineswegs alles Konfliktpotential aus der Welt geschafft hatte.

So sah sich z.B. die Westgrenze des Reiches durch die Scharen des vertriebenen Herzogs Karl IV. von Lothringen bedrängt, der als Verbündeter Spaniens im immer noch fortdauernden Krieg mit Frankreich sein Herzogtum zurückzugewinnen hoffte. Rücksichtslos suchte er die wehrlosen Lande zwischen Rhein, Mosel und Saar mit Quartieren und Plünderungen heim. Hier trat erst nach 1654 eine Besserung ein.

Im Norden des Reiches entstanden Streitigkeiten über die Grenzziehung in Pommern zwischen Brandenburg und Schweden, die 1653 beigelegt werden konnten. Und schon 1651 hatte der Kurfürst Friedrich Wilhelm von Brandenburg (1640–1688) versucht, durch einen Gewaltstreich die Herzogtümer Jülich und Berg seinem pfalzneuburgischen Rivalen Philipp Wilhelm zu entreißen, um so den Jülich-Clevischen Erbstreit endgültig für sich zu entscheiden. Aber seine Armee war zu schwach, und mit Hilfe des Lothringers, dessen Truppen er für sich engagierte, schlug der Neuburger den Angriff ab. Eine kaiserliche Kommission erwirkte schließlich einen Vergleich. Unüber-

Schwäche des Reiches

sehbar trat bei all diesen Ereignissen die Schwäche des Reiches hervor, weshalb die deutschen Fürsten versuchten, durch Allianzen sich gegenseitig zu schützen. Zu nennen ist von diesen politisch bedeutungslosen und rasch wechselnden Bündnissen die Hildesheimer Allianz von 1652 zwischen Braunschweig, Hessen-Kassel und Schweden nur deshalb, weil sie auch den katholischen Fürsten offenstand. Das konfessionelle Zeitalter ging nun doch allmählich seinem Ende entgegen.

Reichstag in Regensburg 1653/54

Zwingend gefordert war vom Friedensvertrag die Einberufung eines Reichstages. Trotzdem vergingen fünf Jahre, ehe dieser am 30. Juli 1653 in Regensburg zusammentrat. Politisch wurde der Reichstag zur Enttäuschung für Ferdinand III. (1637–1657), denn fast keine der schwebenden Fragen konnte gelöst werden. Die Einsetzung einer Kommission etwa, die die rückständigen Prozesse des Kammergerichts regeln sollte, wurde zwar beschlossen, doch trat sie erst 1767, d.h. nach 113 Jahren, zusammen! Der Beschluß, daß eine vom Kaiser verliehene Fürstenwürde ohne den Besitz eines reichsunmittelbaren Territoriums nicht zu Sitz und Stimme am Reichstag berechtigen sollte, machte ein wichtiges Reservatrecht des Kaisers reichspolitisch wertlos. Reichssteuern sollten auch künftig, entgegen Ferdinands Absicht, nur im Bedarfsfall gewährt werden. Weiter wurde die den Fürsten im Friedensvertrag zugesicherte Wehrhoheit festgeschrieben durch die Bestimmung, daß die Landstände diesen zum Unterhalt der Festungen und ihrer Garnisonen – und als solche konnte man ja dann jede beliebige Truppenmacht bezeichnen – Geld gewähren mußten, auch wenn die Höhe der Summe nicht festgelegt war und somit zum ständigen Zankapfel zwischen Fürsten und Ständen wurde. Der »jüngste Reichsabschied«, so genannt, weil dies der letzte Reichstag alten Stiles war, galt fortan als Reichsgrundgesetz. Er hat die Tendenz des Friedensvertrags, die Reichsinstitutionen in ihrer Bedeutung zu heben, so verstärkt, daß der nächste, 1663 einberufene Reichstag dann zum immerwährenden Reichstag in Form eines ständig in Regensburg tagenden Gesandtenkongresses wurde. Als kaiserlichen Kraftakt, gegen den Willen der Reichsstände, hatte Ferdinand III. am 16. 3. 1654 eine neue Reichshofratsordnung erlassen, die diese Institution der Kontrolle der Stände entzog. Damit war die Reichsverfassung, wie sie bis zum Ende des Alten Reiches bestehen blieb, im wesentlichen fixiert.

Reichsverfassung

Das alte Reich, in der Verfassung wie sie sich durch den Westfälischen Frieden und den Regensburger Reichstag von 1653/54 herausgebildet hatte, unterschied sich grundlegend von sämtlichen Staaten des damaligen Europa. In ihm lebte noch die mittelalterliche Lehensstruktur fort. Es war ein Wahlreich, mit dem Kaiser an der Spitze. Seit dem Ende des 15. Jahrhunderts entstammten die Kaiser immer dem Hause Habsburg. Gewählt wurde der Kaiser von den Kurfürsten, nach den Bestimmungen der Goldenen Bulle von 1356. Seit 1648 gab es deren acht, drei geistliche und fünf weltliche. 1692 kam dann das Haus Hannover als neuntes Kurhaus hinzu.

Kaiser und Reich

Der Kaiser vertrat das Reich nach außen, war aber dabei, seit dem Westfälischen Frieden, auf die Mitwirkung der Reichstände angewiesen. Er berief den Reichstag – was ab 1663 durch dessen Permanenz illusorisch wurde. Der Kaiser durfte dem Reichstag Propositionen machen, d.h. dessen Tagesordnung festlegen. Und ein vom Reichstag beschlossenes Gesetz erhielt erst Gültigkeit durch die Ratifikation des Kaisers, der ein absolutes Vetorecht besaß. Schließlich war der Kaiser oberster Richter im Reich und Oberlehensherr. Scheinbar verfügte er daher über große Kompetenzen, tatsächlich aber wurden seine Rechte begrenzt durch die fürstliche Landeshoheit sowie durch Appellationsprivilegien, die es den Untertanen des privilegierten Fürsten verboten, die kaiserlichen Gerichte, also den Reichshofrat oder das Kammergericht, als Oberinstanzen anzurufen. Viele unter den mächtigeren deutschen

Fürsten hatten sich diese Privilegien zu verschaffen gewußt, die Kurfürsten besaßen sie ohnehin. Neben den Fürsten und Kurfürsten gab es zahlreiche weitere selbständige Herrschaften wie Reichsklöster, den Deutschordensstaat, Reichsritter, Reichsstädte und sogar Reichsdörfer.

Reichsstände

Reichsstand war nur, wer Sitz und Stimme auf dem Reichstag besaß. Das traf zu auf die Kurfürsten, die Fürsten und die Reichsstädte, die auf dem Reichstage in drei Kurien organisiert waren. Es gab also einen Kurfürstenrat, einen Fürstenrat und die Städtekurie. Der Reichsfürstenrat war in eine weltliche und eine geistliche Fürstenbank geschieden. Es gab hier Einzelstimmen (Virilstimmen) und die Kuriatstimmen der Grafen und Herren sowie der Prälaten. Eine Kuriatstimme entsprach einer fürstlichen Virilstimme. Sie bestand aus den zusammengefaßten Stimmen einer Anzahl von Grafen und Prälaten, die in der entsprechenden Grafen- bzw. Prälatenbank vereinigt waren.

Jede der drei Kurien des Reichstags hatte nur eine Stimme, die dem Mehrheitsbeschluß innerhalb der Kurie entsprach. Abgestimmt wurde in der Reihenfolge Kurfürsten, Fürsten, Städte, doch mit der Auflage, daß zunächst die beiden ersten Kurien sich über ein gemeinsames Votum verglichen haben mußten. Hatten die drei Kollegien sich geeinigt, wurde der Beschluß damit zum Reichsgutachten, das der Kaiser durch seine Bestätigung zum Reichsabschied und ab 1663 zum Reichsschluß und damit zum Gesetz erhob. Legte er sein Veto ein, dann mußte die ganze Prozedur wiederholt werden. Insgesamt ein umständliches und langwieriges Verfahren. Die so zustande gekommenen Reichsgesetze wurden in der Regel nur von den kleineren Reichsständen, von den größeren aber lediglich dann beachtet, wenn es ihnen opportun schien.

Die Reichsgeschäfte besorgte die Reichshofkanzlei, der als nomineller Vorsitzender der Kurfürst von Mainz vorstand; ihr eigentlicher Leiter war aber der von diesem ernannte Reichsvizekanzler. In der politischen Realität trat die Reichshofkanzlei an politischer Bedeutung hinter der österreichischen Hofkanzlei und dann der Geheimen Ministerkonferenz zurück. Reichskammergericht und Reichshofrat konkurrierten in der obersten Gerichtsbarkeit. Das erstere unterstand der Kontrolle der Reichsstände, der zweite der des Kaisers. Der Reichshofrat war vor allem zuständig in Lehensfragen, besaß also, modern gesprochen, eher die Funktion eines Verfassungs- und Verwaltungsgerichtshofs.

Reichskreise

Ein weiteres wichtiges Reichsorgan, das vor allem auch für die Wehrverfassung Bedeutung erlangte, waren die Reichskreise. Sie sollten den Landfrieden wahren, Kammergerichtsurteile und Reichshofratsbeschlüsse vollstrecken, den Straßenbau fördern, für die Aufrechterhaltung der öffentlichen Sicherheit sorgen. Die Kreise schließlich organisierten durch ihre Truppen, die dem Kreisobristen unterstanden, die Reichsarmee. Zwei Fürsten – in der Regel ein weltlicher und ein geistlicher –, die als ausschreibende Fürsten an der Spitze des Kreises standen, beriefen den Kreistag ein, der ähnlich dem Reichstag organisiert war. Insgesamt gab es zehn Reichskreise: 1.) Den österreichischen Kreis: er umfaßte die habsburgischen Erblande; 2.) den burgundischen Kreis: zu ihm gehörten die spanischen Niederlande, Lothringen und die Franche Comté, die bis zum Frieden von Nymwegen 1678/79 spanisch war; 3.) den fränkischen Kreis; 4.) den bayerischen Kreis: neben dem Kurfürstentum Bayern sind hier vor allem das Erzbistum Salzburg, sowie die Bistümer Passau und Freising zu nennen; 5.) den schwäbischen Kreis; 6.) den oberrheinischen Kreis; 7.) den kurrheinischen Kreis; 8.) den niederrheinisch-westfälischen Kreis; 9.) den obersächsischen Kreis; und 10.) den niedersächsischen Kreis. Bedeutung für die Reichspolitik erlangten hauptsächlich diejenigen Kreise, in denen ein dominierendes Mitglied fehlte. Dies gilt für den

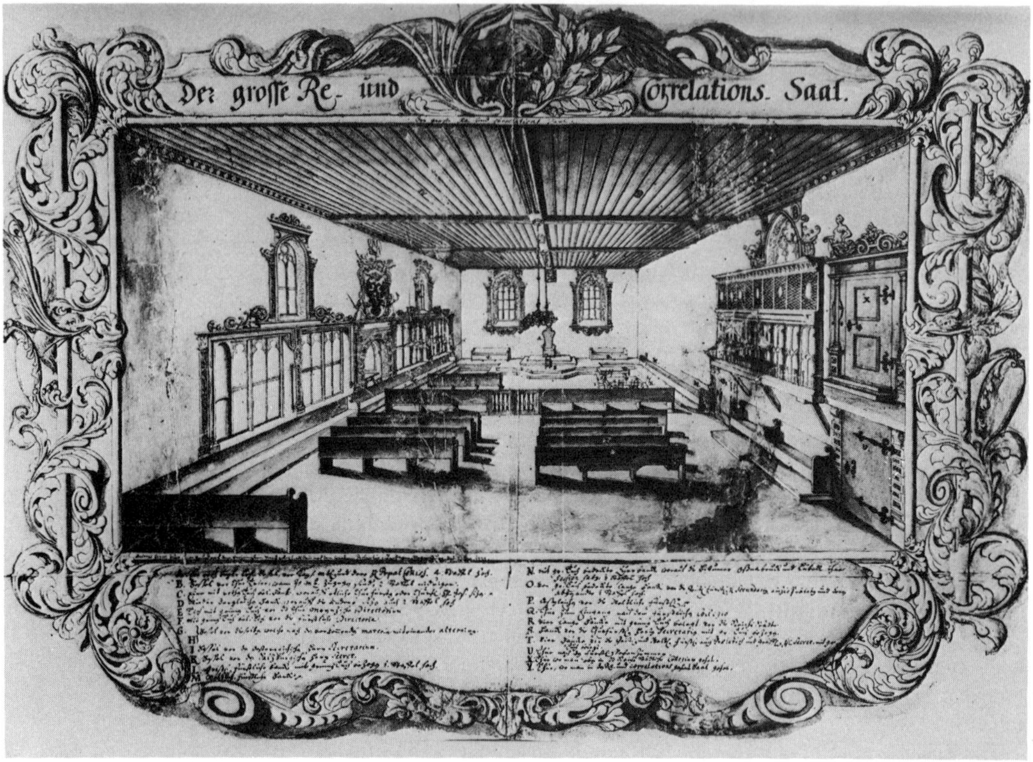

Der große Reichstagssaal des Rathauses von Regensburg (Kupferstich des 17. Jhs.)

fränkischen, den schwäbischen, den oberrheinischen, den kurrheinischen und den niederrheinisch-westfälischen Reichskreis. Ihre Truppen, die den Kern der Reichsarmee bildeten, die dann im 18. Jahrhundert einen so schlechten Ruf genoß, haben sich im 17. Jahrhundert gegen Türken und Franzosen sehr achtbar behauptet. In ihnen war das Reichsbewußtsein noch so lebendig, besonders in den südwest- und süddeutschen Kreisen, daß sie schließlich im ausgehenden 18. Jahrhundert geradezu als »das Reich« bezeichnet worden sind.

Reichswehrverfassung

Im Reichswehrwesen bildete die Reichsmatrikel von 1521 die Grundlage des Reichsheeres. Sie sah eine Reichsarmee von 24000 Mann, davon 4000 Reitern, vor. Jeder Reichsstand mußte sein Kontingent gemäß der Matrikularfestlegung stellen, konnte aber auch durch Geld die Gestellung der Soldaten ersetzen. Nur so werden Kontingente wie beispielsweise die 1¾ Infanteristen der Reichsstadt Buchau in Schwaben verständlich. Kontingente mit derartiger Stückelung waren recht häufig. Veranschlagt wurden die notwendigen Gelder nach Römermonaten – sie hießen so nach den Monatskosten für den Romzug Karls V. von 1521 –, einer nur im Ernstfall ausschreibbaren Kriegssteuer, die in die Reichsoperationskasse eingezahlt werden mußte. 1681 setzte die neue Reichsdefensionalordnung die Normalstärke der Reichsarmee (das Simplum) auf 12000 Reiter und 28000 Infanteristen, insgesamt 40000 Mann also, fest. Im Notfall sollte diese Zahl verdoppelt (Duplum) oder verdreifacht (Triplum) werden können. Doch wurden diese Bestimmungen nie verwirklicht.

Reichsfinanzwesen

Auch das Reichsfinanzwesen war gänzlich unzulänglich. Es gab nur eine Reichssteuer, den Kammerzieler, aus dessen Erträgen das Kammergericht besoldet wurde. Doch ging dieser so schlecht und unregelmäßig ein, daß das

Gericht aus Geldmangel notorisch unterbesetzt war – ein Grund für die lange Dauer der Prozesse.

Unruhe und Unsicherheit, Ziellosigkeit und Schwäche charakterisieren die Außenpolitik der deutschen Territorien jener Jahre. Die Auseinandersetzung mit Ständen und Städten, bei der in der Regel die Fürsten sich durchsetzten, verliehen der Innenpolitik ihre charakteristischen Züge. Besonders augenfällig ist dieses Hin- und Herschwanken, das sich in zahlreichen, rasch in ihrer Konstellation wechselnden Allianzen und Allianzplänen manifestierte, in den Jahren 1648 bis 1654. Bedeutungsvoll wurde nur die Rheinische Allianz vom 15. Dezember 1654 zwischen Kurköln, Kurtrier, dem Bistum Münster und dem Herzog von Pfalz-Neuburg, der 1655 Kurfürst Johann Philipp von Mainz (1647–1673) beitrat. Aus dieser Keimzelle entstand 1658 der Rheinbund. Viel diskutiert wurde früher der Unionsplan des Grafen von Waldeck. Doch weiß man heute, daß dieser gegen den Kaiser gerichtete Plan einer protestantischen Union unter brandenburgischer Führung bei weitem nicht so originell war, wie sein Entdecker Bernhard Erdmannsdörfer glaubte.

Was man erstrebte, war Schutz gegen Angriffe von außen, aber auch die Möglichkeit zu verhindern, daß das Reich in den spanisch-französischen Krieg hineingezogen werde. Die Gefahr dazu bestand durchaus, weil der Kaiser unter der Hand und gegen den Wortlaut des Friedensvertrages seine habsburgischen Verwandten unterstützte. Auch zeigte der von 1655–1660 zwischen Schweden und Polen tobende Nordische Krieg, in den schon bald mit wechselnder Frontstellung Brandenburg und, eindeutig auf Seiten Polens, auch der Kaiser und Dänemark verwickelt wurden, wie prekär und gefährdet die Ruhe des Reiches immer noch war.

Tod Ferdinands IV.

Der Tod, zuerst des jungen Ferdinand IV. (9. 6. 1654), dann seines Vaters Ferdinand III., der am 2. April 1657 49jährig starb, mitten im Nordischen Krieg und ehe der Kaiser noch die Nachfolge seines zweiten Sohnes Leopold Ignaz gesichert hatte, stellte ganz entschieden die Frage nach der habsburgischen Kontinuität auf dem Kaiserthron. Selbstverständlich versuchte Frankreich, das seine alte, antihabsburgische Propaganda noch einmal mit einem gewissen Erfolg aufgriff – erst allmählich dämmerte es in den folgenden Jahren den deutschen Territorialfürsten, wer nunmehr ihre Freiheit bedrohte –, dem Hause Habsburg die Kaiserkrone zu entreißen. Die Tatsache, daß Leopold I. (1658–1705) noch nicht das Wahlalter von 18 Jahren besaß, begünstigte das wüste Spiel von Bestechungen und Intrigen, das nunmehr anhob, mit wechselnden, von Frankreich gestützten Kandidaten, wie dem Herzog Philipp Wilhelm von Pfalz-Neuburg (1653–1690), dann dem jungen Kurfürsten Ferdinand Maria von Bayern(1651–1679) und, nicht laut genannt, aber Kardinal Mazarins eigentlicher Wunschkandidat, Ludwig XIV. (1643–1715). Die Schlüsselgestalt des Wahlgeschehens war der Reichserzkanzler, der Mainzer Erzbischof und Kurfürst Johann Philipp von Schönborn (1647–1673), den die Zeitgenossen den »Teutschen Salomo« nannten. Er, der das Reich vor allem aus drohenden internationalen Konflikten heraushalten wollte, hat schließlich die Weichen zur Wahl Leopolds I. am 18. 7. 1658 gestellt. Vorher allerdings hatte Leopold eine für ihn bittere Wahlkapitulation unterschreiben müssen.

Rheinbund

Am 15. August 1658 schlossen überdies die Kurfürsten von Mainz, Trier und Köln sowie die Herzöge von Pfalz-Neuburg, Braunschweig-Lüneburg und Bremen-Verden (d.h. Schweden) und der Landgraf von Hessen-Kassel den Rheinbund, dem einige Tage später auch Frankreich beitrat. Er war das Werk Schönborns und Kardinal Mazarins. Wollte Schönborn durch den Rheinbund den Reichsständen gegenüber dem Kaiser mehr Gewicht verschaffen, so Mazarin Frankreichs Einfluß im Reich verstärken. Tatsächlich ist der Rheinbund, dem später auch Brandenburg und Münster beitraten,

Kaiser Leopold I.

kein bloßes Instrument französischer Machtpolitik im Reich gewesen. Als man versuchte, ihn dazu zu machen und Frankreichs Bedrohlichkeit immer offensichtlicher wurde, hat er sich im Jahre 1668 aufgelöst.

Leopold I. ist zweifellos eine dominierende Gestalt der deutschen Geschichte der zweiten Jahrhunderthälfte geworden. Klug, sprachbegabt und vielseitig interessiert, mit Urteilskraft und Kenntnis versehen, war der körperlich unscheinbare, häßliche, ursprünglich für die geistliche Laufbahn bestimmte Habsburger in jeder Hinsicht das Gegenteil seines Vetters und Rivalen Ludwig XIV. Mangel an Entschlußkraft, der durch das Vertrauen des Kaisers auf Gottes Beistand für sein Haus noch verstärkt wurde und eine gar zu große Milde und Nachgiebigkeit gegenüber ungetreuen Ministern waren Leopolds Hauptschwächen. Sein Blick für fähige Mitarbeiter, die er an sich zu binden verstand (Montecuccoli, Karl V. von Lothringen, Ludwig Wilhelm von Baden, Th.A.H. Strattmann und vor allem Prinz Eugen von Savoyen), glich diese Schwäche wieder aus. Zäh hielt er an seinen Rechten fest. Er leitete Österreichs Großmachtbildung ein.

Schwäche im Westen und Unruhe im Osten

Schwäche im Westen und Unruhe im Osten kennzeichneten die Anfänge der Regierungszeit des neuen Kaisers. Im Nordosten hatte schon 1655 der neue Schwedenkönig Karl X. (1654–1660), der Herzog Karl Gustav von

Zweibrücken, der 1654 seiner Kusine Christine (1632–1654) gefolgt war, einen mörderischen Krieg gegen Polen begonnen – dessen militärische und politische Schwäche zum Überfall förmlich einlud –, in den schon bald der Kurfürst von Brandenburg, als Herzog in Preußen polnischer Lehensmann, Dänemark und schließlich der Kaiser und die Generalstaaten, die eine Gefährdung ihres Ostseehandels befürchteten, verwickelt wurden. In diesem Krieg hat der brandenburgische Kurfürst Friedrich Wilhelm (1640–1688) es durch schnelle und skrupellose Allianzwechsel verstanden, für Preußen die Souveränität zu erlangen und, da das Herzogtum nicht zum Reich gehörte, damit den Grundstein für die spätere preußische Königswürde zu legen. Gleichzeitig bewies die neugeschaffene kurbrandenburgische Armee an der Seite der Schweden in der dreitägigen Schlacht von Warschau (28.–30. 7. 1656), daß künftighin mit ihr gerechnet werden mußte. Schweden wurde nach Karls X. jähem Tod im Frieden von Oliva (3. 5. 1660), dank der Intervention Frankreichs, vor territorialen Verlusten weitgehend bewahrt. Mazarin konnte mit Nachdruck auftreten, da Frankreich mit dem Pyrenäenfrieden vom 7. 11. 1659 den Krieg mit Spanien endgültig zum siegreichen Ende geführt hatte.

Französische Interventionen im Reich wurden in den folgenden Jahren fast zur Normalerscheinung: so bei der Unterwerfung der Stadt Erfurt unter dem Erzbischof von Mainz (1663), so bei der Vermittlung zwischen Kurpfalz und Kurmainz im Wildfangstreit (1667), bei dem es um das Besteuerungsrecht des Pfälzers Karl Ludwig (1632–1680) für sogenannte Wildfänge (unehelich Geborene, fahrendes Volk und Menschen ohne einen Herrn) in den benachbarten Territorien ging. Hier hatten die Streitenden sich an Schweden und Frankreich als die Garantiemächte des Westfälischen Friedens gewandt und sie um Schlichtung gebeten! Französische Truppen aber zogen, als Teil des Rheinbundkontingents, auch dem Kaiser in dessen Krieg gegen die Türken zu Hilfe, als diese im Jahre 1663 gegen Ungarn heranrückten. Die Türkennot führte auch zur Berufung eines Reichstags am 20. 1. 1663 nach Regensburg, der nach seinem Zusammentritt nie wieder zu Ende ging und sich in der Folgezeit zum »Immerwährenden Reichstag« entwickelte. Montecuccolis Sieg über die Türken bei St. Gotthard an der Raab (1. 8. 1664) entlastete zwar den Kaiser, der aber trotzdem schon am 10. 8. 1664 den Frieden von Eisenburg (Vasvar) abschloß, der eher der Besiegelung einer Niederlage glich. Die Türken behielten alle in Ungarn eroberten Städte und überdies eine kaiserliche Tributzahlung zugesprochen. Mißtrauen gegenüber Frankreich hatte dies Nachgeben bewirkt.

Türkenkrieg 1663/64

Die spanische Erbfolge

Das politische Hauptproblem des letzten Drittels des 17. Jahrhunderts, die Spanische Erbfolge, begann ihren bedrohlichen Schatten auf die politische Bühne Europas zu werfen. Der Streit entzündete sich an der Frage, wer nach dem Tode König Philipps IV. (1621–1665) dessen Nachfolge einmal antreten werde. Wohl lebte seit 1661 ein Thronfolger, Karl II. (1665–1700), der aber von Geburt an so schwächlich war, daß ihm niemand eine hohe Lebenserwartung gab. Karl II. hat schließlich doch das Jahr 1700 erreicht, aber als degenerierter und kranker Schwächling, der von Günstlingen beherrscht wurde und ohne Nachkommen blieb. Das Erbfolgeproblem blieb also bestehen.

Die beiden Hauptanwärter waren Ludwig XIV. und Leopold I. Beide waren Neffen Philipps IV. und beide mit Töchtern von ihm verheiratet. Der Franzosenkönig hatte die ältere Schwester Philipps IV. zur Mutter und war mit dessen ältester Tochter vermählt. Leopold war der Sohn der jüngeren Schwester und mit der jüngeren Tochter verheiratet. Doch sprach der Begriff des »Hauses« für den Habsburger. Die Rechtsfrage jedenfalls war ungeklärt, und so mußte eine höchst komplizierte politische Situation von großer Brisanz beim Eintreten des Erbfalls entstehen, zumal die spanische Monarchie, wenn auch verlottert, bankrott und machtlos, immer noch einen gewaltigen Länderkomplex darstellte, der außer dem Mutterland Lateinamerika ohne Brasilien, dafür mit Florida und Teilen der heutigen USA, die Philippinen, Besitzungen in Afrika, sowie in Europa die spanischen Niederlande, Oberitalien mit dem Herzogtum Mailand, Neapel, Sardinien und Sizilien umfaßte. Früh schon kamen Teilungsvorschläge in die Diskussion. Denn die übrigen europäischen Mächte gönnten keinem der Prätendenten das ganze Erbe, schon im Interesse des Mächtegleichgewichts – der Ausdruck kam in dieser Zeit, durch Wilhelm von Oranien, in die Sprache der Politiker.

Lage in Ungarn

Andererseits war und blieb die Lage in Ungarn gespannt. Dieses Königreich, dessen Königstitel der Kaiser beanspruchte, war dreigeteilt. Der kleinste Teil, die westlichen Randgebiete mit der Krönungsstadt Preßburg, standen unter kaiserlicher Kontrolle. Um ein Drittel größer war der türkisch verwaltete Teil Ungarns mit der Doppelstadt Ofen(Buda)-Pest als Sitz eines Paschas. Daneben existierte dann noch das Fürstentum Siebenbürgen als türkisches Protektorat. Kleinkrieg an der Grenze war auch in Friedenszeiten an der Tagesordnung. Solange die Gefechte ohne Einsatz von Kanonen und unterhalb der Regimentsstärke stattfanden, galten sie nicht als Kriegsgrund. Aber Krieg konnte jederzeit ausbrechen. Und Leopold I. hat überdies in den kommenden Jahren, durch ungeschickte Gegenreformationspolitik in dem weitgehend calvinistischen Ungarn, dafür gesorgt, daß die Spannung in diesem Raum wuchs.

Daß man so im Westen und Osten engagiert war, bei desolaten eigenen Finanzen und einer unzureichenden Militärmacht, hat die Politik Leopold I. und seiner Berater – der Fürsten Auersperg und Lobkowitz – beträchtlich belastet. Immer gab es am Wiener Hof Vertreter einer Westpolitik auf Kosten der Ostpolitik wie des umgekehrten Verfahrens. Zu einem Zweifrontenkrieg aber fühlte man sich nicht stark genug. Das unsichere Schwanken der Wiener Politik und ihr z.T. ängstliches Zurückweichen vor den Brutalitäten Ludwig XIV. in den Jahren vor 1688 findet in diesem Umstand seine Erklärung.

Was man künftig von Frankreich, in dem seit Mazarins Tod (9. 3. 1661) Ludwig XIV. als Alleinherrscher regierte, zu erwarten hatte, zeigte sich erstmals 1667 nach dem Tode Philipps IV. Unter Bezug auf ein lokales brabantisches Sonderrecht, das Devolutionsrecht, nach welchem Kinder aus erster Ehe, auch Töchter, den Kindern aus zweiter Ehe, auch Söhnen, immer im Erbe vorangehen sollten, ließ der Franzosenkönig im Namen seiner Gattin eine Armee unter Turenne in den Niederlanden einrücken, um diese für sich in Besitz zu nehmen. Der Devolutionskrieg (1667–1668) eröffnete, was allerdings nur wenige Zeitgenossen, wie etwa der Publizist und kaiserliche Diplomat Franz Paul von Lisola damals schon erkannten, den Zweikampf um das spanische Erbe mit Österreich. Lisolas Streitschrift »Le Bouclier d'Estat et de Justice« (Schild des Staates und der Gerechtigkeit), erregte zwar großes Aufsehen, bewirkte aber nichts. Sein Vorschlag, eine europäische Koalition gegen Frankreich zu schmieden, fand kein Gehör. Europa sah vielmehr zunächst der Vergewaltigung Spaniens ruhig zu. Ja, der Wiener Hof schloß sogar am 19. Januar 1668 einen geheimen Neutralitätsvertrag mit Frankreich, der eine künftige Teilung des spanischen Erbes vorsah.

Devolutionskrieg

Leopold I. hat durch diesen politischen Fehler einmal seinen eigenen Erbanspruch relativiert, zum anderen sein Verhältnis zu den spanischen Habsburgern schwer belastet, vor allem, wenn der Inhalt des Vertrages je an die Öffentlichkeit dringen sollte. England, die Generalstaaten und Schweden – die Tripelallianz – haben schließlich als bewaffnete Mediatoren den Frieden von Aachen (2. 5. 1668) vermittelt. In ihm gewann Frankreich zwar zehn

Festungen im niederländischen Grenzgebiet, darunter Lille, mußte aber die Franche Comté wieder den Spaniern zurückgeben.

Ludwig XIV. faßte nun den Plan, die Generalstaaten anzugreifen und zu überrennen. Seine Motive dafür waren verschiedenartiger Natur. Nicht die geringste Rolle spielte dabei der verletzte Stolz des absoluten Monarchen, daß diese Republik der Händler und Krämer es gewagt hatte, ihm in den Arm zu fallen. Seine deutschen Verbündeten, die er sich bald zu verschaffen wußte, dachten darin ganz ähnlich. Ein Schreiben des Herzogs Philipp Wilhelm von Pfalz-Neuburg aus dem Jahre 1673 etwa sieht einen künftigen Kampf zwischen Republiken und Monarchien heraufziehen, dem es rechtzeitig vorzubeugen gelte. Handfeste wirtschaftliche Interessen traten hinzu; die unangenehme Konkurrenz der niederländischen Manufakturen sollte ausgeschaltet werden. Schließlich gewährten die evangelischen Niederlande mit ihrer freiheitlichen Verfassung französischen Hugenotten und anderen innenpolitischen Gegnern Ludwigs Zuflucht, die von dort aus ungestört einen publizistischen Kampf gegen den König führen konnten. Dies konnte ein Ludwig XIV. nicht dulden.

Holländischer Krieg 1672–1679

Die Vorbereitung des Krieges, der 1672 losbrach und bis 1678/79 dauerte, war meisterhaft. Der Kaiser war durch den Vertrag von 1668 gebunden, überdies in Ungarn beschäftigt, wo es 1670 auch tatsächlich zum Aufstand kam. England war durch den Streit zwischen König Karl II. (1660–1685) und dem Parlament paralysiert. Die deutschen Anliegerstaaten wie Kurköln und das Bistum Münster wurden als französische Verbündete gewonnen oder zur Neutralität verpflichtet. Mit Bayern bestand ein Neutralitätsvertrag seit 1670. Auch mit dem aufstrebenden Kurfürsten von Brandenburg war Frankreich seit 1669 verbündet. Während Wilhelm Egon von Fürstenberg, Ludwigs Agent in Deutschland, den Krieg politisch vorbereitete, lullten die französischen Diplomaten den Ratspensionär Jan de Witt, den führenden holländischen Staatsmann, mit Friedensbeteuerungen und versöhnlichen Gesten ein. De Witt wollte aus innenpolitischen Gründen ohnedies die oranisch gesinnte Armee im Hinblick auf die Spannungen zu den Oraniern nicht vermehren. So glaubte er den Friedensschalmeien aus Paris, weil er ihnen glauben wollte. Die Generalstaaten wurden daher vom Angriff der Franzosen im Frühjahr 1672 völlig unvorbereitet getroffen. Nur der Durchstich der Deiche rettete sie. De Witt und sein Bruder fielen einem Volksauflauf zum Opfer. Wilhelm III. v. Oranien wurde Generalstatthalter. Er hat den Widerstand Europas gegen die französischen Hegemoniebestrebungen organisiert. Zunächst gelang es ihm, die bedrohten Niederlande zu retten. In den Krieg griffen schließlich der Kaiser, Spanien, Brandenburg und verschiedene deutsche Fürsten ein. 1674 scheiterte ein Friedenskongreß in Köln. 1675 trat Schweden Frankreich zur Seite, erlitt aber gegen den Großen Kurfürsten die Niederlage von Fehrbellin, die zeigte, daß Schweden keine ernstzunehmende Großmacht mehr war. Doch Frankreichs Heere waren übermächtig.

Friede von Nymwegen

Die Friedensverhandlungen in Nymwegen unter englischer Vermittlung wurden Ludwigs XIV. größter Triumph. Spanier und Niederländer schlossen bereits im August 1678 ihren Frieden mit Frankreich, wobei Kaiser und Reich der Beitritt offen blieb. Erst im Februar 1679 trat Leopold I. dem Vertrag bei. Geldnot und Mangel an Truppen sowie die Unruhen im Osten zwangen ihn zu diesem Schritt. Der Große Kurfürst fühlte sich vom Kaiser im Stich gelassen, und das, obwohl Leopold ihm durch seinen Schwiegervater Philipp Wilhelm von Pfalz-Neuburg in einer persönlichen Unterredung in Cleve nachdrücklich hatte erklären lassen, daß er nicht in der Lage sei, den Krieg noch länger fortzusetzen. Im Frieden von St. Germain en Laye (29. 6. 1679) mußte er bis auf einen geringen Landstreifen in Hinterpommern alle Eroberungen wieder an Schweden zurückgeben.

Hauptopfer des Friedens war Spanien, das die Franche Comté mit Besançon sowie zwölf Festungen in den Niederlanden, darunter Ypern, Valenciennes und Maubeuge, verlor. Das Reich erhielt zwar Philippsburg zurück, aber im Tausch gegen Freiburg im Breisgau. Wilhelm Egon von Fürstenberg, den der Kaiser seit 1674 eingesperrt hielt, mußte freigelassen werden. Die Generalstaaten blieben praktisch unversehrt. Ihre Verbündeten, die sie durch ihr Eingreifen gerettet hatten, durften nun auch noch die Zeche des Krieges zahlen.

Die Wiederbelebung des Reichsgedankens im Zeichen von Türkenabwehr und Franzosennot

Ludwig XIV. von Frankreich

Nach Nymwegen stand Ludwig XIV. zweifellos auf dem Höhepunkt seiner Macht. Fast dem ganzen Europa hatte sich sein Königtum überlegen erwiesen und jedermann schien sich seinem Willen fügen zu müssen. Und doch bahnte sich nunmehr der Umschwung an. Wohl schien Frankreich zunächst immer noch übermächtig zu sein. So begann es 1679 mit den Reunionen, wobei unter dem Schein des Rechts gewaltsam Besitz deutscher Fürsten im Elsaß, aber auch im Rhein-, Saar- und Moselgebiet Frankreich eingegliedert wurde. Zur Sicherung seiner territorialen Ansprüche ließ der König durch Vauban, den großen Festungsbaumeister und Belagerungstheoretiker, Saarlouis und Mont Royal bei Trarbach an der Mosel als französische Festungen auf Reichsgebiet erbauen. Am gleichen Tag, dem 30. September 1681, besetzten französische Truppen, ohne auf Widerstand zu stoßen, die Reichsstadt Straßburg – und die Festung Casale in Oberitalien.

Die größeren deutschen Territorialfürsten hatten fast allesamt Allianzen mit dem Sonnenkönig abgeschlossen, wie der nunmehr schon mächtigste und militärisch schlagkräftigste unter ihnen, Kurfürst Friedrich Wilhelm von Brandenburg (1640–1688) in St. Germain im Oktober 1679. Der Kurfürst hatte hier sogar dem Sonnenkönig seine Wahlstimme für den Fall einer neuen Kaiserwahl zugesagt. Doch bald änderte sich das Bild. Der Frieden von Nymwegen und die Jahre bis 1684 bildeten den Höhe- und Kulminationspunkt der Macht Ludwigs XIV. Die langen Kriege hatten die finanziellen und wirtschaftlichen Möglichkeiten Frankreichs erschöpft, die nun folgenden sollten sie ruinieren. Der König hatte die Kräfte seines Landes überspannt. Während die französische Suprematie zu Ende ging, stand Deutschland im Zeichen einer letztmaligen Wiederbelebung der Reichsidee und des Aufstiegs Österreichs zur europäischen Großmacht, vornehmlich auf Kosten der Türkei.

Wiederbelebung der Reichsidee

Die Türkenbelagerung Wiens im Jahre 1683 bildete dabei den Auftakt und leitete den Umschwung ein. Begünstigt wurde der Aufstieg der Habsburger in Ostmitteleuropa auch dadurch, daß Polen und Schweden immer mehr an Bedeutung verloren. Polen, die Wahlmonarchie mit einer anarchischen Verfassung, die durch das »Liberum Veto« gekennzeichnet war, d.h. die geforderte Einstimmigkeit bei Beschlüssen des Reichstags, und durch die Tatsache, daß der bewaffnete Aufstand gegen den König, die Konföderation, in ihr legitimiert wurde, versank nach dem Zwischenspiel der Herrschaft Johann Sobieskis (1674–1696) immer mehr in Bedeutungslosigkeit. Schweden erlebte unter den drei Herrschern aus dem wittelsbachischen Hause Pfalz-

Aufstieg der Habsburger in Ostmitteleuropa

Kaiserliche Jagd im Prater

Zweibrücken den allmählichen Verfall seiner Großmachtstellung. Seine wirtschaftliche, finanzielle und bevölkerungsmäßige Basis war zu schwach.

Rußland aber, die kommende Vormacht des Ostens, begann unter Zar Peter dem Großen (1682–1725) gerade erst in die Reformperiode einzutreten, die die Voraussetzung zu seinem Aufstieg im 18. Jahrhundert schuf. Ein politischer Faktor von Bedeutung war es im Zeitalter der Türkenkriege noch nicht. Wohl aber, zum letzten Mal, Polen.

König Johann Sobieski galt als Anhänger Frankreichs und hat tatsächlich zunächst eine ausgesprochen antihabsburgische Politik betrieben, vornehmlich in Ungarn. Dort herrschte seit 1672 der offene Bürgerkrieg. Er war auch eine Folge der ungeschickten und instinktlosen, absolutistischen Zentralisierungs- und Rekatholisierungspolitik, wie sie der Wiener Hof nach 1664 betrieb. Eine derartige Politik entsprach zwar den Zeittendenzen, die durch die Formel »ein König, ein Glaube, ein Gesetz« (un roi, une foi, une loi) treffend charakterisiert werden – man denke nur etwa an die Aufhebung des Edikts von Nantes durch Ludwig XIV. im Jahre 1685. Aber eine derartige Politik paßte nicht nach Ungarn. So kam es 1670 zur sogenannten Magnatenverschwörung. Sie wurde entdeckt, ihre Rädelsführer hingerichtet. Aber schon 1672 brach der offene Kleinkrieg aus, in dem die Kuruzzen, wie man die Aufständischen nannte, 1678 in dem Grafen Emmerich Thököly einen fähigen Führer erhielten. Unterstützt wurden sie von Polen und Siebenbürgen, Frankreich und den Türken. Eine höchst bedenkliche Situation hatte sich hier entwickelt, vor allem, als 1682 ein neuer Türkenkrieg ausbrach. Die Lage des Kaisers schien verzweifelt, da auch Ludwigs XIV. Reunionspolitik damals ihrem Höhepunkt zustrebte. Allein die französischen Gewalttaten weckten den Widerstand. Die Defensionalordnung von 1681 war dessen erstes Zeichen. Kursachsen, Hannover und, 1683, Kurbayern, verbündeten sich mit Leopold I.

Ungarische Magnatenverschwörung

Vor allem aber arbeitete Wilhelm von Oranien an einem europaweiten Bündnis gegen Frankreich. In Deutschland unterstützte ihn dabei Graf Waldeck. Dieser brachte 1682 die Frankfurter Assoziation des fränkischen und schwäbischen Reichskreises zustande, die die sogenannte Laxenburger Allianz mit Leopold I. am 10. 6. 1682 abschloß. Die antifranzösische Tendenz

Laxenburger Allianz

dieses Vertrags war unverkennbar. Im März 1683 setzten sich die türkischen Massen in Bewegung und standen im Juli vor Wien. Aber nun gelang es dem noch ganz in Kreuzzugsvorstellungen lebenden Papst Innocenz XI. (1676–1689), eine starke Koalition gegen die Türken ins Feld zu bringen, wobei der von Rom geschickt geschürte Druck der öffentlichen Meinung, die die Christenheit in Gefahr sah, selbst einen Ludwig XIV. vorläufig zum Stillhalten zwang. Die Laxenburger Alliierten, aber auch Kurbayern und Kursachsen, eilten dem Kaiser zu Hilfe. Von den größeren Reichsfürsten stand nur der Brandenburger völlig abseits. Vor allem aber gelang es, Johann Sobieski im März 1683 zu einem Bündnis mit dem Kaiser zu bewegen. Französische Arroganz, geschicktes Verhandeln des kaiserlichen Gesandten Zierowski und das Gold des Nuntius Buonvisi hatten ein kleines diplomatisches Wunder vollbracht. Doch bis die Hilfe zum Tragen kam, verging viel Zeit.

Türkenbelagerung Wiens 1683

Inzwischen war der Kaiser zunächst nach Linz, dann nach Passau geflohen. Vom 14. Juli bis zum 12. September dauerte die Belagerung Wiens, das kaiserliche Truppen unter Graf Rüdiger Ernst von Starhemberg verteidigten. Am 12. September kam es dann endlich zur siegreichen Entsatzschlacht unter dem gemeinsamen Oberbefehl des Polenkönigs Johann Sobieski und des kaiserlichen Feldherrn Karl V. von Lothringen. Die Befreiung Wiens, die der jahrhundertelangen Bedrohung Mitteleuropas durch die Türken ein Ende machte, erregte ein ungeheures Aufsehen. Man empfand wirklich noch einmal so etwas wie Kreuzzugstimmung. Freiwillige aus ganz Europa, auch aus Frankreich, trotz der dafür angedrohten Ungnade Ludwigs XIV., waren dem Entsatzheere zugeeilt, unter ihnen der Mann, der dann die Türkenkriege zum siegreichen Ende führte und Ludwigs XIV. Heeren schmerzhafteste Niederlagen zufügen sollte: Prinz Eugen von Savoyen.

Rettung Europas?

Flugschriften feierten das Ereignis; die Zeitgenossen waren überzeugt davon, daß die Rettung Wiens eine Katastrophe für ganz Europa verhindert habe. Aber war dies wirklich der Fall? Hätte die Eroberung Wiens eine Überflutung weiter Teile Europas durch die Muselmanen zur Folge gehabt? Doch wohl nicht, dazu war Wien zu weit vom Zentrum der osmanischen Macht entfernt und auf die Dauer nicht zu halten. Aber sie hätte vermutlich die absolute Hegemonie Ludwigs XIV. über Zentraleuropa ermöglicht, da der Kaiser, als einer der Hauptträger des Widerstandes, ausgeschaltet gewesen wäre. Die Existenz eines absolutistisch und despotisch regierten, übermächtigen Großreichs hätte aber den Traditionen der europäischen Geschichte widersprochen, deren Wesen gerade in der Vielfalt der Möglichkeiten liegt, wie sie das Nebeneinander gleichwertiger Mächte den Menschen bietet – eine Vielfalt, die allein erst dem einzelnen einen persönlichen Freiraum sichert. Unter diesem Gesichtspunkt allerdings wurde am 12. September 1683 Europa tatsächlich gerettet.

Süddeutsch-österreichischer Barock

Doch auch ohne diesen Gesichtspunkt waren die mittelbaren Folgen des 12. September 1683 weitreichend genug. Denn dieser Tag erst ermöglichte in den folgenden Jahren den Aufstieg der habsburgischen Großmacht. Die weitere Entwicklung des Balkans wurde durch ihn bestimmt, und das Hochgefühl der nun folgenden Siegszeit fand seinen künstlerischen Ausdruck im süddeutsch-österreichischen Barock, der nun zum »Reichsstil« wurde.

Die Belagerung Wiens hat schließlich zum letzten Mal in der Geschichte ein gemeinsames abendländisches Solidaritätsgefühl geschaffen, das weit über die Grenzen der beteiligten Mächte hinausreichte und sogar stark genug war, Ludwig XIV. vor einer radikalen Ausnutzung der für ihn günstigen Lage abzuhalten. Sie hat schließlich in Deutschland dem stark geschwächten Reichsgefühl neue Impulse verliehen, die ausbaufähig gewesen wären und die zumindest ganz erheblich dazu beitrugen, daß das Reich noch bis 1806

Belagerung Wiens durch die Türken

fortzubestehen vermochte. Daß wir es also hier mit einem Zentralereignis der europäischen und der deutschen Geschichte zu tun haben, ist nicht zu bezweifeln.

Heilige Liga

Als unmittelbare Folge der Schlacht am Kahlenberg bei Wien stießen noch im selben Jahr kaiserliche und polnische Truppen nach Ungarn vor und eroberten die Festung Gran. Am 5. März 1684 schlossen der Papst, Polen, Venedig und der Kaiser die Heilige Liga. Leopold I. hatte sich damit eindeutig für die Ostlösung entschieden, obwohl Ludwig XIV. im September 1683 erneut über die Spanier hergefallen war und am 4. Juni 1684 Luxemburg erobert hatte. Der Kaiser konnte Spanien nicht beistehen, da er sich einem Zweifrontenkrieg, zumal mit Frankreich als Gegner, nicht gewachsen fühlte. Aber der Druck der öffentlichen Meinung war doch so stark, daß Ludwig XIV. am 13. August 1684 den Regensburger Waffenstillstand mit dem Reich und Spanien schloß, dessen Laufzeit 20 Jahre betragen sollte. Für diesen Zeitraum wurde ihm der Besitz der Reunionen, Straßburgs mit Kehl und Luxemburgs garantiert.

Zweifrontenkrieg Österreichs

Leopolds I. Entscheidung war richtig gewesen. Denn nun setzte im Osten ein unerhörter Siegeszug der kaiserlichen Armeen ein, der nur hin und wieder durch Rückschläge unterbrochen wurde. Ganz Ungarn konnte nach und nach erobert werden. 1685 fiel Neuhäusel, 1686 Ofen-Pest, 1688 Belgrad, das allerdings schon 1690 wieder verlorenging, da es seit 1688 nun doch zum Zweifrontenkrieg gekommen war. Ludwig XIV. hatte dem ständigen Machtzuwachs des Habsburgers nicht länger tatenlos zusehen wollen. Die Frage der pfälzischen Erbfolge und die am 9. 7. 1686 in Augsburg geschlossene Allianz zwischen dem Kaiser, Schweden, Spanien, Bayern, dem fränkischen und schwäbischen Kreis und anderen deutschen Fürsten, nicht zuletzt aber dann auch der Ausgang der kölnischen Erzbischofswahl, in der Ludwigs Favorit Wilhelm Egon von Fürstenberg nach unklarem Wahlausgang nicht vom Papst bestätigt, vielmehr dessen Rivale Herzog Joseph Clemens von Bayern (1688–1723) als gewählt erklärt wurde, hatten den Anlaß dazu gegeben. Die Tatsache, daß seit dem 1. 4. 1686, vor allem unter dem Eindruck der Widerrufung des Edikts von Nantes, auch der Kurfürst von

Brandenburg mit dem Kaiser verbündet war, hat sicherlich weiter verstimmend auf den Hof von Versailles gewirkt.

Leopold I., nun mit besserer Ausgangsbasis, wagte mit der ihm eigenen Zuversicht den Zweifrontenkrieg, den er vier Jahre zuvor noch gescheut hatte, und sein Entschluß sollte sich bewähren. Denn am 11. 9. 1697 schlug das nun aufsteigende militärische und politische Genie Prinz Eugens von Savoyen den Entscheidungssieg von Zenta. Den Frieden von Carlowitz vom 26. 1. 1699 besiegelte die Niederlage der Türken. Ungarn und Siebenbürgen, letzteres ohne das Temesvarer Banat, waren der Siegespreis.

Frankreich hatte diese Entwicklung nicht zu verhindern vermocht, denn trotz mancher militärischer Einzelerfolge der Franzosen verlief insgesamt der Krieg nicht sehr erfolgreich für das Königreich. Schon bald sah sich Ludwig XIV. einer Koalition unter Wilhelm von Oranien, seit 1688 in England als Wilhelm III. regierend, gegenüber. Aber er konnte den Kampf im Gleichgewicht halten. Die 1684 und 1692 in der Pfalz praktizierte Strategie der verbrannten Erde, der Heidelberg, Speyer, Worms und andere Städte zum Opfer fielen, erweckte antifranzösische Emotionen und stärkte den Reichspatriotismus. Ein Kurfürstentag in Augsburg 1690 wählte denn auch, bezeichnenderweise ohne große Schwierigkeiten zu machen, Leopolds ältesten Sohn, den jungen Erzherzog Joseph (1705–1711) zum Römischen König. In den rheinischen Gebieten kam es zu einem erbitterten Partisanenkrieg der geschundenen Bevölkerung. Von 1693 bis 1697 hielt eine Reichsarmee – hauptsächlich gestellt vom fränkischen und schwäbischen Reichskreis – unter dem Kommando des »Türkenlouis«, Markgraf Ludwig Wilhelm von Baden (1669–1707), die Oberrheinlinie gegen französische Übermacht.

Friede von Rijswijk

Der Friede von Rijswijk, am 20. 9. 1697 zwischen Spanien, Frankreich und den Seemächten geschlossen, die das Reich im Stich ließen, das dann am 30. 10. 1697 beitrat, brachte Ludwig XIV. zum ersten Mal keinen Gewinn über das hinaus, was er nicht vor Kriegsbeginn schon besessen hatte. Zweifellos markiert der Friede von Rijswijk den Beginn des Abstiegs Frankreichs aus seiner bis dahin innegehabten Vormachtstellung in Europa. Symptomatisch ist die Wahl des Kaiserlichen Kandidaten Kurfürst Friedrich August »des Starken« von Sachsen (1694–1733), der zu diesem Zweck vorher schnell zum Katholizismus konvertiert war, zum polnischen König, ohne daß dies von Frankreich verhindert werden konnte.

Friedrich August »der Starke«

Die damit verbundene Standeserhöhung Augusts, die diesem nun eine europäische Position außerhalb des Reiches verlieh, wenn sie ihm auch kaum einen realen Machtzuwachs brachte, stand nicht vereinzelt da. Gerade in diesem Zeitraum fand ein Wettstreben der größten deutschen Territorialfürsten nach höheren Würden, möglichst außerhalb des Reichsbodens statt, um sich so von ihren mindermächtigen Standesgenossen abzuheben.

Begonnen hatte damit 1690 Herzog Ernst August von Hannover (1679–1698), der eine neunte Kurwürde für sich und sein Haus wünschte. Tatsächlich hat er im Kurtraktat von 1692 sein Ziel erreicht. Max Emanuel von Bayern (1679–1726) dagegen und Johann Wilhelm von der Pfalz (1680–1716) – letzterer wollte gar König von Armenien werden – gingen leer aus. Eine Standeserhöhung zur Königswürde – unter Ausnutzung der für ihn günstigen politischen Konstellation – erlangte dagegen Kurfürst Friedrich III. von Brandenburg (1688–1713). Im Krontraktat vom 16. 11. 1700 stimmte Leopold I. der Errichtung eines Königtums in dem nicht zum Reich gehörigen Herzogtum Preußen zu. Es zeigt, welches Ansehen Kaiser und Reich noch besaßen, daß man in Berlin dennoch glaubte, sich der Zustimmung des Reichsoberhauptes versichern zu müssen.

Preußen wird Königreich

Am 18. 1. 1701 wurde der Kurfürst als Friedrich I., König in Preußen, in Königsberg gekrönt. Der enorme Machtanstieg Brandenburgs unter der Regierung des großen Kurfür-

Kampf des Hauses Habsburg mit dem Osmanischen Reich. Allegorie um 1700.

sten ist durch diesen Akt, zumal das preußische Königtum schon bald allgemein anerkannt wurde, auch äußerlich dokumentiert und bestätigt worden. Für den weiteren Aufstieg Brandenburg-Preußens im 18. Jahrhundert war die Erringung der Königswürde zweifellos eine unerläßliche Voraussetzung. Doch war sie auch ein Keim zum kommenden Zerfall des Reiches.

Österreichs Großmachtbildung im Zeitalter des Prinzen Eugen (1700–1740)

Als das Jahr 1700 heraufzog hatte sicher mancher Zeitgenosse geglaubt, Mittel- und Westeuropa stünden nun doch vor einer längeren Friedensperiode. Denn alle großen Mächte waren durch die vorhergegangenen Kriegsanstrengungen finanziell und wirtschaftlich erschöpft, die vom Kriege betroffenen Gebiete überdies schwer mitgenommen, ja zum Teil, wie die Pfalz, völlig ruiniert. Lange, geduldige Aufbauarbeit schien das Erfordernis der Stunde zu sein.

Der Schein trog, da viele Fragen noch ungelöst waren. Die weiterhin offene Regelung der Spanischen Erbfolge etwa konnte bei dem immer bedenklicher werdenden Gesundheitszustand König Karls II. jederzeit zu einem großen Konflikt führen. Keineswegs wollten die übrigen europäischen Mächte hinnehmen, daß die immer noch riesige spanische Ländermasse ungeteilt an einen der beiden Hauptbewerber, das Haus Habsburg oder das Haus Bourbon, fallen und mit dessen übrigen Besitzungen vereinigt werden sollte. Hätte dies doch zweifellos eine starke Verschiebung des gerade mühsam stabilisierten Kräftegleichgewichts in Europa bedeutet. Vor allem England war an einer solchen Entwicklung wenig interessiert, stand es doch zur Führungsmacht des Kontinents, die Frankreich immer noch war, in scharfem Konkurrenzkampf um die Vorherrschaft in den überseeischen Kolonien, vor allem in Nordamerika und Indien.

Der englisch-französische Konflikt um die Herrschaft in Übersee ist das weltgeschichtliche Hauptmotiv der Politik des 18. Jahrhunderts. Ihm sind alle rein europäischen Fragen untergeordnet. Erst mit dem Siebenjährigen Krieg wurde er zugunsten Englands entschieden, dessen ganzes politisches Verhalten im 18. Jahrhundert durch ihn bestimmt wurde. Diese Grundtatsache darf man, auch bei Betrachtung der deutschen Geschichte dieser Zeit, nie aus den Augen verlieren.

Nordischer Krieg

Die erste Krise des 18. Jahrhunderts ereignete sich aber im Norden und Osten Europas. Dort hatte der Angriff Dänemarks auf das mit Schweden verbündete Herzogtum Holstein-Gottorp den Nordischen Krieg eingeleitet, der dann, dem Spanischen Erbfolgekrieg parallel laufend, auch Teile Norddeutschlands und Sachsens berührte. Die Gefährlichkeit der nordischen Krise war den Zeitgenossen nicht sofort einsichtig, weil, nach einer Intervention der Flotte der Seemächte, Dänemark bereits am 18. 8. 1700 den Frieden von Travendal mit Schweden schloß. Wohl ging der Krieg zwischen Rußland und Polen auf der einen, Schweden auf der anderen Seite im Baltikum weiter, aber das lag für die meisten der damaligen europäischen Staatsmänner eben doch am Rande der Welt. Sehr bald allerdings wurden sie eines Besseren belehrt, und der Krieg hat sich schließlich bis zum Jahre 1721, dem Jahr des Friedens von Nystad, hingezogen. Mit ihm begann der Aufstieg Rußlands zur europäischen Großmacht.

Spanischer Erbfolgekrieg

Zum großen, westeuropäischen Krieg kam es, als am 1. 11. 1700 Karl II. von Spanien 39jährig starb. Denn der spanische König hatte kurz vor seinem Tod noch ein Testament unterzeichnet, das den Enkel Ludwigs XIV. zu seinem Alleinerben einsetzte. Der französische König nahm das Erbe für diesen an. Damit war der Kriegsfall gegeben, denn Leopold I. entschloß sich, die Ansprüche seines zweiten Sohnes Karl mit Waffengewalt zu wahren, wobei er mit der Unterstützung der Seemächte und des Reiches rechnete. Zunächst stand er allein. In Madrid, Brüssel und Mailand fand Philipp V. von Anjou (1700–1746) sofort Anerkennung, schon aber drangen österreichische Truppen unter der Führung des Prinzen Eugen in Oberitalien ein, das zum ersten Hauptkriegsschauplatz wurde.

Tatsächlich schlossen sich die Seemächte in der Haager Allianz vom 7. 11. 1701 dem Kaiser an, und auch Oraniens Tod am 19. 3. 1702 änderte nichts mehr an deren Haltung. Oraniens Schwägerin Anna (1702–1714), die ihm in England nachfolgte, führte unter dem Einfluß des Ehepaares Marlborough den Krieg, den England 1702 an Frankreich erklärte, weiter. Marlborough wurde, zusammen mit dem Prinzen Eugen, zur überragenden militärischen und politischen Gestalt des Krieges. Das Reich schloß sich ebenfalls der Koalition an, wobei allerdings die großen Reichsfürsten, die über eigene Heere verfügten – »die Armierten Reichsstände« –, es vorzogen, ihre Truppen gegen Subsidien den Großmächten zur Verfügung zu stellen. Max Emanuel von Bayern und sein Bruder Joseph Clemens von Köln dagegen schlugen sich auf die Seite Frankreichs, was in den Jahren 1703 und 1704 zu einer ernsten Krise der habsburgischen Stellung führte, zumal seit 1703 ein neuer Kuruzzenkrieg in Ungarn wertvolle kaiserliche Kräfte band.

Diese kritische Situation, die durch den Tod des Hoffaktors Samuel Oppenheimer (3. 5. 1703), dessen Bank daraufhin in Konkurs ging, noch verschärft wurde, führte zur staatsstreichartigen Übernahme des Amtes des Hofkriegsratspräsidenten durch Prinz Eugen, der, gestützt auf den römischen König Joseph, den ausgezeichneten Diplomaten Graf Johann Wenzel Wratislaw und den neuen Hofkammerpräsidenten Gundaker Graf Starhemberg die unfähigen und überalterten Berater Leopolds I. entmachtete. Der Prinz war von nun an unbestritten die beherrschende Gestalt am Wiener Hof.

Prinz Eugen von Savoyen

Prinz Eugen von Savoyen-Carignan hat von 1703 bis zu seinem Tode im Jahre 1736 die Politik und Kriegsführung der deutschen Habsburger bestimmt. Der Aufstieg Österreichs zur europäischen Großmacht ist in erster Linie sein Werk. Vom zeitgenössischen Volkslied als »der edle Ritter« gepriesen, repräsentierte der kleine, unscheinbar wirkende Mann, der als mittelloser Flüchtling 1683 nach Wien gekommen war, das Adelsideal des »honnête homme« in vollendeter Weise. Der als Halbitaliener in Paris geborene und aufgewachsene, dem französischen Sprach- und Kulturkreis angehörende Prinz empfand sich immer als Angehöriger des internationalen Hochadels. Er diente dem Hause Habsburg und nur diesem, dem er sich freiwillig verpflichtet hatte, in unverbrüchlicher Treue. Das Reich stand ihm ferne, war ihm allenfalls Mittel zum Zweck. Seine Politik war in erster Linie österreichische Haus- und Großmachtspolitik. Doch hat er sein innenpolitisches Ziel, »aus dieser herrlichen Monarchie ein Totum [Ganzes] zu machen«, nicht erreicht. Eugen war unbestreitbar der erste Feldherr seiner Zeit. Strategischer Tiefblick verband sich in ihm mit taktischer Kühnheit und Schärfe. Soldaten und Offiziere vergötterten ihn, der ihnen doch stets das Höchste abverlangte. Als Staatsmann bewies er Weitblick und Verhandlungsgeschick, ohne doch ganz das Format des Feldherrn zu erreichen. Wie alle starken Naturen, die sich am liebsten mit intelligenten Handlangern umgeben, war er großzügig und uneigennützig, aber nicht frei von Eifersucht gegen mögliche Rivalen. Auch rachsüchtig und nachtragend konnte er gelegentlich sein. Weniger erfolgreich war er als Heereserzieher und Administrator, wie der Verfall der kaiserlichen Armee in seinen letzten Lebensjahren zeigt. Durch Ausfallserscheinungen, die eine fortschreitende Arterienverkalkung hervorrief, wurden diese letzten Lebensjahre Eugens allerdings tragisch verdüstert. Prinz Eugen, der literarisch und künstlerisch interessiert war, wurde als reich gewordener Minister zum bedeutenden Mäzen, vor allem zum Bauherrn. Lukas von Hildebrandt war sein bevorzugter Architekt (Stadtpalais Wien, Belvedere, Schloßhof im Marchfeld), von Balthasar Permoser ließ er sich die Statue der Apotheose seiner Taten anfertigen. Seine Gemäldesammlung und vor allem seine Bibliothek wurden von den Zeitgenossen bewundert. Die Vielseitigkeit seiner Begabungen und Interessen macht ihn zu einem der bedeutendsten Menschen des 17. und 18. Jahrhunderts, der es verstand, seinem Zeitalter entscheidende Impulse zu geben.

Krieg in Europa und in Übersee

Der Spanische Erbfolgekrieg war ein Weltkrieg, der in Europa und in Übersee ausgefochten wurde. Die Entscheidung aber fiel in Europa, wo sich in Italien, Spanien, den Niederlanden, dem Reich und in Ungarn die feindlichen Streitkräfte gegenüberstanden. Nach Anfangserfolgen Prinz Eugens in Oberitalien kam es 1703 zur großen Krise, nachdem Max Emanuel von Bayern, der als Feldherr hochbegabt war, sich mit Frankreich verbündet hatte. Doch gelang es Eugen im Verein mit Marlborough, der seine englischniederländisch-deutsche Armee mit einer damals unerhörten logistischen Meisterleistung nach Süddeutschland zu führen verstand, am 13. 8. 1704 die französisch-bayerische Armee bei Höchstädt, in der Nähe von Ulm, vernichtend zu schlagen. Es war die Wende des Krieges, in dem Ludwig XIV. von nun an keine wirklichen Siegeschancen mehr besaß. Bayern wurde besetzt, Max Emanuel ins belgische Exil getrieben.

Erschöpfung Frankreichs

In den folgenden Jahren wurden Frankreich verheerende Schläge versetzt (1706 Turin, Ramillies, 1708 Oudenaarde und Eroberung von Lille), die es immer friedensbereiter werden ließen, zumal die Erschöpfung des Landes sich in Hungersnöten, Soldatenmangel und inneren Unruhen auch aus konfessionellen Gründen bemerkbar machte. Finanznot und kriegsbedingte Wirtschaftskrisen taten ein übriges, Ludwig XIV. friedensbereit zu stimmen.

Als interessantes Phänomen in diesem, doch weitgehend nach den Prinzipien der Staatsräson geführten Krieg ist der bayerische Bauernaufstand von 1705, bei dem sich allgemeine Kritik am absolutistischen System, das durch die Nöte der Kriegszeit und in seiner Ausübung durch die kaiserliche Besatzungsmacht besonders abstoßend wirkte, mit Anhänglichkeit an die einheimische Dynastie und den vertriebenen Kurfürsten mischten. Eine reine Sozialbewegung war dieser Aufstand nicht, aber er war Max Emanuel bezeichnenderweise nicht nur angenehm. Der Kurfürst hat nach seiner Rückkehr die überlebenden Rädelsführer dann auch nie belohnt!

Politik Josephs I.

In die Reichspolitik war seit 1705 durch den jungen Kaiser Joseph I. (1705–1711) ein frischer, energischer Zug gekommen. Der Bayer und sein kölnischer Bruder Joseph Clemens wurden nun in die Reichsacht getan und ihrer Länder für verlustig erklärt. Neue, tatkräftige Minister wie Wratislaw, Philipp Ludwig von Sinzendorff und der zum österreichischen Hofkanzler ernannte Reichsjurist Johann Friedrich von Seilern bestimmten, zusammen mit dem Hofkammerpräsidenten Starhemberg und vor allem mit Prinz Eugen, die Politik des Wiener Hofes.

Die gefährlichen Rückschläge machten Ludwig XIV. verhandlungsbereit. Doch scheiterten diese Verhandlungen, die sich im Winter 1708–09 im Haag abspielten, schließlich an der absurden Forderung der Alliierten – die hauptsächlich die Generalstaaten vertraten –, der König müsse im Fall einer Weigerung seines Enkels, dem Spanischen Thron zu entsagen, mit französischen Truppen diesen zur Abdankung zwingen. Dabei hatte Ludwig in den Verhandlungen größte Konzessionen gemacht. Die Maßlosigkeit der Alliierten rächte sich schon bald. Denn das mörderischste Gemetzel des 18. Jahrhunderts, die unentschiedene Schlacht von Malplaquet (1709) trug dazu bei, die Stimmung in England gegen Marlborough zu wenden. Man hatte überdies das eigene Kriegsziel – Schwächung der französischen Rivalen und Gewinne in den Kolonien – erreicht. Die Jahre 1710/1711 sahen, nach einem Wahlsieg der Tories, Marlboroughs Entmachtung. Die neuen Minister erstrebten den Frieden auch auf Kosten ihrer Verbündeten. Dies um so mehr, als nach dem Tode Kaiser Josephs I. (17. 4. 1711) sein Bruder Karl (1711–1740) nun die Kaiserwürde erlangte. Eine Vereinigung der spanischen Krone mit der des Heiligen Römischen Reiches aber wollte im Grunde keine der europäischen Mächte sehen.

Friedensschlüsse von Utrecht, Rastatt und Baden 1713 und 1714

1712 kam es zum Friedenskongreß und am 11. 4. 1713 zum Friedensschluß von Utrecht. Frankreich einigte sich mit den Verbündeten des Kaisers, hier also mit den Generalstaaten, England, Savoyen, Portugal und Preußen. Dieses wollte sein Gewicht endlich in der nordischen Auseinandersetzung zur Geltung bringen. Kaiser und Reich stand der Beitritt frei. Der Vertrag sah den Verzicht des Kaisers auf Spanien zugunsten Philipps von Anjou vor. Dieser gab dafür für sich und seine Nachkommen die Erbfolge in Frankreich auf. Spanien und die Kolonien blieben vereinigt, wobei England Handelsbegünstigungen erhielt. Die Niederlande, Mailand, Neapel und Sardinien fielen an den Kaiser. Mantua aber mußte er herausgeben. Max Emanuel von Bayern und Joseph Clemens von Köln erhielten Würden und Besitz zurück. Den Generalstaaten wurde in den Niederlanden eine aus verschiedenen Festungen bestehende Barriere zugebilligt. Die darin liegenden niederländischen Garnisonen mußte der Kaiser besolden. Straßburg und das Elsaß blieben bei Frankreich. England behielt Gibraltar. Frankreich war damit ziemlich ungeschoren aus dem verlorenen Krieg gekommen.

Doch der Wiener Hof war nicht gewillt, dieses Resultat hinzunehmen. Auch Prinz Eugen riet zur Fortsetzung des Krieges. So kam es 1713 noch zu einem kurzen Nachspiel. Aber allein waren Kaiser und Reich zu schwach. Frankreich, erschöpft und ausgeblutet, ersehnte ebenfalls den Frieden. Vom 26. November 1713 bis zum 6. März 1714 verhandelten die beiden Feldherren Eugen und Villars in Rastatt. Dem Prinzen gelang es dabei, die Bedingungen von Utrecht noch etwas zu verbessern und Mantua dem Kaiser zu erhalten. Der Beitritt des Reichs zum Friedenswerk, im schweizerischen Baden am 7. 9. 1714, war dann nur noch eine Formsache und zeigt, wie sehr das Reich nun immer mehr in den Hintergrund trat und wie stark es, gerade in außenpolitischen Fragen, vom Kaiser abhing.

Mit diesen Friedensschlüssen endete die Epoche Ludwigs XIV., der ein Jahr später starb. Sie besiegelten zugleich das Scheitern von Frankreichs Hegemonialpolitik. Der eigentliche Sieger hieß England. Es stand nun auf dem Sprung zur Weltmacht, ein Ziel, das es im Siebenjährigen Krieg schließlich erreichte. In der Kontinentalpolitik konnte es sich nunmehr zurückhalten, soweit dies die Rücksicht auf Hannover zuließ. Denn seit 1714, als Königin Anna erst 46jährig gestorben war, saß Kurfürst Georg Ludwig von Hannover als Georg I. (1714–1727) auf dem englischen Thron.

Großmacht Österreich

Zur Großmacht aufgestiegen war Österreich, und der Türkenkrieg von 1717–18 besiegelte diesen Umstand. Aber Österreichs Finanzen waren traditionell schwach. Und das Verhältnis zu Spanien blieb gespannt, da Karl VI. nur sehr allmählich bereit war, auf seinen spanischen Thronanspruch zu verzichten. Problematisch geworden war nunmehr auch die Stellung des Kaisers im Reich. Die patriotische Begeisterungswelle der Türkenjahre 1683–88 war abgeebbt. Der Kaiser wurde nach wie vor respektiert, die Reichsidee vor allem an den kleineren Fürstenhöfen hochgehalten. Aber die maßgeblichen Reichsstände wie das Königreich Preußen, wie Kur-Hannover und Kur-Sachsen – die ausländische Kronen trugen –, aber auch Bayern, nahmen eine Stellung ein, die den Rahmen des Reiches zu sprengen drohte. Das Reich als übergeordnete Autorität, die man respektierte, verlor im Verlauf des 18. Jahrhunderts immer mehr an Überzeugungskraft. Immer mehr wurde der Kaiser zum Rivalen der anderen deutschen Fürsten und damit selbst Partei im Reich. Schließlich mußte er, im Siebenjährigen Krieg, sogar fremde Mächte gegen seine inländischen Widersacher zu Hilfe rufen. Für das Reich zog nun, nach dem Türkenkrieg von 1716–18 und nach der Beendigung des Nordischen Krieges, der es aber nur am Rande berührte, eine etwa 20jährige Friedensperiode herauf, die den geplagten Menschen, vor allem der westlichen Grenzgebiete, die Möglichkeit zur Erholung bot. Diplomatische Wirren und das Aufkommen der Frühaufklärung sind die Zeichen dieser Epoche.

Nordischer Krieg

Der Nordische Krieg war eine außerdeutsche Angelegenheit. Es ging dabei um die Vormacht im Ostseeraum, in den Rußland auch infolge der Reformpolitik Zar Peters des Großen (1676–1725) mit Macht hineindrängte. Dabei hatte zunächst der junge Schwedenkönig Karl XII. (1697–1718) durch glänzende Siege, die er über Russen und Sachsen errang, Europa in Staunen und Unruhe versetzt. Aber schließlich erlag er der Übermacht. Sein Tod 1718 machte den Weg zum Frieden frei, zunächst mit England und Preußen, die auch noch eingegriffen hatten, dann in Nystadt (10. 9. 1721) mit Rußland.

Schweden, ausgeblutet, finanziell erschöpft und in seinen nördlichen Provinzen von den Russen barbarisch verwüstet, war durch diesen Frieden als Großmacht erledigt. Es hatte Stettin und Vorpommern bis zur Peene an Preußen, Bremen und Verden an England-Hannover, Livland, Estland, Ingermanland und Teile Kareliens an Rußland abtreten müssen.

Im Gegenzug war Rußland damit plötzlich eine starke Ostseemacht geworden und hatte sich als europäische Großmacht etabliert. Mit dieser Entwicklung und dem nunmehr rapide einsetzenden Aufstieg Preußens hatte das europäische Gleichgewichtssystem die Gestalt angenommen, die es bis zu seinem Zusammenbruch im Jahre 1914 im wesentlichen beibehalten sollte. Fünf Großmächte: England, Frankreich, Rußland, Österreich und Preußen – die beiden letzten später als Österreich-Ungarn und Deutschland unter preußischer Führung – standen sich gegenüber und achteten sorgsam darauf, daß keine unter ihnen zur dauernden Hegemonie gelangen konnte.

Österreichs Vormachtstellung im Reich

Mit den Friedensschlüssen von Utrecht, Rastatt und Baden war Österreichs Vormachtstellung im deutschen Raum besiegelt, der Türkenkrieg von 1716–18 setzte dann den Schlußpunkt dieser Entwicklung. Karl VI., trug die Kaiserkrone, Prinz Eugen galt als Europas erster Feldherr und bedeutendster Staatsmann. Die Armee hatte sich als schlagkräftig und leistungsfähig erwiesen. Doch auch negative Faktoren ließen sich nicht übersehen. So war die Monarchie – deren Interessen dem Kaiser und Eugen nun immer stärker denen des Reiches verangingen – kein einheitlicher Staat, vielmehr ein Konglomerat unterschiedlicher Besitzungen, die nur durch die Person des Herrschers verbunden waren. Ein Ganzes daraus zu machen, ist bis zum Ende der Habsburger Monarchie 1918 nie völlig gelungen.

Nur Hofkammer und Hofkriegsrat waren zentrale Behörden, alle sonstigen Bereiche in Ländern und Provinzen verschieden organisiert, häufig unter der Mitwirkung von Ständen. Ungarn nahm eine Sonderstellung ein, ebenso die ehemals spanischen Niederlande, die ihre ererbte Verfassung, die »Joyeuse Entrée«, mit Macht festhielten. Und auch die neu gewonnenen Provinzen in Italien bedurften subtiler Behandlung. So gab es keine einheitliche Gesetzgebung, kein einheitliches Recht in der Monarchie. Dazu waren die Finanzen erschöpft, die Wirtschaft lag darnieder, und in Italien, den Niederlanden und den Erblanden trug man schwer an den Kriegsschäden, von denen nur Böhmen und Tirol einigermaßen verschont geblieben waren. Überdies mußte die Erbfolgefrage ungeklärt bleiben, da der Kaiser keine männlichen Nachkommen hatte. Das Verhältnis zu Spanien war kritisch, denn Karl VI. erkannte Philipp V. nicht als König an.

Türkenkrieg 1715–1718

1715 begann ein neuer Türkenkrieg, zunächst am Peleponnes, den die Türken in raschem Siegeslauf Venedig wieder abnahmen. Der Kaiser griff als Bundesgenosse der Venezianer erst 1716 in die Kämpfe ein. Die Entscheidung fiel in Ungarn, und zwar zugunsten des Kaisers. Der Sieg bei Peterwardein am 5. August 1716 sowie die Schlacht und anschließende Eroberung von Belgrad (16. 8. 1717) machten die Türken reif zum Frieden. Dieser kam, vermittelt von den Seemächten, am 21. 6. 1718 in Passarowitz zustande. Belgrad und das Temesvarer Banat fielen an Österreich. Das Banat entwikkelte sich schnell zum Kulturland als Kernstück deutsch-slawischer Symbiose und zur deutschen Sprachinsel, die bis in den Zweiten Weltkrieg Bestand hatte. Der Frieden von Passarowitz machte Österreichs Kräfte frei für eine andere Auseinandersetzung, die sich inzwischen angebahnt hatte, für den Krieg gegen Spanien. Die ehrgeizige Königin, Elisabeth Farnese, und ihr Minister Kardinal Alberoni hatten 1717 losgeschlagen mit der Absicht, für den Infanten Don Carlos Parma und die Toskana zu erobern. Doch England

Schloß Schleißheim bei München

und Frankreich eilten dem Kaiser zu Hilfe. Spanien mußte 1719 nach Niederlagen zu See und zu Lande einlenken. 1720 wurde der Friede in einer Reihe von Abkommen geschlossen. Karl VI. erkannte nunmehr Philipp V. als König an. Parma und die Toskana kamen an Spanien, dafür erhielt der Kaiser Sizilien im Austausch gegen Sardinien.

Die 14 Friedensjahre, die nun folgten, standen weltpolitisch gesehen im Schatten der entscheidenden Auseinandersetzung zwischen England und Frankreich um die Herrschaft in Amerika und Indien – und damit um die Beherrschung des Welthandels, die sich immer mehr abzeichnete. Noch hielt die hohe Kunst der Diplomatie, die in diesen Jahren ihren Gipfel erreichte, den Frieden aufrecht. Besonders meisterlich handhabte sie Kardinal Fleury, seit 1726 Leiter der französischen Politik. Auch die deutschen Ereignisse wurden davon beeinflußt. Die ständig wechselnden Allianzen dieser Zeit finden hier ihre Erklärung.

Konfessionsstreitigkeiten im Reich 1718–1732

Das Reich selbst trat in seiner Bedeutung immer stärker zurück, auch wenn einige Krisen, die durch einen Rückfall in den unduldsamen Konfessionalismus verursacht waren, nicht zuletzt mit seiner Hilfe beigelegt wurden. So kam es in den Jahren 1719–24 in der Pfalz zu einem Kirchenstreit – bei dem es in erster Linie um Einfluß, Besitz und Macht ging –, der in seinen Konsequenzen an den Rand eines europäischen Krieges führte. Das Eingreifen der evangelischen Reichsstände mit dem nun immer mehr in Deutschland an Gewicht gewinnenden Preußen und England-Hannover als treibenden Kräften, hatte den Streit schon bald zu einem Kampf um den Vorrang im Reich werden lassen und ihn mit den internationalen Spannungen der Zeit verwoben. Er wurde im Jahre 1721 durch einen mühsamen Kompromiß entschärft.

Schlimmer noch war eigentlich das Blutgericht von Thorn, bei dem am 7. 12. 1724 der Bürgermeister Rösner und neun angesehene Bürger von den polnischen Behörden hingerichtet wurden, weil sie den protestantischen Charakter der Stadt hatten bewahren wollen. Obwohl hier Blut geflossen war, erregte die Angelegenheit viel weniger Aufsehen im Reich. Dasselbe gilt von der 1732 erfolgten Vertreibung der Protestanten aus Salzburg durch Erzbischof Leopold Anton von Firmian (1727–1744). Die Flüchtlinge fanden großenteils Zuflucht in Ostpreußen. Zur Reichskrise führte aber nur der Pfälzer Konflikt.

Jülich-Clevische Erbfolge

Unterschwellig hatte dabei ein Streit mitgespielt, den man schon für erledigt erachtet hatte: die Jülich-Clevische Erbfolge. Seit 1609 hat sie die deutsche Geschichte beunruhigt. 1666 schien sie durch den Erbvergleich zwischen Brandenburg und Pfalz-Neuburg beigelegt, als diese die Teilung für sich und ihre »Deszendenten« bestätigten. Aber nun drohte mit Kurfürst Karl Philipp von der Pfalz (1716–1742) das Haus Neuburg in männlicher Linie auszusterben. Friedrich Wilhelm I. von Preußen (1713–1740) bestritt die Erbberechtigung der Töchter und drohte mit Gewalt, sobald der Pfälzer gestorben sei. Das Problem belastete die Reichspolitik bis zum Ende des 18. Jahrhunderts.

England aber stand gegen den Kaiser, weil dieser 1722 – gegen Prinz Eugens Rat – die kaiserlich privilegierte ostendische Kompagnie gegründet hatte, die dem Handel der ehemals spanischen Niederlande wieder aufhelfen sollte. So wollte England den Kaiser im Reich isolieren, da es die Handelsgesellschaft fast als eine Kriegserklärung empfand. Karl mußte diese 1721 auch aufgeben. Im Reich hatten inzwischen die vier Wittelsbacher Kurfürsten (Bayern, Pfalz, Köln und Trier, seit 1724 uniert) sich eng an Frankreich angeschlossen, während es dem Kaiser gelungen war, Preußen an sich zu ziehen durch Zusagen im Hinblick auf Jülich-Berg. Der Kaiser brauchte die Unterstützung des Preußenkönigs wegen der Garantierung der Pragmatischen Sanktion, die die weibliche Erbfolge im habsburgischen Besitz festlegte.

Pragmatische Sanktion

Die spanische Erbfolgefrage hatte gezeigt, wie wichtig eine unbestrittene Nachfolgeregelung war. 1713 schon erließ Karl VI., der 1711 seinem Bruder auf dem Kaiserthron nachgefolgt war, die Pragmatische Sanktion, die das Pactum mutuae successionis von 1703 ersetzte und Karls Töchter zu den Erbinnen erklärte. Sie wurde als Grundgesetz der habsburgischen Länder bis 1724 von den Erblanden, Ungarn und den Niederlanden anerkannt. Aber der Kaiser erstrebte auch die Garantie des Reiches und der europäischen Mächte, gegen die Meinung des Prinzen Eugen, der eine starke Armee und gut gefüllte Kriegskassen für den besten Schutz hielt. Tatsächlich wurde die Sanktion von allen Reichsständen außer Sachsen, Bayern und der Pfalz anerkannt. Auch die europäischen Mächte garantierten sie, zuletzt Frankreich im Wiener Frieden von 1738.

Die Stimmung in Europa aber blieb gespannt, bis am 1. Februar 1733 der Tod Augusts des Starken die Entladung provozierte. Denn damit stellte sich die Frage nach dem Nachfolger in Polen. Habsburg und Frankreich standen sich bei der Wahl zum letzten Mal allein gegenüber. Im Hintergrund spielte Rußland schon kräftig mit. Frankreich favorisierte Stanislaus Lesczcynski (1704–1709, 1733–1736), der Kaiser – und Rußland – den Sohn Augusts, Kurfürst Friedrich August II. von Sachsen (1733–1763). Dessen umstrittene

Polnischer Thronfolgekrieg 1733–1735

Wahl führte zum Krieg von Österreich und Rußland als Verbündeten gegen die Bourbonen. England blieb neutral. Der Krieg brachte dem Kaiser, vom Reich nur lau unterstützt, nur Niederlagen. Besonders Preußen hatte sich zurückgehalten. Prinz Eugens Armee war in der langen Friedenszeit verkommen und ein russisches Hilfskorps erreichte den Rhein nicht mehr rechtzeitig. Schon 1735 kam es zum Präliminarfrieden von Wien, dem dann 1738 die endgültige Friedensregelung folgte. Neapel und Sizilien gingen an Spanien verloren. Der Kaiser erhielt dafür im Gegenzug Parma und Piacenza, ebenso sollte die Toskana nach dem Tode des kinderlosen letzten Medici an den Schwiegersohn Karls VI., den Herzog Franz Stephan von Lothringen, fallen. Dafür verpflichtete sich dieser, Lothringen an Stanislaus Lesczcynski, den Schwiegervater Ludwigs XV. (1715–1774), abzutreten, der dieses dann wiederum nach seinem Tode an Frankreich vererben sollte. Frankreich garantierte dafür die Pragmatische Sanktion.

Tod des Prinzen Eugen 1736

Das Zeitalter des Prinzen Eugen war, wie der Krieg gezeigt hatte, zu Ende. Sein Tod am 21. 4. 1736 bedeutete, wie ein Zeitgenosse meinte, nur noch eine Nachricht, kein Ereignis mehr. Kurz nach seinem Tode wurde sein Lebenswerk auch noch von anderer Seite bedroht. Denn in einem erneuten Türkenkrieg, der von 1737–1739 dauerte, gab es Rückschläge schlimmster Art, und im Frieden von Belgrad vom 18. September 1739 verlor der Kaiser diese Stadt sowie die Besitzungen in Bosnien, Serbien und der Walachei. Das gedemütigte und geschwächte Österreich stand vor dem Bankrott. Dabei drohte, wegen Jülich und Berg, ein Konflikt im Reich, weil Friedrich Wilhelm I. von Preußen von Losschlagen redete, sobald der Pfälzer Kurfürst (geb. 1661) sterben sollte. Aber dieser überlebte seinen preußischen Rivalen. Bei alledem zog das Jahr 1740 unter unheilschwangeren Vorzeichen herauf.

Tod Friedrich Wilhelms I. von Preußen und Kaiser Karls VI. 1740

Der Tod König Friedrich Wilhelms I. am 31. Mai 1740 und der des Kaisers am 20. Oktober desselben Jahres – letzterer ein unerwartetes Ereignis, denn Karl VI. war im Gegensatz zu dem schwerkranken Preußenkönig ein noch gesunder und rüstiger Mann – schufen nun eine völlig neue Situation. Die Pragmatische Sanktion, für die Karl VI. so große politische Opfer gebracht hatte, erwies sich im Ernstfall als wertlos. Eine Zeit schwerster Konflikte zog jetzt herauf, die Krise des Reiches wurde schon bald manifest.

Peuplierungspolitik

Die Jahre zwischen 1714 und 1740 bescherten bei alledem, sieht man von peripheren Konflikten ab, den Kernlanden des Reiches eine Friedensperiode. Auch der polnische Thronfolgekrieg hat das Reich verschont, die innerdeutschen Territorien wurden nicht von ihm bedroht. Trotz des Spanischen Erbfolgekrieges konnten so die Bevölkerungsverluste des 30jährigen Krieges weitgehend ausgeglichen werden. Deutschland zählte nunmehr etwa 26 Millionen Einwohner. Hohe Geburtenraten und eine Einwanderungsförderung durch die Fürsten bei gleichzeitigen Auswanderungsverboten hatten dies erreicht. Peuplierungspolitik nannte man das, da man Menschen für den größten Reichtum hielt, wie der Große Kurfürst, der rund 200000 Hugenotten nach 1685 in seinen Landen aufgenommen hatte, in seinem Testament schrieb. Die Besiedelung des Banats lag auf der gleichen Linie.

Da nun überdies, dank der zunehmenden Humanisierung der Kriegführung, die Kriegslasten für die Zivilbevölkerung nicht mehr ganz so drückend waren wie zuvor – es blieb des Schrecklichen genug –, hat sich in mancher Gegend Deutschlands sogar ein bescheidener Wohlstand wieder gebildet. Sicher, alles war kleinräumig, mit einem Hauch von Idylle und Enge, aber es stellte dennoch einen Fortschritt dar. Nach wie vor war Deutschland überwiegend ein Agrarland ohne allzugroße Städte. Ausnahmen waren Wien mit etwa 110000 Einwohnern um 1700, die bis 1766 auf 222000 anwuchsen, weiterhin Hamburg mit mehr als 100000, Nürnberg mit rund 80000, Frankfurt am Main mit rund 60000 und Köln mit rund 54000 Einwohnern. Alle weiteren Städte Deutschlands waren deutlich kleiner.

In der Agrarwirtschaft dominierte der Getreideanbau, und zwar Hafer, Roggen, Gerste und Dinkel vor dem Weizen, der nur ganz wenig angebaut wurde. Wogende Ährenfelder prägten daher das Gesicht der Landschaft. Dennoch entstanden als Folge der Monokultur und der schwierigen Transportprobleme häufig Hungersnöte. Hackfrüchte baute man vornehmlich im Garten- oder Feldgartenbau an. Die Kartoffel war in erster Linie noch

Zierpflanze. Die Dreifelderwirtschaft, entweder mit der Fruchtfolge von Sommer- und Wintergetreide bei einem Drittel Brache, oder in Form der verbesserten Dreifelderwirtschaft mit Hackfruchtanbau oder Futterpflanzenanbau an Stelle der Brache, herrschte vor. In Norddeutschland, aber auch in Bayern, fand sich häufig die Feld-Graswirtschaft mit Vieh- und Pferdezucht.

Lage der Bauern

Die Lage der Bauern war landschaftlich verschieden. In der Regel war sie nicht glänzend, doch gab es auch wohlhabende Bauern, so vor allem in Südbayern, im Schwarzwald, in Hohenlohe, Teilen von Hessen und Schleswig-Holstein. In Süd- und Westdeutschland war die Grundherrschaft bestimmend, bei der der Bauer das Herrenland gegen Zahlung von Abgaben selbst bewirtschaftete. Für den Osten war die Gutsherrschaft mit erbuntertänigen oder, wie man dann in der Hochaufklärung sagte, leibeigenen Bauern charakteristisch. Sie waren an die Scholle gebunden, unterstanden der Gerichtsbarkeit ihres Gutsherren und litten daher oft unter dessen Willkür. Doch hat z.B. in Preußen der Landesherr sie gegen allzugroße Bedrückungen zu schützen gesucht, da er sie als Soldaten benötigte; dabei gingen die königlichen Domänen mit gutem Beispiel voran.

Im Laufe des 18. Jahrhunderts kam es unter dem Einfluß der neuen Kameralwissenschaft zu neuen Anbautechniken und zum Anbau bisher unbekannter Kulturen wie Tabak, Mandeln, Flachs, Hopfen, Lupine, Rüben und Maulbeerbäumen, die zur Seidenraupenzucht gebraucht wurden. Der erste kameralistische Lehrstuhl wurde im Jahre 1700 in Halle eingerichtet und mit Christian Thomasius besetzt. Frankfurt an der Oder (1717) und Wien (1752) folgten als nächste Universitäten.

Manufakturwesen und gewerbliche Wirtschaft

Das Manufakturwesen dagegen setzte sich erst in der zweiten Jahrhunderthälfte richtig durch. Doch gab es auch jetzt schon Manufakturgründungen, deren wichtigste das Lagerhaus in Berlin war, eine Wollmanufaktur, in der vornehmlich Angehörige von Soldatenfamilien beschäftigt wurden. Aber noch dominierte das Handwerk, wobei vor allem der Zunftzwang sich als lästiges Hemmnis erwies. Der Versuch des Reiches 1731, durch die Reichsgewerbeordnung eine Besserung zu erreichen, fruchtete nichts. Die großen Territorien gingen ohnehin ihre eigenen Wege. Seide, Porzellan, Waffen, Papier und Buchdruck fanden zum Teil im Großgewerbe eine neue Organisationsform. Der Typ des Unternehmers bildete sich heraus, ebenso der des Arbeiters – aber beide richtig erst in der zweiten Jahrhunderthälfte. Diese Unternehmer waren unständisch, ohne Bindungen und als wirtschaftliche Führungsschicht von den politisch-gesellschaftlich bestimmenden Schichten losgelöst. Fürsten, wie Franz Stephan von Lothringen, sind ihnen ebenso zuzuzählen, wie die zahlreichen meist italienischen Glücksritter, die Manufakturen und Lotterien in ganz Europa damals gründeten. Charakteristisch sind auch zahlreiche Bankengründungen der Zeit – der Staat brauchte Geld für Heer und Beamte, deren Zahl ständig wuchs. Sparkassen entstanden, wie z.B. 1717 in Berlin; daneben kam das Versicherungswesen mehr und mehr auf. Miserabel war nach wie vor der Zustand der Straßen, ungepflasterte Feldwege überwogen. Eine Reise von Berlin nach Wien etwa dauerte 14 Tage. Erbärmlich war das Postwesen mit zwei Posttagen pro Woche, an denen die Post ankam und abging. Zu alledem kam ein unüberschaubarer Münzwirrwarr, den Reich und Reichskreise nicht zu steuern vermochten.

Immer stärkere gesellschaftliche Bedeutung erhielt die bürgerliche Bildungsschicht, aus der Beamte und Geistliche des absolutistischen Staates hervorgingen. Ihr Arbeitsethos – der protestantische Norden und Osten Deutschlands gingen dabei voran, nicht zuletzt das Preußen Friedrich Wilhelms I. – wurde nunmehr zum vorherrschenden Gesellschaftsideal, Nichtstun als Faulheit verpönt. Die Welt begann damit ungemütlicher zu werden. Der sprichwörtliche deutsche Fleiß ist erst damals so richtig entstanden.

Stift Melk an der Donau

Die Gesellschaft verharrte in einem streng hierarchischen Aufbau. Den Aufstieg des Bürgertums bemerkte man in der ersten Jahrhunderthälfte nur schwach. Nicht zuletzt durch das Aufkommen eines Lesepublikums und einer milde aufklärerischen Presse, in Form moralischer Wochenschriften nach englischem Vorbild. Sie prägten den literarischen Geschmack und leiteten die geistige und soziale Wandlung der zweiten Jahrhunderthälfte ein. Zwischen 1714 und 1761 erschienen fast 200 derartige Blätter. Zu nennen ist davon als erstes »Der Vernünftler«, 1714 in Hamburg gegründet. Auch diese Zeitschriften wanderten von Norden nach Süden. Platte, flache Vernunftmoral dominierte in ihnen, verbunden mit einem naiven Fortschrittsglauben, der aber die Menschen der Zeit ansprach.

Die Universitäten besaßen nach wie vor kein hohes Ansehen und standen hinter den Akademien zurück. Aber, und das ist bemerkenswert, immer mehr wurde jetzt das Lateinische vom Deutschen als Unterrichts- und Wissenschaftssprache abgelöst. Wichtig geworden ist die Gründung der Universität Göttingen durch den hannoverschen Rat Münchhausen im Jahre 1737, einmal wegen ihrer neuen Konzeption, dann wegen ihrer Verbindungen zu England. Eine Erneuerung im Sinne vertiefter Wissenschaftlichkeit und relativ freier Forschung ging von hier schon bald aus.

Barockkultur

In erster Linie ist das 18. Jahrhundert nach dem großen Kriege gekennzeichnet durch eine wahre Explosion künstlerischer Schaffenskraft im Rahmen der alten Hofgesellschaft, die im Rokoko ihre letzte und höchste Vollendung fand: die Schlösser Nymphenburg und Schleißheim, die Würzburger Residenz und Schloß Schönbrunn im Süden, Dresden mit seinem Zwinger und Schloß Sanssouci im Nord-Osten, daneben die großen Klöster in Süddeutschland und Österreich, sind damals als glanzvolle Bauwerke meisterhafter Architekten entstanden, die von ebenbürtigen Stukkateuren und Freskomalern ausgeschmückt wurden. Italienische und französische Vorbilder wurden in Eigenes umgeschmolzen. Eine Welt des schönen Scheins schuf sich hier ihre Bühne, auf der sie sich in endlosen Festen feierte. Die Oper wurde zum dominierenden Kunstwerk des Barock, bis sie in der zweiten Jahrhunderthälfte dann Gluck mit anderem Inhalt erfüllte und Mozart sie in vorher unerhörter Weise vertiefte und verbürgerlichte. Noch aber war gerade die

Musik eine höfische Kunst mit Bach, Händel und Hasse als den großen Meistern. So entfaltete sich in diesen Jahren ein reiches künstlerisches Leben, das auch die kommenden politischen Stürme zunächst nicht zu knicken vermochten.

Der Aufstieg Brandenburg-Preußens vom Großen Kurfürsten bis zu Friedrich Wilhelm I.

Die Entstehung einer zweiten Großmacht innerhalb des Reichsverbandes im späten 17. und im 18. Jahrhundert ist ein gewaltiger, gewalttätiger und auch beispielloser Vorgang in der Geschichte des deutschen Volkes, von schwerwiegendsten Folgen für dessen weiteres Schicksal, aber auch für die Geschichte Europas, ja der ganzen Welt.

Aufstieg Preußens

Dabei hat sich dieser Aufstieg Preußens vom unbedeutenden, kleinen Kurfürstentum zu einer führenden europäischen Macht am Ende des 18. Jahrhunderts keineswegs mit zwingender Notwendigkeit aufgrund vorgegebener sozialer und ökonomischer Bedingungen vollzogen. Er ist vielmehr das Werk einer Reihe hervorragender Herrscherpersönlichkeiten, die aus eher ungünstiger geographischer, wirtschaftlicher und politischer Ausgangslage heraus diesen Aufstieg vollbrachten, durch geschicktes Ausnützen günstiger Konstellationen, durch skrupelloses und konsequentes Handeln, durch zähe, unermüdliche und zielbewußte Arbeit und auch durch Glück. Denn wie anders sollte man etwa den Umstand erklären, daß die drei großen Herrscherpersönlichkeiten, mit deren Wirken dieser Aufstieg zur Großmacht verbunden ist, in einer Welt kurzer Lebenserwartungen jeweils eine verhältnismäßig lange Regierungszeit erleben konnten und daß diese so hochbegabten Männer sich erstens in so dichter und zweitens in der richtigen Reihenfolge, die es jedem von ihnen ermöglichte, seine speziellen Fähigkeiten zur Geltung zu bringen, aufeinander gefolgt sind? Denn auf die Universalbegabung des Großen Kurfürsten, der ein bedeutender Politiker, ein fähiger General – nicht mehr! – und ein tüchtiger Administrator, aber ohne großen schöpferischen Impuls gewesen ist und der die Grundlagen zur Großmachtwerdung schuf, folgte in der zweiten Generation sein Enkel Friedrich Wilhelm I. Er war ein Genie absolutistischer Innenpolitik, der durch die Schaffung einer großen Armee und einer für die Zeitbegriffe unerhört gut arbeitenden Verwaltung, bei außenpolitischer Abstinenz – die die Nachbarn die Gefährlichkeit der preußischen Macht unterschätzen ließ –, Preußen die Mittel verschaffte, mit deren Hilfe Friedrich der Große (1740–1786), der als Feldherr der erste seiner Zeit und als Außenpolitiker hochbegabt gewesen ist, bei einer eher unschöpferischen Innenpolitik, seine Kriegs- und Gewaltpolitik betreiben konnte, die Preußens Großmachtstellung dann besiegelte und dem Heiligen Römischen Reich den tödlichen Stoß versetzte, von dem dieses sich nicht mehr zu erholen vermochte.

Selbstverständlich genügt menschlicher Wille allein nicht, und sei er noch so gewaltig, um derartige Veränderungen in der Welt zu bewirken. Er ist an die Rahmenbedingungen gebunden, die er vorfindet. Was er aber aus diesen zu machen vermag, das steht bei ihm, wobei er in der Regel weder die Veraussetzungen umstürzen noch gegen die durch sie bestimmte Grundhaltung der historischen Entwicklung vorgehen kann. Wohl aber vermag er die einzelnen Faktoren durch sein Einwirken zu verändern und sie für seine Zwecke günstiger zu gestalten.

Am Anfang des brandenburgischen Aufstieges standen dynastische Zufälle, deren gehäuftes Eintreten natürlich auch eine Folge der Heiratspolitik des Hauses war. Die Jülich-Clevische Erbfrage 1609 und der Erbfall des ehemaligen Ordenslandes, des Herzogtums Preußen, im Jahre 1618, nach dem Aussterben einer Seitenlinie sind rational nicht erklärbar. Im Jülich-Clevischen Streit hatte man sich mit dem zweiten Hauptbewerber, dem Herzog von Pfalz-Neuburg, auf eine Teilung des Erbes geeinigt. Damit war das arme, völlig binnenländische und eher unbedeutende Kurfürstentum mit einem Schlag sowohl mit den großen politischen Fragen des Ostseeraumes als auch den Problemen der deutschen Westgrenze verbunden. Die Territorien lagen weit auseinander, bei völlig verschiedenartiger wirtschaftlicher und politischer Struktur. Das Herzogtum Preußen stand sogar außerhalb des Reichsverbandes, als Lehen der Krone Polens am östlichen Rande des deutschen Sprachbereichs liegend. Ein reiches Land mit blühender Landwirtschaft, starken, selbstbewußten Ständen und der bedeutenden Hafen- und Handelsstadt Königsberg, stand es in einer überkommenen staatlichen Tradition. Die Kurlande, »des Heiligen Römischen Reiches Streusandbüchse«, waren dagegen arm, aber sie hatten gleichfalls selbstbewußte Stände, die seit dem Konfessionswechsel des Kurfürsten diesem mit Mißtrauen begegneten. Wohlhabend, mit hochentwickelter Landwirtschaft und einer bedeutenden Stahlindustrie (Solingen), empfanden sich Cleve, Mark und Ravensberg als Teile des alten Jülich-Clevischen Staates. Die auch hier starken Stände betrachteten sich als Einheit mit denjenigen von Jülich und Berg und suchten ihre Stellung durch Ausspielen des brandenburgisch-neuburgischen Gegensatzes noch zu verstärken. Diese Konstruktion konnte zerfallen oder aber durch Verfassungsänderung und territorialen Zuerwerb zur Einheit werden. Zumindest zu Preußen hin schien dies durch den Erbvertrag mit dem vom Aussterben bedrohten pommerschen Herzoghaus möglich zu sein.

Friedrich Wilhelm, der Große Kurfürst

Als Friedrich Wilhelm, 20jährig, im Jahre 1640 zur Regierung gelangte, waren die westlichen Provinzen und die Mark vom Kriege stark zerstört, das Land von den Schweden besetzt, eine eigene Armee nicht vorhanden, Pommern von Schweden beansprucht. Dazu drückten schwere Schulden das verwüstete Territorium. Als der Große Kurfürst 1688 starb, war sein Staat noch keine Großmacht, aber doch schon das neben Österreich mächtigste deutsche Territorium, mit einer starken Armee, einer recht wirksamen Verwaltung und Ständen, die es nicht mehr wagten, dem Fürsten zu widersprechen. Dominierendes Prinzip seiner Politik war der Wunsch, die Macht und das Ansehen Kurbrandenburgs mit allen Mitteln zu heben. Demgegenüber verblaßte die Bindung an Kaiser und Reich, auch wenn der Kurfürst sich mit dem berühmten Ruf aus einem seiner Manifeste – »gedenke, daß du ein Teutscher bist« – den neu erstarkten Reichspatriotismus nutzbar machen wollte. Seine Außenpolitik folgte ganz der Staatsräson, in der Innenpolitik wurde mitleidlos zur Seite geschoben, wer sich ihm entgegenstellte. Dabei war der Kurfürst innenpolitisch nicht eigentlich schöpferisch und besaß keine klare Vorstellung vom administrativen Aufbau seines Staates. Er verfuhr vielmehr durchaus opportunistisch, beseitigte, was sich im entgegenstellte und ließ bestehen, was ihn nicht hinderte. Schon früh war Friedrich Wilhelm zu der Überzeugung gelangt, daß nur ein starkes stehendes Heer seinem Staat das erwünschte Ansehen verleihen könne. »Allianzen seint zwar gut, aber eigene Kräfte noch besser«, heißt es in seinem Testament. In den Generalstaaten, am Hofe der Oranier, war ihm schon als Prinz die Bedeutung von Handel und Gewerbe klar geworden. Seine spätere Kolonialpolitik hat hierin ihre Wurzel.

In seinen Anfangszeiten stand der Kurfürst unter dem Einfluß von Ratgebern, wie z.B. des fähigen, aber phantastischen Georg Friedrich von Waldeck. Nach der Trennung von diesem (1660) aber hat Friedrich Wilhelm selbständig regiert, und auch so tüchtige Minister wie Otto von Schwerin, Franz von Meinders und Paul von Fuchs waren doch nur Ausführungsorgane seines politischen Willens.

Innenpolitische Maßnahmen

Ein erstes, mißglücktes kriegerisches Abenteuer 1651 mit unzulänglichen Kräften gegen den neuburgischen Rivalen am Niederrhein unternommen, veranlaßte ihn, ein stärkeres stehendes Heer aufzubauen. Die Mittel dazu gewährte ihm 1653 der kurmärkische Landtag gegen weitreichende Konzessionen im sozialpolitischen Bereich. So wurde nunmehr die Leibeigenschaft der Bauern als Regelfall vorausgesetzt – für die weitere Entwicklung der Sozialstruktur in diesem Raum ein folgenschweres Ereignis –, Steuer- und Zollfreiheit garantiert, das Indigenat bei Beamtenernennungen zugesichert, d.h. nur Einheimischen durfte eine derartige Stelle verliehen werden. Hier allerdings fügte der Kurfürst eine Vorbehaltsklausel ein – wie bei allen Zugeständnissen, die seine Rechte beschränkten –, die ihm im Einzelfall die Durchbrechung des Prinzips erlaubten. Mit ihrer Hilfe hat er in der Folgezeit seinen Willen durchgesetzt. Der Adel der Mark zog sich aus der Politik immer mehr zurück.

Nordischer Krieg 1655–1660

Mit Hilfe der neugeschaffenen Armee errang er dann, nach mehrfachen Allianzwechseln unter massiver Erpressung seiner jeweiligen Partner, im ersten Nordischen Krieg (1655–1660) die Souveränität für das Herzogtum Preußen im Frieden von Oliva. Die neue Armee hatte in der dreitägigen Schlacht von Warschau sich glänzend bewährt (28.–30. 7. 1656). Zuerst Schweden (Vertrag von Labiau vom 20. 11. 1656) und dann, als Preis für den Bündniswechsel, Polen (Vertrag von Wehlau vom 12. 9. 1657) hatten ihm die Souveränität für das Herzogtum garantieren müssen.

Kämpfe mit den Ständen

Die während der folgenden Friedensjahre sich abspielenden Kämpfe mit den Ständen waren kein brandenburgischer Sonderfall. Aber sie hatten hier die einschneidendsten Folgen und wurden besonders scharf geführt. Dabei schwebte dem Kurfürsten keineswegs ein zentraler Einheitsstaat vor. Er beseitigte nur alles, was ihn an der Finanzierung seines Heeres hindern wollte. Den Heeresbedürfnissen waren seine Maßnahmen untergeordnet, wie überhaupt der Zug, ein starkes Heer zu unterhalten, eine Hauptantriebskraft bei der Schaffung des modernen Staates und seiner Institutionen im Zeitalter des Absolutismus gewesen ist. Die Heeresbedürfnisse veranlaßten den Kurfürsten, die Rechte der Stände zu beschneiden und sich einen eigenen, nur ihm ergebenen Beamtenapparat aufzubauen. Sie waren der Grund, warum er das regionale Sondergefühl schwächte und durch einen auf seine Person zentrierten Staatsbegriff ersetzte. Die dagegen opponierenden Stände betrachtete er als Rebellen.

Am wenigsten wehrten sich die Stände in der Kurmark. Sie traten nach 1653 nicht mehr vollständig, sondern nur noch als Deputationen zusammen. Das ständische Leben zog sich hier in die Kreise zurück. Härtere Auseinandersetzungen gab es am Niederrhein. Zunächst mußte 1653 der Kurfürst eine förmliche Niederlage hinnehmen und den Ständen zugestehen, daß sie sich jährlich, auch ohne seine Einberufung versammeln dürften. Das aber wäre die Periodizität gewesen und damit der entscheidende Schritt zu einem wirklichen Parlament. Weiterhin mußte er ihnen erlauben, mit fremden Mächten zu verhandeln. Ferner mußten die kurfürstlichen Beamten auf die ständischen Rezesse vereidigt werden. Ja, Friedrich Wilhelm mußte sogar zusagen, er werde alle Beamte, die nicht das Indigenat besäßen, entlassen und sich verpflichten, keine Truppen in die Lande zu legen und keine Festungen in diesen zu bauen. Der Sieg der Stände schien damit vollständig zu sein. Aber

Die Flotte des Großen Kurfürsten

dann griff der Kurfürst zur Gewalt. Er ließ den Freiherrn von Wylich, den Wortführer der Stände, verhaften. Truppen wurden den hartnäckigsten Ständevertretern auf ihre Güter gelegt mit dem Befehl, nichts zu schonen – man folgte dabei dem Vorbild der französischen Dragonaden. Das brach den ständischen Widerstand. Die Erfolge des Kurfürsten im Nordischen Krieg verstärkte überdies die Furcht vor seiner Armee. So gaben die Stände in zwei Rezessen vom August 1660 und März 1661 schließlich nach.

Die schärfste Auseinandersetzung fand in Preußen statt. Hier weigerten sich die Stände, die Souveränität des Kurfürsten anzuerkennen, da man sie nicht dazu gefragt habe. Verloren sie doch dadurch den Rückhalt, den sie bisher am polnischen Staat gefunden hatten. Zum offenen Streit kam es 1661 auf dem Landtag. Dabei verfuhr der Kurfürst zunächst sehr vorsichtig und tastete weder das Steuerbewilligungsrecht noch das Indigenat für Beamte an. Die Stände verweigerten trotzdem den Huldigungseid. Wortführer war der Königsberger Schöppenmeister Hieronymus Roth, eine knorrige, aufrechte Kohlhaas-Gestalt und überdies ein zündender Redner. Der Kurfürst ließ ihn verhaften. Den verängstigten Ständen bestätigte er alle Rechte, soweit sie seine Regierungsgewalt nicht behinderten. Diese erkannten in der Assekurationsakte vom 12. 3. 1661 Friedrich Wilhelms Souveränität an. Roth kam als Staatsgefangener in die Festung Peitz und blieb, da er sich im Bewußtsein seines Rechtes weigerte, um Gnade zu bitten, bis an sein Lebensende in Haft. Den Vertreter des Adels, Christian Ludwig v. Kalckstein, der nach Warschau geflüchtet war, ließ Friedrich Wilhelm, unter krassem Bruch des Völkerrechts, durch seinen Gesandten Brandt entführen, über die Grenze schleppen und nach einem Hochverratsprozeß 1672 in Memel köpfen. Moralisch ein durch nichts zu beschönigendes Verbrechen, wurde die Maßnahme politisch zum Erfolg. Die Stände gaben ihren Widerstand auf, der Kurfürst ließ sie daher weiter bestehen, erhob aber seit 1681 Steuern ohne ihre Bewilligung. Er hatte in all seinen Territorien damit die oberste Gewalt des Herrschers stabilisiert.

Schöppenmeister Hieronymus Roth

Eine wichtige Voraussetzung für seinen Sieg bildeten die zentralistischen Maßnahmen, die ihm die Logik der Dinge aufzwang. So stellte er den Geheimen Rat als oberstes Regierungsgremium wieder her und ließ die Domänenverwaltung neu ordnen. Zur eigentlichen Keimzelle künftiger

Zentralistische Staatsreform

Staatsvereinheitlichung aber entwickelten sich die Kriegs- und Steuerkommissionen, die, 1661 eingeführt, schon bald die für die Armeegelder zuständige Finanz- und Verwaltungsbehörde wurden. Sie gab es nun in allen seinen Territorien. 1674 richtete man die Generalkriegskasse ein. Diese neuen kurfürstlichen Behörden überlagerten schon bald die hergebrachten ständischen und drängten diese schließlich ganz in den Hintergrund. Bei Friedrich Wilhelms Tod waren somit große Erfolge im Hinblick auf eine Staatsvereinheitlichung schon erreicht.

Außenpolitik Brandenburgs unter Friedrich Wilhelm I.

Außenpolitisch war der Kurfürst weniger erfolgreich. Sein Eingreifen in den Holländischen Krieg (1672–1679) brachte ihm zwar militärische Erfolge gegen die Schweden, aber den Besitz Vorpommerns konnte er nicht erlangen. Im Jülich-Clevischen Erbstreit hatte er 1666 mit dem Pfalz-Neuburger einen Vergleich geschlossen, der diese Frage bis in die Zeit seines Enkels Friedrich Wilhelm I. beilegte. Bei den polnischen Köngiswahlen ist es Friedrich Wilhelm nicht gelungen, Einfluß auszuüben und auch die 1679 erfolgte Wendung zu Frankreich im Vertrag von St. Germain en Laye brachte ihm keinen zählbaren Erfolg. Der Vertrag machte ihm nur im Reich verdächtig, vor allem, als er mit seinen Truppen dem Entsatz von Wien fernblieb. Das Edikt von Fontainebleau (1685), das die Hugenotten aus Frankreich vertrieb, hat den überzeugten Kalvinisten wieder ins Lager des Kaisers getrieben. Im Edikt von Potsdam vom 8. 11. 1685 gewährte er den Glaubensflüchtlingen Aufnahme in seinen Landen.

Das folgende Jahr sah ihn dann schon im Bunde mit dem Kaiser. Gegen die Abtretung des Kreises Schwiebus in Schlesien – eine ganz von brandenburgischem Gebiet umschlossene Enklave – verzichtete der Kurfürst auf seine Ansprüche auf die in Schlesien gelegenen Herzogtümer Brieg, Liegnitz und Wohlau und stellte ein Hilfskorps gegen die Türken. Der Wiener Hof hat ihn dabei durch ein heimliches Abkommen mit dem Kronprinzen betrogen, der gegen eine Geldzahlung sich verpflichtete, Schwiebus nach seinem Regierungsantritt wieder zurückzugeben, wie es dann auch kam. Am 9. Mai 1688 starb Friedrich Wilhelm, den schon seine Zeitgenossen den Großen Kurfürsten nannten. Ein letzter Hinweis auf seine Überseepläne darf nicht fehlen. Seit 1675 ließ er durch den Holländer Benjamin Raule eine Flotte schaffen und 1681/82 an der Guinea-Küste eine Kolonie gründen: Groß-Friedrichsburg. Aber das Unternehmen, von den Holländern bekämpft, florierte nicht. Friedrich Wilhelm I. hat es dann sang- und klanglos liquidiert.

Kurfürst Friedrich III.

Der Erbe und Nachfolger des Großen Kurfürsten, Kurfürst Friedrich III. (1688–1713), seit 1701 als König Friedrich I., führte in der deutschen Geschichtsschreibung bis zur Mitte unseres Jahrhunderts ein ausgesprochenes Schattendasein. Seine Regierungszeit wurde überwiegend negativ beurteilt, woran das Verdikt seines Enkels, Friedrichs des Großen, nicht schuldlos war: »... ihm lag mehr am blendenden Glanz, als am Nützlichen, das bloß gediegen ist... Alles in allem: er war groß im Kleinen und klein im Großen. Und sein Unglück wollte es, daß er in der Geschichte seinen Platz zwischen einem Vater und einem Sohn fand, die ihn durch überlegene Begabung verdunkeln.« Das ist zwar in seinem Kern richtig. Aber man sieht heute auch die positiven Aspekte der Regierungszeit des Kurfürsten-Königs. Gewiß besaß er weder das politische noch das militärische Format seines Vaters, und auch die einseitige Genialität seines Sohnes ist ihm versagt geblieben. Und doch gingen auch von seiner Regierung Impulse aus, die wegweisend wurden für die Ausbildung des künftigen preußischen Großstaates, haben doch er und seine Frau, Sophie Charlotte, die Annäherung dieses bis dahin eher amusischen Staatswesens an Wissenschaft und Kunst in die Wege geleitet. Selbst die Kulturfeindschaft seines Sohnes hat die durch ihn eingeleitete Verbindung von Geist und Staat nicht mehr zu trennen vermocht. Sein Enkel

Förderung der Wissenschaft und Kunst

Friedrich konnte so an das Werk des Großvaters anknüpfen und das dort Angelegte zu eindrucksvoller Entfaltung bringen.

Die Universität Halle, die für die deutsche Frühaufklärung bedeutsam wurde, hat Friedrich 1692 aus einer ehemaligen Ritterakademie hervorgehen lassen und mit Christian Thomasius sofort eine Größe für sie gewonnen. 1696 wurde in Berlin eine Akademie der Künste errichtet. Und 1700 schließlich kam es zur Stiftung einer Sozietät der Wissenschaften, der künftigen Akademie der Wissenschaften in Berlin, mit Leibniz als Präsidenten. Als Baumeister und Bildhauer wirkte Andreas Schlüter bis 1705 in Berlin und schuf u.a. das berühmte Reiterdenkmal des Großen Kurfürsten. Auch die Gestaltung der Residenz wurde wesentlich durch Schlüter beeinflußt.

Politisch hat Friedrich zumindest bewahrt, was sein Vater geschaffen hatte, und damit dem künftigen preußischen Großstaat alle Möglichkeiten offengehalten. Er hat zunächst durch Annullierung des Testaments seines Vaters den Gesamtstaat erhalten und die darin vorgesehene Teilung verhindert. Das Prinzip der Primogenitur und die Unteilbarkeit der Territorien blieb bestehen. In den ersten 10 Regierungsjahren hat er durch seinen ehemaligen Erzieher Eberhard von Danckelmann, seit 1695 Oberpräsident des Geheimen Rates, eine Politik der Zentralisierung betreiben lassen. Schon 1689 schuf Dodo von Knyphausen die Geheime Hofkammer. Jährlich zu erstellende Etats für die Domänen wurden nun vorgeschrieben. 1696 wurde für die Kammereinkünfte eine Generalkasse eingerichtet. Immer mehr entwickelte sich nun auch das Generalkriegskommissariat zur zentralen Verwaltungs- und Finanzbehörde. Die alten, ständisch beeinflußten Regierungen verloren dagegen an Einfluß. Nach Danckelmanns Sturz im Jahre 1697 beherrschten Günstlinge, wie Kolbe von Wartenberg und Wittgenstein, den Kurfürsten-König. Aber die nun einreißende Korruption erschütterte das einmal gelegte Fundament des Staates nicht.

Erhebung Preußens zum Königreich 1701

Auch Friedrichs viel kritisierte Außenpolitik ist besser als ihr Ruf. Zumindest hat er, durch die Erhebung des Kurfürstentums zum Königreich Preußen, eine wichtige Grundlage für den weiteren Aufstieg des Staates geschaffen, wobei das neue Königtum, das jetzt dominierend über den alten Provinzen stand, das einigende Band darstellte, das die von seinem Sohn betriebene Zentralisierung entscheidend begünstigte. Möglich war die Rangerhöhung, weil das Herzogtum Preußen, in dem Friedrich souverän war, nicht zum Reich gehörte. Denn nur außerhalb des Reiches konnte es Könige geben, im Reich aber lediglich den Römischen König als designierten Nachfolger des Kaisers. Rücksicht auf das Reich und die Überzeugung, daß ohne kaiserliche Zustimmung eine Königserhebung unmöglich sei, ließen Friedrich am 16. 11. 1700 in Wien durch seinen Gesandten Bartholdi den Krontraktat schließen, der ihm, gegen Stellung von Truppen an den Kaiser und die Verpflichtung, dessen Politik im Reich zu unterstützen, die Billigung des Wiener Hofes zusicherte. Am 18. 11. 1701 hat Friedrich sich dann in Königsberg selbst gekrönt – die immer noch für notwendig gehaltene Mitwirkung der Kirche wurde an den Rand gedrängt und damit der Weg zur »generellen ›Entkirchlichung‹ der Königskrönung und damit des europäischen Königtums im ausgehenden Ancien-Régime und im 19. Jahrhundert« (Duchhardt) betreten.

Friedrich I. erwies sich als vertragstreu und blieb bis zu seinem Tod am 25. 2. 1713 der Verbündete des Kaisers im Spanischen Erbfolgekrieg. Er hat damit die Beteiligung Preußens am Nordischen Krieg ausgeschlossen. Aber er erreichte im Frieden von Utrecht die internationale Anerkennung seines Königtums und er sicherte sich seinen Anteil an der oranischen Erbschaft. Die Grafschaften Lingen und Mörs am Niederrhein sowie das Fürstentum Neuchâtel und die Grafschaft Valangin in der Schweiz kamen 1713 an Preußen. So kann auch hier nicht von einem Versagen des Königs gesprochen werden.

Friedrich Wilhelm I.

Friedrich Wilhelm I. (1713–1740), der seinem Vater folgte, ist »Preußens größter innerer König« geworden. Als Verwaltungsgenie hat er dem disparaten preußischen Staatsgebilde eine innere Geschlossenheit und Festigkeit verliehen, die ihresgleichen suchte. Er rüstete zudem seine Friedensarmee zu einer Schlagkraft, die, als sein Sohn sie dann im Krieg einsetzte, ganz Europa staunen ließ und den zu seinen Zeiten aufgekommenen Spottspruch »so schnell schießen die Preußen nicht« blutig Lügen strafte.

Der König hat die spezielle preußische Form der Regierung aus dem Kabinett auf eine Höhe geführt, wie sie dann nur noch sein Sohn aufrechtzuerhalten vermochte, während sie – bei wachsender Arbeitsbelastung durch sich vermehrende Staatsaufgaben ohnehin nicht mehr durchführbar – unter dessen schwächeren Nachfolgern rasch versagte. Leicht hat er sich sein Leben nicht gemacht, leicht hatten es aber auch nicht die Bewohner seines Staates und noch weniger leicht die Mitglieder seiner Familie, vor allem der Kronprinz. Denn Friedrich Wilhelm I. war ein schwieriger Charakter, jähzornig, unausgeglichen, kein theoretischer Kopf, dagegen allem Praktischen stark aufgeschlossen. Dem tief religiösen Mann war die kalvinistische Prädestinationslehre eine furchtbare Bedrückung. Für Geisteskultur, Kunst und verfeinerte Lebensformen kannte er, zum Entsetzen seiner klugen und kunstsinnigen Frau, der Hannoveranerin Sophie Dorothee, nur Verachtung. Seinen Willen setzte er brutal durch.

Militarisierung des Staates

Seine einseitige Genialität befähigte ihn zu seiner weltgeschichtlichen Leistung, der Schaffung des preußischen Militär- und Beamtenstaates. Persönlich anspruchslos – sein Vergnügen war das Tabakskollegium, eine reine Männerrunde, bei der Bier und Tabak nebst handfesten Speisen konsumiert wurden –, hat er auch von seinen Beamten, Soldaten und Untertanen Verzicht, letzten Einsatz für das Gesamtwohl und Arbeit bis zur Erschöpfung gefordert. Dies alles geschah in der Absicht, das Glück seiner Untertanen, wie er es verstand, zu fördern. Als erster Monarch Europas ging er, dem das barocke Hofwesen zuwider war, schon bald nur noch in Uniform – das Beispiel sollte rasch Schule machen. Doch scheute er »ungerechte Kriege«, da diese die Strafe Gottes nach sich ziehen müßten. Der »Roi Sergeant«, wie die Zeitgenossen ihn spöttisch nannten, ist der Begründer der preußischen Großmacht geworden. Und er hat seinem Staat sein eigenes Gesicht gegeben, durch die Verbindung kalvinistischer Zucht, puritanischer Strenge und militärischen Drills mit Ordnung, Bescheidenheit, Anspruchslosigkeit, Dienstbereitschaft und Opferfähigkeit.

Schon vor seinem Regierungsantritt hatte er als Führer einer Opposition aus Räten und Beamten den Sturz der Günstlinge Wittgenstein und Wartenberg erreicht. Nach seinem Regierungsantritt begann er sofort mit energischen Sparmaßnahmen, denen der Hofstaat des Vaters, den er noch mit allem barocken Prunk hatte beerdigen lassen, zum Opfer fiel. Mit der Reduktion der Minister- und Beamtengehälter, dem absoluten Vorrang des Militärs vor den zivilen Beamten und sparsamster Lebensführung des Monarchen und seiner Familie, schockierte er seine Zeitgenossen. Dabei hatte sein Vater ihm ein beträchtliches Vermögen hinterlassen.

Verwaltungsreform

Im Zentrum seines Interesses stand die Armee. Ihr dienten alle Maßnahmen des Königs, auch seine Verwaltungsreform – wobei Friedrich Wilhelm nun aber auch überzeugt war, daß es notwendig sei, den Staat zu zentralisieren und zu vereinheitlichen. Als Kronprinz hatte er unter der inferioren Rolle des neuen Königreiches gelitten. Und damals war er schon entschlossen, die preußische Armee so stark und von Subsidien unabhängig zu machen, daß sie von den Großmächten respektiert werden müsse. Was ihr an Zahl dazu immer auch abgehe, so hat er gemeint, das wolle er durch eine bessere Ausbildung ersetzen. In Leopold von Anhalt-Dessau fand er schon damals den geeigneten Drillmeister.

Die Bedeutung aller preußischen Prinzipien in Verwaltung und Armee, die Bedeutung auch von Disziplin und Drill wird hier klar. Der Mangel an Quantität, der sich absolut betrachtet doch nie ausgleichen ließ, sollte durch Steigerung der Qualität wettgemacht werden. Aber auch die Zahl seiner Truppen hat der König gesteigert. Er begann seine Regierungstätigkeit mit einer Heeresvermehrung um 7 Regimenter und brachte die Armee schließlich auf 81000 Mann. Preußen, das nach seiner Bevölkerungszahl an 13., nach der Flächenausdehnung an 10. Stelle unter den europäischen Staaten rangierte, hatte damit die viertstärkste und schlagkräftigste Armee. Vor allem die Infanterie, mit ihrer, dank des durch Leopold von Anhalt-Dessau eingeführten eisernen Ladestocks, enorm hohen Schußgeschwindigkeit und großen Manövrierfähigkeit, übertraf das Fußvolk aller übrigen europäischen Armeen. *Heeresvermehrung*

Erste Reformdekrete erließ der König schon im Jahr seines Regierungsantritts 1713, so das Statut vom 13. August, das alle königlichen Domänen zum unveräußerlichen und unteilbaren Fideikommiß erklärte und die Erbpacht der Domänen abschuf. Im gleichen Jahr gründete Johann Andreas Kraut das königliche Lagerhaus in Berlin. Nur Armeeangehörige arbeiteten in und für diese Kombination aus Tuchmanufaktur und -verlag, d.h. man ließ einen Teil der Produkte auch in Heimarbeit anfertigen. Das Lagerhaus wurde später mit dem Militärwaisenhaus, das 1722 gegründet wurde, vereinigt. Einfuhrverbote für ausländisches Tuch und Wollausfuhrverbote sicherten ihm Rohstoff und Absatz. 1714 entstanden die Generalrechenkammer als königliches Kontrollorgan für das Generalfinanzdirektorium – die alte Geheime Hofkammer – und das Generalkriegskommissariat als Immediatbehörden. Mit dem Jahre 1716 begann, in ungleichem Tempo in den einzelnen Territorien, die schrittweise Beseitigung der Ratsverfassung und damit der kommunalen Selbständigkeit in den Städten – was der Freiherr vom Stein durch seine Reformen, knapp 100 Jahre später, wieder rückgängig machte. Die neuen Magistratskollegien unterstanden direkt der königlichen Verwaltung.

Die entscheidenden Reformen aber fielen in die Jahre 1722/23 und 1733 mit der Schaffung des »General-Ober-Finanz-Kriegs- und Domänen-Direktoriums«, kurz Generaldirektorium genannt, und der Einführung des Kantonsystems, das das Rekrutierungsproblem löste und das die Militarisierung des preußischen Staates erst ermöglicht hat. Die neue Superzentralbehörde, deren Einrichtung der König im Dezember 1722 eigenhändig entworfen hatte, umfaßte die gesamte finanzielle und innere Verwaltung des Staates. Lediglich Justiz- und Kirchenwesen waren von ihr unabhängig. Das Generaldirektorium verband das herkömmliche Territorialprinzip, in welchem ein Minister für alle Bereiche des ihm unterstellten Territoriums zuständig war, mit dem aus Frankreich nun auch in die anderen europäischen Staaten vordringenden Ressortprinzip. *Staatsverwaltung*

Es entstanden vier Departements, jeweils unter einem Minister. Jedes Departement umfaßte bestimmte Provinzen. Aber jedem Departement waren auch Sachbereiche zugeordnet, die den Gesamtstaat umgriffen. So dem ersten Grenz- und Rodungssachen, dem zweiten Marschwesen und Militärökonomie, dem dritten Post- und Münzwesen, dem vierten Kassen- und Rechnungssachen. Diese Departements waren aber keine selbständigen Ministerien. Sie bereiteten vielmehr nur die Vorträge für die Plenarsitzungen vor und führten die dort gefaßten Entschlüsse dann jeweils für ihren Bereich aus. Der Geschäftsgang war kollegialisch. Pro Departement gab es in der

Woche einen Vortragstag. Konnten Minister und Räte sich nicht einigen, mußte der König entscheiden, der überdies auch alle außerordentlichen Fragen und wichtigen Entschlüsse gutheißen mußte. Schriftlichem Bericht an den König entsprach dessen schriftliche Entscheidung. Nominell war der König Präsident, nahm aber nie an den Sitzungen teil, sein leerer Stuhl symbolisierte seinen Vorsitz. Kein Minister hatte das Recht, ungerufen den König zu sprechen. In den Provinzen faßte man die Amtskammern und Kriegskommissariate zu den neun »Kriegs- und Domänenkammern« zusammen. Sie verwalteten Kontribution und Domäneneinkünfte, Akzise und Manufakturen. Auch sie waren kollegialisch organisiert. An ihrer Spitze stand der Präsident nebst zwei Direktoren.

Die neuen Behörden begünstigten das Entstehen einer neuen königlichen Beamtenschaft, die mit den alten, ständischen Beamten um so weniger gemein hatte, als der König streng darauf achtete, in die gehobenen Stellen nur Räte zu befördern, die nicht aus der Provinz stammten, in der sie eingesetzt wurden. So hoffte er, den ständisch-partikularistischen Geist und die daraus entspringende Vetternwirtschaft auszurotten. Juristen hatten wenig Chancen bei Friedrich Wilhelm I. Er zog Praktiker vor, vor allem ehemalige Regimentsquartiermeister und Auditeure. So kam ein militärischer Zug und der entsprechende Tonfall in das preußische und über dieses in das deutsche Behördenwesen. Bei Streitfällen zwischen den Steuerbehörden und den Steuerpflichtigen galt des Königs Devise »In dubio pro fisco!«

Unter den Kammern standen die Landräte, die nunmehr aus ehemals ritterschaftlichen Beamten zu königlichen geworden waren. In den Städten übte ihre Funktion der königliche Steuerrat oder Commissarius loci aus. Die Domänen waren den ritterschaftlichen Kreisen entzogen, in ihnen vertrat der Generalpächter, »der Beamte«, die Obrigkeit. Der Geheime Rat, einst das Zentrum des Staates, wurde nunmehr zur Behörde für Justiz- und geistliche Angelegenheit.

Zentralisierung des Staates

Die straffe Zentralisierung des Staates zahlte sich schon bald aus. Die Staatseinkünfte stiegen unter Friedrich Wilhelm I. von anfänglich 3,4 auf 7 Millionen Taler an. Der König trennte zudem, als erster, den Staatshaushalt vom Hofhaushalt und tat unbewußt damit einen entscheidenden Schritt hin zur Ablösung des sich nunmehr verselbständigenden Staatsbegriffs von der Person des Monarchen. Eine Entwicklung wurde damit eingeleitet und von Friedrich dem Großen, der dann den König zum Funktionsträger des Staates machte, noch verstärkt, die in letzter Konsequenz die Trennung von Staat und Monarchie und damit deren Abschaffbarkeit herbeiführte.

Friedrich Wilhelms I. Reformen machten Preußen zum bestorganisierten Staat im damaligen Europa und ermöglichten somit überhaupt erst die enorme Heeresvermehrung, die er vornahm. Nicht zuletzt diese, verbunden mit dem neuen Offizierstyp, den der König von 1714 an bewußt schuf, erlaubte dann die Einführung des Kantonsystems von 1733. Ziel des Königs war es, »aus den frondierenden märkischen, pommerschen und ostpreußischen Junkern allmählich loyale, königstreue Untertanen zu machen, die ihren Stolz darin setzten, unter den Fahnen des Königs zu dienen« (Hintze). Zwang, verbunden mit gesellschaftlicher Privilegierung, ließen ihn dieses Ziel erreichen. Rekrutierten sich bisher die Offiziere des preußischen Königs von überallher, wobei es viel zweifelhafte Existenzen unter ihnen gab, so hat Friedrich Wilhelm I. zum einen diese Elemente systematisch ausgemerzt. Zum anderen verpflichtete er nunmehr den einheimischen Adel zum ausschließlichen Kriegsdienst in der königlichen Armee. Fremder Kriegsdienst war mit Strafe bedroht. Vasallentabellen überwachten den Adel, dessen Güter der König 1717 allodifizierte, d.h. aus bisherigen königlichen Lehen zum Privateigentum der Familien machte. Bald schon galt es als Stan-

Einführung des Kantonsystems 1733

despflicht, daß die Söhne des Adels, die Junker, in der Königlichen Armee dienten. Zur Vorbereitung auf den Dienst gab es seit 1716 die Kadettenschulen. Damit war das preußische Offizierskorps nun aristokratisiert wie kein anderes – praktisch kannte nur die Artillerie, die mathematische Kenntnisse erforderte, bürgerliche Offiziere –, und es war zugleich national-preußisch. Es fühlte sich als erster Stand im Staate und wurde vom König so behandelt.

Das Kantonsystem brachte einen weiteren Vorzug dieses Offizierkorps zur Geltung, seine Autorität gegenüber seinen Gutsuntertanen. Geboren war das Kantonsystem aus der Unruhe, zu der die Massenwerbungen nach 1713 geführt hatten, mit ihrem gewaltsamen Pressen von Handwerksgesellen, Studenten, einzigen Bauernsöhnen, jungen Kaufleuten zum lebenslangen Militärdienst. Die Wirtschaft des Landes war gefährdet, da die qualifizierten jungen Männer scharenweise aus dem Lande flohen. Noch gab es ja keine allgemeine Wehrpflicht. Eine Dienstpflicht, aber nur für die bäuerliche und ländliche Unterschicht, wurde jetzt geschaffen. Jedem preußischen Regiment wurde ein Wahlbezirk, der Kanton, zugewiesen. Jeder Kompanieführer sollte dabei möglichst im Bereich seiner eigenen Güter Soldaten werben oder besser ausmustern lassen. Denn jeder männliche Bewohner eines Kantons hatte sich, ab dem 10. Lebensjahr, zu »enrollieren«, d.h. in einer Stammrolle eintragen zu lassen. Noch handelte es sich um keine allgemeine Wehrpflicht, denn nur die Angehörigen der Unterschichten wurden zwangseingezogen. Die Ausländerwerbung bestand daneben fort.

Die neue Regelung führte aber einen Nachteil mit sich, denn man brauchte die durch sie Eingezogenen ja auch zur Bestellung der Felder. Da half man sich, nach einer anderthalb- bis zweijährigen Grundausbildung, durch Beurlaubungen während neun bis zehn Monaten des Jahres. Die Beurlaubten blieben Soldaten und unterstanden der Justiz des Regiments. Der Gutsherr, der in Personalunion ja auch der Offizier war, erhielt auf diese Weise disziplinierte Arbeitskräfte; andererseits »wurde der bäuerliche Kantonist zu einem maßgebenden Element in der Mannschaft des preußischen Heeres, und das Verhältnis zwischen Soldat und Offizier zog wertvolle Nahrung aus dem altherkömmlichen Untertanenverband zwischen Junkern und Bauern« (Hintze). Die Ausländer beurlaubte man ebenfalls als »Freiwächter«. Sie durften einem Handwerk nachgehen. In den Kantonisten hatte man billige Soldaten erhalten, die nun, mehr als die anderen Bauern, sich in erster Linie als Untertanen des Königs empfanden.

Armee als Wirtschaftsfaktor

Durch ihre Größe wurde die Armee rasch zum wichtigsten Wirtschaftsfaktor in Preußen. Denn nur Uniform und Waffen wurden vom Staat gestellt – und auch diese produzierte man in Preußen. Alles andere, einschließlich der Verpflegung, verschaffte man sich durch die Kompagnie – deren Chef hier als Zwischenhändler, oft mit großem Gewinn, auftrat – von den Handwerkern der Garnison und ihres Umlandes. Kasernen gab es noch nicht, so lagen die Soldaten gegen Bezahlung bei Bürgern im Quartier. Dies wurde zwar als Last, aber doch auch als nicht unwillkommene Einnahmequelle empfunden. Auch die Staatseinnahmen profitierten vom Heer. »Wenn die Armee marschiert, verliert die Akzise ein Drittel«, meinte Friedrich Wilhelm I., der sie denn nur selten marschieren ließ.

In enger Anlehnung an den Kaiser sah der König sein politisches Hauptziel. Wohl hatte er am Beginn seiner Herrschertätigkeit in den Nordischen Krieg eingegriffen und Vorpommern mit Stettin im Frieden von Stockholm (1. 2. 1720) erworben. Aber sonst war die Außenpolitik Friedrich Wilhelms I. friedlich. Jülich und Berg betrachtete er als sein Erbe nach dem Tod des letzten Pfalz-Neuburgers. Die Einstellung der Mächte zum Jülich-Bergischen Erbfolgeproblem bestimmte Friedrich Wilhelms Haltung. Vom Kaiser fühlte er sich benachteiligt und übergangen, erkannte aber dennoch die

Pragmatische Sanktion an und unternahm 1730 jene Reise nach Südwest- und Westdeutschland – auf der es in Mannheim zum Fluchtversuch des Kronprinzen kam –, um die dortigen Fürsten ebenfalls zu deren Anerkennung zu bewegen. Doch 1734 sandte er dem Kaiser lediglich sein Reichskontingent, und keinen Mann mehr, zur Hilfe im Polnischen Thronfolgekrieg.

Preußen – stärkste Militärmacht im Reich

Als der König am 31. 5. 1740 starb, erst 52 Jahre alt, da hatte er Preußen zur stärksten Militärmacht im Reich nach Österreich gemacht, ja, relativ gesehen, im Verhältnis der Gesamtbevölkerung zur Zahl der Soldaten, zur stärksten. Die Armee war glänzend ausgebildet, die Staatskassen gefüllt, das Wort Staatsschulden in Preußen unbekannt. Die Verwaltungsorganisation war mustergültig. Die Beamtenschaft, vom König streng kontrolliert, wobei er sich nicht scheute, saumselige Beamte eigenhändig zu verprügeln, war von einer Zuverlässigkeit und Pflichttreue, die damals ihresgleichen suchte – auch wenn einzelne Minister, wie besonders sein Vertrauter Grumbkow, sich den Bestechungsgeldern des kaiserlichen Gesandten Seckendorff nicht abgeneigt zeigten.

Der deutsche Dualismus

Dualismus im Reich zwischen Österreich und Preußen

Der deutsche Dualismus, d.h. das Nebeneinanderbestehen zweier europäischer Großmächte auf dem Boden des Reiches, ist im Jahre 1740 durch Friedrich des Großen Überfall auf Schlesien manifest geworden. Diese Entwicklung ist eine Folge des Wirkens Friedrich Wilhelms I., zu dessen Lebenszeit der Konflikt bereits latent vorhanden war. Doch war auch der friedliche Soldatenkönig, der wohl den Krieg nur scheute, weil er kein Feldherr war, durchaus gewillt, sich vermeintliche Rechte mit Gewalt zu verschaffen, wie sein politisches Testament verrät, in dem es heißt: »Ich habe das Land und die Armee instandgesetzt, an euch, mein lieber Successor ist, was Eure Vorfahren angefangen, zu behaupten, und die Pätentionen und Länder herbeizuschaffen, die unserem Haus von Gott und Rechts wegen gehören«. Diese Mahnung fand keine tauben Ohren.

Das Jahr 1740 markiert einen Epocheneinschnitt der deutschen Geschichte. In diesem Jahr, in dem auch Kaiser Karl VI., erst 55jährig, am 20. Oktober starb, betrat eine neue Generation die politische Bühne Deutschlands und hat dessen Geschick in radikaler Weise verändert. Der Prozeß der Zerstörung des altehrwürdigen Reiches wurde dadurch gewaltig beschleunigt, der weitere Gang der deutschen Geschichte durch den Dualismus bis in unser Jahrhundert hinein nachhaltig beeinflußt. An seinem Beginn steht der Dualismus im Zeichen zweier Herrschergestalten, die der Deutschen Geschichte von 1740 bis 1786 ihren Stempel aufgedrückt haben: Maria Theresias (1740–1780) und Friedrichs des Großen (1740–1786). Beide waren gegensätzliche Naturen und verkörperten so den Konflikt, den sie ausfochten, in anschaulicher Weise. Friedrich ist dabei die problematischere Persönlichkeit, da er höchst widersprüchliche Haltungen in sich zu vereinen suchte, doch nur mit begrenztem Erfolg. Als »Königtum der Widersprüche« (Schieder) empfanden die Zeitgenossen seine Regierung dennoch nicht, wie uns Goethes berühmter Satz vom überwiegend »fritzisch« gesinnten Deutschland beweist.

Friedrich II. der Große

Friedrich II. war zweifellos der bedeutendste Feldherr seiner Zeit. Als Staatsmann stand er ebenbürtig neben Englands Pitt und Österreichs Kaunitz, als Regent führte er das Werk seines Vaters fort, doch ohne dessen schöpferischen Impuls. Sein ausgesprochenes Ziel war es, Preußen durch territorialen Zugewinn zur echten Großmacht zu erheben; nationaldeutsche Erwägungen blieben ihm fremd, und das Reich, für dessen wenig rationale Verfassung sein scharfer Verstand nur Verachtung übrig hatte, war ihm gleichgültig. Er war ein reiner Machtpolitiker, den Rechtserwägungen wenig bekümmerten. Die Begründung der preußischen Ansprüche auf Schlesien durch seinen Außenminister Podewils quittierte er mit der Randnotiz: »Bravo, das ist das Werk eines guten Scharlatans!«.

Friedrich der Große (Ausschnitt aus einem Gemälde von Anton Graff, 1781)

Der König war ein theoretischer Kopf, der sich schon früh für die Aufklärung und deren Ideale begeistert hatte – ohne allerdings deren Erziehungsoptimismus und Glauben an die Güte der Menschennatur zu teilen. Auch im Antimachiavell, seiner berühmten Jugendschrift, die scheinbar dem Ideal des aufgeklärten, gekrönten Menschheitsbeglückers huldigt, hat er im Schlußkapitel nicht nur der bewaffneten Verteidigung, sondern schon dem Präventivkrieg das Wort geredet. Daß sich Friedrich dennoch das Wohl seiner Untertanen sehr angelegen sein ließ, ist kein Widerspruch, denn je besser es diesen ging, desto ruhiger verhielten sie sich und desto mehr Steuern konnten sie ihm zahlen. Die furchtbaren Jugenderlebnisse und die erzwungene Anpassung an den Willen des Vaters bis hin zur unfreiwilligen Heirat mit einer ungeliebten und unbedeutenden Frau hatten ihn zum vollendeten Heuchler gemacht und seine ohnedies nur schwach entwickelten Anlagen zu menschlichen Bindungen – allenfalls zu seiner Schwester Wilhelmine von Bayreuth besaß er ein tiefer gehendes Verhältnis – verkümmern lassen. Denn Friedrich war überwiegend Verstandesmensch. Herzenskälte, Seelenhärte und ein völliges Abgestorbensein für alle Gemütsempfindungen, eine erschreckende Unfähigkeit zu Mitgefühl und Mitleid, kennzeichneten ihn. Aber der König, dessen überlegener, kühler Verstand mit absoluter Ehrlichkeit gegen sich selbst gepaart war, besaß einen ungeheuren Charme des Esprits, der ihm die Menschen zuführte. Und er war tolerant, da ihm Religion gleichgültig war. Bei aller Kühnheit und Willenskraft, die ihn auch in den verzweifeltsten Lagen mit einer stoischen Festigkeit ausharren ließen, war er nicht leichtsinnig. Als er starb, hatte sein Königreich doppelt so viele Einwohner wie bei seinem Regierungsantritt, war es die fünfte Großmacht Europas, die zweite Deutschlands, sein Heer galt als unschlagbar, und der Staatsschatz war gefüllt. Dem Reich aber hatte er Stöße versetzt, die dessen Untergang in den Wirren der Revolutionszeit gewaltig beförderten.

Maria Theresia

Eine absolut anders geartete Natur besaß seine Gegenspielerin Maria Theresia, die als 23jährige Frau, völlig unvorbereitet, in verzweifelter Lage, ihrem Vater als Herrscherin der Habsburgischen Erblande nachfolgte. Warmherzig und impulsiv, von großem Verstand, aber völlig untheoretisch und ohne die intellektuelle Schärfe ihres preußischen Gegners, von tiefer, katholischer Frömmigkeit, die ihr Gottvertrauen und Seelenstärke zum Bestehen gefährlichster Krisen gab, lebte sie ganz aus einem voraufklärerischen Herrscherverständnis. Der Staat war ihr eine große Familie. Sie wolle die Mutter ihrer Untertanen sein, hat sie gelegentlich gemeint. Maria Theresia besaß die Gabe, bedeutende Leute in ihren Dienst zu ziehen und diese sich entfalten zu lassen. Staatsmänner wie Kaunitz oder der Staatsreformer Haugwitz, Militärs wie Khevenhiller, Daun, Laudon und Lacy beweisen dies. Daß ihr Staat Reformen nötig hatte, um sich behaupten zu können, erkannte sie früh. Aber sie ging dabei behutsam und schonend vor, frei von weltverbesserischem Radikalismus. So gewann sie sich die Achtung und Liebe ihrer Völker. Hochentwickelt war ihr Rechtsbewußtsein. So wie sie nie wissentlich fremdes Recht verletzte, so sehr empörte sie das ihr angetane Unrecht; deshalb haßte sie Friedrich den Großen. Kunstsinnig und musikliebend, heiterem Lebensgenuß nach der mit strengem Pflichtgefühl getanen Arbeit durchaus aufgeschlossen, war Maria Theresia – die ihrem Gemahl

Maria Theresia

Franz Stephan von Lothringen 17 Kinder gebar – eine treue Gattin und gute Mutter. Ihren bewährten Helfern und Freunden gegenüber erwies sie sich dankbar, auch wenn diese ihr nichts mehr nützen konnten. Tief durchdrungen war sie von der Würde ihres Herrschertums. Daß das Kaisertum beim Hause Habsburg bleiben müsse, war für sie eine Selbstverständlichkeit. Angeborener politischer Blick verband sich bei ihr mit einer beeindruckenden Seelenstärke, die sie auch in scheinbar verzweifelten Lagen nie das Gottvertrauen verlieren ließ. Ihr, die sich bei ihrem Regierungsantritt in einer gefährlichen Zwickmühle befand – das Heer demoralisiert, die Finanzen ruiniert, Feinde ringsum und das Ministerium korrupt und überaltert –: ihr und ihrem zähen Mut allein ist das Überleben der Habsburger Monarchie zu verdanken.

Denn die Pragmatische Sanktion, diese vom Vater mit realen Zugeständnissen erkaufte Nachfolgegarantie, erwies schon sehr bald, daß sie das Papier nicht wert war, auf dem sie geschrieben stand. Der englisch-französisch-spanische Kolonialkrieg, der seit 1739 entbrannt war, begünstigte den Konflikt, der über dem Tod des Kaisers nun ausbrach. Denn umgehend meldete Kurfürst Karl Albrecht von Bayern (1726–1745), gestützt auf angeblich aus einem Heiratsvertrag des 16. Jahrhunderts herkommende Rechte, Ansprüche auf die Nachfolge in den Erblanden an und brachte sich auch als Kaiserkandidat ins Spiel, der Hilfe Frankreichs gewiß.

Erster Schlesischer Krieg

Jedoch brach der Krieg zunächst in Schlesien aus. Unmittelbar nach dem Eintreffen der Todesnachricht aus Wien hatte Friedrich beschlossen, durch Eroberung Schlesiens seinen Staat abzurunden. Seine Rechtsansprüche waren zwar fadenscheinig, aber Schlesien war reich und günstig gelegen. Ein Ultimatum bot der jungen Wiener Thronerbin Unterstützung gegen alle Angriffe von außen an, falls sie Schlesien abtrete. Maria Theresia lehnte das Ansinnen ab und am 1. Dezember 1740 überschritt die preußische Armee die Grenze zum »Rendezvouz des Ruhmes«. Binnen fünf Wochen war das schwach verteidigte Land samt Breslau erobert, nur einige Festungen hielten sich noch. Die Winterquartiere – Winterkriegführung war der Zeit nicht geläufig – nahm die preußische Armee in Schlesien. Friedrichs Überfall beschleunigte aber auch den weiteren Gang der Dinge. Denn schon bald zeichnete sich nun eine Koalition der Habsburggegner Preußen und Bayern mit Sachsen, Frankreich und Spanien – das Ansprüche in Italien anmeldete – gegen Maria Theresia ab. Lediglich England stellte dieser Hilfe in Aussicht.

Koalition der Habsburggegner

Der Sieg Friedrichs über ein österreichisches Heer unter Graf Neipperg bei Mollwitz am 10. 4. 1741, ein Werk der preußischen Infanterie und des Generals Kurt von Schwerin, brachte den Stein ins Rollen. Bis zum Juli befand sich Maria Theresia mit Bayern, Frankreich, Preußen und Spanien im Krieg. Sachsen schloß sich im September dem Bündnis an. Bayerisch-französische Truppen drangen im Donautal auf Wien vor, nahmen Linz, schwenkten dann aber auf Wunsch der Franzosen nach Böhmen ab und eroberten Prag (25./26. 11. 1741). Die böhmischen Stände erkannten Karl Albrecht als König an, auch die oberösterreichischen Stände hatten ihm gehuldigt. England, aus Angst um Hannover, hielt sich zurück. Die Sache Habsburgs schien verloren, erst recht, nachdem am 24. 1. 1742 Karl Albrecht von Bayern einstimmig – bei Ausschluß der böhmischen Kurstimme – als Karl VII. (1742–1745) zum Kaiser gewählt wurde. Frankreichs Wunschtraum, ein von seiner Unterstützung abhängiger Kaiser ohne eigene Hausmacht, war damit Wirklichkeit geworden – und ein weiterer Schritt zur Demontierung des Reiches getan. Um so mehr, als die Ohnmacht des neuen Reichsoberhaupts schon bald offensichtlich wurde. Und zwar infolge einer Umkehrung der militärischen und politischen Lage, an der auch der Preußenkönig maßgeblich beteiligt war. Denn dieser, dem die Erfolge seiner Verbündeten zu groß

Kaiser Karl VII.

Karikatur – Maria Theresia wird von ihren Gegnern entkleidet und purgiert

geworden waren, hatte am 9. Oktober 1741 mit Maria Theresia die Konvention von Kleinschnellendorf geschlossen, einen geheim gehaltenen Waffenstillstand gegen die Abtretung von Niederschlesien und der Festung Neiße.

Maria Theresia, deren interne Stellung durch die Geburt eines Thronfolgers und durch die im Oktober unter schweren Zugeständnissen zustande gekommene Gewinnung der Ungarn sich stark verbessert hatte, konnte nun Truppen aus Schlesien abziehen. In dem Grafen Ludwig Andreas von Khevenhiller erwuchs ihr zudem ein fähiger General, der in einem Blitzfeldzug Oberösterreich zurückeroberte und im Januar 1742 nach Bayern vorstieß. Da griff Friedrich, unter Bruch nun auch dieses Waffenstillstandes, wieder in den Krieg ein, schlug am 10. 5. 1742 die Österreicher unter Karl von Lothringen bei Chotusitz und zwang sie zum Präliminarfrieden von Breslau (1. 6. 1742), dem am 28. 7. der Berliner Friede folgte. Ober- und Niederschlesien kamen an Preußen, dazu die Grafschaft Glatz. Nur kleine Teile Oberschlesiens, das Fürstentum Teschen, Jägerndorf, die Stadt Troppau und das Gebiet diesseits der Oppa blieben bei Österreich. Den Katholiken garantierte der König Religionsfreiheit. Der erste Schlesische Krieg war für Preußen damit vorüber.

Friede von Berlin 1742

Österreichischer Erbfolgekrieg

Maria Theresia mußte den Österreichischen Erbfolgekrieg, von dem der erste Schlesische nur ein Teilkrieg gewesen war, weiterkämpfen, denn längst hatte sich der Konflikt über ganz Europa, ja weltweit ausgedehnt. In Italien, in den Niederlanden und im Reich standen sich Franzosen, Spanier, Wittelsbacher auf der einen, Österreicher, Piemontesen (seit 1742) und Engländer (ebenfalls seit 1742) – die ihren Kolonialkrieg in Europa entscheiden wollten – gegenüber. Die Hauptlast der Kämpfe trugen die Truppen Maria Theresias, und diese behielten zunächst die Oberhand. Am 25. 12. 1742 mußte Prag kapitulieren, und im Frühjahr 1743 zwangen österreichische Truppen die bayerische Armee zur Konvention von Niederschönefeld. Karl VII. saß als Flüchtling in Frankfurt. Fast symbolisch mutet es an, daß am 29. 1. 1743 Kardinal Fleury starb, der so lange den Frieden Europas zu bewahren verstanden hatte. Damit blieb ihm im Sommer 1743 die große Niederlage der französischen Armee gegen die aus Engländern und Österreichern bestehende pragmatische Armee erspart. Rußland und Sachsen traten jetzt in den Krieg ein, an dem damit, außer Preußen, alle führenden Mächte des Zeitalters beteiligt waren. Schon stießen, im Frühjahr 1744, die Heere Maria Theresias über den Rhein ins Elsaß vor, schon kam es in Frankreich zu einer inneren Krise, die aber Ludwig XV. geschickt zu seinen Gunsten umbog, da fiel Friedrich von Preußen erneut den Österreichern in den Rücken, schlug infolgedessen die neutralisierte bayerische Armee wieder los, und schien sich das Blatt völlig zu wenden.

Tod Karls VII. 1745

Der Tod Karls VII., erst 47jährig, am 20. 1. 1745, schuf dann im Reich eine neue Situation. Sein Sohn, Maximilian III. Joseph (1745–1777), schloß am 22. 4. 1745 den Frieden von Füssen, in welchem er dem Gemahl Maria Theresias die Bayerische Wahlstimme für die Kaiserwahl zusagte. Bayern schied damit aus dem Spiel der Großmächte aus. Karl VII. hatte gegen Ende seiner Regierungszeit durch Säkularisationspläne für die kleinen geistlichen Territorien diese allesamt ins Lager Österreichs getrieben, aber damit eine Idee ins Leben gerufen, deren Verwirklichung in der Zeit der Revolution dann das Ende des Heiligen Römischen Reiches bedeutete.

Franz I. Kaiser

Das Jahr 1745 brachte Maria Theresia am 15. September die Krönung ihres Gemahls Franz Stephan von Lothringen als Franz I. (1745–1765) zum Kaiser, militärisch erlitt sie Niederlagen an allen Fronten. Vor allem Friedrich der Große, nunmehr als Feldherr zur vollen Reife seiner Begabung gelangt, schlug die Österreicher am 4. 6. 1745 bei Hohenfriedberg und am 30. September bei Soor, während am 15. Dezember Leopold von Anhalt-Dessau, der »alte Dessauer«, bei Kesselsdorf die Sachsen ausschaltete. Dadurch war die Kaiserin – wie Maria Theresia nunmehr genannt wurde – bereit zum Frieden von Dresden (25. 12. 1745), in welchem der Breslauer Friede von 1742 bestätigt wurde. Friedrich gab noch nachträglich Franz Stephan seine Kurstimme. Auch Hannover, Hessen-Kassel und Kurpfalz wurden in den Vertrag eingeschlossen, der damit ein Reichsfriede war, als solcher aber erst 1751 bestätigt wurde. Preußen schied jetzt endgültig aus den Kampfhandlungen aus, der zweite Schlesische Krieg war beendet. Den zurückkehrenden König begrüßte die Bevölkerung mit dem Beinamen »der Große«.

Frieden von Dresden 1745

Der Krieg in Übersee und der Europäische Krieg mit den Bourbonen ging noch bis 1748 weiter. Frankreich errang dabei durch Moritz von Sachsen glänzende Siege in den Niederlanden gegen Engländer (Fontenoy 11. 5. 1745, Lafeld 2. 7. 1747) und Österreicher (Rocoux 11. 10. 1746). In Italien gelang es den Österreichern, das Gleichgewicht zu halten. Erst 1748 kam es in Aachen am 30. 4. zum Präliminarfrieden, der am 18. 10. von Wien – das von den Engländern im Stich gelassen worden war – zähneknirschend unterzeichnet wurde. Der Friede stellte eine eindeutige Niederlage Österreichs dar – auch wenn es der Kaiserin gelungen war, ihr Staatsgebilde im Kern zu bewahren. Als Hauptsieger ging England hervor, aber auch die Bourbonendynastien Frankreich und Spanien schnitten gut ab. Der junge Joseph Wenzel von Kaunitz, dessen Stern als führender Außenpolitiker Maria Theresias hier aufging, hatte in Aachen noch wenig Gelegenheit gefunden, seine Fähigkeiten zu demonstrieren. Aber er wurde durch die hier gemachte Erfahrung in seiner Überzeugung gestärkt, daß nur die Abwendung vom traditionellen Verbündeten England und ein enger Anschluß an Frankreich dem Kaiser dienlich sei.

Friede von Aachen 1748

Von 1748 bis 1756, für Preußen und seine deutschen Verbündeten sogar von 1745 bis 1756, herrschte nun Friede im Reich. In diesen Friedensjahren haben die habsburgischen Erblande durch die Staatsreform Maria Theresias, die sie mit Hilfe des Grafen Friedrich Wilhelm von Haugwitz und, auf militärischem Sektor, des Generals Leopold Graf Daun durchführte, eine gewaltige innere Stärkung erfahren. Zur gleichen Zeit hat Friedrich der Große vor allem durch die Kultivierung des Oderbruchs die Bewunderung der Zeitgenossen erregt. Daneben gab es Ansätze zu einer Reform des Reiches, da gerade die beiden langen Interregna und das bayerische Kaisertum die Reichsidee durchaus auch belebt hatten.

Ansätze einer Reichsreform

Allein die Tatsache, daß dabei das so lange festgefahrene Reichswesen in Bewegung geraten war, hatte bei vielen mittleren und kleineren Reichsständen Hoffnungen erweckt. Besonders die Reichskreise wurden neu belebt und eine Entwicklung eingeleitet, die darauf abzielte, sie zu handlungsfähigen Föderativstaaten zu machen. Frankreich hatte sich dieser Bewegung abwechselnd gegen Preußen und Österreich zu bedienen versucht, ebenso aber hatte Friedrich der Große es verstanden, seiner preußischen Großmachtpolitik zeitweilig den Anschein einer »Reichspolitik« zu geben. Den Kurfürsten war eine starke Rolle bei den Kaiserwahlen zugefallen, und auch kleinere Fürsten, meist Protestanten, hatten 1741 auf dem Fürstentag von Aschaffenburg sich vereinigt und das Wahlgeschäft zu beeinflussen versucht. Sie erstrebten eine Reichsreform zunächst durch Ausbau der ständigen Wahlkapitulation. Erreicht aber wurde nicht allzuviel. Immer stärker trat das Reich in das Stadium der Agonie, gerade auch durch die Politik Friedrichs des Großen.

Episkopalismus

Bei den katholischen Kurfürsten und Fürsten hatten sich erste Anzeichen des späteren Episkopalismus, d.h. der Betonung der Selbständigkeit der Bischöfe gegenüber dem Papst, bemerkbar gemacht. Doch die lautgewordenen Säkularisationspläne wirkten verstörend. Sie legten aber auch die Axt an die Wurzel der Reichsverfassung, die der Reichskirche bedurfte. Daß in diesen Jahren durch die katholische Aufklärung und benediktische Gelehrsamkeit die Krummstablande über eine beachtliche Geisteskultur verfügten, daß Baukunst, Malerei und Musik hier eine Blütezeit erlebten und zahlreiche Reformen eingeleitet wurden, hat die neuere Forschung unzweifelbar klargestellt. Die Anklagen der Aufklärer, die die Existenzberechtigung der geistlichen Staaten bestritten, enthielten sehr viel Zweckpropaganda.

Staatsreform Maria Theresias

Höchst folgenreich aber wurde die theresianische Staatsreform der habsburgischen Erblande. Erst durch sie wurde die Kaiserin überhaupt in die Lage versetzt, den Siebenjährigen Krieg zu überstehen und die Großmachtstellung Österreichs zu bewahren. Die Reform entsprang der Initiative der Kaiserin und wurde durch den Grafen Haugwitz, in dem sie einen geeigneten Paladin fand, konzipiert und durchgeführt. Das Vorbild Preußens ist bei den Maßnahmen unverkennbar. Erstes Ziel der Reform war es, ein stehendes Heer mit einer Friedensstärke von 108000 Mann zu schaffen. Auch hier wurde die Staatsreform also veranlaßt durch militärische Notwendigkeiten; die Bedürfnisse des Heeres beeinflußten die Gestaltung des Staates – eine Beobachtung, die für den Ausbau des frühmodernen Staates in ganz Europa gilt. Der Krieg und seine Bedürfnisse machten die Reformen notwendig, zu denen es sonst nicht so schnell gekommen wäre. Zum Unterhalt des Heeres wurde Geld benötigt, so war die Reform des Finanzwesens die vordringlichste Aufgabe. Diese ließ sich aber befriedigend nur nach Ausschaltung der Stände durchführen, die ihre eigenen Lokalinteressen über diejenigen der Gesamtmonarchie stellten und die in vielen Territorien eine wahre Mißwirtschaft betrieben. Staatliche Vereinfachung und Zentralisierung hieß die Parole. Verwaltungs- und Justizreform sollten dann die weiteren Schritte sein, um die Stände nicht zu beunruhigen, denen das Recht Steuern zu bewilligen auf Haugwitz's Rat erhalten bleiben, sie zu verwalten aber entzogen werden sollte. In Kärnten, das total verschuldet war, lieferte Haugwitz dann seine Generalprobe einer erfolgreichen Sanierung. Nun erhielt er von der Kaiserin freie Hand, die persönlich in stürmischer Sitzung am 29. 1. 1748 im Kronrat, dessen hochadelige Mitglieder selbst Stände waren, die Durchführung der Maßnahmen erzwungen hat. Ähnlich wie in Preußen stellte man neue, landesherrliche Behörden, die Deputationen, neben die alten, ständisch kontrollierten und übertrug ihnen die Militärverwaltung und das Steuerwesen. Den alten Behörden verblieb nur noch das Justizwesen. Auf diesem Weg erreichte man die Trennung von Verwaltung und Justiz. Das gesamte Reformwerk gipfelte in der Schaffung einer neuen Zentralbehörde für Verwaltung und Finanzwesen. Seine Zuständigkeit betraf nur die österreichischen und böhmischen Lande. Ungarn und die Niederlande blieben Sonderfälle. Ebenso schuf man eine neue oberste Justizstelle, die der Herrscherin unmittelbar unterstand.

Damit war die staatsrechtliche Grenze zwischen den österreichischen und böhmischen Erbländern gefallen und ein großer Schritt zur Reichsvereinheitlichung getan. Die neue Behörde hat sich nicht bewährt, sondern erwies sich schon bald als zu schwerfällig und bürokratisch und wurde während des Siebenjährigen Krieges von Kaunitz umgestaltet. Zunächst ging mehr Geld ein, die öffentliche Verschuldung konnte abgebaut werden. Durch Einführung einer allgemeinen Vermögenssteuer – tatsächlich war es eine Einkommensteuer von 10% – suchte man die einseitige Belastung der Bauern zu mildern. Eine Bauernbefreiung nahm die Kaiserin nicht vor. Eine allgemeine Kopfsteuer war schon 1746 eingeführt worden.

Reform des Heers

Die erfolgreiche Finanz- und Verwaltungsreform ermöglichte auch die angestrebte Reform des Heeres. Ein neues Reglement zur besseren Ausbildung der Truppen entstand. Jährliche »Campements« sollten größere Truppenkörper zusammenführen und im Großverband üben lassen. 1742 gründete man die Theresianische Militärakademie in Wiener Neustadt zur Heranbildung eines fähigen Offiziersnachwuchses. 1748 bereits schuf man ein Ingenieurkorps der Armee und 1754 eine Ingenieurakademie in Wien. Verbesserungen bei der Artillerie und Vereinheitlichung der Truppenausrüstung versetzte die Armee bald in die Lage, den gefürchteten Preußen standzuhalten. Eine Invalidenversorgung wurde ebenfalls geschaffen. Sehr bezeichnend für Maria Theresia war eine Selbstreinigung der Armee von unsauberen Elementen durch eine Reihe von Prozessen, in denen die von kaiserlichen Offizieren im vergangenen Krieg verübte Verbrechen bestraft wurden. Prominentestes Opfer wurde der Pandurenführer Trenck, der 1749 als Staatsgefangener auf dem Spielberg bei Brünn starb.

Frühaufklärung in Österreich

Aber nicht nur die Finanzen und das Militär reorganisierte Maria Theresia. Die Kaiserin hatte durchaus das gesamte Staatswesen in ihrem Blick. So ist als weiteres Kernstück der Reformtätigkeit dieser Jahre das Unterrichts- und Hochschulwesen zu nennen. Anreger und Schöpfer dieser Reform war der Leibarzt Gerhard van Swieten, der von jansenistischen Ideen beeinflußt war und damit Papst und Jesuiten mit Distanz gegenüberstand. Er ist zum Wegbereiter modernen wissenschaftlichen Denkens in Österreich geworden. Die Kaiserin ließ ihn gewähren. Vor allem das Medizinstudium hat er auf eine damals beispiellose Höhe gebracht – die Wiener Medizinische Schule genoß von nun an ein großes Ansehen. Die Vorherrschaft der Jesuiten in den geisteswissenschaftlichen und theologischen Fächern wurde gebrochen, das Gedankengut der Frühaufklärung durfte gelehrt und diskutiert werden. An Stelle der ratio studiorum der Jesuiten trat die staatliche Studienordnung vom 25. 6. 1752. Auch die Juristenausbildung wurde modernisiert und bedeutende aufgeklärte Juristen wie Joseph Riegger, Karl Anton von Martini und Johann Valentin Eybel nach Wien berufen. 1749 wurde schließlich das Zensurwesen liberalisiert, wobei man auch hier die Jesuiten weitgehend ausschaltete.

Im Schulwesen, dessen Reformen im wesentlichen sich auf den Ausbau des Grundschulwesens beschränkten, fielen die Maßnahmen in die Jahre nach dem Siebenjährigen Krieg. Im Justizwesen lag ein neues Zivilgesetzbuch erst 1766 vor. Zwei Jahre später war der Codex Criminalis Theresiana vollendet, der mit Folter, Hexenprozessen und drakonischen Strafen noch den Geist der alten Justiz atmete und 1787 von Joseph II. (1765/80–1790) durch ein neues Strafgesetzbuch, das aufklärerischen Vorstellungen entsprach, ersetzt wurde.

In der Kirchenpolitik der persönlich frommen Kaiserin sind Maßnahmen, die dann ihr Sohn Joseph aufgriff und weiterführte, unverkennbar. Das Bestreben des Staates, die Kirche sich einzuordnen und deren Sonderrechte abzubauen, tritt hervor. Die Zahl der Feiertage sollte beschnitten, geistliche Gerichtsbarkeit, Steuerbefreiung des Klerus und ähnliche Sonderrechte eingeschränkt werden. Doch ging Maria Theresia dabei behutsam vor. Juden und Protestanten wurden nicht toleriert.

Ansicht einer Schulklasse (Kupferstich, 1787)

Die theresianische Staatsreform, die fast alle Bereiche des staatlichen Lebens umfaßte und eine tiefgreifende Umgestaltung der habsburgischen Monarchie einleitete, hatte ihre größten Erfolge auf den Gebieten der Verwaltung und Finanzen, des Militärs und bei den Universitäten. Ermöglicht wurde sie durch die Heranziehung geeigneter Mitarbeiter. Die Reformen waren nicht eigentlich originell, lehnten sich vielmehr an Vorbilder an. Sie erregten deshalb, im Gegensatz zu den doktrinären und überstürzten Maßnahmen Josephs II. keinen Widerstand, da sie schonend, mit Rücksicht auf die bestehenden Verhältnisse und mit der Bereitschaft zu Kompromissen durchgeführt wurden. Sie haben den Staat gestärkt und vereinheitlicht – die Sonderstellung der Niederlande und Ungarns blieb allerdings unangetastet. Sie haben den Staat fernerhin den modernen Gedanken der Aufklärung geöffnet. Er stand schon nach einigen Jahren so gekräftigt da, daß er die großen Prüfungen des Siebenjährigen Krieges durchzustehen vermochte.

Eingliederung Schlesiens

Nicht Staatsreform, aber Einschmelzung des eroberten Schlesien in seine Monarchie, Wiederauffüllung des Staatsschatzes und Ausbau der inneren Reformen seines Vaters, das waren die Aufgaben, vor die sich Friedrich innenpolitisch in diesen Jahren gestellt sah. Sicherung des Gewonnenen war sein außenpolitisches Ziel. Die Eingliederung Schlesiens, das mit einer Million Bewohnern etwa einem Drittel der bisherigen Gesamtbevölkerung Preußens entsprach, ist ihm erstaunlich schnell und gut gelungen durch eine Mischung von Effizienz und Geschmeidigkeit. Den Katholiken hat er Religionsfreiheit gewährt und dem Stolz der Schlesier durch eine administrative Sonderstellung der Provinz geschmeichelt. Das Kantonsystem, das er einführte, wurde allerdings als Last empfunden.

Sanierung des Oderbruchs

Bedeutsam wurde die von 1747 bis 1753 durchgeführte Sanierung des Oderbruchs, die Raum für 240 neue Dörfer zu je 300 Einwohnern schuf. Daneben wurde die Einwanderung gefördert und 320000 Menschen ins Land geholt. Die Zahl der Einwohner Preußens wuchs so auf rund vier Millionen – die sich auf Stadt und Land wie 30 zu 70 verteilten.

Mit dem fünften 1740 gegründeten Departement, das für Handel und Industrie zuständig war, und dem seit 1746 bestehenden sechsten Departement, das schon bald zum Kriegsministerium wurde, schuf Friedrich erste Fachministerien und gliederte Preußen so in eine Entwicklung ein, die von Frankreich ausgehend sich nun immer mehr in Europa durchsetzte. Die Armee erhöhte er auf 150000 Mann Friedensstärke.

Preußische Justizreformen

Bahnbrechend wurden seine Reformmaßnahmen auf dem Gebiete der Justiz. Die Abschaffung der Folter und der herkömmlichen, harten Strafen erweisen ihn als echten Sohn der Aufklärung. Die Justiz wurde durch Schaffung eines einheitlichen Instanzenwegs für das ganze Königreich, mit dem Berliner Kammergericht als oberster Instanz, durchschaubar gemacht. Ein einheitliches Gesetzbuch, das Allgemeine Preußische Landrecht, wurde erst nach dem Siebenjährigen Krieg von Carmer und Svarez begonnen und 1794 nach Friedrichs Tod vollendet. Unter den großen deutschen Gesetzbüchern des 18. Jahrhunderts war es so das letzte, aber auch das fortschrittlichste.

Wenig Erfolg hatte der König dagegen bei seinen Versuchen, die Lage der Bauern zu verbessern. Die Rücksicht auf den Adel blockierte hier alle Reformen. Konventionell war seine Wirtschaftspolitik, die merkantilistisch blieb. Manufakturgründungen, oft ohne Erfolg, und Förderung von Kanal- und Straßenbau sowie die Propagierung neuer Anbaumethoden in der Landwirtschaft, wie Luzerne und Kartoffel, die seit 1746 auf den Domänen gepflanzt werden mußten, haben ihn vornehmlich als zukunftsweisenden Agrarpolitiker erwiesen.

Sanssouci und Tafelrunde

Die Jahre von 1745 bis 1756 sind aber auch die Jahre des Baues von Sanssouci (1745–1747) und des Potsdamer Schlosses (1745–1752) durch Knobelsdorff, der Wiederbelebung der Berliner Akademie der Wissenschaften, der legendären Tafelrunde und der Begegnung mit Voltaire. 1744 war die Akademie neu gegründet worden, aber erst mit der Berufung des Mathematikers und Physikers Maupertius an ihre Spitze und dem endgültigen Statut von 1746 war sie, deren Amtssprache französisch war, vollendet. Bedeutende Gelehrte wie der Mathematiker Euler, die Chemiker Pott und Markgraf, verliehen ihr europäischen Rang.

Friedrich selbst war in diesen Jahren, in denen 1752 das Politische Testament mit den Rèveries Politiques, diesem Eorberungsprogramm, entstand, als Schriftsteller tätig und erhoffte sich von Voltaire Hilfe; doch endete dessen Aufenthalt in Preußen mit einem Mißklang. Der Franzose war zu selbstbewußt, um es am Hofe Friedrichs dauernd auszuhalten. Als Briefpartner allerdings blieb er dem König bis zu seinem Tode im Jahre 1776 verbunden. Doch hat die französisch orientierte Geistesblüte am Berliner Hof nur indirekte Wirkung auf das deutsche Geistesleben ausgeübt.

Außenpolitisch waren die Jahre 1745 bis 1756 Jahre wachsender Spannungen, einmal innerhalb des Reichs – Schlesien war noch nicht verschmerzt –, dann im weltpolitischen Rahmen im Zeichen des englisch-französischen Gegensatzes in Übersee, der zur Entscheidung drängte. In Amerika bereitete sich seit 1754 ein neuer Weltkrieg vor. Vor allem im Interesse Frankreichs lag es, ihn auf Europa auszudehnen, um sich dort Faustpfänder für die zu erwartenden Verluste in Übersee zu verschaffen. Der preußisch-österreichische Gegensatz war in Versailles daher gerne gesehen. Trotzdem verschloß man sich dort dem Werben des seit 1749 führenden österreichischen Staatsmannes, Graf Wenzel Kaunitz-Rietberg. Ihm schwebte als Endziel ein Bündnis von Österreich, Rußland und Frankreich gegen Preußen vor, das auf das Kurfürstentum Brandenburg reduziert werden müsse. Seit 1746 war der Wiener Hof mit Rußland alliiert. Aber mit Frankreich kam man zu keiner Einigung. Doch Friedrich der Große selbst half schließlich den Österreichern. Er, der alte Verbündete Frankreichs, stieß durch den Abschluß der

Umkehrung der Allianzen

Konvention von Westminster vom 16. 1. 1756 dieses vor den Kopf. Er hatte die Konvention zustande gebracht, um sich gegen Rußland, das mit England im Bündnis stand, zu sichern. Er hoffte, daß England die Russen neutral halten könne und folglich Österreich keinen Krieg wagen werde. Aber er trieb damit Frankreich zum Abschluß mit der Kaiserin, und auch die Russen gingen einen Angriffspakt mit Österreich gegen Preußen ein. Friedrich hatte durch die Brüskierung seines alten Bündnispartners den Frieden sicherer machen wollen und gerade dadurch den Krieg provoziert. Das Gefühl wachsender Bedrohung durch seine kontinentalen Gegner und englische Niederlagen in Übersee, die ihn an der Leistungsfähigkeit seines neuen Verbündeten zweifeln ließen, veranlaßten den König zum Präventivschlag. Im August 1756 stieß er nach Sachsen vor und zwang die sächsische Armee bei Pirna zur Kapitulation (16. 10. 1756). Ein österreichisches Entsatzheer unter Graf Browne hatte er zuvor bei Lobositz (1. 10. 1756) zurückgeschlagen. Der Siebenjährige Krieg war damit ausgelöst.

Der Siebenjährige Krieg 1756–1763

Dieser Krieg, in dem England an der Seite Friedrichs stand, der sich gegen Frankreich, Rußland, Österreich, Schweden und das Reich wehren mußte, hat in Deutschland großes Aufsehen erregt und die Gemüter in Anhänger Friedrichs und der Kaiserin gespalten. Tatsächlich war es ein Weltkrieg, in dem Friedrich als Englands Festlandsdegen auftrat und Deutschland, vor allem Ost-, Mittel-, West- und Norddeutschland, den Kriegsschauplatz abgab. Das Gebiet vom Main bis zur Elbe bildete dabei das eine Kriegstheater. Hier standen England, die Heere norddeutscher Fürsten und einige preußische Regimenter den Franzosen und Reichstruppen gegenüber und konnten sich, dank des genialen Feldherren Herzog Ferdinand von Braunschweig, der seit 1757 hier kommandierte, siegreich behaupten. Friedrich selbst kämpfte in Sachsen, Schlesien, der Mark Brandenburg und Böhmen gegen Österreicher und Russen. Ein Versuch der Franzosen, beide Kriegstheater zu verbinden, scheiterte 1757 kläglich bei Roßbach, ein Sieg, der Friedrich in Deutschland höchst populär machte, war es doch die erste vernichtende Niederlage der Franzosen gegen eine deutsche Armee seit langer Zeit. Daß sich gleichzeitig die Reichsarmee in dieser Schlacht unsterblich blamierte, trug nicht wenig zur weiteren Abwertung des Reichsgedankens bei. Neben Deutschland waren Amerika, Indien, Afrika und die Weltmeere Kriegsschauplätze. Die Engländer erlitten zunächst Niederlagen.

Kriegsverlauf

Der Kriegsverlauf läßt sich in zwei deutlich unterscheidbare Hälften einteilen, mit dem Jahre 1759 als dem dramatischen Höhepunkt. In der ersten Hälfte dominieren die militärischen Ereignisse, ab 1760 stehen diplomatisch-politische Entwicklungen im Vordergrund. Der Kriegsverlauf war für England und Preußen ein umgekehrter. Preußischen Anfangserfolgen in kraftvoller Offensive, in den Jahren 1756 und 1757, standen englische Niederlagen während des gleichen Zeitraums gegenüber. Doch dann wendete sich das Blatt für Friedrich immer mehr zu einem Verteidigungs- und Erschöpfungskrieg – den er gerade mit den schnellen Anfangsschlägen hatte vermeiden wollen, da er sich der Schwierigkeit bewußt war, aufgrund der mangelnden Ressourcen und der Mittellage seines Staates einen mehrjährigen Zweifrontenkrieg erfolgreich durchhalten zu können. Die katastrophale Niederlage Friedrichs bei Kunersdorf 1759 war hier der Wendepunkt. Für England dagegen bedeutete 1759 das große Siegesjahr, in dem Robert Clive mit dem Erfolg von Plassey die Vorherrschaft in Indien sicherte, General Wolfe, der dabei fiel, mit Quebec Kanada eroberte und Ferdinand von Braunschweig den Franzosen bei Minden eine schwere Niederlage beibrachte. Damit war Englands Kriegsziel erreicht. Der Thronwechsel von 1760 führte im folgenden Jahr zu Pitts Sturz und zur Vernachlässigung des preußischen Verbündeten, den man nach dem Präliminarfrieden von Fontainebleau (5. 11. 1762) kaltblütig sich selbst überließ.

Daß Friedrich der Große den Siebenjährigen Krieg durchstehen konnte, verdankte er seiner Seelenstärke, die ihn auch in verzweifelten Lagen den Mut nicht sinken ließ, seinem nun zur höchsten Meisterschaft gelangten Feldherrentum, den englischen Subsidien, solange sie flossen, und schließlich auch dem Glück, das 1762 die Zarin Elisabeth (1741–1762) sterben ließ, was zu Rußlands Ausscheiden aus der Reihe der Gegner, ja kurzfristig sogar zum preußisch-russischen Kriegsbündnis geführt hatte. Dabei waren Friedrich in den österreichischen Generalen Daun und Laudon Gegner erwachsen, die ihn, wie er schon bald spüren mußte, durchaus zu schlagen vermochten. Überhaupt war die österreichische Armee, dank Dauns Reformen, zu einem gefährlichen Gegner geworden. Schon der Feldzug von 1757 zeigte ihm dies. Wohl schlug Friedrich die Österreicher vor Prag und schloß sie dort ein (6. 5. 1757), aber gegen das heranrückende Entsatzheer unter Daun verlor der König am 17. 6. die Schlacht bei Kolin, seine erste Niederlage im offenen

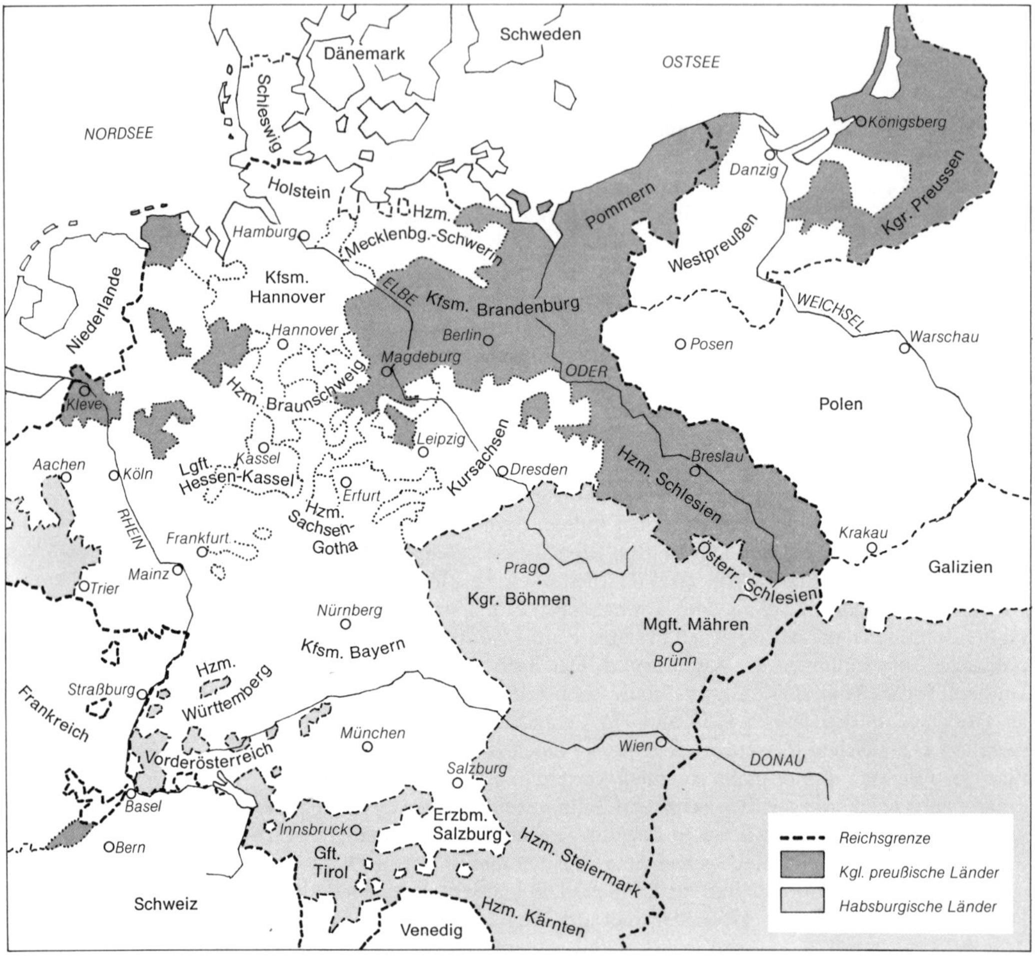

Österreich und Preußen bis 1795

Feld. Er mußte Böhmen räumen und sich gegen die in Thüringen vorrückenden Franzosen wenden. Die Russen eroberten inzwischen Ostpreußen. Der Blitzsieg von Roßbach (5. 11. 1757) hielt die Franzosen für immer vom preußisch-österreichischen Kriegsschauplatz fern. Und genau einen Monat später, am 5. 12. 1757, schlug Friedrich in seiner berühmtesten Schlacht, mit Hilfe der schrägen Schlachtordnung, die er in die moderne Taktik einführte, die doppelt so starken Österreicher bei Leuthen. 1758 aber verlor er am 14. 10. erneut bei Hochkirch eine Schlacht gegen die Österreicher. Zu seinem Glück hatte er vorher, am 25. 8. 1758, die Russen bei Zorndorf zurückgedrängt. Die Niederlage vom 12. 8. 1759 bei Kunersdorf gegen die Österreicher unter Laudon und die Russen schien den Sieg der Koalition zu bedeuten. Friedrich dachte sogar an Abdankung zugunsten seines Bruders und besten Generals, Prinz Heinrich.

Aber Friedrich hielt durch und besiegte im folgenden Jahr bei Liegnitz (15. 8. 1761) und Torgau (3. 11. 1761), hier nicht zuletzt dank General Zieten, die Österreicher, was die Kriegsmüdigkeit am Wiener Hof, dessen Finanzen völlig erschöpft waren, beförderte. Der König selbst hat durch systematische Münzverschlechterungen, wobei er dieses schlechte Geld durch vornehmlich jüdische Händler in Ungarn und Polen verbreiten ließ, um das Geldwesen seiner Gegner zu untergraben, seine Kriegsfinanzierung erleichtert. Der Tod der Zarin Elisabeth am 5. Januar 1762 hat ihn dann endgültig gerettet. Denn ihr Nachfolger, Peter von Holstein (Peter III., 1762), war ein Bewunderer Friedrichs. Er schloß nicht nur Frieden mit diesem, sondern verbündete sich sogar mit dem Preußenkönig. Und wenn auch der offenbar geisteskranke Mann schon bald, auf Betreiben seiner Gemahlin und Nachfolgerin Katharina von Anhalt-Zerbst (1762–1796), der späteren Katharina der Großen, abgesetzt und ermordet wurde, so blieb diese doch neutral.

Pariser Friede 1763

Die Erschöpfung der Kontinentalmächte und Englands Wunsch, seinen Siegespreis heimzutragen, schufen eine allgemeine Friedensbereitschaft. Erneute Niederlagen der Österreicher machten auch die Kaiserin Maria Theresia zum Ausgleich bereit. Der Pariser Friede vom 10. 2. 1763, zwischen England und den Bourbonen geschlossen, besiegelte Frankreichs Niederlage in Übersee und brachte dessen Ausscheiden aus dem Kontinentalkrieg. Kanada wurde englische Kolonie, die Vorherrschaft Englands in Indien befestigt. Damit war nun auch Friedrich ohne Verbündeten. Am 15. Februar 1763 verglichen sich daher Österreich und Preußen, auf dem Boden des Status quo, im Frieden von Hubertusburg. Der Siebenjährige Krieg war beendet. Friedrich hatte Schlesien seinem Staate behauptet. Der Dualismus war damit endgültig ein Faktum der deutschen Geschichte geworden und hat bis 1866, und darüber hinaus, deren Verlauf bestimmt. Denn zwei europäische Großmächte gab es nunmehr endgültig im deutschen Raum: Österreich und Preußen. Für das Reich war dies von den schwerwiegendsten Folgen, da zwei Großmächte innerhalb des Reichsverbandes diesen auf die Dauer sprengen mußten. Auch war das Ansehen des Reichs gewaltig gesunken, durch Friedrichs erfolgreichen Widerstand gegen die Reichsexekution, die der Siebenjährige Krieg ja auch hätte sein sollen, sowie durch die traurige Rolle der Reichsarmee, für die man nur noch Spott und Hohn übrig hatte.

Frieden von Hubertusburg 1763

Österreich und Preußen aber hatten beide ihr Ansehen als bedeutende Militärmächte behauptet. Sie galten als einander ebenbürtig, waren aber beide vom Kriege stark erschöpft. Besonders Österreichs Finanzen waren derart ruiniert, daß man noch während des Krieges gezwungen war, die Zahl der Truppen zu vermindern. Friedrichs Popularität erreichte ihren Höhepunkt, aber auch die alte Kaisermacht strahlte noch immer einen Glanz aus, der zumindest im Süden und Westen Deutschlands Eindruck machte. Wien blieb eine der großen Metropolen Europas und sollte schon bald als Stadt des Aufklärungsherrschers Joseph II. (1765–1790) und als Stadt Haydns, Mozarts und Beethovens neue Bedeutung erlangen.

Joseph Haydn (1732–1809)

Der aufgeklärte Absolutismus in Deutschland

Die herrschende Regierungsform in Deutschland, zwischen 1740 und dem Beginn der Revolutionskriege 1792, war der aufgeklärte Absolutismus. Doch war dieser nicht nur ein deutsches Phänomen. Er hat aber im deutschen Raum in Friedrich dem Großen und Joseph II. sowie dessen Bruder Leopold II. (1790–1792), daneben in Katharina der Großen von Rußland seine herausragendsten Vertreter gefunden. Er stellte den nicht spannungsfreien Versuch dar, die absolutistische Regierungsform mit den Ideen der Aufklärung zu vereinen.

Die Tatsache, daß ein Friedrich der Große, ein Joseph II. ihre Herrschaft nicht mehr aus der an der fürstlichen Familie haftenden göttlichen Verleihung herleiteten, sondern rational mit der größeren Tüchtigkeit des Fürsten

Universitätsbibliothek in Göttingen

Der Fürst als »erster Diener« seines Staates

begründeten, der der »erste Diener« (Friedrich II.) oder »erste Beamte« (Joseph II.) seines Staates sei, hat dazu beigetragen, die Monarchie zu entzaubern. Die mit diesem Vorgang verbundene Trennung des Abstraktums Staat von der Person des Herrschers, der nun nicht mehr der Staat ›war‹ (so Ludwig XIV. von Frankreich), mußte bei einem untüchtigen Fürsten schließlich den Gedanken wecken, daß es besser sei, diesen durch einen gewählten Präsidenten zu ersetzen. Friedrich und Joseph haben diese Gedankenkette natürlich nicht konsequent zu Ende geführt. Sie blieben, wie ihre zahlreichen Nachahmer in Deutschland, die alle eine aufklärerische Reformpolitik betrieben, absolutistische Autokraten. Hier lag auch die Grenze ihres Reformwillens.

Bürgerliche Aufklärung

Die Aufklärung selbst war eine bürgerliche Bewegung. Sie wurde in Deutschland getragen von der bürgerlichen Beamtenschaft, derer der Staat, indem er immer mehr Aufgaben an sich zog, in steigendem Maße bedurfte: Juristen, Geistliche, Verwaltungsbeamte. Ein wohlhabendes, seiner selbst sicheres Bürgertum wie in England und Frankreich, den klassischen Ländern der Hochaufklärung, gab es in Deutschland mit seinen kleinräumigen Verhältnissen nicht. Dies hat der deutschen Aufklärung – so sehr sie von Locke, Shaftesbury und David Hume, vor allem aber von Montesquieu, Voltaire und den Enzyklopädisten und nicht zuletzt von Rousseau beeinflußt war, der aber auch antiaufklärerische Züge in seinem schillernden Werk aufzuweisen hat – einen ganz spezifischen, gelegentlich gar zu penetrant kleinbürgerlich-spießigen Zug verliehen.

Der Kult von Verstand und Vernunft, der alles verachtete, was der Ratio nicht faßbar war, begann auch in Deutschland die Geister zu beherrschen. Joseph II., dieser fanatische Ideologe, der »ein System gewaltsamer Volksbeglückung« (Schnabel) zu verwirklichen suchte, ist ein fast abschreckendes Beispiel mit seinem Unverständnis für gewachsene Bräuche und traditionelle Institutionen. Unter den deutschen Aufklärern herrschte vielfach das platte Nützlichkeitsdenken vor sowie eine naive Fortschrittsgläubigkeit, die an eine Verwirklichung des Paradieses auf Erden durch Erziehung zur Vernunft glaubte. Die Grundüberzeugung von der angeborenen Güte des Menschen, die es nur zu entwickeln gelte, förderte einen schillernden Erziehungsoptimismus. Pädagogische Experimente waren an der Tagesordnung, wie etwa das Philantropinum Johann Bernhard Basedows, das dieser 1774 in Dessau gründete. Es ging schon 1793 wieder ein. Salzmanns Institut in Schnepfenthal, die Hohe Karlsschule in Stuttgart mit ihrer charakteristischen Verbin-

Nützlichkeitsdenken und Fortschrittsgläubigkeit

Aufnahmezeremoniell einer Freimaurerloge

dung von despotischem Zwang und wissenschaftlichem Rang, sind typische Produkte dieses Denkens. Der Kult des Neuen, das nun als das an sich Positive und Gute aufgefaßt wurde, ist das Symptom einer geistigen Revolution ersten Ranges. Er hat die ungeheure Dynamik geweckt, die die Weltgeschichte seitdem zu so rasender Beschleunigung getrieben hat – erwähnt sei hier die Entwicklung der modernen Naturwissenschaft –, daß sie schon fast die Fähigkeit des Menschen übersteigt, all das faszinierende Neue zu erfassen und zu bewältigen.

Geheimgesellschaften

Verbreitet wurden die Gedanken der Aufklärung unter anderem durch Geheimgesellschaften – zum Beispiel die Freimaurer und in Bayern den Geheimbund der Illuminaten, der auch deutlich politische Verschwörungsabsichten verfolgte. Kritik an den überkommenen Religionen war allen Aufklärern gemeinsam – Lessings Fehde mit dem Hamburger Hauptpastor Goeze ist ein berühmtes Beispiel dafür. Kritik am Staat und die Forderung nach dessen Reform waren in ganz Europa Kennzeichen der Aufklärung, doch kam es in Deutschland dank der Reformtätigkeit der aufgeklärten Fürsten und wegen der Kleinräumigkeit der Verhältnisse mit vielen Residenzen, aber ohne Zentrum, nicht zur Entstehung einer revolutionären Situation. Aber es bildete sich nun eine politische Presse heraus, die durchaus von Einfluß war. Christoph Martin Wielands »Teutscher Merkur« (1773ff.), Christian Friedrich Daniel Schubarts »Deutsche Chronik« (1774ff.), August Ludwig Schlözers »Neuer Briefwechsel meist historischen Inhalts« (1776–1782) und dann dessen »Staats-Anzeigen« (1783–1794) sowie Ludwig Wekhrlins »Chronologen« (1779–1781) und »Das graue Ungeheuer« (1784–1787) wurden viel gelesen und beachtet. Vor allem Schlözer, der Göttinger Historiker, galt auch den Kabinetten als politisches Orakel der Zeit.

Aufkommen nationaler Vorstellungen

Wichtig geworden für die weitere Entwicklung Deutschlands ist das Aufkommen nationaler Vorstellungen unter dem Einfluß Rousseaus, der auch den irrationalen Kräften Beachtung schenkte. Thomas Abbts Abhandlung »Vom Tode für das Vaterland« (1761), die den Heldentod als höchste Bewährung pries, vor allem aber die Schriften Friedrich Carl von Mosers »Der Herr und sein Diener« (1754) und »Von dem deutschen National Geiste« (1756) sind hier zu nennen. Begriffe wie Nationalgeist und Staatsdiener wurden von Moser geprägt, der in verschleierter Form unter Hinweis auf England eine konstitutionelle Monarchie forderte und zum Kritiker des nun immer stärker zerfallenden Reiches wurde, nicht weil er dieses beseitigt, sondern weil er vielmehr dessen Wiederbelebung im Geiste der Freiheit sehen wollte. Seine Schriften erregten Aufsehen, in Gang gebracht haben sie nichts. Die reichssprengende Wirkung des Dualismus war zu groß. Der Fortgang des Erosionsprozesses des Reiches ist dann auch der Inhalt der politischen Geschichte Deutschlands im Zeitalter des aufgeklärten Absolutismus. Auch als Friedrich II. im Fürstenbund scheinbar reichserhaltende Politik betrieb, war für ihn das Reich nur Mittel zum Zweck.

Wiederaufbau Preußens nach 1763

Die große Leistung des aufgeklärten Absolutismus liegt daher auf dem Gebiete der Innenpolitik. Die beiden deutschen Großstaaten gingen dabei voran und wurden beispielgebend. Preußen mit seinem Wiederaufbau nach dem Siebenjährigen Krieg, Österreich mit der zweiten theresianischen Reform, die dann in den Josephinismus überging.

Merkantilistische Wirtschaftspolitik

Den Wiederaufbau seines Königreichs stellte Friedrich der Große in den Rahmen eines Gesamtplanes, der als langfristiges Ziel die Hebung der Volksbildung, die Verbesserung der Lage der Bauern und die Schaffung von Manufakturen vorsah. Insgesamt ein ganz merkantilistisch gedachtes Unternehmen, das er mit merkantilistischen Methoden durchführte, d.h. mit Subventionen, Aus- und Einfuhrverboten sowie Versuchen zur Marktregulierung. Auf dem Sektor des Getreidemarktes gelang dies seit 1772 sogar durch Kontrolle des polnischen Getreidehandels auf der Weichsel und einem rücksichtslos ungleichen Handelsvertrag. Schon vorher war ein Währungsschnitt durch das Münzdekret vom 29. 3. 1764 vorgenommen worden, der bare Kapitalien auf 50–66% ihres Nennwertes reduzierte. Ein über den Krieg hinweg geretteter Staatsschatz von 29 Millionen Talern hatte dem König seine Aufgabe erleichtert. Am wenigsten erfolgreich war Friedrichs Industrialisierungspolitik mit Hilfe von Monopolen. Sein Versuch der Verpachtung der Akzise nach französischem Vorbild an den französischen Steuerpächter De Launay weckte Widerstand und hatte wenig Erfolg. Die überwiegend physiokratisch, d.h. freihändlerisch, denkenden Beamten des Königs unterliefen denn auch teilweise auf eigene Faust seine Anordnungen. Wenig erfolgreich war auch das Bemühens des Königs die Bauern zu schützen. Rücksicht auf den Adel blockierte alle Reformen. Erfolgreicher war die Peuplierungspolitik, die die Bevölkerung Preußens im Jahre 1775 – ohne Westpreußen – auf 4,5 Millionen Menschen brachte, gegenüber 4,1 Millionen im Jahre 1756. Das Landesschulreglement von 1763 sollte eine allgemeine Volksschule begründen. Es kam auch zu Schulbauten, aber vieles blieb hier doch nur Plan. Wegweisend dagegen wurde die Einführung von Lehrerseminaren nach sächsichem Vorbild. Insgesamt gesehen war das preußische Retablissement recht erfolgreich und brachte den Staat rasch wieder empor. Es sorgte in den Hungerjahren 1771 und 1772 dafür, daß die Hungersnot nicht auch Preußen ergriff und hat in den guten Erntejahren 1777–1780 ein zu deutliches Absinken der Getreidepreise verhindert. Aber dies alles wurde erkauft durch einen Handelskrieg vor allem mit Sachsen und Österreich.

Wiederaufbau Sachsens nach 1763

Die wohl erstaunlichste Aufbauleistung nach dem Siebenjährigen Krieg aber war die sächsische, war dieses Land doch am härtesten von den Kriegsfolgen betroffen und dazu finanziell völlig ausgeplündert. Die Mißwirtschaft des Günstlings Augusts II., Graf Brühl, hatte die Situation noch verschärft. Beide starben 1763. Der Wiederaufbau war daher das Werk neuer Männer, die der neue Kurfürst berief. Es waren größtenteils aufgeklärte, bürgerliche Beamte, wie z.B. der ehemalige Buchhändler und Verleger Thomas von Fritsch, Aufklärer, Physiokrat und Pietist in einem, die diese Leistung vollbrachten. Die Maßnahmen, die man ergriff, unterschieden sich kaum von denen in Preußen. Straßenbauförderung, Hebung der Landwirtschaft, Begünstigung von Manufakturen. Aber der Geist, in dem sie erfolgten, war ein anderer. Förderung und Anregung der Eigeninitative dominierten nämlich. Man wollte anregen und erziehen, aber nicht dekretieren und dirigieren.

Friedrich der Große besucht eine Manufaktur

Bezeichnend ist der Satz von Fritsch, König Friedrich glaube irrigerweise, durch Gewalt und Zwang seine Länder wirtschaftlich fördern zu können. Dies sei für die militärische Disziplin wohl richtig, verhindere aber die Entstehung jenes Vertrauens, das allein die wirtschaftliche Blüte eines Landes bewirke. Man betrieb systematisch Landesplanung, gründete 1764 die »Leipziger ökonomische Sozietät«, die neue, bessere Bewirtschaftungsmethoden anregen sollte, ein Vorgang, der Schule gemacht hat, wie die »Sittlich-ökonomische Gesellschaft« in Burghausen von 1772 und die »Hohe Kameralschule« in Kaiserslautern (1774–1784), neben anderen Institutionen dieser Art, beweisen. Der Einfluß von Nationalökonomen wie Hume und Adam Smith, Mirabeau und Quesnay ist unverkennbar. Gleich diesen legte man größten Wert auf systematische Wirtschaftsstatistiken, stellte jährliche Geburts- und Sterbetabellen auf, wobei die neue, durch Johann Peter Süßmilch aufkommende Wissenschaft der Bevölkerungsstatistik sehr hilfreich war. Außenpolitisch hielten sich die Führer des sächsischen Retablissements zurück, da ein Kleinstaat hier nicht aktiv zu werden brauche. Auch reduzierten sie die Militärausgaben. Sie benötigten das Geld für den Wiederaufbau. Das sächsische Retablissement wurde ein voller Erfolg.

Der Erfolg des sächsischen Wiederaufbaus übertraf noch den des preußischen, aber beide waren vielbewunderte Leistungen. Bei gleichen Ausgangsbedingungen versuchte man mit etwa den gleichen Maßnahmen: Vermehrung der Bevölkerung, Förderung der Landwirtschaft, Ausbau und Hebung des Manufakturwesens, zum Teil auch durch Gründung neuer Industrien, Verbesserung des Schulwesens – soweit dieses praktischen Zwecken diente –, Abbau der Staatsverschuldung und Schaffung eines Staatsschatzes in Preußen, Hebung der schlimmsten Kriegsschäden durch freigiebige materielle Unterstützung der Geschädigten, das Territorium wieder emporzubringen. Daneben, und dies vor allem in Sachsen, das auch hier moderner war, durch Verbesserung des Verkehrswesens. Scheinbar dasselbe und doch, welch ein Unterschied! Denn dort, wo in Preußen dies durch Befehlsgewalt von oben, ständige Kontrolle, Abhängigkeit vom König, fast militärischem Zwang und immer mit staatlichen Maßnahmen erreicht werden sollte, begnügte man sich in Sachsen mit Anregungen, Vorschlägen, Beispielen und vertraute der privaten Initiative. Der Staat verbesserte hier lediglich die Infrastruktur und ließ sonst den Dingen ihren Lauf. Damit hatte man in Sachsen dank der Begabung und des Fleißes der Bevölkerung den größten Erfolg. Dabei war die herrschende Regierungsform hier wie dort das System des aufgeklärten Absolutismus! Die beiden Retablissements zeigen daher augenfällig, ein wie vielgestaltiges Phänomen dieser gewesen ist und welch unterschiedliche Regierungsauffassungen sich unter demselben Etikett vereinen ließen.

Zweite theresianische Staatsreform

Wieder andere Aspekte zeigt die zweite theresianische Staatsreform. Kriegsschäden gab es hier nur in Böhmen. Noch nicht befriedigend gelöst war der Umbau des alten Ständestaates in einen zentralistischen Beamtenstaat sowie eine zeitgemäße Ordnung des Verhältnisses von Staat und Kirche. Beides hat Joseph II. zu lösen versucht, der das Werk seiner Mutter hier fortführte, nur in hastig überstürzter, ideologisch verbohrter und auf die Reaktion der Betroffenen keine Rücksicht nehmender Weise. Maria Theresia verfügte eben »über jene Fülle der höchsten staatsmännischen Eigenschaft, die bei ihr auch den Mangel an originalen Ideen ersetzt, des Taktes für das im Augenblick Erreichbare. Es ist dieselbe Eigenschaft, die ihrem Sohn Joseph, der in allem anderen ihr gleichkam und sie übertraf, völlig abging« (Gothein). Zwischen Mutter und Sohn, seit 1765 Mitregent, stand vermittelnd und im gleichen aufklärerischen Sinn wie Joseph tätig, Fürst Kaunitz. Er gründete 1760 den Staatsrat als zentrale beratende Behörde. Finanzen und Verwaltung wurden in der Staatsreform von 1774 wieder getrennt. Insgesamt erfolgte in der Monarchie eine gewaltige Bürokratisierung. Das Militärwesen wurde durch Daun und nach dessen Tod durch den Iren Graf Lacy reformiert. Wichtig war hier die Einführung der Konskription 1769, die ähnlich dem Kantonsystem eine Zwangsverpflichtung, hauptsächlich der ländlichen Unterschichten, vorsah. Noch war dies keine allgemeine Wehrpflicht; diese bescherte erst die französische Revolution endgültig Europa.

Joseph II. als Mitregent seit 1765

Gescheitert ist Maria Theresia mit dem Versuch, die Lage der Bauern zu verbessern. Auch die Staatsschulden konnte man nicht auf Dauer abtragen. Wie in Preußen suchte man auch in der habsburgischen Monarchie mit merkantilistischen Maßnahmen die Manufakturen zu verbreiten – mit wenig Erfolg –, baute man innerstaatliche Zollschranken ab, betrieb Peuplierungs- und Besiedelungspolitik im Südosten – Siebenbürgen ist hier zu nennen – und versuchte Bevölkerungsstatistiken anzulegen. In der Kirchenpolitik hat Maria Theresia schon den Einfluß der Kirche auf den Staat zurückgedrängt, Feiertage abgeschafft, das herrscherliche Plazet für alle kirchlichen Verlautbarungen gefordert und Klosterneugründungen verboten. Bereits unter ihr begann man das kirchliche Brauchtum wie Wallfahrten, Feldprozessionen, Passionsspiele etc. als abergläubisch zu verbieten.

Reformwerk Josephs II.

Was die Kaiserin maßvoll und behutsam zu entwickeln versuchte, hat ihr Sohn Joseph II., der ihr 1780 nachfolgte und bis 1790 regierte, in ein stürmisches Tempo gebracht, mit dem er die Bevölkerung seiner Staaten überforderte, weshalb schließlich sein ganzes Reformwerk nur Widerstand und Ablehnung erfuhr und ein Trümmerfeld hinterließ. Joseph war der typische Ideologe, der Reformen um der Reformen, nicht der Menschen willen, betrieb. Überdies machte er grundsätzlich den zweiten vor dem ersten Schritt. Hast und Ungeduld waren seine Haupteigenschaften. Gewiß, der Kaiser hat viel brauchbare Anstöße gegeben und eine geistige Tradition innerhalb der österreichischen Beamtenschaft begründet, die bis zum Ende der Monarchie lebendig blieb; aber in seiner Zeit ist er gescheitert. Dabei waren Reformen überfällig, doch verstand er es nicht, sie den Betroffenen einsichtig zu machen.

Von Joseph II. angeblich benutzter Pflug

So hat er in Österreich eine Polizei im modernen Sinn begründet – die Zeitgenossen verstanden unter »Polizey« den gesamten Bereich der Innenpolitik –, mit einer strengen Meldevorschrift, was eine unerhörte Neuerung darstellte. Das Justizwesen hat er zentralisiert. Gegen den Protest der Kirche wurde die Zivilehe eingeführt. 1787 erschien Josephs Strafgesetzbuch, das ihm die nachhaltigste Bewunderung einbrachte. Schuf es doch die Folter und sogar die Todesstrafe, außer bei Majestätsverbrechen, ab. Hexerei und Zauberei waren keine Verbrechen mehr. Der Besserungsgedanke trat an Stelle des alten Strafgedankens. 1781 bereits hatte der Kaiser die Abschaffung der Leibeigenschaft angeordnet, doch konnte er sich damit gegen den Hochadel nicht durchsetzen.

Regierungspolitik Josephs II.

Besonders einschneidend aber wurden Josephs Maßnahmen auf kirchlichem Gebiet. Dabei hielt sich der Kaiser für einen gläubigen Katholiken. Er knüpfte an den Febronianismus an, so genannt nach dem Pseudonym des Wortführers dieser Bewegung, des Trierer Weihbischofs Johann Nikolaus von Hontheim, der sich als Autor des Buches (1763), in dem er die These vertrat, daß der Papst nicht alleiniger, sondern nur erster Träger der apostolischen Gewalt, die Bischöfe ihm also gleichgestellt seien, Justinus Febronius genannt hatte. In der Emser Punktation von 1786 hatten die rheinischen Kurfürsten versucht, das Programm einer vom Papst weitgehend unabhängigen deutschen Nationalkirche zu verkünden. Doch sie scheiterten damit, und bald brachte die Französische Revolution mit diesen Gedanken auch die ganzen geistlichen Fürstentümer zu Fall. Joseph lebte in ähnlichen Vorstellungen und stärkte die österreichischen Bischöfe gegenüber der Kurie. Rekurse nach Rom wurden verboten, die Bischöfe mußten einen Eid auf den Kaiser leisten. Durch rücksichtslose Enteignung des Besitzes der außerösterreichischen Reichsbischöfe hat Joseph eine rein innerösterreichische Kirchenorganisation mit neuen Bistümern wie Linz und St. Pölten geschaffen. Aufsehen erregte und Widerstand weckte sein Vorgehen gegen die Klöster im Klostergesetz vom 12. 1. 1782. Vor allem die Klöster kontemplativer Orden, deren »Nutzen« der Kaiser nicht einsah, wurden aufgehoben, Mönche und Nonnen vertrieben, der enteigenete Klosterbesitz verschleudert, wobei bedeutende Kulturwerte vernichtet wurden. Wohl waren Eingriffe in das z.T. verkommene Klosterwesen nötig gewesen, aber nicht so. Gerade in seiner Kirchenpolitik ließ er es an Rücksicht auf das religiöse Gefühl völlig fehlen. Das Toleranzgesetz vom 20. Oktober 1781, das den Protestanten freie, wenn auch eingeschränkte Religionsausübung und bürgerliche Gleichberechtigung brachte, hat Joseph verdientes Lob eingetragen, ebenso die privatrechtliche Gleichstellung der Juden.

Die Rebellion der Brüssler gegen die josephinischen Reformen 1789

Aufruhr in den Niederlanden und in Ungarn

Zum offenen Aufruhr kam es in den Niederlanden und Ungarn, deren staatsrechtlich garantierte Verfassungen der Kaiser nicht respektierte. Zwar hatte er die niederländische »Joyeuse Entrée« beschworen, griff aber dann auch dort mit antiklerikalen Maßnahmen in die innere Verwaltung ein, 1789 kam es zum bewaffneten Widerstand, der in Verbindung mit den Ereignissen in Frankreich das Ende der österreichischen Herrschaft im heutigen Belgien einleitete. In Ungarn hat er die Verfassung schon gar nicht mehr beschworen und ließ sich daher nicht in Preßburg krönen. Die Einführung der deutschen Amtssprache an Stelle des herkömmlichen Latein als Zentralisierungsmaßnahme 1784, und die Aufhebung der Leibeigenschaft 1785, die den ungarischen Adel erbitterte, sowie die Überführung der Stephanskrone, des ungarischen Staatssymbols, nach Wien, schufen eine vorrevolutionäre Situation, die der Kaiser nur durch den Widerruf all seiner Anordnungen am 30. Januar 1790, kurz vor seinem Tod, bereinigen konnte. In Joseph hat sich der aufgeklärte Absolutismus daher durch Übersteigerung ad absurdum geführt.

Aufgeklärter Absolutismus in den deutschen Kleinstaaten

Daß diese Regierungsform aber zu bedeutenden Reformmaßnahmen fähig war und die Entstehung eines revolutionären Potentials in Deutschland, anders als in Frankreich, verhindert hat, zeigen neben dem Beispiel Preußens zahlreiche deutsche Territorien, in denen aufgeklärte Musterregenten in so eindrucksvoller Weise wirkten, daß sie im Gedächtnis der Bevölkerung z. T. bis heute lebendig geblieben sind. Natürlich gab es auch die kleinen Rokokotyrannen, die ihre Machtgelüste an ihren Untertanen austobten; und die auf falsch verstandenem preußischen Vorbild beruhende Soldatenspielerei veranlaßte manche unter ihnen, wie den Landgrafen Friedrich II. von Hessen-Kassel (1760–1785) und den Herzog Karl Eugen von Württemberg (1737–1793), ihre Truppen an fremde Mächte zu verkaufen, sei es zur Bekämpfung der Amerikaner von 1776 bis 1783, sei es zum Einsatz am Kap der Guten Hoffnung. Doch wurde dies nun als Ärgernis empfunden und angeprangert.

Gerade diese Klein- und Mittelstaaten, in denen allein die Reichsidee noch lebendig war, haben in der Regel ihren Bewohnern noch ein recht behagliches, wenn auch kleinräumig-enges Dasein ermöglicht. Sie haben zugleich durch die Schaffung vieler kultureller Zentren dem deutschen Kultur- und Geistesleben eine Vielfalt verliehen, wie nirgendwo sonst in Europa.

Unter dem Einfluß Johann Adam Ickstatts hat in Bayern Maximilian III. Joseph (1745–1777) sich als aufgeklärter Musterregent betätigt. Sein Nachfolger Karl Theodor (1742/77–1799) ist ihm, nach den Wirren des Bayerischen Erbfolgekrieges 1777/79, zunächst darin gefolgt, um erst nach Aufdekkung der angeblichen Illuminatenverschwörung und unter dem Eindruck der Französischen Revolution auf einen ausgesprochen reaktionären Kurs zu gehen. Auch er hatte kirchenpolitische Maßnahmen wie erste Klosteraufhebungen, Verbote von Wallfahrten etc. getroffen. Karl Theodor hatte schon zuvor in der Pfalz eine Musterherrschaft geführt, die Landwirtschaft gefördert, eine bedeutende Porzellanmanufaktur in Frankenthal gegründet und 1762 die Mannheimer Akademie der Wissenschaften errichtet. Die Mannheimer Musikschule war berühmt; das Nationaltheater, die Aufführungsbühne Schillers, ist mit Karl Theodors Zustimmung geschaffen worden. Ein aufgeklärter Musterregent war Markgraf Karl Friedrich von Baden, der Brieffreund französischer Physiokraten, der von 1738 bis 1811 herrschte. Er ist der Reformator Badens geworden, zugleich aber auch der Gründer der ganz barockem Geist entsprungenen Residenzstadt Karlsruhe. Voltaire, Klopstock, Herder und Goethe haben seinen Hof besucht; Johann Peter Hebel und Heinrich Jung-Stilling standen in seinen Diensten. Er ließ 1762 die Folter abschaffen, hat Lehrerseminare gegründet, Manufakturen begünstigt und als erster deutscher Fürst im Jahre 1783 die Leibeigenschaft der Bauern aufgehoben. 1788 ist ihm dann unter dem Einfluß des Ministers Andreas Peter Graf Bernstorff Schleswig-Holstein gefolgt. Vor allem ist Carl August von Weimar (1758–1828) zu nennen, der in seinem kleinen Ländchen die führenden Größen des deutschen Geisteslebens wie Goethe, Schiller, Herder, Wieland versammelte und sie verständnisvoll förderte und gewähren ließ. Goethe hat als Minister wesentlich zur Sanierung der weimaranischen Staatsfinanzen beigetragen, und Herder eine Schulreform durchgeführt.

Bayern

Baden

Weimar

Musterregenten gab es aber auch unter den geistlichen Fürsten Deutschlands, die von der katholischen Aufklärung beeinflußt waren. Sie sind als Phänomen erst in jüngster Zeit wieder erkannt und gewürdigt worden. Der Salzburger Erzbischof Hieronymus Graf Colloredo (1772–1803) hat sich als sparsamer Regent und Promotor im Schulwesen hervorgetan. Der Bamberger und Würzburger Fürstbischof Franz Ludwig von Erthal (1779–1795) und dessen Bruder Friedrich Karl (1774–1802), der letzte Kurfürst von Mainz, haben, der eine ein vorbildliches Armenwesen in seinem Territorium geschaffen, ein Krankenhaus gebaut und eine Krankenversicherung für Handwerksgesellen und Dienstboten gegründet – damals ein absolutes Novum –, der andere in seinem Kurfürstentum Wirtschaft und Kultur gefördert. Auch Kurfürst Max Franz von Köln (1784–1801), ein Bruder Josephs II., und Clemens Wenzeslaus von Trier (1768–1812), ein sächsischer Prinz, förderten das Schulwesen in ihren Territorien. Joseph von Eichendorff hat von diesen geistlichen Fürstentümern nach ihrem Verschwinden denn auch gemeint: »Als die einzig übriggebliebenen Ruinen eines ungeheuren alten Tempels unterhielten sie mitten im Strom der Wandlung eine beständige, fast mythische Gemeinschaft und Hinweisung auf eine große Vergangenheit, deren Erinnerungen andere Staaten nicht heftig genug vernichten zu können glaubten«.

Katholische Aufklärung

Der aufgeklärte Absolutismus in den deutschen Mittel- und Kleinstaaten, geistlichen wie weltlichen, war zweifellos von fortdauernder Wirkung durch seine politischen, wirtschaftlichen, sozialen und volkerziehenden Maßnahmen. Ihr Untergang entsprach denn auch weniger innerer Schwäche, als vielmehr ihrer Wehrlosigkeit in den heraufziehenden Stürmen der Revolutionskriege.

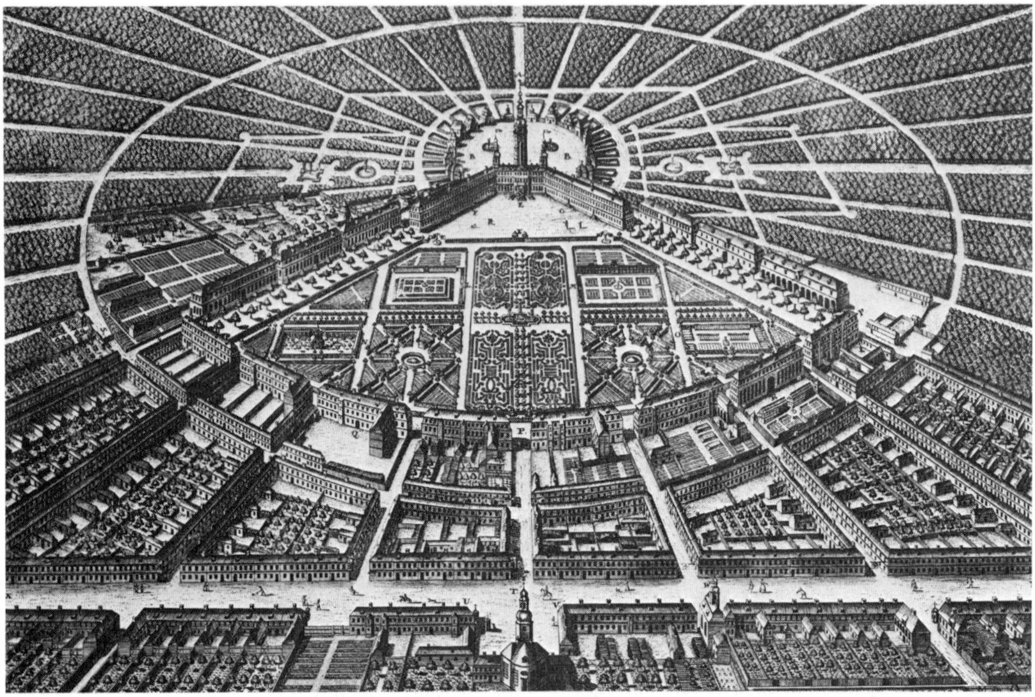

Stadtanlagen des 18. Jahrhunderts:
oben der Plan von Karlsruhe (1739), unten der Leipziger Marktplatz (1712)

Vom Hubertusburger Frieden bis zur Französischen Revolution

Weltpolitische Lage nach 1763

Unter den Kontinentalmächten war Rußland der eigentliche Gewinner des Siebenjährigen Krieges. Es hatte keine Kriegsschäden davongetragen, und seine Armeen hatten sich den Heeren der führenden Militärmächte als ebenbürtig erwiesen. Sein Drang nach Ausdehnung seiner Macht nach Zentraleuropa hinein, aber auch nach Norden und Süden – hier auf Kosten der Türkei – war unverkennbar und wurde unter Katharina II. sichtbar. Die beiden deutschen Führungsmächte dagegen hatten zwar, jeder für sich, den Streit um Schlesien beendet. Aber ihre Rivalität innerhalb des Reiches bestand weiter und damit ein großes gegenseitiges Mißtrauen, das ein Bedürfnis nach Anlehnung an eine andere europäische Macht zur Folge hatte. Nach Lage der Dinge konnte dies nur Rußland sein; denn England zog sich nunmehr, nachdem es sein erstes Imperium begründet hatte, aus der Kontinentalpolitik zurück. Friedrich der Große mißtraute außerdem England, da er sich von diesem im Stich gelassen glaubte. Auch bekam England schon bald Schwierigkeiten mit seinen nordamerikanischen Kolonien, die schließlich zum Unabhängigkeitskrieg von 1776 bis 1783 führten, der die deutschen Verhältnisse nur sehr am Rande berührte.

Frankreich blieb mit der Habsburgischen Monarchie verbündet, war aber fast noch mehr geschwächt als diese aus dem Krieg herausgekommen. 1770 heiratete eine Tochter der Kaiserin, Marie Antoinette, den Dauphin, seit 1774 Ludwig XVI. (1774–1792). Wenig später trat Frankreich in ein Stadium innerer Gärung ein, das 1789 in der Revolution gipfelte. Seine Außenpolitik leitete in den Jahren 1774–1787 der fähige Minister Vergennes, der es verstand, das Bündnis mit Österreich den französischen Interessen dienstbar zu machen. Damit wurde Rußland zum wichtigsten Partner der beiden deutschen Mächte, die um seine Gunst zu buhlen begannen, obwohl Friedrich der Große es in seinem Testament von 1768 beklagt hat, daß der preußisch-österreichische Gegensatz verhindere, daß man dieser östlichen Macht gemeinsam entgegentrete, die künftighin nur noch mit Mühe eingedämmt werden könne.

Er selbst aber hat sich zuallererst um Rußlands Gunst bemüht und bei der Königswahl von 1763/64 gegen die Absichten von Wien und Versailles, die den sächsischen Erbprinzen vorgezogen hätten, den ehemaligen Liebhaber Katharinas, Stanislaus II. Poniatowski (1764–1795) auf den polnischen Thron befördern helfen. Am 11. 4. 1764 kam es zum preußisch-russischen Verteidigungsbündnis. Damit wurde eine Verbindung eingeleitet, die von nun an eine Konstante der europäischen Politik bis zum Ende des 19. Jahrhunderts sein sollte. Unmittelbare Folge war die Wahl Poniatowskis am 7. 9. 1764, unter dem »Schutz« russischer Bajonette. Der vermeintliche Strohmann der Zarin hat allerdings schon bald versucht, den völlig korrupten, anarchischen und militärisch wehrlosen polnischen Staat zu reformieren, was weder im Sinne Katharinas, noch im Sinne Friedrichs war. Katharina unterstützte daher die polnische Opposition gegen den König. 1768 wurde Polen zur Annahme eines Vertrages mit Rußland gezwungen. Dieses garantierte die Unverletzlichkeit der polnischen Grenzen und der polnischen Verfassung, d.h. also das liberum veto, den Zwang zur Einstimmigkeit im polnischen Reichstag, der bisher das Land unregierbar gemacht hatte, und verewigte damit die Anarchie in Polen! Daraufhin kam es in Bar und Podolien zu einem Aufstand gegen die Russen und, weil angeblich die Türken die Aufständischen unterstützten, zu einem russisch-türkischen Krieg. Dies wie-

Preußisch-russisches Bündnis 1764

derum veranlaßte Österreich zu rüsten und Friedrich den Großen zu umwerben. Besonders der junge Joseph II., der Friedrich bewunderte, strebte eine Annäherung Österreichs an Preußen an und traf den König am 25. 8. 1769 in Neiße. Man verhandelte dabei auch über den preußischen Erbanspruch auf Ansbach und Bayreuth, da die fränkischen Hohenzollern auszusterben drohten. Eine Etablierung des preußischen Staates in Süddeutschland sah man in Österreich nicht gerne, doch war das Erbrecht der Berliner Hohenzollern unbestreitbar. Man kam weder hier noch im folgenden Jahr im mährischen Neustadt zu einer Einigung. Dagegen hatte am 23. 10. 1769 die Zarin den preußischen Erbanspruch garantiert. Russische Kriegserfolge und die deswegen erhobene Forderung zur Abtretung der Fürstentümer Moldau und Walachei an die Türken empfand Wien als Herausforderung. Joseph II. besetzte als Antwort darauf die Grafschaften Zips und zwei Wojwodschaften.

1. Polnische Teilung 1772

Man beschloß, sich auf Kosten der Polen zu einigen. Am 5. August 1772 kam es zum Teilungsvertrag zwischen Österreich, Preußen und Rußland. Es war keine völlige Teilung, ein Rest des polnischen Staates blieb bestehen, wohl aber eine Beraubung größten Stiles. Rußland erhielt das Gebiet bis zur Düna und bis zum Dnjepr. Insgesamt 42000 km² mit 1286000 Einwohnern. Österreich erhielt Kleinpolen südlich der oberen Weichsel, fast ganz Rothruthenien, Teile Wolhyniens und Podoliens. Dies war wohl der wertvollste Brocken aus der Beute: 83900 km² mit rund 2,1 Millionen Einwohnern, das am dichtesten besiedelte Argargebiet des damaligen Europa. Die Gebiete wurden unter dem Namen Königreich Galizien und Lodomerien zusammengefaßt. Preußen erhielt nur rund 36000 km² mit etwa 600000 Einwohnern. Aber das waren Gebiete, die seinen Besitz abrundeten, so das königliche Preußen, das spätere Westpreußen (ohne Danzig und Thorn) sowie das Ermland. Und diese Gebiete besaßen einen starken deutschen Bevölkerungsanteil von $^{2}/_{5}$ der Gesamtbevölkerung. Ganz Preußen war nun unter Friedrichs Szepter vereinigt, der König nannte sich von nun an König *von*, nicht mehr *in* Preußen.

Polen selbst, das sich nicht zur Wehr setzen konnte, hatte 211000 km² und 4401000 Menschen verloren, das waren 27,8% seines Gebietes und 38,6% seiner Bevölkerung! Der Reichstag mußte dem Vertrag zustimmen, Gewalt ging hier vor Recht. Nur Maria Theresia hatte sich gegen den Vertrag gewehrt, gab aber schließlich dem Druck von Kaunitz und Joseph nach. Die Zeitgenossen, weniger zimperlich als die Kaiserin, haben den Vertrag überwiegend gutgeheißen, da er zwar ein Unrecht sei, aber die Polen nun unter die Herrschaft aufgeklärter Fürsten bringe und sie so mit den Segnungen des Fortschritts bekannt machen werde. Vor allem die progressistische Intelligentsia der Aufklärer, Voltaire an der Spitze, war von dem Vorgehen der drei Mächte sehr angetan. Katharina schloß mit den Türken den Frieden von Kütschük-Kainardschi, der den vermittelnden Österreichern die Bukowina einbrachte. Auf Kosten wehrloser Dritter hatten die Großmächte ihre Krise bereinigt. Im Norden gelang durch russische Vermittlung ein dänisch-schwedischer Ausgleich. Verträge von 1767 und 1772 sicherten Dänemark ganz Schleswig-Holstein und dem russischen Thronfolger Paul aus der Gottorper Linnie des Hauses Oldenburg die Grafschaften Delmenhorst und Oldenburg. Die »Ruhe des Nordens« wurde nicht mehr – nicht einmal durch Gustavs III. (König von Schweden 1771–1792) Staatsstreich – gestört. Die Erneuerung des preußisch-russischen Bündnisses im Jahre 1777 garantierte vielmehr deren Fortbestand.

Der pfälzisch-bayerische Erbfall

Gerade für Friedrich war dies wichtig, kam es doch im Reich schließlich sogar zu einer kriegerischen Verwicklung, ausgelöst durch den pfälzisch-bayerischen Erbfall, der am 31. 12. 1777 durch den überraschenden Tod Kurfürst Maximilian III. Josephs von Bayern eintrat. Schon längere Zeit war

Katharina II. von Rußland, Kaiser Joseph II., Stanislaus II. Poniatowski von Polen und Friedrich der Große 1772 bei der Ersten Polnischen Teilung (Kupferstich 1773)

erkennbar gewesen, daß Österreich bei dieser Gelegenheit versuchen würde, sich im Reich eine Kompensation für das verlorene Schlesien sowie den drohenden Anfall der fränkischen Markgrafschaften an Preußen zu verschaffen. Zwar bestand seit 1724 ein wittelsbachischer Familienpakt, der 1766, 1771 und 1774 erneuert und den veränderten Verhältnissen angepaßt worden war. Nach ihm sollte beim Aussterben der einen Linie jeweils die andere den Gesamtbesitz erhalten. Nun waren sowohl der Pfälzer wie der Bayer ohne Söhne, so daß als endgültiger Erbe im Hintergrund die kleine Nebenlinie Pfalz-Zweibrücken stand. Da Karl Theodor befürchtete, bei diesem Erbfall würde ihm wegen des Überganges von Jülich und Berg auf die Zweibrücker Linie Preußen Schwierigkeiten bereiten, ließ er durch seinen Gesandten Ritter Joseph II. den Tausch Bayerns gegen die Österreichischen Niederlande vorschlagen. Dies wäre für den Kaiserstaat, obwohl die Niederlande reicher waren, aufgrund der größeren Nähe Bayerns zu Österreich von großem Vorteil gewesen. Österreich wäre zweifelsohne zur absolut dominierenden Macht in Süddeutschland und sehr wahrscheinlich auch im Deutschen Reich geworden. Aber Maximilian III. Joseph starb zu schnell, Josephs überzogene Forderungen hatten den Abschluß verhindert. Der Kaiser nötigte zwar Ritter am 3. 1. 1778 in Wien zu einem Vertrag, der die österreichischen Forderungen anerkannte, und er ließ sogar nach dessen Ratifikation (14. 1. 1778) seine Truppen im Straubinger Land einrücken. Aber nun erhob sich Widerstand, einmal von München aus, wo Mitglieder der alten Dynastie, Mitglieder der Landschaftsverordnung und führende Beamte, die sogenannten »bayerischen Patrioten«, sich den Absichten des Kaisers und des Pfälzer Kurfürsten entgegenstellten. Auch Friedrich der Große legte schon bald sein Veto ein. Frankreich, auf dessen Beistand Joseph II. zählte, hielt sich wegen seines Engagements im amerikanischen Unabhängkeitskrieg zurück. Noch wichtiger war, daß Herzog Karl August von Zweibrücken (1775–1784) – ein unfähiger Rokokotyrann, aber der Erbe Karl Theodors – unter dem Einfluß seines Ministers Hofenfels den mit Wien geschlossenen Vertrag nicht anerkannte. Ein heftiger Flugschriftenkrieg entbrannte. Friedrich verstand es geschickt, bei den kleinen Reichsständen Furcht vor dem Kaiser zu erwecken. Verhandlungen mit Joseph führten zu keinem Ergebnis.

Wie wenig den beiden mächtigsten Männern in Deutschland, Friedrich und Joseph, das Reich noch bedeutete, zeigt ein damals zwischen ihnen verhandelter Tauschplan, nach dem die Niederlande gegen Bayern an die Pfalz, Ansbach an den Kaiser, Bayreuth an das völlig unbeteiligte Sachsen und die sächsische Niederlausitz nebst dem Herzogtum Berg an Preußen hätten fallen sollen. Scheinbar scheiterte dieser Plan am Widerstand Sachsens, tatsächlich aber an dem Umstand, daß weder Friedrich noch Joseph aus Furcht vor einem Proteststurm seitens der restlichen Reichsstände es wagten, die Verhandlungen bis zum Abschluß zu betreiben. Das Reich als passiver Machtfaktor hat so hier noch eine Rolle gespielt.

Bayerischer Erbfolgekrieg 1778/79

Friedrich, der nun am 5. 7. 1778 seine Truppen in Böhmen einrücken ließ und damit den bayerischen Erbfolgekrieg auslöste, gab in einer, vielen Zeitgenossen nicht erkennbaren Ironie den Schutz der Reichsverfassung als Kriegsgrund an und sicherte sich damit einen ungeheuren Popularitätszuwachs. Der Krieg selbst, von keiner Seite mit besonderem Nachdruck betrieben, sah Friedrich am Ende aus Böhmen wieder hinausmanövriert. Von Anfang an wurde nebenher verhandelt. Ein Vermittlungsversuch Maria Theresias, hinter dem Rücken ihres Sohnes in Berlin unternommen, brachte nichts. Rußland, das sich mit Frankreich im Spätherbst als Vermittler einschaltete, gab schon bald zu erkennen, daß es eine Annektion Bayerns durch Österreich nicht dulden werde. Und so kam es dann auch am 13. 5. 1779 zum Friedensschluß von Teschen, der den »Kartoffelkrieg« mit einer beinahe Status-quo-Lösung beendete. Bayern mußte das Innviertel an Österreich abtreten und verlor damit 30 Quadratmeilen und 80000 Einwohner. Die wittelsbachischen Hausverträge und mit ihnen die pfälzische Sukzession wurden bestätigt, das Erbrecht des Zweibrückers anerkannt. Preußens Erbansprüche auf Ansbach-Bayreuth wurden ebenfalls anerkannt und Sachsen mit einer Geldentschädigung abgefunden. Frankreich und Rußland aber wurden im Artikel 12 als Garanten des Friedens und Rußland zugleich als Garant der Reichsverfassung bezeichnet. Rußland hatte seine europäische Machtstellung wesentlich erweitert.

Rußland Garant der Reichsverfassung

Die Tatsache, daß die Reichsverfassung damit von Frankreich und Rußland, nicht aber von den beiden deutschen Großmächten garantiert wurde, ist ein deutliches Symptom der Krise des Reichs. War doch den kleinen deutschen Reichsständen, vor allem auch den geistlichen Staaten, bewußt geworden, daß sie von beiden deutschen Großmächten eher Bedrohung als Schutz erwarten durften. Nicht umsonst ließ Goethe im »Urfaust« den Frosch in Auerbachs Keller die Frage stellen: »Das liebe Heilige Römische Reich, wie hälts nur noch zusammen?«. In der Tat hat dann gerade die

Kaiser Joseph II. mit seinem Bruder Leopold II.

Krise des Reichs

Reichs- und Außenpolitik Josephs II. nach dem Tod seiner Mutter (29. 11. 1780) die Krise des Reiches noch verschärft. Die Tendenz, den österreichischen Staat auf Kosten seiner kleinen, vor allem geistlichen Nachbarn zu vergrößern, hat diese treueste Klientel des Hauses Habsburg völlig verschreckt und den Auflösungsprozeß des Reiches verstärkt. Aber wäre das Reich zu diesem Zeitpunkt noch zu retten gewesen, etwa über eine Entwicklung der Kreisorganisation zu föderativer Staatlichkeit? Vielleicht hat doch mit dem Auftreten Friedrichs des Großen die Sterbeglocke des Reiches schon zu läuten begonnen? Endgültig umgebracht wurde es freilich dann erst durch Angriffe von außen, im Zeitalter der Französischen Revolution.

Die Frage nach den Folgen seines Verfalls, ob sich eine, die anderen deutschen Staaten überragende Führungsmacht nicht zuletzt dabei herausschälen werde, beherrschte die Geschichte des sterbenden Reiches. Erstmals in voller Schärfe gestellt wurde sie durch die Politik Josephs II. In erster Linie wollte er den Aufstieg Preußens hemmen. Die Wahl seines Bruders Max Franz zum Koadjutor in Köln, noch zu Lebzeiten Maria Theresias, diente diesem Zweck ebenso wie die Sprengung der preußisch-russischen Allianz 1781. Eine Protokollfrage nach dem Vorrang – bis dahin in Europa dem Kaiser unbestritten –, an der ein offizieller Vertrag scheiterte, zustande kam nur eine geheime Absprache, ist ein weiteres Symptom für den Niedergang des Reiches. Vertreibung der Türken aus Europa und der Erwerb Bayerns, nun mit russischer Rückendeckung, waren Josphs Ziele. Auf Frankreich konnte er nicht mehr bauen, das hatte die Scheldefrage gezeigt. Joseph hatte nämlich 1782 versucht, durch Abschaffung der Barriere und Öffnung der Scheldemündung für den Handel den Aachener Frieden zu revidieren. Das erstere gestanden ihm die Generalstaaten zu, das zweite aber nicht. Schon drohte ein Krieg. Doch Frankreich intervenierte zugunsten der Holländer, und der Kaiser wich zurück. Auch zwischen Zarin und Kaiser blieb ein latentes Mißtrauen bestehen. Joseph opponierte gegen Katharinas neubyzantinische Kaiserpläne, und diese lehnte seine phantastischen Aufteilungsabsichten der Türkei als irreal ab. Aber sie vermochte mit österreichischer Rückendeckung 1784, im Vertrag von Ainali-Kawak, die Krim und das Kubangebiet für Rußland zu erwerben. Und Preußen war politisch isoliert.

Reichspolitik Josephs II.

Friedrich der Große machte sich daher die inzwischen im Reich aufgekommene Unruhe über Josephs Reichspolitik zunutze, die Gerüchte über neue Tauschpläne des Kaisers verursacht hatten. Durch die neue Diözesaneinteilung seiner Erblande unter Schädigung und Verletzung der Rechte benachbarter Reichsbistümer, wie beispielsweise Regensburgs und Passaus, schreckte Joseph die geistlichen Stände zusätzlich auf. Nur Salzburg hatte sich dagegen mit Erfolg beim Reichshofrat zu wehren gewuß. Aber die Säkularisationsfurcht wuchs. Seit dem Frühjahr 1784 verhandelte der Kaiser erneut mit Bayern. Doch wiederum bot er Karl Theodor nicht genug. Die Chance, durch Zahlung einer namhaften Summe die Zustimmung Karl Augusts von Zweibrücken zu erhalten, wurde vom Kaiser ebenfalls versäumt. Als dann im Herbst 1784 der russische Gesandte Romanzow am Zweibrükkener Hof zugunsten des Kaisers intervenierte, da war es zu spät.

Hier hakte Friedrich der Große ein. Schon seit 1782 waren Pläne eines Schutzbündnisses der kleinen und mittleren deutschen Reichsfürsten entwikkelt worden. Sie hatten sich zunächst eher gegen Preußen, bald aber schon auch gegen Joseph II. gerichtet. Carl August von Weimar hatte sie Ende 1783 aufgegriffen und ihnen das Ziel einer Erneuerung von Kraft und Ansehen des Reiches gegeben. Er dachte dabei an Frankreich als den Protektor eines solchen Fürstenbundes, doch dieses winkte ab. Aber eine solche Vereinigung bedurfte einer Großmacht als Stütze, und so blieb nur noch Preußen übrig. Hofenfels, der Zweibrückener Minister, fühlte in Berlin vor und fand dort ein offenes Ohr. Sein Herzog, Baden u. Anhalt-Dessau gehörten ebenfalls zu den Promotoren des Bundes. Trotzdem zogen die Verhandlungen sich langwierig hin.

Fürstenbund

Da verlor Friedrich der Große die Geduld und schloß am 23. August 1785 mit den Kurfürsten von Sachsen und Hannover einen Dreikurfürstenbund zur Aufrechterhaltung des bestehenden Reichssystems – das war die offene Absage an Josephs Tauschpläne. In rascher Folge schlossen sich nun Zweibrücken, Hessen-Kassel, Braunschweig, Gotha, Baden, Weimar, Anhalt, Osnabrück, Mecklenburg und Ansbach-Bayreuth dem Bunde an. Am 23. 10. 1785 trat ihm schließlich auch – dies war das Symbol der Niederlage des Kaisers – der Reichserzkanzler und Mainzer Kurfürst Friedrich Karl von Erthal bei. Kaiser und Reich standen sich somit als absolute Gegensätze gegenüber. Die geistlichen Fürsten schlossen sich nun ebenfalls an. Bis zum Zerfall des Fürstenbundes im Jahr 1790 blieben nur Kurtrier, Kurköln, Kurbayern, Oldenburg, Württemberg und Hessen-Darmstadt dem Fürstenbund fern. Die Reichspolitik Josephs II. war gescheitert. Im dritten Deutschland, dem Deutschland zwischen den beiden Großmächten, weckte der Fürstenbund höchste Hoffnungen auf eine zeitgemäße Reform des Reiches, obwohl der preußische Minister Hertzberg konkrete Reformpläne bewußt dem Vertragstext ferngehalten hatte. Denn für Friedrich war der Fürstenbund nur ein Mittel zum Zweck. Eine Flut von Broschüren, mit so bedeutenden Autoren wie Johannes von Müller und Christian Wilhelm von Dohm überschwemmte nun Deutschland. Konkrete Reformpläne, von Carl August von Weimar und dem Mainzer Koadjutor Karl Theodor von Dalberg vorgetragen, fruchteten nichts.

Tod Friedrichs des Großen 1786

Preußen war durch den Fürstenbund aus der Isolierung und indirekt, über Hannover, mit England zu guten Beziehungen gekommen, so daß sich der Thronwechsel in Preußen, nach Friedrichs des Großen Tod am 17. August 1786, reibungslos vollziehen konnte. Für Preußen hatte der Fürstenbund damit seine Dienste geleistet. Die Mitglieder des Fürstenbundes waren schon bald von Preußens Haltung enttäuscht. Hier versäumte Joseph II. die Chance, sich selbst des Fürstenbundes zu einer Reform des Reiches zu bedienen. Ja, er sah diese Chance nicht einmal. Damit verpuffte dieser letzte wirkliche Anflug von Reichsgefühl und Reichspatriotismus wirkungslos und machte einem Gefühl von Resignation und Hoffnungslosigkeit Platz. Die Agonie des Reiches hatte begonnen.

Russisch-türkischer Krieg

Joseph II. aber sah sich gegen Ende des Jahres 1787 aufgrund der eingegangenen Verpflichtungen in einen russisch-türkischen Krieg verwickelt. Dieser nahm schon bald einen höchst unerfreulichen Verlauf, vor allem für die vom Kaiser persönlich geführte Hauptarmee. Todkrank und enttäuscht, von Hohn und Spott begrüßt, kehrte Joseph Ende 1788 nach Wien zurück. Der greise Laudon übernahm das Kommando, erstürmte im folgenden Jahr Belgrad und stellte so die Waffenehre des kaiserlichen Heeres wieder her. Politisch blieb sein Sieg ohne Bedeutung. Inzwischen aber hatte 1787 der neue Preußenkönig, Friedrich Wilhelm II. (1786–1797), erfolgreich zugunsten der Oranier in die inneren Wirren der Niederlande eingegriffen und die bürgerlich-demokratische Patriotenpartei niedergeworfen. Das Heer Friedrichs des Großen schien nach wie vor unüberwindlich zu sein. Die dadurch geweckte Politik der Stärke in Berlin äußerte sich nun sofort in dem gegen Rußland und den Kaiser gerichteten englisch-preußischen Bündnis vom 13. 8. 1788, sowie in den 1789 vom Außenminister Hertzberg entwickelten irrealen Plänen zu einer Veränderung der Landkarte Ost- und Südosteuropas. Ihre Tendenz richtete sich deutlich gegen Österreich und Rußland. Am 3. 1. 1790 folgte ein preußisch-türkisches Bündnis. Die ungarischen Stände erhielten nun ebenfalls Unterstützung von Preußen. Gleichzeitig brach in den Niederlanden der Aufstand gegen Joseph II. los, und das Reich geriet durch die Weigerung Preußens, eine Reichsexekution zugunsten des Bischofs von Lüttich durchzuführen, erneut in eine Krise. Frankreich aber war durch die inzwischen dort ausgebrochene Revolution außenpolitisch gelähmt. In dieser Lage starb Joseph II. am 20. 2. 1790. Ein neuer preußisch-österreichischer Krieg drohte. Österreich war isoliert. Sein Bruder und Nachfolger Leopold II. (1790–1792) trat ein schweres Erbe an.

Kaiser Leopold II.

Als Großherzog der Toskana hatte Leopold ein vielbewundertes Reformwerk erstellt, das sich von den ideologischen Schnellschüssen seines Bruders freihielt. Ihm gelang es geschickt, den von Joseph hinterlassenen Scherbenhaufen zu beseitigen. Zunächst räumte er rasch und entschlossen den Gegensatz zu Preußen aus. Er bot Verzicht auf alle Eroberungsabsichten an und schloß schließlich am 27. 7. 1790 die Konvention von Reichenbach. Österreich gab alle Eroberungen, selbst Belgrad, wieder heraus. Preußen verpflichtete sich im Gegenzug, bei der Pforte und auch in Belgien zu vermitteln, d.h. es mußte die Unterstützung der belgischen Aufständischen aufgeben. Am 4. 8. 1791 kam, nachdem seit Reichenbach Waffenstillstand geherrscht hatte, der Friede von Sistowa zustande, der die Vereinbarungen von Reichenbach bestätigte. Leopold II. hatte sich mit diesem Friedensschluß die Freiheit zur Lösung der innenpolitischen Probleme geschaffen. Er hat überdies mit der Konvention von Reichenbach die Abkehr vom System Maria Theresias und Friedrichs des Großen erreicht, seine Kaiserwahl ermöglicht, den belgischen und ungarischen Rebellen die Unterstützung von außen entzogen und eine Annäherung an England und Holland zustande gebracht. So war er der diplomatische Sieger.

Gemäßigte Reformpolitik Leopolds II.

Mit gleicher Energie und gleichem Geschick ging er nun an die Beilegung der inneren Probleme. Er nahm die überstürztesten Maßnahmen seines Bruders zurück, milderte deren schlimmste Härten und ließ doch bestehen, was zukunftsweisend war – wie z.B. das Toleranzedikt und die Klosteraufhebungen, die er aber nicht mehr fortsetzte. Den Ständen in Österreich und Böhmen machte er Zugeständnisse, den Ungarn garantierte er die bestehende Verfassung – das war ein Rückschritt, aber unvermeidlich. Auch in Belgien verband er Entgegenkommen mit Festigkeit, nahm alle Maßnahmen gegen die Joyeuse Entrée und die Kirchenverfassung zurück und isolierte damit den harten Kern der Unzufriedenen. Als sie dennoch nicht nachgeben wollten, setzte er die Armee ein, die am 2. 12. 1790 Brüssel wieder besetzte. Ganz zu behaupten vermochte er allerdings Belgien nicht. Im Reich wurde er am 30. 9. 1790 zum Kaiser gekrönt. So hätte Leopold nun daran gehen können, seinen Staat durch allmähliche und maßvolle Reformen zu kräftigen. Deshalb hielt er sich, trotz der Pillnitzer Erklärung vom 28. 8. 1791, die ein Eingreifen in Frankreich vorsah, wenn auch nur bei Zustimmung aller europäischen Großmächte, gegenüber der dortigen Revolution vorsichtig zurück. Auch nach Abschluß des preußisch-österreichischen Freundschafts- und Schutzvertrages vom 7. 2. 1792 wollte er einen Krieg mit Frankreich möglichst vermeiden, anders als Friedrich Wilhelm II., der ihn aus monarchischer Solidarität heraus anstrebte. Ob es Leopold II. möglich gewesen wäre, sich hierbei herauszuhalten, bleibt eine offene Frage, denn am 1. 3. 1792 starb er, erst 44 Jahre alt. Sein Sohn und Nachfolger Franz II. (1792–1835), ein starrer Reaktionär, hat die Politik seines Vaters nicht fortzusetzen verstanden.

Pillnitzer Erklärung

Das Ende des Alten Reiches

Das Heilige Römische Reich ist von der Französischen Revolution und deren Vollender Napoleon unter tätiger Mithilfe der deutschen Fürsten zerstört worden. Das Reich war als Rechts- und Friedensordnung immer noch respektiert. Gerade durch seine Wahrung der ständisch korporativen Freiheiten, die nur im Rahmen der alten ständischen Ordnung möglich war, mußte es den Revolutionären, die die individuelle Freiheit predigten, ein Dorn im Auge sein. So hat denn auch während des Rastatter Kongresses (1797/98) der in Paris erscheinende, offiziöse »Moniteur« geschrieben: »da die deutsche Reichsverfassung der Zentralpunkt aller Adels- und Feudalvorurteile von Europa ist, so muß es das einzige Ziel der französischen Republik sein, sie zu vernichten«. So mutet die wesentlich aus innenpolitischen Gründen erfolgte französische Kriegserklärung an Österreich und Preußen vom 20. 4. 1792 völlig logisch an. Der Kampf zwischen den alten Mächten und der Revolu-

Französische Kriegserklärung 1792

tion war damit eröffnet und mit ihm eine 23 Jahre andauernde Zeit ständiger Kriege, an deren Ende das Alte Reich samt dem aufgeklärten Absolutismus verschwunden war und Europa in seiner politischen und weltanschaulichen Erscheinung sich insgesamt grundlegend geändert hatte. Die Ideen der Revolution traten ihren Siegeszug durch die Neuere Geschichte an, nicht zuletzt die Idee des nationalen Verfassungsstaates.

Auswirkungen der französischen Revolution auf das Reich

Die Französische Revolution fand mit ihren humanitären Parolen von Freiheit, Gleichheit und Brüderlichkeit, von denen vor allem die Idee der Gleichheit schon bald höchste Durchschlagskraft entwickeln sollte, zunächst begeisterte Zustimmung bei der geistigen Elite Deutschlands jener Tage. Schiller, Kant, Wieland, Herder, Schelling, Fichte, Klopstock und Hölderlin begrüßten die Revolution zunächst fast stürmisch. Nur Goethe, dessen Sinn für Maß und Harmonie sich durch die Chaotik der Pariser Vorgänge von Anfang an gestört fühlte, hielt sich in vorsichtig ablehnender Distanz. Gerade auch aus dem Kreis aufgeklärter Reformer eilte eine ganze Schar von »Pilgern der Freiheit« nach Paris, wie Campe, Oelsner, Reinhard, Schlabrendorff, dann Adam Lux und Georg Forster. Aber bald schon setzte die Ernüchterung ein, die revolutionäre »terreur«, die Schreckensherrschaft der Jakobiner, die ja schon früh sichtbar wurde, stieß die Mehrzahl der deutschen Gebildeten ab, die mit Stolz und gelegentlich auch Selbstgerechtigkeit darauf hinwiesen, daß nicht zuletzt wegen der Reformen des aufgeklärten Absolutismus dergleichen in Deutschland weder möglich noch nötig sei. Tatsächlich hat es dann auch gerade 1789 in Deutschland zwar einige bäuerliche Unruhen gegeben, so vor allem im Rheinland und in Sachsen, doch hat die neuere Forschung gezeigt, daß diese in der Regel lokale Ursachen besaßen. Soviel steht fest: Auch als die französischen Heere die Rheinlande eroberten und dort die Errungenschaften der Revolution einführen wollten, stießen sie auf wenig Gegenliebe bei der breiten Bevölkerung, die die durchgeführten Reformen zwar akzeptierte, ohne sich jedoch selbst mit den Ideen der Revolution zu identifizieren. Deutsche Jakobiner, die dem Staat und der bestehenden Ordnung gefährlich hätten werden können, hat es nicht gegeben.

Von Anfang an waren die Kriege gegen das revolutionäre und dann napoleonische Frankreich Koalitionskriege, doch nie in der Form, daß das ganze restliche Europa gleichzeitig gegen Frankreich zu Felde gezogen wäre. Immer aber stand England als Finanzier im Hintergrund. Es führte, gestützt auf seine Insellage, einen Handels-, See- und Kolonialkrieg gegen Frankreich, in dem es schließlich bei geringen eigenen Verlusten sehr bedeutende Gewinne davontrug. Diese Koalitionskriege, die zu einer völligen Wandlung des bisherigen Kriegsbildes und der Kriegskunst führten, haben daher den Kontinent stärker belastet als England.

Der erste Koalitionskrieg gegen Frankreich

Schon der erste dieser Kriege (1792–1796/97) brachte den Völkern Europas eine große Überraschung und zeigte ihnen, daß ein neues Zeitalter angebrochen war. Gemächlich nahmen die alten Mächte die Dinge in Angriff. Erst nach der Kaiserkrönung Franz' II. am 5. 7. 1792 – es war die letzte im Heiligen Römischen Reich deutscher Nation – rückten sie ins Feld, wobei sie sich gegenseitig mit mehr Mißtrauen betrachteten als den Gegner, mit dem man leicht fertig zu werden glaubte. Herzog Karl Wilhelm Ferdinand von Braunschweig sollte den Hauptstoß führen. Er erließ am 25. 7. 1792 ein Manifest, in dem er in schärfsten Worten Paris mit Vernichtung bedrohte, falls man es wage, die königliche Familie zu beleidigen. Aber noch ehe dieses Manifest in Frankreich bekanntgeworden war, hatte der revolutionäre Staat den Aufruf »Das Vaterland ist in Gefahr« am 11. 7. erlassen, der die Nationalisierung und Demokratisierung des Krieges einleitete, durch das Prinzip der allgemeinen Wehrpflicht. Den Söldnerheeren Alteuropas, die zahlenmäßig klein und teuer waren, stellte das Organisationsgenie Lazare Carnot

Allgemeine Wehrpflicht

Armeen entgegen, die, vor allem solange der Gegner am alten Prinzip festhielt, über ein scheinbar unbegrenztes Reservoir von Menschen verfügte – Menschen überdies, für die die Verteidigung des Vaterlandes Pflicht war, weshalb sie nicht so teuer bezahlt zu werden brauchten wie die Söldner. Darüber hinaus war bei den Wehrpflichtigen die Desertionsgefahr geringer.

Ideologisierung des Krieges

Doch damit nicht genug: Diese Wehrpflichtarmeen mußte man nun zur Kriegsführung motivieren. Dies erreichte man durch die Ideologisierung des Krieges, der nun nicht mehr einem politischen Gegner galt, den man als gleichberechtigt empfand, sondern den man gegen den Feind, sei es der Nation, sei es der revolutionären Errungenschaften – Krieg den Palästen, Friede den Hütten! – führte. Haß charakterisierte schon bald die Kriegführung und gab ihr einen unerbittlichen Zug, den die Feldzüge des Ancien Régime nicht gekannt hatten. Die scheinbare Unerschöpflichkeit des Menschenreservoirs trieb die Revolutionsgenerale dazu, rücksichtslos Schlachten zu schlagen, wobei der Umstand, daß die Soldaten nun weniger leicht davonliefen, eine Auflösung der geschlossenen Truppenkörper und damit eine Verfolgung des geschlagenen Gegners ebenso wie ein aufgelöstes Schützengefecht ermöglichte. Auch waren Soldaten, die nicht bei jeder Gelegenheit die Fahne verließen, viel weniger von eigenen Magazinen abhängig, versorgten sich statt dessen aus dem Feindesland, das sie schamlos ausplünderten und verliehen so den neuen Heeren eine bis dahin nicht für möglich gehaltene Beweglichkeit. Mit einem Wort, die Kriegsform der nationalen Demokratie, wie sie sich nunmehr entwickelte, wurde der totale Krieg. Clausewitz hat dann, am Ende der Revolutionsperiode, in seinem Buch »Vom Kriege« diese Erkenntnisse klar formuliert.

Schon der erste Feldzug zeigte, wie sich die Dinge geändert hatten. Der Feldzugplan sah eine österreichische und eine preußische Angriffsarmee von 30000 und 40000 Mann vor, verstärkt durch die Truppen Hessen-Kassels und der Emigranten. Der Aufmarsch vollzog sich mit großer Langsamkeit – man war ja an Magazine gebunden und fühlte sich hochüberlegen, in welcher Überzeugung die ersten Zusammenstöße die Führer der Alliierten noch bestätigten, da die Franzosen flüchteten. Braunschweigs Armee sollte den Stoß in Frankreichs Herz führen bis nach Paris. Aber eine derart weiträumige Operation war mit einer Armee des Ancien Régime schwer durchführbar und lag außerhalb der Vorstellungen des Herzogs. Überdies war man gewohnt, im Winter und bei schlechtem Wetter den Krieg ruhen zu lassen. So ging der Vormarsch nur zögernd voran. Am 20. September 1792 stand der Herzog mit verkehrter Front, d.h. dem Rücken seiner Armee zu Paris und die Franzosen östlich von ihm, General Kellermann bei Valmy gegenüber. Es kam zu einer Kanonade, der kein Angriff folgte, da Braunschweig sein Ziel durch eine Umgehung erreichen wollte. Der moralische Auftrieb bei den Franzosen über diesen »Sieg« – und in seiner Wirkung war es einer – war groß. Der Rückzug der Preußen wurde durch Hunger und Krankheiten zur Katastrophe, die durch einen kurz darauf folgenden Vorstoß der Franzosen in die Pfalz und das Rheingebiet, bei dem Speyer und Mainz fast widerstandslos fielen, vollendet wurde. Als dann auch noch am 6. 11. 1792 bei Jemappes die schlecht geführten Österreicher regulär geschlagen wurden, Belgien räumten und auch Aachen den Franzosen überlassen mußten, war die Niederlage der alten Mächte vollständig.

Kanonade von Valmy

Gegenseitige Schuldvorwürfe verschärften das Klima zwischen den Alliierten, das völlig vergiftet wurde, als sich Preußen am 23. 1. 1793 in St. Petersburg auch noch mit Rußland über die zweite polnische Teilung einigte, bei der Österreich leer ausging. Das war die Antwort der beiden Ostmächte auf einen weiteren Versuch zur Reform der polnischen Verfassung gewesen. Preußen erhielt Danzig und Thorn sowie die Palatinate Posen und Kalisch,

Zweite polnische Teilung 1793

Sitzung der Mainzer Klubisten, 1792

Rußland Litauen, Podolien und Wolhynien. Ein kaum lebensfähiger Rest Polens blieb »selbständig«. Sowohl Englands Beitritt zur Koalition als auch die Reichskriegserklärung an Frankreich (23. 3. 1793) vermochten das vertiefte Mißtrauen zwischen Preußen und Österreich nicht auszugleichen. Dennoch brachte das Jahr 1793 Erfolge. Der junge Erzherzog Carl, dessen Stern nun aufging, und Friedrich Josias von Sachsen-Coburg-Saalfeld errangen Erfolge gegen die Franzosen. Belgien wurde zurückerobert. Der französische Befehlshaber Dumouriez, der den Jakobinern ohnedies verdächtig war, lief zu den Österreichern über. Die Rückeroberung von Mainz, die Goethe in der »Belagerung von Mainz« beschrieben hat, bereitete der dortigen Jakobiner-Republik ein Ende. So schien nun doch ein Sieg über die Franzosen möglich, als der Österreicher Wurmser nach der Erstürmung der Weißenburger Linien (13. 10. 1793) ins Elsaß eindrang. Aber die Franzosen unter dem jungen General Hoche – dem ersten genialen Revolutionsgeneral – vertrieben Ende Dezember die Österreicher wieder aus dem Elsaß. 1794 kam es noch schlimmer. Preußen war, infolge des Aufstands von Tadeusz Kosziusko in Polen, mehr an den dortigen Ereignissen interessiert. So hielt es sich im Westen zurück, ja Feldmarschall Moellendorff leitete im August über den Kreuznacher Weinhändler Schmerz Verhandlungen mit dem französischen Diplomaten Barthélemy in Basel ein. In den Niederlanden aber erlitten die alleingelassenen Engländer und Österreicher am 26. 6. die Niederlage von Fleurus. Am Ende des Jahres befand sich bis auf Mainz das ganze linke Rheinufer in französischer Hand. 20 Jahre lang blieb es von nun an unter französischer Herrschaft.

Basler Friede 1795

In Basel führten die Verhandlungen, bei denen Frankreich auf der »natürlichen Grenze« des Rheins bestand, schon bald zum Abschluß. Zuletzt hatte Karl August von Hardenberg die Verhandlungen geführt. Am 5. April 1795 wurde der Friede zwischen Preußen und Frankreich unterzeichnet. Norddeutschland wurde neutralisiert und eine Demarkationslinie festgelegt, die die Franzosen nicht zu überschreiten versprachen. Das linke Rheinufer sollte bei einem künftigen Reichsfrieden an Frankreich fallen. Preußen sollte für seine linksrheinischen Verluste rechtsrheinisch entschädigt werden – wie, wurde nicht gesagt – und versprach, den Reichsfrieden mit Frankreich zu vermitteln. Hannover und Hessen-Kassel traten dem Vertrag später bei. Tatsächlich beschloß der Reichstag in Regensburg daraufhin Friedensverhandlungen einzuleiten. Der Friede von Basel war ein preußischer Sonderfrieden, mit dem diese Macht aus dem Krieg ausschied, dessen Last nun Österreich allein trug. Seine Beurteilung war im 19. Jahrhundert scharf umstritten. Zwar sicherte der Friede für Norddeutschland zehn Friedensjahre, die zur Blüte der literarischen Klassik wurden, aber am Ende wurde das isolierte Preußen von Napoleon fast vernichtet. Preußen fiel mit dem Friedensschluß Österreich in den Rücken, aber auch Österreich war gegenüber Preußen nicht ehrlich. Dies beweist der erneute polnische Teilungsvertrag mit Rußland, ohne preußische Beteiligung. Beide Staaten hatten die bedrohliche Gefahr aus dem Westen immer noch nicht voll erkannt und trieben altgewohnte Machtpolitik zu einem Zeitpunkt, da dies nicht mehr möglich war. Österreich und Rußland forderten dann aber doch Preußen zum Mitmachen bei der dritten polnischen Teilung vom 29. 10. 1795 auf. Polen verschwand von der Landkarte. Rußland erhielt den größten Brocken bis zum Bug, Österreich Westgalizien mit Lublin und Krakau und Preußen Warschau, Masovien und Teile von Livland-Gebiete mit vorwiegend polnischer Bevölkerung.

Dritte polnische Teilung 1795

Die hier geschilderten Vorgänge haben die Spaltung des Reiches noch verstärkt. Der Baseler Friede wurde in Norddeutschland mit Zustimmung aufgenommen, im Süden und in Österreich dagegen heftig abgelehnt. Auch Spanien schied nunmehr aus der Koalition gegen Frankreich aus, der es 1793 beigetreten war. Österreich schloß mit Frankreich einen Waffenstillstand. Dieser brachte jedoch nicht den erhofften Frieden, vielmehr die Fortführung des Krieges, den Carnot durch den Angriff von drei Armeen, zweien in Deutschland, einer in Italien unter dem Kommando des jungen Generals Bonaparte, rasch zum völligen Sieg zu führen hoffte. Seine Rechnung ging aber nur zum Teil auf. Zwar überrannte Bonaparte in einem unerhörten Siegeszug im Jahre 1796 Oberitalien, wobei er schon bald Sardinien-Piemont aus der Koalition hinausgedrängt hatte. Lodi (10. 5.), Castiglione (5. 8.), Bassano (8. 9.), Arcole (15.–17. 9.) und Rivoli (14./15. 1. 1797) hießen seine Siegesstationen. Der Feldzug in Deutschland aber mißglückte. Zwei Armeen, unter Jourdan am Niederrhein, unter Moreau am Oberrhein, sollten bis Wien vordringen. Doch die Österreicher, kommandiert von Erzherzog Carl, vereitelten dies. Wohl wich Carl zunächst bis zur Donau zurück. Aber der Erzherzog hatte einen tiefen strategischen Plan gefaßt. Er allein war zu schwach gegen Moreau und ebenso General Wartensleben gegen Jourdan. Deshalb gingen beide vor den französischen Heeren zurück, wobei sie sich auf der inneren Linie immer näher kamen. An der Donau war dann der Zeitpunkt des Handelns gekommen. Der Erzherzog wandte sich mit seiner ganzen Armee, die er mit der Wartenslebens vereinigte, gegen Jourdan, schlug diesen bei Amberg und Würzburg und trieb ihn schließlich über den Rhein zurück. Auch Moreau mußte daraufhin ins Elsaß entweichen. Carnots Rechnung war nur halb aufgegangen, Carl wurde als der »Retter Germaniens« gefeiert.

Erzherzog Carl von Österreich (um 1797)

Doch die Niederlage der Österreicher in Italien besaß größeres Gewicht. Und auch Carl konnte den Vorstoß Bonapartes im Frühjahr 1797 auf Wien nicht aufhalten. Der Ehrgeiz des Revolutionsgenerals, als Friedensbringer dazustehen, ermöglichte den Abschluß des Präliminarfriedens von Leoben (18. 4. 1797), dem nach langen Verhandlungen der Friede von Campo Formio (18./19. 10. 1797) folgt. Belgien und die Lombardei fielen an Frankreich. Österreich erhielt dafür Venetien, dessen Selbständigkeit nun ausgelöscht wurde. Auch Österreich sicherte Frankreich das linke Rheinufer zu. Als Gegenleistung dafür sollte Österreich das Erzstift Salzburg – das also zu säkularisieren war – erhalten. Mit dem Frieden von Campo Formio hatte nun auch Österreich die endgültige Zerstörung des Reiches eingeleitet. Denn

Friede von Campo Formio 1797

daß Säkularisationen und damit die Vernichtung der Reichskirche die Folgen des Friedensschlusses sein mußten, lag auf der Hand. Ein Kongreß in Rastatt sollte den Reichsfrieden herbeiführen.

In Regensburg kam es zu Protestszenen am Reichstag; die beiden deutschen Großmächte waren dort isoliert, aber man mußte sich der Gewalt des Siegers beugen. Seit Jahresende 1797 tagte denn auch der Rastatter Kongreß. Am 9. März 1798 verzichtete das Reich dort endgültig auf das linke Rheinufer, am 4. April wurde die Säkularisation mit Ausnahme der geistlichen Kurfürstentümer beschlossen. Doch dann begannen die Verhandlungen zu stagnieren und wurden besonders von der Wiener Regierung bewußt hingeschleppt, da Thugut, seit Kaunitz' Tod (1794) der leitende Staatsmann und ein unversöhnlicher Feind der Revolution, einen neuen Krieg anstrebte. Er hielt diesen für unvermeidlich, da die Franzosen, die nunmehr in der Schweiz und in Rom Republiken als Satellitenstaaten errichtet hatten, immer gefährlicher würden. Thugut hielt aber auch die Lage zur Auslösung eines neuen Krieges für günstig. Denn England suchte auf dem Kontinent eine neue Koalition zu bilden. William Pitt der Jüngere hoffte, den Zaren Paul I. (1796–1801) dafür zu gewinnen. Dieser fühlte sich durch Bonapartes Eroberung Maltas in seiner Eigenschaft als Protektor des Malteser Ordens tief verletzt. Bonaparte, Frankreichs fähigster General, saß überdies in Ägypten fest, nach Nelsons Seesieg bei Abukir (1. 8. 1798). In Preußen aber regierte seit dem 16. 11. 1797 ein neuer König, Friedrich Wilhelm III. (1797–1840), ein ernster, aber schwunglos ängstlicher Mann, von dem man sich eine entschlossenere Politik als von seinem Vater erwartete. Eine russisch-kaiserliche Annäherung fand statt. Waffenstillstandsverletzungen am Rhein und neue Annexionen seitens der Franzosen steigerten die Kriegsbereitschaft, und als nun 60000 Russen unter dem Kommando des Generals Suwarow sich nach Westen in Bewegung setzten, war der Kriegsfall gegeben. Am 1. 3. 1799 erklärte Frankreich den beiden Kaiserstaaten den Krieg. Trotzdem verhandelte man in Rastatt weiter. Mitte April wurde der Kongreß für beendet erklärt, die Gesandten zur Heimreise aufgefordert. Am 28. 4. in der Nacht fuhren die Franzosen Debry, Bonnier und Roberjot ab, wurden aber schon kurz nach Verlassen der Stadt von österreichischen Husaren überfallen, ihrer Papiere und Güter beraubt und niedergesäbelt. Nur Debry konnte sich retten. Der Vorfall wurde niemals völlig aufgeklärt. Doch waren die österreichische Regierung und der Erzherzog wohl schuldlos, verantwortlich höchstwahrscheinlich dessen Generalstabschef Schmitt.

Rastatter Kongreß 1797/98

Friedrich Wilhelm III. König von Preußen

Rastatter Gesandtenmord

Der zweite Koalitionskrieg nahm zunächst einen sehr günstigen Verlauf für die Alliierten. Carl schlug die Franzosen Jourdans bei Ostrach (21. 3.) und Stockach (25. 3.) und warf sie über den Rhein zurück. Er stieß dann in die Schweiz vor und besiegte dort den nach Bonaparte wohl fähigsten französischen General, Masséna, bei Zürich (4. und 6. 6. 1799). Inzwischen trat Suwarow in Italien einen atemberaubenden Siegeszug an und entriß ganz Oberitalien den Franzosen. Die italienischen Republiken lösten sich eine nach der anderen wieder auf, eine große Niederlage der Republik schien sich abzuzeichnen. Sogar eine Reichsarmee erschien nun zum letzten Mal im Feld, Bayern und Württemberg schlossen sich – der Not gehorchend – Österreich an. Aber Kaiser Franz behinderte die Kriegführung seines Bruders, der im Winter 1799/1800 das Oberkommando niederlegte. Suwarow, der nun in der Schweiz erschien, wurde dort von Masséna geschlagen (25./26. 9. 1799) und marschierte im November nach Rußland zurück. Dieses schied am 22. 10. 1799 aus der Koalition aus. Inzwischen war Bonaparte in Frankreich eingetroffen und hatte sich durch den Staatsstreich vom 18. Brumaire (9. 11. 1799) als erster Konsul an die Spitze Frankreichs gestellt, das sich von ihm Ruhe, Ordnung und Frieden erwartete. Sein Sieg von Marengo (14. 6. 1800)

Der zweite Koalitonskrieg

Staatsstreich Napoleons

Deutschland 1803

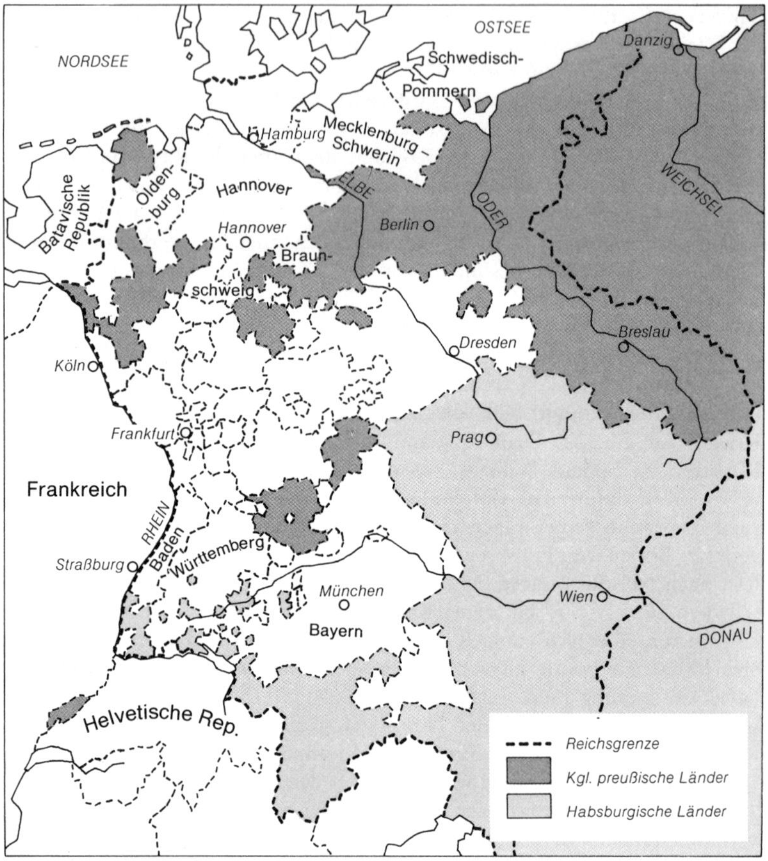

vertrieb die Österreicher aus Oberitalien. Der Kaiserhof erbat einen Waffenstillstand, der einen Monat später auch für Deutschland, wo General Moreau bis nach Bayern vorgedrungen war, abgeschlossen wurde. Bonaparte bot den Österreichern die Bedingungen von Campo Formio an. Ein Präliminarfrieden wurde auf dieser Basis auch abgeschlossen, von Thugut aber nicht angenommen. Graf Ludwig Cobenzl, der in Lunéville den endgültigen Frieden aushandeln sollte, saß untätig dort. Thuguts Entlassung im September 1800 änderte nichts. Erst Moreaus Sieg von Hohenlinden, am 3. 12. 1800 nach Ablauf des Waffenstillstands errungen, der die letzte Armee des Kaisers vernichtete, machte den Wiener Hof friedensbereit. Am 9. 2. 1801 wurde der Friede in Lunéville unterschrieben. Er sollte auch für das Reich gelten.

Friede von Lunéville 1801

Lunéville wurde der erste echt napoleonische Friedensschluß, d.h. er war ein Diktat. Österreich behielt zwar Venetien, mußte aber die Besitzungen der habsburgisch-lothringischen Sekundogenituren in Italien Toskana und Modena abtreten. Deren Herrscher, des Kaisers Bruder Ferdinand und dessen gleichnamiger Onkel, sollten in Deutschland entschädigt werden. Das linke Rheinufer fiel voll und ganz an Frankreich. Der Umwandlung Hollands in die Batavische, der Schweiz in die Helvetische Republik stimmten Kaiser und Reich zu. Die deutschen Fürsten, die linksrheinischen Besitz verloren, waren rechtsrheinisch zu entschädigen, und zwar unter Mitwirkung Frankreichs. Da die Räumung der besetzten Gebiete von der Ratifikation des Reiches abhing, stimmte der Reichstag schnell zu (7. 3. 1801). Jedermann war klar, daß dieser Friede das Reich völlig verändern und damit zerstören mußte, auch wenn es formal zunächst noch bestehen blieb.

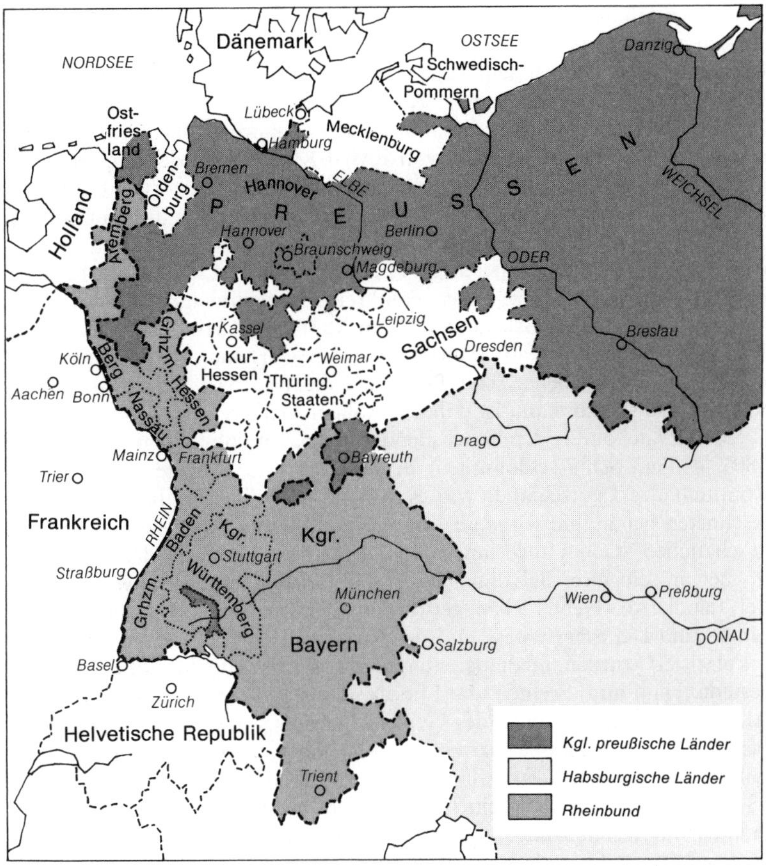

Deutschland 1806

Der Todeskampf des Reiches

Mit Lunéville setzte der Todeskampf des Reiches ein. Zu klären war vorerst, wer die Zeche der Entschädigungen bezahlen mußte. Blieb es bei den geistlichen Fürsten, deren Staaten man säkularisierte, oder mußten auch die zahllosen kleinen weltlichen Herren daran glauben, durch Mediatisierung ihrer Territorien? Und konnte man wenigstens die drei geistlichen Kurfürstentümer am Leben erhalten, wie dies die kaiserliche Regierung beabsichtigte, da sie die drei katholischen Wahlstimmen benötigte? Daß die Säkularisation Österreichs Einfluß im Reich vermindern mußte, war ohnedies offensichtlich und entsprach der Absicht Napoleons. Soviel stand fest, daß nun, von den Fürsten ausgehend, eine revolutionäre Verteilung des Reichskörpers erfolgen mußte. Am klarsten erkannten dies die Politiker der deutschen Mittelstaaten, vor allem der bayerische Minister Montgelas, der Herzog Friedrich von Württemberg (1797–1816) – der dann als Friedrich I. dessen erster König werden sollte – und der badische Minister Reitzenstein. Sie strebten entschlossen die volle Souveränität ihrer Territorien und damit auch die völlige Zerstörung des Reiches an. Eine Deputation des Reichstages sollte einen Entschädigungsvorschlag ausarbeiten. Einvernahme mit der französischen Regierung herzustellen wurde ihr auferlegt. Da hiermit die letzte Entscheidung bei Frankreich lag, setzte ein entwürdigender Wettlauf nach Paris ein, um dort die Gunst Napoleons zu gewinnen. Bestechungen, Intrigen und Antichambrieren waren an der Tagesordnung. Der hemmungsloseste Egoismus tobte sich aus – das Reich schien keinem dieser Politiker auch nur noch einen Gedanken wert zu sein. Napoleon aber förderte die Mittelstaaten, da er in ihnen eine Klientel gegen die beiden deutschen Großmächte erblickte.

In Wien sah man dem Treiben mit seltsamer Lethargie zu. Man versäumte es, sich bei Rußland Rückendeckung zu verschaffen. Man ließ zu, daß der in Köln und Münster nach dem Tode von Max Franz zum Erzbischof gewählte Bruder des Kaisers, Erzherzog Anton Viktor, sein Amt nicht antreten konnte. Als in Mainz am 25. 7. 1802 der Koadjutor Dalberg (1802–1817) durch den Tod Friedrich Karls von Erthal Kurfürst wurde, ging er lieber gleich nach Paris, um sein Kurfürstentum zu retten. Preußen tat 1801 ein übriges, um den Zerfall des Völkerrechts und aller herkömmlichen Ordnung zu demonstrieren: es annektierte das mit England in Personalunion verbundene Hannover – die Habgier siegte über die politische Klugheit, die England als einzig mögliche Stütze gegen Frankreich hätte erkennen müssen. Aber auch England und Zar Alexander I. von Rußland (1801–1825) – sein Vater Paul I. war am 23. 3. 1801 ermordet worden – machten nun ihren Frieden mit Frankreich. So beherrschte Bonaparte das Feld. Die Neugestaltung des Reiches, wie sie nun kam, ist daher in hohem Maße sein Werk.

Reichsdeputationshauptschluß

Sie erfolgte durch den Reichsdeputationshauptschluß vom 25. Februar 1803, der ein Schlüsseldokument der deutschen Geschichte ist. Denn die Konturen des Deutschland, wie es von nun an bis 1945 bestehen sollte, zeichneten sich in ihm schon ab – und letzten Endes leben die von Napoleon geschaffenen Staaten auch innerhalb der heutigen Bundesländer noch stark im Bewußtsein ihrer Bewohner nach. 112 Reichsstände verschwanden von der Landkarte. Neben allen geistlichen Herrschaften mit Ausnahme des Hoch- und Deutschmeisters und des Kurerzkanzlers von Mainz, die beide säkularisiert wurden, mediatisierte man die Reichsstädte bis auf 6, die Hansestädte Hamburg, Bremen und Lübeck, daneben Frankfurt, Nürnberg und Augsburg. Hauptgewinner des Gebietsschachers waren Bayern, Württemberg, Baden und Hessen-Darmstadt. Von ihnen hatte bezeichnenderweise Bayern durch einen Vertrag über Ländertausch und Entschädigung (24. 5. 1802) mit Frankreich sich seines Vorteils schon vorher versichert. Diese vier Staaten waren nun samt und sonders wesentlich größer, als sie es vor 1803 gewesen waren. Österreich dagegen schnitt nicht gut ab, mußte es doch den Breisgau aufgeben und erhielt dafür nur die Bistümer Brixen und Trient. Preußen räumte zwar Hannover wieder, gewann aber 235 Quadratmeilen für die 48, die es verlor.

Mediatisierung

Säkularisation der geistlichen Fürstentümer

Die Säkularisation hat die alte Reichskirche, seit Otto dem Großen eine Hauptstütze der Reichsverfassung, vernichtet. Sie hat den Katholizismus in Deutschland schwer getroffen durch die nun folgenden zahllosen Klosteraufhebungen, auch wenn dabei mancher Mißstand beseitigt wurde. Sie hat vor allem die Mehrzahl der Bewohner ehemaliger geistlicher Fürstentümer unter die Herrschaft evangelischer Fürsten gebracht, die den religiösen Anliegen und Bedürfnissen ihrer neuen Untertanen günstigstenfalls mit Wohlwollen oder Gleichgültigkeit, häufig aber verständnislos und ablehnend gegenüberstanden. Alle katholischen Universitäten verschwanden, das Bildungsdefizit der deutschen Katholiken im 19. Jahrhundert hat hier eine seiner Hauptursachen. Demgegenüber muß man aber auch festhalten, daß die nun entstandenen Mittelstaaten, die diese »Bereinigung« der deutschen Landkarte geschaffen hatte, besser gerüstet waren, die notwendige Anpassung an die sich rapide wandelnden Weltverhältnisse vorzunehmen. Gerade die neueste Forschung hat gezeigt, wie nachhaltig die Reformen in den Rheinbundstaaten den Aufbruch in die Moderne gefördert haben.

Karl Theodor von Dalberg

Zur Zentralgestalt des sterbenden Reiches wurde Karl Theodor von Dalberg, der Reichserzkanzler und Primas von Deutschland. Sitz seines Erzbistums wurde Regensburg, auf dessen Dom man den Mainzer Erzstuhl übertragen hatte. Napoleon I., wie sich Bonaparte seit seiner Selbstkrönung zum Kaiser der Franzosen am 18. 5. 1804 – sie veranlaßte Beethoven, den Namen des Korsen auf dem Titelblatt der »Eroica« zu tilgen – jetzt nannte, hat diesen weichen und sensiblen, dabei höchst geistreichen Mann bis zur Hörigkeit fasziniert – nicht zuletzt nachdem es zu einer persönlichen Unterredung am 20. September 1804 gekommen war. Dalberg hat versucht, das Reich, als Zusammenschluß des nun entstandenen »Dritten Deutschland«, gegen die beiden Großmächte zu organisieren und mit Leben zu erfüllen – hauptsächlich über eine Organisation der Reichskirche –, aber er ist damit gescheitert. Schon die Konfessionsverhältnisse im neu zusammengesetzten Reichstag waren für Dalbergs Pläne ungünstig, gab es doch nun zehn Kurfürsten, von denen sechs evangelisch und vier katholisch waren, im Gegensatz zum alten Verhältnis von fünf zu drei zugunsten der Katholiken. Auch im Fürstenrat dominierten jetzt die evangelischen Stimmen mit 78 zu 53. Damit war erstmals auch die Wahl eines evangelischen Kaisers in greifbare Nähe gerückt.

Österreich wird Kaisertum

Nicht zuletzt aus Erwägungen dieser Art und weil man in Wien ganz offensichtlich mit dem baldigen Ende des Reiches rechnete, die alte Rangstellung aber behaupten wollte, nahm Franz II. am 10. August 1804 zusätzlich den Titel eines Kaisers Franz I. von Österreich an. Das Reichsoberhaupt selbst hatte damit die Reichsverfassung durchbrochen und dokumentiert, daß es innerlich mit dem Heiligen Römischen Reich deutscher Nation bereits abgeschlossen hatte. Dessen Ende ließ auch nicht mehr lange auf sich warten. Der Friede von Amiens von 1803, zwischen Napoleon und England geschlossen, hielt kaum ein Jahr. England betrieb die Bildung einer dritten Koalition, während Napoleon im Lager von Boulogne die Invasion des Inselstaates vorbereitete. Am 11. 4.1805 wurde in St. Petersburg ein englisch-russisches Bündnis unterzeichnet. Österreich hielt sich zunächst noch zurück. Erzherzog Carl riet von einem Krieg ab, da der Staat dringend der Ruhe zur Durchführung einer Heeresreform bedürfe. Aber die Kriegspartei am Wiener Hof setzte sich schließlich durch und am 9. 8. 1805 schloß sich Österreich der antifranzösischen Allianz an. Preußen jedoch blieb neutral.

Dritter Koalitionskrieg

Und jetzt zeigte die Veränderung Deutschlands schon ihre Wirkung, denn Bayern, Württemberg und Baden schlugen sich auf die Seite Napoleons, der in einem Blitzfeldzug Süddeutschland überrannte und die österreichische Armee unter dem Feldzeugmeister Mack bei Ulm einkesselte und zur Kapitulation zwang (17. 10. 1805). Napoleon stürmte in direktem Lauf auf Wien weiter, das er am 13. 11. besetzte, und schlug schließlich am 2. 12. 1805 das vereinigte österreichisch-russische Hauptheer bei Austerlitz in seinem glänzendsten Sieg. Nelsons Seesieg bei Kap Trafalgar am 21. 10. 1805 – das Ende von Napoleons Flotte – vergällte diesem allerdings den Triumph. Unangenehm mußte Napoleon auch sein, daß Preußen sich als bewaffneter Vermittler aufzudrängen versuchte. Doch nach Austerlitz konnte er den Frieden diktieren und die Abrechnung mit Preußen vorbereiten. Der Vertrag von Schönbrunn vom 15. 12. 1805, in dem Preußen auf Ansbach (das Bayern erhielt), Neuchâtel und den rechtsrheinischen Teil von Cleve verzichtete, um dafür Hannover erobern zu dürfen, war ein genialer Schachzug, da er Preußen die englische Hilfe entzog. Im Frieden von Preßburg (26. 12. 1805) wurde Österreich erneut gedemütigt. Es verlor Venetien an das Königreich Italien – das Napoleon inzwischen errichtet hatte, mit seinem Stiefsohn Eugen Beauharnais als Vizekönig –, Tirol und Vorarlberg an Bayern, die restlichen vorderösterreichischen Lande an Baden und Württemberg. Der Erwerb Salzburgs war dafür nur eine geringe Entschädigung. Bayern und Württemberg wurden nun zu Königreichen erhoben, Baden zum Großherzogtum und alle drei in dem Vertrag als souveräne Staaten anerkannt.

Frieden von Preßburg 1805

Ende des Reiches

Damit war das Ende des Reiches gekommen. Die Errichtung des Rheinbundes am 12. 7. 1806 in Paris besiegelte es endgültig. Im Gegenzug legte daraufhin Franz II., der letzte gekrönte Kaiser des Heiligen Römischen Rei-

Bayerns Erhebung zum Königreich – Schlußseite der französischen Ratifikationsurkunde vom 19. Dezember 1805

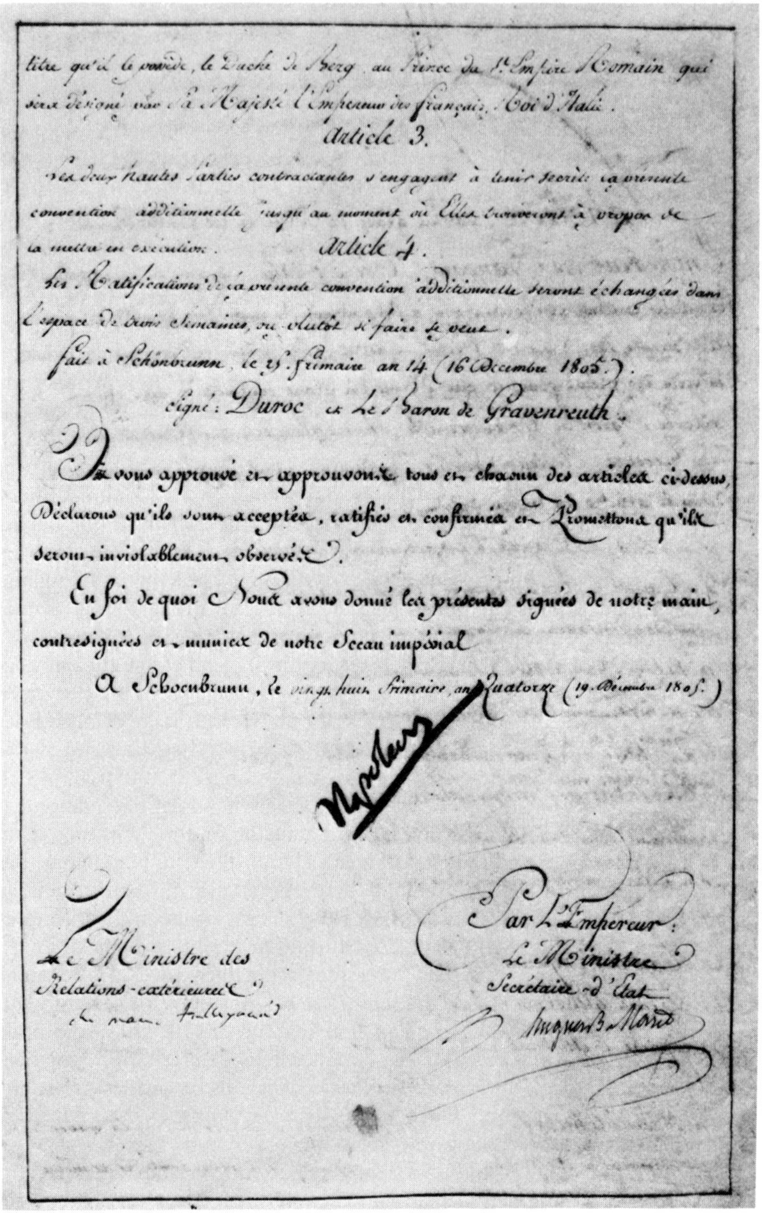
titre qu'il le possède, le Duché de Berg au Prince du St Empire Romain qui sera désigné par Sa Majesté l'Empereur des Français, Roi d'Italie.

Article 3.

Les deux hautes Parties contractantes s'engagent à tenir secrète la présente convention additionnelle jusqu'au moment où Elles trouveront à propos de la mettre en exécution.

Article 4.

Les Ratifications de la présente convention additionnelle seront échangées dans l'espace de trois semaines, ou plutôt si faire se peut.

Fait à Schönbrunn, le 25 frimaire an 14 (16 Décembre 1805).

signé: Duroc et Le Baron de Gravenreuth.

Nous avons approuvé et approuvons tous et chacun des articles ci-dessus, Déclarons qu'ils sont acceptés, ratifiés et confirmés et Promettons qu'ils seront inviolablement observés.

En foi de quoi Nous avons donné les présentes signées de notre main, contresignées et munies de notre Sceau impérial.

A Schoenbrunn, le vingt huit Frimaire, an Quatorze (19. Décembre 1805.)

Napoleon

Le Ministre des Relations extérieures
Ch. Maur. Talleyrand

Par l'Empereur:
Le Ministre Secrétaire d'Etat
Hugues B. Maret

ches deutscher Nation, am 6. August 1806 die Kaiserkrone nieder. Der Protest des schwedischen Königs, der ja Reichsstand war, in Regensburg am Reichstag verhallte ungehört. Das Reich bestand nicht mehr. Eine ehrwürdige, fast tausendjährige politische Tradition war damit abgerissen und die oberste politische Organisationsform der Deutschen, die durch so viele Jahrhunderte als Stabilisierungsfaktor im Zentrum Europas gewirkt hatte, endgültig beseitigt. Das Heilige Römische Reich deutscher Nation hatte gerade durch seine universale, übernationale Gestalt dem mitteleuropäischen Raum, an dessen östlichem Rand ja eine unentwirrbare Völkerfluktuation und -vermengung existierte, die Möglichkeit friedlichen Zusammenlebens eröffnet, die der nun sich rasch durchsetzende Nationalismus im Laufe des 19.

und 20. Jahrhunderts brutal zerstören sollte. Es war, zumindest in den letzten 300 Jahren seines Bestehens, ein aggressionsfreies, unoffensives Gebilde gewesen, einzig in der Lage, sich gegen Angriffe von außen her zu verteidigen – eine Tradition, die ihresgleichen in der europäischen Geschichte sucht. Gewiß, es war zuletzt immer schwächer geworden, aber fast bis an sein Ende hat es seinen Bewohnern – zu denen ja nicht nur Deutsche zählten – das Gefühl der Zugehörigkeit zu einem größeren Ganzen, bei unmittelbarer politischer Existenz im überschaubaren Rahmen des Territorialstaates, vermittelt. Sein Untergang, nur von wenigen bedauert, wie etwa Goethes Mutter, die den Tag als Trauertag empfand, an dem zum ersten Male »Kaiser und Reich aus dem Kirchengebet weggelassen« wurden, weckte kaum ein Echo unter den damaligen Deutschen. Aber der Wegfall des Reiches wurde doch schon bald als Mangel empfunden. An seine Stelle trat der »Traum vom Reich«, der in Verbindung mit dem nun auch in Deutschland sich durchsetzenden Nationalismus schon bald gefährliche Formen annahm. Der Weg von der »Humanität durch Nationalität zur Bestialität«, wie Franz Grillparzer ihn bald hellsichtig bezeichnen sollte, konnte nun auch von den Deutschen betreten werden.

Der »Traum vom Reich«

Deutsche Wirtschafts- und Technikgeschichte im 19. und 20. Jahrhundert

Ulrich Wengenroth

Einleitung

Schaffung der materiellen Basis

Die Schaffung der materiellen Basis gesellschaftlichen Lebens und die Auseinandersetzungen um die Möglichkeiten zur Gestaltung dieses seit dem frühen 19. Jahrhundert stark dynamisierten Prozesses bestimmten in hohem Maße die Bildung gesellschaftlicher Strukturen und die Beurteilung politischer Handlungsspielräume. Zugleich entzog sich die Sphäre des Wirtschaftens immer mehr dem unmittelbaren Einfluß der Akteure. Mit der Leistungsfähigkeit des ökonomischen Systems, das im Zuge der von England ausgehenden Industriellen Revolution seit dem Ende des 18. Jahrhunderts auf eine neue technische und organisatorische Grundlage gestellt wurde, wuchs in gleicher Richtung und ebenso sprunghaft dessen Anonymität. Zwar hatten sich deren Grundvoraussetzungen, Marktwirtschaft und Arbeitsteilung, bereits in Handel und Verlagsindustrie des Ancien Régime ausgebildet, doch erlangten sie erst mit dem Übergang zur Maschinenproduktion im weitesten Sinne eine so dominierende Stellung im alltäglichen Leben, daß sie eine neue Epoche eigenen Rechts, das Industriezeitalter, begründeten.

Die unmittelbar sichtbaren Charakteristika dieser neuen Epoche waren Fabriken, Eisenbahnen, Arbeitsmaschinen vielfältigster Art und die immer weiter greifende Verbreitung der Lohnarbeit als dominierender Einkommensform, ebenso wie Verstädterung und rapides Bevölkerungswachstum. Der bis heute gültige Maßstab für diese dynamische Entwicklung, das »Wachstum des Sozialproduktes« ist dagegen eine zur Spitze getriebene Abstraktion, die zum Schlüsselbegriff der Wirtschaftsgeschichte des industriellen Zeitalters schlechthin wurde, da sie trotz vieler eingestandener Mängel des ihr zugrunde liegenden Konzeptes der volkswirtschaftlichen Gesamtrechnung immer noch besser als jeder andere einzelne Maßstab zur Lokalisierung und Charakterisierung von Veränderungen der materiellen Lebensbedingungen geeignet ist. Das Wachstum der deutschen Wirtschaft, das überhaupt erst mit der Industriellen Revolution fühlbar einsetzte, dient darum auch hier als Orientierungsrahmen.

Wachstum der deutschen Wirtschaft

Die folgende Graphik zeigt vier auffällig unterschiedliche Phasen: Zunächst eine etwas ungewisse – und darum auch gestrichelte – Anlaufphase geringen Wachstums des gesamten Sozialproduktes bei kaum veränderten Werten je Einwohner bis zur Jahrhundertmitte. Die Wirtschaftsleistung wuchs zwar schon spürbar, doch reichte dies offenbar nur gerade aus, um mit der Bevölkerungsentwicklung Schritt zu halten. Dem Verlauf der Wachstumskurven sollte für diesen Zeitabschnitt jedoch keine allzu große Bedeutung beigemessen werden, da unser modernes Konzept des Sozialproduktes den Verhältnissen in einer vorindustriellen Gesellschaft kaum gerecht werden kann. Darauf folgt eine zweite Phase, in der das Wirtschaftswachstum

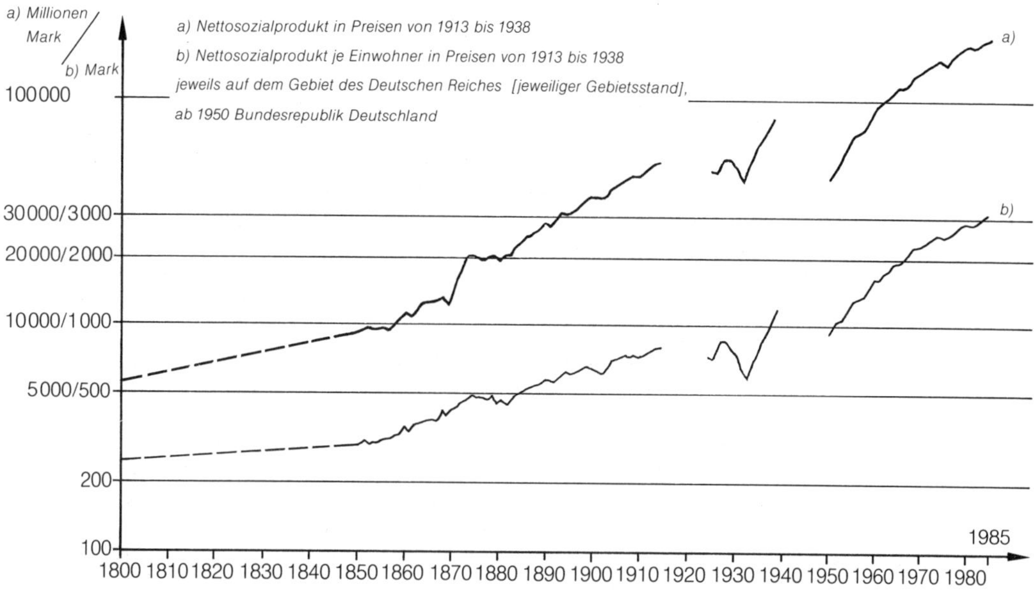

Das Wachstum der deutschen Wirtschaft 1800–1985 (bis 1945 in den jeweiligen Reichsgrenzen, nach 1950 BRD in den jeweiligen Gebietsgrenzen)

nicht länger vom Bevölkerungswachstum kompensiert wurde und nun beide Kurven einen deutlichen und nahezu kontinuierlichen Anstieg bis 1913 aufweisen. Die Produktion von Gütern und Dienstleistungen wuchs nicht länger nur mit der Einwohnerzahl in die Breite, sondern wurde jetzt auch in weiten Bereichen durchgängig intensiviert. Die eng begrenzten industriellen Wachstumsinseln der Anlaufphase weiteten sich zu großen miteinander verflochtenen Wirtschaftsregionen aus, die den langen kontinuierlichen Aufstieg Deutschlands in die Spitzengruppe der Industriestaaten trugen. Wegen der unsicheren Datenlage vor allem zu Beginn dieser Phase ist es allerdings ungewiß, ob dieser Aufstieg bereits um 1840 oder erst nach der Jahrhundertmitte auf breiter Front begann. Mit dem Ausbruch des Ersten Weltkrieges brach dieser vergleichsweise stabile Wachstumspfad, der nur durch den Rückschlag nach dem Gründerboom in den siebziger Jahren und eine kurze heftige Krise um die Jahrhundertwende unterbrochen wurde, jäh ab.

Für die beiden Weltkriege und die Inflationsjahre in ihrem Gefolge liegen überhaupt keine verläßlichen Daten vor, während die Jahre dazwischen von einem jähen Auf und Ab der gesamtwirtschaftlichen Entwicklung gekennzeichnet sind. In der Zeit der Weltkriege hatte die Unfähigkeit zum inneren und äußeren Frieden ihre Entsprechung in der Unfähigkeit zur Stabilisierung des ökonomischen Prozesses. Auf ganz andere Weise spektakulär war dagegen der steile Wiederaufstieg von einem sehr niedrigen Niveau seit der Neuordnung der politischen Allianzen nach dem Zweiten Weltkrieg. Mit dem Ausklingen des »Wirtschaftswunders« in den sechziger Jahren flachte die Wachstumskurve wieder ab und ging schließlich in den frühen siebziger Jahren in die aktuelle Phase instabilen Wachstums über. Dabei rührt deren Instabilität weniger von den verminderten Wachstumsraten, die in historischer Perspektive ohnehin nicht als außergewöhnlich niedrig gelten können, als von der Unfähigkeit genügend Arbeitsplätze zu schaffen. Ob dies nur eine Episode innerhalb einer langen Wachstumsphase bleibt, wie genau ein Jahrhundert zuvor die Gründerkrise und ihre Nachwehen im frühen Kaiserreich, oder aber das von den einen beschworene und von den anderen gefürchtete Ende industriellen Wachstums ankündet, ist vorläufig noch nicht mehr als ein Gegenstand von Spekulationen.

Der Anlauf

Die verfügbaren groben Schätzungen und Rückrechnungen der Entwicklung des Netto-Sozialprodukts für die Zeit zwischen den Revolutionskriegen und der Mitte des 19. Jahrhunderts sind mit großen Unsicherheiten behaftet. Es ist daher einerseits nicht auszuschließen, daß die gesamtwirtschaftliche Leistung pro Einwohner um die Mitte des 19. Jahrhunderts nicht höher war als unmittelbar vor der Französischen Revolution, wie es andererseits ebenso gute Gründe für die durch Regionalstudien gestützte Annahme gibt, daß sie sich bereits spürbar, wenn auch bei weitem nicht im gleichen Tempo wie in der zweiten Jahrhunderthälfte, erhöht hatte.

Einer der größten Unsicherheitsfaktoren bei der Abschätzung der gesamtwirtschaftlichen Leistung in vorindustriellen Gesellschaften ist die häusliche und ländliche Produktion für den eigenen Bedarf, die sich der Messung weitgehend entzieht. Zwar kann man bei einigermaßen stabilen Bevölkerungszahlen und Siedlungsverhältnissen annehmen, daß die Eigenerzeugung auch in etwa gleich bleibt; doch waren gerade diese Voraussetzungen seit dem späten 18. Jahrhundert nicht mehr gegeben.

Bevölkerungswachstum

Die lange Zeit stagnierende Zahl der Menschen nahm seit der Mitte des 18. Jahrhunderts in ganz Europa in so auffälligem Maße zu, daß man von einer ersten Bevölkerungswelle sprechen kann. Sie dauerte in Deutschland bis in die 1830er Jahre an und brachte insgesamt einen Zuwachs von rund 50%, so daß wir für 1840 im Deutschen Bund mit etwa 30 Millionen Einwohnern rechnen müssen. Wie sich dies auf die Menge der für den Eigenverbrauch erzeugten Güter auswirkte, ist bislang unbekannt. Die von dem englischen Ökonomen Thomas Malthus vorhergesagten Hungersnöte als Folge der »Überbevölkerung« traten jedenfalls trotz allen Massenelends nicht in der erwarteten Schärfe auf. Offenbar war mittlerweile ein Weg gefunden worden, um im Unterschied zu den vorangegangenen Jahrhunderten eine rapide wachsende Bevölkerung zu ernähren und darüber hinaus auch noch den Nahrungsspielraum zu schaffen, der den Abzug vieler Menschen aus der Landwirtschaft in Industrie und Gewerbe überhaupt erst ermöglichte.

Agrarwirtschaft

Angesichts des raschen Bevölkerungswachstums in einem begrenzten Raum ist es allein schon erstaunlich, daß die Nahrungsmittelproduktion überhaupt mithalten konnte, denn das fruchtbare Ackerland war seit langem vergeben und konnte nicht ohne weiteres vermehrt werden. Die gesellschaftlichen und agrarwirtschaftlichen Umwälzungen, die hierfür notwendig waren, drängen in ihrer gesamtwirtschaftlichen Bedeutung die erfolgreichen Ansätze industrieller Produktion in Deutschland während der ersten Jahrhunderthälfte noch in den Hintergrund. Die seit Jahrhunderten starre Relation zwischen landwirtschaftlicher Nutzfläche und Bevölkerungszahl wurde aufgebrochen und dynamisiert. Mit den Agrarreformen, die nach dem Straßburger Volkswirtschaftler Knapp als »Bauernbefreiung« bezeichnet werden, wurden die institutionellen Voraussetzungen zur intensiveren Bodennutzung geschaffen. Die Kenntnisse über intensivere Anbaumethoden kamen hingegen aus dem Ausland, vor allem aus England und den Niederlanden, die schon seit dem 16. Jahrhundert mit Erfolg die Dreifelderwirtschaft überwunden und durch Fruchtwechsel und Intensivierung der tierischen Produktion eine Führungsposition in Europa eingenommen hatten.

Die Erträge des Ackerbaus wuchsen in erster Linie durch die Auflösung des bisher als Weide genutzten Gemeindelandes und den vermehrten Anbau von Blattfrüchten – Kartoffeln und später auch Zuckerrüben. Der noch relativ neue und im Vergleich zum Getreide sehr viel ertragreichere Kartoffelanbau, für den auch bislang wertlose Sandböden genutzt werden konnten, trug ganz wesentlich zur Ernährung der rasch anwachsenden Bevölkerung bei. Wie schnell die Kartoffel als Grundnahrungsmittel an Bedeutung gewann, läßt sich schon daran ablesen, daß der Ausfall der Kartoffelernte 1847 zu ebensolchen Hungersnöten führte, wie dies früher nur bei Getreidemißernten der Fall war.

Eng verbunden mit dem Kartoffelanbau war die Intensivierung der Schweinehaltung. Mit der Auflösung des Gemeindelandes und dem Wegfall der Brache war die übliche Weidehaltung der Tiere stark eingeschränkt worden; doch konnte dies durch die Umstellung auf Kartoffelmast und Stallfütterung mehr als ausgeglichen werden. Gerade kleinbäuerliche Betriebe mit wenig Ackerland hatten damit eine Möglichkeit, durch Eigenleistung ihre Nahrungs- und Einkommensgrundlage entscheidend zu verbessern.

Nur zu einem Teil ist die annähernde Verdopplung der landwirtschaftlichen Produktion, die vorwiegend auf der starken Ausdehnung der tierischen Produktion beruhte, mit vermehrter Bodennutzung und größerem Arbeitskräfteeinsatz zu erklären. Ausschlaggebend war vielmehr, daß dank der neuen Anbau- und Bewirtschaftungsmethoden die Produktivität der Arbeitskräfte in der Landwirtschaft zwischen 1800 und 1850 in nahezu »industriellem Tempo« um etwa zwei Drittel zunahm. Das war ohne Beispiel in den vorangegangenen Jahrhunderten und eine entscheidende Vorleistung für die darauf aufbauende Industrialisierung Deutschlands.

Landbevölkerung und Industrialisierung

Die Landwirtschaft konnte also nicht nur die wachsende Bevölkerung ernähren und darüber hinaus in steigendem Umfang Getreide exportieren, sondern auch Arbeitskräfte für die beginnende Industrialisierung freistellen. Zu ihrem Unglück fanden diese Leute, die nun auf dem Lande entbehrlich wurden, aber keineswegs sofort Beschäftigung im Gewerbe. Die Produktivitätsfortschritte in der Landwirtschaft eilten in der ersten Hälfte des 19. Jahrhunderts sowohl dem Bevölkerungswachstum wie auch den Beschäftigungschancen in Handwerk und Industrie voraus. Auf diese Art trugen sie dazu bei, daß sich zunächst nur das Heer der armen, mühsam ums Überleben kämpfenden Unterschichten vergrößerte, die oft noch nicht einmal die Mittel aufbrachten, um sich durch Auswanderung eine neue Lebensperspektive zu schaffen. Das Janusgesicht der einerseits so erfolgreichen Agrarreformen zeigte sich darin, daß die Gesellschaft nicht in der Lage war, die freiwerdenden Arbeitskräfte sogleich wieder an anderer Stelle in den Produktionsprozeß einzugliedern. Der Pauperismus des Vormärz war der deutliche Hinweis, daß in Deutschland ein großes Leistungspotential während der Frühphase der Industrialisierung brachlag.

Die Verarmung entwurzelter Landbewohner könnte schließlich auch erklären, warum trotz eindeutig feststellbarer Produktivitätsfortschritte im damals noch mit Abstand wichtigsten Wirtschaftszweig dennoch keine deutliche Zunahme des Sozialprodukts je Einwohner zu verzeichnen ist. Es hat ganz den Anschein, als habe das vor- und frühindustrielle Massenelend im Vormärz die unbestreitbaren Wachstumsimpulse aus der Landwirtschaft aufgewogen.

Beginn der Industrialisierung in Deutschland

Das gleiche gilt für das im gesamtwirtschaftlichen Maßstab noch sehr viel unbedeutendere Wachstum der jungen Industrie. Es ist daher auch nicht widersprüchlich, daß, nach zaghaften Anfängen schon gegen Ende des 18. Jahrhunderts, der Beginn der Industrialisierung Deutschlands auf die dreißiger Jahre des 19. Jahrhunderts datiert wird, obwohl ein deutlicher Anstieg der Wachstumsraten erst ein Vierteljahrhundert später festzustellen ist. In Stufenmodellen der Industrialisierung wird dieses Zwischenstadium, in dem das industrielle Wachstum allmählich an die Oberfläche der Gesamt-

Die älteste Spinnmaschine, die ›Spinning Jenny‹, von Hargreaves (1770)

entwicklung tritt und beginnt, deren Wachstumspfad zu bestimmen, nach dem amerikanischen Wirtschaftshistoriker W.W. Rostow plastisch als »take-off« bezeichnet. Rostow hatte für diese Phase noch den Zeitraum zwischen 1850 und 1870 angenommen, doch tendieren neuere Forschungen dazu, zumindest deren Anfänge um 10 bis 15 Jahre vorzuverlegen.

Trotz des Begriffs »Industrielle Revolution«, der angesichts der tiefgreifenden gesellschaftlichen Umwälzungen sicher berechtigt ist, war die Industrialisierung Deutschlands also kein plötzliches Ereignis. Es dauerte vielmehr einige Jahrzehnte, bis die steigende Produktivität der jungen Industrie sich auch in den Wachstumsraten der gesamten deutschen Wirtschaft sichtbar niederschlug. Zwischen der Errichtung der ersten Fabriken in den Jahren nach 1790 und dem Anstieg des durchschnittlichen Pro-Kopf-Einkommens verging mehr als ein halbes Jahrhundert.

Diese große Zeitverzögerung war jedoch nicht etwa ein Zeichen für besonders hartnäckige Anfangsschwierigkeiten der jungen Industrie. Sie erklärt sich vor allem daraus, daß der geographische Raum des Deutschen Reiches als statistische Bezugsgröße gewählt wurde anstatt jener begrenzten Regionen, in denen die ersten Schwerpunkte der Industrie lagen. Für den Bereich des Deutschen Bundes hätten sich vermutlich andere, wenngleich nicht sehr weit abweichende Werte ergeben, während zum Beispiel die Betrachtung der Wirtschaftsgeschichte Sachsens oder der Rheinlande, die auch im internationalen Vergleich zu den früh industrialisierten Regionen gehörten, zu einem ganz anderen Periodisierungsschema geführt hätte.

Es ist daher immer problematisch, von *der* Industrialisierung oder *dem* »take-off« Deutschlands zu sprechen, da auf diese Weise Regionen von sehr unterschiedlichem Entwicklungsstand zusammengefaßt werden und dadurch ein viel zu homogenes Bild der Entwicklung in Deutschland entsteht. Zu einer regional vergleichenden Betrachtung, die hier weiterführen würde, fehlen für die erste Hälfte des Jahrhunderts jedoch selbst so unsichere Daten, wie sie wenigstens als plausible Schätzung für das Gebiet des späteren Deutschen Reiches vorliegen.

Bedeutung der Textilindustrie

Der dominierende Sektor der industriellen Revolution im späten 18. Jahrhundert war die Textilindustrie. Von ihr gingen die entscheidenden Impulse zur Mechanisierung der Arbeit und Einführung des Fabriksystems aus. In Großbritannien, wo sie zugleich die wichtigste Wirtschaftsbranche repräsentierte, war das Spinnen von genügend Garn zu einem der größten Engpässe bei der Ausdehnung der Tuchproduktion geworden. Es war daher eine große Erleichterung für die Unternehmer, als in den zehn Jahren nach 1760 nahezu gleichzeitig zwei Spinnmaschinen zur Produktionsreife gebracht wurden, die einfache handbetriebene Jenny des Heimwebers James Hargreaves und die bereits maschinell angetriebene Water-frame des Barbiers Richard Arkwright. Doch erst die 1779 aus diesen beiden entwickelten Mule des Heimwebers Samuel Crompton, mit der man statt 8 oder 16 Garnen bald schon 120 gleichzeitig spinnen konnte, brachte den Durchbruch zur Massenfertigung. Während die Jenny sich besonders für die Hausindustrie eignete, begann mit den Maschinen Arkwrights und Cromptons das Fabrikzeitalter in der Textilindustrie. An die Stelle der weit verstreut liegenden häuslichen Verlagsproduktion trat – zunächst für das Spinnen, bald jedoch auch für die anderen Verarbeitungsschritte in der Tuchproduktion – ausgehend von Mittelengland die zentralisierte Fabrikarbeit in den Vordergrund.

Während in Großbritannien der Mangel an Garn oder genauer die Unmöglichkeit, genügend verläßliche Spinner zur Erzeugung des von der Weberei nachgefragten Garns zu finden, den Anstoß zur Mechanisierung in der Textilindustrie gab, wirkten auf dem Kontinent nunmehr allein schon das britische Vorbild und die niedrigen Preise englischen Tuchs als starker Anreiz. Die industrielle Revolution in Großbritannien setzte auch dort neue Maßstäbe, wo die gewerbliche Entwicklung noch nicht in ähnliche Engpässe geraten war.

So findet sich vor allem in den Rheinlanden und Sachsen eine frühe Industrialisierung auf der Basis der Textilindustrie, die dem englischen Vorbild recht nahe stand. Erste Spinnmaschinen wurden etwa gleichzeitig gegen Ende des 18. Jahrhunderts in diesen beiden Regionen sowie in Berlin und Augsburg eingeführt und verbreiteten sich nicht zuletzt dank finanzieller Unterstützung durch die Landesherren recht schnell. In Sachsen überwog dabei zunächst die einfachere handbetriebene Jenny, während die rheinischen Industriellen sogleich dem Vorbild Arkwrights und Cromptons folgten und zentralisierte Fabriken aufbauten. Bei der Baumwolle, die in Deutschland rasch an Bedeutung gewann und bis zur Mitte des 19. Jahrhunderts die zuvor dominierende Leinenproduktion eingeholt hatte, verschwand die Handspinnerei bis 1830 nahezu völlig. Bei Wolle dauerte es wegen der größeren technischen Schwierigkeiten etwas länger, doch war auch hier die Handspinnerei um 1850 nur noch von geringer Bedeutung. Die Weiterverarbeitung blieb dagegen vorerst noch vom Handwebstuhl und der Verlagsarbeit geprägt. Das Reservoir billiger Arbeitskräfte in den ständig in ihrer Zahl zunehmenden ländlichen Unterschichten war nahezu unerschöpflich; und solange maschinengetriebene Webstühle nur wenig leistungsfähiger aber sehr viel teurer als Handwebstühle waren, gab es für die Unternehmer wenig Veranlassung, ebenso wie beim Spinnen in Fabriken zu investieren. Eine Ausnahme bildeten lediglich die teureren Wollgewebe, deren Herstellung vor allem in Brandenburg und am Niederrhein zunehmend in Manufakturen zusammengefaßt wurde.

Zwar fehlte der jungen deutschen Textilindustrie im Unterschied zur britischen, die weltweit über einen sehr viel größeren Markt verfügte und auch in erheblichem Maße nach Deutschland exportierte, die Kraft, sich alleine zum Führungssektor der Industrialisierung aufzuschwingen. Doch sie regte in vor- und nachgelagerten Gewerbezweigen zusätzliches Wachstum an und setzte durch ihre billigeren Produkte Teile des Einkommens für andere Dinge frei, die nun auch vermehrt nachgefragt werden konnten. Indem es mehr

Bearbeitung der Baumwolle in einer Baumwollmanufaktur (um 1840)

billiges Garn gab, wurde mehr gewebt, gebleicht, gefärbt, transportiert, gehandelt usw. Die damit einhergehende allmähliche Zurückdrängung der Eigenproduktion zugunsten gekaufter Textilien, die jetzt für einen größeren Kreis erschwinglich wurden, förderte sowohl bei den Herstellern wie bei den Konsumenten die Arbeitsspezialisierung und erhöhte damit deren Produktivität.

Für die weiteren Industrialisierungsschritte war es von großer Bedeutung, daß es sich bei den ersten Spinnmaschinen um Holzkonstruktionen handelte, deren Nachbau und Reparatur für einen findigen Tischler oder Zimmermann kein unlösbares Problem darstellte. Dies erleichterte nicht nur deren Verbreitung, sondern erlaubte auch einheimischen Handwerksbetrieben, von Anfang an mit der neuen Technik mitzuwachsen und sich schließlich zu leistungsfähigen Maschinenbaubetrieben zu entwickeln. So liegt eine Hauptquelle für den Aufstieg Sachsens zum Zentrum des deutschen Maschinenbaus in dieser frühen Phase des Aufbaus der sächsischen Textilindustrie. Ein ganz wesentlicher Unterschied zu späteren Entwicklungsländern besteht gerade darin, daß der Anschluß an die modernste ausländische Technik an der Wende vom 18. zum 19. Jahrhundert in vielen Bereichen noch mit den Mitteln des traditionellen Handwerks möglich war. Und daß dieser Anschluß hergestellt wurde bzw. nicht verloren ging, war ein Hauptanliegen der fortschrittlichen Landesherren.

Entwicklung des deutschen Maschinenbaus

Die Förderung des einheimischen Gewerbes stellte für den merkantilistischen Staat keine Neuerung dar, doch gewann sie unter den Bedingungen eines beschleunigten technischen Fortschritts zusätzlich an Bedeutung. Es genügte bald nicht mehr, allein die Leistungen der traditionellen Handwerkszweige zu verbessern, sondern es mußten die Voraussetzungen für die Gründung moderner Industrien auf höherem technischen Niveau geschaffen werden; und dies bedeutete in erster Linie die Bewältigung des Übergangs von den einfachen Holz- zu komplexen Metallkonstruktionen. Einerseits wurden, um größere Dimensionen und höhere Fertigungspräzision zu ermöglichen, die Textilmaschinen immer »metallener«; andererseits waren die universell einsetzbaren Antriebsmaschinen, die Dampfmaschinen, die zunächst allerdings vorwiegend als Pumpen eingesetzt wurden, überhaupt nur als Eisenkonstruktion ausführbar. Der Import dieser Maschinen konnte, zumal angesichts des britischen Ausfuhrverbots, keine dauerhafte Lösung sein. Die Förderung der Metallbearbeitung hatte darum eine besondere strategische Bedeutung, da die Industrialisierung hierdurch erst zu einem eigenständigen Prozeß werden konnte.

Mit Spinnmaschinen und Dampfmaschinen waren die technischen Voraussetzungen für eine neue Produktionsorganisation aus England gekommen; mit den ersten Werkzeugmaschinen zur Metallbearbeitung kam zusätzlich auch die Möglichkeit, dies alles zu reproduzieren. Eine zentrale Stellung unter ihnen hatte die damals neue Drehbank mit mechanischem Support (Werkzeughalter), oft auch nur »englische Drehbank« genannt. Sie erlaubte eine wiederholbare Bearbeitungsgenauigkeit, die in Handarbeit, bei freier Führung des Werkzeugs, nicht zu erzielen war. Diese Maschinen wurden zwar nicht in großer Zahl benötigt, doch waren sie unverzichtbar, um bei der Endbearbeitung einzelner Konstruktionsteile die Präzision zu gewährleisten, die Voraussetzung für die Funktionstüchtigkeit der ganzen Maschine war.

Im Unterschied zu Antriebs- und Arbeitsmaschinen löste die Einführung moderner Werkzeugmaschinen einen Schneeballeffekt aus, da man mit ihnen jede Art von Maschine, also auch sie selbst, vervielfältigen und weiterentwickeln konnte. Ansehen und Einkommen der Facharbeiter, die diese Maschinen bedienten, waren gleichermaßen hoch. Ganz anders als Spinner und Weber gehörten sie eindeutig zu den Gewinnern der Industrialisierung und betrachteten sich selbst auch als Träger des Fortschritts.

Wie wertvoll die Unterstützung des Maschinenbaus insbesondere durch die preußische Gewerbeförderung und die vorangegangene Praxis in Bau und Reparatur von Textilmaschinen war, zeigte sich dann seit dem Ende der dreißiger Jahre des 19. Jahrhunderts beim Eisenbahnbau, dem Führungssektor der Industrialisierung in Deutschland. In ihm flossen verschiedene Entwicklungsstränge aus früher Industrialisierung, landesherrlicher Wirtschaftspolitik, Bevölkerungswachstum und Handelsinteressen zusammen. Erst durch ihn wurde die Industrialisierung aus einem insularen Phänomen einiger Textilregionen zu einem flächendeckenden Prozeß, der, wie zuvor schon in Großbritannien, nun auch in Deutschland alle größeren Wirtschaftszweige erfaßte und vor allem das brachliegende Potential unterbeschäftigter und verarmter Menschen allmählich wieder aktivierte.

Eisenbahnbau als Führungssektor der Industrialisierung

Schon die Zeitgenossen sahen im Eisenbahnbau das probate Mittel, den wirtschaftlichen Vorsprung der westlichen Nachbarn Deutschlands aufzuholen. Dabei standen jedoch weniger die Impulse auf vorgelagerte Industriezweige und den Arbeitsmarkt im Vordergrund, sondern die Überzeugung, daß es in Deutschland vor allem an einem großen, leicht zugänglichen Markt fehle. Von Handelserleichterungen erhoffte man sich in erster Linie eine Stimulierung der deutschen Wirtschaft. Die Forderung nach Eisenbahnen vereinigte sich darum auch von Anfang an mit dem Drängen auf die Abschaffung der innerdeutschen Zollgrenzen, die in den Jahren 1828 bis 1839 durch den zollpolitischen Zusammenschluß der deutschen Staaten mit der wichtigen Ausnahme Österreichs und der Hansestädte erreicht wurde.

Wenngleich die Zeitgenossen und ein Großteil der älteren Literatur in dem unter preußischer Führung stehenden Zollverein den entscheidenden Impuls zum wirtschaftlichen Aufbruch Deutschlands in der ersten Hälfte des 19. Jahrhunderts sahen, so wird heute der Bildung von Industriekapital in regional begrenzten Märkten ein größeres Gewicht als dem weiträumigen Binnenhandel beigemessen. Die erfolgreiche frühe Industrialisierung benachbarter kleiner Staaten wie Belgien und der Schweiz, noch vor den großen kontinentaleuropäischen Flächenstaaten, weist in die gleiche Richtung.

Friedrich List

Der herausragende Vertreter dieser entwicklungspolitischen Doppelforderung nach Eisenbahnen und wirtschaftspolitischer Einheit war Friedrich List, der wohl bedeutendste deutsche Nationalökonom der ersten Jahrhundert-

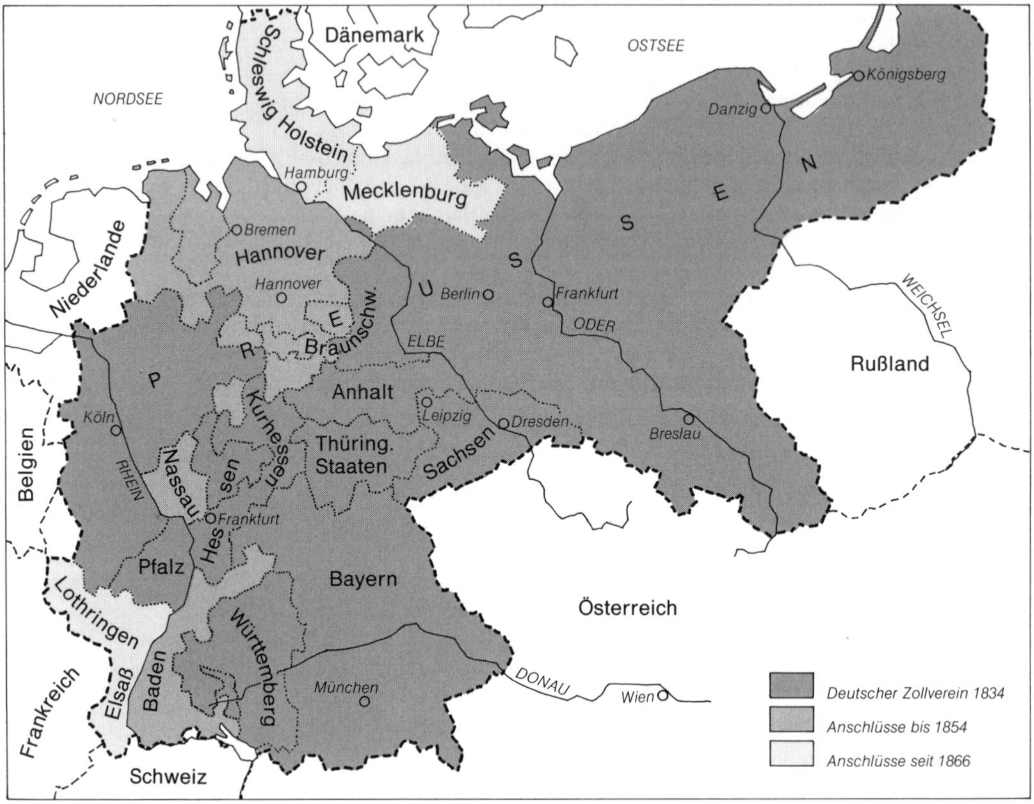

Der deutsche Zollverein nach 1834

hälfte. List war auch die treibende Kraft hinter dem Bau der ersten größeren Eisenbahnlinie in Deutschland zwischen Leipzig und Dresden, die in den Jahren 1837 bis 1839 in zwei Bauabschnitten errichtet und in Betrieb genommen wurde. Zwar fuhr schon seit 1833 die Ludwigs-Eisenbahn auf der 6 km langen Strecke zwischen Nürnberg und Fürth, doch hatte diese Bahn im Unterschied zu der 115 km langen Strecke in Sachsen nur lokale Bedeutung und entsprach damit kaum den mit dem Bahntransport verbundenen Erwartungen.

In den ersten Jahren des Eisenbahnbaus entstand allerdings noch kein durchgehendes Streckennetz; es wurden vielmehr zunächst einmal nur wichtige Städte, die ohnehin in einem regen Austausch standen, verbunden: Leipzig und Dresden, Berlin und Potsdam, München und Augsburg, Düsseldorf und Erkrath usw. Der Anschluß Kölns über Aachen an das belgische Netz bis nach Antwerpen, der 1843 fertiggestellt wurde, kündigte bereits eine neue Dimension an. Nun wurden über die Grenzen einer gewerblich verdichteten Region hinweg Verbindungen zwischen verschiedenen industriellen Zentren geschaffen, aus denen allmählich das Skelett des späteren deutschen Eisenbahnnetzes entstand, wie es in ganz ähnlicher Form List schon 1833 bei der Planung der Leipzig-Dresdner Bahn gefordert hatte. Die wichtigen Linien von Köln nach Minden und von Berlin nach Hamburg entstanden in der zweiten Hälfte der vierziger Jahre, an deren Ende im Deutschen Bund insgesamt bereits etwa 7000 km Eisenbahnstrecken existierten. In diese Zeit fällt auch der erste Höhepunkt der Bautätigkeit mit 1100 km fertiggestellter Strecke im Jahre 1846. Mehr wurde erst wieder 1870 innerhalb eines Jahres gebaut.

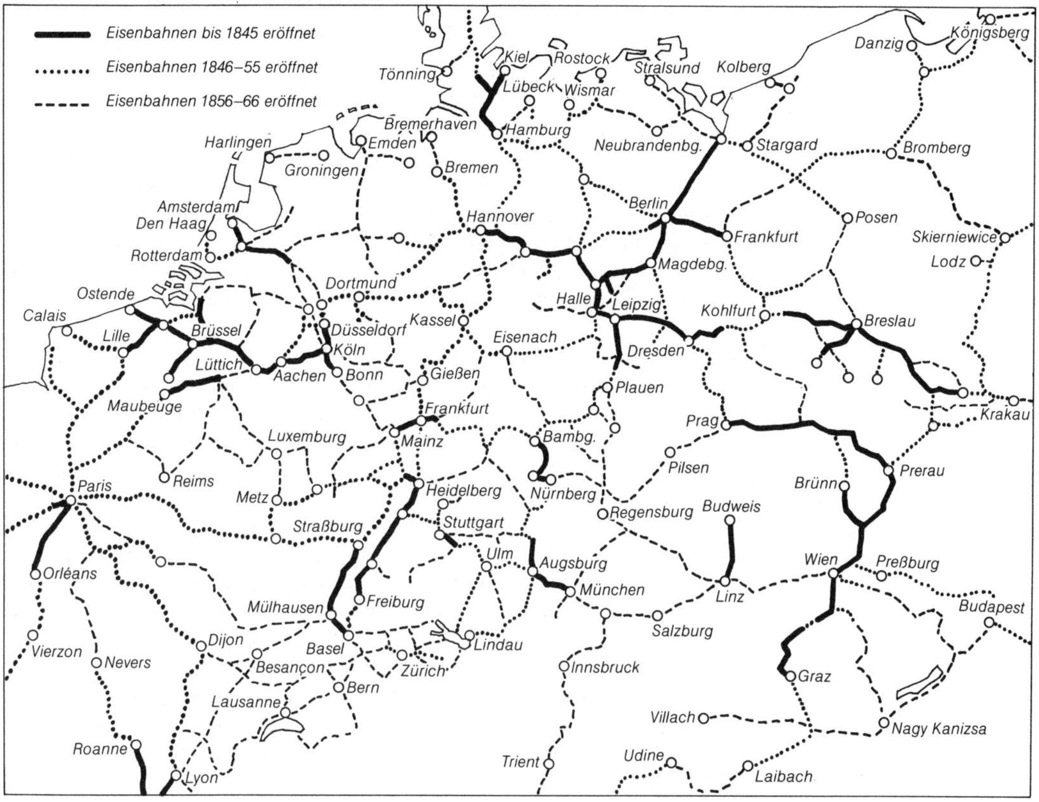

Entwicklung der Eisenbahnen in Mitteleuropa bis 1866

Diese plötzliche Investitionswelle ließ die Begrenzungen, aber auch die Leistungsfähigkeit des frühindustriellen Deutschland deutlich werden. Das Kapital für den Eisenbahnbau, der in der zweiten Hälfte der vierziger Jahre jährlich über 100 Millionen Mark verschlang, war in Deutschland durchaus aufzubringen. Sowohl die Emission von Aktien durch die Privatbahnen wie auch die Auflage von Anleihen zur Finanzierung der Staatsbahnen führten in der Regel zum Erfolg. Kapitalmangel herrschte also offenbar nicht, zumal auch ausländische Staats- und Eisenbahnpapiere rege gehandelt wurden. Dagegen stieß die Finanzierung der mittelbar betroffenen Industrie, der sich dank der vom Eisenbahnbau ausgelösten Nachfrage neue Entwicklungsmöglichkeiten boten, bisweilen auf Schwierigkeiten. Über die erprobten persönlichen Verbindungen zwischen Unternehmer und Privatbankier ließ sich der wachsende Finanzierungsbedarf der expandierenden Unternehmen auf Dauer nicht mehr befriedigen. Die Organisationsform der Aktiengesellschaft und die Beherrschung der Gründungs- und Emissionstechniken durch die den Unternehmen verbundenen Bankhäuser mußten nun auch hier in steigendem Maße zur Mobilisierung der notwendigen Kapitalien herangezogen werden; und auch die Bankiers begannen in den fünfziger Jahren, sich nach erfolgreichen französischen Vorbildern dieser Gesellschaftsform zu bedienen, um selbst mit den wachsenden Dimensionen der Gründungs- und Investitionstätigkeit Schritt halten zu können.

Im Unterschied zur Perspektive der zeitgenössischen Eisenbahnpropaganda sind die unbestreitbaren und für die Industrialisierung Deutschlands vermutlich entscheidenden Wachstumsimpulse des Eisenbahnbaus nicht so überwiegend auf der Seite des vermehrten Transportangebots zu sehen, sondern mindestens ebenso stark in den Auswirkungen auf vorgelagerte Industriezweige und deren Entwicklung. Die Probleme heutiger Entwicklungsländer bei der Einführung moderner Technologien haben den Blick für die überragende Bedeutung des Technologietransfers geschärft und deutlich gemacht, daß in dessen erfolgreicher Bewältigung ein wesentlicher Grund für den erfolgreichen Aufholprozeß der deutschen Wirtschaft im 19. Jahrhundert zu suchen ist. Auch der häufig angeführte Vorteil von Nachzüglern, eine bereits erprobte Technik übernehmen zu können, ohne die unvermeidlichen Irrwege der Entwicklungsphase gehen zu müssen, stellt sich nur ein, wenn alle Voraussetzungen für einen schnellen Technologietransfer gegeben sind. In Deutschland ist dies in verschiedenen Branchen und in großem Umfang gelungen.

Wie im Falle der Textilindustrie, erwiesen auch die Betriebe der Eisenerzeugung und Verarbeitung beim Eisenbahnbau die Fähigkeit, rasch Anschluß an die importierte neue Technik zu finden. Allerdings war das Auftragsvolumen jetzt ungleich größer und überforderte zunächst noch die sehr begrenzten Möglichkeiten der jungen Unternehmen. Das war jedoch ein quantitatives und weniger ein qualitatives Problem.

Produktionskenntnisse und -fertigkeiten

Der Erwerb der noch fehlenden Kenntnisse und Fertigkeiten gelang in jedem Fall im Zuge des Aufbaus der Produktionskapazitäten. Ausländische Fachkräfte, vor allem Briten und Belgier, hatten daran entscheidenden Anteil. Sie trafen allerdings auch auf ein einheimisches Handwerker- und Arbeiterpotential, das ihre Anregungen innerhalb kürzester Zeit aufnehmen und umsetzen konnte. Wegen des größeren Bedarfs an hochqualifizierten Kräften war dies in Eisenindustrie und Maschinenbau viel entscheidender als in der Textilindustrie, wo das Maschinensystem der Fabriken qualifizierte Handarbeit ersetzte und vereinfachte. Um das leisten zu können, mußte das Maschinensystem selbst jedoch zunächst einmal immer komplizierter und leistungsfähiger werden. Die Herstellung seiner Komponenten erforderte daher auch mehr und nicht weniger Fertigkeiten und Kenntnisse seitens der Fabrikhandwerker im Maschinenbau. Den besten Beweis für deren solides Grundwissen und ihre große Lernfähigkeit bietet der deutsche Lokomotivbau. Hatte dessen für damalige Verhältnisse hochkomplexes Produkt zu Beginn des Eisenbahnbaus um 1840 noch ganz überwiegend aus England importiert werden müssen, so stammten bereits ein Jahrzehnt später zwei Drittel aller Lokomotiven auf deutschen Bahnen von inländischen Unternehmen. Deren erfolgreichstes waren die Borsigwerke in Berlin, die 1841 mit der Produktion begonnen hatten und schon 1858 ihre tausendste Lokomotive ausliefern konnten.

Eisenindustrie

Etwas länger dauerte das Schließen der Importlücke in der Eisenindustrie. Sie mußte nicht nur wie der Maschinenbau eine plötzlich auftauchende massenhafte Nachfrage nach neuen Produkten befriedigen, sondern zugleich, wiederum nach britischem Vorbild, auf eine neue Rohstoffbasis, die Steinkohle, umgestellt werden. Die vorindustrielle Eisenerzeugung war auf der energetischen Grundlage von Holzkohle und Wasserkraft erfolgt und damit auf wald- und wasserreiche Standorte angewiesen, wo sie Gebrauchsgüter des täglichen Bedarfs produzierte, deren hoher Warenwert die meist sehr erheblichen Transportkosten von diesen abgelegenen Gebieten, wie z.B. der Eifel oder des Siegerlandes, rechtfertigte. Dem Massenbedarf der Eisenbahnen, vor allem an Schienen, konnte sie freilich nicht mehr genügen.

Die Eisenbahnschiene wurde zum Schlüsselprodukt der neuen Eisenindustrie. Sie wurde im Unterschied zu den meisten ihrer bisherigen Produkte, die entweder in Formen gegossen oder mit dem Hammer geschmiedet wurden, gewalzt. Walzstraßen arbeiteten jedoch nur bei kontinuierlichem Betrieb wirtschaftlich und das hieß schon in den fünfziger Jahren annähernd

Das Lendersdorfer Walzwerk (Gemälde von Carl Schütz, 1838)

10000 Tonnen Jahresproduktion – ein Vielfaches dessen, was ein Hammerwerk produzierte. Mit Wasserkraft wie bei den Schmiedehämmern war das nicht mehr auszurichten. Eisenwalzwerke wurden von großen stationären Dampfmaschinen angetrieben. Eng mit dem Walzen verbunden war die Herstellung des Vorproduktes in sogenannten Puddelöfen, in denen mit Steinkohlefeuerung das spröde Roheisen aus den Hochöfen in formbares Schmiedeeisen umgewandelt wurde.

Während diese beiden Stufen, das Puddeln und Walzen, recht schnell von Großbritannien und Belgien übernommen werden konnten, bereitete die Herstellung von Roheisen mit dem billigen Koks statt der knapp werdenden Holzkohle mehr Schwierigkeiten. Hier ging es nicht nur um die Übernahme einer bereits erprobten Technik – wie zuvor in der Textilindustrie und im Maschinenbau. Deutsche Steinkohle war in ihrer Zusammensetzung anders als belgische, schottische oder walisische. Es waren also zunächst auf experimentellem Wege zwei Probleme zu lösen: zuerst mußte aus deutscher Steinkohle ein stabiler Hüttenkoks erzeugt werden und dann hieß es, die aus dem Ausland bekannten Bauformen der Kokshochöfen so zu modifizieren, daß mit diesem einheimischen Koks annähernd ebenso billig wie in Belgien oder Wales Roheisen erzeugt werden konnte. Die besten mineralogischen und wirtschaftsgeographischen Voraussetzungen hierfür bestanden im Ruhrgebiet, in einigem Abstand gefolgt von Oberschlesien und dem Saarland. Nach zögernden Anfängen mit importiertem Roheisen in den dreißiger und vierziger Jahren gelang es dort, die deutsche Eisenindustrie in den fünfziger Jahren durch die Gründung einer ganzen Reihe großer integrierter Hüttenwerke auf eine eigene Rohstoffbasis zu stellen. Eine Erhöhung des Importzolls für Roheisen durch den Zollverein im Jahre 1844 hatte zudem den Anreiz für die Eisenerzeugung im eigenen Lande erhöht und galt als Musterbeispiel eines Erziehungszolls zur Stützung junger Industrien.

Regionale Verschiebungen

Mit dem Aufbau der Schwerindustrie verschoben sich endgültig die Gewichte im wirtschaftlichen Gefüge Deutschlands weg von den alten Zentren in Süd- und Mitteldeutschland zu der neuen Achse Ruhrgebiet-Berlin, um die sich die Schwerpunkte von Industrie und Finanz im Zollverein und später im Kaiserreich gruppierten. Deren Ausbau beherrschte die Phase dauerhaften Wirtschaftswachstums von den fünfziger Jahren bis zum Ersten Weltkrieg.

Der lange Aufstieg

Stabiles Wachstum

Wie aus der graphischen Darstellung des Wachstumspfades der deutschen Wirtschaft zu ersehen ist (S. 299), verlief dieser in der zweiten Hälfte des 19. Jahrhunderts und in den Jahren vor dem Ersten Weltkrieg mit auffallender Gleichförmigkeit, die in ihrer Dauer in der deutschen Geschichte bislang einmalig ist. Viele Anzeichen sprechen dafür, es habe in diesen sechzig Jahren eine besonders stabile Wachstumskonstellation bestanden, die durch den Ersten Weltkrieg ihr Ende fand und danach nicht wieder herbeigeführt werden konnte. Dieses stabile Wachstum trug nicht wenig dazu bei, daß in den krisengeschüttelten zwanziger und frühen dreißiger Jahren unseres Jahrhunderts vielen das gesellschaftliche und politische System des Kaiserreiches im Rückblick als das leistungsfähigere und erstrebenswertere erschien. Zwar hatte es auch im Kaiserreich konjunkturelle Einbrüche gegeben, doch lag deren schwerster, die Gründerkrise von 1873 bis 1879, in der Erinnerung schon relativ weit zurück und hatte sich zudem bei weitem nicht so erschwerend auf die unmittelbaren Lebensumstände der Bevölkerung ausgewirkt wie Krieg, Inflation und Weltwirtschaftskrise nach 1914. Außerdem war es der deutschen Industrie und Landwirtschaft in den Jahrzehnten vor dem Ersten Weltkrieg endgültig gelungen, sich von den westeuropäischen Vorbildern, die sie bislang nur erfolgreich imitiert hatten, zu emanzipieren und damit erheblich zum Selbstbewußtsein Deutschlands als führender Macht beizutragen. Technisch und ökonomisch gehörte das Kaiserreich bei Kriegsausbruch zur Spitzengruppe unter den Industriestaaten. Die Lehrjahre waren abgeschlossen.

Umgestaltung in Gesellschaft und Wirtschaft

Unter der ruhigen Oberfläche des gesamtwirtschaftlichen Wachstums verbarg sich allerdings eine äußerst dynamische Umgestaltung von Wirtschaft und Gesellschaft. Waren 1858 in der Landwirtschaft noch doppelt so viele Menschen beschäftigt wie in Industrie und Handwerk, so hatten sich die Zahlen bis 1895 angeglichen. Seitdem fand die Mehrheit der Erwerbstätigen ihren Lebensunterhalt in Industrie, Bergbau und Handwerk. Darüber hinaus hatte diese Gruppe mehr Angehörige zu versorgen als die in der Landwirtschaft Beschäftigten, so daß die Abhängigkeit von industrieller Tätigkeit für die Bevölkerung insgesamt noch höher war.

Auch in den Handelsbeziehungen zum Ausland wird dieser Strukturwandel der deutschen Wirtschaft deutlich. Bestand ihre Ausfuhr um die Jahrhundertmitte noch zur Hälfte aus Rohstoffen und Lebensmitteln, so sank deren Anteil bis 1910/13 auf nur noch 15%. Bei den Rohstoffen lag die Kohle vorne und bei den Lebensmitteln hatte der industriell weiterverarbeitete Zucker das Getreide überflügelt. Die Fertigwarenexporte schließlich wurden nicht mehr von den Textilien sondern von Apparaten und Maschinen angeführt.

Landwirtschaftliche Produktion

Dieses relative Zurückfallen der Landwirtschaft bedeutete nun jedoch nicht, daß sie in der zweiten Jahrhunderthälfte zu einem stagnierenden Wirtschaftssektor geworden war. Das Wachstum der landwirtschaftlichen Produktion zwischen 1850 und 1913 um das Zweieinhalbfache übertraf immer noch deutlich die Zunahme der Bevölkerung, die sich im gleichen Zeitraum auf dem Territorium des Deutschen Reiches von 35 auf 64 Millionen knapp verdoppelte. Dennoch überwog in Deutschland seit etwa 1880 der Import landwirtschaftlicher Güter den Export. Der Verbrauch war letzten Endes also schneller gestiegen als die Produktion. Dies legt zumindest die Vermutung nahe, daß die Landwirtschaft das gebotene Wachstumspotential nicht vollständig ausgenutzt hat. Der Nachfragezuwachs betraf weniger die kohlehydrathaltigen Grundnahrungsmittel, wie Brotgetreide und Speisekartoffeln,

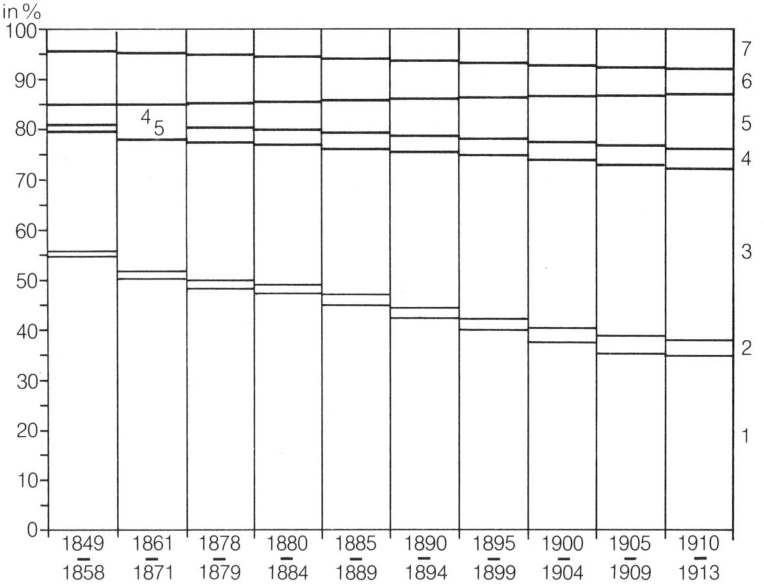

Beschäftigte in den Wirtschaftsbereichen 1849–1913 in % der Gesamtzahl der Beschäftigten

1 = Landwirtschaft, Forstwirtschaft, Fischerei
2 = Bergbau und Salinen
3 = Industrie und Handwerk
4 = Verkehr
5 = Handel, Banken, Versicherungen, Gaststätten
6 = häusliche Dienste
7 = sonstige Dienstleistungen einschließlich Verteidigung

als vielmehr tierisches Eiweiß, Fette und Öle. Die Nahrung wurde reichhaltiger und abwechslungsreicher.

Für ihren dennoch beträchtlichen Produktionszuwachs um 150% benötigte die Landwirtschaft nur 30% mehr Arbeitskräfte. D.h. ihre Produktivität stieg deutlich. Darin stand sie zwar hinter Industrie und Handwerk zurück, die zur gleichen Zeit mit einer Verdreifachung der Beschäftigtenzahl eine zehnmal höhere Wertschöpfung erzielen konnten, doch andere wichtige Wirtschaftszweige wie z.B. der Steinkohlebergbau hatten im Durchschnitt auch keine größeren Produktivitätsfortschritte als die Landwirtschaft zu verzeichnen.

Allerdings wurde diese Entwicklung nicht gleichmäßig von allen Betrieben und Regionen getragen. Die zersplitterten Kleinbetriebe Süddeutschlands gewannen nie Anschluß an die Wachstumsdynamik der Gesamtwirtschaft; und während sich einerseits die Spezialisierung und Intensivierung insbesondere auf den großen Gütern West- und Mitteldeutschlands ungebrochen fortsetzte und dort in der Futtermittel-, Zucker- und Alkoholerzeugung eindeutig industriellen Charakter gewann, verlor vor allem der östlich der Elbe betriebene Getreideanbau seit den siebziger Jahren an Dynamik und konnte sich auf dem Binnenmarkt nur noch dank hoher Schutzzölle gegen die ausländische Konkurrenz behaupten. Wie in der Industrie waren auch in der Landwirtschaft der Westen und die Mitte Deutschlands moderner und leistungsfähiger als die übrigen Regionen.

Modernisierung in der Landwirtschaft

Wichtiger Angelpunkt im Modernisierungsprozeß der landwirtschaftlichen Produktion wurde vor allem seit Beginn der neunziger Jahre der zunehmende Einsatz mineralischer Handelsdünger teils aus Übersee, teils aus inländischem Bergbau und Industrie, der erheblich zur Ertragssteigerung in der Pflanzenproduktion beitrug. Die naturwissenschaftlichen Voraussetzungen hierzu hatten die von Justus von Liebig erfolgreich begonnenen Versuche zur Anwendung der organischen Chemie in der Landwirtschaft geschaffen. Daß die neugewonnenen Erkenntnisse dann auch zu einem durchschlagenden wirtschaftlichen Erfolg auf breiter Basis führen konnten, war dagegen die Folge beständig sinkender Kosten für die mineralische Düngung. Dazu trugen sowohl die sinkenden Frachtraten der überseeischen Handelsschiffahrt als auch die immer vollständigere Erschließung des Binnenmarktes durch Eisenbahnen sowie das wachsende inländische Angebot im Zuge fortschreitender Industrialisierung bei. Mit der zunehmenden Chemisierung und Modernisierung der Landwirtschaft griffen agrarische und industrielle Produktion immer enger ineinander.

Streckenausbau der Eisenbahn

Die industrielle Entwicklung wurde bis in die ersten Jahre des Kaiserreichs noch vom Führungssektor Eisenbahnbau getragen, dessen Anteil an den Nettoinvestitionen in der Gesamtwirtschaft erst gegen Ende der siebziger Jahre seinen Höhepunkt erreichte. Während der Anteil der Eisenbahninvestitionen in den fünfziger und sechziger Jahren zwischen 12% und 20% aller Nettoinvestitionen im Deutschen Reich ausgemacht hatte, erreichte er in dem Jahrfünft von 1875–79, als die deutsche Wirtschaft unter dem schwersten Konjunktureinbruch des 19. Jahrhunderts litt, mehr als 25% und erwies sich damit als stabilisierendes Element. Diese letzte Spitze signalisierte zugleich das vorläufige Ende des Streckenausbaus. Das deutsche Eisenbahnnetz war fertiggestellt und wurde danach nur noch durch einige Nebenstrecken vor allem im verkehrsarmen Osten ergänzt.

Eine führende Rolle im Wirtschaftswachstum besaß der Eisenbahnbau seit den achtziger Jahren nicht mehr, wohl aber trug das neue leistungsfähige Eisenbahnnetz wesentlich dazu bei. Mit seiner Hilfe hatten sich die Kosten für den Gütertransport seit den vierziger Jahren auf weniger als ein Drittel reduziert. Daß dieses Angebot auf eine starke Nachfrage traf, zeigen die anhaltend hohen Wachstumsraten der Verkehrsdienstleistungen, die zwischen 1850 und 1913 mit durchschnittlich 6,6% im Jahr deutlich über dem gesamtwirtschaftlichen Wachstum von 2,6% lagen. Die Befürworter des Eisenbahnbaus im Vormärz hatten also recht in ihren optimistischen Prognosen.

Bergbau und Schwerindustrie

Was sie in diesem Ausmaß sicher nicht erwartet hatten, war der enorme Aufschwung, den die Montan- und Schwerindustrie dank des Eisenbahnbaus erlebte. Unter dem Schutz mäßiger Zölle für Eisen gelang es ihr noch vor der Reichsgründung, den inländischen Markt mit Kohle und Eisenprodukten nahezu vollständig selbst zu versorgen und die anfangs dominierende britische und belgische Konkurrenz zurückzudrängen. Neues Zentrum von Bergbau und Schwerindustrie wurde das Ruhrgebiet, dessen reiche Kohlevorräte sich vorzüglich zur Eisen- und Stahlerzeugung eigneten. Die älteren Eisen- und Kohlereviere in Oberschlesien und an der Saar expandierten wegen ihrer ungünstigeren Verkehrslage und geringeren Rohstoffqualität vergleichsweise weniger rasch.

Kohleförderung

Der Steinkohlenbergbau nördlich der Ruhr stellte die wichtigste Rohstoff- und Energiegrundlage der deutschen Industrie. Zu einem Führungssektor wie der Eisenbahnbau wurde er freilich nie. Wohl aber war er ein stets zuverlässiger und unverzichtbarer Diener des Industrialisierungsprozesses, der mit einer Jahresförderung von 114 Millionen Tonnen, die von über 440000 Beschäftigten erbracht wurde, am Vorabend des Ersten Weltkrieges gewaltige Ausmaße erreichte.

Trotz einer Konzentration der Förderung auf möglichst wenige besonders leistungsfähige Schachtanlagen, deren Zahl im Ruhrgebiet zwischen 1875 und 1895 von 259 auf 155 zurückging, um dann bis 1913 nur noch auf 173 zu steigen, waren keine großen Produktivitätsfortschritte zu verzeichnen. Die Jahresförderung je Beschäftigten stieg zwischen 1850 und 1913 nur von 154 Tonnen auf 257 Tonnen, wobei der Höhepunkt mit 282 Tonnen pro

Mann bereits 1885 erreicht war. Die durchschnittliche Jahresförderung der Schachtanlagen stieg dagegen im gesamten Zeitraum beständig und erreichte 1913 mit 660266 Tonnen das 67fache des Wertes von 1850 (9904 Tonnen). Die Anlagen wuchsen mit der Kohlenachfrage in die Breite und mehr noch in die Tiefe. Die Notwendigkeit, nach Erschöpfung der leicht erreichbaren oberen Lagerstätten immer weiter in die Tiefe gehen zu müssen, erklärt auch, warum die Produktivität im Kohlebergbau trotz der offensichtlich riesigen Investitionen in einzelne Schachtanlagen seit den achtziger Jahren nicht mehr wuchs. Damals hatte noch eine Schachttiefe von 300 Metern genügt; ein Jahrzehnt später mußte man bereits bis auf 800 Meter hinabgehen. Es wurde also immer aufwendiger, die Kohle zur Oberfläche zu fördern; und ein Großteil der produktivitätssteigernden Fortschritte vor Ort wurde bei der Überwindung und Erhaltung der langen Wege wieder aufgezehrt.

Im Braunkohlebergbau gab es diese Probleme nicht. Begünstigt durch die geringe Tiefe der Lagerstätten ging man hier sogar in zunehmendem Maße zum großflächigen Tagebau über, aus dem zu Beginn des Krieges bereits 80% der Gesamtförderung kamen. Die durchgehende Mechanisierung aller Produktionsstufen bis hin zur Brikettierung wurde dadurch wesentlich erleichtert. Im Unterschied zum Steinkohle- und Erzbergbau gab es deshalb hier auch nach den neunziger Jahren hohe Produktivitätsfortschritte. Da die Braunkohle für viele Zwecke, wie z.B. Hausbrand, Gas- und Dampferzeugung, ebenso gut geeignet war wie die Steinkohle, trug sie wesentlich zur Entlastung des Energiemarktes bei und erleichterte die gezielte Nutzung der höherwertigen, aber auch immer unzugänglicheren Steinkohle für die weiter expandierende Schwerindustrie. Deren Werke wurden nach Möglichkeit in unmittelbarer Nähe der Zechen direkt auf den Steinkohlevorkommen errichtet.

Produktionskapazität in der Schwerindustrie

Zwischen 1850 und dem Ersten Weltkrieg hat sich die Arbeitsproduktivität an den Hochöfen mindestens verzehnfacht, wobei auch in diesem Fall die größten Fortschritte bis in die achtziger Jahre erzielt worden waren. Doch während sie im Ruhrbergbau danach stagnierte, konnte sie sich hier bis 1913 nochmals verdoppeln. Die Phase besonders rascher Produktivitätsfortschritte in der Schwerindustrie fiel zeitlich mit den wichtigsten technischen Neuerungen zusammen. Am Anfang stand die Umstellung der Roheisenerzeugung auf Koks statt der knappen und teuren Holzkohle. Dies senkte nicht nur die Kosten des Brennstoffs, sondern erlaubte dank der höheren Tragfähigkeit des Kokses auch den Bau sehr viel größerer und damit effizienterer Hochöfen. Durch bessere Beherrschung des Schmelzprozesses und eine große Zahl mechanischer Hilfen konnte deren Produktionskapazität beständig gesteigert werden. War man in den 60er Jahren im Ruhrgebiet bei einem neuen Kokshochofen noch mit 30 Tonnen Tagesleistung, die in Holzkohlehochöfen auch in den folgenden Jahrzehnten kaum je erreicht wurden, sehr zufrieden, so wurden nach der Jahrhundertwende bei Neubauten schon mindestens 400 Tonnen täglich erwartet.

Stahlerzeugung

In der gleichen Größenordnung lagen die Fortschritte bei der Weiterverarbeitung des Roheisens zu Stahl, doch erst nachdem in den siebziger und achtziger Jahren die Massenstahlerzeugung in Konvertern und Siemens-Martin-Öfen das alte Puddelverfahren abgelöst hatte. Bei diesem Verfahren hatten hochqualifizierte Arbeiter das flüssige Eisen auf einem abgeschlossenen Herd so lange mit Stangen durchrühren müssen (engl.: to puddle), bis es sich zu teigigen schmiedbaren Klumpen zusammenballte. Auf diese Art konnten in einem Puddelofen in zwei Schichten mit je einem Puddler und zwei Helfern täglich drei bis vier Tonnen hergestellt werden. Einer schnellen Ausdehnung der Stahlproduktion waren bei dieser personalintensiven Arbeitsweise und den langen Ausbildungszeiten freilich enge Grenzen gesetzt.

Altes Bessemerwerk der Gußstahlfabrik Friedrich Krupp in Essen (um 1910)

In Großbritannien war das Puddeln deshalb schon zum Engpaß in der Eisenverarbeitung geworden; und von dort kamen in den sechziger und späten siebziger Jahren auch die neuen Verfahren, mit denen das Zeitalter der Massenstahlerzeugung begann. Wie hoch der technische und produktionsorganisatorische Standard in der deutschen Schwerindustrie mittlerweile war, zeigte sich daran, daß alle drei neuen Prozesse, das Bessemer- und Thomasverfahren für die Stahlerzeugung im Konverter sowie das Siemens-Martin-Verfahren, nahezu gleichzeitig in Deutschland und England eingeführt wurden. Die Rückständigkeit war endgültig überwunden, und bis zum Ersten Weltkrieg stieg die deutsche Stahlindustrie zur zweitgrößten hinter der amerikanischen auf.

Mit dem vorzüglichen Ruhrkoks und der oberschlesischen Kohle hatte die deutsche Schwerindustrie zwar eine solide einheimische Rohstoffbasis, doch fehlten an diesen Standorten die geeigneten Erze für die neuen Massenstahlverfahren. Hierzu mußte in steigendem Maße auf Importe hochwertiger Erze aus Spanien, Schweden und später auch Frankreich zurückgegriffen werden. Zur wichtigsten inländischen Quelle wurde die Minette im 1871 annektierten Lothringen, die sich besonders zur Herstellung einfachen und billigen Massenstahls eignete. Seit den neunziger Jahren bildete sich auf dieser Grundlage eine Arbeitsteilung zwischen Lothringen und dem Ruhrgebiet heraus. Einerseits wurde Ruhrkohle gegen Minette getauscht; andererseits verlagerte die Branche die Produktion von Halbzeug und einfachen Qualitäten nach Lothringen, während die Weiterverarbeitung und die Herstellung der besseren Stahlqualitäten mit Hilfe von importierten Erzen im Ruhrgebiet erfolgte. Auf dieser Qualitätsstahlerzeugung baute auch die schnell wachsende Maschinenbauindustrie des Ruhrgebietes auf, deren Stärke im Unterschied zu den alten und nach wie vor sehr vitalen Zentren in Berlin und Sachsen vor allem im Großmaschinen- und Anlagenbau lag. Die Schiffahrtsverbindung auf dem Rhein von Rotterdam nach Duisburg wurde zur Lebensader der großen Hüttenwerke, die nun ihrerseits verstärkt zu den Kohlefeldern am Niederrhein strebten.

Beruhte die Größe von Schwerindustrie und Maschinenbau noch ganz überwiegend auf erfolgreich imitierter und importierter Technik, so war der

Aufstieg der beiden anderen tragenden Säulen der Industrie im Kaiserreich, Chemie und Elektrotechnik, die Frucht autonomer Entwicklungen und brachte Deutschland nun seinerseits in die Rolle eines industriellen Schrittmachers und führenden Technologieexporteurs. Die Bedeutung des Aufstiegs dieser beiden Branchen für den weiteren Verlauf des Industrialisierungsprozesses wird von vielen Historikern und Ökonomen so hoch veranschlagt, daß sie von einer »Zweiten Industriellen Revolution« sprechen.

»Zweite Industrielle Revolution«

Chemie, insbesondere die neu entstehende Kohlenstoffchemie, und Elektrotechnik waren in hohem Maße wissenschaftsintensiv und unterschieden sich darin von den Trägern der ersten Industriellen Revolution, Textil- und Schwerindustrie. So waren gegen Ende des 19. Jahrhunderts in Deutschland drei Viertel aller in der Industrie beschäftigten Wissenschaftler entweder in einem Elektro- oder einem Chemiebetrieb angestellt. Beide wissenschaftlichen Disziplinen hatten ihre Schwerpunkte an deutschen Hochschulen, die auch weltweit die meisten Absolventen der beiden Fächer ausbildeten.

Technische Hochschulen

Die technischen Hochschulen und ihre Vorläufer waren ursprünglich von den Landesherren eingerichtet worden, um auf theoretischem Wege den empirischen Vorsprung Großbritanniens in Industrie und Technik einzuholen. Die sonst so oft gescholtene Vielstaaterei hatte in diesem Fall den großen Vorteil, daß an Stelle weniger zentraler Hochschulen, wie etwa in Frankreich, mehrere über ganz Deutschland verstreut liegende Lehr- und Forschungsanstalten eingerichtet wurden, die zudem heftig um den besten Ruf konkurrierten. In dem Moment aber, da neue nunmehr theoretisch begründete Technologien – eben Chemie und Elektrotechnik – in großem Maßstab zur industriellen Nutzung gebracht wurden, standen mit diesen einstigen »Nachhilfeschulen« die entscheidenden Forschungs- und Ausbildungsinstitutionen sofort in großer Zahl und Ausdehnung zur Verfügung. In intensiver Zusammenarbeit mit den Hochschulinstituten, die zu einem Kennzeichen der deutschen Entwicklung wurde, gelang es der deutschen chemischen und elektrotechnischen Industrie, diesen Startvorsprung zu ihrem Vorteil zu nutzen und in eine Dominanz zumindest auf den europäischen Märkten umzusetzen. Die besonders forschungsintensive Farbstoffindustrie konnte sich sogar ein nahezu lückenloses Monopol auf dem Weltmarkt schaffen.

Die Anfänge der chemischen Industrie reichen in die erste Jahrhunderthälfte zurück, als sie begann, Bleich- und Färbemittel für die Tuchproduktion herzustellen. Da die deutsche Textilindustrie jedoch nicht »englische Dimensionen« erreichte, blieb auch das Wachstum der von ihr abhängigen chemischen Industrie beschränkt. Letztere hatte zudem große Mühe, sich gegen die überlegene englische Konkurrenz durchzusetzen, die in großen Mengen Soda in das Zollvereinsgebiet exportierte.

Chemische Industrie

Einen wesentlichen Anstoß erhielt die chemische Produktion erst im letzten Drittel des 19. Jahrhunderts durch den steigenden Bedarf an Kunstdünger, der sie zugleich eng mit Bergbau und Schwerindustrie verband. Deren Nebenprodukte wurden zur Grundlage der einheimischen Düngemittelindustrie: die Abraumsalze des Kalibergbaus, das Thomasmehl aus der Schlacke der Stahlwerke als Phosphatdünger sowie Stickstoff aus dem schwefelsauren Ammoniak der Koksöfen. Die Spitzenstellung der deutschen Landwirtschaft in der Düngergabe mit 15,29 kg Kali, 22,9 kg Phosphorsäure und 8,4 kg Stickstoff pro Hektar im Jahr 1913, die nur in Belgien und den Niederlanden Parallelen hatte, schuf der Kunstdüngerindustrie einen gewaltigen Absatzmarkt.

Zum dynamischsten Zweig der chemischen Industrie wurde jedoch die Farbstoffsynthese oder Teerfarbenchemie. Nach den ersten Zufallsentdekkungen in England und Frankreich war es auf der Grundlage der 1865 von August Kekulé von Stradonitz geschaffenen Benzolringtheorie möglich geworden, systematisch neue Farbstoffe und andere Kohlenwasserstoffverbindungen zu synthetisieren. Dies hatte eine enorme Vielfalt der erzeugten Stoffe zur Folge, die bald auch weit in den Pharmabereich vorstießen. Die Firma Bayer kam dadurch noch vor dem Ersten Weltkrieg allein auf mehr als 2000 verschiedene Farbstoffe; insgesamt 15000 waren schon um die Jahrhundertwende in Deutschland patentiert. Der Anreiz, künstliche Farbstoffe herzustellen, war in Deutschland besonders groß, da es im Unterschied zu Großbritannien keine Kolonien besaß, aus denen es natürliche Farbstoffe billig beziehen konnte. Außerdem hatte es dank der einheimischen Kohle und den zwangsläufig entstehenden Teerprodukten in den Kokereien und der Schwerindustrie die notwendigen Rohmaterialien in reichlichem Maße zur Verfügung. Der billige Bezug von Kohle und Teer wurde denn auch für die Farbstoffindustrie standortbestimmend. Mit einem Kohle- und Koksverbrauch zwischen 300000 Tonnen (Hoechst) und 400000 Tonnen (BASF) jährlich lagen die größten Chemieunternehmen in einer Klasse mit den Hüttenwerken. In letzter Konsequenz erwarben sie schließlich eigene Kohlebergwerke, um ihre Versorgung kostengünstig zu sichern.

Elektroindustrie

Die elektrotechnische Industrie begann ihren Aufstieg um die Jahrhundertmitte mit dem Telegraphen und war in dieser Epoche bis in die achtziger Jahre in Deutschland eine Domäne der Firma Siemens und Halske, deren »Telegraphen-Bau-Anstalt« 1847 in Berlin gegründet wurde. Wichtigste Kunden waren die Landesherren, die alsbald staatliche Telegraphenlinien sowohl für den eigenen als auch den geschäftlichen Bedarf errichten ließen, und die Eisenbahnen, die sie im Signal- und Sicherungswesen einsetzten und dadurch ohne vergrößertes Sicherheitsrisiko die Zugdichte auf ihren Strekken erheblich steigern konnten. Handel und Verkehr profitierten also erheblich von dieser Neuerung, zu deren spektakulärsten Erfolgen die Herstellung transatlantischer und transkontinentaler Verbindungen in den fünfziger und sechziger Jahren zählten.

Das elektrische Licht, von Ludwig Kandler (1880)

Für die industrielle Produktion und den privaten Verbrauch erlangte die Elektrizität jedoch erst mit der Erfindung und Entwicklung elektrischer Beleuchtung und elektrischer Antriebe größere Bedeutung und mit diesen Innovationen verbindet sich auch die Vorstellung von einer zweiten industriellen Revolution. Aus dem Bedürfnis, die schweren und anfälligen Batterien der Signaleinrichtungen bei den Eisenbahnen zu ersetzen, entwarf Werner Siemens 1866 gleichzeitig mit den Engländern Charles Wheatstone und Cromwell Fleetwood Varley eine dynamoelektrische Maschine, die im folgenden Jahrzehnt zu einem brauchbaren Stromerzeuger weiterentwickelt wurde. Da diese Maschinen nicht nur Strom erzeugten, wenn man ihren Anker drehte, sondern umgekehrt auch der Anker in Rotation versetzt werden konnte, wenn man Strom anlegte, war damit zugleich ein leistungsfähiger Elektromotor geschaffen. Zunächst jedoch bestand vor allem Bedarf an Strom für Beleuchtungszwecke.

Glühbirnen

Nach einer kurzen Übergangszeit mit gleißend hellen Lichtbogenlampen, die nur für große Hallen und freie Plätze akzeptabel waren, wurden seit 1884/85 in mehreren deutschen Großstädten »Lichtzentralen« für die angenehmere und auch in Wohnungen und Büros brauchbare Glühlampenbeleuchtung errichtet. Zunächst einmal blieb das elektrische Licht wegen seiner hohen Kosten jedoch noch ein Luxusartikel und wurde in der Industrie meist nur an besonders feuergefährdeten Orten eingesetzt. Gaslicht war vorerst noch billiger und fand darum auch einen weiteren Absatz. Dies änderte sich erst, als 1905 eine Lampe mit einem Glühfaden aus Osmium und Wolfram, die Osramlampe, entwickelt wurde, die für die gleiche Lichtleistung nur ein Viertel der Energie der bisher üblichen Kohlefadenlampe brauchte. Jetzt erst setzte sich das elektrische Licht auch in den privaten Haushalten durch.

Elektromotoren

Elektromotoren hatten anfangs ähnliche Schwierigkeiten wie die elektrische Beleuchtung, sich gegen die herkömmliche Technik, vor allem der Dampfmaschinen, durchzusetzen. In der Industrie gab es zunächst nur einen begrenzten Bedarf an neuartigen Motoren. Die erste Branche, die in großem Umfang auf elektrische Antriebe umstellte, war die metallverarbeitende Industrie, die vor allem die größere Flexibilität des Elektromotors bei der Gestaltung einzelner Werkzeugmaschinen wie auch ganzer Fabriken schätzte. Es war eben sehr viel einfacher, neue Kabel zu ziehen, als Dampfmaschinen und Transmissionsgestänge zu verlegen. Dennoch bauten die größeren Unternehmen ihre Kraftwerke selbst, bezogen ihren Strom also nicht von den öffentlichen Elektrizitätswerken. Diese Eigenerzeugung dominierte in der Industrie bis zum Kriege, da sie billiger war als der Strom öffentlicher Stromversorger.

Deren größtes Problem und der Grund für die hohen Strompreise war die geringe Auslastung ihrer Kraftwerke am Tage, wenn keine Beleuchtung gebraucht wurde. Um einen gleichmäßigeren Absatz zu finden, förderten die öffentlichen Elektrizitätswerke darum mit Sondertarifen die Verbreitung von Elektromotoren in Kleinbetrieben, denen es meistens am Geld und oft auch am Platz für eine kleine Dampfmaschine oder einen Gasmotor fehlte. Zum ersten Großverbraucher in den Städten wurde dagegen die elektrische Straßenbahn. Am Vorabend des Ersten Weltkriegs gab es in Deutschland bereits 286 Straßenbahnbetriebe mit einem Schienennetz von mehr als 5000 km. Im Jahr 1913 wurden darauf bereits 2,3 Milliarden Fahrten unternommen, eine halbe Milliarde mehr als mit der Eisenbahn – freilich auf kürzeren Strecken.

Straßenbahnen

Die Betonung des schwerindustriellen Komplexes von Kohle und Stahl sowie der beiden aufstrebenden neuen Branchen Chemie und Elektrotechnik bedeutet nun freilich nicht, daß die industrielle Durchdringung der deutschen Wirtschaft im Kaiserreich allein von dort getragen wurde. So waren in der Textilindustrie bis zum Ersten Weltkrieg mehr Arbeitskräfte beschäftigt als in jeder dieser Branchen, und auch der im Textilsektor erzeugte Produktionswert wurde bis 1913 noch nicht einmal von der eisenschaffenden Industrie oder dem Bergbau übertroffen.

Beschäftigung in den einzelnen Branchen

Die metallverarbeitende Industrie mit dem Maschinenbau schließlich stand 1913 mit fast 1,9 Millionen Beschäftigten, von denen die Elektroindustrie nur knapp 6% beisteuerte, an der Spitze aller Industriegruppen. Ihr folgten noch vor der Textilindustrie das Baugewerbe mit 1,6 Millionen, das Bekleidungsgewerbe einschließlich der Lederverarbeitung mit 1,5 Millionen und die Nahrungs- und Genußmittelbranche mit 1,4 Millionen Beschäftigten. Allerdings waren diese letzten drei Branchen überwiegend durch kleine Betriebsgrößen charakterisiert und in weiten Bereichen noch stark von Handarbeit geprägt, die allerdings zunehmend arbeitsteilig organisiert wurde. Im Grunde trugen die modernen mechanisierten Industriebranchen mit ihren Vorprodukten, Transportleistungen und Energieangeboten auch deren Wachstum mit, das mit Ausnahme des im Verstädterungsprozeß rasch expandierenden Baugewerbes ohnehin unter dem Durchschnitt lag.

Im Sog der Industrialisierung konnten einige traditionelle Gewerbe zunächst noch so lange mit dem Bevölkerungswachstum expandieren, wie ihre Produkte nicht industriell erzeugt wurden. Insgesamt jedoch bestimmte der Industriebetrieb, sein Wachstum und seine Verbreitung, die gewerbliche Entwicklung. Handwerk und Kleinbetriebe nahmen nur partiell, nicht aber in ihrer Gesamtheit an der wirtschaftlichen Expansion teil. Die Zahl der im Kleingewerbe beschäftigten Personen blieb seit 1850 mit etwa 3,2 Millionen über die Gewerbezählungen von 1882, 1895 und 1907 nahezu konstant. Ihr Anteil an allen in Industrie und Gewerbe Beschäftigten sank dabei allerdings von anfangs etwa 85% auf nur noch 32% im Jahr 1907. Doch selbst die

Konstanz der absoluten Zahlen war kein Ausdruck einer Stagnation stabiler Verhältnisse, sondern nur der zufällige Saldo oftmals dramatischer Umwälzungen.

Handwerk und Hausindustrie

Während städtische Gewerbe, die für die alltäglichen Konsumbedürfnisse einer schnell wachsenden Einwohnerzahl sorgten, wie Bäcker, Metzger usw., guten Zeiten entgegengingen, wurden viele Verlagshandwerke und Hausindustrien durch die Konkurrenz mechanisierter Fabrikproduktion um ihre selbständige Existenz gebracht. Die Heimweber gehörten zu den ersten, die dieses Schicksal traf; andere, wie Schneider und Schuster, wurden zunächst noch für viele Jahre in steigenden Zahlen gebraucht, ehe ihre Arbeit von Konfektionären und Schuhfabriken übernommen wurde. Ein Ausweg, den viele unter ihnen seit der Jahrhundertwende gingen, bestand darin, die billigeren industriellen Produkte zu reparieren; denn das taten die Fabriken nicht. Damit konnte zwar die Selbständigkeit gewahrt werden, doch das Selbstbewußtsein litt zumindest in der ersten Generation sehr darunter.

In ihrem erfolgreichen Aufholprozeß hat die deutsche Wirtschaft den einstigen Lehrmeister Großbritannien bis zum Ersten Weltkrieg nicht nur in einigen Produktionsgüterindustrien wie Stahl, Elektrotechnik und Chemie übertroffen, während sie in der Konsumgütererzeugung wie auch im Pro-Kopf-Einkommen immer noch beträchtlich zurücklag, sondern auch eigenständige Formen der Absatz- und Produktionssteuerung entwickelt. Statt dies entsprechend dem liberalen Credo der Zeit den anonymen Kräften des Marktes zu überlassen, bemühte sich eine große Zahl deutscher Industrieller um die kollektive privatwirtschaftliche Regulierung der Märkte in Kartellen. Bleibenden Erfolg hatten die vielfältigen Bemühungen, die von den Großbanken energisch unterstützt und gefördert wurden, freilich nur in solchen Branchen, in denen eine überschaubare Zahl von Unternehmen relativ homogene Güter produzierte, deren Absatz sich gut kontrollieren ließ. Dies war vor allem die Grundstoffindustrie.

Kartellbildungen und Unternehmenskonzentration

In der metallverarbeitenden Industrie mit ihren vielfältigen Produkten und zahlreichen kleinen und mittleren Unternehmen fehlte dagegen die Grundlage hierfür. Die beiden modernen Branchen Elektrotechnik und Farbenindustrie andererseits gingen bald schon über einfache Absprachen hinaus zur Bildung von wenigen beherrschenden Konzerngruppen über. So wurden im Zuge einer Konzentrationswelle zu Beginn des 20. Jahrhunderts in der elektrotechnischen Industrie Siemens und AEG zu den dominierenden Unternehmen. In der Farbstoffindustrie schlossen sich zur gleichen Zeit die »kleine IG«, bestehend aus Bayer, BASF und AGFA, und die Hoechst-Casella Gruppe, zu der auch Kalle gehörte, zusammen. Darüber hinaus waren beide Gruppen durch Kartellabkommen miteinander verbunden. In der technisch eng verwandten Pharmaindustrie formierte sich 1905 die »Pharma-IG«, der mit Ausnahme von Schering alle bedeutenden Hersteller von Arzneimitteln beitraten.

Den Ausgangspunkt der Kartellbewegung im Kaiserreich bildete die Gründerkrise der siebziger Jahre, während der die Kohle-, Eisen-, Stahl- und Kaliproduzenten zunächst durch individuelle Preisnachlässe versuchten, den eigenen Absatz zu Lasten ihrer Konkurrenten zu stabilisieren. Da dies über kurz oder lang alle versuchten, endete der Preiswettkampf bald schon in »ruinöser Konkurrenz«. Als gemeinsamen Ausweg trafen die Firmen Absprachen über Verkaufspreise und Absatzquoten. Der österreichische Nationalökonom Friedrich Kleinwächter nannte sie 1883 »Kinder der Not«. Doch sie hatten auch über das Ende der Not hinaus Bestand, und darin unterschieden sie sich von ähnlichen Vereinigungen in den meisten anderen Ländern. Die privatwirtschaftliche Regulierung der Märkte galt im kaiserlichen Deutschland nicht nur als Notbehelf für Krisenzeiten, sondern als erstre-

Berliner Schuhmacherwerkstatt (um 1900)

benswerte höhere Organisationsform der Wirtschaft, auch wenn sie vorerst nur in Teilbereichen und dort auch nicht durchgängig erreicht wurde. Das britische Vorbild freien Handels und freier Konkurrenz war nicht mehr maßgebend; und die sichtbar größere Dynamik der deutschen Grundstoffindustrie wie auch der noch stärker konzentrierten elektrotechnischen und chemischen Industrie galt als Beweis für die segensreiche Wirkung wettbewerbsbeschränkender Maßnahmen.

Die Kartellabsprachen waren dabei nur eine Dimension dieser vom Staat und seinen Institutionen mitgetragenen Politik. Sie begrenzten die inländische Konkurrenz und wurden in den Jahren 1890, 1897 und 1902 durch Urteile des Reichsgerichts zu bindenden Rechtsverträgen erklärt. Die ausländische Konkurrenz andererseits wurde durch hohe und meist steigende Einfuhrzölle vom deutschen Markt ferngehalten. Mit der Idee der Erziehungszölle hatten diese seit 1879 erhobenen Schutzzölle, abgesehen von der äußeren Form, nichts mehr gemein. Sie sollten nicht jungen Industriezweigen eine begrenzte Zeit zur Erlangung der Wettbewerbsfähigkeit auf dem Weltmarkt verschaffen, sondern bereits voll ausgebildeten Wirtschaftszweigen die weitere Anpassung an das niedrigere internationale Preisniveau ersparen.

Protektionismus

Am verheerendsten wirkte sich dieser neue Protektionismus wohl in der Landwirtschaft aus. Die bis in die frühen siebziger Jahre exportstarken Getreideproduzenten vor allem Ostdeutschlands waren dank des Zollschutzes vor billigem amerikanischen und russischen Getreide nicht zur Umstellung ihrer Güter auf intensivere und diversifizierte Bewirtschaftungsformen nach westlichem Vorbild gezwungen. Die daraus resultierende Rückständigkeit wurde durch steigende Zölle nur zementiert und ließ aus der einst wichtigsten Exportbranche einen strukturschwachen und subventionsbedürftigen Wirtschaftszweig werden.

Anders stellt sich das Bild in der Industrie dar. Dem Partner der Landwirtschaft in der Schutzzollagitation seit den siebziger Jahren, der Schwerindustrie, kann jedenfalls zu keinem Zeitpunkt technische Rückständigkeit oder mangelnde Wettbewerbsfähigkeit vorgeworfen werden. Sie expandierte unter Zollschutz und in Kartellen gebunden gleichermaßen auf in- und ausländischen Märkten. Der Export wuchs sogar schneller als der Absatz auf dem geschützten und regulierten Binnenmarkt. Viele Anzeichen sprechen dafür, daß die deutsche Industrie den Exporthandel als ein Ventil benutzte, um bei stagnierendem oder rückläufigem Inlandsabsatz weiter ihre Anlagen auslasten und die Produktionskosten niedrig halten zu können. Damit wurde der Binnenmarkt aber nicht, wie im Falle der Getreidewirtschaft, zum Refugium für rückständige Betriebe, sondern bildete eine ungefährdete Basis für die breite Exportoffensive des Kaiserreichs seit den neunziger Jahren.

Die Frage, ob die deutsche Wirtschaft bei freiem Wettbewerb auf dem Binnenmarkt ebenso schnell oder gar schneller gewachsen wäre, ist nicht zu beantworten; allenfalls läßt sich vermuten, daß der Produktionsgütersektor, der besonders hoch konzentriert und kartelliert war, eine weniger dominierende Stellung gegenüber dem Verbrauchsgütersektor eingenommen hätte. In den Krieg ging das Kaiserreich mit einer hochentwickelten effizienten Industrie, deren Stärken in der Metallverarbeitung und der Chemie lagen und einer kränkelnden Landwirtschaft, die es seit den achtziger Jahren versäumt hatte, die Bodennutzung weiter zu intensivieren und trotz der großen Flächen nicht mehr in der Lage war, die Bevölkerung des Landes zu ernähren.

Die Zeit der Weltkriege 1914–1947

Politische Instabilität und Wirtschaft

Wie aus der eingangs vorgestellten Graphik des Wachstumspfades der deutschen Wirtschaft zu ersehen war (vgl. S. 299), fiel die Zeit der Weltkriege völlig aus dem Rahmen des zwar unterschiedlich schnellen, aber doch kontinuierlichen Wachstums. Die katastrophale Instabilität des politischen Systems, die zu zwei Kriegen und dem Zusammenbruch der ersten parlamentarischen Demokratie geführt hatte, spiegelte sich in der erratischen Entwicklung des Sozialprodukts wider. Wenn die Werte für die Kriegsjahre und die unmittelbare Nachkriegszeit im Kurvenverlauf überhaupt nicht verzeichnet sind, so hat das seinen Grund darin, daß in dieser Zeit eine Bemessung der wirtschaftlichen Leistung in Geldwert – die Grundlage jeder gesamtwirtschaftlichen Rechnung – zu keinem sinnvollen Ergebnis führt.

Kriegskosten

Zwar gibt es Berechnungen, wonach der Erste Weltkrieg in Deutschland etwa 100 Milliarden Mark in Preisen von 1913 gekostet haben soll, was dem doppelten Volkseinkommen des letzten Friedensjahres entsprochen hätte, doch hilft dies selbst bei der Betrachtung der im engeren Sinne wirtschaftlichen Kriegsfolgen nicht weiter. Zu den Kriegskosten zählten eben nicht nur die materiellen und personellen Aufwendungen und Zerstörungen des Militärs, sondern auch der Investitionsausfall in nicht kriegswichtigen Bereichen sowie alle kurz- und langfristigen Folgelasten, die sich meist einer Bemessung in Geldwerten entziehen und selbst dort, wo es um rein materielle Schäden geht, nur auf der Grundlage gewagter Hypothesen abzuschätzen sind. Wie die wirtschaftliche Entwicklung Deutschlands ohne Kriege verlaufen wäre, weiß niemand; wohl aber ist bekannt, was die Kriege anrichteten und welche national- und weltwirtschaftlichen Strukturveränderungen durch sie vorangetrieben, verstärkt und ausgelöst wurden.

Während nach der totalen Niederlage im Zweiten Weltkrieg die Anpassung an diese Strukturveränderungen offenbar blendend gelang, wie die anhaltend hohen Wachstumsraten der fünfziger und sechziger Jahre zeigen, wurde durch die Unfähigkeit Deutschlands, mit den wirtschaftlichen Folgen des Ersten Weltkrieges fertig zu werden, das ohnehin labile politische System der Weimarer Republik überfordert. Die politischen Auseinandersetzungen um die Bewältigung der wirtschaftlichen Folgen des Ersten Weltkrieges gingen fast nahtlos in die erneute Kriegsvorbereitung für den Zweiten Weltkrieg über und wurden zum Teil nur durch sie »gelöst«. Beide Weltkriege waren auf diese Art ökonomisch eng miteinander verzahnt und werden deshalb hier in einer Epoche zusammengefaßt.

Da der innere wie äußere Friede politisch nicht durchgesetzt werden konnte, fehlte auch in den meisten »Friedensjahren« eine ganz wesentliche Voraussetzung für dauerhafte Prosperität und wirtschaftliche Stabilität. Selbst die wenigen »guten« Jahre verdienten diese Bezeichnung nur im Vergleich zur niederschmetternden Normalität dieser dreieinhalb Jahrzehnte. Das reale Sozialprodukt je Einwohner, sofern es meßbar war, übertraf nur in den Jahren 1927–29 und 1935–39 den Wert von 1913, wobei in den dreißiger Jahren bereits ein erheblicher Teil dieses Zuwachses der erneuten Kriegsvorbereitung diente und nicht etwa die Realeinkommen der Arbeiter und Angestellten nachhaltig verbesserte. Den fortgeschriebenen Trend des Wirtschaftswachstums aus der Kaiserzeit erreichte erst wieder die Bundesrepublik zu Beginn der sechziger Jahre. Daraus ziehen einige Historiker den Schluß, daß erst zu diesem Zeitpunkt die wirtschaftlichen Rückschläge durch die beiden Weltkriege und ihre Folgen endgültig überwunden waren.

Kriegsproduktion

Beide Kriege begann das Reich in Erwartung eines kurzen Waffenganges, denn nur dafür war es militärisch und ökonomisch gerüstet. Dieses Kalkül ging jedoch in keinem Fall auf. Statt weniger entscheidender Schlachten, deren Materialbedarf aus den Vorräten und der laufenden Produktion bestritten werden konnte, entwickelten sich jahrelange Kriege, die letztlich durch die größeren wirtschaftlichen Ressourcen und die Fähigkeit, diese zu mobilisieren, entschieden wurden. Der Erfolg des gezielten Einsatzes aller in der Produktion verbliebenen Kräfte zur Versorgung der Armee bestimmte dabei die materiellen Voraussetzungen und Grenzen militärischer Operationen.

Beschäftigung im Ersten Weltkrieg

Das größte Hindernis bei der Erzielung einer möglichst großen Produktion war die Mobilisierung der Armee selbst. Durch die Einberufung von fast zwei Millionen Wehrpflichtigen im August und September 1914 wurde der Wirtschaft ein großer Teil ihrer leistungsfähigsten Arbeitskräfte entzogen. Zwar sank die Zahl der Beschäftigten in der Industrie zwischen 1913 und 1918 insgesamt bloß um 8%, doch wurde dies nur durch die vermehrte Einstellung von Frauen, Jugendlichen und Männern im Rentenalter sowie die Deportation und Zwangsverpflichtung ausländischer Arbeiter und Kriegsgefangener erreicht. Die Arbeitsproduktivität dieser in ihrer Zusammensetzung stark veränderten und mit zunehmender Kriegsdauer immer unmotivierteren Industriearbeiterschaft fiel begreiflicherweise deutlich zurück, so daß die Industrieproduktion am Ende des Krieges noch nicht einmal die Hälfte derer des letzten Friedensjahres betrug. Besonders betroffen von diesem Rückgang waren natürlich die nicht kriegswichtigen Konsumgüterindustrien, während die Unternehmen in Maschinenbau, Elektrotechnik und vor allem Chemie expandierten. Der chemischen Industrie kam dabei eine Schlüsselstellung zu, da ohne den erfolgreichen Aufbau der 1913 erstmals gelungenen Produktion von synthetischem Stickstoff das Heer vermutlich schon 1915 wegen Munitionsmangels hätte aufgeben müssen.

Organisation der Kriegsproduktion

Dank der reichen Kartell- und Verbandserfahrungen bereitete die Koordination der Unternehmen für die Kriegsproduktion keine großen Schwierigkeiten. Schon in den ersten Kriegstagen ergriff die Industrie selbst die Initiative zur Bewirtschaftung knapper Rohstoffe, für deren zentrale Erfassung und Verteilung in den Verkaufssyndikaten der Kartelle bereits erprobte Organisationsmodelle bereitstanden. Ernsthaftere Probleme warf hingegen der

Frauen in der Rüstungsindustrie (um 1915)

Mangel an Facharbeitern und die Lenkung des Arbeitsmarktes auf, besonders seitdem im Zuge des Hindenburg-Programmes von 1916 die zahlenmäßige Überlegenheit der Alliierten durch vermehrte Rüstungsproduktion kompensiert werden sollte. Die Einführung der allgemeinen Dienstpflicht für die männliche Bevölkerung bis zum 60. Lebensjahr und die gleichzeitige Rückstellung einer großen Zahl qualifizierter Arbeiter vom Waffendienst brachte allerdings nicht die erhoffte Entspannung auf dem Arbeitsmarkt. Der Mangel an Arbeitskräften blieb das größte Problem der Industrie. Fatal für die Kriegführung wurde dieser Notstand schließlich, als er sich mit dem zweiten Kernproblem der Kriegswirtschaft, der Lebensmittelknappheit, verband.

Landwirtschaft im Ersten Weltkrieg

Die Landwirtschaft litt mindestens ebenso unter chronischem Arbeitskräftemangel wie die Industrie. Der Ausweg einer forcierten Mechanisierung stand wegen des Fehlens freier Kapazitäten im Maschinen- und Fahrzeugbau, die für die Rüstungsproduktion benötigt wurden, nicht mehr offen. Überdies brauchte das Heer Pferde; bis zum Kriegsende ging dadurch ein Viertel des Bestandes in der Landwirtschaft verloren. Mangel herrschte auch beim Dünger. Nach dem Ausbleiben der Importe natürlicher Düngemittel waren die Betriebe dringend auf Ersatz angewiesen, um wenigstens eine minimale Lebensmittelversorgung aufrecht erhalten zu können. Der hierfür geeignete synthetische Stickstoff wurde jedoch vorwiegend für die Munitionsherstellung gebraucht und wegen der rückläufigen Stahlproduktion fiel auch weniger phosphorhaltiges Thomasmehl an. Die Steigerung der Kalidüngung konnte dafür keinen Ausgleich bringen, so daß sich die Hektarerträge bei Getreide etwa um ein Viertel und bei Kartoffeln um ein Fünftel verminderten. Da zugleich die Anbauflächen verkleinert werden mußten und die erheblichen Weizenimporte der Vorkriegszeit ausfielen, reduzierte sich die verfügbare Brotgetreidemenge in den Jahren 1916–1918 auf weniger als die Hälfte des Vorkriegsstandes. Die Verteilung dieser unzureichenden Nahrungsproduktion wurde überdies durch sehr ungeschickte Rationierungen und Preisregulierungen zusätzlich erschwert, so daß Hunger die unausweichliche Folge und Anlaß für Arbeitsniederlegungen und Straßendemonstrationen für »Brot und Frieden« war. Die deutsche Kriegswirtschaft hatte zu wenig Arbeiter, deren Familien sie zudem nicht ausreichend ernähren konnte. Spätestens seit Anfang 1917 war der Krieg ökonomisch nicht mehr durchzustehen und damit verloren.

Kriegsfinanzierung

Wenngleich eine sinnvolle Berechnung des Sozialproduktes im Kriege nicht möglich ist, so bereiteten die riesigen Geldausgaben des Staates zur Kriegsfinanzierung doch erhebliche Probleme, die bis weit in die Nachkriegszeit hinein die Normalisierung des Wirtschaftslebens unmöglich machten. Die Kriegsausgaben wurden nicht, was solide aber unpopulär gewesen wäre, durch eine entsprechend hohe Besteuerung der Einkommen und Vermögen, sondern vorwiegend mit geliehenem Geld und vermehrter Ausgabe von Banknoten gedeckt. Nach dem Kriege sollten diese Schulden, die sich schließlich auf über 150 Milliarden Mark beliefen, durch Kontributionen vom unterlegenen Gegner beglichen werden. Zu dieser Form der Kriegsfinanzierung nahmen auch die Alliierten Zuflucht und stellten bei Kriegsende an das besiegte Deutschland hohe Reparationsforderungen, die die Probleme der Liquidierung der Kriegsschulden zwar auch nicht lösten, aber für den Friedensprozeß eine schwere Hypothek darstellten.

Bei strenger Rationierung und Preiskontrollen bestand während des Krieges wenig Gefahr, daß die aufgeblähte Geldmenge, die gemessen an ihrem Nominalwert in keinem akzeptablen Verhältnis mehr zur stark geschrumpften Wirtschaftsleistung stand, durch eine offene Inflation entwertet und somit wieder in Relation zum Warenangebot gebracht würde. Nach Aufhebung der kriegswirtschaftlichen Kontrollen wurde dies jedoch unvermeidlich. Alle kriegführenden Staaten machten darum eine mehr oder weniger heftige Nachkriegsinflation durch. In Deutschland wuchs sie sich jedoch zur Hyperinflation aus, die mit der Entwertung der Mark auf nur noch ein Billionstel ihres Vorkriegswertes im Herbst 1923 zum Zusammenbruch der inländischen Geldwirtschaft und Auslöschung der Währung führte.

Gang der Inflation in Deutschland

Die Ausweitung der normalen Nachkriegsinflation zur Hyperinflation hatte ihre Hauptursache in den fortgesetzten großen Defiziten des Reichshaushaltes, der in den Jahren 1920–22 nur zu 40%, 1923 wegen des Ruhrkampfes sogar nur zu 19% gedeckt war. Andererseits erleichterte die großzügige Ausgabenpolitik des Staates die Eingliederung der sechs Millionen heimkehrenden Soldaten. Die Industrie konnte sich durch billige Kredite, die später in entwertetem Geld zurückgezahlt wurden, finanzieren. Die laufende Abwertung der Mark eröffnete ihr zudem gute Exportchancen, so daß es in Deutschland bis 1922 zu einer regelrechten Inflationskonjunktur mit Vollbeschäftigung kam, während z.B. in Großbritannien im Zuge der Währungsstabilisierung die Arbeitslosenquote gleichzeitig auf 20% stieg. Es ist unter diesen Umständen nicht verwunderlich, daß sich Staat, Unternehmer und Gewerkschaften von der Inflation zunächst einmal treiben ließen, ohne ernsthaft etwas dagegen zu unternehmen. Das Reich konnte sich dabei sogar durch das Drucken von Banknoten eines Teils seiner Reparationsverpflichtungen entledigen und gleichzeitig den rapiden Verfall der Währung als Indiz überzogener Forderungen der Alliierten ins Feld führen.

Diese Koalition der Untätigkeit wurde erst im Laufe des Jahres 1922 brüchig. Einerseits litten die Unternehmen immer mehr unter der Kalkulationsunsicherheit und den Kostensteigerungen auf dem Binnenmarkt. Andererseits verlor das Geld für den Verbraucher seine Funktion als Tausch- und Wertaufbewahrungsmittel. Die finanziellen Anforderungen an das Reich durch den Ruhrkampf seit Anfang 1923, die wieder nur mit der Notenpresse beantwortet werden konnten, brachten dann den endgültigen Kollaps der Währung und den Zusammenbruch der Wirtschaftstätigkeit. Für Reichsmark war nichts mehr zu kaufen. Im November 1923 mußte darum eine neue Währung – die Rentenmark – als Grundlage des wirtschaftlichen Neubeginns geschaffen werden.

Die Inflation 1919–1923

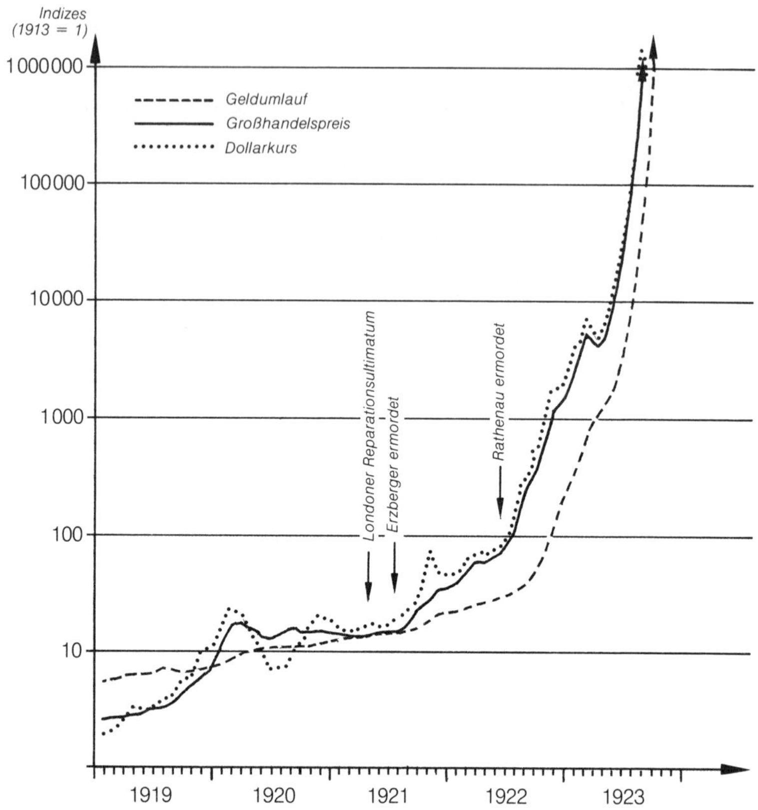

Stabilisierung und Stabilisierungskrisen

Deren Stabilität beruhte anfangs allein auf der Entschlossenheit der Reichsregierung zu einer äußerst restriktiven Geld- und Finanzpolitik; denn die offizielle Deckung durch eine Grundschuld von Industrie und Landwirtschaft war fiktiv und hätte nie eingelöst werden können. Eine vorläufige reale Deckung durch Gold und Devisen wurde 1924 durch die Unterstützung der Bank von England erreicht. Die endgültige Stabilisierung und das Vertrauen der ausländischen Kreditgeber brachte dann aber erst die Annahme des Dawes-Planes zur Regelung der Reparationsverpflichtungen. Der Dawes-Plan sah jährliche Zahlungen von zunächst einer und später zweieinhalb Milliarden Mark vor und erkannte ausdrücklich die Stabilität der neuen Währung und die wirtschaftliche Gesundung Deutschlands als entscheidende Voraussetzungen für seine Erfüllung an.

Diese wirtschaftliche Gesundung begann 1924 zunächst einmal mit der durch die Inflation hinausgeschobenen Stabilisierungskrise und einer Million Arbeitslosen, die jedoch nach den Schrecken der Hyperinflation und der akuten Not des Jahres 1923 nicht mehr als schwerer Rückschlag empfunden wurden, zumal die Arbeitslosigkeit bereits in der Endphase der Inflation rapide angestiegen war. Doch auch danach verbesserte sich die Beschäftigungssituation nicht grundsätzlich. Die Zahl der Arbeitslosen stieg vielmehr 1926 in einer zweiten Stabilisierungskrise weiter auf zwei Millionen und schließlich sogar auf drei Millionen im Winter 1928/29. Solche Zahlen waren im Kaiserreich nie registriert worden. Der Aufschwung erreichte also bei weitem nicht jeden, so daß der Staat weiter zum Ausgleich sozialer Härten finanziell gefordert blieb. Die Quote der Staatsausgaben fiel deshalb auch nicht wieder auf die 15 % der Vorkriegszeit zurück, sondern verharrte zwischen 1925 und 1928 bei etwa 25 %. Das größere Engagement des Staates im

Wirtschaftsprozeß war ein bleibendes Resultat des Krieges und seiner sozialen Folgen. Der Verantwortung für ein Mindestmaß materieller Sicherheit konnte sich fortan keine Regierung mehr entziehen.

Trotz des hohen Sockels der Arbeitslosigkeit stieg der Index der Industrieproduktion, abgesehen von einem leichten Rückschlag während der zweiten Stabilisierungskrise von 1926, zwischen der Währungsreform und 1928/29 auf das Doppelte und übertraf dabei erstmals geringfügig die Werte der Vorkriegszeit. Für die vermehrte Produktion wurden also nicht entsprechend mehr Arbeitskräfte benötigt. Der internationale Konkurrenzdruck machte sich bei stabiler Währung sehr viel stärker bemerkbar. Die Unternehmen konnten nicht mehr wie zu Zeiten der galoppierenden Inflation steigende Kosten einfach auf die Preise überwälzen. Statt dessen mußten nun in den Betrieben die menschliche Arbeitskraft und das investierte Kapital möglichst intensiv genutzt werden, um auf den Märkten bestehen und Gewinne erwirtschaften zu können.

Rationalisierungsmaßnahmen

Rationalisierung wurde zum beherrschenden Thema der betriebswirtschaftlichen und ingenieurwissenschaftlichen Debatten, die die kurz nach der Jahrhundertwende begonnene, durch Kriegswirtschaft und Inflation unterbrochene Systematisierung produktionstechnischen und produktionsorganisatorischen Wissens nun mit großer Energie ins Zentrum der betrieblichen Strategien stellten. Die Ineffizienz vieler Bereiche der kriegswirtschaftlichen Produktion sowie die Gleichgültigkeit und Verschwendung während der Inflation hatten hier einen großen Nachholbedarf entstehen lassen, während die Fortschritte gegenüber dem 1913 in vielen Unternehmen schon erreichten Stand nicht so auffällig sind. Die Vorbilder dieser Rationalisierungsbewegung kamen erstmals nicht aus England, sondern aus den Vereinigten Staaten. In der amerikanischen Massenproduktion standardisierter Produkte wurde auch die industrielle Zukunft Deutschlands gesehen, und es galt, die beiden grundlegenden Konzeptionen »Taylorismus« und »Fordismus« möglichst schnell über den Atlantik zu holen.

Taylorismus und Fordismus

Taylorismus, benannt nach dem amerikanischen Ingenieur Frederick Winslow Taylor, stand dabei für die Gestaltung einzelner Arbeitsplätze und die Einführung hochdifferenzierter Akkordlohnsysteme auf der Grundlage eingehender Zeit- und Bewegungsstudien. Das Ziel war die maximale Nutzung der individuellen Arbeitskraft. Fordismus, nach dem Automobilindustriellen Henry Ford, hatte hingegen, ausgehend von Montageprozessen, in erster Linie die Fließfertigung, das bestmögliche Zusammenwirken aller einzelnen Betriebsoperationen bei stark arbeitsteiliger Produktion zum Gegenstand. Unabhängig davon waren in Deutschland Koppelproduktion und Verbundwirtschaft, die auf die möglichst restlose Verwertung von Nebenprodukten und Abwärme bei stoffumwandelnden Großprozessen zielten, in der Schwerindustrie und der chemischen Industrie schon seit dem späten 19. Jahrhundert zu einem besonders hohen Standard entwickelt worden. Sichtbarste institutionelle Ergebnisse dieser Bemühungen waren die Gründung des Reichs-Kuratoriums für Wirtschaftlichkeit 1921 (RKW, 1947 neugegründet als Rationalisierungs-Kuratorium der Deutschen Wirtschaft), des Reichsausschusses für Arbeitszeitermittlung 1924 (REFA, seit 1948 Verband für Arbeitsstudien REFA e.V.) und die Erarbeitung der Deutschen Industrie Normen (DIN) seit den zwanziger Jahren.

In den Industriebetrieben zeigten sich Erfolge vor allem bei der Metallverarbeitung und der Montage, in denen Taylor und Ford ihre Methoden und Grundsätze entwickelt hatten. Dort stieg die Produktion je Arbeitsstunde zwischen 1926 und 1930 um 25%. An zweiter Stelle folgte mit einigem Abstand der Bergbau, wo dank des steigenden Anteils mechanisch geförderter Kohle, der bereits zwischen 1913 und 1925 von 2% auf 48% gestiegen war und 1929 schließlich 91% ausmachte, die Arbeitsproduktivität um 18% zunahm. Die Industrie insgesamt verzeichnete durchschnittlich 17% im gleichen Zeitraum.

Industrielle Konzentration und Kartellierung

Zu diesen unmittelbar produktionsorientierten Konzepten trat die ausgeprägte Kartell- und Konzentrationstradition der deutschen Wirtschaft, die durch die Zwangskartellierung im Weltkrieg noch erheblich verstärkt worden war. Rationalisierung sollte danach nicht auf einzelne Unternehmen beschränkt bleiben, sondern so weit wie möglich auf ganze Branchen ausgedehnt werden, indem sich die einzelnen Unternehmen auf wenige, nach Möglichkeit genormte Güter beschränkten, die sie dann in großer Stückzahl kostengünstig herstellen konnten. Um aus dieser weitgetriebenen Spezialisierung keine zusätzlichen Gefahren für den Bestand der Firmen entstehen zu lassen, mußten bindende Kooperationsabkommen geschlossen werden, die bis zur Fusion reichen konnten. Herausragende Beispiele dieser Entwicklung waren die Bildung der IG Farben AG durch die »kleine IG« und die »Hoechst-Casella-Gruppe« im November 1925 sowie der Vereinigten Stahlwerke, in denen nach dem erklärten Vorbild der chemischen Industrie wenige Monate später 47% der deutschen Stahlerzeugung zusammengefaßt wurden. Der öffentlich vielbeklagte Verlust der lothringischen und eines Teils der oberschlesischen Schwerindustrie durch die Bestimmungen des Versailler Vertrags wirkte sich ebenfalls positiv auf die Auslastung und damit die Produktionskosten der im Reich verbliebenen Unternehmen aus, die auch schon vor dem Ersten Weltkrieg das reiche schwedische Erz der lothringischen Minette nach Möglichkeit vorgezogen hatten.

Zunehmende Konzentration und Kartellierung, gestützt und gefördert vom Staat, waren in der Zwischenkriegszeit über diese Beispiele hinaus hervorstechende Charakteristika der deutschen Industrie, insbesondere der Grundstoff- und Investitionsgüterbranchen. Sie wirkten als Kontinuitäten vom Kaiserreich bis zum Ende des Zweiten Weltkriegs fort. Die Zwangskartellierung der deutschen Wirtschaft unter dem Nationalsozialismus war dann nur noch die äußerste Zuspitzung einer von der Industrie selbst vorangetriebenen Entwicklung.

Noch bevor die Erholung und Stabilisierung der Wirtschaft nach der Währungsreform wieder zur Ausnutzung aller produktiven Ressourcen und insbesondere zur Vollbeschäftigung geführt hatte, brach sie erneut zusammen. Das Sozialprodukt je Einwohner stagnierte im Jahr 1929 und fiel in den folgenden drei Jahren real um 17% zurück. Da gleichzeitig Preise und Löhne sanken, stellte sich der Rückgang für die Zeitgenossen noch drastischer dar. In laufenden Preisen ausgedrückt wurde in Deutschland 1932 gerade noch 64% der Wirtschaftsleistung von 1929 erbracht. Dies war seit Beginn der Industrialisierung die schärfste Rezession. Sie wirkte weltweit und traf sowohl die Agrar- wie auch die Industriemärkte.

Deutschland in der Weltwirtschaftskrise

Überraschend kam diese Rezession nicht. Sie wurde nach dem Aufschwung der späten zwanziger Jahre im Zuge des vertrauten Konjunkturzyklus allgemein erwartet. Zum Desaster entwickelte sie sich jedoch erst, nachdem es im Frühjahr 1931 sogar schon hoffnungsvolle Anzeichen einer baldigen Erholung gegeben hatte, als das deutsche Bankensystem im Sommer durch den Abzug kurzfristiger ausländischer Kredite zahlungsunfähig wurde. Hinter diesem plötzlichen Rückruf vornehmlich amerikanischer Gelder, die seit der Währungsstabilisierung und der Annahme des Dawes-Plans ganz entscheidend zur Finanzierung des Aufschwungs beigetragen hatten, lagen zwei Ursachen, die einander verstärkten. Zum einen wurden wegen der amerikanischen Kreditkrise nach dem »Schwarzen Freitag«, dem Börsenkrach an der Wall Street im Oktober 1929, freiwerdende Mittel in den USA selbst dringend gebraucht. Zum anderen war das internationale Vertrauen in

Zahlungsunfähige Bank, Juli 1931

Deutsche Politik und Finanzkrise

die Zahlungsmoral Deutschlands nach den Wahlerfolgen der NSDAP im September 1930, vor allem aber der zum damaligen Zeitpunkt besonders törichten Erklärung der Reichsregierung vom 6. Juni 1931, wonach die Zahlungen aufgrund der im Youngplan von 1929 weiter verminderten Reparationsverpflichtungen nicht länger zu leisten seien, drastisch gesunken. Der postwendend einsetzende Sturm der Gläubiger kostete die Reichsbank in nur elf Tagen über die Hälfte ihrer Gold- und Devisenreserven. Allerdings hätten sich die amerikanischen Gelder wegen der anhaltenden Liquiditätsschwierigkeiten in den USA ohnehin nicht langfristig halten lassen. Die enge Verknüpfung des deutschen und amerikanischen Kapitalmarktes während der Stabilisierungsphase wirkte nun, bei einer amerikanischen Finanzkrise, verhängnisvoll auf Deutschland zurück.

Bankenkrise 1931

Die Geschäftsbanken, die in der Inflation ihre Eigenkapitalbasis verloren hatten und deren Einlagen 1929 zu 38% aus ausländischen Quellen stammten, waren diesem Ansturm nicht mehr gewachsen. Sie mußten am 13. Juli, nach dem Bankrott der Darmstädter- und Nationalbank, von der Regierung geschlossen werden und eröffneten erst wieder nach der Blockierung der Auslandskredite. Im Zuge der nun notwendigen Sanierung der größten Banken durch die Regierung wurde das Reich für einige Jahre zu deren Mehrheitsaktionär. Ähnliche Rettungsaktionen durch vorübergehende Verstaatlichung gab es bei den Vereinigten Stahlwerken, im Kohlebergbau, der Textilindustrie und einigen Binnen- und Seeschiffahrtsgesellschaften. Den völligen Zusammenbruch ganzer Wirtschaftsbranchen hatte die Reichsregierung damit zwar verhindern können, nicht aber den drastischen Rückgang der Produktion und das Emporschnellen der Arbeitslosenzahlen.

Im Winter 1931/32 wurde der absolute Tiefpunkt der Krise erreicht: Nur noch 40% der industriellen Arbeitsplatzkapazität waren ausgelastet und über sechs Millionen Menschen fanden keine Arbeitsstelle. Zugleich hatte sich auch die Ertragskrise der Landwirtschaft, die trotz Protektionismus seit 1925 unter dem internationalen Preisverfall litt, verschärft.

Kontroverse um die Konjunkturpolitik

Es ist eine der meistumstrittenen Fragen in der deutschen Wirtschaftsgeschichte, ob ein durch hohe Staatsverschuldung finanziertes massives Konjunkturprogramm, das letztlich ab 1933 die wirtschaftliche Erholung brachte, schon 1931 anstelle der rigorosen, zwar der wirtschaftspolitischen Orthodoxie der Zeit entsprechenden, aber im Ergebnis krisenverschärfenden

Sparpolitik der Reichsregierung durchsetzbar gewesen wäre. Das Inflationstrauma und die ganz unverhältnismäßige Fixierung der Regierung Brüning auf die Streichung der Reparationsschuld standen dem ebenso entgegen wie die mangelnde Erfahrung der Zeitgenossen mit dem erforderlichen konjunkturpolitischen Instrumentarium. Es war sicher eines der größten politischen Verhängnisse, daß, nachdem es unter den kurzlebigen Regierungen von Papens und Schleichers bereits zu einem wirtschaftspolitischen Umdenken gekommen war, es den Nationalsozialisten vorbehalten blieb, die Wirksamkeit einer expansiven staatlichen Ausgabenpolitik im denkbar günstigsten Moment für ein solches Unternehmen demonstrieren zu können. Der durchschlagende beschäftigungspolitische Erfolg dieser Maßnahme trug schließlich ganz entscheidend zur Stabilisierung ihrer Herrschaft bei.

Günstige Ausgangslage für Kabinett Hitler

Bereits seit dem Spätsommer 1932 zeigten wichtige Indikatoren, daß der Tiefpunkt der Krise durchschritten war und sich die Wirtschaftstätigkeit allmählich wieder belebte; zudem bestanden die Alliierten nun nicht länger auf den Reparationszahlungen. Die Regierung Hitler begann also unter sehr viel besseren Voraussetzungen als die vorangegangenen Präsidialkabinette. Sie verstand es allerdings auch schon nach einer kurzen Anlaufzeit, die eigenständige ungesteuerte Erholung der deutschen Wirtschaft in einen kraftvollen Aufschwung zu verwandeln, für den erstmals der Ausdruck »Wirtschaftswunder« geprägt wurde.

Grundstock und Auftakt der nationalsozialistischen Konjunkturpolitik war der nach dem Staatssekretär im Finanzministerium benannte »Reinhardt-Plan«, wonach staatlich finanzierte Arbeitsbeschaffungsmaßnahmen mit einem Gesamtvolumen von einer Milliarde Mark und umfangreiche Steuererleichterungen für die Industrie beschlossen wurden. Die Wiederernennung des hochangesehenen Architekten der Währungsreform, Hjalmar Schacht, zum Reichsbankpräsidenten (1924–29 und 1933–39), der ein Jahr später noch die Berufung zum Wirtschaftsminister folgte, brachte parallel dazu die Abkehr von der äußerst restriktiven Kreditpolitik des Kabinetts Brüning.

In der Agrarpolitik wurde umgehend ein Vollstreckungsschutz für landwirtschaftliche Güter erlassen, der schließlich in eine Entschuldung der Bauern zu Lasten der Kreditgeber mündete. Zugleich wurde die völlige Abschottung von den Preisbewegungen des Weltagrarmarkts vollzogen und ein Getreidesubventionsprogramm verabschiedet. Dies kam vor allem den seit dem Kaiserreich strukturschwachen und subventionsgewohnten ostdeutschen Gütern zugute. Da in der Folge die Lebensmittelpreise bei einem ansonsten recht gut durchgesetzten allgemeinen Lohn- und Preisstopp stiegen, verbesserte sich die finanzielle Lage der meisten landwirtschaftlichen Betriebe grundlegend. Der Modernisierungsdruck war ihnen wegen ihres politischen Gewichts abermals durch Subventionen und extensiven Protektionismus genommen worden.

Öffentliche Konjunkturprogramme

Von sehr viel größerer gesamtwirtschaftlicher Bedeutung waren allerdings die öffentlichen Konjunkturprogramme, deren Gesamtausgaben sich in den Jahren 1933 bis 1936 auf über fünf Milliarden Mark summierten. Die dabei praktizierte Kombination von direkten Staatsaufträgen und Steuererleichterungen für die Privatindustrie erwies sich als äußerst wirksam. Bereits 1937 herrschte wieder Vollbeschäftigung und das reale Sozialprodukt je Einwohner lag um ein Fünftel über dem vorherigen Höchststand von 1928. Die staatlichen Förderungsmittel der Jahre 1933 und 1934 wurden dabei ganz überwiegend für sehr beschäftigungswirksame zivile Bauvorhaben wie Erstellung und Sanierung von Wohnraum, Verbesserung der kommunalen und landwirtschaftlichen Infrastruktur und, seit 1934, den Autobahnbau eingesetzt.

Da die zusätzliche öffentlich finanzierte Nachfrage zeitgleich mit der normalen konjunkturellen Erholung zusammenfiel und diese verstärkend überlagerte, erholten sich auch die nur indirekt geförderten Branchen sehr rasch. Dies galt in erster Linie für den in der Krise besonders stark geschrumpften Absatz der Produktionsgüterindustrie. Der allgemein verfügte Lohnstopp half dabei in erheblichem Maße, die Gewinne der Unternehmen und damit das Investitionsklima zu verbessern. Tatsächlich stiegen trotz allmählicher Erschöpfung des Arbeitsmarktes, insbesondere für bestimmte Facharbeiterkategorien, die durchschnittlichen Nominallöhne bis 1936 kaum, während die Realeinkommen und damit der materielle Lebensstandard aufgrund der verlängerten Wochenarbeitszeiten leicht zunahmen. Angesichts der dramatisch verbesserten Arbeitsplatzsicherheit stieß diese ungleiche Einkommensverteilung im Aufschwung jedoch kaum auf nennenswerten Widerstand, zumal die Gewerkschaften politisch ausgeschaltet waren.

Rüstungsausgaben

Die Rüstungsausgaben hatten seit 1933 zwar ebenfalls stark steigende Tendenz, standen im Volumen zunächst jedoch noch hinter den zivilien oder nicht eindeutig militärischen Aufwendungen, wie z.B. dem Autobahnbau, zurück. Nach einer ersten außerplanmäßigen Zuwendung von 600 Millionen Mark unmittelbar nach der nationalsozialistischen Machtergreifung, aus einem noch von der Regierung Schleicher stammenden und aufgestockten Sofortprogramm zur Arbeitsbeschaffung, war die Reichswehr nach eigenem Bekunden vorerst nicht in der Lage, zusätzliche Summen zu verbrauchen. Erst allmählich stieg der Anteil des Militärs an den öffentlichen Gesamtausgaben von 4% im Jahr 1933 über 39% 1936 bis schließlich auf 50% im letzten Friedensjahr 1938. Die staatlich finanzierte Baukonjunktur wurde somit von einer Rüstungskonjunktur zunächst überlagert und dann abgelöst. Der entscheidende Wendepunkt hierfür lag im Jahr 1936, in dem die Prioritäten der Wirtschaftspolitik endgültig mit dem Ziel einer möglichst baldigen Kriegsfähigkeit Deutschlands neu definiert wurden.

Bis 1936 konnten private Investitionen und Aufrüstung bei straffen Einfuhrkontrollen und staatlichen Devisenzuteilungen, die als Notbehelf durchaus akzeptiert waren, noch nebeneinander betrieben werden, ohne sich gegenseitig allzusehr zu behindern. Mit zunehmender Wirtschaftstätigkeit stieg jedoch auch wieder der Bedarf an Importgütern, vor allem an Rohstoffen und Lebensmitteln, die mit Exporten zu bezahlen waren. Trotz stagnierenden Welthandels konnten diese Exporte zwischen 1934 und 1936 um nahezu ein Fünftel gesteigert werden. Das Instrument hierzu, Schachts »Neuer Plan« von 1934, war die Bilateralisierung der Handelsbeziehungen und deren Neuorientierung von Westeuropa und Nordamerika auf Südosteuropa und Südamerika.

Doch schon 1936 zeichnete sich eine erneute Devisenkrise ab. Der Bedarf an Lebensmittelimporten zur Aufrechterhaltung des gestiegenen Lebensstandards einerseits und Rohstoffimporten für Industrie und Rüstung andererseits ließen sich nicht mehr in vollem Umfange aus den Exporterlösen finanzieren. Da die sehr unpopuläre Einschränkung der Lebensmittelversorgung nicht riskiert werden sollte und eine Drosselung des Rüstungstempos von der NS-Führung nicht akzeptiert wurde, konnte die akute Krise nur durch den einmaligen Verkauf ausländischer Wertpapiere, deutscher Beteiligungen im Ausland und die forcierte Eintreibung von Außenständen überwunden werden.

Vierjahresplan

Die langfristige Lösung der Versorgungsprobleme sollte dagegen ohne Rücksicht auf die wirtschaftlichen und sozialen Kosten eine möglichst weitgehende Autarkie des Reiches durch die gesteigerte Eigenversorgung mit Rohstoffen bringen. Dahinter stand erklärtermaßen jedoch nicht nur der Wunsch, die chronischen Devisenprobleme zu überwinden, sondern die deutsche Wirtschaft im Rahmen eines Vierjahresplanes auf einen totalen

Die Reichswerke-Gemeinden sollten unter der Bezeichnung »Hermann-Göring-Stadt« zusammengeschlossen werden und einen repräsentativen Mittelpunkt erhalten

Der Vierjahresplan

ZEITSCHRIFT FÜR NATIONALSOZIALISTISCHE WIRTSCHAFTSPOLITIK MIT DEN AMTLICHEN MITTEILUNGEN DES BEAUFTRAGTEN FÜR DEN VIERJAHRESPLAN MINISTERPRÄSIDENT REICHSMARSCHALL GÖRING

HERAUSGEBER: DR. ERICH GRITZBACH / HAUPTSCHRIFTLEITER: DR. KURT PETERSEN

INHALT: Reichswerke „Hermann Göring" S. 1026 / Dr. Friedrich Dorn, Reichsbeauftragter der Reichsstelle für Papier und Verpackungswesen sowie der Prüfungsstelle Papierindustrie: Die Zellstoff- und Papierwirtschaft in und nach dem Kriege S. 1033 / Dr. Ing. Max Mengeringhausen: Praktische Ergebnisse der Werkstoffumstellung in der Haustechnik S. 1036 / Wirtschaftlicher Vertrieb als Aufgabe S. 1040 / Rationalisierung im Wohnungsbau S. 1042 / Sozialer Aufbau in Lothringen S. 1044 / Sowjetunion. Neue Maßnahmen zur Steigerung der industriellen Leistungen S. 1046 / Neue Phase in den sowjetrussisch-nordischen Wirtschaftsbeziehungen S. 1047 / Jugoslawien. Neue Phase der Wirtschaftsentwicklung S. 1049 / Markt- und Börsenberichte S. 1050 / Glas- und keramische Industrie 1939 S. 1052 / Amtliche Mitteilungen S. 1054

FOLGE 23 BERLIN, DEZEMBER 1940 4. JAHRGANG

Die Volkshalle am Hauptplatz der künftigen Hermann-Göring-Stadt

Krieg vorzubereiten, in dem sie, nach den Erfahrungen des Ersten Weltkrieges, nicht auf Rohstofflieferungen aus dem Ausland rechnen konnte. Diese Entscheidung bedeutete zugleich das Ende der Ära Schacht, der weiter auf die Integration Deutschlands in die Weltwirtschaft und eine vorübergehende Drosselung der Rüstung drängte. An seiner Stelle übernahm Hermann Göring als Wirtschaftsdiktator und Beauftragter für den Vierjahresplan die Leitung der Wirtschaftspolitik.

Mit der Verabschiedung des Vierjahresplanes, der einschließlich seiner Verlängerung im Kriege bis 1942 die Hälfte aller industriellen Investitionen lenkte, wurde die kostengünstige Rohstoffversorgung der deutschen Industrie im internationalen Handelsaustausch endgültig aufgegeben und durch den Aufbau einer kreditfinanzierten und (zwangs-)arbeitsintensiven autarken »Wehrwirtschaft« ersetzt. Der Schwerpunkt der Planungen lag im Bereich der Rohstoffversorgung und dort bei der synthetischen Herstellung der bisher ganz überwiegend importierten Grundsubstanzen Mineralöl und Kautschuk, für deren großindustrielle Herstellung die IG-Farben annähernd die Hälfte aller im Vierjahresplan zugeteilten Investitionsmittel von insgesamt 13,25 Milliarden Mark erhielt. Die chemische Industrie, die wegen ihrer starken weltwirtschaftlichen Verflechtungen den autarkiepolitischen Vorstellungen der Nationalsozialisten anfangs sehr reserviert gegenüberstand, wurde damit zum Grundpfeiler des Vierjahresplans und zog aus ihm die größten unmittelbaren Vorteile.

Weniger harmonisch geriet dagegen die Zusammenarbeit Görings mit der Schwerindustrie, obwohl gerade deren Vertreter sich von der nationalsozialistischen Regierung eine wesentliche Stärkung ihrer Position erwartet hatten. Bis zur Verabschiedung des Vierjahresplanes wurden diese Hoffnungen dank der Baukonjunktur und der expandierenden Rüstungsaufträge noch in hohem Maße erfüllt. Der zunehmende Druck, statt der hochwertigen importierten Erze, meist aus Schweden, die armen einheimischen Erze Württembergs und Mitteldeutschlands zu verwenden, führte dann jedoch zu andauernden Konflikten. Die Eisenindustriellen des Ruhrgebietes lehnten die Verarbeitung der »Blumenerde« aus Kosten- und Qualitätsgründen ab und verzögerten das Autarkieprogramm in diesem Bereich nach Kräften. Göring befahl zu dessen Durchsetzung deshalb schließlich den Aufbau eines staatseigenen Stahlkonzerns, der Hermann-Göring-Werke bei Salzgitter, die allein bis Ende 1941 85 % der Reichsdarlehen für den Vierjahresplan verzehrten.

Damit war zugleich unmißverständlich klargestellt worden, daß die Kooperation des Regimes mit der Privatwirtschaft auch in zunächst privilegierten Branchen deren bedingungslose Unterordnung unter die kriegsvorbereitende Planung voraussetzte und daneben keine eigenständige Beschaffungs- und Investitionspolitik geduldet wurde. Die Stahlversorgung des Reiches erfuhr durch das gigantische Projekt in Salzgitter freilich keine Verbesserung. Sein jahrelanger Bau verschlang riesige Stahlmengen, die andernorts fehlten, ohne daß dort bis 1945 auch nur eine Tonne Stahl produziert worden wäre und das in einem Rumpfbetrieb im Kriege produzierte Roheisen schließlich teurer kam als im Westen.

Rüstungsfinanzierung

Ebenso wie die Industriepolitik hatte auch die Finanzierung der Aufrüstung bereits eindeutig kriegswirtschaftlichen Charakter. Die Defizitfinanzierung der Arbeitsbeschaffungsprogramme ging nahtlos in die Defizitfinanzierung der Aufrüstung über, die in der Zeit des Vierjahresplanes noch gesteigert wurde, so daß 1939 schließlich ein Fünftel aller Staatsausgaben kreditfinanziert waren. Da die Geldmenge dabei sehr viel schneller als die verfügbare Gütermenge wuchs, hatte sich schon spätestens seit 1937 ein großes Inflationspotential angestaut, das nur durch rigorose staatliche Preisadministration in Schranken gehalten werden konnte. Damit standen alle wesentlichen Instrumente der Kriegsfinanzierung bei Kriegsbeginn schon in Gebrauch.

Die wirtschaftlichen Kriegsvorbereitungen hatten 1939 einen viel höheren Grad erreicht als 1914, so daß, begünstigt durch die Kürze der Feldzüge, bis Anfang 1942 anders als bei den Alliierten keine drastische Umstellung von Produktion und Verteilung notwendig wurde. Da die Rüstungsindustrie kaum schwerwiegende Kapazitätsprobleme hatte, ja deren Produktion in Erwartung schneller Siege zwischenzeitlich sogar wieder gedrosselt wurde, konnte vorerst auch die Konsumgüterproduktion in sehr viel größerem Umfange als im Ersten Weltkrieg aufrecht erhalten werden. Trotz einiger Rationierungen bei Lebensmitteln und Textilien mußte die Zivilbevölkerung in den ersten Kriegsjahren keine wesentlichen Einschränkungen ihres Lebensstandards hinnehmen.

Kriegswirtschaft

Das Jahr 1942 brachte dann jedoch mit der militärischen Wende auch die Notwendigkeit zur Intensivierung der Rüstungsproduktion unter dem neuen Ressortminister Albert Speer und dem »Generalbevollmächtigten für den

Arbeitseinsatz« Fritz Sauckel. Erst jetzt wurde die Konsumgüterproduktion nachhaltig gedrosselt und die rationelle Nutzung des industriellen Potentials zur Versorgung der Wehrmacht zielstrebig in Angriff genommen. Die große Typenvielfalt des Kriegsgeräts wurde drastisch reduziert und die verbliebenen Modelle für die Massenfertigung in besonders leistungsfähigen Großbetrieben vereinfacht. Sauckels Organisation gelang es, den immer größeren Ausfall männlicher Arbeitskräfte durch vermehrten Einsatz von meist zwangsrekrutierten Ausländern und Kriegsgefangenen wenigstens zahlenmäßig auszugleichen, ohne in größerem Umfang auf ideologisch unerwünschte Frauenarbeit zurückgreifen zu müssen. Zudem wurden die Konzentrationslager verstärkt in die Kriegswirtschaft einbezogen und zu großen Produktionsstätten ausgebaut.

Organisation der Wirtschaft

In den Lenkungsausschüssen der Wirtschaft saßen jetzt führende Industrielle, die in ihren Planungen sehr viel erfolgreicher als Parteigrößen und Ministerialbürokraten waren. Insgesamt stieg der Anteil der Rüstungsgüter an der industriellen Nettoproduktion dadurch zwischen 1941 und 1944, vor allem zu Lasten der Bautätigkeit und der Verbrauchsgüter, von 16% auf 40%. Der Umwidmung ziviler Fertigungskapazitäten für die Rüstungswirtschaft kam dabei eine Besonderheit der Rationalisierung in Deutschland während der zwanziger und dreißiger Jahre zugute. Anders als ihr amerikanisches Vorbild hatte die deutsche Industrie nicht so stark in Spezialmaschinen investiert, sondern hochwertige Universalmaschinen bevorzugt, deren Einsatz zwar mehr qualifizierte Facharbeiter verlangte, die dafür aber auch größere Spielräume bei der Gestaltung der Produktionspalette eröffneten. Genau diese Spielräume ermöglichten es nun Speer und den Lenkungsausschüssen, die Produktionskapazitäten für kriegswichtige Güter kurzfristig ausdehnen zu können.

Neben umfangreichen Lieferungen der neutralen Länder, an denen bis Juni 1941 auch die Sowjetunion in hohem Maß beteiligt war, trug die systematische Ausplünderung der besetzten Gebiete entscheidend zur Rohstoffversorgung bei. Trotz der massiven Investitionen im Rahmen des Vierjahresplanes war Deutschlands Abhängigkeit von Importen bis Kriegsbeginn nicht wesentlich verringert worden. Die völlige Autarkie konnte selbst drei Jahre später auf dem Höhepunkt der territorialen Ausdehnung des deutschen Herrschaftsbereichs nicht verwirklicht werden.

Als im Frühjahr 1944 die ukrainischen und rumänischen Ölquellen wieder verloren gingen, verschärfte sich die Versorgungssituation der Wehrmacht an einem entscheidenden Engpaß, da die Hydrierwerke für synthetischen Treibstoff zu diesem Zeitpunkt wegen schwerer Bombardierungen nicht mehr in der Lage waren, den laufenden Bedarf zu stillen. Darunter litt die fruchtlose Ardennenoffensive des Heeres ebenso wie der vergebliche Versuch, den russischen Einmarsch in Schlesien aufzuhalten. Schließlich ließ sich auch keine wirksame Luftabwehr gegen die alliierten Bomberflotten mehr aufrecht erhalten, die neben den militärisch wenig wirkungsvollen Städteangriffen der Kriegswirtschaft nun mit der gezielten Zerstörung wichtiger Grundstoffindustrien und der Verkehrsnetze endgültig das Rückgrat brachen. Doch schon mit den Niederlagen gegen die Rote Armee und dem Kriegseintritt der USA um die Jahreswende 1941/42 hatte der Material- und Abnutzungskrieg begonnen, dem das ressourcenschwache Deutschland, wie ein Vierteljahrhundert zuvor, auf Dauer ökonomisch nicht gewachsen war. Daran konnte auch die gewaltige Steigerung der Rüstungsproduktion seit 1942 nichts mehr ändern. Sie wirkte nur noch kriegsverlängernd.

Kriegsende

Am Tage der Kapitulation waren in Deutschland etwa ein Viertel allen Wohnraums, die Hauptstränge des Verkehrssystems und viele Produktionsanlagen, die im Ruhrgebiet und in Südwestdeutschland in Reichweite der

Brücke bei Remagen, am 17. März 1945 zerstört

alliierten Bomberverbände gelegen hatten, zerstört. Die mitteldeutsche Industrie war dagegen vergleichsweise glimpflich davongekommen. Doch auch in den stark betroffenen Regionen zeigte sich bald, daß viele Schäden in den Fabriken relativ schnell wieder behoben werden konnten, so daß in der Industrie zu keinem Zeitpunkt Kapazitätsengpässe auftraten. Die Bombardierung der Verkehrsmittel wirkte dagegen auch über das Kriegsende hinaus sehr viel nachhaltiger. Die Zerstörung von über zwei Dritteln aller Eisenbahnbrücken, die über Wasserwege führten, machte sowohl den Schienen- wie den Flußtransport unmöglich. Der Rhein war auf seiner gesamten Länge nicht befahrbar.

Lage nach der Kapitulation

Es fehlte 1945/46 weder an Produktionsanlagen noch an Arbeitskräften für den Wiederaufbau, wohl aber an der Möglichkeit, Lebensmittel und Rohstoffe zu transportieren und an einer funktionierenden überregionalen Wirtschaftsverwaltung, die sich dieser Engpässe annahm und für Handel und Industrie kalkulierbare Verhältnisse schuf. Rationierungen, Schwarzmärkte und Tauschhandel waren deutliche Zeichen für den Zusammenbruch der organisatorischen Struktur der Wirtschaft. Strikte Preiskontrollen konnten zwar die offene Entladung des im Krieg angestauten Inflationspotentials verhindern; doch das Geld war ohnehin weitgehend funktionslos geworden, da sich der chronische Warenmangel mit ihm zumindest nicht legal beheben ließ. Selbst die Industrie mußte zunehmend auf den direkten Warentausch im sogenannten »kontrollierten Kompensationshandel« zurückgreifen, um ihre ohnehin geringe Produktion aufrecht erhalten zu können. Somit blieb auch die kapazitätsmindernde Wirkung der Demontagen gemessen am effektiv nutzbaren Produktivvermögen in der unmittelbaren Nachkriegszeit sehr beschränkt. Dies wird durch das bis Mitte 1947 schnellere Wachstum der industriellen Produktion in der sowjetischen Zone unterstrichen, obwohl dort die sogleich einsetzenden Belastungen durch Reparationen und Demontagen sehr viel größer als im Westen waren und Mitteldeutschland mehr Wirtschaftspotential entzogen, als durch die direkten Kriegszerstörungen dort verloren gegangen war. Allerdings hatten die

Sowjets, im Unterschied vor allem zu Amerikanern und Franzosen, die Wiederankurbelung der Wirtschaft in ihrer Besatzungszone sogleich entschieden betrieben und nie irgendeine Form von Entindustrialisierung ernsthaft erwogen.

Auf welch prekären ökonomischen Grundlagen das Leben im zerstörten Deutschland trotz zwischenzeitlicher Hoffnungsschimmer stand, zeigte der Winter 1946/47, der die Leistungsfähigkeit des immer noch desolaten Verkehrssektors und mit ihm der Wirtschaft insgesamt eindeutig überforderte. Bei Rationen von teilweise noch nicht einmal 1000 Kalorien täglich, die im Frühjahr 1947 Hungermärsche auslösten, sprach man zu Recht von einer »Lähmungskrise«. Erst jetzt war für die Bevölkerung die Talsohle des wirtschaftlichen Niedergangs im Gefolge der materiellen, sozialen und politischen Kriegszerstörungen erreicht. Zugleich zeichnete sich jedoch auch die Stabilisierung und Koordinierung der alliierten Planungen in den drei Westzonen und die Frontstellung im beginnenden Kalten Krieg ab, die die Voraussetzungen für einen politisch abgesicherten Wiederaufbau schufen.

Vom Wirtschaftswunder zum instabilen Wachstum 1947/48–1986

Das Ende der Nachkriegsnot und die Stunde Null des Wirtschaftswunders datierten die meisten Zeitgenossen in den drei Westzonen auf die Währungsreform vom Juni 1948, die gleichsam über Nacht die Auslagen der Geschäfte füllte und dem jahrelangen Warenmangel ein Ende setzte. Zugleich wurde mit diesem Datum die wirtschaftliche Teilung Deutschlands endgültig vollzogen. Den nicht informierten sowjetischen Besatzungsbehörden blieb danach gar nichts anderes mehr übrig, als sogleich auch eine eigene Währung einzuführen. Wenngleich das Warenangebot im Westen tatsächlich erst unmittelbar nach der Währungsreform spektakulär anschwoll, ließ die Plötzlichkeit dieser wundersamen Vermehrung doch auf eine schon seit längerer Zeit gehortete Produktion schließen. Was da auf einmal die Regale füllte, war zwar nicht über Nacht produziert worden, wohl aber in Erwartung eines solchen Tages.

Neuorientierung der amerikanischen Deutschlandpolitik

Die entscheidende Weichenstellung zuvor war die Neuorientierung der amerikanischen Deutschlandpolitik im Spätsommer 1946. Mit dem aufziehenden Kalten Krieg wurde aus dem unterlegenen Kriegsgegner, der dauerhaft geschwächt werden sollte, ein potentieller Verbündeter und die künftige deutsche Wirtschaftskraft zu einem Grundpfeiler westlicher Stärke an der Demarkationslinie zwischen den Blöcken. Zudem schwand in den USA die Bereitschaft, das zerstörte Deutschland durch Hilfslieferungen auf Kosten des amerikanischen Steuerzahlers am Leben zu halten, anstatt es seinen und der Besatzungstruppen Unterhalt selbst verdienen zu lassen. Mit diesem Kurswechsel war auch für die amerikanische Militärregierung in Frankfurt der Weg frei, gemeinsam mit den Briten in der seit Januar 1947 zum Vereinigten Wirtschaftsgebiet zusammengeschlossenen Bizone die Unterstützung des industriellen Wiederaufbaus in Angriff zu nehmen. Die USA übernahmen dabei allein schon wegen ihrer überragenden wirtschaftlichen Leistungsfähigkeit die führende Rolle.

Für den katastrophalen Winter 1946/47 kamen diese ersten Intiativen jedoch zu spät: Die Ruhrkohle, von der die Wirtschaft der Bizone abhing, erreichte ihre Bestimmungsorte nicht mehr. Die gerade begonnene Erholung der westdeutschen Wirtschaft brach mit dem Zufrieren der Flüsse und damit dem Ende des Wassertransports wieder in sich zusammen. Erst der nächste Anlauf vom Herbst 1947 konnte dank des inzwischen gründlich renovierten Fuhrparks der Reichsbahn über den Winter gerettet und in einen dauerhaften Aufschwung umgesetzt werden. Aus ihm speisten sich dann auch die Warenhorte, die den Besitzern der neuen DM im Juni präsentiert wurden.

Solange allerdings der im Krieg angehäufte Geldüberhang in Reichsmark nicht abgebaut war, das Land also keine funktionierende Währung hatte, war an die Nutzung des deutschen Wirtschaftspotentials für den Wiederaufbau Westeuropas im Rahmen einer marktwirtschaftlichen Ordnung nicht zu denken. In der Sowjetzone stellte sich dieses Problem nicht, da einerseits das Inflationspotential schon 1945 durch das Blockieren von Bank- und Sparguthaben sowie die Liquidierung der Banken entschärft worden war, andererseits das Geld in einer zentral gelenkten Planwirtschaft ohnehin eine weniger wichtige Funktion bei der Steuerung des Wirtschaftsprozesses hat. Einen Schwarzmarkt verhinderte dies freilich auch nicht; er wurde sogar seit Juni 1948 in Form von »freien« Gaststätten und Einzelhandelsläden, die knappe Lebensmittel und Konsumgüter ohne Bezugsschein zu horrenden Preisen anboten, teilweise »verstaatlicht«.

Währungsreform in der Tri-Zone

Mit dem Währungsschnitt in den drei westlichen Besatzungszonen vom 20. Juni 1948 wurden 93,5% des alten Reichsmarkvolumens aus dem Verkehr gezogen und die öffentliche Hand entschuldet, während der Sachwertbesitz einschließlich der Produktivvermögen davon unberührt blieb. Im Unterschied zur Rentenmark von 1923 wurde diesmal selbst auf eine fiktive Deckung der neuen Währung verzichtet. Sie war eine reine Papierwährung, die vom Vertrauen in die künftige Geld- und Wirtschaftspolitik getragen wurde. Und dieses Vertrauen wurde mit der Aufhebung einer ganzen Reihe von Preis- und Bewirtschaftungsvorschriften für Konsumgüter durch den Direktor der Verwaltung für Wirtschaft, Ludwig Erhard, sogleich auf die Probe gestellt. Die Währungsreform war also verbunden mit einer Wirtschaftsreform, die schrittweise wieder den freien Markt als Regelmechanismus der Güterverteilung einführte.

Trotz weitverbreiteter Befürchtungen und einer Erhöhung des Lebenshaltungsindex um 14% bis zum Ende des Jahres überstanden die DM und mit ihr Erhards Konzept der »sozialen Marktwirtschaft« diesen Sprung ins kalte Wasser. Das neue Geld wurde akzeptiert und gab dem schon seit Herbst 1947 angekurbelten Wachstum zusätzlichen Schwung. Ein Schwung freilich, von dem wegen des gestiegenen Kostenbewußtseins der Industrie wieder, wie 25 Jahre zuvor, viele ausgeschlossen waren. Die Zahl der Arbeitslosen stieg sogleich kräftig an und erreichte 1950, als die erste DM-Konjunktur schon wieder abgeflaut war, mit zwei Millionen ihren Höhepunkt. Dies war jedoch nicht nur eine absehbare Folge der Währungsstabilisierung, sondern ging auch auf den anhaltenden Flüchtlingsstrom aus dem Osten zurück, der ständig neue Arbeitssuchende auf den Stellenmarkt warf.

Währungsreform in der SBZ

Nur drei Tage nach der DM-West entstand in der sowjetischen Zone die DM-Ost mit zunächst noch provisorischem Geld. Dabei wurden insgesamt sogar geringfügig bessere Umtauschrelationen zur Reichsmark geboten. Die großen Produktivvermögen waren zu diesem Zeitpunkt freilich alle schon enteignet. Auch das Bewirtschaftungssystem blieb bestehen. Hier fand also neben der Währungsreform keine Wirtschaftsreform statt. Da dem neuen Geld nicht wie im Westen neue Kaufmöglichkeiten offen standen, verschwanden auch die Schwarzmärkte nicht und schon im Oktober 1948 drückte der Kurs von 4:1 zwischen DM-Ost und DM-West die unterschiedliche Wertschätzung der anfangs paritätisch konzipierten neuen Währungen am Markt aus. Auch eine zweite überraschende Währungsreform der DDR im Oktober 1957 zur Beseitigung der Bargeldhorte, aus denen die Schwarzmarktgeschäfte gespeist wurden, brachte keine durchschlagende Verbesserung, erleichterte zu diesem Zeitpunkt jedoch die allmähliche Abschaffung der Lebensmittelrationierung.

Marshallplan

Nach dem ordnungspolitischen Neubeginn in den Westzonen, dem kurz darauf auch die wirtschaftliche Vereinigung von Bizone und französischer Zone zur Trizone folgte, wurde Westdeutschland in die Förderung durch den Marshallplan einbezogen. Die amerikanische Marshallplanhilfe sollte in erster Linie von 1947 bis 1952 der Wiederbelebung der gesamten westeuropäischen Wirtschaft bei gleichzeitigem Abbau von Handelsbeschränkungen dienen, erwies sich jedoch vor allem gegenüber Frankreich auch als wirksames Druckmittel, um im Interesse des schnelleren Aufbaus einen Verzicht auf deutsche Reparationsleistungen durchzusetzen. Seine positiven Wirkungen für die westdeutsche Wirtschaft gingen also über die direkten Investitionshilfen, deren Volumen nicht größer als das der vorangegangenen Hilfsleistungen war, hinaus. Als entscheidend erwies sich jedoch, daß die Trizone und später die Bundesrepublik ohne wesentliche Beschränkung ihrer Produktionsfähigkeit in den schnell expandierenden westlichen Weltmarkt integriert wurde, wo sie ihren hohen Importbedarf in der Rekonstruktionsphase dekken konnte.

Die tatkräftige Unterstützung des westdeutschen Wiederaufbaus durch die USA war freilich auch an Bedingungen geknüpft, die über die politische Allianz hinausgingen. Die Reform der deutschen Wirtschaft sollte nicht auf die Oberfläche der Währungs- und Bewirtschaftspolitik beschränkt bleiben, sondern bis in einzelne Branchen und Unternehmen hineinreichen. In der inneren Struktur der deutschen Industrie, ganz besonders aber in den monopolartigen Großkonzernen und der langen deutschen Kartelltradition, sahen die Amerikaner einen gefährlichen Hort autoritärer, antidemokratischer Grundeinstellungen und eine Bedrohung des von ihnen angestrebten freien Wirtschaftsaustauschs in Europa, der an die Stelle des krisenverschärfenden Protektionismus der Zwischenkriegszeit treten sollte. Die Demokratisierung der westdeutschen Gesellschaft setzte in ihren Augen die Auflösung der wirtschaftlichen Machtgebilde voraus, die Träger der nationalsozialistischen Aufrüstungs- und Autarkiepolitik waren. Das hieß im Einvernehmen mit den anderen Besatzungsmächten über die moralische und gerichtliche Verurteilung einzelner Unternehmer in den Nürnberger Kriegsverbrecherprozessen hinaus an erster Stelle ein Verbot von Kartellabsprachen sowie die Zerschlagung der IG Farben und der großen Konzerne der Schwerindustrie.

Entflechtung

Die IG Farben wurde schon im November 1945 durch ein Kontrollratsgesetz aufgelöst und fortan die Produktion in den Einzelbetrieben nur unter Aufsicht eines alliierten »controller« gestattet. Die Werke in der sowjetischen Zone wurden entweder demontiert oder als Beutebetriebe im Sommer 1946 in sowjetische Aktiengesellschaften umgewandelt. Die westdeutschen Werke der IG Farben konnten schließlich erst nach sechs Jahren, im Mai 1952, mit der Bildung von BASF, Bayer, Hoechst und Casella in vier nunmehr selbständige Nachfolgegesellschaften eingebracht werden.

Die Kohle- und Stahlindustrie des Ruhrgebiets wurde zwischen Dezember 1945 und August 1946 von den britischen Militärbehörden beschlagnahmt. Vor allem durch die Auflösung der Vereinigten Stahlwerke entstanden im Zusammenwirken mit deutschen Treuhändern bei der endgültigen Neuordnung für den Bereich der Bundesrepublik im Jahr 1951 insgesamt 26 selbständige Unternehmen. Dabei war es den drei West-Alliierten besonders auf die Entflechtung von Kohle und Stahl angekommen, um nach der jahrzehntelangen Beherrschung des Ruhrkohlebergbaus durch wenige Stahlkonzerne wieder einen funktionierenden Kohlemarkt zu schaffen, der auch Deutschlands westlichen Nachbarn frei zugänglich war. Zwar fand in den frühen fünfziger Jahren eine teilweise Rückverflechtung zwischen Kohle und Stahl statt, doch stand sie unter der Kontrolle der »Europäischen Gemeinschaft für Kohle und Stahl«, in der die deutsche, französische, belgische, luxemburgische, niederländische und italienische Montanindustrie zusammengeschlossen waren. Diese »Montan-Union«, in der erstmals auch die paritätische Mitbestimmung der Arbeitnehmervertreter institutionalisiert wurde, wacht seit 1952 über den gemeinsamen Markt der Sechs für Kohle und Stahl und war ein Meilenstein auf dem Weg zur wirtschaftlichen Einigung Westeuropas.

Das dritte Ziel der Entflechtungsmaßnahmen nach dem Kriege waren die drei Großbanken: Deutsche Bank, Dresdner Bank und Commerzbank, die in den Westzonen noch bis 1947 weiterarbeiten durften, in der Sowjetzone hingegen sofort beschlagnahmt worden waren. Im Westen wurden sie bis 1948 zunächst in 30 Nachfolgeinstitute zerschlagen, die sich jedoch über verschiedene Zwischenstufen bis 1958 wieder zu den drei alten Großbanken zusammenfanden und damit anders als in der Chemie und der Montanindustrie im Bankwesen den Vorkriegsstand zumindest für den Westen Deutschlands wiederherstellten.

Neuer Wirtschaftsstil

Wenngleich die Wirtschaft der Bundesrepublik heute bei weitem nicht frei von wettbewerbsbeschränkenden Institutionen und Absprachen ist, so haben sich der Wirtschaftsstil und die Werte des Managements gegenüber Kaiserreich, Weimarer Republik und Nationalsozialismus doch erheblich gewandelt. Dies betrifft sowohl die endgültige und uneingeschränkte Anerkennung der Gewerkschaften als Verhandlungspartner als auch das grundsätzlich wettbewerbsorientierte Verhalten am Markt anstelle der ehemals starren Blockbildung sowohl in innenpolitischen Auseinandersetzungen als auch gegenüber der ausländischen Konkurrenz. Der erstaunliche Nachkriegserfolg der deutschen Industrie war nicht zuletzt eine Frucht dieser nach anfänglichem amerikanischem Druck neugewonnenen Beweglichkeit ihrer Unternehmer, die im europäischen Rahmen mittlerweile selbst zu den eifrigsten Verfechtern marktwirtschaftlicher Lösungen gehören.

Die »Amerikanisierung« der westdeutschen Wirtschaft, die in den beiden trotz aller Aufbruchstimmung doch noch schwierigen, von Preissteigerungen und Arbeitslosigkeit geprägten Jahren nach der Währungsreform immer wieder auf starke Widerstände sowohl bei Teilen der Unternehmerschaft wie auch Gewerkschaften und Sozialdemokratie stieß, hätte sich jedoch kaum so schnell und umfassend entfalten können, wenn sie nicht in der glänzenden Exportkonjunktur der fünfziger Jahre ihre Bewährung erfahren hätte. Am Ende dieses Jahrzehnts war mit der Verabschiedung des Godesberger Programmes der SPD dann auch der letzte ernstzunehmende Widerstand gegen Erhards »Soziale Marktwirtschaft« gebrochen.

Korea-Boom in der Bundesrepublik

Den Ausgangspunkt der starken Exportnachfrage bildete der 1950 vom Korea-Krieg ausgelöste zusätzliche Bedarf an Rüstungsgütern und Rohstoffen. Die plötzliche Rohstoffknappheit wirkte allerdings zunächst einmal destabilisierend und machte Anfang 1951 sogar wieder eine vorübergehende Einfuhrbewirtschaftung notwendig. Im Sog der weltweiten Rüstungskonjunktur, die in steigendem Maße die ausländischen Produktionskapazitäten belegte, öffneten sich auf den internationalen Märkten jedoch mit einiger Verzögerung Versorgungslücken beim zivilen Bedarf und für Investitionsgüter, in die die deutsche Industrie, der eine Rüstungsproduktion vorerst noch verboten war, erfolgreich vorstieß. Dabei konnte sich zugleich die Schwerindustrie des Ruhrgebiets, die nun schneller als erwartet eine große strategische Bedeutung für den Westen bekam, ihrer noch verbliebenen Produktionsbeschränkungen entledigen und erneut die Rolle des Wachstumskerns der Wirt-

Ausfuhr- und Einfuhrquoten der Bundesrepublik (in jeweiligen Preisen, in % der Gesamtnachfrage)

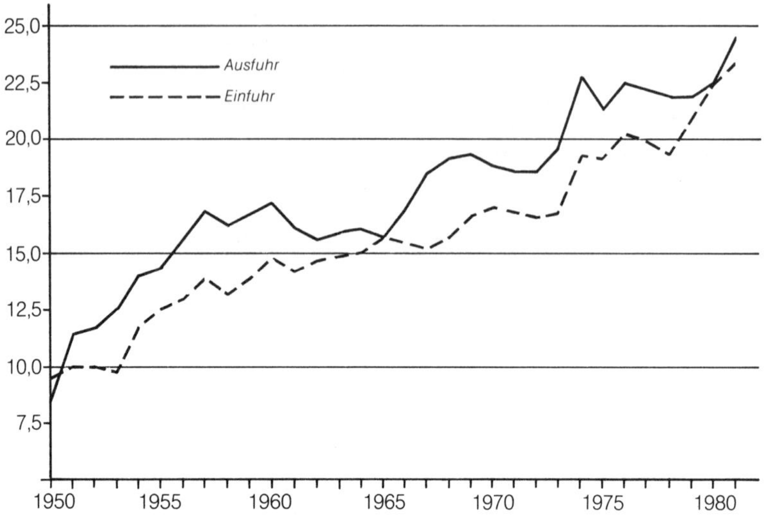

schaft übernehmen. Die Arbeitslosigkeit ging seit 1951 beständig zurück und unterschritt 1956 erstmals wieder die Millionengrenze.

Die neugewonnenen Exportmärkte wurden auch nach dem Abklingen des Korea-Booms gehalten und ausgebaut. Nachdem die Bundesrepublik 1952 bei einer Exportquote von rund 10% erstmals eine positive Handelsbilanz aufweisen konnte, stiegen die Ausfuhren kontinuierlich weiter. Der Exportanteil überschritt in den sechziger Jahren ein Sechstel und erreichte in den letzten Jahren sogar ein Viertel der gesamtwirtschaftlichen Leistung. Damit war die Bundesrepublik in einem in Deutschland nie zuvor gekannten Maße in die Weltwirtschaft verflochten und der Außenhandel zu einer der wichtigsten Stützen ihres Wohlstandes geworden. Die wesentlichen Voraussetzungen für diese starke Exportorientierung hatte die strikte Kopplung der amerikanischen Wirtschaftshilfe für Europa an den Abbau von Handelsbeschränkungen geschaffen, der 1958 durch die Gründung der EWG endgültig auch zu einer eigenständigen europäischen Politik erhoben wurde.

Integration der DDR in die osteuropäische Wirtschaft

Mit dem Korea-Krieg verschwanden auch bei den westlichen Alliierten die letzten Reste einer auf die Begrenzung der produktiven Kapazitäten oder des technologischen Niveaus der deutschen Industrie zielenden Politik. Im April 1951 wurden die Demontagen endgültig eingestellt, nachdem die Zahlungen der Marshallplanhilfe deren Gegenwert schon um ein Mehrfaches übertroffen hatten. Im Osten, wo die Industrie bereits wenige Monate nach Kriegsende entschlossen in den Dienst der Besatzungsmacht gestellt worden war, hatten sie schon lange zuvor aufgehört. Die DDR war darüber hinaus bereits seit September 1950 im Wirtschaftssystem des Ostblocks, den seit dem Vorjahr bestehenden »Rat für gegenseitige Wirtschaftshilfe« (RGW) integriert, der allerdings erst nach Stalins Tod (1953) größere Bedeutung erlangte. Er diente seitdem der Abstimmung der einzelstaatlichen Wirtschaftspläne, ist in seiner Wirkung allerdings nicht mit dem westlichen Markt zu vergleichen. Insbesondere das Fehlen einer frei konvertierbaren Währung wirkt sich im RGW erschwerend aus. Die sozialistischen Länder sind dadurch auf einen sehr komplizierten direkten Warentausch angewiesen, aus dem sie nach Möglichkeit diejenigen Güter heraushalten, für die sie auf dem freien Weltmarkt Devisen zum Kauf westlicher Produkte und Rohstoffe erhalten. Solche »harte Ware« war auch innerhalb des RGW zunehmend nur noch gegen »harte Devisen« zu beschaffen.

Differenzierung BRD/DDR

Auf beiden Seiten des Eisernen Vorhanges wurde das deutsche Industriepotential gezielt zur Stärkung der materiellen Basis der Blöcke herangezogen. Insofern hat die deutsche Teilung durch die eindeutige Grenzziehung und Klärung der politischen Allianzen wesentliche Voraussetzungen für den schnellen wirtschaftlichen Wiederaufstieg nach dem Zweiten Weltkrieg geschaffen. Einem neutralen Gesamtdeutschland wäre dies ganz sicher nicht zugestanden worden. Die Teilung war der Preis für den Wohlstand. Allerdings verteilte sich diese Gegenleistung nicht gleichmäßig auf beide deutsche Staaten, da sie zwei Lagern von selbst sehr unterschiedlicher Leistungskraft angehörten, so daß von nun an auch zwei verschiedene Maßstäbe für die Bewertung des wirtschaftlichen Wachstums angelegt werden müssen.

Die unterschiedlichen Demontageverluste und Industriestrukturen in Ost und West, die in den ersten beiden Nachkriegsjahren noch keinen bestimmenden Einfluß auf das Produktionsniveau hatten, erwiesen sich während der folgenden Aufbauphase bis in die frühen fünfziger Jahre doch noch als Hypothek. Im Westen hatte die Demontage von vermutlich nicht mehr als 5% der Kapazitäten, die zudem vorwiegend die zwischen 1936 und 1944 besonders stark expandierten Industriezweige betrafen, keine wesentliche Behinderung der zivilen Produktion verursacht. Es ist sogar nicht auszuschließen, daß, wie ausländische Beobachter vermuteten, der Ersatz alter demontierter Anlagen durch neueste Nachkriegstechnik einen Modernisierungseffekt bewirkte, der die Verluste mehr als ausglich. Ein großer Schaden waren die Demontagen im Westen insgesamt jedenfalls nicht. Die gesteigerte Nachfrage im Korea-Boom traf hier immer noch auf freie Kapazitäten und im Ruhrgebiet stand zudem eine leistungsfähige Grundstoffindustrie als einheimische Basis der Exportoffensive bereit. Der Verlust des Saarlandes war demgegenüber für die Bundesrepublik wirtschaftlich durchaus zu verkraften.

Industrie in der SBZ/DDR

Sehr viel schlechter erwiesen sich dagegen die Startbedingungen in Mitteldeutschland, das nach groben Schätzungen unmittelbar nach dem Krieg 30% der Industrieanlagen durch Demontagen verloren hatte. Zudem war seit Sommer 1946 rund ein Drittel seiner industriellen Kapazitäten mit der Umwandlung von 213 Großbetrieben in sowjetische Aktiengesellschaften in den Dienst der Besatzungsmacht gestellt worden. Die industrielle Produktion der Sowjetzone stieg dadurch zunächst zwar schneller als im Westen, doch das Produkt floß zu einem großen Teil ab und ging nicht bevorzugt in den Wiederaufbau. Nur allmählich wurden diese SAG-Betriebe bis 1954 an die DDR zurückgegeben. Der erste Wirtschaftsplan, der Zwei-Jahresplan 1949–50, hatte deshalb neben der Sicherung der im Westen zu diesem Zeitpunkt schon eingestellten Reparationsleistungen vor allem die Wiederherstellung zerstörter und demontierter Anlagen zum Ziel.

Im ersten Fünf-Jahresplan für 1951–55 stand als nächster Schritt der Aufbau einer eigenen Schwerindustrie und Kohlebasis im Zentrum. Damit folgte die DDR ebenso wie die anderen sozialistischen Staaten Europas dem Industrialisierungsmodell der UdSSR. Hinzu kam, daß durch die deutsche Teilung in Mitteldeutschland nicht nur die Wirtschaftsbeziehungen zum Westen sondern auch zu den Ostgebieten, darunter das Kohle- und Industrierevier Oberschlesiens, unterbrochen waren. Eine ausgeglichene Wirtschaftsstruktur, wie sie in Westdeutschland noch erhalten war, mußte ohne eine der amerikanischen Unterstützung auch nur entfernt vergleichbare ausländische Kapitalhilfe erst geschaffen werden.

Die Investitionsmittel wurden zunächst auf Bergbau, Hüttenwesen, Schwermaschinenbau und Werften konzentriert, um der verarbeitenden Industrie eine tragfähige Basis zu schaffen. Zu diesem vorrangigen Zweck wurden anfangs durchaus auch Projekte durchgezogen, die in einzelwirtschaftlicher Sicht unwirtschaftlich waren. Mittel für den Ausbau der chemischen Industrie, die im Unterschied zu den Grundstoffindustrien auf dem Gebiet der DDR bereits seit den dreißiger Jahren in großem Umfange etabliert war, gab es dagegen erst ab 1953. Als entscheidender Engpaß dieses konzentrierten Aufbaus der Industrie erwies sich jedoch schon bald die mangelhafte Energieversorgung, sprich das Fehlen eigener Steinkohlevorkommen. An deren Stelle mußte in der DDR so weit wie möglich die Braunkohle treten. Hierzu wurde 1954 ein Kohle- und Energieprogramm verabschiedet, das dann verstärkt im zweiten Fünf-Jahresplan ab 1955 fortgeführt wurde und mit Ausnahme von 1970/71, als es kurzfristig von der chemischen Industrie überflügelt wurde, für die folgenden zwei Jahrzehnte den mit Abstand größten Teil der Industrieinvestitionen an sich zog. Die Dringlichkeit einer eigenständigen Kohleversorgung trotz des regen Austauschs im Rahmen des RGW zeigte sich schon kurz nach Beginn des Programms, als nach dem strengen Winter 1955/56 mit nachfolgenden Frühjahrsüberschwemmungen auch noch viele fest eingeplante Lieferungen aus Polen und Ungarn wegen der dortigen Volksaufstände ausfielen.

Kohle- und Energieprogramm

Letzten Endes blieb die DDR aber trotz größter Anstrengungen langfristig auf den Import von Kohle und Stahl angewiesen, wenn sie zugleich die traditionell sehr starke chemische und verarbeitende Industrie ausbauen wollte. Die Verfolgung beider Ziele – Schaffung einer Energiebasis und Ausbau der Verarbeitungskapazitäten – war nur möglich, indem mehr als die Hälfte der volkswirtschaftlichen Investitionen in die Industrie und dort fast vollständig in die Grundstoff- und Investitionsgüterindustrie geleitet wurden. Daß dies in den fünfziger Jahren mit aller Macht zu Lasten des privaten Konsums durchgesetzt wurde, wodurch weder Schwarzmärkte noch Lebensmittelrationierungen verschwanden, trug neben dem Mangel bürgerlicher Freiheiten erheblich zum dauernden Verlust qualifizierter Arbeits- und Führungskräfte und damit zur Begrenzung des Wachstumspotentials bei. Die Verbesserung des Lebensstandards in den Jahren 1957 bis 1959 mit einer beachtlichen Steigerung des privaten Verbrauchs um etwa 8% jährlich wirkte sich zwar vorübergehend dämpfend auf die Abwanderung aus; doch wog die Enttäuschung über das schnelle Ende dieser ersten Konsumgüterkonjunktur und erneute Versorgungsschwierigkeiten danach nur um so schwerer.

Wirtschaftsflucht und Mauerbau

Die 2,7 Millionen Menschen, die zwischen der Gründung der beiden deutschen Staaten und dem Bau der Mauer aus der DDR in den Westen kamen, waren ganz überwiegend Erwerbstätige, unter denen eine überdurchschnittlich große Zahl hochqualifizierte Berufe hatte. Die bundesrepublikanische Wirtschaft erfuhr dadurch zu einer Zeit, als ihr eigenes Arbeitskräftepotential sich allmählich erschöpfte, einen ständigen Zustrom leicht integrierbarer Fachkräfte, deren Ausbildung die westdeutsche Gesellschaft nichts gekostet hatte und die zugleich den Lohndruck dämpften. Nach ihren eigenen, durchaus nicht unrealistischen Berechnungen ist der DDR neben der empfindlichen Störung ihres Produktionsapparates durch diese Abwanderung ein materieller Verlust von mindestens 30 Milliarden Mark entstanden. Diesen anhaltenden Entzug von Arbeitskräften, der 1961 ständig neue Monatsrekorde erreichte, machte die DDR-Führung schließlich für die Zuspitzung der wirtschaftlichen Probleme seit 1960 verantwortlich. Er gab den Anlaß zum Bau der Berliner Mauer.

Nur waren die wirtschaftlichen Schwierigkeiten in der DDR nicht allein Folge der massiven Abwanderung, obwohl sie ohne Zweifel erheblich dazu beigetragen hat und vor allem in den letzten beiden Jahren allmählich die industrielle Substanz gefährdete. Die Hauptursache der akuten Versorgungsprobleme lag in der forcierten Kollektivierung der Landwirtschaft, die einen empfindlichen Einbruch in der Lebensmittelversorgung auslöste.

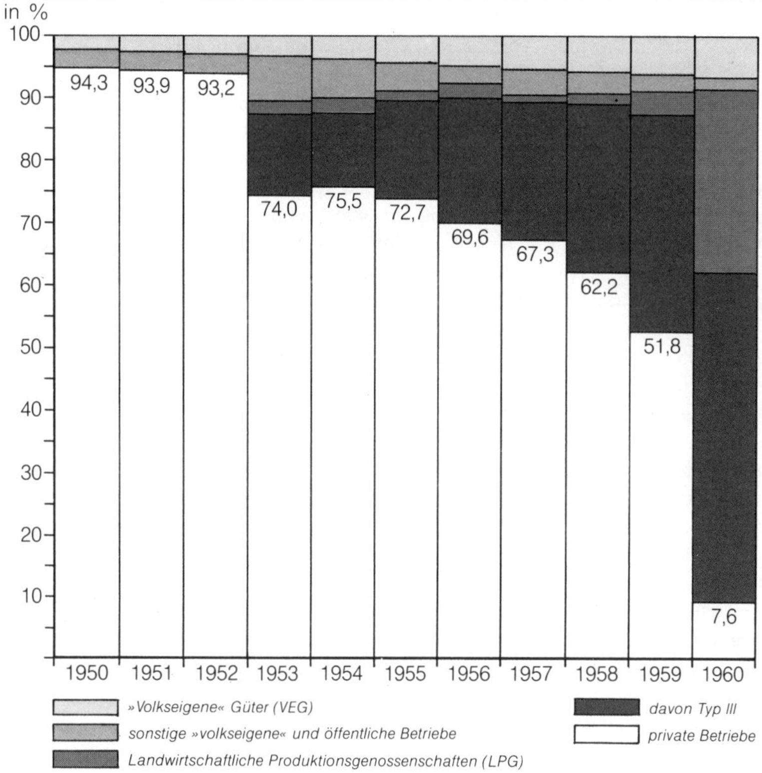

Sozialisierung der Landwirtschaft der DDR (gemessen in % der landwirtschaftlichen Nutzfläche)

Agrarwirtschaft in der SBZ/DDR

Unmittelbar nach dem Krieg hatte die sowjetische Besatzungszone noch dank einer im Verhältnis zur Bevölkerung größeren landwirtschaftlichen Nutzfläche mit zudem höherer Ertragskraft weniger Nahrungsprobleme als der Westen. Eine erste Beeinträchtigung der Produktion brachte die Bodenreform von 1945, bei der die Güter über 100 ha Nutzfläche zerschlagen und das Land in weniger effizient arbeitende kleinbäuerliche Betriebe überführt wurden. Dem folgte in der Phase des »planmäßigen Aufbaus des Sozialismus« zwischen 1952 und 1960 die zunächst langsam anlaufende Kollektivierung durch Bildung landwirtschaftlicher Produktionsgenossenschaften (LPG) und den Aufbau von Maschinen-Traktoren-Stationen (MTS) zur genossenschaftlichen Mechanisierung der auf sich gestellt zu kleinen Höfe. Die Bildung sozialistischer Großbetriebe wurde also auf dem mit hohen sozialen und wirtschaftlichen Kosten verbundenen Umweg über bäuerliche Kleinbetriebe vollzogen. Dies rächte sich besonders, als die mangelnde Begeisterung der Bauern für die LPG im Frühjahr 1960 durch massiven politischen und wirtschaftlichen Druck überwunden und die »Vollsozialisierung«, trotz gegenteiliger Beteuerungen im vorangegangenen Jahr, durchgesetzt wurde. Damit war die Arbeitsmotivation vieler Bauern gebrochen und von einer Planerfüllung konnte keine Rede mehr sein. Lebensmittel wurden erneut knapp und die 1959 auf einem Tiefstand angelangte Zahl der Flüchtlinge zog wieder an.

Reformen in der DDR-Wirtschaft

Nach einer erneuten Verschlechterung der Versorgungssituation im Winter 1962/63 wurde das offensichtliche Scheitern des 1959 verabschiedeten Sieben-Jahresplans zum Anlaß für tiefgreifende Reformen in der Wirtschaftspolitik genommen. Im Sommer 1963 beschloß der Ministerrat das »Neue Ökonomische System der Planung und Leitung der Volkswirtschaft«

(NÖS), das materielle Anreize und Gewinne als »ökonomische Hebel« ausdrücklich guthieß. Die Dezentralisierung der Entscheidungen und Stärkung der Eigenverantwortlichkeit in den Betrieben bei nur noch perspektivischen Planvorgaben setzte in der erstarrten Wirtschaft der DDR neue Aufschwungkräfte frei und bescherte ihr eine lange Phase stabilen Wachstums, in der vor allem in die damalige Spitzentechnologie der Petrochemie, Elektrotechnik und des Werkzeugmaschinenbaus investiert wurde. Vorrangiges Ziel war dabei die Steigerung der Arbeitsproduktivität mit Hilfe der »Produktivkraft Wissenschaft«. Verbrauchsgüterindustrien, Wohnungsbau und das Verkehrswesen kamen dagegen weiterhin zu kurz. Sie wurden erst seit Anfang der siebziger Jahre, nach der Ablösung Walter Ulbrichts, im Zuge einer Revision des NÖS, die eine erneute Zentralisierung der Entscheidungen brachte, gezielt gefördert.

Arbeitsmarkt in der Bundesrepublik

Wie groß in der Bundesrepublik die Arbeitsmarktprobleme, zu deren Überwindung die DDR seit Mitte der fünfziger Jahre unfreiwillig beigetragen hatte, tatsächlich waren, zeigte sich nach der plötzlichen Schließung der innerdeutschen Grenze. Da außerdem die Arbeitslosenreserve im Westen zu diesem Zeitpunkt ebenfalls nahezu völlig abgebaut war, konnte der weiter steigende Arbeitskräftebedarf nur noch in begrenztem Maße durch Anwerben von weniger qualifizierten südeuropäischen Fremdarbeitern gedeckt werden. Doch es waren nicht alleine der Zustrom aus der DDR und der Abbau der Arbeitslosigkeit, die bis zum Beginn der sechziger Jahre das rasante Wachstum der westdeutschen Wirtschaft gestützt hatten. Gleichzeitig fanden massive Arbeitskräfteverschiebungen in ihr statt, die es gerechtfertigt erscheinen lassen, die fünfziger Jahre nicht nur als Aufholprozeß und Wiederaufbau einer zerstörten Industriewirtschaft, sondern darüber hinaus als einen neuen Industrialisierungsschub zu sehen.

Bei der Betrachtung der gesamtwirtschaftlichen Entwicklung um die Jahrhundertwende war aufgefallen, daß die absolute Zahl der Beschäftigten in der Landwirtschaft und im Handwerk trotz des Bedeutungsverlustes dieser beiden Wirtschaftsbereiche nicht wesentlich zurückgegangen war, sondern in etwa auf ihrem alten Niveau verharrte. Dies galt mit Ausnahme der Rüstungskonjunktur nach 1936 auch für die Zeit der Weltkriege und widerlegte vorerst einmal die Vermutung der meisten Ökonomen des späten 19. Jahrhunderts, das Handwerk sei im industriellen Zeitalter dem Untergang geweiht und werde wohl bald ganz verschwinden. Daß sich die landwirtschaftlichen Betriebe weiter in ihrer alten zahlenmäßigen Stärke würden halten können, war angesichts der starken Subventionierung dieses Sektors dagegen weniger verwunderlich, zumal die Landwirtschaft in der Weltwirtschaftskrise ganz bewußt als Krisenpuffer eingesetzt wurde und helfen sollte, einen Teil der Arbeitslosen aus der Industrie aufzufangen.

Diese beiden Bereiche sowie die häuslichen Dienste und der Kleinhandel, die gemeinsam unter dem Oberbegriff »traditionaler Sektor« zusammengefaßt werden können, gingen erst in den fünfziger und frühen sechziger Jahren auch zahlenmäßig deutlich zurück. Der industrielle Sektor sowie die großen Arbeitgeber in Handel und Dienstleistungen zogen nicht länger nur das Bevölkerungswachstum an sich, sondern griffen nun auch die bislang recht stabile personelle Substanz des traditionalen Sektors an. Viele ehemals selbständigen Kleinbauern, Handwerker und Einzelhändler gaben ihre Betriebe auf, um bei kürzeren Arbeitszeiten und höherem Einkommen eine Lohnarbeit aufzunehmen, die im Unterschied zur Zwischenkriegszeit nicht länger mit dem Risiko sozialer Unsicherheit verbunden schien. Diese kleinen Gewerbetreibenden wurden also nicht so sehr von der Industrie aus ihren selbständigen Positionen verdrängt; sie verließen sie vielmehr oft freiwillig, weil sie dadurch ihre wirtschaftliche Situation verbessern konnten. Entspre-

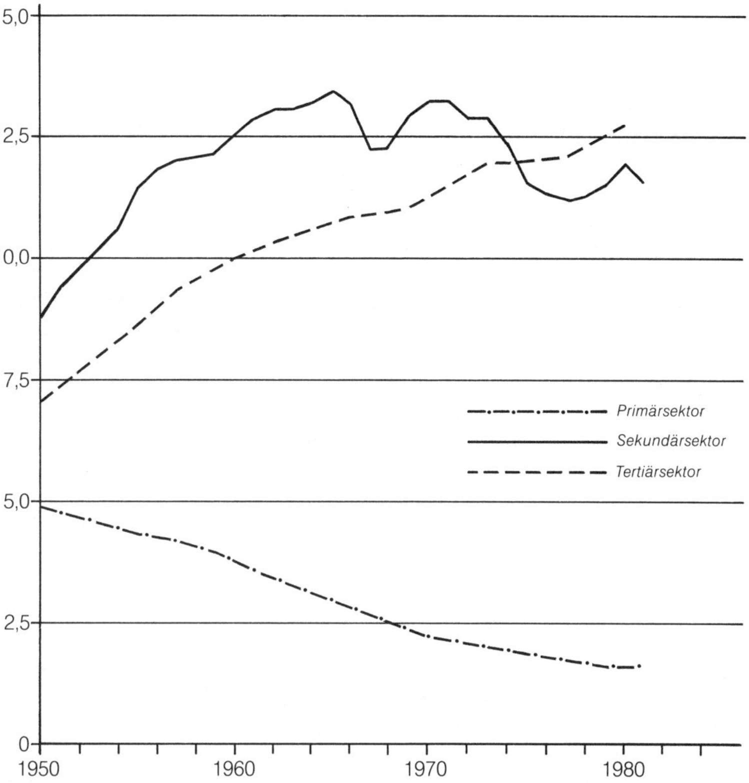

Erwerbstätige im Inland (in Millionen)

chend kehrte sich dieser Prozeß für kurze Zeit wieder um, als in der Rezession 1966/67 die Beschäftigung unsicher und der Lohnanreiz geringer wurde.

Die Teilnahme an den materiellen Segnungen des Wirtschaftswunders verlangte ein Geldeinkommen, das eher in der Industrie zu verdienen als von kleinen Ein-Mann- oder Ein-Familien-Betrieben zu erwirtschaften war. Auf dem Wege der früher weitverbreiteten Eigenversorgung waren die neuen Wohlstandssymbole nicht mehr zu beschaffen; sie verlangten Barvermögen. Mit den Märkten zu expandieren und zu gut rentierenden mittelständischen Unternehmen heranzuwachsen, die sich bereits industrieller Produktionsmethoden bedienen konnten, gelang hingegen auch in der anhaltenden Hochkonjunktur der fünfziger Jahre nur den wenigsten selbständigen Kleinbetrieben.

Beschäftigungsstruktur

Die meisten Arbeitskräfte gab die Landwirtschaft ab. Ihr Anteil an der Gesamtzahl der Beschäftigten verminderte sich von etwa einem Viertel 1948 über 13% zu Beginn der sechziger Jahre bis auf heute nur noch 5%. Dies ging trotz weiterhin subventionierter Agrarpreise einher mit der Aufgabe von mittlerweile fast einer Million Bauernwirtschaften unter 20 Hektar. Da die Großbetriebe das meiste freiwerdende Land übernahmen, ging die landwirtschaftlich genutzte Fläche insgesamt nur um etwas mehr als ein Zehntel zurück. Dennoch muß die Bundesrepublik heute etwa die Hälfte ihres Bedarfs an pflanzlichen und tierischen Produkten importieren. Ähnlich, wenngleich nicht ganz so kraß, verlief die Entwicklung im Kleingewerbe, das allerdings 1950 von einem sehr viel niedrigeren Niveau von nur 6,2% der Erwerbstätigen ausging.

Neben den Veränderungen in der Beschäftigtenstruktur hatte die Abwanderung von Arbeitskräften aus dem traditionalen Sektor auch erhebliche

Auswirkungen auf die gesamtwirtschaftliche Leistung. Der Anteil der produktiveren Industriearbeit konnte auf diese Art überproportional wachsen, wodurch alleine schon fast ein Sechstel des Produktivitätsfortschritts zwischen 1951 und 1962 erzielt wurde.

Der absolute Höhepunkt und damit zugleich das Ende des extensiven Wachstums der Industriewirtschaft wurde im Jahre 1965 mit einem Anteil von 49% aller Erwerbstätigen im warenproduzierenden Gewerbe erreicht – mehr als in den USA, Japan und den anderen EWG-Staaten. Die Wirtschaft der Bundesrepublik war – und ist es bis heute – im Vergleich mit den westlichen Industrieländern durch einen starken sekundären Sektor (verarbeitendes Gewerbe, Industrie) geprägt, während der Anteil des tertiären Sektors (Dienstleistungen, einschließlich Staat) trotz dessen hoher Wachstumsraten unter dem internationalen Niveau blieb. Seit der schweren Rezession von 1975 hat sich hierin allerdings ein zweifacher Trendumbruch ergeben, da seitdem zum einen mehr Arbeitskräfte im tertiären als im sekundären Sektor beschäftigt sind und weil zum anderen die Wertschöpfung des tertiären Sektors überdurchschnittlich, die des sekundären Sektors hingegen nur noch unterdurchschnittlich wächst.

Steigender Anteil der Dienstleistungen

Das hohe Wachstumstempo des Wirtschaftswunders mit real 7–9% jährlich hatte sich freilich schon seit der Erschöpfung des Arbeitsmarktes zu Beginn des Jahrzehnts nicht mehr aufrecht erhalten lassen. In der scharfen Konkurrenz um die knappen Arbeitskräfte mußten die Unternehmen deren Lohn- und Arbeitszeitforderungen immer weiter entgegenkommen, ohne diese Mehrbelastung durch entsprechend große Produktivitätsfortschritte auffangen zu können. Die Unternehmensgewinne sanken und die Wachstumsraten der westdeutschen Wirtschaft pendelten sich auf dem kontinentaleuropäischen Durchschnitt von 5% ein. Unter diesen Umständen war es unmöglich, dem Inflationsdruck aus dem Ausland, der seit der freien Konvertibilität der DM im Jahr 1958 bei anhaltenden Leistungsbilanzüberschüssen beständig zugenommen hatte, länger zu widerstehen. Die Rezession von 1966/67 dokumentierte schließlich nur noch die endgültige Rückkehr zur Normalität des Konjunkturzyklus, den viele schon für überwunden gehalten hatten.

Rezession 1966/67

Die einzigartige Wachstumskonstellation des Wirtschaftswunders war jedoch schon ein halbes Jahrzehnt vorher zu Ende gegangen. Geradezu Sinnbild dieses Szenenwechsels war die 1958 beginnende schwere Strukturkrise des Steinkohlebergbaus, der seit der Mitte des 19. Jahrhunderts die energetische Grundlage der Industrialisierung Deutschlands gestellt hatte. Unter dem Druck billiger amerikanischer Importkohle und in viel stärkerem Maße noch des raschen Vordringens des Erdöls in den sechziger Jahren wurde aus dem ehemaligen Wachstumsträger eine Problembranche, die nur durch dauerhafte staatliche Subventionen vor dem Zusammenbruch bewahrt werden konnte. Die Bundesrepublik war nicht länger ein in der Rohstoffversorgung privilegierter Standort. Sie mußte sich in steigendem Umfang auf dem Weltmarkt versorgen und neue Energiequellen erschließen. So lange Öl billig und Atomkraft nicht kontrovers war, schienen sich daraus jedoch keine schwerwiegenden Nachteile zu ergeben.

In der jungen Geschichte der Bundesrepublik stellt die Rezession von 1966/67 und ihre politische Bewältigung einen tiefen Einschnitt und möglicherweise sogar eine Epochengrenze dar. In wirtschaftshistorischer Perspektive ist dies, obwohl der Anlaß die erste schwere Wirtschaftskrise nach dem Kriege war, dagegen weniger deutlich. Die Rezession 1966/67 war nicht nur die erste, sie blieb auch die einzige, die von einer Bundesregierung in dem Sinne erfolgreich »repariert« werden konnte, daß alle drei vorrangigen Ziele staatlicher Wirtschaftspolitik, die 1967 sogar den Rang einer ge-

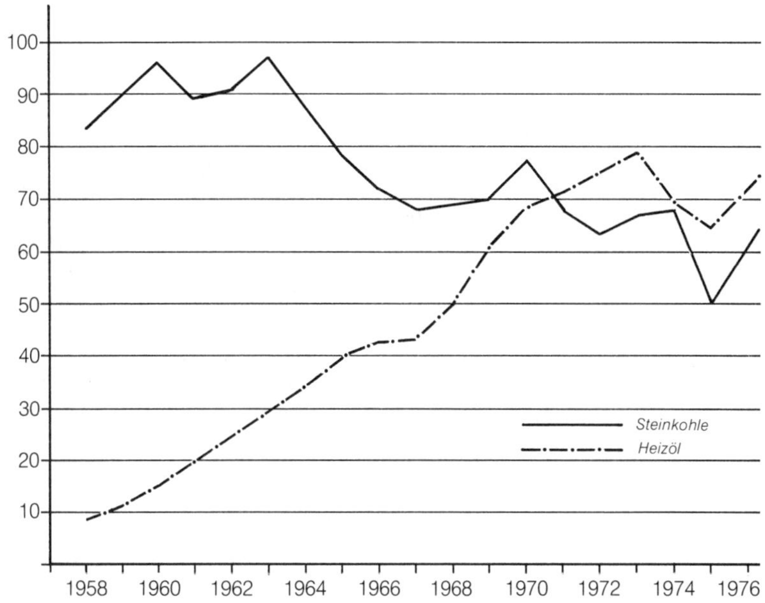

Versorgung/Verbrauch von Steinkohle und Heizöl im Bundesgebiet (in Millionen t SKE)

setzlichen Verpflichtung für die öffentlichen Körperschaften erhielten, erfüllt wurden: Wachstum, Vollbeschäftigung und Geldwertstabilität. Dies ist danach unter keiner Regierung mehr gelungen. In der Phase instabilen Wachstums, in der wir seit Mitte der siebziger Jahre leben, wurden immer nur höchstens zwei dieser Ziele gleichzeitig erreicht.

Periodisierung der westdeutschen Wirtschaftsgeschichte

Die sechziger und frühen siebziger Jahre bis 1973 erscheinen somit einschließlich der Rezession 1966/67 als ein zusammenhängender Abschnitt der westdeutschen Wirtschaftsgeschichte, der die Periode des Wiederaufbaus und Wirtschaftswunders zwischen 1947 und 1960 vom instabilen Wachstum seit 1974 trennt. Nachdem in den fünfziger Jahren alle brachliegenden Ressourcen mobilisiert waren und sich für die westdeutsche Wirtschaft keine außergewöhnlichen Expansionsmöglichkeiten mehr boten, hatte sich das Wachstumstempo der Bundesrepublik bei nach wie vor bestehenden Vorteilen im Export der allgemeinen Entwicklung des gemeinsamen westeuropäischen Marktes angepaßt.

Rezession 1974/75

Stand diese Angleichung der Wachstumsraten bis 1973 weitgehend im Zeichen von bislang beispielloser Vollbeschäftigung und steigenden Realeinkommen, verbunden mit einem durch die scheinbar mühelose Bewältigung der Rezession von 1966/67 gestärkten Vertrauen auf die Beherrschbarkeit des ökonomischen Prozesses, so zerstörte der scharfe Konjunktureinbruch von 1974/75 den Grundoptimismus, der die wirtschaftliche Entwicklung der Bundesrepublik seit der Währungsreform begleitet und zu einem Gutteil wohl auch getragen hatte. Gegenüber dem gleichzeitigen Auftreten von Arbeitslosigkeit und Inflation erwiesen sich die Instrumente staatlicher Konjunkturpolitik als ungeeignet, da sie immer nur das eine Übel mit Hilfe des anderen bekämpfen konnten. Zu allem Unglück zeigte sich seit 1975, daß überproportional steigende Staatsausgaben – und damit steigende Staatsverschuldung – zwar in jedem Falle die Inflation, aber keineswegs auch immer das Wirtschaftswachstum förderten. Stagflation nannte man weltweit diese neue schmerzliche Erfahrung. Innenpolitisch hatte sie eine weitere Verschärfung der Verteilungskämpfe zur Folge, die ohnehin durch den in der Geschichte der Bundesrepublik erstmaligen Rückgang des Sozialproduktes auf dem Tiefpunkt der Krise 1975 jeglichen Bewegungsspielraums beraubt waren. Erschwerend kam hinzu, daß es für eine dauerhafte wirtschaftliche Erholung oder gar Wiederherstellung des stabilen Wachstumspfades der beiden vorangegangenen Jahrzehnte keine glaubwürdige Perspektive mehr gab und damit ein wichtiges Stimulans wirtschaftlicher Aktivität fehlte.

Die massive Erhöhung der Rohölpreise in zwei Schüben 1973 und 1979 verteuerte den mittlerweile wichtigsten Energieträger der westdeutschen Wirtschaft und verstärkte die inländische Inflation. Zudem traf sie mit der Automobilindustrie unmittelbar eine der zentralen und im Brennpunkt des öffentlichen Interesses stehenden Wachstumsbranchen der westdeutschen Industrie mit besonderer Härte. Die Automobilproduktion ging nach dem ersten Ölpreisschock und den Verkehrsbeschränkungen im Winter 1973/74, die einer breiten Öffentlichkeit erstmals die Schattenseiten der hohen Weltmarktverflechtung vor Augen führten, innerhalb nur eines Jahres um 22% zurück, was seinerseits erhebliche Auswirkungen auf vorgelagerte Industriezweige, wie z.B. die Stahlindustrie hatte.

Fortschrittskepsis

Diese Kontraktion der industriellen Produktion wurde jedoch, ganz im Unterschied zu den vergleichsweise milderen Krisenphänomen 1966/67, von Teilen der Bevölkerung keineswegs als Fehlentwicklung begriffen. Der umfassende Wachstumskonsens der fünfziger und sechziger Jahre existierte nicht mehr. Ausgehend von einem stark sensibilisierten Umweltbewußtsein wurde die Wünschbarkeit weiteren Wirtschaftswachstums zunehmend in Frage gestellt und in einigen besonders umstrittenen Bereichen, wie dem motorisierten Individualverkehr, die Umkehr der Entwicklung gefordert. Die Krise der Automobilindustrie war also nicht nur eine Absatzkrise, sondern auch Zeichen einer durch die Verknappung und Verteuerung des Treibstoffs nur beschleunigt zum Ausdruck gekommenen tiefgehenden Verunsicherung in Gebrauch und Beurteilung industrieller Produkte.

Das zweite herausragende Feld dieser politisch virulenten Fortschrittskepsis war spätestens seit 1976 der massive Widerstand gegen Bau und Betrieb von Atomkraftwerken und damit gegen die einzige seit Mitte der fünfziger Jahre vom Bund getragene positive Technologiepolitik großen Stils, die zeitweise sogar durch ein eigenes Ministerium vertreten wurde. Die Energiepolitik war damit endgültig in eine Sackgasse geraten: der Kohlebergbau blieb subventionsbedürftig; der Preis des Erdöls, das die Kohle in den sechziger Jahren verdrängt hatte, wurde von dem Kartell der Förderländer in die Höhe getrieben; und die Atomkraft, obwohl rechtzeitig als Ausweg vorbereitet und geplant, ließ sich, als sie zur Sicherung des projektierten Niveaus der Energieversorgung zum Einsatz kommen sollte, politisch nicht mehr im geplanten Umfang durchsetzen. Daß dank Energieeinsparungen und verminderter Wachstumsraten der industriellen Produktion schließlich doch keine Versorgungskrise entstand, war eher eine Folge weltweiter Absatzstockungen und der Verteuerung primärer Energieträger, als das Resultat einer vorausschauenden Wirtschaftspolitik.

Arbeitslosigkeit

Selbst die anhaltend hohe Arbeitslosigkeit, deren Quote in zwei Schüben 1974/75 und 1981/83 auf Werte über 8% stieg, hat keinen allgemeinen Wachstumskonsens herbeiführen können, obwohl Vollbeschäftigung unbestritten ein vorrangiges gesellschaftspolitisches Ziel blieb. Neue Technologien und Großprojekte wurden seit den siebziger Jahren von einer kritischen Öffentlichkeit in bis dahin unbekanntem Maße auf ihre sozialen Kosten und Umweltverträglichkeit hin abgefragt. Dadurch wurden Investitionsentscheidungen ohne Zweifel verzögert und verteuert und somit das Wachstumspotential der westdeutschen Wirtschaft geschwächt.

Dies bedeutet freilich nicht, daß Fortschrittspessimismus und gesteigertes Umweltbewußtsein die alleinige oder auch nur wichtigste Ursache von Mas-

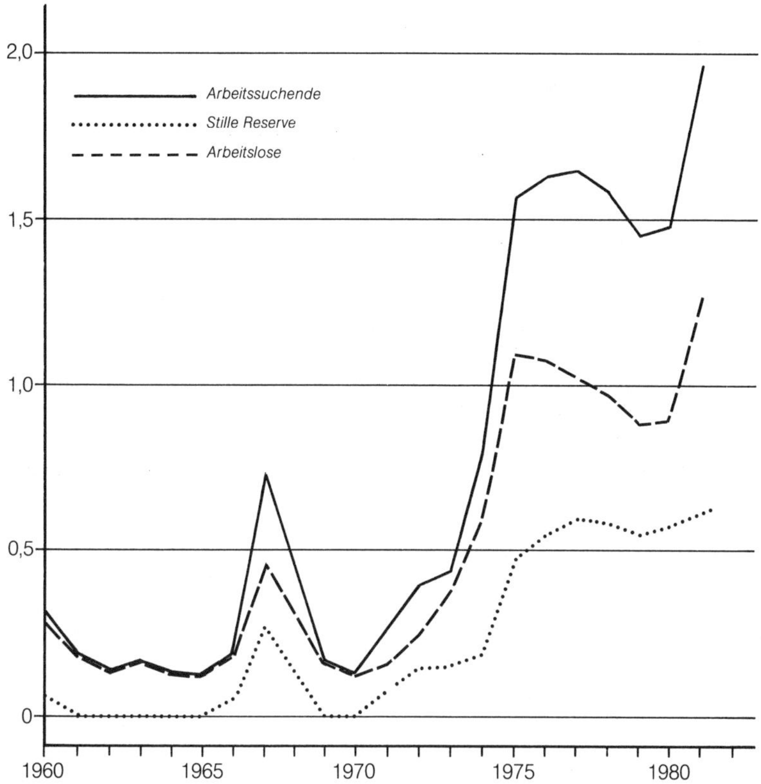

Arbeitslosigkeit (Jahresdurchschnitt in Millionen)

senarbeitslosigkeit und wirtschaftlicher Instabilität waren; sie engten aber die möglichen Auswege, über deren Richtung sowohl unter Ökonomen wie unter Politikern bis zum heutigen Tag (1986) keine Einigkeit herrscht, ein. Die strittige Kernfrage lautet: Ist die wirtschaftliche Instabilität in erster Linie eine Folge von Investitions- und Beschäftigungsblockaden durch einen zu hohen Staatsanteil, administrative Hindernisse und überzogene Steuer- und Lohnkostenbelastungen; oder liegt die Ursache vielmehr in einem sich durch Arbeitslosigkeit und Geldwertstabilisierung verstärkenden Nachfragedefizit? Im ersten Fall ist eine angebotsorientierte Stabilisierungspolitik zur Verbesserung der Rahmenbedingungen für die unternehmerische Wirtschaft angezeigt, wie sie seit 1982 von der Regierung Kohl/Genscher betrieben wird; im zweiten Fall erwartet man sich – vor allem von seiten der Gewerkschaften – zusätzliche Aufschwungkräfte durch die Stärkung der Massenkaufkraft.

Kontroversen in der Wirtschaftspolitik

Als gewichtiges Argument für den ersten Weg wird stets der hohe Exportanteil der westdeutschen Wirtschaft angeführt, da nur so die für die Sicherung der Arbeitsplätze wichtige Konkurrenzfähigkeit der deutschen Industrie auf dem Weltmarkt gestützt werden könne. Eine bloße Steigerung der Massenkaufkraft käme dagegen auch den Importen zugute, die keinen nennenswerten Beschäftigungseffekt im Inland auslösten. Eine massive Behinderung des internationalen Handels oder gar autarkiewirtschaftliche Maßnahmen zur Abschottung des inländischen Marktes fordert angesichts des abschreckenden Beispiels der Weltwirtschaftskrise in der Zwischenkriegszeit heute freilich kein verantwortlicher Politiker mehr.

In der Tat haben die starken Exporte von Fertigwaren bzw. Investitionsgütern seit Mitte der siebziger Jahre wesentlich zur Kompensation des Beschäftigungsdefizits beigetragen. Dieser positive Effekt wurde allerdings dadurch geschmälert, daß über die intensivierte Außenhandelsverflechtung sowohl die heftigen Schwankungen der Weltkonjunktur als auch die stets höheren internationalen Inflationsraten auf den Binnenmarkt durchschlugen. Vollbeschäftigung *und* Geldwertstabilität scheinen für die Bundesrepublik in einer instabilen Weltwirtschaft unerreichbar zu sein.

Außenwirtschaftliche Probleme der DDR

Unter dieser Instabilität leidet seit über einem Jahrzehnt, trotz ihrer ganz andersartigen Wirtschaftsverfassung, auch die DDR. Kurz nachdem sie sich, gemeinsam mit den anderen RGW-Ländern, Anfang der siebziger Jahre vermehrt westlichen Importen geöffnet hatte, um durch die Einfuhr von hochwertigen Investitionsgütern ihr industrielles Potential zu stärken, geriet ihre Zahlungsbilanz durch die steigenden Rohstoffpreise im Gefolge der ersten Ölkrise in ernste Schwierigkeiten. Nachdem sie bereits 1970 im Westhandel eine negative Bilanz hatte, geriet sie 1975 auch gegenüber der Sowjetunion, ihrem größten Rohstofflieferanten, in ein Defizit.

Ebenso wie die Bundesrepublik suchte die DDR in dieser schwierigen Situation ihr Heil in einer energischen Exportoffensive. Die Modernisierung der industriellen Struktur – ursprünglich die Hauptaufgabe der intensiveren Beziehungen zu den westlichen Märkten – mußte in vielen Fällen zugunsten kurzfristig realisierbarer Exporterfolge zum Ausgleich der Leistungsbilanz zurücktreten. Wie schon zu Beginn der sechziger Jahre traten, verstärkt ab 1975, Bemühungen um die Intensivierung der industriellen Produktion in den Vordergrund. Dennoch verschärften sich die wirtschaftlichen Probleme der DDR weiter bis zum Beginn der achtziger Jahre, als die westlichen Banken angesichts der polnischen und rumänischen Zahlungsschwierigkeiten auch der im Westen zunehmend verschuldeten DDR Anschlußkredite verweigerten und zugleich die Sowjetunion ihre Erdöllieferungen drosselte. Den Ländern des RGW war es nicht gelungen, sich gegenüber den Krisenerscheinungen auf den westlichen Märkten abzuschließen.

Konsolidierung

Seit dem 10. Parteitag der SED (1981) stand die möglichst rasche Konsolidierung der DDR-Wirtschaft im Mittelpunkt von Planung und Gesetzgebung. Hierzu wurde wieder an einige strukturpolitische Elemente des NÖS angeknüpft. In den zu großen Kombinaten zusammengefaßten Betrieben galten nun wieder Kosten-Ertrags-Relationen anstelle von Bruttogrößen als entscheidende Bewertungskriterien. Auch die gezielte Förderung von Spitzentechnologie, vor allem im Bereich der Mikroelektronik, trat erneut in den Vordergrund, um den Anschluß an die technische Entwicklung auf den überaus wichtigen freien Exportmärkten nicht zu verlieren bzw. wiederzugewinnen. Gleichzeitig wurde zur Entlastung der Außenhandelsbilanz trotz erheblicher Umweltbelastungen dem Abbau einheimischer Braunkohle erneut höchste Priorität eingeräumt, so daß der Verbrauch von Erdöl für Heizzwecke und in der Energieerzeugung gedrosselt werden konnte.

Insgesamt war diese Konsolidierungspolitik sehr erfolgreich, indem die DDR innerhalb von nur zwei Jahren wieder eine aktive Handelsbilanz mit dem Westen erreichte und das Vertrauen der westlichen Finanzmärkte zurückgewann. Ihre binnenwirtschaftlichen Spielräume und die Wachstumschancen ihrer Wirtschaft bleiben jedoch, wie im Falle der Bundesrepublik, eng an die Fluktuationen auf den internationalen Märkten gebunden. Insofern liegt die Stabilisierung des Weltmarktes und damit der internationalen politischen Beziehungen im unmittelbaren Interesse beider deutscher Staaten. Alleingänge oder gar Konfrontationen hätten verheerende Folgen.

Deutschland unter Napoleon. Restauration und Vormärz (1806–1847)

Michael Behnen

Der Rheinbund

In einem unmittelbaren zeitlichen und ursächlichen Zusammenhang mit dem Ende des Reiches, der Niederlegung der Kaiserkrone durch Franz II. (1792–1835) am 6. August 1806, steht die Gründung des Rheinbundes (»Etats confédérés du Rhin«). Auf Betreiben Napoleons unterzeichneten die Vertreter von 16 deutschen Reichständen, davon vier Kurfürsten, am 12. Juli 1806 in Paris die Rheinbundakte. Gemeinsam erklärten sie gegenüber dem Reichstag von Regensburg am 1. August ihren Austritt aus dem Reich, was gegen Reichsrecht verstieß, und kündigten die Verpflichtungen aller sie betreffenden Gesetze auf. Gleichzeitig entledigten sich die Fürsten aller Titel, die eine Beziehung zum Reich beinhalteten (z.B. Kurfürst). Sie anerkannten jedoch weiter den Reichsdeputationshauptschluß von 1803.

Mitglieder und Ziele

Zu den 16 Reichsständen gehörten die Könige von Bayern und Württemberg, die Großherzöge von Baden, Berg und Hessen-Darmstadt und der letzte Kur-Erzkanzler des Reichs, Karl Theodor von Dalberg, der den Titel Fürstprimas annahm und als Landesherr von Aschaffenburg-Regensburg und Frankfurt gleichsam der Kanzler des Rheinbundes war. Bis 1808 traten außer Preußen, Österreich, Dänisch-Holstein und Schwedisch-Pommern alle Reichsstände dem Bund bei, der damit mehr als die Hälfte des Reichsgebiets umfaßte (39 Einzelstaaten mit ca. 14,6 Millionen Einwohnern auf 325000 km^2).

In seiner staatsrechtlichen Form ein Staatenbund, der politischen Intention nach ein Offensiv- und Defensivbündnis zur Festigung und Erweiterung des Grand Empire, gelangte der Rheinbund über die ansatzweise Verwirklichung einer von Napoleon und von Dalberg angestrebten festeren Verfassungsstruktur nicht hinaus.

Die militärischen Verpflichtungen wurden festgelegt: Frankreich 200000, Bayern 30000, Württemberg 12000, Sachsen 20000 und Westfalen (seit 1807) 25000 Mann. Als Protektor des Rheinbundes schränkte Napoleon die Souveränität der Mitgliedsstaaten erheblich ein: keine eigene Außenpolitik, Entscheidung über den Bündnisfall und Kommandogewalt bei Napoleon. Seine Zusage, die Gebietshoheit der verbliebenen Reichsteile zu respektieren, hielt der Kaiser der Franzosen mehrfach nicht ein. 1807 annektierte er das Gebiet um Erfurt und 1810 den gesamten Nordwesten Deutschlands.

Durch Rangerhöhungen und Gebietserweiterungen versuchte Napoleon, die Rheinbundstaaten zu konsolidieren. Der Landgraf von Hessen-Darmstadt und der Herzog von Kleve und Berg wurden Großherzöge, der Fürst von Nassau Herzog. Das Kurfürstentum Sachsen wurde zum Königreich erhoben. Napoleon teilte zahlreiche kleinere Fürstentümer und Herrschaften durch Mediatisierung den Rheinbundstaaten zu. Bayern erhielt die Reichsstadt Nürnberg und der Fürstprimas die Reichsstadt Frankfurt. Auf diese Weise entstanden ganz unterschiedliche Staatsgebilde, die allerdings eines gemeinsam hatten: ihre gesamte Existenz war an das Machtinteresse des französischen Kaisers geknüpft.

Reformpolitik im Rheinbund

Eine Hauptaufgabe zahlreicher Rheinbundstaaten bestand in der Verschmelzung der heterogenen Gebietsteile zu zentral verwalteten und einheitlich regierten Staatswesen. Hierbei bediente sich Napoleon in den neugeschaffenen Modellstaaten, dem Königreich Westfalen und dem Großherzogtum Berg (Hauptstadt Düsseldorf), direkter Eingriffe und zahlreicher Weisungen. Bei der Durchsetzung dieser »Reformpolitik« stießen landfremde Beamte häufig auf Widerstand. Die zahlreichen Kriege behinderten immer wieder die in Gang gesetzten Vorhaben. Die militärischen Verpflichtungen und die finanziellen Leistungen führten einzelne Rheinbundstaaten an den Rand des Staatsbankrotts. Dennoch blieb gerade den süddeutschen Staaten keine Alternative. Gemessen an der vor dem Preßburger Frieden (1805) und der Rheinbundakte bestehenden territorialen und rechtlichen Lage im Reich, waren sie zu Mitträgern und Nutznießern einer Politik geworden, die aus ihnen in der Tat »Revolutionäre« gemacht hatte. Sie waren »nicht Satelliten, die mit militärischer Gewalt zum Gehorsam gezwungen und politisch aktionsunfähig gemacht worden waren, sondern echte Verbündete, die in wohlverstandener Staatsraison seiner [Napoleons] Politik anhingen« (Gall).

In den Bereichen Wirtschaft und Gesellschaft proklamierten die von Napoleon abhängigen Rheinbundfürsten und -minister das Ziel der Gleichheit auf der Basis gleicher bürgerlicher Rechte. Steuerprivilegien, eine Vielzahl feudaler Rechte, Ämtermonopole und wirtschaftlich restriktiver Bestimmungen und Befreiungen vom Wehrdienst wurden aufgehoben. Der Code Napoléon, das Gesetzbuch Frankreichs, wurde in den meisten Rheinbundstaaten eingeführt. Auch das Zivil-, Straf- und Prozeßrecht erfuhr eine grundlegende Umgestaltung bzw. Neuorientierung. Mit der Herstellung freier Eigentumsverhältnisse wollten die Verwaltungsorgane in den Rheinbundstaaten erreichen, daß eine neue kapitalkräftige Schicht – das Bürgertum – unbelastet von früheren ständischen Rang- und Rechtsunterschieden die im Aufbau befindlichen politischen und wirtschaftlichen Verhältnisse mittrage und präge. Es sollte sich jedoch zeigen, daß die »Reform«-Bürokratie weitgehend dominierte, weil sich im Unterschied zu Frankreich ein nennenswertes und homogenes Bürgertum erst bilden mußte.

Zu den Mitteln napoleonischer Rheinbundpolitik zählten auch dynastische Verbindungen, besonders die Heiratspolitik sowie ein ausgedehnter Nepotismus. An die Spitze der Modellstaaten Westfalen und Berg setzte er Verwandte. Im Großherzogtum Berg regierte bis 1808 Joachim Murat, ein Schwager Napoleons; danach war Prinz Louis Napoleon Bonaparte, ein Neffe des Kaisers, der spätere Kaiser Napoleon III., vorgesehen. Wie das Großherzogtum Frankfurt und wie Berg wurde das Königreich Westfalen (Hauptstadt Kassel) mit dem kaiserlichen Bruder Prinz Jérôme (1807–1813) an der Spitze nach französischem Muster regiert und verwaltet.

Königreich Westfalen

Das Königreich Westfalen, erblich im Hause Bonaparte, war ein aus zahlreichen Gebieten und Herrschaften zusammengesetzter Kunststaat, dessen Verfassung Napoleon Ende 1807 fixierte und seinem Bruder schriftlich zustellte.

Für die Mitgliedschaft in der Kammer, die wenige Rechte hatte, war nicht die ständische Zugehörigkeit, sondern die Höhe der gezahlten Grundsteuer maßgebend. Die französische Verwaltungsgliederung in Departements (Präfekten) und Distrikte (Unterpräfekten) setzte sich bis hinab zu den Gemeinden fort. Die Gewerbefreiheit wurde eingeführt, Steuer- und Zunftvorrechte, die Leibeigenschaft, das Gesindezwangsrecht und das Jagdprivileg abgeschafft, Polizei-, Gerichts- und Militärwesen dem französischen Vorbild angepaßt. Die Juden erlangten gleiche Rechte. Für Günstlinge des Kaisers und verdiente Militärs richtete man Dotationsdomänen ein. Dieser Majoratsadel genoß ausdrücklich fiskalische Vorrechte. Überdies durchbrach Napoleon bzw. sein Bruder das proklamierte Prinzip der sozialen Egalität mit Hilfe des Artikels 27 der Rheinbundakte, der den Standesherren eine Reihe von Privilegien sicherte (Bergwerksregal, niedere und mittlere Gerichtsbarkeit, Jagd- und Fischereirechte).

Weniger die aufwendige Hofhaltung des lebenslustigen Königs Jérôme als der ständige Abfluß finanzieller Mittel (Abzahlung der Kriegskontributionen, Entzug der Hälfte der Einkünfte aus den Staatsdomänen) führten das Königreich Westfalen dem Ruin entgegen.

Anders als in Westfalen stellten im linksrheinischen Deutschland die Ablösung der Feudallasten und der Erwerb von Grundeigentum ein geringeres Problem dar, weil hier vielfach Güter konfisziert worden waren. In Bayern hatten zwar 75% der Bauern das Recht auf Ablösung, doch konnten sie aus Geldmangel hiervon in den wenigsten Fällen Gebrauch machen. Im Unterschied zu Preußen war jedoch das Bauernlegen untersagt. Baden und Württemberg leiteten die Agrarreform erst 1820 bzw. 1817 ein.

Süddeutsche Rheinbundstaaten

Der Neuaufbau der Staatsverwaltung war in den süddeutschen Rheinbundstaaten vom Geist des bürokratischen Absolutismus geprägt. Wenn auch weniger rigide als der selbstherrlich regierende württembergische König Friedrich I. (1797–1816) praktizierte in Bayern der leitende Minister Maximilian Graf von Montgelas – im Amt bis 1817 – eine zielbewußte, auf Zentralismus und Integration der neuen Landesteile ausgerichtete Politik. Bürgerliche Grundrechte fanden in diesem Rahmen einen Platz, nicht aber politische Mitwirkung auf der Basis einer Verfassung. Der bayerische Staat zog aus dem Verkauf der säkularisierten Kirchengüter und aus dem Klosterbesitz einen erheblichen Nutzen und konnte so während der Kriegsjahre seinen Rheinbund-Verpflichtungen in etwa gerecht werden. Auch in Baden (Reitzenstein) und in Nassau (Ludwig Harscher von Almendingen) war es die energische Organisations- und Verwaltungstätigkeit leitender Beamter, die über die wenigen Jahre der Existenz des Rheinbundes hinaus die politische und gesellschaftliche Struktur deutscher Mittel- und Kleinstaaten modernisierte und damit auch zur Ausbildung eines Selbstbewußtseins des »dritten Deutschland« beitrug.

Deutschland unter der Herrschaft Napoleons 1806–1813. Die Befreiungskriege

Deutschland war in der Konzeption Napoleons kein eigenständiger Faktor. Es sollte ein Baustein sein, und – sofern politisch unterworfen und militärisch kontrolliert – das Grand Empire gegen ein Eingreifen Großbritanniens und gegen Ansprüche des Zaren sichern. Umgeben von kleineren Satellitenstaaten mit Verwandten Napoleons an der Spitze (Batavische Republik; Helvetische Republik; Cisalpinische Republik, seit 1805 umbenannt in Königreich Italien; ferner das Königreich Neapel), konnte von einem einmütigen Widerstand »Deutschlands« ohnehin keine Rede mehr sein. Österreich und Preußen verfolgten völlig unterschiedliche Interessen: Österreichs Haus-

Einzug Napoleons am 27. Oktober 1806 in Berlin

machtpolitik seit 1804 bzw. Preußens Neutralitätspolitik seit dem Baseler Frieden von 1795 waren der beredte Ausdruck eigenständiger Großmachtinteressen und -ansprüche.

Niederlage Österreichs 1805

Die Niederlage des mit Rußland verbündeten Österreich in der Dreikaiserschlacht bei Austerlitz in Mähren (2. Dezember 1805) hatte im Frieden von Preßburg (26. Dezember 1805) den Verlust der bisherigen Stellung der Habsburger in Deutschland und in Italien zur Folge: Abtretung der Lombardei, Venetiens und Dalmatiens an das Königreich Italien; Abtretung der Besitzungen am Oberrhein und in Oberschwaben an Baden und Württemberg, von Tirol, Vorarlberg und Lindau an Bayern; Kriegsentschädigung in Höhe von 40 Millionen Francs.

Im Austausch mit Ansbach und Kleve bot der Kaiser Preußen Hannover an, und Preußen ging auf den Handel ein. Die Annexion Hannovers und die Verpflichtung zur Sperrung der Nordseehäfen veranlaßten Großbritannien jedoch zur Kriegserklärung an Preußen. Dann aber ließen Gerüchte und starkes Mißtrauen gegen Napoleons weitere mutmaßlichen Pläne den preußischen König Abwehrvorbereitungen treffen, ja im August 1806 die Mobilmachung gegen Frankreich anordnen. Er ignorierte Napoleons Forderung zu demobilisieren und verlangte den Rückzug der französischen Truppen aus Süddeutschland. In grotesker Verkennung der politischen Lage und der militärischen Kräfteverhältnisse erklärte Friedrich Wilhelm III. (1797–1840) am 9. Oktober Napoleon den Krieg – lediglich mit Sachsen, Braunschweig und Sachsen-Weimar-Eisenach verbündet. Die unzureichend ausgerüstete und dilettantisch geführte preußische Armee wurde von den Truppen Napoleons am 14. Oktober in der Doppelschlacht bei Jena und Auerstedt vernichtend geschlagen. Der Staat Friedrichs des Großen war nicht nur militärisch, sondern, wie sich zeigen sollte, auch politisch zusammengebrochen.

Zusammenbruch Preußens 1806

Hieran änderte die erfolgreiche Verteidigung einzelner Festungen, etwa Kolbergs mit Major Gneisenau und dem Bürgeradjutanten Nettelbeck, nichts. Der König setzte, gestützt auf russische Hilfe, den Kampf fort. Zum erstenmal konnte Napoleon eine Schlacht nicht gewinnen (Preußisch-Eylau, 8. Februar 1807). Doch nach seinem Erfolg bei Friedland (südöstlich von Königsberg) am 14. Juni erklärte sich Zar Alexander I. (1801–1825) zum

Friedensschluß bereit. Er traf mit Napoleon an der Grenze auf einem Floß in der Memel (Njemen) zusammen und erreichte, daß Preußen als Staat erhalten blieb. Unter dem König von Sachsen wurde aus bisher preußischem Gebiet das Herzogtum Warschau gebildet. Danzig kam als Freie Stadt unter den Schutz Sachsens und Preußens. Rußland erhielt einen Teil des preußischen Neu-Ostpreußen um Bialystok.

Friede von Tilsit

Im Frieden von Tilsit (9. Juli 1807) verlor Preußen seine Gebiete westlich der Elbe, die zu dem neuen Königreich Westfalen geschlagen wurden, sowie fast alle Erwerbungen aus den polnischen Teilungen ab 1772. Es anerkannte den Rheinbund. Auf die Hälfte seines Gebietsstandes reduziert und zu einem unbedeutenden Mittelstaat geworden, nahm Preußen eine Pufferfunktion zwischen Frankreichs Herrschaftsbereich und Rußland ein. Die Aufhebung der französischen Besatzung war abhängig von der Zahlung der hohen Kriegskontribution, die am 8. September 1808 auf 140 Millionen und kurz darauf nach der Intervention des Zaren in Erfurt auf 120 Millionen Francs, zahlbar in 30 Monatsraten in Silbergeld (32,4 Millionen Taler), festgelegt wurde. Hinzu kam an Besatzungskosten etwa eine Milliarde Francs. Das auf 4,94 Millionen Bewohner in den Provinzen Ost- und Westpreußen, Pommern, Neumark, Schlesien und Kurmark verkleinerte Preußen war auch unter äußersten Anstrengungen nicht in der Lage, die finanziellen Lasten zu tragen. Seine Armee wurde auf 42000 Mann herabgesetzt.

Nach vorangegangenen Maßnahmen gegen den Handel Englands im Jahr 1805 erließ Napoleon am 21. November 1806 von Berlin aus das Dekret über die Kontinentalsperre, das jeglichen unmittelbaren Handel Großbritanniens, jeden Schiffsverkehr und jede Korrespondenz mit dem Kontinent unterbinden sollte.

Zollvisitation in Leipzig zur Zeit der Kontinentalsperre

Auch die deutsche Wirtschaft war von den Absperrungsmaßnahmen, die in den folgenden Jahren verstärkt wurden, betroffen, so etwa die Baumwollindustrie im Großherzogtum Berg mit 20000 Beschäftigten. Ähnlich erging es der Landwirtschaft in weiten Teilen Preußens, aus dem Großbritannien bislang ein Drittel seines Getreideimports bezogen hatte. Das Textilgewerbe und die Maschinenindustrie in Sachsen hingegen verzeichneten einen Aufschwung. Der Rheinbund konnte seinen Handel mit Frankreich insgesamt steigern (deutscher Anteil am französischen Gesamtimport 1792 ca. 5%, 1813 19%). Bayerns Italienhandel kam zum Erliegen. Der preußische Staat zog Vorteile: Er ließ beschlagnahmte eingeschmuggelte Waren gegen hohe Lizenzgebühren freigeben und nahm 1810 bis 1812 auf diese Weise vermutlich 12 Millionen Taler ein.

Seit 1810 gliederte Napoleon die Rheinbundstaaten in das nunmehr verschärfte System der Kontinentalsperre ein, ohne allerdings sein Ziel, Englands Handel und Wirtschaft in der derzeitigen Krise zu ruinieren, zu erreichen. Der Annexion Nordwestdeutschlands lag die Absicht zugrunde, das Blockadesystem undurchlässig zu machen.

Auf die Dauer führte die Kontinentalsperre zu Konsequenzen, die den Zusammenhalt des Grand Empire gefährdeten. Der Zar öffnete am 31. Dezember 1810 seine Häfen für britische Waren, um den russischen Agrarexport wieder in Gang zu setzen. Österreich blieb nach 1806 von Napoleon unbehelligt und schloß sich nur im Mittelmeer der Kontinentalsperre an. Seine führenden Politiker erwarteten jedoch 1808 den Angriff der Franzosen. Leitender Minister war von 1805 bis 1809 der süddeutsche Reichsgraf Johann Philipp von Stadion. Gemeinsam mit Erzherzog Karl, dem Kriegsminister und Oberbefehlshaber, propagierte Stadion, unterstützt von dem Publizisten Friedrich Gentz, den nationalen Krieg der Deutschen zur Wiedergeburt des Reiches und zur Wiederherstellung Österreichs (»die Völker selbst müssen unsere Bundesgenossen werden«).

Der Tiroler Landsturm unter Andreas Hofer (Gemälde von Joseph Anton Koch, 1809)

Die militärischen Vorbereitungen blieben unzureichend, und die Strategie war verfehlt. Bei Aspern östlich von Wien konnte Napoleon zwar geschlagen werden (21./22. Mai 1809, ca. 100000 Mann kämpften auf jeder Seite, österreichische Verluste etwa 23000, französische 44000 Mann). Aber in der Entscheidungsschlacht bei Wagram (5./6. Juli 1809) siegte der Kaiser der Franzosen (österreichische Verluste ca. 37000, französische ca. 27000 Mann).

Friede von Schönbrunn 1809

Im Frieden von Schönbrunn (14. Oktober) trat Österreich folgende Gebiete ab: an Bayern Salzburg, Berchtesgaden und das Innviertel, an das italienische Königreich: Villach, Triest, Krain, Görz, Monfalcone. Abtretungen in Dalmatien wurden als illyrische Provinzen der französischen Militärverwaltung unterstellt. An Rußland verlor es einen Teil Ostgaliziens und an das Herzogtum Warschau Westgalizien und Krakau. Der Deutsche Ritterorden wurde in den Rheinbundstaaten aufgehoben. Österreichs Kriegsentschädigung betrug 85 Millionen Francs. Sein Heer wurde auf 150000 Mann begrenzt.

Um seine Stellung in Europa zu legitimieren, ging Napoleon eine dynastische Heirat ein. Am 1. Februar 1810 ehelichte er die Tochter Kaiser Franz II., Marie Louise, nachdem er sich vergeblich um die Schwester des Zaren bemüht hatte.

Andreas Hofer

Erstaunlich lange vermochten die von Andreas Hofer geführten Bauern Tirols sich gegen bayerische und französische Truppen zu behaupten (1809). Sie setzten damit (Sieg am Berg Isel bei Innsbruck), wenn auch schließlich geschlagen, ein Zeichen für den Widerstand gegen das von Napoleon verfügte System der Unfreiheit – wie schon 1808 die Spanier – und ermutigten indirekt die gegen den Korsen aufbegehrenden Völker, die einen Aufstand noch nicht wagten.

In Deutschland hinterließ die Zeit der napoleonischen Herrschaft tiefe Spuren. Neben der wirtschaftlichen Ausbeutung, der Zerstörung gewachsener Handels- und Gesellschaftsstrukturen waren es die großen Opfer, welche die Bevölkerung während der Kriege bringen mußte. Militärdienst und Zwangsabgaben, die Schrumpfung des Sozialprodukts und die mehr als ein Jahrzehnt andauernden Auswirkungen einer imperialistischen Politik auf

Russische Kavallerie vor Berlin 1813 (Aquarellierte Zeichnung von Ludwig Wolf)

beinahe alle Bereiche des Alltags (Zwangseinquartierungen, Beeinträchtigung der Ernährung, Teuerung) ließen einen tiefen Haß gegen die »Franzosenherrschaft« entstehen, der in besonders betroffenen Gebieten noch Jahrzehnte spürbar blieb. Die konservativ geprägte Öffentlichkeit und Publizistik (u.a. Gentz) lehnte den napoleonischen Imperialismus grundsätzlich ab, weil er nach ihrer Meinung jegliche Ordnung zerbrach. Andererseits gab es zahlreiche Bewunderer Napoleons, zu denen außer kritiklosen Adoranten viele Repräsentanten des geistigen Deutschland, auch Goethe, der mit Napoleon 1808 in Erfurt zusammentraf, zählten. Insgesamt nahm Napoleons Popularität in Deutschland sukzessive ab: Der Sohn der Revolution brachte nicht die verheißene Freiheit und Gleichheit, vielmehr Pressezensur, Unterdrückung und Zwang.

Franzosenherrschaft

Am Krieg Napoleons gegen Rußland im Jahr 1812 mußten mehr als 100000 Deutsche teilnehmen, die insgesamt etwa ein Drittel der Grande Armée ausmachten. Die von den Rheinbundstaaten gestellten Regimenter wurden fast völlig aufgerieben, während die österreichischen und preußischen Truppen verhältnismäßig wenig Verluste erlitten. Napoleons militärische Katastrophe in Rußland war der zündende Funke, der einen Stimmungsumschwung in Deutschland bewirkte und in kurzer Zeit die entscheidenden emotionalen Voraussetzungen für den Aufstand der Völker gegen den korsischen Tyrannen schuf. »Befreiung von Volk und Vaterland« – so lautete die Parole der Patrioten.

Befreiungskriege 1813–1815

Als erster Staat wandte sich Preußen gegen Napoleon. Auf die Zusage des Zaren hin, Preußen wiederherzustellen, schloß der Führer des preußischen Hilfskorps, Ludwig Yorck von Wartenburg, am 30. Dezember 1812 mit dem russischen General Diebitsch die Konvention von Tauroggen bei Tilsit ab, mit der er das preußische Korps neutralisierte. Dieser Schritt erfolgte gegen den Willen König Friedrich Wilhelms III., der sich nach heftigem Widerspruch schließlich fügte.

Der Berater des Zaren, der Freiherr vom Stein, errichtete in dessen Auftrag in Ostpreußen eine »vorläufige Verwaltung« (Einberufung der Landstände zum 5. Februar 1813). Auf Betreiben Scharnhorsts führte der König von Breslau aus am 9. Februar die allgemeine Wehrpflicht für die Dauer des

Krieges ein. Nach dem Bündnisvertrag mit Rußland in Kalisch (28. Februar) erklärte Preußen am 16. März Frankreich den Krieg. Es verfügte zu diesem Zeitpunkt praktisch nur über das Yorcksche Korps (ca. 18000 Mann).

Österreich schloß sich dem Kampf gegen Napoleon noch nicht an, während der Zar auf Drängen Steins als ein Kriegsziel die Herstellung einer deutschen Verfassung »allein durch die deutschen Fürsten und Völker« und die Wiederherstellung Preußens in den Grenzen von 1806 nannte. Der preußische König zauderte bis zuletzt und schloß sich der nationalen Befreiungsbewegung nur widerstrebend an (Aufruf »An mein Volk«, 17. März; Stiftung des Eisernen Kreuzes als Auszeichnung für alle Dienstgrade). In den Formationen der Landwehr nahmen weite Volksteile an den kriegerischen Aktionen teil. Bis zum Kompaniechef wurden die bürgerlichen Landwehroffiziere von den Kreisausschüssen bestimmt und vom König bestätigt.

Nach militärischen Mißerfolgen im Mai erfuhr die Koalition nach dem Ende einer vereinbarten Waffenruhe die entscheidende Verstärkung: Metternich, der seit 1809 leitender Minister war, führte nach einer Phase der Neutralität Österreich in das Lager der Verbündeten gegen Napoleon (11. August), zu denen auch England und Schweden gehörten. Als Kriegsziel vereinbarten Preußen, Österreich und Rußland am 9. September den Status quo ante (1805) für die beiden deutschen Großmächte, die Unabhängigkeit der deutschen Staaten östlich des Rheins und die Auflösung des Rheinbunds. England trat am 3. Oktober bei. Die militärische Entscheidung fiel in der als »Völkerschlacht« bei Leipzig in die Geschichte eingegangenen Schlacht, in der Napoleon mit 200000 Mann den nach einem einheitlichen Plan und unter gemeinsamem Oberbefehl operierenden drei Armeen seiner Gegner (ca. 330000 Mann) unterlag (16.–19. Oktober 1813).

Völkerschlacht bei Leipzig

Während der Kämpfe traten die sächsischen und die württembergischen Truppen auf die Seite der Verbündeten über. Napoleon flüchtete über den Rhein. Ein Drittel seiner Armee hatte er eingebüßt. Sein politisches System in Deutschland, vor allem der Rheinbund, zerbrach. Im Vertrag von Ried (8. Oktober 1813) hatte sich Bayern bereits vom Rheinbund losgesagt. Gegen die Zusicherung seiner uneingeschränkten Souveränität trat es als gleichberechtigter Partner der Koalition gegen Napoleon mit 36000 Mann bei. Unter maßgeblicher Beteiligung und auf Drängen Preußens setzten die Verbündeten den Kampf gegen den Kaiser in Frankreich fort (Übersetzen des preußischen Korps unter General Blücher über den Rhein in der Neujahrsnacht). Sie zogen am 30. März 1814 in Paris ein. Napoleon dankte ab und ging in die Verbannung auf die Insel Elba.

Friede von Paris

Im Frieden von Paris vom 30. Mai 1814 zwischen den Verbündeten und dem aus dem Exil zurückgekehrten König Ludwig XVIII. von Frankreich (1814/15–1824) wurde bezüglich Deutschlands u.a. festgelegt: »Die Staaten Deutschlands werden unabhängig und durch ein föderatives Band vereint sein.« Eine genauere Vereinbarung über die staatliche Struktur blieb unter Mitwirkung der nichtdeutschen Großmächte einem künftigen Kongreß vorbehalten. Mehrere Verfassungspläne (Wilhelm von Humboldt, Freiherr vom Stein, Metternich u.a.) und zahlreiche Bemühungen der Klein- und Mittelstaaten um Gebietserhalt bzw. -erwerb beschäftigten in den folgenden Monaten die internationale Diplomatie und die während der Befreiungskriege mobilisierte und politisierte deutsche Öffentlichkeit.

Patrioten und Nationalisten

Schon im Winter 1807/08 hatte der Philosoph Johann Gottlieb Fichte in seinen Berliner »Reden an die deutsche Nation« das deutsche Volk dazu aufgerufen, das napoleonische Joch abzuschütteln und sich auf das eigene Volkstum zu besinnen (»Urvolk«, Erziehung zur »Deutschheit«). Ähnliche Ziele strebte der von dem Lehrer Friedrich Ludwig Jahn und dem Studenten Friedrich Friesen in Berlin gegründete »Deutsche Bund« seit 1810 an. Seine

Rückkehr eines jüdischen Freiwilligen (Gemälde von Moritz Daniel Oppenheim, 1834)

Parole lautete: »Deutschland erwache!« Die 1811 von Jahn ins Leben gerufene »Turngesellschaft« fand schnell Anklang. Ihre Mitglieder, die zumeist aus dem Bildungsbürgertum stammten, pflegten auch eine vormilitärische Erziehung.

Nach der Aufhebung der Pressezensur im März 1813 entfaltete sich in Preußen und in anderen deutschen Staaten eine breite Volksbewegung, die ihren Ausdruck in einer Vielzahl von Broschüren, Flugschriften, Zeitungen und Liedern fand. Der politische Publizist Ernst Moritz Arndt, ein engagierter und fanatischer Patriot und Nationalist, zeitweise (1812–16) Mitarbeiter des Freiherrn vom Stein, tat sich mit Kampfschriften gegen Napoleon hervor (u.a. »Katechismus für den teutschen Kriegs- und Wehrmann«, 1813). Arndt unterlegte seinen undifferenzierten romantischen Volksbegriff mit religiösen Schlagworten (»heiliges Volk«).

In einem eifernden, prophetenhaften Ton rief Arndt die Deutschen zu einer die Stände, Stämme und Konfessionen sprengenden nationalen Gesinnung auf: »Einmüthigkeit der Herzen sey eure Kirche, Haß gegen die Franzosen eure Religion, Freiheit und Vaterland seyen die Heiligen, bei welchen ihr anbetet«. Ein Jahr zuvor gab er auf die selbstgestellte Frage »Was ist des Deutschen Vaterland?« die diffuse Antwort: »So weit die deutsche Zunge klingt/und Gott im Himmel Lieder singt/Das soll cs seyn!/Das, wackrer Deutscher, nenne dein!« Theodor Körner und Max von Schenkendorf artikulierten ein weit verbreitetes Freiheitsbedürfnis, ohne damit konkrete Verfassungskonzepte zu verknüpfen. Sie forderten die »Nation in Waffen«. Ein besonderes Kennzeichen der Befreiungskriege waren die Freiwilligenverbände. In ihnen waren Studenten, Schüler, Handwerker und Bildungsbürger überrepräsentiert. Das vom Freiherrn Adolf von Lützow befehligte Freikorps – zeitweise mehr als 3000 Mann stark – bestand überwiegend aus Studenten. Seine militärische Bedeutung war gering. Das Schwarz-Rot-Gold seiner

Schwarz-Rot-Gold

Montur nahm später die deutsche Burschenschaft auf. Dadurch wurde es zum Signum der demokratischen und der nationalen Einheitsbewegung. Nach bescheidenen Anfängen unmittelbar vor der Französischen Revolution entstand in den Befreiungskriegen erstmals ein lebendiges Gemeinschaftsgefühl in der deutschen Bevölkerung.

Preußen nach 1806: Der Staat und die Reformen

Ausschlaggebend für die Reformen war der »Druck der Not« (Hintze), der nach dem Zusammenbruch von 1806 herrschte. Eine nach Absichten und Zielvorstellungen keineswegs einheitliche Reformpartei erhielt die Gelegenheit und die Mittel zur Verwirklichung ihrer Politik. Die Staatsschuld erreichte die enorme Höhe von 53,5 Millionen Talern (Ende 1806) und sogar 112,3 Millionen Talern (Mitte 1811).

Bis zum Amtsantritt Hardenbergs (1810) waren von den Kontributionen 41,7 Millionen Francs abgetragen. Das Ausmaß der Zwangsanleihen und der außerordentlichen Steuern stieg noch durch die Lasten der Befreiungskriege. Nach 1806 befanden sich die Landwirtschaft, das Gewerbe und der Handel in einem beklagenswerten Zustand. Dem militärischen Zusammenbruch schien der ökonomische auf dem Fuß zu folgen. Die Notwendigkeit einer radikalen Kursänderung bedurfte keiner Begründung. Die Reformer konnten sich jedoch nicht auf eine Volksbewegung stützen. Vielmehr mußten die Maßnahmen verordnet werden – daher die mangelnde Zustimmung zumal beim Bürgertum und der rasch erstarkende Widerstand der feudalen Opposition. Die Reformen zielten auf bürgerliche Rechtsgleichheit und ließen die ökonomische Ungleichheit bestehen. Sie dienten in erster Linie dem Staat, indem sie auf die Mobilisierung der Bevölkerung – begrenzte politische Partizipation, formale wirtschaftliche Chancengleichheit, ziviler und militärischer Pflichtenkatalog – angelegt waren. Das Ergebnis war nicht eine »Regeneration« des Staates im Sinne Steins, sondern seine Reorganisation auf breiterer, verwaltungsmäßig abgesicherter Basis, für die am ehesten der Name Hardenberg stand. Die gesellschaftliche Schichtung mit ihrer dominierenden Stellung des Adels beschnitt von Beginn an den Handlungsspielraum der Reformpartei. Auch nach 1815 war das Budget unausgeglichen (1816: Einnahmen 39,8; Ausgaben 53,3 Millionen Taler, hiervon 23,8 Militäretat), so daß einer gezielten öffentlichen Finanzpolitik und Investitionsanreizen für die private Hand von vornherein enge Grenzen gezogen waren.

Reorganisation, nicht Regeneration

Den Auftakt zu den Reformen bildete die Ernennung des Freiherrn vom Stein zum leitenden Minister in Preußen am 30. September 1807.

Reichsfreiherr vom und zum Stein

Reichsfreiherr Heinrich Friedrich Karl vom und zum Stein war nach Jurastudium in Göttingen seit 1780 im preußischen Staatsdienst, seit 1796 an der Spitze aller Kammern der westlichen Provinzen, seit 1804 Minister für das Akzise- und Fabrikdepartement im Generaldirektorium in Berlin. In seiner »Nassauer Denkschrift« vom Juni 1807 legte er seine Reformvorstellungen für die Staats-, Provinzial- und Kreisverwaltung nieder. Er plädierte für die »Belebung des Gemeingeistes und des Bürgersinns« und forderte die Begründung des Neuaufbaus mit Hilfe der ständischen Kräfte. Erfüllt von patriotischer Gesinnung und ausgestattet mit Geschäftskenntnis und einem festen Willen, setzte Stein in den dreizehn Monaten seiner Amtszeit (Entlassung am 24. November 1808 auf Betreiben Napoleons) grundlegende Reformen

Die erste Berliner Stadtverordnetenversammlung in der Nikolaikirche (Aquarell von F.A. Calau, 1809)

durch. Als erstes erfolgte die Umbildung der Regierung und Staatsverwaltung. Das System der nur dem König verantwortlichen Kabinettsräte und das Generaldirektorium wurden durch fünf Fachressorts ersetzt (Ministerien für Inneres, Finanzen, Justiz, Krieg, Auswärtiges). »Aus dem autokratischen wurde der bürokratische Obrigkeitsstaat« (Nipperdey). In den Provinzen traten an die Stelle der Kammern kollegial verfaßte Regierungen, denen als Kontrollorgan der Zentrale jeweils ein Oberpräsident übergeordnet war. Die Justiz wurde von der Verwaltung abgetrennt, konnte letztere aber nicht kontrollieren.

Städteordnung

In der Städteordnung vom 19. November 1808, die von Steins Mitarbeiter, dem Polizeidirektor von Königsberg Johann Gottfried Frey, stammte, sollte der Gedanke der Selbstverwaltung seinen klarsten Ausdruck finden. Die Städteordnung basierte auf dem Prinzip der kommunalen Selbständigkeit (Etat, Steuererhebung, innere Sicherheit, Wahl der Stadtverordneten, des Magistrats und des Bürgermeisters, letzteres mit staatlicher Bestätigung). Es gab nur noch Bürger und Schutzverwandte. Das Bürgerrecht wurde auf

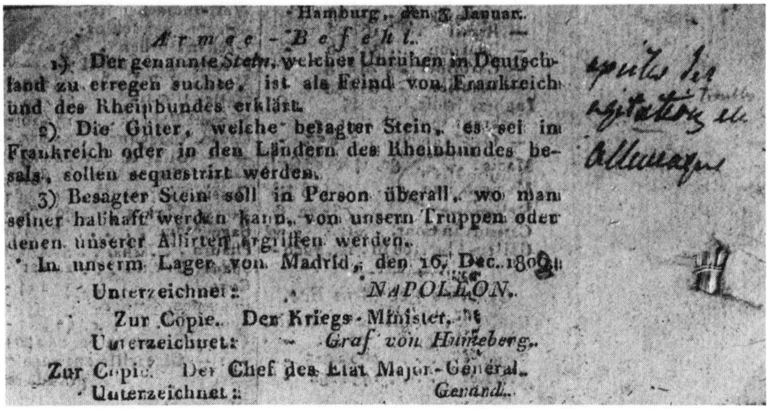
Hamburg, den 3. Januar.

Armee-Befehl.

1) Der genannte *Stein*, welcher Unruhen in Deutschland zu erregen suchte, ist als Feind von Frankreich und des Rheinbundes erklärt.

2) Die Güter, welche besagter Stein, es sei in Frankreich oder in den Ländern des Rheinbundes besals, sollen sequestrirt werden.

3) Besagter Stein soll in Person überall, wo man seiner habhaft werden kann, von unsern Truppen oder denen unserer Alliirten ergriffen werden.

In unserm Lager von Madrid, den 16. Dec. 1808.

Unterzeichnet: *NAPOLEON.*

Zur Copie. Der Kriegs-Minister,

Unterzeichnet: *Graf von Hunebeerg.*

Zur Copie. Der Chef des Etat Major-General.

Unterzeichnet: *Gerand.*

Armeebefehl Napoleons vom 16. 12. 1808, in dem der Freiherr vom Stein zum Feind Frankreichs erklärt und seine Verhaftung angeordnet wird

Antrag zuerkannt. Es war unabhängig von der Zugehörigkeit zu einem Stand oder einer Zunft bzw. Gilde. Voraussetzung für seine Gewährung war Grundbesitz, ein bestimmtes Einkommen oder ein Gewerbebetrieb. Zu den Schutzverwandten gehörten weiterhin die Soldaten und die Juden. Das aktive Wahlrecht war an einen geringen Zensus (150 bis 200 Taler), das passive an Grundbesitz geknüpft.

Am Widerstand des Adels scheiterte die Ausdehnung der kommunalen Selbstverwaltung auf die Landgemeinden.

Agrarreformen

Die Reform der Agrarverfassung stieß auf erhebliche Schwierigkeiten. Sie befand sich – nicht nur für ausländische Beobachter – um 1800 in einem archaisch anmutenden Zustand. Steins wichtigster Mitarbeiter, Theodor von Schön, hielt sie mit Recht für ein Stück »Barbarei« und ein »Überbleibsel eines finsteren Zeitalters«.

Das »Edikt den erleichterten Besitz und den freien Gebrauch des Grundeigentums sowie die persönlichen Verhältnisse der Landbewohner betreffend« vom 9. Oktober 1807 hob die Gutsuntertänigkeit der Bauern je nach der Art des Besitzrechts sofort oder spätestens am Martinitage (11. November) 1810 auf. Die Bauern wurden persönlich frei und eigentumsfähig. Sie erhielten Abzugs- und Heiratsrecht. Der Gesindezwangsdienst wurde aufgehoben, was angesichts des Bevölkerungsanstiegs auf dem Lande keine gravierende Einbuße für die Gutsherren darstellte. Jeder Bauer, Adlige und Bürger konnte fortan Grundeigentum kaufen und verkaufen. Entgegen Steins Absicht entfiel der Bauernschutz, insofern als er auf dem Verordnungswege nur eingeschränkt beibehalten wurde. Die freie Berufswahl für alle Stände bedeutete einen wichtigen Schritt zur Überwindung der ständischen Gesellschaft. Das Edikt regelte nicht die Ablösung der Abgaben und Dienste und die Bedingungen der Übertragung von Eigentum an die Bauern. Eine neue Gesindeordnung (8. November 1810) wirkte restriktiv.

Die Regelung der grundherrlich-bäuerlichen Verhältnisse im Regulierungsedikt vom 14. September 1811 trug den Forderungen des Adels weitgehend Rechnung. Um ihre Abgaben und Dienste »abzulösen«, mußten die Bauern als Entschädigung den Gutsherren Land abtreten, und zwar bei schlechterem Besitzrecht die Hälfte, ansonsten ein Drittel. Sofern Bargeld vorhanden war (in den seltensten Fällen), konnte nach Übereinkunft die Ablösung auf diesem Wege erfolgen. Zumeist zog sich die Auseinandersetzung über Jahrzehnte hin. 1816 verschlechterten sich die Bedingungen für die Bauern weiter: Ausschluß der nicht spannfähigen Bauern und der erst in der zweiten Hälfte des 18. Jahrhunderts entstandenen Bauernstellen aus der Regulierung, ferner insgesamt Wegfall des Bauernschutzes, auch vor der Ablösung.

Die Reform der preußischen Agrarverfassung trug nicht den Charakter einer »Bauernbefreiung«. Sobald der »Druck der Not« nachließ, bestimmten eindeutig die massiven materiellen Interessen der ostelbischen Junker die Linie der staatlichen Landwirtschaftspolitik. Das Bauernlegen nahm – gesetzlich abgesichert – zu. Um 1850 hatte sich die Gutswirtschaft ausgebreitet und gefestigt. Etwa 75% der Bevölkerung auf dem Lande bestand aus existenzgefährdeten Kleinbauern und abhängigen Landarbeitern. Die großräumige, auf Investitionen ausgerichtete und häufig an mangelnder Modernisierung krankende Gutswirtschaft gab für das nächste Jahrhundert den Ton an. Begünstigt wurde diese Entwicklung durch die Teilung (1821) gemeinschaftlichen Besitzes bei den Weideflächen (Allmende). Hinzu trat vielfach eine Aufteilung der Fluren und ihre Zusammenlegung. Nach 1815 übernahmen die neuen preußischen Provinzen die Reform der Agrarverfassung in unterschiedlichem Ausmaß.

Karl August von Hardenberg

Mit der Ernennung Karl August von Hardenbergs zum Staatskanzler (1810) nahm die Reformpolitik eine neue Richtung. Hardenberg hatte nach Tätigkeiten in Hannover und Ansbach-Bayreuth in Preußen mehrfach Ministerposten bekleidet. 1806 setzte Napoleon seine Entlassung durch. In seiner »Rigaer Denkschrift« (1807) forderte er die Verwirklichung demokratischer Grundsätze in einer monarchischen Regierung. Dabei befürwortete er die Stärkung der staatlichen Machtbefugnisse, sympathisierte mit aufgeklärt absolutistischen Herrschaftstechniken und setzte während seiner Amtszeit (bis 1822) in zunehmendem Maße auf die Bürokratie. Hardenberg leitete auch die Innen-, Außen- und Finanzpolitik.

Gewerbereform

Das Gewerbeedikt vom 7. September 1811 hob den Zunftzwang und andere Beschränkungen (Monopole) auf und führte damit die Gewerbefreiheit ein. Diese Maßnahme war besonders für das Handwerk auf dem Lande von Vorteil. Hardenberg führte eine allgemeine Gewerbesteuer (2. November 1810) ein, nahm jedoch mit Rücksicht auf die begüterten Schichten bzw. den Adel von der Einführung einer nennenswerten Einkommenssteuer und der Grundsteuerreform Abstand. Dagegen belastete er die mittleren und unteren Schichten mit der Verbrauchs- und der Klassensteuer. Ihm ging es um die Aufhebung der bisher getrennten Besteuerung nach Stadt und Land.

Hardenbergs konsequente Maßnahmen zur Mobilisierung des Grundbesitzes riefen den energischen Widerstand der Junker, geführt von Friedrich A.L. von der Marwitz und dem Grafen Finckenstein, hervor. Sie unterstellten Hardenberg die Absicht, »aus dem ehrlichen Brandenburgischen Preußen einen neumodischen Judenstaat« zu machen. Im Grunde wehrten sie sich – überwiegend mit Erfolg – gegen die Schmälerung ihrer Standesvorrechte. Die zur Debatte über die Steueredikte zusammengerufene Versammlung von Notabeln tagte von 1811 bis 1815 mit Unterbrechungen. Eine Vertretung des Volkes war sie nicht.

Heeresreform

Die Reform des Heeres war nach der Niederlage gegen Napoleon unerläßlich und stellt im wesentlichen das Verdienst Gerhard Johann von Scharnhorsts, August Neidhart von Gneisenaus und Hermann von Boyens dar. Gemeinsames Ziel der Reformer war es, den Staat auf die von der preußischen Nation getragene Armee zu gründen.

Der leidenschaftliche Gneisenau blickte weiter: Das neue Preußen sollte auf dem »dreifachen Primat der Waffen, der Wissenschaft und der Verfassung« stehen. Die Prügelstrafe wurde abgeschafft, und das Adelsprivileg für die Offizierslaufbahn fiel. Durch das Kooptationsprinzip blieb das Offizierskorps im wesentlichen dennoch eine Domäne des Adels. Die adligen Kadettenschulen blieben grundsätzlich bestehen.

Insgesamt wurde die Armee moderner – in der Taktik und in der Führung (Generalstabsoffiziere). Als Leiter des allgemeinen Kriegsdepartements in dem 1809 errichteten Kriegsministerium wurde Scharnhorst die dominierende Persönlichkeit. Hermann von Boyen, ab 1814 Kriegsminister, war der Schöpfer der allgemeinen Wehrpflicht (September 1814). Mit Hilfe des sogenannten Krümpersystems (vorzeitige Beurlaubungen und Rekrutierungen) erhöhte sich die Präsenzstärke des Heeres praktisch kontinuierlich über die von Napoleon als Obergrenze verfügten 42000 Mann. In Landwehr und Landsturm organisiert, als »Volk in Waffen«, erbrachten Bürger und Bauern den Beweis patriotischer Zuverlässigkeit während der Befreiungskriege.

Die Landwehr galt als Errungenschaft des Bürgertums. Alle der Wehrpflicht Unterworfenen waren nach dreijährigem Dienst im Heer und zwei Jahren in der Reserve bis zum 32. Lebensjahr Mitglied der Landwehr ersten Aufgebots, bis zum 39. Lebensjahr zweiten Aufgebots, ferner im Kriegsfall Mitglieder des Landsturms bis zum 50. Lebensjahr. Die Konservativen und der Adel mißbilligten die Landwehr, die eine selbständige Institution war. Ein mittlerer Schulabschluß ermöglichte die Ableistung eines einjährigen freiwilligen Dienstes mit der anschließenden Qualifikation zum Landwehroffizier. Der Kampf gegen die Landwehr war in den späteren Jahrzehnten ein Kampf gegen die Verbürgerlichung des Heeres und für den Erhalt des traditionellen Königsheeres.

Reform von Bildung und Erziehung

Die Reform von Bildung und Erziehung entsprach einem weitverbreiteten Bedürfnis – nicht nur in Preußen. Das Besondere war indes die einzigartige Verbindung von Nationalerziehung, Neuhumanismus und Idealismus. Sie sollte in Deutschland Vorbild und Modell werden für die Neugestaltung des allgemeinen Schulwesens und der Universität in staatlicher Regie.

Die Unterrichtsmethoden des Schweizer Pädagogen Johann Heinrich Pestalozzi wurden in Preußen zuerst von Ludwig Natorp rezipiert und in Elementarschulen und Lehrerausbildungsstätten eingeführt. Wie der Philosoph Fichte betonte auch Wilhelm von Humboldt im krassen Gegensatz zum Nützlichkeitsdenken der Aufklärung als Ziel von Bildung und Unterricht ihren allgemeinen, nicht fachbezogenen Charakter: Bildung ist zunächst zweckfrei. Sie dient der Formung des Individuums zur Persönlichkeit. Eine solche für manche Interpretation offene Konzeption fand den nötigen Raum zu ihrer Verwirklichung in Preußen, dessen König forderte: Der »Staat müsse durch geistige Kräfte ersetzen, was er an physischen verloren habe«.

Durch Gesetze und Verordnungen wurden die verschiedenen Bildungseinrichtungen einheitlichen Regelungen unterworfen: Gliederung des Schulwesens, Einführung bzw. Neuordnung staatlicher Prüfungen; Abitur als generelle (ab 1834 einzige) Zugangsvoraussetzung zum Universitätsbesuch nach der Vorschrift von 1788, neugeordnet 1812; Lehrbefugnis an den Universitäten, Verbeamtung von Lehrern und Hochschullehrern. Die Bildungsreform zielte ab auf die Verdrängung von Standesvorrechten. Der Zugang zu den Staatsämtern und damit auch tendenziell die Zusammensetzung der führenden Gesellschaftsschichten wurde auf diese Weise von den Kontroll- und Selektionsmechanismen staatlicher Prüfungsorgane und Ausbildungseinrichtungen abhängig gemacht. Der Staat des 19. Jahrhunderts sollte ein auf Bildung gegründeter Staat sein und die Kulturnation des 18. Jahrhunderts auf diesem Wege zur Staatsnation der Zukunft werden.

Wilhelm von Humboldt Gründung der Berliner Universität

Wilhelm von Humboldt, bis 1791 Legationsrat in Berlin, dann Privatgelehrter mit vornehmlich sprachwissenschaftlichen und philosophischen Interessen, hochgebildet, Bruder des weitgereisten und berühmten Naturforschers Alexander von Humboldt, wurde auf Betreiben des Freiherrn vom Stein im Februar 1809 Leiter der Sektion für Kultus und Unterricht im preußischen Innenministerium. Während seiner nur 14monatigen Amtszeit wirkte er bahnbrechend in der Neugestaltung des gesamten Unterrichtswesens.

Rahel Varnhagen (links) und Henriette Herz (rechts)

Die Idee der Universität beruhte nach Humboldt auf der Einheit und der institutionellen Verbindung von freier Forschung und freier Lehre. Gegen erhebliche Widerstände setzte er bei König Friedrich Wilhelm III. dieses Prinzip durch. Dementsprechend richtete sich die von Humboldt maßgeblich initiierte Gründung der Universität in Berlin (1810) ausdrücklich gegen die Absichten des Ministers von Massow, der für das Konzept getrennter Fachhochschulen für einzelne Disziplinen eintrat.

Die Universität begann im Wintersemester 1810/11 mit 256 Studenten. Gleich zu Beginn gelang die Berufung profilierter Wissenschaftler nach Berlin: Fichte (erster gewählter Rektor), Schleiermacher (Theologie), Savigny und Eichhorn (Begründer der Historischen Rechtsschule), Friedrich August Wolf und Boeckh (Altertumswissenschaft), Niebuhr (Geschichte), Thaer (Agrarwissenschaft) und Hufeland (Medizin). 1811 wurde die Universität Frankfurt/Oder nach Breslau verlegt und mit der dortigen Leopoldina zur Universität vereinigt.

Schulen

Gegenüber der intensiven Förderung der Gymnasien und des Volksschulwesens drängten Humboldt und seine Nachfolger die Realschulen (»ohne Latein«) in den Hintergrund. Süvern und Johannes Schulze verwirklichten, z.T. über Humboldts Intentionen hinausgehend, das neuhumanistische Bildungsideal mit dem Schwergewicht auf den alten Sprachen, Religion und Deutsch. 1830 bestanden 110 Gymnasien. Bereits 1810 richtete Preußen das Staatsexamen für künftige Gymnasiallehrer ein. Ebenso griff der Staat bei den Volksschulen in die Lehrerbildung und die Unterrichtspläne ein. Bis 1840 entstanden 38 Lehrerseminare (dreijährige Ausbildung der Volksschullehrer). Etwa 17600 Dorfschulen, überwiegend ein- oder zweiklassig, und 2460 städtische Elementarschulen wurden bis 1820 errichtet. 1813 erging Süverns »Gesamtinstruktion über die Verfassung der Schulen«. Schulkollegien auf Kreis- und Provinzebene, in denen Geistliche beider großer Kirchen mitwirkten, übten die Schulaufsicht aus.

Diese umfassende Neugestaltung und Institutionalisierung von Bildung und Erziehung fügte sich ein in das Ensemble der Reformen, die Staat und Gesellschaft auf eine neue Grundlage stellten. In der Ära der Reformen entfaltete sich namentlich in Berlin eine reiche bürgerliche Kultur. Im Geiste des Klassizismus und der Frühromantik verbanden ihre Träger und Anhänger literarische Neigungen mit der Pflege von Kunst und Philosophie. Die Salons gebildeter Jüdinnen (Henriette Herz, Rahel Varnhagen u.a.) führten Intellektuelle aus verschiedenen gesellschaftlichen Schichten zusammen. Sie standen am Anfang des bürgerlichen Jahrhunderts in Deutschland.

Die Neuordnung Deutschlands auf dem Wiener Kongreß 1814/15

Die Erwartungen und Hoffnungen der Deutschen richteten sich auf die glänzende Versammlung der gekrönten Häupter, der Staatsmänner und Diplomaten, die von November 1814 bis Juni 1815 in der alten Kaiserstadt Wien tagte. Inmitten der zahlreichen Fragen von europäischem Rang – Stellung Frankreichs nach Napoleon, Schicksal Polens, Gestaltung Italiens und der Niederlande, Einflußnahme Großbritanniens auf das politische System des Kontinents – kam der deutschen Frage eine besondere Bedeutung zu.

Grundsätze

Unklar waren die Prinzipien der Neuordnung Deutschlands. Welche Staatsform und welche verfassungsrechtlichen Grundsätze sollten gelten? Sollte die Devise »Freiheit« oder »Legitimität« lauten? Unstrittig war vor Beginn des Kongresses lediglich, daß Deutschland sich einer Forderung der europäischen Großmächte unterzuordnen habe, nämlich der Wiederherstellung eines gerechten Gleichgewichts der Mächte (»rétablissement d'un juste équilibre des puissances«, Vertrag der Alliierten von Chaumont, 1. März 1814). In einem Geheimvertrag vom 30. Mai 1814 sicherten sich die Großmächte einschließlich Frankreichs eine Vorrangstellung bei der künftigen Regelung der deutschen Frage zu.

Auf dem Kongreß in Wien blieb der Einfluß der Vertreter deutscher Mittel- und Kleinstaaten begrenzt. Preußen und Österreich agierten in ihrer Doppelrolle als deutsche und europäische Mächte. Der Kongreß wurde am 1. November 1814 eröffnet. Auf die Verhandlungen nahm der geschickt taktierende französische Außenminister Talleyrand wiederholt Einfluß. Wichtige Entscheidungen fielen in einem kleinen Ausschuß, dem Komitee der acht Unterzeichnerstaaten des Pariser Friedens, später im Komitee der vier Siegermächte und Frankreichs. Maßgebend für die Gebietsregelungen war vorwiegend die jeweiligen »Quadratmeilen- und Seelenzahl«. Die Interessen der Bevölkerung blieben zumeist außer Betracht.

Sächsisch-polnische Frage

In der sächsisch-polnischen Frage wurde die enge Verzahnung der europäischen Großmachtinteressen mit der künftigen Konstellation Deutschlands besonders deutlich. Zeitweilig drohte der Kongreß an dieser Frage zu scheitern. Preußen und Rußland meldeten einander widersprechende Territorialforderungen in Polen an. Österreich und Großbritannien stellten sich einer Westausdehnung des Zarenreiches entgegen. Der preußische König jedoch gab russischem Druck nach. Metternich gewann die Unterstützung Frankreichs (geheimes Bündnis Österreich-Großbritannien-Frankreich, 3. Januar 1815). Ein Krieg war zu befürchten. Schließlich wurde Sachsen geteilt: Preußen bekam die nördliche Hälfte mit 60% der Bewohner, während die südliche Hälfte unter dem ehemaligen Verbündeten Napoleons selbständig blieb. Rußland erhielt das Herzogtum Warschau als »Königreich Polen« (Kongreß-Polen).

Weitere Territorialfragen

Demgegenüber mußte Preußen auf den größten Teil seiner Erwerbungen aus den polnischen Teilungen des 18. Jahrhunderts verzichten. Außer Westpreußen mit Danzig blieb ihm der Netzedistrikt mit Thorn und das Departement Posen, aus dem eine eigene Provinz (Großherzogtum Posen) gebildet wurde. Österreich bekam nur vier Kreise in Galizien. Krakau erhielt den Status einer autonomen Republik unter dem Schutz der drei ehemaligen Teilungsmächte Polens. Es wurde 1831 faktisch und 1846 formell von Österreich annektiert.

Von den übrigen Territorialregelungen, die ebenso wie alle sonstigen Beschlüsse in der Wiener Kongreßakte vom 9. Juni 1815 niedergelegt wurden, waren für die deutsche Staatenwelt von Bedeutung. Österreich verlor seine Machtstellung in Südwestdeutschland und in den Niederlanden. Es gewann seine Verluste aus den Friedensverträgen der napoleonischen Ära zurück (Tirol, Vorarlberg, Kärnten, Triest, Krain, Istrien und Dalmatien), dazu Salzburg. In Oberitalien konnte Österreich seine Position erheblich festigen (Lombardo-Venezianisches Königreich; Sekundogenituren, d.h. dynastisches Besitzrecht der Zweitgeborenen in der Toscana, in Modena und Parma mit Piacenza).

Bayern blieb Königreich. Es erlangte die linksrheinische Pfalz, Ansbach, Bayreuth, das Großherzogtum Würzburg, das Fürstentum Aschaffenburg und die Reichsstädte Augsburg und Nürnberg. Hannover, dynastisch mit Großbritannien verbunden, wurde Königreich und erhielt Ostfriesland, Hildesheim, Goslar, Teile von Lingen und den nördlichen Teil des Münsterlandes (Vereinbarung mit Preußen vom 29. Mai 1815). Baden und Württemberg konnten ihre Gebietserweiterungen aus der Zeit des Rheinbundes ungeschmälert behalten. Die Ergebnisse der Säkularisierung und Mediatisierung wurden nicht rückgängig gemacht. Die Herzöge von Sachsen-Weimar, Mecklenburg und Oldenburg wurden zu Großherzögen erhoben. Hessen-Kassel blieb Kurfürstentum.

Für seine Verluste im Osten wurde Preußen entschädigt. Im Austausch gegen Lauenburg (Elbe) erhielt es von Dänemark Vorpommern nördlich der Peene mit der Insel Rügen. Aus den säkularisierten Bistümern Trier und Köln sowie Aachen, ferner aus Jülich und Berg fügte der Kongreß die spätere Rheinprovinz zusammen. Hinzu kamen Westfalen, die südlichen Teile des Bistums Münster und Paderborn. Damit gewann Preußen einen geschlossenen Landblock in Westdeutschland, freilich ohne direkte Verbindung zu seinen östlich der Elbe gelegenen Stammlanden. Preußen war stark vergrößert, aber nicht saturiert. Es mußte auf die Vereinigung seiner beiden Gebietsteile drängen. Großbritannien hatte entscheidend den Gebietszuwachs Preußens im Westen begünstigt, um damit ein Gegengewicht zu Frankreich zu schaffen.

Deutsche Verfassungsfrage

Aufgehalten durch die Landung Napoleons in Südfrankreich (Herrschaft der 100 Tage vom 1. März bis 18. Juni 1815) und durch den langanhaltenden Konflikt in der sächsisch-polnischen Frage, trat erst im Frühjahr 1815 das deutsche Verfassungsproblem in das Stadium ernsthafter Verhandlungen. Auf der Grundlage der Arbeiten und Vorschläge des Deutschen Komitees (Österreich, Preußen, Bayern, Hannover und Württemberg) wurde am 8. Juni 1815 die Deutsche Bundesakte paraphiert, die Bestandteil der Kongreßakte des folgenden Tages wurde. Die grundlegenden ersten zehn Artikel standen unter der Garantie der Kongreßakte und damit auch der außerdeutschen Staaten.

Für die Bundesakte wurde ein gemeinsamer preußisch-österreichischer Plan (Zwölf Artikel) vom September 1814, der an ein Konzept Hardenbergs anknüpfte, maßgebend. Metternich befürwortete die Wahrung der einzelstaatlichen Souveränität und damit das Prinzip der Legitimität. Er rief damit freilich den Protest der deutschen Patrioten hervor, die ein einziges Deutschland forderten. Bayern setzte den Fortfall des geplanten obersten Bundesgerichts durch.

Deutsche Bundesakte 1815

Die Verfassung des Deutschen Bundes sah für seine 38, dann 41 Mitglieder, die »souveränen Fürsten und freien Städte«, einen losen Staatenbund vor, dessen Zweck in der »Erhaltung der äußeren und inneren Sicherheit Deutschlands und der Unabhängigkeit und Unverletzbarkeit der einzelnen deutschen Staaten« bestehen sollte. Preußen und Österreich gehörten dem Deutschen Bund nur mit ihren ehemaligen Reichsteilen an, Österreich also mit einem erheblichen nichtdeutschen Bevölkerungsanteil. Als gleichberech-

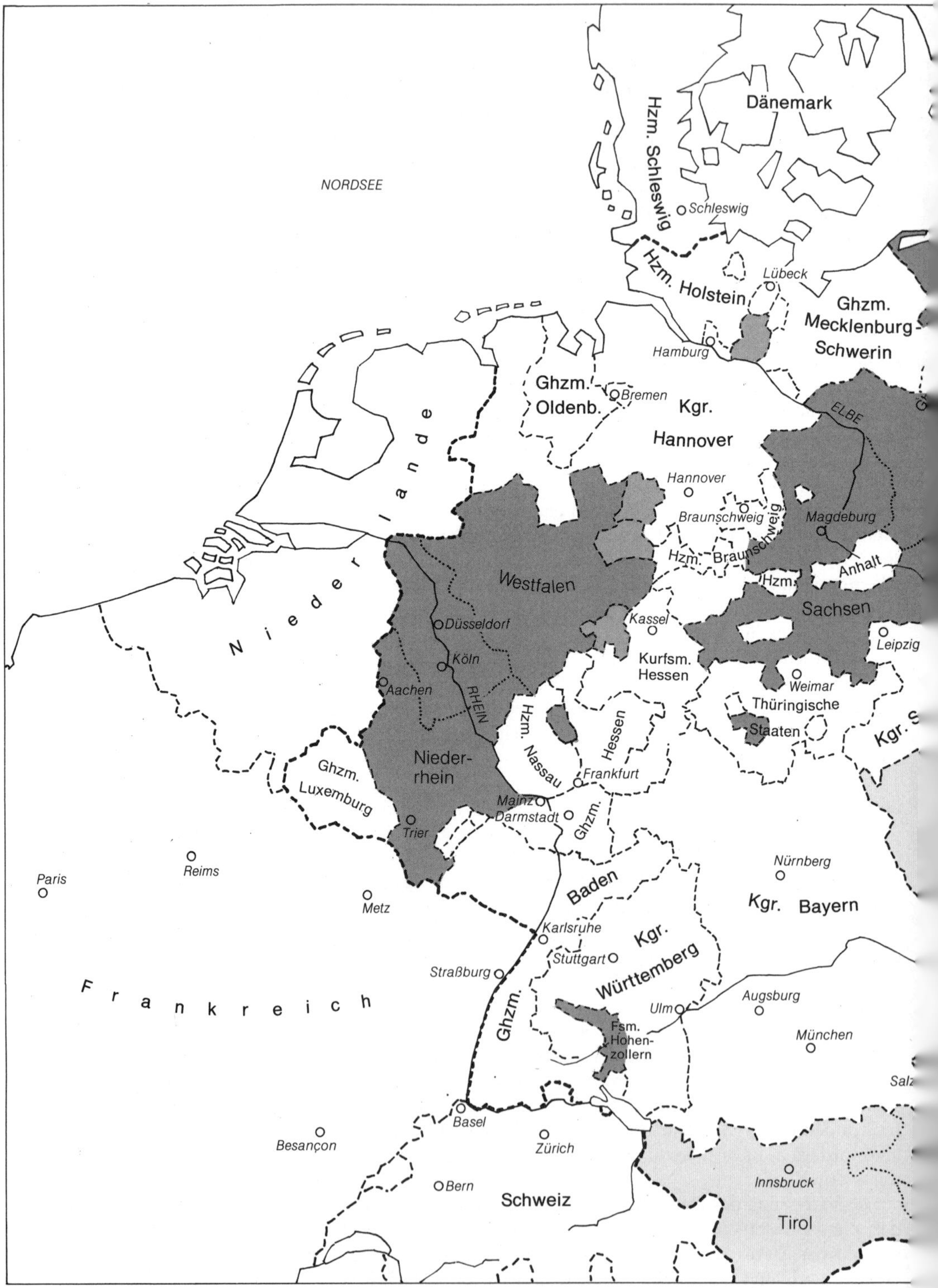

Deutschland nach dem Wiener Kongreß 1815

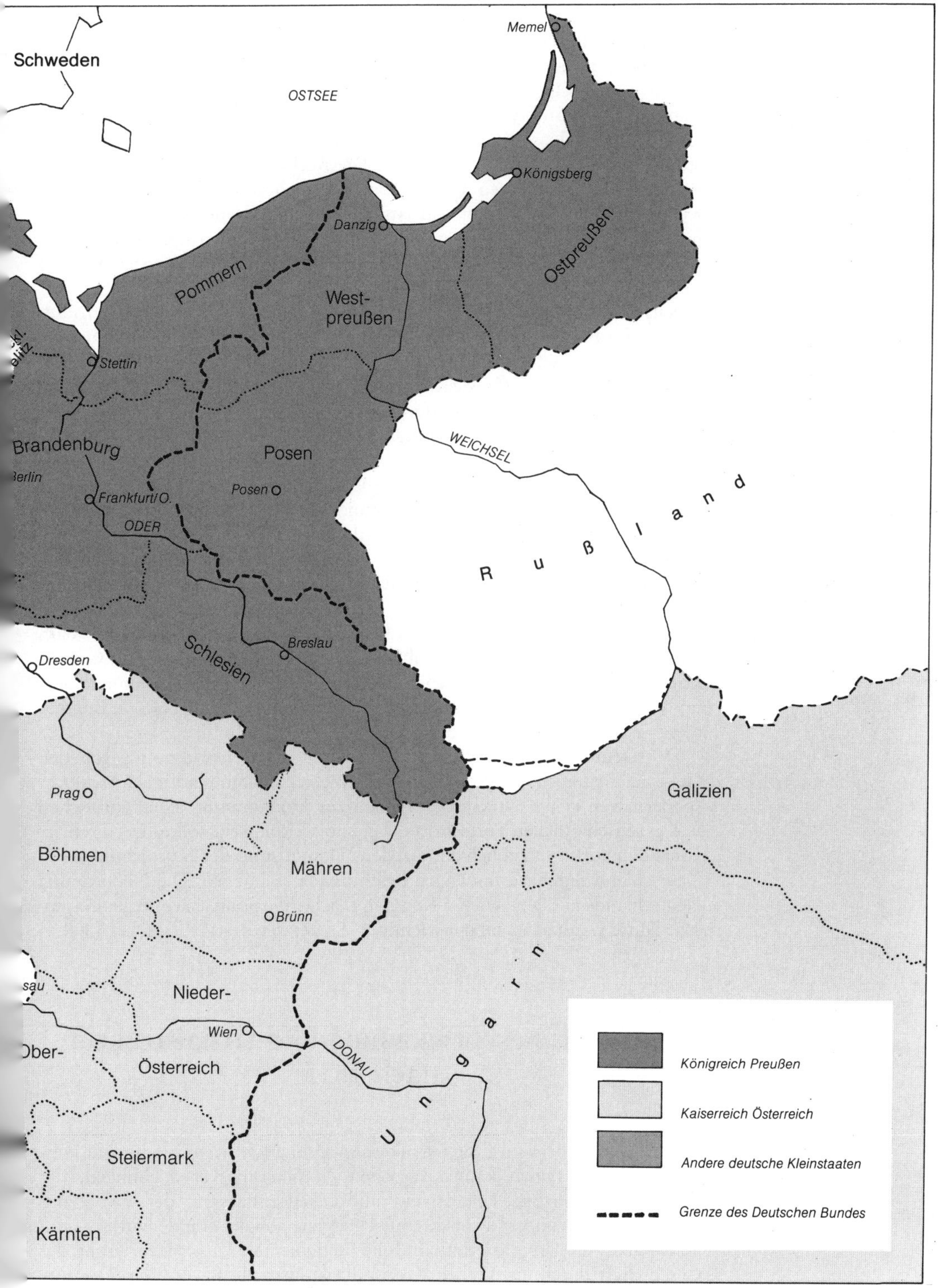
Schweden
OSTSEE
Memel
Königsberg
Danzig
Ostpreußen
Pommern
West-
preußen
Stettin
Brandenburg
Posen
Posen
WEICHSEL
Frankfurt/O.
ODER
Rußland
Schlesien
Breslau
Dresden
Prag
Galizien
Böhmen
Mähren
Brünn
Nieder-
Wien
DONAU
Österreich
Ungarn
Steiermark
Kärnten
Königreich Preußen
Kaiserreich Österreich
Andere deutsche Kleinstaaten
Grenze des Deutschen Bundes

tigte Bundesfürsten waren Mitglieder des Bundes der König von Großbritannien für Hannover, der König der Niederlande als Großherzog von Luxemburg und der König von Dänemark als Herzog von Holstein und Lauenburg.

Das einzige Organ zur gemeinsamen politischen Willensbildung war der Bundestag in Frankfurt/Main. In seinem Engeren Rat führten unter dem Vorsitz Österreichs die elf größeren Staaten je eine Stimme (sog. Virilstimme) von insgesamt 17 Stimmen. Die restlichen 6 Stimmen standen als Kuriatstimmen mehreren Bundesstaaten gemeinsam zu, so daß bis zu 8 Kleinstaaten zusammen eine Kuriatstimme hielten. In der Vollversammlung hatte jedes Mitglied mindestens eine Stimme, die größeren Staaten bis zu vier (insgesamt 69). In beiden Gremien konnten Preußen und Österreich auch im Verbund mit den vier Königreichen den Rest nicht majorisieren. Es war jeweils Einstimmigkeit erforderlich, sofern es um eine Änderung der Grundgesetze des Bundes, seiner Einrichtungen oder um Religionsangelegenheiten ging. In praxi setzten sich jedoch die im Engeren Rat getätigten Vorabsprachen, besonders bei offensichtlicher Übereinstimmung zwischen Österreich und Preußen auch im Plenum durch.

Der Bundestag war ein Gesandtenkongreß. Der politische Wille der Bevölkerung spiegelte sich nicht in ihm wider. Der Auftrag des Artikels 13 der Bundesakte (»In allen Bundesstaaten wird eine Landständische Verfassung statt finden«) wurde in den kleineren und mittleren Staaten nur schleppend, in Preußen und Österreich nicht verwirklicht.

Die Liberalen und die Anhänger der nationalen Bewegung haben den Deutschen Bund insgesamt scharf verurteilt. In der Tat war er ein Hort der konservativen Ordnungsvorstellungen, der Legitimität und der Sicherung des »monarchischen Prinzips« (Artikel 57 der Wiener Schlußakte von 1820). Der renommierte katholische Publizist aus dem Rheinland, Joseph Görres, kritisierte in seinem »Rheinischen Merkur« (1815) heftig die »jämmerliche, unförmliche, mißgeborene, ungestaltete Verfassung« des Deutschen Bundes, diese »Zangen- und Nothgeburt«.

Der Deutsche Bund war eine staatsrechtliche Konstruktion gegen den Geist der Zeit, nicht in erster Linie wegen seiner staatenbündischen Struktur, sondern weil er ein wirksames Vehikel zur Eindämmung jedes politischen und gesellschaftlichen Fortschritts war und weithin sein sollte. Der Freiherr vom Stein hoffte vergeblich darauf, den »Despotismus der Napoleoniden« in Deutschland durch Verfassungen beschränken zu können. Die Neuordnung Deutschlands auf dem Wiener Kongreß machte die politische und geographische Mitte Europas zu einem wichtigen Träger der Restauration bis 1848.

Bevölkerungsentwicklung und Sozialstruktur nach 1815

Übergang von der Stände- zur Klassengesellschaft

Im 19. Jahrhundert stieg die Bevölkerung sprunghaft, wenn auch nicht kontinuierlich an. Hinzu kamen regionale Bevölkerungsverschiebungen, der Wandel in Ernährung, Lebensweise und Lebensauffassung, der unverkennbare, wenn auch zögernd einsetzende Übergang von der Stände- zur Klassengesellschaft, die Urbanisierung und die fundamentale Umstrukturierung der Gesellschaft durch die Verkehrs- und die Industrielle Revolution. Das alte aus dem 18. Jahrhundert überkommene ständische Gefüge wurde aufgebrochen. Immer mehr Bevölkerungsgruppen meldeten rechtliche und ökonomische Ansprüche an, die von den herrschenden Gewalten und den etablierten

– vorwiegend adligen – Kräften als Umsturz der gottgegebenen Gesellschaftsordnung bekämpft wurden. Die Zeit des politischen Stillstandes bis 1848 war zugleich eine Ära langfristiger Umschichtungen in der nur vordergründig apolitischen Gesellschaft. Der Bürger, der Unternehmer, der Industrielle und schließlich der Arbeiter bestimmten zunehmend das äußere Erscheinungsbild in Stadt und Land.

Wachstum der Bevölkerung

Das Wachstum der Bevölkerung in Deutschland setzte vor Beginn der Industriellen Revolution ein. Die Bevölkerung im Deutschen Bund erhöhte sich von 29,8 (1816) auf 45,3 (1864) Millionen Einwohner.

Am stärksten war der Anstieg in Preußen (einschließlich der nicht zum Bund gehörenden Gebietsteile), nämlich von 10,4 (1816) auf 19,3 (1864) Millionen. Österreich (nur Bundesanteil) verzeichnete einen Zuwachs von 8,7 auf 12 Millionen. In Sachsen verdoppelte sich der Bevölkerungsstand nahezu (1,2 gegenüber 2,35), während der Anstieg in Braunschweig, Hessen-Kassel und Bayern mit 31,33 und 35% am geringsten war (Deutscher Bund im Durchschnitt 57%). Die Grippeepidemie von 1831/32 und die Hungerkrise von 1847/48 unterbrachen das Wachstum nicht. Der Bevölkerungsüberschuß kam durch starke Geburtenraten trotz der hohen Sterbeziffern zustande. In der ersten Jahrhunderthälfte nahm die Lebenserwartung der Neugeborenen angesichts weiterhin starker Säuglings- und Kindersterblichkeit nur langsam zu. Gerade in den rapide wachsenden Städten stieg die Säuglingssterblichkeit infolge der unzureichenden Hygiene und der kümmerlichen Wohnverhältnisse an: Zunahme in Preußen von 17,4 (1821) auf 21,1% (1861 und 1870), in Berlin im Jahresdurchschnitt 1864–70 sogar 31,5%.

Als Ursachen des Bevölkerungsanstiegs sind insbesondere zu nennen: die Verminderung der Seuchengefahr, die bessere Ernährung und Widerstandsfähigkeit, der Wegfall von Heiratsbeschränkungen und die Zunahme der Eheschließungen. Die Schaffung neuer Existenzgrundlagen (»Stellen«) im Zuge des Landesausbaus besonders im preußischen Osten, wenn auch auf vergleichsweise oft wenig attraktivem Niveau, trug erheblich zur Vermehrung der Anzahl der Familien bei. Der Anteil der unehelichen Geburten war in Bundesstaaten ohne Heiratsbeschränkungen (Preußen 7,5%) gering, im umgekehrten Fall jedoch wesentlich höher (z.B. Bayern 21,1%, 1830–69). 1865 war Preußen zum bevölkerungsstärksten Staat geworden und hatte damit Österreich überrundet. Nach den Annexionen von 1866 lebten 2 von 3 Einwohnern des späteren kleindeutschen Staates in Preußen.

An die Stelle der Binnenwanderung von West nach Ost (in die Agrargebiete Preußens) trat nach dem Einsetzen der Industrialisierung eine zunächst unorganisierte, dann kontinuierliche Ost-Westwanderung, vor allem in die Industriezentren des Ruhrgebiets, aber auch nach Sachsen, Oberschlesien, Berlin und die großen Hafenstädte. Von der Auswanderung waren zumeist strukturschwache Gebiete wie Teile des deutschen Südwestens (Odenwald) betroffen. Aus Deutschland wanderten 20000 Menschen wegen der materiellen Not nach dem Hungerwinter 1816/17 aus, ähnlich 1847/48. In der Reaktionszeit stieg die Gesamtzahl der Auswanderer weiter an: 1852 bis 1854 auf 566000, 1850–59 auf 1,16 Millionen und 1860–69 auf 782000 Menschen (die beiden letzten Angaben beziehen sich auf das Territorium des späteren Deutschen Reiches). Von den ca. 2,5 Millionen Auswanderern im Zeitraum 1841 bis 1871 wählten etwa 90% die USA als ihre künftige Heimat. Österreich (Bundesanteil) verlor durch Auswanderung von 1819 bis 1859 ca. 53000, von 1860–1870 nur ca. 42000 Einwohner.

Auswanderung

Im Deutschen Bund dominierten bis zur Mitte des Jahrhunderts – trotz der Industrialisierung – die Landgemeinden und die Kleinstädte. Um 1815 lebten schätzungsweise 91% der Bevölkerung in Gemeinden und Städten mit weniger als 5000 Einwohnern, 5% in Städten zwischen 5000 und 20000 und nur 1,5 % in Großstädten, d.h. über 100000 Einwohnern (Vergleichszahlen für das Deutsche Reich: 76,3 % in Gemeinden und Städten unter 5000, 7,7 % in Städten zwischen 10 und 100000 und 4,8 % in Großstädten).

Einwohnerzahlen größerer Städte in Tausend jeweils 1800, 1850 und 1870/71: Berlin 172/419/826, Breslau 60/114/208, Dortmund 4/11/44, Dresden 60/97/177, Essen 4/9/52, Frankfurt/M. 48/65/91, Hamburg 130/132/290, München 40/110/169, Prag 75/118/157, Stuttgart 18/47/92, Wien 247/444/834. Die Anzahl der Städte mit mehr als 10000 Einwohnern stieg von 80 (1830) auf 220 (1871), im späteren Reichsgebiet.

Urbanisierung

Im wesentlichen vollzog sich der Prozeß der Verstädterung während der Hochindustrialisierung, d.h. 1850 bis 1870. Ganze Landschaften veränderten ihr Aussehen. Die Beseitigung der z.T. noch sichtbaren alten Befestigungen, ferner Eingemeindungen und das Entstehen von Villenvororten prägten über den optischen Wandel auch das Wohnverhalten und die Beziehungen der mehr und mehr aufeinander angewiesenen gesellschaftlichen Gruppen. Gleichwohl blieben trotz engen Zusammenwohnens vielfach die schichtenspezifischen Lebensgewohnheiten bestehen.

Die Verbesserung der Produktionsmethoden und die Intensivierung des Handels, die Beseitigung alter Rechtsschranken zwischen den Ständen und die allgemeine Zunahme staatlicher Tätigkeiten hatten seit 1815 erhebliche Auswirkungen auf die Zusammensetzung der Gesellschaft im Deutschen Bund. Trotz unverkennbarer regionaler Unterschiede, zumal innerhalb Preußens, Österreichs und der größeren Mittelstaaten, trat an die Stelle ständisch begründeter Bindungen und Abgrenzungen allmählich ein Geflecht neuer sozialer Beziehungen. Die Elemente des neuen Sozialgefüges, die »Berufsstände« – im Gegensatz zu den alten »Geburtsständen« (Adel, Bürger, Bauern) – ergänzten stärker als zuvor die gesellschaftliche Gliederung und die Arbeitsteilung. Beamte, Klerus, Militär waren auch im 19. Jahrhundert wesentliche Repräsentanten von Staat und Gesellschaft. Daneben entstanden oder veränderten sich Berufsgruppen (Unternehmer, Industrielle, kapitalisierter Großgrundbesitz, Handwerker, industrielles Proletariat) und stellen allmählich die tradierte soziale Hierarchie rigoros in Frage.

Stände und Klassen

Die vornehmlich durch Geburt bzw. wirtschaftliche Tätigkeit definierten Stände und Klassen existierten lange nebeneinander. Sozialistische Theoretiker wie Karl Marx postulierten mit ihren Schlagworten »Bourgeoisie« und »Proletariat«, »Verelendung« und »Absterben des Staates« ein Gesellschaftsbild, das der Wirklichkeit Gewalt antat und weitgehend Ausfluß einer politischen Ideologie war. Die Stände und später die Klassen traten deutlich auseinander. Aber nur in Ausnahmefällen entwickelte sich ein revolutionäres Potential. Verbreiteter war hingegen ein zunehmendes Unverständnis zwischen den Hauptgruppen der Gesellschaft: Adel, Bürgertum und Arbeiterschaft. Ihre Politisierung vollzog sich vielfach innerhalb ihres Standes bzw. ihrer Klasse und zumeist – auch bei den Anhängern und Nutznießern der feudalen Privilegien und Relikte – gegen den Staat und seine Bürokratie.

Adel

Durch die Mediatisierung ging ein Teil des Adels seiner politischen Rechte verlustigt. Wie den übrigen Angehörigen des Adels blieben diesen Standesherren ihre sozialen und wirtschaftlichen Privilegien erhalten. In den ersten Kammern der Landtage führten sie Sitz und Stimme. Bei aller Differenzierung nach Ansehen, Herkommen und finanzieller Potenz bildete die Existenz der etwa 50000 adligen Familien auf dem Gebiet des späteren kleindeutschen Reiches ein beachtliches Hindernis für die Entstehung einer homogenen Staatsgesellschaft. Sie bewahrten eine eigene Standesgerichtsbarkeit. In mancherlei Hinsicht stellten die Privilegien des landsässigen Adels beispielsweise in Preußen so etwas wie eine zweite Obrigkeit dar. Gestärkt durch Landgewinn aus der Regulierung, ferner durch Einziehung von Bauernland und

Bürgerliche Familie in der Zeit des Biedermeier (Gemälde von Karl J. Milde, 1840)

durch Aufkaufen (Bauernlegen) erlangten die Rittergutsbesitzer in Preußen um die Mitte des 19. Jahrhunderts ein soziales Übergewicht, das sie in den Provinzial- und Kreisvertretungen auch politisch ausnutzen konnten. Durch Landesausbau, vor allem durch Kultivierung, vermehrte sich in der 1. Hälfte des 19. Jahrhunderts der nutzbare Boden von 7,3 auf 12,5 Millionen ha.

Ein Drittel der Bevölkerung Preußens unterstand bis zur Revolution von 1848 der Patrimonialgerichtsbarkeit, d.h. sie war dem unmittelbaren Zugriff staatlicher Rechtssprechung entzogen. Die lokale Polizeigewalt (bis 1872), das Jagdrecht auf Bauernland (bis 1848), das Kirchenpatronat und recht erhebliche Steuervergünstigungen markieren die besondere Position des Adels. Etwa die Hälfte des ritterlichen Gutsbesitzes war bis 1861 von der Grundsteuer befreit. 50% des landwirtschaftlich genutzten Bodens brachte nur 20% der Steuern auf. Die Rechte hafteten am Besitz, so daß durch den Verkauf von Rittergütern an Bürgerliche keine Änderung eintrat. Abgesehen von den Gütern über 5000 Hektar befanden sich durch Verkauf im Jahr 1856 von den 12339 Rittergütern in Preußen 43% in der Hand von Bürgerlichen. Ein mehrfacher Besitzwechsel war keine Seltenheit.

Die Gutsbezirke – 1869 45% der Bodenfläche im Preußen östlich der Elbe – hatten den Status eigener Verwaltungseinheiten. Vielmehr schritt die rechtliche und die ökonomische Polarisierung – Gutsbesitzer, Bauer/Kleinbauer, Landarbeiter – voran. Gerade die Landarbeiter mit und ohne Eigenbesitz oder Pachtland, zumeist mit Diensten an die Herren gebunden, stellten in ökonomischen Krisensituationen ein latentes Potential für Aufbegehren und Aufruhr dar. Zahlreiche Landarbeiter strömten hoffnungsfroh in Fabriken, um als ungelernte Arbeiter ein armseliges Leben gegen ein noch trostloseres Schicksal einzutauschen. 1860 umfaßte die Unterschicht auf dem Lande im ostelbischen Preußen 60% aller Landbewohner.

Handwerkerwohnung und Werkstatt (Radierung von Ludwig Richter, um 1834)

Staatsdienst

Im Staatsdienst behielt der Adel seine Vorrangstellung. In Österreich waren 1859 fast zwei Drittel der höheren Verwaltungsbeamten und 90% der Generale adlig. In Preußen war die Situation ähnlich. Sogar 2 von 3 Landräten waren hier um 1850 adlig. Als Erbe der Rheinbundzeit hatten die süddeutschen Staaten ihren zentralistischen Verwaltungsaufbau beibehalten. Dadurch war es dem Adel verwehrt, bei den höheren Staatsbeamten die Mehrheit zu stellen. In Preußen war bis 1830 ein deutlicher Anstieg des Anteils nobilitierter Verwaltungsbeamter zu verzeichnen. Er betrug bei den Oberpräsidenten sogar 60%, sank dann bis zur Revolution von 1848 wieder auf ein Drittel ab. Im Zuge der Heeresreform konnten Bürgerliche 46% der Offiziersstellen besetzen. Ihr Anteil verminderte sich aber bis zu Beginn der 1860er Jahre auf 20%. In Bayern bestand das Offizierskorps 1832 zu zwei Dritteln aus Bürgerlichen. Ein allgemeines Kennzeichen der Staatsverwaltung und der Heeresführungen war in fast allen deutschen Staaten die Nobilitierung fähiger oder verdienter bürgerlicher Staatsdiener – ein Vorgang, der das unterschwellige Bemühen der Fürsten nach Ergänzung und Aufrechterhaltung einer nützlichen zivilen und militärischen Funktionselite widerspiegelte.

Gewerblicher Mittelstand

Die bäuerliche und die gewerbliche Mittelschicht sahen sich einer Gefährdung ausgesetzt. Es hatte den Anschein, als werde der Agrarkapitalismus bzw. das Industriekapital ihre Existenz auf lange Sicht in Frage stellen. Trotz aller im Einzelfall begründeten Klagen und ungeachtet aller strukturellen Veränderungen konnte sich der gewerbliche Mittelstand bis zur Mitte des Jahrhunderts jedoch insgesamt behaupten. Einzelne Gewerke vermochten zumal ab 1830 zu expandieren (Bauhandwerk, Holzverarbeitung), während im metallverarbeitenden Handwerk und im Textilbereich ein z.T. empfindlicher Rückgang eintrat.

Die Zahl der Handwerker stieg merklich an, in Preußen von 450000 (1822) auf 850000 (1845). Das Verhältnis von Meistern zu Gesellen verkehrte sich. Um 1860 gab es mehr Gesellen als Meister. Bei einer Erwerbsquote von ca. 45% betrug der Anteil der Handwerker an der Gesamtbevölkerung 1850 auf dem Gebiet des späteren Deutschen Reiches etwa 13%, mit Familienangehörigen 16–17%. Zahlreichen soliden und prosperierenden Branchen und Einzelbetrieben standen Kümmerexistenzen am Rande der Armut gegenüber, die dem Konkurrenzdruck industrieller Fertigungsverfahren nicht gewachsen waren.

Hauptzielscheibe des Kampfes der Handwerksmeister war in vielen Fällen die Gewerbefreiheit, die nur in Preußen strikt durchgeführt wurde. Die süddeutschen Staaten praktizierten ein behördliches Konzessionsverfahren. Erst die Einführung der Gewerbefreiheit im Jahr 1869 schuf überall gleiche rechtliche Voraussetzungen.

Die Preisgabe der Zunftverfassung als Zwangseinrichtung mit ihren peinlich beachteten Prüf- und Kontrollmechanismen (Begrenzung des Personals; Qualität und Quantität der Waren) veränderte die Produktionsweise nachhaltig. Viele Gesellen waren und blieben auf der Suche nach einer gesicherten beruflichen Existenz. Das tradierte Selbstverständnis einer ganzen Schicht (»ehrbares« Handwerk) geriet zwar nicht ins Wanken, aber es verbreitete sich in Handwerkerkreisen die Besorgnis, wie das sonstige städtische Kleinbürgertum (Kleinhandel) und die untere Beamtenschaft nicht zu den Aufsteigerberufen zu gehören. Die Schere zwischen dem tatsächlichen materiellen Status und dem angestrebten Ort innerhalb des gesellschaftlichen Spektrums öffnete sich immer weiter.

Vor dem Hintergrund einer qualitativ stagnierenden Gesamtwirtschaft boten sich vor 1850 kaum befriedigende Lösungen. Es gab Handwerksgesellen, welche das enge und sozial defensiv geprägte Milieu hinter sich ließen und sich im westlichen Ausland Handwerkerbünden anschlossen. Hier lag – nicht nur für den Fall ihrer Rückkehr – eine Quelle der Politisierung und des Sozialprotests, mit dem sich die konservativ denkende Handwerkerschaft in der Zeit des deutschen Biedermeier auseinandersetzen mußte.

Restauration und Repression: Das »System Metternich«

Die Entscheidungen des Wiener Kongresses leiteten auch im Deutschen Bund eine Ära der politischen und gesellschaftlichen Restauration ein. Im Vordergrund stand dabei das Bestreben des Bundestags in Frankfurt/Main, zusammen mit den Einzelstaaten die neuerrichtete Ordnung gegen die Gefahr eines Umsturzes zu sichern. Stabilität und Legitimität – so lautete die Devise, ungeachtet der Tatsache, daß zahlreiche Territorialentscheidungen sich über das Legitimitätsprinzip hinwegsetzten. Die in Deutschland maßgeblich vom österreichischen Staatskanzler Metternich initiierte und verfochtene Politik der Restauration vollzog sich im Rahmen eines Vertrages der Sieger (Vierbund, 20. November 1815), in den auch das besiegte Frankreich aufgenommen wurde.

Diese konservative Internationale zur Unterdrückung von Revolutionen

Heilige Allianz jeder Art hatte ihre Ergänzung in der zuvor – am 26. September 1815 in Paris – durch die Monarchen Rußlands, Österreichs und Preußens abgeschlossenen »Heiligen Allianz«, die auf eine Anregung Zar Alexanders I. zurückging. Sie erklärten die christliche Religion zur Maxime und zum Regulativ der Politik und verstanden sich als Glieder einer christlichen Nation (»d'une même nation chrêtienne«). Das politische Manifest betonte das Gottesgnadentum. Metternich nannte es ein »lauttönendes Nichts«. Mit Ausnahme des Papstes und der Türkei traten alle europäischen Staaten, auch die Gliedstaaten des Deutschen Bundes bei. Großbritannien schloß sich nur für Hannover an. Sein Außenminister Castlereagh qualifizierte die Heilige Allianz als »a piece of sublime mysticism and nonsense«.

Um die staatsrechtliche Struktur und um die verfassungsrechtliche Gestalt des Deutschen Bundes und seiner Mitgliedsstaaten entbrannte in den folgenden Jahren und Jahrzehnten ein heftiger Streit. Die Kräfte der Beharrung und der Restauration stießen auf die Forderungen der jungen liberalen und der nationalen Bewegung: Verfassung und Einheit Deutschlands – so lautete bei mancherlei Unterschieden im einzelnen die Losung der Studenten, Professoren, Publizisten und Bürger aus fast allen deutschen Staaten. Sie beriefen sich auf Artikel 13 der Bundesakte (Einführung landständischer Verfassungen) sowie auf die Verfassungsversprechen der Monarchen während der Kämpfe gegen Napoleon. In den deutschen Fürsten – mit wenigen Ausnahmen – und besonders in den beiden großen Staaten Preußen und Österreich fanden die Anwälte der Verfassung und der nationalen Freiheit ihre erbitterten Gegner. Nach und nach gewann das »System Metternich« an Konturen und an Schlagkraft.

Metternich Klemens Wenzel Nepomuk Lothar Fürst von Metternich-Winneburg, in Koblenz geboren als Sohn eines Staatsministers im Kurfürstentum Trier, wurde nach Jurastudium in Straßburg und Mainz früh zu einem Gegner der Französischen Revolution. Wie sein Lehrer Nicolaus Vogt propagierte er die Lehre vom Gleichgewicht und von der Solidarität der europäischen Staaten. Als formvollendeter Aristokrat und »Adonis des Salons« (Treitschke), zeitlebens in galanter Umgebung von Frauen, »die er nicht beherrschte« (Gentz), wurde er nach verschiedenen diplomatischen Missionen österreichischer Gesandter in Paris (1806) und im Oktober 1809 Außenminister.

Seine Regierungsgrundsätze richteten sich gegen die Nationalstaatsbewegung, nicht nur, weil sie den Zusammenhalt des Habsburgerstaats gefährdete. Er verachtete den »Dämon des Demos« und praktizierte bis 1848 in Österreich eine rigorose Repressionspolitik mit Hilfe von Zensur, Polizei und Denunziantentum. Soziale Fragen interessierten den mit zahlreichen Dotationen in Form von Landbesitz Belohnten nicht. Metternich war bis zu seinem Sturz in der Märzrevolution der bei den Liberalen und Demokraten in ganz Deutschland bestgehaßte Politiker. Seit 1821 führte er den Titel »Hof- und Staatskanzler«.

Burschenschaften Als Vereinigung von Studenten über die Grenzen der Einzelstaaten hinaus stellte die Burschenschaft für die restaurative Politik Metternichs und vieler deutscher Fürsten eine ernsthafte Herausforderung dar. Mit dem Wahlspruch »Ehre, Freiheit, Vaterland« traten die Burschenschafter für die Wekkung und Pflege des Nationalgeistes ein. Metternichs wichtigster politischer Mitarbeiter, der Publizist Friedrich Gentz, bezeichnete die Burschenschaft als »im höchsten und furchtbarsten Sinne des Wortes als revolutionär«, da sie die Einheit Deutschlands zum Ziel habe.

Im Juni 1815 gründeten in Jena elf Angehörige von vier Landsmannschaften die erste Burschenschaft. Sie nahmen Anregungen des Turnvaters Jahn und des Tugendbundes (Bekenntnis zum Gemeinsinn, zur Freiheit und Einheit des Vaterlandes) auf. Ähnlich wie das Lützower Jägerkorps trugen sie

Wartburgfest
am 18. Oktober 1817

bei feierlichen Anlässen einen schwarzen Waffenrock mit roten Aufschlägen und goldenen Eichenblättern, ferner schwarz-rot-goldene Schärpen. Der spätere hessische Ministerpräsident Heinrich von Gagern und der Historiker Heinrich Leo wurden Mitglieder.

Kurz darauf entstanden Burschenschaften an den Universitäten Leipzig, Halle, Gießen, Erlangen, Tübingen, Heidelberg, Freiburg, Kiel, Berlin, Breslau und Königsberg. In Berlin waren ihre Mentoren die Theologen Schleiermacher und de Wette, in Gießen der Jurist Karl Theodor Welcker und in Jena, welches das Zentrum blieb, der Historiker Heinrich Luden und der Philosoph Jakob Friedrich Fries, der von der Brüdergemeine herkam. Der Mitgliederstand der Burschenschaften erreichte mit 1000 bis 1500 der etwa 8000 Studenten in Deutschland nicht die erhoffte Höhe. Demokratisch verfaßt und von einem bemerkenswerten Zusammengehörigkeitsgefühl erfüllt, drängten die Burschenschaften nach politischer Betätigung. Bei ihnen herrschte viel Deutschtümelei. Juden war die Mitgliedschaft versagt.

Das Wartburgfest 1817 und seine Folgen

Das Wartburgfest am 18. Oktober 1817, dem Gedächtnistag der Völkerschlacht von Leipzig (1813) und des Beginns der Reformation (1517), gab den Burschenschaften Gelegenheit zu einer eindrucksvollen Kundgebung für deutsche Einheit und Freiheit im Territorium des liberalen Ideen aufgeschlossenen Großherzogs Carl August von Sachsen-Weimar-Eisenach, den Metternich als »Altburschen« zu diffamieren versuchte.

Vor etwa 500 Studenten aus mindestens 13 Universitäten, zumeist aus dem protestantischen Deutschland (Jena 168, Göttingen 57, Kiel 22, Berlin 18) hielten die Jenenser Professoren Oken und Fries patriotische Reden. Es wurden »Grundsätze« des Wartburgfestes verabschiedet, aber nicht unterzeichnet. Der Student Schneider warnte: »Wenn Ihr das unterschreibt, kriegt Ihr künftig keine Stellen.« Auf Anregung Heinrich Ludens faßte der Jenenser Student Riemann die Grundsätze 1818 als Programmentwurf der Deutschen Burschenschaft zusammen: staatliche Einheit Deutschlands, konstitutionelle Monarchie, Rechtsgleichheit, Schwurgerichte, Meinungs- und Pressefreiheit.

Eine radikale Minderheit schritt – möglicherweise angeregt von Jahn – zu einer spektakulären Aktion: Sie verbrannte ihnen politisch mißliebige Bü-

Bücherverbrennung am Abend des Wartburgfestes

cher, u.a. den Code Napoléon (geltendes Recht in einer Reihe von deutschen Staaten), die »Geschichte des Deutschen Reiches« des Schriftstellers Kotzebue, die »Restauration der Staatswissenschaften« des konservativen Staatstheoretikers Karl Ludwig von Haller, das Buch über »Souveränität und Staatsverfassungen« des preußischen Konservativen und Kronprinzenerziehers Friedrich Ancillon, den Codex der Gendarmerie von Kamptz (gültige preußische Polizeigesetze). Ebenfalls wurden verbrannt – als Symbole des fürstlichen Militärdienstes – ein Ulanenschnürleib, ein Zopf und ein Korporalstock.

Anstatt den Vorgang nicht weiter zu beachten, benutzten konservative Minister die Gelegenheit, um die Ziele der Burschenschaft insgesamt zu bekämpfen. Der preußische Polizeiminister Fürst Wittgenstein warf der Burschenschaft insgesamt vor, »die eigentliche Vaterlandsliebe zu töten, um der Liebe zu dem einen und unteilbaren Deutschland zu frönen«. Haussuchungen, Verhöre und polizeiliche Überwachungen folgten auf das Wartburgfest in einer Reihe von Bundesstaaten. Trotz des Verbots bestanden an vielen Universitäten Burschenschaften insgeheim weiter.

Überzeugungsethik und politische Moral

1818 trat die »Allgemeine Deutsche Burschenschaft« in Jena mit dem Anspruch, die Vereinigung der gesamten deutschen Studentenschaft zu sein, zusammen. In ihrer Gründungsurkunde bekannte sie sich zur staatlichen Einheit Deutschlands. Eine radikale Richtung wollte das Ziel »mit allen Mitteln«, auch denen des Tyrannenmordes gemäß dem Satz, der Zweck heilige die Mittel, erreichen. Zu ihr gehörte in Gießen der »Verein burschenschaftlicher Unbedingter«, dessen Vorbild die Jakobiner in Frankreich waren. Unter Führung des Dozenten der Rechte Karl Follen strebten sie eine unteilbare deutsche Republik an (»Entwurf einer deutschen Reichsverfassung«). Nicht das Recht, sondern die Überzeugung galt ihnen als einzige Rechtfertigung der Tat, auch des politischen Mordes.

Die Burschenschaft teilte in ihrer Mehrheit jedoch nicht Follens Gesinnungsethik und folgte auch nicht den Aufrufen des Jenenser Fries zur »Tat«. Eine nationalrevolutionäre Bewegung gab es zwischen 1815 und 1819 nicht. Vorbereitungen für einen gewaltsamen Umsturz sind nicht nachweisbar. Aber eine Verschärfung der spannungsgeladenen Situation war unverkennbar. Der Freiherr vom Stein verurteilte intern den »anarchischen Unsinn«

bzw. die »demokratischen Skurilitäten« der Professoren Fries und Oken. Er schonte aber die Regierungen nicht: »Allerdings ist der Hauptgrund der Gärung in Deutschland in dem Betragen unserer Fürsten und Regierungen zu suchen. Sie sind die wahren Jakobiner, [...] und sie bereiten den Anarchisten den Weg zum allgemeinen Untergang«.

Auf dem Aachener Kongreß der europäischen Mächte (September/Oktober 1818) versuchte Metternich vergeblich, die Freiheit der Universitäten drastisch einzuschränken, weil er in ihnen die Quelle revolutionärer Umtriebe sah. Humboldt und Hardenberg wehrten sich mit Erfolg gegen diese Absicht. Sie wollten die Universitätsverfassung in Preußen erhalten.

Am 23. März 1819 ermordete der Student der evangelischen Theologie und Anhänger Follens, Karl Ludwig Sand, in Mannheim den Schriftsteller August von Kotzebue, der als in russischen Diensten stehend bekannt war. Als erster politischer Attentäter in Deutschland, der sich auf die Überzeugungstreue berief, wurde Sand hingerichtet. Die Folgen des Sandschen Attentats standen in keinem Verhältnis zur Tat eines fanatischen und schwermütigen Einzelgängers.

Demagogenverfolgung

Die Repressionspolitik des Deutschen Bundes erklomm ihren ersten Höhepunkt. Es setzten die Verfolgungen wegen »demagogischer Umtriebe« ein. Man überwachte Predigten, nahm Verhaftungen vor, so bei dem Gießener Liberalen Welcker und bei Arndt in Bonn, der ein Jahr später von seinem Lehramt suspendiert und erst 20 Jahre später rehabilitiert wurde. Görres mußte ins Elsaß fliehen. Jahn geriet in Untersuchungshaft, das Turnen wurde in Preußen amtlich verboten, Jahn selbst erst 1824 zu zweijähriger Festungsstrafe verurteilt. Er stand bis 1841 unter Polizeiaufsicht. Nach einer Vorabsprache mit dem preußischen König (Teplitzer Punktation, 1. August 1819) faßten auf Einladung Metternichs auf der Konferenz in Karlsbad (6. bis 31. August 1819) die Minister Preußens, Österreichs, der vier größeren Mittelstaaten, Badens, Mecklenburgs und Nassaus Beschlüsse. Diese »Karlsbader Beschlüsse« wurden bundesrechtswidrig einer geheimen Konferenz unterbreitet (nur neun, später zehn der 17 Stimmen des Engeren Rates waren vertreten) und unter Umgehung der vorgeschriebenen Instruktionen von der Bundesversammlung einstimmig im Eilverfahren am 20. September 1819 verabschiedet.

Karlsbader Konferenz 1819
(von links nach rechts: Friedrich Wilhelm III., Wittgenstein, Hardenberg, Bernstorff und Metternich)

Die Bundesgesetze richteten sich gegen die »demagogischen Umtriebe« der nationalen und liberalen Kräfte, besonders der akademischen Jugend. In Preußen mußten die Reformer W.v. Humboldt und Boyen wegen ihres Widerspruchs gegen die Gesetze ihre Ämter aufgeben. Bayern setzte die Bundesgesetze aufgrund der Bedenken des Kronprinzen und einer liberalen und verfassungstreuen Gruppe um Lerchenfeld, Wrede und Zentner nur unter Vorbehalt in Kraft.

Das Universitätsgesetz griff in die Selbstverwaltung der Hochschulen ein: Einsetzung eines landesherrlichen Kommissars mit Disziplinargewalt, Einschränkung der Lehrfreiheit, Nichtanstellung amtsenthobener Professoren in anderen Bundesstaaten, Verbot noch bestehender Burschenschaften. Bei Verstößen war eine öffentliche Anstellung unmöglich. Mit dem Universitätsgesetz wurde die Kompetenz der Einzelstaaten beschnitten.

In der Praxis war eine lockere Anwendung des Universitätsgesetzes nicht selten. Preußen jedoch verstärkte die Staatsaufsicht (Einführung der Kuratorial-Verfassung; Regierungskommissare). Der Universitätsrichter, vom Minister ernannt, war den ordentlichen Professoren gleichgestellt und hatte Sitz und Stimme im Senat. Ab 1824 galten die Burschenschaften als geheime und politische Verbindungen und konnten von der politischen Polizei und der ordentlichen Strafgerichtsbarkeit verfolgt werden. 1838 wurde das Kammergericht in Berlin zum Sondergericht für diese Strafsachen. In Tübingen

Die Unterdrückung der Presse- und Meinungsfreiheit (Stich, um 1825)

wurde die Universität sogar unmittelbar der staatlichen Leitung unterstellt (Auflösung des Amtes des Rektors und der Dekanate). Ein Staatskommissar führte ein bürokratisch-autoritäres Willkürregiment.

Das Pressegesetz beseitigte die Pressehoheit der Einzelstaaten. Alle Presseerzeugnisse im Umfang von weniger als 320 Seiten wurden der Vorzensur, alle übrigen der Nachzensur unterworfen. Bundesstaaten, die sich in ihrer Würde durch Publikationen in einem anderen Bundesstaat verletzt fühlten, stand ein Beschwerderecht bei der Bundesversammlung zu. Zu den Strafbestimmungen zählte auch ein Zulassungsverbot für Redakteure in einem anderen Bundesstaat auf fünf Jahre. Der Bund griff nach 1830 ein, als aufgrund der Verfassungen in Sachsen und Kurhessen Pressefreiheit gewährt wurde. Er zwang 1832 den Großherzog von Baden, die Zensur wiedereinzuführen. Österreich und Preußen achteten übereinstimmend auf die strikte Durchführung des Pressegesetzes. Bayern beschränkte hingegen die Vorzensur auf politische Zeitschriften.

Das Untersuchungsgesetz verfügte die Einsetzung einer zentralen Untersuchungskommission in Mainz. Sie sollte »revolutionäre Umtriebe« und »demagogische Verbindungen« aufdecken und hierbei ein bundeseinheitliches Vorgehen gewährleisten. Sieben größere Bundesstaaten entsandten Juristen, die umständlich und gründlich arbeiteten (bis 1828). Der 1827 erstattete Hauptbericht der Kommission wiederholte die sattsam bekannten Verdächtigungen gegen Einzelpersonen, vermochte aber eine revolutionäre Situation nicht nachzuweisen. Häufig übernahm die Polizei die Tätigkeit der politisch als unzuverlässig geltenden Schwurgerichte.

Repression und Polizeistaat

Die Karlsbader Beschlüsse blieben bis 1848 in Kraft. Mit ihnen machte sich der Deutsche Bund zum Hüter der Reaktion. Preußen und Österreich wollten die Ausdehnung der Verfassungsbewegung in Deutschland verhindern. Gegen besseres Wissen behauptete Metternich die Existenz einer bürgerlich-revolutionären Gefahr, die über die im Untergrund befindlichen Burschenschaften hinausreiche. Mit Hilfe des polizeilichen Unterdrückungssystems unterbanden die Behörden weitgehend die Kommunikation der im

Aufblühen begriffenen bürgerlichen Bewegung. Zahlreiche freie Geister gingen in die Emigration, vielfach nach Frankreich (Ludwig Börne, Heinrich Heine).

Das Metternichsche System war in der Tat die »größte retrograde Bewegung, die seit 30 Jahren in Europa stattgefunden hat« (Gentz). Der Führer der Opposition in Bayern, Finanzminister Lerchenfeld, führte die Besorgnis vor revolutionären Umtrieben mit Recht auf den »Kastengeist der Aristokratie« zurück, die den Aufstieg des Bürgertums verhindern wolle. Lähmung und Resignation breiteten sich in Deutschland aus. »So vegetiert er [der Deutsche Bund] nun – die Schande Deutschlands und der Spott Europas.« Mit dieser Klage gab Friedrich von Gagern, ein Bruder des späteren Führers der Liberalen, Heinrich, im Jahr 1823 in einer Denkschrift der allgemeinen Stimmung Ausdruck.

Frühliberalismus und Verfassungsstaaten. Der Konservativismus

Die Startbedingungen für ein lebendiges, vom Frühliberalismus getragenes Verfassungssystem waren wenig günstg. Schränkten schon die Bundesgesetze von 1819 (Karlsbader Beschlüsse) den Austausch politischer Meinungen weitgehend ein, so stellte die Wiener Schlußakte von 1820 eine bundeseinheitliche Norm dar, welche die Souveränität der Einzelstaaten stärkte, sie zugleich aber an das »monarchische Prinzip« band. Artikel 57 definierte es als die »Vereinigung der gesamten Staatsgewalt in dem Oberhaupt des Staats«. Der Souverän konnte »durch eine landständische Verfassung nur in der Ausübung bestimmter Rechte an die Mitwirkung der Stände gebunden werden«. Im Rahmen des Bundesrechts entwickelte sich in Deutschland auf diese Weise als spezifischer Verfassungstyp die konstitutionelle Monarchie.

Erste Verfassungen

Die ersten Verfassungen entstanden in Nassau (1814), Sachsen-Weimar-Eisenach (1816), Bayern und Baden (1818), Württemberg (1819) und Hessen-Darmstadt (1820). Die Verbreitung des bürgerlich-liberalen Verfassungsstaats wurde freilich dadurch gehemmt, daß die beiden größten Staaten, Preußen und Österreich, ohne eine Verfassung blieben. Metternich fand sich mit der Existenz von Landtagen in den süddeutschen Staaten ab. Ihm lag nämlich an deren Zusammenhalt. Er wollte potentielle Verbündete gegen Preußen nicht verlieren.

Die Verfassungen der süddeutschen Staaten kamen auf unterschiedliche Weise zustande, in Bayern durch Oktroi, in Baden durch Vereinbarung, in Württemberg durch Vertrag. In Hessen-Darmstadt wurde die Konstitution einseitig vom Großherzog erlassen nach vorheriger Übereinkunft mit der Volksvertretung. Alle Verfassungen waren Repräsentativverfassungen. Der Fürst hatte die gesamte Exekutive inne. Die Gesetze kamen auf dem Wege der Übereinstimmung zwischen Fürst und Kammern zustande.

Nach französischem Vorbild enthielten die Verfassungen einen Grundrechtskatalog. Die Staatsangehörigkeit wurde im Regelfall durch Geburt und ergänzend durch Einbürgerung erworben. Der Grundsatz der »Gleichheit der Gesetze und vor dem Gesetze« (Bayerische Verfassung, Präambel) ließ die Beibehaltung von Privilegien für den Adel, den bürgerlichen und bäuerlichen Besitzstand und die drei christlichen Konfessionen zu. Leibeigenschaft und Erbuntertänigkeit wurden verworfen. Die Debatten wurden zumeist nicht öffentlich geführt, die Protokolle aber veröffentlicht.

Präambel zur Verfassung Bayerns von 1818

Maximilian Joseph
von GOTTES Gnaden
König von Baiern
x. x.

Von den hohen Regenten-Pflichten durchdrungen und geleitet – haben Wir Unsere bisherige Regierung mit solchen Einrichtungen bezeichnet, welche Unser fortgesetztes Bestreben, das Gesammt-Wohl Unserer Unterthanen zu befördern, beurkunden. – Zur festern Begründung derselben gaben Wir schon im Jahre 1808 Unserem Reiche eine seinen damaligen äußern und innern Verhältnissen angemessene Verfassung, in welcher Wir schon die Einführung einer ständischen Versammlung, als einen wesentlichen Bestandtheil, aufgenommen haben. – Kaum hatten die großen seit jener Zeit eingetretenen Welt-Begebenheiten

Der Fürst besaß das Einberufungs- und Auflösungsrecht der Kammern, die nur alle zwei bis drei Jahre zusammentreten mußten. In der ersten Kammer saßen – so in Bayern – Vertreter des Adels, katholische Bischöfe, der Präsident des neuen protestantischen Oberkonsistoriums, hohe Beamte und vom König berufene Honoratioren. In der zweiten Kammer dominierte der Grundsatz Besitz und Bildung: je $1/8$ Adel und Klerus, $1/4$ Städte und Märkte, $1/2$ nichtadlige Landeigentümer, dazu je ein Vertreter der drei Universitäten. Ähnlich war die zweite Kammer in den anderen Staaten zusammengesetzt. Nur in Baden dominierte der bürgerlich-bäuerliche Charakter.

Die Wahlen waren öffentlich, indirekt und durch einen hohen Zensus eingeschränkt. Das aktive Wahlrecht besaßen in Bayern nur ca. 6% der männlichen Bevölkerung, das passive 1,2%. In Großbritannien war nach der Reform des Wahlrechts von 1832 jeder 30. Einwohner wahlberechtigt, in Frankreich jeder 200., nach der Julirevolution von 1830 etwa jeder 80. Einwohner.

Die Kammern hatten nicht das Recht der Gesetzesinitiative (nur das Petitionsrecht), außerdem kein volles Budgetrecht, sondern nur das Recht der Steuerbewilligung.

In den zwanziger und dreißiger Jahren entbrannten in den Landtagen heftige Kämpfe um das ungeschmälerte Budgetrecht, die juristische Ministerverantwortlichkeit und die Vereidigung des Heeres auf die Verfassung. Nennenswerte Fortschritte auf dem Gebiet der Pressefreiheit, der Vereins- und Versammlungsfreiheit blieben den von den Liberalen getragenen Landtagen jedoch verwehrt. Die Regierungen versuchten z.T. mit Erfolg, ihnen mißliebige Beamte trotz erfolgter Wahl von der Wahrnehmung ihres Abgeordnetenmandats fernzuhalten. Dies geschah durch Verweigerung der Beurlaubung.

Frühliberalismus

Schon in den zwanziger Jahren, aber noch mehr nach der französischen Julirevolution von 1830 entwickelten sich die Landtage zu Foren politischer Debatten von hohem Rang. Liberale Professoren, Rechtsanwälte und Kommunalbeamte vertraten wirkungsvoll ihre Positionen. Bürgerrechte, Rechtsstaatlichkeit, Gewaltenteilung, Freiheit der Nation – dies waren ihre Ziele. Der Professorenliberalismus in Baden und der Liberalismus der rheinischen bzw. westfälischen Großkaufleute, Bankiers und Unternehmer (Mevissen, Beckerath, Hansemann, Harkort) im Provinziallandtag spiegelten nicht die Interessen des vielgestaltigen mittleren und kleinen Bürgertums wider. Einem vorindustriellen Gesellschaftsbild verhaftet, plädierten die Liberalen für die Wahrung des Eigentums. Ihr Ideal war zumeist eine statische Gesellschaft. Die Eigentumslosen, ja die Proletarier irritierten sie.

Der Freiburger Professor der Rechts- und Staatswissenschaften, Karl von Rotteck, Mitglied der badischen 1. Kammer 1819–20 und 1822–23 (als Vertreter der Universität) und der 2. Kammer 1831–40, Publizist und Anwalt der Pressefreiheit, wurde nach dem Verbot seiner Zeitschriften durch den Bundestag 1832 seines Lehramts enthoben. Gemeinsam mit seinem Freiburger Kollegen Karl Theodor Welcker, der 1831 als erster die Einrichtung einer deutschen Nationalrepräsentation forderte, war Rotteck der bewunderte Führer des deutschen Frühliberalismus. Das seit 1834 von beiden herausgegebene 15bändige »Staatslexikon« faßte Ideen und Programm des Liberalismus in eindrucksvoller Weise zusammen. Mehr beeinflußt von Verfassungsdenken und -praxis in Großbritannien war Friedrich Christoph Dahlmann, seit 1813 Historiker in Kiel, ab 1829 in Göttingen. Er befürwortete – auch als Mitglied der Universität in der 2. Kammer in Hannover – die Berücksichtigung der bestehenden ständischen Ordnung und verwarf die Volkssouveränität. 1835 publizierte er sein politiktheoretisches Hauptwerk »Die Politik auf den Grund und das Maß der gegebenen Zustände zurückgeführt«.

Revolutionäre waren die Liberalen um 1830 nicht. Die Dynamik ihres Denkens und Handelns beschränkte sich auf das Stichwort »Verfassung«. Dies unterschied sie allerdings von der konkurrierenden Bewegung, vom Konservativismus.

Konservativismus

In der Auseinandersetzung mit der Französischen Revolution und ihren Folgen, ja der Furcht vor Revolution überhaupt, entwickelte sich in Deutschland bereits vor der Jahrhundertwende eine konservative Gegenbewegung. Nach 1815 orientierten sich konservative Politiker und Theoretiker an den Hauptgestalten des englischen (Burke) und des französischen Konservativismus (de Bonald; de Maistre; Chateaubriand, dessen Zeitschrift »Le Conservateur« der Bewegung den Namen gab). Auch in Deutschland war der Konservativismus übernational und zumal im katholischen Deutschland universal ausgerichtet. Die Ideen von 1789, die Nation und der Verfassungsstaat, die Gleichheit der Menschen und die Zurückdrängung der Religion – gegen all dies setzten die Konservativen die Leit- und Kampfbegriffe: Autorität und Legitimität, Ordnung, Stabilität und Religion. Sie entwarfen ein Gesellschaftsbild, in dem die bestehenden partikularen Gewalten, die lokalen und regionalen Verhältnisse vorherrschten: die Korporationen, die

Stände und die Kirchen. Dem Zugriff des alten absolutistischen und des neuen bürokratischen Staates versuchten sie zu entgehen, indem sie Geburt und Herkunft den Vorzug gaben vor individueller Freiheit und Volkssouveränität. Das Organische, nicht das Gemachte, die Maschine, sollten Basis und Richtschnur sein. Solche Einstellungen fanden sich in allen sozialen Schichten, auch bei den Bauern und den Gewerbetreibenden, die mißtrauisch und angstvoll der wirtschaftlichen Umstrukturierung gegenüberstanden.

Führende konservative Denker befanden sich in einem Nahverhältnis zu den Entscheidungsträgern in der Politik.

Von großer Bedeutung waren die Werke des protestantischen, 1805 zum Katholizismus konvertierten Adam Müller, besonders die »Elemente der Staatskunst« (3 Bände 1809). Als einflußreicher politischer Publizist in Wien (seit 1811), seit 1827 Hofrat, wurde er, gefördert von Metternich und Gentz, zum Propagandisten des »monarchischen Prinzips«. Müller bekämpfte die Aufklärung, die liberale Staatslehre, die »Chimäre des souveränen Volkes«. Der Staat ist die alles umgreifende ordnungsstiftende Macht (»organische Totalität«), gewachsen und in seinen überkommenen Strukturen erhaltens- und verteidigenswert. Er bekämpfte die »Industrieraserei unseres Jahrhunderts« und das »Unwesen der großen Fabriken«.

Eine mehr ständische Ausprägung des konservativen Denkens vertrat der Schweizer Karl Ludwig von Haller. Sein Werk, »Die Restauration der Staatswissenschaften. Theorie des natürlich geselligen Zustands der Chimäre des Künstlich-Bürgerlichen entgegengesetzt« (6 Bände, 1816–34), enthielt in klassischer Form die Konzeption des Patrimonialstaats: Alle Herrschaft beruht auf dem Eigentum. Der größte Eigentümer – der Monarch – ist nur Gott verantwortlich. Diese Lehre des Berner Staatsrechtlers, der 1820 Katholik wurde, nahmen im protestantischen Deutschland vor allem preußische Konservative begierig auf.

Bei den romantischen Konservativen um Friedrich Schlegel, Achim von Arnim, bei der Christlich-Teutschen Tischgesellschaft und sodann im Kreis um den preußischen Kronprinzen, den späteren König Friedrich Wilhelm IV. (1840–1861), aber auch bei den Katholiken Görres (Historiker in München) und Franz von Baader (Philosoph in München) fanden die Verklärung der vormodernen Gesellschaft und die Idealisierung der patriarchalisch geleiteten religiös durchdrungenen Ordnung rasch Anklang. Radowitz, K.E. Jarcke und die Brüder Ernst Ludwig und Leopold von Gerlach, die Häupter der preußischen Ultrakonservativen, schufen sich ab 1831 in dem »Berliner Politischen Wochenblatt« (bis 1841) ein vielgelesenes und einflußreiches Organ zur Verbreitung ihrer altständischen Ideen (Autorität-Königtum-Kirche, Verbindung von »Thron und Altar«). Die protestantische Orthodoxie sekundierte seit 1827 mit der von dem Berliner Professor der Theologie, Ernst Wilhelm Hengstenberg, herausgegebenen »Evangelischen Kirchenzeitung«. In Pommern schuf der pietistisch beeinflußte Gutsbesitzer Adolf von Thadden-Trieglaff die Erweckungsbewegung, die in den vierziger Jahren auch auf den jungen Otto von Bismarck wirkte.

Der modernste konservative Theoretiker war der 1840 durch den neuen König auf einen Lehrstuhl nach Berlin berufene, zum Protestantismus übergetretene ehemalige Burschenschafter Friedrich Julius Stahl, der jüdischer Herkunft war. In zahlreichen Schriften, u.a. der »Philosophie des Rechts« (1830/37, in 5. Auflage 1878) legte er seine Konzeption eines konservativen Konstitutionalismus vor: Legitimität und Ordnung im monarchischen Staat werden geschützt von der Kirche, die in erster Linie eine politische und die Gesellschaft stabilisierende Größe ist. Der »christliche Staat« ist nach Stahl der entschiedenste Gegner der Volkssouveränität. Allein der König ist Inhaber der verfassungsgebenden Gewalt (»Das monarchische Prinzip«, 1845).

Der Schloßbrand in Braunschweig in der Nacht zum 8. September 1830 nach der Vertreibung Herzog Karls II.

Hegel

Das Haupt der Philosophie des Idealismus, Georg Wilhelm Friedrich Hegel, seit 1818 Professor in Berlin, Verfasser der »Philosophie des Rechts« (1821), erkannte im Staat (»Der Staat ist die Wirklichkeit der sittlichen Idee«) den wesentlichen Träger des geschichtlichen Prozesses. Die Vertreter des Adels und des Bürgertums haben nur eine beratende Funktion. Der Monarch entscheidet allein. Hegel war kein Anwalt eines bürgerlichen Rechtsstaats. Er stellte seine Rechts- und Verfassungstheorie in den Dienst des preußischen Staates, ohne daß dieser für die Entwicklung seines politischen Konzepts maßgeblich gewesen wäre. Wie auf seiten der Liberalen gab es vor 1848 bei den Konservativen einige feste Gruppierungen, aber noch keine geschlossene Partei.

Politischer Aufbruch und sozialer Protest. Erneute Repression (1830–1840)

Aufstand in Polen (1830/31)

Die erfolgreiche Julirevolution in Frankreich (1830) schwächte im Deutschen Bund die Kräfte der Restauration nur vorübergehend. Sie ermutigte die liberale Bewegung. Das System des Wiener Kongresses wurde insgesamt nicht in Frage gestellt. Der Aufstand in Polen (1830/31) alarmierte die preußische Regierung und wurde für sie zum Anlaß, im Großherzogtum Posen eine rigorose Germanisierungspolitik unter Oberpräsident von Flottwell einzuleiten. Bei den deutschen Liberalen breitete sich in den folgenden Jahren eine z.T. enthusiastische Polenfreundschaft aus, die durch zahlreiche Emigranten neue Nahrung empfing. In den deutschen Mittelstaaten nahm die Verfassungsbewegung einen neuen Aufschwung. Braunschweig, Sachsen, Hessen-Kassel und Hannover wurden Verfassungsstaaten.

Braunschweig

Im Herzogtum Braunschweig erhoben sich fast alle Stände, nachdem Herzog Karl II. (1823–1830) nicht gewillt war, die Landschaftsordnung von 1820 (die erstmals 20 freien Bauern Sitz und Stimme gab) anzuerkennen. Das Schloß wurde gestürmt und ging am 7. September 1830 in Flammen auf. Die vom Adel, Bürgertum und den Landesbeamten geführten Landstände riefen anstelle des geflohenen Herzogs dessen Bruder Wilhelm (1830–1884) ins Amt.

1832 erließ der neue Herzog eine Verfassung modernen Zuschnitts: nur eine Kammer (»Landschaft«), die Gesetze initiieren konnte; liberales Wahlrecht; Selbstversammlungsrecht bei Gefahr; Ministeranklage; Zustimmungsrecht bei Staatsanleihen; Grundrechte; Aufhebung der Lehensverbände und der grundherrlichen Lasten. Braunschweig war damit der erste norddeutsche Verfassungsstaat.

Sachsen

Im Königreich Sachsen war die Diskrepanz zwischen dem fortgeschrittenen wirtschaftlichen Status und der anachronistischen Verfassung besonders deutlich. Der 75jährige König Anton (seit 1827) mußte seinen Neffen Friedrich August II. zum Mitregenten (König 1836–1854) ernennen. Im Anschluß an frühere Unruhen entluden sich 1830 soziale Spannungen in Aufständen in Dresden und Leipzig. Der aus Angehörigen der alten Stände bestehende Landtag sah sich zur Annahme einer modernen, der französischen Charte von 1814 vergleichbaren Verfassung genötigt (4. September 1831).

Kennzeichen der Verfassung: In den Kammern Übergewicht der Grundbesitzenden; Repräsentanten der Städte: in der 2. Kammer ein Drittel der Abgeordneten, in der 1. Kammer nur 8 von 42; ministerielle Gegenzeichnungspflicht bei Gesetzen; parlamentarische Immunität der Abgeordneten; relativ hoher Wahlzensus, so aktives Wahlrecht für Bauern ab 30 Taler Grundsteuer, passives Wahlrecht für Stadtbürger ab 6000 Taler Vermögen oder 400 Taler Einkommen.

Kurhessen

In Kurhessen hatten sich unter der Regierung des Kurfürsten Wilhelm II. (1821–1831/47) – eines »Taugenichts von rohesten Begierden« (Gervinus) – seit 1821 Mißstände und Unzufriedenheit der Bevölkerung vermehrt.

Vor allem der Beitritt des Landes zum mitteldeutschen Handelsverein (1828), der die Wirtschaft belastete, und die ungerechten Steuerlasten lösten im Spätsommer 1830 eine allgemeine Erhebung aus: Belagerung des Schlosses in Kassel, Einberufung von Landständen. Bauern verbrannten Zehntregister der Grundherren, Gewerbetreibende in Hanau Zollakten. Die bürgerliche Verfassungsbewegung setzte unter Führung des Marburger Professors Sylvester Jordan die Vereinbarung einer Verfassung mit den Ständen durch: Einkammersystem, mit Recht der Gesetzesinitiative und vollem Budgetrecht und Recht auf Ministeranklage, Grundrechten und der Trennung von Justiz und Verwaltung. Während der heftigen Verfassungskämpfe der folgenden Jahre wurde wie in Sachsen ein Gesetz über die Grundablösung verabschiedet.

Hannover

Gegen das altständische Regiment in Hannover erhob sich eine uneinheitliche Opposition. Bauern verlangten die Befreiung von Lasten und politische Mitsprache. Teile des Bürgertums griffen vehement die Adelspartei an. Aus einem Streit um die Wissenschaftsfreiheit entstand im Januar 1831 in Göttingen ein von drei Privatdozenten der Rechte angeführter Bürgeraufruhr: Die Stadtgewalt wurde gestürzt. Die Regierung schloß die Universität und konnte erst mit Hilfe von 7000 Soldaten – dies entsprach der Hälfte der hannoverschen Armee – den Aufstand niederschlagen. Der verhaßte Ernst Graf zu Münster, Leiter der Regierung in Hannover, wurde im Februar 1831 entlassen. 1833 erließ der als englischer König in London residierende König Wilhelm IV. (1830–1837) für Hannover eine gemäßigt liberale Verfassung: Zweikammersystem; Wahlrecht für alle selbständigen Bürger und Bauern. In der 2. Kammer saßen 38 freie Bauern und 37 Abgeordnete, die von den selbständigen Bürgern der Städte gewählt wurden.

Wilhelms Nachfolger in Hannover Ernst August (1837–1851), hob kurz nach seinem Regierungsantritt 1837 die Verfassung auf. Er machte hierfür

Die Göttinger Sieben (von links nach rechts: W. Grimm, J. Grimm, W.E. Albrecht, F.Chr. Dahlmann, G.G. Gervinus, W. Weber, H. Ewald)

Göttinger Sieben

die fehlende Zustimmung der Agnaten und der Kammern bei ihrem Erlaß 1833 geltend. Die Begründung war zweifelhaft. Der Monarch hatte sich bei seinem Schritt vom 1. November mit Preußen und Österreich abgestimmt. Metternich drang bei grundsätzlicher Billigung auf ein unauffälliges Verfahren unter Hinweis auf Artikel 56 der Wiener Schlußakte von 1820. Sieben Professoren der Landesuniversität Göttingen (Dahlmann, Gervinus, Jacob und Wilhelm Grimm, W. Weber, Albrecht und Ewald) protestierten gegen den Staatsstreich und wurden ihrer Ämter enthoben, drei von ihnen unter Androhung der Untersuchungshaft binnen drei Tagen des Landes verwiesen (14. Dezember 1837). Diese Maßnahme rief ein gewaltiges Echo und Sympathien für die Betroffenen in Deutschland und im Ausland hervor, zumal die entlassenen »Göttinger Sieben« Männer von wissenschaftlichem Ruf waren. Der Bundestag unterstützte die liberale Partei in Hannover nicht.

1840 billigten die nach der alten Ordnung von 1819 gebildeten Landstände den Verfassungsentwurf des Königs, der einen Kompromiß darstellte. Hannover wurde wieder Verfassungsstaat. Im Vergleich zum süddeutschen Konstitutionalismus und zu Sachsen besaßen die Kammern allerdings weniger Rechte. Aufs Ganze gesehen hatte jedoch die Verfassungspartei über den König, der ein Autokrat und ein hochmütiger Volks- und Rechtsverächter war, den Sieg davongetragen.

Nach der Julirevolution in Frankreich war in Deutschland erstmals eine Art außerparlamentarischer Bewegung an die Öffentlichkeit getreten, besonders im Südwesten. Unter Umgehung der geltenden bundesrechtlichen Bestimmungen debattierten zahlreiche Bürger, Handwerker, Studenten und Emigranten auf politischen »Festen« aktuelle Themen. Die größte dieser Zusammenkünfte trug bereits den Charakter einer Volksbewegung. Sie wurde von dem »Deutschen Preß- und Vaterlandsverein« getragen und fand vom 27. bis 30. Mai 1832 am Hambacher Schloß bei Neustadt in der bayerischen Pfalz statt.

Hambacher Fest 1832

Etwa 20000 Menschen, darunter polnische Freiheitskämpfer, nahmen am Hambacher Fest teil. Eine führende Rolle spielten die Publizisten Johann August Wirth und Jacob Siebenpfeiffer, der ein Schüler Rottecks war. Wirth rief auf der eindrucksvollen Massenversammlung aus: »Hoch, dreimal hoch leben die vereinigten Staaten Deutschlands! Hoch, dreimal hoch das konföderierte republikanische Europa!« Der 18köpfige Führungskreis konnte sich nicht auf ein gemeinsames Programm, geschweige denn über konkrete Schritte verständigen. Dennoch ging von Hambach eine beträchtliche Wirkung aus. Zahlreiche Volksversammlungen folgten. Auf Verlangen Metternichs, der die Gefahr einer »allgemeinen Umwälzungspartei Europas« erkannte, wurde der Belagerungszustand über die Pfalz verhängt und Verhaftungen vorgenommen, u.a. Wirth.

Der Bundestag nahm das Hambacher Fest zum Anlaß für erneute Repressionsmaßnahmen. Am 28. Juni 1832 verabschiedete er »Sechs Artikel«: Einschränkung des Petitionsrechts und der gesetzgeberischen Rechte der Kammern, einheitliche Auslegung der Verfassungen gemäß Bundesrecht. Am 5. Juli folgte das Verbot aller politischen Vereine, aller öffentlichen Reden mit politischem Inhalt und aller Volksversammlungen. Die Überwachung der Presse wurde verschärft und das »Errichten von Freiheitsbäumen und dergleichen Aufruhrzeichen« unter Strafe gestellt. Sogar das liberale Pressegesetz in Baden mußte auf Einwirken des Bundes aufgehoben werden. All dies stellte einen krassen Eingriff in die Kompetenzen der Einzelstaaten dar.

Frankfurter Wachensturm 1833

Unter der Leitung eines der Anführer des Göttinger Aufstands von 1831, des Dozenten Rauschenplatt, plante eine 50köpfige Gruppe vornehmlich Heidelberger Burschenschafter einen Handstreich gegen den Bundestag in Frankfurt, die Errichtung einer Zentralgewalt und die Ausrufung der deutschen Republik. Am 3. April 1833 überfiel sie die Wachlokale der Stadt Frankfurt und befreite Gefangene. Rauschenplatt floh in die Schweiz, nachdem das Militär die Ordnung wiederhergestellt hatte. Der Bundestag verlegte 2500 Mann Bundestruppen nach Frankfurt, die hier bis 1842 zur Gewährleistung der Sicherheit blieben.

Unterdrückung und Verfolgung der liberalen Opposition

Der Bundestag verschärfte nach dem Frankfurter Wachensturm die Unterdrückung und Verfolgung der politischen Opposition. Am 30. Juni 1833 setzte er eine »Zentralbehörde für politische Untersuchungen« mit Sitz in Frankfurt ein. Bis zum Ende ihrer Tätigkeit 1842 wurden etwa 2000 Verdächtige beobachtet und untersucht. Ihre Namen standen im »Schwarzen Buch«. Fünfzehn Teilnehmer des Wachensturms wurden verurteilt, davon elf zu lebenslangem Zuchthaus. 1837 konnte ein Teil fliehen, ein anderer Teil wurde amnestiert. In der Mehrzahl der Verfahren vor den Gerichten der Einzelstaaten lautete die Anklage auf Hochverrat, so gegen Mitglieder der verbotenen Burschenschaften und des Wachensturms. Besonders brutal gingen die Gerichte in Preußen gegen verdächtige Studenten vor. 204 Burschenschafter wurden vom Berliner Kammergericht im Jahre 1836 wegen Hochverrats verurteilt, davon 39 zum Tode (vier in geschärfter Form »mit dem Rade von oben herab«; 35 »mit dem Beil«). In 165 Fällen wurde eine lebenslange oder eine Freiheitsstrafe von mehreren Jahrzehnten verhängt. Der König wandelte die Todesstrafen in Freiheitsstrafen, z.T. lebenslang, z.T. in 30jährige Festungshaft um. Unter ihnen war der Mecklenburger Fritz Reuter. Nach dem Thronwechsel von 1840 erfolgte eine Amnestie. Auch in Bayern wurde wegen Zugehörigkeit zur Burschenschaft eine derartige Terrorjustiz ausgeübt.

Geführt von Österreich und Preußen, faßte 1834 eine Ministerkonferenz geheime präventive Beschlüsse, die einem Bundesstaatsstreich gleichkamen:

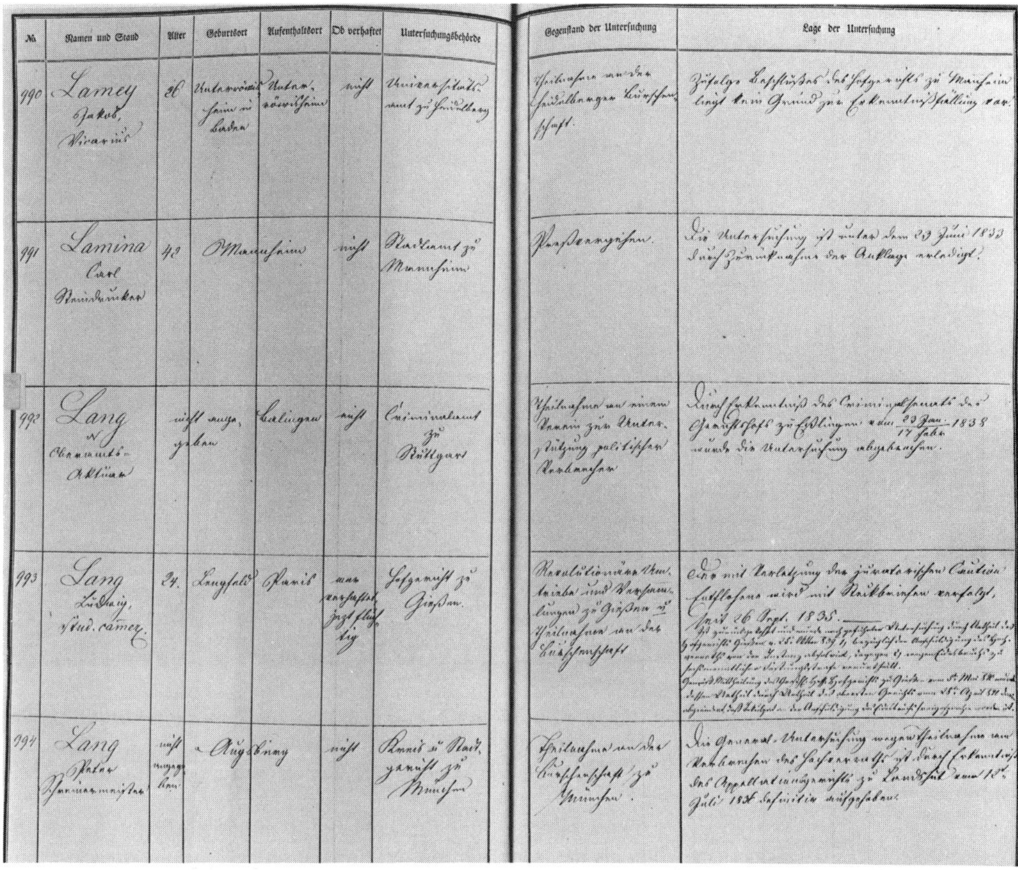

No	Namen und Stand	Alter	Geburtsort	Aufenthaltsort	Ob verhaftet	Untersuchungsbehörde	Gegenstand der Untersuchung	Lage der Untersuchung
990	Lamey Jakob, [illegible]	26	[illegible]	[illegible]	nicht	[illegible]	[illegible]	[illegible]
991	Lamina Carl, [illegible]	42	Mannheim		nicht	[illegible] Mannheim	[illegible]	[illegible]
992	Lang [illegible]	nicht angegeben	[illegible]		nicht	[illegible]	[illegible]	[illegible]
993	Lang Ludwig, stud. camer.	24	[illegible]	[illegible]	[illegible]	[illegible]	[illegible]	[illegible]
994	Lang [illegible]	nicht angegeben	Augsburg		nicht	[illegible]	[illegible]	[illegible]

Eingriffe in die Verfassungen, auch in die Rechtsprechung der Staaten zugunsten der Fürsten sowie eine verschärfte Überwachung der Presse. Allerdings richteten sich manche Einzelstaaten, etwa Sachsen, nicht danach. Der Staatenpluralismus im Bund stand einer strikten und kontinuierlichen Unterdrückung im Wege.

Ergebnisse politischer Untersuchungen im Jahr 1838 im ›Schwarzen Buch‹ der Frankfurter Zentralbehörde

Angesichts der genannten Repressionspolitik konnte sich im Vormärz (1830–1847) eine kritische Öffentlichkeit in Deutschland nicht entfalten. Ein politischer Emigrant wie Heinrich Heine stellte von Paris aus resignierend fest: »Denk' ich an Deutschland in der Nacht, dann bin ich um den Schlaf gebracht« (1843).

Emigranten

Heine stammte aus einer Düsseldorfer Kaufmannsfamilie. Er war jüdischer Herkunft, hatte nach Jurastudium erste literarische Erfolge, wurde Protestant, lebte seit 1831 als freier Schriftsteller in Paris und unterzog die politischen und gesellschaftlichen Zustände in Deutschland einer z.T. beißenden und ironischen Kritik (u.a. »Deutschland. Ein Wintermärchen«, 1844). Wie Ludwig Börne, geboren als Löb Baruch, seit 1818 Protestant, der mit seinen »Briefen aus Paris« (1830–33) Aufsehen erregte und als radikaler Demokrat galt, blieb Heine der deutschen Sprache zeitlebens eng verbunden. Er liebte sie von Jugend an als »ein Vaterland selbst demjenigen, dem Torheit und Arglist ein Vaterland verweigern« (Die Romantik, 1820).

»Junges Deutschland«

In Deutschland selbst versuchte eine Gruppe politisch engagierter Schriftsteller (K. Gutzkow, L. Wienbarg, H. Laube, Th. Mundt u.a.), »Junges Deutschland« genannt, trotz der verschärften Zensurbestimmungen ein Pu-

Heinrich und Mathilde Heine (Gemälde von E.B. Kietz, 1851)

blikum zu erreichen. Im Dezember 1835 verbot die Bundesversammlung die Bücher dieser vielversprechenden literarischen Schule (auch die Schriften Heines), die nach der späten Goethezeit der Literatur neue Impulse geben wollte.

In der Schweiz bildeten im Jahr 1834 politische Flüchtlinge und Handwerksgesellen als deutsche Sektion des auf Giuseppe Mazzini zurückgehenden republikanischen Geheimbundes »Junges Europa« ein »Neues Deutschland«, umbenannt in »Junges Deutschland«, dessen etwa 250 Mitglieder jedoch von geplanten Aktionen im deutschen Südwesten Abstand nahmen. Als Sprachrohr aller Unterdrückten galt auch der in der Schweiz und ab 1844 in Paris schreibende radikale Dichter und spätere Revolutionär Georg Herwegh, dessen aufrüttelnde »Gedichte eines Lebendigen« (1841) zwei Jahre nach Erscheinen in 7. Auflage mit 7000 Exemplaren vorlagen.

Probleme der Gesellschaft in der Frühindustrialisierung. Demokraten und Sozialrevolutionäre. Die Lage der Juden und der Frühantisemitismus

Die Regierungen der deutschen Einzelstaaten mußten angesichts der z.T. erbarmungswürdigen Lebensverhältnisse des besitzlosen »Pöbels« in Stadt und Land nach Lösungen suchen, was ihnen vor der Revolution von 1848 jedoch nicht gelang. Liberale Unternehmer und radikaldemokratische Theoretiker wie auch sozial engagierte Vertreter der großen Kirchen sahen sich einem großenteils neuartigen ökonomischen und sozialen Phänomen gegenüber. Außer der tradierten Sozialordnung schien auch die bisher weitgehend intakte Hierarchie der Werte (Autorität; Herren und Untertanen) in Frage gestellt.

Der Deutsche Zollverein

Der Deutsche Zollverein, zu dem sich am 1. Januar 1834 18 Staaten (mit Preußen, ohne Österreich) zusammenschlossen, schuf einen größeren Markt für etwa 32,5 Millionen Menschen. Doch änderte sich hierdurch zunächst wenig an der unbefriedigenden Beschäftigungslage.

Deutschland blieb bis 1850 vorwiegend ein Agrarland. Zwar übertrafen Industrie, Handwerk und Dienstleistungen schon im Jahre 1850 die Landwirtschaft im Nettosozialprodukt, bei der Gesamtzahl der Beschäftigten aber erst 1871 (Gebiet des Bismarckreiches). In den vierziger Jahren erreichte die Gütererzeugung im gesamten Österreich mit einem Nettowert von 35 Millionen Gulden nur die Hälfte der im Zollverein produzierten Güter. Der Anteil der »Fabrikarbeiter« an der Gesamtzahl der Beschäftigten über 14 Jahre erreichte in Preußen 1849 erst 5,4%. Er lag 1846 auf dem Gebiet des Zollvereins bei 4,4%. 1816 wohnten 73,5% Bewohner auf dem Land, 1872 noch immer 71,5%. Der überwiegende Teil der Unselbständigen war in der Land- und Forstwirtschaft zu oft schwankenden und ungünstigen Bedingungen beschäftigt. Die Verkehrsrevolution – Straßen-, Kanal- und ab 1835 der Eisenbahnbau – beflügelte den Handelsaustausch und den Transport von Massengütern. Die gemäßigte Schutzzollpolitik im Zollverein war zahlreichen Gewerben förderlich. Andererseits gab es Branchen, die stark an Überproduktion litten.

Eisenbahnbau

Viele Landarbeiter strömten zum Eisenbahnbau, wo sie, sozial ungeschützt und dem Lohngebaren der privaten Gesellschaften ausgeliefert, häufig am Rande des Existenzminimums lebten oder gar vegetierten. In Preußen wurden 8000 Eisenbahnbauarbeiter entlassen, als 1847 der Vereinigte Landtag seine Zustimmung zu der vom König geforderten Staatsanleihe verweigerte (da der Monarch eine Verfassung für den Gesamtstaat weiterhin ablehnte). Das Projekt der Ostbahn Berlin-Königsberg konnte nicht weitergeführt werden. Die Zunahme des Transportvolumens auf den großen Flüssen Rhein, Donau, Elbe und Oder schuf außer neuen Verbindungen auch neue Arbeitsplätze. Der handelspolitische Gegensatz zwischen dem Zollverein und dem auf mehr Protektionismus drängenden Österreich blieb allerdings bestehen.

Löhne, Preise und Arbeitsbedingungen

Für die Lebensbedingungen des größten Teils der deutschen Bevölkerung war außer der strukturell bedingten Unterbeschäftigung vor allem das Lohnniveau maßgebend. Sofern der Geldlohn nicht durch Nebenerwerb (Land, Vieh) oder bei Gesellen durch Unterkunft und Verpflegung beim Meister aufgebessert wurde, lag der Lohnsatz nicht selten unter dem Existenzminimum. Berücksichtigt man die Kaufkraft, so deckte er beispielsweise bei den Zimmergesellen in Leipzig zwischen 1800 und 1820 nicht den Nahrungsbedarf einer Familie. Die Lohnhöhe differierte erheblich nach örtlichen Gegebenheiten und vor allem nach der Qualifikation. In Südwestdeutschland wurden die bestbezahlten Fabrikarbeiter 50mal besser entlohnt als die Strohflechter im Schwarzwald. Frauen erhielten häufig nur 50% und Kinder nur ein Drittel des Lohnes der Männer. Höhere Löhne als im Handwerk allgemein erzielten Bauhandwerker, Beschäftigte im Bergbau und – auf Akkordbasis – im Maschinenbau und in Eisengießereien. Maschinenspinner konnten etwa zehnmal soviel verdienen wie Handspinner. Generell lagen die (Geld-)Löhne im Textilgewerbe unter dem Existenzminimum.

Die Preise für Grundnahrungsmittel stiegen in den vierziger Jahren, und zwar für Lebensmittel von 1844 bis 1847 um 50% und für Kartoffeln (in Preußen) um das Doppelte. Die Arbeitsbedingungen unterlagen im allgemei-

Die Begründer des Deutschen Zollvereins: Fr. v. Motz, K. v. Maassen, W. v. Klewitz, Fr. v. Eichhorn

nen keinen festen Regelungen. Die Mehrheit der Fabrikarbeiter war ohnehin froh, überhaupt eine Arbeit zu haben, rekrutierten sie sich doch vielfach aus unbeschäftigten Handwerksgesellen, aus Landarbeitern, Angehörigen des Heimgewerbes und Ungelernten. Tägliche Arbeitszeiten (außer an Sonn- und Feiertagen) von 12, ja bis zu 16 Stunden, ungenügender Schutz am Arbeitsplatz und keinerlei Urlaub machten den Alltag zu einer lebenslangen Mühsal. Frauen mußten mitverdienen. So waren in Baden 1840 30% der Arbeitskräfte in der Industrie und in Sachsen 1846 36% weiblich.

Ein besonderes Problem stellte die Kinderarbeit dar. Im Kattundruck in Chemnitz waren in der ersten Jahrhunderthälfte ein Viertel bis ein Drittel Kinder beschäftigt. 1840 waren von etwa 8900 Lohnarbeitern in Chemnitz 17% Kinder. Die Kinder trugen häufig lebenslange gesundheitliche Schäden davon. In Preußen wurde als Mindestalter für arbeitende Kinder im Jahr 1839 neun Jahre und für Kinder eine Höchst-, in Wirklichkeit Normalarbeitszeit von täglich 10 Stunden festgelegt. Aber nicht staatliche Fürsorge, sondern das Interesse des Militärs an gesunden Rekruten war das Motiv für diese Maßnahme.

Pauperismus

Das Massenelend, als zeittypische Erscheinung Pauperismus genannt, gab es bereits vor der Industrialisierung. Es nahm jedoch an Umfang seit den dreißiger Jahren infolge des Bevölkerungswachstums und des geringen Produktivitätszuwachses in Landwirtschaft und Industrie zu und führte auch zu einer Steigerung der Kriminalitätsrate, besonders bei Eigentumsdelikten. 1850 gab es in Preußen (ohne die Rheinprovinz) 265000 Fälle von Holzdiebstahl – eine Verdoppelung binnen 15 Jahren. 1850 wurde jeder 50. Bewohner Preußens wegen Holzdiebstahl verurteilt. Verwahrloste Proletarierkinder, Bettler und Landstreicher gehörten in den zunächst planlos errichteten und von unzureichender Hygiene geprägten Massenquartieren der Frühindustrialisierung zum gängigen Erscheinungsbild. Die Massenarmut trat besonders augenfällig bei Hungerkrisen in Erscheinung. In der letzten großen Hungerkrise von europäischem Ausmaß (1816/17) waren in Köln von 49000 Einwohnern 19000 Almosenempfänger. 1848 wiesen die Kölner Armenlisten mit 25000 Personen knapp 25% der Bevölkerung auf (Vergleichszahl 1860: 7%).

Die entscheidende Wende zur Überwindung des Pauperismus wurde nach der Jahrhundertmitte auf der Grundlage größerer Kapitalbildung herbeige-

Harkortsche Fabrik auf Burg Wetter an der Ruhr (Gemälde von Alfred Rethel, 1832)

führt. Der organisatorische Rahmen des Zollvereins und die deutsche staatliche Einigung unter der Führung Preußens bildeten die entscheidenden Voraussetzungen dafür, daß grundsätzlich die Eingliederung des »Proletariats« in die Gesellschaft möglich wurde. Um 1870 verschwand der Begriff »Pauperismus« aus dem öffentlichen Bewußtsein.

Proteste und Unruhen

In den dreißiger Jahren kam es mehrfach zu Protestaktionen und zu lokalen Unruhen. Ein Aufruhr Aachener Arbeiter (schlechte Löhne, Einsatz von Maschinen) im August 1830 wurde mühsam niedergeschlagen, ebenso eine Reihe von Unruhen nach der französischen Julirevolution in Elberfeld, Köln, Frankfurt/M., Chemnitz, Leipzig, München und Wien.

In Verbindung mit den politischen Unruhen in Hessen klagte der sozialrevolutionäre Schriftsteller und Medizinstudent Georg Büchner die Notlage der hessischen Bauern und die Mißstände im Deutschen Bund an. Nach französischem Vorbild gründete er zusammen mit dem Butzbacher Pfarrer Friedrich Ludwig Weidig die »Gesellschaft für Menschenrechte« mit Gruppen in Gießen, Darmstadt und Butzbach. Gemeinsam riefen sie mit der illegal verbreiteten Flugschrift »Der Hessische Landbote« (erste Fassung April 1834) das von den Fürsten und ihren Bütteln (»Die Justiz ist in Deutschland die Hure der Fürsten«) geknechtete, durch scheinbare Partizipation (»Was sind unsere Wahlgesetze? Nichts als Verletzungen der Bürger- und Menschenrechte der meisten Deutschen«) ruhiggestellte Volk zum Aufstand auf: »Das ganze deutsche Volk muß sich die Freiheit erringen.« Büchner und seine Freunde (Handwerker und Studenten) plädierten für die Anwendung von Gewalt: »Man wirft den jungen Leuten den Gebrauch der Gewalt vor. Sind wir denn aber nicht in einem ewigen Gewaltzustand?« Ihre radikalen Forderungen nach Freiheit und sozialer Gleichheit zeichneten sich auch durch religiöses Pathos aus. Im April 1835 wurde die Gruppe verhaftet; Büchner selbst war indes schon vorher nach Straßburg geflohen. Sein aus der Französischen Revolution stammender Schlachtruf blieb lebendig: »Friede den Hütten! Krieg den Palästen!«

»Der Hessische Landbote«

Die Weber in Schlesien

Im Jahr 1844 empörten sich schlesische Weber gegen ihre Verleger und Händler. Als arme Häusler traf der fast völlige Verlust ihres Nebenverdienstes in der Leinen- und Baumwollweberei infolge einer Absatzkrise die Weber schwer. Ausgehend von Unruhen in Peterswaldau und Langenbielau (Kreis Waldenburg) im Juni 1844, stürmten, plünderten und zerstörten Tausende

Arbeit im Bergwerk um 1830

von Webern mit ihren Familien Lagerhäuser, Fabriken und Wohnungen der Verleger. Militär schritt ein. Zehn Weber fanden den Tod, etwa 100 weitere wurden verhaftet und verurteilt. Auch in Böhmen und im sächsischen Erzgebirge (Kurzwarenindustrie) erhoben sich die Arbeiter. Die preußische und die sächsische Regierung waren alarmiert. Die materielle Not der Weber nahm in den folgenden Jahren zu.

Die Bemühungen von Unternehmerseite, die soziale Not der Unterschichten zu lindern oder ihr wirkungsvoll entgegenzutreten, hielten sich im Vormärz in engen Grenzen. Der »Centralverein für das Wohl der arbeitenden Klassen« (gegr. 1844 in Berlin) betrieb die Errichtung von Kranken-, Pensions-, Spar- und Prämienkassen für Arbeiter. Vorsitzender war ein Direktor im preußischen Justizministerium, ab 1848 Staatsrat Lette und von 1868 bis 1895 Professor Rudolf Gneist. Die Erfolge blieben minimal. Die preußische Gewerbeordnung von 1845 mit ihrem Koalitions- und Streikverbot hinderte die Arbeiter daran, ihre Forderungen zu artikulieren.

Linkshegelianer und Geheimbünde

In die dreißiger Jahre fällt der Beginn einer demokratischen Bewegung. Ihre geistigen Führer waren zumeist Schüler des Philosophen Hegel (Links- oder Junghegelianer). Sie setzten sich für gesellschaftliche und politische Gleichheit (Wahlrecht, Steuergesetzgebung, demokratische Verfassung Deutschlands) ein. Ihre Öffentlichkeitswirkung rührte her von ihrer grundlegenden Kritik an den bestehenden Zuständen.

Arnold Ruge, als Burschenschafter nach fünfjähriger Festungshaft entlassen, habilitierte sich ein Jahr darauf (1831) in Halle, begründete die »Halleschen Jahrbücher für deutsche Wissenschaft und Kunst«, an denen die Theologen und radikalen Religionskritiker Bruno Bauer, David Friedrich Strauß und Ludwig Feuerbach mitwirkten. Um der preußischen Zensur zu entgehen, erschien diese führende Zeitschrift der Junghegelianer als »Deutsche Jahrbücher« ab 1841 in Dresden, als »Deutsch-französische Jahrbücher« dann in Paris, herausgegeben von Ruge und Marx, wobei aber nur eine Ausgabe (Februar 1844) zustande kam. Alle gemeinsam waren der Überzeugung und der Gewißheit, mit der Waffe der Kritik die Wirklichkeit radikal verändern zu können und zu müssen. Durchdrungen von dem einzig »wahren« Bewußtsein, bekämpften sie mit den Mitteln der Publizistik gleichermaßen den Frühliberalismus wie die Kräfte und Mächte der Restauration. Das Haupt der deutschen Emigranten und Handwerkerbünde in der Schweiz, Julius Fröbel, ein radikaler Republikaner, die in Paris ansässigen Deutschen um den »Deutschen Volksverein« sowie Handwerksgesellen – sie alle entwickelten Ideen und Programme. Wilhelm Weitling, ein Schneidergeselle aus Magdeburg, vertrat in seinen Schriften einen Handwerkersozialismus (»Die Menschheit, wie sie ist und wie sie sein sollte«, anonym 1838; »Garantien der Harmonie und Freiheit«, 1842) mit utopischen Zügen (u.a. Gütergemeinschaft).

1834 entstand in Paris als Nachfolgeorganisation des Volksvereins der »Bund der Geächteten«, ein Geheimbund aus Handwerkern, Intellektuellen und Publizisten, straff organisiert nach dem Muster französischer Geheimbünde. Herausgeber der Verbandszeitschrift »Der Geächtete« (500 Exemplare) war J. Venedey. Die Mitgliederzahl überstieg kaum 120. Vier Jahre später entstand aus dem Bund nach internen Streitigkeiten der »Bund der Gerechten«. Auch er verfolgte das Ziel der »Befreiung Deutschlands von der Unterdrückung« und strebte die Verwirklichung der Menschen- und Bürgerrechte an. Der Student Karl Schapper und Weitling waren offensichtlich die führenden Köpfe. Kleine »Gemeinden« in Hamburg, Frankfurt/M. und in der Schweiz trugen die Ideen direkt oder indirekt nach Deutschland. 1846 wurde London Hauptsitz des Bundes der Gerechten. Unter dem Einfluß seiner Mitglieder Marx und Engels erfolgte im Juli 1847 die Umbenennung in »Bund der Kommunisten«.

Karl Marx

Karl Marx, als Sohn eines jüdischen, zum Protestantismus übergetretenen Rechtsanwalts in Trier geboren, war nach Jura-, Philosophie- und Geschichtsstudium in Bonn und Berlin (Promotion in Jena 1841) ein führender Junghegelianer, seit 1842 Redakteur der u.a. von Mevissen finanzierten liberalen »Rheinischen Zeitung« in Köln, ging nach deren Verbot 1843 nach Paris, heiratete Jenny von Westphalen, die Halbschwester des späteren preußischen Innenministers, wurde 1845 auf Betreiben der preußischen Regierung aus Paris ausgewiesen und lebte sodann in Brüssel. Seit dieser Zeit arbeitete er mit Friedrich Engels eng zusammen. Engels war Sohn eines Spinnereibesitzers in Barmen, sympathisierte mit den Junghegelianern und lernte in Manchester die soziale Lage der Industriearbeiter kennen (»Die Lage der arbeitenden Klassen in England«, 1845). Während des anschließenden jahrzehntelangen gemeinsamen Aufenthalts in London unterstützte Engels seinen Freund Marx – nicht zuletzt finanziell – bei der Ausarbeitung der grundlegenden Theorien des revolutionären Sozialismus.

Friedrich Engels

Kommunistisches Manifest

Im Auftrag des »Bundes der Kommunisten« verfaßten Marx und Engels im Winter 1847/48 das »Kommunistische Manifest«. Diese in kämpferischem und polemischem Ton geschriebene programmatische Erklärung verstand die Geschichte als Geschichte von Klassenkämpfen und schrieb der bürgerlichen Gesellschaft die fundamentale Selbstentfremdung des Menschen zu. Sie gipfelte in dem Ruf: »Proletarier aller Länder, vereinigt euch!« Das im Februar 1848 in London in deutscher Sprache veröffentlichte Manifest rief zum Sturz der »Bourgeoisie« und des vom Besitzbürgertum getragenen kapitalistischen Systems auf. Es verhieß eine Zukunft, in der das Proletariat, befreit von seinen Ketten, in einer von Gleichheit und Gerechtigkeit geprägten klassenlosen Gesellschaftsordnung ohne Privatbesitz die wirtschaftliche und die politische Macht in Händen halte. In seinen Schriften (»Die heilige Familie«, 1845; »Die deutsche Ideologie«, 1845/46; »Das Elend der Philosophie«, 1847) präsentierte Marx rhetorisch eindrucksvoll sein Gesellschaftsbild. In prophetischer Zuversicht und in suggestivem Ton trug er seine politische Zukunftsschau vor. Er legte die ihm zugänglichen ökonomischen Daten zur Lage der Industriearbeiterschaft im Frankreich und England der zwanziger und dreißiger Jahre, nicht aber eine verifizierbare Analyse der derzeitigen Verhältnisse in Deutschland zugrunde.

Ein einheitliches und politisch verwertbares Programm entwarfen die demokratischen und die sozialrevolutionären Bewegungen und ihre Denker vor Ausbruch der bürgerlichen Revolution von 1848/49 nicht.

Die Lage der Juden

Die Lage der Juden im Deutschen Bund war von Anfang uneinheitlich. Als religiöse und ethnische Minderheit hofften sie auf die Fortsetzung der im Geist der Aufklärung begonnenen, aber nirgends voll verwirklichten rechtlichen und politischen Gleichstellung. Die Zeit der Restauration und des Vormärz war erfüllt von Bemühungen um ihre Assimilation. Parallel zu den Kämpfen des Bürgertums um seine politischen Rechte nahm nach 1815 aber auch der Frühantisemitismus feste Formen an. Er ging in das Selbstverständnis der bürgerlichen Gesellschaft ein. Auch Karl Marx, Bruno Bauer, Lassalle und andere Arbeiterführer waren nicht frei von Judenhaß.

Im Deutschen Bund einschließlich der preußischen Provinz Posen gab es 1825 etwa 373000 und 1850 545000 Juden, davon 153000 bzw. 230000 in Preußen und 85000 bzw. 130000 in Österreich. Die Juden des Kaiserreichs Österreich lebten vor allem in Böhmen, Mähren, Galizien und in Ungarn. Die Anzahl der Juden in Wien nahm zu von 6200 (1857) auf 40000 (1869) und 72000 (1880). Im Jahr 1843 genossen in Preußen 127000 Juden die mit dem Edikt von 1812 gewährten, wenngleich durch die teilweisen Zurücknahmen eingeschränkten Rechte, während 79000 nur Schutzrechte bzw. Konzessionen hatten. In Bayern lebten 1822 57000 Juden, die zu 95% im Handel einschließlich Hausierhandel (30% von ihnen) tätig waren. Jüdische Gemeinden erheblichen Umfangs gab es in Hamburg, Berlin, Breslau, Posen und Frankfurt/M.

Die Berufsstruktur wurde vielgestaltiger, und die soziale Lage der Juden verbesserte sich in der ersten Hälfte des 19. Jahrhunderts partiell. Reiche Juden in Handel und Banken (in Karlsruhe, Haus Rothschild in Frankfurt/M.) wirkten an der Finanzierung der Kriege (Befreiungskriege) und an der Regulierung der Staatsschulden in mannigfacher Weise mit. Erstmals wurde 1859 ein Jude zum ordentlichen Professor ernannt (Moritz Stern in Göttingen). Zahlreiche Juden schwankten zwischen der Aufgabe ihres Glaubens und der vielfach damit angestrebten Assimilation und Integration einerseits und der Beibehaltung bzw. Reform der überlieferten Auffassungen (rituelle Vorschriften, Sabbatgesetz usw.) andererseits. In Preußen ließen sich zwischen 1822 und 1840 2200 Juden taufen.

Rechte und Beschränkungen

Gegen heftigen Widerstand vor allem von seiten des grundbesitzenden Adels wurden in Preußen auf Initiative von Staatskanzler Hardenberg durch das Edikt von 1812 die 29000 Schutzjuden zu »Einländern und preußischen Staatsbürgern« erklärt: Fortfall der Ausnahmeregelungen, auch des eigenen Gerichtsstandes, Annahme fester Familiennamen, Benutzung der deutschen Sprache im Umgang mit Behörden und im Geschäftsverkehr. Der Zugang zu Staatsämtern blieb weiter verwehrt. Das Edikt galt nicht in den 1815 neu- oder wiedererworbenen Gebieten und damit auch nicht in Posen. Hier lebten nach 1815 etwa 52000 Juden.

Der Wiener Kongreß brachte keine Vereinheitlichung des Judenrechts. Auf massiven Druck vor allem der Hansestädte und einiger Mittelstaaten wurde noch nicht einmal der Rechtsstand in den Gebieten französischen Rechts als bindend fixiert. Mit Rücksicht auf die Souveränität der Einzelstaaten legte Artikel 16 der Bundesakte nur fest: Es »werden den Bekennern dieses [des jüdischen] Glaubens... die denselben von [nicht wie ursprünglich vorgesehen: in] den einzelnen Bundesstaaten bereits eingeräumten Rechte erhalten«. Die Frankfurter Juden hatten gegen eine Zahlungszusage von 400000 Gulden die Gleichberechtigung während der Rheinbundzeit erkauft. Erst 1824 konnten sie gegen die mißgünstige Konkurrenz der Händler und Kaufleute ihrer Heimatstadt beim Bundestag die Sicherung ihrer erworbenen Rechte erwirken. Die norddeutschen Hansestädte widerriefen die Emanzipationsgesetze der napoleonischen Zeit. Sachsen und Bayern erließen restriktive Judenordnungen. Mecklenburg setzte gegen das Bundesrecht sein eigenes Edikt von 1812 außer Kraft. Der von Minister Montgelas in Bayern 1813 verfügte und bis 1848 gültige »Matrikelzwang« bezweckte die quantitative Begrenzung der Juden: Juden, die sich niederlassen oder ein Gewerbe betreiben wollten, mußten in entwürdigender Weise (gemäß Nummernvergabe) warten, bis durch Tod oder Fortzug eine »Judenstelle« frei wurde.

In Preußen wurde das Edikt durch Verwaltungsanordnungen, willkürliche Auslegung einzelner Bestimmungen und durch Kabinettorders des Königs sukzessive zurückgenommen: Ausschluß von der Offizierslaufbahn, von akademischen Lehr- und Schulämtern (1822), von der Wählbarkeit in die Provinziallandtage (1823), vom Bürgermeister- und Oberbürgermeisteramt durch die revidierte Städteordnung (1831), vom Schulzenamt (1833), vom Amt des Feldmessers (1820), des Scharfrichters, Apothekers und Auktionators (1827), des Schiedsmannes (1835), von Magistratsstellen mit Polizeifunktion (1841). 1841 wurde jüdischen Rittergutsbesitzern auch das Tragen der Uniform untersagt. Sie konnten nicht Richter und Rechtsanwälte werden. 1842 wurde ihnen der Zugang zum Justizdienst verwehrt. Der Erwerb von Eigentum an Bergwerken wurde verboten. Die judenfreundlichen Beschlüsse des Rheinischen Provinziallandtages von 1843 wies der König zurück. Nach sechstägiger Debatte im Vereinigten Landtag (Juni 1847) wurde per Gesetz verfügt: Zulassung zu Staatsämtern mit Ausnahme derjenigen mit polizeilichen, richterlichen oder Verwaltungsaufgaben; weiterhin Ausschluß von den ständischen Rechten. Insgesamt waren die liberalen Befürworter der Emanzipation der Juden den Protagonisten des »christlichen Staates« unterlegen. Diese Idee des »christlichen Staates« wurde vom Hof, den Konservativen und an ihrer Spitze von F.J. Stahl verfochten, der kurz nach der Judendebatte mit seiner Schrift: »Der christliche Staat und sein Verhältnis zu Deismus und Judentum« großen Anklang fand.

Christlicher Staat und Frühantisemitismus

In Baden machten die Liberalen in der 2. Kammer, der keine Juden angehören durften, die Gewährung bürgerlicher Rechte abhängig von der Aufgabe der sogenannten jüdischen »Nationalität«, d.h. der hebräischen Sprache in Gottesdienst und Religionsunterricht sowie vom Verzicht auf den Sabbat, die Beschneidung und die Speisegesetze. Die Sprecher der etwa 12000 badischen Juden lehnten ab. Nach dem Verständnis Rottecks störten die Juden das liberale Ideal der Gleichförmigkeit der Gesinnungen der Staatsbürger. Der Landtag von 1831 sprach den Juden das Recht ab, in den Gemeinden mitzuwirken.

Einer der führenden Verfechter der jüdischen Emanzipation, Gabriel Riesser, ab 1860 erster jüdischer Richter in Deutschland, 2. Vizepräsident der Frankfurter Nationalversammlung, kennzeichnete treffend das Dilemma der Juden: »Wir sind entweder Deutsche, oder wir sind heimatlos«. Zahlreiche Juden in Deutschland beanspruchten wie Riesser die Doppelidentität – Juden und Deutsche zu sein. Dabei trafen sie auf eine breite Front der Ablehnung aus ökonomischen, theologischen und politischen Gründen. Besonders die Vertreter der Ideologie vom »deutschen Volkstum« (Fries, Rühs, E.M. Arndt) und der bekannte Heidelberger protestantische Theologe Paulus riefen zwischen 1815 und 1831 mit ihren als wissenschaftlich ausgegebenen Thesen von der unaufhebbaren Sonderstellung der Juden (Vorschläge: Wiedereinführung der mittelalterlichen Diskriminierungsvorschriften; Judenabzeichen als »Volksschleife«) ein breites Echo hervor. 1819 kam es zu Ausschreitungen gegen Juden in Würzburg (Rufe: »Hep-Hep, Jud-ver-

Diskriminierung und Ausschreitungen

reck'!«) mit Plünderung jüdischer Geschäfte, zu Straßenkrawallen in Frankfurt und zu Aufläufen in Hamburg (dort auch 1830). Polizei und Militär mußten einschreiten. Auch zu Beginn des Jahres 1848 waren die Gründe für die provozierten Unruhen ökonomischer Natur (Wirtschaftskrise).

Gleichstellung der Juden

Die Frankfurter Nationalversammlung beschloß, in die »Grundrechte des deutschen Volkes« die uneingeschränkte bürgerliche und staatsbürgerliche Gleichberechtigung der Juden aufzunehmen. Die preußische Verfassung vom Januar 1850 übernahm diesen Grundsatz. Doch setzte sich in den fünfziger Jahren erneut das Prinzip des »christlichen Staats« (Staatsämter, Richter) durch. In Österreich gewährte das Staatsgrundgesetz von 1867 allen Einwohnern das volle Bürgerrecht unabhängig von Nationalität und Religion. Bayern schaffte 1861 die Judenmatrikel ab. Baden hob 1862 alle Rechtsbeschränkungen für die Juden auf. In Württemberg erfolgte 1864 die Gleichstellung auf lokaler Ebene. Sachsen und Mecklenburg schlossen sich 1868 an. Ein Jahr später erließ der Norddeutsche Bund ein Gleichstellungsgesetz, das seit 1871 im Deutschen Reich galt.

Deutschland vor der Revolution von 1848: Die Nation und die Staaten. Die Kirchen und die Gesellschaft

Deutschland – am Ende des Alten Reiches kaum mehr als ein geographischer Begriff – befand sich im Vormärz (1830–1847) und nach dem Beginn der industriellen Revolution in einem tiefen Zwiespalt: Fürsten und Adel kämpften z.T. verbissen um ihre Machtstellung. Den Liberalen und den Demokraten blieben ihrerseits greifbare Erfolge bei der Durchsetzung des Verfassungsstaats bzw. der ungeschmälerten Volkssouveränität versagt.

Anders als bei den zeitgenössischen Freiheits- und Unabhängigkeitsbewegungen in Südamerika und in Südeuropa (Griechenland) behinderten im Deutschen Bund der Staatenpluralismus und die ideologischen und konfessionellen Unterschiede die Entstehung einer ungeteilten Bewegung, die in der Lage gewesen wäre, die Verfassungsfrage und die nationale Frage zu lösen und der sozialen Not wirksam zu begegnen. Die Nation war gespalten. Sie spiegelte sich wider im »partikularen Patriotismus« der Einzelstaaten. Sie verstand sich vielfach als Kulturnation, d.h. vornehmlich geprägt durch die Gemeinsamkeit des Volkstums, der Sprache, der Literatur, der Wissenschaften und der Kunst vor dem Hintergrund des allgemeinen Zeitgefühls der Romantik und befangen in einem selbstgenügsamen und selbstgefälligen bürgerlichen Lebensstil (Biedermeier).

Aufstieg des Bürgertums

Dennoch entwickelte sich das Bürgertum zur bestimmenden, ja ausschlaggebenden gesellschaftlichen, ökonomischen und auch politischen Kraft des 19. Jahrhunderts. In all seinen Ausprägungen und Schattierungen wurde das Bürgertum zum Ausgangs- und Kristallisationspunkt für den technischen Fortschritt, für den Leistungswillen, für neue Lebensformen, für die öffentliche Debatte als Ausdruck politischer Partizipation. Das Bürgertum wurde durch die Wehrpflicht, die Steuerpflicht und die Schulpflicht auf Dauer an den Staat herangeführt. Anders als noch im 18. Jahrhundert akzeptierte das Bürgertum den »Staat« als ein wesentliches Element, mit dessen Hilfe sich gesellschaftliche Kommunikation und bürgerliche Lebenswerte verwirklichen ließen. In den vierziger Jahren forderten die bürgerlichen Liberalen und Demokraten die Verwirklichung der Menschen- und Bürgerrechte von

Großgrundbesitzer auf der Hasenjagd (Gemälde von Franz Krüger)

1789 auch in Deutschland. Die uneinheitliche bürgerliche Welt wurde zur »Bewegungspartei«, obwohl sie weitgehend eine revolutionäre Umwälzung der politischen und der Eigentumsverhältnisse ablehnte. Die Liberalen und die Demokraten traten an die Öffentlichkeit (Sängerfeste, Lesegesellschaften; Jahrestagungen der Ärzte und Naturforscher, der Germanisten, der Philologen und Schulmänner). Das Gefühl der Zusammengehörigkeit schuf neue Solidaritäten, denen die Regierungen und ihre Organe zunehmend hilflos gegenüberstanden.

Die Rheinkrise 1840

Als Frankreich im Jahre 1840 eine diplomatische Niederlage in seiner Orientpolitik erlitten hatte (vereinter Widerstand der übrigen europäischen Mächte) und sich als Ausgleich für die herbe Enttäuschung und Isolierung der Ruf nach der Rheingrenze erhob, entstand in Deutschland spontan und dann systematisch geschürt eine nationale Gegenbewegung. Das »Rheinlied« Nikolaus Beckers, eines Gerichtsschreibers aus der Nähe von Aachen, mit dem Refrain »Sie sollen ihn nicht haben, den freien deutschen Rhein«, verbreitete sich in Windeseile und erfuhr zahllose Vertonungen. Max Schneckenburger (»Die Wacht am Rhein«) und E.M. Arndt (»Zum Rhein! Übern Rhein! All-Deutschland in Frankreich hinein!«) mobilisierten nationalistische und – besonders Arndt – überaus gefährliche Affekte. Auf einer Woge von Mittelalter-Romantik erklärte der neue preußische König Friedrich Wilhelm IV. (1840–61) im Jahre 1842 beim »Kölner Dombaufest« die Vollendung des Domes zum »Werk des Brudersinnes aller Deutschen, aller Bekenntnisse«. Auch die in den vierziger Jahren von dänischer Seite in Gang gesetzte Schleswig-Holstein-Frage erinnerte die Deutschen an die Verteidigung von Zielen und Interessen, die zur »nationalen« Gemeinsamkeit deklariert wurden. Heinrich Hoffmann von Fallersleben, seit 1830 Professor für deutsche Sprache und Literatur in Breslau, verfaßte 1841 auf der damals britischen Insel Helgoland sein »Lied der Deutschen« (»Deutschland, Deutschland über alles ...«). Es fand zunächst wenig Beachtung. Erst 1922 wurde es die deutsche Nationalhymne, 1952 die 3. Strophe (»Einigkeit und Recht und Freiheit«) die Hymne der Bundesrepublik Deutschland. Hoffmann drückte mit dem Lied seine Vaterlandsliebe aus. Nationale Selbstüberhebung und Machtstreben lagen ihm fern.

Das Lied der Deutschen

Erste Niederschrift des »Lieds der Deutschen« von H. Hoffmann von Fallersleben

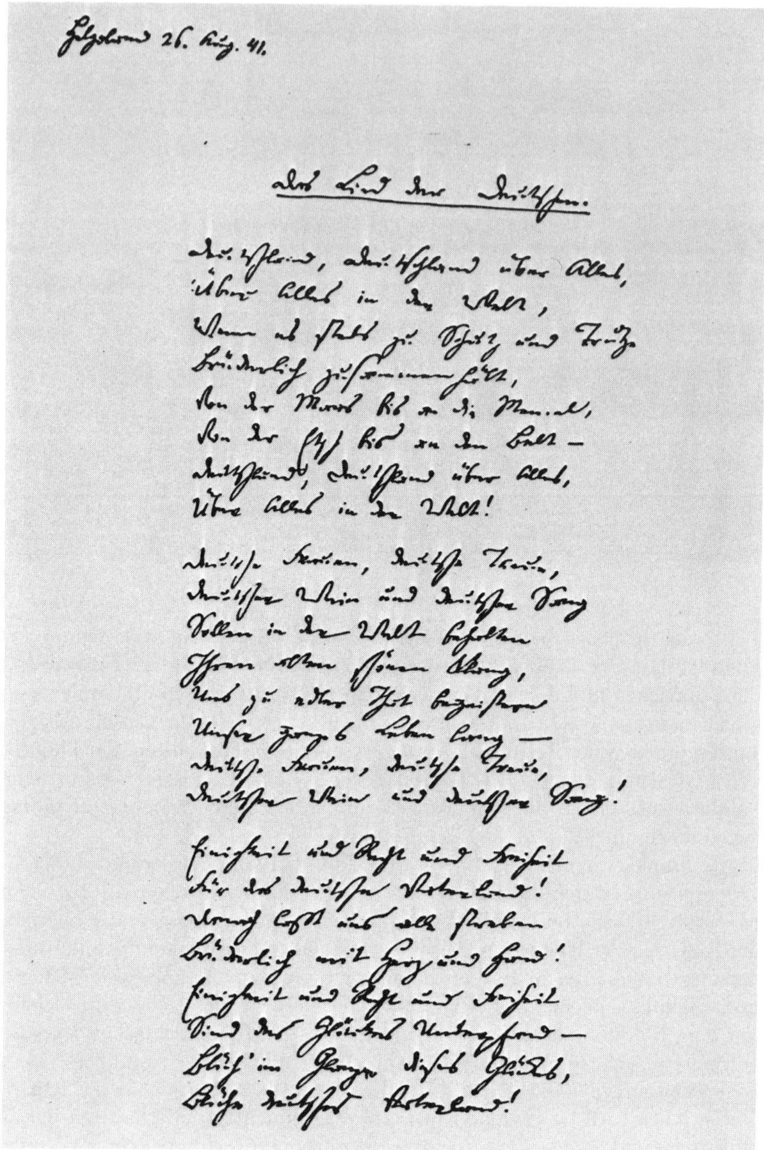
Helgoland 26. Aug. 41.

Das Lied der Deutschen.

Deutschland, Deutschland über Alles,
Über Alles in der Welt,
Wenn es stets zu Schutz und Trutze
Brüderlich zusammenhält,
Von der Maas bis an die Memel,
Von der Etsch bis an den Belt —
Deutschland, Deutschland über Alles,
Über Alles in der Welt!

Deutsche Frauen, deutsche Treue,
Deutscher Wein und deutscher Sang
Sollen in der Welt behalten
Ihren alten schönen Klang,
Und zu edler That begeistern
Unser ganzes Leben lang —
Deutsche Frauen, deutsche Treue,
Deutscher Wein und deutscher Sang!

Einigkeit und Recht und Freiheit
Für das deutsche Vaterland!
Danach laßt uns alle streben
Brüderlich mit Herz und Hand!
Einigkeit und Recht und Freiheit
Sind des Glückes Unterpfand —
Blüh' im Glanze dieses Glückes,
Blühe deutsches Vaterland!

Bayern

In den Mittelstaaten setzten sich in den vierziger Jahren die Konflikte zwischen den restaurativ-bürokratischen Zielen der Regierungen und den Verfassungsparteien fort, so daß hier vielfach die nationale Sache an Interesse verlor. In Bayern führte die Politik des Ministerpräsidenten Abel (seit 1837), der einen konservativ-legitimistischen Kurs verfolgte, zu einer Verhärtung der Fronten. Der »Kniebeugungserlaß« von 1838 blieb sieben Jahre in Kraft. Er verpflichtete alle protestantischen Militärangehörigen bei katholischen Militärgottesdiensten und Prozessionen zur Ehrenbezeugung vor dem Allerheiligsten durch eine Kniebeuge und verletzte damit das religiöse Empfinden zutiefst. König Ludwig I. (1825–1848) brachte das Bürgertum durch seine provozierende Politik (Affäre um seine Geliebte, die Tänzerin Lola Montez) gegen sich auf. Die Führungsschicht brüskierte er durch eigenmächtige Entscheidungen (Amtsenthebungen). Durch die Erhöhung der Bierpreise und die Schließung der Münchener Universität spitzte sich der innere Konflikt im Frühjahr 1848 derart zu, daß das Fiasko der Gesamtpolitik offensichtlich wurde.

Österreich

Österreich war seit dem Regierungsantritt des geisteskranken Kaisers Ferdinand (1835–1848) politisch praktisch gelähmt. Im Regierungsorgan, der »Staatskonferenz«, blockierten sich die beiden mächtigsten Männer, Metternich und Staatsminister Graf Kolowrat, gegenseitig. Die zunehmende Staatsverschuldung führte nur aufgrund der engen Kooperation mit dem Bankhaus Rothschild in Wien nicht in den Staatsbankrott. Infolge der starren Steuergesetzgebung hielt sich das Finanzvolumen, das für die Erweiterung des Verkehrsnetzes (Eisenbahnbau) und für den vielfältigen Kapitalbedarf im frühindustriellen Sektor zur Verfügung stand, in engen Grenzen. Das strikte Zensursystem wurde beibehalten. Alle Bestrebungen nach einer freiheitlichen Verfassung (Lombardo-Venetianisches Königreich, Böhmen, Galizien, Ungarn) stießen in Wien auf Ablehnung. Die im Jahr 1846 in Absprache mit Rußland und Preußen – zur Empörung Frankreichs und Englands – vollzogene Annexion Krakaus erbrachte einen vordergründigen Prestigeerfolg. Er konnte jedoch nicht verbergen, daß das »System Metternich« den wirtschaftlichen Bedürfnissen und den national- und sozialpolitischen Forderungen immer weniger gewachsen war.

In Preußen richteten sich die Erwartungen und Hoffnungen auf König Friedrich Wilhelm IV., der kurz nach seinem Regierungsantritt 1840 die verfolgten »Demagogen« Arndt und Jahn rehabilitierte, den Führer der Göttinger Sieben, Dahlmann, an die Universität Bonn und die Brüder Grimm nach Berlin berief. Der Kriegsminister der Reformära, von Boyen, gelangte erneut ins Amt. Der als überaus reaktionär verschriene Innenminister von Rochow mußte dem liberalen Ernst von Bodelschwingh Platz machen. Rochow hatte seine Verachtung des Volkes mit dem Wort von der »beschränkten Einsicht der Untertanen gegenüber der obrigkeitlichen Autorität« (1837) unmißverständlich bekundet. Der Monarch beendete den Konflikt mit der katholischen Kirche in Preußen.

Preußen und die katholische Kirche

1837 war es zu einer offenen Auseinandersetzung in der Frage konfessionell gemischter Ehen gekommen (Kölner Kirchenstreit). Gemäß einer Kabinettsorder von 1825 war in solchen Ehen für die Kinder die Konfession des Vaters maßgebend. Damit sollten die zumeist evangelischen Beamten in den neuen preußischen Gebieten am Rhein und in Westfalen begünstigt werden. Der Kölner Erzbischof Freiherr von Droste zu Vischering verwarf die 1834 von seinem Vorgänger mit der preußischen Regierung abgeschlossene geheime Vereinbarung, da sie dem päpstlichen Breve von 1830 (Verpflichtung zur katholischen Kindererziehung) widersprach. Der Kölner Erzbischof wurde im November 1837 verhaftet und auf die Festung Minden gebracht. Der Vorwurf lautete auf Hochverrat. Auch der Erzbischof von Posen-Gnesen, von Dunin, wurde verhaftet. Die Kurie protestierte vergeblich.

Die katholische Bevölkerung in Deutschland solidarisierte sich mit ihren Bischöfen. Der Publizist Görres mobilisierte mit seiner Flugschrift »Athanasius« (10000 Exemplare in drei Auflagen binnen drei Monaten) die Öffentlichkeit. Eine tiefe Kluft zwischen Kirche und preußischem Staat tat sich auf.

König Friedrich Wilhelm IV. gab 1841 in der Mischehenfrage weitgehend nach und ließ auch den freien Verkehr der Bischöfe mit der Kurie wieder zu. Die katholische Kirche ging gestärkt und selbstbewußt aus dem Streit hervor. Sie intensivierte ihre Verbindungen mit Rom, was ihr im protestantischen Deutschland den Vorwurf des »Ultramontanismus« eintrug. Dies war für den deutschen Katholizismus, der allmählich zu einer politischen Partei wurde (nach 1848), eine erhebliche Belastung, stellte sie ihn doch immer wieder vor die Notwendigkeit, seine Loyalität in der nationalen Frage unter

Der Kölner Dom vor 1842

Beweis zu stellen. Vorerst demonstrierten die Katholiken durch die Wallfahrt zum »Heiligen Rock« in Trier (1844) mit insgesamt etwa einer Million Teilnehmern ihr Zusammengehörigkeitsgefühl. Die »Pilgerfahrt der rheinischen Völker« (Görres) erfuhr die Billigung der preußischen Behörden.

Die Verfassungsfrage in Preußen

In der Verfassungsfrage lehnte der König nach eigener Überzeugung und unter dem Druck der Kamarilla um die Brüder Gerlach und das »Berliner Politische Wochenblatt« (Christlicher Ständestaat) unmißverständlich die Einlösung des von seinem Vater mehrfach abgegebenen Versprechens ab. Er wollte keine »auf Pergament geschriebenen Staatsgrundgesetze«, ließ er am 4. Oktober 1840 die ostpreußischen Stände und den liberalen Oberpräsidenten Th. von Schön wissen. Im Herbst 1842 scheiterte sein Versuch, die Zustimmung von 96 gewählten Vertretern der Provinziallandtage (Vereinigte Ausschüsse) zur Finanzierung von Eisenbahnbauten zu erlangen. Der von April bis Juni 1847 in Berlin tagende »Vereinigte Landtag« (613 Abgeordnete aus allen Provinzen) war mehrheitlich liberal. Der Landtag lehnte das Gesetz über die Landesrentenbanken (staatliche Garantie für die Ablösung der grundherrlichen Lasten) und die Staatsanleihe für den Bau der Ostbahn mit ⅔ Mehrheit ab. Er wählte aber mehrheitlich den vom König gewünschten »Vereinigten Ausschuß«, der sich zu Beginn des folgenden Jahres mit der Reform des Strafrechts befaßte. Erst unter dem Eindruck der Februarrevolution in Frankreich sagte der König am 6. März 1848 die Periodizität des Vereinigten Landtages zu.

Die Kirchen und die Politik

Im Zeitalter der Restauration und des Vormärz standen die beiden großen christlichen Kirchen nicht auf der Seite der liberalen Verfassungs- und der gesellschaftlichen Reformbewegung. Im Gegenteil, die Kirchen stützten den Obrigkeitsstaat, befürworteten die Verteidigung der Autorität und der Legitimität und leisteten einen nicht zu unterschätzenden Beitrag zur Festigung des Bündnisses von »Thron und Altar«.

In den evangelischen Landeskirchen dominierte weithin die Neo-Orthodoxie. Der Pietismus (Württemberg, Bergisches Land, Hinterpommerscher Adel) betonte die individuelle Frömmigkeit. Bibel- und Missionsgesellschaften und vereinsmäßig organisierte Werke der christlichen Liebe sowie Stiftungen nahmen soziale Aufgaben wahr. Der liberale (Schleiermacher) und der sich ausbreitende Kulturprotestantismus bemühten sich um einen Brükkenschlag zur modernen Welt, blieben jedoch auf das Bildungsbürgertum begrenzt. Das entstehende Industrieproletariat hielt sich in einer zunehmenden Distanz zu den großen Kirchen. Soweit der deutsche Protestantismus eine politische Wirkung erzielte, gelang ihm dies im Lager der Konservativen: Abwehr des Liberalismus und der Demokratie sowie der Revolution als »Sünde« (so der preußische »Staatsphilosoph« F.J. Stahl). Die lutherische »Freiheit eines Christenmenschen« endete für viele Protestanten im Ordnungs-, Obrigkeits-, ja im Polizeistaat. In einer Zeit ernster Debatten um die Strukturen einer modernen Gesellschaft schottete sich der größte Teil des deutschen Protestantismus ab und überließ weiterhin dem Staat die Bestimmung der Richtung.

Die umfassende geistliche Erneuerung der katholischen Kirche führte nach den herben materiellen Verlusten der Säkularisation zu einer Überwindung der aufklärerischen Positionen in der Dogmatik (Wessenberg, Hermes) und zu einer bemerkenswert dauerhaften Neubesinnung unter Einwirkung der mächtigen Zeitströmung, der Romantik. Mainz und München wurden zu Zentren des Katholizismus. Zu nennen sind weiterhin der Regensburger Bischof Sailer und der in Wien mit großem Erfolg wirkende Redemptorist Cl.M. Hofbauer. Ab 1821 erschien die Mainzer Zeitschrift »Der Katholik« und ab 1838 Görres' »Historisch-Politische Blätter für das Katholische Deutschland«, ferner zahlreiche katholische Sonntagszeitungen. Das Gesellschaftskonzept führender katholischer Theologen und Politiker war antiliberal und z.T. ständestaatlich. Die Distanz zum – weltlichen – nationalen Staat wurde erst in der Revolution von 1848 überwunden.

Verschlechterung der materiellen Lage

Seit etwa 1845 verschlechterte sich in weiten Teilen Deutschlands die materielle Lage der Bevölkerung infolge einer Reihe von Mißernten. Der Mangel an Getreide und die 1846 und 1847 auftretende Kartoffelfäule führten zu Versorgungsengpässen. Zu Beginn des Jahres 1847 verbreitete sich in Württemberg, Hessen-Kassel, in Österreich und in Preußen eine Hungersnot. Der Hungertyphus raffte allein in Oberschlesien 16000 Menschen dahin. Die Bevölkerung machte ihrer Verzweiflung in Hungerkrawallen Luft. Viele Kleinbauern lebten in tiefer Not. Der Rückgang der Realeinkommen wirkte sich auch auf das Gewerbe aus. Ab Herbst 1847 besserte sich die Lage aufgrund einer guten Ernte jedoch wieder. Der preußische General von Natzmer, ein Mitglied der Kamarilla, prophezeite 1847, daß »in den schlesischen Zuständen der Keim zu einer bevorstehenden Umwälzung der bestehenden Verhältnisse liege, denn es hänge zuviel daran«.

Demokraten und Liberale 1847

Auf Initiative der Demokraten Hecker und Struve verabschiedete am 10. September 1847 eine Versammlung bürgerlicher Politiker in Offenburg das erste deutsche Parteiprogramm: Preisgabe der Karlsbader Beschlüsse und aller Repressionsgesetze des Bundes, demokratische Grundrechte, Verfassungseid des Militärs, progressive Einkommenssteuer, Abschaffung aller Privilegien und: »Wir verlangen Vertretung des Volks beim deutschen Bund. Dem Deutschen werde ein Vaterland und eine Stimme in dessen Angelegenheiten. Gerechtigkeit und Freiheit im Innern, eine feste Stellung dem Auslande gegenüber gebühren uns als Nation«.

Im Gegenzug forderten am 10. Oktober 1847 auf einer Tagung in Heppenheim/Bergstraße 18 führende gemäßigte liberale Kammerabgeordnete aus mehreren deutschen Staaten (u.a. Heinrich von Gagern, F.D. Bassermann, Mathy, Hansemann und Mevissen) die Erweiterung des Zollvereins mit dem Ziel der nationalen Einheit in der Form eines Bundesstaats, ferner Pressefreiheit, Schwurgerichte, die Beachtung der Grundsätze des Rechtsstaats, die Herabsetzung des Militäretats und eine staatliche Sozialfürsorge.

Politische und gesellschaftliche Krise

Zu Beginn des Jahres 1848 gab es in Deutschland zweifellos eine seit langem bestehende politische und soziale Krisensituation, aber keine konkrete Absicht oder Bereitschaft zu einem gewaltsamen Umsturz der öffent-

Anonymer Stich aus den Münchener »Fliegenden Blättern« 1848

lichen Ordnung. Allerdings führte ein Einbruch der Konjunktur kurzfristig zu einer bedrohlichen ökonomischen und finanzpolitischen Lage. Betroffen waren von der Absatzkrise Handelshäuser und Industriefirmen. In Frankfurt/M. brachen Banken zusammen. Am 6. März 1848 war das Wiener Bankenkonsortium, das für den Staatshaushalt unentbehrlich war, zahlungsunfähig. In Berlin wurde in den ersten Märztagen etwa ein Drittel der Belegschaft der Maschinenbaufirma Borsig arbeitslos. Zwischen 5000 und 10000 Arbeiter suchten hier eine Beschäftigung. Aber niemand vermag zu sagen, ob bzw. wie lange das politische System in Deutschland ohne die in Frankreich ausbrechende Revolution im Februar 1848 sich hätte behaupten können.

Bürgerliche Revolution und Reichsgründung (1848–1871)

Michael Behnen

Bürgertum, Revolution und Staat 1848/49

Anlaß

Am 24. Februar 1848 dankte der französische König Louis Philippe ab. Frankreich wurde eine Republik. Seit dem 4. März waren statt bisher 250000 neun Millionen Franzosen wahlberechtigt.

Dieser Umsturz rief in Deutschland, besonders in seinem Südwesten ein gewaltiges Echo hervor. Nach den Hungerrevolten und den blutigen Auseinandersetzungen notleidender Bevölkerungsteile mit dem Militär im Jahr zuvor war rasch eine Beruhigung in der Öffentlichkeit eingetreten. Die Revolution in Frankreich wirkte jedoch wie ein Fanal. Sie mobilisierte in erster Linie die deutschen Liberalen, die ihren bereitliegenden Forderungskatalog sogleich auf zahlreichen Volksversammlungen (so in Offenburg am 27. Februar) und auf Landtagen präsentierten. Wie schon Friedrich Bassermann am 12. Februar in der badischen 2. Kammer, so verlangte Heinrich von Gagern am 28. Februar im Landtag von Hessen-Darmstadt die »Berufung einer Nationalrepräsentation gleichzeitig mit der Ernennung eines Bundeshaupts«. Beide knüpften an den Beschluß der west- und süddeutschen Liberalen vom 10. Oktober des Vorjahres in Heppenheim an.

Märzbewegung

Getragen von einer breiten Welle der öffentlichen Zustimmung, die sich in Petitionen und in Straßendemonstrationen vor allem in Südwestdeutschland spontan und unübersehbar äußerte, ging am 5. März eine Versammlung von 51 Liberalen und Demokraten (außer den Genannten u.a. Gervinus, Hansemann, Welcker, Mathy, Hecker und Struve) einen Schritt weiter: Einberufung einer konstituierenden Nationalversammlung durch die »mit Vertrauensmännern verstärkten Bundesbehörden«. Bereits hier trat der Zwiespalt zwischen Liberalen und Demokraten zutage. Während eine Minderheit mit Struve und Hecker als Staatsform die Republik forderte, setzten sich die Liberalen für einen Staat mit einem Monarchen an der Spitze ein, der ebenso wie seine Minister nur der Nation verantwortlich sein sollte. Sogar König Wilhelm I. von Württemberg (1816–1864) konnte sich nur den preußischen König in dieser Funktion vorstellen.

Der Bundestag in Frankfurt/Main stellte es am 3. März jedem Bundesstaat frei, die Zensur aufzuheben und damit eine der dringendsten Forderungen der Liberalen und der Demokraten zu erfüllen – die Pressefreiheit. Am 9. März erklärte er den alten Reichsadler zum Wappen und »Schwarz-Rot-Gold« zu den Farben des Deutschen Bundes. Mit dieser Kehrtwendung vermochte der Bundestag freilich keinerlei Sympathien mehr zu wecken. Zu sehr hatte er sich durch seine jahrzehntelange Repression aller freiheitlichen Bestrebungen um jeden Kredit gebracht. Hieran konnte auch die Aufhebung aller seit den Karlsbader Beschlüssen (1819) erlassenen Ausnahmegesetze am 2. April 1848 nichts ändern.

Vorparlament

Im Auftrag des Bundestags bereitete der sogenannte Siebzehnerausschuß (je ein Vertreter für die 17 Mitglieder seines Engeren Rats) eine Zusammenkunft von Volksvertretern in Frankfurt/Main vor. Dieses Vorparlament tagte vom 31. März bis 3. April in der Paulskirche.

Es bestand aus 574 Mitgliedern, die überwiegend den derzeitigen bzw. früheren Landtagen angehörten, von Stadtverordneten gewählt oder zu einem geringeren Teil überhaupt ohne Mandat berufen wurden. 141 kamen aus Preußen, nur zwei aus Österreich. Der von dem Mannheimer Rechtsanwalt und entschiedenen Republikaner Gustav Struve geführte demokratische Flügel des Vorparlaments scheiterte mit seinem Vorhaben, Entscheidungen der späteren Nationalversammlung zu präjudizieren, u.a. die Republik als Staatsform, die Abschaffung der indirekten Steuern und der stehenden Heere, ferner die Ersetzung der Erbmonarchien durch einen Bundesstaat nach dem Beispiel der USA.

Vielmehr obsiegte der zahlenmäßig stärkere liberal-konstitutionelle Flügel mit Heinrich von Gagern, Dahlmann und Mathy. Für ihn standen Volkssouveränität und Monarchie nicht im Widerspruch. Er verlangte einen Bundesstaat unter Führung Preußens. Auf Beschluß des Vorparlaments bereitete ein Fünfziger-Ausschuß die Wahlen zur Nationalversammlung vor.

Die Märzbewegung hielt unterdessen an. Weiterhin erhoben Volksversammlungen die Forderung nach Presse- und Versammlungsfreiheit, nach Geschworenengerichten und allgemeiner Volksbewaffnung sowie nach sozialer Gerechtigkeit. In zahlreichen Bundesstaaten wurden liberale Politiker in die Märzministerien berufen, so Gagern in Hessen-Darmstadt, Stüve in Hannover. Als einziger Monarch dankte der bayerische König Ludwig I. zugunsten seines Sohnes Maximilian II. (1848–1864) ab. Erstaunlich wirkt die relative Gleichförmigkeit der Geschehnisabläufe. Der Widerstand der Fürsten war gering.

Aufstand in Baden

In Baden beschränkten sich die Republikaner jedoch nicht auf friedliche Mittel. Hecker und Struve riefen in Konstanz die Republik aus und inszenierten einen von vornherein zum Scheitern verurteilten Aufstand. Hessische, württembergische und badische Truppen unter der Führung General Friedrich von Gagerns, der im Gefecht an der Scheidegg bei Kandern fiel, schlugen die Erhebung der etwa 1200 Freischärler rasch am 20. April nieder. Hecker floh in die Schweiz.

Es gab keine zentrale Lenkung der Revolution im Deutschen Bund – weder ideologisch noch organisatorisch. In seiner liberal-konstitutionellen Mehrheit und in seiner demokratisch-republikanischen Minderheit stellte das Bürgertum aller Schattierungen die wichtigste soziale Trägergruppe dar. Es beanspruchte und verteidigte diese Führung gegen Handwerkerschaft und Arbeiter. Das Schicksal der bürgerlichen Verfassungs- und Nationalstaatsbewegung hing aber auch von ihrem Kooperationswillen mit den bestehenden Bundesstaaten ab.

Österreich, Preußen und Frankfurt/Main waren die wichtigsten Schauplätze der revolutionären Ereignisse.

Die Revolution in Österreich

In Österreich erreichte die weitverbreitete Unzufriedenheit großer Teile der klein- und unterbürgerlichen Stadtbevölkerung und zahlreicher vom materiellen Elend bedrohter Bauern im Winter 1847/48 einen Höhepunkt. Arbeiter der Wiener Vorstädte wurden aktiv, und Studenten artikulierten mit Nachdruck ihre Forderungen nach Aufhebung der Pressezensur und nach Einführung einer Verfassung. Der in Wien tagende niederösterreichische Landtag stand unter dem Eindruck von Straßendemonstrationen von Arbeitern und Studenten. Auch aus Furcht vor einer ausbrechenden Agrarrevolte nahm sich diese Ständekammer der Petitionen und Proteste an und entsandte am 13. März eine Abordnung in die Hofburg. Aufgeschreckt durch die

Barrikadenbau und Aufstand in Wien, Mai 1848

Unruhen in Wien (Akademische Legion der Studenten; Demokratischer Verein der Bürger), gab die »Staatskonferenz« – das Regierungsorgan für den schwachsinnigen Kaiser Ferdinand (1835–1848) – nach.

Fürst Metternich, das Symbol des im Volk verhaßten politischen und gesellschaftlichen Repressionssystems, wurde von der Hofpartei unverzüglich fallengelassen. Der Staatskanzler trat zurück und verließ fluchtartig das Kaiserreich.

Straßenunruhen, Plünderungen von Geschäften und Gewaltanwendungen in Fabriken besonders in den Wiener Vorstädten wurden vom Militär unterdrückt. Es gab in Wien etwa 60 Tote. Hof und Regierung stellten sich unter den Schutz der Nationalgarde, der sich Tausende von Bürgern in den folgenden Wochen eingliederten. Aber weite Teile der klein- und die unterbürgerlichen Schichten (Gesellen, Dienstboten, Arbeiter) blieben von der Mitgliedschaft in der Nationalgarde ausgeschlossen, so daß ein beachtliches Potential entstand, das wiederholt zum Kristallisationspunkt von heftigen sozialrevolutionären Aufständen (Übergriffe auf Fabriken, Plünderung von Leihhäusern, Brandstiftungen z.B. gegen ein Verzehrsteueramt) wurde.

Die am 21. März gebildete neue Regierung mit dem bisherigen Hofkanzler Freiherrn von Pillersdorff als Innenminister, setzte sich keineswegs aus

Führern der liberalen Bewegung, sondern aus hohen Beamten und aus Adligen zusammen, so daß – anders als in den meisten deutschen Bundesstaaten – von der Errichtung eines Märzministeriums keine Rede sein kann. Es zeichnete sich sogar eine Interessenparallelität zwischen der Regierung und der Nationalgarde ab, die ihren Ausdruck fand im gemeinsamen Bestreben, die politische Ruhe und den gesellschaftlichen Status quo aufrechtzuerhalten.

Am 25. April 1848 proklamierte die Regierung von sich aus die angekündigte Verfassung für den Gesamtstaat. Besonders die auf ihr beruhende äußerst restriktive Wahlordnung, die den Unterschichten das Wahlrecht vorenthielt, rief den erbitterten Widerstand der demokratischen Linken hervor. Im Verlauf der Maiunruhen wurden Barrikaden errichtet, auch eine »Kaiserbarrikade«, verziert mit dem Bild des Souveräns, der es allerdings vorzog, zusammen mit dem Hof am 17. Mai nach Innsbruck überzusiedeln. Ein »Sicherheitsausschuß« mit dem Arzt Adolf Fischhof an der Spitze mit unklaren regierungsähnlichen Kompetenzen trat ins Leben. Die oktroyierte Verfassung mußte zurückgenommen werden, und die neugebildete Regierung berief zum 22. Juli einen neuen verfassunggebenden Reichstag nach Wien ein. Der Reichstag verfügte am 7. September 1848 die Auflösung der bestehenden Hörigkeitsverhältnisse der Bauern und die Aufhebung der Feudallasten. Die grundsätzlich festgelegte Entschädigung stand unter kaiserlichem Vorbehalt. Die weitere Entwicklung in Österreich wurde in erheblichem Umfang von den revolutionären Vorgängen in Ungarn und in Böhmen tangiert. Darüber hinaus ging es im Verlauf des Revolutionsjahres um die Aufrechterhaltung des staatlichen Zusammenhalts der Monarchie insgesamt.

Die Revolution in Ungarn

Auf Betreiben Lajos Kossuths, des Führers ihrer Nationalbewegung, forderten die Ungarn eine eigene Regierung. Notgedrungen stimmte der Kaiser diesem Ansinnen zu. Lajos Graf Batthyany und Kossuth traten an ihre Spitze. Der ungarische Reichstag wurde nach Pest verlegt. Das Verhältnis zu Österreich beschränkte sich auf eine reine Personalunion. Die ungarische Regierung setzte einschneidende Reformen ins Werk: die Aufhebung der Untertänigkeitsverhältnisse der Bauern und die teilweise Befreiung von den Grundlasten, die Beseitigung der Privilegien und der Steuerfreiheit des Adels. Das Wahlgesetz gewährte infolge des hohen Zensus nur 1,2 Millionen Grundeigentümern und Gewerbetreibenden das Wahlrecht. Das passive Wahlrecht erhielten nur diejenigen, die der ungarischen Sprache mächtig waren, wodurch mehr als die Hälfte der männlichen Bevölkerung ausgeschlossen blieb. Nur ein Viertel der Abgeordneten waren dem städtischen Bürgertum zuzurechnen.

Die eindeutige Vorrangstellung der Magyaren rief den erbitterten Widerstand der nationalen Minderheiten in Ungarn hervor, der seinerseits von den alten Gewalten in Österreich, besonders vom Hof gefördert wurde. An der Spitze der Kroaten stand der vom kroatischen Nationalkomitee in Agram zu ihrem Führer gewählte Oberst Joseph Freiherr von Jellačić. Ihn ernannte der Kaiser und König von Ungarn am 23. März zum Statthalter (Banus) in Kroatien. Tatsächlich erwies sich der kroatische Statthalter Jellačić, der zeitweise vom Kaiser amtsenthoben wurde, auf die Dauer als ein nützliches Instrument in der Hand der Wiener Regierung, hatten doch kroatische Regimenter einen gewissen Anteil an den militärischen Erfolgen und am Sieg der Österreicher in Oberitalien.

Im August 1848 jedoch faßte die Wiener Regierung wieder Tritt. Der Kaiser und König annullierte die dem Palatin (Vizekönig) für Ungarn zugesprochenen außerordentlichen Vollmachten und beanspruchte damit das Recht, die gesetzgeberischen Maßnahmen des ungarischen Reichstages zu bestätigen. Die ungarische Regierungskrise eskalierte zur Staatskrise, als

Mitte September 1848 Jellačić das vereinbarte Stillhalteabkommen brach und mit Truppen gegen die Ungarn vorging: Nationalitätenkampf, Bürgerkrieg und Gegenrevolution verzahnten sich ineinander.

Böhmen

In der revolutionären Bewegung im Königreich Böhmen flossen verfassungspolitische, nationale und gesellschaftliche Zielsetzungen zusammen. Hauptschauplatz war die mehrheitlich deutschsprachige Stadt Prag. Als wesentliche soziale Trägergruppen traten Anfang März 1848 tschechische Intellektuelle, Studenten, das Kleinbürgertum und auch Arbeiter in Erscheinung. Nach ungarischem Vorbild lauteten die Forderungen unmißverständlich: Verantwortliches Ministerium und eigene Behörden in Prag, Volksvertretung und uneingeschränkte Volksbewaffnung. Gestützt auf eine kaiserliche Zusage vom 8. April, welche eine Verfassung in Aussicht stellte, wurde eine Wahlordnung ausgearbeitet.

Als auslösendes Moment für die Polarisierung der tschechischen und der deutschen nationalen und verfassungspolitischen Bestrebungen kann die Absage des tschechischen Politikers František Palacký an die Nationalversammlung in Frankfurt/Main und die Einbeziehung Böhmens in einen deutschen Nationalstaat gelten (11. April). Sein Ziel war die Garantie der nationalen Autonomie innerhalb des Habsburger Reiches für alle Slawen. Es gelang Palacký und seinen Anhängern einschließlich zahlreicher Bewohner Mährens, durch die Propagierung der Wahlenthaltung zu erreichen, daß in Frankfurt weniger als ein Drittel (20 von 68) der Wahlkreise Böhmens und Mährens repräsentiert waren. Der seit dem 2. Juni in Prag tagende erste große Slawenkongreß forderte unter dem Vorsitz Palackýs die Bildung eines Bundesstaats Österreich mit strikter Gleichberechtigung seiner slawischen Nationalitäten. Der Prager Aufstand setzte der Tagung vorzeitig ein Ende, ebenso wie der provisorischen Regierung Böhmens.

Prager Aufstand

Im Prager Aufstand entluden sich lang aufgestaute Konflikte, u.a. ließen sich streikende Arbeiter zu Plünderungen hinreißen. Barrikaden wurden errichtet. Nach vier Tagen hatte Alfred Fürst zu Windischgrätz mit militärischen Mitteln den Aufstand blutig niedergeschlagen. Dies war das Ende der Revolution in Böhmen. Windischgrätz regierte als Militärdiktator mit Hilfe des Kriegsrechts und Massenverhaftungen. Die Gegenrevolution hatte ihren ersten Sieg errungen – gegen Liberale und Demokraten, gegen Tschechen und Deutsche.

Oberitalien

In Galizien kam es nur zu einem kurzen Aufstand. Dagegen setzte in Mailand die Nachricht vom Sturz Metternichs eine Volkserhebung in Gang. Italienische Patrioten bildeten eine provisorische Regierung für die Lombardei. Sie holten König Albert von Piemont-Sardinien (1831–1849) ins Land. Venedig erklärte sich unabhängig, vertrieb die Österreicher und schloß sich ebenso wie die Lombardei im Juli 1848 nach einer Volksabstimmung dem Königreich Piemont-Sardinien an. Nach einem Sieg bei Custozza (25. Juli) über die militärisch unterlegenen Italiener zog Feldmarschall Radetzky am 6. August wieder in Mailand ein. Venedig wurde 1849 der österreichischen Herrschaft unterworfen. Wie zuvor in Prag leitete die Entscheidung mit den Waffen auch in Oberitalien das Ende der nationalen und auf Freiheit gerichteten Bestrebungen ein. »Custozza« markierte den Beginn der Restauration des Habsburger Staates. Aus »Custozza« konnte das Militär in der Folgezeit weitergehende, auch politische und gesellschaftsstabilisierende Forderungen ableiten.

Die Revolution in Preußen

Erscheinungsformen und Verlauf der Revolution in Preußen weisen eine Reihe von Gemeinsamkeiten, aber auch Unterschiede auf, die nicht zuletzt durch das West-Ost-Gefälle des Staates und die Eigenart des Rheinlands bedingt waren. In Köln setzte das Bürgertum der sozialrevolutionären Petition der Mitglieder des dortigen »Bundes der Kommunisten« vom 3. März

1848 kurz darauf einen Katalog mit liberalen Märzforderungen entgegen. In zahlreichen Städten anderer preußischer Provinzen (Westfalen, Rheinland, Schlesien, West- und Ostpreußen) verfuhren die Führer des liberalen Bürgertums ähnlich.

Infolge der uneinheitlichen Bevölkerungsstruktur kam es in der Hauptstadt Berlin (400000 Einwohner) nur zögernd zu nennenswerten Manifestationen eines revolutionären Bewußtseins. Zu den Aktivitäten des politisch agilen Handwerkervereins gesellten sich in den ersten Märztagen eine Reihe von Volksversammlungen, vornehmlich bei den Kaffee- und Bierhallen »In den Zelten« am Rande des Tiergartens, auf denen Redner aus verschiedenen Gesellschaftsschichten (Journalisten, Handwerker, auch mehr oder weniger »wohlgenährte Privatdozenten«) ohne rechten revolutionären Elan die Aufhebung der Pressezensur u.ä. forderten.

Nach ersten Zwischenfällen mit Toten (14. März) schlug die Stimmung um. Die Empörung der Berliner richtete sich gegen das Militär, das man mit Recht für die Blutopfer verantwortlich machte. Die Nachricht vom Sturz Metternichs in Wien wirkte solidarisierend und spornte die Demonstranten an. Sie artikulierten die Märzforderungen und wichen Straßenkämpfen nicht aus.

Der König und die Märzforderungen

König Friedrich Wilhelm IV. (1840–1861) entschloß sich, auf die Märzforderungen einzugehen. Das Pressegesetz vom 17. März hob die Zensur auf. Der König erklärte sich am folgenden Tag bereit, für die Errichtung eines deutschen Bundesstaates mit einer Konstitution einzutreten, und stellte für Preußen eine Verfassung und die Einberufung des Vereinigten Landtags zum 2. April in Aussicht. Dankbar brach die auf dem Schloßplatz versammelte Berliner Bevölkerung in Vivatrufe aus, forderte jedoch zugleich den Abzug des Militärs aus der Hauptstadt. Im Verlauf der anschließend befohlenen Räumung des Schloßplatzes lösten sich unabsichtlich zwei Schüsse, ohne daß jemand verletzt wurde. Es gibt keinen Beleg für die Anordnung des Waffengebrauchs, sonst hätten mehr Schüsse fallen müssen. Die Folge waren offener Aufruhr, Barrikadenbau und Straßenkämpfe. Einige Tausend aus allen Bevölkerungsschichten nahmen teil: Handwerker, besonders Tischler, Schneider und Schlosser, Studenten, Maschinenbauer, Mitglieder der Schützengilden, Kaufleute, Hausbesitzer, Beamte. Es gab etwa 1000 Gefangene und knapp 100 Tote. Der kommandierende General Karl von Prittwitz kontrollierte die innere Stadt und ließ sodann die Truppen aus Berlin abrükken.

Am 19. März erließ der König eine Proklamation an seine »lieben Berliner«, in der es – die eigentlichen Vorgänge bewußt verfälschend – u.a. hieß: »Eine Rotte von Bösewichtern, meist aus Fremden bestehend, die sich seit einer Woche, obgleich ausgesucht, doch zu verbergen gewußt hatten, haben diesem Umstand im Sinne ihrer argen Pläne durch augenscheinliche Lüge verdreht und die erhitzten Gemüter von vielen Meiner treuen und lieben Berliner mit Rachegedanken um vermeintlich vergossenes Blut erfüllt und sind so die gräulichen Urheber von Blutvergießen geworden... Das siegreiche Vordringen der Truppen war die notwendige Folge davon... Hört die väterliche Stimme Eures Königs, Bewohner Meines treuen und schönen Berlins, und vergeßt das Geschehene, wie Ich es vergessen will...«

Offensichtlich noch in dieser Stimmung von patriarchalischen Larmoyanz und kaum unterdrücktem Zweifel an seinem naiv anmutenden Erklärungsversuch einer Volkserhebung gegen die dominierende Stellung der bewaffneten Macht im Staat erwies der König am 19. März im Schloßhof den dort aufgebahrten 97 Märzgefallenen durch Verneigung seine Reverenz – unter den Klängen des Chorals »Jesu, meine Zuversicht«. Der König war gedemütigt, das Heer empört. Wer konnte und wollte in diesem schwachen und

Die große Barrikade am Berliner Alexanderplatz in der Nacht vom 18. zum 19. März 1848

schwankenden Monarchen noch einen Führer zur deutschen Einheit und zum Verfassungsstaat sehen?

Am vorläufigen Ende der revolutionären Ereignisse in Berlin stand ein Umritt des Königs in Berlin am 21. März. Gemeinsam mit Ministern, Generälen und Prinzen und in Begleitung der Bürgerwehr, die der Monarch am 19. März notgedrungen errichtet hatte, bewegte sich Friedrich Wilhelm IV., angetan mit einer schwarz-rot-goldenen Schärpe inmitten der staunenden Bürger und erklärte: »Ich habe heute die alten deutschen Farben angenommen und mich und mein Volk unter das ehrwürdige Banner des Deutschen Reiches gestellt... Preußen geht fortan in Deutschland auf.« Mit dieser Ankündigung rief er aber tiefe Besorgnisse beim Adel und beim Militär hervor, während das Bürgertum verhalten Hoffnung schöpfte.

Einsetzung einer liberalen Regierung

Der Führer der liberalen Opposition im Vereinigten Landtag, Ludolf Camphausen, ein Wirtschaftsführer, Präsident der Kölner Handelskammer bis 1847, wurde zum preußischen Ministerpräsidenten ernannt (29. März), nachdem der erst kurz zuvor ernannte Ministerpräsident Graf von Arnim-Boitzenburg mit seinem Beamtenkabinett sich als ungeeignet erwiesen hatte. Am 2. April trat der Vereinigte Landtag zusammen und verabschiedete für die Wahl eines gesamtpreußischen Parlaments das »Wahlgesetz für die zur Vereinbarung der preußischen Staatsverfassung zu berufende Versammlung«. Das liberale Kabinett mit David Hansemann, einem Aachener Kaufmann, als Finanzminister führte am 6. April die Versammlungs- und Vereinsfreiheit ein, sprach der Bürgerwehr das Recht zu, zur Aufrechterhaltung der öffentlichen Ordnung Waffen einzusetzen, und stellte der kommenden Volksvertretung legislative Mitwirkungsrechte (Budget, Steuerbewilligung) in Aussicht.

Da die Monarchie offensichtlich nur so stabil war wie ihr derzeitiges unschlüssiges Oberhaupt, hatte das liberale Regierungssystem im Frühjahr 1848 eine kurzfristige Chance. Mit Blick auf den unabweislichen Prestigeverlust des Königs urteilte der österreichische Gesandte Graf Trautmansdorff am 23. März zurecht: »Preußen hört auf, der Staat Friedrichs II. zu sein«, um zweifelnd fortzufahren: »Man glaubt sich in einer Primärformation der Revolution und sieht sich plötzlich in der Tertiärformation.«

Prinz Wilhelm, der spätere Kaiser Wilhelm I. (1861–1888), im Volk als »Kartätschenprinz« verhaßt, war bereits am 19. März heimlich aus Berlin geflüchtet. Nach seiner Rückkehr aus England nahm er ein Abgeordnetenmandat in der preußischen Nationalversammlung (für Wirsitz in Posen) an, das er freilich kaum ausübte.

Verfassunggebende Versammlung

Die am 1. Mai 1848 nach allgemeinem und indirektem Wahlrecht gebildete verfassunggebende Versammlung wies eine liberale Mehrheit auf (von 402 Abgeordneten 100 Richter; keine Gesellen und Industriearbeiter). Der Verfassungsausschuß unter dem Vorsitz des Führers der demokratischen Linken, Benedikt Waldeck, modifizierte die Regierungsvorlage zugunsten einer starken Volksvertretung (nur suspensives Veto des Monarchen, Schaffung eines Volksheeres, allgemeines gleiches Wahlrecht für die 2. Kammer). Um die Stellung des Militärs im Staate entzündete sich alsbald ein ernster Konflikt, der zu einer Verfassungskrise führte.

Bei einem Zwischenfall in Schweidnitz (Schlesien) am 31. Juli gingen Soldaten mit Waffengewalt gegen die Bürgerwehr vor und töteten 14 Bürger. In der Nationalversammlung in Berlin stellte der Abgeordnete der Linken, Stein, den Antrag, der preußische Kriegsminister solle die Armee anweisen, »daß die Offiziere allen reactionären Bestrebungen fernbleiben, nicht nur Konflikte jeglicher Art mit dem Civil vermeiden, sondern durch Annäherung an die Bürger und Vereinigung mit denselben zeigen, daß sie mit Aufrichtigkeit und Hingebung an der Verwirklichung eines constitutionellen Rechtszustandes mitarbeiten wollen«.

Die Nationalversammlung stimmte am 7. September dem Antrag mit der Ergänzung zu, alle Offiziere, die nicht für den konstitutionellen Rechtsstaat einträten, sollten aus der Armee ausscheiden. Die Regierung Auerswald-Hansemann unterstützte die königliche Kommandogewalt gegenüber der Nationalversammlung. Der Antrag Stein wurde nicht ausgeführt, und die Regierung trat zurück (8. September).

Konflikte mit Militär und Krone

Schnell zeigte es sich, daß der Parlamentarismus in Preußen nur einen Pseudosieg errungen hatte. Gestützt auf die einhellige Empörung der Konservativen und des Militärs, entwarf der König am 11. September ein Kampfprogramm gegen die Nationalversammlung, berief am 21. ein Beamtenkabinett unter General Ernst Pfuel als Übergangsregierung, dessen Entgegenkommen (Billigung des sog. Antireaktions-Erlasses) den erbitterten Widerstand der Militärpartei nur noch steigerte. Die Spannungen nahmen zu, als die Nationalversammlung weitere liberale und demokratische Gesetze verabschiedete: die Abschaffung der Todesstrafe in Friedenszeiten, die Ausdehnung der Freiheit der Person gegenüber Gericht und Polizei und die Beschneidung der gutsherrlichen Jagdrechte. Weiterhin beschloß die Nationalversammlung den Zusatz »von Gottes Gnaden« im Titel des Monarchen zu streichen, den Adel abzuschaffen, alle Titel, die kein Amt bezeichnen, und sämtliche Orden und Auszeichnungen zu verbieten.

Diese Beschlüsse stellten einen offensichtlichen Affront gegen tradierte Ausdrucksformen des preußischen Königtums, des Staates und der auf Privilegien beruhenden gesellschaftlichen Vorrangstellung des Adels, des Militärs und des höheren Beamtentums dar. Damit waren die Chancen der konservativen Fronde, die Gegenrevolution zu starten, erheblich gestiegen.

Kugelgießende Kinder hinter einer Barrikade in Berlin, 19. März 1848

Außerparlamentarische Bewegungen

Bildung politischer Vereine und Politisierung der Bevölkerung

Ausgelöst durch die Märzbewegung und als ein Teil von ihr, entstanden von März/April 1848 an in den meisten deutschen Bundesstaaten außerparlamentarische Bewegungen. Es bildeten sich zahlreiche politische Vereine, die z.T. eine personelle Kontinuität zu den im Vormärz existierenden kryptopolitischen Organisationen vor allem des Bürgertums und der Handwerkerschaft auf lokaler und regionaler Ebene aufwiesen. Diese liberal-demokratischen Vereine sahen ihre Aufgabe darin, die Wünsche möglichst aller Bevölkerungsschichten zu formulieren und an die Parlamente, besonders in Frankfurt/Main, Berlin und Wien heranzutragen. Sie wollten damit eine ständige Debatte gesellschaftlicher und politischer Fragen in Gang setzen und eine Öffentlichkeit als Teil der allgemeinen politischen Willensbildung herstellen. Die politischen Vereine standen im Revolutionsjahr überwiegend in engen personellen Beziehungen zu den parlamentarischen Fraktionen. Wie diese spalteten sich die Vereine rasch in verschiedene Parteiungen. Sie vertraten demokratische, liberale, konservative, sozialrevolutionäre, berufsspezifische und konfessionelle Interessen, entwickelten gesellschaftliche Leitvorstellungen und formulierten verfassungs- und nationalpolitische Ziele.

Die Demokraten betrachteten den politischen Verein als den »wirksamsten Hebel politischer Aufklärung« (Demokratische Blätter, Trier, 5. Oktober 1848), während die Liberalen dieser Form der politischen Willensbildung mit großen Reserven, ja sogar mit Abscheu begegneten. Der Liberale Ludwig Häusser verurteilte das Vereinswesen sogar als das verwerfliche Mittel zur Entfesselung des »Dämons der Revolution«.

Im Revolutionsjahr konnten zum ersten Male in der deutschen Geschichte fast alle Teile der Bevölkerung an der Gestaltung von Staat, Gesellschaft und Nation mitwirken. Vor allem die Vereins-, die Presse- und Versammlungsfreiheit gaben ihnen die Gelegenheit dazu. Es ist erstaunlich, wie spontan und ursprünglich, wie vielfältig und praxisbezogen die außerparlamentarischen Manifestationen deutschen politischen Denkens und Handelns im Revolutionsjahr gewesen sind.

Die Gründung der politischen Vereine ging in drei Etappen vor sich. Der ersten im Frühjahr folgte im Herbst 1848 in Auseinandersetzung mit der einsetzenden Gegenrevolution die zweite. Beide wurden an Umfang und Intensität von der dritten, der Reichsverfassungskampagne im Jahre 1849, übertroffen. Sachsen, Württemberg, Baden und Preußen bildeten die geographischen Schwerpunkte, und hier – auch wegen des Bildungsniveaus – die Städte.

Die unterbürgerlichen Schichten, besonders auf dem Lande blieben weithin passiv. Die von den politischen Vereinen initiierten Volksversammlungen, die Petitionsbewegungen und vor allem die Presse und Broschüren stellten die wichtigsten Ausdrucksmittel dar. Gemeinsam war allen politischen Vereinen ihr mangelnder Organisationsstand. Vielfach gelang die Bildung zentraler, d.h. das gesamte Bundesgebiet übergreifender Führungsgremien nicht.

Als erste fanden sich die entschiedenen Republikaner und die Demokraten in politischen Vereinen, zur »demokratischen Partei« zusammen.

»Partei der Demokraten«

In Württemberg gab es im September 1848 44 gemäßigte Demokratenvereine mit etwa 6100 Mitgliedern, im Mai/Juni 1849 202 Vereine. In Sachsen existierten im September 1848 105 und im April 1849 280 demokratische Vereine mit 27500 bzw. 75000 Mitgliedern. Der am 23. März 1848 von führenden Mitgliedern der »Berliner Zeitungshalle« gegründete »Politische Klub«, ab Mai »Demokratischer Klub«, der vornehmlich aus bürgerlichen Intellektuellen bestand, machte sich ausdrücklich »das Prinzip der Revolution vom 18. März« zu eigen. Zwischen April und Juni 1848 bildeten sich in zahlreichen Städten Preußens demokratische Vereine, so in Köln, Bonn, Trier, Neuss, Dortmund, Bielefeld, Halle, Frankfurt/Oder, Breslau, Danzig und Königsberg. Die Programme der Vereine wurden zumeist von Publizisten, Juristen, Lehrern formuliert. Zielgruppen waren außer dem Bürgertum auch Handwerker und Arbeiter.

Die wichtigsten und immer wiederkehrenden Forderungen der demokratischen Vereine waren: allgemeines, gleiches und direktes Wahlrecht, demokratischer Verfassungsstaat in Deutschland, z.T. imperatives Mandat der Abgeordneten, Einkammersystem. Unklarheiten bestanden im Verständnis der Staatsform »Republik«, die eine monarchische Spitze nicht von vornherein ausschloß, sowie im Umfang der sozialen Forderungen. »Ausgleich des Mißverhältnisses zwischen Arbeit und Kapital« – so lautete vielfach die Kompromißformel. Konkrete ökonomische Interessen wurden häufig nicht artikuliert. Dies lag an der Heterogenität der Mitgliederstruktur. Wohl aber waren sich die demokratischen Vereine im obersten politischen Prinzip, der Durchsetzung der »Volkssouveränität«, einig.

Die Beschlüsse des zweiten Demokratenkongresses (26. bis 31. Oktober) in Berlin stützten sich auf etwa 200 Vereine mit 40000–50000 Mitgliedern. Prominente Teilnehmer waren Arnold Ruge und Ludwig Bamberger. Auf Antrag Ruges forderte der Kongreß das deutsche Volk und die Regierungen zur Unterstützung der Revolution in Wien auf. Eine demokratische Gemeindeordnung, die allgemeine Volksbewaffnung, eine sozial gerechte Bildungsreform und andere Forderungen sollten z.T. in Wahlbündnissen propagiert werden.

»Der freie Staat braucht freie Männer, weil er die Form des gesellschaftlichen Lebens derselben ist; eine Dynastie kann man beliebig auswechseln, da wird nur der Herr geändert, aber aus dem Untertanentum kann uns kein Machtgebot erlösen, da müssen wir uns erst selbst zu Staatsbürgern durch politische Bildung gemacht haben. Hierzu das Volk anzuleiten, diese Erziehung zur Freiheit anzubahnen und zu vollenden, das ist der eigentliche Beruf der politischen Vereine.« (Demokratische Flugblätter, Trier, 4. November 1848).

Liberale und konstitutionelle Vereine

Die Gründung liberaler und konstitutioneller Vereine erfolgte zumeist als Reaktion auf das sich ausbreitende Vereinswesen der Demokraten. Die Liberalen befürchteten, eine Mobilisierung weiter Teile der Bevölkerung außerhalb des Parlaments werde zu vermehrten und nicht mehr abweisbaren Forderungen nach dem allgemeinen und gleichen Wahlrecht und nach sozialer, insbesondere Steuergerechtigkeit führen. Wahlkomitees, nicht liberale Vereine in Permanenz, ferner die Unterordnung von Vereinen unter die Parlamentsfraktionen – dies waren die wesentlichen ideologischen Richtpunkte. Sie haben die Formierung eines den Demokraten vergleichbaren weiten Netzes aktiver Vereine verhindert.

Als eine Art Dachverband der liberalen und konstitutionellen Vereine fungierte der »Nationale Verein«, dessen Führungsorgan bezeichnenderweise ein Verein, nämlich der Bürgerverein in Kassel war. Er bemühte sich um die Koordinierung der ihm angehörenden – bis April 1849 – 144 konstitutionellen und vaterländischen Vereine.

Der ursprüngliche Anspruch der »nationalen Partei« (»vom Belt bis zu den Alpen«) konnte vom Nationalen Verein nicht eingelöst werden. Zumal in seiner Korrespondenz (ab Februar 1849 »Blätter des nationalen Vereins für Deutschland«) verfocht er die Souveränität der Nationalversammlung und als Staatsform den Bundesstaat. Ohne enge Kontakte zu den Liberalen in der Paulskirche wollte der »Nationale Verein« für die Übereinstimmung der Frankfurter Beschlüsse mit dem Bewußtsein des Volkes werben. Dabei vermied er ausdrücklich eine Zusammenarbeit mit Interessenverbänden. Eine nationale Bewegung konnte angesichts der »Abstinenz von vielen Fragen des gesellschaftlichen Lebens« (Eichmeier) auf diese Weise nicht entstehen.

Junkerparlament

Das Lager der Konservativen fand sich am 18./19. August in Berlin zum sog. »Junkerparlament« zusammen. Es stellte die konservative Gegenbewegung zur Nationalversammlung in Berlin dar. Im Juli hatte der Gutsbesitzer von Bülow-Cummerow den »Verein zum Schutze des Eigentums und zur Förderung des Wohlstandes aller Klassen des Volkes« gegründet. Durch die Umbenennung im August 1848 in »Verein zur Wahrung der Interessen des Grundbesitzes« kam klar zum Ausdruck, daß es sich um einen Interessenverband vor allem der Großagrarier Preußens handelte. In enger personeller Zusammenarbeit und in ideologischer Übereinstimmung mit anderen führenden Konservativen in Preußen (»Partei« Gerlach/Stahl) und der Hofpartei artikulierte diese antibürgerliche Gegenbewegung auch die tradierten allgemeinen Wert- und Ordnungsvorstellungen (König, Heer und Preußentum), ohne jedoch die Organisationsformen der Liberalen und der Demokraten zu übernehmen oder eine die engen Standesgrenzen durchbrechende Breitenwirkung zu erzielen.

Allgemeiner Handwerker- und Gewerbekongreß

Auf Initiative zahlreicher örtlicher Handwerker- und Gewerbevereine tagte vom 15. Juli bis 1. August 1848 in Frankfurt/Main der »Allgemeine Handwerker- und Gewerbekongreß«. Die hier nicht zugelassenen Gesellen veranstalteten kurz darauf in derselben Stadt einen »Allgemeinen Deutschen Arbeiter-Kongreß«.

Die Meister traten für die Rückkehr zur vorkapitalistischen, von der Vorherrschaft der Zünfte geprägten Wirtschaftsverfassung unter dem Schutz des Staates ein. Einen entsprechenden Entwurf einer »Allgemeinen Handwerker- und Gewerbeordnung« für Deutschland hatte der Kasseler Gewerbelehrer Karl Georg Winkelblech zur Vorlage für die Frankfurter Nationalversammlung erstellt. Die für Gewerbefreiheit eintretenden Gesellen wurden von den

Die Verbrüderung.

Herausgegeben vom Centralcomité für die deutschen Arbeiter.

Erscheint wöchentlich zweimal: Dienstags und Freitags.

Redigirt vom Schriftsetzer **Born**, Mitglied des Centralcomités.

In Leipzig monatlich 5 Ngr. Durch alle Postämter und Buchhandlungen vierteljährl. 15 Ngr.

Correspondenzblatt aller deutschen Arbeiter.

№ 1. 2. Leipzig, den 3. October 1848.

Rundschreiben des Centralcomités für die deutschen Arbeiter an sämmtliche Arbeiter und Arbeitervereine Deutschlands.

Arbeiter! Die französische Februar-Revolution hatte ihren unterscheidenden Charakter vor allen vorhergegangenen darin, daß sie vom vierten Stande, dem der Arbeiter, ausging, daß sie die Fahne der Brüderlichkeit und Gleichberechtigung aller Menschen auf die Güter des Lebens vorantrug; sie war eine Revolution des Proletariats. Mag auch die jetzt constituirende französische Nationalversammlung diesen ihren eigentlichen Charakter augenblicklich unterdrückt haben, sehr bald wird er um so schärfer in einer folgenden, allgemeineren Bewegung hervortreten. — Auch in Deutschland ist aus dem Kampfe politischer Umgestaltungen die Bewegung der arbeitenden Classe, als historisch berechtigt, mit jedem Tage mehr hervorgetreten, und wer möchte verkennen, daß diese Bewegung täglich an Geltung gewinnt! Denn auch in Deutschland ist die Macht des Kapitals zu einer solchen Höhe gelangt, daß es der schaffenden Hand nicht mehr gelingen kann, ihre Concurrenz zu ertragen, daß vielmehr der Arbeiter in allen Gewerbszweigen schon der gebeugte Diener, der Sklave des Kapitals geworden.

Brüder! So kann es nicht länger mehr bleiben! Ein Staat, in dem es dem Arbeiter unmöglich geworden, bei allem Fleiße menschlich zu existiren, muß nothwendig einer neuen Umgestaltung entgegengehen, wenn seinen mächtigsten Gliedern, den Arbeitern erst das Bewußtsein ihrer Stellung klar geworden, wenn sie ihres Schaffens fruchtlose Qual eingesehen, wenn sie zur letzten traurigen Erkenntniß gekommen, daß sie das Leben einsetzen müssen, um das Leben zu gewinnen. Diese Erkenntniß unserer Zustände, diese Einsicht in unsere Verhältnisse, nur zu offen tritt sie jetzt hervor unter den Arbeitern, und wir wollen uns Glück dazu wünschen.

Diese Erkenntniß hat auch den allgemeinen deutschen Arbeitercongreß in Berlin hervorgerufen, er sollte rathen und bestimmen, was in dieser großen Zeit zur Hebung und Verbesserung unserer Zustände gethan werden müsse.

Wir Arbeiter müssen uns selbst helfen, das ist das Prinzip, von dem der Congreß zu Berlin ausging. Auf den Grundsatz der nothwendigen Selbsthülfe baute er seine Beschlüsse, die der Oeffentlichkeit zur Beurtheilung jetzt vorliegen.

sozialökonomisch konservativ eingestellten und verfassungspolitisch desinteressierten Meistern schlicht des »Sozialismus« verdächtigt.

Das Jahr 1848 war auch die Geburtsstunde der deutschen Arbeiterbewegung. In zahlreichen Städten, so in Breslau, Köln, Frankfurt/Main, Hamburg, Leipzig und in Berlin bildeten sich vom März an Arbeitervereine, die sich bewußt von der bürgerlichen Märzbewegung absonderten, sich aber den politischen Zielen der Demokraten verbunden wußten. Eine Doppelmitgliedschaft in Arbeitervereinen und demokratischen Vereinen war nicht selten.

Arbeitervereine

Der Arbeiterverein in Breslau hatte 1200 Mitglieder, die wie in den anderen rasch entstehenden Arbeitervereinen sich aus Handwerkern, nichtindustriellen Lohnarbeitern und nur zum geringeren Teil aus Fabrikarbeitern rekrutierten. Wichtig sollte die Gründung des Berliner Arbeitervereins werden. An der Spitze des dortigen »Zentral-Arbeiterklubs« (gegründet am 29. März unter Leitung eines Schneiders) stand der aus Lissa in Posen stammende Vorsitzende des Berliner Schriftsetzervereins, Stephan Born, eigentlich Simon Buttermilch, der bereits 1845 in seiner Schrift »Der Verein zur

Hebung der arbeitenden Klassen und die Volksstimmen über ihn« (anonym) die sozialen Bestrebungen des Bürgertums einer eingehenden Kritik unterzogen hatte. Born war ein zuvor aktives Mitglied des »Bundes der Kommunisten« und stand Marx nahe. Auf einer Sitzung am 11. April 1848, zu der Arbeiter aller Berliner Gewerke geladen waren, wurde Born an die Spitze des »Zentralkomitees für Arbeiter« gewählt und übernahm die Redaktion der vielgelesenen Zeitschrift »Das Volk«. Auch in Leipzig und Hamburg entstanden »Zentralkomitees« auf der Grundlage fachgewerklicher Deputiertenwahlen.

Allgemeine deutsche Arbeiterverbrüderung

Vom 23. August bis zum 3. September 1848 fand ein »Berliner Arbeiterkongreß« statt. In diesem ersten deutschen »Arbeiterparlament« mit nur 40 Delegierten für 35 Arbeitervereine setzte sich Borns Konzept der Aussöhnung von Kapital und Arbeit, die »nicht feindlich« einander gegenüberstünden, durch. Die Zusammenarbeit mit den Demokraten wurde bekräftigt (Sozialreformismus).

Das wichtigste Ergebnis des Kongresses war die Gründung der »Allgemeinen deutschen Arbeiterverbrüderung« (Hauptsitz in Leipzig) mit Bezirks- und Lokalkomitees. Die Mitglieder wurden zur Bildung von Assoziationen und Hilfskassen und zum Kampf um den zehnstündigen Arbeitstag aufgerufen. Der Schwerpunkt lag auf der »Selbsthülfe« mit staatlicher Unterstützung. Die Arbeiter sollten eine »moralische Macht« im Staat werden – »einig und stark«. Man wollte das Bildungs- und Besitzprivileg des Bürgertums brechen. Das Ziel war die Erweiterung der bürgerlichen Demokratie zu einer »sozialen Demokratie«. Born stand an der Spitze des Zentralkomitees in Leipzig. Das von ihm redigierte Presseorgan der Arbeiterverbrüderung, »Die Verbrüderung«, entfaltete eine lebhafte Aktivität.

Der junge Karl Marx

Die Organisation breitete sich bis 1850 – abgesehen von Nordwestdeutschland – auf alle Teile des Deutschen Bundes ohne Österreich aus. Aus Geldmangel und wegen des vielfach unzureichenden Engagements der Mitglieder reüssierten die von ihr gegründeten genossenschaftlichen Unternehmungen nicht recht (Werkstätten für Schneider, Seidenwirker und Schuster; Hemden- und Strumpfassoziationen; Einkaufsgenossenschaft für Bekleidung). Nach der Verlegung der preußischen Nationalversammlung nach Brandenburg und der Verhängung des Belagerungszustandes rief sie am 24. November 1848 die Bezirks- und Lokalkomitees dazu auf, die Mitglieder zu bewaffnen, um notfalls die Frankfurter Nationalversammlung zu verteidigen.

Die Arbeiterverbrüderung erfaßte mehrere Kategorien von Arbeitern: Handwerksgesellen, Fabrikarbeiter, Tagelöhner, auch Landarbeiter und Frauen. Ein »Klassenbewußtsein« entwickelte sich nicht. Die maximale Mitgliederzahl (Frühjahr 1850) dürfte bei etwa 18000 gelegen haben. Die politische Reaktion ließ 1851/52 nur noch das Weiterleben regionaler Organisationen zu.

Bund der Kommunisten

Die 1847 in London unter maßgeblicher Beteiligung von Marx und Engels gegründete geheime Vereinigung »Bund der Kommunisten« – entstanden aus dem »Bund der Gerechten« – vermochte mit ihren Sektionen von Brüssel, Paris und Köln aus keinerlei Einfluß auf die Revolution 1848/49 in Deutschland zu nehmen. Die von Marx, Engels, Karl Schapper, Josef Moll, Heinrich Bauer und Wilhelm Wolff Ende März 1848 formulierten »Forderungen der Kommunistischen Partei in Deutschland« blieben ohne Echo. Marx und Engels konzentrierten sich in Köln darauf, mittels der »Neuen Rheinischen Zeitung« den demokratisch-republikanischen Flügel der revolutionären Bewegung in Deutschland zu unterstützen, ohne jedoch der deutschen parlamentarischen und außerparlamentarischen Linken den Stempel ihrer sozialrevolutionären Strategie auf der Grundlage des »Kommunistischen Manifests« aufdrücken zu können und zu wollen. Marx strebte die Errichtung einer zentralistischen Republik an und setzte nach einem zeitweiligen Verbot der »Neuen Rheinischen Zeitung« und anschließender Verhaftung – Ende September 1848 – noch im Mai 1849 auf die Karte der Nationalversammlung. Er lehnte aber eine offizielle Beteiligung seiner winzigen Geheimorganisation an Wahlen entschieden ab. Unmittelbar nach dem Abschluß des Kölner Kommunistenprozesses löste sich der »Bund der Kommunisten« 1852 auf.

Politischer Katholizismus

Der politische Katholizismus nahm 1848 überwiegend eine positive Haltung zur Revolution ein. Er versprach sich von der neuen Presse- und Vereinigungsfreiheit eine Zunahme an öffentlichem Einfluß. Die Aktivitäten im außerparlamentarischen Bereich waren denn auch weit umfassender als etwa in der Frankfurter Nationalversammlung, in der es nicht zur Bildung einer katholischen Fraktion, sondern nur zu zeitweiligen interfraktionellen Zweckbündnissen im Katholischen Klub kam.

Das katholische Vereinswesen nahm vom Frühjahr 1848 an einen bemerkenswerten Aufschwung (Gründung des Bonifatius-Vereins und der Piusvereine). 400 »Pius-Vereine für religiöse Freiheit« mit etwa 100000 Mitgliedern (Oktober 1848) wollten bewußt den innerkirchlichen Rahmen sprengen und in die Gesellschaft hineinwirken. Ausgehend von Mainz breiteten sie sich fast im gesamten katholischen Deutschland aus.

Seinen anerkannten parlamentarischen und außerparlamentarischen Führer und Organisator fand der Katholizismus in dem Freiburger Kirchen- und Völkerrechtler Franz Joseph Ritter von Buß, der, großdeutsch gesinnt, auch Präsident des 1. Deutschen Katholikentages in Mainz (Oktober 1848) war.

Der politische Katholizismus trat durch eine kontinuierliche Petitionsbewegung (bis August 1848 bereits 1142 Petitionen mit 273000 Unterschriften) hervor. Die an die Frankfurter Nationalversammlung gerichteten Eingaben forderten zumeist die völlige Freiheit der Kirche vom Staat »in ihrer Lehre und ihrem Kultus, in ihrer Verfassung, in der Anstellung ihrer Geistlichen« usw. Aufgrund der mit Überzeugungskraft formulierten kirchenpolitischen Positionen erreichte der Katholizismus, gestützt auf die Bischöfe und eine Reihe katholischer Abgeordneter der Nationalversammlung (Ketteler, Döllinger, August und Peter Reichensperger u.a.), die Korrektur ihm nicht genehmer Beschlüsse des Parlaments. Ferner war das Jahr 1848 der Ausgangspunkt für eine weitgespannte Tätigkeit im sozialen Bereich (z.B. Gründung des Vinzenzius-Vereins). Der Katholizismus erkannte punktuell seine Verpflichtungen, ohne aber eine umfassende sozialpolitische Programmatik zu vertreten und zu verwirklichen.

Die Deutsche Nationalversammlung: Nation, Staat und Verfassung

Wahl und Zusammensetzung

Die Wahlen zur »Deutschen Verfassunggebenden Nationalversammlung« in Frankfurt/Main fanden Anfang Mai 1848 statt. Auf je 50000 Personen wurde ein Abgeordneter gewählt, und zwar nach allgemeinem, indirektem und gleichem Wahlrecht. Die erforderliche »Selbständigkeit« wurde in den einzelnen Staaten uneinheitlich interpretiert. Etwa 80 bis 90% der Männer besaßen das aktive und passive Wahlrecht. Die Wahlbeteiligung lag nach Schätzungen zwischen 40 und 75%. Maßgebend für die Wahlentscheidung war zumeist die Person des Kandidaten, nicht aber eine bestimmte politische

Richtung oder gar Partei, die es nach modernem Verständnis nicht gab. Örtliche Wahlkomitees oder Honoratioren bereiteten die Wahl zum ersten Parlament in der deutschen Geschichte vor.

Auch Schleswig und die nicht zum Deutschen Bund gehörenden preußischen Provinzen West- und Ostpreußen sowie Posen waren in der Nationalversammlung vertreten. Nur je ein Drittel der österreichischen und der böhmischen Wahlkreise entsandten Abgeordnete. So umfaßte die Nationalversammlung, die am 18. Mai 1848 in der Paulskirche zu Frankfurt/Main erstmals zusammentrat, etwa 585 Abgeordnete. An der feierlichen Eröffnungssitzung nahmen nur 330 Vertreter teil.

Es dominierten das Bildungsbürgertum und die in Staat und Verwaltung Bediensteten: Etwa 82% der insgesamt (mit Stellvertretern) ungefähr 830 Gewählten waren Universitätsabsolventen, von ihnen 94 Professoren an Universitäten und Gymnasien, 106 Rechtsanwälte, 39 Geistliche, 110 Richter und Staatsanwälte und 115 höhere Verwaltungsbeamte. Die 294 Beamten brachten ein nicht zu unterschätzendes Maß an Erfahrung mit ein. Wirtschaft und Industrie waren eindeutig unterrepräsentiert: 35 Kaufleute, 14 Fabrikanten, keine Verbandsvertreter, ein Bauer, vier Handwerksmeister, keine Arbeiter, obwohl in Preußen und Sachsen, den Schwerpunkten der Industrialisierung, die Arbeiter vom Wahlrecht nicht ausgeschlossen waren.

In wohl einzigartiger Weise waren die Vertreter von Geist und Bildung, die Befürworter von Verfassungsstaat und sozialer Gerechtigkeit mit alten und jüngeren Protagonisten eines deutschen Nationalstaats in diesem Parlament vereint. Jacob Grimm – von Mai bis Oktober 1848 bewundertes, distanziertes und skeptisches Mitglied – war Ehrenpräsident und der bekannte Liberale Heinrich von Gagern Präsident. In der Arbeit an der Verfassung taten sich besonders die Historiker Johann Gustav Droysen, Friedrich Christoph Dahlmann und Georg Waitz hervor. Robert Blum, Karl Vogt, Struve und Hecker waren unermüdliche Verfechter von demokratischer Freiheit, Volksstaat und sozialem Fortschritt. Der renommierte Staatsrechtler Robert von Mohl, 1845 in Tübingen amtsenthoben und Abgeordneter in Württemberg, kann als ein Beispiel für Nüchternheit und Realitätssinn zahlreicher seiner Kollegen in Frankfurt gelten: Er gab seine großdeutsche Gesinnung auf und setzte sich für den Bundesstaat unter der Führung Preußens ein. Bemerkenswert war der Mangel an eindrucksvollen Persönlichkeiten im Lager der Konservativen.

Fraktionen

Die verschiedenen politischen Richtungen der Nationalversammlung bildeten Fraktionen, deren Zusammensetzung und Umfang sich änderten, die sich aber doch zu festen Sammel- und Orientierungspunkten im politischen Spektrum entwickelten. Für ihre Bezeichnungen waren die Namen ihrer Versammlungslokale in Frankfurt maßgebend.

Die als gemäßigt konservativ geltende Rechte (»Café Milani«) setzte sich aus einem protestantischen und einem katholischen Flügel zusammen. Unter Führung Georg von Vinckes, von Flottwells, von Auerswalds, von Radowitz', Buß' und Lichnowskys strebten sie eine parlamentsunabhängige Regierung bei Wahrung des förderativen Gefüges an. Anzahl der Abgeordneten: 40 (Oktober 1848).

Am stärksten war die liberale Mitte: Das rechte Zentrum (»Casino-Partei«) mit seiner kleindeutsch-erbkaiserlichen Mehrheit war die größte Fraktion (120). Geführt von Georg Beseler, Dahlmann, Droysen, Duncker, Bassermann, Mathy, von Beckerath, Welcker, Haym und Simson, stellte das »Casino« das Rückgrat der Versammlung dar. Es setzte entschieden auf das Vereinbarungsprinzip. Das linke Zentrum (»Württemberger Hof«) mit Friedrich Theodor Vischer, Robert von Mohl, Gabriel Riesser befürwortete eine stärkere Stellung des künftigen Parlaments und war antipreußisch einge-

Am 31. März 1848 zogen die Mitglieder des Vorparlaments der deutschen Nationalversammlung in die Paulskirche in Frankfurt ein

stellt. Die Fraktion hatte zeitweise 100 Mitglieder, wurde aber durch Abspaltungen nach links (»Westendhall«, August 1848) und nach rechts (»Augsburger Hof« mit Annäherung an das »Casino«, Dezember 1848) vermindert.

Die demokratische Linke wurde durch zwei Fraktionen repräsentiert. Der »Deutsche Hof« (Blum, Venedey, Eisenstuck, Vogt) mit etwa 50 Abgeordneten propagierte die Demokratie als Verfassungs- und Republik als Staatsform. Sie nahm für sich ein hohes rational begründetes Ethos in Anspruch und machte sich zum unbedingten Anwalt der Volkssouveränität. Die radikale Linke (»Donnersberg« – mit Hecker und Struve, Ruge, Fröbel, Brentano) mit etwa 50 Abgeordneten war großdeutsch gesinnt, wollte die demokratische Republik und eine radikale Gesellschaftsreform. Sie verlor wegen der Beteiligung eines Teils ihrer Mitglieder an bewaffneten Aufständen und spektakulären außerparlamentarischen Aktionen erheblich an Einfluß und Kredit.

Parlamentsbetrieb

Entgegen allen Erwartungen entwickelte sich schnell ein regelrechter Parlamentsbetrieb, dessen Träger die Fraktionen waren. Sie organisierten die Öffentlichkeitsarbeit, vor allem mit Hilfe der Presse. Es gab einen kontinuierlichen Informationsfluß zwischen Fraktionen und außerparlamentarischen Gruppierungen, auch zu Berufsorganisationen und ökonomischen Interessenverbänden. Rechenschaftsberichte und Informationsbroschüren belegten die Verbindungen zu den Wahlkreisen.

Es zeigte sich während der Debatten immer deutlicher, daß das Programm der Demokraten – Bürgerstaat statt Privilegienstaat – auf den Widerstand der Liberalen stieß, die den »überwiegenden Einfluß« des besitzenden und des gebildeten Bürgertums »im Staat sichern« wollten (H. von Gagern). Weil die gesellschaftlichen Leitwerte differierten, wurde die Einigung in der Frage der staatlichen Struktur erschwert. Die unterschiedlichen Konzepte zum Verhältnis »Bürger – Gesellschaft – Staat« waren nicht vorrangig klassenbedingt oder schichtenspezifischer Natur. Die Demokraten gehörten auch zum Bürgertum, öffneten sich allerdings bewußt zum Kleinbürgertum und wandten sich an solche Teile der Bevölkerung, die sich rasch mobilisieren ließen.

Errichtung der provisorischen Zentralgewalt

Mit dem Beschluß über die Errichtung der provisorischen Zentralgewalt vom 28. Juni 1848 folgten die Abgeordneten H. von Gagerns Aufforderung, die Versammlung solle selbst den »kühnen Griff« tun. Zum vorläufigen Staatsoberhaupt (Reichsverweser) wählte die Versammlung den volkstümlichen österreichischen Erzherzog Johann, den Sohn Kaiser Leopolds II. und Stellvertreter Kaiser Ferdinands bei der Eröffnung des österreichischen Reichstages 1848. Er bildete eine Reichsregierung mit Fürst Karl von Leiningen, einem süddeutschen Standesherrn und Halbbruder der Königin Victoria, als Ministerpräsident, dem Österreicher Anton von Schmerling als Innenminister, dem Preußen Eduard von Peucker als Kriegsminister sowie dem liberalen Rheinländer von Beckerath als Finanzminister. Die Grenzen der Regierung traten unmittelbar zutage: Österreich, Preußen, Bayern und Hannover lehnten die Unterstellung ihres Militärs unter die Reichsgewalt strikt ab.

Die Wahl des Erzherzogs war ohne Zweifel ein Erfolg des großdeutschen Flügels, seine Unverantwortlichkeit gegenüber dem Parlament eine Niederlage der Linken, die Ablehnung einer Direktorialverfassung ein Sieg der nationalen Unitaristen. Der Bundestag erwiderte den »kühnen Griff«, indem er am 12. Juli entsprechend einer Anregung Preußens seine eigene Tätigkeit suspendierte und seine Zuständigkeit und seine Befugnisse auf den Reichsverweser delegierte. Dies war eine Demonstration des Vereinbarungsprinzips und ein Protest gegen die von der Paulskirche in diesem Fall ausgeübte Volkssouveränität. Keine der großen auswärtigen Mächte außer den USA sprach die völkerrechtliche Anerkennung der neuen Staatsspitze und der neuen Regierung aus. Nur mit einer Reihe europäischer Klein- und Mittelstaaten wurden Gesandte ausgetauscht.

Schleswig-Holstein-Frage

Die stärkste Belastung für die neue Reichsregierung stellte zweifellos die Schleswig-Holstein-Frage dar. Hier wurde das Prinzip des Nationalstaats auf die Nagelprobe gestellt.

Der deutsche und der dänische nationale Gedanke trafen aufeinander. Die eiderdänische Partei wollte das Herzogtum Schleswig, das 1815 im Gegensatz zu Holstein nicht Mitglied des Deutschen Bundes geworden war, noch näher mit Dänemark verknüpfen. Die Verwirklichung dieser Bestrebungen hätte die Auflösung der seit Jahrhunderten bestehenden Verbindung Schleswigs mit Holstein (»bliven ewich tosamende ungedelt«, Ripener Privileg von 1460) zur Folge gehabt. Dazu kam die Erbfrage: In Dänemark drohte der Mannesstamm auszusterben. Nach dänischer Auffassung galt auch in Schleswig die weibliche Erbfolge. Die Deutschen in den Herzogtümern lehnten diesen Anspruch ab. Die Konsequenz wäre die dynastische Trennung der

Herzogtümer von Dänemark und ihre Einverleibung in einen deutschen Nationalstaat gewesen.

Als Reaktion auf die Bildung des eiderdänischen Ministeriums durch den dänischen König am 22. März 1848 trat in Kiel eine provisorische Regierung ins Leben, die den Anschluß an die »Einheits- und Freiheitsbestrebungen Deutschlands« proklamierte und Militär aus Preußen und Bundestruppen anforderte. Namens des Bundes und der Nationalversammlung rückten unter dem Befehl des preußischen Generals von Wrangel preußische, hannoversche und Truppen anderer Bundesstaaten in Dänemark ein und erfochten Siege. Befangen in dynastisch-legitimistischen Anschauungen und unter dem diplomatischen Druck Großbritanniens, Rußlands und Frankreichs, schloß König Friedrich Wilhelm IV. mit schwedischer Vermittlung am 26. August 1848 den Waffenstillstand von Malmö. In ihm wurden Schleswig und Holstein der Verwaltung einer gemischten Kommission mit dänischer Mehrheit unterstellt. Die öffentliche Meinung in Deutschland sah den Rückzug der Bundestruppen als einen Verrat an. Preußen bezichtigte man einer »unnationalen« Haltung. Mit einer geringen Mehrheit beschloß die Nationalversammlung, die Durchführung des Waffenstillstandes zu verbieten. Nach dem Rücktritt der Regierung Leiningen und einer Regierungskrise mußte die Nationalversammlung den Waffenstillstand notgedrungen anerkennen. Auch die Linke mit Blum hatte sich zuvor gegen den nationalpolitischen Verzicht ausgesprochen.

Waffenstillstand von Malmö

Besonders die außerparlamentarische Linke war empört und erbittert. Es kam zu Ausschreitungen und zu Unruhen mit insgesamt 80 Toten. Am 18. September wurden die beiden Abgeordneten der Nationalversammlung Hans von Auerswald und Fürst Felix Lichnowsky, die für die Annahme des Waffenstillstandes gestimmt hatten, in Frankfurt a.M. von Aufständischen vorsätzlich erschlagen. Es tat sich plötzlich die – vermeintliche – Gefahr einer radikalen revolutionären Umsturzbewegung auf. Die Folge war nicht nur die Diskreditierung der parlamentarischen Linken, sondern auch die zunächst intuitive und sodann planmäßige Annäherung zahlreicher Liberaler an die Kräfte der »Ordnung«. Der Elan der bürgerlichen Bewegung war endgültig gebrochen.

Ausschreitungen und Unruhen

Österreichische und preußische Truppen aus der Bundesfestung Mainz stellten in Frankfurt die Ruhe wieder her. Ein von Struve kurz darauf von der Schweiz nach Südbaden getragener Aufstand mit dem Ziel einer »sozialen Republik« wurde unmittelbar darauf niedergeworfen.

Nation und Nationalitäten

Die Existenz nichtdeutscher Nationalitäten in Gebieten des Deutschen Bundes mit einer ausgesprochenen ethnischen Gemengelage erschwerte eine klare Entscheidung der Nationalversammlung in der Grenzfrage außerordentlich.

Die Nationalversammlung war in der Polenfrage gespalten. Die Linke wollte Polen als Staat wiederherstellen und beantragte den Ausschluß der zwölf Abgeordneten aus Posen aus der Nationalversammlung. Das Plenum lehnte den Antrag der Linken mit 342 gegen 31 Stimmen ab und bekräftigte den Beschluß des Bundestages (Aufnahme des größten Teils Posens in den Deutschen Bund). Dies bedeutete: Die Paulskirche verwarf die staatliche Wiederherstellung Polens.

Wie Südtirol war auch Welschtirol ein Teil des Deutschen Bundes und mit Abgeordneten in Frankfurt vertreten. Am 3. Juni forderten die Abgeordneten aus Welschtirol unter Führung Giovanni a Pratos, eines Religionslehrers am Gymnasium in Rovereto, das Ausscheiden der »italienischen Kreisbezirke Trient und Rovereto« aus dem Deutschen Bund. Die Nationalversammlung verwarf das Begehren und befürwortete statt dessen den Schutz des italienischen Volkstums in Welschtirol.

Gustav Struve proklamiert am 24. September 1848 in Baden die deutsche Republik

Auf derselben Linie lag der Anspruch der Paulskirche auf die weitere Zugehörigkeit der gemischtsprachigen Gebiete Böhmens und Mährens zum Bundesgebiet. Ebenso sollte die zum Bund gehörende niederländische Provinz, das Herzogtum Limburg mit seiner Hauptstadt Maastricht, Bestandteil des deutschen nationalen Staates sein.

Die Nationalstaatskonzeption der Paulskirche war nicht eindeutig. Die völkerrechtliche Ordnung von 1815, dynastische Rechte und ethnische Gegebenheiten behinderten die Realisierung eines im westeuropäischen Sinne idealen Staats mit einem Volk oder einer Kulturnation in einem abgegrenzten Territorium, das auch alle Deutschen umfaßte. In der Nationalversammlung gab es auf Expansion gerichtete nationalistische Bestrebungen. Eine extreme Position repräsentierte Ernst Moritz Arndt, der von »der künftigen Wiedergewinnung unserer westlichen Ströme, womit die Herrschaft über die Meere zusammenhängt«, träumte. Der Anschluß der Schweiz, des Elsaß und des nördlichen Lothringen, der Flamen und der Niederländer war sein Ziel. Die überwiegende Mehrheit der Nationalversammlung lehnte die wirklichkeitsfremden Vorstellungen des nunmehr greisen Sängers der Befreiungskriege strikt ab.

Grundrechte des deutschen Volkes

Nach langen Debatten verabschiedete die Nationalversammlung am 27. Dezember 1848 die »Grundrechte des deutschen Volkes«, die der Verfassung und der Gesetzgebung der Einzelstaaten übergeordnet sein sollten. Sie präzisierten die Märzforderungen und legten im einzelnen vor allem fest: das deutsche Reichsbürgerrecht, die Freizügigkeit, die Gleichheit im Zivil- und Strafprozeß, die Abschaffung der Todesstrafe, die Auswanderungsfreiheit, die Gleichheit vor dem Gesetz, die Abschaffung der Standesvorrechte, den Zugang zu öffentlichen Ämtern, die allgemeine Wehrpflicht, die Unverletzlichkeit der Person und der Wohnung, das Briefgeheimnis, die Presse-, Versammlungs-, Vereins-, Glaubens- und Gewissensfreiheit, die Freiheit der Wissenschaft und der Lehre, die Trennung von Kirche und Staat, die Staatsaufsicht über das Unterrichtswesen, das Petitionsrecht, die Unverletzlichkeit des Eigentums, die Aufhebung der Untertänigkeits- und Hörigkeitsverbände, die Ablösbarkeit von Leistungen betreffend Grund und Boden, die Jagdgerechtigkeit nur auf eigenem Boden, die Aufhebung der Fideikomisse und Lehensverbände, die Steuergerechtigkeit, die Aufhebung der Patrimonialgerichte, verschiedene Regelungen zur Gerichtsbarkeit einschließlich der Öffentlichkeit und Mündlichkeit der Verhandlungen, die Selbstverwaltung der Gemeinden sowie ein förmlicher Minderheitenschutz für nichtdeutsche Nationalitäten.

Die Grundrechte stellten die »Magna Charta der deutschen Nation« dar – so der 31jährige außerordentliche Professor der Rechtswissenschaft in Leipzig, Theodor Mommsen, zu Beginn des Jahres 1849 in einer sie kommentierenden und anonym in 10000 Exemplaren erscheinenden Schrift. Hoffnungen und Skepsis mischten sich: »Aber ausgespielt werden muß der Trumpf doch, trotz aller Ahnungen, daß wir die Partie verlieren« (am 3. Januar 1849 an seinen Freund Wilhelm Henzen in Rom).

Struktur des Nationalstaats

In den langwierigen und äußerst kontrovers geführten Debatten zur Struktur des Nationalstaats, zur Rangordnung und zum Gewicht der einzelnen Verfassungsorgane schälten sich im Verfassungsausschuß und im Plenum (1. Lesung: 19. Oktober bis 26. Januar) allmählich Lösungen heraus. Die wesentlichen Elemente und konsensfähigen Hauptfaktoren der Verfassung waren: Bundesstaat, Zweikammersystem, ein erblicher Kaiser als Staatsoberhaupt, Ausschluß Österreichs.

Heinrich von Gagern

Der von Droysen geleitete Verfassungsausschuß überließ dem Habsburger Staat die Entscheidung: Eintritt in das Deutsche Reich unter Aufgabe seiner staatsrechtlichen Einheit oder deren Wahrung bei gleichzeitigem Ausscheiden aus dem deutschen Staatsverband. Heinrich von Gagern legte sein Programm eines »engeren und weiteren Bundes« vor: kleindeutscher Bundesstaat unter der Führung Preußens, verbunden mit Österreich in einer »unauflöslichen Union« mit gemeinsamer Zoll- und Handelsgesetzgebung, Außenpolitik und Wehrverfassung.

Die Debatte führte eine gewisse Um- und Neugruppierung der Nationalversammlung in »Groß- und Kleindeutsche« herbei. Die kleindeutsche Lösung stieß auf den energischen Widerstand des von Schwarzenberg geleiteten Österreichs. In sein Konzept flossen freilich ideologische, d.h. von der Gegenrevolution bestimmte Motive ein: »Österreichs Fortbestand in staatlicher Einheit ist ein deutsches wie ein europäisches Bedürfnis... Erst wenn das verjüngte Österreich und das verjüngte Deutschland zu neuen und festen Formen gelangt sind, wird es möglich sein, ihre gegenseitigen Beziehungen staatlich zu bestimmen« (27. November).

Die Ablösung des Reichsministerpräsidenten Schmerling, der vergeblich großdeutsche Pläne verfocht, durch Heinrich von Gagern am 18. Dezember wurde für die allmählich zunehmende Zustimmung zur kleindeutschen Formel von ebenso großer Bedeutung wie das ab Mitte Januar bekundete Interesse Preußens (Zirkulardepesche vom 23. Januar 1849) an der Errichtung eines kleindeutschen Bundesstaates.

Am 4. Februar erklärte die Wiener Regierung ihre Ablehnung, löste am 7. März den Reichstag von Kremsier auf und oktroyierte (datiert auf den 4. März) eine Verfassung für Österreich und Ungarn. Am 8. bzw. 9. März forderte Schwarzenberg in ultimativer Form die Aufnahme des österreichischen Gesamtstaates in den deutschen Staatsverband. Als Zentralgewalt schlug er die Errichtung eines Direktoriums aus sieben regierenden Fürsten vor (je zwei Stimmen für Österreich und Preußen, eine für Bayern, vier für alle übrigen Staaten). Ein Staatenhaus, das nur alle drei Jahre tagte, sollte aus Delegierten der Landtage bestehen: von 70 Sitzen 38 aus Österreich, entsprechend der Bevölkerungsrelation in dem 70-Millionen-Reich. Das Amt des Reichsstatthalters sollte jährlich zwischen Österreich und Preußen wechseln.

Österreichs großdeutsches Konzept

Mit dieser übernational-förderativen und in verfassungspolitischer Hinsicht staatenbündischen Konzeption kreiste sich Wien nicht nur aus. Es gab damit auch den Anstoß für den Verfassungskompromiß zwischen den kleindeutsch Erbkaiserlichen und den Demokraten in der Paulskirche. Der Übertritt des bekannten großdeutschen Liberalen Welcker zur kleindeutschen Partei war ein Bekenntnis zum Verfassungs- und zum Bundesstaat. In der strittigen Frage des Wahlrechts und des kaiserlichen Vetos gelang eine Einigung: Die Liberalen gestanden das allgemeine und gleiche Wahlrecht und das suspensive statt des bisher verfochtenen absoluten Vetos des Kaisers zu. Sie gewannen dadurch die Zustimmung eines Teils der Linken und der großdeutsch gesinnten Liberalen zur erbkaiserlichen Lösung (Krone erblich in der Hohenzollern-Dynastie). Dieser Pakt Simon/Gagern ermöglichte am 27. März 1849 die Verabschiedung der Reichsverfassung mit 267 gegen 263 Stimmen. Am folgenden Tage wählte die Nationalversammlung mit 290 Stimmen bei 248 Enthaltungen König Friedrich Wilhelm IV. von Preußen zum »Kaiser der Deutschen«. Vereinzelt votierten auch Linke für den preußischen König.

Die kleindeutsche Lösung im März 1849

Die Durchsetzung des allgemeinen und gleichen Wahlrechts in letzter Stunde bedeutete einen erheblichen Fortschritt. Gegenüber dem Vorschlag des Verfassungsausschusses (Wahlrecht für »unabhängige Männer« über 25 Jahre) wurde nun auch allen Handwerksgesellen und den Arbeitern jeder Kategorie das aktive Wahlrecht zuerkannt. Die Preisgabe eines Wahlkaisertums, wie es Ludwig Uhland und seine Anhänger befürworteten, und die Zurückstellung der weitverbreiteten antipreußischen Vorbehalte bei vielen katholischen und süddeutschen Abgeordneten belegen, daß der nationale Verfassungsstaat mit einer Reihe unitarischer, liberaler und demokratischer Elemente – trotz aller Bedenken gegen das Zerreißen der »tausendjährigen Bande« mit Österreich – das oberste Ziel der Mehrheit gewesen ist.

Die Reichsverfassung

31 einzelstaatliche Regierungen hatten nach der ersten Lesung im Januar ihre grundsätzliche Zustimmung zur Reichsverfassung erkennen lassen. Insgesamt stellte die Verfassung einen Kompromiß dar: Die Regierung ist dem Reichstag, bestehend aus zwei Kammern, verantwortlich. Die Gesetzgebung wird vom Volkshaus (gewählt nach dem allgemeinen und gleichen Wahlrecht) und dem Staatenhaus (176 Mitglieder je zu Hälfte von den einzelstaatlichen Regierungen und von den Landtagen entsandt) gemeinsam ausgeübt. Der Kaiser hat das Auflösungsrecht des Reichstages. Für das (von der Linken bekämpfte) Zweikammersystem und für das oberste Reichsgericht war das Vorbild der Verfassung der USA maßgebend. Die Reichsfinanzen sind beschränkt (nur Zölle und indirekte Abgaben; direkte Steuern bei den Einzelstaaten).

Die unitarisch-zentralistischen Elemente der Verfassung waren: Auswärtige Gewalt, Oberbefehl über das Militär, Entscheidungsrecht über Krieg und Frieden, einheitliches Handels- und Zollgebiet sowie Rechts-, Münz-, Maß- und Gewichtseinheit. Die Einzelstaaten sind von der Regierung ausgeschlossen. Während die Flotte Reichssache ist, verbleiben den Einzelstaaten beim Heer Rechte hinsichtlich der Rekrutierung, Aufstellung, Ausbildung der Truppen sowie bei der Ernennung der Befehlshaber und der Offiziere.

Als revolutionäre Merkmale der Reichsverfassung galten bei liberalen Befürwortern und besonders bei konservativen Kritikern das demokratische Wahlrecht (Waitz: es werde »zuerst die radikalsten und dann die servilsten

Das vergebliche Angebot der Kaiserkrone an Friedrich Wilhelm IV. im April 1849

Abgeordneten« hervorbringen) sowie die spektakuläre Tatsache, daß die Nationalversammlung das – wenn auch nur erstmalige – Recht der Kaiserwahl an sich zog.

Der Wahlrechtskompromiß bekundet den Realitätssinn der Nationalversammlung. Die Entscheidung für ein kleindeutsches Erbkaisertum mochte unvermeidlich sein. Demgegenüber sollte sich das Angebot der Kaiserkrone an den Monarchen des gegenrevolutionären Preußen (»verjüngt«, so Schwarzenberg) als ein vorhersehbarer Fehlschlag erweisen, der die gesamte politische Strategie des im März 1848 noch revolutionären Bürgertums in einem nationalen Fiasko enden ließ.

Ablehnung der Kaiserkrone durch Preußen

Mit ihrem Präsidenten Eduard Simson an der Spitze reiste eine Delegation der Nationalversammlung nach Berlin und überbrachte dem preußischen König das Angebot der Kaiserkrone. In Übereinstimmung mit Regierung und Beratern lehnte Friedrich Wilhelm IV. zuerst verklausuliert, dann endgültig ab. Seine Auffassung vom Gottesgnadentum stand in krassem Gegensatz zum Souveränitätsverständnis der deutschen Nationalversammlung. Die vom Parlament angebotene Krone war in seinen Augen »ein Hundehalsband, mit dem man mich an die Revolution von 48 ketten wolle« (an König Ernst August I. von Hannover am 3. April, ähnlich an Beckerath und Arndt). Die Paulskirche selbst hatte er schon im Jahr zuvor mit Verachtung und Spott bedacht: »Satan und Adrammelech haben dort ihr Hauptquartier«. Der preußische König verlangte die Revision der Reichsverfassung durch die Einzelstaaten. Die Regierung in Berlin lehnte formell am 28. April 1849 die Reichsverfassung ab und annullierte am 14. Mai – wie schon zuvor die österreichische am 5. April – die Mandate der preußischen Abgeordneten.

Die deutsche Nationalversammlung hatte nicht nur erheblich an Gewicht verloren, sie war auch mit ihrem großen Plan – Verfassung und nationale

Einheit – eklatant gescheitert. Einer ihrer Abgeordneten, Gustav Moritz Hallbauer, gab einen zutreffenden Eindruck von der verbreiteten Resignation und der Verbitterung:

»Die Zustände des Vaterlandes sind trostlos; Berliner Belagerungszustand, der preußische Lumpenkönig; eine Handvoll preußischer Junker, des Königs Kamarilla, ist noch mächtig genug, um dem neuerstehenden deutschen Geiste Hohn zu bieten« (Tagebuch 6. April).

Freilich hat die Nationalversammlung es auch versäumt, die von ihr intendierte kleindeutsche Staatsbildung hinreichend außenpolitisch abzusichern. Sie konnte keinen Zweifel daran haben, daß die Haltung Frankreichs ungeklärt, diejenige Großbritanniens nur noch vor der neuen Schleswig-Holstein-Krise wohlwollend neutral, der Zar schroff ablehnend und – von Österreich animiert – bereit zum militärischen Eingreifen war. 28 deutsche Staaten hatten die Reichsverfassung mit dem preußischen Erbkaiser am 14. April gebilligt, aber wichtige Staaten (Hannover, Bayern, Württemberg und Sachsen) lehnten sie ab. Die Nationalversammlung ihrerseits beharrte auf ihrer Fassung und wies eine Revision ab. Gagern trat von seinem Amt als Ministerpräsident am 10. Mai zurück und machte einem konservativ-großdeutschen Ministerium unter Grävell Platz.

Rumpfparlament

Die Nationalversammlung war nun nur noch ein Rumpfparlament, in dem die demokratische Linke den Ton angab. Am 30. Mai verlegte sie ihren Sitz nach Stuttgart, wo württembergisches Militär die verbliebenen 104 Abgeordneten nach einem Sitzungsverbot gewaltsam am 18. Juni 1849 auseinanderjagte. Die nichtwürttembergischen Mandatsträger wurden des Landes verwiesen.

Das Scheitern der bürgerlichen Revolution

Reichsverfassungskampagne

Das liberale und demokratische Deutschland bemühte sich, soviel wie möglich von der bürgerlichen Revolution zu retten. Geführt vom Centralmärzverein, entfaltete sich besonders im April und im Mai 1849 die Reichsverfassungskampagne. Ende November 1848 hatte die parlamentarische Linke in Frankfurt – als erste Antwort auf die einsetzende Gegenrevolution in Österreich und in Preußen – den Centralmärzverein als eine Dachorganisation der demokratischen Vereine besonders Süd- und Mitteldeutschlands ins Leben gerufen (Vorstand: Wilhelm Adolph von Trützschler/Dresden, Franz Raveaux/Köln, Gottfried Eisenmann/Würzburg, Ludwig Simon/Trier). Die »Parlamentskorrespondenz« ging an etwa 100 Zeitungen. Ende März 1849 umfaßte der Centralmärzverein 950 demokratische Vereine mit mehr als 500000 Mitgliedern.

Centralmärzverein

Zunächst großdeutsch, da antipreußisch ausgerichtet und auf die Durchsetzung des allgemeinen und gleichen Wahlrechts fixiert, setzte sich der Centralmärzverein gemeinsam mit den Fraktionen Donnersberg und Deutscher Hof sodann für das kleindeutsche und erbkaiserliche Konzept ein.

Die einzige Generalversammlung des Centralmärzvereins am 6. Mai 1849 in Frankfurt/Main mit 2000 Delegierten unter Vorsitz Julius Fröbels legte die Strategie der Reichsverfassungskampagne fest. Ein Aufruf an das Militär zur Unterstützung der Reichsverfassungsbewegung sollte die Machtmittel der Gegenrevolution schwächen. Der Appell an das deutsche Volk beschwor die von Rußland und Preußen für die Freiheit drohenden Gefahren. Die Reichsverfassungskampagne litt am Mangel einer kontinuierlichen einheit-

Barrikadenkampf in der Frauengasse in Dresden am 7. Mai 1849

lichen Lenkung. Sie vermochte keine zweite Revolution als Wiederbelebung der Märzbewegung des Vorjahrs zu initiieren. Zudem wurde sie in den Augen des Besitz- und Bildungsbürgertums durch die Maiaufstände in Sachsen, in der Pfalz und in Baden erheblich diskreditiert.

In Sachsen verweigerte König Friedrich August II. die Anerkennung der Reichsverfassung, löste den Landtag auf und erzwang den Rücktritt des Ministerpräsidenten Held. Mit der Drohung des Steuerstreiks kämpften die demokratischen Vereine für die Anerkennung der Verfassung. Die bürgerliche Mitte blieb untätig.

Aufstand in Sachsen

Am Maiaufstand in Dresden mit 10–12000 Bewaffneten waren führend beteiligt: der Frankfurter Abgeordnete (Fraktion Donnersberg) Tzschirner, Advokat in Bautzen und Mitglied der sächsischen 2. Kammer, sowie der seit dem Vorjahr in Deutschland agitierende russische Anarchist Michael Bakunin. Auch Stephan Born wirkte mit. Der König floh. Eine provisorische Regierung mit bürgerlicher Beteiligung anerkannte die Reichsverfassung. Nach einem blutigen viertägigen Straßen- und Häuserkampf hatten königstreue und preußische Truppen den Aufstand am 5. Mai niedergerungen. 250 Aufständische fielen. Die Nationalversammlung in Frankfurt erklärte am 10. Mai mit 188 gegen 147 Stimmen die Intervention des preußischen Militärs für rechtswidrig. Mit Standgerichten und Verfolgungen konnte sich die bürokratisch-militärische Reaktion in Sachsen etablieren.

Aufstand in der Pfalz

In der bayerischen Pfalz brach ein Aufstand aus, nachdem Ministerpräsident von der Pfordten den Beschluß der bayerischen 2. Kammer (Annahme der Reichsverfassung nach entsprechenden Petitionen mit 12000 Unterschriften) mit ihrer Auflösung beantwortet hatte. In der Pfalz bildete sich am 17. Mai eine provisorische Regierung, die die Reichsverfassung anerkannte und die Lösung der Pfalz von Bayern beschloß (Ziel: selbständiges Land, republikanische Staatsform).

Preußen befürchtete ein Übergreifen des Aufstandes auf seine Rheinprovinz und marschierte in die Pfalz, um – ohne vorheriges Ersuchen der Münchener Regierung – die »Ordnung« wiederherzustellen. Die revolutionäre Armee in der Pfalz wurde geführt von dem polnischen Freiheitskämpfer

General Sznayde, die preußische vom Prinzen Wilhelm von Preußen, der Recht und Verfassung mißachtete, als er eigenmächtig den Kriegszustand verhängte. Die Provisorische Regierung floh am 14. Juni aus Kaiserslautern.

Aufstand in Baden

In Baden forderten die radikalen Demokraten nicht nur die von Großherzog Leopold (1830–1852) und der Regierung zugestandene Anerkennung der Reichsverfassung, sondern auch ihren Vollzug, ferner die Freilassung von politischen Gefangenen von 1848, die Rückkehr der Flüchtlinge, die Volksbewaffnung, die Neuwahl des Landtages nach gleichem Wahlrecht. Die 2. Offenburger Versammlung prangerte den »Hochverrat der Fürsten an Volk und Vaterland« an. Sie erhob am 13. Mai auch soziale Forderungen und strebte die demokratische und soziale Republik an.

Ein Landesausschuß bildete sich in Rastatt, der Großherzog floh ins Elsaß. An der Spitze der revolutionären Regierung stand seit dem 16. Mai Lorenz Brentano, ein Advokat aus Mannheim, Mitglied der badischen 2. Kammer und des Deutschen Hofs in Frankfurt/Main. In der neugewählten verfassunggebenden Landesversammlung hatte die Linke die Mehrheit.

Interventionstruppen aus der Pfalz, Baden und Preußen, geführt vom Prinzen Wilhelm von Preußen, und eine »Reichsarmee« unter General von Peukker, bestehend aus hessischen und württembergischen Verbänden, gewannen erst nach einigen Wochen die Oberhand (21. Juni). Die Festung Rastatt kapitulierte erst am 23. Juli mit 6000 revolutionären Soldaten. Standrechtliche Erschießungen (u.a. Trützschler) und Prozesse (40 Todesurteile, etwa 1000 Zuchthaus- und Haftstrafen), vor allem aber das brutale Vorgehen der preußischen Truppen ließen einen lange andauernden Haß entstehen. Im Volk verbreitete sich ein badisches Wiegenlied: »Schlaf, mein Kind, schlaf leis, dort draußen geht der Preiß. Wir müssen alle stille sein – als wie dein Vater unterm Stein.«

Preußens Unionspolitik

Nach dem Scheitern der Verfassungskonzeption und der Nationalstaatspolitik der Paulskirche versuchte sich Preußen an die Spitze der nationalen Einheitsbewegung zu stellen. Zu diesem Zweck griff es Elemente der Paulskirchenverfassung auf und modifizierte sie im konservativen und staatenbündischem Sinn. Als Hauptberater des preußischen Königs propagierte General Joseph Maria von Radowitz, Mitglied der Rechten in der Nationalversammlung und preußischer Militärbevollmächtigter in Frankfurt, diese Unionspolitik. Sein Unionsplan stieß in Wien auf Ablehnung (16. Mai), wurde jedoch von Sachsen und Hannover aufgenommen. Diese drei Staaten schlossen am 26. Mai das Dreikönigsbündnis und einigten sich auf die »Erfurter Unionsverfassung« (28. Mai) vorbehaltlich des Beitritts der übrigen Staaten.

Die wichtigsten Merkmale der Unionsverfassung waren: kleindeutscher Bundesstaat unter der Führung Preußens, Vereinbarung der Verfassung zwischen Fürsten und Parlament, Reichsoberhaupt ohne Kaisertitel mit absolutem Vetorecht, verantwortliches Reichsministerium, Wahl des Volkshauses nach dem preußischen Dreiklassenwahlrecht, Verbindung in einem weiteren Bund mit Österreich, gemeinsame Wirtschafts- und Außenpolitik. Tagungsort des Reichstages: Erfurt.

Bei der demokratischen Linken war man maßlos enttäuscht. Die Erbkaiserliche Partei der Nationalversammlung debattierte vom 26. bis 28. Juni in Gotha (150 Teilnehmer, u.a. Bassermann, von Beckerath, G. Beseler, Dahlmann, Max Duncker, Heinrich und Max von Gagern, Jacob Grimm, R. Haym, Waitz, Mathy, Mevissen, Raumer und Simson) ferner vom linken Zentrum (Biedermann, Riesser, Jordan, Rümelin u.a.).

Mit 130 Unterschriften billigten die »Gothaer« die Unionsverfassung mit der Begründung: »Den Unterzeichneten stehen die Zwecke, welche durch die Reichsverfassung vom 28. März erreicht werden sollten, höher als das starre

Festhalten an der Form, unter der man dieses Ziel anstrebte.« Das hieß: Preisgabe der heißumkämpften parlamentarisch-demokratischen Teile der Reichsverfassung zugunsten eines vom gegenrevolutionären Preußen geführten und von den Fürsten mitbestimmten kleindeutschen Bundesstaats.

Am 27. August (nach der Niederwerfung der Revolution in Ungarn) erklärte Österreich seine Ablehnung. Grund: Unvereinbarkeit mit der Deutschen Bundesakte. Bis zum Ende des Jahres traten 26 deutsche Staaten der Union bei. Am 31. Januar 1850 fanden die Wahlen zum Volkshaus statt. Ergebnis: 100 Erbkaiserliche, 30 Konservative (u.a., Bismarck, E.L. von Gerlach, Stahl, Kleist-Retzow, P. Reichensperger, Buß). Die Demokraten nahmen an der Wahl nicht teil. Die Chancen für die Union sanken rapide nach dem Austritt Hannovers (21. Februar) und dem praktischen Ausscheiden Sachsens sowie der Kehrtwendung beider Staaten: Sie bildeten am 27. Februar 1850 mit Bayern und Württemberg im »Vierkönigsbündnis« eine Gegenfront zur Union. Dies Vierkönigsbündnis – von Schwarzenberg als Kern eines Staatenbundes initiiert – präsentierte einen großdeutschen Verfassungsentwurf mit einem Scheinparlament.

Vierkönigsbündnis

Die im April 1850 vom Erfurter Parlament verabschiedete Unionsverfassung stellte Radowitz als Präsidenten des Verwaltungsrats an die Spitze der provisorischen Regierung. Auf Betreiben des Zaren, der Schwarzenbergs großdeutsche Pläne begünstigte, gab der preußische König jedoch die Unionsverfassung de facto preis. Dieser Rückzug war gleichbedeutend mit dem Ende der preußischen Interessenpolitik in Deutschland, die durch den formellen Verzicht in der Olmützer Punktation (29. November 1850) gegenüber Österreich und Rußland eine spektakuläre Demütigung erfuhr.

Olmützer Punktation (29. November 1850)

Gegenrevolution, Wirtschaftsbürgertum und politische Reaktion in Preußen 1849–1858

Das Scheitern der bürgerlichen Revolution in Deutschland geht auf eine Reihe von Fehlern und Unterlassungen zurück: Einen zentralen Schauplatz gab es nicht. Das liberale Bürgertum allein konnte die revolutionäre Umwälzung nicht bewerkstelligen. Es verzichtete darauf, rechtzeitig Möglichkeiten einer Kooperation mit der demokratischen Bewegung und den unterbürgerlichen Schichten auszuloten. Die Distanz, ja die tiefe Kluft hinsichtlich der gesellschaftlichen Ziele verhinderte geradezu eine politische Aktionsgemeinschaft besonders während der revolutionären Anfangsphase. Hinzu kam der nicht wiedergutzumachende Zeitverlust, der durch die monatelange Debatte über die Grundrechte entstand. Er führte dazu, daß die Kardinalfrage – Struktur und Umfang des nationalen Staates – zu spät abschließend geklärt wurde: zu spät, d.h. nachdem der Elan der Märzbewegung gebrochen war, nachdem die Anwendung von Gewalt den bürgerlichen Liberalismus und die demokratische Linke diskreditiert hatte und – dies die folgenreichste Kräfteverschiebung – nachdem die konservativen Gegenkräfte sich formiert, sich ein Programm gegeben und in erstaunlich kurzer Zeit beachtliche Erfolge verbuchen konnten.

Ideologie und Ziele der Gegenrevolution

Gegenrevolution war ein Sammelbegriff für eine Vielzahl ideologisch motivierter, gesellschaftlich und ökonomisch bestimmter und politisch greifbarer Zwecke und Ziele, an deren Verwirklichung die angeschlagenen aber

Bei der Übergabe einer Adresse der preußischen verfassunggebenden Versammlung an König Friedrich Wilhelm IV. in Potsdam am 2. November 1848 rief der Abgeordnete Jacoby: »Das ist eben das Unglück der Könige, daß sie die Wahrheit nicht hören wollen!«

funktionstüchtigen monarchischen Institutionen, ihr ideologischer »braintrust«, Doktrinäre des Legitimismus und Opportunisten der Tagespolitik, Junker, Christen, ständische Romantiker, konservative und liberale Feinde der Demokratie und des »Pöbels«, Anwälte der »Ordnung« und der Legalität mitwirkten.

In Preußen traten seit dem Sommer 1848 zwei Gruppierungen für die Wiederherstellung der Selbständigkeit der Krone ein: die »Kreuzzeitungspartei«, und die Militärpartei.

Kreuzzeitung

Um die seit dem Sommer 1848 erscheinende »Neue-Preußische Zeitung« (wegen des Eisernen Kreuzes im Titel »Kreuzzeitung« genannt) scharten sich führende Mitglieder der sich formierenden konservativen Partei: General Leopold von Gerlach, Vertrauter des Königs und seit 1850 dessen Generaladjutant; sein Bruder Ernst Ludwig, seit 1844 Präsident des Oberlandes- und Appellationsgerichts in Magdeburg, engagierter ultrakonservativer Publizist und eigentlicher Kopf der »Kreuzzeitung«; Friedrich Julius Stahl, seit 1840 Staatsrechtler und Rechtsphilosoph in Berlin, Protagonist eines »christlichen Staates« und erbitterter Feind der Revolution; Otto von Bismarck-Schönhausen, Gutsbesitzer, Mitglied des Vereinigten Landtages und des Erfurter Unionsparlaments; ferner eine Reihe ostelbischer Gutsbesitzer bzw. Hochkonservativer wie Kleist-Retzow, Bülow-Cummerow und Moritz August von Bethmann-Hollweg.

Einer der führenden Köpfe der Militärpartei war General Gustav von Grießheim, seit 1847 Direktor des Allgemeinen Kriegsdepartements im preußischen Kriegsministerium, der Ende 1848 das Schlagwort propagierte »Gegen Demokraten helfen nur Soldaten«.

»Gegen Demokraten helfen nur Soldaten.«

Bereit zum Einsatz äußerster Mittel (»Inter arma silent leges«; Bekämpfung des »Pöbelterrorismus«, d.h. der Nationalversammlung und der Revolution als »Ausgeburt der Kopfzahl«, E.L. von Gerlach) leitete der König Anfang November 1848 mit der Ernennung des Generals Graf Friedrich Wilhelm von Brandenburg, eines Sohnes König Friedrich Wilhelms II. aus standesungleicher Ehe, zum Ministerpräsidenten die Gegenrevolution ein. Das vorwiegend aus Beamten bestehende Kabinett verfügte am 9. November die Verlegung der Nationalversammlung nach Brandenburg – unter dem Vorwand, dort sei sie vor Ausschreitungen (wie etwa dem Aufstand vom

31. Oktober) sicherer als in Berlin. Die Versammlung rief am 15. November zur Steuerverweigerung auf. Dieser Beschluß wurde nicht von der Paulskirche gedeckt und vom Ministerium Brandenburg als Verstoß gegen das Vereinbarungsprinzip öffentlichkeitswirksam verurteilt.

Der am 12. November verkündete Belagerungszustand (Schließung aller politischen Vereine und Klubs, Einschränkung der Presse- und Versammlungsfreiheit, Entwaffnung der Bürgerwehr) und das zwei Tage später verhängte Kriegsrecht waren erste scharfe Maßnahmen der Regierung. Die Unterbindung ihrer Sitzungen veranlaßte die Nationalversammlung zum Ortswechsel nach Brandenburg, wo sie erst am 1. Dezember vorübergehend ihre Beschlußfähigkeit erlangte.

Oktroyierte Verfassung vom 5. Dezember 1848

Am 5. Dezember löste der König die Versammlung auf und oktroyierte eine Verfassung – sehr zum Unmut der gemäßigten Konservativen und zum Abscheu der Ultrakonservativen (Kreuzzeitungspartei) sowie des Militärs, die beide jegliche Konstitution aus prinzipiellen Gründen ablehnten.

Die oktroyierte Verfassung basierte überraschenderweise auf der »Charte Waldeck«. Allerdings stellte der einseitige und rechtswidrige Akt des Königs keine Einlösung des Verfassungsversprechens im Sinne der liberalen Märzforderungen dar. Er war als unmißverständliche Distanzierung von der Souveränitätskonzeption der Paulskirche gemeint. Zusammen mit der Auflösung der Kammer handelte es sich um einen Staatsstreich. Artikel 112 bestimmte, daß die Verfassung »auf dem Wege der Gesetzgebung« revidiert werden sollte. Die 2. Kammer wurde nach dem allgemeinen, gleichen und indirekten Wahlrecht für alle »selbständigen« Männer gebildet. Für die 1. Kammer galt ein hoher Zensus. Dementsprechend war sie konservativ ausgerichtet. In der 2. Kammer war die demokratische Linke zwar geschwächt, aber noch stark.

Mit ihrem bewußten Legalitätsbruch vom 5. Dezember hatten König und Regierung die »Gefahr« einer zweiten Revolution abgeblockt. Zugleich konnte der Oktroi schließlich »politisch-akzeptabel« (Grünthal) gemacht werden: Die Kammern stimmten im März 1849 nachträglich der Verfassung zu. Wichtige Elemente der Verfassung wurden mit Hilfe des Notverordnungsrechts (Art. 105) modifiziert. Gegen den späteren Widerspruch der Kammern verfügte der König im Januar 1849 die Umgestaltung der Justizverfassung im zentralistischen und antiständischen Sinn, ohne daß eine Dringlichkeit gemäß Art. 105 vorgelegen hätte. König und Regierung verfolgten weiter ihren gegenrevolutionären Kampfkurs: am 27. April 1849 mit der Auflösung der 2. Kammer (als Reaktion auf deren Anerkennung der Frankfurter Reichsverfassung am 21. April) und am 10. Mai mit der Verhängung des Belagerungszustandes ohne das laut Verfassung erforderliche »besondere Gesetz«.

Die Oktroyierung des Dreiklassenwahlrechts auf dem Verordnungswege am 30. Mai 1849 war außerordentlich einschneidend, weil sie das Gefüge des preußischen Staates bis gegen Ende seiner Existenz als Monarchie (Oktober 1918) auf eine undemokratische und anachronistische Basis stellte. Der 30. Mai 1849 markiert die erfolgreiche Beendigung der gouvernementalen Gegenrevolution. Den Charakter eines Staatsstreichs trug der Wahlrechtsoktroi nur formal. Immerhin hatte die Mehrheit der Kammern mit ihrer Zustimmung zur oktroyierten Verfassung – also auch zum Notverordnungsartikel 105 und zum Zusatz des Artikels 67 (eventuell künftig Wahlmodus nach bestimmten Klassen) – der Regierung den Weg zu einer Wahlrechtsänderung offengehalten, ja geebnet. Schon nach dem Wahlerfolg der demokratischen Linken in den Urwahlen erklärte das führende Organ der Liberalen, die »Kölnische Zeitung«, am 24. und 26. Januar 1849, daß »vernünftige und maßgebende Wahlen« auf der Basis des allgemeinen und gleichen Wahlrechts unmöglich erreichbar seien. Neue Oktroyierungen könnten einen solchen unbefriedigenden Zustand ändern. – Gegen Demokratie und Parlamentsherrschaft halfen im Preußen des Jahres 1849 also offenbar nicht »nur Soldaten«, sondern auch ehemalige Märzmänner wie Vincke, Camphausen und Harkort.

Dreiklassenwahlrecht

Nach dem Dreiklassenwahlrecht wurden in jedem Wahlbezirk die Urwähler gemäß den »von ihnen zu entrichtenden direkten Staatssteuern (Klassensteuer, Grundsteuer, Gewerbesteuer) in drei Abteilungen« eingeteilt. Jede Abteilung wählte ein Drittel der Wahlmänner. So waren in der ersten Klasse diejenigen Urwähler vertreten, welche die höchsten Steuerbeträge bis zu einem Drittel der Gesamtsumme zu zahlen hatten. Dadurch hatten die Stimmen ein ungleiches Gewicht. Im Landesdurchschnitt verhielt sich das Gewicht der Wählerstimmen der 1. zur 2. und zur 3. Klasse wie 4:14:82. Die Wahl war allgemein in dem Sinne, daß auch Nichtbesitzende und Nichtsteuerzahler, nicht aber Fürsorgeempfänger wahlberechtigt waren. Das Wahlverfahren war öffentlich und mündlich, wobei die Wähler der dritten (untersten) Klasse als erste im Beisein der Urwähler der anderen Klassen ihre Stimme zu Protokoll gaben, um sodann geschlossen den Wahlraum zu verlassen. Entsprechend wurde bei den Urwählern der zweiten Klasse verfahren. Die Wahlmänner wurden in den einzelnen Klassen mit absoluter Stimmenmehrheit bestimmt. Sie brauchten nicht derselben Klasse anzugehören.

Die Öffentlichkeit und Mündlichkeit des Wahlverfahrens sollte bewirken, daß vor allem die Urwähler der dritten Klasse den »richtigen Einflüssen« unterlagen und die »natürlichen Autoritäten« zur Geltung gelangten (so E.L. von Gerlach 1855). Bei der Einteilung der Wahlbezirke und somit für die Festlegung der Anzahl der Abgeordneten waren die vorwiegend ländlichen Teile im preußischen Osten bevorzugt und die mehr industrialisierten Teile, besonders die großen Städte eindeutig im Nachteil.

Die Kritik der Konservativen richtete sich gegen das Prinzip der Steuerleistung als ausschlaggebendes Kriterium für das Gewicht der Stimmen. Sie sahen damit die ständische Ordnung diskreditiert. Die Liberalen richteten ihre Kritik gegen das Verfahren, nicht aber gegen den Inhalt des Wahlrechtsoktroi. Die demokratische Linke rief wirkungsvoll zu Wahlboykotts auf (1855: 16% Wahlbeteiligung, in der 3. Klasse nur 12,8%, im Bezirk Aachen in der 3. Klasse 4%).

Die Wahlen wurden zu Pressionen genutzt, wobei die Regierung sich des Einflusses der Landräte und zahlreicher Beamter bediente. Die Privilegierung von Vermögen und Besitz kam in den folgenden Jahrzehnten in zunehmendem Maße dem Bürgertum zugute. Auch dadurch wurden die liberalen Mehrheiten in den zweiten Kammern seit Beginn der sechziger Jahre möglich. Das plutokratisch geprägte Dreiklassenwahlrecht entsprach insofern den gesellschaftlichen Interessen und der ansteigenden ökonomischen Potenz des Wirtschaftsbürgertums. E.L. von Gerlachs Strategie mochte indirekt zur Geltung gekommen sein: »Man gewinne die Interessen gegen die Kopfzahl«. Andererseits bewies die große »Partei der Nichtwähler«, daß die Regierung in ihrem Bemühen, die politisch Engagiertesten des Jahres 1848 für das neue Regime zu gewinnen, offensichtlich gescheitert war.

Revidierte Verfassung vom 31. Januar 1850

Die revidierte Verfassung, ausgefertigt am 31. Januar und vom König beschworen am 6. Februar 1850, galt bis 1918. Im Vergleich zu ihrer Vorgängerin stellt sie eine Rückwärtsentwicklung dar.

Gestrichen wurden: die Vereidigung des Heeres auf die Verfassung, die Bürgerwehr und die unbedingte Pressefreiheit. Der König stand nur hinsichtlich der Ausübung seiner Gewalt unter der Verfassung, jedoch »quoad substantiam« über der Verfassung. Seine Person war unverletzlich, d.h. er konnte weder abgesetzt noch für seine politischen Handlungen zur Verantwortung gezogen werden.

Die Minister waren dem König verantwortlich, nicht den Kammern, die auf die Zusammensetzung der Regierung keinen Einfluß ausüben konnten. Dem König kam die auswärtige Gewalt und die Kommandogewalt über das Heer zu (Königsheer, nicht Parlamentsheer). Das Heer war ein vorkonstitutionelles Reservat. Außer bei Handelsverträgen hatten die Kammern kein Mitwirkungsrecht bei auswärtigen Verträgen. Der König entschied allein über Krieg und Frieden.

Gemäß konstitutionellem Verfassungsrecht wirkten König und Kammern in der Legislative zusammen. Beide hatten das Recht zur Gesetzesinitiative. Die Übereinstimmung aller drei Teile war für die Verabschiedung von Gesetzen erforderlich. Gesetzesvertretende Verordnungen für den Notfall – den freilich der Monarch definieren konnte – mußten sich im Rahmen der Verfassung halten. Die Kammern mußten nachträglich zustimmen. Doch besaß der König das wichtige Recht zur Einberufung, Vertagung und Auflösung der Kammern. Dem Ministerpräsidenten – bis dahin primus inter pares – wurde 1852 durch Kabinettsorder eine Vorrangstellung eingeräumt.

Otto Theodor von Manteuffel

Preußen wurde somit endgültig zum Verfassungsstaat. Wie einzelne Teile der Verfassung konnte aber auch der Grundrechtskatalog mit Hilfe einer dem Geist der Konstitution zuwiderlaufenden »Verbesserung« auf gesetzlichem Wege verwässert werden. So wurde nach gesetzlicher Ermächtigung mittels königlicher Verordnung vom 12. Oktober 1854 die 1. Kammer in ein »Herrenhaus« umgewandelt. Nunmehr bestimmte ausschließlich der König seine Zusammensetzung. Maßgeblich waren Geburt oder Berufung. Das Präsentationsrecht besaßen die drei Evangelischen Domkapitel (Brandenburg, Merseburg, Naumburg), die Verbände »des alten und des befestigten Grundbesitzes«, die Provinzialverbände (Rittergüter, Grafen, »ausgezeichnete Geschlechter«), die Landesuniversitäten (6) und bestimmte große Städte (30). Das Übergewicht des Adels (90 von 126) machte das Herrenhaus bis 1918 zu einer Bastion des Konservativismus.

Ära des bürokratischen Absolutismus

Die Gegenrevolution führte weite Teile der Bevölkerung in tiefe Resignation und politische Apathie. Mit der Ernennung des bisherigen Innenministers, Otto von Manteuffel, zum Ministerpräsidenten und des Regierungspräsidenten von Liegnitz, Otto Ferdinand von Westphalen, zum Innenminister am 19. Dezember 1850 begann in Preußen eine Ära des bürokratischen Absolutismus, des Scheinkonstitutionalismus und der permanenten Repression auf zahlreichen Gebieten des politischen Lebens, die bis 1858 andauerte. Am 8. Januar 1851 erklärte Manteuffel unzweideutig: »Es soll entschieden mit der Revolution gebrochen werden.«

Das System Manteuffel – von E.R. Huber euphemistisch und verharmlosend als Ausdruck eines »staatskonservativen Legalitätsprinzips« gekennzeichnet – war in Wirklichkeit der kontinuierliche Versuch, ohne ausdrückliche Beseitigung der revidierten Verfassung von 1850 gegen die Verfassung zu regieren. Rechtsstaatliche Normen wurden mißachtet und zugunsten einer etatistisch ausgerichteten Verwaltungspraxis relativiert. Zeitweise spielte der König seinerseits mit dem Gedanken, die Verfassung mittels eines Staatsstreichs durch einen königlichen Freibrief zu ersetzen:

»Ich werde meinen Eid halten und werde nichts tun, um diesen Wisch zu verbessern, aber wohl Verbesserungen, um die man mich bitten wird, genehmigen und ebenso auch die ganze Verfassung beseitigen, wenn die Kammern bei mir darauf antragen. Dann werde ich meinem Volke einen Freibrief geben, einen Ausfluß der Königlichen Macht, der mehr Freiheit enthalten wird als diese Verfassung, und so das, was ich immer gewollt habe – freie Fürsten und freie Völker – in Wahrheit realisieren.« (Ende 1851, nach Leopold von Gerlach, Denkwürdigkeiten).

Die Ultrakonservativen, die sich auch wegen ihrer engen Verbindungen

Die Ultrakonservativen

zum Hof (Kamarilla) als »kleine aber mächtige Partei« gerierten, strebten die Wiederherstellung der altständischen Vorrangstellung an, fürchteten jedoch das bürokratische Regiment der Regierung, das sie besonders in der »Kreuzzeitung« heftig attackierten. Die gänzliche Abschaffung der Verfassung lehnten sie ab, wenngleich E.L. von Gerlach erklärte: »Die Leutnants sind fundamentaler als die Kammern« (März 1851).

Als erstes setzte Innenminister von Westphalen im Mai 1851 die ein Jahr zuvor geschaffene Kreis-, Bezirks- und Provinzialordnung außer Kraft und ordnete die Reaktivierung der ständischen Kreis- und Provinziallandtage an. Dies war ein klarer Verfassungsverstoß. Der angesehene Konservative Moritz August von Bethmann-Hollweg, einer der Mitbegründer der Konservativen Partei 1848, Professor der Rechte in Bonn und Präsident des Evangelischen Kirchentages, protestierte öffentlich und weigerte sich, an den Wahlen zum Rheinischen Provinziallandtag teilzunehmen.

Mit einer Gruppe Gleichgesinnter gründete er das »Preußische Wochenblatt zur Besprechung politischer Tagesfragen« (1851–1861), das sowohl gegen die Ultrakonservativen als auch gegen das System Manteuffel/Westphalen besonders bis 1855 vehement zu Felde zog. In den Kammern etablierte sich eine konservative Abspaltung: die »Partei Bethmann-Hollweg« oder Wochenblattpartei.

Wochenblattpartei

Dieser konservativen Opposition gehörten u.a. an die Diplomaten Graf Robert von der Goltz und Graf Albert von Pourtalès, der Bonner Staatsrechtler Clemens Theodor Perthes, auf den die Lückentheorie im preußischen Verfassungskonflikt zurückgeführt wird; ferner Ludwig Emil Mathis, Kammergerichtsrat und seit 1844 Abteilungsleiter für politische Polizei und Presse im preußischen Innenministerium, Führer der Fraktion ab 1855. In lockerem Verhältnis zur Partei standen die Diplomaten von Bunsen, von Usedom und Justus von Gruner, ab 1858 Unterstaatssekretär im preußischen Außenministerium.

Die Wochenblattpartei verwarf die Prinzipienpolitik der Kreuzzeitungspartei (»Solidarität der konservativen Interessen«). Sie setzte sich für die Verwirklichung einer Interessenpolitik ein, die sich als nationaler Konservativismus auf den Verfassungs- und Rechtsstaat gründete und, ausgehend von einem altpreußischen Legitimismus friderizianischer Observanz, Preußens Aufgabe in der Nationalstaatsbewegung der Gegenwart erkannte. Zwischen Ständestaat und Manteuffel/Westphalenschem Polizeistaat stehend, versäumten es die »Offiziere ohne Soldaten« jedoch, sich den für eine breite Parteibildung nötigen Rückhalt außerhalb ihrer eigenen sozialen Schicht zu schaffen.

Liberale Partei

Die in sich uneinige Liberale Partei im Abgeordnetenhaus (Fraktionen von Vincke und Patow) bekämpfte ebenfalls die Regierung Manteuffel, besonders deren verfassungswidrige Innenpolitik. Hier taten sich in erster Linie die ehemaligen Minister von Auerswald und Schwerin-Putzar neben den Paulskirchen-Abgeordneten Beseler, Simson, Harkort und Max Duncker hervor.

Preußen als Polizeistaat

Das politische Klima in der Ära Manteuffel wurde maßgeblich von einer mißbräuchlichen Anwendung des Pressegesetzes vom Mai 1851 mitbestimmt. Mit Hilfe von Beschlagnahmen, wiederholten Verwarnungen der Redakteure und Konzessionsentziehungen sollte die kritische Presse – auch die konservativen Blätter – gefügig gemacht werden. Pressedebatten im Abgeordnetenhaus (1856 und 1857), in denen der vom Innenminister veranlaßte »Polizeiterror« (so die Opposition) gegen die mißliebige Presse angeprangert wurde, blieben zunächst ohne sichtbare Erfolge.

Eine Reihe politischer Prozesse, die Gängelung von Beamten, die Einflußnahme auf, sogar die Versetzung von Richtern, die ministeriellen Weisungen an Staatsanwälte, die Einführung der Kategorie des »politischen Beamten«

mit der Entfernung aus dem Amt aus politischen Gründen, die effektive Tätigkeit der Landräte im gouvernementalen Sinne – all dies waren Ausdrucksformen eines autoritären und antikonstitutionellen Regierungsstils, der auf Dirigismus und Unterwerfung abzielte. Der Berliner Polizeipräsident von Hinckeldey (seit 1854 auch Generalpolizeidirektor im Innenministerium mit Immediatstellung) und der Chef der politischen Polizei, Stieber, schreckten bei ihrer Überwachung auch vor einer Entwendung des geheimen Briefwechsels des Königs mit Leopold von Gerlach und Kabinettsrat Niebuhr nicht zurück. Ein Skandal war die Folge, da der betreffende Agent einen Teil der Beute an die französische Gesandtschaft verkaufte.

Dabei versuchte das Regime mit Erfolg, die Loyalität des grundbesitzenden Adels zurückzugewinnen bzw. zu sichern (Wiedererrichtung der gutsherrlichen Polizei und der Fideikommisse, Fortgeltung der Steuerfreiheit, Aufhebung der Selbstverwaltung in den Landgemeinden). Die Agrarreform wurde mit der Einrichtung weiterer Finanzierungsinstitute (Rentenbanken) fortgesetzt, die städtische Selbstverwaltung einer staatlichen Kontrolle unterstellt, einschließlich der städtischen Polizeiorgane.

Bündnis von Thron und Altar

Das für Preußen traditionelle Bündnis von Thron und Altar erfuhr in den fünfziger Jahren eine Festigung. Die lutherische Orthodoxie, so etwa Hengstenbergs »Evangelische Kirchenzeitung«, stellte sich bereitwillig in den Dienst dieser Politik.

Trotz aller Gegensätze bestand eine Interessenparallelität zwischen den Verfechtern eines christlich-konservativen Ständestaates und der derzeitigen antiliberalen Regierung:

»Revolution ist die Gründung des ganzen öffentlichen Zustandes auf den Willen des Menschen statt auf Gottes Ordnung und Fügung: daß alle Obrigkeit und Gewalt nicht von Gott sei, sondern von den Menschen, vom Volke; und daß der ganze gesellschaftliche Zustand zu seinem Ziele nicht die Handhabung der heiligen Gebote Gottes und die Erfüllung des Weltplanes habe, sondern allein die Befriedigung und das willkürliche Gebaren des Menschen« (Fr. J. Stahl, Was ist die Revolution? Berlin 1852).

Die Zuhilfenahme des christlichen Glaubens bei der Erreichung bestimmter politischer Ziele bzw. zur Diffamierung von Gegnern läßt sich auch in der Schulpolitik des Kultusministers Karl Otto von Raumer (1850 bis 1858) feststellen. Maßgebend und richtungweisend wurden die Regulative über das preußische Volksschulwesen, die Ministerialreferent Stiehl im Jahre 1854 vorlegte. Außer auf Frömmigkeit und Patriotismus wurden die Lernziele auf einige beschränkte grundlegende Fertigkeiten im Lesen, Schreiben und Rechnen begrenzt. Die Volksschulen unterstellte von Raumer der geistlichen Schulaufsicht. Die Lehrerbildung wurde vereinheitlicht und auf ein klägliches Niveau zurückgeschraubt. Auf diese Weise kam eine dem Staat ungefährliche Elementarausbildung des größten Teils der Untertanen zustande. Sie diente auch den Interessen und Zielen des königlich preußischen Protestantismus.

Schulpolitik

Wirtschaftsbürgertum

Die Loyalitätsbindung und die Entpolitisierung der Gesellschaft stand dem rapiden Aufschwung in der Industrie, im Verkehrswesen, im Handel und im Bankwesen in den fünfziger Jahren keineswegs entgegen. Weitaus stärker als vor der Revolution erkannte der preußische Staat die Förderung privater Unternehmungen und Projekte als eine vordringliche Aufgabe seiner Gewerbe- und Finanzpolitik. Dadurch, daß Preußen in bestimmten geographischen Schwerpunkten (Oberschlesien, Ruhrgebiet, Berlin) immer mehr zu einem Industriestaat wurde, war eine veränderte Handhabung des bestehenden Gesellschaftsrechts der Aktiengesellschaften unumgänglich, sollte der Privatinitiative kein Zwang angetan werden. Hand in Hand damit ging eine sukzessive Steigerung der Staatsausgaben für ökonomische Zwecke. So überstiegen 1856 erstmals die Ausgaben für Bergwerke, Eisenbahnen, Post, Domänen sowie der Etat des Handelsministeriums mit 30% den Budgetanteil für das Militär mit 27% (1866: 31 gegenüber 29%). Die besondere Berücksichtigung der Wünsche und Belange des aktiven Wirtschaftsbürgertums drückte sich auch in der modifizierten Einkommensteuer- und Grundsteuergesetzgebung aus (1851 bzw. 1861), wobei die Grundsteuerbelastung sich zugunsten der industrialisierten westlichen Provinzen verschob. Die ideologische Distanz zwischen dem reicher werdenden Wirtschaftsbürgertum und der vom Junkertum und Militär geprägten und etatistisch regierten preußischen Monarchie begann sich zu verringern.

Gegenrevolution, Wirtschaftsbürgertum und Neoabsolutismus in Österreich 1849–1861

In Österreich stand die Gegenrevolution einer uneinheitlichen Bewegung aus Bürgertum (Demokratischer Klub), Studentenschaft (»Die Aula«) und Arbeiterschaft gegenüber, die während des Sommers 1848 mehrfach vergeblich Revolten provoziert hatte. Im Oktober entstand auf Anhieb eine bürgerkriegsähnliche Lage, als die Regierung zur Niederwerfung der ungarischen Revolution Truppen entsenden wollte.

Aufstand in Wien (Oktober 1848)

Der mit dem Oberbefehl betraute General Graf Lamberg wurde am 28. September in Pest von der aufgebrachten Menge erschlagen. Das nach Ungarn beorderte Wiener Grenadierbataillon meuterte am 6. Oktober. Weitere Truppen schlossen sich der von Bürgern, Studenten und Arbeitern getragenen Aufstandsbewegung an, die das Wiener Kriegsministerium stürmte. Kriegsminister Graf Latour wurde von der Menge gelyncht. Tausende Aufständische bewaffneten sich nach der Plünderung des Zeughauses. Wien stand unter der Herrschaft eines revolutionären Sicherheitsausschusses. Der Reichstag wich nach Kremsier aus, und auch der Kaiser floh erneut.

Die Aufständischen erhielten Verstärkung durch Revolutionäre aus dem Ausland, u.a. durch den polnischen General Bem, der 1830/31 Kommandant des polnischen Revolutionsheeres gewesen war. Zur moralisch-politischen Unterstützung entsandte die Paulskirche als Reichskommissare ihre Abgeordneten Blum und Fröbel, die am 17. Oktober in Wien eintrafen.

Wien konnte sich unter der Führung des ehemaligen Oberleutnants und derzeitigen Kommandanten der Nationalgarde, Cäsar Wenzel Messenhauser nicht lange halten. Feldmarschall Fürst Windischgrätz eroberte die Stadt mit seinen Truppen (26.–31. Oktober 1848) und verhängte das Standrecht mit zahlreichen Todesurteilen und Haftstrafen. Auch Robert Blum wurde erschossen (9. November), während Fröbel wegen seiner im Frühjahr des Jahres veröffentlichten Schrift »Wien, Deutschland und Europa« (Ziel: Herrschaft Österreichs über das vereinte Mitteleuropa) geschont wurde. Windischgrätz demonstrierte mit der Hinrichtung Blums seine Verachtung der Paulskirche und des von ihr entsandten Kommissars. Der Aufstand in Wien war zum Scheitern verurteilt, weil er praktisch führerlos, isoliert und militärisch aussichtslos war.

Schwarzenberg und die Gegenrevolution

Die vom Reichstag in Kremsier erarbeitete Verfassung – liberal und föderalistisch angelegt mit wenig Kompetenzen für den Kaiser – blieb bloßes Papier. Der neue starke Mann und Promotor der Gegenrevolution, Fürst Felix Schwarzenberg, seit dem 21. November österreichischer Ministerpräsi-

Am 9. November 1848 wurde Robert Blum in der Brigittenau bei Wien erschossen

dent, löste den Reichstag auf (7. März 1849). Auf seine Veranlassung legte Alexander Bach, Justiz-, dann von 1849 bis 1859 Innenminister, eine zentralistisch ausgerichtete antiliberale Verfassung vor, die am 4. März 1849 einseitig erlassen wurde. Dennoch wurde sie am 31. Dezember 1851 sistiert. Im verfassungslosen Kaiserstaat blieben als Ergebnis des Revolutionsjahres nur die Abschaffung der Grundlasten (Roboten) und die Gleichheit der Bürger vor dem Gesetz erhalten.

Schwarzenbergs Ziel war die Wiederherstellung und Erweiterung des Kaiserstaats in Form eines zentralistisch und bürokratisch regierten Großösterreich mit dem jungen Kaiser Franz Joseph (1848–1916) an der Spitze, der am 2. Dezember 1848 kurz nach Erreichen der Volljährigkeit an die Stelle des regierungsunfähigen Kaisers Ferdinand getreten war. Anfang Oktober 1848 eröffnete der Kaiser die politische Offensive gegen Ungarn mit wirkungslosen Erklärungen: Absetzung der Regierung (seit Mitte September unter Kossuth), Annullierung aller ohne Zustimmung erlassenen Gesetze, Auflösung des ungarischen Reichstags. Kossuth verweigerte die Anerkennung Kaiser Franz Josephs als König von Ungarn, solange dieser nicht die ungarische Verfassung beschworen hatte.

Niederschlagung Ungarns

Der militärische Konflikt begann Mitte Dezember mit dem Einmarsch österreichischer Truppen, die am 5. Januar 1849 Budapest einnahmen. Hilfeersuchen der ungarischen Republik an Paris, London und an die Nationalversammlung in Frankfurt blieben ohne Erfolg. Am 13. August 1849 mußte die ungarische Armee bei Vilagos vor russischen Truppen, die Wien zu Hilfe gerufen hatte, kapitulieren. Der Kaiserstaat hielt nach dem ausdrücklichen Willen Kaiser Franz Josephs durch General Haynau ein unbarmherziges Strafgericht: Hinrichtung der 14 Führer der ungarischen Nationalbewegung und Tausende von Haftstrafen. Der Kampf um Ungarns Freiheit war zu Ende. Das Land wurde neu in Verwaltungsbezirke eingeteilt. Als Macht der Gegenrevolution hatte sich das Zarenreich einen Namen gemacht.

Neoabsolutismus

Im Staat der Habsburger etablierte sich ungestört ein neoabsolutistisches Regime. Dieses Regime erfaßte den Aufbau des Staates und sein Regierungssystem. Es durchdrang die Verwaltung, das Finanzwesen und die Justiz und fand seine Grenzen dort, wo die Ansprüche der Kirche ihm unnachgiebig und erfolgreich Einhalt geboten.

Der von seinem Gottesgnadentum und seinem Drang nach Alleinherrschaft erfüllte Kaiser benutzte den überraschenden Tod des Fürsten Schwarzenberg (1852), um die Regierungspraxis zu verändern. Es wurden fortan Ministerkonferenzen unter dem Vorsitz des Monarchen abgehalten mit dem neuen Außenminister Karl Ferdinand Graf Buol-Schauenstein als dem Leiter dieses Regierungsorgans, dessen Mitglieder – die Minister – praktisch ohne eigene politische Verantwortung fungierten.

Im Schatten des fortwährenden Belagerungszustandes (in Wien und Prag bis Ende August 1853, in Ungarn, Galizien, Lombardo-Venetien und im Banat bis 30. April 1854) konnte Innenminister Bach zielstrebig das Gesamtreich nach zentralistisch-bürokratischen und etatistisch-antifeudalen Prinzipien neu begründen bzw. festigen.

Überall regierten kaiserliche Beamte: in den Bezirks- und Kreisämtern und in den Statthaltereien (Gubernien). Die Selbstverwaltung der Gemeinden wurde suspendiert, Bürgermeister ernannt. Unter der Leitung des »Polizeiministers« von Kempen, der auch Chef der Gendarmerie auf dem Land und Stadtkommandant war, gewann die Polizei den Status einer selbständigen obersten Behörde. Sie konnte eine effektive Sicherungs- und Überwachungstätigkeit entfalten, die auch die Person des Innenministers nicht ausschloß.

Im neoabsolutistischen Habsburgerreich gab es nur eine von den Polizeibehörden recht willkürlich gehandhabte Presselizensierung. Die Verfolgung politischer Gegner wurde durch die Verschärfung der Strafnormen erleichtert (Strafgesetz 1852, Strafprozeßordnung 1853). Auf der unteren Gerichtsebene fiel die Trennung von Justiz und Verwaltung fort. Die Schwurgerichte existierten nicht mehr. Politische Vereine waren strikt verboten, und die Bildung anderer Vereinigungen – außer religiösen – unterlag der polizeilichen Genehmigungspflicht. Das Denunziantentum, ein System von Spitzeln, die Zensur und eine kleinkarierte Kontrolle vor allem der städtischen Bevölkerung (Haar- und Barttracht, farbige patriotische Bänder usw.) führten eine Renaissance der Metternich-Ära unter dem Namen »Bachsches System« herauf. Eine ausgedehnte Günstlingswirtschaft, überflüssige militärische Posten am Hof und Verschwendungssucht untergruben die öffentliche Moral zusätzlich.

»Bachsches System«

Die Agrarbeschlüsse des Reichstages von 1848 wurden verwirklicht: Aufhebung aller Rechte und Pflichten, die aus dem persönlichen Untertanenverhältnis herrührten. Alle materiellen und alle (persönlichen) Arbeitsleistungen (Urbarialleistungen, Zehnte an Pfarren, Kirchen, Schulen und Gemeinden bei ca. 54000 Grundherrschaften) wurden abgelöst.

Die ca. 2,6 Millionen betroffenen ehemaligen Untertanen, die nunmehr als freie Bauern über freies Eigentum verfügen sollten, wurden zur Zahlung von einem Drittel des Ablösewerts verpflichtet. Ein weiteres Drittel zahlten die Kronländer. Grundentlastungsfonds und Landeskreditanstalten stellten auf 20 Jahre gegen mäßige Zinsen Kapital bereit. Die Grundherren erhielten 5%ige Schuldverschreibungen. Das Grundentlastungskapital belief sich insgesamt auf 316 Millionen Gulden.

In den fünfziger Jahren nahmen Handel, Wirtschaft, Industrie und Verkehr einen z.T. stürmischen Aufschwung. Dies war in erster Linie das Verdienst der energischen Bemühungen des Handels- (November 1848–1851) und Finanzministers (1855–1860) Karl Ludwig Freiherr von Bruck. Der Vereinheitlichung der indirekten Steuern und der Monopole im Jahr 1851 folgte die Beseitigung der Zwischenzollinie mit Ungarn. Nach dem Handelsvertrag mit Preußen (1853) wurde ein neuer Zolltarif geschaffen, ohne daß allerdings der faktische Ausschluß aus dem Gebiet des Deutschen Zollvereins rückgängig gemacht werden konnte. Handels- und Gewerbekammern wurden errichtet und eine neue Gewerbeordnung (Fortfall der Zünfte, gänzliche

Wirtschaft und Handel
Zölle und Verkehr

Gewerbefreiheit, Arbeiterschutz) kam den Wünschen weiter Teile des Mittelstandes entgegen.

Bruck förderte den Ausbau des Verkehrsnetzes, besonders den Bau von Eisenbahnen: 1854 Eröffnung der technisch überaus schwierigen Semmeringbahn, 1857 Fertigstellung der Südbahn bis Triest; neue Bahnlinien im Sudetenland und auch in Ungarn. Er veranlaßte die Gründung einer Staatseisenbahngesellschaft mit französischer Kapitalbeteiligung, ferner die Einrichtung des Telegraphenverkehrs als Staatsmonopol und die Bildung des österreichisch-preußischen Postvereins. Die Gründung von Aktiengesellschaften und Banken (u.a. Creditanstalt für Handel und Gewerbe 1855) förderte die Kapitalbildung bzw. -verwertung.

Ruinöse Finanzpolitik

Demgegenüber gelangen in den fünfziger Jahren die Sanierung des Staatshaushalts und die Etablierung einer auf Dauer überzeugenden Finanzpolitik nicht. Trotz der Neustrukturierung der Finanzverwaltung und der Erschließung neuer Steuereinnahmen (Einkommensteuer, allgemeine Grundsteuer) konnten mittels auswärtiger und inländischer Anleihen (bes. bei jüdischen Bankhäusern in Wien, u.a. Rothschild) zwar die laufenden Defizite gedeckt werden, die Staatsschuld insgesamt ging aber nicht zurück (1854 Erhöhung der Staatsschuld bei der Nationalbank auf 268 Millionen Gulden). Die Armee und ihre Rüstungen sowie die laufenden Kriegskosten (Krimkrieg, italienischer Krieg 1849 und 1859) verschlangen hohe Summen. So betrug das Haushaltsdefizit 1855 238, der Heeresbedarf dagegen 255 Millionen Gulden. Der Verkauf von Staatseigentum (Eisenbahnen, Domänen) verminderte überdies die Einnahmen. Nur ein Drittel der Kosten konnte durch den Verkauf der Südbahn erzielt werden. Die Folgen der Wirtschaftskrise von 1857, die Erhöhung des Papiergeldumlaufs und die Niederlage im italienischen Krieg machten das Fiasko einer staatlichen Finanzpolitik deutlich, die zwar effizient organisiert war, jedoch auf der Einnahmen- und der Ausgabenseite nicht ausgewogen und genügend abgesichert war. Der Veruntreuung verdächtigt, wurde Bruck 1860 seines Amtes enthoben und beging Selbstmord.

Einer der Nutznießer des Neoabsolutismus in Österreich war die katholische Kirche. Geführt vom Fürsterzbischof von Prag und Bruder des Ministerpräsidenten, Kardinal Friedrich von Schwarzenberg, und dem Fürstbischof von Wien, Kardinal von Rauscher (ab 1853), gelang ihr mit dem Abschluß des Konkordats im Jahre 1855 nach einer verhältnismäßig kurzen Vorbereitungszeit die Beseitigung der josefinischen Kirchenverfassung. Gefördert wurde dieses Ziel von Unterrichtsminister Graf Leo Thun, der für die Kultusangelegenheiten zuständig war, ferner von Innenminister Bach. Beide sahen in der Kirche eine geeignete Stütze zur Aufrechterhaltung und Festigung von Autorität und gesellschaftlicher Machtverteilung. Schon 1850 war der freie Verkehr der Bischöfe mit dem Vatikan wieder möglich. Auch die Zustimmungspflicht des Staates für kirchliche Anordnungen fiel.

Konkordat von 1855

Das Konkordat von 1855 (von Wien 1870 nach dem 1. Vatikanischen Konzil gekündigt) stärkte die Position des Katholizismus und garantierte seinen Einfluß bis in weite Bereiche der Gesellschaft hinein: Beseitigung der dem Kanonischen Recht entgegenstehenden Gesetze, bevorrechtigte Stellung der Kirche vor anderen Konfessionen; Befreiung von jeder staatlichen Aufsicht; ausschließlich kirchliche Eherechtssprechung und Gerichtsbarkeit für den Klerus; kirchliches Aufsichtsrecht über die Schulen, auch die Gymnasien, einschließlich der Anstellung der Lehrer; Unterstellung der theologischen Fakultäten unter bischöfliche Aufsicht; Nominationsrecht des Kaisers bei Besetzung der Diözesen erhalten, aber eingeschränkt; kirchliche Autonomie bei der Verwaltung der Kirchengüter. Im Ministerium für Kultus und Unterricht wurde eine evangelische Abteilung eingerichtet.

Der ambitiösen und finanziell unsoliden Großmachtpolitik des österreichischen Neoabsolutismus wurde durch die Niederlage im italienischen Krieg 1859 mit einem Schlage die Grundlage entzogen. Sie hinterließ nahezu einen Staatsbankrott. An die Stelle Buols trat der bisherige Bundestagsgesandte Graf Johann Rechberg als Vorsitzender des Ministerrats (1859–61) und Außenminister (1859–64). Um den Forderungen der verschiedenen Nationalitäten den Wind aus den Segeln zu nehmen, fixierte der Kaiser mit dem »Oktoberdiplom« des Jahres 1860 die Mitwirkung der Landtage bei der Verabschiedung neuer Gesetze. Bei gesamtstaatlichen Gesetzen bedurfte es statt dessen der Zustimmung des Reichsrats (neue ständische Vertretung der Kronländer). Die ungarische Hofkanzlei in Wien sowie die ungarische Gebietseinteilung (Komitatsverfassung von 1847) wurden wiederhergestellt.

Niederlage im italienischen Krieg 1859

Diese Scheinreform rief den erbitterten Widerspruch der Magyaren und des liberal gesinnten Bürgertums, vor allem in den deutschsprechenden Reichsteilen hervor. Der Kaiser stimmte der Umwandlung in einen Verfassungsstaat zu (»Februarpatent« von 1861). Staatsminister von Schmerling, der als Exponent des Liberalismus galt, vollzog die Einrichtung der konstitutionellen Institutionen.

Verfassungsstaat 1861

Das Gesamtparlament (Reichsrat) bestand aus zwei Kammern, deren erste, das Herrenhaus, sich aus erblichen und berufenen Mitgliedern zusammensetzte. In das Haus der Abgeordneten entsandten die Landtage nominell 343 Abgeordnete. Die Kurienwahlordnungen der Landtage schlossen die unteren Stände de facto aus. Wahlkreiseinteilungen begünstigten die deutschsprechende Bevölkerung. Das Notverordnungsrecht des Monarchen beschnitt die legislative Kompetenz des Reichstages erheblich. Es fehlten ein uneingeschränktes Budgetrecht, die Ministerverantwortlichkeit und Grundrechte. Ungarische Abgeordnete waren bei cisleithanischen Angelegenheiten ausgeschlossen.

Die Funktionstüchtigkeit des Hauses der Abgeordneten war zeitweise ernsthaft in Frage gestellt. Die Magyaren boykottierten es. Sie verweigerten die Anerkennung des Kaisers als König von Ungarn, solange dieser nicht die Freiheitsrechte der Ungarn beschworen hatte. Tschechen und Polen blieben 1863 für längere Zeit fern. 1865 wurde die Verfassung suspendiert.

Deutscher Bund und Zollverein. Krimkrieg und italienischer Krieg. Nationale Bewegung und Bundesreform (1851–1863)

Der Verlauf der Revolution hatte auch gezeigt, in welch starkem Maße die Lösung der deutschen Frage die europäischen Großmächte berührte. Großbritannien hätte die Bildung eines liberalen Verfassungsstaats hingenommen, Rußland hingegen nur einen unter preußischer Vorherrschaft stehenden antiliberalen Bundesstaat toleriert. Und das von Revolution und inneren Unruhen geschüttelte Frankreich fürchtete einen starken Einheitsstaat jenseits des Rheins. Die Wiederherstellung des Deutschen Bundes nach dem Mißerfolg der Revolution machte allen Befürchtungen der Großmächte ein Ende. Sie dokumentierte zugleich den Willen der deutschen Regierungen, die Grundlagen des europäischen Systems von 1815 – Legitimität, monarchisches Prinzip und Kampf gegen Liberalismus und Demokratie – zu respektieren.

Das System der politischen Reaktion

Unter maßgeblicher Führung Österreichs und Preußens erfuhr der Deutsche Bund nach 1851 eine wirkungsvolle Renaissance. Es gelang dem Bundestag, auf die Dauer eine Politik der »Reaktion« durchzusetzen bzw. zu unterstützen.

Auf gemeinsamen Antrag Österreichs und Preußens beschloß der Bundestag am 23. August 1851 die Außerkraftsetzung der »Grundrechte des deutschen Volkes«, die in zahlreichen Mittel- und Kleinstaaten noch als Reichsgesetz galten. Gleichzeitig setzte der Bundestag einen »politischen Ausschuß« (Reaktionsausschuß) ein. Sein Auftrag lautete: Abbau der revolutionären Errungenschaften, vor allem Beseitigung der Pressefreiheit, des demokratischen Wahlrechts, des Budgetrechts und aller der monarchischen Prärogative entgegenstehenden Einrichtungen und Bestimmungen, wie z.B. des Verfassungseides des Heeres. Liberale Verfassungen wurden aufgehoben und durch ältere ersetzt, wie z.B. in Sachsen.

In Württemberg wurde die Verfassung von 1819, in Baden die Verfassung von 1818 reaktiviert. Hessen-Darmstadt erhielt ein neues antidemokratisches Wahlgesetz. Während Bayern sich bundesrechtlichen Bevormundungen weitgehend entziehen konnte, nahm König Georg V. von Hannover (1851–66) 1855 bereitwillig die Bundeshilfe beim Oktroi der Verfassung in Anspruch. In Mecklenburg-Schwerin galt wieder die alte Ständeordnung.

Trotz aller Kontroversen zwischen Preußen und Österreich über die Rechte der Präsidialmacht (Geschäftsordnung des Bundestages) und ungeachtet aller Konflikte um die Beschlußfassung (Mehrheits- und Einstimmigkeitsprinzip) standen die fünfziger Jahre unter der Signatur eines antiliberalen, gouvernemental ausgerichteten Verwaltungsstaates. Das Bundespreßgesetz und das Bundesvereinsgesetz von 1854 gaben den Einzelregierungen die Möglichkeit, ihre Repressionspolitik rechtlich abzusichern.

Nach dem Bundespreßgesetz war für die Ausübung des Berufs eines Verlegers, Druckers und Buchhändlers eine »obrigkeitliche Bewilligung« nötig. Bereits die Verwaltungsbehörden konnten die Konzession entziehen. Die §§ 16 und 17 bedrohten als Pressevergehen mit Strafen die Aufforderung zum »gewaltsamen Widerstand« gegen die Obrigkeit, ferner Angriffe auf die Religion und auf die »Grundlagen des Staates und der Staatseinrichtungen« u.a. Die Strafgesetze der Bundesstaaten sollten entsprechend gestaltet werden. Bei der Anwendung herrschte ein großer Ermessensspielraum.

Das Bundesvereinsgesetz ließ Vereine nur zu, sofern sie »die öffentliche Ordnung und Sicherheit« nicht gefährdeten. Noch existierende Arbeitervereine sowie Vereine, die »politische, socialistische oder communistische Zwecke« verfolgten, waren binnen zwei Monaten aufzulösen, Neubildungen verboten.

Entpolitisierung der Bevölkerung

Die Maßnahmen des Deutschen Bundes bezweckten die allgemeine Entpolitisierung der Bevölkerung. Als oberste soziale Tugenden galten die Anerkennung der Autorität in Staat und Verwaltung, in Kirche und Gesellschaft. Ordnung, Arbeit und Bildung wurden zu Leitbegriffen »realistischer, konsensfähiger und damit unpolitischer bürgerlicher Kulturgesinnung« (Lutz). Willfährigkeit, Kriechertum und Anpassungsbereitschaft wurden nicht überall zur Norm. Doch waren die Leitlinien in Unterricht und Erziehung, die öffentlichen Verlautbarungen der Kirchen sowie die Herabwürdigung aller freiheitlichen und nationalen Bestrebungen durch die ministerielle Öffentlichkeitsarbeit auf die Festigung eines ausgesprochen konservativen Staats- und Gesellschaftskonzepts gerichtet. Der Konformitätsdruck, der vom Bundestag ausging, lähmte eigenständige politische Regungen im Bürgertum und in der Arbeiterschaft. Das gesellschaftliche Prestige, das mit der Zugehörigkeit zum Militär, zum Adel und zum Beamtentum verknüpft war, begünstigte Feudalisierungstendenzen im Großbürgertum.

Wirtschaftsbürgertum

Andererseits profitierte das Bürgertum in den fünfziger Jahren von der einsetzenden Hochindustrialisierung auf allen Wirtschaftssektoren. Es konnte eine Reihe materieller Ziele, so vor allem in der Wirtschaftsgesetzgebung und im Steuerrecht erreichen, ohne in einen fundamentalen Gegensatz zu den herrschenden reaktionären Gewalten zu geraten. Weite Teile des Bürgertums entwickelten ein neues Bewußtsein von der Notwendigkeit staatlicher Machtmittel in einem national zerrissenen, aber von geschlossenen nationalen Wirtschaftseinheiten in Europa dominierten Umfeld.

Der liberale Publizist August Ludwig von Rochau, ein entschiedener Achtundvierziger, warf mit seiner 1853 anonym veröffentlichten Broschüre »Grundsätze der Realpolitik angewendet auf die staatlichen Zustände Deutschlands« (2. Aufl. 1859; 2. Teil 1869) ein wichtiges Stichwort in die Ende des Jahrzehnts aufflammende Debatte über das Verhältnis des Liberalismus zur Macht im Staat.

Inmitten der nachrevolutionären Friedhofsruhe erhob eine Anzahl liberaler Historiker (Häusser, Droysen, Sybel, M. Duncker) in vielbeachteten Werken ihre Stimme in der Absicht, die bewußtseinsmäßigen Voraussetzungen für die Regeneration eines nationalen Liberalismus besonders im Bürgertum zu schaffen. Der Begründer der »Historischen Zeitschrift«, Heinrich von Sybel, wollte die Geschichtswissenschaft bewußt »in die Strömung der freien nationalen Atmosphäre und nicht in ein kleines Museum der Auserwählten« stellen. Die kleindeutsche Historikerschule, hier besonders Johann Gustav Droysen mit seiner ab 1855 erscheinenden »Geschichte der preußischen Politik«, propagierte den historisch begründeten »deutschen Beruf« des preußischen Staates. Damit wurde seitens der Geschichtswissenschaft, die sich insoweit als politische Potenz und damit einseitig parteiisch verhielt, ein Anspruch vertreten, der sich auf einem anderen Felde, der ökonomischen Entwicklung in Deutschland, im selben Jahrzehnt unverkennbar artikulierte.

Preußens »deutscher Beruf«

Zollfragen in den fünfziger Jahren

Preußen lehnte den Eintritt Österreichs in den von ihm beherrschten Zollverein ebenso ab wie den Wiener Plan einer von Österreich geführten mitteleuropäischen Zollunion, der bei Bayern und Sachsen anfangs auf Sympathien stieß. Es gelang Preußen 1851 über einen Zollvertrag mit Hannover, den von diesem mitgestalteten Steuerverein an sich zu ziehen. Der österreichische Handelsminister Bruck erreichte zwar ein Jahr später den Abschluß eines Handelsvertrages mit Preußen, der größere Präferenzen bei den Einfuhrzöllen zwischen Österreich und dem Zollverein festlegte. Im übrigen beharrte Wien aber auf seiner wirtschaftspolitischen Autonomie, die ihm aufgrund seiner geographischen Lage, seiner ökonomischen Struktur und seiner desolaten öffentlichen Finanzen geboten schien.

Dagegen wuchs die Wirtschaft der deutschen Mittel- und Kleinstaaten in zunehmendem Maße in den Zollverein hinein. So erneuerten 1854 die Zollvereinsmitglieder ihre Verträge mit dem ökonomisch alle anderen Partner überragenden Preußen für die Dauer von zwölf Jahren. Die wirtschaftliche Entwicklung und der Handelsaustausch waren damit auf eine verläßliche Basis gestellt, ohne daß hiermit bereits jetzt eine direkte Vorentscheidung zugunsten einer Lösung der politischen Frage im Sinne eines kleindeutschen Nationalstaats gefallen wäre.

Der Anschluß des Habsburger Staats an den Zollverein war gegen Ende des Jahrzehnts vollends undenkbar: Seine Industrie lehnte einmütig Zollsenkungen ab. Demgegenüber drängte die Exportindustrie Preußens auf die Vergrößerung ihres Absatzes auf dem französischen Markt. Sogar Teile der Landwirtschaft befürworteten eine liberale Zoll- und Handelspolitik. Die Berliner Regierung begünstigte die freihändlerischen Ziele des Zollvereins.

Am 29. März 1862 wurde ein Handels- und Zollvertrag Preußens mit dem Frankreich Napoleons III. (1852–70) paraphiert. Er war nach dem Urteil des

Nationalökonomen Schäffle ein »handelspolitisches Villafranca für Österreich«, d.h. eine eindeutige Niederlage. Der Versuch Wiens, in letzter Minute dem deutschen Zollverein beizutreten und die Inkraftsetzung des genannten Abkommens zu verhindern, mißlang. Nur Bayern und Württemberg standen auf der Seite Österreichs. Schließlich war die Strategie des preußischen Außenministers Albrecht Graf von Bernstorff (Verknüpfung von Handelsvertrags-Annahme mit dem Weiterbestand des Zollvereins) erfolgreich. Auch der Deutsche Handelstag in München befürwortete im Oktober 1862 mit 104 gegen 90 Stimmen den Handelsvertrag mit Frankreich. Im Mai 1865 konnte der Deutsche Zollverein erneuert werden.

In den fünfziger Jahren galt die Stimme Deutschlands im Kreis der europäischen Großmächte gerade soviel, wie der Antagonismus zwischen Preußen und Österreich zuließ – nämlich fast nichts. Der Gesandte Preußens am Bundestag in Frankfurt/Main, Otto von Bismarck-Schönhausen, wollte für seinen Staat dem Bund nur »die negative Bedeutung einer Assekuranz für Kriegs- und Revolutionsgefahr« zugestehen.

Das »dritte Deutschland«

Bayern und Sachsen versuchten vergeblich, die alte Triasidee – das dritte Deutschland neben den beiden Großmächten – zu beleben. Dem bayerischen Ministerpräsidenten, Freiherrn von der Pfordten, und dem sächsischen Außenminister, Freiherrn von Beust, gelang es nicht, die übrigen Mittel- und Kleinstaaten für eine entsprechende Konzeption zu gewinnen, der es allerdings ohnehin am Entscheidenden gemangelt hätte: am Willen zur Verwirklichung des nationalen Verfassungsstaats. Hier liegt der eigentliche Grund für die augenfällige Blässe, die in den fünfziger und den beginnenden sechziger Jahren alle Bundesreformprojekte kennzeichnete. Andererseits lehnte es Bismarck hochmütig und brüsk ab, »unsre Preußische und egoistische Politik mit dem räudigen Hermelin des Deutschen Patriotismus aufzuputzen«.

Zwischen der Vormacht des Konservativismus (Rußland) und dem Anwalt der Nationalitäten, dem revolutionär-bonapartistischen Frankreich, gelegen, konnte und wollte der Deutsche Bund keine Rolle in der internationalen Politik wahrnehmen. Auch die traditionelle Konvenienz- und Großmachtpolitik seiner beiden wichtigsten Mitglieder stand auf tönernen Füßen, wie die beiden militärischen Konflikte der fünfziger Jahre erwiesen: der Krimkrieg und der italienische Krieg. Die Londoner »Times« gab einen verbreiteten Eindruck wieder, als sie 1859 urteilte: Preußen, das stets mit den Allüren einer Großmacht auftrete, sei gar keine Großmacht, sondern eine ängstliche Macht zweiten oder dritten Ranges, mit der man nicht zu rechnen habe: »Niemand zählt mit Preußen als Freund, niemand fürchtet es als Feind.«

Deutscher Bund und Krimkrieg 1853–1856

Im Krimkrieg (1853–56) gelang es Großbritannien, Frankreich, der Türkei und ab 1855 auch Piemont-Sardinien den Griff des Zarenreiches zu den Meerengen und die Herrschaft über einen Teil des östlichen Balkans zu verhindern.

Unter dem Vorwand, die griechisch-orthodoxen Christen im Osmanischen Reich zu schützen, besetzten russische Truppen im Sommer 1853 die beiden Donaufürstentümer Moldau und Walachei. Österreich befürchtete von dieser letzten Endes auf die Befreiung der Balkanslawen von der türkischen Herrschaft gerichteten Aktion Rückwirkungen auf den Zusammenhalt seines z.T. aus slawischer Bevölkerung bestehenden Reiches. Es versuchte vergeblich, den Deutschen Bund einschließlich Preußens zur Unterstützung der von London und Paris von See aus gegen die Krim begonnenen militärischen Maßnahmen zu gewinnen.

Preußen blieb ebenso wie der Bundestag neutral. Der Bundestagsgesandte Bismarck hatte einen erheblichen Anteil an dieser Entscheidung. Auf sein Betreiben beschloß der Bundestag am 8. Februar 1855 lediglich die Herstellung der ständigen Kriegsbereitschaft »in jeder Richtung«.

Rußlands Niederlage war besiegelt, als im September 1855 die Festung Sewastopol fiel. Die Friedenskonferenz von Paris im folgenden Jahr bestätigte die Integrität der Türkei gemäß dem Meerengenstatut von 1841 (Verbot der Durchfahrt fremder Kriegsschiffe durch die Meerengen). Das Schwarze Meer wurde neutralisiert, d.h. das Zarenreich durfte hier keine Kriegsflotte oder Befestigungen unterhalten. Die Donaufürstentümer wurden autonom unter türkischer Oberheit. Im Krimkrieg hatte Wien seine Balkaninteressen akzentuiert. Die Revisionspolitik Rußlands und sein Interessengegensatz zu Österreich auf dem Balkan sollten in der Zukunft Preußens Chancen für eine aktive Politik im Deutschen Bund erheblich steigern. Doch jede nationale Politik in Deutschland, vor allem eine von Berlin ausgehende, hatte in verstärktem Maße mit dem gewachsenen Gewicht Frankreichs, des unbestrittenen Siegers des Krimkrieges, zu rechnen. Als einer der wenigen hat Bismarck diese Konstellation erkannt und den Bruch mit der alles lähmenden konservativen Prinzipienpolitik seiner ultrakonservativen Freunde vollzogen, wie sein Briefwechsel mit dem General Leopold von Gerlach in unzweideutiger Weise belegt.

Deutschland und der italienische Krieg von 1859

Im Gegensatz zum Krimkrieg, einem reinen Kabinettskrieg, wurde der italienische Krieg des Jahres 1859 von der nationalen Einigungsbewegung des italienischen Volkes getragen.

Mit französischer Billigung und bei russischer wohlwollender Neutralität gelang der von Camillo Cavour geführten italienischen Einigungsbewegung der entscheidende Erfolg gegen Österreich in den Schlachten von Magenta und Solferino (4. bzw. 24. Juni 1859). Französische Truppen waren am Sieg beteiligt. Nach dem Waffenstillstand und dem Präliminarfrieden von Villafranca (11. Juli) trat Österreich im Friedensvertrag von Zürich (10. November 1859) die Lombardei an Frankreich ab, das sie vereinbarungsgemäß an König Viktor Emanuel II. von Piemont-Sardinien (1849–1861/78) weitergab. Das italienische Kriegsziel »Italien frei bis zur Adria« wurde nicht erreicht, da Venetien bei Österreich verblieb.

Der Konflikt, an dem Österreich mit Gebietsteilen, die nicht zum Deutschen Bund gehörten, beteiligt war, rief in der deutschen Öffentlichkeit eine starke Anteilnahme hervor. Allerdings waren die Meinungen nicht einhellig.

Liberale wie Bennigsen, Baumgarten, Max Duncker, Droysen und Hansemann begrüßten grundsätzlich das italienische Einheitsstreben. Sie verringerten ihre innere Distanz zu Preußen allmählich, in dem sie den Vormann einer staatlichen Einigung Deutschlands ohne Österreich sahen. Andere wie Heinrich von Gagern wollten vor allem eine Vormachtstellung Frankreichs verhindern helfen und unterstützten deshalb Österreich, ebenso wie großdeutsche Demokraten (Julius Fröbel), zahlreiche Katholiken und führende preußische Ultrakonservative um die Gerlachs und Stahl.

Recht naiv forderte Lasalle in seiner im Mai 1859 anonym verbreiteten Flugschrift »Der italienische Krieg und die Aufgabe Preußens« die Proklamation eines deutschen Kaiserreichs – einschließlich der Deutschen in Österreich – unter der Führung des preußischen Königs und die Zerstückelung des Habsburger Staates: »Ja, noch einmal liegt die deutsche Kaiserkrone auf der Straße. Sie wird nicht aufgehoben. Es wäre unbillig, von jedermann zu verlangen, daß er ein Friedrich der Große sei.« Und pointiert: »Österreich vernichtet, und Preußen und Deutschland decken sich.« Friedrich Engels rief zum Kampf gegen den revolutionsfeindlichen Bonapartismus auf und meinte in seiner Schrift »Po und Rhein«, daß in der Po-Ebene auch die deutsche Westgrenze verteidigt werde.

In den Chor enthusiastischer und unrealistischer Stellungnahmen reihte sich auch der inzwischen als preußischer Gesandter in St. Petersburg kaltgestellte Otto von Bismarck mit einer geradezu verantwortungslosen Empfeh-

Schillerfeier im Gedenkjahr 1859

lung an die seiner Meinung nach untätige und ungeeignete Regierungsspitze in Berlin ein: »Die gegenwärtige Lage hat wieder einmal das große Los für uns im Topf, falls wir den Krieg Österreichs mit Frankreich sich scharf einfressen lassen und dann mit unserer ganzen Armee nach Süden aufbrechen, die Grenzpfähle im Tornister mitnehmen und sie entweder am Bodensee oder da, wo das protestantische Bekenntnis aufhört vorzuwiegen, wieder einschlagen« (an den Generaladjutanten von Alvensleben, 5. Mai 1859).

Entgegen der dringlichen Forderung Wiens blieb der Bundestag auf energisches Betreiben Preußens neutral. Als Gegenleistung für eine bewaffnete Vermittlung verlangte Preußen den militärischen Oberbefehl am Rhein und die Gleichstellung am Bundestag. Preußen wollte einen maßgeblichen Einfluß auf den Friedensschluß ausüben, so daß die Aufrechterhaltung des Status quo ante in Oberitalien und damit die Rettung der Großmachtstellung Österreichs der norddeutschen Großmacht zu verdanken wäre. Sodann wollte Preußen seine Ziele in Deutschland weiterverfolgen. – Dieses Kalkül, das im Zuge der zögernden Beschlußfassung in Berlin nach außen erkennbar wurde, machte Wien mit seinem schnellen Waffenstillstand zunichte. Es nahm die schwere Niederlage und den Verlust der Lombardei in der trügerischen Hoffnung hin, wenigstens seine hergebrachte Politik in Deutschland fortsetzen zu können. Der italienische Krieg machte die Fortdauer des unfruchtbaren Dualismus in der wichtigsten, der nationalen Frage, erneut offenkundig.

Neubeginn der nationalen Bewegung

Das Jahr 1859 war für den Neubeginn der nationalen Bewegung in Deutschland von kaum zu überschätzender Bedeutung. Eine oft diffuse nationale Sehnsucht nach »Kaiser und Reich« und die Erinnerung an die Befreiungskriege von 1813/15 verbanden sich miteinander. Schützenvereine und Sängerbünde feierten patriotische Feste ebenso wie die Turnvereine. Die Zusammenkünfte ließen ein Gemeinschaftsgefühl über die Grenzen der Einzelstaaten hinweg entstehen. Man sang die Lieder eines Max von Schenkendorf und eines Ernst Moritz Arndt.

Begünstigt wurde die nationale Aufbruchstimmung von der Rührigkeit liberaler deutscher Fürsten, unter denen sich besonders Herzog Ernst II. von Sachsen-Coburg-Gotha (»Schützen-Ernst«) (1844–93) hervortat. Die Feiern zum Schiller-Jubiläum von 1859 boten Anlaß zu eindrucksvollen Bekenntnissen zur Freiheit von Fürstenknechtschaft, wobei der Todestag des populären Dichters ebenso zufällig mit dem Frieden von Zürich zusammenfiel. Die nationale Publizistik eines Gustav Freytag (»Die Grenzboten«; Romane »Soll und Haben«, »Die Ahnen«; ferner »Bilder aus der deutschen Vergangenheit«) und eines Rudolf Haym (»Preußische Jahrbücher«) beflügelte die Phantasie breiter Leserschichten und diente der Herstellung und Verbreitung eines oft fragwürdigen, weil unhistorischen Vergangenheitsverständnisses. 1859 erließ König Maximilian II. von Bayern (1848–64) das Statut zur Gründung einer »Kommission für deutsche Geschichts- und Quellenforschung bei Meiner Akademie der Wissenschaften«, deren Präsident Ranke wurde.

Die deutsche Frage ließ sich aus der Öffentlichkeit nicht mehr verdrängen. Auf dem zehn Tage andauernden Schützenfest in Frankfurt/Main im Juli 1862 legten 10000 bewaffnete Schützen und Turner ein »treues und wahres Zeugnis des Einheitsgedankens und des Einheitsstrebens« ab. Während dieser beeindruckenden Kundgebung hißten der preußische und der österreichische Bundestagsgesandte auf ihren Dienstgebäuden die schwarz-rot-goldene Fahne. Um 1860 gab es in Deutschland etwa 170000 Turner und etwa 60000 Sänger.

Deutscher Nationalverein

Angeregt durch die seit 1857 bestehende italienische »Società nazionale«, gründeten am 15./16. September 1859 führende Liberale und Demokraten in Frankfurt/Main den Deutschen Nationalverein, der seinen Sitz in Coburg nahm.

Geführt von dem hannoverschen Liberalen Rudolf von Bennigsen als Vorsitzenden und von Schulze-Delitzsch, von Unruh, Miquel und Franz Dunkker, strebte der Nationalverein auf der Grundlage seines Eisenacher Programms vom 14. 8. 1859 u.a. mittels zahlreicher parlamentarischer Eingaben einzelner seiner Mitglieder die Einberufung einer deutschen Nationalversammlung und die Errichtung eines kleindeutschen Bundesstaates unter preußischer Führung an. Besonders die »Gothaer« setzten ihre Hoffnung hierbei auf den Prinzregenten Wilhelm, den späteren preußischen König (1861–88, Kaiser ab 1871).

Die Mitglieder des Nationalvereins rekrutierten sich überwiegend aus dem Besitzbürgertum (Höchststand 25000 im Oktober 1863). Die Organisationsstruktur war nicht fest. Der Meinungsbildungsprozeß wurde durch die jährlichen Generalversammlungen (1860–67) und die »Wochenschrift« des Nationalvereins (Auflage maximal 5000) erleichtert. Es bestanden enge Verbindungen zur Fortschrittspartei. Der Dissens in der Schleswig-Holstein-

Frage führte 1863/64 zum Bruch mit der preußischen Regierung. Im Oktober 1867 schritt die Generalversammlung in Kassel (noch 1004 Mitglieder) zur Auflösung. Der Deutsche Nationalverein hat einen erheblichen Beitrag zur Politisierung des Bürgertums im kleindeutschen Sinne geleistet.

Deutscher Reformverein

Die großdeutsch-katholisch-föderalistischen Gegenkräfte sammelten sich im Deutschen Reformverein. Sein führender Kopf, der Demokrat Julius Fröbel, der 1857 aus seiner Emigration (USA) zurückgekehrt war, warb in Übereinstimmung mit den österreichischen Ministern Schmerling und Rechberg für die Verwirklichung des großdeutschen Konzepts.

Die Wiener Regierung finanzierte den 1862 in Frankfurt gegründeten Verein. Die Gegnerschaft zu Preußen und die Ablehnung des Freihandels führten die unterschiedlichen Strömungen und Personen (u.a. Fr. von Varnbüler, die Historiker Klopp und Ficker, ferner M. Mohl, Schäffle, Windthorst und Cotta) zusammen. Mit Rücksicht auf Österreich wurde ein nationales Parlament nicht gefordert. Der geographische Schwerpunkt des Reformvereins lag im südlichen Deutschland. Er stand im Schatten der erfolglosen Bundesreformprojekte Österreichs und der Mittelstaaten, die im Frankfurter Fürstentag 1863 gipfelten. Ende 1864 stellte das »Wochenblatt« als zentrales Presseorgan sein Erscheinen und 1866 der Reformverein selbst seine Tätigkeit ein.

Anfang der sechziger Jahre stand außer Zweifel: Die deutsche Frage stagnierte. Beherrscht vom unversöhnlichen Dualismus der beiden Großmächte, verharrten Bürgertum und Adel, Beamtentum und Militär, Kirchen und öffentliche Meinung in den ausgefahrenen Bahnen sattsam bekannter sozialer, politischer und ideologischer Gegensätze. Ihre Chiffren – hie kleindeutsch-preußisch-protestantisch, da großdeutsch-habsburgisch-katholisch-föderalistisch – deuteten den tiefgreifenden geistigen, konfessionellen und kulturellen Zwiespalt der Nation an. Sie schien unfähig, sich der zentrifugalen Wirkungen der Kräfte, die sie seit Jahrhunderten prägten (Reformation/Gegenreformation/Zerfall der Reichsgewalt) zu entledigen oder aus eigener Kraft eine zeitgemäße Form ihrer staatlichen Struktur zu finden.

Zwiespalt der Nation

Preußen 1859–1866: Neue Ära. Heeres- und Verfassungskonflikt. Das Regime Bismarck

Die Reaktionszeit ging mit der Entlassung des Ministerpräsidenten Otto von Manteuffel im November 1858 zu Ende. Es begann die von Hoffnungen der Liberalen begleitete Neue Ära. Der für seinen regierungsunfähig gewordenen Bruder König Friedrich Wilhelm IV. zunächst (1857) als Stellvertreter, dann (Oktober 1858) als Prinzregent amtierende Wilhelm (1861–88 als Wilhelm I. König von Preußen) ernannte ein als liberal-konservativ geltendes Kabinett mit dem katholischen Fürsten Karl Anton von Hohenzollern-Sigmaringen an der Spitze. Mit Bethmann-Hollweg (Kultusminister) und Gruner (Unterstaatssekretär im Außenministerium) kamen auch Mitglieder der ehemaligen Wochenblattpartei zum Zuge.

»Moralische Eroberungen«

Der programmatischen Ankündigung des Prinzregenten vom 8. November 1858 (»moralische Eroberungen« Preußens in Deutschland; Schutz des Rechts) folgten nur teilweise überzeugende Taten. Nach dem überwältigenden Wahlerfolg der Liberalen im November 1858 (Fraktionen Vincke und Mathis 195, Konservative 47 Abgeordnete in der 2. Kammer) hatten der altständische Legitimismus und die reaktionäre Verfassungs- und Verwaltungspraxis eigentlich keinerlei Chance mehr. Ein grundlegender Kurswechsel zugunsten einer wirklichen Liberalisierung fand jedoch nicht statt (nur geringes Ämterrevirement in der hohen Verwaltung; keine Ministerverantwortlichkeit; keine völlige Beseitigung der Pressezensur). Außenminister Graf Bernstorff griff am 20. Dezember 1861 das alte nationalpolitische Programm des engeren und weiteren Bundes in Deutschland auf und knüpfte damit an die frühere Unionspolitik Preußens an. Er stieß jedoch auf die einmütige Gegenwehr der Mittelstaaten und Österreichs (identische Noten, Februar 1862).

Eine maßlose Enttäuschung verbreitete sich im nichtkonservativen Deutschland, als König Wilhelm I. sich bei seiner Krönung in Königsberg (18. Oktober 1861) demonstrativ zum Gottesgnadentum bekannte. Die vorgesehene Erbhuldigung der Stände kam zwar nicht zustande, aber der Monarch nahm die Krone vom Altar und setzte sie sich eigenhändig auf. Gustav Freytag quittierte diesen offensichtlichen Affront gegen Liberalismus, Bürgertum und auch gegen die Arbeiterschaft mit den Worten, dieser Tag habe den König »von seinem Volk getrennt«.

Es blieb zumeist bei der Ankündigung von Gesetzesvorhaben (Kreisordnung, Zivilehe). Die Grundsteueränderung zuungunsten des großen Grundbesitzes konnte der König mittels eines Pairschubs im Herrenhaus durchsetzen. Aus Protest gegen die zu wenig entschiedene und zu kompromißbereite Grundhaltung der liberalen Fraktion im Abgeordnetenhaus traten elf ihrer Mitglieder aus und gründeten die Deutsche Fortschrittspartei (Gründungsprogramm Juni 1861).

Deutsche Fortschrittspartei

Zu ihren Führern gehörten der ostpreußische Gutsbesitzer Leo von Hoverbeck, der spätere Oberbürgermeister von Breslau und Berlin, Max von Forckenbeck, Hermann von Schulze-Delitzsch, ein entschiedener Demokrat, ebenso wie Benedikt Waldeck, ferner Viktor von Unruh, 1848 Präsident der preußischen Nationalversammlung und Wissenschaftler wie der Mediziner Rudolf von Virchow und der Historiker Theodor Mommsen und endlich der Ingenieur und Unternehmer Werner Siemens.

Die Fortschrittspartei griff das Programm der Erbkaiserlichen von 1848 auf, forderte die juristische Ministerverantwortlichkeit und die Reform des preußischen Herrenhauses. Ihre Wähler und Mitglieder reichten bis hin zu Handwerkern und Arbeitern. Die Fortschrittspartei forderte nicht das allgemeine und gleiche Wahlrecht. Bei den Wahlen im Dezember 1861 errang sie 104 von insgesamt 352 Sitzen und trug maßgeblich dazu bei, daß die Konservativen zu einer Splittergruppe (14, zuvor 47) schrumpften. Das Wahlergebnis löste bei den Konservativen, bei der Militärpartei und auch beim König eine beispiellose Panik aus.

Heeresreform

Seit Februar 1860 beherrschte der Streit um die Heeresreform die innenpolitische Szenerie in Preußen. Die Regierungsvorlage sah eine Erhöhung der Präsenzstärke des Heeres um 39 Infanterie- und 10 Kavallerieregimenter und zu diesem Zwecke eine Steigerung der jährlichen Aushebung von Rekruten von 40000 auf 63000 vor.

Infolge der angewachsenen Bevölkerungszahl konnten derzeit nur etwa zwei Drittel der Diensttauglichen eingezogen werden. Der budgetäre Mehrbedarf von 9½ Millionen Talern sollte durch einen 25%igen Steueraufschlag finanziert werden. Daneben plante der Kriegsminister die Umorganisation der aus Angehörigen älterer Jahrgänge bestehenden Landwehr. Die Dienstpflicht sollte von 19 auf 12 Jahre vermindert und die drei jüngsten Landwehrjahrgänge als Reserve in die Linientruppen eingegliedert sowie die

Die Krönung König Wilhelms I. von Preußen in Königsberg 1861

verbleibenden fünf Jahrgänge der Landwehr lediglich für Besatzungs- und Etappendienste verwendet werden.

Die Kritik der Liberalen richtete sich gegen die faktische Beseitigung der eigenständigen Landwehr. Sie galt als Hort des Bürgertums und als Erbe des »Volks in Waffen« von 1813. Die Liberalen verlangten die Reduzierung der bestehenden dreijährigen Dienstzeit auf zwei Jahre. Kriegsminister Albrecht von Roon (1859–1871) hielt ebenso wie der Prinzregent an der dreijährigen Dienstzeit fest. Sie mißtrauten den »Bürgern im Soldatenrock« und vertrauten darauf, eine längere Dienstzeit werde »das soldatische Wesen in seiner Totalität« erzeugen. Das Heer als Machtinstrument des Monarchen sollte von der bürgerlichen Gesellschaft getrennt bleiben, um zuverlässig, einsatzbereit und eine immer bereite Stütze des Systems zu sein.

Das Abgeordnetenhaus verweigerte die Zustimmung zur Heeresreform und stimmte der Vorlage zweimal (1860 und 1861) als »Provisorium« jeweils für ein Jahr nur zur Aufrechterhaltung der Kriegsbereitschaft zu. Nach dem Wahlerfolg der Fortschrittspartei vom Dezember 1861 waren eine Lösung des Konflikts und als nächstes die Verabschiedung des Etats für 1862 nicht mehr möglich. Das Abgeordnetenhaus verlangte die Einführung der zweijährigen Dienstzeit und die Beibehaltung des bisherigen Status der Landwehr. Um die Umverteilung von Haushaltsmitteln zu verhindern, beschloß es am

6. März eine Einzelabstimmung über jeden speziellen Titel des Heeresetats, worauf der König am 11. März das Haus auflöste und die Regierung umbildete. Neuer Ministerpräsident wurde der Präsident des Herrenhauses, Fürst von Hohenlohe-Ingelfingen.

Ende der Neuen Ära

Damit war die Neue Ära demonstrativ beendet. Die Neuwahl des Abgeordnetenhauses vom 6. Mai 1862 bescherte dem König und der Regierung ein Desaster: Konservative 11 (zuvor 14), die liberale Mehrheit 248 von 352 (davon Fortschritt 133, zuvor 104; linkes Zentrum 96). Der Budgetausschuß beantragte die Streichung der für die Heeresorganisation vorgesehenen Mittel. Ein Kompromißantrag (Twesten/Fortschritt, Sybel und Stavenhagen/linkes Zentrum) vom 8. September, der auf der zweijährigen Dienstzeit beharrte, aber die zusätzlichen Mittel für 1862 zusagte, wurde vom König zurückgewiesen, der eine Regierung ohne Budget in Aussicht stellte, was das Kabinett mit Roon seinerseits als Verfassungsverstoß ablehnte. Am 14. August war in der offiziösen »Sternzeitung« die »Lückentheorie« ins Spiel gebracht worden (Autor: der Bonner Staatsrechtler und Freund Roons Clemens Theodor Perthes): Die Verfassung enthalte keine Bestimmung für den Fall, daß der Etat nicht bzw. nicht rechtzeitig verabschiedet werde. Die Regierung müsse gegebenenfalls »im allgemeinen Staatsinteresse« diese Lücke ausfüllen und »ihr weiteres Verhalten regeln«, d.h. ohne Etat regieren.

Lückentheorie

Das Kabinett verwarf die Abdankungsabsicht des Königs zugunsten des als liberal geltenden Thornfolgers, der seinerseits das Amt nicht wollte. Die Minister von der Heydt und Bernstorff reichten ihre Rücktrittsgesuche ein. Am 18. September, als man fest mit der Abdankung des Monarchen rechnete, telegrafierte Kriegsminister Roon an den Gesandten in Paris, von Bismarck, der ohnehin um diese Zeit wegen seiner weiteren Verwendung in Berlin erwartet wurde, einen verabredeten Text: »Periculum in mora. Dépêchez-vous.«

In einer Unterredung in Babelsberg bei Potsdam am 22. September gelang es Bismarck, dem König die Bedenken gegen seine Person zu nehmen und ihn von der Abdankung abzuhalten. Wilhelm I. akzeptierte Bismarcks Zusagen: Verwirklichung der Heeresreform mit der dreijährigen Dienstzeit; Regierung gegen die Mehrheit des Abgeordnetenhauses, notfalls auch ohne Budget, d.h. gegen die Verfassung. Bismarck wurde zum preußischen Ministerpräsidenten und Außenminister ernannt. Zum Entsetzen der empörten Liberalen und der öffentlichen Meinung sagte der neue Ministerpräsident am 30. September im Budgetausschuß: »Nicht durch Reden und Majoritätsbeschlüsse werden die großen Fragen der Zeit entschieden – das ist der Fehler von 1848 und 1849 gewesen –, sondern durch Eisen und Blut.« Am 13. Oktober 1862 ließ Bismarck die Session des Landtags schließen. Ein Etat war für 1862 und 1863 nicht zustande gekommen.

Ernennung Bismarcks zum preußischen Ministerpräsidenten im September 1862

Heeres- und Verfassungskonflikt

Beim preußischen Heeres- und Verfassungskonflikt handelte es sich nicht um eine Staatskrise. Vielmehr bestand das konstitutionelle Regierungssystem seine Probe nicht. Ein starrsinniger verfassungsfremder Monarch, ein sich als »kurbrandenburgischer Vasall« (so Bismarck selbst) gerierender und mit Recht als undurchsichtiger Gewaltpolitiker verteufelter neuer starker Mann, ein Abgeordnetenhaus, das mit der zweijährigen Dienstzeit (und nur mit ihr) seine Verfassungstreue beweisen wollte – diese Konstellation ließ Kompromisse kaum zu. Insgesamt lautete die Alternative nicht »Krongewalt« oder »Parlamentsherrschaft«. Der Rückgriff auf ein sogenanntes Notrecht der Krone und der Regierung (Wilhelm I.: gegen »Nullifizierung des Königs«) stellte nichts anderes als ein Verschleierungsmanöver im politischen Machtkampf dar. Das königstreue Heer sollte lediglich die Stellung des Militärs im Staate stärken und liberale Reformen, besonders die Weiter-

Entlassungszeugniß.

Nummer: Zwei.

Name des Geprüften und Stand seines Vaters:

Leopold Eduard Otto von Bismarck,

$16\frac{3}{4}$ Jahre alt, evangelischer Konfession, aus Schönhausen in der Altmark, Sohn des Gutsbesitzers auf Kniephof in Pommern.

Zeit des Schulbesuchs:

Er war 2 Jahre, von Sekunda an, Schüler des Gymnasii und $1\frac{1}{2}$ Jahr in Prima.

Aufführung gegen Vorgesetzte und Mitschüler:

Stets anständig und wohlgesittet.

Fleiß:

War zuweilen unterbrochen, auch fehlte seinem Schulbesuche unausgesetzte Regelmäßigkeit.

Kenntnisse:

Sind im Lateinischen gut, sowohl im Verständniß der Schriftsteller als in seinen schriftlichen Uebungen; im Griechischen ziemlich gut; im Deutschen besitzt er eine sehr erfreuliche Gewandheit, und in der Mathematik, Geschichte und Geographie ein befriedigendes Maaß von Kenntnissen. Von den neueren Sprachen hat er die französische und englische Sprache mit besonderem Erfolge betrieben.

Er wird in Bonn, Genf und Berlin

Jura und Cameralia

studiren, und wir entlassen diesen fähigen und wohlvorbereiteten Jüngling mit unseren besten Segenswünschen und der Hoffnung, daß er mit erneutem Eifer an seiner ferneren wissenschaftlichen Ausbildung arbeiten werde.

Berlin, den 3. April 1832.

Verordnete Prüfungskommission
des Berlinischen Gymnasiums zum Grauen Kloster.

Bismarcks Abgangszeugnis vom Gymnasium zum Grauen Kloster in Berlin vom 3. April 1832

entwicklung der Verfassung verhindern. Die faktische Abschaffung der Landwehr war die gezielte Kampfansage des Königs und der Militärpartei an die Mehrheit des Volkes und seiner gewählten Vertreter.

Der Verfassungskonflikt zeigte, daß es eines Kampf- und Konfliktkabinetts – gegen Verfassung und Staatsrecht – bedurfte, um die ausweglose Situation, in welche sich die preußische Militär- und Privilegienmonarchie manövriert hatte, zu bewältigen. Für die preußische und die deutsche Geschichte bedeutete die Weichenstellung vom September 1862 eine wichtige Wendemarke, deren Gewicht für die folgenden Jahrzehnte kaum zu überschätzen ist.

Otto von Bismarck-Schönhausen

Otto von Bismarck-Schönhausen, seit 1865 Graf, seit 1871 Fürst, entstammte märkischem Landadel und mütterlicherseits einer bürgerlichen Beamten- und Gelehrtenfamilie. Nach Schulbesuch (Gymnasium »Graues Kloster«) in Berlin, Studienjahren in Göttingen und Berlin (1832–35), einer lustlos absolvierten und abgebrochenen juristischen Referendarzeit in Berlin, Aachen und Potsdam, wiederholt hohen Schulden, wenig rühmlichen Frauenaffären und dem vergeblichen Versuch, in die diplomatische Laufbahn zu gelangen, zog er sich 1839 resigniert, voll innerer Leere und Unrast auf sein Gut Kniephof (Pommern) und ab 1845 nach Schönhausen zurück. 1847 heiratete er Johanna von Puttkamer.

So wurde er zu einem der entschiedensten Konservativen, 1847 Mitglied des Vereinigten Landtags (äußerste Rechte), dann der preußischen Nationalversammlung bzw. des Abgeordnetenhauses und des Erfurter Unionparlaments. 1851–59 auf dem wichtigen Posten des preußischen Bundesgesandten entwickelte er allmählich seine gegen Österreich gerichtete politische Konzeption, löste sich aus der engen Welt des preußischen Konservativismus und gewann zusehends an Gewandtheit und Welterfahrung, bis er 1859 auf den Gesandtenposten in St. Petersburg abgeschoben wurde.

Bismarck zeichnete sich durch eine royalistische Grundhaltung, durch Menschenkenntnis, Scharfsinn und überzeugende Formulierungskunst aus. Sein unbeirrbarer Machtinstinkt, seine diplomatische Kunst und seine politische Routine gleichermaßen auf dem innen- und außenpolitischen Terrain waren in den sechziger und siebziger Jahren in Preußen und in Deutschland einzigartig. Tiefe innere Krisen in den vierziger Jahren und ein starkes Selbstbewußtsein lagen eng beieinander: »Ich will aber Musik machen, wie ich sie für gut erkenne, oder gar keine« (1838).

Bürokratisch-autoritärer Kurs

In der Innenpolitik schlug Bismarck einen bürokratisch-autoritären Kurs ein. Oppositionelle Beamte ließ er zur Rechenschaft ziehen oder sogar strafversetzen. Nach dem 1. Juni 1863 konnten Verwaltungsbehörden Presseorgane bereits wegen der »Gesamthaltung des Blattes« verbieten. Der Kronprinz meldete in einer öffentlichen Rede in Danzig Protest an. In der »Wochenschrift« des Nationalvereins brandmarkte A.L. von Rochau vergeblich den Rückfall in Reaktion und Antikonstitutionalismus: »Über Herrn von Bismarck-Schönhausen hinaus gibt es niemanden mehr; mit der Verwendung dieses Mannes ist der schärfste und letzte Bolzen der Reaktion von Gottes Gnaden verschossen.« Die von Bismarck vorzeitig herbeigeführten Neuwahlen erbrachten weitere Mandatsgewinne der oppositionellen Mehrheit: Fortschritt 141 (133), Linkes Zentrum 106 (96), Konservative 35 (11).

In der deutschen Politik vermochte es Bismarck zwar, ein Bundesreformprojekt Österreichs und der Mittelstaaten zum Scheitern zu bringen. Aber die preußische – gegen Wien gerichtete – Erklärung, nur eine Volksvertretung, hervorgegangen aus direkten Wahlen, sei eine wirkliche Bundesreform, vergrößerte nur die Unglaubwürdigkeit Bismarcks bei den Liberalen und vertiefte die Kluft. Die Fortschrittspartei beteiligte sich bis 1866 an der parlamentarischen Verabschiedung von Gesetzesvorlagen (preußisch-französischer Handelsvertrag, Änderung des Aktienrechts, Zollvereinsgesetze, allgemeines deutsches Handelsgesetzbuch), um ihrer ökonomischen Ziele willen – »bis man uns wegoktroyiert« (Abg. Jung). In dem Bemühen um unparteiliche Sachlichkeit hielt die Partei die Fiktion der normalen Budgetberatung aufrecht, ohne zu überzeugen. Um ihres Idols, der zweijährigen Dienstzeit, willen war sie im Frühjahr 1863 sogar zum Verzicht auf das jährliche Budgetrecht für den Militäretat bereit und bot vergeblich eine Zustimmung auf Dauer (Äternat) an. Ein parlamentarischer Streik wurde nicht ernsthaft erwogen. Die wirtschaftlichen Interessen und die deutschlandpolitischen Hoffnungen standen einem solchen Verfahren strikt entgegen.

Haltung der Fortschrittspartei

Arbeiterschaft und Arbeiterparteien 1860 bis 1870

Die Arbeiterschaft hatte in der Öffentlichkeit und in den deutschen Parlamenten während der Hochindustrialisierung der fünfziger Jahre keine Stimme.

Die Fortschrittspartei interessierte sich nicht für die soziale Frage. Seitens der Evangelischen Kirche (Wicherns Gründung des »Rauhen Hauses« in Hamburg und der Inneren Mission) und der Katholischen Kirche (Soziallehren und Predigten des Mainzer Bischofs von Ketteler; Gesellenvereine Adolf Kolpings) versuchte man, der dringendsten Not zu begegnen. Aufs Ganze gesehen entzogen sich die Kirchen ihrer sozialen Verantwortung. Große Teile der Arbeiterschaft lösten sich von ihrer Kirche. Es entwickelte sich ein landwirtschaftliches (Raiffeisen) und ein gewerbliches (Schulze-Delitzsch) Genossenschaftswesen. Spar- und Darlehenskassen, Konsumvereine, Absatz- und Rohstoffbezugs- sowie Kreditgenossenschaften sollten das Prinzip der solidarischen Selbsthilfe zum Nutzen der einzelnen verwirklichen. Es entstanden Hilfs- und Unterstützungskassen für Krankheits- und andere Notfälle.

Genossenschaftswesen

Versuche, nach dem Vorbild der Nationalwerkstätten des Franzosen Louis Blanc (1848) oder der Weber von Rochdale (Nordengland) auch in Deutschland Produktionsgenossenschaften zu begründen, scheiterten zumeist schnell an Kapitalmangel und amateurhaftem Geschäftsgebaren. Eine staatliche Gesetzgebung zum Arbeiterschutz, die diesen Namen verdiente, gab es nicht. Die Industriearbeiterschaft befand sich am Rande des Existenzminimums. Sie war besonders in den großstädtischen Ballungsgebieten oft mehr vegetierend als lebend, von Armut, Hunger und Krankheit bedroht. Der Analphabetismus verminderte sich zwar allmählich, doch die Befriedigung der dringendsten materiellen Bedürfnisse stand vielfach einer Erweiterung des engen Lebensraums und der Überwindung des tristen Sozialmilieus entgegen. Der sozialen Mobilität waren zumeist enge Grenzen gezogen. Nebeneinander existierten in Deutschland zwei Gesellschaften: Bürgertum und Adel trugen und prägten eine politische Kultur, von der ein Teil der Nation ausgeschlossen blieb.

Ferdinand Lassalle

Zu Anfang der sechziger Jahre gab es bereits etwa 225 Arbeiterbildungsvereine, die – häufig auf Initiative von Liberalen entstanden – den organisatorischen Ausdruck einer sich ausbreitenden liberal-demokratischen Bewegung darstellten. Ein gesondertes Arbeiter- oder gar Klassenbewußtsein lehnten die Mitglieder der Arbeiterbildungsvereine bislang noch ab. Als Ideal galt der strebsame Arbeiter, der sein Vorbild in bürgerlichen Verhaltensweisen sah und – ohne Beachtung der existierenden ökonomischen Gegensätze, ja Widersprüche – sich wie der Bürger als Teil einer umfassenden sozialen Aufstiegsbewegung verstand.

Im Jahr 1862 wurde von vielen Seiten die Forderung nach Einberufung eines allgemeinen Arbeiterkongresses laut. Der vom Leipziger »Gewerblichen Bildungsverein« abgespaltene Arbeiterverein »Vorwärts« bot dem Redner und Publizisten Ferdinand Lassalle die Führung der Arbeiterkongreßbewegung an.

Ferdinand Lassalle, Sohn eines jüdischen Seidenhändlers in Breslau, war nach Studien der Philosophie und Geschichte 1848 als radikaler Demokrat, auch als Mitarbeiter der von Marx herausgegebenen »Neuen Rheinischen Zeitung«, hervorgetreten. Von der Gräfin Sophie von Hatzfeldt, für die er zahlreiche Prozesse führte, finanziell unterstützt, erregte er nach Jahren der

Kinderarbeit in einer Aschaffenburger Papierfabrik um 1850

Tätigkeit als Privatgelehrter und Schriftsteller am 12. April 1862 mit seinem Vortrag vor einem Berliner Handwerkerverein »Über den besonderen Zusammenhang der gegenwärtigen Geschichtsperiode mit der Idee des Arbeiterstandes« (genannt »Arbeiterprogramm«) und mit weiteren Vorträgen außerhalb von Berlin Aufsehen.

Dem Wunsch des Leipziger Komitees entsprechend, legte Lassalle in seinem »Offenen Antwortschreiben« (1. März 1863) sein Konzept dar: Durchsetzung des allgemeinen, gleichen und direkten Wahlrechts sowie die Bildung von Produktivassoziationen mit finanzieller staatlicher Hilfe. Ohne ein spezifisches Mandat wurde am 23. Mai 1863 in Leipzig von den Delegierten von nur 14 Arbeitervereinen der Allgemeine Deutsche Arbeiterverein (ADAV) gegründet und Lassalle auf fünf Jahre zu seinem Präsidenten gewählt.

Allgemeiner Deutscher Arbeiterverein

Laut Statut war der ADAV zentralistisch aufgebaut. In der Praxis führte der Präsident den ADAV ohne den Vorstand. Auch ein Mitwirkungsrecht der »Gemeinden« (Ortsgruppen) war kaum möglich. Lassalle nutzte das Statut (»Verfassung meines Reiches«) zum Ausbau einer viel kritisierten »Präsidialdiktatur«. Eitel und auf wirkungsvolle Selbstdarstellung bedacht, agierte er mehr als eine Art säkularisierter Heilsbringer denn als ein demokratisch legitimierter Arbeiterführer. Sein Konzept einer »integralen Demokratie« war extrem undemokratisch. In lautstarker Polemik und mit kontinuierlichen Angriffen auf die Fortschrittspartei entfaltete Lassalle unermüdlich Werbe- und Propagandakampagnen, allerdings vielfach, besonders in seinen Schriften, theoretisierend und den unmittelbaren Bedürfnissen der Arbeiter, besonders der Fabrikarbeiter entrückt.

Die Mitgliederzahl stagnierte (Herbst 1863: ca. 1000 in 14 Gemeinden; August 1864: ca. 4600 in 31 Gemeinden, davon 2700 Mitglieder im Rheinland, 670 in Sachsen und 675 im Raum Hamburg). In Hamburg knüpfte der ADAV an die frühere Arbeiterverbrüderung an. Im Rheinland verstand er sich als die Partei der früheren »Neuen Rheinischen Zeitung«. Ehemalige Mitglieder des »Bundes der Kommunisten« stießen zum ADAV. Einen fast völligen Fehlschlag erlebte der ADAV in Süddeutschland. In Berlin zählte er im Herbst 1864 nur 35 Mitglieder gegenüber 2000 des liberalen Arbeitervereins.

Broschüren, Flugblätter und demagogische Reden, die Lassalle auf autoritär geführten Versammlungen hielt, konnten ein fehlendes zentrales Presseorgan nicht ersetzen. Ein solches zu schaffen, lehnte Lassalle jedoch ab. Im Kampf gegen die Fortschrittspartei propagierte er sein Konzept eines »sozialen Königtums«. Bismarck wurde auf ihn aufmerksam und führte mit ihm – allerdings ergebnislose – Unterredungen.

Die Gründung des ADAV war bei den Führern der Arbeiterbildungsvereine auf eine einhellige Ablehnung gestoßen. Sie mißbilligten die Angriffe auf die Fortschrittspartei und die Absonderung des Arbeiterstandes, so der unter Schulze-Delitzsch' Einfluß stehende Berliner Arbeiterverein (Statut vom Juli 1863), ferner Professor Roßmäßler (»Vorwärts«/Leipzig), Leopold Sonnemann und Max Wirth in Frankfurt am Main, der Arbeiterbildungsverein Dresden u.a. Die Coburger »Arbeiterzeitung« fragte sogar, kann »ein Mann [Lassalle]... der solches thut, ein wahrer Freund des Volkes, kann er von lauteren Motiven geleitet sein?«. Die Gegengründung der entschiedenen Kritiker Lassalles, der im Juni 1863 in Frankfurt inaugurierte »Vereinstag deutscher Arbeitervereine«, vereinigte Delegierte von 54 Vereinen aus 48 Städten und erklärte als sein Ziel ein »wirtschaftlich selbständiges und politisch freies Bürgertum, dann werden wir zu einem freien und einigen starken Deutschland kommen.« Nennenswerte Erfolge konnte der »Vereinstag« in der Folgezeit nicht aufweisen.

Johann Baptist Schweitzer

Auch nach Lassalles Tod als Folge eines Pistolenduells (August 1864) dauerte der grundlegende theoretische Konflikt in der Arbeiterschaft und bei ihren Führern fort. Lassalle war mit seiner Absicht, eine Verbindung von Wissenschaft und Arbeitern mittels ökonomischer Theorien (»ehernes Lohngesetz«) in der Organisationsform einer Massenbewegung zustande zu bringen, gescheitert. Seine schwachen Nachfolger, so vor allem Johann Baptist Schweitzer, ab 1867, und die von der Gräfin von Hatzfeldt als der selbsternannten Wahrerin des Lassalle-Erbes geführte Abspaltung (Lassalle'scher ADAV) waren gleichermaßen die Ursache für die trotz Mitgliederzuwachs auf 8000 entstehende Finanzmisere und die nachlassende Resonanz. Der ADAV blieb faktisch auf das Rheinland und Berlin beschränkt.

Nach dem preußisch-österreichischen Krieg verschafften sich entschiedene, ja radikale Strömungen und Gruppierungen in der deutschen Arbeiterbewegung Gehör. Die Kluft zum bürgerlichen Linksliberalismus vergrößerte sich. Radikaldemokratische, sozialistische und nationaldemokratische Forderungen vermischten sich. Der »5. Vereinstag der deutschen Arbeitervereine« lehnte sich an die 1864 vom 1. Kongreß der »Internationalen Arbeiterassoziation« (IAA) proklamierten und von Marx verfaßten Statuten an. Der Vereinstag forderte unter dem Einfluß Bebels am 6. September 1868 (mit 61 gegen 32 Vereine) in Nürnberg:

Internationale Arbeiterassoziation (I. Internationale)

»Die politische Freiheit ist die unentbehrlichste Vorbedingung zur ökonomischen Befreiung der arbeitenden Klassen. Die soziale Frage ist mithin untrennbar von der politischen, ihre Lösung durch diese bedingt und nur möglich im demokratischen Staat« (Programm, Punkt 3).

Die unterschiedliche Einstellung zu Preußen – besonders nach dessen Machterweiterung 1866 – markierte ein weiteres Konfliktfeld in der deutschen Arbeiterbewegung. Der ADAV setzte auf Preußen als den Motor der nationalstaatlichen Einigung und wollte den Hohenzollernstaat reformieren. Demgegenüber waren die Mitglieder des »Vereinstags« auch aufgrund ihrer überwiegenden Herkunft aus den Mittelstaaten strikt antipreußisch gesinnt. Der Journalist Wilhelm Liebknecht, der nach seiner Teilnahme am badischen Aufstand von September 1848 bis Mai 1849 in Haft gewesen war, zeigte sich später von einem geradezu fanatischen Preußenhaß erfüllt.

Gründung der Sozialdemokratischen Arbeiterpartei (1869)

Unbeeinflußt von den im Exil weilenden Marx und Engels und ihren Ideen, vollzog sich auf einem Kongreß in Eisenach vom 7. bis 9. August 1869 die Gründung einer neuen Arbeiterpartei, der »Sozialdemokratischen Arbeiterpartei« (ab 1870: »Deutschlands«).

Sie setzte sich zusammen aus einem Teil der Lassalleaner und dem demokratischen »Vereinstag der deutschen Arbeitervereine«, dem August Bebel vorstand. Außer Liebknecht und Bebel waren ihre Führer Wilhelm Bracke, bis 1869 Lassalleaner, und Johann Philipp Becker, beteiligt am Hambacher Fest (1832), am badischen Aufstand (1848/49), an den Kämpfen Garibaldis (1860) und Teilnehmer an der Gründung der IAA in London.

August Bebel

Das Eisenacher Programm verlangte vor allem die »Abschaffung aller Klassenherrschaft«, die Einführung »genossenschaftlicher Arbeit« und die Schaffung des »freien Volksstaats«. Der Bruch mit den Lassalleanern war mit dem Beitritt der Sozialdemokratischen Arbeiterpartei zur IAA endgültig (5. September 1869). Das Presseorgan der neuen Partei war »Der Volksstaat«, der gleichzeitig auch den »Internationalen Gewerkschaftsgenossenschaften« seine Stimme lieh. In seiner Schrift »Unsere Ziele«, die er im Dezember 1869 während der Haft in Leipzig (wegen »Verbreitung staatsgefährdender Lehren«) verfaßte, bekannte sich Bebel zum Aufbau einer sozialistischen und demokratischen Gesellschaft (»Volksstaat«). Er griff heftig die Herrschaft der Bourgeoisie und den bestehenden »Klassenstaat« an, forderte den »vollen Arbeitsertrag« statt des »Arbeitslohns« und behauptete die Identität von Selbsthilfe, Volkshilfe und Staatshilfe. Bebel wandte sich mit Nachdruck gegen die »ökonomische Ungleichheit«. Die »Arbeiterklasse« müsse »sich die Macht erobern!«

Arbeiterbewegung und Bürgertum

Die Loslösung der Arbeiterbewegung von der bürgerlichen Emanzipations- und Nationalstaatsbewegung vollzog sich in zwei Etappen: Schon die schroffe Frontstellung des ADAV gegen seinen einzigen potentiellen Verbündeten – die Fortschrittspartei – im Kampf gegen den Obrigkeitsstaat minderte die Chancen des Erfolgs erheblich. Die partielle Rezeption Marxscher Kategorien in der Partei Bebels und Liebknechts und ihre Aufrufe zu einem deutschen Klassenkampf machten die Kluft auch zum linken Bürgertum unüberwindlich und rissen zugleich eine neue Kluft auf – zum ADAV. Die historische Bedeutung dieser Vorgänge für die Reichsgründungszeit im engeren Sinne ist unverkennbar. Das im Bürgertum und in den Unterschichten präsente und ursprünglich ungeschiedene kritische politische Potential spaltete sich – wie schon 1848 – während der sechziger Jahre auf. Damit verlor das nichtkonservative Spektrum insgesamt an Gewicht und an potentieller Schlagkraft während der großen preußisch-österreichischen Auseinandersetzung und im Zuge der Schaffung und Ausgestaltung des Norddeutschen Bundes.

Wanderbüchlein August Bebels

Die Vielzahl der sozialen Interessengegensätze zwischen Bürgertum und Arbeiterbewegung erleichterte den Kräften der Beharrung ebenso wie der dynamischen Bismarckschen Politik ihr Spiel: Die Schaffung der politischen Reichsgründungs-Mehrheit ging einher mit der Diffamierung des Reformismus und seiner wirkungsvollen polemischen Gleichsetzung mit der kleinen Partei des Umsturzes und des Klassenkampfes. Militär und Nationalliberalismus waren die treibenden politischen Kräfte. Dagegen stand die gespaltene und numerisch unterlegene Arbeiterbewegung unter dem kontinuierlichen Legitimierungszwang, sich als Vertretung gesetzestreuer Bürger zu erweisen.

Das Ende des Deutschen Bundes und die staatliche Teilung der Nation 1864–1866

Die Jahre 1864 bis 1866 markieren den Kulminationspunkt und das Ende des Dualismus Preußens und Österreichs in Deutschland. Ihre zeitweilige Kooperation im und nach dem Krieg gegen Dänemark konnte die elementaren Gegensätze vor allem in der Frage der künftigen Gestaltung Deutschlands nicht auf Dauer verdecken. Der Streit um die Herzogtümer Schleswig, Holstein und Lauenburg und vollends der Konflikt zwischen den beiden Großmächten zwei Jahre später machten offenkundig, in welch starkem Maße die Interessen deutscher Staaten bzw. die deutsche Frage als Ganzes auch ein Problem war, an dem die europäischen Großmächte, wenngleich in unterschiedlichem Umfang, Anteil nahmen.

Der Dänische Krieg 1864

König Christian IX. von Dänemark (1863–1906) erließ ein neues Grundgesetz, das Schleswig einschloß. Damit setzte er sich im Dezember 1863 über das von den Großmächten 1852 vereinbarte und geltende Londoner Protokoll hinweg, das Schleswig einen Sonderstatus zugestand. Nach einem vergeblichen Protest schritt der Deutsche Bund zur Bundesexekution.

Im Dezember marschierten in seinem Auftrag sächsische und hannoversche Truppen in Holstein und Lauenburg ein. Auf Betreiben der deutschen nationalen Bewegung ließ sich der liberale Prinz Friedrich von Augustenburg zum Herzog von Schleswig und Holstein ausrufen.

Eine Konferenz der Großmächte in London (ab April 1864), die vermitteln wollte, scheiterte. Die Dänen verwarfen die Teilung der Herzogtümer, London intervenierte nicht, der Zar war desinteressiert, und Napoleon III. vermochte seinen Kompensationsplan nicht zu verwirklichen.

Nach der Besetzung Schleswigs (1. Februar) drangen preußische und österreichische Truppen seit März 1864 bis nach Nord-Jütland vor. In einem blutigen Sturmangriff nahmen preußische Verbände am 18. April die Düppeler Schanzen (östliches Nordschleswig) ein. Nach dem Übergang auf die Insel Alsen kapitulierten die Dänen.

Friede von Wien

Im Frieden von Wien (30. Oktober 1864) trat Dänemark die drei Herzogtümer an Österreich und Preußen ab. Deren Kondominium war jedoch von Anfang an gefährdet. In der Gasteiner Konvention (14. August 1865) vereinbarten die beiden Mächte bei Fortdauer der gemeinsamen Oberhoheit den Übergang der Verwaltung in Schleswig an Preußen und in Holstein an Österreich.

Aus einer Reihe von Reibungen zogen der österreichische Ministerrat und der preußische Kronrat unabhängig voneinander in der zweiten Februarhälfte 1866 die ihnen einzig sinnvoll erscheinende Konsequenz: Sie wollten einer kriegerischen Lösung nicht ausweichen, ohne sie freilich sogleich anzusteuern. Um sein Ziel – die Annexion – zu erreichen, setzte Bismarck nun zielstrebig auf die deutsche nationale Bewegung. Er behauptete die Identität von deutschem National- und preußischem Hegemonialinteresse und suchte die »Allianz mit dem Volk«. Am 9. April schockierte er die Öffentlichkeit mit einem Antrag auf Reform des Bundes. Preußen beantragte die Einberufung einer »aus direkten Wahlen und allgemeinem Stimmrecht der ganzen Nation hervorgehenden Versammlung« zwecks Beratung der Regierungsvorlagen zur Bundesreform. Damit verfolgte Bismarck ein doppeltes Ziel: 1) den Ausschluß Österreichs, das bekanntermaßen mit einem solchen Verfahren die Basis seiner staatlichen Existenz bedroht sah. 2) Bismarck nahm die

Bismarcks »Allianz mit dem Volk«

Fortschrittspartei in die Pflicht, indem er sie links zu überholen vorgab; denn das allgemeine Wahlrecht hatte sie bisher nicht propagiert.

Bismarcks Schachzug erschien nach außen als der Geniestreich eines »weißen Revolutionärs«, zumal er auch eine außenpolitisch äußerst wichtige Gefahrenzone präventiv abdeckte: Das in der rückblickenden Rechtfertigung wirkungsvoll eingesetzte Stilmittel der Vereinfachung und der plakativen Ironisierung verfälscht jedoch den Kern: »Im Hinblick auf die Notwendigkeit, im Kampfe gegen eine Übermacht des Auslandes im äußersten Notfall auch zu revolutionären Mitteln greifen zu können, hatte ich auch keine Bedenken getragen, die damals stärkste der freiheitlichen Künste, das allgemeine Wahlrecht, schon durch die Cirkulardepesche vom 10. Juni 1866 mit in die Pfanne zu werfen, um das monarchische Ausland abzuschrecken, die Finger in unsere nationale Omelette zu stecken« (Erinnerung und Gedanke).

Die Mittel- und Kleinstaaten

Dies war nur die halbe Wahrheit. Die Mittel- und Kleinstaaten lehnten praktisch jede Vergrößerung der preußischen Stellung ab. Daher versuchte Bismarck seit dem 24. Februar 1866, Bayern für eine preußische Initiative in der »deutschen nationalen Frage« zu gewinnen. Nur auf Betreiben Bayerns lehnte der Bundestag am 9. April den preußischen Reformvorschlag nicht ab, sondern überwies ihn zur weiteren Beratung an einen Ausschuß. Niemand – auch Bismarck nicht – erwartete eine positive Behandlung. Bismarck war mit seiner Strategie, die nationale Bewegung und das »dritte Deutschland« gegen Österreich zu gewinnen, klar gescheitert. Im Gegenteil: Das außerpreußische Deutschland einschließlich Hannovers und Sachsens setzte auf die österreichische Karte.

Österreichs deutsche Politik

Am 26. April verließ Österreich den Boden der Gasteiner Konvention, indem es in der Hoffnung auf die Errichtung eines neuen Mittelstaats im Norden ankündigte, es werde die Schleswig-Holstein-Frage in die Hände des Bundes legen. Dies war nicht nur eine bewußte Herausforderung Preußens – es war der Fehdehandschuh selbst. Eine Kompromißlösung (Mission von der Gablenz: Preußens Vormacht in Norddeutschland) schlug fehl.

Wiens außenpolitische Stellung war schwach. Weder Rußland noch Italien konnte es zum Verbündeten gewinnen. Erst am 12. Juni kam es zu einer geheimen Vereinbarung mit Frankreich: Abtretung Venetiens an Italien, auch für den Fall eines österreichischen Sieges in Deutschland; Neutralität Frankreichs; Gebietszuwachs für Österreich in einem reorganisierten Deutschen Bund; Vergrößerung Sachsens, Württembergs und Bayerns auf Kosten mediatisierter deutscher Fürsten. Frankreich durfte die Errichtung eines neuen Rheinbundes erwarten; denn Wien erhob mündlich keinen Einwand gegen eine territoriale Umgestaltung welche »aus den Rheinprovinzen einen neuen unabhängigen deutschen Staat machen würde« (Herzog von Gramont an Drouyn de Lhuys, 12. Juni 1866). Napoleon III. wollte den preußisch-österreichischen Konflikt nutzen, um seine Vormachtstellung in Mitteleuropa zu sichern.

Zuvor, am 1. Juni, befaßte Österreich den Bundestag mit der Schleswig-Holstein-Frage und berief demonstrativ die Stände in Holstein ein. Diese Maßnahme wertete Preußen als Drohung und besetzte nach dem endgültigen Scheitern des Kongreßplans ab 7. Juni mit seinen Truppen Holstein, ohne daß ein Schuß fiel. Zum Abzug der österreichischen Truppen aus Kiel intonierte die Kapelle des preußischen Seebataillons die österreichische Kaiserhymne – eine »chevalereske Farce« (Engelberg). Die bewußte Verletzung des Bundesrechts beantwortete Österreich mit dem Antrag beim Bunde auf Mobilisierung aller nichtpreußischen Kontingente, was am 14. Juni mit Ausnahme der drei österreichischen Korps auch geschah. Preußen erklärte das Ende des Deutschen Bundes. Als Sachsen, Hannover und Kurhessen ein preußisches Ultimatum ablehnten, marschierten preußische Truppen in diese

Otto von Bismarck

Staaten ein. Am 14. Juni beschloß der Bundestag die Bundesexekution gegen Preußen. Der Krieg war da.

Bereits am 8. April hatten Preußen und Italien – letzteres mit Billigung Frankreichs – ein auf drei Monate befristetes geheimes Angriffsbündnis geschlossen: Venetien an Italien, Eintritt Italiens auf preußischer Seite in einem Krieg gegen Österreich, wobei Berlin den Beginn des Krieges zeitlich fixieren konnte; ferner Pflicht zum Friedensschluß für Preußen nur bei erheblichem Gebietserwerb.

Napoleon III. und das Scheitern seiner deutschlandpolitischen Strategie

Anders als die Haltung Großbritanniens und des Zarenreiches, die beide nach außen nicht über die Maßen interessiert zu sein schienen, war die Position Frankreichs in dem preußisch-österreichischen Konflikt um die Vorherrschaft in Deutschland von überragender Bedeutung. Napoleon III. lud am 25. Mai zu einem Kongreß nach Paris über die strittigen Fragen ein: Schleswig-Holstein, Venetien, Reform des Deutschen Bundes, soweit das Interesse der Mächte und das europäische Gleichgewicht berührt seien. Ein solcher internationaler Kongreß hätte Bismarcks Strategie von Grund auf in Frage gestellt (Europäisierung der preußischen Hegemonialinteressen und damit ihr Scheitern; Ablauf des Bündnisses mit Italien). Doch der Kongreß kam nicht zustande: Wien lehnte ab und befaßte, wie erwähnt, am 1. Juni den Bundestag mit der Frage der Herzogtümer. Den französischen Kompensationsforderungen (Pfalz, Saar; nicht aber die Rheingrenze) war zwar zunächst der Wind aus den Segeln genommen. Aber das Ziel Bismarcks, die Sicherstellung der Neutralität Frankreichs, war damit nicht erreicht.

Überdies hatte Bismarck während der Krise im Mai/Juni kaum Rückhalt in der öffentlichen Meinung. Die Distanz des Liberalismus zum Konfliktminister blieb unübersehbar. Zudem vermochte ein »Bruderkrieg« wirklich keine Kriegsbegeisterung hervorzurufen. Lange Zeit schien der hingenommene und dann zielbewußt angesteuerte Konflikt mit Österreich politisch unzureichend abgesichert und motiviert zu sein. In dieser Situation griff Bismarck ins Repertoire seiner liberalen und revolutionären Gegner: Reichsverfassung, deutsche Nation und subversive Methoden der internationalen Revolutionäre seiner Zeit waren seine Reizworte und Drohmittel, mit denen er Paris und St. Petersburg von einer Intervention abhalten wollte. Bei seinem »Appell an die revolutionären Kräfte« handelte es sich keineswegs um bloße verbale Kraftakte.

Bismarcks »Appell an die revolutionären Kräfte«

Um Österreich quasi einzukreisen und in seiner staatlichen Existenz zu erschüttern, knüpfte Bismarck, wenn auch spät, Verbindungen zu italienischen, serbischen und ungarischen Revolutionären an (General Klapka, Mazzini, Garibaldi, General Türr, Graf Czaky u.a.) an. Mit Hilfe der am 10. Juni im preußischen Kronrat unter Mitwirkung Moltkes verabredeten »ungarisch-südslawischen Diversion« und durch einen militärischen Angriff ins Herz der österreichischen Macht von Oberitalien aus wollte Bismarck den Habsburgerstaat zur Kapitulation zwingen.

Bismarcks Ankündigung, notfalls »seine Alliierten zu nehmen, wo er sie finde«, läßt erkennen, wie bedrohlich er selbst seine politische Lage und wie eng er seinen Handlungsspielraum einschätzte. Die von Preußen am 10. Juni 1866 veröffentlichten »Grundzüge zu einer neuen Bundesverfassung«, knüpften an den Schritt vom 9. April an. Sie stellten eine conditio sine qua non zur Mobilisierung breitester Bevölkerungsschichten dar.

»Grundzüge zu einer neuen Bundesverfassung«

Bismarck verstärkte den Druck auf die Fortschrittspartei, als er am 9. Mai den Führer des ADAV aus dem Gefängnis entlassen und dem Presseorgan des ADAV, »Der Socialdemokrat«, ein zinsloses Darlehen von 2500 Talern zur Verfügung stellen ließ. Schweitzer revanchierte sich, als er am Tag des Kriegsausbruchs, am 16. Juni, auf der Generalversammlung seiner Organisation in Leipzig erklärte, wenn es gelinge, die preußische Regierung weiter zu treiben auf dem Wege der Konzessionen, dann würden die Arbeiter das Ihre tun, »daß der Sieg nicht bei den Fahnen Benedeks [des Kommandeurs der österreichischen Nordarmee], sondern bei den Fahnen Bismarcks und Garibaldis sei«.

Demgegenüber waren die Liberalen nach wie vor skeptisch, ja Bismarck feindlich gesonnen. Zu tief saß noch der Stachel des Verfassungskonflikts. Der renommierte Jurist, Rudolf von Ihering, Professor in Gießen, klagte: »Mit einer solchen Schamlosigkeit, einer solchen grauenhaften Frivolität ist vielleicht noch nie ein Krieg angezettelt worden wie der, den Bismarck gegenwärtig gegen Österreich zu erheben sucht. Das innerste Gefühl empört sich über einen solchen Frevel an allen Grundsätzen des Rechts und der Moral.« Generalstabschef Helmuth von Moltke kennzeichnete den Charakter und das Ziel des Krieges aus preußischer Sicht durchaus zutreffend: Es war ein »im Kabinett als notwendig erkannter, längst beabsichtigter und ruhig vorbereiteter Krieg, nicht für Landerwerb oder materiellen Gewinn, sondern für ein ideelles Gut – Machtstellung«.

Der Machtanspruch Preußens in Deutschland stand allerdings gegen den gleich legitimen Anspruch Österreichs. Entgegen allen Erwartungen war der Krieg von kurzer Dauer.

Verlauf des preußisch-österreichischen Krieges 1866

Die österreichische Armee war nach Planung, Befehlsstruktur und Bewaffnung der preußischen weit unterlegen, wenn auch zahlenmäßig stärker. Am 29. Juni waren die hannoverschen Truppen von den preußischen im Gefecht bei Langensalza (nördlich Gotha) geschlagen, nachdem sie sich zunächst behaupten konnten. Auch gegen die vereinigten Truppen der süddeutschen Staaten und Kurhessens (insgesamt ca. 100000 Mann) waren die Preußen schließlich (14. Juli) siegreich. Die Entscheidung zugunsten Preußens fiel aber bereits zuvor am 3. Juli auf dem Schlachtfeld von Königgrätz (Böhmen), wenngleich der Hauptteil der österreichischen Truppen entkommen konnte. Die Siege Österreichs in Oberitalien am 24. Juni (Custozza) sowie zur See bei der Insel Lissa (Adria) am 20. Juli blieben ohne Bedeutung für den Ausgang des Konflikts. Bei Königgrätz fielen 9000 Preußen und 25000 Österreicher.

Das Ende des Dualismus in Deutschland

Der etwa einhundert Jahre dauernde Dualismus in Deutschland zwischen der norddeutsch-protestantischen und der habsburgisch-katholischen Großmacht war mit einem Schlage entschieden. Die europäischen Großmächte zeigten sich überrascht, ja erschreckt. Der Kardinalstaatssekretär Antonelli war entsetzt wegen der Niederlage einer der katholischen Hauptmächte: »Casca il mondo«. Vor allem der Zar und Napoleon III. versuchten auf die Friedensverhandlungen einzuwirken. Während letzterer den Annexionen Preußens in Norddeutschland (Schleswig-Holstein, Hannover, Kurhessen und Frankfurt/Main) zustimmte, protestierte der Zar gegen die Entthronung legitimer Dynastien, vor allem der Welfen. Er ließ sich mit Bismarcks Zusage, Rußland bei seinem Bemühen um die Beseitigung der Schwarzmeerklausel des Pariser Friedens von 1856 zu unterstützen, besänftigen. Als Kompensation für seine neutrale Haltung forderte Napoleon III. die Wiederherstellung der Grenze von 1814 mit Landau und Saarbrücken und das Großherzogtum Luxemburg sowie (5. August) die bayerische Pfalz, Rheinhessen und Mainz. Bismarck aber nutzte die rasche Entscheidung des Krieges und kehrte nach Osten und Westen das Kampfmittel der »nationalen deutschen Revolution« hervor. Schon am 9. Juli hatte er an Botschafter Goltz nach Paris geschrieben: »...so würden wir den Angriff des letzteren [Frankreich] abwarten, dann aber auch auf der vollen Grundlage der Reichsverfassung von 1849 die nationale Erhebung Deutschlands zu bewirken [sic] und jedes Mittel ohne Rücksicht auf irgendwelchen Parteistandpunkt zur Kräftigung des Widerstandes der Nation anwenden.«

Auf Einwirken des Kronprinzen nahm Bismarck von seiner ursprünglichen Erwägung Abstand, zu den Kompensationen auch »deutsches« Gebiet zu zählen. Bismarck widersetzte sich der Forderung König Wilhelms nach einem demonstrativen militärischen Einzug in Wien. Erst nach langen Kämpfen mit dem Monarchen und dem Generalstab konnte er sich schließlich mit seinem Konzept eines maßvollen Friedens unter Verzicht auf jede Demütigung des besiegten österreichischen Gegners durchsetzen.

Der Friede von Prag (23. August 1866)

Nach dem Vorfrieden von Nikolsburg (26. Juli) wurde am 23. August 1866 der Friede von Prag geschlossen: Österreich anerkannte die Auflösung des Deutschen Bundes, stimmte der Neugestaltung Deutschlands auf kleindeutscher Basis zu und billigte auch die bereits erwähnten Annexionen Preußens in Norddeutschland einschließlich Nassaus. Die vorgesehene Volksabstimmung in Nordschleswig fand niemals statt. Österreich zahlte eine Kriegsentschädigung an Preußen von 40 Millionen preußischer Taler. Es trat nur Venetien an Italien ab. Napoleon III. stimmte der Bildung eines »Norddeutschen Bundes« unter der Führung Preußens zu, zu dessen Mitgliedern mit Billigung Wiens auch Sachsen gehören sollte.

Mit dem Jahr 1866 schied Österreich aus dem deutschen Staatsverband aus – begleitet vom Protest zahlreicher Großdeutscher und auch einer Vielzahl von Konservativen (u.a. E.L. von Gerlach). Im »Ausgleich« von 1867 regelte Österreich sein Verhältnis zu Ungarn auf der Grundlage der Gleichberechtigung. Die Nationalitätenprobleme blieben hierbei ungelöst. In den folgenden Jahrzehnten wurde die häufig als »Donaumonarchie« unzutreffend bezeichnete Reichskonstruktion, die von Galizien bis zur Grenze Albaniens reichte, von tiefgreifenden gesellschaftlichen und nationalen Konflikten erschüttert. Das ein Jahrtausend alte Band zur deutschen Sprache, Kultur und Wirtschaft wurde indes nicht zerschnitten.

Die Bedeutung des Jahres 1866

Die Entscheidung des Jahres 1866 markiert auch das Ende einer universalen Reichsidee. Geführt von dem protestantischen Preußenkönig, trennte sich ein großer Teil der deutschen Nation von einer Ordnung, die, basierend auf dem Reich des Mittelalters, seit der Reformation auch politisch immer mehr in Frage gestellt worden war. Im europäischen und im deutschen 19. Jahrhundert hatte offensichtlich nur der Nationalstaat eine Zukunft – gleich ob hervorgegangen aus dem revolutionären Recht eines Volkes oder wie im Falle Preußen-Deutschlands vornehmlich aus dem Zusammenwirken von kühler Kabinettspolitik mit dem ökonomischen Konzentrations- und Machtstreben des Bürgertums im Zeitalter der Hochindustrialisierung. In seiner kleindeutschen Form wurde der Nationalstaat verwirklicht durch die zielstrebige Hegemonialpolitik eines Staates, dem es gelang, seinen Systemerhalt über die Forderung des Jahrhunderts, die politische und soziale Freiheit des Bürgertums und der Unterschichten, zu stellen.

Die Errichtung des kleindeutschen Nationalstaats 1867–1871

In seiner »Selbstkritik« des Liberalismus, veröffentlicht in den »Preußischen Jahrbüchern« im November/Dezember 1866, forderte einer der Sprecher der Liberalen, Hermann Baumgarten, Professor in Karlsruhe, die Anerkennung Preußens als des Wegbereiters des Nationalstaats und die Mitwirkung der Liberalen an der Schaffung der Verfassung. Die These »Erst Freiheit, dann Einheit« verwarf Baumgarten als eine Illusion. Das Bürgertum dürfe nicht abseits stehen, es müsse eine Macht werden, »endlich eine seine Gedanken selbst realisierende Macht... Der Liberalismus muß regierungsfähig werden.«

Der preußische Sieg bei Königgrätz stürzte die Fortschrittspartei in einen tiefen Zwiespalt. Schon die Niederlage bei den Wahlen zum Abgeordnetenhaus in Preußen an eben demselben Tag, als die militärische Entscheidung noch nicht bekannt war, signalisierte den Erfolg der Bismarckschen Politik: Fortschritt und linkes Zentrum 148 (247), Konservative 136 (35), Altliberale 24 (9). Als Bismarck den Verfassungskonflikt mit dem parlamentarischen Antrag auf Indemnität (Thronrede vom 5. August) bewältigen wollte, kam es zur Spaltung der Fortschrittspartei. Zur Mehrheit des Abgeordnetenhauses (230 gegen 75), die am 3. September 1866 der Regierung die nachträgliche Zustimmung zu den verfassungswidrig verausgabten Haushaltsmitteln erteilte und damit das budgetlose Regiment beendete, gehörte auch ein Teil der Fortschrittspartei. Der andere Teil mit Waldeck, Schulze-Delitzsch, Hoverbeck und Virchow bekämpfte die Regierung weiterhin. Der Annexion der besetzten Staaten und ihrer Eingliederung in Preußen widersprachen im

Spaltung der Fortschrittspartei

Die Nationalliberale Partei

Abgeordnetenhaus nur 14 seiner Mitglieder. Am 16. November konstituierte sich die Gruppe um Lasker als die »neue Fraktion der nationalen Partei«, später Nationalliberale Partei.

Sie wurde zum Sammelbecken des Bismarck unterstützenden politischen und wirtschaftlichen Liberalismus – über Preußen hinaus. Max Duncker, Baumgarten, Haym, Forckenbeck, Treitschke, G. Freytag, zahlreiche Mitglieder des »Kongresses deutscher Volkswirte« und des »Deutschen Nationalvereins« schlossen sich der neuen Partei an. Fraktionsführer im Reichstag des Norddeutschen Bundes und einer ihrer profiliertesten Köpfe in den folgenden Jahrzehnten war der aus Hannover stammende Liberale und Vorsitzende des Nationalvereins, von Bennigsen.

Das Gründungsprogramm der Nationalliberalen Partei vom 12. Juni 1867 forderte die Einbeziehung der süddeutschen Staaten in den nationalen Verfassungsstaat, ferner ein parlamentarisches System mit vollem Budgetrecht und voller Ministerverantwortlichkeit sowie eine umfassende, das Besitz-, Industrie- und Finanzbürgertum begünstigende Wirtschafts- und Steuergesetzgebung. Die neue Partei wirkte konstruktiv bei der Gestaltung der Verfassung des Norddeutschen Bundes mit.

Der militärische Sieg, die Annahme der Indemnitätsvorlage und die Spaltung der Fortschrittspartei festigten die politische Stellung des preußischen Ministerpräsidenten und vermehrten sein persönliches Prestige bis weit in die Reihen seiner einstmals erbitterten Gegner hinein. Wilhelm Liebknecht notierte sarkastisch: »Der Engel der Finsternis ist der Engel des Lichts geworden, vor dem das Volk im Staub liegt und ihn anbetet.«

Bismarcks Partner im Reichstag bis 1878 waren keine prinzipienlosen und machthungrigen Opportunisten und keine Koalitionäre sans phrase. Der materielle Pragmatismus der Nationalliberalen entbehrte nicht eines realistischen politischen Konzepts, das auf Kompromisse angelegt war und mit der simplifizierenden Formel »Freiheit« oder »Einheit« nicht zu erfassen ist. Zur Basis ihrer Kooperation mit Bismarck gehörte auch die Anerkennung der königlichen Kommandogewalt. Denn mit der Gewährung der budgetmäßigen Indemnität respektierte die künftige »nationale Partei« die entscheidende Forderung: Eine Änderung der Heeresorganisation bedarf keines Gesetzes. Hierin liegt der geschichtsträchtige Beitrag des deutschen Liberalismus zum Militarismus im Deutschen Reich.

Preußen vereinbarte am 18. August mit 17 deutschen Mittel- und Kleinstaaten ein Offensiv- und Defensivbündnis »zur Erhaltung der Unabhängigkeit und Integrität, sowie der innern und äußern Sicherheit ihrer Staaten«. Der Bündniszweck bestand weiterhin in der Verwirklichung einer Bundesverfassung auf der Grundlage des preußischen Vorschlags vom 10. Juni. Im Kriegsfall führte der preußische König den Oberbefehl. Mit diesem »Augustbündnis« traten die von Preußen geführten deutschen Staaten erfolgreich französischen Kompensationsforderungen entgegen, die am 5. August erhoben worden waren (außer den bereits genannten die Abtretung bayerischer und großherzoglich hessischer Gebiete westlich des Rheins).

Schutz- und Trutzbündnisse der süddeutschen Staaten mit Preußen

Am 22. August schlossen die süddeutschen Staaten mit Preußen (geheime) Schutz- und Trutzbündnisse ab, in denen sie sich für den Kriegsfall wechselseitig die volle militärische Hilfe unter preußischem Oberbefehl zusagten. Der in Artikel 4 des Prager Friedens in Aussicht genommene »Südbund« mit einer »internationalen unabhängigen Existenz« kam nicht zustande. Bis Mitte Oktober unterzeichneten die ehemaligen deutschen Kriegsgegner Preußens mit diesem getrennte Friedensverträge. Sie anerkannten hierin den Prager Frieden.

Nach den Friedensschlüssen und der mit ihnen verbundenen Abwehr einer ausländischen Intervention erfolgte zügig die Vorbereitung und Ausgestal-

Bismarck am Ministertisch im Norddeutschen Reichstag mit dem preußischen Innenminister Friedrich Graf zu Eulenburg (1868)

Der Norddeutsche Bund (1867) und seine Verfassung

tung der Verfassung des Norddeutschen Bundes. Sein konstituierender Reichstag wurde am 12. Februar 1867 nach dem Reichswahlgesetz vom 12. April 1849 gewählt (allgemeines, gleiches, geheimes und direktes Wahlrecht, für Männer über 25 Jahre). Der Reichstag billigte am 16. April 1867 den Verfassungsentwurf, der maßgeblich von Bismarcks bundesstaatlichen Konzeptionen geprägt war mit 230 gegen 53 Stimmen (Fortschritt, Welfen, Polen, Sozialisten). Die Verfassung trat am 1. Juli nach der Zustimmung der Einzelstaaten in Kraft.

Mit einer Reihe von Änderungen, die ihre Substanz nicht berührten, wurde diese Verfassung 1871 auf das gesamte Deutsche Reich ausgedehnt und blieb bis zu dessen Ende 1918 gültig. Der preußische König ernannte Bismarck am 14. Juni 1867 zum Bundeskanzler. Dem Norddeutschen Bund gehörten 22 Staaten an, deren 43 weisungsgebundene (Regierungs-)Bevollmächtigte zusammen den Bundesrat bildeten. Mit einer starken Exekutivgewalt ausgestattet, stand der preußische König als Bundespräsidium an der Spitze des Bundes. Trotz eines Bevölkerungsanteils von 25 der insgesamt 30 Millionen Einwohner begnügte sich Preußen mit Rücksicht auf die Kleinstaaten mit 17 der 43 Bundesratstimmen, hatte damit aber auch eine Sperrminorität gegen Verfassungsänderungen in der Hand.

Zu diesem föderalistischen Element der Verfassung stellte der Reichstag das unitarische Gegenstück dar. Die Gesetzgebung erfolgte gemeinsam mit dem Bundesrat. Der Reichstag verfügte über das jährliche Budgetrecht, beim Heeresetat allerdings nur prinzipiell. Der erste Militäretat wurde auf vier

Jahre verabschiedet. Die Wehrverfassung Preußens wurde in ihren Einrichtungen durch die Veto-Kompetenz des Bundesfeldherrn geschützt.

Die Nationalliberalen drangen mit ihrer Forderung nach Etablierung eines nach kollegialem Prinzip organisierten Gremiums von Bundesministern nicht durch. Der einzige Bundesminister war der Bundeskanzler. Durch seine (erforderliche) Gegenzeichnung der Gesetze übernahm er die Verantwortung, nicht im Sinne des parlamentarischen Systems, aber doch eine politische Verantwortung. Das Amt des Bundeskanzlers – verbunden mit dem des preußischen Ministerpräsidenten und dem des Führers der preußischen Stimmen im Bundesrat – wies eine starke Unabhängigkeit auf gegenüber dem Reichstag und auch gegenüber dem Bundespräsidium, wenngleich nur dieses ihn berufen und entlassen konnte.

Die Verfassung verknüpfte und neutralisierte die divergierenden Interessen. Das Übergewicht des föderalistischen Prinzips (Bundesrat) gab ihr zugleich einen konservativen Charakter. Es sicherte ihr aber auf die Dauer die Zustimmung der heterogenen deutschen Staatenwelt und wurde so zu einem institutionellen Stabilisierungsfaktor. Andererseits bot die Verfassung Gelegenheiten zur Weiterentwicklung im parlamentarisch-demokratischen Sinn, die allerdings unzureichend genutzt worden sind. Das Fehlen eines Grundrechtskatalogs wog schon aus optischen Gründen schwer und konnte nur partiell durch die Grundrechtsgarantien der Einzelstaaten kompensiert werden.

Freikonservative Partei

Die gesetzgeberische Arbeit im neuen am 31. August gewählten Reichstag des Norddeutschen Bundes initiierten und trugen die Nationalliberalen und die neue Freikonservative Partei. Diese hatte sich von den Konservativen abgespalten (Juli 1866), der Indemnitätsvorlage zugestimmt und war im Reichstag mit 39 Abgeordneten vertreten. In ihr gaben Großagrarier und westdeutsche Schwerindustrielle den Ton an (Wilhelm von Kardorff, Carl Freiherr von Stumm-Halberg). Diese parlamentarische Mehrheit setzte in den folgenden Jahren umfassende und grundlegende Reformen mit dem Ziel der Vereinheitlichung durch: in der Strafgerichtsbarkeit, im Handelsrecht, Garantie der Freizügigkeit und Gleichstellung der Konfessionen. 1869 wurde die Gewerbefreiheit generell eingeführt und die Koalitionsfreiheit festgelegt.

Der Norddeutsche Bund war ein einheitliches Zoll- und Handelsgebiet mit dem ausschließlichen Recht der Zollgesetzgebung (Art. 33 und 35 der Verfassung). Die Hansestädte Lübeck, Hamburg und Bremen blieben als Freihäfen außerhalb der Zollgrenze. Lübeck trat 1868, Hamburg und Bremen traten erst 1888 dem Zollgebiet bei. Diese neue Rechtslage und das Ausscheiden Österreichs boten die Chance, die süddeutschen Staaten mit dem Norddeutschen Bund wirtschaftlich und zollpolitisch enger zu verknüpfen. Auf der Basis eines preußisch-bayerischen Entwurfs kam auf der Zollvereinskonferenz in Berlin (Juni 1867) ein neuer Zollvereinsvertrag zustande, der – am 8. Juli unterzeichnet – mit dem 1. Januar 1868 in Kraft trat (Laufzeit acht Jahre). An die Stelle der Konferenz des Zollvereins mit Vetorecht der Einzelstaaten trat das Zollparlament mit Mehrheitsentscheidung. Das Zollparlament bestand aus dem Zollbundesrat (Mitglieder von den Regierungen instruiert) und einer zweiten Kammer, die sich aus den Mitgliedern des Norddeutschen Reichstages und Abgeordneten der süddeutschen Staaten (gewählt nach dem allgemeinen, gleichen und direkten Wahlrecht) zusammensetzte. Das Zollparlament hatte ein Zustimmungsrecht für alle Tarife, die Zoll- und Handelsverträge und die indirekten Steuern.

Das Zollparlament von 1868 und seine politische Bedeutung

Die wirtschaftlich dominierende Stellung Preußens fand ihr Gegenstück in seiner führenden Rolle im Zollparlament. Nur Preußen hatte das Einberufungsrecht und ein Vetorecht gegenüber Anträgen auf Tarifänderung. Das spätere Deutsche Reich als ein von Preußens hegemonialem Anspruch geprägter Bundesstaat fand im neuen Zollparlament eine modellhafte Vorform (Zoll-Bundesstaat).

In den süddeutschen Staaten errangen die Befürworter einer politischen Annäherung oder gar Verschmelzung mit dem Norddeutschen Bund eine Niederlage. Antipreußische, partikularistische und liberale Wahlparolen, so etwa in Württemberg (»Steuer zahlen ... Soldat sein ... Maul halten«), verfehlten ihre Wirkung nicht. Die Wahl zum Zollparlament 1868 wurde weitgehend zu »einem breiten Protest gegen die ›Verpreußung‹« (Hahn).

Bis zum Frühjahr 1870 verwirklichte das Zollparlament eine Politik des Zollabbaus und des tendenziellen Freihandels gegen seine schutzzöllnerische Minderheit: Tabaksteuergesetz; Senkung der Importzölle auf Eisen; freizügiger Handel im Innern für Wein und Salz und andere Erleichterungen bei Grundstoffen und Verbrauchsgütern im Rahmen des neuen Tarifgesetzes von 1870.

Vergeblich warnte der wortgewaltige linksliberale Württemberger Moritz Mohl vor einem »Vasallenschafts- und sonstigen Unterordnungsverhältnis zu Preußen«. Mit Blick auf die Militärklauseln des Augustbündnisses von 1866 befürchtete er, die süddeutschen Staaten müßten in kommenden Kriegen als »Vasallen Preußens ... Opfer pour le Roi de Prusse« bringen (1867).

Stagnieren der staatlichen Einigung

In der Tat kam die nationalstaatliche Einigung keinen Schritt voran. Die Beharrungskraft des deutschen Partikularismus, die Tradition und das Eigenleben der »Dynastien und Stämme«, erwiesen sich als fundamentale Faktoren. Bismarck verfolgte eine Politik des Abwartens und mahnte Ungeduldige: »Daß die deutsche Einheit durch gewaltsame Ereignisse gefördert werden würde, halte auch ich für wahrscheinlich. Aber eine ganz andere Frage ist der Beruf, eine gewaltsame Katastrophe herbeizuführen, und die Verantwortlichkeit für die Wahl des Zeitpunkts. ... Wir können die Uhren vorstellen, die Zeit geht aber deshalb nicht rascher, und die Fähigkeit zu warten, während die Verhältnisse sich entwickeln, ist eine Vorbedingung praktischer Politik« (an den Gesandten Freiherrn von Werthern in München, 26. Februar 1869).

Dies war keine konservative Verschleierungsformel, sondern die wache Einsicht in die aktuellen Widerstände in Deutschland und in Europa. Zweimal – im Herbst 1867 und im Herbst 1869 – ging Bismarck auf das Ansinnen Badens, dem Norddeutschen Bund beizutreten, nicht ein. Er befürchtete eine Isolierung Bayerns, dessen Anlehnung an das Ausland und damit ein Erschwernis, wenn nicht gar eine Verhinderung des Beitritts aller süddeutschen Staaten. In seiner Antwort auf die Interpellation des nationalliberalen Abgeordneten Lasker im Reichstag am 24. Februar 1870 nannte der Bundeskanzler die »Rücksicht auf Frankreich« als Motiv seiner Ablehnung.

Die Großmächte und Preußens Führungsrolle in Deutschland

Die Haltung der großen europäischen Staaten zur wachsenden preußischen Führungsrolle und besonders zur Überwindung der vielfach als künstliche Grenze angesehenen »Mainlinie« war in den Jahren 1867 bis 1870 nur geringen Schwankungen unterworfen. Großbritannien war überwiegend mit kolonialen Problemen befaßt und beurteilte die deutsche Frage vornehmlich unter dem Gesichtspunkt der Aufrechterhaltung der bestehenden Machtverteilung auf dem Kontinent. In Deutschland konnte man mit einer britischen Nichtintervention grundsätzlich rechnen. Wie schon seit längerer Zeit betrieb das Zarenreich in erster Linie die Revision des Pariser Friedens von 1856. Im Anschluß an die gemeinsame Unterdrückungspolitik in Polen (1863, Alvenslebensche Konvention) erlangte Rußland von Bismarck gegen Ende der sechziger Jahre eine moralische Unterstützung. Die Frontstellung Rußlands gegen Österreich auf dem Balkan machte zudem eine gemeinsame Intervention beider Reiche gegen eine kleindeutsche Staatsgründung in hohem Maße unwahrscheinlich.

Im Vergleich zu diesen langfristigen Interessenlagen vermittelte die Politik des napoleonischen Frankreichs einen auffälligen Mangel an Verläßlichkeit. Bismarck versuchte, Kompensationsforderungen des Kaisers auf nichtdeutsches Gebiet abzulenken. Die Luxemburgische Krise im Jahre 1867 führte zu einer diplomatischen Niederlage Frankreichs.

Luxemburgische Krise (1867)

Napoleon III. wollte das Großherzogtum Luxemburg vom König der Niederlande, mit dem es in Personalunion verbunden war, kaufen. Wilhelm III. (1849–90) ersuchte um die Zustimmung Preußens. Unter Berufung auf die öffentliche Meinung in Deutschland (vor der er seine nationale Politik nicht diskreditieren wollte) lehnte Bismarck öffentlich die französischen Wünsche ab. Auf der Londoner Konferenz der Großmächte wurde Luxemburg neutralisiert und einer Kollektivgarantie der Mächte unterstellt. Die preußische Garnison zog ab. Luxemburg verblieb im Zollverein.

Seine widerspruchsvolle Zielsetzung – grundsätzliche Anerkennung der deutschen Einigung bei Wahrung der machtpolitischen Präponderanz (»gloire nationale«) – machte Frankreichs Politik unberechenbar. Um seinen Einfluß zu wahren, leitete es eine Verständigung mit Österreich ein. Im Februar 1870 fanden Generalstabsbesprechungen über ein vereintes Vorgehen in einem Kriegsfall statt. Zu Italien war die Kluft wegen dessen weitgehender Forderungen (Nizza, Trentino, Tunis) zu tief. Hingegen plädierten die Träger des »Empire libéral«, die Liberalen und die gemäßigten Republikaner, für durchgreifende Reformen im Innern. Die staatliche Einheit Deutschlands auch unter preußischer, d.h. undemokratischer Ägide stellte für das »Empire libéral« jedoch keinen Kriegsfall dar.

Ein Hohenzoller auf Spaniens Thron?

Unter diesen Voraussetzungen verdeutlichte die Kandidatur eines Hohenzollern für den Thron Spaniens zweierlei: die Verflechtung der preußischen Machtstellung mit der deutschen Frage und die europäische Bedingtheit und Relevanz der preußisch-deutsch-französischen Interessendivergenz. Aus einem Streit um Dynastie und Kabinettspolitik entstand ein Konflikt um französische Hegemonie und nationale Solidarität eines im Werden begriffenen Staatsvolks. Die spanische Regierung bot im Februar 1870 dem Erbprinzen Leopold von Hohenzollern-Sigmaringen, der katholischen Nebenlinie der in Preußen regierenden Hohenzollern, die Krone Spaniens an, nachdem eine Reihe anderer Kandidaten nicht mehr in Frage kam. Bismarck unterstützte die Kandidatur, für deren Annahme formell die Zustimmung des preußischen Königs als des nominellen Oberhaupts der Hohenzollern nötig war. Bismarck beabsichtigte nicht, über einen – von ihm ohnehin für unwahrscheinlich gehaltenen Konflikt mit Frankreich – die deutsche Frage wieder in Gang zu bringen. Vielmehr wollte er eine für Preußen ungünstige Lösung der spanischen Thronfrage vermeiden.

Am 21. Juni nahm der Sigmaringer die Kandidatur an, was vorzeitig öffentlich bekannt wurde (3. Juli). Frankreich wertete das Vorhaben als eine Provokation und einen unfreundlichen Akt Preußens und strebte mit aller Energie den Verzicht an. Auch wenn Bismarck wie andere europäische Staatsmänner eine scharfe Reaktion aus Paris nicht erwartet haben sollte, so erkannte er doch sogleich die Gelegenheit, Frankreichs diplomatische Isolierung zu nutzen. Frankreich wiederum sah seine Präponderanz gegenüber Preußen gefährdet und wollte es demütigen. Am 6. Juli dramatisierte und verzeichnete Außenminister Gramont die Lage erheblich, als er in der Kammer unter Beifallstürmen ankündigte, sein Land werde es nicht dulden, »daß eine fremde Macht, indem sie einen ihrer Prinzen auf den Thron Karls V. setzt, das gegenwärtige Gleichgewicht der Kräfte in Europa zu unseren Ungunsten verändert und die Interessen und die Ehre Frankreichs gefährdet«. Eine unmißverständliche Kriegsdrohung schloß sich an (»unsere Pflicht ohne Zaudern und ohne Schwäche zu erfüllen wissen«).

Schlacht bei Metz

Der Sigmaringer Prinz verzichtete am 12. Juli auf die Kandidatur. Die französische Regierung drängte jedoch auf eine bindende Zusage des preußischen Königs, auch künftig seine Zustimmung zu einer Wiederaufnahme der Kandidatur nicht zu erteilen. Der Verzicht stellte eine schwere diplomatische Niederlage Bismarcks dar. Die geforderte, aber von König Wilhelm verweigerte Garantieerklärung (am 13. Juli) trug jedoch den Charakter einer provozierenden Pression. Sie war der »schwerste Fehler der französischen Politik während der Julikrise, durch welchen Frankreich den diplomatischen Sieg in der Frage der Hohenzollernkandidatur verspielte und die entscheidende Verantwortung für den Kriegsausbruch auf sich lud« (Kolb).

Die Entscheidung zum Krieg fiel in Paris (Kaiser und Ministerrat) am 13. Juli, und zwar bevor Bismarck den Bericht über die Zurückweisung der Garantieforderung aus Bad Ems (»Emser Depesche«) für die Veröffentlichung redigierte und zu diesem Zweck in Wortlaut und Ton verschärfte, ohne den Inhalt insgesamt zu verfälschen. Die deutsche Öffentlichkeit sah in der französischen Pression eine grobe Zumutung, während die Regierung in Paris, aus der Offensive in die Defensive gedrängt, zum Gefangenen ihrer eigenen riskanten Strategie geworden war und am 14. Juli die Mobilmachung beschloß. Sie befürchtete im anderen Falle eine gravierende innenpolitische Krise. Frankreich war isoliert und galt in den Augen Europas als Kriegstreiber. Der ursprünglich dynastisch geprägte Konflikt war über die Gefahr eines traditionellen Kabinettskriegs zum nationalen Krieg oder Volkskrieg geworden.

»Emser Depesche«

Auf beiden Seiten befanden sich weite Schichten der Bevölkerung in tiefer patriotischer Erregung. Am 19. Juli wurde die französische Kriegserklärung im Norddeutschen Reichstag mitgeteilt. Präsident Simson (nationalliberal) wertete bei dieser Gelegenheit den Krieg als einen »heiligen Krieg«. Der Reichstag verurteilte die »bonapartistische Herrschsucht«. Und der bayerische Ministerpräsident und Außenminister Graf von Bray-Steinburg gab im Landtag einen weitverbreiteten Eindruck wieder: »Von hier ab ändert sich die Natur der Sache; die spanische Kandidatur verschwindet, die deutsche Frage beginnt.« Der ehemalige Burschenschafter, Linkshegelianer, Demokrat von 1848 und seit 1866 als Publizist tätige außenpolitische Parteigänger Bismarcks, Arnold Ruge, behauptete gar: »Jeder Deutsche, wer er auch sei, ist ein Verräter, der jetzt nicht zu seinem Volke steht.«

Der deutsch-französische Krieg 1870/71

Die süddeutschen Staaten anerkannten den Bündnisfall und kämpften gemeinsam mit den Truppen des Norddeutschen Bundes (Gesamtstärke zu Beginn ca. 500000 Mann) in drei Armeen zwischen Oberrhein und Mosel gegen anfangs ca. 290000 Franzosen (einschließlich der Reserve), die in der Bewaffnung fast gleichwertig, aber in Strategie und Führung unterlegen waren. Zudem überließen sie dem deutschen Gegner die Offensive. Deutsche Truppen siegten in den ersten Schlachten Anfang August bei Weißenburg, Wörth und Spichern. Das operative Ziel des preußischen Generalstabschefs von Moltke bestand in der offensiven Umfassung und Vernichtung des Feindes in einer Entscheidungsschlacht. Nach weiteren äußerst blutigen, zugunsten der Deutschen verlaufenen Kämpfen (Vionville-Mars la Tour und Gravelotte-St. Privat, 16./18. August) gelang die Einschließung der letzten Armee unter MacMahon bei Sedan, wo sie am 2. September kapitulierte. Mit 100000 Franzosen geriet auch der Kaiser in Gefangenschaft.

Helmuth von Moltke (Gemälde von Franz von Lenbach)

Zwei Tage später wurde in Paris die Republik ausgerufen und die »Regierung der nationalen Verteidigung«, politisch geführt von Jules Favre und Leon Gambetta, gebildet. Sie mobilisierte mit aller Energie den Widerstand und organisierte den Volkskrieg. Erst Ende Oktober fiel die von den Franzosen gehaltene Festung Metz. Das seit dem 19. September eingeschlossene Paris konnte von den erbittert kämpfenden republikanischen Armeen nicht entsetzt werden. Nach den unter Moltkes Leitung erfochtenen Siegen über die Loire-Armee, die Truppen an der Somme und die zum Entsatz Belforts bestimmte Armee Bourbaki zeichnete sich in der zweiten Januarhälfte 1871 das Ende des nationalen Volkskrieges ab (Waffenstillstand am 28. Januar).

Bismarck konnte seine ursprüngliche Absicht, sogleich nach Sedan mit den besetzten Gebieten als Faustpfändern einen Frieden zu schließen, nicht verwirklichen, da es keine friedensbereite französische Regierung gab. In den folgenden Wochen und Monaten schälten sich Bismarcks Vorstellungen und Ziele bezüglich eines Friedens immer deutlicher heraus. Seit dem Kriegsrat von Herny (14. August 1870) forcierte er mit Hilfe der ihm zugänglichen Presse und durch Druck auf nationalliberale Politiker die Forderung nach der

Die Annexion Elsaß-Lothringens

Annexion Elsaß' und Lothringens, und zwar in erster Linie aus militärischen Erwägungen: »Nicht um Elsaß-Lothringen wieder an Deutschland zu bringen, sondern nur um den Franzosen einen neuen Angriffskrieg zu erschweren, müssen wir die beiden Festungen [Straßburg und Metz] besitzen.«

Daneben betrachtete er den territorialen Erwerb als den »wirksamsten Hebel« für den »Zusammenschluß« der deutschen Staaten. Die Annexionsforderung fügte sich in das Konzept des »Exterminationskrieges« (Moltke) der Militärs ein, die sich anders als Bismarck seit September unbeeindruckt zeigten von der Stellungnahme der auswärtigen Mächte: Die Nachricht von der deutschen Annexionsabsicht hatte nämlich die ursprünglich antifranzösische Stimmung der neutralen Großstaaten umschlagen lassen. Es gelang Bismarck, Rußland für sich zu gewinnen, indem er dessen Forderung nach Aufhebung der Pontus-Klausel des Friedens von 1856 unterstützte, was für den russischen Schritt (einseitige Kündigung am 31. Oktober) nicht unerheblich war. Die von Januar bis März 1871 in London tagende Konferenz der Mächte über die Pontus-Frage enthielt sich jedes Versuchs einer Einflußnahme auf die deutsch-französischen Friedensbedingungen und auf die Gestaltung des kleindeutschen Nationalstaats. Die deutsche Nationalstaatsbewegung und die Politik Preußens hatten ihr Ziel erreicht. Erstmals seit Jahrhunderten gab es in der Mitte Europas einen großen Staat, der über die Merkmale zeitgemäßer Staatlichkeit verfügte und der im Augenblick seiner Gründung der Zustimmung der Mehrheit seiner Bevölkerung sicher sein konnte, wenn er auch formal »von oben« – mit den Mitteln der Kabinettspolitik und der Anwendung militärischer Gewalt – begründet worden war.

Deutschland als Kaiserreich (1871–1918)

Jost Dülffer

Das neue Reich

Kaiserproklamation in Versailles

Das Reich trat nicht spektakulär ins Rampenlicht der Geschichte. Als herausragender Akt blieb nur die Kaiserproklamation im Spiegelsaal des Schlosses von Versailles am 18. Januar 1871 im Gedächtnis, im Lande des Gegners, mit dem erst 10 Tage später ein Waffenstillstand geschlossen wurde. Mit der Ausrufung des preußischen Königs zum »Kaiser Wilhelm« durch den badischen Großherzog wurde nach außen sichtbar ein Akt der Fürsten vollzogen – glanzvoll zwar, aber doch erst später zum großen Ereignis, zur Reichsgründung stilisiert. Die Spannungen, die unter der Oberfläche lauerten, waren kaum verdeckt. Wilhelm I. (1871–1888, in Preußen: 1861–1888) wollte, wenn überhaupt, »Kaiser von Deutschland« sein, eine Zumutung für die süddeutschen Fürsten; »Kaiser der Deutschen«, eine liberale Vorstellung, widersprach seinem Herrschergefühl. So blieb nur »Deutscher Kaiser«, ein Titel, der ihm als bloßer »Charaktermajor« erschien. Auch lag Bismarck mit seinem König im Streit über die weitere Führung des Krieges. Das war keineswegs nur eine nebensächliche Frage für die künftige Staatskonstruktion, in der das Gewicht politischer und militärischer Instanzen zueinander erst noch zu definieren war. Das Kaiserbildnis Anton von Werners mit dem Kanzler in Kürassierstiefeln am Thron war eine bloße Fiktion für die Öffentlichkeit.

Reichsgründung von oben

Tatsächlich hatte die Anknüpfung an ein mittelalterliches Heerkaisertum in der Vorgeschichte ein Fundament. Unter dem Eindruck der ersten Kriegserfolge wurde die bis dahin stagnierende Einheitsfrage zum akuten politischen Problem. So fanden im Oktober und November 1870 im Hauptquartier von Versailles getrennte Verhandlungen zwischen dem Norddeutschen Bund, vertreten durch Otto von Bismarck, und den Ministern der vier süddeutschen Staaten statt. Am 15. 11. wurde ein Vertrag zwischen dem Norddeutschen Bund, Baden und Hessen über die Gründung eines neuen Deutschen Bundes geschlossen; Bayern trat ihm am 23. 11. bei, Württemberg 2 Tage später.

Nationalbewegung

Doch ist diese Sicht nur die halbe Wahrheit. Der Krieg und damit das Inkrafttreten der Schutz- und Trutzbündnisse schuf zugleich einen Schub von unten. Die Nationalbewegung lebte unter dem Eindruck der Siege mächtig auf und setzte ihrerseits Fürsten und Regierungen unter Druck, eine neue Form deutscher politischer Organisation zu finden. Gerade die liberalen und demokratischen Kräfte in Nord- und Süddeutschland erwarteten die Wiederbegründung eines Kaisertums als Unterpfand eines Neubeginns, eine Regelung, zu der sich etwa der bayerische König Ludwig II. (1864–1886) nur widerstrebend und unter diskreter finanzieller Nachhilfe aus dem Welfenfonds – dem 1866 beschlagnahmten Vermögen der Hannoveraner – bereitfand. Ein Element von Volkssouveränität kam jedoch nur dadurch schwach zur Geltung, daß eine Abordnung des Norddeutschen Reichtstages unter seinem Präsidenten Eduard von Simson, der schon 1849 der Nationalversammlung vorgestanden hatte, nach der Ratifikation am 18. 12. 1870 dem preußischen König die Kaiserkrone antrug, die er akzeptierte. Jene Ratifikation der November-Verträge durch die einzelstaatlichen Parlamente gehörte konstitutiv zur Reichsgründung. Sie wurde trotz erheblicher Bedenken der meisten Parteien über eine teils zu unitarische, teils zu föderale Lösung mit großen Mehrheiten angenommen, so daß das nunmehr so genannte »Deutsche Reich« zum 1. Januar 1871 staatsrechtlich begründet wurde. Nur in Bayern waren die Widerstände größer, so daß hier die zweite Kammer die Verträge erst am 21. Januar 1871 mit knapper Zweidrittel-Mehrheit (102 gegen 48 Stimmen) annahm und nachträglich in Kraft setzte. Nichts kennzeichnet besser den – abgesehen vom spektakulären Versailler Akt – glanzlosen Beginn jenes Reiches als die Tatsache, daß der frisch gekürte Kaiser die ihm von Bismarck zu jener Proklamation unter der Adresse »An des Kaisers Majestät von dem Bundeskanzler« übersandten Dokumente mit »Von des Kaisers Majestät an den Reichskanzler« zurücksandte. Damit war die neue Institution ebenso geschäftsmäßig ins Leben getreten, wie es mit Bundesrat und Reichstag wenig später geschah.

Reichsverfassung

Was änderte sich an der Verfassung? Der Norddeutsche Bund war gezielt so konzipiert und zumal von den Nationalliberalen so akzeptiert worden, daß er den monarchisch verfaßten süddeutschen Staaten eine Annäherung erleichtern sollte. In den Verfassungsberatungen war von jener Seite – und hier spielte neben Bayern auch das bereits zum Norddeutschen Bund gehörende Sachsen eine Rolle – der Versuch gemacht worden, die deutsche Frage neu aufzurollen, die Grenzen neu zu setzen und auch die Bundesverfassung neu und damit föderalistischer zu gestalten. Die Nationalbewegung andererseits, ganz auf den Sieg im Krieg fixiert, hatte kaum Gelegenheit, ihre Vorstellungen eines starken unitarischen Reiches einzubringen. So blieb es letztlich bei nur geringfügigen Änderungen gegenüber dem Norddeutschen Bund.

Ein Anschluß fand statt, der den süddeutschen Staaten einige Sonderrechte einräumte. »Bundesrat« wurde als Begriff beibehalten und betonte stärker als ein Reichsrat die föderalen Elemente in dem »ewigen Bund« (Präambel der Reichsverfassung vom 16. April 1871). Die Stimmenzahl des Bundesrates wurde von 43 auf 58 erhöht; Preußen behielt seine bisherigen 17 Sitze und damit eine Sperrminorität gegen Verfassungsänderungen. Bayern erhielt 6 Sitze, Württemberg 4, Sachsen 4, Baden 3. Die hessischen Stimmen wurden von 1 auf 3 erhöht, Mecklenburg-Schwerin und Braunschweig führten je 2 Stimmen, die übrigen Staaten je 1. Im Vergleich zu den größeren waren die kleinen Staaten deutlich überrepräsentiert. Insgesamt bestand das Reich aus 25 Einzelstaaten, unter denen sich 4 Königreiche, 6 Großherzogtümer, 5 Herzogtümer, 7 Fürstentümer und 3 Freie Städte befanden. Besondere Reservatrechte auf eine eigene Bier- und Branntweinsteuer hatte Baden, Württemberg und Bayern, eigene Post Bayern und Württemberg; in Bayern unterstand das Heer darüber hinaus im Frieden allein dem König, das Reich hatte nur ein Aufsichtsrecht. Damit waren kaum mehr als Empfindlichkeiten geschont, die Möglichkeit zur Demonstration von Hoheitsrechten. Die Souveränität lag allein im Reich.

Reich und Preußen

Und hier waren besonders die preußischen Rechte das Entscheidende. Hinter der bescheidenen Formulierung »Das Präsidium des Bundes steht dem König von Preußen zu« (Art. 11 RV), verbarg sich tatsächlich weit mehr als eine koordinierende Tätigkeit. Es waren konkrete Rechte, unter denen die Berufung von Bundesrat und Reichstag (Art. 13), Ernennung des Kanzlers (Art. 15) die gewichtigsten waren. Dennoch wäre es verfehlt, im neuen Reich nur ein Großpreußen sehen zu wollen, die bloße Übertragung der Hegemonie des größten Staates im Norddeutschen Bund auf das Deutsche Reich.

Anton von Werner: Velarium (Sonnensegel) für die Siegesstraße in Berlin beim Einzug der deutschen Truppen am 16. Juni 1871

Gewiß war über die Verfassungsgestaltung hinaus Preußen nach Bevölkerungszahl (25 von 41 Millionen), Wirtschaftskraft, militärischer Stärke und politischem Gewicht als europäische Großmacht der wichtigste Faktor. Aber ob das Reich in Preußen oder Preußen im Reich aufgehen würde, war 1871 noch ungeklärt. Das langfristige Ergebnis war anders: Preußen, bürokratisch und militärisch fundiert, wandelte sich langsam zum Interventions-, ja in Ansätzen zum Sozialstaat, wie es auch die anderen Staaten taten. Und damit gewann auch das Reich als solches eine eigene Qualität, die mehr war als die Summe seiner Teile, mehr jedenfalls als Preußen mit Anhang. Dennoch ist ein Dualismus Preußen-Reich nicht zu verkennen, eine immer wieder austarierte und nie stabilisierte Beziehung, die auf einer relativen Rückständigkeit preußischer Einrichtungen im Vergleich zum Reich beruhte. Militärische Prärogative des Königs war das eine; die Beibehaltung der Verfassung von 1850 in Preußen mit dem Kern des Dreiklassenwahlrechts im Abgeordnetenhaus, vom adlig-ständischen Herrenhaus ganz zu schweigen, die andere. Diese Schere einer Auseinanderentwicklung von Preußen und Reich wurde im ganzen Verlauf des Kaiserreichs nicht geschlossen, ja sie weitete sich. Das ursprünglich liberale preußische Abgeordnetenhaus wandelte sich mehr und mehr zu einer konservativen, ja reaktionären Bastion gegen Veränderungen im Wandel der Zeit.

Reaktionen auf die Reichsgründung

Die Reichsgründung von oben war der sinnfällige Vorgang nach außen hin. Ihm entsprach aber als andere Seite der Medaille das Bewußtsein, nunmehr den kleindeutschen Nationalstaat vollendet zu haben. »Wodurch hat man die Gnade Gottes verdient, so große und so mächtige Dinge erleben zu dürfen? Und wie wird man nachher leben? Was 20 Jahre der Inhalt alles Wünschens und Strebens gewesen, das ist nun in so unendlich herrlicher Weise erfüllt,« schrieb der Historiker Heinrich von Sybel in einem Privatbrief. In einem nationalliberalen Wahlaufruf hieß es durch Eduard Lasker: »Unsere schönste Hoffnung hat sich erfüllt: den Norden und den ganzen Süden umfaßt jetzt das deutsche Reich und seine Verfassung.« Skepsis herrschte aber bei Teilen der preußischen Konservativen, die ein Aufgehen Preußens im Reich fürchteten, die auch bei aller Treue zur Krone in Bismarck nicht unbedingt den Vertreter ihrer Wünsche sahen. Die norddeutschen Katholiken hatten schon zuvor ihre Bereitschaft zur Kooperation im Norddeutschen Bund unter Beweis gestellt. Stärker war bei süddeutschen Katholiken ein Trend zum Partikularismus festzustellen; aber auch großdeutsche Tendenzen hielten sich hier am längsten. »Rückhaltlose Anerkennung der deutschen Reichsgewalt innerhalb der Grenzen ihres jetzigen Rechtsbestandes«, lautete hier schon 1873 die Forderung. Constantin Frantz' christlich-germanisch geprägte Mitteleuropa-Vorstellungen besaßen keine Resonanz. Zu Beginn des Jahres 1871 saßen die Führer der Eisenacher Richtung der noch schwachen sozialistischen Arbeiterbewegung unter der Anklage des Hochverrats im Gefängnis. »Auf, laß uns, Gott der Menschenrechte, Zur Einheit durch die Freiheit geh'n«, hatte Wilhelm Liebknecht 1868 gedichtet. Dieser Weg war ganz gewiß nicht beschritten worden, aber Karl Marx' und Friedrich Engels' Diktum: »Dieser Krieg hat den Schwerpunkt der kontinentalen Arbeiterbewegung von Frankreich nach Deutschland verlegt«, führte doch zur Annahme des Nationalstaats als Rahmen, auch wenn die Form schroff abzulehnen war. Aufgabe des Sozialismus sei der Nachweis, »daß das Reich vom Volke im Wesen anders gedacht und verlangt wird, aber doch als Reich, doch als nationales Ganzes« (Motteler 1874).

Das Reich war im Jahr 1871 noch nichts Fertiges, eher ein Versprechen, das durch die Reichsverfassung zwar kanalisiert, dennoch in verschiedene Richtungen eingelöst werden konnte. »Noch niemals hat die deutsche Bildung, so reich ihre Geschichte auch ist, sich im Schatten eines großen Staates entfalten können«, benannte der Kunsthistoriker Anton Springer den Anspruch auf europäische Geltung, dem Friedrich Nietzsche die Skepsis entgegensetzte, ob die Begeisterung über den deutschen Sieg sich nicht »in die Niederlage, ja Exstirpation des deutschen Geistes zugunsten des ›deutschen Reiches‹« verwandeln könne. Der Trend ging in der Tat eher weg von der kulturellen Überhöhung des Machtstaates in eine ökonomische. »Das erste große Phänomen nach dem Kriege von 1870/71 ist die nochmalige außerordentliche Steigerung des Erwerbssinnes, ...die Nutzbarmachung und Erwekkung unendlich vieler Werte, samt dem sich hieran heftenden Schwindel«, diagnostizierte von Basel aus der skeptische Kulturhistoriker Jacob Burckhardt.

Erste Reichstagswahlen

Das Reich stand 1871 als Hülle da. Die ersten Reichstagswahlen fanden am 3. März statt, eine Woche nach Abschluß des Präliminarfriedens mit Frankreich, und ermittelten mit dem allgemeinen, gleichen, direkten und geheimen Wahlrecht aller Männer ab 25 Jahren eine nationale Volksvertretung in jenem Einkammersystem. Das Zollparlament des Jahres 1869 war demgegenüber nur ein erstes Versprechen gewesen. Es gelte – so Lasker im Anschluß an die oben zitierte Äußerung –, »den anerkannten Mängeln der gemeinsamen Verfassung abzuhelfen und unser öffentliches Wirken einer Reform zu widmen, welche ...die Freiheit auf dem gesicherten und fruchtbaren Boden des deutschen Staates ununterbrochen fortbildet, das Recht und die Vorschriften der Gesetze zum unbeugsamen Maßstabe der bürgerlichen Pflicht erhebt.« Noch nachdrücklicher plädierte die Fortschrittspartei für die Stärkung der Freiheit, während die Katholiken für eine Kodifizierung der Grundrechte eintraten. Nur etwas mehr als die Hälfte der 7,7 Millionen Wahlberechtigten (19,4% der Gesamtbevölkerung) ging zu den Urnen und ließ die Nationalliberalen mit 125 (von 382 Mandaten) zur bei weitem stärksten Fraktion werden. Zusammen mit den Altliberalen (30 Mandate) und Fortschrittlern (46) verfügten sie über eine knappe Mehrheit. Die Bismarck ohne Abstriche unterstützenden Freikonservativen kamen auf 37, die in Distanz stehenden Konservativen auf 57 Mandate, und das waren zusammen noch nicht einmal halb soviel wie die Liberalen. Nimmt man die beiden folgenden Wahlen hinzu, dann setzte sich der liberale Aufschwung, wenn auch durch Wahlkreiseinteilung begünstigt, fort: 1874 erreichten die Nationalliberalen 155 Mandate und sanken 1877 auf 128 ab. Die Deutschkonservativen schrumpften gar auf 22 Mandate und steigerten sich sodann auf 40. Beachtlich war die Bildung wie das Anwachsen einer katholischen Partei, des Zentrums, die aus dem Stand 63 Abgeordnete stellte und sodann 91 bzw. 93 durchbrachte. Das war ein Block, der fortan mit einiger Konstanz ein Viertel des Reichstages im Kaiserreich ausmachte. Demokratische Parteien hatten allerdings keine Chancen. Nur ein Mandat erreichte die Deutsche Volkspartei und vermochte nur unter besonderen Umständen später einmal zweistellige Ziffern zu erreichen. Auch die Sozialdemokratie mußte sich zunächst mit zwei Sitzen begnügen. Aber hier setzte bei den folgenden Wahlen ein im Wandel der Sozialstruktur begründeter Trend nach oben ein, der Bismarck und seinen Nachfolgern die größten Schwierigkeiten bereitete. Neun bzw. zwölf Sitze – aber bereits das Vierfache an Stimmenzahl – konnte die sozialistische Arbeiterbewegung in den folgenden Wahlen erhalten. Bemerkenswert und eine Nagelprobe für den Nationalstaat war es, daß die Abgeordneten sich problemlos zu Fraktionen auf Reichsebene zusammenschlossen, die gemeinsame politische Richtung über die Region stellten. Das war eine der Bedingungen für das Wachsen des Einheitsgefühls. Der Föderalismus, so sehr er seine Basis in der Reichsverfassung hatte, so stark die Rechte des Bundesrates und der Einzelstaaten auch der Rücksicht bedurften, war gegenüber diesen Tendenzen von vornherein im Hintertreffen.

Wahlen 1874/77

Natürlich bedurfte im deutschen konstitutionellen System der Kanzler nicht des Vertrauens des Reichstages, aber doch der Zustimmung für Budget und Gesetze. Feste Regierungskoalitionen widersprachen einem solchen System. Aber doch waren theoretisch wechselnde Stützen für die Politik Bismarcks möglich. Ein konservativ-katholisches Zusammengehen wäre sehr wohl für Sachfragen denkbar gewesen; aber in Frage kam tatsächlich bis in die zweite Hälfte der siebziger Jahre nur eine Stützung durch die Nationalliberalen und die Freikonservativen, gelegentlich auch die entschiedenen Konservativen oder die Fortschrittler. Es gab so etwas wie eine Reichstagsmehrheit, die aber, soweit es die Liberalen und Bismarck betraf, nur eine immer prekäre Vernunftehe darstellte, die Rollenverteilung und Absprachen zuließ, aber doch eine tiefe Kluft in grundsätzlichen Anschauungen erkennen ließ.

Reichstagsmehrheit

Reichsbürokratie

Erforderlich war zunächst der Aufbau einer Reichsbürokratie, wobei liberale Beamte, an ihrer Spitze Rudolf von Delbrück im Reichskanzleramt oder preußische Minister wie im Kultusressort Adalbert Falk oder Otto Camphausen im Innenministerium wichtige Helfer darstellten. Bismarck selbst stützte seine überragende Position auf die Ämter des Reichskanzlers und des preußischen Ministerpräsidenten, zu denen noch das preußische Außenministerium hinzukam. Er selbst war alles andere als ein Bürokrat, neigte in seiner Lebensführung eher zum Sprunghaften und konnte gerade die preußische Bürokratie mit dem Grundwasser vergleichen, das sich überall auf dem gleichen Niveau ausbreitet. Dennoch fügte er sich den Erfordernissen der Zeit und ließ zielgerichtet Reichsbehörden ausbauen, die auch dazu dienen konnten, gegenüber einem zu engen Horizont preußischer Institutionen Handlungsfreiheit zu gewinnen. Die Ministerien des größten Bundesstaates waren es zunächst, die über den Bundesrat rückgekoppelt auch für die Reichspolitik bestimmende Funktionen hatten. Ursprünglich hätte dies nach Bismarcks Vorstellungen eine Dauerregelung werden können, jedoch Rücksichten auf die Einzelstaaten wie auf die Liberalen legten nach und nach eine andere Entwicklung nahe.

Reichsbehörden

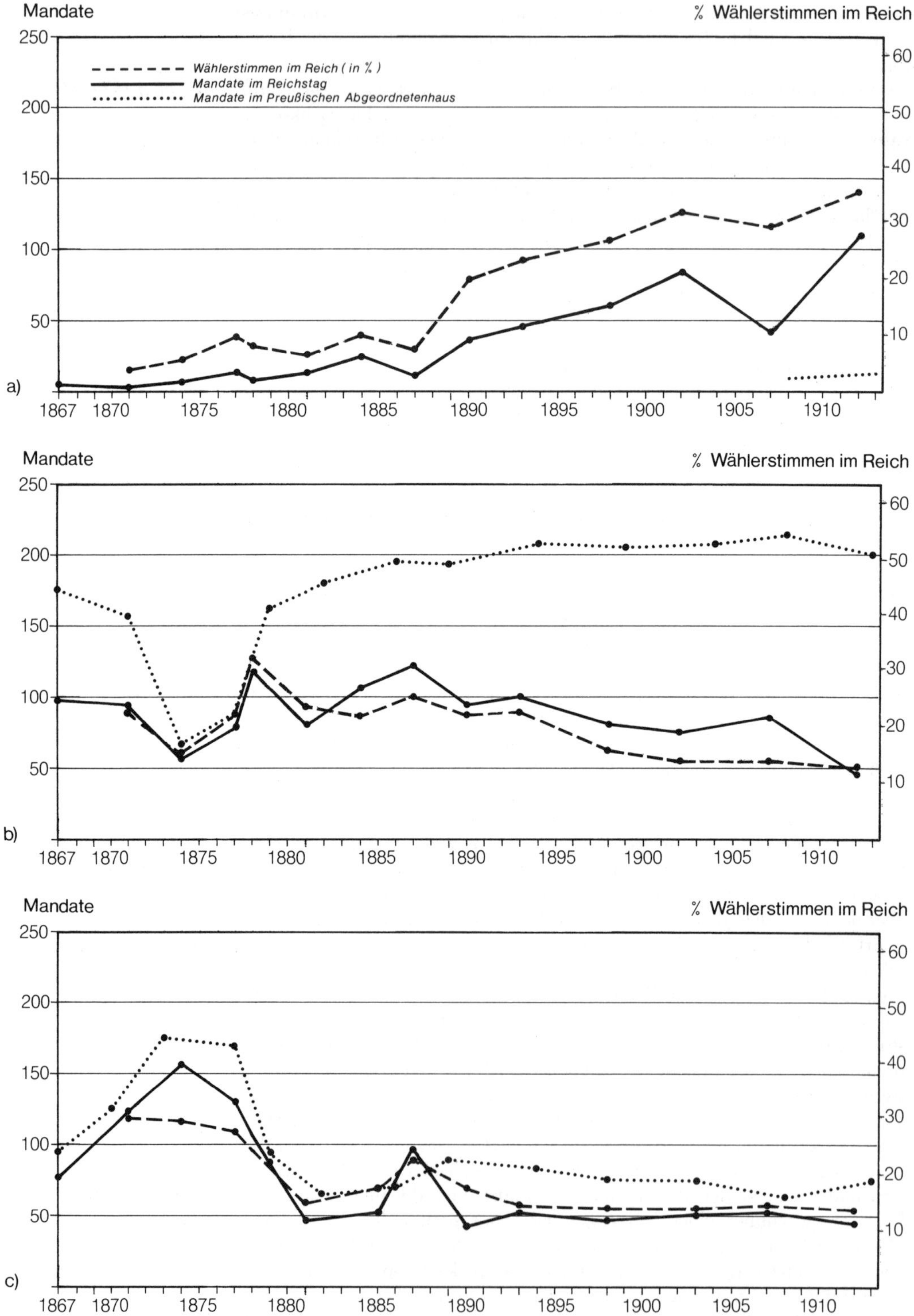

Unterschiede im Erfolgswert von Wählerstimmen im Reich und in Preußen
a) Sozialdemokraten, b) Konservative, c) Nationalliberale

Aus dem Kanzleramt hatte sich schon 1870 als erste selbständige Behörde das Auswärtige Amt ausgegliedert. 1872 wurde aus der preußischen Admiralität eine kaiserliche; 1889 folgte das Reichsmarineamt. Der 1876 geschaffene Generalpostmeister ging 1880 im Reichspostamt auf, mit dem Reichsjustizamt (1877), Reichsschatzamt (1879) und dem Reichsamt des Innern (1879) waren die klassischen Ressorts begründet – freilich geleitet von Staatssekretären; der einzige verantwortliche Minister blieb der Reichskanzler. Daneben entstanden weitere zentrale Finanzbehörden, das Statistische Amt (1872) und nicht zuletzt zentrale Gerichte, unter denen das als Reverenz an Sachsen nach Leipzig vergebene Reichsgericht (1877) an Bedeutung hervorragte. Das waren z.T. Sektoren konkurrierender Kompetenz von Reich und Einzelstaaten, stellten ersteres jedoch auf eigene Beine. Darüber hinaus wurde es in den 80er Jahren immer mehr zur Tradition, daß die Staatssekretäre des Reiches an den Sitzungen des preußischen Staatsministeriums teilnahmen – zumal seit den neunziger Jahren häufig Staatssekretäre das ihrem Amt in Preußen parallele Ressort als Minister übernahmen –, so daß von einer Staatssekretarisierung Preußens gesprochen werden kann. So sehr die geschilderten Reformen liberalen Vorstellungen entgegenkamen, so muß doch betont werden, daß es zu einem umfassenden Ausbau von Reichsbehörden während des Kaiserreichs nicht kam, daß gerade auf dieser Ebene – gemildert durch den Bundesrat – eine zentrale Stellung Preußens erhalten blieb.

Vollendung des Rechtsstaates

Wichtig für die Liberalen war ferner die Vollendung des Rechtsstaates, die Beseitigung feudaler Reste, die Vereinheitlichung für das Reich gerade auf dieser Ebene. Das preußische Strafgesetzbuch wurde mit geringen Änderungen im Reich übernommen. Aufgrund der 1873 an das Reich übergegangenen Kompetenz für das Privatrecht machte man sich an die Ausarbeitung des Bürgerlichen Gesetzbuches, das schließlich 1888 vorlag und 1900 in Kraft trat. Prozeßordnungen u.a. traten hinzu. In den Einzelstaaten wurde die lokale und regionale Selbstverwaltung ausgebaut, so zumal in Preußen die Kreis- und Provinzialordnung bürokratisiert und z.T. verstärkter Mitwirkung gewählter Gremien unterworfen. Zugleich wurde mit der Schaffung einer Währungs- und Münzeinheit begonnen, deren Vollendung bis 1910 auf sich warten ließ. In Fragen des Presserechts führten liberale Entwürfe jedoch nicht zum Erfolg, sondern wurden unter dem Eindruck innerer Gefährdung durch linke Agitation 1879 eher im repressiven Sinne verabschiedet.

Mit der Wirtschaft ist jener Bereich angesprochen, der zu den wichtigsten Sektoren jenes Bündnisses gehörte, an Bindekraft nur noch vergleichbar mit der als Kulturkampf zusammengefaßten Auseinandersetzung mit dem politischen Katholizismus. Es ging hier im Kern um eine Säkularfrage, die auch in

Prozentualer Anteil der Mandate im Reichstag 1871–1912

	1871	1874	1877	1878	1881	1884	1887	1890	1893	1898	1903	1907	1912
Konservative[1]	24,7	13,9	19,6	29,2	19,6	26,7	30,5	23,4	25,2	19,9	18,9	21,2	14,4
Nationalliberale	32,7	39,0	32,2	24,9	11,8	12,8	24,9	10,6	13,4	11,6	12,8	13,6	11,3
Linksliberale[2]	20,2	13,4	13,1	9,8	29,0	18,6	8,1	19,1	12,1	12,3	9,1	12,3	10,6
Zentrum	16,5	22,9	23,4	23,7	25,2	24,9	24,7	26,7	24,2	25,7	25,2	26,4	22,9
Minderheitenparteien[3]	5,5	8,6	8,6	10,1	11,3	10,8	8,3	9,6	8,8	8,6	8,1	7,3	8,3
Sozialdemokraten	0,5	2,3	3,0	2,3	3,0	6,0	2,8	8,8	11,1	14,1	20,4	10,8	27,7
Sonstige[4]	–	–	–	–	–	–	0,7	1,8	5,3	7,8	5,5	8,3	4,8

[1] (Deutsch)konservative und Freikonservative (Deutsche Reichspartei)
[2] Altliberale, Liberale Vereinigung, Fortschrittspartei, Deutsche Volkspartei, Freisinnige Vereinigung, Freisinnige Volkspartei, Fortschrittliche Volkspartei
[3] Welfen, Polen, Elsässer, Dänen
[4] Deutsche Reformpartei, Antisemitenparteien u.a.

Kulturkampf

den meisten anderen Staaten mit einer starken, aber nicht dominierenden katholischen Bevölkerung in der einen oder anderen Form aufbrach. Wie setzte ein moderner, weltlicher Staat seine Ansprüche gegenüber einer traditionalen Organisation wie der Kirche durch? Hier gab es konservative Berührungselemente zwischen Protestanten und Katholiken. Letztere waren jedoch durch ihre unabhängig von dem weltlichen Staat existierende Hierarchie eine wesentlich stärkere Herausforderung. Wie sollten vornehmlich in den Sektoren Bildung, Recht, innere Autonomie angesichts zunehmender Intervention des Staates die beiden Seiten ihre Aufgaben abgrenzen? Hieraus leitete sich auf einer Reihe von Konfliktfeldern eine spezifische Konstellation für die deutschen Einzelstaaten und (nur begrenzt) im Reich ab. Bereits seit längerem hatte die Auseinandersetzung geschwelt, in Baden gar war sie zum offenen Ausbruch gekommen, und zwar nicht zufällig gerade dort, wo die Liberalen als regierende Partei fungierten. Es ging den Liberalen hier wie später um staatliche Aufsichtsrechte, Mitwirkungsmöglichkeiten und Eingriffschancen gegenüber sich sperrenden traditionalen Kräften. Antiklerikalismus war hier das entscheidende Stichwort.

Protestantische Prägung

Unter dem Eindruck von 1871 verschärfte sich der Gegensatz dadurch, daß dieses neue Reich vor allem protestantisch geprägt war. Das katholische Volk schien sich zusammenschließen zu müssen; die Zentrumspartei war das Ergebnis. Zwar stand diese auf dem Boden des kleindeutschen Reiches, aber doch wirkte die Sorge mit, hier könne aus dem einzelstaatlichen Partikularismus auch eine reichssprengende Kraft erwachsen. Das galt zumal angesichts der Tatsache, daß mit den Polen und dem überwiegenden Teil der Elsässer und Lothringer die wichtigsten Minoritäten im Reich katholischer Konfession waren. Daß gerade die Polen gegenüber einem deutschen Nationalstaat wesentlich ablehnender waren als gegenüber dem alten preußischen Staat – dessen polnische Gebiete ja nicht zum Deutschen Bund gehört hatten – war gerade für den Reichskanzler ein wesentlicher Grund der Besorgnis. Mit dem Vatikan als Ordnungsmacht gegenüber fortschrittlichen Tendenzen hatte der preußische Staat seit jeher gut zusammenarbeiten können, bot dem Papst sogar angesichts der Bedrohung durch den italienischen Nationalismus im Herbst 1870 Exil an. Die mit der Sammlung aller modernistischen Irrtümer im Syllabus errorum (1864) eingeleitete Entwicklung wurde durch die Beschlüsse des Vatikanischen Konzils (1869/70), die im Dogma von der Unfehlbarkeit des Papstes gipfelte, sinnfällig unterstrichen. Obwohl gerade deutsche Bischöfe sich gegen diese Entwicklung gewandt hatten, akzeptierten sie doch gehorsam jene Akte.

Vatikanisches Konzil

Gerade hier setzte aber eine breite und emotionale Kritik ein. Die Altkatholiken spalteten sich von der Amtskirche ab, wurden jedoch – was anfangs noch nicht absehbar war – nie eine Massenbewegung. Die Amtskirche maßregelte jene Abtrünnigen, und daran entzündete sich der Streit mit dem Staat. Für liberale Parteien wie Regierungen spielte der Vorwurf der Fremdsteuerung, des Ultramontanismus, gegenüber der Amtskirche fortan eine Rolle. Indizien des konkreten kirchlichen Verhaltens kamen hinzu, um eine sich vornehmlich von staatlicher Seite her steigernde Auseinandersetzung zu provozieren. Der Grundrechtsantrag des Zentrums im Reichstag stand am Anfang. Daher richtete sich die argumentative Stoßrichtung tatsächlich gegen »die nach weltlicher Priesterherrschaft strebende Partei innerhalb der katholischen Kirche« (Bismarck 1873). In der Praxis allerdings wurde nicht das Zentrum getroffen, sondern die katholische Kirche in ihren vielfältigen Aktivitäten. In zumeist preußischen Gesetzen, die Analogien in den anderen Bundesstaaten aufwiesen, wurden die staatliche Schulaufsicht, die Zivilehe eingeführt, der Jesuitenorden verboten, die staatliche Mitwirkung bei Ernennung kirchlicher Würdenträger eingeführt, staatliche Zuwendungen an

Preußische Gesetze

Wilhelm I. begrüßt Bismarck bei der Einweihung der Siegessäule in Berlin am 2. September 1873 (Gemälde von 1897)

die katholische Kirche gesperrt und schließlich die kirchliche Tätigkeit durch Strafgesetze bis hin zu Ausweisungen und Verhaftungen der preußischen Bischöfe behindert. Der Vatikan verbot Katholiken die Befolgung jener Gesetze und drohte mit dem Kirchenbann. Unterstützung fand Bismarck in dieser Frage nur bei den Liberalen aller Schattierungen, während gerade die preußischen Konservativen die Untergrabung kirchlicher Autoritäten, die ja auch die protestantische Kirche betraf, bekämpften. Das Gefühl der Diaspora stärkte im Ergebnis die Katholiken, wie sich an den Wahlerfolgen absehen ließ; statt Nachgiebigkeit fand Widerstand statt. Die Politisierung der Katholiken bedeutete zugleich eine starke Organisierung, eine später nie mehr erreichte Geschlossenheit.

Abbruch des Kulturkampfes

Ab 1875 begann Bismarck die Vergeblichkeit des Kampfes einzusehen. Auf dem Höhepunkt des Kulturkampfes setzte er an, diese Art von Gesinnungspolitik wieder abzubauen. Es ist oft davon gesprochen worden, daß es dem Kanzler gezielt um eine Integration durch Schaffung von Reichsfeinden ging, daß jene Taktik ein konstitutives Herrschaftsmittel für ihn gewesen sei.

Auch wenn er im Kulturkampf tatsächlich liberale Positionen vertrat, wodurch die Staatsloyalität des protestantischen Bürgertums gestärkt wurde, so verwechselt dieses Urteil jedoch Ergebnis und primäre Absicht. Die Motive Bismarcks und der Liberalen deckten sich nur zum Teil; aber er hatte genug eigene Gründe preußischer und deutscher Staatsräson zum Kulturkampf und brauchte diesen nicht zum Vorwand für andere Dinge zu nehmen. Gründe hatte er allerdings auch, diese gescheiterte Auseinandersetzung abzubrechen und sich in der Innenpolitik von den Liberalen zu entfernen, sich den Konservativen anzunähern. Diese fanden sich vornehmlich in der Wirtschaftspolitik. Ökonomisch war das Reich dank Zollverein und Ausschluß Österreichs seit Mitte der sechziger Jahre eine kleindeutsche Einheit. Die Zugehörigkeit Luxemburgs bis 1919, die Tatsache, daß Bremen und Hamburg aufgrund ihrer starken Exportinteressen erst 1888 dem Zollverein beitraten, war marginal. 1871 bedeutete somit keine Zäsur. Die Wirtschaftspolitik zielte auf eine Befreiung der Wirtschaft von herkömmlichen Schranken, und gerade darin waren sich Bismarck und die Liberalen einig. Ob Aktienrecht oder Zollsenkungen – hier waren Kräfte zu entbinden, die dann zu einer Aufbruchstimmung führten, die als Gründerzeit bekannt wurde. Diese erstreckte sich nicht nur auf Aktienkurse und Zuwachsraten, sondern stellte sich bis in die Kultur hinein als Erfolgsgefühl einer neuen Ära dar. Eine zusätzliche Spritze erhielt dieser Boom durch 5 Milliarden Francs französischer Kontributionen, die bis 1873 gezahlt wurden.

Wirtschaftspolitik

In jenem Jahr erhielt der Optimismus aber bereits einen ersten Dämpfer. Ausgehend von einem österreichischen Bankenzusammenbruch gingen auch im Reich eine ganze Reihe der neugegründeten spekulativen Aktiengesellschaften wieder zugrunde. Die Hochkonjunktur war zu Ende; eine Depression setzte ein. Ob diese nun bis in die neunziger Jahre als einheitliche Phase einer »großen Depression« anhielt, ist hier nicht von Belang. Wichtiger war aber: sie bestimmte fortan die siebziger Jahre. Die Warenpreise wie die Unternehmergewinne verfielen; die Reallöhne allerdings stiegen. 1873 waren die verbliebenen Ausfuhrzölle gefallen, wurde der Beschluß gefaßt, bis 1877 die meisten Einfuhrzölle aufzuheben. Die Investitionen stagnierten jedoch für einige Jahre, es wurde rationalisiert. Krisenstimmung breitete sich aus, und diese Mentalität war wohl genauso wichtig wie die ökonomischen Daten. Gerade von seiten der Eisenindustrie sowie von der Textilbranche setzte eine zunehmende Agitation für Schutzzölle ein, wodurch zunächst einmal die für 1877 beschlossenen Maßnahmen suspendiert wurden. Hinzu kam eine Agrarkrise, die vornehmlich durch billiges amerikanisches Getreide auf dem Weltmarkt bestimmt wurde. Zunächst waren es noch nicht einmal die nordostdeutschen Großagrarier, die nach wie vor durch Veredelung russischen Weizens gut verdienten, sondern die mitteldeutschen Landwirte, die für Schutzzölle plädierten. Die Idee des Solidarprotektionismus machte die Runde. An sich hatten Industrielle ja durchaus ein Interesse an billigen Nahrungsmitteln für ihre Beschäftigten, Landwirte wiederum an preiswerten Industrieerzeugnissen zur Modernisierung ihrer Betriebe. Wechselseitige Konzessionen schufen jedoch die Basis dafür, daß sich in den konservativen Parteien der Ruf nach agrarischen und industriellen Schutzzöllen durchsetzte, während die Liberalen hier insgesamt nicht mitzugehen bereit waren. 1876 wurde Delbrück im Reichskanzleramt abgelöst. Bismarcks Versuch, den nationalliberalen Parteiführer Rudolf von Bennigsen ins preußische Staatsministerium nach dem Abgang weiterer liberaler Beamter einzubinden, scheiterte an dessen in Richtung Parlamentarisierung zielenden Forderungen. Als auch der größte Teil der Zentrumsabgeordneten sich 1878 der schutzzöllnerischen interfraktionellen »Volkswirtschaftlichen Vereinigung des Reichstags« anschloß, hatte diese tatsächlich eine Mehrheit. Bei der

Ökonomische Krisenstimmung

katholischen Partei waren es weniger die materiellen Interessen als das Bestreben, aus dem Kulturkampf herauszukommen.

Genau darum ging es auch dem Reichskanzler. Es kann nun nicht die Rede sein, daß eine sich wandelnde Interessenkonstellation im Reichstag Bismarck einen Kurswechsel aufgezwungen hätte; denn er erkannte ja gleichermaßen – und nicht zuletzt als Landwirt – die Krisensymptome, teilte die Überzeugung, daß ein Schutz der nationalen Arbeit erforderlich sei. So klang dann die Ära seiner Kooperation mit den Liberalen ab 1876 langsam aus. Das Ziel der Fortschrittspartei, »die Lücken der Reichsverfassung und der Reichsgesetzgebung im Sinne einer wahrhaft constitutionellen Entwicklung auszufüllen«, blieb trotz aller Vagheit der Vorstellungen in den Anfängen stecken. Nicht zuletzt die Einsicht, daß man nur *mit* Bismarck etwas erreichen konnte, bestimmte die Haltung der Liberalen bis weit in die Fortschrittspartei hinein. Das wiederum gab dem Kanzler in nicht gerade seltenen Auseinandersetzungen die Möglichkeit, durch Konfrontation bis hin zur Rücktrittsdrohung seinen Kurs durchzusetzen. Die Übereinstimmung in Wirtschafts- und Außenpolitik, in Fragen des Kulturkampfs wie des Reichsausbaus hinderte die Liberalen nach ihrer Niederlage der sechziger Jahre vor einer nachdrücklicheren Vertretung von Freiheitsforderungen. Das Reich konsolidierte sich auf diese Weise; aber Ende der siebziger Jahre waren die Gemeinsamkeiten aufgebraucht.

Abwendung von den Liberalen

Bündnisse und Frieden – Die deutsche Halbhegemonie in Europa

Reichsgründung und England

Die deutsche Frage ist auch immer eine europäische Frage. Wie nahmen die anderen Mächte jene kleindeutsche Reichsgründung auf? War sie, wie der britische Oppositionsführer Benjamin Disraeli formulierte, tatsächlich »die deutsche Revolution«, durch die sich alle Prinzipien der Staatspolitik und diplomatischen Traditionen umkehren mußten? Das doch wohl kaum – und die Äußerung war eher dazu angetan, der liberalen Regierung in London Beine zu machen. Viel zu sehr waren die Briten als einzige Weltmacht der Zeit mit ihren Überseeinteressen beschäftigt, als daß sie den Vorgängen auf dem Kontinent mehr als peripheres Interesse widmeten. Die Bildung eines Nationalstaates in der Mitte Europas lag prinzipiell im britischen Interesse, gab es doch nunmehr ein ansehnliches Gegengewicht zu Frankreich. Natürlich konnte man sich die innere Ordnung liberaler vorstellen, erntete Bismarck als Person Skepsis, wußte man doch noch nicht genau, ob die kriegerische Politik des vorangegangenen Jahrzehnts nunmehr fortgesetzt würde. Offenheit für die weitere Entwicklung dominierte also auf der Insel, eine Haltung, die zugleich mit einer gewissen Skepsis über das enorme Potential gepaart war, das in fernerer Zukunft die britischen Belange möglicherweise gefährden könnte.

Reichsgründung und Frankreich

Zu einer solchen nüchternen Beurteilung konnte man sich im geschlagenen Frankreich verständlicherweise nicht bereitfinden. Von den im Frankfurter Frieden vom 10. Mai 1871 auferlegten Bedingungen wurde die Kriegsentschädigung oder die Klausel über die permanente Meistbegünstigung nicht als entscheidend angesehen, sondern die Abtretung Elsaß-Lothringens beherrschte die Gemüter. Die Idee der Revanche bildete fortan ein integrierendes Leitbild, auch wenn verantwortliche Politiker wie Jules Favre die konkrete Außenpolitik von der Maxime leiten ließen: »Die Umstände zwingen uns leider die Notwendigkeit auf..., einen großen Geist der Mäßigung...zu zeigen. Der Augenblick, die Initiative zu ergreifen, ist für uns noch nicht gekommen.« Die neue Republik hatte sich in den siebziger Jahren als Folge der Commune und des Krieges erst mühsam selbst zu finden. Bis 1873 standen deutsche Besatzungstruppen im Land, aber auch im folgenden Jahrfünft übte das Reich formell und informell einen bedeutenden Einfluß auf die französische Innenpolitik aus. Eine Maxime lautete jedoch: schnellstmögliche Reorganisation des zerschlagenen Heeres, um auf diese Art und Weise gegenüber dem bedrohlich erscheinenden Machtstaat an der Ostgrenze die Eigenständigkeit behaupten zu können. Dieser Prozeß war um 1880 abgeschlossen.

Reichsgründung und Rußland

Das russische Wohlwollen gegenüber der Reichseinigung war eine ihrer unerläßlichen Bedingungen. Die Drohung eines Aufmarsches an der galizischen Grenze sollte Österreich-Ungarn in Schach halten. Zar Alexander II. (1855–1881) zeigte sich propreußisch und akzeptierte den Sieg der Waffen sowie seine Folgen für die deutsche Frage gerade auch deswegen, weil hier kein liberaldemokratischer Staat entstand, sondern das monarchische Prinzip gewahrt schien. Daß Rußland die Reichsgründung stützte, hatte aber auch seinen Grund darin, daß es gleichsam im Windschatten dieses Prozesses gelang, die seit dem Pariser Frieden von 1856 bestehenden Einschränkungen der russischen Großmacht aufzuheben. Die internationale Pontus-Konferenz im Frühjahr 1871 akzeptierte die Remilitarisierung des Schwarzen Meeres. Dennoch kann kein Zweifel bestehen, daß die deutschen Waffen nach Alexanders Ansichten ein wenig zu gründlich gesiegt hatten, so daß sich eine skeptische Hinnahme der Emanzipation des bisherigen Juniorpartners Preußen zur selbständigen Großmacht als Leitlinie anbot. In der gleichzeitig forciert betriebenen Modernisierung im Inneren gewann die Öffnung nach Europa immer größere Bedeutung, und hier löste das Deutsche Reich tatsächlich in jenen Jahren Großbritannien als führendes Einfuhrland ab, ohne daß dies bereits auf die große Politik durchschlug.

Österreich-Ungarn

Österreich-Ungarn hatte den Schock der Niederlage von 1866 und die Verdrängung aus Deutschland überraschend schnell verwunden. Die Mäßigung im Frieden zahlte sich hier aus. Es war nicht nur der drohende russische Aufmarsch an der Grenze, der die Donaumonarchie von einer Verbindung mit Frankreich hatte absehen lassen, sondern bestimmend blieb die Einsicht in die Unausweichlichkeit jener Nationalstaatsgründung, deren epochale Bedeutung als letztes Siegel unter der staatlichen Separierung der Deutschen Österreichs durchaus erkannt wurde. Vereinfacht gesagt hatten die Ungarn am wenigsten Vorbehalte, die Deutsch-Österreicher sahen aber keine Chance gegenüber der mitunter auch hier virulenten Nationalbegeisterung, und bei den Slawen war je nach Region die Meinung aufgrund der erwarteten Entwicklungsmöglichkeiten der österreichisch-ungarischen Monarchie unterschiedlich. Die schon von seinem Vorgänger als unumgänglich akzeptierte Linie von Außenminister Julius Graf Andrássy suchte daher eine Anlehnung an den erstarkten Nachbarn. Nachdem kurz hintereinander die italienische Position wie die Einwirkungsmöglichkeiten in die deutsche Frage durch preußische oder süddeutsche Optionen verloren waren, blieb langfristig nur eine neue Expansionsrichtung übrig: der Balkan.

Auch die italienische Nationalstaatsgründung war immerhin im Windschatten des Krieges vollendet worden, als der Papst seiner Souveränität über Rom enthoben wurde. Aber bedeutende Affinitäten ergaben sich weder hieraus noch gar aus einer denkbaren gemeinsamen antivatikanischen Stoßrichtung. Die übrigen Staaten Europas, seien es Nachbarn des Reiches oder entferntere Nationen, richteten sich teils eher gelassen, teils eher entschlossen auf die neue Situation ein.

Halbhegemoniale Stellung

Tatsächlich hatte das Reich eine halbhegemoniale Stellung errungen, und es ging nunmehr für die deutsche Außenpolitik darum, diesen Staat zu konsolidieren, »das Deutsche Reich von den...bedrohlichen Folgen seiner Gründung zu bewahren« (Hillgruber). Das war die vordringliche Aufgabe des Kanzlers, der die Außenpolitik weithin autonom leiten konnte. Er entwickelte sich unter dieser Aufgabe Zug um Zug zur Schlüsselfigur der europäischen Politik insgesamt. Wichtig war es zunächst einmal, daß vom Reich der territoriale Bestand des unter sprachlichen oder ethnischen Gesichtspunkten unvollendeten Nationalstaates akzeptiert wurde. Auch der Anschein eines Aufgreifens großdeutscher Pläne war tunlichst zu vermeiden. Ebenso spielten ökonomisch akzentuierte Mitteleuropa-Vorstellungen als weniger spektakuläre Formen deutscher Hegemonie in der Zeit Bismarcks nur gelegentlich einmal eine Rolle. Nur als letzte Notlösung stand dem Kanzler der Gedanke vor Augen, in einer existenzbedrohenden Krise für das Deutsche Reich die labile Doppelmonarchie Österreich-Ungarn zwischen Rußland und dem Deutschen Reich aufzuteilen. Wenn schon die Ansatzhöhe Mitteleuropa für die praktische Politik Bismarcks keine zentrale Rolle spielte, so galt dies um so mehr für ein Engagement außerhalb Europas, eine weltpolitische Karte, die zu reizen notwendigerweise zu Gegensätzen mit anderen Großmächten, vornehmlich Großbritannien, führen mußte. Vielmehr bot sich als dominierende Linie deutscher Politik an, die Spannungen der anderen Mächte nach Möglichkeit vom Zentrum Europas an die Peripherie zu verlagern. Das galt zunächst einmal für Europa und besonders für den Orient, später aber dann in überseeische Gebiete im Zuge einer Veränderung der weltpolitischen Konstellation insgesamt. Als Bismarcks Erfolgsrezept wurde dies von seinen Nachfolgern wenn schon nicht durchgehend beachtet, so doch ideologisch überhöht stilisiert.

Optionen

Der Nachteil lag allerdings auf der Hand. Das Deutsche Reich konnte, ja mußte in einem expandierenden Zeitalter im Vergleich zu den übrigen Mächten relativ gesehen zurückbleiben. Wenn nur die anderen Großmächte sich territoriale Vorteile an der Peripherie verschafften, stagnierte das Reich vergleichsweise. Zwei andere und risikoreichere Strategien gab es demgegenüber grundsätzlich. Zum einen konnte im herkömmlichen Stil des Großmächtesystems durch wechselnde Kompensationen der Mächte miteinander Ausgleich geschaffen werden und Gegensätze der großen auf Kosten der kleineren Staaten oder schwächeren Reiche gemildert werden. Aber hier war die Manövriermasse durch die Nationalstaatsgründungen in Europa bereits beträchtlich verkleinert. Neben Österreich-Ungarn standen in Mitteleuropa im Grunde genommen nur Belgien und die Niederlande zur Verfügung, und ein Ausgleich der verbliebenen Großmächte auf deren Rücken ließ sich, die Wertvorstellungen nationalstaatlicher Souveränität auch kleineren Staaten als Wirkfaktor berücksichtigend, nur schwer durchführen, ohne daß es zu einem allgemeinen Krieg kam. Vermeiden konnte man diese Gefahr grundsätzlich aber auch durch schnelle, duellartig durchgeführte Kriege, wie sie in den sechziger Jahren stattgefunden hatten. Durch weitere punktuelle Siege der deutschen Waffen war so theoretisch die unabhängige Großmachtposition zu festigen. Eine solche Behauptung gegenüber Frankreich oder Rußland konnte eine potentielle Gegnerkonstellation unterlaufen oder sie aber auch gerade dadurch erst herstellen. Eine solche Option bildete die Basis militärischen Denkens und wurde so vom Generalstab wiederholt erwogen; sie stand aber auch dem Reichskanzler vor Augen, so daß ein Konsens der Führung darüber herrschte, daß ein stark gerüstetes Heer gleichsam das Unterfutter deutscher Großmacht bleiben müsse. Gerade die beiden letztgenannten Alternativen – und schon die Drohung mit diesen – bargen die Gefahr in sich, daß nicht deutsche Handlungsfreiheit herauskam, sondern

»Der große Veränderer der europäischen Landkarte balanciert auf dem Globus« (Holzschnitt nach einer Zeichnung von Draner, 1871)

eine Koalition der anderen Mächte – eine »Einkreisung«, wie es dann im 20. Jahrhundert genannt wurde –, die gerade jene autonome Großmachtstellung wieder beschnitt oder ganz rückgängig machte.

Verfall des europäischen Konzerts

Ein weiteres Strukturmerkmal internationaler Politik der Reichsgründungszeit verdient hervorgehoben zu werden. Internationale Solidarität, wie sie in der Wiener Ordnung von 1814/15 kodifiziert und im klassischen europäischen Konzert anschließend praktiziert worden war, spielte um 1870 keine Rolle mehr. Das war um so bemerkenswerter, als die deutsche Ordnung 1815 durch die Aufnahme der Satzung des Deutschen Bundes in internationale Beschlüsse als Sache der gesamteuropäischen Ordnung anerkannt worden war. In kritischen Situationen hatten die einzelnen Mächte durchaus mit der Anwendung ihres völkerrechtlichen Mitwirkungsrechts für Deutschland gedroht, aber weder bei der italienischen Nationalstaatsgründung 1859/60 noch 1866 oder 1871 spielte dies eine Rolle. Das hing gewiß mit dem allgemeinen Verfall des europäischen Konzerts zusammen, war ein Symptom dessen, aber doch auch mit der spezifischen Art bismarckscher Politik. Es gelang ihm, hier wie in den folgenden Jahren die neue Ordnung Mitteleuropas von der Tagesordnung allgemeiner Konferenzen oder Kongresse fernzuhalten. Und die anderen Mächte akzeptierten das, was 1870/71 zumindest zeitweilig erwogen, durch die überlegene diplomatische Taktik des Kanzlers aber vermieden worden war. In seiner Sicht bestand die Gefahr, daß eine multilaterale Regelung das Deutsche Reich von vornherein in seiner Handlungsfreiheit beschneiden, ihm Grenzen setzen würde. Der Frankfurter Frieden mit Frankreich etwa hätte kaum das Ergebnis einer internationalen Garantie sein können.

Konservative Solidarität

Die Anfänge der Reichspolitik nach außen sehen oberflächlich betrachtet bescheiden und tastend aus. Wechselseitige Besuche der Monarchen der drei Kaisermächte – Deutsches Reich, Österreich-Ungarn und Rußland – signalisierten konservative Solidarität, vor allem aber den Verzicht auf künftige deutsche territoriale Ambitionen. Dennoch legte Bismarck großen Wert darauf, das Reich auf diese Weise nicht erneut in Abhängigkeit vom Zarenreich gelangen zu lassen. Das Drei-Kaiser-Abkommen, das durch den Beitritt Wilhelms I. am 22. Oktober 1873 zu einer zuvor von Franz-Joseph (1848–1916) und Alexander II. unterzeichneten Deklaration zustande kam, beschwor die »Heilige Allianz zur Sicherung des Friedens in Europa«. Diese auf die Vorgänge der Pariser Commune im Frühjahr 1871 gemünzte antirevolutionäre Stoßrichtung war kaum mehr als ein dünner Schleier rückwärts gewandter Erinnerung, jedenfalls für Bismarck keine dauernde Basis für künftige Politik. Da die letzten deutschen Truppen gerade einen Monat zuvor aus Frankreich abgezogen waren, konnte die noch schwache Republik unter den Großmächten als Faktor der europäischen Politik wieder bedeutsam werden, wie russische Annäherungsversuche zeigten. Dem galt es vorzubeugen. Ansätze zu einer Solidarität katholischer Politik in Europa waren nicht nur eines der Motive zur Verschärfung des Kulturkampfes, sondern auch eine vom Kanzler des Reiches ernstgenommene internationale Bedrohung. Als sich Zeichen einer österreichisch-russischen Zusammenarbeit auch ohne die Deutschen beobachten ließen, entfachte Bismarck eine Pressekampagne gegen die Donaumonarchie, um dieser die Abhängigkeit von Berlin vor Augen zu führen. Der große Wurf zur Abwehr einer deutschen Isolierung wurde jedoch 1874/75 unternommen, teils diplomatisch-sondierend, teils öffentlich-auftrumpfend. Das erste war die Mission eines Vertrauten, des Gesandten Joseph-Maria von Radowitz nach Petersburg; dieser ließ dort wahrscheinlich – letzte Sicherheit gibt es nicht – den Gedanken an eine Aufteilung der Interessensphären in Südosteuropa anklingen. In seiner Konsequenz hätte dies die dritte Kaisermacht in Frage gestellt, einen machtpolitischen Block unter deutscher Führung gebildet, der die europäische Szene erneut radikal verändert hätte. Die Russen reagierten jedoch nicht, ja der zweite Akt gegenüber Frankreich, der gerade zur Stärkung der Mission Radowitz' hätte dienen können, bewirkte das Gegenteil des Erstrebten.

»Krieg in Sicht«-Krise

Gemeint ist die »Krieg in Sicht«-Krise. Sie wurde nach einem jene Frage aufwerfenden Artikel in der offiziösen Tageszeitung »Die Post« vom 8. April 1875 benannt. Vorausgegangen war ein französisches Gesetz, das die Stärke der Armee beträchtlich vermehren mußte und damit das deutsche militärische Kalkül einer dauernden Überlegenheit zunichte machte. »Frankreichs Feindschaft zwingt uns zu wünschen, daß es schwach sei«, hatte Bismarck bereits 1872 sein Ziel formuliert; die republikanische Staatsform verhindere ein Zusammengehen mit anderen Monarchien. Nunmehr aber wurde öffentlich diskutiert und diplomatisch gedroht, daß ein Präventivkrieg in Betracht komme. Im Gegensatz zum Generalstab, der in der Tat gute Aussichten für eine erneute schnelle Niederwerfung Frankreichs sah, dachte Bismarck wohl nur an eine politische Demütigung, die zwar den für unabänderlich angesehenen Revanchegeist der Franzosen schüren, sie aber doch in Einsicht ihrer Isolierung zum Nachgeben und damit in permanenter Schwäche halten mußte. Hätte dies geklappt, wäre die Erbfeindschaft beider Staaten in dauerhafte Abhängigkeit kanalisiert worden.

Tatsächlich gelang es dem französischen Außenminister, dem Herzog Decazes, die anderen Staaten zu mobilisieren. Von österreichischer Seite ermuntert, boten die Briten nachdrücklich in Berlin ihre Vermittlung an; die Russen verschlossen sich zwar einer für die Deutschen demütigenden Kollektivdemarche bei Bismarck, ließen sich aber doch als Friedensstifter feiern, nachdem der Kanzler bereits vor einem Zarenbesuch in Berlin im Juni 1875 gegenüber Frankreich eingelenkt hatte. Schlagartig wurde die deutsche Isolierung deutlich; keine andere Großmacht stellte sich hinter seine Politik. Damit war zugleich offenkundig, daß Präventivkrieg wie Kompensationspolitik, die beide in jener Situation als große Möglichkeiten dynamischer Weiterentwicklung von Bismarck ins Spiel gebracht worden waren, unter den gegebenen Umständen nicht griffen, ja das neue Reich selbst in Gefahr bringen konnten. So wenig den Zeitgenossen diese Optionen deutlich waren, so deutlich wird rückblickend die Bedeutung der Krise als »Wegscheide der Politik« (Hillgruber) in Europa. Will man es auf einen Begriff zuspitzen: eine volle Hegemonie des Deutschen Reiches über Europa war nicht durchzusetzen. Eine schon gegenüber den Nachbarn herausgehobene, aber doch nur halbhegemoniale Position ließ sich nur in defensiver Grundhaltung sichern. Was Bismarck für Preußen in den sechziger Jahren an Handlungsmöglichkeiten wahrgenommen hatte, das gab es für das Deutsche Reich der siebziger Jahre tatsächlich nicht mehr. »Deutschland in sich gefestigt, will nichts als sich selbst in Frieden überlassen bleiben und sich friedlich weiterentwikkeln«, war die unmittelbare Erkenntnis Bismarcks aus der Krise. Nunmehr erst begann die eigentliche Friedenspolitik des Kanzlers. »Wir halten Frieden, indem wir uns kampfbereit zeigen. Man greift nicht leicht jemand an, dem der Degen lose in der Scheide sitzt«, äußerte er sich jedoch zu den konstanten Bedingungen jener Politik im gleichen Atemzug.

Deutsche Isolierung

Peripheriepolitik

Es blieb aus den eingangs genannten politischen Strategien also vornehmlich übrig, die Spannungen anderer Mächte an der Peripherie zu fördern, um sie nicht länger auf die Mitte Europas zu fixieren. Ein Glücksfall war es in dieser Sicht, daß – wieder einmal – aus lokalem Anlaß die Aufmerksamkeit aller Mächte auf die Orientfrage gerichtet wurde, die Frage nach dem Überleben des traditionalen islamischen Reiches der Pforte angesichts von Nationalismus gerade in seinen europäischen Teilen. Der Anlaß war Mitte 1875 ein regionaler Aufstand in Bosnien und der Herzegowina gegen das osmanische Joch gewesen. Auf dieses Gebiet richteten sich österreichische Hoffnungen; eine liberale Öffentlichkeit zumal Westeuropas war bereit, Autonomieforderungen unterdrückter Balkanvölker zu stützen, und auch auf russischer Seite regte sich als zunehmend mächtiger werdende Strömung ein orthodox-religiöses wie panslawistisch begründetes Sendungsbewußtsein. Bald standen auch Serben, Bulgaren und Montenegriner im Krieg bzw. Aufstand. Daß die Pforte die Ruhe und Ordnung begleitet von weithin publizierten Grausamkeiten bei der Pazifikation wiederherstellte, kam für Briten wie Franzosen kaum in Frage, aber auch nicht das, was dann tatsächlich geschah: die Russen erklärten ihrerseits unter öffentlichem Druck im April 1877 dem Osmanischen Reich den Krieg, zwangen die Rumänen zum Mitmachen und überrannten die europäischen Bastionen der Pforte. Vor Konstantinopel stehend setzten sie im März 1878 dem Sultan in der Vorstadt San Stefano einen Frieden auf, dessen Kern die Schaffung eines bis zur Ägäis reichenden selbständigen, aber von Rußland abhängigen Bulgarien neben kaukasischen Ge-

Russisch-türkischer Krieg

winnen Rußlands war. Ganz ohne Versuche zur diplomatischen Absicherung war eine solche Umwälzung der europäischen Ordnung zwar nicht unternommen worden. Bereits vor dem Krieg hatte es Absprachen mit der Donaumonarchie gegeben, die diese vor einem panslawistischen Kreuzzug zu sichern schienen.

Wichtiger war aber, ob die Zusicherung Kaiser Wilhelms an den Zaren, seine Politik gegenüber Rußland »durch die Erinnerung an Deine Haltung für mich und mein Land von 1864 bis 1870/71« bestimmen zu lassen, mehr als die damals so entscheidende wohlwollende Neutralität bedeutete. Auf die direkte Anfrage aus Petersburg jedenfalls, ob man auch auf eine Unterstützung bei einem Krieg mit Österreich rechnen könne, wich Bismarck aus. Spannungen im Orient waren gut – ein europäischer Krieg aber zweifellos nicht, der eine deutsche Abhängigkeit zur Folge haben konnte. In dieser prekären politischen Situation hatte Bismarck schon 1876 im Reichstag formuliert, es gäbe nichts im Orient zu gewinnen, was »die gesunden Knochen eines pommerschen Musketiers wert« wäre, eine Erklärung der Uninteressiertheit, die als Maxime seinen Nachfolgern in unserem Jahrhundert zur hohlen Phrase geriet. Im Zusammenhang mit jener Orientkrise ließ Bismarck in Kissingen im Juni 1877 dann auch jene Sätze aufzeichnen, die ein Schlaglicht auf seinen »cauchemar de coalitions« (Alptraum vor Koalitionen) warfen, die Furcht vor Einkreisung, wie es dann später hieß. Gewiß nicht als eherne Weisheit gemünzt, doch aber als charakteristische Leitlinie rückblickend zu erkennen, entwarf der Kanzler für längere Sicht folgendes Bild: »...nicht das irgendeines Ländererwerbes, sondern das einer politischen Gesamtsituation, in welcher alle Mächte außer Frankreich unser bedürfen, und von Koalitionen gegen uns durch ihre Beziehungen zueinander nach Möglichkeit abgehalten werden.« England, Rußland wie Österreich sollten sich ruhig im Orient engagieren, ohne doch zum Krieg gegeneinander getrieben zu werden.

Furcht vor Einkreisung

Nicht erst San Stefano forderte Großbritannien heraus; bereits zuvor war eine britische Flotte ins Marmara-Meer entsandt worden, um britische Entschlossenheit zu bekunden, die eigenen Orientinteressen und zumal den Weg nach Indien notfalls durch Krieg zu sichern, eine Haltung, die auch für die Wiener Politik galt. In der Tat lenkte der russische Außenminister Gorčakov ein. Nach einigen Vorverhandlungen zwischen Großbritannien und Rußland, die bereits die Atmosphäre entspannten, war der Berliner Kongreß (13. Juni–13. Juli 1878) das Ergebnis. Ein glanzvolles Ereignis mit dem deutschen Reichskanzler als »ehrlichen Makler« stellte die an den Frieden von Paris 1856 anknüpfende Großmächtetagung nur vordergründig dar, mochte aber im innenpolitischen Krisensommer des Jahres ablenkend wirken. In Einzelverhandlungen mehr als in den offiziellen Sitzungen konnte Bismarck für einen Ausgleich der Interessen sorgen, die Briten wie die Franzosen von seiner Friedensliebe überzeugen. Rußland mußte in der bulgarischen Frage entscheidend zurückstecken. Österreich-Ungarn erhielt die Besetzung Bosniens und der Herzegowina zugesprochen, Großbritannien Zypern. Auch Frankreich wurde zur mittelmeerischen Expansion ermuntert. Dennoch wog die Befriedigung des Westens über die deutsche Ausgleichspolitik die russische Verstimmung über mangelnde Unterstützung nicht auf. Gerade durch die Schutzzollpolitik kamen neue Spannungen zum Agrarexportland Rußland hinzu, die im folgenden Jahrzehnt zum gängigen Instrument politischen Drucks wurden.

Berliner Kongreß

Zollunionsgedanke

Wie prekär Bismarck die Situation nunmehr sicherheitspolitisch einschätzte, ergibt sich daraus, daß er der gleichfalls durch die deutschen Schutzzölle geschädigten Donaumonarchie eine durch die Parlamente zu bekräftigende Zollunion vorschlug. Diese Umkehrung der Bruckschen Pläne

Berliner Kongreß 1878 (Gemälde von Anton von Werner)

von 1849 nunmehr unter deutscher Führung mußte Mitteleuropa als neue Ansatzhöhe zur Folge haben, für die übrigen Mächte keine sehr willkommene Machterweiterung. Daß ein solches, ökonomisch begründetes Mitteleuropa für ein künftiges weltpolitisches Zeitalter erst die erforderliche Basis darstellen werde, wurde vorerst nur von einigen Liberalen gesehen; dem Kanzler war solches Denken fremd. Da Andrássy jedoch aus Sorge um die Selbstständigkeit Österreich-Ungarns ablehnte, kam es nur am 7. Oktober 1879 zu einem geheimen Defensivbündnis der beiden Mächte, dem Zweibund, der sich allein gegen Rußland richtete. Das war nach vorausgegangener massiver russischer Pressionspolitik gegenüber Berlin, die insbesondere Kaiser Wilhelm in seiner Option zögern ließ, zunächst nicht als Blockbildung gedacht, entwickelte sich aber nach längerem Weg letztlich doch zum Rückgrat der deutschen Politik bis hin zum Ende der Monarchien. Offengehalten sollte durch den Zweibund zunächst auch aus innenpolitischen Gründen eine Entscheidung für Rußland oder England bleiben. Es begann jetzt erst das später idealisierte »Spiel mit den fünf Kugeln«, das Bindungen an jede europäische Großmacht aufwies, ohne doch an eine von ihnen angebunden zu sein, aber auch ohne eine übermächtige Gegenkoalition heraufzubeschwören. Tatsächlich war es mehr ein System von jeweils ergriffenen Aushilfen, die schon eine Ähnlichkeit mit den Überlegungen in Kissingen hatten, jedoch davon weit entfernt waren, eine kühn entworfene Vision in die Realität umzusetzen. Daß der Draht nach Rußland wieder aufgenommen werden konnte, war schon zur Zeit der Zweibundverhandlungen deutlich. Der Dreikaiservertrag vom 18. Juni 1881 ersetzte das längst obsolet gewordene Abkommen von 1873, sah aber für die dreijährige Laufzeit anders als der Zweibund nur wohlwollende Neutralität für den Fall eines Krieges – und dies auch aus der Offensive! – mit einer vierten Macht vor. Geheime Absprachen grenzten ferner einige Orient-Interessen Österreichs und Rußlands für den Fall einer dynamischen Entwicklung ab. Überraschend leicht ließen sich diese Vereinbarungen 1884 verlängern, waren aber kaum 2 Jahre später bereits Makulatur.

Zweibund

»Spiel mit den fünf Kugeln«

Im Sinne einer Ablenkung von den »blauen Kämmen der Vogesen« hatten sich die Franzosen 1881 dauerhaft in Tunis festgesetzt (England übrigens im folgenden Jahr in Ägypten), was die Italiener aufbrachte, sahen sie sich doch eines möglichen Expansionszieles beraubt. Wenn diese schwächste Großmacht überhaupt künftig solche Möglichkeiten Richtung in Balkan oder Nordafrika durchsetzen konnte, dann nur bei Stützung durch andere. Für gegenüber Frankreich durchzusetzende Ambitionen in Tripolis bot sich – neben der sowieso vitalen maritimen Abhängigkeit von Großbritannien – ein Dreibund mit dem Deutschen Reich und Österreich-Ungarn an, der tatsächlich am 20. Mai 1882 geschlossen wurde. In ihm gab es vage Zusicherungen für eine italienische Südpolitik, in seinen militärischen Klauseln schützte er jedoch im Kern gegen einen französischen Angriff. Insofern brachte er eine gewisse Ergänzung zum völlig unabhängig davon bestehenden Zweibund. Diese sehr unterschiedlich gelagerten Bündnisse sollten zuerst einmal den Krieg verhindern, aber sie brachten doch militärische Absprachen in bislang unbekanntem Maße in Friedenszeiten ein, ein abschüssiger Weg, wie sich später zeigen sollte. Für Bismarck sah die deutsche Situation jedenfalls zunächst günstig aus. Er konnte sich über den Dreikaiserbund je nach Gelegenheit mehr auf die konservativen Ostmächte stützen, über den Dreibund die Kontakte zum liberaleren England fördern und so ein System von Gegengewichten bilden, wie es in anderer Weise auch in der Innenpolitik jener Jahre charakteristisch war. Es kam noch hinzu, daß sich auch mit dem als Republik konsolidierten Frankreich seit Ende der siebziger Jahre wieder geschäftsmäßige Beziehungen entwickelt hatten, die 1884/85 zu einer kurzlebigen Entente für afrikanische Fragen gegenüber Großbritannien führten.

Dreibund

System von Gegengewichten

Jene Kolonialpolitik hat die Forschung in den letzten beiden Jahrzehnten sehr stark beschäftigt. Schon als Siegespreis im deutsch-französischen Krieg hätte sich 1870/71 leicht eine indochinesische Kolonie durchsetzen lassen, aber Bismarck hatte hier wie auch später mit Rücksicht auf die europäische Konsolidierung des Reiches solche Ansinnen zurückgewiesen. »Solange ich Reichskanzler bin, treiben wir keine Kolonialpolitik«, verkündete er noch 1881; und dennoch erwarb das Deutsche Reich den größten Teil seines Kolonialbesitzes 1884/85: Deutsch-Südwestafrika, Deutsch-Ostafrika, Togo und Kamerun in Afrika, dazu pazifischen Besitz in Neuguinea (Kaiser-Wilhelm-Land), ein Bismarck-Archipel, die Salomonen und die Marshall-Inseln. Die Suche nach den Motiven für diesen scheinbaren Bruch von Prinzipien führt zu einem ganzen Bündel sich ergänzender Beweggründe. Zunächst einmal: Bismarck wollte auch in jenen Jahren keine Kolonien gewinnen, sondern es wurde der Schutz des Reiches für Gebiete proklamiert, die von den interessierten Handels- und Schiffahrtskreisen künftig unter eigener Regie betrieben werden sollten. Die britischen *chartered companies* waren hier das große Vorbild. In ähnlicher Weise wie die Wirtschaftsinteressen der produzierenden Stände einige Jahre zuvor durch den Schutzzoll von Staats wegen zu unterstützen waren, so ging es jetzt in der Konjunkturkrise der frühen achtziger Jahre um eine Stützung von Absatzmärkten und Erwerb von Rohstoffquellen. Allerdings war deutlich, daß die neuen Territorien hierfür substantiell nur wenig hergeben konnten. Aber über diese unmittelbaren Effekte hinaus konnte Bismarck sich des Beifalls auch breiterer Kreise für diese neue, wenn auch begrenzte Form der Staatsintervention sicher sein und daraus 1884 eine gute Wahlparole für die Reichstagswahlen machen. Ob darüber hinaus durch eine antiliberale Kampagne zugleich auch einem liberaleren und englandfreundlicheren Kurs nach dem bald zu erwartenden Thronwechsel im Reich vorgebeugt werden sollte, ist doch wohl eher fraglich, jedenfalls war diese Art der Stabilisierung der eigenen Stellung des Reichskanzlers sekundär.

Kolonialpolitik

Motive

Besitzergreifung

Fast überall fand der Akt der Besitzergreifung in zwei Schritten statt. Kaufleute wie Adolf Lüderitz in Südwestafrika oder der Bankier Adolph Hansemann in Neuguinea oder ein Abenteurer wie Carl Peters in Ostafrika schlossen Verträge mit Einheimischen über deren Schutz. Diesen erwarteten sie in Eingeborenen-Auseinandersetzungen wie gegenüber anderen Europäern. Beabsichtigt war von Regierungsseite immer eine Zusammenfassung deutscher Wirtschaftsinteressen in einer einzigen Gesellschaft, was aber dank zweifelhafter Persönlichkeiten wie Peters oder Lüderitz in vielen Fällen nur unvollkommen gelang. In den meisten Fällen erfolgte die deutsche Flaggenhissung durch einen Reichsbeauftragten – so die Konsuln Gustav Nachtigal und Gerhard Rohlfs –, aber erst anschließend ging es darum, die deutschen Verkehrs- und Handelsinteressen zusammenzubringen, was in Westafrika nur geringen Erfolg aufwies. Ein zweiter Akt der Begründung von Schutzgebieten war überall die Abgrenzung von den Ansprüchen anderer Mächte; hier entstanden in den Jahren seit 1885 jene an Flüssen, Breiten- oder Längengraden orientierten Grenzen, die bis heute nachwirken. Und hier ließ sich oft mit den Franzosen leichter zum Einverständnis kommen als mit den Briten, die ja auch fast überall als Konkurrenten präsent waren. Mit Empörung weigerte sich Bismarck so etwa ein »Naturrecht der Australier auf Neuguinea« anzuerkennen, und es war recht eigentlich dieser Subimperialismus der weißen Briten, der ihn veranlaßte, energisch gegenüber London im Wortsinn Flagge zu zeigen, auf die Gefahr einer diplomatischen Krise hin. Solche Nadelstiche waren allerdings neu und wurden tatsächlich schon auf der Berliner Kongokonferenz (November 1884–Februar 1885) wieder in eine kooperative Haltung überführt. Neben der Erklärung einer größeren mittelafrikanischen Freihandelszone akzeptierten hier die engagierten Staaten Europas wie die USA ein eigentümliches Gebilde: ein Gebiet, das in den persönlichen Besitz des belgischen Königs Leopolds II. (1865–1909) gelangte (bis 1908), wurde in der Form einer privaten Gesellschaft dennoch als Staat anerkannt. Im Zuge der Wirtschaftsförderung setzte sich Bismarck in ähnlicher Weise wie bei den Schutzgebieten 1885 für die Subvention von Dampferlinien ein, wo gleichermaßen der Eindruck entstanden war, gegenüber der staatlichen Intervention zumal Großbritanniens verliere das Reich an Boden.

Abgrenzung von den Ansprüchen anderer Mächte

Scheitern der Charter-Gesellschaften

Ende der achtziger Jahre waren von diesem Kolonialkonzept fast nur noch Scherben übrig. Die meisten Charter-Gesellschaften standen auf zu schwachen Füßen und kapitulierten, so daß das Reich mit der Entsendung von Beamten erste Schritte zu stärkerer staatlicher Beteiligung tun mußte. Die Afrikaner zeigten sich über die Ergebnisse deutschen Schutzes wenig erfreut und wehrten sich in unterschiedlichen Aufständen, was dann wieder militärische Strafexpeditionen nach sich zog. Aufgrund der veränderten europäischen Lage war Bismarck bereit, die Spannungen zu Großbritannien auf kolonialem Gebiet abzubauen – und gerade hier ließ sich ein Conquistador wie Peters nur mit Mühe zurückpfeifen. »Hier liegt Rußland, und hier liegt Frankreich, und wir sind in der Mitte, das ist meine Karte von Afrika«, soll der Reichskanzler 1888 diese Einsicht formuliert haben. Ließen sich außenpolitisch die kolonialen Spannungen in der Sicht Bismarcks, der bereit war, jene Gebiete notfalls wieder aufzugeben, noch leicht überbrücken, so hatten jedoch gerade dank der Reichspolitik innenpolitisch die Hoffnungen auf einen Aufbruch zu neuen Ufern zugenommen; diese blieben erhalten, ja wuchsen noch.

Zweifrontenkriegsgefahr

Der Kolonialerwerb war angesichts der europäischen Verhältnisse nur eine Episode für Bismarck in einer günstigen Situation, die bald wieder in einen gefährlichen Konflikt einmündete. Bereits seit 1871 hatte der preußische Generalstabschef für den Ernstfall einen Zweifrontenkrieg gegen Frankreich und Rußland befürchtet und vorbereitet. Ende 1878 hatte er in einem solchen

Fall nicht zuletzt mit Rücksicht auf Österreich den Schwerpunkt auf eine Ostoffensive gegen Rußland verlagert, was bis 1905 die Grundlage blieb. Im Verein mit seinem Stellvertreter, Graf Waldersee, kam Moltke jedoch aufgrund rein numerischen Kalküls der Streitkräfte Anfang der achtziger Jahre zu dem Schluß, daß die Chancen des Zweibundes gegenüber einer russisch-französischen Koalition rapide abnahmen. Da der Krieg sowieso für unausweichlich gehalten wurde, griff hier der Gedanke an einen baldigen Präventivschlag Platz, der auch mit dem Bündnispartner diskutiert wurde – sehr gegen Bismarcks Absichten. In der Doppelkrise von 1885/87 konnte er dennoch sein ganzes Gewicht im Sinne der Erhaltung des Friedens geltend machen, ohne daß der Erfolg hierin von Beginn an sicher war. In Frankreich gab es in jenen Jahren einen nationalistischen, ja revanchistischen Aufbruch, für den der zeitweilige Kriegsminister Boulanger – auch gegen seine Regierung – stand. Das Gespenst eines neuen Napoleon tauchte auf.

Krise in Bulgarien

Hinzu kam ein erneutes Aufbrechen der Balkanspannungen. In Serbien, sodann aber vor allem in Bulgarien waren die Dynastien ungefestigt, Expansion deren beste Legitimation. In Bulgarien wechselten die Mächte bei Auflösung der Krise 1887 tatsächlich die Dynastie aus. Vorangegangen war aber ein serbisch-bulgarischer Krieg, der mit der Donaumonarchie und Rußland nicht nur die beiden inoffiziellen Schutzmächte in Konflikt brachte. Sondern gerade im Zarenreich ließen aufgebrachte panslawistische Kräfte im Deutschen Reich den eigentlichen Feind erkennen, obwohl tatsächlich Bismarck in bulgarischen Fragen trotz englischer Wünsche in diese Richtung sich strikt weigerte, in die informelle russische Interessensphäre einzugreifen. Der gefürchtete Zweifrontenkrieg schien bevorzustehen, und wurde doch tatsächlich auf diese Weise vermieden. Im Inneren ließ Bismarck die real eher im Osten bestehende Kriegsgefahr verharmlosen, aber durch Anstacheln der anti-französischen Gefühle die Gefahr im Westen steigern und in einer Heeresvermehrung Anfang 1887 auffangen, die abschreckend wirkte. Nach außen hin ließ sich trotz hinzukommender ökonomischer Rivalitäten im Rückversicherungsvertrag vom 18. Juni 1887 der Draht nach Rußland noch einmal wiederherstellen. Ebenso wie der Dreikaiservertrag war es ein Neutralitätsabkommen, anders als jener in der Krise zerbrochene Vertrag sagte er jedoch militärische Hilfe nur bei einem Angriff durch Frankreich bzw. Österreich zu. Zusätzlich und zum Teil ganz geheim sagte Bismarck den Russen eine Unterstützung auch bei einer aktiven Meerengenpolitik zu.

Rückversicherungsvertrag

Ein gewisses Gegengewicht hierzu bildeten weitere Abmachungen, die tatsächlich im Widerspruch zum Wortlaut jenes Rückversicherungsvertrages standen; die Vereinbarungen zwischen Österreich, Italien und Großbritannien stellten aber doch ein gewisses Gegengewicht zu einer einseitigen Bindung dar. Mit Bismarcks aktiver Unterstützung wurden hierdurch die Briten näher an den Dreibund herangezogen als je zuvor. Jene im Jahr 1887 geschlossenen Abkommen richteten sich auf den Status quo im Nahen Osten, sicherten nachdrücklicher als der bisherige Dreibund die Förderung italienischer expansiver Ambitionen zu. Vor allem aber wiesen sie im Vergleich zum Rückversicherungsvertrag über die türkischen Meerengen auf ganz unterschiedliche Strategien, die im Kriegsfall die Deutschen vor einen unlösbaren Zielkonflikt stellen mußten. Ebenso wie die Verträge der frühen achtziger Jahre waren auch diese Abmachungen zur Friedenswahrung gedacht, aber ungleich komplexer, widerspruchsvoller und künstlicher geworden. Entgegen der russischen Regierungspolitik von Außenminister Giers wurden die Beziehungen zu Berlin in Rußland innenpolitisch immer schwieriger abzusichern, nicht zuletzt bedingt dadurch, daß die ökonomische und finanzielle Drohpolitik des Deutschen Reiches fortgesetzt wurde, die doch nur die Russen zu einer erneuten Annäherung zwingen sollte.

Mittelmeerentente

Bündnisangebot an England

1889 war Bismarck soweit, gegenüber der konservativen Regierung in Großbritannien unter Lord Salisbury tatsächlich ein von den Parlamenten zu ratifizierendes Militärbündnis vorzuschlagen. Da dies jedoch englischen Traditionen widersprach, wurde es abgelehnt. Dies wäre eine grundsätzliche Option für eine Anlehnung an die Seemacht gewesen, die Aufgabe einer eigenständigen Großmachtpolitik. Kein Zweifel, Bismarck war mit seiner bisherigen Ausgleichspolitik am Ende. Auch innenpolitisch nach dem Amtsantritt Kaiser Wilhelms II. (1888–1918) zunehmend in die Defensive gedrängt, verschärfte er Anfang 1890 die Konflikte mit dem neuen Monarchen, um gerade aus einer Auseinandersetzung über die Rußlandpolitik den Anlaß zum Abschied zu finden. Der Kanzler hatte das neue Reich in seiner virtuos betriebenen Sicherheitspolitik nach außen hin konsolidiert, erschien tatsächlich als die zentrale Persönlichkeit europäischer Staatenpolitik mit einer Politik des Ausgleichs und der Erhaltung des allgemeinen Friedens. Aber auch er hatte in den letzten Jahren zunehmend erkennen müssen, wie die traditionelle Kabinettspolitik unterhöhlt wurde. Die nationale Frage hatte ihre innenpolitische Integrationskraft erschöpft. Die Vertretung wirtschaftlicher Interessen nach außen trat nach und nach an deren Stelle, und sie ging nur zu leicht mit expansiver Politik und chauvinistischen Strömungen Hand in Hand. Die Zukunft verlangte andere Ansätze, als die letzten Endes seit 1871 auf den Status quo gerichtete Politik des Reichsgründers möglich gemacht hatte.

Die späte Bismarckzeit

Zweite Reichsgründung

Die Jahre ab 1878/79 sind oft als die zweite Reichsgründung bezeichnet worden: auf die Festlegung des Territorialbestands 1870/71 folgte dauerhaft die der inneren Ordnung. Auf eine Formel gebracht: In den Jahren nach 1880 bildete sich die Allianz zwischen der aufkommenden (Schwer-)Industrie und den in historischem Abstieg befindlichen ostelbischen Großgütern, die nur so ihre sozial beherrschende Stellung bewahren konnten. Diese Verbindung von Hochofen und Roggen richtete sich demnach gegen den Rest der Gesellschaft. An dieser Deutung ist manches zutreffend, aber doch auch formelhaft verkürzt und viel zu eindeutig festgelegt, blendet Gegensätze jenes »Solidarprotektionismus« aus, verkleinert den Spielraum von Politik auch für die unteren Schichten.

»Schutz der nationalen Arbeit«

Sicher fand in jenen Jahren ein politischer Kurswechsel statt, in dem sich eine Reihe von Problemen summierten, strukturelle Wandlungen in Wirtschaft und Gesellschaft mit gezielter Politik. »Schutz der nationalen Arbeit«, lautete die wichtigste Parole. In Bismarcks Version bedeutete dies eine Wendung gegen »parlamentarische Verwöhnung und Verblendung«, ein positives Eintreten »für die materiellen Interessen der Nation« und gegen jene Herren, »die weder Industrie noch Landwirtschaft noch ein Gewerbe betreiben«. Darin äußerte sich eine Abneigung gegen bloßes Räsonieren, gegen Reißbrettkonstruktionen ebenso wie gegen ein Laissez-faire der Liberalen oder gegen umstürzlerische Bekundungen von Sozialisten. Dennoch zielte das Ganze nicht auf eine Plutokratie ab und sollte nicht Privilegien der ohnehin schon Begüterten festigen. Vielmehr lag die Überzeugung zugrunde, daß alle Stände und nicht zuletzt das wachsende Proletariat geschützt, gefördert und entlastet werden müßten, daß es so wie bisher nicht weitergehe. Hierin steckte noch kein detailliertes Programm, kein aufeinander abgestimmtes

Bündel von sektoral greifenden Maßnahmen. Vielmehr entwickelten sich erst langsam unter dem Druck und der Agitation von Interessengruppen ebenso wie durch die Möglichkeiten parlamentarischer Mehrheiten beim Reichskanzler und seinen Beratern verschiedenartige Pläne und Gesetzesprojekte.

Einführung von Schutzzöllen

Unter diesen Plänen, die sich seit Mitte der siebziger Jahre herauskristallisierten, war die Einführung von Schutzzöllen die am stärksten umstrittene und diejenige, die auf die Dauer am meisten Beachtung fand. Am 12. Juli 1879 wurden für die Industrie ca. 10–15%ige Zölle eingeführt; für die Landwirtschaft war die Höhe zunächst geringer; erst 1885/87 wurden sie auf protektionistisches Niveau angehoben. Vorausgegangen waren drei Jahre, in denen sich Bismarck vergeblich um eine Reichstagsmehrheit hierfür bemüht hatte, aber auch eine Agitation von Interessengruppen, wie sie bislang nicht üblich gewesen war. Erst nach langen Auseinandersetzungen wurden die Agrarzölle gebilligt, so daß der Tarif 1879 tatsächlich ein Paket schnürte. Eine Mehrheit von Konservativen und Zentrum stimmte dafür; nur einige Nationalliberale brachen die Fraktionsdisziplin, indem sie, schwerindustriell motiviert, für die Zölle votierten.

Grenzen schwerindustriell-agrarischer Kooperation

Gewiß spielte dieser Kompromiß der bedeutendsten wirtschaftlichen Interessenbereiche fortan als Möglichkeit deutscher Politik eine zentrale Rolle. Aber es war kein ein für allemal geschlossenes Bündnis, sondern eine von Fall zu Fall herzustellende Koalition, und sie kam oft nicht zustande. So sehr die Reichsleitung die Berechtigung von materiellen Forderungen anerkannte, so sehr blieb sie doch ihnen gegenüber eigenständig, geriet mehr als einmal in Konflikt, behauptete sich oder mußte auch Vorhaben wieder fallenlassen. Ein Beispiel war das Eisenbahnwesen. Hier hatten sich in den siebziger Jahren vornehmlich im privaten Sektor unterschiedliche Frachttarife ausgebildet, die besonders der wirtschaftlichen Stärkung von Ballungsgebieten zugute kamen. Da hierdurch nach Bismarcks Überzeugung vor allem die ausländische Konkurrenz Vorteile auf dem deutschen Markt erlangte, strebte er als wichtigste strukturpolitische Maßnahme – noch vor der Zollfrage – 1879 reichseinheitliche Eisenbahntarife an. Sein Vorsatz blieb jedoch im Gestrüpp föderaler Belange der kleineren Staaten wie industrieller Interessen hängen, so daß tatsächlich in den achtziger Jahren nur in Preußen die Bahnen weitgehend in Staatsbesitz übergingen. Das erwies sich zwar für die Landwirtschaft von Vorteil, beeinträchtigte aber doch gewichtige private Finanzinteressen. In die gleiche Richtung zielten sich allmählich entfaltende Pläne Bismarcks, die privaten Profite im Versicherungswesen zu beschneiden und die gesamte Branche, wenn schon nicht zu verstaatlichen, so doch unter enge staatliche Aufsicht zu stellen. Sie scheiterten schon an der preußischen Bürokratie. Erst ein Reichsgesetz im Jahre 1900 regelte die staatlichen Eingriffsmöglichkeiten.

Neugestaltung der Reichsfinanzen

Neben dem Ziel regulierender Eingriffe in privatwirtschaftliche Vorgänge war mit diesen Maßnahmen noch eine weitere Absicht verbunden: die Steigerung der staatlichen Einnahmen sowie die Neugestaltung der Reichsfinanzen, die bislang auf einer provisorichen Basis beruhten. Das Reich konnte sich zunächst außer auf die Zölle vornehmlich auf einige indirekte Steuern stützen. Da diese bei weitem nicht ausreichten, hatten die Einzelstaaten jährlich von Bundesrat und Reichstag festzusetzende Matrikularbeiträge zu zahlen, die sich zwischen 51 und 82 Millionen Mark bewegten. Bismarck ging es darum, das bisherige Verhältnis des Reiches »als Kostgänger« der Einzelstaaten umzukehren. Das mußte insgesamt das Reich stärken, konnte aber auch den Bundesgliedern neuen Spielraum eröffnen. Im Kern ging es dem Reichskanzler darum, diese finanzielle Basis durch eine Erhöhung von Verbrauchssteuern auf die »Luxusgegenstände der größeren Masse« zu sichern. Dazu sollte noch ein Tabakmonopol, später ein solches für Branntwein, im Reich kommen. Ersteres scheiterte jedoch schon 1878 an liberalem Widerstand. In der Tat ließen die Zölle und die dann eingeführte Tabaksteuer erwarten, daß beträchtliche Einnahmenüberschüsse entstünden. Hier setzte das Zentrum durch den Antrag seines Abgeordneten Franckenstein jedoch 1879 eine nach ihm benannte Klausel durch, wonach alle 130 Millionen Mark übersteigenden Einnahmen an Zöllen und Tabaksteuern an die Einzelstaaten zu überweisen waren. Matrikularbeiträge waren also weiter nötig. Das hatte einen föderalen Aspekt, erhielt aber zugleich das volle Budgetrecht des Reichstags entgegen den Intentionen Bismarcks. In vergleichbarer Weise setzte das Zentrum (Lex Huene) 1885 bei Erhöhung der Agrarzölle durch, daß die hierdurch entstehenden erhöhten Überschüsse an Reichsüberweisungen in Preußen zu einem großen Teil an die Gemeinden weitergegeben wurden.

Die Neuordnung der Reichsfinanzen machte so zwar Fortschritte, aber diese waren bescheidener als geplant, so daß das Reich tatsächlich ab 1880 zur Deckung seiner Finanzen in wachsendem Maße auf Anleihen angewiesen war. 1890 hatten diese mit 1 Milliarde Mark die Höhe des Jahresbudgets erreicht. Daß mit der Neuregelung der Finanzen auch soziale Zwecke erreicht werden sollten, zeigte sich an den Reformversuchen der Klassensteuer in Preußen. Jene seit 1820 wichtigste Einnahmequelle des Staates hatte bereits 1873 erste Züge einer Einkommensteuer erhalten. Nunmehr strebte Bismarck an, gerade die unteren Klassen hiervon ganz zu befreien, hatte es doch trotz geringen Steueraufkommens dort zunehmend zu staatlicher Zwangseintreibung und sozialen Konflikten geführt. Gedacht war zunächst daran, diejenigen Haushalte ganz auszunehmen, die weniger als 600 Mark jährliches Einkommen aufwiesen, eine Zahl, die dann auf 1200 Mark – das offizielle Existenzminimum – angehoben werden sollte. Tatsächlich kam 1883 nur eine Befreiung für Haushalte unter 900 Mark Einkommen zustande; konservativer wie liberaler Einspruch waren hierfür verantwortlich. Es zeigte sich, daß die tastenden und bescheidenen Versuche, zur Entlastung der breiten Massen beizutragen, gerade nicht von einer stabilen Mehrheit der Sammlungskräfte getragen wurden. Überhaupt erwiesen sich die gewählten Parlamente, ob in Preußen oder im Reich, nach Verlust der liberalen Unterstützung zunehmend als widerspenstige Partner der Reichsleitung. Die »Absicht eines Krieges gegen den Reichstag«, die der Nationalliberale Rudolf von Bennigsen 1877 wahrzunehmen glaubte, konkretisierte sich für Bismarck in verschiedenen Projekten, die gleichsam als Damoklesschwert eine einschüchternde Wirkung haben sollten. Die Drohung mit der Auflösung, aber auch der Gedanke an eine weitere Verkürzung der Legislaturperiode oder eine Revision des Wahlrechtes gehörten hierzu. Ferner verstärkten sich bei den wirtschaftlichen Interessengruppen in Handel, Industrie und Landwirtschaft die Impulse, die Regierung direkt oder wie man heute sagen würde: korporativ zu beraten. Bismarck griff diese an sich für das Reich gedachten Pläne auf, indem er in Preußen selbst das Handelsministerium gleichsam als Kommandozentrale übernahm, 1880 per Dekret einen preußischen Volkswirtschaftsrat schuf, in dem auch die Arbeiterschaft, wenn auch deutlich unterrepräsentiert, vertreten war. Tatsächlich verweigerte der Reichstag durch eine Mehrheit von Nationalliberalen, Fortschrittlern und Zentrum jedoch 1881 eine Übertragung dieser Regelung auf das Reich. Der preußische Volkswirtschaftsrat tagte bis 1887 nur viermal zur Vorbereitung wichtiger Reichsgesetze und wurde sodann nicht mehr berufen. Wichtig war aber die Absicht, in einem neuständisch geprägten Gremium eine zunächst dem Reichstag vorgeschaltete, vielleicht aber auch eine diesen ersetzende Instanz zu gewinnen. In der Opposition vermochte der Reichskanzler nur eine »ne-

Reform der Klassensteuer in Preußen

Einschüchterungsversuche gegenüber dem Reichstag

gative Majorität« zu sehen, »die nur in der Negation einig ist«, die sich aber dennoch anschicke, anstelle der »Herrschaft von Kaiser und Reich« den »Kampf um die Herrschaft in Staat und Reich zu setzen«. Dennoch mußte er weiter mit diesen Verhältnissen leben und das hieß: mit wechselnden Mehrheiten im Parlament auskommen.

Wahlen im Reich 1878–1890

Mit der Wende von 1878/79 wurden die beiden konservativen Parteien zunehmend zur Basis für eine gouvernementale Mehrheit, zu denen von Fall zu Fall die nach Abspaltung geschwächten Nationalliberalen oder das Zentrum hinzukamen. Zugkräftige Wahlparolen, die der Demagogie nicht entbehrten, im positiven wie im negativen die Wähler um die staatliche Autorität scharen sollten, taten das ihrige. 1878 war es die Verbindung von Sozialistenfurcht und Schutzzoll, welche die Konservativen von 78 auf 116 Mandate wachsen, die Liberalen aber von 128 auf 99, den Fortschritt von 35 auf 26 Abgeordnete schrumpfen ließ. Als es 1881 keine motivierende Wahlparole gab, fiel der konservative Anteil prompt auf 78, der nationalliberale gar auf 47 Mandate – hier allerdings nach der Parteispaltung. Konkret hieß das: die Konservativen und die nach rechts rückenden Nationalliberalen verfügten nur über ein Drittel der Sitze, so daß ohne die 100 Zentrumsabgeordneten keine Regierungsvorlage mehr durchzubringen war. Im Zeichen der Außenpolitik, nämlich der Kolonialparole, erholten sich die beiden konservativen Parteien 1884 wieder auf 106 Mandate, die Nationalliberalen erreichten 51, womit aber insgesamt immer noch keine Mehrheit zu erzielen war. Das wichtigste Ergebnis jener Wahl war allerdings, daß für die neuformierte linksliberale Sammelpartei, den Freisinn, statt 106 Abgeordneten, die die Fortschrittspartei und die von den Nationalliberalen abgespaltenen Sezessionisten 1881 errungen hatten, nur 67 übrigblieben: der Zusammenschluß machte nicht stark, sondern schwach. 1887 standen die Wahlen ganz im Zeichen der Kriegsgefahr und außenpolitischen Doppelkrise, in der der Reichskanzler die Trumpfkarte der Franzosengefahr voll ausspielte. Nach dem ersten Scheitern einer Militärvorlage wurde der Reichstag aufgelöst, die drei Rechtsparteien (Deutsch-Konservative, Freikonservative und Nationalliberale) schlossen sich zu einem Wahlkartell zusammen und erlangten tatsächlich eine Mehrheit von 220 Sitzen im Reichstag. Als schließlich Bismarck 1890 erneut den Kampf mit dem Reichstag durch Sozialistenverfolgung und Heeresverstärkung herausforderte, war das Ergebnis der Wahlen vom Regierungsstandpunkt aus katastrophal: die (nun nicht mehr als Kartell auftretenden) Rechtsparteien fielen auf die Quote von 1881 zurück, nämlich auf 134; der Freisinn dagegen verdoppelte seine Mandate von 32 auf 66, die SPD verdreifachte gar ihre Abgeordnetenzahl von 11 auf 35. Natürlich lag darin nicht der Grund für das Ende der Ära Bismarck – darauf ist zurückzukommen –, aber die Auseinandersetzungen zwischen Kanzler und Parlament zeigten doch, daß der Spielraum für eine konservative Politik im Reich immer prekärer wurde und nur mit allen Registern eines zunehmend in Erscheinung tretenden politischen Massenmarktes zu Mehrheiten führen konnte.

Preußische Wahlen

In einem gewissen Gegensatz hierzu steht, daß die konservative Wendung nicht nur der Regierung, sondern der Wählerschaft im Preußen des Dreiklassenwahlrechts noch ausgeprägter war. Auch hier hatten von den 433 Sitzen im Abgeordnetenhaus die Nationalliberalen bis 1876 mit 169 und die Fortschrittler mit 63 Mandaten rechnerisch eine Mehrheit; es zeigte sich also, daß der Liberalismus mit den beiden wichtigsten Wahlmodalitäten im Reich gleichermaßen leben konnte. 1879 allerdings erbrachten die preußischen Wahlen einen Erdrutsch. Jede der beiden liberalen Gruppierungen verlor fast die Hälfte der Mandate (104 bzw. 38), wogegen sich die Konservativen mehr als verdoppelten (von 41 auf 110), die Freikonservativen ebenfalls beträcht-

Eröffnung des Reichstags durch Kaiser Wilhelm II. am 25. Juni 1888 (Gemälde von Anton von Werner)

lich zulegten (von 35 auf 51). Als in den achtziger Jahren die Nationalliberalen hier weiteres Terrain einbüßten – 1882 bedeuteten 66 Abgeordnete den absoluten Tiefpunkt –, der konservative Anteil aber weiter anstieg, tat sich hier zunehmend eine Schere der Entwicklung auf. Preußen wurde zur konservativen Bastion gegen die Entwicklung im Reich; das Dreiklassenwahlrecht zum Garanten der bestehenden Ordnung (vgl. S. 474). Unter diesen Umständen mußte ein weiterer Ausbau des Reiches auf Kosten der Einzelstaaten für die Reichsleitung problematisch werden. Aus anderer Perspektive: da Preußen dominierte, suchte es bei konservativer Grundausrichtung auch im Reich mehr und mehr Reformen zu blockieren.

Sozialdemokratie statt Katholizismus als Feindbild

Das waren Strukturprobleme der politischen Entwicklung, die sich aber vor dem Hintergrund konkreter Politik vollzogen. Die Wende von 1878 zog eine zweifache Veränderung nach sich: einmal wurde der politische Katholizismus als Reichsfeind durch die Sozialdemokratie abgelöst, zum anderen wurde das Zentrum als Alternative zu den Liberalen eine potentielle Stütze der Regierung. Diese Deutung vereinfacht sicher zu sehr, suggeriert einen großen Entwurf, wo es doch eher um im Ergebnis nicht abzusehende tastende Versuche des Kanzlers ging, der in der Tat mit den Liberalen nicht mehr zurechtkam, wie umgekehrt auch sie mit ihm. Und was die Feindbilder betrifft: weder hörte die politische Verfolgung der Katholiken 1878 abrupt auf, noch begann die der Sozialisten in jenem Jahr. Der Kanzler äußerte gar im Staatsministerium, er wolle lieber die Herrschaft der Sozialdemokraten als die der Jesuiten dulden. Tatsächlich verlief die Entwicklung, nimmt man die politischen Kräfte zum Nennwert, jedoch umgekehrt. Die Wahl Leos XIII. (1878–1903) nach dem Tod Pius' IX. (1846–1878) zum Papst im Februar 1878 schuf erste Voraussetzungen zur Annäherung, als anschließend höfliche Briefe zwischen Kaiser und Papst ausgetauscht wurden; denn auch die Kurie konnte auf Dauer aus der Auseinandersetzung mit dem modernen Staat (die ja nicht auf das Deutsche Reich beschränkt war) nur verlieren. Der Vatikan benötigte darüber hinaus wesentliche Energien für die Selbstbehauptung gegenüber dem säkularen italienischen Nationalstaat. Es mutet auf den ersten Blick merkwürdig an, daß der Abbruch des Kampfes gegen den politischen Katholizismus nicht mit der Partei jenes Katholizismus in der Politik, dem Zentrum verhandelt wurde, sondern mit der römischen Kirche selbst. Oder anders gewendet: im Machtdreieck preußischer Staat, Kurie und Zentrum erwies sich der Weg über Rom als leichter, waren doch die vielfach gedemütigten Parteiführer, an ihrer Spitze Ludwig Windthorst – und übrigens auch der deutsche Klerus – in der Verfolgungssituation hierzu weit weniger bereit. Im übrigen erwies es sich als taktisch günstige Möglichkeit für Bismarck, nach Bereinigung des Verhältnisses zu Rom gelegentlich auch einmal von dort aus Druck auf die widerspenstigen Zentrumsführer ausüben zu lassen, wie es bei der Wehrvorlage von 1886/87 geschah. Das Zentrum war bereit, sich in rein kirchlichen Fragen Rom zu fügen, suchte sich jedoch in weltlichen Fragen zu behaupten, nicht zuletzt um den Vorwurf ultramontaner Lenkung zu widerlegen. Aber auch Windthorst verstand es als kooperativer Gegenspieler des Kanzlers, die Schlüsselposition seiner Partei zum Nutzen des katholischen Bevölkerungsteiles einzusetzen. Die Zahl der Abgeordneten des Zentrums blieb während der ganzen Zeit in etwa gleich, zeigte gar eine leicht steigende Tendenz. Im Reich wie in Preußen pendelte sich der Anteil katholischer Mandatsträger auf Zahlen jeweils knapp unter oder über 100 ein.

Ende des Kulturkampfes

Während der Vatikan ursprünglich eine umfassende Regelung in der Form eines Staatsvertrages erstrebte, setzte Bismarck zunächst auf einen mit der Kurie zwar vorgeklärten, aber doch einseitigen staatlichen Akt: In Preußen wurden zwei Milderungsgesetze (1880/82) und zwei Friedensgesetze (1886/87) verabschiedet. Die Milderungsgesetze hatten die staatlichen Behörden nur ermächtigt, auf einige Regelungen des Kulturkampfes zu verzichten. Dahinter stand die Überlegung Bismarcks, normale Verhältnisse herzustellen, ohne grundsätzlich die Drohung einer erneuten Verschärfung aufgeben zu wollen. Immerhin ließen sich vakante Bistümer neu besetzen. Die Friedensgesetze brachten sodann in den meisten strittigen Fragen echte Kompromisse zwischen den ursprünglich als unvereinbar angesehenen Positionen. Das reichte hin bis zur Unterwerfung der Bischöfe unter die staatlichen Gesetze einerseits, andererseits wurde die kirchliche Jurisdiktion wiederhergestellt. Zivilehe und Staatsschule blieben als dauerhafte Lösungen erhalten; die Beschränkungen gegenüber dem Jesuitenorden wurden erst 1904 gemildert und 1917 gänzlich aufgehoben. In Bayern, Baden und Hessen einigten sich Kultusminister und Kirche in vergleichbarer Weise, jedoch zumeist mit zeitlicher Verzögerung zu den preußischen Vorgängen. 1887 verkündeten Kurie und preußischer Staat in unterschiedlicher Form offiziell das Ende des Kulturkampfes. Die preußischen Konservativen und zumal die protestantischen Hochkonservativen waren über den Abbau des Kulturkampfes erleichtert, wurde doch einerseits die Position des Staates gewahrt, andererseits die Kirche als Ordnungsmacht in ihre Rechte eingesetzt. Das war eine wichtige Basis für die Zusammenarbeit mit dem Kanzler. Die Nationalliberalen, 1880 noch zögernd für die Abmilderung, wenn auch skeptisch gegenüber gouvernementalen Sondervollmachten, traten in nachdrückliche Opposition zum Abbau des Kulturkampfes. Im Zentrum (wie bei vielen Bischöfen) dagegen erwartete man im Grunde die Wiederherstellung des früheren Status; jedoch beugte man sich schließlich den Wünschen aus Rom. Tatsächlich wurde in pragmatischem Vorgehen, ohne daß das Verhältnis Kirche – Staat prinzipiell definiert worden wäre, dauerhafte Lösungen gefunden.

Armut im kaiserlichen Berlin – Stube einer zehnköpfigen Familie (1913)

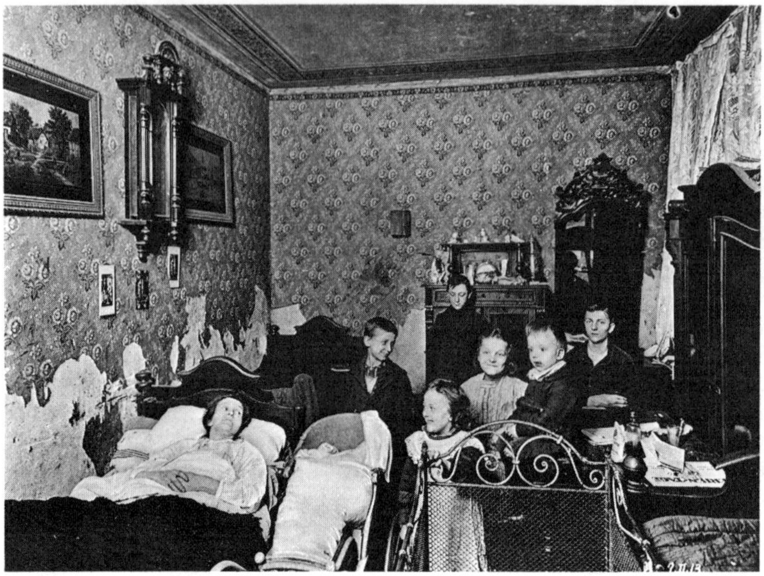

»Sozialistische Arbeiterpartei Deutschlands« (SAPD)

»Die Befreiung der Arbeit muß das Werk der Arbeiterklasse sein, der gegenüber alle anderen Klassen nur eine reaktionäre Masse sind«, hieß es 1875 im Programm der Sozialistischen Arbeiterpartei Deutschlands (SAPD). Obwohl sie sich gleichzeitig zur Durchsetzung ihres Programms »mit allen gesetzlichen Mitteln« bekannte, belegte im gleichen Jahr der Reichstag »die Aufreizung zum Klassenhaß« mit der Androhung von Gefängnisstrafe. Auch das Reichspressegesetz schuf Handhaben gegen revolutionäre Umtriebe. Nachhaltiger wirkte hierfür wohl noch August Bebels Drohung im Reichstag vom Mai 1871, die Pariser Commune sei nur »ein kleines Vorpostengefecht«, die »Hauptsache in Europa« stehe noch bevor, wurde doch hier ein Zusammenwirken internationaler Agitation mit der im Reich hergestellt. Gerade Karl Marx und Friedrich Engels, noch nicht die allseits anerkannten Chefideologen, aber doch geachtete Ratgeber, sahen ab 1871 die Führung der internationalen Revolution auf die deutsche Arbeiterklasse übergehen. Ob dies der Realität entsprach, ist eine andere Frage. Nicht zufällig knüpfte an die Abwehr jener Gefahr auch das Dreikaiserabkommen von 1873 an. Zu Recht hat Theodor Schieder betont, Bismarck sei nicht nur von einem Alptraum der Koalitionen auf internationaler Ebene geplagt worden, sondern auch von einem »cauchemar des revolutions«; wobei für die Vertreter der Ordnung beides zusammenzuhängen schien. Darin war sich Bismarck mit der gesamten Führungsschicht adliger oder bürgerlicher, agrarischer oder industrieller Ausprägung einig. Natürlich gab es Streiks und Agitationen, aber in Handwerksbetrieben und Fabriken wurde das, was man als revolutionäre Bewegung verstand, rigoros unterdrückt. Dennoch wuchs diese politische Bewegung an. 1871 wählten 124000 Männer sozialistisch, 1874 waren es 352000, 1877 493000. Es bedurfte anscheinend nicht nur der täglichen Repression, sondern grundsätzlicher Maßnahmen zumal angesichts der wirtschaftlichen Krise.

Sozialistengesetz

Den Anlaß lieferten im Frühjahr 1878 kurz nacheinander zwei Attentate auf Kaiser Wilhelm I., von Einzelgängern verübt, die tatsächlich – und das wurde bekannt – nichts mit sozialistischen Umtrieben zu tun hatten. Dennoch war die Furcht breiter Kreise genuin, auch bei Bismarck, der ein Ausnahmegesetz gegen die »gemeingefährlichen Bestrebungen der Sozialdemokratie« dem Reichstag vorlegte. Das war rechtsstaatlich bedenklich, eine Weichenstellung mehr dieses Jahres 1878, durch die vorerst tatsächlich jede Chance zur dauerhaften Integration der Arbeiterschaft in den Staat abgeschnitten wurde. Wesentliche Teile von ihr wurden in eine Subkultur hineingedrängt, die nicht ihr Ziel war. Eine erste Version des Sozialistengesetzes legte Bismarck gegen den Rat seines Staatsministeriums unmittelbar nach dem ersten Attentat vor. Aufgrund seiner weitreichenden Ermächtigung für Bundesrat und Polizei fiel sie jedoch erwartungsgemäß durch – nur die Konservativen waren dafür. Nach Neuwahlen und veränderter Zusammensetzung des Reichstages nahm dieser jedoch nach Abspaltung des linken Flügels der Nationalliberalen nun auch mit den Stimmen jener Partei die veränderte Vorlage an. Die damit beschlossenen Maßnahmen richteten sich gegen Vereine, Versammlungen, Druckschriften sozialistischer, sozialdemokratischer oder kommunistischer Art, sofern sie den »Umsturz der bestehenden Staats- und Gesellschaftsordnung« bezweckten. Es gab also kein automatisches Verbot, sondern die Einzelstaaten und Kommunen hatten die Polizei im Einzelfall anzuweisen, die von ihren Kapazitäten weit davon entfernt war, eine vollständige Überwachung zu gewährleisten. In Preußen – und hier waren die Innenminister, voran von Puttkamer federführend – wurde das Gesetz zumeist mit voller Strenge angewandt, in Süddeutschland dagegen bisweilen laxer. Der Berliner Polizeipräsident wurde mangels anderer Reichsinstanzen zum Koordinator der Maßnahmen. Bis 1890 galt das Sozialistengesetz, allerdings wurde es jeweils für zwei bis drei Jahre vom Reichstag als Ausnahmeregelung in je leicht abgewandelter Form erneuert. Darauf legten die Liberalen Wert, während nach und nach auch Teile des Zentrums die immerhin vergleichbare Verfolgung der siebziger Jahre vergaßen und für das Gesetz votierten. Wurde es zunächst bis etwa 1881 rigoros gehandhabt, hielt man es im nächsten Jahrfünft milder, wollte man doch sehen, ob die »erzieherische« Wirkung griff. Gegen Ende der achtziger Jahre verschärfte sich die Repression erneut.

Sozialdemokratische Arbeiterbewegung in der Illegalität

Das wichtigste Ergebnis war, daß die sozialdemokratische Arbeiterbewegung in die Illegalität getrieben wurde. Zwar wurde die Partei als solche nicht verboten, Wahlvereine blieben grundsätzlich zulässig und der Reichstag stellte weiterhin die Tribüne für sozialdemokratische Abgeordnete dar. Sonst waren ihr aber fast alle Möglichkeiten einer öffentlichen Wirksamkeit verwehrt, die Parteiorganisation wie die der Gewerkschaften verboten. Insgesamt wurden in den ersten zehn Jahren des Gesetzes 1299 Druckschriften und 332 einzelne Vereine verboten. Darüber hinaus wurden etwa 1500 Personen zu Gefängnis oder Zuchthaus verurteilt. Der in einigen Regionen verhängte »kleine Belagerungszustand« – so in Berlin die gesamten zwölf Jahre über – machte u.a. die Ausweisung von etwa 900 Menschen möglich, einiger davon mehrfach. Die Partei hatte bereits in Erwartung der Zwangsmaßnahmen ihre Organisation offiziell aufgelöst und die Parteikasse in die Schweiz gebracht. Von dort aus ließen sich illegal die Geschäfte im Reich weiterführen, Broschüren und Zeitungen getarnt verteilen. Insgesamt fanden unter dem Sozialistengesetz drei Parteitage in Wyden, Kopenhagen und St. Gallen statt. Im Reich verloren zahlreiche Sozialisten ihre Arbeitsplätze; ein Bespitzelungssystem setzte ein, so daß Sozialdemokrat zu sein fortan hieß, konspirativ zu arbeiten. Tatsächlich wurde die Parteiarbeit in vielfältiger Form vorgeblich unpolitischer Art weitergeführt. Sport, Bildung, Gesang, Musik, Wandern und Unterstützungsvereine bildeten Möglichkeiten zum Ausweichen, wenn auch die entsprechenden Vereine ihrerseits vom Verbot bedroht waren. Solidarität untereinander und zur Partei oder Gewerkschaft wurde dringender, vielfach zum obersten Wert, und die eigentliche politische Arbeit mußte in den Hintergrund treten. Es entstand, was man als sozialdemokrati-

Sozialdemokratische Subkultur

sche Subkultur bezeichnen kann, nämlich eine in erstaunlicher Breite sich entfaltende spezifische Arbeiterkultur, die dennoch der bürgerlichen Gesellschaft vielfach nachgebildet war. Trotzdem litten die Organisationen von Partei und Gewerkschaften. Es gab Spannungen zwischen Exilierten und im Lande Verfolgten.

Am wichtigsten aber war: die Bewegung wuchs weiter. Nach anfänglichem Rückgang in der Wählerschaft stieg ihre Zahl 1884 wieder auf 550000 an, dann auf 763000. 1890 brachte den Durchbruch. Mit 1427000 Stimmen erhielt die SAPD mehr als jede andere Partei, 19,7% waren es, denen aber nur 8,8 der Mandate entsprachen (insgesamt 35). Damit wurde deutlich: weder die weiche noch die harte Linie der Unterdrückung war vom Erfolg gekrönt. Schon in der ersten Vorlage von 1878 war Skepsis laut geworden, ob eine Unterdrückung von Gesinnung dauerhaft möglich sei. Die zwölf Jahre des Sozialistengesetzes waren die negative Probe aufs Exempel geworden. Und mehr noch: die Sozialdemokratie hatte zwar 1878 aus ihrem Programm das Wort gesetzlich gestrichen, so daß sie ihre Ziele nunmehr »mit allen Mitteln« anstrebte – aber was blieb ihr anders übrig? Tatsächlich erlangten anarchistische Strömungen auch in dieser Zeit keine Bedeutung; nur die Zahl der Arbeitskämpfe und Streiks nahm in den achtziger Jahren rapide zu. Diese größtenteils spontanen Aktionen erreichten ihren Höhepunkt 1889 im

Bergarbeiterstreik 1889

Streik von fast 90% der Bergarbeiter im Ruhrgebiet – 90000 Menschen standen zeitweilig im Ausstand. Obwohl diese größtenteils katholisch geprägten Arbeiter sich noch mit dem traditionellen Mittel der Petition an den Kaiser wandten, der dann auch tatsächlich eine Delegation empfing, war deutlich, daß die bisherigen Maßnahmen zur Bändigung des roten Gespenstes nicht gegriffen hatten. Nicht zuletzt in der Weigerung des Reichstages, das Sozialistengesetz zu verlängern, sowie in der Ablehnung des neuen Kaisers Wilhelm II. – er war 1888 auf den Thron gelangt –, den Kurs gegenüber der Arbeiterbewegung nochmals zu verschärfen und Bismarck erneut wie vor 30 Jahren zum Konfliktminister zu machen, lag ein Auslöser für seinen Sturz.

Sozialgesetzgebung

Allerdings bediente sich der Kanzler nicht nur der Peitsche der Sozialistenverfolgung; als Zuckerbrot stand die Sozialgesetzgebung dieser Maßnahme gleichrangig zur Seite. Es wäre sogar verkehrt, die Bemühungen um Verbesserung der sozialen Lage von Arbeitern allein in Funktion dazu zu sehen, ob sie den Sozialisten das Wasser abgraben konnten. Es entsprach vielmehr genuin konservativem Denken, das neu entstehende soziale Elend zu lindern. Hier gab es Berührungspunkte zwischen katholischen Vorstellungen, wie sie Bischof Ketteler entwickelt hatte, und zumeist konservativen Nationalökonomen, von ihren Kritikern »Katheder-Sozialisten« genannt. Zum liberalen Prinzip der Hilfe durch Selbsthilfe bestand dagegen eine deutliche Distanz. Daher ist es verständlich, daß erst zu Beginn der achtziger Jahre eine staatliche Sozialpolitik einsetzte, obwohl es natürlich auch hier Vorläufer gab.

Wichtig ist ihr Ansatz: es ging nicht um eine soziale Angleichung, sondern allein um eine Sicherung gegen schlimmste Notlagen. Auch diese »Heilung der sozialen Schäden« sollte »nicht ausschließlich im Wege der Repression sozialdemokratischer Ausschreitungen« statthaben, hieß es ausdrücklich in der kaiserlichen Botschaft vom 17. November 1881. Bismarck strebte im Grunde eine Art Staatsrentnertum für die Arbeiter an, die diese dann »das Reich als eine wohltätige Einrichtung anzusehen lehren« werde. Schon aufgrund der auf halbem Wege steckengebliebenen Finanzreform war dies jedoch nur unvollkommen möglich. Im Zusammenspiel von Ministerialbüro-

Versicherungsgesetze

kratie und Reichstag entstand 1883 die Krankenversicherung, 1884 folgte eine Unfallversicherung und 1889 die Alters- und Invaliditätsversicherung. Die Beiträge zur ersteren und letzteren wurden von Arbeitgebern wie Arbeitnehmern gemeinsam aufgebracht; nur in die Unfallversicherung zahlten allein die Arbeitgeber. Zur Verwaltung dieser Einrichtungen schuf man im Kern bis heute bestehende Selbstverwaltungskörperschaften. Entgegen Bismarcks Hoffnung führte aber auch von hierher kein Weg zu einem die Macht des Reichstags untergrabenden Volkswirtschaftsrat. Die Einrichtung dieser drei Versicherungen war auch international etwas völlig Neues. Die im Deutschen Reich hiermit eingeleitete Entwicklung zum modernen Sozialstaat wurde in den meisten Industriestaaten in ähnlicher Weise nachvollzogen. Dennoch muß man die Grenzen sehen. Es ging schon vom Ansatz her nicht um die Beseitigung von sozialer Not, sondern um deren Erleichterung, und es handelte sich schon gar nicht um eine Änderung der Arbeitsbedingungen. Die Kranken- wie die Unfallversicherung kam zunächst nur einem Fünftel der Erwerbstätigen zugute, aber die Zahl der Unfallversicherten stieg von anfänglich 3 Millionen auf 1913 28 Millionen. Die Altersrentenversicherung erfaßte 1891 11,5 Millionen Menschen, 1914 16,5 Millionen – aber die Rente betrug jährlich im Schnitt 152 Mark. Kurzfristig entscheidend war jedoch, daß die angestrebte »Heilung der sozialen Schäden« gegenüber der Sozialdemokratie nicht griff.

Dreikaiserjahr 1888

Das Ende der Ära Bismarck hatte auch mit den Gegensätzen der Sozialpolitik zu tun, erschöpfte sich hierin aber ebenso wenig wie im Streit um die richtige Außenpolitik. 1888 war Kaiser Wilhelm I. hochbetagt gestorben, zu dem Bismarck bei aller Eigenständigkeit und intensiven Konflikten doch ein persönliches Treueverhältnis empfunden hatte. Sein Sohn regierte schwerkrank als Friedrich I. nur ein Vierteljahr. Die Hoffnungen auf ihn bestanden darin, daß er im vorausgegangenen Jahrzehnt als liberale Alternative etwa nach englischem Vorbild gegolten hatte. Mit Wilhelm II. folgte ihm als Kaiser und König ein 29jähriger nach. Es bestand nicht nur ein Alters- und Generationenunterschied zwischen ihm und Bismarck, der dessen Entlassung am 20. März 1890 herbeiführte; es handelte sich auch darum, daß Innen- wie Außenpolitik Bismarcks in Sachgehalt wie Form nicht mehr zeitgemäß erschienen. Bismarck spielte zum Schluß noch einmal gegenüber Kaiser wie Reichstag sein ganzes Arsenal an Staatsstreicherwägungen und -drohungen aus, hatte damit jedoch keinen Erfolg.

Staatsstreich-erwägungen

Der Reichskanzler und preußische Ministerpräsident Otto von Bismarck hatte für fast ein Menschenalter die Politik in Deutschland nachdrücklich geprägt, hatte in taktisch wendigem, oft skrupellos-spielerischem Vorgehen teils sich dem Zug der Zeit entgegengestemmt, teils aber auch neue Kräfte entfesselt, die er nicht mehr bändigen konnte. Er war – so Lothar Gall – zum Zauberlehrling geworden, der aber als Person ein Vakuum zurückließ, das von niemand anderem gefüllt werden konnte.

Strukturwandel der Politik

Vom Agrar- zum Industriestaat

Das Jahr 1890 markiert nicht nur durch den Abgang Bismarcks die wichtigste Zäsur bis 1914, auch in struktureller Sicht liegt in jenen Jahren ein bedeutender Einschnitt. In der Wertschöpfung überholte der warenproduzierende oder sekundäre Sektor erstmals den primären oder agrarischen. Hatte der primäre 1871 noch deutlich mit 37% vor dem sekundären mit 30% gelegen, so kehrte sich bis zum Vorabend des Ersten Weltkrieges dieses Verhältnis mehr als um: doppelt soviel Werte entstammten jetzt der Industrie wie der Landwirtschaft. Der tertiäre Sektor, die Dienstleistungen, blieben bei ca. 30% konstant. Nimmt man die Zahl der Beschäftigten zum Maßstab, dann überholte der sekundäre Sektor den primären erst 1904, möglicherweise eine Tatsache, die das Bewußtsein der Menschen nachhaltiger bestimmte. Wenn zu Anfang des Kaiserreichs noch jeder zweite Erwerbstätige in der Landwirtschaft tätig war, so arbeiteten an dessen Ende nur noch jeder Dritte hier. Solcher Wandel betraf nicht nur einen Bereich, er griff in das Leben jedes einzelnen ein, zerriß alte soziale Bindungen, schuf neue. Das Bemerkenswerte am Kaiserreich ist das Tempo jener Veränderungen. Das setzte nicht erst mit 1871 ein; aber in den folgenden Jahrzehnten beschleunigte sich der Wandel des Lebens und seiner Bedingungen noch einmal in bislang ungekanntem Ausmaß.

Verkehr

Diese Aussage gilt zunächst einmal im wörtlichen Sinne. Um 1870 standen Postkutsche und Eisenbahn als öffentliche Verkehrsmittel noch nebeneinander; man zählte 4,7 Milliarden Personenkilometer jährlich auf der Eisenbahn. Diese Zahl verdoppelte sich bis 1888, sodann erneut bis 1910, als man 35,4 Milliarden Personenkilometer errechnete. Anders ausgedrückt: die Zahl der Kilometer, die Personen zurücklegten, verzehnfachte sich zwischen 1870 und 1914. Während man von der Postkutsche nicht mehr sprach, hatte bereits der Siegeszug des Autos begonnen. Die erhöhte Mobilität der Menschen traf viele Bereiche. Insgesamt wuchs die Bevölkerung um mehr als die Hälfte: von 41 Millionen (1871) auf 65 Millionen (1911). Das war größtenteils eine Folge der steigenden Lebenserwartungen, die binnen einer Generation für Männer um fast ein Jahrzehnt auf 45 Jahre zu Anfang unseres Jahrhunderts stieg. Dieses wiederum beruhte überwiegend auf einem drastischen Rückgang der Säuglingssterblichkeit, die ihrerseits vom Fortschritt der Medizin, einer besseren Ausbildung der Ärzte wie einer verbesserten materiellen Lebenssituation insgesamt zu verdanken war. Aber noch vor 1914 stabilisierten sich die Zuwachsraten.

Erhöhte Mobilität

Die Bevölkerung wuchs nicht gleichmäßig überall im Reich, vielmehr lassen sich hauptsächlich drei Strömungen erkennen, durch die Menschen in Bewegung gesetzt wurden. Erstens wanderten bis zur Mitte der neunziger Jahre mehr als 2,5 Millionen Menschen nach Übersee aus. In den beiden folgenden Jahrzehnten waren es nur noch knapp eine halbe Million. Anfang der achtziger Jahre erreichte die jährliche Quote 4% der Gesamtbevölkerung. Der überwiegende Anteil – mehr als 80% – ging in die USA, nur noch Südamerika und zumal Brasilien stellten weitere wichtige Zielgebiete dar. In allen deutschen Kolonien lebten dagegen nur 28561 Deutsche, fast die Hälfte in Südwestafrika. Für die Hoffnungen auf eine Absorption des Bevölkerungsüberschusses war dies ein niederschmetterndes Ergebnis.

Auswanderung

Binnenwanderung

Zweitens fand eine beträchtliche Binnenwanderung innerhalb des Reiches statt. In allen Staaten des Reiches, in allen Provinzen Preußens nahm zwar die Bevölkerung zu. Aber insgesamt wuchs der prozentuale Anteil des Westens, der des Ostens nahm ab. Genauer gesagt: die neu entstehenden industriellen Ballungsgebiete zogen Menschen aus den agrarisch geprägten Teilen des Reiches an. Nahm die Bevölkerung Ostpreußens von 1871 bis 1910 um 13,2% zu, so waren es in Westfalen 132,4%, in der Rheinprovinz 99%, in Sachsen 88,1%. Die dritte Bevölkerungsbewegung betrifft die Landflucht und damit die zunehmende Verstädterung. Die Stadt Berlin war im gleichen Zeitraum um 150,7% zur Zwei-Millionen-Stadt gewachsen. Hamburg verdoppelte seine Bevölkerung zur Millionenstadt. Kleinstädte in Industriegebieten wie etwa Chemnitz oder Duisburg verzehnfachten ihre Einwohnerzahl und wurden Großstädte. Aber auch Gebiete wie das Umland von Berlin, die Provinz Brandenburg, verdoppelten in vier Jahrzehnten ihre Menschenzahl. Von den Städten selbst weitete sich die Produktion vom Kern in die nähere Umgebung hin aus, aber die Menschen begannen dank günsti-

Verstädterung

Binnenwanderung im Reich 1871–1910 (Angaben in Tausend)

Staaten/Provinzen	1871	1910	Zuwachs in %	durchschnittl. jährl. Zuwachsrate in ‰
Ostpreußen	1823	2064	13,2	3,2
Westpreußen	1315	1703	29,5	6,7
Stadt Berlin	826	2071	150,7	23,8
Brandenburg	2037	4093	100,9	18,1
Pommern	1432	1717	19,9	4,7
Posen	1584	2100	32,6	7,2
Schlesien	3707	5226	41,0	8,8
Sachsen	2103	3089	46,9	9,9
Schleswig-Holstein	1045	1621	55,1	11,3
Hannover	1961	2942	50,0	10,5
Westfalen	1775	4125	132,4	21,9
Hessen-Nassau	1400	2221	58,6	11,9
Rheinprovinz	3579	7121	99,0	17,8
Hohenzollern	66	71	7,6	2,0
Preußen	24689	40165	62,7	12,6
Bayern r. d. Rheins	4237	5950	40,4	8,7
Pfalz	615	937	52,4	10,9
Coburg (1920)	52	75	44,2	9,4
Bayern	4915	6962	41,6	9,0
Sachsen	2556	4807	88,1	15,2
Württemberg	1819	2438	34,0	7,6
Baden	1462	2143	46,6	9,9
Thüringische Länder (ohne Cobg.)	1016	1511	48,7	10,2
Hessen	853	1282	50,3	10,5
Hamburg	339	1015	199,4	28,4
Mecklenburg-Schwerin	558	640	14,7	3,5
Oldenburg	317	483	52,4	10,9
Braunschweig	312	494	58,3	11,9
Anhalt	203	331	63,1	12,6
Bremen	122	300	145,9	23,2
Lippe-Detmold	111	151	36,0	7,9
Lübeck	52	117	125,0	20,8
Mecklenburg-Strelitz	97	106	9,3	2,3
Waldeck	56	62	10,7	2,4
Schaumburg-Lippe	32	46	43,8	9,3
Elsaß-Lothringen	1550	1874	20,9	4,9
Deutsches Reich insgesamt	41059	64926	58,1	11,8

Urbanisierung im deutschen Kaiserreich

Jahr	Es lebten in Gemeinden mit ... Einwohnern					
	weniger als 2000	2000 bis unter 5000	5000 bis unter 20000	20000 und darüber	davon über 100000	Gesamt-bevölkerung
1871	63,9%	12,4%	11,2%	12,5%	4,8%	41058804
1890	53,0%	12,0%	13,1%	21,9%	12,1%	49428470
1910	40,0%	11,2%	14,1%	34,7%	21,3%	64925993

gerer Verkehrsverhältnisse auch zu pendeln; die tägliche Mobilität nahm zu. Wohnten in zumeist ländlichen Gemeinden (unter 2000 Einwohnern) 1871 noch fast zwei Drittel der Bevölkerung, so sank deren Anteil auf 40% bis 1910, der der Städte über 20000 Einwohnern verdreifachte seinen Anteil auf insgesamt 34,7%. Aber die gleichen Zahlen besagen auch: in ländlichen Gemeinden lebten in jenem Stichjahr immer noch mehr Menschen als in den Städten.

Preußen dominierte das Reich, wie das Reich Preußen veränderte. Das gilt sowohl für den agrarischen Osten wie den industrialisierenden Westen. Aber es gab nicht nur Preußen, sondern eine Vielheit reichsloyaler Einzelstaaten.

Minderheiten

Daneben existierten Minderheiten, die es aus unterschiedlichen Gründen schwer hatten, diese Art der staatlichen Einheit zu akzeptieren. Zahlenmäßig

Polen

am bedeutendsten waren die Polen. Sie waren fast ausschließlich ein preußisches Problem. Neben den Polen deutscher Staatsangehörigkeit nahmen im Laufe der Zeit auch die aus russischen (oder österreichischen) Provinzen als Saisonarbeiter über die Grenzen wechselnden Polen zu. Aufgrund der Ost-West-Wanderung von Landarbeitern – und unter diesen zogen auch 300000 ethnische Polen ins Ruhrgebiet – entstand im Osten ein Mangel an Arbeitskräften, so daß jährlich 400000 Wanderarbeiter einströmten. Es gab im Deutschen Reich (1905) 3,3 Millionen Polen. Das war jeder zehnte Einwohner Preußens, was eine Mehrheit in Posen und Teilen West- wie Ostpreußens bedeutete. Hier gab es ferner Masuren und Litauer. In relativ scharf abgegrenzten ländlichen Gebieten dominierten also Polen, nur in den Städten spielten dort Deutsche eine große Rolle. Besonders in Oberschlesien fand die polnische Landbevölkerung aber auch den Übergang in die Industrie. Darüber hinaus bildete die polnische Frage ein Problem der auswärtigen Politik zwischen den drei Teilungsmächten, so daß Bismarck seine lang gewachsene Antipathie gelegentlich mit dem Verdikt eines »französischen Lagers an der Weichsel« umschrieb.

Die Polen waren katholischer Konfession, und insofern hatte der Kulturkampf auch antipolnische Wurzeln, wie er in seinen Erscheinungsformen bis hin zur Absetzung des Erzbischofs von Posen-Gnesen demonstrierte. Deutlich war: die Polen widersetzten sich von Beginn an der Assimilierung in den deutschen Nationalstaat und begannen, ihrerseits eine eigene nationale Identität in der Abwehr aufzubauen. Loyale Staatsbürger polnischer Sprache im Reich zu erwarten, war eine Illusion; die Konsequenz, daraus jedoch deutsche Staatsgesinnung erzwingen zu wollen, bedeutete die Quadratur des Zirkels. Die zumal in Posen und Westpreußen adlig-klerikal bestimmte Führungsschicht suchte seit den neunziger Jahren mit großem Erfolg die bäuerlichen Schichten in Vereinen politisch zu organisieren, das Genossenschaftswesen zu stärken, später auch das wachsende polnische Bürgertum zu erfassen. Hervorgerufen war dies durch die seit 1873 in Preußen einsetzende Politik, in Volksschulen und auch sonst die deutsche Sprache allein durchzusetzen, eben eine Germanisierung zu betreiben, die zur Eskalation führte.

Das Wachstum deutscher Großstädte

	1875	1890	1910
Berlin	966859	1587794	2071257
Chemnitz	25847	76859	305978
Dortmund	57742	89663	214226
Duisburg	37380	59285	229438
Suttgart	107273	139817	286218
Insges. Zahl der Städte mit 10000 Einwohneren und mehr	271	394	576

Der Hochbahnhof Danziger Straße in Berlin (1913) – nebeneinander verkehren U-Bahn, elektrische Straßenbahn und Pferde-Omnibus

Offene Aufstände wie in der Zeit zuvor gab es nicht mehr. Aber da die deutsche Seite sich subjektiv in einem Abwehrkampf wähnte – die demographische Entwicklung, zumal die größere polnische Geburtenzahl schürte diese Ängste –, versuchte man es Mitte der achtziger Jahre mit einer Reihe von harten Repressionsgesetzen. Besonders böses Blut machte die Massenausweisung von etwa 30000 Polen und Juden russischer und österreichischer Staatsangehörigkeit. Ein Gesetz von 1886 suchte mit beträchtlichen finanziellen Mitteln die deutsche Siedlung zu fördern. Nach einem kurzfristigen Versuch zu einer versöhnlicheren Politik Anfang der neunziger Jahre verschärfte ein preußisches Enteignungsgesetz 1908 die Durchgriffsmöglichkeiten der Ansiedlungskommission. 1906 kam es zu Schulstreiks der Polen. 1894 bildete sich in engem Zusammenwirken von preußischer Bürokratie und Großgrundbesitz der Ostmarkenverein, nach seinen Gründern Ferdinand von Hansemann, Kennemann und Tiedemann auch Hakatisten genannt, der zu einem wichtigen nationalen Agitationsverein in jener Region wurde. 1914 zählte er 54000 Mitglieder. Zwar zeichnete sich am Vorabend des Weltkrieges zunehmende öffentliche Kritik an der Repressionspolitik der preußischen Behörden ab, zu einer durchgreifenden Änderung kam es jedoch nicht. Aufgrund ihrer regionalen Konzentration stellten die Polen immer zwischen 13 und 20 Abgeordnete im Reichstag, in Preußen zwischen 19 und 12 Mandatsträger, die bei meist adlig-klerikaler Herkunft überwiegend oppositionell votierten. Verbindungen ergaben sich zu anderen Minoritäten, aber auch zum Zentrum. Es zeichnete sich insgesamt ein leichter Abwärtstrend in der Stimmabgabe für die polnischen Kandidaten ab, aber in Oberschlesien traten die Polen erst in unserem Jahrhundert als eigenständige Kraft auf, nachdem sie sich zuvor eher vom Zentrum hatten repräsentieren lassen.

Ostmarkenverein

Eine vergleichbare Minderheit bildeten die Dänen in Nordschleswig, wo sie seit dem Prager Frieden von 1866 zum preußischen Staat gehörten und im entsprechenden Gebiet 90% der Bevölkerung ausmachten, insgesamt 139000 Menschen (1890). Diese wollten weder zu Preußen noch zum Reich gehören; im Unterschied zu den Polen besaßen sie aber einen angrenzenden Nationalstaat als Bezugspunkt, der seinerseits bis 1864 in Schleswig eine Dänisie-

Dänen

rungspolitik gegenüber den Deutschen betrieben hatte. Dafür gab es, anders als im Osten, keine konfessionellen Gegensätze. Von deutscher Seite – und hier waren es vor allem die preußischen Oberpräsidenten – wurde so eine wechselvolle Politik verfolgt, die teils stärker zu einer Unterdrückung wegen mangelnder Subordination, teils zu einem stärkeren Verständnis für kulturelle Eigenständigkeit führte. Besonders erbitterte eine Sprachverordnung von 1888, die für fast alle Schulfächer das Deutsche zur Unterrichtssprache machte. Den Dänen, die im Reichstag immer einen, nur einmal zwei Abgeordnete stellten, gelang durch Unterstützung aus dem Norden die Bewahrung ihrer kulturellen Identität, indem sie ein eigenes Vereinswesen auf allen Sektoren ausbauten. Bis 1878 hatte der Artikel V des Prager Friedens von 1866, der eine Volksabstimmung in Nordschleswig vorsah, einen argumentativen Kristallisationskern geboten, jedoch wurde dieser zwischen den Vertragspartnern Deutsches Reich und Österreich-Ungarn im Zuge der Annäherung aufgehoben. Anschließend verstärkte sich die enttäuschte Agitation der Dänen. Im letzten Jahrzehnt vor dem Krieg entschloß sich die Reichsleitung aus außenpolitischen Rücksichten gegenüber Dänemark, die Germanisierungspolitik zwar nicht aufzugeben, aber doch in milderer Form zu praktizieren. Da dies wiederum den Deutschen in Nordschleswig mißbehagte, war tatsächlich eine Verschärfung der Gegensätze die Folge.

Welfen

Nicht als nationale Minderheit, aber als politische Protestpartei läßt sich auch die Deutsch-Hannoversche Partei ansehen, jene Gruppierung, welche die Restauration eines selbständigen Königreichs Hannover unter den Welfen forderte und das »Unrecht« von 1866 nicht anerkennen wollte. Überwiegend agrarisch-konservativ ausgerichtet konnte diese Bewegung in einer protestantischen Region sehr unterschiedlich ihre Wähler mobilisieren. Wenn sie 1877 vier und 1878 zehn Mandate errang, so hatte dies auch mit einer Bündnispolitik zu tun, welche die protestantisch geprägte Gruppierung häufig die Kooperation mit dem Zentrum suchen ließ. Immerhin konnten die Welfen in der Provinz Hannover bisweilen zur stärksten Partei werden, nahmen jedoch seit 1878 anteilsmäßig stark ab, ohne ihre Identität bis in die fünfziger Jahre unseres Jahrhunderts zu verlieren.

Elsaß-Lothringen

Mit dem Elsaß und Teilen Lothringens wurden 1871 Gebiete dem Reich als Siegespreis einverleibt, deren Bevölkerung sich hierzu nicht hatte äußern können. 160000 Bewohner optierten für die französische Staatsangehörigkeit, 50000 wanderten tatsächlich aus, später folgten weitere nach. 200000 Menschen sprachen während der Reichszugehörigkeit die französische Sprache – vorwiegend in Lothringen. Die deutschsprachige Bevölkerung stieg von 1,3 auf 1,6 Millionen an, was sich auch dadurch erklärte, daß 1910 knapp *Reichsland* 300000 »Altdeutsche« in dem Reichsland wohnten. Ein Reichsland blieb Elsaß-Lothringen bis 1918. Der Kaiser besaß diktatorische Vollmachten, die immer in Reserve blieben. Bis 1879 wurde es von Berlin aus regiert; in Straßburg residierte ein Oberpräsident wie in einer preußischen Provinz. Seit jenem Jahre gab es dort einen Statthalter, der einem Ministerium vorstand, dessen wichtigste Mitglieder aber wieder von Berlin aus ernannt wurden. Ein Landesparlament wurde erst 1911 geschaffen. Bis dahin hatte ein direkt gewählter Landesausschuß nur mindere Rechte, da die Landesgesetzgebung den Reichsorganen vorbehalten blieb. Seit 1874 galt die Reichsverfassung, aber erst seit 1911 instruierte der Statthalter die neu eingerichteten drei Stimmen des Bundesrates. 15 Reichstagsabgeordnete gab es seit 1874. Die Gründe für diese mindere Rechtsstellung sind vielfach. Haften blieben im Gedächtnis viele Äußerungen wie die Bismarcks von 1874, man habe das Land annektiert, »damit wir ein Glacis haben, auf dem wir uns wehren können, bevor sie [die Franzosen] an den Rhein kommen«. Nicht zuletzt zu diesem Zweck standen starke, vornehmlich preußische Truppen dort, die oft als Fremdkörper der Unterdrückung empfunden wurden. In die gleiche Richtung zielte die Tatsache, daß die lokale Polizei von »Altdeutschen« gestellt wurde. Insofern blieb die Elsaß-Lothringen-Frage, die offiziell keine Frage sein durfte, da sie im Friedensvertrag von 1871 zwischenstaatlich geregelt war, immer eine Funktion der deutschen Beziehungen zu, oder besser: deutscher Ängste vor Frankreich. Umgekehrt diente für Elsässer wie Lothringer die Betonung französischer Affinitäten auch als Mittel des Protestes gegen den minderen Status. Wenn etwa 1888 eine (dann nur drei Jahre gültige) Paßverordnung für alle ins Reichsland einreisende Ausländer den Visumszwang einführte, so war die Sorge vor französischer Infiltration das Motiv, aber die Diskriminierung der Elsaß-Lothringer das Ergebnis.

Auf kulturellem Sektor bemühte sich die Reichsleitung, gegenüber den Frankophonen zuvorkommend zu sein, um die Deutschsprachigen warb man u.a. mit der Schaffung einer Reichsuniversität in Straßburg. Die konkreten Konflikte entzündeten sich jedoch an der konfessionellen Frage. In Elsaß-Lothringen – im Süden dominierte Textilindustrie, im Nordwesten die Stahlerzeugung, sonst war das Land agrarisch geprägt – lag der Katholikenanteil höher als in jedem anderen Staat des Reiches und machte mehr als drei Viertel aus. Das Zusammentreffen einer zumeist protestantisch geprägten neuen Bürokratie und der ersten Kulturkampfmaßnahmen ließen ein von Berlin durchaus beabsichtigtes Werben zur Illusion werden. Bei den Reichstagswahlen 1874 machte sich der Klerus selbst zum Wortführer des Widerspruchs – die Hälfte der gewählten Abgeordneten waren Geistliche – und teilte sich mit den republikanisch-französisch ausgerichteten Protestlern (6 Abgeordnete) die Mandate. Nach einer vom französischen Republikaner Léon Gambetta verfaßten und in gezielt holprigem Deutsch verlesenen Protesterklärung zogen sie sich von der Arbeit des Deutschen Reichstags wieder zurück. Der Protest gegen die Annexion überwölbte also im besonders stark von Honoratioren geprägten Reichsland die sonstigen Differenzen. Bei den folgenden Wahlen 1877 gelang es den auf gleichberechtigte Behandlung im Rahmen des Reiches abzielenden Autonomisten – meist liberaler Überzeugung – den anderen Gruppen Mandate abzunehmen, jedoch behaupteten sich die Protestler bis zu den im Zeichen der Boulangerkrise stehenden Wahlen von 1887 mit wachsender Stärke (zehn Mandate), um anschließend sehr schnell von der politischen Bühne zu verschwinden. Dafür erlangten die im Reich gängigen politischen Richtungen zunehmend an Bedeutung, die ursprünglich autonomistischen Forderungen wurden mehr und mehr eine Sache der praktischen Umsetzung.

Konfessionelle Konflikte

Versuche zur gouvernementalen Wahlbeeinflussung – und sei es durch die Kandidatur von Beamten – erbrachte insgesamt nur geringe Erfolge. Seit der Jahrhundertwende traten bei den Wahlen Themen der Reichspolitik in den Vordergrund, schlossen sich die politischen Richtungen erstmals zu Landesparteien zusammen, die aber in Distanz zu den Reichsparteien blieben. Für die beiden großen Lager der Liberalen und Katholiken spielte gelegentlich auch die innerfranzösische laizistische Debatte eine Rolle. In Lothringen bildete sich eine reichsloyale Regionalpartei. Als dritte Kraft etablierte sich schließlich auch die Sozialdemokratie (1912: fünf Sitze). Es spricht einiges dafür, daß sich am Vorabend des Weltkrieges die Bevölkerung Elsaß-Lothringens im Deutschen Reich einrichtete, und das heißt auch: die Schwierigkeiten der inneren Reichspolitik als die ihren empfand, den Zustand eines fast gleichberechtigten Bundesgliedes mit gleichem Wahlrecht auch für das Landesparlament noch nicht als Endpunkt empfand. Der Zusammenstoß von Militär und Ortsbevölkerung in der Zabern-Affäre (1913) wirft daher auf die Reichspolitik ein ebenso grelles Licht wie auf lokale Verhältnisse. Darauf ist zurückzukommen.

Juden

Als letzte Minorität sind die Juden zu erwähnen. Diese über das Reichsgebiet verteilte religiös definierte Gruppe machte 1% der Bevölkerung oder (1890) 560000 Menschen aus. Ihre absolute Zahl stieg, ihr relativer Anteil als Glaubensgemeinschaft fiel. Politisch bildeten sie keine Einheit, tendierten am ehesten zum linken Liberalismus. Relativ stark vertreten waren sie in Großstädten wie Berlin – dort lebte ein Drittel aller deutschen Juden – und Hamburg, aber auch in ländlichen Gebieten zumal in Hessen, Baden, im Elsaß und in Posen. Juden waren vornehmlich in Wirtschaft, Finanz und Handel, aber auch in freien Berufen tätig. Sie fächerten sich auf in einen eher an liberalen Normen und Parteien orientierten Teil, für den der »Centralverein deutscher Staatsbürger jüdischen Glaubens« (1893) charakteristisch war, während eine orthodoxe Gegenrichtung und zionistische Strömungen seit Ende des Jahrhunderts aufkamen, aber relativ schwach blieben. Obwohl ihnen im Reich rechtlich die vollständige Gleichberechtigung zugestanden war, blieben sie doch vielfältig diskriminiert – und dies gerade im öffentlichen Dienst und Militär. Viele Juden erwarben nach wie vor durch die Konversion das »Entrébillet« (Heinrich Heine) in die bürgerliche Gesellschaft.

Antisemitismus

Daß ein liberales Integrationsmodell nicht durchschlagend wurde, hatte viel mit unterschiedlichen Spielarten von Antisemitismus zu tun. Der Gedanke, in den Juden nur eine unter anderen Konfessionen zu sehen, war für Katholiken bereits falsch, aber gerade im protestantischen Milieu breiteten sich seit den achtziger Jahren antisemitische Ideen verstärkt aus. Zunächst waren es kleine Parteien. Die Christlich-Soziale Partei des Hofpredigers Stoecker (ab 1878/79) hatte zwar zeitweilig Verbindungen zur Reichsspitze, ihre antiliberale wie radikal antisemitische Agitation zeitigte jedoch ebenso geringe Erfolge, wie die Deutsch-Soziale Partei und die Deutsche Reformpartei (1884: »Gegen Junker und Juden!«), die in wechselnden Spaltungen und Fusionen in Regionen mit hohem jüdischen Bevölkerungsanteil als teils bäuerlicher oder handwerklicher Protest zu wirken suchten. Maximal erreichten jene drei Gruppierungen 1907 16 Reichstagsmandate, waren aber untereinander zerstritten. Wichtiger wurde, daß ein unterschiedlich rassisch orientierter Antisemitismus innerhalb der großen Parteien besonders auf dem rechten Spektrum eindrang, ohne daß Liberale oder sozialistische Linke ganz frei davon geblieben wären. Das gilt in noch stärkerem Maße für die Agitationsverbände. Die Judenfeindschaft läßt sich sozialpsychologisch als eine Abwehrreaktion erklären, als eine Projektion von Ängsten in einer Zeit beschleunigten Wandels. Eine nur zum Teil konkret erfahrene Konkurrenzsituation zu jüdischen Bürgern ließ diese – so der Alldeutsche Heinrich Claß – schließlich 1912 zu den eigentlichen Agenten der Subversion im deutschen Volk werden, denen man die bürgerlichen Rechte aberkennen müsse. Aber wenn er die »Zersetzung [des deutschen Volkes] durch jüdisches Blut und jüdischen Geist« anprangerte, so steckte dahinter die Tatsache, daß Juden an Bildung wie Einkommen ihren Weg zu überproportionalem Erfolg fanden.

Für eine politische Kultur ist es bezeichnend, wie tolerant, wie feindlich sie sich gegenüber ihren Minderheiten verhält, aber es ist auch nach den dominierenden Zügen zu fragen. Katholiken wurden – darauf wurde schon hingewiesen – zumindest im ersten Jahrzehnt ausgegrenzt, Sozialisten blieben es während des gesamten Kaiserreiches als politische Richtung. Aber dennoch bestanden bei aller Abgrenzung durch mehr oder minder deutliche Wände doch Möglichkeiten eines osmotischen Ausgleichs. Politisch führend war immer noch eine adlig-agrarisch und militärisch geprägte Schicht zumal Preußens, die in Verwaltung und Militär den Ton angab, auch soziale Leitvorstellungen setzte. Sie hatte eine institutionelle Basis in den ersten Kammern der Einzelstaaten und hier besonders im preußischen Herrenhaus. Ihr

Preußische Führungsschicht

Technik als Monument des Fortschritts – Elbbrücke in Hamburg (errichtet 1884–87)

gegenüber nahm mit dem industriewirtschaftlichen Wachstum auch eine selbstbewußter werdende bürgerliche Schicht zu, städtisch orientiert, beruflich auf Leistung wie Bildung und zunehmende Professionalisierung gestützt. Sie orientierte sich im Aufstieg an den traditionellen Normen, wie sie am Streben nach dem Rang eines Reserveoffiziers, an Nobilitierungen, aber auch am Lebensstil abzulesen sind. Jedoch war es mehr als bloße Nachahmung, das Milieu selbst veränderte sich, öffnete sich, wenn etwa aristokratische Vorstellungen nunmehr mit Nietzsches Idee des Machtmenschen, mit sozialdarwinistischen Vorstellungen vom Kampf ums Dasein und Überleben des Stärkeren angereichert wurden. Es fand ein Wandel durch Aneignung eben jener herkömmlichen politischen Kultur statt. Der »General Doktor von Staat« – so Thomas Mann ironisch – war ein widersprüchliches Idealbild. Die Brüchigkeit der Synthese von Hergebrachtem und Neuem entging auch den Zeitgenossen nicht, wurde gerade durch den sozialen Wandel von unten her als bedroht empfunden und oft im Pathos, in der Geste oder der Symbolik aufgefangen und überhöht. An den Rändern bröckelte jedoch der Stuck, wurden gerade im künstlerischen Bereich der offiziellen Kultur Alternativen entgegengesetzt, neue Wirklichkeiten in Schrift, bildender Kunst und Musik eingefangen, die vielfach zunächst schockierend waren, mit Tabu oder Verbot belegt wurden, sodann aber doch die Ebenen der Stadttheater, Konzertsäle und offiziellen Ausstellungen erreichten.

Kulturelle Alternativen

Es wandelten sich mit der Art, wie Politik gemacht wurde, auch die Parteien selbst. Es lassen sich vergröbert vier bleibende Milieus erkennen, aus denen sich jene ausgliederten: konservativ-ländlich, liberal und vielfach städtisch, katholisch und sozialdemokratisch. Das Grundmuster hieß: die ersten beiden verloren im Verlauf des Kaiserreichs fast die Hälfte an Anhängern, das letztere wuchs für die anderen alptraumartig an. Am Anfang gab es überwiegend die Honoratioren, am Ende überwogen die Vertreter organisierter Masseninteressen. In den ersten Reichstagswahlen standen sich in einem Wahlkreis oft nur zwei Kandidaten gegenüber; im Reichsdurchschnitt waren es etwa drei, seit den neunziger Jahren dann fünf. Dabei konnte es auch einmal vorkommen, daß drei nationalliberale Männer in einem Wahl-

Von der Honoratioren- zur Massenpartei

kreis gegeneinander antraten. Überhaupt entwickelten sich bei den Liberalen am sinnfälligsten die politischen Organisationen. Das Vereinsrecht verbot in den meisten Staaten eine Verbindung politischer Vereine untereinander außer zu Wahlen und wirkte schon so restriktiv vor allem gegenüber dem linken Spektrum. Erst 1900 schuf ein Reichsgesetz, das aber auch erst jetzt zum Bedarf des politischen Lebens wurde, Abhilfe. Zur Aufstellung von Kandidaten fand sich anfänglich vielfach nur ein örtliches, meist städtisches Komitee zusammen, das mit anderen Komitees ebenfalls aus angesehenen Bürgern, Lehrern, Ärzten, Kaufleuten und Handwerkern etwa bestehend, sich im Wahlkreis auf eine Person einigte und damit seine Funktion im wesentlichen bis zu den nächsten Wahlen erfüllt hatte. In manchen Fällen entschied sich ein gewählter Kandidat erst im Reichstag, ob er sich etwa der Fraktion der Fortschrittler oder der Nationalliberalen anschloß.

Fraktionen

An Bedeutung gewannen mehr und mehr (auch schon um 1870 existierende) Wahlvereine, die allen Anhängern der jeweiligen Partei offenstanden, auch Verbindungen zum Abgeordneten hielten, der sich dabei auch auf einzelne Vertrauensleute zu stützen trachtete. Nach und nach setzten sich seit den achtziger Jahren öffentliche und damit größere Wahlversammlungen durch, wodurch der Einsatz von Rednern, oft Parteiprominenz, nötig wurde. Zentrale Parteiorganisationen bestanden zunächst kaum. Die Fraktion in Berlin – oft die des Reichstages und des preußischen Abgeordnetenhauses gemeinsam, bzw. aus ihr gebildete Lenkungsgremien – war das politische Zentrum der Partei. In der Reichshauptstadt wohnhafte Politiker hatten hierbei oft einen Vorteil. In einzelnen Staaten gab es jeweils eine Mittelebene von Parteigliederungen, jedoch wuchs erst langsam im Lande eine lockere Parteistruktur heran. Partei- oder Delegiertentage erlangten keine große Bedeutung, auch wenn sie Programme oder programmatische Erklärungen erarbeiteten. Der Honoratiorenstil der Parteien ruhte örtlich auf einem bürgerlich-geselligen Vereinswesen, das wechselseitige Bekanntschaft voraussetzte.

Liberale Vereine

Bei den Nationalliberalen erlangten seit der Jahrhundertwende jungliberale Vereine Bedeutung, die ohne durchschlagenden Erfolg auf eine stärkere Willensbildung von unten abzielten. Die Zahl dieser Vereine verdoppelte sich im Jahrzehnt vor 1914 auf über 2000. Die Mitgliedszahl betrug das Zehnfache. Zu demokratischer Willensbildung von unten nach oben entwickelten sich die verschiedenen linksliberalen Gruppierungen hin. Hier waren auch schon früher Vereine an die Stelle von Komitees getreten. Durch die Geschichte des linken Liberalismus ziehen sich Spaltungen, Fusionsversuche und dennoch zu verzeichnende Wahlschlappen. Zwar waren die beiden liberalen Richtungen seit 1866 durch die nationale Frage geschieden, aber erst mit der Sezession des linken Flügels der Nationalliberalen 1881 verstärkte sich ihre Konkurrenzsituation entscheidend, im 20. Jahrhundert ließ sie wiederum nach. Die Folge war zunächst eine stärkere politische und organisatorische Abgrenzung der Flügel innerhalb des liberalen Lagers. Der Fusion der sezessionistischen Liberalen Vereinigung 1884 mit der bisherigen Fortschrittspartei zur Deutschfreisinnigen Partei auf Reichsebene folgte schon 1893 erneut die Abspaltung dieses Flügels zur Freisinnigen Vereinigung, von der sich unter dem machtbewußten und entschiedenen Opposition fordernden Eugen Richter die Freisinnige Volkspartei abhob. Erst nach seinem Tode fusionierten beide Gruppen mit der (süddeutsch-demokratischen) Deutschen Volkspartei zur Fortschrittlichen Volkspartei.

Konservative

Die beiden konservativen Richtungen unterschieden sich ähnlich wie die Liberalen zunächst dadurch, daß die Freikonservativen seit 1866 gouvernemental blieben. Diese Richtung entwickelte kaum eine eigene Organisation, war im wesentlichen agrarisch orientiert, hatte aber auch Verbindungen zur

Industrie, etwa an Ruhr, Saar und in Oberschlesien. Die erst 1876 als Partei – und zwar offiziell nur als Wahlverein – begründeten Deutschkonservativen blieben dagegen fast ausschließlich agrarisch orientiert. In den ostdeutschen Kerngebieten entwickelten sie nur sehr zögernd über Komitees hinausgehende Institutionen. Man kannte sich in einer entsprechenden Schicht. Die örtliche Kontrolle über die Landbevölkerung ließ sich lange Zeit personal, dann auch durch die Gemeinsamkeit antistädtischer oder antiindustrieller Gefühle gewährleisten. Die Zentrale in Berlin hatte wenig Einfluß auf die Wahlkreise und beruhte ihrerseits auf einer klubmäßigen Solidarität.

Zentrum

Ganz anders sah es beim Zentrum aus. Eine Politisierung bescheidenen Ausmaßes hatte sich schon vor dem Kulturkampf abgezeichnet. Dieser selbst sorgte aber dafür, daß sich die katholische Bevölkerung in bislang unbekanntem Maße mit dem verfolgten Klerus solidarisierte, Halt in kirchlichen, aber auch in bürgerlich- oder bäuerlich-katholischen Vereinen finden ließ. Auch Volksversammlungen spielten hier eine Rolle, die allerdings nur sehr bedingt Vehikel einer Willensbildung von unten nach oben wurden. Unter den repressiven Bedingungen wählten 1874 wohl über 80% aller Katholiken das Zentrum, eine Quote, die bis 1914 zwar sank, die aber doch immer noch weit über 50% lag. Das Zentrum bildete die erste Volkspartei, die von Arbeitern über Bauern und Kleinbürgern bis zu industriellem und agrarischem Großbesitz alle Schichten erreichte. Es ist erstaunlich, daß dieses an internen Gegensätzen reiche Spiegelbild der Gesellschaft seine Einheit wie relative Stärke im Kaiserreich insgesamt bewahrte. Zu erklären ist dies durch die Erfahrungen des Kulturkampfes und die Bindungen an den katholischen Glauben, der einen Zusammenhalt der konfessionellen Minderheit gewährleistete. Dabei wandelte sich die Art katholischer Politik selbst beträchtlich. Hatte in der Zeit Bismarcks Ludwig Windthorst fast unumschränkt die Parteilinie zwischen den unterschiedlichen Flügeln der Fraktion(en) bestimmt, so verfestigten sich später die einzelnen Richtungen, die nur schwer zu Kompromissen einheitlichen Handelns führten. Einen wichtigen Einschnitt bedeutete an der Basis 1890 die Gründung des »Volksvereins für das katholische Deutschland« als Massenorganisation. Ihr gehörten anfänglich 100000, 1914 dann 805000 Männer an. Formal unabhängig von der Partei vermochte dieser Verein doch neben religiösen Fragen gerade in der Sozialpolitik ein wichtiges Mitspracherecht zu gewinnen. Katholikentage ersetzten hier die sonst üblichen Parteitage.

Arbeiterbewegung

Eine Erklärung für die stärkere Mobilisierung von Massen, für die Organisation wie Politisierung liegt in der Herausforderung durch das Vorbild der sozialistischen Arbeiterbewegung. Nicht nur Regierungen und Bürokratie, sondern auch die anderen politischen Richtungen suchten dem zu begegnen – und bei letzterem gelang dies gerade durch Aneignung mancher der dort praktizierten Formen. Es wäre nicht richtig, die Arbeiterschaft als ausschließlich sozialdemokratisch orientiert anzusehen. 1908/09 rechnete man mit einer halben Million (links-)liberaler Arbeiter. Katholische Arbeiter tendierten sowieso eher zum Zentrum, und Landarbeiter wählten nicht nur durch Repression oft konservativ, denn gerade die SPD tat sich schwer, nicht nur organisatorisch, sondern auch programmatisch mit der Agrarfrage fertig zu werden. Die Arbeiterbewegung wies im Kaiserreich zunächst auch noch ständisch-zünftlerische Relikte auf. Jedoch nahm der Anteil von Handwerksgesellen nach und nach zugunsten der zunehmenden Fabrik- und Industriearbeiter ab. Früher als in vergleichbaren Staaten organisierten sich Arbeitervereine in Deutschland zur politischen Partei. Die beiden wichtigsten Gruppierungen, die um 1870 etwa 30000 Mitglieder umfaßten, schlossen sich unter der Erfahrung von Unterdrückung 1875 zur Sozialistischen Arbeiterpartei Deutschlands (SAPD) zusammen und bildeten fortan die auf Beitragszahlungen begründete, Solidarität gegenüber Diskriminierung und Verfolgung findende bestorganisierte politische Gruppe. Hatten die Anhänger Lassalles im Allgemeinen Deutschen Arbeiterverein bisher entscheidenden Wert auf eine von den bürgerlichen Organisationen getrennte Arbeiterbewegung gelegt und dabei auch auf staatliche Maßnahmen gehofft, so war die von August Bebel und Wilhelm Liebknecht angeführte Eisenacher Richtung der »Sozialdemokratischen Arbeiterpartei« vormals eher großdeutsch und antipreußisch gesonnen und hielt lange an der Idee einer Zusammenarbeit mit kleinbürgerlichen Kräften fest. Unter dem Sozialistengesetz verschwammen diese Unterschiede.

Erfurter Programm

Die sich ursprünglich regional ergänzenden Gruppen wuchsen zu einer einheitlichen Organisation zusammen und gaben sich 1891 nach Ablauf des Sozialistengesetzes, nicht aber der allgemeinen gesellschaftlichen und administrativen Diskriminierung, auf dem Erfurter Parteitag ein stark von Marx und Engels und revolutionären Endvorstellungen bestimmtes Programm. Nunmehr hieß sie Sozialdemokratische Partei Deutschlands (SPD). Damit ließen sich die Ängste bürgerlich-adliger Schichten hervorragend und scheinbar rational belegen. In der Tat spielte die Programmatik bei den Sozialisten im Vergleich zu den übrigen Parteien eine wichtigere Rolle. Aber bedeutender war doch das spezifische, in den Arbeiterorganisationen verkörperte Milieu. »Die Sozialdemokratie ist eine revolutionäre, nicht aber eine Revolution machende Partei«, formulierte der Parteitheoretiker Karl Kautsky 1893 das die Anhängerschaft integrierende Ziel, machte aber zugleich deutlich, daß dabei nicht unbedingt ein gewaltsamer Weg notwendig sei. In der Tat fanden Vertreter einer voluntaristischen Beschleunigung zum »Volksstaat« und einer attentistischen Richtung gleichermaßen Platz. Der Zusammenhalt der Parteiorganisation und das ständige Anwachsen der Wählerschaft bildeten aber die sichtbarsten Aktivposten, die zum Optimismus in der Zukunft berechtigten, zum Glauben führten, man könne eines Tages den bürgerlich-kapitalistischen Staat übernehmen und umgestalten. Die Mitgliederzahl der Partei stieg so von 384000 (1906) auf 1086000 (1914) stetig an.

Gewerkschaften

Wichtig für die Sozialdemokratie war darüber hinaus das parallele Wachsen der Gewerkschaften. Diese bildeten sich aus berufsspezifischen, teils zunftmäßigen, teils nicht-zunftmäßigen Branchen – führend waren etwa Zigarrenmacher und Buchdrucker – in der Situation von sozialem Protest, Kampf um Lohn und bessere Arbeitsbedingungen aus. Um 1870 waren 2 bis 3% der Gesellen und Fabrikarbeiter organisiert, davon aber nur 40% in sozialdemokratischen Organisationen. Trotz Sozialistengesetzen und zusätzlich behinderndem Koalitionsverbot der Gewerbeordnung nahmen die Arbeitskämpfe auch in den achtziger Jahren zu. Einen Höhepunkt bildete der Bergarbeiterstreik im Jahre 1889. 1890 vermochten sich die »Generalkommission der Gewerkschaften Deutschlands« als Dachverband der sozialistischen (d.h. freien) Gewerkschaften mit bereits annähernd 300000 Mitgliedern zu konstituieren. Sie wuchsen bis 1913 auf über 2,5 Millionen Mitglieder an. Zugleich strukturierten sich einzelne Vereine stärker zu Zentralverbänden für ganze Industriezweige, zu Fachvereinen für die großen Industriegruppen um, unter denen Bau- und Metallgewerbe die höchsten Mitgliederzahlen aufwiesen. Neben den sozialistischen Gewerkschaften behaupteten sich die christlichen Gewerkschaften (1912: 350000 Mitglieder), aber auch die 1871 den sozialistischen an Zahl noch gleichkommenden liberalen (Hirsch-Dunckerschen) Gewerkschaften (1912: 110000 Mitglieder). Erwähnenswert ist noch, daß sich mit dem Deutschnationalen Handlungsgehilfenverband 1893 eine konservativ getönte Vertretung der Privatbeamten – so nannte man die Angestellten – konstituierte, die vor dem Krieg 100000 Mitglieder zählte.

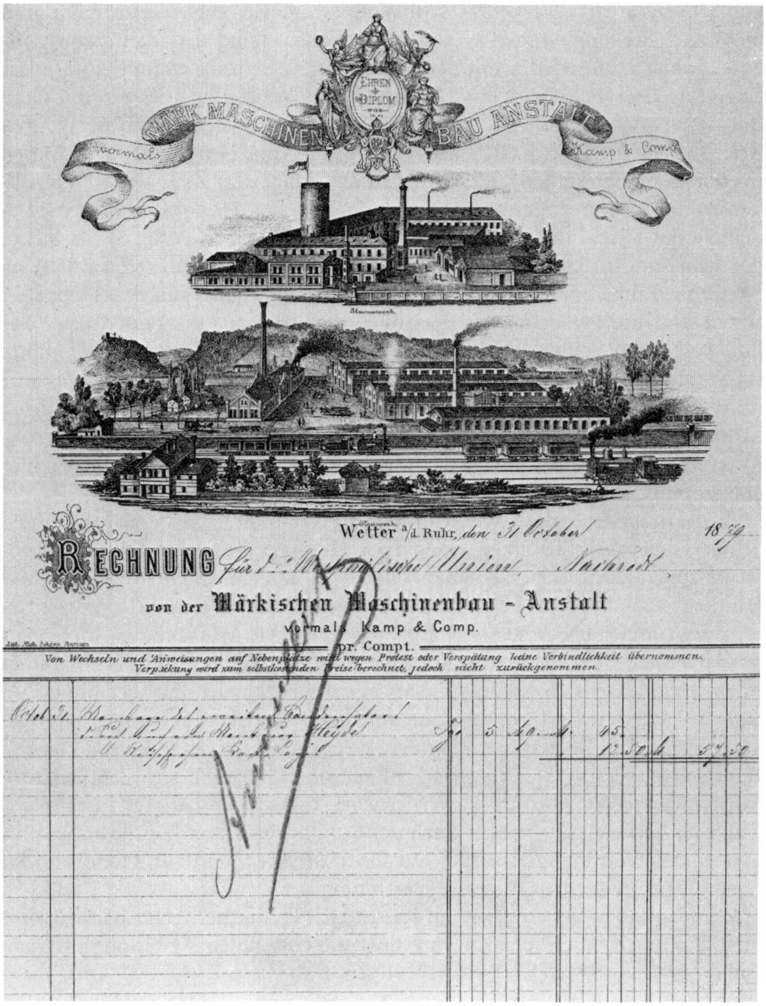

Rechnung der Märkischen Maschinenbau-Anstalt, 1888

SPD und freie Gewerkschaften waren organisatorisch unabhängig, aber ihre Mitglieder wurden zunehmend vielfach identisch, ihre Tätigkeit erschien vielen Arbeitern als unterschiedliche Seite der gleichen Medaille. In der 1905 geführten Debatte über den politischen Massenstreik, der beide Organisationen offiziell annäherte, zeigte sich allerdings deutlich Verknüpfung wie Unterschied. Die Gewerkschaften lehnten ihn ab, die SPD bejahte ihn grundsätzlich als Defensivmaßnahme. Aber auch die Arbeitgeber organisierten sich. Nach ersten branchenspezifischen Zusammenschlüssen der sechziger und siebziger Jahre entstand 1904 eine »Hauptstelle deutscher Arbeitgeberverbände«. Dabei war maßgeblich gewesen der Centralverband deutscher Industrieller (CVdI), der 1876 als mächtigster Industrieverband des Kaiserreichs entstand. Er überlagerte in der Bedeutung die öffentlich-rechtlichen Handelskammern als freier Zusammenschluß von Unternehmern. Der CVdI umfaßte vorrangig die süddeutsche Textilindustrie wie die Eisen- und Stahlindustrie, die sich ihrerseits zuvor zu einflußreichen Branchen- bzw. Regionalverbänden vereint hatten. Als Organisation vorwiegend exportorientierter Zweige trat der Bund der Industriellen (BDI) mit Schwerpunkt in Mitteldeutschland seit 1895 hierzu in Konkurrenz. Der CVdI war ursprünglich

Arbeitgeber

Centralverband deutscher Industrieller (CVdI)

Bund der Industriellen (BDI)

auf Schutzzoll und Verkehrserschließung gerichtet, entwickelte mehr und mehr auch Stellungnahmen zu anderen politischen und vor allem zu sozialen Fragen, hier dann wieder mit dem BDI einig. 1909 unternahm der »Hansa-

Hansa-Bund

Bund für Gewerbe, Handel und Industrie« die Vertretung auch des mittleren Bürgertums von Handwerk und Angestellten. Agrarische Interessen hatten sich – nach Vorläufern auch hier – 1876 zur vom Großbesitz bestimmten »Vereinigung der Steuer- und Wirtschaftsreformer« im Zuge der Schutzzollkampagne zusammengefunden. Gegenüber diesem Honoratiorenverein be-

Bund der Landwirte (BdL)

deutete der »Bund der Landwirte« (BdL) ab 1893 einen völlig neuen Stil in der Erfassung nichtproletarischer Gruppierungen. Der BdL steigerte seine Mitgliederzahl von bereits 179000 im Gründungsjahr auf das Doppelte. Sozial und politisch tonangebend blieb ostelbischer Großbesitz, aber der BdL verbreitete seinen Einfluß auch in anderen Teilen Deutschlands, hatte sogar westlich der Elbe schließlich die Mehrzahl seiner Mitglieder. Das war nicht nur ein Ergebnis von oben gelenkter Mobilisierung. Aus spezifisch lokalen und regionalen Ursachen, die zumeist mit dem generellen Umstrukturierungsprozeß der Gesellschaft zusammenhingen, entwickelte sich hier eine populistische Protestbewegung auch von unten und von rechts.

Die verschiedenartigen wirtschaftlichen Verbände hatten einen wichtigen Schwerpunkt ihrer Tätigkeit in dem Ziel direkter Beeinflussung von Bürokratie und Ministerien. Daneben setzten sie aber auch im Reichstag und Landtagen an, zählten Abgeordnete zu ihren Mitgliedern und finanzierten die aufwendiger werdenden Wahlkämpfe mit. Das galt zumal – aber nicht ausschließlich – für die beiden konservativen Parteien und die Nationalliberalen. Der BdL als Massenorganisation entwickelte sich darüber hinaus zu einer subsidiären Basisorganisation für die Deutschkonservativen, regional auch einmal für die Nationalliberalen, gelegentlich trat er sogar mit eigenen Kandidaten hervor. Der Bayerische Bauernbund konnte sich dort seit der Jahrhundertwende als dritt- bzw. viertstärkste Partei im Landtag behaupten. Zugleich änderte sich hiermit auch der Stil konservativer Politik insgesamt, von einem Gesinnungsausdruck zu einer direkten und für Honoratioren nicht immer bequemen Interessenvertretung.

Nationale Agitationsverbände

Der Wandel in der Art, wie im Kaiserreich Politik betrieben wurde, wäre unvollkommen beschrieben, wenn nicht die nationalen Agitationsverbände einbezogen würden. Der BdL gehört schon in diese Richtung. Auch diese entwickelten sich aus einem älteren Vereinswesen, wurden teils von seiten der Reichsleitung ins Leben gerufen und als Hilfstruppen geschätzt, erhielten finanzielle Unterstützung von den wirtschaftlichen Interessenverbänden. Aber ihre Wirkung ist doch nur zu verstehen, wenn ihre Bedeutung als Mitgliederbewegung, als Organisation zumal des Besitz- und Bildungsbürgertums erkannt wird. Sie sollten vielfach als Gegengewichte zu den Organisationen der sozialistischen Arbeiterbewegung dienen, verselbständigten sich aber doch in einer Rolle, die gegenüber dem Regierungskurs in Opposition trat. Sie beanspruchten, nationale Symbole und Politik besser, das hieß vielfach: radikaler zu vertreten, als der Regierung sinnvoll oder möglich er-

Deutsche Kolonialgesellschaft

schien. Die Deutsche Kolonialgesellschaft war hier noch am gemäßigsten. 1887 aus zwei Vorläufern fusioniert, entwickelte sie sich zu einem im wesentlichen regierungstreuen Förderverein für jene Fragen, dessen Rat von der Reichsleitung ebenso gerne gehört wurde wie der des Kolonialwirtschaftlichen Komitees. Von der Gründung an verdreifachte die DKG ihre Mitglie-

Alldeutscher Verband

derzahl stetig auf 42000 (1914) und übertraf damit den Alldeutschen Verband, der in seinen besten Zeiten um die Jahrhundertwende nur die Hälfte jener Mitgliedszahl erreichte. Dennoch war dieser der Sache nach erst 1891 bestehende Verband bei weitem einflußreicher, besetzte er doch alle Felder nationaler Machtentfaltung nach außen, von der Übersee-Expansion über

Militär und Flotte bis hin zu mitteleuropäischen Annexionsvorstellungen. Der ADV entfachte fallweise öffentliche Kampagnen mit großer Wirkung, hatte jedoch auch aus Finanzmangel innere Krisen durchzumachen. An sich verstand sich der ADV als Speerspitze nationaler Politik, wurde aber von anderen Verbänden als solcher nicht akzeptiert.

Im einzelnen waren dies: der Deutsche Flottenverein (1896 begründet, Mitgliederzahl zwischen 217000 – 1900 – und 332000 – 1913), der sich von gouvernementalen Anfängen aus verselbständigte, der bereits genannte Ostmarkenverein, der Verein für das Deutschtum im Ausland (1914: 54000 Mitglieder) und relativ unpolitisch sowie der erst 1912 gegründete Deutsche Wehrverein, der aus dem Stand 90000 (1914) Anhänger zählte. Er hatte als Agitationsgruppe nur wenig zu tun mit den Kriegervereinen, in denen 900000 (1888) ehemalige Militärs Mitglieder waren, eine Zahl, die bis auf 2,8 Millionen (1914) stieg. Das war, föderal organisiert, überhaupt die stärkste Organisation, die auf diese Weise flächendeckend durch die Rituale der Gedenktage und Aufmärsche als ein Übungsfeld von Landes- und Staatsloyalität im Gewande militärischer Disziplin wirkte. Sozialdemokraten konnten da nur gelegentlich unter Verleugnung ihrer Gesinnung mitmachen. Ganz dem Kampf gegen jene politischen Strömungen widmete sich der Reichsverband gegen die Sozialdemokratie, 1904 begründet, der es 1909 auf 211000 Mitglieder brachte. Hier handelte es sich vornehmlich um die Verbreitung antisozialistischer Propaganda, aber auch um die – nur mäßig erfolgreiche – patriotischer Arbeitervereine vornehmlich im Interesse der rechten Parteien. Als Vergleichsmaßstab mag gelten, daß die 1892 begründete Deutsche Friedensgesellschaft nie mehr als 10000 Anhänger hatte und ihren Sitz 1900 von Berlin weg ins liberale Stuttgart verlegte. Eine vergleichbare Minderheit bildete der (seit 1865 bestehende) Allgemeine Deutsche Frauenverein, der zu Beginn des Jahrhunderts 19000 Mitglieder anzog.

Korporative Mitgliedschaften

Vielfach bestanden in ihrer Bedeutung schwer abzuschätzende korporative Mitgliedschaften der nationalen Verbände untereinander. Führende Mitglieder waren in mehreren Vereinen gleichzeitig tätig. Wichtig ist besonders, daß sich hier ein bürgerliches Milieu in Orts- und Landesverbänden organisierte, so daß die einzelnen Gruppen ihrerseits wieder die bürgerlichen Parteien – und hier zumeist die Nationalliberalen – mit ihren Wünschen und Forderungen zu bestimmen trachteten. Überwiegend waren die nationalen Verbände im protestantischen Milieu angesiedelt, nur dem Flottenverein gelang dauerhaft ein Einbruch in katholische Regionen und Schichten.

Überhaupt bildeten die im Zentrum organisierten Katholiken die stärkste Konstante unter den Parteien. Von 104 Reichstagswahlkreisen, die während des Kaiserreiches dauerhaft an eine Partei fielen, verfügte das Zentrum über 73 vornehmlich im Westen und Süden. Bei den anderen Richtungen ergaben sich z.T. gravierende regionale Umschichtungen. Um nur ein markantes Beispiel anzuführen: die Linksliberalen hatten anfänglich in Ostdeutschland, zumal in Ostpreußen wichtige Hochburgen, die zunehmend an die Konservativen verlorengingen. Berlin, im ersten Jahrzehnt des Reiches fast ausschließlich von Fortschrittlern im Reichstag vertreten, stellte seit 1893 bis auf einen Wahlkreis nur noch sozialdemokratische Abgeordnete. Aus nationalliberalen Hochburgen hatten sich gleichermaßen oft konservative Wahlkreise entwickelt, wie aber auch andererseits hieraus und häufiger sozialdemokratische Schwerpunkte geworden waren.

Die Latenzphase deutscher Weltpolitik 1890–1897

Wilhelminische Ära?

»Das Amt des wachhabenden Offiziers auf dem Staatsschiff ist Mir zugefallen, der Kurs bleibt der alte. Voll Dampf voran«, verkündete Wilhelm II. nach Bismarcks Abgang und zeigte schon durch die Wahl des Bildes, auf welchem Sektor seine persönlichen Neigungen lagen. Aber weder maritime Politik noch Staatsleitung waren Dinge, die unmittelbar in Gang zu setzen waren. Ein persönliches Regiment ließ sich auch nach einer Anlaufzeit nur sehr bedingt errichten. Von der wilhelminischen Ära läßt sich daher auch nur in dem Sinne sprechen, als der Kaiser in seiner Widersprüchlichkeit, in seinem Stil und Auftreten einen Trend der Zeit verkörperte, die diese seinerseits verstärkte. Wilhelm II. beanspruchte allerdings verbal die Leitung der Reichspolitik, setzte durch, daß vornehmlich im militärischen Bereich eine Vielzahl von Instanzen erst bei ihm zusammenliefen, betrieb eigene Personalpolitik dadurch, daß er bestimmte Männer mit Ämtern bedachte oder anderen diese verweigerte. Er leistete jedoch tatsächlich die für eine solche Regierungstätigkeit notwendige Koordination nicht, und trug somit zur Zersplitterung von Entscheidungsprozessen bei. Um sich sammelte er persönliche Freunde aus dem aristokratischen, militärischen und diplomatischen Milieu, aber auch aus dem Industriebürgertum. In seiner Umgebung spielte ein Kreis von verfassungsmäßig zumeist unverantwortlichen Ratgebern eine wichtige Rolle. Die zuständigen Ressorts hatten dagegen oft einen schweren Stand. Der Kaiser bramarbasierte gern, gefiel sich in radikaler Rhetorik und ebensolchen Randbemerkungen an den ihm vorgelegten Akten. Aber er war doch zumeist zu beeinflussen und einsichtsvoll, ja geradezu gemäßigt und überschritt die Grenzen der konstitutionellen Monarchie nicht.

Wilhelm II. in Generals-Uniform, 1914

Dennoch ist seine Rolle in zweifacher Hinsicht zentral für die deutsche Politik. Wilhelm II. ließ sich zwar in höfischer, bisweilen an Byzantinismus grenzender Manier vielfach zum gewünschten Handeln manipulieren, vieles unterblieb aber mit Rücksicht darauf, daß es ihm nicht nahegebracht werden konnte oder verzögerte sich durch seine häufigen Reisen. Sodann erschien der Kaiser von außen her – und das hieß für ausländische Regierungen wie Öffentlichkeit – gemäß der um ihn gepflegten Aura als die entscheidende und leitende Persönlichkeit. Dies wiederum hatte Rückwirkungen auch auf die Substanz deutscher Politik.

Caprivi als Kanzler

Zunächst einmal bedurfte es aber 1890 eines neuen Kanzlers. Leo von Caprivi, der dann bis zum Herbst 1894 das Reichskanzleramt bekleidete, war General, und es deutet alles darauf hin, daß er vor allem deswegen ernannt wurde, weil er in drohenden sozialen Krisen – Arbeiterunruhen nach dem Bergarbeiterstreik des Vorjahres wurden nicht ausgeschlossen – ein Mann für einen Kampfkurs sein konnte, loyal und ohne eigenen politischen Ehrgeiz, wie es schien. Die Alternative wäre General Alfred von Waldersee gewesen, der, viel aktiver und ehrgeiziger als Caprivi, Exponent einer propagierten Unterdrückungspolitik im Innern wie eines Präventivkriegs nach außen war. Er wurde 1891 als Generalstabschef abgelöst, blieb aber auch dann eine latente hochkonservative Alternative. Gerade deswegen wurde Caprivi von gemäßigten Kräften gestützt, wie diese auch eine Rückkehr Bismarcks zu fürchten hatten. Der Altkanzler – er lebte noch bis 1898 – näherte sich durch Interviews und von ihm inspirierte Zeitungsartikel der nationalen Opposition, stellte sich ihr zumindest als Symbolfigur zur Verfügung. Er machte seinen Frieden mit Wilhelm II. nur sehr oberflächlich und blieb auf diese Weise für Reichstag wie Reichsleitung eine latente Gefahr.

Gerade Caprivi war sich bewußt, daß ihm der Mantel des Reichsgründers zu weit war, daß er ein Stück Normalität in die deutsche Politik bringen würde. Es empfiehlt sich, die einzelnen Stränge seiner Politik zunächst in der Darstellung zu trennen.

»Neuer Kurs«

»Neuer Kurs« lautete der Anspruch, der mit dem Begriff »Versöhnungspolitik« inhaltlich zunächst nur vage gefüllt wurde. Im preußischen Staatsministerium wie in der Reichsleitung wurden die meisten Bismarckianer durch neue Männer ersetzt, was nur zum Teil Caprivis Werk war. Bei einem im ganzen kooperativen Führungsstil konnten sich neue Initiativen entwickeln, Personen wie der preußische Finanzminister Johannes von Miquel, zuvor Frankfurter Oberbürgermeister und ein wichtiger nationalliberaler Parteiführer, oder Karl Heinrich von Boetticher, bereits seit 1880 Staatssekretär im Reichsamt des Inneren und seit 1888 Vizepräsident des preußischen Staatsministeriums, konnten stärker hervortreten. Auch gegenüber der Legislative, mit der er als Chef der Admiralität in den achtziger Jahren bereits Erfahrung hatte, entwickelte der neue Kanzler einen offenen und ehrlicheren Stil – nicht unbedingt Voraussetzungen für eine effektivere Politik. Selbst von unzweifelhaft konservativer Gesinnung, meint er aber doch, man solle »das Gute nehmen, von wo und durch wen es auch kommt«, und das hieß: bereit zu sein, auch mit der Linken fallweise zu kooperieren. Als Generallinie der frühen neunziger Jahre in der deutschen Politik zeichnen sich zwei scheinbar widersprüchliche Tendenzen ab: einerseits die verstärkte Hinwendung zum Industriestaat, der Versuch zur Ausgestaltung der sich wandelnden sozialen Strukturen, zum anderen die Stärkung des militärischen Instruments der Machtsicherung nach außen. Bei näherem Hinsehen bedingten sich beide Faktoren in Caprivis Sicht wechselseitig. Aber nicht alle Reformen passen nahtlos in dieses Schema. Dem preußischen Handelsminister von Berlepsch oblag es, die kaiserliche Kundgebung zum Arbeiterschutz, die so viel zum Kanzlersturz im Frühjahr 1890 beigetragen hatte, in Gesetzesform durchzubringen. Erstmals ging es hier auch um Fragen der Verhinderung sozialer Schäden. Reichsweit wurde Sonntagsarbeit verboten ebenso die Nachtarbeit für Frauen und Jugendliche, der Arbeitstag für Frauen wurde auf elf, für Jugendliche auf zehn Stunden begrenzt. Seit 1891 wurden Gemeinden ermächtigt, Gewerbegerichte für Arbeitsstreitigkeiten einzuführen, die durch Vertreter von Arbeitgebern wie -nehmern besetzt werden sollten, eine Regelung, die 1902 zwingend wurde. Aber dieser sozialpolitische Impuls erschöpfte sich schnell. In der Großindustrie war man über neue Kosten skeptisch, und die Arbeiterschaft schwenkte nicht mit fliegenden Fahnen ins gouvernementale Lager über. Vergebens plädierte Berlepsch für einen jahrzehntelangen Atem. Zunehmend im preußischen Staatsministerium isoliert, trat er 1896 zurück. Sein Nachfolger war Unternehmer. Nach Ablauf des Sozialistengesetzes hatte schon aus Gründen der politischen Mehrheit ein neues Ausnahmegesetz keine Chance und wurde so auch nicht ernsthaft erwogen. Die panikartigen Erwartungen an einen Umsturz hatten sich aber ebensowenig erfüllt, und als die SPD nunmehr wieder als legale Organisation im Reich auftreten konnte, erhielt sie in der Tat 1893 fast ein Viertel aller Stimmen, erhöhte ihren Mandatsanteil, so daß anstelle von Sozialreformen wieder Überlegungen von regulären Strafmaßnahmen gegen den »Umsturz« Platz griffen. Doch damit neigte sich schon Caprivis Zeit dem Ende zu.

Hinwendung zum Industriestaat

Verbesserung des Arbeiterschutzes

Finanzreform

Nicht zuletzt aus militärischen Gründen gelang eine begrenzte Finanzreform. Die preußische Klassensteuer wurde endgültig durch eine progressive Einkommensteuer ersetzt. Auch wenn der Spitzensteuersatz nur 4% betrug, erbrachte sie höhere Erträge. Verständlicherweise rief sie das Mißfallen der Begüterten hervor. Zugleich wurden kleinere Einkommen entlastet. Mit der Übertragung der Gewerbe-, Grund- und Gebäudesteuer an die Gemeinden wurden diese finanziell auf eigene Füße gestellt. War dies bei zunehmender Verstädterung auch dringend nötig, so blieb doch die ebenfalls erforderliche preußische Landgemeindereform in Ansätzen stecken. Die Konservativen setzten dort durch, daß nicht bindend, sondern nur fakultativ die Gutsbezirke in Landgemeinden eingegliedert wurden. Auch dies war eine Maßnahme mit steuerlichen Folgen, so daß tatsächlich nur 500 der 16000 Gutsbezirke nach und nach ihre Selbständigkeit verloren. Aus der preußischen Finanzreform, die den plutokratischen Charakter des bisherigen Wahlrechts noch verstärkte, ergab sich politisch zwingend – darauf beharrte das Zentrum – auch eine Wahlrechtsänderung. Die Einteilung in drei Klassen wurde nunmehr nach Urwahlbezirken statt nach Gemeinden vorgenommen. Das änderte an der Zahl der Wahlberechtigten pro Klasse wenig – die Quote in der ersten Abteilung lag während des Kaiserreiches zwischen 3,3 und 4,4%, in der zweiten zwischen 10,8 und 15,8%, in der dritten zwischen 85,6 und 79,8% –, aber in ärmeren Vierteln wählten auch Arbeiter in der ersten Abteilung. Caprivi selbst und mit ihm sechs von zehn preußischen Ministern votierten in der dritten Klasse, drei in der zweiten; der zehnte war der Kriegsminister, und der hatte als Militär kein aktives Wahlrecht. Sozialdemokraten konnten unter diesem Wahlrecht nach wie vor keine Mandate erzielen.

Wahlrechtsänderung

Die Reformansätze, so zeigte sich, riefen nach und nach konservativen Widerspruch hervor. Aber da Caprivi mit den Konservativen ohnehin keine Mehrheit im Reichstag erzielen konnte, suchte er die Öffnung auch gegenüber Katholiken und Linksliberalen. Der katholischen Kirche wurden während des Kulturkampfes zurückbehaltene Gelder gezahlt, das Erzbistum Gnesen ließ sich erneut mit einem Polen besetzen. Wiederum regte sich konservativer Widerspruch, wie überhaupt die Minderheiten in jenen Jahren zum Mißfallen jener Kreise relativ großzügig behandelt wurden. Dem gleichen versöhnenden Zweck sollte auch ein neues Schulgesetz dienen, das Kultusminister von Zedlitz-Trützschler 1892 in Preußen durchzusetzen suchte. Der Entwurf räumte den (beiden) Kirchen Einfluß auf die Ernennung von Religionslehrern ein, suchte vor allem künftige Konfessionsschulen gegenüber simultanen Einrichtungen zu stärken. Dieses Mal protestierten die Liberalen; der Minister trat zurück, der Entwurf wurde zurückgezogen. Das wiederum erzeugte den Widerstand des Zentrums. Caprivi saß zwischen allen Stühlen und trat als preußischer Ministerpräsident im März 1892 zurück, blieb hier aber noch – und das war auch innenpolitisch wegen des Bundesrates wichtig – preußischer Außenminister. Diese Ämtertrennung, die im Kaiserreich sonst nur einmal kurzfristig von Bismarck praktiziert worden war, erwies sich als verhängnisvoll. Preußischer Ministerpräsident wurde der hochkonservative Botho zu Eulenburg, unter dessen Vorsitz im Staatsministerium die Kluft zur Reichspolitik zunehmend größer wurde.

Öffnung gegenüber Katholiken und Linksliberalen

Deutschland sei Industriestaat geworden, erklärte Caprivi am 10. Dezember 1891 im Reichstag. Die Landwirtschaft als staatserhaltende Kraft bleibe die Basis, auch wenn sie es auf dem Weltmarkt zunehmend schwerer habe. Steigerungsfähig seien aber Industrie und Handel. Und diese brauchten Absatzmärkte, die wiederum für eine wachsende Bevölkerung erforderlich seien. »Wir müssen exportieren: Entweder wir exportieren Waren, oder wir exportieren Menschen. Mit dieser steigenden Bevölkerung ohne eine gleichmäßig zunehmende Industrie sind wir nicht in der Lage weiterzuleben.« Das war ein Programm, das auf die parlamentarische Linke zielte, auch um die Sozialdemokratie warb, dem Freisinn aus der Seele gesprochen war. Trotz der deutschen Schutzzölle seit 1879 hatte die Meistbegünstigung mit Frankreich in den achtziger Jahren die deutsche Wirtschaft an dessen liberalen Handelsverträgen teilhaben lassen. Die günstige Hinterhandposition drohte bei Auslaufen einer Reihe derartiger Verträge 1892 verlorenzugehen. Ursprünglich gingen die Vorstellungen des Auswärtigen Amtes von einer festen mitteleuropäischen Zollunion aus. Aber der Kanzler näherte sich pragmatisch jener Frage, indem er, auch seinerseits auf die ökonomische Basis Mitteleuropa setzend, für ein System bilateraler Handelsverträge eintrat. Der Grundgedanke, im einzelnen mühsam spezifiziert, lautete, daß das Reich die hochprotektionistischen Agrarzölle herabsetzte, dafür aber die Partnerstaaten sich den deutschen Industrieprodukten stärker öffneten. Zugleich würde damit der – auch militärisch aufgewertete – Dreibund einen zusätzlichen Sinn erhalten. Erstmals wurde die Handelspolitik für die »große Politik« in dieser Form zum Instrument. In einem ersten Anlauf kamen Ende 1891 zehnjährige Verträge mit Österreich-Ungarn, Italien, Belgien und der Schweiz zustande. Da es sich hier zwar um überwiegend agrarische Länder handelte, die aber dennoch keinen bedeutenden Druck auf dem deutschen Agrarmarkt versprachen, nahm der Reichstag diese Verträge mit großer Mehrheit an; sogar die Sozialdemokraten stimmten dafür, aber der größte Teil der Deutsch-Konservativen sprach sich dagegen aus. Das war jedoch keine gouvernementale Mehrheit auf Dauer. Eine zweite Serie von Handelsverträgen 1893/94 – mit Spanien, Serbien und Rumänien, schließlich auch mit Rußland – fand nur noch knappe Mehrheiten. In der Zwischenzeit war nämlich der Bund der Landwirte entstanden und hatte die agrarischen Interessen mobilisiert. Das Zentrum wandte sich aus bereits geschilderten Gründen von Caprivi ab. Der konservative Abgeordnete Graf Kanitz forderte gar

Handelsverträge

Konservative Opposition

Die regionale Verteilung des deutschen Außenhandels

Gebiet	1890/91 Anteil am deutschen Gesamtexport	1890/91 Anteil am deutschen Gesamtimport	1910/13 Anteil am deutschen Gesamtexport	1910/13 Anteil am deutschen Gesamtimport
Deutsche Kolonien (K)	0,1%	0,1%	0,6%	0,5%
Halbkoloniale Gebiete Deutschlands (HK)	3,8%	1,3%	4,1%	3,1%
Europa (ohne HK)	75,8%	73,0%	72,4%	54,8%
Großbritannien	20,8%	15,2%	14,0%	8,2%
Österreich-Ungarn	10,4%	13,8%	11,2%	7,9%
Rußland	7,0%	12,9%	7,9%	14,9%
Belgien/Niederlande	12,3%	13,4%	12,1%	6,6%
Frankreich	7,0%	6,1%	7,6%	5,4%
Amerika	16,7%	19,2%	16,3%	26,3%
Vereinigte Staaten	11,5%	10,0%	7,8%	14,5%
Argentinien	0,6%	2,1%	2,9%	4,2%
Brasilien	1,6%	3,4%	1,9%	2,9%
Chile	0,8%	1,6%	1,0%	1,8%
Afrika (ohne K und Marokko)	0,6%	1,1%	1,6%	4,0%
Asien (ohne chinesische Gebiete)	1,9%	4,0%	3,8%	8,2%
Britisch-Indien	1,0%	3,3%	1,3%	4,8%
Niederländisch-Indien	0,4%	0,5%	0,8%	2,0%
Japan	0,5%	0,1%	1,3%	0,4%
Australien/Neuseeland	0,8%	1,0%	1,0%	2,8%
unaufgeschlüsselter Rest	0,3%	0,2%	0,2%	0,2%
Summen	100,0%	100,0%	100,0%	100,0%

»und dann müßt ihr bedenken, als Zivilisten seid ihr hergekommen und als Menschen geht ihr fort!« (Zeichnung von Olaf Gulbransson, 1910)

eine Reichsstelle, die den Handel mit Getreide monopolisieren sollte. Die Getreidepreise waren seit 1891 auf die Hälfte gefallen, jedoch war dies durch amerikanische Billigimporte, nicht durch die Handelsverträge verursacht. Tatsächlich forderte hier die traditionelle Führungsschicht nicht weniger als eine permanente staatliche Absicherung ihrer bedrohten ökonomischen Macht. Jedoch scheiterten sie hier (wie auch in den folgenden Jahren) deutlich. Caprivi allerdings hatte für diese Kreise als »Kanzler ohne Ar und Halm« endgültig abgewirtschaftet.

Militärfrage

Monarchische Prärogative

Abgesehen einmal von eigener Gesinnung und formeller Einbindung in Verfassungskompetenzen stand die Militärfrage einer Politik der neuen Mitte entgegen. Sie benötigte und erhielt die konservative Zustimmung, traf auf Ablehnung bei der Linken. Die überragende Stellung des Militärs im preußischen Staat war auch im Kaiserreich im Kern erhalten geblieben. Das Heer war nicht nur ultima ratio nach außen für den Krieg, sondern auch für den Bürgerkrieg. Es war zugleich letzte Instanz unter allen Staatsstreichdrohungen, so daß die Truppe auch hierfür ausgebildet wurde und sich daher gegenüber Einflüssen der bürgerlichen Gesellschaft wie der Sozialdemokratie soweit wie möglich abschirmte. Der Konflikt war grundsätzlich 1862 in Preußen geführt worden, und das Bild jener Krise tauchte bei jeder neuen Auseinandersetzung wieder auf. Der auch in die Reichsverfassung übernommene Kompromiß lautete, daß Kommandosachen – und das waren zunächst die Fragen von Einsatz und außenpolitischer Instrumentalisierung – dem Monarchen vorbehalten blieben, sich also der parlamentarischen Kontrolle entzogen. Selbst der Reichskanzler hatte im Rahmen seiner Gesamtverantwortung für die Politik nur ein je zu definierendes Mitspracherecht. Verwaltungsangelegenheiten lagen dagegen in der Zuständigkeit des preußischen Kriegsministeriums. Sie unterlagen der Prüfung durch den Reichstag, aber nur bedingt über das Budgetrecht, mit dem die Soldatenzahl – die Friedenspräsenzstärke – sowie deren Finanzierung festzustellen war. Darüber entstanden dann die hitzigsten Debatten. Das kann nicht verwundern, da der bei weitem größte Teil der Reichsausgaben – die Hälfte bis ein Viertel der gesamten Staatsausgaben vom Reich bis zu den Gemeinden – hier ausgegeben wurde. Wollte man die Rechte des Reichstags stärken, so mußte man auf diesen Etatposten verfallen.

Äternatspläne

Bismarck hatte ursprünglich einen ewigen Etat oder Äternat angestrebt: die gesetzliche Festlegung einer bestimmten Quote der Bevölkerung – etwa 1% –, an deren Ausstattung der Reichstag dann nicht mehr viel ändern konnte. Die liberale Mehrheit war dagegen für eine jährliche Beschlußfassung. Nach hinhaltenden Kompromissen war schließlich 1874 auf sieben Jahre befristet die Friedenspräsenz beschlossen worden, allerdings erst, nachdem ein Appell an die Wähler die Zusammensetzung des zuvor widerspenstigen Reichstages verändert hatte. Ein Septennat gelang erneut 1881 und unter den Bedingungen des Kartells 1887. Zwischen 1886 und 1893 wurden tatsächlich die Heeresausgaben verdoppelt. Die Personalausgaben pro Kopf stiegen rapide an. Darin spiegelte sich einerseits das Vordringen materialintensiver Rüstung beim Militär – Artillerie und Gewehre machten dank technischer Fortschritte schnelle Entwicklungen durch. Die Armee hatte sich dem Industriestaat zu öffnen. Zum anderen änderte sich die außenpolitische Situation in Europa. Die Bedrohung eines potentiellen Zweifrontenkrieges für den Machtstaat in der Mitte bestand zwar seit der Reichsgründung und blieb für die Führungsschichten eine der Bedingungen seiner Existenz. Aber trotz einiger Phasen permanenter Kriegserwartung änderte sich in der Doppelkrise 1885/87 hieran Entscheidendes. Rußland, die ehemals konservative Schutzmacht Preußens, wurde mehr und mehr als Hauptgegner erkannt. Eine Richtung der Militärs – hierfür stand etwa Waldersee – trachtete danach, durch eine kurzfristige Steigerung der Präsenzstärke die Voraussetzung für einen erfolgreichen Präventivkrieg zu schaffen. Eine andere Richtung – und hierzu gehörte Caprivi – wollte das militärische Machtinstrument durch eine stärkere Ausnutzung der ausgebildeten Reserven für ein Kriegsheer benutzen. Beide Richtungen fühlten sich aus außenpolitischen Gründen gezwungen, personell die Armee stärker der bürgerlichen Gesellschaft zu öffnen. Tatsächlich waren bereits 1895 50% der Offiziere bürgerlich; an der Spitze dominierte aber weiterhin der Adel. Die Heeresstärke, die 1874 auf 402000 Mann festgelegt worden war und vor dem Septennat von 1887 427000 Mann betrug, errechnete sich nach 1893 auf 552000 Mann. Um dies durchzusetzen, wurde im Reichstag intensiver als sonst um Militärfragen gestritten, kam es gerade Caprivi darauf an, daß auch der größte Teil der Nation die Erfordernisse der Zeit verstand, die sich auf Sicherung im »Kampf ums Dasein« – so der Kanzler im Reichstag – richteten. Die Sorge vor einem künftigen 30jährigen Krieg – so Moltke 1890 im Reichstag, Friedrich Engels äußerte sich nicht viel anders – ließ nach Auswegen in besserer Mobilisierung der Bevölkerung suchen.

Hochrüstung

Die Gefahr, die von einer traditionellen Linie des Militärs demgegenüber gesehen wurde, lag in einer Schwächung ihrer Stellung nach innen. Auch von hier sind daher Verbindungen zur Versöhnungspolitik Caprivis zu sehen. Bürgerliche Militärkritiker und auf soziale Exklusivität bedachte Militärs konnten sich darin treffen, daß sie eine Ausschöpfung des Potentials aller Wehrpflichtigen ablehnten. Soweit war es allerdings nicht. Weniger als die

Hälfte aller jungen Männer hatte zu dienen, und die Militärs sorgten dafür, daß Rekruten aus der konservativen Landbevölkerung gegenüber »linken« Stadtbewohnern bevorzugt wurden, um so doch die konservative Disziplinierungstaktik beizubehalten. Bereits 1890 hatte eine kleine Militärvorlage bei der Entlassungskrise eine Rolle gespielt. 1892 scheiterte die große Heeresvermehrung zunächst im Reichstag, obwohl Caprivi gegenüber den Forderungen des Zentrums nur eine fünfjährige Laufzeit in Kauf zu nehmen bereit war und die Dienstpflicht der Fußtruppen auf zwei (statt drei) Jahre begrenzen wollte – einer der Reizpunkte von 1862! Aber von agrarisch-konservativer Seite wurde deutlich die Sorge um die künftige Qualität der Armee laut.

Wahlen 1893

Die anderen bürgerlichen Parteien waren innerlich gespalten. Neuwahlen brachten in der Mandatsverteilung einen Rechtsruck. Die Parteien des alten Kartells gewannen; aber die Konservativen, denen die Regierung offene Wahlunterstützung zukommen ließ, hatten für Caprivis Kurs nichts übrig. Die SPD gewann, das Zentrum verlor. Katastrophal waren die Ergebnisse auch für den linken Liberalismus. In erbitterten inneren Auseinandersetzungen war der Freisinn vor den Wahlen in zwei Fraktionen auseinandergefallen. Hatte sich 1890, als er die drittstärkste Fraktion bildete, noch eine Erneuerung dieser politischen Strömung angekündigt, so erzielten nunmehr die beiden Fraktionen zusammen nur wenig mehr als die Hälfte der damaligen Mandate (von 66 auf 13 plus 24). Nur mit knapper Mehrheit passierte das neue Friedenspräsenzgesetz den Reichstag, von keiner Partei aus Überzeugung gestützt. Caprivis Zeit war abgelaufen; das lag nicht am Fehlen parlamentarischer Zustimmung, sondern an konservativer und zumal agrarischer Opposition wie des Kaisers Mißfallen darüber, daß sich der Kanzler

Staatsstreichgedanken

so eigenständig entwickelt hatte. Staatsstreichgedanken kamen auf, einen Kampfkurs gegenüber dem Reichstag zu steuern, ihn aufzulösen und sodann das Wahlrecht zurückzubilden – Ideen, die auch Bismarck umgetrieben hatten. Den Anlaß hierzu konnten neue Maßnahmen gegen die Sozialisten bieten; in Frankreich war der Präsident von einem Anarchisten ermordet worden. Nicht als Ausnahmegesetz, sondern als permanente Strafvorschriften beabsichtigte Botho zu Eulenburg über den Bundesrat für das Reich eine Umsturzvorlage einzubringen, für die eine Mehrheit aussichtslos war. Im Streit hierüber traten schließlich Caprivi wie Eulenburg im Oktober 1894 zurück. Caprivi war bei seiner konservativen, militärischen Grundeinstellung weder die große Reformalternative gewesen, noch bezeugt sein Scheitern die Unfähigkeit hierzu. Er brachte tatsächlich Reformen auf den Weg, die Widerstände von allen Seiten auf sich zogen; aber dies war auch durch die taktisch wenig geschickte Art seiner Amtsführung bedingt.

Hohenlohe – Schillingsfürst

Zum neuen Kanzler und preußischen Ministerpräsidenten wurde (bis 1900) Chlodwig Fürst zu Hohenlohe ernannt, ein 75jähriger liberal-konservativer und katholischer Hochadliger, der 1870 bayerischer Ministerpräsident gewesen war und später als Botschafter in Paris gedient hatte. Er war ein Übergangskanzler, ein ausgleichender Mann, der loyal zum Monarchen stand. Reformimpulse waren von ihm nicht zu erwarten; der Trend der Regierung ging nach rechts. Eine Umsturzvorlage wurde tatsächlich im Reichstag eingebracht, scheiterte aber 1895, ebenso wie 1899 eine vergleichbare Zuchthausvorlage keine Mehrheit fand. Wichtiger als der Inhalt innenpolitischer Streitfragen wurde das persönliche Regiment des Kaisers selbst. Die Umgebung Wilhelms II. zeigte Neigungen, zur Nebenregierung zu werden; einzelne vertraute Minister vertraten die Linie des Kaisers im Staatsministerium, so daß die Ressortminister kollektive Schritte gegenüber dem Monarchen erwogen. Friedrich von Holstein, als Geheimer Rat im Auswärtigen Amt eine Schlüsselfigur für die gesamte Reichspolitik der Zeit, erkannte klar, daß der König von Preußen vielleicht noch allein konservativ regieren könne, »der Deutsche Kaiser aber keinesfalls ausschließlich«. Da auch ein Krieg zur inneren Konsolidierung nach seiner Ansicht nicht in Frage komme, bleibe nur, mit dem bestehenden Reichstag auszukommen.

Überhaupt hatten im Auswärtigen Amt schon in den letzten Jahren Bismarcks einige jüngere Kräfte eine eigenständige Position gewonnen, die nach der Ablösung des Kanzlers eine zentrale Rolle beanspruchten und durchsetzten. Zunächst stand die Verlängerung des Rückversicherungsvertrages an. Obwohl der russische Außenminister Giers, insgesamt gegen den Druck panslawistischer Kräfte stehend, anbot, ohne das ganz geheime Zusatzabkommen und gar für 6 Jahre abzuschließen, riet man aus dem Auswärtigen Amt ab, und Caprivi akzeptierte. Mit einer formellen Ablehnung im Mai 1890 verprellte man die Russen dann auch noch mehr als nötig. Damit war zwar nicht der Eckstein des kunstvollen Bismarck'schen Systems leichtfertig aufgegeben, aber die neue Führung hatte doch gezielt einen sowieso dünn gewordenen Draht gekappt. An der Spitze stand die Überlegung, daß der Russenpakt im Kriegsfall Widersprüche mit dem Mittelmeerabkommen biete, also das Bismarck fremde Denken unter dem Primat der Kriegstauglichkeit. Dahinter bildete sich die Überzeugung aus, daß eine allzu enge Orientierung an Rußland aus wirtschaftlichen wie gesellschaftspolitischen Gründen nicht ratsam sei. Es bahnte sich an, was Mitte der neunziger Jahre bei Holstein konzeptuell voll ausgeprägt war: eine Politik der freien Hand, die sich weder an die stärkste Seemacht England noch an die größte Landmacht Rußland binden wollte. Da die Deutschen auch (im Zuge der ersten Handelsverträge) den Zollkrieg gegen Rußland wieder aufkommen ließen, fand eine Entwicklung ihren Abschluß, die längst in Gang gekommen war, sonst aber wohl später – oder auch anders – ins Rollen gekommen wäre. Frankreich und Rußland schlossen im August 1892 ein Verteidigungsabkommen gegenüber dem Dreibund. Dieses Bündnis der Generalstabschefs wurde Ende 1893 vom Zaren ratifiziert und schuf somit erstmals in Europa zwei Militärblöcke der Großmächte; nur Großbritannien blieb abseits. Diese französisch-russische Allianz war noch prekär, nicht auf einen allgemeinen Einklang der Interessen gestützt und drohte oft auseinanderzubrechen. Aber sie hatte durch den französischen Anleihenmarkt ebenso ein ökonomisches Unterfutter, wie der Dreibund in Handelsverträgen auf jenem Sektor gestärkt wurde, so daß beide Gruppierungen tatsächlich bis 1914 hielten. Wenn die Handelsverträge das Reich auf die Basis Mitteleuropa stellen wollten, dann zielten sie langfristig auch auf eine stärkere Position auf dem Weltmarkt. Gerade weil das Reich auf industriellem Sektor nunmehr international wettbewerbsfähig auftreten konnte, bedeutete dies auch, daß ein Antagonismus zur ersten Industriemacht Großbritannien ebenso möglich wurde wie zu den in manchen Branchen bereits führenden USA, welche sich ihrerseits hinter Zollmauern auf ihrem riesigen Binnenmarkt verschanzten.

Politik der freien Hand

Französisch-russische Allianz

Wenn das Deutsche Reich den nächsten Krieg verliere, so argumentierte Caprivi öffentlich, dann würden auch überseeischer Handel und Export verlorengehen. Daher bot sich unmittelbar eine koloniale Frontbegradigung gegenüber dem indirekten Partner im Mittelmeer, Großbritannien, an. Im Helgoland-Sansibar-Abkommen vom Juni 1890 – auch dies schon zu Bismarcks Zeiten vorbereitet – verzichtete das Reich zugunsten der Nordsee-Insel auf weiterreichende koloniale Ansprüche in Ostafrika, steckte gegenüber dem ungebrochenen Drang nach Eroberung und Konfrontation zurück. Genau das war der Punkt, der eine öffentliche Opposition von rechts gegen die Preisgabe nationaler Belange provozierte, die zum Alldeutschen Verband führte. Dabei dachte Caprivi nicht an einen kolonialen Verzicht. Gerade bislang von den Briten bestrittene Ansprüche an der Küste Ostafrikas wurden nun besiegelt; in Südwestafrika kam ein schmaler Zugang zum zentral-

Helgoland-Sansibar-Abkommen

Deutsche Schutztruppe in Ostafrika (1899)

afrikanischen Zambesi-Becken hinzu. Dieser Caprivi-Zipfel machte nur dann einen Sinn, wenn er als Option für eine künftige Aufteilung Zentralafrikas gesehen wurde. Darüber hinaus fiel in diesen Jahren die endgültige Entscheidung, sich doch in den Schutzgebieten dauerhaft zu engagieren. Da sich die ökonomischen Interessenten in Charter-Gesellschaften als unfähig erwiesen hatten, angesichts afrikanischen Widerstands die Regie zu übernehmen, trat jetzt das Reich überall auf den Plan, schickte Gouverneure und Beamte, richtete Polizei und Militär ein, um die noch gar nicht entfalteten deutschen Belange zu schützen. Diese wurden aber mehr und mehr in der Öffentlichkeit zu Symbolen deutscher Geltung in der Welt stilisiert.

Einrichtung kolonialer Verwaltung

Ostasieninteresse

In China hatte Preußen seit den sechziger Jahren den Vorreiter für den deutschen Handel gespielt. Anfang der neunziger Jahre erreichte der deutsche Export dorthin 1% des Gesamtbetrages. Im Vergleich mit dem europäischen Austausch war das wenig, aber dies bedeutete doch mehr als die Summe der Exporte nach allen deutschen Kolonien zusammen. Der China-Handel war damals zu einem überwältigenden Ausmaß in der Hand der Briten, aber der Mythos eines in Zukunft voll entwickelten China-Marktes von 400 Millionen Menschen ließ alle Europäer wie auch die Japaner Großes erhoffen und nicht zuletzt die Deutschen. Seit Mitte der achtziger Jahre subventionierte das Reich Dampferlinien u.a. nach Shanghai, noch zu Bismarcks Zeiten begründeten deutsche Banken nach sanftem Regierungsdruck eine Deutsch-Asiatische Bank, die für Aufgaben der Zukunft bereitstehen sollte. Doch läßt sich hieraus allein das deutsche Engagement im japanisch-chinesischen Krieg von 1894/95 nicht erklären. Es waren auch Gründe europäischer Großmachträson, die zur Aktion drängten. Nachdem zu Beginn des Krieges eine Vermittlung aller Mächte nicht zustande gekommen war, sahen sich die Russen durch die japanischen militärischen Erfolge in ihren eigenen Chancen beeinträchtigt und gewannen Frankreich zu gemeinsamen Vorgehen. Dies wiederum erschien der Reichspolitik bedrohlich, so daß man sich als dritter Partner der Aktion anschloß. Japan wurde gezwun-

Japanisch-chinesischer Krieg

gen, große Teile der im April 1895 im Frieden von Schimonoseki von China erzielten Zugeständnisse zurückzunehmen, insbesondere die wichtige Halbinsel Liaotung, wenn auch gegen Entschädigung, zurückzugeben. Die Japaner, die sich hier erstmals als nichtweiße Großmacht präsentierten, zeigten sich tief betroffen, zumal die Deutschen im diplomatischen Verkehr den schroffsten Ton verwandt hatten. Zeitweilig hatten die Deutschen gar mit einer Aufteilung Chinas gerechnet – so besonders der Kaiser –, ja auch mit der Möglichkeit einer Konfrontation der Mächte mit Japan, das sich möglicherweise britischer Unterstützung erfreuen konnte. Heraus kam aber tatsächlich nichts; auch die von China für die Kriegsentschädigung zu zeichnenden Anleihen gingen am Berliner Markt vorbei. Ähnliches ist auch über Südafrika zu berichten. Hier hatten die Deutschen bereits vor einem Jahrzehnt in Südwestafrika die Konkurrenz des Subimperialismus der Kapkolonie erfahren. Als es zu einem isolierten und von der Londoner Regierung nicht gebilligten Einfall eines Dr. Jameson in das Gebiet der Buren Ende 1895 kam, die das Transvaal-Gebiet beanspruchten, ging die Empörung in der Reichsleitung hoch. Gewiß gab es auch hier Hoffnungen auf ein Zusammengehen mit Frankreich und Rußland zugunsten der Buren und damit zur Bildung einer antibritischen Kontinentalliga. Aber das war illusorisch. Bezeichnend ist vielmehr die isolierte deutsche Aktion. Staatssekretär Marschall von Bieberstein (1890–1897) konnte dem Kaiser zwar den Gedanken an ein förmliches Protektorat über den Transvaal-Staat ausreden, ebenso den Gedanken an militärische Hilfeleistung. Beides hätte an den Rand eines Krieges geführt, für den das Deutsche Reich keinerlei Machtmittel besaß. Aber als mildernde Linie setzten die Diplomaten ein Glückwunsch-Telegramm an den Präsidenten der halbsouveränen Burenrepublik durch, er habe sich behaupten können, ohne an die Hilfe befreundeter Mächte zu appellieren. Mit anderen Worten: der Einfall war schon gescheitert, die Regierung Lord Salisburys in London bemühte sich um eine ihr Gesicht wahrende Beilegung des Zwischenfalls, als die Deutschen durch jenes öffentliche Telegramm nachdrücklich die Briten provozierten, indem sie gleichberechtigte Teilhabe in jener Region anmeldeten.

Südafrika

Krüger-Depesche

Orientfrage

Ein dritter Vorfall kennzeichnet das internationale Auftreten des Reiches in jenen Jahren. Die Orientfrage kam nicht zur Ruhe. Die nationale Bewegung der Armenier, unterstützt durch die liberale europäische Öffentlichkeit, führte zu blutigen Unterdrückungsmaßnahmen der Pforte. Durch Hoffnung wie Angst motiviert, regten sich daraufhin auch die Makedonier wie Kreter. Die europäischen Großmächte standen in Sorge vor einem generellen Zerfall des Osmanischen Reiches zunächst relativ solidarisch zusammen. Die Gefahr eines allgemeinen Krieges der Mächte untereinander um die Beute stand dahinter. Während Holstein dem Gedanken an einen »Balkanbrand« bei einem deutschen Abseitsstehen durchaus positive Seiten abgewinnen konnte, raffte sich das internationale Krisenmanagement aber nur sehr langsam und von wechselseitigem Mißtrauen beherrscht zur Intervention auf. Man vermochte das den Anschluß an Griechenland suchende Kreta durch eine Flottenblockade, sodann durch eine internationale Friedenstruppe zwar von seinem Vorhaben abzuhalten, nicht jedoch einen griechisch-türkischen Landkrieg in Makedonien zu verhindern. Er endete im Mai 1897 mit einem militärischen Sieg des Osmanischen Reiches. Die Deutschen beteiligten sich an diesen internationalen Friedensbemühungen personell und materiell nur symbolisch und zogen sich schließlich zusammen mit Österreich-Ungarn ganz zurück. Es sei nicht nötig, daß in einem Konzert jeder das gleiche Instrument spielte, erklärte Staatssekretär Bernhard von Bülow im Februar 1898 im Reichstag; die Deutschen hätten sowieso nur die Flöte geblasen und würden diese nun auch niederlegen. Mochte sich das Mächtekonzert als traditionelles Instrument zur Konfliktlösung auch noch so brüchig und schwerfällig erwiesen haben, die Aufkündigung dieser Solidarität im Zeichen nationalen Egoismus stach in seiner demonstrativen Form hervor. Gewiß war dieses Verhalten auch aus militärischer Schwäche geboren, aber zugleich bahnte sich gerade in der deutschen Nahostpolitik ein Umschwung an, der im Alleingang von Konstantinopel stärkere Vorteile zu erlangen hoffte.

Umschwung in der deutschen Nahostpolitik

Deutsche Weltpolitik – und kein Erfolg 1897–1912

Hoch-Imperialismus

»Aus dem Deutschen Reiche ist ein Weltreich geworden«, verkündete Kaiser Wilhelm zum 25jährigen Jubiläum des Reiches am 18. Januar 1896 kurz nach der Krügerdepesche. Das war ein Anspruch, der mit »deutscher Betriebsamkeit« durch Menschen, Wissen, Handel und Güter überall in der Welt begründet wurde, ein Anspruch aber auch, bei dessen Umsetzung die Reichspolitik bislang noch nicht mit großen Erfolgen aufwarten konnte. Gewiß standen die Deutschen mit ihrem Streben nach formeller Herrschaft in dem nun voll in Gang befindlichen imperialistischen Wettlauf nicht alleine. Hatte man noch eine Generation zuvor weltweit kolonialen Besitz eher als Mühlstein am Halse, als unprofitable Verpflichtung angesehen – und sie dennoch erworben –, so breitete sich nunmehr, in den achtziger Jahren beginnend, eine Mentalität aus, wonach die Staaten wie die Goldgräber ihre Anspruchspflöcke für die Nachwelt einpflanzen, die Erde für das Wohlergehen der eigenen weißen Bevölkerung im kommenden Jahrhundert aufteilen und auch im Sinne des technisch-industriellen Fortschritts der ganzen Welt deren Segen bringen müßten. Das war in den meisten Fällen keine Rechnung auf Heller und Pfennig für den unmittelbaren Nutzen von überschüssigem Kapital oder industrieller Produktion, obwohl natürlich entsprechende Lobbys die Regierungen in diesem Sinne zu beeinflussen suchten. Aber vielfach bemühten sich doch die Staatsführungen ihrerseits, die direkten Interessenten zu motivieren, ihnen Risiken abzunehmen oder erst einmal Voraussetzungen für ein wirtschaftliches und finanzielles Engagement zu schaffen. Das wiederum hatte zu tun mit dem bereits genannten beschleunigten Wandel innerhalb der Gesellschaften, mit den neuen sozialen Problemen und der daraus resultierenden politischen Polarisierung. Aber auch die stärkere Beteiligung von organisierter Öffentlichkeit an Politik insgesamt setzte die Regierungen unter Druck, neue Ziele zu suchen. Das kann man als Ablenkung der sozialen Spannungen nach außen verstehen, doch spielte dabei die Überzeugung mit, daß nur durch Expansion eine Befriedigung der inneren Verhältnisse möglich sei, daß nur so ein Wohlstand zu erlangen wäre, der die Massen zufriedener machen könnte.

Motive

Deutsche Verspätung

Das spezifische deutsche Problem lag darin, daß die anderen fortgeschrittenen Industriestaaten schon mehr Anteile an der Welt hatten als das in dieser Hinsicht zu spät gekommene Reich. Frankreich und England wie auch mittlere Mächte besaßen bereits eine überseeische Grundlage, auf der weiterzubauen war. Für das ökonomische Entwicklungsland Rußland eröffneten sich im kolonialähnlichen Ausbau in Sibirien und Mittelasien relativ unproblematische Möglichkeiten; für die USA lag der amerikanische Doppelkontinent so nahe, daß keine andere Macht ernsthaft hier zu konkurrieren vermochte. Selbst die Briten räumten hier freiwillig Positionen. Wenn sich Italien zu großmächtlichen Attitüden wie dem – dann gescheiterten –

militärischen Abenteuer in Äthiopien 1896 entschloß, war dies aufgrund beschränkter Kapazitäten des Mutterlandes für die Weltpolitik minder bedeutend. Der Zweibundpartner der Deutschen, Österreich-Ungarn hatte mit gravierenden Strukturproblemen seines Vielvölkerstaates im Grunde mehr als genug zu tun und schwankte zwischen einer am territorialen Status quo festhaltenden Politik und der dann erst spät ergriffenen Aussicht, doch noch in Richtung Südosten einen neuen Aufbruch zu wagen. Wenn sich aber die Deutschen zu imperialer Expansion bekannten, erhielt dies vom Ansatz her schnell einen anderen Stellenwert. Neben vielen anderen Faktoren – europäische Mittellage und starker Militärstaat sind nur die wichtigsten – war es das vergleichsweise schnelle wirtschaftliche Wachstum, das hinter den Ansprüchen des neuen Reiches ein ganz anderes Durchsetzungsvermögen erwarten ließ. Und wenn von seiten der Deutschen irgendwo in der Welt Interessen angemeldet wurden, dann fragten sich die anderen Mächte vielfach nach ihren eigenen Maßstäben, wie etabliert denn jene Ambitionen bereits waren, ob sie von Tradition und Ökonomie wirklich begründet erschienen. Schließlich war das Deutsche Reich zu den üblichen Kompensationsgeschäften großen Stils, zur Abgrenzung der jeweiligen Sphären mangels eigener Verhandlungsmasse, kaum in der Lage. Im Grunde genommen – und es gab viele Ausnahmen – forderte die Politik Berlins ein gleichsam faires Zurückstecken anderer Mächte aufgrund des eigenen dynamischen Wachstums. Hierfür gab es aber keine juristischen oder historischen Rechtsansprüche, sondern dies waren – wie im Kern die Ansprüche der anderen ebenfalls – Machtfragen.

Maßstäbe deutscher Interessenpolitik

Rückwirkung auf Europa

Deutsche Machterweiterung in der Welt mußte ihre Rückwirkung aber wiederum auf die europäische Szenerie haben, das sowieso schon für einige der Nachbarn bedrohlich erscheinende Gewicht des Reiches noch verstärken und damit die Frage nach der Hegemonie aufwerfen. Während man in Deutschland dazu neigte, den eigenen Imperialismus als wesensgleich mit dem anderer Mächte anzusehen, erhielt er aus der Sicht der meisten anderen Großstaaten aufgrund des bloßen deutschen Potentials leicht ein besonderes und bedrohliches Aussehen. Erwerbsgemeinschaft mit dem Reich oder Gegenkoalitionen? hieß so eine oft gestellte Alternativfrage. Natürlich war dies nicht allein eine neue Ausformung der deutschen Frage. Auch für das Verhältnis der anderen Mächte untereinander stellten sich im hochimperialistischen Zeitalter vergleichbare Probleme häufig. Gesamteuropäische Solidarität gegenüber kolonialen und halbkolonialen Völkern zerbrach unter dieser neuen Sicht antagonistischer Expansion in vielen Regionen, ohne jedoch außer Gebrauch zu kommen.

Innenpolitischer Aufbruch

Darüber hinaus war die Zeit von Mitte der neunziger Jahre bis zum Vorabend des Weltkrieges durch einen weltweiten konjunkturellen Aufschwung gekennzeichnet. Er ließ den Optimismus wachsen, daß die innergesellschaftlichen Probleme durch formelle oder informelle Expansion wenn schon nicht kurzfristig zu lösen, dann doch langfristig zu glätten seien. Gerade für das Deutsche Reich traf eine solche Einschätzung zu. Im aufstrebenden Bürgertum, aber auch in den in ihrer sozialen Stellung bedrohten Mittelschichten handwerklicher Prägung, die sich beide von der Arbeiterbewegung unter Druck sahen, fand deutsche Weltpolitik ihre wichtigsten Trägerschichten; agrarisch-konservative Kreise machten dagegen eher aus Staatsloyalität mit. Wenn der Soziologe Max Weber in seiner Freiburger Antrittsvorlesung 1895 erklärte, die Reichsgründung sei ein Jugendstreich gewesen, wenn sie »nicht der Ausgangspunkt einer deutschen Weltmachtpolitik sein sollte«, so artikulierte er hiermit nur eine weit verbreitete und vielfach belegte Stimmung. Es ging um nicht weniger als eine zweite Begründung des Reiches nach außen, eine dem neuen Zeitalter angemessene Neubestimmung seiner ökonomischen und geographischen Grenzen, da die Nationalstaatsgründung von 1871 selbstverständlich geworden war und nicht mehr den Quell nationalen Hochgefühls darstellen konnte.

Bereits während des Neuen Kurses waren ja vorsichtige Weichen für eine deutsche Weltpolitik gestellt worden, die tastenden Versuche hatten jedoch wenig erbracht. Konzeptionell und personell fand 1897 ein neuer Ansatz statt, wurde der bislang vom Ergebnis her offenbar zu kurz angesetzte Sprung durch einen langen Anlauf zu verbessern gesucht. Staatssekretär des Auswärtigen Amts wurde Bernhard von Bülow, der dann drei Jahre später das Amt des Reichskanzlers übernahm, das er bis 1909 bekleidete. Er war von seinem und des Kaisers Freund Philipp Eulenburg in den Jahren zuvor systematisch aufgebaut worden, hatte nach anderen diplomatischen Posten zuletzt als Botschafter in Rom gedient. Er schickte sich in der höfischen Terminologie an, für Wilhelm II. die Rolle eines neuen Bismarck zu spielen, also gleichsam in Vasallentreue die technischen Klippen für die Ziele seines Monarchen zu umschiffen. Tatsächlich verstand es Bülow, sich geschmeidig in der Gunst des Kaisers zu halten, im diplomatischen Geschäft verbindlich aufzutreten und gegenüber dem Reichstag durch verbale Öffnung auch zur Mitte hin die Basis für die Weltpolitik zu erhalten. Als deren Propagandist in defensiver Verpackung tat sich der neue Staatssekretär dann auch schnell hervor. Man wolle niemanden in den Schatten stellen, »aber wir verlangen auch unseren Platz an der Sonne«, erklärte er im November 1897 unter Beifall im Parlament. Die Zeiten seien vorbei, wo den Nachbarn die Erde oder das Meer überlassen worden sei, und dem Deutschen nur der Himmel mit der reinen Doktrin übrigblieb. Gerade Bülow war aber der Überzeugung, daß eine solche Politik auf »Entscheidungskämpfe« hinauslief, für welche »wir alle Kräfte der Nation, die militärischen wie die sittlichen, zusammenfassen und zusammenhalten müssen«. Sprich: ein innenpolitischer Minimalkonsens war schon aus Gründen der äußeren Machterweiterung nötig. Aber das Umgekehrte galt für Bülow gleichermaßen: eine erfolgreiche imperialistische Politik konnte im Inneren versöhnend wirken. Der zweite Exponent von Weltpolitik wurde im März 1897 als Staatssekretär des Reichs-Marineamtes (RMA) ernannt und blieb dort bis 1916: Admiral (später Großadmiral) Alfred (v.) Tirpitz. Er lieferte in der Tat den hochgesteckten Entwurf, der die Reichspolitik nach innen wie nach außen für ein Jahrzehnt nachhaltig prägte. Die 1871 im Gegensatz zum Heer ganz in die Reichskompetenz übernommene Marine hatte seither international an Rang eingebüßt; der Primat der Heeresrüstung galt gerade angesichts des enger werdenden französisch-russischen Verhältnisses, so daß auch Caprivi in der Überzeugung lebte, im Kriege sei ein Erfolg am Rhein für das Schicksal von Kolonien entscheidend. Wilhelm II. machte die Flotte zu seinem ureigensten Anliegen und hing Gedankengängen an, wie sie gleichzeitig Captain Alfred Th. Mahan in den USA theoretisch entwickelte. Danach hing die Bedeutung von Nationen letzten Endes von ihrer Stärke als Seemacht ab. Diese Lehre fand viele Anhänger. In Großbritannien entdeckte man neu, daß auch die erste Seemacht der Welt von anderen gefährdet sein könne und verkündete 1889 als Leitlinie einen Zweimächtestandard, wonach die Royal Navy mindestens so stark sein solle wie die beiden nachfolgenden – damals Frankreich und Rußland.

Bernhard von Bülow · *»Platz an der Sonne«* · *Alfred (v.) Tirpitz* · *Flottenpolitik*

Flottengründungsplan

In Deutschland tat sich aber angesichts knapper Finanzen bis 1897 wenig. In Südafrika wie vor Kreta zeigte sich der Mangel deutscher maritimer Kapazitäten in der Sicht des Kaisers nur zu deutlich. Gewiß wurden auch neue Kriegsschiffe gebaut und vom Reichstag bewilligt. Aber das Parlament strich doch die Vorlagen aus Sorge vor »uferlosen Plänen« stark zusammen. In der Tat waren sich die Marineoffiziere selbst noch nicht einig, wie man

Schwerpunkte bei rapidem technischem (und damit kostenintensivem) Wandel im Schiffbau setzen solle: mal ging es um Küstenschutz, mal um Schiffe für Übersee, mal um Linienschiffe für einen Flottenkampf. In Tirpitz wurde ein dynamischer und skrupelloser Mann gefunden, der unabhängig von den Vorstellungen des Kaisers einen »Flottengründungsplan« entwickelte, den er taktisch wendig innenpolitisch durchzusetzen suchte. Wie Volker Berghahn gezeigt hat, ging es ihm letzten Endes um eine »Flotte gegen Parlament und England«. Die internen Pläne deckten sich dabei verständlicherweise nicht mit den öffentlich vertretenen. Es kam für den Admiral darauf an, als Maßstab nicht mehr wie bislang die französische oder russische Flotte anzuerkennen, sondern sich an Großbritanniens Schiffsbestand auszurichten. Man solle sich zur Sicherung deutscher Weltgeltung nicht auf Kreuzer konzentrieren, die zum Handelsschutz der eigenen Interessen bzw. zum Angriff auf gegnerische geeignet wären, sondern auf eine Schlachtflotte aus Linienschiffen. Da eine solche Streitmacht in der Defensive bereits bei einer Unterlegenheit von zwei zu drei eine Siegeschance besitze, komme es darauf an, bis 1920 60 große Schiffe zu bauen. Wenn Großbritannien zu diesem Zeitpunkt 90 vergleichbare Schiffe besitzen sollte, dann habe die Kaiserliche Marine gegenüber der Royal Navy bei einer engen Blockade der Nordsee vor Helgoland gute Möglichkeiten. Da das Deutsche Reich langfristig an Finanzkraft, seemännischem Personal wie technischen Fähigkeiten größere Möglichkeiten entwickeln werde als Großbritannien, lasse sich das Kräfteverhältnis weiter verbessern.

»Flotte gegen Parlament und England«

Die Spannweite dieses Unterfangens ist atemberaubend. Die Niederlage in einem solchen großen Flottenkampf mußte Großbritannien, das von Überseezufuhren aller Art vital abhängig war, zu einem vom Sieger abhängigen Inselstaat machen; ein britischer Erfolg hätte aber umgekehrt die deutsche Basis als Landmacht nicht unbedingt tangiert. Die Herausforderung galt jedoch nicht nur tatsächlich für den großen Krieg, sondern bereits im Frieden hatte eine Flotte durch ihre bloße Existenz (fleet in being) ein Risiko für jeden Angreifer darzustellen – das verkündete man auch öffentlich –, also abschreckend zu wirken. Nimmt man diese Elemente zusammen, so ging es darum, der ersten Weltmacht jener Zeit den eigenen Willen in Krieg und Frieden aufzuzwingen, um sich möglicherweise langfristig an ihre Stelle zu setzen. Natürlich fragten sich auch Tirpitz und seine Mitstreiter, ob sich die Briten dies ohne weiteres gefallen lassen würden. Schließlich konnten sie ja die erst im Wachstum begriffene Flotte vor ihrer Vollendung militärtechnisch leicht vernichten. Um diese »Gefahrenzone« zu überbrücken, mußte man idealiter nach der Devise »Mund halten und Schiffe bauen« vorgehen. Das hieß im engeren Sinne: den Flottenbau möglichst im geheimen betreiben; im weiteren: sich erst einmal für ein bis zwei Jahrzehnte aus einer aggressiv-imperialistischen Politik heraushalten, um statt wie bisher Flöte, dann erste Geige spielen zu können. Das war illusorisch schon aus außenpolitischen Gründen. Wenn wirklich eine Neuverteilung der Welt im Gange war, dann mußte man gleich einsteigen. Wenn es die deutschen Wirtschaftsinteressen in Übersee gab, konnte man sie nicht – so sah man es damals – in Leisetreterei aufs Spiel setzen. Vor allem bedurfte es eines innenpolitischen Konsenses über den Flottenbau – darauf ist zurückzukommen –, und in der Tat wurde in der Öffentlichkeit eine bislang unbekannte Begeisterung entfacht. Aktuelle weltpolitische Erfolge wurden wiederum gebraucht, um die finanzbewilligende Mühle des Reichstags am Klappern zu halten. Kurz, der Tirpitz-Plan stellte im Ansatz eine Quadratur des Kreises dar. Dennoch wurde sie versucht. Der Admiral setzte bei seinem Amtsantritt die Anerkennung durch, daß die übrige Reichspolitik seiner ehrgeizigen Vision nachgeordnet werde. Tatsächlich fragte Bülow wiederholt nach, wann man denn aufgrund von

Widersprüche in der Flottenpolitik

Deutsches Flottenlied
Mit Allerhöchster Genehmigung der Kaiserlichen Marine gewidmet.
Gedicht von Paul Schäfenacker
Musik von
Emil Walther.
Ferd. Metzler Verlag
Karlsruhe i/B.
Ausgabe für 1 Singstimme mit Klavier M. 1,20
Männerchor Part. M. -.80 Stim. M. -.20
gemischten Chor Part. M. -.80 Stim. M. -.20

Pianoforte.

f
1. Ge-treu be - schirmt vom Schlach-ten- -got - te, so zieht auf sturm - ge-peitsch-tem
2. Und wenn ein grim - mer Feind ver- -we - gen das deut - sche Volk zu höh - nen
3. Ver - der - ben rast aus Feu - er- -schlün-den, Kom - man - do - wor - te, To - des-
4. Wenn a - ber in des Kamp - fes_ To - sen das Schiff ver-sinkt im Wel - len-

cresc.
ff breit
Meer da - hin des deut - schen Rei - ches Flot - te, ge - pan - zert, ein ge - wal - tig
wagt, die Flot - te zieht ihm kühn ent- - ge - gen, sein Spott er - stirbt, sein Mut ver-
schrei, und wie die Blit - ze schreck - lich zün - den, ist's mit des Fein - des Macht vor-
reich, dann steh'n die mu - ti - gen Ma- - tro - sen noch trot - zend, ei - nem Fel - sen
cresc.
ff
p
cresc.
f
Heer. Die Flag - ge stolz im Stur - me wallt, und ü - ber - all das Lied erschallt: Wir
sagt. Er sieht, wie stolz die Flag - ge wallt, er hört, wie hell das Lied erschallt: Wir
bei. Er sieht, wie stolz die Flag - ge wallt, er hört, wie rings das Lied erschallt: Wir
gleich. Die stol - ze Flag - ge grü - ßend wallt, in Kampf und Sturm das Lied ver - hallt: Wir
p
cresc.
p
f
cresc.
Deut - schen auf dem Mee - re, wir hal - ten treu die Wacht, für uns - res Kai - sers
Deut - schen auf dem Mee - re zieh'n freu - dig in den Streit, für uns - res Kai - sers
Deut - schen auf dem Mee - re, wir füh - ren schar - fen Streich, für uns - res Kai - sers
Deut - schen auf dem Mee - re, wir geh'n für Schwarz - Weiß - Rot, für uns - res Kai - sers
cresc.
ff rit.
v. 1-3.
a tempo
v. 4. ad lib.
ff
Eh - re, für uns - res Rei - ches Macht!
Eh - re, des Rei - ches Herr - lich - keit!
Eh - re, für's heil' - ge deut - sche Reich!
Eh - re mit Hur - rah in den Tod!
ff rit.
a tempo
Schluß.

Fortschritten bei der Flotte selbstbewußter nach außen auftreten könne, tatsächlich akzeptierte die Armee bis 1912 vergleichsweise bescheidene Verstärkungen.

Territorialerwerbungen

Die weltpolitische Linie überlagerte die unter Bismarck noch ganz dominierende kontinentale. Diese Bindungen mit dem Kern einer Absicherung gegenüber einem Zweifrontenkrieg blieben allerdings erhalten und wirkten auch auf die Weltpolitik zurück. Das Ergebnis war vielfach eine Politik der hohlen Geste; Ansprüche wurden angemeldet, aber nicht mit Entschlossenheit durchgedrückt. Andere Mächte fühlten sich herausgefordert, das Reich steckte zurück und gab sich mit kleineren Erfolgen zufrieden. Dennoch blieb häufig eine Verstimmung der anderen zurück. Die Samoa-Inseln etwa wurden seit 1889 von Großbritannien, den USA und dem Deutschen Reich gemeinsam verwaltet. Sie hatten weder strategische noch wirtschaftliche Bedeutung, aber die Deutschen spielten 1899 interne Konflikte der dortigen Stämme hoch zu einem ideellen und patriotischen Interesse des Reiches und setzten durch internationalen Vertrag eine Aufteilung durch, welche die bisherigen Partner verstimmte. Vergleichsweise unproblematisch verlief kurz zuvor der Erwerb von weiteren Inseln im Pazifik als Schutzgebiete (Karolinen und Marianen). Man konnte nunmehr ein großes Seegebiet mit den deutschen Reichsfarben auf dem Globus einkästeln und damit der Bevölkerung neue Weltgeltung demonstrieren. Bereits im November 1897 war auf dem chinesischen Festland Kiaotschou besetzt worden. Im Grunde genommen bedurfte es hierzu nur des Anlasses, daß zwei deutsche Missionare in der Gegend umgekommen waren, um einen langersehnten Stützpunkt in China zu besetzen und schließlich von der chinesischen Regierung samt Hinterland in einem Pachtvertrag (Februar 1898) sanktionieren zu lassen. Kurzfristig schien ein Konflikt mit Rußland wegen dieses international nicht abgesicherten Vorgehens zu drohen, jedoch hielten sich sowohl das Zarenreich als auch Großbritannien und Frankreich durch eigene Besetzungen schadlos. Das führte im selben Jahr zeitweilig zur Konfrontation von Briten und Russen und bestärkte die Reichsleitung in der Erwartung, daß die beiden Flügelmächte des traditionellen europäischen Mächtesystems, aufgrund ihrer vielfältigen Differenzen überall an der asiatischen Peripherie, keine Verbindung finden könnten.

Kiaotschou

Überhaupt herrschte die Überzeugung, es sei vorteilhaft, in der Gegenwart Handlungsfreiheit zu bewahren, um für die Zukunft keine Chancen zu verbauen. Als Zar Nikolaus II. (1894–1917) 1898 eine Friedenskonferenz vorschlug, die sich mit Rüstungsbegrenzung, später dann mit unterschiedlichen Möglichkeiten der Konfliktlösung beschäftigen sollte, war man sich in Berlin einig, daß dieses Vorhaben nicht nur innenpolitisch den Sozialisten zugute komme, sondern insgesamt einer Großmacht unwürdig sei. Einer »Ochlokratie der kleineren Staatswesen gelte es vorzubeugen«, hieß es in der offiziellen Instruktion für die dann 1899 im Haag stattfindende Konferenz. Die Interessen von Großmächten seien »nicht notwendig identisch mit der Erhaltung des Friedens, sondern viel eher mit der Vergewaltigung des Feindes«. Das waren nur interne Maximen, die für die Gegenwart noch keine Rolle spielten, aber tatsächlich verhielt sich das Reich auf jener Konferenz so unnachgiebig, als ob es nicht – wie bei den anderen Großmächten – um pragmatische Schritte kleinerer Reformen zur Konfliktbeilegung, sondern um Sein oder Nichtsein ging. Das führte zu einer an sich unerwünschten Isolierung. Als 1907 mit wesentlich reduzierteren Erwartungen eine zweite Konferenz im Haag von fast allen souveränen Staaten der Welt beschickt zusammentrat, suchte die Reichsleitung einen erneuten Eklat zu vermeiden. Aber der Gedanke, für kleinere internationale Streitfragen eine Schiedsverpflichtung einzuführen, widersprach gemäß der Maxime ›Wehret den Anfän-

Haager Friedenskonferenz

gen!‹ deutschen Vorstellungen, so daß die deutsche Prinzipienpolitik nicht nur bei den kleineren Mächten, sondern auch bei den anderen Großmächten neues Mißtrauen säte. Bereits im Vorfeld jener Konferenz hatte die Reichsleitung alle Hoffnungen auf Rüstungsbegrenzung – eine Frage, bei der die Flotten nunmehr im Zentrum standen – boykottiert.

Deutsch-britische Bündnisgespräche

Ganz ohne Alternativen war der deutsche Kurs in die internationale Isolierung jedoch nicht. 1898 und dann noch einmal 1900/01 fanden deutsch-britische Bündnisgespräche statt, die seit jener Zeit als *die* schicksalhafte Chance diskutiert worden sind. Sicher ist, daß die bilateralen Verhandlungen um die Frage eines Defensivbündnisses beider Staaten bzw. mit dem Dreibund wiederholt kurz vor einer Einigung zu stehen schienen, daß dann aber doch hiervon Abstand genommen wurde.

Von britischer Seite bildete den Hintergrund das Bewußtsein einer Überspannung der eigenen Kräfte angesichts des weltpolitischen Engagements auf allen Kontinenten. Es war unmöglich geworden, sich gleichzeitig gegen Rußland, Frankreich, die USA und das Deutsche Reich zu behaupten. Die Aussicht auf einen Ausgleich mit dem Deutschen Reich stand zur Entlastung an der Spitze der Prioritäten; aber doch gab es darüber keinen Konsens in der britischen Regierung. Gerade Premierminister Salisbury war skeptisch. Auf deutscher Seite wurden britische Offerten dagegen in erster Linie als ein Zeichen für die zunehmende Stärke des Reiches angesehen; also konnte man bei einem späteren Zugreifen wohl noch mehr erreichen. Dabei gab es in der Tat ein Sicherheitsdilemma: ein Bündnis mit den Briten hätte die Polarisierung des europäischen Mächtesystems vollendet. Die Allianz – konkret von Kolonialminister Joseph Chamberlain als Druckmittel gegenüber russischen Ambitionen in Ostasien erstrebt – konnte den befürchteten europäischen Zweifrontenkrieg befördern. Eine wirksame Unterstützung auf einem europäischen Schlachtfeld war dagegen mangels britischer Landstreitkräfte nicht zu erwarten. Die Gefahr als »Festlanddegen« benutzt zu werden, war nicht von der Hand zu weisen. Darüber hinaus trat etwa Bülow längerfristig eher für eine Orientierung an Rußland ein; gesellschaftspolitischer Konservatismus spielte hier eine Rolle. Beide Seiten scheuten sich also, so wird man zusammenfassen können, schließlich doch vor einer zu engen Bindung aneinander. Zustande kamen nur zwei Absprachen über eine mögliche künftige Aufteilung der portugiesischen Kolonien zwischen beiden Staaten (August 1898) und über das Prinzip der offenen Tür im Yangtse-Tal in China (Oktober 1900). In beiden Fällen erhoffte die deutsche Seite, damit konkrete territoriale oder wirtschaftliche Optionen erworben zu haben, jedoch sorgten die Briten jeweils tatsächlich für eine Festigung des Status quo. Ressentiments gegenüber dem »perfiden Albion« wuchsen.

In der Tat fand die britische Regierung andere Lösungen ihrer Probleme. Ein direkter Ausgleich mit Rußland in Ostasien scheiterte vorerst, aber gegenüber den USA baute man bis zur Jahrhundertwende einseitig die Gegensätze ab, beugte sich informell unter die dort neuentdeckte Monroe-Doktrin. Als 1902/03 deutsche und britische (sowie italienische) Kriegsschiffe gemeinsam in typischer Kanonenbootdiplomatie zur Untermauerung von Schuldenforderungen die Küste Venezuelas beschossen, zogen sich die Engländer mit Rücksicht auf eine empörte anglo-amerikanische Öffentlichkeit schnell wieder zurück; den Deutschen blieb in dieser Sicht der Schwarze Peter des Aggressors. Die ostasiatischen Probleme Großbritanniens löste ein Verteidigungsbündnis mit Japan Anfang 1902, in das ursprünglich auch das Deutsche Reich eingeschlossen werden sollte. Von 1899 an waren die Briten drei Jahre damit beschäftigt, die widerspenstigen Buren in Südafrika endgültig zu unterwerfen, benötigten dazu den größten Teil ihrer sonst im Kolonialreich verstreuten Truppen, so daß die imperiale Schwäche für alle Welt

Burenkrieg

und zumal für die Briten selbst deutlich wurde. Diesmal enthielt sich die Reichsleitung anders als 1896 jeder proburischen Bekundung, widerstand russischen und französischen Einflüsterungen, doch gemeinsam den antibritischen Affront einer Vermittlung zwischen Goliath und David zu unternehmen. Überall in der liberalen Öffentlichkeit Westeuropas stieg die antibritische Burenbegeisterung; die Alldeutschen erlebten ihren größten Aufschwung – allein in England sah man vorwiegend unfreundliches Verhalten der Deutschen.

Maritime Gegensätze

Die Animositäten auch in breiten Teilen der Öffentlichkeit beider Länder nahmen in wechselseitiger Verstärkung zu. Als neuer Faktor trat hierbei seit 1902 mehr und mehr der deutsche Flottenbau hinzu. Die Reichsleitung weigerte sich hartnäckig, jene angeblich nur defensiv gemeinte Rüstung als bilaterales Problem anzuerkennen. Anstatt jedoch, wie in Berlin befürchtet, die deutsche Flotte präventiv zu überfallen, nahm die Admiralty das Wettrüsten an. Sie fand dabei auch die Unterstützung der seit Anfang 1905 amtierenden liberalen Regierung, als sie einen neuen Linienschiffstyp mit dem sprechenden Namen »Dreadnought« (Furchtlos) einführte. Diese dann serienmäßig gebauten Schiffe zwangen sachimmanent die anderen Marinen in den Großstaaten nachzuziehen. Das Wettrüsten hatte wieder bei Null anzufangen. Der von Tirpitz so angelegte Leistungstest volkswirtschaftlicher und gesamtgesellschaftlicher Mobilisierung für den Durchbruch zur Weltmacht wurde also genau auf dem Gebiet der Werft-, Stahl- und Finanzkapazitäten von den Briten angenommen – nicht ohne die Alternative einer einvernehmlichen Rüstungsbegrenzung getestet zu haben. Wie sich spätestens 1909 zeigte, gewannen die Briten diesen Wettlauf. Trotz neuer Rekorddaten im deutschen Kriegsschiffbau (»Vierertempo« an großen Schiffen ab 1908) verfiel der Tirpitz-Plan langsam innenpolitisch wie in seiner Funktion als Hebel gegenüber England.

Dazu trug eine weitere rapide Änderung der politischen Konstellation zwischen den Mächten bei, bei dem das Deutsche Reich im Kern als Objekt der Besorgnis fungierte. Noch 1898 standen Großbritannien und Frankreich bei einer militärischen Konfrontation im Sudan (Faschoda) am Rande eines Krieges, der durch französisches Zurückweichen vermieden wurde. Ab 1902 näherten sich beide Mächte soweit an, daß sie am 8. April 1904 eine Entente cordiale eingingen. In jenem Abkommen bereinigten sie ihre weltweiten kolonialen Differenzen, wobei Großbritannien im Kern in Marokko die französische, die Franzosen in Ägypten die britische Vormacht anerkannte. Eine erste Belastungsprobe bestand diese Konstellation im russisch-japanischen Krieg (1904/05), den die Deutschen im Sinne klassischer Ablenkung von Spannungen an die Peripherie zuvor diskret förderten. Denn obwohl Frankreich und Großbritannien jeweils einem der Protagonisten des Krieges verbündet waren, hielt die neue Entente. Auch das britisch-japanische Bündnis bewährte sich, zog die Briten aber trotz eines ernsten Zwischenfalles mit Rußland in der Nordsee (Doggerbank-Zwischenfall) nicht in den Konflikt hinein.

Entente cordiale

Da Rußland während des Krieges in Europa praktisch als Bündnispartner Frankreichs ausfiel, wurde vom deutschen Generalstab zeitweilig eine isolierte Niederwerfung des westlichen Nachbarn erwogen, aber verworfen. Nicht zuletzt die britische Neutralität als unerläßliche Voraussetzung hierfür war zweifelhaft. Dafür versuchte die Reichsleitung – immer noch im Windschatten des ostasiatischen Krieges – einen Test auf die Beständigkeit des britisch-französischen Einvernehmens. Mit einem spektakulären Besuch Wilhelms II. im marokkanischen Tanger – der Kaiser wurde hierzu von seinen Beratern getrieben – meldete das Reich seine Ansprüche dort an. Gegenüber Frankreich gelang jedoch zunächst nur der Sturz des Architekten der Entente

Erste Marokko-Krise

Theophile Delcassé. Eine internationale Konferenz aller an Marokko interessierten Staaten in Algeciras (Januar bis April 1906) wahrte zwar die deutschen wirtschaftlichen Interessen, sanktionierte jedoch französische politische Vorrechte. Was aber noch bedenklicher war: international fand sich das Reich isoliert. Nur Österreich-Ungarn stützte die deutsche Position; auch Italien rückte von seinem Bündnispartner ab. Der Mittelmeerstaat hatte sich schon um die Jahrhundertwende zunächst finanziell, dann auch politisch Frankreich angenähert und somit die Möglichkeit zu einer Schaukelpolitik gewonnen. Angesichts wachsender Rivalitäten Österreich-Ungarns und Italiens um Südtirol, aber auch auf dem Balkan wandelte sich der Dreibund von einem Instrument gemeinsamer Politik im Mittelmeer zu einer schwachen Garantie gegen einen Krieg der beiden Partner des Deutschen Reiches untereinander. Die Generalstäbe und Rüstungsplaner Roms und Wiens kalkulierten ihn jedenfalls.

Es kam endlich noch schlimmer – und dies betraf Rußland. Der Handelsvertrag von 1894 hatte zu einem beträchtlichen Aufschwung des bilateralen Handels geführt. Das Deutsche Reich blieb nach wie vor der größte Lieferant von Industriegütern an Rußland. Der 1902 vom Reichstag beschlossene neue Zolltarif des Reiches erhöhte zwar die Agrarzölle, dennoch gelang ein bilateraler Handelsvertrag im Juli 1904 mit Rußland, der für den deutschen Industrieexport überaus günstig war. Allerdings verstärkte sich zugleich die russische Neigung, diese Abhängigkeit im Handel anderweitig zu kompensieren. Der wichtigste Anleihemarkt Frankreich bot hier wenig Aussichten. Am 24. Juli 1905 gelang schließlich sogar der Abschluß einer Defensivallianz zwischen den beiden Monarchen, die prinzipiell für den Beitritt Frankreichs offen war, also eine Kontinental-Liga vorsah. Das war jedoch weniger als ein Pyrrhussieg. Zum einen: beim Treffen Nikolaus' II. und Wilhelms II. in den finnischen Schären vor Björkö akzeptierte der deutsche Kaiser eine Beschränkung der Beistandspflicht mit allen Streitkräften »en Europe«. Für Bülow hätte der Vertrag den Schlußstein seines außenpolitischen Systems geboten, konnte doch auf der Basis eines schon maritim erstarkten Reiches nunmehr eine antibritische Wendung offener zutage treten. Aber im Kriegsfall war eine russische Hilfeleistung nur bei einer Bedrohung der britischen Position in Asien von Wert. Zum anderen: die Berater des Zaren glaubten – es war die Zeit vor Algeciras –, man werde das Bündnis mit Frankreich nicht einbringen können, sondern aufs Spiel setzen. Der Vertrag von Björkö wurde daher von russischer Seite schlicht desavouiert und blieb Makulatur. Bülows Weltpolitik war gescheitert; ein Abschiedsgesuch verweigerte ihm der Kaiser.

Verfehlter deutsch-russischer Ausgleich

Dafür versuchten sich Großbritannien und Rußland, durch die Niederlage im Krieg und die Revolution von 1905 als Großmacht merklich, aber nur temporär geschwächt, an einem Interessenausgleich. Er kam tatsächlich durch Anleihen und verstärkten Handel vorbereitet am 31. August 1907 durch eine Abgrenzung der Ansprüche in Mittelasien zustande. Auch dies war ähnlich wie zuvor die Entente cordiale nur indirekt auf die deutsche Herausforderung zurückzuführen und blieb anders als jene in mancher Hinsicht stärker von bleibenden Konflikten bedroht. Aber doch war hiermit eine Entwicklung vollzogen, die mit Sorge seit einigen Jahren in der deutschen Führung intern beobachtet worden war und die fortan mit dem Begriff Einkreisung benannt wurde. Tatsächlich stellte sie mehr eine auskreisende Isolierung im Zuge der Freihandpolitik und des Aufbruchs zur Weltmacht dar.

Britisch-russisches Abkommen über Asien

Während nach außen weiter Zuversicht proklamiert wurde, begann im internen Katzenjammer bereits die Fehlersuche. Der Kaiser meinte, man hätte auch Ententen schließen sollen, aber die »Hundepresse« habe dem entgegengestanden. Das war weniger überzeugend als Holsteins Ansicht

Deutsche Reaktionen

(20. 11. 06), »die Flotte vermehrt die Zahl unserer Feinde, wird aber niemals stark genug sein, um sie zu besiegen«. Man müsse also alles für eine Stärkung des Heeres und der kontinentalen Position tun. Heinrich von Tschirschky und Bögendorff, Staatssekretär des Auswärtigen Amts, sah den wichtigsten Grund für die geringe Anzahl deutscher Freunde in der Welt in der »Abneigung des großen internationalen Kapitals« in Paris, London und New York, das liberal eingestellt und im Vergleich zum deutschen übermächtig sei, könne es doch im »konservativ und bürokratisch regierten Deutschland... seine Herrschaft nicht entfalten« (12. 3. 06). In ähnlicher Weise glaubte Tirpitz den kriegstreiberischen Geist der »City von London« als Motor antideutscher Politik zu erkennen. Ein wenig umformuliert und zusammengefaßt sind diese Faktoren auch heute noch aussagekräftig. In der Tat trugen Flotte, wirtschaftliche Konkurrenz und öffentliche Meinung zur deutschen Isolierung bei. Aber was hier führende Persönlichkeiten in den Jahren 1905/06 als defensiv wahrnahmen, bestand tatsächlich aus einer offensiven Strategie, die aus jener Führungsschicht heraus entwickelt und zu koordinieren versucht wurde.

Rückschlag der Spannungen nach Europa

Wenn sich also in den Kategorien von politischen Verbindungen bereits 1907 ein Ring von Feinden um das Deutsche Reich zu schließen schien, so spitzte sich im folgenden Jahr die Situation noch durch einen anderen Faktor zu. Die internationalen Spannungen schlugen nach Europa zurück. War für fast ein Jahrzehnt die balkanische Peripherie nach russisch-österreichischen Absprachen von 1897 und 1903 relativ ruhig geblieben, so änderte die Bosnien-Krise 1908/09 dies nachhaltig. Nach der Entmachtung des Sultans in Konstantinopel durch die jung-türkische Revolution erklärte Bulgarien endgültig seine Selbständigkeit, Kreta seinen Anschluß an Griechenland. Österreich-Ungarn annektierte Bosnien und die Herzegowina, Gebiete, die ja seit 1878 besetzt waren. Maßgeblich dafür war es gewesen, daß die Deutschen den Österreichern diskret ihre unbedingte Rückendeckung zusicherten, ging es doch darum, wenigstens diesen letzten verläßlichen Bündnispartner in der letzten ihm verbliebenen Expansionsrichtung zu stützen – und dies auf die Gefahr eines großen Krieges hin, den die Generalstäbe beider Staaten immerhin erörterten. Gewiß waren die anderen Mächte und zumal der russische Außenminister Alexander Izvolskij im Prinzip informiert, aber die einseitige Aufkündigung jener Regelung des Berliner Kongresses drohte doch die ganze orientalische Frage mit der Gefahr eines Weltkrieges – so Izvolskij – aufzuwerfen. Zeitweilig schien ein österreichisch-serbischer Krieg bevorzustehen, dem Rußland aus slawischer Solidarität kaum zusehen konnte, und damit war eine Beteiligung der anderen Mächte immerhin möglich. Die Lösung durch einen Kongreß wurde eingedenk von Algeciras von den Deutschen verhindert. Schließlich fanden sich die Russen aufgrund militärischer Schwäche und nachfolgend die anderen Großmächte mit der Annexion ab. Ein Sieg deutscher Politik der Stärke? Gewiß, aber auch ein mißlungener Test auf die Brüchigkeit der britisch-russischen Entente. Die Isolierung der Zweibundmächte war bekräftigt worden.

Bosnien-Krise

Deutsche Orientansprüche

In welcher Zwickmühle sich die deutsche Politik in der Bosnien-Krise befand, wird vollends deutlich, wenn man sieht, daß sich die wichtigsten Energien deutscher Weltpolitik im vergangenen Jahrzehnt auf den inneren Ausbau des Osmanischen Reiches konzentriert hatten, und dessen Amputation wurde nunmehr völkerrechtlich sanktioniert. Bereits seit den späten achtziger Jahren hatte sich die Deutsche Bank im anatolischen Eisenbahnbau engagiert, die Firma Krupp sich als Geschützlieferant für die türkische Armee als nützlich erwiesen. Aber doch erst ein Jahrzehnt später steigerte sich das deutsche Engagement entscheidend. Wilhelm II. warf sich anläßlich seiner Orientreise 1898 nicht nur in Damaskus zum Freund von »300 Millionen« Moslems auf – und das waren nicht nur die im Osmanischen Reich –, sondern ließ auch in Jerusalem Gedanken an die künftige Möglichkeit eines protestantischen Kaisertums mit Beziehung auf die Tradition des alten Reiches anklingen. Vor diesem ideologischen Hintergrund ist das Projekt einer bis zum Persischen Golf reichenden Eisenbahnlinie zu sehen. Hiermit sollte unter deutscher finanzieller und wirtschaftlicher Regie dem verfallenden Reich ein neues gleichsam eisernes Rückgrat eingezogen werden. Obwohl nach außen die Fiktion aufrechterhalten blieb, dies habe nur mit der Förderung von Wirtschaftsinteressen, nicht mit der großen Politik zu tun, war doch deutlich, daß sich die Deutschen auch politisch in die Spannungszone zwischen Briten und Russen hineinschoben, ja gleichsam als Puffer wirkend die Empfindlichkeiten beider Seiten auf sich zogen. Daran änderte es auch nichts, daß man von vornherein bereit war, auf die Erschließung der nördlichen Provinzen der Türkei durch Eisenbahnen zu verzichten, die auch zum Aufmarsch gegen Rußland dienen konnten. Die deutschen Finanzkreise und die Reichsdiplomatie – der ehemalige Außenstaatssekretär Marschall von Bieberstein fungierte von 1897–1912 als engagierter Vertreter in Konstantinopel – waren durchaus darauf bedacht, britisches und französisches Kapital zu beteiligen. Während in Frankreich zunächst die Bankiers von einer solchen Kooperation durch die staatliche Außenpolitik abgehalten wurden, konnte in Großbritannien Außenminister Lord Lansdowne (1900–1905) die Finanzkreise seines Landes nicht zur Stärkung des deutschen Konkurrenten bewegen. So schloß ein vornehmlich deutsch beherrschtes Konsortium im März 1903 mit der türkischen Regierung den Vertrag über den Bau der Bagdad-Bahn ab. Diese sollte nicht nur beträchtliche schwerindustrielle Investitionen sichern, sondern für den Handel des Reiches große Möglichkeiten eröffnen. In alldeutschen Kreisen begann man an die Großsiedlung von Deutschen im durch Bewässerung erschlossenen Euphrat- und Tigris-Gebiet zu denken. Tatsächlich ging der Bahnbau langsam voran, wurden weitere Verhandlungen über eine internationale Beteiligung gepflogen, wobei für die Briten wegen ihrer Interessen am Persischen Golf (Weg nach Indien!) gerade das – bis zum Weltkrieg nicht begonnene – letzte Stück von überragender Bedeutung war. Bis 1907/08 erzielten die Deutschen tatsächlich im Vergleich zu den anderen Mächten beträchtliche Positionsgewinne bei der türkischen Regierung.

Bagdadbahn

Als wesentlich schwieriger erwies es sich, die chinesische Position auszubauen. Mit dem Kioutschou-Pachtvertrag von 1898 hatte das Deutsche Reich weitreichende Konzessionen in der angrenzenden Provinz Shantung gewonnen. Im sog. Boxeraufstand 1899/1900 manifestierte sich ein aus sehr unterschiedlichen traditionalen Quellen gespeister Protest gegen das europäische Eindringen im Reich der Mitte. Er wurde durch die – in diesem Falle solidarischen – weißen Mächte und Japan zunächst mit regionalem Militär niedergeschlagen. Die vom Deutschen Reich initiierte internationale Aktion unter dem Oberbefehl des »Weltmarschalls« Waldersee hatte dank der langen Anreisezeit nur noch, dafür aber auch gründlich und ohne völkerrechtliche Bindungen zu beachten, mit der Pazifizierung zu tun. Zunächst wurden 25000 deutsche Soldaten entsandt, die im nächsten Jahrfünft bis auf Reste wieder abgezogen wurden und in jener Zeit vornehmlich dem Schutz deutscher Interessen dienten. Die Deutschen waren durch ihre Rolle in dem spektakulären Kommandounternehmen zur unpopulärsten Macht geworden und gerieten auch ökonomisch in die Defensive. Kiaotschou wurde zu einem wichtigen Hafen ausgebaut, aber Japaner und Engländer profitierten vorwiegend von der neuen Möglichkeit. Der Bergbau in Shantung erwies sich ökonomisch als Fehlschlag, die Eisenbahnbauten in der gleichen Provinz erbrachten für die Konzessionsgesellschaften akzeptable Dividenden. Auf-

Boxeraufstand

Deutsche Verwaltungsgrenze in Afrika – Brücke über den Haho-Fluß (Togo)

kommender chinesischer Nationalismus und japanisches Vordringen ließen die von den USA 1900 proklamierte Open-door-policy auch für das Reich schließlich am günstigsten erscheinen. Jedoch geriet die deutsche China-Politik trotz hoher Reichsinvestitionen in Kiaotschou mit dem Bestreben, hieraus eine Musterkolonie zu machen, in eine immer ungünstigere Lage. In den Jahren vor dem Weltkrieg verlegten sich die – hier von der Marine federführend wahrgenommenen – Bemühungen mehr auf eine langfristige Politik des kulturellen Werbens etwa durch eine Universitätsgründung in Tsingtau oder das Missionsschulwesen.

Deutsche Kolonien

Aber auch die übrigen deutschen Kolonien boten weder den Zeitgenossen Anlaß für weltpolitische Erfolgserlebnisse noch dem Historiker nachträglich für eine positive Leistungsbilanz. So unterschiedlich die Gebiete auch strukturiert waren, so ähnlich war doch ein Grundmuster: deutsche Verwaltung, Militärs, Kaufleute, Siedler beanspruchten oder erwarben Rechte von Einheimischen, die von diesen in ihrem europäischen Rechtsgehalt gar nicht verstanden werden konnten. Vielfach handelte es sich aber auch oft nur um Betrug oder um puren Zwang. Ökonomisch blieb nur Togo profitabel, überall sonst setzte die Reichskasse zu, nur einzelne Gesellschaften vermochten Dividenden abzuwerfen, bedeutende nur die südwestafrikanischen Diamantenminen im Jahrzehnt vor dem Krieg. Innerer Widerstand wurde von den Deutschen im Lande als Unbotmäßigkeit angesehen, Strafaktionen folgten.

Kolonialkrise

Die große Kolonialkrise kam 1904/05, als (neben anderen kleineren Aufständen) in Südwestafrika und Ostafrika aufwendige Kolonialkriege geführt werden mußten. Im ersteren Falle wurden zunächst die Hereros durch eine gezielte Vernichtungsstrategie auf ein Viertel ihrer vormaligen Stärke reduziert, sodann die Nama mit ähnlichen Methoden um die Hälfte dezimiert.

Ausrottungskrieg

Auch in Ostafrika schätzt man, daß infolge des Maji-Maji-Aufstandes, der unterschiedliche Stämme erstmals gemeinsam agieren ließ, mindestens 75000 Afrikaner ums Leben kamen. Der hier zum Teil von aus dem Mutterland herangeführten Truppen praktizierte Völkermord führte aber auch zu einer liberaleren Linie der Kolonialpolitik des (nunmehr erst eingerichteten) Reichskolonialamtes unter den Staatssekretären Bernhard Dernburg und Friedrich von Lindequist. Nachdem viele Afrikaner auf den Status des Proletariats herabgedrückt waren, wurden europäische zivilisatorische Maßnah-

Reformen

men verstärkt eingesetzt. Gegenüber den Einwohnern hieß dies auch Gesundheitsfürsorge und Schulwesen, für die Landwirtschaft und Produktion

Die regionale Verteilung der deutschen Kapitalanlagen im Ausland im Jahre 1914 (in Mrd. Mark)

Europäische Anlagen		Anlagen außerhalb Europas	
Österreich-Ungarn	3,0	Afrika	2,0
Rußland	1,8	Asien	1,0
Balkan und Türkei	3,5	USA und Kanada	3,7
Frankreich und England	1,3	Lateinamerika	3,8
andere europäische Länder	2,9	Rest	0,5
Summen	12,5		11,0

insgesamt die Anwendung wissenschaftlicher Methoden auf tropische Verhältnisse u.a.m. Nach Brechung des Widerstandes waren die Kolonien handlicher geworden; ob die Weichen auch zu finanziellen Erträgen gestellt worden waren, entzieht sich aufgrund der nur kurzen Reformzeit einem eindeutigen Urteil.

Handel mit Übersee

Der deutsche Imperialismus hatte noch weit mehr Facetten als hier angedeutet. Nimmt man etwa die Auslandsinvestitionen des Reiches – man schätzt sie bis 1914 auf 23,5 Milliarden Mark, mehr als die Hälfte der französischen, weniger als ein Drittel der britischen Ziffern –, dann ging über die Hälfte davon nach Europa. Österreich-Ungarn, Rußland, die Balkanstaaten, die Türkei und die iberische Halbinsel markierten die Schwerpunkte. Ungefähr ein Drittel ging aber auch nach Amerika, zu etwa gleichen Teilen nach Nord- wie Südamerika. Die eigenen Kolonien spielten überhaupt keine Rolle (2–3%). Im Außenhandel – hier sind die Zahlen noch unzuverlässiger – machten die Kolonien weniger als 1% der Gesamtzahlen aus. An der Spitze des Austausches standen Großbritannien, die USA, Rußland, Österreich-Ungarn und Frankreich – also die schon mehr oder minder industrialisierten Großmächte. Es folgten kleinere europäische Staaten. Von 1890 bis 1913 verdreifachte sich der Wert des deutschen Exportes nach Großbritannien, der des Imports verdoppelte sich; der Anteil von Fabrikaten daran stieg von 39,7% (1870) auf 70,8% (1913). Erst dies gibt der Konkurrenzsituation des modernen Industriestaates Deutschland gegenüber Großbritannien die Tiefenschärfe.

Handel mit Europa

Deutsche Weltpolitik, so läßt sich für die Jahre 1908/09 bilanzieren, war daher insgesamt am Ende, noch bevor sie so recht begonnen hatte. Sie war ökonomisch von geringem Erfolg und von noch geringerer Bedeutung. Sie stieß politisch auf zunehmenden Widerspruch, führte die »Einkreisung« direkt herbei. In der Reichsleitung war dies wohlbekannt, in der Öffentlichkeit dagegen überwogen trotz oder gerade wegen aktueller Enttäuschungen die Hoffnungen auf die Zukunft.

Sammlungsversuche zur Weltpolitik

Die Betrauung Bülows und Tirpitz' mit Ämtern sowie die Umbesetzung weiterer Ministerien sollten das persönliche Regiment des Kaisers vom Anspruch zur Wirklichkeit werden lassen; im Ergebnis kam jedoch eine Stärkung des Konstitutionalismus zustande. Es gab zunächst eine Reihe selbstherrlicher Entschlüsse Wilhelms II. Das war in der Personalpolitik zumal im militärischen Sektor gängig, aber auch in Sachfragen suchte der Kaiser öfter selbst die Initiative. Seit 1900, als Bülow zum Reichskanzler aufrückte, hielten sich diese aber doch in engen Grenzen. Es wurde offenkundig, daß der

Spielraum Bülows

Kanzler und nicht der Monarch in vielem die Zügel der Politik in der Hand hielt. Allerdings galt tatsächlich für die inneren Verhältnisse, daß Bülow hierfür lange Zeit nur geringes Interesse aufbrachte, Staatssekretäre im Reich und Minister in Preußen weitgehend eigenständig handeln ließ und oft nur schriftlich mit ihnen verkehrte. Dennoch verkörperte er ihnen gegenüber bis 1905/06 die unangefochtene Autorität in der Gesamtpolitik; Gegenmachtbildungen sind im zivilen Sektor nicht zu verzeichnen. »Nur eine erfolgreiche Außenpolitik kann helfen, versöhnen, beruhigen, sammeln, einigen«, äußerte Bülow 1897 zu Eulenburg. Dagegen würde, wie er meinte, eine Fixierung der Öffentlichkeit auf innere Probleme wie etwa die Frage öffentlicher Verhandlungen von Militärgerichten oder Skandalprozessen polarisierend wirken und die Regierung künftig in einem ähnlichen Maße in Deutschland unmöglich machen wie in Österreich. Das war nicht die Betonung eines Primats der Außenpolitik; denn es ging ja um Erhaltung, um Weiterentwicklung der inneren Ordnung. Aber das Schwungrad sollte doch der nationale Aufbruch nach außen sein. Unter diesen Vorzeichen hatte eine Wiederaufnahme der Sozialistenverfolgung im großen Stil keine Chance. Gewiß, der Kaiser äußerte sich privat, aber auch öffentlich in diesem Sinne und verschärfte dadurch die Polarisierung in der Gesellschaft.

In Preußen wurde 1897 noch einmal ein »kleines Sozialistengesetz« erarbeitet; die Zuchthausvorlage des Jahres 1899 sah eben jene Strafe gegen diejenigen vor, die Arbeitswillige am Streik hinderten. Aber schon den Ministern war klar, daß eine solche Politik keine Mehrheit finden könne. Die Diskriminierung der sozialistischen Arbeiterschaft blieb insgesamt erhalten, aber: »Erst die Sozialisten abschießen, köpfen und unschädlich machen – wenn nötig per Blutbad! – und dann Krieg nach außen« – so im Neujahrsbrief des Kaisers 1905/06 an Bülow – war nun eine hohle, wenn auch erschreckende Phrase geworden.

Sammlung gegen Demokratisierung

Es blieb also das, was man unter dem Schlagwort Sammlungspolitik öffentlich vertrat. Ihr Exponent war bis 1901 der preußische Finanzminister Johannes von Miquel, der diesen Begriff prägte. Es ging ihm um einen Interessenausgleich von Landwirtschaft und Industrie, von Osten und Westen, von großen und kleinen Produzenten, um die Schaffung einer »Volksgemeinschaft«, die ausdrücklich eine Demokratisierung verhindern und die Sozialisten bekämpfen sollte. Das war schon bei Caprivi ähnlich zu hören gewesen, bildete die Basis des Kartells von 1887–90 und mag rückblickend auch Bismarcks Kurswechsel von 1879 bis zu einem gewissen Grade kennzeichnen. Aber es war doch deutlich, daß ein solches Unterfangen immer nur fallweise gelang und gerade um die Jahrhundertwende ein Neuansatz erforderlich wurde. Miquel setzte die Berufung eines »Wirtschaftlichen Ausschusses« der wichtigsten Interessenten, zumal des Centralverbandes der Industriellen und der Bürokratie durch, die jedoch gerade für ihre vordringlichste Aufgabe, die Ausarbeitung eines neuen Zolltarifs nach Ablauf der Caprivischen Handelsverträge, keine konsensfähige Vorlage liefern konnte. Bülow machte schließlich 1901 einen eigenen Vorschlag, jedoch erhöhte eine Reichstagsmehrheit demgegenüber die – nunmehr in einen Minimal- und Maximaltarif gespaltenen – Agrarzölle. Das wiederum war außenpolitisch bedenklich. Jedoch entfaltete der BdL eine hartnäckige Opposition. Da auch die Stimmen des Zentrums für eine Mehrheit erforderlich waren, wurde festgelegt, daß der Mehrertrag der Zölle für eine neue Witwen- und Waisenrente verwandt werden müsse – ein charakteristischer Zug für die Politik der katholischen Partei. Erst mit der Drohung eines Vetos im Bundesrat gegen zu hohe, von der agrarischen Bewegung geforderte Zölle, kam schließlich der

Zolltarif 1902

neue Tarif Ende 1902 zustande, der die Grundlage für alle nachfolgenden Handelsverträge bildete. Die Industriezölle blieben im wesentlichen wie bis-

»Die Lösung der sozialen Frage« (Zeichnung von Th. Th. Heine, 1898): »Sie haben völlige Freiheit, mein Lieber, Sie können nach rechts oder links gehen, ganz wie Sie wollen.«

her erhalten, die landwirtschaftlichen Abgaben sicherten die Getreideproduzenten stärker gegenüber dem Weltmarkt ab. Sammlung hieß also hier, daß die Reichsleitung sich einer durch die getroffene Regelung nicht zufriedengestellten Opposition von rechts zumindest teilweise beugte.

Mittellandkanal

Noch deutlicher wurde dieses Muster bei der Kanalvorlage. Der Bau eines Mittellandkanals zwischen Rhein, Weser und Elbe stellte als Zeichen industriellen Fortschritts – übrigens ein Lieblingsprojekt des Kaisers – den Höhepunkt des bereits zuvor in vollem Gang befindlichen Ausbaus der Wasserstraßen dar. Hierdurch mußten sich bei freiem Zugang die Frachtkosten für Güter aller Branchen im Sinne des Landesausbaus verbilligen. Die entsprechenden Gesetzesvorlagen der Regierung scheiterten jedoch am agrarischen Widerstand zunächst 1899, dann auch 1901. Die Furcht vor billigem ausländischem Getreide und der Abwerbung von Arbeitskräften in der Industrie motivierten die agrarische Opposition. Nach langen Verhandlungen verzichtete die Regierung 1904 auf das letzte Stück bis zur Elbe und konzedierte den Landwirten darüber hinaus ein staatliches Schleppmonopol, mit dem man die Tarife ebenso manipulieren konnte, wie durch die Einführung von Schifffahrtsabgaben für die Flußschiffahrt, der internationale Verpflichtungen zum Teil entgegenstanden. Da gleichzeitig der Jesuitenparagraph abgeschafft wurde, stimmte auch das Zentrum zu. Die Abgabe wurde im zähen Ringen des Reiches mit den Einzelstaaten schließlich mehr und mehr zu einem Programm für den Ausbau der Flüsse verändert, dem sich dann auch ein widerspenstiges Preußen zu beugen hatte.

Es ist an sich ja legitim, daß ein wichtiger wirtschaftlicher Sektor, der sich säkular gesehen im Niedergang befindet, den Schutz seiner Belange von der Politik erwartete. Aber hier demonstrierte eine traditionelle Elite ihre Vetoposition in entscheidenden Sachfragen, welche die Lebenshaltung breiterer Schichten insgesamt betrafen. Was ideologisch verbrämt als Aufrechterhaltung der herkömmlichen Ordnung propagiert wurde, setzte der BdL mit Mitteln der Massenagitation durch. Großgüter eher noch als Bauernhöfe wurden in der gleichen Zeit zu betriebswirtschaftlich kalkulierenden Unternehmen, die sich der Segnungen moderner Technik zu bedienen wußten. Es waren tatsächlich die materiellen Interessen der Agrarier, die sich bei den gegebenen Machtstrukturen erfolgreich anschickten, den Umbau zum Industriestaat zu bremsen.

Vetoposition der Agrarier

Das hier skizzierte und nur mangelhaft umgesetzte Konzept kann man auch als »kleine Sammlung« betrachten, demgegenüber der Tirpitzsche Flottenbau selbst innenpolitisch einen kühneren Wurf darstellte. Ihm ging es im Ansatz nicht nur um einen materiellen Ausgleich der besitzenden und produzierenden Schichten, sondern durch die Forderung der Seeinteressen »wird gleichzeitig das beste Mittel gegen gebildete und ungebildete Sozialdemokratie geschaffen«. Es ging darum, daß man mit dieser nationalen Parole alle Schichten ansprechen konnte, vielleicht sogar die Arbeiterschaft an den Staat im Zeichen der Weltpolitik heranzuführen vermochte. Eine Flotte, die auf den Hellingen der Werften wuchs, bildete ein ganz anderes Anschauungsmaterial für deutsche Größe als die unergiebigen Kolonien. Der Flottenbau mußte darüber hinaus Arbeitsplätze schaffen, der Schwerindustrie direkt zugute kommen, dem Handel neue Stützungsmöglichkeiten eröffnen. Zu diesem Zweck wurde mit dem Nachrichtenbüro des Reichsmarineamtes ein für die damalige Zeit neuartiges Propagandainstrument geschaffen, das von populären Abzeichen bis zu wissenschaftlichen Informationen ein breites Arsenal an Werbemethoden förderte, die ihrerseits vom Flottenverein aufgegriffen wurden. Der Matrosenanzug als Kinderbekleidung trat seinen Siegeszug an. Insgesamt handelte es sich jedoch um keine manipulatorisch ins Leben gerufene Begeisterung, sondern um eine zielgerichtet verstärkte und gelenkte Kampagne. Gerade bei den Agrariern regte sich anfangs Widerspruch gegen die »gräßliche Flotte«, aber die in allen Wehrfragen staatsloyale Haltung verschaffte doch 1898 die konservative Zustimmung zum ersten Flottengesetz neben der von Nationalliberalen, Freisinniger Vereinigung und dem größten Teil des Zentrums. Dieses stimmte 1900 bereits fast geschlossen für ein 2. Flottengesetz. Weitere Novellen 1906 und 1908 fanden fast allgemeine Zustimmung im bürgerlichen Lager; die Sozialdemokratie allerdings ließ sich nicht gewinnen.

Flottenbau als »große Sammlung«

Der Flottenbau hatte noch einen anderen Aspekt. Tirpitz war im Gegensatz zu vielen Militärs ein Meister im Umgang mit Parlamentariern. Er enthüllte ihnen in seinen Erläuterungen auch militärische Details, begründete einsichtig das Prinzip gleichartiger Schiffe in Geschwadern und versprach sparsame Haushaltsführung. Es ging ihm letzten Endes darum, vom Parlament einen Flottenbestand von etwa 60 Großschiffen festlegen zu lassen, dessen Erneuerung alle 20 Jahre gesetzlich zu verankern war. Das bedeutete einen ewigen Etat oder Äternat, genau das Ziel, das beim Heer seit einer Generation nicht durchzusetzen war. Gelang es, den Schiffbau zu perpetuieren, war das Budgetrecht des Reichstages an einem entscheidenden Ausgabeposten tatsächlich ausgeschaltet und das konstitutionelle System ein Stück von der Gefahr einer Parlamentarisierung weggebracht. Natürlich sprach für eine langfristige Bewilligung auch genuin seemilitärisches Interesse, Wünsche der beteiligten Wirtschaft und zumal der Werften, die auf gleichmäßige Auslastung Wert legten. Aber es ging doch zentral darum, der

Entmachtung des Reichstags in der Flottenfrage

Krone ein weitgehend von parlamentarischer Mitsprache freies Instrument zu schaffen. Um die Flottenbegeisterung aller nationalen Verbände und der Masse der Bevölkerung am Leben zu erhalten, bedurfte es eines gesteigerten weltpolitischen Bewußtseins. Bülows Außenpolitik der Pose von Erfolgen hatte hier ihren Kern. Aber sie konnte gerade aufgrund mangelnder Flottenstärke nicht den nationalen Erwartungen entsprechen. Während des Burenkrieges etwa erlebte die zuvor geweckte antibritische Agitation der Alldeutschen – sie sahen die germanischen Anverwandten – wie linker Liberaler – sie erkannten ein von der Großmacht brutal unterdrücktes kleines Volk – für Bülow unbequeme Ausmaße. Mit dem Dreadnoughtsprung und dem daraufhin erforderlichen Nachbau solcher Schiffe von seiten des Reiches geriet aber auch die radikale Führung des Flottenvereins der Marine aus dem Ruder und konnte nur sehr schwer wieder zur Räson gebracht werden.

»Demokratie und Kaisertum«

Zur Sammlung von oben wurde eine weitere Alternative propagiert. 1896 begründete Pfarrer Friedrich Naumann einen Nationalsozialen Verein, suchte den Liberalismus für die soziale Frage zu öffnen, langfristig eine Kooperation mit der Sozialdemokratie möglich zu machen, in der sich ja ihrerseits revisionistische und reformerische Bestrebungen regten. Das war dort allerdings keine offizielle Parteilinie, sondern vornehmlich eine süddeutsche Entwicklung. Im Streben nach stärkerer Demokratisierung konnten sich Verbindungslinien von Bürgertum und Arbeiterschaft ergeben. »Demokratie und Kaisertum« – so Naumanns Buch aus dem Jahr 1900 – waren zu versöhnen, und zwar als Voraussetzung für eine wirksamere, weil innenpolitisch besser abgesicherte Weltpolitik.

Naumann selbst scheiterte bei diesem Versuch einer Sammlung von links in Wahlen und schloß sich 1903 der Liberalen Vereinigung an. Aber die Idee eines großen Reformblocks von Bassermann bis Bebel, also von dem wieder stärker die Freiheitsrechte betonenden linken Flügel der Nationalliberalen bis zur reformistischen SPD behielt seine Faszination. Immerhin tendierten Sozialdemokraten in Stichwahlen auf Reichsebene dazu, einer linksliberalen Gruppierung ihre Stimme zu geben. Bei diesen wiederum lautete bis in unser Jahrhundert hinein die Empfehlung für jenen Fall eher nach rechts auf die Nationalliberalen, dann aber auch gelegentlich auf Sozialdemokraten. Als in Baden für die Abgeordnetenkammer das direkte Wahlrecht eingeführt wurde und sich die SPD zur dritten Kraft entwickelte, bildete sich hier tatsächlich 1905 ein großer Block von den Nationalliberalen bis zur SPD als Regierungsmehrheit. Sie wurde aber allein von ihrem Gegensatz zum Zentrum zusammengehalten und drohte vor 1914 wieder zu zerbrechen. In den anderen süddeutschen Großstaaten – geschweige denn in Preußen oder im Reich – hatte ein linker Großblock erst recht keine Chance. Das antiklerikal-aufklärerische Element überbrückte die wirtschaftlichen Interessengegensätze in der konkreten Situation von Arbeitskämpfen nicht. Und gerade diese nahmen nach der Jahrhundertwende zu. Gewiß stiegen die Reallöhne beträchtlich an, aber die Arbeitsbedingungen wie die privaten Lebensverhältnisse ließen die Arbeiter häufiger zum Mittel des Streiks greifen, unter denen der Ausstand der sächsischen Textilarbeiter 1903/04, der Bergarbeiter aller gewerkschaftlichen Richtungen 1905/06 und der Hamburger Hafenarbeiter 1906/07 hervorragten. Nimmt man die Wahlerfolge der SPD 1898 und 1903 hinzu, als sie von 44 (1893) über 56 auf 81 Mandate anwuchs und nunmehr fast so viele Wähler an sich band, wie die beiden nächststärksten Parteien zusammen, dann wird deutlich, daß die Bedrohungsängste des bürgerlich-konservativen Lagers nicht abnahmen. Die Maßnahme der Stunde war aber nicht eine verschärfte Repression, sondern die publizistische Agitation. Der Reichsverband gegen die Sozialdemokratie wurde als Folge der Wahlen von 1903 begründet.

Einbeziehung der SPD?

Für Mehrheiten im Reichstag brachten überdies die drei Parteien des ehemaligen Kartells keine Mehrheiten mehr zusammen. Sie stagnierten insgesamt. So hatte das Zentrum eine Schlüsselrolle inne, aber von einem *»Schwarz-blauer Block«* »schwarz-blauen Block«, wie das zeitgenössische Schlagwort hieß, kann man im eigentlichen Sinne kaum sprechen. Mit dem Zentrum kamen aber auch wieder sozialpolitische Ansätze des Innenstaatssekretärs Arthur von Posadowsky-Wehner (1897–1907) zum Tragen, nachdem zuvor die unternehmerischen Interessen nach Berlepschs Abgang zum Stillstand auf diesem Sektor geführt hatten. Posadowsky, ursprünglich ein Mann des harten Durchgriffs, fand mehr und mehr zu einem Kurs, der über die caritative Behandlung der Arbeiterfrage hinausführte. Mit einem Berggesetz, das obligatorische Arbeiterausschüsse 1905 in Preußen zur Beendigung des Streiks vorsah, hatte er Erfolg. Der Versuch, die Berufsverbände und damit die Gewerkschaften auf eine rechtliche Basis zu stellen und das Tarifvertragswesen zu regeln, scheiterte jedoch im Reichstag. Nicht zuletzt den Konservativen paßte die ganze Richtung nicht mehr, wie man dort auch die Zugeständnisse an den Katholizismus als zu weitreichend ansah.

Bülow, der sich nach innen mehr und mehr im Lavieren und in der Selbstdarstellung als Staatsmann erschöpfte, zog insofern die Konsequenzen, als er die Kolonialfrage zum Anlaß nahm, um den Reichstag aufzulösen und Neuwahlen anzusetzen. Zuvor hatten bei der Beratung eines Nachtragsetats für die Kolonialkriege neben den Sozialdemokraten auch das Zentrum, dessen Abgeordneter Matthias Erzberger die Greueltaten der Deutschen an- *»Hottentottenwahlen«* prangerte, die Regierungsvorlage abgelehnt. In den sog. Hottentottenwahlen vom Januar 1907 traten alle nationalen Verbände in breiter Agitation im Lande für die Belange von Weltpolitik ein. Der Kanzler selbst förderte diskret August Keim vom Flottenverein, den Tirpitz ein Jahr später wegen seiner Kritik am Flottenbau stürzen ließ. Zentrum und Sozialdemokratie vermehrten zwar ihre Wählerstimmen, jedoch verlor die SPD aufgrund des Mehrheitswahlrechts fast die Hälfte ihrer Mandate – sie sank auf 43. Dafür stärkten alle anderen bürgerlichen Parteien ihren Stimmen- und Mandatsanteil, und dies galt besonders für die linken Liberalen. Fortan konnte sich der *»Bülow-Block«* Reichskanzler auf einen »Bülow-Block« stützen, der von den Konservativen bis zu den linken Liberalen reichte und das Zentrum ausschloß. Das war eine ganz neue Konstellation mit potentiell weitreichenden Konsequenzen. Im Zeichen imperialistischer Expansion wurde so vorerst zwar jede Möglichkeit eines Linksblocks inklusive SPD abgeschnitten. Gemeinsamkeiten hatten jene in sich und untereinander vielfach zerstrittenen Parteien neben Reformvorstellungen für die Kolonien aber vornehmlich in einem Punkt: radikaler Nationalismus und weltpolitische Erfolge, die von der Außenpolitik als Schmieröl ihres Bündnisses zu liefern waren.

Der Flottenbau kostete Geld. Auch in diesem Sinne stand das Jahrzehnt seit 1897 unter dem Primat eines Zuwachses eben der Marinekosten; der Heeresetat wuchs nur wenig. Tatsächlich wurde der schon zuvor beschrittene Weg einer Finanzierung durch Anleihen im Reichshaushalt fortgesetzt. Die Reichsschuld, die 1890 erst 1,1 Milliarden Mark betrug, stieg von 1895 mit 2,1 Milliarden Mark stetig bis 1912 auf 4,8 Milliarden Mark, während in der gleichen Zeit der Nettoetat des Reiches von 0,9 auf 2,0 Milliarden Mark anstieg. Die Frage einer Finanzreform wurde dringend und ein Dauerthema; denn neben den Rüstungsaufwendungen waren es vor allem die spektakulären Militärkommandos nach China und die Kolonialkriege, die hohe Kosten *Finanzpolitik* verursachten. Die Finanzpolitik wurde somit zum Prüfstein der Einheit des Bülow-Blocks, die in sozialen Fragen sowieso nur im Negativen zu erzielen war. In den Jahren zuvor war 1904 die Franckensteinsche Klausel für Zölle, 1906 für die anderen Verbrauchssteuern (außer Branntwein) aufgehoben worden. Damit erhielt das Reich die Möglichkeit, seine eigenen Einnahmen durch Steuererhöhungen zu steigern, die Abhängigkeit von den Einzelstaaten nahm ab; deren Matrikularbeiträge wurden gesenkt. 1906 gelang dem Staatssekretär des Reichsschatzamtes Hermann Freiherr von Stengel die Einführung einer – formal bei den Einzelstaaten verbleibenden – Erbschaftssteuer als erster dem Reich zugute kommender direkter Abgabe. Aber damit ließen sich die Defizite kaum senken. Stengels Nachfolger von Sydow legte dem Reichstag 1908 ein Paket an Maßnahmen vor, die zusammen die Kreditaufnahme überflüssig machen konnten: Verbrauchssteuern belasteten den kleinen Mann, Steuern auf Finanzgeschäfte den mobilen Besitz, eine starke Ausweitung der Erbschaftssteuer die Grundbesitzer. Tatsächlich schnürte der Reichstag dieses Paket jedoch auf, machte an den beiden ersteren Bereichen Abstriche und verweigerte die Zustimmung zu letzterem ganz. Die Finanzreform scheiterte Mitte 1909 im Reichstag. Bülow saß zwischen den Stühlen und trat im Herbst 1909 zurück.

Rüstungskosten und Finanzsystem

Zunächst einmal war dieses von zeitgenössischen Wirtschaftswissenschaftlern positiv beurteilte Maßnahmenbündel im Ergebnis ein Zeichen dafür, daß eine Grundannahme des Tirpitz-Planes falsch war: im Deutschen Reich ließ sich für die Flotte nicht mehr an Ressourcen mobilisieren als in Großbritannien. Tatsächlich lag der Anteil des Volkseinkommens, der für Heer und Marine aufgewandt wurde, im ersten Jahrzehnt des Jahrhunderts in Großbritannien bei 4,4%, im Reich nur bei 2,65%. Aber allein die Daten volkswirtschaftlichen oder industriellen Wachstums brachten das Reich noch nicht auf die Gewinnerstraße der Weltgeschichte. Daß die Mobilisierung im Reich nicht gelang, hängt also direkt von den inneren Strukturen ab. Man kann dies dem verstärkten Gewicht des Reichstages zuschreiben, einem Trend zur Parlamentarisierung also, demgegenüber sich die Reichsleitung als unterlegen erwies. Die Parteien klebten bei den Steuern an ihren Partikularinteressen, obwohl sie sich doch bewußt waren, daß die Finanzreform überwiegend dem ja im Prinzip gebilligten Machtinstrument nach außen durch Flotte und Heer zugute kommen sollte. Doch das ist nur die halbe Wahrheit. Der linke Teil des Bülow-Blocks blieb trotz mancher Bedenken loyal. Es waren die Konservativen, die ausscherten. Zusammen mit dem Zentrum verhinderten sie die erweiterte Erbschaftssteuer. Dies war zwar ein Vorgang im Reichstag, aber die außerparlamentarische Opposition der Agrarier hatte Front wider Bülow gemacht. Er war für die junkerliche Oberschicht untragbar geworden, als er – scheinbar – eine gegen den angestammten Grundbesitz gerichtete Politik verfolgte. Insofern läßt sich nur sehr bedingt vom ersten parlamentarischen Regierungssturz sprechen. Der Kaiser entließ Bülow auch nicht aus heiterem Himmel. Sein Vertrauensverhältnis zum Kanzler war bereits seit einem Interview mit dem Daily Telegraph vom Vorjahr zerstört. Damals hatte Wilhelm den Text seiner Ausführungen zwar korrekt vom Auswärtigen Amt absegnen lassen, jedoch hatte Bülow den Inhalt nicht zensieren lassen, der Briten wie Russen gleichermaßen vor den Kopf stieß. Um der weitverbreiteten, auch konservativen Kritik am persönlichen Regiment zu begegnen, distanzierte sich Bülow von seinem Monarchen, und hiermit war die Basis einer weiteren Zusammenarbeit zerstört. Daß der Kanzler nun auch im Reichstag scheiterte, machte ihn für den Monarchen nicht nur entbehrlich, sondern untragbar.

Opposition von rechts

»Daily Telegraph«-Affäre

Frieden oder Krieg – Reform oder Stagnation?

Bethmann Hollweg

Zum Nachfolger Bülows wurde Theobald von Bethmann Hollweg bestellt, bislang Staatssekretär des Innern. Als neuen Caprivi aus bürokratischem statt militärischem Milieu könnte man ihn bezeichnen. Aber die Zeiten hatten sich insgesamt geändert. Der neue Kanzler war gewiß konservativ gesonnen, wollte von Parlamentarisierung nichts wissen und besaß nur geringe außenpolitische Erfahrungen. Erneut wählte der Kaiser – übrigens auf Ratschlag Bülows – keinen auf Konflikt, sondern einen auf Ausgleich bedachten Leiter der Reichspolitik, wobei seine Vorstellung aber illusorisch war, die äußeren Angelegenheiten nunmehr selbst stärker gestalten zu können. Bethmann Hollweg machte in den Jahren seiner Kanzlerschaft bis 1917 einen beachtlichen Lernprozeß durch, ohne sich in der konkreten Politik nach innen von den hergebrachten Machtstrukturen, oder nach außen von den Zwängen herkömmlicher Handlungsstrategien befreien zu können.

Widersprüche in Gesellschaft und Politik

Das Reich ließ sich insgesamt schwerer regieren; die Widersprüche in Gesellschaft und Politik nahmen zu, ohne daß sich ein Ausgleich fand. Die Polarisierung zwischen links und rechts wuchs, die Spannung von parlamentarischer Konsensbildung und außerparlamentarischer Agitation. Der Handlungsspielraum äußerer Politik wurde geringer, aber die Erwartungen an Erfolg stiegen. Die Bereitschaft zum Kriege konkurrierte mit der Einsicht bei einigen, daß er kaum zu führen, geschweige denn zu gewinnen sei. Überhaupt war die Weltpolitik im Grunde genommen zu Ende, bevor sie so recht begonnen hatte. Aus dem, was sich schon seit 1904/05 mit dem Rückschlagen der Spannungen von der Peripherie auf Europa und dessen Mitte angebahnt hatte, suchte die neue Reichsleitung die Konsequenz zu ziehen. Die Möglichkeit eines kontinentalen Zweifrontenkrieges trat wieder ganz in das Zentrum der Politik. Bethmann und seine Mitarbeiter suchten daher gegenüber Großbritannien Konflikte abzubauen. Es gab mehrere Runden gleichsam von Friedensverhandlungen in diesem Kalten Krieg, deren Aussichten aber durch chauvinistische Strömungen auf beiden Seiten stark erschwert wurden; und es gab das Wettrüsten. Nur sehr widerwillig stimmten Tirpitz und der Kaiser zu, den Faktor Flotte in die bilateralen Gespräche aufzunehmen, bedeutete dies doch von den ursprünglichen Zielen her ein Scheitern der geplanten Herausforderung. Die Marine suchte die defensiven Elemente ihrer Planungen in den Vordergrund zu rücken, kalkulierte dennoch ihre Siegeschancen und mußte der zivilen Reichsleitung dann wiederholt eingestehen, man sei noch nicht soweit, eine Konfrontation mit England bestehen zu können.

Deutsch-britische Ausgleichsversuche

Britische Bündnispolitik

Für die liberale britische Regierung blieben die beiden Ententen mit Frankreich und Rußland dagegen die nicht zur Disposition stehende Basis. Das Abkommen mit Frankreich hatte seit 1905 militärische Stabsgespräche nach sich gezogen, nach denen die Briten eine Expeditionary Force aufstellten und deren Einsatzmöglichkeiten vereinbarten; 1912 kam ein Marineabkommen hinzu, gemäß dem die Franzosen ihre Seestreitkräfte im Mittelmeer konzentrierten, während die Briten den Schutz der Nordsee und der französischen Atlantikküste übernahmen. Das Einvernehmen mit Rußland blieb für die Briten brüchig – aber gerade deswegen hielten sie diesen Strang aufrecht, waren vor allem besorgt, eine russisch-deutsche Annäherung mit möglicher Spitze gegen den Inselstaat zu verhindern.

Als politische Basis eines Ausgleichs erstrebte Bethmann ein Neutralitätsabkommen, das in seiner Sicht aufgrund der kontinentalen Stärkeverhältnisse an den Charakter eines Schutzbündnisses heranreichen sollte. Für die Briten war das äußerste jedoch die Zusicherung, sich nicht an einem Aggressivbündnis gegen die Deutschen zu beteiligen; und das war angesichts der deutschen Aufmarschpläne für einen Krieg zu wenig. Vor allem war die Reichsleitung in Marinedingen nur zu einem geringen Zurückstecken bereit. Tirpitz forderte kategorisch die Anerkennung eines Stärkeverhältnisses von zwei zu drei der beiden Flotten, bot ein nur wenig langsameres Bautempo der Großschiffe an. Immerhin kam Marineminister Winston Churchill mit dem Vorschlag eines Verhältnisses von 10 zu 16 Schiffen gelegentlich den deutschen Vorstellungen einmal nahe. Vor allem aber: im Frühjahr 1912 machte eine durch die internationale Krise wie antibritische Empfindlichkeiten beförderte Flottennovelle, die der Reichskanzler hoffte verhindern zu können, wenn ihm zuvor ein Neutralitätsabkommen gelungen wäre, diese Möglichkeit zunichte.

Ansätze zum imperialen Ausgleich

Schon wegen der innenpolitischen Konstellation des Reiches blieb der große Ausgleich verwehrt. Allerdings ließen sich die Briten auf Gespräche über imperialen Ausgleich ein, wie sie die Basis der Ententen gebildet hatte. Allgemein ging ja der Trend der Zeit hin zur exakten Abgrenzung imperialistischer Interessensphären, die nicht unbedingt auch die regionalen Gegensätze zu mindern brauchten. An das obsolet gewordene Abkommen über die portugiesischen Kolonien von 1898 knüpfte die vorläufige erneute Einigung vom August 1913 an, nach der beide Staaten für den Fall einer – nicht sehr wahrscheinlichen – Zwangslage Portugals die Aufteilung von dessen Kolonien und zugleich die Abwehr von Ansprüchen dritter Staaten vereinbarten. Da das Abkommen wegen antideutscher Stimmungen in Großbritannien aber nicht zu veröffentlichen war, blieb es Makulatur. Nur mit Mühe vermochte es die Reichsleitung, in den vage abgesteckten Einflußzonen deutsches Kapital überhaupt zu interessieren. Das gleiche galt im Kern für das Engagement im von Mißwirtschaft heimgesuchten belgischen Kongo, worüber die Briten aufgrund dort dominierender französischer Ansprüche 1914 nicht zu Gesprächen bereit waren. Wichtiger waren die im Zuge der Bagdad-Bahn gepflogenen Verhandlungen über Kleinasien, an denen auch die Hohe Pforte teilnahm. Immerhin gelang auch hier eine Serie von privaten wie Regierungsvereinbarungen. Am wichtigsten war es, daß die Deutschen noch am 15. Juni 1914 die Region des Persischen Golfes u.a. durch Verzicht auf den letzten Bahnabschnitt von Basra an ganz als britische Sphäre anerkannten, dafür aber die bisherigen Bauten abgesichert erhielten. Gewiß hatte das Deutsche Reich hiermit langjährige Ansprüche aufgegeben. Aber es zeigte sich doch, daß in peripheren Fragen dünne Drähte der Verständigung zu knüpfen waren, die bei längerer erfolgreicher Belastungsprobe möglicherweise hätten verstärkt werden können.

Ausgleichsversuche mit Rußland und Frankreich

Auch gegenüber Rußland bemühte sich Bethmann um eine Detente, die anläßlich der üblichen Kaisertreffen für die Türkei und für Persien zu Abgrenzungen führten. Obwohl der bilaterale Wirtschaftsaustausch florierte, erwies sich in diesem Falle eine allgemeine politische Bereinigung aufgrund der Balkanfragen als unmöglich. Schließlich steckten die Deutschen auch mit den Franzosen in Kleinasien im Frühjahr 1914 ihre Interessen ab. Für Marokko sicherte schon im Februar 1909 – auf dem Höhepunkt der Bosnienkrise – ein deutsch-französisches Abkommen den Franzosen dort einen weitgehenden Verzicht auf künftige Konkurrenz zu, ohne daß die Basis von Algeciras aufgegeben wurde.

Dennoch wählte Staatssekretär Alfred von Kiderlen-Wächter die Marokko-Frage gezielt als Testfall für deutsche Weltpolitik. Als die Franzosen den in seiner Herrschaft bedrohten Sultan militärisch zu sichern trachteten – darüber enthielt Algeciras nichts –, setzte der Staatssekretär die Entsen-

»Panther«-Sprung nach Agadir

dung eines Kanonenbootes mit dem sprechenden Namen ›Panther‹ auf die Reede vor Agadir zum Schutz deutscher Interessen durch (1. Juli 1911). Was wurde mit diesem völkerrechtlich legalen, aber zweifelsfrei provozierenden Schritt beabsichtigt? Gewiß gab es deutsche wirtschaftliche Interessen, die aber erst von der Reichsleitung gedrängt werden mußten, um Schutz zu bitten. Die wirklich wichtigen, die Bergbauinteressen der Brüder Mannesmann, waren zunächst gar nicht vertreten. Kiderlen-Wächter verstand es darüber hinaus, schon im Vorfeld die öffentliche Meinung im Reich zu mobilisieren, sprach dies gar mit Heinrich Claß, dem Führer der Alldeutschen ab, nach deren langgehegten Vorstellungen Südmarokko eine Fundgrube für Rohstoffe darstellte. Die nationalistische Öffentlichkeit war also auf eine Zurückweisung französischer Übergriffe wie territorialen Erwerb in Marokko ausgerichtet. Aber Kiderlen dachte viel eher an Mittelafrika, genauer: an den französischen Kongo, wußte er doch, daß der Nordwesten Afrikas auch britische Belange strategischer Art berührte.

Der Hochseilakt ohne Netz war auf eine Demütigung Frankreichs angelegt; es ging im Kern um die Sprengung der Ententen. Während Rußland sich gegenüber dem französischen Bundesgenossen zurückhaltend zeigte, signalisierte Großbritannien durch Schatzkanzler David Lloyd George öffentlich die britische Beteiligung an der Frage. Kriegsentschlossenheit breitete sich aus. Generalstabschef Helmuth von Moltke (der Jüngere) wollte sein Amt bei einem Nachgeben zur Verfügung stellen, und so wurde die Krise mit der Alternative: deutsche Erfolge oder Krieg eskaliert. Die Franzosen konzedierten schließlich im November 1911 Teile des (an Kamerun angrenzenden) französischen Kongos, ein Gebiet, das in sich selbst für koloniale Betätigung wertlos, nur als Zugang zum Kongobecken von perspektivischem Wert war.

Das war der letzte sichtbare Erfolg deutscher Weltpolitik. Am wichtigsten aber war: die nationalistische Agitation richtete sich auf breiter Basis gegen die ›schlappe‹ Reichsleitung. Der von Kiderlen auch angestrebte integrierende Effekt des Abenteuers schlug in sein Gegenteil um. Ein seit den neunziger Jahren angelegtes Grundmuster des deutschen Imperialismus fand in jener zweiten Marokko-Krise seine Aufgipfelung. Man meldete Ansprüche an, die materiell gar nicht so wichtig waren. Gab in Verhandlungen der Partner durch deutschen Druck nach, so bewies sich damit die Richtigkeit des Weges, zeigte sich wachsende deutsche Stärke hierin, der Partner – zumeist war es Großbritannien – »kam«. Versteifte sich jedoch der Widerstand der Gegenseite, so verfiel die deutsche Politik oft in tiefen Pessimismus, sah gar den Bestand des Reiches von 1871 gefährdet, zumindest die Entwicklungsmöglichkeiten im zwanzigsten Jahrhundert. Also wurde der Anspruch zum Selbstzweck, zum Lebensinteresse, das notfalls mit kriegerischem Einsatz gegen eine »Welt von Feinden« zu behaupten war. Dahinter steckte Unsicherheit, auch Unerfahrenheit, aber eben doch die Dynamik des industriewirtschaftlichen Wachstums – und das ergab eine für den europäischen Frieden brisante Mischung. Strategien der Ablenkung von inneren Spannungen nach außen durch politische Erfolge gab es bei allen anderen Mächten, nirgends war der Erfolgsdruck auf die Regierung aber so groß wie im Deutschen Reich, wo der Durchbruch zur wahren Weltmacht immer noch ausstand. Allerdings verstärkte sich auch eine Richtung jener Weltpolitik, die nicht auf Biegen und Brechen setzte, sondern in langfristigem kulturellem Werben für deutsches Wesen den einzig verbliebenen Weg sah. Ihr stand der Kanzler nicht fern.

Zweite Marokko-Krise – Muster deutscher Weltpolitik

Die Marokko-Krise von 1911 stellte auch eine innenpolitische Niederlage der Regierung dar, wuchs doch die Unzufriedenheit von rechts wie von links über den eingeschlagenen Kurs. Im Sommer 1909 war durch die Kritik an der

Bülowschen Finanzreform eine breite bürgerliche Bewegung in Gang gekommen, die in der Gründung des Hansa-Bundes für Gewerbe, Industrie und Handel einen institutionellen Niederschlag fand. Zusammengehalten wurde diese Vereinigung von Banken, verarbeitender und Exportindustrie, von Handwerkern und Angestellten, vor allem durch eine antiagrarische und damit antifeudale Stoßrichtung. Ein liberales Bürgertum schuf sich hier einen Dachverband mit (1910) ca. 300000 Mitgliedern, die sich gegen die herkömmliche preußisch-deutsche Führungsschicht und deren Interessenpolitik in den letzten Jahren wandte. Neben dem Bund der Industriellen war hier anfangs auch der Centralverband deutscher Industrieller vertreten, distanzierte sich jedoch bald wieder. Im Hansa-Bund hatte man mit der Sozialdemokratie ursprünglich nichts im Sinne, richtete aber die Reformbestrebungen in systemkonformem Sinne doch vorwiegend gegen rechts. Sieht man von der durch ihn erreichten Einführung der Angestelltenversicherung 1911 ab, so hatte er keinen durchschlagenden Erfolg. Aber auch wenn bereits bald danach dieser bürgerlich-kapitalistische Reformbund, der sich für Exportinteressen stark machte, wieder stagnierte, ja als einheitliche Gruppierung zerfiel, ist er doch ein Symptom für eine beginnende politische Sammlung des liberalen Bürgertums. Nicht nur der Zusammenschluß von linkem Liberalismus 1910 zur Fortschrittlichen Volkspartei, auch die Stärkung des linken Flügels der Nationalliberalen sind z.T. sein Verdienst. Nimmt man noch hinzu, daß auch im Zentrum (mit dem der Hansa-Bund keine Berührung hatte) eine reformerische Gruppierung an Einfluß gewann, so zeichnen sich insgesamt neue entwicklungsfähige, wenn auch noch nicht tatsächlich entwickelte Züge im politischen System des Reiches ab.

Hansa-Bund

Bethmann Hollweg seinerseits war alles andere als ein Reformer aus Überzeugung. Er sah Bülows enge Bindung an die Parteien geradezu als Fehler an, und strebte stärker eine bürokratische Regierung über die Parteien an. Eine Abstützung auf Konservative und Katholiken allein genügte jedoch kaum, und so entwickelte auch er die Strategie, in einer »Politik der Diagonale« nicht nur die Nationalliberalen, sondern fallweise den Fortschritt oder gar die Sozialdemokratie einzubeziehen. Gegenüber einem selbstbewußteren Reichstag erwies sich dies als schwierig. In der Sozial- wie Finanzpolitik stagnierte die Entwicklung allerdings zunächst. Mit eiserner Sparpolitik versuchte Bethmann, der Finanzkrise Herr zu werden. In der Frage des preußischen Wahlrechts hatte Bethmann bereits 1908 eine kaiserliche Botschaft formuliert, die Reformen ankündigte, wie sie in den vorangegangenen Jahren in den meisten süddeutschen Staaten Platz gegriffen hatten. Sein Vorschlag des Jahres 1910 sah demgegenüber eher kosmetische Korrekturen vor, ja seine Polemik gegen das egalitäre Reichstagswahlrecht brachte ihm die Kritik der Linken ein. Die Sozialdemokratie, auch gemeinsam mit dem Fortschritt, organisierte Massenkundgebungen mit großer Beteiligung. Größere Arbeitskämpfe, z.T. bedingt durch Teuerung und soziale Not, liefen zeitlich parallel. Aber Bethmanns bescheidene Wahlrechtsvorlage scheiterte im konservativ dominierten preußischen Abgeordnetenhaus, wo seit 1908 überhaupt erstmals Sozialdemokraten vertreten waren (7 Mandate). Dabei blieb es bis zum Krieg. Der Spagat zwischen reaktionärem Preußen, wo auch die übrigen Parteien aufgrund des Wahlrechts zumeist konservativer waren, und dem Reich stellte die Regierung zunehmend vor akrobatische Anforderungen. Immerhin kam im Reich 1911 die Verfassungsreform für Elsaß-Lothringen zustande – aber hier gegen den erbitterten Widerstand der Konservativen.

»Politik der Diagonale«

Die Schwierigkeiten kulminierten nach den Reichstagswahlen vom Januar 1912, durch welche die SPD erstmals trotz aller Benachteiligung durch die seit 1871 gleichgebliebene Wahlkreiseinteilung mit 110 Abgeordneten zur

Reichstagswahlen 1912

Politische Europakarte des Karikaturisten Walter Trier (1914)

stärksten Fraktion wurde, die Deutschkonservativen 17, die Freikonservativen 10, die Nationalliberalen 9 Mandate verloren. Die Reichsleitung hatte sich im Sinne ihres überparteilichen Vorgehens und weil man sowieso einen Linksruck erwartete, jeder Wahlbeeinflussung enthalten. Aber das Ergebnis war auch für sie fatal. Die Parteien des alten Kartells – sowenig dies als solches noch existierte – waren zusammengenommen schwächer als die SPD. Oder: ein schwarz-blauer Block benötigte zur Mehrheit mindestens noch die Nationalliberalen hinzu. Die Wahlbeteiligung, 1871 noch bei 50,7%, lag nunmehr bei 84,5% (der über 25jährigen Männer). Fortschritt und Sozialdemokratie hatten in großem Maße Wahlabsprachen getroffen. Das war sicher kein Linksblock, aber auch hier zeigten sich neue Ansätze. Ein Teil der SPD sah in diesem permanenten Wachstum der eigenen Bewegung den Beweis für einen gleichsam automatischen Sieg, wenn man nur weiter Geduld bewahre. Auf dem linken Flügel predigte Rosa Luxemburg dagegen seit Jahren, man müsse zum Massenstreik greifen, um die alten Gewalten zu stürzen und die sozialistische Gesellschaft zu errichten. Gerade in der SPD drifteten schon vor dem Tod August Bebels (1913) die Richtungen stärker auseinander als je zuvor.

Formierung einer neuen Rechten

Die Konsequenz dieses Linksrutsches im Deutschen Reichstag wie – auf andere Weise – der außenpolitischen Krisenlage war bedeutsam. Eine neue Rechte formierte sich auf der Basis von Interessenorganisationen, eine Neuauflage der Miquelschen Sammlungspolitik fand statt. Aber sie hatte ihren Schwerpunkt außerparlamentarisch und richtete sich gegen die Regierungspolitik. Bereits 1911 hatte sich der Centralverband als Dachverband, nicht aber seine Einzelorganisationen, vom Hansa-Bund distanziert. 1913 bildete er – und das betraf vornehmlich seinen schwerindustriellen Flügel – zusammen mit dem Bund der Landwirte und der 1911 begründeten Reichsdeutschen Mittelstandsvereinigung das »Kartell der schaffenden Stände«, hiermit einen Begriff Bismarcks umdeutend. Das war zunächst einmal ein deklamatorischer Akt, über dessen Chancen auf Bestand zumal bei allen ihm innewohnenden ökonomischen Gegensätzen kaum Aussagen möglich sind. Am Zustandekommen dieses Kartells waren auch die Alldeutschen maßgeblich beteiligt, die traditionell ihre Schwierigkeiten mit den Agrariern gehabt hatten, und nunmehr Einfluß auf den Kurs des Kartells gewannen. Darüber hinaus flossen bereits seit einiger Zeit erstmals Industriegelder verstärkt an den ADV. Überhaupt wandten sich die Alldeutschen jetzt mehr der Innenpolitik zu, schrieben die Rückbildung der konstitutionellen Verhältnisse auf ihre Fahnen. Heinrich Claß sah die nationale Mobilisierung als positives Bindemittel an und ließ keinen Zweifel, daß der daraus folgende Krieg erst die Einheit werde wiederherstellen können. Das Syndrom eines heilsamen Krieges, sei es als Anlaß zur Zerschlagung der Sozialdemokratie, sei es als sinnstiftendes und die sozialen Konflikte überwölbendes und damit heilendes Element, gewann auf der Rechten zunehmend an Bedeutung – so etwa bei dem konservativen Parteiführer Heydebrand von der Lasa in der Julikrise 1914, der eine Stärkung der patriarchalischen Ordnung durch einen Krieg erhoffte. Das war eine Auffassung, die Bethmann schlicht für Unsinn erklärte. Auf der anderen Seite gab es seit langem die bürgerliche Warnung, ein Krieg werde das Ende der bisherigen Gesellschaftsordnung bringen, dem Sozialismus in die Hand arbeiten. Das war eine Auffassung, der auch August Bebel im Reichstag Ausdruck gab, wenn der Sozialist auch alles daran setzte, eben jenen allgemeinen Krieg durch eine Art Geheimdiplomatie zu verhindern.

Alldeutsche in Schlüsselrolle

Die Kriegsbereitschaft nahm jedenfalls schon vor 1912 zu. Ein wichtiges Symptom war die Gründung des Deutschen Wehrvereins unter der Führung von August Keim, der nach seinem Scheitern im Flottenverein sich nunmehr, von Industriegeldern unterstützt, an eine Agitation zur Stärkung der deutschen Wehrkraft machte. Ein bürgerlicher Militarismus, der die konservative Funktion und Geschlossenheit des Heeres in Frage stellte, machte sich hier breit und setzte die Reichsleitung unter Druck, griff gar den Kaiser an. Nun war auch Bethmann Hollweg aufgrund der außenpolitischen Lage überzeugt, daß eine Heeresvermehrung unumgänglich sei. So setzte er die Flottennovelle im Frühjahr 1912 zwar durch, wichtiger war ihm aber eine gleichzeitige Heeresverstärkung von 29000 Mann, die er mit Rücksicht auf die internationalen Spannungen im Reichstag defensiv begründete. Damit traf er sogar bei der linken Mitte auf Verständnis, ja er schien dort vielfach als zu mäßig. Die Vorlage ging aber nur durch, als die Reichsleitung bei der finanziellen Deckung dieser Maßnahmen zugestand, auch die besitzenden Schichten zur Kasse zu bitten: für das kommende Jahr wurde ein Besitzsteuergesetz versprochen. Bevor es dazu kam, verschärfte sich im Herbst 1912 die internationale Situation bis zur unmittelbaren Kriegserwartung. Der Generalstab, in dem erstmals Oberst Erich Ludendorff hervortrat, war bereit, bei einer vollen Durchführung der Wehrpflicht durch eine Heeresverstärkung von 300000 Mann den Charakter des deutschen Heeres grundsätzlich zu ändern, ja es in der Konsequenz auch den Einflüssen der zerklüfteten Gesellschaft zu öffnen. Kriegsminister Josias von Heeringen (1909–1913) als Vertreter des älteren Militarismus wehrte sich erbittert, jedoch änderte dies nichts daran, daß die im Februar 1913 im Reichstag eingebrachte Heeresvorlage doch insgesamt eine Anhebung der Stärke um 137000 Mann bis 1915 gegenüber damals 639000 Soldaten vorsah, kurz: das meiste an personeller wie materieller Rüstung nachzuholen suchte, was seit 1897 unter dem Primat der Flotte vernachlässigt worden zu sein schien. Das im Juli 1913 verabschiedete Gesetz fand eine Mehrheit vom Fortschritt bis zu den Konservativen. Jedoch machten die Mittelparteien ihre positiven Voten zur Erbitterung des Kaisers, der seine Kommandogewalt angetastet sah, von innermilitärischen Reformen abhängig. Wichtiger war die Deckungsfrage, welche die Konservativen in die

Kriegsbereitschaft

Bürgerlicher Militarismus

Heeresvorlage

Verweigerung trieb. Eine linke Mehrheit von »Bassermann bis Bebel« verabschiedete neben einem einmaligen Wehrbeitrag als Vermögensabgabe eine dauerhafte Vermögenszuwachssteuer. Erstmals votierte also auch die SPD, die sich von der Friedensliebe des Kanzlers überzeugt zeigte, für die Finanzierung einer Wehrvorlage. Konservatives Besitzinteresse, das seit langem eine Finanzreform unmöglich gemacht hatte, war nun freilich grundsätzlich betroffen. Diese Mehrheit bot in sich keine Aussicht auf Wiederholung oder Dauer; aber sie markiert doch eine neuartige Kräftekonstellation im Reich im Zuge von Rüstung und Kriegsgefahr.

Vermögenszuwachssteuer

Zabern-Affäre

In der Zabern-Affäre fand jene Koalition aber auch gegen die Position des Militärs Ausdruck. Das selbstherrlich-aggressive Verhalten eines preußischen Leutnants im November 1913 gegenüber der elsässischen Zivilbevölkerung wurde trotz seiner Illegalität in der Militärhierarchie bis hinauf zum Kaiser nicht nur gedeckt, sondern auch noch selbstbewußt eskaliert. In der Sache triumphierten tatsächlich die Militärs, deren kontrollfreie Sphäre nur wenig beschnitten wurde. Im Reichstag sahen sich Bethmann Hollweg und der neue Kriegsminister Erich von Falkenhayn der schärfsten Kritik ausgesetzt. Der Reichskanzler erklärte sich im Rahmen der Staatsautorität, wohl gegen seine Überzeugung, mit den Militärs solidarisch, mußte sich dafür aber die Mißbilligung des Reichstages aussprechen lassen. Nur 54 Abgeordnete der konservativen Parteien unterstützten hier die Reichsleitung. Dieser Akt war zwar staatsrechtlich unverbindlich, doch politisch neu und bedeutsam. Die soziale Rolle der Militärkaste war von den Sozialdemokraten bis zu den Nationalliberalen angegriffen worden, ohne daß Abhilfe geschaffen wurde. Zu Beginn des Jahres 1914 schwankte die Stellung des Kanzlers.

Libyen-Krise 1912

Bereits Ende 1912 standen die europäischen Mächte erneut am Rande eines allgemeinen Krieges. Auch durch das deutsche Marokko-Abenteuer beflügelt hatte sich Italien Anfang 1912 Libyens bemächtigt, zeitweilig Konstantinopel selbst maritim bedroht und – unabhängig davon – in Verhandlungen den Dreibund zum Instrument künftiger italienischer Expansion auf dem Balkan umgestaltet. Angeregt wiederum durch das italienische Beispiel schlossen Serbien und Bulgarien im März 1912 einen Balkanbund, dem dann auch Griechenland und Montenegro beitraten. In diesem Erwerbsbündnis ging es z.T. unter dem Vorzeichen des Panslawismus primär um die endgültige Vertreibung des Osmanischen Reiches vom Balkan, die im Oktober in schnellen militärischen Aktionen tatsächlich vonstatten ging. Sekundär war aber auch Österreich-Ungarn mit seinen slawischen Minoritäten, erst recht in seinen eigenen expansiven Möglichkeiten bedroht; jedenfalls fühlte man sich in Wien herausgefordert. Entscheidend wurde die Frage, ob Serbien in nationalistischem Überschwang bis zur Adria vordringen und dort einen Hafen erwerben dürfe, was die k.u.k.-Monarchie als Seemacht beträchtlich gefährdete. Bei einem militärischen Eingreifen der Österreicher drohte eine Eskalation durch das Eingreifen Rußlands, dann Frankreichs – eine Konstellation, wie sie sich im Juli 1914 erneuerte. Doch in der Adria-Krise vom Dezember 1912 griff trotz österreichischer und russischer Teilmobilmachung ein Krisenmanagement. Die deutsche Reichsleitung sah für den Kriegsfall wegen ihrer sonstigen Isolierung keine Alternative dazu, als den Bundesgenossen zu stützen, was sie auch öffentlich verkündete. Im Gegensatz zur Bosnien-Krise bemühte sie sich jedoch inoffiziell um österreichische Zurückhaltung und nutzte den Draht nach London, um dort unter britischer Ägide eine Botschafterkonferenz der Großmächte zustande zu bringen. Sie arbeitete bis Mai 1913 eine friedliche Lösung aus. Am wichtigsten war die Begründung eines selbständigen Staates Albanien als Puffer gegen Serbien an der Adria.

Adria-Krise 1912

Verschlechterte deutsche Position

Trotz der im europäischen Konzert hier noch einmal mühsam gelungenen Erhaltung des europäischen Friedens verschlechterte sich die internationale Position des Deutschen Reiches. Nicht nur die prekäre Position der Donaumonarchie war erneut zutage getreten, auch das Osmanische Reich als potentielles militärisches Gegengewicht gegenüber Rußland war durch die territorialen Verluste wie seine strukturelle Schwäche vorerst praktisch als möglicher Partner ausgefallen. Das war der militärtechnische Grund für die Heeresnovelle von 1913. Im Generalstab sah man in der Zweifrontenkriegssituation gegenüber Frankreich und Rußland mehr und mehr ein aktuelles Problem, dem man sich von den Stärkerelationen her nicht gewachsen fühlte, zumal Rußland seine militärische Schwäche seit 1905 langsam überwunden hatte. Das Denken vom Kriegsfall her schlug zunehmend als Beurteilungsmaßstab in die Gegenwart durch. In diesem Zusammenhang ist auch ein auf dem Höhepunkt der Adria-Krise am 8. Dezember 1912 anberaumter informeller Kriegsrat zu sehen. Der Kaiser hatte dieses Treffen angesetzt, da auch die Briten gewarnt hatten, sie würden im Kriegsfall nicht abseits stehen. In der Tat vertrat von Moltke die Ansicht, »er halte einen Krieg für unvermeidlich: je eher, desto besser«. Es ist behauptet worden, daß hier der große Krieg auf Wunsch von Tirpitz noch einmal um eineinhalb Jahre vertagt wurde, dafür aber alle Anstrengungen auf die Vorbereitung von Personal über Material bis hin zur Propaganda verwandt wurden. Tatsächlich geschah auf militärischem Sektor manches – aber wohl eher als Reaktion auf den Balkankrieg, nicht als zielgerichteter Entschluß zum großen Krieg. Moltkes Kriegsbereitschaft steht außer Zweifel. Jedoch ist es fraglich, ob die Militärs die Macht oder den Willen hatten, diese Einsicht auch gegenüber der zivilen Reichsleitung durchzusetzen. Gewiß dachte auch der Reichskanzler in Kategorien militärischer Stärke und war den Militärs die internationale Politik nicht fremd, auch wenn sie diese ihren Maßstäben von Stärkeverhältnissen in Aufmarschtabellen unterordneten. Richtlinie Bethmann Hollwegs aber war – so im Reichstag vom 7. April 1913 –: »Von der Dimension eines Weltbrandes, von dem Elend und der Zerstörung, die er über die Völker bringen würde, kann sich kein Mensch eine Vorstellung machen... Kein verantwortlicher Staatsmann wird gesonnen sein, leichtfertig die Lunte an das Pulver zu legen.« Am Ernst dieser Äußerungen ist nicht zu zweifeln, aber es muß doch betont werden, daß auch niemand durchgreifende Maßnahmen einleitete, um die Lunte zu löschen – weder im Deutschen Reich noch bei den übrigen Mächten. Das Instrumentarium der kleinen Krisenlösung wurde erfolgreich angewandt, es ging zugleich um die kleinen Positionsvorteile für die eigene Großmacht – und dies vor der Kulisse einer durch zunehmendes Wettrüsten und Abschreckung gekennzeichneten Lage, die jederzeit das Bühnengeschehen dominieren konnte. Insofern hatten die deutschen Ausgleichsverhandlungen mit Großbritannien über die Peripherie nicht primär die Funktion, die Briten aus dem Gegnerkreis herauszubrechen, um dann den Kontinentalkrieg führen zu können. Sie strebten vielmehr neben den materiellen Erwartungen den Abbau von Spannungen an, um die Position des Zweibundes zu entlasten, um aus der politischen Defensive überhaupt herauszukommen. Dies konnte unter entsprechenden Umständen auch bis zur militärischen Offensive verkehrt werden.

Denken vom Kriegsfall her

Zweiter Balkankrieg 1913

Zunächst einmal blieb der Balkankonflikt ungelöst, als die Sieger des ersten Balkankrieges in einem zweiten Waffengang (Juni–August 1913) sich untereinander bekriegten. Im Ergebnis (Frieden von Bukarest 10. August 1913) mußte Bulgarien einen bedeutenden Teil seines Gewinns des ersten Krieges an Serbien, Griechenland und die Türkei abtreten. Ohne daß die Basis des Zweibundes berührt wurde, traten deutsch-österreichische Differenzen zunehmend in Erscheinung. Während Wien eine harte antiserbische, möglichst im Verbund mit Bulgarien bis an den Rand eines Krieges gehende Linie bevorzugte, plädierte Berlin für eine mit Serbien aufzubauende antirussische Allianz. Wichtiger wurde es aber, daß die Deutschen durch eine Militärmission Ende 1913 Chancen zur militärischen Stärkung der Türkei erkannten. Die Ernennung des Generals Liman von Sanders zum Generalinspekteur der türkischen Armee gab diesem im Unterschied zu den traditionell dort praktizierten Militärmissionen u.a. direkte Kommandobefugnisse für das Gebiet um Konstantinopel. Die Kompetenzen der deutschen Militärmission waren denen der britischen Marineberater vergleichbar, sie mußten aber die Russen mit ihrem Drang zum Bosporus nachdrücklich herausfordern. In einer erneuten Eskalation der internationalen Krise bis an die Schwelle des großen Krieges glaubte Außenminister Sazonov (1910–1916) in Sorge um eine internationale Abwertung der russischen Großmacht – hierin bedingt dem deutschen Kalkül in der Krise vergleichbar – nicht nachgeben zu dürfen. Das taten im Januar 1914 dann noch einmal die Deutschen durch die Entpflichtung Limans von direkter Kommandobefugnis, was freilich im Frühjahr 1914 im Deutschen Reich die antirussischen Ressentiments von der Sozialdemokratie über die Liberalen bis zu den Konservativen hochgehen ließ. Es war nicht die Reichsleitung, die zielbewußt eine antirussische Stimmung erzeugte, sondern aus einem breiten Motivspektrum heraus eskalierte die Überzeugung von der russischen Gefahr bis hin zum Gedanken eines Präventivkrieges bei Moltke, da ab 1916/17 der russische Heeresausbau und zumal der Eisenbahnaufmarsch an der deutschen Grenze das deutsche Kalkül für einen Zweifrontenkrieg über den Haufen zu werfen drohte. Bethmann Hollweg und Staatssekretär von Jagow lehnten vorerst nicht prinzipiell, aber doch mit Rücksicht auf einen Ausgleich mit England den Krieg ab.

Mission Liman von Sanders

Allerdings kündigten Nachrichten über geplante russisch-britische Marineverhandlungen künftig eine noch engere Kooperation jener Mächte an, eine endgültige »Schließung des Ringes«. In dieser Situation wurde der österreichische Thronfolger Franz Ferdinand am 28. Juni 1914 in Sarajewo in Bosnien ermordet. Es war für die Zeitgenossen evident, daß dahinter letzten Endes ein großserbischer Nationalismus stand, der die Donaumonarchie von innen her bedrohte. Österreichische Schritte gegenüber Serbien wurden international allgemein erwartet. Es spricht alles dagegen, daß die deutsche Reichsleitung um Bethmann und Jagow den großen Krieg nunmehr alternativlos herbeiführte. An erster Stelle ihres Kalküls stand die Hoffnung, daß Österreich-Ungarn aus eigener Kraft schnell Serbien demütigen werde und so für die Stabilisierung seiner Balkanposition sorge. Das mußte aber zugleich auch eine Schwächung Rußlands bedeuten. Und da die russische Reaktion nicht sicher war, nahm man in vermeintlich kalkuliertem Risiko auch einen Großmächtekrieg in Kauf. In der Tat war bei dem innerlich labilen Zustand des Habsburger Reiches die militärische Aktionsfähigkeit des Zweibundes nur bei einer solchen antislawischen Aktion zu gewärtigen. Als Hoffnung für einen positiven Ausgang der Krise stand dahinter die Erwartung, vielleicht doch die Front der Russen, Franzosen und Engländer auseinanderzudividieren und damit die europäische Position des Deutschen Reiches entscheidend zu verbessern, eine Möglichkeit, die bei den vorangegangenen Krisen wiederholt vereitelt worden war. Es waren also subjektiv defensive Motive, die ein offensives Vorgehen geraten erscheinen ließen, das dann tatsächlich den großen Krieg mit sich brachte.

Sarajewo

Kalkül der Reichsleitung

Eine vergleichbare Mischung von defensiven Motiven aus einerseits innenpolitischer Schwäche wie Sorge um die künftige Großmachtstellung, vor allem den Zusammenhalt von Bündnissen, wie andererseits die Entschlossenheit, diesmal nicht nachzugeben, findet sich auch bei anderen Mächten.

Für Österreich-Ungarn ist dies evident; in Rußland stand die zaristische Regierung unter dem Druck panslawistischer Kräfte. In Frankreich war zwar in nationalem Aufschwung seit Agadir die militärische Dienstzeit von zwei auf drei Jahre verlängert worden. Jedoch drohte diese Maßnahme in der Kammer im Herbst 1914 rückgängig gemacht zu werden, so daß man um das Bündnis mit Rußland fürchtete. In England schließlich war die Regierung stärker mit der irischen Frage beschäftigt, sah sich jedoch schließlich durch die militärischen Absprachen mit Frankreich zum Engagement gezwungen. Entscheidend war aber die deutsche nach Wien signalisierte Bereitschaft, die Donaumonarchie – ähnlich wie 1909, aber anders als 1912 – um jeden Preis zu stützen. Dies geschah durch den sog. »Blankoscheck« vom 5./6. Juli. Für Bethmann kam alles darauf an: »Ein schnelles fait accompli und dann freundlich gegen die Entente, dann kann der Choc ausgehalten werden« (Riezler). Aber die Österreicher und Ungarn handelten gerade wegen ihrer innenpolitischen Entscheidungsprobleme nicht schnell. Erst am 23. Juli erhielten die Serben ein Ultimatum aus Wien übermittelt, dessen Ablehnung den Vorwand für miltärisches Eingreifen liefern sollte. In der Zwischenzeit hatte die Reichsleitung die Österreicher gar im Sinne einer Lokalisierung des Konfliktes bewogen, Bündnisgespräche mit Bulgarien zu unterbrechen, um die Russen nicht stärker als notwendig zu provozieren.

Ultimatum an Serbien

Ausgleichs-bemühungen

Erst mit dem Ultimatum erreichte die Krise ihr akutes Stadium, wandte sich die westeuropäische öffentliche Meinung gegen die Großmacht Österreich-Ungarn. Die Serben – und später die Russen – versuchten eine schiedliche Regelung mit dem Instrumentarium des 1899 begründeten Haager Schiedsgerichtshofs in Gang zu bringen; Sir Edward Grey erstrebte das traditionelle Mächtekonzert durch eine Konferenz der Londoner Botschafter zu erneuern. Beide Mittel zur Lösung des Konflikts scheiterten, weil es längst nicht mehr um die Genugtuung für den Mord ging; er war zum Anlaß geworden. Die Sozialistische Internationale hatte schon 1907 keine Einigung darüber erzielt, ob ein internationaler Generalstreik des Proletariats das geeignete Mittel sei, um den Krieg zu verhindern und nur die Anwendung der national »am wirksamsten erscheinenden Mittel« angeraten. Trotz einer Krisentagung des Büros der Internationale in Brüssel im Geist der Solidarität ab 19. 7. kamen keine Beschlüsse zustande. In vielen deutschen Städten fanden Massenkundgebungen gegen den drohenden Krieg statt. Die SPD brachte ihre Parteikasse in die Schweiz in Sorge vor staatlichen Verbotsmaßnahmen. Es kam jedoch anders. In den letzten Julitagen setzte die Reichsleitung alles daran, die deutsche Öffentlichkeit und auch die SPD-Führung davon zu überzeugen, daß sich das Reich in der Position des von Rußland Angegriffenen befinde. Nur ein Verteidigungskrieg gegen jene Macht konnte mit weitreichender Zustimmung rechnen. Es blieb dennoch in jenen Tagen in Berlin wie in Wien die Hoffnung bestehen, daß ein österreichischer Schlag gegen Serbien nicht unbedingt Rußland in den Krieg ziehe, daß dann Frankreich vielleicht nicht folgen werde und Großbritannien werde sich vielleicht doch nicht der Gegenkoalition anschließen. Tatsächlich trat diese durchaus einkalkulierte Eskalation ein, obwohl die Berliner Politik schwankte und diplomatisch dem entgegenzuwirken suchte.

Einkalkulierte Eskalation

Hierbei spielten verschiedene Zwangslagen eine Rolle, die sich aus den militärischen Planungen ergaben, die nunmehr zunehmend eine Eigengesetzlichkeit gegenüber der Politik erhielten. Mobilmachungen der einen Seite forderten die der anderen heraus. Wollte der Zweibund überhaupt Chancen haben, so war ein schnelles Vorgehen vonnöten und damit auch ein schneller Kriegsbeginn. Der deutsche Aufmarsch, vom früheren Generalstabschef Alfred von Schlieffen im Kern 1905 ausgearbeitet, sah mittlerweile als einzige Möglichkeit eines erfolgreichen Zweifrontenkrieges einen schnellen Sieg

Militärische Aufmarschplanungen

über Frankreich vor, um dann alle Kräfte gegen das langsamer mobilisierende Rußland wenden zu können. Ersteres glaubten die Militärs nur durch die Verletzung der belgischen Neutralität erreichen zu können. So war es auf den ersten Blick ein Paradoxon, das sich durch die mangelnde Koordinierung von ziviler und militärischer Macht im Deutschen Reich erklärt, daß die erst teilweise, dann allgemeine Mobilmachung Rußlands einen deutschen Angriff auf Frankreich als unmittelbare Reaktion erforderte. Der deutsche Einmarsch auch in Belgien gab in London den Ausschlag, daß ein breiter Konsensus in der britischen Führung für den Kriegseintritt zustande kam. Am 28. Juli hatte Österreich-Ungarn an Serbien den Krieg erklärt. Am 4. August befanden sich Österreich-Ungarn und das Deutsche Reich im Krieg mit Rußland, Frankreich und Großbritannien. Der Erste Weltkrieg hatte begonnen.

Kriegsbeginn

Deutsche Hauptverantwortung

Tritt man vom Ablauf der Ereignisse im Sommer 1914 noch einmal einen Schritt zurück, so ist die Hauptverantwortung des Deutschen Reiches am Krieg erkennbar. Gewiß gab es auch expansiv-dynamische Zielvorstellungen bei den anderen Mächten, zumal bei Österreich-Ungarn und Rußland. Aber es war die spezifische Kombination von defensivem Bewußtsein und Bereitschaft offensiv zu handeln im Deutschen Reich, die aufgrund des Musters vorausgegangener internationaler Krisen jetzt zum großen Krieg führte. Die Absicht, ein begrenztes Risiko einzugehen, wie sie Bethmann Hollweg hatte, stellte sich als die Bereitschaft zum präventiven Großmächtekrieg heraus. Moltkes »je eher, desto besser« (8. 12. 1912) bedeutete tatsächlich ein: je später, desto schlechter, und dessen war sich auch der Kanzler bewußt. Der Gedanke an einen großen Krieg war in den vorangegangenen Jahren immer mehr zur Gewohnheit geworden, eine neue nationale Rechte bürgerlicher Herkunft hatte sich in Kritik an der gouvernementalen Linie gebildet, die Erfolge deutscher Politik nach außen um fast jeden Preis erwartete. Seit der Aufbruchstimmung der neunziger Jahre bildeten expansive Erwartungen am ehesten die Chance für einen innenpolitischen Konsens. Da aber gerade durch Stil und Auftreten deutscher Politik vor dem Hintergrund ihres wirtschaftlichen Potentials zunächst die imperialistischen Rivalitäten verstärkt, sodann sich aber das Reich immer mehr ausgekreist hatte, war bei der Reichsleitung sehr wohl das Bewußtsein eines geschrumpften Handlungsspielraums in der internationalen Politik vorhanden, dieses aber nicht der Bevölkerung vermittelt worden.

Expansive Erwartungen

Aus den Mißerfolgen der Weltpolitik wie aus der Erkenntnis der zunehmenden Isolierung in Europa wuchs die Entschlossenheit zum Kriege von der politischen Rechten bis weit hinein in die bürgerliche und sozialdemokratische Linke. Aus der Defensive der letzten Vorkriegsjahre heraus entstand eine teils optimistische, teils pessimistisch getönte Vorwärtsstrategie. In Bethmanns Version bedeutete jene Flucht nach vorne einen »Sprung ins Dunkle«. Aber nur ein sehr kleiner Teil der deutschen Gesellschaft erstrebte ihn, gleichsam als Passepartout für alle innenpolitischen Konflikte. Gewiß gab es ein traditional-konservatives Bewußtsein, daß mit Anzeichen zur Parlamentarisierung und Demokratisierung die Gesellschaftsordnung gefährdet wäre, und nur der Krieg diese konsolidieren könnte. Aber aus dieser Richtung wurde der Krieg nicht durchgesetzt. Es war eher ein bürgerlich-expansiver Nationalismus neuer Prägung, der die inneren Konflikte und deutsche Weltgeltung durch Krieg zu befördern trachtete, aber er beherrschte die Reichsleitung nicht. Die innenpolitischen Konstellationen zeigen einen schillernden und nicht einheitlichen Befund in schnellem Wechsel. Das »Kartell der schaffenden Stände« stellte zumindest zeitweilig ein außerparlamentarisches, wenn auch in den Reichstag hineinwirkendes Bündnis dar. Die preußische Verfassung mit Abgeordnetenhaus und Herrenhaus erwies sich

Widersprüchliche Verfassungsentwicklung

als erratischer Fels gegen den Wandel – aber in Süddeutschland ging die Entwicklung längst zur Parlamentarisierung, ja teilweise zur Demokratisierung hin. Preußen verlor als solches an Gewicht im Reich. Im Hansabund sammelten sich dagegen zeitweilig die neuen Wirtschaftsinteressen gegen rechts. Das Wachsen der SPD, die Einführung der Wehrsteuer mit linker Mehrheit ebenso wie die Mißbilligung in der Zabern-Affäre deutete in sich widersprüchliche und unvereinbare Entwicklungsmöglichkeiten nach links an. Das Militär dagegen mußte gerade durch die Heeresvermehrung sich noch stärker als bisher zur bürgerlichen Gesellschaft hin öffnen. Nicht diese Fragmentierung von Gesellschaft und der aus ihr entstehenden politischen Organisationen und Bündnisse oder gar ihr rechter Teil trieb zum Krieg, vielmehr blockierten sich die wechselseitigen Interessen in hohem Maße gegenseitig, waren nicht von der Reichsleitung steuerbar, die aber trotz aller Schwäche die Kompetenz für die Entscheidungen zum Krieg in der entscheidenden Krise behielt und wahrnahm.

Eintritt wichtiger Staaten in den Ersten Weltkrieg, die Kriegserklärungen 1914–1917

1914	
28. Juli	Österreich-Ungarn an Serbien
1. August	Deutsches Reich an Rußland
3. August	Deutsches Reich an Frankreich
4. August	Kriegszustand: Deutsches Reich – Belgien
4. August	Großbritannien an Deutsches Reich
6. August	Österreich-Ungarn an Rußland
6. August	Serbien an Deutsches Reich
7. August	Montenegro an Österreich-Ungarn
11. August	Montenegro an Deutsches Reich
11. August	Frankreich an Österreich-Ungarn
12. August	Großbritannien an Österreich-Ungarn
23. August	Japan an Deutsches Reich
2.–5. November	Rußland, Großbritannien, Frankreich an Türkei
1915	
23. Mai	Italien an Österreich-Ungarn
14. Oktober	Bulgarien an Serbien
15.–20. Oktober	Alliierte an Bulgarien
1916	
9. März	Deutsches Reich an Portugal
27. August	Rumänien an Österreich-Ungarn
28. August	Deutsches Reich an Rumänien*
28. August	Italien an Deutsches Reich
25. November	Griechenland an Deutsches Reich
1917	
6. April	USA an Deutsches Reich
14. August	China an Deutsches Reich
7. Dezember	USA an Österreich-Ungarn

* Kurz darauf Kriegserklärungen der Türkei und Bulgariens an Rumänien

Der Krieg 1914–1918

Der »Weltbrand«, von dem man so oft geredet hatte, war nun da. Aber kaum jemand hatte ein realistisches Bild von dem, was kommen sollte. Die dominierende Erwartung war, es würde schnell gehen, noch im gleichen Jahr könne man den Krieg siegreich beenden. Und ebenso ging es in den folgenden Jahren: immer schien die Hoffnung berechtigt zu sein, den Gegner doch noch überwältigen zu können – bis 1918 die Niederlage feststand. Sodann begann der Krieg in nationaler Aufbruchstimmung, schien oberflächlich eine einende Funktion zu erfüllen – und doch verbrauchte sich jene Solidarität im Grauen von Tod, Verletzungen, Hunger, Not und Angst, bis am Ende die Revolution stand.

»Augusterlebnis«

Der Kriegsbeginn bedeutete einen nationalen Aufbruch, eine Hochstimmung in weiten Teilen der Bevölkerung. In der Tat läßt sich das neue Einigungsgefühl als dritter nationaler Aufbruch – nach der Reichseinigung und dem imperialistischen Ausgreifen – verstehen. Die Tatsache, daß Krieg herrschte, ließ die sonstigen Gegensätze verstummen. Auch die SPD votierte am 4. August ohne Gegenstimme für die Kriegskredite, nachdem sich zuvor eine deutliche Mehrheit (78 gegen 14) in der Fraktion hierfür ausgesprochen hatte. In den anderen Staaten war es kaum anders. Nachdem internationale Solidarität den Krieg nicht verhindert hatte, wurde er akzeptiert. Allerdings galt dies nur, weil man der Überzeugung war, es handele sich um einen Verteidigungskrieg zumal gegenüber dem autokratischen Rußland. Während die meisten Sozialdemokraten den Krieg als Beweis für eine vaterländische Gesinnung in der Stunde der Not ansahen, verbanden sich bei den bürgerlichen Parteien und in weiten Teilen der Öffentlichkeit hiermit sehr schnell weiterreichende Ambitionen auf eine dauerhafte Sicherung des Reiches nach außen. Ja der Wunsch kam auf, alles das an nationaler Größe und imperialen Erfolgen, was sich im Frieden als unmöglich erwiesen hatte, nunmehr mit Waffengewalt durchzusetzen. Das August-Erlebnis des Burgfriedens überdeckte also von vornherein verschiedene Erwartungen, die alle von einem schnellen siegreichen Krieg abhingen.

Schon die Zahlenverhältnisse sprachen nicht unbedingt für die Mittelmächte. 3,5 Millionen Mann vermochten diese anfangs zu mobilisieren, davon die Deutschen 2,147 Millionen. Die Kriegsgegner – Russen, Franzosen und Engländer – schickten dagegen sogleich 5,7 Millionen in den Krieg. Gerade deswegen kam es ja in den Aufmarschplänen darauf an, durch bessere Organisation und schnelleres Tempo diese Nachteile zu kompensieren.

Hoffnung auf kurzen Krieg

Binnen weniger Wochen mußten hiernach die Franzosen durch eine weit durch Belgien ausholende Umfassungsschlacht vernichtet werden, damit man sich dann im Osten der langsamer mobilisierenden Russen erwehren könne. Solange wiederum mußten die Österreicher und Ungarn im wesentlichen allein im Süden gegen die Serben, im Nordosten gegen die Russen kämpfen. Doch es kam anders. In Ostpreußen vermochten sich die zahlenmäßig schwächeren Deutschen Ende August/Anfang September gegen die Russen durchzusetzen und sie unter der Führung von Hindenburg und Ludendorff vom Reichsboden dauerhaft zu vertreiben. Der Bundesgenosse erlitt dagegen in Galizien schwere Verluste, die ihm für den Rest des Krieges keine große Initiative mehr erlaubten. Im Westen ging der völkerrechtswidrige Angriff durch Belgien nach Nordfrankreich anfangs voran, jedoch scheiterte die deutsche Offensive in der Marne-Schlacht (5.–12. 9.), als die Franzosen zum Gegenangriff übergehen konnten. Das bedeutete zugleich ein Scheitern des gesamten Kriegsplans; ein ganz anderer Krieg war nunmehr zu führen, ein Krieg, in dem die gesamtstaatlichen Ressourcen von viel größerer

Marne-Schlacht

Lithographie von Max Liebermann

Scheitern des gesamten Kriegsplans

Bedeutung werden mußten. Den Kriegsgegnern ging es im Kern nicht anders. Moltke, der Generalstabschef, war schon zuvor skeptisch gegenüber den Chancen des Schlieffenplanes und trat nun resigniert ab. Auch sein Nachfolger in der Obersten Heeresleitung (OHL), Falkenhayn, zweifelte bereits im November 1914, daß der Gegner völlig zu besiegen wäre. Das waren bemerkenswerte Einsichten, die jedoch nicht in die deutsche Öffentlichkeit drangen. Grundsätzlich boten sich für beide Seiten mehrere Möglichkeiten an, zusätzlich zum militärischen Instrument einen entscheidenden Vorteil zu erringen: eine Erweiterung der eigenen Bündnisse, eine nationalistische oder soziale Revolutionierung beim Gegner oder der Abschluß eines separaten Friedens mit einzelnen Gegnern durch entsprechende Konzessionen. Alles dies wurde zu unterschiedlichen Zeitpunkten versucht.

Konstellation der Kriegsgegner

Die Entente vereinbarte bereits in den ersten Kriegstagen, den Krieg gemeinsam bis zu Ende zu führen, ein Minimalkonsensus, dessen Dauerhaftigkeit erst unter Beweis zu stellen war. Den Alliierten schloß sich schon im August Japan in der Hoffnung auf den deutschen ostasiatisch-pazifischen Besitz an. In der Tat gingen die deutschen Kolonien hier wie auch in Afrika in den Anfangsmonaten verloren; nur Ostafrika hielt sich bis gegen Kriegsende. Wichtiger war es, daß Italien im Mai 1915 Österreich-Ungarn, im August dem Deutschen Reich den Krieg erklärte. In vorausgegangenen Verhandlungen mit beiden Seiten hatten die Entente-Mächte einfach mehr an territorialen Erwerbungen auf Kosten der Mittelmächte für die Zukunft angeboten, als diese es vermochten. Mit ähnlichen Versprechungen und aufgrund günstiger Kriegsaussichten für die Entente trat im August 1916 auch Rumänien auf ihre Seite, mehr oder minder durch die Kriegskonstellation gezwungen, im Juni 1917 auch Griechenland. Den Mittelmächten hatte sich dank des Einsatzes des deutschen Mittelmeergeschwaders bereits im Oktober 1914 die Türkei angeschlossen, was zu Kämpfen mit Großbritannien und Frankreich an den Dardanellen 1915/16 sowie in Mesopotamien und in Palästina führte, während im Kaukasus mit Rußland gekämpft wurde. Um die territoriale Verbindung zur Türkei herzustellen, eroberten die Mittelmächte Ende 1915 Serbien (und Montenegro) und bewogen Bulgarien zum Kriegseintritt auf ihrer Seite. Es ging dabei auch entscheidend darum, die Verbindung der westlichen Alliierten zu Rußland zu verhindern.

Verbündete der Mittelmächte

Das Zarenreich bildete die schwächste Stelle der Allianz, so daß die Mittelmächte 1915 im Osten, in Galizien, die Entscheidung suchten. Trotz großer Territorialgewinne im Baltikum und Polen ließ sich jener Sieg jedoch nicht ausnutzen, so daß die Russen im folgenden Jahr ihrerseits in der Brussilow-Offensive operative Erfolge erzielten. Hier erlangte die polnische Frage eine wichtige Bedeutung. In der Hoffnung auf die Unterstützung durch ein starkes polnisches Heer proklamierten die Mittelmächte am 5. 11. 1916 ein Königreich Polen, dessen Struktur und Grenzen jedoch unklar blieben, so daß – zumal angesichts alliierter Bestrebungen, ebenfalls den Polen für die Nachkriegszeit Selbständigkeit zuzusagen – der Erfolg gering war. Der Krieg erstarrte über weite Strecken, nicht nur im Osten, sondern vor allem im Westen. Soldaten lagen sich in Schützengräben gegenüber, versuchten diese im Sturm zu überwinden, mit neuen Kampfmitteln – Panzer, Gas, Flugzeugen – den Durchbruch zu erzwingen und erreichten unter hohen Verlusten an Menschen doch zumeist nur geringfügige Geländegewinne. Den traurigen Höhepunkt dieser Versuche beider Seiten, per Durchbruch doch die strategische Entscheidung zu erzwingen, stellen die Schlachten vor Verdun und an der Somme nacheinander im Jahr 1916 dar. In jenen Materialschlachten ging es darüber hinaus darum, die Kampfkraft des Gegners »abzunutzen«, die Überlegenheit der eigenen Gesamtorganisation unter Beweis zu stellen. Und zu dem »Material«, das immer neu in den Kampf geworfen wurde, gehörten vor allem Menschen. 700000 Deutsche und Franzosen vor Verdun, fast 1 Million Deutsche, Franzosen und Briten an der Somme kamen bei dieser »Knochenmühle« ums Leben. Ein militärischer Erfolg zeichnete sich jedoch für keine Seite ab. In Deutschland trat Falkenhayn zurück und machte der – nun so benannten – dritten OHL unter Hindenburg und Ludendorff Platz, deren Mythos aus dem Jahr 1914 anfeuernd wirkte.

Polnische Frage

Materialschlachten

Dabei war der Krieg trotz aller Menschenverluste längst zu einem Test auf die wirtschaftliche Leistungsfähigkeit der Koalitionen geworden. Dazu trug zumal der Seekrieg bei. Die Briten hatten die Nordsee seit Kriegsbeginn an ihren Zugängen gesperrt, also mit einer für die deutsche Hochseeflotte nur schwer erreichbaren weiten Blockade, wodurch deutsche Überseezufuhren weitgehend unterbunden wurden. Trotz einzelner Vorstöße, die im übrigen

Seekrieg

Die Westfront bei Arras (1916)

auch der Offenhaltung des Handels über neutrale Staaten, zumal über die Niederlande dienten, erwies sich die Flotte als zu wertvoll und zu schwach zugleich, um im direkten Flottenkampf aufs Spiel gesetzt zu werden. Gewiß kam es am 31. Mai 1916 am Skagerrak zu einer eher zufälligen Schlacht zwischen der deutschen und der britischen Flotte, die den Deutschen trotz materieller Unterlegenheit einen operativen Sieg einbrachte. Jedoch änderte sich hierdurch die Blockade selbst nicht – und das war entscheidend. Der Seekrieg entpuppte sich vornehmlich als Wirtschaftskrieg. Während die Alliierten u.a. durch die amerikanischen Zufuhren über weltweiten Nachschub verfügen konnten, litten die Deutschen unter der »Hungerblockade«, gegen die von seiten der Neutralen und zumal der USA wegen ihres völkerrechtswidrigen Charakters nur schwach protestiert wurde. Die Tirpitzsche Flotte dagegen erhielt ihr Selbstbewußtsein immerhin durch einzelne Vorstöße in Nord- und Ostsee.

Wirtschaftskrieg

Sie bekam eine neue Funktion aber dadurch, der vor dem Weltkrieg neu entwickelten Waffe, den U-Booten, durch abschreckende Wirkung auf den Gegner ungestörtes Auslaufen zu ermöglichen. Denn mit diesem Mittel, so erkannte man zunehmend, konnte es durch Angriffe auf Handelsschiffe möglich werden, das vital von Zufuhren an Lebensmitteln und Rohstoffen abhängige Großbritannien auszuhungern. Ein erfolgversprechender Einsatz war aber auch hier nur gegen geltendes Völkerrecht durch warnungslose Versenkung möglich. Dies wiederum erhielt eine Bedeutung gegenüber dem wichtigsten neutralen Staat, den USA, die moralisch-emotional auf seiten der Alliierten standen. Wiederholt milderten die Deutschen die Rigorosität des U-Bootkrieges mit Rücksicht auf die USA, mehrfach verschärften sie aber auch die entsprechenden Anweisungen an die U-Boote, wodurch die Amerikaner immer näher an eine Kriegserklärung gegenüber dem Reich rückten. Den Materialkrieg, den die Deutschen vor Verdun nicht gewinnen konnten, verloren sie vollends, als sie Anfang 1917 ganz darauf setzten, durch uneingeschränkten U-Bootkrieg die Briten binnen eines halben Jahres auf die Knie zu zwingen. Die Prognose erwies sich als falsch; aber die USA erklärten am 6. April 1917 dem Deutschen Reich den Krieg. Mit ihrem Potential an Wirtschaftskraft, Technologie und Menschen gab ihr Einsatz als assoziierter Macht der Alliierten schließlich das entscheidende Gewicht für den Ausgang

U-Boot-Krieg

Amerikanische Kriegserklärung

des Weltkrieges. Im Dezember 1916 hatte Bethmann Hollweg eine Friedensdeklaration der deutschen Reichsleitung durchgesetzt – durchaus in Konkurrenz zu den militärischen Bestrebungen um uneingeschränkten U-Bootkrieg. Sie war von den Alliierten, die hierin ein Eingeständnis von Schwäche und somit Siegeschancen sahen, abgelehnt worden. Nach der Ausweitung zum weltweiten Krieg war eine Friedensvermittlung durch die USA aussichtslos.

Russische Revolutionen

Daran änderte sich auch nichts Grundsätzliches, als in Rußland im März 1917 das Zarentum gestürzt wurde und zunächst eine bürgerliche Regierung an ihre Stelle trat. Zwar versuchte sie sich an einer erneuten Offensive, jedoch war die Kriegsmüdigkeit in Rußland allgemein, wo eine Fortsetzung des Kampfes nur durch weitreichende Kriegsversprechungen der Alliierten (Meerengen u.a.) zuvor hatte aufrechterhalten werden können. So war es für die weitere Entwicklung von Bedeutung, daß die Deutschen die russische Revolution dadurch förderten, daß sie den Führer der Bolschewiki, Lenin, per Eisenbahn aus dem Exil nach Rußland beförderten. Ihm gelang am 25. 10. 1917 tatsächlich eine zweite Revolution, deren Ziel nach außen die unmittelbare Kriegsbeendigung darstellte. Zugleich war hiermit aber auch eine neue gesellschaftspolitische Polarisierung innerhalb der Staatenwelt gegeben, eine Herausforderung, die nun in unterschiedlichem Maß von den USA wie Rußland ausging.

Der Burgfrieden im Deutschen Reich war von Beginn an labil gewesen; er wurde gesichert durch den Belagerungszustand, über dessen Handhabung die Militärbefehlshaber regional sehr unterschiedlich etwa in der Pressezensur verfügten. Neben der Repression bedeutete der Krieg zugleich eine Zeit ungeheuer beschleunigten sozialen Wandels. Die Millionen von Soldaten räumten Arbeitsplätze, die von älteren oder jüngeren Männern, zunehmend aber auch von Frauen eingenommen wurden. Durch die erhöhte Mobilität, vor allem durch Tod und Verwundung, wurden soziale Beziehungen brüchig und zerrissen. Seit dem Winter 1915/16 gehörte Hunger zu den alltäglichen Erscheinungen, und da es im Prinzip auf dem Schwarzen Markt alles zu kaufen gab, waren die ärmeren Schichten schwerer betroffen, nahm gerade in Ansehen der Ungleichheit die Unzufriedenheit zu. Die Reallöhne sanken zunächst, stiegen später wieder leicht an. Aber die Löhne fielen vor allem in den Friedensindustrien, während die für die Kriegswirtschaft benötigten Branchen Metallverarbeitung, Maschinenbau, Chemie und Elektro Steigerungsraten aufwiesen. Vor allem wuchsen die Unternehmergewinne beträchtlich und verstärkten den Eindruck von Ungleichheit. Während Selbständige und Unternehmen aus dem Mittelstand eher nach rechts rückten und somit das Kartell der schaffenden Stände der Vorkriegszeit informell erneuerten, ging die privilegierte Position der Angestellten tendenziell verloren; sie näherten sich der Arbeiterschaft und deren Repräsentanten an.

Beschleunigter sozialer Wandel

Kriegswirtschaft

Wirtschaftlich oder finanziell war der Krieg kaum vorbereitet worden. Dennoch gelang die Umstellung auf die Kriegführung, die zugleich unter den Bedingungen der Blockade eine Verteilung von Mangel wurde. Angefangen mit der Kriegsrohstoffabteilung im preußischen Kriegsministerium unter dem Industriellen Walther Rathenau wurde eine Reihe zumeist untereinander unkoordinierter Reichsämter und Institutionen geschaffen. In vielen dieser neuen Instanzen arbeiteten nach Anweisungen des preußischen Kriegsministeriums Unternehmer und Arbeitervertreter gleichberechtigt zusammen. Den Höhepunkt bildete das Gesetz über den Vaterländischen Hilfsdienst vom 5. Dezember 1916. Es war entstanden, um im Zuge des »Hindenburgprogramms« eine Vervielfachung der Munitions-, Gewehr- und Geschützproduktion zu erreichen. Während die dritte OHL aber eine Militarisierung der Betriebe anstrebte, setzte Bethmann Hollweg, hier unterstützt von dem neugeschaffenen Kriegsamt unter General Groener, zwar eine allgemeine

Dienstpflicht der Männer von 17 bis 60 Jahren durch; sie wurde aber begleitet durch einen breiten Fächer von Mitbestimmungsmaßnahmen, die von sozialdemokratischen, christlichen und liberalen Gewerkschaften begrüßt wurden. Es deutete sich hier unter den Zwangsmaßnahmen des Krieges eine neue Form von Gemeinwirtschaft an, die bei staatlicher Planung und industrieller Selbstverwaltung auch den Arbeitnehmern eine starke Funktion im Wirtschaftsleben gab. Der politische Burgfriede zerbröckelte, aber auf wirtschaftlichem Sektor erhielt er nunmehr eine neue Chance.

Deutsche Kriegsziele: Motive

Am sinnfälligsten zerbrach die innere Einheit an der Frage der Kriegsziele. Zwar war deren öffentliche Erörterung zunächst verboten, jedoch machte sich in Eingaben und Briefen, später auch nach Freigabe der Debatte ab November 1916 in Manifesten und öffentlichen Versammlungen, sehr bald ein breites Spektrum von Annexionsforderungen kund. Wirtschaftsverbände, konservative wie nationalliberale Politiker und nicht zuletzt große Teile des Bildungsbürgertums, unter denen Professoren hervorstachen, knüpften an alldeutsche Forderungen der Vorkriegszeit an. Im Sommer 1914, bei allgemeiner Siegeszuversicht, konnte dies noch als Folge der eigenen Aufbruchstimmung angesehen werden. Je länger, verlust- und entbehrungsreicher der Krieg jedoch wurde und die Öffentlichkeit nicht über die tatsächliche militärische Situation aufgeklärt war, desto mehr wurden die Kriegsziele als Entschädigung hierfür empfunden, als eine dauerhafte Sicherung aber auch dagegen, in Zukunft nicht noch einmal territorial oder ökonomisch mit einer solchen Übermacht konfrontiert zu werden. Und je mehr man volkswirtschaftlich an den eigenen Ressourcen Raubbau trieb, desto notwendiger erschien es, gerade zur Vermeidung sozialer Konsequenzen im Inneren, die Kriegsgegner für die Aufwendungen des Krieges aufkommen zu lassen. Schließlich waren die meisten Kriegsziele bereits vor 1914 vertreten worden; nunmehr waren die Chancen anscheinend da, deutsche Größe und deutsche Sendung ein für allemal durchzusetzen.

Umfang der Kriegsziele

Je nach Gruppierung und Kriegslage schwankten die Vorstellungen. Industrielle Ergänzungen des Reiches im Westen, agrarische im Osten, gehörten fast immer dazu. Neben ökonomisch-politischer Vorherrschaft in weiten Teilen Mitteleuropas, die große Teile Frankreichs, Belgien und die Niederlande, Dänemark und andere skandinavische Länder umfaßten, war es im Osten vor allem die Frage eines polnischen Grenzstreifens als Friedensziel, der mit dem Kriegsziel eines selbständigen Polens in Widerspruch stand. Gegen Kriegsende wuchsen die Ostziele zur Vorstellung eines deutschen Lebensraums im Osten, der vom Baltikum bis in die Ukraine reichen sollte. Kolonialer Ergänzungsraum, zumeist als mittelafrikanisches Kolonialreich gedacht, gehörte oft dazu. Gegenstimmen blieben schwach. Während eine annexionistische Intellektuelleneingabe an den Reichskanzler im Juli 1915 1347 Unterschriften, darunter 352 Professoren zählte, konnte eine gemäßigte Gruppierung, die sich gegen erzwungene Abtretungen wandte, nur 80 Professoren zu ihren Signatoren zählen. Gewiß, auch Reichskanzler Bethmann Hollweg ließ im »Septemberprogramm« von 1914, zur Zeit der Marne-Schlacht, weitreichende Kriegsziele im Westen zusammenstellen, vermied es jedoch fortan, sich nach außen auf ein ihm an sich auch erwünschtes Erwerbsprogramm festlegen zu lassen. Jede Möglichkeit, zu einem separaten oder allgemeinen Frieden zu gelangen, die seit dem Scheitern des schnellen Sieges von den verantwortlichen Politikern zu erwägen war, fand durch diesen Druck von rechts enge Grenzen. Dieser nahm 1916 noch einmal zu, als die dritte OHL, die enge Verbindungen zur Rüstungsindustrie hielt, sich auf die Seite der Annexionisten schlug. Gemäßigt im Sinne des zunehmend angefeindeten Kanzlers verhielten sich dagegen Sozialdemokraten und Fortschritt.

Allerdings enthüllte sich für den linken Flügel der SPD der imperialistische Charakter des Krieges zunehmend. Teile des rechten Flügels dagegen näherten sich annexionistischen Vorstellungen; aber für sie war die Frage nach innerer Demokratisierung von Politik und Wirtschaft zum wichtigsten Kriterium geworden. Die Disziplin der SPD zerbrach bereits im Dezember 1914, als Karl Liebknecht im Reichstag gegen erneute Kriegskredite stimmte. Bei den folgenden Voten nahm die Zahl der oppositionell Stimmenden zu, bis im März 1916 18 Abgeordnete eine Sozialistische Arbeitsgemeinschaft bildeten, die sich im April 1917 als selbständige Partei, als Unabhängige Sozialdemokraten (USPD) konstituierte. In dieser heterogenen Partei fanden sich frühere Revisionisten wie Eduard Bernstein ebenso wieder wie der zentralistische Parteitheoretiker Karl Kautsky, aber auch die zahlenmäßig unbedeutende Gruppe Internationale, später Spartakus-Bund, unter Rosa Luxemburg und Karl Liebknecht. Die USPD fand ihre Einheit vor allem in der Ablehnung des Krieges und konnte gegen Kriegsende etwa 100000 Mitglieder zählen. Die Mehrheitssozialisten (MSPD), wie sich der verbliebene Teil um Friedrich Ebert und den Fraktionsvorsitzenden Philipp Scheidemann nun nannte, sahen sich einem Zweifrontendruck von links und rechts ausgesetzt und schrumpften zahlenmäßig bis 1917 auf ein Viertel ihrer Vorkriegsstärke, 243000 Mitglieder, was natürlich auch durch die Einberufungen zum Militär erklärt wird. Die MSPD setzte auf Änderungen im politischen System als Voraussetzung für einen Wandel der Gesellschaft und suchte sich so der Reichsleitung als gemäßigte Alternative zu präsentieren, kooperierte mit den Gewerkschaften, während die Regierung unter dem Druck des militaristischen Blocks zu wenig oder zu spät versprach. Wenn etwa die Osterbotschaft des Kaisers (7. April 1917) unter dem Eindruck der russischen Vorgänge für die Nachkriegszeit in Preußen direkte und geheime Wahlen versprach, so fehlte die Gleichheit der Stimmen – im Juli 1917 dann doch zugestanden – ebenso wie die unmittelbare Verwirklichung im Krieg.

Spaltung der SPD

Reformbewußtsein

Die Erkenntnis, daß Reformen zur Modernisierung und zumal für die Zwecke der Kriegsführung vonnöten seien, verbreitete sich aber auch bei den Mittelparteien, Fortschritt und Zentrum; sie reichte bis in die Nationalliberalen, wo Gustav Stresemann als glühender Annexionist dennoch – oder gerade deswegen – für innenpolitische Änderungen eintrat. Der Haushaltsausschuß des Reichstages hatte sich 1915 zum Hauptausschuß konstituiert und bildete so ein kleines allgemeinpolitisches Beratungsgremium. Die hier eingespielten informellen Kontakte führten im Sommer 1917 zur Bildung eines Interfraktionellen Ausschusses (IFA) als einer informellen gouvernementalen Mehrheit. Sie umfaßte auf Betreiben des Fortschritts neben MSPD und Zentrum gelegentlich auch die Nationalliberalen, die sich aber in Fragen der Kriegsziele von jenen Mehrheitsparteien schieden. Erzberger entpuppte sich als schärfster Gegner des uneingeschränkten U-Bootkrieges. Nachdem alliierte Versuche zu einem Separatfrieden mit Österreich-Ungarn bislang gescheitert waren, setzte sich gerade im IFA die Einsicht durch, daß der Reichstag durch eine Resolution den Friedensprozeß einleiten könne. Im Intrigenspiel zwischen jener Reichstagsmehrheit, OHL und Krone verlor Bethmann Hollweg jedoch das Vertrauen und wurde im Juli 1917 gestürzt. Seine Nachfolger im Amt, Georg Michaelis, ein unbedeutender Ministerialbeamter, und Georg von Hertling (ab November 1917), ein konservativer Zentrumspolitiker und zuvor bayerischer Ministerpräsident, konnten noch weniger als Bethmann den Kurs der Reichspolitik im Kriege bestimmen. Die Friedensresolution des Reichstages erzielte wegen ihrer vagen Formulierungen in Sachen Kriegszielen, aber auch aufgrund der Behandlung durch Michaelis, keine Wirkung nach außen; jedoch bildete sie innenpolitisch den Anlaß zu einer außerparlamentarischen Parteigründung auf der Rechten.

Interfraktioneller Ausschuß

Friedensresolution des Reichstages

Unter Führung des 1916 aus dem Amt entlassenen Tirpitz und Wolfgang Kapps vermochte sie binnen kurzem als Protestpartei 1,2 Millionen Mitglieder zu organisieren. Ein radikaler Nationalismus mit Massenbasis institutionalisierte sich so und fand auf der Grundlage weitreichender Annexionswünsche eine neuartige Form. Ihren Vorstellungen stand auch die OHL nicht fern. Die heterogene Reichstagsmehrheit auf der einen Seite, deren Ziele als »Scheidemann-Frieden« abqualifiziert wurden, Hindenburg und Ludendorff mit ihrer großen Popularität andererseits standen innen- wie außenpolitisch in vielen Punkten konträr.

Diktatur der OHL?

Man hat diese letzte Kriegsphase als eine – wenn auch verhüllte – Diktatur der OHL bezeichnet. Daran ist soviel richtig, daß jene Militärs in der Reichspolitik vielfach eine Vetoposition einnahmen, ja eine eigene Politik durchsetzten und so Reform- wie Friedensmöglichkeiten blockierten. Gerade in der Frage einer Mobilisierung für den immer totaler werdenden Krieg stellten die Militärs jedoch keine einheitliche Gruppe dar. Zwischen preußischem Kriegsministerium, dem Kriegsamt, aber auch den stellvertretenden Generalkommandos, die den Ausnahmezustand handhabten, und der OHL fanden erbitterte Auseinandersetzungen statt, da die ersteren im Sinne einer Kooperation mit den Gewerkschaften und Beibehaltung eines Minimalkonsenses in der Innenpolitik für begrenztes Entgegenkommen gegenüber der Arbeiterschaft plädierten, was jene ablehnten. In der Kriegführung beanspruchte und setzte die OHL zumeist eine radikalere, auf Sieg setzende Linie durch – so zumal beim U-Bootkrieg, wo sich die Prognosen schon Ende 1917 als falsch herausstellten. Seit Weihnachten 1917 wurden Friedensverhandlungen mit dem russischen Revolutionsregime gepflogen, dessen allgemeine Friedensappelle ebenso die Kriegsmüdigkeit in der deutschen Bevölkerung steigerten, wie die – in Reaktion darauf – vom amerikanischen Präsidenten Wilson am 8. Januar 1918 proklamierten 14 Punkte für einen allgemeinen Frieden. Der russische Friedensvertrag von Brest-Litowsk, am 3. März 1918 mit Österreich-Ungarn und dem Deutschen Reich geschlossen, war alles andere als ein Verständigungsfrieden im Sinne der Reichstagsresolution. Gewiß ließ sich die Abtrennung Kurlands, Litauens und Polens mit dem Selbstbestimmungsrecht, das gerade von den Bolschewiki propagiert wurde, oberflächlich begründen, wie auch die Anerkennung der staatlichen Unabhängigkeit und Räumung der Ukraine und Finnlands als eine Parteinahme im mittlerweile entbrannten russischen Bürgerkrieg verstanden werden konnte. Aber daß auch Estland und Livland zunächst von Deutschen besetzt blieben, im August 1918 sodann ebenfalls aus dem russischen Reich ausschieden, daß die Deutschen zunächst auf Kriegsentschädigung verzichteten, im August dann aber doch eine Forderung von 6 Milliarden Goldmark durchsetzten, deutet insgesamt auf den Willen der OHL hin, jene Gebiete Ostmitteleuropas dauerhaft vom Reich abhängig zu machen. Vor allem ging es zunächst einmal im Krieg darum, die Ernährung der Bevölkerung aus jener »Kornkammer« zu verbessern – aber diese Erwartung erfüllte sich nicht. Vergleichbar hart war der mit Rumänien am 7. Mai 1918 geschlossene Frieden. Der Vertrag von Brest-Litowsk wurde vom Reichstag dennoch mit überwältigender Mehrheit angenommen; die Mittelparteien erklärten, er stehe im Einklang mit der Friedensresolution; die MSPD enthielt sich der Stimme, da nunmehr der Frieden wenigstens an einer Stelle geschlossen war. Nur die USPD wandte sich scharf gegen jenes Diktat der Mittelmächte.

Frieden von Brest-Litowsk

Friedenssehnsucht und Protestbereitschaft

Wie bei diesen, so nahm auch bei den westlichen Alliierten die Friedenssehnsucht der Bevölkerung zu, markiert durch Proteste und Streiks. Die alltäglich empfundene wirtschaftliche Not der meisten, verbunden mit der Anschauung von Kriegsgewinnlern und Luxus bei wenigen, führten mehr und mehr zu einer auch gesamtpolitisch artikulierten Protestbereitschaft.

»Die Mutter« (Lithographie von Käthe Kollwitz)

Streiks, die es zu Anfang des Krieges kaum gegeben hatte, nahmen seit 1917 wieder zu. Es war nicht die Propaganda von Sozialisten oder Spartakisten, welche im April 1917 und sodann vor allem im Januar 1918 große Streiks entfachte, sondern die Erfahrung von Diskriminierung auch im Kriege – entgegen den Parolen von Kriegssozialismus – äußerte sich zunächst spontan und suchte Unterstützung nur gelegentlich bei den Linken. Dabei waren es gerade besser verdienende Arbeiter in Rüstungsindustrien, die in den Ausstand traten. MSPD-Vertreter wie Gewerkschafter suchten zunehmend hilflos nur noch beruhigend zu wirken. Auch in Militär und Marine griff Unzufriedenheit um sich, wurde doch hier der Gegensatz zwischen Front und Etappe, Offizieren und Mannschaften – etwa bei der Verpflegung – oft bitter empfunden.

Siegeshoffnung 1918

Trotz der verstärkten Erwartung eines baldigen Friedens rechnete die OHL nach dem Ausscheiden Rußlands 1918 noch einmal mit Siegesaussichten, da man nunmehr eine Front weniger hatte. Allerdings kämpften die Westmächte gleichzeitig an vielen Fronten von der östlichen Türkei über Syrien und Griechenland bis nach Italien und Nordfrankreich. Nicht zu vergessen ist der von der flandrischen Küste aus geführte U-Bootkrieg. 1918 fiel zum ersten Male nicht nur der materielle Einsatz der USA auf dem europäischen Kontinent, sondern auch der personelle ins Gewicht. Im Oktober waren 1,8 Millionen Soldaten über den Atlantik transportiert. Unter diesen Umständen stellte die im März 1918 mit 3,5 Millionen Soldaten begonnene deutsche Offensive einen letzten Versuch dar, als dessen Alternative Ludendorff ein Zugrundegehen Deutschlands voraussah. In dieser Situation hochgeschraubter Siegeshoffnungen von einem Verständigungsfrieden öffentlich im Reichstag zu reden, wie es Staatssekretär von Kühlmann im Juni 1918 tat, bedeutete Defätismus und führte zu dessen Ablösung. Dennoch lief sich die deutsche Offensive unter hohen Verlusten fest; der 8. August war der »schwarze Tag«, als die Gegner ihrerseits zum Angriff übergehen konnten. Die deutschen Verbündeten waren gleichermaßen am Ende. Bulgarien, Österreich-Ungarn und die Türkei boten im September bzw.

Waffenstillstand der Verbündeten

Oktober Waffenstillstandsverhandlungen an. Trotz eines Völkermanifests des seit 1916 regierenden Kaisers Karl (17. 10. 18), in dem er eine föderale Organisation versprach, zerbrach die Donaumonarchie in ihre nationalen Bestandteile. Bulgarien unterzeichnete am 29. September einen Waffenstillstand, wodurch die Verbindung zur Türkei unterbrochen wurde, die ihrerseits am 31. Oktober aus dem Krieg ausschied; Österreich-Ungarn folgte am 3. November.

Ultimatum Ludendorffs

Aufgrund eigener militärischer Erschöpfung wie der der Verbündeten forderte Ludendorff von der Reichsleitung ebenfalls Waffenstillstandsverhandlungen, wollte sich aber die Möglichkeit offenhalten, später den Kampf wieder aufzunehmen. Zugleich setzte er, um Verhandlungen zu erleichtern wie die Verantwortung zu verschleiern, eine von der Reichstagsmehrheit getragene neue Regierung durch. Nachdem schon unter Hertling als Vizekanzler der Fortschrittler von Payer und als Vizepräsident im preußischen Staatsministerium der Nationalliberale von Friedberg (ohne Geschäftsbereich) amtiert hatten, wurden unter Prinz Max von Baden als Reichskanzler (seit 3. 10. 1918) führende Mitglieder der Mehrheitsparteien in Regierungsämter berufen, so auch von der MSPD Scheidemann als Staatssekretär ohne Portefeuille. Es wäre verfehlt, jene erste parlamentarische Regierungsbildung im Reich allein als Zeichen äußeren Drucks anzusehen, hatten doch die seit 1917 intensivierten Reformverhandlungen der Mehrheitsparteien gerade in den letzten Wochen in verschiedenen Projekten eine neue Qualität gewonnen. In der Tat legte Prinz Max ein Reformpaket vor, das die Reichsverfassung durch Gesetze vom 25. Oktober in wesentlichen Punkten parlamentarisierte, im Kern den Kanzler an das Vertrauen des Reichstags band. Andere Forderungen des IFA, so vor allem die Aufhebung der Inkompatibilität von Mandat im Bundesrat – also Regierungsvertretung – und Reichstag blieben unberücksichtigt. Die Mehrheitsparteien, die MSPD eingeschlossen, sahen sich am Ziel der wichtigsten Reformwünsche noch im Kriege; Konservative wie USPD lehnten nachdrücklich ab. Ob diese Reformen tatsächlich die Basis für eine dauerhafte parlamentarische Demokratie zumal angesichts der fortdauernden Bedeutung der Militärs bildeten, konnte sich im Krieg nicht mehr zeigen.

Regierung Max von Badens

Oktober-Reformen

Waffenstillstandsgesuch

Auch die katastrophale Kriegslage wurde, da die deutschen Truppen immer noch weite Teile Osteuropas bis in die Ukraine besetzt hielten, zumeist so nicht wahrgenommen. Wohl aber signalisierte das Waffenstillstandsgesuch, das die Regierung des Prinzen Max als erste Amtshandlung am 3. Oktober an den amerikanischen Präsidenten richtete, daß nunmehr ein Ende von Krieg und Entbehrungen bevorstand. Allerdings zogen sich die Verhandlungen in mehrfachen Notenwechseln bis zum 5. November hin. Einerseits hatte sich Wilson mit seinen Verbündeten abzustimmen, die keinesfalls einen Remis-Frieden akzeptierten, vor allem aber sicherstellen wollten, daß die Gegner tatsächlich kapitulierten. Andererseits regten sich bei Wilson wie bei den Verbündeten Bedenken, ob die neue Regierung wirklich eine Abkehr vom alten Regime bedeutete. Eine Abdankung des Kaisers schien schließlich eine unerläßliche Vorbedingung darzustellen. In der unrealistischen Stimmung im Großen Hauptquartier erwog Ludendorff die Weiterführung des Kampfes und wurde schließlich als Erster Generalquartiermeister am 26. Oktober 1918 durch Groener ersetzt. Bei der Marineführung setzte sich der Gedanke durch, die Flotte bedürfe zum Nachweis ihrer künftigen Existenzberechtigung einer letzten Entscheidungsschlacht gegen die Briten. Als am 25. Oktober die Befehle zum Auslaufen aus Wilhelmshaven ohne Wissen der zivilen Reichsleitung gegeben wurden, verweigerten die Mannschaften in richtiger Einschätzung der zugrundeliegenden Motive den Gehorsam. Die als Ablenkung gedachte Verlegung der Hochseeflotte in

Flottenrebellion

Gesamtverluste im Ersten Weltkrieg

	Gefallene	Verwundete	Gefangene
Deutschland	1808000	4247000	618000
Frankreich	1385000	3044000*	446000
Großbritannien	947000	2122000	192000
Italien	460000	947000	530000
Österreich-Ungarn	1200000	3620000	2200000
Rußland	1700000	4950000	2500000
Türkei	325000	400000	
USA	115000	206000	4500

* 1,1 Mio. anerkannte Kriegsinvaliden

unterschiedliche Häfen verbreitete die Verweigerungsstimmung. Offiziere wurden abgesetzt, verließen z.T. von sich aus ihre Posten. Soldaten-, dann auch Arbeiterräte, die es erstmals 1917 gegeben hatte, übernahmen die Regie. Von Kiel aus (4. 11.) und von anderen Küstenstädten setzte sich die Ausstandsbewegung ins Binnenland fort, indem die Matrosen und Soldaten in ihre Heimatorte zurückkehrten. Am 9. 11. erreichte die Revolution Berlin. Karl Liebknecht rief die sozialistische Republik aus, Philipp Scheidemann die »Deutsche Republik«. Prinz Max erklärte die Abdankung des Kaisers und legte die Regierungsgeschäfte in die Hände von Friedrich Ebert, des Vorsitzenden der MSPD, der seinerseits in paritätischer Besetzung mit der USPD einen Rat der Volksbeauftragten bildete. Am 11. 11. unterzeichnete Matthias Erzberger, der die Verhandlungen geführt hatte, einen Waffenstillstand, der den vierjährigen Krieg beendete.

Soldaten- und Arbeiterräte

Waffenstillstand

Dieser Krieg hatte unermeßliche Kosten nicht nur für Deutschland, sondern für alle kriegführenden Länder benötigt. Allein in Deutschland kamen 1,8 Millionen Menschen ums Leben, wurden 4,2 Millionen verwundet und 600000 gefangengenommen. Dieses Ergebnis stand in keinem Verhältnis zu den materiellen, territorialen und auch sozialen Erwartungen vor oder zu Beginn des Krieges. Dies veränderte nachdrücklich die Einschätzung, daß Krieg ein Mittel der Politik sein könne, eröffnete aber zugleich neue Chancen, diese weit verbreitete Überzeugung in allen Ländern doch noch erpresserisch für eigene Ziele in der Staatengesellschaft nutzbar zu machen. Der Weltkrieg schwächte die Mächte Europas zugleich in einem solchen Maße, daß dieser Kontinent fortan seine Stellung als dominierendes Zentrum der Weltpolitik verlor. Zugleich wurde das weltweite Staatensystem in stärkerem Maße als bisher ideologisch aufgeladen – auch dies im Falle Rußlands bedingt durch die soziale Umwälzung während des Krieges. Ein – noch ganz ungefestigtes – bolschewistisches Modell konkurrierte fortan mit einem liberal-demokratischen, das durch die ökonomisch dominierende Rolle der USA eine andere Qualität erlangte. Auch die Wurzeln zu einer Gegenbewegung zu beiden, die sich dann in autoritär-faschistischer Weise entwickelte, lagen im Ersten Weltkrieg.

Verluste und Opfer

Niedergang Europas

Kaiserreich und Krieg

Das Kaiserreich war im Krieg entstanden und ging im Krieg zugrunde. War dies eine notwendige Entwicklung? So einfach läuft Geschichte wohl kaum. Die Bedeutung des von Preußen geformten Faktors Militär für die Reichspolitik ist evident, auch die von hier aus ausstrahlende Bedeutung militärischen Denkens und militärischer Normen für die Gesellschaft. Dies sorgte tatsächlich in der Mittellage Europas dafür, daß jenes Denken an den militärischen Ernstfall dazu beitrug, ihn tatsächlich herbeizuführen. Die herkömmliche Oberschicht agrarisch-militärischer Prägung behielt eine soziale und politische Schlüsselstellung, und das wirkte sich auf den institutionellen Weiterbau des Reiches zur Parlamentarisierung oder Demokratisierung bremsend aus. Aber mit dem wirtschaftlich-technologischen Fortschritt zerbröckelte die Geschlossenheit jener Führungsklasse, deren Aussehen in den nichtpreußischen Bundesstaaten schon immer anders gewesen war. Ökonomisch tonangebend wurde während des Kaiserreichs das Bürgertum, auch dies keine einheitliche Klasse, die sich politisch teils der traditionellen Elite anpaßte, teils jedoch überkommene liberale Forderungen mit ökonomischem Effizienzdenken zu einer neuen Reformqualität verband. Das Anwachsen der industriellen Arbeiterschaft, ihre Erfolge in politischer Organisation und Protest schufen Bedrohungsvorstellungen bei den übrigen Schichten, die politischen Reformbestrebungen enge Grenzen setzten. Das Kaiserreich blieb ein Obrigkeitsstaat, aber doch einer, der in vielen Sektoren moderne Züge aufwies. Das galt nicht nur für Wirtschaft und Technik, sondern auch für viele soziale Bereiche, für Kunst und Wissenschaft. Es war eine Gesellschaft also, die im internationalen Vergleich bestehen konnte, auch wenn sie Besonderheiten aufwies, die anderswo nur auf geringes Verständnis stießen. Das Kaiserreich endete tatsächlich im Krieg, in dem sich die gesellschaftliche Leistungsfähigkeit insgesamt im Kampf gegen eine stärkere Gegnerkoalition erwies, aber dennoch die Widersprüche und Gegensätze innerhalb des Reiches unter den Erfahrungen des Krieges so verschärfte, daß militärische Niederlage und Revolution nicht nur zeitlich, sondern auch ursächlich zusammengehörten.

Die Weimarer Republik (1918–1933)

Martin Vogt

Die Anfänge der Weimarer Republik

Staatsumwälzung

Die Staatsumwälzung vom November 1918 traf die politischen Gruppierungen völlig unvorbereitet. Obwohl sich vor allem während der zweiten Hälfte des Weltkriegs eine Stimmung der Empörung und Unruhe in Deutschland verbreitet und auf der politisch äußersten Linken der Wille zum Umsturz bestanden hatte, waren die politischen Gruppen und Parteien in ihrer Gesamtheit von der revolutionären Bewegung, die sich über Deutschland ausbreitete und den Sturz aller Ländermonarchien herbeiführte, überrascht. Weder waren die Konservativen und die gemäßigt Bürgerlichen, die die bisherige Staatsform erhalten wissen wollten, in der Lage, gegen die radikalen Forderungen auch nur entfernt eine Gegenposition zu errichten; noch vermochten die republikanischen und sozialistischen Gedankengängen zuneigenden Parteien, in der allerersten Entwicklungsphase mitbestimmend oder regulierend in das Geschehen einzugreifen. Daß trotz der Überraschung weitgehend die Ruhe erhalten blieb und die Besitzstrukturen unverändert fortbestanden, war im wesentlichen den faktischen Machtträgern der ersten Stunden und Tage, den zumeist spontan gebildeten Arbeiter- und Soldatenräten, zu verdanken: Ihre Mehrheit kam aus der Sozialdemokratie und stand den Mehrheitssozialdemokraten nahe.

Philipp Scheidemann erscheint am 9. 11. 1918 an einem Fenster der Reichskanzlei in Berlin

In richtiger Erkenntnis der Verhältnisse trat Max von Baden am 9. November 1918 an den Vorsitzenden der Mehrheitssozialdemokraten Friedrich Ebert das Amt des Reichskanzlers ab – formal verfassungsrechtlich unzulässig, doch zu diesem Zeitpunkt die vernünftigste Lösung. Daß kurz danach zweimal – durch Philipp Scheidemann und Karl Liebknecht – die Republik proklamiert wurde, ist ein Ausdruck der Differenzen im Lager der nur vereint starken Arbeiterbewegung und Sozialdemokratie.

Wenn auch die Entwürfe für die Zukunft – parlamentarische oder Räte-Demokratie – gerade zu Beginn des staatlichen Umsturzes ohne eigentliche Entscheidung geblieben sind, so war den Trägern der staatlichen Neuordnung doch bewußt, daß sie etwas Neues an die Stelle der Bismarckschen Reichsverfassung und des Fürstenbundes setzen wollten: Das Volk in seiner Gesamtheit sollte künftig die politischen Entscheidungen mitbestimmen. Gerade hier zeigte sich, daß die Oktoberreformen von 1918 und ihre parlamentarisierenden Intentionen kaum wahrgenommen worden waren. Aus der unmittelbaren inneren und äußeren Lage – Staatsumwälzung und Kapitulation – zog Ebert mit der Bildung des Rats der Volksbeauftragten die Konsequenzen, der aus drei Angehörigen der MSPD (Ebert, Scheidemann und Landsberg) sowie drei Mitgliedern der USPD (Haase, Dittmann und Barth) bestand. Die Berliner Arbeiter- und Soldatenräte bestätigten ihn am 10. November.

Rat der Volksbeauftragten (10.11. 1918–10.2.1919)

Vom Rat der Volksbeauftragten gingen die ersten Neuansätze für die künftige Entwicklung aus: Grundsätzlich führte er das allgemeine, gleiche

Wahlrecht ein, das jetzt auch die Frauen einschloß. Im sozialen Bereich setzten die Volksbeauftragten mit dem Acht-Stunden-Arbeitstag und der Beseitigung der Gesindeordnung alte gewerkschaftliche Forderungen durch, die dann mit Demobilmachungsverordnungen u.a. über die Wiedereinstellung heimkehrender Soldaten in ihren alten Arbeitsplätze ergänzt wurden. Diesen Maßnahmen der ersten Stunde ist zu verdanken gewesen, daß trotz militärischer Niederlage und steigenden Inflationsraten die ökonomischen Verhältnisse in Deutschland bis etwa zum Jahr 1922 günstiger waren als in Frankreich oder Großbritannien.

Das Bild der Arbeiter- und Soldatenräte, die in den Städten und Kommunen sowie bei den militärischen Einheiten entstanden, blieb entsprechend ihrem tatsächlichen Charakter diffus. Auf kommunaler Ebene entsprachen die Räte zumeist den parteipolitischen Kräfteverhältnissen am Ort, d.h. neben Vertretern anderer ideologischer Auffassungen stellte zumeist die MSPD die Mehrheit der Räte – nur in Ausnahmefällen die USPD. Doch während die Bürgerlichen und die Konservativen noch unter dem Schock der Ereignisse standen oder aus Sorge vor der weiteren politischen Entwicklung um Zurückhaltung bemüht waren, sandten die Mehrheitssozialdemokraten und die Unabhängigen Sozialisten von Berlin aus Vertreter in die Zentren der revolutionären Bewegung. Darüber hinaus bemühten sie sich, in Absprache miteinander die neue Richtung zu kontrollieren und in den revolutionären Institutionen die Führung zu übernehmen. Das hieß zugleich, daß für den Augenblick die seit 1916/17 in zwei Parteien zerfallene Arbeiterbewegung sich wieder zusammenfand in der Absicht, gemeinsam politische Verantwortung zu tragen. Der Beginn der Neuordnung verlief in den meisten deutschen Ländern ziemlich gleich und die wenigen Gebiete – Bremen, im Ruhrgebiet und in Mitteldeutschland –, in denen linksradikale Gruppen versuchten, nach russischem Vorbild der Bolschewiki zu handeln, blieben ohne Breitenwirkung. Der Blick war zumeist auf Berlin gerichtet, während in München der Versuch einer Synthese von Parlament und Räten aus personellen Gründen zum Scheitern verurteilt war.

MSPD und USPD in der Verantwortung

Der Rat der Volksbeauftragten war zwar nominell Exekutivorgan und zugleich provisorisches Staatsoberhaupt, doch bediente er sich des bestehenden Verwaltungsapparates. Die eigentliche Revolution fand an anderer Stelle statt: Die Vertreter der Arbeiterparteien, die bis in das Jahr 1918 hinein als nicht ministrabel gegolten hatten und denen bisher politische Qualifikation und sachliche Kompetenz schlichtweg bestritten worden war, trugen die eigentliche Verantwortung. Sie – nicht die vorerst ins Schweigen verfallenen bisherigen Inhaber der Exekutive – hatten sich mit den unmittelbaren Folgen des Krieges für die Innen- und Außenpolitik auseinanderzusetzen. Doch während die Anhänger der Arbeiterbewegung auf eine alsbaldige Aussöhnung und auf einen Wiederzusammenschluß zu einer Partei hofften, blieben die ideologischen Differenzen zwischen MSPD und USPD bestehen. Während die USPD sowohl die Einführung des basisdemokratischen Rätesystems als Alternative zum Parlamentarismus wie die sozio-ökonomische Umwandlung – jedoch in innerparteilichen Fraktionen mit unterschiedlicher Intensität – anstrebte, beharrte insbesondere die Führung der MSPD auf dem demokratischen Parlamentarismus und einer nur allmählichen Umwandlung der wirtschaftlichen Verhältnisse, denen sich die gesellschaftlichen anpassen würden.

Ebert-Groener-Abkommen

Der Rat der Volksbeauftragten bemühte sich, entsprechende Differenzen über mehrere Wochen nicht in den Vordergrund treten zu lassen, sondern die akuten Fragen des Übergangs vom Krieg zum Frieden und der inneren Neuregelung kooperativ zu lösen. Hierzu setzte er den traditionellen Verwaltungsapparat ein und nach dem Ebert-Groener-Abkommen vom 10. November 1918 wurde die Kontinuität auch im militärischen Bereich aufrecht erhalten. Die Oberste Heeresleitung, die ihren Sitz in Kassel nahm, behielt die Verantwortung für die rückkehrenden Truppen und deren Demobilisation. Zugleich verfügte sie über den Einsatz der regulären Soldaten und der sich bildenden irregulären Freikorps.

Die Loyalität dieser Truppe galt weiterhin dem Kaiser und dann ihren militärischen Vorgesetzten, während sie die Personen, die seit der Staatsumwälzung die Verantwortung in Deutschland übernommen hatten, als innenpolitische Feinde betrachteten. Ihrer Verfolgung waren ausgesetzt die Anhänger der linken – besonders der linksextremen – Parteien und Juden, die sie in blindem Antisemitismus für Verfechter eines Sowjetstaates auf deutschem Boden hielten.

In der Erwartung, daß Beamtenschaft und Heer bereit seien, die neuen Verhältnisse anzuerkennen und eine Weiterführung der Revolution bis zu russischen Ausmaßen mit den dann drohenden Konsequenzen eines Bürgerkriegs und alliierter Intervention zu verhindern, ließen die Volksbeauftragten zu, daß Verfechter des alten Systems auch weiterhin die Möglichkeit besaßen, die innere Ordnung zu prägen. Überdies vereinbarten die Führer der jetzt als gleichberechtigt anerkannten Gewerkschaften mit Sprechern der Wirtschaft am 15. November 1918 (Stinnes-Legien-Abkommen), vorerst keine Eingriffe in die Eigentums- und Produktionsverhältnisse vorzunehmen, damit der Übergang von der Kriegs- zur Friedenswirtschaft erleichtert und die Wiedereinstellung von aus dem Militär entlassenen Arbeitskräften nicht behindert werde. Damit war die von vielen Industriellen erwartete Verstaatlichung aufgeschoben worden zugunsten einer vorgeblichen Kooperation.

Stinnes-Legien-Abkommen

Tradition und Bürgerkriegsstimmung

Die Ängste vor einer weitergehenden, auch gesellschaftlichen Revolution verhinderte den völligen Neubeginn und belastete das republikanische Deutschland mit Traditionen, die seinen Bestand gefährdeten. Allerdings wirkten die Ereignisse vom November 1918 bis Januar 1919 auf die Zeitgenossen wie eine totale Revolution und sie fürchteten innere Kämpfe. Zwar gab es in Deutschland eine Bürgerkriegsstimmung, doch ein dem russischen vergleichbarer Bürgerkrieg fand nicht statt. Die Aufstände, mit denen linke, der USPD und dem Spartakus nahestehende Gruppen die politische Staatsumwälzung in eine weiterreichende soziale Revolution vorantreiben wollten, blieben ohne Erfolg. Ausschlaggebend hierfür war die Diskussion um die Wahl der Nationalversammlung, die im Dezember in ein neues Stadium trat.

Reichskonferenz der Arbeiter- und Soldatenräte

In Berlin trat die Reichskonferenz der Arbeiter- und Soldatenräte zusammen, die über den Ende November im Rat der Volksbeauftragten gefaßten Beschluß, eine Verfassungsgebende Nationalversammlung wählen zu lassen, entscheiden sollte, aber auch andere Probleme zu behandeln hatte. Am 20. Dezember 1918 stimmten etwa 450 Rätevertreter für und etwa 50 gegen die Wahl zur Nationalversammlung, deren Termin auf den 19. Januar 1919 festgesetzt wurde. Dieser Beschluß blieb bestehen, während andere Beschlüsse der Reichskonferenz wie die Offizierswahl des Militärs und die Einleitung der Sozialisierung der Großbetriebe nicht weiter verfolgt wurden. Bis zum Zusammentreten der Nationalversammlung sollte der Zentralrat die Exekutive kontrollieren. Größere politische Bedeutung erlangte er nicht. Diese Beschlüsse und Entscheidungen der Volksbeauftragten und der Rätekonferenz setzten der Diskussion über die Alternative demokratischer Parlamentarismus oder basisdemokratisches Rätesystem bzw. Parlament und daneben weiterbestehende Räte ein frühes Ende. Das Ende der revolutionären Phase wurde zu einem Zeitpunkt erkennbar, zu dem die Sorge vor Unruhen und neuen Umsturzversuchen zunahmen. Es war auch der Zeitpunkt, zu dem der erneute Bruch zwischen MSPD und USPD eintrat und die USPD-Angehörigen den Rat der Volksbeauftragten verließen.

Spartakus-Aufstand, Berlin 11. 1. 1919

Zeitliche Gliederung der Weimarer Republik

Innen- wie außenpolitisch lassen sich die Ereignisse der »Weimarer Republik« in drei Abschnitte gliedern, denen die fortdauernde Gleichgültigkeit weiter Teile der Bevölkerung gegenüber dem Staat sowie die Empörung und Enttäuschung über die sozio-ökonomischen Verhältnisse und das Fortbestehen von Feindbildern gemeinsam sind, die gegen innere und äußere Gegner errichtet wurden. Die erste Phase der Weimarer Republik reichte von der Ausrufung am 9. November über die revolutionäre Phase bis zur Wahl der Nationalversammlung und dann – innenpolitisch – bis zu den Maiwahlen 1924 und – außenpolitisch – bis zur Beteiligung der Reichsregierung an der Londoner Reparationskonferenz. Die folgenden Jahre waren bestimmt von einer innenpolitischen Scheinruhe unter Führung bürgerlicher Kabinette und der offiziellen außenpolitischen Rückkehr in die Reihe der europäischen Großmächte. Die Schlußphase der Republik ist geprägt durch den Übergang von parlamentarisch-demokratischer Ordnung zu autoritären Führungsstrukturen bei gleichzeitiger Betonung eines strikten Revisionismus. Diese Dreiteilung kehrt auch im gesellschaftlich-wirtschaftlichen Bereich wieder: 1918–1924 Markentwertung und wirtschaftliche Unsicherheit; 1924–1928/29 Währungs- und scheinbare wirtschaftliche Stabilität auf der Basis einer relativ hohen Arbeitslosigkeit; 1930–1933 Erhaltung des Wechselkurses bei starker ökonomischer Rezession und sprunghaft steigenden Erwerbslosenzahlen.

Berliner Dezemberkämpfe 1918 und Ausscheiden der USPD aus dem Rat der Volksbeauftragten

Die Spannungen in der USPD über die Problematik der Wahl einer verfassunggebenden Nationalversammlung und über den – allerdings erfolglosen – Einsatz des Militärs gegen Angehörige der Volksmarinedivision, die das Berliner Stadtschloß besetzt hielten und als Revolutionswächter von den Volksbeauftragten Sold forderten, waren der äußerliche Anlaß für das Ausscheiden der Unabhängigen Sozialisten aus dem Rat der Volksbeauftragten. Dahinter stand die Uneinigkeit der Partei über ihre eigenen künftigen politischen Entscheidungen, wohl auch die Erbitterung über die Niederlage bei der Abstimmung in der Räte-Reichskonferenz. An die Stelle Haases, Dittmanns und Barths traten im Rat der Volksbeauftragten die beiden Mehrheitssozialdemokraten Gustav Noske und Rudolf Wissel. Die Spaltung der Arbeiterbewegung bestand zu ihrem Nachteil fort und die Mehrheitssozialdemokraten nahmen wieder Kontakte zu den politischen Richtungen des gemäßigten Bürgertums auf, mit denen sie vom Sommer 1917 bis November 1918 im Interfraktionellen Ausschuß zusammengearbeitet hatten.

Beisetzung des ermordeten Karl Liebknecht, 25. 1. 1919

Während noch die Frage der neuen Staatsordnung in der Schwebe war, hatten die Parteien begonnen, sich auf dem Boden der veränderten Verhältnisse zu organisieren. Für die MSPD und die USPD gab es keinerlei Probleme, da sie die Republik gewollt hatten, für die sie wenigstens in den ersten Wochen gemeinsam eintraten. Teile des Bürgertums erkannten, daß die Zeit der Monarchie vorüber war und akzeptierten damit den Abgang der fürstlichen Landesherren und ebenso, daß die künftige Staatsordnung republikanisch sein und bleiben werde. Andere allerdings klammerten sich weiterhin an die Hoffnungen auf deutsche Weltmacht und konnten oder wollten nicht begreifen, daß der Krieg militärisch verloren worden war. Sie wiesen die »normative Kraft des Faktischen« (Jellinek), d.h. die Rechtsschöpfung aufgrund neuer Verhältnisse, zurück und erblickten in der inneren Entwicklung seit Anfang November 1918 nur gesetzloses Handeln, das ihnen das Recht gab, die Institutionen und die Bestimmungen des neuen Deutschlands in ihrer Rechtmäßigkeit anzuzweifeln und zu bekämpfen.

Rosa Luxemburg

Mit erstaunlicher Schnelligkeit stellte sich die Mehrheit der Parteien auf die Wahl zur Nationalversammlung ein. Nur die Spartakusgruppe und die anderen Linksradikalen, deren Delegierte an der Jahreswende 1918/19 die Kommunistische Partei gründeten, wandten sich in mehrheitlichem Gegensatz zu den Warnungen Rosa Luxemburgs gegen die Beteiligung an den Wahlen und wollten den Kampf um die proletarische Diktatur in Deutschland auf der Straße führen. Die Dezemberkämpfe 1918 ermutigten sie und die Forderung der preußischen Regierung, der der USPD angehörende Berliner Polizeipräsident solle zurücktreten, bot den Anlaß zum Aufstand.

Berliner Januarkämpfe

Wie im Dezember 1918 wurde auch die revolutionäre Bewegung des Januars 1919 in Berlin, in der sich Vertreter der Kommunisten, der linken USPD und die Revolutionären Obleute gegen die Übergangsregierung des Rats der Volksbeauftragten auflehnten, von regulären Heeresverbänden und Freikorps angegriffen und diesmal brutal zusammengeschlagen. Karl Liebknecht, der den Aufstand gebilligt, und Rosa Luxemburg, die ihn ohne Zustimmung hingenommen hatte, waren nach der Niederlage untergetaucht. Am 15. Januar 1919 fielen sie jedoch in die Hände der monarchistischen Garde-Kavallerie-Division und wurden mißhandelt und ermordet. Diese Tat spielte künftig in der linksradikalen Propaganda gegen die Sozial-

Berliner Januarkämpfe

demokratie eine gewichtige Rolle, da der militärische Einsatz im Januar 1919 von Noske als Oberbefehlshaber verantwortet worden war.

Aus den Wahlen zur Nationalversammlung, die vier Tage nach dem Mord stattfanden, ging zwar die MSPD als stärkste Partei hervor (37,9%), doch das Ergebnis der USPD (7,6%) war zu gering und der Graben zu ihr wieder zu tief geworden, als daß eine gemeinsame Regierungsbildung möglich gewesen wäre. Der Weg zur bürgerlichen Republik war bereitet.

Parteien der Weimarer Koalition

Die Mehrheitssozialdemokraten waren – wenn sie in der Verantwortung für die junge Republik bleiben wollten – auf die Zusammenarbeit mit den bürgerlichen Parteien angewiesen, die ihnen zwar am nächsten standen, die sich allerdings im Wahlkampf auch kritisch mit ihnen auseinandergesetzt und vor sozialistischen Gefahren gewarnt hatten. Das Zentrum (19,7%) litt unter den inneren Spannungen, die zwischen seinem revolutions- und republikfeindlichen konservativen Flügel des Hochadels und der Wirtschaft und dem der Arbeiterschaft bestand, der die Umwälzung positiv beurteilte. Einig waren sich die Zentrumsangehörigen jedoch in der Forderung nach Schutz der Kirche, ihrer Rechte und ihrer Schulaufsicht. Entschieden wiesen sie die Auffassung der Sozialisten, die aber auch von Liberalen geteilt wurde, zurück, Religion sei Privatsache. Die Deutsche Demokratische Partei (18,5%), die in der Tradition der Fortschrittlichen Volkspartei stand, konnte aus der Tatsache, daß sie die als erste neugegründete liberale Partei war und damit auch Wähler der bisherigen Nationalliberalen an sich band, Vorteile gewinnen. Und die Mehrheit ihrer Exponenten hatte weniger den Siegfriedenparolen und expansionistischen Forderungen gehuldigt als die Rechtsliberalen, deren Position die Deutsche Volkspartei (4,4%) einnahm. Die DDP, die gerade in der Anfangsphase der Republik eine betont nationale Haltung einnahm, galt vielen Wählern als Hemmblock gegenüber möglichen Enteignungsplänen der Sozialdemokraten und als die Partei, die eher als rechtsliberale und konservative Gruppierungen, deren Kriegspolitik sich als falsch erwiesen hatte, bürgerliche Interessen wahrnehmen und verteidigen würde.

Rechte Opposition

Die Deutschnationale Volkspartei (10,3%) als Sammelbecken restaurativ-konservativer und nationalistisch-völkischer Anschauungen hatte von vornherein nicht die Absicht, im neuen Staat konstruktiv wirksam zu werden. DNVP und DVP auf der parlamentarischen Rechten und die USPD auf der

Der soeben gewählte Reichspräsident Friedrich Ebert erscheint auf dem Balkon des Nationaltheaters in Weimar, 11. 2. 1919

Linken bildeten die Opposition in der Nationalversammlung, die aus Sorge vor neuen Putschversuchen am 6. Februar 1919 in Weimar zusammentrat. Diese Stadt war einmal gewählt worden, weil sie leichter durch Truppen vor Anschlägen zu sichern war, dann aber auch, da sie als Stadt Goethes und Schillers auf das geistige Erbe der Klassik und damit auf das ›bessere‹ Deutschland verwies.

Arbeitsgrundlage der Nationalversammlung war das »Gesetz über die vorläufige Reichsgewalt«, das vom Rat der Volksbeauftragten mit den Länderregierungen vorberaten worden war. Die im ursprünglichen Gesetzentwurf enthaltene Formulierung, daß die Revolution abgeschlossen sei, wurde zwar auf ausdrücklichen USPD-Protest zurückgestellt, aber mit der mehrheitlichen Annahme des Gesetzes durch die Nationalversammlung hatte die Übergangsphase vom Kaiserreich zur Republik ihr formales Ende gefunden. Dies Gesetz gab der Nationalversammlung das Recht, über die vorläufige Verfassung zu beraten sowie allgemeine Gesetze zu beschließen. Dieses Recht leitete sich aus den Wahlen vom 19. Januar 1919 ab, mit denen die Bevölkerung den Abgeordneten der Nationalversammlung ein klares Mandat erteilt hatte, sie parlamentarisch zu repräsentieren. Dem Kabinett unterstanden nicht nur die Reichsbehörden, sondern – als Novum in der deutschen Verfassungsgeschichte – ebenso die Heeresleitung. Der von der Rätekonferenz im Dezember 1918 gebildete Zentralrat übertrug seine Funktion trotz Einspruch der USPD und der Kommunisten auf die Nationalversammlung. Neben der Nationalversammlung bestand das Staatenhaus als Vertretung der Länder. Grundsätzlich sollten Gesetze nach übereinstimmendem Beschluß von Nationalversammlung und Staatenhaus in Kraft treten. Mit diesen Grundsatzregelungen des Gesetzes über die vorläufige Reichsgewalt waren Voraussetzungen für die Formulierungen der künftigen Verfassung und für die weitere Arbeit der staatlichen Institutionen bereits geschaffen worden.

Kabinett Scheidemann (13.2.–20.6.1919)

Am 11. Februar 1919 wählten die Fraktionen der SPD, des Zentrums und der DDP Friedrich Ebert zum Reichspräsidenten, d.h. zum Staatsoberhaupt der Republik, und am 13. Februar 1919, nachdem dem Zentrum Entgegenkommen in seinen politischen Vorstellungen versprochen worden war, konnte Ebert ein Koalitionskabinett unter Philipp Scheidemann als »Reichsministerpräsident« berufen. Die Zusammenarbeit von MSPD, DDP und Zentrum forderte Kompromisse von jeder der Parteien, was ihnen die Kritik ihrer jeweiligen Wähler eintrug, denen das Wirken eines auf Parteien gegründeten Kabinetts fremd war.

Politische Ereignisse in der Zeit des Kabinetts Scheidemann

Wahl und Einberufung der Nationalversammlung hatten keinesfalls zu einer politischen Beruhigung in Deutschland geführt. Die schwersten Erschütterungen trafen die bayerische Hauptstadt. Dort hatten die Landtagswahlen zu einer deutlichen Niederlage des Ministerpräsidenten Kurt Eisner geführt. Auf dem Weg zum Landtag, wo er seinen Rücktritt mitteilen wollte, wurde er von einem Offizier am 21. Februar 1919 erschossen. In den nachfolgenden Wirren gelang es einer Gruppe Radikalsozialisten und utopischer Anarchisten, die Macht im Raum München an sich zu ziehen, und die neugebildete legale Regierung aus MSPD, Bayerischer Volkspartei und Demokraten zur Flucht nach Bamberg zu zwingen. In München wurde die Räterepublik ausgerufen, gegen die sogleich völkische Gruppen die Einwohner aufzustacheln versuchten. Die wenig effektive erste Räteregierung wurde durch eine eindeutig kommunistische ersetzt, die mit äußerster Härte gegen den Widerstand ihrer politischen Gegner vorging und Erschießungen vornehmen ließ. Die Regierung in Bamberg, die die Reichsregierung um Hilfe angerufen hatte, wurde in die Lage versetzt, bayerische, preußische und württembergische Truppen zu entsenden, die Anfang Mai ohne große Schwierigkeiten den Verteidigungsversuch Roter Garden überwanden und München eroberten. Dort gingen sie gegen die Anhänger der Räterepublik und alle ihnen verdächtig Erscheinenden mit drakonischer Strenge vor. Die Ausschreitungen der Soldaten galten als militärische Kampfhandlungen und wurden nicht geahndet.

Rätebewegung in München

Der Einsatz des Militärs in Bayern war möglich geworden, nachdem erneute Aufstandsbewegungen in Nordwestdeutschland, im Ruhrgebiet und in Mitteldeutschland und im März auch wieder in Berlin unter dem Einsatz von Panzern, Artillerie und gelegentlich sogar von Flugzeugen niedergeworfen worden waren. Auch ein letzter Aufstand im Juli in Hamburg brachte für seine radikalen Initiatoren keinen Erfolg. Die meisten Unruhen waren im Verlauf von Generalstreiks ausgebrochen, mit denen die Entlassung und Entwaffnung der noch kaisertreuen Soldaten verlangt und die Erfüllung von Vorstellungen aus der Zeit der Rätekonferenz erzwungen werden sollte. Doch die Regierung der jungen Republik, in der Gustav Noske das Reichswehrministerium übernommen hatte, arbeitete auch weiterhin mit dem Militär zusammen, das bemüht war, seine innenpolitischen Widersacher verteidigungslos werden zu lassen, und das zugleich immer unverhohlener die Restauration verlangte und offen von der Konterrevolution sprach.

Seit dem Abschluß des Waffenstillstands am 11. November 1918 war die deutsche Außenpolitik von der Vorbereitung auf Friedensverhandlungen geprägt worden. Außenminister Graf Brockdorff-Rantzau sah es als wichtige Aufgabe an, Materialien, die die für unverzichtbar gehaltenen deutschen Rechtspositionen erläutern und sichern sollten, zusammenzutragen und über die verschiedensten Kanäle ins Ausland zu leiten. Auch wenn kein Zweifel bestand, daß es zu Gebietsverlusten kommen würde – dabei war besonders an Elsaß-Lothringen gedacht –, so sollte unter allen Umständen die Rolle Deutschlands als Wirtschaftsmacht in Zentraleuropa gewahrt bleiben. Auf diese Weise bestehe die Möglichkeit, Reparationen für Verstöße gegen das Völkerrecht zu zahlen, wie dies bereits vom amerikanischen Präsidenten Woodrow Wilson verlangt worden war.

Außenpolitische Verhältnisse

Die große Masse der Bevölkerung und der deutschen Politiker erwarteten gleichberechtigte Verhandlungen, aber sie hatten unberücksichtigt gelassen, daß der Waffenstillstand zum Zeitpunkt der völligen Niederlage abgeschlossen worden war und den alliierten Truppen gute Voraussetzungen für ein weiteres Vorgehen gegen Deutschland geschaffen hatte.

Erwartungen der Alliierten

Der britische Premierminister David Lloyd George hatte sich im Unterhauswahlkampf 1918 zu der unglücklichen Formulierung: »Hang the Kaiser!« verleiten lassen, und der französische Ministerpräsident Georges Clemenceau hatte trotz seines Wissens um die Schwierigkeiten eines Friedensvertrages erklärt: »Le boche payera tous«; denn vor allem Frankreich, aber ebenso Belgien hatten Kriegshandlungen und Besatzung auf dem Boden des eigenen Landes zu erleiden gehabt, so daß anhaltende Nachteile für die agrarische und industrielle Produktion zu erwarten waren, während Deutschland von diesen direkten Kriegseinwirkungen weitgehend verschont geblieben war. Die einmal geweckten Hoffnungen in den alliierten Ländern konnten ebenso schwer wieder eingedämmt werden, wie dies in Deutschland nach der russischen und rumänischen Niederlage 1917 möglich gewesen war.

Alliierte Friedensbedingungen

Am 7. Mai 1919 wurden in Versailles der Friedensdelegation unter dem parteilosen Außenminister Graf Ulrich Brockdorff-Rantzau die alliierten Bedingungen übermittelt, die weitaus härter ausfielen, als allgemein in Deutschland angenommen worden war. Die Erwartungen, die aus der deutschen Interpretation der Wilsonschen »14 Punkte« geschöpft worden waren, und die Hoffnung, daß die Alliierten ein demokratisches und parlamentarisiertes Deutschland wohlwollender behandeln würden als ein preußisch-militärisches, erfüllten sich nicht.

Die Alliierten lehnten jegliche mündliche Erörterung ihrer unter großen Mühen vereinbarten Bedingungen ab. Während US-Präsident Wilson sein Hauptinteresse in der Bildung des Völkerbundes sah, der seiner Auffassung nach auch Härten und Ungerechtigkeiten der Friedensschlüsse mit den Mittelmächten wieder aufheben werde, hatte Ministerpräsident Clemenceau unter wachsendem Druck der französischen Öffentlichkeit und des Heeres auf umfassende Gebietsabtretungen, hohe Wiedergutmachungen und Maßnahmen gedrängt, die einen neuen deutschen Angriff auf Frankreich unmöglich machen würden. Gruppierungen in einigen Gebieten Deutschlands – Rheinland, Bayern, Oberschlesien –, die Separationen oder Autonomie wünschten, fanden französische Hilfe und Zustimmung. Da die Erwartungen in Frankreich auf ein ausdrückliches Verteidigungsbündnis mit den USA und Großbritannien nicht zu erfüllen waren, suchte die französische Regierung einen Ersatz in Verträgen mit den kleinen, zum Teil neugebildeten Staaten Ost- und Südosteuropas, die zugleich – und das lag auch im amerikanischen und britischen Interesse – die Funktion eines »cordon sanitaire« gegenüber der Sowjetunion erhielten. Auf diese Weise besaß insbesondere der wiedererstandene polnische Staat in Frankreich einen wichtigen Fürsprecher seiner Politik.

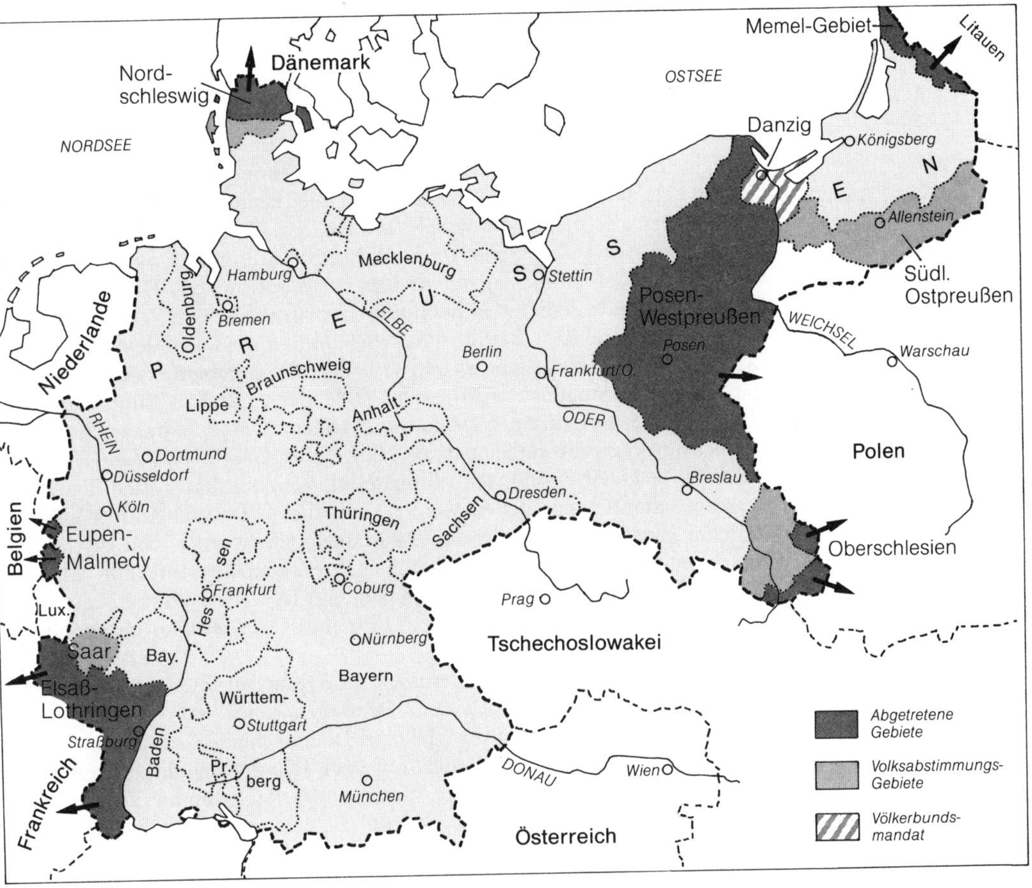

Territoriale Veränderungen des Versailler Friedensvertrags

Als Ausgleich für die französischen Forderungen, in denen die britische Regierung die Absicht zur Vorherrschaft auf dem Kontinent zu erkennen meinte, beanspruchte der britische Premierminister Lloyd George für sein Land Teile der deutschen Kolonien und große Teile der deutschen Flotte. Übereinstimmung herrschte zwischen der britischen und der französischen Regierung darüber, daß die Ausgaben, die beiden Staaten durch den Krieg mit Deutschland erwachsen waren – d.h. auch die Schulden für Lieferungen und Kredite der USA, Pensionen und Kriegsopferrenten – von Deutschland zu ersetzen seien.

Unter diesen Umständen hatten die deutschen Ein- und Widersprüche gegen die alliierten Vertragsbedingungen von vornherein keine Erfolgsaussichten. Überdies war der Vertrag mit der Völkerbundsakte, die seinen ersten Teil bildete, verknüpft, so daß ein Abrücken vom Vertrag auch die Haltung zum Völkerbund in Frage stellte. Die Bedingungen des Vertrags enthielten territoriale Veränderungen: Deutschland hatte sämtliche Kolonien abzutreten, die vom Völkerbund einzelnen Siegerstaaten als Mandatsgebiete zur zeitweiligen Verwaltung übergeben, von diesen jedoch dem eigenen Kolonialbesitz inkorporiert wurden. Wie erwartet fiel Elsaß-Lothringen wieder an Frankreich zurück. Das Saargebiet wurde der Verwaltung des Völkerbunds unterstellt und seine Industrien durften von Frankreich genutzt werden; nach 25 Jahren sollte im Saargebiet eine Abstimmung über seine politische Zukunft stattfinden. Zu Abstimmungsgebieten wurden ferner Eupen und Malmedy – von Belgien besetzt –, Nordschleswig, Südostpreußen und, nach erfolgreichem deutschen Widerspruch gegen die sofortige Abtretung an Polen, auch Oberschlesien erklärt. Westpreußen und Posen – Gebiete, in denen es in den Städten eine deutschsprachige, auf dem Land eine polnischsprachige Mehrheit gab – wurden Polen zugesprochen, das dadurch auch einen direkten Zugang zum Meer erhielt. Danzig, auf das auch Polen Anspruch erhob, wurde zur freien Stadt unter Kontrolle des Völkerbundes erklärt. Da der neue Staat Litauen bisher über keinen Hafen für seegehende Schiffe verfügte, durfte er Memel benutzen. Bis 1923 stand das Memelland mit französischer Besatzung unter alliierter Verwaltung. Das steinkohlereiche Hultschiner Ländchen fiel an die Tschechoslowakei. Die territorialen Abtrennungen bedeuteten in ökonomischer Hinsicht einen Verlust von 50% der Eisenerz- und 25% der Steinkohleproduktion sowie auf dem agrarischen Sektor von 17% der Kartoffel- und 13% der Weizenanbaufläche. Als Sachreparationen verlangten die Alliierten: 60% der deutschen Kohleförderung; 25% der pharmazeutischen Produktion; Ablieferung der Handelsschiffe über 1600 Bruttoregistertonnen und die Hälfte aller Schiffe zwischen 1000 und 1600 BRT; Abgabe von Eisenbahnmaterial, Vieh und Baustoffen. Die Überseekabel mußten übergeben werden, und die in Deutschland gemeldeten Patente ebenso wie der deutsche Auslandsbesitz wurden von den Siegermächten beansprucht. Die alliierten Staaten genossen für fünf Jahre im Deutschen Außenhandel Meistbegünstigung. Der Nord-Ostsee-Kanal (Kaiser-Wilhelm-Kanal), Donau, Rhein, Elbe und Oder wurden internationalisiert.

Ökonomische Verluste

Finanzielle Leistungen

In finanzieller Hinsicht gab es noch keine Klarheit über die Gesamthöhe der Reparationskosten, doch dem Deutschen Reich wurde auferlegt, die Kosten der Besatzung und der alliierten Überwachungskomissionen zu tragen. Außerdem sollten im Lauf von zwei Jahren nach Inkrafttreten des Vertrags als Vorauszahlung der Wiedergutmachungssumme 20 Milliarden Goldmark aufgebracht werden. Obwohl die wirtschaftlichen Bestimmungen eine tatsächliche Erschwernis bedeuteten, die eine ökonomische Neuordnung nahegelegt hätten, um eine allgemeine gleichgewichtige Belastung zu erreichen, ist dies unterblieben.

»Ehrenpunkte« des Vertrags

Der Großteil der deutschen Öffentlichkeit nahm zunächst die wirtschaftlichen Auflagen weniger schwer als die »Ehrenpunkte«, die das Großmachtdenken betrafen. Hierher gehörte an erster Stelle der Artikel 231, in dem »Deutschland und seine Verbündeten als Urheber aller Verluste und Schäden« zur Wiedergutmachung als allein Kriegsschuldige verpflichtet wurden, dann die Abrüstung auf 115000 Offiziere und Mannschaften bei Reichswehr und Reichsmarine; weiterhin das Verbot, über U-Boote, Kriegsflugzeuge, Panzer und schwere Artillerie zu verfügen und die Schaffung einer neutralen und entwaffneten Zone von 50 km entlang der Grenzen. Frankreich, die USA (bis 1923) und Großbritannien entsandten Truppen, die im linksrheinischen Gebiet und in drei rechtsrheinischen Brückenköpfen als Besatzung stehen sollten. Die Erfüllung der Abrüstung und Heeresreduzierung wurde von den Alliierten überwacht. Auf Empörung stieß die alliierte Forderung, den Kaiser wegen Völkerrechtsverletzung und prominente deutsche Generäle und Admirale sowie Politiker wegen Kriegsverbrechen vor ein internationales Gericht zu stellen. Betroffenheit löste das Verbot einer Vereinigung des Deutschen Reichs mit Deutsch-Österreich aus.

Die wiederholten Versuche der deutschen Regierung, Verbesserungen herbeizuführen und pathetische Aufrufe der deutschen Parteien brachten keine Änderung zustande. Vielmehr hielten die Alliierten weiterhin die Blockade aufrecht, die die dringend erforderliche Lebensmitteleinfuhr beeinträchtigte. Außerdem drohten sie mit dem Vormarsch alliierter Truppen in Deutschland, wofür bereits ausgearbeitete Pläne vorlagen; dies hätte die Aufspaltung

Deutschlands in einen Nord- und einen Südstaat bedeutet. Die Reichswehr mußte einräumen, daß sie zu militärischen Gegenmaßnahmen nicht in der Lage sei. Da im Kabinett Scheidemann keine Einigung über die Haltung zum Friedensvertrag zu erlangen war, trat die Regierung zurück. Dem neuen Kabinett unter Gustav Bauer gehörte zunächst die DDP nicht an, da sie sich nicht dem Vorwurf aussetzen wollte, Unterzeichnungspartei zu sein, sondern diese Verantwortung den Sozialdemokraten und dem Zentrum überließ. Am 28. Juni 1919 unterzeichneten im Spiegelsaal des Schlosses von Versailles der sozialdemokratische Außenminister Hermann Müller und der dem Zentrum angehörende Postminister Johannes Bell den Vertrag, der in Deutschland als Diktat und »Schandfrieden« angesehen wurde.

Kabinett Gustav Bauer (21.6.1919–26.3.1920); Annahme des Versailler Vertrages

Obwohl die Parteien der parlamentarischen Opposition noch vor der Unterzeichnung des Friedens Ehrenerklärungen abgegeben hatten, in denen sie einräumten, daß die Parteien, die die Unausweichlichkeit der Annahme anerkannten, sich von »vaterländischen Gründen« hätten »leiten lassen, getragen von großen Gewissensbedenken, von der ernstesten Auffassung über die Lage unseres Vaterlandes«, brach von rechtskonservativer und völkisch-nationalistischer Seite alsbald eine wüste Hetze gegen die Parteien der Weimarer Koalition aus. Zwar hatten die Konservativen keine praktikable Alternative gewußt und sich seit der Umwälzung von jeglicher Verantwortung fern gehalten, aber um so leichter fiel es ihnen, die gesamte Entwicklung seit dem November 1918 als Irrweg und Verbrechen darzustellen. Tatsächlich half der Schock über die Friedensbedingungen den Parteien der politischen Rechten, ihre bisherige schwache Stellung aufzuwerten und zu verbessern.

Kritik der Rechtsopposition

Im Grunde jedoch war der Frieden von Versailles, auch wenn er dem Deutschen Reich oktroyiert worden war, weniger belastend und ehrenrührig als er von den Zeitgenossen und lange Zeit auch in der wissenschaftlichen Betrachtung angesehen worden ist. Die Reichseinheit blieb erhalten; Deutschland galt weiterhin – wenn auch mit geringfügigen Einschränkungen – als souveräner Staat, dessen Regierung und Parlament eigenverantwortlich nach außen und innen handelten, d.h. die Alliierten griffen nicht in die deutsche Verfassungs- und Gesetzgebung ein. Praktisch behandelten die Alliierten Deutschland als einen im Krieg unterlegenen Staat, der dennoch den Charakter einer Großmacht behalten hatte und gegen den die entsprechenden Vorsichtsmaßnahmen ergriffen wurden.

Charakter des Friedensvertrags

In Deutschland stellte der Friedensvertrag nach den hohen Erwartungen der Vorkriegs- und ersten Kriegsjahre aber ein geradezu psychologisches Problem dar, da er die Niederlage eindeutig besiegelte. Konzentriert auf das eigene Schicksal übersahen viele Deutsche, daß in den weiteren Pariser Vorortverträgen ihre ehemaligen Verbündeten Friedensbedingungen zu akzeptieren hatten, die sie mindestens ebenso hart trafen. Da der Friedensvertrag Deutschland nicht völlig entmachtet hatte, war der Chor der politischen Befürworter einer umfassenden Revision stets laut, ohne daß genau zu erkennen gewesen wäre, wo bei dieser Revision bereits das neue Streben nach Vorherrschaft begann. Andererseits war Deutschland durch Kriegsniederlage und Frieden zunächst so gelähmt, daß es nicht in der Lage erschien, wirkungsvoll Verhandlungen für eine Besserung seiner wirtschaftlichen und diplomatischen Verhältnisse zu erreichen. Der Versailler Vertrag lastete, aber er war nicht die eigentliche Ursache für den späteren Untergang der Weimarer Republik.

Aufnahme in der Bevölkerung

Die Verfassung der Republik

Friedrich Ebert

Die Auseinandersetzungen und Erregungen über den Friedensvertrag und seine Annahme hatten die verfassungsgebende Arbeit der Nationalversammlung in den Hintergrund treten lassen. Die Vorbereitung dieses Staatsgrundgesetzes hatte Ebert Mitte November 1918 Hugo Preuß übertragen, der als Staatssekretär in das Reichsamt des Inneren berufen wurde. Preuß gehörte der Deutschen Demokratischen Partei an, die – da Conrad Haußmann dem Verfassungsausschuß der Nationalversammlung vorsaß und Friedrich Naumann auf die Grundrechtsartikel Einfluß nahm – seither den Anspruch erhob, die eigentliche Verfassungspartei zu sein.

Preuß ließ im Reichsamt Verfassungsentwürfe vorbereiten, die auf einen dezentralisierten Einheitsstaat unter einem Reichspräsidenten hinwiesen, der über erhebliche Rechte wie Berufung und Entlassung des Kabinetts, Auflösung des Reichstags und Ausnahmegewalt gegenüber den Ländern und zur Beseitigung von Störungen der öffentlichen Ruhe verfügte und den Oberbefehl über die Reichswehr besaß. Im kollegial verfaßten Reichskabinett bestimmte der Reichskanzler die Richtlinien der Politik. Im zweiten Entwurf waren bereits Grundrechte wie Freiheit von Wissenschaft und Lehre, Koalitionsfreiheit, Schutz der Wohnung und des Privateigentums und Postgeheimnis aufgenommen. In Verhandlungen mit dem Staatenausschuß wurden die Reichsfarben »Schwarz-Rot-Gold« und die Bildung eines die Länder repräsentierenden Reichsrats festgelegt. Die Nationalversammlung nahm am 31. Juli 1919 die erste dauerhafte, von einem deutschen Zentralparlament beschlossene Verfassung mit großer Mehrheit – aber bei Fehlen fast eines Fünftels der Abgeordneten – an.

Einstellung der Parteien zur Verfassung: Koalitionsparteien

Daß vor allem aus den Reihen der MSPD zahlreiche Abgeordnete fehlten, erklärt sich aus der Form der Staatsumwälzung, die hinter den Erwartungen der Novembertage 1918 zurückgeblieben war. Weder waren die Errungenschaften der Revolution garantiert noch die Sozialisierung der Grundstoffindustrien oder die Vereinheitlichung des Schulwesens in der Verfassung verankert worden. Im Gegensatz zur Sozialdemokratie, die für eine »sozialistische Republik« eintrat, verlangte das Zentrum die Erhaltung des Begriffs »Deutsches Reich«, eine Sicherung der bundesstaatlichen Rechte, positive Garantien für die Kirchen und Sicherung ihrer traditionellen Aufgaben; zugleich wurde Kritik an der Formulierung geübt, »die Staatsmacht geht vom Volk aus«, da hier ethische Grenzen gesetzt werden müßten. Wie das Zentrum sah auch die Deutsche Demokratische Partei die Republik und ihre Verfassung in der Tradition des Kaiserreichs, so daß eine Zerschlagung Preußens unmöglich erschien. Der Staat habe die Schulen zu kontrollieren und in seine Zuständigkeit würden auch die Kirchen gehören. Der Bürger habe neben abzusichernden wirtschaftlichen und sozialen Freiheitsrechten auch Pflichten. Vor allem komme es darauf an, das plebiszitäre Amt des Reichspräsidenten so auszubauen, daß er in Krisensituationen in der Lage sei, Gefahr abzuwenden. Keinen Zweifel ließen die drei Parteien daran, daß die künftige Staatsordnung allein republikanisch sei.

Opposition

Für die Oppositionsparteien stellte die USPD die Unvollkommenheit der Staatsumwälzung heraus und verlangte nach einem »sozialistischen Volksstaat«. Die Sprecher der DNVP und DVP verteidigten zwar die Verfassung des kaiserlichen Deutschlands und betonten, daß die Zentralisierung nicht die Einzelstaaten schädigen dürfe und daß Eingriffe des Staates in das Wirtschaftsleben zurückzuweisen seien, zugleich traten sie wie das Zentrum für eine klare Regelung der Beziehung zwischen Staat und Kirche sowie der Schulverhältnisse ein.

Inhalt der Verfassung: Das Volk

Die »Väter der Verfassung« schufen ein Staatsgrundgesetz, in dem dem Volk ein besonderer Rang beigemessen war: Es wählte den Reichstag, von dessen Vertrauen die Reichsregierung abhängig war; es wählte den Reichspräsidenten und bestimmte damit selbst den obersten Repräsentanten; schließlich hatte das Volk die Möglichkeit, über strittige Gesetze zu entscheiden, wenn sie ihm nach der Beschlußfassung des Reichstags vom Reichspräsidenten vorgelegt wurden und es konnte im Volksentscheid selbst die Gesetzesinitiative ergreifen, »wenn ein Zehntel der Stimmberechtigten das Begehren nach Vorlegung eines Gesetzentwurfs« stellte. Der Reichstag stand in der Weimarer Verfassung vor Staatsoberhaupt und Reichsregierung. Ihm fiel die eigentliche legislative Arbeit zu. Er besaß das Haushaltsrecht und konnte in allen außenpolitischen Fragen mitbestimmen, was in kaiserlicher Zeit nicht möglich gewesen war. Erstaunlicherweise sind die Parteien nicht in der Verfassung eigens erwähnt, obwohl ihre Repräsentanten den Reichstag stellten.

Der Reichstag

Der Reichspräsident

Das Vorbild des französischen Parlamentarismus weckte das vor allem in bürgerlichen Kreisen laut geäußerte Bedürfnis, eine starke, Autorität ausstrahlende Persönlichkeit an die Spitze des Staates als eigentlichen Träger der Reichsgewalt zu stellen, die in der Lage sei, ein seine Aufgabenstellung überschätzendes Parlament in die Schranken zu weisen, vor allem durch dessen Auflösung. Trotz der Warnung aus dem Lager der USPD vor einem Präsidenten, der seine Macht mißbrauchen könne, besonders wenn er ein ehemaliger Hohenzollern-General sei, sahen auch die Vertreter der Regierungskoalition im Verfassungsausschuß und im Plenum der Nationalversammlung keinen Grund, dem Präsidenten nicht alle Befugnisse zu geben, die ihn – wie sie meinten – in die Lage versetzten, mit Ausnahmebestimmungen von begrenzter Dauer in Krisensituationen diktatorische Gewalt auszuüben; daß der Reichspräsident ferner auch gegen Länder den Reichswillen vollstrecken lassen und formell den Ausnahmezustand verkünden konnte, untermauerte das Ansehen, das seinem Amt entgegengebracht wurde. Der Reichspräsident ernannte und entließ die Reichsbeamten; als Oberbefehlshaber erfüllte er dieselbe Funktion für die Reichswehroffiziere. Eingeschränkt war seine Gewalt durch das Recht des Reichstags auf Überprüfung der Notverordnungen und die verantwortliche Mitzeichnung des Gesetzes zur Reichstagsauflösung durch den Reichskanzler oder die zuständigen Reichsminister. In den Wochen der Verfassungsberatung ist offensichtlich nicht bedacht worden, daß ein Reichspräsident durch Verbindung des Notverordnungsrechts (Art. 48) mit der Auflösung des Reichstags (Art. 25) das Parlament praktisch entmachten und damit auf autoritäre Herrschaftsstrukturen hinlenken könne.

Diktaturgewalt des Reichspräsidenten

Reichsregierung

Die Reichsregierung war Kollegialinstitution, in der der Reichskanzler nominell die Richtlinien der Politik bestimmte. Tatsächlich galten auch für die Ziele der Regierungspolitik die Koalitionsvereinbarungen der Parteien, die die Regierung stellten. Dennoch waren die Reichskabinette mehr als nur Exekutivorgane des Reichstags, zumal auch sie die Gesetzesinitiative besaßen und damit Anstöße zur Parlamentsarbeit geben konnten. Nicht vorgesehen waren in der Verfassung Ermächtigungsgesetze, durch die die Reichstagsmehrheit einer Regierung die Vollmacht erteilte, bestimmte Aufgaben auf dem Verordnungsweg zur Beseitigung von Krisen zu lösen, so daß sich der Reichstag damit selbst seinen Aufgabenkreis einengte. Die künftige Verfassungswirklichkeit war in allen Ausuferungen und Möglichkeiten in den Monaten der Erarbeitung dieser Verfassung nicht vorherzusehen.

Siebzig Jahre nach der Paulskirchenverfassung verfügte das Deutsche Reich über eine republikanische Verfassung, die das Parlament in Kooperation mit Reichsregierung und Ländern durchgearbeitet und ergänzt hatte. In die Verfassung waren die sogenannten Grundrechte aufgenommen, die die

Wählerstimmen für die wichtigsten Parteien der Weimarer Republik

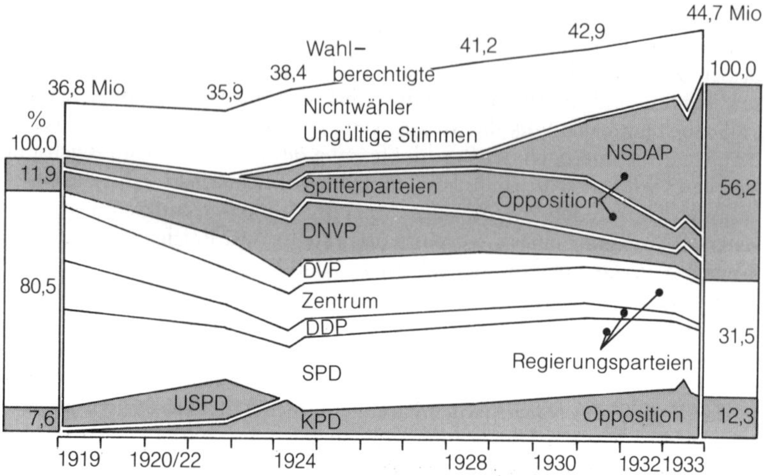

Reichsregierungen 1919–1933

Regierungsbildung am	Tage	Reichskanzler
13. 2. 1919	130 Tage	Philipp Scheidemann, SPD (Ministerpräs.)
21. 6. 1919	277	Gustav Bauer, SPD
27. 3. 1920	72	Hermann Müller, SPD
21. 6. 1920	317	Konstantin Fehrenbach, Zentrum
10. 5. 1921	165	Josef Wirth, Zentrum
26. 10. 1921	384	Josef Wirth, Zentrum
22. 11. 1922	263	Wilhelm Cuno, parteilos
13. 8. 1923	51	Gustav Stresemann, DVP
6. 10. 1923	48	Gustav Stresemann, DVP
30. 11. 1923	177	Wilhelm Marx, Zentrum
3. 6. 1924	195	Wilhelm Marx, Zentrum
15. 1. 1925	223	Hans Luther, parteilos
20. 1. 1926	112	Hans Luther, parteilos
17. 5. 1926	214	Wilhelm Marx, Zentrum
29. 1. 1927	499	Wilhelm Marx, Zentrum
29. 6. 1928	636	Hermann Müller, SPD
30. 3. 1930	556	Heinrich Brüning, Zentrum
9. 10. 1931	233	Heinrich Brüning, Zentrum
1. 6. 1932	170	Franz von Papen, Zentrum
4. 12. 1932	55	Kurt von Schleicher, parteilos
30. 1. 1933		Machtergreifung durch Adolf Hitler

persönlichen Freiheiten des einzelnen Staatsbürgers weitgehend sicherten, auch wenn der Diktaturartikel 48 Einschränkungen ermöglichte. Allerdings war dieser Grundrechtskatalog, der mit den »Grundpflichten der Deutschen« den zweiten Hauptteil der Verfassung bildete, in vielen Artikeln nur deklamatorisch. Er lehnte sich an die Grundrechte in der Verfassung von 1849 an, die inzwischen auch einzelstaatliches Recht geworden waren. Seine Bedeutung blieb begrenzt, bis – zu spät – der Wert der Grundrechte erkannt worden ist.

Grundrechte

Daß in diesem im politischen Alltag gering geachteten Teil der Verfassung die Bestimmungen über die Wirtschaftsordnung, über die Rechte der Arbeitnehmer und die Absichtserklärung zur Sozialisierung und zur Reform des Grundbesitzes (Aufhebung der Fideikommisse) enthalten sind, gibt zu erkennen, daß auch nach den Erschütterungen des Novembers 1918 weiterhin die traditionellen Eigentums- und Wirtschaftsvorstellungen das soziale und ökonomische Leben bestimmten. Über die damals aufgehobene Gesindeordnung und die Einführung des Acht-Stunden-Arbeitstages (Arbeitswoche mit 48 Stunden) hinausgehend, waren kaum noch Änderungen ohne erbitterte Auseinandersetzungen zu erwarten.

Sozio-ökonomische Bestimmungen

Die Weimarer Verfassung war – angesichts der äußeren Umstände, unter denen sie entstand – ein respektabler Kompromiß und bot die Möglichkeit, ein nichtmonarchistisches Deutschland aufzubauen, wenn nur die Mehrheit der Bevölkerung bereit war, hieran mitzuwirken. Die spätere Diskussion hat vor allem die Mängel der Weimarer Verfassung herausgestellt. Insbesondere wurde ihr die Machtfülle des Präsidenten als Fehler vorgehalten und ebenso die Plebiszite als eine Gefahr, da sie als Mittel der ungehemmten Agitation genutzt worden waren. Vor allem haben spätere Kritiker darauf verwiesen, daß diese Verfassung nicht imstande gewesen sei, die Kräfte, die die Staatsordnung bekämpften und dazu die Verfassung selbst ausnutzten, mit geeigneten rechtsstaatlichen Mitteln zu neutralisieren. Es ist bezeichnend, daß innerhalb der Widerstandsgruppen, die sich gegen das nationalistische Regime wandten, kein Prominenter ausdrücklich für die Weimarer Verfassung Stellung genommen hat, sondern daß allgemein die Auffassung bestand, zur Sicherung des Staates seien neue Verfassungsbestimmungen zu entwickeln, die eine Aushöhlung von innen heraus verhindern.

Diskussion der Verfassung

Innere und äußere Krisen bis zur Londoner Konferenz 1924

Mit der Abstimmung über die Verfassung und ihrer Unterzeichnung durch den Reichspräsidenten am 11. August 1919 war die unmittelbare Aufgabe der Nationalversammlung, die zum Schutz ihrer Arbeit vor äußerer Gewalteinwirkung bisher in Weimar getagt hatte, zum Abschluß gelangt. Seither drängten die Oppositionsparteien, die eine wachsende Mißstimmung in der Bevölkerung bemerkten, auf Auflösung und Neuwahlen. Doch die Koalitionsparteien und die Reichsregierung hielten die Verhältnisse noch nicht für einen Wahlkampf geeignet. Noch immer wurden großflächige Aufstandsbewegungen befürchtet. Diese Sorge trug auch dazu bei, mit Härte gegen eine Massendemonstration vorzugehen, die am 14. Januar 1920 gegen das Betriebsrätegesetz stattfand, das den Arbeitnehmervertretern nur geringes Mitspracherecht beschränkt auf innerbetriebliche Sozialmaßnahmen bot, jedoch keinen Ansatz zur Wirtschaftsdemokratie enthielt. Als Demonstranten in

Mißstimmung in der Bevölkerung

den Reichstag einzudringen versuchten, eröffnete die Polizei das Feuer. Auf der Seite der Arbeiterbewegung schwoll die Erbitterung nicht nur wegen der 42 Toten an, sondern auch weil sie erneut den Eindruck hatte, daß ihre Belange nicht berücksichtigt würden.

Die Dolchstoßlegende

Es ist nicht zu bezweifeln, daß die Angst vor weiteren Linksputschen und ebenso die Enttäuschung über den Friedensvertrag den Rechtsparteien Unterstützung brachte, da allzu schnell vergessen war, wer denn mit unheilvollen Siegfriedensparolen im Krieg Erwartungen geschürt hatte. Dagegen hielten Konservative und Völkische die Behauptung, daß Verrat im Spiel gewesen sei und der Krieg doch noch hätte gewonnen werden können.

Die Nationalversammlung hatte im August 1919 beschlossen, einen Untersuchungsausschuß zur Klärung der Kriegsschuldfrage und der Ursachen der Niederlage einzusetzen, vor dem verantwortliche Politiker und Heerführer aussagen sollten. Während die Parteien der Linken und die bürgerlichen Verfassungsparteien hofften, damit die Richtigkeit ihrer Haltung bis zum Kriegsende und in der Übergangszeit nachweisen zu können, nutzten die Rechtsparteien den Untersuchungsausschuß zur Diskreditierung ihrer politischen Gegner und zur Verbreitung ihrer politischen Parolen. Ein Höhepunkt dieser Auseinandersetzungen war das Erscheinen des mittlerweile in den Ruhestand getretenen Feldmarschalls von Hindenburg, der anstatt Fragen zu beantworten, einen – wahrscheinlich von dritter Seite verfaßten – Text verlas, in dem er »die heimliche planmäßige Zersetzung von Heer und Flotte als Fortsetzung ähnlicher Erscheinungen im Frieden« behauptete und dann als Zitat eines namentlich nicht genannten und nie näher identifizierten englischen Generals den ominösen Satz sagte: »Die deutsche Armee ist von hinten erdolcht worden.« Diese Behauptung war wissentlich falsch.

Die Dolchstoßlegende hat das politische Klima der Republik früh vergiftet und eine Kluft zwischen den politischen Kräften aufgerissen, die nicht zu überbrücken war, und sie bestimmte über das Ende der Weimarer Republik hinaus die Beschäftigung mit Verlauf und Ende des Ersten Weltkriegs.

Mißstimmung bei Reichswehr und Freikorps

Überhaupt reizte die befohlene Abrüstung die Stimmung gegen die politischen Führungskräfte der Republik, denen von den ehemaligen Machtträgern Unwissen und Unfähigkeit durch Eigennutz vorgeworfen wurde. Zwar gelang es der Regierung in intensiven Verhandlungen die Alliierten dazu zu bewegen, zunächst von Prozessen gegen Politiker und Offiziere abzusehen und deutsche Verfahren abzuwarten. Doch dieser erste kleine Revisionsschritt galt als Selbstverständlichkeit. Statt ihn anzuerkennen, trugen die Angehörigen der aufzulösenden Freikorps wachsende Unruhe in die Garnisonen. Wiederholt erhielt Reichswehrminister Noske Warnungen, daß derzeit die Gefahr eines Putsches von rechts weitaus größer als von links sei; doch er verließ sich auf beruhigende Äußerungen aus dem Offizierskorps und vertraute diesen Versprechungen. Noske nahm nicht wahr, daß sich um ihn ein Netz der Verschwörung bildete, wobei in der Reichswehr sogar erwogen wurde, ihn als Diktator einzusetzen. Treibende Kraft dieser Verschwörung war der Befehlshaber des Wehrkreises Berlin, General Walther von Lüttwitz, der in der Reichshauptstadt nach den Januarunruhen den Ausnahmezustand überwacht hatte und dem mit dem Truppenübungsplatz Döberitz auch die dort liegenden Soldaten und Freikorps unterstanden, zu denen auch die Marinebrigade des völkischen Kapitäns Ehrhardt zählte.

Lüttwitz plante eine konservative Konterrevolution, als deren politischer Leiter der Alldeutsche Wolfgang Kapp ausersehen war, der bereits im Krieg durch sein nationalistisches Auftreten und in der Vaterlandspartei aufgefallen war. Die Zeit für die rechte Aktion schien gekommen, als die Regierung die Auflösung der Freikorps verlangte. Zudem wirkte es sich günstig aus, daß einer der Exponenten der Republik und der sie stützenden Parteien durch eigene Ungeschicklichkeit gezwungen war, sich aus der Politik zurückzuziehen und damit das Staatsgebäude erschüttert erschien.

Prozeß Erzberger–Helfferich

Der ehrgeizige Zentrumspolitiker und Reichsfinanzminister Matthias Erzberger war als Unterzeichner des Waffenstillstandes und Befürworter der Annahme des Friedensvertrags 1919 Zielscheibe der Angriffe rechter Republikgegner. Der ganze Haß der Rechtskonservativen traf ihn, als er im Kabinett Bauer die dringend erforderliche Steuerreform einleitete und auf dem Weg der Gesetzgebung die Steuerhoheit von den Ländern auf das Reich übertragen ließ. Außerdem hatte er neben erhöhten Verbrauchssteuern, die von der Allgemeinheit getragen wurden, eine progressive Einkommens- und Erbschaftssteuer durchgesetzt, die Gutverdienende und Kriegsgewinnler traf. Damit geriet er in den Verdacht, Umverteilungspolitik zu betreiben, obwohl seine Absicht gewesen war, Rücklagen für die Reparationsleistungen zu schaffen und die bereits inflationierte Währung zu sanieren. Als sein persönlicher Gegner Karl Helfferich, der eigentliche Sprecher der DNVP in der Nationalversammlung, Artikel veröffentlichte, in denen er Erzberger die Vermengung persönlicher Interessen und politischer Handlungen unterstellte, verklagte ihn der Finanzminister. Im Lauf des Verfahrens zog Helfferich ohne Mühe Richter und Staatsanwalt auf seine Seite. Weder er noch die Rechtspresse ließen einen Zweifel daran, daß in Erzberger die Republik getroffen werden sollte, die sie in ihm und durch ihn verkörpert sahen. Die geringfügige Geldstrafe, die Helfferich am 12. März 1920 erhielt, glich einem Freispruch. Der diskreditierte Minister trat sofort zurück.

Kapp-Lüttwitz-Putsch

Kurz zuvor hatte General von Lüttwitz ultimativ den Rücktritt der Reichsregierung verlangt und die Unterstützung der Truppen in Döberitz gefunden. Als sich das Kabinett an die Berliner Reichswehroffiziere wandte, verweigerten diese ihre Unterstützung und betonten die Neutralität des Militärs. Am Morgen des 13. März 1920 zogen zwei Freikorps unter Führung Kapitän Ehrhardts in Berlin ein und besetzten die Reichs- und Preußischen Ministerien. Der Putsch-Kanzler Kapp erließ eine Reihe von Verordnungen mit gelegentlich antisemitischen Untertönen und drohte gegen Widersetzlichkeit drakonische Strafen an. Die Usurpatoren mußten allerdings bald feststellen, daß sie isoliert waren. Die Mehrheit der legalen Regierung war bis nach Stuttgart geflohen und legte ihren in Berlin verbliebenen Ministern und den Beamten ein Verbot jeglicher Zusammenarbeit mit den Putschisten auf. Allerdings hatte die Beamtenschaft schon zuvor gegenüber dem exzentrischen Kapp und den Freikorpsleuten äußerste Zurückhaltung bewiesen. Dazu kam der vom Pressesprecher der Reichsregierung, Ulrich Rauscher, initiierte Generalstreik der Arbeitnehmerschaft, der die Berliner Putschzentrale von der Außenwelt abschloß.

Vier Tage bemühten sich Kapp und Lüttwitz, ihrem Regime wirkliche Macht zu verschaffen, dabei wurden sie von der DNVP und Teilen der DVP unterstützt. In Norddeutschland und in Ostpreußen gelang es den Aufrührern, mit Hilfe der Reichswehr einigen Boden zu gewinnen; doch auch hier stellte sich die Masse der Gewerkschaften, die verfassungsloyalen Parteien und republiktreuen Soldaten gegen sie. In München verlangten – ohne daß sich eine direkte Verbindung zu Kapp und Lüttwitz nachweisen ließe – Reichswehroffiziere und Angehörige der BVP den Rücktritt des sozialdemokratischen Ministerpräsidenten Hoffman im Landesinteresse; an seiner Stelle setzten sie den Monarchisten Gustav von Kahr ein. Länder wie Baden, Württemberg und Hessen blieben auf dem Boden der Republik. In Sachsen, in Thüringen und im Ruhrgebiet wandten sich die Parteien der Linken erfolgreich gegen Anhänger der Putschisten und versuchten, die Entwicklung nun sogar dahin zu bringen, daß die abgebrochene Revolution doch noch weitergeführt werde.

Kapp-Putsch in Berlin

Nach vier Tagen war das Ende der konterrevolutionären Regierung in Berlin gekommen: Kapp floh nach Schweden, ihm folgte Lüttwitz ins Ausland. Während bisher Aufständische der Linken vor Standgerichte gestellt oder schnell von ordentlichen Gerichten zu hohen Strafen verurteilt worden waren, blieb hier die Justiz milde. Einige höhere Beamte und eine Reihe von Reichswehroffizieren, die sich kompromittiert hatten, wurden entlassen. Der Prozeß gegen den später zurückgekehrten Kapp wurde eingeleitet, doch starb der Putschkanzler in der Untersuchungshaft. Einzig gegen den »Innenminister« von Jagow fand ein Verfahren statt, das mit einer gelinden Strafe endete. Später wurde ihm auch seine Beamtenpension zugestanden. In Bayern blieb von Kahr im Amt; dies war die einzige dauerhafte Folge des Putsches im Lande.

1. Kabinett Hermann Müller (27.3.–8.6.1920)

Die sozialdemokratischen Gewerkschaften und die Sozialisten ließen keinen Zweifel, daß eine Regierungsumbildung in Berlin erforderlich sei. Reichskanzler Bauer mußte demissionieren, und da kein Gewerkschaftsführer in das undankbare Amt eintreten wollte, übernahm es der bisherige Außenminister Hermann Müller. Der vertrauensselige Noske schied aus dem Reichswehrministerium aus. Die deutliche Abneigung des Militärs und auch der bürgerlichen Parteien gegen einen weiteren Sozialdemokraten auf diesem Posten veranlaßte die Berufung des bayerischen Demokraten Otto Geßler.

Die Sicherung legaler Regierungen im Reich und Preußen war nur ein Teilerfolg. Die Wirtschaftsorganisationen und die bürgerlichen Parteien bis hin zur DDP äußerten laut ihren Zweifel an der Rechtmäßigkeit des Generalstreiks, der wesentlich zum Zusammenbruch des Putsches beigetragen hatte. Die Zentralarbeitsgemeinschaft, die sich mehr und mehr zum Werkzeug der Unternehmergruppen wandelte, zeigte tiefe Risse, da auch zur Zusammenarbeit bereite Gewerkschaftler die Kritik am Generalstreik mißbilligten. Der zögerliche wirtschaftliche Aufschwung, der unmittelbar vor dem Putsch zu erkennen gewesen war, war zum Stillstand gekommen und die Währung erlitt einen Inflationsschub, da das Ausland den innerdeutschen Verhältnissen mißtraute. Weitaus schwerer noch wog die Lage im Ruhrgebiet, wo politische Kräfte der Linken eine »Rote Armee« gebildet hatten. Ähnliche Bewegungen in Mitteldeutschland waren nach Ende des Kapp-Lüttwitz-Putsches schnell niedergeworfen worden; doch die Organisation der politischen

Ruhrkrieg 1920

Linken im Ruhrgebiet und ihr Militär waren schlagkräftiger. Hinzu kam die erstaunliche, provozierende Fehlleistung der Reichsregierung, Truppen und Freikorps zu entsenden, die zuvor mit den Rechtsputschisten zumindest sympathisiert hatten. Die »Rote Armee« an der Ruhr setzte sich anfangs erfolgreich zur Wehr und nahm in dem von ihr kontrollierten Gebiet Verhaftungen unter den politischen Gegnern vor. In den militärischen Auseinandersetzungen wuchs die beiderseitige Erbitterung; nur wenige Gefangene wurden gemacht. Nach ersten Schwierigkeiten gelang es den Regierungstruppen in zum Teil schweren Kämpfen, die »Rote Armee« niederzuringen, und sie drangen dabei auch in die neutrale Zone vor. Ein Schlußstrich unter die Kampfhandlungen sollte das Bielefelder Abkommen (April 1920) ziehen, das der neue preußische Innenminister Severing ausgehandelt hatte und das die Positionen der Arbeiterschaft zur Regierungsumbildung aufzeigte; aber zahlreiche Angehörige der »Roten Armee« setzten die Auseinandersetzung fort. Nach den Kämpfen im Winter 1918/19 und im Frühjahr 1919 haben diese Auseinandersetzungen am deutlichsten den Charakter eines Bürgerkriegs besessen.

Die ohnehin negative Haltung gegenüber der Reichsregierung und den Parteien der Weimarer Koalition vertiefte sich. Die Arbeiterbewegung fühlte sich im Stich gelassen, obwohl – nach ihrer Auffassung – sie die Putsch-Regierung gestürzt hatte; die bürgerlichen Gruppen ihrerseits fühlten sich durch die Steuergesetze bedroht und sahen durch den Friedensvertrag und die fortdauernden Unruhen die traditionellen Werte gefährdet, in denen sie erzogen und aufgewachsen waren. Dennoch hofften die Koalitionsparteien und die Regierung Müller, daß die auf den 6. Juni 1920 angesetzten Wahlen für den ersten Reichstag sie in ihrer Politik bestätigen würden. Stattdessen ließ der Wahlausgang keinen Zweifel, wie groß die Distanz zwischen Bevölkerungsmehrheit und Koalition geworden war. Die Weimarer Parteien, die im Januar 1919 mehr als zwei Drittel der abgegebenen Stimmen an sich gebunden hatten, erhielten jetzt nicht einmal mehr 50% des Wählervotums. In den neuen Reichstag zog die MSPD nur noch mit 112 Abgeordneten ein (in der Nationalversammlung 163), die DDP mit 45 (75) und das Zentrum mit 68 (91). Die USPD verfügte dagegen jetzt über 81 Abgeordnete (22) und war damit von der vierten Stelle auf die zweite vorgerückt, die DVP überholte mit 62 Abgeordneten (19) deutlich die DDP, die vom Zentrum nun unabhängige BVP entsandte 18 Abgeordnete und die DNVP 66 (42). Neu im Reichstag war die KPD mit vorerst 2 Mandaten; doch diese Zahl erhöhte sich im Verlauf der Legislaturperiode durch die Auflösungserscheinungen in der USPD.

Reichstagswahlen am 6.6.1920

Da die Weimarer Koalition nicht mehr über die Mehrheit verfügte, beschloß die Führung der MSPD, die USPD aufzufordern, in die Regierungsverantwortung einzutreten, während die Leitungsgremien von DDP und Zentrum die Beteiligung der DVP für erwünscht hielten. Der MSPD-Parteivorstand hatte im Grunde nichts gegen diese Divergenzen. Er wußte, daß die USPD nicht mit bürgerlichen Parteien zusammenarbeiten würde, und eine Koalition mit der Volkspartei kam ohnehin nicht in Betracht. Nach Meinung des Parteivorstandes sollte sich die MSPD in der Opposition regenerieren; denn parallele Regionalwahlen hatten nicht nur den Sturz der Koalition, sondern auch die Abwendung von der MSPD deutlich unterstrichen. Ohne direkte politische Verantwortung im Reichskabinett sollten die Sozialdemokraten in konstruktiver Oppositionsarbeit mit klaren Alternativen die verlorene Wählerschaft zurückgewinnen, da einer neuen Regierung, wie sie auch aussehen mochte, kaum andere Mittel zur Verfügung standen, als diejenigen, die bisher in Krisensituationen angewendet worden waren; nur daß sich jetzt die die Regierung tragenden Parteien nicht mehr hinter der MSPD verbergen konnten. Diese Rechnung enthielt jedoch die schwerwiegende Fehleinschät-

Koalitionsverhandlungen 1920

Besetzte Gebiete und entmilitarisierte Zone im Westen

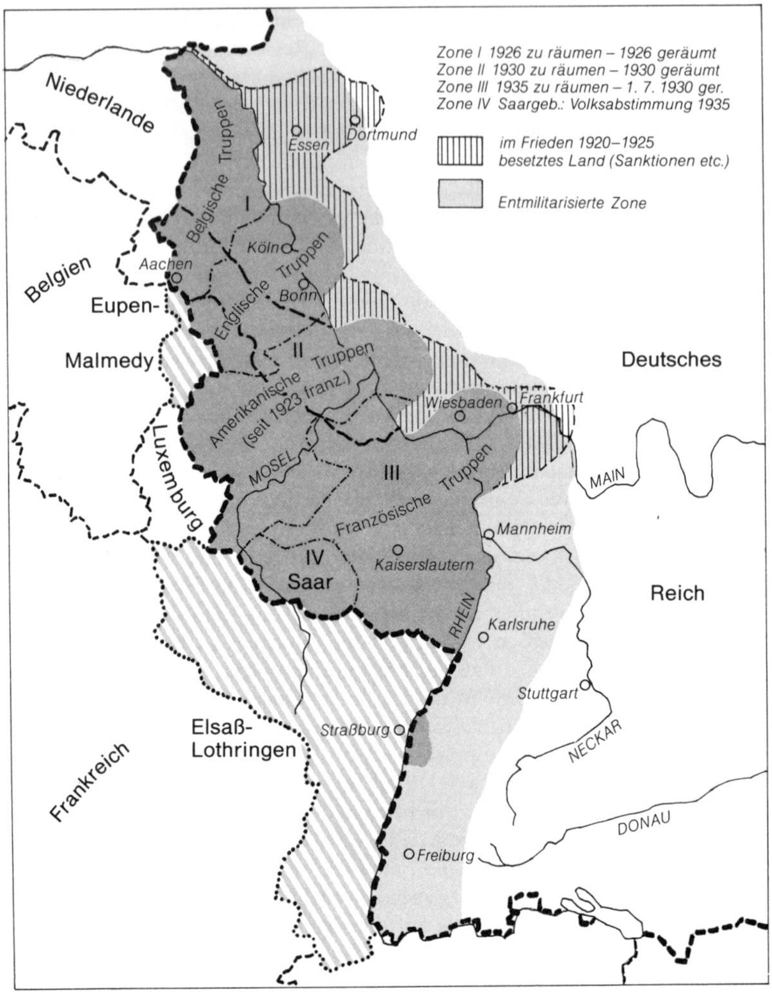

Kabinett Fehrenbach (2.5.1920–4.5.1921)

zung, daß das neue Kabinett sich auf eine Mehrheit im Reichstag stützen werde. Tatsächlich verliefen die Koalitionsverhandlungen derart, daß sich das Kabinett Fehrenbach (Z, DVP, DDP und Fachminister) trotz einer deutlichen Rechtswendung auf wechselnde Mehrheit verlassen und Tolerierung erhoffen mußte. In dieser Situation hielten sich BVP und DNVP in deutlicher Distanz zu jeglicher Verantwortung für die Regierung und den Staat.

Politik der Tolerierung

So blieb der MSPD gar keine andere Wahl, als den Weg einer zögerlichen Tolerierung einzuschlagen, da sie nicht die Republik gefährden wollte, an deren Aufbau sie entscheidend mitgewirkt hatte. Und die Sozialdemokraten konnten auch gar nicht von den Vorarbeiten abrücken, die unter einem sozialdemokratischen Kanzler für die bevorstehenden Verhandlungen mit Frankreich und Großbritannien in Spa eingeleitet worden waren. Bereits 1920 geriet die MSPD damit in die unheilvolle Situation, politische Entscheidungen mitzutragen, an deren Gestaltung sie nur mittelbar beteiligt war, so daß sie der Kritik ausgesetzt blieb, ohne direkt auf die Regierungspolitik Einfluß nehmen zu können. Die demokratisch-parlamentarischen Verhältnisse waren auch weiterhin dadurch bestimmt, daß die verfassungsloyalen Parteien unter sich selbst den Ausgleich einer staatssichernden Kabinetts- und Oppositionspolitik finden mußten, obgleich sie in die Minderheit geraten waren. Eine schmale Basis für die neue Regierung war durch die Aufnahme der DVP zu finden gewesen, die sich weniger ablehnend verhalten hatte als die übrigen Parteien der Negation. Fraglich war jedoch, ob der Abnutzungsprozeß der loyalen Parteien aufzuhalten war, da ihre Praktiken und Schwenkungen den Wählern, die mit parlamentarischer Taktik nicht vertraut waren, nur schwer vermittelt werden konnten.

Beziehungen zwischen den Siegermächten und Deutschland

Die Beziehungen zwischen den Siegermächten und Deutschland hatten sich unglücklich entwickelt. Seit der Entscheidung des Kongresses, sich nicht am Völkerbund zu beteiligen und den Versailler Vertrag abzulehnen (November 1919), hatte ein offizieller Rückzug der Vereinigten Staaten aus Europa stattgefunden, der gleichwohl nichts an ihren wirtschaftlichen Interessen änderte. Außerdem waren die europäischen Siegerstaaten wegen ihrer Kriegsschulden daran interessiert, zu einer Verständigung über die Zahlungsmodalitäten mit den USA zu gelangen. Kein Zweifel bestand jedoch für die Regierungen Frankreichs und Großbritanniens daran, daß sie ungeachtet des Sonderfriedensvertrags, den die USA mit dem Deutschen Reich abschließen würde, die Durchsetzung der Friedensbedingungen zu erreichen hätten. Mit der Überzeugung, Deutschland habe den entsprechenden Forderungen nachzukommen, ließen sie sich auch nicht durch Differenzen auf anderen, außerpolitischen Feldern beirren. Vielmehr drängten die alliierten Regierungen nach dem Inkrafttreten des Friedensvertrags (Jan. 1920) auf seine Beachtung und registrierten alle Verletzungen.

Über Verzögerungen bei der Abrüstung und über die ungenügende Auflösung von Freikorps und Heimwehren, die zum Teil als Geheimorganisationen mit terroristischem Charakter fortbestanden, waren die Alliierten durch ihre Entwaffnungskommission unterrichtet. Sie forderten in drohendem Ton die Abstellung der Mängel und gleichzeitig die weitere Durchführung der Heeresverminderung, während die deutsche Seite nicht einmal vor Fälschungen zurückschreckte, um unter Hinweis auf eine drohende kommunistische Aufstandsgefahr die Heraufsetzung der Heereszahl auf 200000 Mann zu erlangen. Durch das Auftreten von Reichswehrangehörigen gegen Mitglieder der alliierten Kontrollkommission war die Reichsregierung wiederholt gezwungen, um Entschuldigung bitten zu müssen. Zusätzlich belastete die Atmosphäre, daß sich das Deutsche Reich nicht in der Lage sah, im Winter 1919/20 die erforderlichen Kohlelieferungen an Frankreich durchzuführen, dessen Kohlengruben durch die Kriegsschäden noch nicht wieder einsatzfähig waren.

Konferenz von Spa

Auf der Konferenz von Spa sollte sich die deutsche Regierung verantworten und außerdem Vorschläge für die künftigen finanziellen Reparationsleistungen unterbreiten. Kurzfristig schien die Konferenz in Frage gestellt, da auf deutscher Seite keine Verhandlungsbereitschaft bestand, solange französische Truppen als Sanktion für das Eindringen der Reichswehr in die Neutrale Zone den Raum Frankfurt-Darmstadt besetzt hielten. Auf englische Intervention hin, zog die französische Regierung diese Einheiten zurück. Im Juli 1920 kam es zur Begegnung zwischen der deutschen Regierungsdelegation, der neben Vertretern des Kabinetts auch General von Seeckt als Chef der Heeresleitung, Industrielle und Gewerkschaftler als Sachverständige für Wirtschaftsfragen angehörten. Der hochfahrende Ton, in dem sich der deutsche Industrielle Hugo Stinnes mit den alliierten Lieferungsbedingungen auseinandersetzte, hätte statt des von ihm erwünschten nationalen Eindrucks beinahe den Abbruch der Konferenz herbeigeführt, deren Ergebnisse hinter den deutschen Erwartungen zurückblieben: Die Entwaffnung mußte fortgesetzt und die Reduzierung des Heeres auf 100000 Mann sowie die Dezentralisierung besonders der preußischen Polizei bis zum Jahresende durchgeführt werden. Für die Kohlelieferung wurde die Leistung von ursprünglich 41 Millionen Tonnen im Jahr an Frankreich, Belgien und Italien auf 24 Millionen herabgesetzt. Bei Nichterfüllung behielten sich die Alliierten die Besetzung deutschen Gebietes als Strafmaßnahme vor. Da diese Sanktion – wenn auch in Einseitigkeit – eben erst von Frankreich praktiziert worden war, konnte an der Ernsthaftigkeit dieser Drohung kein Zweifel bestehen. Obgleich von deutschen Völkerrechtlern ihre Rechtmäßigkeit immer wieder bestritten worden ist, war sie doch durch den Versailler Vertrag abgedeckt und in der Praxis erschien sie auch der Reichsregierung künftig als ein durchaus zu fürchtendes Pressionsmittel. Außerdem wurde beschlossen, über die finanziellen Fragen auf einer weiteren Konferenz zu verhandeln, da sich die deutsche Regierung nicht in der Lage gesehen hatte, einen Zahlungsplan aufzustellen.

Die deutschen Zahlungsvorstellungen

Auf deutscher Seite begnügte man sich mit Aufrechnungen von Verlusten und bisherigen Lieferungen, mit denen nachgewiesen werden sollte, daß die Leistungsfähigkeit bereits in einem so hohen Grade beansprucht worden sei, daß ohnehin weitere Zahlungen nur noch erbracht werden könnten, wenn zuvor mit alliierter Vermittlung dem Deutschen Reich ein Auslandskredit zum Produktionsstart gegeben und ein mehrjähriges Leistungsmoratorium gewährt würden. Die Höchstsumme, die unter diesen Umständen aufgebracht werden könnte, betrug nach deutscher Rechnung 30 Milliarden Goldmark.

Auch wenn alliierte und deutsche Sachverständige die Wiedergutmachungsproblematik vom wirtschaftlichen Standpunkt aus durchleuchteten und dabei aus ökonomischen Gründen auf alliierter Seite ein gewisses Verständnis für die deutsche Haltung gezeigt wurde, so blieb aber doch die Tatsache bestehen, daß Frankreich, Belgien und Italien direkt unter den Kriegseinwirkungen gelitten hatten. Zudem begann sich abzuzeichnen, daß aufgrund des Verfalls der deutschen Währung deutsche Produkte im Ausland leichter abzusetzen waren; und während bei den Alliierten die Arbeitslosigkeit erheblich zunahm, spielte sie in Deutschland kaum eine Rolle. Es war daher der Bevölkerung der Siegerstaaten kaum begreiflich zu machen, daß dem Verlierer Entgegenkommen gezeigt wurde; hinzu kam die französische Sorge vor einer deutschen Revanche, die angesichts des starken Revisionismusbegehrens der deutschen Rechtsparteien und ihrer militanten Anhänger nicht unbegründet war.

Auf einer alliierten Konferenz in Paris wurde dann im Januar 1921 von französischer Seite auf die deutschen Versäumnisse bei der Ableistung der im Versailler Vertrag auferlegten Vorauszahlung hingewiesen und die Aufstellung eines Reparationsplans verlangt. Die Reichsregierung sollte den Alliierten 269 Milliarden Goldmark binnen 42 Jahren bei einem jährlichen Zinssatz von 8 % zahlen. Angesichts einer inneren Staatsverschuldung, die bereits 45 Milliarden GM bei Kriegsende erreicht hatte, und einem Haushalt, der auf einer Basis von 10 Milliarden GM ausgeglichen war, war die alliierte Forderung unerfüllbar. Die deutsche Regierung wies sie entsprechend deutlich zurück und beharrte auf ihren eigenen Vorstellungen.

Alliierte Sanktion 1921; Londoner Ultimatum

Die Alliierten reagierten eindeutig und besetzten Düsseldorf, Duisburg und Ruhrort, den größten deutschen Binnenhafen; außerdem errichteten sie zwischen dem besetzten und dem unbesetzten Gebiet eine Zollgrenze (März 1921). Der deutsche Einspruch und auch die interne Skepsis auf alliierter Seite, wie diese höchste Kontribution, die jemals einem Staat auferlegt worden war, eingelöst werden könne, hatte zur Folge, daß der Reparationsausschuß von London aus forderte, die Zahlungshöhe auf 131 Milliarden GM zu senken, zugleich allerdings verlangte, diesen Betrag in jährlichen Raten von 3 Milliarden GM zuzüglich der Verzinsung und eines Exportindex von 26 % der deutschen Ausfuhr zu bezahlen. Bei Verweigerung, Nichterfüllung oder ausbleibender Zustimmung innerhalb von sechs Tagen werde das Ruhrgebiet besetzt.

Kabinette Wirth I/II (10.5.1921–14.11.1922)

Die Annahme des Londoner Ultimatums war mit einem Regierungswechsel in Berlin verbunden. Das Minderheitskabinett Fehrenbach und in ihm besonders die Minister der DVP wollten nicht die Verantwortung für die künftigen Belastungen tragen. An seine Stelle trat ein Kabinett unter dem Zentrumspolitiker Joseph Wirth. Die Minister kamen aus den Parteien der Weimarer Koalition, d.h. auch die Sozialdemokraten waren wieder direkt an der Regierungsverantwortung beteiligt. Dies Kabinett erklärte sich bereit, die Friedensvertrags-Verpflichtungen soweit zu erfüllen, wie dies nur möglich sei: Von nationalistischer Seite wurde die »Erfüllungspolitik« hart angegriffen und der Regierung in dieser ernsten Situation eine Vernachlässigung ihrer Verpflichtung gegenüber dem Volk unterstellt. Ohnehin war zusätzlich zu den Reparationslasten ein weiteres Problem, diesmal im Osten Deutschlands, entstanden: Im März hatte in Oberschlesien die im Versailler Vertrag vorgesehene Abstimmung stattgefunden mit dem Ergebnis, daß an die 60% der Einwohner für Deutschland und an die 40% für Polen optiert hatten, ohne daß nun aber eine eindeutige Grenzlinie zwischen deutschem und polnischem Bevölkerungs- bzw. Besiedlungsteil hätte gezogen werden können. Die Entscheidung des Völkerbundes wollten polnische Freiwilligenverbände durch eine Eroberung ganz Oberschlesiens präjudizieren, doch stießen sie auf schnell mobilisierte deutsche Freikorps. Nach erbitterten Kämpfen wurden die polnischen Einheiten zurückgedrängt; doch im Gegensatz zu deutschen Hoffnungen legte der Völkerbund dies nicht als Sieg aus, sondern entschied die Abtretung des Industriegebiets Hindenburg-Kattowitz an Polen. Die Folge war ein unüberbrückbarer Gegensatz zwischen den Optanten beider Länder und zusätzliche Polenfeindschaft in Deutschland verbunden mit der Überlegung, wie der 1918 wieder entstandene polnische Staat zerschlagen werden könne. Führend war daran die Reichswehrleitung beteiligt, die ihre Erwartungen auch auf die Sowjetunion setzte, und zwar unabhängig von den politischen Spannungen zwischen der Reichsregierung und den Länderministerien in Deutschland einerseits und der KPD andererseits.

Oberschlesien. Verhältnis zu Polen

Die deutschen Kommunisten hatten durch das Auseinanderbrechen der USPD seit 1920 eine wachsende Mitgliederschaft und nun auch parlamentarisch beachtenswerte Repräsentanz zu verzeichnen und standen in engem Kontakt zur Moskauer Führung der III. Internationale, die in falscher Einschätzung der inneren Verhältnisse in Deutschland im März 1921 einen kurzfristigen gefährlichen Aufstand im Raum um Merseburg (Leuna-Werke) durch Max Hölz ausgelöst hatte, der jedoch von preußischer Polizei ohne zusätzlichen Militäreinsatz niedergeworfen worden war. Dennoch hatten sich seit dem polnisch-sowjetischen Krieg 1920 zwischen der deutschen Industrie und der UdSSR sowie zwischen Reichswehr und Roter Armee Kontakte herausgebildet, die von beiden Seiten positiv gewertet wurden.

Mitteldeutscher Aufstand

Junge radikale Politiker meinten, die Zusammenarbeit der beiden Verlierer des Krieges gegenüber dem »kapitalistischen Westen« werde zur Aufwertung beider Staaten auf internationaler Ebene beitragen. Allerdings bestanden seit Herbst 1918 keine diplomatischen Beziehungen und die Frage eines deutsch-sowjetischen Bündnisses war in der Regierung und im Auswärtigen Amt umstritten. Deutsch-sowjetische Verhandlungen in Berlin zu Beginn des Jahres 1922 blieben noch ergebnislos, doch die Wende trat im folgenden Monat ein, als während der Weltwirtschaftskonferenz in Genua, die sich vor allem mit einer die westeuropäischen Mächte begünstigenden Konsolidierung der sowjetischen Finanz- und Wirtschaftslage auseinandersetzte, ein sowjetisch-britisch-französisches Wirtschaftsabkommen möglich erschien. In diesem Augenblick war auch der bisher zögerliche Außenminister Walther

Verhältnis zur Sowjetunion. Rapallo

Rathenau zum Handeln bereit. Es kam zum deutsch-sowjetischen Vertrag von Rapallo (April 1922). Der Vertragsinhalt war schlicht: gegenseitiger Verzicht auf alle Ersatzleistungen und Wiedergutmachungen aus dem Krieg; Aufnahme diplomatischer Beziehungen; gegenseitige Meistbegünstigung im Außenhandel. Aber wenn dies auch praktizierte Normalisierung zwischenstaatlicher Beziehungen sein mochte, so löste das Bekanntwerden des Vertragsabschlusses heftige Erregung aus. Ohne Rücksicht auf die Interessen und Vorstellungen der Großmächte hatten zwei Staaten, die an den Rand des Geschehens gedrängt worden waren, versucht, selbst ihren internationalen Status aufzuwerten und sich gegenseitige Rückendeckung zu verschaffen. Bei den alliierten Regierungen bestand die Sorge, der Vertrag von Rapallo solle die Ausgangsbasis für einen aktiven Revisionismus werden. Daß ein besiegter Staat in der Lage war, sich relativ schnell zu neuer Schlagkraft zu sammeln, hatte gerade die Türkei unter Kemal Atatürk bewiesen.

Walther Rathenau

Ein Deutschland, das in Mitteleuropa einen Verzweiflungskampf aufnehmen würde oder seine finanziellen Leistungsverpflichtungen ablehnte, konnte und sollte nicht geduldet werden, erst recht nicht im Bündnis mit der UdSSR. Immerhin schien die Gefahr gegeben, daß Deutschland und die Sowjetunion sich gegen Polen stellen könnten, um Territorialansprüche durchzusetzen. Die Westmächte fühlten sich genarrt, obwohl die deutsche Regierung, soweit die Akten erkennen lassen, eher eine Politik des Ausgleichs zwischen Ost und West als die Konfrontation mit den Staaten anstrebte, die ihr den Versailler Vertrag auferlegt und das Rheinland besetzt hatten. In diesem Zusammenhang ist jedoch auch zu beachten, daß sich zwischen Frankreich und Großbritannien Gegensätze in der Mittelmeerpolitik auftaten. Es kann kein Zweifel daran bestehen, daß die Reichsregierung in der Folgezeit erwartete, aus diesen Differenzen Vorteile ziehen zu können. Dabei wurde nicht allein auf die britische Karte gesetzt, sondern durchaus auch eine engere Kooperation mit Frankreich für möglich gehalten.

Über den Wiederaufbau der im Krieg zerstörten Gebiete Frankreichs hatten sowohl der Industrielle Stinnes wie Minister Rathenau mit französischen Partnern verhandelt; doch scheiterten die Pläne am Widerstand der französischen Arbeiterschaft und an britischen Sorgen vor einem französisch-deutschen Wirtschaftsblock in Europa. Gegen die angestrebte französische Beteiligung an deutschen Betrieben setzten sich deutsche Unternehmer aus Angst vor einer Überfremdung zur Wehr. Wenn in dieser Zeit auch die deutsche Produktion und der deutsche Export gesteigert wurden, so hatte die Reichsregierung ohne Steuerneuordnung Schwierigkeiten, die Mittel für Sach- und Wirtschaftsreparationen aufzubringen.

Politischer Terror von rechts

Die innere Lage war inzwischen dadurch beängstigend geworden, daß die Vertreter der angeblichen »Erfüllungspolitik« unmittelbar bedroht waren vom Terror der radikalen Rechten. Nachdem völkisch-nationalistische Geheimbünde Attentate unter anderem auf Philipp Scheidemann und den Journalisten Maximilian Harden – sie überlebten knapp – verübt hatten, nachdem sie Angehörige der Linken umgebracht hatten und ihnen im Sommer 1921 Matthias Erzberger zum Opfer gefallen war, kurz bevor er wieder aktiv in die Politik eingreifen konnte, war das Ziel eines Pistolen- und Handgranatenanschlags Walther Rathenau (Juni 1922). Der glühende Verehrer Preußens und Deutschlands, der Philosoph und Großindustrielle aus jüdischer Familie war wegen seiner Integrität und seines Bemühens um eine rationale Politik auch im Ausland geachtet worden. Seine Ermordung ließ auf emotionale Unberechenbarkeit in der deutschen Politik schließen.

Die innenpolitischen Folgen waren gleichfalls schwerwiegend und zeigten, wie unsicher sich die Gründerparteien der Republik in ihrem Staat fühlten. Daß ein »Gerichtshof zum Schutz der Republik« geschaffen wurde, der alle

Schutz der Republik

Anschläge auf das staatliche Gemeinwesen aburteilen sollte, war konsequent, wenn sich auch die Besorgnis als berechtigt erwies, daß die Richter gegenüber der Rechten Milde walten lassen und gegenüber der Linken harte Urteile fällen würden. Fraglich war schon, ob dieser Gerichtshof überhaupt Anerkennung finden würde. Die Krise, die in dieser Frage zwischen dem Reich und Bayern ausbrach, das sich in seinen föderativen Belangen beeinträchtigt sah, bewies, daß es schwer sein würde, die Autorität des Reichs durchzusetzen. Bedenklich war aber auch die Möglichkeit, Parteien zu verbieten und Zeitungen, die staatsfeindliche Artikel verbreiteten, das Erscheinen zu untersagen. Auch wenn den Vorsätzen, aus denen diese Gesetzgebung entsprang, die Ermordung Rathenaus als Warnung zugrunde lag, bestand doch die Gefahr, daß sich diese Vorschriften unter veränderten Bedingungen gegen ihre Urheber wenden würden; außerdem konnten sich Gegner der Verfassungsordnung, die von den Bestimmungen betroffen waren, zu Märtyrern ihrer politischen Überzeugung erklären.

Tatsächlich war nach der Ermordung Rathenaus die Erregung so groß, daß zeitweise eine geschlossene Front der gemäßigten Linken und Rechten die Republik schützte. Im Hinblick auf die geistige Urheberschaft der früheren Gewalttaten und des Mordes an Rathenau erklärte Reichskanzler Wirth im Reichstag mit deutlicher Wendung gegen die DNVP: »Der Feind steht rechts!« Den Satz hatte schon vor ihm Scheidemann geprägt; ihn jetzt zu wiederholen, hieß klarzustellen, daß die Konfrontation aus der Anfangszeit der Republik noch immer fortbestand.

Kritik Poincarés

Die im Spätsommer und Herbst 1922 sich schneller drehende Inflationsspirale ließ zusätzliche Gefahren erwarten. Schon im Sommer 1922 hatte der französische Ministerpräsident Poincaré die Arbeit einer Gruppe unabhängiger Sachverständiger, in der auch Amerikaner mitwirkten, nicht anerkannt und ihre Empfehlung, Deutschland einen bedingten Zahlungsaufschub zu gewähren, zurückgewiesen. Für ihn bestand – zumindest in seinen offiziellen Äußerungen – kein Zweifel daran, daß die Leistungsverzögerungen böswillig herbeigeführt waren, und er machte deutlich, daß er weitere Stundungsanträge der Reichsregierung nicht mehr akzeptieren, sondern zu Sanktionen greifen werde.

Auswirkung der Vereinigung von MSPD und USPD

In dieser Situation trat Joseph Wirth zurück (Nov. 1922). Er hatte – hierin vom Reichspräsidenten unterstützt – auf eine politische Erweiterung seines Kabinetts durch Aufnahme von DVP-Ministern gedrängt; doch die SPD lehnte diese Koalition entschieden ab. Der Grund lag offensichtlich in der Sorge, die Partei neuen Spannungen auszusetzen, bevor es zur Konsolidierung gekommen war; denn seit Spätsommer 1922 hatten sich MSPD und der größere Teil der USPD, die sich seit Herbst 1920 in einem Auflösungsprozeß befand, zusammengeschlossen. Von der bürgerlichen Mitte war diese Verbreiterung der sozialdemokratischen Basis als Gefährdung angesehen worden. Die mit der MSPD im Kabinett Wirth koalierenden DDP und Zentrum bildeten mit der in der Opposition stehenden DVP eine als Gegengewicht gedachte Arbeitsgemeinschaft. Dies wurde als Bruch der Weimarer Koalition empfunden. Selbstverständlich bedeutete die Integration von ehemals Unabhängigen Sozialisten einen Linksruck in der SPD, doch hieß dies nicht Illoyalität gegenüber der Republik. Eine Koalition mit der DVP kam nicht in Betracht, da diese Partei gerade für die sozialdemokratische Linke im Verdacht stand, von der Schwerindustrie abhängig zu sein und die Rechtstendenzen der republikanischen Anfangsphase keineswegs überwunden zu haben. Wirths Erweiterungsplan war gescheitert, obwohl er angesichts der reparationspolitischen Verhältnisse sinnvoll gewesen war.

An die Stelle Wirths trat Wilhelm Cuno, Generaldirektor der HAPAG. Er versicherte, ein »Kabinett der diskontfähigen Unterschrift« zu bilden, d.h.

Kabinett Cuno (22.11.1922–12.8.1923)

ein Kabinett aus Fachleuten, die besondere wirtschaftliche Reputation besaßen, so daß sie im Aus- und Inland anerkannt waren. Innenpolitisch befand sich Cuno mit seinem Kabinett alsbald in Konfrontation mit den Sozialdemokraten, die seine enge Anbindung an Wirtschaftskreise mißbilligten. Cunos Bemühen, die Inflationswoge zu bekämpfen und bei rückläufiger Konjunktur außenpolitisch Verständnis für die deutschen Reparationsnöte zu gewinnen, schlug ebenso fehl wie sein Versuch, Frankreich durch einen Rheinpakt zu einer bilateralen Nichtangriffsgarantie und zum Verzicht auf Sanktionen zu bewegen. Die französische Regierung wollte sich nicht in ihrer Handlungsfreiheit gegenüber Deutschland einengen lassen.

In Besprechungen der von den Alliierten eingesetzten Reparationskommission zeichnete sich deutlich ab, daß weder Frankreich noch Belgien bereit waren, erneut deutsche Leistungsverminderungen hinzunehmen; stattdessen stellten sie unanzweifelbar fest, gegen jede weitere Nichterfüllung mit Sanktionen vorzugehen und jegliche Stundungsanträge zurückzuweisen. Versuche des britischen Delegierten, für die deutsche Regierung Verständnis zu erzielen, mißlangen. Die Geduld der französischen Regierung war beendet, als gegen alle Warnungen von Berlin aus wieder ein Zahlungsaufschub beantragt wurde und sich fast gleichzeitig herausstellte, daß Deutschland mit Holzlieferungen für Telefonmasten und Verschalungen für die nordfranzösischen Kohlegruben im Rückstand war. In konsequenter Erfüllung der bisherigen Androhungen gab die französische Regierung bekannt, daß eine Reparationskommission zur Sicherung der französischen und belgischen Ansprüche unter dem Schutz regulärer Truppen ins Ruhrgebiet kommen und die Erfüllung der Verpflichtungen durchsetzen werde. Obgleich die Regierung in London keinen Zweifel daran ließ, daß sie das französisch-belgische Vorgehen als unrechtmäßig ansah, stand doch im Vordergrund die britisch-französische Gemeinsamkeit gegenüber dem Deutschen Reich. Die einzige unmittelbare Folge der Ruhrbesetzung (11. Januar 1923) war, daß die US-Besatzungstruppen als Zeichen des Protestes ihr Gebiet verließen, das umgehend von den Franzosen übernommen wurde.

Ruhrbesetzung 1923

Da die politischen Spannungen bis zum Beginn des Jahres 1923 spürbar zugenommen hatten, war die französisch-belgische Sanktionsmaßnahme an der Ruhr für die deutschen Dienststellen keine Überraschung. Dennoch war die Empörung über den Einmarsch allgemein, zumal der Umstand, daß das Ruhrgebiet von den Besatzungsmächten durch eine Zollinie vom übrigen Reichsgebiet abgetrennt wurde, Befürchtungen sowohl über die Erhaltung der Reichseinheit wie auch über die wirtschaftliche Weiterentwicklung weckte. Als Gegenreaktion rief die Reichsregierung gemeinsam mit der Preußischen Staatsregierung zum passiven Widerstand auf: Weder durften Beamte und Angestellte oder Arbeiter von Reich und Land in irgendeiner Form mit den Sanktionsstaaten zusammenarbeiten, noch sollte die Möglichkeit bestehen, daß Kohle oder Industrieprodukte Frankreich oder Belgien übergeben würden. Darüber hinaus stellte das Reich auch die Zahlung sämtlicher Besatzungskosten ein. Für sehr kurze Zeit verband die Empörung über die Ruhrbesetzung nahezu alle politischen Richtungen. Mit Gewaltmitteln, die den Abwehrwillen nur noch steigerten, versuchten die Besatzungstruppen und die von ihnen begleitete Ingenieurkommission an Kohle, Koks, Eisen und Stahl zu gelangen. Wiederholt kam es dabei zu schweren Zusammenstößen mit streikenden Arbeitern, von denen mehrere ihr Leben verloren. Da auch sämtliche Kassen der öffentlichen Hand beschlagnahmt und Zahlungen des Reichs und des Landes unterbunden wurden, litt die Masse der Bevölkerung binnen weniger Wochen Not. Um Zusammenarbeit zu erzwingen, griffen die Besatzungsmächte zu Verhaftungen und Ausweisungen. Nicht allein diese Handlungen, sondern auch der propagandistisch geweckte Ein-

Passiver und aktiver Widerstand

Inflation 1923/24

druck drohender Kriegsgefahr ließ den deutschen Widerstand von Passivität zu aktiven Handlungen eskalieren.

Der aktive Widerstand gegenüber den Sanktionsmächten, die sich bei ihrem Vorgehen im Recht fühlten, verhärtete ihr Auftreten, zumal bei den von Gruppen der radikalen Rechten ausgeführten Anschlägen Angehörige der Besatzung ums Leben kamen. Honoratioren wurden als Geiseln genommen; gegen gefangene Saboteure verhängten Militärgerichte hohe Strafen; Industrielle, die Zusammenarbeit mit der MICUM (Mission Interalliée des Usines et des Mines) verweigerten oder Lieferungs- und Zahlungsauflagen verschleppten, wurden zu langjähriger Haft verurteilt.

Wirtschaftliche Erschütterung; Höhepunkt der Inflation

Während sich außenpolitisch derart die Gegensätze verhärteten und Vermittlungsversuche dritter Staaten erfolglos blieben, verbreitete sich in Deutschland ein chaotischer Zustand. Die Versuche der Reichsregierung, das besetzte Gebiet mit finanziellen Mitteln zu versorgen und den passiven Widerstand anzufeuern sowie die wirtschaftliche Rezession steigerten die Inflationsrate bald von Tag zu Tag. Die Abtrennung des Ruhrgebiets hatte im übrigen Deutschland einen Produktionsstillstand zur Folge, da der wichtigste Energieträger, Kohle, nicht mehr zur Verfügung stand. Arbeitslosigkeit breitete sich aus. Der Währungsverfall veranlaßte die Agrarier ihre Produkte zurückzuhalten. Wenngleich die Superinflation die große Zeit der Entschuldungen gewesen ist und geschickte Geschäftsleute durch Aufkauf und Währungsflucht ebenso wie Devisenspekulanten hohe Gewinne machen konnten, so war dies doch die Phase einer tiefgreifenden sozio-ökonomischen Erschütterung, die seither in Deutschland mit dem Begriff Inflation verbunden geblieben ist.

Die Arbeiterschaft – soweit sie noch beschäftigt war – empfing Lohnsätze, die kaum ausreichten, den unmittelbaren Lebensbedarf zu befriedigen; falls es Geldrücklagen gegeben hatte, so waren sie im Sog der Geldentwertung untergegangen. Arbeitslose waren auf die beschränkten Hilfsmöglichkeiten städtischer Fürsorge angewiesen. Härter waren die Angehörigen des »alten Mittelstandes« betroffen, die von den Zinsen ihrer Immobilien und Kapitalien gelebt hatten, deren Wert im Strudel des Währungsverfalls unterging. Nachdem sie die Staatsneuordnung und die angebliche »rote Gefahr« im wesentlichen unbeschadet überstanden hatten, sahen sie sich nun der Verar-

Hungernde Berliner vor einer Armenküche (1922)

Zeitungsausschnitt aus der Inflationszeit

An unsere Postbezieher!

Die Nachzahlung für die Zeit vom 1. bis einschließlich 30. November errechnet sich wie folgt:

Unsere Berliner Leser bezahlten:

in der Woche vom	1.—3. November		8	Milliarden Mark
" " " "	4.—10. "		50	" "
" " " "	17.—23. "	(1.50 M.)	900	" "
" " " "	24.—30. "	(1.50 M.)	1,500	" "
			2,458	Milliarden Mark
Unsere Postbezieher bezahlten freibleibend			4,78	" "
somit Nachforderung rund:			2,453	Milliarden Mark

Dieser Betrag wird in den nächsten Tagen von der Post durch Nachnahme eingezogen; wir bitten, ihn bereitzuhalten.

mung mit sozialem Abstieg und Abhängigkeit von öffentlicher Unterstützung ausgeliefert; doch neben Elend und Verzweiflung blühte in den Ballungsgebieten das Schieber- und Spekulantentum.

Das Kabinett der »diskontfähigen Unterschrift« war unfähig, die Verhältnisse zu ordnen. Sie wurden noch schwieriger durch flächendeckende Streiks und Unruhen. In der Arbeitnehmerschaft war – geschürt durch linke Propaganda und Aussagen aus dem Lager der Arbeitgeber – der Eindruck entstanden, daß sie die schwersten Opfer zu erbringen habe: Sie sollte der eigentliche Träger des Widerstandes gegen die Sanktionsmächte sein. Von ihr wurde erwartet, einerseits die Last der Rezession auf sich zu nehmen und andererseits die »Errungenschaft der Revolution« – damit war vor allem der achtstündige Arbeitstag gemeint – aufzugeben, da die Wirtschaftslage nur durch Mehrarbeit bis zu zehn Stunden am Tag verbessert werden könne. Von einer Beschäftigung der Arbeitslosen wurde hingegen nicht gesprochen. Gleichzeitig zeichnete sich die Bereitschaft der Industriellen ab, mit den Besatzungsmächten ins Gespräch zu kommen. Auch wenn hier zweifellos die hohen Verluste durch Stillstand der Betriebe eine Rolle spielten, hatten die Unternehmer auch erkannt, daß nach erheblichen Anfangsschwierigkeiten die MICUM doch in der Lage war, Industrieprodukte, Kohle und pharmazeutische Erzeugnisse abzutransportieren. Unter diesen Umständen war weiterer Widerstand nur bedingt sinnvoll, und schließlich gab es unter den Arbeitgebern auch Vertreter einer patriarchalischen Anschauung, die »ihren« Arbeitern wieder Lohn und Brot verschaffen wollten.

Innenpolitische Krisenherde

Zu diesen sozialen und wirtschaftlichen Problemen traten noch innenpolitische: In Sachsen und Thüringen waren Koalitionen mit linksradikalen Tendenzen entstanden, die auf die bürgerlichen Gruppierungen beider Länder erheblichen Druck ausübten; demgegenüber wuchs in Bayern der Rechtsradikalismus, der aber auch in den konservativ-nationalistischen Hochburgen Nord- und Ostdeutschlands – Mecklenburg, Brandenburg, Pommern und Ostpreußen – Zulauf fand. Im besetzten Rheinland und im Ruhrgebiet rührten die Separatisten die Werbetrommel für einen oder mehrere Pufferstaaten, die sich vom Reichsgebiet lösen sollten. Die Hilflosigkeit der Regierung Cuno gegenüber diesen Erscheinungen löste selbst bei den sie tragenden Parteien eindeutige Kritik aus. Die einzig bemerkenswerte Leistung dieser Regierung bis zu ihrer Demission war die Einleitung von Maßnahmen für eine künftige Sanierung der Währung, für die ihr deutschnationaler Berater Helfferich erste Vorarbeiten eingeleitet hatte. Der Höhepunkt der Krise war noch nicht erreicht; er mußte vom folgenden Kabinett bewältigt werden.

Die Kabinette Stresemann I/II (13.8.–23.11.1923)

An die Stelle Cunos trat der Parteivorsitzende der DVP Gustav Stresemann. Ihm gelang es, unterstützt von der Führung der MSPD, eine Große Koalition aus MSPD, DDP, Zentrum und DVP zu bilden. Obgleich diese Zusammensetzung der parlamentarischen Regierungsbasis die Überwindung bisheriger Gegensätze anzudeuten schien, bestanden grundsätzliche Differenzen fort. Dazu kam die wachsende Kritik der DNVP, des rechten DVP-Flügels und der bayerischen Staatsregierung, Stresemann habe sich in Abhängigkeit von Marxisten begeben, da er die wichtigen Ministerien der Finanzen, der Justiz und des Innern mit Sozialdemokraten besetzt habe. Demgegenüber galt es für die Linke als schwer erträglich, daß Sozialdemokraten mit politischen Vertretern des Kapitalismus zusammenarbeiteten und daß der unbeliebte Reichswehrminister Otto Geßler im Amt verblieben war. Diese Gegensätze nahmen im Lauf der Kanzlerschaft Stresemanns weiter zu. Dennoch ist es in diesen drei Monaten gelungen, die Tendenzen zur allgemeinen Auflösung einzudämmen und die Staatsordnung zu sichern.

Abbruch des passiven Widerstands

Um der sich immer schneller steigernden Inflation zu entkommen, war es notwendig, den durch vermehrten Notendruck finanzierten passiven Widerstand abzubrechen. Das Kabinett rang sich zu diesem Schritt, der von der Rechten als erneute Niederlage gegenüber dem französischen Erbfeind ausgegeben wurde, in der Erwartung durch (September 1923), damit zu Verhandlungen mit Frankreich über eine Minderung der deutschen Lasten gelangen zu können. Zunächst verweigerte die französische Regierung jegliches Gespräch und forderte die strikte Erfüllung aller deutschen Verpflichtungen aus der Vorsanktions- und Sanktionszeit. Diese Haltung wurde ihr erleichtert durch die wachsende Bereitschaft der Ruhrindustriellen, mit der MICUM Absprachen über Lieferungsmodalitäten auszuhandeln. Auch wenn hierbei die Sorge um den Fortbestand der Unternehmen und die Sicherung von Arbeitsplätzen eine Rolle gespielt haben, erregte es doch weithin Empörung, als bekannt wurde, daß die Vertreter des Steinkohlesyndikats (Stinnes u.a.) den französischen Befehlshaber der Sanktionstruppen gebeten hatten, die Verlängerung des Arbeitstages von acht auf zehn Stunden durchzusetzen.

Separatismus und Autonomismus

Diese Ereignisse spielten sich zum Zeitpunkt einer sichtbaren Abnahme des Widerstandswillens ab. Von diesem Abklingen profitierten in geringem Umfang die separatistischen Gruppen, die sich mit Demonstrationen von Düsseldorf bis Aachen und von Mainz bis Bonn für die Gründung pfälzischer, rheinischer oder rheinhessischer Republiken einsetzten, entsprechende Regierungen und Verwaltungen entstehen ließen, die unter dem Schutz der belgischen und französischen Besatzungsmächte standen. Gegenüber der in der Literatur verbreiteten scharfen Ablehnung der Separatisten ist jedoch zu berücksichtigen, daß sie sich zum Teil in der Tradition der rheinischen Preußenfeindschaft befanden und daß einige ihrer Anhänger auch unter dem Eindruck der hoffnungslosen Situation gehandelt haben. Aus Berlin war für das besetzte Gebiet nicht nur keine Unterstützung zu erwarten, vielmehr hatte der Reichskanzler zum Entsetzen des zeitweilig einem rheinischen Autonomismus zuneigenden Kölner Oberbürgermeisters Adenauer sogar erklärt, zur Sicherung einer sanierten Währung sei die Regierung bereit, das Rheinland zeitweilig seinem materiellen Schicksal und der Verantwortung der Sanktionsmächte zu überlassen. Grundsätzlich galten die Separatisten in der Bevölkerung als Verräter und Verbrecher, wurden für vogelfrei angesehen und entsprechend behandelt.

Währungssanierung; Überprüfung der Leistungsfähigkeit

Wesentlich für die deutsche Politik gegenüber den Gläubigermächten wurde, daß es der Reichsregierung gelang, aus eigener Kraft die Währung zu sanieren. Dies war bisher von den Westmächten gefordert und von deutschen Kabinetten als undurchführbar zurückgewiesen worden. Jetzt waren Maßnahmen ergriffen worden, damit an die Stelle der Mark und des Notgeldes aus Kommunen und Betrieben am 15. November die Rentenmark treten konnte, die einer Billion Papiermark entsprach. Der festgelegte Wechselkurs von 4 Rentenmark (seit 1924: Reichsmark) = 1 Dollar ist in der Folgezeit vom neuen Reichsbankpräsidenten Hjalmar Schacht äußerst hartnäckig verteidigt worden. Wichtig war ferner, daß der deutsche Antrag auf Überprüfung der deutschen Leistungsfähigkeit von der Reparationskommission angenommen worden war, nachdem der französische Ministerpräsident Raymond Poincaré angesichts wachsender französischer Wirtschaftsprobleme seine unnachgiebige Haltung aufgegeben hatte.

Krisenstimmung

Die Auseinandersetzungen um die Arbeitszeit und die Währungssanierung, für die Besitzer von Immobilien und Betrieben eine Zwangsbelastung auferlegt bekamen, hatten die Spannungen zwischen rechten und linken Parteien erhöht und ein klassenkämpferisches Klima geweckt, aus dem auf der Linken eine erhebliche Unruhe mit Streiks und Ausschreitungen erwuchs. Den Abbruch des passiven Widerstandes an der Ruhr hatte die Reichsregierung bereits mit der Verkündung des Ausnahmezustandes verbunden, um etwaigen Gegenaktionen der radikalen Gegner von der Rechten

Die Reichswehr besetzt einen sächsischen Industrieort (1923)

begegnen zu können. Die bayerische Staatsregierung verkündete daraufhin einen separaten Ausnahmezustand, dessen Vollzug von dem eigens eingesetzten Generalstaatskommissar von Kahr zu überwachen war, der damit über dem bayerischen Kabinett faktisch Diktaturgewalt besaß und diese auch gegenüber Juden und politischen Gegnern auf der Linken anwandte.

Der »deutsche Oktober«

Mit weitaus mehr Besorgnis wurde zunächst von Berlin aus die sächsische und thüringische Entwicklung beobachtet, da dort die Kommunisten die Landesregierung nicht mehr nur tolerierten, sondern sogar in sie eintraten. Bei der Komintern in Moskau verstärkte sich der Eindruck, der »deutsche Oktober« stehe unmittelbar bevor. Trotz aller begründeten Warnung vor einer Fehleinschätzung durch die deutsche KP-Leitung brach in Hamburg ein Aufstand aus (Oktober 1923), der jedoch in der Arbeiterschaft ohne die erwartete Resonanz blieb und schnell niedergeworfen werden konnte.

Reichsexekution in Sachsen und Thüringen; Putsch der Schwarzen Reichswehr

Konflikte zwischen den sächsischen und thüringischen Kabinetten einerseits mit der Reichsregierung, andererseits mit dem bayerischen Kabinett boten der Regierung Stresemann die Möglichkeit, unter Anwendung des Artikels 48 die legalen, aber unbequemen Landesregierungen in Dresden und Weimar durch genehmere Koalitionen ablösen zu lassen. Aber Stresemann gelang nicht, damit gegenüber der Rechtsopposition seine Unabhängigkeit vom »Marxismus« zu demonstrieren; und die Sozialdemokraten waren von der Form empört, in der die Reichswehr diese Reichsexekution durchgeführt hatte.

Die politisch gereizte Stimmung wurde noch nervöser angesichts der spürbaren Untätigkeit gegenüber rechten Ausschreitungen. In Küstrin und Spandau putschte zunächst eine illegale Ersatzorganisation der Reichswehr, die »Schwarze Reichswehr«, deren Mitglieder dem Rechtsradikalismus zuzuzählen waren. Auch wenn vom Reichswehrministerium der Versuch unternommen wurde, die Meuterer als Nationalbolschewisten auszugeben, fand dies wenig Glauben. Unterdessen mehrten sich die Stimmen, die auf eine nationale Diktatur drängten: Deutschnationale, Reichslandbund und ihnen Nahestehende suchten nach einer Persönlichkeit, die sie für geeignet hielten, an Stresemanns Stelle zu treten. Kurzfristig meinte man, in General von Seeckt den richtigen Mann gefunden zu haben. Dem Chef der Heeresleitung war die vollziehende Gewalt nach dem Putsch der »Schwarzen Reichswehr« übertragen worden. Doch obgleich in der Folgezeit Seeckt gelegentlich versuchte, in Fragen der Exekutive hineinzureden, blieb dies ohne Auswirkung.

Bayerische Krise

Überdies spitzten sich die Verhältnisse in Bayern zu, dessen Regierung sich weigerte, Aufträge und Auflagen der Reichsregierung unter dem Ausnahmezustand zu erfüllen, mit denen ein Zeitungsverbot gegenüber den Nationalsozialisten durchgesetzt werden sollte. Statt durchzugreifen, nahm die bayerische Reigerung sogar die in Bayern stationierte »siebte Division« der Reichswehr »in Pflicht«, was einen einwandfreien Verstoß gegen die Reichsverfassung darstellte. Auch die bayerische Landespolizei unterstand dem Kommando eines Gegners der Reichsverfassung. Eine Chance, gegen Berlin zu marschieren, hätte nach dem Abbruch des passiven Widerstandes bestandes, solange die Inflation noch ungebrochen voranschritt und der Vorwurf der Marxistenhörigkeit gegen den Reichskanzler bestand. Dies war aber nicht mehr der Fall. Die vorbereitende Gesetzgebung für die Währungssanierung war angelaufen, die Reichsexekutionen in Sachsen und Thüringen hatten stattgefunden, der Antrag auf Überprüfung der deutschen Leistungsfähigkeit war von der Reparationskommission angenommen worden. So kam es in Bayern am fünften Jahrestag der staatlichen Neuordnung von 1918 zu einem lokal begrenzten Putschversuch in München, bei dem die bayerischen Rechtsradikalen unter dem Kommando des Führers der Nationalsozialisten, Adolf Hitler, jedoch scheiterten, da selbst der bayerische Generalstaatskommissar von ihrer Erfolglosigkeit überzeugt war. Die Reichsregierung hatte allerdings nicht gehandelt und den Verfassungsbruch anscheinend hingenommen. Dies wurde ihr zum Verhängnis.

Münchner Putsch

Koalitionskrise und Ermächtigungsgesetz

Die Auseinandersetzungen um die Besitzbelastung, die von bürgerlichen Parlamentariern als drohendes Vorzeichen marxistischen Enteignungswillens gedeutet wurden, falls nicht von den Arbeitnehmern durch verlängerte Arbeitszeit ein Äquivalent erbracht werde, hatten Anfang Oktober 1923 zur Demission des ersten Kabinetts Stresemann geführt. Die Neubildung war schnell auf gleicher Koalitionsbasis gelungen, da die Verantwortungsbewußten in den Parteileitungen keinen Zweifel an der weiteren Notwendigkeit eines breiten Parteienbündnisses besaßen, auch wenn die ideologische Konfrontation fortbestand. Unbestritten war ebenso, daß künftige parlamentarische Debatten die durch Diktaturforderungen und Putschgerüchte vergiftete politische Atmosphäre zusätzlich belasten würden. Daher verständigten sich die Koalitionsfraktionen darauf, das Kabinett für die Dauer seiner derzeitigen parteipolitischen Zusammensetzung zu allen erforderlichen legislativen und exekutiven Handlungen zu ermächtigen, mit denen die anstehenden wirtschaftlichen Fragen gelöst werden konnten. Die äußeren Umstände lassen diese Handlungsweise im Herbst 1923 gerechtfertigt erscheinen, zumal sich daraus keine Diktatur entwickelte, sondern die Normalität des Parlamentarismus sogar früher als erwartet wieder einkehrte. Allerdings bedeutete dies erste Ermächtigungsgesetz auch den Verzicht des Parlaments bzw. seiner demokratischen Mehrheit auf die Mitarbeit an grundlegenden Lösungen der bestehenden materiellen Probleme. Ein Präzedenzfall war geschaffen worden, der durch ein weiteres Ermächtigungsgesetz für das Kabinett Marx noch bestätigt wurde. Der deutsche Parlamentarismus hatte sich durch die Verzichterklärung der Koalitionspartner selbst eine Niederlage beigebracht. Da die SPD aus dem Kabinett Stresemann austrat, erlosch die Ermächtigung schnell.

Empört über die Inaktivität des Kanzlers gegenüber dem bayerischen Verfassungsbruch hatten die Sozialdemokraten das zweite Kabinett Stresemann verlassen. Bedrängt von der Rechten, auch in der eigenen Partei, hatte Stresemann die Vertrauensfrage gestellt und war unterlegen. Daraufhin trat er parlamentarischer Auffassung entsprechend zurück.

In nur drei Monaten hatten Stresemann und seine Minister Aufgaben bewältigen müssen, an denen ihre Vorgänger trotz weitaus längerer Regie-

rungsdauer gescheitert waren. Obgleich der Kanzler Stresemann – nicht zuletzt wegen Intrigen in seiner eigenen Partei – gescheitert war, erscheint seine Politik im Verlauf des Jahres 1923 als richtig. Eine Auflösung des Gesamtstaats war verhindert worden, und der Hoffnungsschimmer einer reparations- und währungspolitischen Wende hatte zur Sicherung der Weimarer Republik beigetragen.

Die Sozialdemokraten schieden zwar aus der Verantwortung für die Regierungspolitik des Reichs aus; da sie aber von unbedeutenden Unterbrechungen abgesehen das preußische Staatsministerium mittrugen und in Otto Braun den preußischen Ministerpräsidenten von 1920–1932 stellten, läßt sich nur schwer ein Rückzug aus der Gesamtverantwortung behaupten; denn Preußen umfaßte von Bevölkerung und territorialem Umfang her zwei Drittel des Deutschen Reiches.

Beginn der Konsolidierung

Seit Ende November 1923 bestimmten Koalitionen bürgerlicher Parteien die Reichspolitik. Allerdings war es ihnen so wenig wie den vorhergehenden Regierungen möglich, über eine längere Dauer im Amt zu sein. Dennoch bestand der Eindruck einer möglichen Konsolidierung der Verhältnisse, auch wenn die Nachwehen des Krisenjahres 1923 andauerten und der Schock der Hyperinflation von 1922/23 nicht überwunden werden konnte. Außerdem hatte sich gezeigt, daß traditionelle Modelle zur Beseitigung von Währungs- und Wirtschaftsproblemen den neuen Verhältnissen – auch außerhalb Deutschlands – nicht mehr entsprachen.

Kabinette Marx I/II (30.11.1923–25.12.1924)

Mit der Umbildung der Reichsregierung nach Stresemanns Demission zu einem bürgerlichen Minderheitskabinett, dem auch jetzt trotz entsprechender Forderungen an den Reichspräsidenten die DNVP nicht angehörte, waren die Nachklänge der bisherigen Krise noch nicht überwunden; daher blieb der militärische Ausnahmezustand noch bis Februar 1924 bestehen und dem Kabinett Marx wurde eine Ermächtigung zur Durchführung sozialpolitischer und währungssichernder Maßnahmen erteilt. Die Folge waren Lockerungen in den Arbeitszeit-Bestimmungen in Richtung auf die Vorstellungen der Arbeitgeber. Die Gewerkschaften hatten sich um Eindämmung bemüht, jedoch an Gewicht verloren, da viele Mitglieder in der Zeit der galoppierenden Inflation ausgetreten waren. Überdies vertiefte die endgültige Aufkündigung der Zentralarbeitsgemeinschaft, die seit 1920 nur noch dahinvegetiert hatte, den Graben zu den Unternehmern, die in den nächsten Jahren in Arbeitskämpfen entschiedene Härte zeigten. Die im November 1923 als Binnen- und Übergangswährung ausgegebene Rentenmark erweckte schnell den Eindruck der Stabilität und wurde sogar im Ausland akzeptiert; ihre Nachfolgerin Reichsmark hatte folglich keine währungspolitischen Schwierigkeiten im In- oder Ausland, zumal die Reichsbank alle Forderungen nach vermehrten Umlaufzahlen der Banknoten ablehnte und Kreditwünsche, die eine Vermehrung der Geldmenge bedeutet hätten, restriktiv behandelte. Ein breiter Ausgleich für Inflationsverluste war nicht vorgesehen, da er Instabilität zur Folge gehabt hätte, die sich wiederum nur negativ auf die alliierte Behandlung der deutschen Reparationsleistungen hätte auswirken können.

Soziale Spannungen; Währungssicherung

Seit Frühjahr 1924 tagten in Paris Kommissionen der Gläubigermächte, um die deutschen Zahlungsverhältnisse und Leistungsmöglichkeiten auf eine realistische Basis zu stellen. Obwohl die Verhältnisse insgesamt günstig waren, wünschte Reichskanzler Marx eine Verlängerung des befristeten Ermächtigungsgesetzes. Die oppositionelle Parlamentsmehrheit lehnte dies Gesetz ab. Auf Wunsch von Marx löste der Reichspräsident den Reichstag auf.

Reichstagswahl vom 5. Mai 1924

Die erste Reichstagswahl des Jahres 1924 am 5. Mai ergab, daß durch die Erschütterungen des Krisenjahres 1923 die radikalen Verfassungsgegner auf den Flügeln des parteipolitischen Spektrums auf Kosten der MSPD und der gemäßigten bürgerlichen Parteien gestärkt worden waren. Wieder wurde die Krisenanfälligkeit des jungen parlamentarisch-demokratischen Staatswesens sichtbar.

Parteiensystem der Weimarer Republik

Das traditionell fünfgliedrige Parteisystem aus Konservativen, politischem Katholizismus, Rechtsliberalen und Demokraten (Linksliberalen) sowie Sozialisten erfuhr durch die völkisch-nationalistische Gruppierung einschließlich der Nationalsozialisten auf der Rechten und durch die Kommunisten auf der Linken eine Erweiterung. Um die politischen Bedingungen zu charakterisieren, läßt sich von verfassungsloyalen Parteien, von illoyalen und attentistischen Parteien reden.

DDP

Eigentliche Verfassungspartei war die DDP geblieben, die jedoch nicht in der Lage war, neue politische Gedanken zu entwickeln, die auf das Wählervolk wirkten. Seit den Reichstagswahlen 1920 befand sie sich in der Gefahr, zur politischen Splittergruppe zu verkümmern.

SPD

Innerhalb der SPD war man am Erhalt der Verfassung und der Republik interessiert, ohne deshalb mit Kritik an den gesellschaftlichen Verhältnissen zurückzuhalten; gerade dies ist ihr leicht und wenig gerechtfertigt als Ablehnung, gar als

Desinteresse an der Staatsordnung ausgelegt worden. Unbestreitbar jedoch ist, daß die Mitglieder der SPD sich nicht in allen Bereichen mit der Weimarer Republik identifizieren wollten und konnten. Dies galt insbesondere dann, wenn Traditionen gepflegt wurden, die im Gegensatz zu den sozialdemokratischen Auffassungen standen.

Zentrum

Im Zentrum waren aufgrund seiner breiten Fächerung vom Großgrundbesitz und der Schwerindustrie bis hin zur Arbeitnehmerschaft recht unterschiedliche Einstellungen vertreten. In seinen Reihen standen Verfechter eines ultra-monarchistischen Gedankengutes und des Ständestaates ebenso wie überzeugte Verfechter der parlamentarisch-demokratischen Republik. Gerade diese Breite ermöglichte es der Zentrumspartei von 1919–1932 nahezu ununterbrochen im Reich und in Preußen die Regierungsverantwortung auch bei wechselnden Koalitionen mitzutragen. Auch in Süddeutschland war das Zentrum an den Länderkabinetten beteiligt. In Bayern allerdings hatte die Bayerische Volkspartei die politische Führung inne, die sie als Identifikation von Land und Partei ansah. Die BVP verlangte die Rückkehr zum Föderalismus der Bismarckschen Reichsverfassung und bekannte sich weitaus stärker als das Zentrum zu monarchistischen Traditionen und einer konservativen Staatsgesinnung.

BVP

DVP

Als Partei eines gehobenen Mittelstandes mit Bindung zum Protestantismus, der Industrie und Agrarier wie des Großhandels repräsentierte die Deutsche Volkspartei eine Bevölkerungsgruppe, die weniger individualistisch als die Angehörigen der DDP besonders dem Bildungsbürgertum des ausgehenden 19. Jahrhunderts verbunden war. Bis in die Zeit des Kapp-Lüttwitz-Putsches stand sie in unmittelbarer Nachbarschaft zur DNVP, deren offenen und verborgenen Antisemitismus sie allerdings nicht teilte. Anders als die Deutschnationalen war die Führung der Volkspartei jedoch nach dem reaktionären Putsch des Jahres 1920 bereit, sich auf den Boden der bestehenden Verhältnisse zu stellen und die Republik zu akzeptieren, auch wenn die gefühlsmäßige Bindung an die Monarchie bestehen blieb. Die Kanzlerschaft Stresemanns, die in der DVP selbst heftig umstritten war, löste eine Krise aus, in deren Fortgang einige prominente Parteiangehörige zur DNVP übertraten. Diese internen Spannungen bestimmten das äußere Bild des DVP bis in die Phase der Präsidialkabinette. Der Vorsitzende Stresemann war bis zu seinem Tod eher Gallions- als Integrationsfigur.

Wirtschaftspartei

Dorn im Fleisch des Liberalismus war die Reichspartei des deutschen Mittelstandes, gewöhnlich Wirtschaftspartei genannt, mit einem auf Tagesbedürfnissen der Gewerbetreibenden und Hausbesitzer zugeschnittenen Programm ohne größere Perspektive. Damit gelang es der Partei, zeitweise die größte Bedeutung unter den Kleinparteien zu erringen und zur Zersplitterung der Mittelparteien beizutragen.

Geschlossenheit und Stärke der bürgerlichen Mitte wäre für eine gezielte Erhaltung der Staatsordnung und Sicherung einer Verfassungsloyalität der Mehrheit erforderlich gewesen. Neben bem starken Block der politischen Arbeiterbewegung – SPD – und des politischen Katholizismus – Zentrum und in Grenzen BVP – stand kein annähernd ähnlich kompaktes Gebilde des Liberalismus.

DNVP

Erstes Sammelbecken für Konservative, Alldeutsche und Völkische, für radikale Verfechter des monarchischen Gedankens und deutscher Weltmachtstellung und für die uneinsichtigsten Gegner des Friedensvertrags war die Deutschnationale Volkspartei. Ihre Beschwörung monarchischer, schwarzweißroter Vergangenheit deutschen Weltmachtstrebens und ihre Unnachgiebigkeit gegenüber der neuen Ordnung machte diese Partei für den Personenkreis wählbar, der für sich selbst die Eigenschaft »national« in Anspruch nahm, aber zum Chauvinismus neigte. Praktisch war die DNVP die parlamentarische Repräsentanz des antidemokratischen Antiparlamentarismus. Auch wenn die Partei besonders von Großagrariern, Schwerindustriellen, hohen Beamten und ehemaligen Offizieren mit Bindung an die Monarchie gefördert wurde, stellte sie ihre Kandidaten doch so auf, daß sie auch für Frauen und Arbeiter wählbar erschienen. Der DNVP kamen die Nachkriegsbelastungen und die innenpolitischen Verhältnisse zugute. Ihre zumeist rüde Kritik an den Verfassungsverhältnissen wurde unter anderem durch die Medien des Hugenberg-Konzerns (Zeitungen und Film) verbreitet, dessen Besitzer dem Parteivorstand angehörte. Finanzielle Unterstützung erhielt die DNVP aus den ihr nahestehenden Organisationen wie dem Reichslandbund, die auch auf die Parteipolitik Einfluß gewannen. Das Vorgehen gegen Erzberger, die Fehmemorde und der Mord an Rathenau fand die Zustimmung der meisten Deutschnationalen. Dennoch lehnte der Vorstand Aktionen einer völkischen Gruppe ab, die den Antisemitismus weiter zuspitzen wollte. Die Absplitterung dieser Arbeitsgemeinschaft, aus der die Deutsch-völkische Freiheitspartei erwuchs, stellte keine Schwächung der DNVP dar.

Radikale Rechte

Die Kleinparteien auf dem äußersten rechten Flügel hatten auf ihre Fahnen einen elitären Rassismus und den Kampf gegen alle Gruppen geschrieben, die ihnen in irgendeiner Form international, »ultramontan« oder liberal erschienen. Diese radikalen Parteien bestanden aus einem Konglomerat von Kleinbürgern, Landsknechtstypen, Arbeitern und Akademikern, die sich in Hinterzimmern von Lokalen zusammenfanden, wo sie ihre geheimbündlerisch terroristischen Aktivitäten mit propagandistischem Fanatismus erörterten. Zu diesen Kleinparteien gehörte auch die NSDAP, die, 1919 gegründet, seit 1922 im Raum München-Nürnberg stärkere Beachtung fand und mit dem Auftreten ihrer Schlägertrupps und den Brandreden ihres Parteiführers sogar über die Grenzen Bayerns aufzufallen begann. Im Prozeß vor dem bayerischen Volksgerichtshof im Frühjahr 1924 gelang es Hitler, den kläglich gescheiterten Bierkellerputsch vom November 1923 sowie seine und die Rolle der NSDAP besonders herauszustellen.

NSDAP

KPD

Die Linie der Kommunisten war mit der Forderung nach Beseitigung der Klassenherrschaft und kapitalistischer Wirtschaftsordnung zugunsten einer Diktatur des Proletariats im Rätestaat eindeutig. Die KPD hatte aus der Zersplitterung und dem Parteiübertritt der USPD Mandate in den Parlamenten erhalten und war unbestreitbar die zweite Kraft in der politischen Arbeiterbewegung. Ihr Ansehen litt allerdings unter den internen Auseinandersetzungen um die Führung, den wiederholten stets gescheiterten Putschen und unter dem wachsenden Einfluß bzw. der Unterordnung unter die Weisungen der Zentrale des internationalen Kommunismus in Moskau. Die Mitglieder der KPD waren Arbeiter und Akademiker, Utopisten und Fanatiker, echte Proletarier und Salonkommunisten sowie Intellektuelle und Künstler unterschiedlichen Herkommens. Wie die Parteien der radikalen Rechten zehrte auch die KPD von der verbreiteten Unzufriedenheit mit den gesellschaftlichen und vor allem den materiellen Zuständen. Ihre Gewinne machten sie in Phasen der Not und der Enttäuschung über die Praktiken der jeweiligen Regierungsparteien.

Wahlergebnis Mai 1924

Neben den fortbestehenden gesellschaftlichen und wirtschaftlichen Spannungen kam die Unsicherheit, ob und wie sich die Pariser Reparationskonferenz für Deutschland auswirken werde, im Wahlergebnis vom Mai 1924 zum Ausdruck. Zwar vermochten die Mittelparteien des bürgerlichen Lagers und die Sozialdemokratie nach wie vor eine verfassungsloyale Parlamentsmehrheit zu bilden, aber ihre ideologisch-sachlichen Differenzen nach den Novemberereignissen 1923 waren zu tiefgreifend, um wieder eine Koalition bilden zu können. Außerdem erlebte die Sozialdemokratie einen derart deut-

Angehörige eines nationalistischen Wehrverbands auf Lastwagen beschimpfen eine Marschkolonne des »Reichsbanners Schwarz-Rot-Gold«

lichen Stimmenverlust durch Wechselwähler, die zur KPD übergegangen waren, und durch Nichtwähler, daß sie nicht mehr die stärkste Fraktion im Reichstag zu bilden vermochte. Ihre Mittelstellung zwischen Koalition und Opposition war so wenig wie ihre kritische Verfassungsloyalität honoriert worden.

Ähnliche Einbußen wie die Sozialdemokraten erlitten auch Volksparteiler und Demokraten, die damit allerdings bereits auf das Niveau von Kleinparteien herabgedrängt wurden. Die Aushöhlung der parlamentarischen Mitte hatte begonnen; denn auch der politische Katholizismus überstand die Wahl nicht ohne Stimmenrückgang. Die zentrifugale Wählerschaft brachte ihre Stimmen auf den Flügeln ein: Die KPD, die vor allem durch USPD-Übertritte über Mandate verfügt hatte, besaß jetzt Fraktionsstärke. Die DNVP stellte in Fraktionsgemeinschaft mit dem Landbund als stärkste Fraktion den Reichstagspräsidenten; und die völkisch-nationalistische Freiheitspartei gelangte immerhin auf 32 Mandate. Auffällig ist auch das Absinken der Wahlbeteiligung auf 77,4%. Hier begann sich ein Reservoir für verdrossene Protesthaltung zu bilden, die noch kein Ventil für ihre Unzufriedenheit mit demokratisch-parlamentarischen Verhältnissen gefunden hatte. Die bürgerliche Koalitionsbildung vom November 1923 konnte fortbestehen, mußte sich aber als Minderheit auf tolerierende Parteien stützen. In der Außenpolitik kam diese Unterstützung vor allem von der SPD.

Mittlere Phase der Weimarer Republik

Außenpolitik der »Ära Stresemann«

Die Mittelphase der Weimarer Republik – die Jahre 1924–1929 – ist in der Forschung lange Zeit als die eigentliche Ära Stresemann dargestellt worden. Damit wurden die außenpolitischen Ereignisse in den Vordergrund gerückt, die den Eindruck erweckten, mit der Veränderung des außenpolitischen Status sei auch eine wesentliche Verbesserung verbunden gewesen. Neuere Untersuchungen haben die Glorifizierung von Stresemanns Außenpolitik eher kritisch beleuchtet und gefragt, wieweit seine politischen Zielvorstellun-

Gustav Stresemann

gen eigentlich erfüllt worden sind. Andererseits darf auch die Kritik nicht unbeachtet bleiben, die dem Außenminister vorwirft, eine Politik betrieben zu haben, die wohl in den Strategien, nicht jedoch in den eigentlichen Absichten von nationalistischen Zielen entfernt gewesen sei. Die Vorstellung vom erfolgreichen Staatsmann muß an den Fakten relativiert werden: Die erstrebte Revision des Versailler Vertrags unterblieb; Veränderungen zugunsten Deutschlands kamen primär dort zustande, wo sich die Alliierten als Gläubiger davon Nutzen versprachen. Die Stresemannphase der Weimarer Republik ist geprägt von verbesserten deutsch-französischen Beziehungen, nachdem die französische Außenpolitik in den Händen Aristide Briands lag. Beide Politiker waren in ihren Arbeitsbedingungen jedoch abhängig vom parteipolitischen Umfeld der Koalitionen, in denen sie wirkten, und den Erwartungen, die die Bevölkerung ihrer Staaten hegte. Damit mochte im taktischen Kalkül der Augenblickseffekt größere Bedeutung als die Langzeitwirkung erhalten.

Die Außenpolitik Deutschlands unter der Führung Stresemanns ist aber nicht nur in den Reihen der Rechtsparteien und der äußersten Linken auf heftige Kritik gestoßen. Diese kritisierten einmal seine Nachgiebigkeit gegenüber dem Westen, darüber hinaus auch, daß sich Deutschland in die Front der Gegner der Sowjetunion habe einbinden lassen. Auch innerhalb der gemäßigten Mittelparteien waren Stimmen zu hören, die den Vorwurf erhoben, daß nationale Interessen aufs Spiel gesetzt würden. Doch gerade dies lag nicht in der Absicht Stresemanns, dessen Verständigungspolitik das Ziel hatte, durch Revision des Friedensvertrags Deutschlands materielle und moralische Position wiederherzustellen. Die Stufen hierzu waren: Dawes-Plan (1924), Locarno-Pakt (1925), Mitgliedschaft im Völkerbund (1926) und Young-Plan mit Rheinlandräumung (1929/30) – Vereinbarungen und Verträge, die in Deutschland heftige politische Kontroversen auslösten und in ihren Konsequenzen aufgrund nicht erfüllter Erwartungen zur politischen Radikalisierung beigetragen haben.

Stufen der Außenpolitik

Diese Phase ist anfangs durch die Erkenntnis geprägt worden, daß der Druck, der seit 1921 auf Deutschland ausgeübt worden war und den Höhepunkt in der Ruhrbesetzung gefunden hatte, sich auch auf die Gläubigermächte nachteilig auswirken würde. Regierungswechsel in London und Paris und das Wiedererscheinen der USA auf der politischen Bühne Europas schufen ein Klima, in dem Verhandlungen trotz aller Härte der Gesprächsführung mit Deutschland als gleichberechtigtem Partner stattfinden konnten. Die alliierten Verhandlungen über deutsche Wirtschaftsfragen hatten Anfang April 1924 ein Ende gefunden und die Sachverständigen hatten zwei Gutachten vorgelegt, die in London von einer Ministerkonferenz abschließend zu behandeln waren, zu der auch die neugebildete Reichsregierung eine Delegation entsandte. Am Ende dieser Konferenz stand das grundsätzliche Fortbestehen deutscher Reparationsverpflichtungen aufgrund des Artikels 231 des Versailler Vertrags, aber die alliierten Regierungen waren von den rigiden Leistungsforderungen abgewichen. Die deutschen Zahlungen wurden auf eine jährliche Durchschnittshöhe von 2,5 Milliarden RM festgelegt, wobei die Dauer dieser Zahlungen nicht explizit angegeben war. Für die ersten fünf Jahre war eine deutliche Unterschreitung dieses Beitrags vorgesehen, um überhaupt die Finanzkraft Deutschlands zu sichern. Eine von einem amerikanischen Konsortium angelegte internationale Anleihe in Höhe von 800 Millionen RM sollte hierzu beitragen. Deutschland war damit wieder als international kreditwürdig anerkannt worden. Das hatte zur Folge, daß in die deutsche Privatwirtschaft und in die Kassen der öffentlichen Hand, die dringend finanzielle Mittel benötigten, in großem Umfang Anleihen hineingepumpt wurden. Diese Fremdwährungen standen dann aber auch zur Ver-

Londoner Konferenz

Kredite

fügung, um die Reparationen zu erbringen, die in Form in Deutschland aufgebrachter Devisen zu zahlen waren, doch eigentlich aus Überschüssen hätten erwirtschaftet werden sollen. Die Konsequenz war – sie ist bald erkannt und von ihr ist nachdrücklich gewarnt worden –, daß tatsächlich die Wiedergutmachung an die Alliierten aus den von ihnen gegebenen Krediten erfolgte und damit ein Kreislauf wachsender Verschuldung einsetzte.

Die Überwachung der Zahlungen wie auch die des Reichshaushalts sowie der als Pfand dienenden Bahn und Reichsbank lag in der Verantwortung des von den Gläubigermächten eingesetzten Generalagenten für die Reparationszahlungen, der jährlich die deutsche Wirtschaftslage und Reparationsfähigkeit in einem detaillierten Bericht darzustellen hatte.

Der Dawes-Plan in der politischen Auseinandersetzung

Die Bestimmungen des »Dawes-Planes« – das Reparationsabkommen wurde nach dem US-Botschafter in Paris, Vorsitzender der entsprechenden Sachverständigen-Kommission benannt – löste in Deutschland heftige Konflikte aus: Die Kommunisten sahen darin eine Ausnutzung der deutschen Arbeitnehmer durch das weltweite Kapital; demgegenüber erblickten die nationalistischen Parteien in dem Abkommen einen Ausverkauf deutscher Werte und einen weiteren Souveränitätsverlust, der ohne sichtbare alliierte Gegenleistung wie Rheinlandräumung oder Aufhebung der Entwaffnungskontrollen erfolge, sondern eine noch engere Ankettung an das Versailler System darstelle. Doch diese parteipolitische Ablehnungsagitation stieß bei den Industrieverbänden auf Widerstand, die die verbesserten Aussichten Deutschlands anerkannten. Diese würden jetzt bei dem unmittelbar bevorstehenden Ablauf der Handelsvertragsbeschränkungen durch den Friedensvertrag eine Rückkehr Deutschlands auf den internationalen Markt bedeuten, wenn mit Hilfe ausländischer Kredite die Produktionsanlagen modernisiert und dem neuesten Weltstandard angepaßt seien. Kostensparende Rationalisierungsmaßnahmen wären die Folge. Diese Kredite waren allerdings nur zu erhalten, wenn der Reichstag dem Dawes-Plan und seinen Zusatzbestimmungen die Zustimmung erteile; deshalb stimmte etwa die Hälfte der DNVP-Fraktion zu, so daß am 29. 8. 1924 eine Mehrheit im Reichstag zustande kam.

Sozio-ökonomische Situation 1924–1928

Längere Zeit haben die Darstellungen der Weimarer Republik das folgende Jahrfünft (1924–29) als Phase der Konsolidierung und der Ruhe behandelt. Neuere Analysen ergeben jedoch, daß diese Zeit sowohl auf dem allgemein politischen Sektor wie im sozio-ökonomischen Bereich schwere Konflikte brachte, die die Präformierung der Endjahre der Republik schufen: Verhärtung der Gegensätze zwischen den Arbeiter- und den bürgerlichen Parteien, Aufwertung der verfassungsilloyalen Rechte, Zunahme der sozialen Konflikte, Fortbestehen der wirtschaftlichen Unsicherheiten. Der Stabilisierung der Mark folgte eine Sanierungskrise mit dem Zusammenbruch von Spekulationsfirmen, die nur während der Inflation hatten bestehen können, und den Konkursen der von Krieg und Entwertung doppelt getroffenen Firmen, die sich modernen Produktions- und Wettbewerbsmethoden nicht anpassen oder standhalten konnten. Nur ein Jahr nach dem »Wunder der Rentenmark« wuchs im Winter 1924/25 die Zahl der Arbeitslosen auf über zwei Millionen an. Da künftig Wirtschaftswachstum und Produktionssteigerung mit verstärkten Rationalisierungsmaßnahmen verbunden waren, durch die primär die Lohnkosten vermindert werden sollten, ist die Ziffer für Erwerbslose nicht mehr unter eine Million abgesunken.

Fortdauernde Arbeitslosigkeit

Der ständig hohen Arbeitslosigkeit kam in zweifacher Hinsicht eine wichtige Funktion zu. Einmal stand damit den Arbeitgebern eine Reservearmee an potentiell Arbeitswilligen zur Verfügung, die bei Tarifauseinandersetzungen gegen die Arbeitnehmerfront als Pression eingesetzt werden konnten. Die Gewerkschaften vermochten hingegen die Mitgliederverluste aus der

Inflationsrezession nicht auszugleichen, so daß ihr Anspruch, die gesamte Arbeitnehmerschaft zu vertreten, nicht mehr der Realität entsprach. Belastend war für die Erwerbslosen die Abhängigkeit von der Fürsorge ihrer Heimatorte, da die kommunale Leistungsfähigkeit auf diesem Gebiet erheblich differierte und die Kommunen bei der permanent hohen Erwerbslosigkeit einem Haushaltsdruck ausgesetzt waren, der sie in ihren übrigen Aufgaben belastete. Während die Parteien mit starker Arbeitnehmervertretung für eine Hilfspflicht des Staates gegenüber den Erwerbslosen eintraten, drängten die Parteien, die den Mittelstand und die Unternehmer repräsentierten, auf die Erfüllung der liberalen Vorstellung von der Eigenversorgung.

Arbeitslosenversicherung; sozialpolitische Konflikte

Das Ringen um die staatlichen Beihilfen für Arbeitslose zog sich bis zum Jahr 1927 hin, als unter Führung des Zentrums und der Sozialdemokratie das Gesetz über Arbeitsvermittlung und Arbeitslosenunterstützung angenommen und die Reichsanstalt gegründet wurde. Die Festlegung, daß Arbeitgeber und Arbeitnehmer gleichmäßig einzuzahlen hatten, löste bei den Unternehmerverbänden einen fortdauernden Widerspruch aus und die Verpflichtung für das Reich, bei Defizit der Reichsanstalt den Ausgleich zu zahlen, traf auf die Opposition vor allem der mittelstandsnahen politischen Gruppierungen. Bei ihnen und den Wirtschaftsverbänden verhärtete sich auch die Haltung gegen das Schlichtungswesen in Arbeitskämpfen. Dieses sah gesetzlich vor, daß durch Schiedssprüche eines Schlichters, die von Staats wegen für verbindlich erklärt werden konnten, Lösungen herbeigeführt wurden. Obgleich die Statistiken ergeben, daß in einer Vielzahl von Fällen Arbeitskämpfe zugunsten der Arbeitgeber ausgingen, fühlten diese sich benachteiligt und drängten auf eine Beseitigung des Schiedswesens. Überdies bereitete auch die Tatsache eine gewisse Unruhe, daß von den freien, d.h. den Sozialdemokraten nahestehenden Gewerkschaften die Parole der Wirtschaftsdemokratie wiederaufgenommen wurde, durch die ein Mitspracherecht in den Betrieben angestrebt wurde. Wesentlich war der Eindruck auf politischer Seite der Arbeiterbewegung wie bei den bürgerlichen Gruppierungen und Verbänden, daß Vorkriegsgegensätze neu manifestiert würden und die Gesellschaft sich auf dem Weg in den Klassenkampf für eine sozialistische bzw. kapitalistisch bestimmte Republik befinde.

Der Abbau der Arbeitszeitbegrenzung, wie er von den Arbeitgebern verlangt wurde, ihre Wendung gegen Zwangsschlichtung und staatliche Sozialpolitik in Form von Unterstützungsleistungen und Garantien weckte in der durch Kriegs- und Nachkriegsjahre erschöpften Arbeitnehmerschaft den Eindruck, daß selbst die spärlichen Errungenschaften seit 1914 auf dem Altar gesellschaftlicher Restauration geopfert werden sollten. Hinzu kam die Gefährdung der Arbeitsplätze durch die Rationalisierungsmaßnahmen seit 1924. Unternehmergewinne sollten zwar für Investitionen genutzt werden, doch schlug sich dies nicht spürbar für den Arbeitsmarkt nieder. Demgegenüber herrschte im Lager der Arbeitgeber und Unternehmer der Eindruck vor, daß auf seiten der Arbeitnehmer keinerlei Verständnis für die Umstrukturierung der Unternehmen nach modernen, konkurrenzfähigen Prinzipien bestehe. Die Umverteilungsforderungen und das Verlangen nach mehr sozioökonomischer Mitbestimmung wurden als Vorstufen zur zweiten revolutionären Welle betrachtet, gegen die das Bürgertum sich zusammenzuschließen habe.

Hatte Reichskanzler Marx zunächst noch die Einbeziehung der Sozialdemokraten in sein Kabinett erwogen, wogegen freilich deren Verbitterung über die Ereignisse des Spätjahres 1923 sprach, so wurden diese Überlegungen nach der Annahme des Dawes-Planes, die eine gewisse Staatsräson der DNVP zu signalisieren schien, hinfällig. Mehrheiten konnten jetzt also auch mit den Deutschnationalen erzielt werden. Die zur Stabilisierung der Regie-

Reichstagswahlen vom 7.12.1924

rung im Dezember 1924 durchgeführten Reichstagswahlen – die zweiten in diesem Jahr – ließen zwei Tendenzen erkennen: die Abwanderung von den radikalen Flügeln zur Mitte, bei weiterer Verstärkung der Deutschnationalen und der gemäßigten bürgerlichen Parteien. Allerdings stand auch dies Votum im Zeichen rückläufiger Wählerzahlen; weder DVP noch DDP erreichten die erwarteten Zugewinne.

Kritik an Ebert

Doch diese Wahlen, nach denen die SPD wieder über genügend Abgeordnete verfügte, um zur stärksten Fraktion zu werden, standen auch im Vorfeld der ersten Volkswahl des Reichspräsidenten; Eberts Amtszeit war 1921 in interfraktioneller Übereinstimmung der Mehrheitsparteien verlängert worden. Auf seiten der bürgerlichen Parteien war man entschlossen, nicht noch einmal ein sozialdemokratisches Staatsoberhaupt zu akzeptieren, obgleich Friedrich Ebert sich in seiner Amtsführung den bürgerlichen Parteien der Mitte in dem Maße angenähert hatte, daß Kritik gegen ihn in der eigenen Partei und bei den freien Gewerkschaften laut wurde. Aber dies war – wenn auch von ihm schmerzhaft empfunden – geringfügig gegenüber den Schmutzkübeln, die die radikale und nationalistische Rechte über ihm ausgoß.

Den Höhepunkt erreichte diese Kampagne in der Vorbereitungszeit auf den ersten Präsidentschaftswahlkampf: Ebert verklagte einen Winkelredakteur, der ihn wegen seiner Beteiligung am Berliner Munitionsarbeiterstreik im Januar 1918 des Landesverrats bezichtigt hatte. Ein Magdeburger Gericht beendete das Verfahren mit einem Freispruch, da der Redakteur formal im Recht gewesen sei. Der Jubel der rechten Staatsgegner überschlug sich; ihr Dolchstoßvorwurf schien gerechtfertigt. Die Justiz, die schon zuvor in der Unterscheidung zwischen Angeklagten der Linken und der Rechten Parteilichkeit zu erkennen gegeben hatte, wenn sie rechte Terroristen als Patrioten anerkannte und Linksradikale als Verbrecher brandmarkte, bestätigte mit diesem Urteilsspruch die gegen sie bestehenden Vorurteile. Die Betroffenheit der gemäßigten Parteien und die Erklärung der Reichsregierung, die sich nachdrücklich von den Magdeburger Richtern distanzierte, nützten ebensowenig wie die Solidarität, mit der sich die SPD jetzt geschlossen zu ihrem wenig geliebten Genossen bekannte.

Eberts Bemühen richtete sich darauf, durch Wiederherstellung seiner persönlichen Ehre, den Schimpf, der der Republik und ihrem höchsten Repräsentanten angetan worden war, zu beseitigen und damit die Integrität des Staates und seiner im Werden begriffenen neuen Ordnung wiederherzustellen. Hierfür opferte er sich auf, indem er eine notwendige Operation hinauszögerte, um ein Wiederaufnahmeverfahren in Gang zu bringen.

Präsidentschaftswahlen 1925

Der Tod des ersten Reichspräsidenten (28. 2. 1925) verbreitete Trauer. Ebert erhielt das wohlverdiente Staatsbegräbnis; aber mit ihm wurde auch die Verfassungssicherheit zu Grabe getragen. Die Parteien, die 1919 zusammengestanden hatten, waren unfähig, sich auf einen gemeinsamen Kandidaten zu einigen. So wurde der erste Wahlgang zu einem Aufmarsch einzelner Parteipolitiker, die kaum eine Aussicht besaßen, die in ihm erforderliche absolute Mehrheit zu erringen. Überdies sank die Wahlbeteiligung auf den niedrigsten Stand bei Reichswahlen überhaupt in der Weimarer Republik (68,9%). Die Zerrissenheit des Parteienstaates schien der Wählerschaft allzu deutlich demonstriert.

Da der erste Wahlgang keine Mehrheit hatte erbringen können, rüsteten die Parteien zu einem zweiten Wahlgang. In ihm schlossen sich Parteiblöcke zusammen: Die Weimarer Koalition fand sich wieder, um den Zentrumsführer Marx zu benennen, was für die Sozialdemokraten allerdings ein harter Schlag war. Die Kommunisten versuchten es wieder mit Thälmann. Die Rechte hingegen einigte sich auf den ehemaligen Generalfeldmarschall von

Hindenburg. Die BVP übersah seinen ostentativen Protestantismus, Stresemann schwieg über seine militärische Rolle. Endlich schien der »Ersatzkaiser«, die Symbolfigur des kaiserlichen Deutschlands gefunden, mit der der Republik ein neues Ansehen gegeben werden konnte.

Wahl Hindenburgs

Hindenburgs Beteiligung am Wahlkampf beschränkte sich auf die offizielle Erklärung, im Falle seiner Wahl das Amt zu übernehmen. Die Wahlreden und übrigen Auseinandersetzungen wurden von den Rechtsparteien und einer besonderen Wählervereinigung zugunsten Hindenburgs geführt, die in ihrer Polemik bis hin zur Diffamierung des Hauptgegenkandidaten Marx nicht sehr wählerisch waren. Die Mehrheit der Wähler entschied sich für Hindenburg und damit für die erhoffte konservative Politik der Erinnerung an das kaiserliche Deutschland. Obgleich die Mittel moderner Wahlanalyse fehlen, dürfte diese Wahl durch die Aktivierung bisheriger Nichtwähler und die Entscheidung der BVP, sich dem Hindenburg-Block anzuschließen, entschieden worden sein. Möglicherweise hat auch eine Anzahl potentieller Zentrums- und DDP-Wähler sich für die Symbolfigur entschieden. Dagegen wird die Masse der SPD-Wähler – wenn auch zähneknirschend – der Weisung der Parteiführung, den Zentrumspolitiker Marx zu wählen, gefolgt sein. Die Kommunisten hielten sich wieder an Thälmann. Die Wahl Hindenburgs war Ausdruck der Stimmung gegen die Verfassungsordnung der Republik gewesen. Zugleich war sie auch die letzte spürbare Rückwendung zur Vergangenheit.

Künftige Wahlen setzten den bereits begonnenen Trend fort, der deutliche Stimmverluste für die etablierten bürgerlichen Parteien brachte. Hierbei war die Wendung nach Links ebenso bemerkenswert wie die parallele Entscheidung zur Wahlenthaltung aus Unzufriedenheit mit den gesamten Verhältnissen und in Erwartung einer völlig neuen Richtung. Nichtwahl war eben nicht nur Ausdruck der Gleichgültigkeit oder ein spezifisches Desinteresse, sondern, wie sich durch den plötzlichen Zuwachs der aktiven Wähler beim zweiten Präsidentschaftswahlgang zeigte (77,6%), auch Anzeichen für latente Unzufriedenheit. Die Hindenburg-Wahl brachte fürs erste weder innennoch, was befürchtet worden war, außenpolitisch eine Änderung. Das Ausland – auch die Alliierten – nahmen die Wahl des ehemaligen Generalfeldmarschalls zur Kenntnis: Interventionen, Proteste, Sanktionen unterblieben.

Im Gegensatz zu diffusen Erwartungen der nationalistischen Rechten unterließ Hindenburg jegliche antidemokratische und republikfeindliche Handlung, sondern legte den vorgeschriebenen Eid auf die Verfassung ab. Insbesondere die Deutschnationalen, die in diesem Reichspräsidenten ihren Mann gesehen hatten, mußten feststellen, daß er keinesfalls ihre Nähe suchte, nachdem er in das höchste Amt der Weimarer Republik gelangt war. Das bedeutet jedoch nicht, daß er den Verfassungsgeist und die Intentionen der republikanisch-demokratischen Verfassungsväter aufgenommen oder begriffen hätte. Bezeichnend genug hat er sich dagegen verwahrt, daß die in Absatz 4 des Artikels 48 der Verfassung vorgesehene gesetzliche Klärung des präsidialen Diktaturrechts als Vorlage in den Reichstag kam, da er darin eine Beschränkung seiner Befugnisse erblickte. Wenn diese Haltung in der relativ stabilen politischen Phase der Jahre bis 1929 keine Auswirkung hatte, so lag hier doch eine potentielle Gefährdung, da der Ausnahmezustand ohne nähere Definition geblieben ist. Im übrigen hat Hindenburg auch gegenüber Außenminister Stresemann keinen Zweifel daran gelassen, daß es nach der Verfassung Aufgabe des Präsidenten sei, die diplomatischen Auslandsvertreter zu ernennen. Das gleiche Recht galt für die Ernennung der Reichswehroffiziere.

Nach der Verwicklung in den Kapp-Lüttwitz-Putsch hatte General von Seeckt politische Zurückhaltung für die Reichswehrangehörigen befohlen.

Vereidigung Hindenburgs als Reichspräsident

Die Reichswehr

Verstöße waren – nach dem Hitler-Putsch 1923 – mit Entlassung geahndet worden. In den ersten Jahren der Republik bildete die Reichswehr einen in sich geschlossenen Block weitreichender Solidarität und Pflege der Tradition schwarz-weiß-roter Vergangenheit. So gab es kaum Soldaten, die sich zur Republik bekannten und insbesondere unter der Führung von Seeckts entstand der Eindruck eines militärischen »Staats im Staate«. Mit Hindenburg trat eine Änderung ein. Über die Verfassungsbestimmung hinaus, nach der der Reichspräsident Oberbefehlshaber war, gab es eine Bindung. Für die Angehörigen der Reichswehr war Hindenburg eine Persönlichkeit, mit der sie sich identifizieren konnten, so daß sie nun auch bereit waren, für die Erhaltung des Staates einzutreten. Auf Hindenburg als Staatsoberhaupt ließ sich auch die berechtigte Erwartung einer Revision von Versailles projizieren, die keinesfalls nur mit friedlichen Mitteln angestrebt wurde.

Geheime Aufrüstung

Selbstverständlich war die Reichswehr zu gering in ihrer eigentlichen Stärke, um überhaupt aggressiv werden zu können. Doch das Reichswehrministerium hatte es verstanden, selbst gegen die angebliche Bedrohung der Ostgrenzen mit Hilfe der nationalen Wehrverbände einen Grenzschutz zu errichten, der zum Teil auf nicht abgelieferte Waffen zurückgriff und von Angehörigen der Reichswehr ausgebildet wurde. Hinzu kamen die Zeitfreiwilligen, die gleichfalls gegen die Friedensbestimmungen verstießen. Um waffentechnische Modernisierungen nicht zu verpassen, pflegte die Reichswehr ihre Kontakte zur Roten Armee der UdSSR, so daß u.a. bei Kasan und Saratow Gaswaffen, Flugzeuge und Panzer erprobt wurden. Doch auch mit Spanien und sogar mit Italien gab es eine Zusammenarbeit, die offiziell nicht zugegeben wurde. Gegen die Bewaffnungsverstöße und falschen Zahlenangaben der Reichswehr protestierte die Interalliierte Militärkontrollkommission wiederholt und die Verletzungen der Vertragsbestimmungen hatten auch zur Folge, daß sich die Räumung des Ruhrgebiets verzögerte. Die Beachtung der Vorschriften wurde bis zur Auflösung der IMKK 1927 jedoch nicht erreicht. Vielmehr galt die öffentliche Diskussion um die heimliche Wiederaufrüstung durch engagierte Pazifisten wie Carl von Ossietzky weithin als Landesverrat.

Hindenburg-Groener-Schleicher

Die Problematik, daß der bisherige Chef der Heeresleitung mit Hindenburg persönlich wenig harmonierte, löste sich durch den Fehler General von Seeckts, einen Hohenzollernprinzen im Verstoß gegen geltende Gesetze an

Umzug des Roten Frontkämpfer-Bundes (vorne links Ernst Thälmann)

einem Reichswehrmanöver in Uniform teilnehmen zu lassen. Dieser Vorfall löste seinen Abschied aus. Als Reichswehrminister hatte Otto Geßler im Schatten Seeckts gestanden und sich schließlich auch von der DDP gelöst, um die Kontinuität der Amtsführung zu sichern. Doch als es Ende 1926 zu einem Skandal kam, da Mittel für die heimliche Rüstung in eine Konkursaffäre geraten waren, trat er zurück. Sein Nachfolger wurde Wilhelm Groener, letzter Generalquartiermeister der 3. OHL und Vertrauensmann Hindenburgs. Groener erschien vielen als demokratisch gesonnen. In persönlichem Kontakt zu Hindenburg wie zu Groener stand die »graue Eminenz« des Reichswehrministeriums, der Leiter des Truppenamtes von Schleicher. Er setzte unter dem neuen Reichswehrminister seine politisch-militärische Karriere bis zum Quasi-Staatssekretär und Generalmajor fort, obwohl er als Büro-Offizier mit Neigung zur Intrige viele Gegner im Offizierskorps besaß. Schleichers Sympathien galten mehr den national-konservativen Kräften als den verfassungsloyalen Gruppen in der Weimarer Republik.

Wehrverbände

Mit Ausnahme des verfassungstreuen »Reichsbanners« – vom kommunistischen »Roten Frontkämpfer-Bund« zu schweigen – pflegten die paramilitärischen Verbände ein gutes Verhältnis zur Reichswehr. Diese Organisationen waren in den Nachkriegsjahren entstanden und hatten teils als Einwohnerwehren gegen die Weiterführung der Revolution dienen sollen, aber auch zum Schutz gegen Übergriffe auf Privateigentum, teils auch als potentielle Ersatzeinheiten im Fall eines neu aufflammenden Krieges. Sie gaben sich entweder überparteilich mit konservativer Grundhaltung (»Stahlhelm«), pflegten historische Reminiszenzen (»Jungdeutscher Orden«) oder waren politische Hilfstruppen (SA). Gegenüber diesen meist über ein beträchtliches, von der Reichswehr gern gesehenes Waffenarsenal verfügenden und generell republik-feindlichen Verbänden stand das »Reichsbanner Schwarz-Rot-Gold«, das sich bemühte, ehemalige Frontsoldaten und aktive Republikaner zum Schutz des neuen Staates und seiner Verfassung zusammenzuführen. Seine Führung bestand aus Mitgliedern der SPD, des Zentrums und der DDP. Gegenüber den nationalistischen Organisationen hatte dieser Verband nur eine propagandistische Bedeutung als Aufmarschtruppe bei Feierlichkeiten der Republik. Die personelle Stärke vermochte weder über den Mangel an Waffen noch über interne Spannungen in der Führung hinwegzutäuschen. Der »Rote Front-Kämpfer-Bund« der KPD stand in der Nachfolge der »Hundertschaften«, die bis 1923 in der kommunistischen Propaganda eine unbeträchtliche Rolle gespielt hatten. Auch der RFB entsprach weder der Bedeutung, die die KPD in ihn zu legen versuchte, noch der Furcht vor ihm, die von seinen Gegnern verbreitet wurde. Hinzu kam, daß er durch wiederholte Verbote in seiner Aktionsfähigkeit drastisch beeinträchtigt war. In ihren sozialen Strukturen waren alle diese Wehrverbände weitgehend den Parteien angepaßt, denen sie politisch nahestanden. Der Charakter der Bürgerkriegstruppe, der zunächst besonders dem »Roten Frontkämpferbund« anhaftete, wurde vor allem in der Endphase der Republik das Kennzeichen der nationalsozialistischen SA.

Wirtschaftsverbände

Andere Verbände bemühten sich – ähnlich den Verhältnissen im Kaiserreich –, durch Lobbyismus Einfluß auf das politische Geschehen auszuüben. Dies gilt vornehmlich für die Wirtschaftsorganisationen. Die Trennung, die zwischen den Organisationen der Schwer-, der verarbeitenden und der Leichtindustrie bestanden hatte (CDI und BDI), war durch die Zusammenfügung beider Verbände im Reichsverband der deutschen Industrie aufgehoben worden. Der RdI hatte gute Kontakte zur DNVP und zum rechten Zentrumsflügel. Einige Mitglieder zeigten in den frühen dreißiger Jahren unverhohlene Sympathien für die NSDAP. Als größter landwirtschaftlicher Interessenverband hieß der ehemalige Bund der Landwirte jetzt Reichs-Landbund; aber er hatte auch weiterhin als maßgebliche Sprecher Vertreter der Großgrundbesitzer und gab sich deutlich als Bannerträger des Konservativismus zu erkennen; daher trat er lange Zeit für die DNVP ein, bis zu Beginn der dreißiger Jahre das Führungsgremium von Nationalsozialisten unterwandert wurde. Neben dem RLB hielten sich Bauernverbände, die dem Zentrum und den Liberalen nahestanden und die mittel- und kleinbäuerliche Interessen wahrnahmen. Ende der zwanziger Jahre schlossen sich die agrarischen Verbände unter dem Eindruck der materiellen Schwierigkeiten ihrer Mitglieder zur »Grünen Front« zusammen, um dadurch größeres politisches Gewicht zu erlangen. Bezeichnend genug stellten die Agrarier mit der Landvolkpartei (in Württemberg: Bauern- und Weingärtnerbund) und dem Bayerischen Bauernbund, der zeitweilig im Reichstag mit der Wirtschaftspartei eine Fraktion bildete, eigene politische Gruppierungen, die regional durchaus ministrabel waren.

In mehrfacher Hinsicht war die deutsche Landwirtschaft zum Opfer der Währungssanierung und der anschließend relativen ökonomischen Stabilisierung geworden. Zwar hatten sich die landwirtschaftlichen Betriebe durch die Inflation entschulden können, doch durch die Sanierung der Mark erfuhren sie eine quasi-hypothekarische Belastung. Diese Grundschuld mußte zusätzlich zu den Steuern in regelmäßigen Raten abgetragen werden. Außerdem hatte die Mehrzahl der Betriebe sich bemüht, durch Düngung, neue Geräte und moderne Bearbeitungsmethoden die Böden überhaupt wieder ertragsfähig zu machen und im Rahmen agrarischer Rationalisierung die Produktion zu verbessern. Dünger und Geräte schufen weitere Schulden. Hinzu kam, daß seit Auslaufen der Handelsbeschränkungen des Versailler Vertrags im Jahr 1925 durch Verträge mit anderen Staaten agrarische Güter des Auslands vermehrt eingeführt wurden. Die Konsequenz war eine wachsende Verbitterung der Agrarier aller Betriebsgrößenklassen gegenüber den Regierungen des Reichs und der Länder, denen sie die Schuld an dieser Entwicklung zusprachen. Als einseitige Begünstigung der Industrie und der Arbeiterschaft empfundene Wirtschaftspolitik weckte bei den Landwirten die Vorstellung, die Republik sei sozialistisch und antiagrarisch orientiert. Gegen Ende der zwanziger Jahre kam es daher zu großangelegten Demonstrationen und landwirtschaftlichen Verweigerungen von Steuerzahlungen, die im Raum Schleswig-Holstein und Lüneburger Heide mit Sprengstoff-Anschlägen einhergingen. Anlaß boten Zwangsversteigerungen und Pfandnahmen durch die Finanzbehörden, die auf diesem Weg Steuergelder eintrieben.

Eine noch unglücklichere Entwicklung fand im ostelbischen Raum, besonders in Ostpreußen, statt. War die übrige deutsche Landwirtschaft in eine Überproduktionskrise (z.B. Roggen, Schweine) geraten, so hatten sich die Großbetriebe in diesem Raum ohnehin schon in der Vorkriegszeit durch Monokulturen schwerwiegenden strukturellen Problemen gegenübergesehen, die durch die häufige Überforderung der Besitzer mit der Betriebsleitung zusätzliche Komplikationen brachte. Obwohl das Preußische Staatsministerium bereits Mitte der zwanziger Jahre ein Sonderprogramm für Ostpreußen entwickelte und bemüht war, den Belastungen des ostelbischen Raums zu begegnen, entstand auch hier der Eindruck, von den Berliner Regierungen vernachlässigt zu werden. Hier liegt der Grund, weshalb sich gerade die Berufsgruppen der Landwirtschaft von der republikanischen Ordnung abwandten und bereit waren, auf radikalnationalistische Propaganda zu hören.

Wirtschaftskrieg mit Polen; Minderheitenpolitik

Besonders herausgestellt wurde die wirtschaftliche Auseinandersetzung mit Polen, die zeitweise den Charakter eines Handelskrieges annahm. Bei den gerade in den Rechtsparteien verbreiteten Antipathien gegenüber dem östlichen Nachbar konnte die Regierung hoffen, Erfolge durch eine Politik zu gewinnen, die den ökonomisch und politisch noch ungefestigten neuentstandenen Staat in Schwierigkeiten stürzen und damit für deutsche Forderungen empfänglich machen würde – ein wichtiger Faktor in der deutschen Politik. Auf diese Weise hoffte man, sowohl eine Revision der Grenzen im Osten zu erlangen wie auch die Situation der deutschen Minderheit zu verbessern. Nachdrücklich haben das auswärtige Amt und Stresemann die Minderheitsrechte betont und dabei auch Sprach- und Schulrechte verlangt, die bis zum Krieg auf deutscher Seite den Polen verweigert worden waren. Politisch und mehr noch kulturell übte vor allem der Verein für das Deutschtum im Ausland (VDA) eine Betreuung aller deutschen Minderheiten aus. Auch in diese Arbeit drang im Lauf der Zeit nationalistisches Gedankengut ein, das im Ausland mit Besorgnis registriert wurde.

Haltung der Kirchen

Problematisch war auch die Haltung der Kirchen zur Weimarer Republik. Die Zerstörung der weitgehenden Interessenidentität von »Thron und Altar« durch die politische Neuordnung hatte gerade in den Ländern, in denen die protestantischen Konfessionen eine besondere Rolle spielten, die Kirchenstruktur erschüttert. Andererseits hatte der Verlust dieser Interessenidentität die politische Position vieler Theologen, die sich jetzt zur DNVP oder DVP, nur in seltenen Fällen zur DDP oder gar zur SPD bekannten, deutlich werden lassen. Die katholische Kirche war insgesamt in sich geschlossen; doch auch hier zeigten Mitglieder der Bischofskonferenzen, daß sie die politischen Verhältnisse mißbilligten. Immerhin war es aber möglich, auf Ebene der Einzelländer Konkordate abzuschließen, die der katholischen Kirche Rechtssicherungen gewährten. Bei aller Kritik an der Ordnung und den Verhältnissen der Republik haben die Kirchen nicht darauf verzichtet, sich z.B. bei der Einziehung der Kirchensteuer oder der Ausbildung ihrer Theologen der Unterstützung des Staates zu versichern.

Judentum; Antisemitismus

Auch innerhalb der relativ kleinen jüdischen Glaubensgemeinschaft (1925 betrug sie 0,9% der Bevölkerung) gab es durchaus Vertreter deutsch-konservativen Gedankenguts. Relativ schnell zeigte sich, daß in der Republik immer wieder ein radikaler Antisemitismus auf sich aufmerksam zu machen verstand, dessen Gefährlichkeit von der Mehrheit der Juden und auch von anderen Gruppen, die ihn prinzipiell ablehnten, unterschätzt wurde. Das

Fritz Lang, »Metropolis« (1926)

rassistisch-elitäre Gedankengut der Rechtsradikalen erschien in sich zu unlogisch und zu absurd, um ernstgenommen werden zu müssen. Doch in Zeiten materieller Not fanden die verleumderischen Aussagen und Diskriminierungen durchaus Zustimmung. Auch ist der Umstand, daß einige spektakuläre Wirtschaftsskandale mit jüdischen Geschäftsleuten in Zusammenhang standen, vor allem in der Rechtspresse hochgespielt worden.

Technisch-wissenschaftliche Entwicklung

War die Republik in politischer, sozialer und wirtschaftlicher Hinsicht selbst für die wohlwollenden Zeitgenossen diskussions- und kritikwürdig erschienen, so brachte sie im Bereich der technischen Entwicklungen einen Aufschwung. Dahinter stand das Bestreben, Verluste und Rückschläge, die durch die Niederlage im Krieg und ihre Folgen entstanden waren, zu überwinden und sogar Überlegenheit zu demonstrieren: Dem Rückstand in der Luftfahrt stellten Konstrukteure hochleistungsfähige Segelflugzeuge für die Sportfliegerei entgegen. Später entwickelten die Junkers-Werke einen Flugzeugtyp, dessen Zuverlässigkeit sprichwörtlich war und der nicht nur von der Lufthansa im innerdeutschen Luftverkehr eingesetzt wurde, sondern z.B. auch in Südamerika zum Einsatz gelangte. Bei den Dornier-Werken entstanden Flugzeuge, die auf dem Wasser landen und starten konnten. Auf die Ablieferung des größten Teils der deutschen Hochseeflotte antwortete die Werftindustrie mit der Konstruktion verbesserter Fracht- und Passagierschiffe, von denen die »Bremen« u.a. einen Rekord in der Atlantiküberquerung aufstellte. Auch die Auto- und Motorradindustrie erlebte einen deutlichen Aufschwung.

Kunst, Literatur, neue Medien

Im wissenschaftlichen Bereich bestand über das Kriegsende hinaus eine Kontinuität von Forschung und Lehre, die allerdings insbesondere in den Geisteswissenschaften und auch in anderen Disziplinen nicht frei von nationalen und nationalistischen Untertönen war. Im Bereich der bildenden Kunst blieb Kritik nicht aus, die dem Neuen nicht nur mit Unverständnis, sondern mit geradezu ideologischer Feindschaft begegnete. Das vom Reichstag behandelte Problem moralischer und politischer Literaturzensur löste 1926 in der DDP scharfe parteiinterne Kontroversen über die künstlerische Freiheit und ihre Grenzen aus. Der Wunsch nach einer heilen Welt, die die Kriegsschrecken und -folgen überdecken sollte, wurde zumindest im künstlerischen Bereich angestrebt. Als neues künstlerisches Medium zog der Film Massen in den Bann seiner Illusionen. Zusätzlich gelang es, das Radio für die Kommunikation in künstlerischem Bereich und zur Nachrichtenübermittlung zu nutzen. Während die Radiosender staatlicher Kontrolle unterstanden und erst seit Ende der zwanziger Jahre eine politische Nutzung erfuhren, waren die Filme wiederholt durch klare ideologische Tendenzen geprägt, d.h. sie sollten das Nationalgefühl wecken und ihren Anteil zur Revisionspolitik nationalistischen Gepräges beitragen.

Die Jahre von 1924 bis 1928/29 und auch jenseits dieser Grenzdaten brachten Anregungen und Bewegungen in die verschiedenen Bereiche der Wissenschaften und der Künste. Die Weise allerdings, in der diese neuen Tendenzen ausgelebt wurden, wecken in der Retrospektive auch den Eindruck einer Wirklichkeitsflucht. Den Entbehrungen der Kriegs- und Nachkriegszeit stand deutlich die Ungewißheit der weiteren Entwicklung in allen Bereichen des Lebens gegenüber.

Innenpolitik der Mittelphase; DNVP und Republik

Innenpolitisch scheinen die Jahre 1924–29 der Weimarer Republik eine Art politische Beruhigung dadurch gebracht zu haben, daß die bisherige Rechtsopposition sich teilweise in die Regierungsverantwortung einbinden ließ. Dazu sah sich die Führung der DNVP nicht aus Loyalität gegenüber der Verfassung veranlaßt, sondern aus der Erkenntnis, daß sich die Republik stabiler als erwartet erwies. Daher sollten nun deutschnationale Positionen verstärkt in den Staat hineingetragen werden: Tradition, Ehre und Anstand waren nach Auffassung der DNVP-Repräsentanten nicht tief genug verankert. Gemeinsam mit dem Zentrum und der BVP traten die Deutschnationalen für eine Durchsetzung christlicher Grundsätze im Kulturleben und in den Schulen ein. Die Erwartungen ihrer Angehörigen und Sympathisanten allerdings, einen Ausgleich für die Inflationsverluste des Mittelstandes herbeizuführen, konnten auch die Deutschnationalen nicht erfüllen.

Kabinette Luther I/II (15.1.1925–12.5.1926)

Die erste Kabinettsbeteiligung der Deutschnationalen endete im Herbst 1925, als die Minister der DNVP aus Protest gegen den Locarno-Pakt zurücktraten. Grundsätzlich war jedoch die Ministrabilität der DNVP auf Reichsebene von DVP und Zentrum akzeptiert worden, die Anfang 1926 mit der DDP eine Koalition unter dem bisher parteilosen Kanzler Luther eingingen. Von Dauer war dies Kabinett allerdings nicht, da Luther in Übereinstimmung mit dem Reichspräsidenten eine Verordnung erließ, nach der neben den verfassungsmäßigen Reichsfarben Schwarz-Rot-Gold auch die Farben des Kaiserreichs Schwarz-Weiß-Rot, die bisher in der Handelsschifffahrt geführt worden waren, an den deutschen Auslandsvertretungen gezeigt werden sollten. In den anschließenden Auseinandersetzungen über die Symbole des Reichs, die auf verfassungsloyaler Seite von der Sorge geprägt waren, daß eine derartige Orientierung an der Vergangenheit zu einer Gefährdung der Staatsordnung führen könne, versagte sich die DDP dem Kanzler. Die Unruhe wuchs im Sommer 1926 weiter an, als in der Phase des dritten Kabinetts Marx ein von der KPD ausgehendes Volksbegehren die entschädigungslose Enteignung der ehemaligen Fürstenhäuser verlangte. Dies Begehren wurde von der SPD unterstützt und sogar von Teilen der DDP mitgetragen. Den Hintergrund bildeten die komplizierten Verhandlungen der Einzelländer mit den bis 1918 regierenden Familien, die in breiten Bevölkerungsteilen Unverständnis auslösten. Zwar konnte in dem schließlich durchgeführten Volksentscheid die erforderliche Stimmzahl (20 Millionen) nicht erreicht werden, doch das Ergebnis (14,5 Millionen Stimmen) fiel für die Parteien von Volksbegehren und -entscheid günstiger aus als ihre letzten Wahlergebnisse.

Flaggenstreit. Volksbegehren zur Fürstenenteignung

Entsprechend hatten die regionalen Landtagswahlen seit 1924 angedeutet, daß bei den Wählern die Tendenz bestand, sich von den im Reich regierenden bürgerlichen Parteien abzuwenden. Die Problematik lag allerdings darin, daß innerhalb der SPD starke Bedenken bestanden, nach den Erfahrungen von 1923 wieder in eine Große Koalition einzutreten. Die sozialdemokratische Parteiführung stand vor dem Problem, daß sie die Abnutzung in der Kabinettsarbeit erlebt hatte und wußte, daß sich bürgerliche Parteien Zielvorstellungen der SPD wie z.B. der Wirtschaftsdemokratie, die vom linken Parteiflügel und dem ADGB verlangt wurde, widersetzen würden und daß hieraus wiederum die KPD propagandistisch Münze schlagen würde. Hinzu kam, daß bei Koalitionsverhandlungen im Winter 1925/26 sowie ein Jahr später von der Seite einzelner DVP-Politiker derart gehässige Angriffe gegen die SPD vorgetragen wurden, daß es ihr kaum möglich war darüber hinwegzugehen, ohne Schaden an ihrem Ansehen zu nehmen. Überdies schien sich bei der DVP die Tendenz durchzusetzen, für eine Koalition mit der SPD im Reich eine Wiederbeteiligung an der 1925 verlassenen preußischen Regierung zu verlangen, was aber von der dort die Politik lenkenden Weimarer Koalition strikt zurückgewiesen wurde.

Politik der SPD

Während sich derart die Sozialdemokraten noch der direkten Regierungsverantwortung fernhielten, aber wiederholt eine Politik der Tolerierung betrieben, kehrte im Januar 1927 die DNVP in das Reichskabinett zurück. Wenn sie auch der Verlängerung des Republikschutzgesetzes zustimmte, so bedeutete dies nicht, daß sie eine tatsächliche Wende zur Republik vollzogen hätte. Innerhalb der Deutschnationalen Partei brach ein hitziger Streit über die Frage aus, ob Republikaner ihr überhaupt angehören dürften. Gleichzeitig verstärkte sich die Kritik an der Kompromißbereitschaft des Fraktionsvorsitzenden im Reichstag gegenüber den weiter linksstehenden bürgerlichen Parteien. Zündstoff für die Koalition wurde schließlich das Bemühen von DNVP und politischem Katholizismus, allgemein den Schulartikel der Reichsverfassung durchzusetzen, der eine Konfessionalisierung der Schulen zuließ. Den liberalen Grundsatz der klaren Trennung von Kirche und Staat stellte die DVP entschieden dagegen, so daß eine Lösung der seit 1919 schwelenden Frage nicht erreicht wurde und das Parteienbündnis Anfang 1928 zerbrach. Es bleibt allerdings die Frage, ob der Schulstreit nicht künstlich aufgebauscht worden ist, um eine neue Regierungskonstellation zu erreichen, mit der man außenpolitische Probleme zu lösen glaubte.

Koalitionsprobleme; Schulstreit 1927/28

Nach Meinung Stresemanns sollten Möglichkeiten und Unmöglichkeiten deutscher Politik gegenüber den Nachbarstaaten auch nach Verabschiedung der Dawes-Gesetze weiterhin erprobt werden. Klar erkannten die Berliner Beobachter die französische Besorgnis vor deutscher Bewaffnung und vor Revancheabsichten; deshalb unterbreitete das Auswärtige Amt erneut den bilateralen Rheinpakt. Wie Ende 1922 stieß der Vorschlag in Paris auf kühle Ablehnung. Eine Demonstration deutscher Versöhnungsbereitschaft war jedoch erforderlich, um dem Ziel einer Aufnahme in den Völkerbund näherzurücken und damit eine neue Ausgangsposition für Anerkennung und eine Revisionsanmeldung zu finden. Unter diesen Umständen entwickelte das Auswärtige Amt einen Plan, der zwischen Deutschland und den westeuropäischen Mächten einschließlich Italiens sowohl eine Grenzanerkennung wie einen Gewaltverzicht mit Regelung von Streitfragen vor dem Völkerbund vorsah. Gegen harte nationalistische Opposition in Deutschland und Frankreich wurde diese Vereinbarung nach langwierigen Verhandlungen im Herbst 1925 in Locarno getroffen. Gegenüber der Tschechoslowakei waren die deutschen Politiker bereit, das Bündnis mit Frankreich anzuerkennen und einem Schiedsgericht bei Auseinandersetzungen zuzustimmen. Doch die französischen Bemühungen, für Polen gleiche Zugeständnisse wie für Frank-

Annäherung an die Westmächte

Locarno-Pakt 5.–16.10.1926

reich und Belgien zu erlangen, schlugen fehl. Die außenpolitischen Erwartungen gingen dahin, wenigstens im östlichen Mitteleuropa politisch oder ökonomisch Veränderungen zuungunsten Polens herbeizuführen; denn Locarno trug ungewollt dazu bei, das zu Beginn des Jahrzehnts im Osten geknüpfte System zur Verhinderung eines Revanchekriegs wertlos werden zu lassen und Polen in eine Isolierung zu führen.

Berliner Vertrag 24.4.1926

Der Eindruck einer Isolierung Polens wurde noch verstärkt, als das Deutsche Reich mit der UdSSR 1926 den Vertrag von Berlin schloß, durch den sowjetische Sorgen, Deutschland könne ein Aufmarschglacis der Westmächte werden, beseitigt und die Bestimmungen des Rapallo-Abkommens bekräftigt werden sollten. Das hieß aber auch, die gemeinsame antipolnische Politik zu bestätigen. Dieser Aspekt wurde von vielen deutschen Zeitgenossen nicht beachtet oder übersehen. Doch Stresemanns Finassieren hatte den Erfolg, daß Deutschlands Gesuch um Aufnahme in den Völkerbund Zustimmung fand –, wo es sogar einen permanenten Sitz im Völkerbundsrat erhielt. Stresemann, der mit seinem französischen Kollegen Briand 1926 den Nobelpreis erhielt, war mit dieser Aktion zweifellos die Krönung seiner Politik gelungen. Das Deutsche Reich hatte seine Isolierung eindeutig überwunden und zählte wieder zu den in Europa entscheidenden Mächten; andererseits hatten die Sieger- und Gläubigermächte nichts von ihren Rechten eingebüßt, selbst der Kriegsschuldartikel des Versailler Vertrags bestand fort.

Aufnahme in den Völkerbund 10.9.1926

Der Euphorie der Jahre 1925/26 folgte die wachsende Resignation, da sich im Bereich der Revision nichts zu rühren schien. Erst als für das Jahr 1929 die volle Zahlung der im Dawes-Plan festgelegten Annuität – der jährlichen Zahlung zur Tilgung einer Schuld – zuzüglich des Wohlstandsindexes drohte, kam wieder Bewegung in die deutsche Außenpolitik. Zu diesem Zeitpunkt war auch erkennbar, daß ohne Sozialdemokraten in der Reichsregierung die erforderlichen Verhandlungen undurchführbar waren. Die Auflösung des Bürgerblocks muß auch aus diesem Blickwinkel gesehen werden. Zugleich erhielten Stresemanns Gegner von rechts wieder freie Hand, gegen die »Erfüllungspolitik« zu polemisieren.

Die »Große Koalition« und das Ende der republikanischen Mittelphase

Reichstagswahlen 20.5.1928

Der Übergang in die Schlußphase der Weimarer Republik wurde bereits durch die Reichstagswahlen vom Mai 1928 vorbereitet. Das Wählerinteresse hatte spürbar abgenommen und betrug nur noch 75,6%. Unübersehbar war auch, daß die Parteien, die seit 1924 die Regierungsverantwortung im Reichskabinett getragen hatten, vom Wähler eine Abfuhr erhielten; damit erlitt die politische Mitte eine gefährliche Aushöhlung. Die beiden Parteien des politischen Katholizismus sanken von 17,4% – 13,8% (Zentrum), 3,6% (BVP) – auf 15,2% – 12,1% (Zentrum), 3,1% (BVP). Weitaus schwerer traf es die beiden liberalen Parteien, die zwar jeweils nur 1,4% einbüßten – 8,7% (DVP) und 4,9% (DDP) –, aber dies bedeutete angesichts ihrer ohnehin beschränkten Stimmenzahl das weitere Abgleiten in die Nähe zum politischen Sektenwesen. Die stärksten Einbußen hatte die DNVP hinzunehmen, deren Ergebnis 6,3% unter dem vom Dezember 1924 lag, so daß sie jetzt nur noch 14,2% erhielt. Damit stellte sie zwar noch die stärkste bürgerliche Reichstagsfraktion, aber dieser Rückfall hinter das Ergebnis von 1920 zeigte auf, daß offensichtlich eine neue bürgerliche Alternative gesucht wurde.

Auffällig ist die Zunahme der Kleinparteien, die Zugang zum Parlament fanden und durch deren Existenz eine Protesthaltung ausgedrückt wurde. Noch deutlicher wird diese Stimmung an der Wirtschaftspartei, die mit ihrem Kampf gegen Steuern, Arbeitszeiten, Großunternehmen und Gewerkschaften vor allem bisheriges Stimmpotential vom gewerblichen Mittelstand der Liberalen für sich gewann und mit 4,5% in beträchtliche Nähe zur DDP rückte. Wenig beachtet bzw. unterschätzt wurde das Ergebnis der NSDAP, die diesmal ohne Anlehnung an eine andere rechtsradikale Partei antrat und trotzdem mit 2,6% der Stimmen zwölf Mandate gewann. Die Unzufriedenheit in Teilen der Arbeitnehmerschaft und ebenso in einigen intellektuellen Kreisen drückt das Ansteigen der KPD um 1,6% auf 10,6% aus. Eigentliche Wahlsieger waren dennoch die Sozialdemokraten, die auf 29,8% aller abgegebenen Stimmen gelangten.

Kabinett der Großen Koalition (Hermann Müller-Franken II; 28.6.1928–27.3.1930)

Die Sozialdemokraten hatten zwar schon auf ihrem Parteitag des Vorjahres zu erkennen gegeben, daß sie wieder in die Regierungsverantwortung zurückkehren wollten, aber die Dringlichkeit dieses Schrittes angesichts der außenpolitischen Probleme – Reparationen, Rheinlandräumung – wurde von den übrigen Parteien, die als Partner in Betracht kamen, keineswegs anerkannt. Vielmehr herrschte bei ihnen angesichts der Wahlergebnisse die Sorge, daß Kompromisse gegenüber der stärksten Partei als weitere Schwäche angesehen und zu zusätzlichen Stimmeinbußen führen würden. So entwickelte sich in den bürgerlichen Parteien der Mitte ein spürbarer Rechtstrend, der sich z.B. Ende des Jahres 1928 in der Wahl des Prälaten Ludwig Kaas zum Vorsitzenden der Zentrumspartei niederschlug. (Die Konsequenz der DNVP-Niederlage drückt sich in der Wahl des unversöhnlichen Medienzaren Alfred Hugenberg zum Parteivorsitzenden aus.) Hinzu kam die schwelende Gegnerschaft zwischen linkem SPD- und rechtem DVP-Flügel. Überdies suchte die DVP auch noch die DDP dadurch politisch unter Druck zu setzen, daß sie eine Beteiligung der Wirtschaftspartei an den Koalitionsgesprächen verlangte. Dieser Störwille kam erst zum Erliegen, als der Außenminister auf eine Regierungsbildung ohne allzu feste Anbindung an die Parteien drängte. Reichskanzler wurde noch einmal Hermann Müller.

Im Vordergrund der Kabinettstätigkeit standen die Verhandlungen mit den Gläubigermächten um eine weitere Modifizierung der Reparationsverpflichtungen und eine vorzeitige Räumung der noch von Franzosen und Engländern besetzten dritten Rheinlandzone. Die Voraussetzungen hierfür waren nicht schlecht: Der Reparationsagent hatte bereits gefordert, daß die deutsche Regierung den Transfer ihrer Zahlungen – d.h. ihren Wechsel in Devisen – selbst kontrollieren solle. Damit war aber auch die Wiederherstellung der völligen Souveränität in den Bereichen Reichsbank, Verkehr und Haushalt verbunden. Andererseits hatte sich die Deutsche Regierung bereit erklärt, den Kellogg-Briand-Pakt zu ratifizieren, durch den der Krieg als Mittel der Politik geächtet und damit der Locarno-Pakt bekräftigt wurde. Obgleich in Deutschland wie in Frankreich Rechtsgruppen noch immer Ressentiments hegten, gestaltete sich Stresemanns Parisbesuch, bei dem er im August 1928 den Pakt unterzeichnete, zu einer Demonstration des Friedenswillens.

Kellogg-Briand-Pakt

Reparationsverhandlungen in Paris 1929

Am Rand der Genfer Völkerbundssitzung erreichte Reichskanzler Müller, daß vom Frühjahr 1929 an über eine Neufestsetzung der deutschen Reparationszahlungen zunächst von Experten, später von Regierungsvertretern verhandelt werden sollte. Daß die Rheinlandräumung nur im Zusammenhang mit diesen Erörterungen zu betrachten sei, hatte nicht im Sinne der deutschen Regierung gelegen. Die deutsche Sachverständigendelegation, die im Februar 1929 in Paris die Verhandlungen führte, stand unter der Leitung des Reichsbankpräsidenten Hjalmar Schacht und setzte sich ausschließlich aus

Daten zur sozio-ökonomischen Entwicklung in der Weimarer Republik

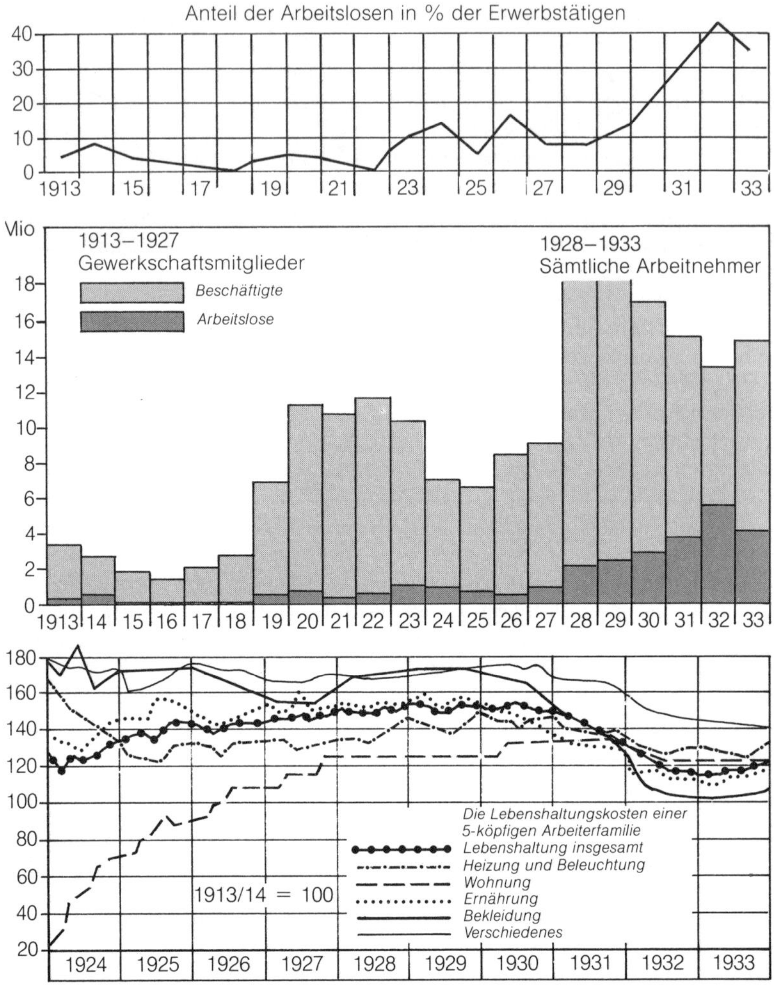

Vertretern der Wirtschaft zusammen. Zur Verdeutlichung der schwierigen deutschen Kassenverhältnisse verlangte Schacht Einsparungen bis hin zur Verzögerung der Gehaltszahlungen an die Beamten und Änderungen im verfassungsmäßigen Haushaltsrecht. Außerdem stieß er mit seinem eigenwilligen Verhandlungsstil die Vertreter der Gläubigerstaaten vor den Kopf, so daß diese sogar einen Konferenzabbruch erwogen. Diese Haltung brachte ihm zwar den Beifall konservativer und nationalistischer Gruppen in Deutschland ein, aber er überzog damit erheblich die Kompetenzen seines Expertenstatus.

Finanzkrise und Arbeitslosenproblematik

Tatsächlich hatte sich die Haushaltslage des Deutschen Reiches seit der Regierungsübernahme des zweiten Kabinetts Müller dramatisch verschärft. Die Rücklagen und Sondereinnahmen vorhergehender Jahre waren von den Kabinetten Marx III und IV, die – um damit mangelnde Fähigkeit zu Reparationszahlungen zu demonstrieren – hart am Rande des Defizits Ausgabenpolitik betrieben hatten, völlig aufgebraucht worden. Eine zusätzliche Erschwernis entstand durch die Pflicht des Reichs, im Fall der Illiquidität der Reichsanstalt für Arbeitsvermittlung und Arbeitslosenversicherung die notwendigen Mittel zur Verfügung zu stellen.

Da der Winter 1928/29 von besonderer Härte und Länge war, sah sich die Anstalt gezwungen, zusätzlich zu den übrigen Erwerbslosen auch die Saisonarbeitslosen zu unterstützen, die sonst für die Monate ohne Außenarbeit selbst vorzusorgen hatten. Insgesamt belief sich im Februar 1929 die Anzahl der Arbeitslosen auf 3,05 Millionen, so daß die Mittel der Reichsanstalt, die seit der Gründung 1927 noch keine Reserven hatte bilden können, schnell erschöpft waren. Ferner machte sich die allgemeine Rezession der Wirtschaft zunehmend bemerkbar, so daß mit einem klaren Rückgang der Steuereinnahmen zu rechnen war. Das bedeutete, daß für die Reichskasse zusätzliche Mittel benötigt wurden, um soziale und wirtschaftliche Entlastungen vornehmen zu können. Der Einigkeit in der Regierung darüber, daß diese Mittel nur durch Minderzahlungen bei den Reparationen zu gewinnen seien, stand die Frage gegenüber, welchem Bereich Priorität zu gewähren sei.

Young-Plan

Unter großer Anstrengung konnte im Mai 1929 die deutsche Regierung die eigenen Sachverständigen dazu gewinnen, das Expertengutachten zu akzeptieren, das unter dem Vorsitz des Amerikaners Owen Young erarbeitet worden war. Danach sollten die deutschen Zahlungen einen Jahresdurchschnittswert von 2,05 Milliarden RM haben, wobei die ersten Zahlungen mit 1,65 Milliarden beginnen sollten. Es war vorgesehen, daß nach Erreichen des vollen Betrages die Zahlungen pro Jahr wieder zurückgehen würden und schließlich 1988 die Reparationen abgegolten seien. Obgleich im Neuen Plan stand, es handele sich um eine endgültige Regelung, hofften die Befürworter in Deutschland, daß wie bisher nach etwa fünf Jahren wieder Verhandlungen aufgenommen würden. Die Kritiker des Plans, die vor allem aus dem konservativ-nationalistischen Lager kamen, rügten, daß die bisherige Moratoriumsklausel, die für die Zeit wirtschaftlicher Notlagen eine Zahlungspause vorsah, entfallen war und stattdessen die Annuität aufgeteilt wurde in einen Betrag, der in jedem Fall zu zahlen war (ungeschützt), und einen weiteren, dessen Begleichung im Fall einer Wirtschaftskrise ausgesetzt werden konnte (geschützt). Hatte bisher der Reparationsagent den Transfer besorgt, so geschah dies jetzt durch die Reichsregierung über die in Basel zu gründende Bank für Internationalen Zahlungsausgleich. Einverständnis bestand darin, daß mit Annahme des Plans die Kontrollen, die 1924 eingeführt worden waren, ein Ende finden würden.

Wie in Deutschland, wo durch Höhe und Dauer der weiteren Reparationszahlungen eine politische Verhärtung zwischen Regierung und Opposition entstand, kam es auch in den demokratischen Gläubigerstaaten zu Kontroversen, bei denen die Gegner der Regierungen verlangten, höhere Forderungen zu erheben. In Frankreich drängte man außerdem darauf, Polen dadurch in die Regelung einzubeziehen, daß zwischen der Annahme des Neuen Planes und der Klärung der deutsch-polnischen Liquidationsprobleme, d.h. der Klärung der Kriegsfolge-Auseinandersetzungen über staatlichen und privaten Besitz im jeweils anderen Land, ein Junktim hergestellt werden müsse. Die Außen- und Finanzminister Deutschlands und der führenden Gläubigerstaaten versammelten sich im August 1929 in Den Haag, um die erforderlichen politischen Formulierungen für das Vertragswerk zu finden. Dabei setzte der deutsche Außenminister die Erklärung durch, daß nach Annahme des Young-Plans die letzten Besatzungstruppen aus Deutschland abgezogen würden. Einzelheiten weiterer Durchführungsbestimmungen sollten in Kommissionen vereinbart werden, so daß zu Beginn des Jahres 1930 die Minister erneut im Haag zusammentreffen mußten.

Stresemanns letzte Rede vor dem Völkerbund (5.9.1929)

Nach der ersten Konferenz im Haag reiste der deutsche Außenminister zum Völkerbund in Genf. Dort nahm er in seiner letzten internationalen Rede Anregungen Briands für eine europäische Integration dahingehend auf, daß er ihnen primär wirtschaftliche Bedeutung beimaß und nachdrücklich

Wirtschaftskrise: Im Weinort Cochem belagern Winzer das Rathaus (1929)

für Erleichterungen und Verbesserungen des europäischen Handelsverkehrs eintrat. Noch einmal hatte er deutlich gemacht, daß deutsche Außenpolitik über die Wirtschaftspolitik zu steuern sei. Wenige Wochen später lebte Stresemann nicht mehr.

Panzerkreuzer-Streit 1928

Inzwischen war es in Deutschland zu einer wesentlichen Verschärfung des politischen Klimas gekommen. Schon im Sommer 1928 hatte es im Regierungslager Spannungen gegeben, als das Kabinett dem Neubau eines Großkampfschiffes, dem »Panzerkreuzer A«, zustimmte, obwohl die SPD den Reichstagswahlkampf unter der Parole »Kinderspeisung statt Panzerkreuzer« geführt hatte. Auch wenn es sich bei dem Panzerkreuzer um den Ersatz für einen unbrauchbar gewordenen älteren Schiffstyp handelte, drohte der Sozialdemokratie die Unglaubwürdigkeit, wenn ihre Kabinettsmitglieder dem Schiff zustimmen würden. Innerhalb der Reichstagsfraktion gab es heftige Auseinandersetzungen, doch die Mehrheit erreichte, daß der Kanzler und die sozialdemokratischen Minister in der Reichstagsabstimmung den entsprechenden Kabinettsentwurf ablehnten. Die bürgerlichen Befürworter des Panzerkreuzers stellten die parlamentarische Mehrheit und konnten erklären, damit über die SPD einen Erfolg errungen zu haben.

Aussperrung in der Eisenindustrie 1928

Interessierte Wirtschaftsgruppen nutzten im Herbst 1928 diese Auseinandersetzung, um einen schweren Arbeitskampf auszulösen, indem sie während eines Tarifkonfliktes die Arbeiter der eisenproduzierenden und -verarbeitenden Werke des Ruhrgebiets aussperrten. Zugleich lehnten sie die bisherigen Schlichtungsverfahren ab. Dieser Vorstoß richtete sich nicht allein gegen die von den Arbeitgebern seit Entstehen der Republik bekämpfte Sozialgesetzgebung, sondern war außerdem eine Demonstration der Stärke gegenüber der gewerkschaftlichen Forderung nach Wirtschaftsdemokratie. Da sich die DVP-Minister nach kurzem Zögern eindeutig gegen eine gesetzlich nicht vorgesehene Beihilfe für die Ausgesperrten aussprachen, breitete sich schnell eine Notlage für die Familien der Betroffenen aus. Zwar machten sich die Unternehmer mit ihrem Vorgehen unpopulär, aber sie konnten ihren »Herr im Haus«-Standpunkt zur Geltung bringen. Die Lösung des Konflikts gelang, als die Reichsregierung Innenminister Carl Severing als Schlichter einsetzte, der eine Kompromißformel fand. Die Handlungsweise der Eisenindustriellen, denen Anfang 1929 auch andere Sparten mit Aussperrungen folgten, drängt den Verdacht auf, daß sie die ihnen unbequeme Regierung mit einem sozialdemokratischen Kanzler zur Demission zu bewegen versuchten. Tatsächlich bestanden in den Fragen des Haushalts, der Sozial- und der Wirtschaftspolitik fortdauernde gravierende Unterschiede zwischen den Ministern, doch stellten sie diese hinter die Lösung des Reparationsproblems zurück.

Trotz der noch offenen Koalitionsfrage war zwar das Kabinett um Kooperation bemüht, aber Schwierigkeiten entstanden wieder durch die DVP, die ohne Rücksicht auf Stresemanns Vorstellungen Parteienverhandlungen durch Kritik am Haushalt im Frühjahr 1929 erschwerte und die preußischen Konkordatsverhandlungen zu hintertreiben versuchte. Mit großer Mühe kam schließlich Anfang April 1929 eine Verständigung über den Etat zustande, die auch als Basis für eine Koalition angesehen wurde. Obwohl dieser Haushalt nicht ausgeglichen war und Finanzminister Hilferding seine Gefahren erkannte, ließ er ihn im Kabinett annehmen, um das Parteienbündnis nicht zu gefährden. Die Haushaltsproblematik blieb dennoch unverändert, so daß die DVP immer entschiedener auf Entlastung der Unternehmer drängte, während die SPD immer nachdrücklicher die Unterstützung der sozial Schwachen und Gefährdeten verlangte. Ende September und Anfang Oktober 1929 waren die politischen Verhältnisse bereits so gespannt, daß ein Koalitionsbruch über diese Differenzen unvermeidlich erschien. Der gesundheitlich geschwächte Außenminister bemühte sich, die DVP-Reichstagsfraktion im Regierungsbündnis zu halten, und erlag von dieser Anstrengung erschöpft einem doppelten Schlaganfall (3. Oktober 1929). Zwar blieb die Koalition noch bestehen, doch angesichts einer radikalen Politisierung, bei der sich die bürgerlichen Parteien dem Rechtstrend anschlossen, der in Regionalwahlen seit Sommer 1929 immer deutlicher wurde, trieben die Verhältnisse mit Macht einer Wende entgegen.

Tod Stresemanns

Beginn der großen Wirtschaftskrise

Steuerliche Mindereinnahmen des Reichs, die sich im Rahmen des Steuerausgleichs auch für die Länder bemerkbar machten, veranlaßten diese mit Nachdruck eigene Ansprüche vorzutragen. Das galt vor allem für Bayern, dessen stärkste Partei, die BVP, zwar in der Großen Koalition vertreten war, nun aber zu verstehen gab, daß sie nur bei Beachtung der bayerischen Vorstellungen willens sei, noch in der Koalition zu verbleiben. Verdüstert wurde die Lage weiterhin durch die wachsende Zahl von Konkursen, die in Deutschland im Spätsommer 1929 mit dem Zusammenbruch der Frankfurter Versicherungsgesellschaft einen ersten Höhepunkt erlebte. Die Zahl der Arbeitslosen, die unter den saisonalen Bedingungen noch einmal spürbar zurückgegangen war, schnellte wieder hoch. Die schweren Erschütterungen der deutschen Innenpolitik durch die ökonomischen und sozialen Differenzen hatten eingesetzt, noch bevor der New Yorker Börsenkrach (24. Oktober 1929) überhaupt stattgefunden hatte. Die mittlere Phase der Weimarer Republik war zu Ende gegangen.

Auf dem Weg in die Schlußkrise der Republik

2. Haager Konferenz

Auch nach dem Tod Stresemanns waren außenpolitisch die Bemühungen der Regierung darauf ausgerichtet, die Verhandlungen über den Young-Plan zu einem befriedigenden, den Haushalt konsolidierenden Ende zu führen. Die Lösung letzter Detailfragen, die auch die Internationale Bank betrafen, wurden überschattet von starken französischen Bedenken gegenüber deutscher Vertragstreue angesichts der wachsenden politischen Radikalisierung der Rechten, die die künftige Ratifizierung des Vertragswerkes als für sie nicht bindend erklärten. Vergebens bemühte sich der Reichsbankpräsident Hjalmar Schacht, der bereits im Dezember 1929 versucht hatte, die Fortsetzung der Haager Konferenz zu verhindern, die Schlußverhandlungen durch Verweigerung zum Scheitern zu bringen. Er konnte davon ausgehen, daß er zahlreiche Mitglieder des Reichsverbandes der Deutschen Industrie, des Reichslandbundes sowie der Rechtsparteien hinter sich hatte. Dennoch setzten die Reichsminister den bisherigen Kurs fort, durch den allein eine Besserung des Reichsetats zu erhoffen war.

Im Januar 1930 einigten sich in Den Haag die Minister Deutschlands, Großbritanniens und Frankreichs auf die Annahme des Young-Plans und damit auch auf die Räumung des Rheinlandes. Fortan war die innere und äußere Souveränität des Deutschen Reiches völlig wiederhergestellt. Bindungen bestanden lediglich völkerrechtlicher Art durch den Versailler Vertrag, den Locarno-Pakt und die Abkommen in ihrem Umkreis. Entgegen aller rechten Propaganda bestand nicht mehr die Gefahr einer alliierten Sanktion; selbst im Fall eines eindeutigen deutschen Vertragsbruches mußte der Völkerbund eingeschaltet werden. In weiten Kreisen der deutschen Bevölkerung wurde dies nicht als Erfolg gewertet, sondern wie eine Selbstverständlichkeit angesehen. Nach Abzug der Besatzungstruppen fanden im Mai 1930 – bereits unter dem Kabinett Brüning – im Rheinland Befreiungsfeiern statt, bei denen – wie in Frankreich mit Unbehagen vermerkt wurde – die militanten Gruppen der Rechten den Ton angaben.

Bei den Verhandlungen im Reichstag über den Young-Plan war deutlich geworden, daß die Bindungen der Großen Koalition vor der Auflösung standen. Die Bayerische Volkspartei – ohnehin der Rechten zuneigend – war nur noch zur Stimmenthaltung bereit. Da sich auch im Zentrum eine ähnliche Haltung durchzusetzen begann, mußte der Reichspräsident eingreifen, damit die Partei in dritter Lesung dem Vertrag die erforderliche Mehrheit verschaffte. Damit hatte die Große Koalition ihre Aufgabe, die zweite Senkung der Reparationsleistungen, erfüllt. Die inzwischen dominierenden innenpolitischen Kontroversen ließen sie auf die Auflösung zutreiben. Ungeachtet weltweiter Rezession wurden die seit dem Sommer 1929 wieder wachsende Zahl der Arbeitslosen, die Firmenzusammenbrüche und die anhaltenden agrarischen Schwierigkeiten allein der Regierung der Großen Koalition und in ihr wiederum besonders den Sozialdemokraten angelastet.

Volksbegehren gegen den Young-Plan

Zunächst hatte jedoch das Erschrecken über rechtsradikale Agitation im Vordergrund gestanden. Diese richtete sich mit dem Vorwurf der Versklavung von Generationen durch den Young-Plan gegen seine Befürworter. Träger der Agitation war ein Bündnis aus DNVP, Stahlhelm, NSDAP und Alldeutschen, die seit Sommer 1929 in immer ungehemmterer Polemik die Reichsregierung eines Ausverkaufs deutscher Leistungskraft und des Landesverrats beschuldigten. Das Kabinett beschränkte sich auf gemäßigte Gegenerklärung, damit die Alliierten durch die Betonung von Vorteilen des Neuen Planes nicht zu weitergehenden Forderungen provoziert würden. Die radikale Rechte verlangte ein Gesetz, das nicht allein Reparationsvereinbarungen verbieten, sondern auch deren Unterzeichnung durch Minister und die Zustimmung von Parlamentariern unter Zuchthausstrafe stellen würde. Zeitweilig hatten die Initiatoren sogar dem Reichspräsidenten mit dieser Strafe drohen wollen. Zwar gelang es den Betreibern des Volksbegehrens gegen den Young-Plan die vorgeschriebene Stimmenzahl zu erreichen, so daß er im Reichstag neu diskutiert werden mußte; doch als es nach seiner Ablehnung dort zum Volksentscheid gestellt wurde, kamen im Dezember 1929 nur 13,8% Stimmen zusammen.

In auffälliger Weise nahmen in den Agitationsmonaten die Verstöße gegen die Staatsschutzgesetze zu. Und die bisher recht unbedeutende NSDAP zog

Erfolge der NSDAP

seit Sommer 1929 vermehrt Aufmerksamkeit auf sich, zumal sie von den anderen Initiatoren des Volksbegehrens abgetrennte Versammlungen durchführte. Unmittelbar nach dem Scheitern des Volksentscheids löste sich die NSDAP von den übrigen Trägern; ihr Parteiführer Hitler griff die anderen Parteien und Organisationen an, nicht entschieden genug aufgetreten zu sein. Seine Partei konnte mit den Auswirkungen zufrieden sein.

Wahlplakat der SPD 1932

Das Parteiprogramm der NSDAP mit Versprechungen für alle Bevölkerungsgruppen und seinem scharf umrissenen rassistischen Feindbild weckte Hoffnungen, die rationaler Bewertung angesichts der Gemeinplätze und Widersprüchlichkeiten kaum standhielten, aber wegen der wachsenden emotionalen und materiellen Belastungen anziehend wirkten. Bereits bei kommunalen und regionalen Wahlen in Nord- und Mitteldeutschland im Herbst 1929 gewannen die Nationalsozialisten zahlreiche Sitze in Provinzial-, Kreis- und Kommunalparlamenten. Noch zeigten Reichs- und Länderregierungen gegenüber der NSDAP eine gewisse Gleichgültigkeit, doch wurde sie im Dezember 1929 erstmals in eine Regierungskoalition einbezogen. In Thüringen übernahm nach den Landtagswahlen Wilhelm Frick, einer der alten Kämpfer der Partei und Teilnehmer am Münchner Bierkeller-Putsch von 1923, das Amt des Innenministers in einer Koalition mit DNVP und DVP. Die Nationalsozialisten waren ministrabel geworden. Jetzt verlangten auch mittelständische Organisationen der Wirtschaft eine am faschistischen Vorbild Italiens ausgerichtete Reform der bisherigen Sozialpolitik.

In diese Phase fällt auch das Bemühen des Reichswehrministers Groener und seines »cardinal in politicis« General von Schleicher, Vorkehrungen für einen Kabinettswechsel zu betreiben. Planungen aus der Zeit der Regierungskrise 1926/27 wurden aktiviert, bei denen schon damals an ein Präsidialkabinett gedacht worden war. Erklärter Kandidat Schleichers für das Amt des Kanzlers war der der christlichen Gewerkschaftsbewegung verbundene und dem rechten Flügel seiner Partei nahestehende Vorsitzende der Zentrumsfraktion im Reichstag Heinrich Brüning.

Zuspitzung der Auseinandersetzung um die Sozialpolitik

Seit dem Herbst 1929 griff die Wirtschaftskrise um sich. Sinkender Konsum und Überproduktion im Zusammenhang mit der Rationalisierung in nahezu allen Wirtschaftssparten lösten eine verstärkte »Freisetzung«, d.h. Entlassung von Arbeitnehmern aus. Die nur geringen Eigenmittel der Reichsanstalt für Arbeitsvermittlung und Arbeitslosenversicherung reichten folglich nicht aus und es mußte wieder auf die Garantie des Reichs zurückgegriffen werden. Dessen Kassen waren jedoch geleert, und die Reichsregierung wandte sich an US-Banken mit der Bitte um einen Kredit. In dieser Situation sprach der Reichsbankpräsident der Reichsregierung die Kreditfähigkeit ab, erzwang die Demission des Finanzministers und veranlaßte die Koalition zu Steuernotmaßnahmen. Die Gründe für die ständigen Zahlungsschwierigkeiten aber – Rezession und Erwerbslosigkeit – und damit die Gefahr neuer Illiquidität, deren dauerhafte Behebung zwischen den Sozialdemokraten und ihren immer unwilligeren Partnern weiter umstritten war, blieben bestehen. Während die DVP nachdrücklich Subventionen für die Privatwirtschaft verlangte, die sich später auch zugunsten der Arbeitslosen auswirken könnten, trat die SPD mit den Freien Gewerkschaften entschieden für eine Erhöhung der Beiträge der Arbeitslosenversicherung ein und für eine unbedingte Reichsgarantie zugunsten der Reichsanstalt. Die gleichen Fronten bestanden in der Frage nach Erhöhung von Verbrauchssteuern. Insgesamt zeichnete sich ab, daß die bürgerlichen Parteien enger zusammenrückten, während die Sozialdemokraten in eine gefährliche Isolierung gerieten. Gerade der linke Flügel der SPD drängte darauf, eine eigene, unverkennbar sozialistische Politik zu betreiben oder – wenn dies undurchführbar sei – die Konsequenzen zu ziehen.

Arbeitslose (um 1930)

In der Forschung ist umstritten, wie zielgerichtet die Intrigen in der Umgebung des Reichspräsidenten und die Aktionen der bürgerlichen Mittelparteien gewesen sind, um die Sozialdemokraten wegen ihrer entschiedenen Haltung in der Frage der Arbeitslosenversicherung aus der Regierung zu drängen. Und es stellt sich auch die Frage, ob die Sozialdemokraten durch ihre unnachgiebige Haltung allein den Bruch herbeigeführt haben. Zweifellos haben sie angesichts der spürbaren Rezession und der rasch wachsenden Arbeitslosenzahlen – 1,6 Millionen (Oktober 1929) gegenüber 3,2 Millionen (Januar 1930) – auf einer Erhöhung des Versicherungsbeitrags von 3,5% auf 4% beharrt. Hinzu kam die selbstverständliche Solidarität mit den Arbeitnehmern, doch auch die Sorge vor einem Wählerverlust an die KPD; demgegenüber bestand ein enger Konnex zwischen den bürgerlichen Parteien. Letztlich wurde die Frage, ob die Beitragserhöhung bei 4% oder entsprechend dem von den bürgerlichen Parteien befürworteten Kompromißvorschlag Brünings nur bei 3,75% liegen würde, eine Frage der Glaubwürdigkeit und des Prestiges, wobei die Sozialdemokraten, gleich wie sie entschieden, nur verlieren konnten. Der Reichspräsident hatte im Lauf des März 1930 seine Entscheidung getroffen: Im Fall einer Auseinandersetzung mit den Reichstagsfraktionen wollte er nicht dem Kanzler der Großen Koalition seine Unterstützung zukommen lassen. Vielmehr hatte er Brüning zugesichert, er könne als Reichskanzler bei Verweigerung der Reichstagsmehrheit zur Durchsetzung politisch erforderlich erscheinender Maßnahmen den Artikel 48 einsetzen, d.h. auf dem Verordnungsweg handeln.

Erhöhung der Arbeitslosenversicherung

Bruch der Großen Koalition

Der Rücktritt des Kabinetts der Großen Koalition am 27. März 1930 wurde vordergründig ausgelöst durch das Beharren der SPD auf der Erhöhung der Arbeitslosenversicherung um ½% und ihrer Ablehnung des Brüning-Kompromisses, auf dem die bürgerlichen Parteien bestanden. Seit Juni 1928 hatte sich die SPD wiederholt zu Kompromissen bereitgefunden, doch jetzt war für sie die Grenze erreicht, die zumindest von der DVP bewußt und gezielt durchbrochen worden ist. Ihre Aufgabe, die Mehrheit für die Reparationsregelung zu beschaffen, hatte die Sozialdemokratie erfüllt, nun tat sich wieder der Graben auf, der schon in früheren Jahren entscheidend für die Beziehungen der Parteien untereinander gewesen war. Im Kabinett Brüning wurde nach zwei Monaten die Erhöhung der Arbeitslosenversicherung auf 4% durchgeführt und damit nachträglich die Forderung als berechtigt anerkannt. Allerdings hatte Ende März 1930 keine der alten Parteien vorhersehen können, daß das Ende der Großen Koalition zugleich auch der Wendepunkt auf dem Weg hin zu einem autoritären Staat werden würde. Der Wechsel von der parlamentarischen zur präsidialen Ordnung entsprach jedoch dem Empfinden vieler Bürger, die verunsichert waren und statt der parlamentarischen Diskussion die Entscheidung auf dem Verordnungsweg bevorzugten.

Die Präsidialkabinette

Kabinette Brüning I/II (30.3.1930–30.5.1932)

Die erstaunliche Schnelligkeit, mit der das Kabinett Brüning noch im März 1930 gebildet wurde, spricht dafür, daß vor dem offenkundigen Bruch der Großen Koalition Vorbereitungen getroffen worden waren. Die bürgerlichen Parteien, die der letzten Regierung angehört hatten, stellten gemeinsam mit den Volkskonservativen die neuen Kabinettsmitglieder. Als Brüning Anfang April sein Programm und seine Regierung dem Reichstag vorstellte, erlangte er dessen mehrheitliches Vertrauen. Die Zusage von Investitionserleichterungen und Agrarsubventionen wie die deutliche Zurückhaltung in der Reparationsfrage gaben von seiner Politik den Eindruck eines Neubeginns, der durch das unverholene Vertrauen des Reichspräsidenten begünstigt war. Freilich befand sich Brüning von Anfang an in einem Dilemma, das im Verlauf seiner Kanzlerschaft immer deutlicher wurde: Setzte er die Prioritäten in der Innenpolitik, um der sozialen und ökonomischen Konsequenzen der Wirtschaftskrise Herr zu werden, dann bedeutete dies, Zahlungen an die unterschiedlichen Gruppen in Bevölkerung und Wirtschaft zu leisten. Damit hätte er aber die behauptete Unfähigkeit zu dauerhafter Erfüllung der Reparationsverpflichtungen gegenüber den Alliierten in Frage gestellt oder sogar den Eindruck der Unredlichkeit geweckt. Setzte der Kanzler auf die Außenpolitik, um auf dem Verhandlungswege zu einer schnellen Revision des Young-Planes zu gelangen, dann ließ er Gelder nach außen abfließen, die eigentlich für die Lösung der wachsenden innenpolitischen Probleme benötigt wurden. Die historische Forschung spricht daher von einem »Zielkonflikt« des Zentrumspolitikers, ohne aber selber eine eindeutige Lösung anbieten zu können.

Heinrich Brüning

Notverordnung und Parlamentsauflösung

Betont bürgerlich-nationale Politik ersparte dem Kabinett nicht Konflikte mit der Reichstagsmehrheit. Ihre Ablehnung von Steuererhöhungen und Sparmaßnahmen bei den Sozialleistungen führte zu deren Erlaß auf dem Verordnungsweg nach Artikel 48 der Weimarer Verfassung. Als die Parlamentsmehrheit diese Verordnung aufhob, löste der Reichspräsident gemäß Artikel 25 den Reichstag auf. Formal ließ sich dagegen nichts einwenden; tatsächlich war jedoch etwas geschehen, was die künftige Parlamentsarbeit einschränkte. Der Reichspräsident hatte die Möglichkeit genutzt, den Mehrheitswillen durch Auflösung zu konterkarieren und damit waren quasi-konstitutionelle Verhältnisse entstanden. Für die politische Aktionsfähigkeit des Reichskanzlers war das Vertrauen des Staatsoberhaupts wesentlicher als das des Parlaments. War Hindenburg 1925 in Erinnerung an die Zeit vor der Staatsumwälzung als »Ersatzkaiser« gewählt worden, so nahm er diese Funktion jetzt auch mit der Ausnutzung des Verfassungswortlauts ein. Die Schöpfer der Verfassung scheinen die Kombination der Artikel 25 und 48, die dem Staatsoberhaupt eine geradezu diktatorische Stellung verleihen konnte, nicht in Betracht gezogen zu haben.

Wahlpropaganda der KPD gegen die SPD 1930

Reichstagswahlen vom 14. September 1930

Für die erforderliche Reichstagswahl hätten die Ergebnisse der sächsischen Landtagswahlen vom Juni 1930, bei denen die Nationalsozialisten zweitstärkste Partei wurden, eine Warnung sein können; doch scheint es, daß Brüning für seine außenpolitischen Absichten eine Stärkung des nationalsozialistischen Parlamentsflügels recht gewesen wäre, um damit den Gläubigermächten die Notwendigkeit eines Entgegenkommens, wenn nicht sogar einer grundsätzlichen Revision zu verdeutlichen. Die Wahlen vom 14. September 1930 brachten für die Parteien von den Konservativen bis zu den Sozialdemokraten Verluste, wobei vor allem die bürgerliche Mitte prozentual und bei deutlich gestiegener Wahlbeteiligung – 75,6% (1928) gegenüber 82% (1930) – beträchtliche Stimmeinbußen aufzuweisen hatte: – 7,2% = 7,0% DNVP, – 4,2% = 4,5% DVP und – 0,9% = 3,8% Deutsche Staatspartei. Dagegen konnten die Kommunisten zum Teil auf Kosten der SPD Zugewinne erzielen (+ 2,5% = 13,1%). Ein Teil des liberalen Stimmenpotentials ging an die Wirtschaftspartei, die als reine Protestpartei dies eine Mal sogar um 0,1% stärker als die zur Staatspartei umbenannten Demokraten geworden war. Eigentlicher Sieger war die NSDAP, die mit einem Stimmenanteil von 18,3% und 107 Abgeordneten (1930) gegenüber 12 (1928) zur zweitstärksten Fraktion im Reichstag aufstieg. Offensichtlich hatte die Partei Stimmen aus dem Reservoir der bisherigen Nichtwähler erhalten sowie von unzufriedenen Wählern der »etablierten« Parteien; auch Arbeiter scheinen für die NSDAP gestimmt zu haben.

Mitgliederstruktur der NSDAP

Arbeiter waren gegenüber ihrem Prozentsatz in der Gesamtbevölkerung (45,1%) in der NSDAP (28,1%) unterrepräsentiert, aber ihre Mitgliedschaft ist nicht zu leugnen. Auf der anderen Seite waren die Gruppen des Mittelstandes in der NSDAP durchaus besser repräsentiert, von der sich bisher besonders das Kleinbürgertum angesprochen gefühlt hatte: 25,6% (Angestellte in der NSDAP) [Gesamtgesellschaft: 12,0%], 20,7% (Selbständige) [9,0%], 8,3% (Beamte) [5,1%], 14,0% (Bauern) [10,6%], 3,3% (Andere) [17,4%].

Das Wahlergebnis macht aber auch deutlich, daß zuvor negativ eingestellte Gruppen angezogen wurden. Auch in die Reichswehr war das Gedankengut der NSDAP eingedrungen, obwohl dort seit dem Kapp-Putsch 1920 politische Propaganda und Betätigung offiziell verboten war. Im Frühjahr 1930 hatte ein Erlaß des Reichswehrministers Unruhe ausgelöst, in dem für die Meldung radikal-politischer Tätigkeit eine Uhr versprochen wurde.

Noch erregter wurde die Stimmung im Heer, als drei Leutnants des Ulmer Reichswehrregiments wegen nationalsozialistischer Betätigung verhaftet und vor den Reichsgerichtshof gestellt wurden. Wenige Tage nach den Reichstagwahlen fand ihr Prozeß statt, zu dem Hitler, der Führer der Nationalsozialisten, als Zeuge geladen wurde. Unter Eid versicherte er, die Regierungsgewalt allein mit legalen Mitteln erreichen zu wollen. Ungerügt blieben die Bemerkungen, aus denen hervorging, die NSDAP wolle die Republik mit deren eigenen Mitteln schlagen und werde nach einer Machtübernahme die Verfassung außer Kraft setzen und gegen ihre politischen Gegner gewaltsam vorgehen. Auf das Anwachsen der Partei hatten diese Äußerungen keinen negativen Einfluß. Hinzu kam, daß die NSDAP für sich in Anspruch nahm, im Unterschied zu den »alten« Parteien des Reichstags von jungen Mitgliedern repräsentiert zu werden.

Reichswehrprozeß

Im Ausland hatten die Septemberwahlen erhebliches Aufsehen erregt. Der Aufstieg der Nationalsozialisten und der Verfall der bürgerlichen Mitte wurden angesichts der rechtsradikalen Angriffe auf den internationalen Kapitalismus als Gefahr für die Anleihen angesehen, die in Deutschland placiert worden waren. Zahlreiche Kredite, die eine kurze Kündigungsfrist hatten, aber in Deutschland im Vertrauen auf das internationale Interesse an einer konsolidierten Wirtschaft langfristig angelegt worden waren, wurden abgerufen und brachten damit viele Unternehmen in Schwierigkeiten, so daß die Zahl der Arbeitslosen kontinuierlich zunahm. Forderungen, die Sozialleistungen des Staates zu verbessern und die Geldmenge hierfür gegebenenfalls zu erhöhen, wurden von der Regierung aus der Sorge, die Entwicklung der Hyperinflation von 1923 könne sich wiederholen, abgelehnt.

Um den Reichshaushalt bei verminderten Einnahmen auszugleichen, lehnte das Kabinett ab, Mittel für Arbeitsbeschaffungsmaßnahmen bereitzustellen, nahm Ausgabenkürzungen im sozialen Bereich, Gehaltsverminderungen und Stellenabbau, von dem vor allem Frauen betroffen waren, vor. Die Minderung der Kaufkraft schlug zurück auf die Wirtschaft. Die krampfhafte Verteidigung der Währungsstabilität wurde mit sozialer Destabilisierung und paralleler politischer Radikalisierung erkauft.

Diese politische Haltung der Regierung gegenüber den Arbeitslosen– Jahresdurchschnitt: 3,08 Millionen (15,70%) 1930 gegenüber 1,89 Millionen (9,6%) 1929; 4,38 Millionen Dezember 1930 – war von unverhältnismäßiger Härte; die SPD lehnte im Prinzip die Leistungsminderungen im Sozialetat ab und hatte deshalb im Juni 1930 gegen die Notverordnung gestimmt. Dennoch entschloß sich die Parteileitung, als das Ergebnis der Septemberwahl vorlag, zur Tolerierung des Kabinetts Brüning. Dahinter stand die Überlegung, daß durch die breite Front noch parlamentarisch gesonnener Parteien ein weiteres Überhandnehmen der Nationalsozialisten eingedämmt werden könnte. Damit brachte sich die Sozialdemokratie wie 1920/21 in der Situation, eine Politik mitzutragen, zu deren Gestaltung sie nur begrenzt herangezogen wurde, für die sie aber künftig von ihren Gegnern bei allen negativen Ereignissen mitverantwortlich gemacht wurde.

Die KPD bekämpfte zwar die Nationalsozialisten, erblickte jedoch in den Sozialdemokraten weiterhin ihren Hauptfeind, der mit allen agitatorischen Mitteln angegriffen wurde. Auf der anderen Seite hielt die Orientierung der Mittelparteien nach rechts weiter an. Überdies hatte der Reichspräsident keinen Zweifel daran gelassen, daß für ihn eine Regierungsbeteiligung der Sozialdemokraten auf Reichsebene nicht akzeptabel war.

Auswirkung der Krisenstimmung

Die erneute Erschütterung der materiellen Verhältnisse war zwar ökonomisch mit der Inflation nicht zu vergleichen, aber äußerlich hatte sie durch den Zusammenbruch von Betrieben und dem akuten Geldmangel bei weiten Kreisen der Bevölkerung einen ähnlichen Effekt. Daneben entwickelte sich in den Großstädten – insbesondere in Berlin und München – eine hektische gesellige Betriebsamkeit, die sich zum Teil über bisherige moralische Gepflogenheiten hinwegsetzte und damit sittliche Empörung und Kritik von rechts und links auslöste, aber auch den Eindruck einer Endzeit-Stimmung vermittelte.

Der nationalsozialistische Wahlerfolg hatte gezeigt, daß diese Partei nicht nur die allein treibende Kraft auf dem rechten Parteienflügel geworden war, sondern auch, daß sie auf eine breite Basis in dem agrarisch bestimmten Bevölkerungsteil zurückgreifen konnte. Im Bemühen für alle Sektoren des öffentlichen Lebens und für alle staatlichen Institutionen parallele parteigebundene Organisationen und Ämter zu errichten und über sie werbenden Einfluß auszuüben, übertrug Hitler im Herbst 1930 Wilhelm Darré die Aufgabe, eine NS-Organisation für die Landwirtschaft zu errichten. Darré gelang dies nicht nur, sondern er sorgte auch dafür, daß die NSDAP das Leitungsgremium des Reichslandbundes unterwanderte.

Besonders die Güter im östlichen Deutschland hatten eine relativ großzügige Unterstützung erhalten. Dies war bereits in der Zeit der Bürgerblockregierungen und der Großen Koalition mit speziellen Hilfen für Ostpreußen eingeleitet worden. Die Begründung lautete, dieser Landesteil sei durch seine isolierte Lage besonders gefährdet. Weitere Unterstützung wurde vom Kabinett Brüning geleistet, obwohl bekannt und im Reichstag wie im preußischen Landtag angesprochen worden war, daß vor allem der Großgrundbesitz durch fehlerhafte Bewirtschaftung in weiten Bereichen und nicht erst seit Kriegsende in Schwierigkeiten geraten war. Unter Brüning wurde die agrarische Hilfe sogar auf alle ostelbischen Gebiete ausgedehnt, aber nicht der Versuch einer strukturellen Lösung unternommen. Die »Grüne Front«, die Vereinigung aller Agrarverbände, trat nachhaltig für eine rigide agrarische Schutzzollpolitik und landwirtschaftliche Subventionen durch staatlichen Aufkauf des überproduzierten Getreides, Viehs usw. ein. Die Probleme des Absatzes der landwirtschaftlichen Produkte und die Verschuldung blieben ungelöst und führten dazu, daß die Tendenz agrarischer Gruppen fortbestand, sich in Opposition zu den bestehenden Verhältnissen der radikalen Rechten anzuschließen.

Deutsch-österreichischer Plan einer Zollunion

Zur Besserung der wirtschaftlichen Verhältnisse und das hieß auch, um auf dem südosteuropäischen Markt festen Fuß zu fassen, hatte sich Stresemanns Nachfolger Julius Curtius bemüht, die Annäherung an Österreich zu vertiefen und einen Wirtschaftsblock entstehen zu lassen. Als jedoch durch Indiskretion im Frühjahr 1931 die Absicht der deutsch-österreichischen Zollunion bekannt wurde, löste dies vor allem in Frankreich nachhaltigen Protest aus. Es ging nicht nur um die Gefährdung eigener Wirtschaftsinteressen, sondern auch um die Sorge, daß das französische Bündnissystem, das einen Revanchekrieg verhindern sollte, endgültig zerschlagen werden könnte. Außerdem hatte Österreich im Jahr 1922 jeder Bindung an das Deutsche Reich abgeschworen, um ein Völkerbunddarlehen zur Sanierung seiner zerrütteten Finanzen zu erhalten. Diese Verpflichtung bestimmte dann auch den Internationalen Schiedsgerichtshof, die deutsch-österreichische Zollunion für unzulässig zu erklären. Aus dem außenwirtschaftlichen Vorhaben mit innenpolitischer Werbewirksamkeit war für die Reichsregierung ein Fiasko entstanden, das den Außenminister zur Demission veranlaßte. Der Rückschlag hatte sowohl außen- wie innenpolitische Folgen.

Die Zahl der NSDAP-Mitglieder wuchs und damit auch das militante Auftreten der Partei, die durch Konfrontationen die Herrschaft auf der Straße anstrebte und beanspruchte, allein zu bestimmen, was deutsch und für Deutschland richtig sei. Während Hitlers Anhänger in den kommunalen und Länderparlamenten wie im Reichstag mit Radauszenen und Auszügen ihre politische Stärke zu demonstrieren bemüht waren, ließ er keinen Zweifel am Anspruch der Nationalsozialisten, möglichst ungeteilt über die Regierungsgewalt zu verfügen, wenn sie erst einmal die Macht im Reich errungen hätten. Zwar war die NSDAP in einigen Ländern an der Regierung beteiligt (z.B. in Braunschweig), jedoch nicht in Preußen. Der vom Stahlhelm ausgegangene Versuch, zusammen mit den anderen Rechtsgruppierungen, durch Volksbegehren den Landtag auflösen zu lassen, scheiterte.

Volksbegehren in Preußen

Die mehrmonatige Propagandawelle vom Frühjahr bis zum August 1931 veranlaßte das Preußische Innenministerium, auf dem Wege der Notverordnung durchzusetzen, daß alle Zeitungen einen Aufruf des Staatsministeriums gegen das Volksbegehren zu veröffentlichen hatten. Die Möglichkeit, der Staatsordnung jetzt einen entscheidenden Schlag zu versetzen, erkannte auch die Führung der KPD, die sich von den Wahlen nach der Auflösung des Landtags einen Stimmzuwachs versprach. Auch sie unterstützte daher das Volksbegehren, so daß der Graben zwischen ihr und der SPD noch tiefer wurde. Die Heftigkeit der Auseinandersetzungen um das Volksbegehren und das ungeschickte Verhalten des Staatsministeriums trugen dazu bei, daß am 9. August 1931 37% der Stimmberechtigten für die Auflösung eintraten. Damit war die Auflösung zwar verhindert, die Stärke der Gegner aber, zu denen auch die DVP zählte, eindrucksvoll demonstriert worden. Immerhin hatte das Bollwerk Preußen mit seiner Koalition aus SPD, Zentrum und Staatspartei noch einmal erfolgreich dem Ansturm der Verfassungsilloyalen widerstanden.

Revisionsbemühungen; Bankenkrise

Parallel zu diesem Parteienkampf in Preußen war zeitweise die Reparationsproblematik wieder ins Bewußtsein gerückt worden. Obwohl in Brünings Planung erst für 1932 ein grundlegendes Revisionsbemühen vorgesehen war, trat er bereits 1931 in die schwierigen Verhandlungen ein, um Zahlungsminderung oder -aufschub zu erlangen. Überdies nannte die Reichsregierung in einem Aufruf vom Mai 1931 die Zahlungsverpflichtungen einen Tribut und machte sich damit die Wortwahl der radikalen Rechten zu eigen.

Die Konsequenz der ausländischen Investitoren und Kreditgeber war eindeutig. Aus der Sorge, die deutsche Politik bereite eine generelle Zahlungseinstellung vor, zogen sie ihr Geld aus dem deutschen Finanzmarkt und aus der Wirtschaft. Spektakuläre Firmenzusammenbrüche wie z.B. der des Bremer Konzerns Nordwolle erschütterten die Wirtschaft zusätzlich und steigerten die Unruhe, die auch auf die Banken überging, zumal die Reichsregierung nur bedingt bereit war, ihnen zu helfen. Anfang Juni war die Darmstädter und Nationalbank gezwungen zu liquidieren. Vor dem einsetzenden Ansturm der Gläubiger und Sparer auf die Banken wurde für die Kassen ein zweitägiger Schalterschluß verkündet; die Börse stellte die Tätigkeit ein. Die trotz aller Mühen defizitäre Haushaltspolitik des Reichs (600 Millionen Mark) wurde mit einer zusätzlichen Milliarde zur Sanierung der Großbanken belastet.

Die Bankenkrise in Deutschland fand zu einer Zeit statt, als umfangreiche Kürzungen der Sozialleistungen wie Keulenschläge auf die Bevölkerung niedergegangen waren: Die Arbeitslosenunterstützung wurde weiter gekürzt, die Altersgrenze für ihren Empfang heraufgesetzt. Die Familienzuschläge wurden vermindert und die Beamten hatten einen weiteren Gehaltsabbau hinzunehmen. Damit demonstrierte die Reichsregierung ihren Willen, den Geldwert zu erhalten. Doch die Bereitschaft zur Verteidigung der Staatsordnung minderte sich in dem Maß, in dem die materielle Not zunahm.

Reparationserörterung; Abrüstungsfrage

Unter diesen Umständen nahm es ein großer Teil der Bevölkerung als selbstverständlich hin, daß Brüning in direkten Gesprächen mit den Regierungen in Paris und London die deutsche Leistungsfähigkeit erörtert hatte; außerdem wurde akzeptiert, daß der Präsident der USA, Herbert Hoover, im

Juli mit Zustimmung der übrigen Gläubigermächte ein »Feierjahr« für die internationalen Zahlungsverpflichtungen verkündete, um eine Konsolidierung der Wirtschaft, die allgemein in eine schnelle Rezession geraten war, zu erreichen. Wirtschaftsgutachten des Engländers Layton und eines Bankausschusses unter dem Italiener Beneduce wiesen nach, daß nur ein auf den internationalen Märkten starkes Deutschland in der Lage sei, Reparationen zu zahlen. Aber gegen diese Erstarkung sprach das nationale Interesse der einzelnen Staaten, die um die Stabilisierung der eigenen Wirtschaft besorgt waren. Diese internationale Erörterung und die Erkenntnis, daß bei objektiver Beurteilung ein nahes Ende der deutschen Reparationszahlungen zu erwarten war – eine Konferenz zur Erörterung der Verhältnisse war für den Frühsommer 1932 in Lausanne anberaumt worden –, gab dem schwankenden Regierungsschiff Brünings wieder Rückenwind. Allerdings hatte mittlerweile die Innenpolitik das außenpolitische Feld überschattet. Selbst die deutsche Teilnahme an der Abrüstungskonferenz im Februar 1932, bei der von deutscher Seite der Anspruch auf Angleichung an die Nachbarstaaten, d.h. Aufrüstung, erhoben wurde, trat hinter dieser Entwicklung zurück. In dieser Situation ist auch der Reichspräsident wieder aktiv geworden, der innerhalb der Reichsregierung eine Wendung forciert hatte, die dem politischen Trend entsprach. So wurde Mitte Oktober 1931 eine Kabinettsumbildung vorgenommen, die deutlicher den Forderungen der Wirtschaft und der Forderung jener Gruppen entgegenkam, die dem Reichspräsidenten mehr Macht zusprechen wollten.

Umbildung der Regierung Brüning

Trotz ihrer unüberhörbaren Hinweise auf die Rechtswende hat es die Führung der SPD weiterhin für richtig gehalten, ihre Tolerierungspolitik fortzusetzen. Das setzte jedoch die Gesamtpartei dem Vorwurf aus, die Lage der Arbeitnehmer und der sozial Schwachen nicht mehr genügend zu berücksichtigen. Wähler waren damit nicht zu halten, geschweige denn hinzuzugewinnen. Zwar waren die Arbeitersportvereine, Gruppen der Freien Gewerkschaften und der Partei wie des Reichsbanners seit Herbst 1931 in der »Eisernen Front« zusammengefaßt, die ihre Hauptaufgabe in der Auseinandersetzung mit den Nationalsozialisten sah; doch über Großveranstaltungen und Demonstrationsmärsche gelangte sie kaum hinaus. Forderungen nach besserer Hilfe für Notleidende und Vorlage eines Arbeitsbeschaffungsprogramms durch den ADGB nützten wenig, wenn die Reichstagsfraktion leistungsmindernde Notverordnungen passieren ließ.

Plakat der »Eisernen Front«

Im übrigen hatte sich auch das Augenmerk des tolerierten Reichskanzlers auf die angebliche »Nationale Opposition« – NSDAP und DNVP – gerichtet, die er für die Wiederwahl Hindenburgs zum Reichspräsidenten zu gewinnen gehofft hatte. Wie der Reichswehr- und Innenminister Groener meinte auch Brüning, bei den Rechtsradikalen eine anerkennenswerte vaterländische Haltung zu erblicken. Kontakte zur NSDAP knüpfte der Chef des Ministeramts im Reichswehrministerium General von Schleicher. Der Reichspräsident sah auch weniger die vordergründigen politischen Ziele der Nationalsozialisten als ein Hindernis für eine Zusammenarbeit an als das Rabaukentum der SA sowie die übersteigert erscheinenden Ansprüche ihres Führers, der seinem Herkommen und seinem Auftreten nach dem Präsidenten als gewöhnlich erschien. Daher hatte am 10. Oktober 1931 auch eine erste Besprechung zwischen ihnen ohne Ergebnis geendet. Hindenburg hatte eine Unterstützung des umzubildenden Kabinetts Brüning gefordert, aber für die Parteien der Rechten kam nur noch die Entlassung Brünings und die Bildung einer »nationalen« Regierung in Betracht. Hindenburg war enttäuscht, doch Hitlers Ansehen hatte durch diese Unterredung zusätzlich gewonnen. Dies spielte er am folgenden Tag in Bad Harzburg aus, wo sich die Rechtsparteien und -gruppierungen trafen, um eine Heerschau der »na-

Gespräch Hindenburg-Hitler

Domprediger Doehring spricht beim Feldgottesdienst auf dem Tag der »Nationalen Opposition« in Bad Harzburg am 11. 10. 1931 (vorn nebeneinander: Himmler und Röhm)

tionalen Opposition« zu veranstalten. Ihre Wirkung war erhöht worden durch die Teilnahme der Vertreter von Wirtschaft, alter Armee und früherer Fürstenhäuser. Der von Stahlhelm und DNVP erwartete taktische Zusammenschluß der äußersten Rechten kam jedoch nicht zustande. Die Nationalsozialisten hatten sich betont für sich gehalten und ihre Eigenständigkeit in den Vordergrund gestellt. Die Bemühungen um die Aufstellung eines gemeinsamen Kandidaten der Rechten für die Wahl des Reichspräsidenten waren ohne Ergebnis geblieben.

Präsidentschaftskandidatur Hitlers; Boxheimer Dokumente

Anfang des Jahres 1932 präsentierte die NSDAP als eigenen Kandidaten ihren Parteiführer Hitler, der damit auch der eindeutige Widersacher des Reichspräsidenten wurde. Nach dem höchsten Staatsamt strebte die Partei, die noch im November 1931 dadurch Aufsehen erregt hatte, daß Materialien bekannt geworden waren, aus denen hervorging, in welcher Weise im Fall einer plötzlichen Machtübernahme die politischen Gegner ausgeschaltet und die rassischen verdrängt werden sollten.

Mit der Behauptung, diese Unterlagen seien nur für die Abwehr eines kommunistischen Aufstandes vorgesehen gewesen, rettete sich ihr Autor vor einem Hochverratsprozeß. Die Parteiführung versicherte wiederum, nur auf legalem Weg an die Macht zu kommen. Die Reichsregierung und der Kanzler, der laufende Koalitionsverhandlungen zwischen dem rechtslastigen Zentrum in Hessen und den Nationalsozialisten nicht behindern wollte, verfolgten die Angelegenheit nicht weiter, so daß die »Boxheimer Dokumente« letztlich als Warnung unbeachtet blieben.

Die innere Not mit einer Arbeitslosigkeit von ca. 5,7 Millionen im Dezember 1931 und 6,1 Millionen im Februar 1932 (der höchsten Zahl an registrierten Arbeitslosen in der Weimarer Republik überhaupt) ließ die Sorge um die Lösung der Probleme des täglichen Lebens, die Kluft zwischen Preisen und Einkommen, wichtiger erscheinen. Hinzu kam, daß die Nationalsozialisten seit ihrem starken Zulauf auch über wachsende Geldmittel verfügten. Diese Ausgangsposition ließ einen Wahlerfolg Hitlers möglich erscheinen, falls ihm nicht ein geschlossener Block entgegentrat, der sich hinter Hindenburg stellte.

Die gemäßigten bürgerlichen Parteien und die Sozialdemokraten wurden von Brüning für das Wahlbündnis gewonnen, die KPD stellte Thälmann, die DNVP Stahlhelmführer Theodor Düsterberg auf. Die Rechte, die 1925 hinter Hindenburg gestanden hatte, war jetzt geteilt. Eine Reihe seiner alten Anhänger und Kameraden erklärten sich gegen ihn.

Zu Recht ist in der wissenschaftlichen Betrachtung dieser Phase festgestellt worden, daß Brünings Wende nach rechts ihn auf eine autoritäre Linie drängte, die er jedoch nach Auffassung der politischen Rechtsgruppierungen nicht strikt genug einhielt. Er hatte mit seinem Rückgriff auf Notverordnungen wesentlich zur faktischen Machterweiterung des Reichspräsidenten beigetragen; und indem er zur Unterstützung seiner revisionistischen Außenpolitik eine starke Rechtsopposition wünschte, hatte der Reichskanzler dem Rechtsradikalismus, dessen Bedeutung er lange unterschätzt hatte und dessen ideologische Positionen er zu spät begriff, ungewollt den Weg zu ebnen geholfen. Grundsätzlich kann auch nicht unbeachtet bleiben, daß die katholische Kirche, der sich Brüning eng verbunden fühlte, dem Tolerierungsbündnis des Kanzlers mit der SPD skeptisch gegenüberstand. Sowohl im Zentrum wie in der BVP wurden Stimmen laut, die eine Kooperation mit der »nationalen Opposition« für angebracht hielten, auch wenn die Kontaktaufnahmen negativ endeten. Überdies wiegte sich der Kanzler in der trügerischen Sicherheit, das Vertrauen des Reichspräsidenten zu besitzen. Doch Hindenburg fühlte sich von den falschen Parteien unterstützt.

Hindenburg-Brüning

Das greise Staatsoberhaupt besaß keine gefühlsmäßigen Bindungen zu Parteien, die den politischen Katholizismus, den Liberalismus oder gar den Sozialismus repräsentierten. Seine natürlichen Partner waren die Konservativen des ostelbischen Raums, die nationalistischen Gruppen, die noch immer die Dolchstoß-Legende propagierten, und die Offiziere der kaiserlichen Armee und der Reichswehr. Aber gerade dieser Kreis hatte sich von ihm losgesagt. Hinzu kamen die massiven Einflüsterungen aus dem Kreis der ostelbischen Großgrundbesitzer, Brünings Politik sei eine From von Agrarbolschewismus, da er den verschuldeten Gütern nicht weitere Unterstützung zusichere.

Situation in den Ländern

Belastend für die Verhältnisse war auch, daß die Regierung des größten Einzellandes, d.h. Preußens, seit der Abwehr des Volksbegehrens im Sommer 1931 nur noch mit taktischen Finessen in der Lage war, sich bis zur Landtagswahl Ende April 1932 im Amt zu halten. Eine eklatante Niederlage schien dann sicher, ohne daß aber eine künftige arbeitsfähige Regierungsmehrheit in Aussicht stand. Gegen das hessische Staatsministerium, das seit den Wahlen im November 1931, bei denen die NSDAP mit 27 Sitzen deutlich stärkste Partei geworden war, geschäftsführend weiterregierte, schwebte eine Verfassungsklage. In Oldenburg suchte die NSDAP durch ein Volksbegehren die Auflösung des Landtags zu erreichen, in dem sie zwar stärkste Partei, jedoch ohne Mehrheit war. Wie in Sachsen war auch in Thüringen, wo im April 1931 die Nationalsozialisten aus dem Regierungsbündnis ausscheiden mußten, ein Minderheitskabinett im Amt. Dagegen waren DNVP und NSDAP seit Oktober 1930 Regierungsparteien in Braunschweig; dort hatte Dietrich Klagges im September 1931 als erster Nationalsozialist das Ministerpräsidentenamt eines Landes übernommen. Dies gab ihm auch die Möglichkeit, Hitler zum Regierungsrat zu ernennen und damit die Naturalisierung des bisher Staatenlosen zu ermöglichen. Noch Ende März 1932 löste sich die Hamburger Bürgerschaft aufgrund ihrer Arbeitsunfähigkeit durch die negative Mehrheit der rechten und linken Flügelparteien selbst auf.

Auch die Kommunisten hatten bei allen Wahlen seit 1930 deutliche Stimmengewinne verzeichnen können, aber sie blieben weit hinter den Wahlerfolgen der Nationalsozialisten zurück, die Anstalten machten, auch die KP-Hochburgen anzugreifen. Viele kommunistische Zugewinne stammten von enttäuschten Wählern der Sozialdemokratie. Militantes Auftreten und übersteigerte Propaganda erhöhte die bürgerliche Kommunistenfurcht und blen-

Hitler und Goebbels

dete den Blick für die akuten Gefahren von rechts. Weder die Zentrale des Reichs noch seine Glieder verfügten über dauerhafte Widerstandskraft gegen die radikale Abwanderung vom demokratischen Parlamentarismus, auch wenn die Präsidentschaftswahlen kurzfristig einen Eindruck von Stabilisierung erwecken konnten.

Präsidentschaftswahlen 1932

Trotz einer ausgeklügelten Wahlkampftaktik und dem Einsatz moderner Propagandamittel sowie einer rücksichtslosen Polemik gegen die Gegner unterlag Hitler dem bisherigen Reichspräsidenten im ersten Wahlgang am 13. März 1932 mit 30,1% zu 49,6%. Da jedoch Hindenburg nicht die absolute Mehrheit gewonnen hatte, wurde ein zweiter Wahlgang am 10. April notwendig, für den nur noch Hindenburg, Hitler und Thälmann kandidierten. Zwar vermochten die Nationalsozialisten eine weitere Stimmensteigerung für Hitler auf 36,8% mit Hilfe der übrigen Rechtsopposition zu erlangen, doch Hindenburg konnte 53% der Stimmen auf sich vereinigen, während Thälmann von 13,2% auf 10,2% zurückfiel.

Nur vierzehn Tage nach dem zweiten Präsidentschaftswahlgang fanden mehrere Landtagswahlen statt. Wenn dabei auch in Bayern und Württemberg die Nationalsozialisten in der Minderheit blieben, so hatten sie doch eindeutige Stimmzugewinne zu verzeichnen: in Bayern 32,5% gegenüber 17,9% (1930) und in Württemberg 26,4% gegenüber 9,4% (1930), und waren nun auch in Preußen mit 36,2% stärker als die Linksparteien mit 34,4% (Sozialdemokraten, Sozialistische Arbeiterpartei und KPD) geworden. Faktisch war die NSDAP bei diesen Wahlen zur stärksten Fraktion in allen Landtagen außer Bayern aufgestiegen. Doch da sie nur zu negativen Mehrheiten in der Lage war, d.h. gegen die amtierenden Regierungen kam nur mit der KPD bei Mißtrauensanträgen eine Mehrheit zustande, blieb die »nationale Opposition«, von der die DNVP überdies erneute Rückschläge hatte hinnehmen müssen, auf Hilfe von außen angewiesen.

SA-Verbot; Demission Groeners

Entscheidend für die Haltung Hindenburgs wurde der Entschluß des Kabinetts Brüning, SA und SS, die Kampfverbände der NSDAP, wegen ihrer drohenden Haltung in der Zeit der Präsidentschaftswahlen zu verbieten. Dies geschah noch am 13. April 1932 auf das Drängen der nichtnationalsozialistischen Länderregierungen hin, die einen Bürgerkrieg befürchteten.

Papen und Staatssekretär Meißner beim Morgenritt (1932)

Dem Wunsch des Reichspräsidenten, auch das verfassungstreue »Reichsbanner« zu verbieten, widersetzten sich Kanzler und amtierender Innenminister, da hierzu keinerlei rechtliche Handhabe gegeben war. Hindenburg unterschrieb das Verbot der nationalsozialistischen Organisationen nur widerwillig und wurde in dieser Haltung von dem intriganten General von Schleicher unterstützt, der seine Kontakte zur NSDAP vertieft hatte. Er meinte, nach Aufhebung des SA-Verbots die NSDAP für die Unterstützung einer neuen Rechtsregierung gewinnen zu können. Damit wandte sich Schleicher, der die Hilfe des »in der Verfassung nicht vorgesehenen Sohnes des Reichspräsidenten« besaß, gegen seinen Förderer und Freund Groener. Gegen diesen war die Stimmung in der Reichswehr negativ eingestellt. Als er unter dem Eindruck einer entsprechenden Erklärung Schleichers am 12. Mai 1932 seinen Rücktritt als Reichswehrminister einreichte, willigte Hindenburg sofort ein.

Demission Brünings

Die Vorwürfe, der Kanzler lenke auf einen »Staatssozialismus« hin, wurden im konservativen Freundeskreis des Reichspräsidenten immer heftiger. Die wirtschaftlichen Daten ließen keine Rückschlüsse auf eine Konsolidierung der Verhältnisse zu, auch wenn die bevorstehende internationale Konferenz in Lausanne, deren Vorbereitung sich das Kabinett intensiv widmete, Verbesserungen in den Außenverpflichtungen des Reichs erwarten ließ. Tatsächlich hatten die Wirtschaftsverbände inzwischen deutlich Abstand zu Brüning genommen, da sie befürchteten, die ständige Staatsbeihilfe für die Einzelsektoren müsse eine strukturelle Umwandlung der ökonomischen Ordnung zu Folge haben.

Gegen die Anträge der linken Parteien und der NSDAP und ihren Forderungen und Plänen für Arbeitsbeschaffungsprogramme stellte Brünings Kabinett schließlich ein Programm, für das bei nahezu sechs Millionen Arbeitslosen lediglich 135 Millionen RM zur Verfügung standen. Politisch und im sozialen wie ökonomischen Bereich war Brüning isoliert, als ihm am 29. Mai 1932 Hindenburg die Demission nahelegte. Demoralisiert widersetzte sich der Reichskanzler nicht, sondern reichte am folgenden Tag den Rücktritt des Gesamtkabinetts ein. Damit hatten die Gruppen um den Reichspräsidenten gewonnen, die eine autoritäre Regierungsform befürworteten.

Kabinett Papen (1.6.1932–17.11.1932)

Der neue Reichskanzler Franz von Papen war bisher politisch bedeutungslos gewesen. Allerdings gehörten ihm die Mehrheitsaktien der größten Zentrums-Zeitung »Germania« und er besaß gute Kontakte zur westdeutschen Wirtschaft. In seiner konservativ-autoritären Geisteshaltung stand Papen dem Reichspräsidenten noch näher als zuvor Brüning. General von Schleicher hatte ihn ausgesucht und präsentiert sowie praktisch im voraus das Kabinett zusammengestellt, in dem die Minister – soweit sie überhaupt einer Partei angehörten – der DNVP zuzurechnen waren.

Trotz aller Bemühungen um Unterstützung stieß das »Kabinett der Barone« auf breiten Widerstand. Für die Sozialdemokraten gab es keinen Grund mehr zur Tolerierung. Das Zentrum reagierte auf die Ausschaltung Brünings so empört, daß Papen seinem Ausschluß mit dem Parteiaustritt zuvorkam. Da die neue Regierung auf keine Mehrheit hoffen konnte, wurde der Reichstag am 4. Juni 1932 aufgelöst. In der Vorstellung, gegen die Flut des Nationalsozialismus nicht einen Damm zu errichten, sondern sie zu »kanalisieren«, suchte Papen das Gespräch mit der NS-Führung und hob durchaus in Übereinstimmung mit Hindenburg und dem neuen Reichswehrminister von Schleicher das SA-Verbot auf. Die Verbände der radikalen Rechten suchten durch wachsenden Terror den Anspruch auf Regierungsgewalt zu untermauern. Provokativ wurden Aufmärsche und Demonstrationen in Gebieten veranstaltet, in denen Auseinandersetzungen mit militanten Kräften der Gegenseite unvermeidbar waren. Den Höhepunkt stellte am 17. Juli 1932 der Zusammenstoß zwischen Nationalsozialisten und Kommunisten im preußischen Altona dar, bei dem 17 Personen getötet und 68 verletzt wurden. Einige Kommunisten, die in diese Straßenschlacht verwikkelt gewesen sind, wurden nach der nationalsozialistischen Machtübernahme zum Tode verurteilt und hingerichtet.

Altonaer »Blutsonntag«

Potempa

Dies politisch folgenschwere Ereignis wurde dann noch überschattet von dem bestialischen Mord an einem polnischen Kommunisten in dem oberschlesischen Ort Potempa in der Nacht vom 9. zum 10. August 1932. Gegen Monatsende wurden die SA-Täter zum Tode verurteilt aufgrund von Notverordnungen, die am 9. August erlassen worden waren und gegen politischen Terror die Todesstrafe sowie zur Sicherung des inneren Friedens die Einrichtung von Sondergerichten vorsahen. Der Führer der NSDAP erklärte ausdrücklich seine Solidarität mit den Mördern. Aus juristischen Erwägungen wurden die Todesstrafen im September in lebenslange Haft verwandelt. Im März 1933 erlangten die Potempa-Mörder aufgrund einer allgemeinen Amnestie ihre Freiheit zurück. Wie zu Beginn der Republik schien ein Bürgerkrieg zu drohen; aber diesmal stand die treibende Kraft eindeutig rechts und konnte von sich behaupten, die stärkste der politischen Parteien zu sein.

Den Reichstagswahlen vom 31. Juli 1932 gingen drei politische Ereignisse voraus, mit denen Papen seine Stellung und die des Kabinetts zu festigen hoffte. Am 14. Juni 1932 wurde eine auf ministerialen Vorarbeiten unter Brüning basierende Notverordnung erlassen, dessen Absichten sie jedoch verschärfte. Die Leistungen für die Empfänger von Renten und Sozialhilfen wurden auf den Durchschnitt des Jahres 1927 gesenkt. Die Salzsteuer als Verbrauchssteuer wurde wieder eingeführt und die Begrenzung der Umsatzsteuer aufgehoben. Belastungen der Wirtschaft wurden dagegen reduziert und langfristige Maßnahmen zur Arbeitsbeschaffung vorbereitet, mit denen u.a. der »Freiwillige Arbeitsdienst« entstand. Während die Notverordnung auf den Widerspruch von Sozialdemokraten, Kommunisten und zumindest eines Teils des Zentrums stieß, fand sie die Unterstützung der Nationalsozialisten. Sie beriefen sich darauf, schon im Mai durch Gregor Straßer im Reichstag für ein Arbeitsbeschaffungsprogramm und die Ankurbelung der Wirtschaft, d.h. ihre Begünstigung, eingetreten zu sein.

Reduzierung der Sozialleistungen

Flugblatt der SPD 1932

Konferenz von Lausanne

Noch in einem zweiten politischen Bereich konnte sich Papen auf Vorarbeiten des Kabinetts Brüning stützen. Vom 16. Juni bis 9. Juli 1932 fand in Lausanne die internationale Konferenz statt, auf der über die weitere Entwicklung der deutschen Zahlungsverpflichtungen verhandelt wurde. Papen wollte sie benutzen, um endlich die benötigte Popularität für seinen autoritären Regierungskurs zu gewinnen. Die deutsche Delegation hatte das Glück, auf Verständnis auch bei den bisher stets zurückhaltenden Franzosen zu stoßen; denn die Weltwirtschaftskrise hatte die europäischen Staaten in eine Situation geraten lassen, die gegenseitige Rücksichtnahme angebracht erscheinen ließ. Zwar hatte der Reichskanzler zunächst Deutschland als grundsätzlich zahlungsunfähig erklärt, dann aber dahin eingelenkt, daß bei Bereitschaft zu weitreichender Revision des Friedensvertrags von Versailles eine Abschlußzahlung in Betracht komme. Auf dieser Basis kam eine Einigung zustande, nach der Deutschland nur noch drei Milliarden RM zuzüglich des Zinsendienstes für Auslandsanleihen – zwei Milliarden RM – zu erbringen hatte. Damit war faktisch das Ende der psychologisch lastenden deutschen

Reparationszahlungen gekommen. Im Zusammenhang mit Lausanne steht die Erklärung der deutschen Delegation, auf der Abrüstungskonferenz in Genf Ende Juli 1932 weiterhin nur noch dann teilzunehmen, wenn die absolute Gleichberechtigung Deutschlands hergestellt würde. Initiator dieses Schrittes war General von Schleicher, der damit die deutsche Kooperation auf diesem Feld bis zum Dezember aussetzen ließ.

Das Echo in Deutschland auf den internationalen Auftritt des Kabinetts von Papen blieb hinter den Erwartungen zurück. Die Bereitschaft, überhaupt eine Schlußzahlung zu leisten, wurde von den radikalen Flügelparteien als Schwäche ausgelegt. Die »alten« Parteien hingegen konnten darauf verweisen, daß ohne ihre langjährige Verständigungspolitik dies Ergebnis nicht denkbar gewesen wäre.

Papens »Preußenschlag«

Nach der Rückkehr des Kanzlers nutzte Papens Kabinett die schweren Ausschreitungen während des Wahlkampfes, zu denen auch die Ereignisse in Altona gehören, zu seinem spektakulärsten Anschlag auf die Staatsordnung: Trotz der Niederlage bei den Aprilwahlen hielt sich aufgrund einer rechtzeitig vorher herbeigeführten Bestimmung der Geschäftsordnung des Landtags, der preußische Ministerpräsident könne nur mit absoluter Mehrheit der Abgeordneten gewählt werden, die Regierung Braun im Amt. Das »Bollwerk Preußen« stand der rechten Flutwelle im Weg. Unter dem unberechtigten, auf die Altonaer Ereignisse abhebenden Vorwand, nichts gegen die Bedrohung des Staates durch die Kommunisten zu tun, ließ das Kabinett von Papen am 20. Juli 1932 gestützt auf eine Notverordnung gemäß Artikel 48 und mit Hilfe der Reichswehr das preußische Staatsministerium absetzen. Die Exekutive in Preußen lag nun in den Händen von Papens als Reichskommissar, so daß praktisch eine Auftragsverwaltung durch das Reich bestand. Alle demokratisch eingestellten Ober- und Regierungspräsidenten und die entsprechenden Polizeioffiziere wurden beurlaubt.

In der späteren Diskussion des Gewaltaktes ist Kritik daran geübt worden, daß das Ministerium sich ohne Gegenwehr entmachten ließ und die SPD und die ihr nahestehenden Gewerkschaften nicht Widerstand wenigstens in Form eines Generalstreiks leisteten: Aber die Minister wußten seit der Landtagswahl, daß sie parlamentarisch keinen Rückhalt hatten. Bei einer Arbeitslosenzahl von sechs Millionen und rückläufigen Mitgliedszahlen in den Gewerkschaften hätte ein Streikaufruf keine Reaktion ausgelöst. Auch fehlten der Arbeiterschaft für einen Widerstand gegen die Reichswehr und die nun vom Reich befehligte Polizei Waffen und Munition. Schließlich hätte bestenfalls eine einige Arbeiterbewegung Chancen gehabt, sich gegen diesen Anschlag zu behaupten, doch die Differenzen zwischen Sozialdemokraten und Kommunisten, die weiterhin die »Sozialfaschisten« angriffen, waren eher verhärtet als gemildert.

Reichstagswahlen vom 31.7.1932

Es lag nahe, die Reichstagswahl vom 31. Juli 1932 zur Entscheidung über das Papensche Vorgehen werden zu lassen, nachdem auch die föderativ eingestellten süddeutschen Staaten Proteste vorgetragen hatten. Das Ergebnis, das den »Preußenschlag« jedoch nicht revidierte, zeigte, daß die einzige Partei, auf die sich Papens Kabinett stützen konnte, die DNVP, einen Rückgang hinzunehmen hatte: 7% (1930) gegenüber 5,9% (1932 I). Während Zentrum und BVP ihr Stimmenpotential leicht zu verbessern vermochten – 14,8% (1930) gegenüber 15,7% (1932 I) – und damit im Nachhinein Brünings Politik eine begrenzte Zustimmung erfuhr, war die liberale Mitte faktisch zerrieben: 12,2 (1930) gegenüber 2,6 (1932 I). Die SPD verlor weitere Stimmen – 24,5 (1930) gegenüber 21,6 (1932 I) –, die zum Teil von der KPD aufgefangen wurden – 13,1 (1930) gegenüber 14,5 (1932 I) –. Der triumphale Sieger der Wahl war die NSDAP, die sich mit einer Verdoppelung ihres Stimmenanteils – 18,3 (1930) gegenüber 37,4% (1932 I) – an die Spitze der deutschen Parteien stellte und nun erwartete, ihr Führer werde den Auftrag zur Regierungsbildung erhalten.

Papens Politik hatte seiner Regierung keine breite Zustimmung gebracht, die Kanalisierung der braunen Flut war mißlungen. Auf die Wahl folgende Gespräche ergaben lediglich, daß Papen Kanzler bleiben und Hitler dies sofort werden wollte. Eine Entsendung nationalsozialistischer Minister in ein Reichskabinett, an dessen Spitze er nicht stand, kam für Hitler nicht in Frage. Auch Hindenburg war nicht in der Lage, Hitler umzustimmen, und fühlte sich von dessen undiszipliniertem Auftreten unangenehm berührt. Der direkte Ansturm auf die Regierungsämter war gescheitert und daraufhin richtete die NSDAP nun ihre Haßtiraden auch gegen das reaktionäre Papen-Kabinett, das keinerlei parlamentarisch absicherbare Zukunft besaß. Eine schnelle Auflösung des Reichstags war zu erwarten, wobei vor allem Papen mit dem Schlagwort des Staatsnotstandes operierte. Unter diesem Aspekt traten Zentrum und NSDAP in Verhandlungen über eine potentielle Regierungskoalition ein. Ungeachtet der nationalsozialistischen Gewalttaten und der gerade erlittenen Demütigungen glaubten die Zentrumspolitiker um Brüning, es werde dann gelingen, die Autorität des Reichspräsidenten zu sichern, der von da an den Nationalsozialisten Einhalt gebieten werde. Doch trotz der Warnungen aus allen Bereichen der NSDAP, die Möglichkeit, überhaupt die Regierung zu übernehmen, werde ungenutzt vorübergehen, verharrte Hitler auf seinen politischen Ansprüchen, im Reich und in Preußen die Führung an sich zu nehmen, und brachte damit im September die Gespräche zum Scheitern.

Verhandlungen Zentrum-NSDAP

Unterdessen setzte Hindenburg weiterhin auf Papen, in dem er eine verwandte Seele erblickte, die auf eine Umformung der Staatsordnung hinlenken würde, in der zumindest der preußisch-deutsche Konservativismus bismarckscher Prägung bestimmend sein würde.

Die Vereinigung von Reich und Preußen in einem Regierungsapparat war durch den »Preußenschlag« vorbereitet. Zwar klagte das preußische Staatsministerium und die süddeutschen Länder forderten eine gleichzeitige Normenkontrolle, doch der Staatsgerichtshof machte das Papensche »fait accompli« nicht rückgängig mit der Einschränkung, daß das alte Ministerium weiterhin im Reichsrat stimmführend sei. Damit allerdings wurde dokumentiert, daß unabhängig von der faktischen Gewaltausübung in Preußen die Absetzung des Staatsministeriums auch rechtlich nicht ohne Zweifel war.

Septembernotverordnungen 1932

Seine antiparlamentarische Haltung demonstrierte Papen damit, daß er nicht den Zusammentritt des Reichstags (3. 9. 1932) abwartete, sondern zwei Tage zuvor auf einer Versammlung des westfälischen Bauernvereins seine Regierungsziele vortrug, die dann in den Septembernotverordnungen ihre rechtliche Ausformung erhielten. Von der vorgesehenen Reichstagsauflösung sprach Papen nicht; doch Zentrum und NSDAP sahen hierin einen Anlaß, die Parlamentsvertagung zu betreiben. Erneut wurde der Reichstag zum 12. September einberufen, wobei ein kommunistischer Antrag zur Debatte stand, der sich gegen die von der Regierung am 4. September veröffentlichte Notverordnung zur Durchsetzung ihrer ökonomischen Vorstellungen richtete: Steuerzahler aus der Wirtschaft sollten handelbare Gutscheine im Gesamtwert von 2,2 Millarden RM mit einer Laufzeit bis 1938 erhalten, um Investitionen und Arbeitsplatzbeschaffung anzuregen. Öffentliche Arbeiten des Reiches und seiner Behörden hatten Zuwendungen von über 300 Millionen RM zu erwarten. Für direkte Notstandsarbeiten standen aus dem Haushalt 135 Millionen RM zur Verfügung. Die Regierung nahm für sich das Recht in Anspruch, Vorschriften in allen Bereichen der Sozial- und Arbeitsgesetzgebung zu erlassen. Das Urteil über diese Maßnahmen gründete sich auf die damit verknüpften ökonomischen Erwartungen. Die Unternehmens-

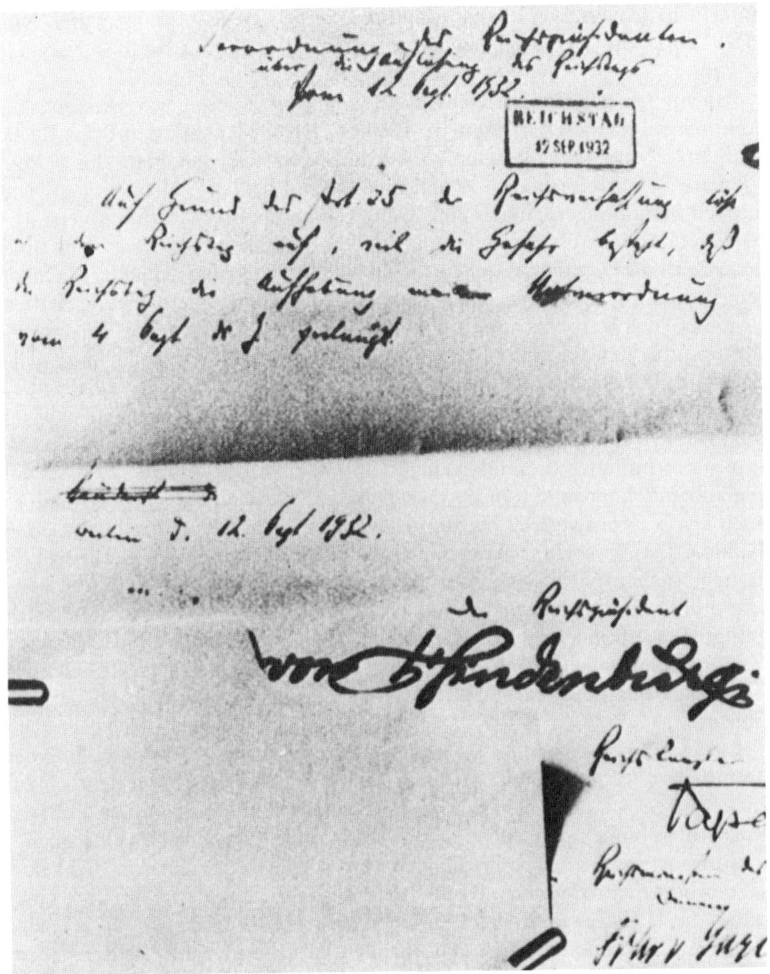

Verordnung des Reichspräsidenten über die Auflösung des Reichstags vom 12. Sept. 1932.

REICHSTAG 12 SEP 1932

Auf Grund des Art. 25 der Reichsverfassung löse ich den Reichstag auf, weil die Gefahr besteht, daß der Reichstag die Aufhebung meiner Notverordnung vom 4. Sept. d. J. verlangt.

Berlin d. 12. Sept 1932.

Der Reichspräsident
von Hindenburg

Reichskanzler
Papen

Reichsminister des Innern
Frhr. v. Gayl

Reichstagsauflösungs-Urkunde Hindenburgs vom 12. 9. 1932

verbände begrüßten sie. Das Kabinett von Papen schien jene Erwartungen zu erfüllen, die forderten, daß die Gewerkschaften an die Seite gedrängt werden müßten und daß die seit der »Revolution« von 1918/19 vorgetragenen Forderungen auf stärker unternehmerorientierte Sozial- und Wirtschaftspolitik Wirklichkeit würden.

In diesem Zusammenhang ist auch zu berücksichtigen, daß die Verbände bei weitem vorzogen, dem Kabinett von Papen als anderen Kabinetten finanzielle Zuwendungen zukommen zu lassen. In welchem Umfang die NSDAP Geldmittel aus der Wirtschaft erhalten hat, ist nicht zu konkretisieren, da die entsprechenden Parteiunterlagen bei Ende des Zweiten Weltkrieges vernichtet worden sind. Wenn auch die eigentliche Unterstützung erst im Februar 1933 eingesetzt hat, ist aber nicht zu bezweifeln, daß aus Einzelunternehmen und Verbänden im Rahmen der jeweiligen Parteienfinanzierung und durch gezielte Aktionen namhafte Beträge an die Nationalsozialisten gelangt sind.

Reichstagsauflösung

Im Wissen, daß in der Reichstagssitzung am 12. September 1932 seine Notverordnungen abgelehnt und dem Kabinett das Mißtrauen ausgesprochen werden würde, hatte sich Papen vom Reichspräsidenten vorsorglich die Auflösungsordre geben lassen. Bevor er sie jedoch verlesen konnte, ließ Göring als Reichstagspräsident über den Mißtrauensantrag abstimmen, der mit 512 zu 42 Stimmen bei 5 Enthaltungen gegen die Regierung ausfiel. Nur DNVP und die weit nach rechts gedriftete DVP hatten für das Kabinett gestimmt.

Papen hatte gehofft, die Neuwahlen entgegen eindeutiger Verfassungsbestimmungen zeitlich verzögern zu können. Diesen Anschlag auf das Recht mußten er und seine Berater ebenso aufgeben wie den Plan durch eine forcierte Reichsreform den »Dualismus Reich-Preußen« zu beseitigen. Die aktiven Bemühungen gingen nun dahin, die Landwirtschaft durch verstärkten Protektionismus zu unterstützen, den Grundbesitz zu schützen und gleichzeitig in Ostpreußen und anderen ostelbischen Agrargebieten ein Siedlungswesen vor allem für Arbeitslose durchzuführen. Den Gewerkschaften begegnete das Kabinett mit einer Verordnung, die Streiks gegen Tarifumgestaltung zur Verletzung der Friedenspflicht werden ließ. Zur Ruhe kamen die deutschen Länder dadurch nicht.

Der Wahlkampf hatte ähnlich gewalttätige Begleiterscheinungen wie im Sommer bei der ersten Reichstagswahl des Jahres. Innerhalb der NSDAP war die Stimmung diesmal weniger optimistisch als damals. Die vertan geglaubten Chancen hatten Enttäuschung ausgelöst und gelegentlich gab es auch krasse Frontwechsel bis zum Linksradikalismus. Unmittelbar vor den Wahltag fiel als spektakuläres Geschehen der Streik bei den Berliner Verkehrsbetrieben, nachdem es auch dort vom Schlichter für verbindlich erklärte Lohnkürzungen gegeben hatte. Die Freien Gewerkschaften hatten sich gefügt. Daraufhin legten Rote Gewerkschaftsopposition und NS-Betriebszellen-Organisation gemeinsam den öffentlichen Verkehr Berlins still. Erst zwei Tage nach der Reichstagswahl fuhren Busse und Stadtbahnen wieder wie üblich.

Berliner Verkehrsstreik

Reichstagswahlen vom 6.11.1932; Sturz Papens

Das Wahlergebnis vom 6. November 1932 bestätigte die Entwicklung der unmittelbar vorhergehenden Monate. Die Wahlbeteiligung ging deutlich zurück (von 83,4% auf 79,9%) und die NSDAP hatte einen unübersehbaren Rückschlag hinnehmen müssen (von 37,2% auf 33%). Die DNVP jedoch – und dies ist bezeichnend für die weiterhin starke Parlamentsfeindlichkeit – vermochte einen Stimmenzuwachs zu verzeichnen (von 5,9% auf 7,2%) und selbst die DVP gewann einige Stimmen hinzu (von 1,1% auf 1,7%). Das Abgleiten der anderen bürgerlich-liberalen Parteien in die Zone der Bedeutungslosigkeit setzte sich fort und auch der politische Katholizismus kam nicht an Einbußen vorbei (gegenüber 15,5% nur 14,8%). Die Sozialdemokraten sanken unter ihr bisher schlechtestes Ergebnis im Mai 1924 (nur 20,4%). Den größten Zugewinn hatte die KPD zu verzeichnen (von 14,2% auf 16,0%).

Daß diese Ergebnisse nicht augenblicksbedingt waren, zeigte sich durch fortdauernde NS-Verluste bei Kommunalwahlen in Sachsen im November und in Thüringen im Dezember. Die Depression in der Partei war erheblich. Immerhin hatten über 300 Wirtschaftsführer für die Unterstützung Papens geworben und nur etwa dreißig wandten sich an den Reichspräsidenten, wegen der angeblich drohenden roten Gefahr Hitler mit der Führung der Reichsgeschäfte zu beauftragen. Dieser Schritt blieb noch ohne Erfolg. Jedoch hatte Schleicher erkannt, daß Papen nicht mehr zu halten war. In einem von ihm angeordneten militärischen Planspiel war festgestellt worden, daß im Fall eines Aufstands gegen die Regierung die Reichswehr nicht in der Lage sei, NSDAP und KPD in Schach zu halten. Papens Begehren, der Reichspräsident solle den Reichstag ein weiteres Mal auflösen und Neuwahlen gegen die Verfassung um ein halbes Jahr hinausschieben, konnte Hindenburg nicht nachkommen. Schweren Herzens entließ er Papen, der aber sein Vertrauter blieb.

Die Last, Reichskanzler zu sein in einem Winter mit erneut hohen Arbeitslosenzahlen, die sich mit denen des Vorjahres vergleichen ließen, trug seit dem 3. Dezember 1932 General von Schleicher selbst. Er bemühte sich mit seinem wenig veränderten Kabinett, die Papenschen Wirtschaftspläne zu erweitern. Getragen von den Gedanken des »Tat«-Kreises um den Journalisten Hans Zehrer wollte er nicht mit Parteien, sondern mit Organisationen und Verbänden zusammenarbeiten und mit ihnen im Rahmen einer großen Solidarisierung Arbeitsbeschaffungspolitik betreiben. Schleichers Ziel war eine Achse der Arbeitnehmer von rechts bis links, von den Nationalsozialisten um Gregor Strasser, der einer Mitarbeit nicht abgeneigt war, bis zu den Freien Gewerkschaften, deren Vorsitzender Leipart Verständnis signalisiert hatte. Doch die Sozialdemokraten mißtrauten dem umtriebigen General, und der ADGB löste die Verbindung zur SPD nicht auf. Strasser war nicht fähig, Hitler ein Zugeständnis zur Mitarbeit abzuringen, schreckte vor offener Rebellion zurück und legte sogar seine Parteiämter nieder. Trotz ihrer Rückschläge war die NSDAP nicht zerbrochen. Und da Schleicher zuwenig die gegen ihn entstehende Fronde beachtete, fiel er über die Intrigen des von ihm gestürzten, unversöhnlichen Vorgängers; aber er besaß auch kaum eine Vertrauensbasis.

Kabinett von Schleicher (3.12.1932–28.1.1933)

Wie Papen hat auch Schleicher sein Regierungsprogramm in öffentlicher Rede verbreitet. Es war angesichts der hohen Winterarbeitslosigkeit (Januar 1933: 6,0 Millionen gemeldet; aber in den Pflichtkrankenkassen nur 11,5 Millionen Mitglieder gegenüber 11,9 Millionen im Februar 1932) allein auf Arbeitsbeschaffung ausgerichtet. Die von Papen erlassene Lockerung des Tarifvertrags wurde wieder aufgehoben. Zur Beschaffung von Arbeitsplätzen wurde ein Reichskommissar eingesetzt, der dies vor allem mit Siedlungspolitik verband. Zusätzlich zu den Steuergutscheinen des Kabinetts von Papen wurden weitere Gutscheine im Wert von 500 Millionen RM vorgese-

Schleichers Plan zur Arbeitsbeschaffung

Arbeitslosigkeit Anfang 1932		*Auf je 1000 Erwerbsfähige (33% der Bevölkerung) entfallen Arbeitslose:*	
Vereinigte Staaten	8300000	Deutschland	275
Deutschland	6041000	Vereinigte Staaten	207
England	2855000	England	186
Japan	2400000	Österreich	140
Italien	1015000	Saargebiet	140
Frankreich	800000	Neuseeland	130
Tschechoslowakei	580000	Tschechoslowakei	120
Spanien	500000	Japan	110
Österreich	422000	Dänemark	90
Polen	326000	Belgien	85
Belgien	228000	Australien	80
Australien	170000	Holland	70
Holland	158000	Italien	70
Dänemark	136000	Spanien	70
Schweden	100000	Frankreich	61
Neuseeland	66000	Schweiz	43
Schweiz	58000	Schweden	42
Rumänien	49000	Norwegen	40
Ungarn	43000	Polen	32
Saargebiet	38000	Irland	30
Kanada	35000	Lettland	28
Norwegen	35000	Estland	20
Irland	31000	Ungarn	14
Lettland	22000	Finnland	13
Finnland	16000	Kanada	12
Estland	8000	Rumänien	8

Vergleichszahlen der Arbeitslosigkeit in den wichtigsten Industriestaaten (Stand Ende 1932)

Hitler am 30. 1. 1933 vor dem »Kaiserhof«

hen. Das Kabinett baute die Schutzmaßnahmen für wirtschaftliche Unternehmen des Mittelstandes aus und verschärfte den Agrarprotektionismus; außerdem nahm es den Antrag der SPD auf, für alle Empfänger sozialer Unterstützungen eine Winterhilfe in Form unentgeltlicher Versorgung mit Grundnahrungsmitteln und Brennstoff zu schaffen. Insgesamt haben die Hilfs- und Schutzleistungen, die eine längere Anlaufzeit benötigten, sich nicht mehr unter diesem Kabinett auswirken können. Der Eindruck, daß ein Drittel der arbeitsfähigen Bevölkerung erwerbslos war, und der unter der Depression anhaltende Produktionsrückgang in Industrie und Landwirtschaft überdeckte alle Anzeichen, daß die Talsohle der Krise durchschritten war. Schleicher war ein einziger Erfolg beschieden, der freilich bei der pessimistischen Grundstimmung kaum Beachtung fand: Trotz erheblicher französischer Vorbehalte wurde auf der Genfer Abrüstungskonferenz Deutschland das gleiche Recht auf Sicherheit wie seinen früheren Gegnerstaaten zuerkannt.

Verhandlungen Papen-Hitler

Unterdessen hatte Papen Kontakt zu Hitler aufgenommen. In einer Serie von Verhandlungen, die vom 4. bis zum 26. Januar 1933 andauerten, wurden mit ausdrücklichem Einverständnis Hindenburgs die Bedingungen für ein gemeinsames Kabinett erörtert. In diese Gespräche traten auch die DNVP-Führung und der Stahlhelm ein, so daß das radikale Rechtsbündnis des Anti-Youngplan-Volksbegehrens und der Harzburger Front ein drittes Mal entstand. In die Schlußverhandlungen in der Berliner Villa des Sekt-Vertreters Joachim von Ribbentrop waren auch der Sohn des Reichspräsidenten und der Staatssekretär im Büro des Reichspräsidenten, Otto Meissner, einbezogen, die danach ihren Einfluß auf das noch immer zögernde Staatsoberhaupt geltend machten. Es zeichnete sich ein Kabinett ab, in dem zwar Hitler Kanzler, aber die Nationalsozialisten in der Minderheit waren. Mit Papen und Hugenberg im Kabinett war die Zustimmung der wirtschaftlichen und agrarischen Verbände zu erwarten.

Entscheidend wurden letztlich wahrscheinlich drei Punkte: Einmal gab Schleicher den Schutz für die verschuldeten ostelbischen Güter auf, die nicht mehr sanierungsfähig erschienen, zumal einige Unregelmäßigkeiten bekannt geworden waren. Dann versicherte der insgeheim den Nationalsozialisten eng verbundene Befehlshaber des Wehrkreises Ostpreußen, Werner von Blomberg, die Reichswehr stehe nicht hinter dem »Bürogeneral«. Schließlich

Wahlen in Lippe

hatten in Lippe am 15. Januar 1933 Landtagswahlen stattgefunden, denen eine ungeheure nationalsozialistische Agitation vorangegangen war. Zwar vermochte die NSDAP nicht, ihr Ergebnis von den Juliwahlen zu wiederholen (41,1%), aber sie lag doch deutlich über dem Resultat vom November (39,5% statt 34,7%). Der Eindruck entstand, daß das Tief der vorangegangenen Wahlen überwunden sei.

Unter diesen Umständen hat Schleicher versäumt, Gegenmaßnahmen zum Schutz seines Kabinetts und der tieferschütterten Republik zu treffen. Allerdings sah er voraus, daß ihm der Reichstag, der am 31. Januar 1933 zusammentreten wollte, wohl das Mißtrauen aussprechen würde; daher erbat er wie sein Vorgänger vom Reichspräsidenten die Parlamentsauflösung und die Verschiebung der Neuwahlen über die von der Verfassung gesetzte Frist hinaus. Wieder lehnte Hindenburg ab – diesmal am 28. Januar. Das Kabinett des Generals demissionierte. Noch aber meinte der General in Verkennung seiner Isolierung und Unbeliebtheit bei allen entscheidenden sozialen und ökonomischen Gruppen, entweder die radikale Opposition zu entzweien oder in einem neuen Kabinett von Papen wieder Reichswehrminister sein zu können. Da verbreitete sich das Gerücht – wohl von Gegnern Schleichers gegen besseres Wissen verbreitet –, der General plane einen Putsch gegen das Staatsoberhaupt. Der den Nationalsozialisten gegenüber bisher noch immer zögerliche Hindenburg war bereit, diesem Gerücht Glauben zu schenken. Aus der Sicht des Reichspräsidenten war dies Grund genug für ein Kabinett, das mit großer Unterstützung und autoritärer Macht regieren würde.

Demission Schleichers

Am folgenden Tag ergriffen die Nationalsozialisten nicht die Macht, sie waren hineingeschoben worden. Das Staatsschiff der deutschen Republik, das nie sehr kräftig gewesen war, war in einer Flut kleinlicher Intrigen zerschellt. Zu den persönlichen Auseinandersetzungen waren die Probleme gekommen, die die erste Republik seit ihrem Entstehen begleitet hatten: Abneigung gegenüber einer demokratischen Staatsordnung, die nach einer militärischen Katastrophe entstanden war; eine tiefsitzende antiparlamentarische Haltung, die auch die Parteien nicht zu überwinden verstanden hatten; sie hatten nicht für ihre Position in dem neuen Staat Verständnis geweckt, sondern sich in ideologische Auseinandersetzungen gestürzt und keine überparteiliche Solidarität entwickelt; soziale und ökonomische Gegensätze waren bestehen geblieben, aber die Sozial- und Tarifpartner hatten sich in immer tieferreichende Konflikte und Machtproben erwickelt, die selbst in den Depressionsphasen der galoppierenden Inflation und der Weltwirtschaftskrise nicht zu überwinden waren, sondern im Reichstag debattiert wurden. Eine Rolle hatte neben den inneren Problemen auch das mehr psychologisch als materiell belastende Moment der Reparationszahlungen und die Bestimmungen des Versailler Friedens gespielt, die national und nationalistisch gesonnene Parteien als Demütigung und Souveränitätsverlust ansehen. Das Gewicht der inneren Schwierigkeiten war schließlich entscheidend gewesen; denn angesichts wachsender Not war die blinde Glaubensbereitschaft denen gegenüber gewachsen, die für alles Versprechungen bereithielten, die aber auch eingängige Feindbilder zu produzieren verstanden. Nun zersetzte die emotionale Propaganda und nationalsozialistische Ideologie die Fähigkeit zu rationalem Abwägen und wurde von der Sorge vor wirtschaftlicher Verelendung und sozialem Abgleiten begünstigt. Gewünscht wurde die radikale Verbesserung der Verhältnisse und eine Abkehr von der anscheinend gescheiterten Staatsordnung der Republik von Weimar. Das Ende der Weimarer Republik war in einer Schwächeperiode ihres erbittertsten Gegners eingetreten und zu einem Zeitpunkt, als die Wirtschaftsbilanz die Überwindung der größten Schwierigkeiten bereits anzeigte.

Das Dritte Reich

Wolfgang Michalka

Von der Machtübergabe zur »Machtergreifung«: Die Errichtung des nationalsozialistischen Führerstaates

Als Reichspräsident Paul von Hindenburg am 30. Januar 1933 Adolf Hitler zum Reichskanzler ernannte, konnte diese Regierungsbildung für den zeitgenössischen Beobachter kaum als »nationalsozialistische Machtergreifung« verstanden werden. Denn nicht Hitler und seine beiden nationalsozialistischen Kabinettskollegen, Wilhelm Frick als Innenminister und Hermann Göring als Minister ohne Geschäftsbereich, Reichskommissar für den Luftverkehr und kommissarischer Innenminister in Preußen, waren die dominierenden Persönlichkeiten in der neu gebildeten Regierung, sondern allem Anschein nach der Vorsitzende der Deutschnationalen Volkspartei (DNVP) und Beherrscher eines mächtigen Presse- und Filmimperiums Alfred Hugenberg, der die Ministerien für Wirtschaft sowie Ernährung und Landwirtschaft erhielt, und mehr noch Franz von Papen, der als Vertrauensmann Hindenburgs und Konstrukteur des Kabinetts der »nationalen Konzentration« nun als Vizekanzler und Reichskommissar in Preußen als die eigentliche Schlüsselfigur galt. Den Nationalsozialisten standen sieben, sich meist als Fachminister verstehende Konservativ-Deutschnationale gegenüber, so daß im In- und Ausland der Eindruck entstand, es sei den traditionellen Eliten gelungen, Hitler, der immer wieder die uneingeschränkte Machtübernahme gefordert hatte, erfolgreich von nationalkonservativen Politikern »einzurahmen«, die nationalsozialistische Massenbewegung für konservativ-restaurative Zwecke zu binden und somit das in der Präsidialphase der Weimarer Republik oft erwogene »Zähmungskonzept« wirksam zu realisieren.

Kabinett der »nationalen Konzentration«

Kein Wunder auch, daß die Gegner dieser restaurativen Politik, allen voran Sozialdemokraten und Kommunisten, die noch im November 1932, als die Nationalsozialisten nach ihren großen Wahlsiegen seit 1930 den ersten empfindlichen Stimmenverlust hinnehmen mußten, mit 20,4% und 16,8% über ein Drittel der Wählerstimmen auf sich vereinigen konnten, in ihren ersten Reaktionen auf das Hitler-Kabinett besonders Hugenberg und Papen angriffen und ihre Mitglieder einerseits zur Legalität verpflichteten und andererseits zum Streik aufriefen.

Diese Einschätzung der Machtverhältnisse im neuen Präsidialkabinett sollte sich jedoch bald als folgenschwerer Irrtum erweisen. Die Nationalsozialisten verstanden es nämlich, konsequent und in atemberaubendem Tempo ihre nationalkonservativen Koalitionspartner zu überspielen, ihre Gegner auszuschalten und in kurzer Zeit die Macht im Staat zu erobern. Bereits am 1. Februar wurde gegen den Willen Hugenbergs der Reichstag aufgelöst und Neuwahlen für den 5. März angesetzt.

Nationalsozialistische Machteroberung

Im Besitz staatlicher Machtmittel und gestützt auf das präsidiale Vertrauen rechneten die Nationalsozialisten mit einem deutlichen Erfolg im

30. Januar 1933: Fackelzug der SA

Wahlkampf, der dazu dienen sollte, zum einen die konservativ-deutschnationale Einrahmung im Kabinett aufzubrechen und zum anderen ein Ermächtigungsgesetz im Reichstag durchzubringen mit dem Ziel, die Legislative auszuschalten und sich von der Notverordnungsvollmacht des Reichspräsidenten unabhängig zu machen. Eine scheinbar »legale« und plebiszitäre, den Spielregeln der parlamentarischen Demokratie entsprechende Taktik wurde offensichtlich von Hitler und seinen Anhängern bevorzugt – allerdings in der erklärten Absicht, das parlamentarische System gänzlich zu zerstören. Das damals weitverbreitete Schlagwort von der »legalen Revolution« fand in diesem Machtergreifungs- und Umwandlungsprozeß seinen Ursprung und selbst für Nicht-Nationalsozialisten seine attraktive Berechtigung. Mit einer Flut von präsidialen Erlassen und Notverordnungen wurde in diesem Sinne der ohnehin schon im Koma liegenden Weimarer Republik der endgültige Todesstoß versetzt. Im Wahlkampf, der unter dem Motto »Angriff gegen den Marxismus« geführt wurde, konnten sich nationalsozialistische Propaganda und Terror in nun ungehemmter, »legaler« Weise ausleben. Erstmals verstand es eine Regierung, den staatlichen Rundfunk für einen Wahlkampf zu nützen, mit dessen Hilfe in »gleichgeschalteten« Regierungsansprachen Hitler die propagandistische Klaviatur von christlicher Versöhnung bis hin zur nationalen Erhebung zu spielen wußte.

Göring als kommissarischer Innenminister in Preußen und damit Chef der Polizei des größten Landes stellte zusätzlich 50000 SA- und SS-Männer als Hilfspolizisten ein, die er regelrecht aufforderte, gegen politische Gegner kein Pardon zu zeigen, ja von der Schußwaffe Gebrauch zu machen. Diese Aufforderung zum offenen Terror wurde staatlich sanktioniert durch die Verordnung »zum Schutze des deutschen Volkes« vom 4. Februar, die unter Hinweis auf den Aufruf zum Generalstreik der KPD anläßlich der Vereidigung des Hitler-Kabinetts erlassen wurde und weitgehende Kontrolle und Behinderung des politischen Gegners ermöglichte.

Auf Reichsebene mündete diese Strategie der Unterwerfung und Umgestaltung der bestehenden Verwaltung in dem »Gesetz zur Wiederherstellung des Berufsbeamtentums« vom 7. April, das dem Staat und damit besonders auch der NSDAP die vollkommene Macht über Beamte übertrug, da nun jeder vergleichsweise willkürlich entlassen werden konnte.

Den wohl entscheidenden Schritt zur nahezu uneingeschränkten Macht tat Hitler jedoch bereits in der Nacht vom 27. zum 28. Februar.

Reichstagsbrand und »Verordnung zum Schutz von Volk und Staat«

Am Abend des 27. Februar brannte das Reichstagsgebäude, und am Tatort wurde der Holländer Marinus van der Lubbe gefaßt, der sofort die Tat gestand und energisch bestritt, Mittäter gehabt zu haben. Von seiten der Nationalsozialisten wurden allerdings umgehend die Kommunisten der planmäßigen und konspirativen Brandstiftung beschuldigt. Hitler und seine Helfershelfer brauchten und fanden einen Vorwand, um mit Hilfe der in derselben Nacht noch erlassenen »Verordnung zum Schutz von Volk und Staat« praktisch alle politischen Grundrechte der Weimarer Verfassung »bis auf weiteres« außer Kraft setzen zu können. Damit wurde im Prinzip der permanente – bis 1945 andauernde – Ausnahmezustand erklärt, und die Verfolgung und Terrorisierung politischer Gegner erhielt somit den Schein der Legalität. Der Parteiapparat besonders der KPD wurde zerschlagen, Tausende von Funktionären verhaftet und in die ersten Konzentrationslager verschleppt. Viele sahen in Flucht und Exil die einzige Möglichkeit zu überleben.

Hitler im Gespräch mit Vize-Kanzler Papen und Reichswehrminister von Blomberg (21.3. 1933)

In diesem Klima der »gesetzmäßigen Rechtsunsicherheit« (K. Hildebrand) und des offenen Terrors fanden die letzten nur noch »halb-freien« Wahlen zum Reichstag und zum preußischen Landtag statt. Aber trotz des Regierungsbonus', der beträchtlichen finanziellen Unterstützung durch Kreise der Industrie und der gravierenden Behinderungen der politischen Gegner konnten die Nationalsozialisten wider Erwarten die absolute Mehrheit nicht erringen. Mit 43,9% erreichten sie zwar ihr bis dahin bestes Wahlergebnis, waren jedoch erneut gezwungen, mit der DNVP, die unter Hugenberg und Papen als »Kampffront Schwarz-Weiß-Rot« 8% auf sich vereinigen konnte, die Regierungskoalition beizubehalten.

Am 21. März trat der neue Reichstag in der Potsdamer Garnisonskirche zur feierlichen Eröffnung zusammen. Es war Joseph Goebbels, der aus diesem Festakt ein sowohl Deutschland als auch das Ausland blendendes Spektakel inszenierte. Am Grabe Friedrichs des Großen reichten sich Reichspräsident Feldmarschall von Hindenburg und Reichskanzler Adolf Hitler die Hände zum Bund zwischen alt und neu, zwischen Tradition und Revolution. Wieder waren es die Nationalsozialisten, die sich als Fortsetzer und Vollender der preußisch-deutschen Tradition erklärten und feiern ließen und damit gleichzeitig das Ende allen – angeblich durch die sogenannten »Novemberverbrecher« im Jahre 1918 verursachten und im System von Weimar angehäuften – Elends markierten. Der feierliche Gottesdienst, das Absingen traditionsreicher Choräle und die gewaltigen Aufmärsche formierter SA-, SS- und Stahlhelmverbände verfehlten ihre Wirkung nicht. Deutschland feierte ergriffen seine nationale Erhebung, die Zukunft schien wiederum Sinn und Hoffnung vermitteln zu können. Diese Bilder gingen um die ganze Welt, relativierten die Straßenschlachten und Terrororgien während des Wahlkampfes und vermittelten den neuen Machthabern eine unverdiente Vertrauensbasis. Denn schon zwei Tage später reichten die Nationalsozialisten

Ermächtigungsgesetz

das sogenannte »Ermächtigungsgesetz« ein, das auf die Dauer von vier Jahren der Regierung das Recht zusprechen sollte, ohne Reichstag und Reichsrat Gesetze – auch verfassungsändernde – zu erlassen. Zur Verabschiedung dieses, das parlamentarische System der Gewaltenteilung und -kontrolle völlig beseitigenden und die Weimarer Verfassung damit außer Kraft setzenden Gesetzes benötigten die Regierungsparteien eine Zweidrittelmehrheit im Reichstag, was angesichts der Tatsache, daß KPD und SPD trotz der ihnen aufgebürdeten Beeinträchtigungen am 5. März zusammengezählt noch knapp über 30% der Stimmen gewinnen konnten, eine nicht ganz risikolose Angelegenheit war. Zünglein an der Waage sollte das Zentrum mit seinen immerhin noch 11,2% erzielten Stimmen spielen. Aufgrund geschickt geführter Verhandlungen, in denen Versprechungen und Drohungen sich die Waage hielten, willigten die bürgerlichen Parteien und damit auch das Zentrum ein und stimmten gegen die geschlossenen Stimmen der Sozialdemokraten – die kommunistischen Abgeordneten wurden bei dieser so entscheidenden Sitzung schon gar nicht mehr zugelassen – mit insgesamt 444 von 538 anwesenden Abgeordneten dem »Ermächtigungsgesetz« zu und legalisierten somit ihre eigene Selbstentmachtung.

Daß dabei neben der Angst vor physischem Terror – während der Verhandlung patroullierten SA und SS im Saal – auch eine gehörige Portion Opportunismus, aber auch die Überlegung mitgespielt haben könnte, nur durch Zustimmung und Mitarbeit Einfluß auf die Regierung nehmen und damit Schlimmeres verhüten zu können, sollte in diesem Zusammenhang nicht unerwähnt bleiben. Diese Erwägungen und vielleicht auch Hoffnungen sollten sich jedoch bald erneut als folgenschwerer Irrtum und Selbstbetrug erweisen. Nur – und das läßt vielleicht die jeweilige Motivation erklären – war eine Alternative zur Befürwortung des Gesetzes zwar durchaus denkbar, jedoch nicht mehr zu praktizieren. Das Schicksal der KPD und SPD konnte diesen Schluß einmal mehr mit Nachdruck illustrieren.

War die KPD bereits zu diesem Zeitpunkt in den Untergrund oder ins Exil getrieben, so wurde am 22. Juni auch die SPD als Partei verboten. Die übrigen, noch verbliebenen Parteien lösten sich unmittelbar danach »freiwillig« auf. Die nationalsozialistischen Machthaber proklamierten am 14. Juli mit dem »Gesetz gegen die Neubildung von Parteien« den Einparteienstaat und unterstrichen unmißverständlich den Monopolanspruch der NSDAP.

Gleichschaltung der Länder

Parallel zur Machtergreifung auf Reichsebene verlief improvisiert und planvoll zugleich ein »Gleichschaltungsprozeß« der Länder. Den Anfang dazu machte von Papen, als er in der Eigenschaft als Reichskommissar für Preußen am 4. Februar die Auflösung sämtlicher kommunaler Vertretungen sowie des preußischen Landtags verfügte. Eine Notverordnung »zur Herstellung geordneter Regierungsverhältnisse in Preußen« vom 6. Februar übertrug alle Befugnisse, die seit dem ebenfalls von Papen veranlaßten sogenannten »Preußenschlag« vom 20. Juli 1932 der Regierung Braun-Severing noch verblieben waren, auf die Kommissariatsregierung. Der Dualismus zwischen Preußen und dem Reich, der die Weimarer Republik belastet hatte, war damit quasi mit einem Federstrich »gelöst«. Ähnliches sollte auch den anderen Ländern widerfahren. Ihnen wurde ebenfalls ihre föderalistische Eigenständigkeit abgesprochen, und zwar noch bevor das am 31. März erlassene »Gesetz zur Gleichschaltung der Länder« in Kraft getreten war. Soweit die Nationalsozialisten in den Länderparlamenten noch keine Mehrheit hatten, wurden deren Regierungen dem Reich unterstellt und durch sogenannte Reichskommissare gleichgeschaltet. Auch die Selbstverwaltungskörperschaften der Gemeinden wurden in ähnlicher Weise neu gebildet bzw. von Nationalsozialisten unterlaufen. Am 7. April schließlich wurden durch das »Zweite Gesetz zur Gleichschaltung der Länder mit dem Reich« die Länderkommissare als Reichsstatthalter institutionalisiert und als Vollstreckungsorgane des Reichs in den Ländern eingesetzt. Sie erhielten die Befugnis, Länderregierungen zu ernennen bzw. zu entlassen. Das bedeutete formal das Ende der parlamentarischen Regierungsweise in den Ländern. Die von Nationalsozialisten majorisierten Länderparlamente selbst wurden schließlich durch das »Gesetz über den Neuaufbau des Reiches« vom 30. Januar 1934 ebenfalls beseitigt. Die Hoheitsrechte der Länder fielen somit gänzlich an das Reich, die Länderregierungen wurden der Reichsregierung unterstellt, der

Reichsrat aufgelöst. »An die Stelle der bundesstaatlichen Struktur, wie sie seit der Bismarckschen Reichsgründung bestanden hatte, trat ein rigoroser staatlicher Zentralismus« (Erdmann)

Daß dies so leicht geschehen konnte, hatte sicherlich neben vielen anderen seine Hauptursache darin, daß der Wunsch nach einem starken Einheitsstaat, der die Kleinstaaterei und den provinziellen Partikularismus überwinden sollte, besonders stark in den zwanziger Jahren ausgeprägt war. Ihn machten sich die Nationalsozialisten zu eigen, weil er ihnen half, »den durchaus revolutionären und handfest machtpolitischen Kern des Gleichschaltungsprozesses hinter nationaler Einheitsrhetorik zu verstecken« (G. Jasper).

Abschluß der »Machtergreifung«: Tod Hindenburgs. Persönliche Diktatur Hitlers.

Der machtpolitische und institutionelle Gleichschaltungsprozeß fand seinen augenscheinlichen Höhe- und Endpunkt, als am 2. August 1934 Reichspräsident von Hindenburg starb und Hitler die Ämter des Reichskanzlers und des Reichspräsidenten in Personalunion übernahm. Und noch am gleichen Tage wurde die Reichswehr auf die Person des »Führers und Reichskanzlers« vereidigt. Die »Machtergreifung« war abgeschlossen, der nationalsozialistische Führerstaat festgefügt und die persönliche Diktatur Adolf Hitlers nahezu uneingeschränkt.

Die nationalsozialistische Propaganda wurde nicht müde, die Eroberung der Macht und die Errichtung des nationalsozialistischen Einparteienregimes als einen gleichermaßen legalen und revolutionären Vorgang zu deuten. Wichtige Unterstützung erhielt sie dabei von namhaften Staatsrechtlern, die

Das Organisationsschema der NSDAP als »Modell« für den NS-Staat

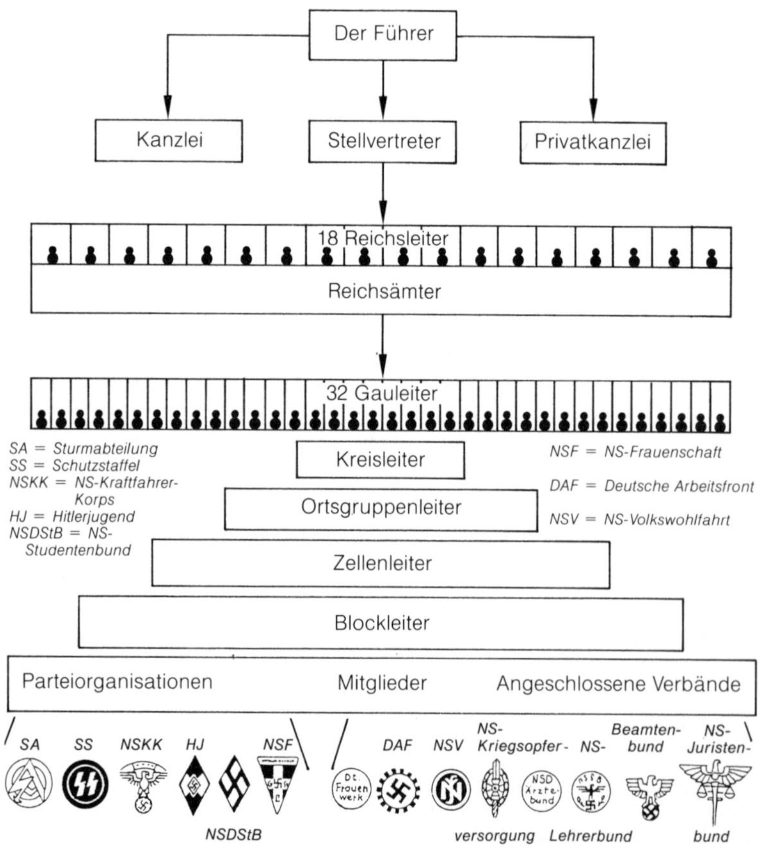

das Konzept des totalen Staates entwickelten und rechtfertigten. Charakteristisches Strukturelement des den liberalen Parlamentarismus überwindenden »neuen Staates« war das »Führerprinzip«, das die Identität von Volk und Führung postulierte und damit den Dualismus von Staat und Gesellschaft aufheben sollte. Autorität wurde demnach ausschließlich von einer als zentralistisch und monokratisch verstandenen Führungsspitze nach unten ausgeübt, Verantwortung und bedingungsloser Gehorsam dagegen von unten nach oben geschuldet. Daraus ergab sich eine für den nationalsozialistischen Partei- und Staatsaufbau spezifische Verbindung von einer normierten Beziehung zwischen Vorgesetzten und Untergebenen mit einem durch persönliche Bindungen zusammengehaltenen Führer-Gefolgschaft-Verhältnis. Aus der niemals exakt bestimmten Korrelation von Führerideologie und Parteiorganisation, die regelrecht dem Staat übergestülpt wurde, ergaben sich notgedrungen heftige Kompetenz- bzw. Rivalitätskämpfe, bei denen der »Führer« als schlichtende und vermittelnde Instanz angerufen werden mußte. Das daraus resultierende »Führungschaos« innerhalb der Führerpartei und im Führerstaat wurde zu einem konstitutiven Element in der innerparteilichen Entwicklung der NSDAP und schließlich auch im Dritten Reich.

Politische Entmachtung der Arbeiterklasse und ihre Integration in die »Volksgemeinschaft«: Anfänge der NS-Sozial- und Wirtschaftspolitik

Wirtschafts- und Sozialpolitik als Basis künftiger Expansionspolitik

Neben der Zerstörung des parlamentarischen Systems und der Errichtung des Führerstaates galt es vor allem, die vor 1933 gegebenen und in den Wahlen sehr positiv quittierten wirtschafts- und sozialpolitischen Versprechungen einzulösen mit dem Ziel, dem nationalsozialistischen Herrschaftssystem eine breite Legitimierungsbasis zu verschaffen und gleichzeitig die für eine von Anfang an für Hitler feststehende Expansionspolitik notwendige »innere Geschlossenheit« herzustellen.

Welches waren nun die sozial- und wirtschaftspolitischen Zielvorstellungen der NSDAP in der Phase unmittelbar vor und nach der Machtübergabe im Januar 1933? Es lassen sich vier in ihrem Gewicht zwar unterschiedliche, aber für die nationalsozialistische Wirtschafts- und Sozialpolitik zentrale Zielangaben ausmachen, die besonders vor dem Hintergrund der Weltwirtschaftskrise und ihren katastrophalen Auswirkungen in Deutschland attraktiv und politisch mobilisierend wirkten. Das waren zum einen das Recht auf Arbeit, zum anderen die Autarkie- und Großraumpolitik, dann die Forderung nach ständischer Ordnung und schließlich die erklärte Absicht, einen deutschen Sozialismus realisieren zu wollen.

Mit der Forderung nach »Recht auf Arbeit« trafen die Nationalsozialisten den Nerv der Weimarer Sozialpolitik; denn sowohl Inflation als auch besonders die Weltwirtschaftskrise ließen sozialen Anspruch und soziale Wirklichkeit weit auseinanderklaffen. Dem Verfassungsgebot von Weimar stellten die Nationalsozialisten die Forderung entgegen, »daß jeder Deutsche das Recht auf Arbeit haben *muß*«, der sich allerdings auch die Absicht, eine allgemeine Arbeitsdienstpflicht einzuführen, anschloß. In ihrem weit beachteten »Wirtschaftlichen Sofortprogramm« aus dem Jahre 1932, das auch der Wirtschafts- und Sozialpolitik der Jahre nach 1933 leitend zugrundelag, widersprachen die nationalsozialistischen Wirtschaftsexperten der damals verbreiteten Auffassung eines durch den Bankenkrach (1931) offenbar gewordenen Kapitalmangels, indem sie postulierten: »Unsere Wirtschaft krankt nicht daran, daß die Produktionsmittel fehlen, sondern daran, daß die vorhandenen Produktionsmittel nicht ausgenutzt werden«. Das dringendste Problem zur Senkung und letztlich Behebung der hohen Arbeitslosigkeit sei ihrer Meinung nach die Aktivierung der brachliegenden Produktionsmittel und die Belebung des Binnenmarktes mittels eines großzügigen Programms öffentlicher Arbeiten, die durch sogenannte »produktive Kreditschöpfung« finanziert werden sollten. Darüber hinaus wurden sowohl die Notwendigkeit der Autarkie als auch der Bilateralisierung von Handelsabkommen postuliert. Diese Konjunkturpolitik, die von den Nationalsozialisten nicht nur 1932 als Krisenrezept angeboten, sondern auch nach 1933 mehr oder weniger systematisch praktiziert wurde, unterschied sich nicht allein durch die Größenordnung der eingesetzten Finanzvolumina oder durch die Rigorosität des Vorgehens bei der Durchsetzung von der Politik der vorangegangenen Jahre; die Nationalsozialisten unterschieden sich von ihren Weimarer Vorgängern vor allem dadurch, daß sie klarere Vorstellungen von den Grundsätzen einer Politik der Krisenüberwindung hatten und diese in eine wirksame Strategie umsetzten.

Im Vergleich zur Arbeitsbeschaffung und Autarkiepolitik, die in der damaligen Zeit durchaus moderne, aus der Krise der Weltwirtschaft weisende Züge aufweisen konnten, wirkten die beiden anderen sozialpolitischen Programmpunkte eher traditionell, obwohl es Hitler und seine Gefolgsleute immer wieder versucht und verstanden haben, gerade diese beiden Zielangaben durch Propaganda und Verbrämung als in die Zukunft weisend, ja als zentrale Inhalte der nationalsozialistischen Revolution anzupreisen: Es ging zum einen um die Schaffung einer ständischen Ordnung und zum anderen um die Durchsetzung des Deutschen Sozialismus.

An Stelle des parlamentarischen Systems, das sie ablehnten, beabsichtigten die Nationalsozialisten, eine korporative, nach Berufsständen gegliederte »organische« Ordnung zu schaffen. Dabei griffen sie auf Ideen der romantischen Staatstheorie sowie der deutschen Nationalökonomie und Staatsrechtslehre des 19. Jahrhunderts zurück, die in Form von Stände- und Wirtschaftskammern, welche weitgehend selbstverwaltet wurden und autonome Korporationen bilden sollten, den Staat von wichtigen Funktionen in Wirtschaft und Gesellschaft entlasten sollten. Demgegenüber setzten die Nationalsozialisten allerdings eine vom Staat kontrollierte, autoritäre Version korporatistischer Interessenspolitik durch. Die in das 19. Jahrhundert zurückreichende ständische Ordnung der Nationalsozialisten zielte vor allem auf die breite mittelständische Wählerschaft ab, die sich im System des Interessensausgleichs der Weimarer Republik nicht ausreichend vertreten sah. Bestimmt war dieses System durch die Großorganisationen von Kapital und Arbeit und weckte in den unorganisierten Gruppen der Handwerker, Ladenbesitzer, Kleinunternehmer und Kleinbauern immer stärker das Gefühl der politischen und sozialen Benachteiligung, das sich in wachsendem Anti-Liberalismus, Anti-Parlamentarismus, Anti-Sozialismus und Anti-Kapitalismus ebenso niederschlug wie in den mittelständischen Forderungen nach Schutz vor der industriellen Konkurrenz und den »ruinösen« Folgen der Gewerbefreiheit. Die Nationalsozialisten kamen mit ihrem Angebot einer ständischen Ordnung dieser weit verbreiteten Anti-Stimmung entgegen, ja machten sie sich zu eigen. Mit dem Anspruch, eine korporative, ständestaatliche Ordnung zu schaffen und damit die an die »Ideen von 1914« direkt anknüpfende »Volksgemeinschaft« im Sinne eines ewigen Burgfriedens zu bilden, versprachen sie den von ihnen umworbenen Volksgenossen gleicher-

Vorstellungen einer ständischen Ordnung

maßen materielles Wohlergehen und soziale Sicherheit. Eine derartige Verheißung, die sich sowohl gegen die Ungerechtigkeiten des kapitalistischen Systems als auch gegen die besonders von der nationalsozialistischen Propaganda und Ideologie angeprangerten Egalisierungstendenzen des Marxismus richtete, indem sie eine konfliktfreie und Leistung honorierende Staats- und Gesellschaftsordnung proklamierte, entsprach vor allem den Vorstellungen des gewerbetreibenden Mittelstandes, der gemeinsam mit den Angestellten und den protestantischen Bauern das Hauptreservoir der Wähler und Mitglieder der NSDAP bildete. Sie vermittelte der nationalsozialistischen Protestbewegung eine enorme Attraktivität und eine kaum für möglich gehaltene soziale Schubkraft, die bald an Eigendynamik gewann.

»Deutscher Sozialismus«

Mit dem Schlagwort vom »Deutschen Sozialismus« faßten die Nationalsozialisten schließlich alles das zusammen, was die Sozial- und Wirtschaftsordnung des Dritten Reiches ausmachen sollte: Eine als »Recht auf Arbeit« deklarierte Vollbeschäftigungsgarantie, eine die nationale Unabhängigkeit gewährleistende und die Weltwirtschaftskrise in Deutschland überwindende Autarkiepolitik, ferner ein Kartellwesen als »kapitalistische Zunftverfassung« und schließlich den »Gemeinnutz vor Eigennutz« fordernden »Primat der Politik«. Der »Deutsche Sozialismus« der Nationalsozialisten war damit nicht antikapitalistisch schlechthin, sondern antiliberal im Sinne eines bereits ansatzweise im Ersten Weltkrieg praktizierten »Staatssozialismus«.

NS-Erfassung des Volkes

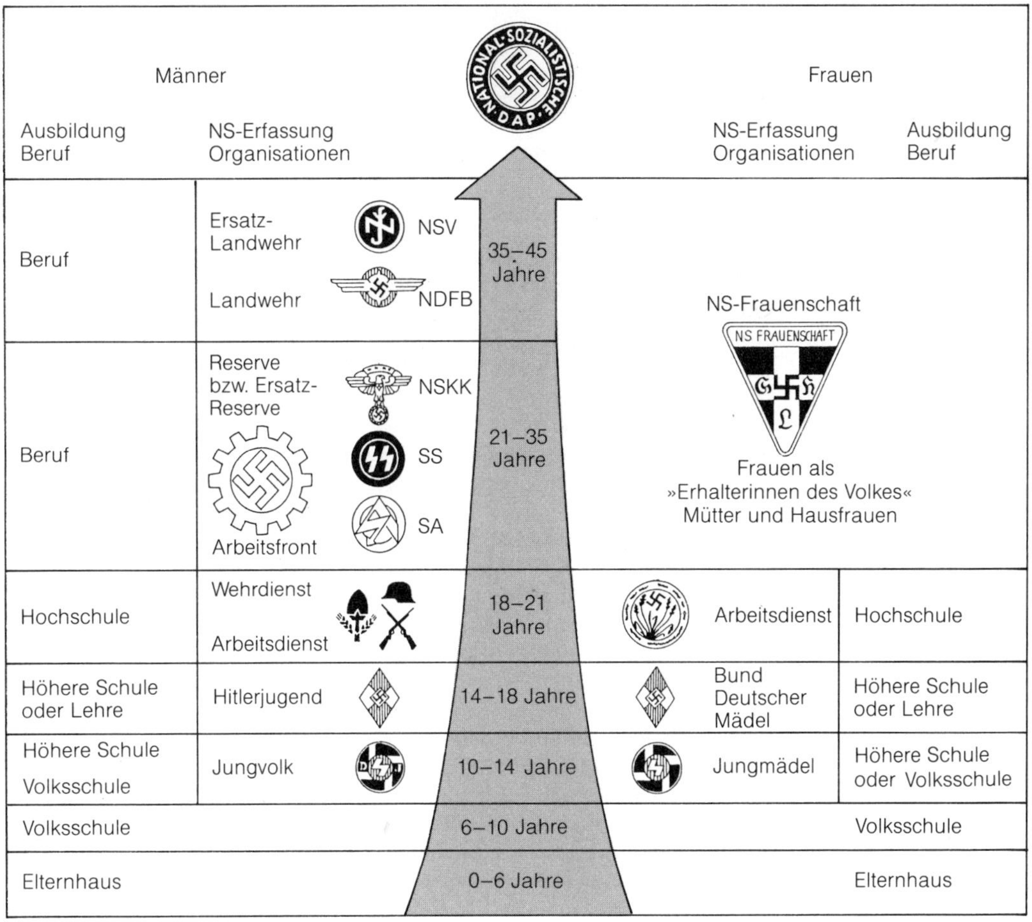

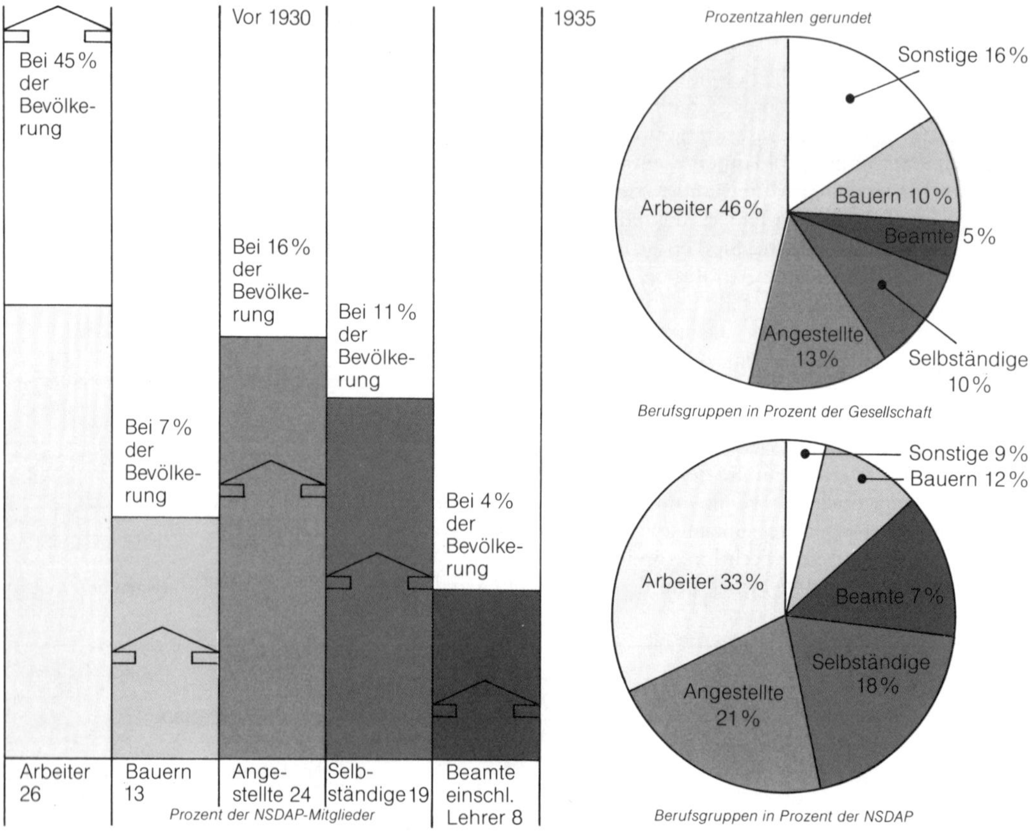

Sozialschichtung der NSDAP-Mitglieder

Nach der Bildung der »nationalen Koalition« am 30. Januar 1933 waren vorrangige Aufgaben der Hitlerregierung: die Auswirkungen der Weltwirtschaftskrise möglichst bald zu überwinden, die hohe Arbeitslosigkeit durch Arbeitsbeschaffungsmaßnahmen und staatliche Investitionspolitik zu senken und vor allem die dem nationalsozialistischen Regime distanziert und ablehnend gegenüberstehende Arbeiterschaft in die »Volksgemeinschaft« zu integrieren. Letzteres war schon deswegen von ausschlaggebender Bedeutung, weil die Arbeiter die größte Gruppe der erwerbstätigen Bevölkerung darstellten, politisch vor allem von der SPD und KPD, den Gegnern der nationalsozialistischen Politik, repräsentiert wurden und sich bis zum März 1933 als relativ immun gegen die nationalsozialistische Propaganda erwiesen hatten. Bei der letzten noch halb-freien Reichstagswahl konnten SPD und KPD 18,3% bzw. 12,3% der Stimmen auf sich vereinigen. Neben der Reichswehr, der Großindustrie und den Kirchen war es zu dieser Zeit in erster Linie die Arbeiterklasse, die als kollektive Einheit für die Nationalsozialisten die größte Gefahr bedeutete, so daß ihnen neben dem Verbot ihrer Parteien auch die Auflösung ihrer Gewerkschaften als notwendig erschien. Da Hitler jedoch einen offenen Konflikt mit der Arbeiterschaft vermeiden mußte, wurde

Deutsche Arbeitsfront (DAF) und »Treuhänder der Arbeit«

ihre gewerkschaftliche Entmachtung geschickt flankiert und kompensiert durch propagandistisch hochgespielte Aktionen wie beispielsweise die Einführung des 1. Mai als bezahlten »Tag der nationalen Arbeit« und das Zusammenfassen aller aufgelösten und gleichgeschalteten Gewerkschaftsverbände in der Deutschen Arbeitsfront (DAF), die mit über 20 Millionen Mitgliedern zum größten Verband des nationalsozialistischen Deutschland wurde. Bald sollte sich jedoch zeigen, daß es den nationalsozialistischen Machthabern nicht um die Belange der Arbeiter ging, sondern ausschließlich um deren Disziplinierung. Es wurde schnell offenbar, daß die DAF lediglich dem Anschein nach die Funktion einer, selbst vom ADGB ursprünglich befürworteten Einheitsgewerkschaft als mächtiges Organ der Tarifpolitik und der sozialen Sicherheit übernommen hatte. Denn schon Mitte Mai 1933 zeigte die Einberufung staatlicher »Treuhänder der Arbeit«, daß Tariffragen aus dem Aufgabenbereich der DAF herausgelöst und dem Staat als allein zuständiger Instanz überlassen wurden. Im Sommer 1933 setzte dann die systematische »Ent-Gewerkschaftlichung« (Broszat) der DAF vollends ein.

»Gesetz zur Ordnung der nationalen Arbeit«

Die endgültige Neuregelung der betrieblichen Arbeitsbeziehungen bestimmte schließlich im Januar 1934 das »Gesetz zur Ordnung der nationalen Arbeit« (AOG). Dieses wichtigste und umfassendste sozialpolitische Gesetz des nationalsozialistischen Deutschland, das M. Broszat als das »sozialpolitische Grundgesetz des Dritten Reiches« bezeichnet hat, übertrug das »Führerprinzip« auf die Betriebe. Kern der neuen Ordnung war die »Betriebsgemeinschaft«. An ihrer Spitze stand der Unternehmer als »Betriebsführer«, dem die Belegschaft gleichsam als »Gefolgschaft« Treue und Gehorsam zu leisten hatte. Um das »gegenseitige Vertrauen innerhalb der Betriebsgemeinschaft zu vertiefen«, wurde aus der Mitbestimmung der Weimarer Zeit die »Beratung« und aus dem Betriebsrat der »Vertrauensrat«, der nur in Zusammenarbeit mit dem »Betriebsführer« handlungsfähig war. Dieses Gesetz bildete einen scharfen Einschnitt in der Geschichte der deutschen Betriebsverfassung, die sich in den zwanziger Jahren in Richtung einer Ausdehnung der Arbeitermitbestimmung bewegt hatte. Es pervertierte die Mitbestimmung, indem es die Belegschaft an den Unternehmer und an die von ihm vorgegebenen wirtschaftlichen Unternehmensziele band; über den Treuhänder fesselte es beide an das Regime.

Mit diesem Gesetz verlor die DAF vollends ihre Funktion als Gewerkschaft, was sich schließlich in der Führerverordnung vom Oktober 1934 zeigte, wonach die DAF zur Gliederung der Partei und Organisation aller »schaffenden Deutschen« erklärt wurde. Ihres tarifhoheitlichen Einflusses enthoben und damit ihrer Legitimität beraubt, versuchte die DAF unter ihrem agilen Führer Robert Ley ihren Beitrag zur Schaffung der »Volksgemeinschaft« dadurch zu leisten, indem sie u.a. die Arbeiterfreizeit- und Touristen-Organisation »Kraft durch Freude« (KdF) schuf. Die wahre Resonanz zeigte sich bei den Wahlen der betrieblichen »Vertrauensmänner« im Jahr 1935, bei denen trotz spürbaren Drucks auf die Arbeitnehmer etwa 25% der Stimmen auf die von der NSDAP vorgeschlagenen Kandidaten fielen. Die alarmierte Führung der NSDAP ließ diese Wahl abbrechen, und die Arbeitgeber verfügten über die Ermächtigung, bei »Verdacht staatsfeindlicher Betätigung« Betriebsangehörige jederzeit zu entlassen.

Da es im nationalsozialistischen Führerstaat keine Stelle zur offenen und verfassungsrechtlichen Konfliktaustragung bei widerstreitenden Interessen geben durfte – was zwar unternehmerfreundlich, nicht jedoch im Sinne der

Entwicklung der Arbeitslosigkeit (in Mill.), 1928–1937

	1928	1929	1930	1931	1932	1933	1934	1935	1936	1937
Januar	2,3	2,8	3,2	4,9	6,0	6,0	3,8	3,0	2,5	1,8
März	1,7	2,5	3,0	4,7	6,0	5,6	2,8	2,4	1,9	1,2
Mai	1,2	1,4	2.6	4,1	5,6	5,0	2,5	2,0	1,5	0,8
Juli	0,9	1,3	2,8	4,0	5,4	4,5	2,4	1,8	1,2	0,6
September	0,8	1,3	3,0	4,4	5,1	3,8	2,3	1,7	1,0	0,5
November	1,1	2,0	3,7	5,1	5,4	3,7	2,4	2,0	1,2	0,6
Jahresdurchschitt	1,4	1,9	3,1	4,5	5,6	4,8	2,7	2,2	1,6	0,9

Arbeitslosigkeit in ausgewählten Ländern (in %)

	Deutschland	Großbritannien	USA	Frankreich
1933	25,9	19,9	35,3	14,1
1934	13,5	16,7	30,6	13,8
1935	10,3	15,5	28,4	14,5
1936	7,4	13,1	23,9	10,4
1937	4,1	10,8	20,0	7,4
1938	1,9	12,9	26,4	7,8

Die Bezugsgrößen der Arbeitslosigkeit variieren entsprechend statistischen Grundlagen zwischen abhängigen Erwerbspersonen (Deutschland), nicht-agrarischen Erwerbspersonen (USA), Erwerbslosenversicherung (Großbritannien) und abhängigen Erwerbspersonen im Bergbau, Bau und Industrie (Frankreich).

Arbeitnehmer war –, wurde systematisch das Sozialsystem der Weimarer Republik abgebaut, die Arbeiterbewegung als eigenständische politische Kraft entmachtet und die Arbeiterschaft politisch diszipliniert. »Der Klassenkampf, nicht aber seine Ursachen« sollte beseitigt werden (Mason).

Abbau der Arbeitslosigkeit

Was allerdings viele nicht für möglich gehalten hatten, gelang den Nationalsozialisten in relativ kurzer Zeit: Mit Hilfe traditioneller Eliten konnte die deutsche Wirtschaft stabilisiert und die Arbeitslosigkeit rasch gesenkt und sogar gänzlich abgebaut werden. Ein energisch vorangetriebenes Arbeitsbeschaffungsprogramm, anfänglich durch staatlich geförderten Straßen- und Wohnungsbau, dann jedoch immer mehr durch die gesteigerte Wiederaufrüstung abgelöst; Ehestandsdarlehen, die vor allem Frauen aus dem Arbeitsprozeß verdrängen sollten, was allerdings auf Dauer nicht gelang; schließlich Arbeitsdienst und Einführung der Allgemeinen Wehrpflicht im Jahre 1935 – alle diese Maßnahmen schufen zusammen günstige Voraussetzungen, um die Wirtschaft anzukurbeln und neue Arbeitskräfte einzustellen. Daneben lösten sich verbessernde internationale Rahmenbedingungen, wie beispielsweise die Beendigung der Reparationszahlungen, einen lange zurückgehaltenen Wachstumsstau auf, so daß es bereits im Jahre 1936 zur Vollbeschäftigung in Deutschland kam, was sich wiederum positiv auf das Sozialprodukt auswirkte.

Selbst die Gegner des Nationalsozialismus, in erster Linie Kreise der von KPD und SPD repräsentierten Arbeiterschaft, zollten der Wirtschafts- und Sozialpolitik des Dritten Reiches Respekt und begannen, sich mit dem ursprünglich abgelehnten Regime allmählich zu arrangieren.

Von der nationalen Erhebung zur nationalsozialistischen Revolution: Die Gleichschaltung der Gesellschaft

Gesellschaft und Nationalsozialismus

Die Ernennung Hitlers und die Bildung des Kabinetts der »nationalen Konzentration« vollzogen sich zwar im Vergleich zu vorangegangenen Regierungswechseln keinesfalls anders und durchaus in den Formen »äußerlicher Legalität« (Mau), dennoch spürte jedermann, daß Außergewöhnliches, ja Umstürzendes geschehen war. Das Gefühl des Neuanfangs, der Wende und des nationalen Aufbruchs bestimmte das öffentliche Bewußtsein. Dies war nicht allein das Ergebnis der von den Nationalsozialisten unmittelbar nach der Regierungsbildung organisierten und eingeleiteten Massenaufmärsche und Fackelzüge, um den 30. Januar 1933 als den »Aufbruch der Nation« – wie es Goebbels euphorisch in seinem Tagebuch nannte – erscheinen zu lassen, sondern darüber hinaus sicherlich auch die Folge einer in diesem Ausmaß vorher nicht angetroffenen Polarisierung der politischen Kultur in Deutschland. Wer bisher nie bereit gewesen war, sich mit einer Regierung der ungeliebten Weimarer Republik zu identifizieren, wandte sich nun dem neu gebildeten Kabinett zu, das unter Hitlers Kanzlerschaft zum erstenmal in einer geschlossenen Front alle jene nationalistischen Kräfte repräsentierte, die als »nationale Opposition« zum Sturm auf die abgewirtschaftete Republik geblasen hatten. Und diejenigen, die bisher diesen Staat getragen hatten, standen plötzlich außerhalb »ihres« Staates und fühlten sich von ihm regelrecht bedroht.

Plakat für den »Volksempfänger«

Hitler selbst gab das diesen Umbruch charakterisierende Stichwort. In seinem von allen Rundfunkanstalten am 1. Februar ausgestrahlten »Aufruf der Reichsregierung an das deutsche Volk« prägte er das Wort von der »nationalen Erhebung«, die als historische Zäsur zu begreifen sei; denn vierzehn Jahre schmachvoller Vergangenheit seien nun beendet und durch eine hoffnungsvolle Phase des Wiederaufbaus und des Aufstiegs des deutschen Volkes abgelöst. »Auf dieses Bild konnten sich die sehr verschiedenartigen Kräfte, die hinter der neuen Regierung standen, einigen. Es symbolisierte das Ende des Interims der ›Vierzehn Jahre‹, es trug dem Gefühlsüberschwang Rechnung, mit dem breite Volksschichten dieses Ende begrüßten« (Mau).

Hitler als Reichskanzler verstand es, in dieser Zeit des vermeintlichen Aufbruchs und der Wende als gemäßigter und Argumenten zugänglicher Politiker zu erscheinen. Er schien keineswegs nur der Trommler und Führer der nationalsozialistischen Massenbewegung zu sein, für den viele bis dahin ihn lediglich hielten. Geschickt gelang es ihm, als Antipode und positiver Pol zur emotionalisierten und schier entfesselten Bewegung zu erscheinen. Er entsprach damit einem weit verbreiteten Wunschdenken konservativ-bürgerlicher Kreise, die bemüht waren, die terroristischen Ausschreitungen der SA-Horden als partielle Erscheinungen des Übergangs zu bagatellisieren. »Wo gehobelt wird, fallen Späne« und »Neue Besen kehren gut«, waren die oft gehörten Relativierungs- und Selbsttäuschungsargumente.

Nationalsozialismus und Christentum

In seiner Regierungserklärung blieb Hitler gleichfalls im Rahmen jener allgemeinen patriotischen Vorstellungen alten Stils. Auch gab er sich in jenen Tagen gern den Anschein christlicher Überzeugung und Versöhnung. Er versicherte, daß seine Regierung »das Christentum als Basis unserer gesamten Moral... in ihren festen Schutz« nehmen werde und schloß schließlich mit den Worten: »Möge der allmächtige Gott unsere Arbeit in seine Gnade nehmen«. Niemals wieder während seiner Laufbahn hat Hitler so häufig und so inbrünstig Gott beschworen wie in diesen ersten acht Wochen; niemals wieder hat er sich so in christlichen Wendungen bewegt und sich christlicher Stätten und Attribute versichert wie in dieser Zeit. Aber dieses versöhnliche Bild, das seinen Höhepunkt im sogenannten »Tag von Potsdam« am 21. 3. fand, das so viele in ihren geheimen Ängsten und vor dem nicht vorhersehbaren Neuen beruhigte, war eine Illusion. Die ganze Inszenierung der »nationalen Erhebung« entsprach nicht der politischen Realität. Es war eine geschickte Stilisierung des restaurativen, deutschnationalen Aspekts der Machtergreifung, eine durch Propaganda planvoll gesteuerte Verharmlosung, die der nationalsozialistischen Führung geboten erschien. Denn Hitler war Taktiker genug, seinen Anspruch auf die ungeteilte Macht nicht sogleich in den Vordergrund zu rücken. Die Umstände seiner Ernennung erlegten ihm Rücksichten auf. Das politische Kräftespiel, dem er seine Ernennung verdankte, beruhte auf der Erwartung, daß er seine Macht als

SS-Männer geben dem Reichsbischof Müller das Ehrengeleit

loyaler Partner derer verwalten werde, die ihm in den Sattel verholfen hatten. Es lag daher nur in seinem Interesse, sich das Vertrauen in seine Loyalität möglichst lange zu erhalten. Es war ihm deshalb nicht unwillkommen, daß zunächst einmal all die verschiedenen Parteien, Verbände und Gruppen, die sich hinter seine Regierung gestellt hatten, des Glaubens blieben, sie hätten am 30. Januar gesiegt, und daß hiervon jene Welle nationaler Stimmungen ausging, die sich so leicht zur »nationalen Erhebung« stilisieren ließ. Besonders empfänglich für die nationale Aufbruchstimmung waren die evangelischen Kirchen, die – 1933 in 28 Landeskirchen aufgeteilt und lose zusammengeschlossen im Deutschen Evangelischen Kirchenbund – in ihrer Mehrheit die Bildung des Hitler-Hugenberg-Kabinetts begrüßten und in die »nationale Erhebung« große Hoffnungen setzten. Dies erklärt sich vor allem daraus, daß die meisten der evangelischen Christen dem Weimarer Staat distanziert, wenn nicht sogar ablehnend gegenüber standen. Sie litten besonders unter der zunehmenden Entkirchlichung, für die sie vor allen Dingen KPD und SPD verantwortlich machten. Die NSDAP rückte allerdings für sie erst ab 1930 näher ins Blickfeld, nicht nur, weil diese Partei bei den Reichstagswahlen dieses Jahres von einer unbedeutenden Splitterpartei plötzlich zur zweitstärksten Fraktion aufsteigen konnte, sondern weil Hitler und seine Anhänger erkannt hatten, daß der bäuerliche Protestantismus ihr wichtigstes Wählerreservoir war, das sie dementsprechend auch mit christlich-kirchlichen Argumenten erfolgreich umwarben. Bei den Kirchenwahlen in Preußen 1932 konnten die den Nationalsozialisten nahestehenden »Deutschen Christen« rund ein Drittel der Sitze gewinnen. Diese relativ starke Bastion bei den evangelischen Christen ebnete den Nationalsozialisten den Weg zur Gleichschaltung der Gesellschaft, auch wenn – was allerdings nicht jedem sofort bewußt wurde – die gemeinsamen Ziele bald auseinanderdrifteten. So übte beispielsweise weit über die Reihen der Deutschen Christen hinaus die

Evangelische Kirche

Parole von der alle 28 Landeskirchen zusammenfassenden Reichskriche eine besondere Faszination aus. Der Unterschied war nur: die Deutschen Christen dachten an eine »gleichgeschaltete«, die Landeskirchen an eine vom Staat politisch und rechtlich unabhängige Reichskirche. Der Konflikt sollte sich schon bald einstellen.

Im April 1933 ernannte Hitler ohne vorherige Konsultation und Absprache den in der kirchlichen Öffentlichkeit nahezu unbekannten Wehrkreispfarrer Ludwig Müller zu seinem »Bevollmächtigten für die Angelegenheiten der evangelischen Kirche«, der schließlich gegen eine mehrheitlich andere Option und durch starke Eingriffe und Manipulationen von seiten der Nationalsozialisten im September 1933 zum Reichsbischof regelrecht gepreßt wurde. Diese Aktion war für viele von der »nationalen Erhebung« ursprünglich begeisterte evangelische Christen eine deutliche Zäsur, die zum Beginn einer allmählichen, keinesfalls zentral gesteuerten Opposition, besonders um die sich bildende »Bekennende Kirche« geschart, werden sollte. Im Mai 1934 versammelten sich in Barmen Anhänger der Bekennenden Kirche, um gegen die »Irrlehre« der Deutschen Christen Einspruch zu erheben.

Katholische Kirche

Im Vergleich zu den evangelischen Landeskirchen wies die Haltung der deutschen Katholiken den Nationalsozialisten und ihrem Regime gegenüber zwar andere Verlaufsformen auf, jedoch entwickelte sich auch bei ihnen ein durchaus ähnliches ambivalentes Verhältnis zu den neuen Machthabern. Die katholischen Christen wurden in ihrer Mehrheit – auch noch nach dem 30. Januar 1933 – von der »Verfassungspartei« Zentrum und der Bayerischen Volkspartei politisch vertreten. Auch die katholischen Bischöfe standen dem Nationalsozialismus bis in den März 1933 hinein ablehnend gegenüber, indem sie die Unvereinbarkeit der politischen und kulturellen Doktrin der Hitleranhänger mit der katholischen Lehre immer wieder betonten. Es kam sogar soweit, daß Nationalsozialisten exkommuniziert und ihnen die Sakramente verweigert wurden. Diese geschlossene katholische Front gegen Hitler sollte jedoch bald nach dessen Ernennung zum Kanzler ihre ersten Sprünge erhalten und von den Katholiken selbst abgebaut werden.

Zwar fochten Zentrum, katholische Organisationen und deren Presse in dem der Auflösung des Reichstages folgenden letzten Wahlkampf unter bisher nicht gekannten Bedingungen mit dem Mut der Verzweiflung gegen die drohende Parteidiktatur – mit dem Ergebnis, daß in nahezu allen katholischen Gebieten die NSDAP am 5. März unter dem Reichsdurchschnitt blieb und das Zentrum sogar drei Mandate hinzugewinnen konnte. Nachteilig für die Katholiken und damit entscheidend war jedoch, daß die Partei wegen der Mehrheit von 52% der Koalitionsparteien ihre bisherige Schlüsselstellung im Reichstag verloren hatte. Das Zentrum und mit ihm der politische Katholizismus sahen sich an die Peripherie der politischen Entscheidung gedrängt. Dies änderte sich auch nicht in den Verhandlungen um das »Ermächtigungsgesetz«. Die Parteispitze unter Ludwig Kaas konnte zwar Hitler auf die Zusicherung, die christlichen Konfessionsschulen beizubehalten und Richter als nicht absetzbar zu erklären, festlegen, aber die insgeheim gehegten Hoffnungen auf die Erhaltung eines Rests politischer Mitsprache erfüllten sich nicht. Mit der Selbstauflösung am 5. Juli 1933 kam das Zentrum als letzte der demokratischen Parteien einem drohenden Verbot zuvor. Neben der mit Terror und Drohungen verbundenen Gleichschaltungswelle hatte gewiß auch der sich abzeichnende Positionswechsel der deutschen Bischöfe bei der Entpolitisierung und Selbstentmachtung des politischen Katholizismus eine erhebliche Rolle gespielt. Die von den Nationalsozialisten regelrecht als Köder den deutschen Bischöfen hingeworfenen Verhandlungen um ein seit langem angestrebtes Reichskonkordat waren bei der Selbstgleichschaltung der Katholiken von entscheidender Bedeutung.

Reichskonkordat und Zentrum

Unterzeichnung des Reichskonkordats am 20.7. 1933 (links: Prälat Kaas und Papen, in der Mitte: Nuntius Pacelli, der spätere Papst Pius XII.)

Es war vor allem Vizekanzler Franz von Papen, der als ehemaliges Zentrumsmitglied den Plan eines Konkordates ehrgeizig verfolgte und damit Hitlers Interesse an einer Entpolitisierung des Klerus voll entsprach. Das im Juli 1933 von Papen im Vatikan unterzeichnete Reichskonkordat sicherte zwar den katholischen Organisationen in Deutschland Schutz und vom Staat garantierte Wirkungsmöglichkeiten zu, verdrängte diese jedoch generell aus dem Bereich der Politik. Die Reaktionen auf diesen Vertragsabschluß, der Hitler großes Prestige und Vertrauen einbrachte, reichten bei den Katholiken selbst von euphorischer Zustimmung über vorsichtige Zurückhaltung bis hin zu pessimistischen Ahnungen. Letztere sollten sich bald bestätigen, denn der schwelende Konflikt zwischen Loyalität zum Staat und Kritik am Regime bestimmte die nicht immer widerspruchsfreie Haltung der Kirchen und Christen im Dritten Reich.

Hochschulen

Der Mythos des Neuanfangs schlug auch die Universitäten und Hochschulen in seinen Bann. Denn »nirgends so auffallend wie in den deutschen Universitäten, die sich ihrer Autonomie immer besonders rühmten«, hat »die Selbstgleichschaltung mit dem terroristischen Aufbau der Diktatur Hitlers Schritt gehalten« (Stern).

Schon bei den Studentenwahlen im Jahre 1929 – also noch vor der Weltwirtschaftskrise – errang der Nationalsozialistische Deutsche Studentenbund (NSDStB) große Erfolge, so daß Nationalsozialisten wichtige akademische Gremien majorisierten. In der deutschen Studentenschaft fand die nationalsozialistische Machtergreifung lange vor dem 30. Januar 1933 statt, was Hitlers Strategie eines »Marsches durch die Institutionen« bestätigen konnte und für die Republik ein deutliches Warnsignal hätte sein müssen. Die Nationalsozialisten verstanden es wie keine andere politische Gruppe, Enttäuschungen und Ängste vor wirtschaftlichen und sozialen Krisen besonders bei den Intellektuellen anzusprechen und zu mobilisieren. Agitation und Programmatik des NS-Studentenbundes richteten sich nämlich nicht allein auf die hochschul- und sozialpolitischen Alltagsprobleme und deren Reformmöglichkeiten, sondern boten darüber hinaus mit ihrer dezidierten Freund-Feind-Ideologie eine Totalkritik des »jüdisch-bolschewistischen Systems« von Weimar und dessen Zerschlagung und Ablösung durch eine vermeintlich »bessere« Welt. Das Bekenntnis zu Hitler war somit auch Ausdruck einer wirtschaftlichen und sozialen Krisensituation sowie eines sich verschärfenden Generationskonfliktes.

Bücherverbrennung auf dem Opernplatz in Berlin, 10.5. 1933

Zwar stand die Mehrheit der deutschen Professoren und Hochschullehrer der nationalsozialistischen Bewegung distanziert gegenüber, konnte allerdings wie die meisten bürgerlich-konservativen Kreise sich mit der Weimarer Republik kaum identifizieren, und der bekannte, von dem Historiker Friedrich Meinecke überlieferte, die akademischen Ressentiments gegenüber der Republik charakterisierende Ausspruch »Herzensmonarchist und Vernunftsrepublikaner« zu sein, artikuliert dieses Bewußtsein, sich in einer Phase des Interims zu befinden. Die nach dem 30. Januar aufbrechende Stimmung der nationalen Erhebung und der großen Wende setzte sich daher nahezu widerspruchslos besonders in akademisch-intellektuellen Kreisen durch. Auch hier mischte sich oftmals Zustimmung mit Vorbehalten, Hoffnung mit Sorge; doch die Sehnsucht nach nationaler Wiedergeburt ließ das akademische Deutschland über die Unterdrückung der organisierten Arbeiterschaft, über die früh einsetzende Verfolgung der Juden und über die Verfemung Andersdenkender hinwegsehen, obwohl schon bald zahlreiche eigene renommierte Kollegen betroffen waren.

Bücherverbrennung

Eine besonders peinliche, diesen die meisten fortreißenden Rausch des Aufbruchs symbolisierende Aktion war die am 10. Mai 1933 mit kulthaftem Ritual vollzogene Bücherverbrennung. Nicht genehme, von den Nationalsozialisten indizierte Autoren wie Heinrich Mann und Erich Kästner, Sigmund Freud und Karl Marx, Kurt Tucholsky und Carl von Ossietzky und viele andere wurden in Form ihrer Werke symbolisch dem Scheiterhaufen übergeben. Was auf der gesamtgesellschaftlichen Ebene der »Tag von Potsdam« versinnbildlicht hatte, was im Bereich der Wirtschafts- und Sozialordnung mit dem »Tag der nationalen Arbeit« am 1. Mai festlich als Demonstration der Volksgemeinschaft begangen worden war, sollte durch die Bücherverbrennung nun auch im Bereich der Universität symbolisiert werden. »Durch die Ausmerzung aller wissenschaftlichen und literarischen Werke, die als ›undeutsch‹ galten, sollte der wahre deutsche Geist wiedergeboren werden« (Jasper). Mit solch einer Haltung trugen die akademischen und intellektuellen Eliten zur Stabilisierung von Hitlers Machtergreifung und der Errichtung eines totalitären Systems wesentlich bei.

NS-Kulturkontrolle

An diesem fast überall anzutreffenden »neuen« Wir-Gefühl, das von Hoffnungen und Illusionen getragen war, wird ferner deutlich, daß Hitlers Wahlsiege und die fast widerstandslose Gleichschaltung nicht nur als Ergebnis raffinierter Propaganda und Verführung der breiten Wählermassen interpre-

Plakat vom 13.4. 1933

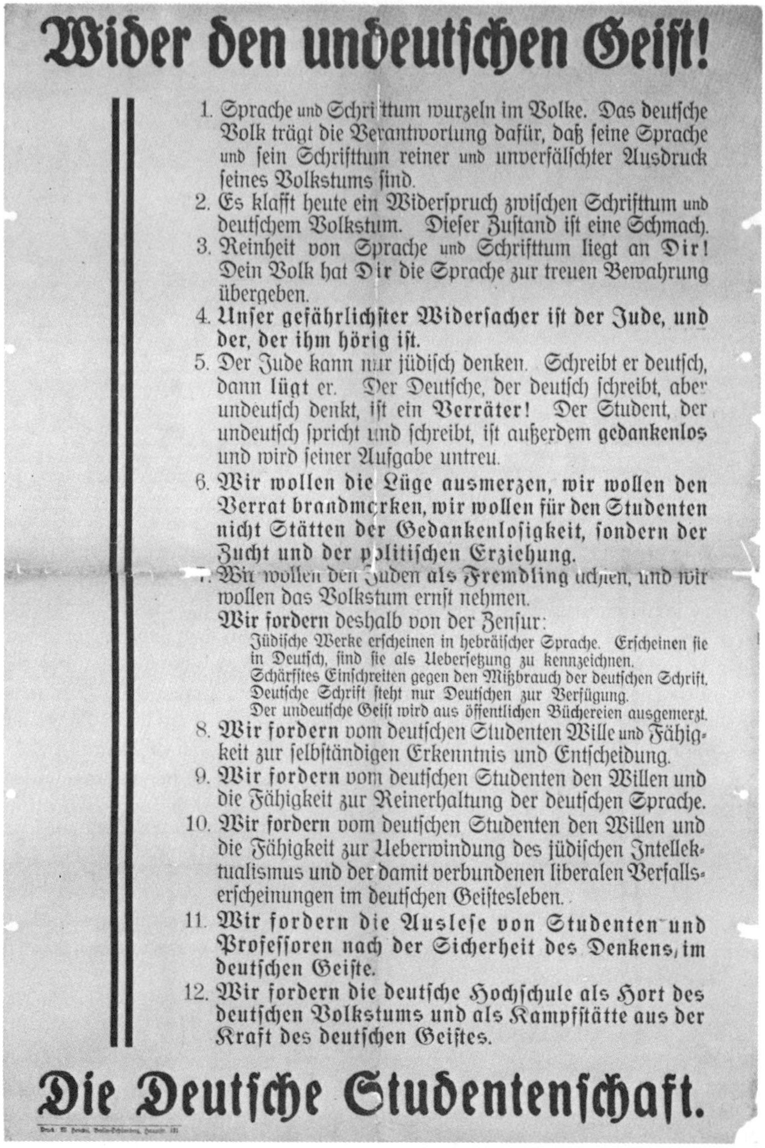
Wider den undeutschen Geist!

1. Sprache und Schrifttum wurzeln im Volke. Das deutsche Volk trägt die Verantwortung dafür, daß seine Sprache und sein Schrifttum reiner und unverfälschter Ausdruck seines Volkstums sind.
2. Es klafft heute ein Widerspruch zwischen Schrifttum und deutschem Volkstum. Dieser Zustand ist eine Schmach.
3. Reinheit von Sprache und Schrifttum liegt an Dir! Dein Volk hat Dir die Sprache zur treuen Bewahrung übergeben.
4. **Unser gefährlichster Widersacher ist der Jude, und der, der ihm hörig ist.**
5. Der Jude kann nur jüdisch denken. Schreibt er deutsch, dann **lügt** er. Der Deutsche, der deutsch schreibt, aber undeutsch denkt, ist ein **Verräter!** Der Student, der undeutsch spricht und schreibt, ist außerdem **gedankenlos** und wird seiner Aufgabe untreu.
6. **Wir wollen die Lüge ausmerzen, wir wollen den Verrat brandmarken, wir wollen für den Studenten nicht Stätten der Gedankenlosigkeit, sondern der Zucht und der politischen Erziehung.**
7. Wir wollen den Juden **als Fremdling** achten, und wir wollen das Volkstum ernst nehmen.

   Wir fordern deshalb von der Zensur:

   Jüdische Werke erscheinen in hebräischer Sprache. Erscheinen sie in Deutsch, sind sie als Uebersetzung zu kennzeichnen.
   Schärfstes Einschreiten gegen den Mißbrauch der deutschen Schrift.
   Deutsche Schrift steht nur Deutschen zur Verfügung.
   Der undeutsche Geist wird aus öffentlichen Büchereien ausgemerzt.
8. **Wir fordern** vom deutschen Studenten Wille und Fähigkeit zur selbständigen Erkenntnis und Entscheidung.
9. **Wir fordern** vom deutschen Studenten den Willen und die Fähigkeit zur Reinerhaltung der deutschen Sprache.
10. **Wir fordern** vom deutschen Studenten den Willen und die Fähigkeit zur Ueberwindung des jüdischen Intellektualismus und der damit verbundenen liberalen Verfallserscheinungen im deutschen Geistesleben.
11. **Wir fordern die Auslese von Studenten und Professoren nach der Sicherheit des Denkens im deutschen Geiste.**
12. **Wir fordern die deutsche Hochschule als Hort des deutschen Volkstums und als Kampfstätte aus der Kraft des deutschen Geistes.**

Die Deutsche Studentenschaft.

tiert werden dürfen. Sie wurden vielmehr möglich, weil die bürgerlich-konservativen Eliten selber ohne klare politische Orientierung waren und in ihrer kulturpessimistischen Flucht vor der realen Gegenwart in die verklärte Vergangenheit begierig und dankbar alle ihre utopischen Hoffnungen auf die nationalsozialistische Bewegung setzten, die alles neu machen wollte und sollte. Diese Aufbruchstimmung ermöglichte, daß der gesellschaftliche Bereich reglementiert und gleichgeschaltet wurde und ließ dabei übersehen, daß Andersdenkende brutal aus der viel gerühmten Volksgemeinschaft gedrängt, ja ausgesondert wurden.

Die Nationalsozialisten begannen ihrerseits damit, die Gesellschaft mit einem Netz von Parteigliederungen und -verbänden zu überziehen, die vorerst noch zu bestehenden Einrichtungen in Konkurrenz traten, sich dann aber mehr und mehr durchsetzten und vorhandene Organisationen aufsaugten bzw. verdrängten. Als SA und SS, als HJ und NS-Frauenschaft, als NS-Deutscher Studentenbund und NS-Deutscher Dozentenbund, als NS-Deutscher Ärztebund und NS-Lehrerbund etc. dienten sie der totalen Organisation und Kontrolle der deutschen Bevölkerung durch die Partei. Dies alles vermittelte den Eindruck der so lange vermißten Ordnung: »Es vollzog sich im Gleichschritt auf einer Einbahnstraße in die Diktatur, es vermied die Unbequemlichkeiten und Unübersichtlichkeiten parlamentarischer Prozedur und war nicht zuletzt deshalb einem großen Teil der Deutschen vertraut und nicht unwillkommen« (Hildebrand).

Eine Welle von Säuberungs-, Reglementierungs- und Überwachungsmaßnahmen im deutschen Kultur- und Wissenschaftsbetrieb zwang viele namhafte Künstler und Forscher, ins Exil zu gehen. Daß hierbei auch Konkurrenzneid und opportunistische Anbiederung eine Rolle spielten und diese kaum verständlich zu machenden Aktionen und Verhaltensformen erleichterten und verursachten, darf an dieser Stelle nicht unerwähnt bleiben.

Die anfängliche und besonders von den konservativ-deutschnationalen Kreisen als scheinbare Bestätigung ihrer Zähmungspolitik aufgenommen Zurückhaltung sollte Hitler jedoch bald aufgeben. Bereits zwei Tage nach dem »Tag von Potsdam«, während der Debatte um das »Ermächtigungsgesetz« am 23. März 1933, schlug der bis dahin gemäßigt und moderat wirkende Reichskanzler neue Töne an, die seiner politischen Absicht und Programmatik wesentlich mehr entsprachen als seine bisherigen Äußerungen. Jetzt sprach er offen von Revolution. Dieses Bekenntnis zur Revolution kündigte an, daß die nationalsozialistische Führung sich Verpflichtungen und Rücksichtnahmen den konservativen Partnern gegenüber ledig fühlte, nachdem sie mit dem »Ermächtigungsgesetz« ihr erstes wichtiges Etappenziel zur uneingeschränkten Herrschaft erreicht hatte.

Der Gedanke der »nationalsozialistischen Revolution«

Die Nationalsozialisten begriffen nämlich im krassen Gegensatz zu ihren Koalitionspartner den 30. Januar 1933 als Beginn einer weltgeschichtlichen Revolution, die eine totale Umwälzung sowohl der deutschen Staats- und Gesellschaftsform als auch die revolutionäre Veränderung des europäischen und letztlich auch globalen Staatensystems zum Ziele hatte. Eine Analyse des Hitlerschen Revolutionsbegriffs ergibt, daß er unter der nationalsozialistischen Revolution den Sieg einer Weltanschauung verstand, nach deren Maßgaben sämtliche wirtschaftlichen, sozialen, innen- und außenpolitischen sowie kulturellen Verhältnisse umgestaltet werden sollten: »Die Revolution ist dann beendet, wenn die ganze deutsche Welt innerlich und äußerlich völlig neu gestaltet ist« – mit diesen Worten faßte Hitler das revolutionäre Ziel der nationalsozialistischen Politik in aller Offenheit und in unmißverständlicher Deutlichkeit zusammen. Besonders der Volksgemeinschaft sollte dabei die Aufgabe zufallen, einen »klassenlosen Volks- und Führerstaat« mit einem funktionalen System der permanenten Führungs- und Eliteauslese zu schaffen. In diesem Zusammenhang gilt es zu betonen, daß Hitler durchaus nicht nur den Prozeß der Industrialisierung und Technisierung fördern und vorantreiben, sondern auch »entscheidende soziale Implikationen des Modernisierungsprozesses und die Erhöhung der sozialen Mobilität« (Zitelmann) erzielen wollte. Die in der historischen Forschung vorrangig anzutreffende These vom Widerspruch zwischen der objektiv modernisierenden und revolutionierenden Wirkung des Nationalsozialismus und den angeblich hierzu konträren Intentionen Hitlers muß aufgrund neuer Forschungsergebnisse überdacht und modifiziert werden. In unserem Zusammenhang jedoch entscheidend ist die Feststellung, daß die von den Nationalsozialisten angestrebte Revolution Deutschland von Grund auf verändern sollte und daß zum mindesten im Jahre 1933 die deutsche Gesellschaft in ihrer überwiegenden Mehrheit ihnen dabei willig zu folgen bereit war.

NS-Jugendorganisation

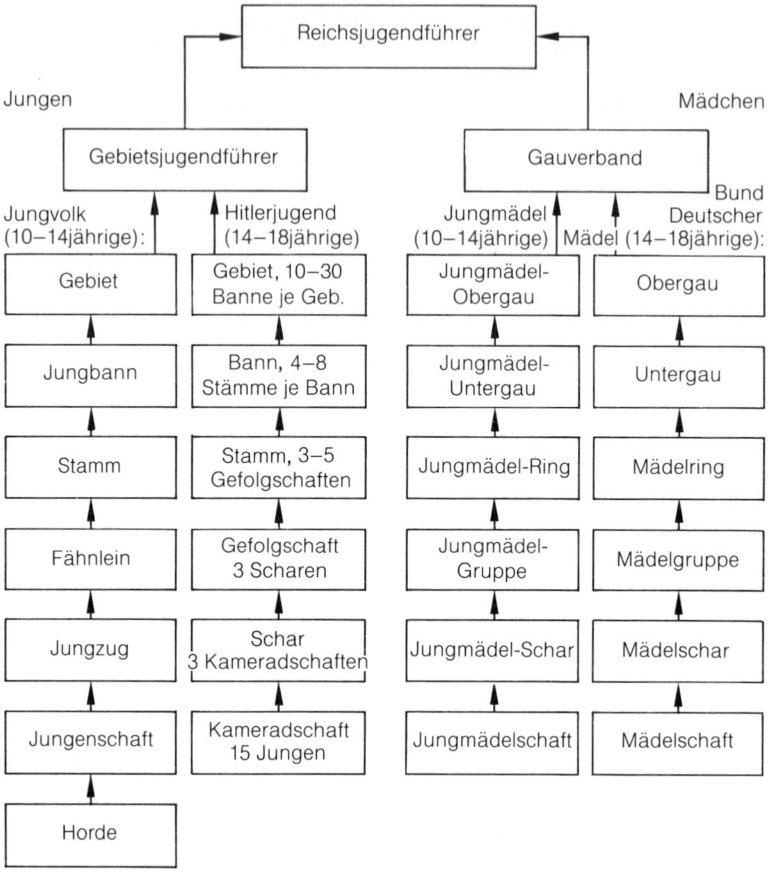

NS-Menschenbild

Um ihre welthistorische Mission erfüllen zu können, benötigten die Nationalsozialisten einen »neuen Menschen«, der – ohne Skrupel und moralische Hemmungen – dazu ausersehen war, die aus der Vergangenheit abgeleitete Zukunftsvision bereits in der Gegenwart zumindest ansatzweise zu realisieren. In dieser Absicht erhielt das am 15. März 1933 geschaffene Ministerium für Volksaufklärung und Propaganda eine zentrale Funktion. Unter der Leitung von Joseph Goebbels wurden nicht nur Presse und Rundfunk gleichgeschaltet und damit das Nachrichten- und Meinungsmonopol durchgesetzt, sondern es wurde auch, durch die Einführung der Reichskulturkammer und des Schriftleitergesetzes, dirigistischer Einfluß auf das gesamte Kulturleben in Deutschland ausgeübt. Besondere Aufmerksamkeit bei der Durchsetzung der »weltanschaulichen Revolution« galt der totalitären Erfassung und der ideologischen Indoktrinierung der Jugend als der kommenden Elite, deren anfängliche Begeisterung geschickt verstärkt, gleichzeitig aber manipuliert, uniformiert und in den Dienst nationalsozialistischer Zwecke und Ziele gestellt, kurz: mißbraucht wurde.

Röhm-Affäre

Daß der von den Nationalsozialisten angestrebte Revolutionierungsprozeß keineswegs geradlinig und für den Außenstehenden eindeutig als »revolutionär« erschien, kann Hitlers Verhalten während des sogenannten »Röhm-Putsches« demonstrieren, in dessen Vorgeschichte und Verlauf unterschiedliche Vorstellungen und Konzepte nationalsozialistischer Revolution innerhalb der NSDAP zutage traten und die noch nicht fest gefügte Herrschaft Hitlers in den Strudel einer bedrohlichen Krise rissen.

Der Konflikt unter den Nationalsozialisten hatte seine Ursache darin, daß die SA, die inzwischen längst zu einer Millionenorganisation herangewachsen und sich aufgrund ihres brutalen und selbstaufopfernden Einsatzes in den vergangenen Wahlkämpfen als der eigentliche Sieger im Kampf um die Macht fühlte, sich in der Folgezeit um den ihr zustehenden Lohn geprellt sah. Zwar wurden einige von ihr als Hilfspolizisten eingestellt und andere wenige erhielten sogar begehrte Posten, das Gros der SA aber fühlte sich nach der Märzwahl 1933 ins Abseits gedrängt und nicht gebührend gewürdigt. Die Frustration der SA-Mitglieder, von denen offenbar auch noch im Frühjahr 1934 viele arbeitslos waren, und ihre Erbitterung über ihre Zurücksetzung machten sich in zahlreichen brutalen Gewalttätigkeiten Luft. Banken und Geschäfte wurden gestürmt, Behörden belästigt, so daß diese bei Hitler über die Rowdy-Aktionen seiner Sturmabteilung Klage führten. Er reagierte nach längerem Zögern, indem er schließlich am 6. Juli 1933 vor den versammelten Reichsstatthaltern erklärte, daß die Revolution beendet sei und daß die Weiterentwicklung als Evolution geschehen müsse. Reichsinnenminister Frick wurde in einem Erlaß vom 11. Juli konkreter, indem er Versuche, die Staatsautorität zu erschüttern, Anmaßung von Regierungsbefugnissen, Beunruhigung der Wirtschaft durch Eingriffe Unbefugter usw. unter Androhung von harten Strafen verbot. Deutlich war in den Reaktionen der nationalsozialistischen Funktionsträger das Bemühen zu beobachten, jeden Konflikt mit den konservativen Eliten und besonders mit denen der Wirtschaft zu vermeiden.

Himmler und Röhm

Der Konflikt verschärfte sich, als zum Jahresbeginn 1934 aus den Reihen der SA der Ruf nach einer »zweiten Revolution« laut wurde, die endlich das einlösen sollte, wofür man seit Jahren gekämpft habe: eine grundlegende soziale Veränderung der bestehenden bürgerlich-kapitalistischen Verhältnisse. Verschärfend wirkte sich zudem aus, daß der Führer der SA, Stabschef Ernst Röhm, unmißverständlich forderte, die SA müsse ein zentraler, ihr zustehender Machtfaktor im nationalsozialistischen Staat werden. Für sich selbst reklamierte er den Oberbefehl über eine aus revolutionärer SA und konservativer Reichswehr zu bildende Volksmiliz. Längst hatte sich der innerparteiliche Konflikt ausgeweitet; denn neben Kreisen der Wirtschaft, die die »Sozialrevolutionäre der SA fürchteten, fühlte sich besonders die Reichswehr, die von der »braunen Flut« der Parteitruppe überspült werden sollte, elementar herausgefordert und bedroht.

Angesichts des offensichtlich bevorstehenden Ablebens des Reichspräsidenten wuchs auch im konservativen Lager der Koalitionspartner Hitlers die Unruhe und Kritik. Es galt, Vorsorge für die Zeit nach Hindenburgs Tod zu treffen. Gerüchte über eine Restauration der Monarchie machten die Runde. In einer spektakulären Rede vor dem Marburger Universitätsbund artikulierte Franz von Papen am 17. Juni 1934 die konservative Kritik an dem revolutionären Regime Hitlers, indem er dazu aufforderte, Übergriffe in den Bereich der Kirchen zu unterlassen und offensichtliche Machtanmaßungen und Rechtsverunsicherungen abzustellen. Der alle Seiten beruhigende, immer noch zögernde Hitler war zum Handeln gezwungen. In einer überraschenden Nacht- und Nebelaktion, in der vor allem Hermann Göring und Heinrich Himmler als Führer der SS die Hauptakteure waren, ließ Hitler unter dem Vorwand, die SA plane einen Putsch, Röhm und hohe SA-Führer verhaften und ermorden.

In der »Nacht der langen Messer«, vom 30. Juni zum 1. Juli fielen zahlreiche andere Gegner von Hitlers Herrschaft zum Opfer, die zum Teil mit der »Röhm-Affäre« gar nichts zu tun hatten. Unter ihnen waren Gregor Strasser, der Leiter der katholischen Aktion Erich Klausner, Edgar Jung, der als Autor von Papens Marburgrede gilt, und – was für die Reichswehr, die diese

Judenboykott, 1.4. 1933

Mordaktion billigte, zu einer schweren Hypothek werden sollte – die beiden Generale Ex-Reichskanzler Kurt von Schleicher und Ferdinand E. von Bredow.

Entmachtung der SA

Noch vor Hindenburgs Tod waren durch diese Aktion potentielle Konkurrenten um die Macht ermordet oder ausgeschaltet worden. Die SA als »wesentliche Trägerin der terroristischen Seite der ›Machtergreifung‹« (Jamin) wurde politisch entmachtet. Mit ihr wurden die wichtigsten Aktivisten der nationalsozialistischen Kampfzeit auf eine weitgehend instrumentale Funktion im System reduziert, indem sie für Arbeitsdienst und vormilitärische Ausbildung regelrecht degradiert und entpolitisiert wurden. Ihre Nachfolge trat die SS unter Heinrich Himmler an, der aus ihr die machtvollste Institution im nationalsozialistischen Staat heranbilden sollte. Die von der SA in Frage gestellte Reichswehr wurde von Hitler als »alleinige Waffenträgerin der Nation« bestätigt und damit für ihre »wohlwollend-neutrale« Haltung während der Säuberungsaktion belohnt. Die Industrie brauchte künftig den gelegentlich rabiaten Antikapitalismus der SA-Mitglieder nicht mehr zu fürchten. Eigentlicher Sieger jedoch blieb die nationalsozialistische Führungsgruppe um Hitler. Ihr war es gelungen, durch die brutale Mordaktion gleichzeitig die Unzufriedenen in den eigenen Reihen und die Konservativen mit einem Schlag auszuschalten.

Als kurz darauf am 2. August 1934 Reichspräsident von Hindenburg starb und Hitler die Ämter des Reichskanzlers und des Reichspräsidenten in Personalunion übernahm, gab es neben ihm im politischen Bereich »keine faktisch oder prestigemäßig konkurrierende Institution oder Persönlichkeit mehr« (Hildebrand). Noch am 2. August 1934 wurde die Reichswehr auf Hitlers Person vereidigt, so daß dieser somit Staatsoberhaupt und Oberbefehlshaber der Reichswehr war. Durch den personengebundenen Eid lieferte die Generalität die Reichswehr »als allerletzte Bastion einer möglichen Gegenmacht« (Jasper) an Hitler aus.

Als Hitler am 17. Juli 1934 vor dem Reichstag zu den Vorgängen im Zusammenhang mit der Entmachtung der SA Stellung nahm, rechtfertigte er seine brutale Mordaktion mit den Worten: »In dieser Stunde war ich verantwortlich für das Schicksal der deutschen Nation und damit des deutschen

Volkes oberster Gerichtsherr.« Kein Geringerer als der renommierte Staatsrechtler Carl Schmitt war es, der sich beeilte, mit einer Schrift die Mordaktion unter dem Titel »Der Führer schützt das Recht« im nachhinein zu legitimieren. Aus dem traditionellen und bewährten liberalen Rechtsstaat war damit quasi über Nacht der »nationale und völkische Rechtsstaat« geworden. Aber auch die Bevölkerung, über die eigentlichen Vorgänge nur unzureichend informiert, reagierte mit Genugtuung und Erleichterung. Die brutalen Horden der SA waren in ihre Schranken gewiesen worden, und der »Führer« war es gewesen, der für Ordnung gesorgt hatte. Auf ihn projizierte man die Hoffnungen, alles Negative des Systems lastete man der Partei und ihren Bonzen an. Der »Führerkult«, der sich zum Mythos steigern sollte, fand hierin seinen Anfang.

Rassenpolitik und SS-Staat: Die Kehrseite der Volksgemeinschaft

»Judenboykott« und weitere antisemitische Maßnahmen

Nach der Wahl vom 5. März 1933, die ganz im Zeichen des Kampfes gegen den Marxismus stand, und nach der Zerschlagung und Entmachtung der kommunistischen Parteiorganisation häuften sich antisemitische Kampagnen und vereinzelte spontane Ausschreitungen, die schließlich ihren ersten, von der Parteispitze angeordneten Höhepunkt im sogenannten »Judenboykott« vom 1. April 1933 fanden. Jüdische Geschäfte, Rechtsanwälte und Ärzte wurden auf Anweisung hin reichsweit boykottiert. SA-Trupps belagerten jüdische Warenhäuser und Läden, malträtierten und belästigten deutsche Bürger jüdischen Glaubens, und die Parteipresse, allen voran der von Julius Streicher, dem Gauleiter von Franken, herausgegebene »Der Stürmer«, erging sich in antisemitischen Beschimpfungen und offenen Drohungen. Die Bevölkerung reagierte durchaus geteilt, Proteste blieben zwar aus, zumeist aber lehnte man derartiges Rabaukentum ab. Vielfach – so mußten die nationalsozialistischen Führungskräfte feststellen – kam es sogar zu Sympathiekäufen bei Juden in den Tagen nach dem Boykott. Die ausländische Presse kommentierte entsetzt und empört diese beschämenden Vorgänge.

Wenige Tage später, am 7. April, wurde das »Gesetz zur Wiederherstellung des Berufsbeamtentums« erlassen, welches nicht nur politische Gegner aus administrativen Positionen drängen sollte, sondern eindeutig auch zur Entlassung von Juden diente. Die nach außen hin wirkenden »spontanen«, vom angeblichen Volkszorn getragenen antisemitischen Aktionen erhielten hierdurch unmittelbar Legitimierung und Unterstützung. Juden diskriminierende Vorschriften, die beispielsweise die Zulassung jüdischer Rechtsanwälte beschränken oder die Zahl jüdischer Studenten an Universitäten verringern sollten, wurden im Reichskabinett erwogen und beschlossen, ebenso das »Gesetz über den Widerruf von Einbürgerungen und die Aberkennung der deutschen Staatsangehörigkeit« vom 14. Juli 1933. Hitler hielt sich zumindest in der Öffentlichkeit hinsichtlich antisemitischer Maßnahmen auffallend zurück, hatte er doch in der Zeit vor 1933 – sieht man von der Phase unmittelbar vor der Machtergreifung einmal ab – den radikalen Antisemitismus, ja die Forderung nach einer scharfen Rassenpolitik als das zentrale Ziel seiner künftigen Politik immer wieder in seinen Reden und Schriften betont. Und es besteht in der Forschung weitgehend Einigkeit darüber, daß neben der Eroberung von Lebensraum Hitler »die Bekämpfung der Juden als das zentrale Motiv seiner politischen Mission hinstellte« (Jäckel). Im Jahre 1933

Dorf in Franken (1935)

schien es dem »Führer« jedoch geboten, auf diesem Gebiet Zurückhaltung zu üben, dafür aber andere vorpreschen zu lassen, um offensichtlich die Zumutbarkeit dieser in den vorangegangenen Jahren durchaus nicht unbekannten, jedoch in der besonders von ihm angestrebten extremen Form qualitativ völlig neuen Politik zu testen. Der rassisch motivierte Antisemitismus der NSDAP, der alle Juden zu Staatsbürgern zweiter Klasse degradieren wollte und staatliche Maßnahmen gegen »Rassenvermischung« zum Schutz des deutschen Blutes verlangte, war im ersten Jahr von Hitlers Herrschaft zwar noch nicht Handlungsmaxime seiner Politik, obwohl bereits auch schon ein erstes Gesetz zur Rassenhygiene und zur Verhinderung erbkranken Nachwuchses in diese Richtung wies, jedoch durchaus im Ansatz vorhanden und abrufbar für umfangreiche gesetzgeberische Maßnahmen.

Die 3 Phasen zur »Lösung der Judenfrage« (1933–1939)

Die besonders von Hitler propagierte »Lösung der Judenfrage«, die einen wesentlichen Teil der nationalsozialistischen Weltanschauung darstellte und deshalb zu einem bestimmenden Faktor der deutschen Politik von 1933 bis 1945 wurde, vollzog sich bis zu Beginn des Krieges im Jahre 1939 in drei Phasen:

1. Von 1933 bis 1935 begann die allmähliche Ausschaltung der etwa 500000 in Deutschland lebenden Juden aus nahezu allen Bereichen des öffentlichen Lebens. Das Theater und – im Hinblick auf die 1936 in Berlin stattfindende Olympiade – der Sport blieben in diesem Zeitraum Inseln relativer Immunität.

2. Endgültig zu Staatsbürgern minderen Rechts wurden die deutschen Juden durch die auf dem Reichsparteitag am 15. September 1935 in Nürnberg erlassenen Gesetze, das »Reichsbürgergesetz« und das »Gesetz zum Schutze des deutschen Blutes und der deutschen Ehre«.

Nürnberger Gesetze

Mit diesen sogenannten »Nürnberger Gesetzen«, die ähnlich wie schon im Jahre 1933 »spontane«, nicht von der Parteileitung zentral geleitete und organisierte antisemitische Ausschreitungen und Diskriminierungen, die sowohl vom Ausland als auch partiell bei der Bevölkerung empört aufgenommen wurden und zu Verunsicherungen führten, legitimieren und kanalisieren sollten, wurden politische Rechte und generell die Beschäftigung in nahezu allen Berufsgruppen vom Nachweis der »arischen Abstammung« abhängig gemacht. Der sogenannte »Arierparagraph« bildete die Voraussetzung für das den Juden vorenthaltene Reichsbürgerrecht. Das »Blutschutzgesetz« verbot unter Androhung von Zuchthausstrafen Eheschließungen und außereheliche Beziehungen zwischen Juden und »Staatsangehörigen deutschen und artverwandten Blutes« als Rassenschande. Juden wurde außerdem untersagt, »arische« Hausangestellte unter 45 Jahre zu beschäftigen. Schließlich wurde die Zwangsarisierung der Wirtschaft gefordert.

Die Verfolgung und Diskriminierung der jüdischen Mitbürger in Deutschland hatte mit diesen Gesetzen, die im Ausland als Pervertierung des Rechtsstaatsgedankens schärfstens verurteilt wurden, eine juristische Grundlage erhalten. Innerhalb eines winzigen Rahmens erhielten damit jüdische Staatsbürger sogar Schutz vor den bislang willkürlichen Entwürdigungen, ihre Situation besserte sich jedoch keineswegs.

3. Ende 1938 begann schließlich die dritte Phase der nationalsozialistischen Judenpolitik. Und wiederum benötigte die Partei- und Regierungsspitze einen »Anlaß«. Als Ende Oktober 1938 Tausende von ehemals polnischen Juden von der Reichsregierung nach Polen abgeschoben wurden und einem ungewissen Schicksal entgegengingen, weil die polnische Regierung zunächst die Wiederaufnahme verweigerte, erschoß ein junger Jude, dessen Eltern zu den Ausgewiesenen gehörten, am 7. November 1938 in Paris den deutschen Botschaftsrat Ernst von Rath. Dieses Attentat wurde zum Anlaß genommen, um in einem von Goebbels initiierten und organisierten Massenpogrom vom 8. bis 10. November 1938 jüdische Geschäftshäuser zu demolieren, 250 Synagogen in Brand zu stecken und etwa 90 Juden zu töten sowie über 25000 zu verhaften und in Konzentrationslager zu verschleppen. Der Sachschaden dieser »Reichskristallnacht« belief sich auf mehrere hundert Millionen Reichsmark. Eine sich anschließende Welle von Erlassen und Verordnungen drängte die noch nicht inhaftierten Juden in Deutschland endgültig in ein entwürdigendes Außenseiterdasein. Eine Geldbuße von rund einer Milliarde Reichsmark, die sie an das Deutsche Reich zu entrichten hatten, wurde den geschädigten Juden für die entstandenen Schäden auferlegt, jüdische Geschäftsinhaber wurden gezwungen, ihre Firmen in »arische« Hände zu übereignen, und generell wurden Juden aus dem wirtschaftlichen, wissenschaftlichen und kulturellen Leben eliminiert.

»Reichskristallnacht«

Bis zum Pogrom vom 9. November 1938 waren trotz aller Diskriminierungen nur etwa 170000 jüdische Bürger, d.h. ungefähr ein Drittel der jüdischen Bevölkerung in Deutschland, ausgewandert. In der Führungsspitze der Nationalsozialisten begannen jetzt Überlegungen und Planungen über die »Lösung der Judenfrage«, wobei vorerst an Massendeportationen gedacht wurde.

Trotz der zahlreichen Proteste gegenüber dieser Politik und trotz der mutigen Hilfeleistungen einzelner an ihren jüdischen Nachbarn und Freunden wurde die nationalsozialistische Rassenpolitik bis zu ihrem grausigen Ende im Völkermord realisiert, parallel zur sogenannten »Euthanasiepolitik«, die ebenfalls bereits im Jahre 1933 einsetzte.

Euthanasiepolitik

Die nationalsozialistische Volksgemeinschaft besaß offensichtlich zwei konträre, aber sich durchaus ergänzende Seiten: nach »innen« wollte sie die in unterschiedliche Traditionen, Schichten und Sozialmilieus zerklüftete Gesellschaft künstlich zu einer opferbereiten Leistungsgemeinschaft formieren; nach »außen« wollte sie alle jene diskriminieren und letzten Endes »ausmerzen«, die aus realen oder eingebildeten Gründen in der Volksgemeinschaft keinen Platz finden durften. Die deutsche Gesellschaft sollte nicht nur vom Klassenkampf befreit und harmonisiert – ohne allerdings die Klassengegensätze beseitigen zu können –, sondern sie sollte vor allem auch von den sogenannten Rasseschädlingen gesäubert werden. Im Klartext bedeutet dies:

Propagandistische Vorbereitung der »Ausmerzung« »lebensunwerten Lebens«

Die ungeheueren Fürſorgekoſten für die Erbminderwertigen.

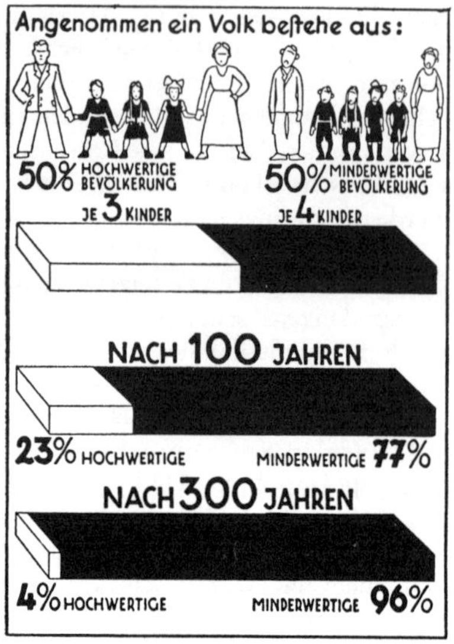

Die Vererbung von Gebrechen des Körpers und des Geiſtes.

Juden, Zigeuner, Asoziale, geistig und körperlich Behinderte, Homosexuelle, kurz: alle Nicht-Konformen und damit Gemeinschaftsfremden sollten ausgesondert, abgeschoben, beseitigt und schließlich vernichtet werden. Nur im Zusammenhang mit dieser rassenideologischen Zielsetzung – und gemeinsam mit der erklärten Absicht, einen nie vorher gekannten Lebensraumkrieg führen zu wollen – erhält die von den Nationalsozialisten angebotene und für viele Zeitgenossen attraktiv erscheinende Volksgemeinschaftsutopie ihre wahre Qualität.

Die SS und die Machtakkumulation Himmlers

Instrument und gleichermaßen Garant der zu schaffenden »klassen- und rassenreinen« Volksgemeinschaft sollte die SS (»Schutzstaffel«) unter Heinrich Himmler werden. Nach der Entmachtung der SA wurde die SS zur selbständigen Organisation, und Heinrich Himmler als Reichsführer SS unterstand direkt dem »Führer«. Ihm gelang es, 1936 die zur Reichsinstitution gemachte Gesamtpolizei in seine Hand zu bringen. Dazu gehörten: die uniformierte Ordnungspolizei unter Kurt Daluege; dem »Reichssicherheitshauptamt« unter Reinhard Heydrich unterstellt, die Sicherheitspolizei, d.h. Kriminalpolizei; die Geheime Staatspolizei (Gestapo); und zur Kontrolle und Nachrichtenüberwachung der Sicherheitsdienst (SD). Als »Reichsführer SS und Chef der deutschen Polizei im Reichsministerium des Innern« war Himmler zwar dem Reichsinnenminister, als SS-Führer allerdings unmittelbar dem Parteiführer Hitler unterstellt. Das verlieh ihm ein ungeheures Maß an Macht und Unabhängigkeit, die er besonders während des Krieges, als er schließlich selbst die Nachfolge Wilhelm Fricks als Innenminister antrat, gewaltig ausbauen sollte.

Die SS erhielt im Herrschaftssystem des nationalsozialistischen Reiches ihre besondere Bedeutung dadurch, daß sie als Instrument des Führerwillens außerhalb staatlich-rechtlicher Normen stand. Mit der SS, die vor allem auch für die bereits im Jahre 1933 eingerichteten Konzentrationslager – erst zur »politischen Schulung« von Gegnern, dann als Arbeitslager und schließlich und endlich als Vernichtungslager konzipiert – zuständig war, besaß Heinrich Himmler ein Terrorsystem nie vorher gekannten Ausmaßes. Neben Versprechungen und Belohnungen sowie dem sorgfältig gepflegten Führer-

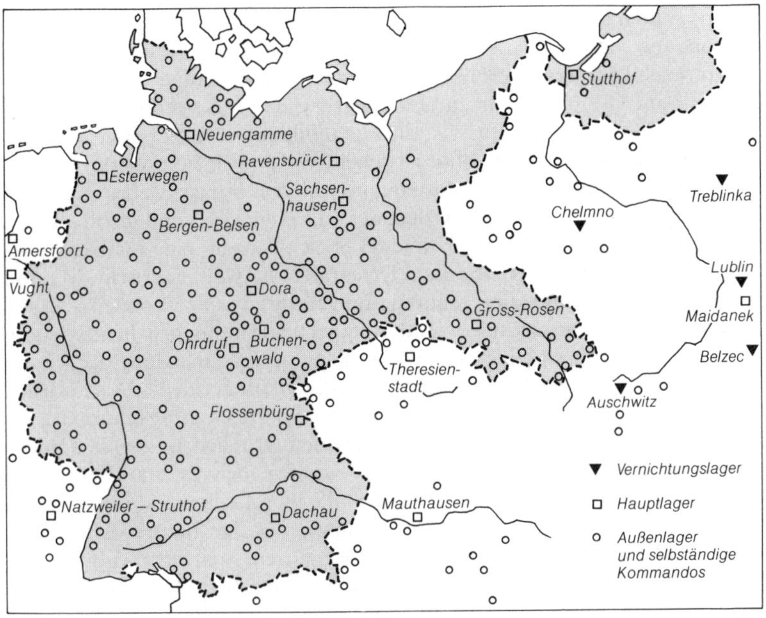

Die wichtigsten Konzentrations- und Vernichtungslager

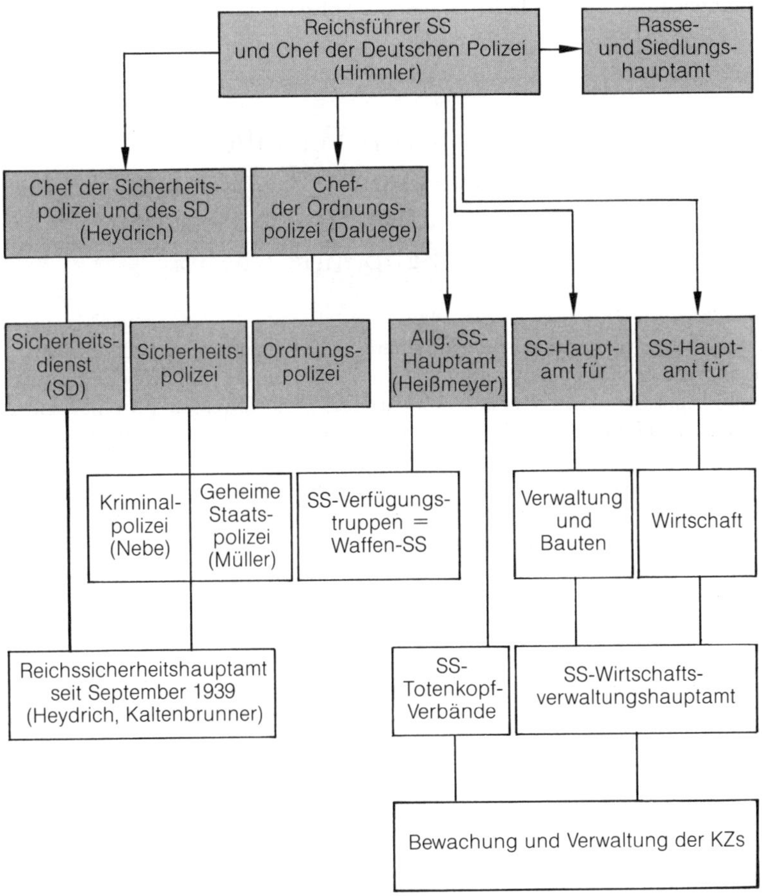

Aufbau und Funktion der SS und ihrer Polizeigewalt

mythos sollten Überwachung und letztlich brutalster Terror zu den wichtigsten und für die nationalsozialistische Volksgemeinschaft signifikantesten Integrationsklammern und Herrschaftsinstrumenten werden.

Gleichsam komplementär zur Eliminierung der Juden und der Vernichtung »lebensunwerten Lebens« ist die Heranbildung einer »rassisch wertvollen« nationalsozialistischen Elite zu sehen, wofür sich besonders Heinrich Himmler als Reichsführer SS zuständig betrachtete. Ihm schwebte vor, einen nordischen Männerorden zu schaffen, der, mit politischen und ideologischen Sicherungsaufgaben im »Führer- und SS-Staat« betraut, eine rassische Auslese bilden sollte, um als künftige Herrenrasse die welthistorische Mission des Nationalsozialismus durchführen und gewährleisten zu können.

Aus diesen Voraussetzungen und Aufgabenbestimmungen heraus ergab sich besonders während des Krieges vor allem die Sonderstellung der SS und der Sicherheitspolizei, die auch in einer elitären Sonderideologie Ausdruck fand. Der Rekurs auf den Ordens-Begriff, den Himmler zum Signum der SS-Erziehung machte, beinhaltete auch, daß den Mitgliedern dieses Ordens besonders schwere Aufgaben anvertraut wurden, daß es zur »Ehre« und »Treue« dieser Elite gehörte, gefeit gegen alle moralischen und bürgerlichen Skrupel, Weltanschauungsziele des Regimes, die der breiten Masse der Volks- und Parteigenossen nicht zumutbar waren, stellvertretend für das Ganze und die Zukunft des Volkes unerbittlich im geheimen durchzuführen. »Wohl nirgends sonst im Dritten Reich gelang die ideologische Umwertung des exzessiven Verbrechens zur selbstlosen weltanschaulichen Tat so weitgehend wie im Korps der höheren SS- und Polizeiführer« (Broszat).

Revision von Versailles und Vorbereitung der Expansion: Anfänge der nationalsozialistischen Außenpolitik

NSDAP, Revisionismus und Militär

Bereits vier Tage nach seiner Ernennung zum Reichskanzler hielt Hitler am 3. Februar 1933 vor den ranghöchsten Offizieren der Reichswehr eine für seine beabsichtigte Innen- und Außenpolitik gleichermaßen aufschlußreiche Rede. Das Hauptziel der kommenden Politik müsse die »Wiedergewinnung der politischen Macht« sein, was bedeutet, daß eine »völlige Umkehr der gegenwärtigen innenpolitischen Zustände« herbeigeführt werden müsse mit dem Ziel der »Beseitigung des Krebsschadens der Demokratie!« Dies könne nur geschehen – so Hitler vor den Befehlshabern des Heeres und der Marine –, wenn der Marxismus »mit Stumpf und Stiel« ausgerottet und der »Wehrwillen« der Jugend »mit allen Mitteln« herbeigeführt werde. Auf die von ihm selbst aufgeworfene Frage, wie denn die zu gewinnende Macht zu gebrauchen sei, antwortete der eben erst ernannte Regierungschef: »Jetzt noch nicht zu sagen. Vielleicht Erkämpfung neuer Export-Möglichkeiten, vielleicht – und wohl besser – Eroberung neuen Lebensraums im Osten und dessen rücksichtslose Germanisierung.«

Mit diesem von Hitler dargelegten Konzept konnten die anwesenden hohen Militärs – sieht man einmal von der Zielsetzung ab, Lebensraum zur Germanisierung zu erobern – voll und ganz einverstanden sein. Denn es entsprach genau ihren, seit Ende des Ersten Weltkrieges diskutierten und entwickelten Vorstellungen künftiger deutscher Politik, deren erklärtes Ziel die Wiedererlangung der durch die Niederlage im Jahre 1918 und durch den Versailler Vertrag sanktionierten verloren gegangenen Großmachtstellung des Deutschen Reiches zu sein habe. Und die Revision des Versailler Vertrages könne nur unter der Bedingung erfolgreich in Angriff genommen und durchgeführt werden – darin war sich die Führung der auf 100000 Mann reduzierten Streitkräfte der Weimarer Republik einig –, wenn mit Hilfe eines autoritären Staates eine möglichst festgefügte »innere Geschlossenheit« der deutschen Gesellschaft als unabdingbare Voraussetzung einer erfolgreichen Revisionspolitik herbeigeführt werden würde. In der Zeit vor 1933 schien allerdings dieses Integrationsproblem kaum realisierbar, so daß die Reichswehr trotz aller Skepsis und Distanz Hitler und seiner Massenbewegung gegenüber gerade in dem am 30. Januar 1933 geschlossenen Bündnis zwischen nationalen Eliten und den Nationalsozialisten eine realistische Möglichkeit sah, ihre langgehegte politische Konzeption zu verwirklichen. Dies fiel der militärischen Führung um so leichter, weil Hitler gerade in der angesprochenen Rede ausdrücklich erklärte, daß das neue Reich auf »zwei Säulen« beruhen müsse, nämlich auf der Armee und der Partei.

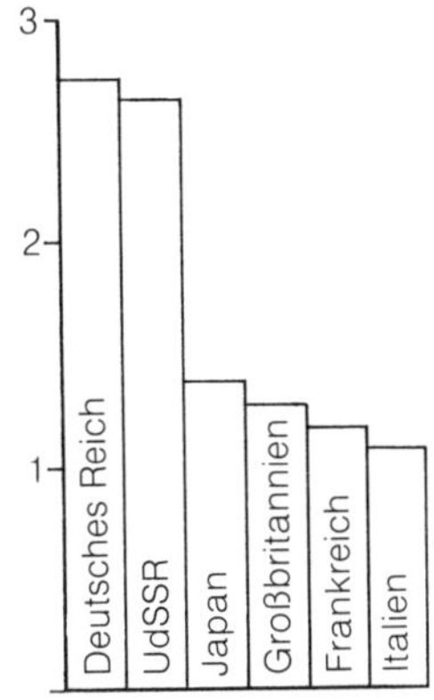

Militärausgaben 1933–1938 (in Mrd. Pfund Sterling)

Die Reichswehr verstand sich nicht nur als ein starkes Bollwerk für die ihr politisch verbundenen national-konservativen Koalitionspartner Hitlers, nicht nur als machtpolitisches Gegengewicht gegenüber den Massen der Hitlerbewegung, sondern erneut als eigenständiger politischer Faktor, der von Hitler selbst bestätigt wurde, indem er die Wehrmacht als wichtigste Einrichtung des Staates, die unpolitisch und überparteilich bleiben möge, erklärte. Mit dieser Rede hatte Hitler es geschickt verstanden, die Reichswehr, welche einerseits für ihn der gefährlichste Gegner und andererseits für seine zukünftige Politik der wichtigste Bundesgenosse war, für sich einzunehmen, ihr als vertrauenswürdiger und konsensstiftender Politiker zu erscheinen und damit ein Bündnisverhältnis mit ihr herzustellen. Wie wichtig die Reichswehr für Hitler zumindestens in der Anfangsphase seiner Herrschaft war, demonstriert die Tatsache, daß er ihr, ohne lange zu zögern, sogar seine eigene Hausmacht, die SA nämlich, im Juni 1934 opferte.

Außenpolitisches Programm

Hitlers Rede vom 3. Februar 1933 bietet neben der bündnispolitischen Funktion hinsichtlich der Reichswehr in unserem Zusammenhang einen weiteren für die von ihm angestrebte Außenpolitik wichtigen Aspekt. Sie verdeutlicht nämlich, daß Hitler auch nunmehr in der Regierungsverantwortung fest dazu entschlossen war, sein bereits in den frühen zwanziger Jahren entwickeltes und in seinen Programmschriften »Mein Kampf« aus den Jahren 1925/26 und in seinem sogenannten »Zweiten Buch« aus dem Jahre 1928, das er allerdings aus wahltaktischen Gründen niemals veröffentlichen ließ, ausführlich dargelegtes außenpolitisches Programm keinesfalls als unverbindliches Hirngespinst beiseite zu schieben, sondern dieses mit Konsequenz und Zielstrebigkeit zu realisieren.

Anders als seine konservativen Partner in der Regierung der »nationalen Konzentration« wollte er sich nicht mit der Wiedergewinnung der Grenzen von 1914 und der Restauration der deutschen Großmachtstellung in Europa begnügen. Er strebte vielmehr danach, in mehreren Etappen über die Revision der Ergebnisse von Versailles hinaus die deutsche Vorherrschaft in Mittel- und Osteuropa zu gewinnen, um daran anschließend »Lebensraum« in den Weiten der Sowjetunion zu erobern und zu besiedeln. Das daraus hervorgehende, von Deutschland militärisch und wirtschaftlich beherrschte europäische Kontinentalimperium würde dann – allerdings als Aufgabe künftiger Geschlechter – die Ausgangsbasis für die germanisch-deutsche Weltherrschaft bieten: »An der Spitze eines rassisch höher gezüchteten Europas sollte das deutsche Volk in seinen künftigen Generationen endlich auch dazu fähig sein, selbst den ... Vereinigten Staaten von Amerika ›die Stirn zu bieten‹ und in Übersee als Welt- und Flottenmacht aufzutreten« (Hildebrand). Die erste Stufe dieses außenpolitischen »Programms« erhielten die Reichswehroffiziere demnach als für Hitler nach wie vor verbindliche und nun in aller Planmäßigkeit zu realisierende Politik offenbart.

Doch Hitler war zu sehr Pragmatiker, um nicht zu wissen, welche kurz- und mittelfristigen Ziele im Jahre 1933 realisierbar und welche außenpolitischen Schritte dazu notwendig waren. In der Anfangsphase nationalsozialistischer Außenpolitik war Hitler bestrebt, einerseits – wie schon der Reichswehrspitze angekündigt –, die »innere Geschlossenheit« durch Ausschaltung und Vernichtung politischer Gegner sowie eine energisch vorangetriebene Aufrüstung in die Wege zu leiten. Und andererseits sollte die Außenpolitik vorrangig dazu dienen, sowohl der drohenden Gefahr der Isolierung des Deutschen Reiches – hervorgerufen durch die von den Nationalsozialisten betriebene Terrorpolitik – zu entgehen und außerdem die »Wehrhaftmachung« der deutschen Gesellschaft nach außen hin abzuschirmen. Es galt daher Bündnispartner zu finden, und man mußte versuchen, das durch internationale Krisen bereits in Frage gestellte Staatensystem – wo immer möglich – zugunsten zukünftiger deutscher Machtpolitik zu unterlaufen.

Zwischen den Nationalsozialisten und den Repräsentanten nahezu aller politischer, militärischer und wirtschaftlicher Führungseliten bestand zu dieser Zeit ein oft nur vermeintlicher, aber häufig auch echter und weitgehender Konsens sowohl über die Ziele als auch die Methoden deutscher Außenpolitik. Nach der faktischen Lösung des Deutschland finanziell und wirtschaftlich belastenden Reparationsproblems sollte nun eine intensive militärische Aufrüstung als nächster Schritt zur Revision des Versailler Vertrages unternommen werden. Und die Übereinstimmung hinsichtlich des Nahzieles, die Wiedererlangung der außenpolitischen Handlungsfreiheit, die auch von den konservativen Bündnispartnern lediglich als Vorstufe zu einer künftigen deutschen Großmachtpolitik betrachtet wurde, ersparte es Hitler, zu sehr in den Vordergrund des außenpolitischen Geschehens zu treten, so daß er seine eigentlichen Zielvorstellungen – sieht man von wenigen Ausnahmen ab – gegenüber der Öffentlichkeit verbergen konnte. Die Anfangsphase der nationalsozialistischen Außenpolitik zeichnete sich in der Tat durch ein hohes Maß an Übereinstimmung zwischen den Trägern des neuen Machtkartells aus.

Hitler bemühte sich, im Windschatten konservativer Revisionspolitik die seiner Meinung nach erforderliche innenpolitische Basis zur Verwirklichung seines außenpolitischen »Programms« bei gleichzeitiger Abschirmung nach außen herzustellen. Dabei gelang es ihm in erstaunlicher Weise – nicht zuletzt dank der systemstabilisierenden Integrationskraft der Revisions- und Aufrüstungspolitik –, die verschiedenen Interessen des Auswärtigen Amtes, der Wirtschaftsverbände, der Reichswehr und der außenpolitischen Organisationen der NSDAP funktional in sein »Programm« einzuordnen und sich so die Unterstützung aller dieser gesellschaftlichen Gruppen zu sichern.

Vertragsverlängerung mit der UdSSR

Eine erste Gelegenheit, außenpolitisch aktiv zu werden, bot sich für Hitler in der anstehenden, von den vorangegangenen Präsidialkabinetten immer wieder aufgeschobenen Verlängerung des Berliner Vertrages aus dem Jahre 1926 zwischen dem Deutschen Reich und der Sowjetunion. Ohne den antibolschewistischen Kampf im Innern zu bremsen, erkannte der neue Reichskanzler darin die Möglichkeit, einer außenpolitischen Isolierung Deutschlands zuvorzukommen und trat deshalb für die Unterzeichnung des Vertrages am 5. Mai 1933 ein. Er kam damit einer starken Gruppe im Auswärtigen Amt und in der Reichswehrführung entgegen, die in Fortsetzung der Politik von Rapallo aus dem Jahre 1922 eine deutsch-sowjetrussische Zusammenarbeit auf wirtschaftlicher, aber auch militärpolitischer Ebene mit eindeutig anti-polnischer Spitze befürwortete. Gleichzeitig konnte er Stalin, der sich bei der Abrüstungsverhandlung und der von Mussolini vorgeschlagenen Viererpaktidee aus der europäischen Politik gedrängt fühlte, aus dem Kreis antideutscher Staaten, die vor allen Dingen die antisemitischen Aktionen der Nationalsozialisten anprangerten, herauslösen.

Unmittelbar danach machte der »Führer« durch eine am 17. Mai 1933 gehaltene außenpolitischen Rede vor dem Deutschen Reichstag weltweit auf sich aufmerksam. In dieser ersten »Friedensrede« betonte Hitler den deutschen Friedenswillen und dementsprechend die Bereitschaft, unter der Voraussetzung der bereits am 11. Dezember 1932 durch eine Fünfmächteerklärung zugestandenen Gleichberechtigung des Deutschen Reiches mit jeder Rüstungsbeschränkung und mit einer Übergangsperiode von bis zu fünf Jahren für die Herstellung des allgemeinen Rüstungsausgleichs einverstanden zu sein. Mit diesem Friedensangebot, das den Westmächten quasi den »Schwarzen Peter« zuschob, verschärfte er die Streitigkeiten zwischen Paris und London hinsichtlich der Abrüstungsverhandlungen und konnte gleichzeitig, indem er ein sowohl von der Reichswehr als auch von Kreisen des Auswärtigen Amtes gefordertes radikales Vorgehen abbremste, somit nach allen Seiten demonstrieren, wer eigentlich außenpolitisch in Deutschland tonangebend war. Das am 20. Juli 1933 abgeschlossene Konkordat mit dem Vatikan konnte darüber hinaus die Friedfertigkeit des nationalsozialistischen Deutschland sowohl nach innen als auch nach außen zusätzlich demonstrieren.

Angebliche Friedensbereitschaft

Ein weiterer Coup sollte Hitler in dieser Phase gelingen, und zwar ohne daß er dabei in Erscheinung zu treten brauchte. Auf der im Juni 1933 in London stattfindenden Weltwirtschaftskonferenz glaubte Reichswirtschafts- und Ernährungsminister Alfred Hugenberg, sich aus dem Schatten Hitlers lösen zu müssen, indem er höchst undiplomatisch und unmotiviert eine autarke Wirtschaftspolitik und den Erwerb von deutschem Siedlungsraum im Osten als Ziel deutscher Politik anmeldete. Reichsaußenminister von Neurath kritisierte dieses eigenmächtige Vorgehen seines Kabinettskollegen, und Hugenberg sah sich zum Rücktritt gezwungen. Hitler aber, der seine Fernziele nicht wie Hugenberg offen hinausposaunte, konnte mit dieser innenpolitischen Entwicklung zufrieden sein.

Im Oktober 1933 ließ Hitler die Maske des friedfertigen Politikers fallen, indem er kurz entschlossen – unterstützt vom Auswärtigen Amt und von der Reichswehrführung – die Ablehnung Frankreichs, eine sofortige Rüstungsgleichberechtigung Deutschlands anzuerkennen, zum Anlaß nahm, um unter Betonung des guten Willens Deutschlands am 14. Oktober 1933 aus der Abrüstungskonferenz und aus dem Völkerbund auszuscheiden. Das unmittelbar danach durchgeführte Plebiszit erbrachte eine überwältigende Zustimmung und konnte diese Politik der vollendeten Tatsachen sowohl nach innen als auch nach außen legitimieren.

Austritt aus Abrüstungskonferenz und Völkerbund

Diese Aktion war das Ende der kollektiven Sicherheit und leitete eine von Hitler angestrebte und von den außenpolitischen Führungskräften unterstützte Politik der Bilateralität ein, da diese Methode dem deutschen Reich größeren Handlungsspielraum einzuräumen versprach. Bereits am 26. Januar 1934 konnte dieser neue Kurs seinen ersten Erfolg vorweisen: Mit Polen wurde ein Nichtangriffs- und Freundschaftsvertrag abgeschlossen. Erneut hatte sich Hitler – scheinbar widerstandslos – gegen traditionelle Konzepte Weimarer Außenpolitik durchgesetzt, die stets eine antipolnische Stoßrichtung bevorzugt hatten. Doch die 1934 erzielten Erfolge dieses von Hitler präferierten Kurswechsels waren offensichtlich: Der Pakt mit dem polnischen Regierungschef Józef Pilsudski verhalf Deutschland dazu, den französischen Bündnisring aufzubrechen und damit schließlich Frankreich wieder

Vertrag mit Polen

an den Verhandlungstisch mit dem Deutschen Reich zu bringen. Eine parallel zu diesen »Großereignissen« praktizierte Reise- und Interviewstrategie sollte das deutsch-französische Verhältnis verbessern. Gleiches ist vor allem in Richtung auf Italien und besonders nach Großbritannien zu beobachten.

Beziehungen zu Italien und Österreich

Mussolini, der tunlichst eine nationalsozialistische Machtergreifung in Österreich vermeiden wollte, verhielt sich den deutschen Avancen gegenüber in dieser Zeit recht abgeneigt. Daran änderte auch der im Frühjahr 1934 durchgeführte Besuch des »Führers« in Venedig nichts. Noch gab es keine »faschistische« Interessengemeinschaft, mit der gemeinsam Politik betrieben werden konnte. Es überwogen eher die Dissonanzen, die Hitler dazu zwangen, die in Österreich praktizierte Parteidiplomatie, die schließlich zur Ermordung des österreichischen Bundeskanzlers Engelbert Dollfuß am 25. Juli 1934 führte, strikt einzudämmen, um diplomatische Konflikte mit Italien zu vermeiden.

Das deutsch-britische Verhältnis

Sowohl das Auswärtige Amt, die Reichswehrführung und die Marineleitung sowie Kreise der Industrie und Wirtschaft als auch besonders die Nationalsozialisten waren insgesamt bemüht, vor allem Großbritannien zur Realisierung ihrer scheinbar gemeinsamen Ziele zu gewinnen. Die führende Rolle Londons in der europäischen Politik war augenscheinlich, und die britischen Politiker schienen auch viel eher als ihre französischen Kollegen geneigt zu sein, den Revisionswünschen Berlins entgegenzukommen. Die Abrüstungsgespräche in den Jahren 1932 bis 1934 galten als Beweis dafür. Das sich auf verschiedenen Ebenen vollziehende Werben um England, das besonders im Sinne Hitlers eine zentrale Funktion für seine künftige Politik einzunehmen hatte, wurde allerdings von den konservativen Politikern bei weitem skeptischer und zurückhaltender beurteilt, als dies Hitler und seine engsten Berater sehen konnten und wollten. Hitler setzte sich mit seiner Englandpolitik durch und konnte mit dem Abschluß des deutsch-britischen Flottenabkommens vom 18. Juni 1935 seinen ersten und vielbeachteten Triumph feiern, der für ihn ein wichtiger Schritt auf das von ihm anvisierte deutsch-britische Bündnis als Voraussetzung seiner programmatischen Lebensraumpolitik sein sollte. Daß er dabei geschickt sowohl Versprechungen und Konzessionsbereitschaft als auch Drohungen und massiven Druck bei den Vorverhandlungen anzuwenden verstand, demonstriert beispielsweise die am 16. März 1935 angekündigte Einführung der allgemeinen Wehrpflicht. Diese wichtige, vor allem von der Reichswehrführung geforderte Revision des Versailler Vertrages, die die inzwischen auf Hochtouren laufende Aufrüstung ergänzen sollte, wurde von Hitler nach bereits bekanntem Rezept vorbereitet und abgeschirmt. Die französischen Verhandlungen mit Sowjetrußland um ein Militärbündnis dienten als Vorwand, eine große Friedensrede als Abschirmung und die besonders nach England gerichtete Erklärung, zu Abrüstungsgesprächen bereit zu sein, schuf die notwendige Billigung und dämpfte gleichzeitig die diplomatischen Proteste. Das sich nahezu nahtlos anschließende Flottenabkommen mit Großbritanninen bestätigte die Richtigkeit derartiger Politik.

Trotz dieses diplomatischen Erfolges, der vor allem die beiden Garantiemächte des »Versailler Systems«, Frankreich und Großbritannien, auseinanderzudividieren schien, erachteten konservative Führungskräfte und Vertreter der Wirtschaft andere Wege für gangbarer und effektiver. Besonders Reichswirtschaftsminister Hjalmar Schacht vertrat die Auffassung, daß die

Außenwirtschaft

Belebung der Außenwirtschaft positive Auswirkungen für eine Machterweiterung des Deutschen Reiches nach sich ziehen würde. Zur Förderung des Außenhandels war seiner Meinung nach vor allem der Erwerb von Kolonien wichtig, da es »keine einfachere Lösung für die überfüllten alten staatlichen Räume« gebe. Mit dieser Bemerkung zielte Schacht auf die Lebensraumpoli-

Treffen Hitler/Mussolini in Venedig (14.6. 1934)

tik Hitlers, die im Osten Europas realisiert werden sollte, um offensichtlich eine – vor allem konfliktfreiere – Alternative zu Hitlers »Programm« anzubieten und zu empfehlen. Diese unterschiedlichen Konzepte sollten erst in den Jahren 1937/38 gravierende Konflikte innerhalb der deutschen Führungskräfte zur Folge haben. Noch gab es genügend Konsens in den Zielen und Methoden der gemeinsam betriebenen Revisionspolitik, so daß diese Unterschiede keine nennenswerte Rolle spielten, weil die internationale Krisensituation zum Jahreswechsel 1935/36 der deutschen Politik zusätzliche Chancen und Begünstigungen verschaffte.

Der italienisch-abessinische Krieg und das deutsch-italienische Verhältnis

Der von Mussolini begonnene Kolonialkrieg mit dem lange als Kolonie gewünschten Kaiserreich Abessinien lenkte die Aufmerksamkeit der Weltöffentlichkeit von Mitteleuropa ins ferne Afrika. Der Völkerbund verhängte nach Zögern Sanktionen gegenüber dem italienischen Aggressor, und es war Hitler, der dem faschistischen Duce wirtschaftliche Unterstützung in dieser für Italien prekären Situation gewährte. Die lange verschmähte Freundschaft dieser beiden so verschiedenen Diktatoren bahnte sich an. Erster Beweis dieses veränderten und »herzlich« werdenden Verhältnisses zwischen dem nationalsozialistischen und dem faschistischen Italien war die wohlwollende Neutralität Roms dem von Berlin am 7. März 1936 durchgeführten Überraschungscoup gegenüber, die vom Versailler Vertrag bestimmte entmilitarisierte Rheinlandzone wiederzubesetzen. Damit war Hitler endgültig, nachdem bereits am 13. Januar 1935 durch Volksabstimmung das Saarland zurück ins Reich gekommen war, die Revision des Versailler Vertrages gelungen. Die Zustimmung selbst derjenigen, die seiner Politik und dem nationalsozialistischen Regime distanziert gegenüber standen, konnte ihm gewiß sein. Seine Popularität in der Bevölkerung war gewaltig und ließ viele Grausamkeiten und Ekzesse besonders politischen Gegnern und Juden gegenüber hinnehmen, ja übersehen.

Rheinland und Saargebiet

Olympiade 1936

Diese hohe Akzeptanz nach innen, aber auch nach außen wurde augenfällig, als im Sommer 1936 in Berlin die Olympischen Spiele stattfanden. Eine von den Nationalsozialistischen Propagandisten raffiniert initiierte Stimmung der Gelöstheit und sogar Heiterkeit verblüffte vor allem die skeptische Auslandspresse. Fasziniert und irritiert zugleich starrte die Welt auf dieses andersartige, schwer einzuschätzende Deutschland, das als erster Industriestaat die Auswirkungen der Weltwirtschaftskrise und die Behebung der hohen Arbeitslosigkeit beseitigt und gemeistert hatte. Schöpfer und Garant der sich allmählich einstellenden Prosperität und allgemeinen Zufriedenheit schien einzig und allein der »Führer« Adolf Hitler zu sein.

Aufrüstung und Arbeiterfrage: Kriegswirtschaft im Frieden

Industriepolitik

Neben der Reichswehr blieb vor allem die Industrie von der nationalsozialistischen Gleichschaltungspolitik ziemlich verschont, und es schien, daß die Unternehmer die eigentlichen Nutznießer von Hitlers Herrschaft waren. Die Arbeiterschaft wurde politisch entmachtet, die Gewerkschaften ausgeschaltet, die Löhne festgeschrieben und die Konjunktur durch umfangreiche Staatsaufträge neu belebt. Die privatkapitalistischen Besitzverhältnisse dagegen blieben unangefochten, und das »Gesetz zur Ordnung der nationalen Arbeit« vom 20. Januar 1934 hierarchisierte durch die Einführung des »Führerprinzips« die Weisungs- und Befehlsstruktur in den Betrieben und bestätigte damit unmißverständlich die »Herr im Haus«-Position der Unternehmer.

Wenn auch die historische Forschung den Einfluß der Großindustrie auf die Koalitionsverhandlungen, die schließlich zur Ernennung Hitlers zum Reichskanzler führten, nach wie vor unterschiedlich bewertet, so herrscht weitgehend Einverständnis darüber, daß einflußreiche Kreise der Wirtschaft sich von einer autoritären Regierung Ordnung und erhebliche Verbesserung der durch die Auswirkungen der Weltwirtschaftskrise zerrütteten politisch-ökonomischen Verhältnisse in Deutschland erwartet und erhofft haben.

Unternehmer und NSDAP

Das wirtschaftliche Krisenprogramm der Nationalsozialisten war ihnen hinlänglich bekannt, und der Gedanke, mit Hilfe eines möglichst autarken Großwirtschaftsraumes dem Schrumpfungsprozeß der Märkte und damit auch der durch die große Depression allen offensichtlich gewordenen Krisenanfälligkeit der kapitalistisch-liberal strukturierten Weltwirtschaft entgegenzusteuern und alternative Krisenrezepte zu entwickeln, war ihnen vertraut und angesichts der enorm abgeflauten Konjunktur so attraktiv, daß der Ruf nach mehr Staat unüberhörbar wurde. Von einer nationalsozialistischen Regierung erwartete man zwar die Zwangsorganisation der wirtschaftlichen Verbände, die sich aber selbst lenken und repräsentieren sollten und selbst für einen Ausgleich der Produktion zu sorgen hätten, wobei man sich von der neuen Korporation einen gegenüber früher sogar erhöhten wirtschaftspolitischen Einfluß versprach. Große Teile des deutschen industriellen Unternehmertums erklärten sich Ende 1932/Anfang 1933 mit einer von den Nationalsozialisten mitgetragenen Regierung und mit der von ihnen propagierten Wirtschaftspolitik einverstanden, weil Hitler mehrfach zugesichert hatte, daß die Nationalsozialisten – ungeachtet der von ihnen angestrebten Autarkiepolitik und damit einer stärker vom Staat gelenkten Wirtschaft – die kapitalistische Wirtschaftsordnung und das Privateigentum nicht beseitigen würden. Aus der Sicht der Unternehmer galten daher besonders zwei Fakto-

Zivile Arbeitsbeschaffungsmittel nach Verwendungszwecken 1933–34 (in Mill. RM)

Verwendungszweck	Bis Ende 1933	Bis Ende 1934
1. Öffentlicher Bau (Straßenbau, Versorgungsbetriebe, öffentl. Gebäude, Brücken- und Tiefbau)	855,6	1002,4
2. Wohnungsbau (Instandsetzung, Kleinsiedlung, Eigenheimbau und Stadtsanierung)	723,3	1280,0
3. Verkehrsunternehmungen (Reichsbahn, -post, -autobahnen, Schiffahrt)	950,8	1683,9
davon Reichsautobahnen	(50,0)	(350,0)
4. Landwirtschaft und Fischerei (Bodenverbesserung, Siedlungen, Fischerei, Instandsetzungen)	337,4	389,2
5. Konsumförderung	70,0	70,0
6. Reichsanstalt für Arbeitsvermittlung und Arbeitslosenfürsorge[1]	164,0	568,0
Insgesamt	3101,1	4994,0
7. Zum Vergleich: Zusätzliche Rüstungsausgaben[2]	100,0	3400,0[3]

[1] Grundförderungsbeträge; einschließlich Förderungsmittel für den Arbeitsdienst, die jeweils knapp die Hälfte ausmachen. Die Mittel der Reichsanstalt für den Eigenheimbau werden unter »Wohnungsbau« ausgewiesen.

[2] Einschließlich durch Mefo-Wechsel finanzierte Ausgaben

[3] Für 1934 liegen auch abweichende Schätzungen vor. Sie dokumentieren aber alle den Vorrang ziviler Arbeitsbeschaffungsmaßnahmen in der Frühphase des NS-Regimes. Im Vergleich muß ebenfalls berücksichtigt werden, daß die Masse der Rüstungsausgaben erst gegen Ende 1934 anfällt.

ren für eine positive Aufnahme der Autarkiepolitik, nämlich einmal der Verbleib der Produktionsmittel in ihrem Eigentum, verbunden mit der Möglichkeit der Gewinnmaximierung, und zum anderen das Versprechen der NSDAP, die aus der Weimarer Republik überkommenen ökonomischen Probleme zu lösen, und zwar durch territoriale Expansion und Markterweiterung. Ein einziger großer Markt, ein vergrößerter Produktions-, Organisations- und Verkehrsraum mit seinen Möglichkeiten einer rationelleren und darum billigeren Gütererzeugung, das war es, was man herbeisehnte. »Ein Großteil der deutschen Finanz- und Wirtschaftsrepräsentanz war daher mehr oder weniger unbedenklich bereit, mit den Nationalsozialisten seit der Jahreswende 1932/33 gemeinsame Sache zu machen« (Volkmann).

Die Nationalsozialisten hingegen waren fast noch mehr auf die Kooperation mit den Unternehmern angewiesen; denn besonders von den wirtschaftlichen Erfolgen hing es ab, ob sie ihre vor 1933 immer wieder den Wählern als effektive Alternative zum »Weimarer Elendssystem« angebotenen sozial- und arbeitspolitischen Versprechungen einlösen konnten. Und ganz in diesem Sinne hatte Hitler als Reichskanzler in seiner ersten Regierungserklärung am 1. Februar 1933 programmatisch als vordringlichste Aufgabe seines Kabinetts erklärt: »Die nationale Regierung wird mit eiserner Entschlossenheit und zähester Ausdauer folgenden Plan verwirklichen: Binnen vier Jahren muß der deutsche Bauer der Verelendung entrissen sein. Binnen vier Jahren muß die Arbeitslosigkeit endgültig überwunden sein.«

Nationalsozialisten und Wirtschaftsvertreter gingen demnach ein Zweckbündnis ein, auf das beide Parteien sowohl angewiesen waren als auch davon profitieren konnten.

Schacht als »Wirtschaftsdiktator«

Garant dieses ungleichen Bündnisses war Hjalmar Schacht, der am 16. März 1933 den Reichsbankpräsidenten Hans Luther in seinem Amt ablöste und schließlich im Juli 1934 Reichswirtschaftsminister und preußischer

Staatsausgaben[1] in % des Volkseinkommens (1938)

Deutschland	35,0
Großbritannien	23,8
Frankreich	30,0
USA	10,7

[1] ohne Sozialversicherung und Ausgaben der Gemeinden

Wirtschaftsminister wurde. Dieser »Wirtschaftsdiktator« besaß sowohl die fachliche Kompetenz als auch das Vertrauen Hitlers und der Großindustrie. Er galt als Schöpfer und Lenker des weltweit bestaunten nationalsozialistischen »Wirtschaftswunders«. Jedoch darf dabei nicht übersehen werden, daß der von Schacht so erfolgreich in die Wege geleitete Aufschwung der deutschen Wirtschaft, der bereits im Jahre 1936 die Vollbeschäftigung ermöglichte, eindeutig von Anfang an rüstungsorientiert mit Blick auf die Schaffung eines europäischen Großwirtschaftsraumes war und daß Hitler diese funktionale Unterordnung der Wirtschaft und den Primat der Aufrüstung angeordnet und letztlich durchgesetzt hat. Bereits am 8. Februar 1933 forderte er während einer Kabinettsitzung diese instrumentelle Verknüpfung von Konjunkturbelebung, Arbeitsbeschaffung und Aufrüstung: »Jede öffentlich geförderte Arbeitsbeschaffungsmaßnahme müsse unter dem Gesichtspunkt beurteilt werden, ob sie notwendig sei vom Gesichtspunkt der Wiederwehrhaftmachung des deutschen Volkes. Dieser Gedanke müsse immer und überall im Vordergrund stehen.«

Obwohl er mit dieser Anweisung bei einigen seiner Minister auf Widerspruch stieß, die u.a. den privaten Wohnungsbau fördern wollten – was auch zum Teil geschah –, konnte sich Hitler, unterstützt von Reichswehr und Großindustrie, recht schnell durchsetzen. So stieg der Anteil der Wehrmachtsausgaben an den Gesamtausgaben der öffentlichen Hand von 1933: 4%, 1934: 18%, 1936: 39% bis zur Hälfte der Ausgaben im Jahre 1938, was deutlich unterstreichen kann, daß Wirtschaft und Arbeitsbeschaffung letztlich der Wehrwirtschaft zu dienen hatten. Die Bedingungen für die Vergabe umfänglicher Rüstungsaufträge waren ohnehin in den Jahren 1933/34 besonders günstig, weil die Industrie über ungenutzte Produktionskapazitäten verfügte und die Reichswehr auf Rüstungsprogramme, die bereits vor 1933 entwickelt worden waren, zurückgreifen konnte. Finanziert wurden diese voluminösen Staatsaufträge mit zum Teil fragwürdigen und riskanten Kreditbeschaffungsmethoden, von denen der sogenannte »Mefo-Wechsel«, der Staatsanleihen auf nur pro forma gedeckter Basis zuließ, eine berüchtigte Berühmtheit erlang.

Der »Neue Plan« 1934

Der durch die staatliche Kreditaufnahme finanzierte und geförderte Produktionsanstieg regte auch die private Nachfrage an, was wiederum zur Wirtschaftsbelebung und zur Schaffung von Arbeitsplätzen beitrug. Um angesichts der zusammengebrochenen Weltwirtschaft diesen wirtschaftlichen Aufstieg – eng gekoppelt mit der Aufrüstung – nach außen hin abzusichern, schuf Schacht mit Hilfe seines von ihm am 24. September 1934 erlassenen »Neuen Plans« ein staatliches Außenhandelsmonopol, das die Importe auf »volkswirtschaftlich wichtige« Einfuhren lenkte, Exporte durch Prämien förderte und Handelsverträge mit anderen Staaten auf bilateraler Ebene ab-

Rüstungsausgaben, öffentliche Investitionen und Sozialprodukt 1928, 1932–1938 (in Mill. RM)

	1928	1932	1933	1934	1935	1936	1937	1938
Rüstung (Wehrmacht)	827	620	720	3300	5150	9000	10850	15500
Öffentl. Investitionen	6413	1970	2430	3460	3890	4220	4620	5530
davon Verkehr	2234	850	1238	1694	1876	2144	2400	3376
Öffentl. Verwaltung	1830	800	810	1200	1400	1400	1420	1200
Versorgungsbetriebe	1023	218	200	289	390	500	600	700
Wohnungsbau	1330	150	185	275	220	175	200	250
Rüstung in % der öffentl. Investitionen	12,9	21,5	29,6	96,2	132,4	213,3	234,8	280,3
Anteil der Rüstung am Volkseinkommen (%)[1]	1,1	1,4	1,6	6,3	8,7	13,7	14,7	18,9

[1] Ab 1939 Bruttosozialprodukt.

schloß. Damit wurde auf lange Sicht der deutsche Außenhandel von Westeuropa und Nordamerika auf Südosteuropa, Kleinasien, Lateinamerika und Skandinavien verlagert; dies hatte letzten Endes neben der Kompensierung von knappen Devisen zumindest im Ansatz die Schaffung wirtschaftlicher Autarkie zur Folge. Eindeutig wird in dieser wirtschaftlichen Umstrukturierung die bereits damals schon geplante und ab 1939 in Angriff genommene Expansionsrichtung deutlich. Das Deutsche Reich schuf sich ein wirtschaftsstrategisches Hinterland, das im Falle einer militärischen Auseinandersetzung im Westen weniger anfällig gegen Blockademaßnahmen war als während des Ersten Weltkrieges.

Landwirtschaftspolitik

Neben der wehrwirtschaftlichen Autarkie erhielten die Bauern als sogenannter »Reichsnährstand« eine wichtige Funktion für die Schaffung der ernährungswirtschaftlichen Autarkie. Um eine möglichst rasche Steigerung der landwirtschaftlichen Erzeugung zu erreichen und daneben die hohe Verschuldung der Bauernhöfe abzubauen, wurde durch Reichsbauernführer Walter Darré, der im Juli 1933 die Nachfolge Alfred Hugenbergs als Reichsminister für Ernährung und Landwirtschaft und preußischer Landwirtschaftsminister angetreten hatte, am 29. September 1933 das »Reichserbhofgesetz« eingebracht und erlassen. Dadurch wurden Bauernhöfe von mehr als 7,5 und höchstens 125 Hektar zu unteilbaren »Erbhöfen« erklärt, die grundsätzlich unveräußerlich und unbelastbar sein sollten. Diese Regelung verhinderte zwar die Verschuldung, hemmte andererseits aber auch die Möglichkeit der Kapitalaufnahme zur Betriebsverbesserung. Zusammen mit dieser Besitzregelung, die natürlich »arisches Blut« der Eigentümer-Familie zur Voraussetzung hatte, wurde eine Marktordnung erlassen, die Anbau und Preis vorschrieb. Diese derart praktizierte »Blut und Boden«-Ideologie wertete zwar den Bauern als Stand wesentlich auf, aber die Landflucht konnte keineswegs aufgehalten werden, so daß aus dem »Volk ohne Raum« – wie es die nationalsozialistischen Ideologen immer wieder beklagt hatten – tatsächlich ein »Raum ohne Volk« wurde, eine Entwicklung übrigens, die in allen Industrienationen zu beboachten war.

Trotzdem soll resümierend festgehalten werden: Die finanzielle und produktionsmäßige Unterstützung der Bauern hatte zur Folge, daß der Selbstversorgungsgrad Deutschlands sich von 68 % in den Jahren 1927/28 auf 83 % in den Jahren 1938/39 erhöhte. Außerdem stiegen die Erlöse der Landwirtschaft und die Maschinenausstattung verbesserte, das Erzeugerrisiko verringerte sich.

Engpässe in der Versorgung

Trotz Steigerung des Außenhandels besonders mit den Balkanstaaten kam es spätestens im Jahre 1936 angesichts der enormen Quoten für die Aufrüstung zu erheblichen Versorgungsengpässen bei rüstungswirtschaftlichen Rohstoffen und Lebensmitteln. Gleichzeitig wurde die wirtschaftliche Abhängigkeit vom Ausland aufgrund des wachsenden Devisenmangels unübersehbar. Die Handlungsfähigkeit der Wehrmacht war ernstlich in Frage gestellt. Autarkie und Rüstung hatten die Wirtschaft an einen Punkt gebracht, wo es sich zu entscheiden galt, entweder das Rüstungstempo zugunsten verstärkter außenwirtschaftlicher Bemühungen zu drosseln, oder aber auf Kosten der Bevölkerung das Rüstungstempo unvermindert beizubehalten.

»Schließlich bot sich als dritte Variante die Straffung der Rüstungsproduktion durch Ausrichtung auf ein zeitlich möglichst naheliegendes begrenztes strategisches Ziel. Die Machthaber des Dritten Reiches entschieden sich für die letztgenannte Möglichkeit. Fortan galt es, eine Wirtschaftspolitik zu verfolgen, die es erlaubte, in absehbarer Frist eine einsatzfähige, zahlenmäßig große, modern ausgerüstete und damit schlagkräftige Truppe zu schaffen, die fähig war, in zeitlich wie räumlich begrenzten Aktionen erfolgreich zu operieren« (Volkmann). Das sog. »Blitzkriegskonzept« war aus einer

Entwicklung der Reichsschuld 1926–1945 (in Mrd. Reichsmark)

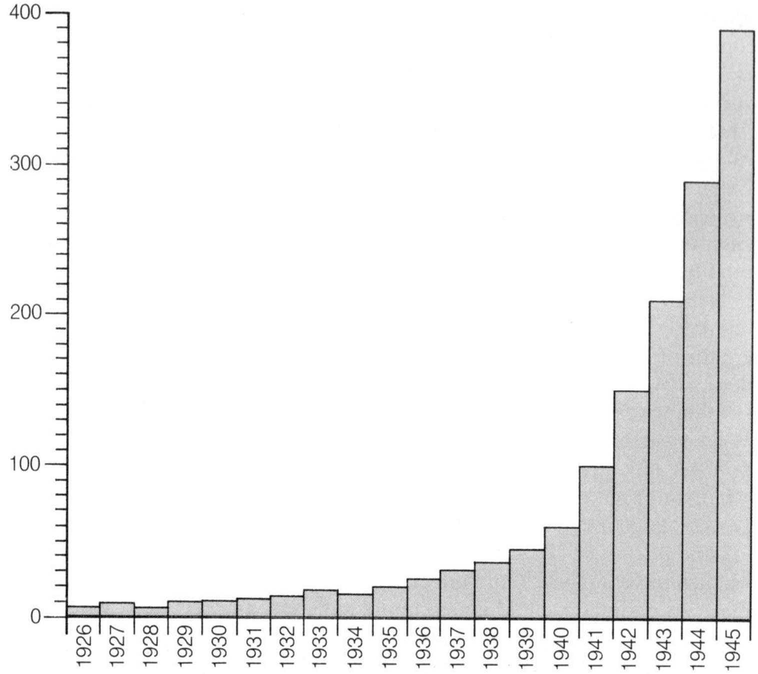

wirtschaftlichen Notlage geboren und sollte von nun an mit Hilfe einer Tiefenrüstung, die eine kosten- und zeitaufwändigere Breitenrüstung vernachlässigte, eine baldmögliche Expansion realisieren und dadurch fehlende Ressourcen quasi als Beute ersetzen.

Der Vierjahresplan

Das von Hitler im August 1936 formulierte Programm für einen »Vierjahresplan«, für den Hermann Göring zuständig wurde, gab zu erkennen, welche akut gewordenen wirtschaftlichen und rüstungspolitischen Probleme zu bewältigen waren. In seiner grundlegenden Denkschrift zur wirtschaftlichen Mobilmachung setzte Hitler selbst – im Hinblick auf den kommenden Krieg – das Ziel, 100%ige Autarkie, wo immer dies irgend möglich erschien, herzustellen und damit innerhalb von vier Jahren die deutsche Armee einsatzbereit und die deutsche Wirtschaft kriegsfähig zu machen. Damit wurde die deutsche Wirtschaft »ohne Rücksicht auf die Kosten« auf das Ziel einer Hochrüstung programmiert mit dem Ergebnis einer staatlichen »Kommandowirtschaft« (Petzina), die zwar keineswegs als Planwirtschaft zu bezeichnen ist, jedoch ihre bisher weitgehende Autonomie einbüßen mußte. Eine die wirtschaftliche Struktur verändernde Wirtschaftslenkung im Sinne rüstungspolitischer Ziele führte zu wachsender Einseitigkeit und »eine ideologisch bestimmte Politik siegte ... über wirtschaftliche Kalkulation« (Mason). Warnungen vor einem wirtschaftlichen Bankrott, der soziale und politische Krisen zur Folge haben würde, wurden immer lauter. Anstatt jedoch realitätsangemessene Konsequenzen zu ziehen und das die Krise verschärfende Rüstungstempo zu bremsen, wurde dieses eher noch gesteigert. Hitler lehnte es ab, seine machtpolitischen Ziele und damit das forcierte Rüstungstempo zurückzustecken, selbst wenn die deutsche Wirtschaft dadurch in eine schier unüberwindbare Krisensituation schlitterte. Daran konnten auch die Bemühungen Schachts nichts ändern, der schließlich im November 1937 von seinem Amt als Wirtschaftsminister zurücktrat. Die Resignation von Reichsbankpräsident Schacht signalisierte den Übergang zur aktiven Revisions- und Eroberungspolitik.

Auch auf dem Sektor der Arbeits- und Sozialpolitik kam es im Zeichen eines »Primats der Politik« (Mason) zu Veränderungen und krisenhaften Situationen. Aufgrund der immer einseitiger auf die Kriegsvorbereitung ausgerichteten Wirtschaft entstand seit 1935/36 eine Verknappung von Facharbeitern vor allem in metallverarbeitenden Betrieben, so daß in Folge des »Vierjahresplanes« eine zunehmende Reglementierung des Arbeitskräfteeinsatzes angestrebt wurde.

Angesichts der eingefrorenen Löhne bei steigenden Preisen und der eingeschränkten Freizügigkeit kam es im Zuge der seit 1936 herrschenden Vollbeschäftigung immer häufiger zu Arbeitsunruhen, die sich aufgrund der fehlenden Institutionen zur geregelten Konfliktaustragung in Unmutsäußerungen, partieller Arbeitsniederlegung, langem Krankfeiern und kleinen Sabotageakten äußerten. Aus Sorge um den sozialen Frieden reagierten die nationalsozialistischen Machthaber äußerst empfindlich, ja fast ängstlich. Das Trauma vom November 1918, als Soldaten und Arbeiter angesichts der hoffnungslosen Kriegssituation meuterten und streikten und damit das Zeichen für die Revolution setzten, prägte entschieden das sozialpolitische Konfliktverhalten der nationalsozialistischen Führungseliten. Ein differenziert gefächertes System von Überwachung, Denunziation, Einschüchterung, Drohung und Terror auf der einen, von Befriedungsversuchen wie Versprechungen, sozialer Bestechung, materiellen Zugeständnissen und gradueller Verbesserung der speziellen Lage auf der anderen Seite diente zur Bändigung und Integration der Arbeiterklasse in die vermeintlich konfliktfreie »Volksgemeinschaft«.

Hitlers Weg in den Krieg

Der spanische Bürgerkrieg und Deutschland

Im Juni 1936 übernahm in Frankreich die sozialistische Volksfront die Regierungsgeschäfte, und nur wenige Wochen später putschten in Spanien unter General Franco Militärs, um die sozialistische Republik in Madrid zu stürzen: Der Spanische Bürgerkrieg brach aus. Hitler, der gerade bei den Wagnerfestspielen in Bayreuth weilte, erhielt einige Tage später von Franco ein Schreiben mit der Bitte, ihn sowohl wirtschaftlich als auch militärisch zu unterstützen. Der »Führer« reagierte sofort und sicherte dem Caudillo die umgehende Hilfe des nationalsozialistischen Deutschland zu. Über die Motive dieser spontanen und folgenschweren Entscheidung Hitlers wird bis zum heutigen Tage gerätselt.

Forderte nicht sein seit den frühen zwanziger Jahren feststehendes außenpolitisches Programm die Eroberung von Lebensraum im Osten Europas und dies im Bündnis vor allem mit Großbritannien? Und nun engagierte sich Hitlers Deutschland auf der iberischen Halbinsel, die bekanntermaßen zu den traditionellen Interessensphären des Britischen Empires zählte, so daß ein diplomatischer, wenn nicht sogar machtpolitischer Konflikt mit England regelrecht herausgefordert wurde. Um Hitlers Beweggründe und Absichten angemessen deuten zu können, gilt es, ideologische, machtpolitische und strategisch-wirtschaftliche Ebenen zu unterscheiden und zu untersuchen.

Ideologisch argumentierte Hitler nicht nur dem Auswärtigen Amt gegenüber, das über seine scheinbar leichtfertige Zusage an Franco entsetzt war und mit schlimmen diplomatischen Folgen rechnete, daß das nationalsozialistische Deutschland das wichtigste Bollwerk gegen den die Weltherrschaft anstrebenden Bolschewismus sei, der nun sowohl in Frankreich, das ja kurze Zeit vorher mit Moskau einen Militärpakt abgeschlossen hatte, als auch in

Spanien bereits politisch Fuß gefaßt habe. Ähnlich wie bereits in seiner fast zur gleichen Zeit abgefaßten Denkschrift zum »Vierjahresplan« folgerte Hitler daraus, daß dieser bolschewistischen Bedrohung nur durch energische Aufrüstung und mit Hilfe eines antibolschewistischen Feldzuges widerstanden werden könne. Das Thema der bolschewistischen Gefahr sollte für Hitler bis Anfang 1939 zu einer Art Leitmotiv seiner Innen- und Außenpolitik werden, ein Argument, das er besonders England gegenüber immer wieder anklingen ließ.

Machtpolitisch wollte Hitler den Spanischen Bürgerkrieg dazu benutzen, um einerseits zu testen, wieweit die Westmächte, also Frankreich und besonders natürlich auch Großbritannien, bereit waren, ein politisches Engagement der beiden faschistischen Länder, Deutschland und das ebenfalls auf Francos Seite agierende Italien, außerhalb ihres Territoriums zuzulassen. Ähnlich wie schon der Abessinienkrieg garantierte auch Spanien für Hitler darüber hinaus die Möglichkeit, Mussolini noch enger an Deutschland zu binden. Die propagandistisch aufgemachte Begründung der »Achse Berlin-Rom« im November 1936 ist in diesem Zusammenhang zu sehen. Ferner – und das sollte in Hitlers Kalkül eine große Rolle spielen – war er sich darüber im klaren, daß nun nach Abessinien ein weiterer Krisenherd im Mittelmeer existierte, der die Aufmerksamkeit sowohl Frankreichs als auch die Großbritanniens absorbieren mußte.

Achse Berlin-Rom

Überhaupt begünstigte die generelle weltpolitische Situation Hitlers Vorbereitung der von ihm als notwendig erachteten Expansion. Denn neben diesen europäisch-mediterranen Konfliktzonen gab es noch die Spannungen zwischen dem expansiven Japan und dem angegriffenen China sowie die belasteten Beziehungen zwischen London und Moskau.

Strategisch und wirtschaftspolitisch sollte die Entsendung deutscher Truppeneinheiten nach Spanien deren Kampfwert bzw. neue Waffensysteme erproben, im Gegenzug für die deutsche Aufrüstung notwendige Rohstoffe aus Spanien erhalten helfen. Göring als Luftfahrtminister und Beauftragter für den Vierjahresplan, wie die konservativen Berater Hitlers ursprünglich ebenfalls gegen die Beteiligung am Spanischen Bürgerkrieg, entwickelte bald wirtschaftspolitische Aktivitäten mit dem Ziel, fehlende Devisen zu kompensieren und neue Märkte zu gewinnen. Gleichzeitig demonstrierte er damit seinen Anspruch, »eigene« Außenpolitik betreiben zu wollen, um neben der Vielzahl seiner Ämter und Funktionen auch sein Interesse am Außenministerium anzumelden. Der Machtkampf zwischen den Führungseliten im Führerstaat konnte letztlich allein vom »Führer« selbst entschieden werden.

Verhältnis zu Großbritannien

Der Spanische Bürgerkrieg rückte insgesamt vor allem Großbritannien in den Mittelpunkt der außenpolitischen Analysen und Konzepte. Hatte in der Englandpolitik zwischen dem Auswärtigen Amt und dem »Führer« bisher weitgehend Übereinstimmung bestanden – beide wollten die britische Partnerschaft, wenn auch zu verschiedenen Zwecken –, so zeigte sich nunmehr in den verschiedenartigen Reaktionen auf die Verhandlungsbereitschaft Großbritanniens die immer deutlicher werdende Diskrepanz der konkurrierenden außenpolitischen Konzepte und Methoden. Reichsaußenminister von Neurath und seine Mitarbeiter erkannten in zunehmendem Maße das Kriegsrisiko, ja die Kriegsbereitschaft von Hitlers Politik.

Als dieser am 5. November 1937 in einer von Oberst Hoßbach aufgezeichneten Geheimrede vor den Befehlshabern der Streitkräfte und vor dem Reichsaußenminister erstmals sogar vom »Haßgegner« England sprach, schien das Auswärtige Amt davon überzeugt zu sein, daß der »Führer« nunmehr Krieg als Mittel der Politik fest in sein Kalkül miteinbezogen hatte. Neurath mußte zu der Erkenntnis gelangen, daß der von seinem Kanzler in nächster Zukunft zu begehende »Weg der Gewalt«, der, wie Hitler selbst

Hitler nimmt die Parade der Legion Condor nach ihrer Rückkehr aus Spanien ab

betont hatte, »niemals risikolos sein« werde, zum »Weltkrieg« führen mußte. Der Außenminister weigerte sich, bei dieser unmittelbar auf einen Krieg hinauslaufenden Politik mitzuwirken, und versuchte – unterstützt vor allem von Generaloberst Ludwig Beck, dem Chef des Generalstabes, der sich in mehreren Denkschriften gegen Hitlers Politik aussprach –, den »Führer« für eine friedliche Lösung zu gewinnen. Hitler spürte deutlich, daß die »renitente Haltung« Neuraths seinen Plänen zuwiderlief.

Blomberg-Fritsch-Krise und Wechsel im Auswärtigen Amt

Die sogenannte Blomberg-Fritsch-Krise, bei der infolge von Intrigen Reichswehrminister von Blomberg sein Amt zur Verfügung stellen mußte, das nicht mehr besetzt wurde, und der Oberbefehlshaber des Heeres, Generaloberst von Fritsch, durch von Brauchitsch abgelöst wurde, bot Hitler deshalb Anfang 1938 den willkommenen Anlaß, nicht nur ein generelles Revirement in der Wehrmacht durchzuführen, sondern auch um Reichsaußenminister von Neurath aus dem Amt zu entfernen und Joachim von Ribbentrop zum neuen Leiter des Auswärtigen Dienstes zu ernennen. Insgesamt gesehen waren es damit die seit 1936 unzweideutig hervortretenden expansiven Absichten Hitlers sowie seine offenkundige Kriegsbereitschaft, die sowohl führende Wirtschaftsvertreter mit Schacht als Mittelpunkt wie auch das Auswärtige Amt und Spitzen der Wehrmacht auf einen Konfrontationskurs zum deutschen Diktator führten. Bis dahin hatte die vermeintliche Identität der revisionistischen Zielsetzung gleichsam als Deckmantel für die grundsätzlichen Gegensätze gewirkt. Seitdem Hitler allerdings die Verwirklichung seiner expansiven Politik vorantrieb und dabei das Risiko eines Krieges offenbar nicht mehr auszuschließen bereits war, kamen die prinzipiell unterschiedlichen Auffassungen über die künftige deutsche Politik zum Ausdruck. In dieser Zeit des personellen Wechsels, in der alternative Konzepte das außenpolitische »Programm« Hitlers in Frage stellten, erhielt die Politik Ribbentrops für den außenpolitischen Entscheidungsprozeß in Deutschland eine wichtige Funktion.

Zu Beginn der nationalsozialistischen Herrschaft fungierte er als Sonderemissär nach Frankreich und besonders nach England, galt dann, nachdem er 1935 das deutsch-britische Flottenabkommen zuwege brachte, als Hitlers Englandexperte, der dann auch von 1936 bis Anfang 1938 als deutscher

Jubel der Wiener Bevölkerung über den »Anschluß« Österreichs am 12.3. 1938 auf dem Heldenplatz

Botschafter nach London ging mit dem Auftrag, für Hitler das deutsch-britische Bündnis gleichermaßen als Basis des programmatischen Lebensraumkrieges auszuhandeln, was mißlang. Ribbentrop mußte erkennen, daß Großbritannien niemals dem nationalsozialistischen Deutschland »freie Hand« im Osten gewähren würde, um die deutsche Hegemonie auf dem europäischen Kontinent errichten zu lassen. Stets war London bestrebt, zwar anstehende Beschwerden auf dem Weg der Verständigung und vor allem auf kollektiver Ebene zu bereinigen, niemals jedoch eine prinzipielle Veränderung des internationalen Status quo zuzulassen. Spätestens während seiner Botschafterzeit in London hatte Ribbentrop die Aussichtslosigkeit eines deutsch-britischen Bündnisses, so wie es Hitler vorschwebte, erkannt, so daß er allmählich auf einen antibritischen Kurs einschwenkte.

Ribbentrops außenpolitische Alternative

Im Winter 1937/38 war es vor allem Ribbentrop, der Hitler zu einer Revision seines bisherigen »programmatischen« Englandkurses bewegen wollte. In seinem Abschlußbericht als Botschafter zum Jahreswechsel 1937/1938 empfahl er Hitler, offiziell zwar weiterhin um England zu werben, insgeheim jedoch mit aller Zielstrebigkeit ein Gegenbündnis zu konstruieren, das mächtig genug sein müsse, um einen zukünftigen, als sicher diagnostizierten Krieg zwischen dem nationalsozialistischen Deutschland und dem britischen Empire entweder vermeiden oder jedoch zugunsten Deutschlands entscheiden zu können. Es war daher nur konsequent, daß Ribbentrop bereits im November 1936 sich für den Abschluß des zwischen Deutschland und Japan ausgehandelten »Antikomintern-Pakt« einsetzte, der nach dem Beitritt Italiens Ende 1937 zu einem »weltpolitischen Dreieck« (Hillgruber) ausgeweitet wurde. Diese von Ribbentrop befürwortete Bündniskonstellation war zwar dem Tenor nach antikommunistisch, der Sache nach aber antibritisch, zumal alle drei Mächte in ihrer angestrebten Expansionsrichtung – wie sie Ribbentrop sah – nicht von der Sowjetunion, sondern primär von England behindert und beeinträchtigt wurden.

Hitler, der sich mit den außenpolitischen Analysen seines »Englandexperten« sorgfältig beschäftigte und im November 1937 während der sogenannten »Hoßbach-Besprechung«, in der er einen deutsch-britischen Konflikt als wahrscheinlich bewertete, offensichtlich auf dessen Position zeitweise eingeschwenkt war, glaubte indessen Anfang des Jahres 1938 noch keineswegs an die Notwendigkeit der von Ribbentrop geforderten antibritischen Strategie. »Nicht mehr *mit* England, wie es das ›Mein Kampf-Konzept‹ plante, sondern einfach *ohne*, aber möglichst nicht *gegen* England gedachte Hitler fortan sein Programm zu verwirklichen« (Henke). Diese nunmehr von Hitler praktizierte ambivalente Englandpolitik schien sich auch im Frühjahr 1938 zu bewähren, als nämlich Österreich »heim ins Reich« geführt wurde.

Angliederung Österreichs

Nach dem gescheiterten Putsch österreichischer Nationalsozialisten im Jahre 1934, als vor allem Mussolini den deutschen Griff nach Wien zu verhindern gewußt hatte, normalisierten sich die deutsch-österreichischen Beziehungen, so daß es sogar im Jahre 1936 zu einem Abkommen kam, das vor allem die wirtschaftliche Zusammenarbeit sowie den Reiseverkehr verbesserte. Die deutsch-italienische Annäherung jedoch ließ die Alpenrepublik immer mehr in eine Außenseiterposition geraten. Als Hitler von Mussolini signalisiert bekam, daß er einer friedlichen Druchdringung Österreichs durch seinen deutschen Bruder nicht mehr im Wege stehen würde, verschlechterten sich die Beziehungen zwischen Berlin und Wien schlagartig. Bei einem Treffen zwischen Hitler und dem österreichischen Bundeskanzler Kurt von Schuschnigg am 12. Februar 1938 auf dem Obersalzberg bei Berchtesgaden verlangte der »Führer« ultimativ die Aufnahme von Nationalsozialisten in die österreichische Regierung. Um einer nationalsozialistischen Machtergreifung zuvorzukommen, setzte Schuschnigg für den 12. März 1938 eine Volksabstimmung an, die die Entscheidung für »ein freies und deutsches, unabhängiges ... Österreich« bringen sollte. Hitler jedoch zwang den österreichischen Regierungschef, zurückzutreten und dem Nationalsozialisten Seyß-Inquart sein Amt zu übertragen. Als der österreichische Bundespräsident Wilhelm Miklas sich weigerte, den Nationalsozialisten zum Bundeskanzler zu ernennen, gab Hitler den Befehl zum Einmarsch.

Die am 12. März 1938 einrückenden deutschen Soldaten wurden jubelnd empfangen, und Hitler verkündete am 14. 3. in Wien das »Gesetz über die Wiedervereinigung Österreichs mit dem Deutschen Reich«. Der »Anschluß« Österreichs an Deutschland verwirklichte einen bereits im 19. Jahrhundert gehegten »großdeutschen« Wunschtraum, so daß es nicht verwundern kann, daß er von fast allen Kreisen in Deutschland und in Österreich bejubelt wurde. Eine zwar kurzfristige, aber längst notwendige Entlastung und Beruhigung der wirtschaftlich angespannten Lage in Deutschland konnte ebenfalls erreicht sowie von den innenpolitischen Ereignissen im Zusammenhang mit den personellen Veränderungen im Auswärtigen Amt und in der Wehrmacht abgelenkt werden. Für Hitler allerdings war die strategische Umklammerung der Tschechoslowakei das wichtigste Ergebnis des Anschlusses seiner Heimat an das Deutsche Reich; denn wie er schon am 5. November 1937 den Wehrmachtspitzen und von Neurath »testamentarisch« eröffnet hatte, galt die »Zerschlagung der Tschechei« für ihn als notwendige Etappe zur Realisierung seiner Lebensraumpolitik.

Zwar verurteilte London die Art und Weise des deutschen Vorgehens, erkannte jedoch den »Anschluß« innerhalb von vierzehn Tagen als gegeben an. Hitler hatte gesehen, daß Großbritannien nicht kämpfen würde und daß auf Mussolini Verlaß war. Obwohl damit seine »Rechnung« voll aufgegangen war, wirken seine gereizten Töne den Westmächten gegenüber erstaunlich. In seiner Reichstagsrede am 18. März geißelte der »Führer« die »verletzende« Einmischungspolitik der Westmächte. War Hitler sich seines »Ohne-England-Kurses« mittlerweile so sicher, daß er die britischen Politiker angriff, oder entnahm er aus der ungebrochenen Entschlossenheit der englischen Regierung, über Veränderungen in Mittel- und Osteuropa mitsprechen zu wollen, daß sich Großbritannien eben doch nicht am europäischen Kontinent desinteressierte? Meldeten sich vielleicht im Hinblick auf die im Anschluß an den österreichischen »Blumenfeldzug« anstehende »Lösung« der Sudetenfrage bei Hitler leise Zweifel und Unsicherheiten an? Sollte sich gar Hitlers »Ohne-England-Politik« bereits in der Sudetenkrise als falsch erweisen? Diese Fragen mußten sich sowohl Hitler und Ribbentrop als auch den anderen Führungskräften in Deutschland unmittelbar nach dem geglückten Österreich-Coup regelrecht aufgedrängt haben.

Sudetenkrise

Bereits am 28. März 1938 empfing Hitler den Führer der Sudeten-Deutschen Partei, Konrad Henlein. Er ermunterte ihn, stets höhere Forderungen zu stellen, als die tschechoslowakische Regierung erfüllen konnte, und plante, nach dem Vorbild des in Österreich erfolgreich angewandten Musters, die Sudetendeutschen als eine von Berlin aus gelenkte »Fünfte Kolonne« zur Unterminierung, ja Sprengung des tschechoslowakischen Staates zu »benutzen«. In der von Deutschland systematisch eskalierten Sudetenkrise, die im Sommer 1938 die Welt in Atem hielt, sah sich Hitler innerhalb des Reiches mit in zwei gegensätzliche Lager gespaltenen Kräften konfrontiert.

Auf der einen Seite stand hauptsächlich Ribbentrop, der die Richtigkeit seines antibritischen Konzeptes bestätigt zu finden meinte und daher dem Führer empfahl, »das Risiko bis zum äußersten durchzustehen«. Doch während der Reichsaußenminister alles daran setzte, um einen friedlichen Ausgang der Krise zu verhindern, formierte sich auf der anderen Seite eine momentane Aktionsgemeinschaft um den Staatssekretär im Auswärtigen Amt, Ernst von Weizsäcker, der neben Neurath und Generaloberst Ludwig Beck inzwischen auch Göring angehörte. Gemeinsames Ziel war es, eine kriegerische Auseinandersetzung mit England unter allen Umständen zu vermeiden.

Opposition gegen die Außenpolitik

In Weizsäckers Aktivitäten des Sommers 1938 manifestierte sich zum großen Teil genau die Politik der friedlichen Grenzrevision, die den konservativen Handlungsträgern als verbindliche politische Maxime gedient hatte. Jedoch ließ der Staatssekretär erkennen, daß er den Krieg durchaus als adäquates Mittel der die Grenzen der traditionellen Revisionspolitik Weimars längst überschreitenden Politik begriff; doch sollte – dies unterschied ihn prinzipiell von Hitlers Expansionspolitik – eine kriegerische Aktion diplomatisch abgesichert sein und vor allem Großbritannien als möglichen Gegner ausscheiden lassen.

Appeasement

In der sich zuspitzenden Krise erhielt in der Tat Großbritannien eine entscheidende Schlüsselposition, die auch von dem damaligen Premierminister Neville Chamberlain als solche erkannt und verstanden wurde. Er signalisierte in zwei Gesprächen mit Hitler, daß London dazu bereit sei, Deutschlands Wünsche nach Veränderung des Status quo in Mittel- und Osteuropa zu billigen und zu unterstützen und darüber hinaus sogar über wirtschaft-

Münchner Abkommen: Ribbentrop, Chamberlain und Hitler

liche und koloniale Entschädigungen für das Deutsche Reich verhandeln zu wollen, um den Weltfrieden zu sichern. Deutlich jedoch gab er dem »Führer« zu verstehen, daß diese von Großbritannien bevorzugte »Appeasement-Politik« ihre Grenzen allerdings dort fände, wo der europäische und letztlich auch globale Status quo insgesamt gefährdet sei, so daß England selbst einen Krieg zur Aufrechterhaltung dieser Situation nicht ausschließen werde. In der dramatischen, über Krieg oder Frieden entscheidenden Krisensituation Ende September 1938 konnten die konservativen Führungseliten in Deutschland Hitler auf ihren Kurs bringen und ein von Chamberlain angebotenes »general settlement« erreichen. Entscheidende Unterstützung erhielten die »Tauben« innerhalb des nationalsozialistischen Herrschaftssystems von Mussolini, der bereitwillig einen auch für London und Paris akzeptablen Vermittlungsvorschlag übernahm und als seinen Beitrag zur Erhaltung des Weltfriedens ausgab. In dem fast in »letzter Minute« zustandegekommenen »Münchener Abkommen« vom 29. September 1938 wurde dem tschechoslowakischen Staat auferlegt, bis zum 1. Oktober 1938 das Sudetengebiet mit etwa 3 Millionen Deutschen, die ursprünglich bis zum Ersten Weltkrieg habsburgisch waren, an das Deutsche Reich abzutreten und sich mit weiteren kleinen »Grenzkorrekturen« an der polnischen und ungarischen Grenze abzufinden. Der Friede schien nunmehr »auf ewige Zeit« gerettet zu sein.

Konferenz von München

Hitler, der nur wenige Monate nach dem erfolgreichen »Anschluß« Österreichs an das deutsche Reichsgebiet jetzt ebenfalls – ohne einen Tropfen Blut zu vergießen – eine traditionelle deutsche Revisionsforderung einlösen und das Sudetengebiet dem Deutschen Reich einverleiben und dies als einen großartigen diplomatischen Erfolg buchen konnte, fühlte sich jedoch als der wahre Verlierer. Zeigte ihm doch die Sudetenkrise unmißverständlich die Grenzen seiner bisher verfolgten »Ohne-England-Politik«. Großbritannien war nämlich nicht gewillt gewesen, bei der Lösung der Sudetenfrage analog zu Österreich tatenlos zuzusehen. Bereits wenige Tage nach seiner mit Chamberlain vereinbarten Versicherung, anstehende Probleme friedlich-schiedlich zu klären, verkündete der »Führer« seinen Entschluß, die »Resttschechei« zu zerschlagen. Zwar scheiterte Ribbentrops »Gegen-England-Kurs« an der Münchener Vereinbarung, doch erhielt er kurz danach die Gewißheit, daß Hitler nunmehr auf sein antibritisches Konzept einschwenken würde.

Hitlers Abkehr von seinem »programmatischen« Bündniswunsch mit Großbritannien hatte zwar eine Änderung der Wege und Mittel zur Folge,

Abkehr von Großbritannien

keinesfalls aber der anvisierten Ziele. Nach wie vor sollte Lebensraum im Osten erobert werden. Ein »Zwischenkrieg« gegen die Westmächte sollte »eingeschoben« werden, um Rückenfreiheit für den »Marsch nach Osten« zu erkämpfen. Machtpolitisch flexibel, rassenideologisch jedoch starr, schwenkte der »Führer« infolge des »unprogrammatischen« Verhaltens Großbritanniens kurzfristig, d.h. in den Jahren 1939/1940, auf den Kurs seines Außenministers ein.

Im Vergleich zu den Vorstellungen der traditionellen Führungseliten, der Repräsentanten der Wirtschaft, aber auch zu denen Hermann Görings, schien für Hitler Ribbentrops außenpolitische Konzeption die weitreichendste und damit effektivste zu sein. Der Reichsaußenminister fühlte sich in seiner Politik bestätigt und entwickelte in der Phase, in der Hitler zur Realisierung seines »Programms« umdisponieren mußte, erhebliche außenpolitische Aktivitäten, die den Außenbeziehungen des Dritten Reiches ihren Stempel aufdrückten. Der sich spätestens 1938 immer deutlicher abzeichnende deutsch-britische Antagonismus ließ für Ribbentrop neben Japan und Italien gerade die Sowjetunion als wichtigen Bundesgenossen deutscher Großmacht- bzw. Weltmachtpolitik erscheinen. Angesichts der britischen Weigerung, in den Jahren 1938–1940 den deutschen Hegemonialanspruch in Europa anzuerkennen und mit dem nationalsozialisitschen Deutschland einen Ausgleich zu treffen, und im Hinblick auf den drohenden Kriegseintritt der USA an der Seite Großbritanniens, wurde die Konstruktion eines europäisch-asiatischen Viererpaktes für Ribbentrops antibritische Konzeption eine unerläßliche Notwendigkeit.

Vorstellungen deutscher Großmachtpolitik; Ribbentrops Plan eines Kontinentalblocks

Mit Hilfe eines mächtigen, ja scheinbar unbesiegbaren Kontinentalblocks, der sich von Gibraltar bis Yokohama erstrecken sollte, wollte Ribbentrop die traditionelle Seemacht Großbritannien in ihre Schranken weisen und das Deutsche Reich aus seiner kontinentaleuropäischen Enge führen. Nur so könne nach seinen Vorstellungen Deutschland zu einer dem Britischen Empire und auch den Vereinigten Staaten von Amerika ebenbürtigen Weltmacht heranreifen. Ribbentrops vorrangig machtpolitisch ausgerichtete außenpolitische Konzeption, die deutlich an wilhelminische imperialistische Zielvorstellungen anknüpfte, diese jedoch an die veränderte weltpolitische Lage anpaßte, um sie damit »realisierbar« werden zu lassen, stand jedoch im krassen Gegensatz zu Hitlers primär rassenideologisch determiniertem außenpolitischen »Programm«. Das vorübergehende Einschwenken Hitlers auf die Alternativkonzeption seines Außenministers war demnach lediglich situationsbedingt. Monoman hielt der »Führer« an seiner rassenideologischen Politik fest, die die Vernichtung der »jüdisch-bolschewistischen« Sowjetunion zum Ziele hatte. In diesem Zusammenhang erhält Hitlers »allermerkwürdigster Ausspruch« gegenüber dem Hochkommissar des Völkerbundes in Danzig, Carl J. Burckhardt, seine tiefere Bedeutung: »Alles, was ich unternehme, ist gegen Rußland gerichtet; wenn der Westen zu dumm und zu blind ist, um dies zu begreifen, werde ich gezwungen sein, mich mit den Russen zu verständigen, den Westen zu schlagen und dann nach seiner Niederlage mich mit meinen versammelten Kräften gegen die Sowjetunion wenden.«

Besetzung Prags

Am 15. März 1939 marschierten deutsche Truppen in Prag ein und errichteten, eindeutig gegen das Abkommen von München verstoßend, das Protektorat Böhmen und Mähren. Die Verhandlungen mit Warschau um ein aggressives Bündnis gegen die Sowjetunion scheiterten an der abweisenden polnischen Position und vor allem auch daran, daß nunmehr die Westmächte alarmiert, den polnischen Staat am 31. März 1939 in seiner Unabhängigkeit garantierten. Die britische Appeassement-Politik schien offensichtlich an die Grenze ihrer Verhandlungsbereitschaft gestoßen zu sein. In dieser kritischen

Lage erhielt die Sowjetunion eine die Weltpolitik entscheidende Funktion. Stalin, der sich spätestens seit dem Abkommen von München aus der europäischen Politik ausgeschlossen fühlte und eine machtpolitische Isolierung der Sowjetunion verhindern wollte, signalisierte in einer Rede am 10. März 1939 seine Bereitschaft, mit dem nationalsozialistischen Deutschland zu einem Ausgleich zu gelangen. Nun kam Ribbentrops Stunde! Unterstützt von Gruppierungen im Auswärtigen Amt, die als »Rapallo-Fraktion« stets enge Kontakte mit der Sowjetunion befürwortet hatten, von an deutsch-sowjetischen Handelsbeziehungen interessierten Wirtschaftskreisen und auch von der Wehrmacht, versuchte der Reichsaußenminister, Hitler von dem strategischen Vorteil einer deutsch-sowjetischen Verbindung zu überzeugen. Das Ergebnis war der sowohl in Deutschland selbst als auch bei den Verbündeten und natürlich in Großbritannien und Frankreich als Sensation aufgenommene Hitler-Stalin-Pakt vom 23. August 1939, der eine »großzügige« Aufteilung der deutschen und sowjetischen Interessen zum Inhalt hatte. Für Hitler bot dieses Bündnis die von ihm langfristig erstrebte Möglichkeit, Polen zu isolieren und ein strategisch-wirtschaftliches Gegengewicht zu den Westmächten zu schaffen. Der von Hitler befohlene Einmarsch deutscher Truppen in polnisches Gebiet am 1. September 1939 war der Endpunkt der Verhandlungspolitik und der Beginn des Zweiten Weltkrieges.

Hitler-Stalin-Pakt

Blitzkriegsstrategie und Neuordnungspläne Europas: Deutsche Eroberungen von Warschau bis Paris

Kriegsausbruch

Am 1. September 1939 morgens um 4.45 Uhr überschritten zwei deutsche Heeresgruppen mit starken Panzerverbänden, von der Luftwaffe massiv unterstützt, die polnische Grenze und stießen zangenartig von Ostpreußen und Schlesien aus mit dem Ziel vor, das polnische Heer im Weichselbogen einzuschließen. Zur gleichen Zeit eröffnete das in Danzig liegende Linienschiff »Schleswig-Holstein« das Feuer auf die Westerplatte bei Danzig. Der deutsch-polnische Krieg hatte begonnen. In seiner Reichstagsrede beschuldigte Hitler die polnische Regierung angeblicher »unerträglicher Grenzverletzungen«, so daß ihm kein anderes Mittel geblieben sei, »als von jetzt ab Gewalt gegen Gewalt zu setzen«.

Wenn man davon absehen wollte, daß diese Begründung lediglich ein höchst fadenscheiniger Vorwand zur Rechtfertigung der eigenen deutschen Aggression war, ist dennoch zu fragen, warum Hitler gerade Polen und noch zu diesem Zeitpunkt angegriffen hat. Denn der wenige Tage vor der Erteilung seines endgültigen Angriffsbefehls auf Polen geschlossene Pakt mit Stalin hatte Hitler in eine außerordentlich günstige Konstellation gesetzt, so daß das in den vorangegangenen Monaten so ertragreiche Verhandlungs- und Pokerspiel vor allem mit den Westmächten mit Sicherheit weiterhin große Erfolge versprochen hätte. Außerdem wäre Hitler mit dieser Taktik wiederum den »Tauben« in seinem Herrschaftsbereich entgegengekommen, die fast verzweifelt alle nur vorhandenen wirtschaftlichen und diplomatischen Kanäle zur Schlichtung der Krise und letztlich zur Vermeidung des kriegerischen Konflikts bemüht hatten. Abermals war es vor allem Göring, der den Faden nach London nicht abreißen lassen und immer wieder den »Führer«

von Ribbentrop abdrängen und an den Verhandlungstisch bringen wollte. Auch Mussolini – die Gefährlichkeit dieser höchst kritischen Situation richtig erkennend – bot sich mehrmals, wie schon im Jahr vorher bei der diplomatischen »Regelung« der Sudetenkrise, doch diesmal vergeblich als Vermittler an.

Entwicklung zum Krieg 1939

Großbritannien und Frankreich erklärten nach Ablauf eines auf 24 Stunden bemessenen Ultimatums, die Kampfhandlungen sofort abzubrechen, am 3. September 1939 dem Deutschen Reich den Krieg. Damit war genau das eingetreten, was Hitler stets der kaiserlichen Regierung im Jahre 1914 als gravierenden Fehler vorgeworfen hatte und den er selbst niemals begehen wollte: einen Mehrfrontenkrieg zu beginnen. Wie ist also der von Hitler trotz vorhandener »günstiger« Alternativen befohlene Angriff auf Polen zu erklären, der die Frage nach der Kriegsschuld eindeutig zu Lasten Deutschlands beantwortet?

Hitler wollte ursprünglich – und dafür spricht neben anderen wichtigen Gründen besonders der im Januar 1934 abgeschlossene Nichtangriffsvertrag mit Warschau – Polen in sein antibolschewistisches Bündnis mit dem Ziel der Ostexpansion und Ostkolonisation einbeziehen. Und der »Führer« hatte es auch geschickt verstanden, Polen direkt oder indirekt an seiner die Lebensraumeroberung vorbereitenden »Revisionspolitik« zu beteiligen, um einmal den polnischen Staat aus dem Kreis der Status-quo bewahrenden Mächte zu lösen, zum anderen, um ihn fester an Deutschland zu binden. Diese Politik hatte bis zum Münchener Abkommen Erfolg. Hitler machte sich bis zur »Lösung« der Sudetenkrise mit der Beteiligung Polens an der »Neuordnung« Osteuropas die der Politik Warschaus zugrunde liegende Zielvorstellung zunutze, zwischen Rußland und Deutschland als eine dritte ostmitteleuropäische Kraft zu fungieren und unabhängig und selbständig die europäische Politik mitbestimmen zu wollen. Diese von einer kräftigen Portion Selbstüberheblichkeit und Überschätzung der eigenen Kräfte und Möglichkeiten getragene Wunschvorstellung polnischer Politiker setzte allerdings auch Hitlers Absicht, Polen als Juniorpartner in ein antisowjetisches Bündnis einzubeziehen, deutliche Grenzen. Im Oktober 1938 begannen intensive Verhandlungen, die – wie es Ribbentrop dem polnischen Botschafter in Berlin Jozef Lipski gegenüber formuliert hat – »zwischen Deutschland und Polen zu einer Generalbereinigung aller bestehenden Reibungsmöglichkeiten« führen sollten; doch weigerte sich die polnische Regierung bald, auf die »bescheidenden« Forderungen Deutschlands nach Rückgabe Danzigs und der Errichtung einer exterritorialen Autobahn und Eisenbahn durch den polnischen Korridor einzugehen. Die Zerschlagung der »Resttschechei« am 15. März 1939, eine aggressive Handlung, die eindeutig den immer wieder betonten revisionistischen Rahmen deutscher Außenpolitik sprengte, und die daraufhin von Großbritannien und Frankreich für Polen, Rumänien, Griechenland und die Türkei abgegebenen Garantieerklärungen spielten der polnischen Regierung die Möglichkeit in die Hand, die Regelung der Danzig-Frage kategorisch abzulehnen. Die Folge war eine Wende in der deutschen Polenpolitik. Schon am 23. Mai 1939 hatte Hitler den obersten Befehlshabern der Wehrmacht seine zukünftige Politik offenbart, die schließlich zum Angriff auf Polen führte: »Danzig ist nicht das Objekt, um das es geht. Es handelt sich für uns um die Erweiterung des Lebensraumes im Osten... Das Problem Polen ist von der Auseinandersetzung mit dem Westen nicht zu trennen... Es entfällt also die Frage, Polen zu schonen, und bleibt der Entschluß, bei erster passender Gelegenheit Polen anzugreifen.«

Hitler »brauchte« 1939 »seinen« Krieg, weil er den Zeitpunkt für günstig hielt. Einmal nahm seiner Überzeugung nach die militärische Überlegenheit Deutschlands wegen der verstärkten Nachrüstungen seiner potentiellen Geg-

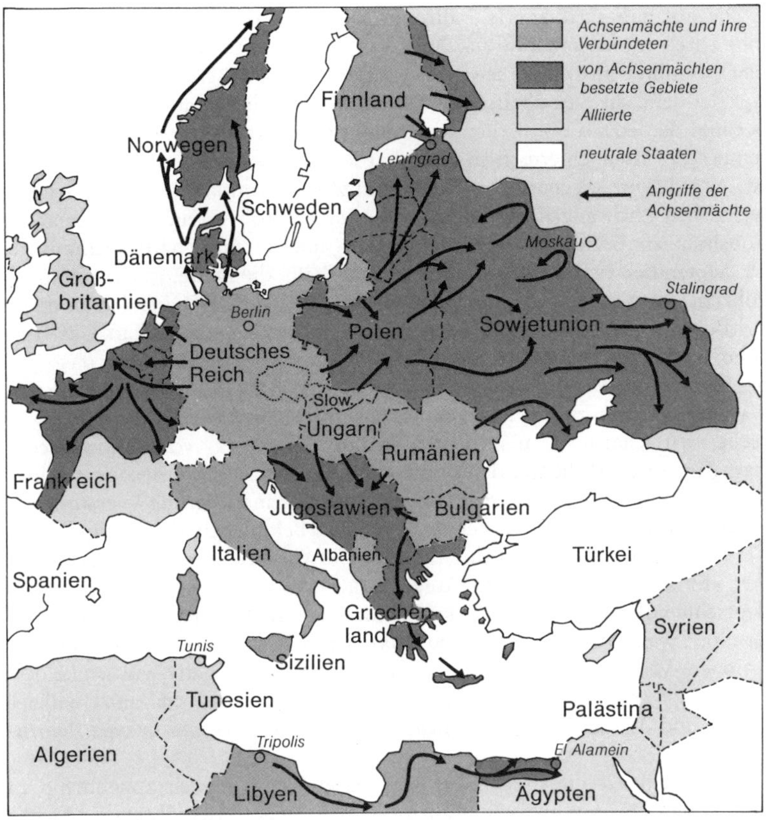

Deutsche Eroberungsfeldzüge 1939–1942

ner ab, so daß er unter einen Zugzwang zu geraten schien. Seine Bilanz der ökonomischen Verhältnisse des Jahres ergab, daß die deutsche Wirtschaft sich »arbeits- und leistungsmäßig auf einem gewissen Höchststand« befände, aber eine wesentliche Erhöhung des Wirtschaftspotentials nicht mehr zu erwarten sei. »Unsere wirtschaftliche Lage«, so resümierte der »Führer« vor den Befehlshabern des Heeres am 22. August 1939, »ist infolge unserer Einschränkungen so, daß wir nur noch wenige Jahre durchhalten können.« Zu diesem Ergebnis war er sicherlich nicht nur aufgrund der ökonomischen Lage, sondern auch aufgrund der sich rapide verschlechternden Arbeitsmoral und Gesundheit der zunehmend geforderten werktätigen Bevölkerung gelangt. »Fest steht, daß im September 1939 die den Übergang von der Wehr- zur Kriegswirtschaft kennzeichnende totale Mobilmachung im ökonomischen Bereich ausblieb« (Volkmann). Die Wehrmacht bemängelte sogar, die deutsche Wirtschaft habe den Stand von 1914 noch nicht erreicht. Neben diesem »objektiven« Faktor ist für Hitlers Entscheidung noch ein subjektiver anzuführen, der keinesfalls zu gering bewertet werden darf. Hitler litt unter dem Trauma, nicht lange zu leben und daß nur er selbst das von ihm entwickelte »Programm« realisieren könne. Er setzte sich regelrecht unter einen von ihm selbst erzeugten Zeitdruck. Seine wiederholten Hinweise, daß er lieber Krieg mit 50 Jahren als im Alter von 55 oder gar 60 führen wolle, sein Testament, das er aus Furcht vor Krebs zu der Zeit aufsetzte, als er sich zum Angriff auf die Tschechoslowakei entschloß – all dies sind zusätzliche Indizien dafür, daß er zum Krieg entschlossen war und nur noch fürchtete, »daß mir noch im letzten Moment irgend ein Schweinehund einen Vermittlungsplan vorlegt«.

Blitzkrieg gegen Polen; Errichtung des deutschen Besatzungsregimes

Die erstmals praktizierte Führung eines Blitzkrieges, der den schnellen militärischen Sieg mit Hilfe technisch-materieller Überlegenheit und extremer Mobilität anstrebte, erwies sich als erfolgreich. Bereits nach 18 Tagen war der deutsche Sieg abzusehen. Warschau kapitulierte am 27./28. September und die letzten polnischen Einheiten am 6. Oktober 1939. Am 17. September 1939 marschierte auch vereinbarungsgemäß die Rote Armee in Polen ein, um die im sogenannten »Geheimen Zusatzprotokoll« des deutsch-sowjetischen Nichtangriffspakts vom 23. August grob vereinbarte Demarkationslinie zu beziehen. In einem Grenz- und Freundschaftsvertrag vom 28. September 1939 teilten sich Hitler und Stalin die Beute. In der nunmehr vollzogenen Vierten Teilung Polens erhielt die UdSSR Ostpolen und die baltischen Länder, Deutschland bekam West- und Zentralpolen. Das restliche Territorium bis zur Demarkationslinie mit der UdSSR bildete das »Generalgouvernement«, das unter Hans Frank nach Ablösung der Militärverwaltung politisch zu einer Art deutschem Nebenland wurde, welches regelrecht wirtschaftlich ausgebeutet wurde und als völkisch-rassisches Experimentierfeld diente; denn nun sollte das realisiert werden, was Hitler und seine Gefolgsleute unter »rücksichtsloser Germanisierung« verstanden.

Besprechung deutscher und sowjetischer Offiziere über den Verlauf der Demarkationslinie durch Polen 1939

Die eigentlichen Vollstrecker der von Hitler befohlenen Vernichtungs- und Versklavungspolitik waren die mit den deutschen Armeen einmarschierenden »Einsatztruppen«, deren Aufgabe die »Bekämpfung aller reichs- und deutschfeindlichen Elemente in Feindesland rückwärts der fechtenden Truppe« war. Die in diesem Sinne praktizierten Massenexekutionen, Deportationen, Vertreibungen und »volkspolitische Ausrottungen« wurden keineswegs im Verborgenen durchgeführt; die Wehrmacht war unfreiwilliger Zeuge und Mithelfer, ohne jedoch energisch und wirksam dagegen einzuschreiten.

Situation gegenüber den Westmächten

Trotz seines militärischen Erfolges geriet Hitler jedoch zunehmend in Zugzwang. Das faschistische Italien blieb als »nicht kriegführende Macht« außerhalb des Krieges, und Japan verhielt sich strikt neutral. Zwar gab es an der Westfront noch keine nennenswerten Kampfhandlungen, aber die Zeit arbeitete eindeutig für die Westmächte, die mit Hilfe einer Defensivstrategie den vermeintlichen deutschen Rüstungsvorsprung ausgleichen wollten. Die von Großbritannien verhängte Wirtschaftsblockade ließ die Sowjetunion für das importabhängige Deutschland zu einem immer wichtiger werdenden Partner werden, dessen Hilfe durch territoriale Zugeständnisse bezahlt werden mußte. Hitler sah sich demnach regelrecht mit einer »verkehrten« Frontstellung konfrontiert: Nicht im Bündnis mit Großbritannien führte er einen Krieg um Lebensraum gegen die Sowjetunion, sondern das Britische Empire war vielmehr der Gegner und das bolschewistische Rußland sein Komplice. Aber die häufig von Hitler geäußerte Hoffnung, sich doch noch mit London einigen zu können, zerschlug sich schnell an seiner eigenen Unnachgiebigkeit. In seinem »Friedensappell« an die Westmächte vom 6. Oktober schlug er in einer Reichstagsrede ein Arrangement auf der Basis der Teilung Polens zwischen dem Deutschen Reich und der Sowjetunion bei vollkommener Nichteinmischung Großbritanniens und Frankreichs in die Regelung mittel- und osteuropäischer Probleme vor, ein Ansinnen, das sofort als undiskutabel zurückgewiesen wurde.

Der einzig erfolgversprechende Ausweg aus diesem politisch-militärischen Dilemma schien nun für Hitler die »Flucht nach vorn« zu sein, das heißt der Entschluß, Frankreich baldmöglichst zu schlagen und England vom Kontinent zu verdrängen in der Hoffnung, mit London dann doch noch zu einem Arrangement zu gelangen. In einer Denkschrift vom 9. Oktober 1939 analysierte Hitler die sich ihm darbietende Realität und die daraus zu ziehenden Konsequenzen:

»Nach Lage der Dinge kann... die Zeit mit größerer Wahrscheinlichkeit als Verbündeter der Westmächte gelten denn als Verbündeter von uns... Durch keinen Vertrag und durch keine Abmachung kann mit Bestimmtheit eine dauernde Neutralität Sowjet-Rußlands sichergestellt werden... Die größte Sicherheit von irgendeinem russischen Eingreifen liegt in der klaren Herausstellung der deutschen Überlegenheit bzw. in der raschen Demonstration der deutschen Kraft... Der Versuch gewisser Kreise der USA, den Kontinent in eine deutschfeindliche Richtung zu führen, ist im Augenblick sicher ergebnislos, kann aber in Zukunft doch noch zu dem gewünschten Ergebnis führen. Auch hier ist die Zeit als gegen Deutschland arbeitend anzusehen.« Deutlich wird in dieser Lagebeurteilung, daß Hitler sich und das von ihm angestrebte Großgermanische Reich gleichsam in der Mitte zwischen Rußland und den Vereinigten Staaten stehen sah und daß ihm die Gefahr, der ursprünglich nur gegen Polen geführte »isolierte« Krieg könne sich zu einem Weltkrieg ausweiten, wohl bewußt war. Eine Politik der raschen und vollendeten Tatsache erschien ihm deshalb der einzige Weg, dieser für das Deutsche Reich bedrohlichen Entwicklung zuvorzukommen.

Der ursprünglich bereits für den 12. November 1939 vorgesehene Angriff nach Westen mußte allerdings wegen militärischer und wetterbedingter Ursachen verschoben werden. Vor allem die Wehrmachtführung sprach sich dagegen aus. Folgte sie Hitler gegen Polen loyal, so ergaben sich jetzt gerade gegen Frankreich, das man im Gegensatz zum »Führer« militärisch wesentlich höher und schlagkräftiger einschätzte, Widerstände, ja Ansätze einer Opposition. Die Wehrmacht wurde schließlich erst wieder im April 1940 im großen Stil tätig.

Unternehmen »Weserübung«

Um den Briten zuvorzukommen, wurden ohne Kriegserklärung mit dem Unternehmen »Weserübung« Dänemark und Norwegen militärisch besetzt. Damit konnte vor allem auch die für Deutschland lebenswichtige Erzzufuhr aus Schweden sichergestellt werden. Gleichzeitig hatte Hitler die Enge des durch Ostsee, Nordsee und Ärmelkanal begrenzten Operationsgebietes der deutschen Seestreitkräfte wesentlich erweitert und eine für die Kriegführung im Atlantik vorteilhafte Basis für die überseeische Strategie einer künftigen Weltmacht erworben.

Westfeldzug

Unter Mißachtung der Neutralität Belgiens und der Niederlande griffen dann deutsche Verbände am 10. Mai im Westen an und suchten die Entscheidung gegen Frankreich. Am 22. Juni und an der gleichen Stelle, wo am 9. November 1918 der Waffenstillstand vom besiegten Deutschen Reich entgegengenommen werden mußte, wurde dem besiegten Frankreich der Waffenstillstand diktiert. Italien, das als »Erntehelfer« noch am 10. Juni in den Krieg eingetreten war, schloß mit Frankreich einen separaten Vertrag.

Frankreich behielt seine Flotte und sein Kolonialreich. Das Land wurde mit Ausnahme eines Teils im Süden, dem sogenannten Vichy-Frankreich, besetzt. Nordfrankreich und Belgien unterstanden den deutschen Militärbefehlshabern, die Niederlande einem Reichskommissar. Luxemburg und Elsaß-Lothringen wurden annektiert. Hitler, der sich direkt in die operativen Planungen eingeschaltet hatte, wurde nunmehr von den Militärs uneingeschränkt akzeptiert, ja bewundert. Er war jetzt Herr Europas und galt in Deutschland als größter Führer und Politiker aller Zeiten. »Der langwierige, stufenweise vollzogene Prozeß der Konzentration der Macht in Deutschland bei Hitler und der nicht immer parallel dazu verlaufene Vorgang der Anerkennung seiner Führung durch die traditionellen Repräsentanten im Heer, der Diplomatie und in der Wirtschaft waren mit dem Sieg über Frankreich zusammengekommen... Die noch vorhandenen Widerstandszentren, die sich in den Krisen 1938 und im Winter 1939/40 auf verbreitete Stimmungen in der Bevölkerung hatten stützen können, waren nunmehr geschrumpft und

Eintritt des Kriegszustands mit Deutschland

1939	
1. September	Polen
3. September	Großbritannien
3. September	Australien
3. September	Indien
3. September	Neuseeland
3. September	Frankreich
6. September	Südafrikanische Union
10. September	Kanada
1940	
9. April	Norwegen
9. April	Dänemark[1]
10. Mai	Niederlande
10. Mai	Belgien
10. Mai	Luxemburg
1941	
6. April	Jugoslawien
6. April	Griechenland
22. Juni	UdSSR
9. Dezember	China (Chungking-Regierung)
9. Dezember	Frankreich (De Gaulle-Komitee)
11. Dezember	USA[2]
11. Dezember	Kuba
11. Dezember	Dominikanische Republik
11. Dezember	Guatemala
11. Dezember	Nicaragua
11. Dezember	Haiti
12. Dezember	Honduras
12. Dezember	El Salvador
17. Dezember	Tschechoslowakei[3]

[1] einen Tag lang
[2] durch deutsche Kriegserklärung
[3] Exilregierung; rückwirkend ab 15. März 1939

1942	
19. Januar	Panama
22. Mai	Mexiko
25. August	Brasilien
1. Dezember	Äthiopien[4]
1943	
16. Januar	Irak
7. April	Bolivien
9. September	Iran
13. Oktober	Italien (Badoglio-Regierung)
27. November	Kolumbien
1944	
27. Januar	Liberia
21. August	San Marino
25. August	Rumänien[5]
8. September	Bulgarien
31. Dezember	Ungarn (Gegenregierung)
1945	
2. Februar	Ecuador
8. Februar	Paraguay
12. Februar	Peru
15. Februar	Uruguay
16. Februar	Venezuela
26. Februar	Ägypten
26. Februar	Syrien
27. Februar	Libanon
28. Februar	Saudiarabien
1. März	Türkei
3. März	Finnland[6]
27. März	Argentinien

[4] durch die seit Mai 1941 wieder im Lande befindliche Regierung
[5] nach Sturz Antonescus
[6] rückwirkend ab 15. September 1944

gesellschaftlich von der geschlossener denn je die Führung Hitlers akklamierenden Nation weitestgehend isoliert« (Hillgruber). Er hatte den Höhepunkt seiner Popularität in Deutschland erreicht.

Die glänzenden militärischen Erfolge der deutschen Wehrmacht, die ihren krönenden, kaum für möglich erachteten Triumph in dem Sieg über den »Erzfeind« Frankreich erfuhren, lösten im Jahre 1940 auf fast allen politischen, militärischen und wirtschaftlichen Ebenen engagiert geführte Diskussionen und Planungen über die Neugestaltung Europas und darüber hinausgehende Perspektiven aus. Wilhelminische Konzepte eines vom Deutschen Reich dominierten, kontrollierten, ja beherrschten Mitteleuropa erlebten eine realisierbare Renaissance. Es verbreitete sich die Ansicht, daß Deutschlands Abhängigkeit von Rohstoffen und Absatzmärkten durch großzügige handelspolitische und territoriale Regelungen behoben, und daß möglichst ein autarker wirtschaftlicher Großraum unter deutscher Hegemonie geschaffen werden müsse, um wirtschaftlich und damit auch militärisch und politisch den Weltmächten Großbritannien und USA ebenbürtig zu werden.

Neben diesen traditionell anmutenden Neuordnungsvorstellungen, die sich vorrangig auf Mittel- und Westeuropa bezogen, wurden weitläufige »revolutionäre« Siedlungs- und Ausrottungskonzepte entwickelt, die vor allem ideologisch und rassenbiologisch begründet wurden. Die »germanischen« Völker unter dem Schutz und der Führung des »Großgermanischen Reiches Deutscher Nation« sollten die »rassisch minderwertigen« slawischen Bevölkerungsmassen des Ostens unterwerfen, beherrschen, ausbeuten, verdrängen und vernichten, um neuen Siedlungs- und Lebensraum zu gewinnen. Ergänzend sollten Kolonien und Flottenstützpunkte die deutsche Weltherrschaft wirtschaftlich und strategisch absichern.

Die nationalsozialistischen Europapläne schlossen die Bildung einer europäischen Staatengemeinschaft auf der Basis der Gleichberechtigung und Kooperation aus. Hitler wollte das europäische »Kleinstaatengerümpel« liquidieren, den eroberten Ostraum als Kolonie beherrschen und die rassenbiologisch begründete germanisch-deutsche Führung gewaltsam und auf ewig realisieren.

Hitler zwischen Rußland und Amerika: Der Angriff auf die Sowjetunion und das Scheitern des »Weltblitzkrieges«

Situation gegenüber Großbritannien; Verhältnis zu den USA

Wie schon nach dem Polenfeldzug versuchte Hitler, auch nach dem triumphalen Sieg über Frankreich zu einem Ausgleich mit London zu gelangen; – jedoch abermals ohne Erfolg. Winston Churchill, inzwischen Nachfolger des zurückgetretenen Premierminister Neville Chamberlain, gab unmißverständlich zu verstehen, daß Großbritannien den Krieg bis zum Sieg über Deutschland fortsetzen wolle. Dabei hoffte er vor allem auf den amerikanischen Präsidenten Franklin Delano Roosevelt, dessen Versuch, im Winter 1939/40 Deutschland, England und Frankreich von einem Verhandlungsfrieden zu überzeugen, gescheitert war und der nun eine amerikanische Intervention im europäischen Krieg nicht mehr völlig ausschloß. In seinem Wahlprogramm erklärte er ausdrücklich die totalitären Staaten als *den* Feind der USA. Gleichzeitig versuchte Churchill, im Wissen, daß Großbritannien den Krieg gegen die faschistischen Herrscher über Europa niemals allein erfolgreich führen könne, zu einer Anti-Hitler-Allianz mit Stalin zu gelangen. Dieser wies allerdings den britischen Versuch, die deutsch-sowjetische Kooperation zu lockern, zurück und informierte Berlin von seiner Haltung. Die Warenlieferungen aus der Sowjetunion, deren Umfang in Handelsverträgen niedergelegt und die für die deutsche Rüstungsindustrie und damit Kriegführung unverzichtbar waren, wurden vertragstreu bis zum deutschen Angriff auf die UdSSR erfüllt.

Wendung nach Osten

Für Hitler und die Führungskräfte in der Wehrmacht, Wirtschaft und im Auswärtigen Amt galt es nun die Frage zu beantworten, warum sich Großbritannien weigerte, sich mit dem übermächtigen Großdeutschen Reich auf der angebotenen Grundlage einer »Teilung der Welt« zu einigen, und wie der Krieg generell beendet werden könne. Für Hitler gab es hier keine Zweifel: Noch vor der Ablehnung seines Friedensangebotes an Großbritannien hatte er sich entschieden, zur Erfüllung der Lebensraumprogrammatik nach Osten zu wenden und den Krieg gegen die Sowjetunion als den angeblichen britischen »Festlandsdegen« aufzunehmen. Schon im Oktober 1939 hatte Hitler ähnliche Überlegungen anklingen lassen, die er nun knapp und eindeutig umriß: »1. Hoffnung auf Umschwung in Amerika... 2. Hoffnung auf Rußland.« Damit sprach er nur aus, was auch die Analysen der Wehrmacht ergaben. Das Wehrmachtsführungsamt legte denn auch am 30. Juni 1940 eine Denkschrift vor, die den direkten Angriff auf das englische Mutterland empfahl, wobei allerdings die Luftherrschaft als Voraussetzung einer erfolgversprechenden Invasion gefordert wurde. Dieser Analyse konnte sich Hitler anschließen und ordnete an, bis Anfang September mit den Vorbereitungen fertig zu sein. Gleichzeitig aber sollte die Heeresführung eine operative Studie über die Möglichkeit eines Feldzuges gegen die Sowjetunion erstellen; denn Hitler hatte am 21. Juli 1940 dazu aufgefordert, neben der amerikanischen auch die »russische Frage stark zu erwägen«. Wenige Tage darauf, am 29. Juli, informierte der Chef des Wehrmachtsführungsamtes, Generalmajor Alfred Jodl, seine engsten Mitarbeiter darüber, daß der »Führer« sich entschlossen habe, »zum frühest möglichen Zeitpunkt durch einen überraschenden Überfall auf Sowjetrußland die Gefahr des Bolschewismus ein für allemal aus der Welt zu schaffen.«

Am 31. Juli 1940 schließlich, also noch vor Beginn des »Unternehmens Seelöwe«, das die britische Insel erobern sollte, informierte Hitler auf dem Obersalzberg die Führungsspitzen von Heer und Marine über seinen nun feststehenden Entschluß, die Sowjetunion anzugreifen: »Englands Hoffnung ist Rußland und Amerika. Wenn Hoffnung auf Rußland wegfällt, fällt auch Amerika weg, weil Wegfall Rußlands eine Aufwertung Japans in Ostasien in ungeheurem Maß folgt. Rußland ist asiatischer Degen Englands und Amerikas gegen Japan... Rußland Faktor, auf den England am meisten setzt... Ist aber Rußland zerschlagen, dann ist Englands letzte Hoffnung getilgt. Der Herr Europas und des Balkans ist dann Deutschland. Entschluß: Im Zuge dieser Auseinandersetzung muß Rußland erledigt werden. Frühjahr 1941. Je schneller wir Rußland zerschlagen, um so besser...«

Scheitern des Unternehmens »Seelöwe« und Programm für den Krieg im Osten

Hitler war sich darüber im klaren, daß mangels zahlenmäßig überlegener Mittelstreckenbomber die deutsche Luftherrschaft über England nicht erreicht werden könnte. Die Tatsache, daß das »Unternehmen Seelöwe« bald wegen hoher Verluste abgebrochen werden mußte, bestätigte Hitlers Einschätzung des deutsch-britischen Kräfteverhältnisses. Um aber nicht die politische und militärische Handlungsinitiative an die Gegner zu verlieren – was letzten Endes einer Niederlage gleichgekommen wäre – sah sich der »Führer« zum baldmöglichen Handeln gezwungen, zumal die Zeit – wie er mehrfach versicherte – ein Verbündeter der Gegner Deutschlands war. Um so mehr als ein von ihm spätestens für das Jahr 1942 vermuteter Kriegseintritt der USA mit ihrem ungeheuren Wirtschafts- und damit auch Rüstungspotential drohte.

Wenn Rußland bald angegriffen werden würde, schien ein Sieg – darüber waren sich Hitler und die führenden Militärs in folgenschwerer Unterschätzung der sowjetischen Möglichkeiten weitgehend einig – eine Angelegenheit von maximal 6 Wochen zu sein. Danach würde das Deutsche Reich strategisch und militärisch eine nahezu unbezwingbare Position einnehmen können; denn mit Rußland würde einer der potentiellen Bundesgenossen des von Deutschland nicht zu bezwingenden Großbritanniens ausgeschaltet werden und damit könnten auch – so kalkulierte Hitler – die USA, wenn nicht neutralisiert, so doch aufgrund des für das Deutsche Reich dann verfügbaren russischen Potentials in Schach gehalten werden. Großbritannien könne unter diesen Bedingungen von Hitler zum Frieden »gezwungen« werden. Mit der strategischen Notwendigkeit, den deutschen Machtbereich gegenüber der Herausforderung durch die angelsächsischen Seemächte abzusichern, konnte Hitler außerdem die Realisierung seiner seit den zwanziger Jahren propagierten Lebensraumprogrammatik, in der Ostexpansion, Vernichtung des Bolschewismus und Ausrottung des Judentums vereinigt waren, verbinden und die durch den mit Stalin geschlossenen Pakt verursachte »verkehrte Frontstellung« berichtigen. »Das machtpolitische Interesse, den Gesamtkrieg erfolgreich zu bestehen, war in Hitlers Strategie verknüpft mit den programmatischen Zielen gegenüber der Sowjetunion. Die weltpolitische Begründung für seinen Entschluß vom 31. Juli 1940, die Sowjetunion im Frühjahr 1941 anzugreifen, sollte nicht dazu verleiten, die Verbindung von Kalkül und Dogma, Machtwillen und Ideologie in Hitlers Kriegspolitik zu übersehen« (Förster).

Dennoch muß man sich fragen, ob Hitler hinsichtlich der Lösung des im Sommer zutagegetretenen strategischen Dilemmas nicht Widerspruch von anderen Entscheidungsträgern im »Führerstaat« erfuhr und ob es zu seinem am 31. Juli 1940 entwickelten Konzept der »Brachiallösung« (Hillgruber) keine annähernd gleichwertigen Alternativen gegeben hatte. In der historischen Forschung werden vor allem zwei Alternativ-Konzeptionen diskutiert, die beide den militärisch-politischen Umständen des Jahres 1940 entsprechend realitätsbezogen waren und auch das operative und diplomatische Geschehen in unterschiedlicher Weise beeinflussen konnten.

Das Konzept der Seekriegsleitung

Besonders die deutsche Seekriegsleitung befürwortete eine Art Peripherie-Strategie, die das Britische Empire vor allem im Mittelmeerraum bedrohen, ja zum Einsturz bringen sollte. Sie strebte nicht nur die Unterstützung Italiens an, sondern war auch an einem Kriegseintritt Spaniens und an einem Ausgleich mit Vichy-Frankreich interessiert. Beabsichtigt war die Einnahme Gibraltars und des Suezkanals, um die britischen Verbindungslinien mit dem Empire und vor allem zu den USA empfindlich zu beeinträchtigen. Darüber hinaus sollten atlantische Stützpunkte erworben und durch die Beherrschung Ägyptens die britische Machtstellung im Indischen Ozean erschüttert werden. Der als wahrscheinlich angesehene Kriegseintritt der USA wurde lange vor dem Dezember 1941 durch einen »undeclared naval war« zwischen deutschen und amerikanischen Schiffen vorweggenommen. Die deutsche Kriegserklärung im Dezember hat nach Auffassung der Seekriegsleitung (Großadmiral Raeder) nur legalisiert, was bereits gegeben war.

Der Mittelmeerraum jedoch hatte für Hitler zu keiner Zeit eine Alternative zum geplanten Rußlandfeldzug dargestellt. Alles, was Deutschland hinsichtlich dieses Gebietes seit Juni/Juli 1940 unternahm, diente zunächst dem Ziel, England durch militärischen Druck doch noch zum Einlenken zu bewegen, und dann der Sicherung der strategischen Südflanke beim Angriff auf die UdSSR. »Erst nach dem Sieg im Osten hätte das Mittelmeer eine zentrale Rolle in der deutschen Kriegführung gespielt. Die Planungen für diese setzten noch im Juni 1941 ein« (Schreiber).

Durchaus vergleichbar, jedoch in ihren Perspektiven die Strategie der Seekriegsleitung bei weitem übertreffend, war die antibritische Konzeption eines europäisch-asiatischen Kontinentalblockes von Reichsaußenminister von Ribbentrop. In ihren Grundlinien bereits 1938/39 entwickelt, erhielt diese Alternative zu Hitlers »Marsch nach Osten« besonders im Jahre 1940 Bestätigung und Einfluß. Neben Italien sollten für Ribbentrop vor allem die Sowjetunion und auch Japan eine wichtige Funktion zur Niederkämpfung Großbritanniens und zur Neutralisierung der Vereinigten Staaten einnehmen.

Deutschland und Japan

Japan, das seit 1936 mit dem Deutschen Reich und seit 1937 mit Italien im sogenannten »Antikomintern-Pakt« verbündet war, hatte auf den Abschluß des deutsch-sowjetischen Nichtangriffspaktes vom August 1939 verstimmt reagiert und sich hintergangen gefühlt.

Ribbentrop nutzte gleich nach Kriegsbeginn die Gelegenheit, die deutsch-japanischen Beziehungen zu verbessern, und unterbreitete am 9. September 1939 dem japanischen Botschafter in Berlin Hiroshi Oshima seine »globale«

und damit auch Japan miteinbeziehende Konzeption mit dem Ziel, diese dem umworbenen fernöstlichen Partner als attraktiv zu gestalten. Er betonte dabei, daß die deutsch-russische Verständigung auch für Japan von Vorteil sein würde; denn sie könne Japan in seinem Krieg gegen China den Rücken frei machen und auch möglicherweise Großbritannien und die USA von Japans Interessensgebieten fernhalten. Japan aber reagierte erst im Sommer auf die durch Deutschlands Siege geschaffene neue Konstellation und kam damit allmählich auch Ribbentrops Anliegen entgegen. Verhandlungspunkt war vor allem der »herrenlos« gewordene Kolonialbesitz von Holland und Frankreich in Ostasien.

Die deutsch-japanischen Gespräche, die schließlich im September 1940 zum Dreimächtepakt zwischen Berlin, Rom und Tokio führten, lassen deutlich Ribbentrops Bemühen erkennen, seinen ursprünglichen Plan vom »weltpolitischen Dreieck« zu realisieren und diesen der durch das deutsch-sowjetische Bündnis geänderten Situation entsprechend anzupassen und zu einem »weltpolitischen Viereck« zu erweitern. Um besonders die Japaner für diese Idee zu gewinnen, malte er die Perspektiven dieser ungleichen Partnerschaft in den schönsten Farben aus: »Bei der neuen Weltordnung würde Japan in Ostasien, Rußland in Asien, Deutschland und Italien, vielleicht mit einigen anderen Interessenten die Vorherrschaft ausüben.« Er war in erster Linie darum bemüht, ein weltweites antibritisches Bündnis zu zimmern, das vor allem auch die USA neutralisieren sollte. Deswegen brauchte er Japan als wichtigen Eckpfeiler der von ihm angestrebten und Hitler empfohlenen neuen Weltordnung.

Außenpolitische Strategie 1940

Für Hitler ergaben sich demnach im Sommer 1940 neben der von der Seekriegsleitung befürworteten Mittelmeerstrategie vor allem zwei Alternativen: entweder er würde – wie es besonders sein Außenminister unermüdlich forderte – eine mächtige antibritische Koalition schmieden, in der neben Italien auch Frankreich, Spanien und zahlreiche Anrainerstaaten im Südosten Europas sowie Japan im Fernen Osten, schließlich vor allem aber die Sowjetunion eine wichtige Rolle spielen müsse, um in einer globalen Zangenoperation über das Mittelmeer, den Indischen Ozean und den Atlantik dem Britischen Empire den entscheidenden und vernichtenden Schlag zu versetzen. Oder er würde – weil die USA für Deutschland nicht angreifbar waren – die Sowjetunion in Form eines Blitzkrieges überrennen und somit neben der »programmatischen« Lebensraumeroberung vor allem auch Großbritannien den »Festlandsdegen« aus der Hand schlagen, um London schließlich zum Einlenken zu zwingen. Diese beiden Alternativen bestimmten in der zweiten Hälfte des Jahres 1940 die deutsche Außenpolitik, bis sich schließlich Hitlers »programmatischer« Vernichtungskrieg gegen die Sowjetunion, der bereits im Juni 1940 zur Vorbereitung angeordnet wurde, endgültig durchsetzte.

Molotows Berlin-Besuch 1940

Eine zusätzliche Bestätigung für Hitlers Entschluß waren die im November 1940 in Berlin geführten Gespräche mit dem sowjetischen Außenminister Molotow. Ribbentrop nutzte die von ihm herbeigeführte »letzte« Gelegenheit, den »Führer« doch noch umzustimmen und auf seine eigene Konzeption festzulegen, indem er seinem sowjetischen Amtskollegen seine »globale« Konzeption detailliert ausführte und die »Vorteile« für eine sowjetische Teilnahme anpries. Molotow reagierte jedoch auf die von Ribbentrop offerierte gemeinsame Aufteilung des Britischen Empires verständlicherweise zurückhaltend. Er versuchte das Gespräch auf aktuelle und konkrete Differenzen zwischen der Sowjetunion und dem Deutschen Reich im südosteuropäischen Bereich zu lenken und sowjetische Interessen dort anzumelden. Für Hitler war dies ein weiterer Beweis für die Richtigkeit und Notwendigkeit der von ihm geplanten Eroberungspolitik gegen die Sowjetunion.

Unmittelbar nach diesen Gesprächen am 12. November 1940 unterzeichnete der »Führer« die Weisung Nr. 18 über die Richtlinien zu »vorbereitenden Maßnahmen der Oberkommandos für die Kriegführung in nächster Zeit«. Darin hieß es zur UdSSR: »Politische Besprechungen mit dem Ziel, die Haltung Rußlands für die nächste Zeit zu klären, sind eingeleitet. Gleichgültig, welches Ergebnis diese Besprechungen haben werden, sind die mündlich befohlenen Vorbereitungen für den Osten fortzuführen.« Und wenige Wochen später, am 18. 12. 1940, hieß es in einer Weisung: »Die deutsche Wehrmacht muß darauf vorbereitet sein, auch vor Beendigung des Krieges gegen England Sowjetrußland in einem schnellen Feldzug niederzuwerfen.« Der Befehl für den Angriff auf die Sowjetunion, für das Unternehmen »Barbarossa«, war gegeben und damit Ribbentrops Alternativkonzeption gescheitert.

Plan eines »Weltblitzkrieges«

In den für das Jahr 1941 entwickelten Planungen markierten für Hitler die Sowjetunion und auch die USA, die mit ihrem am 11. März 1941 in Kraft getretenen Leih- und Pachtgesetz die amerikanische Unterstützung Englands unübersehbar machten, zentrale Bezugspunkte. Der sich für den »Führer« als unaufschiebbar abzeichnende »Weltblitzkrieg« (Hillgruber) sollte nunmehr folgende Etappen aufweisen: Zuerst sollte die Sowjetunion in einem Feldzug von höchstens vier Monaten niedergeworfen werden. Bereits für die Zeit nach August 1941 würden Einheiten des Ostheeres abgezogen werden, um dann im Herbst in einer gigantischen Zangenoperation über den Kaukasus nach Persien, über Bulgarien und die Türkei nach Syrien/Irak und schließlich aus Lybien über Ägypten-Palästina ebenfalls in den britischen Nahostraum stoßen zu können. Ziel war die Errichtung einer deutschen Operationsbasis in Afghanistan, von wo aus Indien, das »Herz des britischen Empire«, bedroht werden solle. Parallel zu diesen an den großen Alexanderzug erinnernden Operationen sollte nach Hitlers Verständnis Japan nach Süden vorstoßen, um Singapur zu erobern und um darüber hinaus ebenfalls Indien zu bedrohen. Vollends sollte schließlich über Gibraltar nach Nordafrika vorgestoßen werden, um gemeinsam mit Vichy-Frankreich eine Frontstellung in Westafrika gegen die USA zu errichten.

Diese weitgespannte »Weltblitzkriegs«-Planung verfolgte das große Ziel – wie Hitler es gegenüber Jodl auf eine Formel gebracht hat –, »daß wir 1941 alle kontinental-europäischen Probleme lösten müßten, da ab 1942 USA in der Lage wären, einzugreifen«. Alle diese Überlegungen und Planungen Hitlers liefen auf das »End-Ziel« hinaus, mit Hilfe eines »Weltblitzkrieges« die Sowjetunion niederzuringen, auf ihren Trümmern einen vom Deutschen Reich kontrollierten blockadefesten und autarken Raum Kontinentaleuropas zu schaffen, der die Ausgangsbasis bilden sollte, um nach Übersee auszugreifen, ein deutsches Kolonialreich errichten und schließlich die Welt nach Hitlers Vorstellungen »neu« ordnen zu können.

Balkan; Nordafrika

Der für die deutschen Planungen unerwartete Angriff Italiens auf Griechenland am 28. Oktober 1940 und dessen Scheitern zwang Hitler, dem »Duce« mit Truppenverbänden auf dem Balkan zu Hilfe zu kommen. Die sich abzeichnende Niederlage Italiens in Nordafrika im Frühjahr 1941 mußte ebenfalls mit deutschen Verbänden verhindert werden. Trotz dieser Neben- und Randfeldzüge ließ sich Hitler jedoch von seinem Vorhaben, Rußland anzugreifen, nicht abbringen.

Beginn des Rußlandfeldzuges

Die Anfangserfolge des am 22. Juni 1941 ausgelösten Überfalls auf die Sowjetunion schienen selbst die hochgespannten, hybriden Erwartungen Hitlers und der Wehrmachtsspitzen nicht nur zu erfüllen, sondern noch zu übertreffen. Bereits am 14. Juli sah sich Hitler am Ziel seines Unternehmens »Barbarossa«, so daß er dem japanischen Botschafter, General Oshima, vorschlug, im Zuge eines umfassenden Offensivbündnisses zwischen dem

Deutsche Artillerie in der russischen Steppe

Deutschen Reich und Japan gemeinsam die als besiegt eingeschätzte Sowjetunion zu besetzen. Im Anschluß daran, so eröffnete der »Führer« seinem fernöstlichen Gesprächspartner, sollten gemeinsam die USA angegriffen werden. Bald stellte sich allerdings heraus, daß dieses Siegesgefühl nicht nur zu früh, sondern gänzlich fehl am Platze war. Es zeigte sich allmählich, daß die Deutschen den russischen Raum, die personellen und materiellen Reserven der UdSSR sowie die Stabilität des Stalin-Regimes unterschätzt hatten. Die Wehrmacht errang zwar überwältigende Erfolge, mußte aber spätestens im November 1941 erkennen, daß die von Hitler propagierte Strategie eines »Weltblitzkrieges« in Rußland fehlgeschlagen war. Auch die Hoffnung, gemeinsam mit Japan, das im Dezember 1941 die Pazifikflotte der USA in Pearl Harbour angegriffen hatte, sowohl die Vereinigten Staaten und England als auch die Sowjetunion zu besiegen, erwies sich als folgenschwerer Irrtum. Die Ausweitung des ursprünglich europäischen Krieges zum eigentlichen Weltkrieg bedeutete den Zenit und gleichzeitig die Wende des Krieges.

Ausrottung der »Untermenschen« und »Endlösung der Judenfrage«: Der ideologische Vernichtungskrieg

Ideologischer Krieg mit der UdSSR

Von Anfang an besaß der »programmatische« Krieg gegen die Sowjetunion für Hitler eine besondere Qualität, so daß er sich prinzipiell von den Feldzügen in Skandinavien und in Afrika, auf dem Balkan und gegen Frankreich unterschied. Diese vermögen trotzt nicht zu übersehender Grausamkeiten und Exzesse durchaus noch dem Typus des »Normalkriegs« zu entsprechen. Für die Kriege in Osteuropa, gegen Polen und besonders gegen die Sowjetunion, dagegen erscheinen alle in der Forschung verwendeten Bezeichnungen und Charakterisierungen »geschönt«; denn sie verharmlosen und verfälschen regelrecht die historische Realität. Erst der Vernichtungskrieg gegen die UdSSR kann die unauflösbare Verbindung von Ideologie und Machtpolitik, von Lebensraumeroberung und radikalem Rassenantisemitismus demonstrieren und damit die unvergleichbare Singularität nationalsozialistischer Politik offenbaren. Daß die Vernichtung des Gegners und die Ausrottung der europäischen Juden nicht »lediglich« und »zufällig« das Resultat eines sich radikalisierenden Krieges war, belegen unmißverständlich die Anweisungen und Befehle, die Hitler lange vor Beginn des Unternehmens »Barbarossa« erteilte, so daß die daraus resultierenden Beherrschungs- und Vernichtungspraktiken systematisch geplant und – bedenkt man Hitlers in seinen Schriften und Reden vor und nach 1933 entwickelte und proklamierte Zielvorstellungen – langfristig vorbereitet erscheinen. Bereits im Frühjahr 1941 war den an der Planung des Angriffs auf die Sowjetunion Beteiligten klar, daß der Krieg im Osten neben strategisch-machtpolitischen und wirtschaftlichen vor allem ideologische Aufgaben zu erfüllen hatte und daß völkerrechtliche Beschränkungen und Regeln absolut fehl am Platze waren. Am deutlichsten zeigt sich dies im Komplex der sogenannten »verbrecherischen Befehle«, vor allem im »Kriegsgerichtsbarkeitserlaß« und im »Kommissarbefehl«. Beide Direktiven erhielten ihre Begründung und Verbreitung in einer Rede vor etwa 250 Generälen – den Befehlshabern und Stabschefs der für den Ostkrieg vorgesehenen Verbände – am 30. März 1941, in der Hitler über den bevorstehenden »Kampf zweier Weltanschauungen« zur »Ausrottung« des Kommunismus »für alle Zeiten« offen und klar informierte und zur »Vernichtung der bolschewistischen Kommissare und kommunistischen Intelligenz« aufrief. Es handle sich »um einen Vernichtungskampf«, in dem man den Feind nicht »konservieren« dürfe. In den folgenden Wochen wurden beide Befehle auf mittlerer Ebene in OKW und OKH ausgearbeitet, ohne daß es weitere Anstöße von seiten Hitlers bedurft hätte; dies bedeutet gleichzeitig, daß kein entschiedener Widerspruch von den militärischen Führungsstäben erfolgt ist.

Erlasse zur Kriegsführung in der UdSSR

Der »Kriegsgerichtsbarkeitserlaß« bestimmte, daß »Straftaten feindlicher Zivilpersonen« nicht, wie üblich, durch Kriegsgerichte abgeurteilt werden durften. Zivilisten, die die Wehrmacht »angriffen«, sollten erbarmungslos »niedergemacht«, sogenannte »verdächtige Elemente« auf Befehl eines Offiziers erschossen werden. Demgegenüber sollten Verbrechen deutscher Soldaten an sowjetischen Bürgern nicht verfolgt werden, wenn der Täter politische Motive geltend machte. Der »Kommissarbefehl« forderte von der Truppe die sofortige Erschießung aller gefangengenommenen politischen Kommissare der Roten Armee. »Damit wurde noch vor Beginn der Kampfhandlungen die verfahrenslose Liquidierung einer genau definierten Gruppe der feindlichen Armee befohlen und die Wehrmacht erstmals direkt an der Beseitigung politischer Gegner beteiligt« (Streit). Die Entscheidung, alle kommunistischen Funktionäre und darüber hinaus alle potentiellen Träger von Widerstand zu beseitigen, resultierte aus der Absicht, die Eroberung im Osten – die Basis der zukünftigen Weltmachtstellung – mit größter Rücksichtslosigkeit zu sichern. »Im Osten ist Härte mild für die Zukunft«, hatte Generalstabschef Franz Halder am 30. März 1941 als eigenen Gedanken zu Hitlers Rede notiert.

Schicksal der sowjetischen Kriegsgefangenen

Eine weitere Entscheidung, die ebenfalls aus den globalen Kriegszielen deutscher Entscheidungsträger resultierte, betraf die Behandlung der russischen Kriegsgefangenen, die besonders zu Beginn des Angriffskrieges in sehr großen Zahlen den deutschen Aggressoren in die Hände fielen. Wenn auch keine konkreten Planungen hinsichtlich der Behandlung der Gefangenen vor Beginn des Krieges vorhanden waren, herrschte weitgehend Konsens darüber, daß die deutsche Bevölkerung möglichst »friedensmäßig« ernährt werden sollte, um die »Kriegsmoral der Heimatfront« nicht aufs Spiel zu setzen. Die besetzten Gebiete wurden in dieser Absicht systematisch nach Nahrungsressourcen ausgeplündert und die Ernährungsrationen für die sowjetischen Kriegsgefangenen lagen weit unter dem Existenzminimum. Man-

Die »Endlösung«: Jüdische Bevölkerung und Todeszahlen

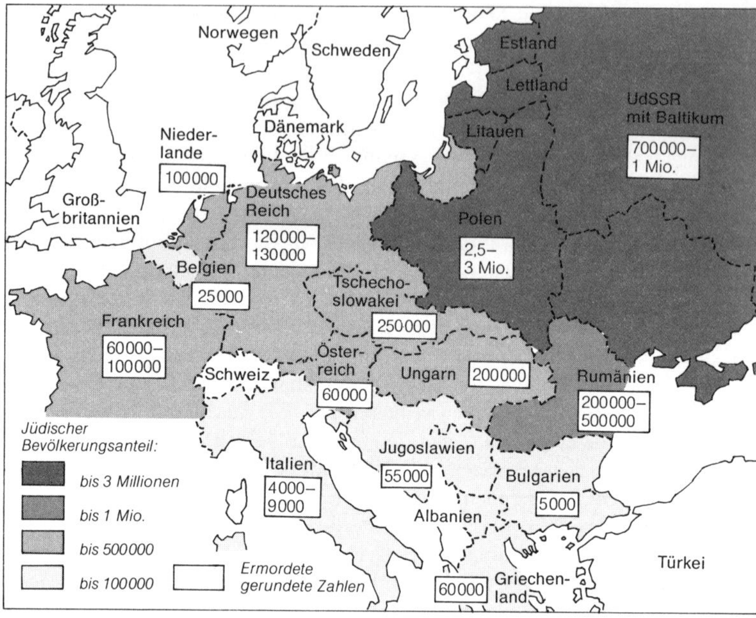

gelnde Ernährung, unzureichende medizinische Versorgung, extreme Arbeitsbelastung und nicht zuletzt Massenerschießungen »vernichteten« 3,3 Millionen von insgesamt 5,7 Millionen sowjetischen Kriegsgefangenen. Das entsprach 57,8% oder dem Zehnfachen der im Ersten Weltkrieg in deutscher Gefangenschaft umgekommenen Russen.

Als Erklärung für diesen auch die deutsche Wehrmacht stark belastenden Sachverhalt genügt es nicht, auf die größere Zahl der Gefangenen oder auf die ebenfalls hohen Verluste deutscher Soldaten in sowjet-russischer Gefangenschaft zu verweisen. Diese »Rechtfertigung« würde Ursache und Wirkung vertauschen: Es ist nämlich offensichtlich – und die vorhandenen Quellen können dies mit bedrückender Eindeutigkeit belegen –, daß zwischen der erklärten Absicht deutscher Führungseliten, die »Ostvölker« zu dezimieren, und dem Massensterben sowjetischer Gefangenen ein enger Kausalzusammenhang besteht. Helmuth James Graf Moltke, einer der führenden Köpfe des deutschen Widerstandes und als Mitarbeiter der Völkerrechtsabteilung des Amtes Ausland/Abwehr im OKW stets gut unterrichtet, schrieb schon im August 1941 über die Auswüchse des Vernichtungskriegs an seine Frau: »Die Nachrichten aus dem Osten sind wieder schrecklich. Wir haben offenbar doch sehr, sehr große Verluste. Das wäre aber noch erträglich, wenn nicht Hekatomben von Leichen auf unseren Schultern lägen. Immer wieder hört man Nachrichten, daß von Transporten von Gefangenen und Juden nur 20% ankommen, daß in Gefangenenlagern Hunger herrscht, daß Typhus und andere Mangel-Epidemien ausgebrochen seien.«

Die Pläne zur »Endlösung der Judenfrage«

Die Kontinuität und Verbindung von rassen- und raumpolitischen Leitideen bei Hitler lassen sich am eindeutigsten an dem Komplex »Endlösung der Judenfrage« demonstrieren: Die Eroberung von Lebensraum und die Vernichtung der Juden waren ideologische Axiome, die nun beim Angriff auf die Sowjetunion ihre Realisierung finden sollten. Wie sehr Krieg und Rassenfrage für Hitler zusammenfielen, hatte er selbst und für alle Welt unüberhörbar unterstrichen, als er in seiner Reichstagsrede am 30. Januar 1939 Krieg und Judenvernichtung in einen unmittelbaren Zusammenhang stellte: »Ich

Im KZ Auschwitz eingetroffener Juden-Transport auf der Bahnrampe

will heute wieder ein Prophet sein: Wenn es dem internationalen Finanzjudentum innerhalb und außerhalb Europas gelingen sollte, die Völker noch einmal in einen Weltkrieg zu stürzen, dann wird das Ergebnis nicht die Bolschewisierung der Erde und damit der Sieg des Judentums sein, sondern die Vernichtung der jüdischen Rasse in Europa.« Auf diese »Prophezeiung« kam Hitler während des Krieges häufig zurück und bezeichnenderweise erstmals, als er sich bereits mitten in den Vorbereitungen des Unternehmens »Barbarossa« befand.

In seiner Proklamation an das deutsche Volk am Tag des von ihm befohlenen Angriffs auf die Sowjetunion am 22. Juni 1941 ließ er ebenfalls das jüdisch-bolschewistische Thema anklingen: »Nunmehr« sei »die Stunde gekommen, in der es notwendig wird, diesem Komplott der jüdisch-angelsächsischen Kriegsanstiftung und der jüdischen Machthaber der bolschewistischen Zentrale entgegenzutreten«. Nicht nur die nationalsozialistische Propaganda hatte damit ihr rassenideologisches »Feindbild« vom »jüdischen Bolschewismus« zurückerhalten, auch die Soldaten des drei Millionen starken Ostheeres wurden mit der antibolschewistischen und antijüdischen Mission des Krieges gegen die Sowjetunion indoktriniert. Nur wenige Tage später, im sicheren Gefühl des Sieges über die UdSSR, stellte Hitler Überlegungen an, ob die jüdische Bevölkerung aus Europa heraus »nach Sibirien oder Madagaskar« deportiert werden sollte. Dieser, von verschiedenen und nicht immer konform zusammenarbeitenden Entscheidungsgremien diskutierte Plan bezog sich auf die durch die Niederlage Frankreichs anstehende »Lösung der kolonialen Frage« und wollte durch umfangreiche Deportationen von Juden Europa »judenfrei« machen.

Wannsee-Konferenz; Holocaust

Am 31. Juli 1941 beauftragte Hermann Göring im Namen des »Führers« Reinhard Heydrich damit, »unter Beteiligung der dafür in Frage kommenden deutschen Zentralinstanzen alle erforderlichen Vorbereitungen für eine Gesamtlösung der Judenfrage im deutschen Einflußbereich in Europa zu treffen«. Heydrich seinerseits erteilte am 20. Januar 1942 in der sogenannten »Wannsee-Konferenz« den Staatssekretären und wichtigsten Ministerien

Weisungen zur »Evakuierung« der europäischen Juden nach Osten und ließ keinen Zweifel darüber aufkommen, daß nunmehr die »Judenfrage« vor ihrer unmittelbar bevorstehenden Lösung stehe. Damit wurde auch offiziell der »Madagaskar-Plan« zu den Akten gelegt, da »der Krieg gegen die Sowjetunion... inzwischen die Möglichkeit gegeben« habe, »andere Territorien für die Endlösung zur Verfügung zu stellen«, wie es in einem Schreiben des Auswärtigen Amtes hieß. Schon im Frühjahr 1941 hatte Heinrich Himmler unter Berufung auf Hitler dem Kommandanten des in Polen gelegenen Konzentrationslagers Auschwitz befohlen, für die Bereitstellung von Vergasungsanlagen mit vergleichsweiser großen Kapazität zu sorgen.

»Damit erreichte die ›physische Endlösung‹ ihre letzte Ausprägung, die endlich mit technischer Perfektion vom Dezember 1941 an dazu beitrug, daß über vier Millionen europäischer Juden ermordet wurden. Diese letzte Steigerung der nationalsozialistischen ›Judenpolitik‹ zur technisch durchgeführten ›physischen Endlösung‹, eine Radikalisierung der von Hitler bereits im Zusammenhang mit der Vorbereitung des Krieges gegen die Sowjetunion gefaßten Entscheidung zur physischen ›Liquidation‹ des Judentums schlechthin, fiel in jenen Zeitabschnitt des Krieges im Osten, in dem ein Scheitern der militärischen Pläne abzusehen war« (Hildebrand). Während die Übermacht der gegnerischen Koalition beständig wuchs, an allen Fronten deutsche Truppen zurückweichen mußten und der »Endsieg« immer mehr in die Ferne rückte, nahmen die Massenmorde gigantische Dimensionen an. Selbst als die Niederlage des Deutschen Reiches nicht mehr zu bezweifeln war, blieb als einzige Motivation die totale Ausrottung der Juden übrig.

Willfähriges und »effektives« Instrument dieser in der Geschichte ihresgleichen suchenden Mordaktion waren die bereits im Polenfeldzug erprobten »Einsatzgruppen« und generell die SS Heinrich Himmlers. Sie waren bemüht, dem rassischen Dogma über politische und militärische Zweckmäßigkeitserwägungen zum grausamen Durchbruch zu verhelfen. Diese der SS zugefallene und von ihr durchgeführte Aufgabe bezeichnete Himmler als »ein niemals geschriebenes und niemals zu schreibendes Ruhmesblatt ihrer Geschichte«.

In der historischen Forschung werden unterschiedliche Deutungen hinsichtlich der Planmäßigkeit des Genocids und über die Frage, ob Hitler letztlich einen Befehl zur »Endlösung« der Judenfrage erteilt habe, diskutiert. Auch wenn dieser Befehl schriftlich nicht fixiert wurde – so ist an dieser Stelle einzuwenden –, kann dies im informellen Führerstaat, in dem häufig mündlich gravierende Entscheidungen gefällt und angeordnet wurden, keinesfalls erstaunen. Tatsache jedoch bleibt, daß die Judenvernichtung in erstaunlicher Reibungslosigkeit und »Effizienz« vonstatten ging. Dies spricht dafür, daß bei weitem mehr Personenkreise am Genocid beteiligt waren, als das unmittelbar nach 1945 bekannt war. »Es ist noch klarer als in den fünfziger Jahren, daß die ›Endlösung‹, obwohl sie ›technisch‹ mittels vergleichsweise kleiner Stäbe in die Wirklichkeit umgesetzt wurde, nur durch die Mitwirkung relativ breiter Gruppen unter den Funktionsträgern des ›Dritten Reiches‹ möglich gewesen ist« (Mommsen). Konsens besteht auch darüber, daß Hitler, selbst wenn er keinen offiziellen Befehl zum Holocaust erteilt hat, stets davon gewußt haben muß und daß vor allem er die kumulative Verschärfung der Verfolgung jüdischer Bevölkerungsgruppen und die Radikalisierung ihrer Vernichtung nicht nur gebilligt und legitimiert, sondern zusätzlich beschleunigt und verschärft hat. Ohne Hitler oder gar gegen seinen erklärten Willen wäre die Durchführung der »Endlösung« nicht möglich gewesen. Und, das ist das Bedrückende an dieser Erkenntnis, – ohne seine Gefolgschaft und ohne seine zahlreichen Mittäter hätte Hitler die »Endlösung« nicht praktizieren können!

Besatzungspolitik und Wirtschaft im Krieg

Praxis nationalsozialistischer Besatzungsherrschaft und Ideologie

Zwar bestand zu Kriegsbeginn kein allgemein verbindliches Konzept, mit welchen Methoden und Maßnahmen die eroberten Gebiete verwaltet, kontrolliert und beherrscht werden sollten. Es gab auch keinen zentralen Koordinierungs- und Lenkungsapparat, der für Besatzungsfragen allein zuständig und verantwortlich gewesen wäre. Aber es entwickelte sich, parallel und analog zur zunehmenden Brutalisierung des Kriegsgeschehens, eine Ausbeutungs-, Unterdrückungs- und Ausrottungspraxis, die ihresgleichen in der Geschichte sucht, und die die menschenverachtende Qualität der nationalsozialistischen Ideologie und Politik beispielhaft belegt.

Grob gesehen gab es drei Ordnungsfaktoren, die der deutschen Besatzungspolitik zugrunde lagen: militärisch-strategische Sicherung, wirtschaftliche Ausnutzung und rassenideologische Klassifizierung der besetzten Gebiete. Alle drei Ebenen sind nicht zu trennen einerseits von der realen und sich ständig ändernden Kriegssituation und andererseits skizzierten sie umrißhaft die entsprechende Stellung und Einfügung der jeweiligen Länder in die noch zu schaffende »Neue Ordnung Europas« im Sinne der zukünftigen Pax Germanica.

Neue Ordnung Europas Nord- und Westeuropa

In Norwegen und den Niederlanden wurden zivile »Reichskommissare« eingesetzt, die möglichst mit nationalsozialistischen Gruppierungen und den traditionellen Administrationen in diesen Länder zusammenarbeiten sollten mit dem Ziel, diese »germanischen« Völker in das kommende Großgermanische Reich zu integrieren. Im kampflos besetzten Dänemark wurde eine »souveräne« dänische Regierung unter der Kontrolle eines deutschen Reichsbevollmächtigten geduldet. Alle Versuche, dieses Land zu »nationalsozialisieren«, scheiterten, so daß Hitler schließlich Dänemark im Jahre 1943 auch aus strategischen Gründen besetzen ließ.

Anders sah es in Belgien aus. Die ehemaligen deutschen Gebiete Eupen-Malmedy mußten abgetreten werden, und das England vorgelagerte belgische Territorium, ergänzt durch die beiden nordfranzösischen Departements Du Nord und Pas de Calais, wurde aus strategischen Erwägungen einem deutschen Militärbefehlshaber unterstellt. Die »germanischen« Flamen wurden systematisch zur Kollaboration mit den deutschen Besatzern ermuntert; denn auch ihnen war eine »völkische« Rolle im kommenden Germanischen Reich zugedacht. Im Juli 1944 wurde die Militärverwaltung durch einen zivilen Reichskommissar abgelöst.

Frankreich stand einerseits unter Militärverwaltung und anderseits konnte sich die Südregion, das sogenannte Vichy-Regime, ebenfalls unter deutscher Kontrolle selbst verwalten. Auch hier versuchten die deutschen Besatzungsherren, zu einer partiellen Zusammenarbeit mit deutschfreundlichen Gruppierungen zu gelangen, was allerdings nur bis 1942 währte. Ebenfalls aus Gründen der sich veränderten Kriegssituation wurde im November 1942 Vichy-Frankreich besetzt. Luxemburg, das als »altes deutsches Reichsland« galt, wurde 1940 dem Gau Koblenz-Trier angeschlossen und 1942 dem Reich eingegliedert, Elsaß-Lothringen »zurück ins Reich« geführt.

Generell bewegte sich die Zusammenarbeit in diesen besetzten Gebieten zwischen terroristischer Kontrolle, opportunistischer Kollaboration und geheimer Résistance gegen die Fremdherrschaft. Die sich im gegnerischen Ausland bildenden Exilregierungen spielten dabei eine nicht zu unterschätzende Rolle. Läßt sich die Besatzungspolitik in den nord- und westeuropäischen Ländern als durchaus »konventionell« charakterisieren, da diese Gebiete schließlich als potentielle Bundesgenossen oder als zukünftige Teilstaaten eines von Deutschland geführten europäischen Staatenbundes gewonnen

Nach dem Rückzug deutscher Truppen aus der Krim

Osteuropa

werden sollten, so wurden die eroberten Territorien in Osteuropa als Siedlungsgebiete, als koloniale Ergänzungsräume und sogar als Experimentierfeld völkischer und rassenbiologischer »Flurbereinigungspolitik« im Sinne einer – wie es Hitler zu Beginn seiner Herrschaft einmal bezeichnet hat – »rücksichtslosen Germanisierung« entrechtet, aufgeteilt, ausgebeutet und letztlich zerstört.

Von Hitler speziell mit dieser Aufgabe betraut wurde Heinrich Himmler, der am 7. Oktober 1939 zum »Reichskommissar für die Festigung deutschen Volkstums« ernannte wurde. Schon im aufgeteilten und besetzten Polen ging er daran, die rein polnischen Einwohner deportieren, vertreiben und ausrotten zu lassen sowie »Deutschstämmige« und rassisch »Wertvolle« einzudeutschen und »einzusiedeln«. Die Ausrottung der polnischen Führungsschicht und die Verfolgung polnischer Juden, die in der Zeit 1939–1940 in Ghettos konzentriert wurden, bilden regelrecht den »Auftakt« für eine beispiellose Ausrottungspolitik, die in der Sowjetunion ihren Höhepunkt finden sollte. In dem am 14. Juli 1941 erstmals vorgelegten und am 12. Juni 1942 von Himmler modifiziert gebilligten sogenannten »Generalplan Ost« wurden gigantische Deportations- und völkische Verschiebemaßnahmen festgelegt. Demnach sollten Polen, das Baltikum, Weißruthenien und Teile der Ukraine innerhalb von 30 Jahren mit Deutschen besiedelt, während 31 Millionen der dort ansässigen Bevölkerung nach Westsibirien vertrieben werden und 14 Millionen sogenannter »Gutrassiger« hätten bleiben sollen.

»Generalplan Ost«

Am 16. Juli 1941 entwickelte Hitler seine Vorstellungen über die Errichtung der vier »Reichskommissariate« in Rußland, nämlich Ukraine, Ostland, Moskowien und Kaukasien, von denen die beiden ersten sogar eingerichtet wurden. Sein vor den Führungseliten des Heeres, der Partei und der Administration erklärtes Ziel war: »Die Bildung einer militärischen Macht westlich des Ural darf nie wieder in Frage kommen.«

Bei der Planung und Realisierung zur Beherrschung des Ostraumes lassen sich innerhalb der nationalsozialistischen Führungsgruppen etwa drei konzeptionelle Tendenzen unterscheiden. Alfred Rosenberg, Reichsminister für die besetzten Ost-Gebiete, vertrat eine Politik, nach der die Völker Rußlands teilweise eine gewisse, von Berlin leicht zu kontrollierende, Autonomie behalten hätten. Dabei wollte er die nationalen Gegensätze gegeneinander ausspielen, um dadurch wirtschaftlich und politisch starken Einfluß nehmen zu können. Im Auswärtigen Amt und in der Wehrmacht bestand bei den mit diesem Problem befaßten Kreisen die Absicht, eine modifizierte Besatzungspolitik beizubehalten, die russische Bevölkerung vom bolschewistischen Regime loszulösen und damit zu befrieden. Am weitesten ging die Hitler eng verbundene Gruppe um Himmler, Martin Bormann, Erich Koch und Hinrich Lohse. Ihre Vorstellungen besaßen zwei Bezugspunkte: Herrenmenschen und Untermenschen. Ein gigantisches Reich, beruhend auf Millionen Arbeitssklaven und Heloten sollte entstehen. Die politische und intellektuelle Elite sollte systematisch vernichtet, der Bildungsstand der Bevölkerung radikal abgesenkt und der Lebensstandard auf ein Minimum begrenzt werden. Deutsche Wehrburgen, inmitten germanischer Mustersiedlungen, würden leicht – so wurde argumentiert – diese »primitiven Untermenschen« kontrollieren können. Einmal in ihrem Leben allerdings sollten sie in das in »Germania« umgetaufte Berlin kommen, das als architektonisch völlig umzugestaltende gigantische Kapitale des Großgermanischen Reiches die Macht und die Herrlichkeit der arischen Herrenrasse zu demonstrieren hätte. Diese hier nur grob skizzierten Konzepte rivalisierten mit- und gegeneinander und sorgten für die den nationalsozialistischen Führerstaat charakterisierenden und prägenden Kompetenzkonflikte. Die besonders in den Kriegsjahren zunehmende Polykratie der Ressorts und der politische Entscheidungen erschwerende Ämterwildwuchs verursachten anarchisch-chaotische Verhältnisse besonders auf den Planungs- und Ausführungsebenen, so daß sich fast immer das mit Abstand radikalste Konzept durchsetzte und die Unterstützung des »Führers« fand. Dieses, jede Ausführungskontrolle entbehrende eskalierende Terrorsystem drückte unverwechselbar der deutschen Besatzungspolitik besonders in Osteuropa ihren nicht zu tilgenden Stempel auf.

Wirtschaftliche Funktionen der Eroberungs- und Besatzungspolitik

Neben den machtpolitischen, rassenideologischen und militärisch-strategischen Zielvorstellungen hatte die deutsche Eroberungs- und Besatzungspolitik vor allem auch wirtschaftliche Funktionen zu erfüllen. Diese ergaben sich schon daraus, daß autarke und blockadefeste Großwirtschaftsräume dem national-sozialistischen Selbstverständnis nach nur durch Expansion und Krieg zu gewinnen waren. Deutschland müsse – so forderten die nationalsozialistischen Ökonomen – das industrielle Kernland eines den Vereinigten Staaten vergleichbaren wirtschaftlichen Großraumes sein, dem die angrenzenden Industriegebiete von Nordost-Frankreich, Belgien und der Tschechoslowakei angeschlossen werden sollten. Die peripheren Gebiete vor allem Osteuropas würden Rohstoffe und Nahrungsmittel in das hochindustrialisierte Kernland zu liefern haben, das damit von Rohstoff- und Absatzmärkten unabhängig, dadurch wiederum krisenstabil und schließlich zu einer Weltmacht heranreifen würde.

Das vor 1939 entwickelte Blitzkriegskonzept galt als *das* kongeniale Instrument zur Realisierung derartiger Weltmachtpläne. Mit Hilfe von kurzen, lokalisierten, diplomatisch abgeschirmten und wehrwirtschaftlich durch eine dem Gegner überlegene »Tiefenrüstung« vorbereiteten Feldzügen sollte ein

Die deutsche Industrieproduktion, 1939–1944

Jahr	Insgesamt	Waffen u. Gerät	Konsumgüter	Wohnungsbau
1939	100	100	100	100
1940	97	176	95	53
1941	99	176	96	36
1942	100	254	86	23
1943	112	400	91	–
1944	110	500	86	14

langer, für die deutsche Wirtschaft nicht zu verkraftender – was die Erfahrungen des Ersten Weltkrieges zu bestätigen schienen – Mehrfrontenkrieg vermieden werden. Die wirtschaftliche Ausplünderung der eroberten Gebiete hatte in den einkalkulierten »Pausen« zwischen den hintereinandergestaffelten duellartig zu führenden Blitzkriegen den Material- und Menschenverschleiß zu kompensieren und zu ergänzen und damit eine das deutsche Wirtschaftspotential übersteigende »Breitenrüstung« für einen langen Material- und Abnützungskrieg zu vermeiden und auszuschließen. Mit dieser Strategie eroberte Deutschland bis in den Winter 1941 den größten Teil Europas. Solange die Strategie des kurzen Krieges Erfolg hatte, war auch die Ausbeutung der eroberten Gebiete im Interesse der Kriegsführung kurzfristig angelegt.

Sie bestand hauptsächlich in der Beschlagnahme von Vorräten strategisch wichtiger Güter und in der Demontage von Fabriken, die für die deutsche Rüstungsproduktion unmittelbar von Nutzen sein konnten. Deutschland, dessen Außenhandel vor dem Krieg zu 70% auf Europa ausgerichtet gewesen war, konnte durch Eroberungen den größten Teil seiner Handelspartner von sich abhängig machen. Bis Mitte des Jahres 1944 hatte das Deutsche Reich keine gravierenden Versorgungsprobleme weder auf dem Gebiet der Rohstoffe noch auf dem der Ernährung. Auch finanziell gab es keine Engpässe. Die besetzten Gebiete waren gezwungen, »Besatzungskosten« zu zahlen, die ungefähr 40% des Gesamtsteuereinkommens ausmachten. Darüber hinaus wurden Sparguthaben der deutschen »Volksgenossen« »großzügig« beliehen und die Reichsmark zwar im Vergleich zu den Devisen der besetzten Länder unverhältnismäßig aufgewertet, insgesamt jedoch abgewertet, so daß im Jahre 1945 der absolute Staatsbankrott eintreten mußte.

Ökonomische Integration Europas unter deutscher Hegemonie

Nach der Niederlage Frankreichs im Juni 1940 sollten neben den »kurzfristigen«, kriegsbedingten wirtschaftlichen Ausplünderungen nun auch langfristige wirtschaftspolitische Konzepte entwickelt werden mit dem Ziel, die machtpolitische und wirtschaftliche Integration Europas unter deutscher Hegemonie vorzubereiten. Dieser großraumwirtschaftliche Zusammenschluß erschien auf drei Ebenen möglich und den Interessen der deutschen Großindustrie entsprechend: Erstens sollten durch eine staatlich geförderte Kapitalverflechtung deutsche mit ausländischen Firmen verbunden und voneinander abhängig gemacht werden, um insgesamt die wirtschaftliche Vormachtstellung des Deutschen Reiches auf der privatwirtschaftlichen Ebene zu begründen und auszubauen. Zweitens dachte man an einen Kartellisierungsprozeß auf europäischer Ebene, um schließlich drittens zu einem übernationalen wirtschaftlichen Lenkungsapparat zu gelangen. Die deutsche Großwirtschaft identifizierte sich regelrecht mit dem Konzept der europäischen Wirtschaftslenkung durch Berlin und »begriff sehr schnell, um was es ging und wo ihre Aufgaben im Prozeß der Integration Europas in das deutsche Wirtschaftssystem lagen... Das hieß im einzelnen: beste Erschließung der vorhandenen Rohstoffquellen, Aufbau eines integrierten Verkehrsnetzes, weiterer Ausbau eines auf Berlin zentrierten Außenhandelssystems innerhalb Europas und schließlich darüber hinaus« (Volkmann). Es kann in diesem Zusammenhang nicht erstaunen, daß traditionelle Konzepte eines deutschen »Mitteleuropas«, die schon im Ersten Weltkrieg die Kriegszieldiskussion bestimmten, ihre greifbare Verwirklichung erhielten.

Aufnahme der »Mitteleuropa«-Tradition

Zweifellos wurde an diese Tradition angeknüpft, diese allerdings, getragen von der Siegeseuphorie im Jahre 1941, bei weitem übertroffen: Besonders die Sowjetunion mit ihren riesigen Rohstoffvorkommen erhielt ähnlich wie schon im Ersten Weltkrieg in den wirtschaftlichen Planungen eine herausragende Position, kein Wunder auch, daß nationalsozialistische Zielvorstellungen mit denen der Großindustrie beinahe ideal harmonisierten und sich kongenial ergänzten. Eine Denkschrift der NSDAP vom Sommer 1941, die »eine kontinental-europäische Großraumwirtschaft unter deutscher Führung« forderte, die »in ihrem letzten Friedensziel sämtliche Völker des Festlands von Gibraltar bis zum Ural und vom Nordkap bis zur Insel Zypern umfassen« sollte, »mit ihren natürlichen kolonisatorischen Ausstrahlungen in den sibirischen Raum und über das Mittelmeer nach Afrika hinein, konnte von Führungskräften der deutschen Industrie nur befürwortet und als vorgegebene Leitlinie eigener Planungen akzeptiert werden. »Aus der wirtschaftspolitischen Interessenidentität wurde eine Partizipation an der Macht«, so daß die deutsche Großindustrie ähnlich wie auch die Wehrmacht »weder aus der Verantwortung für die Mitgestaltung der wirtschaftspolitischen Programmatik des nationalsozialistischen Regimes noch für dessen politische Ausgestaltung entlassen (werden kann), weder im Frieden noch während des Kriegs« (Volkmann).

Scheitern des Blitzkriegkonzepts; Neufassung des ökonomischen Konzepts

Als jedoch das Unternehmen »Barbarossa« Ende des Jahres 1941 im Schlamm und schließlich im strengen Frost stecken blieb, als sich die bis dahin so erfolgreiche Blitzkriegsstrategie in der von der Roten Armee genutzten Weite des russischen Raumes verlief und als gescheitert erwies, mußte sich die deutsche Kriegswirtschaft auf einen langen, Material und Menschen verschlingenden Krieg umstellen. Nach der Politik des Ausplünderns und Zerschlagens trat jetzt die wirtschaftliche Besatzungspolitik im Frühjahr 1942 in ein neues Stadium ein. Es ging nun darum, die okkupierten Ostgebiete in den Produktionsprozeß des Deutschen Reiches zu integrieren, was bedeutete, daß schnellstens Produktionsstätten für Waffen, Betriebs- und Transportmittel, für Rohstofförderung und Lebensmittel wiederaufgebaut bzw. neu errichtet werden mußten. Das wiederum hatte zur Folge, daß die brutalen Vernichtungsaktionen der nationalsozialistischen Rassenideologie ein Ende finden mußten, weil nämlich vor allem fehlende Arbeitskräfte aus den besetzten Gebieten für die Produktion gewonnen werden mußten.

Der Rüstungsinspekteur Ukraine, Generalleutnant Hans Leykauf, umriß diese für die deutsche Wehr- und Kriegswirtschaft neue Situation in einem Brief vom 2. Dezember 1941 an General Georg Thomas, den Leiter des Wehrwirtschaftsstabes im Wehrmachtsamt des Kriegsministeriums, in aller Schärfe und Prägnanz: »Wenn wir die Juden totschießen, die Kriegsgefangenen umkommen lassen, die Großstadtbevölkerung zum erheblichen Teil dem Hungertod ausliefern, im kommenden Jahre auch einen Teil der Landbevölkerung durch Hunger verlieren werden, bleibt die Frage unbeantwortet: Wer denn hier eigentlich Wirtschaftswerte produzieren soll.« Aber diese realistischen Einschätzungen der Lage und die daraus geforderten Konsequenzen stießen vor allem bei Hitler auf Unverständnis, ja auf Ablehnung. Er weigerte sich, die »rassisch-minderwertigen« Ostvölker als Bundesgenossen anzuerkennen, ihnen angemessene Lebensbedingungen zuzugestehen und sie für eine kriegsentscheidende Kooperation zu gewinnen. Der Generalbevollmächtigte für den Arbeitseinsatz, Fritz Sauckel, betrieb regelrechte Sklavenjagden, um Arbeitskräfte für die deutschen Rüstungsbetriebe auszuheben, so daß politische Bemühungen um die Bevölkerung in den besetzten Gebieten hintergangen und der angestrebte Wiederaufbau von Produktionsstätten blockiert wurde. Die Folge war, daß der passive und aktive Widerstand zunahm, der Partisanenkrieg für die deutschen Truppen bedrohliche Ausmaße annahm und diese immer mehr außer Kontrolle gerieten. »Trotz der Priorität der Kriegsaufgaben konnte sich die deutsche Wirtschaftspolitik letztlich nicht aus der Kolonialmentalität lösen« (Müller).

Als Konsequenz des gescheiterten Blitzkrieges mußte nicht nur die deutsche Besatzungspolitik neu strukturiert, sondern vor allem generell die Wirtschaft des Deutschen Reiches rationalisiert, intensiviert und neu geord-

Wirtschaftliche Lenkung unter Todt und Speer

net werden. Gerade im wirtschaftlichen Lenkungsapparat gab es eine erhebliche Zersplitterung der Kontrolle und, wie auch in anderen Bereichen der Administration, eine Fülle rivalisierender Gremien. Im Zentrum des Strukturierungsprozesses der deutschen Kriegswirtschaft stand das Rüstungsministerium, das seit März 1940 unter Fritz Todt die Rüstung auf Massenproduktion umstellte, eine rigorose Erfassung der nach militärischen Prioritäten geordneten Verteilung vorhandener Ressourcen und generell eine zentrale Lenkung der Rüstungsproduktion anstrebte. Nachfolger des bei einem Flugzeugabsturz tödlich verunglückten Todt wurde am 8. Februar 1942 Albert Speer, »die bemerkenswerteste und erfolgreichste Figur in der Wirtschaftsgeschichte des Krieges« (Milward). Der neu ernannte Reichsminister für Rüstung und Kriegsproduktion war Architekt und konnte sich in wenigen Jahren als besonders von Hitler geschätzter »Reichsbaumeister« einen Namen machen und vor allem – was im Führerstaat eine der wichtigsten Voraussetzungen für die Schaffung einer politischen Bastion war – das Vertrauen des »Führers« gewinnen. Dies besonders und hervorragendes Organisationsgeschick waren die Ausgangsbedingungen seiner erstaunlichen Karriere.

Von Mitte 1942 bis Mitte 1944 organisierte Speer ein sehr effektives und effizientes Produktionssystem, in dem vor allem die »Selbstverantwortung der Industrie« gewährleistet wurde, was wesentlich zur Mobilisierung der Rüstungswirtschaft beitrug. Die Produktion wurde in den »Bestbetrieben«, d.h. den Betrieben mit der rationellsten Fertigung, konzentriert. Rationalisierungskommissionen kontrollierten den optimalsten Einsatz von Rohstoffen, Arbeit und Energie, entwickelten Richtlinien für Typisierung und Normung der Produkte. Speer verstand es, die Lenkung der gesamten Kriegswirtschaft zu koordinieren und damit auch wichtige Arbeitsfelder der Wehrmacht und von Hermann Göring, des Beauftragten für den Vierjahresplan, an sich zu ziehen. Von Hitler, der die Effektivität seines »Lieblingsarchitekten« honorierte, unterstützt, gelang es Speer, der fast zu einem »Wirtschaftsdiktator« emporstieg, nationalsozialistische Machtträger wie Göring, Sauckel und Bormann zumindest bis Ende 1944 in ihre Schranken zu weisen. Dies glückte ihm um so mehr, als die Leistungssteigerung der Rüstungsendfertigung trotz der sich verschlechternden Kriegslage und der Beeinträchtigung der Produktion durch feindliche Luftangriffe beeindruckende Ergebnisse aufzuweisen hatte: von Anfang 1942 bit Mitte 1944 konnte sie mehr als verdreifacht werden, und ihren absoluten Höhepunkt erreichte sie im Juli 1944.

Trotz dieser enormen Mobilisierung der deutschen Wirtschaft waren selbst Albert Speer Grenzen gesetzt. Zum einen weigerte sich Hitler gegen jede bessere Einsicht, den zwar mehrfach verkündeten »totalen Krieg« kon-

Mobilisierung der Arbeitskräfte im Deutschen Reich einschließlich Österreich, Sudeten- und Memelgebiet (in Mill.), 1939–1944

Jahr	Arbeitskräfte				Wehrmacht			Gesamtzahl der erfaßten Deutschen	Gesamtzahl der Arbeitskräfte	Gesamte aktive Kräfte
	Deutsche			Ausländer und Kriegsgefangene	insges. einberufen	Kumulierte Verluste	Aktivbestand			
	Männer	Frauen	zus.							
1939 (Ende Mai)	24,5	14,6	39,1	0,3	1,4	–	1,4	40,5	39,4	40,8
1940 –	20,4	14,4	34,8	1,2	5,7	0,1	5,6	40,5	36,0	41,6
1941 –	19,0	14,1	33,1	3,0	7,4	0,2	7,2	40,5	36,1	43,3
1942 –	16,9	14,4	31,3	4,2	9,4	0,8	8,6	40,7	35,5	44,1
1943 –	15,5	14,8	30,3	6,3	11,2	1,7	9,5	41,5	36,6	46,1
1944 –	14,2	14,8	29,0	7,1	12,4	3,3	9,1	41,4	36,1	45,2
1944 (Ende Sept.)	13,5	14,9	28,4	7,5	13,0	3,9	9,1	41,4	35,9	45,0

sequent – wie das beispielsweise von Churchill in Großbritannien praktiziert wurde – durchzusetzen. Überall fehlten beispielsweise Arbeitskräfte. Die von Speer immer wieder geforderte »Mobilisierung« der Frauen als »ungenützte Arbeitskapazität« stieß bei Hitler auf taube Ohren. Die Arbeitsbeschäftigung von Frauen wurde lediglich 1943 geringfügig gesteigert. Ähnliches ist auch bei der vergeblichen konsequenten »Umschichtung« von Arbeitskräften in Behörden und nichtkriegswichtigen Produktionsbereichen in Rüstungsbetriebe zu konstatieren. Ferner konnte Hitler sich nicht dazu aufraffen, den Lebensstandard der deutschen Bevölkerung, der bis fast zum Kriegsende auf dem Niveau von 1939 gehalten wurde, wesentlich zugunsten der Rüstungsproduktion zu senken. Zu sehr fürchtete der »Führer« die mit der Beeinträchtigung des sozialen Friedens verbundene Gefahr möglicher innerer Unruhen. Statt dessen verließ er sich auf brutale Arbeitserfassung im besetzten Ausland. Sauckel mobilisierte im Jahre 1944 bis zu 7,5 Millionen Fremdarbeiter, die aus ihren Heimatgebieten verschleppt wurden und in Deutschland regelrecht Zwangsarbeit verrichten mußten. Speer, der auch wegen der Beeinträchtigung durch Bombardierungen eine teilweise Auslagerung der Rüstungsproduktion in die besetzten Gebiete befürwortete, was die Effektivität wesentlich gesteigert hätte, konnte sich nur bedingt durchsetzen. »Der totale Krieg wurde vor allem von den militärischen Gegnern geführt. Der Bombenkrieg veränderte das Gesicht Deutschlands ... Die Wirkungen waren verheerend« (Herbst).

Totaler Krieg?
Arbeitskräfte

Begeisterung und Loyalität – Apathie und Resistenz: Gesellschaft im totalen Krieg

Kriegseintritt Japans

Die Zerstörung eines Großteils der amerikanischen Pazifikflotte durch japanische Bomberverbände in Pearl Harbour am 7. Dezember 1941, die am 11. Dezember erfolgte deutsche und italienische Kriegserklärung an die USA und die rasche Eroberung Birmas, Malayas, Singapurs, der Philippinen und Niederländisch Indiens durch Japan im Jahre 1942 ließen in Deutschland erneute Siegeshoffnung aufkommen; demgegenüber trat das militärische Scheitern des Unternehmens »Barbarossa« vor Moskau im Herbst 1941 zurück. Tatsächlich übernahmen Hitlers Armeen im Sommer 1942 sowohl in Rußland als auch in Nordafrika wieder die Initiative. Noch einmal schien es, als ob sich Hitlers »Weltblitzkrieg« siegreich bewähren könnte. Doch die Wende des Kriegsgeschehens, die sich bereits Ende 1941 abgezeichnet hatte, wurde nun für jedermann in der zweiten Hälfte des Jahres 1942 sichtbar.

Die bisher erfolgreichen Japaner verloren die entscheidende Schlacht um die Midway-Inselgruppe im Juni 1942 und mußten sich von den amerikanischen Luft- und Marineeinheiten in die Defensive drängen lassen. Auch die deutsch-italienischen Verbände wurden in Nordafrika in ihrem Vormarsch gestoppt. Am 5. November 1942 gelang den Briten der Durchbruch bei El Alamein; das deutsch-italienische Afrika-Korps unter Generalfeldmarschall Erwin Rommel war zum Rückzug gezwungen. Am 19. November 1942 schließlich setzte die sowjetische Gegenoffensive ein und umzingelte die 6. Armee mit 250000 Mann bei Stalingrad. Nach schweren Verlusten kapitulierte sie unter Generalfeldmarschall Friedrich Paulus Ende Januar 1943 und wurde in Gefangenschaft geführt. Im Mai 1943 mußte sich das Afrika-Korps,

El Alamein

Stalingrad

Stalingrad: deutsche Soldaten auf dem Marsch in sowjetische Kriegsgefangenschaft

mit 250000 deutschen und italienischen Soldaten, in Gefangenschaft begeben. Das Kriegsglück hatte sich von den Achsen-Mächten abgewandt. An allen Kriegsschauplätzen befanden sich seit Ende 1942 die Alliierten auf dem Vormarsch. Der Sturm auf die »Festung Europa« hatte begonnen.

Reaktion in der Bevölkerung

Die Meldungen vom Schicksal der 6. Armee bei Stalingrad lösten in der deutschen Bevölkerung einen schweren Schock aus, in dessen Nachwirkung es zu einem deutlichen Vertrauensschwund nicht nur für das nationalsozialistische Regime, sondern – was wesentlich folgenschwerer sein sollte – auch generell gegenüber der Person des »Führers« Adolf Hitler kam. Die dicht über ganz Deutschland gebreiteten Nachrichten- und Überwachungsnetze des Reichssicherheitshauptamtes registrierten neben »tiefer Bestürzung« und »besondere Niedergeschlagenheit« vor allem, daß die Stimmung unter den Volksgenossen »einen bisher nicht gekannten Tiefstand« erreicht habe. Diese von den nationalsozialistischen Machthabern sorgfältig gesammelten und analysierten spontanen Bevölkerungsreaktionen hatten vor allen Dingen zwei Ursachen. Einmal war der Vertrauensverlust, der durch die deutsche Niederlage bei Stalingrad eintrat, eine Folge der vorausgegangenen, völlig irreführenden Nachrichten und der bewußt die Tatsachen verfälschenden Propaganda.

Im krassen Gegensatz zum sich ständig verschlechternden und immer aussichtsloser werdenden Zustand an der Front wurde fast bis zum Tag der Kapitulation der unmittelbar bevorstehende Sieg gemeldet. Als dann die Niederlage nicht mehr zu verheimlichen war, wurden abermals verfälschende Sondermeldungen über den Heldenkampf der 6. Armee verbreitet. Die Tatsache, daß 90000 Soldaten in russische Kriegsgefangenschaft kamen,

Die Gegenoffensive der Alliierten 1942–1945

wurde offiziell verschwiegen, konnte jedoch letzten Endes nicht verheimlicht werden. Die nationalsozialistische Propaganda hatte sich damit in eine fatale Situation manövriert.

Die andere, sicherlich gravierendere Ursache des allgemein festgestellten Vertrauensschwundes in der Bevölkerung ist im sich allmählich auflösenden und abbröckelnden Führer-Mythos zu sehen. »Eine deutliche Abkühlung des Verhältnisses zwischen Hitler und der Bevölkerung, die schon mit dem Rußlandfeldzug eingesetzt hatte, war bereits im Laufe des Jahres 1942 weit fortgeschritten, ehe es zu der Katastrophe von Stalingrad kam. Nicht diese Niederlage, sondern die Unfähigkeit zum Sieg und zur Kriegsbeendung brachten den Umbruch des Führer-Images« (Kershaw).

Die Wandlung des Hitler-Bildes und des Führer-Mythos

Der Führergedanke, der gemeinsam mit dem die Organisation betreffenden Führerprinzip den zentralen Bezugs- und Fluchtpunkt der nationalsozialistischen Bewegungspartei bildete und an bis zur Romantik zurückreichende Ideologien und Sehnsüchte nach einer starken Führergestalt anknüpfte, wurde von den Nationalsozialisten in den frühen zwanziger Jahren aus dem völkisch-nationalistischen Ideenkonglomerat aufgegriffen und systematisch als positives Gegenbild zu den vermeintlich entscheidungsschwachen bürgerlichen Parteivorsitzenden aufgebaut und schließlich auf Hitler als »Parteiführer« übertragen.

Hitler selbst, der sich ursprünglich als Propagandist und »Trommler« der NSDAP verstanden hatte, übernahm dieses Führerbild spätestens 1923/24, als er vor dem Reichsgericht sich der Anklage, einen Staatsstreich durchgeführt zu haben, zu stellen und zu verteidigen hatte und dabei sich sehr öffentlichkeitswirksam als »Retter« und »Führer« der Nation darstellte.

Nach der Machtergreifung im Jahre 1933 begann der besonders von Joseph Goebbels initiierte, mit allen erdenklichen propagandistischen Mitteln vorangetriebene Wandel des Hitler-Bildes vom Partei-Führer zum Führer des Volkes. Hitler wurde damit gleichsam Autorität und Vermittler jenseits der Partei, was besonders durch sein »energisches« Durchgreifen und Ordnungschaffen während des sogenannten »Röhm-Putsches« akzentuiert wurde. Der propagandistisch gepflegte Hitler- und Führerkult, wofür besonders die alljährlich stattfindenden Reichsparteitage in Nürnberg mit ihren sakralen und liturgischen Riten eine wichtige Vermittlungsfunktion übernahmen, machte Hitler als Parteiführer in gleichem Maße unentbehrlich wie entbehrlich. Dies hatte zur Folge, daß durch den Führerkult die NSDAP als Massenorganisation von den Zentren der Macht und Entscheidung zurückgedrängt und damit auch die deutsche Öffentlichkeit entpolitisiert wurde.

Hitler als »Führer«

Der »Führer« entschied, und seine stets richtigen Entscheidungen – so suggerierte zumindest eine permanente und auf allen medialen Ebenen geführte Propaganda – erhielten durch Plebiszite gleichsam im nachinein Bestätigung und Legitimität. Des »Führers« scheinbar mühelose und unblutige Erfolge in der Außenpolitik – quasi fern von jedem Parteiengezänk und den Niederungen des politischen Alltags erhaben – ließ Hitlers Nimbus ins unermeßliche wachsen und den Führer-Mythos verklären. Selbst abgebrühte Funktionäre der verbotenen SPD und KPD konnten sich der permanenten Verherrlichung dieses Mythos, der mit politischen »Groß«-Taten flankiert wurde, kaum entziehen.

Den Höhepunkt dieser Mystifizierung und Apotheose erreichte Hitler 1936 durch die erfolgreiche Remilitarisierung des Rheinlandes und vor allem 1938 durch den »Anschluß« Österreichs an das Deutsche Reich. Spätestens zu diesem Zeitpunkt – so können Untersuchungen dieses Phänomens plausibel nachweisen – wurde Hitler selbst ein Opfer des Führer-Mythos. »Hitler selbst war zum Führer-Mythos konvertiert, er war das Haupt-Opfer der Nazi-Propaganda geworden« (Kershaw). Der »Führer« wurde gleichsam ein Getriebener des eigenen Führer-Mythos. Dies zeigte sich bereits im Sommer 1939, als anläßlich der Sudentenkrise ein kriegerischer Konflikt nicht mehr auszuschließen war und dadurch Hitlers Image vom friedliebenden »Führer« in Frage gestellt wurde. Dieses Dilemma artikulierte Hitler im November 1938 in einer vertraulichen Rede vor deutschen Schriftleitern: »Die Umstände haben mich gezwungen, jahrzehntelang nur vom Frieden zu reden ... Es ist selbstverständlich, daß eine solche jahrelang betriebene Friedenspropaganda auch ihre bedenklichen Seiten hat; denn sie kann nur zu leicht dahin führen, daß sich in den Gehirnen vieler Menschen die Auffassung festsetzt, daß das heutige Regime an sich identisch sei mit dem Entschluß und dem Willen, einen Frieden unter allen Umständen zu bewahren ...« Der Stimmungsumschwung in der Bevölkerung im September 1939 war denn auch entsprechend. Keine nationale Begeisterung, wie das 1914 der Fall war, sondern Bedrückung und Sorge wurden registriert. Aber das Tempo und die eindrucksvolle Art der deutschen militärischen Triumphe 1939/40 vermochten solche Stimmungen rasch zu beheben, ja Hitler wurde nach dem Sieg über Frankreich regelrecht divinisiert. Drei Tage läuteten die Glocken, Dankgottesdienste wurden abgehalten, und selbst die anfangs skeptische Generalität sprach nur noch vom »Genius« des »Führers«.

Beginnende Minderung des Führer-Kultes

Der Beginn des Rußlandfeldzuges brachte den allmählichen Abbau dieses schier übermächtigen Führer-Kultes. Dies schon deswegen, weil die wenigsten mit einem deutschen Krieg gegen die Sowjetunion, mit der man ja 1939 einen Nichtangriffsvertrag geschlossen hatte und von der man sich nicht bedroht fühlte, rechneten, zumal selbst die Propaganda bis dahin Großbritannien als den eigentlichen Feind angeprangert hatte.

Die mit Gefühlen der Bestürzung vermischte große Überraschung der Nachricht über den Angriff auf Rußland wurde durch die raschen Erfolge der Wehrmacht in der Anfangsphase weitgehend zurückgedrängt. Aber nach dem ersten erfolglosen Winter war Hitlers großes Ansehen in der Bevölkerung »zwar keineswegs gebrochen, aber doch versehrt worden« (Kershaw). In den »Meldungen aus dem Reich« des Sicherheitsdienstes und der Gestapo wird erstmals auf eine »schweigende Mehrheit« hingewiesen, die sich im Verweigern aktiver Regimebejahung äußert.

Goebbels als Regisseur des Führer-Mythos

Die Niederlage von Stalingrad bedeutete das Ende des unkritisch hingenommenen Führer-Mythos und den Beginn zunehmender Distanz zum Regime; es verbreitete sich Kritik an der jeweiligen Politik und eine nicht mehr zu überhörende Sorge über die immer düsterer werdende Zukunft. Hitler, der diesen Meinungsumschwung spürte und fürchtete, entzog sich immer mehr der Öffentlichkeit, dem Medium, das ihn zum »Führer« gemacht hatte und ihn nunmehr einerseits vermißte, andererseits aber auch inzwischen in Frage stellte. Seine öffentlichen Auftritte und Reden wurden immer seltener und kürzer. »Die Faszination als Massenredner begann zu erlöschen, und er wurde sich dessen mehr und mehr bewußt. Er scheute die Öffentlichkeit, vermied, die zerbombten Großstädte wahrzunehmen, die Stabsquartiere hinter den Fronten aufzusuchen, zog sich ins Führerhauptquartier und, immer seltener, auf den Obersalzberg zurück« (Mommsen).

Goebbels, der Motor und Regisseur des Führer-Mythos, sah sich gezwungen, diesen umzuschmieden. Er stilisierte Hitler jetzt zum großen Einsamen, der die Bürde des Krieges für sein Volk trage und machte ihn zum Symbol eines heroischen Durchhaltewillens. Aber selbst dieses, von der Person Hitlers immer mehr abstrahierende, sich verselbständigende Führerbild besaß bis in die letzten Kriegstage eine erstaunliche stabilisierende Integrationskraft. Dafür aber gerieten immer mehr die unmittelbaren Berater des »Führers« in die Schußlinie der allgemeinen Kritik und des öffentlichen Unwillens.

Sportpalast-Rede 1943

Es ist bezeichnend für den Abbau des Führer-Mythos, daß sich nicht Hitler – wie jeder erwartet hätte –, sondern Goebbels unmittelbar nach der Katastrophe von Stalingrad der Öffentlichkeit stellte. Am 18. Februar 1943 hielt der Reichspropagandaminister im Berliner Sportpalast vor einem sorgfältig ausgewählten Zuhörerkreis jene Rede, die als Proklamation des »totalen Krieges« in die Geschichte einging. Mit der frenetisch bejubelten Suggestivfrage: »Wollt ihr den totalen Krieg?« erzeugte und demonstrierte Goebbels einen nach außen strahlenden Durchhaltewillen, der von Stalingrad ablenken und gleichzeitig auch den Alliierten gegenüber, die unmittelbar vorher die bedingungslose Kapitulation der deutschen Truppen beschlossen hatten, den deutschen Willen weiterzukämpfen, unterstreichen sollte. Dieses »Kabinettstück demagogischer Massenverführung« (Schreiber) konnte jedoch nicht darüber hinwegtäuschen, daß mit dem in sich zerfallenden Führer-Mythos auch die »nationale Geschlossenheit« der vielbeschworenen Volksgemeinschaft, die immer wieder durch Propagandafeldzüge und ebenso durch zunehmenden Terror aufrecht erhalten worden war, einen nicht mehr zu kittenden Riß erhalten hatte. Zunehmende Kritik an der Sinnlosigkeit des Krieges war dafür ein deutliches Symptom.

Die »Weiße Rose«

Fast zur gleichen Zeit, als Goebbels zum totalen Krieg aufrief, verbreiteten Studenten in der Münchener Universität Flugblätter, die dazu aufforderten, anläßlich der Niederlage von Stalingrad den aktiven Kampf gegen die Hitler-Partei aufzunehmen und das nationalsozialistische Terrorregiment zu stürzen. Diese vereinzelte Aktion der Geschwister Hans und Sophie Scholl und ihrer Freunde, die inhaftiert und nach einem kurzen Prozeß hingerichtet wurden, vermag die zunehmende Bereitschaft dokumentieren, kritische Di-

EIN DEUTSCHES FLUGBLATT

DIES ist der Text eines deutschen Flugblatts, von dem ein Exemplar nach England gelangt ist. Studenten der Universität München haben es im Februar dieses Jahres verfasst und in der Universität verteilt. Sechs von ihnen sind dafür hingerichtet worden, andere wurden eingesperrt, andere strafweise an die Front geschickt. Seither werden auch an allen anderen deutschen Universitäten die Studenten „ausgesiebt". Das Flugblatt drückt also offenbar die Gesinnungen eines beträchtlichen Teils der deutschen Studenten aus.

Aber es sind nicht nur die Studenten. In allen Schichten gibt es Deutsche, die Deutschlands wirkliche Lage erkannt haben ; Goebbels schimpft sie „die Objektiven". Ob Deutschland noch selber sein Schicksal wenden kann, hängt davon ab, dass diese Menschen sich zusammenfinden und handeln. Das weiss Goebbels, und deswegen beteuert er krampfhaft, „dass diese Sorte Mensch zahlenmässig nicht ins Gewicht fällt". Sie sollen nicht wissen, wie viele sie sind.

Wir werden den Krieg sowieso gewinnen. Aber wir sehen nicht ein, warum die Vernünftigen und Anständigen in Deutschland nicht zu Worte kommen sollen. Deswegen werfen die Flieger der RAF zugleich mit ihren Bomben jetzt dieses Flugblatt, für das sechs junge Deutsche gestorben sind, und das die Gestapo natürlich sofort konfisziert hat, in Millionen von Exemplaren über Deutschland ab.

Manifest der Münchner Studenten

Erschüttert steht unser Volk vor dem Untergang der Männer von Stalingrad. 330.000 deutsche Männer hat die geniale Strategie des Weltkriegsgefreiten sinn- und verantwortungslos in Tod und Verderben gehetzt. Führer, wir danken Dir !

Es gärt im deutschen Volk. Wollen wir weiter einem Dilettanten das Schicksal unserer Armeen anvertrauen ? Wollen wir den niedrigsten Machtinstinkten einer Parteiclique den Rest der deutschen Jugend opfern ? Nimmermehr !

Der Tag der Abrechnung ist gekommen, der Abrechnung unserer deutschen Jugend mit der verabscheuungswürdigsten Tyrannei, die unser Volk je erduldet hat. Im Namen des ganzen deutschen Volkes fordern wir von dem Staat Adolf Hitlers die persönliche Freiheit, das kostbarste Gut der Deutschen zurück, um das er uns in der erbärmlichsten Weise betrogen hat.

In einem Staat rücksichtsloser Knebelung jeder freien Meinungsäußerung sind wir aufgewachsen.

G.39

Manifest der Münchner Studenten

Fortsetzung

HJ, SA und SS haben uns in den fruchtbarsten Bildungsjahren unseres Lebens zu uniformieren, zu revolutionieren, zu narkotisieren versucht. Weltanschauliche Schulung hieß die verächtliche Methode, das aufkeimende Selbstdenken und Selbstwerten in einem Nebel leerer Phrasen zu ersticken. Eine Führerauslese, wie sie teuflischer und zugleich bornierter nicht gedacht werden kann, zieht ihre künftigen Parteibonzen auf Ordensburgen zu gottlosen, schamlosen und gewissenlosen Ausbeutern und Mordbuben heran, zur blinden, stupiden Führergefolgschaft. Wir „Arbeiter des Geistes" wären gerade recht, dieser neuen Herrenschicht den Knüppel zu machen.

Frontkämpfer werden von Studentenführern und Gauleiteraspiranten wie Schulbuben gemaßregelt, Gauleiter greifen mit geilen Späßen den Studentinnen an ihre Ehre. Deutsche Studentinnen haben an der Münchner Hochschule auf die Besudelung ihrer Ehre eine würdige Antwort gegeben, deutsche Studenten haben sich für ihre Kameradinnen eingesetzt und standgehalten. Das ist ein Anfang zur Erkämpfung unserer freien Selbstbestimmung, ohne die geistige Werte nicht geschaffen werden können. Unser Dank gilt den tapferen Kameradinnen und Kameraden, die mit leuchtendem Beispiel vorangegangen sind.

Es gibt für uns nur eine Parole: **Kampf gegen die Partei ! Heraus aus den Parteigliederungen,** in denen man uns politisch weiter mundtot machen will ! Heraus aus den Hörsälen der SS-Unter- und Oberführer und Parteikriecher ! Es geht uns um wahre Wissenschaft und echte Geistesfreiheit ! Kein Drohmittel kann uns schrecken, auch nicht die Schließung unserer Hochschulen. Es gilt den Kampf jedes einzelnen von uns um unsere Zukunft, unsere Freiheit und Ehre in einem seiner sittlichen Verantwortung bewußten Staatswesen.

Freiheit und Ehre ! Zehn Jahre lang haben Hitler und seine Genossen die beiden herrlichen deutschen Worte bis zum Ekel ausgequetscht, abgedroschen, verdreht, wie es nur Dilettanten vermögen, die die höchsten Werte einer Nation vor die Säue werfen. Was ihnen Freiheit und Ehre gilt, das haben sie in zehn Jahren der Zerstörung aller materiellen und geistigen Freiheit, aller sittlichen Substanz im deutschen Volk genugsam gezeigt. Auch dem dümmsten Deutschen hat das furchtbare Blutbad die Augen geöffnet, das sie im Namen von Freiheit und Ehre der deutschen Nation in ganz Europa angerichtet haben und täglich neu anrichten. Der deutsche Name bleibt für immer geschändet, wenn nicht die deutsche Jugend endlich aufsteht, rächt und sühnt zugleich, seine Peiniger zerschmettert und ein neues, geistiges Europa aufrichtet.

Studentinnen! Studenten! Auf uns sieht das deutsche Volk. Von uns erwartet es, so wie in 1813 die Brechung des napoleonischen, so 1943 des nationalsozialistischen Terrors aus der Macht des Geistes. Beresina und Stalingrad flammen im Osten auf, die Toten von Stalingrad beschwören uns : Frisch auf, mein Volk, die Flammenzeichen rauchen!

Unser Volk steht im Aufbruch gegen die Verknechtung Europas durch den Nationalsozialismus, im neuen gläubigen Durchbruch von Freiheit und Ehre!

stanz zum Regime einzunehmen und selbst das eigene Leben zu opfern, um dem inneren und äußeren Terror des nationalsozialistischen Regime ein Ende zu bereiten. Das soll allerdings nicht heißen, daß Widerstand im Sinne einer offenen, das Hitler-System herausfordernden und in Frage stellenden oppositionellen Tat auf breiter und systematischer Basis betrieben wurde. Dazu gab das Terror- und Überwachungssystem der SS, des Sicherheitsdienstes und der Gestapo auch keinerlei Chance. Außerdem – und das erschwerte nicht-regimekonformes Handeln erheblich – bedeutete Widerstand gerade im Hinblick auf die Kriegssituation tendenziell immer zugleich Hoch- und Landesverrat. Durch den sorgfältig instrumentalisierten Hitlerkult und durch die Aushöhlung oder Beseitigung aller Institutionen – das Amt des Reichspräsidenten, der Armee, des Regierungsapparats – war die Person des Führers zum einzigen Bezugspunkt des nationalen Identitätsbedürfnisses geworden. Dies unterschied Deutschland und damit auch die Bedingungen, unter denen Widerstand geübt werden konnte, generell von Italien, aber auch besonders von den von deutschen Truppen besetzten Gebieten. »Wer Hitler die Loyalität aufkündigte – und das bedeutete keineswegs, daß er nicht sonst schärfste Kritik an der Wirklichkeit des Regimes übte, die nicht Hitler, sondern den Unterführern angelastet wurde – stellte sich notgedrungen außerhalb der Nation« (Mommsen).

Das Problem des Widerstandes gegen den Nationalsozialismus

Außerdem hatte der »Aufstand des Gewissens« erst dann eine Chance, als sowohl die Verbrechen des Regimes wie auch seine militärische Niederlage unübersehbar wurden und damit die integrierende Popularität Hitlers dahinschwand. Die befreiende Tat des deutschen Widerstandes konnte unter diesen Voraussetzungen und Perspektiven nicht auf die nationale Freiheit hoffen, sie mußte vielmehr einer Niederlage und dem Vorwurf des Landesverrates gewärtig sein. Die Furcht vor einem neuen »Dolchstoß«, der angeblich die deutsche Niederlage im Ersten Weltkrieg verursacht habe, lähmte und blockierte die Bereitschaft, das Hitler-Regime stürzen zu wollen. Dies war auch der Grund, warum der Widerstand in der Bevölkerung völlig isoliert war und abgelehnt wurde, so daß eine oppositionelle Gruppe keinesfalls auf breite Unterstützung in Deutschland zählen konnte. Dieser »Widerstand ohne Volk« (Mommsen) ließ die Erfolgschancen auf ein Minimum schrumpfen und ist gleichzeitig auch der Grund dafür, warum das Bekenntnis zum Widerstand in der Zeit nach dem Zusammenbruch des Hitler-Regimes so problematisch war und warum sich die historische Widerstandsforschung bis zum heutigen Tag mit der Bewertung und wissenschaftlichen Einordnung des Widerstandes im Dritten Reich so schwer tut.

Diskussion der Widerstandsgruppen

Die Auseinandersetzung mit einzelnen politisch einordbaren Widerstandsgruppen diente entweder zur individuellen Exkulpation und Verteidigung eigenen konformen Verhaltens im Dritten Reich oder aber der Legitimation der jeweils neuen staatlichen Ordnung in beiden Teilen Deutschlands. Das Ergebnis dieser funktionell-politischen Beschäftigung mit dem Widerstand war die Herausarbeitung einzelner, von anderen sozialen Gruppen meist isolierten Gruppierungen, die aufgrund der fehlenden Einordnung in den jeweiligen politischen, sozialen und zeitlichen Kontext in ihrer Widerstandstätigkeit und auch in ihrem Widerstandsverständnis unangemessen überhöht wurden und damit vorrangig retrospektiver Identifikation zu dienen hatten. Die Betonung des »wahren« Widerstandes antifaschistischer Gruppierungen kommunistischer und sozialdemokratischer Herkunft, des »inneren« Widerstandes aus christlich-konfessioneller Überzeugung und schließlich die »einzig« sichtbare und damit »wirkliche« Widerstandsaktion national-konservativer Kreise, die hinter dem am 20. Juli 1944 auf Hitler verübten Attentat standen und aufgrund seines Scheiterns mit ihrem Leben bezahlen mußten, kann für diese zum Teil peinlich wirkende gegenseitige Aufrechnung und unangemessene Bewertung partieller Widerstandsaktionen stellvertretend genannt werden.

Erst die seit etwa 15 Jahren betriebene, auf großer Materialbasis beruhende, detaillierte Aufarbeitung der Zustimmungs- und Protestpotentiale innerhalb der Bevölkerung hat einen produktiven Paradigmenwechsel innerhalb der Widerstandsforschung bewirkt. Indem jetzt das enge Wechselverhältnis zwischen Herrschaft und Gesellschaft in den Mittelpunkt der Betrachtung gerückt wurde, konnte man sich von der bis dahin vorherrschenden Darstellung des Widerstandes von »oben« lösen und »Definitionselemente wie Totalität des Widerstandes, ethische Rigorosität, Organisations- und Aktionsidentität beiseite« (Plum) lassen. Diese Art von Basisforschung, die sich auf den niemals statisch zu verstehenden Prozeß wechselseitiger Anpassung zwischen Herrschenden und Beherrschten, zwischen Führung und Verführung, zwischen Zustimmung und Ablehnung konzentrierte, konnte auf die Vielzahl verschiedener Ausdrucksformen der politischen Konformität, der Unterstützung und Anpassung aufmerksam machen und gleichzeitig die vielfältigen Spielarten der Opposition und des Nonkonformismus, der passiven Resistenz und Verweigerung herausarbeiten. So konnte das Verhalten vieler Deutscher im Dritten Reich gegenüber jeweils anderen Aspekten des Regimes zugleich konformistisch und nonkonformistisch sein; häufig gab es heftige Unzufriedenheit mit einzelnen Maßnahmen des Regimes bei gleichzeitiger allgemeiner Bejahung des nationalsozialistischen Deutschland. Dies wiederum trägt zur Erklärung bei, weshalb sich Resistenz selten zum offenen Widerstand entwickelt hat.

Kurze Beispiele vermögen diesen Sachverhalt zu verdeutlichen: Hitler ordnete in einem an den Leiter der »Kanzlei des Führers«, Philipp Bouhler, und an seinen eigenen Arzt Dr. Karl Brandt, gerichteten Führererlaß vom Oktober 1939, der auf den Tag des Kriegsbeginns, den 1. September 1939, zurückdatiert war, an, »die Befugnisse namentlich zu bestimmender Ärzte so zu erweitern, daß nach menschlichem Ermessen unheilbaren Kranken bei kritischer Beurteilung ihres Krankheitszustandes der Gnadentod gewährt werden kann«. Zu den Beurteilungsmerkmalen dieser das »Gesetz zur Verhütung erbkranken Nachwuchses« nunmehr im Krieg steigernden Aktion gehörten neben dem Krankheitsbild auch die »Rasse« und die »Arbeitsleistung« der betroffenen Menschen. Die durch Tarnorganisationen verschleierten Zwangssterilisationen und -abtreibungen sowie die Tötung geistig Behinderter ließen sich in der Öffentlichkeit nicht verheimlichen. Sie riefen weit über den Kreis der direkt betroffenen Familienangehörigen eine Welle von Protestaktionen hervor, deren Ergebnis es war, daß zumindest gegen Ende des Jahres 1941 diese »Euthanasie«-Maßnahmen eingeschränkt wurden, ohne sie allerdings endgültig verhindern zu können. Es ist ein trauriger Befund deutscher Geschichte, daß die vom Staat angeordnete Tötung Kranker bis nach Kriegsende im Jahre 1945 von willfährigen Administratoren und Medizinern fortgesetzt wurde und heute immer noch nicht ihre angemessene juristische Ahndung erfahren hat. Angesichts der breiten Protest- und Verweigerungsbasis erhalten die mutigen und spektakulären Widerstandsaktionen von Vertretern beider Kirchen, die die kriminelle Qualität der Euthanasie-Politik des Nationalsozialismus einer breiteren Öffentlichkeit bewußt gemacht haben, sowohl ihren notwendigen politisch-sozialen Bezug als auch präzisere Beurteilungskriterien.

Opposition gegen die Euthanasie

Militärischer Widerstand

Neben den Kirchen, der Wirtschaft und der Administration konnte vor allem die Wehrmacht ein entscheidender Mittelpunkt effektiven Widerstandes im Dritten Reich werden. Denn vor allem die Soldaten konnten die Brutalisierung, Barbarisierung des Kriegsgeschehens »vor Ort« wahrnehmen und auch die Sinnlosigkeit der Opfer erkennen. Bereits 1938 hatte sich um den Chef des Generalstabes Ludwig Beck eine Gruppe von Offizieren gebildet, die der auf Krieg ausgerichteten Politik Hitlers distanziert und kritisch gegenüberstanden. Sowohl während der Sudetenkrise im Jahre 1938 als auch in der Phase im Herbst 1939 und Frühjahr 1940, als es um die Entscheidung ging, ob und wann die Westmächte anzugreifen seien, planten sie, Hitlers Politik zu konterkarieren. Die Bedenken und partiellen Verweigerungen dieser national-konservativen Elite wurden durch die überragenden militärischen Erfolge, die Hitler im wesentlichen für sich in Anspruch nahm, und durch die opportunistische Anpassungs- und Zustimmungsbereitschaft der Kameraden im Generalstab scheinbar widerlegt. Darüber hinaus scheiterten aus kaum zu erklärenden Gründen mehrere Attentatsversuche einzelner Offiziere. Der Loyalitätskonflikt zwischen dem Eid auf das Staatsoberhaupt und der sachlich-nüchternen Erkenntnis, einem verbrecherischen Regime zu dienen, welches allerdings bis 1943 große Zustimmung und Unterstützung von seiten der Bevölkerung erhielt, belastete und blockierte die Bereitschaft, ja die Notwendigkeit, einen Staatsstreich ausgerechnet in einer militärisch höchst problematischen Situation durchzuführen.

Bedeutung des Attentats vom 20. Juli 1944

Das gescheiterte Attentat auf Hitler am 20. Juli 1944 verschärfte den Gewissenskonflikt der Gegner des nationalsozialistischen Regimes. Hitler denunzierte die Gruppe um Oberst Claus Graf Schenk von Stauffenberg, der die Bombe im Führerhauptquartier im ostpreußischen Rastenburg gelegt hatte, mit den zynischen Worten: »Eine ganz kleine Clique ehrgeiziger, gewissenloser und zugleich verbrecherischer, dummer Offiziere hat ein Komplott geschmiedet, um mich zu beseitigen und zugleich mit mir den Stab

Der Präsident des Volksgerichtshofes Roland Freisler bei der Eröffnungsverhandlung gegen die Attentäter des 20. Juli 1944

praktisch der deutschen Wehrmacht auszurotten.« Hitler kam mit dieser abqualifizierenden Anklage der Widerstandskämpfer einer weit verbreiteten Meinung innerhalb der Bevölkerung entgegen, die – wie Sicherheitsberichte bestätigen können – verständnislos, ja voller Empörung dieses Attentat zur Kenntnis nahm. Hitlers Position als »Führer« wurde dadurch sogar wesentlich verstärkt und damit war sein Regime noch weniger von innen heraus zu stürzen.

Es wäre allerdings unangemessen, den konservativen Widerstand pauschal als reaktionär oder gar vergeblich abzutun. Gerade weil das Attentat in einer schier ausweglosen und auch kaum erfolgversprechenden Situation durchgeführt wurde, erhielt diese Aktion eine weit über die Grenzen Deutschlands ausstrahlende Funktion, die nicht nur den damaligen Gegnern des nationalsozialistischen Schreckensregiments signalisieren konnte, daß nicht alle Deutsche mit Hitler zu identifizieren seien. Diese auch für das heutige Geschichtsbewußtsein der Deutschen so wichtige Funktion des Widerstandes hatte Oberst Hans-Hennig von Tresckow, der sich das Leben nahm, um nicht die Folterungen und Demütigungen der Hitler-Gegner erleiden zu müssen, die nach dem 20. Juli 1944 verurteilt und zum großen Teil hingerichtet wurden, auf folgende prägnante Formel gebracht: »Das Attentat muß erfolgen ... Sollte es nicht gelingen, so muß trotzdem in Berlin gehandelt werden. Denn es kommt nicht mehr auf den politischen Zweck an, sondern darauf, daß die deutsche Widerstandsbewegung vor der Welt und vor der Geschichte den entscheidenden Wurf gewagt hat. Alles andere ist daneben gleichgültig.«

Gegen die Verschwörer und deren Familien setzte unmittelbar nach dem Attentat eine unbarmherzige Verfolgungs- und Hinrichtungswelle ein. Das Regime bewies, daß sich sein Terror noch steigern ließ. »Historisch gesehen verhinderte das Scheitern des Attentatsversuchs das Entstehen einer neuen Dolchstoßlegende, der Nationalsozialismus konnte die Verantwortung für die deutsche Niederlage nicht delegieren« (Schreiber).

Zerstörung und bedingungslose Kapitulation: der Untergang des Deutschen Reiches

Letzter Mobilisierungsschub

Fünf Tage nach dem gescheiterten Staatsstreich, am 25. Juli 1944, wurde erneut der totale Krieg proklamiert. Goebbels, Himmler und Speer sollten für den letzten und alles entscheidenden Mobilisierungsschub Sorge tragen. Goebbels, der in den letzten Kriegsjahren seine Machtposition immer mehr vergrößern konnte, wurde zum »Reichsbevollmächtigten für den totalen Kriegseinsatz« ernannt und sollte – was Speer wiederholt vergeblich gefordert hatte – den gesamten Verwaltungsapparat personell durchkämmen, um »das Höchstmaß von Kräften für die Wehrmacht und Rüstung freizumachen«. Nachdem er bereits am 24. August 1943 zum Reichsinnenminister ernannt worden war und damit Wilhelm Frick abgelöst hatte, wurde Heinrich Himmler nun auch noch Oberbefehlshaber des Ersatzheeres. Damit konnte der Reichsführer SS immer mehr Einfluß auf die Wehrmacht gewinnen, die jetzt von politischen Führungsoffizieren durchsetzt und kontrolliert werden sollte. Himmler verstand es, sich mit Hilfe der SS ein eigenes machtpolitisches und wirtschaftliches Imperium im Führerstaat aufzubauen und die deutsche Bevölkerung mit einem immer enger werdenden Netz der Überwachung und des Terrors einzuschnüren. Am 22. August 1944 wurden im Rahmen der »Aktion Gewitter« etwa 5000 ehemalige Führungskräfte aus Verwaltung und den ehemaligen Weimarer Parteien »vorbeugend« verhaftet und in »Schutzhaft« genommen. Der Schock des Attentates schien doch tiefer gesessen zu haben, als man offen zugeben wollte und durfte.

Der »Volkssturm«

Im Oktober 1944 wurden alle waffenfähigen deutschen Männer im Alter von 16 bis 60 Jahren zum »Deutschen Volkssturm«, am 12. Februar 1945 die deutschen Frauen zum Hilfsdienst für den Volkssturm und schließlich am 2. April 1945 zur Bildung des »Werwolfs« aufgerufen, der als Untergrundarmee in bereits militärisch besetzten deutschen Gebieten quasi als »letztes Aufgebot« kämpfen sollte.

Grenzen der Mobilisierungsmaßnahmen

Die propagandistisch groß aufgemachte Totalisierung des Krieges und die sich jagenden Mobilisierungsmaßnahmen erfüllten jedoch nur bedingt ihren eingeforderten Zweck. Immer noch, auch »fünf Minuten vor zwölf« zögerten die nationalsozialistischen Machthaber, eine effektive »totale« Erfassung aller nur vorhandener Arbeitskräfte, also auch die der Frauen, und eine strikte Reduzierung der Lebensbedingungen, also auch eine rigorose Einschränkung der Lebensmittel, wie das in der Sowjetunion und in Großbritannien längst und erfolgreich praktiziert wurde, nicht nur zu fordern, sondern auch durchzusetzen. Der soziale Friede, die Geschlossenheit der Heimatfront, die Bewahrung der Volksgemeinschaft – alle diese propagandistischen und ideologischen Versatzstücke wurden höher bewertet als das Vergrößern der Unzufriedenheit und generell der Kritik am Regime. Die Konsequenz war, daß die Brutalisierung regelrecht nach außen getragen wurde, indem das, was die deutsche Bevölkerung nicht zu geben brauchte, unbarmherzig und menschenverachtend von den okkupierten Ländern erpreßt wurde.

Gesellschaftliche Konsequenzen

Trotzdem hatte der Krieg eine mobilisierende Funktion für die gesellschaftliche und wirtschaftliche Modernisierung in Deutschland. Indem Rüstungsminister Albert Speer Rationalisierung und Effektivierung der Rüstungsproduktion anordnete, beschleunigte und modernisierte er die kapitalistische Organisation und Produktion. Das verstärkte die Konzentration der Unternehmen, trieb immer mehr Arbeitskräfte vom Kleingewerbe in die Großindustrie, baute systematisch traditionelle Berufsschranken ab, ebnete

Das zerbombte Stuttgart (1945)

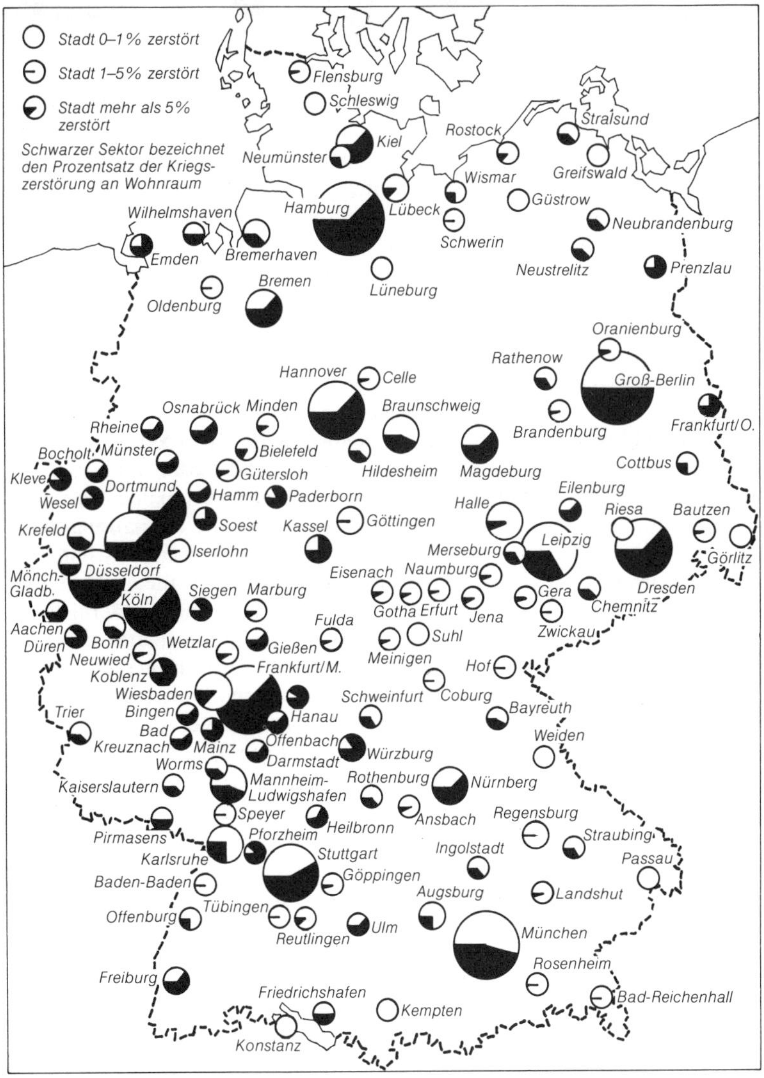

Die Zerstörung deutscher Städte

Nach einem Bombenangriff auf Berlin (Februar 1945)

überkommene Barrieren zwischen Arbeitern und Angestellten ein, förderte die Freizügigkeit und letztlich damit die soziale Mobilität. Um die Arbeitsmoral zusätzlich zu steigern, mußten soziale Verbesserungen gewährleistet werden, was einerseits Löhne und Renten verbesserte und andererseits Sozial-, Kranken- und Alterssicherungen garantierte und in ihren Leistungen steigerte. Die sich aus den kriegswirtschaftlichen Notwendigkeiten ergebende Orientierung am Leistungsprinzip und am Effizienzdenken überwand – zumindest in der Tendenz – traditionelle Beschäftigungs- und Sozialstrukturen. Die »totale« Mobilisierung aller materiellen und menschlichen Ressourcen besaß derart auch ihre »modernisierenden« Aspekte.

Insbesondere das Konzept der Volksgemeinschaft, das bestehende soziale Unterschiede zu überwinden, gesellschaftliche Privilegien zu negieren und traditionelle Elitebegriffe aufzuheben trachtete, wirkte als »Aufruf zur Überwindung der Relikte vorbürgerlicher, vorindustrieller sozialer Hierarchien und Normen ... zur Bildung einer modernen, mobilen nationalen Massengesellschaft (Broszat). Auf der anderen Seite wiederum hatte das nationalsozialistische Regime mit seiner Rassenpolitik, seiner Fremden-Feindschaft und seiner erklärten Absicht, die Frauenemanzipation aufzuhalten – was ihm allerdings nicht gelang, das Gegenteil trat ein –, stark anti-modernistische Züge, so daß gerade im Bereich der Sozialpolitik ein ambivalenter »Befund« zu konstatieren ist. »Technische Modernität und Zweckrationalität auf der einen Seite, Fixierung auf irrationale weltanschauliche Endziele auf der anderen Seite, Auflösung traditionaler sozialkonservativer Bindungen und Untergrabung überkommener gesellschaftlicher Instanzen bei gleichzeitigem Anlauf zu einer Gesellschaftsordnung, die in ihrer Orientierung an rassenideologischen Kategorien kaum als ›modern‹ angesehen werden kann – dies macht die Janusköpfigkeit des Nationalsozialismus aus« (Recker).

Dennoch hatte dieser gewollte und ungewollte, geförderte und gebremste Modernisierungsprozeß, dessen Ergebnisse eigentlich erst der deutschen Wirtschaft und Gesellschaft nach 1945 zugute kamen, nicht den von den nationalsozialistischen Führungskräften erwünschten Erfolg. Erschöpfung und Apathie, Hoffnungslosigkeit und Friedenssehnsucht lähmten die von Goebbels suggerierte Bereitschaft zum »Nun, Volk, steh auf, und Sturm, brich los!« Die immer häufiger und auf abnehmenden Widerstand stoßenden Bomberverbände der Westalliierten deckten Deutschland wie mit einem läh-

Bombenkrieg gegen Deutschland

menden und erstickenden Teppich zu, der zu einem Leichentuch wurde. Insgesamt wurden 3,5 bis 4 Millionen Wohnungen im Reichsgebiet zerstört, jede fünfte war nicht mehr bewohnbar. Ungefähr 500000 Menschen kamen bei Luftangriffen ums Leben, 650000 wurden verletzt, meistens Zivilisten, Frauen und Kinder. Die Städte Köln, Dortmund, Duisburg, Hamm z.B. verloren 60 bis 70% ihres Wohnraumes; Essen, Düsseldorf, Bremen, Hannover, Gelsenkirchen, Bochum, Kiel 50 bis 60%, Hamburg etwa 50%, Berlin gegen 40%. Die größte Zahl ziviler Opfer mußte Dresden beklagen, welches zu diesem Zeitpunkt mit Flüchtlingstrecks überfüllt war. Der Angriff im Februar 1945 forderte über 35000 Tote. Brandbomben machten aus der Kunstmetropole an der Elbe eine riesige Fackel.

Wer nicht umkommen wollte, mußte fliehen oder sich evakuieren lassen. Familien wurden auseinander gerissen, unendliches Leid erzeugt. Dies war ein »kleiner Vorgeschmack« auf die Vertreibungsaktionen aus den östlichen Gebieten des Deutschen Reiches. Eine nie in der Geschichte vorher erlebte Völkerwanderung veränderte das Gesicht Europas und seiner Menschen.

Angriff auf die Festung Europa; Niederlage der Achsenmächte

Der Sturmlauf auf die »Festung Europas« war nicht mehr zu stoppen. Ein nach Stalingrad versuchter Gegenangriff scheiterte im Juli 1943 bereits im Ansatz. Die Rote Armee ging in die Großoffensive über. Zu diesem Zeitpunkt bereitete sich auch der Abfall der Verbündeten Deutschlands in Europa vor. Italien, Rumänien, Bulgarien und Finnland erklärten im Lauf der Jahre 1943/44 dem Deutschen Reich den Krieg. Im Schutzstaat Slowakei konnte ein Aufstand nur mühsam niedergeworfen werden, und einzig die Geiselnahme seines überlebenden Sohnes konnte Ungarns Verweser Horthy zwingen, den Waffenstillstand mit den Alliierten zurückzunehmen. Im August 1944 stand die deutsche Wehrmacht wieder dort, wo sie im Juni 1941 angetreten war. Auch in West- und Südeuropa wurde von den Alliierten die deutsche Front regelrecht aufgerollt. Die Invasion in Sizilien am 10. Juli 1943 war der Beginn; zwei Monate später fand die Landung auf dem italienischen Festland statt. Aber in langwierigen, oft erbitterten Kampfhandlungen (Monte Cassino Januar bis Mai 1944) benötigten die Alliierten fast zwei Jahre zur Besetzung ganz Italiens. Am 6. Juni 1944 wurde schließlich mit der

Menschenverluste im Zweiten Weltkrieg

Deutschland	5,25 Millionen, davon 500000 Zivilisten
Sowjetunion	20,6 Millionen, davon 7000000 Zivilisten
USA	259000
Großbritannien	386000, davon 62000 Zivilisten
Frankreich	810000, davon 470000 Zivilisten
Polen	4,52 Millionen, davon 4,2 Millionen Zivilisten; ferner 1,5 Millionen in den von der Sowjetunion 1939 annektierten polnischen Ostgebieten
Italien	330000
Rumänien	378000
Ungarn	420000, davon 280000 Zivilisten
Jugoslawien	1,69 Millionen, davon 1280000 Zivilisten
Finnland	84000
Norwegen	10000
Dänemark	1400
Bulgarien	20000
Griechenland	160000, davon 140000 Zivilisten
Belgien	88000, davon 76000 Zivilisten
Niederlande	210000, davon 198000 Zivilisten
Japan	1,8 Millionen, davon 600000 Zivilisten
China	unbekannt
Gesamtverluste	rund 55 Millionen Tote

Siegestanz sowjetischer Soldaten am Brandenburger Tor

Landung in der Normandie eine zweite Frontlinie errichtet. Im September 1944 war Frankreich wieder frei. Logistische Probleme und strategische Differenzen behinderten einen schnelleren Vormarsch der Westalliierten. Der Versuch eines deutschen Gegenstoßes im Dezember 1944, die Ardennenoffensive, scheiterte. Amerikaner, Briten und Franzosen überschritten im Frühjahr 1945 den Rhein. Bereits im Januar war die Rote Armee in Ostpreußen und Schlesien eingedrungen und hatte bis zur Oder vorstoßen können. Das Unmaß der Greuel an Deutschen ist nicht zu beschönigen, muß aber als Folge und auf dem Hintergrund der deutschen Kriegsverbrechen in Osteuropa gesehen werden. Am 15. April trafen sich russische und amerikanische Truppen bei Torgau. Das Deutsche Reich lag im Koma. Zehn Tage später war Berlin von der Roten Armee eingeschlossen.

Die verschiedenen Gegenoffensiven von deutscher Seite sowohl im Osten als auch im Westen blieben aus Mangel an Material und, da die Soldaten demoralisiert, völlig verbraucht und überfordert waren, erfolglos. Hitlers psychopathisch anmutender Glaube an eine die Wende herbeiführende »Wunderwaffe« war Chimäre. Desgleichen die Hoffnung, das Bündnis zwischen West und Ost, zwischen Roosevelt und Churchill mit Stalin würde zerbrechen. Nach langem Zögern von Hitler, aber auch ohne sein Wissen eingeleitete Verhandlungen um einen Separatfrieden erwiesen sich ebenfalls als Illusion. Längst hatten sich die Alliierten in verschiedenen Konferenzen auf die bedingungslose Kapitulation des Deutschen Reiches, Japans und deren Verbündeter geeinigt. Deutschland sollte geteilt und von den siegreichen Alliierten besetzt und verwaltet werden.

Das Ende des »Tausendjährigen Reiches«

Hitler, der in den letzten Wochen des »Tausendjährigen Reiches« mit seinen engsten Mitarbeitern in Berlin im Bunker der Reichskanzlei hin und her getrieben zwischen Depressionen, aufschaukelnder Zuversicht auf eine unverhoffte Wende wartend, mißtrauisch und launisch und jede die Lage analysierende und Konsequenzen entwickelnde Diskussion erstickte, war nur noch ein Schatten seiner selbst, doch keineswegs machtlos. Zwar wurde er immer mehr von Martin Bormann, dem Leiter der Staatskanzlei und Privatsekretär des »Führers« im Range eines Ministers, abgeschirmt, so daß ohne dessen Erlaubnis nur noch wenige Unterführer direkt zu ihm vorgelassen wurden. Goebbels und Speer besaßen nach wie vor das Vertrauen des »Führers«. Göring, offiziell der zweite Mann im Führerstaat, war längst in Ungnade gefallen, so daß er es vorgezogen hatte, sich aus dem belagerten Berlin ausfliegen zu lassen. Sein Schreiben, in dem er die Nachfolge Hitlers anmeldete, wurde mit seinem Parteiausschluß und seiner Enthebung aus sämtlichen Ämtern von Hitler beantwortet. Auch Himmler, der mit den Westmächten in mit Hitler nicht abgesprochene Verhandlungen treten wollte, wurde des Verrats bezichtigt und ebenfalls verstoßen.

In den letzten Tagen vor der endgültigen Kapitulation Deutschlands reagierte Hitler so, wie seine bisherige Politik beschaffen war: Am 19. März gab er den Befehl, die für die Zukunft des deutschen Volkes lebensnotwendigen Industrie- und Versorgungsanlagen zu vernichten, damit diese nicht in Feindeshand fallen sollten. Dieser »Nero-Befehl«, der von den Verantwortlichen der Wehrmacht und Wirtschaft nicht mehr ausgeführt wurde, dokumentiert unmißverständlich die Menschenverachtung Hitlers und seiner Politik. Als Kommentar zu seinem Befehl gab er Speer, der ihn umstimmen wollte, zu verstehen: »Wenn der Krieg verlorengeht, wird auch das Volk verloren sein. Es ist nicht notwendig, auf die Grundlagen, die das deutsche Volk zu seinem primitivsten Weiterleben braucht, Rücksicht zu nehmen. Im Gegenteil ist es besser, selbst diese Dinge zu zerstören. Denn das Volk hat sich als das schwächere erwiesen, und dem stärkeren Ostvolk gehört ausschließlich die Zukunft. Was nach diesem Krieg übrigbleibt, sind ohnehin nur die Minderwertigen, denn die Guten sind gefallen.«

Am 30. April 1945 nahm sich Hitler das Leben, und die deutsche Wehrmacht kapitulierte mit Wirkung vom 9. Mai 1945. Der zwölfjährige Amoklauf des Nationalsozialismus war beendet, und das am 18. Januar 1871 in Versailles durch Otto von Bismarck ausgerufene Deutsche Reich hatte faktisch aufgehört zu bestehen.

Deutschland nach 1945

Peter Wulf

Gesamt-Deutschland unter den Besatzungsmächten und die Neuanfänge deutscher Politik (1945–1949)

Alliierte Vorstellungen über die Rolle Deutschlands nach dem Kriege

Kapitulation

Als am 8. Mai 1945 um 23.01 Uhr nach der vorherigen Kapitulation der deutschen Wehrmacht die Kämpfe an allen Fronten eingestellt wurden, da war das für Deutschland nicht nur im zeitlich-gegenwärtigen Sinn die Stunde Null, sondern auch im historischen Sinn. Niemals zuvor in der deutschen Geschichte – weder im Westfälischen Frieden noch nach den Napoleonischen Kriegen oder gar nach der Niederlage im 1. Weltkrieg – hatten sich die Deutschen einer solchen Situation gegenübergesehen. Diese Stunde Null bedeutete das Ende des gesamten staatlichen, politischen, wirtschaftlichen und geistigen Lebens in Deutschland, und es entstand die bange, zu diesem Zeitpunkt fast unbeantwortbare Frage, wie es weitergehen solle. Natürlich hatten vor allem die im Widerstand organisierten und im Exil lebenden Deutschen Überlegungen angestellt, was auf das Ende der nationalsozialistischen Herrschaft – wie immer es im einzelnen auch aussehen würde – folgen sollte, doch waren alle diese Pläne mit der deutschen Niederlage zunächst hinfällig geworden. Die wahren Inhaber der Macht in Deutschland waren mit der bedingungslosen Kapitulation die alliierten Siegermächte USA, Großbritannien, die Sowjetunion und später dann auch Frankreich, die mit einer einseitigen Erklärung vom 5. Juni 1945 die »oberste Regierungsgewalt« in Deutschland übernahmen. Allein in ihrer Macht lag es, über das weitere Schicksal Deutschlands zu entscheiden.

Doch nicht nur auf deutscher Seite, auch bei den Alliierten hatte es schon während des Krieges Planungen für die Nachkriegszeit gegeben. Dabei spielte das deutsche Problem zwar eine herausragende Rolle, doch ging es im weiteren Sinne um eine dauerhafte Weltfriedensordnung, die einen allgemeinen neuen Krieg in Zukunft ausschließen sollte. Allerdings waren die Ausgangspunkte innerhalb der alliierten Koalition sehr unterschiedlich. Die USA sahen den eigentlichen Grund für die Krisen der zwanziger Jahre und für die Zerstörung der Staatenwelt im Krieg in der unterschiedlichen Wirtschaftsentwicklung und im nationalen Wirtschaftsegoismus, und sie strebten daher danach, überall liberale offene Systeme einzurichten, die durch Teilnahme am Welthandel und am internationalen Austauschsystem politische und soziale Stabilität gewährleisten sollten. Die Sowjetunion dagegen fühlte sich durch die seit langem bestehende ständige Bedrohung ihrer Existenz durch andere Mächte, die im Falle des deutschen Angriffs fast das Ende des Sowjetstaates bedeutet hatte, so gefährdet, daß sie unverlierbare Sicherheitspositionen und Einflußbereiche beanspruchte. Es war die Frage, ob auf die Dauer

Generalfeldmarschall Keitel unterzeichnet die Kapitulationsurkunde in Berlin-Karlshorst am 8. Mai 1945

zwischen dem Anspruch der USA auf die »Offenheit der Welt« und dem sowjetischen Sicherheitsverlangen eine Übereinstimmung hergestellt werden könne. So war schon die Formulierung der allgemeinen Ziele des Krieges in der Atlantik-Charta (14. August 1941) und in den anschließenden Beitrittserklärungen der Mächte ein vielfacher Kompromiß, in den die jeweils ganz unterschiedlichen Vorbehalte und Bedenken eingebracht worden waren.

Alliierte Konferenzen

Zunächst traten diese Differenzen jedoch zurück gegenüber dem wichtigeren Ziel, das nationalsozialistische Deutschland niederzuringen und den Krieg zu beenden. Deutschland sollte bedingungslos kapitulieren, das Land selbst von den Alliierten besetzt werden. Die für den Krieg und die während des Kriegs begangenen Verbrechen Verantwortlichen waren zur Rechenschaft zu ziehen, und schließlich mußten Maßnahmen getroffen werden, die den Wiederaufstieg des Nationalsozialismus und das Wiedererstarken Deutschlands als Militärmacht auf Dauer verhindern konnten.

Der Koordination der Zusammenarbeit und der Präzisierung dieser Ziele sowie der Weiterentwicklung der Planungen für die Nachkriegszeit dienten eine Reihe großer alliierter Konferenzen während der Jahre 1943–1945. Das begann mit der Konferenz von Casablanca (Januar 1943), leitete über zu den Konferenzen von Teheran (November/Dezember 1943) und Jalta (Februar 1945) und schloß mit der Konferenz von Potsdam (Juli/August 1945). Gegenstand der Beratungen waren im wesentlichen die unmittelbaren Probleme, die sich aus der Kriegs- und Nachkriegszeit ergeben würden, doch versuchten alle Mächte zugleich, sich in diesem Rahmen ihre jeweiligen eigenen Optionen für die Zukunft offenzuhalten. Mehr und mehr wurde daher die Deutschlandpolitik zum integralen Bestandteil einer Weltpolitik der Mächte.

Schlüsselt man die auf diesen Konferenzen behandelten, Deutschland betreffenden Gegenstände einmal auf, so lassen sich folgende Komplexe unterscheiden: einmal die Frage der Einheit oder der Teilung Deutschlands, dann die Festlegung der zukünftigen Grenzen, drittens das Problem der Reparationen und schließlich die Frage der zukünftigen Verwaltung des besetzten Deutschland.

Einheit oder Teilung Die Frage der Einheit oder der Teilung Deutschlands ist zunächst einmal zu trennen von der späteren Zonenaufteilung, die vorerst nur Verwaltungszwecken dienen sollte. Hinter dieser Frage stand das Problem, ob Deutschland als gesamtstaatliche Einheit erhalten blieb oder ob der entsprechende mitteleuropäische Raum in eine Reihe kleinerer Staaten aufgegliedert werden sollte. Es schien den Alliierten fast eine Voraussetzung für das zukünftige politische Gleichgewicht in Europa zu sein, nicht den deutschen Zentralstaat wiederzuerrichten, von dem doch zwei Kriege ausgegangen waren, sondern die Stabilität in diesem Raum durch eine Reihe rivalisierender Mittelstaaten zu gewährleisten. Sowohl Churchill als auch Roosevelt wie auch Stalin haben solche Aufteilungspläne geäußert, doch war die Stellungnahme der Mächte nicht durchgängig einheitlich. Während Churchill und Stalin zunächst für eine Aufteilung plädiert hatten, änderten sie ihre Meinung und drängten später auf die Beibehaltung eines deutschen Einheitsstaates. Eine Entscheidung wurde schließlich nicht getroffen, denn nun wurde die Frage nach der Einheit oder der Spaltung Deutschlands zu einem Bestandteil des aufbrechenden Ost-West-Gegensatzes, der die deutschen Angelegenheiten zu überlagern begann.

Zukünftige Grenzen In mittelbarem Zusammenhang mit der Frage nach der Einheit oder Teilung Deutschlands stand auch die Frage der zukünftigen Grenzen. Dabei ging es neben der Grenze im Westen, wo Frankreich Forderungen stellte, vor allem um das Grenzproblem im Osten. Die Sowjetunion hatte sich im Nichtangriffspakt mit Hitler vom August 1939 die ostpolnischen Gebiete zusichern lassen, hatte diese bei dem deutschen Angriff aber wieder aufgeben müssen. Bei dem Vordringen der sowjetischen Truppen nach Westen seit 1943 erhob Stalin daher alsbald erneut die Forderung nach diesen Gebieten, schlug aber gleichzeitig vor, Polen im Westen auf Kosten Deutschlands mit den Gebieten bis an die Oder-Neiße-Linie zu entschädigen.

Die Westalliierten, insbesondere Churchill gingen nur zögernd auf diese Forderung ein. Er stimmte aber schließlich einer Westverschiebung der polnischen Grenze zu, doch blieb weiter umstritten, ob die von den Westalliierten zugestandene Oder-Linie oder die von der Sowjetunion und Polen geforderte weiterreichende Oder-Neiße-Linie die Westgrenze Polens sein sollte.

Entschieden wurde dieser Konflikt dann auf der Konferenz von Potsdam. Die Gebiete östlich der Oder und Neiße im Rahmen der deutschen Grenzen von 1937 wurden der polnischen Verwaltung unterstellt, die Stadt Königsberg und das umliegende Gebiet wurde der Sowjetunion übertragen. Eine endgültige Regelung beider Fragen sollte jedoch erst im Friedensvertrag mit Deutschland getroffen werden. Zugleich stimmten jedoch die Westmächte der Überführung (»transfer«) der deutschen Bevölkerung aus Polen zu, verlangten aber, daß dies in einer geordneten und humanen Weise zu geschehen habe. Insgesamt erkannten damit die Westalliierten die in Nordosteuropa beabsichtigten Gebietsveränderungen offenbar an, auch wenn sie den rechtlich-formalen Vollzug erst auf der zukünftigen Friedenskonferenz vornehmen wollten.

Reparationen Der dritte Komplex, der dann auf den Konferenzen von Jalta und Potsdam eine große Rolle spielte, war die Reparationsfrage. Deutschland hatte bei der Kriegführung in den anderen europäischen Ländern große Sach- und Personenschäden angerichtet. Bei den Alliierten herrschte Einigkeit darüber, daß Deutschland diese Schäden, wie auch immer, zu bezahlen habe. Bestand daher im Prinzip über die deutsche Reparationspflichtigkeit Einigkeit, so gingen die Auffassungen über die Art und Weise und über die Höhe der Zahlungen unter den Alliierten weit auseinander. Vor allem die Franzosen, Engländer und Amerikaner erinnerten sich nur allzu gut, welche Probleme die Reparationsfrage nach dem 1. Weltkrieg mit sich gebracht hatte und zu welchen tiefgreifenden Störungen der Wirtschafts- und Finanzmärkte sie geführt hatte. Auf der Seite der Westalliierten war man daher bestrebt, die Reparationen auf Sachlieferungen und Arbeitsleistungen zu begrenzen und sie in der Höhe nicht festzulegen, um zunächst einmal den weiteren Verlauf der wirtschaftlichen Entwicklung in Deutschland abzuwarten.

Ganz andere Vorstellungen hatten dagegen die Russen. Die Sowjetunion war ohne Zweifel durch den Krieg am schwersten getroffen worden: weite Gebiete waren verwüstet, das Industriepotential zerstört und die Menschen getötet oder geflohen. Ihr Bestreben mußte es daher sein, diese Schäden ersetzt zu bekommen und sich selbst den Großteil zu sichern. Der relativ offenen, flexiblen Reparationsregelung der Westalliierten stand also eine dezidierte, an den eigenen Bedürfnissen ausgerichtete Reparationsregelung der Sowjetunion gegenüber.

Vorerst gelöst wurde diese Frage durch die Potsdamer Abmachungen vom Sommer 1945. Danach sollten die Reparationsansprüche der Sowjetunion aus der russisch besetzten Zone befriedigt werden und außerdem aus den deutschen Auslandsguthaben in Osteuropa. Die Reparationsforderungen der Westmächte dagegen sollten aus den Westzonen befriedigt werden. Um den anerkannt großen Schäden in der Sowjetunion Rechnung zu tragen, sollte diese zusätzlich 15% der verwendungsfähigen Industrieausrüstung aus den Westzonen erhalten, hatte dafür allerdings im Austausch entsprechend Nahrungsmittel und Grundstoffe aus der Ostzone zu liefern. Außerdem sollte die Sowjetunion noch 10% der Industrieanlagen im Westen ohne Gegenleistung bekommen.

Zukünftige Verwaltung Deutschlands

Waren dies alles Fragen der langfristigen Planung, so ging es doch zunächst einmal darum, wie das zukünftig besiegte und besetzte Deutschland eigentlich verwaltet werden solle. Denn gleichgültig, ob Deutschland geteilt wurde oder ob es weiterhin als Einheit bestehen blieb – die oberste Verwaltung wollten sich die Alliierten selbst vorbehalten. Dabei mußte es das Bestreben aller Mächte sein, unabhängig vom militärischen Fortgang vorab eine Einigung über bestimmte Einflußzonen herbeizuführen, um spätere Konflikte von vornherein auszuschalten. Zur Beratung der europäischen Fragen, insbesondere zur Verständigung über die zukünftige Entwicklung von Deutschland hatten die Alliierten daher die Europäische Beratende Kommission (»European Advisory Commission«) gebildet, der zunächst Großbritannien, die Sowjetunion und die USA angehörten, zu denen dann Ende 1944 Frankreich als vierte Großmacht hinzutrat. Diese Kommission verabschiedete noch im Jahre 1944 zwei Dokumente, die für die weitere Entwicklung in Deutschland folgenreich werden sollten: einmal das Protokoll über die Festlegung von Besatzungszonen und die Verwaltung von Groß-Berlin vom September 1944 und dann ein Abkommen über die Kontrolleinrichtungen vom November 1944.

Das erste Dokument, das Zonenprotokoll, ging zunächst nur von drei Zonen und drei Mächten aus. Es legte die Grenzen fest für eine Ostzone, die der Sowjetunion zugewiesen wurde, einer Nordwestzone, die für Großbritannien bestimmt war, und eine Südwestzone, die den USA vorbehalten blieb. Ausgenommen aus dieser Zoneneinteilung war das Gebiet von Groß-Berlin, das nicht zu den Zonen gehörte und das gemeinsam von den alliierten Mächten verwaltet werden sollte. Frankreich fehlte in diesem Zonenprotokoll und wurde erst im Juli 1945 an der gemeinsamen alliierten Verwaltung in Deutschland beteiligt, indem aus der Nordwestzone und aus der Südwestzone eine besondere französische Zone und aus den westlichen Sektoren Berlins ein französischer Sektor herausgeschnitten wurden.

Das zweite Dokument, das Abkommen über die Kontrolleinrichtungen, regelte die Besatzungsherrschaft im einzelnen. Oberstes Organ war der Kontrollrat, der von den Oberbefehlshabern der alliierten Streitkräfte gebildet wurde. Sie waren an die Weisungen ihrer jeweiligen Regierung gebunden. Sie übten in gegenseitiger Abstimmung jeder einzeln die Macht in ihren Zonen aus und waren gemeinsam zuständig für alle Fragen, die Deutschland als ganzes betrafen. Schon in der Konzeption wurde die Funktionstüchtigkeit dieses Gremiums allerdings dadurch erschwert, daß die Beschlüsse einstimmig gefaßt werden mußten. Für Berlin, das ja nicht zu den Zonen gehörte, war eine ähnliche Regelung getroffen, indem eine interalliierte Regierungsbehörde (Kommandantur) zu bilden war, die gemeinsam die Verwaltung von Groß-Berlin leiten sollte. Zu erwähnen ist noch, daß beide Dokumente vom Weiterbestehen zentraler deutscher Verwaltungen ausgingen, die unter Anweisung der Alliierten weiterarbeiten würden.

Alliierte Gegensätze

Zusammenfassend ist festzustellen, daß sich innerhalb der alliierten Koalition mit dem absehbaren Ende des Krieges Irritationen und Spannungen breitmachten, die in der Folge zu einer Verhärtung des Verhältnisses führten. Churchill beobachtete mit Argwohn das Verhalten der Sowjetunion in den osteuropäischen Ländern und sah dahinter nur den Versuch, ganz Osteuropa dem Bolschewismus zu unterwerfen. Stalin seinerseits scheint in der Absicht der Westmächte, eine Weltordnung nach liberalen und demokratischen Prinzipien aufzubauen, nur das Bestreben gesehen zu haben, der Sowjetunion ihre mit so großen Opfern erkämpften Positionen wieder zu nehmen und die alte Droh- und Unterwerfungsstrategie der Vorkriegszeit wieder beleben zu wollen. Roosevelt war bis zu einem gewissen Grade unschlüssig: Einerseits war er selbst unter großen Zugeständnissen bestrebt, die alliierte Koalition zu erhalten und sie zur Grundlage einer zukünftigen Weltordnung zu machen. Andererseits wurde aber auch ihm immer deutlicher, daß die Sowjetunion in ihrem Einflußbereich Maßnahmen traf, um eine einseitige, nicht umkehrbare Entwicklung einzuleiten. Konnten diese Gegensätze auf der Konferenz von Jalta zumindest nach außen hin noch einmal überbrückt werden, so zeigte sich spätestens auf der Konferenz von Potsdam, daß nicht mehr als ein Minimalkonsens zu erreichen war und daß wesentliche Gegensätze nur durch glatte Konferenzformeln überdeckt wurden. Die Mächte arbeiteten mit einer Art Doppelstrategie: Bei einem zukünftigen Wohlverhalten der jeweils anderen Seite waren sie durchaus zur Fortsetzung der Koalition bereit, doch hielten sie sich zugleich auch alle Möglichkeiten für einen Alleingang in ihrem Einflußbereich offen.

Deutschland unter der Herrschaft der Alliierten

Übernahme der Regierungsgewalt in Deutschland

Während die Fragen der Einheit oder der Teilung Deutschlands, der Grenzen und der Reparationen längerfristig zu klärende Probleme betrafen, ging es für die Alliierten zunächst einmal darum, die unmittelbare Verwaltung in Deutschland zu übernehmen. Mit der Kapitulation vom 8. Mai 1945 war das Militär als eigenständiger Faktor ausgeschieden. Der Nachfolger Hitlers, Dönitz, und die von ihm gebildete Reichsregierung unter Schwerin-Krosigk wurden Ende Mai 1945 gefangengenommen und für abgesetzt erklärt. Damit gab es keine deutsche Staatsführung mehr, die für das Reich rechtsverbindlich hätte handeln können. Die Folge war, daß die Alliierten einseitig in einer Erklärung die oberste Regierungsgewalt in Deutschland übernahmen und alle Rechte und Befugnisse für sich beanspruchten (5. Juni 1945). Zugleich wiesen sie darauf hin, daß dies nicht die Annektierung Deutschlands bedeute – eine rechtliche Unterscheidung, die für die Frage des Endes oder des Fortbestandes des Reiches noch eine Rolle spielen sollte. In Ergänzung zu dieser Erklärung wurden drei Dekrete veröffentlicht, in denen das Kontroll-

Winston Churchill, Harry S. Truman und Josef Stalin bei der Eröffnung der Potsdamer Konferenz (17. Juli 1945)

verfahren, die Zoneneinteilung und ein Beratungsverfahren mit den anderen Nationen über die weitere Entwicklung Deutschlands förmlich in Kraft gesetzt wurden. Damit war gleichsam der rechtliche und organisatorische Rahmen abgesteckt, in dem sich die alliierte Besatzungsherrschaft vollziehen sollte.

Die nähere Bestimmung ihrer Ziele und Zwecke erfolgte dann durch die Potsdamer Konferenz vom Juli/August 1945. Ganz allgemein unterschieden die in Potsdam verhandelnden Alliierten zwischen politischen und wirtschaftlichen Grundsätzen, nach denen die zukünftige Entwicklung in Deutschland ausgerichtet werden sollte. Im politischen Bereich war es oberstes Ziel, den Nationalsozialismus bis auf die Wurzeln auszurotten. Kriegsverbrecher sollten vor ein Gericht gestellt und alle anderen Parteimitglieder, sofern sie eine Tätigkeit ausgeübt hatten, sollten aus ihren Ämtern entfernt werden. Insgesamt sollte das deutsche Volk erkennen, daß es die Verantwortung für sein künftiges hartes Schicksal selbst zu tragen hatte.

Politische Grundsätze

Aber nicht nur die Vernichtung des Nationalsozialismus, auch den Neuaufbau eines politischen Lebens in Deutschland hatten sich die Alliierten zum Ziel gesetzt. Als Grundprinzip galt die Machtverteilung und die Stärkung der Selbstverwaltung auf demokratischer Grundlage. Statt einer zentralen deutschen Regierung sollten zunächst in einigen Bereichen zentrale deutsche Verwaltungen unter Leitung der Alliierten tätig werden. Demokratische Parteien und freie Gewerkschaften sollten zugelassen, die Freiheit der Presse, der Rede und der Religion gewährleistet werden. Faßt man diese politischen Grundsätze zusammen, so war ein Dreischritt vorgesehen: die Beseitigung der nationalsozialistischen Hinterlassenschaft, die Erkenntnis der Verantwortung für das selbstverschuldete Schicksal und der Versuch, den Grundstein für ein neues politisches Leben in Deutschland zu legen. So hieß es denn auch in der offiziellen Mitteilung über die Konferenz: »Es ist nicht die Absicht der Alliierten, das deutsche Volk zu vernichten oder zu versklaven. Die Alliierten wollen dem deutschen Volk die Möglichkeit geben, sich darauf vorzubereiten, sein Leben auf einer demokratischen und friedlichen Grundlage von neuem wiederaufzubauen.«

Wirtschaftliche Grundsätze

Die wirtschaftlichen Grundsätze verboten jede Produktion von Waffen und Kriegsausrüstung, Industrien, die mittelbar für die Kriegswirtschaft wichtig waren, wurden unter strenge Aufsicht der Alliierten gestellt. Dies betraf auch den Wiederaufbau der Industrie. Ähnlich wie bei den politischen Grundsätzen wurden aber auch im wirtschaftlichen Bereich die Weichen für einen Neuanfang gestellt. Vor allem die Landwirtschaft und die Friedensindustrie sollten gefördert werden und als Maßstab für ihren Aufbau der Eigenverbrauch dienen. Um der Differenzierung und Spezialisierung der deutschen Wirtschaft Rechnung zu tragen, aber auch in Hinsicht auf die zu leistenden Reparationen wurde Deutschland weiterhin als wirtschaftliche Einheit betrachtet.

Betrachtet man die Potsdamer Abmachungen insgesamt, so nehmen die Bestimmungen über die deutschen Angelegenheiten einen großen Raum ein. Allerdings wird durch den Wortlaut kaum deutlich, daß die Potsdamer Konferenz von starken Spannungen unter den Alliierten erfüllt war und daß die Westalliierten und die Sowjetunion mehrfach hart aneinander gerieten. Das Ergebnis der Konferenz waren Kompromisse in vielen Fragen, weil beide Seiten glaubten, sich durch Zugeständnisse in Details alle Möglichkeiten für die grundsätzlichen Fragen offenzuhalten. Zu diesen Kompromissen gehörte auch, daß bei der Formulierung vor allem der politischen Grundsätze Begriffe demokratischer Herrschaft und Verfahrensweisen gewählt wurden, die beide Seiten allerdings ganz verschieden auslegten. Mochten diese Begriffe im Moment noch die Spannungen verdecken, so war doch abzusehen, daß in einem Konfliktfall weitere Gegensätze unausweichlich wurden.

Nürnberger Prozeß

Während sich in der Frage der zukünftigen politischen und wirtschaftlichen Entwicklung Deutschlands die Gegensätze zunehmend vertieften, kam es in der Verfolgung des Nationalsozialismus zu einer letzten gemeinsamen Aktion aller Alliierten. Schon im Jahre 1943 hatten die Alliierten ihre Absicht erklärt, die nach ihrer Meinung Hauptverantwortlichen für den Nationalsozialismus und den Krieg in einem gemeinsam getragenen Verfahren abzuurteilen, doch war das Vorgehen im einzelnen noch ungeklärt. Nach längerem Schwanken kam man schließlich zu dem Entschluß, einen Internationalen Militärgerichtshof zur Aburteilung der Beschuldigten zu bilden.

Seit November 1945 verhandelte dieser Internationale Militärgerichtshof in Nürnberg. Die Anklage lautete auf Verschwörung bzw. Verbrechen gegen den Frieden, Kriegsverbrechen und Verbrechen gegen die Menschlichkeit. Für einen Teil der vorgeworfenen Verbrechen gab es nationale und internationale Strafgesetze, für andere – insbesondere für Verbrechen gegen den Frieden – war die rechtliche Lage unsicher. Angeklagt waren nicht nur Einzelpersonen wegen genau faßbarer Vorwürfe, sondern auch Angehörige bestimmter Organisationen wie der NSDAP, der Gestapo, der SA und des Generalstabs allein auf der Grundlage ihrer Mitgliedschaft. Der Prozeß endete im Oktober 1946 mit der Verkündung der Urteile. Es wurde eine Reihe von Todesurteilen ausgesprochen und mehrfach lebenslange Gefängnisstrafen verhängt. Außerdem gab es einige Zeitstrafen, aber auch drei Freisprüche.

Auch wenn die Rechtslage im einzelnen unsicher sein mochte und die Prozeßführung mitunter auch unausgewogen war, so wurde während dieses Prozesses doch die ganze Ungeheuerlichkeit der nationalsozialistischen Herrschaft enthüllt. Zahlreiche Beweisdokumente legten dar, daß die deutsche Seite den Krieg gezielt entfesselt hatte, daß viele Führungspersönlichkeiten aus Verwaltung und Wirtschaft tief in die nationalsozialistische Herrschaft verstrickt und daß in deutschem Namen an Wehrlosen Verbrechen geschehen waren, für die bisher jedes Beispiel fehlte. Eine ganze Reihe von nachgeordneten Prozessen in den Zonen und dann in den deutschen Staaten

Nürnberger Prozeß: Die Anklagebank (in der 1. Reihe v.l. Göring, Hess, Ribbentrop, Keitel, Kaltenbrunner, Rosenberg, Franck, Frick, Streicher und Funk – in der 2. Reihe v.l. Dönitz, Raeder, Schirach, Sauckel, Jodl, v. Papen, Seyss-Inquart, Speer und v. Neurath.

folgte diesem ersten großen Verfahren. Sie boten den Deutschen die Möglichkeit, über die jeweils eigene Schuld und Verantwortung nachzudenken, und in Teilen der deutschen Öffentlichkeit ist der Ruf durchaus vernommen worden. Im weiteren Verlauf verflachte jedoch die Auseinandersetzung mit dem Nationalsozialismus, weil im Zuge des beginnenden Ost-West-Gegensatzes sich andere politische Fronten bildeten, die dann weit mehr das öffentliche Bewußtsein beschäftigten als die Bewältigung des Nationalsozialismus.

Wenn auch in den Zonenabkommen der rechtlich-organisatorische und in den Potsdamer Abmachungen der inhaltliche Rahmen für die weitere Entwicklung in den vier Besatzungszonen festgelegt worden war, so zeigte sich doch sehr bald, daß die tatsächliche Entwicklung in den Zonen sehr unterschiedlich verlaufen sollte. Ursache dafür war zunächst einmal, daß trotz der gemeinsamen Verabredungen die Vorstellungen der einzelnen Alliierten über Deutschlands zukünftigen Weg weit auseinandergingen. Ursache für diese sehr unterschiedliche Entwicklung in den Zonen war aber zum anderen, daß der schärfer werdende weltpolitische Gegensatz vor allem zwischen den USA und der Sowjetunion mehr und mehr auf die deutschen Verhältnisse zurückschlug und damit die Deutschlandpolitik zu einem Teilgebiet der globalen Auseinandersetzung der Großmächte machte. Nicht die Einheitlichkeit der Politik, sondern die Eingliederung der Zonen in den jeweiligen Interessenbereich erhielt daher in der Politik der Mächte die Priorität.

Der Wiederbeginn des politischen Lebens in Deutschland

Neugründung der Parteien

Die Entscheidung über den Wiederbeginn des politischen Lebens in Deutschland lag nicht bei den Deutschen selbst, sondern bei den Alliierten. Diese hatten zwar in Potsdam beschlossen, ein eigenständiges politisches Leben und die Gründung demokratischer Parteien in Deutschland wieder zuzulassen, aber zunächst sollte die Ausschaltung der Nationalsozialisten und die Reinigung des politischen Lebens im Vordergrund stehen.

Umso überraschender war es daher, daß die sowjetische Militäradministration ohne Abstimmung mit den anderen Alliierten schon am 10. Juni

1945 die Bildung von Parteien, Gewerkschaften und anderen politischen und sozialen Organisationen für den Bereich ihrer Zone gestattete. Die Gründe für diese einseitige Entscheidung der Russen sind nur zu vermuten. So sicherte ihnen diese Vorausentscheidung eine gewisse Auswahlmöglichkeit zu, welche politischen Kräfte sich konstituierten. Zum anderen verstanden sich alle Parteien, die sich in der Folgezeit auf dieser Grundlage bildeten, als Reichsparteien. Für die Russen war also die Möglichkeit gegeben, durch die Zulassung oder die Ablehnung von Parteien oder auch durch bestimmte Auflagen auf die gesamtparteipolitische Entwicklung in Deutschland einzuwirken.

Kommunistische Partei Deutschlands

Schon einen Tag später trat die Kommunistische Partei Deutschlands (KPD) mit einem Aufruf an die Öffentlichkeit. Es war ganz offenbar, daß die Aktion der sowjetischen Besatzungsmacht und das erste Auftreten der KPD sorgsam aufeinander abgestimmt waren. Die Forderungen der KPD in Hinsicht auf die Umgestaltung von Staat und Gesellschaft waren allerdings zunächst zurückhaltend und eher bürgerlich-demokratisch als kommunistisch zu nennen. Die politische Linie der KPD in dieser frühen Phase zielte ganz offensichtlich darauf ab, Unterstützung von allen Seiten zu gewinnen und breite Koalitionen zu ermöglichen.

Im Zentrum der Koalitionsbemühungen der KPD stand die Sozialdemokratische Partei Deutschlands (SPD). Nach all den Erfahrungen während der Zeit des Nationalsozialismus sollte die seit 1917 bestehende Spaltung der Arbeiterbewegung wieder aufgehoben werden. Auch in Teilen der SPD gab es solche Bestrebungen. Zunächst hatte man bei der sowjetischen Besatzungsmacht und bei der KPD an die Zusammenarbeit von zwei selbständigen Parteien gedacht, doch als sich nach den ersten Wahlen herausstellte, daß die SPD stets größere Stimmenanteile erhielt als die KPD, drängte die KPD mit massiver Unterstützung der Russen auf eine Vereinigung der beiden Parteien. Im April 1946 wurden daraufhin die SPD und die KPD im Bereich der sowjetischen Zone zwangsweise zur SED (Sozialistische Einheitspartei Deutschlands) zusammengeschlossen.

In den Westzonen wurde diese Vereinigung der SPD mit der KPD sowohl von den Besatzungsmächten wie auch von den dort inzwischen gebildeten Teilorganisationen der SPD aus politisch-taktischen wie aus prinzipiellen Gründen verworfen. Die KPD blieb im Westen also als Einzelpartei bestehen und hatte mit den anderen Parteien, vor allem aber mit der Sozialdemokratie zu konkurrieren. Die KPD erhielt bei den ersten Landtagswahlen 1946/47 zwischen 14,3% in Baden und 4,7% in Schleswig-Holstein, war aber in einzelnen, vor allem industriellen Regionen sehr viel stärker. Bei der Wahl zum ersten Bundestag erhielt die KPD 5,7% der Stimmen. Die weitere Entwicklung bei den Wahlen zeigte dann allerdings, daß das Wählerpotential der KPD begrenzt war und die Wählerschaft auf die Dauer nicht gehalten werden konnte.

Sozialdemokratische Partei Deutschlands

Die andere große Partei, die an die Traditionen der vornationalsozialistischen Zeit anschloß, war die SPD. Allerdings gab es hier keine zentrale Gründungsorganisation, sondern eine Reihe von konkurrierenden Vertretungen: einmal der Berliner Zentralausschuß, weiter der Rest des früheren Parteivorstandes im Exil in London und schließlich verschiedene Gruppierungen sozialdemokratischer Politiker in den westlichen Besatzungszonen, die sich aus der alten Mitgliedschaft gebildet hatten. Die stärkste Persönlichkeit innerhalb dieser letzten Gruppe war Kurt Schumacher, der in der folgenden Zeit die politische und organisatorische Entwicklung der SPD in den Westzonen wesentlich bestimmen sollte.

Kurt Schumacher ging von der Grundannahme aus, daß die SPD nicht dort wiedereinsetzen könne, wo sie im Jahre 1933 aufgehört habe zu bestehen. Die SPD müsse ihre soziale Basis erweitern und auch in die Mittelschichten ausgreifen. Zwar sei der Klassenkampf eine gesellschaftliche Tatsache, aber seine Fronten verliefen komplizierter als dies bisher angenommen worden sei. Das Privateigentum sei nicht grundsätzlich abzuschaffen, sondern nur das große, mit wirtschaftlicher Macht ausgestattete Privatkapital, das nicht sozial genutzt werde. Ganz scharf wandte sich Schumacher gegen den Kommunismus und gegen jede Zusammenarbeit mit der KPD. Ziel sei der Aufbau einer parlamentarischen Demokratie mit Menschenrechten, Parteienvielfalt und einer planmäßigen Lenkung der Wirtschaft durch den Staat.

Zunächst versuchte die SPD noch, eine gesamtdeutsche Organisation der Partei aufrechtzuerhalten, doch scheiterte dieser Versuch nach der Zwangsvereinigung von SPD und KPD in der sowjetischen Zone im April 1946. Seitdem bestand in den Westzonen eine eigene Organisation, die sich als die eigentliche Wahrerin der sozialdemokratischen Traditionen verstand. Bei den Landtagswahlen der Jahre 1946/47 erhielt die SPD Stimmenanteile zwischen 20,8% in Württemberg-Hohenzollern und 43,8% in Schleswig-Holstein. Bei den ersten Bundestagswahlen entschieden sich 29,2% der Wähler für die Sozialdemokratie. Das waren prozentual etwa so viel Wähler wie bei den besten Wahlergebnissen der Weimarer Republik. Geht man allerdings von dem strikten Gegensatz von SPD und KPD aus, wie er seit 1945/46 bestand, so zeigte sich, daß die SPD bei diesem Ergebnis zunächst einem vereinigten bürgerlichen Lager unterlegen blieb.

Eine ganz andere Entwicklung nahm die parteipolitische Neukonstituierung des bürgerlichen Lagers. Die Weimarer Republik war durch eine breite Parteienvielfalt auf der bürgerlichen Seite gekennzeichnet gewesen, die zwar eine differenzierte Vertretung des politischen Willens ermöglicht hatte, aber andererseits durch die Zersplitterung der Stimmen zum Untergang des Weimarer Staates beigetragen hatte. Ähnlich wie bei den beiden sozialistischen Parteien war daher nach 1945 auch im bürgerlichen Lager der Gedanke gefaßt worden, den politischen Neuanfang über alle sozialen und konfessionellen Grenzen hinweg in einer großen bürgerlichen christlichen Partei zu machen.

Christlich-Demokratische Union

Diese Neuartigkeit einer großen bürgerlichen Sammlungsbewegung bedingte aber auch ihren eigentlichen Gründungsvorgang. Die Gründung erfolgte nicht zentral, sondern auf dem Wege eines längerfristigen Zusammenschlusses verschiedener parallel laufender Initiativen. Der Name der neuen Sammlungspartei war Christlich-Demokratische Union (CDU). Es war in sozialer, in konfessioneller wie auch in regionaler Hinsicht eine breite parteipolitische Bewegung, die alle nichtkommunistischen und nichtsozialdemokratischen Bevölkerungsschichten in sich zu sammeln versuchte.

Diesem Sammlungscharakter entsprachen auch die ersten programmatischen Äußerungen der neuen Partei. Grundlage allen politischen Handelns sollte das Christentum sein, dessen verpflichtende Grundsätze während der nationalsozialistischen Herrschaft so offenbar verlorengegangen waren. Im Hinblick auf die zukünftige politische Ordnung war es allein die Demokratie, in deren Rahmen die politischen und gesellschaftlichen Ziele der Partei realisierbar erschienen. Das Wirtschaftsleben schließlich war in straffer Planung zu ordnen. Das Privateigentum wurde im Prinzip bejaht, doch sollte es durch die soziale Verpflichtung gebunden werden; Bodenschätze und Schlüsselindustrien hatten dagegen ganz in Gemeinbesitz überzugehen. Insgesamt war das Programm in dieser Anfangsphase eher sozial orientiert mit stark gemeinwirtschaftlichen Zügen. Bei der Zusammensetzung der CDU, vor allem bei dem sehr starken bürgerlichen Anteil war zu erwarten, daß diese programmatische Ausrichtung längerfristig wieder verändert würde. In den folgenden Jahren traten die ausgesprochen plan- und gemeinwirtschaftlichen

Programmpunkte daher immer mehr hinter die marktwirtschaftliche Ausrichtung mit starker Betonung des Privateigentums zurück.

Bei den Landtagswahlen der Jahre 1946/47 erhielt die CDU zwischen 55,9% in Baden und 19,9% in Niedersachsen. Bei den ersten Bundestagswahlen erreichte die Partei einen Stimmenanteil von 31,0%.

Freie Demokratische Partei

Obwohl die CDU vom Ansatz her alle bürgerlichen Schichten miteinzuschließen suchte, gab es von Anfang an Gruppierungen, die sich dieser Einbindung versagten. Es waren dies vor allem Angehörige des in der Anfangsphase der Weimarer Republik so starken liberalen Lagers, die die Ausrichtung des zukünftigen politischen Lebens auf bestimmte vorgegebene Wertsysteme ablehnten.

Die organisatorischen Anfänge dieser Partei – der Freien Demokratischen Partei (FDP) – waren vielfältig und schwierig. Erste Gründungen gab es in Berlin um die ehemaligen Weimarer Liberalen Schiffer und Külz, dann in Südwestdeutschland unter Theodor Heuss und Reinhold Maier, in Bayern, in Hessen und in Norddeutschland. Zwar trat die Berliner Organisation mit dem politischen Anspruch für ganz Deutschland auf, doch ließen sich die entstehenden liberalen Gruppierungen nur schwer in die Pflicht einer Zentralpartei nehmen. Erst im November 1948 schlossen sich alle diese Gruppen zur FDP zusammen.

Das Programm der FDP war deutlich antiklerikal und antisozialistisch. War der ältere Liberalismus bestrebt gewesen, den Freiheitsraum des Bürgers gegenüber dem Staat abzusichern, so sah der neu entstehende Liberalismus die Gefahr im politischen Bereich eher in den modernen totalitären Richtungen und im wirtschaftlichen Bereich in der Zwangsgewalt monopolitischer Großorganisationen. Gegen beide Bedrohungen sollte der Freiheitsraum des Individuums geschützt und gesichert werden. Da jedoch sowohl die CDU wie auch zunehmend die SPD liberale Positionen in ihre Programme übernommen hatten, war es für die FDP von Anfang an schwierig, die Position eines eigenständigen Liberalismus gegenüber den anderen beiden großen Parteien zu behaupten.

Bei den Landtagswahlen der Jahre 1946/47 erhielt die FDP zwischen 19,5% in Württemberg-Baden und 5,0% in Schleswig-Holstein. Bei der Wahl zum ersten Bundestag erreichte die FDP 11,9% der Stimmen.

Andere Parteien

Neben diesen vier in das traditionelle deutsche Parteiensystem hineingehörenden Richtungen bildeten sich aber auch noch eine Reihe anderer Parteien, die jeweils sehr begrenzte Ziele vertraten. Da waren einmal die landsmannschaftlich bestimmten Regionalparteien wie die »Bayernpartei« und die »Niedersächsische Landespartei«, die sich später unter dem Namen »Deutsche Partei« (DP) zu einer Bundespartei zu wandeln versuchte. Da waren zum anderen die Vertriebenenparteien, die sich vor allem die wirtschaftlichen und sozialen Anliegen der Vertriebenen, Flüchtlinge und Zugewanderten zu eigen machten (»Bund der Heimatvertriebenen und Entrechteten«, BHE). Und da waren schließlich die Parteien, die sich entweder als Flügelparteien verstanden oder aber sich aus Abspaltungen von den Großparteien herausbildeten (»Sozialistische Reichspartei« oder aber »Gesamtdeutsche Volkspartei«). Bestand hatten alle diese zuletzt genannten Parteien nicht, weil sich die Tendenz zur Mitte im deutschen Parteiensystem der Nachkriegszeit immer stärker herausbildete und die kleineren Parteien sich in dem enger werdenden Spektrum gegenüber den größeren nicht durchzusetzen vermochten.

Die Bildung von Parteien, die sich in dieser Anfangsphase noch als Reichsparteien verstanden, gehört in den größeren Zusammenhang der Wiederentstehung eines eigenständigen politischen Lebens in Deutschland, wie es sich in den von den Alliierten zugestandenen Freiräumen entwickelte. Zugleich gab es aber auch auf der deutschen Seite Bestrebungen, den politischen Neubeginn voranzutreiben und eigene Initiativen gegen die drohende Spaltung zu entwickeln. Es war offenbar, daß dies nur mit dem Einverständnis der Alliierten geschehen konnte und daß diese ihre jeweils eigenen Vorstellungen in diese Initiativen als Vorgaben miteinbringen würden. Im Rahmen dieser Bemühungen trafen im Jahre 1946 die Ministerpräsidenten der Westzonen zweimal in Bremen zusammen, bis es dann im Juni 1947 gelang, die Ministerpräsidenten aller vier Zonen in München zu versammeln. Der Gang der Verhandlungen in München machte allerdings sehr bald deutlich, daß die Einigungsbemühungen der Ministerpräsidenten vom Ansatz her zum Scheitern verurteilt waren. Sowohl die Auflagen der Alliierten, unter denen sie dem Treffen zugestimmt hatten, wie auch die unter den Ministerpräsidenten bestehenden Uneinigkeiten in Verfahrens- und Sachfragen verhinderten, daß es zu einem erfolgreichen Abschluß dieser Konferenz kommen konnte. Seit der Münchener Konferenz war klar, daß es nur eine Teileinigung einzelner Zonen geben konnte und daß die Vorausbedingungen der einzelnen Alliierten in Hinsicht auf das künftige Staats-, Wirtschafts- und Gesellschaftssystem weitgehender sein würden, als das bisher angenommen worden war. Unter diesen Umständen war eine Neukonstituierung des politischen und staatlichen Lebens nicht mehr für Gesamtdeutschland, sondern nur für die einzelnen Zonen möglich, und sie konnte nicht nach dem freien Willen der Deutschen, sondern nur entsprechend den Zugeständnissen der Alliierten erfolgen.

Münchner Ministerpräsidenten-Konferenz

Ost-West-Gegensatz und deutsche Spaltung

Das während des Krieges geschlossene Bündnis zwischen der Sowjetunion und den Westalliierten war von Anfang an ein zutiefst unnatürliches Bündnis. Die Gesellschaftsformen, die Wirtschaftsordnungen und die Prinzipien des staatlich-politischen Aufbaues der beiden Systeme schlossen sich gegenseitig aus. Zusammengehalten wurde diese Koalition zunächst nur durch das gemeinsame Bestreben, den Nationalsozialismus niederzuwerfen. Über alle zeitweiligen Differenzen hinweg war dies immer wieder das einigende Element. Mit dem Ende des Krieges stellte sich nun die Frage, ob die folgenden Bemühungen um die Beseitigung der Kriegsfolgen und die Sicherung des Friedens ausreichen würden, um einen dauernden Ausgleich zwischen den Systemen zu schaffen.

Wandlungen in Osteuropa

An sich war zunächst auf allen Seiten der Wille zur weiteren Kooperation vorhanden. Der Wandel im Verhältnis der Alliierten untereinander kam allerdings schneller als erwartet. Streitpunkt der Mächte wurden die Verhältnisse in den Ländern Ostmitteleuropas und auf dem Balkan, in denen nach der Übereinkunft der Konferenz von Jalta vorläufige Regierungen gebildet werden sollten, an denen alle demokratischen Kräfte beteiligt und die alsbald durch freie Wahlen bestätigt werden sollten. Gleichzeitig aber gestanden die Westmächte zu, daß Ostmitteleuropa entsprechend dem russischen Sicherheitsverlangen sowjetischer Einflußbereich gehören soll. Nur zu bald erwies sich, daß diese beiden Prinzipien unvereinbar waren: Während die Amerikaner nachdrücklich die Beteiligung *aller* demokratischen Kräfte und freie Wahlen in den ostmitteleuropäischen Ländern und auf dem Balkan forderten, ihre Vorstellungen über die Art und Weise der Sicherung des sowjetischen Einflusses aber nicht deutlich werden ließen, waren die Sowjetrussen bestrebt, zunächst *ihren* Einfluß in diesen Gebieten mit tiefreichenden Eingriffen abzusichern und die Zulassung der politischen Kräfte und freier Wahlen diesem Ziel unterzuordnen. Druck erzeugte Gegendruck: Die USA stellten daraufhin die wirtschaftlichen Hilfslieferungen ein und versuchten auch sonst, die Entwicklungen in diesem Gebiet in ihrem Sinne zu revidieren, was nun wiederum die Sowjetunion als die Nichteinhaltung gültiger Abmachungen betrachtete. Der Konflikt wurde unausweichlich.

Politik der »Eindämmung«

Aber nicht nur in Europa, sondern auch auf dem asiatischen Kontinent kam es entlang der Ost-West-Bruchstelle zu entsprechenden Spannungen: in der Türkei und im Iran, in China und in Korea. Überall verhärteten sich die sowjetisch-westlichen Beziehungen. Die Summe dieser Geschehnisse und die Gleichheit der Vorgänge führten schließlich in den USA zu einem grundlegenden Wandel der politischen Auffassung. Nicht länger schien eine Zusammenarbeit mit der Sowjetunion wie während des Krieges möglich, sondern nun ging es darum, der Sowjetunion einen entschiedenen Widerstand entgegenzusetzen, das weitere Vordringen der Sowjetunion aufzuhalten, ihren Einfluß einzudämmen und die Völker und Staaten an der Peripherie des kommunistischen Machtbereiches so zu stärken und einzurichten, daß sie dem Kommunismus nicht verfielen. Es entstand die Politik des »containment« – der Eindämmung.

Sowjetisch-alliierte Gegensätze in Deutschland

Eines der Gebiete, in dem die beiden neu entstehenden Machtblöcke im Zeichen der Konfrontation direkt zusammentreffen mußten, war Deutschland. Ursprünglich waren die Alliierten von einer einheitlichen Behandlung Deutschlands in den vier Zonen ausgegangen, aber diese Einheitlichkeit erwies sich je länger je mehr als Illusion. Konflikte entstanden vor allem über die Beteiligung der Mächte an der Verwaltung Gesamtdeutschlands, über die Reparationen und über die innere Verwaltung der Zonen.

Bei der Beteiligung der Mächte an der Verwaltung Gesamtdeutschlands ging es um die sowjetische Forderung, die verwaltungsmäßige Einheit Deutschlands herzustellen und die Sowjetunion an der Kontrolle des Ruhrgebietes zu beteiligen, ohne daß diese jedoch eine entsprechende Kontrolle der Westmächte in ihrer Zone zuzugestehen bereit war. Eine solche einseitige Beteiligung lehnten nun wiederum die USA und Großbritannien ab. Während diese in dem sowjetischen Vorgehen nur den Versuch sahen, das Einflußgebiet der Sowjetunion nach Westen vorzuschieben, erblickte die Sowjetunion in dem Verhalten der beiden Westmächte umgekehrt nur das Bestreben, das Ruhrgebiet und den Westen Deutschlands insgesamt in die kapitalistische Wirtschaftsordnung miteinzubeziehen. Ähnlich war es bei den Reparationen: Zwar galt die Übereinkunft, Reparationen nicht aus der laufenden deutschen Produktion zu nehmen, um einen gewissen Lebensstandard in Deutschland aufrechtzuerhalten, doch hielt sich die Sowjetunion nicht an diese Absprache. Die USA unterbanden daraufhin die nach den Potsdamer Abmachungen vorgesehenen Reparationslieferungen aus dem Westen in die Ostzone, um nicht einseitig den Osten zu stützen. Ähnlich war es schließlich bei der inneren Verwaltung der Zonen: Während die USA und Großbritannien eine einseitige Umgestaltung der wirtschaftlichen und gesellschaftlichen Verhältnisse in ihren Zonen mit dem Hinweis auf die notwendige Einheitlichkeit Gesamtdeutschlands ablehnten, sah die Sowjetunion darin nur den Versuch, sich der fälligen Neuordnung zu entziehen, und begann ihrerseits, in ihrer Zone durch die Bodenreform, die Vergesellschaftung der Industrie und durch die Neuordnung der politischen Kräfte vollendete Tatsachen zu schaffen.

Aus alledem zogen die USA und Großbritannien den Schluß, daß die Sowjetunion es im Zeichen der Konfrontation der Blöcke nur darauf anlege, ganz Deutschland unter ihren Einfluß zu bringen. Nach Meinung der Westmächte hatte die Sowjetunion ähnlich wie in den anderen Gebieten entlang der Bruchstelle zwischen den Blöcken auch in Deutschland auf Expansion geschaltet. Angesichts der von ihnen angenommenen Alternative, Ge-

James F. Byrnes bei seiner Stuttgarter Rede (6.9. 1946)

samtdeutschland der Sowjetunion preiszugeben oder Deutschland aufzuteilen, entschlossen sie sich, ihren Teil abzugrenzen und einen westdeutschen Teilstaat aufzubauen.

Einen ersten öffentlichen Hinweis auf die Wende der amerikanischen Politik in Deutschland gab eine Rede des amerikanischen Außenministers James F. Byrnes am 6. September 1946 in Stuttgart. Byrnes enthielt sich zwar in dieser Rede jeder Polemik gegen die Sowjetunion, aber es war unverkennbar, daß diese der Adressat der Rede war. Byrnes wies auf die drohende deutsche Teilung hin und warnte davor, Deutschland zum Vasallen von Mächten oder Mächtegruppen werden zu lassen. Es sei der Zeitpunkt gekommen, daß das deutsche Volk die Regelung seiner eigenen Angelegenheiten in Freiheit wieder selbst übernehme. Zu diesem Zweck sei es notwendig, die in Deutschland errichteten Zonen wieder zusammenzufügen, ein einheitliches Wirtschaftsgebiet zu bilden und eine deutsche Regierung und Selbstverwaltung aufzubauen. Die amerikanische Regierung schlage diesen Weg vor, sie werde diesen Weg aber auch allein oder einzeln mit jeder Macht gehen, die dies wolle.

Nach Lage der Dinge war im Herbst 1946 dazu nur die Zustimmung der Engländer, nicht aber der Russen und der Franzosen zu erhalten. Die Rede von Byrnes machte darüberhinaus deutlich, daß man mit einer Zustimmung der Russen auch gar nicht gerechnet hatte, ja eine Zustimmung sogar unmöglich machen wollte, um von diesem Zeitpunkt an angesichts der sich aufbauenden weltpolitischen Konfrontation einen Sonderweg der Westzonen einschlagen zu können.

Der Zusammenschluß der Westzonen und die Mitwirkung der Deutschen an der Regierung mochten die ersten Schritte zur Wiedergewinnung der politischen Selbständigkeit sein, aber diese blieb gefährdet und unvollständig, wenn sie nicht von einer wirtschaftlichen Erholung begleitet wurde. Hier setzte nun die Neuorientierung der amerikanischen Deutschland- und Europapolitik ein. In den USA waren schon während des Krieges Überlegungen angestellt worden, wie die amerikanische Wirtschaft nach dem Kriege in die Friedenswirtschaft zu überführen sei.

Marshall-Plan

Nach dem Kriege – unter den Bedingungen der beginnenden Auseinandersetzungen der Blöcke – kam aber für die Neuorientierung der amerikanischen Politik gegenüber Deutschland und Europa noch ein weiteres Moment hinzu. Angesichts des für die USA ganz offensichtlichen Expansionsdrangs der Sowjetunion nach Westeuropa bestand die Gefahr, daß auch die westeuropäischen Länder sich dem Kommunismus öffnen würden – um so mehr, wenn diese Länder unter Hunger, Not und Elend litten. Das aber mußte verhindert werden. Es trafen für die USA also wirtschaftliche, politische und weltanschauliche Gründe in einer unauflöslichen Verbindung zusammen, die eine Stabilisierung des westlichen Wirtschafts- und Gesellschaftssystems und eine Einbeziehung Westeuropas in dieses System notwendig erscheinen ließen. Die zukünftigen Verhältnisse im westlichen Teil Deutschlands wurden so in die weitere Entwicklung ganz Westeuropas eingeordnet.

Realisiert wurde diese amerikanische Konzeption im Jahre 1947 dann im Rahmen des Marshall-Plans (»European Recovery Program«), so benannt nach dem damaligen amerikanischen Außenminister George C. Marshall. Ziel dieses Planes war es, durch Kreditgewährung und anschließenden Warenaustausch zwischen den USA und den europäischen Ländern den Wirtschaftskreislauf wieder in Gang zu setzen. Allerdings wollten die Amerikaner diese Kredite nicht ganz ohne Rahmenbedingungen gewähren, sondern sie machten zwei Auflagen: einmal sollten die Länder Europas sich zusammenschließen und ihre Wirtschaftspolitik vereinheitlichen, zum anderen wurde eine eigenständige Mitwirkung der Europäer verlangt.

Gerade in diesen beiden Auflagen aber lag die Brisanz des amerikanischen Hilfsprogramms begründet. Die Teilnahme an diesem Programm sollte nämlich nicht nur den westeuropäischen Ländern offenstehen, sondern alle europäischen Länder und sogar die Sowjetunion sollten sich beteiligen können. Die Sowjetunion sah dagegen in diesem Vorstoß nur den Versuch, ihre eben aufgebauten Positionen in Ostmitteleuropa zu gefährden, und lehnte eine Teilnahme an diesem Programm ab. Die im sowjetischen Machtbereich liegenden Staaten Ostmitteleuropas, von denen einige durchaus am Marshall-Plan interessiert gewesen wären, mußten sich sowjetischem Druck beugen und lehnten ebenfalls ab. So wurde denn der Marshall-Plan ein Hilfsprogramm allein der USA und der westeuropäischen Länder einschließlich der drei westlichen Besatzungszonen.

Im April 1948 wurde in den USA die gesetzliche Grundlage für den Marshall-Plan mit dem »Foreign Assistance Act« beschlossen. Die von den Amerikanern verlangte europäische Zusammenarbeit wurde dadurch erreicht, daß sich die Empfängerländer der amerikanischen Hilfe zur »Organization of European Economic Cooperation« (OEEC) zusammenschlossen. Auf dieser Grundlage ergoß sich in den folgenden Jahren zunächst ein umfangreicher Geld- und dann auch Warenstrom nach Europa, der zu einer schnellen wirtschaftlichen Erholung der vom Kriege betroffenen Länder führte.

Die Beurteilung des Marshall-Planes vor allem in politischer Hinsicht ist kontrovers. Mochte es den einen als ein auch humanitär gedachtes Hilfsprogramm erscheinen, das der Beseitigung von Not und Elend des Krieges diente, so war es für andere ein wohlkalkulierter Plan der USA, den Kapitalismus in einer ganz offenbaren Krise zu stabilisieren und Europa auf Dauer in das westlich-kapitalistische System miteinzubeziehen.

Insgesamt gesehen war es wohl weder nur das eine noch das andere. Sicher handelten die USA aus eigenem Interesse, und sicher waren sie daran interessiert, in Europa dem eigenen Wirtschafts- und Gesellschaftssystem verwandte Systeme zu schaffen, doch bedeutete dies zugleich, daß Westeuropa und vor allem auch die drei Westzonen einen schnellen wirtschaftlichen Aufstieg nahmen. Ferner muß betont werden, daß die USA zwar die Rah-

Schwarzmarkt
vor der Reichstagsruine

menbedingungen für ihr Hilfsprogramm setzten, daß innerhalb dieses Rahmens aber die Gestaltung der wirtschaftlichen und gesellschaftlichen Verhältnisse frei blieb. Verlangt wurde zumindest im Rahmen des Marshall-Planes die Integration, nicht eine besondere Form der inneren Ausgestaltung, obwohl sie in der Konsequenz darauf hinauslief.

Mit Bezug auf die deutschen Verhältnisse muß man allerdings feststellen, daß die Teilnahme der Westzonen am Marshall-Plan ein großer Schritt zur Spaltung war. Damit wurden in den beiden Teilen Deutschlands zwei ganz verschiedene Wirtschaftssysteme aufgerichtet und diese dann in einander entgegengesetzten Blöcken verankert, so daß eine gemeinsame politische Entwicklung immer aussichtsloser wurde. Die Abmachungen von Potsdam waren von der politischen Entwicklung im Rahmen der Konfrontation der Systeme überholt worden.

Mochte damit auch die Entwicklung in Deutschland auf eine Spaltung und auf die Errichtung einer Scheidelinie zwischen den Blöcken mitten durch das Land hinauslaufen, so konnte doch kein Zweifel darüber bestehen, daß dieser Gang der Ereignisse eigentlich weder den Intentionen der Westmächte noch denen der Sowjetunion entsprach. Die Jahre 1947 und 1948 waren daher bestimmt von Versuchen beider Seiten, die sich abzeichnende Trennungslinie zwischen den Blöcken zu durchbrechen und die Verantwortlichkeit für ganz Deutschland wiederherzustellen. Für die Westmächte war ein solches Mittel der Marshall-Plan, der ja die Öffnung nach Osten bringen sollte, für die Sowjetunion war es die Berlin-Blockade vom Sommer 1948.

Berliner verfolgen die Landung der Luftbrücke-Flugzeuge auf dem Tempelhofer Feld

Berlin-Blockade

Die Sowjetunion beobachtete seit Anfang 1947 mit Argwohn und Sorge, daß der Westen Deutschlands mit dem großen Industriepotential an der Ruhr immer fester in das westliche Wirtschafts- und Gesellschaftssystem eingebunden wurde. Die Sowjetunion reagierte darauf mit einer Mischung aus aggressivem Druck und überraschendem Entgegenkommen, die seitdem das besondere Kennzeichen der sowjetischen Politik gegenüber dem Westen sind. Nach einigen verbalen Protesten und nach dem Verlassen des alliierten Kontrollrates durch den sowjetischen Vertreter, der seitdem nicht mehr zusammentrat, wurden am 24. Juni 1948 sämtliche Landverbindungen zwischen Berlin und den Westzonen sowie die Strom- und Kohleversorgung nach Berlin unterbrochen. Die westlichen Sektoren Berlins waren blockiert. Ziel der Sowjetunion war es, Verhandlungen über Gesamtdeutschland, die zuvor zu ihren Bedingungen nicht zu haben gewesen waren, nun durch diese Pression zu erzwingen.

Die Westmächte antworteten darauf mit der Errichtung einer Luftbrücke, durch die West-Berlin mit allen lebensnotwendigen Gütern aus der Luft versorgt wurde. Es war dies eine flexible Reaktion des Westens, die unterhalb der Kriegsschwelle blieb, zugleich aber Festigkeit im Widerstand zeigte. In ihren Wirkungen hatte diese Blockade aber ganz andere Folgen, als ihre eigentlichen Urheber beabsichtigt hatten. Im Westen und vor allem in den Westzonen kam es zu einem breiten antikommunistischen Konsensus, unter dessen Eindruck eine Abgrenzung gegenüber dem Osten durch eine eigene Entwicklung erst recht notwendig schien. Mochten in den USA zeitweilig auch erneut isolationistische Strömungen vernehmlich geworden sein, so gab doch die Berlin-Blockade Anlaß für die amerikanische Regierung und Öffentlichkeit, sich nachhaltig ihrer weltpolitischen Rolle bewußt zu werden. Und schließlich schwenkte Frankreich, das bisher jeder übergreifenden Verfestigung in den Westzonen ablehnend gegenübergestanden hatte, nun auf die Linie der Angloamerikaner ein und gab seinen Widerstand gegen die kommende Weststaatsgründung auf. Die Blockade, die zur Wiederöffnung der Fronten unter den vier Alliierten gedacht gewesen war, hatte so eher zur Verhärtung und Verschärfung dieser Fronten beigetragen.

Die Westmächte, die Entwicklung in den Westzonen 1945–1949 und das Grundgesetz

Zoneneinteilung

Die Zoneneinteilung im Rahmen des alliierten Besatzungsregimes läßt sich heute noch an den Grenzen der deutschen Länder nachvollziehen. Die sowjetische Besatzungszone umfaßte das Gebiet der heutigen DDR; die Gebiete östlich der Oder-Neiße-Linie waren nach einem interalliierten Abkommen ausdrücklich aus der Zoneneinteilung herausgenommen worden. Die britische Zone umfaßte die heutigen Länder Schleswig-Holstein, Niedersachsen, Hamburg und Nordrhein-Westfalen einschließlich der großen industriellen Ballungsgebiete an Rhein und Ruhr, für die vor allem die Franzosen und die Russen vergeblich eine Vier-Mächte-Verwaltung gefordert hatten. Die französische Zone, die, wie bereits erwähnt, aus der Nordwest- und aus der Südwestzone herausgeschnitten worden war, erstreckte sich über das heutige Land Rheinland-Pfalz und den südlichen Teil von Baden-Württemberg. Die amerikanische Zone schließlich bestand aus den heutigen Ländern Bayern und Hessen, sowie aus dem nördlichen Teil von Baden-Württemberg. Außerdem gehörten zur amerikanischen Zone als Militärenklave das heutige Land Bremen mit Bremen und Bremerhaven.

In ihren Zonen gingen die alliierten Besatzungsmächte jeweils ganz unterschiedliche Wege in der Behandlung der Bevölkerung, in der Organisation der Gebiete und in der Gewährung von Mitwirkungsrechten an die Deutschen. Dabei beschränkte sich die Besatzungspolitik der Mächte zunächst auf die eigenen Zonen, doch ergab sich bald die Notwendigkeit, zonenübergreifend zu planen und größere Zusammenschlüsse zu bilden.

Britische Zone

Die größten Probleme hatte ohne Zweifel die britische Besatzungsmacht zu lösen. In ihrer Zone befanden sich die großen, weitgehend zerstörten Industriegebiete, die mit ihren Menschenmassen aus der Zone selbst nicht zu ernähren waren. Sie waren daher auf Nahrungsmitteleinfuhren und auf die Zusammenarbeit mit den anderen Zonen angewiesen. Im Gegensatz zu den anderen Besatzungsmächten behandelten die Briten ihre Zone daher als einheitliches Verwaltungsgebiet, und sie versuchten zudem, die Potsdamer Abmachungen, die ja ein wirtschaftliches Austauschsystem vorsahen, so lange wie möglich loyal einzuhalten. In ihrer Zonenverwaltung hatten die

Die endgültige Einteilung der vier Besatzungszonen 1945–1949

Engländer eine ganze Reihe von eigenen Verwaltungsbeamten eingesetzt, die die Zone sachkundig und tatkräftig, aber mit absoluter Distanz gegenüber den Deutschen verwalteten. Schon frühzeitig begannen sie allerdings, das politische Leben in ihrem Bereich wieder in Gang zu setzen. Insgesamt gesehen bildeten sich so Elemente einer eigenen Staatlichkeit aus, aber je länger je mehr war es unübersehbar, daß die britische Zone allein nicht lebensfähig war.

Französische Zone

Sehr viel härter in den Bedingungen und sehr viel direkter auf die eigenen deutschlandpolitischen Ziele ausgerichtet war das Verhalten der französischen Besatzungsmacht. Für die Franzosen standen vor allem sicherheits- und wirtschaftspolitische Gesichtspunkte im Vordergrund. Die Folge war, daß Frankreich alle Ansätze zur Wiederherstellung der Einheit in seiner Zone wie in ganz Deutschland zu unterbinden suchte. Jeder übergreifende Organisationsversuch in politischer, wirtschaftlicher und sozialer Hinsicht wurde von Frankreich schon im Ansatz blockiert.

Wirtschaftspolitisch ging es für Frankreich darum, sich gegenüber den anderen Besatzungsmächten ausreichend Reparationen zu sichern und langfristig die eigene schwerindustrielle Basis vor allem im Kohlebereich zu vergrößern. Zu diesem Zweck sollte das Saargebiet an Frankreich angegliedert werden, und auch für das Ruhrgebiet erstrebten die Franzosen, sich ein weitgehendes Mitspracherecht zu sichern. Auf die Dauer aber vermochten die Franzosen ihre deutschlandpolitischen Ziele nicht durchzusetzen: Je mehr sie sich einer übergeordneten gesamtdeutschen Planung verweigerten, desto mehr isolierten sie sich gegenüber den anderen Alliierten. Nur an der Saar konnten sie ihre Ziele zeitweilig verwirklichen: im Jahre 1947 wurde das Saargebiet wirtschafts- und zollpolitisch an Frankreich angegliedert, blieb aber politisch autonom, bis es 1956 im Saarabkommen zur Bundesrepublik Deutschland zurückkehrte.

Amerikanische Zone

Ganz andere Vorstellungen über die Verwaltung ihrer Zone entwickelten dagegen die Amerikaner. Ursprünglich hatten auch sie ein hartes, durchgreifendes Besatzungsregime zu errichten geplant, das eine erneute Gefährdung des Friedens der Welt durch Deutschland verhindern sollte. Aber bereits Ende 1945/Anfang 1946 kam es zu einer Wende der amerikanischen Besatzungspolitik. Ausschlaggebend dafür war die Verhärtung vor allem des amerikanisch-sowjetischen Verhältnisses im Rahmen des deutschland- und weltpolitischen Gegensatzes. Für die USA bedeutete dies, daß die Demontagepolitik beendet und die deutschen Reparationslieferungen eingestellt wurden und daß man nun daran ging, in der eigenen Zone stabile Verhältnisse zu schaffen, indem man die Bevölkerung gewann und sie auf das eigene politische und wirtschaftliche System festlegte.

Mochte sich damit auch die innere Organisation und die Verwaltung der Zonen verfestigen, so stand die nach den Potsdamer Abmachungen vorgesehene Einrichtung von deutschen Zentralverwaltungen unter alliierter Aufsicht doch immer noch aus. Es wurde bei den auseinandergehenden Tendenzen in den einzelnen Zonen auch immer fraglicher, ob eine solche gemeinsame Willensbildung der vier Alliierten noch zu erreichen war. Unter diesem Aspekt können verschiedene Bestrebungen der Amerikaner im Laufe des Jahres 1946 als der Versuch gewertet werden, die beabsichtigte, aber immer unwahrscheinlicher werdende Zentralverwaltung doch noch zu erreichen.

Bildung der »Bizone«

Am 20. Juli 1946 machten die Amerikaner den übrigen Besatzungsmächten den Vorschlag, alsbald einen Zusammenschluß der Zonen herbeizuführen, der allerdings auf den wirtschaftlichen Bereich beschränkt bleiben sollte. Bei der Behandlung dieses Vorschlages im alliierten Kontrollrat zeigte sich dann aber sehr bald, daß nur Großbritannien diesem Plan zustimmte. Amerikaner und Engländer beschlossen daher, bei der Vereinigung ihrer Zonen

Sitzung des Parlamentarischen Rates (in der 1. Reihe von l. Max Reimann, Heinrich v. Brentano, Carlo Schmid und Theodor Heuss)

allein vorzugehen. Nach sehr unterschiedlicher Beteiligung deutscher Stellen wurde im Dezember 1946 ein Fusionsabkommen unterzeichnet, und mit Wirkung vom 1. Januar 1947 wurden die britische und amerikanische Zone unter dem Namen »Bizone« vereinigt. Ziel war es, die wirtschaftliche Selbständigkeit dieses Gebietes zu erreichen, während jeder Hinweis auf eine politische Zentralisierung sorgsam vermieden wurde.

Mit diesem Zusammenschluß war aber zwischen den beiden Einzelzonen und der neugebildeten Bizone in Hinsicht auf die politische Struktur eine bemerkenswerte Differenz festzustellen. Während es in den Einzelzonen wie auch immer geartete parlamentarisch plebiszitäre Instanzen gab, fehlte eine solche in der Bizone. Die sachliche Notwendigkeit wie auch die politischen Intentionen der beiden Alliierten und auch der Deutschen drängten aber auf eine solche parlamentarische Vertretung hin. So wurde im Juni 1947 der »Wirtschaftsrat« gebildet, der 52 von den Länderparlamenten entsandte Mitglieder hatte. Er war also eine indirekte Volksvertretung, die sich sehr bald allerdings nicht mehr nach Ländern, sondern nach Parteien organisierte.

Wirtschaftsrat und Länderrat

War mit diesem Wirtschaftsrat das unitarische Prinzip betont, so lag es nach den Auffassungen der Alliierten nahe, diesem Organ eine föderalistische Instanz gegenüberzustellen. Es geschah dies durch den »Exekutivrat«, der von den Länderregierungen beschickt wurde. Allerdings stellte sich sehr bald heraus, daß die Befugniszuweisung und die Kompetenzabgrenzung zwischen diesen beiden Organen unglücklich verteilt waren. Im Februar 1948 wurde daher nach vorheriger Konsultation der deutschen Seite eine Neuordnung vorgenommen, indem die Mitgliederzahl des Wirtschaftsrates auf 104 erhöht wurde und gleichzeitig ein »Länderrat« an die Stelle des früheren Exekutivrates trat. Im April 1949 wurde dann aus der Bizone die Trizone, nachdem Frankreich formell seine Zone mit der bestehenden Bizone fusioniert hatte.

Überblickt man die gesamte Entwicklung, so zeigt sich, daß entsprechend den Potsdamer Abmachungen die deutsche Seite – allerdings mit zonenmäßigen Unterschieden – sehr schnell wieder an der Verwaltung beteiligt wurde. Die nach den Potsdamer Abmachungen vorgesehene Einheitlichkeit Gesamtdeutschlands wurde dadurch immer illusorischer. Unter diesen Umständen war eine Neukonstituierung des politischen und staatlichen Lebens nicht mehr für Gesamtdeutschland, sondern für die einzelnen Zonen möglich, und sie konnte nicht nach dem freien Willen der Deutschen, sondern nur entsprechend den Zugeständnissen der Alliierten erfolgen.

Frankfurter Dokumente

Den Rahmen, den die Westalliierten den Deutschen in den drei westlichen Zonen für diese staatliche und politische Neuordnung setzen wollten, teilten sie ihnen in drei Dokumenten mit, die im Juli 1948 in Frankfurt übergeben wurden (»Frankfurter Dokumente«). Im ersten Dokument waren die Grundzüge für die Erarbeitung einer Verfassung und für die Verfassung selbst festgelegt. Im zweiten Dokument wurden die Ministerpräsidenten der Länder ersucht, die Grenzen der Länder zu überprüfen. Und im dritten Dokument wurden die Grundzüge eines Besatzungsstatuts mitgeteilt, das die rechtlichen Beziehungen zwischen dem zu gründenden neuen deutschen Weststaat und den Besatzungsmächten regeln sollte. Die Ministerpräsidenten der Länder waren zwar nicht mit allen Vorgaben der Alliierten einverstanden, aber nach längeren Verhandlungen einigte man sich. Aus 65 Abgeordneten der Länderparlamente wurde der Parlamentarische Rat gebildet, der die Aufgabe hatte, die Verfassung des neuen Staates, das Grundgesetz, auszuarbeiten. Der Parlamentarische Rat schloß seine Beratungen Anfang Mai 1949 ab, und nach der Zustimmung der Länderparlamente und der Alliierten trat das Grundgesetz am 23. Mai 1949 in Kraft. Auf dem Boden der Westzonen war ein neuer Staat, die Bundesrepublik Deutschland, entstanden.

Grundgesetz

Die Verfassung des neuen Staates, das Grundgesetz, war in seinen verfassungsrechtlichen Regelungen und in seiner Wertbestimmtheit deutlich durch die Erfahrungen in der Weimarer Republik und der Zeit des Nationalsozialismus geprägt. Gegen das während der nationalsozialistischen Zeit begangene Unrecht wurden die Grundrechte gestellt. Sie erhielten durch ihren Platz am Anfang der Verfassung und durch die Grundrechtssicherung eine überragende Bedeutung. Die Selbstausschaltung der Demokratie, die das Ende von Weimar herbeigeführt hatte, wurde durch eine Reihe verfassungsrechtlicher Sicherungen unmöglich zu machen versucht. Bundeskanzler und Bundesregierung wurden in ihrem Bestehen stabilisiert, die plebiszitären Elemente, wie sie vor allem die Weimarer Reichsverfassung gekannt hatte, wurden beseitigt. Der Dualismus von Staatsoberhaupt und Parlament – auch dies ein Element der Weimarer Reichsverfassung – wurde aufgegeben und die Rolle des Parlaments entscheidend gestärkt. Entsprechend der verfassungsrechtlichen deutschen Tradition war im Grundgesetz auch das föderalistische Element sehr stark ausgebildet, indem die Länder bei der Gesetzgebung und Verwaltung des Bundes mitwirkten.

Freiheitliche Grundsätze bestimmten auch die Regelungen der Verfassung zum wirtschaftlichen und sozialen Bereich, doch wurde zugleich auch immer das Prinzip der sozialen Bindung hervorgehoben. Allerdings schrieb das Grundgesetz kein bestimmtes wirtschafts- und sozialpolitisches System vor, sondern war hier entsprechend den Umständen seiner Entstehung von einer gewissen Offenheit geprägt. Unübersehbar waren im Grundgesetz eine Reihe von vorläufigen Regelungen, die den Übergangscharakter dieser Verfassung eines Teilstaates zu einem wiedervereinigten Deutschland kennzeichnen sollten.

Insgesamt war das Grundgesetz der Versuch, die parlamentarische Demokratie im westlichen Teil Deutschlands als Rechtsstaat und Sozialstaat auf der Grundlage der historischen Erfahrung dauerhaft zu installieren. Das Grundgesetz war der Abschluß einer Entwicklung, die mit dem Zerbrechen der interallierten Gemeinsamkeit in der Endphase des Krieges begonnen und die 1949 zur Entstehung von zwei Staaten auf deutschem Boden geführt hatte. Bis zu diesem Zeitpunkt waren den Deutschen auf beiden Seiten die Entscheidungen vorgegeben worden. Offen blieb, welche Richtung die deutsche Politik nehmen würde, wenn die alliierten Vorgaben im Rahmen der wiedergewonnenen Selbständigkeit abgebaut wurden.

Die Sowjetunion, die Entwicklung in der Ostzone 1945–1949 und die Verfassung der DDR

Sowjetische Deutschlandpolitik

Deutschland spielte in den sowjetischen Planungen für die Nachkriegszeit eine doppelte Rolle. An erster Stelle standen natürlich der militärische Sieg über das nationalsozialistische Deutschland sowie die damit verbundenen unmittelbaren Kriegsziele: Der Nationalsozialismus sollte von Grund auf ausgerottet werden, das Land hatte Wiedergutmachung für die Kriegsschäden zu leisten, und schließlich waren in Deutschland die Grundlagen eines demokratischen Staatswesens zu legen. Zum anderen aber war Deutschland nur ein Teilbereich in der gesamteuropäischen Nachkriegsordnung, die die Sowjetunion zur Stabilisierung der künftigen Entwicklung und zur Erhaltung ihrer eigenen Sicherheit zu installieren gedachte. Denn bedingt durch die seit ihrem Bestehen andauernde Gefährdung und Verunsicherung war es das Ziel sowjetischer Politik, einen erneuten Angriff auf das eigene Land für alle Zeiten auszuschließen.

Im Rahmen dieser allgemeinen Zielsetzung war es das Bestreben der Sowjetunion, die Distanz zum vermeintlich feindlichen Kapitalismus so groß wie möglich zu machen und den eigenen Einflußbereich so weit wie möglich nach Westen auszudehnen. Zu diesem Zweck sollte ein der Sowjetunion vorgelagerter Sicherheitsbereich geschaffen werden. Im Rahmen dieses Sicherheitsbereiches sollte auch das zukünftige Deutschland seinen Platz finden. Dabei war sich die sowjetische Seite durchaus klar darüber, daß sie die Entscheidung, wie dieses Deutschland auszusehen habe, nicht allein würde treffen können, sondern daß sie dabei auf die Mitwirkung der westlichen Alliierten angewiesen sei. Je nach dem Verhältnis der Alliierten untereinander gab es die Möglichkeit, ein um die Ostgebiete verkleinertes Deutschland zu neutralisieren und es in die Pufferzone einzufügen oder aber Deutschland zu teilen, wenn die Westalliierten einer solchen Neutralisierung nicht zustimmen würden. Insofern war die sowjetische Deutschlandpolitik nach 1945 durchaus nicht von vornherein auf eine Teilung festgelegt, sondern sie war im Gegenteil von einer gewissen Offenheit bestimmt. Erst durch die Entwicklung des »Kalten Krieges« und durch die Verhärtung der Verhältnisse zwischen den Blöcken kam es zu einer Teilung Deutschlands.

Sozialistische Einheitspartei Deutschlands

Im Sinne dieser Offenheit der sowjetischen Politik in der ersten Nachkriegszeit waren auch die Wiederzulassung des politischen Lebens und die Möglichkeit zur Neugründung politischer Parteien zu sehen (siehe S. 735f.). Es konnte kein Zweifel bestehen, daß die »Kommunistische Partei Deutschlands« (KPD), die sich am 11. Juni 1945 als erste Partei zu Wort meldete, der sowjetischen Besatzungsmacht politisch wie ideologisch am nächsten stand. Das Führungspersonal der neuen KPD war während des Krieges im Moskauer Exil gewesen und rückte nun alsbald in die Leitungspositionen ein. Der zukünftige politische Kurs war in Moskau zwischen den deutschen Kommunisten und den Sowjets abgesprochen worden, und auch beim Aufbau der Organisation selbst erhielt die junge Partei von der Besatzungsmacht alle Hilfe, deren sie bedurfte.

Nachdem das Parteiensystem in der sowjetischen Besatzungszone zunächst von den Prinzipien der Unabhängigkeit und der Pluralität bestimmt gewesen war, setzte im Herbst 1945 plötzlich ein Wandel ein. Dieser Wandel betraf zunächst vor allem das Verhältnis zwischen den beiden Arbeiterparteien, der KPD und der SPD. Während bisher beide Parteien unabhängig nebeneinander bestanden hatten und die KPD den vor allem im Berliner Zentralausschuß der SPD bestehenden Vorstellungen auf eine Zusammenarbeit der beiden Parteien eine deutliche Absage erteilt hatte, setzte sie sich seit

Wilhelm Pieck
und Otto Grotewohl
mit der Fahne der SED
auf dem Gründungs-
parteitag am
21./22. April 1946

Herbst 1945 plötzlich für eine Vereinigung der beiden Parteien ein. Im Dezember 1945 kam es zu einer gemeinsamen Konferenz in Berlin, die von SPD und KPD paritätisch beschickt wurde, und im April 1946 tagte in Berlin der sogenannte »Vereinigungsparteitag«, auf dem sich SPD und KPD zur »Sozialistischen Einheitspartei Deutschlands« (SED) zusammenschlossen. In der SPD bestehende Widerstände gegen die Art und Weise dieses Zusammenschlusses und gegen die oktroyierte paritätische Besetzung der Gremien wurden durch Druck der sowjetischen Besatzungsmacht überwunden. Auch diese aus dem Zusammenschluß entstandene Partei war durchaus gesamtdeutsch gedacht, wenn auch ihre Konstituierung in den Westzonen am Widerstand der Westalliierten und der West-SPD unter Kurt Schumacher scheiterte.

Über die Gründe dieses Kurswechsels in der KPD sind nur Vermutungen möglich. Es mag sein, daß die KPD ihre Formierungsphase abgeschlossen hatte, daß sie aber zugleich erkannte, daß ihre Attraktivität in der Gesamtwählerschaft gegenüber einer konkurrierenden SPD doch sehr viel geringer war. Hinzu kam, daß sich die West-SPD und auch Teile der Ost-SPD einem Zusammenschluß ganz massiv widersetzten und daß die KPD Gefahr lief, im Vergleich zu den anderen Parteien eine politische Kraft minderen Ranges zu werden. Diese Gefahr wurde durch den Zusammenschluß von SPD und KPD für den Bereich der sowjetischen Besatzungszone gebannt.

Allerdings war die neugebildete SED zunächst keine Kaderpartei kommunistischen Musters, sondern eine Massenpartei unter weitgehender Mitbestimmung der Mitglieder. Die Leitungsgremien der Partei waren paritätisch mit Mitgliedern aus SPD und KPD besetzt, und auch in der ideologischen Ausrichtung wurde nicht das sowjetische Modell, sondern ein eigenständiger deutscher Weg zum Sozialismus propagiert. In den nächsten Jahren bis etwa 1948 änderte sich dies jedoch. Der sozialdemokratische Einfluß wurde zurückgedrängt, die demokratische Mitbestimmung der Parteibasis unterbunden, die Partei zur Kaderpartei entwickelt und das sowjetische Modell des Sozialismus zur einzigen Richtschnur erklärt. Damit wandelte sich die SED zur »Partei neuen Typs«, die in Aufbau und Programm auf die KPdSU hin ausgerichtet war.

Antifaschistischer Block und die Massenorganisationen

Wenn auch die SED durch diesen Zusammenschluß ihren politischen Rückhalt verstärkt und ihre Basis in der Wählerschaft erheblich verbreitert hatte, so hatte sie doch zunächst die Konkurrenz zu den anderen politischen Parteien in der sowjetischen Besatzungszone zu bestehen. Im Oktober 1946 erhielt die SED bei den Wahlen zu den Landtagen in der Sowjetzone nur knapp die Hälfte der Stimmen; das angestrebte Ziel der absoluten Mehrheit wurde nicht erreicht. Wollte die SED aber ihre Herrschaft nach dem Muster der sowjetischen kommunistischen Partei absichern, dann mußte sie die Alleinherrschaft anstreben. Diesem Ziel dienten die Bildung des »Antifaschistischen Blocks« und die Einfügung gesellschaftlicher, von der SED beherrschter Massenorganisationen in das politische Leben.

Der »Antifaschistische Block« war ein Zusammenschluß der Parteien der Sowjetzone, die sich zum Ziel gesetzt hatten, eine antifaschistisch-demokratische Ordnung in Deutschland zu errichten. Als Leitungsorgan dieses Blocks wurde ein aus allen Parteien paritätisch besetzter Ausschuß gebildet, der für den Antifa-Block zwar Beschlüsse fassen konnte, die aber auf dem Weg allseitiger Vereinbarungen, nicht der Abstimmungen, herbeigeführt werden mußten. Das negative Votum einer Partei, also auch der SED, konnte bestimmte Entscheidungen damit einfach verhindern.

Das andere Mittel, dessen die SED sich zur Befestigung ihrer politischen Macht bediente, waren die gesellschaftlichen Massenorganisationen – der Freie Deutsche Gewerkschaftsbund (FDGB), die Freie Deutsche Jugend (FDJ), der Kulturbund und der Demokratische Frauenbund. Bei allen diesen Organisationen wurde nun nicht mehr der parteipolitische Pluralismus der Blockbildung gewahrt, sondern sie standen eindeutig unter Führung der SED.

Diese Wandlungen – der erzwungene Zusammenschluß mit der SPD, die Bildung des Antifaschistischen Blocks und die Sicherung der Führung in den Massenorganisationen – bestimmten die Transformationsphase der SED zwischen 1946 und 1948. Aus einer zumindest ansatzweise pluralistischen Partei war eine Kaderpartei kommunistischen Typs geworden, die die politische Entwicklung nun für sich monopolisierte.

Neuordnung der staatlichen Verhältnisse

Parallel zu dieser Verengung des politischen und ideologischen Spektrums in der Sowjetzone verlief die Umwandlung der staatlichen und der wirtschaftlichen Verhältnisse. Auch hier ging es darum, durch eine Reihe von Maßnahmen und Vorausentscheidungen die Dominanz der Kommunisten sicherzustellen, ohne daß damit schon Staat und Wirtschaft voll sozialisiert wurden.

Die sowjetische Besatzungszone bestand aus den Ländern Sachsen, Mecklenburg und Thüringen sowie aus den preußischen Provinzen Brandenburg und Sachsen-Anhalt, die 1947 ebenfalls in Länder umgewandelt wurden. Inhaber der politischen Macht war auf allen Ebenen und in allen Bereichen die Sowjetische Militäradministration (SMAD), die sich der deutschen Verwaltung als Hilfsorgan bediente. Die deutsche Verwaltung wurde personell allerdings weitgehend neu aufgebaut. Nach außen hin wurde zwar sowohl bei den bald darauf anlaufenden Kommunal- und Landtagswahlen wie auch bei der Neubesetzung der Verwaltung der Grundsatz der Pluralität und der Beteiligung aller Blockparteien aufrechterhalten, tatsächlich aber gelang es, den deutschen Kommunisten die Schlüsselpositionen zuzuweisen und ihnen damit einen Vorsprung vor den anderen Parteien zu sichern.

Im wirtschaftlichen Bereich ging es für die sowjetische Besatzungszone zunächst einmal darum, die in bestimmten Sektoren bestehende Unausgewogenheit gegenüber den Westzonen zu kompensieren, zumal die Sowjetunion ihre Reparationsforderungen ausschließlich durch Lieferungen aus der ihnen zugesprochenen Zone befriedigte. Ferner ging es den Russen und dann auch

1. Deutscher Volkskongreß vom 6./7.12.1947 (v.l. Wilhelm Külz, Wilhelm Pieck und Otto Nuschke, dahinter Walter Ulbricht und Otto Grotewohl)

der SED darum, das Wiedererstarken kapitalistischer Wirtschaftsverhältnisse und den Wiederaufstieg einer kapitalistischen Wirtschaftselite zu verhindern. Zu diesem Zweck wurden noch im Jahre 1945 eine umfassende Bodenreform und eine durchgreifende Industriereform durchgeführt, die vor allem den privaten Großbesitz beseitigten und den Staatseinfluß erheblich verstärkten. Aus einer ehemals privatkapitalistisch und marktwirtschaftlich organisierten Wirtschaft wurde eine staatssozialistische Planwirtschaft.

Volkskongreßbewegung und Verfassung der DDR

Den Schlußpunkt dieser Entwicklung bildete die Gründung der DDR im Oktober 1949. Der Aufbau einer eigenständigen staatlichen Ordnung vollzog sich dabei in der Sowjetzone in stetiger Auseinandersetzung mit der Entwicklung in den Westzonen. Der parlamentarisch-demokratischen Staatsbildung im Westen sollte eine eigenständige sozialistische Staatsordnung im Osten gegenübergestellt werden.

Die Grundlage der östlichen Verfassungsbewegung war die Volkskongreßbewegung. Dies war der 1947 erstmalig von der östlichen Seite unternommene Versuch, durch eine plebiszitär legitimierte Bewegung in ganz Deutschland der drohenden Spaltung entgegenzuwirken. Im Westen wurde diese Volkskongreßbewegung teils behindert, teils fand sie auch nicht den gewünschten Rückhalt. Im 2. Volkskongreß wurde eine gesamtdeutsch konzipierte Verfassung erarbeitet und im 3. Volkskongreß, aus dem sich eine »Provisorische Volkskammer der DDR« konstituiert hatte, wurde diese Verfassung am 19. März 1949 beschlossen. Am 7. Oktober 1949 trat die Verfassung der DDR in Kraft, und seit diesem Tage gab es auch staatsrechtlich und nach dem eigenen Selbstverständnis einen zweiten deutschen Staat. Gleichzeitig wurde die Sowjetische Militäradministration aufgelöst und deren Befugnisse an die Regierungs- und Verwaltungsstellen der DDR übergeben. Gleichwohl blieb der Einfluß der sowjetischen Besatzungsmacht sehr stark.

Die Verfassung der DDR von 1949 ging wie das Grundgesetz von dem Anspruch aus, für das gesamte deutsche Volk zu sprechen. Dem Sinn und dem Wortlaut nach war es in den meisten Teilen eine bürgerlich-demokratische Verfassung, die sich in vielen Passagen nach dem Vorbild der Weimarer Reichsverfassung orientierte. Es gab ein zentrales parlamentarisches Organ, die Volkskammer, und ein föderalistisches Organ, die Länderkammer. Es gab eine Rechteerklärung, es gab Abschnitte über Kultur und Schule, Familie und Mutterschaft, Religion und Religionsgemeinschaften und es gab sogar das Volksbegehren und den Volksentscheid. Elemente, die auf einen sozialistischen Staatsaufbau hingedeutet hätten, waren in dieser Verfassung nur in sehr allgemeiner Form und in bestimmten Rahmenbedingungen gegeben. Es blieb dann der Verfassungspraxis vorbehalten, welcher Kurs im einzelnen eingeschlagen wurde.

Damit bestätigte auch die Verfassungsentwicklung, daß in dieser ersten Phase bis 1949 durchaus noch nicht der Aufbau eines voll sozialistischen Staats- und Wirtschaftssystems durchgesetzt wurde, sondern daß auf der östlichen Seite immer noch die Hoffnung bestand, die Entwicklungen in den beiden Teilen Deutschlands wieder zusammenführen zu können.

Geschichte der Bundesrepublik

Der Weg nach Westen – Die Eingliederung der Bundesrepublik in das westliche Bündnis (1949–1955)

Zugeständnisse und Gewinne

Außenpolitische Konzeptionen

Unter den weltpolitischen Bedingungen der Nachkriegszeit gab es für die neu entstandene Bundesrepublik im Grunde nur zwei außenpolitische Möglichkeiten: einmal konnte sie sich in die offenbare politische Polarisierung der Welt einfügen, allerdings um den Preis der sicheren Teilung Deutschlands, oder aber sie versuchte, sich aus dieser Polarisierung herauszuhalten, um einen Kurs zwischen den Blöcken zu steuern und – wenn möglich – die Einheit des Landes gleichsam in der Neutralität wiederzugewinnen. Beide Möglichkeiten sind in den ersten Jahren der Bundesrepublik nachdrücklich vertreten worden. Durchgesetzt hat sich schließlich im Rahmen der Spaltung der Welt die Westorientierung der Bundesrepublik, in deren Rahmen diese schrittweise in die wirtschaftliche, politische und militärische Organisation des Westens integriert wurde.

Konrad Adenauer vor dem Bundestag

Exponent dieser Westorientierung der Bundesrepublik war an erster Stelle Konrad Adenauer. Schon während seiner politischen Betätigung in der Weimarer Republik, aber auch während der erzwungenen Ruhepause im Dritten Reich hatten sich bei ihm verschiedene Grundüberzeugungen ausgebildet, die sich unter den Bedingungen der Nachkriegszeit zu einem festen politischen Programm verdichteten.

So war Adenauer aufgrund der Einschätzung der weltpolitischen Entwicklung seit 1945 der Ansicht, daß die Ost-West-Spaltung Europas und der Welt eine unverrückbare Tatsache geworden sei. Die Sowjetunion habe ihren Einflußbereich konsolidiert und werde ihn nicht mehr herausgeben. Zugleich werde sie sich damit aber nicht begnügen, denn der Kommunismus sei von seinem inneren Prinzip her expansiv angelegt. Neutralität, ein Pendeln zwischen den Blöcken, sei angesichts dieser Lage unmöglich. Wolle die Bundesrepublik ihr politisches und wirtschaftliches System, mit dem sie angetreten sei, bewahren, so sei dies nur durch eine feste Einbindung in den Westen möglich. Innerhalb des westlichen Bündnisses aber komme dem deutsch-französischen Verhältnis eine Schlüsselstellung zu. Nur der Ausgleich mit Frankreich sichere den zukünftigen Bestand Europas. Und auch die Wiedervereinigung der beiden Teile Deutschlands sei nur auf dem Wege einer Westintegration, nicht aber durch die gefährliche Neutralität zu erreichen. So beruhte Adenauers außenpolitisches Programm in dieser Anfangsphase der Bundesrepublik auf klaren, einfachen Grundannahmen, die in sich aber flexibler waren, als das nach außen den Anschein haben mochte.

Kurt Schumacher

Adenauers politischer Gegenspieler war bis zu seinem Tode der Vorsitzende der SPD und Führer der sozialdemokratischen Opposition im Bundestag, Kurt Schumacher. Nach Schumachers Auffassung waren die bürgerlich-kapitalistischen Kräfte durch ihre Zusammenarbeit mit Hitler und die kommunistischen Kräfte durch die Aufrichtung ihres offen terroristischen Systems diskreditiert. Ein Neuanfang in Deutschland konnte darum nur auf der Basis von Sozialismus, Demokratie und Nation erfolgen. Unabhängigkeit, Gleichberechtigung und Selbstbestimmung für alle Deutschen waren die Ziele, die Schumacher schroff und kompromißlos vertrat.

Einen Neutralismus konnte es nach Schumachers Meinung für Deutschland in Zukunft nicht geben; darin vertrat er die gleiche Haltung wie Adenauer. Auch der deutschen Weststaatskonzeption Adenauers konnte er für eine begrenzte Zeit zustimmen, aber dieser deutsche Weststaat war für ihn nur Provisorium, Durchgangsstadium, an dessen Ende der wiederhergestellte deutsche Nationalstaat stehen sollte. Adenauers Politik der einseitigen Westintegration und der Einbindung in die vielfältigen westlichen Vertragssysteme waren für Schumacher Akte der Selbstpreisgabe, aus denen ihm keine Umkehr möglich schien. Aus dem Provisorium Schumachers wurde seiner Ansicht nach immer mehr ein Definitivum Adenauers.

Diese Politik Adenauers hatte nach Schumachers Meinung zwei außerordentlich negative Folgen: sie vertiefte die deutsche Teilung, da jeder Schritt nach Westen unausweichlich die beiden Teile Deutschlands voneinander entfernte. Und sie verstärkte die wiederaufgelebten bürgerlich-kapitalistischen Strukturen in Westdeutschland, die er doch diskreditiert und überwunden glaubte. Je mehr die Bundesrepublik in das westliche System eingebunden wurde, desto dauerhafter und unwandelbarer wurden nach Meinung Schumachers die bürgerlich-kapitalistischen Strukturen. Das Duell dieser beiden Männer, in dem sich ganz prinzipielle politische Ausrichtungen kreuzten, bestimmte die deutsche Politik bis in die fünfziger Jahre hinein.

Adenauers erstes Ziel war die Erweiterung des politischen Handlungsspielraumes der Bundesrepublik gegenüber den Westmächten. Nach der Übernahme der obersten Gewalt durch die Alliierten im Juni 1945 waren alle Rechte und Kompetenzen im Namen und unter Kontrolle der Alliierten ausgeübt worden. Nun galt es, eine Abgrenzung der Rechte zwischen dem neuen Staat und den Besatzungsmächten vorzunehmen. Dies geschah durch das Besatzungsstatut, das im September 1949 in Kraft trat.

Besatzungsstatut

Im Besatzungsstatut erhielten der Bund und die Länder die volle staatliche Gewalt entsprechend dem Grundgesetz und den Länderverfassungen. Unter Berufung auf ihre früheren Rechte beanspruchten die Alliierten allerdings einige Reservatrechte in den Bereichen der Abrüstung und Entmilitarisierung, in bestimmten Wirtschafts- und Wiedergutmachungsfragen sowie für die auswärtige Politik. Abschließend hatten sich die Alliierten selbst noch eine Generalvollmacht eingeräumt, daß sie in besonderen Lagen die volle Gewalt in Deutschland wieder beanspruchen würden. Dieser Passus erregte den besonderen Argwohn der Deutschen, war doch damit die alliierte Verpflichtung auf das Statut wieder in Frage gestellt. Allerdings ist diese Sonderbestimmung während der Geltung des Besatzungsstatuts niemals zur Anwendung gekommen. Das Besatzungsstatut war der Rahmen, gleichsam die »Verfassung vor der Verfassung«, in dem das Grundgesetz seine Grenze fand.

Ruhrstatut

Bestimmte das Besatzungsstatut die Gesamtheit der alliierten Rechte gegenüber der Bundesrepublik, so gab es innerhalb dieses Rahmens einige Sonderregelungen. Das galt vor allem für die zukünftige Rolle des Ruhrgebietes. Das Ruhrgebiet war immer eines der wirtschaftlich stärksten Gebiete Europas gewesen, in dem auch nach dem Kriege noch die wichtigsten industriellen Güter Kohle, Eisen und Stahl hergestellt wurden. Zudem stand das Ruhrgebiet mit seinen großen Konzernen und deren Führungspersonal stellvertretend für den deutschen Industriekapitalismus, den man auf alliierter Seite insbesondere für den Kriegsverursacher hielt. Es war daher kein Wunder, daß vor allem die Franzosen und die Russen – wenn auch aus ganz unterschiedlichen Motiven – Einfluß auf die weitere Entwicklung des Ruhrgebietes zu gewinnen suchten. Während der russische Anspruch im Rahmen der interalliierten Gegensätze abgewiesen wurde, bemühten die Engländer und Amerikaner sich, Frankreich an der Kontrolle des Ruhrgebietes zu beteiligen, sein Sicherheitsbedürfnis zu befriedigen und es dadurch fest in die Reihe der Westmächte zu integrieren. Am Abschluß dieser Bemühungen stand das Ruhrstatut, das im April 1949 unterzeichnet wurde.

Das Ruhrstatut, dem neben den drei Westalliierten auch Belgien, die Niederlande und Luxemburg beitraten, hatte vor allem in Hinsicht auf Frankreich die Hauptaufgabe sicherzustellen, daß die wirtschaftliche Kraft der Ruhr zukünftig nicht für Kriegszwecke, sondern nur für Friedenszwecke und zur internationalen Zusammenarbeit verwandt würde. Zu diesem Zweck sollte eine internationale Ruhrbehörde gebildet werden, die die Aufteilung der Kohle, des Kokses und des Stahls der Ruhr zwischen dem deutschen Verbrauch und der Ausfuhr kontrollieren sollte. Auch die Geschäftsführung der deutschen Industrie selbst sollte einer strengen Kontrolle unterworfen werden. Von seiner inneren Substanz her war das Ruhrstatut mit einer doppelten Zielsetzung versehen: Es war einmal ein internationales Kontrollinstrument, durch das das Wiedererstehen der »deutschen Gefahr« verhindert werden sollte. Es war zum anderen aber auch die Grundlegung einer westeuropäischen industriellen Zusammenarbeit, in deren Rahmen Wettbewerb und Ausgleich stattfinden sollten.

Die im September 1949 gebildete erste Bundesregierung unter Konrad Adenauer hatte die Verhandlungen über den Beitritt der Bundesrepublik zum Ruhrstatut zu führen. Adenauer betrachtete dieses Statut nicht als endgültiges Abkommen, sondern in seinen Augen war es nur eine Übergangsregelung. Er war zu einer Politik der Zugeständnisse und der Vorleistungen bereit in der – wie sich zeigen sollte berechtigten – Hoffnung, daß eine Zusammenarbeit mit den Westmächten am Ende die volle Souveränität und Gleichberechtigung des westdeutschen Teilstaates bringen würde, eingebunden in die Gemeinschaft des Westens. Adenauer, die Bundesregierung und die sie tragenden Parteien erkannten durchaus die Zwiespältigkeit des Ruhrstatuts, aber bei einer Abwägung der temporären Beschränkungen und der sich eröffnenden politischen Möglichkeiten überwog das letztere. Erleichtert wurde die deutsche Zustimmung zu dem Abkommen durch eine Reihe von Zugeständnissen der Westalliierten, durch die die Demontagen an der Ruhr beschränkt, die Auflagen für den Schiffsbau gelockert und die Errichtung erster Auslandsvertretungen gestattet wurden. Im November 1949 trat daher die Bundesrepublik im »Petersberger Abkommen« dem Ruhrstatut bei, über dessen Annahme es im Deutschen Bundestag zu erregten Auseinandersetzungen mit der SPD kam.

Petersberger Abkommen

Trotz des deutschen Beitritts zum Ruhrstatut konnte nichts darüber hinwegtäuschen, daß die Kontrollen, die Eingriffsmöglichkeiten und die andauernden, wenn auch verminderten Demontagen tiefgreifende Beschränkungen der deutschen Wirtschaft bedeuteten. Es war daher schon im Rahmen der Diskussionen über den Beitritt zum Ruhrstatut der Gedanke geäußert worden, die deutsche Industrie und insbesondere die Ruhrindustrie mit den anderen westeuropäischen Industrien zu verbinden. Dahinter stand für die deutsche Seite zunächst die Hoffnung, daß bei einer solchen Verbindung der Industrien die Kontrollen und Einschränkungen naturnotwendig und aus dem dann gegebenen Gesamtinteresse fallen müßten.

Schuman-Plan/ Montanunion

Gerade dort, wo man es am wenigsten erwartet hätte, erhielten die deutschen Vorstellungen eine Antwort – in Frankreich. Im Mai 1950 machte der französische Außenminister Schuman den Vorschlag, eine europäische Wirtschaftsgemeinschaft für Kohle und Stahl zu schaffen. Aufgaben dieser Gemeinschaft sollten die Modernisierung der Produktion und die Verbesserung der Qualität, der Ausgleich des inneren Marktes für Kohle und Stahl, eine gemeinsame Ausfuhrpolitik und ein Ausgleich in den Lebens- und Arbeitsbedingungen der Arbeiterschaft der beteiligten Länder sein. Dieser Vorschlag hatte also genau die Verknüpfung der Industriezweige zum Ziel, die die deutsche Seite angestrebt hatte.

Wenn auch die Vorteile einer solchen wirtschaftlichen Zusammenarbeit offenbar waren, so ist es doch notwendig, für beide Seiten die zugleich damit verbundenen politisch-prinzipiellen Ziele zu erläutern. Über alle noch trennenden Unterschiede hinweg stimmten beide Seiten darin überein, daß das deutsch-französische Verhältnis die Grundlage des künftigen Europa sein werde und daß dieses Verhältnis nicht durch Wettstreit, Kampf oder gar Krieg, sondern nur durch Ausgleich und Zusammenarbeit bestimmt werden dürfe. So wurde nach vorbereitenden Verhandlungen im Frühjahr 1951 der Vertrag über die Europäische Gemeinschaft für Kohle und Stahl (Montanunion) abgeschlossen, der die Bundesrepublik und Frankreich, die Beneluxländer und Italien, nicht aber Großbritannien angehörten. Zur gleichen Zeit wurde das Ruhrstatut mit seinen Kontrollen und Einschränkungen aufgehoben.

Auch die Montanunion wurde von der sozialdemokratischen Opposition im Bundestag unter Hinweis auf die sich verschärfende Teilung Deutschlands entschieden bekämpft. Vor allem Kurt Schumacher wollte der deutschen Einheit absolute Priorität vor jeder internationalen Vereinbarung, die nur die Bundesrepublik band, einräumen. Insgesamt aber konnte nichts darüber hinwegtäuschen, daß die Politik Konrad Adenauers, durch deutsche Vorleistungen alliierte Zugeständnisse zu erreichen, sich als sehr effektiv erwiesen hatte. Sicher trug zum Erfolg dieser Politik auch die Entwicklung der weltpolitischen Lage bei, die auf eine Polarisierung der Welt hinauslief und bei der die beiden Teile Deutschlands jeweils in die dazugehörigen Blöcke integriert wurden. Gleichwohl bleib die Wiederherstellung der Einheit Deutschlands als oberstes Ziel deutscher Politik bestehen, wenn auch die beiden parteipolitischen Lager sie auf ganz unterschiedliche Weise zu erreichen suchten.

Die westdeutsche Wiederbewaffnung

In den Jahren nach dem 2. Weltkrieg hatte sich in Europa, aber auch in anderen Teilen der Welt in immer stärkerem Maße der Antagonismus der Blöcke ausgebildet. Nach den Vorgängen in den Ländern Ostmitteleuropas, vor allem in Polen, in der sowjetischen Besatzungszone und in der Tschechoslowakei mit der erzwungenen Machtübernahme der jeweiligen kommunistischen Partei und der Eingliederung in das östliche System erschien dem Westen die Sowjetunion als eine grundsätzlich expansive Macht, deren Ausdehnungsbestreben keine Grenzen kenne. Von noch größerer Bedeutung für

Korea-Krieg die weltweiten Auswirkungen des Ost-West-Gegensatzes wurde dann aber der Korea-Krieg des Jahres 1950.

Zwar war die Sowjetunion an diesem Krieg nicht direkt beteiligt, aber es schien kein Zweifel daran zu bestehen, daß es sich um eine gezielte Aktion im Rahmen des expansiven Weltkommunismus handelte. Die Parallelen mit Deutschland waren augenfällig: Ein zwischen den Blöcken geteiltes Land, das sich um seine Einheit bemühte, dessen westlich ausgerichteter Teil aber kommunistisch werden sollte. Aus der Beobachtung und Beurteilung aller dieser Vorgänge entstand im Westen der Eindruck, daß eine vom Prinzip her gegebene Aggression dem kommunistischen System eigen sei und daß nur eine entschiedene Gegenwehr einen Übergriff verhindern könne.

Die Folge dieses als feststehend angesehenen weltpolitischen Dualismus war in den USA eine militant antikommunistische Bewegung nach innen und nach außen. Während nach innen Staat, Verwaltung und Öffentlichkeit nach Anhängern des Kommunismus durchleuchtet wurden, äußerte sich dieser Antikommunismus nach außen in einem groß angelegten Rüstungsprogramm. Die bisher betriebene Politik der »Eindämmung« wurde als zu statisch aufgegeben und durch eine mehr dynamische Politik der Befreiung der osteuropäischen Länder vom Kommunismus ersetzt. Gleichgültig ob diese Beurteilung der Politik der Sowjetunion und des kommunistischen Blocks nun zutraf oder nicht, so waren die Konsequenzen dieser Beurteilung der Lage bei den USA und darüber hinaus im westlichen Lager doch unübersehbar.

Deutsche Wiederbewaffnung?

Angesichts der weltpolitischen Entwicklung im Zeichen des Korea-Krieges und angesichts des befürchteten sowjetischen Expansionsstrebens konnte es nicht ausbleiben, daß auch ein deutscher Verteidigungsbeitrag in Erwägung gezogen wurde. Vor allem die Amerikaner waren bestrebt, die Europäer stärker in die Verteidigung Europas einzubinden und daran auch die neugegründete Bundesrepublik zu beteiligen. Bei einer solchen Wiederbewaffnung waren aber innenpolitische Schwierigkeiten in der Bundesrepublik wie auch in den anderen europäischen Ländern unvermeidbar. Das Kriegsende lag kaum fünf Jahre zurück, und schon schickten sich die Deutschen an, sich erneut zu bewaffnen. Vor allem in Frankreich schlugen die Wogen gegen eine deutsche Wiederbewaffnung hoch. Es schien für das französische Sicherheitsbestreben unannehmbar zu sein, daß es – in welcher Form auch immer – wieder ein deutsches Militär geben solle. Ähnliche Bedenken gab es auch bei den anderen kontinentaleuropäischen Staaten. Man hatte nicht sechs Jahre unter ungeheuren Opfern gegen den deutschen Militarismus gekämpft, um ihn wenig später erneut wieder zuzulassen. Aber auch in der Bundesrepublik regte sich Widerstand, und breite Schichten der Bevölkerung drohten, sich einem Wehrdienst zu verweigern.

Haltung der Parteien

Der Beginn des Korea-Krieges und die damit verbundenen Analogien für die Gefahr einer weltweiten Auseinandersetzung zwischen den Blöcken führten jedoch zu einem Umschwung in der öffentlichen Meinung. Wiederbewaffnung war unter diesen Umständen für viele nicht länger Vermessenheit und Frevel angesichts einer bitteren historischen Erfahrung, sondern wurde nun zu einem Akt des Selbstschutzes und der Sicherheit der neugewonnenen Werte in Staat und Gesellschaft. Allerdings war diese Auffassung nicht unumstritten. Die Sozialdemokraten erkannten zwar im Prinzip die sowjetische Bedrohung an, glaubten aber, daß eine einseitige Integration der Bundesrepublik in ein westliches Militärbündnis die deutsche Teilung auf Dauer vertiefen müsse und nur zu einer Verstärkung der Rüstung und der internationalen Spannungen führen werde.

Auf der Seite der Bundesregierung war es vor allem Konrad Adenauer, der die Wiederbewaffnung, teilweise sogar ohne Abstimmung im Kabinett, zielgerichtet vorantrieb. Diese Wiederbewaffnung hatte im Rahmen seiner Politik eine doppelte Funktion: Einerseits war er von dem Expansionsstreben der Sowjetunion nach Westen überzeugt und betrachtete daher eine westdeutsche Armee im Rahmen des westlichen Bündnisses als einen Akt der eigenen Sicherheit und des reinen Überlebens. Andererseits hatte der deutsche Wehrbeitrag für ihn aber auch einen mehr instrumentalen Charakter. Sein Ziel war es, die deutsche Wiederbewaffnung, ähnlich dem Beitritt zum Ruhrstatut und zur Montanunion, nun wiederum als einen weiteren Schritt zur Gewinnung der deutschen Souveränität und Selbständigkeit zu benutzen. Ein solch eigener militärischer Beitrag der Bundesrepublik zum Bündnis konnte nur auf der Basis der Gleichberechtigung und der Selbständigkeit erfolgen, und das bedeutete: nicht auf der Basis des Besatzungsstatuts. So bot Adenauer im Spätsommer 1950 einen eigenen deutschen Wehrbeitrag an, verknüpfte dies aber indirekt mit der Forderung nach einem Abbau des Besatzungsstatus.

EVG-Vertrag

In den folgenden Monaten waren es vor allem die USA, die auf eine deutsche militärische Beteiligung drängten, während Großbritannien und insbesondere Frankreich einen solchen Wehrbeitrag ablehnten. Ständiges Drängen und politischer Druck der USA sowie das Eingreifen Chinas in den Korea-Krieg führten schließlich auch zu einem Umschwenken der britischen und der französischen Politik. Von den Franzosen ging denn auch der nächste Schritt aus. Ähnlich wie beim Schuman-Plan, bei dem die deutsche Seite in eine gemeineuropäische Regelung eingebunden war, wollte man auch bei der zu bildenden »Europäischen Verteidigungsgemeinschaft« (EVG) vorgehen. Im Oktober 1950 gab der französische Ministerpräsident René Pleven den später nach ihm benannten Plan bekannt, der auf eine europäische Armee der sechs Schuman-Plan-Länder unter deutscher Beteiligung abzielte. Für die Franzosen waren damit zwei Dinge gegeben: einmal die Einreihung in die westliche Front und zum anderen die Bindung der Bundesrepublik im Rahmen eines gesamteuropäischen Bündnisses. Antisowjetische Abwehr und französisches Sicherheitsdenken waren in diesem Plan vereinigt.

Damit war dem französischen Sicherheitsstreben, noch nicht aber dem deutschen Begehren nach Gleichberechtigung Genüge getan. Denn die Kehrseite des deutschen Wehrbeitrages war ja, daß die Bundesrepublik nicht länger als besetztes Land, sondern als durchaus gleichberechtigter Partner angesehen werden wollte. Als Folge traten daher die Westmächte in Verhandlungen ein, um das Besatzungsstatut durch eine neue, die Gleichberechtigung der Bundesrepublik sichernde vertragliche Regelung abzulösen. Das Ergebnis dieser Verhandlungen war der »General- oder Deutschlandvertrag«, mit dem das Besatzungsregime aufgehoben wurde und der Bundesrepublik die volle Souveränität gewährt wurde. Allerdings sollte dieser Vertrag nur dann gültig werden, wenn zuvor die EVG-Verträge von der deutschen und der französischen Seite gebilligt und unterzeichnet würden. Französische Bedingungen und französische Zugeständnisse wurden also auf diese Weise miteinander verknüpft. Generalvertrag und EVG-Vertrag bildeten eine Einheit. Am 26. Mai 1952 wurde in Bonn der Generalvertrag und einen Tag später in Paris der EVG-Vertrag unterzeichnet.

Deutschland-Vertrag

Die Unterzeichnung der Verträge führte in der Bundesrepublik zu einer mit Leidenschaft geführten Diskussion über den weiteren politischen Weg. Es ging dabei um die deutsche Wiederbewaffnung, sowie um die damit unaufhebbar verbundene Vertiefung der Spaltung Deutschlands. Vor allem die Wiederbewaffnung der Bundesrepublik fünf Jahre nach dem Krieg stieß zwar teils auf Zustimmung, aber auch auf breite Ablehnung in der Bevölkerung. Nicht nur die SPD, sondern weite Kreise in den Kirchen, in den Gewerkschaften und in der kritischen Intelligenz lehnten eine Wiederbewaff-

Deutsch-alliierte Verhandlungen über die Ablösung des Besatzungsstatuts im Herbst 1951

nung ab. Zwar stimmte im März 1953 der Bundestag beiden Verträgen zu, aber nun gab es in Frankreich Widerstände. Im Laufe der Jahre 1953/54 fand sich in der französischen Nationalversammlung eine in sich sehr disparate Koalition zusammen, die die Ratifizierung des EVG-Vertrages im August 1954 ablehnte. Damit wurde aber auch dem Generalvertrag die Basis entzogen, da beide Verträge unmittelbar miteinander gekoppelt waren. Das ganze außen- und sicherheitspolitische System, das auch eine weitere Integration der Bundesrepublik in den Westen bringen sollte, schien zunächst einmal gescheitert.

Westeuropäische Union

Gleichwohl erwies sich sehr bald, daß sich zwar einige Rahmenbedingungen verschoben haben mochten, daß sich aber an der weltpolitischen Grundkonstellation des Ost-West-Gegensatzes nichts geändert hatte. Es wurde offenbar, daß es über alle nationalen Sonderinteressen und kurzfristigen Änderungen der internationalen Lage hinaus ein gemeinsames westliches Interesse gab, das nach einer Einigung Westeuropas verlangte. So wurden in der Folgezeit von allen Seiten aus Versuche unternommen, um die europäische Einigung mit den gleichen Zielsetzungen auf anderen Wegen voranzutreiben. Um das französische Sicherheitsverlangen zu befriedigen und ein Wiederaufleben der deutschen Drohung für Frankreich zu verhindern, wurde der »Brüsseler Pakt« von 1948 zwischen Frankreich, Großbritannien und den Beneluxländern zur »Westeuropäischen Union« (WEU) erweitert. Im Rahmen dieser Union wurde Großbritannien langfristig auf dem Kontinent gebunden, und auch Italien sowie die Bundesrepublik traten der WEU bei. Das Ergebnis war ein Sicherheitssystem, das den Franzosen Sicherheit vor den Deutschen durch deren Einbindung gewährte. Dann trat die Bundesrepublik direkt in die NATO ein, und damit konnte auch der Generalvertrag in einer leicht modifizierten Form in Kraft treten. Das Besatzungsstatut wurde aufgehoben, die alliierte Verwaltung aufgelöst und die Bundesrepublik zu einem voll souveränen Staat erklärt. Allerdings sicherten sich die Alliierten bestimmte Vorbehaltsrechte hinsichtlich Berlins, hinsichtlich der Wiedervereinigung und hinsichtlich der Deutschland als Ganzes betreffenden Fragen. Ermöglicht worden war diese Einigung nur durch den Verzicht auf jede Sonderkoalition und durch die Verflechtung mehrerer Vertragssysteme, durch die alle nationalen Sonderinteressen gewahrt blieben.

Gegen die im Generalvertrag festgelegte politisch-staatliche Ausrichtung auch eines wiedervereinigten Deutschland gab es in der Bundesrepublik noch einmal eine breite Protestbewegung aus Teilen der SPD und außerparlamentarischen Gruppen, die sich in der »Paulskirchenbewegung« zusammenfanden. Sie argumentierten, daß eine solche Bindung die Wiedervereinigung auf Dauer unmöglich mache. Diese Bewegung fand anfangs eine breite Resonanz, scheiterte dann aber an ihrer inneren Widersprüchlichkeit und rein negativen Konzeption. Im Februar 1955 wurden die Verträge im Bundestag ratifiziert. Damit war über die wirtschaftliche Einigung hinaus ein weiterer Schritt nun im militärischen Bereich getan – beides mit dem langfristigen Ziel, sie zu gegebener Zeit in eine politische Einigung zu überführen. Die Bundesrepublik war noch weiter in das westliche System integriert worden, und sie hatte sogar Vertragsbestimmungen zugestimmt, die Deutschland über die Zeit ihres Bestehens hinaus banden. Der Preis dieser Westorientierung war eine erneute Vertiefung der deutschen Spaltung, und es gab nicht wenige, die sich fragten, ob denn die Wiedervereinigung überhaupt noch das Ziel der Bundesrepublik sei. Weitaus wichtiger war jedoch die Problematik, welche Haltung die Sowjetunion und in ihrem Gefolge der andere Teil Deutschlands zu dieser Westintegration einnehmen würden. Sowohl aus rechtlichen Gründen, die die Vier-Mächte-Verantwortung für Deutschland betrafen, wie auch aus politischen und militärischen Gründen, die das Sicherheitsbestreben der Sowjetunion betrafen, konnte es ihr nicht gleichgültig sein, was im Westen Deutschlands und Europas geschah.

Das sowjetische Angebot von 1952 – eine letzte Chance zur Wiedervereinigung?

Reaktion des Ostens

Eine sowjetische Reaktion hatte es schon im Rahmen der EVG-Vertragsverhandlungen gegeben. Es wurde aber sehr bald deutlich, daß die Sowjetunion in dieser Frage nicht den Weg der Drohungen und des politischen Druckes, sondern den Weg der Konzessionen beschreiten wollte. Das Vorgehen der Sowjetunion erfolgte dabei auf mehreren Ebenen. Da war einmal die interalliierte Ebene, in deren Rahmen sich die Sowjetunion auf die Potsdamer Abmachungen bezog, und da war zum anderen die innerdeutsche Ebene, in deren Rahmen die internationale Politik nun mit dem ungeklärten deutschen Verhältnis verbunden wurde.

Es begann gleichsam auf der untersten Stufe des Zugeständnisses mit einem Brief des DDR-Ministerpräsidenten Grotewohl an Adenauer am 30. November 1950. Darin schlug Grotewohl die Bildung eines paritätisch besetzten »Konstituierenden Rates« aus Vertretern der Bundesrepublik und der DDR vor, der die Bildung einer gesamtdeutschen provisorischen Regierung vorbereiten sollte. Gleichzeitig sollte dieser Rat mit den Alliierten über die Ausarbeitung eines Friedensvertrages verhandeln und schließlich die Bedingungen für die Abhaltung freier deutscher Wahlen schaffen. Diesen Vorschlag akzeptierte die Bundesregierung zwar, versah seine Annahme aber mit Bedingungen (freie Wahlen, Rechtsstaat westlichen Musters), denen die DDR nicht zustimmen wollte und wohl auch nicht konnte.

Nachdem im Laufe des Jahres 1951 die Verhandlungen über den Beitritt der Bundesrepublik zur EVG und über den damit verbundenen Deutschlandvertrag weiter vorangeschritten waren, steigerte Grotewohl im September 1951 sein Angebot. Nicht länger sollte die Parität des Rates zur Voraussetzung gemacht werden und auch die Forderung nach freien Wahlen nahm Grotewohl ausdrücklich an. Es war ganz offenbar, daß die Fortschritte in der Westintegration diese Steigerung des Angebots bewirkt hatten. Die Bundesregierung präzisierte daraufhin ihre Forderungen und verlangte vor allem die Durchführung der Wahlen unter der Kontrolle der Vereinten Nationen (UNO).

An dieser Forderung scheiterte dann auch der Plan von gesamtdeutschen freien Wahlen im Jahre 1951. Es war nur zu deutlich, daß die DDR und die führende Partei, die SED, ihre eigene Existenz und die in diesem Staate herrschenden Machtverhältnisse aufs Spiel setzten, wenn sie sich den Forderungen, wie Adenauer sie gestellt hatte, unterwarfen. Bei der Abwägung, die weitere westliche Integration um den Preis der Selbstaufgabe zu verhindern oder aber die eigene staatliche und politische Existenz zu bewahren, entschied sich die Führung der DDR für den Fortbestand der eigenen Existenz.

Sowjetische Note vom März 1952

Diese Aktion der DDR-Führung konnte jedoch nicht darüber hinwegtäuschen, daß trotz der inzwischen erfolgten Staatenbildung in Deutschland ja immer noch die vier Alliierten für Deutschland als Ganzes verantwortlich waren und daß jede Veränderung dieses Zustandes von ihrer Zustimmung abhing. Ebenso hatte diese Aktion die Verhandlungen zwischen der Bundesrepublik und den Westalliierten über den Eintritt der Bundesrepublik in das westliche Verteidigungsbündnis nicht aufhalten können, und um die Jahreswende 1951/52 standen der Deutschlandvertrag und die EVG-Verhandlungen kurz vor ihrem Abschluß. Der Westen Deutschlands mit seinem großen bevölkerungsmäßigen, wirtschaftlichen und bald auch militärischen Potential würde demnächst unauflöslich in den Westen integriert und in seiner Konsequenz auch gegen die Sowjetunion gerichtet sein. In dieser Situation schien es der Sowjetunion offenbar notwendig, durch ein öffentlichkeitswirksames, weit entgegenkommendes Angebot die westdeutsche Teilnahme an der europäischen Einigung zu unterbinden und die sich verfestigende Lage in Mitteleuropa erneut zu öffnen. Dabei mußte die Bedeutung des Angebots und die Höhe der Zugeständnisse dem politischen Ziel, das angestrebt wurde, angemessen sein.

Am 10. März 1952 wurde den Vertretern der Westalliierten in Moskau eine sowjetische Note überreicht, die die bisher weitestgehenden Vorschläge der Sowjetunion zur Deutschlandfrage enthielt. Deutschland sollte unter Verzicht auf die Gebiete jenseits von Oder und Neiße wiedervereinigt werden und sich verpflichten, künftig neutral zu sein. In Deutschland würden unter Aufsicht der vier Alliierten freie Wahlen stattfinden, an denen sich alle demokratischen Parteien beteiligen könnten. Aufgrund dieser Wahlen werde eine gesamtdeutsche Regierung gebildet, die dann einen von den Alliierten vorher festgelegten Friedensvertrag unterzeichne. Die Besatzungstruppen hätten innerhalb eines Jahres nach Abschluß des Friedensvertrages das Land zu verlassen, und an ihre Stelle würden deutsche Truppen treten, so weit sie für die Verteidigung des Landes notwendig seien. Auch die Produktion von Rüstungsgütern sollte in diesem Rahmen zugelassen sein. In weiteren Noten vom April, Mai und August 1952 wurde das sowjetische Angebot entsprechend präzisiert. Zunächst durchaus konziliant, dann aber immer drängender im Ton forderte die Sowjetunion die Westmächte auf, entsprechende Schritte zur Lösung der Deutschlandfrage einzuleiten.

Reaktion des Westens

Obwohl diese Note gemäß dem bestehenden völkerrechtlichen Zustand an die westlichen Alliierten gerichtet war, konnte nichts darüber hinwegtäuschen, daß sie an sich – ähnlich wie der Grotewohl-Vorschlag – auch für die deutsche Öffentlichkeit bestimmt war. Denn den Westalliierten konnte entsprechend ihrer politischen Zielsetzung nicht an einer Neutralisierung Deutschlands gelegen sein. Zwar hatten alle Alliierten durchaus ein Interesse daran, die Spannungen in Mitteleuropa abzubauen, doch noch größer war ihr Bestreben, nicht vorschnell einseitig Vorteile oder Chancen aufzugeben. Großen Widerhall aber fand diese Note in der deutschen Öffentlichkeit, denn durch diesen Vorstoß wurde die Frage nach dem weiteren politischen Kurs der Bundesrepublik erneut problematisiert. Setzte die Bundesrepublik ihren bisher ohne Zweifel erfolgreichen Westkurs fort, so bestand die Gefahr, daß das politische Langziel einer deutschen Wiedervereinigung auf unabsehbare Zeit illusorisch wurde. Ging sie aber auf das sowjetische Angebot ein, so mußte dies eine Lockerung der Bindungen zum Westen und der Beginn eines unsicheren Weges in die Neutralität sein. Das sowjetische Angebot spitzte diese Frage in einer bisher nicht gekannten Form zu und führte in der deutschen Öffentlichkeit zu einer scharfen Polarisierung.

Adenauer sah durch diese Note seine bisherige politische Gesamtkonzeption in Frage gestellt. Ein Eingehen auf die sowjetischen Vorschläge hätte seiner Ansicht nach die Gefahr einer Schwächung des Westens und damit das weitere Vordringen des Kommunismus bedeutet. Die Neutralisierung Deutschlands hätte zudem für ihn die Möglichkeit einer Rückkehr zur nationalstaatlichen Rivalität in Europa heraufbeschworen, deren Konsequenzen ja gerade in zwei Kriegen deutlich geworden waren. Und schließlich befürchtete er bei einem Ausscheiden aus dem westlichen Bündnis und einer Neutralisierung Deutschlands, daß die vier Alliierten sich dann über den Kopf der Deutschen hinweg allein einigen würden. Damit wäre aber die Offenheit der Situation des Jahres 1945 wiederhergestellt und jede deutsche Mitwirkung an der Entscheidung über die weitere Entwicklung unmöglich gemacht. Adenauer entschloß sich daher, nahezu im Alleingang an der Opposition und an den Befürwortern innerhalb der eigenen Partei vorbei die sowjetischen Vorschläge im Verein mit den Westmächten abzulehnen. In ihren Antwortnoten stellten daher die Westmächte mit der Forderung nach freien Wahlen unter Aufsicht der UNO *vor* jeder Friedensvertragsregelung Bedingungen, die die Sowjetunion nicht akzeptieren wollte.

Ernsthaftigkeit des Angebots?

In der folgenden Zeit ist immer wieder die Frage gestellt worden, ob das sowjetische Angebot ernst gemeint gewesen sei oder ob es sich nur um ein taktisches Angebot gehandelt habe mit dem Ziel, die westlichen Bündnis- und Einigungsverhandlungen zu stören. Und daran schloß sich die weitere Frage an, ob es richtig war, das Angebot abzulehnen, oder aber ob man nicht besser verhandelt hätte. Solange die Viermächteverantwortung für Deutschland bestand und die deutsche Teilung anhielt, war dies eine immer wiederkehrende Fragestellung.

Es deutet vieles darauf hin, daß das sowjetische Angebot ernst gemeint war. Selbst gegenüber der Aufgabe bestimmter Positionen der Sowjetunion in der DDR wogen die politischen Vorteile einer Neutralität des wiedervereinigten Deutschland für sie schwerer. Der westeuropäische Einigungsprozeß mit seinen weitreichenden militärischen und wirtschaftlichen Folgen wäre unterbrochen gewesen, das neutralisierte Deutschland hätte mit der vereinigten KPD und SED eine starke Linkspartei gehabt und die Offenheit der Verhältnisse in Deutschland mit einer weitreichenden Steuerungsmöglichkeit durch die Sowjetunion wäre wiederhergestellt gewesen. Alle diese Argumente lassen rückschauend die Ernsthaftigkeit des sowjetischen Angebots wahrscheinlich erscheinen.

Anders steht es mit der Frage, ob man hätte verhandeln sollen. Verhandlungspartner waren zwar an sich die Westmächte, aber diese wollten nich ohne Abstimmung mit der Bundesrepublik vorgehen. Trotz des spektakulären Verhaltens der Befürworter von Verhandlungen und trotz ihrer durchaus akzeptablen Argumente konnte nichts darüber hinwegtäuschen, daß die Mehrheit der westdeutschen Bevölkerung eine Ablehnung des sowjetischen Angebots befürwortete. Bei einer Abwägung zwischen der ökonomischen und militärischen Sicherheit im Rahmen des Westens, die ja im Zeichen einer »Politik der Stärke« die Wiedervereinigung durchaus nicht auszuschließen

v.l.: Bulganin, Adenauer, Chruschtschow, dahinter: Molotow, Malenkow und Walter Hallstein am 14.9. 1955 in Moskau

schien, und dem unsicheren Weg in eine Neutralität zwischen West und Ost, entschied sich die Mehrheit der Westdeutschen für die Orientierung nach Westen. Die Ergebnisse der nachfolgenden Bundestagswahlen zeigten dies deutlich. Im Jahre 1952 war die Chance zur Wiedervereinigung unter bestimmten Bedingungen gegeben, aber die Mehrheit der westdeutschen Bevölkerung wollte auf diese Bedingungen nicht eingehen. Der Preis dieser Entscheidung aber – und das muß auch gesagt werden – war das weitere Schicksal der Deutschen in der DDR.

Aufnahme der diplomatischen Beziehungen

Nachdem damit sowohl die Sowjetunion wie auch die Westmächte ihr jeweiliges Einflußgebiet abgesteckt und abgesichert hatten und nachdem deutlich geworden war, daß die beiden Teile Deutschlands zunächst unauflöslich in die einander feindlichen Blöcke integriert blieben, erst da war die Möglichkeit eines Abbaues der Spannungen und eines Ausgleiches der Mächte in Europa gegeben. Dies geschah auf der Vier-Mächte-Konferenz, die im Juli 1955 in Genf stattfand. Hier wurde allerdings auch deutlich, daß eine Neutralisierung Deutschlands nicht länger zur Diskussion stand und daß man daher in Zukunft von zwei deutschen Staaten auszugehen habe. Auch der Versuch, Sicherheit und Entspannung an Fortschritte in der Wiedervereinigung zu koppeln, schlug fehl. Die deutsche Frage trat hinter die Frage der allgemeinen Entspannung zurück.

In dieser Situation bedeutete eine Einladung Adenauers nach Moskau eine gefährliche Situation. Es mußte vor allem der Eindruck verhindert werden, daß die Bundesrepublik die Bindungen zum Westen lockern wolle. Trotz aller Bedenken entschied sich Adenauer, das sowjetische Angebot anzunehmen. Einmal schien es ihm notwendig zu sein, mit der sowjetischen Siegermacht im Zeichen der beginnenden weltpolitischen Veränderung Verbindung aufzunehmen; zum anderen aber erreichte er als Gegenleistung die Freilassung von 10000 noch in der Sowjetunion zurückgehaltenen Kriegsgefangenen und Zivilinternierten. Adenauer erklärte allerdings, daß dies keine Anerkennung der territorialen Nachkriegsverhältnisse bedeute, sondern daß deren Festlegung Aufgabe eines künftigen Friedensvertrages sei. Damit – so schien es – hatte die Bundesrepublik sich alle Möglichkeiten im Rahmen der weltpolitischen Veränderungen einerseits und der Wahrung des gesamtdeutschen Interesses andererseits offengehalten.

Im September 1955 stimmte auch der Bundestag der Aufnahme diplomatischer Beziehungen zur Sowjetunion zu. Damit gab es zwei deutsche Botschafter in Moskau – einen schon früher ernannten für die DDR und einen für die Bundesrepublik. Angesichts dieser Doppelvertretung Deutschlands in Moskau bestand aber die Gefahr, daß auch andere Staaten diplomatische Beziehungen zu beiden deutschen Staaten aufzunehmen wünschten und daß dadurch der Alleinvertretungsanspruch der Bundesregierung untergraben würde. Um dieser Gefahr entgegenzuwirken, drohte die Bundesregierung, künftig die Beziehungen zu allen den Staaten abzubrechen, die diplomatische Beziehungen zur DDR aufnehmen würden. Einzige Ausnahme sollte aus den besonderen Gründen der Vier-Mächte-Verantwortung die Sowjetunion sein. Wenig später wurde diese Haltung unter dem Namen »Hallstein-Doktrin« – benannt nach dem damaligen Staatssekretär im Auswärtigen Amt, Walter Hallstein, der zwar nicht ihr Erfinder war, sie wohl aber politisch umsetzte – zu einem außenpolitischen Grundsatz der Bundesrepublik erhoben.

Adenauers Ost- und Deutschlandpolitik beruhte auf einem klar umrissenen Programm. Auf der Grundlage einer engen Westbindung betrieb er im Verein mit den Westalliierten eine Politik der Stärke in der Hoffnung, daß die Sowjetunion eines Tages ihren Konfrontationskurs würde aufgeben und die DDR aus ihrem Einflußbereich würde entlassen müssen. Dann stünde der Weg zur Wiedervereinigung offen. Diese Politik war nicht unumstritten, wurde aber von den Westmächten honoriert und die Wähler stimmten ihr zu. Die Frage war, wie lange die Prämissen dieser Politik andauerten, und wenn sie sich denn änderten, ob Adenauer bereit und fähig war, die daraus folgenden Konsequenzen zu ziehen und die westdeutsche Politik neu zu formulieren.

Die Bundesrepublik – Stabilisierung nach innen und erste weltpolitische Defensive (1955–1963)

Wehrverfassung

Ein die Öffentlichkeit tief aufwühlendes Ereignis der westdeutschen Innenpolitik war die Verabschiedung einer Wehrverfassung und der Aufbau einer eigenen Armee in den Jahren 1955 bis 1957. Zwar hatte es auf deutscher Seite Planungen zur Sicherheitspolitik schon seit 1950 gegeben, aber zunächst durfte man mit diesen Überlegungen nicht an die Öffentlichkeit treten, und dann war lange Zeit unsicher, welche endgültige Struktur der deutsche Wehrbeitrag haben sollte. Im Rahmen der NATO-Lösung wurden schließlich zwölf Heeresdivisionen geplant, die durch besondere Truppenteile der Landkriegsführung ergänzt werden sollten. Weiter war an die Aufstellung einer Luftwaffe gedacht sowie an den Aufbau einer Marine für den Küstenschutz und für den Einsatz in den Binnenmeeren. Vor allem aber mußten Modalitäten für das Zusammenwirken deutscher Truppenteile mit den Armeen anderer Länder im Rahmen der NATO entwickelt werden.

Aufbau der Bundeswehr

Unter dem selbst gesetzten Druck, innerhalb kurzer Zeit eine vollständige neue Armee aufzubauen, gestaltete sich der Ausbau der Bundeswehr – so lautete die Bezeichnung für die neue westdeutsche Armee – sehr schwierig. Der politische Wille, eine möglichst schnelle Einsatzbereitschaft der neuen Armee zu gewährleisten, und die finanziellen und sachlichen Möglichkeiten dazu standen in einem schwer lösbaren Konflikt.

Adenauers erster offizieller Besuch bei dem Lehrtrupp der im Aufbau begriffenen Bundeswehr (Andernach, 20.1. 1956)

Neben diesen gleichsam äußerlichen Schwierigkeiten gab es aber auch Probleme der inneren Entwicklung beim Neuaufbau der Bundeswehr. Das betraf zunächst die Frage nach einem neuen Soldatenbild angesichts der geschichtlichen Erfahrungen seit dem 2. Weltkrieg, zum anderen die Frage nach dem Ort und nach dem Selbstverständnis des Militärs im demokratischen Verfassungsstaat. Die Antworten auf diese Fragen waren zugleich wichtige Entscheidungen über die Innenstruktur des neuen westdeutschen Staates.

»Staatsbürger in Uniform«

Ein negatives Beispiel für das Verhältnis von Staat und Militär hatte die Weimarer Republik geboten, in der die Reichswehr als »Staat im Staate« sich verselbständigt und im Dienst an der Demokratie versagt hatte. Ein weiteres negatives Beispiel dieses Verhältnisses hatte auch das 3. Reich gegeben, während dessen Dauer die Armee zwar gegenüber dem Nationalsozialismus zunächst auf Distanz gegangen war, sich dann aber allzu bereitwillig für die Kriegführung hatte einspannen lassen. Die neu zu errichtende Bundeswehr sollte in ihrem Selbstverständnis aber weder auf eine völlige Politikferne noch auf das kritik- und fraglose Funktionieren beschränkt werden.

Schon zu Beginn des Ausbaues der Bundeswehr fand sich daher eine Gruppe von Reformern zusammen, die ganz neue Konzepte zum Soldatenberuf und zur Stellung des Militärs in der Gesellschaft entwarfen. Die Armee sollte sich gegenüber der Gesellschaft nicht abschließen, sondern sich ihr öffnen und sich mit den kontroversen Auffassungen der Gesellschaft auseinandersetzen. Dabei war durchaus an eine politische Bewußtheit des Militärs gedacht, doch sollte dies nicht eine einseitige Politisierung sein, sondern sie sollte aufgehoben werden im demokratischen Kompromiß und in gemeinsamer Übereinstimmung über den militärischen Auftrag. Das Leitbild war der »Staatsbürger in Uniform«: der Soldat, der seine politische Haltung und seine demokratische Gesinnung mit dem Eintritt in die Bundeswehr nicht aufgab, sondern sie als ideelle Grundlage des militärischen Dienstes auffaßte.

Neben diesen mehr auf ein neues Soldatenbild und auf die geistige Grundlegung des Wehrdienstes gerichteten Überlegungen ging es dann aber auch um die Einordung der Bundeswehr in das Verfassungs- und Organisationsgefüge des demokratischen Staates. Auch hier spielten geschichtliche Erfahrungen eine wesentliche Rolle. War das Militär sowohl im Kaiserreich durch seine Bindung an den Monarchen wie auch in der Weimarer Republik durch seine »unpolitische« Haltung ein der parlamentarischen Kontrolle weitgehend entzogener Bereich gewesen, so sollte dieser Strukturfehler beim Aufbau der neuen Bundeswehr nicht wiederholt werden. Alle politischen Richtungen waren sich in dem Ziel einig, das Militär dem demokratischen Verfassungsstaat unterzuordnen – und zwar nicht nur durch entsprechende verfassungsrechtliche Regelungen, sondern auch durch die Ausübung einer ständigen parlamentarischen Kontrolle. Die Ausgestaltung dieser Kontrollmechanismen im einzelnen war allerdings zwischen Regierung und Opposition umstritten.

Wehrgesetzgebung

Zunächst mußte sich der Bund überhaupt erst die Kompetenz zur Wehrgesetzgebung verschaffen, die ursprünglich im Grundgesetz nicht vorgesehen war. Dies geschah durch eine Reihe von Gesetzen und Grundgesetzänderungen in den Jahren von 1954 bis 1956. Leitendes Prinzip aller dieser Gesetzesnovellen war es, die Priorität der politischen Führung sicherzustellen, entsprechende Kontrollinstrumente zu entwickeln und auch das Militär der Grundrechtsordnung zu unterwerfen. Abgeschlossen wurde die Wehrgesetzgebung durch das Soldatengesetz vom März 1956, das die Rechtsstellung des Soldaten festlegte, und durch das Wehrpflichtgesetz vom Juli 1956, durch das die Alternative von Berufsheer und allgemeiner Wehrpflicht zugunsten der letzteren entschieden wurde.

Die Debatten um die Wehrgesetzgebung führten nicht nur im Parlament, sondern auch in der Öffentlichkeit zu einer erregten tiefgreifenden Kontroverse. Dabei ging es nicht nur um Fragen der politischen und militärischen Zweckmäßigkeit der Wiederbewaffnung, sondern – weitergreifend – auch um die Frage der Sittlichkeit des Dienstes mit der Waffe überhaupt. Nach dem 2. Weltkrieg mit seinen Millionen von Toten schien es gerade für die Nation, die diesen Krieg begonnen hatte, vermessen zu sein, erneut zur Waffe zu greifen, zumal die Gefahr bestand, daß es bei der bestehenden Konfrontation der Blöcke zu einem deutsch-deutschen Bruderkampf kommen konnte. Dem hielten die Befürworter entgegen, daß es auch in einem höheren Sinne gerechtfertigt sei, die Freiheit und die Sicherheit der eigenen Bevölkerung gegen jede Aggression zu verteidigen. Zudem handele es sich bei der Bundeswehr um ein Instrument der Abwehr und der Verteidigung, nicht des Angriffs. Zwar traten die Gegensätze zwischen Befürwortern und Gegnern der Wiederbewaffnung mit der Zeit zurück, doch hinderte dies nicht, daß die Diskussion bei Änderungen der Strategie oder der Bewaffnung stets erneut und prinzipiell wiederaufflammte.

Atomare Bewaffnung

Kompliziert und gleichsam auf eine höhere existentielle Ebene gehoben wurde diese Kontroverse dadurch, daß die Frage der Wiederbewaffnung in der Bundesrepublik verknüpft wurde mit der Frage einer zukünftigen atomaren Kriegführung. Während die Deutschen sich noch auf die waffentechnischen Veränderungen seit dem 2. Weltkrieg einzustellen versuchten, wurden im Osten wie im Westen schon die Prinzipien einer zukünftigen atomaren Strategie entwickelt.

In der Bundesrepublik führten diese Pläne einer atomaren Bewaffnung auch der Bundeswehr zu einer tiefgreifenden und leidenschaftlich geführten Diskussion. Während Adenauer immer wieder erklärt hatte, die NATO dränge auf starke konventionelle Verbände und die Einführung der allgemeinen Wehrpflicht, zeigte sich nun, daß die Hauptmacht der NATO gar eine Verminderung der konventionellen Streitkräfte plante. Die Verteidigungskonzeptionen der USA und der Bundesrepublik schienen nicht aufeinander abgestimmt zu sein, der Kanzler war sogar in einer schwierigen innenpolitischen Phase desavouiert worden.

Während die Opposition diese Schwierigkeiten für den laufenden Bundestagswahlkampf des Jahres 1957 zu nutzen suchte, erhob sich zusätzlich eine ernst zu nehmende Kritik von einer ganz anderen Seite. Im Frühjahr 1957 trat eine Gruppe angesehener Atomphysiker mit einer Erklärung an die Öffentlichkeit, in der sie auf die Gefahren eines Einsatzes von Atomwaffen hinwiesen und für sich erklärten, daß sie nicht bereit seien, an solchen Atomwaffen mitzuwirken. Die öffentliche Wirkung dieser Erklärung war beträchtlich. Hier ging es nicht länger nur um politisch-parlamentarische Alternativen, sondern hier meldete sich der wissenschaftliche Sachverstand zu Wort, der in der Öffentlichkeit stets auf eine große Resonanz hoffen konnte.

In der Folge gelang es der Regierung, die durch diese Vorgänge entfachte Diskussion zu neutralisieren. Den Hauptanteil daran hatte Franz-Josef Strauß, indem er die atomare Ausrüstung der Bundeswehr mit einer Reihe von Bedingungen und Einschränkungen versah, sonst aber keinen Zweifel daran ließ, daß die Bundesrepublik sich aus den übergeordneten strategischen Diskussionen nicht einfach ausblenden könne. Wie schon zuvor bei anderen Gelegenheiten vermochte aber die Opposition diese öffentlichen Kontroversen und Vorbehalte gegen die Regierung nicht für das Ergebnis der Wahlen zu mobilisieren: Bei den Bundestagswahlen im September 1957 erhielt die CDU/CSU erstmalig die absolute Mehrheit.

Saarfrage

Blickt man auf den Verlauf der EVG- und der NATO-Verhandlungen sowie auf die Entwicklung der Wehrfrage zurück, so zeigt sich, daß es eine isoliert nationale Politik unter den Bedingungen der kontinentaleuropäischen Bündnisbestrebungen und der weltweiten Blockbildung gar nicht mehr geben konnte. Vielmehr war es ein Wechselverhältnis: Jede Übereinstimmung oder jede Kontroverse in dem einen Bereich wirkte auf den Zustand der anderen Bereiche fördernd oder hindernd zurück. Eine dieser Kontroversen, die vor allem das deutsch-französische Verhältnis belasteten, war die Saarfrage.

Saarstatus 1945/47

Das Saargebiet war ursprünglich ein Teil der französischen Besatzungszone gewesen, doch war es schon im Sommer 1945 im Zuge der französischen Separationspolitik von dieser abgetrennt und wirtschaftlich mehr und mehr nach Frankreich ausgerichtet worden. Im Oktober 1947 hatten im Saarland Wahlen zu einer verfassungsgebenden Versammlung stattgefunden, die wiederum im Dezember 1947 eine Verfassung verabschiedete. Nach dieser Verfassung war das Saarland ein politisch autonomes Gebiet bei weitgehender wirtschaftlicher Verflechtung mit Frankreich. Es bestand eine Währungs- und Zollunion und ferner war den Franzosen das Recht eingeräumt, die Kohlegruben an der Saar für ihre Zwecke auszubeuten. Den Einfluß Frankreichs gewährleistete ein Kommissar mit weitgehenden Eingriffsmöglichkeiten, der im Jahre 1952 zum Botschafter wurde. Alle diese Veränderungen im Saargebiet waren mit der Billigung der USA und Großbritanniens, aber gegen den Protest der Sowjetunion vorgenommen worden. So befand sich das Saargebiet staatsrechtlich in einem Zwischenstatus: es gehörte wirtschaftlich und politisch nicht mehr zum Zonendeutschland, war aber formal noch nicht aus dem Reichsverband ausgeschieden.

Es kam aber noch ein weiteres Problem im Rahmen des deutsch-französischen Verhältnisses hinzu. Es handelte sich dabei um die Frage, wie eine vor dem allgemeinen Friedensvertrag getroffene Regelung an der Saar, die mit Sicherheit den Franzosen Vorteile gebrachte hätte, bei den irgendwann einmal folgenden Friedensvertragsverhandlungen behandelt werden sollte.

Während die deutsche Seite jede Saarregelung unter einen Friedensvertragsvorbehalt stellen wollte, verlangte die französische Seite, daß eine einmal getroffene Saarregelung nicht mehr zur Disposition stehen dürfe. Es war einsichtig, daß die einzig mögliche Verhandlungslösung dadurch noch komplizierter wurde.

Eine neue Dimension erhielt die Saarfrage, als sie im Jahre 1952 im Rahmen der europäischen Einigung von der französischen Seite mit den EVG-Verhandlungen verknüpft wurde. Die Franzosen machten deutlich, daß ihre Zustimmung zu den Westverträgen nur bei einer zugleich getroffenen Saarlösung zu erwarten sei. Insofern war diese Verknüpfung von EVG-Verhandlungen und Saarlösung weniger gemeineuropäisch als französisch national gedacht.

Demgegenüber sah die deutsche Seite durchaus ein, daß Konzessionen gemacht werden mußten, allerdings hatten diese ihre Grenzen: die Bundesrepublik lehnte es ab, auf den Friedensvertragsvorbehalt zu verzichten, und sie verlangte, daß auch den deutschen Parteien und Gruppierungen an der Saar demokratische Rechte gewährt würden, die sie bisher noch nicht besaßen. Eine mögliche Lösung, die sich aus all diesen Ansprüchen und Kontroversen herausschälte, war eine »Europäisierung« der Saar: die Unterstellung des weiterhin politisch autonomen Landes unter die Kontrolle des Europarates und die Einrichtung wichtiger europäischer Behörden an der Saar. Sowohl die Bundesrepublik wie Frankreich stimmten einer solchen Lösung zu, wenn auch beide Seiten dieses Konzept für ihre eigenen Interessen zu nutzen gedachten.

Saarstatut

Nach dem Scheitern der EVG wurde auch die Saarfrage in die weiteren Einigungsverhandlungen übernommen. Im Rahmen der Pariser Verträge schlossen Frankreich und die Bundesrepublik im Oktober 1954 das Saarstatut, das eine Einigung auf der Grundlage der Europalösung vorsah. Die Franzosen erkannten den Friedensvertragsvorbehalt an und gestanden den deutsch gesinnten Parteien und Verbänden eine größere Betätigungsmöglichkeit zu, während die Bundesrepublik die Unterstellung des Saargebiets unter einen europäischen Kommissar zustimmte und auf die Anfechtung des Status bis zum Friedensvertrag verzichtete. Um die Endgültigkeit dieses Statuts politisch-psychologisch zu unterstreichen, war eine Volksabstimmung über das Statut unter der Bevölkerung des Saargebiets vorgesehen.

Die Erwartungen zum Ergebnis dieser Volksabstimmung waren auf deutscher Seite durchaus negativ. Adenauer und die Bundesregierung mußten sich wegen des Verhandlungsergebnisses harte Kritik gefallen lassen. Die Saar schien von der deutschen Regierung aufgegeben worden zu sein. Adenauer selbst war wohl der Ansicht, daß in der Abwägung zwischen der europäischen Einigung und der Saarfrage diese nur ein sekundäres Problem sei.

Die vorgesehene Volksabstimmung über das Saarstatut im Oktober 1955 brachte dann allerdings ein ganz anderes Resultat. Zwei Drittel der Bevölkerung sprachen sich gegen das Saarstatut aus und plädierten damit indirekt für eine Rückkehr nach Deutschland. Der Grund für diesen Sinneswandel der Saarbevölkerung waren vor allem die veränderten wirtschaftlichen Verhältnisse in der Bundesrepublik und in Frankreich. Während die Bundesrepublik sich wirtschaftlich und sozial mehr und mehr konsolidierte und gegenüber den anderen westeuropäischen Industrienationen immer mehr an Stärke gewann, zeigte sich, daß Frankreich primär die nationalfranzösischen Industriestandorte favorisiert hatte und daß die Saar innerhalb der westeuropäischen Montan- und Schwerindustrie in eine schwierige Situation zu kommen drohte. Für die Saar war die Nachkriegszeit vorbei. Jetzt waren nicht mehr deutsche Lasten mitzutragen, sondern nun durfte man von dem inzwischen erreichten wirtschaftlichen und sozialen Status in der Bundesrepublik profitieren.

Saarabkommen

Angesichts der zuvor langwierigen und schwierigen Verhandlungen überraschte aber auch der Fortgang der Saarfrage. Frankreich und die Bundesrepublik zogen die Konsequenzen aus dieser Volksabstimmung und schlossen im Oktober 1956 das Saarabkommen, das die politische Eingliederung des Saarlandes in die Bundesrepublik zum 1. Januar 1957 vorsah. Bestimmte noch bestehende wirtschaftliche Vorbehaltsrechte Frankreichs wurden im Juli 1959 aufgehoben. Der Grund für dieses schnelle französische Einlenken war wohl die Erkenntnis, daß es großer Investitionen in der Saarwirtschaft bedurfte, um das Saargebiet konkurrenzfähig zu machen. Die notwendigen Aufwendungen drohten größer als die Erlöse zu werden. So war denn ein Konflikt, der die Beziehungen zwischen Deutschland und Frankreich seit dem Versailler Friedensvertrag immer wieder belastet hatte, einvernehmlich aus der Welt geschafft.

Wandlungen im Parteiensystem der Bundesrepublik

Mit den innen- und außenpolitischen Veränderungen vor allem in der zweiten Hälfte der fünfziger Jahre ging zugleich auch eine Veränderung des westdeutschen Parteiensystems einher. Gesellschaftliche Umschichtungen führten zu einer Verlagerung der Interessenstruktur, den programmatischen Umorientierungen der Parteien folgten Verschiebungen in der Wählerschaft, und auch der Charakter der Parteien änderte sich, indem sie als Volksparteien möglichst breite Kreise anzusprechen suchten. Insgesamt kam es dadurch zu einer Konzentration im deutschen Parteiensystem von den Flügeln her in eine heftig umkämpfte Mitte.

Parteienrecht

Dabei hatten die Institution der Partei und ihre Mitwirkung an der Formierung des staatlichen Willens in Deutschland eine eher negative Tradition. Waren die Parteien im Kaiserreich mehr als Elemente der Spaltung und der Zersplitterung des einheitlichen Willens der Nation betrachtet worden, so hatte ihre offenbare Unfähigkeit zum Kompromiß in der Weimarer Republik wesentlich zum Ende der ersten Demokratie in Deutschland beigetragen. Die Parteien waren diskreditiert als eigensüchtig, Gegensätze stiftend, egoistisch nur die eigenen Ziele verfolgend und unfähig zum Zusammenwirken im Dienste des Ganzen. Zudem hatten sich in den Jahren 1918–1933 auf dem rechten und auf dem linken Flügel des Parteienspektrums Gruppierungen gebildet, die offen die Beseitigung der parlamentarischen Demokratie verkündeten. So war denn die Frage, ob die im Jahre 1945 neugewonnene Freiheit auch für die Gegner dieser Freiheit gelten sollte.

Alle diese Erfahrungen wurden 1949 in die Regelungen des Grundgesetzes mitaufgenommen. Waren die Parteien in der Weimarer Reichsverfassung nur am Rande erwähnt worden, so wurden sie im Grundgesetz ausdrücklich in das Verfassungssystem miteinbezogen (Art. 21 GG). Sie erhielten den Rang von Verfassungsinstitutionen, die an der Bildung des politischen Willens mitwirken sollten. Mitwirkung in diesem Sinne bedeutete Mitwirkung bei der politischen Willensbildung des Volkes wie auch Mitwirkung bei der staatlichen Willensbildung. Parteien haben nach dem Grundgesetz also sowohl einen Erziehungs- wie auch einen Entscheidungsauftrag.

In unmittelbarem Zusammenhang mit diesem Auftrag der Parteien stehen auch die Bestimmungen zur Parteienfinanzierung und bestimmte Wahlrechtsregelungen, die eine allzu große Zersplitterung des Parteiensystems verhindern sollten. Nach dieser Regelung konnten nur die Parteien in die Parlamente einziehen, die mindestens 5 Prozent der Stimmen erhalten hatten. Kernstück der neuen verfassungsrechtlichen Regelung war jedoch die Bestimmung, daß Parteien, die darauf ausgingen, die freiheitlich demokratische Grundordnung der Bundesrepublik zu beeinträchtigen oder zu beseitigen, durch eine Entscheidung des Bundesverfassungsgerichts verboten werden konnten. Dahinter stand die Erfahrung aus der Weimarer Republik, daß die Freiheit eines demokratischen Staates nicht so weit gehen könne, sich selbst beseitigen zu lassen oder denen die Möglichkeit zu politischer Betätigung zu geben, die, wenn auch zunächst mit parlamentarischen Mitteln, die Demokratie abschaffen wollten. Die Rechte der Demokratie sollte den Feinden der Demokratie versagt bleiben. Bei der Abwägung zwischen der grundsätzlichen Offenheit der Demokratie und dem einschränkenden Selbstschutz der Demokratie traf das Grundgesetz die Entscheidung für den letzteren.

Parteienverbote

In der Geschichte der Bundesrepublik ist diese Verbotsbestimmung des Grundgesetzes in zwei Fällen angewandt worden: im Jahre 1952 gegen die Sozialistische Reichspartei (SRP) und im Jahre 1956 gegen die Kommunistische Partei Deutschlands (KPD).

Die SRP war im Herbst 1949 gegründet worden. In ihr fanden sich eine Reihe ehemaliger Parteifunktionäre und Anhänger der NSDAP zusammen, die die politisch moralische Verurteilung des Nationalsozialismus, die neu entstandene staatliche Ordnung in der Bundesrepublik und die beginnende Westorientierung nicht akzeptieren wollten. Ihrer Auffassung nach bestand das »Dritte Reich« in seiner letzten Form weiter und die im Jahre 1949 entstandenen zwei deutschen Staaten seien nur »Satellitenstaaten«, denen jede Legitimität abgehe. Zwar kritisierte die SRP aus politisch taktischen Gründen einige Maßnahmen des nationalsozialistischen Staats, auch versuchte sie durch interpretatorische Umdeutungen, sich als eine Partei neuen Typs darzustellen, aber es konnte kein Zweifel bestehen, daß mit dieser Partei der Nationalsozialismus wiederbelebt werden sollte. Die Zusammensetzung der Mitgliedschaft, der Stil der Versammlungen, die innere Ordnung und die Ideologie der SRP ließen deutlich werden, daß hier der Rechtsradikalismus wieder aufzuleben drohte.

Die Zielgruppen der SRP waren die Frontgeneration, die den Wiedereinstieg in das bürgerliche Leben noch nicht erreicht hatte, die Heimatvertriebenen und nationalkonservative Kreise in der ländlichen Bevölkerung Nordwestdeutschlands, die schon vor 1933 zum Wählerstamm der NSDAP gehört hatten. Zur Gefahr für die innere Ordnung und für das äußere Ansehen der Bundesrepublik wurde die SRP, als sie bei den Landtagswahlen in Niedersachsen im Mai 1951 und bei den Bürgerschaftswahlen in Bremen im Oktober 1951 erhebliche Stimmanteile gewinnen konnte (11,0 bzw. 7,7% der Stimmen). Nun sah sich auch die Bundesregierung veranlaßt einzuschreiten und stellte im November 1951 beim Bundesverfassungsgericht den Verbotsantrag für die SRP. Das Urteil des Bundesverfassungsgerichts erging im Oktober 1952. Das Gericht kam zu der Ansicht, daß die SRP in der Gesamtheit ihrer Mitglieder, ihrer Ziele und ihrer Äußerungen als verfassungswidrig anzusehen sei und ordnete die Auflösung der Partei an. Damit war die erste parteipolitische Neuformierung des Rechtsradikalismus zwar unterbunden, doch konnte nicht verhindert werden, daß sich das rechtsradikale Lager in einer Vielzahl von Gruppierungen und Organisationen tarnte, um sich zu gegebener Zeit erneut zu sammeln.

Aber auch auf der äußersten linken Seite des Parteienspektrums gab es ein solches Verbotsverfahren nach Art. 21 des Grundgesetzes. Es richtete sich gegen die Kommunistische Partei Deutschlands (KPD). Trotz eines ständigen andauernden Erosionsprozesses in der Wählerschaft der KPD entschloß sich die Bundesregierung im November 1951, den Verbotsantrag für die Partei beim Bundesverfassungsgericht zu stellen.

In ihrem Antrag erhob die Bundesregierung den Vorwurf, daß die KPD die freiheitlich demokratische Grundordnung durch eine gewaltsame Revolution beseitigen und an ihre Stelle die Diktatur des Proletariats setzen wolle. Dieses System aber sei totalitär und unvereinbar mit den Grundwerten einer freiheitlichen Demokratie. Die KPD argumentierte demgegenüber, daß sie nicht das Grundgesetz bekämpfe, sondern die inzwischen in der Bundesrepublik eingetretene Entwicklung, die den Prinzipien dieses Grundgesetzes nicht mehr entspreche. Ferner sei die KPD nach dem Potsdamer Abkommen als eine demokratische Partei anerkannt worden und könne daher per definitionem die demokratische Grundordnung nicht beeinträchtigen. Und schließlich verhindere ein Verbot der KPD die Wiedervereinigung, da gesamtdeutsche Wahlen dann unmöglich würden, wenn die KPD in einem Teil Deutschlands verboten sei. Ganz prinzipiell erklärte die KPD darüber hinaus, daß die marxistisch-leninistische Theorie als Wissenschaft durch das Freiheitsgebot des Grundgesetzes geschützt sei und sich daher der Beurteilung durch ein Gericht entziehe.

Das Bundesverfassungsgericht sah sich angesichts dieses Antrages in einer schwierigen Lage. Es hatte sorgsam zwischen dem rechtlichen Aspekt und den politischen Umständen und Konsequenzen dieses Falles zu unterscheiden. Nach einer nahezu vierjährigen Verhandlung wurde im August 1956 das Urteil gefällt und die KPD für verfassungswidrig erklärt. Das Bundesverfassungsgericht gab zwar zu erkennen, daß es die politischen Implikationen dieses Falles sehr wohl erkannt hatte, doch beanspruchte es für seine Entscheidung rein rechtliche Gesichtspunkte und nicht politische Zweckmäßigkeitserwägungen. Nicht die Wissenschaftslehre des Marxismus-Leninismus, so betonte das Gericht, sei Gegenstand des Verfahrens gewesen, sondern das Wirken einer politischen Partei, die diese Lehre zu den Bestimmungsgründen ihres Handelns gemacht habe.

Die Reaktion der Öffentlichkeit war zwiespältig: teils wurde die rechtliche Prinzipienfestigkeit gelobt, teils wurde die Ausblendung der politischen Konsequenzen dieser Entscheidung bedauert. Insgesamt bleibt festzustellen, daß die KPD zu diesem Zeitpunkt keine ernst zu nehmende politische Kraft mehr war. Sowohl bei den Bundestagswahlen wie auch bei den Landtagswahlen nahm der Stimmenanteil der Partei ständig ab. Eine Partei mit einem so geringen Rückhalt konnte gar keine Gefahr darstellen; das Problem hätte sich durch sich selbst gelöst. Das Urteil war ein Sieg der Gesinnung, nicht der politischen Verantwortung.

Wandlungen in der FDP

Aber nicht nur auf dem äußersten rechten und linken Flügel des Parteienspektrums gab es Veränderungen, auch in der Mitte zwischen der bürgerlich christlichen CDU und der reformistischen SPD setzten Verschiebungen ein. Dies betraf vor allem den inneren Zusammenhalt und den politischen Kurs der FDP.

Sowohl nach den Bundestagswahlen 1949 wie auch 1953 war die FDP Mitglied der bürgerlichen Koalitionsregierungen unter Führung der CDU geworden. Je länger aber diese Koalition andauerte und je erfolgreicher die Wirtschafts- und Integrationspolitik der Koalition sich gestaltete, desto dominierender wurde die Stellung der CDU sowohl in der Koalition wie auch gegenüber den Wählern. Alle politischen und programmatischen Unterschiede unter den Parteien der Koalition wurden der Tendenz nach zugunsten der CDU eingeebnet. Nach der Bundestagswahl 1953, die aus eben diesen Gründen der FDP einen Stimmenverlust von über 2% gebracht hatten, war die Partei daher bestrebt, ihre politische Eigenständigkeit gegenüber der CDU zu profilieren.

Zum Ausbruch eines offenen Konflikts kam es, als die CDU/CSU als Antwort auf den Sonderkurs der FDP Mitte Dezember 1955 den Antrag auf ein neues Wahlsystem im Bundestag einbrachte, dessen Annahme den Stimmenanteil der FDP nahezu halbiert und ihn nahe an die Fünf-Prozent-Grenze gedrückt hätte. Innerhalb der FDP kam es durch diesen Vorstoß zu einem nachhaltigen Solidarisierungseffekt. Nun standen nicht länger unterschiedliche politische Konzepte zur Diskussion, sondern nun ging es um die Existenz der Partei selbst. In Nordrhein-Westfalen kam es daraufhin zu einer Fühlungnahme zwischen einer Gruppe jüngerer FDP-Abgeordneter unter Führung von Walter Scheel, Willi Weyer und Wolfgang Döring mit der SPD, die alsbald zu einem Koalitionswechsel der FDP in Nordrhein-Westfalen führte. Im Februar 1956 wurde die von der CDU geführte Regierung Arnold durch ein konstruktives Mißtrauensvotum gestürzt und durch ein von dem Sozialdemokraten Fritz Steinhoff geführtes Kabinett aus SPD, FDP und Zentrum ersetzt.

Bundespräsident Theodor Heuss und Carlo Schmid bei der Bundespräsidentenwahl am 17.7. 1954 in Berlin

Obwohl die CDU/CSU daraufhin sogleich ihren Antrag auf Wahlrechtsänderung zurückzog, wirkten die Vorgänge in Nordrhein-Westfalen auf die Bundestagsfraktion der FDP zurück. Noch im Februar 1956 verließen 16 Abgeordnete der FDP die Fraktion und gründeten nach ihrem Parteiausschluß im April 1956 die »Freie Volkspartei« (FVP). Die CDU/CSU ihrerseits setzte sodann die Koalition mit der FVP fort, während die FDP die Regierung verließ und in die Opposition ging.

Die innenpolitischen Folgen dieser Vorgänge waren beträchtlich. Zwar zahlte sich der Koalitionswechsel für die FDP zunächst nicht aus, doch waren dies zugleich die Anfänge einer neuen Koalitionsstrategie der FDP, die die besonderen Defizite der bisherigen Politik Adenauers aufzuarbeiten bestrebt war. Unterschwellig setzte sich diese Linie bis zur sozialliberalen Regierungsbildung im September 1969 fort.

Wandlungen in der SPD

Das Ergebnis der Bundestagswahlen 1957 war für die Sozialdemokratie eine Enttäuschung gewesen. Von den Verlusten, die die FDP und die kleineren Parteien hatten hinnehmen müssen, hatte die SPD nicht profitieren können. Fast alle Stimmengewinne waren an die CDU/CSU gegangen, so daß diese die absolute Mehrheit gewann. Der Stimmenanteil der SPD war gegenüber der Bundestagswahl im Jahre 1953 nur geringfügig gestiegen und lag bei 31,8%. Der Ausbruch aus dem Ghetto der traditionellen Stammwählerschaft schien der SPD nicht zu gelingen.

Unter dem Eindruck dieser Erfahrungen setzten in der Sozialdemokratie Bestrebungen ein, die Partei sowohl nach dem Aufbau wie auch nach der Programmatik grundlegend zu reformieren. Wollte man sich breiteren sozialen Schichten vor allem im Mittelstand, bei den Angestellten und bei den Beamten öffnen, dann war es notwendig, das Programm vom marxistischen Ballast der proletarischen Klassenpartei zu befreien und es der neuen sozialen Wirklichkeit anzupassen. Ein neues Programm aber mußte auch organisatorisch umgesetzt werden. Dies wiederum war kaum möglich mit der bestehenden relativ starren Parteihierarchie, sondern dazu bedurfte es flexiblerer und schlagkräftigerer Organisationsformen. Und schließlich hatten die bisherigen Erfolge Konrad Adenauers trotz seines Alters gezeigt, daß neben einem modernen Programm und einer schlagkräftigen Organisation auch eine mit einem wie auch immer beschaffenen Charisma versehene Führung notwendig war. Dem aber entsprach das amtierende Parteibüro mit dem Vorsitzenden Erich Ollenhauer in keiner Weise.

»Godesberger Programm«

Zunächst wurde auf dem Berliner Parteitag im Jahre 1954 beschlossen, ein neues langfristiges Grundsatzprogramm zu erarbeiten. In den Jahren 1957/58 wurde dann eine neue Organisationsstruktur durchgesetzt, nach der an die Stelle des alten sehr starren Parteibüros ein Parteivorstand und ein von diesem gewähltes Parteipräsidium traten. Zwar konnte Ollenhauer als Vorsitzender noch nicht abgelöst werden, aber ihm wurden Vertreter der jüngeren Generation und der maßgebenden Parteiflügel als stellvertretende Vorsitzende beigegeben (Herbert Wehner, Carlo Schmid und Fritz Erler). Nach den verlorenen Bundestagswahlen des Jahres 1957 schließlich ging die SPD entschieden an die Neuformulierung eines Grundsatzprogramms, das im November 1959 auf einem Sonderparteitag in Godesberg als »Godesberger Programm« verabschiedet wurde.

Mit dem Godesberger Programm suchte sich die Sozialdemokratie auf die politische, wirtschaftliche, soziale und geistige Realität der sechziger Jahre einzustellen und Staat und Gesellschaft eine planvolle Entwicklung in die Zukunft zu weisen. Alle noch vorhandenen marxistischen Reste in der Programmatik wurden getilgt und stattdessen die weltanschauliche Offenheit propagiert. Ziel war der demokratische Sozialismus, der auf den Grundwerten Freiheit, Gerechtigkeit und Solidarität beruhen sollte. In bezug auf den wirtschaftlichen Bereich verzichtete man auf die bisher stets geforderte Sozialisierung und strikte Lenkung und erkannte die Marktwirtschaft mit Privateigentum ausdrücklich an. Einen Wandel gab es auch in Hinsicht auf das Militär, indem die Landesverteidigung im Rahmen der bestehenden Verhältnisse anerkannt wurde. Insgesamt war das Godesberger Programm der Versuch der Sozialdemokratie, im innenpolitischen Bereich die bisherige Begrenzung auf die klassenbewußte Arbeiterschaft zu durchbrechen und sich mit dem weiter gefaßten Ziel eines demokratischen Sozialismus neuen Schichten zu öffnen. Aus der früheren Partei der Arbeiterklasse war eine in einem breiten Spektrum wählbare Volkspartei geworden, die sowohl von ihrem Programm wie von ihrer personellen Alternative her mehrheitsfähig werden konnte.

Die Bundestagswahlen 1957 und 1961

Im Rahmen dieser parteipolitischen Entwicklungen der fünfziger Jahre sind die Bundestagswahlen 1957 und 1961 zu sehen. Dabei zeigt sich, daß das 1953 im wesentlichen noch bestehende Parteiensystem aller politischen Richtungen sich schon 1957 und dann noch mehr 1961 auf ein Drei-Parteien-System der Mitte verengte. Die Gründe dafür waren vielfältig. Da waren zunächst die sozialen und wirtschaftlichen Veränderungen: An die Stelle der durch den Krieg und die Kriegsfolgen vielfach gestuften Gesellschaft trat nach und nach die nivellierte Mittelstandsgesellschaft, deren soziales Spektrum eine geringere Bandbreite aufwies. Weiter gab es wirtschaftlich einen ständigen Aufschwung, an dem alle Schichten der Bevölkerung unabhängig von ihrer Ausgangslage teilnahmen, so daß die Neigung zu politischen Extremen nur gering war. Und schließlich standen mit der CDU/CSU und der SPD zwei große Parteien zur Verfügung, die – wenn auch zunächst von ganz unterschiedlichen Ausgangspunkten und mit verschiedenen Programmen – allein die Gewähr für eine politische Stetigkeit boten. Zwischen den beiden vermochte sich in der Rolle des Koalitonspartners am ehesten noch die FDP zu behaupten, die zu dieser Zeit das nichtkonfessionell gebundene bürgerliche Lager vertrat.

Wahlen 1957

Zu den Bundestagswahlen 1957 kandidierten 13 Parteien, doch hatten angesichts der Fünfprozentklausel und der sich andeutenden Wahlentwicklung in den Ländern nur 5 Parteien reale Chancen, in den Bundestag einzuziehen.

Bei den Wahlen errang die CDU/CSU mit 50,2% der Stimmen erstmals die absolute Mehrheit. Sowohl personell wie auch politisch-programmatisch gab es offenbar keine Alternative zu ihr. Sogar auf Koalitionen war sie nicht mehr angewiesen, wenn sie dann auch bei der Regierungsbildung eine Verbindung mit der DP/FVP einging, die es durch Wahlabsprachen mit der CDU noch einmal knapp geschafft hatte. Die SPD konnte ihren Stimmenanteil von 28,8% auf 31,8% steigern, doch bedeutete dies angesichts des Gesamtwahlergebnisses eher eine Stagnation. Weder wirtschaftspolitisch noch außenpolitisch wurde der Kurs der SPD offenbar vom Wähler honoriert, und auch Ollenhauer konnte sich als Gegenkandidat gegen den populären Adenauer nicht durchsetzen. Noch galt die SPD weithin als Arbeiterpartei mit überwiegend sozialistischer Ausrichtung, der ein Rückhalt in den sich stark ausdehnenden Schichten des neuen Mittelstandes der Angestellten und Beamten zu diesem Zeitpunkt noch versagt war. Die FDP erhielt 7,7% der Stimmen und hatte damit Verluste von nahezu 2% hinzunehmen, die vor allem durch die Abspaltung der FVP entstanden waren. Von einer »Dritten Kraft« konnte angesichts dieser Mehrheitsverhältnisse im Bundestag nun allerdings nicht mehr die Rede sein. Niemals zuvor und niemals später wieder konnte eine einzelne Partei wie in diesem Falle die CDU einen solchen Stimmenanteil auf sich vereinigen. Die ganz offenbare Schwäche der Sozialdemokratie, die die Öffnung zu neuen Wählerschichten noch nicht vollzogen hatte, und die gerade darauf beruhende bürgerliche Sammlungspolitik der CDU/CSU hatten dieses Wahlergebnis möglich gemacht.

Wahlplakat 1957

Wahlen 1961

In den folgenden Jahren vollzog sich allerdings eine ganze Reihe von Veränderungen in der gesamtpolitischen Lage, die nicht ohne Rückwirkungen auf die zukünftige Wahlentwicklung bleiben konnten. Die SPD trat mit dem »Godesberger Programm« von 1959 die innen- und wirtschaftspolitische Wende an, und im Juni 1960 verkündete Herbert Wehner in einer großen Bundestagsrede auch den Abschied der SPD von ihren bisherigen außenpolitischen Positionen, indem er sich für seine Partei zur Westintegration und zur NATO bekannte. So näherten sich denn die Parteien einander immer mehr an, so daß fortan weniger politische Alternativen zur Wahl standen als vielmehr nur die bessere Erfüllung weithin identischer Programme.

Unter diesen Umständen kam dem Spitzenkandidaten der jeweiligen Partei und den für die Regierungsämter vorgesehenen Personen eine entscheidende Bedeutung zu. Ihr Charisma, ihre Leistungsfähigkeit und ihr Sachverstand wurden zum Maßstab der Wahlentscheidung gemacht. Die CDU/CSU setzte erneut auf Konrad Adenauer, doch war man bemüht, neben ihm einige jüngere Politiker zu präsentieren. Die SPD wählte erstmalig den Berliner Regierenden Bürgermeister Willy Brandt zu ihrem Kanzlerkandidaten, der sich in seinem exponierten Amt in Berlin profiliert hatte und der gegenüber dem Alter und der Erfahrung Adenauers Jugend und Dynamik verkörpern sollte. Die FDP trat mit einer eindeutigen Koalitionsaussage zugunsten der CDU/CSU an, allerdings nur wenn diese nicht die absolute Mehrheit gewinnen sollte.

Die dann tatsächlich erzielten Wahlergebnisse spiegelten das verwirrende Hin und Her und die Unentschlossenheit vieler Wähler wider. Die CDU/CSU verlor ihre absolute Mehrheit und erreichte 45,4% der Stimmen. Stimmengewinne erzielten sowohl die SPD, die 36,2% erhielt, wie auch die FDP, die 12,8% der Stimmen erreichte, doch konnte die FDP als eindeutiger Wahlsieger gelten. Es zeigte sich, daß die FDP neben ihrem festen Wählerstamm in Baden-Württemberg und in Nordrhein-Westfalen bei dieser Wahl erstmalig eine Gruppe von Wählern an sich zu binden vermochte, die weder nach der einen oder der anderen Seite längerfristig politisch festgelegt waren. Darin lag auf die Dauer eine Chance, aber auch eine Gefahr für die FDP. Nach einer kurzen Phase der Unsicherheit wurde eine Koalitionsregierung aus CDU/CSU und FDP unter Konrad Adenauer gebildet, doch sollte die Kanzlerschaft Adenauers nur befristet sein.

Mochte damit auch die bürgerliche Koalition aus CDU/CSU und FDP andauern, so hatten die Jahre seit 1956 doch eine Veränderung sowohl der Parteienlandschaft wie auch der Wählerschaft gebracht. Das Parteienspektrum der Bundesrepublik hatte sich auf die Parteien verengt, die sich in ihrer Programmatik immer weiter annäherten. Voraussetzung dafür waren offenbar umfassende soziale, wirtschaftliche und bewußtseinsmäßige Wandlungen in der Wählerschaft, in deren Rahmen ursprünglich bestehende feste Parteibindungen aufgelockert und wechselnde Wahlentscheidungen möglich wurden. Auf lange Sicht waren damit aber auch neue Koalitionen möglich, die die bisherige Ausgrenzung der Sozialdemokratie auf Bundesebene aufheben würden.

Berlin als Brennpunkt der Gegensätze: Die Entwicklung der Berlin-Frage 1958–1961

Groß-Berlin, jenes im Jahre 1920 durch die Zusammenfassung von zahlreichen Städten, Landgemeinden und Gutsbezirken entstandene Gebilde, gehörte zwar im Jahre 1945 zur allgemeinen deutschen Konkursmasse, doch hatte es in diesem Rahmen durch die Alliierten eine Sonderbehandlung erfahren. Durch das Londoner Protokoll vom September 1944 war Groß-Berlin aus der allgemeinen Zoneneinteilung herausgenommen worden und zu einem besonderen Gebiet (»special Berlin area«) unter gemeinsamer Verwaltung der vier Alliierten geworden. Diese Regelungen waren die rechtliche Grundlage für die Vier-Mächte-Verantwortung für Groß-Berlin.

Teilung Berlins

Unterhalb dieser allgemeinen rechtlichen Ebene vollzogen sich allerdings im Verhältnis zwischen den drei westlichen und dem sowjetischen Sektor in Berlin die gleichen Differenzierungs- und Teilungsvorgänge wie zwischen den einzelnen Zonen in Gesamtdeutschland. Zwar blieb nominell die Vier-Mächte-Verantwortung für ganz Berlin bestehen, und auch der freie Verkehr zwischen den Sektoren wurde zunächst noch nicht eingeschränkt, aber es zeigte sich je länger je mehr, daß die Entwicklung in den westlichen Sektoren sowie im Ostsektor der jeweils anderen Seite zu entgleiten begann.

Nach der Konstituierung zweier deutscher Staaten im Jahre 1949 verstärkten sich diese Trennungstendenzen. Das bezog sich vor allem auf die staatsrechtliche Stellung West- und Ost-Berlins in Hinsicht auf das Verhältnis zur Bundesrepublik bzw. zur DDR. Während die Sowjetunion und die DDR Ostberlin zunehmend als Teil der DDR reklamierten und trotz der Proteste der Westmächte alle rechtlichen Unterschiede einzuebnen begannen, blieb für West-Berlin der Sonderstatus gewahrt.

Gleichwohl konnte gar nicht bestritten werden, daß es zwischen West-Berlin und der Bundesrepublik faktisch enge Beziehungen gab. West-Berlin und das Bundesgebiet standen in einem engen wirtschaftlichen und finanziellen Austausch; denn ohne diese Verbindung wäre West-Berlin nicht lebensfähig geblieben. Die Bundesgesetzgebung wurde fast ausnahmslos nach einem besonderen Verfahren auf West-Berlin übertragen, Berliner Vertreter wurden – allerdings ohne volles Stimmrecht – in den Bundestag und den Bundesrat entsandt, und auch die außenpolitische Vertretung West-Berlins wurde durch die Bundesrepublik wahrgenommen. Versucht man dieses Verhältnis etwas zu systematisieren, so ließe sich sagen: die laufende Vertretung und der Unterhalt West-Berlins war Sache der Bundesrepublik, während die Alliierten für alle Statusfragen zuständig blieben.

Flucht aus der DDR

Neben dieser rechtlichen Bedeutung hatte der Vier-Mächte-Status der Stadt zugleich aber eine vor allem für die DDR folgenschwere politisch-praktische Bedeutung. Während die Grenzlinie zwischen der DDR und der

Flüchtlingslager in Berlin-Neukölln

Bundesrepublik immer undurchlässiger wurde, bestand in ganz Berlin und damit mittelbar über Ost-Berlin auch mit der DDR der freie Verkehr unverändert weiter. Der wirtschaftliche Aufstieg der Bundesrepublik, das damit gegebene Gefälle zur DDR und der anhaltende innenpolitische Druck in der DDR führten daher dazu, daß eine steigende Zahl von Bewohnern der DDR diese auf dem Weg über Berlin verließ. Mochte dies zunächst auch ein Weggang solcher politischer und sozialer Gruppen sein, an denen der DDR ohnehin nichts gelegen war, so nahm diese Fluchtbewegung doch in den fünfziger Jahren allmählich ein Ausmaß an, das der DDR-Führung nicht länger gleichgültig sein konnte. Zwischen 1953 und 1958 verließen nahezu 200000 bis 300000 Menschen jährlich die DDR. Vor allem die jüngeren Jahrgänge waren unter den Flüchtlingen sehr stark vertreten, die in der Regel beweglich und gut ausgebildet waren. Es war also für die DDR nicht nur ein Verlust von Menschen, sondern auch von Ausbildungsinvestitionen, der ihre ohnehin schmalen Ressourcen weiter schwächte. Es war deshalb fraglich, wie lange die DDR eine solche Schwächung ihrer Bevölkerung und ihrer Wirtschaftskraft noch aushalten könne, und für die Sowjetunion zweifelhaft, wie lange sie die langsame Aushöhlung ihrer vordersten Bastion gegenüber dem Westen noch tolerieren würde. Unsicher war auch, wie lange der gesamte Ostblock diesen so sichtbaren Gegenbeweis der Attraktivität des kommunistischen Systems noch hinnehmen würde.

Nach Lage der Dinge konnte nur ein künstlich aufgerichtetes Hindernis, etwa eine Mauer oder ein Zaun, die Fluchtbewegung von Ost- nach West-Berlin aufhalten. Ein solcher Plan ist schon in den fünfziger Jahren in der DDR erwogen worden, doch zögerten die Sowjetunion und mit ihr der gesamte Ostblock begreiflicherweise, eine solche Bankrotterklärung des eigenen Systems öffentlich einzugestehen. Erst seit etwa 1956 waren die innen- und außenpolitischen Rahmenbedingungen so beschaffen, daß die Sowjetunion zu einer Verschärfung der Lage um Berlin antreten konnte. Entlang der ideologischen Scheidelinie zwischen Ost und West entstanden mehrere Krisenherde (Berlin, Libanon, Irak), auf denen begrenzte Auseinandersetzungen ausgetragen wurden. Berlin als Ort der Auseinandersetzung wurde gewählt, weil die Insellage der Stadt mit den verwundbaren Zufahrtswegen am leichtesten als Hebel benutzt werden konnte, um einen vielfach gestuften Konflikt zu inszenieren.

Berlin-Ultimatum 1958

Am 27. November 1958 richtete die Sowjetunion unterschiedlich formulierte Noten an die drei Westmächte, in denen ultimativ die Forderung erhoben wurde, West-Berlin aus der Vier-Mächte-Verantwortung herauszunehmen und es in eine »selbständige politische Einheit – eine Freistadt« umzuwandeln. Danach sollte West-Berlin entmilitarisiert werden und eine eigene Regierung erhalten und der dann bestehende Status der Stadt international garantiert werden. Die Sowjetunion drohte ultimativ, falls die Verhandlungen nicht innerhalb eines halben Jahres abgeschlossen seien, alle ihre aus der Vier-Mächte-Verantwortung herrührenden Rechte an die DDR abzugeben. Daß die Sowjetunion aber nicht nur die Verhältnisse in Berlin, sondern in Gesamtdeutschland im Auge hatte, zeigte sich spätestens Anfang Januar 1959, als die Russen den Westmächten den Entwurf für einen deutschen Friedensvertrag unterbreiteten. Beide Vorstöße, Berlin-Ultimatum und Friedensvertragsentwurf, konnten in ihrer Zielrichtung durchaus nebeneinander bestehen. Diente das Berlin-Ultimatum dazu, die DDR zu stabilisieren und die nächste Runde der Auseinandersetzungen zu eröffnen, so zielte der Friedensvertragsentwurf darauf ab, die inzwischen erfolgte militärische und wirtschaftliche Integration der Bundesrepublik in den Westen wieder rückgängig zu machen. Vorerst aber – und das war das eigentlich Wichtige – war aus der Zweistaaten-Theorie eine Dreistaaten-Theorie geworden. Die bisherige Vier-Mächte-Verantwortung für ganz Berlin und die Bindung West-Berlins an die Bundesrepublik wurden damit in Frage gestellt.

Genfer Außenministerkonferenz

Der Aufbau einer westlichen Abwehrfront gegen den sowjetischen Vorstoß erwies sich als außerordentlich schwierig. Zu groß war die Versuchung, Berlin-Frage und Deutschland-Frage auf die Weise miteinander zu verbinden, daß durch Konzessionen in der gesamtdeutschen Frage der Status von Berlin endgültig gesichert würde. Man einigte sich auf der Seite der Westmächte schließlich auf die kleinste gemeinsame Lösung, indem man eine Außenministerkonferenz der beteiligten Mächte vorschlug. Die Sowjetunion erklärte sich nach einigem taktischen Zögern im März 1959 mit einer solchen Konferenz einverstanden, doch mußte die Bundesrepublik hinnehmen, daß Delegationen aus beiden deutschen Staaten als Berater an der Konferenz teilnehmen sollten. Dadurch war das Berlin-Ultimatum erst einmal entschärft.

Die Genfer Außenministerkonferenz, die vom 11. Mai bis zum 5. August 1959 stattfand, stand ganz im Zeichen des Versuches, über die von der Sowjetunion entfesselte Berlin-Krise auch zu einer Lösung der gesamtdeutschen Frage zu kommen. Sowohl die Sowjetunion wie die Westmächte legten in Genf Friedensvertragsentwürfe vor, die im Vorgehen und in den Konsequenzen aber unvereinbar miteinander waren, und so lehnten die östliche wie die westliche Delegation jeweils die Vorschläge der Gegenseite ab. In Hinsicht auf das sowjetische Berlin-Ultimatum, das ja nur aufgeschoben, nicht aber aufgehoben worden war, erklärte der sowjetische Außenminister Andrej Gromyko, daß die Sowjetunion das westliche Besatzungsrecht in Berlin nur noch eineinhalb Jahre anerkennen würde, daß dann West-Berlin aber endgültig eine freie Stadt werden müsse.

Anfang August 1959 wurden die Verhandlungen in Genf ergebnislos abgebrochen. Lediglich die Einladung des amerikanischen Präsidenten Eisenhower an Chruschtschow zum Besuch der USA eröffnete gewisse Aussichten auf eine Fortführung der Kontakte.

Ergebnisse

Überblickt man die Ereignisse vom November 1959 bis zum August 1960 genauer, dann scheint sich in diesen Monaten trotz des zunächst folgenlosen Berlin-Ultimatums und des Scheiterns der Genfer Konferenz eine Wende in der Außenpolitik der Nachkriegszeit vollzogen zu haben. Die Sowjetunion war primär mit dem Bestreben angetreten, die DDR an der Berliner Naht-

Eröffnung der Genfer Außenministerkonferenz am 11. Mai 1959

stelle zu stabilisieren. Ihr weiteres Ziel war es, den ihr politisch unbequemen Status West-Berlins zu ändern, und zu diesem Zweck war sie bemüht auszuloten, zu welchen Zugeständnissen sich die Westmächte unter Druck bereitfanden. Die Russen trieben diesen Druck mehrfach bis an den Rand militärischer Auseinandersetzungen – aber eben nur bis an den Rand. Am Ende stand die sowjetische Erkenntnis, daß die Westmächte zwar zu Konzessionen, nicht aber zur Räumung ihrer Position bereit waren.

Die Westmächte ihrerseits stellten sich angesichts des sowjetischen Drukkes auf Berlin die selbstkritische Frage, bis zu welcher Grenze des Widerstandes sie zu gehen bereit waren. Vor allem bei den Engländern, aber auch bei den Amerikanern setzte sich nach und nach die Auffassung durch, daß die unbedingte Aufrechterhaltung des Vier-Mächte-Status im Machtbereich der Sowjetunion um den Preis eines Krieges nicht zu vertreten war. Es ging um die Sicherung des Bestehenden und dafür war man bereit, Konzessionen zu gewähren.

Die größte Wende vollzog sich in diesen Monaten für die Außenpolitik der Bundesrepublik, nur erkannte das die Bundesregierung nicht sogleich. Während die bisherige Wiedervereinigungspolitik auf dem Antagonismus der Blöcke beruht hatte und jedes Nachgeben in der Politik der Blöcke mit Fortschritten in der deutschen Wiedervereinigung gekoppelt werden sollte, zeichnete sich seit der Jahreswende 1959/1960 die Gefahr einer Trennung dieses Junktims ab. Angesichts der Konsequenzen der Konfrontation unter den Bedingungen des atomaren Zeitalters zeigten sich die Westmächte bereit, Konzessionen in der Blockpolitik zu machen, ohne entsprechende Fortschritte in der Wiedervereinigungspolitik zu verlangen. Noch war der Status quo gewahrt, noch einmal schien die Bundesrepublik dem Westen auf der abschüssigen Straße des Kompromisses Einhalt geboten zu haben, aber es war eher die Gunst der Stunde und weniger eine realistische Politik, die ihr noch einmal einen Aufschub verschafft hatte.

Pariser Gipfelkonferenz 1960

War schon die Genfer Außenministerkonferenz der Versuch der Sowjetunion gewesen, vom Zentrum Berlin aus die gesamte Ost-West-Problematik in Mitteleuropa in Bewegung zu bringen, so galt dies noch mehr für die vor allem auf Wunsch der Russen zustande gekommene Gipfelkonferenz der vier

Großmächte im Mai 1960 in Paris. Erneut deuteten die Konferenzvorbereitungen darauf hin, daß die Westmächte zu Konzessionen in der deutschen Frage bereit waren. Lediglich Frankreich schien auf den gegebenen Positionen beharren zu wollen. Es war unter diesen Umständen für die offizielle westdeutsche Außenpolitik ein schierer Glücksfall, daß während der Konferenz ein amerikanisches Aufklärungsflugzeug in großer Höhe über der Sowjetunion abgeschossen wurde. Nachdem Chruschtschow vergeblich eine Entschuldigung des amerikanischen Präsidenten Eisenhower für diesen Zwischenfall gefordert hatte, verließ er Paris umgehend. Die Gipfelkonferenz war damit gescheitert. Für Adenauer jedoch war dieser Abbruch ein halber Sieg. So unsicher die Haltung der Großmächte zuvor gewesen sein mochte, so war doch durch das abrupte Ende der Konferenz die Vier-Mächte-Verantwortung für Deutschland mit den damit verknüpften Optionen der Bundesrepublik noch einmal gewahrt worden.

Nach dem Scheitern der Genfer Außenministerkonferenz und der Pariser Gipfelkonferenz scheint sich in der sowjetischen Politik endgültig die Meinung durchgesetzt zu haben, daß die große Deutschland-Lösung noch nicht durchsetzbar war und daß die Verhältnisse in Ostberlin und in der DDR daher im Rahmen einer kleinen Lösung stabilisiert werden müßten. Spätestens seit Ende Juli/Anfang August 1961 verdichteten sich die Hinweise, daß in Berlin etwas Entscheidendes geschehen würde, und am 13. August 1961 wurde Westberlin von Ostberlin und der umliegenden DDR durch eine Mauer abgetrennt.

Mauerbau in Berlin 1961

Angesichts dieser Vorgänge war es die Aufgabe der Westmächte und der Bundesrepublik, eine angemessene Reaktion auf die Abschließung Westberlins zu finden. Dabei mußte vor allem verhindert werden, daß eine Eskalation eintrat, die zu militärischen Auseinandersetzungen hätte führen können. Vor allem mußte Vorsorge dafür getroffen werden, daß es nicht unter der Bevölkerung Berlins und der DDR zu unkontrollierten Reaktionen kam. Vielmehr ging es darum zu prüfen, wo Positionen aufgegeben werden konnten, ohne die Substanz zu gefährden, und welche Positionen unter allen Umständen gehalten werden mußten.

Die Auffassungen über das mögliche Ausmaß der Zugeständnisse mußten nach den bisher schon deutlich gewordenen Differenzen zwischen der Bundesrepublik und den Westmächten umstritten sein. Der seit 1961 im Amt befindliche neue amerikanische Präsident John F. Kennedy hatte schon in der Anlaufphase der Berlin-Krise drei Grundsätze (»three essentials«) formuliert, die unter allen Umständen gewahrt werden mußten: 1. Das Recht der Anwesenheit der Westalliierten in Berlin, 2. das Recht auf freien Zugang nach Berlin und 3. das Recht der Bevölkerung von Westberlin, über ihre Zukunft selbst zu bestimmen und ihre Lebensweise frei zu wählen. Vergeblich hatte die Bundesregierung versucht, auch den freien Verkehr innerhalb der Sektoren zu einem dieser Grundsätze zu erheben. Zwar hielten die Westmächte im Rahmen des Vier-Mächte-Status an ihrem Zugangsrecht in den Ostsektor fest, doch galt dies nicht für die West- bzw. Ostberliner. Die Verbindungen der beiden Teile der Stadt waren für ihre Bewohner unterbrochen. Die Sowjetunion wußte also sehr genau, bis zu welchem Ausmaß der Abtrennung sie gehen konnte und wo der kritische Punkt begann.

Entsprechend dieser Politik der kalkulierten Hinnahme östlicher Absperrungsmaßnahmen waren die Reaktionen der Westmächte zurückhaltend; in Berlin selbst machten sich Enttäuschung und Verbitterung breit. Zwar entsandten die Amerikaner den Vizepräsidenten Lyndon Johnson und den seit der Luftbrücke allen Berlinern vertrauten General Clay nach Berlin; auch wurde eine Verstärkung für die Berliner westalliierte Garnison in Marsch gesetzt, die die Stadt ungehindert erreichte, und schließlich besuchte auch

Mauerbau
am Brandenburger Tor

Konrad Adenauer Berlin, aber es war ganz deutlich, daß die Erwartungen der Berliner hinsichtlich der Reaktion des Westens nicht erfüllt werden konnten.

So bleibt die Frage, ob mehr hätte getan werden können. Es ist einsehbar, daß ein militärisches Vorgehen der Westmächte gegen die Abtrennung Ostberlins nicht möglich war. Rechtlich gesehen war der Schritt der DDR ein Verstoß gegen das Vier-Mächte-Statut und die Westmächte protestierten auch dagegen, aber es war absehbar, daß ein militärisches Eingreifen die Gefahr unübersehbarer Folgen bis hin zum atomaren Schlagabtausch in sich einschloß. Gemessen an der sowjetischen Ausgangsposition des Berlin-Ultimatums vom November 1959 hatte die Sowjetunion beim Mauerbau, so schmerzlich er sein mochte, sichtlich zurückgesteckt. Der Westen hatte mit seinen drei Grundsätzen die Bedingungen des atomaren Patts in Mitteleuropa formuliert, und nun stellte man sichtlich erleichtert fest, daß die Sowjetunion auf diese Bedingungen einging. Insofern war der Bau der Mauer ein Vollzug von Positionen, die die Sowjetunion ohnehin innehatte.

Gleichzeitig war der Bau der Mauer aber auch ein Zeichen dafür, daß einige Prämissen der bisherigen Wiedervereinigungspolitik nicht mehr zutrafen. Die Politik der Beharrung auf den Positionen des Jahres 1945 war schrittweise ausgehöhlt worden. Spätestens die Vorgänge im August 1961 zeigten, daß an die Stelle der nominell weiter bestehenden Vier-Mächte-Verantwortung eine faktische Teilung Deutschlands getreten war und daß man hinter diese Teilung nicht zurückkonnte. Insofern war die Grenze nicht nur im materiellen, sondern im politischen Sinn »zugemauert«. Eine neue Orientierung der Deutschlandpolitik war notwendig. Der Schlüssel dazu lag – so schien es – in Paris.

Die wirtschaftliche Einigung Europas – EWG, Euratom und EFTA

Anfänge der europäischen Einigung

Die Auffassung von dem politischen und wirtschaftlichen Rang Europas im Rahmen des Weltstaatensystems hatte sich schon nach dem Ersten Weltkrieg entscheidend verändert. Aber erst das Ende des Zweiten Weltkrieges, als Europa vollständig erschöpft war und die bipolare Weltordnung sich durchzusetzen begann, brachte die Erkenntnis, daß der europäische Kontinent nur im Zusammenschluß der Staaten würde überleben können. So bildete sich in den Jahren nach dem Kriege eine starke europäische Einigungsbewegung aus, in deren Rahmen eigenständige nationale Interessen zwar nicht vollständig ausgeschlossen waren, bei der aber die einigenden Momente die trennenden insgesamt überwogen. Auf der Grundlage dieser neuen europäischen Einigungsbewegung waren die OEEC (Organization of European Economic Cooperation) und die Montanunion zustande gekommen, die beide die wirtschaftliche Einigung zum Ziele hatten. Möglich, so schien es, waren allerdings nur Bündnisse auf Teilgebieten und lockere politische Zusammenschlüsse, nicht aber ein formeller Staatenbund, der die Souveränität der einzelnen Staaten aufgehoben hätte.

Für die Bundesrepublik hatten die Westintegration im allgemeinen und die europäische Integration im besonderen einen hohen Stellenwert. Allerdings gab es dabei eine atlantische und eine europäisch-kontinentale Komponente, die nicht immer bruchlos miteinander zu vereinbaren waren. Im Rahmen der weltpolitischen Entwicklung der fünfziger Jahre und im Rahmen der Blockbildung während des Kalten Krieges stand die Orientierung auf die USA ganz im Vordergrund der deutschen Außenpolitik, aber zugleich erkannte man, daß eine gewisse Unterordnung der Preis des amerikanischen Schutzes war. Auch fragte man sich auf deutscher Seite, wie lange wohl die USA zu einer solchen Garantie der europäischen Verhältnisse bereit seien und ob die bestehende Konstellation des weltpolitischen Dualismus anhalte. Es gab also gewichtige Gründe, auch die europäischen Beziehungen zu festigen.

Aber auch in den anderen westeuropäischen Ländern war die Bereitschaft, die europäische Einigung voranzutreiben, um die Mitte der fünfziger Jahre wieder gewachsen. Mochte diese Bereitschaft in den einzelnen Ländern auch unterschiedlich ausgeprägt sein, so war allen westeuropäischen Staaten doch gemeinsam das ganz offenbare Bestreben, die Bundesrepublik nach ihrer Konsolidierung von einer allzu nationalen Politik und einer Hinwendung zur Wiedervereinigung abzuhalten und ihr die europäische Einigung als Kompensation anzubieten.

Beginn der Einigungsbewegung

Die Keimzelle der nun anlaufenden Einigungsbewegung war die Montanunion. Als die Außenminister der Montanunions-Staaten sich Anfang Juni 1955 in Messina trafen, verabschiedeten sie eine Resolution, in der die wirtschaftliche Einigung, die Schaffung eines gemeinsamen Marktes und die Koordination der Sozialpolitik gefordert wurden. Zugleich gaben die Außenminister ihrem Wunsch Ausdruck, daß auch Großbritannien, das nicht Mitglied in der Montanunion war, sich an der europäischen wirtschaftlichen

Einigung beteiligen möge, doch schied dieses aus den dann beginnenden Verhandlungen sehr bald wieder aus, als sich in den Beratungen eine Zollunion andeutete, während die britische Präferenz bei einer Freihandelszone lag. So wurde denn die Idee eines kontinentalen Wirtschaftsblockes entwikkelt, in dem die Binnenzölle aufgehoben werden sollten, die Freizügigkeit von Kapital und Arbeit gewährleistet sein und ein einheitliches Wettbewerbsrecht ohne jede diskriminierenden Beschränkungen der jeweils anderen Mitgliedsstaaten herrschen sollte. Dieses Konzept wurde vom Ministerrat der Montanunion auf seiner Sitzung im Mai 1956 in Venedig akzeptiert, und man beschloß nun, auf dieser Basis in Regierungsverhandlungen einzutreten.

Bildung der EWG

Wenn auch die grundsätzliche Einigung über die Regelung wirtschaftlicher Fragen schon weit fortgeschritten war, so lagen die Schwierigkeiten doch im Detail. Während Frankreich im Rahmen der wirtschaftlichen Einigung auch eine Atomgemeinschaft wünschte und ankündigte, daß es das Atom auch militärisch nutzen wolle, fürchtete die Bundesrepublik, bei einer solchen Regelung benachteiligt zu werden, weil man gerade im Begriff stand, eine eigene Atomindustrie aufzubauen und daher eine Lieferbenachteiligung fürchtete. Man einigte sich schließlich darauf, daß für den Atombereich eine eigene Gemeinschaft – die Euratom – gegründet werden sollte, in deren Organisation und Regelungsprinzipien sowohl die französischen wie die deutschen Wünsche berücksichtigt waren. Ein anderer Problembereich war die Frage, ob die zu bildende europäische Wirtschaftsgemeinschaft nur die gewerbliche Wirtschaft oder auch die Landwirtschaft umfassen solle. Während die Bundesrepublik nur für eine Zusammenfassung der gewerblichen Wirtschaft eintrat und mit Rücksicht auf ihren weltweiten Export für niedrige Außenzölle plädierte, verlangte Frankreich die Einbeziehung auch der Landwirtschaft und bestand mit Rücksicht auf seine wenig leistungsfähige Industrie auf hohen Außenzöllen. Da aber beide Seiten an einer grundsätzlichen Einigung interessiert waren, ließen sich diese Differenzen überbrükken. In den Verhandlungen gelang es, eine Organisation zu schaffen, die der wirtschaftlichen Integration einerseits genügend feste Regeln verlieh und eine wirtschaftliche Einheit schuf, die aber andererseits so flexibel war, daß die nationalen Vorbehalte gewahrt bleiben konnten. Lange Fristen und ein nur schrittweiser Übergangsprozeß taten ein übriges. Auf dieser Grundlage wurden die Verträge zur Gründung der Europäischen Wirtschaftsgemeinschaft (EWG) und zur Europäischen Atomgemeinschaft (Euratom) am 25. März 1957 in Rom unterzeichnet und nach der Ratifikation durch die nationalen Parlamente im Sommer 1957 zum 1. Januar 1958 in Kraft gesetzt (Römische Verträge).

Zusammengeschlossen waren in der EWG die Bundesrepublik, Frankreich, Italien und die Beneluxländer. Zur Organisation und zur Abwicklung der Arbeit in der Gemeinschaft wurden eine Reihe von Institutionen gebildet, in denen zwar einerseits die jeweiligen nationalen Belange artikuliert werden konnten, die aber zugleich mit den nötigen zentralen Entscheidungsbefugnissen ausgestattet waren. An der Spitze standen das Europäische Parlament, eine Versammlung von 142 Abgeordneten, die nicht gewählt, sondern aus der Mitte der nationalen Parlamente gewählt wurden, und der Europäische Gerichtshof, dem es sehr bald gelang, ein eigenständiges, effektives Rechtssystem zu schaffen. Dann folgte der gemeinsame Ministerrat für die EWG und die Euratom, und die direkten Gemeinschaftsorgane bildeten die Kommission der EWG in Brüssel und die Kommission der Euratom in Straßburg. Während die Kommissionen die allgemeinen Interessen der Gemeinschaften repräsentierten, wurden im Ministerrat die jeweiligen nationalen Belange gewahrt. Unter diesen Umständen kam der Stimmverteilung im Ministerrat eine entscheidende Bedeutung zu. Bei der Bildung der EWG war

Unterzeichnung der Römischen Verträge am 25.3. 1957

für bestimmte Entscheidungen eine differenzierte Stimmverteilung festgelegt worden, bei der Frankreich, die Bundesrepublik und Italien je vier Stimmen, Belgien und die Niederlande je zwei Stimmen und Luxemburg eine Stimme erhielten. Durch diese Stimmenverteilung wurde der deutsche Einfluß sehr begrenzt, aber es wurde auch verhindert, daß etwa eine deutsch-französische Hegemonie die Gemeinschaft bestimmt hätte, vor der sich vor allem Italien und die Beneluxländer sorgten. Diese Organisation hat nahezu zehn Jahre Bestand gehabt, bis sie dann im Jahre 1967 vor allem auf der Kommissions- und Ministerratsebene erheblich gestrafft wurde.

Ergebnisse

Die EWG verdankte ihr Entstehen einer außerordentlich günstigen politischen Konstellation in Europa. Frankreich, Belgien und auch die Niederlande sahen sich durch die Veränderungen in ihren jeweiligen Kolonialreichen im Rahmen der Dekolonisation erneut auf Europa verwiesen und waren gezwungen, ihre politische Rolle neu zu definieren. Die Schwächung der außereuropäischen Positionen förderte die Bereitschaft dieser Staaten, neue Bindungen in Europa einzugehen, um die politischen und wirtschaftlichen Erschütterungen aufzufangen. Die Bundesrepublik ihrerseits war bemüht, gegenüber der möglicherweise sich abschwächenden atlantischen Bindung an die USA eine stärkere europäische Bindung aufzubauen. Denn immer deutlicher wurde, daß die USA und die Sowjetunion bei beiderseitiger Verfügung über gleichwertige Atomwaffen und Trägersysteme zu einem Ausgleich bereit waren. Gerade das aber hätte die deutsche Sicherheits- und Wiedervereinigungsposition entscheidend geschwächt. Für alle europäischen Staaten aber galt, daß ihre Rolle und ihre Bedeutung im weltwirtschaftlich ausgerichteten Rohstoff- und Absatzsystem neu formuliert werden mußte. Spätestens die Suez-Krise 1956 hatte die Verwundbarkeit der europäischen Ölzufuhren aus dem Nahen Osten deutlich gemacht; der Ersatz dafür, die zivile Nutzung der Atomenergie, war auf nationaler Basis nicht zu erreichen und erforderte die technische und wirtschaftliche Zusammenarbeit. Und schließlich kündigte sich in der Entwicklung der industriellen Schwellenländer an, daß diese die einfachen Roh- und Fertigprodukte sehr viel kostengünstiger würden herstellen können als die europäischen Länder. Die Einigung Europas war daher für alle europäischen Staaten eine Frage des wirtschaftlichen und politischen Überlebens.

Die Annäherung an de Gaulle und der deutsch-französische Vertrag

Die Entwicklung der Berlin-Krise mußte für die Bundesrepublik zu einer kritischen Überprüfung ihrer außenpolitischen Grundpositionen führen. Hatte man bisher gemeinsam mit den Westalliierten die Politik der Stärke und des Nichtnachgebens vertreten, die jede westliche Konzession von einer zuvor gemachten östlichen abhängig machen wollte und in der westlicher Widerstandswille und deutsches Wiedervereinigungsstreben konfliktlos aufgehoben waren, so wurde im Verlauf der Berlin-Krise plötzlich offenbar, daß die USA und Großbritannien geneigt waren, diesen Zusammenhang aufzugeben. Angesichts der drohenden Kriegsgefahr schienen diese beiden Mächte offenbar bereit zu sein, den bestehenden Status der Blöcke anzuerkennen und damit die deutsche Spaltung hinzunehmen. Die Konsequenz, die die westdeutsche Politik aus diesem Wandel zog, war nun allerdings nicht, daß man sich anpaßte und neue Konzepte entwickelte, sondern daß man nach einem Verbündeten Ausschau hielt, der die bisherige Politik weiterzuführen versprach. Die Bundesrepublik fand diesen Verbündeten im Frankreich des Generals Charles de Gaulle.

Konzeption de Gaulles

General de Gaulle, seit 1958 zunächst Ministerpräsident und seit 1959 dann Präsident der Republik (bis 1969), wurde sogleich zu einer der großen bewegenden Figuren der europäischen Politik. Seine Wirkung beruhte vor allem darauf, daß seine politischen Ziele gleichsam quer zu den laufenden Entwicklungen in Europa standen und daß er es vermochte, zumindest für eine Reihe von Jahren die europäische Politik seinen Zielen zu unterwerfen.

De Gaulles erstes Ziel war es, den während des Zweiten Weltkrieges verlorenen historischen Nationalstaat wiederzubeleben. In einer Zeit, in der im Zeichen des globalen Gegensatzes von Ost und West die Politik der Blöcke immer bestimmender wurde, vertrat er das politische Recht der einzelnen Nation. Dem sich abzeichnenden »vereinten Europa«, in dem die einzelnen Staaten aufgehen sollten, setzte er das »Europa der Vaterländer« entgegen, in dem jeder Staat seinen eigenen unaufgebbaren Rang und Charakter bewahren sollte.

Eine solche Nationalstaatskonzeption, wie de Gaulle sie vertrat, lebte aus der europäischen Tradition. Sie beruhte sowohl auf der Selbständigkeit der Nationalstaaten wie auch auf der Selbständigkeit Europas. Die Konsequenz aus dieser Auffassung war, daß de Gaulle die seit dem Zweiten Weltkrieg entstandene Hegemonie der Flügelmächte ablehnte. Weder die USA noch die Sowjetunion sollten Entscheidungen über Europa treffen können, sondern diese Entscheidungen waren Sache der europäischen Nationen selbst. Das aus den Nationalstaaten gebildete Europa hatte die Aufgabe, einen eigenständigen Faktor der Weltpolitik zu bilden. Damit entwickelte de Gaulle eine Gegenkonzeption sowohl gegen die Politik der beiden Großmächte USA und Sowjetunion, die Europa nur als Teil ihres Einflußbereiches ansehen wollten, wie auch gegen die Politik von bestimmten Kräften in Europa selbst, die eine formelle Einigung Europas unter Zurückstellung nationaler Sonderinteressen anstrebten.

Verhältnis de Gaulle-Adenauer

Eine zentrale Rolle im Rahmen der europäischen Einigung spielte das deutsch-französische Verhältnis. Wenn auch die Weltlage und das sich abzeichnende Arrangement der Großmächte nach dem Höhepunkt der Berlin-Krise eine solche deutsch-französische Zusammenarbeit nahelegten, so waren die Motive auf beiden Seiten doch völlig verschieden. Eine verbindende Gemeinsamkeit bestand am ehesten noch in der stetig sich vertiefenden persönlichen Beziehung zwischen Adenauer und de Gaulle. Obwohl ihr Verhältnis zeitweilig nicht ohne Argwohn und Spannungen war, wurzelten beide tief in den Traditionen des Christentums, der Nation und der gemeinsamen europäischen Verantwortung. Gemeinsam war beiden auch die Auffassung, daß nach der lang andauernden Feindschaft und den Kriegen zwischen Deutschland und Frankreich diese beiden Völker einen Ausgleich finden müßten und ihnen damit bei einer europäischen Einigung die Schlüsselrolle zufallen würde. Zugleich aber gab es zwischen ihnen auch weitreichende Gegensätze, die aus der beanspruchten Rangordnung der beiden Staaten in Europa und aus der Einschätzung der Rolle des nationalen Einzelstaates herrührten.

Sehr bald nämlich wurde offenbar, daß de Gaulle eine deutsch-französische Zusammenarbeit nur mit dem Ziel anstrebte, um auf dieser Grundlage das französische Gewicht auf dem Kontinent zu stärken. Adenauer dagegen betrachtete die Annäherung an Frankreich als eine Rückversicherung gegen die Politik der USA und Großbritanniens, die nur zu deutlich auf einen Ausgleich mit der Sowjetunion auf Kosten der bundesdeutschen Politik hinzielten. Vor allem aber wollte Adenauer eine Wiederholung der Potsdamer Konstellation, d.h. der Vier-Mächte-Politik gegenüber Deutschland verhindern. Eine enge Anlehnung an Frankreich schien ihm das sicherste Mittel zu sein, dieses Land aus der Reihe der ehemaligen Siegermächte herauszulösen.

Ein weiterer Differenzpunkt war die europäische Einigungsbewegung. De Gaulle hielt die europäische Einigung und die immer stärker sich ausbildende Integrationspolitik für die Größe und das Selbstbewußtsein Frankreichs für unannehmbar. Adenauer hingegen war stets der Überzeugung, daß die Bundesrepublik nur in der Gemeinschaft westeuropäischer Staaten überleben könne; seine Auffassung über den Grad der Integration wandelte sich allerdings mit der Zeit. Die Europa-Konzeptionen de Gaulles und Adenauers waren also nicht deckungsgleich und daher Gegenstand häufiger Differenzen zwischen der deutschen und der französischen Seite. Die Achse Paris-Bonn und die Gemeinschaft der sechs europäischen Staaten waren zwei ganz verschiedene Bezugssysteme, die nur schwer miteinander vereinbart werden konnten.

Insgesamt entwickelte sich daher zwischen Adenauer und de Gaulle und in weiterem Sinne zwischen der Bundesrepublik und Frankreich ein sehr spannungsreiches, aber auch sehr fruchtbares Verhältnis. Zwischen den beiden Männern bestand eine außerordentlich komplexe Beziehung mit einem stetigen Wechsel von Anziehung und Zurückweisung. Manchmal mochte es so scheinen, als ob de Gaulle der Agierende und Adenauer der Reagierende sei, aber eine solche Sicht würde diese Beziehung vereinfachen. Es war kein Verhältnis von Über- und Unterordnung, sondern eine höchst wechselhafte Verbindung, in der grundlegende Gemeinsamkeiten einzelne Kontroversen durchaus nicht ausschlossen. Erst sehr viel später vollzog die öffentliche Meinung in beiden Ländern diese vorgegebene enge persönliche Beziehung nach.

»Atlantiker« und »Gaullisten«

Wie sehr die sich verstärkenden deutsch-französischen Beziehungen die politischen Verhältnisse in Westeuropa auch stabilisierten, so wurden sie in der Bundesrepublik und in den anderen europäischen Ländern doch nicht ohne Bedenken und sogar Argwohn betrachtet. In der deutschen Politik kamen die Bedenken vor allem von solchen Kreisen, die den Zusammenschluß Westeuropas zu einer engeren Föderation wünschten. Vor allem ging es um das zukünftige Verhältnis zu Großbritannien und zu den USA. Während de Gaulle die Einbeziehung Großbritanniens in das »Europa der Vaterländer« stets ablehnte und immer wieder darauf verwies, daß die eigentlichen Interessen Großbritanniens außerhalb Europas lägen, verlangten westlich orientierte Kreise in der Bundesrepublik nachdrücklich die Integration dieses Landes. Ein ähnliches Verhältnis ergab sich zu den USA. Wäh-

Konrad Adenauer
und Charles de Gaulle
beim Hochamt
in der Kathedrale
von Reims
am 8.7. 1962

rend de Gaulle eine Distanzierung zu den USA anstrebte und Europa unter französischer Führung zu einem eigenständigen Faktor der Weltpolitik machen wollte, gab es in der Bundesrepublik starke Kräfte, die die eigene Bestandssicherung allein im Bündnis mit den USA sahen. So bildeten sich in der deutschen Außenpolitik zwei Gruppierungen aus, die man als die »Atlantiker« und »Gaullisten« bezeichnet hat. Während die Atlantiker auf den ihrer Ansicht nach unverändert weiter bestehenden vor allem atomaren Schutz der USA setzten, argumentierten die Gaullisten, daß die USA sehr wohl zu Zugeständnissen und Kompromissen mit der Sowjetunion auf Kosten Europas bereit sein könnten und daß man das nur in einem Bündnis mit einem starken, auch atomar bewaffneten Frankreich verhindern könne. Damit war auch für die folgende Zeit eine der Grundfragen der westdeutschen Außenpolitik angeschlagen worden.

Aber nicht nur in der Bundesrepublik, sondern ebenso in den anderen westeuropäischen Ländern, sofern sie der EWG oder der NATO angehörten, sah man den entstehenden deutsch-französischen Zweibund nicht ohne Sorge. Diese Länder befürchteten auf die Dauer ein deutsch-französisches Übergewicht in der EWG, und so forderten sie immer nachdrücklicher den Beitritt Großbritanniens zur Gemeinschaft, damit dieses ein Gegengewicht bilden könne. Mit diesem Plan wiederum stießen sie jedoch auf den entschiedenen Widerstand de Gaulles, und so kam es in der Beitrittsfrage zu einer gegenseitigen Blockade, die die Gemeinschaft zunehmend beunruhigte. Aber auch das Verhalten Frankreichs in der NATO löste Besorgnisse aus. De Gaulle drängte immer häufiger auf eine grundlegende Reform der NATO, die die Beschneidung des amerikanischen Einflusses in der Verteidigungsgemeinschaft zum Ziele haben sollte. Auch in diesem Falle geriet die Bundesrepublik zwischen atlantischer Bindung und kontinentalem Interesse in eine schwierige Situation.

Deutsch-französischer Vertrag

In den spannungsreichen Jahren, in denen diese Turbulenzen in der europäischen und atlantischen Politik stattfanden, hatten sich für das deutsch-französische Verhältnis ganz bestimmte Verhaltens- und Kommunikationsformen ausgebildet. Im Vordergrund stand die persönliche Begegnung zwischen Adenauer und de Gaulle, die, vielfach unabhängig von ihren Stäben und Kabinetten, in vertraulichen Gesprächen ihre Pläne vorzubereiten pflegten. Solche Gespräche gingen zeitweilig nicht ohne Mißverständnisse aus, es gab Differenzen und Entfremdungen, aber beide wandten sich in gegenseitiger Faszination einander immer wieder zu. Mochten auch die Berater, die Sachverständigen und die Kabinette vieles nüchterner und mehr unter taktischen Gesichtspunkten sehen, die Initiative und der große Entwurf ging immer von den beiden Regierungschefs aus. Das begann schon bei ihrer ersten Begegnung in Colombey-les-deux-Églises, dem Wohnort de Gaulles, im September 1958, das wurde fortgeführt bei dem deutsch-französischen Treffen in Rambouillet im Juli 1960, fand seinen ersten Höhepunkt bei Adenauers Besuch in Frankreich im Juli 1962 und bei de Gaulles Gegenbesuch im September 1962 und das wurde gekrönt vom deutsch-französischen Vertrag im Januar 1963. Allerdings zeigten die Umstände, unter denen dieser Vertrag zustande kam, auch schon wieder die Begrenzungen des deutsch-französischen Sonderverhältnisses an.

Dieser Vertrag sah ein ausgedehntes Konsultationswesen in allen Bereichen vor. Regelmäßige Treffen auf allen Ebenen sollten erfolgen, und vor wichtigen Entscheidungen versprach man eine gleichgerichtete Haltung zu suchen. Die Einzelheiten und die Formulierungen waren so abgefaßt, daß aus ihnen keine Absage an die NATO herausgelesen werden konnte. Dennoch erhielt der Vertrag eine ganz andere Zielrichtung und einen größeren Stellenwert, weil de Gaulle zeitlich den Abschluß des Vertrages mit der Ankündigung eines Vetos gegen den EWG-Beitritt Großbritanniens koppelte. Unter diesen Umständen erhielt der Vertrag eine deutlich antieuropäische und vor allem antienglische Stoßrichtung. Diese zwar nicht intendierte, aber mögliche Interpretation des Vertrages war es aber auch, die eine Mehrheit des Bundestages bei seiner Ratifizierung veranlaßte, eine Präambel hinzuzufügen, die die gesamteuropäische und gesamtatlantische Verantwortung der Bundesrepublik noch einmal hervorhob.

Der Abschluß des deutsch-französischen Vertrages gehört trotz allem zu den ganz großen politischen Leistungen der Ära Adenauer. Er beruhte primär wohl auf dem besonderen persönlichen Verhältnis Adenauers und de Gaulles und ihrer Bereitschaft, die politische Weltlage zur deutsch-französischen Aussöhnung auszunutzen. Es gibt keinen Zweifel, daß dieser Vertrag in der Folgezeit von den Völkern nachvollzogen worden ist. Zugleich machten aber die Diskussionen über das deutsch-französische Sonderverhältnis und die Umstände bei der Ratifikation des Vertrages deutlich, daß einem solchen Sonderverhältnis angesichts der komplexen weltpolitischen Lage Grenzen gesetzt waren. Es wurde deutlich, daß die Zeit der isolierten Sonderbündnisse vorbei war und daß das deutsch-französische Verhältnis nur im Rahmen der Einbindung in die politischen, militärischen und wirtschaftlichen Bündnisse des Westens gesehen werden könne.

Jahre des Wandels (1963–1969)

Der Übergang von Adenauer zu Erhard

»Ära Adenauer«

Seit 1949 hatte Konrad Adenauer als Bundeskanzler die politische Entwicklung der Bundesrepublik bestimmt. Im Laufe der Jahre war er so sehr zur prägenden Kraft und zugleich zum Repräsentanten dieser Entwicklung geworden, daß man von der »Ära Adenauer« sprach.

In der Außenpolitik hatte Adenauer die Bundesrepublik unter dem Zwang der weltweiten Polarisierung, diese aber zugleich nutzend, fest im politischen, wirtschaftlichen und militärischen System des Westens verankert. Im Rahmen dieser westlichen Orientierung stand der Bezug auf die Vereinigten

Staaten ohne Zweifel an erster Stelle, aber ergänzt wurde diese atlantische Bindung durch die europäische Einigung und durch das besondere Verhältnis zu Frankreich.

Mit den außenpolitischen Gegebenheiten untrennbar verknüpft war die Deutschlandfrage. Die Wiedervereinigung Deutschlands war ein Ziel der Politik Adenauers, das er allerdings nicht um jeden Preis anstrebte. Die Lockerung der Bindungen der Bundesrepublik an den Westen oder gar die Neutralisierung Gesamtdeutschlands als Preis für die Wiedervereinigung lehnte er ab. Er erwartete die Wiedervereinigung als Ergebnis einer »Politik der Stärke« und einer anhaltenden Verteidigungsbereitschaft im Rahmen des westlichen Bündnisses, die die Sowjetunion schließlich zum Einlenken veranlassen sollten. Daß diese Position nicht nur durch die Sowjetunion, sondern im Rahmen der Entspannungspolitik auch durch die USA in Frage gestellt wurde, war eine der großen Irritationen seiner späten Regierungsjahre.

In der Innenpolitik gelang es während der Regierung Adenauer, auf der Grundlage des Grundgesetzes eine stabile politische Entwicklung in Gang zu setzen, die auf dem scharfen Gegenüber einer Regierungskoalition und einer starken Opposition beruhte. Durch das föderalistische System war aber auch der Sozialdemokratie die Möglichkeit gegeben, sich in Regierungsverantwortung in den Ländern zu bewähren und damit eine glaubhafte Alternative darzustellen. Begünstigt durch eine weltweite Nachkriegskonjunktur und unter Weckung aller Kräfte kam es nach 1950 in der Bundesrepublik zu einem beispiellosen wirtschaftlichen Aufstieg, dessen Umfang und Dauer tiefergehende Verteilungskämpfe gar nicht erst aufkommen ließen. Bedingt durch diese Entwicklung bildete sich im Laufe der Jahre im politischen wie im wirtschaftlichen Bereich eine Stabilität aus, die auf einer breiten Zustimmung der Bevölkerung zu diesem Staat beruhte und die das hervorstechende Kennzeichen der fünfziger Jahre wurde. Vor allem in Hinsicht auf die tiefen Brüche in der jüngeren deutschen Geschichte schien hier ein Fundament gewonnen zu sein, auf dem die weitere Entwicklung aufbauen konnte.

So sehr diese Entwicklung allerdings auch nach außen hin durch Dauer und Stabilität bestimmt war, so gab es doch seit 1959 unverkennbare Zeichen dafür, daß die Ära Adenauer zu Ende ging. Erste Anzeichen ware eine Reihe innenpolitischer Fehlgriffe sowie Stimmenverluste der CDU/CSU bei den Wahlen 1961. Entscheidend schließlich aber wurde für das Ende der Ära Adenauer die Veränderung der globalen politischen Verhältnisse, die sich seit dem Ausgang der fünfziger Jahre langsam von einer Polarität im Zeichen der Politik der Stärke zum Ausgleich und zur Entspannung im Zeichen des kalkulierten Nebeneinander wandelten. Damit wurden sichtlich die Grundannahmen der bisherigen Außenpolitik in Frage gestellt, und es erschien der Öffentlichkeit zweifelhaft, ob Adenauer diese grundlegende Wendung noch würde nachvollziehen können.

Kanzlerwechsel Adenauer-Erhard

Alle diese Gründe ließen es angebracht erscheinen, an der Spitze der deutschen Politik einen Wechsel eintreten zu lassen. Vor allem in der FDP als Koalitionspartner, aber auch in der CDU/CSU wurden die Bestrebungen immer stärker, Adenauer durch einen anderen Kanzler zu ersetzen. Die Regierungsbildung im Jahre 1961 war nur dadurch möglich gewesen, daß Adenauer selbst und die CDU/CSU sich zu einer befristeten Kanzlerschaft Adenauers bereit gefunden hatten. Nach einer ständigen Verschlechterung des Koalitionsklimas im Herbst 1962 traten sämtliche FDP-Minister zurück, und die Koalition konnte erst dann erneuert werden, als Adenauer am 7. Dezember 1962 seinen Beschluß bekanntgeben ließ, daß er im Herbst 1963 zurücktreten werde. Mit seinem tatsächlich erfolgten Rücktritt am 15. Oktober 1963 endete die Ära Adenauer, deren Grundentscheidungen die Politik der Bundesrepublik bis heute bestimmen.

Angesichts des Alters Adenauers und angesichts seines absehbaren Rücktritts vom Amt des Bundeskanzlers hatte es in der CDU/CSU schon länger eine Diskussion über einen möglichen Nachfolger gegeben. Innerhalb der Partei waren mehrere mögliche Kandidaten im Gespräch, von denen der langjährige Wirtschaftsminister in den Kabinetten Adenauers, Ludwig Erhard, sicher der aussichtsreichste war.

Ludwig Erhard, 1897 in Fürth geboren, war nach einer volks- und betriebswirtschaftlichen Ausbildung und nach mehrjähriger Tätigkeit in der Industrieforschung und der Marktanalyse nach dem 2. Weltkrieg zunächst in der Bizonenverwaltung tätig, in der er seit März 1948 den Posten eines Direktors der Verwaltung für Wirtschaft bekleidete. In dieser Funktion setzte er gegen vielfache alliierte Widerstände zahlreiche Wirtschaftsreformen durch, deren bedeutendste sicher die Währungsreform vom Juni 1948 und die Freigabe des Warenverkehrs waren. Diese beiden Maßnahmen waren die Voraussetzung des großen wirtschaftlichen Wiederaufstiegs, den die Bundesrepublik seit 1948 erlebte. Während Adenauer als der die Richtlinien der Politik bestimmende Kanzler aufgrund seiner institutionellen und politischtaktischen Dominanz der ganzen Ära den Namen gab, verkörperte Ludwig Erhard gleichsam als siamesischer Zwilling den wirtschaftlichen Erfolg der Bundesrepublik. Obwohl das Verhältnis zwischen Adenauer und Erhard stets prekär war und Adenauer selber Erhard nicht für einen geeigneten Nachfolger hielt, bot sich dieser aufgrund seines Ansehens und seiner Erfolge als der gegebene Kanzlerkandidat an. Von ihm erwartete man, daß er auch weiterhin Wahlsiege für die CDU/CSU erringen würde. So wurde denn Ludwig Erhard im April 1963 zum Kanzlerkandidaten der CDU/CSU gewählt und trat am 16. Oktober 1963 nach erfolgter Wahl im Bundestag die Nachfolge Konrad Adenauers an.

Mit Ludwig Erhard rückte sowohl vom Typ wie auch vom eigenen Anspruch her eine ganz andere Persönlichkeit in der Funktion des Kanzlers an die Spitze der Bundesrepublik. Während in der Ära Adenauer die Führung und die Dominanz des Kanzlers – vielleicht mit Ausnahme der Endphase – unbestritten gewesen waren, die Elemente der politischen Auseinandersetzung die Macht und der Kampf gewesen waren und Personen, Verbände und Parteien als eigenständige Kräfte angesehen wurden, die man notfalls auch gegeneinander ausspielen konnte, war die Kanzlerschaft Ludwig Erhards durch den Anspruch auf Harmonie, Redlichkeit, Ausgleich der Gegensätze und friedlichen Wettstreit bestimmt. Sein Ziel war es, in direktem Kontakt mit den Bürgern die Demokratie zu verwirklichen, als »Volkskanzler« ohne Vermittlung intermediärer Organisationen eine unmittelbare Demokratie zu praktizieren.

Dahinter stand eine durchaus harmonische Welt- und Menschenauffassung. Es war nicht die vielfältig in Gruppen und Schichten gegliederte Gesellschaft, die in sehr unterschiedlicher Weise über politische und wirtschaftliche Macht verfügte, sondern es war die Gesellschaft der Freien und der Gleichen, der es aufgegeben war, im friedlichen Wettstreit »Wohlstand für alle« zu schaffen.

Während Adenauer im Rahmen ganz allgemeiner weltanschaulicher Zielsetzungen und unter dem Eindruck ganz unmittelbarer Gegenwartsaufgaben nach dem Ende des Krieges eine mehr pragmatische Politik getrieben zu haben schien, wollte Erhard in eine neue Phase politischer Begründung und politischer Zielsetzung eintreten. Nach dem Erreichen eines gesicherten Platzes in der westlichen Staatengemeinschaft nach außen und einer stabilen politischen Ordnung und des wirtschaftlichen Wohlstandes nach innen war sein Ziel, das zu verwirklichen er sich für seine Regierung vorgenommen hatte, die »formierte Gesellschaft«. Diese sollte von allen gesellschaftlichen

Schichten im sozialen Frieden getragen werden, ohne tiefe soziale Gegensätze sein, die Voraussetzung für weiteren Wohlstand und eine störungsfreie Entwicklung bilden und den großen Gegenentwurf gegen die auf Zwang und Planwirtschaft beruhenden Diktaturen linker und rechter Provenienz darstellen.

Auf die Dauer scheiterte Erhard mit dieser Konzeption allerdings. Bis zum Ende der sechziger Jahre erwies sich, daß die gesellschaftlichen Kräfte sich nicht in diese Formierung einpassen ließen und daß vor allem die jüngere Generation die angestrebte Ordnung für den gesellschaftlichen Stillstand hielt, der der notwendigen Dynamik der Entwicklung nicht gerecht wurde.

Traditionen und neue Wege in der Außenpolitik der Bundesrepublik

Veränderungen der außenpolitischen Lage

Der Übergang von Adenauer zu Erhard war nicht nur ein Wechsel in der Person des Kanzlers, sondern mit diesem Wechsel waren auch grundlegende Veränderungen in der Innen- wie in der Außenpolitik verbunden. Soweit es den außenpolitischen Bereich betraf, waren diese Änderungen zum Teil sicher die Folge neuer Konzeptionen, die der neue Kanzler und vor allem der seit 1961 amtierende Außenminister Gerhard Schröder entwickelt hatten. Ganz überwiegend aber waren sie die Folge von Wandlungen der globalen internationalen Politik, die in ihrer Konsequenz nicht ohne Rückwirkungen auf die europäischen Verhältnisse bleiben konnten. Während in den fünfziger Jahren im Zeichen der Bipolarität zwischen den USA und der Sowjetunion die Konfrontation die bestimmende Form der internationalen Politik gewesen war, traten an deren Stelle nun der Ausgleich und das kalkulierte Nebeneinander.

Diese Veränderungen konnten auf die Außenpolitik der Bundesrepublik, die ja in ihrer Zielsetzung den Ost-West-Gegensatz als politisches Instrument benutzte, nicht ohne Rückwirkungen bleiben. Hatte man sich bisher im Zentrum des außenpolitischen Kraftfeldes befunden, so sah man sich nun plötzlich an den Rand gedrängt. Die USA, die sich bisher ohne Zweifel primär in Europa engagiert hatten, verlegten den Schwerpunkt ihres außenpolitischen und dann auch militärpolitischen Engagements in andere Krisengebiete der Welt (Vietnam), und auch die anderen beiden Westmächte gaben deutlich zu erkennen, daß *Gesamt*deutschland nicht mehr das Ziel ihrer außenpolitischen Bemühungen war. Die Bundesrepublik fand sich plötzlich einer grundlegend veränderten außenpolitischen Situation gegenüber und sah sich vor die Aufgabe gestellt, Prinzipien einer neuen eigenständig deutschen Außenpolitik zu entwickeln.

Besonders weitreichend waren die Auswirkungen der neuen außenpolitischen Konstellation in der Sicherheits- und Abrüstungspolitik und in der Deutschlandpolitik. Waren bisher Sicherheit und Entspannung in Europa nur als Folge einer Wiedervereinigung der beiden Teile Deutschlands möglich erschienen, so bedingte der unter den veränderten Umständen in Europa notwendige Status quo gerade den Bestand der herrschenden Verhältnisse und damit die andauernde Teilung Deutschlands. Das bisher bestehende Prinzip der »Entspannung durch Wiedervereinigung« wurde in der Reihenfolge verändert und lautete jetzt: »Wiedervereinigung durch Entspannung«. Der Bundesrepublik wurde aufgegeben, sich in den europäischen Entspannungsprozeß einzugliedern und die Wiedervereinigung erst als Folge dieser Entspannung zu akzeptieren.

Die Bonner Außenpolitik hat sich nur sehr zögernd auf diese neue Rolle eingelassen. Galt es doch von einer Reihe von Positionen Abschied zu nehmen, die in den vergangenen Jahren als die Grundpfeiler der Außenpolitik der Bundesrepublik dem Osten gegenüber behauptet worden waren. Wollte man sich jedoch nicht selbst isolieren, so war ein ganz neues Verhältnis zu den osteuropäischen Staaten und zur DDR notwendig. Zwar war man weit davon entfernt, den Alleinvertretungsanspruch und den Anspruch auf die Wiedervereinigung Gesamtdeutschlands sogleich aufzugeben, aber unterhalb dieser Ebene bemühte man sich doch um mehr Flexibilität. Vor allem Außenminister Schröder bemühte sich um ein neues Verhältnis zu den osteuropäischen Staaten. Er erkannte, daß die Bundesrepublik sich bei der in Bewegung geratenen Politik der Blöcke die Immobilität der früheren Jahre nicht länger würde leisten können. So kam es auf seine Initiative gegen erhebliche Widerstände in der CDU/CSU in den Jahren 1963/64 zum Abschluß von Handelsverträgen und zur Errichtung von Handelsmissionen in Polen, Rumänien, Ungarn und Bulgarien, während entsprechende Verhandlungen mit der CSSR scheiterten. Der Geltungsbereich dieser Verträge bezog sich auf das Währungsgebiet der D-Mark und schloß daher West-Berlin, dem die östliche Seite doch immer einen Sonderstatus verleihen wollte, mit ein. Weder die Anerkennung der DDR noch die Grenzfrage waren Gegenstand dieser Verträge. Damit genügten sie auch streng legalistischen Ansprüchen, doch zugleich war die Präsenz der Bundesrepublik im Osten erheblich verstärkt worden.

Handelsverträge mit den Ostblockstaaten

Wandel in der deutschen Öffentlichkeit

Diese vorsichtige Öffnung nach Osten war indes nur möglich, weil sich seit Beginn der sechziger Jahre auch in der deutschen Öffentlichkeit ein Wandel in der Haltung gegenüber Osteuropa abzeichnete. Vor allem in der Publizistik und in kirchlichen Kreisen war die Anerkennung der Oder-Neiße-Linie als Voraussetzung für eine Normalisierung der Verhältnisse mit Polen und den anderen osteuropäischen Staaten gefordert worden. Sowohl in der evangelischen wie in der katholischen Kirche gab es solche Stimmen, und damit schien ein wesentlicher Meinungsträger zur Revision bisher fast tabuisierter Positionen bereit. Aber auch bei der SPD und FDP deuteten sich Änderungen an, so daß Schröders vorsichtige Öffnung nach Osten in den breiten Strom einer allgemeinen außenpolitischen Neuorientierung eingepaßt war. Lediglich in der CDU/CSU kam es zu einer gewissen Polarisierung zwischen einem wandlungsbereiten Flügel um Schröder, Erhard und die protestantische CDU und einem mehr widerstrebenden Flügel um Adenauer, von Brentano und Strauß. Sehr bald zeigte sich, daß die ganze Debatte einen gewissen Differenzierungseffekt hatte: Die außenpolitische Scheidelinie verlief nicht länger wie bisher zwischen Regierung und Opposition, sondern mitten durch die Parteien hindurch. Die Basis, auf der in Zukunft neue Koalitionen abgeschlossen werden konnten, begann sich abzuzeichnen.

Außenpolitische Initiativen

In der Folgezeit kam es sowohl von der westlichen wie von der östlichen Seite aus zu einer Reihe von Aktionen, mit denen versucht wurde, die ostpolitische Neuorientierung in Bewegung zu halten. Zunächst schlug die SED im Februar 1966 der SPD einen Redneraustausch vor, der aber dann scheiterte, weil die SED wohl in Sorge vor den möglichen Folgen ihrer eigenen Initiative das Angebot zurückzog. In der politischen Zielsetzung und in Hinsicht auf die Zahl der Ansprechpartner weitaus breiter angelegt war die sogenannte »Friedensnote« der Regierung Erhard vom 25. März 1966. Die Note erging an alle Staaten – auch an solche, mit denen die Bundesrepublik keine diplomatischen Beziehungen unterhielt, nicht jedoch an die DDR. In der Note wurde vorgeschlagen, allgemeine Gewaltverzichtserklärungen auszutauschen und eine Übereinkunft über die Kontrolle und die Nicht-Weiterverbreitung von Atomwaffen herbeizuführen. Nachdem die bisherige Politik der Stärke und der Konfrontation dem Bemühen um Ausgleich und Entspannung gewichen war, drohte die Bundesrepublik, wollte sie auf dem alten Kurs bestehen bleiben, sich selbst zu isolieren. Diese Note war ein Versuch, vor allem gegenüber Osteuropa und der Sowjetunion die Initiative auch unter den neuen politischen Rahmenbedingungen wiederzugewinnen.

Noch einmal: »Atlantiker« und »Gaullisten«

Eine solche Neuorientierung der deutschen Politik war sicher nicht nur auf der Grundlage des Eigengewichts der Bundesrepublik möglich, sondern beruhte vor allem auf dem Fundament einer gesicherten Zugehörigkeit zu einem politisch-militärischen Blocksystem. Angesichts der Verlagerung des amerikanischen Interesses nach Südostasien und des ganz offensichtlichen Bestrebens der USA, die Verhältnisse in Europa nicht zu ändern, stellte sich für Bonn erneut die Frage, ob man trotz allem weiter auf den amerikanischen Schutz vertrauen oder ob man dem andauernden Werben de Gaulles nach einer Zweierunion zwischen der Bundesrepublik und Frankreich stattgeben solle. Der von Bonn aus an sich gewünschte Weg, von der Basis eines vereinigten Europas aus zu operieren, war verstellt, nachdem de Gaulle dem Plan einer engeren europäischen Union und dem Beitritt Großbritanniens zur EWG seine Zustimmung verweigert hatte. Vor die Option gestellt, zwischen Frankreich und den USA zu wählen, bildeten sich in der ersten Hälfte der sechziger Jahre noch einmal in aller Schärfe die beiden Lager der »Atlantiker« und der »Gaullisten« aus.

Im Grunde ging es um die Frage: Konnte bei einer Verlagerung des Schwerpunktes der Bipolarität nach Südostasien und der Bildung einer beruhigten Zone in Europa diese Bipolarität in der Weise durchbrochen werden, daß man den Versuch der Aufrichtung einer dritten Kraft unternahm, dessen beherrschendes Prinzip das Nationale war? Oder aber: Blieb die Bipolarität nicht trotz allem erhalten, war es nicht nur eine zeitweilig beruhigte, latente Bipolarität, die immer wieder aktiviert werden konnte? Bestand nicht die Möglichkeit, im Rahmen einer so verstandenen latenten Bipolarität das deutsche Interesse deutlicher zu artikulieren und national zu differenzieren? Eine solche Absicht Schröders und der Atlantiker war aber nur mit den USA, nicht mit Frankreich zu realisieren.

Israel und der Nahe Osten

Eine Region, die nicht unmittelbar an der Scheidelinie zwischen Ost und West gelegen war, die aber mittelbar im Rahmen der Politik der Blöcke eine Rolle spielte, war der Nahe Osten. Diese Region war beherrscht vom Gegensatz zwischen Israel und den arabischen Ländern. Deutschland hatte in der Vergangenheit traditionell gute Beziehungen zu den arabischen Staaten unterhalten. Die Bundesrepublik mußte aber zugleich bestrebt sein, trotz der Verbrechen am Judentum während der nationalsozialistischen Gewaltherrschaft eine Verständigung mit dem Staat Israel zu erreichen. Dem hatte schon das Luxemburger Abkommen aus dem Jahre 1952 gedient, das die Grundlage für eine zumindest materielle Wiedergutmachung schuf. Ziel aber mußte die Aufnahme uneingeschränkter diplomatischer Beziehungen der Bundesrepublik zu Israel sein.

Mitte der sechziger Jahre waren die deutsch-israelischen Beziehungen so weit gediehen, daß beide Staaten an die Aufnahme diplomatischer Beziehungen gehen konnten. In den arabischen Staaten führte dieses Vorhaben zu einer erheblichen Unruhe, da die Araber den Status Israels erneut aufgewertet sahen. Im Rahmen seiner Verbindungen zum Ostblock, aber wohl auch, um Druck auf die Bundesrepublik auszuüben, gab Ägypten im Januar 1965 bekannt, daß es Wirtschaftsbeziehungen zur DDR aufnehmen werde und daß der Vorsitzende des Staatsrates der DDR, Walter Ulbricht, Ägypten einen Besuch abstatten werde. Damit war die Eingrenzungspolitik der Bundesrepublik gegenüber der DDR im Zeichen der Hallstein-Doktrin gefährdet, und die Bundesrepublik entschloß sich, auf diese Herausforderung mit begrenzten Sanktionen zu antworten. Ägypten wurden keine weiteren Kredite gewährt, und der Besuch Walter Ulbrichts wurde zu einem unfreundlichen Akt erklärt. Erneut betonte die Bundesrepublik, daß sie diplomatische Beziehungen zu Israel anstrebe. Damit beschleunigte und verschärfte sich allerdings die außenpolitische Entwicklung im Nahen Osten. Nachdem im Mai 1965 Israel und die Bundesrepublik volle diplomatische Beziehungen aufgenommen hatten, brachen neun arabische Staaten ihre Beziehungen zur Bundesrepublik ab, darunter Ägypten, Saudi-Arabien und der Sudan. An der Notwendigkeit normalisierter Beziehungen zu Israel konnte es gar keinen Zweifel geben, aber zugleich hatten diese Vorgänge gezeigt, daß die Waffe der Hallstein-Doktrin stumpf geworden war. Nicht länger war sie das Instrument einer vorausschauenden Außenpolitik, sondern eine Zwangsfessel, mit der die Bundesrepublik selbst erpreßbar wurde.

Die Regierung Erhard war von Beginn an mit tiefen Brüchen in der außenpolitischen Entwicklung konfrontiert. Schon während der Endphase der Regierung Adenauer waren diese Veränderungen angelaufen, jetzt erfuhren sie ihre volle Ausprägung. Erhard und vor allem Außenminister Schröder versuchten, angesichts dieses Wandels einen Mittelweg zwischen den nach Meinung der politischen Öffentlichkeit unaufgebbaren Positionen der Ära Adenauer und den Erfordernissen der unübersehbar neuen Konstellation zu steuern. Das konnte nach Lage der Dinge nur ein Tasten und Experimentieren sein, aber es war ein Neuanfang in eine Richtung, die sich später als erfolgversprechend erwies. Insofern war die Regierung Erhard nicht nur das unabdingbar notwendige Verbindungsstück zwischen der Regierung Adenauer und der Großen Koalition, sondern sie war durchaus eine Regierung eigenen Anspruchs und eigener Bedeutung. Phasen des Überganges sind historisch eine undankbare Zeit.

Das Ende der Regierung Erhard

Das Ergebnis von Wahlen kann sicherlich als Maßstab für die Zustimmung oder Ablehnung einer Regierung und der sie tragenden Parteien gewertet werden. Legt man diesen Maßstab an die Bundestagswahlen vom September 1965 an, so besaß das 2. Kabinett Erhard und die es tragende Koalition aus CDU, CSU und FDP weiterhin die breite Zustimmung der Wähler. Während allerdings die CDU/CSU gegenüber den Bundestagswahlen 1961 noch Stimmen gewinnen konnte, hatte die FDP Einbußen hinzunehmen. Insgesamt aber blieb die deutliche Mehrheit der Koalition dennoch erhalten. Auch die SPD hatte Stimmengewinne zu verzeichnen, doch änderte dies nichts daran, daß sie sich erneut in die Opposition verwiesen sah.

2. Kabinett Erhard

Schon kurz nach den Wahlen zeigte sich jedoch, daß dieses klare Votum der Wähler nicht verdecken konnte, daß es innerhalb der Koalition und selbst innerhalb der beiden Koalitionsparteien erhebliche Meinungsverschiedenheiten gab. Nur unter größten Zugeständnissen an die CSU und FDP gelang es Erhard, eine Koalition aus CDU/CSU und FDP erneut zusammenzubringen. Insgesamt dauerte die Regierungsbildung zwar nicht länger als nach den vorausgegangenen Wahlen, aber es wurde nur zu deutlich, daß es innerhalb der Koalition nur mühsam verdeckte Spannungen gab und daß Bundeskanzler Erhard ein erhebliches Maß an Führungsschwäche hatte erkennen lassen. Die erfolgreiche Wahl einerseits und die langwierige und schwierige Regierungsbildung andererseits vermittelten der Öffentlichkeit daher ein zutiefst zwiespältiges Bild, das nur durch eine erfolgreiche Regierungsarbeit der kommenden Monate hätte beseitigt werden können.

Erfolge blieben der Regierung Erhard allerdings zunächst versagt. Zwar versuchte sie, in der Außenpolitik das Gesetz des Handelns wiederzugewinnen und sich der Verlagerung des Schwergewichts der Weltpolitik anzupassen, doch kostete die Durchsetzung dieser Politik in der deutschen Öffentlichkeit viel Mühe. Vor allem die eigene Partei folgte nur zögernd der politischen Neuorientierung, und es gab nicht wenige, die darin überhaupt den Verrat geheiligter Prinzipien erblickten. So war es denn nur zu verständlich, daß Erhard für die Bestätigung seiner Politik das Votum der Wähler suchte.

Wahlen in Nordrhein-Westfalen

Eine geeignete Gelegenheit dafür boten die Landtagswahlen in Nordrhein-Westfalen im Juli 1966. Diese Wahlen im bevölkerungsstärksten Bundesland wurden von Erhard zur Testwahl erklärt und deren Ausgang zur Entscheidung über die eigene Politik erklärt.

Der gewünschte Test verlief für den Bundeskanzler allerdings negativ. Die CDU hatte Stimmenverluste hinzunehmen, die FDP verbuchte geringfügige Gewinne, während die SPD erstmalig zur stärksten Partei wurde. Sie verfehlte die absolute Mehrheit der Sitze im Landtag nur um zwei Mandate. Da die FDP sich zuvor schon für eine Koalition mit der CDU ausgesprochen hatte, kam es zwar erneut zur Bildung einer bürgerlichen Regierung unter Franz Meyers, doch hatte diese nur bis zum Dezember 1966 Bestand und wurde dann durch eine SPD/FDP-Koalition unter Heinz Kühn abgelöst.

Die Wahlniederlage war für die CDU und noch mehr für Ludwig Erhard ein deutliches Warnzeichen. Gerade weil der Kanzler diese Wahl als Testwahl mit seiner Person verbunden hatte, war ihr Ausgang als eine weitere Folge jener Unsicherheiten und Irritationen zu sehen, die sich schon bei der Regierungsbildung im Jahr zuvor gezeigt hatten. Die Person Ludwig Erhards schien nicht länger der Garant künftiger Wahlsiege zu sein, und so beschleunigte sich der Verfall seiner Autorität und Führungskompetenz, ohne daß in der Partei allerdings schon ein allgemein akzeptierter Nachfolger bereitstand.

Im Laufe des Jahres 1966, das sich als das eigentliche »Wendejahr« erweisen sollte, wurde dann allerdings immer deutlicher, daß es hier nicht nur um die mangelnde Führungskompetenz der Person des Kanzlers ging, sondern daß die von der CDU/CSU bisher vertretenen Prinzipien und die von ihr verbürgte Stabilität insgesamt in Frage gestellt waren. Nachdem sich schon seit Beginn der sechziger Jahre in der Außenpolitik erwiesen hatte, daß die von Konrad Adenauer entwickelten Grundannahmen nicht mehr trugen, wurde nun, beginnend mit dem Jahre 1966, das wirtschaftliche und soziale System in seinen Grundfesten erschüttert. Dabei mochte es sich objektiv um eine der üblichen Unregelmäßigkeiten in der wirtschaftlichen Entwicklung handeln, in den Augen der Öffentlichkeit aber schien es eine grundlegende wirtschaftliche Krise des Systems zu sein, gegenüber der die Bundesregierung offenbar machtlos schien.

Wirtschaftliche und soziale Wandlungen

Bis zur Mitte der sechziger Jahre hatte ein stetiges wirtschaftliches Wachstum und damit ein Ansteigen der Steuereinnahmen eine ebensolche Entwicklung bei den Ausgaben möglich gemacht. In allen Bereichen staatlicher Betätigung waren erhebliche Mittel schon vorab fest gebunden. Die abschwingende Konjunktur seit 1965/66 bereitete dieser Entwicklung nun ein schnelles Ende. Eine überhöhte Anspruchshaltung der Öffentlichkeit und eine sinkende wirtschaftliche Leistungsfähigkeit trafen unmittelbar aufeinander. Eine Steigerung der Arbeitslosenzahlen und eine Zunahme der Geschäftszusammenbrüche waren die Folge. Obwohl alle Zeichen darauf hindeuteten, daß es nur ein kleiner Rückschritt von einem bisher nicht erreichten Stand der Wirtschaft war, wurden vor allem in der älteren Generation die traumatischen Ängste und Erlebnisse der großen Krise am Ende der Weimarer Republik wieder lebendig.

Ein anderer Umstand, der allerdings von der Öffentlichkeit nicht genügend durchschaut wurde, war der Übergang der Bundesrepublik aus einer Produktions- in eine Dienstleistungsgesellschaft. Mochte dieser Übergang

Ludwig Erhard vor dem Palais Schaumburg im März 1966

durch die Beseitigung der Kriegsfolgen zunächst noch verdeckt worden sein, so trat er nun um so deutlicher in Erscheinung. Dieser Übergang war gekennzeichnet durch die schrittweise Ablösung der alten Grundstoffindustrien durch die moderne Verarbeitungsindustrie und die Hochtechnologie. Damit verbunden war der Wechsel von der Kohle zum Öl als Energieträger und der dadurch bedingte tiefgreifende Wandel der großen Industrielandschaften an Rhein und Ruhr. So überlagerten sich denn ein aktueller Abschwung und ein struktureller Wandel der deutschen Volkswirtschaft und führten in der Konsequenz zu einer allgemeinen Ungewißheit und Unsicherheit, die ihr Ventil im politischen Wechsel suchten.

Diesem Wechsel sehr entgegen kam die Tatsache, daß die Bundesregierung und die sie tragende Koalition offenbar nicht in der Lage waren, wirksame Gegenrezepte zu entwickeln. Der Bundeskanzler – bisher doch Garant der Stabilität und des wirtschaftlichen Wohlergehens – rief zwar immer wieder zum »Maßhalten« auf, doch war nur zu deutlich, daß solche moralischen Appelle angesichts der Realität der verschärften Verteilungskämpfe nichts zu bewirken vermochten. Einer weiteren Erosion an Glaubwürdigkeit und Konzeption schien nur durch einen Wechsel in der Politik Einhalt geboten werden zu können.

Die bestehende Koalition war auf einen solchen Wechsel allerdings nicht vorbereitet. Ludwig Erhard war offenbar nicht mehr in der Lage, das Steuer in einem Kraftakt herumzureißen. Innerhalb der Koalition setzten Auflösungserscheinungen ein, da die FDP und dann auch die CSU mit Rücksicht auf die Landtagswahlen in Bayern und Hessen zu den Bonner Geschehnissen auf Distanz gingen. In der CDU meldeten sich eine Reihe möglicher Kanzlerkandidaten zu Wort, ohne daß einer jedoch den ersten Streich führen wollte. Im Oktober 1966 spitzten sich die Haushaltsberatungen zu, ohne daß es zwischen den Koalitionspartnern CDU/CSU und FDP zu einer Einigung über Ausgabenanpassung oder aber Steuererhöhungen kam, und Ende Oktober schieden die FDP-Minister aus der Regierung aus. Ludwig Erhard versuchte zwar noch, mit einer Minderheitsregierung zunächst weiterzumachen und die Koalition mit der FDP unter veränderten Umständen wiederzubeleben, aber es wurde immer deutlicher, daß die Tage des Kanzlers gezählt waren. Anfang November kam es erstmalig zu einer parlamentarischen Zusammenarbeit zwischen der SPD und der FDP, und nun sah sich auch die CDU/CSU vor die Notwendigkeit gestellt, dem quälenden Dahinsiechen der von ihr gestellten Bundesregierung ein Ende zu bereiten. Ludwig Erhard, der schon zuvor deutlich gemacht hatte, daß er nicht »an seinem Sessel klebe«, erklärte sich zum Rücktritt bereit, und schon einen Tag später wurde aus einer Reihe von Kandidaten innerhalb der CDU/CSU der Ministerpräsident von Baden-Württemberg, Kurt Georg Kiesinger, zum Kanzlerkandidaten der Unionsparteien gewählt. Der notwendige Wechsel war zunächst als Wechsel der Person vollzogen worden.

Rücktritt Erhards und Wahl Kiesingers

Mochten die drei Jahre der Regierungszeit Ludwig Erhards auch wie eine Episode erscheinen und mochte das Ende auch nach einem glücklosen Scheitern aussehen, so darf doch nichts darüber hinwegtäuschen, daß die Jahre der Kanzlerschaft Ludwig Erhards die zweite große Phase der Geschichte der Bundesrepublik einleiteten. Nach den Anfangsentscheidungen, die Konrad Adenauer und die ihn tragende Koalition in den Jahren 1949–1954 getroffen hatten, änderte sich mit Beginn der sechziger Jahre die gesamte außenpolitische, innenpolitische und wirtschaftspolitische Konstellation. Das Schwergewicht der Weltpolitik verlagerte sich weg von Europa, und die Bundesrepublik mußte sich neu orientieren. Die gesellschaftlichen Normen der Aufbauzeit begannen an Verbindlichkeit zu verlieren, ein Wertewandel zeichnete sich ab, und schließlich wurden Grenzen des wirtschaftlichen Wachstums erstmalig sichtbar. Insofern hatte Ludwig Erhard das Erbe Adenauers nicht zu verwalten, sondern er mußte es neu gestalten. An dieser Neugestaltung ist er gescheitert. Nur eine breiter angelegte politische Kraft schien in der Lage zu sein, diese Probleme lösen zu können. Das war die »Große Koalition«.

Die Zeit der Großen Koalition

Die Bildung der »Großen Koalition«

Nachdem mit der Wahl Kurt Georg Kiesingers zum Kanzlerkandidaten der CDU/CSU ein Regierungswechsel eingeleitet worden war, stellte sich die weitere Frage, welche Parteienkoalition die zukünftige Bundesregierung tragen würde. Innerhalb der Parteien bestand keine einheitliche Meinung. Ganz unübersehbar aber war, daß die CDU/CSU und die SPD einer großen Koalition zuneigten. Bei der CDU/CSU drängte vor allem Konrad Adenauer auf die Ablösung des ungeliebten Ludwig Erhard; zugleich gedachte er aber auch, die Unterstützung der SPD für eine breiter angelegte Außenpolitik zu sichern. Bei der SPD indessen war es vor allem Herbert Wehner, der im Rahmen der großen Koalition die Regierungsfähigkeit der SPD unter Beweis stellen wollte. Nach zweiwöchigen Koalitionsverhandlungen, an denen alle Parteien beteiligt und die stark von taktischen Momenten bestimmt waren, kam es Ende November zu einer Übereinstimmung zwischen CDU/CSU und SPD, und am 1. Dezember 1966 wurde Kurt Georg Kiesinger nach dem Rücktritt Ludwig Erhards zum Bundeskanzler gewählt.

Kabinettssitzung der Großen Koalition im Freien, 5.7. 1967 (v.l. Karl Schiller, Gustav Heinemann, Willy Brandt, Kurt Georg Kiesinger)

Der Regierung der »Großen Koalition« gehörten aus beiden Parteien die »starken« Männer an, und so bot das Kabinett die Gewähr, daß auch die Parteien diese Koalition mitvollzogen. Eine wichtige Rolle kam dabei den beiden Fraktionsvorsitzenden Rainer Barzel (CDU) und Helmut Schmidt (SPD) zu, die die notwendige Verbindung zwischen der Regierung und den Koalitionsparteien herzustellen hatten. Die Frage war, ob die beiden Parteien, die sich bisher in scharfer und vielfach grundsätzlicher Opposition gegenüber gestanden hatten, zu einer einvernehmlichen Regierungspolitik würden gelangen können.

Die Regierung der »Großen Koalition« sah sich vor allem vor zwei Aufgaben gestellt: die Überwindung der wirtschaftlichen Rezession und die Fortführung der von der Regierung Erhard begonnenen außenpolitischen Initiative gegenüber dem Osten.

Beseitigung der wirtschaftlichen Rezession

Am wichtigsten war unbezweifelbar die Beseitigung der wirtschaftlichen Rezession, denn an den wirtschaftlichen Schwierigkeiten war die Regierung Erhard ja letzten Endes gescheitert. Dabei ging es vor allem um zwei Maßnahmen: Einmal mußte der Ausgleich des Haushalts erreicht werden, der immer noch erhebliche Lücken aufwies. Zum anderen aber mußte die wirtschaftliche Nachfrage belebt werden, ohne die es keinen wirtschaftlichen Aufschwung geben konnte. Diese spannungsreiche Doppelaufgabe von Sparmaßnahmen und Investitionsanreizen war aber mit den herkömmlichen Haushaltsinstrumenten allein nicht zu lösen, sondern dazu mußten neue Lenkungs- und Planungsmechanismen entwickelt werden. Es waren vor allem Karl Schiller als Wirtschaftsminister und Franz-Josef Strauß als Finanzminister, die in enger Abstimmung miteinander diese Instrumente entwickelten. Ganz allgemein ging es darum, nicht auf den Automatismus des Marktes zu hoffen, sondern Impulse für sein Funktionieren zu geben. Schon im Jahre 1967 begannen diese Maßnahmen zu wirken; man war zwar noch nicht über den Berg, aber die Wirtschaft hatte Tritt gefaßt.

Kaum hatte die Konjunktur sich jedoch erholt, und die Steuereinnahmen begannen reichlicher zu fließen, da zeigte sich, daß die beiden Koalitionsparteien aus ganz verschiedenen wirtschaftspolitischen Lagern kamen. Mehrmals kam es zu spannungsreichen Belastungsproben innerhalb der Koalition, die aber aufgrund der Einsicht von beiden Seiten stets schnell beigelegt werden konnten. Insgesamt gelang es der »Großen Koalition«, die Wirtschaft wieder in Gang zu setzen, die Konjunktur dauerhaft abzusichern und eine Reihe von Instrumenten zu entwickeln, die die wirtschaftliche Entwicklung dauerhaft machen sollten.

Fortführung der Außenpolitik

Die zweite große Aufgabe, vor die die »Große Koalition« sich gestellt sah, war die Fortführung der von der Regierung Erhard begonnenen außenpolitischen Initiative nach Osten, denn auch mit dem Wechsel zur »Großen Koalition« hatten sich die Rahmenbedingungen der internationalen Lage nicht verändert.

In der Endphase der Regierung Erhard hatte es im Verhältnis gegenüber den USA wie auch gegenüber Frankreich erhebliche Irritationen gegeben. Das Bemühen der »Großen Koalition« war daher von Anbeginn an von dem Ziel bestimmt, die Beziehungen zu den USA und das deutsch-französische Sonderverhältnis als die Grundlagen der deutschen Sicherheit wieder zu normalisieren. Man wußte, daß es dabei einen unaufgelösten Spannungsrest geben würde, aber der Weg der Bundesrepublik konnte nur die Hinwendung zu beiden, nicht die einseitige Option sein.

Im Verhältnis zu den USA mußte die Bundesrepublik bestrebt sein, sich an den von den Amerikanern in Europa eingeschlagenen Kurs anzupassen. Das setzte eine eigene Bewegungsfähigkeit und mehr Selbständigkeit voraus. Nicht länger konnte es darum gehen, durch inzwischen unerfüllbare Vorbedingungen die Ostpolitik des Westens belasten zu wollen, sondern nun mußten Wiedervereinigung und Entspannung parallel nebeneinander verfolgt werden.

Der Ausgleich mit dem Frankreich de Gaulles erwies sich als wesentlich schwieriger. Während die Bundesrepublik auf dem Weg zu einem vereinigten Europa voranschreiten und auch Großbritanien den Beitritt zur Gemeinschaft ermöglichen wollte, war de Gaulle weiterhin bemüht, die Bundesrepublik zu einer einseitigen Entscheidung für oder gegen Frankreich zu veranlassen. Die Verantwortlichen der »Großen Koalition« ließen sich auf eine solche einseitige Option aber nicht festlegen, sondern waren stets bemüht, behutsam zu vermitteln.

Am wichtigsten aber war unter den Bedingungen der sechziger Jahre das Verhältnis zum Osten, insbesondere zur Sowjetunion . Die Regierung Erhard hatte die Ostpolitik zur Hauptaufgabe ihrer außenpolitischen Bemühungen gemacht. Als die Regierung der »Großen Koalition« diesen Weg fortzusetzen suchte und Anfang 1967 mit den beiden »Außenseitern« im Ostblock, Rumänien und Jugoslawien, diplomatische Beziehungen aufnahm, zog die Sowjetunion die Zügel an. Allerdings war die Regierung der »Großen Koalition« noch nicht bereit, auf eingeschränkte Bedingungen einzugehen. Sie war jedoch bestrebt, durch Erklärungen und praktische Handlungen knapp unterhalb dieser Bedingungen sich nach Osten und vor allem gegenüber der DDR den Freiraum zu schaffen, der ihr nach Lage der veränderten weltpolitischen Verhältnisse notwendig erschien. Dazu gehörte auch eine allgemeine Gewaltverzichtserklärung, was doch nichts anderes bedeutete, als daß auch die Bundesrepublik den Status quo anerkannte.

Innenpolitischer Wandel

Aber nicht nur außenpolitisch, auch innenpolitisch stellten die sechziger Jahre eine Epoche tiefgreifenden Wandels dar. Nach einer Zeit der Verkehrung und der anschließenden Zerstörung der überlieferten Werte in der nationalsozialistischen Zeit war es in den fünfziger Jahren zur Schaffung eines labilen Konsensus in der westdeutschen Öffentlichkeit gekommen, der das Fehlen einer einheitlichen nationalen Identität für den westlichen Teilstaat zu ersetzen vermochte. Dieser Konsensus beruhte auf einem scharfen Antikommunismus, der vor allem in der Zeit des »Kalten Krieges« immer

Vietnam-Demonstration am 6.9. 1967 in Berlin mit Lenin- und Che Guevara-Transparenten

neue Nahrung erhielt, auf der Hochschätzung bürgerlich-liberaler Tugenden, die in kurzer Zeit den Aufbau einer leistungsfähigen vom Privateigentum bestimmten Wirtschaft ermöglichten, und auf einer gesellschaftlich konservativen Konformität, die die wirtschaftliche Dynamik absicherte.

Alle diese Grundlagen wurden nun in Frage gestellt. Der Antikommunismus wurde im Zeichen der Entspannung in Europa als ein störendes Hindernis zum Ausgleich angesehen; die Wirtschaftsordnung der Bundesrepublik wurde zumal nach den Krisenjahren 1965–1966 als einseitig kapitalistisch bezeichnet, da die soziale Ausgewogenheit fehle; und die gesellschaftliche Konformität wurde lediglich als eine Fluchtreaktion, eine Ersatzhaltung betrachtet, die von Prüderie und Verklemmtheit bestimmt seien. Hinzu kamen die soziale Egalisierung der Gesellschaft zu einer nahezu ununterscheidbaren »Mitte«, die Emanzipation der Frau, die die bisherige paternalistisch bestimmte Gesellschaft zutiefst verunsicherte, und die Kenntnisnahme der sozialen und wirtschaftlichen Rückständigkeit der Länder der »Dritten Welt«, die auf dem Hintergrund des eigenen Wohlstandes um so schuldhafter schien. Hatten sich bisher solche kritischen und nonkonformistischen Kräfte noch in der jeweiligen Opposition vertreten gesehen, so war diese Möglichkeit mit der »Großen Koalition« geschwunden. Das Bündnis zwischen CDU/CSU und SPD schien die Gefahr in sich zu tragen, daß die kritisierte Staats- und Gesellschaftsordnung in ihrem Bestand verewigt würde. Da die SPD zu einer Opposition nicht mehr fähig schien, bildete sich die sogenannte »außerparlamentarische Opposition« (APO), die Kritik und Veränderung nicht mehr im Rahmen der politischen Repräsentation, sondern im Rahmen einer gesamtgesellschaftlichen Basisbewegung durchsetzen wollte. Diese Bewegung ging vor allem von den Universitäten aus, erfaßte aber im weiteren Verlauf sehr viel breitere Kreise der jungen Generation. Besonders deutlich wurde dies an den Aktionen aus Anlaß der Notstandsgesetzgebung, als eine Reihe von alliierten Vorbehaltsrechten zur inneren Sicherheit durch eine eigenständige deutsche Gesetzgebung abgelöst wurde. Es war einer der in der Geschichte häufigeren Generationenkonflikte, in dessen Verlauf die Staats- und Gesellschaftsordnung der Bundesrepublik allerdings hart geprüft wurde. Dabei stand die Bundesrepublik mit dieser Entwicklung durchaus nicht allein, sondern vergleichbare Bewegungen gab es in Frankreich, Italien und im weiteren Verlauf auch in den USA. Bei gleichzeitig erreichter höchster materieller Leistungsfähigkeit schienen die liberal-demokratischen Systeme nun in eine geistige Krise geraten zu sein.

Ergebnisse

Die »Große Koalition« war ein Bündnis auf Zeit, bei dem sich zeigen mußte, ob es über die Bundestagswahlen 1969 hinaus von Dauer sein würde. Die die Koalition bildenden Parteien hatten jedoch vorerst Vorteile aus dieser Verbindung gezogen. Die CDU/CSU sicherte sich für weitere drei Jahre einen Platz an verantwortlicher Stelle, und der SPD gelang der Nachweis der Regierungsfähigkeit auch für die eigene Partei. Beide zusammen aber bewältigten sie eine Krise, die der Bundesrepublik in der Außenpolitik wie in der wirtschaftlichen Entwicklung hätte gefährlich werden können. So war die »Große Koalition« unter diesen Gesichtspunkten sicherlich von Vorteil. Aber es war die Frage, ob sie die in der außerparlamentarischen Opposition deutlich gewordenen Spannungen würde aushalten können.

Die ersten Jahre der sozialliberalen Koalition (1969–1972)

Die Bildung der sozialliberalen Koalition

Die im Jahre 1966 gebildete »Große Koalition« war von beiden Seiten nur als ein Bündnis auf Zeit gedacht gewesen. Das bedeutete durchaus nicht, daß die Koalition bei einer einvernehmlichen Arbeit nicht hätte fortgesetzt werden können, aber zunächst wollten offenbar beide Parteien die Ergebnisse der Bundestagswahl 1969 abwarten. Zudem war die Zusammenarbeit zwischen CDU/CSU und SPD zwar in den ersten beiden Jahren überraschend reibungslos gewesen, und man hatte sich über viele Komplexe einigen können, aber seit etwa der Jahreswende 1968/69 war es vor allem über Fragen der Ostpolitik und der Wirtschaftspolitik zu ständigen Differenzen gekommen. Seit dem Frühjahr 1969 herrschte zwischen den beiden Koalitionsparteien praktisch Wahlkampf.

Wandlungen in der FDP

Die FDP, die 1966 in die Opposition gehen mußte, hatte währenddessen versucht, sich entsprechend den politischen Rahmenbedingungen unter der »Großen Koalition« neu zu formieren. Bei den möglichen Koalitionen nach der Bundestagswahl 1969 war neben einer Wiederholung der »Großen Koalition« also auch eine SPD/FDP-Koalition durchaus denkbar.

In der Koalitionsfrage hatte sich nämlich bei der Bundespräsidentenwahl im März 1969 eine weitere Annäherung zwischen der SPD und der FDP ergeben. Die Parteien der »Großen Koalition« hatten sich nicht auf einen gemeinsamen Kandidaten einigen können, und so nominierte die CDU/CSU Gerhard Schröder, während die SPD Gustav Heinemann aufstellte. Es gelang der neuen Führung der FDP unter Walter Scheel, fast alle FDP-Abgeordneten auf die Wahl Gustav Heinemanns einzuschwören. Die Wahl Gustav Heinemanns zum Bundespräsidenten mit den Stimmen der SPD und der FDP war eine gewisse Vorentscheidung in der Koalitionsfrage, die die beiden Parteien noch enger zusammenführte.

Neue Parteien

Steuerte damit die politische Entwicklung seit Mitte 1969 auf eine mögliche SPD/FDP-Koalition zu, so war das zu erwartende Wahlergebnis allerdings offener geworden. Inzwischen hatten sich nämlich am linken wie am rechten Rand des Parteienspektrums neue Parteien gebildet, deren Stimmergebnisse zu Verschiebungen in der Parteien- und Koalitionslandschaft führen konnten: die Deutsche Kommunistische Partei (DKP) auf der linken Seite und die National-Demokratische Partei Deutschlands (NPD) auf der rechten Seite. Während die DKP bei den Landtagswahlen nur wenige Stimmen auf sich vereinigen konnte, gab die steigende Tendenz der Attraktivität der NPD bei den Wählern Anlaß zur Sorge.

Obwohl die NPD sich alle Mühe gab, in ihrem Aufbau und in ihrer Programmatik strikt demokratisch zu erscheinen, war nicht zu übersehen, daß in Teilen ihrer Mitgliedschaft und vor allem ihrer Wählerschaft neonazistische Kräfte am Werke waren. Zulauf hatte die NPD vor allem während der wirtschaftlich unsicheren Zeit Mitte der sechziger Jahre erhalten, als in Erinnerung an die Weltwirtschaftskrise zahlreiche Wähler den parlamentarisch-demokratischen Parteien die Wiederbelebung der Wirtschaft nicht mehr zutrauten. Auch die Renaissance des Nationalen überall in Europa spielte bei der Hinwendung zu dieser Partei eine Rolle – eine Renaissance, die allerdings in der Bundesrepublik wegen der seit 1945 abgebrochenen Traditionen sehr unsicher und in sich sehr ambivalent war. In ihrer politischen Unsicherheit und teilweise auch Existenzangst glaubten diese Wähler, daß nur die NPD zu der von ihnen als notwendig angesehenen Kehrtwendung fähig sei. Angesichts dieser Lage war das Wahlergebnis zunächst offen.

Wahlen und Regierungsbildung 1969

Die Bundestagswahlen vom September 1969 fielen nicht eindeutig aus. Die SPD gewann Stimmen und erreichte 46,1% (+ 3,4%) der Stimmen, die CDU/CSU behauptete sich mit 42,7% (– 1,5%), während die FDP eine Niederlage hinnehmen mußte. Sie erreichte 5,8% (– 3,7%) der Stimmen. Die NPD blieb mit 4,3% unterhalb der Fünf-Prozent-Klausel und vermochte nicht in den Bundestag einzuziehen. Ein Votum der Wähler für eine mögliche SPD/FDP-Koalition war dies nicht zu nennen.

Trotz der Wahlverluste und trotz weitreichender Angebote der CDU/CSU sprach sich die FDP jedoch schon kurz nach der Wahl für eine Koalition mit der SPD aus. In der SPD hatte es zunächst Bedenken gegeben, mit einer so geschwächten FDP zusammenzuarbeiten, doch entschied sie sich dann für ein Zusammengehen. Bundeskanzler wurde der SPD-Vorsitzende Willy Brandt, während der FDP-Vorsitzende Walter Scheel Vizekanzler wurde und das Auswärtige Amt als Außenminister übernahm.

Der Schwerpunkt des außenpolitischen Programms der neuen Koalition lag bei der Neugestaltung des Verhältnisses zu den osteuropäischen Staaten. Hier konnte man die ostpolitischen Initiativen der Regierungen Erhard und Kiesinger fortführen, doch erwies es sich zugleich als notwendig, über die von diesen Regierungen selbst gesetzten Beschränkungen hinauszugehen. Innenpolitisch sah sich die Regierung Brandt/Scheel vor die Aufgabe gestellt, dem in breiten Schichten der Bevölkerung vorhandenen Wunsch nach Bewegung und Erneuerung mit sinnvollen Reformen zu entsprechen. Vor allem galt es, die junge Generation, die dem demokratischen Staat in seiner bestehenden Form skeptisch bis ablehnend gegenüberstand, durch Entgegenkommen in kritikwürdigen Dingen und Festigkeit im Prinzip wiederzugewinnen. Auf diesen Ton war schon die Regierungserklärung gestimmt, die Willy Brandt am 22. Oktober 1969 abgab. Es war nur fraglich, ob es angesichts der knappen Mehrheit von 12 Stimmen und angesichts der inneren Spannungen in der FDP-Fraktion gelingen würde, dieses Programm in die politische Tat umzusetzen.

Das System der Ostverträge

Neue Initiativen in der Ostpolitik

Unter den Dingen, die SPD und FDP miteinander verbanden und die dann schließlich auch zur Bildung der sozialliberalen Koalition führten, war der Wille zu einer außenpolitischen Neuorientierung nach Osten sicher die stärkste Gemeinsamkeit. In beiden Parteien herrschte die Ansicht, daß sowohl in nationaler wie in internationaler Perspektive die Verhältnisse zu den osteuropäischen Staaten wie zur DDR normalisiert werden müßten. Man war sich auch klar darüber, daß dies gegenüber dem Stand am Ende der »Großen Koalition« nicht ohne Konzessionen würde abgehen können. Unsicher war nur, zu welchen Bedingungen die osteuropäischen Staaten und die DDR diese Normalisierung akzeptieren würden. Die Streitpunkte, um die es letzten Endes ging, waren die Anerkennung der DDR und die Zustimmung zu den in Osteuropa bestehenden Grenzen, insbesondere der Oder-Neiße-Linie als polnischer Westgrenze. Erst eine Einigung in diesen beiden Fragen konnte neue Schritte der deutschen Politik nach Osten ermöglichen.

Wenn auch zu erwarten war, daß gegenüber dem Osten weitergehende Konzessionen gemacht werden mußten, dann blieb doch zu fragen, welche Ziele die deutsche Seite eigentlich gegenüber dem Osten verfolgte. Sollte dieses Verhältnis nicht einseitig sein, mußten den Konzessionen entsprechende Gegenleistungen gegenüberstehen. Schon in der Regierungserklärung gab Bundeskanzler Brandt zu erkennen, daß die Bundesrepublik in den kontroversen Fragen zu einem Entgegenkommen bereit sei. Als Ergebnis dieser Zugeständnisse erwartete die Bundesregierung zunächst natürlich eine allgemeine Entspannung der Beziehungen und ein geregeltes Nebeneinander der Staaten in Ost und West. Konkret aber wünschte die Bundesregierung eine vertragliche Regelung der westlichen Präsenz in Berlin, eine Vereinbarung über die freie Benutzung der Verbindungswege von und nach West-Berlin sowie eine Anerkennung der Bindungen West-Berlins an den Bund.

Moskauer Vertrag

Der Schlüssel für alle Verhandlungen im osteuropäischen Raum lag ohne Zweifel in Moskau. Ein Abkommen mit der Sowjetunion war nach den politischen Kräfteverhältnissen die Voraussetzung für die Verträge mit Polen, der Tschechoslowakei und der DDR, doch war zugleich mit Sicherheit zu erwarten, daß in diesem Vertrag Vorentscheidungen für die anderen Verträge getroffen wurden. Im September 1969 hatte die Sowjetunion die Bundesrepublik zu Verhandlungen nach Moskau eingeladen, und Anfang 1970 nahm die Bundesregierung diese Einladung an. Staatssekretär Egon Bahr vom Bundeskanzleramt verhandelte im Rahmen von drei Gesprächsrunden in Moskau, und das Ergebnis war eine Vorvereinbarung, das sogenannte »Bahr-Papier«, das in zehn Punkten wesentliche Teile des späteren Vertrages festhielt (u.a. Gewaltverzicht, Anerkennung der Grenzen und der DDR).

Obwohl das »Bahr-Papier« im Juni 1970 durch eine Indiskretion veröffentlicht wurde, gingen die Verhandlungen weiter. Ende Juli 1970 fuhren Außenminister Scheel und Egon Bahr nach Moskau, und nun präsentierte die deutsche Seite ihre Gegenbedingungen. Der sowjetischen Regierung wurde formell mitgeteilt, daß der deutsch-russische Vertrag nicht eher vom Bundestag ratifiziert werden würde, als bis eine für die deutsche Seite akzeptable Berlin-Lösung erreicht sei. Außerdem überreichte die deutsche Seite einen »Brief zur deutschen Einheit«, daß der Vertrag nicht im Widerspruch zu dem politischen Ziel der Bundesrepublik stehe, in Frieden die Einheit des deutschen Volkes wiederzuerlangen. Dieser Brief wurde von der sowjetischen Seite akzeptiert, und so konnte der Vertrag am 12. August 1970 in Moskau unterzeichnet werden. Auch die drei Westmächte stimmten dem Vertragsabschluß zu, nachdem die deutsche Seite ihnen die Einzelheiten und die Bedingungen des Vertrages mitgeteilt hatte.

Obwohl es sich nur um den deutsch-sowjetischen Vertrag handelte, war damit gleichsam der Rahmenvertrag für alle Ostverträge der folgenden Zeit geschlossen. Beide Seiten hatten die für sie wichtigen Bedingungen und Konzessionen in diesen Vertrag eingebracht, und es mochte der politischen Beurteilung überlassen bleiben, ob man das Verhältnis als ausgewogen oder unausgewogen betrachtete. Wichtig war für die deutsche Seite, daß gewisse Grundpositionen gewahrt blieben.

Warschauer Vertrag

Schon während der Verhandlungen in Moskau waren im Februar 1970 auch die Verhandlungen mit der Volksrepublik Polen angelaufen. Obwohl die damit verbundenen Probleme äußerst verwickelt waren und die Positionen beider Seiten zunächst kaum miteinander vereinbar schienen, kam es schnell zu einer Einigung, und am 7. Dezember 1970 wurde der Vertrag in Warschau unterzeichnet. In diesem Vertrag wurde festgestellt, daß die in den Potsdamer Abmachungen gezogene Oder-Neiße-Linie die Westgrenze Polens sei, daß diese Grenze unverletzlich sei und daß die Bundesrepublik keine Gebietsansprüche an Polen stellen werde. Hinsichtlich der in Polen verbliebenen Deutschen enthielt der Vertrag keine präzisen Angaben, doch wurde in einer Zusatzerklärung von polnischer Seite deklariert, daß Polen solche Ausreiseanträge unter Berücksichtigung polnischer Rechte und Interessen zulassen werde. In gleicher Weise wie beim Moskauer Vertrag wurde auch der Warschauer Vertrag den Westmächten zur Kenntnis gebracht und erklärt, daß dieser Vertrag die Rechte und Verantwortlichkeiten der Vier Mächte für ganz Deutschland nicht berühre.

Damit waren zwei wichtige Schritte für eine Regelung der Beziehungen zu den osteuropäischen Staaten getan. Ohne Zweifel hatte die sozialliberale Koalition gegenüber den früheren Positionen erhebliche Zugeständnisse gemacht, aber nach ihrer Meinung war dies ein Vollzug ohnehin schon endgültiger Verhältnisse. Die Beziehungen zum Osten, die bisher jeweils nach der weltpolitischen Lage mehr oder weniger gespannt gewesen waren, wurden auf eine feste rechtliche Grundlage gestellt und konnten nun mit Stetigkeit entwickelt werden. Durch bestimmte Vertragsformulierungen und durch die Notifizierung der Verträge gegenüber den Alliierten wurden zudem die Potsdamer Vorbehaltsrechte aufrechterhalten. Damit war es der Bundesrepublik gelungen, in der internationalen Entspannungsbewegung mit den anderen Ländern wieder gleichzuziehen.

Abstimmung im Bundestag

Nachdem alle diese rechtlichen und politischen Schwierigkeiten im Rahmen der Verhandlungen behoben werden konnten und nachdem die Zustimmung aller Siegermächte zu dem Vertragspaket erreicht worden war, ergaben sich schließlich Widerstände an einer Stelle, wo die Verträge am empfindlichsten getroffen werden konnten, nämlich im Bundestag selbst. Die sozialliberale Koalition war bis zum Frühjahr 1972 durch einige Übertritte vor allem von FDP-Mitgliedern zur CDU/CSU geschwächt worden. Zudem hatten einige FDP-Mitglieder vor allem des rechten Flügels mitgeteilt, daß sie den Ostverträgen in der vorliegenden Form nicht zustimmen könnten. Die sozialliberale Koalition hatte also keine Mehrheit. Die CDU/CSU-Opposition dagegen war an sich gegen die Ostverträge, sie wollte aber andererseits das inzwischen im Dezember 1971 erreichte Berlin-Abkommen (siehe dazu S. 806f.), das die Sowjetunion mit den Ostverträgen zu einem Junktim verbunden hatte, nicht gefährden. So kam man in dieser Zwangslage, in der zunächst weder ein Erfolg noch ein Scheitern der Verträge möglich schien, nach langen Verhandlungen zu der Ansicht, daß diese Verträge im Bundestag mit einer Erklärung versehen werden sollten, die alle diejenigen rechtlichen Vorbehalte, die die CDU/CSU in den Verträgen nicht gewahrt glaubte, noch einmal fixieren sollte: Die Ostverträge könnten nicht den noch ausstehenden Friedensvertrag ersetzen, das Recht auf Selbstbestimmung und auf Wiedervereinigung bleibe erhalten und die Rechte und Verantwortlichkeiten der Vier Mächte in bezug auf ganz Deutschland und auf Berlin sollten von diesen Verträgen nicht berührt werden. Auf dieser Basis wurden die Verträge am 17. Mai 1972 angenommen. Auch die Erklärung des Bundestages, die zuvor schon den vier Siegermächten zur Kenntnis gebracht worden war, wurde fast einmütig gutgeheißen. Damit war der Weg zu einer künftigen Berlin-Regelung und zu einer Vereinbarung mit der DDR frei.

Willy Brandt bei der Kranzniederlegung am Ehrenmal für die Toten des Warschauer Gettos im Dezember 1970

Die Vier-Mächte-Verhandlungen über Berlin und der Grundlagenvertrag

Schon mehrfach ist von der Bereitschaft der USA und der Sowjetunion zur Entspannung und zum Ausgleich in Europa die Rede gewesen. Wenn es aber ein Problem gab, an dem die Ernsthaftigkeit dieses Entspannungswillens beider Seiten erprobt werden konnte, dann war es das Berlin-Problem. Berlin war durch seine Lage und durch seinen Rechtsstatus von exemplarischer Bedeutung für das Ost-West-Verhältnis. Ursprünglich war der Status der Stadt durch das Londoner Protokoll von 1944 festgelegt worden, doch hatten inzwischen beide Seiten versucht, von diesem Protokoll ausgehend die Rolle des ihnen jeweils zugeordneten Teiles von Berlin neu zu fassen. Während die Westmächte und die Bundesrepublik in allerdings unterschiedlicher Form von den Bindungen West-Berlins an den Westen sprachen, postulierte die östliche Seite für West-Berlin die Rolle einer »besonderen politischen Einheit« und gliederte Ost-Berlin ohne Zögern völlig in die DDR ein. So war denn der Status der Stadt von einer gewissen Offenheit bestimmt, indem die rechtliche Zuständigkeit und politische Zugehörigkeit Gesamt-Berlins von beiden Seiten unterschiedlich ausgelegt wurde. Mehrfach hatten sich daraus spannungsreiche Berlin-Krisen entwickelt. So schien es ein Erfordernis zu sein, diesen Status unter Berücksichtigung der inzwischen eingetretenen Wandlungen neu zu definieren.

Beginn der Berlin-Verhandlungen

Formal zwar ohne Zusammenhang mit den Moskauer und Warschauer Verhandlungen der Bundesregierung, innerlich aber sehr wohl mit ihnen in Verbindung stehend, begannen die Verhandlungen der vier alliierten Mächte Ende März 1970 im ehemaligen Kontrollratsgebäude in West-Berlin. Schon der Beginn der Verhandlungen war schwierig, da beide Seiten von ganz unterschiedlichen Statusauffassungen ausgingen. Die Westmächte gingen vom Vier-Mächte-Status Gesamt-Berlins aus, die Sowjetunion wollte nur über West-Berlin verhandeln. Die Beratungen schleppten sich daher während des ganzen Jahres 1970 ergebnislos hin, und erst als beide Seiten übereinkamen, Status- und Rechtsfragen auszuklammern, konnten Fortschritte verzeichnet werden. Man kam überein, in Hinsicht auf Berlin künftig von dem »betreffenden Gebiet« zu sprechen und damit einen gemeinsamen Begriff zu verwenden, darunter aber verschiedene Dinge zu verstehen. Auf dieser Basis wurde nach längeren Verhandlungen Anfang September 1971 ein Vier-Mächte-Abkommen über Berlin unterzeichnet.

Das Abkommen, das aus zahlreichen Einzelregelungen bestand, ging von der Grundlage eines Gewaltverzichts beider Seiten für die Lösung der Probleme in und um Berlin aus. Es folgte dann ein Transitabkommen, mit dem die Sowjetunion (und nicht die DDR) den unbehinderten Transitverkehr zwischen der Bundesrepublik und West-Berlin garantierte. Wichtig war, was über die Bindungen zwischen West-Berlin und der Bundesrepublik erklärt wurde. Die Westmächte machten deutlich, und die Sowjetunion akzeptierte dies, daß die Bindungen zwischen West-Berlin und der Bundesrepublik aufrechterhalten und entwickelt werden sollten, doch wurde einschränkend hinzugefügt, daß West-Berlin kein konstitutiver Teil der Bundesrepublik sei. Damit erkannte die Sowjetunion die faktische Einbeziehung West-Berlins in die Wirtschafts-, Rechts- und Gesellschaftsordnung der Bundesrepublik zwar an, setzte zugleich aber einer weiteren Einbeziehung auch deutliche Grenzen. Und schließlich wurde von der Sowjetunion auch zugestanden, daß die Interessen West-Berlins und der Westberliner Bürger im Ausland durch die Bundesrepublik vertreten werden sollten. In Ausführung zu diesem Vier-Mächte-Abkommen wurden Ende Dezember 1971 ein Transitabkommen und ein Besucherabkommen zwischen der DDR und der Bundesrepublik bzw. dem Senat von West-Berlin unterzeichnet.

Insgesamt bedeutete das Vier-Mächte-Abkommen über Berlin eine grundlegende Verbesserung des bestehenden Status' von West-Berlin. Zwar war die Zuständigkeit der Westmächte auch für Ost-Berlin nicht deutlich ausgesprochen (»betreffendes Gebiet«), aber die Westmächte hatten sich ihre Zuständigkeit zumindest vorbehalten. Der große Vorteil dieses Abkommens bestand darin, daß die bisher herrschende faktische Unsicherheit West-Berlins mit den Möglichkeiten zur Erpreßbarkeit und zur Abschnürung vertraglich ausgeschlossen wurde. Das Abkommen war sicherlich in mancher Beziehung ein Formelkompromiß, mit dem aber sowohl die Westmächte wie die Bundesrepublik leben zu können glaubten.

Berlin-Junktim

Ganz problemlos ging es allerdings auch bei diesem Abkommen nicht zu. Nachdem die deutsche Seite bei den Moskauer Verhandlungen ein Junktim in der Weise hergestellt hatte, daß der Moskauer Vertrag erst nach einer befriedigenden Berlin-Regelung der vier Mächte ratifiziert werden sollte, stellte die sowjetische Seite jetzt ein »Gegenjunktim« auf: Die Sowjetunion, so erklärte Außenminister Gromyko, werde das Berlin-Abkommen erst dann in Kraft setzen, wenn der Bundestag die Verträge von Moskau und Warschau ratifiziert habe. Damit wurden sowohl von deutscher wie von sowjetischer Seite die Ostverträge und die Berlin-Regelung zu einem Bündel geschnürt, so daß der Verweischarakter der Verträge untereinander ganz deutlich wurde.

Verträge mit der DDR

Noch aber fehlte jede übergeordnete vertragliche Regelung zwischen der Bundesrepublik und der DDR. Nach dem Stand der Verhandlungen zwischen den Vier Mächten war es unumgänglich, daß vor weiteren Schritten die beiden deutschen Staaten in dem so gesetzten Rahmen zu einer Einigung gelangten. Nach einleitenden Unterredungen zwischen den Staatssekretären Egon Bahr und Michael Kohl kam es auf dieser Grundlage zunächst zum Abschluß eines Verkehrsvertrages zwischen der Bundesrepublik und der DDR, der die Reise- und Besuchsmöglichkeiten der Bürger der Bundesrepu-

Erfurter Treffen zwischen Willy Brandt und Willi Stoph am 19.3. 1970

blik und der DDR untereinander regelte. Mit diesem Vertrag wurde erstmalig die staatliche Gleichberechtigung der DDR gegenüber der Bundesrepublik anerkannt. Es war ein Vertrag zwischen Staaten, der allerdings über die besonderen Beziehungen zwischen beiden Staaten noch nichts aussagte.

Der Regelung dieses besonderen Verhältnisses galt nun der nächste Schritt. Denn einmal fehlte eine beiderseitige Vereinbarung über dieses besondere Verhältnis, und zum anderen stand eine Abstimmung darüber noch aus, welche Stellung die beiden deutschen Staaten gegenüber Dritten einnehmen sollten. Dabei war klar, daß der bisherige Alleinvertretungsanspruch der Bundesrepublik aufgegeben werden müsse, daß aber eine volle völkerrechtliche Anerkennung der DDR dennoch nicht in Frage kommen könne.

Grundlagenvertrag

Die Regelung dieser Beziehungen erfolgte durch den »Grundlagenvertrag«, der im November 1972 paraphiert und veröffentlicht wurde. Die Veröffentlichung des Vertrages fiel damit in die letzte Phase des Bundestagswahlkampfes des Jahres 1972 und führte alsbald zu einer deutlichen Polarisierung zwischen der sozialliberalen Koalition und der CDU/CSU-Opposition. Während die Koalition in diesem Vertrag die Festschreibung des überhaupt Erreichbaren sah und alle Vorbehalte gewahrt glaubte, sah die CDU/CSU darin die Preisgabe wesentlicher deutscher Positionen, die durch eine übereilte und allzu konzessionsbereite Verhandlungsführung vergeben worden seien.

Wie die anderen Ostverträge enthielt auch der »Grundlagenvertrag« allgemeine Bestimmungen zum Gewaltverzicht, zur Unverletzlichkeit der Grenzen und zur Achtung der Integrität und Souveränität der Staaten. Die DDR wurde als gleichberechtigter und unabhängiger Staat anerkannt und in ihren Grenzen garantiert. Damit waren sowohl die ehemalige Zonengrenze wie die Oder-Neiße-Linie als Staatsgrenzen der DDR auch von der Bundesrepublik anerkannt worden. Zugleich gab es in diesem Vertrag aber eine ganze Reihe von Bestimmungen, die die Beziehungen zwischen den beiden deutschen Staaten als »besondere Beziehungen« kennzeichneten und die die volle völkerrechtliche Anerkennung der DDR als Ausland zu vermeiden suchten.

Nach den für die sozialliberale Koalition erfolgreichen Bundestagswahlen im November 1972 wurde der Vertrag im Dezember 1972 in Ost-Berlin unterzeichnet und im Mai 1973 im Bundestag mit den Stimmen der Koalition angenommen. Zwar versuchte das Land Bayern, die Verabschiedung des

Vertrages dadurch zu unterbinden, daß es das Bundesverfassungsgericht anrief, doch kam dieses in seinem Urteil zu der Ansicht, daß der Grundlagenvertrag mit den Bestimmungen des Grundgesetzes vereinbar sei. Gleichzeitig machte das Gericht aber eine Reihe grundsätzlicher Ausführungen, die in der Folgezeit als verbindlich für eine weitere Wiedervereinigungspolitik Geltung gewinnen mußten. Wenig später, im Juni 1973, traten beide deutsche Staaten der UNO bei.

Ergebnisse

Mit diesem ganzen Bündel von Ostverträgen, die in ihrer rechtlichen Qualität und in ihrer Reichweite zwar sehr unterschiedlich waren, die aber sinngemäß alle aufeinander bezogen waren, hatte die Bundesrepublik den Anschluß an die weltpolitische Entwicklung und an den Kurs der Entspannung und des Ausgleichs gefunden. Ohne Zweifel enthielten die Verträge gegenüber den bisherigen Positionen erhebliche Zugeständnisse, aber dem standen unübersehbare Vorteile gegenüber. Die Beziehungen zur Sowjetunion und zu den osteuropäischen Staaten waren vertraglich abgesichert und boten daher die Möglichkeit, die Spannungen in Mitteleuropa abzubauen. Die Bundesrepublik selbst hatte eine größere außenpolitische Beweglichkeit gewonnen, indem sie nun auf gesicherter Basis nach Westen wie nach Osten handlungsfähig wurde. Zwar wurde die Teilung hingenommen und die Wiedervereinigung auf unabsehbare Zeit vertagt, doch bedeuteten diese Verträge für die Selbstwerdung und Selbstbestätigung der Bundesrepublik ungeheuer viel.

Innerer Umbruch und innere Reformen in der Bundesrepublik

Wandel der Mentalitäten

Der in der Zeit der »Großen Koalition« beobachtete Wertewandel, der Generationenkonflikt und die innergesellschaftlichen Spannungen setzten sich auch nach 1969, nach Bildung der sozialliberalen Koalition, fort. Diese Fortdauer deutete darauf hin, daß es sich hier nicht um einmalige, aus der besonderen politischen Situation der »Großen Koalition« erklärbare Vorgänge handelte, sondern daß diesem Wandel tiefgreifende innere Bewegungen in der Gesellschaft zugrundelagen. Ganz deutlich hatte dieser Umbruch zwei unauflöslich miteinander verbundene Umstände zur Voraussetzung: einmal ein bisher noch nicht erreichtes Höchstmaß an materieller Versorgung und zum anderen ein tiefes Unbehagen an den Umständen des Erwerbes und des Besitzes eben dieser materiellen Güter. Grundlegende Kritik übte die junge Generation am Aufbau der Gesellschaft, an ihrer vermeintlich starren Schichtung und an ihren Konfliktlösungsmodellen. Scharf wandte sie sich gegen den parlamentarisch-demokratischen Staat mit seiner Repräsentation, seinen Mehrheitsentscheidungen und dem von ihm beanspruchten Gewaltmonopol. Abgelehnt wurden die überkommenen Formen des menschlichen Zusammenlebens wie Ehe und Familie und die gesellschaftliche Geltung von Konventionen und Traditionen. Verworfen wurde schließlich auch das gesamte Sozialisations- und Erziehungssystem, weil es als überholt, repressiv und für die Ausbildung des »wahren Menschen« als nicht geeignet angesehen wurde. Es schien dieser Generation die Zeit gekommen zu sein, mit der Gegenwart konsequent zu brechen und das Leben grundlegend neu zu ordnen. Die Jahre 1945 und 1949 hätten lediglich die Wiederkehr des Gleichen, die Dauer der überlebten Verhältnisse bedeutet. Die wahre »Stunde Null« sei jetzt erst gekommen.

Das Ziel dieser Bewegung war ein »Sozialismus«, der sich als vollständiger Gegenentwurf zu den herrschenden »kapitalistischen« Verhältnissen verstand. Vorbild war dabei nicht der Sozialismus, wie er sich in der Sowjetunion und in vielen Ländern Osteuropas darstellte, sondern eher die Rätebewegung, das chinesische Modell und die Befreiungsbewegungen der Entwicklungsländer. Beseitigt werden sollten in der neuen Gesellschaft die Zwänge, die Anpassung, die Ausbeutung, der Triebverzicht und jede einengende Disziplinierung, die die Ausbildung eines neuen Menschen unmöglich machen würden. Ziel war die Freiheit, die Harmonie, die Selbstverwirklichung und die Entfaltung des Individuums. Dies schien allerdings unter den regelnden und disziplinierenden Bedingungen der modernen Industriegesellschaft unmöglich zu sein; dazu bedurfte es neuer gesellschaftlicher Formen, die von Spontaneität und Freiheit geprägt waren. Die Ehe und die traditionelle Kleinfamilie sollten aufgelöst werden und an ihre Stelle aufgrund freier Entscheidung gebildete Großfamilien treten, in denen in sehr verschiedener Aufgabenverteilung der neue Mensch und die neue Gesellschaft eingeübt werden sollten. Ähnliche Modelle wurden auch für Betriebe und Verwaltungen entwickelt, in denen die Hierarchie und die Arbeitsteilung zugunsten freier Vergesellschaftungen aufgegeben werden sollten. Zahlenmäßig waren diejenigen, die sich dieser Bewegung überzeugt und konsequent anschlossen, nicht sehr groß, aber sie wirkten weit über die eigenen Kreise in jeweils abgestufter Form in die Öffentlichkeit hinein.

Gerade diese wenn auch weitreichende, so doch eingeschränkte Wirkung konnte aber dem Absolutheitsanspruch dieser Bewegung nicht genügen. Große Teile der Gesellschaft versagten sich der Übernahme dieser radikalen Neuordnungsvorschläge für Staat, Wirtschaft und Gesellschaft, so positiv sie auch einzelnen Überlegungen gegenüberstehen mochten. Daraus glaubten Teile der Gesellschaftsreformer den Schluß ziehen zu müssen, daß die Herrschaftsmechanismen des bestehenden Staates und der kapitalistischen Wirtschaft so stark und beherrschend seien, daß sie die Menschen durch zahlreiche indirekte Zwänge an der Erkenntnis ihrer wahren Bestimmung hindern würden. Daher schien es ihnen notwendig, dieses eng verflochtene Herrschaftssystem zu destabilisieren und zu zerschlagen, um die Menschen in ihrem Sinne zu befreien und ihnen die Augen für ihre wahre Bestimmung zu öffnen. So vollzog sich in Teilen der außerparlamentarischen Bewegung eine immer größere Radikalisierung: Von einer immer schärferen Kritik gingen diese Gruppierungen über zu einem zunächst verbalen Terrorismus, der zu Gewalt im Kampf gegen das »herrschende System« aufrief, bis dann diese Bewegung umschlug in einen wirklichen Terrorismus, der in gezielten Gewaltakten gegen Personen und Institutionen endete. In der Bundesrepublik gab es eine aufrührende Diskussion über die Entstehung und den Verlauf, vor allem aber über die Verantwortung und die Unterstützung des Terrorismus. Kaum je zuvor waren die öffentliche Meinung und das allgemeine Bewußtsein so sehr polarisiert worden.

Gesellschaftliche und wirtschaftliche Reformen

Aber auch die Bundesregierung der sozialliberalen Koalition war bemüht, dieses Unbehagen und dieses Gefühl der Stagnation, das Ende der sechziger Jahre in der Bevölkerung bestand, durch eine breite Reformbewegung aufzuheben. Staat, Wirtschaft und Gesellschaft sollten in ihren überholten Strukturen reformiert und der demokratischen Mitbestimmung geöffnet werden. Offenheit der Entscheidungen, Beteiligung an den Entscheidungen, Durchschaubarkeit der Vorgänge und soziale Gerechtigkeit waren die Ziele, zu denen sich die sozialliberale Koalition bekannte. Schon in der Regierungserklärung wurde dies deutlich, die als Prinzip: »Mehr Demokratie wagen« verkündete. So wurden in der Folgezeit zahlreiche Gesetzesvorhaben auf den Weg gebracht, mit denen der gesamte wirtschaftliche und gesellschaftliche Bereich umgestaltet werden sollte.

In der Sozialpolitik ging es darum, auf der Grundlage der bestehenden bewährten Sozialversicherung die Leistungen auszubauen und die Sozialversicherung neuen Schichten zu öffnen. Die Sozialversicherung wurde so aus einer reinen Fürsorgeeinrichtung, die bestimmte Gefahrensfälle mit einem Minimum abdecken wollte, zu einer vollgültigen Versorgungseinrichtung, die den Ausgleich in solchen Risikofällen der Gemeinschaft übertrug.

Im Ehe- und Familienrecht ging es darum, die Gleichberechtigung zwischen Mann und Frau, die schon so lange angestrebt war, endgültig herbeizuführen und rechtlich abzusichern. Dazu gehöre auch ein neues Scheidungsrecht und ein neues Elternrecht, durch das sowohl die Stellung der Ehefrauen wie der Kinder in der bisher überwiegend patriarchalischen Familie aufgewertet wurde. Eine ganz heftige Diskussion gab es um die Reform des Sexualstrafrechts, insbesondere den § 218 StGB. Während die Befürworter der Reform die bisherige rigorose Strafandrohung kritisierten, die nicht den erwarteten Erfolg habe, und darum für eine Liberalisierung plädierten, sahen die Gegner der Reform in einer Änderung den Verzicht auf den Schutz des werdenden Lebens. Nach langen Auseinandersetzungen kam es zu einer weitgefaßten Indikationsregelung, die mit der Zustimmung der Koalition Gesetz wurde.

Im wirtschaftlichen Bereich gab es vor allem Versuche, im Zuge der Demokratisierung auch die Mitbestimmung im Wirtschafts- und Arbeitsleben auszudehnen. Nicht nur die Arbeitgeber- und die Kapitalseite sollten das Geschehen in den Betrieben bestimmen, sondern auch die Arbeitnehmer sollten daran mitwirken. Angenommen wurde schließlich eine geänderte Regelung der Betriebsverfassung und ein Mitbestimmungsgesetz für Betriebe mit mehr als 2000 Beschäftigten.

Bildungsreform

Schließlich ist hier noch die Bildungsreform zu nennen, in deren Rahmen versucht wurde, Bildung und Ausbildung aus ihren sozialen Schranken zu befreien. Bildung in diesem Sinne wurde weniger als Möglichkeit, sondern vielmehr als Recht gesehen, auf das alle Anspruch hatten. Dabei ging es einmal darum, den Inhalt von Bildung neu zu definieren, wie auch darum, die Organisation der Bildung im Zuge der gesellschaftlichen Öffnung neu zu gestalten. Neben solchen emanzipatorischen Bestrebungen spielten aber auch ganz allgemeine Überlegungen eine Rolle, daß im Wettkampf der Industrienationen ein leistungsfähiges Bildungswesen die Voraussetzung zum Überleben sei. So wurde denn durch eine Fülle gesetzlicher Regelungen das gesamte Bildungswesen neu geordnet, in sich durchlässig gemacht und sozial geöffnet.

In der Öffentlichkeit waren alle diese Reformen nicht unumstritten. Während sie für die einen längst überfällige Maßnahmen zur Modernisierung und zu größerer sozialer Gerechtigkeit in Staat, Wirtschaft und Gesellschaft signalisierten, galten sie den anderen als die Zerstörung gewachsener Strukturen und als undifferenzierte Gleichmacherei. Nicht nur zwischen der Regierung und der Opposition entstanden in diesem Zusammenhang Gegensätze, sondern manche Reformvorhaben waren in bestimmten Einzelheiten auch unter den Koalitionsparteien selbst umstritten. Mehrfach wurde mit Bezug auf die Gesetzgebung der sozialliberalen Koalition das Bundesverfassungsgericht zur Entscheidung angerufen, das dann die Rahmenbedingungen einiger Gesetze neu formulierte. Ihren Schwerpunkt hatte die Reformgesetzgebung in den ersten Jahren der sozialliberalen Koalition, während diese Vorhaben in den siebziger Jahren mehr und mehr an ihre finanzielle Grenze stießen. Aber auch eine gewisse bewußtseinsmäßige Ermüdung war unübersehbar. Insgesamt jedoch sorgte diese Bewegung für einen bisher nicht gekannten Schub in der Gesellschaft der Bundesrepublik und für eine Veränderung der gesellschaftlichen Kraftfelder, wie es dem Prinzip demokratischer Gesellschaften gemäß ist.

Das Mißtrauensvotum und die Bundestagswahl 1972

Die sozialliberale Koalition war von Anfang an in ihrem inneren Bestand unsicher gewesen. Allzugroße Gegensätze vor allem im wirtschafts- und sozialpolitischen Bereich hatten den linken Flügel der SPD und den rechten Flügel der FDP voneinander getrennt. Angesichts der knappen Mehrheit von 12 Stimmen und angesichts der inneren Labilität der Koalition hatten Herbert Wehner und Helmut Schmidt sogar davor gewarnt, die geplante Verbindung einzugehen, doch waren diese Bedenken gegenüber dem breiten Konsensus der Mitte der beiden Parteien zurückgestellt worden. So täuschte denn die breite Wirkung der Koalition in der Öffentlichkeit eine Geschlossenheit vor, die in Wahrheit gar nicht vorhanden war.

Spannungen und Polarisierungen gab es aber nicht nur in der Regierung, in den Fraktionen und in den Parteiorganisationen der beiden Koalitionsparteien, sondern auch in der jeweiligen Wählerschaft. Während für die linke Seite der Wählerschaft die Forderung nach Mitbestimmung und die Reichweite der sozialen Reformen nicht weit genug ausgedehnt werden konnte, sah die rechte Seite darin nur die Sozialisierung der Wirtschaft und eine stetige Ausweitung des Staatseinflusses. Während für die linke Seite die Öffnung nach Osten immer weiter vorangetrieben werden sollte, galt dies für die rechte Seite als die Aufgabe unwiederbringlicher Positionen. Und während die linke Seite das Aufbegehren der Jugend mit Sympathie begleitete, sah die rechte Seite darin nur die Zerstörung überlieferter bewährter Strukturen. Die sozialliberale Koalition, die notgedrungen einen Mittelkurs steuern mußte, geriet so in Gefahr, auf der linken wie auf der rechten Seite an Wählern zu verlieren, weil deren Forderungen aufgrund des Kompromißcharakters des Bündnisses nicht erfüllt werden konnten. So wechselten denn eine Reihe von Abgeordneten von der Koalition zur Opposition hinüber, in den Parteien selbst gab es verstärkt Parteiaustritte, und bei den Landtagswahlen der Jahre 1969–1971 erlitten die Koalitionsparteien eine Reihe bitterer Niederlagen.

Die spannungsreichen Wandlungen in der Koalition führten in der Opposition zu der Annahme, die sozialliberale Regierung schon vor den Bundestagswahlen durch ein Mißtrauensvotum aus dem Sattel heben zu können. Das Mißtrauensvotum, das am 24. April 1972 eingebracht wurde und über das am 27. April abgestimmt wurde, scheiterte jedoch. Der Kandidat der CDU/CSU, Barzel, erhielt nur 247 der 249 erforderlichen Stimmen, und so blieb die Regierung Brandt im Amt. Dennoch war die Regierung angesichts der bestehenden »Patt«-Situation im Bundestag weiterhin handlungsunfähig. Die einzige Möglichkeit, neue Mehrheitsverhältnisse herbeizuführen, boten vorgezogene Neuwahlen, für deren Durchführung durch das Grundgesetz allerdings enge Grenzen gezogen waren. Nach einer gezielt abgelehnten Vertrauensfrage des Bundeskanzlers im Bundestag wurde das Parlament auf Ersuchen des Kanzlers durch den Bundespräsidenten aufgelöst und Neuwahlen für den 19. November 1972 angesetzt.

Der Wahlkampf war bestimmt durch eine eindeutige Polarisierung zwischen der CDU/CSU einerseits und der sozialliberalen Koalition aus SPD und FDP andererseits. Denn obwohl die FDP durch die Koalition mit der SPD Mandate und Mitglieder verloren hatte, hatte sie erneut eine Koalitionsaussage zugunsten der SPD gemacht. Insofern spitzte sich der Wahlkampf auf eine Enscheidung für oder gegen die sozialliberale Koalition zu.

Nahezu wider alles Erwarten wurde die Koalition aus SPD und FDP durch die Wahlen glänzend bestätigt. Die SPD erhielt 45,8% der Stimmen und überflügelte damit erstmals in der Geschichte der Bundesrepublik die CDU/CSU, die 44,9% der Stimmen erhielt. Überraschend nach den Vorgängen in

Solidaritätskundgebung für Willy Brandt am 26.4. 1972 in Hamburg

den Jahren 1969 bis 1972 war auch das Abschneiden der FDP, die 8,4% der Stimmen erhielt und damit ihr zweitbestes Ergebnis überhaupt erreichte. Damit verfügte die sozialliberale Koalition im Bundestag über eine stabile Mehrheit, die sich in der Folgezeit auch als eine feste Mehrheit erweisen sollte. Begrenzt waren die Entscheidungen der Koalition allerdings durch eine CDU/CSU-Mehrheit im Bundesrat, die diese Stellung sehr wohl nutzte und die die Regierung dort, wo es möglich war, immer wieder zu Kompromissen zwang. Damit begann die zweite Periode der sozialliberalen Koalition.

Die erste Koalition zwischen SPD und FDP während der Jahre 1969–1972 ist für die Geschichte der Bundesrepublik von großer Bedeutung gewesen. Dabei empfiehlt es sich, zwischen der außenpolitischen und der innenpolitischen Seite zu unterscheiden. In außenpolitischer Hinsicht stand sicherlich die Normalisierung des Verhältnisses zu den osteuropäischen Staaten im Vordergrund. Innerhalb kurzer Zeit war das westliche Vertragssystem, wie es in den Jahren 1949–1969 geschaffen worden war, durch ein östliches Vertragssystem ergänzt worden. Dabei war es gelungen, die Westalliierten in diesen Ausgleichsprozeß nach Osten miteinzubeziehen und jeden Eindruck eines deutsch-sowjetischen Sonderverhältnisses zu vermeiden. Natürlich mußten dabei Konzessionen gemacht werden, doch standen der Gewinn an Entspannung und Befriedung und die damit verbundene Zunahme des politischen Eigengewichts der Bundesrepublik in einem positiven Verhältnis zu dem, was in der Grenzfrage gegenüber Polen und der Sowjetunion und in der Anerkennungsfrage gegenüber der DDR zugestanden wurde.

In innenpolitischer Hinsicht gehörte zu den positiven Ergebnissen der Zeit der sozialliberalen Koalition sicher die Öffnung überkommener Strukturen der Gesellschaft und die Bereitschaft zu Erneuerung auf allen Gebieten. Wichtig war auch die Beseitigung noch bestehender sozialer Ungleichgewichtigkeiten und das Bestreben, Wirtschaft und Gesellschaft in einem größeren Maße als bisher der Mitbeteiligung und der Mitentscheidung zu unterwerfen. Die notwendige Bewegung, die Offenheit und der gesellschaftliche Ausgleich, deren demokratische Gesellschaften zu ihrem inneren Bestehen bedürfen, wurden in diesen Jahren das bevorzugte Ziel innenpolitischer Tätigkeit.

Nach dem Scheitern des Mißtrauensantrags reicht Oppositionsführer Rainer Barzel Willy Brandt die Hand (27. April 1972)

Zugleich aber wurde deutlich, daß die Reformbereitschaft breiter Kreise der Bevölkerung doch wohl überschätzt worden war. Vor allem die Ergebnisse der Landtagswahlen zeigten, daß in dem Spannungsfeld zwischen Erneuerung und Beharrung die bewahrenden Kräfte doch stärker als gedacht waren. Schnelligkeit und Ausmaß der Reformen überstiegen offenbar bald das, was die Mehrheit der Gesellschaft zu tolerieren bereit war.

Faßt man dies alles zusammen, so waren die Bundestagswahlen vom November 1972 und der Sieg der sozialliberalen Koalition ein breites zustimmendes Votum für die Ostpolitik der Koalition. Der Ausgleich mit dem Osten, der Nachvollzug der inzwischen eingetretenen Entwicklung und die selbständige Verankerung der Bundesrepublik im Ost-West-Verhältnis – das waren die wahlentscheidenden Momente des Jahres 1972.

Die Bundesrepublik in Krise und Bewährung (1972–1982)

Die Jahre zwischen 1972 und 1982 waren außenpolitisch gekennzeichnet durch den Willen zur Entspannung. Beide Blöcke wirkten bei dieser Entspannung mit, doch zeigte sich bald, daß die Ausgangsbasis und die beiderseitige Selbsteinschätzung nach ihrem Kräftepotential sehr unterschiedlich waren. Die Ostverträge, das Berlin-Abkommen und der Grundlagenvertrag waren Teilstücke im Rahmen dieser internationalen Entspannungspolitik, die allerdings ohne die viel weiterreichenden Zielsetzungen der Alliierten nicht möglich gewesen wären. Die Kehrseite dieser Regelung war jedoch, daß die »deutsche Frage« im Rahmen des weltpolitischen Ansatzes an Bedeutung verlor und nur noch durch ein System von Aushilfen rechtlich gewahrt blieb.

KSZE- und MBFR-Verhandlungen

Nachdem schon im Rahmen der Ostverträge ein erster Schritt zur Stabilisierung der Verhältnisse auch in Osteuropa gemacht worden war, regte die Sowjetunion die Abhaltung einer »Konferenz für Sicherheit und Zusammenarbeit in Europa« (KSZE) an. Ziel der Sowjetunion war es offenbar, das Staaten- und Paktsystem des Ostens nun auch international bestätigen zu lassen. Zwar erkannten die westlichen Staaten diese Absichten sehr wohl, doch schien sich hier eine Gelegenheit zu bieten, die Sowjetunion und dar-

Helmut Schmidt, Erich Honecker, Gerald Ford und Bruno Kreisky bei der Unterzeichnung der KSZE-Schlußakte in Helsinki

über hinaus den Ostblock in ein internationales Sicherheitssystem einzubinden. Vorgespräche begannen im November 1972, sie führten zu Verhandlungen in den Jahren 1973 und 1974 und sie schlossen mit der KSZE-Schlußakte, die auch von der Bundesrepublik und der DDR unterzeichnet wurde, im Sommer 1974.

Die KSZE-Verhandlungen und die dazugehörige Schlußakte umfaßten eine breite Themenpalette, in die die Vorschläge aller beteiligten Staaten eingegangen waren. Dabei handelte es sich um staatlich-politische Prinzipienerklärungen, um die Grundlegung einer wirtschaftlichen Zusammenarbeit und um humanitäre Fragen. Die Schlußakte enthielt keine vertraglichen Verpflichtungen, sondern nur Absichtserklärungen und allgemeine Prinzipien, die von beiden Seiten zudem noch sehr unterschiedlich interpretiert wurden. Die Bedeutung dieser Konferenz lag denn auch weniger in den konkreten Ergebnissen als vielmehr in den gemeinsamen Begegnungen und Bemühungen und in der Einübung dessen, was möglich war.

Wenn auch auf der KSZE-Konferenz allgemeine Sicherheitsfragen behandelt worden waren, so waren eigentlich militärische Fragen von den Verhandlungen doch unberührt geblieben. Der militärischen Abrüstung galten Sonderverhandlungen, die nach vorbereitenden Gesprächen im Herbst 1973 in Wien begannen. Ziel dieser Verhandlungen war es, in Mitteleuropa, wo sich gewaltige atomare und konventionelle Militärpotentiale gegenüberstanden, eine ausgewogene Truppen- und Waffenverminderung auf beiden Seiten herbeizuführen (Mutual Balanced Forces Reductions, MBFR). Während die KSZE-Verhandlungen nur allgemeine Prinzipien betrafen, ging es hier um bindende Beschlüsse über die meßbare Stärke von Truppen und Rüstungen, um die Gewichtung der Potentiale und um die Einschätzung der jeweiligen strategischen Lage. Da der Warschauer Pakt und die NATO von ganz verschiedenen Rüstungsschwerpunkten ausgingen, gestalteten sich die Verhandlungen als außerordentlich schwierig. Ging der Osten von einem ausgeglichenen militärischen Kräfteverhältnis in Mitteleuropa aus und verlangte eine beiderseitige gleichwertige Abrüstung, so erklärte die NATO, daß das militärische Kräfteverhältnis schon zu Verhandlungsbeginn zugunsten des Warschauer Paktes unausgewogen sei und daß dieser daher Vorleistungen zu erbringen habe. Obwohl beide Seiten im Laufe der nächsten Jahre immer wieder Abrüstungsvorschläge machten, kam es zu keiner Einigung. Sowohl in der Frage des Rüstungsstandes wie auch in der Frage der Gewichtung atomarer und konventioneller Rüstungselemente gingen die Meinungen von West und Ost allzu weit auseinander.

Nachrüstungsdebatte

Die Ernüchterung oder gar Enttäuschung angesichts der nur sehr unvollkommenen Ausführung der KSZE-Beschlüsse im Ostblock und die Auffassung, daß der Warschauer Pakt unverrückbar auf einer höheren Rüstung beharren wolle, führten Ende der siebziger Jahre im Westen zu der Ansicht, daß der Osten in Abrüstungsfragen nur eine Hinhaltetaktik verfolge. Es gab nach Meinung des Westens sogar Anzeichen dafür, daß der Osten die Jahre seit 1970 genutzt habe, um seine atomare Rüstung im Bereich der Mittelstreckenraketen weiter zu verstärken. Diese weitere sowjetische *Vor*rüstung erfordere aber eine westliche *Nach*rüstung, um das militärische Gleichgewicht wiederherzustellen. So wurde im Herbst 1979 im Rahmen der NATO ein Beschluß gefaßt, der Elemente der Rüstung und der Abrüstung alternativ miteinander verband. In Verhandlungen mit der Sowjetunion sollte erreicht werden, daß diese ihre Mittelstreckenraketen wieder abbaute. Sollten diese Verhandlungen nicht zum Erfolg führen, sollten in einigen NATO-Staaten, darunter in der Bundesrepublik, moderne atomare Mittelstreckenraketen stationiert werden. Verhandlungen zwischen den USA und der Sowjetunion zu Fragen der Raketenrüstung begannen zwar im November 1981 in Genf, doch führten sie bislang zu keinem Ergebnis. Die darauf erfolgte Stationierung der Raketen führte vor allem in der Bundesrepublik in Teilen der Bevölkerung zu einer breiten Solidarisierung und zu Aktionen des zivilen Widerstandes gegen die Nachrüstung. Sahen die Befürworter der Aufstellung der Raketen darin eine Maßnahme, die allein der parlamentarischen Beschlußfassung unterlag und die im Parlament eine Mehrheit gefunden hatte, so sahen die Gegner darin einen so weitreichenden Eingriff in das Leben und die Existenz des Einzelnen, der nur der Entscheidung des Gewissens unterliegen dürfe. Eine Vermittlung zwischen beiden Haltungen konnte nicht gefunden werden.

Vertrag mit der Tschechoslawakei

Waren im Rahmen der Ostverträge die Beziehungen der Bundesrepublik zur Sowjetunion und zu Polen sowie zur DDR geregelt worden, so stand eine entsprechende Vereinbarung mit der Tschechoslowakei zunächst noch aus. Zwar hatten Vorgespräche schon im Oktober 1970 begonnen, doch zeigte sich sehr bald, daß es zwischen den beiden Staaten in der Frage der Gültigkeit des Münchner Abkommens, das das Deutsche Reich im September 1938 mit den Westmächten geschlossen hatte, vorläufig unüberbrückbare Gegensätze gab. Während die Tschechoslowakei erklärte, daß das Abkommen – da unter Zwang zustandegekommen – von Anfang an ungültig sei, stellte sich die Bundesrepublik auf den Standpunkt, daß das Abkommen zunächst rechtsgültig gewesen und erst durch den Angriff des nationalsozialistischen Deutschland auf den in München garantierten tschechischen Staat ungültig geworden sei. Hintergrund für die deutsche Haltung war, daß bei der Anerkennung der tschechischen Auffassung die Gültigkeit aller Rechtsakte im Sudetenland zwischen 1938 und 1945 fraglich geworden wäre. Als in der Zwischenzeit die Verträge der Bundesrepublik mit den anderen Ostblockstaaten in Kraft traten, drohte die außenpolitische Entwicklung an der Tschechoslowakei vorbeizulaufen. Schließlich lenkten beide Seiten ein, und so konnte der Vertrag nach längeren kontroversen parlamentarischen Verhandlungen im Juli 1974 in Kraft treten. Der Münchner Vertrag vom September 1938 wurde als nichtig bezeichnet, doch wurde für alle rechtlichen Handlungen bis 1945 eine Gültigkeitsklausel eingefügt. Damit war auch die letzte Lücke im Ostvertragssystem geschlossen worden.

Wenn auch im Rahmen der Ostverträge die wichtigsten Streitfragen, die sich aus den beiderseitigen Beziehungen und aus der internationalen Lage

Ostermarsch der Friedensinitiative 1982

der Nachkriegszeit ergaben, geregelt waren, so gab es dennoch eine Reihe von Problemen, deren Schwierigkeit und innere Brisanz sich erst bei Ausführung der Verträge ergaben. Zu tief und zu kompliziert waren die Verwicklungen zwischen den Deutschen und diesen Ländern während des 2. Weltkrieges gewesen, als daß alle Einzelprobleme in den abgeschlossenen Verträgen hätten behandelt werden können. So ist das Jahrzehnt von 1972–1982 bestimmt von den Ausführungs- und Ergänzungsverträgen, die die noch offenen Fragen regeln sollten. Mochten dabei auch erneut tiefreichende Konflikte aufbrechen und mochte auch jede Seite dabei handfest um ihren Vorteil kämpfen, so erwies sich das System der Ostverträge doch über alle außenpolitischen Wechsellagen hinweg als wirksam und beständig. Zwar hatte die CDU/CSU in der Opposition häufig einzelne Verträge insgesamt oder Teile von ihnen abgelehnt, doch ging sie vom Prinzip der Vertragstreue aus, als die Regierungskoalition 1982 wechselte. Das System der Einbindung in den Westen war durch das System des Ausgleichs nach Osten ergänzt worden.

Ölkrise

Bewegte sich die Bundesrepublik in diesen Jahren in der Außenpolitik auf dem Boden gesicherter Verhältnisse, so gab es in der gleichen Zeit in der Innenpolitik erhebliche Turbulenzen. Immer deutlicher wurde, daß die Jahre 1972–1974 einen Wendepunkt in der wirtschaftlichen und sozialen Entwicklung der Bundesrepublik darstellten. Waren die Westdeutschen bisher einen steten Zuwachs an Wirtschaftskraft und Einkommen gewöhnt gewesen, so zeigte sich nun, daß das wirtschaftliche Wachstum Grenzen hatte und, vor allem, daß die Folgen des Wachstums für Natur und Umwelt bisher unterschätzt worden waren.

Schlagartig deutlich wurde diese Veränderung, als im Gefolge des Jom-Kippur-Krieges zwischen Israel und den arabischen Staaten diese im Oktober 1973 ihre Ölförderung drosselten und den Export von Öl in die westliche Welt verminderten. Zugleich übten die arabischen Länder Druck auf den Westen aus, Israel zu Zugeständnissen gegenüber den Palästinensern zu bewegen. Verbunden damit war eine anhaltende Erhöhung der Ölpreise, die in der Folge eine Wirtschafts- und Finanzkrise der westlichen Länder herbeiführte. Nur mit größter Mühe konnten die wirtschaftlichen und sozialen Auswirkungen dieser Vorgänge aufgefangen werden.

Die abrupte Verknappung des Hauptenergieträgers und die nachfolgenden Krisenerscheinungen führten dazu, daß in der Bundesrepublik eine breitgelagerte Diskussion über Energie, Energieversorgung und Energiemangel aufkam. Sehr bald weitete sich diese Diskussion aus und wendete sich Fragen des Lebensstandards, der Verteilung und der Überlebensfähigkeit des Systems zu. Früherer Optimismus und bisherige Selbstgewißheit schlugen um in Unsicherheit und Mangelbewußtsein. Zugleich erkannte die Öffentlichkeit mit dem so geschärften Blick, daß sie nicht nur mit der Energie als der Grundlage des Wachstums verschwenderisch umgegangen war, sondern daß sie auch die Folgen des Wachstums für Natur und Umwelt bisher zu gering geachtet hatte. In der Bundesrepublik bildete sich von diesem Zeitpunkt an eine stetig anwachsende ökologische Bewegung, die sich, beginnend aus Gruppierungen der außerparlamentarischen Opposition, dann auch parteipolitisch formierte.

Kanzlerwechsel Willy Brandt/ Helmut Schmidt

Es schien fast wie ein Symbol dieser Zeitenwende zu sein, daß der Mann, mit dessen Person der Aufbruch und der Neubeginn in der zweiten Phase der Bundesrepublik so eng verbunden waren, Willy Brandt, im Mai 1974 vom Amt des Bundeskanzlers zurücktrat. Äußerer Anlaß für den Rücktritt war die Entdeckung, daß der persönliche Referent Brandts, Günter Guillaume, seit langen Jahren für die DDR Spionage betrieben hatte. Die eigentlichen Ursachen für diesen Rücktritt aber lagen tiefer. Es war die Erkenntnis, daß angesichts der weltwirtschaftlichen Schwierigkeiten nicht mehr ausgreifende Reformen, sondern die nüchterne Bewältigung der Krise angesagt war. Es war die bittere Erfahrung, daß die großen Verbände und Organisationen sich nicht mehr in die gewünschte Solidarität einbinden ließen, sondern daß schärfere Verteilungskämpfe anstanden. Und es war schließlich die Beobachtung, daß die Gesamtgesellschaft unter dem Eindruck der krisenhaften Entwicklung die Aufbruchstimmung und den Optimismus der früheren Jahre nicht aufrechterhalten konnte. Der Rücktritt Brandts entsprach einem Umschlag des Zeitbewußtseins.

Helmut Schmidt vor dem Bundestag

Nachfolger Brandts wurde der bisherige Wirtschafts- und Finanzminister Helmut Schmidt. Auch auf dem Posten des Außenministers gab es einen Wechsel. Walter Scheel wurde im Mai 1974 zum Bundespräsidenten gewählt, und auf seinen Platz rückte Hans-Dietrich Genscher, der zuvor Innenminister gewesen war. Mit Helmut Schmidt und der von ihm gebildeten Bundesregierung traten Frauen und Männer in die Leitungspositionen ein, die sowohl in der Innen- wie in der Außenpolitik einen eher nüchternen und pragmatischen Kurs verfolgten. Angesichts der Lage Deutschlands auf der Nahtstelle zwischen den Blöcken mußte es das Bestreben der Bundesrepublik sein, das Auf und Ab der weltpolitischen Spannungen für Mitteleuropa und insbesondere für das deutsch-deutsche Verhältnis erträglich zu halten. In der Innenpolitik lag das Schwergewicht vor allem in der Wirtschafts- und Finanzpolitik. Der sich abflachenden Konjunktur versuchte die Regierung mit mehreren Konjunkturprogrammen zu begegnen, für die vorher angesammelte Finanzreserven verwandt wurden. Allerdings zeigten diese Programme keine durchgreifende Wirkung, da die binnen- und außenwirtschaftlichen Rahmenbedingungen für die Bundesrepublik sich weiter verschlechterten. Unter diesen Umständen war schon die Wahrung eines gleichmäßigen Wirtschaftsverlaufs ein Erfolg.

Wahlen 1974–1980

Hatte die sozialliberale Koalition aus SPD und FDP mit ihrer Politik des Ausgleichs gegenüber dem Osten und mit ihrer Bereitschaft zu inneren Reformen bei den Bundestagswahlen 1972 noch die Mehrheit der Wähler für sich gewinnen können, so zeigten die Ergebnisse der Landtagswahlen der Jahre 1974 und 1975, daß SPD und FDP Verluste hinnehmen mußten, während die CDU/CSU teilweise erhebliche Gewinne zu verzeichnen hatte. Zwar spielten beim Ausfall der Landtagswahlen auch die jeweiligen landeseigenen Probleme eine Rolle, aber die allgemeine Tendenz der Wählerbewegung und

Regierungswechsel 1982: Helmut Schmidt übergibt seinem Nachfolger Helmut Kohl das Kanzleramt

die Ähnlichkeit der Vorgänge machten deutlich, daß es sich hier um eine länderübergreifende Trendbewegung handelte. Obwohl die sozialliberalen Parteien die Bundestagswahlen 1976 (SPD: 42,6%, FDP: 7,9%, CDU/CSU: 48,6%) und 1980 (SPD: 42,9%. FDP: 10,6%, CDU/CSU 44,5%) noch einmal für sich entscheiden konnten, stimmten die Rahmenbedingungen einer stabilen Mehrheit nicht mehr. In der SPD setzten Flügelkämpfe ein zwischen linken Gruppen, die unter den veränderten wirtschaftlichen und sozialen Bedingungen die Reformen erst recht vollenden wollten, und der stabilen Mitte der Partei, die die Wahrung des Erreichten wünschte. In der FDP zeichnete sich ein Wandel von der sozialliberalen zu einer mehr wirtschaftsliberalen Ausrichtung ab, nach der die Lösung der Probleme eher durch die Freiheit des Marktes und die Initiative des einzelnen als durch den Einfluß des Staates erfolgen sollte. Und außerhalb der beiden Koalitionsparteien, aber aus den Kreisen ihrer potentiellen Wählerschaft bildeten sich zunächst locker gefügte Gruppierungen der ökologischen und der Friedensbewegung, die sich bald als eigene Parteien formierten. Sie waren der Ansicht, daß sich die hochindustrialisierten und hochtechnisierten Gesellschaften mit ihren Waffenpotentialen und ihrer Umweltzerstörung an einem Scheideweg befänden, an dem es nur eine radikale Umkehr geben müsse. Mochte das Parlament selbst noch eine sozialliberale Mehrheit aufweisen, außerhalb des Parlaments hatten sich politisch und bewußtseinsmäßig ganz andere Mehrheiten gebildet.

Ende der sozialliberalen Koalition

Bei anhaltend schwierigen wirtschaftlichen Verhältnissen im Laufe der Jahre 1981 und 1982 wurden die Spannungen innerhalb der Koalition zwischen SPD und FDP immer größer. Vor allem im wirtschafts- und finanzpolitischen Bereich betonte die FDP immer deutlicher ihre abweichenden Vorstellungen. Gezielt wurde die Koalitionskrise zugespitzt. Mitte September 1982 traten die vier Minister der FDP zurück; die sozialliberale Koalition war gescheitert. Schon Ende des Monats kam es zu einer Koalitionsvereinbarung zwischen CDU/CSU und FDP, und am 1. Oktober 1982 wurde das nunmehrige Minderheitskabinett Schmidt auf dem Wege eines konstruktiven Mißtrauensvotums durch das aus CDU/CSU und FDP gebildete neue Koalitionskabinett unter der Kanzlerschaft Helmut Kohls abgelöst. Der Umschwung der öffentlichen Meinung war im Parlament auf dem Wege des Regierungswechsels nachvollzogen worden.

Geschichte der Deutschen Demokratischen Republik

Der Aufbau des sozialistischen Systems in der DDR und die Eingliederung in den Ostblock (1949–1955)

Entsprechend der sowjetischen Deutschlandpolitik in den Jahren seit 1945 war das Verhältnis der Sowjetunion und der von ihr kontrollierten Zone zu den westlichen Zonen Deutschlands durchaus offen gewesen. Zwar hatte man auf der östlichen Seite einerseits Maßnahmen getroffen, um die politische und wirtschaftlich-soziale Entwicklung in eigenem Sinne zu steuern und Positionen zu besetzen, aus denen man nicht wieder vertrieben werden konnte, aber andererseits war man doch bestrebt gewesen, die Verbindungen zum Westen nicht abreißen zu lassen und eine gesamtdeutsche Option aufrechtzuerhalten. Elemente dieser gesamtdeutschen Option waren die Aufrechterhaltung eines Mehrparteiensystems und gewisse Mitwirkungsrechte der Parteien im Rahmen des Antifa-Blockes, ein noch relativ hoher Anteil an Privateigentum in der Wirtschaft und eine Verfassung, die zumindest der Idee nach mehr bürgerlich-demokratisch als kommunistisch ausgestaltet war.

Veränderungen in der DDR

In den Jahren 1949 und 1950 begann sich nun eine Veränderung in der grundlegenden politischen und wirtschaftlich-sozialen Ausrichtung der DDR abzuzeichnen. Die DDR wandelte sich von einem in Grenzen demokratisch-parlamentarischen Gemeinwesen zu einem kommunistischen System. Während von der DDR diese Wandlung als eine Folge der gesetzmäßig historischen Entwicklung zum Sozialismus bezeichnet wurde, scheinen die wahren Gründe für diese Neuorientierung in der Entwicklung sowohl der nationalen wie der internationalen Politik zu liegen.

Mit der Bundesrepublik war auf deutschem Boden ein Staat entstanden, der sich in seiner wirtschaftlichen und politischen Ordnung eindeutig nach Westen zu orientieren begann. Die Hoffnung auf eine gemeinsame gesamtdeutsche Entwicklung schien damit zunächst einmal gescheitert zu sein. In Jugoslawien probte Tito einen eigenen Weg zum Sozialismus, unabhängig von der Sowjetunion, aber mit großer Anziehungskraft auf die anderen sozialistischen Länder. Die Gefahr einer nicht kalkulierbaren Vielfalt der Wege zum Sozialismus lag nach Auffassung der Sowjetunion offenbar nahe. Und schließlich begann im Juni 1950 der Korea-Krieg, der anzeigte, daß die beiden Blöcke weltweit in eine verschärfte Auseinandersetzung eingetreten waren. Die Notwendigkeit eines Zusammenschlusses und einer Vereinheitlichung des sozialistischen Lagers schien unabwendbar zu sein. Die Russen und unter ihrem Schutz die kommunistischen Kräfte in der SED entschlossen sich daher, die Entwicklung in der DDR nicht länger offenzuhalten, sondern sie in ihrem Sinne umzugestalten. Die Herausforderung durch die gesamtpolitische Lage wurde nicht mit einem weiteren Nachgeben, sondern mit einer entschiedenen Wendung zum Sozialismus beantwortet.

So wurde denn in den Jahren 1949 und 1950 in der DDR die früher propagierte Möglichkeit eines eigenen deutschen Weges zum Sozialismus wieder beseitigt und schrittweise der Sozialismus nach sowjetisch-stalinistischem Modell eingeführt. Das Stadium der antifaschistisch-demokratischen Neuordnung wurde verlassen und die Grundlage des Sozialismus gelegt. Im einzelnen bedeutete dies, daß die SED ihre Führungsrolle weiter ausbaute und sich zu einer Partei nach marxistisch-leninistischem Vorbild wandelte, daß die anderen Parteien zwar bestehen blieben, ihre politische Eigenständigkeit aber an die SED verloren, daß die staatlichen Organe nicht länger pluralistisch gegliedert waren, sondern allein dem Willen der SED unterworfen wurden und daß die sozialistische Durchdringung von Wirtschaft und Gesellschaft noch weiter zunahm. Zwar war man sich bei den Sowjets und bei der SED über das Risiko eines solchen Bruches mit der bisherigen Entwicklung offenbar durchaus im klaren, war sich der Schwierigkeit des Aufbaues des Sozialismus in einem ehemals hochkapitalistischen Land offenbar durchaus bewußt, doch schien dies in einer prekären nationalen und internationalen Lage die einzige Möglichkeit zur Stabilisierung zu garantieren.

Wandel der SED

Der wichtigste Schritt im Zuge dieser Entwicklung war, daß die SED die Prinzipien ihres Aufbaues und ihrer Funktionsweise zu ändern begann. Die SED wandelte sich aus einer begrenzt pluralistischen Partei, die in einem Bündnis mit anderen politischen Kräften stand, zu einer Partei nach marxistisch-leninistischem Muster, die streng hierarchisch aufgebaut war und die sich nun anschickte, sich Staat, Wirtschaft und Gesellschaft zu unterwerfen.

Wilhelm Pieck bei der Vereidigung als Staatspräsident der DDR, 11.10. 1949

Im Rahmen des Überganges aus der antifaschistisch-demokratischen Phase in die sozialistische Phase stellte die SED als »Partei neuen Typs« zunächst den Anspruch, daß nur sie allein die Führung dieser Entwicklung übernehmen könne. Die ursprünglich in der SED bestehende Parität zwischen Kommunisten und Sozialdemokraten wurde aufgegeben und die letzteren entweder zur Anpassung gezwungen oder aber aus der Partei ausgeschlossen. Unter den Mitgliedern und in der Führung der SED fanden weitreichende Säuberungen statt, in deren Rahmen alle Gegner des neuen Kurses eliminiert wurden. Die ursprünglich bestehende begrenzte Vielfalt innerhalb der SED wurde beseitigt, und an ihre Stelle trat das weltanschauliche und politische Monopol einer Richtung.

Voraussetzung dieser Veränderungen in der Mitgliedschaft waren Umstellungen in der Parteiorganisation, indem ursprünglich demokratisch ausgerichtete Führungsgremien ihre Entscheidungskompetenzen verloren und diese an kleine hierarchisch gegliederte Sondergremien übertragen wurden. Aus dem Parteivorstand der SED wurde ein Politbüro und ein Sekretariat des Politbüros ausgegliedert, das ausschließlich mit Anhängern des neuen Kurses besetzt war und bei dem die Führung zukünftig lag. Den Beschlüssen und Anordnungen dieser kleinen Führungsgremien wurde Geltung verschafft, indem für die Partei das Prinzip des »demokratischen Zentralismus« eingeführt wurde. Dadurch wurden alle Parteigremien verpflichtet, die Beschlüsse der ihnen jeweils übergeordneten Leitungen als verbindlich anzuerkennen. Die Besetzung des Spitzengremiums der Partei mit einer bestimmten Gruppe sicherte so eine ungefährdete Durchsetzung der Beschlüsse dieser Gruppe bis auf die Basis. Der Kurs der Partei wurde nicht mehr im Rahmen von Diskussionen und Beschlüssen auf allen Ebenen festgelegt, sondern nach sowjetischem Vorbild hierarchisch von oben nach unten vorgegeben.

Waren dies alles Vorkehrungen, um die herrschende Stellung der SED entsprechend der KPdSU sicherzustellen, so gab es gegenüber dem sowjetischen System doch einen wesentlichen Unterschied: das Mehrparteiensystem wurde dem Grundsatz nach aufrechterhalten. Allerdings verloren die anderen Parteien ihre politische Unabhängigkeit und ihre Mitwirkungsrechte an der politischen Willensbildung und wurden zu reinen Akklamations- und Durchführungsorganen degradiert. Gegner der SED und des Kurses der SED in den anderen Parteien wurden ausgeschaltet und die Programmatik der Parteien nach dem vorgegebenen Programm der SED ausgerichtet. Die Parteien verloren ihre Eigenständigkeit und hatten lediglich die Aufgabe, den Kurs der SED auch in solche der SED fernerstehende Kreise hineinzutragen. Der »antifaschistisch-demokratische Block«, in dem alle Parteien und Massenorganisationen zusammengefaßt waren, wurde im Juni 1949 in den »Demokratischen Block« umgewandelt und der Kurs der SED zur Richtschnur der Blockpolitik gemacht. Zu den Volkskammer- und Landtagswahlen vom Oktober 1950 wurde dann die bisherige nominelle Gleichberechtigung der Parteien aufgehoben und eine Einheitsliste mit einem vorher festgelegten Schlüssel zur Mandatsverteilung aufgestellt. Danach erhielten die SED 25%, die CDU und LDP je 15%, NDP und DBD je 7,5% der Abgeordneten, während die restlichen 30% den Massenorganisationen (FDGB, FDJ u.a.) vorbehalten waren. Da von den Abgeordneten der Massenorganisationen die meisten jedoch der SED angehörten, war die Mehrheit der SED im »Demokratischen Block« sichergestellt. Zur Mobilisierung der Bevölkerung schließlich, die nicht den Parteien und Massenorganisationen angehörte, wurde die »Nationale Front« gebildet, die auch die Aufgabe hatte, in die Bundesrepublik hineinzuwirken. Gab es zunächst ein gewisses Konkurrenzverhältnis zwischen dem »Demokratischen Block« und der »Nationalen Front«, so setzte sich im weiteren Verlauf die letztere durch und wurde zur Massenbasis der politischen Betätigung unter Leitung der SED. Alles dies geschah unter Aufsicht und unter tätiger Mithilfe der sowjetischen Kontrollkommission, die 1949 bei Gründung der DDR aus der sowjetischen Militäradministration gebildet worden war. Die SED hatte den Standpunkt der Gleichberechtigung aller politischen Kräfte aufgegeben und war zur herrschenden politischen Macht aufgestiegen. Gestützt auf diese Machtstellung konnten nun auch der Staat, die Wirtschaft und die Gesellschaft in die Phase des Sozialismus überführt werden. Neben der Wandlung der SED zur »Partei neuen Typs« und der Ausschaltung oder Unterwerfung der anderen politischen Kräfte unter die Herrschaft der Partei war es vor allem der Zugriff auf den Staat und die staatlichen Organe, mit dem die SED ihre Vorrangstellung zu sichern suchte. Im Rahmen dieser Maßnahmen wurden der Aufbau und die Organisation des Staates auch gegenüber der Verfassung von 1949 so verändert, daß sie den jeweiligen Zielsetzungen der SED entsprachen. Der bisher in einem bestimmten Rahmen bestehende Pluralismus der Entscheidungsmöglichkeiten wurde aufgegeben und durch das Entscheidungsmonopol einer Partei ersetzt.

Festigung der staatlichen Macht

Der erste Schritt in diesem Rahmen war die Schaffung eines neuen Gerichtswesens. Ende 1949/Anfang 1950 wurden das Oberste Gericht und die Oberste Staatsanwaltschaft der DDR geschaffen. Versuche der bürgerlichen Parteien, bei dieser Neuordnung Traditionen des unabhängigen Rechtswesens nach bürgerlicher Auffassung zu bewahren, wurden abgelehnt und sowohl das Gericht wie die Staatsanwaltschaft politischen Organen angenähert. Wie in den anderen sozialistischen Staaten und vor allem in der Sowjetunion wurde das Recht zu einem Moment und Mittel der Politik. Das bedeutete nicht, daß im Recht Beliebigkeit und Willkür herrschten, sondern daß das Recht nach den Grundsätzen des Marxismus-Leninismus ausgerichtet wurde, dessen legitime Interpretation jedoch durch die SED erfolgte. Damit war ein erster Schritt zur Neuordnung des Gerichtswesens getan.

Ein weiteres wichtiges Mittel, die Durchsetzung des Sozialismus in einem ehemals so hochkapitalistischen Land sicherzustellen, waren die Kontrolle und die Überwachung der Bevölkerung sowie die Gewährleistung der Sicherheit der Herrschaft der Partei. Zu diesem Zweck wurden im Rahmen der staatlichen Verwaltung eine Reihe von Kontroll- und Sicherheitsinstrumenten geschaffen, deren wichtigstes das »Ministerium für Staatssicherheit« war. Dieses Ministerium hatte die Aufgabe, die Reaktion der gesamten Öffentlichkeit auf die Politik der SED zu kontrollieren, Opposition dagegen frühzeitig zu unterdrücken und Gegner dieser Politik möglichst im voraus auszuschalten.

Walter Ulbricht vor dem SED-Parteitag 1950

In den Bereich der Zentralisierung der Staatsmacht gehörte schließlich auch, daß die Gliederung der DDR nach Ländern, die ja aus der alten deutschen föderalistischen Tradition stammte, aufgegeben wurde. Ende Juli 1952 wurden die bisherigen Länder Mecklenburg, Brandenburg, Sachsen-Anhalt, Thüringen und Sachsen aufgelöst, und an ihre Stelle traten 14 Bezirke, deren Größe und Zuschnitt nach planerischen und wirtschaftlich-geographischen Gegebenheiten ausgerichtet waren. Damit wurden die historisch überkommenen Landestraditionen beseitigt und eine Neueinteilung des Staatsgebietes mit dem alleinigen Ziel der politischen und wirtschaftlichen Effizienz im Sinne der SED durchgeführt. Das föderalistische System, das nach der bisherigen deutschen Verfassungstradition kontrollierend und hemmend auf die Zentralgewalt eingewirkt hatte, stand der Zentralisierung der Staatsmacht nur hinderlich gegenüber.

Umwandlung von Wirtschaft und Gesellschaft

Im Zuge der Grundlegung des Sozialismus waren es aber vor allem die Bereiche der Wirtschaft und Gesellschaft, die einer weitreichenden Umwandlung unterzogen wurden. Nachdem schon kurz nach dem Kriege erste Eingriffe in die privatwirtschaftliche Ordnung vorgenommen worden waren, indem man Großbetriebe sozialisiert und den Einfluß des Staates auf die wirtschaftlichen Entscheidungen verstärkt hatte, wurde dieser Vorgang in den Jahren 1949 bis 1955 weiter vorangetrieben. Es erfolgte die stufenweise Abschaffung des Privateigentums und die entsprechende Ausdehnung sozialistischer Eigentumsformen sowie die Beseitigung marktwirtschaftlicher Wirtschafts- und Betriebsformen durch entsprechende planwirtschaftliche Elemente.

Der entscheidende Einschnitt im wirtschaftlichen Bereich war der Übergang zur Planwirtschaft. Sie beruhte auf der grundlegenden Annahme, daß eine sozialistische Eigentumsordnung und eine zentrale Planungsordnung im Prinzip einer privatkapitalistischen Marktwirtschaftsordnung überlegen seien. So wurde im Jahre 1948 zunächst eine Zwei-Jahres-Planung festgelegt, und im Jahre 1950 ging man zu einem Fünfjahresplan über. Ziel dieses Planes war es, nach der inzwischen vollständigen Trennung der beiden Teile Deutschlands eine für die DDR eigene autarke Wirtschaft für alle Bereiche aufzubauen. Die Kriegsfolgen sollten endgültig überwunden werden und die

Produktivität erheblich gesteigert werden. Und schließlich war es die Absicht, die Wettbewerbsfähigkeit der DDR im sozialistischen System und, wenn möglich, auch in der Weltwirtschaft herzustellen. Zu diesem Zweck wurden eine ganze Reihe von Planungs- und Kontrollinstanzen entwickelt, die die DDR-Wirtschaft auf allen Ebenen erfaßten und die kurz- und langfristig die Ziele vorgaben. Dabei trat zunächst eine erhebliche Diskrepanz zwischen den planerischen Anforderungen und den tatsächlichen Leistungen der DDR-Wirtschaft zutage, doch konnten auf die Dauer Anspruch und Leistung immer weiter angenähert werden.

Ergänzt und gestützt wurden diese Planungsvorgänge durch eine grundlegende Veränderung der Besitz- und Eigentumsverhältnisse in der Wirtschaft. Wollte man die Planung auf allen Ebenen durchsetzen, mußte auch der Zugriff gesichert sein. Im ganzen konnte man in der DDR drei grundsätzliche Formen des Eigentums unterscheiden: Staatseigentum, Genossenschaftseigentum und Privateigentum. Während bis 1949 nur in der Großindustrie, bei den Banken und Versicherungen sowie beim Großgrundbesitz die Sozialisierung vorangetrieben worden war, setzte sie nach 1950 auf breiter Ebene ein. Der Anteil des Staatseigentums in Industrie und Handel stieg stark an, das Genossenschaftseigentum breitete sich vor allem in der Landwirtschaft aus, während das Privateigentum im Handwerk eine relative Stärke bewahren konnte. Dementsprechend stieg die Zahl der abhängig Beschäftigten stark an, während die Zahl der Selbständigen zurückging. Im ganzen war diese Änderung der Eigentums- und Besitzverhältnisse auch ein Mittel, um bestimmten sozialen Schichten ihre materielle Basis zu entziehen, sie in ihrem Selbstbewußtsein zu treffen und sie damit für die Zukunft als politische Gegner auszuschalten.

Widerstände in der DDR

Wenn auch dieser Übergang zum Sozialismus und die Übertragung des sowjetischen Modells auf die DDR forciert und zunächst scheinbar ohne größere Widerstände vorangetrieben wurde, so konnte doch kein Zweifel darüber bestehen, daß mit diesen Veränderungen erhebliche Risiken verbunden waren. Galt es doch, ein historisch gewachsenes, zuvor hochkapitalistisches System der wirtschaftlichen Arbeitsteilung, das durch den Krieg stark in Mitleidenschaft gezogen war und das durch die deutsche Spaltung auseinandergerissen war, für den Bereich der DDR durch Wiederherstellung, Erweiterung und Neuaufbau erneut zu einem leistungsfähigen, arbeitsteilig verflochtenen Industriekomplex zu gestalten, in dem die Auffassungen des Sozialismus verwirklicht werden konnten.

Die Größe der Aufgabe, die Leistungsfähigkeit des Systems und die Bereitschaft vieler Menschen in der DDR, diese Aufgabe mitzuvollziehen, fielen jedoch weit auseinander. Die verstärkte Sozialisierung und Kollektivierung stießen auf Widerstände bei den Betroffenen und führten zu geringeren Ablieferungen und Leistungen. Versorgungsengpässe waren die Folge. Die einseitige Förderung der Grundstoff- und Schwerindustrie band erhebliche Mittel und Arbeitskräfte und führte zu einem deutlichen Rückstand in der Konsumgüterindustrie. Die ständige Erhöhung der Arbeitsnormen führte zu Unzufriedenheit in der Arbeiterschaft und zu dem Gefühl, für erhöhte Arbeitsleistung nicht entsprechend entlohnt zu werden. Bitterkeit und Enttäuschung machten sich breit und verbanden sich mit den Vorbehalten und der Kritik am politischen und weltanschaulichen Kurs der DDR-Führung.

Zwar hatte der Tod Stalins im Frühjahr 1953 und der darauf folgende offenere Kurs der sowjetischen Führung auch zu Veränderungen in der DDR geführt, die aber weitgehend nur verbal blieben und keine tatsächliche Verbesserung bedeuteten. Ende Mai/Anfang Juni 1953 kam es in Berlin wegen der anhaltend hohen Arbeitsnormen zu Arbeitsniederlegungen, die sich bald auch auf andere Städte der DDR ausbreiteten. Bis Mitte Juni steigerten sich

Demonstration junger Arbeiter am 17. Juni 1953 vor dem Brandenburger Tor

Bekanntmachung

Maßnahmen der Regierung der Deutschen Demokratischen Republik zur Verbesserung der Lage der Bevölkerung sind von faschistischen und anderen reaktionären Elementen in Westberlin mit Provokationen und schweren Störungen der Ordnung im demokratischen Sektor beantwortet worden. Diese Provokationen sollen die Herstellung der Einheit Deutschlands erschweren.

Der Anlaß für die Arbeitsniederlegung der Bauarbeiter in Berlin ist durch den gestrigen Beschluß in der Normenfrage fortgefallen.

Die Unruhen, zu denen es danach gekommen ist, sind das Werk von Provokateuren und faschistischen Agenten ausländischer Mächte und ihrer Helfershelfer aus deutschen kapitalistischen Monopolen. Diese Kräfte sind mit der demokratischen Macht in der Deutschen Demokratischen Republik, die die Verbesserung der Lage der Bevölkerung organisiert, unzufrieden.

Die Regierung fordert die Bevölkerung auf:

1. Die Maßnahmen zur sofortigen Wiederherstellung der Ordnung in der Stadt zu unterstützen und die Bedingungen für eine normale und ruhige Arbeit in den Betrieben zu schaffen.
2. Die Schuldigen an den Unruhen werden zur Rechenschaft gezogen und streng bestraft.
   Die Arbeiter und alle ehrlichen Bürger werden aufgefordert, die Provokateure zu ergreifen und den Staatsorganen zu übergeben.
3. Es ist notwendig, daß die Arbeiter und die technische Intelligenz in Zusammenarbeit mit den Machtorganen selbst die notwendigen Maßnahmen zur Wiederherstellung des normalen Arbeitsverlaufes ergreifen.

DIE REGIERUNG
DER DEUTSCHEN DEMOKRATISCHEN REPUBLIK

Otto Grotewohl
Ministerpräsident

Berlin, den 17. 6. 1953

Aufstand vom 17. Juni 1953

die Unruhen, und nun traten zu den wirtschaftlichen Forderungen auch politische Forderungen hinzu. Am 17. Juni 1953 kam es zu einem Aufstand in der DDR, der vor allem die Industriegebiete und die städtischen Zentren erfaßte.

Die Führung der SED war von sich aus nicht in der Lage, diesen Aktionen und diesem Aufstand angemessen zu begegnen. Die sichtbaren Schwierigkeiten des eigenen Experiments, die politische Unsicherheit nach dem Tode Stalins und der fehlende Rückhalt in der aufbegehrenden Bevölkerung verhinderten ein schnelles und effektives Handeln. So griff die Sowjetunion mit ihren in der DDR stationierten Truppen ein, weil sie nicht tatenlos zusehen wollte, wie sich der eigene Vorposten im Laufe des Aufstandes selbst auflöste: Der Aufstand wurde am 18. und 19. Juni 1953 mit Waffengewalt unterdrückt.

Der Aufstand vom Juni 1953 zeigte, wie instabil die Herrschaft der SED in der DDR noch war. Widerstand kam nicht nur von den von der bisherigen Entwicklung benachteiligten Gruppen, sondern von großen Teilen der gesamten Bevölkerung. Der »Übergang zum Sozialismus« mochte zwar mit den Zwangsmitteln des Staates und unter dem Schutz der sowjetischen Truppen durchgeführt werden, aber es war offenkundig geworden, daß es sich zunächst gleichsam nur um einen dünnen Firnis handelte, der ältere, ganz andere Formen, Ordnungen und Werthaltungen in den Parteien, in der Wirtschaft und vor allem im Bewußtsein der Menschen verdeckte. Die SED mochte bei der weiteren Durchsetzung des Sozialismus in der DDR schneller und langsamer, offener und restriktiver vorgehen; einen Weg zurück gab es jedoch nicht mehr.

Das Ende der Stalin-Ära und die Konsolidierung des neuen Systems (1956–1961)

Wandlungen im Ostblock nach Stalins Tod

Der Tod Stalins im März 1953 hatte in der DDR zunächst nur eine Verlangsamung, nicht eine grundlegende Änderung des sozialistischen Umbaues bewirkt. Sehr viel größer war dagegen die Langzeitwirkung dieses Ereignisses, die, von Moskau ausgehend, zu einer Umorientierung und ideologischen Neuformierung des gesamtkommunistischen Systems führen sollte. Mochten diese Veränderungen auch nur zeitweilig sein, so führten sie nach den Verkrustungen der Stalin-Zeit doch zu einer Öffnung, die mehr Freiheit und eine größere Vielfalt der kommunistischen Bewegung versprach.

Auf dem XX. Parteitag der KPdSU im Februar 1956 vollzog Chruschtschow im Namen der Partei eine scharfe Abrechnung mit Stalin und dem von ihm geschaffenen System. Es wurde ihm innerparteilicher Terror vorgeworfen; er habe eine Reihe falscher Lehren vertreten, habe vor allem einen Personenkult geduldet, der der Partei fremd sei. In Abwendung von den Auffassungen Stalins wurden eine Reihe von Thesen entwickelt, durch die die starre Konfrontation im Inneren und nach außen abgebaut und eine gewisse Offenheit des Systems herbeigeführt werden sollte.

Während Stalin aus der leninistischen Imperialismustheorie die Schlußfolgerung gezogen hatte, daß Kriege zwischen den Systemen unvermeidlich seien, erklärten die Nachfolger Stalins, daß durch die inzwischen erreichte Stärke des Kommunismus der Krieg als Mittel der Auseinandersetzung vermeidbar geworden sei. Hatte Stalin von allen kommunistischen Parteien die strikte Anerkennung des sowjetischen Modells auf dem Weg zum Sozialismus verlangt, wollten die neuen Männer in der Sowjetunion auch andere Wege zum Sozialismus zulassen. Damit war auch der parlamentarische Weg

Walter Ulbricht

gemeint, der sich nur in Koalitionen mit anderen Parteien verwirklichen ließ. Im Gegensatz zu Stalin schließlich, der nur den Weg des Klassenkampfes und der Revolution als möglich angesehen hatte,. sprach die nachstalinistische Führung von einer Abschwächung des Klassenkampfes und von einem friedlichen Weg zum Sozialismus. Insgesamt führten diese Veränderungen in der Führung der stärksten kommunistischen Macht zu einer neuen Phase der Ideologie und der Politik, die bei der engen Verzahnung der gesamtkommunistischen Bewegung nicht ohne Auswirkungen auf die anderen Länder bleiben konnte. Vor allem in Polen und in Ungarn kam es zu weitreichenden Veränderungen, während Albanien sich dem neuen Kurs verweigerte.

Besonders nachhaltig aber mußten sich diese Veränderungen auf die DDR auswirken. Nirgendwo hatten die Lehren Stalins so sehr im Vordergrund gestanden, nirgendwo war das gesamte System so sehr auf Stalin ausgerichtet gewesen. Es scheint allerdings, daß diese Neuformulierung der sowjetischen Politik und die Absetzung Stalins als kanonischem Urvater des Kommunismus die SED unvorbereitet traf. Zwar hatte offenbar Ulbricht die Brisanz der Ereignisse des XX. Parteitages für die DDR sofort erkannt, doch erfolgte die Umsetzung nur schrittweise und in sorgsamer Dosierung. Erst als im März 1956 durch die sowjetische Presse die Umwertung Stalins auch öffentlich bekannt wurde, sah sich die SED-Führung genötigt, die Schwenkung mitzuvollziehen. Selbst Ulbricht rechnete mit dem toten Stalin ab, indem er ihm falsche Entscheidungen vorwarf, von Verfälschungen der Lehren von Marx und Engels sprach und den verhängnisvollen Personenkult Stalins beklagte. Insgesamt aber war die SED-Führung bemüht, die Kritik an Stalin so schnell wie möglich wieder zu beenden, weil es in der Konsequenz auch eine Kritik des eigenen Systems war.

Kritik am Kurs der SED

Wenn man in der SED allerdings geglaubt hatte, daß mit einer solchen rein verbalen Kritik die Schwenkung für die SED vollzogen sei, so war das eine Täuschung. Zunächst einmal wurden diejenigen, die den bisherigen stalinistischen Kurs mitgetragen hatten, durch den plötzlichen Wechsel irritiert; Unsicherheit und Bestürzung machten sich breit. Diejenigen aber, die der bisherigen Entwicklung kritisch gegenübergestanden hatten, sahen sich durch den Wandel in der Beurteilung der Person und der Politik Stalins ermuntert. Hier schien den Kritikern am stalinistischen Weg der DDR und vor allem an der Person Walter Ulbrichts die Möglichkeit gegeben zu sein, eine offenere und flexiblere Form des Kommunismus zu verwirklichen.

Nach der sozialen Herkunft und nach der Art und dem Ansatzpunkt der Kritik waren im wesentlichen drei Gruppen zu unterscheiden: einmal die Intellektuellen und die Mitglieder der Hochschulen, dann eine nationalkommunistische Gruppe, die das Prinzip des »dritten Weges« vertrat, und schließlich eine innerparteiliche Gruppe in der SED selbst.

Von den Intellektuellen und den Mitgliedern der Hochschulen wurde vor allem die Herrschaftspraxis der Partei kritisiert. Dabei ging es nicht um eine grundsätzliche Absage an den Kommunismus, sondern um Kritik an der umfassenden Herrschaft des Parteiapparates, dem primitive Führungsmethoden und mangelnde Diskussionsbereitschaft vorgeworfen wurden. Man forderte das Recht auf freie Diskussion ohne Furcht vor anschließenden Zwangsmaßnahmen der Partei. Der Marxismus sollte von stalinistischen Verfälschungen gereinigt werden und der Vorherrschaft des dialektischen Materialismus über die jeweiligen Fachwissenschaften sollte ein Ende gemacht werden. Insgesamt verlangten diese Kreise mehr Offenheit, mehr Kritik und die freie Diskussion verschiedener Lösungsmöglichkeiten ohne die autoritäre Vorgabe einer Lösung durch die Partei.

Die nationalkommunistische Gruppe stand in intellektueller und organisatorischer Hinsicht unter der Führung des Chefredakteurs der »Deutschen

Zeitschrift für Philosophie« und Dozenten Wolfgang Harich. Diese Gruppe vertrat das Prinzip des »dritten Weges«, in dessen Rahmen das kapitalistische System ebenso abgelehnt wurde wie die bestehenden Herrschaftsstrukturen in der DDR. Die Gruppe war antistalinistisch, aber nicht antikommunistisch; sie wollte ein Reformprogramm entwickeln, das auf breiter Basis innerhalb der Partei diskutiert werden sollte. Harich und die nach ihm benannte Gruppe wollten die 1945/46 eingetretene Spaltung zwischen SPD und SED wieder aufheben und auf lange Sicht die politische Einheit der deutschen Arbeiterbewegung wiederherstellen. Das Ziel dieser Gruppe war ein »menschlicher Sozialismus« fern allen Zwanges und aller Unterdrükkung, dem auf die Dauer auch die westlich kapitalistischen Systeme nicht widerstehen würden.

Die dritte Oppositionsgruppe schließlich war die Opposition innerhalb der SED selbst. Sie hatte nach der inneren Struktur und nach den Entscheidungsgängen in der Partei wohl die größten Chancen. Während Ulbricht sich bisher in Führungsfragen schließlich immer durchgesetzt hatte, sah er sich im Sommer 1956 erstmalig zu Konzessionen gezwungen. Eine Reihe früherer innerparteilicher Gegner, die zu Gefängnisstrafen verurteilt worden waren, wurden begnadigt, es wurden Fehler zugegeben, und es wurde eine freimütige Diskussion in den Parteigremien gefordert. Dabei ging es dieser Gruppe, zu der die führenden Parteimitglieder Karl Schirdewan, Ernst Wollweber und Gerhart Ziller gehörten, denen sich die Wirtschaftsfachleute Fred Oelßner und Fritz Selbmann anschlossen, nicht um eine Beseitigung des Kommunismus in der DDR, wohl aber um Reformen vor allem im wirtschaftlichen Bereich und um eine weitere Lockerung der innenpolitischen Verhältnisse. So meinten sie, daß die forcierte Durchsetzung des Sozialismus und die Ausrichtung nach dem so ganz anders gearteten sowjetischen Modell falsch gewesen seien. Es war eine breite innerparteiliche Opposition, die sich zeitweilig sogar der Unterstützung der Moskauer Führung versichern konnte.

Schon im Herbst 1956 wurde allerdings die Aufbruchstimmung im Ostblock gedämpft, die Lockerungsbestrebungen unterdrückt und das alte Zwangs- und Herrschaftssystem wiederhergestellt. Nach dem Aufstand in Ungarn im Oktober 1956 setzte sich in Moskau und dann auch in den anderen Ostblockländern ein härterer Kurs durch, der allen Experimenten entgegenlief. Man war auf der sowjetischen Seite überhaupt skeptisch, ob es ein solches Ventil für den innenpolitischen Druck geben solle und wie weit es geöffnet werden könne.

Durchsetzung des »Sozialismus« in der DDR

Unter diesen Umständen vermochte sich auch die innerparteiliche Opposition in der SED nicht zu halten. Während Ulbrichts Position im Jahre 1956 durchaus angefochten war, konnte er seine Stellung in den folgenden Jahren wieder festigen. Während nach außen hin die Partei sich den Diskussionen stellte, blieb im Innern der alte Parteiapparat bestehen. Weder kam es zu einer Neuformulierung der ideologischen Positionen noch zu grundlegenden personellen Veränderungen. Die Macht blieb weiterhin beim Politbüro und beim Zentralkomitee, der hierarchische Aufbau der Partei blieb erhalten. Die innerparteiliche Oppositionsgruppe wurde isoliert und dann ausgeschlossen, die Gruppe um Ulbricht nahm alle entscheidenden Positionen wieder ein. Der alte Kurs hatte sich auf voller Linie durchgesetzt.

Auch verfassungsmäßig wurde diese erneut erstarkte Stellung der Parteiführung der SED abgesichert. Im Jahre 1960 starb der erste Präsident der DDR, Wilhelm Pieck, und dieses Ereignis bot Gelegenheit, das in der Verfassung vorgesehene Präsidentenamt abzuschaffen und an seine Stelle den Staatsrat zu setzen. Damit wurde das personale Staatsoberhaupt durch ein kollektives Staatsoberhaupt ersetzt. Die nach der Verfassung von 1949 dem Präsidenten zugewiesenen bescheidenen Kompetenzen wurden stark erwei-

Grundsteinlegung für den ersten Kohlenbunker des Kombinats »Schwarze Pumpe« am 24.6. 1956

tert, und der Staatsrat wurde zum beherrschenden Verfassungsorgan der DDR. In ihm waren Funktionen der Legislative und der Exekutive konzentriert. Sowohl Walter Ulbricht wie auch später Erich Honecker haben mit den Ämtern des Vorsitzenden des Staatsrates und des 1. Sekretärs des Zentralkomitees der SED die entscheidende Macht in Staat und Partei in ihrer Hand vereinigt.

Die Tatsache, daß im kommunistischen Block Oppositionsgruppen gegenüber nur verbale Konzessionen gemacht wurden, sonst aber der alte Kurs beibehalten wurde, zeigte sich besonders bei der Entwicklung im wirtschaftlichen und sozialen Bereich. Während von den opponierenden Gruppierungen um Harich und Schirdewan eine teilweise Rücknahme der sozialistischen Umformung in der Industrie und der Landwirtschaft und eine Lockerung der starren Planungsstrukturen verlangt wurden, steuerte die Gruppe um Ulbricht diesen Kurs rigoros weiter. Schon Anfang 1957 wurde die Entscheidung der DDR, Bestandteil des »sozialistischen Lagers« zu sein, für unwiderruflich erklärt, und der V. Parteitag der SED im Juli 1958 stand unter dem Motto: »Der Sozialismus siegt!« und gab damit zu erkennen, welche Richtung den Sieg davongetragen hatte. Es ging nicht mehr um eine liberalisierende Rückänderung des Systems, sondern um vermehrte Anstrengungen innerhalb des bestehenden Systems, um der ganz offenkundigen Schwierigkeiten Herr zu werden. Nicht weniger Sozialismus, sondern mehr Sozialismus hieß die Devise. Ziel sollte es sein, die inzwischen wirtschaftlich weit davongeeilte Bundesrepublik im Rahmen des nächsten Fünfjahresplanes einzuholen oder gar zu übertreffen.

Schon dieser Anspruch zeigte, daß die SED erkannt hatte, daß der ehrgeizige Wirtschaftskurs nur durchzusetzen war, wenn die Bevölkerung ausreichend mit Konsumgütern versorgt werde. Ein Mindestmaß der Versorgung mit Nahrungsmitteln, Kleidung, Brennstoff und Wohnraum mußte sicherge-

stellt werden. Der Weg dorthin sollte allerdings nicht der Anreiz der Privatinitiative, sondern der weitere Aufbau des Sozialismus sein.

Entwicklung der Landwirtschaft

Ein gutes Beispiel für diesen Kurs bietet die Entwicklung der Landwirtschaft. Im Jahre 1956 stand der staatlichen und der sozialistisch genossenschaftlichen Landwirtschaft noch ein großer Anteil bäuerlicher Privatbetriebe gegenüber, die knapp 70% des landwirtschaftlichen Ertrages erwirtschafteten. Im Rahmen der Durchsetzung sozialistischer Produktionsverhältnisse auch auf dem Lande wurde nun verstärkt die Kollektivierung der Landwirtschaft vorangetrieben. Zwar zeigte sich alsbald, daß die Bereitschaft der Privatbauern, in die landwirtschaftlichen Produktionsgenossenschaften (LPG) einzutreten, nicht groß war, aber der Partei gelang es, mit Zwang und Nötigung ihr Programm durchzusetzen. Innerhalb von vier Jahren wurde die Landwirtschaft in ihrer Besitzstruktur grundlegend umgestellt. Bereits 1961 erzeugte der sozialistische Sektor (Staat und Genossenschaft) fast 90% des landwirtschaftlichen Ertrages. Ähnliche Entwicklungen vollzogen sich auch in Handwerk und Handel: gegen den ganz offensichtlichen Widerstand der Betroffenen wurden überall sozialistische Wirtschafts- und Eigentumsformen durchgesetzt.

Entwicklung der Industrie

Ein Bereich, in dem starke sozialistische Elemente schon früher durchgesetzt worden waren, war die Industrie. Die Industrie sollte im eigentlichen Sinne die Überlegenheit des sozialistischen Systems über das kapitalistische System erweisen. Die Zukunft des sozialistischen Systems aber, so glaubte man in der DDR, liege nicht in der Liberalisierung, in der Nutzung des Individualismus und des Eigeninteresses, sondern nur in der konsequenten Ausgestaltung der Planwirtschaft und der sozialistischen Eigentumsordnung. So wurden denn auch noch die letzten Reste des Privatgewerbes verstaatlicht und weitreichende Pläne aufgestellt, die den gesamtwirtschaftlichen Ablauf über lange Jahre steuern sollten. Besondere Schwerpunkte bildeten der Auf-

Flucht durch das Fenster nach Westberlin

bau einer leistungsfähigen chemischen Industrie sowie die Ersetzung der inzwischen vollständig überalterten Maschinen und Anlagen, die vielfach noch aus der Kriegszeit stammten und deren Ersatz hinter anderen wichtigen Investitionen hatte zurücktreten müssen.

Im ganzen war dies ein ungeheuer ehrgeiziges wirtschaftliches Programm: einerseits die Umstellung der Wirtschaft auch in den letzten Bereichen auf die sozialistische Produktionsweise, zum anderen der Versuch, die Bundesrepublik, die wesentlich bessere Startbedingungen gehabt hatte und die ungleich weniger Reparationen leisten mußte, innerhalb weniger Jahre einzuholen. Je länger die DDR diesem Ziel nachjagte, desto mehr zeigte sich aber, daß sie sich übernommen hatte. Mehrfach mußten die Pläne geändert werden. Man erkannte in der DDR, daß die Planziele reduziert, daß die Fristen gestreckt werden müßten und daß die DDR-Wirtschaft eine längere Zeit brauchen würde, um den Anschluß an den Westen zu gewinnen. Die Diskrepanz zwischen dem angestrebten Sozialismus und der wirtschaftlichen und sozialen Realität kam der Führung und der Bevölkerung in der DDR schmerzlich zum Bewußtsein.

Fluchtbewegung aus der DDR und Bau der Berliner Mauer

Für die politisch nicht gebundene Bevölkerung in der DDR gab es unter diesen Umständen zwei Möglichkeiten: entweder die Anpassung an den von der SED vorgegebenen Kurs oder aber die Flucht aus der DDR in den Westen. Jeweils mit den wechselnden Phasen der inneren Spannung oder Entspannung in der DDR wuchs der Flüchtlingsstrom an oder ging zurück. Schrittweise war daher die DDR bemüht gewesen, die Grenze zur Bundesrepublik abzusichern, um den Flüchtlingsstrom zu unterbinden. Während dies für die eigentliche Grenze gelang, konnte West-Berlin von der umliegenden DDR nicht abgesperrt werden. Viele Tausende von Bewohnern der DDR flohen monatlich auf dem Wege über West-Berlin in die Bundesrepublik, unter denen etwa die Hälfte Jugendliche bis zum Alter von 25 Jahren waren. Es war also die arbeitsfähige, ausgebildete Bevölkerung, die die DDR verließ mit der Folge der Gefahr des Ausblutens der DDR und einer äußerst ungünstigen Verschiebung der Altersstruktur. Auf die Dauer war das ein wirtschaftlicher und menschlicher Verlust, den kein Staat tragen konnte. Das »Loch in Berlin« schwächte die politische und wirtschaftliche Konsolidierung, die DDR fiel gegenüber der Bundesrepublik immer weiter zurück, und schließlich bedeutete diese Fluchtbewegung auch eine Erschütterung des staatlichen und politischen Selbstbewußtseins, die jeden Staat auf die Dauer erheblich geschwächt hätte.

Auf der östlichen Seite erkannte man, daß es unausweichlich sei zu handeln, wenn man den Bestand der DDR nicht gefährden wolle. Im ersten Halbjahr 1961 stiegen die Flüchtlingszahlen noch einmal erheblich an, und nun entwickelte die DDR-Führung eine Reihe von Alternativkonzeptionen, um den Fluchtweg über West-Berlin zu versperren. Nach längeren Diskussionen, die von der Öffentlichkeitswirkung einer solchen Absperrungsmaßnahme bestimmt waren, entschloß man sich auf einer Sitzung der Staaten des Warschauer Paktes, die Abschließung West-Berlins durch eine Mauer vorzunehmen. In der Nacht vom 12. auf den 13. August 1961 wurde die quer durch die Stadt verlaufende Sektorengrenze zunächst durch Zäune und Steinwälle undurchlässig gemacht und in den folgenden Tagen durch eine Mauer abgesperrt. West-Berlin war von der DDR abgeriegelt.

Während die Mauer in der DDR als ein Abwehrmittel gegen die angeblichen Aggressionsabsichten des Westens und als Schutzwall für das eigene System gefeiert wurde, galt sie in der Bundesrepublik und in den Ländern des Westens als Zeichen einer Herrschaft des Zwanges gegen breite Kreise der Bevölkerung und als Eingeständnis der Unfähigkeit, die Bevölkerung im eigenen Land zu halten.

Die wirtschaftliche und politische Festigung der DDR (1961–1971)

Stabilisierung der DDR und Wandel der SED

Der Bau der Berliner Mauer am 13. August 1961 und die endgültige Absperrung der innerdeutschen Grenze waren für die innere Geschichte der DDR wie für ihr Selbstbewußtsein ein entscheidendes Datum. Das bezog sich sowohl auf das Verhältnis der Bevölkerung zu diesem Staat wie auch auf die Auffassung der herrschenden politischen Kräfte über den Zustand und den weiteren Weg des kommunistischen Systems in der DDR.

Hatte ein großer Teil der Bevölkerung bisher in Distanz zum DDR-Staat gelebt und die Flucht in den Westen zumindest erwogen, so wurde durch die Mauer die Fluchtbewegung gestoppt. Der Weg nach Westen war versperrt, und die Menschen sahen sich auf das bestehende System angewiesen. Das bedeutete, daß man zwar dem sozialistischen Staat auf deutschem Boden und den von ihm geschaffenen Verhältnissen seine volle Zustimmung weiterhin versagte, ihm aber das geforderte Mindestmaß an Anpassung und Solidarisierung durchaus gewährte. Man erfüllte seine wirtschaftlichen, sozialen und – soweit notwendig – auch politischen Verpflichtungen, zog sich aber sonst in private Freiräume zurück, die das System überall dort gelassen hatte, wo der eigene Herrschaftsanspruch nicht gefährdet schien. Auf die Dauer führte das jedoch zu einem Abbau der Vorbehalte und vor allem in der jüngeren Generation zu einer steigenden Identifikation mit der DDR als »ihrem« Staat. Die Bundesrepublik trat zunehmend als Vorbild und Modell in der Auffassung der Bevölkerung zurück, indem der eigene Staat zwar nicht als vollkommene, wohl aber als akzeptable Gemeinschaft aufgefaßt wurde. Die SED kam dieser Auffassung in ihrem Verhalten selbst entgegen: Sie verzichtete auf eine ständig dokumentierte, uneingeschränkte Zustimmung zu dem von ihr geschaffenen System, wenn dabei nur ein bestimmtes Maß an Loyalität gegeben war.

Aber nicht nur in dieser atmosphärischen Entspannung und in dem Mentalitätswandel in der Bevölkerung vollzog sich seit 1961 ein Wechsel, sondern auch im Verhalten und im Selbstbewußtsein der herrschenden politischen Partei, der SED. War die bisherige Geschichte der DDR nach Auffassung der SED ein einziger Kampf um den Sozialismus gegen starke innere und äußere Widerstände gewesen, so war die DDR in den Jahren 1960/61 mit dem Abschluß der Umgestaltung von Staat, Wirtschaft und Gesellschaft in das grundlegende neue Stadium des Sozialismus eingetreten. Die führende Rolle der Partei war gesichert, die Wirtschaft bis auf kleine Teilbereiche sozialisiert und einer umfassenden Planung unterworfen und die Gesellschaft mit ihrer ehemaligen sozialen Differenzierung war eingeebnet und für den Sozialismus neu formiert worden. Die DDR gewann Stabilität nach innen durch das Ende der Bevölkerungs- und Arbeitskräfteverluste und nach außen durch die wachsende internationale Anerkennung. So konnte die DDR aus der Bewegungsphase, die durch Kämpfe und Spannungen bestimmt gewesen war, übergehen in die Stabilisierungsphase, und die nun erreichten politischen, wirtschaftlichen und gesellschaftlichen Verhältnisse planmäßig weiterentwickeln. Mit zunehmender Sicherheit entspannten sich auch die inneren Verhältnisse mit der Folge, daß die SED in ihrer allgegenwärtigen Wachsamkeit zwar nicht nachließ, sich bei der Durchsetzung ihrer Ziele aber von nun an geschmeidigerer Mittel bedienen konnte.

Angesichts dieser Wandlungen in den allgemeinen Verhältnissen änderte die SED aber auch ihr Verhalten als herrschende politische Kraft. Zumindest nach innen war sie nicht länger ausschließlich kommunistische Kampf- und Revolutionspartei, sondern sie wandelte sich zur Funktionspartei. Sie übernahm die Aufgabe, das Anfang der sechziger Jahre geschaffene sozialistische System in der DDR konsequent fortzuentwickeln und den Nachweis der versprochenen Leistungsfähigkeit zu erbringen. Nicht länger konnten die inneren Schwierigkeiten, die ganz offenkundig weiter andauerten, nach außen abgeleitet werden, sondern nun war die SED dafür selbst verantwortlich. Gleichzeitig fand innerhalb der SED ein Generationswechsel statt. Zwar blieb Walter Ulbricht weiter an der Spitze, denn er verkörperte die Kontinuität der sozialistischen Ausrichtung und der Bindung an Moskau, aber gleichzeitig rückten in die Schaltstellen jüngere Fachleute und Wirtschaftler ein, die die ältere Ideologengeneration ablösten.

Koexistenz und Systemwettbewerb im Ostblock

Diese Wandlungen in der DDR entsprachen Veränderungen im gesamten Ostblock, die von der Sowjetunion ausgelöst worden waren. Auf dem XXII. Parteitag der KPdSU (1961) hatte Chruschtschow seine Stalinkritik erneuert und gleichzeitig dem Weltkommunismus eine neue Zielsetzung gewiesen, die vom Konzept der Modernisierung, der Koexistenz und des Systemwettbewerbs bestimmt sein sollte. Die DDR-Führung unter Ulbricht paßte sich diesem Wandel an und bemühte sich nun auch ihrerseits, diese Neuorientierung programmatisch abzusichern. Auf dem VI. Parteitag der SED im Januar 1963 gab sich die Partei erstmalig in ihrer Geschichte ein formelles Programm, das die gegenwärtigen und die langfristigen Zielsetzungen genau zu umschreiben suchte. Aufgabe der SED war nach dem Parteiprogramm der »umfassende Aufbau des Sozialismus« in der DDR im Rahmen des sozialistischen Weltsystems. Aber auch am Ziel der »nationalen Einheit« sollte festgehalten werden.

Gleichzeitig mit diesem Übergang zu einer neuen Entwicklungsstufe änderte sich auch die Form der Herrschaft der SED. Zwar blieben die Herrschaftsverhältnisse – die uneingeschränkte Vorherrschaft der SED, die Verbindlichkeit der Entscheidungen von oben nach unten und die Entschei-

Walter Ulbricht auf der Ehrentribüne des Ostberliner Jugendtreffens 1954

dungsvorgabe der Partei für den Staat – die gleichen, wohl aber änderten sich die Herrschaftsmethoden. Die bisherigen Mittel des Terrors und der Unterdrückung wurden aufgegeben und an ihre Stelle traten die Neutralisierung und Manipulierung der Bevölkerung, deren Mitarbeit man für die neuen Konzepte brauchte. Die Partei unterließ es im weiteren Verlauf, die unbedingte Zustimmung und Hinwendung zum Sozialismus zu erzwingen, sondern sie verlegte sich auf die Werbung und auf die Wirkung des Erfolges. Das schloß nicht aus, daß es erneut zu Rückschritten und zu Verhärtungen in der politischen Entwicklung kam und daß einmal gewährte Freiheitsräume wieder eingeschränkt wurden, aber insgesamt war doch eine neue Selbstsicherheit und Selbstgewißheit des sozialistischen Systems in der DDR zu beobachten.

Bei dem Versuch, die Bevölkerung nicht durch Zwang, sondern durch die Attraktivität des eigenen Systems für sich zu gewinnen, kam der wirtschaftlichen und sozialen Leistungsfähigkeit der DDR eine entscheidende Bedeutung zu. In diesen Bereichen waren durchschlagende Erfolge jedoch bisher ausgeblieben. Die forcierte Sozialisierung aller Wirtschaftsbereiche, mit der man eine bisher privatwirtschaftlich kapitalistische Ordnung auf ein planwirtschaftlich sozialistisches System umgestellt hatte, war so schnell und rigoros durchgeführt worden, daß Schwierigkeiten bei der Funktion des neuen Systems und in der Mentalität der Betroffenen unausweichlich waren. Der überstürzte und im Grunde unerfüllbare Versuch, die Bundesrepublik mit ihrer so ganz anders gearteten Wirtschaftsstruktur und ihrem Wirtschaftssystem innerhalb kürzester Zeit einzuholen, hatte zu Hoffnungen und Anspannungen geführt, deren Scheitern nur desto bitterer empfunden wurden. Und schließlich hatte die Zerreißung des innerdeutschen Wirtschaftszusammenhanges die DDR zu einer völligen Neuorientierung des Rohstoffbezuges, der Produktionsstruktur und des Außenhandels gezwungen. Allgemeine Probleme der sozialistischen Systeme wie besondere Probleme der DDR-Wirtschaft führten in den späten fünfziger und frühen sechziger Jahren dazu, daß es in der DDR zu Versorgungsengpässen, zu volkswirtschaftlichem Leerlauf und zu Unangepaßtheiten innerhalb des Systems kam. Die Folgen waren wachsende Unzufriedenheit in der Bevölkerung und eine steigende Fluchtbewegung in den Westen. Eine systemkonforme Änderung schien unumgänglich zu sein.

»Neues Ökonomisches System«

Anfang der sechziger Jahre waren die Voraussetzungen für eine solche Änderung geschaffen. Mit dem Bau der Mauer im August 1961 wurde die Fluchtbewegung in den Westen unterbunden und damit das Bevölkerungs- und Arbeitskräftepotential stabilisiert. Ein Jahr später begann im Rahmen der Entstalinisierung in der Sowjetunion eine groß angelegte Diskussion über eine Reform des sozialistischen Wirtschaftssystems, mit der das System effektiver und beweglicher gestaltet werden sollte. Die übergreifende Entwicklung im Ostblock und die besonderen Interessen der DDR ließen daher die Aussichten für eine Änderung des Systems als durchaus günstig erscheinen.

Das Wirtschaftssystem der DDR beruhte auf folgenden Prinzipien: der zentralen Planung und Lenkung der Wirtschaft, der weitgehenden Beseitigung des Privateigentums an den Produktionsmitteln und dem Streben nach Maximierung des Wirtschaftswachstums. Alle diese Prinzipien waren grundlegende Bestandteile eines sozialistischen Wirtschaftssystems, die nicht geändert werden konnten. Möglich war also nur eine systemkonforme Änderung des Systems, indem bei Aufrechterhaltung der Grundprinzipien deren Wirkungsweise verändert wurde.

In der SED hatte man inzwischen erkannt, wo die Schwachpunkte lagen. Die Planwirtschaft war zu starr und zu unbeweglich. Gewinne einzelner Sparten und Betriebe wurden zu rigoros abgeschöpft und die Investitionsgüterindustrie wurde gegenüber der Konsumgüterindustrie allzu sehr bevorzugt. Aufgrund dieser Erkenntnisse wurde im Juni 1963 das »Neue Ökonomische System der Planung und Leitung der Volkswirtschaft« verkündet, mit dessen Hilfe die innere Flexibilität des sozialistischen Systems erweitert werden sollte. Die bisher zentral festgelegten Planvorgaben wurden gelockert, die Selbstverwaltung der Wirtschaftsbereiche und sogar der einzelnen Betriebe wurde erweitert, der Eigeninitiative ein größerer Spielraum ermöglicht und ein System der materiellen Anreize geschaffen. Damit blieben die grundlegenden Merkmale des sozialistischen Wirtschaftssystems erhalten, während die Ausgestaltung im einzelnen in Richtung auf eine größere Liberalisierung geändert wurde. Gleichzeitig wurde ein personeller Führungswechsel durchgeführt, indem die bisher mehr traditionell orientierten älteren Funktionäre durch ökonomische Pragmatiker der jüngeren Generation ersetzt wurden. Zwar wurde das so geschaffene beweglichere System zwei Jahre später wieder eingeschränkt, weil die SED ihre Führungsposition und ihre Zugriffsmöglichkeiten gefährdet sah, aber im Prinzip blieben eine gewisse Lockerung der Planwirtschaft und damit eine größere Beweglichkeit bestehen.

Auf dieser Grundlage gelang es der DDR-Wirtschaft, in den Jahren 1961–1970 das Wachstum erheblich zu erhöhen und den Lebensstandard der Bevölkerung bedeutend zu steigern. Bei ihrem zwanzigjährigen Bestehen im Jahre 1969 konnte die DDR eine stolze Bilanz vorlegen. Sie war nach der Sowjetunion die zweitstärkste Industriemacht des Ostblocks, und sie nahm auch in der Weltrangliste der Industrienationen einen beachtlichen Platz ein. Die Schwierigkeiten dieser Wirtschaft waren aber auch im Jahre 1969 nicht zu übersehen: Immer wieder wechselten in der SED-Führung Reformbereitschaft in der Wirtschaftsplanung und Wirtschaftslenkung mit straffem Führungsanspruch der Partei und bewirkten Unruhe und Unsicherheit. Die DDR-Wirtschaft war fest auf die Wirtschaft der Sowjetunion ausgerichtet, aber die Beziehungen zwischen beiden Ländern waren durchaus nicht von Gleichberechtigung bestimmt. Und schließlich zeigte der Systemvergleich zwischen den beiden deutschen Staaten, daß die Bundesrepublik trotz aller Anstrengungen der DDR kurzfristig wirtschaftlich nicht einzuholen war. Anspruch und Wirklichkeit waren in der DDR noch nicht zur Deckung gebracht.

Außenpolitik der DDR

Der Zustand und die Effektivität der DDR-Wirtschaft waren aber nicht nur für die inneren Verhältnisse der DDR, sondern auch für deren außenpolitische Lage entscheidend. Bot doch die Wirtschaftskraft eines Landes die Möglichkeit, im Rahmen von Warenlieferungen und Kreditvergabe vor allem in den Entwicklungsländern die von der Bundesrepublik durch den Alleinvertretungsanspruch und die Hallstein-Doktrin bewirkte Isolierung der DDR in den internationalen Beziehungen zu durchbrechen.

Erfolge in dieser Hinsicht errang die DDR weniger durch den Umfang ihrer Entwicklungshilfe als vielmehr durch den Umstand, daß sie sich selbst ausdrücklich als »antiimperialistischen Staat« bezeichnete und die Entwicklungsländer in ihrem Kampf gegen die ehemaligen Kolonialmächte zu unterstützen versprach. Während der Bundesrepublik im Rahmen des westlichen Bündnisses gewisse Schranken auferlegt waren, konnte die DDR in dieser Hinsicht frei agieren. Im Rahmen dieser Bemühungen wurden im Sommer 1969 volle diplomatische Beziehungen zwischen der DDR und Ägypten aufgenommen, und wenig später folgten einige afrikanische und asiatische Länder diesem Beispiel. Der erste Schritt zur Befreiung aus der außenpolitischen Isolierung war getan.

Aber auch auf dem Felde der internationalen Organisationen begann die DDR mit Hilfe der Sowjetunion aktiv zu werden. Zwar war die DDR seit langem Vollmitglied in den Wirtschafts- und Militärbündnissen des Ostblocks (COMECON; Warschauer Pakt), doch hatte die Bundesrepublik die Aufnahme der DDR in die weltumspannenden internationalen Organisationen bis in die Mitte der sechziger Jahre erfolgreich verhindert. Als Ansatzpunkt ihrer außenpolitischen Bemühungen wählte die DDR eine Organisation, die nicht den strikten Regeln des Völkerrechts unterlag, nämlich das Internationale Olympische Komitee. Im Jahre 1965 gelang es der DDR, im Rahmen einer Sonderform Mitglied des Internationalen Olympischen Komitees zu werden. Ein weiterer Vorstoß der DDR Anfang 1966, mit dem sie die Aufnahme in die Vereinten Nationen anstrebte, scheiterte zunächst am Veto der Westmächte im Sicherheitsrat. Erst in den Jahren 1972/73 wurde die DDR zunächst in die Unterorganisationen der UNO und dann als Vollmitglied in die UNO aufgenommen.

Die unbestreitbaren Erfolge der DDR in den Ländern der Dritten Welt und die ersten Erfolge im internationalen Rahmen zeigten der Bundesrepublik zunehmend, daß die Waffe der »Hallstein-Doktrin« stumpf zu werden begann. Man erkannte im Westen Deutschlands, daß ein weiteres Beharren auf dieser Doktrin einer Selbstschädigung und Selbstausschaltung gleichkam. So wurden denn vor allem in der SPD und in der FDP die Bestrebungen immer stärker, mit der DDR zu einem geregelten Nebeneinander zu kommen. Diese Bemühungen führten von dem letzten Endes allerdings gescheiterten Vorschlag eines Redneraustausches zwischen SPD und der SED im Jahre 1966 über die Treffen Willy Brandts und Willi Stophs in Erfurt und in Kassel im Jahre 1970 bis hin zu den innerdeutschen Abkommen und zum Grundlagenvertrag im Jahre 1974. Damit waren die Voraussetzungen für eine weltweite internationale Anerkennung der DDR geschaffen.

Ablösung W. Ulbrichts und der Übergang zu E. Honecker

Den Endpunkt dieser mehr als zwanzigjährigen Aufbauphase der DDR bis hin zur inneren und äußeren Konsolidierung bildete die Ablösung Walter Ulbrichts als der zentralen Führungsperson der DDR im Mai 1971. Walter Ulbricht hatte sich seit dem Bestehen der sowjetischen Besatzungszone (1945) und dann der DDR (1949) als die zentrale Figur der Kontinuität und der andauernden Führung erwiesen. Er hatte alle Schwierigkeiten, die bestimmt nicht gering gewesen waren, überdauert; er hatte Widerstände gegen seine Person und seine Führung abwehren müssen, und er hatte mehrfach tiefgreifende ideologische und politische Richtungskämpfe zu überstehen, die auch aus der SED selbst gegen ihn vorgetragen worden waren. Sicher hat bei seinem langen Verbleiben in der Führungsposition der DDR auch eine Rolle gespielt, daß Ulbricht in der Sowjetunion als verläßlicher Verbündeter angesehen wurde und daß er in den verschiedenen Konfliktlagen die Person zu sein schien, die mit dem richtigen Maß an Härte und Beweglichkeit die DDR im sowjetischen Lager zu halten vermochte. Das schloß eine zunehmende Selbständigkit der DDR im Ostblock nicht aus, aber im Rahmen der kommunistischen Staaten blieb die DDR schon wegen ihrer prekären internationalen Lage auf das Wohlwollen der Sowjetunion angewiesen. Ohne den ganz uncharismatischen, vielfach pedantisch wirkenden Ulbricht ist die Geschichte der DDR nicht zu denken. Zwar vollzog sich die Ablösung Ulbrichts in den gangbarsten Formen, aber je länger desto deutlicher wurde es, daß Ulbricht auf Druck der Sowjetunion und bestimmter Kreise der SED hatte weichen müssen. Welches waren die Gründe für diese Ablösung Ulbrichts?

Die Gründe lagen zunächst einmal im internationalen Bereich. Bei den beginnenden Verhandlungen zwischen der Sowjetunion und der Bundesrepublik über die Normalisierung der Beziehungen zum gesamten Ostblock war die Sowjetunion im Rahmen des innerdeutschen Verhältnisses zu weitaus größeren Zugeständnissen bereit, als die DDR und vor allem Ulbricht sie zugestehen wollten. Die Gründe lagen weiter im wirtschaftlichen Bereich. Unter Ulbricht waren einseitig bestimmte Industriezweige gefördert worden, während andere erhebliche Defizite aufwiesen. Ungleichheiten im Wirtschaftswachstum waren die Folge gewesen, so daß die wirtschaftlichen Planziele immer wieder korrigiert werden mußten. Und die Gründe lagen schließlich im ideologischen Bereich. Ulbricht war ein Mann der ideologischen und politischen Konfrontation, während die Sowjetunion sich anschickte, in eine Phase der Kooperation einzutreten. Zudem hatte Ulbricht zuletzt versucht, einen mehr unabhängigen Kurs gegenüber der Sowjetunion zu steuern, was aber offenbar die Sowjetunion nicht zu tolerieren bereit war. Das von Walter Ulbricht vertretene Prinzip, brauchbar für die Zeit der Umgestaltung und der Konfrontation, hatte sich überlebt.

Nachfolger Ulbrichts wurde Erich Honecker, seit 1926 Mitglied der Kommunistischen Jugendverbandes und seit 1929 der KPD. Honecker war von 1946–1955 Vorsitzender der FDJ gewesen und hatte seit 1958 eine Parteikarriere gemacht, die ihn in das Politbüro und das Zentralkomitee der SED führte. Mit Erich Honecker trat einer der jüngeren, im sowjetischen Sinne linientreuen, aber zugleich pragmatischen deutschen Kommunisten an die Spitze der DDR. Eine neue Phase des Aufstiegs und der Konsolidierung der DDR begann.

Die DDR als sozialistischer Staat (1972–1982)

Außenpolitik der DDR

Die Normalisierung des Verhältnisses der Bundesrepublik zu den osteuropäischen Ländern im Rahmen der Ostverträge sowie die alliierten Vereinbarungen über Berlin und damit die Bestätigung des Vier-Mächte-Status für Deutschland brachten für die DDR die weltweite Anerkennung als souveräner Staat. In den Jahren von 1972 bis 1974 errichteten alle westlichen Länder, darunter auch die Westalliierten, Botschaften in Ost-Berlin. Endlich schien eine Regelung gefunden zu sein, nach der die weitergeltenden Rechte der vier Mächte und die Existenz der beiden souveränen deutschen Teilstaaten miteinander vereinbar waren. Allerdings mußte nach Maßgabe dieser Verträge auch die DDR anerkennen, daß sie zur Bundesrepublik keine normalen völkerrechtlichen Beziehungen haben konnte, sondern daß es sich hier um

Erich Honecker und Leonid Breschnew auf der Krim, 11.8. 1982

ein Sonderverhältnis handelte. Die Bindungen West-Berlins an die Bundesrepublik mußten anerkannt und die Garantie der Transitwege durch die DDR akzeptiert werden. Auch das Ziel einer eigenen DDR-Staatsbürgerschaft ließ sich gegenüber der Bundesrepublik nicht durchsetzen. Es blieb bei den »besonderen Beziehungen« zwischen den beiden deutschen Staaten, von denen schon der Grundlagenvertrag ausgegangen war.

Dennoch hinderten diese übergreifenden internationalen Abkommen die DDR nicht, in ihrer Außenpolitik ihre völkerrechtliche Selbständigkeit immer wieder zu demonstrieren. Anlaß dazu bot der neue Freundschaftsvertrag mit der Sowjetunion, der im Oktober 1975 abgeschlossen wurde. Während in den früheren Verträgen dieser Art von 1955 und 1964 die Wiedervereinigung Deutschlands noch erwähnt worden war, fand sie in dem neuen Freundschafts- und Beistandspakt keine Berücksichtigung mehr. Vielmehr wurden die Unantastbarkeit der Grenzen in Europa garantiert und jede Revision der Grenzen auch in Hinsicht auf die beiden deutschen Staaten abgelehnt. Auch in anderen Verträgen mit sozialistischen Staaten wurde diese Politik der Abgrenzung und der Festschreibung betrieben, um die Teilung endgültig zu machen.

Dagegen verlief die Praxis der Beziehungen zwischen den beiden deutschen Staaten nach ganz anderen Regeln. Die DDR war bestrebt, auf der Basis der bestehenden vertraglichen Regelungen weitere Abmachungen zu treffen, die den inzwischen erreichten Status festschrieben. Je sicherer die DDR ihrer internationalen Stellung war und je mehr sie sich auf die Zustimmung ihrer Bewohner verlassen konnte, desto unabhängiger und selbstsicherer wurde sie. Einen großen Anteil daran hatte auch das wirtschaftliche Sonderverhältnis der DDR zur Bundesrepublik, durch das die wirtschaftliche Abschwungphase gemildert werden konnte. Schließlich war es sogar möglich, im Rahmen des deutsch-deutschen Sonderverhältnisses von normalen Beziehungen zu sprechen.

Innenpolitik der DDR

Damit ging einher, daß auch innenpolitisch in der DDR eine Ära ihren Abschluß fand. Am 1. August 1973 starb Walter Ulbricht, der zwar schon früher seine Ämter aufgegeben hatte, dessen Tod aber nun das Ende der Aufbau- und Stabilisierungsphase der DDR bezeichnete. Galt Ulbricht als ein Mann, der durch die Sowjetunion eingesetzt und protegiert worden war, so erschienen seine Nachfolger, vor allem Erich Honecker, als Leute eigener politischer Legitimation. Deutlich wurde dies durch die Wahl Honeckers zum Staatsratsvorsitzenden im Oktober 1976, der damit die höchsten Ämter in Staat und Partei in seiner Person vereinigte. Gleichzeitig rückten jüngere Fachleute für wirtschaftliche und technische Fragen in die entsprechenden Leitungsfunktionen ein, so daß der weitere Kurs der DDR bei grundsätzlich kommunistischer Ausrichtung immer pragmatischer wurde.

Es war ein Zeichen dieses pragmatischen Neubeginns, daß nun für die Führung der DDR die wirtschaftliche und soziale Versorgung der eigenen Bevölkerung in den Vordergrund des Interesses rückte. Das Bestreben von Staat, Wirtschaft und Gesellschaft sollte nicht mehr utopischen Fernzielen gelten, sondern sich auf die Verbesserung des täglichen Daseins richten. Ziel der Anstrengungen sollte nicht mehr die offenbar kurzfristig nicht einholbare Bundesrepublik sein, sondern der machbare Fortschritt der eigenen Gesellschaft. Zu diesem Zweck wurde 1976 im Parteiprogramm die »Einheit von Wirtschafts- und Sozialpolitik« verkündet. Das bedeutete, daß die Erträge der Arbeit nicht mehr nur allgemeinen volkswirtschaftlichen Zwecken zugeführt werden, sondern auch der Verbesserung der jeweils individuellen Lebensqualität dienen sollten. Die großen Investitionsprogramme im Bergbau, in der Eisen- und Stahlindustrie und in der chemischen Industrie wurden reduziert und die freiwerdenden Mittel dem Wohnungsbau und der Konsumindustrie zugeschlagen sowie zur Verbesserung sozialer Leistungen verwandt. Dabei setzte die SED sowohl beim Angebot wie bei der Nachfrage ein: Die Löhne und Renten wurden erhöht und damit mehr Kaufkraft geschaffen, während gleichzeitig das Warenangebot im Konsumbereich ausgeweitet wurde. Ergänzt wurden diese Maßnahmen durch einige Verbesserungen im sozialpolitischen Bereich: Die Arbeitszeit wurde verkürzt, die Lage der berufstätigen Frauen erleichtert und die Familienpolitik durch finanzielle Anreize gefördert. In der DDR führten diese Veränderungen zu einer steigenden Loyalität der Bevölkerung gegenüber dem eigenen sozialistischen Staat. Mochte die Bundesrepublik, die durch ihr Fernsehen in die DDR hineinwirkte, in Hinsicht auf das Warenangebot und den Konsum auch noch als der erstrebte Maßstab gelten, so waren die tatsächlichen Verbesserungen der eigenen Lage doch nicht zu übersehen. Nicht nur nach außen, sondern auch nach innen gewann die DDR an Selbstsicherheit und Selbstgewißheit.

Auswirkungen der Weltwirtschaftskrise

Diese vielversprechende Aufwärtsentwicklung wurde unterbrochen, als die DDR Mitte der siebziger Jahre die Auswirkungen der Weltwirtschaftskrise zu spüren bekam. Es zeigte sich, daß die sozialistische Wirtschaft sich nicht in einem abgegrenzten Bereich bewegte, sondern den Schwankungen des weltwirtschaftlichen Gesamtsystems ebenso ausgesetzt war wie der Kapitalismus. Die Ölpreissteigerungen und die daran anschließende allgemeine Verteuerung der Rohstoffe trafen die DDR als rohstoffarmes Verarbeitungsland besonders hart. Wollte die Führung der DDR die erhöhten Sozialleistungen und den verbesserten Lebensstandard nicht zurücknehmen, mußte an anderer Stelle gespart oder mehr geleistet werden. Trotz aller Schwierigkeiten gelang es der DDR in den folgenden Jahren, durch ein konsequentes Sparprogramm und durch eine erhöhte Produktivität, aber auch durch die Aufnahme ausländischer Kredite die Folgen dieser Krise für das eigene Land begrenzt zu halten. Das Grundproblem der DDR-Wirtschaft, eine nur langsam wachsende Produktivität zwischen den Erwartungen der Bürger und den Notwendigkeiten der Volkswirtschaft aufteilen zu müssen, blieb aber erhalten. Nur wurde die Bevölkerung nicht mehr allein auf die sozialistische Zukunft vertröstet, sondern es wurden zunehmend auch die gegenwärtigen Bedürfnisse befriedigt.

Weiterbestand der deutschen Nation?

Das Selbstbewußtsein, die Selbstsicherheit, das Eigenbewußtsein und auch der Stolz auf das Erreichte in der Bevölkerung der DDR waren für die Führung allerdings auch der Anlaß, die weitere Einheit der deutschen Nation in Frage zu stellen. Bisher war in den offiziellen Äußerungen und auch in der Verfassung der DDR immer vom Weiterbestand der Nation ausgegangen worden, die eines Tages im Zeichen des Sozialismus wiedervereinigt werden sollte. Mit der andauernden Spaltung und dem zunehmenden Eigenbewußtsein wurde nun die Vorstellung einer klassenbestimmten Nation entwickelt. Zu den historisch gewachsenen Bestimmungskriterien der Nation sollte als entscheidendes Element das Klassenbewußtsein treten. So unterschied die DDR zwischen einer »bürgerlichen« deutschen Nation in der Bundesrepublik und einer »sozialistischen« deutschen Nation in der DDR. Damit verbunden war eine Neubewertung der deutschen Geschichte, die in allen Epochen auf das »sozialistische Erbe« hin untersucht wurde. Persönlichkeiten und Epochen, denen bisher die besondere Kritik der DDR-Forschung gegolten hatte, erhielten nun eine ganz andere Funktion, indem sie Vorläufer auf dem graden Weg zur DDR wurden. Auch aus der Verfassung wurden im Rahmen einer Verfassungsänderung im Jahre 1974 alle nationalen Bezüge gestrichen; fortan war die DDR verfassungsrechtlich ein »sozialistischer Staat der Arbeiter und der Bauern«. Offenbar war es aber schwierig, diese Gedanken zu vermitteln, und es erscheint fraglich, ob die Bevölkerung diese nationale Trennung mitvollzogen hat.

Ergebnisse

Die wirtschaftliche Krise, die Umstellung der wirtschaftlichen und sozialen Strukturen zur Bewältigung dieser Krise und die Einbettung der eigenen Außenpolitik in die internationalen Beziehungen waren Umstände, die die Entwicklungen in beiden deutschen Staaten im weiteren Verlauf bestimmten. Auch in der DDR wurden große Anstrengungen gemacht, im allgemeinen Abschwung der Weltwirtschaft den Stand und die Wettbewerbsfähigkeit der DDR-Wirtschaft durch eine Intensivierung des wissenschaftlich-technischen Fortschritts zu erhalten. Das bezog sich auf neue Technologien, auf die Bildung einer wissenschaftlichen Elite wie auch auf eine Neuverteilung des Sozialprodukts zwischen Investitionen und Konsum. Auch in der DDR bildete sich, wenn auch zaghaft und vielfach behindert, eine Ökologie- und Friedensbewegung, die die moderne Technik auf ihre Folgen hin kritisch befragte und die sich für eine voraussetzungslose Abrüstung einsetzte. Es scheint, daß die Führung der DDR diese Bewegung zwar zuläßt, ihren Handlungsspielraum aber sehr einengt. Und auch in der DDR wurde neben der ideologischen Sicherheit eine funktionale Legitimation erforderlich, die den Menschen vor allen anderen Dingen das wirtschaftliche und soziale Wohlergehen ermöglichte. In der DDR herrscht ein Reformkommunismus eigener Art: Ist auch der ideologische Bereich weiterhin sehr starr und unbeweglich, so vollziehen sich im real bestehenden Bereich doch Wandlungen technischer und struktureller Art, die allen modernen Systemen gemeinsam sind.

Deutschland von der »Wende« zur Einheit (1982–1990)

Martin Vogt

Die jüngste Vergangenheit zu schildern und dabei zu wissen, daß vielfach die Hintergründe von Ereignissen noch nicht offenliegen und daß das Geschehen nicht abgeschlossen ist, erfordert weniger die interpretierende Darstellung als den erzählenden Bericht. Dabei ist jedoch nicht auszuschließen, daß einzelne Fakten zu hoch und andere zu gering bewertet werden, weil der gegenwärtige Betrachter sie so einschätzt, wie sie jetzt wirken, ohne jedoch alle Hintergründe und Zukunftswirkungen zu kennen und zu überblicken. So kann Wesentliches des Augenblicks in der Zukunft unwesentlich sein, aber das, was jetzt kaum beachtet wird, später Interesse erregen.

Die »deutsche Frage«

Politische Ausgangslage

Als 1982 die »Wende« in der Bundesrepublik von sozial-liberaler zu christlich-liberaler Koalition stattfand, stellte dies eine grundsätzliche Änderung in der Behandlung wirtschafts- und sozialpolitischer Probleme dar, und der westdeutsche Staat sollte nach dem Willen der neuen Koalition auch geistig-politisch erneuert werden; aber die Verfassungsordnung wurde dadurch nicht umgeworfen, sondern der Regierungswechsel geschah im Rahmen der Bestimmungen des Grundgesetzes. Zur gleichen Zeit erschienen die politischen Verhältnisse in der DDR dermaßen verfestigt, daß auch hier keine Veränderungen der inneren Verhältnisse, der sozialen und wirtschaftlichen Bedingungen oder der auswärtigen Beziehungen denkbar schienen. Die Voraussetzungen der für Deutschland und die Deutschen plötzlichen Umwälzung im Jahr 1989, die 1990 zur deutschen Wiedervereinigung führten, lassen sich rückschauend im vorhergehenden Jahrzehnt an bestimmten Ereignissen in der DDR erkennen. Aber die friedliche Revolution im ostdeutschen Staat wäre wahrscheinlich anders verlaufen oder hätte wohl gar nicht stattfinden können, wenn sich die außenpolitischen Bedingungen und die Abhängigkeitsverhältnisse im Ostblock nicht verändert hätten. Mit dem Bekenntnis des seit 1985 amtierenden Generalsekretärs der KPdSU Michail Gorbatschow zu »Perestroika« und »Glasnost«, d.h. zu erneuerndem Umbau und Offenheit in den innerstaatlichen Verhältnissen, und dem Bemühen, einen friedlichen Ausgleich zwischen den Supermächten USA und UdSSR zu erreichen, hatte eine neue Phase der Weltpolitik begonnen, die sich auch auf Deutschland auswirkte.

Deutsche Zweitstaatlichkeit 1982

Das Problem der »deutschen Frage«, d.h. die Einheit Deutschlands als politisches und kulturelles Ganzes, schien Ende 1982 in der verhärteten Weise fortzubestehen, die sich im Lauf der Entwicklung seit 1945 und 1949

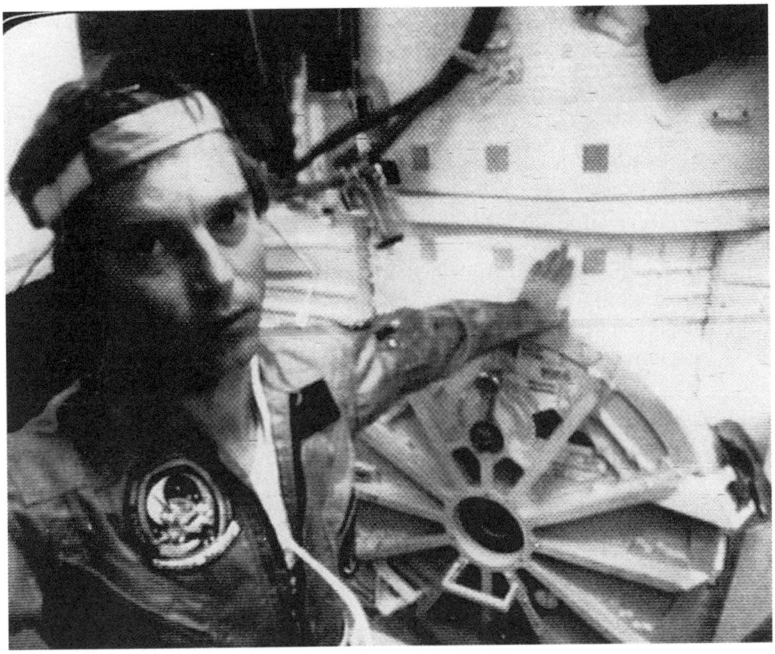

Deutsche Astronauten – wie Ulf Merbold bei der NASA 1983 – nahmen von der USA und der UdSSR aus an Weltraumflügen teil

herausgebildet hatte. Es gab zwei deutsche Republiken unterschiedlicher politischer Ausrichtung und in Bündnissen, die – wie die beiden deutschen Staaten selbst – einander in ideologischer Konfrontation gegenüberstanden. Während in der Bundesrepublik die Existenz dieser beiden Staaten zwar nicht mehr bestritten, aber doch betont wurde, daß sie miteinander als eine Nation verbunden seien, lautete die Aussage der politischen Führung in der DDR, daß keinerlei nationale Bindungen zwischen ihnen bestünden und eine Normalisierung der Beziehung nur bei einer vollständigen völkerrechtlichen Anerkennung der DDR durch die Bundesrepublik und bei Enthaltung von jeder Einmischung in innere Angelegenheiten zu erreichen sei. Ausdrücklich hatte 1982 Erich Honecker als Staatsratsvorsitzender der DDR in kritischer Auseinandersetzung mit der Regierungserklärung des Bundeskanzlers Helmut Kohl und der Nachrüstungsdiskussion gemeint: »Jetzt gibt es auf deutschen Boden zwei souveräne, voneinander unabhängige Staaten – die sozialistische DDR und die kapitalistische BRD. Es entspricht den Interessen des Friedens, den Interessen der Menschheit, wenn beide deutsche Staaten und nicht nur die DDR von dieser Realität ausgehen.« Eine näherrückende Vereinigung beider Staaten mit ihren unterschiedlichen politischen Systemen konnte danach nicht in Aussicht stehen, und auch Bundeskanzler Helmut Kohl brachte zum Ausdruck, daß die von seiner Partei, der CDU, bisher aufrechterhaltene Forderung nach Wiedervereinigung in absehbarer Zeit nicht erfüllbar schien, als er in seiner Regierungserklärung 1982 feststellte: »Der Nationalstaat der Deutschen ist zerbrochen. Die deutsche Nation ist geblieben und sie wird fortbestehen. Wir alle wissen: Die Überwindung der Teilung ist nur in historischen Zeiträumen denkbar.« – Erich Honecker war noch 1981 davon ausgegangen, daß lediglich ein politischer Umschwung in der Bundesrepublik mit der Tendenz zur sozialistischen Umgestaltung ähnlich der DDR zu einer erneuten offiziellen Diskussion über die Einheit führen werde.

Die Deutsche Demokratische Republik 1982–1989

Reiseerleichterungen

Trotz der Härte in der zwischenstaatlichen Polemik kam es zu Erleichterungen für die persönlichen Kontakte der Einwohner beider Republiken, denn nun konnten nach der öffentlichen Version sogar Bürger der DDR, die noch im Arbeitsleben standen, aus dringenden familiären Gründen in die Bundesrepublik reisen, und Flüchtlinge, die vor 1981 die DDR verlassen hatten, wurden ausgebürgert und sollten danach nicht mehr strafrechtlicher Verfolgung ausgesetzt sein. Allerdings gab es intern praktizierte Einschränkungen, die »Geheimnisträgern«, deren Bestimmung bei den DDR-Institutionen lag, die Besuchsreisen in den Westen wesentlich erschwerten, und ehemalige Flüchtlinge erlebten, daß sie weder zu Familienbesuchen noch bei beruflichen Reisen, z.B. zur Leipziger Messe, in die DDR hineingelassen wurden. Die Verhältnisse in der DDR sollten nicht von denen gestört werden können, die sich nicht mehr zu ihr bekennen wollten. Dennoch besaßen mit der Lockerung der Reisebestimmungen vermehrt Einwohner der DDR die Möglichkeit, sich selbst ein Bild vom ›kapitalistischen‹ Teil Deutschlands zu machen und damit zu überprüfen, inwieweit die vom westdeutschen Fernsehen ausgestrahlten Berichte, Meldungen und Werbungen, die in weiten Gebieten des deutschen Oststaates zu empfangen waren, zutrafen. Der Vergleich der materiellen Möglichkeiten, die der Westen bot, mit dem eigenen täglichen Leben, die weitgehende Freiheit zur Kritik politischer Verhältnisse in der Bundesrepublik gegenüber der staatlichen Unterdrückung abweichender Meinungen in der DDR ließen trotz mancher Skandale die Bundesrepublik vielen DDR-Einwohnern als den Staat erscheinen, in dem sie wesentlich lieber als in der eigenen Republik leben würden. Die wachsende Zahl von Ausreiseanträgen wurde für die DDR-Behörden zunehmend zu einem ernsten politischen und – da es sich häufig um hochqualifizierte Facharbeiter oder Hochschulabsolventen handelte – auch wirtschaftlich-sozialen Problem, gegen das sie sich mit Repression und sogar Strafverfahren wie Haft zu wehren versuchten. Die Konsequenz war, daß sich über fünfzig DDR-Bürger in der bundesrepublikanischen Vertretung in Ost-Berlin 1984/85 für etwa ein halbes Jahr aufhielten, bis ihnen Straffreiheit und wohlwollende Prüfung ihrer Anträge zugesagt war. Danach suchten Volkspolizei und »Staatssicherheit« die Bonner Vertretung so abzuriegeln, daß DDR-Bürger ohne staatlichen Auftrag nur geringe Chancen besaßen, das Gebäude zu betreten.

Wirtschaftliche Beziehungen der DDR zur Bundesrepublik

Mochten die Regierung der DDR und das Zentralkomitee der SED als die eigentlich beschlußfassende Institution der Ostrepublik auf der scharfen Abgrenzung zur Bundesrepublik bestehen, so lehnten sie allerdings nicht ab, daß das sonst geleugnete besondere Verhältnis zwischen beiden Staaten zumindest im wirtschaftlichen Bereich bestand, was Warenlieferungen aus der Europäischen Gemeinschaft und Warenexporte in sie erleichterte. Im August 1988 nahm dann die DDR sogar diplomatische Beziehungen zur Europäischen Gemeinschaft auf, die sie lange als eine Bedrohung der eigenen Staatlichkeit angesehen hatte. Die Leipziger Messen blieben weiterhin ein Gradmesser der zwischenstaatlichen Wirtschaftsbeziehungen beider deutscher Republiken. Hier waren – im Lauf der Jahre geradezu zur Tradition geworden – Gespräche möglich, deren Dauer und Intensität als Gradmesser für das Klima der beiderseitigen Beziehungen galten. In diesem Zusammenhang sind auch Abkommen und Vereinbarungen zu nennen, mit denen der Devisenbestand der DDR aufgebessert wurde; dazu gehörten im Jahr 1983 ein Post- und Fernmeldeabkommen, mit dem die Deutsche Bundespost ihre Pauschal-

Franz Josef Strauß führt 1983 Gespräche mit Erich Honecker

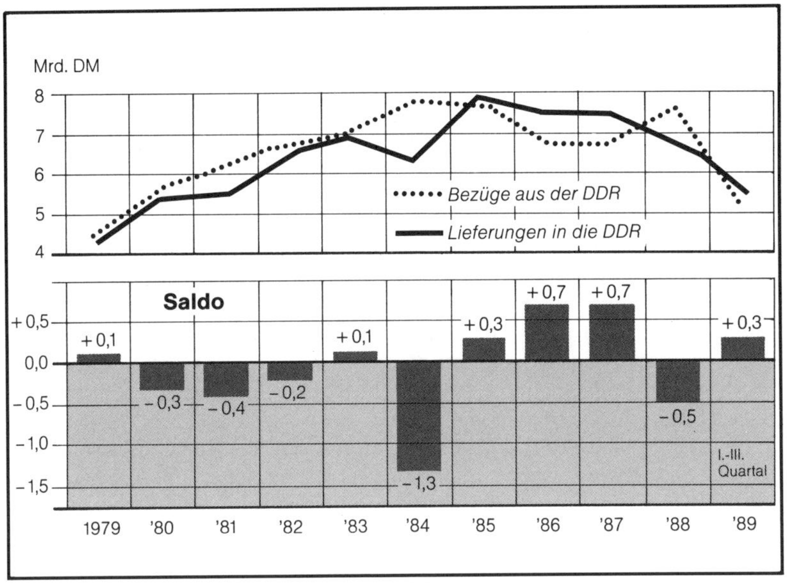

Innerdeutscher Handel

leistungen von 85 auf 220 Millionen DM erhöhte, die Abtretung der in West-Berlin liegenden S-Bahnhöfe, die in früheren Jahren wiederholt ein Streitobjekt gewesen waren, sowie Grenzbereinigungen zwischen Ost- und West-Berlin, mit denen die West-Berliner Exklaven fest an die westliche Stadt angeschlossen wurden.

Kredite für die DDR und Franz Josef Strauß

Wichtiger noch waren die von der Bundesregierung garantierten Bank-Kredite in den Jahren 1983/84 von knapp 2 Milliarden DM. Sie standen im Zusammenhang mit einem als spektakulär empfundenen DDR-Besuch des bayerischen Ministerpräsidenten Franz Josef Strauß, der bisher als ein erbitterter Gegner des ostdeutschen Staates galt. Zu seinen Gesprächspartnern gehörte der Leiter der Abteilung »Kommerzielle Koordination« im DDR-Außenhandelsministerium, Staatssekretär und Oberst im Staatssicherheitsdienst Alexander Schalck-Golodkowski, der in den nächsten Jahren auch mit anderen westdeutschen Politikern Gespräche geführt hat und nach dem Umsturz der ostdeutschen Verhältnisse beschuldigt worden ist, im Dienste des Staates und zugunsten persönlicher Vorteile für sich und andere leitende Persönlichkeiten Geschäfte von rechtlich zweifelhaftem Charakter durchgeführt zu haben. Da Strauß bisher zu denjenigen gehört hatte, die Finanzleistungen an die DDR als Stützung ihrer politischen Verhältnisse betrachteten und als Verstärkung ihrer Möglichkeiten, die Abschirmung vom Westen noch weiter durchzuführen, wirkte seine Beteiligung an diesen Kreditvermittlungen im Westen irritierend. Selbst in der bayerischen CSU, deren Vorsitzender er war, lösten sie Kritik aus. Allerdings entstand der Eindruck, im Zusammenhang mit der finanziellen Leistung an die DDR langjährige bundesrepublikanische Vorstellungen durchzusetzen: Die Selbstschußanlagen an den DDR-Grenzsicherungen wurden abgebaut und Minen in diesem Bereich, soweit ihre Lage überhaupt bekannt war, entschärft. An ihre Stelle traten jedoch akustische und optische Einrichtungen zur Alarmierung der DDR-Grenzeinheiten; in besonderen Anlagen vor den Grenzzäunen befanden sich auf Menschen dressierte Hunde. Der Schießbefehl an die Grenztruppen ist bis 1989 nicht aufgehoben worden, so daß noch im Februar des Jahres ein junger Mann aus der DDR seinen Fluchtversuch nach West-Berlin mit dem Leben büßte. In der kritischen Phase unmittelbar vor dem Umsturz innerhalb der DDR erging – im Rahmen von Anordnungen gegen jegliche Form von Auflehnung – an die Grenzeinheiten der Befehl, auf alle Personen, die versuchen würden, die Mauer zu übersteigen oder sonst die »Grenzsicherungen« zu überwinden, das Feuer zu eröffnen.

Grenzkontrollen der DDR-Behörden

Die massiven Kontrollen von Einwohnern der Bundesrepublik bei der Einreise in oder der Ausreise aus der DDR wurden erheblich zurückgenommen, nachdem dabei im Frühjahr 1983 zwei Bundesbürger unter ungeklärten Umständen gestorben waren. Dagegen gab es gelegentliche Konflikte mit Engländern und Amerikanern, die auf dem Weg von und nach Berlin oder bei dem Versuch, eine Kontrolle der militärischen Anlagen vorzunehmen, behindert wurden. Nach einem scharfen Protest unterließen es die DDR-Behörden, Kontrollen des diplomatischen Personals der Westmächte vorzunehmen. Aber bei zur Routine gewordenen Einwänden der USA, Großbritanniens und Frankreichs gegen den Vorstoß gegen die Entmilitarisierung Berlins veranstalteten die Truppen der DDR bei allen größeren Staatsfeiertagen militärische Paraden in Ost-Berlin.

DDR und Nachrüstung in der Bundesrepublik

Trotz der finanziellen Zuwendungen aus dem deutschen Weststaat und trotz Reiseerleichterungen verhärteten sich die ideologisch-politischen Fronten zwischen den beiden deutschen Staaten erheblich. Die Entscheidung zur atomaren Nachrüstung in der Bundesrepublik veranlaßte die Führung der DDR zu heftigen Angriffen, in denen Westdeutschland als amerikanische Raketenrampe charakterisiert wurde. Die bundesrepublikanische Form der Rückweisungen dieses Angriffs veranlaßte den Staatsratsvorsitzenden Honecker, eine Einladung in die Bundesrepublik auszuschlagen, während Bundespräsident Carstens den erwogenen Besuch der Feiern zum 500. Geburtstag Martin Luthers unterließ. Während also Kritik an der Aufstellung amerikanischer Raketen im Westen geübt und Demonstrationen gegen sie begrüßt wurden, durfte über die sowjetischen Raketenstellungen nicht gesprochen werden.

Pazifisten, Umweltschützer, Dissidenten und Kirchen in der DDR

Die Pazifisten der DDR, die seit 1981 mit der Parole »Schwerter zu Pflugscharen« auftraten, wurden als Staatsfeinde diskriminiert und waren Verfolgungen durch den Staatssicherheitsdienst bis hin zur Ausweisung aus der DDR ausgesetzt. Ähnlich ging es den Gruppen, die sich gegen Umweltschäden und -verschmutzung wandten, die die Deponie westeuropäischen und bundesrepublikanischen Mülls in der DDR ablehnten oder seit 1986 Zweifel an der Richtigkeit atomarer Energiegewinnung äußerten. Die Kirchen der DDR, die ohnehin in einem gespannten Verhältnis zu Staatspartei und Regierung standen, nahmen sich der Kritiker und Oppositionellen auch dann an, wenn diese kirchlich nicht gebunden waren, aber Rückhalt und moralische Hilfe benötigten. Die Konsequenzen waren Beobachtung von Kirchgängern oder 1988 in Ost-Berlin Verhaftungen von Kirchenbesuchern. Damit gerieten engagierte Geistliche in den Kreis derjenigen, die der Staatssicherheitsdienst unter Einschaltung von Spitzeln observierte. Erst vom Spätherbst 1989 an sind der Umfang und die Intensität der Ausspähungen erkennbar geworden, zu denen auch Freunde der Betroffenen benutzt worden waren. Dann zeigte sich aber auch, in welchem Umfang es gelungen war, Agenten in die Bundesrepublik einzuschleusen, die bis zum Zusammenbruch des SED-Staats für ihre Auftraggeber arbeiteten; und nun stellte sich heraus, daß anscheinend über den Zusammenbruch der SED-Herrschaft hinaus Möglichkeiten bestanden hatten, das Fernmeldewesen der Bundesrepublik weitgehend zu kontrollieren. Über die Tätigkeit bundesrepublikanischer Geheimdienste in der DDR blieb dagegen der Mantel des Schweigens gehüllt.

Tätigkeit des Staatssicherheitsdienstes

Traditionsbesinnung in der DDR

Zu den Eigentümlichkeiten der staatlichen Entwicklung in der DDR gehörte eine Wandlung in der Beurteilung der Vergangenheit und geschichtlicher Persönlichkeiten. Selbstverständlich standen auch weiterhin revolutionäre oder als revolutionär empfundene Ereignisse im Vordergrund. Noch

Durch Honeckers Besuch in China 1986 – hier Begrüßung durch Außenminister Wa Xueqian – wurden die politischen Beziehungen erneuert

kurz vor der Umwandlung der DDR 1989 wurde bei Frankenhausen ein Riesengemälde über den Bauernkrieg der Öffentlichkeit übergeben. Doch Luther galt nicht mehr allein als Fürstenknecht, sondern man bemühte sich, ihn im Zusammenhang seiner Zeit zu verstehen. Sogar der Kunst Friedrichs II. von Preußen wurde 1986 eine weitbeachtete Ausstellung gewidmet, die auch eine Revision der bisherigen Ablehnung preußischer Traditionen erkennen ließ, was sich auch in den Ost-Berliner Feiern zum 750jährigen Stadtjubiläum niederschlug.

Außenpolitik der DDR

Die Führung der DDR bemühte sich nachhaltig, Anerkennung in der Welt zu finden, und entfaltete eine rege Reisetätigkeit. Allerdings bestanden die besten Verbindungen auch weiterhin zu Staaten gleicher Weltanschauung. Besuche des Staatsratsvorsitzenden Honeckers in Äthiopien und Ostasien unterstrichen dies. DDR-Soldaten leisteten in Afrika militärische »Entwicklungshilfe«. DDR-Polizisten waren in ähnlicher Weise in sozialistischen Staaten der Dritten Welt tätig. Die guten Beziehungen zu China fanden einen bezeichnenden Niederschlag im Jahr 1989, als zunächst die SED-Parteizeitung »Neues Deutschland« und dann die Regierung der DDR ihre Zustimmung zu dem Massaker aussprachen, das chinesische Soldaten und Polizisten unter Studenten angerichtet hatten, die auf dem Pekinger Platz des Himmlischen Friedens für mehr Demokratie und persönliche Freiheit demonstriert hatten. Zu diesem Zeitpunkt hatten allerdings SED und DDR-Regierung bereits erkannt, daß ernsthafte innere Schwierigkeiten bevorstanden, die nur noch mit der – zunächst indirekten – Androhung entschiedenen Vorgehens gegen alle Dissidenten eindämmbar erschienen.

Kritik an der DDR

Tatsächlich hatte die politische Leitung der DDR trotz ihres Beitritts zur Schlußakte der Helsinki-Konferenz über Sicherheit und Zusammenarbeit in Europa ihr Feinddenken gegenüber dem Westen und den von ihm ausgehenden politischen Tendenzen nicht aufgegeben. Und auch im Westen und besonders in der Bundesrepublik wurde eine entschiedene Ablehnung gegenüber den Verhältnissen in Osteuropa und besonders im östlichen Deutschland demonstriert. Der Vorwurf Bundeskanzler Kohls im Jahr 1987, die DDR sei ein Zwangsstaat mit Gefängnissen und Konzentrationslagern, löste eine Welle der Entrüstung in den ostdeutschen Medien aus. Im nachhinein hat sich diese Aussage zwar als verständlich erwiesen, trug aber für den Moment der Äußerung wenig zur Besserung innerer Verhältnisse bei.

Die Institutionen von Staat und Staatspartei waren bemüht, kritische Recherchen zu verhindern, und Journalisten, die die Realität des real existierenden Sozialismus für westliche Medien zu schildern versuchten, wurden in der Arbeit behindert oder gelegentlich ausgewiesen.

Verhältnis zu westlicher Rock- und Popmusik als Ausdruck der politischen Krise

Die – nach der politischen Meinung dekadente – westliche Musikkultur der Pop- und Rockgruppen sollte von der DDR ferngehalten werden, die lieber eigene Jazz-Festspiele veranstaltete und dem westdeutschen Liedermacher Udo Lindenberg wegen eines satirischen Liedes über Erich Honecker die Einreise nicht genehmigte. Doch im Zusammenhang mit zwei »Open-air«-Veranstaltungen, bei denen westliche Rockmusik gespielt wurde, kam es 1987 zu schweren Zusammenstößen zwischen der Volkspolizei sowie Beamten des Staatssicherheitsdienstes und Jugendlichen, die auf Ost-Berliner Seite hatten zuhören wollen und dann auch in Rufe nach Reisefreiheit, Beseitigung der Mauer und deutscher Einheit ausgebrochen waren. Westliche Journalisten, die dies in Bild und Ton aufnehmen wollten, wurden in rüder Weise von der Volkspolizei daran gehindert. Auch dieser Zusammenstoß kann nachträglich als ein Zeichen für die wachsende Unsicherheit in Staat und Partei angesehen werden, die auch mit der Auszeichnung des Staatssicherheitsdienstes für seine erfolgreichen Bemühungen um die Ordnung in der DDR nicht mehr zu kaschieren waren. Selbst der Spionage-Chef der DDR, der in seinem Metier und gegenüber der Bundesrepublik große Fähigkeiten bewiesen hatte, General Markus Wolf, zog sich aus der Arbeit für ein Staatswesen zurück, das weder materiell noch politisch große Überlebenschancen besaß. Die Bemühungen, sich aus eigener Kraft zu erhalten, waren angesichts der wirtschaftlichen Verhältnisse, die nur noch mit staatlichen Subventionen konkurrenzfähig auf dem Weltmarkt blieben, und einer wachsenden Staatsverschuldung sowie Verpflichtungen, die nach dem Zusammenbruch zusammen auf 300 Milliarden DM beziffert worden sind und wahrscheinlich höher liegen, aussichtslos. Hinzu kam aber auch die Tatsache, daß der real existierende Sozialismus in der DDR nicht mehr mit der ideologischen und praktischen Rückensicherung durch die UdSSR rechnen konnte.

Verschuldung der DDR

Kontakte zur Bundesrepublik

Immerhin konnte es aber die DDR-Propaganda als Erfolg verbuchen, daß die ostdeutsche Republik – bis auf das heiß umstrittene Problem der Staatsbürgerschaft – auch von der Bundesrepublik unter christlich-liberaler Führung anerkannt wurde. Es gab zwar noch Vorbehalte, ob wirklich ein Kontakt zwischen DDR-Volkskammer und Bundestag offiziell wünschbar sei; denn die Wahlen in der DDR mit Einheitsliste und ohne Geheimhaltung brachten Ergebnisse von über 99% Zustimmung (Wahlen zur 9. Volkskammer am 8. VI. 1986: Bei 99,74% Beteiligung betrug die Zustimmung 99,94%), die jeglichem demokratisch-parlamentarischen Verständnis hohnsprachen. Dazu kamen die immer wieder aufflackernden Gerüchte, selbst an diesen durch ihre Öffentlichkeit überwachten Wahlen sei manipuliert worden. Dennoch konnte im Jahr 1986 Volkskammer-Präsident Horst Sindermann auf Einladung der SPD die Bundesrepublik besuchen und wurde auch von Spitzen der CDU – Bundestagspräsident Philipp Jenninger und Bundeskanzler Kohl – empfangen. Dies ließ eine Verbesserung zwischenstaatlicher Beziehungen vermuten, auch wenn es gelegentlich durch verbale Kraftakte beider Seiten und durch die Pressionen der DDR-Behörden gegenüber Ausreisewilligen und Dissidenten kurzfristige Störungen gab.

Einen Durchbruch schien dann der zunächst verschobene Besuch des Staatsratsvorsitzenden Honecker auf Einladung der Bundesrepublik in der Bundesrepublik 1987 zu bieten. Der Umstand, die Staatsoberhäupter der beiden deutschen Republiken nebeneinander zu sehen, mußte in der Weltöffentlichkeit Aufmerksamkeit erregen und die DDR in nichtkommunistischen Ländern aufwerten. Für die deutsch-deutschen Beziehungen weckte die Bemerkung Honeckers Hoffnung, auch die Grenze zwischen den beiden deutschen Staaten könne eines Tages ebenso als Verbindung angesehen werden wie die Grenze zwischen der DDR und Polen. Es mag hierbei eine Sorge des SED-Politikers mitgeschwungen haben, daß ein potentieller militärischer Konflikt, in den die beiden deutschen Staaten auf unterschiedlichen Seiten einbezogen wären, beider Vernichtung bedeute; jedenfalls sind die häufigen Äußerungen Honeckers in dieser Hinsicht auffällig. Allerdings ging er bei allen Angriffen auf die Stationierung von US-Raketen in der Bundesrepublik schweigend über die Lagerung von sowjetischen Atom-Waffen in der DDR hinweg. Dahingestellt muß bleiben, inwieweit Sentimentalität Honeckers den Ausschlag gegeben hat, daß noch vor dem Zusammenbruch der DDR Städtepartnerschaften zwischen DDR- und bundesrepublikanischen Orten entstehen konnten. Wenn sich auch hier eine Lockerung anzubahnen schien, so bedeutete das keine Änderung im staatlichen Selbstverständnis der DDR.

Bundeskanzler Kohl mit dem Staatsratsvorsitzenden Honecker bei dessen Staatsbesuch in Bonn

Im Gegenteil, die politische Struktur der DDR sollte weiterhin stabil bleiben: die Behinderungen von Dissidenten nahmen zu, sie wurden wiederholt verhaftet, zu Haftstrafen verurteilt und auch ausgewiesen. Ungeachtet dieser Abschirmung bei verbaler Verständigungsbereitschaft haben die Führung der DDR und der Staatssicherheitsdienst nicht nur 1983 vergeblich versucht, eine Wahlentscheidung gegen die CDU durch Wählerbeeinflussung herbeizuführen und ihre Spionagetätigkeit in der BRD auf politische, Regierungs- und Wirtschaftseinrichtungen zielstrebig auszuweiten, sondern sie haben – entgegen ihren Versicherungen und möglicherweise auch zum Selbstschutz – Angehörigen der terroristischen Rote-Armee-Fraktion (RAF) Unterstützung bei der Vorbereitung von Anschlägen auf westdeutsche Persönlichkeiten und hohe Nato-Offiziere und -Dienststellen geleistet. Es gab auch Verbindungen zu Gruppen des internationalen Terrorismus, die z.B. von Ost-Berlin aus Anschläge auf West-Berliner Einrichtungen der Westalliierten und von ihnen besuchte Gaststätten ausführten, etwa als Reaktion auf amerikanische Aktionen gegen Libyen. Anderen ehemaligen Mitgliedern der deutschen radikalen Linken, die sich vom Netz der Gewalt lösen wollten, aber von der bundesdeutschen Justiz zur Rechenschaft gezogen werden sollten und selbst nach dem Versuch, Kronzeugen milder zu bestrafen, mit harten Urteilen zu rechnen hatten, konnten in der DDR eine neue Identität erhalten und im Verborgenen leben, bis sie nach der Umwandlung aufgespürt und von der letzten DDR-Regierung an die Bundesrepublik ausgeliefert wurden.

DDR und Terroristen

Dennoch hat es in der westlichen deutschen Republik immer wieder Bemühungen auf unterschiedlichen Ebenen gegeben, offizielle und persönliche Kontakte zur DDR herzustellen. Sei es durch Privatreisen von Politikern, sei es durch Reden bei Veranstaltungen in der DDR mit internationaler Ausrichtung, sei es durch den Versuch zwischenparteilicher Gespräche z.B. von SPD und SED über Atomabrüstung oder LDPD und FDP zur Herstellung normaler Parteibeziehungen. Mit Aufmerksamkeit wurde zwar beobachtet, daß sich seit der Mitte der achtziger Jahre mehr und mehr Gruppen herausbildeten, die eine eigene, von der politischen Linie der SED und der DDR-Regierung deutlich abweichende Haltung einnahmen, ohne daß jedoch im Westen deren zunehmendes Gewicht schon richtig erkannt worden ist. Gerade das vierzigste Jahr der DDR brachte dann unter dem Eindruck einer politischen Lockerung zwischen Ost und West und einer Einschränkung der internationalen Verpflichtungen der UdSSR bei Konzentration auf die inneren wirtschaftlichen und politischen Probleme einen Umschwung in der DDR, wie er-

Westdeutsche Parteienkontakte zur DDR

von der bundesrepublikanischen Politik in dieser Form und diesem Ausmaß nicht erwartet worden war.

Die Bundesrepublik Deutschland 1982–1989

»Wende« in der Bundesrepublik und Wahlen 1983

Die politische Wende in der Bundesrepublik vom Herbst 1982 kann als Zeichen der verfassungsrechtlichen Sicherheit und der mit ihr verbundenen Konsolidierung der westdeutschen Republik angesehen werden. Allerdings wurde auch in der seit 1966 erstmals wieder auf Bundesebene erneuerten christlich-liberalen Koalition eingesehen, daß es erforderlich sei, dazu die Meinung der Wähler einzuholen. Die Bundesregierung griff hierfür zu einem staatsrechtlich umstrittenen Mittel und ließ sich von ihren eigenen Fraktionen das Mißtrauen aussprechen. Daraufhin löste Bundespräsident Carl Carstens Anfang Januar 1983 den Bundestag auf und schrieb für den März Neuwahlen aus. Im Vorfeld der Wahlen entbrannten zwischen den Parteien der Koalition und der Opposition erbitterte Auseinandersetzungen, die sich sowohl mit der Wirtschafts- und Sozialpolitik als auch den anstehenden Rüstungsfragen beschäftigten. Beide politische Lager meinten zu diesem Zeitpunkt, daß die Entscheidung der Wähler auch das Gesicht der westlichen Republik Deutschlands bis zum Ende des Jahrtausends prägen werde.

Die Erwartung der Sozialdemokraten, daß sich in der Bundesrepublik die Stimmung gegen eine Koalition wenden werde, die z.B. den Rentnern zusätzliche Lasten aufbürde oder die bisherige staatliche Leistung an Studenten und Schüler aus dem Bundesausbildungs-Förderungsgesetz (Bafög) erheblich mindere und damit Eigenleistungen in großem Umfang verlange, stellte sich als ein Irrtum heraus. Die sozial-ökonomische Kompetenz der Sozialdemokraten galt seit der weltwirtschaftlichen Rezession der siebziger Jahre nur wenig. Offensichtlich hatten die sozialdemokratischen Warnungen vor hoher Arbeitslosigkeit und ökonomischer Unsicherheit eher abschreckend gewirkt. Selbst die Warnungen der Opposition vor den Folgen atomarer Nachrüstung, wie sie die christlich-liberalen Koalition für die Bundesrepublik betrieb, die durchaus ernst genommen wurden, ließen die Mehrheit der Bevölkerung nicht von ihrem Bestreben nach materieller Sicherheit abrücken. Dies kam in Wahlergebnis zum Ausdruck: Während die Union auf 48,8% der Stimmen kam, sank der Anteil der SPD auf 38,2%. Das christlich-liberale Regierungsbündnis verfügte damit einschließlich der liberalen Stimmen über die komfortable Mehrheit von 55,8%; dagegen war die Opposition, zu der erstmals auch die »Grünen« gehörten, lediglich auf 43,2% gekommen.

Politik Franz Josef Strauß'

Zugleich zeichnete sich damit allerdings ab, daß der nun vom Wähler bestätigte Bundeskanzler Kohl auf einen Politiker hören mußte, der sich zwar dem Bundeskabinett verweigerte, aber durchaus bei konservativen Wählerkreisen hohes Ansehen genoß – den bayerischen Ministerpräsidenten Franz Josef Strauß, dessen CSU in Bayern auf etwa 60% der Stimmen gelangt war. Es wird auch an diesem Wahlerfolg in seinem Stammland gelegen haben, daß Strauß nun eine eigenwillige Politik führte, die den Eindruck weckte, er betreibe von München aus eine Nebenregierung. Diese Eigenpolitik wurde besonders in seinem DDR-Engagement auffällig, das man von ihm in dieser Form nicht erwartet hätte. Mit derselben Entschiedenheit, mit der er sich für den DDR-Kredit einsetzte, trat Strauß auch für die Nachrüstung ein. Und hier kam es zu schweren Zusammenstößen zwischen der Opposition, die die

Notwendigkeit von Raketenaufstellungen verneinte, und besonders der christdemokratischen Schwesterpartei, die aus einer Politik der Stärke heraus mit dem Warschauer Pakt Verhandlungen führen wollte. Tatsächlich war jedoch die Abrüstungsfrage immer allein vom Verhältnis zwischen den beiden Großmächten USA und UdSSR und deren Auswirkung auf die beiden Paktsysteme Nato und Warschauer Pakt abhängig.

Proteste gegen die Nachrüstung

Innenpolitisch war die Konsequenz aus dieser Diskussion in der Bundesrepublik nicht nur die kompromißlose Ablehnung aller Rüstungsmaßnahmen durch die »Grünen«, die den Regierungsparteien vorwarfen, der Bundesrepublik zu schaden, sondern auch eine weitgreifende Erneuerung der Friedensbewegung. Auf Kongressen wurde die Atom-Rüstung abgelehnt. Angesehene Politiker und Intellektuelle trafen sich bei friedlichen Blockaden amerikanischer Stützpunkte in der Bundesrepublik wie z.B. in Mutlangen. Dabei gelang es ihnen, gerade durch die Gewaltlosigkeit ihres Auftretens Respekt zu erringen. Bei den Gerichten, vor denen sich einzelnen Blockierer wegen Nötigung oder Verkehrsstörungen verantworten mußten, herrschte kein Einvernehmen, ob es sich um strafrechtliche Delikte oder nichtstrafbare politische Meinungsäußerungen gehandelt habe. – Widerstand gegen die Regierungspolitik wurde auch laut, als die Koalition den Entschluß faßte, die Dauer des Zivildienstes auf 20 Monate zu erhöhen, so daß der Eindruck entstand, Bundeswehrangehörige würden dadurch eine Bevorzugung erfahren.

Nach Gesprächen sozialdemokratischer Politiker mit Vertretern der SED und der DDR-Führung über gegenseitige Abrüstungsschritte und eine Zone europäischer Sicherheit wurde aus den Reihen der Koalition der Vorwurf erhoben, die Sozialdemokraten gefährdeten damit die Sicherheit der Bundesrepublik und den Ruf ihrer Zuverlässigkeit innerhalb der Nato. In dieser Zeit mußte sich gerade das Verteidigungsministerium durch ganz andere Skandale lavieren: Harmlos war noch, daß der Chef des geheimdienstlich tätigen Militärischen Abschirmdienstes (MAD) abgelöst wurde, weil ihm »private Verfehlungen« vorgeworfen wurden. Dann aber verließ sich Bundesverteidigungsminister Manfred Wörner auf unzureichend geprüfte Mitteilungen, die den stellvertretenden Nato-Oberbefehlshaber Günter Kießling betrafen. Obwohl sich schnell herausstellte, daß Kießling nicht homosexuell war, vielmehr – Gerüchten zufolge – innerhalb der Nato Interesse daran bestanden hatte, daß der General seinen Posten aufgebe, dauerte es mehrere Wochen, bis Kießling rehabilitiert wurde und dann – da das Vertrauensverhältnis zwischen ihm und dem Minister völlig zerstört war – mit allen militärischen Ehren in den Ruhestand trat. Hier demonstrierte Bundeskanzler Kohl zum erstenmal jene Eigenschaft, die ihm künftig bei Schwierigkeiten weiterhalf: er entließ Wörner nicht, sondern schützte ihn, indem er das Problem »aussaß«. Trotz dieses Zwischenfalles, der dem Ansehen des Verteidigungsministers nicht nützlich sein konnte, wurde Manfred Wörner Ende 1987 zum Nato-Generalsekretär berufen. Ausschlaggebend für diese Berufung waren weniger der persönliche Einsatz Wörners für das US-Programm zur Weltraumstrategie und seine Bereitschaft, die Nato mit Frankreich in technologischer Hinsicht kooperieren zu lassen, als die Tatsache, daß die Bündnispartner mit dieser Stellenbesetzung ein großes Vertrauen in den deutschen Weststaat ausdrückten und zugleich seine Stellung innerhalb der westlichen Welt sichtbar machten.

Kießling-Affäre

Wörner Nato-Generalsekretär

Die Regierung der christlich-liberalen Koalition legte es darauf an, mögliche Mißstimmungen oder Abkühlungen, die im Verhältnis der Bundesrepublik zu anderen Ländern des Westens entstanden sein mochten, durch besondere Freundschaftsbemühungen zu kompensieren. Sowohl mit dem französischen Staatspräsidenten François Mitterand wie mit dem amerikanischen

»... Es ist hier ein zuverlässiger Zeuge aufgetaucht, der sich an homosexuelle Beziehungen zu Kießling erinnert!« Karikatur zum Wort der Zeugen in der Kießlingaffäre

Staatsbesuch von US-Präsident Reagan

Präsidenten Ronald Reagan vermochte Kohl so eine vor allem auf persönliche Begegnungen begründete politische Beziehung herzustellen. Allerdings geriet der Staatsbesuch Reagans in der Bundesrepublik im Jahr 1985 in schiefes Licht, da in weiten Kreisen – ebensowenig wie im Jahr zuvor gegenüber Frankreich – die Notwendigkeit einer betonten Aussöhnungs- und Freundschaftsgeste nicht eingesehen wurde, nachdem bereits seit Jahrzehnten enge politische und wirtschaftliche Beziehungen bestanden hatten. Dann aber herrschte Aufregung darüber, daß dieser Akt ausgerechnet auf einem Soldatenfriedhof stattfinden sollte, auf dem sich zahlreiche Gräber von Angehörigen der Waffen-SS befanden.

Bundesrepublikanische Auseinandersetzung mit dem Nationalsozialismus

Die Geschichte des Nationalsozialismus holte die Bundesrepublik wieder einmal ein. Die Tatsache, daß durch den von Deutschland ausgelösten Krieg und durch die nationalsozialistischen Verbrechen Millionen ihr Leben verloren hatten, war in der Welt weitaus präsenter, als in der Bundesrepublik gedacht wurde. Gerade der Umstand, daß erst kurz vor dem Reagan-Besuch der Tod des berüchtigten KZ-Arztes Josef Mengele bekannt geworden war, den man jahrzehntelang gesucht hatte, hatte die Aufmerksamkeit wieder deutlich auf jene Zeit gelenkt. Andererseits wurden im deutschen Weststaat immer wieder Stimmen laut, die alle NS-Verbrechen kategorisch bestritten und Deutschland und die Deutschen in der Rolle unschuldiger Märtyrer sahen. Sie bemühten sich sogar, den Freitod des ehemaligen »Führer-Stellvertreters« Rudolf Heß, der im internationalen Spandauer Gefängnis allein seine lebenslängliche Haft verbüßt hatte, als einen politischen Mord hinzustellen. – Den makabren Versuch einer kommerziellen Auswertung der nationalsozialistischen Vergangenheit durch Sensationsjournalismus hatte es bereits 1983 in der Bundesrepublik gegeben. Weltweites Aufsehen erregte es, als ein Redakteur der Illustrierten »Stern«, der gute Kontakte zu Szene bekannter ehemaliger Nationalsozialisten besaß, mit der Behauptung auftrat, über Hitlers Tagebücher zu verfügen. Nachdem Sachkenner sofort Zweifel an der Echtheit anmeldeten, ergaben Prüfungen des Bundesarchivs und des Bundeskriminalamts, daß es sich um eine auf bereits bekannten Texten beruhende Fälschung handelte, deren Urheber dann strafrechtlich zur Verantwortung gezogen wurden. Die Beschäftigung mit der nationalsozialistischen Vergangenheit blieb lebendig und bildete den Kernpunkt in einem wissenschaftlichen Streit über Betrachtungsweisen und Arbeitsmethoden zur Erhellung des Nationalsozialismus und seiner historischen Hintergründe wie seines Umfeldes. Dabei stand dieser »Historikerstreit« unverkennbar auch in einem Bezug zu politischen Auseinandersetzungen und ideologischen Zuordnungen im Zusammenhang mit dem Bundestagswahlkampf 1987. Die Gesamtproblematik war schon am 8. Mai 1985 durch die Rede des Bundespräsidenten Richard von Weizsäcker in zutreffender Weise behandelt worden, als er zum 40. Jahrestag des Kriegsendes in Europa von der Befreiung Deutschlands durch die Alliierten redete und klar die Schuld Deutschlands am Krieg und seinen Konsequenzen aussprach. Um so schwerwiegender waren unglückliche Formulierungen des Bundestagspräsidenten Philipp Jenninger in seiner Rede zum 50. Jahrestag der »Reichskristallnacht«, die ungewollt den Eindruck eines gewissen Verständnisses für die nationalsozialistische Judenverfolgung zu erwecken vermochten. Da selbst die CDU ihren Parteifreund nicht helfen konnte und wollte, trat Jenninger zurück.

Rechtsradikalismus und Ausländerfeindlichkeit in beiden deutschen Staaten

Obwohl es stets Bemühungen gegeben hat, den Rechtsradikalismus in der Bundesrepublik zu bekämpfen, begann sich aus Sorge um den Arbeitsplatz und wegen des unzureichenden Wohnungsmarkts eine Feindlichkeit gegenüber ausländischen Gastarbeitern und Flüchtlingen zu verbreiten, in der rassistische Beiklänge nicht zu überhören waren. Während andere Gruppierungen der extremen Rechte sich klar zum Nationalsozialismus bekannten und paramilitärische Übungen veranstalteten, die abschreckend wirkten, gelang es den »Republikanern«, vorübergehend einen breiteren Zulauf zu erhalten und Wahlerfolge zu erzielen, die sie sogar in einige Länderparlamente brachte. Diese Partei nahm sich der sozio-ökonomischen Beunruhigung mit eingängigen Parolen an und konnte dadurch sogar im Wählervolk der SPD Einbrüche erzielen. Daß die »Republikaner« dabei Positionen von Flüchtlings- und Vertriebenenorganisationen aufnahmen und das Fortbestehen des Deutschen Reiches wenigstens in den Grenzen von 1937 behaupteten, weckte auch im Ausland Besorgnis. Allerdings wurde die rechtsradikale Gefahr in der Bundesrepublik nicht allein von der linken politischen Szene erkannt, sondern ebenso von den etablierten Parteien, die sich um eine argumentative Auseinandersetzung bemühten. Doch einzelne Angriffe auf Ausländer und Anschläge gegen Asylantenheime konnten nicht verhindert werden. Die vor allem von den Unions-Parteien vorgetragene Forderung nach Einschränkung des Asylrechts in der Bundesrepublik und die verschärften Prüfungen auf einen Asylanspruch, die einige der Antragsteller in den Tod trieb, mochten allerdings den unzutreffenden Eindruck wecken, daß bisher unbeschränkte Einreisemöglichkeiten bestanden hätten und daß fast nur »Wirtschaftsflüchtlinge« in die Bundesrepublik drängten.

Bundespräsident von Weizsäcker während seiner Rede zum 40. Jahrestag des Kriegsendes in Deutschland

Während diese Fragen in der Bundesrepublik mit oft polemischer Schärfe diskutiert wurden, grassierte in der DDR eine vergleichbare, aber geheimgehaltene Mißstimmung gegenüber Fremden, die als Zeichen der Solidarität und Völkerfreundschaft aufgenommen und in Betrieben eingestellt worden waren. Als radikale Kontrasthaltung zum »real-existierenden Sozialismus« wucherte ein verdeckter Rechtsextremismus, dessen Existenz lange Zeit bestritten wurde, bis er den dissentierenden Gruppen vorgehalten und 1988/89 als Begründung für die Durchsuchung kirchlicher Einrichtungen nach Material der Opposition benutzt wurde.

Parteienfinanzierung

Einen tiefen Schatten auf die politische Kultur in der Bundesrepublik warfen die Berichte über Parteienfinanzierungen, die die etablierten Parteien des Bundestages betrafen. Um ihre Wahlkämpfe und Parteiapparate bezahlen zu können, hatten sie Spenden angenommen, die gezielt unrichtig deklariert und an den Finanzämtern vorbeigeführt worden waren, so daß die erforderlichen Steuerzahlungen unterblieben sind. Ausgerechnet die Firma

Flick, die bereits gegen Ende der Weimarer Republik mit Parteifinanzierungen Aufsehen erregt hatte, war in diese Affäre verwickelt. Als sich dann herausstellte, daß auch Bundeswirtschaftsminister Otto Graf Lambsdorff früher als Schatzmeister der FDP Spendengelder in offensichtlich illegaler Weise transferiert hatte, mußte er widerstrebend, nachdem Klage gegen ihn erhoben worden war, sein Ministeramt niederlegen. Auch wenn Lambsdorff sowohl die Anklage als auch seine Verurteilung im Jahr 1985 als nicht gerechtfertigt ansah und ihm darin andere, gleichfalls betroffene Politiker zustimmten, so löste doch das Bekanntwerden des Parteispendenskandals eine Prozeßlawine aus, die bis in das Jahr 1991 reichte und gutgläubige Spender wie Spendenempfänger zur Rechenschaft zog. In weiten Kreisen löste diese Affäre Ernüchterung gegenüber der politischen Prominenz und ihren Aussagen zum freiheitlichen, demokratischen Parlamentarismus aus. Insbesondere Jugendliche und Jungwähler gewannen den Eindruck, daß Bürger und Wähler zwar benötigt würden, um Mehrheiten zu beschaffen und entsprechend der staatlichen Wahlfinanzierung den Parteien Gelder aus Bundesmitteln zuzuführen, daß sie aber ansonsten keine Rolle spielen, sondern nur die Interessen der Großunternehmen Berücksichtigung fänden. Unverkennbar breitete sich Staats- und Parteienverdrossenheit aus, die zusätzliche Nahrung dadurch erhielt, daß der frühere CDU-Vorsitzende und Kanzlerkandidat Rainer Barzel, der 1983 zum Bundestagspräsidenten gewählt worden war, 1984 von diesem Posten zurücktrat, nachdem bekannt geworden war, daß er durch einen Beratervertrag umfangreiche Summen empfangen hatte, die aus den Flick-Geldern stammten. Sogar gegen den Bundeskanzler wurden Ermittlungen der Staatsanwaltschaft aufgenommen, und er wurde vor den mittlerweile eingesetzten Untersuchungsausschuß des Bundestages zur Parteienfinanzierung geladen, da ihm angelastet wurde, um die Einkünfte aus Spendengeldern gewußt zu haben. Einzig die Tatsache, daß auch die SPD Gelder angenommen hatte, die ihr über die Friedrich-Ebert-Stiftung zugeflossen waren, verhinderte, daß die größte Oppositionspartei aus diesem Skandal politisches Kapital zu schlagen vermochte.

Die »Grünen« in der hessischen Regierung.

Erstmalig traten die »Grünen« 1986 in Hessen in eine Regierung ein, wo die SPD bei Landtagswahlen schwere Rückschläge hatte hinnehmen müssen und nun mit der ökologischen Partei eine Koalition bildete. Innerhalb der Partei der »Grünen« war dieser Schritt umstritten, da viele Mitglieder sich gegen das Parteien-Establishment zur Wehr setzten und außerdem befürchteten, Grundpositionen nicht mehr ausreichend wahrnehmen zu können. Anfang 1987 platzte das hessische Regierungsbündnis wegen Auseinandersetzungen über die Atomenergie. Nach vorgezogenen Neuwahlen verfügten CDU und FDP über eine Mehrheit, die sie als Koalition in die Regierung eines SPD-Stammlandes führte. Doch der politische Vormarsch der CDU erhielt bald einen Rückschlag. Einen politischen Sturm lösten Begleitumstände des schleswig-holsteinischen Wahlkampfes im Jahre 1987 aus. Zuvor hatte sich in Hamburg eine SPD-FDP-Koalition etabliert, die – ebenso wie die absolute SPD-Mehrheit in Bremen – die Hoffnungen der CDU auf eine Wende in den Hansestädten zunichte machte. Ein Wahlsieg der SPD in Schleswig-Holstein schien nicht mehr unmöglich, da ihr Spitzenkandidat Björn Engholm in der Öffentlichkeit große Sympathien genoß. Unmittelbar vor der Wahl erschien ein Bericht, wonach CDU-Ministerpräsident Uwe Barschel seinen Gegenkandidaten überwachen und bespitzeln lasse und erwogen habe, ihn zu verleumden. Zwar ging die SPD aus der Wahl als stärkste Partei hervor, doch mit einer Koalition aus CDU und FDP behielt Barschel sein Amt und versicherte ehrenwörtlich, nichts mit den ihn vorgeworfenen Beschuldigungen zu tun zu haben. Wenige Tage später übernahm er dann doch die politische Verantwortung für die Vorfälle und trat zurück.

Barschel-Affäre in Schleswig-Holstein

»Der Flickerlteppich«
Karikatur zum Rücktritt Barzels als Bundestagspräsident

Bald darauf suchte er den Tod als Ausweg aus einer Politik, in die ihn einerseits brennender persönlicher Ehrgeiz, andererseits aber wohl auch die Bundes-CDU in der Hoffnung getrieben hatte, endlich das Tief in der Wählergunst zu überwinden. Da im schleswig-holsteinischen Landtag der Abgeordnete der dänischen Minderheit mit der stärksten Partei, der SPD, stimmte, war eine Stimmengleichheit von Koalition und Opposition gegeben, die 1988 auch dann Landtagsneuwahlen erforderlich gemacht hätte, wenn die CDU nicht von der Barschel-Affäre belastet gewesen wäre. Die Wahlen endeten mit einem überwältigenden Sieg der Sozialdemokraten, und Engholm übernahm das Amt des Ministerpräsidenten. Mit Entschiedenheit erklärte er, schleswig-holsteinische Politik betreiben zu wollen und in Kiel tätig zu bleiben. Aber die Veränderungen der politischen Lage in Deutschland und die Personalprobleme seiner Partei haben ihn im Jahr 1991 zum Vorsitz der SPD geführt, der ihm von der Parteileitung nahegelegt worden war.

Neuwahlen und Regierungswechsel Schleswig-Holstein

Bundesdeutsche Waffenexporte

Die politische Szene in Schleswig-Holstein blieb seit 1988 auch dadurch in Bewegung, daß eine große Kieler Werft trotz entgegenstehender gesetzlicher Verbote Unterlagen für U-Boot-Bauten über Mittelsmänner an die unter UNO-Embargo stehende Südafrikanische Republik geliefert hatte. Trotz der Bemühungen eines Untersuchungsausschusses des Bundestages war nicht zu klären, in welchem Umfang Angehörige der Bundesregierung in diese Angelegenheit verwickelt waren und wieweit von ihnen Einfluß auf Kontrollinstanzen genommen worden ist; außerdem gab es mehrfache Kontroversen über die von der Opposition geforderte Akteneinsicht durch Parlamentarier. Unzweifelhaft stand aber fest, daß der bayerische Ministerpräsident Strauß nachdrücklich für die Unterstützung des Apartheidstaates eingetreten war. Allerdings wurde bei dieser Gelegenheit auch weithin bekannt, daß in der Regierungszeit des SPD-Kanzlers Schmidt U-Boote nach Südamerika geliefert worden waren. Freilich blieb es nicht bei diesen Skandalen im Waffengeschäft. Gegen Ende 1989 verdichtete sich die Erkenntnis, daß die zunächst bestrittenen Vorwürfe amerikanischer Geheimdienste zu Recht erhoben worden waren, westdeutsche Unternehmen hätten Chemikalien, die ohne

»Domino in Schleswig-Holstein« Karikatur zum Untersuchungsausschuß in der Barschel-Affäre

Schwierigkeiten zu Kampfstoffen zu verarbeiten seien, nach Libyen geliefert und bei der Errichtung einer entsprechenden Fabrik Hilfestellung geleistet. Auf dem Höhepunkt der Irak-Krise 1990/91 zeigte sich zudem, daß mehrere bundesrepublikanische Firmen mit der Hussein-Diktatur in Geschäftsverbindungen standen, die über eine Unterstützung bei der Eindämmung des iranischen Fundamentalismus weit hinausgingen. In den Irak waren Geräte und andere Güter geliefert worden, die die militärische Infrastruktur verbesserten und als Waffen und Munition Verwendung finden konnten; außerdem hatten sich Baufirmen an der Errichtung von Bunkern beteiligt. Das wirkte sich positiv auf die westdeutsche Außenhandelsbilanz aus – die Bundesrepublik nahm für sich in Anspruch, »Export-Weltmeister« zu sein –, aber dem Ansehen der Westdeutschen und ihrer Regierung tat dies Abbruch. Anstoß erregte vor allem die Gleichgültigkeit, mit der in Kauf genommen wurde, daß Israel durch diese Waffenlieferungen an seinen erbittertsten Gegner Schaden zugefügt wurde. Der Blick deutscher Großunternehmen auf die Vergangenheit war ohnehin getrübt. Eine große Zahl von ihnen weigerte sich, der moralischen Verpflichtung nachzukommen, endlich den Menschen Entschädigung und Wiedergutmachung zu zahlen, die im Zweiten Weltkrieg vor allem aus dem Osten nach Deutschland verschleppt und dort als Zwangsarbeiter eingesetzt worden waren.

Bundestagswahlen 1987

Bereits bei den Bundestagswahlen im Januar 1987 hatte sich gezeigt, daß die Situation der CDU ernst war. Sie hatte erhebliche Stimmenverluste erlitten, die jedoch durch Wählerstabilität bei der CSU und deutliche Zugewinne der FDP von CDU und SPD ausgeglichen werden konnte, so daß die christlich-liberale Koalition weiterregieren konnte. Die SPD mit dem Kanzler-Kandidaten Johannes Rau, Ministerpräsident in Nordrhein-Westfalen, erlitt erneute Stimmenverluste und mußte registrieren, daß ihr in der Öffentlichkeit weiterhin mehrheitlich die Kompetenz für die Lösung wirtschaftlicher und sozialer Probleme bestritten wurde. Der Stimmenrückgang bei der CDU erscheint als eine Abkehr größerer Wählergruppen von Bundeskanzler Kohl, dem vor, während und nach dem Wahlkampf von der CSU bzw. von deren Vorsitzenden Strauß vorgeworfen wurde, daß die Union sich nicht deutlich auf konservative Standpunkte zurückziehe und die FDP als politischen Gegner ansehe. Ebenso sei die Politik des langjährigen FDP-Außenministers Genscher zu korrigieren, da sie in der erklärten Tradition der Außenpolitik aus der sozial-liberalen Phase stehe. Diese Vorwürfe steigerten sich noch, als

Kohl erklärte, es sei möglich, unter bestimmten äußeren Voraussetzungen auf die amerikanischen Pershing-Raketen für die Bundesrepublik zu verzichten, und als CDU-Generalsekretär Heiner Geißler die Meinung äußerte, er halte für die CDU einen Mitte-Links-Standpunkt für geeignet. Ein weiterer Vorwurf der CSU richtete sich gegen nicht ausreichende Sicherheitsmaßnahmen gegenüber linken Terroristen; hinzu kam die Forderung, die Strafen für vermummte Demonstranten zu erhöhen. Damit lieferte Strauß zugleich der Opposition Material, um auf differierende Meinungen in der Union und einen offensichtlichen Machtkampf zwischen dem CDU-Hauptquartier in Bonn und dem der CSU in München aufmerksam zu machen. Zwar gab es Versuche von Kohl und Strauß, die Differenzen auf »Waldspaziergängen« und in »Männergesprächen« auszuräumen, doch die Resultate überzeugten die Öffentlichkeit nicht.

CSU-Kritik

Auswirkungen des Atom-Unfalls in Tschernobyl

Die Problematik der Kernenergie trat nach früheren Auseinandersetzungen ökologischer Gruppen mit Länderregierungen, Polizei und Kraftwerksbetreibern verstärkt in das allgemeine Bewußtsein, nachdem es im Frühjahr 1986 im sowjetischen Kraftwerk Tschernobyl einen schweren Unfall gegeben hatte, durch den große Mengen an Radioaktivität freigesetzt worden und auch in die Bundesrepublik gelangt waren. Die Reaktionen waren bis in die etablierten Parteien hinein uneinheitlich, und von einigen Politikern wie auch von großen Energiebetreibern wurde unbekümmert der weitere Ausbau der Kernkraft verlangt, da die deutschen Atomkraftwerke in ihrer Anlage völlig anders als die sowjetischen seien und über einen viel größeren Sicherheitsstandard verfügen würden. Doch der Umstand, daß Gemüse und Gras, Wild und Waldfrüchte, Obst und Vieh in Gebieten, in denen es radioaktiven Niederschlag gegeben hatte, vom »Fall out« betroffen waren, daß sogar Molke derartig verseucht war, daß sie nur noch vernichtet werden konnte, gab den Gegnern der Atomkraftwerke Auftrieb und verschaffte ihnen Unterstützung und Zustimmung. Insbesondere die Orte Gorleben in Niedersachsen und Wackersdorf in Bayern wurden Plätze heftiger Konflikte und Zusammenstöße zwischen Demonstranten und Polizeieinheiten, die aus der ganzen Bundesrepublik zusammmengezogen wurden. Da sich auch die österreichische Bundesregierung gegen eine Wiederaufbereitungsanlage in Wakkersdorf aussprach, kam es schließlich zu politischen Spannungen zwischen der Alpenrepublik und Bayern, das sich die Einmischungen in seine Angelegenheiten verbat.

Änderung der Atom-Politik

Die Heftigkeit der Streitigkeiten in Deutschland, die im Prinzip ein Stärkemessen zwischen staatlichem Autoritätsanspruch und bürgerlichem Protest waren, änderte nichts daran, daß ein Prozeß der Nachdenklichkeit und des Überprüfens bisheriger Standpunkte bei den politisch Verantwortlichen einsetzte – unterstützt durch das Bekanntwerden von Unregelmäßigkeiten bei einigen privaten Atomunternehmen. In der Konsequenz wurden die Arbeiten am Reaktorwerk in Jülich und der weitere Ausbau in Wackersdorf eingestellt. Prozesse und Urteile gegen Demonstranten standen plötzlich auf dünnem Boden. Gerichtliche Verfahren über die Inbetriebnahme von Reaktoren hatten sich – unter dem Eindruck der Katastrophe von Tschernobyl – mit den Sicherheitsgegebenheiten auseinanderzusetzen. Aus diesem Grund wurde 1991 sogar das rheinland-pfälzische Atomkraftwerk in Mülheim-Kärlich nicht als Stromerzeuger freigegeben. Dagegen blieb – im Gegensatz zu der mittlerweile sozialdemokratisch-»grünen« Landesregierung in Niedersachsen – der Anspruch der Bundesregierung bestehen, den Schacht von Gorleben als Zwischenlager für Atomrückstände zu benutzen. Strom aus Atomkraft scheint damit in der Bundesrepublik nur noch den Charakter einer Übergangsenergie zu besitzen, selbst wenn dies negative Auswirkungen auf den Export deutscher Technologie haben sollte.

Die innenpolitische Diskussion wurde sowohl durch die Streitigkeiten bei den Atomwerken als auch durch neue Gewalttätigkeiten an der Frankfurter Startbahn West auf die Frage gelenkt, ob bei polizeilichen Einsätzen immer die Verhältnismäßigkeit der Mittel gewahrt bleibe. Es ließ sich jedoch nicht übersehen, daß bei zahlreichen Demonstrationen Gruppen von Radikalen, die kaum eine wirkliche Beziehung zum lokalen Geschehen hatten, anreisten, um die eingesetzten Beamten zu provozieren. Nachdem bei einer Demonstration am Frankfurter Flughafen zwei Polizisten getötet worden waren, beschloß die Bundesregierung einzugreifen. CSU-Innenminister Friedrich Zimmermann verlangte verschärfte Strafen bei jeglicher Vermummung von Demonstranten, konnte sich aber damit nicht gegen Vorbehalte aus den Reihen der FDP durchsetzen. Die zunehmende Welle von Demonstrationen, die oft aus kleinen Anlässen in Krawalle umschlugen, aber auch z.B. in Hamburg zu einer Kraftprobe zwischen gewaltbereiten Anarchisten und den städtischen Behörden wurden oder bei Auseinandersetzungen im Berliner Bezirk Kreuzberg eine Mischung von Sozialkonflikt und anarchischer Auflehnung waren, ebbten im Herbst 1989 ab, als sich das Interesse der Öffentlichkeit auf die neue Entwicklung der deutschen Frage zu konzentrieren begann. Zwar gab es danach auch noch Konflikte, etwa zwischen Ost-Berliner Hausbesetzern und der Polizei, aber diese Konflikte blieben deutlich hinter der Gewaltbereitschaft und den Gewalttätigkeiten der sich in Ostdeutschland austobenden Rechtsradikalen zurück. In Westdeutschland hatten sie bisher versucht, sich die verbreitete Abneigung gegen Asylanten und andere Ausländer zunutze zu machen. Auf Fußballplätzen und in Stadtvierteln mit hoher ausländischer Einwohnerschaft bemühten sie sich, Schlägereien anzuzetteln und die Menschen einzuschüchtern. Gerade diese Aktionen haben die politische Wende in Gesamtdeutschland überdauert und sind nach dem Herbst 1989 eine Gefahr für die deutsche Innenpolitik geworden, da sich die bisher zurückhaltenden Rechtsradikalen Ostdeutschlands nun in aller Rücksichtslosigkeit in der Öffentlichkeit zeigten und dazu Unterstützung aus dem Westen erhielten. Die Verherrlichung des Nationalsozialismus als Reaktion auf die schon vor der Gründung der DDR begonnene kommunistische Herrschaft ist dabei nur eine Seite dieser Bewegung. Dazu treten die Sorge um eine ungewisse soziale und wirtschaftliche Zukunft, die vor allem Jugendliche belastet, und der Zerfall eines jahrzehntelang dominierenden Weltbildes, dessen dogmatische Richtigkeit bisher nicht hatte bestritten werden dürfen.

Gewalttätigkeiten

Rechtsradikalisierung in Ostdeutschland seit 1989

Aids

Eine weltweite Bedrohung machte auch vor der Bundesrepublik nicht halt: die Bedrohung durch Aids, einer übertragbaren Immunschwäche des Körpers. Die Gefahr wurde zwar von weiten Bevölkerungskreisen erkannt, da aber vor allem Drogensüchtige und Homosexuelle von ihr betroffen waren, hatte die Krankheit leicht zur Folge, daß die Betroffenen – selbst wenn sie den Virus z.B. durch Blutkonserven erhalten hatten – sozial diskriminiert wurden und als Belastung galten. Außerdem gerieten die meisten Erkrankten, weil die Infektionsgefahr überschätzt wurde, in Isolation. Während Ärzte und Bundesregierung für Aufklärung, Belehrung und für Hilfe bei den Erkrankten eintraten, forderte der bayerische Staatssekretär Gauweiler mit breiter Unterstützung aus den Reihen der CSU einen härteren Kurs, in dem sogar die Einweisung in Lager vorgesehen war. Trotz vielfältiger Empörung über diese Ansicht ist jedoch nicht zu übersehen, daß die Frage nach Aids-Erkrankung beispielsweise bei Einstellungsgesprächen eine Rolle spielte bzw. für Entscheidungen über Asylgesuche wesentlich war und daß auch in Krankenhäusern gelegentlich heimlich Tests an Patienten vorgenommen wurden. Die Sorge vor der Krankheit mit ihren unerbittlichen Folgen sowie der unübersehbaren Zahl an Erkrankten und die unkontrollierte Datenerfassung klangen mit dem Rückgang der hysterischen Überreaktionen Ende der achtziger Jahre ab, ohne daß aber die Gefahren gebannt sind.

Verhältnis der Bundesrepublik zur USA

In der Außenpolitik wurden die USA nicht mehr als der Befreier vom NS-Regime oder als Schutz vor kommunistischer Expansion gesehen; vielmehr wurde gegen sie der Vorwurf imperialistischer Machtausübung und übermäßiger Betonung der Vormachtstellung im westlichen Bündnis erhoben. Selbst in Wirtschaftskreisen wurde unwillig registriert, daß amerikanische Freihandelsvorstellungen mit der Diskriminierung europäischer – und damit auch bundesdeutscher – Firmen und Produkte durchgesetzt werden sollten und daß von deutschen Unternehmungen erwartet wurde, sich amerikanischen Embargo-Beschlüssen und Exportverboten – besonders gegen die Staaten des Warschauer Paktes – anzuschließen. Andererseits war es für die Regierung Kohl selbstverständlich, in den USA den zuverlässigsten und wichtigsten Verbündeten zu sehen, an den die Bundesrepublik durch ein besonderes Loyalitätsverhältnis gebunden sei. Dennoch konnte auch die Bundesregierung Mißmut über das Verhalten amerikanischer Militärs in der Bundesrepublik, wenn etwa Erweiterungen von Schieß- und Manövergelände verlangt oder deutsche Bau- und Umweltvorschriften nicht eingehalten wurden, nicht übersehen. Auch Tiefflugübungen – nicht nur der Amerikaner – in allen Teilen des deutschen Weststaates lösten Unruhen aus, bis nach zwei Flugzeugkatastrophen – in Ramstein und Remscheid – selbst das Bundesverteidigungsministerium, das entsprechende Ersuchen bisher abgelehnt hatte, auf eine Verminderung der Tiefflüge zu drängen begann, da sie in der Öffentlichkeit kaum und erst recht nicht mehr nach dem großen politischen Umschwung verstanden wurden.

Einschränkung der Tiefflüge

Verhältnis der europäischen Staaten zur Bundesrepublik

Die außenpolitischen Anstrengungen der Bundesrepublik waren – neben dem Bemühen um loyale Verständigung mit den USA – auf europäische Politik mit dem Ziel eines engeren Zusammengehens der Staaten der Europäischen Gemeinschaft ausgerichtet. Die westdeutsche Republik fand – ebenso wie die ostdeutsche – bei ihren Nachbarn nicht nur Freundschaft. Gelegentlich fielen auch bittere Bemerkungen über den wirtschaftlich starken Staat. Das ist nicht verwunderlich, da Bundeskanzler Kohl zu den beiden europäischen Großmächten Frankreich und Großbritannien engere Kontakte als gleichwertiger Dritter aufzunehmen wünschte. Dabei spielten auch persönliche Beziehungen eine starke Rolle, und so stellte sich heraus, daß das Verhältnis zur britischen Premierministerin Margaret Thatcher nach einiger Zeit unterkühlt war. Dabei mögen sowohl persönliche Animositäten wirksam gewesen sein als auch eine bundesdeutsche Distanz zur Wirtschafts- und Sozialpolitik der »iron lady«. Der »Thatcherismus« mit dem Ideal einer weitestgehend auf Eigeninitiative aufbauenden Ökonomie und Gesellschaftspolitik konnte in Westdeutschland nicht angestrebt werden, ohne die Kritik an der christlich-liberalen Sozialpolitik zu steigern. Hinzu kam für den europafreundlichen Kanzler, daß Margaret Thatcher starke Vorbehalte gegenüber einer engen britischen Einbindung in Europa hatte und wiederholt gemeinsame Maßnahmen der Gemeinschaft – wie etwa in Landwirtschaftsfragen und Währungspolitik – ablehnte.

Bedeutend besser gestalteten sich die Beziehungen zu Frankreich, zumal auch das Verständnis zwischen Kohl und Staatspräsident François Mitterand gut war. Beide Politiker stimmten überein in der Förderung der deutsch-französischen Beziehungen, der Errichtung einer gemeinsamen deutsch-französischen Brigade und der Erleichterung des Grenzübertritts bei reduzierten Kontrollen. Doch gerade an diesem Punkt gab es Einwendungen der Zollbehörden und der Polizei beider Länder, die einerseits eine Zunahme verbotener Transporte und des Rauschgifthandels, andererseits das leichtere Untertauchen von Straftätern sowie politischen Extremisten und eine verstärkte Einwanderung befürchteten. Die politischen Kontakte zu Italien waren zumeist ungestört. Zu Irritationen kam es lediglich, als der italienische Außenminister Giulio Andreotti ausführte, die Mehrzahl der europäischen Staaten sei mit der Teilung der beiden deutschen Staaten zufrieden, da andernfalls die deutsche Vormachtstellung in Europa zu stark sein werde.

Gegenüber den osteuropäischen Staaten hielt sich die Bundesregierung zurück, ohne allerdings – und das war ein Stein des Anstoßes für die CSU – die Vereinbarungen und Verträge aus den Jahren der sozial-liberalen Koalition zu revidieren. Das Verhältnis zu Polen wurde belastet, als in der Landsmannschaft der Schlesier eine radikale Gruppe mit der Parole »Schlesien ist unser!« Aufsehen erregte und der Bundeskanzler trotzdem bei einer Veranstaltung als Gastredner auftrat. Doch seit dem Jahr 1989 und seinem damaligen Polen-Besuch hatte sich Kohl – ursprünglich ein Gegner der Ost-Verträge – auf die Basis des deutsch-polnischen Vertrages gestellt und ihn durch die endgültige Anerkennung der polnischen Westgrenze an Oder und Neiße 1991 bestätigt. Von Brisanz und großer Peinlichkeit war 1987 in einem Augenblick der Zustimmung der Weltöffentlichkeit zu Gorbatschows Reformpolitik, die umfassende Änderungen in den politischen Strukturen erhoffen ließ, der Vergleich, den der Bundeskanzler zwischen Goebbels und dem Generalsekretär der KPdSU zog und bald bedauerte.

Ausscheiden prominenter Politiker: Herbert Wehner

Die politische Bühne in Bonn erlebte nach den Bundestagswahlen 1983 den Wechsel in der Führung der SPD-Bundestagsfraktion von Herbert Wehner zu Hans-Jochen Vogel. Wehner, der »Zuchtmeister der SPD«, hatte sich aus Altersgründen und wegen einer schweren Erkrankung nicht mehr als Kandidat gestellt. Einer der umstrittensten und meistgeschmähten Politiker der Bundesrepublik hatte sich damit verabschiedet. Mit Kritik an Freund und Feind und mit brüsken Reaktionen hat er nach außen oft abweisend gewirkt, doch war er von großer Sensibilität. Im Parlament war er bekannt für Pünktlichkeit und Zuverlässigkeit sowie für seine glänzende Beherrschung der Geschäftsordnung. Über allem aber stand sein Bemühen um die Verständigung zwischen beiden deutschen Staaten, deren beginnendes Zusammenwachsen er nicht mehr bewußt erleben konnte. Den Vorsitz in der

Willy Brandt

SPD hatte noch bis 1988 Willy Brandt inne, der dann aber mit einer eigenwilligen Personalentscheidung innerparteilich erheblichen Widerspruch auslöste. Gesucht wurde ein jüngerer Vorsitzender, der nicht durch Aufgaben in aller Welt den Kontakt zur Parteibasis verlor und dann unpopuläre Entscheidungen fällte. An die Stelle Brandts trat Vogel, der damit zwar Sprecher der SPD im Bundestag war, aber nicht mehr als Kanzlerkandidat antrat. Mit großem Geschick steuerte Vogel die Partei durch die politischen Veränderungen und die absinkende Wählergunst, bis auch er nach einer weiteren verlorenen Bundestagswahl dem erforderlichen Generationswechsel im Jahr 1991 Tribut zollte. Brandt hielt sich als Ehrenvorsitzender aus allen Parteiquerelen heraus und trat erst im Herbst 1989 mit Bemühungen um die deutsche Einheit und dem Einsatz für Berlin als deutsche Hauptstadt wieder stärker ins innenpolitische Rampenlicht. Ein anderer Politiker hat diese Entwicklung

Tod von Franz Josef Strauß

nicht mehr erlebt: Franz Josef Strauß starb im Oktober 1988 überraschend während eines Jagdausflugs. Zwar bedeutete das in Bayern kein Ende der Regierung, da die CSU die absolute Mehrheit besaß, aber die persönliche Bindung, die manche Einwohner Bayerns gegenüber Strauß gespürt hatten, war verloren. Seine Nachfolger verstanden es weniger, sich wie Strauß mit harten verbalen Attacken und einer inzwischen tatsächlich sehr pragmatischen Landespolitik Zustimmung zu verschaffen. Hinzu kam seit 1990 die Erkenntnis, daß nach der deutschen Vereinigung die auf Bayern beschränkte Partei an bundespolitischem Einfluß verlieren werde. Erklärungen, über die bayerischen Grenzen sich auszubreiten, sind rhetorisch geblieben.

Sozialpolitik seit 1982

Die Sozialpolitik der Bundesrepublik hatte seit Beginn der christlich-liberalen Koalition die Wendung von der Staatsfürsorge für Kranke zu verstärk-

Ehrenwache der Polizei am Sarg von Franz Josef Strauß

ten Eigenleistungen durchgemacht. Der für die Sozialpolitik zuständige Arbeitsminister Norbert Blüm, der selbst aus der christlichen Arbeiterbewegung hervorgegangen war, trat trotz der vehementen Kritik der Gewerkschaften und der Opposition u.a. für die Beteiligung der Patienten an den Unkosten bei einem großen Teil der medizinischen Behandlung sowie der Medikamente und des Krankenhausaufenthalts ein. Auf diese Weise sollten die explodierenden Kosten im Krankenwesen eingedämmt werden. Da die Preiserhöhungen in diesem Bereich nur dadurch eingeschränkt wurden, daß die Patienten die Mehrkosten trugen, setzten sich Apotheker und Ärzte gegen die Bestimmungen zur Wehr, da sie sich in ihren Verschreibungen und dem Verkauf teurer Medikamente behindert fanden. Bäder und Sanatorien hatten einen empfindlichen Rückgang ihrer Kurgäste zu verzeichnen, so daß Personal abgebaut werden mußte und sich hier ein ökonomischer Rückschlag nicht verkennen ließ. Da die Bestimmungen vor allem die Pflichtversicherten trafen und die Rentner den Eindruck hatten, trotz verminderten Rentenanstiegs große Leistungen erbringen zu müssen, breitete sich die Furcht aus, daß es künftig eine Zweiklassenmedizin für Pflichtversicherte und Privatpatienten geben werde.

Eventuelle Hoffnungen der SPD, daraus einen Vorteil bei den Bundestagswahlen 1987 ziehen zu können, zerschlugen sich durch Probleme im eigenen Lager, die erhebliche Zweifel an ihren ökonomischen Fähigkeiten weckten. Zwar hatten die Gewerkschaften mit den Sozialdemokraten Proteste gegen die wirtschaftliche Leitung von Betrieben der Schwerindustrie angemeldet, die in großer Zahl im Ruhrgebiet und im Saarland Arbeitskräfte entließen. Zur gleichen Zeit, in der sie auf die trotz aller Koalitionsversicherungen weiter steigenden Arbeitslosenzahlen verwiesen, mußten sie jedoch eigene Fehler eingestehen: Das Bauunternehmen »Neue Heimat« und bald danach die Ladenkette »coop« waren durch schlechtes Management und betrügerische Manipulationen derart ins Gerede gekommen, daß die Führung des DGB und der SPD, die in den Aufsichtsgremien vertreten war, Fehler einräumen mußte und zugab, daß Verkäufe und Stillegungen vorgenommen worden seien, um weitere Verluste zu verhindern. Beide Firmen wurden an Privatunternehmen verkauft, so daß es bei den Mietern der »Neuen Heimat« zu Unsicherheit über die künftigen Mietbestimmungen und bei den Angestellten von »coop« zu Entlassungen kam. Die christlich-liberale Koalition hatte genügend Gelegenheit, bei den Wahlkämpfen bis 1988 diese Ereignisse auszunützen und den sozio-ökonomischen Sachverstand von DGB und SPD

Skandale um »Neue Heimat« und »coop«

erfolgreich in Zweifel zu ziehen. Der Abwärtstrend der Wahlergebnisse bei der SPD und ihre schlechte Bewertung in bundespolitischen Angelegenheiten bei den Wählern hielt deswegen lange an. Wählerstimmen im Norden genügten allein für einen Aufschwung nicht. Die Stimmung für die Unions-Parteien und die FDP ging zwar seit den Bundestagswahlen von 1987 zurück, wie dies Regierungsparteien nach Wahlen leicht geschieht, aber ein Gegengewicht war noch nicht vorhanden und das Verhältnis zwischen Sozialdemokraten und »Grünen« seit dem Bruch ihrer Koalition in Hessen 1987 für ein zuverlässiges bundespolitisches Bündnis unzureichend. Zudem verwickelten sich die »Grünen« trotz mancher innerparteilicher Warnungen immer wieder in sektiererische Meinungsstreitigkeiten, die kaum den Eindruck eines tragfähigen politischen Fundaments vermittelten. Da man sich auf dieses Geschehen konzentrierte, wurde die sich verändernde Situation in der DDR zunächst nur unzureichend zur Kenntnis genommen.

Von der friedlichen Revolution zur Einheit

Fall der Breschnew-Doktrin

Das vierzigste Jahr des Bestehens der DDR brachte eine Wandlung der politischen Verhältnisse im Rahmen eines weltpolitischen Wandels. Das Verschwinden der Breschnew-Doktrin, d.h. der Anbindung aller kommunistischen Staaten des Comecon und des Warschauer Pakts an die UdSSR bis hin zur sowjetischen Intervention im Fall einer Lockerung der Beziehungen, hatte in Osteuropa deutliche Spuren hinterlassen. Die Prinzipien von Glasnost und Perestroika begannen – wenn auch unter Widerstreben der kommunistischen Landesregierungen – sich auszubreiten. Für die Situation von SED und DDR-Regierung war es bezeichnend, daß die Demonstranten, die den Namen Gorbatschows riefen, um damit für Verbesserungen der politischen und materiellen Verhältnisse einzutreten, als Randalierer verhaftet wurden. Auch das Zitat Rosa Luxemburgs, Freiheit sei immer die Freiheit des Andersdenkenden, galt als Provokation. Als das sowjetische Nachrichtenmagazin »Sputnik« politische Fehler und Fehlentwicklungen der letzten Jahrzehnte anprangerte, wurde diese Zeitschrift Ende 1988 vom Postvertrieb in der DDR ausgeschlossen. Verstärkt fanden zwar Familienzusammenführungen, Ausreisen und Besuchsreisen statt, aber Verbindungen zum Westen waren weiterhin unerwünscht und ein Antrag auf Ausreise ein Grund zur Diskriminierung und politischer Verfolgung.

Spannungen zwischen DDR und Sowjetunion

Kritik in der DDR-Bevölkerung

Das Murren der Bevölkerung nahm zu und wandelte sich in einen ersten unüberhörbaren Aufschrei, als die Kommunalwahlergebnisse vom 17. Mai 1989 mit 98,85 % Zustimmung zu den Listen der Einheitsfront bekanntgegeben wurden. Die Öffentlichkeit und die Kirchen als Hort der Dissidenten ließen sich nicht beruhigen, sondern beharrten auf ihren Anklagen. Die Staatspartei hatte den Bogen überspannt, daran konnten auch Reiseerleichterungen für Touristen aus dem Westen oder die Eröffnung des innerdeutschen Flugverkehrs, der für die Masse der DDR-Bürger ohnehin nicht zu benutzen war, nichts mehr ändern. Der desolate Zustand der Wohnhäuser und die schlechten Arbeitsbedingungen in herabgewirtschafteten Fabriken, die Schwierigkeiten bei der Beschaffung von allgemeinen Gebrauchsgütern und der von vielen DDR-Bürgern vermutete Luxus, den sich höhere Funktionäre der SED leisten konnten, die Beeinträchtigungen der Redefreiheit wie der Mobilität bei stereotypen Redewendungen der politischen Machthaber über

Materielle Verhältnisse in der DDR

eine bessere Zukunft ließen eine Unzufriedenheit wachsen, die von der Polizei und vom Staatssicherheitsdienst nicht mehr zum Schweigen zu bringen war, auch wenn diese noch über Gewaltmittel zur Einschüchterung wie Strafverfahren und Haft verfügten.

Fluchtbewegung

Wenn die Regierung im Auftrag des Zentralkomitees der SED verkündete, was die Meinung des Volkes zu sein habe, so demonstrierte jetzt das Volk ohne Absprache mit der Regierung, was es vom real existierenden Sozialismus in Ostdeutschland tatsächlich hielt. Es wandte sich zu Tausenden von ihm ab und suchte über Polen, die Tschechoslowakei und Ungarn den Weg in den Westen zu erzwingen. Auch die Ständige Vertretung der Bundesrepublik in Ost-Berlin war wieder ein Zufluchtsort für Ausreisewillige. Nachdem es am 24. August 1989 mehreren hundert DDR-Bürgern gelungen war, die Grenze von Ungarn nach Österreich zu überschreiten, setzte eine Massenflucht ein, die sich täglich weiter steigerte und die auf die angesetzten Jubelfeiern zum 40. Jahrestag ein schlechtes Licht warf. Ohnehin stand die DDR-Führung allein: Ungarn löste sich deutlich vom Ostblock ab und in Bulgarien gab es Zeichen des Aufbegehrens. Die Regierung der Tschechoslowakei mußte wachsende Unzufriedenheit registrieren. In Polen hatte bereits eine politische Umwälzung eingesetzt, die in der Durchsetzung der oppositionellen Kräfte um die Gewerkschaftsbewegung »Solidarität« gegenüber der Kommunistischen Partei und deren Ausschaltung als Regierungspartei endete. Der sowjetische Präsident Gorbatschow hatte neben den innersowjetischen Reformen nicht nur eine spürbare Annäherung an den amerikanischen Präsidenten George Bush erreicht und als Zeichen des guten Willens sowjetische Vorleistungen bei den Abrüstungen angekündigt, sondern auch bei einer Besprechung mit Bush auf Malta keine Zweifel daran gelassen, daß der Wille der europäischen Völker zu achten sei. Überdies hatte er im Juni 1989 die Bundesrepublik besucht und mit Bundeskanzler Kohl ein Kommuniqué herausgegeben, in dem beide Staaten ihre Bereitschaft zu Verständigung und Zusammenarbeit bei Respektierung der beiderseitigen Sicherheitsvorstellungen dokumentierten. Unter diesen Umständen drängten zwar die Führung der DDR und das Zentralkomitee der SED auf Gorbatschows Anwesenheit bei den 40. Jahresfeiern, aber sie mußten zugleich erkennen, wie wenig Hilfe sie von der UdSSR bei einer Klärung der inneren Verhältnisse erwarten durften. Auch wenn Gorbatschow noch immer für zwei deutsche Staaten eintrat, war doch ausgeschlossen, daß es einen erneuten Einsatz sowjetischer Soldaten zur Unterstützung einer vom Volk abgelehnten Regierung geben werde.

Staatsbesuch Gorbatschows in der Bundesrepublik

Tschechoslowakei und Ungarn und die Flüchtlinge aus der DDR

Unterdessen wuchs die Fluchtwelle, da viele Menschen befürchteten, der Staatssicherheitsdienst und die Polizei würden in Kürze das Land total abriegeln und von der Außenwelt isolieren. Die bundesdeutschen Vertretungen in Ost-Berlin, Warschau und vor allem in Prag und Budapest mußten schließen, da sie mit Flüchtlingen aus der DDR überfüllt waren, die in Prag auch im Garten der Botschaft und in Budapest auf einem größeren mit Zelten versehenen Platz untergebracht wurden. Trotz heftiger Angriffe auf die ungarische Volksrepublik, deren inzwischen neue Führung das alte Abkommen aufkündigte, das die Ausreise von DDR-Bürgern und Ungarn nach Westen im jeweils anderen Land verhindert hatte, sorgten die Ungarn für Ausreisemöglichkeiten, und der ungarische Ministerpräsident und sein Außenminister trafen sich in Bonn mit ihren bundesdeutschen Kollegen zu einer Aussprache über die Klärung der Verhältnisse. Ungarn öffnete seine Grenzen für die Flüchtlinge und setzte damit ein Zeichen.

Flüchtlingstransporte in die Bundesrepublik

Tatsächlich blieb der DDR-Regierung nichts anderes übrig, als nach intensiven Verhandlungen mit bundesdeutschen Regierungsvertretern die Ausreise auch aus Prag zuzulassen. Das hieß allerdings, daß die dorthin Geflüchteten mit dem Zug durch die DDR transportiert wurden, wo ihnen die Pässe abgenommen und der Übertritt in die Bundesrepublik als Ausweisung verfügt wurde. Zugleich warf der nach längerer Krankheit politisch wieder aktive Honecker der Bundesregierung vor, daß sie sich widerrechtlich ein Fürsorgerecht für die DDR-Flüchtlinge anmaße. Auch humanitäre Hilfe wollte er nicht anerkennen. Da es bei einem weiteren Transport durch die DDR zu schweren Zusammenstößen zwischen Einwohnern der DDR gekommen war, die auf die Züge aufspringen oder sie für die eigene Ausreise hatten benutzen wollen, verweigerten die DDR-Behörden die Durchreise der nach Warschau Geflohenen. Sie wurden in polnischen Flugzeugen in die Bundesrepublik transportiert. Trotz aller Versuche gelang es nur unvollkommen, die Grenzen zur Tschechoslowakei und nach Polen zu schließen. Die Mauer war durchlässig geworden. Parallel zum Flucht- und Ausreisegeschehen, das auch kritische Stimmen aus den Reihen der Dissidenten laut werden ließ, die ein Abwandern gerade der für Umbau und Neugestaltung der Ostrepublik wichtigsten Kräfte befürchteten, entstanden die ersten politischen Gruppierungen, die in aller Offenheit verlangten, als Gegenkräfte zum herrschenden Regime gesehen und anerkannt zu werden: Mitte September entstanden das »Neue Forum« und »Demokratie jetzt«. Anfang Oktober folgte der »Demokratische Aufbruch«. Unmittelbar während der Jubiläumsfeiern konstituierte sich wieder eine Sozialdemokratische Partei.

Leipziger Montags-Demonstration

Die engen Beziehungen zwischen Kirche und Dissidenten hatten die Synode des Evangelischen Kirchenbundes in der DDR bereits im September 1989 veranlaßt, nach Zeichen für eine Veränderung zu fragen. Die Friedensgebete in der Leipziger Nikolai-Kirche wurden Ausdruck des Aufbegehrens gegen die Ordnung der DDR. Obwohl Teilnehmer vom Staatssicherheitsdienst verhaftet wurden, gingen von hier die Montagsdemonstrationen aus, die von Woche zu Woche zunahmen, bis sich über 200000 Menschen beteiligten. Nach anfänglichen Zugriffen der staatlichen Ordnungskräfte, die Transparente beschlagnahmten und Beteiligte abführten und sie wegen Randalierens zur Anklage brachten, konnte ein – wahrscheinlich sogar befohlener – schwerer Zusammenstoß durch die Intervention bekannter Persönlichkeiten verhindert werden. Auch die Rote Armee griff nicht ein. Zwar war – von den Demonstranten bejubelt – Gorbatschow zu den Staatsfeierlichkeiten in die DDR gekommen, aber sein Versuch, die alten Männer des Staates zur Reform zu bewegen, war vergeblich. Kühl erklärte er vor der internationalen Presse: »Wer zu spät kommt, den bestraft die Geschichte.«

Gorbatschow beim 40. Jahrestag der DDR

Die fortdauernden Verhaftungen und das Vorgehen staatlicher Kräfte gegen Journalisten, die die Ereignisse den Medien zu übermitteln versuchten, standen im krassen Gegensatz zur Feierrede Honeckers. Er betonte zwar die Achtung der Menschenrechte in der DDR, beschwerte sich zugleich aber über die Einmischung in innere Angelegenheiten der DDR und das Aufhetzen von Randalierern. Noch war er vom Fortbestand der sozialistischen DDR überzeugt und zitierte vor der Presse einen alten Propagandaspruch: »Den Sozialismus in seinem Lauf hält weder Ochs noch Esel auf.« Doch der Ruf der Demonstranten, der vom 9. Oktober 1989 an von Leipzig aus die gesamte DDR erfaßte, lautete: »Wir sind das Volk!«. Die Versicherung, keine Gewalt zu üben, war das Signal für den Aufbruch zu einer neuen Politik und das Ende der vierzigjährigen DDR.

Wachsende Staatskrise

Rücktritt Honeckers

Der Prozeß begann mit dem vom SED-Zentralkomitee aufgezwungenen Rücktritt Honeckers, dem mehrere andere Mitglieder dieser Institution folgten. Kurzfristig wurde der langjährige FDJ-Vorsitzende Egon Krenz Honeckers Nachfolger, bis auch er zurücktreten mußte. Krenz unterband alle Eingriffe der staatlichen Sicherheitsorgane bei Großdemonstrationen. Eine Menge von 1 Million Menschen kam am 4. November in Ost-Berlin zusam-

Ausreisewillige DDR-Bürger in Leipzig Anfang September 1989

men, um die Schuld Honeckers für »Fehler, Versäumnisse und Verbrechen« öffentlich festzustellen und die Aufrufe bekannter Schriftsteller wie Stefan Heym und Christa Wolf für mehr Freiheit zu hören. Am 9. November kam es zum entscheidenden Schritt: Die DDR-Führung und Grenzoffiziere öffneten die Mauer. Erstmals seit 1961 konnten die Ost-Berliner ohne Probleme wieder in den Westen der Stadt, die Grenzen zur Bundesrepublik waren passierbar. Vor Tausenden sprachen vor dem Schöneberger Rathaus Kohl, Brandt und West-Berlins Regierender Bürgermeister Walter Momper, wieder Tausende fuhren über die »Staatsgrenze West«, um die Freiheit zu erleben. Diese Grenzöffnung wurde zu einem Ost- und Westdeutsche verbindenden Fest der Freiheit.

Öffnung der Grenze zwischen den deutschen Staaten

Die Medien begannen, kritische Äußerungen zu bringen, und »Der Schwarze Kanal«, eine gegen die Bundesrepublik gerichtete politische Fernsehsendung, die seit 30 Jahren gelaufen war, endete abrupt. Unter den deutlichen Forderungen nach Reformen übernahm am 13. November der Dresdner Bezirkssekretär Hans Modrow das Amt des Ministerpräsidenten. Weil er sich stets seine eigene Meinung bewahrt hatte, war er von Honecker wenig geschätzt worden und auch nicht in das Zentralkomitee der SED gelangt. Von vielen als Hoffnungsträger im Fall von Reformen und für eine bessere Zukunft angesehen, hatte er noch im September 1989 auf Einladung der SPD Stuttgart besucht und war auch vom Ministerpräsidenten Lothar Späth empfangen worden.

Modrow Ministerpräsident der DDR

In vielen Demonstrationen, die parteipolitischen Charakter anzunehmen begannen, wurde die Führungsrolle der SED bestritten. Wie in anderen Ländern des Warschauer Pakts waren auch in der DDR die einsetzenden Änderungen nicht mehr aufzuhalten. Vertreter der bisherigen Ordnung – Honecker, Stoph, der Wirtschaftsplaner der SED Günter Mittag und andere – wurden unter dem Verdacht der Unterschlagung und Veruntreuung verhaftet; diese Vorwürfe reichten bis hin zum bisherigen Vorsitzenden der Ost-CDU Gerald Götting. Mit Staunen und Entsetzen mußte die Bevölkerung der DDR erkennen, daß die geheimen Berichte und Gerüchte über den luxuriösen Lebenswandel der Spitzen von Staat und Parteien zutreffend gewesen waren. Unter diesen Bedingungen, aber ebenso unter dem Eindruck von Massenaustritten befand sich die SED in einer tiefen Krise, die insbeson-

Krise der SED

Die Berliner Mauer
9. November 1989

dere von dem Anwalt Gregor Gysi herausgestellt wurde. Gysi, Sohn eines früheren Staatssekretärs der DDR, hatte sich durch die Verteidigung von Dissidenten einen Namen als kritischer Sozialist gemacht. Mitte Dezember 1989 wurde er der Vorsitzende der Partei, die im folgenden Jahr den Namen Partei des Demokratischen Sozialismus (PDS) annahm. Sehr bald geriet sie in den Verdacht von Wirtschafts- und Finanzvergehen. Trotz aller innerparteilichen Reformbemühungen blieb sie in der kaum gebrochenen Tradition der SED.

Öffnung der Berliner Mauer

Gespräche des West-Berliner Senats mit dem Ost-Berliner Magistrat sowie zwischen der Bundesregierung und der Regierung Modrow führten dazu, daß ab dem 22. Dezember 1989 die Mauer endgültig geöffnet und in der Folge ihr offizieller Abbau begonnen wurde. Die beiden Berliner Stadtverwaltungen installierten einen gemeinsamen Planungsausschuß für die Stadtentwicklung, der nach der Einheit Deutschlands und den Dezemberwahlen 1990 in der Großen Koalition in Berlin zentral weitergeführt wird.

Während noch im Ausland die Zweistaatlichkeit Deutschlands als ein feststehendes Ergebnis des Zweiten Weltkriegs angesehen wurde und Warnungen vor einem gestörten Gleichgewicht Europas im Fall einer Vereinigung – etwa bei einer Unterredung Präsident Mitterands mit Gorbatschow Anfang Dezember 1989 – ausgesprochen wurden, begann sich in der DDR der Ruf nach der Wiedervereinigung durchzusetzen. Nicht unwesentlich hierfür war das von Kanzler Kohl im Alleingang verkündete Zehn-Punkte-Programm vom Ende November, mit dem er eine Überwindung der deutschen Teilung innerhalb des Fortschreitens der europäischen Einigung und allgemeiner Abrüstung herbeiführen wollte. Voraussetzung sei jedoch eine fundamentale Änderung der Politik und Wirtschaftsstruktur der DDR. Hinzu kam die Forderung des Bundestags nach Neuwahlen. Dabei standen nicht allein das Bedürfnis im Vordergrund, wieder zusammenwachsen zu lassen, was zusammengehört, wie Bundespräsident von Weizsäcker im DDR-Fernsehen gesagt hatte, sondern auch die Erwartung wirtschaftlicher Verbesserungen

Ruf nach Wiedervereinigung

Öffnung der Grenze am 22. Dezember 1989

und eines schnellen Anschlusses an den bundesrepublikanischen Lebensstandard. Eine Unterredung Kohls mit Modrow noch vor Weihnachten erweckte diese Hoffnungen. Doch noch hatte die Ausreisewelle nicht nachgelassen. Sie wurde erst schwächer, als das bisherige Begrüßungsgeld für Besucher aus der DDR zum 1. Januar 1990 eingestellt wurde, nachdem die politische Änderung in der DDR unverkennbar geworden war. Eigeninitiative zur Wohnungs- und Arbeitsplatzbeschaffung war nun nötig.

Dies war ein Zeichen der Zurückhaltung, aber es war wirtschaftlich und finanziell geboten, denn die Bundesregierung, die ebenso wie die großen Parteien und die Mehrheit der Bevölkerung in der DDR und wohl auch der Bundesrepublik für eine Wiedervereinigung eintrat, konnte nicht zulassen, daß Fachkräfte und potentielle Träger eines aktiven Neuaufbaus die ostdeutschen Gebiete verließen. Das Angebot zur wirtschaftlichen Hilfe baute auf Selbsthilfe und die Anpassung an marktwirtschaftliche Regeln. Unbekümmert um die Konsequenzen war die Nacht zum 1. Januar 1990 in ganz Deutschland ein Freudenfest, und ganz besonders rings um das Brandenburger Tor feierten die Menschen aus zwei Stadtteilen, die wußten, daß sie bald in einer Stadt und einem gemeinsamen Staat leben würden.

Der »Runde Tisch«

Inzwischen war in Berlin der »Runde Tisch« zusammengetreten: eine Institution der Gruppen und Parteien, die die friedliche Revolution durchgeführt hatten, und der Parteien der Einheitsfront, die nun – neben der Volkskammer und eindrucksvoller als diese – gemeinsam die Regierungspolitik kontrollierte. Der »Runde Tisch« wehrte sich gegen die schnelle Anpassung von Politikern der ehemaligen Blockparteien an die neue Entwicklung und suchte diese »Wendehälse« aus den staatlichen Reformen herauszuhalten. Er äußerte Zweifel an der Legitimität der Regierung Modrow, setzte die Teilnahme des Ministerpräsidenten an den Besprechungen der Institution durch und erreichte die Ausschreibung von Wahlen für den März 1990. In dieser Zeit stellte sich mehr und mehr heraus, in welchem Umfang der Staatssicherheitsdienst eine totale Kontrolle angestrebt hatte. Nur mit Mühe war es Bürgerinitiativen bisher gelungen, das »Stasi«-Material zu sichern und für die Durchsicht zu erhalten. Dadurch stellte sich auch heraus, daß einige Politiker, die auch an der Umformung der DDR beteiligt gewesen waren, als Zuträger für den Staatssicherheitsdienst gearbeitet hatten. Andererseits begannen Behörden und andere Einrichtungen der DDR ihren Mitarbeitern deren Personalakten zuzuleiten, so daß diese Unbequemes daraus entfernen konnten. Da die Aktenmassen unübersehbar wirkten, stellten sich Mißtrauen und Unsicherheit ein. Zudem wurde diskutiert, ob nicht besser alles zu vernichten sei, um Bespitzelungen und Erpressungen auszuschließen. Die Kontrolle und Erfassung wird Jahre in Anspruch nehmen. Unter dem Eindruck, daß die bisherige DDR völlig auf wirtschaftliche und politische Unterstützung der Bundesrepublik angewiesen sei, fanden im März 1990 die ersten und einzigen freien Wahlen zur Volkskammer statt. Dabei zeigte sich, daß die Bevölkerungsmehrheit – im Gegensatz zu einigen Wahlprognosen – ihre Hoffnungen auf die Parteien der Bonner Koalition und besonders auf die Union setzte. Ihre Wahlveranstaltungen mit Rednern aus dem Westen waren überfüllt, während der SPD sowohl ihre Kontakte zur SED als auch die bisherige Bereitschaft zur Anerkennung eines zweiten deutschen Staates angelastet wurde, so daß sie nur gedämpften Beifall fand. Mit der CDU hatten sich der Demokratische Aufbruch sowie die rechtskonservative Deutsche Soziale Union, die sich als Schwesterpartei der CSU sah, zur »Allianz für Deutschland« verbunden. Dieses Parteienbündnis erhielt 48,1 % der Stimmen gegenüber 21,8 % für die SPD und noch immer 16,3 für die PDS; die Liberalen gelangten auf 5,3 %. Dagegen erhielt das »Bündnis 90«, das aus den ursprünglichen Trägern der friedlichen Revolution hervorgegangen

Problem der Stasi-Akten

Wahlkampf in der DDR

Wahlergebnis in der DDR 1990

Die Teilnehmer am »Runden Tisch«

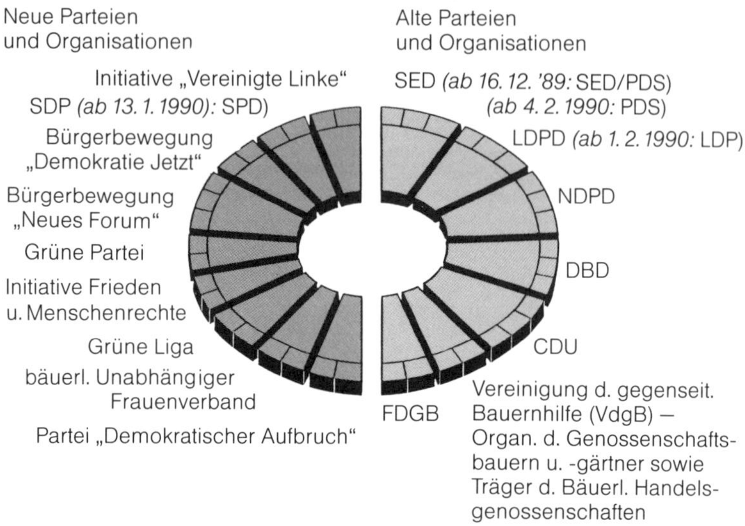

Dem zentralen „Runden Tisch" gehört auch ein Vertreter des Sorbischen „Runden Tisches" an, wodurch die nationale Minderheit der Sorben beteiligt ist.

Außerdem nehmen als Beobachter teil: Mitglieder des Demokratischen Frauenbundes Deutschlands (DFD). des Verbandes der Konsumgenossenschaften und der Umweltschutzpartei.

war, lediglich 2,9%. Die etablierten Parteien, die als kompetenter galten, hatten sich letztlich wieder durchgesetzt.

Kabinett de Maizière

Zu Recht konnte die Union für beide deutsche Staaten nun einen Führungsanspruch anmelden. Vor allem Helmut Kohl, der intensiv in den Wahlkampf eingegriffen hatte, betrachtete sich als Mentor der neuen DDR-Regierung unter dem Vorsitzenden der Ost-CDU Lothar de Maizière. Sein Kabinett bestand aus den Parteien der Allianz, der SPD und Liberalen, wobei die Sozialdemokraten u.a. die bei den Verhältnissen der DDR unbequemen Ressorts Finanzen und Soziales erhielten. Im Vorfeld der Wahlen für den gesamtdeutschen Bundestag gerieten einige SPD-Minister in die Kritik westdeutscher Unionspolitiker und wurden von de Maizière aus dem Kabinett entlassen, woraufhin die SPD sich generell aus der Koalition zurückzog.

Kommunalwahlen

Die nächsten Wahlen in der DDR, bei denen der Stimmrückgang der CDU sich in engen Grenzen hielt, waren am 6. Mai 1990 die Kommunalwahlen als Korrektur der gefälschten Wahlergebnisse des Vorjahres und am 14. Oktober Landtagswahlen. Inzwischen hatte die Bevölkerung in der DDR zu verstehen gegeben, daß sie die von der SED geförderte zentralistische in eine föderative Struktur umgewandelt sehen wollte, die dann auch den Übergang in die Bundesrepublik erleichtern würde. Es stand fest, daß die Regierung de Maizière lediglich einen Übergangscharakter hatte auf dem inzwischen von den Siegerstaaten des Zweiten Weltkriegs gebilligten Weg in die deutsche Einheit.

Ostpolitik der Bundesregierung 1990

Reisen westdeutscher Politiker in die Länder Osteuropas und vor allem in die UdSSR haben dort zu der Erkenntnis geführt, daß auch die christlich-liberale Regierung die Anerkennung der bestehenden Grenzen im Osten Deutschlands garantierte und daß sie bereit war, mit den Völkern, die durch den Zweiten Weltkrieg gelitten hatten, zu einer dauerhaften und freundschaftlichen Verständigung zu gelangen, auch wenn es in den Vertriebenenverbänden sowie bei Ultrakonservativen und Rechtsradikalen Einwendungen gab. Gerade die Tatsache, daß Gorbatschow nach Gesprächen mit einer Delegation unter Kohl Vorbehalte aufgab – sogar schließlich gegen die Zugehörigkeit des künftigen Gesamtdeutschlands zur NATO – und das Zustandekommen der Wiedervereinigung im Zusammenhang mit dem europäischen Einigungsprozeß und des west-östlichen Ausgleichs stehen lassen wollte, erleichterte die Weiterentwicklung im außenpolitischen und völkerrechtlichen Bereich.

»2 + 4-Gespräche«

Anfang Mai 1990 begannen die »2 + 4 Gespräche«, d.h. die Verhandlungen der beiden deutschen Republiken mit der UdSSR, den USA, Frankreich und Großbritannien – bei der Regelung der Grenzfrage im Osten wurde Polen hinzugezogen. In diesen Verhandlungen stand die deutsche Einigung bereits fest und es ging nur um die Gestaltung der letzten Schritte auf diesem Weg. Persönliche Verständigungen zwischen Außenminister Genscher und seinem sowjetischen Kollegen Eduard Schewardnadse erleichterten dies ebenso wie die Gemeinsamkeit der Präsidenten der USA und der UdSSR in Abrüstungsfragen und Kontakten zwischen dem sich lockernden Warschauer Pakt und der NATO. Die Verständigung der Bundesregierung mit der polnischen über die Grenze, die deutsche Zusicherung auf Truppenabbau sowie ein bundesdeutsch-sowjetischer Nachbarschaftsvertrag haben die letzten Schritte erleichtert. Gegen deutsche Baufinanzierung von Truppenunterkünften in der UdSSR wurde der Abzug der Roten Armee vom DDR-Territorium bis 1994 zugesichert. Am 2. Oktober 1990 beendete die Kommandantur der Alliierten in Berlin ihre Tätigkeit. Der außenpolitische Weg in die Einheit war abgeschlossen.

Verständigung mit Polen und der UdSSR

Innenpolitisch war dies schwieriger. Das wirtschaftliche Chaos, in dem sich die DDR befand, erforderte eine gründliche Aufarbeitung und Erfassung. Zugleich fanden weitere Verhaftungen ehemaliger Repräsentanten der DDR statt, die sich wie der frühere Minister für Staatssicherheit und Honekker wegen des Schießbefehls an die Grenztruppen verantworten sollten. Honecker gelang es, nachdem er zeitweilig in einem Pfarrhaushalt gelebt hatte, sich in ein Lazarett der Roten Armee und schließlich von dort in die UdSSR abzusetzen.

Spannungen zwischen West- und Ostdeutschland

Die Hilfe der Bundesrepublik, deren Vertreter zunächst nicht als Vormünder hatten auftreten wollen, wurde immer deutlicher von einer schnellen Umstrukturierung der DDR zur Anpassung an die Bundesrepublik abhängig gemacht. Ein Graben begann sich zwischen »Ossis« und »Wessis« aufzutun, da im Westen allzu leicht die Probleme der Angleichung unterschätzt wurden und den Bewohnern der DDR sogar unterstellt wurde, an der Notlage durch geringe Leistungsfähigkeit mitschuldig zu sein. Die völlig andere Wirtschaftslage der Bundesrepublik und ihre sozialen Bedingungen galten als Richtschnur. Dennoch knüpften sich an die mühsam ausgehandelte und am 1. Juli 1990 unterzeichnete Währungs-, Wirtschafts- und Sozialunion große Hoffnungen. Doch wurde dieser Schritt zu schnell getan. Die Prüfungen der Gegebenheiten in der DDR waren unzureichend, so daß die Treuhandstelle als oberste Wirtschaftskontrollbehörde zur Überleitung in die Privatwirtschaft vor Entscheidungen gestellt wurde, die eigentlich politische Entscheidungen waren. Hinzu kamen die Zurückhaltung westdeutscher Unternehmen bei Investitionen im Osten und zugleich das häufige Bemühen, mögliche Konkurrenz auszuschalten. Die Überführung der Währung der DDR und ihrer Verpflichtungen auf den DM-Kurs hatte Schiebungen und

Wirtschafts- und Finanzprobleme

Betrügereien zur Folge, die sich in außerordentlichen Höhen bewegten und den Typus des Einigungsgewinnlers schufen. Hinzu kam, daß Vertreter des bisherigen Systems verstanden, sich gegenseitig abzusichern und sich ohne größere Einbußen in die neuen politischen und materiellen Verhältnisse hinüberzuretten.

Materielle Probleme der Bevölkerung in Ostdeutschland

Trotz der Zusammenführung der beiden Staaten am 1. Juli 1990, der nur noch der völkerrechtliche Schritt fehlte, waren die Unterschiede zwischen dem östlichen und dem westlichen Territorium nicht zu übersehen. Im Osten begann die Sorge um die Arbeitsplätze in den Betrieben und es kam zu Entlassungen bzw. zu Überführung in die Rente bei bisherigen Staatsbediensteten. Es setzte eine Überflutung mit westlichen Produkten ein, und in westlichen Firmen und bei der FDP kam der Gedanke auf, durch eine steuerliche Differenzierung zwischen den östlichen und den westlichen Gebieten Deutschlands die erhofften Investitionen zu erleichtern. Dabei wurde aber die Gefahr von Firmenverlegungen ebenso übersehen wie die Gefahr eines Billiglohnlandes innerhalb eines vereinigten Deutschlands. Die unter dem Niveau des Westens liegenden Löhne und Gehälter brachten Aufbegehren und Streiks. Wenn trotz aller psychologischen und materiellen Belastungen die Bevölkerung der DDR in ihrer überwiegenden Mehrheit weiter auf die Vereinigung drängte, dann lag dies zum Teil daran, daß sie hoffte, danach schneller in einen ökonomischen Auftrieb zu geraten, zum Teil aber auch an der Sorge, die internationale Lage könnte sich dahin verändern, daß eine Vereinigung erst nach weiteren Jahrzehnten wieder möglich würde. Deshalb war man zu anhaltenden wirtschaftlichen und neuen sozialen Einschränkungen bereit.

Beitritt der »DDR«-Länder zur Bundesrepublik

Am 3. Oktober 1990 fand der Beitritt der Länder der bisherigen DDR zur Bundesrepublik durch förmliche Erklärungen über die Anerkennung des Grundgesetzes nach dessen Artikel 23 statt. Es gab nun nur noch einen deutschen Staat. Zur Feier des Endes einer einundvierzigjährigen Trennung wurde der 3. Oktober zum Staatsfeiertag erklärt, während der 17. Juni, den die Bundesrepublik seit 1954 stellvertretend für die DDR in Erinnerung an den Aufstand von 1953 begangen hatte, zum Gedenktag erklärt wurde. Für kurze Zeit waren im Bundestag anteilmäßig Abgeordnete der bisherigen Volkskammer vertreten; ins Kabinett traten als Minister ohne Ressort Mitglieder des bisherigen Kabinetts de Maizière ein. Aber mit den für Dezember 1990 angekündigten Bundestagswahlen sollte auch dieses Gremium seine verfassungsmäßige Ordnung erhalten.

Wahlkampf 1990

Zwei Anschläge während des Wahlkampfes – auf Oskar Lafontaine, den SPD-Kanzlerkandidaten und saarländischen Ministerpräsidenten, und auf den Bundesinnenminister Wolfgang Schäuble – schreckten auf, hatten aber keinen politischen Charakter. Die Auseinandersetzungen zwischen den Parteien standen völlig im Schatten der Vereinigungspolitik und der Einheitsfolgen. Während die Parteien der Bonner Koalition ganz auf ihren politischen Beitrag zur Einheit verwiesen, wurde der SPD angelastet, dem Vereinigungsprozeß Widerstände entgegengesetzt zu haben, da ihr Spitzenkandidat Lafontaine die Währungs- und Wirtschaftsunion abgelehnt hatte. Seine Hinweise, daß die Vereinigung auch steuerliche Konsequenzen für alle haben werde, wurden von den Koalitionsparteien zurückgewiesen. Die Mehrheit der Bevölkerung – gerade in den fünf östlichen Ländern – sah weiterhin in den Bonner Koalitionsparteien die eigentlichen Schöpfer der Einheit und gab ihnen eine Mehrheit, d.h. die Unionsparteien erhielten 43,8% und die FDP 11%, dagegen entfielen auf die SPD nur 33,5%. Die »Grünen« der Bundesrepublik, die zu verstehen gegeben hatten, daß sie auch weiterhin mit zwei deutschen Staaten zufrieden gewesen wären, schieden deshalb, aber wohl auch wegen permanenter interner Querelen aus dem Bundestag aus. An ihre

Wahlergebnis der Bundestagswahlen 1990

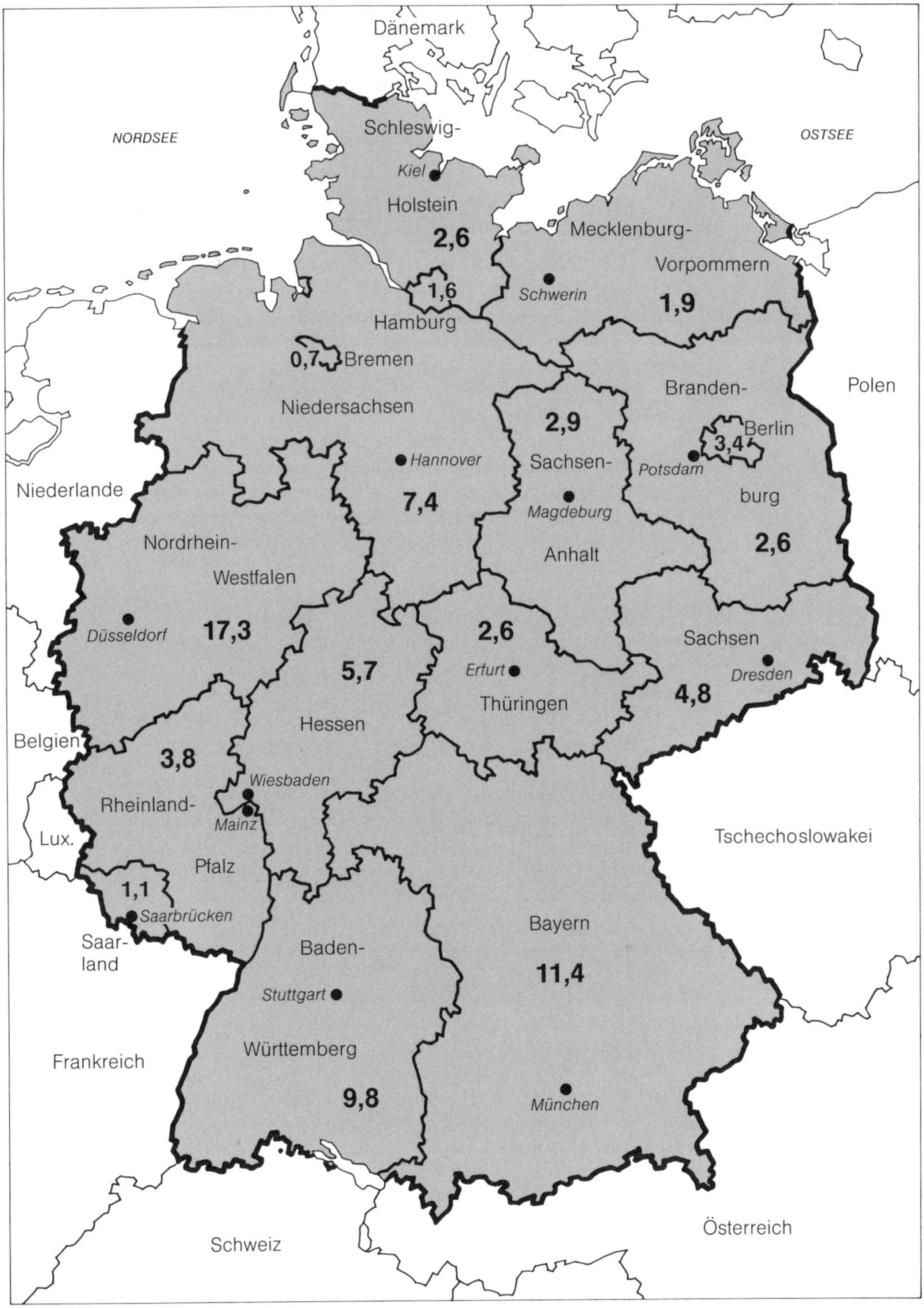

Die Bundesrepublik Deutschland am 3. Oktober 1990 mit Bevölkerungszahlen (in Mio.) und Ländern

Stelle trat die Ostdeutsche Verbindung »Bündnis 90/Grüne« mit bundesweit 1,2%. Die PDS gelangte mit 2,4% ins Parlament. Die bisherige Koalition blieb bestehen. Das im Januar 1991 gebildete Kabinett Kohl umfaßte nun auch Mitglieder aus der früheren DDR in festen Ressorts.

Ausblick

Gefahren der Wiedervereinigung im deutschen Bewußtsein

Seit dem 3. Oktober 1990 ist die Zwei-Staaten-Geschichte Nachkriegsdeutschlands beendet. Weitaus schneller, als zehn Jahre zuvor vermutet worden war, ist die deutsche Einheit äußerlich wiederhergestellt worden. Die Zustimmung der Kriegsalliierten und der Nachbarstaaten war Ausdruck für die Zuversicht, daß die vergrößerte Bundesrepublik im Wissen über die deutsche Geschichte und besonders die des 20. Jahrhunderts nicht in Großmannssucht verfallen, sondern ihre wirtschaftlichen und politischen Möglichkeiten zur Sicherung des Friedens und der Verständigung einsetzen werde. Allerdings sind im Zusammenhang mit dem Irak-Krieg zu Beginn des Jahres 1991 neue Töne angeklungen, die von einer Verpflichtung der Bundesrepublik sprechen, im Rahmen der UNO oder auch der Europäischen Gemeinschaft weltweit militärisch einzugreifen. Daneben stehen die rechtsradikalen Forderungen nach »Deutschland den Deutschen« und das Unverständnis von Vertriebenenverbänden für die Vereinbarungen mit Polen und der Tschechoslowakei. Insgesamt mag das wenig direkte Auswirkungen haben, aber es zeigt, wie schon wieder Bevölkerungsteile sich selbst und ihren Staat einschätzen.

Politische Situation nach den Bundestagswahlen

Die christlich-liberale Koalition ist zwar aus den Dezember-Wahlen 1990 als unbestreitbarer Sieger hervorgegangen; aber Siege der SPD in einzelnen Ländern der alten Bundesrepublik haben deren Gewicht im Bundesrat so gestärkt, daß sie nun, wie die Union in der Ära sozial-liberaler Koalitionen, von dort aus Bundespolitik treiben kann. Hinzu kommt Unwille in der Bevölkerung, daß – wenn auch mit den deutschen Leistungen während des Irak-Krieg offiziell begründet – Steuererhöhungen erforderlich geworden sind. In den fünf neuen Ländern auf dem Territorium der ehemaligen DDR breitet sich die Verbitterung über steigende Arbeitslosenzahlen aus. Ein Jahr nach der Währungs-, Wirtschafts- und Sozialunion setzte eine Flut von Entlassungen ein, die den Arbeitsmarkt weiter belasten. Zwar ist die Frage nach Hauptstadt und Regierungssitz zugunsten Berlins gelöst, aber das bedeutet zugleich eine weitere Kostenerhöhung durch die anstehenden Umzüge und zur Sanierung des Bonner Raumes. Das Zusammenwachsen Deutschlands wird viel Zeit in Anspruch nehmen, und die Währungs-, Wirtschafts- und Sozialunion sollte so verwirklicht werden, daß nicht Mißgunst und Neid bleiben. Deutsche Geschichte wird sich von 1991 an mit dem Ziel der völligen inneren Integration in politischer, sozialer und wirtschaftlicher Hinsicht beschäftigen müssen und mit den Anstrengungen, außenpolitisch ein Garant des Weltfriedens ohne Anmaßung und Überheblichkeit und ein Helfer der Dritten Welt zu sein.

Literaturhinweise

Das Literaturverzeichnis ist nach den einzelnen Zeitabschnitten des Handbuchs untergliedert. Lediglich für die sechs Jahrhunderte umfassende Darstellung des Mittelalters ist eine zusätzliche Unterteilung nach den einzelnen Kapiteln vorgenommen worden. Die alphabetisch geordneten Hinweise sind jeweils getrennt nach allgemeiner, übergreifender und nach Spezialliteratur aufgeführt. Vorangestellt ist ein Überblick über Handbücher etc. Soweit die Bearbeiter gleiche Literatur angegeben haben, ist sie auch in den einzelnen Abschnitten der Literaturhinweie wiederholt worden.

Übergreifende Handbücher, Darstellungen, Nachschlagewerke

Abel, W.: Agrarkrisen und Agrarkonjunktur. Eine Geschichte der Land- und Ernährungswissenschaft Mitteleuropas seit dem Hohen Mittelalter. Hamburg, Berlin ³1978.

Borchardt, K.: Grundriß der deutschen Wirtschaftsgeschichte. Göttingen 1978ff.

Bosl, K./Weiß, E.: Die Gesellschaft in Deutschland. München 1976ff.

Chronik der deutschen Zeitgeschichte. Hg. von M. Overesch u.a. Düsseldorf 1982ff.

Deutsche Geschichte. Hg. J. Leuschner. Bd. 1–10. Göttingen 1974–1984.

Deutsche Geschichte der neuesten Zeit. Hg. von M. Broszat u.a. München 1984ff.

Deutsche Militärgeschichte in sechs Bänden 1648–1939. Begründet von H. Meier Welcker. Hg. vom Militärgeschichtlichen Forsčhungsamt. München 1979–1981.

Deutsche Verwaltungsgeschichte. Hg. von K.G.A. Jeserich u.a. Bd. 1–5. Stuttgart 1983–1987.

Gebhardt Handbuch der deutschen Geschichte. Hg. von H. Grundmann. Bd. 1–4. Stuttgart 1970–1976. Taschenbuchausgabe: München 1973–1980 u.ö.

Handbuch der deutschen Geschichte. Hg. von L. Just u.a. Bd. 1–4, Registerbd. Konstanz und Wiesbaden 1956–1985.

Handbuch der deutschen Wirtschafts- und Sozialgeschichte. Hg. von H. Aubin/W. Zorn. Bd. 1–2. Stuttgart 1971, 1976.

Handbuch der europäischen Geschichte. Hg. von Th. Schieder. Bd. 1–7. Stuttgart 1968–1987

Handbuch der europäischen Wirtschaftsgeschichte. Hg. von H. Kellenbenz u.a. Stuttgart 1980ff.

Handwörterbuch zur deutschen Rechtsgeschichte. Hg. von A. Erler u.a. Berlin 1971ff.

Henning, F.-W.: Wirtschafts- und Sozialgeschichte. Bd. 1–3. Paderborn ³/⁴1977, 1978.

Huber, E.R.: Deutsche Verfassungsgeschichte seit 1789. Stuttgart 1963ff.

Die Kirche in ihrer Geschichte. Ein Handbuch. Hg. von K.D. Schmidt/E. Wolf. Göttingen 1961ff.

Lehrbuch der deutschen Geschichte. Bd. 1–12. Berlin 1959–1969 u.ö.

Lexikon der deutschen Geschichte. Personen, Ereignisse, Institutionen. Von der Zeitwende bis zum Ausgang des 2. Weltkriegs. Hg. von G. Taddey. Stuttgart 1979

Das große Lexikon des Dritten Reiches. Hg. von C. Zentner/F. Bedürftig. München 1985.

Lexikon des Mittelalters. Hg. von R. Auty u.a. München, Zürich 1980ff.

Lexikon der Parteiengeschichte. Die bürgerlichen und kleinbürgerlichen Parteien und Verbände in Deutschland (1789–1945). Hg. von D. Fricke u.a. Bd. 1–4. Köln 1983–1986.

Neue deutsche Geschichte. Hg. von P. Moraw u.a. München 1984ff.

Oldenbourg Grundriß der Geschichte. Hg. von J. Bleikken u.a. München 1981ff.

Ploetz Deutsche Geschichte. Epochen und Daten. Hg. von W. Conze/V. Hentschel. Mit einer Einführung von C. Schmid. Freiburg, Würzburg ²1980.

Propyläen-Geschichte Deutschlands. Hg. von D. Groh. Berlin 1984ff.

Propyläen-Geschichte Europas. Bd. 1–6. Frankfurt u.a. 1975–1978.

Ritter, G.: Staatskunst und Kriegshandwerk. Bd. 1–4. München 1954–1968.

Schramm, P.E.: Herrschaftszeichen und Staatssymbolik. Beiträge zu ihrer Geschichte vom 3.–16. Jahrhundert. Bd. 1–3. Stuttgart 1954–1956.

Sozialgeschichtliches Arbeitsbuch. Bd. 1–3. München 1975–1982.

Spindler, M.: Handbuch der Bayrischen Geschichte. Bd. 1–4. München 1967–1975.

Troitzsch, U./Weber, W. (Hg.): Die Technik. Von den Anfängen bis zur Gegenwart. Braunschweig 1982.

Deutsche Geschichte im Mittelalter

Böhme, W. (Hg.): Die deutsche Königserhebung im 10.–12. Jahrhundert. Heft 1–2. Göttingen 1970.

Buchner R./Schmale, F.-J.: Ausgewählte Quellen zur deutschen Geschichte des Mittelalters. Darmstadt 1955ff.

Elias, N.: Über den Prozeß der Zivilisation. Soziogenetische und psychogenetische Untersuchungen. Bd. 1–2. Frankfurt am Main 1976.
Giesebrecht, W.: Geschichte der deutschen Kaiserzeit. Bd. 1–6. Berlin 1855–1895.
Gurjewitsch, A.: Das Weltbild des mittelalterlichen Menschen. München 1982.
Jedin, H. (Hg.): Die mittelalterliche Kirche. Freiburg 1966/1968. Nachdr. 1985.
Kämpf, H. (Hg.): Herrschaft und Stand im Mittelalter. Darmstadt 1963.
Mayer, Th. (Hg.): Das Königtum – seine geistlichen und rechtlichen Grundlagen. Darmstadt 1963.
Nitschke, A.: Historische Verhaltensforschung. Stuttgart 1981.
Redfield, R.: The primitive world and its transformation. Ithaca, N.Y. 1963.
Rösener, R.: Bauern im Mittelalter. München [2]1986.
Schneider, F. (Hg.): Universalstaat oder Nationalstaat. Macht und Ende des Ersten Deutschen Reichs. Die Streitschriften von Heinrich von Sybel und Julius Fikker zur deutschen Kaiserpolitik. Innsbruck 1971.
Schulze, H.K.: Grundstrukturen der Verfassung im Mittelalter. Bd. 1–2. Stuttgart 1985–1986.
Simmel, G.: Philosophie des Geldes. Berlin [6]1958.

Die Entstehung des Deutschen Reiches

Gewohnheit als Recht: Das Reich in der altüberlieferten Ordnung

Fleckenstein, J.: Grundlagen und Beginn der deutschen Geschichte, Göttingen [2]1980 (=Deutsche Geschichte Bd. 1).
Prinz, F.: Grundlagen und Anfänge Deutschlands bis 1056. München 1985 (=Neue Deutsche Geschichte. Bd. 1).
Schieffer, Th. (Hg.): Europa im Wandel von der Antike zum Mittelalter. Stuttgart 1976 (=Handbuch der europäischen Geschichte. Bd. 1).
ders.: Die deutsche Kaiserzeit (900–1250). Frankfurt 1973.

Althoff, G.: Zur Frage nach der Organisation sächsischer coniurationes, in: Frühmittelalterliche Studien 16. 1982, S. 129ff.
Bauer, A./Rau, R. (Hg.): Quellen zur Geschichte der sächsischen Kaiserzeit. Darmstadt [2]1977 (=Ausgewählte Quellen zur deutschen Geschichte des Mittelalters. Bd. 7).
Beumann, H.: Zur Entwicklung transpersonaler Staatsvorstellungen, in: Mayer, Th. (Hg.): Das Königtum, S. 185ff.
Büttner, H.: Aus den Anfängen des abendländischen Staatsgedankens, in: Mayer, Th. (Hg.): Das Königtum, S. 155ff.
Duby, G.: Krieger und Bauern. Frankfurt 1984.
Fichtenau, H.: Lebensordnungen des 10. Jahrhunderts. Halbbd. 1–2. Stuttgart 1984.
Fried, J.: Der karolingische Herrschaftsverband im 9. Jahrhundert zwischen »Kirche« und »Königshaus«, in: Historische Zeitschrift 235. 1982, S. 1ff.
Gockel, M.: Karolingische Königshöfe am Mittelrhein. Göttingen 1970.
Hauck, K.: Rituelle Speisegemeinschaften im 10. und 11. Jahrhundert, in: Studium Generale 3. 1950, S. 611ff.
Keller, H.: Grundlagen ottonischer Königsherrschaft, in: Schmidt, K. (Hg.): Reich und Kirche vor dem Investiturstreit. Sigmaringen 1985, S. 17ff.
ders.: Herrscherbild und Herrscherlegimitation. Zur Deutung der ottonischen Denkmäler, in: Frühmittelalterliche Studien 19. 1985, S. 290ff.
Leyser, K.: Herrschaft und Konflikt. König und Adel im ottonischen Sachsen.Göttingen 1984.
Mayer, Th.: Die Ausbildung des modernen Staates, in: Kämpf, H. (Hg.): Herrschaft und Staat im Mittelalter, S. 284ff.
Mauss, M.: Die Gabe. Form und Funktion des Austauschs in archaischer Gesellschaft. Frankfurt/M. 1968.
Nitschke, A.: Die Einstimmigkeit der Wahlen im Reich Ottos des Großen, in: Mitteilungen des Instituts für österreichische Geschichtsforschung 70, 1962, S. 29ff.
Oexle, G.: Coniuratio und Gilde im frühen Mittelalter. Ein Beitrag zum Problem der sozialgeschichtlichen Kontinuität zwischen Antike und Mittelalter, in: Schwineköper, B. (Hg.): Gilden und Zünfte. Kaufmännische und gewerbliche Genossenschaften im frühen und hohen Mittelalter. Sigmaringen 1985, S. 151ff.
ders.: Die funktionale Dreiteilung der »Gesellschaft« bei Adalbero von Laon. Deutungsschema der sozialen Wirklichkeit im frühen Mittelalter, in: Frühmittelalterliche Studien 12. 1978, S. 1ff.
ders.: Gilden als soziale Gruppen in der Karolingerzeit, in: Jankuhn, H. (Hg.): Das Handwerk in vor- und frühgeschichtlicher Zeit. Göttingen 1981. S. 284ff.
Schmidt, P.G.: Heinrich III. Das Bild des Herrschers in der Literatur seiner Zeit, in: Deutsches Archiv für Erforschung des Mittelalters 39, 1983, S. 582ff.
Sprandel, R.: Grundherrlicher Adel, rechtsständische Freiheit und Königszins, in: Deutsches Archiv für Erforschung des Mittelalters 19. 1963, S. 1ff.
Trillmich, W.: Thietmar von Merseburg Chronik. Darmstadt [9] 1985 (= Ausgewählte Quellen zur deutschen Geschichte des Mittelalters. Bd. 9).
Vollrath, H.: Das Mittelalter in der Typik oraler Gesellschaften, in: Historische Zeitschrift 233, 1981, S. 571ff.
Wendehorst, A.: Wer konnte im Mittelalter lesen und schreiben?, in: Fried, J. (Hg.): Schule und Studium im sozialen Wandel des hohen und späten Mittelalters. Sigmaringen 1986.

Wahrheit statt Gewohnheit: Der Aufbruch aus der alten Ordnung

Fuhrmann, H.: Deutsche Geschichte im hohen Mittelalter. Göttingen [2]1983 (Deutsche Geschichte. Bd. 2).

Haverkamp, A.: Aufbruch und Gestaltung. Deutschland 1056–1273. München 1984.
Jakobs, H.: Kirchenreform und Hochmittelalter 1046–1215. München, Wien 1984 (=Oldenbourg Grundriß der Geschichte. Bd. 7).
Keller, H.: Zwischen Regionaler Begrenzung und universalem Horizont. Deutschland im Imperium der Salier und Staufer 1024–1250. Berlin 1986 (=Propyläen-Geschichte Deutschlands. Bd. 2).

Blumenthal, U.-R.: Der Investiturstreit. Stuttgart 1982.
Fuhrmann, H.: Das Reformpapsttum und die Rechtswissenschaft, in: Fleckenstein, J. (Hg.): Investiturstreit und Reichsverfassung. Sigmaringen 1973, S. 175ff.
ders.: »Volkssouveränität« und »Herrschaftsvertrag« bei Manegold von Lautenbach, in: Gagnèr, S. u.a. (Hg.): Festschrift für Hermann Krause. Köln, Wien 1975, S. 21ff.
Jasper, D.: Das Papstwahldekret von 1059. Sigmaringen 1986.
Rousset, R.: La croyance en la justice immanente à l'époque féodale, in: Moyen-âge. Revue d'histoire et de philologie 54. 4. ser. 3, 1948, S. 225ff.
Schieffer, R.: Die Entstehung des päpstlichen Investiturverbots für den deutschen König. Stuttgart 1981.
Schlesinger, W.: Die Wahl Rudolfs von Rheinfelden zum Gegenkönig, in: Fleckenstein, J. (Hg.): Investiturstreit und Reichsverfassung, S. 61ff.
Zimmermann, H. (Hg.): Der Canossa-Gang von 1077, Wirkungen und Wirklichkeit. Mainz 1975.

Das vielgestaltige 12. Jahrhundert

Boockmann, H.: Stauferzeit und spätes Mittelalter. Deutschland 1125–1517. Berlin 1987.
Engels, O.: Die Staufer. Stuttgart ^{3}1984.
Haussherr, R. u.a. (Hg.): Die Zeit der Staufer. Geschichte, Kunst, Kultur. Katalog der Ausstellung Stuttgart 1977. Bd. 1–5. Stuttgart 1977–1979.
Seibt, F. (Hg.): Europa im Hoch- und Spätmittelalter. Stuttgart 1987 (=Handbuch der europäischen Geschichte. Bd. 2.).

Benson, R.L./ Constable. G. (Hg.): Renaissance and renewal in the twelfth century. Oxford 1982.
Goetz, H.-W.: Das Geschichtsbild Ottos von Freising. Köln 1984 (=Archiv für Kulturgeschichte. Beiheft 19).
Hintze, O.: Wesen und Verbreitung des Feudalismus. Nachdruck in: Hintze, O.: Staat und Verfassung. Gesammelte Abhandlungen zur allgemeinen Verfassungsgeschichte. Hg. von G. Oestreich. Göttingen 1970, S. 84ff.
Kroeschell, K.: Deutsche Rechtsgeschichte. Bd. 1–2. Reinbek $^{4/5}$1981–1982.
Leclerc, J.: Die Spiritualität der Zisterzienser, in: Die Zisterzienser. Ordensleben zwischen Ideal und Wirklichkeit. Bonn 1980, S. 149ff. (=Schriften des Rheinischen Museumsamtes Nr. 10 zur Ausstellung Aachen 1980).
Leyser, K.: Some reflections on twelfth-century kings and kingship, in: Leyser, K.: Medieval Germany and its neighbours 900–1250. London 1982, S. 241ff.
Mayer, E.H.: Geschichte der Kreuzzüge. Stuttgart ^{5}1980.
Nelson, B.: Der Ursprung der Moderne. Frankfurt 1977.
Weimar, P. (Hg.): Die Renaissance der Wissenschaften im 12. Jahrhundert. Zürich 1981.

Vom staufisch-welfischen Thronstreit bis zur Goldenen Bulle 1356

Heimpel, H.: Deutschland im späten Mittelalter (1938). Nachdr. Konstanz 1957.
Leuschner, J.: Deutschland im späten Mittelalter. Göttingen 1975 (= Deutsche Geschichte. Bd. 3).
Moraw, P.: Von offener Verfassung zu gestalteter Verdichtung. Das Reich im späten Mittelalter. Berlin 1985 (= Propyläen-Geschichte Deutschlands. Bd. 3).
Thomas, H.: Deutsche Geschichte des Spätmittelalters 1250–1500. Stuttgart 1983.
Vom Spätmittelalter bis zum Ende des Reiches. Stuttgart 1983 (= Deutsche Verwaltungsgeschichte. Bd. 1).

Abel, W.: Strukturen und Krisen der spätmittelalterlichen Wirtschaft. Stuttgart, New York 1980.
Angermeier, H.: Königtum und Landfriede im deutschen Spätmittelalter. München 1966.
Blickle, P.: Deutsche Untertanen. Ein Widerspruch. München 1981.
Boockmann, H.: Der deutsche Orden. Zwölf Kapitel aus einer Geschichte. München ^{2}1982.
ders.: Die Stadt im späten Mittelalter. München 1986.
Brunner, O.: Land und Herrschaft. Grundfragen der territorialen Verfassungsgeschichte Österreichs im Mittelalter. Darmstadt 1959.
Bumke, J.: Höfische Kultur. Bd. 1–2. München 1986.
Dilcher, G.: Die genossenschaftliche Struktur von Gilden und Zünften, in: Schwineköper, B. (Hg.): Gilden und Zünfte, S. 71ff.
ders.: Zum Bürgerbegriff im späten Mittelalter. Versuch einer Typologie am Beispiel von Frankfurt am Mein, in: Fleckenstein, J./Stackmann, K.(Hg.): Stadt und städtische Literatur im Spätmittelalter. Göttingen 1980. S. 59ff.
Dirlmeier, U.: Die kommunalpolitischen Zuständigkeiten und Leistungen süddeutscher Städte im Spätmittelalter, in: Sydow, J. (Hg.): Städtische Versorgung und Entsorgung im Wandel der Geschichte. Sigmaringen 1981. S. 133ff. (= Stadt in der Geschichte 5).
Epperlein, S.: Bauernbedrückung und Bauernwiderstand im Hohen Mittelalter. Berlin 1960.
Fried, J.: Die Universalität der Freiheit, in: Historische Zeitschrift 240. 1985, S. 313ff
Fried, P.: »Modernstaatliche« Entwicklungstendenzen im bayerischen Ständestaat des Spätmittelalters. Ein methodischer Versuch, in: Patze, H. (Hg.): Der deutsche Territorialstaat im 14. Jahrhundert. Bd. 1–2. Sigmaringen 1971. Hier: Bd. 2, S. 301ff. (Vorträge und Forschungen 13 und 14. Hier 14).

Hattenhauer, H.: Die Entdeckung der Verfügungsmacht. Studium zur Geschichte der Grundstückverfügung im deutschen Recht des Mittelalters. Hamburg 1969.

Krieger, K.-F.: Die Lehnshoheit der deutschen Könige im Spätmittelalter. Aalen 1979.

Landwehr, G.: Mobilisierung und Konsolidierung der Herrschaftsordnung im 14. Jahrhundert, in: Vorträge und Forschungen 14, S. 484ff.

Maschke, E.: Städte und Menschen. Beiträge zur Geschichte der Stadt. Wirtschaft und Gesellschaft 1959–1977, in: Vierteljahrschrift für Sozial- und Wirtschaftsgeschichte, Beiheft 68. Wiesbaden 1980.

Miethke, J.: Kaiser und Papst im Spätmittelalter. Zu den Ausgleichsbemühungen zwischen Ludwig dem Bayer und der Kurie in Avignon, in: Zeitschrift für historische Forschung 10, 1983, S. 421ff.

Patze, H.: Der Frieden von Christburg vom Jahre 1349 (1958), Nachdr. in: Beumann, H. (Hg.): Heidenmission und Kreuzzugsgedanke in der deutschen Ostpolitik des Mittelalters. Darmstadt 1963, S. 417ff.

Russel, J.C.: Die Bevölkerung Europas 500–1500, in: Cipolla, C.M./Borchardt, K.: Europäische Wirtschaftsgeschichte Bd. I: Mittelalter. Stuttgart, New York 1978, S. 13ff.

Seibt, F.: Karl IV. Ein Kaiser in Europa, 1346–1378. München [3]1978.

Herbst des Mittelalters – Mitte des alteuropäischen Zeitalters

Blickle, P. (Hg.): Revolte und Revolution in Europa. München 1975 (= Historische Zeitschrift, Beiheft 4).

Meuthen, E.: Das 15. Jahrhundert. München, Wien 1980 (= Oldenbourg Grundriß der Geschichte. Bd. 9).

Burmeister, K. H.: Genossenschaftliche Rechtsfindung und herrschaftliche Rechtsetzung. Auf dem Weg zum Territorialstaat, in: Blickle, P. (Hg.): Revolte und Revolution in Europa, S. 171ff.

Dirlmeier, U.: Untersuchungen zu den Einkommensverhältnissen und Lebenshaltungskosten in oberdeutschen Städten des Spätmittelalters. Heidelberg 1978.

Eisenbart, L.: Kleiderordnungen der deutschen Städte zwischen 1350 und 1750. Göttingen 1962.

*Ellmers, D.:*Die Entstehung der Hanse, in: Hansische Geschichtsblätter 103. 1985, S. 3ff.

Graus, F.: Vom »Schwarzen Tod« zur Reformation. Der krisenhafte Charakter des europäischen Spätmittelalters, in: Zeitschrift der Savigny-Stiftung für Rechtsgeschichte, Germanistische Abteilung 100. 1983, S. 53ff.

Haverkamp, A.: Die Judenverfolgung zur Zeit des Schwarzen Todes im Gesellschaftsgefüge deutscher Städte, in: Haverkamp, A. (Hg.): Zur Geschichte der Juden im Deutschland des späten Mittelalters und der frühen Neuzeit. Stuttgart 1981, S. 27ff.

Heimpel, H.: Die Vener von Gmünd und Straßburg 1162–1442. Studien und Texte zur Geschichte einer Familie sowie des gelehrten Beamtentums in der Zeit der abendländischen Kirchenspaltung und der Konzilien von Pisa, Konstanz und Basel. Göttingen 1982. Bd. 1–3.

Henning, F. W.: Das vorindustrielle Deutschland 800–1800. Paderborn 1985 (= Henning, F.W.: Wirtschafts- und Sozialgeschichte. Bd. 1).

Irsigler, F./Lasotta, A.: Bettler und Gaukler, Dirnen und Henker. Randgruppen und Außenseiter in Köln 1300–1600. Köln 1984.

Krieger, K. F.: Der Prozeß gegen Friedrich den Siegreichen auf dem Augsburger Reichstag vom Jahre 1474, in: Zeitschrift für historische Forschung 12, 1985, S. 257ff.

Lütge, F.: Studien zur Sozial- und Wirtschaftsgeschichte. Stuttgart 1963.

Meuthen, E.: Das Basler Konzil als Forschungsproblem der europäischen Geschichte. Opladen 1985 (= Rheinisch-Westfälische Akademie der Wissenschaften. Geisteswissenschaften, Vortrag 274).

*ders.:*Das Basler Konzil in römisch-katholischer Sicht, in: Theologische Zeitschrift 38, 1982, S. 174ff.

ders.: Der Fall von Konstantinopel und der lateinische Westen, in: Historische Zeitschrift 237, 1983, S. 1ff.

Moeller, B.: Frömmigkeit in Deutschland um 1500, in: Archiv für Reformationsgeschichte 56, 1965, S. 5ff.

Moraw, P.: Königliche Herrschaft und Verwaltung im spätmittelalterlichen Reich (ca. 1350–1450), in: Schneider, R. (Hg.): Das spätmittelalterliche Königtum im europäischen Vergleich. Sigmaringen 1987, S. 185ff. (= Vorträge und Forschungen 32).

ders.: Versuch über die Entstehung des Reichstags, in: Weber, H. (Hg.): Politische Ordnungen und soziale Kräfte im Alten Reich. Wiesbaden 1980, S. 1ff.

Most, I.: Schiedsgericht, Rechtlicheres Rechtsgebot, Ordentliches Gericht, Kammergericht. Zur Technik fürstlicher Politik im 15. Jahrhundert, in: Aus Reichstagen des 15. und 16. Jahrhunderts. Göttingen 1958, S. 116ff. (= Schriftenreihe der historischen Kommission bei der bayerischen Akademie der Wissenschaften, Schrift 5).

Patze, H.: Neue Typen des Geschäftsschriftgutes im 14. Jahrhundert, in: Vorträge und Forschungen 13, S. 9ff.

Prinz, F.: Böhmen im mittelalterlichen Europa. München 1984.

Schubert, E.: König und Reich. Studien zur spätmittelalterlichen deutschen Verfassungsgeschichte. Göttingen 1979.

Schulz, K.: Löhne und Lebenshaltung im deutschen Spätmittelalter, in: Zeitschrift für historische Forschung 6, 1979, S. 345–356.

Skalweit, S.: Der Beginn der Neuzeit. Darmstadt 1982.

Stromer, W. v.: Oberdeutsche Hochfinanz 1350–1450. Bd. 1–3. Wiesbaden 1970.

Trusen, W.: Spätmittelalterliche Jurisprudenz und Wirtschaftsethik dargestellt an Wiener Gutachten des 14. Jahrhunderts. Wiesbaden 1961 (= Vierteljahresschrift für Sozial- und Wirtschaftsgeschichte, Beiheft 3).

Deutschland im Zeitalter der Reichsreform, der kirchlichen Erneuerung und der Glaubenskämpfe

Abel, W.: Stufen der Ernährung. Eine historische Skizze. Göttingen 1981.

Brandi, K.: Deutsche Geschichte im Zeitalter der Reformation und Gegenreformation. Berlin 1967.

Henning, F-W.: Das vorindustrielle Deutschland 800 bis 1800. Paderborn ³1977 (= Henning, F.-W.: Wirtschafts- und Sozialgeschichte. Bd. 1).

Kriedte, P.: Spätfeudalismus und Handelskapital. Grundlinien der europäischen Wirschaftsgeschichte vom 16. bis zum Anfang des 18. Jahrhunderts. Göttingen 1980.

Lutz, H.: Das Ringen um deutsche Einheit und kirchliche Erneuerung. Von Maximilian I. bis zum Westfälischen Frieden 1490–1648. Berlin 1983 (= Propyläen-Geschichte Deutschlands. Bd. 4).

Ritter, M.: Deutsche Geschichte im Zeitalter der Gegenreformation und des Dreißigjährigen Krieges. Bd. 1–3. Stuttgart 1889–1908.

Skalweit, St.: Reich und Reformation. Berlin 1967.

Sechzehntes und siebzehntes Jahrhundert. Hg. von K. Borchardt. Stuttgart, New York 1970 (= Europäische Wirschaftsgeschichte. Bd. 2).

Vom Spätmittelalter bis zum Ende des Reiches. Stuttgart 1983 (= Deutsche Verwaltungsgeschichte. Bd. 1).

Albrecht, D.: Die auswärtige Politik Maximilians von Bayern 1618–1635. Göttingen 1962.

ders.: Richelieu, Gustav Adolf und das Reich. München, Wien 1959.

Angermaier, H.: Die Reichsreform 1410–1555. Die Staatsproblematik in Deutschland zwischen Mittelalter und Gegenwart. München 1984.

ders.: Die Reichsregimenter und ihre Staatsidee, in: Historische Zeitschrift 211, 1970, S. 265ff.

Barudio, G.: Der Teutsche Krieg 1618–1648. Frankfurt 1985.

Blickle, P.: Die Reformation im Reich. Stuttgart 1982.

ders.: Die Revolution von 1525. München, Wien ²1983.

Brecht, M.: Martin Luther. Sein Weg zur Reformation 1483–1521. Stuttgart 1981.

Buszello, H. u.a. (Hg.): Der Deutsche Bauernkrieg. Paderborn u.a. 1984.

Dickmann, F.: Der Westfälische Friede. München ⁴1977.

Dülmen, R. van: Reformation als Revolution. Soziale Bewegung und religiöser Radikalismus in der deutschen Reformation. München 1977.

Ernstberger, A.: Hans de Witte. Finanzmann Wallensteins. Wiesbaden 1954.

Evans, R.J.W.: Rudolf II. and his world. Oxford 1973.

Franz, G.: Der Deutsche Bauernkrieg. Darmstadt ¹¹1977.

ders.: Der Dreißigjährige Krieg und das deutsche Volk. Untersuchungen zur Bevölkerungs- und Agrargeschichte. Stuttgart ⁴1979.

Fuchs, W.P.: Das Zeitalter der Reformation, in: Gebhardt Handbuch der deutschen Geschichte. Bd. 8. München 1973.

Goertz, H.-J.: Die Täufer. Geschichte und Deutung. München 1980.

Heckel, M.: Deutschland im konfessionellen Zeitalter. Göttingen 1983 (= Deutsche Geschichte. Bd. 5).

Iserloh, H. (Hg.): Confessio Augustana und Confutatio. Der Reichstag und die Einheit der Kirche. Münster 1980.

Koerner, F.: Die Bevölkerungszahl und -dichte in Mitteleuropa zu Beginn der Neuzeit, in: Forschungen und Fortschritte 33, 1959, S. 325ff.

Krumwiede, H.-K.: Zur Entstehung des landwirschaftlichen Kirchenregiments in Kursachsen und Braunschweig-Wolfenbüttel. Göttingen 1967.

Lange, U.: Landtag und Ausschuß. Untersuchungen zum Problem der Handlungsfähigkeit landständischer Versammlungen im Zeitalter der Entstehung des frühmodernen Staates. Die welfischen Territorien als Beispiel (1500–1629). Hildesheim 1986.

Langer, H.: Kulturgeschichte des 30jährigen Krieges. Stuttgart 1978.

Lanzinner, M.: Fürst, Räte und Landstände. Die Entstehung der Zentralbehörden in Bayern 1511–1598. Göttingen 1980.

Lau, F./Bizer, E.: Reformationsgeschichte Deutschlands bis 1555. Göttingen 1955 (= Die Kirche in ihrer Geschichte. Bd. 3, Lief. K).

Locher, G.W.: Zwingli und die Schweizerische Reformation. Göttingen 1982 (= Die Kirche in ihrer Geschichte. Bd. 3, Lief. J1).

Lohse, B.: Martin Luther. Eine Einführung in sein Leben und Werk. München 1981.

Luttenberger, A.P.: Glaubenseinheit und Reichsfriede. Konzeption und Wege konfessionsneutraler Reichspolitik (1530–1552) (Kurpfalz, Jülich, Kurbrandenburg). Göttingen 1982.

Lutz, H.: Christianitas afflicta. Europa, das Reich und die päpstliche Politik im Niedergang der Hegemonie Karls V. (1552–1556). Göttingen 1964.

ders.: Das Reich, Karl V. und der Beginn der Reformation. Bemerkungen zu Luther in Worms 1521, in: Lutz, H.: Politik, Kultur und Religion im Werdeprozeß der frühen Neuzeit. Aufsätze und Vorträge. Hg. von M. Csáky u.a. Klagenfurt, S. 53ff.

Moeller, B.: Deutschland im Zeitalter der Reformation. Göttingen 1977 (= Deutsche Geschichte. Bd. 4).

ders.: Stadt und Kirche im 16. Jahrhundert. Gütersloh 1978.

Moraw, P.: Versuch über die Entstehung des Reichstags, in: Weber, H. (Hg.): Politische Ordnungen und soziale Kräfte im Alten Reich. Wiesbaden 1980, S. 1ff.

Neuhaus, H.: Der Augsburger Reichstag des Jahres 1530. Ein Forschungsbericht, in: Zeitschrift für historische Forschung 9, 1982, S. 167ff.

Oberman, H.A.: Luther. Mensch zwischen Gott und Teufel. Berlin 1983.

Oestreich, G.: Ständetum und Staatsbildung, in: Oestreich, G.: Geist und Gestalt das frühmodernen Staates. Ausgewählte Aufsätze. Berlin 1967, S. 277ff.

Polisenský, J.V.: The Thirty Years' War. London 1971.
Rabe, H.: Reichsbund und Interim. Die Verfassungs- und Religionspolitik Karls V. und der Reichstag von Augsburg 1547/48. Köln 1971.
Der Reichstag von Worms von 1521. Reichspolitik und Luthersache, im Auftrag der Stadt Worms Hg. von F. Reuter. Köln, Wien ²1981.
Reinhard W.: Gegenreformation als Modernisierung? Prolegomena zu einer Theorie des konfessionellen Zeitalters, in: Archiv für Reformationsgeschichte 68, 1977, S. 226ff.
ders.: Zwang zur Konfessionalisierung? Prolegomena zu einer Theorie des konfessionellen Zeitalters, in: Zeitschrift für Historische Forschung 10, 1983, S. 257ff.
Rudolf, H.U. (Hg.): Der Dreißigjährige Krieg. Perspektiven und Strukturen. Darmstadt 1977.
Ruppert, K.: Die kaiserliche Politik auf dem Westfälischen Friedenskongreß (1643–1648). Münster 1979.
Schilling, H.: Konfessionskonflikt und Staatsbildung. Eine Fallstudie über das Verhältnis von religiösem und sozialem Wandel in der Frühneuzeit am Beispiel der Grafschaft Lippe. Gütersloh 1981.
Schlaich, K.: Die Mehrheitsabstimmung im Reichstag zwischen 1495 und 1613, in: Zeitschrift für historische Forschung 10, 1983, S. 299ff.
Schmidt, K.D.: Die katholische Reform und die Gegenreformation. Göttingen 1975 (= Die Kirche in ihrer Geschichte. Bd. 3, Lief. L 1. Teil).
Schormann, G.: Der Dreißigjährige Krieg. Göttingen 1985.
Schubert, F.H.: Die pfälzische Exilregierung im 30jährigen Krieg. Ein Beitrag zur Geschichte des politischen Protestantismus, in: Zeitschrift für Geschichte des Oberrheins 102, 1954, S. 575ff.
Schulze, W.: Reich und Türkengefahr im späten 16. Jahrhundert. Studien zu den politischen und gesellschaftlichen Auswirkungen einer äußernen Bedrohung. München 1978.
Straub, E.: Pax und Imperium. Spaniens Kampf um eine Friedensordnung in Europa zwischen 1617 und 1635. Paderborn 1980.
Sturmberger, H.: Aufstand in Böhmen. Der Beginn des Dreißigjährigen Krieges. München, Wien 1959.
Wettges, W.: Reformation und Propaganda. Studien zur Kommunikation des Aufruhrs in süddeutschen Reichsstädten. Stuttgart 1978.
Wiesflecker, H.: Kaiser Maximilian I. Das Reich, Österreich und Europa an der Wende zur Neuzeit. Bd. 1–4. München 1971–1981.
Wohlfeil, R. (Hg.): Der Bauernkrieg 1524–26. Bauernkrieg und Reformation. München 1975.
ders.: Einführung in die Geschichte der deutschen Reformation. München 1982.
*Zeeden, E.W.:*Das Zeitalter der Glaubenskämpfe 1555–1648, in: Gebhardt Handbuch der deutschen Geschichte. Bd. 9. München ⁹1973.

Zerfall und Untergang des alten Reiches

Aretin, K. O. v. (Hg.): Der aufgeklärte Absolutismus. Köln 1974.
ders.: Das Reich. Friedensgarantie und europäisches Gleichgewicht 1648–1806. Stuttgart 1986.
ders.: Vom Deutschen Reich zum Deutschen Bund. Göttingen 1980 (= Deutsche Geschichte. Bd. 7).
Braubach, M.: Vom Westfälischen Frieden bis zur Französischen Revolution, in: Gebhardt Handbuch der deutschen Geschichte. Bd. 10. München ⁹1978.
ders.: Von der Französischen Revolution bis zum Wiener Kongreß, in: Gebhardt Handbuch der deutschen Geschichte. Bd. 14. München ⁹1979.
Erdmannsdörfer, B.: Deutsche Geschichte vom Westfälischen Frieden bis zum Regierungsantritt Friedrichs des Großen 1648–1746. Bd. 1–2. Berlin 1892–1893. Nachdr. Darmstadt 1962.
Fehrenbach, E.: Vom Ancien Régime zum Wiener Kongreß. München 1981 (= Oldenburg Grundriß der Geschichte. Bd. 12).
Hintze, O.: Die Hohenzollern und ihr Werk. Fünfhundert Jahre vaterländische Geschichte. Berlin 1915. Nachdr. Moers 1979.
Hofmann, H.H. (Hg.): Die Entstehung des modernen souveränen Staates. Köln, Berlin 1972.
Hubatsch, W. (Hg.): Absolutismus. Darmstadt 1973.
Janmich, M.: Geschichte des europäischen Staatensystems von 1660–1789. München 1905. Nachdr. Darmstadt 1967.
Just, L.: Der aufgeklärte Absolutismus. Konstanz 1956 (= Handbuch der deutschen Geschichte. Bd. 2, 4. Abschnitt).
Kunisch, J./Neuhaus, H. (Hg.): Der dynastische Fürstenstaat. Zur Bedeutung von Sukzessionsordnungen für die Entstehung des frühmodernen Staates. Berlin 1982.
Oestreich, G.: Verfassungsgeschichte von Ende des Mittelalters bis zum Ende des alten Reiches, in: Gebhardt Handbuch der deutschen Geschichte. Bd. 11. München ⁹1980.
Raumer, K.v./Botzenhardt, M.: Deutsche Geschichte im 19. Jahrhundert. Deutschland um 1800: Krise und Neugestaltung von 1789–1815. Wiesbaden 1980 (= Handbuch der deutschen Geschichte. Bd. 3/I).
Rothenberg, G.E.: Napoleon's Great Adversaries. The Archduke Charles and the Austrian Army 1792–1814. London 1982.
Schilfert, G.: Deutschland von 1648–1789. Berlin ³1975 (= Lehrbuch der deutschen Geschichte. Bd. 4).
Vierhaus, R.: Deutschland im Zeitalter des Absolutismus (1648–1763). Göttingen 1978 (= Deutsche Geschichte. Bd. 6).
ders.: Staaten und Stände 1648–1673. Berlin 1984 (= Propyläen Geschichte Deutschlands. Bd. 5).

Aretin, K.O.v.: Friedrich der Große. Größe und Grenzen des Preußenkönigs. Bilder und Gegenbilder. Freiburg 1985.

ders.: Heiliges Römisches Reich 1776–1806. Reichsverfassung und Staatssouveränität. Bd. 1–2. Wiesbaden 1967.
Arneth, A.v.: Geschichte Maria Theresias. Bd. 1–10. Wien 1863–1879. Nachdr. 1971.
Barker, T.M.: Doppeladler und Halbmond. Entscheidungsjahr 1683. Übers. u. bearb. P. u. G. Brouak. Graz u. a. 1982
Boutant, Ch.: L'Europe au grand tournant des années 1680. La succession palatine. Paris 1985.
Braubach, M.: Prinz Eugen von Savoyen. Eine Biograhie. Bd. 1–5. München, Wien 1963–1965.
Decker, K.P.: Frankreich und die Reichstände 1672–1675. Die Ansätze zur Bildung einer »Dritten Partei« in den Anfangsjahren des Holländischen Krieges. Bonn 1981.
Duchhardt, H.: Gleichgewicht der Kräfte, Convenance, Europäisches Konzert. Friedenskongresse und Friedensschlüsse vom Zeitalter Ludwigs XIV. bis zum Wiener Kongreß. Darmstadt 1976.
Gagliardo, J.: Reich and Nation. The Holy Roman Empire as idea and reality 1763–1806. Bloomington, London 1980.
Geschliesser, O.: Der Reichshofrat. Bedeutung und Verfassung, Schicksal und Besetzung der obersten Reichsbehörde von 1559–1806. Wien 1942. Neudr. Lichtenstein 1970.
Glaser, H. (Hg.): Kurfürst Max Emanuel. Bayern und Europa um 1700. Bd. 1–2. München 1976.
Gross, L.: Die Geschichte der deutschen Reichshofkanzlei 1559–1806. Wien 1933.
Heigel, K.Th.v.: Deutsche Geschichte vom Tode Friedrichs des Großen bis zur Auflösung des alten Reichs. Bd. 1–2. Stuttgart, Berlin 1899, 1911.
Koser, R.: Geschichte Friedrichs des Großen. Bd. 1–4. Stuttgart 7 1921–1925. Nachdr. Darmstadt 1963.
Mikoletzky, H.L.: Österreich – das große 18. Jahrhundert. Von Leopold I. bis Leopold II. Wien 1967.
Mittenzwei, I.: Friedrich II. von Preußen. Köln 1980.
Müller, K.: Das Kaiserliche Gesandtschaftswesen im Jahrhundert nach dem Westfälischen Frieden (1648–1740). Bonn 1976.
Oestreich, G.: Friedrich Wilhelm. Der Große Kurfürst. Göttingen 1971.
ders.: Friedrich Wilhelm I. Preußischer Absolutismus, Merkantilismus, Militarismus. Göttingen 1977.
Redlich, O.: Österreichs Großmachtbildung in der Zeit Kaiser Leopolds I. Gotha 1921 (4. Aufl.: Weltmacht des Barock. Wien 1961).
ders.: Das Werden einer Großmacht. Österreich 1700–1740. Wien 4 1962.
Sauer, P.: Der Schwäbische Zar. Friedrich, Württembergs erster König. Stuttgart 1984.
Schieder, Th.: Friedrich der Große. Ein König der Widersprüche. Berlin 1983.
Schmitt, H.: Kurfürst Karl Philipp von der Pfalz als Reichsfürst. Mannheim 1963.
Schnabel, F.: Sigismund von Reitzenstein. Der Begründer des badischen Staates. Heidelberg 1927.
Schnath, G.: Geschichte Hannovers im Zeitalter der neunten Kur und der englischen Sukzession 1674–1714. Bd. 1–4. Hildesheim 1938–1982.
Voss, J. (Hg.): Deutschland und die Französische Revolution. München, Zürich 1983.
Weis, E.: Montgelas 1759–1799. Zwischen Revolution und Reform. München 1971.
ders. (Hg.): Reformen im Rheinbündischen Deutschland. München 1984.

Deutsche Wirtschafts- und Technikgeschichte im 19. und 20. Jahrhundert

Abelshauser, W./Petzina, D.: Deutsche Wirtschaftsgeschichte im Industriezeitalter: Konjunktur, Krise, Wachstum. Königstein, Düsseldorf 1981.
Ambrosius, G.: Der Staat als Unternehmer. Öffentliche Wirtschaft und Kapitalismus seit den 19. Jahrhundert. Göttingen 1984.
Berthold, R. u.a. (Hg.): Geschichte der Produktivkräfte in Deutschland von 1800 bis 1945 in drei Bänden. Berlin 1958ff.
Borchardt, K.: Wachstum, Krisen und Handlungsspielräume der Wirtschaftspolitik. Studien zur Wirtschaftsgeschichte des 19. und 20. Jahrhunderts. Göttingen 1982.
Feldmann, G.D.: Vom Weltkrieg zur Weltwirtschaftskrise. Studien zur deutschen Wirtschafts- und Sozialgeschichte 1914–1932.
Hardach, K.: Wirtschaftsgeschichte Deutschlands im 20. Jahrhundert. Göttingen 1976.
Henning, F.-W.: Die Industrialisierung in Deutschland 1800–1914. Paderborn 1973 (= Henning, F.-W.: Wirtschafts- und Sozialgeschichte. Bd. 2).
ders.: Das industrialisierte Deutschland 1914–1972. Paderborn 1974 (= Henning, F.-W. Wirtschafts- und Sozialgeschichte. Bd. 3).
ders.: Landwirtschaft und ländliche Gesellschaft in Deutschland. Bd. 2: 1750–1976. Paderborn 1979.
Hoffmann, W.G.: Das Wachstum der deutschen Wirtschaft seit der Mitte des 19. Jahrhunderts. Berlin 1965.
Mottek, H.: Wirtschaftsgeschichte Deutschlands. Bd. II: Von der Zeit der Französischen Revolution bis zur Zeit der Bismarckschen Reichsgründung. Berlin 1973.
Mottek, H. u.a.: Wirtschaftsgeschichte Deutschands. Bd. III: Von der Zeit der Bismarckschen Reichsgründung 1871 bis zur Niederlage des faschistischen deutschen Imperialismus. Berlin 1975.
Nußbaum, H./Zumpe, L. (Hg.): Wirtschaft und Staat in Deutschland. Eine Wirtschaftsgeschichte des staatsmonopolistischen Kapitalismus in Deutschlands vom Ende des 19. Jahrhunderts bis 1945 in drei Bänden. Berlin 1979–1980.
Treue, W.: Wirtschafts- und Technikgeschichte Preußens. Berlin 1984.

Währung und Wirtschaft in Deutschland 1876–1975. Hg. von der Deutschen Bundesbank. Frankfurt 1975.

Abelshauser, W.: Der Ruhrkohlenbergbau seit 1945. Wiederaufbau, Krise, Anpassung. München 1984.
ders.: Wirtschaftsgeschichte der Bundesrepublik Deutschland (1945–1980). Frankfurt 1983.
Ashauer, G. u.a. (Hg.): Deutsche Bankgeschichte. Bd. 1–3. Frankfurt a. M. 1982–1983.
Borchardt, K.: Die industrielle Revolution in Deutschland. München 1972.
Brady, R. A.: The Rationalization Movement in German Industry. Berkeley/California 1933.
Büsch, O. (Hg.): Untersuchungen zur Geschichte der frühen Industrialisierung vornehmlich im Wirtschaftsraum Berlin/Brandenburg. Berlin 1971.
DDR-Wirtschaft. Eine Bestandsaufnahme von P. Mitscherling u.a. Hg. vom Deutschen Institut für Wirtschaftsforschung. Frankfurt 1971ff.
Feldenkirchen, W.: Die Eisen- und Stahlindustrie des Ruhrgebiets 1870–1914. Wachstum, Finanzierung und Struktur ihrer Großunternehmen. Stuttgart 1982.
Fischer, W.: Wirtschaft und Gesellschaft im Zeitalter der Industrialisierung. Göttingen 1972.
Fischer, W. u.a. (Hg.): Materialien zur Statistik des Deutschen Bundes 1815–1870. München 1982 (= Sozialgeschichtliches Arbeitsbuch. Bd. 1).
Forberger, R.: Die Industrielle Revolution in Sachsen 1800–1861. Berlin 1982.
Glastetter, W. u.a.: Die wirtschaftliche Entwicklung in der Bundesrepublik Deutschland 1950–1980. Befund, Aspekte, Hintergründe. Frankfurt/Main 1983.
Haber, L.F.: The Chemical Industry during the Nineteenth Century. A Study of the Economic Aspects of Applied Chemistry Industry in Europe and North America. Oxford 1958.
Hahn, H.-W.: Geschichte des deutschen Zollvereins. Göttingen 1984.
Hentschel, V.: Wirtschaft und Wirtschaftspolitik im wilhelminischen Deutschland. Stuttgart 1978.
Hohorst, G. u.a.: Materialien zur Geschichte des Kaiserreichs 1870–1914. München 1978 (= Sozialgeschichtliches Arbeitsbuch. Bd. 2).
Holtfrerich, C.-L.: Die deutsche Inflation 1914–1923. Berlin 1980.
Klump, R.: Wirtschaftsgeschichte der Bundesrepublik Deutschland. Stuttgart 1985.
Kocka, J.: Unternehmer in der deutschen Industrialisierung. Göttingen 1975.
Leptin, S.: Die deutsche Wirtschaft nach 1945. Ein Ost-West-Vergleich. Opladen 1970.
Lundgreen, P.: Bildungs und Wirtschaftswachstum im Industrialisierungsprozeß. Berlin 1973.
Lutz, B.: Der kurze Traum immerwährender Prosperität. Frankfurt/Main. 1984.
*Megerle, K.:*Württemberg im Industrialisierungsprozeß Deutschlands. Stuttgart 1982.
Petzina, D.: Die deutsche Wirtschaft in der Zwischenkriegszeit. Wiesbaden 1977.
Petzina, D. u.a.: Materialien zur Statistik des Deutschen Reiches 1914–1945. München 1978 (= Sozialgeschichtliches Arbeitsbuch. Bd. 3).
Radkau, J.: Aufstieg und Krise der deutschen Atomwirtschaft 1945–1975. Reinbek 1983.
Schröter, A./Becker, W.: Die deutsche Maschinenbauindustrie in der industriellen Revolution. Berlin 1962.
Spree, R.: Die Wachstumszyklen der deutschen Wirtschaft von 1840 bis 1880. Berlin 1977.
Wagenblaß, H.: Der Eisenbahnbau und das Wachstum der deutschen Eisen- und Maschinenbauindustrie. Stuttgart 1973.
Winkel, H.: Die Wirtschaft im geteilten Deutschland 1945–1970. Wiesbaden 1974.

Deutschland unter Napoleon. Restauration und Vormärz/ Bürgerliche Revolution und Reichsgründung

Böhme, H.: Deutschlands Weg zur Großmacht. Studien zum Verhältnis von Wirtschaft und Staat während der Reichsgründungszeit 1848–1881. Köln, Berlin ²1972.
ders. (Hg.): Probleme der Reichsgründerzeit. Köln, Berlin 1973.
Dietrich, R. (Hg.): Europa und der Norddeutsche Bund. Berlin 1968.
Dipper, C.: Die Bauernbefreiung in Deutschland 1790–1850. Stuttgart 1980.
Koselleck, R.: Preußen zwischen Reform und Revolution. Allgemeines Landrecht, Verwaltung und soziale Bewegung von 1791 bis 1848. Stuttgart ²1975.
Kolb, E. (Hg.): Europa und die Reichsgründung. Preußen-Deutschland in der Sicht der großen europäischen Mächte. München 1980.
Langewiesche, D.: Europa zwischen Restauration und Revolution 1815–1849. München 1985 (= Oldenburg Grundriß der Geschichte. Bd. 13).
Lutz, H.: Zwischen Habsburg und Preußen. Deutschland 1815–1866. Berlin 1985.
Nipperdey, Th.: Deutsche Geschichte 1800–1866. München 1983.
Ritter, G.A. (Hg.): Regierung, Bürokratie und Parlament in Preußen und Deutschland von 1848 bis zur Gegenwart. Düsseldorf 1983.
Rürup, R.: Deutschland im 19. Jahrhundert 1815–1871. Göttingen 1984 (= Deutsche Geschichte. Bd. 7).
ders.: Emanzipation und Antisemitismus. Studien zur »Judenfrage« der bürgerlichen Gesellschaft. Göttingen 1975.
Srbik, H.v.: Deutsche Einheit. Idee und Wirklichkeit vom Heiligen Reich bis Königgrätz. Bd. 1–4. München 1935. Nachdr. Darmstadt 1970.
Steitz, W. (Hg.): Quellen zur deutschen Wirtschafts- und Sozialgeschichte im 19. Jahrhundert bis zur Reichsgründung. Darmstadt 1980.

Abel, W.: Der Pauperismus am Vorabend der Industriellen Revolution. Darmstadt 1966.

Aretin, K. O. v.: Heiliges Römisches Reich 1776 bis 1806. Reichsverfassung und Staatssouveränität. Bd. 1–2. Wiesbaden 1967.

Baumgart, F.: Die verdrängte Revolution. Darstellung und Bewertung der Revolution von 1848 in der deutschen Geschichtsschreibung vor dem 1. Weltkrieg. Düsseldorf 1971.

Behnen, M.: Das Preußische Wochenblatt (1851–1861). Nationalkonservative Publizistik gegen Ständestaat und Polizeistaat. Göttingen 1971.

ders.: Probleme des Frühantisemitismus in Deutschland (1815–1848), in: Blätter für deutsche Landesgeschichte 112, 1976, S. 244ff.

Best, H.: Interessenpolitik und nationale Intergration 1848/49. Göttingen 1980.

Boldt, H.: Die Anfänge des deutschen Parteienwesens. Fraktionen, politische Vereine und Parteien in der Revolution von 1848. Paderborn 1971.

ders.: Deutsche Staatslehre im Vormärz. Düsseldorf 1975.

Botzenhardt, M.: Deutscher Parlamentarismus in der Revolutionszeit 1848–1850. Düsseldorf 1977.

Brandt, H.-H.: Der österreichische Neoabsolutismus. Staatsfinanzen und Politik 1848–1860. Bd. 1–2. Göttingen 1978.

ders. (Hg.): Restauration und Frühliberalismus 1814–1840. Darmstadt 1979.

Conze, W./Groh, D.: Die Arbeiterbewegung in der nationalen Bewegung. Stuttgart 1966.

Deuchert, N.: Vom Hambacher Fest zur badischen Revolution. Politische Presse und Anfänge deutscher Demokratie 1832–1848/49. Stuttgart 1983.

Eisfeld, G.: Die Entstehung der liberalen Parteien in Deutschland. Hannover 1969.

Engelberg, E.: Bismarck. Urpreuße und Reichsgründer. Berlin 1985.

Fehrenbach, E.: Traditionale Gesellschaft und revolutionäres Recht. Die Einführung des Code Napoléon in den Rheinbundstaaten. Göttingen 1974.

Fenske, H. (Hg.): Vormärz und Revolution 1840–1849. Darmstadt 1976.

ders. (Hg.): Der Weg zur Reichsgründung 1850–1870. Darmstadt 1977.

Gall, L.: Bismarck. Der Weiße Revolutionär. Frankfurt u.a. 1980.

Gerlach, E.L.v.: Von der Revolution zum Norddeutschen Bund.Politik und Ideengut der preußischen Hochkonservativen 1848–1866. 2 Teile. Hg. von H.Diwald. Göttingen 1970.

Griewank, K,: Der Wiener Kongreß und die europäische Restauration 1814–1815. Leipzig ²1954.

Grünthal, G.: Parlamentarismus in Preußen 1848/49–1857/58. Düsseldorf 1982.

Gugel, M.: Industrieller Aufstieg und bürgerliche Herrschaft. Sozioökonomische Interessen und politische Ziele des liberalen Bürgertums in Preußen zur Zeit des Verfassungskonflikts 1857–1867. Köln 1975.

Hömig, K.D.: Der Reichsdeputationshauptschluß vom 25. Februar 1803 und seine Bedeutung für Staat und Kirche. Tübingen 1969.

Kaehler, S.A.: Wilhelm von Humbolt und der Staat. München, Berlin 1963.

Klein, E.: Von der Reformation zur Restauration. Finanzpolitik und Gesetzgebung des preußischen Staatskanzlers Karl August von Hardenberg. Berlin 1965.

Köllmann, W.: Bevölkerung in der industriellen Revolution. Studien zur Bevölkerungspolitik Deutschlands. Göttingen 1974.

Kolb, E.: Der Kriegsausbruch 1870. Politische Entscheidungsprozesse und Verantwortlichkeiten in der Julikrise 1870. Göttingen 1970.

Langewiesche, D.: Die deutsche Revolution 1848/49. Darmstadt 1982.

ders.: Liberalismus und Demokratie in Württemberg zwischen Revolution und Reichsgründung. Düsseldorf 1974.

Lutz, H.: Östrerreich und die Gründung des Deutschen Reiches. Europäische Entscheidungen 1867–1871. Frankfurt u.a. 1979.

Na'aman, S.: Die Konstituierung der deutschen Arbeiterbewegung 1862/63. Assen 1975.

ders.: Lassalle. Hannover ²1971.

Neumüller, M.: Liberalismus und Revolution. Das Problem der Revolution in der deutschen liberalen Geschichtsschreibung des 19. Jahrhunderts. Düsseldorf 1973.

Paschen, J.: Demokratische Vereine und preußischer Staat. München, Wien 1977.

Schiedler, Th./Deuerlein, E. (Hg.): Reichsgründung 1870/71.

Schräpler, E.: Handwerkerverbände und Arbeitervereine 1830–1853. Berlin, New York 1972.

Sieburg, H.-O. (Hg.): Napoleon und Europa. Köln, Berlin 1971.

Siemann, W.: »Deutschlands Ruhe, Sicherheit und Ordnung.« Die Anfänge der politischen Polizei 1806–1866. Tübingen 12985.

Spies, H.-B. (Hg.): Die Erhebung gegen Napoleon 1806–1814/15. Darmstadt 1981.

Srbik, H.v.: Metternich. Der Staatsmann und Mensch. Bd. 1–3. München 1925–1952.

Stadelmann, R.: Soziale und politische Geschichte der Revolution von 1848. München 1948.

Stein, H.F.K. vom und zum: Briefe und amtliche Schriften. Bearb. E. Botzenhart, W. Hubatsch. Bd. 1–10. Stuttgart, Berlin 1957–1974.

Wollstein, G.: Deutsche Geschichte 1848/49. Gescheiterte Revolution in Mitteleuropa. Stuttgart, Berlin 1986.

Zorn, W.: Die wirtschaftliche Integration Kleindeutschlands in den 1860er Jahren und die Reichsgründung, in: Historische Zeitschrift 216, 1973, S. 304ff.

Deutschland als Kaiserreich

Bartel, H./Engelberg, E. (Hg.): Die großpreußisch-militaristische Reichsgründung 1871. Voraussetzungen und Folgen. Bd. 1–2. Berlin 1971.

Blaich, F.: Staat und Verbände in Deutschland zwischen 1871 und 1945. Wiesbaden 1979.

Behnen, M.: Rüstung – Bündnis – Sicherheit. Dreibund und informeller Imperialismus 1900–1908. Tübingen 1985.
Böhme, H.: Deutschlands Weg zur Großmacht. Studien zum Verhältnis von Wirtschaft und Staat während der Reichsgründungszeit 1848–1881. Köln 1974.
Born, K.E.: Wirtschafts- und Sozialgeschichte des Deutschen Kaiserreichs (1867/71–1914). Stuttgart 1985.
Das Deutsche Reich bis zum Ende der Monarchie. Stuttgart 1984 (= Deutsche Verwaltungsgeschichte, hrsg. v. K.G. Jeserich u.a. Bd. 3).
Erdmann, K.D.: Die Zeit der Weltkriege. Teilbd. 1: Der Erste Weltkrieg. Die Weimarer Republik. Stuttgart 91973 (= Gebhardt Handbuch der Deutschen Geschichte. Bd. 4/1).
Evans, R.J. (Hg.): Society and Politics in Wilhelmine Germany. London-New York 1978.
Farrar, Jr.,L.L.: Arrogance and Anxiety. The Ambivalence of German Power, 1848–1914. Iowa City 1981.
Gall, L.: Bismarck. Der weiße Revolutionär. Berlin, Frankfurt/Main 51981.
Gall, L.: Europa auf dem Weg in die Moderne 1850–1890. München/Wien 21990.
Geiss, I.: German Foreign Policy, 1871–1914. London, Boston 1976.
Geiss, I.: Der lange Weg in den Krieg. München 1990.
Geyer, M.: Deutsche Rüstungspolitik 1860–1984. Frankfurt/M. 1984.
Hildebrand, K.: Deutsche Außenpolitik 1871–1918. München 1989 (Enzyklopädie deutscher Geschichte, 2).
Hillgruber, A.: Deutschlands Rolle in der Vorgeschichte der beiden Weltkriege. Göttingen 31986.
Kennedy, P.M.: The Rise of the Anglo-German antagonism 1860–1914. London 1980.
Kennedy, P.M./Nicholls, A. (Hg.): Nationalist and racialist movments in Britain and Germany before 1914. London, Basingstoke 1981.
Kolb, E. (Hg.): Europa und die Reichsgründung. Preußen-Deutschland in der Sicht der großen europäischen Mächte 1866–1880. München 1980.
Mayer, A.J.: Adelsmacht und Bürgertum. Die Krise der europäischen Gesellschaft 1848–1918. München 1984.
Messerschmidt, M.: Die politische Geschichte der preußisch-deutschen Armee. München 1975 (= Deutsche Militärgeschichte in sechs Bänden 1648–1939. Abschn. IV/Erster Teil).
Mommsen, W.J.: Der autoritäre Nationalstaat. Verfassung, Gesellschaft und Kultur im deutschen Kaiserreich, Frankfurt/M. 1990.
Müller-Link, H.: Industrialisierung und Außenpolitik. Preußen-Deutschland und das Zarenreich von 1860–1890. Göttingen 1977.
Langewiesche, D./Schönhoven, K.: Arbeiter in Deutschland. Studien zur Lebensweise der Arbeiterschaft im Zeitalter der Industriealisierung. Paderborn 1981.
Nipperdey, Th.: Deutsche Geschichte 1866–1914. Bd. 1: Arbeitswelt und Bürgerstaat. München 1990.
Ploetz. Das deutsche Kaiserreich 1867/71 bis 1918. Bilanz einer Epoche. Hg. von D. Langewiesche. Freiburg, Würzburg 1984.
Röhl, J.C.G. (Hrsg.): Der Ort Kaiser Wilhelms II. in der deutschen Geschichte. München 1991.
Schieder, Th. (Hg.): Europa im Zeitalter der Nationalstaaten und der europäischen Weltpolitik bis zum Ersten Weltkrieg. Stuttgart 1968 (= Handbuch der europäischen Geschichte. Bd. 6).
Schmidt, G.: Der europäische Imperialismus. München 1985.
Schöllgen, G.: Das Zeitalter des Imperialismus. München 1986.
Schöllgen, G. (Hrsg.): Flucht in den Krieg? Die Außenpolitik des kaiserlichen Deutschland. Darmstadt 1990.
Sheehan, J.J.: Der deutsche Liberalismus. Von den Anfängen im 18. Jahrhundert bis zum Ersten Weltkrieg 1770–1914. München 1983.
Stürmer, M. (Hg.): Das kaiserliche Deutschland. Politik und Gesellschaft 1870–1918. Kronberg 21977.
Stürmer, M.: Das ruhelose Reich. Deutschland 1866–1918. Berlin 1983.
Tennstedt, F.: Sozialgeschichte der Sozialpolitik in Deutschland. Vom 18. Jahrhundert bis zum Ersten Weltkreig. Göttingen 1981.
Ullmann, H.P.: Interessenverbände in Deutschland, Frankfurt/M. 1988.
Wehler, H.-U.: Das Deutsche Kaiserreich 1871–1918. Göttingen 51983. (= Deutsche Geschichte. Bd. 9).
Wehler, H.-U.: Krisenherde des Kaiserreichs 1971–1918. Studien zur Sozial- und Verfassungsgeschichte. Göttingen 21979.

Balfour, M.: Der Kaiser. Wilhelm II. und seine Zeit. Berlin 1967.
Baumgart, W.: Deutschland im Zeitalter des Imperialismus (1890–1914). Grundkräfte, Thesen und Strukteuren. Frankfurt/M. u.a. 31979.
Baumgart, W.: Deutsche Ostpolitik 1918. Von Brest-Litowsk bis zum Ende des Ersten Weltkrieges. Wien, München 1966.
Berghahn, V.: Germany and the approach of war in 1914. London, Basingstoke 1973.
ders.: Der Tirpitz-Plan. Genesis und Verfall einer innenpolitischen Krisenstrategie unter Wilhelm II. Düsseldorf 1971.
Berlepsch, H.-J. v.: »Neuer Kurs« im Kaiserreich? Die Arbeiterpolitik des Freiherrn von Berlepsch 1890–1896. Bonn 1987.
Bermbach, U.: Vorformen parlamentarischer Kabinettsbildung in Deutschland. Der interfraktionelle Ausschuß 1917/18 und die Parlamentarisierung der Reichsregierung. Köln, Opladen 1967.
Bruch, R.v.: Wissenschaft, Politik und öffentliche Meinung. Gelehrtenpolitik im Wilhelminischen Deutschland (1890–1914). Husum 1980.
Canis, K.: Bismarck und Waldersee. Die außenpolitischen Krisenerscheinungen und das Verhalten des Generalstabs, 1882–1890. Berlin 1980.
Cecil, L.: Wilhelm II. Prince and Emperor, 1859–1900. Chapel Hill 1989.

Chickering, R.: Imperial Germany and a world without war. The peace movement and German society, 1892–1914. Princeton/NJ 1975.

ders.: We men who feel most German. A cultural study of the Pan German League, 1886–1914. London u.a. 1984.

Deist, W. (Hg.): Militär und Innenpolitik im Ersten Weltkrieg. Bd. 1–2. Düsseldorf 1970

Dülffer, J.: Regeln gegen den Krieg? Die Haager Friedenskonferenzen von 1899 und 1907 in der internationalen Politik. Frankfurt 1981.

Dülffer, J./Holl, K. (Hg.): Bereit zum Krieg. Kriegsmentalität im Wilhelminischen Deutschland 1890–1914. Göttingen 1986.

Eley, G.: Reshaping the German right. Radical nationalism and political change after Bismarck. New Haven, London 1980.

Engelberg, E.: Bismarck. Urpreuße und Reichsgründer; Das Reich in der Mitte Europas, 2 Bde. Berlin 1985–90.

Farrar, Jr.,L.L.: Divide and conquer. German efforts to conclude a separate peace, 1914–1918. Boulder 1978.

Feldman, G.: Armee, Industrie und Arbeiterschaft in Deutschland, 1914–1918. Berlin 1985.

Fiebig-v. Hase, R.: Lateinamerika als Konfliktherd der deutsch-amerikanischen Beziehungen 1890–1903, 2 Bde.. Göttingen 1986.

Fischer, F.: Griff nach der Weltmacht. Die Kriegszielpolitik des kaiserlichen Deutshland 1914–1918. Kronberg/Taunus ³1977.

ders.: Krieg der Illusionen. Die deutsche Politik von 1911 bis 1914. Kronberg/Taunus, Düsseldorf ³1978.

Förster, S.: Der doppelte Militarismus. Die deutsche Heeresrüstungspolitik zwischen Status-quo-Sicherung und Agression, 1890–1913. Wiesbaden, Stuttgart 1985.

Förster, S.; Mommsen, W.J.; Robinson, R.: Bismarck, Europe and Africa. The Berlin Africa Conference 1884–1885 and the Onset of Partition. London 1988.

Grebing, H.: Arbeiterbewegung, sozialer Protest und kollektive Interessenvertretung bis 1914. München 1985.

Groh, D.: Negative Intergration und revolutionärer Attentismus. Die deutsche Sozialdemokratie am Vorabend des Ersten Weltkrieges. Frankfurt/M. u.a. 1973.

Gründer, H.: Geschichte der deutschen Kolonien. Paderborn u.a. ²1991.

Heckart, B.: From Bassermann to Bebel. The Grand Bloc's Quest for Reform in the Kaiserreich, 1900–1914. New Haven, London 1974.

Hildebrand, K.: Imperialismus, Wettrüsten und Kriegsausbruch 1914. Zum Problem von Legitimität und Revolution im internationalen System, in: Neue politische Literatur 20, 1975, S. 160ff., 339ff.

Hillgruber, A.: Bismarcks Außenpolitik. Freiburg 1972.

ders.: Otto von Bismarck. Gründer der europäischen Großmacht Deutsches Reich. Zürich, Frankfurt/Main 1978.

Huber, E.R.: Bismarck und das Reich. Stuttgart u.a. 1963 (= Huber, E.R.: Deutsche Verfassungsgeschichte seit 1789. Bd. 3).

ders.: Strukturen und Krisen des Kaiserreichs. Stuttgart u.a. 1963 (= Huber, E.R.: Deutsche Verfassungsgeschichte seit 1789. Bd. 4.)

ders.: Weltkrieg, Revolution und Reichserneuerung 1914–1919. Stuttgart u.a. 1978 (= Huber, E.R.: Deutsche Verfassungsgeschichte seit 1789. Bd. 5).

Hölzle, E.: Die Selbstentmachtung Europas. Das Experiment des Friedens vor und im Ersten Weltkrieg. Unter Verwendung unveröffentlichter, zum Teil verlorengegangener deutscher und französischer Dokumente. Göttingen u.a. 1975.

Jarausch, K.H.: The Enigmatic Chancellor. Bethmann Hollweg and the hubris of Imperial Germany. New Haven, London 1973.

Joll, J.: The Origins of the First World War. London, New York 1984.

Kaelble, H.: Industrielle Interessenspolitik in der Wilhelminischen Gesellschaft. Centralverband Deutscher Industrieller 1895–1914. Berlin 1967.

Kennan, G.F.: Bismarcks europäisches System in der Auflösung. Die französisch-russische Annäherung 1875 bis 1890. Frankfurt/M. u.a. 1981.

Kielmansegg, P. Graf: Deutschland und der Erste Weltkrieg. Stuttgart ²1980.

Kitchen, M.: The silent dictatorship. The politics of the German High Command under Hindenburg and Lundendorff, 1916–1918. London 1976.

Klein, F. (Hg.): Deutschland im ersten Weltkrieg. Bd. 1–3. Berlin 1966–1969.

ders.: Deutschland von 1897/98 bis 1917. (Deutschland in der Periode des Imperialismus bis zur Großen Sozialistischen Oktoberrevolution). Berlin ⁴1977.

Kocka, J.: Klassengesellschaft im Krieg. Deutsche Sozialgeschichte 1914–1918. Göttingen 1973.

Kolb, E.: Der Weg aus dem Krieg. Bismarcks Politik im Krieg und die Friedensanbahnung 1870/71. München 1989.

Lahme, R.: Deutsche Außenpolitik 1890–1894. Von der Gleichgewichtspolitik Bismarcks zur Allianzstrategie Caprivis. Göttingen 1990.

Lappenküper, U.: Die Mission Radowitz. Untersuchungen zur Rußlandpolitik Otto von Bismarcks (1871–1875). Göttingen 1990.

Lerman, K.A.: The Chancellor as Courtier. Bernhard von Bülow and the Governance of Germany, 1900–1909. Cambridge 1990.

Mai, G.: Ende des Kaiserreichs. Politik und Kriegführung im Ersten Weltkrieg. München 1987.

Messerschmidt, M.: Militär und Politik in der Bismarckzeit umd im Wilhelminischen Deutschland. Darmstadt 1975.

Mielke, S.: Der Hansa-Bund für Gewerbe, Handel und Industrie 1909–1914. Der gescheiterte Versuch einer antifeudalen Sammlungspolitik. Göttingen 1976.

Miller, S.: Burgfrieden und Klassenkampf. Die deutsche Sozialdemokratie im Ersten Weltkrieg. Düsseldorf 1974.

Mittmann, U.: Fraktion und Partei. Ein Vergleich von Zentrum und Sozialdemokratie im Kaiserreich. Düsseldorf 1976.

Mommsen, W. J.: Die latente Krise des Deutschen Reiches 1909–1914. Frankfurt/M. 1973 (= Handbuch der Deutschen Geschichte. Bd. 4. 1. Teil. Abschn. Ia).
Nipperdey, Th.: Die Organisation der deutschen Parteien vor 1918. Düsseldorf 1961.
Pflanze, O. (Hg): Innenpolitische Probleme des Bismarck-Reiches. München, Wien 1983.
Pflanze, O.: Bismarck and the Development of Germany, 3 Bde.: 1815–1898. Princeton 1990.
Poidevin, R.: Les relations économiques et financières entre la France et l'Allemagne de 1898 à 1914. Paris 1969.
Pommerin, R.: Der Kaiser und Amerika. Die USA in der Politik der Reichsleitung 1890–1917. Köln, Wien 1986.
Puhle, H.J.: Agrarische Interessenspolitik und preußischer Konservatismus im wilhelminischen Reich (1893–1914). Ein Beitrag zur Analyse des Nationalismus am Beispiel des Bundes der Landwirte und der Deutsch-Konservativen Partei. Bonn-Bad Godesberg [2]1975.
Rauh, M.: Die Parlamentarisierung des Deutschen Reiches. Düsseldorf 1977.
Retallack, J.N.: Notables of the Right. The Conservative Party and Political Mobilization in Germany 1876–1918. Boston u.a. 1988.
Ritter, G.A.: Die deutschen Parteien 1830–1914. Parteien und Gesellschaft im Konstitutionellen Regierungssystem. Göttingen 1985.
Ritter, G.A./Niehuss, M. (Hg.): Wahlgeschichtliches Arbeitsbuch. Materialien zur Statistik des Kaiserreichs 1871–1918. München 1980.
Röhl, J.C.G.: Deutschland ohne Bismarck. Die Regierungskrise im zweiten Kaiserreich 1890–1900. Tübingen 1969.
Röhl, J.C.G./Sombart, N. (Hg.): Kaiser Wilhelm II. New Interpretations. Cambridge u.a. 1982.
Röhl, J.C.G.: Kaiser, Hof und Staat. Wilhelm II. und die deutsche Politik. München 1987.
Rosenberg, H.: Große Depression und Bismarckzeit. Wirtschaftsablauf, Gesellschaft und Politik in Mitteleuropa. Berlin [3]1976.
Schieder, W. (Hg.): Erster Weltkrieg. Ursachen, Entstehung und Kriegsziele. Köln, Berlin 1969.
Schieder, Th./Deuerlein, E. (Hg.): Reichsgründung 1870/71. Stuttgart 1970.
Schöllgen, G.: Imperialismus und Gleichgewicht. Deutschland, England und die orientalische Frage 1971–1914. München 1984.
Schönhoven, K.: Expansion und Konzentration. Studien zur Entwicklung der Freien Gewerkschaften im Wilhelminischen Deutschland 1890 bis 1914. Stuttgart 1980.
Schottelius, H./Deist, W. (Hg.): Marine und Marinepolitik im kaiserlichen Deutschland 1871–1914. Düsseldorf 1972.
Seeber, G.: Zwischen Bebel und Bismarck. Zur Geschichte des Linksliberalismus in Deutschland 1871–1893. Berlin 1965.
Smith, W.D.: The German Colonial Empire. Chapel Hill 1978.
Steglich, W.: Die Friedenspolitik der Mittelmächte 1917/18. Bd. 1. Wiesbaden 1964.
Stegmann, D.: Die Erben Bismarcks. Parteien und Verbände in der Spätphase des Wilhelmischen Deutschlands. Sammlungspolitik 1897–1918. Köln, Berlin 1970.
Stern, F.: Gold and iron. Bismarck, Bleichröder, and the building of the German Empire. New York 1977 (deutsch: Berlin 1978).
Stürmer, M.: Regierung und Reichstag im Bismarckreich. Cäsarismus oder Parlamentarismus? Düsseldorf 1974.
Suval, S.: Electoral politics in Wilhelmine Germany. Chapel Hill 1985.
Ullmann, H.-P.: Der Bund der Industriellen. Organisation, Einfluß und Politik klein- und mittelbetrieblicher Industrieller im Deutschen Kaiserreich 1895–1914. Göttingen.
Wehler, H.U.: Bismarck und der Imperialismus. München [4]1976.
Weitowitz, R.: Deutsche Politik und Handelspolitik undter Reichskanzler Leo von Caprivi 1890–1894. Düsseldorf 1978.
Witt, P.-C.: Die Finanzpolitik des Deutschen Reiches von 1903 bis 1913. Eine Studie zur Innenpolitik des Wilhelminischen Deutschland. Lübeck-Hamburg 1970.

Die Weimarer Republik

Bracher, K.D. u.a. (Hg.): Die Weimarer Republik 1918–1933. Politik, Wirtschaft, Gesellschaft. Düsseldorf 1987.
Dederke, K.: Reich und Republik. Deutschland 1917–1933. Stuttgart [4]1981.
Dülffer, J.: Weimar, Hitler und die Marine. Reichspolitik und Flottenbau 1920–1939. Düsseldorf 1973.
Erdmann, K.D. u.a. (Hg.): Akten der Reichskanzlei Weimarer Republik. Boppard 1970ff.
ders.: Weimarer Republik. Stuttgart [9]1970 (= Gebhardt Handbuch der deutschen Geschichte. Bd. 4/1); auch München 1980 (Gebhardt Handbuch der deutschen Geschichte. Bd. 18).
Erdmann, K.D./Schulze, H.: Weimar, Selbstpreisgabe einer Demokratie. Düsseldorf 1980.
Eyck, E.: Geschichte der Weimarer Republik. Bd. 1–2. Erlenbach, Zürich[4/5]1972/73.
Geyer, M.: Aufrüstung oder Sicherheit. Die Reichwehr in der Krise der Machtpolitik 1924–1936. Wiesbaden 1980.
Heiber, H.: Die Republick von Weimar. München [15]1982.
Henning, F.-W.: Das industrialisierte Deutschland 1914–1976. Paderborn [4] 1978 (= F.-W.Henning: Wirtschafts- und Sozialgeschichte. Bd. 3).
Hermens, F. A,/Schieder, Th. (Hg.): Staat, Wirtschaft und Politik in der Weimarer Republik. Festschrift für H. Brüning. Berlin 1963.
Kolb, E.: Die Weimarer Republik. München, Wien 1984 (= Oldenbourg Grundriß der Geschichte. Bd. 16).

Möller, H.: Die unvollendete Demokratie. München 1985.
Mommsen, H. u.a.: Industrielles System und politische Entwicklung in der Weimarer Republik. Düsseldorf 1974.
Ploetz. Weimarer Republik. Eine Nation im Umbruch. Hg. von G. Schulz. Freiburg, Würzburg 1987.
Die Republik von Weimar. Hg. von J. Flemming u.a. Bd. 1– 2. Düsseldorf 1979.
Rosenberg, A.: Geschichte der Weimarer Republik. Frankfurt [19]1981.
Schulze, H.: Weimar. Deutschland 1917–1933. Berlin 1982.
Stürmer, M. (Hg.): Die Weimarer Republik. Belagerte Civitas. Königstein 1980.
Die ungeliebte Republik. Hg. von W. Michalka, G. Niedhart. München 1980
Ursachen und Folgen. Vom Zusammenbruch 1918 und 1945 bis zur staatlichen Neuordnung Deutschlands in der Gegenwart. Hg. von H. Michaelis u.a. Bd. 1–8. Berlin o.J.

Albertin, L.: Liberalismus und Demotratie am Anfang der Weimarer Republik. Eine vergleichende Analyse der Deutschen Demokratischen Partei und der Deutschen Volkspartei. Düsseldorf 1972.
Anschütze, G.: Die Verfassung des Deutschen Reiches vom 10. August 1919. Berlin [14]1933. Nachdr.: Berlin, Zürich 1968.
Apelt, W.: Geschichte der Weimarer Verfassung. München [2]1964.
Becker, J./Hildebrand, K. (Hg.): Internationale Beziehungen in der Weltwirtschaftskrise 1929–1933. München 1980.
Bracher, K.D.: Die Auflösung der Weimarer REpublik. Eine Studie zum Problem des Machtverfalls in der Demokratie. Düsseldorf [6]1984.
Broszat, M.: Die Machtergreifung. Der Aufstieg der NSDAP und die Zerstörung der Weimarer Republik. München 1985.
Büsch, O./Feldmann, G. (Hg.): Historische Prozesse der deutschen Inflation 1914–1924. Berlin 1978.
Carsten, F.L.: Reichswehr und Politik 1918–1933. Köln [3]1966.
Conze, W./Raupach, H (Hg.): Die Staats- und Wirschaftskrise des Deutschen Reichs. 1929–1933. Stuttgart 1967.
Die Entstehung des Youngplans, dargestellt vom Reichsarchiv 1931 bis 1933, durchgesehen und eingeleitet von M. Vogt. Boppard 1970.
Erger, J.: Der Kapp-Lüttwitz-Putsch. Ein Beitrag zur deutschen Innenpolitik 1919/20. Düsseldorf 1967.
Falter, J. u.a.: Wahlen und Abstimmung in der Weimarer Republik. Materialien zum Wahlverhalten 1919–1933. München 1986.
Feldman, G. u.a.: Die deutsche Inflation, eine Zwischenbilanz. Berlin 1982.
Fenske, H.: Wahlrecht und Parteisystem. Frankfurt 1972.
Gay, P.: Die Republik der Außenseiter. Geist und Kultur in der Weimarer Zeit (1919–1933). Eingel. v. K.D. Bracher. Frankfurt/Main 1970.
Gessner, D.: Agrarverbände in der Weimarer Republik. Düsseldorf 1978.
ders.: Das Ende der Weimarer Republik. Stuttgart, Bern 1986.
aer. München 1978.
Hidebrand, K.: Das Dritte Reicäsident und parlamentarische Kabinettsregierung. Köln, Opladen 1968.
Horn, W.: Der Mensch zur Machtergreifung. Königstein, Düsseldorf 1980.
Huber, E.R.: Aufbau, Schutz und Unterhaltung der WEimarer Republik. Stuttgart 1984 (= Huber, E.R.: Deutsche Verfassungsgeschichte seit 1789. Bd. 7)
ders.: Die WEimarer Reichsverfassung. Stuttgart.1981 (= Huber, E.R.: Deutsche Verfassungsgeschichte seit 1789. Bd. 6).
ders.: Weltkrieg und Reichserneuerung. Stuttgart 1978 (= Huber, E.R.: Deutsche Verfassungsgeschichte seit 1789. Bd. 5).
Jasper, G.: Der Schutz der Republik. Studien zur Sicherung der staatlichen Demokratie in der Weimarer Republik 1927–1930. Tübingen 1963.
ders.: Von Weimar zu Hitler 1930–1933. Köln 1968.
Kluge, U.: Die deutsche Revolution 1918/19. Staat, Politik und Gesellschaft zwischen Weltkrieg und Kapp-Putsch. Frankfurt 1985.
Kolb, E.: Vom Kaiserreich zur Weimarer Republik. Köln 1972.
Krüger, P.: Die Außenpolitik der Republik von Weimar. Darmstadt 1985.
ders.: Die Brigade Ehrhardt. Hamburg 1971.
Lee, M./Michalka, W.: German Roreign Policy 1917–1933. Continuity or Break? Leamington, Hamburg 1987.
Link, W.: Die amerikanische Stabilisierungspolitik in Deutschland 1921–1932. Düsseldorf 1970.
Matthias, E./Moserey, R. (Hg.): Das Ende der Parteien. [2]1979.
Maurer, I.: Reichsfinanzen und große Koalition. Zur Geschichte des Reichskabinetts Müller (1928–1930). Bern, Frankfurt 1973.
Michalka, W./Lee, M. (Hg.): Gustav Stresemann. Darmstadt 1982.
Milatz, A.: Wähler und Wahlen in der Weimarer Republik. Neuwied 1965.
Miller, S.: Die Bürde der Macht. Die deutsche Sozialdemokratie 1918–1920. Düsseldorf 1978.
Morsey, R.: Die deutsche Zentrumspartei 1917–1923. Düsseldorf 1966.
Neebe, R.: Großindustrie, Staat und NSDAP 1930–1933. Göttingen 1981.
Neumann, S.: Die Parteien in der Weimarer Republik. Hg. von K.D. Bracher. Stuttgart [4]1977.
Nußbaum, M.: Wirtschaft und Staat in Deutschland während der Weimarer Republik. Berlin 1978. (= Wirschaft und Staat in Deutschland. Bd. 2).

Overesch, M./Saal, F.W. (Hg.): Die Weimarer REpublik. Düsseldorf 1982 (= Chronik deutscher Zeitgeschichte. Bd. 1).*Petzina, D.*: Die deutsche Wirtschaft in der Zwischenkriegszeit. Wiesbaden 1977.
Petzina, D. u.a. (Hg.): Materialien zur Statistik des Deutschen Reichs 1914–1945. München 1982 (= Sozialgeschichtliches Arbeitsbuch. Bd. 3).
Pohl, K.H.: Weimars Wirtschaft und die Außenpolitik der Republik 1924–1926. Vom Dawes-Plan zum Internationalen Eisenpakt. Düsseldorf 1979.
Preller, L.: Sozialpolitik der Weimarer Republik. Königstein ²1968.
Das Reich als Republik und in der Zeit des Nationalsozialismus. Stuttgart 1985 (= Deutsche Verfassungsgeschichte. Bd. 4).
Schiffers, R.: Elemente direkter Demokratie im Weimarer Regierungssystem. Düsseldorf 1971.
Schneider, M.: Unternehmer und Demokratie. Die freien Gewerkschaften in der unternehmerischen Ideologie der Jahre 1918 bis 1933. Bonn-Bad Godesberg 1975.
Stürmer, M.: Koalition und Oppasition in der Weimarer Republik 1924–1928. Düsseldorf 1967.
Turner, H.A.: Die Großunternehmer und der Aufstieg Hitlers. Berlin 1985.
ders.: Stresemann – Republikaner aus Vernunft. Berlin, Frankfurt 1968.
Vogelsang, Th.: Reichswehr, Staat und NSDAP. Beiträge zur deutschen Geschichte 1930–1932. Stuttgart 1962.
Weber, H.: Die Wandlung des deutschen Kommunismus: Die Stalinisierung der KPD in der Weimarer Republik. Bd. 1–2. Frankfurt 1979.
Weisbrod, B.: Schwerindustrie in der Weimarer Republik. Interessenpolitik zwischen Stabilisierung und Krise. Wuppertal 1978.
Wenst, U.: Graf Brockdorff-Rantzau und die außenpolitischen Anfänge der Weimarer Republik. Bern u.a. 1973.
Winkler, HA.: Der Schein der Normalität. Berlin, Bonn 1985.
ders.: Von der Revolution zur Stabilisierung. Berlin, Bonn 1984.
Witt, P.C.: Friedrich Ebert. Parteiführer, Reichkanzler, Volksbeauftragter, Reichspräsident. Bonn 1982.
Wulf, P.: Hugo Stinnes. Wirtschaft und Politik 1918–1924. Stuttgart 1979.

Das Dritte Reich

Bracher, K.D.: Die deutsce Diktatur. Entstehung, Struktur, Folgen des Nationalsozialismus. Köln, Berlin ⁵1976.
Bracher, K.D. u.a. (Hg.): Nationalsozialistische Diktatur 1933–1945. Eine Bilanz. Düsseldorf 1983.
Das Deutsche Reich und der 2. Weltkrieg. Hg. von Militärgeschichten Forschungsamt. Stuttgart 1979ff.
Erdmann, K.D.: Deutschland unter der Herrschaft des Nationalsozialismus. Der Zweite Weltkrieg. Stuttgart ⁹ 1976 (Gebhardt Handbuch der deutschen Geschichte Bd. 4/2 bzw. München 1980: Gebhardt Handbuch der deutschen Geschichte Bd. 19 und 20).
Fest, J.C.: Hitler, eine Biographie. Frankfurt u.a. ⁵1973.
Haffner, S.: Anmerkungen zu Hitler. München 1978.
Hidebrand, K.: Das Dritte REich. München, Wien 1979 u.ö. (– Oldenbourg Grundriß der Geschichte. Bd. 17).
Hofer, W. (Hg.): Der Nationalsozialismus. Dokumente 1933–1946. Überarb. Neuausgabe Frankfurt/M. 1982.
Michalka, W. (Hg.): Das Dritte Reich. Dokumente zur Innen- und Außenpolitik. Bd. 1–2. München 1985.
ders. (Hg.): Die nationalsozialistische Machtergreifung. Paderborn 1984.
Petzina, D.: Die deutsche Wirtschaft in der Zwischenkriegszeit. Wiesbaden 1977.
Repgen, K./Booms, H. (Hg.): Akten der Reichskanzlei. Die Regierung Hitler. Boppard 1983ff.
Scholder, K.: Die Kirche und das Dritte Reich. Frankfurt u.a. 1977ff.
Schreiber, G.: Hitler. Interpretation 1923–1982. Ergebnisse, Methoden und Probleme der Forschung. Darmstadt 1984.
Thamer, H.-U.: Verführung und Gewalt. Deutschland 1933–1945. Berlin 1986.

Bracher, K.D. u.a.: Die nationalsozialistische Machtergreifung. Studien zur Errichtung des nationalsozialistischen Herrschaftssystems in Deutschland. Köln, Opladen 1962.
Broszat, M./Möller, H. (Hg.): Das Dritte Reich. München 1983.
Broszat, M.: Der Staat Hitlers. Grundlegung und Entwicklung seiner inneren Verfassung. München 1973.
Buchheim, H. u.a.: Anatomie des SS-Staates. München ⁴1984. Bd. 1–2.
Funke, M. (Hg.): Hitler, Deutschland und die Mächte. Materialien zur Außenpolitik des Dritten Reiches. Düsseldorf 1978.
Henke, J.: England in Hitlers politischem Kalkül 1935–1939. Boppard 1973.
Hildebrand, K.: Deutsche Außenpolitik 1933–1945. Kontinuität oder Bruch. Stuttgart 1976 u.ö.
Herbst, L.: Der Totale Krieg und die Ordnung der Wirtschaft. Die Kriegswirtschaft im Spannungsfeld von Politik, Ideologie und Propaganda 1939–1945. Stuttgart 1982.
Hillgruber, A.: Hitlers Strategie. Politik und Kriegsführung 1940–1941. Frankfurt/M. ²1983.
ders.: Der Zweite Weltkrieg. Kriegsziele und Strategie der großen Mächte. Stutgart ²1983.
Hoffmann, P.: Widerstand, Staatsstreich, Attentat. Der Kampf der Opposition gegen Hitler. Frankfurt/M. u.a. ²1970.
Jacobsen, H.-A.: Nationalsozialistische Außenpolitik 1933–1938. Frankfurt/M., Berlin 1968.
Jäckel, E.: Hitlers Herrschaft. Vollzug einer Weltanschauung. Stuttgart 1986.
ders.: Hitlers Weltanschauung. Entwurf einer Herrschaft. Stuttgart ²1981.
Jamin, M.: Zwischen den Klassen. Zur Sozialstruktur der NS-Führerschaft. Wuppertal 1984.

Jaspar, G.: Die gescheiterte Zähmung. Wege zur Machtergreifung Hitlers 1930–1934. Frankfurt/M. 1986.

Kershaw, J.: Der Hitler-Mythos. Volksmeinung und Propaganda im 3. Reich. Stuttgart 1980.

Mau, H./Krausnick, H.: Die deutsche Geschichte der jüngsten Vergangenheit 1933–1945. Stuttgart 1951.

Mason, T.: Sozialpolitik im Dritten Reich. Arbeiterklasse und Volksgemeinschaft. Opladen 1977.

Michalka, W. (Hg.): Nationalsozialistische Außenpolitik. Darmstadt 1978.

ders.: Rippentrop und die deutsche Weltpolitik 1933–1940. Außenpolitische Konzeptionen und Entscheidungsprozesse im Dritten Reich. München 1980.

Milwald, A.S.: Der Zweite Weltkrieg. Krieg, Wirtschaft und Gesellschaft 1939–19456. München 1977.

Mommsen, H.: Beamtentum im Dritten Reich. Mit ausgewählten Quellen zur nationalsozialistischen Beamtenpolitik. Stuttgart 1964.

Müller, K.-J.: Armee, Politik und Gesellschaft in Deutschland 1933–1945. Paderborn [3]1985.

ders. (Hg.): Der deutsche Widerstand 1933–1945. Paderborn 1986.

Ploetz. Das Dritte Reich. Ursprünge, Ereignisse, Wirkungen. Hg. von M. Boszat und N. Frei. Freiburg, Würzburg 1983.

Schoenbaum, D.: Die braune Revolution. Eine Sozialgeschichte des Dritten Reiches. München [2]1980.

Streit, C.: Keine Kameraden. Die Wehrmacht und die sowjetischen Kriegsgefangenen 1941–1945. Stuttgart [2]1980.

Überschaer, G.R./Wette, W. (Hg.): Unternehmen »Barbarossa«. Der deutsche Überfall auf die Sowjetunion 1941. Berichte, Analysen, Dokumente. Paderborn 1984.

Weinberg. G.L.: The Foreign Policy of Hitler's Germany. Bd. 1–2. Chicago 1980.

Zitelmann, R.: Hitler. Selbstverständnis eines Revolutionärs. Leamington 1987.

Deutschland nach 1945

Badstübner, R. u.a. (Hg.): Geschichte der DDR. Berlin 1981.

Bevölkerung und Wirtschaft 1872–1872. Hg. vom Statistisches Bundesamt. Stuttgart, Mainz 1972.

Benda, E. u.a. (Hg.): Handbuch des Verfassungsrechts der Bundesrepublik Deutschland. Berlin, New York 1983.

Bracher, K.D. u.a. (Hg.): Geschichte der Bundesrepublik Deutschland. Stuttgart, Wiebaden 1983ff.

Dahrendorf, R.: Gesellschaft und Demokratie in Deutschland. München 1968.

Deutsche Geschichte. Von 1917 bis zur Gegenwart. Hg. von Autorenkollektiv. Berlin 1968.

Doernberg, St.: Kurze Geschichte der DDR. Berlin [4]1969.Geschichte der Außenpolitik der DDR. Hg. vom Institut für Internationale Beziehungen. Berlin 1984.

Greiffenhagen, M. und S.: Ein schwieriges Vaterland. Zur Politischen Kultur Deutschlands. Frankfurt 1981.

Crosser, A.: Geschichte Deutschlands seit 1945. Eine Bilanz. München [7]1979.

Hacker, J.: Der Ostblock. Entstehung, Entwicklung und Struktur 1939–1980. Baden-Baden 1980.

Hillgruber, A.: Deutsche Geschichte 1945–1982. Stuttgart [4]1983.

Kaack, H.: Geschichte und Struktur des deutschen Parteiensystems. Opladen 1971.

Klein, P. (Hg.): Geschichte der Außenpolitik der Deutschen Demokratischen Republik. Abriß. Berlin 1968.

Löwenthal, R./Schwarz, H.P.: Die Zweite Republik. 25 Jahre Bundesrepublik. Stuttgart [3]1979.

Maunz, Th./Zippelius, R.: Deutsche Staatsrecht. München [25]1983.

Nettl, P.J.: Die deutsche Sowjetzone bis heute. Politik, Wirtschaft, Gesellschaft. Frankfurt/M. 1953.

Rausch, H./Stamm, Th. (Hg.): DDR – Das politische, wirtschaftliche und soziale System. München 1978.

Schieder, Th. (Hg.): Europa im Zeitalter der Weltmächte. Stuttgart 1979 (= Handbuch der Europäischen Geschichte. Bd. 7/1 und 2).

Staat und Rechtsgeschichte der DDR. Hg. vom Bereich Staats- und Rechtsgeschichte der Sektion Rechtswissenschaft der Humboldt-Universität zu Berlin. Berlin 1983.

Staritz, D.: Geschichte der DDR 1945–1985. Frankfurt 1985.

Weber, H.: DDR. Grundriß der Geschichte 1945–1981. Hannover [3]1982.

ders.: Geschichte der DDR. München 1985.

ders.: Parteiensystem zwischen Demokratie und Volksdemokratie. Dokumente zum Funktionswandel der Parteien und Massenorganisationen in der SBZ/DDR 1945–1959. Köln 1982.

Winkel, H.: Die Wirtschaft im geteilten Deutschland 1945–1970. Wiesbaden 1970.

Zimmermann, H. u.a. (Hg.): DDR-Handbuch. Bd. 1–2. Köln [3]1985.

Adenauer, K.: Erinnerungen. Bd. 1–4. Stuttgart 1965.

Agsten, R. u.a.: LDPD 1945—1961 Im festen Bündnis mit der Arbeiterklasse und ihrer Partei. Berlin 1965.

Baring, A.: Außenpolitik in Adenauers Kanzlerdemokratie. München, Wien 1969.

ders.: Machtwechsel. Die Ära Brandt-Scheel. Stuttgart [2]1982.

ders.: Der 17. Juni 1953. Neuaufl. Berlin 1983.

Beiträge zur Geschichte der Sozialistischen Einheitspartei Deutschlands. Hg. vom Institut für Gesellschaftswissenschaften beim ZK der SED. Berlin 1961.

Beyme, K.v.: Die politische Elite in der Bundesrepublik Deutschland. München 1971.

Bichler, H.: Landwirtscaft in der DDR. Berlin 1981.

Brandt, W.: Begegnungen und Einsichten. Die Jahre 1960–1975. Hamburg 1976.

ders.: Ein Traum, der nicht erfüllt werden kann. Mein Weg zwischen Ost und West. Frankfurt 1985.

ders.: Über den Tag hinaus. Eine Zwischenbilanz. Hamburg 1984.

Buch, G.: Namen und Daten wichtiger Personen in der DDR. Berlin, Bonn [3]1983.

Claessens, D. u.a.: Sozialkunde der Bundesrepublik Deutschland. Düsseldorf, Köln [4]1965.

Conze, W.: Jacob Kaiser. Politiker zwischen Ost und West 1945–1949. Stuttgart u.a. 1969.

Dames, R.: Entscheidungsstrukturen und Funktionprobleme der DDR-Wirtschaft. Frankfurt/Main 1973.

Desbach-Mallinkrodt, A.: Wer macht die Außenpolitik der DDR? Apparat, Methoden, Ziele. Düsseldorf 1972.

DDR und Osteuropa. Wirtschaftssystem, Wirtschaftspolitik, Lebensstandard. Ein Handbuch. Poladen 1979.

Deuerlein, E.: CDU/CSU 1945–1957, Köln 1957.

EDinger, L.J.: Kurt Schumacher. Persönlichkeit und politisches Verhalten. Hannover 1967.

Die Einkommens- und Vermögensverteilung in der Bundesrepublik Deutschland. Bern 1973. Hg. Vom Bundesministerium für Arbeit und Sozialordnung.

Erhard, L.: Deutsche Wirtschaftspolitik. Der Weg der sozialen Marktwirtschaft. Frankfurt u.a. 1962.

Gesellschaftlicher Wandel und politische Innovation. Opladen 1972 (= Sonderheft 4 der Politischen Vierteljahrschrift).

Geschichte der SED. Hg. vom Autorenkollektiv beim Institut für Marxismus-Leninismus beim ZK der SED. Berlin 1978.

Gradl, J.B.: Anfang unter dem Sowjetstern. Die CDU 1945-1948 in der SBZ. Köln 1981.

Gniffke, E.: Jahre mit Ulbricht. Köln 1966.

Grewe, W.: Rückblenden. Aufzeichnungen eines Augenzeugen. Frankfurt u.a. 1979.

Griffith, W.E.: Die Ostpolitik der Bundesrepublik Deutschland. Stuttgart 1981.

Günther, K.-H.: Das Bildungswesen der DDR. Berlin 1983.

Hacker, J. (Hg.): Die NVA im Rahmen des Warschauer Paktes. München 1982.

Handbuch der DDR-Wirtschaft. Hg. vom Deutschen Institut für Wirtschaftsforschung Berlin. Reinbek [4]1984.

Harpprecht, K.: Willy Brandt. Portrait und Selbstportrait. München, Zürich 1970.

Hartwich, H.H.: Sozialstaatspostulat und Gesellschaftlicher Status Quo. Köln, Opladen 1970.

Havemann, R.: Fragen, Antworten, Fragen. Aus der Biographie eines deutschen Marxisten. München 1970.

Heinemann, G.W.: Allen Bürgern verpflichtet. Reden des Bundespräsidenten 1969–1974. Reden und Schriften Bd. 1. Frankfurt 1975.

Helwig, G.: Frau und Familie in beiden deutschen Staaten. Köln 1982.

Henkys, R. (Hg.): Die evangelische Kirche in der DDR. Beiträge zu einer Bestandsaufnahme. München 1978.

Hesse, K.: Grundzüge des Verfassungsrechts der Bundesrepublik Deutschland. Karlsruhe [6]1973.

Heuss, Th.: Tagebuchbriefe 1956–1963. Hg. u. eingeleitet von E. Pikart. Tübingen 1970.

Hillgruber, A.: Europa in der Weltpolitik der Nachkriegszeit (1945–1963). München, Wien 1980 u.ö. (= Oldenbourg Grundriß der Geschichte. Bd. 18).

*Honecker, E.:*Aus meinem Leben. Frankfurt/M., Oxford 1981.

Erich Honecker. Skizze eines Politischen Lebens. Hg. vom Institut für Marxixmus-Leninismus beim ZK der SED. Berlin 1977.

Jacobsen, H.A. u.a.: Drei Jahrzehnte Außenpolitik der DDR. München 1979.

Jäger, M.: Kultur und Politik in der DDR. Ein Historischer Abriß. Köln 1981.

Jaeggi, U.: Macht und Herrschaft in der Bundesrepublik. Frankfurt 1971.

Kaak, H.: Die F.D.P. Grundriß und Materialien zu Geschichte, Struktur und Programm. Meisenheim [2]1978.

Kluth, H.: Die KPD in der Bundesrepublik. Köln 1959.

Koch, P.: Konrad Adenauer. Eine politische Biographie. Hamburg 1985.

Kosthorst, E.: Jacob Kaiser. Bundesminister für gesamtseutsche Fragen 1945–1957. Stuttgart 1972.

Krieg, H.: LDP und NPD in der DDR 1949–1958. Köln, Opladen 1965.

Lentz, M.: Die Wirtschaftsbeziehungen DDR-Sowjetunion 1945–1961. Eine politologische Analyse. Opladen 1979.

Lindemann, H.: Gustav Heinemann. Ein Leben für die Demokratie. München 1979.

Lippmann, H.: Honecker, Portrait eines Nachfolgers. Köln 1971.

Ludz, P.C.: Parteielite im Wandel. Funktionsaufbau, Sozialstruktur und Ideologie der SED-Führung. Opladen [2]1968.

Meyer, H.: Ein Deutscher auf Widerruf. Bd. 2. Frankfurt/M. 1984.

Miller, S.: Die SPD vor und nach Godesberg. Bonn-Bad Godesberg [3]1978.

Müller, K./Reißig, K.: Wirtschaftswunder DDR. Ein Beitrag zur ökologischen Politik der SED. Berlin 1968.

Müller-Römer, D.: Ulbrichts Grundgesetz. Die sozialistische Verfassung der DDR. Köln [4]1968.

Narr, W.D.: CDU-SPD. Programm und Praxis seit 1945. Stuttgart 1966.

Norden, A.: Ereignisse und Erlebtes. Berlin 1981.

Die NVA unter der sozialistischen Verteidigungskoalition 1955/56–1981. Berlin 1982.

Oschilewski, W.G. (Hg.): Turmwächter der Demokratie. Ein Lebensbild Kurt Schumechers. Bd. 1–3. 1953–1954.

Prittie, T.: Konrad Adenauer. Vier Epochen deutscher Geschichte. Stuttgart 1971.

Richart, E.: Die DDR-Elite oder unser Partner von morgen? Hamburg 1968.

Roggemann, H.: Die DDR-Verfassungen. Berlin 1976.

Schröder, G. (Hg.): Ludwig Erhard. Beiträge zu einer politischen Biographie. Berlin 1972.

Seiffert, W.: Kann der Ostblock überleben? Der Comecon und die Krise des sozialistischen Wirtschaftssystems. Bergisch Gladbach 1983.

Shukow, G.K.: Erinnerungen Gedanken. Bd. 2. Berlin 1976.

Soell, H.: Fritz Erler – eine politische Biographie. Bd. 1–2. Berlin, Bonn-Bad Godesberg 1976.

Soergel, W.: Konsensus und Interessen. Eine Studie zur Entstehung des Grundgesetzes. Stuttgart 1969.
Soziale Schichtung und soziale Mobilität. Köln 1961 (= Sonderheft 5 der Kölner Zeitschrift für Soziologie und Sozialpsychologie).
Steffen, H. (Hg.): Die Gesellschaft in der Bundesrepublik. Analysen. Bd. 1–2. Göttingen 1971.
Stern, C.: Ulbricht. Eine politische Biographie. Berlin 1963.
ders.: Willy Brandt in Selbstzeugnissen und Bilddokumenten. Reinbek 1975.
Voßke, H.: Otto Grotewohl. Biographischer Abriß. Berlin 1979.
ders.: Wilhelm Pieck. Leipzig ²f1975.
Weber, H.: SED – Chronik einer Partei. Köln 1976.

Deutschland von der »Wende« zur Einheit

Archiv der Gegenwart (früher: Keesings Archiv der Gegenwart). Bonn, Wien, Zürich 1983–1989.
Diemer, Gebhard; *Kuhrt,* Eberhard, Kurze Chronik der Deutschen Frage. Mit den drei Verträgen zur Einigung Deutschlands. 2. erw. Aufl. München 1991.
Der Fischer Weltalmanach 1982–1990. Frankfurt 1983–1990.
Der Fischer Weltalmanach: Sonderband DDR. Frankfurt 1990.
Der Spiegel. Das deutsche Nachrichtenmagazin. Hamburg 1982–1990.

Personenregister

In das Register sind lediglich die Personen aufgenommen, die im Text der Darstellungen behandelt werden.

A

B

C

D

E

F

G

H

I

J

K

L

M

N

O

P

Q

R

S

T

U

V

W

Y

Z

(Unter Mitarbeit von Andrea Vogt zusammengestellt von Martin Vogt.)

Bildquellenverzeichnis

ADN-Zentralbild, Berlin/Ost 751, 753, 820, 822, 828/829
amw Pressedienst, München 865
Archiv der sozialen Demokratie/Friedrich-Ebert-Stiftung, Bonn 571, 574, 584, 592, 595, 612, 625, 626, 644
Archiv für Kunst und Geschichte, Berlin 176, 180, 452
Archiv Gerstenberg, Wietze 453, 455, 539, 548, 572, 580, 599, 605, 606, 627, 633, 636, 641, 657, 658, 677, 685, 686, 694, 702, 705, 708, 714, 723, 755, 824

Bayerisches Hauptstaatsarchiv, München [Bayern Urkunden 1341/1 und Verfassungsurkunden 3] 296, 380
Bayerische Staatsbibliothek, München 19, 32, 42
Bildarchiv der Österreichischen Nationalbibliothek, Wien 155, 211, 220, 223, 269
Bildarchiv Preussischer Kulturbesitz, Berlin/West 109, 129, 131, 156, 160, 162, 163, 167, 214, 222, 259, 273, 281, 319, 322, 353, 355, 357, 361, 363, 372, 376, 377, 378, 388, 390, 391, 392, 398, 402, 405, 409, 411, 418, 421, 422, 424, 426, 429, 432, 436, 444, 448, 455, 458, 463, 467, 468, 471, 477, 482, 486, 494, 496, 503, 514, 518, 522, 564 © VG-Bild-Kunst, 568, 596, 611, 628, 638, 647, 648, 661, 666, 668, 724, 726, 781
Bundesarchiv, Koblenz 327, 665, 716, 717
Bundesarchiv-Aussenstelle Frankfurt/Main 387
Bundesdenkmalamt, Wien 237
Burda-Verlag, München 333
Burgerbibliothek, Bern 133, 138

Deutsche Presse-Agentur 728, 729, 733, 741, 744, 754, 760, 764, 766, 773, 777, 779, 784, 787, 798, 805, 807, 812, 813, 814, 816, 817, 818, 826, 831, 833, 837, 842
Diözesanmuseum, Bamberg/Fotografin: Ingeborg Limmer 40

Fürstl. Waldburg-Zeil'sches Gesamtarchiv Schloß Zeil 174

Germanisches Nationalmuseum, Nürnberg 149, 184, 213, 270
Globus Kartendienst, Hamburg 866
Graphische Sammlung Albertina, Wien 235, 261

Haitzinger, Horst, München 850, 853
Hamburger Kunsthalle, Hamburg/Fotograf: Ralph Kleinhempel 371
Haus-, Hof- und Staatsarchiv, Wien [Allgemeine Urkundenreihe 1555 September 25] 189
Heeresgeschichtliches Museum, Wien 276, 290
Hessische Landes- und Hochschulbibliothek, Darmstadt 91
Hessisches Landesmuseum, Darmstadt 161
Historia-Photo, Hamburg 14, 54, 58, 61, 66, 71, 108, 141, 205, 239, 249, 271, 352
Historisches Archiv der Friedr. Krupp GmbH, Essen 314
Historisches Museum, Bamberg 123

Klemm, Barbara, Frankfurt/M. 864
Kunsthistorisches Museum, Wien 260, 283

Landesbildstelle Rheinland-Pfalz, Koblenz 360
Landeshauptarchiv, Koblenz [Best. 18 Nr. 2087 Bl. 8r] 24
Löffelhardt, Willy, Herrenberg 4, 16, 94, 219, 268, 292, 293, 306, 307, 366/367, 577, 588, 617, 693, 704, 715, 723, 746

Märkisches Museum, Berlin/Ost 359
Mittelalterliches Kriminalmuseum, Rothenburg o. d. T. 136
Museen der Stadt Aachen/Fotografin: Anne Gold 3
Museen der Stadt Regensburg 84, 198, 226
Museum für Geschichte der Stadt Leipzig, Leipzig 278, 414
Museum für Kunst und Gewerbe, Hamburg 44

Norddeutsche Mission/Staatsarchiv Bremen 536

Oberösterreichisches Landesmuseum, Linz 143
Österreichische Nationalbibliothek, Wien 112, 155, 211, 220, 233, 269

Presse- und Informationsdienst der Bundesregierung, Bonn 796

Rheinisches Bildarchiv, Köln 8, 400

Schiller-Nationalmuseum, Marbach 601
Schönfeldt, K.H., Hamburg 854
Selveris, Joannis, Kernen 299, 311, 324, 338, 341, 343, 345, 347, 474, 582, 620, 650, 653, 654, 664, 671, 673, 682
Staatliche Galerie, Dessau 397
Staatliche Landesbildstelle, Hamburg 507
Staatsarchiv Nürnberg, [Rst. Nürnberg Handschriften 211, fol. 56] 105
Stadtarchiv Herford/Fotostudio Diekmann 135
Stadtarchiv Mainz 289
Stadt Düren Leopold-Hoesch-Museum 309